Inhoudsopgave (verkort)

* Deze afkortingen worden alleen in de Nieuwe Gids voor School en Beroep gebruikt.

NIEUWE GIDS VOOR SCHOOL EN BEROEP 2015

51E EDITIE
DE TOORTS, HAARLEM

51e editie, 2015

© 2015 Uitgeverij De Toorts, Haarlem / Madeleine Klis, Haarlemmerliede
Auteur en eindredacteur: Madeleine Klis, Haarlemmerliede
Omslagontwerp: Ton Martens, Den Haag
Vormgeving binnenwerk: Esther Zwart, Haarlem

Wijzigingen s.v.p. aan onderstaand adres zenden

De redactie voor deze 51e editie is afgesloten op 1 maart 2015.
Gegevens m.b.t. nieuwe of opgeheven opleidingen en wijzigingen/aanvullingen m.b.t. de in deze Gids vermelde opleidingsgegevens zien wij graag van u tegemoet:
Uitgeverij De Toorts BV, Redactie Nieuwe Gids voor School en Beroep, Conradkade 6, 2031 CL Haarlem
Telefoon: 023 - 553 29 20 / e-mail: beroepengids@toorts.nl

Disclaimer 'Nieuwe Gids voor School en Beroep'

De uitgever neemt geen enkele verantwoordelijkheid op zich voor de gevolgen van eventuele onjuistheden en/of typefouten, on-volkomenheden of onvolledigheid in de informatie in deze publicatie, die, blijkens de ervaring, zelfs bij de meest nauwkeurige voor-bereiding en productie kunnen voorkomen.
Voor het actualiseren van de database van het gegevensbestand t.b.v. het boek is de uitgever grotendeels afhankelijk van externe informatie. Vermeldingen van gegevens in deze publicatie zijn kosteloos voor degenen die informatie over hun of andere opleidingen of andere relevante informatie aan de uitgever verstrekken. Reden van deze gratis vermeldingen is dat de uitgever de inventarisatie van de gegevens in de database en de daaropvolgende samenstelling van het boek zo objectief en neutraal mogelijk wil houden. Sponsoring of een andere vorm van externe beïnvloeding t.b.v. welke gegevens dan ook is derhalve niet mogelijk.
Scholen, instituten of andersoortige opleidingen, instanties of (rechts)personen kunnen geen enkele aanspraak maken op errata of andere vormen van correctie of publicatie achteraf, noch op inkorting, wijziging of uitbreiding van welke tekst in deze publicatie dan ook. De eindredactie berust uitsluitend bij de eindredacteur.

Klantenservice

Voor eventuele foutcorrecties en mogelijke onmisbare nagekomen informatie typ deze link in uw browser:
www.toorts.nl/nieuwegids/klantenservice.htm (N.B. Houd het boek bij de hand voor het wachtwoord!)
Deze link wordt slechts gebruikt indien het bovenstaande van toepassing is, dus het is ook goed mogelijk dat u binnen de link geen informatie aantreft.
P.S. Via Google intypen werkt niet, gebruik de werkbalk bovenin uw scherm!

Bestellingen

Deze publicatie is verkrijgbaar bij de boekhandel en bij Uitgeverij De Toorts; voor België bij Uitgeverij EPO (voor adressen: zie onderaan deze pagina). Het boek verschijnt 1x per jaar.

Er worden van deze publicatie geen gratis docentenexemplaren of bewijsexemplaren verstrekt.

Auteursrechten

Uitgever

Uitgeverij De Toorts BV, Conradkade 6, 2031 CL Haarlem
Telefoon: 023 - 553 29 20 / e-mail: beroepengids@toorts.nl / website: www.toorts.nl (met winkelwagen)
Verspreiding voor België: Uitgeverij EPO, Lange Pastoorstraat 25-27, 2600 Berchem/Antwerpen
Telefoon: 03 - 239 68 74 / fax: 03 - 218 46 04 / e-mail: orders@epo.be / website: www.epo.be

ISBN 978 90 6020 849 6 / NUR 845 / ISSN 0928-7779

Sinds 2014 verschijnt er geen digitale versie op cd-rom meer van dit boek.

INHOUDSOPGAVE

VERANTWOORDING bij de 51e editie

Bij het samenstellen van deze publicatie is uitgegaan van het idee dat men zich in de praktijk van de loopbaanbegeleiding en beroepenvoorlichting snel wenst te oriënteren omtrent opleidingen in een bepaalde beroepensector. Er zijn verschillende classificaties van opleidingen mogelijk, die ieder hun eigen voor- en nadelen hebben. In dit boek is gebruik gemaakt van een technologische indeling van de wereld van beroepen volgens onze zogenoemde Martenssystematiek© die al tientallen jaren intensief wordt gehanteerd.

Codes
Vanwege de bamastructuur zijn de codes sinds editie 2009 anders ingedeeld. Om het de gebruiker zo makkelijk mogelijk te maken, is in verband met deze nieuwe indeling een handige flap aan de voorzijde omslag van deze Gids toegevoegd.
De opbouw van de nummers in de codes is als volgt (voorbeeld: 3.2.f.2 = Tuinbouw en akkerbouw/Greenport business and retail):
- Het eerste cijfer geeft de hoofdsector aan en is tevens het hoofdstuknummer (3 = Agrarisch onderwijs/Groen onderwijs).
- Het tweede cijfer geeft de subsector binnen de hoofdsector aan (3.2 = Plantenteelt/tuincentrumbranche).
- Daarna volgt een letter die het opleidingsniveau binnen de subsector aanduidt (3.2.f = hbo-bacheloropleiding/associate degree-opleiding).
- De betekenis van de letters is als volgt:

a = postacademisch onderwijs (pao) of postinitieel onderwijs;   h = mbo-opleiding niveau 3
hieronder vindt men tevens postdoctoraal onderwijs en   i = mbo-opleiding niveau 1 of 2
postmasteropleidingen   j = vbo (België)
b = wo-masteropleiding   k = speciaal onderwijs
c = wo-bacheloropleiding   l = overige opleidingen
d = post-hbo-opleiding   m = algemeen onderwijs
e = hbo-masteropleiding   n = ondersteunende instellingen
f = hbo-bacheloropleiding/associate degree-opleiding (ad)   p = onderwijs voor mensen met een of meer beperkingen
g = mbo-opleiding niveau 4   x = encyclopedie

- Hierna volgt op de vierde plaats een cijfer waardoor een unieke code per opleiding ontstaat.

Toelichting bij het gebruik van deze Gids
- Per opleiding worden adressen vermeld waar de opleiding wordt gegeven. Ieder adres heeft een code met een cijfer (voorbeeld: AOC-1 of HBO-65). De bijbehorende adresgegevens vindt u in de Centrale adreslijst achterin dit boek. Die adressen zijn eerst per opleidingsniveau, en vervolgens alfabetisch per plaatsnaam geordend. E-mail- en website-adressen, plus BRIN-nummers zijn erbij opgenomen voor zover bekend. Alle adresgegevens worden jaarlijks gecontroleerd op juistheid.
- Bij de beroeps- en functienamen wordt zoveel mogelijk de neutrale (dit is meestal de mannelijke) vorm (managementassistent, receptionist) gehanteerd, tenzij er betekenisverschil optreedt (secretaris t.o.v. secretaresse).
- Om afkortingen te verduidelijken zijn in de *namen* van opleidingen of scholen ook letters binnen woorden als hoofdletter geschreven. Voorbeeld: VOC (Stichting VakOpleiding Carrosseriebedrijf). School*vormen* zijn met gewone letters geschreven (bijvoorbeeld: hbo).
- De genoemde functiemogelijkheden en doorstudeermogelijkheden na het volgen van een opleiding zijn vanzelfsprekend niet uitputtend.

Belangrijke verschillen met oude edities
- Ho: in deze 51e editie zijn weer geheel geactualiseerde alfabetische overzichten met Nederlandse en Vlaamse wo-bachelor- en wo-masteropleidingen (25.2.c.1 en 25.3.b.1), met hbo-bachelor-opleidingen (25.8.f.1) en hbo-master-opleidingen (25.9.e.1) opgenomen, evenals associate degree-programma's (25.7.f.2) en post-hbo-opleidingen (25.10.d.1). Achter de Nederlandse opleidingen in deze lijsten staan verwijzingen met een # naar de plaats in de sector-paragrafen voor een oriëntatie op doorstroommogelijkheden of verder studeren. Nieuw is dat sinds de editie 2012 per opleiding alle *afstudeerrichtingen* of *specialisaties* (Vlaanderen: *varianten*) eronder zijn vermeld.
- Mbo: de bcp-beschrijvingen (met CREBO-nummers die beginnen met een 9) zijn in de huidige editie nog niet allemaal opgenomen. De invoering van het CGBO in het mbo is gerealiseerd, maar er zullen ook weer veel nieuwe opleidingen verdwijnen.
De minister van OCW overweegt om de studie van mbo niveau 4 met 1 jaar te bekorten; veel opleidingen zijn nu al 3-jarig.
Wellicht zal er in 2015/2016 een aantal opleidingen vervallen; check bij de gewenste opleiding of deze nog blijft bestaan!

De 51e editie van dit boek is het resultaat van ruim een halve eeuw gegevens verzamelen, rubriceren en toegankelijk presenteren.
Ik doe dit ruim 10 jaar in navolging van mijn voorgangers, de heren Beijer en Martens. Het is elk jaar weer een enorm werk, dat ik met plezier doe.

Veel dank ben ik verschuldigd aan al degenen die zo vriendelijk waren correcties en aanvullingen op te geven.
Mijn bijzondere dank is voor de blijmoedige en inspirerende research van Dorien, en voor de ervaren technische ondersteuning van Ger.
Erik stuurde me sprankelende mails, waardoor ik alert bleef. Geert-Jan zorgde voor de broodnodige pauzes, waarin kunst vaak een hoofdrol speelde. Mijn lieve en attente collega's Esther en Rachel verzorgen met veel inzet de vormgeving van het boek, de stipte controles van adressen e.d., en de levering van dit boek aan de gebruikers ervan.
Mijn partner Joost is in alle opzichten onmisbaar bij de productie van de jaarlijkse Gids-edities. Woorden schieten hier tekort.

Madeleine Klis, 1 maart 2015

N.B. Aanvullende gegevens en correcties s.v.p. zenden aan:
Uitgeverij De Toorts, Mw. M. Klis, Conradkade 6, 2031 CL Haarlem, telefoon: 023-5 53 29 20 / e-mail: beroepengids@toorts.nl

VERKLARENDE LIJST

* Afkortingen of (letter)woorden die voorzien zijn van een *
zijn verouderde termen die soms nog worden gebruikt,
of oude omschrijvingen die een nieuwe naam hebben gekregen.

Ace - Groep T	Lerarenbegeleiding e.a., Leuven (België)
Ad	Associate degree
Aequor	Kenniscentrum voedsel, natuur & leefomgeving (v/h LOBAS)
Af	Afstandsonderwijs
AIO	Assistent-In-Opleiding
ALO*	Academie voor Lichamelijke Opvoeding
ALPO	Academische Lerarenopleiding Primair Onderwijs
AOC	Agrarisch OpleidingsCentrum
AOV*	Algemene OndernemersVaardigheden
AS	ActiviteitenSector
AUC	Amsterdam University College
AUHL	Associatie Universiteit-Hogescholen Limburg, p/a Universiteit Hasselt
AVO	Algemeen Vormend Onderwijs
Ba	Bachelor
BA	Bachelor of Arts
Bama	Bachelor-masterstructuur
BAO	BAsisOnderwijs
BAVO*	BAsisvorming Voortgezet Onderwijs
BB	BasisBeroepsgerichte leerweg (vmbo bb)
BBA	Bachelor of Business Administration
BBL	BeroepsBegeleidende Leerweg in het mbo (werken en leren) (deeltijd of dt)
BCP	BeroepsCompetentieProfiel (mbo)
BE	BasisEducatie
BITEP	tweetalige variant, gericht op internationaal onderwijs
BKA	BeroepsKeuze-Adviseur
BNA	Bond van Nederlandse Architecten
BOL	BeroepsOpleidende Leerweg in het mbo (leren en stage) (voltijd of vt)
BOV	BeroepsOpleidingen Verkeersveiligheid
BPV	BeroepsPraktijkVorming
BPVO	BeroepsPraktijkVormingsOvereenkomst
BSc	Bachelor of Science
BSO	Beroeps Secundair Onderwijs (België)
BVE	Beroepsonderwijs en VolwassenenEducatie
Calabris	Kenniscentrum voor leren in de praktijk in de sectoren Gezondheidszorg, Welzijn en Sport
C&M	Cultuur en Maatschappij
CGBO	CompetentieGericht BeroepsOnderwijs
CHV	Creatieve HandVaardigheid
CMV	Cultureel-Maatschappelijke Vorming
Colloquium doctum	toelatingsonderzoek t.b.v. wetenschappelijk onderwijs

CROHO	Centraal Register Opleidingen Hoger Onderwijs
CTS	Continental Theological Seminary, Sint-Pieters-Leeuw (België)
Descartes College	onderdeel van UU
DIEN	DIENstverlenende instellingen voor het onderwijs (benaming die alleen voor verwijzing naar een adressenlijst van dergelijke instellingen achterin deze Gids wordt gebruikt)
DSoF	Duisenberg School of Finance
DT/dt	DeelTijdonderwijs (algemeen) of beroepsbegeleidend onderwijs (mbo)
Duaal	combinatie van leren en betaald werken
EC	zie ECTS
ECABO	Kenniscentrum beroepsonderwijs bedrijfsleven voor de economisch-administratieve, ict- en veiligheidsberoepen
ECTS	European Credit Transfer System (studiepunten of ec's voor hbo en wo)
E&M	Economie en Maatschappij
EER	Europese Economische Ruimte
Erasmus	Erasmus HS, Brussel (België)
ETF	Evangelische Theologische Faculteit, Leuven (België)
EUR	Erasmus Universiteit Rotterdam
EVC	Erkende Elders Verworven Competenties
FPG	Faculteit voor Protestantse Godgeleerdheid, Brussel (België)
Fundeon/SOMA	Kennis- en adviescentrum beroepsonderwijs bouw en infra (v/h Bouwradius en SBW)
GL	Gemengde Leerweg (vmbo gl)
GOC	Personeelsontwikkeling in de creatieve industrie
Groep T	zie Ace - Groep T
HaFaBra	Harmonie/Fanfare/Brassband
HAO	Hoger Agrarisch Onderwijs
HAPO	Hoger Agrarisch Pedagogisch Onderwijs
HAVO	Hoger Algemeen Voortgezet Onderwijs
HBO	Hoger BeroepsOnderwijs
HBO-V	Hogere Beroepsopleiding Verpleegkundigen
HEBO	Hogere Europese BeroepenOpleiding
HEO	Hoger Economisch Onderwijs
HO	Hoger Onderwijs
Honours	zie 25.1.c.6
HOVO	Hoger Onderwijs Voor Ouderen
HPO	Hoger Pedagogisch Onderwijs
HRM	Human Resource Management
HS	HogeSchool
HSAO	Hoger Sociaal-Agogisch Onderwijs
HTO	Hoger Technisch Onderwijs
HTRO	Hoger Toeristisch en Recreatief Onderwijs
HUB	Hogeschool Universiteit Brussel (België)
HZ	HZ University of Applied Sciences (hbo)
HZS	Hogere Zeevaart School, Antwerpen (België)

10

IB	Internationaal Baccalaureaat
Innovam	Kennis- en opleidingscentrum voor de mobiliteitsbranche
ISO	Inspectie Schriftelijk Onderwijs
ITC	Faculty of Geo-Information Science and Earth Observation, Enschede
IVBO*	Individueel Voorbereidend BeroepsOnderwijs
IVKO	Individueel Voortgezet Kunstzinnig Onderwijs
IVO	Individueel Voortgezet Onderwijs
JRK*	(onderwijs aan) Jonge RisicoKinderen (nu: sbao)
KABK	Koninklijke Academie van Beeldende Kunsten
KB	KaderBeroepsgerichte leerweg (vmbo kb)
KBB	Kenniscentrum Beroepsonderwijs Bedrijfsleven
KHLim	deel van Associatie KU Leuven, Hasselt (België)
KC Handel	KennisCentrum Handel
Kenteq	Kennis- en adviescentrum voor technisch vakmanschap
Kenwerk	Kenniscentrum voor horeca, bakkerij, reizen, recreatie en facilitaire dienstverlening
KOC	Kenniscentrum beroepsonderwijs bedrijfsleven voor de uiterlijke verzorging
KP	KwalificatieProfiel (mbo)
KUL	Katholieke Universiteit Leuven (België)
KUL/KULAK	Katholieke Universiteit Leuven, Kortrijk (samenwerking met o.a. Universiteit Lille 1-2-3, UCKL Mons en Universiteit Mons) (België)
KUN*	Katholieke Universiteit Nijmegen (nu: RU - Radboud Universiteit)
LEXIN	Exameninstelling van Aequor
LGF	LeerlingGebonden Financiering
LOB HTV*	Landelijk Orgaan Beroepsonderwijs Horeca, Toerisme en Voeding (nu: Kenwerk)
LOI	Leidse OnderwijsInstellingen
LOM*	(onderwijs aan) leerlingen met Leer- en OpvoedingsMoeilijkheden (nu: sbao/lwoo)
LOVO	LerarenOpleiding Voortgezet Onderwijs
LUC	Leiden University College The Hague
LUCA	School of Arts, Brussel (België)
LUMC	Leids Universitair Medisch Centrum, Leiden
LUW*	Landbouw Universiteit Wageningen (nu: afkorting WU)
LWOO	LeerWegOndersteunend Onderwijs (vroeger: svo-lom)
Ma	Master (indien bij wo: gelijkwaardig aan drs.)
MA	Master of Arts
MAVO	Middelbaar Algemeen Voortgezet Onderwijs (nu grotendeels opgegaan in het vmbo)
MBA	Master of Business Administration
MBA	Moderne BedrijfsAdministratie
MBO	Middelbaar BeroepsOnderwijs (waarin: bbl en bol)

MDGO*	Middelbaar Dienstverlening- en GezondheidszorgOnderwijs
MEAO	Middelbaar Economisch en Administratief Onderwijs
MEO*	Middelbaar Economisch Onderwijs
MER	Heo-Management, Economie en Recht
MLK*	(onderwijs aan) Moeilijk Lerende Kinderen (nu: sbao/praktijkonderwijs)
MSc	Master of Science (gelijkwaardig aan ing. of drs.)
MTO*	Middelbaar Technisch Onderwijs
MTRO	Middelbaar Toeristisch en Recreatief Onderwijs
MVM	Master of Veterinairy Medicine
MWD	Maatschappelijk Werk en Dienstverlening
N&G	Natuur en Gezondheid
N&T	Natuur en Techniek
NHL	Noordelijke Hogeschool Leeuwarden
NLT	Natuur, Leven & Technologie (vak in de Tweede Fase van het vho)
NR	Nyenrode Business Universiteit
NT2	Nederlands als 2e taal
NVAO	Nederlands-Vlaamse Accreditatie Organisatie
OBS	Openbare BasisSchool
OCW	Ministerie van Onderwijs, Cultuur en Wetenschap
Odisee	deel van Associatie KU Leuven, Aalst, Brussel, Gent, Sint-Niklaas (België)
OIO	Onderzoeker-In-Opleiding
OU(NL)	Open Universiteit Nederland
OUBS	Open University Business School
OVDgroep	Opleidingen Voor de Distributiesector
OWVO	OvergangsWet op het Voortgezet Onderwijs
PABO	Pedagogische Academie voor BasisOnderwijs
PAEPON	Platform Aangewezen en Erkend Particulier Onderwijs in Nederland
PAO	PostAcademisch Onderwijs
PDW	PsychoDiagnostisch Werk
P&A	Personeel en Arbeid
PhD	hoogste universitaire graad in de USA (op basis van het Latijn: philosophiae doctor)
PO	Primair Onderwijs
PML	Kenniscentrum voor de sectoren Procestechniek, Operationele techniek, Media en Laboratoriumtechniek (v/h VAPRO-OVP)
PR	Public Relations
PRO	School met praktijkonderwijs (v/h svo-mlk)
PTH	Pedagogisch-Technische Hogeschool
PThU	Protestantse Theologische Universiteit
RA	Register Accountant
RA	Roosevelt Academy, Middelburg
RBA	Regionaal Bureau Arbeidsvoorziening
RBO	Regionaal Bureau Onderwijs

RL*	Rijksuniversiteit Limburg (nu: UM - Maastricht University)
ROA	Researchcentrum voor Onderwijs en Arbeidsmarkt
ROC	Regionaal OpleidingenCentrum
ROCCO	ROC/Contractonderwijs/Vavo (benaming die alleen in deze Gids wordt gebruikt)
RU	Radboud Universiteit, Nijmegen (v/h KUN)
RUG	RijksUniversiteit Groningen
RUL*	RijksUniversiteit Leiden (nu afkorting: UL)
Savantis	Vakcentrum Afbouw en Onderhoud Presentatie en Communicatie
SBAO	Speciaal BasisOnderwijs (v/h sbo)
SBB	stichting Samenwerking Beroepsonderwijs Bedrijfsleven (v/h Colo)
sbu	studiebelastinguren
SBW*	opleiding voor de infrastructuur (nu: Fundeon/SOMA)
SEPR	Stichting Examens en Proeven voor het Reisbureaubedrijf
SEPVO	Stichting Examens Pedicure en VOetverzorging
SH&M	Kenniscentrum Hout & Meubel
SJD	Sociaal-Juridische Dienstverlening
SO	Speciaal Onderwijs
SOBB*	Stichting Opleidingen Brood en Banket (nu: Kenwerk)
SOMA	zie Fundeon
SOM*	Stichting Opleidingen Metaal (nu: Kenteq)
SPH	Sociaal-Pedagogische Hulpverlening
STEVES	Stichting Toezicht Examens VEStigingswet
SVB	Stichting Vakopleiding Bouwbedrijf
SVGB	Kennis- en opleidingencentrum voor uniek vakmanschap
SVH	Stichting Vakonderwijs Horeca (onderwijscentrum)
SVO	Vakopleiding food
SVO*	Speciaal Voortgezet Onderwijs (nu: vso)
SVS*	Stichting Vakopleiding Schilders- en stukadoorsbedrijf (nu: Savantis)
Tehatex*	Tekenen, handvaardigheid en textiele werkvormen
ThomasMore	ThomasMore HS, Antwerpen, Geel, Lier, Mechelen, Sint-Katelijne-Waver, Turnhout, Vorselaar (België)
ThUK*	Theologische Universiteit Kampen (nu: TUK)
TL	Theoretische Leerweg (vmbo tl)
TIAS	TiasNimbas School for Business and Society
TSO	Technisch Secundair Onderwijs (België)
TiU	Tilburg University (v/h Universiteit van Tilburg)
TUA	Theologische Universiteit Apeldoorn
TUD	Technische Universiteit Delft
TU/e	Technische Universiteit Eindhoven
TUK	Theologische Universiteit Kampen (vh ThUK)
UA	Universiteit Antwerpen (België)
UCM	University College Maastricht
UCU	University College Utrecht
UG	Universiteit Gent (België)
UL	Universiteit Leiden (v/h RUL)
ULO	Universitaire LerarenOpleiding
UM	Universiteit Maastricht (nu: Maastricht University)
UT	Universiteit Twente
UU	Universiteit Utrecht
UvA	Universiteit van Amsterdam
UvH	Universiteit voor Humanistiek
UWV	UWV WERKbedrijf (v/h CWI of AB)
VAPRO-OVP	Zie: PML
VAVO	Voortgezet Algemeen VolwassenenOnderwijs
VBO*	Voorbereidend BeroepsOnderwijs (nu: vmbo)
VeCo	Vesalius College, Brussel (België)
VEV*	Vereniging Elektrotechnisch Vakonderwijs (nu: Kenteq)
VHO	Voorbereidend Hoger Onderwijs
VMBO	Voorbereidend Middelbaar BeroepsOnderwijs
VMBO BB	Vmbo BasisBeroepsgerichte leerweg
VMBO-Ec	Vmbo sector Economie
VMBO GL	Vmbo Gemengde Leerweg
VMBO KB	Vmbo KaderBeroepsgerichte leerweg
VMBO-Lb	Vmbo sector Landbouw
VMBO TL	Vmbo Theoretische Leerweg
VMBO-Tech	Vmbo sector Techniek
VMBO-Z&W	Vmbo sector Zorg en Welzijn
VO	Voortgezet Onderwijs
VO	Voortgezette Opleiding(en)
VOC	VakOpleiding Carrosseriebedrijf
VOC/BETEX*	VakOpleiding Confectie / BEdrijfsopleiding TEXtiel (nu: KC Handel)
VPO	Vereniging voor Particulier Onderwijs
VSO	Voortgezet Speciaal Onderwijs (v/h svo)
VT/vt	VolTijdonderwijs (Algemeen) of beroepsopleidend onderwijs (mbo)
VTL	Kenniscentrum Transport en Logistiek
VUA	Vrije Universiteit Amsterdam
VUB	Vrije Universiteit Brussel (België)
VWO	Voorbereidend Wetenschappelijk Onderwijs
WEB	Wet Educatie en Beroepsonderwijs
WEC	Wet op de ExpertiseCentra
WHW	Wet op het Hoger onderwijs en Wetenschappelijk onderzoek
WO	Wetenschappelijk Onderwijs
WPO	Wet op het Primair Onderwijs
WU	Wageningen UR (Universiteit)
WVO	Wet op het Voortgezet Onderwijs

INLEIDING

Het geheel van onderwijsinstellingen, opleidingen en cursussen in Nederland geeft de indruk nogal ingewikkeld, onsamenhangend, soms zelfs verward te zijn. Toch is er meer samenhang dan deze eerste indruk veronderstelt, zonder dat er nu direct van een aaneensluitend geheel sprake is.
Doel van deze publicatie is om die ondoorzichtige samenhang te verhelderen. Allereerst is het een praktische publicatie: een informatiebron voor ieder die zowel in de beroepskeuzepraktijk als in de beroepenvoorlichting met het jonge kind, de jongere en de volwassene wil komen tot het kiezen van de onderwijsvorm die het meest geschikt is voor de betrokkene. Verder zal het voor hen die de Nederlandse cultuur waarderen, op zijn minst interessant zijn te zien wat Nederland doet om zijn cultuur door te geven aan nieuwe generaties.

In deze inleiding worden enige algemene kenmerken van het onderwijs in Nederland naar voren gebracht die als leidraad kunnen dienen om meer inzicht te verkrijgen in de grote diversiteit van onderwijsinstellingen.
In hoofdstuk 1 wordt een algemeen overzicht gegeven van alle vormen van onderwijs, dus niet alleen van die welke tot het Nederlandse schoolwezen behoren als het stelsel van scholen dat onder leiding van de overheid is opgebouwd, dat van regeringswege wordt geïnspecteerd en dat uit de openbare kas wordt onderhouden.
Niet genoemd worden typen van onderricht als zondagsscholen, en muziekscholen en vrije academies waar men slechts kunst beoefent als zinvolle vrijetijdsbesteding, en cursussen die op recreatie of vrijetijdsbesteding zijn gericht.

In deze publicatie ligt de nadruk op vormen van onderwijs en opleiding die voor beroepsuitoefening en carrièreplanning van belang zijn.

1 ALGEMENE KENMERKEN VAN HET ONDERWIJS IN NEDERLAND

Ofschoon het onderwijs een van de wezenlijke factoren is waardoor een beschaving zich in de loop van de tijd kan handhaven en tegelijkertijd ontwikkelen, zijn er nog steeds te weinig studies over de historie van de verschillende onderwijssystemen in Nederland verschenen. Vanuit de geschiedenis krijgen de kenmerken die hier zullen volgen meer reliëf en hun betekenis meer gewicht. Het is echter niet alleen het verleden dat het heden meer begrijpelijk maakt, maar ook de vergelijking met onderwijssystemen in landen om ons heen en landen die verder van onze Europese cultuur verwijderd zijn. Historische en vergelijkende pedagogiek brengen t.a.v. het onderwijs de volgende kenmerken naar voren:

2 HET ONDERWIJS IS ALGEMEEN VORMEND

'Algemeen vormend' is een meerduidig begrip. Het duidde aanvankelijk algemeen ontwikkelend onderwijs aan: de leerling werd op de hoogte gebracht van wat de cultuur had voortgebracht. Dit gebeurde voornamelijk door het aanreiken van feitenmateriaal dat, hoewel mogelijk boeiend onderwezen, niet de hele persoon aansprak. Nu bedoelt men met de term 'algemeen vormend onderwijs' het onderwijs dat een fundamentele vorming beoogt. Het is een vorm van ontwikkelingshulp, die zich speciaal richt op wat zich in het kind en de jongere het gemakkelijkst laat ontplooien. Het onderwijs komt tegemoet aan de belangstelling van het kind, aan zijn ontvankelijkheid voor numerieke, verbale en motorische activiteiten, en aan zijn sociale, emotionele en creatieve ontwikkeling.

De leerling of student wordt geleerd met de taal om te gaan, en om zorgvuldig in zijn oordeel te zijn. Hij leert zich in verschillende levenssituaties adequaat te gedragen, ook als van hem samenwerking, creativiteit, openheid voor nieuwe vormen aanspak, efficiency, en/of initiatief worden gevraagd. Deze fundamentele vorming wordt zowel in het algemeen onderwijs als in het beroepsonderwijs beoogd. Ten opzichte van het verleden heeft met name het beroepsonderwijs hierdoor een ander karakter gekregen: men experimenteerde eerst met competentiegericht onderwijs; sinds augustus 2011 is het CGBO of CGO officieel ingevoerd.

De huidige beroepenwereld ontwikkelt zich snel; bepaalde beroepen binnen de arbeidsverdeling wijzigen zich verschillende malen binnen een generatie. Het beroepsonderwijs dient dan fundamenteel te zijn, zodat de beroepsbeoefenaar zich naar de nieuwe omstandigheden in de beroepsarbeid kan richten zonder daarvoor opnieuw een langdurige opleiding te moeten volgen. Een gerichte training of cursus zou in dat soort situaties normaal gesproken voldoende moeten zijn.

Bovendien ervaart men in de wereld van de arbeid dat vaak een appel moet worden gedaan op de persoonlijkheid van de beroepsbeoefenaar (snelle, maar adequate omschakeling, ook naar sociale omstandigheden, verantwoordelijkheidsgevoel, enzovoort).

Ten slotte: de jongere die op een beroep gericht onderwijs ontvangt, heeft recht op onderwijs dat hem voorbereidt op het leven, of liever nog dat hem in staat stelt het leven nu en in de toekomst zo optimaal mogelijk te beleven. Ook wordt hierbij gedacht aan de levensmomenten die liggen buiten de beroepsarbeid en de vrijetijdsbesteding. De tendens in het Nederlandse onderwijs is veel aandacht schenken aan deze fundamentele vorming van het individu, zowel in het algemeen onderwijs als in het beroepsonderwijs. Deze vorming duurt langer en is meer gedifferentieerd naarmate de ontwikkelingsmogelijkheden groter zijn.

De term 'algemeen vormend', zoals bovenstaand is omschreven, impliceert het volgende:

Algemeen vormend onderwijs (gerealiseerd in algemeen onderwijs en beroepsonderwijs) bereidt voor op deelname aan de bestaande cultuur. Er is hier geen sprake van een bewuste indoctrinatie van een gevestigde cultuur in jonge mensen. Cultuurgoed, in het verleden tot stand gekomen, dringt zich niet aan de nieuwe generatie op; het jonge kind en de jongere worden voorbereid op het creëren van een eigentijdse cultuur. In feite komt het erop neer dat men de bestaande cultuurvormen overneemt en wijzigt. Deze wijzigingen kunnen soms zeer ingrijpend zijn. Dat is een noodzakelijk gevolg van verantwoord algemeen vormend onderwijs.

3 HET ONDERWIJS IS VRIJ

De schoolstrijd over de vormgeving van het onderwijsbestel heeft in de 19e en 20e eeuw lang geduurd. Deze strijd mondde uiteindelijk uit in een algehele gelijkstelling tussen bijzonder onderwijs en openbaar onderwijs.

Momenteel laat men zich bij de schoolkeuze door praktische motieven leiden: de afstand van school naar huis, didactische uitgangspunten van de school, klassegrootte, het percentage geslaagden, enzovoort.

Nog altijd kan men voor openbaar of voor bijzonder onderwijs kiezen.

Openbare scholen zijn de scholen uit het wettelijk geregelde schoolwezen: ze worden door rijk of gemeente onderhouden, en door het bevoegd gezag (vaak het gemeentelijk college van B en W) gesticht, beheerd en bestuurd.

Naast het openbaar onderwijs bestaat in Nederland het bijzonder onderwijs (in Vlaanderen heet dit: vrij onderwijs), waar de bestuursfuncties worden vervuld door een schoolbestuur dat door een stichting of vereniging is samengesteld. Particulieren, maar ook bijvoorbeeld kerkelijke instanties, starten veelal een stichting of vereniging voor bijzonder onderwijs om een bepaalde levensbeschouwelijke - bijvoorbeeld godsdienstige, maatschappelijke of onderwijskundige - visie te kunnen vormgeven.

Het bijzonder onderwijs kan zo worden onderverdeeld in confessioneel bijzonder onderwijs en algemeen bijzonder onderwijs. Alle scholen die voldoen aan de accreditatie-eisen van de overheid, worden door de overheid bekostigd.

N.B. Bijzonder onderwijs wordt soms verward met speciaal onderwijs: onderwijs met speciale aandacht en voorzieningen voor leerlingen met leermoeilijkheden, ziekte, of handicaps (zie hiervoor paragraaf 2.2).

4 HET ONDERWIJS IS DEMOCRATISCH

De mens heeft recht op onderwijs. Blijk van democratisch onderwijs is de voortdurende zorg van de Nederlandse overheid om het recht op onderwijs van het kind veilig te stellen door dat recht wettelijk te regelen in de Leerplichtwet (zie paragraaf 26.16). Uit het studiefinancieringsbeleid blijkt dat de overheid ook het recht van de jongere op onderwijs ondersteunt.

Niet alleen de structuur van het onderwijs maakt het onderwijs democratisch. Zo wordt in de Wet op het voortgezet onderwijs (WVO, zie paragraaf 1.1) en in de Wet educatie en beroepsonderwijs (WEB, zie paragraaf 1.1) ruimte geboden aan maatschappelijke, kunstzinnige, lichamelijke en/of religieuze vorming.

5 SAMENVATTING VAN DE INLEIDING

Het onderwijs wil algemeen vormend zijn en wat in het kind leeft tot volle ontplooiing brengen, zowel in het algemeen onderwijs als in het beroeps- en wetenschappelijk onderwijs. Dat de jongere wordt geleerd waaruit de cultuur bestaat, hoe hij eraan kan deelnemen, of er desgewenst stelling tegen kan nemen, is een belangrijk aspect van het onderwijs.

Vervolgens is men in Nederland vrij om een onderwijstype en een concrete school zelf te kiezen.

Ten slotte wil het onderwijs iedereen bereiken, waardoor men tegemoet komt aan een van de eerste rechten van de mens: het recht op onderwijs.

Deze algemene richtlijnen liggen ten grondslag aan het onderwijs van het Nederlandse schoolwezen.

Er zijn meer onderwijsvormen dan de vormen die door toedoen van de overheid zijn ontstaan. Zo is er een aanzienlijke diversiteit aan opleidingen, cursussen en exameninstanties ontstaan uit particulier initiatief, vaak gefinancierd door het bedrijfsleven, en soms erkend door de overheid. In veel gevallen sluiten deze opleidingen min of meer aan bij het reguliere onderwijs.

Met name opleidingen en cursussen die op een beroep zijn gericht, worden in deze publicatie vermeld.

Hoewel steeds de nieuwste informatie in deze 'Beroepengids' wordt verwerkt, is het niet te vermijden dat er onjuistheden kunnen optreden.
Daarom zullen wij alle gebruikers van dit boek erkentelijk zijn wanneer zij ons de tekortkomingen ten spoedigste willen melden, indien mogelijk voorzien van de bijbehorende documentatie.

Uitgeverij De Toorts, Conradkade 6, 2031 CL Haarlem; e-mail-adres: beroepengids@toorts.nl

1.1 ONDERWIJSWETTEN

Verreweg de meeste scholen ressorteren onder het ministerie van OCW. Zij worden geregeld door de volgende wetten:
- Leerplichtwet (1969, met aanpassing in 2007).
- Wet op het primair onderwijs (WPO) (1998).
- Wet op het voortgezet onderwijs (WVO) (1963, bijnaam: Mammoetwet).
- Wet op het hoger onderwijs en wetenschappelijk onderzoek (WHW) (1992): bama-structuur en invoer van accreditatie.
- Wet educatie en beroepsonderwijs (WEB) (1996).
- Wet passend onderwijs (ingevoerd op 1.8.2014) - zie voor meer informatie: paragraaf 2.2.

- *Leerplichtwet/kwalificatieplicht*
  Deze wet en de aanpassing daarop in 2007 inzake de kwalificatieplicht worden beschreven in paragraaf 26.16.

- *Wet op het primair onderwijs (WPO)*
  Deze wet wordt beschreven in de paragrafen 2.1 en 2.2.k.1.

- *Wet op het voortgezet onderwijs (WVO)*
  Het tot stand komen van de WVO heeft een zeer lange voorgeschiedenis. Omdat het nogal een zwaar karwei leek om de wet, gericht op de regelgeving van het voortgezet onderwijs, in 1963 en daarna te kunnen gaan uitvoeren, heeft deze wet vanaf het begin al een bijnaam gekregen die verwijst naar een log dier: de Mammoetwet.
  Het voortgezet onderwijs (vo) bestaat uit het algemeen vormend onderwijs (avo), het voorbereidend wetenschappelijk onderwijs (vwo) en het beroepsonderwijs.
  Het avo bestaat uit twee niveaus: middelbaar en hoger algemeen voortgezet onderwijs (respectievelijk: mavo en havo).
  Het beroepsonderwijs bestaat uit twee niveaus: het voorbereidend beroepsonderwijs (vbo) en het middelbaar beroepsonderwijs (mbo) dat sinds 1996 door de WEB (zie hieronder) wordt geregeld. Het vbo vormt nu, samen met het mavo, het voorbereidend middelbaar beroepsonderwijs (vmbo, zie paragraaf 2.3).

Naargelang het niveau van begaafdheid van de leerling zal na de basisschool worden gekozen voor vmbo, mavo, havo of vwo.

Het vwo kent verschillende vormen: het atheneum, het gymnasium en het lyceum.

De onderbouw van het vo begon als een periode van basisvorming voortgezet onderwijs (bavo).

Deze bavo werd ook op het vmbo gegeven.

In 2006 is de bavo in de oorspronkelijke vorm afgeschaft (zie paragrafen 1.4 en 2.9).

- *Wet op het hoger onderwijs en wetenschappelijk onderzoek (WHW)*
  Deze wet regelt het hoger onderwijs dat wordt gegeven aan de algemene en de technische universiteiten, de hogescholen en de Open Universiteit Nederland (zie paragraaf 25.4).

- *Wet educatie en beroepsonderwijs (WEB)*
  Deze wet regelt het middelbaar beroepsopleidend (bol) en het middelbaar beroepsbegeleidend (bbl) beroepsonderwijs (mbo, zie paragraaf 1.7), het volwassenenonderwijs (zie paragraaf 2.7) en het voortgezet algemeen volwassenenonderwijs (vavo, zie paragraaf 2.8).

- *Wet passend onderwijs*
  Deze wet is per 1 augustus 2014 in werking getreden (zie de beschrijving ervan in paragraaf 2.2).

1.2 BASISONDERWIJS (BAO)

Het fundament voor het Nederlandse onderwijs wordt gevormd door het basisonderwijs (bao) (8 jaar). Zie paragraaf 2.1.

1.3 SPECIAAL ONDERWIJS (SO/VSO)

Speciaal onderwijs (so) en voortgezet speciaal onderwijs (vso) zijn voor kinderen zoals genoemd in de clusters in paragraaf 2.2.k.2, en voor wie aangewezen zijn op een specifiek orthopedagogisch en orthodidactisch aanbod met onderwijsondersteunende therapieën zoals lwoo (zie paragraaf 2.3.m.2) en pro (zie paragraaf 2.3.m.4).

1.4 BASISVORMING

Tot en met 2005 begonnen alle leerlingen het voortgezet onderwijs met de basisvorming voortgezet onderwijs (bavo). Deze bavo (of: onderbouw) bood kennis, inzicht en vaardigheden die o.a. nodig waren voor het vervolgonderwijs.
In 2006 werd de bavo in zijn oorspronkelijke vorm afgeschaft. Tot en met het schooljaar 2005-2006 kregen leerlingen op de meeste scholen gedurende de bavo les in 15 vakken.
Sinds 1 augustus 2006 kan dat nog steeds het geval zijn, maar vanaf die datum hebben scholen meer mogelijkheden om de onderbouw anders in te richten, zodat maatwerk voor alle leerlingen kan worden geboden en keuzen kunnen worden gemaakt die bij het schooltype passen.
De term 'bavo' mag nog worden gebruikt, maar omdat de invulling van de eerste twee leerjaren op diverse scholen kan verschillen, wordt aan de term 'onderbouw voortgezet onderwijs' de voorkeur gegeven. Zie voor meer informatie: paragraaf 2.9.

1.5 HAVO, VWO EN VAVO

Het voortgezet onderwijs (vo) bestaat uit het algemeen vormend onderwijs (avo), het voorbereidend wetenschappelijk onderwijs (vwo) en het beroepsonderwijs (zie de paragrafen 1.6 en 1.7).

Het avo bestaat uit twee niveaus: middelbaar en hoger algemeen voortgezet onderwijs (respectievelijk: mavo en havo). Naargelang het niveau van begaafdheid van de leerling zal na de basisschool worden gekozen voor vmbo, mavo (hiervoor bestaan nog tientallen scholen), havo of vwo.

Informatie over havo staat in paragraaf 2.5, over vwo in paragraaf 2.6 en over vavo (voortgezet algemeen volwassenenonderwijs) in paragraaf 2.8.
Lees verder op pagina 18, 1e kolom linksboven.

1.

B

A

1. Wanneer blok A onder blok B is geplaatst, betekent dit dat A een mogelijke vooropleiding is voor B.

2.

B

E | **D** | **C** | **A**

2. Wanneer aan blok A enkele andere blokken (bijvoorbeeld C, D en E) aaneengesloten zijn, betekent dit dat deze blokken mogelijke vooropleidingen zijn voor B.

3.

F

B

E

D

A

C

3. Wanneer de blokken A, C, D en E niet aaneengesloten zijn, vormen ze niet alle mogelijke vooropleidingen voor B. In dit geval vormen A en C mogelijke vooropleidingen voor B, en E en D mogelijke vooropleidingen voor F.

4.

B

A

4. Wanneer vanuit een blok A een pijl wordt getrokken tot aan een blok B, vormt A een mogelijke toelating tot B.

5.

5. Een vak van stippellijntjes betekent dat het hetzelfde niveau betreft, maar met een langere studieduur.

6.

6. De horizontale lijntjes per blok stellen de grens van een jaar voor en geven zo de duur van een opleiding aan.

Het Nederlandse onderwijs in schema

Zie voor de toelichting op dit schema pagina 16.

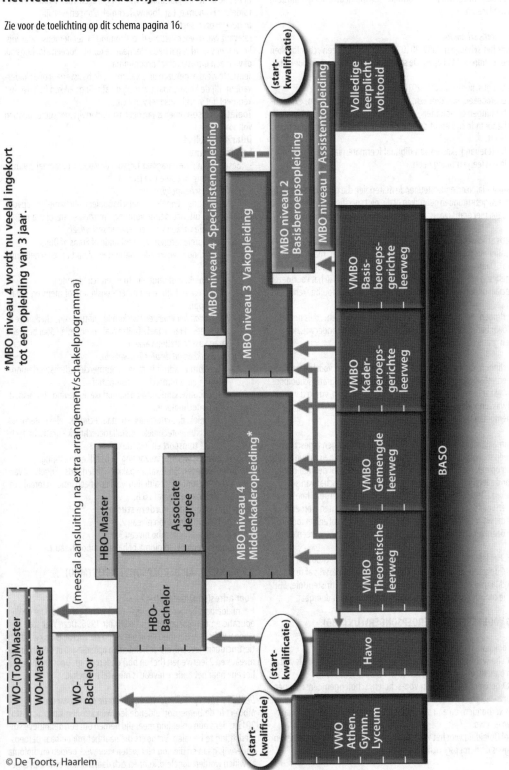

*MBO niveau 4 wordt nu veelal ingekort tot een opleiding van 3 jaar.

(meestal aansluiting na extra arrangement/schakelprogramma)

© De Toorts, Haarlem

Het vwo kent verschillende vormen: het atheneum, het gymnasium en het lyceum.

Over gratis schoolboeken:
Sinds het schooljaar 2009-2010 hoeven ouders geen schoolboeken meer te huren of te kopen. De school zorgt voor de schoolboeken.

Sinds het schooljaar 2009-2010 zijn dus gratis:
- Leerboeken, werkboeken, project- en tabellenboeken, examentrainingen en -bundels, eigen leermateriaal van de school, bijbehorende cd's en/of dvd's die een leerling in dat leerjaar nodig heeft.
- De (toegangs)kosten van digitaal leermateriaal dat een leerling in dat leerjaar nodig heeft.

Lesmaterialen en ondersteunende materialen die meer kinderen binnen een gezin kunnen gebruiken of die niet specifiek voor één leerjaar zijn, zijn niet gratis (zoals: atlassen, woordenboeken, rekenmachines).

Gratis schoolboeken zijn er voor alle leerlingen aan scholen in het regulier voortgezet onderwijs (bijvoorbeeld vmbo, mavo, havo en vwo). Daaronder vallen ook de scholen voor praktijkonderwijs en het zogeheten groene voortgezet onderwijs. Leerlingen in het voortgezet speciaal onderwijs (vso) kregen al eerder gratis schoolboeken.

Leerlingen, die andere vormen van onderwijs volgen, zoals het middelbaar beroepsonderwijs (mbo) of het particulier onderwijs, krijgen geen gratis schoolboeken.

Leerlingen, die een voltijdopleiding volgen op het voortgezet algemeen volwassenenonderwijs (vavo), krijgen geen gratis schoolboeken. Maar leerlingen die de 1- of 2-jarige havo, vwo, vmbo tl van het volwassenenonderwijs volgen, komen wél in aanmerking voor een tegemoetkoming voor schoolboeken.

Daarnaast staan sommige 16- en 17-jarige leerlingen ingeschreven op een school voor voortgezet onderwijs (vo), en volgen zij hun opleiding op een roc. In dat geval ontvangt de vo-school de financiering voor de leerling, inclusief het bedrag voor de aanschaf van schoolboeken. Deze school heeft dan de wettelijke plicht om boeken te kopen voor de leerlingen. Deze plicht kan overgenomen worden door het roc waar de leerling onderwijs volgt. De vo-school en het roc moeten daarover afspraken maken in hun samenwerkingsovereenkomst.

N.B. Het kabinet-Rutte II was van plan om vanaf het schooljaar 2015-2016 de gratis schoolboeken in het voortgezet onderwijs af te schaffen. Maar in het Begrotingsakkoord tussen D66, ChristenUnie, SGP en de coalitiepartijen staat dat deze maatregel niet doorgaat.

1.6 VOORBEREIDEND BEROEPSONDERWIJS (VBO)

Zie ook paragrafen: 2.3.m.5, 2.3.m.6 en 26.8.
Het vbo werd veelal vervangen door het vmbo. Zowel vbo als vmbo zijn onderdeel van het voorbereidend beroepsonderwijs.
Het vbo werd gegeven aan vbo-scholen, scholengemeenschappen voor mavo en vbo waaraan ook een afdeling voor praktijkonderwijs was verbonden, en aan scholengemeenschappen voor vbo, mavo, havo en vwo.
Doel Opleiding voor het vbo-diploma. Het onderwijs werd gegeven volgens de Beroepsgerichte leerweg.

In het 3e of 4e leerjaar moest worden gekozen voor 1 van de 4 sectordelen: Economie, Landbouw, Techniek, Zorg en welzijn.
In het gekozen sectordeel werden 2 algemene vakken gegeven die relevant waren voor verdere doorstroming in het beroepsonderwijs. Vervolgens werd vanaf het 3e leerjaar gekozen voor een afdelingsvak of voor een intrasectoraal programma.
Tenslotte werd er gekozen uit 2 varianten: de basisvariant of de kadervariant. Bij de kadervariant was bij de afdelingsvakken behalve het kerndeel het verrijkingsdeel verplicht.
Toelatingseisen Groep 8 van het basisonderwijs met succes hebben voltooid.
Duur 4 jaar voltijd.
Lesprogramma
- Basisvorming: zie paragraaf 1.4; voor de vakken: paragraaf 2.9.m.1.
- Vervolgens in het 3e en 4e jaar:
  - *Gemeenschappelijk deel:*
    Nederlands - Engels - maatschappijleer - lichamelijke opvoeding - 1 uit: beeldende vorming - muziek - dans of drama.
  - *Verplichte vakken van het gekozen sectordeel:*
    - Economie: economie - wiskunde of Frans of Duits.
    - Landbouw: wiskunde - natuurleer of natuur- en scheikunde I.
    - Techniek: wiskunde - natuur- en scheikunde I.
    - Zorg en welzijn: natuurleer - wiskunde of mens en maatschappij.
  - *Vakken van het vrije deel:* wiskunde - natuur- en scheikunde I - natuurleer - Franse taal - Duitse taal - economie - door bevoegd gezag vast te stellen vakken.
  - *1 of 2 vakken uit de afdelingsvakken:*
    - Economie: administratie - commerciële dienstverlening - mode en commercie - consumptief.
    - Landbouw: landbouw en natuurlijke omgeving - levensmiddelentechnologie.
    - Techniek: bouwtechniek - metaaltechniek - elektrotechniek - voertuigentechniek - installatietechniek - grafische techniek - transport en logistiek.
    - Zorg en welzijn: verzorging - uiterlijke verzorging.
Diploma/examen Eindexamenpakket: Nederlands - Engels - 2 vakken van het sectordeel - 2 afdelingsvakken of een intrasectoraal programma. Zie ook paragraaf 26.8.
Mogelijkheden voor verdere studie
- Na de basisvariant: mbo niveau 2.
- Na de kadervariant: mbo niveau 3 of 4.
- Wanneer men geen diploma behaalde: mbo niveau 1.

1.7 MIDDELBAAR BEROEPSONDERWIJS (MBO)

Voor adres(sen) zie: DIEN-42.
Het middelbaar beroepsonderwijs (mbo) wordt geregeld door de Wet educatie en beroepsonderwijs (WEB) uit 1996. Deze Wet stelt een stage verplicht in het mbo en in het vmbo kb. Hierbij is de kwalificatiestructuur ingevoerd, die de honderden opleidingen in 4 opleidingsniveaus en 2 leerwegen (bol en bbl) onderbrengt. Doorstromen van het ene naar het andere niveau is meestal mogelijk.

De WEB en het opleidingsdomein: oriëntatie op studiekeuze
Mbo'ers in de beroepsopleidende leerweg kunnen sinds augustus 2012 tijdens hun opleiding meer tijd nemen om een definitieve studierichting te bepalen. Vmbo'ers die naar het middelbaar beroepsonderwijs gaan en die nog niet weten voor welk beroep en diploma ze willen worden opgeleid, kunnen zich daar inschrijven in een zoge-

noemd 'opleidingsdomein' met een duur van 1 jaar. In de loop van hun studie kunnen ze dan hun keus verfijnen. De maatregel moet de aansluiting tussen vmbo en mbo versterken en schooluitval voorkomen.

In een opleidingsdomein kan een breder onderwijsprogramma worden aangeboden met onderdelen van meer beroepsopleidingen, bijvoorbeeld in de techniek, in de zorg, in de handel. Daardoor krijgen studenten die dat nodig hebben een beter beeld van voor hen relevante beroepen en de daarop gerichte opleidingen. Zo kunnen ze een zorgvuldigere studiekeuze maken. Het domein mag niet ten koste van de studieduur gaan.

De invoering van de opleidingsdomeinen moet voorkomen dat in sommige gevallen de geforceerde studiekeuze bij de start leidt tot onnodige schooluitval, tussentijds overstappen naar andere studies, studievertraging en administratieve rompslomp.

Studenten kunnen kiezen uit 16 opleidingsdomeinen, gekoppeld aan clusters van kwalificatiedossiers, bijvoorbeeld het domein Zorg en welzijn met de clusters Verpleging en verzorging, Gezondheidsondersteuning, Maatschappelijke zorg, Pedagogisch werk en Cultureel werk.

Kiezen voor een opleidingsdomein is overigens niet verplicht.
In het voorjaar van 2011 is de WEB hierop aangepast.

16 domeinen
Afbouw, hout en onderhoud
Ambacht, laboratorium en gezondheidstechniek
Bouw en infra
Economie en administratie
Handel en ondernemerschap
Horeca en bakkerij
Informatie en communicatietechnologie
Media en vormgeving
Mobiliteit en voertuigen
Techniek en procesindustrie
Toerisme en recreatie
Transport, scheepvaart en logistiek
Uiterlijke verzorging
Veiligheid en sport
Voedsel, natuur en leefomgeving/vormgeving.
Zorg en welzijn

Niveaus
Binnen de leerwegen bol en bbl worden vier niveaus onderscheiden, waarbij doorstromen van het ene naar het andere niveau meestal mogelijk is:

- *Niveau 1 Middelbaar beroepsonderwijs:* Assistentenkwalificatie of Assistentenopleiding:
  Dit is het laagste niveau (binnenkort ook wel 'entree-opleiding' genoemd); dit niveau wordt nu nog aangeduid met 'Assistent'. Het gaat hierbij om het onder toezicht uitvoeren van eenvoudige uitvoerende werkzaamheden, die betrekking hebben op het toepassen van geautomatiseerde routines en standaardprocedures.
  Duur: een half jaar tot een jaar.
  Er zijn meestal geen andere toelatingseisen dan: de volledige leerplicht hebben voltooid (ook wel: 'drempelloos' genoemd), dus er geen diploma van een vooropleiding vereist.
  Leidt op tot eenvoudige uitvoerende werkzaamheden.

- *Niveau 2 Middelbaar beroepsonderwijs:* Basisberoepskwalificatie of Basisberoepsopleiding:
  De opleidingen zijn gericht op meer gecompliceerde routines en standaardprocedures waarbij uitvoerende werkzaamheden worden verricht.
  Niveau 2 wordt ook wel een startkwalificatie genoemd. (Een startkwalificatie is een diploma havo, vwo of mbo niveau 2, waarmee iemand onder de 23 jaar geschoold werk kan krijgen op de arbeidsmarkt. In de praktijk lukt dat momenteel echter nauwelijks: er wordt vaak niveau 3 vereist.)
  Duur: 1-2 jaar.
  Toelatingseisen: vmbo bb met een van de verplichte sectorvakken; verwante niveau-1-opleiding; of 'drempelloos' (= de volledige leerplicht hebben voltooid).
  Leidt op tot uitvoerende/assisterende werkzaamheden.

- *Niveau 3 Middelbaar beroepsonderwijs:* Vakkwalificatie of Vakopleiding:
  Een vakfunctionaris voert de werkzaamheden van het beroep volledig zelfstandig uit.
  Duur: 2-3 jaar.
  Toelatingseisen: vmbo gl, vmbo kb of vmbo tl met een van de verplichte sectorvakken; vbo-b/c (2 of 3 vakken op c-niveau); mavo; overgangsbewijs naar havo-4 of vwo-4; mbo niveau 2.
  Leidt op tot volledig zelfstandige uitvoering van werkzaamheden.

- *Niveau 4 Middelbaar beroepsonderwijs:* Middenkaderkwalificatie of Middenkader-/Specialistenopleiding:
  Dit niveau omvat de opleidingen tot (Midden)kaderfunctionaris (duur: 3-4 jaar) en Specialist (duur: 1-2 jaar): er is nog een enkele Specialistenkwalificatie met niveau 5 met een duur van 1 of 2 jaar. De (midden)kaderfunctionaris en de specialist ontwikkelen voor de beroepsuitvoering nieuwe procedures en geven leiding aan de organisatie waarin het beroep wordt uitgeoefend. De taken zijn specialistisch, de functionarissen zijn breed inzetbaar; ze dragen verantwoordelijkheid voor de dagelijkse gang van zaken.
  Toelatingseisen Middenkaderopleiding: vmbo gl, vmbo kb of vmbo tl met een van de verplichte sectorvakken; vbo-c/d; mavo (met 3 of meer vakken op d-niveau); overgangsbewijs naar havo-4 of vwo-4; mbo niveau 2.
  Toelatingseisen Specialistenopleiding (niveau 4 of 5): mbo niveau 3 of 4, soms met een diploma mbo niveau 2.
  Het diploma mbo niveau 4 of 5 sluit veelal direct aan op het hbo.

N.B. Aan het eindexamenpakket van het vmbo worden i.v.m. de mbo-niveaus 3 en 4 eisen gesteld aan de gekozen sector en de verplichte sectorvakken.

Wijziging WEB (in de EK aangenomen op 25.6.2013) inzake het bevorderen van meer doelmatige leerwegen in het beroepsonderwijs: verkorte mbo-leerwegen met ingang van 2015

Het overgrote deel van de mbo-opleidingen kan volgens het kabinet-Rutte II worden ingekort van vier naar drie jaar. Compacte én intensieve opleidingen zijn aantrekkelijker voor studenten en vormen daarmee een goed alternatief voor de 'havo-route', is de redenering. Studenten kunnen zo eerder aan de slag, of vlot doorstromen naar het hbo, terwijl ze in vergelijking met de huidige vierjarige opleidingen hetzelfde leren (in minimaal 1000 klokuren i.p.v. de huidige 850 klokuren). In ieder geval 47 (voor het merendeel technische) van de in totaal ruim 600 beroepsopleidingen mogen onderwijsinstellingen straks desgewenst nog in vier jaar aanbieden. Verkorting van de opleidingen op niveau 4 tot maximaal 3 jaar werkt door naar de andere niveaus; opleidingen op de lagere niveaus moeten niet langer kunnen duren dan opleidingen op de hogere niveaus. Om deze reden is ook de opleidingsduur van de opleidingen op niveau 3 verkort tot maximaal drie jaar, en van de opleidingen op niveau 2 tot maximaal 2 jaar. Verkorten en intensiveren moeten ertoe leiden dat studenten sneller tot het diploma worden gebracht. Het gaat daarbij om een andere inrichting en organisatie van het onderwijs, niet om andere diploma-eisen.

Diverse onderwijsinstellingen hebben overigens zelf al eerder het initiatief al genomen om hun opleidingen te verkorten.

Twee leerwegen: bol en bbl
Binnen het mbo zijn er, afhankelijk van de tijd die wordt besteed aan de bpv (beroepspraktijkvorming, zie hieronder), twee leerwegen voor de opleidingen: de beroepsopleidende leerweg (bol) en de beroepsbegeleidende leerweg (bbl).

Bij de beschrijving van de opleidingen worden deze respectievelijk voltijdopleiding (bol) en deeltijdopleiding (bbl) genoemd.

Kosten (onder voorbehoud van prijsstijgingen)
Wie op 1 augustus van het cursusjaar 18 jaar of ouder is, betaalde Euro 1.118,00 voor een voltijdopleiding (bol) in het jaar 2014-2015.
Wie op 1 augustus van het cursusjaar 18 jaar of ouder is, betaalde voor een deeltijdopleiding (bbl) in het jaar 2014-2015:
- Voor mbo niveau 1 en 2 (de Assistent- en de Basisberoepsopleiding): 232 Euro.
- Voor mbo niveau 3 (de Vakopleiding): 563 Euro.
- Voor mbo niveau 4 (de Middenkader- of de Specialistenopleiding): 563 Euro.
De indexering van bovengenoemde studiekosten voor 2015-2016 is nog niet bekend.
Afhankelijk van de opleiding kunnen er door de school aanvullende kosten in rekening worden gebracht.
Wordt er een particuliere opleiding gevolgd, dan dient de bijdrage die de instelling heeft vastgesteld, te worden betaald.

Bpv
In alle opleidingen speelt de beroepspraktijkvorming (bpv) een belangrijke rol: een stage die door de WEB is voorgeschreven.
- Studenten kunnen alleen stage lopen bij een erkend leerbedrijf. De erkenning wordt gedaan door de kenniscentra beroepsonderwijs bedrijfsleven (kbb's; zie voor meer info, en voor adressen: paragraaf 1.7.g.1).
- Als studenten 4 dagen per week stage lopen en een dag per week naar school gaan, heet dat een 'leerbaan'.
- Bij de beroepsbegeleidende leerweg (bbl) is de tijd die op alle 4 de opleidingsniveaus hieraan wordt besteed, 60%-80% van de voltijd; er zijn een arbeidscontract en een bpv-overeenkomst nodig.
- Voor de beroepsopleidende leerweg (bol) start de bpv bij opleidingsniveau 2 met 50-60% van de voltijd; bij niveau 3 is de bpv 40-50%, en bij niveau 4 is de bpv 30-40%.
- Er zijn ook buitenlandse stages mogelijk: de i-bpv (internationale beroepspraktijkvorming) wordt o.a. ondersteund door de kenniscentra ECABO en Kenwerk.

Bpvo
Tot de taken van de onderwijsinstellingen waar de leerlingen zijn ingeschreven, behoort de acquisitie van leerlingen en de sociaal-pedagogische begeleiding van leerlingen. In de onderwijsinstelling vinden intake en assessment plaats, wordt voor de leerlingen van de beroepsopleidende leerweg (bol) de beroepspraktijkvormingsovereenkomst (bpvo) afgesloten, en wordt het leerlingvolgsysteem bijgehouden. De bpvo wordt ondertekend door deelnemer, bedrijf en onderwijsinstelling.
In de beroepsbegeleidende leerweg (bbl) draagt het kenniscentrum (kbb) de verantwoordelijkheid voor het afsluiten van de bpvo. Deze wordt ondertekend door deelnemer, bedrijf, instelling en kenniscentrum.

Scholen
De beroepsopleidingen worden gegeven aan regionale opleidingencentra (roc's) en mbo-colleges.
De beroepsopleidingen voor de agrarische sector (Groen onderwijs) worden verzorgd door agrarische opleidingscentra (aoc's, zie paragraaf 1.8).

Kenniscentra beroepsonderwijs bedrijfsleven (kbb's)
De kenniscentra beroepsonderwijs bedrijfsleven (kbb's - ze noemen zich tegenwoordig verkort: kenniscentra) spelen een belangrijke rol bij de opleidingen. Zij erkennen leerbedrijven (de praktijkplaatsen), waar de bpv (beroepspraktijkvorming) of i-bpv (internationale beroepspraktijkvorming) plaatsvindt. Zij ontwikkelen voor de aan hen toegewezen sector de kwaliteitsstructuur waarin de eindtermen worden geformuleerd (kwalificatiedossiers), en actualiseren deze voortdurend. Zij (en sommige roc's, waar het bijvoorbeeld het onderdeel 'zorg' betreft) leiden ook de leermeesters of praktijkbegeleiders op, die leerlingen in de leerbedrijven vakinhoudelijk begeleiden.
Tot de specifieke taken van de consulenten van een kenniscentrum behoren het erkennen van de leerbedrijven, het controleren of de leerbedrijven aan kwaliteitseisen voldoen, en het bewaken van de kwaliteit van leermeesters en praktijkbegeleiders.
N.B. Het kabinet-Rutte II heeft besloten de bekostiging van de kbb's terug te brengen van 100 miljoen in 2012 tot 30 miljoen in 2016. De taakstellende bezuiniging gaat in twee stappen: in 2015 gaat er 40 miljoen van het budget af, in 2016 loopt dat bedrag op tot 80 miljoen. Het kabinet wil het aantal kbb's sterk reduceren en de taken onderbrengen bij de SBB (zie paragraaf 1.7.g.1).

SBB (v/h Colo)
De kenniscentra beroepsonderwijs bedrijfsleven (kbb's) worden sinds 1.1.2012 gecoördineerd door de stichting Samenwerking Beroepsonderwijs Bedrijfsleven (SBB). De SBB behartigt de belangen van de kenniscentra en het bedrijfsleven. De SBB coördineert tevens voor Nederland het project waarbij - op het niveau van de Europese Unie - de vergelijkbaarheid van vakdiploma's in kaart wordt gebracht.
Voor informatie over recente nieuwe ontwikkelingen in verband met de structuur bij SBB zie paragraaf 1.7.g.1.

CGBO of CGO
Competenties: het geheel van kennis, inzicht, houding en vaardigheden dat nodig is om een beroep in de praktijk en in de maatschappij te kunnen uitoefenen.
In het kort: het CompetentieGericht (Beroeps)Onderwijs (als CGBO of CGO afgekort) gaat uit van het denken van een geheel naar delen. De student laat zien dat hij een bepaalde klus kan klaren of een bepaalde activiteit of meer activiteiten kan verrichten, en dat hij kan reflecteren

op zijn handelen of actie. De klus of activiteit(en) vormt/vormen het geheel, en de student moet zowel kennis, vaardigheden en persoonlijke kwaliteiten in huis hebben om die klus of activiteit(en) tot een goed eind te brengen. De student wordt in een kritische (beroeps)situatie geplaatst waarin hij op het toppunt van zijn kunnen moet functioneren en waardoor men kan beoordelen hoe competent de student is.

Sinds 1 augustus 2011 worden alle studenten in het mbo opgeleid op basis van de competentiegerichte kwalificatie-eisen. Door de arbeidsmarkt wordt meer van werkenden gevraagd dan alleen vakdeskundigheid. Het CGBO richt zich meer op de handelingsbekwaamheid van de student: men krijgt een bredere opleiding dan alleen voor het gekozen beroep of vak, dus men dient meer dan alleen vakdeskundigheid aan te leren. Het gaat er bij het CGBO om dat men niet alleen leert om bepaalde technische vaardigheden te ontwikkelen, maar ook hoe men snel nieuwe werkmethoden kan aanleren en toepassen. Ook het functioneren binnen een organisatie en/of een team, het leren stellen van prioriteiten, de juiste beroepsattitude en het vermogen om zich nieuwe ontwikkelingen in beroep en bedrijf eigen te maken, maken deel uit van het CGBO.
De opzet van de competentiegerichte kwalificatiestructuur is vraaggestuurd. Het bedrijfsleven stelde eerst beroepscompetentieprofielen (bcp's) vast. Hierin staan de kerntaken, de kernopgaven en de beroepscompetenties die bij een bepaald beroep horen voor een vakvolwassen beroepsbeoefenaar.
Bedrijfsleven en beroepsonderwijs stelden gezamenlijk en onder regie van de kbb's de nieuwe kwalificatieprofielen (kp's) voor beginnende beroepsbeoefenaars op, waarin o.a. de vereiste beroepscompetenties, en de leer- en burgerschapscompetenties aan de orde komen.
Een kp omvat zowel beroepscompetenties afkomstig uit de bcp's, als competenties met een meer maatschappelijk karakter. Op basis hiervan bieden de scholen een competentiegericht onderwijsprogramma aan.

Kwalificaties en deelkwalificaties
De termen 'kwalificatie' voor het geheel van eindtermen voor het behalen van een diploma van een mbo-opleiding, en 'deelkwalificatie(s)' voor de te verwerven competentie(s) blijven voorlopig bestaan, al is het de vraag in hoeverre scholen deze termen en vakken in de schoolpraktijk nog zullen blijven hanteren. Per school kan men in het kader van het competentiegericht onderwijs (zie hierboven onder: CGBO) verschillend met de 'verplichtingen' omgaan: het kan zijn dat een aantal deelkwalificaties op een school niet meer verplicht is om de opleiding te kunnen afronden.

N.B. Op 1.8.2007 is de partiële leerplicht vervangen door de kwalificatieplicht. Zie voor meer informatie paragraaf 26.16.

Taalniveaus
Om het belang van taalbeheersing te onderstrepen, hebben roc's sinds het schooljaar 2007-2008 nieuwe normen voor taalbeheersing afgesproken, verdeeld in zes niveaus (A1-C2). Mbo-leerlingen moeten aan het eind van hun opleiding het derde of vierde niveau (B1 of B2) halen.

Mbo Groen onderwijs
Leerlingen van het Groen onderwijs (dat veelal op de aoc's wordt gegeven) kunnen kiezen uit een breed scala aan opleidingen die binnen acht verschillende 'werelden' vallen. Binnen een 'wereld' valt een

aantal opleidingen die bij elkaar passen: qua opzet, mentaliteit en beroepsmogelijkheden. In principe biedt elke 'wereld' interessante mogelijkheden voor werk of vervolgopleiding, voor persoonlijke groei en maatschappelijk succes:
1. Surprising Nature: Cultuurtechniek - Watermanagement - Milieubeheer - Bos- & natuurbeheer - Boomteelt - Sierteelt.
2. Animal Friends: Dierverzorging - Dier & gezondheid - Dierenartsassistent - Paardenhouderij - Paardensport.
3. Good Food: Plantenteelt - Voeding - Veehouderij.
4. Mighty Machines: Monteur/Chauffeur - Loonwerk.
5. Dynamic Design: Bloem & design - Interieur & vormgeving.
6. Outdoor Life: Tuin, park & landschap - Stad- & landschapsdesign - Sport, recreatie & toerisme.
7. Big Business: Groene detailhandel - Groothandel & logistiek - Commercieel ondernemen.
8. Natural Health: Natuur & gezondheid - Zorg & leefomgeving.

Toelatingseisen Groen Onderwijs
Als toelatingseis voor de opleidingen van niveau 1 (mbo) wordt voltooiing van de volledige leerplicht gevraagd; de toelatingseis wordt door scholen soms 'drempelloos' genoemd.
Voor niveau 2 (mbo) moet men meestal in het bezit zijn van het diploma vmbo bb (basisberoepsgerichte leerweg). 'Meestal', omdat dit geen officiële eis is; het geldt alleen als er sprake is van het verkeerde pakket of de verkeerde sectorkeuze: zonder de vereiste vakken voor de mbo-richting. Er zijn ook opleidingen die slechts voltooiing van de volledige leerplicht vereisen, en die dus 'drempelloos' zijn. Dat geldt - zie boven - in ieder geval voor de opleidingen van niveau 1, maar soms ook voor de opleidingen van niveau 2 als er geen verwante opleiding van niveau 1 is; in dat geval moet de opleiding van niveau 2 'drempelloos' zijn.

Voor de niveaus 3 mbo en 4 mbo moet men in het bezit zijn van het diploma vmbo gl (gemengde leerweg), vmbo kb (kaderberoepsgerichte leerweg) of vmbo tl (theoretische leerweg), of het diploma mbo niveau 2.
Ook met het overgangsbewijs naar havo 4 of naar vwo 4 kan men vaak worden toegelaten.

Het vmbo-diploma geeft géén toegang tot de Specialistenopleiding (niveau 4 of 5).

N.B. Aan het eindexamenpakket van het vmbo worden i.v.m. de mbo niveaus 3 en 4 eisen gesteld aan de gekozen sector en de verplichte sectorvakken.

Mbo-plus ofwel versnelde opleidingen

Mbo-plus-opleidingen werden verzorgd ten behoeve van hen die een diploma havo of vwo bezaten. Zij konden de opleiding van mbo niveau 4 in een kortere tijd voltooien, vaak binnen 2 jaar.
Die 'plus' hield in dat binnen het programma van mbo niveau 4 binnen het vrije deel ruimte werd gemaakt, respectievelijk binnen de kwalificatie zelf werd vrijgemaakt, via het verlenen van vrijstellingen aan zij-instromers in het mbo (zoals havisten), teneinde extra lesstof aan te kunnen bieden. Deze lesstof was aanvankelijk veelal gekoppeld aan erkende diploma's met een bepaalde arbeidsmarktrelevantie, waarna langzamerhand ook onderwijseenheden op hbo-niveau werden aangeboden, in overleg met hogescholen. Daarmee kregen de betreffende mbo'ers een betere voorbereiding op de arbeidsmarkt. Na de invoering van de profielen in het havo en de daarmee beoogde

stroomlijning van de doorloop naar het hbo hebben de betrokken roc's vastgesteld dat deze opzet rond mbo-plus een flink aantal jaren in een forse behoefte heeft kunnen voorzien, maar dat het tijd werd om te bezien of binnen de nieuwe opleidingsstructuur een andere positie dient te worden ingenomen. Hieruit volgde de ontwikkeling van de 'associate degree' die een tussenpositie inneemt tussen een opleiding van mbo niveau 4 en/of mbo-plus en een hbo-bachelor-opleiding (zie ook: paragraaf 25.7).
N.B. Enkele particuliere opleidingsinstituten bieden nog mbo-plus-opleidingen aan.

1.7.g Mbo-opleiding niveau 4

1.7.g.1 SBB Stichting Samenwerking Beroepsonderwijs Bedrijfsleven (v/h KBB)
Voor adres(sen) zie: DIEN-42, KBB-1, 2, 3, 4, 5, 6, 7, 8, 9, 10, 11, 12, 13, 14, 15, 16, 17, 18, 19.
Algemeen De wettelijke taken van de kenniscentra in Nederland worden ondergebracht in één samenwerkingsorganisatie: de stichting Samenwerking Beroepsonderwijs Bedrijfsleven (SBB). De ministerraad van 4 juli 2014 heeft op voorstel van minister Bussemaker van OCW ingestemd met een wetsvoorstel waarin dit wordt geregeld. Het wetsvoorstel heeft ten doel de complexiteit voor mbo-scholen en bedrijfsleven te verminderen. De beoogde invoering van de overgang van de wettelijke taken naar SBB is op 1 augustus 2015.
In SBB werken het middelbaar beroepsonderwijs (mbo) en het georganiseerd bedrijfsleven samen. Zij maken onder andere afspraken over de vraag vanuit de arbeidsmarkt, de inhoud van de opleidingen en de diploma-eisen. De nieuwe organisatie moet zorgen voor een efficiëntere afstemming tussen het onderwijs en het georganiseerde bedrijfsleven. Het kabinet wil dat de schakelfunctie tussen het mbo en het georganiseerde bedrijfsleven overeind blijft. De sectorale afstemming met het georganiseerde bedrijfsleven zal binnen SBB worden geborgen in zogeheten 'sectorkamers'.
SBB, de kenniscentra, het mbo en werkgevers- en werknemersorganisaties in samenwerking met het ministerie van OCW werken de nieuwe structuur nader uit. De kenniscentra en SBB maken samen afspraken over de overdracht van personeel en materiaal.
De ministerraad heeft ermee ingestemd het wetsvoorstel voor advies aan de Raad van State te zenden. Met de samenvoeging van de huidige kenniscentra tot één organisatie wordt een maatregel uit het regeerakkoord uitgevoerd.
Er zijn per 1.8.2015 8 sectorkamers:

1. Sectorkamer techniek en gebouwde omgeving
2. Sectorkamer mobiliteit, transport, logistiek en maritiem
3. Sectorkamer zorg, welzijn en sport
4. Sectorkamer handel
5. Sectorkamer ICT en creatieve industrie
6. Sectorkamer voedsel, groen en gastvrijheid
7. Sectorkamer zakelijke dienstverlening en veiligheid
8. Sectorkamer specialistisch vakmanschap

Op 1 augustus 2015 dragen de kenniscentra de wettelijke taken over aan het SBB en zal het SBB officieel bevoegd zijn tot het uitvoeren van deze wettelijke taken.
N.B. De meeste KBB's noemen zich nu alleen 'kenniscentrum'; daarachter worden de specialisaties vermeld. Omdat de nieuwe structuur bij het ter perse gaan van deze Gids nog niet geheel was gerealiseerd, worden in deze Gids nog de kenniscentra met hun oude benamingen vermeld.

1.7.g.2 Roc en mbo-college
Zie 1.9.

1.7.h Mbo-opleiding niveau 3

1.7.h.1 SBB Stichting Samenwerking Beroepsonderwijs Bedrijfsleven (v/h KBB)
Zie 1.7.g.1.

1.7.h.2 Roc en mbo-college
Zie 1.9.

1.7.i Mbo-opleiding niveau 1 of niveau 2

1.7.i.1 SBB Stichting Samenwerking Beroepsonderwijs Bedrijfsleven (v/h KBB)
Zie 1.7.g.1.

1.7.i.2 Roc en mbo-college
Zie 1.9.

1.8 AGRARISCH OPLEIDINGSCENTRUM (AOC)

Voor adres(sen) zie: AOC-1, 2, 3, 4, 5, 6, 7, 8, 9, 10, 11, 12, 13.
Algemeen Elk aoc heeft een aantal lokaal/regionaal verspreide opleidingsadressen.
Een aoc verzorgt opleidingen voor het beroepsonderwijs in de agrarische sector, ofwel mbo Groen onderwijs (1.7), volwassenenonderwijs (2.7), het mondeling agrarisch cursusonderwijs (3.1.l.2) en het vmbo-groen (2.3.m.6).

1.9 REGIONAAL OPLEIDINGENCENTRUM (ROC) EN MBO-COLLEGE (MBO)

Voor adres(sen) zie: ROC/MBO-1, 2, 3, 4, 5, 6, 7, 8, 9, 10, 11, 12, 13, 14, 15, 16, 17, 18, 19, 20, 21, 22, 23, 24, 25, 26, 27, 28, 29, 30, 31, 32, 33, 34, 35, 36, 37, 38, 39, 40, 41, 42, 43, 44, 45, 46, 47, 48, 49, 50, 51, 52, 53, 54, 55, 56, 57, 58, 59, 60, 61.
Algemeen Met uitzondering van enkele particuliere mbo-colleges zijn alle vroegere mbo-colleges opgegaan in roc's. Sommige roc's hebben de afkorting 'roc niet in de naam van de school opgenomen. De meeste roc's hebben lokaal/regionaal verspreide opleidingsadressen die regelmatig worden gewijzigd of uitgebreid.

Een roc verzorgt opleidingen voor het middelbaar beroepsonderwijs (mbo) (zie 1.7), voor het volwassenenonderwijs (zie 2.7), en meestal ook voor het vmbo (v/h mavo en vbo) (2.3.m.6) en voor het vavo (2.8). Doel is onder andere het aanbod van opleidings- en doorstroommogelijkheden te vergroten, en het gevarieerder en overzichtelijker te maken.

1.10 HOGER ONDERWIJS

Algemeen Na het vwo, het havo en het mbo niveau 4 volgt het hoger onderwijs, dat bestaat uit:
- het wetenschappelijk onderwijs (wo-bacheloropleidingen en wo-masteropleidingen, zie 25.2 en 25.3);
- de Open Universiteit Nederland (zie 25.4);
- postacademische opleidingen (postinitieel onderwijs, postdoctoraal onderwijs, postmasteropleidingen, topmasteropleidingen, zie 25.5);

- het hoger beroepsonderwijs (associate degree- ofwel ad-opleidingen, hbo-bacheloropleidingen, hbo-masteropleidingen, en post-hbo-opleidingen, zie 25.7 t/m 25.10).

1.11 VOLWASSENENONDERWIJS

Algemeen Het volwassenenonderwijs wordt geregeld door de WEB (Wet educatie en beroepsonderwijs). Deze wet regelt:
- het beroepsonderwijs op mbo-niveau (zie 1.7);
- volwassenenonderwijs (zie 2.7);
- het voortgezet algemeen volwassenenonderwijs (vavo, zie 2.8).

1.12 PARTICULIERE OPLEIDINGEN

- Deze opleidingen worden mondeling, schriftelijk, of als digitaal afstandsonderwijs (of een combinatie daarvan: als blended learning) gegeven. De mondelinge opleidingen kunnen overdag, 's avonds of in het weekend plaatsvinden.
- Particulier onderwijs wordt niet bekostigd door de overheid. Wel zijn er particuliere opleidingen die door de overheid officieel worden erkend als mbo of hbo.
- Zie voor niet-gesubsidieerd algemeen onderwijs: 2.10.
- Beroepsgerichte particuliere opleidingen zijn in vrijwel alle sectoren en subsectoren in deze Gids ondergebracht.
- Zie ook op pagina 25 online particulier hoger onderwijs: MOOC's.

1.13 DE OVERHEID

- De meeste opleidingen die in deze Gids worden genoemd, ressorteren onder de onderwijswetgeving van het ministerie van OCW en/of onder het ministerie van economische zaken.

- Het ministerie van volksgezondheid, welzijn en sport heeft zijn zorg uitgebreid over de vakscholing van jongeren, kampen en internaten voor sociale jeugdzorg. De regels voor de opleiding tot en de deskundigheid van de diëtist, de ergotherapeut, de logopedist, de mondhygiënist, de oefentherapeut-Cesar, de oefentherapeut-Mensendieck, de orthoptist, en de podotherapeut worden door dit ministerie bewaakt, maar de opleidingen worden sinds geruime tijd door het ministerie van onderwijs bekostigd.

- Het ministerie van defensie verzorgt en ziet toe op de militaire opleidingen, zoals de NLDA, waaronder de Koninklijke Militaire Academie (KMA) te Breda en het Koninklijk Instituut voor de Marine (KIM) te Den Helder, en de Koninklijke marechaussee te Breda en te Apeldoorn (zie 21.1, 21.2 en 21.3) ressorteren.

- Onder het ministerie van veiligheid en justitie ressorteren: de Politieacademie en de opleidingen voor het politiepersoneel (zie 21.4), de Nibra-opleidingen van het Nederlands Instituut Fysieke Veiligheid (zie 21.5), en het ministerie verzorgt bij het opleidingsinstituut Dienst Justitiële Inrichtingen de opleidingen voor het gevangeniswezen (zie 21.6).

- De opleidingen in paragraaf 1.14 vallen onder het ministerie van sociale zaken en werkgelegenheid.

1.14 BEROEPSGERICHT ONDERWIJS VOOR MENSEN MET EEN BEPERKING

1.14.p Onderwijs voor mensen met een beperking

Voor dit onderwerp kan ook worden geraadpleegd: 2.2. Speciaal onderwijs.
N.B. Elk roc heeft een Steunpunt Studie & Handicap (de naam kan per roc iets verschillen) waar studenten met een beperking hulp en ondersteuning kunnen krijgen.

1.14.p.1 REA-college Nederland
Voor adres(sen) zie: OVER-330.
Algemeen De volgende instituten zijn een samenwerkingsverband aangegaan onder de naam: REA College Nederland:
- Vestiging Bartiméus, Ermelo: Putterweg 140, 3851 VG Ermelo (er is ook een vestiging in Utrecht);
- Vestiging Groningen: Laan van de Vrede 1, 9728 CA Groningen (er is ook een vestiging in Leeuwarden);
- Vestiging Heerlen: Ruys de Beerenbroucklaan 29, 6417 CC Heerlen;
- Vestiging Heliomare: Verlengde Voorstraat 8, 1949 CM Wijk aan Zee;
- Vestiging Leeuwarden: Oostergoweg 1-b, 8911 NA Leeuwarden (er is ook een vestiging in Groningen);
- Vestiging Werkenrode Volwassenen, Nijmegen: Kerkebos 10-03, 6546 BB Nijmegen;
- Vestiging Bartiméus, Utrecht: Kretadreef 61, 3562 VA Utrecht (er is ook een vestiging in Ermelo).

Doel Het REA College Nederland geeft beroepsopleidingen aan mensen met een beperking of een arbeidsbelemmering die geen regulier onderwijs kunnen volgen. Men wordt ondersteund bij het zoeken naar een baan, waarbij het vertrekpunt steeds het individu is voor wie een passende opleiding wordt gecreëerd; de maatstaven van het ministerie van OCW spelen daarbij in feite geen rol.
Daarnaast bieden de meeste locaties een oriëntatieprogramma: de Talentenexpeditie. Dit is een 8-weeks programma waarin de leerling op zoek gaat naar de eigen kwaliteiten en mogelijkheden.
Toelatingseisen
- Er worden geen bepaalde eisen aan de vooropleiding gesteld voor opleidingen op niveau 1 en 2; motivatie, inzet en de wil om de arbeidsbelemmering(en) te doorbreken zijn belangrijker.
- Samen met de student wordt de haalbaarheid van opleiding en werk beoordeeld aan de hand van tests en praktijkopdrachten.
- Voor toelating tot de opleidingen op niveau 3 en 4 is de gevolgde vooropleiding wél relevant.

Duur Varieert per opleiding.
Overige informatie Meer info ook op: www.pluryn.nl
N.B. De schoolgebouwen zijn aangepast aan mensen met een beperking, en de werkplek wordt zonodig per student aangepast. Ook thuisonderwijs is mogelijk.

1.14.p.2 Mytyl-Scholengemeenschap Heliomare
Voor adres(sen) zie: OVER-351.
Doel Voortgezet speciaal onderwijs (vso) voor jongeren met een lichamelijke beperking, somatische problemen, lichte hersenbeschadigingen, orgaanproblemen, taal- en spraakproblematiek, bewustzijnsstoornissen en leerproblemen t.g.v. senso-motorische ontwikkelingsstoornissen.
Opleidingen Vmbo, havo en stage/training.

1.14.p.3 SG Mariëndael (v/h Revalidatie Scholengemeenschap Arnhem [RSA])

Voor adres(sen) zie: OVER-85.
Algemeen Onderdeel van het REC Groot Gelre.
Doel Voortgezet speciaal onderwijs (vso) voor lichamelijk beperkte jongeren.
Opleidingen Vmbo, havo en opleidingen voor mensen met een meervoudige beperking.

1.15 CAPABEL ONDERWIJS GROEP

1.15.l Overige opleidingen

1.15.l.1 Capabel Onderwijs Groep (v/h Vrouwenvakschool)

Voor adres(sen) zie: HBO-179, ROC/MBO-11, ROCCO-6.
Algemeen De vroegere vrouwenvakscholen zijn een aantal jaren geleden samengegaan in Capabel Onderwijs Groep, een particuliere opleidingsinstelling met mbo- en hbo-opleidingen onder toezicht van de Onderwijsinspectie:
- eigen opleidingscentra met een beperkt aantal cursisten;
- extra aandacht bij de lessen en stagebegeleiding;
- niet in 3, maar in 1 jaar een diploma - soms zelf sneller.

Opleidingen
- Apothekersassistent.
- Doktersassistent.
- Farmaceutisch consulent (3 jaar hbo-bacheloropleiding).
- Helpende zorg en welzijn.
- Medewerker maatschappelijke zorg.
- Medewerker sociale zekerheid.
- Medisch pedicure (6 maanden).
- Onderwijsassistent.
- Paraveterinair dierenartsassistent.
- Pedagogisch medewerker 3 (kinderopvang).
- Pedagogisch medewerker 4 (jeugdzorg).
- Pedicure (10 maanden dagopleiding; 1,5 jaar avondopleiding).
- Persoonlijk begeleider specifieke doelgroepen.
- Secretaresse.
- Sociaal-maatschappelijke dienstverlener.
- Sociale zekerheid (4 jaar hbo-bacheloropleiding).
- Verpleegkundige (1 jaar en 3 maanden mbo-opleiding).
- Verzorgende-IG (1 jaar en 3 maanden mbo-opleiding).

Toelatingseisen Afhankelijk van de opleiding: varieert van geen vooropleiding tot hbo.
Duur Gedurende 12 of 15 maanden 1 dag/middag/avond per week.
Lesprogramma Er zijn diverse instroommomenten per jaar.
Diploma/examen Alle diploma's zijn erkend door het ministerie van OCW in het kader van de WEB.
Overige informatie Locaties: Amsterdam, Arnhem, Den Haag, Eindhoven, Groningen, Hengelo, Leeuwarden, Rotterdam en Utrecht.
N.B. Capabel werkt samen met HS Saxion Next. Deze samenwerking richt zich op kortere leerroutes door goede afstemming van de lesprogramma's voor mbo en hbo.

1.16 HULP BIJ SCHOOL- EN BEROEPSKEUZE

1.16.n Ondersteunende instellingen

1.16.n.1 werk.nl (v/h CWI)

Op www.werk.nl kan men vacatures zoeken, solliciteren en een uitkering aanvragen.
Deze site is onderdeel van he UWV.

1.16.n.2 Loopbaanbegeleiding

Voor adres(sen) zie: DIEN-44.
Algemeen Loopbaanbegeleiding wordt o.a. uitgevoerd door :
- loopbaanbegeleiders van Adviesbureaus voor Opleiding en Beroep (zoals AOB Compaz met 40 uitvoeringslocaties);
- commerciële bureaus;
- psychologen met een beroepskeuzepraktijk en beroepskeuze-adviseurs (zie paragraaf 1.16.n.4).

1.16.n.3 Overkoepelende organisaties

Voor adres(sen) zie: DIEN-27, OVER-164, 327.

1.16.n.4 Psychologen, beroepskeuze-adviseurs en -coaches

Voor adres(sen) zie: BKA-1, 2, 3, 4, 5, 6, 7, 8, 9, 10, 11, 12, 13, 14, 15, 16, 17, 18, 19, 20, 21, 22, 23, 24, 25, 26, 27, 28, 29, 30, 31, 32, 33, 34, 35, 36, 37, 38, 39, 40, 41, 42, 43, 44, 45, 46, 47, 48, 49, 50, 51, 52, 53, 54, 55, 56, 57, 58, 59, 60, 61, 62, 63, OVER-164.
Algemeen Een selectie van psychologen en beroepskeuzeadviseurs met een eigen beroepskeuzepraktijk; het OVER-adres betreft het GITP.
Zie ook: paragraaf 1.16.n.2.

1.16.n.5 Regionaal bureau onderwijs (rbo)

Voor adres(sen) zie: DIEN-18, 22.
Doel
- Een regionaal bureau onderwijs (rbo) is een zelfstandige onafhankelijke bemiddelaar in arbeidsmarkt en scholing. Een rbo brengt vraag en aanbod op de scholings- en opleidingsmarkt bij elkaar. De vraag naar scholing is daarbij het uitgangspunt.
- In opdracht van onder meer gemeenten, UWV, bedrijven, SW-bedrijven, instellingen en uitvoerders van de sociale zekerheidswetten zoekt een rbo naar de meest doeltreffende oplossing voor de bij deze organisaties aanwezige scholingsvraagstukken.
- Een rbo ontwikkelt scholingstrajecten voor werkzoekenden en werkenden.
- Een rbo voert als onafhankelijk intermediair zelf geen scholingstrajecten uit, maar koopt ze in bij reguliere onderwijsinstellingen.
- De afdeling Individuele ScholingsTrajecten (IST) van een rbo kan voor individuele cursisten een scholingstraject op maat organiseren.
- Een rbo ondersteunt en adviseert opdrachtgevers bij het opstellen van opleidingsbeleid, opleidingsplannen en projectmanagement.
- Een rbo ontwikkelt en organiseert beroepsopleidingen en educatie op elk niveau, alsmede projecten op het gebied van sociale activering.
- Ook kan men bij een rbo terecht voor trajectbeheer, trajectbegeleiding en subsidieaanvragen en -afhandeling (onder meer ESF).

Stress? zie **Onbeperkt ontspannen** op pagina 231

'Toegift'

(deels op basis van gegevens uit een artikel van hoogleraar Mediastudies José van Dijck, geplaatst in NRC, 8/9.12.12):

M O O C's en m O O C's- gratis online studeren

MOOC betekent **Massive Open Online Course**: particulier gefinancierd hoger onderwijs, *gratis en online*.

Uitgangspunt van de initiatiefnemers van de MOOC's is veelal dat het hoger onderwijs gratis moet zijn, aantrekkelijk en daarom toegankelijk zijn voor iedereen; het moet passen bij de beleving van sociale media, en zo mogelijk toegespitst zijn op de ervaringen van jongeren. Omdat in Amerika en Engeland het hoger onderwijs voor velen onbetaalbaar en dus onbereikbaar wordt, worden steeds meer initiatieven ontwikkeld om gratis onderwijs niet alleen te propageren, maar ook daadwerkelijk beschikbaar te stellen. De cursussen zijn kwalitatief hoogwaardig en interactief.

Die interactiviteit wordt mogelijk gemaakt via quizzen, games, tutorials (testen om te checken of de leerstof is begrepen), online groepsontmoetingen tussen studenten, en contact met de docent via het net, waardoor het studiemateriaal soms entertainment-achtige trekken vertoont: het is doorgaans absoluut niet saai.

De ontwerpers van de data-gestuurde cursussen zijn veelal computerwetenschappers, die leergedrag in code kunnen vertalen en weten hoe je dat gedrag kunt bijsturen, bijvoorbeeld door het signaleren van diverse soorten fouten die studenten kunnen maken. Nadelen zijn dat het leergedrag van de student bij derden – bijvoorbeeld toekomstige werkgevers – bekend kan worden, en dat dit gratis particuliere onderwijs commercieel wordt of zal worden geëxploiteerd.

MOOC's zijn nog niet geaccrediteerd door de NVAO, of door de universiteiten erkend waar ze zijn ontstaan. Studenten krijgen na afloop van de cursus een certificaat in de vorm van een pdf, maar de waarde van dat certificaat op de arbeidsmarkt is vooralsnog onduidelijk.

Voorbeelden van MOOC's:
Coursera: initiatief van Daphne Koller en Andrew Ng van Stanford University in 2011. Daarna sloten 32 andere universiteiten zich erbij aan, onder andere de universiteiten van Michigan, Pennsylvania, en Princeton, maar ook universiteiten van Australië, Canada, India, Israël en Groot-Brittannië.
Aanbod: circa 200 verschillende cursussen.
Website: www.coursera.org
edX: initiatief van de universiteiten Berkeley, Harvard, en het Massachusetts Institute of Technology (MIT) in 2012.
Website: www.edx.org
Khan Academy: initiatief van Salman Khan, alumnus van Harvard Business School en MIT ingenieursopleiding, in 2006.
Aanbod: ruim 3000 korte educatieve video's in de vorm van minicolleges en tutorials; ze variëren van reken- en taallessen op basisschoolniveau tot economische geschiedenis en trigonometrie.

Websites: www.khanacademy.org - www.khanacademy.nl
Een Nederlandse vestiging van deze Academy is onlangs gestart met Nederlandse vertalingen van hun Amerikaanse aanbod.
Udacity: initiatief van Sebastian Thrun, hoogleraar aan de Stanford University en werkzaam bij Google, David Stavens en Mike Sokolsky in 2011.
Aanbod: 7 academische cursussen in economie en informatica, o.a. *artificial intelligence.*
Website: www.udacity.com

OERu

De volgende 'online hoger onderwijs revolutie' dient zich alweer aan: OERu, de 'Open Educational Resource university' gaat de strijd aan. Naast vakken met studiepunten zijn er ook stapelbare mOOC's: 'micro Open Online Courses'.
mOOC's zijn een deel van een volledig vak en worden gesproken aangeboden in een periode van twee tot drie weken.
Een volledig vak bij de OERu duurt tussen de 10 en 15 weken.
OERu moet het antwoord van de 'Open Educational beweging' zijn op de MOOC's van o.a. Coursera, edX en Udacity. OERu biedt ook gratis online vakken aan in samenwerking met verschillende universiteiten. Studenten kunnen (betaald) studiepunten halen, maar bij de OERu hoeft geen geld te worden verdiend.

In Nederland

Minister Bussemaker ziet de kansen van 'open education' en die van MOOCs in het bijzonder: zij wil HBO en WO aanmoedigen die te pakken. Haar begroting geeft ruimte voor vernieuwende initiatieven om MOOCs in Nederland te ontwikkelen. Voortrekkers bij de MOOC-ontwikkeling bereiden met SURF een pakket van activiteiten voor. Sinds november 2014 kunnen instellingen voor onderwijs een projectvoorstel indienen. SURF zorgt voor begeleiding van de projecten en voor kennisuitwisseling, en initieert daarnaast kortlopende (onderzoeks)projecten rond verschillende aspecten van open en online onderwijs. De start is nu voorzien tussen mei en september 2015.

Universiteit van Nederland:

De beste hoogleraren van Nederland geven gratis college op internet. Elke werkdag komt er een nieuw college online, en elke week een nieuwe hoogleraar.
Website: www.universiteitvannederland.nl

gratis online studeren

Deel I

ALGEMEEN ONDERWIJS

2 PRIMAIR ONDERWIJS (REGULIER BASISONDERWIJS, SPECIAAL ONDERWIJS), VMBO, HAVO EN VWO

In dit hoofdstuk worden enkele vormen van algemeen onderwijs besproken.

In de eerste plaats het regulier basisonderwijs (onderdeel van het primair onderwijs); het is van belang dat bij het kiezen van een schooltype voor voortgezet onderwijs wordt nagegaan hoe de leerling het basisonderwijs heeft doorlopen en hoe het onderwijs daar was ingericht.

Ook het speciaal basisonderwijs (sbao, eveneens onderdeel van het primair onderwijs) en het speciaal onderwijs c.q. het expertisecentrum vinden hier een plaats, omdat ook na dit onderwijs de leerlingen kunnen doorgaan in het voortgezet speciaal onderwijs (vso).

Het vbo en de mavo - die veelal zijn vervangen door het vmbo - worden vermeld omdat er nog tientallen scholen van bestaan; het aantal mavo-scholen neemt zelfs toe.

Ook komen aan de orde: het ivko, het vmbo, het tmbo, het havo en het vwo.

Het hoofdstuk besluit met korte informatie over volwassenenonderwijs, de vavo, de (officieel vervallen) bavo, het niet-gesubsidieerd algemeen onderwijs, en het algemeen onderwijs voor muziek en dans.

2.1 BASISONDERWIJS (BAO)

2.1.m Algemeen onderwijs

2.1.m.1 Reguliere basisscholen

Iedereen mag een school oprichten, en naar eigen overtuiging onderwijs geven. Dit is de vrijheid van onderwijs. Het basisonderwijs is gratis: de overheid betaalt behalve het openbaar ook het bijzonder onderwijs. Daarvoor moeten scholen aan voorwaarden voldoen.

Een nieuwe school moet een minimum aantal leerlingen hebben volgens de stichtingsnorm. Het aantal inwoners per vierkante kilometer in een gemeente bepaalt de stichtingsnorm voor basisscholen. Hierdoor kunnen in een dunbevolkte gemeente kleine scholen toch bestaansrecht krijgen.

(Voor het stichten van een school in het voortgezet onderwijs is er een vaste, landelijke stichtingsnorm.)

Particulier onderwijs krijgt geen geld van de overheid. Deze scholen zijn afhankelijk van de bijdragen van ouders of bijvoorbeeld van bedrijven.

Particuliere scholen voor basisonderwijs en voortgezet onderwijs moeten eerst aantonen aan de Inspectie van het Onderwijs dat hun onderwijs voldoet aan bepaalde kwaliteitscriteria. Daarna mogen zij pas lesgeven aan leerplichtige leerlingen. De overheid controleert of het onderwijs van een particuliere school aan de wettelijke eisen voldoet.

De wettelijke regeling van dit onderwijs ligt vast in de Wet op het primair onderwijs (in werking sinds 1 augustus 1998).

De overheid heeft kerndoelen vastgesteld die de leerinhouden aangeven. De onderwijsinspectie controleert of scholen zich aan de wettelijke eisen en regels houden.

Met inachtneming van de nieuwe inzichten omtrent de functie van het basisonderwijs binnen het totale onderwijssysteem in Nederland, zou het doel kunnen worden gezien in de ontwikkeling van vaardigheden die voor de persoonlijke ontplooiing van het kind en voor het praktische leven waardevol zijn.

Tijdens de jaren op de basisschool wordt het intellectuele aspect verzorgd binnen het kader van de totale opvoeding. Bij het kind worden elementaire vaardigheden ontwikkeld, waardoor het in staat is zich beter in zijn wereld te bewegen, zowel op scholen voor voortgezet onderwijs als in zijn vrije tijd.

Duur

De duur van het basisonderwijs is acht jaar. Een schoolweek van 5 dagen met minimaal 5,5 uur per dag is gebruikelijk. De 5-daagse schoolweek is voor leerlingen uit groep 1 en 2 niet verplicht. Wanneer een kind 4 jaar wordt, mag het naar de basisschool. De verplichting om te zorgen dat een minderjarige als leerling van een school is ingeschreven, begint op de eerste schooldag van de maand volgende op die waarin het kind de leeftijd van 5 jaar bereikt.

(Zie voor meer informatie: Encyclopedie, 26.16.)

Soorten scholen

Er zijn openbare, bijzondere en algemeen bijzondere scholen.

Openbare scholen werken niet vanuit een bepaalde godsdienst of levensbeschouwing.

Bijzondere scholen zijn rooms-katholiek, protestants-christelijk, joods, islamitisch, hindoeïstisch, antroposofisch (vrijescholen) of humanistisch.

Daarnaast zijn er openbare en bijzondere scholen met bepaalde pedagogische onderwijsmethoden (Montessori, Jenaplan, Dalton, Freinet). Zie voor informatie over deze onderwijsmethoden respectievelijk: www.montessori.nl, www.jenaplan.nl, www.dalton.nl, www.freinet.nl

Een openbare school wordt bestuurd door het gemeentebestuur (stadsdeelraad), door een bestuurscommissie die door de gemeente is ingesteld, of door een stichting.

Bijzondere en algemeen bijzondere scholen worden door een vereniging of stichting bestuurd.

Groep 1 en 2 van het basisonderwijs noemt men bij de vrijeschool: kleuteronderwijs; groep 3 tot en met 8 noemt men daar respectievelijk klas 1 t/m 6. De vrijeschool kent na klas 6 nog de klassen 7 t/m 12. Het overgangsbewijs van havo-3 naar havo-4 kan men krijgen door aan het einde van klas 11 een aantal proeven af te leggen, waardoor een soort examenervaring wordt opgedaan. In de 12e klas wordt door de leerling het eindwerkstuk gemaakt; de keuzen van onderwerp en werkvorm zijn vrij.

Van Rugzak-beleid/Leerlinggebonden financiering (lgf) tot onderwijszorgplicht

De Rugzak was bedoeld voor leerlingen voor wie het Weer-samennaar-School-project (WsnS-project, zie 2.2) en het Leerwegondersteunend onderwijs (lwoo) ontoereikend waren (zie 2.3.m.2).

Per augustus 2003 ging het Rugzak-beleid - de leerlinggebonden financiering (lgf) van start, waarbij een onafhankelijke commissie oordeelde of een kind in aanmerking kwam voor een Rugzak. 'Oudersvan-een-kind-met-de-Rugzak' hadden zo de keuzevrijheid tussen regulier en speciaal onderwijs. Deze regeling was bedoeld voor leerlingen met een zintuiglijke, lichamelijke en/of verstandelijke beperking, en voor een deel van de leerlingen met ernstige gedragsstoornissen en psychiatrische problemen die niet zonder extra ondersteuning naar het reguliere basis- of voortgezet onderwijs konden. Ouders van een kind met een beperking kozen op den duur steeds meer voor integratie. Dat betekende dat een kind met een beperking in de eigen omgeving naar een basisschool mocht. Dit beleid is vervallen omdat de Wet passend onderwijs sinds 1 augustus 2014 is ingevoerd.

Nu de landelijke indicatiestelling is afgeschaft, is ook de leerlinggebonden financiering (Rugzak) vervallen; daarmee is een lange en ingewikkelde procedure verdwenen. Het nu beschikbare geld kan flexibel worden gebruikt, en het bedrag per leerling zal niet langer vastliggen. De scholen bepalen nu in overleg met de ouders hoe het geld wordt besteed. Scholen die de meeste zorg gaan verlenen, krijgen sinds augustus 2014 ook het meeste geld.

De 'Rugzak' is in 2014 definitief bij wet vervangen door de 'onderwijszorgplicht' en het daaruit voortvloeiende zogenoemde 'passend onderwijs'. Zie voor een uitgebreide toelichting: 2.2.

Zie voor de diverse vormen van speciaal onderwijs: 2.2.k.

Lesprogramma basisscholen
- *Bewegingsonderwijs:* lichamelijke oefening - spel en beweging.
- *Creatieve ontwikkeling:* tekenen – knutselen/handvaardigheid/-handwerken - muziek - drama - dans.
- *Levensbeschouwing:* godsdienst - levensbeschouwelijke vorming.
- *Taalvaardigheid:*
  • Nederlandse taal (mondelinge taalvaardigheid, aanvankelijk lezen en spellen, lezen, spelling, stellen, taalbeschouwing, begrijpend lezen, studerend lezen);
  • Papiamentse (alleen Bonaire) en Engelse taal (alleen Sint Eustatius en Saba) (mondelinge taalvaardigheid, aanvankelijk lezen en spellen, lezen, spelling, stellen, taalbeschouwing, begrijpend lezen, studerend lezen);
  • Friese taal (alleen Friesland) (informatie verwerven uit teksten, informatie vragen of geven over vertrouwde onderwerpen, eenvoudige teksten schrijven en verwerving van een woordenschat van frequent gebruikte woorden);
  • Engelse taal (alleen Europees Nederland en Bonaire) (informatie verwerven uit eenvoudige teksten, informatie vragen of geven over eenvoudige onderwerpen, schrijfwijze van enkele eenvoudige woorden en het opzoeken van betekenissen en schrijfwijzen in een woordenboek;
  • Scholen mogen aanvullend ook Duits of Frans in Europees Nederland en Spaans in Caribisch Nederland aanbieden.
- *Sociaal-emotionele ontwikkeling:* bevordering gezond gedrag - sociale redzaamheid - burgerschapskunde.
- *Wereldoriëntatie:* aardrijkskunde - geschiedenis - natuuronderwijs /natuur en techniek.

N.B. Er worden in toenemende matie initiatieven ontwikkeld voor techniekonderwijs als onderdeel van het basisonderwijs; meer info op: www.techniektalentinjeklas.nu

Mogelijkheden voor verdere studie In het voortgezet onderwijs zijn voor wat betreft het 1e leerjaar verschillende alternatieven voor een keuze beschikbaar: vmbo, mavo, havo of vwo.

Overige informatie Vroeg vreemdetalenonderwijs (vvto):
Engels leren is minstens zo belangrijk als Nederlands goed beheersen. Leerlingen zouden moeten worden voorbereid op een internationale banenmarkt, zoals in de haven of in de mode. Dit kan onder andere door het vroeg vreemdetalenonderwijs (vvto) uit te breiden, en doordat meer basisscholen tweetalig onderwijs gaan aanbieden.
Vvto houdt in dat een basisschool leerlingen extra uren Engels, Duits,

Frans of Spaans geeft. Meestal gebeurt dit al vanaf groep 1. Ruim 1000 basisscholen in Nederland bieden vroeg vreemdetalenonderwijs (vvto) aan.

Er is een landelijke pilot tweetalig primair onderwijs (tpo), die september 2014 startte op 12 Nederlandse basisscholen. Leerlingen krijgen op deze scholen vanaf de kleuterschool minimaal 30% en maximaal 50% van hun lessen in het Engels. Zij krijgen dus niet alleen het vak Engels. Leraren kunnen ook vakken zoals lichamelijke oefening en geschiedenis in het Engels geven. Scholen kunnen zich ook aanmelden voor Frans of Duits. Bij de 1e aanmeldronde hebben alle scholen gekozen voor Engels.

In 2015 kunnen nog 8 scholen bij de pilot tpo aansluiten. In 2019 kijkt de overheid of de pilot een succes is geweest. Als dit het geval is, krijgen misschien meer basisscholen toestemming om tweetalig basisonderwijs te geven.

Men wil ook een aparte Amsterdamse pilot met tweetalig primair onderwijs starten, waarin leerlingen vanaf groep 1 30 tot 50 procent les in een vreemde taal krijgen. In februari 2014 werd nog negatief gereageerd op een vergelijkbaar voorstel omdat gevreesd werd voor verloedering van de Nederlandse taal. Uit onderzoek van de RUG bleek echter dat de algemene taalkennis van leerlingen die tweetalig onderwijs volgen, verbetert. Hun beheersing van het Nederlands zou juist vooruitgaan.

2.2 SPECIAAL ONDERWIJS (SO)

N.B.: Bij het lezen van onderstaande tekst dient men zich te realiseren dat de Wet Passend Onderwijs is ingevoerd op 1.8.2014.

Het speciaal onderwijs (so) wordt onderscheiden in:
- speciale scholen voor basisonderwijs (sbao) - deze scholen vallen onder de Wet op het Primair Onderwijs (WPO);
- speciaal onderwijs-scholen - deze maken deel uit van de Regionale ExpertiseCentra (REC's);
- scholen voor voortgezet speciaal onderwijs (vso).

Het doel van dit soort onderwijs is meer hulp geven bij de opvoeding en het leren van kinderen die verstandelijk, lichamelijk of zintuiglijk beperkt zijn, dan het gewone basis- of voortgezet onderwijs kan bieden. De behartiging van het so vindt plaats bij de Directie primair onderwijs van het ministerie van OCW.

Het WsnS-project
Het Weer-samen-naar-School (WsnS)-project is gestart in 1990. Via een onderwijsnota gaf staatssecretaris Wallage toen een aanzet voor de verbetering van de opvang van probleemleerlingen in het regulier onderwijs. Dit gold allereerst voor het onderwijs voor jonge risicokinderen (JRK) - ook wel genoemd: in hun ontwikkeling bedreigde kleuters (IOBK) - voor MLK-scholen (moeilijk lerende kinderen van 6 à 7 jaar tot 12 à 13 jaar), en voor LOM-scholen (kinderen met leer- en opvoedingsmoeilijkheden van 6 à 7 jaar tot 12 à 13 jaar). Beoogd werd een te strakke scheiding tussen regulier en speciaal onderwijs op te heffen.

De zorg voor kinderen met problemen is een gezamenlijke verantwoordelijkheid die in de WsnS-samenwerkingsverbanden vorm heeft gekregen.

De WsnS-wet van 1994 regelt de verplichte aansluiting van de genoemde afdelingen en scholen bij een samenwerkingsverband. Dezelfde wet regelt o.a. de instelling van regionale verwijzingscommissies (rvc's).

2.2 Speciaal onderwijs (so)

Invoering van de Wet Passend Onderwijs op 1.8.2014

In 2006 hebben het ministerie van OCW en de onderwijsorganisaties geconcludeerd dat het onderwijs aan 'zorgleerlingen' anders kan en anders moet. In de loop van de vorige eeuw is een uitgebreid aanbod van speciale scholen ontstaan voor kinderen die extra zorg nodig hebben vanwege een handicap, een stoornis of leer- en gedragsmoeilijkheden. Al deze scholen hebben eigen doelgroepen en aparte bekostigingsregelingen. Mede vanwege de hoge kosten is vervolgens getracht de uitbreiding van het aantal speciale scholen te beteugelen door zorgleerlingen zoveel mogelijk onder te brengen in het reguliere basis- en voortgezet onderwijs. Projecten als Weer-samen-naar-School (WsnS), de leerling-gebonden financiering (lgf), het leerwegondersteunend onderwijs (lwoo) en het praktijkonderwijs (pro) zijn daarvoor opgezet. Met dit beleid is geprobeerd recht te doen aan zowel de wensen van ouders en kinderen als aan de belangen van scholen. Hoewel de begeleiding van zorgleerlingen door deze programma's verbetering opleverde, zorgde het woud aan regels dat nog steeds te veel leerlingen niet - of met zeer grote moeite - hun juiste plek in het onderwijs wisten te vinden.

Om dit cruciale knelpunt op te lossen, is besloten de overwegend aanbodgerichte structuur te verlaten en over te gaan op een systeem waarbij de leerling centraal staat. Niet langer moet de leerling zich inpassen in een bestaande onderwijsstructuur, maar het onderwijs dient flexibel en gevarieerd te worden ingericht, zodat de mogelijkheden en ontwikkeling van elke leerling tot hun recht komen. Deze omslag vindt zijn vertaling in een tweetal kernbegrippen: de 'onderwijszorgplicht' en 'passend onderwijs'.

De onderwijszorgplicht

De onderwijszorgplicht geldt voortaan voor ieder schoolbestuur. Daar ligt de verantwoordelijkheid om een onderwijszorgarrangement aan te bieden aan iedere leerling die zich bij een school van dat schoolbestuur aanmeldt of die bij een school van dat bestuur is ingeschreven. De verplichting betekent overigens niet dat ieder schoolbestuur alle mogelijke zorgarrangementen in huis moet hebben; in samenspraak met andere schoolbesturen kan voor bepaalde doelgroepen leerlingen een gezamenlijk arrangement worden aangeboden. Met name zal dit gelden voor vormen van speciaal onderwijs. De wederzijdse samenwerking op basis van gemaakte afspraken tussen schoolbesturen is een integraal onderdeel van de onderwijszorgplicht.

Aan de basis van de nadere uitwerking staat de formulering van de zorgplicht. Het ministerie van OCW wil de organisatie daarvan niet dichtregelen en laat derhalve een zekere ruimte aan de schoolbesturen. Benadrukt wordt dat er draagvlak en betrokkenheid dienen te worden gecreëerd bij de besturen, het schoolmanagement en de onderwijsgevenden gezamenlijk, vanuit centrale kaders rond de uitvoerbaarheid, de betaalbaarheid en de werkbaarheid.

Passend onderwijs vanaf 1.8.2014

Deze aanpassing van de zorg aan leerlingen houdt in dat scholen en hun besturen de verantwoordelijkheid krijgen om voor alle leerlingen, ongeacht hun beperking of mate van begaafdheid, een passend onderwijsaanbod te realiseren. Kan een school dit aanbod niet zelf verzorgen, dan moet zij dit in overleg met een andere school voor de leerling en zijn ouders realiseren. In het verlengde van deze fundamentele verandering wordt tevens de bekostigingssystematiek aangepast, de landelijke indicatiestelling (bepalend voor de toekenning van de leerlinggebonden financiering: de 'Rugzak') is vervallen, en het inspectietoezicht wordt aangepast.

'Passend onderwijs' moet een begrip binnen het onderwijs zijn waaraan alle betrokkenen hun inzet en medewerking verlenen. Feitelijk zijn er vier hoofddoelstellingen te onderscheiden:
1. Geen kind mag meer tussen de wal en het schip terechtkomen.
2. Voor elk kind dient een passende plek in het onderwijs te worden gevonden.
3. Er dient een dekkend netwerk van samenwerkende besturen te worden gerealiseerd.
4. Er dient betrokkenheid op basis van gelijkwaardigheid te heersen onder alle betrokkenen.

De invoering en de uitwerking van de zorgplicht zullen vele jaren vergen en tot aanmerkelijke verschuivingen leiden in de voorheen gehanteerde indelingen van organisaties. Daarnaast wordt een fors beroep gedaan op het professionele vermogen van onderwijsgevenden om invulling aan deze zorgplicht te geven. Mede doordat ouders de positie gaan innemen van gesprekspartners van de school, zullen vooral leerkrachten vaak worden aangesproken op hun deskundigheid.

Oorsprong Passend Onderwijs

De toenmalige staatssecretaris Dijksma bevestigde op 25 juni 2007 in een brief aan de Tweede Kamer dat het zorgonderwijs zou worden aangepast:
- Het stelsel zou overzichtelijker worden voor ouders, en het kind komt centraal te staan.
- Het speciaal en regulier onderwijs komen per regio binnen één netwerk te vallen.
- Het uitgangspunt van het nieuwe zorgonderwijs is passend onderwijs: maatwerk voor ieder kind. Waar heeft het kind de beste kansen: in het regulier of in het speciaal onderwijs? Of in een combinatie van beide? Regionale netwerken zullen worden gevormd. Daarbinnen moet voor de zorgleerlingen een passend onderwijsaanbod aanwezig zijn.

Op basis van deze uitgangspunten is de hierboven genoemde Wet Passend Onderwijs uitgewerkt, die op 9 oktober 2012 door de Eerste Kamer is aangenomen en op 1 augustus 2014 in werking is getreden.

Van Rugzak-beleid/Leerlinggebonden financiering (lgf) tot onderwijszorgplicht

De Rugzak was bedoeld voor leerlingen voor wie het Weer-samen-naar-School-project (WsnS-project, zie 2.2) en het Leerwegondersteunend onderwijs (lwoo) ontoereikend waren (zie 2.3.m.2).

Per augustus 2003 ging het Rugzak-beleid - de leerlinggebonden financiering (lgf) van start, waarbij een onafhankelijke commissie oordeelde of een kind in aanmerking kwam voor een Rugzak. 'Ouders-van-een-kind-met-de-Rugzak' hadden zo de keuzevrijheid tussen regulier en speciaal onderwijs. Deze regeling was bedoeld voor leerlingen met een zintuiglijke, lichamelijke en/of verstandelijke beperking, en voor een deel van de leerlingen met ernstige gedragsstoornissen en psychiatrische problemen die niet zonder extra ondersteuning naar het reguliere basis- of voortgezet onderwijs konden. Ouders van een kind met een beperking kozen op den duur steeds meer voor integratie. Dat betekende dat een kind met een beperking in de eigen omgeving naar een basisschool mocht. Dit beleid is vervallen omdat de Wet passend onderwijs sinds 1 augustus 2014 is ingevoerd.

Nu de landelijke indicatiestelling is afgeschaft, is ook de leerlinggebonden financiering (Rugzak) vervallen; daarmee is een lange en ingewikkelde procedure verdwenen. Het nu beschikbare geld kan flexibel worden gebruikt, en het bedrag per leerling zal niet langer vastliggen. De scholen bepalen nu in overleg met de ouders hoe het geld wordt besteed. Scholen die de meeste zorg gaan verlenen, krijgen sinds augustus 2014 ook het meeste geld.

N.B. De vroegere LOM-leerlingen kunnen worden ondergebracht in het lwoo (zie 2.3.m.2), en de vroegere MLK-leerlingen kunnen worden ondergebracht in het pro (praktijkonderwijs, zie 2.3.m.4).

2.2.k Speciaal onderwijs (so)

Adressen
Voor adressen kan men informeren bij:
- Inspectie Primair onderwijs.
- Inspectie Regionale ExpertiseCentra (REC's) (speciaal onderwijs).
- Bureaus Servicetaken Onderwijs (onderdeel van de Dienst Welzijn in de steden).
- Rijksinspectie Regionale ExpertiseCentra (REC's).
- Contactpersonen/-scholen Regionale ExpertiseCentra.
- Schoolbegeleidingsdiensten.

Lesprogramma
- Scholen voor speciaal basisonderwijs: vrijwel identiek aan lesprogramma's in het regulier basisonderwijs; voor leerlingen die de eindtermen van het regulier basisonderwijs niet kunnen halen.
- Scholen voor speciaal onderwijs/Regionale ExpertiseCentra (REC's): het curriculum omvat dezelfde vakken als in het regulier basisonderwijs; het lesaanbod wordt afgestemd op de cognitieve mogelijkheden van de leerlingen.

2.2.k.1 Speciaal basisonderwijs (sbao)
De Wet op het primair onderwijs (in werking sinds 1 augustus 1998) noemt de vroegere voorzieningen als MLK-scholen, LOM-scholen en onderwijs aan jonge risicokinderen (JRK), ook wel genoemd: in hun ontwikkeling bedreigde kleuters (IOBK), nu: scholen voor sbao (speciaal basisonderwijs).
Alle reguliere scholen voor basisonderwijs en alle scholen voor sbao maken verplicht deel uit van een samenwerkingsverband.
De permanente commissie leerlingenzorg (pcl) beoordeelt de noodzaak van een plaatsing op een school voor sbao. Het samenwerkingsverband bepaalt de manier waarop dat gebeurt.

Sbao is bedoeld voor:

- v/h LOM: leerlingen met leer- en opvoedingsmoeilijkheden:
Er is sprake van een normale intelligentie. Er is echter een discrepantie tussen verwachte en actuele leerprestaties. De hulpvragen van het kind zijn divers: ernstige lees-, spelling- en rekenproblematiek en/of problemen in de persoonlijkheidsontwikkeling (o.a. faalangst, uitzonderlijke nervositeit, bijzondere kwetsbaarheid, concentratie- en aandachtsproblemen).

- v/h MLK: moeilijk lerende kinderen:
Deze leerlingen lopen vast in het regulier basisonderwijs, op basis van een tekort aan verstandelijke vermogens. Behalve dat ze cognitieve problemen hebben (moeite met het verwerven en verwerken van informatie), hebben ze ook problemen op het gebied van sociaal-emotioneel functioneren (o.a. het niet kunnen leren van eigen ervaringen, het geen verbanden zien of leggen tussen bepaalde gebeurtenissen), en is er vaak sprake van een taalontwikkelingsachterstand. Deze kinderen zijn gebaat bij een speciale, individueel gerichte onderwijsmethodiek.
N.B. Het onderscheid tussen LOM en MLK is vervallen: beide onderwijssoorten zijn dus samengevoegd tot één school voor speciaal basisonderwijs. Daarbinnen kent men soms nog leerstromen (categorieën) zoals LOM en MLK, maar er zijn ook tal van toegevoegde specialismen, zoals: spraaktaalmoeilijkheden.
Zie ook: 2.3.m.4.

- JRK: jonge risicokinderen:
Door observaties probeert men na te gaan wat de mogelijke oorzaken van de belemmeringen in de ontwikkeling van het kind zijn. Vervolgens wordt er na de kleuterperiode een passende onderwijsroute voor het kind uitgestippeld, waarbij een keuze wordt gemaakt uit regulier basisonderwijs, speciaal basisonderwijs en speciaal onderwijs/REC.
N.B. Om deze groep kinderen aan te duiden werd ook wel de afkorting IOBK (in hun ontwikkeling bedreigde kleuters) gebruikt.

Toelatingseisen
- Onderwijs aan LOM en MLK: minimaal 6 jaar.
- Onderwijs aan JRK of IOBK: minimaal 4 jaar.

2.2.k.2 Speciaal onderwijs/samenwerkingsverbanden (v/h Regionale ExpertiseCentra)
Op 1 augustus 2014 is de Wet passend onderwijs ingevoerd. De Regionale Expertise Centra (REC's, zie onder) bestaan niet meer. De scholen voor (voortgezet) speciaal onderwijs zijn nu onderdeel van samenwerkingsverbanden.

De commissies voor indicatiestelling (cvi's) en de wettelijke criteria voor verwijzing naar het speciaal onderwijs (cluster 3 en 4) bestaan ook niet meer. De samenwerkingsverbanden geven nu een toelaatbaarheidsverklaring af voor het (voortgezet) speciaal onderwijs. (Zie voor meer info over de toelaatbaarheidsverklaring op pag. 34.) De samenwerkingsverbanden bepalen sinds 1 augustus 2014 ook of een school extra middelen krijgt voor ondersteuning van een leerling. Alle scholen voor regulier en speciaal onderwijs, met uitzondering van de instellingen voor cluster 1 en 2, in een regio zijn aangesloten bij een samenwerkingsverband. Sommige scholen bestaan uit meer vestigingen. Het bestuur van de school is voor alle vestigingen aangesloten bij het samenwerkingsverband waarin de vestigingen staan.

Wetsvoorstel samenwerkingsscholen (eind 2014):
De wettelijke regeling van de samenwerkingsschool wordt nog vereenvoudigd. Een samenwerkingsschool is een school waarin zowel openbaar onderwijs als bijzonder onderwijs wordt gegeven. Sinds 2011 is het wettelijk toegestaan om een samenwerkingsschool te vormen. Hier is echter nauwelijks gebruik van gemaakt, terwijl de samenwerkingsschool een oplossing kan bieden in gebieden met leerlingendaling.
Maar de huidige regeling is te ingewikkeld. Daarom worden nu samenwerkingsscholen gevormd buiten de wettelijke regeling om (informele samenwerkingsscholen). Het wetsvoorstel heeft ten doel de vorming van een samenwerkingsschool te vereenvoudigen. De samenwerkingsschool moet wel een uitzondering blijven, in verband met het grondwettelijke verankerde onderscheid tussen openbaar en bijzonder onderwijs. Het wetsvoorstel bevat dan ook voorstellen om:
- de voorwaarden voor de totstandkoming van een samenwerkingsschool opnieuw vorm te geven;
- waarborgen te bieden voor gelijkwaardigheid tussen openbaar en bijzonder onderwijs;
- aan te sluiten bij de praktijk die de samenwerkingsschool zoveel mogelijk regelt op schoolniveau.

REC's:
Regionale ExpertiseCentra (REC's) waren groepen van samenwerkende scholen voor speciaal onderwijs die onder de WEC (Wet op de expertiseCentra, december 1982) vielen.
Er waren landelijk ruim 300 speciale scholen die binnen een regio samenwerkten binnen een REC:

- 4 REC's voor dove en gehoorgestoorde leerlingen;
- 15 REC's voor lichamelijk en/of verstandelijk beperkte leerlingen;
- 14 REC's voor leerlingen met gedragsstoornissen.

De verplichte commissie voor de indicatiestelling (cvi), die resulteerde onder een REC, bekeek op basis van uitkomsten, verkregen door handelingsgerichte diagnostiek, de toelaatbaarheid tot een van de bovengenoemde vormen van speciaal onderwijs. Het betreffende onderzoek kon o.a. bevatten: psychologisch onderzoek naar cognitieve mogelijkheden, pedagogisch-didactisch onderzoek naar didactisch niveau, werkhouding en leerstijl, onderzoek gericht op persoonlijkheidsontwikkeling en sociaal-emotionele ontwikkeling. Ouders hadden ook inspraak in het onderwijs van hun kind, omdat zij samen met de school een handelingsplan voor hun kind moesten opstellen.

De permanente commissie leerlingenzorg (pcl) besliste over de toelating.

De REC's waren op basis van specialismen en expertise verdeeld in een viertal clusters:

Cluster 1
Clusters van scholen voor visueel beperkte leerlingen: de populatie van de scholen voor blinde en slechtziende kinderen.
- Voor kinderen die het gewone schrift ook niet met hulpmiddelen kunnen lezen: zij leren het brailleschrift lezen en schrijven. Er is onderwijs op maat: van basisschoolprogramma's tot ZMLK-aanbod. Daarnaast is er veel aandacht voor praktische vaardigheden. Er zijn internaten aan de scholen verbonden.
- Voor kinderen bij wie de centrale gezichtsscherpte, het gezichtsveld, het kleuronderscheid en de lichtgevoeligheid zijn gestoord: deelname aan het onderwijs door deze leerlingen wordt geoptimaliseerd door de restvisus te ontwikkelen en kijkstrategieën te verbeteren, o.a. door aangepaste verlichting en optische hulpmiddelen.

N.B. Scholen in deze cluster hebben een andere organisatievorm: ze hadden geen REC's.

Cluster 2
Clusters van scholen voor auditief en communicatief beperkte leerlingen: de populatie van scholen voor dove leerlingen, van scholen voor slechthorende leerlingen en van scholen voor leerlingen met ernstige spraak- en taalmoeilijkheden.
- DOV: voor kinderen die doof geboren zijn of die op zeer jonge leeftijd doof zijn geworden, waardoor er problemen ontstaan in de spraak- en taalontwikkeling. In het onderwijs probeert men de aanwezige gehoorresten optimaal te benutten. Er wordt naar gestreefd de leerling mondeling en schriftelijk zijn beleving te laten uiten. Hierbij spelen de vakken muziek, beweging en expressie een grote rol. Als ondersteuning wordt er gebruik gemaakt van gebaren- en vingerspelling.
  Het onderwijs wordt op verschillende ontwikkelingsniveaus aangeboden.
  Soms zijn er internaten aan deze scholen verbonden.
- SH: voor slechthorende kinderen. Doel is de aanwezige gehoormogelijkheden zo te ontwikkelen dat ze kunnen worden gebruikt bij spraak- en taalverwerving. Dit gebeurt door hoortraining en gebruik van hoorapparatuur. De nadruk ligt vooral op taalontwikkeling, leren communiceren en sociaal-emotionele ontwikkeling.
- ESM: voor kinderen met ernstige spraak-/taalmoeilijkheden. De oorzaak van ernstige spraakmoeilijkheden kan liggen in organische en neurologische afwijkingen, en in emotionele problemen.

Het onderwijs is erop gericht de juiste taalstructuur aan te brengen en de woordenschat uit te breiden, en op spraak- en stemverbetering. Dit gebeurt in nauwe samenwerking met een logopedist.

Cluster 3
Clusters van scholen voor leerlingen met lichamelijke beperkingen (inclusief chronisch zieke kinderen), meervoudig beperkte en verstandelijk beperkte leerlingen: de populatie van de scholen voor lichamelijk beperkte leerlingen, voor meervoudig beperkte leerlingen, voor zeer moeilijk lerende kinderen (ZMLK) en voor dat deel van de populatie van de scholen voor langdurig of chronisch zieke leerlingen waar somatische problemen een dominante rol spelen.
Deze scholen werden en worden ook wel aangeduid als mytylscholen, ZMLK-scholen, tyltylscholen en LZK-scholen (scholen voor langdurig zieke kinderen).
- *Mytylscholen:* voor kinderen met beperkte motorische mogelijkheden door o.a. cerebrale paresen (hersenbeschadigingen/spasticiteit), spina bifida of spierziekten. De onderwijsprogramma's worden aan de cognitieve niveaus aangepast: leerstromen basisonderwijs en programma's voor moeilijk lerende kinderen.
  Daarnaast worden onderwijsondersteunende activiteiten aangeboden zoals fysio- en ergotherapie, en logopedie.
- *ZMLK:* voor zeer moeilijk lerende kinderen: voor kinderen met een verstandelijke beperking, vaak veroorzaakt door een hersenbeschadiging.
  Er wordt in niveaugroepen gewerkt; daarnaast zijn er individueel gerichte programma's. Een aantal leerlingen komt tot technisch lezen en eenvoudig functioneel rekenen. Veel aandacht voor het aanleren van praktische, sociale, creatieve en technische vaardigheden, persoonlijke verzorging en ontwikkeling.
  Na het onderwijs werd de leerling soms in een beschermde situatie (zoals een sociale werkplaats) geplaatst.
- *Tyltylscholen:* voor kinderen met een meervoudige beperking: lichamelijk en verstandelijk beperkt. Daarnaast vaak bijkomende beperkingen: visuele of auditieve waarnemingsstoornissen, ernstige sociaal-emotionele problematiek, psychiatrische problematiek.
  Het onderwijsaanbod komt overeen met dat van de ZMLK-scholen. Evenals op de mytylscholen is er aandacht voor onderwijsondersteunende activiteiten zoals fysio- en ergotherapie, en logopedie. Diverse mytyl- en tyltyl-scholen zijn gefuseerd en werken nauw samen.
- *LZK:* voor langdurig zieke kinderen: voor kinderen met chronische somatische aandoeningen. Dergelijke scholen bieden een passende omgeving en een juiste pedagogische afstemming, waarbij de leerlingen leren om vanuit veiligheid en geborgenheid met hun ziekte om te gaan. Het onderwijs is afgestemd op de draaglast van het kind: het vervult de rol van pedagogische revalidatie, en het zet aan tot activiteit en zelfstandigheid.
  Bij het LZK hoort het Landelijk Werkverband Onderwijs en Epilepsie (LWOE: www.sein.nl). Plaatsing op scholen van het LWOE is bedoeld voor kinderen en jongeren die (vermoedelijk) epilepsie hebben of bij wie medische/neurologische aandoeningen zijn vastgesteld die samengaan met een onderwijsbeperking of sociaal-emotionele problematiek.

Cluster 4
Clusters van scholen voor leerlingen met ernstige ontwikkelingsstoornissen en gedragsproblemen: de populatie van scholen voor zeer moeilijk opvoedbare kinderen (ZMOK), voor langdurig zieke kinderen waar psychiatrische problemen een dominante rol spelen en van scholen die aan pedologische instituten zijn verbonden (pi-scholen).

- *ZMOK:* voor kinderen met een bedreigde persoonlijkheidsontwikkeling, problematische sociale relaties en/of een problematische opvoedingssituatie. Gezinsproblematiek, aanleg- en milieufactoren en/of organische cerebrale dysfuncties (zoals AD(H)D [Attention Deficit (Hyperactivity) Disorder, ofwel Aandachts-Tekort-Stoornis (met Hyperactiviteit)], de combinatie AD(H)D en autisme) kunnen een rol spelen.
  ZMOK-onderwijs is bedoeld voor kinderen met een normale intelligentie; toch kunnen ZMOK-kinderen leerstoornissen hebben die aanleiding geven tot gedragsproblemen.

- *PI-scholen* (aan pedologische instituten verbonden): voor kinderen met ernstige ontwikkelingsstoornissen en psychiatrische problematiek. Ze kunnen vaak op andere sbao-scholen (voor speciaal basisonderwijs) (nog) niet worden ondersteund. Kenmerkend voor een pedologisch instituut is de multidisciplinaire hulpverlening en het wetenschappelijk onderzoek. Doel van de plaatsing op zo'n instituut is observatie in een pedagogische context.

Toelaatbaarheidsverklaring (besluit ministerraad dd. 19.9.2014)
De regionale samenwerkingsverbanden passend onderwijs voortgezet onderwijs krijgen vanaf 2018 de ruimte om op basis van de lokale situatie, visie en criteria te bepalen welke leerling het beste naar het praktijkonderwijs (pro) kan en welke leerling beter af is in het leerwegondersteunend onderwijs (lwoo). Vanaf 2016 worden deze onderwijsvormen al onderdeel van het stelsel passend onderwijs. De eerste jaren wordt nog doorverwezen op basis van de oude landelijke regels. De ministerraad heeft daarmee ingestemd op voorstel van staatssecretaris Dekker van het ministerie van OCW.
Met dit besluit wordt het leerwegondersteunend onderwijs en het praktijkonderwijs stapsgewijs verder geïntegreerd in het stelsel van passend onderwijs. Andere vormen van ondersteuning, zoals het (voortgezet) speciaal onderwijs en de zogenoemde rugzakjes (lgf), zijn per 1 augustus 2014 al onderdeel geworden van passend onderwijs.
Staatssecretaris Dekker: 'Met de integratie van leerwegondersteunend onderwijs en praktijkonderwijs in passend onderwijs per 1 januari 2016 komt alle onderwijsondersteuning in één hand te liggen. Leerlingen worden dan niet langer van het kastje naar de muur gestuurd. Vanaf 2018 kunnen leerling, ouders en school bovendien zelf bepalen welke ondersteuning de leerling in een bepaalde regio het beste kan helpen. Niet het etiket dat een leerling krijgt is belangrijk, maar de ondersteuning die een leerling nodig heeft.'
Leerwegondersteunend onderwijs is een vorm van extra ondersteuning in het vmbo. Leerlingen met een leerachterstand of sociaalemotionele problemen krijgen extra aandacht en hulp, daardoor kunnen ze toch een vmbo-diploma halen.
Het praktijkonderwijs is voor leerlingen die niet in staat zijn om een vmbo-diploma te halen, zij worden met praktijkgericht onderwijs opgeleid voor de regionale arbeidsmarkt.

Toelatingseisen clusterscholen
- Over het algemeen 3 jaar en ouder.
- Er zijn scholen die zeer moeilijk lerende kinderen (ZMLK) pas toelaten vanaf 4 à 5 jaar.
- **N.B.1.** Zie ook de tekst hierboven.
- **N.B.2.** Het onderwijs aan zieke kinderen, die naar verwachting langer dan drie weken thuis ziek zullen zijn, wordt verzorgd door: Ziezon: landelijk netwerk ziek zijn en onderwijs: www.ziezon.nl

2.2.k.3 Voortgezet speciaal onderwijs (vso)
Er is niet langer sprake van vso voor LOM (kinderen met leer- en opvoedingsmoeilijkheden) en MLK (moeilijk lerende kinderen). De ondersteuning die deze leerlingen (zorgkinderen) nodig hebben is geïntegreerd in het reguliere onderwijsaanbod.

Vanaf 1999 is het vmbo ingevoerd (zie 2.3.m.6). Deze schoolsoort is de integratie van het oude mavo (zie 2.3.m.3 en 2.3.m.5) met het oude (i)vbo (zie 1.6).
In het vmbo zijn het vso-LOM (voortgezet speciaal onderwijs voor kinderen met leer- en opvoedingsmoeilijkheden) in het lwoo (zie 2.3.m.2), en het vso-MLK (voortgezet speciaal onderwijs voor moeilijk lerende kinderen) in het pro (praktijkonderwijs, zie 2.3.m.4) ondergebracht.
Het vroegere vso-LOM kan zich ook als alternatief voor deze integratie vestigen als orthopedagogisch (en) didactisch centrum (opdc).

Sinds 2000 beslist de permanente commissie leerlingenzorg (pcl) in het samenwerkingsverband over plaatsing in het leerwegondersteunend onderwijs (lwoo, zie 2.3.m.2).
De regionale verwijzingscommissie (rvc) besluit over plaatsing in het pro (praktijkonderwijs, zie 2.3.m.4).
Het toelaten van leerlingen wordt bepaald op basis van gegevens van afgenomen (intelligentie)tests en toetsen die in overeenstemming moeten zijn met door de overheid vastgestelde criteria:
1. intelligentieniveau;
2. didactisch niveau voor lezen, spellen en rekenen;
3. sociaal-emotionele ontwikkeling, vastgesteld door erkende toetsinstrumenten;
4. mogelijk belemmerende externe factoren.

Leerwegen of doorstroomprofielen van het vmbo
De eerste 2-3 jaren werd de bavo gevolgd. In 2006 werd de bavo in de oorspronkelijke vorm afgeschaft.
In het 3e of 4e leerjaar wordt voor een van de 4 leerwegen gekozen:
1. De BasisBeroepsgerichte leerweg (vmbo bb): deze leerweg is vooral praktisch gericht en leidt op voor een startkwalificatie: het mbo niveau 2. Binnen deze leerweg bieden veel scholen leerwerktrajecten aan met een beroepsgericht programma; deze trajecten leiden op voor het mbo niveau 1 en 2.
2. De KaderBeroepsgerichte leerweg (vmbo kb): deze leerweg leidt op voor het mbo niveau 3 en 4.
3. De Gemengde Leerweg (vmbo gl): deze leerweg leidt op voor het mbo niveau 3 en 4.
4. De Theoretische Leerweg (vmbo tl): deze leerweg leidt op voor het mbo niveau 3 en 4 of voor het havo.

Voor meer informatie over het vmbo zie 2.3.m.6.

Voor leerlingen die extra ondersteuning en begeleiding nodig hebben bij het behalen van een diploma in een leerweg (de vroegere LOM-leerlingen), is er lwoo; zie 2.3.m.2.

Leerlingen voor wie een leerweg niet haalbaar is (de vroegere MLK-leerlingen), kunnen pro (praktijkonderwijs) op een praktijkschool of een vmbo-school volgen dat opleidt voor een eenvoudige functie op de regionale arbeidsmarkt; zie 2.3.m.4.

Toelatingseisen vso
- Minimumleeftijd: 12 à 13 jaar.
- Het vso heeft onderwijsmogelijkheden tot 20 jaar.

2.3 VMBO

2.3.m Algemeen onderwijs

Vmbo betekent: voorbereidend middelbaar beroepsonderwijs. Deze schoolvorm is in 1999 ontstaan uit een integratie van het vroegere vbo met het vroegere mavo*. Door de invoering van het vmbo zijn de meeste a-, b-, c- en d-programma's van de mavo komen te vervallen.
* Overigens bestaan er nog tientallen (zelfstandige) mavo's in Nederland.

2.3.m.1 Ivko

Voor adres(sen) zie: OVER-46.
Algemeen Ivko: individueel voortgezet en kunstzinnig onderwijs, onderdeel van de Montessori SG te Amsterdam.
Doel Het ivko verzorgt onderwijs op het niveau van het vmbo (de Theoretische Leerweg en de Gemengde Leerweg), én van de 4e en de 5e klas havo, profiel C&M. Alleen voor de vakken Nederlandse taal en Engelse taal kan men aan het centraal schriftelijk examen deelnemen.
Binnen de vakken van het lesprogramma is er speciale aandacht voor mime, dansexpressie, drama, taalvisualisatie, keramiek, audiovisuele vorming en fotografie.
Toelatingseisen
- Groep 8 van het basisonderwijs met succes hebben voltooid.
- Creativiteit willen ontwikkelen.

Lesprogramma Vakken ivko mavo & havo, klassen 1-5: audiovisueel (film & foto) - biNask - biologie - CKV - dans - drama - Duitse taal - economie - Engelse taal - film - fotografie - Franse taal - geschiedenis - handvaardigheid - kunst algemeen - kunstvakken 2 - kunstgeschiedenis - mens & maatschappij - maatschappijleer - maatschappijwetenschappen - mime - mode en textiel - muziek - natuur- en scheikunde - Nederlandse taal - rekenen - tekenen - textiele werkvormen - theatertechniek - wiskunde.
Diploma/examen Het ivko-diploma geeft toegang tot het mbo.

2.3.m.2 Leerwegondersteunend onderwijs (lwoo)
Algemeen
- Voor adressen informere men bij de afdeling Onderwijs van de gemeente in de desbetreffende woonplaats.
- Leerwegondersteunend onderwijs is een vorm van extra ondersteuning in het vmbo. Leerlingen met een leerachterstand of sociaalemotionele problemen krijgen extra aandacht en hulp; daardoor kunnen ze toch een vmbo-diploma halen. (Het praktijkonderwijs [zie 2.3.m.4] is voor leerlingen die niet in staat zijn om een vmbo-diploma te halen; zij worden met praktijkgericht onderwijs opgeleid voor de regionale arbeidsmarkt.)
Doel Lwoo (leerwegondersteunend onderwijs) wordt verzorgd ter voorbereiding op of gedurende het volgen van vmbo bb, vmbo gl, vmbo kb of vmbo tl.
Doel van het lwoo is de orthopedagogische en orthodidactische benadering van leerlingen met het oog op het afsluiten van het onderwijs in een van de leerwegen. Het betreft ondersteuning aan leerlingen met een partiële achterstand of een tijdelijke problematiek (de vroegere LOM-leerlingen).
Toelatingseisen Een permanente commissie leerlingenzorg (pcl) beslist over plaatsing in het lwoo.

2.3.m.3 Mavo
Algemeen Mavo= Middelbaar Algemeen Voortgezet Onderwijs. Een zelfstandige mavo wordt een 'categoriale mavo' genoemd.
Dit onderwijs wordt gegeven aan vmbo-scholen en scholengemeenschappen voor vmbo, havo en vwo.
Er zijn momenteel nog tientallen zelfstandige mavo's in Nederland; dat aantal neemt weer toe: er zijn meer vmbo's die mavo-afdelingen op een aparte locatie onderbrengen.
Doel Opleiding voor het diploma mavo. Het onderwijs wordt gegeven volgens de Theoretische Leerweg. In het 3e of 4e leerjaar moet worden gekozen voor 1 van de 4 sectordelen: Economie, Landbouw, Techniek, Zorg en welzijn. In het gekozen sectordeel worden 2 algemene vakken gegeven die relevant zijn voor verdere doorstroming in het beroepsonderwijs. Vanaf het 3e leerjaar werd gekozen voor een afdelingsvak of intrasectoraal programma.
Toelatingseisen Groep 8 van het basisonderwijs met succes hebben voltooid.
Duur 4 jaar voltijd.
Lesprogramma
- *Basisvorming:* zie 1.4, en voor de vakken onder 2.9.m.1.
- *Gemeenschappelijk deel:* Nederlandse taal - Engelse taal - maatschappijleer - lichamelijke opvoeding - 1 uit: beeldende vorming - muziek - dans - drama.
- *Vakken van het gekozen sectordeel:*
  - Economie: economie - wiskunde of Franse taal of Duitse taal.
  - Landbouw: wiskunde - natuurleer (biologie) of natuur- en scheikunde I.
  - Techniek: wiskunde - natuur- en scheikunde I.
  - Zorg en welzijn: natuurleer (biologie) - aardrijkskunde of geschiedenis en staatsinrichting of maatschappijleer II of wiskunde.
- *Vakken van het vrije deel:* door de leerling te kiezen vakken als hiervoor genoemd, of een keuze uit de volgende vakken vanaf het schooljaar 1999/2000: natuur- en scheikunde II - Spaanse taal - Turkse taal - Arabische taal - vakken behorende tot de beeldende vorming (muziek - dans - drama) - Friese taal en cultuur - lichamelijke opvoeding; en kan nog andere vakken en programmaonderdelen bevatten.

Mogelijkheden voor verdere studie Instromen in het 4e jaar havo; toelating tot mbo niveau 3 of 4.

2.3.m.4 Praktijkonderwijs (pro)
Algemeen
- Voor adressen informere men bij de afdeling Onderwijs van de gemeente in de desbetreffende woonplaats.
- Pro wordt gegeven aan praktijkscholen en/of aan vmbo-scholen.
- Pro is eindonderwijs.
Doel Pro (praktijkonderwijs) is bedoeld voor leerlingen voor wie orthopedagogische en orthodidactische benadering noodzakelijk is en voor wie onderwijs binnen de 4 leerjaren en leerwegondersteunend onderwijs niet haalbaar is (de vroegere MLK-leerlingen; zie 2.2.k.1).
Toelatingseisen Een regionale verwijzingscommissie (rvc) bepaalt of de leerling wordt toegelaten. Het bevoegd gezag beslist over de toelating na overleg met ouders of verzorgers.
Duur 4 jaar voltijd.
Lesprogramma Aangepast theoretisch onderwijs met aandacht voor persoonlijkheidsvorming en sociale vaardigheden. Voorbereiding op het uitoefenen van functies op de regionale arbeidsmarkt (onder het niveau van mbo niveau 1).
Functiemogelijkheden Zeer eenvoudige beroepen of functies op de regionale arbeidsmarkt.

2.3.m.5 Vbo/mavo (oud)
Zie ook: 1.6 en 26.8.

Algemeen Het onderwijs werd gegeven aan vmbo-scholen en aan scholengemeenschappen met vmbo, havo en vwo.
In deze Gids wordt het vbo alleen genoemd bij een Vlaamse opleiding (23.3.j.1).

Doel Opleiding voor het diploma vbo/mavo. Het onderwijs werd gegeven volgens de Gemengde Leerweg. In het 3e of 4e leerjaar moest worden gekozen voor 1 van de 4 sectordelen: Economie, Landbouw, Techniek, Zorg en welzijn. In het gekozen sectordeel werden 2 algemene vakken gegeven die relevant waren voor verdere doorstroming in het beroepsonderwijs. Vanaf het 3e leerjaar werd gekozen voor een afdelingsvak of intrasectoraal programma.

Toelatingseisen Groep 8 van het basisonderwijs met succes hebben voltooid.

Duur 4 jaar voltijd.

Lesprogramma
- *Basisvorming:* zie 1.4, en voor de vakken onder 2.9.m.1.
- *Gemeenschappelijk deel:* Nederlandse taal - Engelse taal - maatschappijleer - lichamelijke opvoeding - 1 uit: beeldende vorming - muziek - dans - drama.
- *Vakken van het gekozen sectordeel:*
  - Economie: economie - wiskunde of Franse taal of Duitse taal.
  - Landbouw: wiskunde - natuurleer (biologie) of natuur- en scheikunde I.
  - Techniek: wiskunde - natuur- en scheikunde I.
  - Zorg en welzijn: natuurleer (biologie) - wiskunde of mens en maatschappij.
- *Vakken van het vrije deel:* wiskunde - natuur- en scheikunde I - natuur- en scheikunde II - natuurleer - mens en maatschappij - Franse taal - Duitse taal - economie - geschiedenis en staatsinrichting - aardrijkskunde - biologie - Spaanse taal - Turkse taal - Arabische taal - beeldende vorming - muziek - dans of drama - door bevoegd gezag vastgestelde vakken.
- *1 vak uit de afdelingsvakken (beroepsgericht):*
  - Economie: administratie - commerciële dienstverlening - mode en commercie - consumptief.
  - Landbouw: landbouw en natuurlijke omgeving - levensmiddelentechnologie.
  - Techniek: bouwtechniek - metaaltechniek - elektrotechniek - voertuigentechniek - installatietechniek - grafische techniek - transport en logistiek.
  - Zorg en welzijn: verzorging - uiterlijke verzorging.

Diploma/examen
Eindexamenpakket: Nederlandse taal - Engelse taal - 2 vakken van het sectordeel - 1 algemeen vak uit het vrije deel - 1 afdelingsvak (beroepsgericht).

Mogelijkheden voor verdere studie Mbo niveau 3 en 4.

2.3.m.6 Vmbo
Algemeen
- Vmbo betekent: voorbereidend middelbaar beroepsonderwijs.
- De eerste 2-3 leerjaren van het vmbo werd basisvorming voortgezet onderwijs (bavo) gevolgd (zie 1.4, en voor de vakken 2.9.m.1; in 2006 werd de bavo in zijn oorspronkelijke vorm afgeschaft).
Nu moet er in het 3e of 4e leerjaar worden gekozen voor een leerweg en een sector. (Dat wordt met ingang van schooljaar 2016-2017 een profiel - zie Overige informatie op pagina 38.)
- Het onderwijs wordt gegeven aan vmbo-scholen en aan scholengemeenschappen voor vmbo, havo en vwo.

Adressen vmbo
Voor adressen informere men bij de afdeling Onderwijs van de gemeente in de desbetreffende woonplaats.

Leerwegen vmbo
Aan het eind van het 2e leerjaar wordt voor een van de 4 leerwegen of doorstroomprofielen gekozen; een leerweg is de weg naar het vervolgonderwijs, bijvoorbeeld naar het mbo (of ook naar het havo na de Theoretische Leerweg). De bedoeling is om de start in het vervolgonderwijs zo optimaal mogelijk te laten verlopen.
In de keuze van een leerweg komt de mate van affiniteit met de beroepspraktijk of met studeren tot uiting (erachter staat de in deze Gids gebruikte afkorting):

1. De BasisBeroepsgerichte leerweg (vmbo bb)
Deze leerweg is voor leerlingen die een combinatie van leren werken prettig vinden en is dus vooral praktisch gericht; deze leerweg leidt op voor een *startkwalificatie*: het mbo niveau 2. Binnen deze leerweg bieden veel scholen leer-werktrajecten aan met een beroepsgericht programma; deze trajecten leiden op voor het mbo niveau 1.
Vmbo bb wordt gegeven op de vroegere vbo-scholen.
(Een *startkwalificatie* is een diploma havo, vwo of mbo niveau 2, waarmee iemand onder de 23 jaar geschoold werk kan krijgen op de arbeidsmarkt.)

2. De KaderBeroepsgerichte leerweg (vmbo kb)
Deze leerweg leert kennis vergaren door praktisch bezig zijn (leerlingen die graag met hun handen werken) en leidt op voor het mbo niveau 2.
Vmbo kb wordt gegeven op de vroegere vbo-scholen.

3. De Gemengde Leerweg (vmbo gl)
Deze leerweg is voor leerlingen die weinig moeite met studeren hebben en die zich tevens gericht willen voorbereiden op bepaalde beroepsopleidingen op de mbo-niveaus 3 of 4.
Vmbo gl wordt gegeven op de vroegere vbo/mavo-scholen.

4. De Theoretische Leerweg (vmbo tl)
Deze leerweg is voor wie wil doorstuderen zonder al een specifiek beroep voor ogen te hebben. Het theoretische niveau is vergelijkbaar met het hoogste (d-)niveau van het vroegere mavo. Er worden algemene vormende vakken gegeven (kerndeel en verrijkingsdeel), geen beroepsgerichte vakken. Deze leerweg leidt op voor de mbo-niveau 3 of 4, of voor havo-4.
Vmbo tl wordt gegeven op de vroegere mavo-scholen.

Voor leerlingen die extra ondersteuning en begeleiding nodig hebben bij het behalen van een diploma in een bepaalde leerweg (de vroegere LOM-leerlingen), is er leerwegondersteunend onderwijs (lwoo) op een vmbo-school; zie 2.3.m.2.

Leerlingen voor wie een leerweg niet haalbaar is (de vroegere MLK-leerlingen), kunnen pro (praktijkonderwijs) op een praktijkschool of vmbo-school volgen dat opleidt voor eenvoudige functies op de regionale arbeidsmarkt; zie 2.3.m.4.

Sectoren vmbo
Binnen elke van de 4 leerwegen bestaan weer 4 sectoren met samenhangende vakkenpakketten, om te voorkomen dat een vakkenpakket niet aansluit op de vervolgopleidingen. In de keuze voor een pakket

komt de mate van affiniteit met een toekomstige beroepensector tot uiting (erachter staat de in deze Gids gebruikte afkorting):
1. Economie (vmbo-Ec);
2. Landbouw (vmbo-Lb);
3. Techniek (vmbo-Tech);
4. Zorg en Welzijn (vmbo-Z&W).

Vmbo-groen
Op de aoc's kent men vmbo-groen, met 3 leerwegen:
1. De BasisBeroepsgerichte leerweg (vmbo bb).
2. De KaderBeroepsgerichte leerweg (vmbo kb).
3. De Gemengde Leerweg (vmbo gl).
Er is veelal ruime studiebegeleiding mogelijk en er zijn doorstroommogelijkheden naar diverse opleidingen van het mbo Groen onderwijs.

Toelatingseisen vmbo
Als men groep 8 van het basisonderwijs met succes heeft doorlopen, wordt men toegelaten.

Duur vmbo
4 jaar voltijd.

Lesprogramma vmbo
Er zijn algemene vakken (niet direct beroepsgerichte vakken) en beroepsvoorbereidende vakken (ook wel praktijkvakken genoemd) in het vmbo.
Er is veel aandacht voor algemene en beroepsvaardigheden, voor studie- en beroepskeuze, en voor informatie- en communicatietechnologie.
Gemeenschappelijke vakken zijn vakken die voor alle leerlingen van alle sectoren en leerwegen gelijk en verplicht zijn.

Na 2-3 jaar onderbouw (of bavo, sinds 2006 veelal in een gewijzigde vorm) wordt er voor een leerweg en een sector gekozen; op sommige scholen wordt er pas bij de overgang naar het 4e leerjaar voor een leerweg en een sector gekozen.

In 2006 werd niet alleen de bavo in zijn toenmalige vorm afgeschaft, maar ook mogen scholen er sindsdien voor kiezen om vakken samen te voegen, waardoor het aantal van 15 vakken is verminderd.
Van de huidige bavo kunnen het aantal vakken en het soort vakken sinds 1.8.2006 dus per school verschillen.
Het vakkenpakket van de vroegere 2-3-jarige bavo bestond uit 15 vakken: Nederlands - Engels - Frans - Duits - geschiedenis en staatsinrichting - economie - aardrijkskunde - wiskunde - natuur- en scheikunde - biologie - verzorging - informatiekunde - techniek - lichamelijke opvoeding, en 1 vak kiezen uit: beeldende vorming (tekenen - handenarbeid - textiele werkvormen - audiovisuele vormgeving) - muziek - drama - dans.

Vakken van de gekozen sectoren (algemeen)
- A. *Gemeenschappelijk deel met gemeenschappelijke algemene vakken:* Engels, lichamelijke opvoeding, kunstvakken (ckv) I, maatschappijleer I, Nederlands.
- B. *Sectordeel met sectorvakken:* 2 verplichte vakken voor de gekozen sector.
- C. *Vrije deel met vrije vakken:* 1 of 2 vakken die binnen de leerweg en de sector passen.
- D. Er zijn 2 soorten *beroepsgerichte programma's* voor vmbo bb, vmbo kb en vmbo gl:

- *Afdelingsvakken:* als de leerling al weet welk beroep hij later wil uitoefenen.
- *Intrasectorale programma's:* als de leerling opteert voor een brede basis, of wanneer hij nog geen keuze voor een beroep heeft gemaakt.

Vakken van de gekozen sector Economie (vmbo-Ec)
- *Gemeenschappelijke algemene vakken* (zie A. hierboven).
- *Sectorvakken:* economie (verplicht) - keuze uit: wiskunde of een 2e moderne vreemde taal.
- *Vrije vakken:*
  - bb en kb: 1 groot beroepsgericht programma;
  - gl: 1 algemeen vak en 1 beroepsgericht programma;
  - tl: 2 algemene vakken.
- Beroepsgerichte programma's:
  - *Afdelingsvakken:* administratie - consumptief - handel & verkoop - mode & commercie - algemene voorbereiding op de maatschappij en het beroep (alleen voor lwoo).
  - *Intrasectorale programma's:* consumptief-breed (bakken: brood en banket - horeca: koken en serveren - toerisme en recreatie) - handel en administratie (administratie - commercie - handel - mode - verkoop).

Vakken van de gekozen sector Landbouw (vmbo-Lb)
- *Gemeenschappelijke algemene vakken* (zie A. hierboven).
- *Sectorvakken:* wiskunde (verplicht) - keuze uit: biologie of natuur- en scheikunde 1.
- *Vrije vakken:*
  - bb en kb: 1 groot beroepsgericht programma;
  - gl: 1 algemeen vak en 1 beroepsgericht programma;
  - tl: 2 algemene vakken.
- *Beroepsgerichte programma's:*
  - *Afdelingsvakken:* landbouw en natuurlijke omgeving: landbouw/veehouderij - landbouw en natuurlijke omgeving: tuinbouw/bosbouw - levensmiddelentechnologie.
  - *Intrasectoraal programma:* landbouw-breed (agrarische bedrijfseconomie - agrarische techniek - bloembinden en -schikken - dierhouderij en -verzorging - groene ruimte - plantenteelt - verwerking agrarische producten/levensmiddelentechnologie).

Vakken van de gekozen sector Techniek (vmbo-Tech)
- *Gemeenschappelijke algemene vakken* (zie A. hierboven).
- *Sectorvakken:* natuur- en scheikunde 1 (verplicht) - wiskunde (verplicht).
- *Vrije vakken:*
  - bb en kb: 1 groot beroepsgericht programma;
  - gl: 1 algemeen vak en 1 beroepsgericht programma;
  - tl: 2 algemene vakken.
- *Beroepsgerichte vakken:*
  - *Afdelingsvakken:* bouwtechniek - elektrotechniek - grafische techniek - installatietechniek - metaaltechniek - scheepvaart - transport en logistiek - voertuigentechniek.
  - *Intrasectorale programma's:* bouwbreed (infrastructuur - metselen - meubelmaken - reclame- en decoratieve technieken - timmeren - schilderen - stukadoren); instalektro (elektrotechniek - installatietechniek); metalelektro (elektrotechniek - metaaltechniek).
- Op sommige scholen: technologie.

Vakken van de gekozen sector Zorg en Welzijn (vmbo-Z&W)
- *Gemeenschappelijke algemene vakken* (zie A. hierboven).
- *Sectorvakken:* biologie (verplicht) - keuze uit: aardrijkskunde - geschiedenis - maatschappijleer - wiskunde.
- *Vrije vakken:*
  • bb en kb: 1 groot beroepsgericht programma;
  • gl: 1 algemeen vak en 1 beroepsgericht programma;
  • tl: 2 algemene vakken.
- *Beroepsgerichte programma's:*
  • Afdelingsvakken: uiterlijke verzorging - verzorging.
  • Intrasectoraal programma: zorg-en-welzijn-breed (uiterlijke verzorging - verzorging).

Diploma/examen vmbo
Voor maatschappijleer, gymnastiek en kunstvakken wordt een school-examen afgenomen.
Voor de andere gekozen vakken wordt een school- en een centraal examen afgenomen.
Het centraal examen bevat landelijk gestandaardiseerde opgaven en beoordelingen. Bij de vmbo bb geven de prestaties op het schoolexamen met 2/3 de doorslag voor het eindcijfer; bij de overige leerwegen is de weging voor het eindcijfer: 50%-50% resultaat school-resultaat centraal examen.

Vmbo tl examenvakken
Bij vmbo tl worden alleen algemene vakken gegeven; aan het eind van het 2e leerjaar moeten er 9 examenvakken worden gekozen:
- *Verplichte examenvakken bij vmbo-Ec:* economie - Engelse taal - Nederlandse taal - wiskunde of een 2e moderne vreemde taal.
- *Verplichte examenvakken bij vmbo-Lb:* Engelse taal - Nederlandse taal - wiskunde - kiezen uit: biologie - natuur- en scheikunde 1.
- *Verplichte examenvakken bij vmbo-Tech:* Engelse taal - natuur- en scheikunde 1 - Nederlandse taal - wiskunde.
- *Verplichte examenvakken bij vmbo-Z&W:* biologie - Engelse taal - Nederlandse taal - kiezen uit: aardrijkskunde - geschiedenis - maatschappijleer - wiskunde.

Mogelijkheden voor verdere studie na vmbo
- Met vmbo bb/leer-werktraject: mbo niveau 1.
- Met vmbo bb: mbo niveau 2 (strartkwalificatie).
- Met vmbo gl, vmbo kb en vmbo tl: mbo-niveaus 3 en 4.
- Met vmbo tl kan men meestal instromen in havo-4.

Functiemogelijkheden na vmbo
- *Vmbo-Ec plus vervolgonderwijs:* bankmedewerker - boekhouder - gastheer of gastvrouw - hoofd magazijn - kok - medewerker reizen - secretaresse - stewardess - verkoper - vertegenwoordiger.
- *Vmbo-Lb plus vervolgonderwijs:* bodemonderzoeker - bloemist - boomkweker - bosbouwkundige - dierenverzorger - kwaliteitscontroleur - milieutechnicus - paardenverzorger - productontwikkelaar.
- *Vmbo-Tech plus vervolgonderwijs:* automonteur - ict-beheerder - installatiemonteur - laborant - opticien - schilder - schoenmaker - uitvoerder - wegenbouwer - woningstoffeerder.
- *Vmbo-Z&W plus vervolgonderwijs:* activiteitenbegeleider - doktersassistent - gezinshulp - kapper - leidster peuterzaal - onderwijsassistent - pedicure - sportleider - tandartsassistent - verpleegkundige.

Overige informatie Het vmbo zal ingrijpend worden vernieuwd. Leerlingen van beroepsgerichte leerwegen kiezen straks een profiel

met basisvakken en vullen dit aan met praktijkvakken. Zo krijgen leerlingen een brede basis én meer ruimte om de eigen talenten te ontplooien. Daarnaast gaan vmbo-scholen, mbo-instellingen en het bedrijfsleven samen de inhoud van het onderwijs vormgeven. Leerlingen worden zo beter voorbereid op hun studiekeus en de regionale arbeidsmarkt.
De nieuwe opzet van het vmbo start in schooljaar 2016-2017. Vanaf dat moment kiezen vmbo-leerlingen in de bovenbouw van de beroepsgerichte leerwegen en gemengde leerweg één profiel aangevuld met beroepsgerichte keuzevakken. Leerlingen kunnen kiezen uit 10 profielen en stellen daarna zelf een verdiepend, verbredend, of profieloverstijgend programma samen. De profielen zijn samen met docenten vmbo en mbo opgesteld en afgestemd met brancheorganisaties. De ministerraad heeft ingestemd met een wetsvoorstel dat het systeem van profielen en beroepsgerichte keuzevakken in het vmbo regelt.
De 10 profielen zijn:
- Bouwen, wonen en interieur
- Dienstverlening en producten
- Economie en ondernemen
- Groen
- Horeca, bakkerij en recreatie
- Maritiem en techniek
- Media, vormgeving en ict
- Mobiliteit en transport
- Produceren, installeren en energie
- Zorg en welzijn

2.3.m.7 Experimentele leergang vmbo-mbo2 (ofwel: VM2) (2008-2013), en vervolg project VSV
Algemeen De experimentele leergang vmbo-mbo2 2008-2013 is medio 2008 in werking getreden, en afgesloten in juli 2013.
(Zie ook het N.B. voor de benaming van deze leergang!)
Het experiment betrof een combinatie van 2 studiejaren vmbo/lwoo en 2 studiejaren voltijds mbo (bol).
De bovenbouw van de opleiding vmbo-basisberoepsgerichte leerweg (vmbo bb) werd samengevoegd met mbo niveau 2. Er ontstond één nieuwe leergang. In deze leergang hoefden leerlingen de fysieke stap van hun vmbo-school naar een mbo-instelling niet te maken. Ze kregen op één locatie les, met één pedagogisch-didactische aanpak, met eenzelfde team vmbo- en mbo-docenten. Dat vergrootte de kans dat leerlingen een diploma mbo niveau 2 zouden halen.
Doel Bevorderen dat meer leerlingen het onderwijs verlaten met tenminste een startkwalificatie op het niveau van het diploma van een opleiding mbo niveau 2.
(Een *startkwalificatie* is een diploma havo, vwo of mbo niveau 2, waarmee iemand onder de 23 jaar geschoold werk kan krijgen op de arbeidsmarkt.)
Toelatingseisen
- Fysiek mocht de leerling de leergang op een mbo-instelling volgen, maar de leerling viel formeel gezien onder de verantwoordelijkheid van de vmbo-school.
- Voor een aoc ging het om leerlingen die werden geregistreerd vanuit de positie vmbo-groen binnen een aoc.
- Voor een verticale scholengemeenschap ging het om leerlingen die werden geregistreerd vanuit de positie vmbo.
Duur 2+2 = 4 jaar.
Lesprogramma In de leergang vmbo-mbo2 werden het derde en het vierde leerjaar van de basisberoepsgerichte leerweg in het vmbo en de verwante opleiding mbo niveau 2 als een programmatisch geheel aangeboden aan leerlingen van het vmbo bb, op de locatie van de vmbo-school of van de vmbo-instelling.
Diploma/examen Het onderwijs in de leergang vmbo-mbo2 was zodanig ingericht dat de leerling ook het diploma van de opleiding mbo-niveau 2 binnen de studieduur van 4 jaar kon behalen.

Het uitgangspunt waren de eindtermen of het kwalificatiedossier voor een mbo-niveau 2-opleiding, zoals die in de WEB staat omschreven. Voorwaarde was wel dat er een terugvalgarantie moest zijn voor leerlingen in het geval dat ze tijdens het experiment dreigden uit te vallen. Als ze de leergang niet haalden, moesten ze worden begeleid naar een traject dat leidde tot een vmbo- of een mbo-diploma.

Overige informatie

Vervolg project VSV:

In het Actieplan mbo: 'Focus op vakmanschap 2011-2015', de beleidsbrief vmbo en de Kamerbrief van 6 juli 2012 over de resultaten van VM2 werden nieuwe experimenten met een doorlopende leerlijn aangekondigd. Bij de opzet van deze experimenten worden de ervaringen en leeropbrengsten van het experiment VM2 gebruikt, waarmee het kabinet-Rutte II de mogelijkheden voor samenwerking tussen vmbo en mbo-instellingen uitbreidt. Naast onderwijskundige doelen kunnen de experimenten met een doorlopende leerlijn vmbo-mbo ook een bijdrage leveren aan een doelmatigere organisatie van het onderwijs.

Het streven is om een wettelijk kader in werking te laten treden, waarbinnen vmbo-scholen en bve-instellingen kunnen experimenteren met doorlopende leerlijnen vmbo-mbo.

Binnen de nieuwe experimenten met doorlopende leerlijnen zijn er twee beoogde routes:
- De eerste is een 'aangepaste' versie van VM2: de vakmanschaproute. De leerling volgt hier vanaf het derde leerjaar van het vmbo in de basisberoepsgerichte leerweg of de kaderberoepsgerichte leerweg, een geïntegreerde leerroute die opleidt tot een diploma op niveau-2 van het mbo. De vakmanschaproute draagt bij aan de aantrekkelijkheid van het beroepsonderwijs, het voorkomen van uitval tussen het vmbo en mbo.
- De tweede is de technologieroute: de leerling volgt vanaf het derde leerjaar van het vmbo in de gemengde leerweg (gl) of de theoretische leerweg (tl) een geïntegreerde leerroute die opleidt tot een diploma techniek mbo niveau-4. De technologieroute heeft onder meer tot doel een versnelde aanpak van tekorten op de arbeidsmarkt in de technieksector te realiseren.

Het kabinet-Rutte II heeft de doelstelling voor het tegengaan van voortijdige schooluitval (vsv) aangescherpt. Het aantal nieuwe voortijdig schoolverlaters mag in 2016 nog maar maximaal 25.000 zijn. Zoveel mogelijk jongeren een startkwalificatie: dat is in de eerste plaats goed voor de jongere zelf. Jongeren met een startkwalificatie komen vijf keer minder vaak voor in criminaliteitscijfers. Ze vinden ook beter hun weg op de arbeidsmarkt: de kans op werkloosheid is voor jongeren zonder startkwalificatie twee keer zo hoog. Zoveel mogelijk jongeren een startkwalificatie is ook gunstig voor ons allemaal: goed opgeleide arbeidskrachten dragen immers bij aan economisch herstel.

N.B. Deze gecombineerde opleiding werd ook wel (verkort) genoemd: VM2-opleiding.

2.4 TOELEIDING MIDDELBAAR BEROEPSONDERWIJS (TMBO)

Voor adres(sen) zie: ROC/MBO-30.

Algemeen O.a. bij het Arcus College in Limburg.

Doel Wanneer men niet over het juiste vakkenpakket beschikt voor de toelatingseisen van een mbo-opleiding, kan men de vereiste vakken op het vereiste niveau brengen.

Duur Er zijn zomercursussen, halfjaartrajecten en jaartrajecten.

2.5 HAVO

2.5.m Algemeen onderwijs

2.5.m.1 Havo

Adressen Voor adressen informere men bij de afdeling Onderwijs van de gemeente in de desbetreffende woonplaats.

Doel Het hoger algemeen voortgezet onderwijs (havo) is ingericht ter voorbereiding op het aansluitend hoger beroepsonderwijs (hbo) en omvat ook algemene vorming.

Voor het 4e en 5e jaar wordt 1 van de 4 profielen gekozen. Een profiel is een samenhangend onderwijsprogramma en biedt algemeen maatschappelijke voorbereiding en persoonlijke vorming, algemene voorbereiding op het hoger onderwijs en bijzondere voorbereiding op groepen van naar inhoud verwante opleidingen in het hbo.

Het diploma havo wordt ook wel een startkwalificatie genoemd. (Een startkwalificatie is een diploma havo, vwo of mbo niveau 2, waarmee iemand onder de 23 jaar geschoold werk kan krijgen op de arbeidsmarkt.)

Toelatingseisen Groep 8 van het basisonderwijs met succes hebben voltooid.

Duur 5 jaar voltijd, met 1.000 lesuren per jaar. Er was tot 2006 een periode van basisvorming voortgezet onderwijs (de 'bavo' die per 2006 werd afgeschaft; zie voor meer informatie: 1.4 en 2.9.m.1), en een periode van voorbereidend hoger onderwijs (vho).

Lesprogramma
- In 2006 is niet alleen de bavo afgeschaft, maar ook mogen scholen er sindsdien voor kiezen om vakken samen te voegen, waardoor het aantal vakken (het waren er 15) is verminderd.
- De lesstof en het examenprogramma voor de bovenbouw (het studiehuis) van het vho zijn na 2005 aangepast: o.a. Duits en Frans worden weer als volwaardige vreemde taal gegeven.
- De naamgeving van wiskunde is in 2007 gewijzigd: i.p.v. wiskunde B1 en B2 , wiskunde AB en wiskunde A1 en A2 is het nu: wiskunde B, wiskunde A, wiskunde C.
  Wiskunde D is nieuw: voortgezette wiskunde: verdieping en verbreding van wiskunde B.
- Bètavak: natuur, leven & techniek (nlt): via het platform Bètatechniek zijn de scholen door de overheid mede ondersteund om dit vak te ontwikkelen.
- Sinds het schooljaar 2008-2009 kunnen havisten en vwo-ers Chinees volgen als keuzevak, en er eindexamen in doen.
- De vakken van het havo zijn:
1. Gemeenschappelijk deel: Nederlandse taal en literatuur - Engelse taal en literatuur - maatschappijleer - culturele en kunstzinnige vorming - lichamelijke opvoeding - rekenen.
2. Er wordt gekozen voor 1 van de 4 profieldelen:
- C&M (Cultuur & Maatschappij), waarin 2 verplichte vakken en 2 profielkeuzevakken: moderne vreemde taal - geschiedenis - maatschappijvak (aardrijkskunde, maatschappijwetenschappen, of economie) - cultureel vak (kunstvak, filosofie, of een moderne vreemde taal) - profielwerkstuk.
- E&M (Economie & Maatschappij), waarin 3 verplichte vakken en 1 profielkeuzevak: wiskunde A (of B) - economie - geschiedenis - profielkeuzevak (moderne vreemde taal, aardrijkskunde, management en organisatie, of maatschappijwetenschappen).
- N&G (Natuur & Gezondheid), waarin 3 verplichte vakken en 1 profielkeuzevak: wiskunde A (of B) - biologie - scheikunde - profielkeuzevak (nlt, natuurkunde, of aardrijkskunde) - profielwerkstuk.
- N&T (Natuur & Techniek), waarin 3 verplichte vakken en 1 profielkeuzevak: wiskunde B - natuurkunde - scheikunde - profielkeuze-

vak (informatica, biologie, nlt, of wiskunde D) - profielwerkstuk.
3. Examenvakken uit het vrije deel:
   een van de (deel)vakken die deel uitmaken van de profielen.
4. Daarnaast kan de leerling zich oriënteren op een vervolgstudie, bijvoorbeeld door ergens een korte stage te lopen, door zich bezig te houden met de leerlingen- of medezeggenschapsraad, of door zich nader te verdiepen in een bepaald vak.

Diploma/examen
- Het examen valt uiteen in een landelijk deel in het laatste jaar (centraal schriftelijk) en een deel dat door de school wordt georganiseerd (schoolexamen, voorheen schoolonderzoek).
- Het centraal examen en het schoolexamen bepalen ieder voor de helft het eindcijfer voor een vak. Voor sommige vakken is er alleen een schoolexamen. De school hoeft niet alle onderdelen van het schoolexamen in het laatste schooljaar te laten doen. Sommige onderdelen kunnen al eerder afgesloten worden (in 4 havo).
- Om te kunnen slagen moet sinds het schooljaar 2011-2012 het gemiddelde cijfer van het centraal eindexamen voldoende zijn. Voor de vakken Engels, Nederlands en wiskunde mag maximaal één 5 worden gehaald; een 4 wordt niet meer geaccepteerd.
- Het examendossier is het geheel van de onderdelen van het schoolexamen zoals gedocumenteerd in een door de school gekozen vorm. Dat dossier kan een cijferlijst, een examenboekje of een map met werkstukken zijn. De eisen voor het schoolexamen zijn vastgelegd in examenprogramma's. Ze omvatten alle onderdelen waaruit het examen voor een vak bestaat. De toetsvormen in het schoolexamen zijn:
  • toetsen met open en gesloten vragen;
  • praktische opdrachten;
  • handelingsdeel;
  • profielwerkstuk.
- Voor de meeste vakken geldt dat een groot deel van het cijfer voor het schoolexamen wordt bepaald door de onderdelen die met open of gesloten vragen worden getoetst, en overigens door praktische opdrachten (inclusief handelingsdeel).
- Voor het profielwerkstuk, een uitgebreide praktische opdracht waarbij één of meer vakken uit het profieldeel zijn betrokken, moet een voldoende worden behaald.

Mogelijkheden voor verdere studie Opleidingen binnen het mbo en het hbo. De keuze van de opleiding is afhankelijk van het gekozen profieldeel. Sommige opleidingen binnen het hbo kunnen met alle profieldelen worden gevolgd.

Overige informatie
- Er is in september 2007 door de in 2004 ingestelde 'profielencommissies' advies uitgebracht aan de toenmalige staatssecretaris van OCW, waarbij wordt gepleit voor de invoering (over 10-15 jaar) van een zogenoemde derde fase in havo en vwo om de doorstroming naar het hbo en wo te bevorderen. Het idee was om een soort middenbouw in de 4e klas te creëren, zodat leerlingen pas voor de 5e klas (nu voor de 4e klas) een profiel hoeven te kiezen waardoor ze impliciet voor een studierichting kiezen. Ook zouden de profielen N&G en N&T worden samengevoegd om de keuze voor bèta-vakken meer te stimuleren.
  Omdat er recent de nodige wijzigingen in het onderwijs zijn doorgevoerd, heeft die staatssecretaris besloten het advies nog niet over te nemen.
  Het kabinet-Rutte II werkt aan nieuwe voorstellen.
- Voor scholen voor voortgezet onderwijs met een licentie van de Stichting Landelijk Overleg Onderwijs en Topsport: sinds november 2007 wordt het scholen voor voortgezet onderwijs mogelijk gemaakt om jonge topsporters de gewenste adequate begeleiding

te bieden. De scholen krijgen binnen het onderwijs- en vormingsaanbod toestemming van de minister om af te wijken van de inrichtings- en examenvoorschriften voor het voortgezet onderwijs. Met deze toestemming kan het bevoegd gezag vrijstelling verlenen van de leerstof, en van les- of contacturen, en aanpassingen in de examinering aanbieden (de LOOT-licentie), afgestemd op de individuele leerling. De ontwikkeling tot topsporter vraagt van de leerling een zodanige inzet dat deze niet in alle gevallen te combineren valt met een volledig onderwijsprogramma in het voortgezet onderwijs. Het gaat daarbij om leerlingen die van het Olympisch Netwerk of sportkoepel NOC*NSF (in de provincies waar geen Olympisch Netwerk is) de status 'topsporter' hebben gekregen.

N.B. In deze Gids zijn de toelatingseisen voor gespecialiseerde opleidingen van het hbo en het wo, alsmede van bepaalde particuliere opleidingen, nog niet gewijzigd met betrekking tot de nieuwe namen van de vakken wiskunde en natuurkunde, omdat deze toelatingseisen bij het perse gaan van deze Gids nog lang niet door alle vervolgopleidingen werden vermeld.

Veranderingen vanaf schooljaar 2014-2015:
- Culturele en kunstzinnige vorming blijft een verplicht examenvak. Scholen krijgen meer vrijheid om het vak aantrekkelijker voor leerlingen te maken. Zo zijn leerlingen niet meer verplicht om aan 6 of 8 culturele activiteiten mee te doen.
- Er komt geen nieuw vak wiskunde-c voor havo-leerlingen met het profiel cultuur en maatschappij.

2.5.m.2 Ivko
Algemeen Ivko betekent: individueel voortgezet en kunstzinnig onderwijs.
Zie verder 2.3.m.1.

2.6 VWO

2.6.m Algemeen onderwijs

2.6.m.1 Vwo
Adressen Voor adressen informere men bij de afdeling Onderwijs van de gemeente in de desbetreffende woonplaats.

Doel Voorbereidend wetenschappelijk onderwijs (vwo) is ingericht ter voorbereiding op aansluitend wetenschappelijk onderwijs (wo) en omvat ook algemene vorming.
Voor het 4e, 5e en 6e jaar wordt gekozen uit 1 van de 4 profielen. Een profiel is een samenhangend onderwijsprogramma en biedt algemeen maatschappelijke voorbereiding en persoonlijke vorming, algemene voorbereiding op het hoger onderwijs en bijzondere voorbereiding op groepen van naar inhoud verwante opleidingen in het wetenschappelijk onderwijs.
Vwo wordt meestal gegeven aan een lyceum.
Een lyceum is een school die verschillende soorten voortgezet onderwijs combineert; voor dit soort school wordt ook wel de naam Scholengemeenschap of College gebruikt. Het lyceum heeft nooit een speciale wettelijke positie gekregen.
Er zijn (2015-2016) 40 zelfstandige, zogenoemde categoriale of categorale gymnasia in Nederland.
Het diploma vwo wordt ook wel een startkwalificatie genoemd. (Een startkwalificatie is een diploma havo, vwo of mbo niveau 2, waarmee iemand onder de 23 jaar geschoold werk kan krijgen op de arbeidsmarkt.)

Toelatingseisen Groep 8 van het basisonderwijs met succes hebben voltooid.

Duur 6 jaar voltijd, met 1.000 lesuren per jaar. Er was tot 2006 een periode van basisvorming voortgezet onderwijs (de 'bavo' die per 2006 werd afgeschaft; zie voor meer informatie: 1.4 en 2.9.m.1) en een periode van voorbereidend hoger onderwijs (vho).

Lesprogramma
- In 2006 is niet alleen de bavo afgeschaft, maar ook mogen scholen er sindsdien voor kiezen om vakken samen te voegen, waardoor het aantal vakken (het waren er 15) is verminderd.
- De lesstof en het examenprogramma voor de bovenbouw (het studiehuis) van het vho zijn na 2005 aangepast: o.a. Duits en Frans worden weer als volwaardige vreemde taal gegeven.
- De naamgeving van wiskunde is in 2007 gewijzigd: i.p.v. wiskunde B, wiskunde AB en wiskunde A is het nu: wiskunde B, wiskunde A, wiskunde C.
  Wiskunde D is nieuw: voortgezette wiskunde: verdieping en verbreding van wiskunde B.
- Bètavak nlt: natuur, leven & techniek: via het platform Bètatechniek zijn de scholen door de overheid mede ondersteund om dit vak te ontwikkelen.
- In Nederland wordt 'Big History' - als schoolvak ontstaan in de U.S.A. - als nieuw keuzevak op een aantal universiteiten (o.a. aan de UvA) gegeven, en er is een aantal vwo-scholen dat het in de bovenbouw geeft als vervanging voor het verdwenen vak ANW. Het nieuwe vak sluit bovendien aan bij het vak Wetenschapsoriëntatie.
- Sinds het schooljaar 2008-2009 kunnen havisten en vwo-ers Chinees volgen als keuzevak, en er eindexamen in doen.
- De vakken van het vwo zijn:
1. Gemeenschappelijk deel: Nederlandse taal en literatuur - Engelse taal en literatuur - tweede moderne vreemde taal (kiezen uit: Fries (Europees Nederland), Papiaments (Caribisch Nederland), Duits, Frans, Spaans, Russisch, Italiaans, Arabisch, Turks [of Grieks of Latijn als de leerling een gymnasiumopleiding volgt]) - wiskunde - maatschappijleer - culturele en kunstzinnige vorming of klassieke culturele vorming - lichamelijke opvoeding.
2. Er wordt gekozen voor 1 van de 4 profieldelen:
- C&M (Cultuur & Maatschappij), waarin 2 verplichte vakken en 2 profielkeuzevakken: wiskunde A (of B) - geschiedenis - maatschappelijk vak (aardrijkskunde, maatschappijwetenschappen, of economie) - cultureel vak (moderne vreemde taal [gymnasium: klassieke taal], kunstvak, of filosofie) - profielwerkstuk.
- E&M (Economie & Maatschappij), waarin 3 verplichte vakken en 1 profielkeuzevak: wiskunde A (of B) - economie - geschiedenis - profielkeuzevak (moderne vreemde taal, aardrijkskunde, informatica, management en organisatie, of maatschappijwetenschappen) - profielwerkstuk.
- N&G (Natuur & Gezondheid), waarin 3 verplichte vakken en 1 profielkeuzevak: wiskunde A (of B) - biologie - scheikunde - profielkeuzevak (nlt, natuurkunde, aardrijkskunde, of onderzoek & ontwerpen) - profielwerkstuk.
- N&T (Natuur & Techniek), waarin 3 verplichte vakken en 1 profielkeuzevak: wiskunde B - natuurkunde - scheikunde - profielkeuzevak (informatica, biologie, nlt, of wiskunde D) - profielwerkstuk.
3. Examenvakken uit het vrije deel:
- een van de (deel)vakken die deel uitmaken van de profielen;
- bewegen, sport & maatschappij.
4. Daarnaast kan de leerling zich oriënteren op een vervolgstudie, bijvoorbeeld door ergens een korte stage te lopen, door zich bezig te houden met de leerlingen- of medezeggenschapsraad, of door zich nader te verdiepen in een bepaald vak.

Diploma/examen
- Het examen valt uiteen in een landelijk deel in het laatste jaar (centraal schriftelijk) en een deel dat door de school wordt georganiseerd (schoolexamen, voorheen schoolonderzoek).
- Het centraal examen en het schoolexamen bepalen ieder voor de helft het eindcijfer voor een vak. Voor sommige vakken is er alleen een schoolexamen. De school hoeft niet alle onderdelen van het schoolexamen in het laatste schooljaar te laten doen. Sommige onderdelen kunnen al eerder afgesloten worden (in 5 vwo).
- Om te kunnen slagen moet sinds het schooljaar 2011-2012 het gemiddelde cijfer van het centraal eindexamen voldoende zijn. Voor de vakken Engels, Nederlands en wiskunde mag maximaal één 5 worden gehaald; een 4 wordt niet meer geaccepteerd.
- Het examendossier is het geheel van de onderdelen van het schoolexamen zoals gedocumenteerd in een door de school gekozen vorm. Die vorm kan een cijferlijst, een examenboekje of een map met werkstukken zijn. De eisen voor het schoolexamen zijn vastgelegd in examenprogramma's. Ze omvatten alle onderdelen waaruit het examen voor een vak bestaat. De toetsvormen in het schoolexamen zijn:
  - toetsen met open en gesloten vragen;
  - praktische opdrachten;
  - handelingsdeel;
  - profielwerkstuk.
- Voor de meeste vakken geldt dat een groot deel van het cijfer voor het schoolexamen wordt bepaald door de onderdelen die met open of gesloten vragen worden getoetst, en overigens door praktische opdrachten (inclusief handelingsdeel).
- Voor het profielwerkstuk - een uitgebreide praktische opdracht waarbij één of meer vakken uit het profieldeel zijn betrokken - moet een voldoende worden behaald.

Mogelijkheden voor verdere studie Opleidingen binnen het wo en het hbo. De keuze van de opleiding is afhankelijk van het gekozen profieldeel. Sommige opleidingen binnen het wo en hbo kunnen met alle profieldelen worden gevolgd.

Overige informatie
- Er werd in september 2007 door de in 2004 ingestelde 'profielencommissies' advies uitgebracht aan de toenmalige staatssecretaris van OCW, waarbij werd gepleit voor de invoering (over 10-15 jaar) van een zogenoemde derde fase in havo en vwo om de doorstroming naar het hbo en wo te bevorderen. Het idee was om een soort middenbouw in de 4e klas te creëren, zodat leerlingen pas voor de 5e klas (nu voor de 4e klas) een profiel hoeven te kiezen waardoor ze impliciet voor een studierichting kiezen. Ook zouden de profielen N&G en N&T worden samengevoegd om de keuze voor bèta-vakken meer te stimuleren.
  Omdat er toen al de nodige wijzigingen in het onderwijs waren doorgevoerd, heeft die staatssecretaris besloten het ontvangen advies nog niet over te nemen.
  Het kabinet-Rutte II werkt aan nieuwe voorstellen.
- Voor scholen voor voortgezet onderwijs met een licentie van de Stichting Landelijk Overleg Onderwijs en Topsport: sinds november 2007 wordt het scholen voor voortgezet onderwijs mogelijk gemaakt om jonge topsporters de gewenste adequate begeleiding te bieden. De scholen krijgen binnen het onderwijs- en vormingsaanbod toestemming van de minister om af te wijken van de inrichtings- en examenvoorschriften voor het voortgezet onderwijs. Met deze toestemming kan het bevoegd gezag vrijstelling verlenen van de leerstof, en van les- of contacturen, en aanpassingen in de examinering aanbieden (de LOOT-licentie), afgestemd op de individuele leerling. De ontwikkeling tot topsporter vraagt

van de leerling een zodanige inzet dat deze niet in alle gevallen te combineren valt met een volledig onderwijsprogramma in het voortgezet onderwijs. Het gaat daarbij om leerlingen die van het Olympisch Netwerk of sportkoepel NOC*NSF (in de provincies waar geen Olympisch Netwerk is) de status 'topsporter' hebben gekregen.

N.B. Veranderingen vanaf schooljaar 2014-2015:
- Culturele en kunstzinnige vorming blijft een verplicht examenvak. Scholen krijgen meer vrijheid om het vak aantrekkelijker voor leerlingen te maken. Zo zijn leerlingen niet meer verplicht om aan 6 of 8 culturele activiteiten mee te doen.
- Het kabinet-Rutte II schaft het vak Algemene Natuurwetenschappen (ANW) als verplicht vak af voor het vwo. Belangrijke elementen uit ANW zijn al ondergebracht bij natuurkunde, scheikunde en biologie.
- Ook wil het kabinet-Rutte II Klassieke culturele vorming (KCV) samenvoegen met Latijn en Grieks. Deze 2 vakken krijgen nieuwe namen:
  • Griekse Taal en Cultuur.
  • Latijnse Taal en Cultuur.
- Nieuw keuzevak: 'Big History' (zie: Lesprogramma).

2.7 VOLWASSENENONDERWIJS

2.7.m Algemeen onderwijs

2.7.m.1 Volwassenenonderwijs
Algemeen
- Adressen: zie 1.9, of informeer bij de gemeente.
- Volwassenenonderwijs wordt geregeld door de WEB (Wet Educatie en Beroepsonderwijs).
- Volwassenenonderwijs wordt verzorgd door de roc's.
- Volwassenenonderwijs of educatie voor volwassenen omvat:
  • Vavo (zie 2.8).
  • Opleiding gericht op breed maatschappelijk functioneren; deze sluit aan op de basisberoepsopleiding binnen het beroepsopleidende en beroepsbegeleidende mbo niveau 2.
  • Nederlands als tweede taal I (gericht op uitoefening van functies boven het niveau van ongeschoolde arbeid) en II (gericht op uitoefening van hogere functies).
  • Opleidingen gericht op sociale redzaamheid (rekenen, taal en sociale vaardigheden).

2.8 VAVO

2.8.m Algemeen onderwijs

2.8.m.1 Voortgezet algemeen volwassenenonderwijs (vavo)
Algemeen
- Adressen: informeer bij de betreffende gemeente; zie ook het onderdeel ROCCO in de Centrale adressenlijst achterin dit boek.
- Vavo = voortgezet algemeen volwassenenonderwijs.
- Het vavo wordt geregeld door de WEB (Wet educatie en beroepsonderwijs).
- Voltijd en deeltijd.
Toelatingseisen
- Men moet 18 jaar of ouder zijn.
- Sommige roc's sluiten overeenkomsten met vo-scholen, waardoor de leerlingen de vavo-lessen kunnen volgen.
Diploma/examen Het vavo leidt op tot officiële diploma's van vmbo tl (Theoretische Leerweg), havo en vwo. Men kan zich voorbereiden

op de diploma's van dit onderwijs en op onderdelen hiervan, waarvoor men bij slagen certificaten kan behalen. Bovendien kan men binnen het vavo doorstroomprogramma's volgen naar het mbo en hbo, waarvoor men bij slagen een verklaring ontvangt.
Voor de vavo-opleidingen gelden dezelfde eindtermen als voor het voortgezet onderwijs.
Voor de overige opleidingen van het volwassenenonderwijs bepaalt de minister van OCW de eindtermen van verschillende vakken. Voorbeelden daarvan zijn de vakken Nederlands, Nederlands als tweede taal (niveaus 3 tot en met 5), Engels, maatschappelijke oriëntatie, rekenen en wiskunde.
Voor de overige vakken in de beroepseducatie moeten de onderwijsinstellingen zelf de eindtermen vaststellen.
Overige informatie
- De hoogte van het lesgeld voor volwassenenonderwijs is in 2015-2016: circa Euro 1118,00.
- Het lesgeld voor deeltijd-volwassenenonderwijs bedraagt in 2015-2016: circa Euro 0,74 per 45 minuten onderwijs.
- Deeltijdopleidingen in het volwassenenonderwijs beslaan minder dan 850 lesuren per studiejaar.

2.9 BAVO

2.9.m Algemeen onderwijs

2.9.m.1 Bavo: de oorspronkelijke basisvorming voortgezet onderwijs
Algemeen De bavo in de oorspronkelijke vorm is afgeschaft op 1.8.2006.
De basisvorming werd gegeven in de eerste fase van het voortgezet onderwijs. De verschillende schooltypen (zoals vmbo, havo en vwo) gaven alle hetzelfde onderwijs tijdens de basisvorming, terwijl dat onderwijs tegelijkertijd kon leiden tot het examen van de genoemde schooltypen.
De doelstelling van de bavo was de periode van algemeen onderwijs nog enige tijd langer voort te zetten na het basisonderwijs, zodat op een meer verantwoorde wijze de capaciteit en de belangstelling van de leerling konden worden vastgesteld met het oog op diens school- en beroepskeuze.
Een ander doel was dat de leerstof van de eerste fase werd vernieuwd tegen het licht van de snelle ontwikkelingen in de maatschappij op het gebied van technologie, het openstellen van de landsgrenzen en de multiculturele samenleving.

In 2006 is niet alleen de bavo in de oorspronkelijke vorm afgeschaft, maar ook mogen scholen er sindsdien voor kiezen om vakken samen te voegen, waardoor het aantal van 15 vakken is verminderd.
Sinds 1 augustus 2006 hebben scholen dus meer mogelijkheden om de onderbouw anders in te richten, zodat maatwerk voor alle leerlingen kan worden geboden en keuzen kunnen worden gemaakt die bij het schooltype passen.

De term 'bavo' mag nog worden gebruikt, maar omdat de invulling van de eerste twee leerjaren op verschillende scholen anders kan zijn, wordt aan de term 'onderbouw voortgezet onderwijs' de voorkeur gegeven.

Duur De duur van de bavo was 3 jaar. Men kon het programma niet alleen ook in 1 of 2 jaar voltooien, maar ook in maximaal 4 jaar.
Lesprogramma In het studiehuis kregen alle leerlingen in de bavo een pakket van 15 vakken: Nederlandse taal - Engelse taal - Franse of Duitse taal - wiskunde - lichamelijke opvoeding - geschiedenis -

aardrijkskunde - economie - verzorging - natuur- en scheikunde - biologie - informatiekunde - techniek - minstens 2 vakken uit: muziek, beeldende vorming, dans en drama.

Daarnaast bevatte het leerplan van de bavo nog de zogenoemde Vrije Ruimte, waarvan de lesuren naar keuze van de school konden worden ingevuld, bijvoorbeeld: steunlessen voor zwakke leerlingen, studievaardigheid, levensbeschouwelijke vorming of studie- en beroepskeuze. Er waren 3 uitzonderingen:

- op het gymnasium moest de Vrije Ruimte in ieder geval worden gebruikt voor Grieks en Latijn;
- op het havo en het vwo moest een 3e moderne vreemde taal worden gegeven;
- op het vmbo moesten beroepsvoorbereidende vakken worden gegeven (behalve bij vmbo tl).

2.10 NIET-GESUBSIDIEERD ALGEMEEN ONDERWIJS

2.10.m Niet-gesubsidieerd algemeen onderwijs

2.10.m.1 Cingel College (v/h Baronie College)
Voor adres(sen) zie: ROC/MBO-22.
Doel Dag- en avondonderwijs voor volwassenen voor vwo, havo, NT 2 en deelkwalificaties mbo in de administratieve sector.
N.B. De naam Baronie College is sinds juni 2007 gewijzigd in Cingel College. Dit College is onderdeel van ROC West-Brabant.

2.10.m.2 LOI - afstandsonderwijs - Havo en vwo
Voor adres(sen) zie: OVER-225.
Opleidingen Havo en vwo (opleidingen per vak voor certificaten en voor volledige vakkenpakketten).

2.10.m.3 Luzac College & Lyceum
Voor adres(sen) zie: OVER-128.
Algemeen
- Luzac College: versnelde opleiding in 1 jaar van de laatste 2 schooljaren van de diploma's havo en vwo.
- Luzac Lyceum: kleinschalige middelbare school voor vmbo tl, havo of vwo.
Duur 1 jaar.
Overige informatie
- De InterCollege Business School/InterCollege Management School maakt ook onderdeel uit van Luzac; zie 11.1.f.7.
- Het Abel Tasman College op Curaçao: mogelijkheid om in 9 maanden een diploma voor vmbo, vbo, havo of vwo te behalen.

2.10.m.4 NTI - blended learning - Havo en vwo
Voor adres(sen) zie: ROC/MBO-36.
Opleidingen Havo en vwo.

2.10.m.5 Schriftelijke en e-learning opleidingen (algemeen)
Instituten Dirksen opleidingen, LOI, NTI, Reed business opleidingen, Schoevers.
Zie voor de diverse opleidingen per instituut de instituutsnamen in het trefwoordenregister achterin deze Gids.

2.10.m.6 Parkendaal lyceum
Voor adres(sen) zie: OVER-84.
Algemeen Dagopleiding. Het lyceum begeleidt leerlingen die de laatste twee schooljaren van het mavo, havo of vwo snel willen afronden.
Overige informatie Sinds 6.3.2015 onderdeel van Winford (2.10.m.7).

2.10.m.7 Winford
Voor adres(sen) zie: OVER-338.
Algemeen Winford biedt particulier onderwijs aan op mavo-, havo- en vwo-niveau in Amsterdam, Arnhem, Den Haag, Leiden, Rotterdam en Utrecht.
Duur 1 jaar dagopleiding.
Diploma/examen Het behalen van deelcertificaten is mogelijk.
Overige informatie Tevens training in studievaardigheid, en huiswerkbegeleiding.

2.11 ALGEMEEN ONDERWIJS VOOR MUZIEK EN DANS

2.11.m Algemeen onderwijs

2.11.m.1 Scholen voor algemeen bijzonder onderwijs voor muziek en dans
Voor adres(sen) zie: HBO-152, 153, OVER-288.
Algemeen De meeste opleidingen voor muziek en dans hebben samenwerkingsverbanden met scholen voor havo en vwo in de omgeving. Nadere informatie bij de beroepsopleidingen.
De Havo/vwo voor muziek en dans te Rotterdam biedt een muziek- of dansopleiding aan, geïntegreerd met havo (alle lessen in één gebouw/school), als voorbereiding op een studie aan het Rotterdams conservatorium of aan de Rotterdamse dansacademie. De school is een onderdeel van de Rotterdamse Scholengemeenschap.
Doel Jonge mensen met aanleg voor muziek en dans zo vroeg mogelijk kunnen opvangen, in hun artistieke vorming kunnen begeleiden door het ontwikkelen van hun muzikale en technische vaardigheid en een juiste aansluiting kunnen geven op een eventuele muziek- en dansvakopleiding.
Toelatingseisen
- In principe is het mogelijk om in elk leerjaar te beginnen op deze school, maar het eerste of het vierde jaar verdient de voorkeur. In elk geval geldt dat men over voldoende aanleg en geschiktheid voor muziek of dans moet beschikken. Of dat inderdaad zo is, bepalen vakdocenten van het Rotterdams Conservatorium en de Rotterdamse Dansacademie. Men kan auditie doen voor zowel muziek als dans, maar het is niet mogelijk beide opleidingen tegelijk te volgen (er moet dus voor één van de twee worden gekozen).
- Tevens is vereist:
  • voor havo 1: een havo-advies van de basisschool;
  • voor havo 4: een overgangsbewijs naar havo-4 of een diploma vmbo tl, met een tweede moderne vreemde taal;
  • voor de overige leerjaren: een overgangsbewijs van een gelijksoortige opleiding.
- Proefperiode: omdat ook een goede auditie slechts een momentopname is, is het eerste leerjaar een proefperiode.
Duur Havo plus 12 uur per week les in dans of muziek.
Lesprogramma Docenten van Codarts Hogeschool voor de Kunsten zorgen voor een intensieve begeleiding. Houding-, adem- en stemadviezen worden gegeven, en voorlichting over voeding behoort tot het vaste programma.
Er moet gekozen worden tussen muziek en dans, maar een tussentijdse overstap is mogelijk.
Overige informatie Codarts Hogeschool voor de Kunsten (kortweg: Codarts) is de naam van de vroegere HS voor muziek en dans, die nu bestaat uit het Rotterdams Conservatorium en de Rotterdamse Dansacademie. Deze twee opleidingen, die gevestigd zijn in hetzelfde pand als de Havo/vwo voor muziek en dans, verzorgen het muziek- en dansonderwijs op de Havo/vwo voor muziek en dans.

Deel II

AGRARISCH ONDERWIJS
GROEN ONDERWIJS

3 AGRARISCH ONDERWIJS/GROEN ONDERWIJS

De groene mbo-opleidingen (Groen onderwijs) kennen 8 'werelden':
1. *Surprising Nature:* Cultuurtechniek - Watermanagement - Milieubeheer - Bos- & natuurbeheer - Boomteelt - Sierteelt.
2. *Animal Friends:* Dierverzorging - Dier & gezondheid - Dierenartsassistent - Paardenhouderij - Paardensport.
3. *Good Food:* Plantenteelt - Voeding - Veehouderij.
4. *Mighty Machines:* Monteur/Chauffeur - Loonwerk.
5. *Dynamic Design:* Bloem & design - Interieur & vormgeving.
6. *Outdoor Life:* Tuin, park & landschap - Stad- & landschapsdesign - Sport, recreatie & toerisme.
7. *Big Business:* Groene detailhandel - Groothandel & logistiek - Commercieel ondernemen.
8. *Natural Health:* Natuur & gezondheid - Zorg & leefomgeving.
Het Groen onderwijs wordt als voltijd- en deeltijdonderwijs aan de aoc's (agrarische opleidingscentra) gegeven.
Veel aoc's beschikken tevens over een of meer vmbo-Groen-scholen, waarna men kan doorstromen naar mbo-Groen.

In dit hoofdstuk zijn alleen nieuwe mbo-opleidingen conform het CGBO opgenomen: dat zijn opleidingen waarvan het Crebo-nummer met een 9 begint. De benamingen van deze opleidingen verschillen vaak nog per school. Ook in het studiejaar 2015-2016 zijn er opnieuw veel wijzigingen in de benamingen van de agrarische of groene opleidingen. De Crebo-benamingen worden zoveel mogelijk als titel van deze opleidingen in deze Gids gebruikt. Populariseringen van alternatieven voor deze benamingen door de aoc's zijn toegestaan.

Informatie van de overheid is te verkrijgen bij: Ministerie van economische zaken, Directie Kennis, Bezuidenhoutseweg 73, 2594 AC Den Haag, Postbus 20401, 2500 EK Den Haag, tel.: 070 - 3 79 89 11, website: www.rijksoverheid.nl/ministeries/ez
N.B. In dit hoofdstuk wordt ook een keuze van diverse opleidingen in het hoger onderwijs beschreven. Complete alfabetische lijsten van alle bekostigde opleidingen in het hoger onderwijs zijn te vinden in hoofdstuk 25. Deze worden jaarlijks geheel geactualiseerd.
Daar staan ook alle agrarische/groene lerarenopleidingen vermeld.
Het hapo is te vinden in paragraaf 24.4.

3.1 AGRARISCH ALGEMEEN / DIER- EN VEEHOUDERIJ

Voor hoger agrarisch-pedagogisch onderwijs (hapo) zie 24.4.

3.1.a Postacademisch onderwijs (pao)

3.1.a.1 WBS (WU)
Voor adres(sen) zie: PAO-21.
Algemeen Wageningen Business School (WBS) organiseert postacademische opleidingen, cursussen en in company-projecten op basis van de kennis en onderzoeksthema's van de WU.
Opleidingen
- *Dierwetenschappen:*
  - Advances in feed evaluation science.
  - Blauwtong in Nederland.
  - Controle vrijwillige voeropname bij landbouwhuisdieren.
  - Fokkerij en genetica.
  - Incubation biology and management.
  - Nutrition and climate: new developments.
  - Pluimveevoeding en -management: nieuwe ontwikkelingen.
  - Promoting equine performance.
  - Rundveevoeding.
  - Varkensvoeding in de praktijk.
  - Vruchtbaarheid en voortplanting van het varken.
- *Management, beleid en ondernemerschap:*
  - Agrarische bedrijfsadvisering in de veehouderij: de adviseur in een dynamische landbouwwereld.
  - Biobusiness (masterclass).
  - Biomassa en energie.
  - EFAS.
  - EU-beleid voor landbouw, voedsel en groen.
  - Grondmarkt in beweging of op slot.
  - Maatschappelijk innoveren van transitieopgave naar resultaat.
  - Risicomanagement in grondstoffen- en energiemarkten.
  - The European dairy industry and its markets.
  - Water technology business (executive masterclass).
  - Werken met netwerken.
- *Milieu, ruimte, water en groen:*
  - Agrarisch natuur- en landschapsbeheer.
  - Faciliteren van interactieve processen.

- GGOR: van kader tot opstelling.
- Grondmarkt in beweging of op slot.
- Maatschappelijk innoveren van transitieopgave naar resultaat.
- Ontwerpen voor niet-ontwerpers.
- Plattelandsontwikkeling: werken aan multifunctionaliteit, identiteit en kwaliteit.
- Procesarchitectuur van interactieve processen.
- Recreatie in Randstad Nederland.
- Verontreinigde bodems (TOP-cursus).
- Water en stedelijk gebied: actuele ontwikkelingen (lezingen-cyclus).
- Water technology business (executive masterclass).
- Werken met netwerken.
- *Professionele competenties:*
  - Design of experiments.
  - Faciliteren van interactieve processen.
  - Interactief voor de groep.
  - Maatschappelijk innoveren van transitieopgave naar resultaat.
  - Multivariate analyse: toepassing op ecologische en moleculaire gegevens.
  - Onzekerheids- en gevoeligheidsanalyse voor modelbouwers.
  - Opgeruimd denken en schrijven.
  - Procesarchitectuur van interactieve processen.
  - Techniques for writing and presenting a scientific paper.
  - Toegepaste statistiek.
  - Vragenlijstonderzoek.
  - Werken met netwerken.
- *Voeding en agro-food-ketens:*
  - Biomassa en energie.
  - Food safety management.
  - Foodservice (executive mastercourse).
  - Kennis van vlees.
  - The European dairy industry and its markets.

Overige informatie Wageningen UR behoort in de gebieden land-bouwwetenschappen, plant- en dierwetenschappen, en milieu en ecologie tot de vijf meest geciteerde instituten ter wereld.

3.1.b Wo-masteropleiding

3.1.b.1 Animal sciences (WU)
Voor adres(sen) zie: WO-47.
Algemeen Wo-masteropleiding (ook als onderzoeksmaster, ook als educatieve master).
Lesprogramma
Specialisaties:
- - WU: Animal breeding and genetics - Animal health and behaviour - Animal health management - Animal nutrition - Animal produc-tion systems - Applied zoology - Business economics (minor) - Communication, philosophy and technology (minor) - Education and competence studies (minor) - Management studies (minor) - Marketing and consumer behaviour (minor) - Public administra-tion (minor).

3.1.b.2 Development & rural innovation (WU)
Voor adres(sen) zie: WO-47.
Toelatingseisen Academisch denk- en werkniveau.
Duur 2 jaar deeltijd.
Lesprogramma Specialisaties:
- WU: Knowledge, technology & innovation - Rural development sociology - Strategic communication.

3.1.b.3 Diergeneeskunde (UG, UU)
Voor adres(sen) zie: WO-45, 53.
Algemeen - Wo-masteropleiding.
- UG: ook als onderzoeksmaster.
Lesprogramma Specialisaties of varianten:
- UG: Geneeskunde van gezelschapsdieren - Herkauwers - Onder-zoek - Paard - Varken, pluimvee en konijn.
- UU: Geneeskunde van gezelschapsdieren - Gezondheidszorg land-bouwhuisdieren en veterinaire volksgezondheid - Gezondheids-zorg paard.

3.1.c Wo-bacheloropleiding

3.1.c.1 Bodem, water, atmosfeer (WU)
Zie 10.1.c.2.

3.1.c.2 Diergeneeskunde (UA, UG, UU)
Voor adres(sen) zie: WO-45, 48, 53.
Algemeen Wo-Bachelor of Science-opleiding.
Doel
- Deze studie is onderverdeeld in blok- en lijnonderwijs. Er zijn per studiejaar vier perioden van tien weken; het lijnonderwijs wordt gedurende meer perioden gegeven.
- Blokonderwijs betreft vooral pathobiologische thema's, zoals: van cel tot weefsel, bloedcirculatie, voortplanting, infectieziekten, veterinaire volksgezondheid.
- In het lijnonderwijs worden onderwerpen geïntroduceerd die meer tijd vergen en die moeten worden verankerd in de vaardig-heden van een toekomstige dierenarts, zoals: professioneel gedrag, ethiek, klinisch redeneren en diagnostiek.
Een belangrijk thema in lijnonderwijs is het oefenen van klinisch redeneren. De student oefent de rol van dierenarts waarbij een probleem als uitgangspunt wordt genomen. Bij het oplossen van het probleem zijn kennis, inzicht en vaardigheden nodig die gro-tendeels daarvoor in de opleiding aan de orde zijn gekomen. Cen-traal staat het nemen van beargumenteerde beslissingen (beslis-kunde), en het onderbouwen van oordelen en adviezen. Huidig onderzoek levert nieuwe kennis en inzichten op; ook deze nieuwe informatie moet de dierenarts in zijn of haar wetenschappelijk onderbouwde beslissing meenemen.
Toelatingseisen
- Diploma vwo (nat., scheik.); vwo-profiel C&M (+ in het vrije deel alle profielvakken N&G), E&M (+ in het vrije deel alle profielvakken van N&G), N&T (+ biol. I en II); getuigschrift hbo-propedeuse (en natuur- en scheikunde op vwo-6 niveau).
- Als men 21 jaar of ouder is, komt men in aanmerking voor een col-loquium doctum. Individueel wordt dan bepaald welke vakken op vwo 6-niveau de aanvrager dient te behalen; meestal zijn dat: wis-kunde, natuurkunde, scheikunde, biologie en Engels.
Duur 3 jaar voltijd.
Lesprogramma
- 1e jaar: algemene basis: het bouwplan. In dit bouwplan wordt les-gegeven in de grondbeginselen van een aantal structuren en pro-cessen in het dierlijke lichaam. Er wordt ingezoomd op cel- en mole-cuulniveau, maar er wordt ook gekeken naar populatiedynamica.
- In het laatste deel van het 1e jaar en in het 2e en het 3e jaar wordt thematisch onderwijs aangeboden waarin diersoortoverschrijdend inzicht in gezonde en zieke dieren centraal staat.
Aansluitende masteropleidingen
- UG, UU: Diergeneeskunde.
- WU: Animal sciences.

Mogelijkheden voor verdere studie
- Wie de bacheloropleiding van de UU voor Diergeneeskunde met voldoende resultaat afrondt, wordt automatisch toegelaten tot de 3-jarige masteropleiding Diergeneeskunde (UU) voor dierenarts.
- Afhankelijk van de invulling van de bacheloropleiding kan men ook tot andere masteropleidingen worden toegelaten.

Functiemogelijkheden Functies in overheidsdiensten (o.a. vleeskeuringsdiensten, onderwijs, Provinciale Gezondheidsdiensten voor Dieren, TNO); functies in de chemische, farmaceutische en veevoederindustrie, dierentuinen.

N.B. Aan deze opleiding kan geen bevoegdheid worden ontleend voor de uitoefening van de diergeneeskunde; dat kan alleen met een masterdiploma.

3.1.c.3 Dierwetenschappen (WU)
Voor adres(sen) zie: WO-47.
Algemeen Wo-Bachelor of Science-opleiding.
Doel Brede praktijkgerichte opleiding die zich richt op dieren die een functie voor mensen hebben zoals voedselproductie (koeien, varkens), gezelschap (honden, katten), natuurbeheer (heideschapen, Schotse hooglanders), recreatie (dierentuindieren, paarden) of educatie (dierentuindieren).
Cursussen Er zijn ook cursussen Diergeneeskunde die door de WBS worden georganiseerd, zie onder andere bij 3.1.a.1 (onderdeel Dierwetenschappen):
- Incubation biology and management.
- Rundveevoeding.
- Varkensvoeding in de praktijk.
- Vruchtbaarheid en voortplanting van het varken.

Toelatingseisen
- Diploma vwo (scheik., wisk. A of B of nat.); vwo-profiel: C&M (+ wisk. B I, nat. I, scheik. I), E&M (+ wisk. B I, nat. I, scheik. I), N&T, N&G; propedeuse of getuigschrift/diploma van hbo of van de OUNL (scheik., wisk. A of B of nat. vereist op vwo-niveau).
- Met een diploma van een verwante hbo-opleiding kan men ongeveer 2 jaar aan vrijstellingen krijgen.
- Als men 21 jaar of ouder is, komt men in aanmerking voor een colloquium doctum.

Duur 3 jaar voltijd.
Lesprogramma Specialisaties:
- WU: Aquatische dieren - Minors - Terretische dieren.
- 5 thema's: biodiversiteit - diergezondheidszorg - diervoeding - dierwelzijn - mens en dier.
- Vakken: scheikunde - wiskunde - statistiek - dierlijke productie - biologie van de dierlijke productie - vruchtbaarheid en voortplanting - anatomie - ethologie - fokkerij - veevoeding.

Stages mogelijk in het buitenland.
Aansluitende masteropleidingen
- UG, UU: Diergeneeskunde.
- WU: Animal sciences.

Functiemogelijkheden Onderzoeker bij een universiteit of onderzoeksinstituut; commerciële functies in de veevoederindustrie en andere bedrijven in de agrarische sector; product- of procesontwikkelaar in het bedrijfsleven; voorlichter, adviseur of consulent bij de overheid of in het bedrijfsleven; deskundige ontwikkelingssamenwerking; informaticafuncties bij gespecialiseerde softwarebureaus; leidinggevende functies in het bedrijfsleven.

3.1.c.4 Internationale ontwikkelingsstudies (WU)
Voor adres(sen) zie: WO-47.
Algemeen Wo-Bachelor of Science-opleiding.
- De studie richt zich op veranderingsprocessen die zich afspelen in de landelijke gebieden, zowel in Nederland en Europa als in de landen van de zogenoemde derde wereld. Actuele vraagstukken zijn bijvoorbeeld de ontwikkeling van de landbouw in de voormalige communistische landen, of de impact van oorlog en natuurrampen op boerengemeenschappen in landen als Peru of Ruanda, of - dichter bij huis - de gevolgen van een grotere vraag naar ecologische productie voor de vleessector in Nederland.

Toelatingseisen
- Diploma vwo (wisk. A of B); vwo-profiel C&M (+ wisk. A II of B I), E&M, N&T, N&G; propedeuse of getuigschrift/diploma van hbo of van de OUNL (wisk. A of B op vwo-niveau).
- Met een diploma van een verwante hbo-opleiding kan men ongeveer 2 jaar aan vrijstellingen krijgen.
- Als men 21 jaar of ouder is, komt men in aanmerking voor een colloquium doctum.

Duur 3 jaar voltijd.
Lesprogramma
- WU: Communication, technology and policy - Economics of development - Sociology of development.

Functiemogelijkheden Onderzoeker bij een universiteit of onderzoeksinsituut; projectleider of medewerker van een ontwikkelingsproject van de overheid of van particuliere organisaties; voorlichter, adviseur of consulent bij particuliere organisaties op het gebied van ontwikkelingssamenwerking of bij instellingen op het gebied van welzijnszorg en maatschappelijke dienstverlening in Nederland; beleidsmedewerker bij de overheid of bij particuliere organisaties; docent of trainer bij trainings- en organisatieadviesbureaus; journalist, redacteur; commerciële functies in het bedrijfsleven.

3.1.f Hbo-bacheloropleiding

3.1.f.1 Agrarisch ondernemerschap (CAH)
Voor adres(sen) zie: HBO-75.
Algemeen Ad-programma.
Duur 2 jaar voltijd.

3.1.f.2 Bedrijfskunde en agribusiness / Groene bedrijfskunde / Management, beleid & buitenruimte (hao) (CAH, HAS HS, HS NCOI, HS Van Hall/Larenstein)
Voor adres(sen) zie: HBO-59, 75, 115, 121, 199.
Algemeen
- Hbo-bacheloropleiding.
- CAH (vestiging Dronten): hbo-bachelor als avondopleiding.
- CAH (beide vestigingen: Almere en Dronten): de opleiding Bedrijfskunde en agribusiness ook als ad-programma.
- In Almere (vestiging van CAH) wordt als variant het ad-programma Groene bedrijfskunde gegeven.
- In Dronten (vestiging van CAH) wordt als variant het ad-programma Ondernemend wijkmanagement gegeven.
- In Hoorn (vestiging van CAH) wordt als variant per september 2015 i.s.m. het Clusius College het ad-programma Management, beleid & buitenruimte gegeven.
- HS NCOI wordt niet door de overheid bekostigd.

Doel Voorbereiding op functies die oplossingen beogen van landbouwtechnische, organisatorische, communicatieve, milieukundige, logistieke, financieel-economische en marktkundige bedrijfsproblemen in de agro- en nutrisector.

Toelatingseisen
- Diploma havo; havo-profiel N&T, N&G, E&M, C&M (+ wisk. A I en II of wisk. B I); vwo (wisk. A of B); vwo elk profiel; mbo niveau 4 (wisk.).
- Of 21 jaar of ouder zijn en toegelaten worden op grond van een toelatingsonderzoek.

Duur
- 4 jaar voltijd.
- Dronten (CAH): ook 4 jaar deeltijd.
- HS NCOI: digitaal in deeltijd.
- Ad-programma:
  • Almere (CAH): 2 jaar voltijd.
  • Dronten, Hoorn (CAH): 2 jaar deeltijd.

Lesprogramma Specialisaties:
- Almere (CAH): Groene bedrijfskunde.
- Almere (CAH, ad-opleiding): Groene bedrijfskunde.
- Dronten (CAH): Agrotechniek & management - European food business - Financiële dienstverlening agrarisch - Hippische bedrijfskunde - International food business - Management beleid en buitenruimte.
- Dronten (CAH, ad-opleiding): Duurzame visserij - Management, beleid en buitenruimte - Ondernemend wijkmanagement - Ondernemerschap.
- Leeuwarden (HS van Hall/Larenstein): Agrarisch ondernemerschap - Agrarische bedrijfskunde - Duurzame innovatie en business - Foodmarketing and retail.
- Velp (HS van Hall/Larenstein): International agribusiness and trade - International horticulture and marketing.

Mogelijkheden voor verdere studie Diverse hbo-opleidingen rond agribusiness.

Functiemogelijkheden Bedrijfskundig ingenieur ('ing.'); productmanager landbouwproducten; sales-promotor; verkoopmanager; exportmanager; financieel-economisch manager; beleidsmedewerker; landbouwcoöperatie; logistiek medewerker; marktonderzoeker; functie-analist; exportmanager landbouwproducten of landbouwwerktuigen; informatie-analist; coördinator/adviseur informatiesystemen; relatiebeheerder bij een bank; bedrijfskundig adviseur bij een accountantskantoor; inkoper bij een grootwinkelbedrijf; voorlichter op voedingsgebied.

3.1.f.3 Dier- en veehouderij (hao) (CAH, HAS HS, HS Inholland, HS Van Hall/Larenstein)
Voor adres(sen) zie: HBO-56, 59, 75, 121, 199, 207.
Algemeen
- Hbo-bacheloropleiding voor zoötechnisch ingenieur in en rondom de melk- en intensieve veehouderij.

Toelatingseisen
- Diploma havo (wisk. B. en scheik.); havo-profiel E&M (+ scheik.), N&T, N&G; vwo (wisk. A of B, scheik.), vwo-profiel E&M (+ scheik. I), N&T, N&G; mbo niveau 4 (wisk., scheik.).
- Of 21 jaar of ouder zijn en toegelaten worden op grond van een toelatingsonderzoek.
- Voor deficiënties in wisk. B en scheik. zijn er zomercursussen.

Duur
- 4 jaar voltijd (er zijn praktijkperioden van bij elkaar 1 jaar).
- 3,5 jaar na diploma vwo (wisk. A of B, scheik., nat., biol.).
- Dronten (CAH): ook 4 jaar deeltijd.
- Ad-programma: 2 jaar voltijd.

Lesprogramma Specialisaties:
- Dronten (CAH): Agrarisch ondernemerschap - Diergezondheid en management - Intensieve veehouderij.

- Leeuwarden (HS van Hall/Larenstein): Diergezondheidszorg - Melkveehouderij.
- Velp (HS van Hall/Larenstein): Applied animal science - Equine business and economics - Equine, leisure and sports - Livestock management.

Diploma/examen Na voltooiing van de studie mag men de titel 'ing.' voeren.

Mogelijkheden voor verdere studie
- UU: Diergeneeskunde.
- WU: instroom na minimaal propedeuse hao.
- Hbo-lerarenopleidingen tweedegraads: natuurkunde, scheikunde, wiskunde.
- Hoger agrarisch pedagogisch onderwijs (hapo, zie paragraaf 24.4).
- Rentmeester (zie 3.10.d.1).
- De hbo-bacheloropleiding 'Melkveehouderij' bij HS Van Hall/Larenstein te Leeuwarden (3.1.f.5).
- De hbo-bacheloropleiding 'Diermanagement' bij HS Van Hall/-Larenstein te Leeuwarden (3.1.f.4).
- Bij de CAH (vestiging Dronten) is er ook een voltijds ad-programma: Agrarisch ondernemerschap (zie 3.1.f.1).

Functiemogelijkheden Zelfstandig ondernemer op een landbouwbedrijf; veehouder; voorlichter in dienst van de overheid, landbouworganisaties; beleidsmedewerker bij banken, accountantskantoren, verzekeringsmaatschappij; onderzoeker; (commercieel) medewerker in toeleverende en afnemende industrie; commercieel medewerker bij een veevoederbedrijf, zuivelindustrie of slachterij; medewerker dierenbescherming, dierentuin, manege, paardenfokkerij, proefdierbedrijf, diervoeder- en diergeneesmiddelenindustrie (voorlichting en verkoop), redacteur vakblad, ondernemer.

Overige informatie

3.1.f.4 Diermanagement (hao) (HS Van Hall/Larenstein)
Voor adres(sen) zie: HBO-121.
Algemeen Hbo-bacheloropleiding voor dierkundig ingenieur t.b.v. leidinggevende en staffuncties in de verzorging, het beheer en de regelgeving van non-productiedieren.
Toelatingseisen Diploma havo (wisk. A of B, biol.); havo-profiel E&M (+ biol.), N&T, N&G (+ biol.); vwo (wisk. A of B, biol.); vwo-profiel E&M (+ biol.), N&T, N&G (+biol.); mbo niveau 4 (wisk., biol.).
Duur 4 jaar voltijd.
Lesprogramma Specialisaties:
- Companion animal management - Dier en samenleving - Dieren in de zorg - Paard en management - Proefdierbeheer - Wildlife management.

Functiemogelijkheden Medewerker pr en voorlichting; commercieel medewerker; beleidsmedewerker; onderzoeksmedewerker; hoofd dierverzorging; bedrijfsleider; deskundige betreffende non-productiedieren.

3.1.f.5 Melkveehouderij (HS Van Hall/Larenstein)
Voor adres(sen) zie: HBO-121.
Algemeen Ad-programma.
Duur 2 jaar voltijd.

3.1.f.6 Milieuopleidingen
Zie 3.9.f.

3.1.f.7 Plattelandsvernieuwing (hao) (HAS HS)
Voor adres(en) zie: HBO-59.
Algemeen Hbo-bacheloropleiding: studie van maatschappelijke ontwikkelingen in de agrarische sector door de toename van mogelijkheden van landelijke gebieden en de groene ruimte: streekeigen producten, agrarisch natuurbeheer, agrotoerisme, maatschappelijke zorgdiensten.
Toelatingseisen Diploma havo (wisk. A of B); havo elk profiel; diploma vwo (wisk. A of B); vwo elk profiel; mbo niveau 4 (wisk.).
Duur 4 jaar voltijd.
Lesprogramma Specialisaties (vestiging Den Bosch): Landscape design - Stad en streekontwikkeling - Tuin- en landschapsmanagement.
Functiemogelijkheden Projectontwikkelaar, procesbegeleider, beleids- of bestuursfunctie, voorlichter, ontwerper en onderzoeker bij gemeentelijke en provinciale overheid, waterschappen, standsorganisaties, adviesbureaus en stichtingen op het gebied van plattelandsontwikkeling, landschapsbeheer en agrarisch natuurbeheer, projectontwikkelaars, makelaardij, banken, primaire productiebedrijven, voorlichtingsdiensten, en zelfstandig ondernemerschap.

3.1.f.8 Voeding en diëtetiek (Haagse HS, HAN, Hanze HS, HS NCOI, HS NTI, HvA)
Zie 13.22.f.2.

3.1.g Mbo-opleiding niveau 4

3.1.g.1 Dierenhouderij (Dierenhouder graasdieren) (niveau 4)
Voor adres(en) zie: AOC-6, 7, 13.
Algemeen
- Deze opleiding heet bij het Wellantcollege: Paardenhouderij (regulier).
- Eindtermen voor deze kwalificatie worden ontwikkeld door Aequor.
- Hier worden slechts de centrale adressen vermeld. De opleiding kan in de wijde omtrek ervan worden gegeven.
CREBO 97051/97711
Toelatingseisen Diploma vmbo gl, vmbo kb of vmbo tl.
Duur 4 jaar voltijd en deeltijd.
Mogelijkheden voor verdere studie Hbo-bachelor.
Functiemogelijkheden Ondernemer paardenhouderij, geitenhouder, rundveehouder, paardenhouder, schaapherder, schapenhouder, of bedrijfsleider binnen de primaire sector in de veehouderij op een bedrijf waar graasdieren worden gehouden ten behoeve van de productie van dieren en/of dierproducten.

3.1.g.2 Dierenhouderij (Dierenhouder hokdieren) (niveau 4)
Voor adres(en) zie: AOC-2, 3, 4, 5, 9, 11, 13.
Algemeen
- Deze opleiding heet bij AOC Groenhorst: Pluimveehouder/voorlichter/adviseur of Varkenshouder/voorlichter/adviseur.
- Deze opleiding heet bij AOC Helicon: Productiedieren (Dierenhouder hokdieren).
- Eindtermen voor deze kwalificatie worden ontwikkeld door Aequor.
- Hier worden slechts de centrale adressen vermeld. De opleiding kan in de wijde omtrek ervan worden gegeven.
CREBO 97052/97712
Toelatingseisen Diploma vmbo gl, vmbo kb of vmbo tl.
Duur 4 jaar voltijd en deeltijd.
Mogelijkheden voor verdere studie Hbo-bachelor.

Functiemogelijkheden Als ondernemer of bedrijfsleider binnen de primaire sector op een viskwekerij of varkens-, kalver-, pluimvee-, vleesvee-, konijnen- of pelsdierhouderij, waar de dieren ten behoeve van de productie van dieren en/of dierproducten worden gehouden.

3.1.g.3 Dierenhouderij (Melkveehouder) (niveau 4)
Voor adres(en) zie: AOC-1, 2, 4, 5, 6, 7, 8, 9, 11, 12, 13.
Algemeen
- Deze opleiding heet bij AOC Groenhorst: Bedrijfsleider melkveehouderij of Melkveehouder/voorlichter/adviseur.
- Deze opleiding heet bij AOC Nordwincollege: Productiedieren (Melkveehouder).
- Eindtermen voor deze kwalificatie worden ontwikkeld door Aequor.
- Hier worden slechts de centrale adressen vermeld. De opleiding kan in de wijde omtrek ervan worden gegeven.
CREBO 97054/97713
Toelatingseisen Diploma vmbo gl, vmbo kb of vmbo tl.
Duur 4 jaar voltijd en deeltijd.
Mogelijkheden voor verdere studie Hbo-bachelor.
Functiemogelijkheden Als ondernemer of bedrijfsleider binnen de primaire sector in de veehouderij op een rundvee-, geiten- of schapenhouderij, waar de dieren worden gehouden ten behoeve van de melkproductie.

3.1.g.4 Groen, grond, infra 4 (Manager/Ondernemer gemechaniseerd loonwerk) (niveau 4)
Voor adres(en) zie: AOC-3, 4, 5, 6, 7, 8, 9, 12, 13.
Algemeen
- Deze opleiding heet bij AOC Groenhorst: Ondernemer groen, grond en infra (loonwerk).
- Eindtermen voor deze kwalificatie worden ontwikkeld door Aequor.
- Hier worden slechts de centrale adressen vermeld. De opleiding kan in de wijde omtrek ervan worden gegeven.
CREBO 97032/97650
Toelatingseisen Diploma vmbo gl, vmbo kb of vmbo tl.
Duur 4 jaar voltijd en deeltijd.
Mogelijkheden voor verdere studie Hbo-bachelor.
Functiemogelijkheden Bedrijfsleider, manager of ondernemer van een loonbedrijf.

3.1.g.5 Ondernemer gezelschapsdieren (niveau 4)
Voor adres(en) zie: AOC-2, 3, 4, 5, 6, 7, 12.
Algemeen
- Eindtermen voor deze kwalificatie worden ontwikkeld door Aequor.
- Hier worden slechts de centrale adressen vermeld. De opleiding kan in de wijde omtrek ervan worden gegeven.
CREBO 97400/97790
Doel Opleiding tot ondernemer met betrekking tot gezelschapsdieren.
Toelatingseisen Diploma vmbo gl, vmbo kb of vmbo tl.
Duur 4 jaar voltijd en deeltijd.

3.1.g.6 Varkenshouder (niveau 4)
Algemeen
- Momenteel is er geen school bekend die deze opleiding geeft.
- Eindtermen voor deze kwalificatie worden ontwikkeld door Aequor.
CREBO 97712
Doel Opleiding tot pluimeehouder of varkenshouder.
Toelatingseisen Diploma vmbo gl, vmbo kb of vmbo tl.
Duur 4 jaar voltijd en deeltijd.

3.1.g.7 Veehouder/voorlichter/adviseur (verkort traject)
Algemeen
- Momenteel is er geen school bekend die deze opleiding geeft.
- Eindtermen voor deze kwalificatie worden ontwikkeld door Aequor.
CREBO 97710
Doel Opleiding tot veehouder.
Toelatingseisen Diploma vmbo gl of vmbo tl; cijfers gemiddeld een 7; of overgangsbewijs naar havo-4 of vwo-4.
Duur 3 jaar voltijd en deeltijd.

3.1.g.8 Zorg, natuur en gezondheid 4
(Ondernemer zorgbedrijf dier) (niveau 4)
Voor adres(sen) zie: AOC-1, 3, 4, 5, 6, 7, 8, 11, 12, 13.
Algemeen
- Deze opleiding heet bij AOC Groenhorst: Bedrijfsleider zorgbedrijf (dier en plant).
- Eindtermen voor deze kwalificatie worden ontwikkeld door Aequor.
- Hier worden slechts de centrale adressen vermeld. De opleiding kan in de wijde omtrek ervan worden gegeven.
CREBO 97561
Doel Opleiding tot ondernemer van een zorgbedrijf ofwel dierenhouderij.
Toelatingseisen Diploma vmbo gl, vmbo kb of vmbo tl.
Duur 4 jaar voltijd en deeltijd.
Mogelijkheden voor verdere studie Hbo-bachelor.
Functiemogelijkheden Werkbegeleider agrarisch zorgbedrijf, werkbegeleider zorgboerderij, werkbegeleider zorgbedrijf.

3.1.h Mbo-opleiding niveau 3

3.1.h.1 Dierverzorging 3/4 3 (Dierverzorger graasdieren)
(niveau 3)
Voor adres(sen) zie: AOC-7, 13.
Algemeen
- Eindtermen voor deze kwalificatie worden ontwikkeld door Aequor.
- Hier worden slechts de centrale adressen vermeld. De opleiding kan in de wijde omtrek ervan worden gegeven.
CREBO 97361/97701
Doel Voeren en verzorgen van dieren, het begeleiden bij de voortplanting van de dieren, het verzorgen van het grasland en de voederwinning en het verzorgen van de werk- en leefomgeving. Tevens toepassen van de kwaliteitssystemen en de procedures van het bedrijf.
Toelatingseisen Diploma vmbo gl, vmbo kb of vmbo tl.
Duur 3 jaar voltijd en deeltijd.
Mogelijkheden voor verdere studie Een opleiding van niveau 4: Dierenhouderij (Dierenhouder graasdieren).
Functiemogelijkheden Binnen de primaire sector met graasdieren op een bedrijf waar dieren worden gehouden ten behoeve van de productie van dieren en of dierproducten.

3.1.h.2 Dierverzorging 3/4 3 (Dierverzorger hokdieren)
(niveau 3)
Voor adres(sen) zie: AOC-2, 3, 4, 6, 9, 11, 13.
Algemeen
- Deze opleiding heet bij AOC Groenhorst: Allround dierverzorger hokdieren.
- Deze opleiding heet bij AOC Helicon: Productiedieren (Dierverzorger hokdieren).
- Deze opleiding heet bij AOC Landstede: Dierverzorger varkenshouderij.
- Eindtermen voor deze kwalificatie worden ontwikkeld door Aequor.

- Hier worden slechts de centrale adressen vermeld. De opleiding kan in de wijde omtrek ervan worden gegeven.
CREBO 97362/97702
Doel Voeren en verzorgen van de dieren, begeleiden bij de voortplanting van de dieren en verzorgen van de werk- en leefomgeving. Tevens toepassen van de kwaliteitssystemen en de procedures van het bedrijf.
Toelatingseisen Diploma vmbo gl, vmbo kb of vmbo tl.
Duur 3 jaar voltijd en deeltijd.
Mogelijkheden voor verdere studie Een opleiding van niveau 4: Dierenhouder (Dierenhouderij hokdieren).
Functiemogelijkheden Binnen de primaire sector in de veehouderij op een viskwekerij of varkens-, kalver-, pluimvee-, vleesvee-, konijnen- of pelsdierhouderij, waar de dieren ten behoeve van de productie van dieren en/of dierproducten worden gehouden.

3.1.h.3 Dierverzorging 3/4 3 (Dierverzorger melkvee)
(niveau 3)
Voor adres(sen) zie: AOC-1, 2, 4, 5, 6, 7, 8, 9, 11, 12, 13.
Algemeen
- Deze opleiding heet bij AOC Groenhorst: Allround dierverzorger melkvee.
- Deze opleiding heet bij AOC Nordwincollege: Productiedieren (Dierenverzorger melkvee).
- Eindtermen voor deze kwalificatie worden ontwikkeld door Aequor.
- Hier worden slechts de centrale adressen vermeld. De opleiding kan in de wijde omtrek ervan worden gegeven.
CREBO 97363/97703
Doel Begeleiden van het melkproces, voeren, verzorgen en begeleiden bij de voortplanting van de dieren, verzorgen van het grasland en de voederwinning, en verzorgen van de leef- en werkomgeving. Tevens toepassen van de kwaliteitssystemen en de procedures van het bedrijf.
Toelatingseisen Diploma vmbo gl, vmbo kb of vmbo tl.
Duur 3 jaar voltijd en deeltijd.
Mogelijkheden voor verdere studie Een opleiding van niveau 4: Dierenhouderij (Melkveehouder).
Functiemogelijkheden Binnen de primaire sector in de veehouderij op een rundvee-, geiten-, paarden- of schapenhouderij, waar dieren ten behoeve van de melkproductie worden gehouden.

3.1.h.4 Gespecialiseerde dierverzorging
gezelschapsdieren (Trimmer) (niveau 3)
Voor adres(sen) zie: AOC-4, 6, 12.
Algemeen
- Eindtermen voor deze kwalificatie worden ontwikkeld door Aequor.
- Hier worden slechts de centrale adressen vermeld. De opleiding kan in de wijde omtrek ervan worden gegeven.
CREBO 97460
Toelatingseisen Diploma vmbo gl, vmbo kb of vmbo tl.
Duur 3 jaar voltijd en deeltijd.

3.1.h.5 Groen, grond, infra 3 (Vakbekwaam medewerker
gemechaniseerd loonwerk)/
Vakkundig medewerker natuur en techniek
(niveau 2)
Voor adres(sen) zie: AOC-1, 2, 3, 4, 5, 6, 7, 8, 9, 10, 11, 12, 13.
Algemeen
- Deze opleiding heet bij AOC Groenhorst: Vakbekwaam medewerker groen, grond en infra (loonwerk).
- Eindtermen voor deze kwalificatie worden ontwikkeld door Aequor.

- Hier worden slechts de centrale adressen vermeld. De opleiding kan in de wijde omtrek ervan worden gegeven.

CREBO 97150
Toelatingseisen Diploma vmbo gl, vmbo kb of vmbo tl.
Duur 3 jaar voltijd en deeltijd.
Mogelijkheden voor verdere studie Een opleiding van niveau 4: Groen, grond, infra 4 (Manager/Ondernemer gemechaniseerd loonbedrijf).
Functiemogelijkheden Loonwerker bij een loonbedrijf.

3.1.h.6 Zorg, natuur en gezondheid 3 (Werkbegeleider zorgbedrijf dier) (niveau 3)
Voor adres(sen) zie: AOC-1, 3, 4, 5, 7, 11, 12.
Algemeen
- Eindtermen voor deze kwalificatie worden ontwikkeld door Aequor.
- Hier worden slechts de centrale adressen vermeld. De opleiding kan in de wijde omtrek ervan worden gegeven.

CREBO 97551
Doel Opleiding tot werkbegeleider in een zorgbedrijf of dierenhouderij.
Toelatingseisen Diploma vmbo gl, vmbo kb of vmbo tl.
Duur 3 jaar voltijd en deeltijd.
Mogelijkheden voor verdere studie Een opleiding van niveau 4: Zorg, natuur en gezondheid 4 (Ondernemer zorgbedrijf dier).

3.1.h.7 Vakbekwaam verkoper gezelschapsdieren (niveau 3)
Voor adres(sen) zie: AOC-3, 4, 5, 6, 7, 12.
Algemeen
- Deze opleiding heet bij AOC Helicon ook: Gezelschapsdierenbranche (Vakbekwaam verkoper gezelschapsdieren).
- Eindtermen voor deze kwalificatie worden ontwikkeld door Aequor.
- Hier worden slechts de centrale adressen vermeld. De opleiding kan in de wijde omtrek ervan worden gegeven.

CREBO 97410/97791
Doel Opleiding tot vakbekwaam verkoper van gezelschapsdieren.
Toelatingseisen Diploma vmbo gl, vmbo kb of vmbo tl.
Duur 3 jaar voltijd en deeltijd.

3.1.i Mbo-opleiding niveau 1 of niveau 2

3.1.i.1 Groen, grond, infra 2 (Medewerker gemechaniseerd loonwerk)/Vakfunctionaris natuur en techniek (niveau 2)
Voor adres(sen) zie: AOC-1, 2, 3, 4, 5, 6, 7, 8, 9, 10, 11, 12, 13.
Algemeen
- Deze opleiding heet bij AOC Groenhorst: Medewerker groen, grond en infra (loonwerk).
- Eindtermen voor deze kwalificatie worden ontwikkeld door Aequor.
- Hier worden slechts de centrale adressen vermeld. De opleiding kan in de wijde omtrek ervan worden gegeven.

CREBO 97140
Toelatingseisen Diploma vmbo bb.
Duur 2 jaar voltijd en deeltijd.
Mogelijkheden voor verdere studie Een opleiding van niveau 3: Groen, grond, infra 3 (Vakbekwaam medewerker gemechaniseerd loonbedrijf/Vakkundig medewerker natuur en techniek).
Functiemogelijkheden Medewerker gemechaniseerd loonbedrijf bij een loonbedrijf.

3.1.I Overige opleidingen

3.1.I.1 Kraaybeekerhof academie, studiecentrum voor biologisch(-dynamisch)e landbouw
Voor adres(sen) zie: OVER-154.
Algemeen Opleiding voor de biologisch(-dynamische) land- en tuinbouw.
Toelatingseisen
- Leeftijd minimaal 24 jaar.
- Plus minimaal 1 seizoen praktijkervaring.
Duur 2 jaar deeltijdonderwijs (1 blok van 3 dagen per maand).
Lesprogramma Teeltvakken - biologie - bodemkunde - economie - bemestingsleer.
Functiemogelijkheden Zelfstandig medewerker op een biologisch of biologisch-dynamisch bedrijf.
Overige informatie Er worden ook opleidingen gegeven voor het ondernemersdiploma van de natuurvoedingsbranche en voor winkelmedewerker in een natuurvoedingszaak.
Er is een parttime opleiding voor natuurvoedingsconsulent.

3.1.I.2 Mondeling agrarisch cursusonderwijs
Voor adres(sen) zie: AOC-1, 2, 3, 4, 5, 6, 7, 8, 9, 10, 11, 12, 13.
Algemeen Avond- en deeltijdcursussen.
Opleidingen
- Agrarisch natuurbeheer.
- Agrarische onroerende zaken.
- Akkerbouw.
- Bedrijfshulpverlening.
- Bijenteelt.
- Bloemschikken en bloembinden.
- Boomteelt.
- Computer boekhouden.
- Economie en agromanagement.
- Groenbeheer.
- Groene beleggingen.
- Groenvoorziening.
- Informatica.
- Mechanisatie.
- Milieukunde.
- Plattelandstoerisme.
- Techniek.
- Tuinbouw en fruitteelt.
- Veehouderij.
Toelatingseisen
- Afhankelijk van het niveau van de cursus: variërend van geen toelatingseisen tot een diploma van het mbo Groen onderwijs.
- Er kunnen minimumleeftijdsgrenzen worden gesteld.
Duur Varieert, afhankelijk van de cursus, van 1 à 2 avonden of dagdelen tot 25 of meer.

3.1.I.3 Natuurgeneeskundig diertherapeut
Voor adres(sen) zie: OVER-96.
Algemeen Twee opleidingen op hbo-niveau in natuurgeneeskundige therapieën voor hen die een beroep gaan uitoefenen waarin zij met dieren te maken krijgen.
De plusopleiding leidt op tot zelfstandig natuurgeneeskundig diertherapeut die werkzaam is in een specialistisch, dan wel breed beroepsveld. Dit beroep vraagt een hoge mate van professioneel gedrag, het zelfstandig kunnen werken met dieren en hun eigenaren, het zelfstandig kunnen definiëren, analyseren en oplossen van aange-

boden problematiek en het op verantwoorde wijze vaststellen en uitvoeren van een advies.

Doel Zelfstandig werken als therapeut.

Toelatingseisen Voor beide opleidingen: diploma havo, mbo niveau 4, of een diploma van een vergelijkbaar niveau.

Na het volgen van het basisopleiding kan men instromen in de plusopleiding.

Ook kunnen studenten van de basisopleiding in hun tweede studiejaar besluiten alsnog te starten met de plusopleiding. Zij volgen dan het tweedejaars programma van de basisopleiding en het eerstejaars programma van de plusopleiding.

Duur 3 jaar deeltijd (basisopleiding van 9-16 uur op 22 woensdagen of vrijdagen); 4 jaar (plusopleiding: 31 woensdagen), daarnaast praktijk en stagedagen.

Lesprogramma

Basisopleiding: de behandeling van hond, kat en paard staat centraal. Andere diersoorten komen zijdelings aan de orde.

Vakken basisopleiding: medisch (fysiologie - anatomie - pathologie - farmacologie - EHBO van honden, katten en paarden) - diagnostiek - anamnesetechniek - voedingsleer - natuurgeneeskunde - diergedrag, regulier en natuurgeneeskundig - aromatherapie, bachbloesemtherapie - vakintegratie - energetische bewustwording - communicatie - praktijkvoering.

Er is studiebegeleiding en er zijn praktijkdagen.

Vakken 4-jarige plusopleiding: medisch (fysiologie - anatomie - pathologie - farmacologie - EHBO van honden, katten en paarden) - diagnostiek - anamnesetechniek - voedingsleer - natuurgeneeskunde - diergedrag, regulier en natuurgeneeskundig - aromatherapie, bachbloesemtherapie - vakintegratie - energetische bewustwording - communicatie - bewegingstherapie - TTEAM - fytotherapie - homeopathie - praktijkvoering.

Er is studiebegeleiding en er zijn praktijkdagen.

N.B. Er is bij het opstellen van beide lesprogramma's volledig uitgegaan van de eisen die gesteld zijn door de Federatie van Opleidingen in de Natuurlijke Geneeswijzen (FONG).

Diploma/examen De basisopleiding wordt afgesloten met een praktijkexamen en het schrijven van een scriptie. Om zich goed op het praktijkexamen te kunnen voorbereiden volgen de studenten in het derde jaar vakintegratielessen en worden er proefexamens gehouden.

De examens worden twee maal per jaar gehouden, rond juni en in december. Studenten kunnen dus afstuderen in hun eigen tempo, bijvoorbeeld de scriptie in de zomer en het praktijkexamen in de winter. Ook herexamens kunnen op deze wijze binnen een half jaar plaatsvinden.

Mogelijkheden voor verdere studie Na de basisopleiding bij De Silverlinde: hbo-Veterinair natuurgeneeskundige, met de afstudeerrichtingen van het plusprogramma van De Silverlinde:
- bewegingstherapie voor dieren;
- homeopathie voor dieren;
- integratieve therapie voor dieren.

Functiemogelijkheden Basisopleiding: volledig zelfstandige beoefening van de natuurgeneeskundige praktijk in het beroep van gedragsbegeleider, pensionhouder, stalknecht, stalhouder, instructeur en fokker.

Basisopleiding + plusprogramma: bewegingstherapeut, homeopaat of therapeut.

Overige informatie Geaccrediteerd door de beroepsvereniging BCND.

N.B. Prijzen 2015: 3-jarige basisopleiding: Euro 2.145,00 per jaar; 4-jarige plusopleiding: Euro 3.235,00 per jaar; gespreide betaling is mogelijk.

3.1.l.4 PTC+ en C point

Voor adres(sen) zie: HBO-120, OVER-89, 159, 201, 348.

Algemeen Praktijkgerichte trainingen, seminars, themadagen, cursussen, opleidingen en projecten op het gebied van de agro- en foodbusiness, techniek, industrie en retail.

Doel De 4 expertisecentra zijn gespecialiseerd in de volgende onderwerpen:
- Barneveld: varkens, pluimvee en diervoeders.
- Ede: koudetechniek en mobiele techniek.
- Horst: buitengebied en dierhouderij.
- Leeuwarden: melkveehouderij en melkverwerking. (Zie het N.B. op pag. 53/54 voor de nieuwe ontwikkeling in Leeuwarden.)

Cursussen
- *Agrarische techniek:*
  • 1-daagse update training Keurmeester grondverzet machines
  • Basis elektronica (Mechatrainingen)
  • Basis hydrauliek 1 (Mechatrainingen)
  • Basis hydrauliek 2 (Mechatrainingen)
  • Basis Melkmachinetechniek (Mechatrainingen)
  • Brandstofbesparing realiseren
  • Commonrailmotoren (Mechatrainingen)
  • De Coachende Chef (Mechatrainingen)
  • De klantgerichte servicemonteur (Mechatrainingen)
  • Dieselmotoren 1 (Mechatrainingen)
  • Dieselmotoren 2 (Mechatrainingen)
  • Elektronica Systeem Diagnose (Mechatrainingen)
  • GPS en haar toepassingen (Mechatrainingen)
  • GPS voor de monteur (Mechatrainingen)
  • Hydrauliek systeem diagnose (Mechatrainingen)
  • Keurmeester grondverzetmachines
  • Maaidorser (Mechatrainingen)
  • Magazijnbeheer (Mechatrainingen)
  • Melkmachinetechniek 1 (Mechatrainingen)
  • Melkmachinetechniek 2 (Mechatrainingen)
  • Monteur Airco Werkmaterieel (Mechatrainingen)
  • Onderhoud Airco Werkmaterieel (Mechatrainingen)
  • Onderstel-, rem- en stuursysteem (Mechatrainingen)
  • Opraappersen en Wikkelmachines (Mechatrainingen)
  • Risterploegen 1 (Mechatrainingen)
  • Risterploegen 2 (Mechatrainingen)
  • SKL keurmeester boomgaardspuiten (Mechatrainingen)
  • SKL Keurmeester Motorvatspuiten
  • SKL keurmeester tractoren (3 daagse) (Mechatrainingen)
  • SKL keurmeester veldspuiten (Mechatrainingen)
  • Spuitmachines basis (Mechatrainingen)
  • Spuitmachines systemen (Mechatrainingen)
  • Systeem hydrauliek (Mechatrainingen)
  • Transmissie diagnose (Mechatrainingen)
  • Transmissies 1 (Mechatrainingen)
  • Transmissies 2 (Mechatrainingen)
  • Veldhakselaar (Mechatrainingen)
  • Werken met diverse automatische melksystemen
  • Zaai- en pootmachines (Mechatrainingen)
- *Airco:*
  • Aircotechniek Basis
  • Efficiënt en strak monteren van airconditioning en koelinstallaties (GO)
  • Middenkader Airconditioning van Multi split tot VRF/VRV systemen (GO)
  • Middenkader Airconditioning van split tot Multi split (GO)
  • Monteur Airco Voertuigen

- Monteur Airco Werkmaterieel (Mechatrainingen)
- Onderhoud Airco Werkmaterieel (Mechatrainingen)
- Servicemonteur Airconditioning (GO)
- *Buitengebied:*
  - Basis Veiligheidscertificaat Motorkettingzagen
  - Basiscursus Techniek en Toepassingen Tuin- en Parkmachines voor monteurs
  - Combitraining Maai- en Zaagmachines
  - Reinigen en Hogedrukapparatuur bij Tuin- en Parkmachines
  - Vaardigheidscertificaat Motorkettingzagen ('Middelzware Vellingen')
  - Veilig werken in het groen, verstandig omgaan met je lichaam
  - Veilig werken langs de weg
  - Veiligheidscertificaat Bosmaaiers
  - Veiligheidscertificaat Bosmaaiers Follow Up
  - Veiligheidsinstructie Motorkettingzagen
  - Veiligheidsinstructie Motorkettingzagen Follow Up
  - Veiligheidstraining Hoogwerker met certificaat
  - Verwerken Snoeihout en Gebruik Houtversnipperaar
- *Dierhouderij:*
  - Basiscursus dierverzorging
  - Gezelschapsdieren hanteren, fixeren, verpakken en vervoeren
  - Klauwverzorging voor beginners
  - Klauwverzorging; puntjes op de i
  - Praktijk-TOP Melkveehouderij
  - Praktijktraining Dierenambulance (basis)
  - Sprintopleiding Melkveehouderij
- *Elektrotechniek:*
  - Basis Elektro (Mechatrainingen)
  - Elektro Systeemtechniek (Mechatrainingen)
  - Elektronica Systeem Diagnose (Mechatrainingen)
  - Elektronica Systeemtechniek (Mechatrainingen)
  - Elektrotechniek en Veiligheid (Herinstructie Vakbekwaam Persoon) NEN 3140
  - Elektrotechniek en Veiligheid (Vakbekwaam Persoon) NEN 3140
  - Elektrotechniek en Veiligheid (Voldoende Onderricht Persoon) NEN 3140
  - Storingstechnicus Elektro
- *F-gassen:*
  - Categorie 1 F-Gassen
  - Categorie 1 F-Gassen (aanvulling)
  - Categorie 1 F-Gassen (versneld traject)
  - Categorie 2 F-Gassen
  - Categorie 3 F-Gassen
  - Categorie 4 F-Gassen
  - Opfrisdag F-Gassen examen
- *Koudetechniek:*
  - Basiskennis Koudetechniek
  - Elektrisch Schakelen
  - Elektrotechniek (GO)
  - Industriële Koudetechniek
  - Koudetechniek Algemeen
  - Meten aan regelorganen en regelsystemen voor commerciële koeling (GO)
  - Monteur Transportkoeling
  - Storingstechnicus Elektro
- *Luchtbehandeling & Klimaatbeheersing:*
  - Luchtbehandeling/Klimaatbeheersing
  - Meet- en Regeltechniek Klimaatinstallaties
- *Maritiem:*
  - Hydraulische systemen pleziervaartuigen (basis) (Hiswa)

- Installeren beveiligingssystemen pleziervaartuigen (basis) (Hiswa)
- Keuren elektrische installaties pleziervaartuigen (basis) (Hiswa)
- Keuren gasinstallaties pleziervaartuigen (basis) (Hiswa)
- Keuren gasinstallaties pleziervaartuigen (herhaling) (Hiswa)
- Onderhouden binnenboordmotoren (basis) (Hiswa)
- Onderhouden buitenboordmotoren (basis) (Hiswa)
- *Natuurlijke koudemiddelen:*
  - Hulpverlening bij calamiteiten aan professionele koel- en klimaatinstallaties
  - Natuurlijke Koudemiddelen Module II
  - Natuurlijke Koudemiddelen Module III
  - Natuurlijke Koudemiddelen Module III (gevorderden)
  - Veilig werken met CO_2
- *Operator trainingen:*
  - Smeren en inspecteren
  - Systematisch storingzoeken en storingsmelding
- *Overig:*
  - Training Besturingstechniek
- *Pluimvee:*
  - Basiscursus intensieve veehouderij voor VTH
  - BBL Pluimveehouderij
  - Bemonsteren pluimveestallen
  - Gecertificeerd Pluimveetransporteur
  - Handhaving emissiearme stalsystemen intensieve veehouderij voor VTH
  - Modulair programma pluimveehouderij
- *Training op maat:*
  - Training op maat
- *Varkenshouderij:*
  - Adequaat Vaccineren
  - Basiscursus intensieve veehouderij voor VTH
  - Gecertificeerd Veetransporteur
  - Handhaving emissiearme stalsystemen intensieve veehouderij voor VTH
  - Modulair programma varkenshouderij
  - Training Vergunningverlening toezicht en handhaving van luchtwassers
  - Zelf voer mengen voor varkenshouders
- *Veevoeding:*
  - Algemene kennis van het productieproces
  - Praktische Procestechnologie Mengvoeders
  - Veevoeding en grondstoffenkennis voor procesoperators
- *Warmtepompen:*
  - Grondgebonden warmtepompen in de utiliteitsbouw
  - Lucht/Lucht warmtepomp voor utiliteitsgebouwen
  - Warmtepompen: Basistraining voor aspirant ontwerpers
  - Warmtepompen: Basistraining voor monteurs

Duur Varieert afhankelijk van de aard van de cursus/training van 1 dag tot 1 jaar.

Overige informatie C point is op 1 mei 2000 opgericht en is ontstaan uit een intensieve samenwerking tussen PTC+ en DLV Adviesgroep. Het werkterrein van C point is een combinatie van de activiteiten van beide partijen.
C point is een organisatie die met name is gericht is op de paddenstoelensector. C point biedt aan ondernemers in deze sector teelt- en bedrijfsbegeleiding en algemene cursussen of cursussen op maat, o.a. een 2-jarige praktijkgerichte opleiding voor teeltmedewerkers en beginnende bedrijfsleiders op de paddenstoelenkwekerij zelf.
N.B. Sinds 1 september 2013 zijn alle werkzaamheden en trainingsactiviteiten van PTC+ te Oenkerk op het gebied van melkveehouderij

en melkwinning overgegaan naar Dairy Training Centre. Daarmee is Dairy Training Centre de voortzetting van PTC+ voor alle activiteiten op het gebied van melkveehouderij en melkverwerking.

De hoofdlocatie van Dairy Training Centre is Dairy Campus in Leeuwarden, waar trainingen en onderzoek in nauwe verbinding staan met het bedrijfsleven: er worden onder meer toekomstige melkveehouders en professionals in de zuivelketen opgeleid.

Regelmatig komen er ook melkveehouders naar de Campus om te worden bijgepraat over de nieuwste ontwikkelingen in de sector. Dairy Campus organiseert en faciliteert verschillende excursies, cursussen, workshops en trainingsdagen, met partners als Wageningen UR Livestock Research, MelkveeAcademie en Dairy Training Center. Voor toekomstige melkveehouders is er het Educatieprogramma. Dat bestaat uit drie lectoraten en de ontwikkeling van twee nieuwe opleidingen. Van Hall Larenstein werkt aan de ontwikkeling van een hbo-master: 'Innovative Dairy Management' en een ad-opleiding: 'Ondernemerschap Melkveehouderij'.

De lectoraten zullen zich richten op:
- Grootschalige melkveehouderij en ondernemerschap.
- Duurzame melkveehouderij.
- Smart Farming en ketenefficiency.

3.1.l.5 Schriftelijk cursusonderwijs
Voor adres(sen) zie: OVER-225.
Opleidingen Schriftelijke opleidingen voor dierenzorg:
- Dierenartsassistent paraveterinair (mbo).
- Dierverzorger recreatiedieren (mbo).
- Vakbekwaamheid Besluit houders van dieren - honden en katten.
Overige informatie Nieuwe cursussen op het terrein van dierenzorg zijn bij LOI in voorbereiding.

3.2 PLANTENTEELT / TUINCENTRUMBRANCHE

3.2.c Wo-bacheloropleiding

3.2.c.1 Plantenwetenschappen (WU)
Voor adres(sen) zie: WO-47.
Algemeen Wo-bacheloropleiding.
Doel De opleiding richt zich op verantwoorde methoden om planten nuttige producten te laten voortbrengen: levensmiddelen, siergewassen, grondstoffen voor verf, medicijnen of cosmetica. Door plantenveredeling geeft men de gewassen de juiste eigenschappen: smaak, kleur, houdbaarheid en resistentie tegen droogte of ziekten. Op het veld of in de kas biedt men vervolgens de planten optimale groei-omstandigheden, en men beschermt ze tegen schadelijke insecten en micro-organismen.
Toelatingseisen - Diploma vwo (nat., scheik.); vwo-profiel C&M (+ wisk. B I, nat. I, scheik. I), E&M (+ wisk. B I, nat. I, scheik. I), N&T, N&G; propedeuse of getuigschrift/diploma van hbo of van de OUNL (nat., scheik. vereist op vwo-niveau); na diploma van een verwante hbo-opleiding kan men ongeveer 2 jaar aan vrijstellingen krijgen.
- Als men 21 jaar of ouder is, komt men in aanmerking voor een colloquium doctum.
Duur 3 jaar voltijd.
Lesprogramma Specialisaties:
- WU: Genen en gezondheid - Teelt en ecologie.
Functiemogelijkheden commerciële functies bij bedrijven in de agrarische sector, zoals bij veilingen, bij veredelingsbedrijven en in de levensmiddelenindustrie; voorlichter, consulent of adviseur bij de overheid, productschappen, agrarische organisaties of in het bedrijfsleven; onderzoeker bij een universiteit of onderzoeksinstituut;

beleids- of stafmedewerker bij de overheid of agrarische organisaties; leidinggevende functies bij de eerdergenoemde bedrijven en organisaties.

3.2.f Hbo-bacheloropleiding

3.2.f.1 Bloemsierkunst (Stoas HS)
Zie ook: 24.4.f.1.
Voor adres(sen) zie: HBO-209.
Algemeen Ad-progranmma.
Duur 2 jaar voltijd en deeltijd.

3.2.f.2 Tuin- en landschapsinrichting (HS Van Hall/Larenstein)
Zie 3.4.f.2.

3.2.f.3 Tuinbouw en akkerbouw/Greenport business and retail/Tuinbouw en agribusiness (CAH, HAS HS, HS Inholland, HS Van Hall/Larenstein)
Voor adres(sen) zie: HBO-56, 59, 75, 121.
Algemeen
- Hbo-bacheloropleiding.
- Bij HS Inholland (vestiging Delft) is er behalve de opleiding Tuinbouw en agribusiness een 4-jarige Engelstalige voltijdsopleiding: Greenport business and retail, met extra aandacht voor innovatieve teelttechnieken en milieuvriendelijke technologieën.
- Bij de CAH (vestiging Dronten) wordt een voltijds ad-programma aangeboden, met als specialisatie: Agrarisch ondernemerschap.
Doel Opleiding van internationaal georiënteerde deskundigen die de productie en naoogstverwerking van diverse plantaardige producten kunnen managen met aandacht voor kwaliteit en voedselveiligheid; opleiden van deskundigen op tuingebied voor commerciële functies bij handelsfirma's.
Toelatingseisen
- Diploma havo (wisk. B, scheik.); havo-profiel E&M (+ scheik.), N&G, N&T; vwo (wisk. A of B, scheik.); vwo-profiel E&M (+ scheik. I), N&T, N&G; mbo niveau 4 (wisk., scheik.).
- Of 21 jaar of ouder zijn en toegelaten worden op grond van een toelatingsonderzoek.
Duur
- 4 jaar voltijd.
- 3 jaar na diploma mbo niveau 4 in de agrarische sector.
- Ad-programma: 2 jaar voltijd.
Lesprogramma Specialisaties:
- Delft (HS Inholland): Management en greenport - Techniek en veredeling.
- Den Bosch (HAS HS): Horticulture & business management (Het totale programma bevat 2,5 jaar les, 1 jaar stage [verspreid over het 1e en 3e jaar] en een half jaar te besteden aan de afstudeeropdracht aan het einde van de studie. Het onderwijs is georganiseerd rond thema's als plant, gewas, bedrijf, onderzoek en innovatie, markt en communicatie. Vakken als wiskunde, scheikunde, natuurkunde, informatie en economie worden geïntegreerd aangeboden met onder andere biologie, plantenteelt, akkerbouw, plantenveredeling. Het onderwijs wordt probleemgestuurd en projectmatig aangeboden. Door de keuze van de onderwerpen van de projecten en stages kan de student zich meer of minder specialiseren in de verschillende tuinbouwbedrijfstakken [bollenteelt, boomteelt, champignonteelt, fruitteelt, groenteteelt, potplantenteelt, snijbloementeelt] of in de tuin- en landschapsmanagementsector.)

- Dronten (CAH): Agrarisch ondernemerschap.
- Dronten (CAH, ad-programma): Agrarisch ondernemerschap.
- Leeuwarden (HS Van Hall/Larenstein): Tuin- en akkerbouw.

Mogelijkheden voor verdere studie
- Na het 1e of 2e jaar is doorstroming naar de WU mogelijk.
- Lerarenopleiding agrarisch onderwijs.
- Post-hoger agrarisch onderwijs.
- MSc in European Horticulture (HAS HS, Den Bosch i.s.m. het Writtle College, Engeland).
- Topjaar Management (Delft).

Functiemogelijkheden Zelfstandig ondernemer en bedrijfsleider in een tuinbouwbedrijf, op een tuincentrum of hoveniersbedrijf; voorlichter in dienst van de overheid, standsorganisatie of commercieel bedrijf; commercieel medewerker bij een bank, verzekeraar, toeleverend en afzetbedrijf; onderzoeker op het gebied van weefselkweek; plantenveredeling, gewasbescherming of biotechnologie; medewerker bij uitvoering van milieuwetten; redacteur bij een vakblad, bedrijfskundig adviseur, teeltbegeleider, inkoper, marktonderzoeker, teeltvoorlichter, sociaal-economisch voorlichter, technisch onderzoeker. Managementfuncties op/in land- en tuinbouwbedrijven in binnen- en buitenland, kwaliteitszorgmedewerker, keurmeester.

3.2.g Mbo-opleiding niveau 4

3.2.g.1 Biologisch-dynamisch bedrijf 4 (Manager/Ondernemer biologisch-dynamisch bedrijf) (niveau 4)
Voor adres(sen) zie: AOC-4.
Algemeen
- Deze opleiding heet bij AOC Groenhorst: Manager biologisch-dynamisch bedrijf.
- Eindtermen voor deze kwalificatie worden ontwikkeld door Aequor.
- Hier wordt slechts het centrale adres vermeld. De opleiding kan in de wijde omtrek ervan worden gegeven.
CREBO 97031/97640
Toelatingseisen Diploma vmbo gl, vmbo kb of vmbo tl.
Duur 4 jaar voltijd en deeltijd.
Mogelijkheden voor verdere studie Hbo-bachelor.
Functiemogelijkheden Bedrijfsleider, manager of zelfstandig ondernemer in het biologisch-dynamisch bedrijf.

3.2.g.2 Bloemendetailhandel 4 (Manager bloembinden)/Florist 4 (niveau 4)
Voor adres(sen) zie: AOC-1, 2, 3, 4, 5, 6, 7, 8, 9, 10, 11, 12, 13.
Algemeen
- Eindtermen voor deze kwalificatie worden ontwikkeld door Aequor.
- Hier worden slechts de centrale adressen vermeld. De opleiding kan in de wijde omtrek ervan worden gegeven.
CREBO 90262/97440
Toelatingseisen Diploma vmbo gl, vmbo kb of vmbo tl.
Duur 4 jaar voltijd en deeltijd.
Mogelijkheden voor verdere studie Hbo-bachelor.

3.2.g.3 Groene detailhandel 4 (Manager groene detailhandel) (niveau 4)
Voor adres(sen) zie: AOC-3, 4, 5, 6, 7, 10, 11, 12, 13.
Algemeen
- Deze opleiding heet bij AOC Groenhorst: Bedrijfsleider groene detailhandel of Ondernemer natuurvoedingswinkel.
- Eindtermen voor deze kwalificatie worden ontwikkeld door Aequor.

- Hier worden slechts de centrale adressen vermeld. De opleiding kan in de wijde omtrek ervan worden gegeven.
CREBO 97450/97792
Toelatingseisen Diploma vmbo gl, vmbo kb of vmbo tl.
Duur 4 jaar voltijd en deeltijd.
Mogelijkheden voor verdere studie Hbo-bachelor.

3.2.g.4 Natuur en vormgeving 4 (Specialist natuur en leefomgeving/vormgeving)/Vormgever leefomgeving 4 (niveau 4)
Voor adres(sen) zie: AOC-1, 2, 3, 4, 5, 6, 7, 8, 9, 10, 11, 12.
Algemeen
- Deze opleiding heet bij AOC Groenhorst Bloemenarrangeur.
- Eindtermen voor deze kwalificatie worden ontwikkeld door Aequor.
- Hier worden slechts de centrale adressen vermeld. De opleiding kan in de wijde omtrek ervan worden gegeven.
CREBO 97490
Toelatingseisen Diploma vmbo gl, vmbo kb of vmbo tl.
Duur 4 jaar voltijd en deeltijd.
Mogelijkheden voor verdere studie Hbo-bachelor.

3.2.g.5 Teelt 4 (Manager/Ondernemer teelt) (niveau 4)
Voor adres(sen) zie: AOC-1, 2, 3, 4, 5, 6, 7, 8, 10, 11, 12.
Algemeen
- Deze opleiding is bij AOC Groenhorst verdeeld in 6 subopleidingen.
- Eindtermen voor deze kwalificatie worden ontwikkeld door Aequor.
- Hier worden slechts de centrale adressen vermeld. De opleiding kan in de wijde omtrek ervan worden gegeven.
CREBO 97680/97681
Toelatingseisen Diploma vmbo gl, vmbo kb of vmbo tl.
Duur 4 jaar voltijd en deeltijd.
Mogelijkheden voor verdere studie Hbo-bachelor.

3.2.g.6 Teelt 4 (Specialist teelt en techniek) (niveau 4)
Voor adres(sen) zie: AOC-3, 10.
Algemeen
- Eindtermen voor deze kwalificatie worden ontwikkeld door Aequor.
- Hier worden slechts de centrale adressen vermeld. De opleiding kan in de wijde omtrek ervan worden gegeven.
CREBO 97682
Toelatingseisen Diploma vmbo gl, vmbo kb of vmbo tl.
Duur 4 jaar voltijd en deeltijd.
Mogelijkheden voor verdere studie Hbo-bachelor.

3.2.g.7 Teelt 4 (Teamleider teelt en arbeid) (niveau 4)
Algemeen
- Momenteel is er geen school bekend die deze opleiding geeft.
- Eindtermen voor deze kwalificatie worden ontwikkeld door Aequor.
CREBO 97683
Toelatingseisen Diploma vmbo gl, vmbo kb of vmbo tl.
Duur 4 jaar voltijd en deeltijd.
Mogelijkheden voor verdere studie Hbo-bachelor.

3.2.g.8 Teelt en ondernemerschap (Manager binnenteelt) (niveau 4)
Algemeen
- Momenteel is er geen school bekend die deze opleiding geeft.
- Eindtermen voor deze kwalificatie worden ontwikkeld door Aequor.
CREBO 97033
Toelatingseisen Diploma vmbo gl, vmbo kb of vmbo tl.
Duur 4 jaar voltijd en deeltijd.

Mogelijkheden voor verdere studie Dier- en veehouderij (hao), of Tuinbouw en akkerbouw (hao).
Functiemogelijkheden Binnen de primaire sector op een plantenteeltbedrijf dat zich richt op binnenteelten: glasgroenteteelt, bolbloementeelt, potplantenteelt, paddenstoelenteelt en (snij)bloementeelt.

3.2.g.9 Teelt en ondernemerschap (Manager buitenteelt) (niveau 4)

Voor adres(sen) zie: ROC/MBO-22.
Algemeen
- Eindtermen voor deze kwalificatie worden ontwikkeld door Aequor.
- Hier wordt slechts het centrale adres vermeld. De opleiding kan in de wijde omtrek ervan worden gegeven.

CREBO 97034
Toelatingseisen Diploma vmbo gl, vmbo kb of vmbo tl.
Duur 4 jaar voltijd en deeltijd.
Mogelijkheden voor verdere studie Dier- en veehouderij (hao), of Tuinbouw en akkerbouw (hao).
Functiemogelijkheden Binnen de primaire sector en daarbinnen in de plantenteelt op een bedrijf dat zich richt op buitenteelten: akkerbouw, vollegrondsgroenteteelt, bloembollenteelt, boomteelt en fruitteelt.

3.2.g.10 Teelt en ondernemerschap (Manager teelt en gewasbescherming) (niveau 4)

Algemeen
- Momenteel is er geen school bekend die deze opleiding geeft.
- Eindtermen voor deze kwalificatie worden ontwikkeld door Aequor.
Toelatingseisen Diploma vmbo gl, vmbo kb of vmbo tl.
Duur 4 jaar voltijd en deeltijd.

3.2.g.11 Vormgever leefomgeving (Arrangeur/Vormgever/Stylist) (niveau 4)

Algemeen
- Momenteel is er geen school bekend die deze opleiding geeft.
- Eindtermen voor deze kwalificatie worden ontwikkeld door Aequor.

CREBO 97261
Doel Ontwerpen en realiseren van arrangementen en decoraties voor toepassingen in allerlei ruimten en omgevingen; de toepassingen zijn van tijdelijke of van blijvende aard, functioneel en op hoog ambachtelijk en creatief niveau.
Toelatingseisen Diploma vmbo gl, vmbo kb of vmbo tl.
Duur 4 jaar voltijd en deeltijd.
Mogelijkheden voor verdere studie Hbo-bachelor.
Functiemogelijkheden Bloemarrangeur in de bloemendetailhandel.

3.2.g.12 Zorg, natuur en gezondheid 4 (Ondernemer zorgbedrijf plant) (niveau 4)

Voor adres(sen) zie: AOC-3, 4, 6, 7, 10, 12.
Algemeen
- Deze opleiding heet bij AOC Groenhorst: Bedrijfsleider zorgbedrijf plant.
- Eindtermen voor deze kwalificatie worden ontwikkeld door Aequor.
- Hier worden slechts de centrale adressen vermeld. De opleiding kan in de wijde omtrek ervan worden gegeven.

CREBO 97560/97562
Doel Organiseren en plannen van de agrarische productie, de verwerking van de productie verzorgen, zorgvragers begeleiden, en alle werkzaamheden aansturen.

Toelatingseisen Diploma vmbo gl, vmbo kb of vmbo tl.
Duur 4 jaar voltijd en deeltijd.
Mogelijkheden voor verdere studie Hbo-bachelor.
Functiemogelijkheden Werkbegeleider agrarisch zorgbedrijf, werkbegeleider zorgboerderij, werkbegeleider zorgbedrijf.

3.2.h Mbo-opleiding niveau 3

3.2.h.1 Binnenteelt (Vakbekwaam medewerker binnenteelt)/Vakfunctionaris bedekte teelt (Vakbekwaam medewerker) (niveau 3)

Voor adres(sen) zie: ROC/MBO-22.
Algemeen
- Eindtermen voor deze kwalificatie worden ontwikkeld door Aequor.
- Hier wordt slechts het centrale adres vermeld. De opleiding kan in de wijde omtrek ervan worden gegeven.

CREBO 97110
Toelatingseisen Diploma vmbo gl, vmbo kb of vmbo tl.
Duur 3 jaar voltijd en deeltijd.
Mogelijkheden voor verdere studie Een opleiding van niveau 4: Teelt en ondernemerschap (Manager binnenteelt).
Functiemogelijkheden Binnen de primaire sector op een plantenteeltbedrijf dat zich richt op binnenteelten: glasgroenteteelt, bolbloementeelt, potplantenteelt, paddenstoelenteelt en (snij)bloementeelt.

3.2.h.2 Biologisch-dynamisch bedrijf 3 (Vakbekwaam medewerker biologisch-dynamisch bedrijf) (niveau 3)

Voor adres(sen) zie: AOC-4.
Algemeen
- Eindtermen voor deze kwalificatie worden ontwikkeld door Aequor.
- Hier wordt slechts het centrale adres vermeld. De opleiding kan in de wijde omtrek ervan worden gegeven.

CREBO 97130
Toelatingseisen Diploma vmbo gl, vmbo kb of vmbo tl.
Duur 3 jaar voltijd en deeltijd.
Mogelijkheden voor verdere studie Een opleiding van niveau 4: Biologisch-dynamisch bedrijf (Manager/Ondernemer biologisch-dynamisch bedrijf).
Functiemogelijkheden Vakbekwaam medewerker biologisch-dynamisch bedrijf.

3.2.h.3 Bloembinder (Eerste bloembinder) (niveau 3)

Algemeen
- Momenteel is er geen school bekend die deze opleiding geeft.
- Eindtermen voor deze kwalificatie worden ontwikkeld door Aequor.

CREBO 97290
Toelatingseisen Diploma vmbo gl, vmbo kb of vmbo tl.
Duur 3 jaar voltijd en deeltijd.
Mogelijkheden voor verdere studie Opleidingen van niveau 4: Bloemendetailhandel 4 (Manager bloembinden), of Vormgever leefomgeving (Arrangeur/Vormgever/Stylist).
Functiemogelijkheden Binder bij een bloemendetailhandel.

3.2.h.4 Bloemendetailhandel 3 (Vakbekwaam medewerker bloembinden)/Florist 3 (niveau 3)

Voor adres(sen) zie: AOC-1, 2, 3, 4, 5, 6, 7, 8, 9, 10, 11, 12, 13.
Algemeen
- Eindtermen voor deze kwalificatie worden ontwikkeld door Aequor.
- Hier worden slechts de centrale adressen vermeld. De opleiding kan in de wijde omtrek ervan worden gegeven.

CREBO 97430
Toelatingseisen Diploma vmbo gl, vmbo kb of vmbo tl.
Duur 3 jaar voltijd en deeltijd.
Mogelijkheden voor verdere studie Opleidingen van niveau 4:
Bloemendetailhandel 4 (Manager bloembinden), of Vormgever leef-
omgeving (Arrangeur/Vormgever/Stylist).
Functiemogelijkheden Binder bij een bloemendetailhandel.

3.2.h.5 Buitenteelt (Vakbekwaam medewerker buitenteelt)/Vakbekwaam medewerker open teelt (Vakbekwaam medewerker) (niveau 3)
Voor adres(sen) zie: ROC/MBO-22.
Algemeen
- Eindtermen voor deze kwalificatie worden ontwikkeld door Aequor.
- Hier wordt slechts het centrale adres vermeld. De opleiding kan in de wijde omtrek ervan worden gegeven.

CREBO 97200
Toelatingseisen Diploma vmbo gl, vmbo kb of vmbo tl.
Duur 3 jaar voltijd en deeltijd.
Mogelijkheden voor verdere studie Een opleiding van niveau 4:
Teelt en ondernemerschap (manager buitenteelt).
Functiemogelijkheden Binnen de primaire sector en daarbinnen
in de plantenteelt op een bedrijf dat zich richt op buitenteelten: akker-
bouw, vollegrondsgroenteteelt, bloembollenteelt, boomteelt en fruit-
teelt.

3.2.h.6 Groene detailhandel (Vakbekwaam medewerker groene detailhandel) (niveau 3)
Voor adres(sen) zie: AOC-1, 3, 4, 5, 6, 7, 11, 12, 13.
Algemeen
- Deze opleiding heet bij AOC Groenhorst ook: Vakbekwaam mede-
werker natuurvoedingswinkel.
- Eindtermen voor deze kwalificatie worden ontwikkeld door Aequor.
- Hier worden slechts de centrale adressen vermeld. De opleiding kan in de wijde omtrek ervan worden gegeven.

CREBO 97310/97794
Doel Opleiding tot vakbekwaam medewerker in een groene detail-
handel.
Toelatingseisen Diploma vmbo gl, vmbo kb of vmbo tl.
Duur 3 jaar voltijd en deeltijd.

3.2.h.7 Groene detailhandel (Verkoper groene detailhandelproducten) (niveau 3)
- Momenteel is er geen school bekend die deze opleiding geeft.
- Eindtermen voor deze kwalificatie worden ontwikkeld door Aequor.
CREBO 97310
Doel Opleiding tot verkoper van producten van de groene detailhan-
del.
Toelatingseisen Diploma vmbo gl, vmbo kb of vmbo tl.
Duur 3 jaar voltijd en deeltijd.

3.2.h.8 Natuur en vormgeving 3 (Vakbekwaam mede- werker natuur en leefomgeving/vormgeving)/- Vormgever leefomgeving 3 (niveau 3)
Voor adres(sen) zie: AOC-1, 3, 4, 5, 6, 7, 9, 10, 11, 12.
Algemeen
- Deze opleiding heet bij AOC Groenhorst: Stylist.
- Eindtermen voor deze kwalificatie worden ontwikkeld door Aequor.
- Hier worden slechts de centrale adressen vermeld. De opleiding kan in de wijde omtrek ervan worden gegeven.
CREBO 97480

Toelatingseisen Diploma vmbo gl, vmbo kb of vmbo tl.
Duur 3 jaar voltijd en deeltijd.
Mogelijkheden voor verdere studie Opleidingen van niveau 4:
Bloemendetailhandel 4 (Manager bloembinden), of Vormgever leef-
omgeving (Arrangeur/Vormgever/Stylist).

3.2.h.9 Teelt 2/3 (Vakbekwaam medewerker teelt) (niveau 3)
Voor adres(sen) zie: AOC-1, 2, 3, 4, 5, 6, 7, 8, 9, 10, 11, 12.
Algemeen
- Deze opleiding is bij AOC Groenhorst verdeeld in 6 subopleidingen:
Akkerbouw - Bollenteelt - Boomteelt - Fruitteelt - Groenteteelt -
Sierteelt.
- Eindtermen voor deze kwalificatie worden ontwikkeld door Aequor.
- Hier worden slechts de centrale adressen vermeld. De opleiding kan in de wijde omtrek ervan worden gegeven.

CREBO 97670
Toelatingseisen Diploma vmbo gl, vmbo kb of vmbo tl.
Duur 3 jaar voltijd en deeltijd.
Mogelijkheden voor verdere studie Opleidingen van niveau 4:
Teelt 4 (Manager/Ondernemer teelt), Teelt 4 (Specialist teelt en tech-
niek), of Teelt 4 (Teamleider teelt en arbeid).

3.2.h.10 Zorg, natuur en gezondheid 3 (Werkbegeleider zorgbedrijf plant) (niveau 3)
Voor adres(sen) zie: AOC-3, 4, 7, 12.
Algemeen
- Eindtermen voor deze kwalificatie worden ontwikkeld door Aequor.
- Hier worden slechts de centrale adressen vermeld. De opleiding kan in de wijde omtrek ervan worden gegeven.

CREBO 97552
Doel Opleiding tot werkbegeleider in een zorgbedrijf of kwekerij.
Toelatingseisen Diploma vmbo gl, vmbo kb of vmbo tl.
Duur 3 jaar voltijd en deeltijd.
Mogelijkheden voor verdere studie Een opleiding van niveau 4:
Zorg, natuur en gezondheid 4 (Ondernemer zorgbedrijf plant).

3.2.i Mbo-opleiding niveau 1 of niveau 2

3.2.i.1 Assistent medewerker voedsel en leefomgeving (Assistent groene detailhandel/Assistent bloembinden) (niveau 1)
Voor adres(sen) zie: AOC-4, 5, 6, 7, 8, 11.
Algemeen
- Eindtermen voor deze kwalificatie worden ontwikkeld door Aequor.
- Hier worden slechts de centrale adressen vermeld. De opleiding kan in de wijde omtrek ervan worden gegeven.
CREBO 97022/97472
Doel Onder leiding eenvoudige werkzaamheden verrichten, zoals
schoonhouden, eenvoudige controle, aan- en afvoeren van materia-
len, verpakken, aanleg en onderhoud van groenvoorziening, dierver-
zorging, teelt en oogst, be- en verwerken van levensmiddelen, ver-
zorgen van bloemen en planten.
Toelatingseisen De volledige leerplicht hebben voltooid.
Duur 1 jaar voltijd en deeltijd.
Mogelijkheden voor verdere studie Een opleiding van niveau 2:
Bloemdetailhandel 2 (Medewerker bloembinden).
Functiemogelijkheden Medewerker in een van de groene sectoren.

Jurlights zie pagina 295

57

3.2.i.2 Assistent medewerker voedsel en leefomgeving (Assistent plantenteelt) (niveau 1)

Voor adres(sen) zie: AOC-4, 5, 6, 8, 9, 10, 11, 12.

Algemeen
- Deze opleiding is bij AOC Groenhorst verdeeld in 7 subopleidingen: Akkerbouw - Bollenteelt - Boomteelt - Fruitteelt - Groenteteelt - Plantenteelt - Sierteelt.
- Eindtermen voor deze kwalificatie worden ontwikkeld door Aequor.
- Hier worden slechts de centrale adressen vermeld. De opleiding kan in de wijde omtrek ervan worden gegeven.

CREBO 97024/97474

Toelatingseisen De volledige leerplicht hebben voltooid.

Duur 1 jaar voltijd en deeltijd.

Mogelijkheden voor verdere studie Opleidingen van niveau 2: Binnenteelt (Medewerker binnenteelt), Biologisch-dynamisch bedrijf 2 (Medewerker biologisch-dynamisch bedrijf), Vershandel, logistiek en transport (Medewerker vershandel, logistiek en transport); of een opleiding van niveau 3: Buitenteelt (Vakbekwaam medewerker buitenteelt)/Vakbekwaam medewerker open teelt (Vakbekwaam medewerker).

Functiemogelijkheden Assisterende werkzaamheden in de sectoren akkerbouw en plantenteelt.

3.2.i.3 Binnenteelt (Medewerker binnenteelt)/- Vakfunctionaris bedekte teelt (Medewerker bedekte teelt) (niveau 2)

Algemeen
- Momenteel is er geen school bekend die deze opleiding geeft.
- Eindtermen voor deze kwalificatie worden ontwikkeld door Aequor.

CREBO 97100

Toelatingseisen Diploma vmbo bb.

Duur 2 jaar voltijd en deeltijd.

Mogelijkheden voor verdere studie Een opleiding van niveau 3: Binnenteelt (Vakbekwaam medewerker binnenteelt)/Vakfunctionaris bedekte teelt (Vakbekwaam medewerker).

Functiemogelijkheden Binnen de primaire sector op een plantenteeltbedrijf dat zich richt op binnenteelten: glasgroenteteelt, bolbloementeelt, potplantenteelt, paddenstoelenteelt en (snij)bloementeelt.

3.2.i.4 Biologisch-dynamisch bedrijf 2 (Medewerker biologisch-dynamisch bedrijf) (niveau 2)

Voor adres(sen) zie: AOC-4.

Algemeen
- Eindtermen voor deze kwalificatie worden ontwikkeld door Aequor.
- Hier wordt slechts het centrale adres vermeld. De opleiding kan in de wijde omtrek ervan worden gegeven.

CREBO 97120

Toelatingseisen Diploma vmbo bb.

Duur 2 jaar voltijd en deeltijd.

Mogelijkheden voor verdere studie Een opleiding van niveau 3: Biologisch-dynamisch bedrijf 3 (Vakbekwaam medewerker biologisch-dynamisch bedrijf).

Functiemogelijkheden Medewerker in de biologisch-dynamische land- en tuinbouw, medewerker in natuurvoedingswinkels, verdeelcentra en groothandel.

3.2.i.5 Bloemendetailhandel 2 (Medewerker bloembinden)/Florist 2 (niveau 2)

Voor adres(sen) zie: AOC-1, 2, 3, 4, 5, 6, 7, 8, 9, 10, 11, 12, 13.

Algemeen
- Deze opleiding heet bij AOC Oost: Florist 2.
- Eindtermen voor deze kwalificatie worden ontwikkeld door Aequor.
- Hier worden slechts de centrale adressen vermeld. De opleiding kan in de wijde omtrek ervan worden gegeven.

CREBO 97420

Toelatingseisen Diploma vmbo bb.

Duur 2 jaar voltijd en deeltijd.

Mogelijkheden voor verdere studie Een opleiding van niveau 3: Bloemendetailhandel 3 (Vakbekwaam medewerker bloembinden).

3.2.i.6 Buitenteelt (Medewerker buitenteelt)/ Vakfunctionaris open teelt (Medewerker open teelt) (niveau 2)

Algemeen
- Momenteel is er geen school bekend die deze opleiding geeft.
- Eindtermen voor deze kwalificatie worden ontwikkeld door Aequor.

CREBO 97190

Toelatingseisen Diploma vmbo bb.

Duur 2 jaar voltijd en deeltijd.

Mogelijkheden voor verdere studie Een opleiding van niveau 3: Buitenteelt (Vakbekwaam medewerker buitenteelt)/Vakbekwaam medewerker open teelt (Vakbekwaam medewerker).

Functiemogelijkheden Binnen de primaire sector en daarbinnen in de plantenteelt op een bedrijf dat zich richt op buitenteelten: akkerbouw, vollegrondsgroenteteelt, bloembollenteelt, boomteelt en fruitteelt.

3.2.i.7 Groene detailhandel (Medewerker groene detailhandel) (niveau 2)

Voor adres(sen) zie: AOC-1, 3, 4, 5, 6, 7, 8, 10, 11, 12, 13.

Algemeen
- Eindtermen voor deze kwalificatie worden ontwikkeld door Aequor.
- Hier worden slechts de centrale adressen vermeld. De opleiding kan in de wijde omtrek ervan worden gegeven.

CREBO 97300/97793

Doel Opleiding tot medewerker in een groene detailhandel.

Toelatingseisen Diploma vmbo bb.

Duur 2 jaar voltijd en deeltijd.

3.2.i.8 Teelt 2/3 (Medewerker teelt) (niveau 2)

Voor adres(sen) zie: AOC-1, 2, 3, 4, 5, 6, 7, 8, 9, 10, 11, 12.

Algemeen
- Deze opleiding is bij AOC Groenhorst verdeeld in 6 subopleidingen: Akkerbouw - Bollenteelt - Boomteelt - Fruitteelt - Groenteteelt - Sierteelt.
- Eindtermen voor deze kwalificatie worden ontwikkeld door Aequor.
- Hier worden slechts de centrale adressen vermeld. De opleiding kan in de wijde omtrek ervan worden gegeven.

CREBO 97660

Toelatingseisen Diploma vmbo bb.

Duur 2 jaar voltijd en deeltijd.

Mogelijkheden voor verdere studie Een opleiding van niveau 3: Teelt 2/3 (Vakbekwaam medewerker teelt).

3.2.l Overige opleidingen

3.2.l.1 Mondeling agrarisch cursusonderwijs
Zie 3.1.l.2.

3.2.l.2 PTC+
Zie 3.1.l.4.

3.3 BOSBOUW EN NATUURBEHEER

3.3.c Wo-bacheloropleiding

3.3.c.1 Bos- en natuurbeheer (WU)
Voor adres(sen) zie: WO-47.
Algemeen Wo-bacheloropleiding, gericht op het beheer van bos- en natuurgebieden, van de ecologische achtergronden via het dagelijks beheer naar het beleidsniveau.
Toelatingseisen - Diploma vwo (wisk. A of B, nat. of scheik. of biol.); vwo-profiel C&M (+ wisk. B I, nat. I of scheik. I), E&M (+ wisk. B I, nat. I of scheik. I), N&T, N&G; propedeuse of getuigschrift/diploma van hbo of van de OUNL (wisk. A of B of nat. of scheik. of biol. vereist op vwo-niveau).
- Met het diploma van de hbo-opleiding Bos en Natuurbeheer kan men circa 2,5 jaar aan vrijstellingen krijgen.
- Als men 21 jaar of ouder is, komt men in aanmerking voor een colloquium doctum.
Duur 3 jaar voltijd.
Lesprogramma Specialisaties:
- WU: Beleid en maatschappij - Ecologie en beheer.
Functiemogelijkheden Onderzoeker bij een universiteit of onderzoeksinstituut; beleids- of stafmedewerker bij de overheid of bij natuurbeschermingsorganisaties; deskundige ontwikkelingssamenwerking; beheerder, projectleider of rentmeester bij de overheid (Staatsbosbeheer, gemeentelijke bosdienst), bij bosbedrijven of bij particuliere boseigenaren.

3.3.f Hbo-bacheloropleiding

3.3.f.1 Bos- en natuurbeheer (HS Van Hall/Larenstein)
Voor adres(sen) zie: HBO-199.
Algemeen Hbo-bacheloropleiding.
Doel Voorbereiding op beroepen in de bosbouw, landschapsverzorging, recreatie en natuurbescherming.
Gediplomeerden mogen de titel 'ingenieur' voeren ('ing.' voor de naam).
Toelatingseisen
- Diploma havo (scheik., wisk. B); havo-profiel E&M, N&T, N&G, C&M (wisk. A I, II of B I); vwo (wisk. A of B, scheik.); vwo elk profiel; mbo niveau 4 met deelkwalificaties (wisk., scheik.).
- Of 21 jaar of ouder zijn en toegelaten worden op grond van een toelatingsonderzoek.
- Toelating tot het 2e studiejaar: propedeuse van het hao of van de WU.
Duur
- 4 jaar voltijd, waarin een half jaar stage.
- Ook 4 jaar deeltijd.
Lesprogramma Specialisaties:
Bosbouw-urban forestry - International timber trade - Mens en natuur - Natuur- en landschapstechniek - Tropical forestry - Vastgoed en grondtransacties.

Mogelijkheden voor verdere studie
- Van Hall/Larenstein, Velp: hbo-bacheloropleiding Land- en watermanagement.
- WU: diverse wo-bacheloropleidingen.
Functiemogelijkheden Leidinggevende, technisch-organisatorische of staffuncties in de bosbouw en cultuurtechniek bij Staatsbosbeheer, de Cultuurtechnische Dienst, gemeentelijke plantsoenendiensten, waterschappen, de Arcadis Heidemij, de Dienst Landelijk Gebied, Grontmij N.V., instellingen tot natuurbehoud, aannemingsmaatschappijen; functie op een rentmeestersbureau en als rentmeester; bodemkundige; hydroloog; vegetatiedeskundige; assistent-onderzoeker; ontwerper; calculator; uitvoerder; toezichthouder; beheerder; taxateur; projectleider; bedrijfsleider; voorlichter.
Functies in de zogenoemde ontwikkelingslanden: bodemkundige; irrigatiedeskundige; inrichter landbouwgebied; bosbouwdeskundige; uitvoerder; voorlichter.

3.3.g Mbo-opleiding niveau 4

3.3.g.1 Natuur en groene ruimte 4 (Manager natuur en recreatie/watermanagement)/Middenkaderfunctionaris natuur en leefomgeving/vormgeving (niveau 4)
Zie 14.8.g.1.

3.3.h Mbo-opleiding niveau 3

3.3.h.1 Natuur en groene ruimte 3 (Vakbekwaam medewerker bos- en natuurbeheer) (niveau 3)
Voor adres(sen) zie: AOC-3, 6, 7, 11, 12.
Algemeen
- Eindtermen voor deze kwalificatie worden ontwikkeld door Aequor.
- Hier worden slechts de centrale adressen vermeld. De opleiding kan in de wijde omtrek ervan worden gegeven.
CREBO 97251
Doel Taken op het gebied van bosbeheer en onderzoek/inventarisatie, en uitvoerende taken.
Toelatingseisen Diploma vmbo gl, vmbo kb of vmbo tl.
Duur 3 jaar voltijd en deeltijd.
Mogelijkheden voor verdere studie Een opleiding van niveau 4: Natuur en groene ruimte 4 (Manager natuur en recreatie/watermanagement)/Middenkaderfunctionaris natuur en leefomgeving/-vormgeving.
Functiemogelijkheden Voorman bij aanleg en onderhoud van recreatieve voorzieningen en bos- en natuurbeheer.
Men kan doorgroeien naar de functie van opzichter.

3.3.h.2 Natuur en groene ruimte 3 (Vakbekwaam medewerker groenvoorziening/Vakbekwaam hovenier) (niveau 3)
Voor adres(sen) zie: AOC-1, 2, 3, 6, 7, 10, 11.
Algemeen
- Eindtermen voor deze kwalificatie worden ontwikkeld door Aequor.
- Hier worden slechts de centrale adressen vermeld. De opleiding kan in de wijde omtrek ervan worden gegeven.
CREBO 97252
Toelatingseisen Diploma vmbo gl, vmbo kb of vmbo tl.
Duur 3 jaar voltijd en deeltijd.
Mogelijkheden voor verdere studie Een opleiding van niveau 4: Natuur en groene ruimte 4 (Manager natuur en recreatie/water-

management)/Middenkaderfunctionaris natuur en leefomgeving/-vormgeving.

3.3.h.3 Natuur en groene ruimte 3 (Vakbekwaam medewerker land, water en milieu) (niveau 3)
Voor adres(sen) zie: AOC-4, 6, 7, 11.
Algemeen
- Eindtermen voor deze kwalificatie worden ontwikkeld door Aequor.
- Hier worden slechts de centrale adressen vermeld. De opleiding kan in de wijde omtrek ervan worden gegeven.

CREBO 97254
Doel Inspecteren van wegen en watergangen inclusief de daarbij behorende kunstwerken en oeverinrichtingen, treffen van maatregelen bij calamiteiten.
Toelatingseisen Diploma vmbo gl, vmbo kb of vmbo tl.
Duur 3 jaar voltijd en deeltijd.
Mogelijkheden voor verdere studie Een opleiding van niveau 4: Natuur en groene ruimte 4 (Manager natuur en recreatie/watermanagement)/Middenkaderfunctionaris natuur en leefomgeving/vormgeving.
Functiemogelijkheden Voorman, kantonnier en beheerder watergangen bij een waterschap, RWS, PWS of gemeenten.
Men kan doorgroeien naar de functie van opzichter.

3.3.i Mbo-opleiding niveau 1 of niveau 2

3.3.i.1 Assistent medewerker voedsel en leefomgeving (Assistent natuur en groen [of leefomgeving]) (niveau 1)
Voor adres(sen) zie: AOC-5, 6, 7, 8, 11, 12.
Algemeen
- Eindtermen voor deze kwalificatie worden ontwikkeld door Aequor.
- Hier worden slechts de centrale adressen vermeld. De opleiding kan in de wijde omtrek ervan worden gegeven.

CREBO 97023/97473
Toelatingseisen De volledige leerplicht hebben voltooid.
Duur 1 jaar deeltijd.
Mogelijkheden voor verdere studie Een opleiding van niveau 2: Natuur en groene ruimte 2 (Medewerker buitenruimte)/Medewerker natuur en leefomgeving/vormgeving).
Functiemogelijkheden Assisterende werkzaamheden in de sectoren Groenvoorziening, Bos- en natuurbeheer en Milieu.

3.3.i.2 Natuur en groene ruimte 2 (Medewerker buitenruimte)/Medewerker natuur en leefomgeving/vormgeving (niveau 2)
Voor adres(sen) zie: AOC-1, 2, 4, 5, 6, 7, 8, 9, 10, 11, 12.
Algemeen
- Eindtermen voor deze kwalificatie worden ontwikkeld door Aequor.
- Hier worden slechts de centrale adressen vermeld. De opleiding kan in de wijde omtrek ervan worden gegeven.

CREBO 97530/97531
Toelatingseisen Diploma vmbo bb.
Duur 2 jaar voltijd en deeltijd.

3.3.l Overige opleidingen

3.3.l.1 PTC+
Zie 3.1.l.4.

3.4 TUIN- EN LANDSCHAPSARCHITECTUUR / HOVENIERSBEDRIJVEN

3.4.b Wo-masteropleiding

3.4.b.1 Landscape, architecture and planning (WU)
Voor adres(sen) zie: WO-47.
Algemeen Wo-masteropleiding.
Duur 2 jaar voltijd.
Lesprogramma Specialisaties:
- WU: Landscape architecture - Socio-spatial analysis - Spatial planning.

Functiemogelijkheden Landschapsarchitect bij een architecten- of adviesbureau of bij de overheid; beleids- of stafmedewerker op het gebied van ruimtelijke ordening en milieu bij de overheid (ministerie, Rijkswaterstaat, landinrichtingsdienst, provinciale of gemeentelijke dienst); projectleider van landinrichtingsprojecten bij de overheid of via een ingenieursbureau; onderzoeker bij een universiteit of onderzoeksinstituut; docent, met name in het hbo.

3.4.c Wo-bacheloropleiding

3.4.c.1 Landschapsarchitectuur en ruimtelijke planning (WU)
Voor adres(sen) zie: WO-47.
Algemeen Wo-bacheloropleiding.
Doel De opleiding richt zich op het gebruik van de groene ruimte en het landelijk gebied in Nederland en daarbuiten.
Bij landschapsarchitectuur gaat het om de vormgeving van het landschap, bij landgebruiksplanning om een optimale indeling van de ruimte, waarbinnen uiteenlopende activiteiten als landbouw, wonen, natuur, verkeer en recreatie plaats moeten vinden.
Men kan zich ook richten op de technische ingrepen die nodig zijn voor een bepaalde vorm van landgebruik, zoals irrigatie voor de landbouw, regulering van de waterhuishouding voor natuurontwikkeling of het tegengaan van erosie.
Toelatingseisen
- Diploma vwo (wisk. A of wisk. B, nat.); vwo-profiel C&M (+ wisk. B I, nat. I), E&M (+ wisk. B I, nat. I), N&T, N&G; propedeuse of getuigschrift/diploma van hbo of van de OUNL (wisk. A of B, nat. vereist op vwo-niveau).
- Met een diploma van een verwante hbo-opleiding kan men ongeveer 2,5 jaar aan vrijstellingen krijgen.
- Als men 21 jaar of ouder is, komt men in aanmerking voor een colloquium doctum.

Duur 3 jaar voltijd.
Lesprogramma Specialisaties:
- WU: Landschapsarchitectuur - Ruimtelijke planning.
Aansluitende masteropleidingen
- WU: Landscape, architecture and planning.

3.4.e Hbo-masteropleiding

3.4.e.1 Landschapsarchitectuur (HS Van Hall/Larenstein)
Voor adres(sen) zie: HBO-199.
Algemeen Hbo-masteropleiding.
Doel Opleiding tot landschapsarchitecten voor het Europese werkveld. Door de opleiding kan men op academisch niveau in integrale projectgroepen werken. Door de aan de Europese universiteiten gekozen specialisaties kan men zijn eigen koers uitzetten.

Toelatingseisen Getuigschrift hao-Landschapsarchitectuur met de specialisatie Ontwerpen; hbo-getuigschrift en wo-diploma na gebleken geschiktheid.
Duur 1,5 jaar voltijd.
Functiemogelijkheden Een ontwerpende en coördinerende rol op Europees niveau. Door de internationale opleiding is de landschapsarchitect in staat functies te vervullen in Europese werkverbanden.
Overige informatie De behaalde titel EMLA MSc geeft recht op een Europese erkenning als landschapsarchitect.

3.4.e.2 Landschapsarchitectuur
(Academie voor Bouwkunst)
Voor adres(sen) zie: HBO-7.
Algemeen Hbo-masteropleiding.
Duur 4 jaar deeltijd.

3.4.f Hbo-bacheloropleiding

3.4.f.1 Land- en watermanagement
(HS Van Hall/Larenstein)
Zie 3.5.f.1.

3.4.f.2 Tuin- en landschapsinrichting
(HS Van Hall/Larenstein)
Voor adres(sen) zie: HBO-199.
Algemeen
- Hbo-bacheloropleiding.
- Er wordt ook een voltijds en een deeltijds ad-programma aangeboden.

Doel Het leren ontwerpen, inrichten en beheren van het groen in stedelijke en landelijke gebieden. Daarbij draait het niet alleen om de beplanting, maar om het geheel van de inrichting: natuur, landschap, ecologie, technische aspecten en recreatie, landbouw en wonen.
Toelatingseisen
- Diploma havo (wisk. B, scheik.); havo-profiel E&M, N&T, N&G, C&M (+ wisk. A I, II of B I); vwo (wisk. A of B, scheik.); vwo elk profiel; mbo niveau 4 (wisk., scheik.).
- Of 21 jaar of ouder zijn en toegelaten worden op grond van een toelatingsonderzoek.

Duur
- 4 jaar voltijd en deeltijd.
- Ad-programma: 2 jaar voltijd en deeltijd.

Lesprogramma Specialisaties hbo-bacheloropleiding:
Landschapsarchitectuur - Management buitenruimte - Realisatie tuin- en landschapsarchitectuur -Tuinarchitectuur.

3.4.h Mbo-opleiding niveau 3

3.4.h.1 Natuur en groene ruimte 3
(Vakbekwaam hovenier) (niveau 3)
Voor adres(sen) zie: AOC-1, 3, 4, 5, 6, 7, 8, 9, 11, 12.
Algemeen
- Deze opleiding heet bij AOC Groenhorst: Vakbekwaam hovenier.
- Eindtermen voor deze kwalificatie worden ontwikkeld door Aequor.
- Hier worden slechts de centrale adressen vermeld. De opleiding kan in de wijde omtrek ervan worden gegeven.

CREBO 97253
Toelatingseisen Diploma vmbo gl, vmbo kb of vmbo tl.
Duur 3 jaar voltijd en deeltijd.
Mogelijkheden voor verdere studie Een opleiding van niveau 4: Natuur en groene ruimte 4 (Manager natuur en recreatie).

Functiemogelijkheden Vakbekwaam medewerker hoveniersbedrijf, meewerkend voorman, voorman bij een hoveniersbedrijf of in de groenvoorziening.

3.4.h.2 Natuur en groene ruimte 3 (Vakbekwaam medewerker groenvoorziening/Vakbekwaam hovenier) (niveau 3)
Zie 3.3.h.2.

3.4.h.3 Natuur en groene ruimte 3 (Vakbekwaam medewerker hoveniersbedrijf/Vakbekwaam medewerker groenvoorziening) (niveau 3)
Voor adres(sen) zie: AOC-2, 4, 5, 6, 8, 9, 12.
Algemeen
- Deze opleiding heet bij AOC Groenhorst: Vakbekwaam groenvoorziener.
- Eindtermen voor deze kwalificatie worden ontwikkeld door Aequor.
- Hier worden slechts de centrale adressen vermeld. De opleiding kan in de wijde omtrek ervan worden gegeven.

CREBO 97252
Toelatingseisen Diploma vmbo gl, vmbo kb of vmbo tl.
Duur 3 jaar voltijd en deeltijd.
Mogelijkheden voor verdere studie Een opleiding van niveau 4: Natuur en groene ruimte 4 (Manager natuur en recreatie).
Functiemogelijkheden Vakbekwaam medewerker groenvoorziening, meewerkend voorman bij groenvoorzieningbedrijven en groendiensten van gemeenten en woningbouwcorporaties.
Men kan doorgroeien naar de functie van opzichter of uitvoerder.

3.4.l Overige opleidingen

3.4.l.1 LOI - afstandsonderwijs - Tuinaanleg en -onderhoud
Voor adres(sen) zie: OVER-225.
Opleidingen
- Medewerker groenvoorziening.
- Tuinarchitectuur.

3.4.l.2 Tuin- en landschapsarchitect
Voor adres(sen) zie: DIEN-10.
Algemeen De titel 'tuin- en landschapsarchitect' is beschermd volgens de op 1.1.2011 gewijzigde Wet op de ArchitectenTitel (WAT). Sinds 1-10-1993 is het voeren van deze titel slechts voorbehouden aan degene die onder deze titel is ingeschreven in het architectenregister, artikel 2 van de Wet.
Het register wordt beheerd door het Bureau Architectenregister (BA) (v/h Stichting Bureau Architectenregister [SBA]). Inschrijving in het register is onder meer mogelijk op grond van een van de volgende getuigschriften:
- Masterdiploma (v/h doctoraal examen), studierichting Landschapsarchitectuur aan de WU.
- Einddiploma van een Academie van Bouwkunst, afdeling Landschapsarchitectuur.
- Getuigschrift van het in de Wet op de architectentitel in Hoofdstuk VI genoemde examen. Dit examen wordt georganiseerd door het Bureau Architectenregister (BA).
- Een door de minister van economische zaken aangewezen buitenlands diploma.

Toelatingseisen Tot het staatsexamen: 7 jaar aantoonbare praktijkervaring als tuin- en landschapsarchitect.
Mogelijkheden voor verdere studie De Wet op de ArchitectenTitel (WAT) verplicht architecten, stedenbouwkundigen, tuin- en land-

schapsarchitecten en interieurarchitecten die staan ingeschreven in het architectenregister, hun vakkennis op peil te houden door jaarlijks tenminste 16 uur aan passende bij- en nascholing te besteden. De geregistreerde kan dit op eigen wijze invullen en dient op grond van artikel 27aa van de wet bij het uitbrengen van een offerte aan de (potentiële) opdrachtgever te melden hoe hij heeft voldaan aan zijn verplichting.
Overige informatie Aanvullende eis voor inschrijving in het architectenregister (naast het diploma van de opleiding) is 2 jaar beroepservaring.

3.4.l.3 PTC+
Zie 3.1.l.4.

3.5 CULTUURTECHNIEK

3.5.f Hbo-bacheloropleiding

3.5.f.1 Land- en watermanagement (HS Van Hall/Larenstein)
Zie ook: 3.5.f.2.
Voor adres(sen) zie: HBO-199.
Algemeen Hbo-bacheloropleiding voor beroepen die worden uitgeoefend bij de inrichting van de leefomgeving.
Toelatingseisen
- Diploma havo (scheik., wisk. B); havo-profiel E vwo (wisk. A of B, scheik.); vwo elk profiel; mbo niveau 4 met deelkwalificaties (wisk., scheik.).
- Of 21 jaar of ouder zijn en toegelaten worden op grond van een toelatingsonderzoek.
- Toegang tot het 2e jaar: diploma propedeuse van het hao of van de WU.
Duur 4 jaar voltijd, waarin een half jaar stage.
Lesprogramma Specialisaties:
Duurzame gebiedsontwikkeling - Grond-, weg-, en waterbouw - Hydrologie - Inrichting en waterbeheer.
Functiemogelijkheden Leidinggevende, coördinator of projectleider bij waterschappen en cultuurtechnische diensten. Men kan zich onder meer bezighouden met dijkverzwaringsprojecten, drinkwaterkwaliteit, nieuwe woonwijken.

3.5.f.2 Landscape and environment management (HS Inholland)
Zie ook: 3.5.f.1.
Voor adres(sen) zie: HBO-56.
Algemeen Engelstalige hbo-bacheloropleiding verbindt thema's van verschillende voormalige opleidingen:
- Bos- en natuurbeheer.
- Milieukunde.
- Plattelandsvernieuwing.
- Ruimtelijke ordening & planologie.
Doel Plannen opstellen, medestanders vinden, projectmatig werken, communiceren en onderzoek doen; leren uit welke aspecten het bevorderen van een duurzame toekomst bestaat.
Toelatingseisen Diploma havo of vwo (C&M met wisk. A of wisk B of econ.; E&M, H&G, N&T).
Duur 4 jaar voltijd.
Lesprogramma Specialisaties:
- Groen ondernemerschap - Natuur en landschap - Natuur- en landschapsbeheer - Omgevingsmanagement - Stad en milieu.
Diploma/examen Titel na behalen van het examen: Bachelor of Applied Science.

Mogelijkheden voor verdere studie Wo-masters: European spatial & environmental planning, Environmental sciences, Planologie, of Environment & resource management.
Functiemogelijkheden Bij een waterschap als adviseur, toezichthouder, terreinbeheerder, technoloog of onderzoeker; als beleidsmedewerker bij de milieudienst of de milieufederatie; bij een dienst ruimtelijke ordening of een dienst landelijk gebied.

3.6 DIERVERZORGING

3.6.g Mbo-opleiding niveau 4

3.6.g.1 Dierenhouderij (Manager dierverzorging) (niveau 4)
Algemeen
- Momenteel is er geen school bekend die deze opleiding geeft.
- Eindtermen voor deze kwalificatie worden ontwikkeld door Aequor.
CREBO 97050/97053
Toelatingseisen Diploma vmbo gl, vmbo kb of vmbo tl.
Duur 4 jaar voltijd en deeltijd.
Mogelijkheden voor verdere studie Hbo-bachelor.

3.6.g.2 Dierverzorging 3/4 4 (Biotechnicus) (niveau 4)
Voor adres(sen) zie: AOC-3.
Algemeen
- Deze opleiding heet bij AOC Helicon: Proefdieren (Biotechnicus).
- Eindtermen voor deze kwalificatie worden ontwikkeld door Aequor.
- Hier wordt slechts het centrale adres vermeld. De opleiding kan in de wijde omtrek ervan worden gegeven.
CREBO 97366/97780
Doel Ondersteunen bij de uitvoering van dierexperimenteel onderzoek, verzorgen en bewaken welzijn proefdieren, coördineren en ondersteunen bij dierexperimenteel onderzoek, adviseren m.b.t. technische uitvoering van onderzoek, onderzoek volgens afspraak, protocollen zelfstandig uitvoeren.
Toelatingseisen Diploma vmbo gl, vmbo kb of vmbo tl met de sector vmbo-Tech; of diploma vmbo gl, vmbo kb of vmbo tl, alle met nat./scheik. 1 of wisk., met de sectoren vmbo-Ec, vmbo-Lb of vmbo-Z&W.
Duur 4 jaar voltijd en deeltijd.
Mogelijkheden voor verdere studie Hbo-bachelor.
Functiemogelijkheden In een dierenlaboratorium of onderzoeksafdeling, verbonden aan een universiteit, of in een commercieel laboratorium.

3.6.h Mbo-opleiding niveau 3

3.6.h.1 Dierverzorging 3/4 3 (Proefdierverzorger) (niveau 3)
Voor adres(sen) zie: AOC-3, 4.
Algemeen
- Eindtermen voor deze kwalificatie worden ontwikkeld door PMLF in samenwerking met Aequor.
- Hier worden slechts de centrale adressen vermeld. De opleiding kan in de wijde omtrek ervan worden gegeven.
CREBO 97365/97770
Doel Voeren en verzorgen van dieren, verzorgen van de werk- en leefomgeving, begeleiden van de voortplanting van proefdieren, verrichten van eenvoudige biotechnische handelingen binnen de wettelijke kaders.
Toelatingseisen Diploma vmbo gl, vmbo kb of vmbo tl.

Duur 3 jaar voltijd en deeltijd.
Mogelijkheden voor verdere studie Een opleiding van niveau 4: Dierverzorging 3/4 4 (Biotechnicus).
Functiemogelijkheden Proefdierverzorger bij een proefdierbedrijf.

3.6.h.2 Gespecialiseerde dierverzorging paard (Hoefsmid) (niveau 3)
Voor adres(sen) zie: AOC-4, 12.
Algemeen
- Eindtermen voor deze kwalificatie worden ontwikkeld door Aequor.
- Hier worden slechts de centrale adressen vermeld. De opleiding kan in de wijde omtrek ervan worden gegeven.

CREBO 97510
Doel Verzorging hoeven van paarden door middel van bekappen en beslaan, eenvoudige las- en constructiewerkzaamheden.
Toelatingseisen Diploma vmbo gl, vmbo kb of vmbo tl.
Duur 3 jaar voltijd en deeltijd.
Functiemogelijkheden Zelfstandige vestiging als hoefsmid of in dienst van een dierenhouderij.
Overige informatie Deze opleiding wordt niet bekostigd door het ministerie van OCW.

3.6.h.3 Gespecialiseerde dierverzorging vee (Rundveepedicure) (niveau 3)
Voor adres(sen) zie: AOC-8.
Algemeen
- Eindtermen voor deze kwalificatie worden ontwikkeld door Aequor.
- Hier wordt slechts het centrale adres vermeld. De opleiding kan in de wijde omtrek ervan worden gegeven.

CREBO 97073/97570
Toelatingseisen Diploma vmbo gl, vmbo kb of vmbo tl.
Duur 3 jaar voltijd en deeltijd.
Functiemogelijkheden Zelfstandige vestiging als rundveepedicure of in dienst bij een dierenhouderij, een bedrijfsverzorgingsdienst of enig ander bedrijf waar dieren gehouden worden.

3.6.h.4 Vakbekwaam medewerker paardenhouderij (niveau 3)
Voor adres(sen) zie: AOC-2.
Algemeen
- Deze opleiding heet bij AOC Prinsentuin: Dierverzorger recreatiedieren.
- Eindtermen voor deze kwalificatie worden ontwikkeld door Aequor.
- Hier wordt slechts het centrale adres vermeld. De opleiding kan in de wijde omtrek ervan worden gegeven.

CREBO 97720
Toelatingseisen Diploma vmbo gl, vmbo kb of vmbo tl.
Duur 3 jaar voltijd en deeltijd.

3.6.i Mbo-opleiding niveau 1 of niveau 2

3.6.i.1 Assistent medewerker voedsel en leefomgeving (Assistent dierverzorging) (niveau 1)
Algemeen
- Momenteel is er geen school bekend die deze opleiding geeft.
- Eindtermen voor deze kwalificatie worden ontwikkeld door Aequor.

CREBO 97021/97471
Toelatingseisen De volledige leerplicht hebben voltooid.
Duur 1 jaar voltijd en deeltijd.
Mogelijkheden voor verdere studie Een opleiding van niveau 2: Medewerker dierverzorging.

Functiemogelijkheden Assistent medewerker dierverzorging bij dierverzorging en veterinaire ondersteuning.

3.6.i.2 Dierverzorging 2 (Medewerker dierverzorging) (niveau 2)
Voor adres(sen) zie: AOC-1, 2, 3, 4, 5, 6, 7, 8, 9, 10, 11, 12, 13.
Algemeen
- Deze opleiding heet bij AOC Groenhorst: Medewerker veehouderij.
- Eindtermen voor deze kwalificatie worden ontwikkeld door Aequor.
- Hier worden slechts de centrale adressen vermeld. De opleiding kan in de wijde omtrek ervan worden gegeven.

CREBO 97330
Doel Voeren en verzorgen van de dieren en het verzorgen van de werk- en leefomgeving.
Toelatingseisen Diploma vmbo bb.
Duur 2 jaar voltijd en deeltijd.
Mogelijkheden voor verdere studie Opleidingen van niveau 3: diverse opleidingen voor Dierverzorging of voor Gespecialiseerd dierverzorger.
Functiemogelijkheden Op een melkveehouderij/rundveehouderij, varkens-, kalver-, pluimvee-, vleesvee-, konijnen- pelsdierhouderij of viskwekerij, waar de dieren gehouden worden ten behoeve van de productie van dieren en of dierproducten; in een asiel, pension of kennel; op een paardenhouderijbedrijf of op een bedrijf waar paarden voor recreatie of sport worden gehouden.

3.6.l Overige opleidingen

3.6.l.1 LOI - afstandsonderwijs - Dierenartsassistent/Paraveterinair (specialist)
Voor adres(sen) zie: OVER-225.
Opleidingen Schriftelijke opleidingen voor dierenzorg:
- Dierenartsassistent paraveterinair (mbo).
- Dierverzorger recreatiedieren (mbo).
- Vakbekwaamheid Besluit houders van dieren - honden en katten.
Overige informatie Nieuwe cursussen op het terrein van dierenzorg zijn bij LOI in voorbereiding.

3.6.l.2 PTC+
Zie 3.1.l.4.

3.7 NATUURKUNDE, STERRENKUNDE, METEOROLOGIE EN OCEANOGRAFIE

3.7.b Wo-masteropleiding

3.7.b.1 Natuurkunde, meteorologie en fysische oceanografie (UU)
Voor adres(sen) zie: WO-45.
Algemeen
- Wo-masteropleiding.
- UU: onderzoeksmaster.
Doel Bestudering van de natuurkundige verschijnselen in de atmosfeer en van de oceanen.
Duur 2 jaar voltijd.
Lesprogramma Specialisaties:
UU: Meteorology, physical oceanography and climate - Nanomaterials: chemistry and physics - Theoretical physics.
Functiemogelijkheden Wetenschappelijk onderzoeker; operationeel meteoroloog; beleidsmedewerker bij de overheid; docent; medewerker bij een (milieu)adviesbureau.

3.7.c Wo-bacheloropleiding

3.7.c.1 Bodem, water, atmosfeer (WU)
Zie 10.1.c.2.
Algemeen Binnen deze wo-bacheloropleiding kan voor Meteorologie en luchtkwaliteit worden gekozen.

3.7.c.2 Natuur- en sterrenkunde (RU, UU, UvA, VUA)
Voor adres(sen) zie: WO-8, 9, 35, 45.
Algemeen Wo-bacheloropleiding betreffende de wetmatigheden van natuurverschijnselen.
Toelatingseisen
- Diploma vwo (wisk. B, nat.); vwo-profiel: C&M (+ wisk. B I en II, nat. I), E&M (+ wisk. B I en II, nat. I), N&T, N&G (wisk. B I en II); propedeuse of getuigschrift/diploma van hbo of van de OUNL (wisk. B, nat.).
- Voor het doorstroomprogramma wordt een verwante hbo-opleiding vereist.
- Als men 21 jaar of ouder is, komt men in aanmerking voor een colloquium doctum.
Duur 3 jaar voltijd.
Lesprogramma Specialisaties:
- RU: Educatieve minor Natuurkunde.
- UU: Deeltjesfysica - Fysica van nanomaterialen - Geschiedenis en filosofie van de natuurwetenschappen - Honours-programma - Natuurkunde van het klimaat - Scheikunde (dubbele bachelor) - Theoretische natuurkunde - Wiskunde (dubbele bachelor).
- UvA: Honours-programma - Sterrenkunde - Wiskunde (dubbele bachelor).
- VUA: Honours-programma - Wiskunde (dubbele bachelor).
Aansluitende masteropleidingen
- KUL: Sterrenkunde.
- RU, TU/e, UL, UU, UvA, VUA: Wo- lerarenopleiding Leraar VHO in Natuurkunde.
- UU: Natuurkunde, meteorologie en fysische oceanografie.
Functiemogelijkheden Natuurkundig onderzoeker bij een universiteit of in het bedrijfsleven, of beleidsfuncties bij de overheid of in het bedrijfsleven; docent; medewerker bij adviesbureaus of in de computerindustrie.

3.7.c.3 Natuurkunde (RUG, UL)
Voor adres(sen) zie: WO-23, 30.
Algemeen Bij de RUG zijn Natuurkunde en Sterrenkunde twee aparte studierichtingen.
Toelatingseisen
- Diploma vwo (wisk. B, nat.); vwo-profiel C&M (+ wisk. B I en II, nat. I en II), E&M (+ wisk. B I en II, nat. I en II), N&T, N&G (+ wisk. B I en II); propedeuse of getuigschrift/diploma van hbo of van de OUNL (wisk. B, nat.).
- Als men 21 jaar of ouder is, komt men in aanmerking voor een colloquium doctum.
Duur 3 jaar voltijd.
Lesprogramma Specialisaties:
- RUG: Algemene natuurkunde - Energy & sustainability - Leven en gezondheid.
- UL: Honours-programma - Informatica (dubbele bachelor) - Minors - Physics of life - Sterrenkunde (dubbele bachelor) - Wiskunde (dubbele bachelor).
Aansluitende masteropleidingen
- RU, TU/e, UL, UU, UvA, VUA: Wo-lerarenopleiding Leraar VHO in Natuurkunde.

- UU: Natuurkunde, meteorologie en fysische oceanografie.
Functiemogelijkheden Wetenschappelijk onderzoeker bij een universiteit, een laboratorium voor ruimteonderzoek of sterrenwacht; docent; medewerker informatietechnologie; softwarebranche.
Overigens hebben sterrenkundigen dezelfde beroepsmogelijkheden als natuurkundigen.

3.7.c.4 Sterrenkunde (RUG, UL)
Voor adres(sen) zie: WO-23, 30.
Algemeen Wo-bacheloropleiding voor astrofysicus, astronoom of sterrenkundige, op de eerste plaats gericht op het doen van zelfstandig sterrenkundig onderzoek aan een sterrenwacht, sterrenkundig instituut of laboratorium voor ruimteonderzoek.
Toelatingseisen
- Diploma vwo (wisk. B, nat.); vwo-profiel: C&M (+ wisk. B I en II, nat. I), E&M (+ wisk. B I en II, nat. I), N&T, N&G (wisk. B I en II); propedeuse of getuigschrift/diploma van hbo of van de OUNL (wisk. B, nat.).
- Voor het doorstroomprogramma wordt een verwante hbo-opleiding vereist.
- Als men 21 jaar of ouder is, komt men in aanmerking voor een colloquium doctum.
Lesprogramma Specialisaties:
- UL: Honours-programma - Natuurkunde (dubbele bachelor) - Wiskunde (dubbele bachelor).
Aansluitende masteropleidingen - KUL: Sterrenkunde.
Functiemogelijkheden Wetenschappelijk onderzoeker bij een universiteit, een laboratorium voor ruimteonderzoek of sterrenwacht; docent; medewerker informatietechnologie; softwarebranche.
Overigens hebben sterrenkundigen dezelfde beroepsmogelijkheden als natuurkundigen.

3.8 BIOLOGIE

3.8.c Wo-bacheloropleiding

3.8.c.1 Biologie (AUHL, KUL, KUL/KULAK, RU, RUG, UA, UG, UL, UU, UvA, VUA, VUB, WU)
Voor adres(sen) zie: WO-8, 9, 23, 30, 35, 45, 47, 48, 51, 53, 54, 55.
Algemeen Wo-bacheloropleiding.
Doel Studie gericht op levend materiaal: biomoleculen, cellen, organismen, populaties, levensgemeenschappen, ecosystemen.
Toelatingseisen
- Diploma vwo (biol., scheik.; UvA: biol. en scheik. of nat. en scheik.; WU: scheik., wisk. A of B of nat.); vwo-profiel N&T (+ biol. I en II), N&G, E&M (+ biol. I en II, wisk. B I, scheik. I) (RUG: N&G, N&T); propedeuse of getuigschrift/diploma van hbo of van de OUNL (dezelfde vakken vereist als bij het diploma vwo).
- Vwo-leerlingen die biologie en/of scheikunde niet in het eindexamenpakket hebben gehad, kunnen na het slagen voor een bijspijkercursus van het James Boswell-instituut in Utrecht ook instromen.
- Voor het doorstroomprogramma wordt een hbo vereist in een verwante opleiding.
- Als men 21 jaar of ouder is, komt men in aanmerking voor een colloquium doctum.
Duur
- 3 jaar voltijd.
- KUL, KUL/KULAK: ook in deeltijd.
Lesprogramma Specialisaties of varianten:
- KUL: Biochemie en biotechnologie (minor) - Biofysica en bio-ingenieurswetenschappen (minor) - Biologie (educatieve minor) - Bio-

metrie en informatica (minor) - Geologie (minor) - Humane biologie (minor) - Milieu en duurzame ontwikkeling (minor) - Verbreding (minor).
- KUL/KULAK: Biochemie en biotechnologie (minor).
- RU: Biologie (educatieve minor) - Ecologie van ecosystemen - Milieu-natuurwetenschappen.
- RUG: Biomedische wetenschappen - Ecologie & evolutie - Gedrags- en neurowetenschappen - Moleculaire levenswetenschappen.
- UA: Evolutie- en gedragsbiologie - Ondernemerschap (minor) - Onderzoek (minor).
- UL: Biodiversiteit en evolutie - Honours-programma - Life sciences.
- UU: Educatie, communicatie en management - Gedragsbiologie - Moleculaire en cellulaire biologie - Molecular sciences - Organismen, ecosystemen en biodiversiteit.
- UvA: Ecogenomics - Marine biology - Paleo-ecology.
- VUA: Environmental health - Evolutionary biology and ecology (minor) - Honours-programma.
- WU: Ecology and biodiversity - Human and animal health biology - Molecular and cell biology - Organismal and developmental biology.

Aansluitende masteropleidingen
- AUHL, KUL, UA, UG, VUB: Biomedische wetenchappen.
- KUL: Bio-informatica; Bio-informatics.
- KUL, RU, RUG, UA, UL, VUA, VUB: Biology.
- KUL, RU, RUG, UL, UM, UU, UvA, VUA: Biomedical sciences.
- RU, UU, UvA, VUA: Wo-lerarenopleiding Leraar VHO in Biologie.
- UM: Biology of human performance and health.
- UU, UvA: Biological sciences.
- WU: Biotechnology.

Functiemogelijkheden Onderzoek binnen universiteiten en overheidsinstituten en het bedrijfsleven; beleidsmedewerker; voorlichter; journalist; educatief medewerker; leraar; biotechnologisch onderzoek; landbouwwetenschappen; milieu-onderzoek; biomedisch onderzoek.

3.8.f Hbo-bacheloropleiding

3.8.f.1 Biologie en medisch laboratoriumonderzoek
(Avans HS, Fontys HS, HAN, Hanze HS, HS Inholland, HS Leiden, HS Rotterdam, HS Utrecht, HS Van Hall/Larenstein, NHL, Saxion HS, Zuyd HS)
Zie 13.5.f.1.

3.9 MILIEUOPLEIDINGEN

3.9.a Postacademisch onderwijs (pao)

3.9.a.1 Milieukunde (WU)
Voor adres(sen) zie: WO-47.

3.9.a.2 Strategisch milieumanagement (UvA)
Voor adres(sen) zie: WO-8.
Doel Milieuproblemen van ondernemingen worden in deze opleiding bedrijfskundig benaderd.
Toelatingseisen De opleiding is bestemd voor adviseurs, hogere managers en ambtenaren die in de praktijk bezig zijn met het behandelen van milieuvraagstukken op beleidsniveau.
Duur Per module 5 donderdagen tussen 14.30 en 21.30 uur.
Lesprogramma Het programma richt zich op het ontwikkelen van kennis en inzichten die de manager nodig heeft om het milieubeleid van zijn organisatie vorm te geven en om effectief en doelmatig lei-

ding te kunnen geven aan de daaruit voortvloeiende veranderingen in de organisatie. Het modulaire programma is praktijkgericht - veel van de docenten hebben een ruime ervaring in het bedrijfsleven. De modulen kunnen afzonderlijk worden gevolgd.
Diploma/examen De deelnemers ronden het programma af met een examenopdracht, gericht op de oplossing van milieumanagementproblemen van de eigen organisatie.
Alle deelnemers ontvangen een certificaat. Naar keuze kan een afsluitend examen worden gedaan.

3.9.b Wo-masteropleiding

3.9.b.1 Environmental science(s) (UNESCO-IHE, UU, WU)
Voor adres(sen) zie: OVER-107, WO-45, 47.
Algemeen
- Wo-masteropleiding.
- UNESCO-IHE: wordt niet door de overheid bekostigd.
- UU: onderzoeksmaster.

Doel Studie van de veranderingen van de planeet Aarde en het analyseren van in hoeverre de mens daarvoor verantwoordelijk is.
Toelatingseisen
- Diploma vwo (wisk. A of B, nat., aanbevolen: scheik.); vwo-profiel C&M (+ wisk. B I, nat. I, scheik. I), E&M (+ wisk. B I, nat. I, scheik. I), N&T, N&G; propedeuse of getuigschrift/diploma van een hbo of van de OUNL (nat., wisk. A of B).
- Als men 21 jaar of ouder is, komt men in aanmerking voor een colloquium doctum.

Duur 2 jaar.
Lesprogramma
- Tijdens deze periode doet de student vakken als milieuwetenschappen, en milieubeleid en samenleving.
- *Specialisaties:*
  • UNESCO-IHE: Environmental planning and management - Environmental science & technology - Environmental technology and engineering - Environmental technology for sustainable development - Limnology and wetland management - Water quality management.
  • UU: Sustainable development - Water science and management.
  • WU: Aquatic ecology and water management - Environmental economics - Environmental policy - Environmental systems analysis - Environmental technology - Environmental toxicology - Integrated water management - Soil biology and biological soil quality - Soil chemistry and chemical soil quality.

Functiemogelijkheden Onderzoeker; beleidsmedewerker; journalist; educatieve functies; medewerker projectbureau; medewerker milieuadviesbureaus of ingenieursbureaus.

3.9.b.2 Milieuwetenschap (UA)
Voor adres(sen) zie: WO-48.
Algemeen Wo-masteropleiding.
Toelatingseisen Wo-bachelordiploma Biologie, Filosofie, Fysische Geografie (Aardwetenschappen), Scheikunde, of Sociale geografie en Planologie.
Duur 3 jaar voltijd.
Functiemogelijkheden Milieudeskundige.

3.9.c Wo-bacheloropleiding

3.9.c.1 Bodem, water, atmosfeer (WU)
Zie 10.1.c.2.

3.9.c.2 Milieu-maatschappijwetenschappen (UU)
Voor adres(sen) zie: WO-45.
Algemeen Wo-bacheloropleiding.
Doel Deze opleiding is interdisciplinair en integreert juridische, biologische, economische, geologische, sociologische, geografische en chemische inzichten. Studenten bestuderen de relatie tussen de mens en het milieu en de daaruit voortvloeiende milieuproblemen.
Toelatingseisen Wo-propedeuse Algemene sociale wetenschappen, Bestuurs- en organisatiewetenschappen, Domeingerichte economie, Nederlands recht, Psychologie, Sociale geografie en planologie, of Sociologie.
Duur 3 jaar voltijd.
Lesprogramma Specialisaties:
- UU: Duurzaam ondernemen - Duurzaam ruimtegebruik.

3.9.c.3 Milieu-natuurwetenschappen (OUNL, UU)
Zie ook: 25.4 voor meer informatie.
Voor adres(sen) zie: WO-26, 45.
Algemeen Deze wo-bacheloropleiding wordt bij de OUNL gegeven in de vorm van afstandsonderwijs. Op 14 plaatsen in Nederland en op 6 plaatsen in België zijn er ondersteunende studiecentra.
De volledige opleiding bestaat uit de bacheloropleiding (180 ec's) en de masteropleiding (60 ec's).
Doel De opleiding is een brede natuurwetenschappelijke opleiding met de keuzemogelijkheid om de nadruk te leggen (accentgebieden) op gezondheid, milieubeleid, of natuurwetenschappen.
Lesprogramma
- OUNL:
  - *Propedeuse:* Aarde, mens en milieu: introductie in de milieunatuurwetenschappen (2 modulen) - Natuurkunde - Levenswetenschappen (2 modulen) - Geologie rondom plaattektoniek (2 modulen) - Natuurwetenschappen/technologie/samenleving - Basiscursus scheikunde: van analyse tot synthese (2 modulen) - geïntegreerd practicum natuurwetenschappen niveau 1 - Gegevens en gevolgtrekkingen - Milieuproblemen en gevolgtrekkingen (2 modulen).
  - *Basisbachelor:* Academische vaardigheden.
  - *Eindbachelor:* Aanschuifonderwijs (2 modulen) - Vrije ruimte (5 modulen) - Virtueel adviesbureau (3-7 modulen, waarvan 3 modulen geïntegreerde eindopdracht).
- Specialisaties UU: Energie- en grondstoffen - Water- en natuur.
Aansluitende masteropleidingen
- OUNL: Milieu-natuurwetenschappen:
  14 modulen uit onderstaande accentgebieden A, B of C, aangevuld met maximaal 4 modulen uit de 2 overige accentgebieden, en eventueel met aanschuifonderwijs van andere wo-instellingen:
  - *A: Accentgebied Gezondheid:* Wetenschapsleer - Ethiek - Schrijfpracticum 2: academisch schrijven - Regressie- en tijdreeksanalyse - Variantie- en correlatieanalyse - Voeding en gezondheid - Algemene toxicologie II: effecten en toepassingen - Neurobehavioural toxicology and addiction: food, drugs and environment - Voedselveiligheid - Gedragsbiologie - Risico's: besluitvorming over veiligheid en milieu - Gezondheid in perspectief - Organismen in hun omgeving: toxicologie en afweersystemen (2 modulen) - Gedrag en effecten van contaminanten - Functieleer en biologische psychologie - Inleiding in de psychologie (2 modulen) - Test- en toetstheorie - Inleiding in de gezondheidspsychologie - Gezondheidspsychologische interventies (2 modulen).
  - *B: Accentgebied Milieubeleid:* Management bij de overheid - Groepsbesluitvorming in management en bestuur - Regie van

beleidsprocessen - Beleidsadvisering - Beleidsonderzoek - Duurzaam ondernemen - Basiscursus natuurbeheer en natuurontwikkeling - Milieu-effectrapportage - Milieubeleid: theorie en praktijk - Management van milieuconflicten - Environmental policy in an international context (2 modulen) - Omgevingsbeleid: analyse, evaluatie, ontwerp (2 modulen) - Risico's: besluitvorming over veiligheid en milieu - Inleiding bestuursrecht - Ruimtelijk ordeningsrecht (2 modulen) - Milieurecht (2 modulen).
  - *C: Accentgebied Natuurwetenschappen:* Wetenschapsleer - Schrijfpracticum 2: academisch schrijven - Natuurwetenschappelijke modellen - Bodem en milieu (2 modulen) - Milieutechnologie: naar schoner produceren - Basiscursus natuurbeheer en natuurontwikkeling - Remote sensing: basics and environmental applications - Ecosystems and human well-being - Geologie rondom ijstijden - Environmental improved production - Milieuchemie (2 modulen) - Gedragsbiologie - Biologie van cellen (2 modulen) - Geo information systems - Risico's: besluitvorming over veiligheid en milieu - Organismen in hun omgeving: toxicologie en afweersystemen (2 modulen) - Gedrag en effecten van contaminanten - Energy analysis - Continu wiskunde.
- UA: Milieu-wetenschap.
- UNESCO-IHE, UU, WU: Environmental science(s).

3.9.c.4 Milieuwetenschappen (WU)
Voor adres(sen) zie: WO-47.
Algemeen Wo-bacheloropleiding.
Doel De studie richt zich op de maatschappelijke kant en op de natuurwetenschappelijke kant van milieuvraagstukken om tot een samenhangende oplossing te komen. Ze houdt zich bezig met milieukosten, milieubeleid en wetgeving, het gedrag van milieuverontreinigingen in bodem, water en lucht, de gevolgen van milieuvervuiling voor planten, dieren en mensen, en met technologische maatregelen om milieuproblemen op te lossen. Zowel milieuproblemen in het landelijk gebied als milieumanagement in het bedrijfsleven komen in de opleiding aan bod.
Toelatingseisen Diploma vwo (scheik. plus één uit: nat., wisk. A of B); vwo-profiel N&T, N&G, E&M (+ wisk. B I, scheik. I, nat. I), C&M (+ wisk. B I, scheik. I, nat. I).
Duur 3 jaar voltijd.
Lesprogramma Specialisaties:
- WU: Milieubeleid en economie - Milieukwaliteit en -systeemanalyse - Milieutechnologie.
Functiemogelijkheden Onderzoeker bij een universiteit of onderzoeksinstituut; adviseur of projectleider bij een advies- of ingenieursbureau op het gebied van bodemsanering of waterzuivering; beleidsof stafmedewerker bij een milieuorganisatie of bij de overheid (ministerie, Rijkswaterstaat, provinciale of gemeentelijke milieudiensten, water- en zuiveringschappen).

3.9.c.5 Technologie voor Duurzame Ontwikkeling (TDO-certificaat) (TU/e)
Voor adres(sen) zie: WO-17.
Algemeen Wo-bacheloropleiding.
Aan de TU/e kunnen studenten van alle studierichtingen zich specialiseren in duurzame technologie.
Doel Studenten opleiden die - naast kennis van hun eigen vakgebied - ook kennis van milieuproblematiek hebben, zodat zij in staat zijn om vraagstukken op milieugebied integraal te benaderen en in multidisciplinaire teams aan oplossingen te werken.

Duur 3 jaar voltijd.
Lesprogramma Een studielast van 560 uur aan vakken, gecombineerd met een afstudeeropdracht op het gebied van milieu en/of energie.
Diploma/examen Het TDO-certificaat (Technologie voor Duurzame Ontwikkeling) kan worden behaald. Het behalen van dit certificaat kost geen extra studietijd.

3.9.d Post-hbo-opleiding

3.9.d.1 Stichting CPION
(Centrum Post Initieel Onderwijs Nederland)
Voor adres(sen) zie: DIEN-29.
Algemeen Toetsing, registratie en diplomering van initiële opleidingen.

3.9.f Hbo-bacheloropleiding

3.9.f.1 Chemie (hto) (Avans HS, HAN, Hanze HS,
HS Inholland, HS Leiden, HS Rotterdam,
HS Utrecht, HS Van Hall/Larenstein, HZ, NHL,
Saxion HS)
Zie 7.2.f.3.

3.9.f.2 Chemische technologie (hto) (Avans HS, Hanze HS,
HS Rotterdam, HS Utrecht, HS Van Hall/Larenstein,
NHL, RMU, Saxion HS)
Zie 7.1.f.2.

3.9.f.3 Duurzaam bodembeheer (HS Van Hall/Larenstein)
Voor adres(sen) zie: HBO-121.
Algemeen Ad-programma.
Duur 2 jaar deeltijd.

3.9.f.4 Duurzame visserij (CAH)
Voor adres(sen) zie: HBO-75.
Algemeen Ad-programma.
Duur 2 jaar deeltijd.

3.9.f.5 Duurzame watertechnologie
(HS Van Hall/Larenstein)
Voor adres(sen) zie: HBO-121.
Algemeen Ad-programma.
Duur 2 jaar deeltijd.

3.9.f.6 Kust- en zeemanagement (HS Van Hall/Larenstein)
Voor adres(sen) zie: HBO-121.
Algemeen Hbo-bacheloropleiding, gericht op integratie van ecologische en sociaal-economische aspecten van kust- en kustwaterprojecten.
Toelatingseisen - Diploma havo of vwo; vwo-profiel N&G, N&T, E&M, C&M (+ wisk. A II); havo-profiel N&G, N&T, E&M, C&M (+ wisk. A I, II); of mbo niveau 4.
- Of 21 jaar of ouder zijn (met een geschikte vooropleiding) en toegelaten worden op grond van een toelatingsonderzoek.
Duur 4 jaar voltijd.
Lesprogramma Specialisaties:
Marine biology - Marine policy.
Functiemogelijkheden Coördinator kustwaterprojecten, mariene specialist, adviseur duurzaamheid, adviseur bij een internationaal werkend adviesbureau, medewerker bij een belangenorganisatie.

3.9.f.7 Milieukunde (HAS HS, HS Van Hall/Larenstein)
Voor adres(sen) zie: HBO-59, 121.
Algemeen Hbo-bacheloropleiding, gericht op bodem, water, lucht en hun samenhang met ecosystemen, gedrag van giftige stoffen in milieu en werkomgeving, milieuonderzoek, milieu- en arboproblemen.
Toelatingseisen Diploma havo (wisk. B, scheik.); havo-profiel N&T, N&G (+ wisk. B II); vwo (wisk. B, scheik.); vwo-profiel C&M (+ wisk. B I, scheik. I), E&M (+ wisk. B I, scheik. I), N&T, N&G; mbo niveau 4 (wisk., scheik.).
Duur
- 4 jaar voltijd en deeltijd.
- HAS HS: alleen voltijd.
Lesprogramma Specialisaties:
- Leeuwarden (HS Van Hall/Larenstein): Energiemanagement en klimaat - Natuur en milieu - Milieucriminologie - Milieutechnologie - Watertechnologie en -kwaliteit.
Mogelijkheden voor verdere studie
- OUNL: Milieu-natuurwetenschappen.
- RU: wo-bachelor Economie.
- RU, RUG, UL, VUA, WU: wo-bachelor Biologie.
Functiemogelijkheden Milieudeskundige, milieu-ingenieur, milieubeheerder, milieutechnoloog bij provincie, gewest, gemeente, waterschap (m.n. zuiveringschap), Staatsbosbeheer, inspectie, milieuhygiëne, ruimtelijke ordening, particuliere milieubeschermingsorganisaties, particuliere bedrijven, Kamer van Koophandel, werkgevers- en werknemersorganisaties, cursus- en vormingswerk, onderzoeksinstituten.
Men kan er functies bekleden als technologisch adviseur, milieucoördinator, natuurbeheerder, beleidsmedewerker, planoloog, ecologisch onderzoeker, operationeel manager.
N.B. HS Utrecht: De opleidingen Bouwkunde, Bouwtechnische Bedrijfskunde, Civiele techniek, Geodesie/Geo-informatica, Milieukunde en Ruimtelijke Ordening & Planologie zijn sinds 1 september 2015 opgegaan in de opleiding Built Environment.

3.9.g Mbo-opleiding niveau 4

3.9.g.1 Milieu en ruimte (Milieufunctionaris)
(niveau 4)
Voor adres(sen) zie: AOC-2, 3, 8, ROC/MBO-30.
Algemeen
- Eindtermen voor deze kwalificatie worden ontwikkeld door Aequor en PMLF.
- Hier worden slechts de centrale adressen vermeld. De opleiding kan in de wijde omtrek ervan worden gegeven.
CREBO 90270/97372
Doel Milieuregelgeving, opzetten en begeleiden van milieuonderzoeken, bemonsteren van bodem en water, beheer van afvalvoorzieningen, opstellen van afvalplannen en adviseren en rapporteren op het gebied van bedrijfsmilieuzorg. Nader gespecificeerd:
De milieufunctionaris houdt zich bezig met het opzetten en begeleiden van onderzoek en advisering met betrekking tot bodem, water, lucht, geluid, afvalstoffen, biodiversiteit, flora en fauna, en aspecten van arbo en veiligheid. Hij adviseert over vergunningen, vraagt vergunningen aan en onderhoudt ze in opdracht van bedrijven.
Daarnaast kan de milieufunctionaris werkzaam zijn bij productiebedrijven. Hij is verantwoordelijk voor het onderhouden van zorgsystemen (KAM: Kwaliteit, Arbo en Milieu). Dit onderhoud start soms bij het opzetten, maar bestaat in elk geval uit het ondersteunen, aanpassen, controleren en onderhouden van het zorgsysteem. Een der-

gelijk zorgsysteem beslaat niet alleen het milieu, maar ook bijvoorbeeld kwaliteit en veiligheid.

De milieufunctionaris als KAM-coördinator behandelt ook milieuklachten aan de hand van het zorgsysteem.

Toelatingseisen Diploma vmbo gl, vmbo kb of vmbo tl.

Duur 4 jaar voltijd en deeltijd.

Mogelijkheden voor verdere studie Hbo-bacheloropleiding Milieukunde; hbo-bacheloropleiding Milieutechnologie.

Functiemogelijkheden Functies binnen de procesindustrie, bij milieudiensten en ingenieursbureaus.

3.9.g.2 Milieu en ruimte (Toezichthouder milieu en ruimte) (niveau 4)

Voor adres(sen) zie: AOC-2, 3, 10, 11.

Algemeen
- Eindtermen voor deze kwalificatie worden ontwikkeld door Aequor.
- Hier worden slechts de centrale adressen vermeld. De opleiding kan in de wijde omtrek ervan worden gegeven.

CREBO 97371

Doel De toezichthouder milieu en ruimte houdt zich bezig met het opzetten en begeleiden van onderzoek en advisering met betrekking tot bodem, water, lucht, geluid, afvalstoffen, biodiversiteit, flora en fauna, en aspecten van arbo en veiligheid. Hij werkt aan preventie middels voorlichting, handhaaft door middel van controles van bedrijven en het buitengebied, en verleent vergunningen. Hij toetst meldingen en handelt deze af. Hij behandelt klachten. Hij ondersteunt en handhaaft het ruimtelijk ordeningsbeleid. Hij adviseert op milieutechnisch terrein bij gebiedsontwikkeling in de zin van bouw van woningen of bedrijven. Hij laat milieuonderzoek en zo nodig saneringen uitvoeren.

Toelatingseisen Diploma vmbo gl, vmbo kb of vmbo tl voor de sector vmbo-Tech; of diploma vmbo gl, vmbo kb of vmbo tl, alle met nat./scheik. 1 of wisk. voor de sectoren vmbo-Ec, vmbo-Lb of vmbo-Z&W.

Duur 4 jaar voltijd en deeltijd.

Mogelijkheden voor verdere studie Hbo-bacheloropleiding Milieukunde.

Functiemogelijkheden Functies binnen gewestelijke of gemeentelijke milieudiensten, waterschappen en zuiveringschappen.

3.9.l Overige opleidingen

3.9.l.1 LOI - afstandsonderwijs - Natuur en milieu

Voor adres(sen) zie: OVER-225.

Opleidingen
- Faunabeheer.
- Medewerker groenvoorziening.
- Milieucoördinator, praktijkdiploma.
- Natuur en milieu, basisdiploma.

Cursussen Basiscursus milieu.

3.9.l.2 Praktijkdiploma milieucoördinator

Voor adres(sen) zie: OVER-225.

Opleidingen Schriftelijke opleiding voor het praktijkdiploma milieucoördinator: deze moet een milieuzorgsysteem kunnen opzetten.

3.9.l.3 Volwassenenonderwijs - milieu

Voor adres(sen) zie: ROCCO-20.

Cursussen
- Milieutechnologie.
- Milieuzorg.

3.10 RENTMEESTER EN JACHTOPZICHTER

3.10.d Post-hbo-opleiding

3.10.d.1 Rentmeester (HS Van Hall/Larenstein)

Voor adres(sen) zie: HBO-199, 207, 208.

Algemeen Men kan op 2 manieren rentmeester worden:
- Minor 'Vastgoed en Grondverkeer' aan HS Van Hall/Larenstein, waar de opleiding voor rentmeester deel van uitmaakt.
- Post-hbo-opleiding aan HS Van Hall/Larenstein van 16 maanden; vrijstellingen zijn mogelijk voor vakken waarin men zich eerder op hbo-niveau heeft bekwaamd, zoals afgestudeerden aan de HAS HS te Den Bosch of de WUR (Wageningen Universiteit en Researchcentrum), of aan een juridische opleiding.

Diploma/examen Voor toelating tot het rentmeestersexamen dient men minimaal te beschikken over kennis op havo-niveau met exacte vakken; of 3 jaar studie aan HS Van Hall/Larenstein.

Functiemogelijkheden Er bestaat een zeer gering aantal vacatures. De functie (beheer van landelijke eigendommen) kan men uitoefenen bij de overheid of bij particuliere instellingen als culturele instellingen, beleggings- of verzekeringsmaatschappijen, of rentmeesterkantoren.

3.10.l Overige opleidingen

3.10.l.1 Buitengewoon opsporingsambtenaar

Voor adres(sen) zie: OVER-7, 91.

Algemeen Schriftelijke opleiding voor de akte Buitengewoon opsporingsambtenaar.

Functiemogelijkheden Men mag proces-verbaal opmaken tegen degenen die handelen in strijd met de Jachtwet, de Vogelwet e.d.

3.10.l.2 Jachtopzichter/Flora- en faunabeheerder ('groene cursus')

Voor adres(sen) zie: OVER-200, 233, 339, ROC/MBO-57.

Algemeen Om jachtopzichter, boswachter of een andere handhavende functie te kunnen bekleden, zijn een boa-getuigschrift en een insigne verplicht gesteld door het ministerie van veiligheid en justitie.

Toelatingseisen Minimumleeftijd: 18 jaar.

Duur 1 jaar.

Lesprogramma De Boswet en de kapverordening - de Flora- en faunawet - de Natuurbeschermingswet - de Visserijwet - relevante artikelen uit de Algemene Plaatselijke Verordening.

Diploma/examen Akte van beëdiging tot Buitengewoon Opsporingsambtenaar (deel A en B van de opleiding).
Onderdeel C wordt schriftelijk geëxamineerd, en leidt tot een apart getuigschrift.

Mogelijkheden voor verdere studie Door het SPVC wordt tevens een aanvullende praktijkcursus gegeven.

Functiemogelijkheden Aanstelling tot jachtopzichter of boswachter.

N.B. Sinds 26 mei 2007 is de seniorenontheffing gewijzigd van 55 jaar naar 60 jaar.

3.11 BIO-INFORMATICA EN BIOTECHNOLOGIE

3.11.b Wo-masteropleiding

3.11.b.1 Bio-informatica/Bio-informatics (KUL)
Voor adres(sen) zie: WO-55.
Algemeen Wo-masteropleiding.
Duur 1 jaar voltijd en deeltijd.
Lesprogramma Specialisaties of varianten: Bio-ingenieursweten-schappen - Ingenieurswetenschappen - Wetenschappen.
Functiemogelijkheden Biotechnoloog, chemicus, bioloog, bio-informaticus in farmaceutische en biotechnologische bedrijven of bij onderzoeksinstellingen van universiteiten.

3.11.b.2 Biotechnology (WU)
Voor adres(sen) zie: WO-47.
Algemeen Wo-masteropleiding.
Lesprogramma Specialisaties:
- WU: Cellular and molecular biotechnology - Environmental and biobased technology - Food biotechnology - Marine biotechnology - Medical biotechnology - Process technology.

3.11.c Wo-bacheloropleiding

3.11.c.1 Biologie (AUHL, KUL, KUL/KULAK, RU, RUG, UA, UG, UL, UU, UvA, VUA, VUB, WU)
Zie 3.8.c.1.

3.11.c.2 Biotechnologie (WU)
Voor adres(sen) zie: WO-47.
Algemeen Wo-bacheloropleiding.
De studie is gericht op de werking van dierlijke en plantaardige cellen, eiwitten, enzymen en micro-organismen en op de toepassing daarvan in de industriële productie en bij het oplossen van milieuproblemen.
Toelatingseisen
- Diploma vwo (nat., scheik.); vwo-profiel C&M (+ wisk. B I, nat. I, scheik. I), E&M (+ wisk. B I, nat. I, scheik. I), N&T, N&G; propedeuse of getuigschrift/diploma van hbo of van de OUNL (nat., scheik. vereist op vwo-niveau).
- Met een diploma van een verwante hbo-opleiding kan men onge-veer 2 jaar aan vrijstellingen krijgen.
- Als men 21 jaar of ouder is, komt men in aanmerking voor een col-loquium doctum.
Duur 3 jaar voltijd.
Lesprogramma Specialisaties:
- WU: Minors.
Aansluitende masteropleidingen
- KUL: Biochemie en de biotechnologie.
- UA: Biochemie en biotechnologie: moleculaire en cellulaire gen-biologie.
- WU: Biotechnology.
Functiemogelijkheden Onderzoeker bij een universiteit of onder-zoeksinstituut of in het bedrijfsleven (research & development); pro-ductontwikkelaar, procestechnoloog in met name de chemische, de farmaceutische of de levensmiddelenindustrie; milieutechnoloog in het bedrijfsleven of via advies- en ingenieursbureaus; beleidsmede-werker op het gebied van biotechnologie bij de overheid, milieu- of landbouworganisaties.

3.11.c.3 Scheikunde (RU, RUG, UU, UvA, VUA)
Zie 7.1.c.5.

3.11.c.4 Scheikundige technologie (RUG, TU/e, UT)
Zie 7.1.c.6.

3.11.d Post-hbo-opleiding

3.11.d.1 Stichting CPION (Centrum Post Initieel Onderwijs Nederland)
Voor adres(sen) zie: DIEN-29.
Algemeen Toetsing, registratie en diplomering van initiële opleidin-gen.

3.11.f Hbo-bacheloropleiding

3.11.f.1 Bio-informatica (HAN, Hanze HS, HS Leiden)
Voor adres(sen) zie: HBO-98, 132, 150.
Algemeen Hbo-bacheloropleiding.
- HAN: vestiging Nijmegen.
Duur 4 jaar voltijd.

3.11.f.2 Biologie en medisch laboratoriumonderzoek (Avans HS, Fontys HS, HAN, Hanze HS, HS Inholland, HS Leiden, HS Rotterdam, HS Utrecht, HS Van Hall/Larenstein, NHL, Saxion HS, Zuyd HS)
Zie 13.5.f.1.

3.11.f.3 Biotechnologie (HS Inholland, HS Van Hall/Larenstein, NHL)
Voor adres(sen) zie: HBO-20, 121, 125.
Algemeen Hbo-bacheloropleiding voor biotechnoloog, werkzaam in de levensmiddelen- en farmaceutische industrie en bij bedrijven, academische centra en laboratoria; werkzaam op het gebied van milieutechnologie, dierlijke productie, plantenveredeling en milieu-technologie.
Toelatingseisen
- Diploma havo (scheik., nat.); havo-profiel N&G (+ wisk. B I en II), N&T; vwo (nat. of scheik.); vwo-profiel N&G, N&T; mbo niveau 4 (nat., scheik.).
- Toelating tot de hoofdfase: propedeutisch diploma van een exacte studierichting van hbo of wo.
Duur 4 jaar voltijd.
Lesprogramma Specialisaties:
- Amsterdam: Bioresearch - Biotechnologie - Medische diagnostiek.
- Leeuwarden (HS Van Hall/Larenstein): Biomedical research - Foren-sic sciences - Process engineering - Water technology.
- Leeuwarden (NHL): Forensic sciences.
Mogelijkheden voor verdere studie WU: wo-bachelor Biotech-nology.
Functiemogelijkheden Onderzoeker, onderzoeksassistent, beleids-medewerker, adviseur, productontwikkelaar, productieleider, proces-ontwerper, voorlichter, beheerder bij onderzoeksinstituten en labo-ratoria, bij (para)medische instellingen, veterinair of biologisch gerichte laboratoria, bij universiteiten en levensmiddelenbedrijven.

3.11.f.4 Chemische technologie (hto) (Avans HS, Hanze HS, HS Rotterdam, HS Utrecht, HS Van Hall/Larenstein, NHL, RMU, Saxion HS)
Zie 7.1.f.2.

3.11.g Mbo-opleiding niveau 4

3.11.g.1 Analist (niveau 4)
Zie 7.2.g.1.
Algemeen Er is een uitstroomrichting van deze opleiding: Microbiologisch analist (crebonummer 93715).

3.12 DIERENARTSASSISTENT

3.12.g Mbo-opleiding niveau 4

3.12.g.1 Paraveterinaire ondersteuning (Dierenartsassistent paraveterinair) (niveau 4)
Voor adres(sen) zie: AOC-1, 2, 3, 4, 6, 7, 8, 9, 10, 11, 12, 13.
Algemeen
- Eindtermen voor deze kwalificatie worden ontwikkeld door Aequor.
- Hier worden slechts de centrale adressen vermeld. De opleiding kan in de wijde omtrek ervan worden gegeven.
CREBO 97040/97590
Doel Ontvangst en begeleiding van klanten, paraveterinaire ondersteuning: medicatietoediening, anesthesiebegeleiding, ondersteuning operaties, röntgen, zorgen voor apparatuur en ruimten, apotheekbeheer.
Toelatingseisen Diploma vmbo gl, vmbo kb of vmbo tl.
Duur 3 jaar voltijd en deeltijd.
Mogelijkheden voor verdere studie Hbo-bachelor.
Functiemogelijkheden Dierenartsassistent paraveterinair bij een dierenarts of in een dierenartspraktijk.

3.12.g.2 Dierenhouderij (Manager dierverzorging) (niveau 4)
Zie 3.6.g.1.

3.12.h Mbo-opleiding niveau 3

3.12.h.1 Dierverzorging 3/4 3 (Dierverzorger recreatiedieren) (niveau 3)
Zie 14.8.h.1.

3.12.l Overige opleidingen

3.12.l.1 Dierenartsassistent
Voor adres(sen) zie: ROC/MBO-11.
Algemeen Opleiding tot dierenartsassistent.
Doel Parttime opleiding tot dierenartsassistent.
Toelatingseisen Diploma vmbo (ten minste 2 exacte vakken).
Duur 10 maanden.
Lesprogramma Anatomie - fysiologie - geneesmiddelenleer - communicatie & omgangskunde (mens en dier) - administratie - kennis van instrumenten - assisteren bij operatie - onderzoek van het dier - laboratoriumvaardigheden - dieren-ehbo - stage.

3.12.l.2 PTC+
Zie 3.1.l.4.

Hoewel steeds de nieuwste informatie in deze 'Beroepengids' wordt verwerkt, is het niet te vermijden dat er onjuistheden kunnen optreden.
Daarom zullen wij alle gebruikers van dit boek erkentelijk zijn wanneer zij ons de tekortkomingen ten spoedigste willen melden, indien mogelijk voorzien van de bijbehorende documentatie.

Uitgeverij De Toorts, Conradkade 6, 2031 CL Haarlem; e-mail-adres: beroepengids@toorts.nl

Deel III

TECHNISCH ONDERWIJS

In dit hoofdstuk wordt een algemeen overzicht van het technisch onderwijs gegeven. In de hoofdstukken 5 t/m 10 en in hoofdstuk 18 waar het de nautische en de logistieke opleidingen betreft, worden de gegevens vermeld over opleidingen in verschillende technische sectoren. **N.B.** In dit hoofdstuk wordt ook een keuze van diverse opleidingen in het hoger onderwijs beschreven. Complete alfabetische lijsten van alle bekostigde opleidingen in het hoger onderwijs zijn te vinden in hoofdstuk 25. Deze worden jaarlijks geheel geactualiseerd.

4.1 TECHNISCH ONDERWIJS

4.1.a Postacademisch onderwijs (pao)

4.1.a.1 Commercieel-technische opleidingen (TU/e)
Voor adres(sen) zie: WO-17.

4.1.a.2 Klinische fysica (TU/e)
Voor adres(sen) zie: WO-17.

4.1.a.3 Technische wetenschappen (PAO Techniek, v/h PATON)
Voor adres(sen) zie: PAO-5.
Cursussen
N.B. Onderstaande cursussen zijn uit het cursusoverzicht 2014; een aantal cursussen van 2015 was nog niet bekend (een deel van de cursussen, colleges, en workshops wordt ieder jaar gegeven, check voor inschrijving eerst op http://pao-tudelft.nl/Cursussen/Nu_en_binnenkort.html):
- *Afvalwater en riolering, drinkwater en waterbeheer:*
  - Van helder naar troebel en weer terug.
  - Waterketen in balans.
  - Werken aan water (leergang).
- *Beheer en onderhoud:*
  - Werken aan water (leergang).
- *Bodembeheer en bodemsanering:*
  - Bemalingen bij bouwprojecten.
  - Ondergrond in de stad (workshop).
  - Realisatie bouw en infrastructuur op slappe bodem.
- *Constructie en ontwerp:*
  - Beoordeling constructieve veiligheid bij verbouw en afkeuren van bestaande constructies.
  - Binnenstedelijke kademuren, vernieuwing en nieuwbouw.
  - Eurocode 8: Earthquake Engineering.
  - Kunststofcomposieten in civiele draagconstructies en bouw.
  - Lichtgewicht construeren voor ontwerpers.
  - Lijmen als verbindingstechniek.
  - Paalfunderingen voor civiele constructies.
  - Realisatie bouw en infrastructuur op slappe bodem.
- *Bouwprocessen en bouwmanagement:*
  - Aanbesteden, contracteren en soft skills.
  - Design & Construct: kansen en valkuilen.
  - EMVI in theorie en praktijk.
  - Financieel management voor de technische professional.
  - IPMA Project Management (masterclass).
  - Life Cycle Costing.
  - Omgevingsmanagement van infraprojecten.
  - Risicomanagement bij bouw en infrastructuur.
  - Systeemgerichte contractbeheersing (workshop).
  - Systems Engineering: een eerste verkenning.
  - Van RAW naar UAV GC.
- *Elektrotechniek & energietechniek:*
  - Actuation and Power Electronics.
  - Advanced Pattern Recognition.

- Beveiliging van elektriciteitsnetten.
- Elektromagnetische compabiliteit.
- Hoogspanning II (mastercollege).
- Hoogspanning III (mastercollege).
- In-Depth Theory of Electrical Machines (mastercollege).
- Model Based Engineering of Electrical Drives (mastercollege).
- Power Quality.
- Radarontwerptechniek.
- Thermal Design and Cooling of Electronics (workshop).
- *Geotechniek en ondergronds bouwen:*
  - Ankerpalen: ontwerp, uitvoering en beproeving.
  - Bemalingen bij bouwprojecten.
  - Binnenstedelijke kademuren, vernieuwing en nieuwbouw.
  - Environmental Aspects of Dredging.
  - Eurocode 8: Earthquake Engineering.
  - Grondverbeteringstechnieken.
  - Hydraulic Fill Manual.
  - Ontwerp en uitvoering van geokunststoffen in de waterbouw.
  - Paalfunderingen voor civiele constructies.
  - Realisatie bouw en infrastructuur op slappe bodem.
- *Luchtkwaliteit:*
  - Luchtverontreiniging, luchtkwaliteit en depositie.
- *Procestechnologie & Analytical Techniques:*
  - Additives in Polymers.
  - Blends & Composites.
  - Chemical Engineering.
  - Chemical Engineering: destillatie en gasabsorptie.
  - Chemical Engineering: fysische transportverschijnselen.
  - Chemical Engineering: mengen & roeren.
  - Chemical Engineering: reactorkunde
  - Chemical Engineering: Solids Handling.
  - Chemical Engineering: vloeistof-vloeistof - extractie en membraanscheiding.
  - Conventionele regelsystemen; PID-tuning.
  - Deeltjeskarakterisering.
  - Dispersies in de industrie.
  - Explosieveiligheid.
  - Fluidization Technology.
  - Geavanceerde regelsystemen.
  - Industriële meng- en roerprocessen.
  - Polymeerchemie en -technologie.
  - Polymer Characterisation.
  - Polymer Chemistry.
  - Process Control voor procestechnologen.
  - Regelsystemen bij chemische processen.
  - Sproeidrogen.
  - Succesfull Product Development.
  - Thermische analyse.
  - Toxicologie.
  - Validatie van meetresultaten.
- *Quality Assurance & Statistics:*
  - Design for Six Sigma Green Belt.
  - Multivariate Data Analyse.
  - Reliability (workshop).

- RF1: Life Data Analysis and Reliability Testing.
- RF2: Analytical Reliability Methods and System Reliability.
- RF4: Reliability Leadership.
- RF6: Software Reliability.
- Root Cause Analysis (workshop).
- Six Sigma (workshop).
- Time Series Analysis and Forecasting.
- Validatie van meetresultaten.
- Your Jump Start with R.
- *Stedenbouw en architectuur:*
  - Burgerparticipatie in de openbare ruimte.
  - Omgevingsmanagement van infraprojecten.
  - Ondergrond in de stad (workshop).
  - Werken aan water (leergang).
- *Technisch management & Personal Skills:*
  - Aanbesteden, contracteren en soft skills.
  - Configuratiemanagement.
  - Financieel management voor de technische professional.
  - Implementatie van veranderingstrajecten.
  - Omgaan met macht en (interne of externe) politiek.
  - Overtuigend argumenteren, onderhandelen en presenteren.
  - Professioneel presenteren.
  - RAM optimalisatie en ontwerp beoordeling met FMECA.
  - Reliability (workshop).
  - RF4: Reliability Leadership.
  - Root Cause Analysis (workshop).
  - Six Sigma (workshop).
  - Six Sigma en de Supply Chain (workshop).
  - Timemanagement: Wat te kiezen? Hoe te handelen?
- *Veiligheid en milieu:*
  - Carcinogene stoffen.
  - Explosieveiligheid.
  - Luchtverontreiniging, luchtkwaliteit en depositie.
  - Toxicologie.
  - Verkeersveiligheid: nieuwe ontwikkelingen.
- *Verkeerskunde, vervoer en stedenbouw:*
  - Burgerparticipatie in de openbare ruimte.
  - De weggebruiker als menselijke factor in het verkeer.
  - Europees transportbeleid.
  - In-carsystemen en verkeersmanagement.
  - Omgevingsmanagement van infraprojecten.
  - Ondergrond in de stad (workshop).
  - Port and Terminal Planning.
  - RAM Optimalisatie en ontwerp; beoordeling met FMECA.
  - Veiligheid ondergrondse infrastructuur.
  - Verkeersveiligheid: nieuwe ontwikkelingen.
  - Werken aan water (leergang).
- *Waterbouw:*
  - Ankerpalen: ontwerp, uitvoering en beproeving.
  - Bemalingen bij bouwprojecten.
  - Binnenstedelijke kademuren, vernieuwing en nieuwbouw.
  - Environmental Aspects of Dredging.
  - Hydraulic Fill Manual.
  - Nieuwe ontwikkelingen in het ontwerp en de uitvoering van kustconstructies.
  - Ontwerp en uitvoering van geokunststoffen in de waterbouw.
  - Ontwerp en uitvoering van kademuren.
  - Paalfunderingen voor civiele constructies.
  - Port and Terminal Planning.
- *Werktuigbouwkunde en Systems & Control:*
  - Actuation and Power Electronics.

- Advanced Mechatronics System Design.
- Configuratiemanagement.
- Conventionele regelsystemen; PID-tuning.
- Design for Six Sigma Green Belt.
- Design for Ultra High and Ultra Clean Vacuum.
- Dynamics and Modelling.
- Geavanceerde regelsystemen.
- Introduction in Ultra High and Ultra Clean Vacuum.
- Iterative Learning Control.
- Kunststofcomposieten in civiele draagconstructies en bouw.
- Lichtgewicht construeren voor ontwerpers.
- Lijmen als verbindingstechniek.
- Machine vision for mechatronic systems.
- Mechatronics System Design - part 1.
- Mechatronics System Design - part 2.
- Metrology and Calibration of Mechatronic Systems.
- Motion Control Tuning.
- Performance Analysis of Industrial systems.
- Process Control voor procestechnologen.
- RAM Optimalisatie en ontwerp: beoordeling met FMECA.
- Regelsystemen bij chemische processen.
- RF2: Analytical Reliability Methods and System Reliability.
- RF9: Physics of Failure.
- Shock Proof Design.
- Six Sigma en de Supply Chain (workshop).
- Thermal Design and Cooling of Electronics (workshop).
- Thermal Effects in Mechatronic Systems.
- Vermoeiing van constructies.

Duur 1-10 dagen deeltijd of voltijd; workshops van 1 dag.

4.1.c Wo-bacheloropleiding

4.1.c.1 Industrial design/Industrieel ontwerpen (TUD, TU/e, UT)
Zie 5.1.c.3.

4.1.c.2 Natuurkunde (RUG, UL)
Zie 3.7.c.3.

4.1.c.3 Technische bestuurskunde (TUD)
Zie 11.1.c.6.

4.1.c.4 Technische natuurkunde (RUG, TUD, TU/e, UT)
Voor adres(sen) zie: WO-13, 17, 20, 23.
Algemeen Wo-bacheloropleiding tot natuurkundig ingenieur ('ir.'), ontwerper en/of onderzoeker in de technische natuurkunde.
Toelatingseisen
- Diploma vwo (wisk. B, nat.); vwo-profiel: C&M (+ wisk. B I en II, nat. I), E&M (+ wisk. B I en II, nat. I), N&T, N&G (wisk. B I en II); propedeuse of getuigschrift/diploma van hbo of van de OUNL (wisk. B, nat.).
- Voor het doorstroomprogramma wordt een verwante hbo-opleiding vereist.
- Als men 21 jaar of ouder is, komt men in aanmerking voor een colloquium doctum.
Duur 3 jaar voltijd.
Lesprogramma Specialisaties:
- TUD: Honours-programma - Minors.
Aansluitende masteropleidingen
- KUL: Sterrenkunde.
- KUL, RU, RUG, TUD, TU/e, UG, UT, VUB: Biomedical engineering.

- KUL, RU, RUG, UL, UM, UU, UvA, VUA: Biomedical sciences.
- UA: Milieuwetenschap.

Mogelijkheden voor verdere studie Ontwerpersopleiding; wo-lerarenopleiding.

Functiemogelijkheden Onderzoeker/Manager in de industrie, de automatisering, het onderwijs, adviesbureaus en banken; onderzoeker en docent bij universiteiten, leraar in het vo; onderzoeker in een ziekenhuis.

4.1.c.5 Technische wiskunde (RUG, TUD, TU/e, UT)
Zie 20.7.c.1.

4.1.d Post-hbo-opleiding

4.1.d.1 Post-hto-groep (Fontys HS, Haagse HS, HAN, HS Utrecht, Zuyd HS)
Voor adres(sen) zie: HBO-184.
Algemeen
- De Post-hto-groep is een samenwerkingsverband van 5 hogescholen die (post-hbo-) opleidingen aanbieden: Fontys HS, Haagse HS, HAN, HS Utrecht, HS Zuyd.
- Bij voldoende belangstelling kunnen deze opleidingen ook in company worden gegeven.
- Contactadres: HS Utrecht.

Cursussen op het gebied van:
- autotechniek;
- bedrijfskunde;
- bouwkunde en civiele techniek;
- chemische technologie;
- elektrotechniek;
- energietechniek;
- financieel-economisch;
- industriële automatisering;
- informatietechnologie;
- installatietechniek;
- kwaliteitszorg;
- laboratoriumtechnieken;
- management (commercieel en technisch);
- materiaaltechnologie;
- milieu- en gezondheidstechniek;
- onderhoud en inspectie;
- procestechniek;
- telematica;
- veiligheid.

Toelatingseisen Getuigschrift hto.
Overige informatie
- Opleidingsplaatsen: Arnhem, Den Haag, Eindhoven, Heerlen, Nijmegen, en Utrecht.
- Website: www.posthtogroep.nl

4.1.d.2 PT-Groep, nascholingsinstituut HS Utrecht, faculteit Natuur en Techniek
Voor adres(sen) zie: HBO-181.
Opleidingen
- Duale opleidingen.
- Gebouwde omgeving.
- Installatietechniek en telecommunicatie.
- Materiaal- en productietechnologie.
- MSc-opleidingen.
- Onderhoud en inspectie.
- Ontwerpen.

- Schakelcursus hto.
- Schakelcursus mto.
- Toegepaste bedrijfskunde.

Toelatingseisen Mbo in de technische sector; hto.
Duur Varieert per opleiding.
Functiemogelijkheden NDO-vakspecialist, corrosiespecialist, Europees lasingenieur, materiaalkundig ingenieur, inspectie-ingenieur, installatie-ingenieur, kunststoftechnoloog, leidinggevende hogere gieterijtechniek, metaalkundig ingenieur, onderhoudstechnoloog, kwaliteitskundige.

4.1.d.3 Stichting CPION (Centrum Post Initieel Onderwijs Nederland)
Voor adres(sen) zie: DIEN-29.
Algemeen Toetsing, registratie en diplomering van initiële opleidingen.

4.1.f Hbo-bacheloropleiding

4.1.f.1 Hoger technisch onderwijs (hto) (algemeen)
Algemeen
- Hbo-bacheloropleidingen.
- Binnen de opleidingen kan vanaf het 2e jaar worden gekozen voor een bepaalde specialisatie of zijn er in het 4e jaar afstudeerrichtingen.

Toelatingseisen
- Diploma havo (wisk. B, nat.; gewenst: scheik.); vwo (wisk. A of B, nat.); mbo niveau 4 (wisk., nat.).
- Of 21 jaar of ouder zijn en toegelaten worden op grond van een toelatingsonderzoek.
- Aan de avondopleidingen voor hto zijn voorbereidende cursussen verbonden.

Duur
- 4 jaar voltijd en deeltijd.
- 3-3,5 jaar na diploma mbo niveau 4 in de technische sector.
- 3,5 jaar na diploma vwo bij bepaalde opleidingen.
- Een half of een heel praktijkjaar in het 2e en/of 3e studiejaar.
- Aan sommige opleidingen voor hto kan men ook in februari met de opleiding beginnen.

Lesprogramma De volgende vakken komen doorgaans bij het hto voor: Nederlands - Engels - Duits - hogere wiskunde - informatica - natuurkunde - mechanica - scheikunde - bedrijfsorganisatie - ehbo - lichamelijke oefening.
De overige vakken zijn afhankelijk van de gekozen studierichting.

Mogelijkheden voor verdere studie
- Aan een technische universiteit: het is mogelijk na het 1e of 2e leerjaar van het hto door te stromen naar een technische universiteit. Voor hen die een hto-diploma bezitten zijn er zogenoemde doorstroomprogramma's die maximaal 2 jaar duren.
- In een kopklas (dagonderwijs gedurende 1 jaar).
- Post-hto-cursussen.
- Avond- en weekendopleidingen aan bepaalde opleidingsinstituten: o.a. Academie voor Bouwkunst, Stichting Hoger Technisch Instituut te Amsterdam.
- Behalen van een pedagogisch getuigschrift, om na 3 jaar praktijkles te kunnen geven aan technische scholen.
- Aanvullende en specialistische schriftelijke opleidingen, o.a. Centrum Hout, Dirksen Opleidingen, HS LOI. Informatie: www.centrum-hout.nl - www.dirksen.nl - www.loi.nl
- Voor verdere informatie omtrent cursussen voor bedrijfsleiding of staffuncties in bedrijven: zie hoofdstuk 11.

Functiemogelijkheden
- Afgestudeerden van het hto zijn gerechtigd de wettelijk erkende, beschermde titel van ingenieur te voeren ('ing.' voor de naam).
- De ingenieursvereniging KIVI NIRIA (Prinsessegracht 23, 2514 AP Den Haag), Postbus 30424, 2500 GK Den Haag, tel. 070-3 91 99 00, e-mail: info@kiviniria.nl, www.kiviniria.net geeft voorlichting over hto-beroepen; daarnaast verzorgt zij ook cursussen voor managers, hoger en middelbaar kader, met name voor ingenieurs en studenten Techniek.
- De technicus met een hto-opleiding kan door zijn brede opleiding werk vinden in bedrijven op verschillende afdelingen, bijvoorbeeld op de research-, organisatie-, ontwikkelingsafdeling, of op de tekenkamer, of bij technische onderhoudsdiensten als bedrijfsleider, tekenaar of calculator.

4.1.f.2 Industrial design engineering / Industrieel product ontwerpen (hto) (Fontys HS, Haagse HS, HAN, Hanze HS, HS NCOI, HS Rotterdam, HS Windesheim, Saxion HS)

Voor adres(sen) zie: HBO-3, 64, 89, 95, 115, 150, 157, 200, 219.
Algemeen
- Hbo-bacheloropleiding voor industrieel ontwerper.
- HS NCOI: digitaal in deeltijd; niet door de overheid bekostigd.
Toelatingseisen
- Diploma havo (wisk. B, nat.); havo-profiel N&T, N&G (+ wisk. B I en II, nat. I en II); vwo (wisk., nat.); vwo-profiel C&M (+ wisk. A I en II, nat. I), E&M (+ wisk. I), N&T, N&G; mbo niveau 4 in de technische sector (wisk., nat.).
- Of 21 jaar of ouder zijn en toegelaten worden op grond van een toelatingsonderzoek.
- Mogelijkheid om deficiënties in wiskunde en/of natuurkunde in te halen voor of tijdens de propedeuse.
Duur 4 jaar voltijd.
Lesprogramma Specialisaties:
- Almere (HS Windesheim): Allround designer (minor) - Caring robots (minor) - Gaming (minor) - Kunststoffen (minor) - Production engineer (minor).
- Den Haag (Haagse HS): Productontwerpen - Verpakkingsontwerp.
- Rotterdam (HS Rotterdam): Innovatie, engineering and design (minor).
- HS NCOI: Creatieve vormgeving - Integraal ontwerpen.
Functiemogelijkheden Industrieel ontwerper of verpakkingsdeskundige in productie- en verpakkingsbedrijven en ontwerpbureaus van met name consumentenproducten.

4.1.f.3 Technische bedrijfskunde (hto) (Avans HS, Fontys HS, Haagse HS, HAN, Hanze HS, HS Inholland, HS Rotterdam, HS Utrecht, HS Windesheim, HvA, NHL, Saxion HS, Zuyd HS)

Zie 11.1.f.13.

4.1.f.4 Technische natuurkunde (hto) (Fontys HS, Haagse HS, Saxion HS)

Voor adres(sen) zie: HBO-64, 81, 89.
Algemeen
- Hbo-bacheloropleiding voor technisch natuurkundige.
- Haagse HS: vestiging in Delft.
Toelatingseisen
- Diploma havo of vwo; havo-profiel N&G of NT; vwo-profiel C&M (+ wisk. A I en II, nat. I), E&M (+ nat. I), N&G of N&T; mbo niveau 4 (wisk., nat.).

- Den Haag: mogelijkheid deficiënties weg te werken tijdens of voor de propedeuse.
- Eindhoven: mogelijke deficiënties wegwerken voor de propedeuse.
Duur
- 4 jaar voltijd.
- 3,5 jaar voltijd na diploma mbo (niveau 4) in een verwante richting.
- Eindhoven: 4 jaar voltijd; 5 jaar duaal (MKB-route).
Lesprogramma Specialisaties:
- Enschede (Saxion HS): Applied physics - Enabling physics.
Mogelijkheden voor verdere studie Verder studeren aan TUD of TU/e, eventueel met vrijstellingen, of in het verkorte doorstroomprogramma; post-hto-cursussen.
Functiemogelijkheden Technisch natuurkundige in de industrie (productie, research, laboratoria, automatisering), in de gezondheidszorg, in de handel, op een technisch adviesbureau; meet- en regeltechnicus; besturingstechnoloog; milieutechnicus; klimaattechnicus; vacuümtechnicus; commercieel technicus.
- Den Haag: fotonicus.
- Eindhoven: medisch technoloog.
- Enschede: communicatiemeteoroloog.

4.1.f.5 Toegepaste wiskunde (Haagse HS, HvA, NHL,

Voor adres(sen) zie: HBO-31, 64, 82, 125.
Algemeen
- Hbo-bacheloropleiding.
- Haagse HS: vestiging Delft.
- Fontys HS: vestiging Tilburg.
Toelatingseisen Diploma havo of vwo; havo-profiel N&G of NT; vwo-profiel C&M (+ wisk. A I en II, nat. I), E&M (+ nat. I), N&G of N&T; mbo niveau 4 (wisk., nat.).
Lesprogramma Specialisaties:
- Tilburg (Fontys HS): Actuariële wiskunde - Informatietechnologie - Logistiek en operations research - Statische analyse.

4.1.f.6 WB-Integrated Product Development (studieroute) (Saxion HS)

Zie ook: 5.1.f.4.
Voor adres(sen) zie: HBO-89.
Algemeen Hbo-bacheloropleiding (studieroute).
Doel Opleiding tot werktuigbouwkundig ingenieur met kennis van industriële productontwikkeling.
Toelatingseisen Diploma havo of vwo; havo-profiel N&G of NT; vwo-profiel C&M (+ wisk. A I en II, nat. I), E&M (+ nat. I), N&G of N&T; mbo niveau 4 in de technische sector.
Duur 4 jaar voltijd.
Mogelijkheden voor verdere studie - Hbo: Design Academy, Eindhoven.
- Post-hbo: commercieel-technische opleidingen; ontwerpopleiding TUD 2e fase.
- UT: wo-bachelor Industrieel ontwerpen.
Functiemogelijkheden Ontwerper/constructeur/industrieel ontwerper als teamlid op productontwikkelingsafdeling bij een bedrijf, ontwerpbureau of ingenieursbureau; (op termijn) projectleider of hoofd productontwikkeling.

4.1.g Mbo-opleiding niveau 4

4.1.g.1 Mbo in de technische sector (niveau 4)
Algemeen De opleidingen van het middelbaar beroepsonderwijs (mbo) niveau 4 staan genoemd in de verschillende subsectoren van de hoofdstukken 5 t/m 10 en in hoofdstuk 18 waar het de nautische en de logistieke opleidingen betreft.
Algemene informatie over de opleidingen kan men verkrijgen bij de kbb's: kenniscentra beroepsonderwijs bedrijfsleven.
Een overzicht van de kbb's staat in 1.7.g.1.

4.1.h Mbo-opleiding niveau 3

4.1.h.1 Mbo in de technische sector (niveau 3)
Algemeen De opleidingen van het middelbaar beroepsonderwijs (mbo) niveau 3 staan genoemd in de verschillende subsectoren van de hoofdstukken 5 t/m 10 en in hoofdstuk 18 waar het de nautische en de logistieke opleidingen betreft.
Algemene informatie over de opleidingen kan men verkrijgen bij de kbb's: kenniscentra beroepsonderwijs bedrijfsleven.
Een overzicht van de kbb's staat in 1.7.g.1.

4.1.i Mbo-opleiding niveau 1 of niveau 2

4.1.i.1 Mbo in de technische sector (niveau 1 of niveau 2)
Algemeen De opleidingen van het middelbaar beroepsonderwijs (mbo) niveau 1 en 2 staan genoemd in de verschillende subsectoren van de hoofdstukken 5 t/m 10 en in hoofdstuk 18 waar het de nautische en de logistieke opleidingen betreft.
Algemene informatie over de opleidingen kan men verkrijgen bij de kbb's: kenniscentra beroepsonderwijs bedrijfsleven.
Een overzicht van de kbb's staat in 1.7.g.1.

4.1.k Speciaal onderwijs (so)

4.1.k.1 Speciaal onderwijs in de technische sector
Algemeen Er zijn enkele vormen van speciaal onderwijs die op scholen of op afdelingen voor voortgezet speciaal onderwijs leerlingen arbeidstraining geven en beroepsonderwijs verzorgen.
Waar het enigszins mogelijk is, geeft het voortgezet speciaal onderwijs een voorbereiding om opleidingen te kunnen volgen aan scholen voor beroepsonderwijs op het niveau van vmbo en mbo.

4.1.l Overige opleidingen

4.1.l.1 IMKO
Voor adres(sen) zie: OVER-111.
Opleidingen
- Allround laadklepmonteur.
- Basis elektrotechniek.
- Elektrische veilige apparatuur.
- Introductie elektrotechniek.
- Introductie hydrauliek.
- Keurmeester elektrische apparatuur.
- NEN-EN 50110.
- NEN3140.
- Storingen in landbouwwerktuigen.
- Succesvol werken aan hydraulische systemen.
- VCA.
- VCA 2.
- Veilig en verantwoord tillen.
- Veilig en verantwoord werken met de heftruck.

4.1.l.2 LOI - afstandsonderwijs - Techniek
Voor adres(sen) zie: OVER-225.
Opleidingen
- *Bouwkunde:*
  basisdiploma bouwkunde - bouwkundig opzichter - bouwkundig tekenaar - vakdiploma bouwkunde.
- *Chemie:*
  basisdiploma chemie.
- *Elektronica:*
  basisdiploma elektronica - vakdiploma elektronica.
- *Elektrotechniek:*
  basisdiploma elektrotechniek - elektronisch tekenaar - vakdiploma elektrotechniek.
- *Werktuigbouwkunde:*
  basisdiploma werktuigbouwkunde - vakdiploma werktuigbouwkunde - werktuigbouwkundig tekenaar.

4.1.l.3 Volwassenenonderwijs - energiebedrijven
Voor adres(sen) zie: ROCCO-17.
Opleidingen
- Algemeen operationeel medewerker.
- Algemeen operationeel technicus.

Hoewel steeds de nieuwste informatie in deze 'Beroepengids' wordt verwerkt, is het niet te vermijden dat er onjuistheden kunnen optreden.
Daarom zullen wij alle gebruikers van dit boek erkentelijk zijn wanneer zij ons de tekortkomingen ten spoedigste willen melden, indien mogelijk voorzien van de bijbehorende documentatie.

Uitgeverij De Toorts, Conradkade 6, 2031 CL Haarlem; e-mail-adres: beroepengids@toorts.nl

Stress? zie **Onbeperkt ontspannen** op pagina 231

5 METAALSECTOR

De eerste paragraaf van dit hoofdstuk biedt een algemeen overzicht van het technisch onderwijs in de metaalsector, zoals dat wordt gegeven aan technische universiteiten, hogescholen met technische opleidingen en het mbo in de technische sector.
De overige paragrafen bestaan uit specifieke opleidingen in de metaalsector.
N.B. In dit hoofdstuk wordt ook een keuze van diverse opleidingen in het hoger onderwijs beschreven. Complete alfabetische lijsten van alle bekostigde opleidingen in het hoger onderwijs zijn te vinden in hoofdstuk 25. Deze worden jaarlijks geheel geactualiseerd.

5.1 METAALSECTOR - ALGEMEEN

5.1.a Postacademisch onderwijs (pao)

5.1.a.1 Mechatronisch ontwerpen (UT)
Voor adres(sen) zie: WO-20.

5.1.c Wo-bacheloropleiding

5.1.c.1 Biomedische technologie (TU/e)
Zie ook: 5.1.c.2.
Voor adres(sen) zie: WO-17.
Algemeen Wo-bacheloropleiding tot biomedisch ingenieur die werkt aan technologische problemen die een grondig inzicht vereisen in het functioneren van het menselijk lichaam.
Het menselijk lichaam lijkt in veel opzichten op een machine, compleet met energieomzetting, meet- en regelsystemen en veiligheidsvoorzieningen. Ons lichaam is zelfs een erg geavanceerde machine. Het bezit bijvoorbeeld herstelmechanismen, het groeit en past zich aan de omgeving aan. Biomedische problemen zijn daarom vaak heel ingewikkelde problemen, waarbij veel verschillende disciplines een rol spelen.
Toelatingseisen Diploma vwo (wisk. B, nat.); vwo-profiel C&M (+ wisk. B I, nat. I), E&M (+ wisk. B I, nat. I), N&G, N&T.
Duur 3 jaar voltijd.
Lesprogramma Specialisaties:
- TU/e: Medische wetenschappen en technologie.
Functiemogelijkheden Onderzoekfuncties aan universiteiten en para-universitaire instituten; onderzoekfuncties en ontwikkel/ontwerpfuncties in het bedrijfsleven (medisch-technische producten); universitair onderwijs; functies bij beleidsbepalende en sturende instanties bij de gezondheidszorg.

5.1.c.2 Biomedische technologie (UT)
Zie ook: 5.1.c.1.
Voor adres(sen) zie: WO-20.
Algemeen Wo-bacheloropleiding tot ingenieur met biomedische achtergrond.
Toelatingseisen Propedeuse van hto-Chemische technologie, -Elektrotechniek, -Technische natuurkunde, of -Werktuigbouwkunde.
Duur 3 jaar voltijd.
Functiemogelijkheden Biomedisch ingenieur bij medische researchinstituten, ziekenhuizen, revalidatiecentra, organisaties voor de gezondheidszorg of industriële bedrijven voor biomedische apparatuur, of als technisch ingenieur bij een technologische industrie die past bij de basisdiscipline.

5.1.c.3 Industrial design/Industrieel ontwerpen (TUD, TU/e, UT)
Voor adres(sen) zie: WO-13, 17, 20.
Algemeen Wo-bacheloropleiding tot industrieel ontwerper.
Doel Gericht op het ontwerpproces van duurzame gebruiksgoederen t.b.v. de consument en professionele toepassingen.
Toelatingseisen
- Diploma vwo (wisk. B, nat.); vwo-profiel C&M (+ wisk. B I en II, nat. I en II), E&M (+ wisk. B I en II, nat. I en II), N&T, N&G (+ wisk. B I en II, nat. I en II); propedeuse of getuigschrift/diploma van een hbo of van de OUNL (wisk. B, nat.).
- Als men 21 jaar of ouder is, komt men in aanmerking voor een colloquium doctum.
Duur 3 jaar voltijd.
Lesprogramma Specialisaties:
- TUD: Honours-programma - Minors.
- TU/e: Minors.
Functiemogelijkheden Manager productontwikkeling, ontwerper (bij bedrijven of ontwerpbureaus), technisch/commercieel adviseur, (wetenschappelijk) onderzoeker.

5.1.c.4 Werktuigbouwkunde (TUD, TU/e, UT)
Voor adres(sen) zie: WO-13, 17, 20.
Algemeen Wo-bacheloropleiding.
Doel Opleiding waarbij kennis van installaties, apparaten, machines, gereedschappen, producten en fabricagemethoden centraal staat. Belangrijk bij de ontwikkeling van nieuwe producten en fabricagemethoden zijn grondstof- en energiezuinige processen, reinigings-, scheidings- en terugwinningstechnieken, alsmede recycling.
Toelatingseisen - Diploma vwo (wisk. B, nat.); vwo-profiel C&M (+ wisk. B I en II, nat. I en II), E&M (+ wisk. B I en II, nat. I en II), N&T, N&G (+ wisk. B II, nat. II); propedeuse of getuigschrift/diploma van hbo of van de OUNL (wisk. B, nat.).
- Als men 21 jaar of ouder is, komt men in aanmerking voor een colloquium doctum.
Duur 3 jaar voltijd.
Lesprogramma Specialisaties:
- TUD: Honours-programma - Minors.
- TU/e: Honours-programma.
Mogelijkheden voor verdere studie Opleidingen tot technologisch ontwerper.
Functiemogelijkheden Het multidisciplinaire karakter van de studie maakt een ingenieur in de werktuigbouwkunde breed inzetbaar. Mogelijkheden zijn o.a.: ontwerpen en ontwikkelen van constructies, technische systemen, productieprocessen; leidinggeven aan een bedrijf of productieafdeling; technisch wetenschappelijk onderzoek; technische marketing en verkoop; octrooi- of organisatiedeskundige; het opzetten van een eigen bedrijf.
Overige informatie De UT verzorgt ook een propedeuse te Leeuwarden; daarna studeert men verder in Utrecht.

5.1.d Post-hbo-opleiding

5.1.d.1 Industriële vormgeving (KABK)
Zie 23.2.d.1.

5.1.d.2 Stichting CPION
(Centrum Post Initieel Onderwijs Nederland)
Voor adres(sen) zie: DIEN-29.
Algemeen Toetsing, registratie en diplomering van initiële opleidingen.

5.1.f Hbo-bacheloropleiding

5.1.f.1 Constructeur werktuigbouwkunde (HAN)
Voor adres(sen) zie: HBO-150.
Algemeen Ad-programma.
Duur 2 jaar deeltijd.
N.B. Het certificaat geeft geen recht op het voeren van de titel 'ing.'.

5.1.f.2 Industrial design engineering /
Industrieel product ontwerpen (hto) (Fontys HS, Haagse HS, HAN, Hanze HS, HS NCOI, HS Rotterdam, HS Windesheim, Saxion HS)
Zie 4.1.f.2.

5.1.f.3 Mechatronica (hto) (Avans HS, Fontys HS, Haagse HS, Saxion HS)
Voor adres(sen) zie: HBO-52, 64, 81, 89, 200.
Algemeen
- Hbo-bacheloropleiding voor mechatronica: een combinatie van mechanica en elektronica.
Doel De afgestudeerden zijn intermediair tussen elektrotechnisch en werktuigbouwkundige ingenieurs.
Toelatingseisen
- Diploma havo (wisk. B, nat.); havo-profiel N&T, N&G (wisk. B II, nat. II); vwo (wisk. A of B, nat.); vwo-profiel C&M (+ wisk. A I en II, nat. I), E&M (+ nat. I), N&T, N&G; mbo niveau 4 (wisk., nat.).
- 3-jarige opleiding na mbo niveau 4 in de sectoren Computertechniek of Elektrotechniek.
Duur 4 jaar voltijd.
Lesprogramma Specialisaties:
- Breda (Avans HS, vestiging Breda): Minor.
- Delft: Haagse HS (vestiging Delft): De projectmanager (minor) - Embedded systems (minor) - Vision & robotics design (minor).
- Eindhoven: Fontys HS (vestiging Eindhoven): Besturingstechnieken - Robotica.
- Den Haag: Haagse HS (vestiging Den Haag): Flexibele productie automatisering (minor).
- Venlo: Fontys HS (vestiging Venlo): Besturingstechnieken - Robotica.
Diploma/examen Na de opleiding ontvangt men het getuigschrift van het hto en het Duitse diploma.
Functiemogelijkheden Ontwerper van industriële installaties, consumentenapparatuur met hoge integratie op het gebied van fijnmechanica en elektronica. Te denken valt aan videoapparatuur, cd's, printers, verpakkingsmachines, en aan elektronische systemen in de automobielindustrie.
Ook technisch-commerciële en managementfuncties (groeps- of projectleider) passen in het carrière-perspectief.
Overige informatie De opleiding wordt gegeven i.s.m. de Fachhochschule Niederrhein te Krefeld.

5.1.f.4 Werktuigbouwkunde (hto) (Avans HS, Fontys HS, Haagse HS, HAN, Hanze HS, HS Inholland, HS LOI, HS NCOI, HS Rotterdam, HS Utrecht, HS Windesheim, HZ, NHL, Saxion HS, Stenden HS, Zuyd HS)
Zie ook: 4.1.f.6.
Voor adres(sen) zie: HBO-1, 3, 52, 64, 81, 86, 89, 95, 109, 115, 125, 135, 150, 157, 184, 200, 203, 219.
Algemeen
- Hbo-bacheloropleiding voor werktuigbouwkundig ingenieur die producten, machines en werktuigbouwkundige en procesinstallaties ontwerpt, vervaardigt, bedient en onderhoudt, en tot technisch-commerciële en managementfuncties.
- HS NCOI: digitaal in deeltijd; niet door de overheid bekostigd.
Toelatingseisen Havo-profiel N&T, N&G; vwo-profiel C&M (+ wisk. A I en II, nat. I), E&M (+ nat. I), N&T, N&G; mbo niveau 4 (met doorstroompakket).
- Alkmaar: speciale instroomroute voor mto-ers zonder wis- en natuurkunde.
- Arnhem: mogelijkheid om deficiënties weg te werken voor of tijdens de propedeuse.
- Den Haag: mogelijkheid om deficiënties in wiskunde en/of natuurkunde weg te werken voor of tijdens de propedeuse.
- Eindhoven en Groningen: mogelijkheid om deficiënties weg te werken.
Duur
- 4 jaar voltijd en deeltijd.
- 3 of 3,5 jaar voltijd na diploma mbo niveau 4 (met doorstroompakket) in de technische sector.
- Almere, Delft, Emmen, Utrecht, Zwolle: geen deeltijdopleiding; duale leerroute: langer dan 4 jaar.
- Breda, Delft, Rotterdam: ook duaal.
- Enschede: speciaal verkort traject voor studenten met mbo niveau 4; avondopleiding in 3 jaar (uitsluitend voor werkenden).
Lesprogramma Specialisaties:
- Almere (HS Windesheim Flevoland, vestiging Almere): Caring robots (minor) - Composieten (minor) - Industriële robotica (minor).
- Arnhem (HAN, vestiging Arnhem): Constructie en vormgeving - Energie en installatie - Mechatronica.
- Breda (Avans HS, vestiging Breda): Constructietechniek - Energietechniek - Ontwerp- en productietechniek (minor) - Productie techniek.
- Delft (Haagse HS, vestiging Delft): Duurzame energievoorziening - Flexibele productieautomatisering (minor) - Ontwerpen en construeren (minor) - Ontwerpprocessen en innovatie (minor).
- Den Bosch (Avans HS, vestiging Den Bosch): Machines in motion (minor) - Offshore engineering (minor).
- Eindhoven (Fontys PTH): Algemene werktuigbouwkunde - commerciële techniek - Energie- en procestechniek.
- Emmen (Stenden HS, vestiging Emmen): Engineering - Kunststoftechnologie - Productontwikkeling en ondernemerschap.
- Enschede (Saxion HS, vestiging Enschede): Integrated product development.
- Groningen (Hanze HS): De constructeur - Flexible energy technology - Integral product development - International biomedical engineering.
- Leeuwarden (NHL, instituut Techniek): Academische oriëntatie - Computer vision en robotica - Duurzame technologie - Engineering in de praktijk - Jachtbouw - Mechatronica - Offshore energy: wind, oil & gas - Ondernemen - Windenergie.
- Rotterdam (HS Rotterdam): Minors - Offshore & constructions.

- Utrecht (HS Utrecht): Co-design studio (minor) - Ontwerper/constructeur - Railtechniek (minor) - Systeem integrator - Technisch commercieel ingenieur (minor).
- HS NCOI (diverse lesplaatsen): Ontwerp en industrialisatie - Productmanagement.

Mogelijkheden voor verdere studie Verder studeren aan TUD of TU/e, eventueel met vrijstellingen, of in het verkorte doorstroomprogramma; post-hto-cursussen.
- Arnhem: de mastergraad i.s.m. Hertfordshire University, Engeland.
- Eindhoven: MSc Mechatronic Design i.s.m. de De Monfort University (Leicester, Engeland).
- Emmen, Enschede: Doppeldiplomierung met Fachhochschule Osnabrück (Duitsland).
- Utrecht: MSc Engineering Product Design i.s.m. de University of Wolverhampton, Engeland.
- Vlissingen: MSc Environmental Care Management i.s.m. de Humberside University, Engeland.

Functiemogelijkheden Werktuigbouwkundig ingenieur, werktuigbouwkundig ontwerper, constructeur, kwaliteitsfunctionaris, besturingstechnoloog, bedrijfsleider, adviseur, beheerder, verkoper, marketier, ondernemer, ontwikkelaar, energietechnicus, meet- en regeltechnicus, procestechnicus, productiemanager, projectleider bij een ingenieursbureau.

5.1.g Mbo-opleiding niveau 4

5.1.g.1 Onderhoudstechnicus werktuigbouw (niveau 4)
Voor adres(sen) zie: ROC/MBO-21, 22.
Algemeen
- Eindtermen voor deze kwalificatie worden ontwikkeld door Kenteq.
- Hier worden slechts de centrale adressen vermeld. De opleiding kan in de wijde omtrek ervan worden gegeven.
CREBO 10077
Doel Specialistenopleiding tot onderhoudstechnicus werktuigbouw.
- Taak: onderhoudswerkzaamheden aan bedrijfsinstallaties en apparaten uitvoeren, herstellen, reviseren, modificeren en veilig in- en uit bedrijf stellen.
- Er zijn 3 differentiaties: gas- en vloeistofinstallaties; hydraulische en pneumatische installaties; warmte-krachtinstallaties.
Toelatingseisen Diploma Eerste monteur industrieel onderhoud (EMIO) (niveau 3), of een ander verwant diploma van niveau 3.
Duur 2 jaar deeltijd.
Mogelijkheden voor verdere studie Hto-bachelor Werktuigbouwkunde.
Functiemogelijkheden Onderhoudstechnicus werktuigbouw bij bedrijfsinstallaties en apparaten in verschillende bedrijven.

5.1.g.2 Tekenaar/Constructeur (werkvoorbereiden) (niveau 4)
Voor adres(sen) zie: ROC/MBO-32.
Algemeen
- Eindtermen voor deze kwalificatie worden ontwikkeld door Kenteq.
- Hier wordt slechts het centrale adres vermeld. De opleiding kan in de wijde omtrek ervan worden gegeven.
CREBO 10067/92511
Doel Zelfstandig vervaardigen van samenstellings- en detailtekeningen, berekenen van mechanismen en ontwerpen van gereedschappen en kleine mechanisaties.
Toelatingseisen Diploma Werktuigbouwkunde of Elektrotechniek (beide niveau 3), of een ander verwant diploma van niveau 3.
Duur 2 jaar deeltijd.

Mogelijkheden voor verdere studie Hbo-bachelor Werktuigbouwkunde.
Functiemogelijkheden Werktuigbouwkundig tekenaar/constructeur in machinefabrieken en bij constructiebedrijven.

5.1.g.3 Werkvoorbereider fabricage (werkvoorbereiden) (niveau 4)
Voor adres(sen) zie: ROC/MBO-13, 32.
Algemeen
- Eindtermen voor deze kwalificatie worden ontwikkeld door Kenteq.
- Hier worden slechts de centrale adressen vermeld. De opleiding kan in de wijde omtrek ervan worden gegeven.
CREBO 92512
Doel Berekeningen maken in verband met de inzet van machines, materialen en menskracht: kostprijs, doorlooptijd; planningen maken; ervoor zorgen dat de benodigde gereedschappen, tekeningen, en materialen aanwezig zijn.
Toelatingseisen Diploma mbo niveau 3 of mts in een verwante richting.
Duur 2 jaar deeltijd.
Mogelijkheden voor verdere studie Vakgerichte cursussen.
Functiemogelijkheden Als werkvoorbereider bij een bedrijf dat technische producten fabriceert.

5.1.h Mbo-opleiding niveau 3

5.1.h.1 Allround plaatwerker (niveau 3)
Voor adres(sen) zie: ROC/MBO-32.
Algemeen
- Eindtermen voor deze kwalificatie worden ontwikkeld door Kenteq.
- Hier wordt slechts het centrale adres vermeld. De opleiding kan in de wijde omtrek ervan worden gegeven.
CREBO 94314
Doel Aan de hand van werktekeningen de werkmethode bepalen en producten vervaardigen die zijn samengesteld uit plaat- en/of aangevuld met licht profielmateriaal van staal en aluminium.
Toelatingseisen
- Diploma Metaalbewerker (niveau 2).
- Enkele jaren Middenkaderopleiding Werktuigbouwkunde.
Duur 2 jaar deeltijd.
Mogelijkheden voor verdere studie Een opleiding van niveau 4: Middenkader engineering (technicus) (ook: avondschool).
Functiemogelijkheden Allround plaatwerker in plaatverwerkende bedrijven, fabricage van prototypes en constructie en apparatenbouw.

5.1.h.2 Allround verspaner (niveau 3)
Voor adres(sen) zie: ROC/MBO-10, 17, 21, 22, 25, 32, 38, 39, 43.
Algemeen
- Eindtermen voor deze kwalificatie worden ontwikkeld door Kenteq.
- Hier worden slechts de centrale adressen vermeld. De opleiding kan in de wijde omtrek ervan worden gegeven.
CREBO 10100/94351
Doel Zelfstandig draai-, frees- en eventueel slijpwerkzaamheden verrichten.
- Er zijn 3 differentiaties: rond/vlak; rond; vlak.
Toelatingseisen
- Diploma Metaalbewerker of Verspaner CNC (beide niveau 2).
- Enkele jaren Middenkaderopleiding Werktuigbouwkunde.
Duur 2 jaar deeltijd.
Mogelijkheden voor verdere studie Een opleiding van niveau 4:

Middenkader engineering (technicus) (ook: avondschool).
Functiemogelijkheden Machinaal verspaner in machinefabrieken, onderhoudswerkplaatsen, technische diensten van industriële bedrijven en instituten.

5.1.h.3 Constructie- en apparatenbouwer (niveau 3)
Voor adres(sen) zie: ROC/MBO-1, 8, 10, 22, 45.
Algemeen
- Eindtermen voor deze kwalificatie worden ontwikkeld door Kenteq.
- Hier worden slechts de centrale adressen vermeld. De opleiding kan in de wijde omtrek ervan worden gegeven.

CREBO 10114

Doel Opleiding tot constructie- en apparatenbouwer, met 2 uitstroomrichtingen: Constructie- en apparatenbouwer allround, en Pijpmonteur.
- Taak van de constructie- en apparatenbouwer allround: aan de hand van werktekeningen bepalen van de werkmethode en vervaardigen van producten die zijn opgebouwd uit staaf-, plaat-, pijp- en profielmateriaal.
- Taak van de pijpmonteur: aan de hand van werktekeningen bepalen van de werkmethode en vervaardigen, monteren en samenstellen van de onderdelen en gehelen van pijpconstructies, leidingwerk, installaties en apparaten, eventueel in combinatie met appendages.

Toelatingseisen Diploma vmbo gl, vmbo kb of vmbo tl met de sector vmbo-Tech; of diploma vmbo gl, vmbo kb of vmbo tl, alle met nat./scheik. 1 of wisk. met de sectoren vmbo-Ec, vmbo-Lb of vmbo-Z&W; of een diploma van niveau 2: Constructiebankwerker/lasser, Forceur, Isoleerder/plaatwerker, Pijpenbewerker, Plaatwerker, of Scheepsmetaalbewerker.
Duur 2 jaar deeltijd.
Mogelijkheden voor verdere studie Opleidingen van niveau 4: (specialistenopleiding) Kaderfunctionaris, of Werktuigbouwkunde.
Functiemogelijkheden Constructie- en apparatenbouwer allround in de constructie en apparatenbouw - Pijpmonteur in constructie en apparatenbouw, procesindustrie, offshore en scheepsbouw.

5.1.h.4 Constructiewerker (niveau 2)
Voor adres(sen) zie: ROC/MBO-3, 4, 14, 15, 17, 21, 23, 25, 27, 32, 34, 37, 43, 54, 56, 60.
Algemeen
- Eindtermen voor deze kwalificatie worden ontwikkeld door Kenteq.
- Hier worden slechts de centrale adressen vermeld. De opleiding kan in de wijde omtrek ervan worden gegeven.

CREBO 10122/94312

Doel Aan de hand van werktekeningen vervaardigen, repareren en modificeren van leidingsystemen van diverse materiaalsoorten.
Toelatingseisen
- Diploma Metaalbewerker (niveau 2).
- Enkele jaren Middenkaderopleiding Werktuigbouwkunde.
Duur 2,5 jaar voltijd en deeltijd; bij Roc van Twente alleen 2 jaar deeltijd.
Mogelijkheden voor verdere studie Een opleiding van niveau 4: Middenkader engineering (technicus) (ook: avondschool).
Functiemogelijkheden Constructiewerker in de constructie- of apparatenbouw, binnen het bedrijf of op locatie.

5.1.h.5 Gereedschapmaker (niveau 3)
Voor adres(sen) zie: ROC/MBO-10.
Algemeen
- Eindtermen voor deze kwalificatie worden ontwikkeld door Kenteq.
- Hier wordt slechts het centrale adres vermeld. De opleiding kan in de wijde omtrek ervan worden gegeven.

CREBO 10099

Doel
- Er zijn 3 differentiaties: stempels, matrijzen en speciale gereedschappen.
- Taak: zelfstandig vervaardigen en modificeren van resp. stempels, matrijzen en speciale gereedschappen; monteren, demonteren, onderhouden en beproeven van resp. bestaande stempels, matrijzen en speciale gereedschappen.

Toelatingseisen Diploma vmbo gl, vmbo kb of vmbo tl met de sector vmbo-Tech; of diploma vmbo gl, vmbo kb of vmbo tl, alle met nat./scheik. 1 of wisk. met de sectoren vmbo-Ec, vmbo-Lb of vmbo-Z&W; of een diploma van niveau 2: Draaier, Frezer, Instrumentmaker, Machinaal verspaner CNC, Machinebankwerker werktuigbouw, Slijper, of Verspaner.
Duur 2 jaar deeltijd.
Mogelijkheden voor verdere studie Opleidingen van niveau 4: Fijnmechanische techniek, of (specialistenopleiding) Kaderfunctionaris.
Functiemogelijkheden Gereedschapmaker in gereedschapmakerijen, machinefabrieken en onderhoudswerkplaatsen.

5.1.h.6 Monteur machinebouwer (machinebouw mechatronica) (niveau 3)
Voor adres(sen) zie: ROC/MBO-32.
Algemeen
- Eindtermen voor deze kwalificatie worden ontwikkeld door Kenteq.
- Hier wordt slechts het centrale adres vermeld. De opleiding kan in de wijde omtrek ervan worden gegeven.

CREBO 91091

Doel Bouwen van zowel eenvoudige als complexe mechatronische producten.
Toelatingseisen - Diploma Metaalbewerker (niveau 2).
- Enkele jaren Middenkaderopleiding Werktuigbouwkunde.
Duur 2 jaar deeltijd.
Mogelijkheden voor verdere studie
- Een opleiding van niveau 4 (mits inmiddels voldoende werkervaring): Werkvoorbereider fabricage.
- Opleidingen binnen het domein van de elektrotechniek.
Functiemogelijkheden Machinebouwer in machinefabrieken.

5.1.h.7 Programmeur/Verspaner CNC (niveau 3)
Voor adres(sen) zie: ROC/MBO-39.
Algemeen
- Eindtermen voor deze kwalificatie worden ontwikkeld door Kenteq.
- Hier wordt slechts het centrale adres vermeld. De opleiding kan in de wijde omtrek ervan worden gegeven.

CREBO 10097

Doel Programmeren en zelfstandig draai- en/of freeswerkstukken op CNC-gereedschapmachines bewerken.
- Er zijn drie differentiaties: rond/vlak; rond; vlak.

Toelatingseisen Diploma vmbo gl, vmbo kb of vmbo tl met de sector vmbo-Tech; of diploma vmbo gl, vmbo kb of vmbo tl, alle met nat./scheik. 1 of wisk. met de sectoren vmbo-Ec, vmbo-Lb of vmbo-Z&W; of een diploma van niveau 2: Draaier, Frezer, Instrumentmaker, Machinaal verspaner CNC, Machinebankwerker werktuigbouw, Slijper, of Verspaner.

Duur 2 jaar deeltijd.
Mogelijkheden voor verdere studie Opleidingen van niveau 4: (specialistenopleiding) Kaderfunctionaris, of Werktuigbouwkunde.
Functiemogelijkheden Programmeur/verspaner CNC in machinefabrieken, toeleveringsbedrijven, onderhoudswerkplaatsen, technische diensten van industriële bedrijven en instituten.

5.1.i Mbo-opleiding niveau 1 of niveau 2

5.1.i.1 Aspirant-lasser (niveau 1)
Voor adres(sen) zie: ROC/MBO-56.
Algemeen
- Eindtermen voor deze kwalificatie worden ontwikkeld door Kenteq.
- Hier wordt slechts het centrale adres vermeld. De opleiding kan in de wijde omtrek ervan worden gegeven.

CREBO 10127
Doel Lassen in verschillende posities van verschillende lasnaden, en nemen van maatregelen ter voorkoming of vermindering van krimpvervorming voor, tijdens of na het lassen.
Toelatingseisen De volledige leerplicht hebben voltooid.
Duur 1 jaar voltijd en deeltijd.
Functiemogelijkheden Aspirant-lasser in constructiebedrijven, productiebedrijven, scheepswerven, onderhoudswerkplaatsen, plaatwerkindustrie, installatiebedrijven, offshore, landbouwmechanisatie, bouwbedrijven.

5.1.i.2 Assistent bankwerker montage (niveau 1)
Voor adres(sen) zie: ROC/MBO-4, 8, 21.
Algemeen
- Eindtermen voor deze kwalificatie worden ontwikkeld door Kenteq.
- Hier worden slechts de centrale adressen vermeld. De opleiding kan in de wijde omtrek ervan worden gegeven.

CREBO 10091
Doel Verspanen, verbinden, bankwerken, meten en controleren, aftekenen, centeren en merken, en tekening lezen.
Toelatingseisen De volledige leerplicht hebben voltooid.
Duur 1 jaar voltijd en deeltijd.
Mogelijkheden voor verdere studie Een opleiding van niveau 2: Monteur montage/onderhoud.
Functiemogelijkheden Assistent bankwerker montage.

5.1.i.3 Assistent constructiewerker/Lasser (niveau 1)
Voor adres(sen) zie: ROC/MBO-4, 8, 21.
Algemeen
- Eindtermen voor deze kwalificatie worden ontwikkeld door Kenteq.
- Hier worden slechts de centrale adressen vermeld. De opleiding kan in de wijde omtrek ervan worden gegeven.

CREBO 10124
Doel Tekeningen lezen; booglassen, boren, knippen, slijpen, snijbranden, zagen; helpen bij het maken van constructies van staal of aluminium; bewerken van pijpen, platen, strips, staven en profielen; lassen en monteren van onderdelen.
Toelatingseisen De volledige leerplicht hebben voltooid.
Duur 1 jaar voltijd en deeltijd.
Mogelijkheden voor verdere studie Een opleiding van niveau 2: Constructiebankwerker/Lasser.
Functiemogelijkheden Assistent constructiewerker/lasser in de constructie- of apparatenbouw.

5.1.i.4 Assistent machinaal verspaner (niveau 1)
Voor adres(sen) zie: ROC/MBO-8.
Algemeen
- Eindtermen voor deze kwalificatie worden ontwikkeld door Kenteq.
- Hier wordt slechts het centrale adres vermeld. De opleiding kan in de wijde omtrek ervan worden gegeven.

CREBO 10110
Doel Metaalbewerking, draaien, frezen, aftekenen en tekening lezen, transporteren, meten en controleren.
Toelatingseisen De volledige leerplicht hebben voltooid.
Duur 1 jaar voltijd en deeltijd.
Mogelijkheden voor verdere studie Opleidingen van niveau 2: Draaier, Frezer, Instrumentmaker, Machinaal verspaner CNC, Machinebankwerker werktuigbouw.
Functiemogelijkheden Assistent machinaal verspaner.

5.1.i.5 Assistent metaalbewerking (niveau 1)
Voor adres(sen) zie: ROC/MBO-32.
Algemeen
- Eindtermen voor deze kwalificatie worden ontwikkeld door Kenteq.
- Hier wordt slechts het centrale adres vermeld. De opleiding kan in de wijde omtrek ervan worden gegeven.

CREBO 95482
Doel Mee bouwen aan en onderhouden van apparaten, constructies en machines.
Toelatingseisen De volledige leerplicht hebben voltooid.
Duur 1 jaar voltijd en deeltijd.
Mogelijkheden voor verdere studie Opleidingen in hetzelfde domein in niveau 2.
Functiemogelijkheden Metaalverwerkingsbedrijven.

5.1.i.6 Assistent productietechnisch vakkracht (niveau 1)
Voor adres(sen) zie: ROC/MBO-8.
Algemeen
- Eindtermen voor deze kwalificatie worden ontwikkeld door Kenteq.
- Hier wordt slechts het centrale adres vermeld. De opleiding kan in de wijde omtrek ervan worden gegeven.

CREBO 10090
Toelatingseisen De volledige leerplicht hebben voltooid.
Duur 1 jaar deeltijd.
Mogelijkheden voor verdere studie Een opleiding van niveau 2: Productietechnisch vakkracht.
Functiemogelijkheden Assistent productietechnisch vakkracht.

5.1.i.7 Draaier (niveau 2)
Voor adres(sen) zie: ROC/MBO-8.
Algemeen
- Eindtermen voor deze kwalificatie worden ontwikkeld door Kenteq.
- Hier wordt slechts het centrale adres vermeld. De opleiding kan in de wijde omtrek ervan worden gegeven.

CREBO 10109
Doel Zelfstandig draaiwerkzaamheden verrichten.
Toelatingseisen Diploma vmbo bb met vmbo-Tech; of diploma vmbo bb met nat./scheik. 1 of wisk. met vmbo-Ec, vmbo-Lb of vmbo-Z&W.
Duur 2 jaar deeltijd.
Mogelijkheden voor verdere studie Opleidingen van niveau 3: Allround verspaner (differentiatie: rond), of Programmeur/Verspaner CNC (differentiatie: rond).
Functiemogelijkheden Draaier in machinefabrieken, onderhoudswerkplaatsen en technische diensten van industriële bedrijven en instituten.

5.1.i.8 Frezer (niveau 2)
Voor adres(en) zie: ROC/MBO-8.
Algemeen
- Eindtermen voor deze kwalificatie worden ontwikkeld door Kenteq.
- Hier wordt slechts het centrale adres vermeld. De opleiding kan in de wijde omtrek ervan worden gegeven.
CREBO 10108
Doel Zelfstandig freeswerkzaamheden verrichten.
Toelatingseisen Diploma vmbo bb met vmbo-Tech; of diploma vmbo bb met nat./scheik. 1 of wisk. met vmbo-Ec, vmbo-Lb of vmbo-Z&W.
Duur 2 jaar deeltijd.
Mogelijkheden voor verdere studie Opleidingen van niveau 3: Allround verspaner (differentiatie: vlak), of Programmeur/verspaner CNC (differentiatie: vlak).
Functiemogelijkheden Frezer in machinefabrieken, onderhoudswerkplaatsen en technische diensten van industriële bedrijven en instituten.

5.1.i.9 Isoleerder/Plaatwerker (niveau 2)
Voor adres(en) zie: ROC/MBO-40.
Algemeen
- Eindtermen voor deze kwalificatie worden ontwikkeld door Kenteq.
- Hier wordt slechts het centrale adres vermeld. De opleiding kan in de wijde omtrek ervan worden gegeven.
CREBO 10116
Doel Opleiding tot isoleerder en isolatieplaatwerker.
- Taak van de isoleerder: aan de hand van werktekeningen aanbrengen en afwerken van thermische, brandwerende of akoestische isolatiematerialen, aanbrengen van onderconstructies, monteren en afdichten van isolatieplaatwerk, demonteren van isolatieplaatwerk en het verwijderen van isolatiemateriaal.
- Taak van de isolatieplaatwerker: aan de hand van werktekeningen vervaardigen van producten uit plaat en profielmateriaal voor thermische, brandwerende en akoestische isolatiematerialen.
Toelatingseisen Diploma vmbo bb met vmbo-Tech; of diploma vmbo bb met nat./scheik. 1 of wisk. met vmbo-Ec, vmbo-Lb of vmbo-Z&W.
Duur 2 jaar deeltijd.
Mogelijkheden voor verdere studie Een opleiding van niveau 3: Opmeter/Werkvoorbereider industriële isolatie.
Functiemogelijkheden Isolatiemonteur en isolatieplaatwerker in de thermische en akoestische isolatie.

5.1.i.10 Machinaal verspaner CNC (niveau 2)
Voor adres(en) zie: ROC/MBO-39.
Algemeen
- Eindtermen voor deze kwalificatie worden ontwikkeld door Kenteq.
- Hier wordt slechts het centrale adres vermeld. De opleiding kan in de wijde omtrek ervan worden gegeven.
CREBO 10101
Doel Zelfstandig draai- en/of freeswerkzaamheden verrichten.
- Er zijn 3 differentiaties: verspanen CNC rond/vlak; verspanen CNC rond; verspanen CNC vlak.
Toelatingseisen Diploma vmbo bb met vmbo-Tech; of diploma vmbo bb met nat./scheik. 1 of wisk. met vmbo-Ec, vmbo-Lb of vmbo-Z&W.
Duur 3 jaar deeltijd.
Mogelijkheden voor verdere studie Een opleiding van niveau 3: Programmeur/verspaner CNC (differentiaties: rond/vlak; rond; vlak).
Functiemogelijkheden Machinaal verspaner CNC in machine-

fabrieken, toeleveringsbedrijven, onderhoudswerkplaatsen, technische afdelingen van industriële bedrijven en instituten.

5.1.i.11 Machinebankwerker werktuigbouw (niveau 2)
Voor adres(en) zie: ROC/MBO-8, 30.
Algemeen
- Eindtermen voor deze kwalificatie worden ontwikkeld door Kenteq.
- Hier worden slechts de centrale adressen vermeld. De opleiding kan in de wijde omtrek ervan worden gegeven.
CREBO 10105
Doel Er zijn 2 differentiaties: machinebankwerker werktuigbouw; stempelbankwerker.
- Taak van de machinebankwerker werktuigbouw: zelfstandig door middel van verspaning, vervorm-, verdeel- en verbindingstechnieken producten vervaardigen uit staal, gietijzer, non-ferrometalen en kunststoffen.
- Taak van de stempelbankwerker: zelfstandig door middel van verspanen stempels en stempelonderdelen vervaardigen, aan de hand van werktekeningen stempels en stempelonderdelen samenstellen, stellen en repareren.
Toelatingseisen Diploma vmbo bb met vmbo-Tech; of diploma vmbo bb met nat./scheik. 1 of wisk. met vmbo-Ec, vmbo-Lb of vmbo-Z&W.
Duur 3 jaar deeltijd.
Mogelijkheden voor verdere studie Opleidingen van niveau 3 voor machinebankwerker werktuigbouw: Machinaal Verspaner CNC (differentiaties: rond/vlak; rond; vlak), Gereedschapmaker (differentiaties: speciale gereedschappen; stempels; matrijzen), of Programmeur/verspaner CNC (differentiaties: rond/vlak; rond; vlak).
Functiemogelijkheden Machinebankwerker werktuigbouw in een machinefabriek, stempelbankwerker in een stempelmakerij.

5.1.i.12 Medewerker algemene operationele techniek (niveau 2)
Voor adres(en) zie: ROC/MBO-21, 44.
Algemeen
- Eindtermen voor deze kwalificatie worden ontwikkeld door PMLF.
- Hier worden slechts de centrale adressen vermeld. De opleiding kan in de wijde omtrek ervan worden gegeven.
CREBO 10736
Doel Meestal onder toezicht eenvoudige uitvoerende werkzaamheden op het gebied van het in bedrijf stellen, bedienen, controleren en onderhouden van technische installaties en technische apparatuur.
Toelatingseisen Diploma vmbo bb met vmbo-Tech; of diploma vmbo bb met nat./scheik. 1 of wisk. met vmbo-Ec, vmbo-Lb of vmbo-Z&W.
Duur 2 jaar voltijd.
Mogelijkheden voor verdere studie Een opleiding van niveau 3: Mechanisch operator B/Allround operator & Procesoperator B/Allround operator.
Functiemogelijkheden Operationele technicus in bedrijven met complexe installaties.

5.1.i.13 Metaalbewerken (Allround constructiewerker) (niveau 2)
Voor adres(en) zie: ROC/MBO-8, 22.
Algemeen
- Eindtermen voor deze kwalificatie worden ontwikkeld door Kenteq.
- Hier worden slechts de centrale adressen vermeld. De opleiding kan in de wijde omtrek ervan worden gegeven.

CREBO 10121/94312

Doel Producten vervaardigen die zijn opgebouwd uit staaf-, profiel- en plaatmateriaal in lichte en middelzware constructies.

Toelatingseisen Diploma vmbo bb met vmbo-Tech; of diploma vmbo bb met nat./scheik. 1 of wisk. met vmbo-Ec, vmbo-Lb of vmbo-Z&W.

Duur 2,5 jaar voltijd en deeltijd.

Mogelijkheden voor verdere studie Een opleiding van niveau 3: Allround constructiewerker.

Functiemogelijkheden Constructiewerker in de constructie- en apparatenbouw.

5.1.i.14 Metaalbewerken (Constructiewerker) (niveau 2)
Voor adres(sen) zie: ROC/MBO-32.
Algemeen
- Eindtermen voor deze kwalificatie worden ontwikkeld door Kenteq.
- Hier wordt slechts het centrale adres vermeld. De opleiding kan in de wijde omtrek ervan worden gegeven.
- Bij Roc van Twente zijn er 2 richtingen:
  • Constructiewerker.
  • Plaatconstructiewerker.

CREBO 95761

Doel Onderdelen en constructies maken voor bruggen, gebouwen, kranen, (zware) machines, en transportmiddelen, aan de hand van mondelinge opdrachten of werktekeningen.

Toelatingseisen Diploma vmbo bb.

Duur 2 jaar voltijd en deeltijd.

Mogelijkheden voor verdere studie Een opleiding van niveau 2: Constructiewerker, of van niveau 3: Metaalbewerker.

Functiemogelijkheden Bij apparaten- of constructiebouw, of in de metalen ramen- en gevelbranche.

5.1.i.15 Metaalbewerken (Plaatwerker) (niveau 2)
Voor adres(sen) zie: ROC/MBO-8, 60.
Algemeen
- Eindtermen voor deze kwalificatie worden ontwikkeld door Kenteq.
- Hier worden slechts de centrale adressen vermeld. De opleiding kan in de wijde omtrek ervan worden gegeven.

CREBO 95690

Doel Opleiding tot plaatwerker algemeen, plaatwerker recht en vlak, fijnplaatwerker.
- Taak van de plaatwerker algemeen: aan de hand van werktekeningen producten vervaardigen die zijn opgebouwd uit plaat, en/of aangevuld met licht profielmateriaal.
- Taak van de plaatwerker recht en vlak: aan de hand van werktekeningen producten vervaardigen die zijn opgebouwd uit plaat in rechthoekige vormen, eventueel aangevuld met licht profielmateriaal.
- Taak van de fijnplaatwerker: aan de hand van werktekeningen producten vervaardigen die zijn opgebouwd uit dun plaatmateriaal waaraan hoge eisen zijn gesteld ten aanzien van uiterlijk en nauwkeurigheid van vorm en afmeting.

Toelatingseisen Diploma vmbo bb met vmbo-Tech; of diploma vmbo bb met nat./scheik. 1 of wisk. met vmbo-Ec, vmbo-Lb of vmbo-Z&W.

Duur 2 jaar deeltijd.

Mogelijkheden voor verdere studie Een opleiding van niveau 3: Allround plaatwerker.

Functiemogelijkheden
- Plaatwerker algemeen in plaatverwerkende bedrijven, luchtbehandelingsindustrie, constructie en apparatenbouw.

- Fijnplaatwerker voor het maken van dunne onderdelen (tot 3 mm.) van kantoormachines en elektrotechnische apparatenbouw.
- Plaatwerker recht en vlak in de kantoormeubelenindustrie, plaatverwerkende bedrijven, constructie en apparatenbouw.

5.1.i.16 Monteur mechatronica (machinebouw mechatronica) (niveau 2)
Voor adres(sen) zie: ROC/MBO-13, 32.
Algemeen
- Eindtermen voor deze kwalificatie worden ontwikkeld door Kenteq.
- Hier worden slechts de centrale adressen vermeld. De opleiding kan in de wijde omtrek ervan worden gegeven.

CREBO 91080

Doel Samenstellen, monteren, onderhouden en besturen van machines zoals kopieermachines, lasrobots, melkmachines, plaatsings- en sorteermachines, printers, productiemachines.

Toelatingseisen
- Diploma vmbo bb.
- Diploma Assistent metaalbewerking (niveau 1).

Duur 2 jaar voltijd en deeltijd.

Mogelijkheden voor verdere studie Opleidingen in hetzelfde domein in niveau 2.

5.1.i.17 Monteur montage/onderhoud (niveau 2)
Voor adres(sen) zie: ROC/MBO-8, 30.
Algemeen
- Eindtermen voor deze kwalificatie worden ontwikkeld door Kenteq.
- Hier worden slechts de centrale adressen vermeld. De opleiding kan in de wijde omtrek ervan worden gegeven.

CREBO 10089

Doel Pasmaken, vervaardigen en samenstellen van onderdelen tot producten, gereedschappen en machines; monteren, demonteren, uitlijnen en stellen; onderhouden van gereedschappen en machines.

Toelatingseisen Diploma vmbo bb met vmbo-Tech; of diploma vmbo bb met nat./scheik. 1 of wisk. met vmbo-Ec, vmbo-Lb of vmbo-Z&W.

Duur 2,5 jaar voltijd en deeltijd.

Mogelijkheden voor verdere studie Opleidingen van niveau 3: Eerste monteur industriële productie en systemen, of Eerste productietechnisch vakkracht.

Functiemogelijkheden Monteur montage/onderhoud in machinefabrieken en onderhoudswerkplaatsen.

5.1.i.18 Productiemedewerker metalen ramen (niveau 2)
Voor adres(sen) zie: ROC/MBO-60.
Algemeen
- Eindtermen voor deze kwalificatie worden ontwikkeld door Kenteq.
- Hier wordt slechts het centrale adres vermeld. De opleiding kan in de wijde omtrek ervan worden gegeven.

CREBO 10864

Doel Bewerken van plaat-, profiel-, pijp- en stripmateriaal, lassen met de booglastechniek, monteren van onderdelen, instructies maken voor het vervaardigen van metalen ramen, werkvoorbereiden en controleren.

Toelatingseisen Diploma vmbo bb.

Duur 2 jaar deeltijd.

Mogelijkheden voor verdere studie Opleidingen van niveau 3 op het gebied van constructie, montage/onderhoud en verspaning.

Functiemogelijkheden Productiemedewerker metalen ramen in een metaalverwerkend of -bewerkend bedrijf.

5.1.i.19 Productietechnisch vakkracht (niveau 2)
Voor adres(sen) zie: ROC/MBO-8.
Algemeen
- Eindtermen voor deze kwalificatie worden ontwikkeld door Kenteq.
- Hier wordt slechts het centrale adres vermeld. De opleiding kan in de wijde omtrek ervan worden gegeven.

CREBO 10086
Doel Zelfstandig of in samenwerking met anderen produceren van serie- of massaproducten met behulp van geheel of gedeeltelijk geautomatiseerde machines.
- Er zijn 2 differentiaties: productietechniek; productie- en onderhoudstechniek.

Toelatingseisen Diploma vmbo bb met vmbo-Tech; of diploma vmbo bb met nat./scheik. 1 of wisk. met vmbo-Ec, vmbo-Lb of vmbo-Z&W.
Duur 2,5 jaar deeltijd.
Mogelijkheden voor verdere studie Een opleiding van niveau 3: Eerste productietechnisch vakkracht.
Functiemogelijkheden Productietechnisch vakkracht in een machinefabriek.

5.1.i.20 Verspaner (fijnmechanische techniek) (niveau 2)
Voor adres(sen) zie: ROC/MBO-3, 8, 13, 32, 39.
Algemeen
- Eindtermen voor deze kwalificatie worden ontwikkeld door Kenteq.
- Hier worden slechts de centrale adressen vermeld. De opleiding kan in de wijde omtrek ervan worden gegeven.

CREBO 10107/94340
Doel Er zijn 4 differentiaties: draaier/frezer; instrumentdraaier/frezer; kotteraar; modelmaker metaal.
- Taak van de draaier/frezer: zelfstandig draai-, frees- en eventueel slijpwerkzaamheden verrichten.
- Taak van de instrumentdraaier/frezer: zelfstandig seriematig fijnmechanische onderdelen vervaardigen uit staal, non-ferrometalen of kunststoffen, met behulp van de verspanende bewerkingen draaien en frezen.
- Taak van de kotteraar: zelfstandig draai-, frees- en kotterwerkzaamheden op horizontale en verticale kottermachines verrichten.
- Taak van de modelmaker metaal: modellen uit metaal vervaardigen en controleren.

Toelatingseisen Diploma vmbo bb.
Duur Circa 2 jaar voltijd en deeltijd.
Mogelijkheden voor verdere studie Een opleiding van niveau 3: Allround verspaner (differentiaties: rond/vlak; rond; vlak).
Functiemogelijkheden Draaier/frezer in machinefabrieken, onderhoudswerkplaatsen en technische diensten van industriële bedrijven en instituten; kotteraar in machinefabrieken en onderhoudswerkplaatsen; instrumentdraaier/frezer in instrumentenfabrieken en instrumentmakerijen; modelmaker metaal in modelmakerijen en aanverwante bedrijven.

5.1.l Overige opleidingen

5.1.l.1 Innovam Groep (cursussen/trainingen)
Zie 5.6.l.1.

5.1.l.2 Kennis- en onderhoudscontracten hbo
Voor adres(sen) zie: OVER-245.
Algemeen In samenwerking met een aantal hogescholen verzorgt de Metaalunie trajecten voor medewerkers in bedrijven. Men stelt een traject op dat aansluit bij de huidige functie en het opleidingsniveau van de werknemer.
De trajecten kunnen worden afgerond met een hbo-getuigschrift.
Cursussen Ook worden er post-hbo-cursussen aangeboden.
Toelatingseisen Mbo niveau 3 of 4, of gelijkwaardig.
Duur 1-2 jaar deeltijd.

5.1.l.3 Kenteq (cursussen)
Zie ook: 5.2.l.3 en 5.17.l.1.
Voor adres(sen) zie: KBB-10.
Algemeen Kenteq richt zich met aanbod aan cursussen op 140 beroepen in de techniek, zowel voor beginners als in de vorm van bijscholing van professionals. Onderstaande lijst geeft een grove indicatie van het jaarlijks wisselende aanbod aan cursussen en cursusspecials, maar is bij verschijnen van deze Gids niet compleet en niet actueel.
Voor actuele informatie zie: www.kenteq.nl
Cursussen voor bij- en omscholing:
- *Constructie/plaatwerk:*
  oriëntatie staalbouw - tekening lezen - constructie - plaatwerk - pijpen bewerken - isometrisch tekening lezen - uitslaan plaatwerk - gevorderden - CNC ponsnibbelen - kanten - laser - plasma snijden.
- *Gieterijtechniek:*
  gieterijtechniek - coquille-gieten - smelten van aluminium - hogedrukgieten (spuitgieten) - gieterijtechniek middenkader (zandgieten, spuitgieten, coquille-gieten) - modelmaken hout, kunststof en metaal - gieterijtechniek zandgieten - technische tekeningen in de gieterij.
- *Lassen:*
  booglassen met beklede elektrode - booglassen MIG/MAG - booglassen TIG - veilig lassen - karwei lassen volgens de norm NEN-EN 287.
- *Mechanisatietechniek:*
  onderhoud en reparatie: TP1/TP2/TP3 - basis hydrauliek - basis elektro/elektronica - elektro-hydrauliek - elektronisch/hydraulisch schakelen en meten/beproeven - elektro 220/380 - dieselinspuitsystemen - bedrijfsinterne milieuzorg.
- *Meet- en regeltechniek:*
  elektrotechniek voor instrumentatiemonteurs - instrumentatie voor elektromonteurs - meet- en regeltechniek - storingzoeken - elektrotechniek voor werktuigbouwkundigen - industriële computerbesturing - technicus procesbeheersingssystemen - NEN 1010 industriële installaties - procesinstallaties.
- *Meten en kwaliteitszorg:*
  geometrische meettechniek - geometrische meettechniek - tekening lezen - meettechniek en kwaliteit - vorm- en plaatstoleranties: A/B - vorm- en plaatstoleraties voor praktijkopleiders - kwaliteitszorg in de praktijk - driecoördinaten meettechniek - kalibratietechniek - optisch meten en uitlijnen - geometrische meettechniek constructie-bankwerken.
- *Montage-onderhoud:*
  praktijktraining stellen/monteren - praktijktraining hydrauliek en pneumatiek - preventief onderhoud: technieken en methoden.
- *Procesondersteunend & functie-overstijgend:*
  praktijkopleider/-begeleider - werkvoorbereider - veiligheid 1 en 2 - CE markeren - bedrijfsvoering/-beheer.
- *Scheepsbouw:*
  tekening lezen in de scheepsbouw en in de jachtbouw - oriëntatie tekening lezen - reparatie casco in de scheepsbouw en jachtbouw - meettechniek in de scheepsbouw en in de jachtbouw: afschrijven - gevorderden.

- *Verspanen:*
machinaal verspanen A/E - CNC verspanen - CNC draaien - CNC frezen - slijpen - tekening lezen machinebouw.
Duur Vanaf 1 dag; ook teleleren.
N.B. Vanaf 2015 zullen er nieuwe kwalificatiedossiers door Kenteq beschikbaar zijn.

5.1.l.4 Kiwa training en consultancy
Voor adres(sen) zie: OVER-278.
Algemeen Bevoegdheidsopleidingen voor het veilig werken aan elektrische, gas- en warmteinstallaties, voor mensen die zowel technisch als bedrijfsmatig bezig zijn in de transport- en distributienetten, aan installaties en aan apparatuur.
Alle opleidingen zijn vanuit de praktijk geschreven en worden ondersteund door praktijkoefeningen.
Cursussen
- Basisopleidingen en korte cursussen.
- Installatietechniek.
- Kwaliteitsmanagementsystemen.
- Maatwerk en in company-trainingen betreffende energiedistributietechniek.

Toelatingseisen Er worden cursussen voor alle niveaus aangeboden.

5.1.l.5 Lassen
Voor adres(sen) zie: OVER-183.
Opleidingen Beroepsopleiding tot lasser in een bedrijf op 4 niveaus.
Cursussen Cursus lastechniek (kennismaken met diverse lasprocessen).
Toelatingseisen Varieert per niveau.
Duur
- Beroepsopleiding: 8 maanden (1 avond per week van oktober t/m mei).
- Cursus lastechniek: 3 maanden (1 avond per week).

5.1.l.6 LOI - afstandsonderwijs - Techniek
Zie 4.1.l.2.

5.1.l.7 Lastechniek
Voor adres(sen) zie: OVER-361.
Algemeen De opleidingen worden op diverse locaties in het land gegeven.
Het NIL geeft als onafhankelijk examinerend instituut zelf geen opleidingen.
Opleidingen
- *Handvaardigheidsopleidingen niveau 1 t/m 4; deze opleidingen worden gegeven door vmbo-scholen en particuliere lasinstituten; de examens worden afgenomen door het NIL:*
  - Autogeen lassen.
  - Booglassen met beklede elektroden.
  - Booglassen MIG/MAG.
  - Booglassen TIG.
  - Meesterlasser (Europees erkend E.W.P).
- *Kaderopleidingen Lassen:*
  - Applicatiecursus Metaalkunde en Lastechniek (2 jaar).
    Vooropleiding: TU/hto.
    Cursusplaats: Utrecht (PTO).
  - Lasinstructeur (NIL).
    Vooropleiding: 1 NIL-vakdiploma en diploma Lasspecialist.
    Cursusplaatsen: PTH Eindhoven, Rotterdam, PTH Zwolle.

- Laspraktijk Ingenieur (NIL) (Europees erkend E.W.E.)
  Vooropleiding: TU/hto.
  Cursusplaats: Utrecht (PTO).
- Lasrobotbeheerder (NIL).
  Vooropleiding: mbo niveau 4 in de technische sector of gronddiploma MIG/MAG lassen.
  Cursusplaats: PTH Eindhoven of op locatie.
- Lasspecialist (NIL) (Europees erkend E.W.S.).
  Vooropleiding: NIL-vakdiploma, leerlingwezen metaal/lassen.
  Cursusplaatsen: PTH Eindhoven, Rotterdam, PTH Zwolle.
- Lastechnisch constructeur (NIL).
  Vooropleiding: mbo niveau 4 in de technische sector.
  Cursusplaats: Utrecht (PTO).
- Middelbaar Lastechnicus (NIL) (Europees erkend E.W.T.).
  Vooropleiding: mbo niveau 4 in de technische sector (werktuigbouwkunde of metaalkunde of schakelcursus).
  Cursusplaatsen: Appingedam, Breda, Rotterdam, Utrecht.

Diploma/examen Certificatie van Vakbekwaamheid: het NIL is door de Raad van Accreditatie erkend als Certificatie-instelling voor het verstrekken van certificaten van vakbekwaamheid, gebaseerd op de NEN-EN 45013.

5.1.l.8 Reed business opleidingen
Voor adres(sen) zie: OVER-208.
Opleidingen Meet- en regeltechniek - elektrotechniek - grondmechanica - verftechnologie - ioniserende straling.
Toelatingseisen Voor de toelating tot de opleidingen dient men - afhankelijk van de opleiding die men wil volgen - een niveau te hebben van TU, hto, mbo niveau 4 in de technische sector, vmbo tl of vmbo-Tech.

5.1.l.9 ROVC Technische opleidingen
Voor adres(sen) zie: OVER-160.
Cursussen
- Over onderdelen van de volgende vakgebieden:
  besturingstechniek; elektrotechniek & elektronica; organisatie & communicatie; procestechniek; veiligheid & certificering; werktuigbouwkunde.
- Ook dagcursussen en korte bedrijfsopleidingen.

Toelatingseisen Varieert per cursus van diploma mbo niveau 4, 3 of 2 in de technische sector tot vmbo-Tech. Soms is bepaalde kennis en/of praktijkervaring vereist.
Duur
- Van 1 tot 22 bijeenkomsten per half jaar, plus praktijkdagen.
- De cursussen starten jaarlijks eind september.

Overige informatie
- De uitgebreide cursusgids kan bij het ROVC worden aangevraagd: www.rovc.nl.
- De avondcursussen worden op ruim 50 locaties in Nederland gegeven.

5.1.l.10 Stichting Energie-onderzoek Centrum Nederland (ECN)
Voor adres(sen) zie: OVER-275.
Cursussen
- Voor beleidsmakers en technici op verschillende niveaus:
  - basis- en heropleiding reactorwerktuigkundigen;
  - duurzame energie;
  - energie en beleid;
  - kerntechniek;
  - milieuaspecten van windenergie;

- stralingsdeskundige niveau 3, 4a en 5a en 5b;
- techniek van windturbines;
- technische keramiek.
- Maatcursussen stralingshygiëne voor alle niveaus.

5.1.l.11 Stichting OOI
Voor adres(sen) zie: OVER-251.
Cursussen voor de isolatiebranche:
- Automatisering.
- Kennismaken met isolatietechnieken.
- Kwaliteit.
- Monteur en isolatie.
- Opmeter.
- Plaatwerk.
- Praktijkopleider.
- Preventiemedewerker.
- Steigerbouwer.
- Tekening lezen isometrisch tekening lezen (basis).
- Tekening lezen utiliteit 2.
- Utiliteit (basiscursus).
- Veiligheid, milieu en arbo.
- Verwerker coatingsystemen elastomeren.
- Verwerker elastomeren/polyethyleen 1.
- Verwerker elastomeren/polyethyleen 2.
- Verwerker geschuimd glas I.
- Verwerker geschuimd glas II.

5.1.l.12 Stichting Wateropleidingen
Voor adres(sen) zie: OVER-253.
Cursussen Nascholingcursussen en beroepsopleidingen voor water-keten en watersysteem, betreffende de onderwerpen:
- arbo;
- beheer en onderhoud;
- didactiek en communicatie;
- drinkwater;
- internationaal;
- riolering en stedelijk water;
- vergunningen en handhaving;
- waterbeheer;
- waterveiligheid;
- waterzuivering.
Toelatingseisen Er worden geen bepaalde eisen aan de vooroplei-ding gesteld.
Overige informatie De Stichting Wateropleidingen is in 1993 opge-richt door en voor de watersector. Oprichters zijn: Vewin (Vereniging van waterbedrijven in Nederland), KVWN (Koninklijke Vereniging voor Waterleidingbelangen in Nederland), KWR en de NVA (Nederlandse Vereniging voor Waterbeheer). Sinds 1 januari 2009 zijn de KVWN en de NVA samengegaan in Waternetwerk.

5.1.l.13 Vereniging Industrieel Oppervlaktebehandeld Nederland (ION)
Voor adres(sen) zie: OVER-254.
Algemeen Avondcursussen te Bilthoven, Eindhoven, Enschede en Utrecht.
Opleidingen
- Galvanotechniek.
- Galvanotechniek in de elektronica.
- Hard-verchromen.
- Inspectie metaalconservering.
- Lak- en verfbedekking.

- Poedercoaten.
- Slijpen en polijsten.
- Stralen, beitsen en fosfateren.
- Vakbekwaamheid metaalconserveren.
- Voorbehandelen en beschermen van constructiestaal.
Toelatingseisen Het toelatingsniveau varieert van geen speciale eisen of enige werkervaring tot en met hto-niveau.

5.1.l.14 Volwassenenonderwijs - metaal
Voor adres(sen) zie: ROCCO-1, 2, 5, 8, 9, 10, 11, 12, 13, 20, 22, 25, 26.
Cursussen
- AUTOCAD.
- Las-opleidingen.
- Metaalbewerking.
- Plaatbewerking.
- Werktuigbouwkundig tekenen.

5.2 ELEKTROTECHNIEK

5.2.a Postacademisch onderwijs (pao)

5.2.a.1 Elektrische energietechniek (TU/e)
Voor adres(sen) zie: WO-17.

5.2.a.2 Energy Systems (TUD)
Voor adres(sen) zie: WO-14.
Algemeen Top Tech Executive master.
Voertaal: Nederlands.
Doel In dit programma krijgen professionals en managers de inhou-delijke bagage om hun organisatie te leiden naar een succesvolle toe-komst die wordt bepaald door nieuwe technologieën en nieuwe markten. Het programma is gericht op de integratie van business en techniek en leert de deelnemer verschillende energiesystemen te combineren.
Toelatingseisen Deelnemers zijn werkzaam in energiebedrijven, adviesorganisaties, industrie en overheid; veelal geven ze leiding aan veranderingsprocessen en innovaties, en bepalen zij in hoge mate in welke richting hun bedrijf wordt ontwikkeld.
Lesprogramma Het programma is opgebouwd uit drie delen: het Technisch-deel, het Business-deel en het master-deel als integrerend element tussen het Technisch en het Business-deel. Daartussen spe-len cases een belangrijke rol om het geleerde tijdens de opleiding te spiegelen aan de praktijk.
Het Technisch- en het Business-deel kunnen ook afzonderlijk worden gevolgd, waardoor de opleiding kan worden gespreid over meer jaren.

5.2.c Wo-bacheloropleiding

5.2.c.1 Electrical engineering (TUD, TU/e, UT)
Voor adres(sen) zie: WO-13, 17, 20.
Algemeen
- TUD: wo-bacheloropleiding, gericht op telecommunicatie, infor-matietechnologie, micro-elektronica en elektrische energietech-niek.
- TU/e: wo-bacheloropleiding, gericht op telecommunicatie, infor-matie- en communicatiesystemen, energietechniek, elektronica, meet- en regeltechniek.
- UT: wo-bacheloropleiding, gericht op kennis van ontwerpen (in teamverband) van elektrotechnische systemen in hun multidisci-

plinaire toepassingen, zoals IT, mechatronica, biomedische techniek en micro-elektronica.

Toelatingseisen
- Diploma vwo (wisk. B, nat.); vwo-profiel C&M (+ wisk. B I en II, nat. I en II), E&M (+ wisk. B I en II, nat. I en II), N&T, N&G; propedeuse of getuigschrift/diploma van een hbo of van de OUNL (wisk. B, nat.).
- Als men 21 jaar of ouder is, komt men in aanmerking voor een colloquium doctum.

Duur
- 3 jaar voltijd.
- Na diploma hbo-bachelor Elektrotechniek: 2,5 jaar.

Lesprogramma Specialisaties:
- TUD: Honours-programma.
- TU/e: Automotive - Honours-programma.

Functiemogelijkheden Functies in de elektronica-industrie, de telecommunicatie-industrie, telecommunicatiediensten, informatietechnologie, computerbranche, oliewinning, innovatiebedrijven, medische technologie, lucht- en ruimtevaart, energiebedrijven, diverse productiebedrijven.

Overige informatie De UT verzorgt ook een opleiding in Leeuwarden.

5.2.d Post-hbo-opleiding

5.2.d.1 Stichting CPION
(Centrum Post Initieel Onderwijs Nederland)
Voor adres(sen) zie: DIEN-29.
Algemeen Toetsing, registratie en diplomering van initiële opleidingen.

5.2.f Hbo-bacheloropleiding

5.2.f.1 Electrical engineering (HS Utrecht)
Voor adres(sen) zie: HBO-184.
Algemeen Engelstalige hbo-bacheloropleiding; specialisatie van Elektrotechniek.
Duur 4 jaar voltijd.
Mogelijkheden voor verdere studie TUD of TU/e; hbo-masteropleidingen in Engeland of Nederland.

5.2.f.2 Elektrotechniek (hto) (Avans HS, Fontys HS, Haagse HS, HAN, Hanze HS, HS Inholland, HS LOI, HS NCOI, HS Rotterdam, HS Utrecht, HS Windesheim, HvA, HZ, NHL, Saxion HS, Zuyd HS)
Voor adres(sen) zie: HBO-1, 31, 52, 64, 82, 89, 95, 109, 115, 125, 135, 150, 157, 184, 200, 203, 219.
Algemeen
- Hbo-bacheloropleiding voor elektrotechnisch ingenieur, werkzaam op het gebied van elektrische energietechniek, digitaal/analoog ontwerpen, telecommunicatietechniek, medische elektrotechniek en multimediatechniek.
- HS LOI en HS NCOI: digitaal in deeltijd; niet door de overheid bekostigd.

Toelatingseisen Diploma havo (wisk. B, nat.); havo-profiel N&T, N&G (+ wisk. B II, nat. II); vwo (wisk. A of B, nat.); vwo-profiel C&M (+ wisk. A I en II, nat. I), E&M (+ nat. I), N&G, N&T; mbo niveau 4 met of zonder stage (wisk., nat.).
- Alkmaar: speciale instroomroute voor mto-ers zonder wis- en natuurkunde.
- Arnhem, Den Haag, en Eindhoven: mogelijkheid om deficiënties weg te werken tijdens of voor de propedeuse.

Duur
- 4 jaar voltijd en deeltijd.
- 3,5 jaar voltijd na diploma mbo niveau 4 in de technische sector.
- 3,5 jaar voltijd na diploma vwo.
- Breda, Delft, Rotterdam, Zwolle: ook duaal.
- Delft, Den Bosch, Leeuwarden, Zwolle: geen deeltijd.

Lesprogramma Specialisaties:
- Arnhem (HAN): Electronics, power en automation - Embedded systems engineering.
- Assen (Hanze HS, vestiging Assen): Advanced sensor applications.
- Breda (Avans HS, vestiging Breda): Keuze minor - Smart energy.
- Den Bosch (Avans HS, vestiging Den Bosch): Embedded systems - Industriële automatisering.
- Eindhoven (Fontys PTH): Analog design - Commercieel technisch - Digital design - Medische technologie.
- Enschede (Saxion HS, vestiging Enschede): Electrical power and automation - Electronic information engineering.
- Groningen (Hanze HS): Electronica - Mechatronica.
- Leeuwarden (NHL, instituut Techniek): Cybersafety - Energietechniek - Industriële automatisering - Informatietechniek - Medische techniek - Technische informatica - Windenergie.
- Rotterdam (HS Rotterdam): Electrical power engineering (minor) - Embedded systems - Mechatronica (minor).

Mogelijkheden voor verdere studie
- Verder studeren aan TUD of TU/e, eventueel met vrijstellingen of in het verkorte doorstroomprogramma; post-hto-cursussen.
- Arnhem: MSc Control systems engineering.

Functiemogelijkheden Verkoopadviseur van meet- en computersystemen; medewerker bij de ontwikkeling van communicatiemiddelen; commercieel-technisch adviseur; hoofd technische ontwikkeling; medewerker bij een ingenieursbureau dat de opdracht heeft om een productieproces te automatiseren; productieleider bij een bedrijf waar meet- en regelapparatuur wordt gemaakt; onderzoeker bij het researchlab van een grote(re) onderneming; technisch applicatieprogrammeur; chef van een technische dienst bij een productiebedrijf; elektrotechnisch ontwerper; systeemontwerper; systeemanalist; IC-ontwerper; zelfstandig ondernemer.

5.2.g Mbo-opleiding niveau 4

5.2.g.1 Elektrotechnische industriële producten en systemen (Technicus) (niveau 4)
Voor adres(sen) zie: ROC/MBO-13, 32.
Algemeen
- Eindtermen voor deze kwalificatie worden ontwikkeld door Kenteq.
- Hier worden slechts de centrale adressen vermeld. De opleiding kan in de wijde omtrek ervan worden gegeven.
CREBO 92410
Doel Zelfstandig of in teamverband (deel-)producten maken in een werkplaats; installeren op de werkplaats of op locatie; verantwoordelijk zijn voor de planning en de voortgang, de kwaliteit van het werk en de veiligheid.
Toelatingseisen
- Diploma niveau 3 in dezelfde richting.
- Diploma mts in de richting Elektrotechniek.
Duur 2-3 jaar deeltijd.
Mogelijkheden voor verdere studie Specifieke vakgerichte cursussen.
Functiemogelijkheden Technicus in een elektrotechnisch installatiebedrijf.

5.2.g.2 Leidinggevend monteur elektrotechnische installaties (niveau 4)

Voor adres(en) zie: ROC/MBO-13, 32.

Algemeen
- Eindtermen voor deze kwalificatie worden ontwikkeld door Kenteq.
- Hier worden slechts de centrale adressen vermeld. De opleiding kan in de wijde omtrek ervan worden gegeven.

CREBO 94291

Doel Zelfstandig leidinggeven aan en uitvoeren van aanleg, wijziging en/of onderhoud van eenvoudige tot complexe elektronische installaties ten behoeve van datanetwerken, gebouwbeheersystemen, telecominstallaties, (openbare) verlichting en verkeerssignalering; verantwoordelijk zijn voor de planning en de voortgang, de kwaliteit van het werk en de veiligheid.

Toelatingseisen
- Diploma Eerste monteur elektrotechnische installaties (installeren).
- Diploma mts in de richting Elektrotechniek.

Duur 2 jaar deeltijd.

Mogelijkheden voor verdere studie Hbo-bachelor Elektrotechniek of Technische bedrijfskunde.

Functiemogelijkheden Leidinggevend monteur bij of zelfstandig ondernemer van een elektrotechnisch installatiebedrijf.

5.2.g.3 Middenkader engineering (Technicus) (elektrotechniek) (niveau 4)

Voor adres(en) zie: ROC/MBO-13, 32, 39, 45.

Algemeen
- Specialisatie bij Roc Mondriaan: Elektrische installaties.
- Eindtermen voor deze kwalificatie worden ontwikkeld door Kenteq.
- Hier worden slechts de centrale adressen vermeld. De opleiding kan in de wijde omtrek ervan worden gegeven.

CREBO 94421-ele

Doel Constructies uitdenken, ontwerpen en tekenen en daarna alles zo organiseren dat het perfect wordt gerealiseerd: materialen bepalen, de juiste mensen inschakelen, goed implementeren, controleren en testen; vaak ook zorgen voor het onderhoud.

Toelatingseisen
- Diploma vmbo gl, vmbo kb of vmbo tl met de sector vmbo-Tech; of diploma vmbo gl, vmbo kb of vmbo tl, alle met nat./scheik. 1 of wisk. met de sectoren vmbo-Ec, vmbo-Lb of vmbo-Z&W.
- Een overgangsbewijs naar havo- 4 of vwo-4.
- Diploma havo of vwo met nat. en wisk.: toelaatbaar tot het 2e jaar.

Duur
- 4 jaar voltijd.
- Roc van Twente: diverse lesblokken van 9 weken in 4 jaar voltijd of 3 jaar avondschool.

Mogelijkheden voor verdere studie Hbo-bacheloropleiding Werktuigbouwkunde.

Functiemogelijkheden CNC-programmeur, (technisch) ontwerper, (technisch) projectleider, servicetechnicus, tekenaar-constructeur, (technisch) werkvoorbereider.

5.2.g.4 MiddenKaderfunctionaris AutomatiseringsENergietechniek (MK-AEN) (niveau 4)

Voor adres(en) zie: ROC/MBO-39.

Algemeen
- Eindtermen voor deze kwalificatie worden ontwikkeld door Kenteq.
- Hier wordt slechts het centrale adres vermeld. De opleiding kan in de wijde omtrek ervan worden gegeven

CREBO 10235

Doel Verrichten, controleren en begeleiden van werkzaamheden aan en ten behoeve van laagspanningsbedrijfsinstallaties; verantwoordelijk zijn voor afbreukrisico's, planning, administratie, beheer en uitvoering van installatie- en onderhoudswerkzaamheden.

Toelatingseisen Diploma vmbo gl, vmbo kb of vmbo tl met de sector vmbo-Tech; of diploma vmbo gl, vmbo kb of vmbo tl, alle met nat./scheik. 1 of wisk. met de sectoren vmbo-Ec, vmbo-Lb of vmbo-Z&W.

Duur 4 jaar voltijd.

Mogelijkheden voor verdere studie Met de doorstroomdeelkwalificatie Hbo-Elektrotechniek: hto-Elektrotechniek.

Functiemogelijkheden Middenkaderfunctionaris automatiseringsenergietechniek bij een elektrotechnisch installatiebedrijf of in de industrie.

5.2.g.5 Technicus elektrische BedrijfsInstallaties (TBI) (niveau 4), specialistenopleiding

Voor adres(en) zie: ROC/MBO-1, 10, 22, 25, 27, 39.

Algemeen
- Eindtermen voor deze kwalificatie worden ontwikkeld door Kenteq.
- Hier worden slechts de centrale adressen vermeld. De opleiding kan in de wijde omtrek ervan worden gegeven.

CREBO 10236

Doel Specialistenopleiding tot technicus elektrische bedrijfsinstallaties.
- Taak: werkzaamheden aan en ten behoeve van laagspanningsbedrijfsinstallaties; verantwoordelijk zijn voor afbreukrisico's, planning, administratie, beheer en uitvoering van installatie- en onderhoudswerkzaamheden.

Toelatingseisen Diploma vmbo gl, vmbo kb of vmbo tl met de sector vmbo-Tech; of diploma vmbo gl, vmbo kb of vmbo tl, alle met nat./scheik. 1 of wisk. met de sectoren vmbo-Ec, vmbo-Lb of vmbo-Z&W.

Duur 2 jaar voltijd en deeltijd.

Mogelijkheden voor verdere studie Geen specifieke verdere studiemogelijkheden.

Functiemogelijkheden Technicus elektrische bedrijfsinstallaties in de industrie of bij elektrotechnische installatiebedrijven.

5.2.g.6 Technicus SterkstroomInstallaties (TSI) (niveau 4), specialistenopleiding

Voor adres(en) zie: ROC/MBO-10, 22, 25, 27, 30, 39.

Algemeen
- Eindtermen voor deze kwalificatie worden ontwikkeld door Kenteq.
- Hier worden slechts de centrale adressen vermeld. De opleiding kan in de wijde omtrek ervan worden gegeven.

CREBO 10238

Doel Specialistenopleiding tot technicus sterkstroominstallaties.
- Taak: ontwerpwerkzaamheden en/of installatiewerkzaamheden laten verrichten ten behoeve van laagspanningsinstallaties in woningen, utiliteitsgebouwen en industrie; verantwoordelijk zijn voor afbreukrisico's, planning, administratie, beheer en de uitvoering van installatie- en onderhoudswerkzaamheden.

Toelatingseisen Diploma Eerste monteur sterkstroominstallaties (EMSI) (niveau 3).

Duur 2 jaar voltijd en deeltijd.

Mogelijkheden voor verdere studie Geen specifieke verdere studiemogelijkheden.

Functiemogelijkheden Technicus sterkstroominstallaties bij elektrotechnische installatiebedrijven.

5.2.g.7 Werkvoorbereider installatie (werkvoorbereiden) (niveau 4)
Voor adres(sen) zie: ROC/MBO-13, 32.
Algemeen
- Eindtermen voor deze kwalificatie worden ontwikkeld door Kenteq.
- Hier worden slechts de centrale adressen vermeld. De opleiding kan in de wijde omtrek ervan worden gegeven.
CREBO 92513-ele
Doel Zelfstandig opnemen van werk; ontwerpen nader uitwerken; berekeningen over de inzet en de kostprijs van machines, menskracht en materialen maken; zorgen voor de benodigde tekeningen, materialen, machines en gereedschappen.
Toelatingseisen Een diploma binnen het domein van de elektrotechniek (niveau 3 of 4), of een ander diploma van een verwante opleiding (met nat. én wisk.).
Duur 2 jaar deeltijd.
Mogelijkheden voor verdere studie Verwante hbo-bachelor of hbo-lerarenopleiding.
Functiemogelijkheden Werkvoorbereider bij een (elektro)technisch installatiebedrijf.

5.2.h Mbo-opleiding niveau 3

5.2.h.1 Eerste Monteur Communicatie-Installaties (EMCI) (niveau 3)
Voor adres(sen) zie: ROC/MBO-10.
Algemeen
- Eindtermen voor deze kwalificatie worden ontwikkeld door Kenteq.
- Hier wordt slechts het centrale adres vermeld. De opleiding kan in de wijde omtrek ervan worden gegeven.
CREBO 10241
Doel Uitvoeren, controleren en begeleiden van elektrotechnische installatiewerkzaamheden met betrekking tot communicatie- en signaleringsinstallaties in gebouwen en voertuigen.
Toelatingseisen Diploma vmbo gl, vmbo kb of vmbo tl met de sector vmbo-Tech; of diploma vmbo gl, vmbo kb of vmbo tl, alle met nat./scheik. 1 of wisk. met de sectoren vmbo-Ec, vmbo-Lb of vmbo-Z&W.
Duur 3,5 jaar voltijd en deeltijd.
Mogelijkheden voor verdere studie Een opleiding van niveau 4: Specialistenopleiding Technicus CommunicatieSystemen (TCS).
Functiemogelijkheden Eerste monteur communicatie-installaties bij elektrotechnische installatiebedrijven.

5.2.h.2 Eerste monteur elektrotechnische industriële producten en systemen (niveau 3)
Voor adres(sen) zie: ROC/MBO-1, 12, 13, 14, 17, 32, 39, 60.
Algemeen
- Eindtermen voor deze kwalificatie worden ontwikkeld door Kenteq.
- Hier worden slechts de centrale adressen vermeld. De opleiding kan in de wijde omtrek ervan worden gegeven.
CREBO 10082/92400
Doel Maken van onderdelen voor elektrotechnische systemen.
Toelatingseisen
- Diploma vmbo gl, vmbo kb of vmbo tl met de sector vmbo-Tech; of diploma vmbo gl, vmbo kb of vmbo tl, alle met nat./scheik. 1 of wisk. met de sectoren vmbo-Ec, vmbo-Lb of vmbo-Z&W.
- Overgangsbewijs naar havo-4 of vwo-4.
- Diploma Monteur elektrotechnische industriële producten en systemen (niveau 2).
- 1 of 2 jaar mts-Elektrotechniek.

Duur 2-4 jaar voltijd en deeltijd.
Mogelijkheden voor verdere studie
- Opleidingen van niveau 3: Eerste monteur elektrotechnische installaties (installeren), of Monteur machinebouwer.
- Een opleiding van niveau 4 binnen het domein van de elektrotechniek.
Functiemogelijkheden Eerste monteur bij technische bedrijven.

5.2.h.3 Eerste monteur elektrotechnische installaties (installeren) (niveau 3)
Voor adres(sen) zie: ROC/MBO-10, 22, 25, 32, 39.
Algemeen
- Eindtermen voor deze kwalificatie worden ontwikkeld door Kenteq.
- Hier worden slechts de centrale adressen vermeld. De opleiding kan in de wijde omtrek ervan worden gegeven.
CREBO 94281
Doel Werkzaamheden aan of ten behoeve van laagspanningsbedrijfsinstallaties.
Toelatingseisen
- Diploma vmbo gl, vmbo kb of vmbo tl met de sector vmbo-Tech; of diploma vmbo gl, vmbo kb of vmbo tl, alle met nat./scheik. 1 of wisk. met de sectoren vmbo-Ec, vmbo-Lb of vmbo-Z&W.
- Overgangsbewijs naar havo-4 of vwo-4.
- Verwant diploma van niveau 2.
- 1 of 2 jaar mts-Elektrotechniek.
Duur 2-4 jaar voltijd en deeltijd.
Mogelijkheden voor verdere studie Een opleiding van niveau 4: Werkvoorbereider.
Functiemogelijkheden Eerste monteur elektrische bedrijfsinstallaties in de industrie of bij elektrotechnische installatiebedrijven.

5.2.h.4 Eerste Monteur Elektrotechnische Panelen (EMEP) (niveau 3)
Voor adres(sen) zie: ROC/MBO-25, 39, 60.
Algemeen
- Eindtermen voor deze kwalificatie worden ontwikkeld door Kenteq.
- Hier worden slechts de centrale adressen vermeld. De opleiding kan in de wijde omtrek ervan worden gegeven.
CREBO 10245
Doel Uitvoeren, begeleiden en controleren van werkzaamheden bij de productie van schakel- en verdeelinrichtingen, besturingskasten, bedieningslessenaars en/of toestellen.
Toelatingseisen Diploma vmbo gl, vmbo kb of vmbo tl met de sector vmbo-Tech; of diploma vmbo gl, vmbo kb of vmbo tl, alle met nat./scheik. 1 of wisk. met de sectoren vmbo-Ec, vmbo-Lb of vmbo-Z&W.
Duur 4 jaar voltijd en deeltijd.
Mogelijkheden voor verdere studie Geen specifieke verdere studiemogelijkheden.
Functiemogelijkheden Eerste monteur elektrotechnische panelen in elektrotechnische productiebedrijven.

5.2.h.5 Eerste Monteur MiddenspanningsInstallaties (EMMI) (niveau 3)
Voor adres(sen) zie: ROC/MBO-4.
Algemeen
- Eindtermen voor deze kwalificatie worden ontwikkeld door Kenteq.
- Hier wordt slechts het centrale adres vermeld. De opleiding kan in de wijde omtrek ervan worden gegeven.
CREBO 10250
Doel Werken aan en ten behoeve van middenspanningsinstallaties voor distributie en industrie.

Toelatingseisen Diploma vmbo gl, vmbo kb of vmbo tl met de sector vmbo-Tech; of diploma vmbo gl, vmbo kb of vmbo tl, alle met nat./scheik. 1 of wisk. met de sectoren vmbo-Ec, vmbo-Lb of vmbo-Z&W.
Duur 4 jaar voltijd en deeltijd.
Mogelijkheden voor verdere studie Een opleiding van niveau 4: Specialistenopleiding Technicus MiddenspanningsInstallaties (TMI).
Functiemogelijkheden Eerste monteur middenspanningsinstallaties bij een elektrotechnisch distributiebedrijf of bij een elektrotechnisch installatiebedrijf.

5.2.h.6 Eerste Monteur SterkstroomInstallaties (EMSI) (niveau 3)

Voor adres(sen) zie: ROC/MBO-4, 10, 22, 25, 39, 54.
Algemeen
- Eindtermen voor deze kwalificatie worden ontwikkeld door Kenteq.
- Hier worden slechts de centrale adressen vermeld. De opleiding kan in de wijde omtrek ervan worden gegeven
CREBO 10249
Doel Werken aan en ten behoeve van laagspanningsinstallaties in woningen en utiliteitsgebouwen.
Toelatingseisen Diploma vmbo gl, vmbo kb of vmbo tl met de sector vmbo-Tech; of diploma vmbo gl, vmbo kb of vmbo tl, alle met nat./scheik. 1 of wisk. met de sectoren vmbo-Ec, vmbo-Lb of vmbo-Z&W.
Duur 4 jaar voltijd en deeltijd.
Mogelijkheden voor verdere studie Een opleiding van niveau 4: Specialistenopleiding Technicus SterkstroomInstallaties (TSI).
Functiemogelijkheden Eerste monteur sterkstroominstallaties in een elektrotechnisch installatiebedrijf.

5.2.i Mbo-opleiding niveau 1 of niveau 2

5.2.i.1 Assistent montage (niveau 1)
Voor adres(sen) zie: ROC/MBO-32.
Algemeen
- Eindtermen voor deze kwalificatie worden ontwikkeld door Kenteq.
- Hier wordt slechts het centrale adres vermeld. De opleiding kan in de wijde omtrek ervan worden gegeven.
CREBO 95483
Doel Monteren en demonteren van onderdelen; op maat maken van kabels, kabelgoten en leidingen.
Toelatingseisen De volledige leerplicht hebben voltooid.
Duur 1 jaar voltijd en deeltijd.
Mogelijkheden voor verdere studie Opleidingen van niveau 2 in het domein van de elektrotechniek.
Functiemogelijkheden Assistent montage van bijvoorbeeld bedradingkokers, beveiligings- of telefoonsystemen in een elektrotechnisch installatiebedrijf.

5.2.i.2 Assistent Monteur Assemblage Elektrocomponenten (AMAE) (niveau 1)
Voor adres(sen) zie: ROC/MBO-4, 54.
Algemeen
- Eindtermen voor deze kwalificatie worden ontwikkeld door Kenteq.
- Hier worden slechts de centrale adressen vermeld. De opleiding kan in de wijde omtrek ervan worden gegeven.
CREBO 10265
Doel Samenstellen en monteren van elektrocomponenten, waartoe vooral de seriematige productie van eenvoudige verdeelinrichtingen en besturingskasten, eenvoudige bedrading en verbindingskabels behoren.
Toelatingseisen De volledige leerplicht hebben voltooid.

Duur 1 jaar voltijd en deeltijd.
Mogelijkheden voor verdere studie Met vrijstellingen instromen in opleidingen van niveau 2: Monteur Elektrotechnische Panelen (MEP), of Monteur Industriële Elektronica (MIE).
Doorstroommogelijkheden naar een andere opleiding van niveau 1, zoals Assistent Monteur Montage Elektronicacomponenten (AMME).
Functiemogelijkheden Assistent monteur assemblage elektrocomponenten in een elektrotechnisch installatiebedrijf.

5.2.i.3 Assistent Monteur LaagspanningsNetten (AMLN) (niveau 1)
Voor adres(sen) zie: ROC/MBO-4, 10, 54.
Algemeen
- Eindtermen voor deze kwalificatie worden ontwikkeld door Kenteq.
- Hier worden slechts de centrale adressen vermeld. De opleiding kan in de wijde omtrek ervan worden gegeven.
CREBO 10268
Doel Uitvoeren van werkzaamheden aan en ten behoeve van laagspanningsdistributienetten, waartoe vooral de aanleg van aftakkingen en verbruikersaansluitingen behoren.
Toelatingseisen De volledige leerplicht hebben voltooid.
Duur 1 jaar voltijd en deeltijd.
Mogelijkheden voor verdere studie Met vrijstellingen instromen in een opleiding van niveau 2: Monteur LaagspanningsNetten (MLN).
Functiemogelijkheden Assistent monteur laagspanningsnetten bij een distributiebedrijf.

5.2.i.4 Monteur Communicatie-Installaties (MCI) (niveau 2)
Voor adres(sen) zie: ROC/MBO-10, 54.
Algemeen
- Eindtermen voor deze kwalificatie worden ontwikkeld door Kenteq.
- Hier worden slechts de centrale adressen vermeld. De opleiding kan in de wijde omtrek ervan worden gegeven.
CREBO 10253
Doel Elektrotechnische installatiewerkzaamheden met betrekking tot communicatie-installaties in gebouwen en voertuigen.
Toelatingseisen Diploma vmbo bb.
Duur 2 jaar voltijd en deeltijd.
Mogelijkheden voor verdere studie Met vrijstellingen instromen in een opleiding van niveau 3: Eerste monteur communicatie-installaties.
Functiemogelijkheden Monteur communicatie-installaties in een elektrotechnisch installatiebedrijf.

5.2.i.5 Monteur Elektrotechnisch Wikkelen (MEW) (niveau 2)
Voor adres(sen) zie: ROC/MBO-22, 30.
Algemeen
- Eindtermen voor deze kwalificatie worden ontwikkeld door Kenteq.
- Hier worden slechts de centrale adressen vermeld. De opleiding kan in de wijde omtrek ervan worden gegeven.
CREBO 10257
Toelatingseisen Diploma vmbo bb.
Duur 2 jaar voltijd en deeltijd.
Mogelijkheden voor verdere studie Geen specifieke verdere studiemogelijkheden.
Functiemogelijkheden Monteur elektrotechnisch wikkelen in een reparatiebedrijf dat is gericht op reparatie en revisie van elektrische machines, zoals motoren, generatoren en transformatoren.

5.2.i.6 Monteur elektrotechnische industriële producten en systemen (niveau 2)
Voor adres(sen) zie: ROC/MBO-13, 32.
Algemeen
- Eindtermen voor deze kwalificatie worden ontwikkeld door Kenteq.
- Hier worden slechts de centrale adressen vermeld. De opleiding kan in de wijde omtrek ervan worden gegeven.

CREBO 92390
Doel Elektrotechnische installatiewerkzaamheden en het samenstellen van elektrotechnische producten.
Toelatingseisen Diploma vmbo bb.
Duur 2 jaar voltijd en deeltijd.
Mogelijkheden voor verdere studie Een opleiding van niveau 3: Eerste Monteur elektrotechnische industriële producten en systemen.
Functiemogelijkheden Monteur bij een elektrotechnisch installatiebedrijf en bedrijven die industriële producten en systemen vervaardigen.

5.2.i.7 Monteur elektrotechnische installaties (installeren) (niveau 2)
Voor adres(sen) zie: ROC/MBO-13, 21, 28, 32, 37, 40, 43, 45, 46, 48, 60.
Algemeen
- Eindtermen voor deze kwalificatie worden ontwikkeld door Kenteq.
- Hier worden slechts de centrale adressen vermeld. De opleiding kan in de wijde omtrek ervan worden gegeven.

CREBO 10260/94271
Doel Elektrotechnische installatiewerkzaamheden.
Toelatingseisen Diploma vmbo bb.
Duur 2 jaar voltijd en deeltijd.
Mogelijkheden voor verdere studie Met vrijstellingen instromen in een opleiding van niveau 3: Eerste monteur elektrotechnische installaties (installeren).
Functiemogelijkheden Monteur elektrotechnische installaties in de industrie of bij een elektrotechnisch installatiebedrijf.

5.2.i.8 Monteur Elektrotechnische Panelen (MEP) (niveau 2)
Voor adres(sen) zie: ROC/MBO-8, 10, 22, 30, 39.
Algemeen
- Eindtermen voor deze kwalificatie worden ontwikkeld door Kenteq.
- Hier worden slechts de centrale adressen vermeld. De opleiding kan in de wijde omtrek ervan worden gegeven.

CREBO 10258
Doel Werkzaamheden aan schakel- en verdeelinrichtingen, besturingskasten, bedieningslessenaars en/of toestellen.
Toelatingseisen
- Diploma vmbo bb.
- Men kan met het diploma Assistent monteur assemblage elektrocomponenten (AMAE) (niveau 1) met vrijstellingen in de opleiding instromen.

Duur 2 jaar voltijd en deeltijd.
Mogelijkheden voor verdere studie Met vrijstellingen instromen in een opleiding van niveau 3: Eerste Monteur Elektrotechnische Panelen (EMEP).
Functiemogelijkheden Monteur elektrotechnische panelen bij een elektrotechnisch productiebedrijf.

5.2.i.9 Monteur LaagspanningsNetten (MLN) (niveau 2)
Voor adres(sen) zie: ROC/MBO-10, 30.
Algemeen
- Eindtermen voor deze kwalificatie worden ontwikkeld door Kenteq.
- Hier worden slechts de centrale adressen vermeld. De opleiding kan in de wijde omtrek ervan worden gegeven.

CREBO 10263
Doel Werken aan en ten behoeve van de laagspanningsdistributie en verwante installaties, waartoe vooral de aanleg van ondergrondse distributienetten, openbare verlichting, verkeersinstallaties en verbruikersaansluitingen behoren.
Toelatingseisen
- Diploma vmbo bb.
- Men kan met het diploma Assistent Monteur LaagspanningsNetten (AMLN) (niveau 1) met vrijstellingen in de opleiding instromen.

Duur 2 jaar voltijd en deeltijd.
Mogelijkheden voor verdere studie Met vrijstellingen instromen in een opleiding van niveau 3: Eerste Monteur LaagspanningsNetten (EMLN).
Functiemogelijkheden Monteur laagspanningsnetten bij een elektrotechnisch distributiebedrijf.

5.2.i.10 Monteur MiddenspanningsInstallaties (MMI) (niveau 2)
Voor adres(sen) zie: ROC/MBO-10.
Algemeen
- Eindtermen voor deze kwalificatie worden ontwikkeld door Kenteq.
- Hier wordt slechts het centrale adres vermeld. De opleiding kan in de wijde omtrek ervan worden gegeven.

CREBO 10262
Doel Werken aan en ten behoeve van middenspanningsinstallaties voor distributie en industrie.
Toelatingseisen Diploma vmbo bb.
Duur 2 jaar voltijd en deeltijd.
Mogelijkheden voor verdere studie Met vrijstellingen instromen in een opleiding van niveau 3: Eerste Monteur MiddenspanningsInstallaties (EMMI).
Functiemogelijkheden Monteur middenspanningsinstallaties bij een elektrotechnisch distributiebedrijf of bij een elektrotechnisch installatiebureau.

5.2.i.11 Monteur SterkstroomInstallaties (MSI) (niveau 2)
Voor adres(sen) zie: ROC/MBO-10, 30, 54.
Algemeen
- Eindtermen voor deze kwalificatie worden ontwikkeld door Kenteq.
- Hier worden slechts de centrale adressen vermeld. De opleiding kan in de wijde omtrek ervan worden gegeven.

CREBO 10261
Doel Werken aan en ten behoeve van sterkstroominstallaties in woningen en utiliteitsgebouwen.
Toelatingseisen Diploma vmbo bb.
Duur 2 jaar voltijd en deeltijd.
Mogelijkheden voor verdere studie Met vrijstellingen instromen in een opleiding van niveau 3: Eerste Monteur SterkstroomInstallaties (EMSI).
Functiemogelijkheden Monteur sterkstroominstallaties in een elektrotechnisch installatiebedrijf.

5.2.i.12 Monteur WitgoedApparaten (MWA) (niveau 2)
Voor adres(sen) zie: ROC/MBO-22, 30.
Algemeen
- Eindtermen voor deze kwalificatie worden ontwikkeld door Kenteq.
- Hier worden slechts de centrale adressen vermeld. De opleiding kan in de wijde omtrek ervan worden gegeven.

CREBO 10256
Doel Plaatsen en repareren van huishoudelijke apparaten.
Toelatingseisen Diploma vmbo bb.
Duur 2 jaar voltijd en deeltijd.
Mogelijkheden voor verdere studie Met vrijstellingen instromen in een opleiding van niveau 3: Eerste monteur witgoedapparaten.
Functiemogelijkheden Monteur witgoedapparaten op de service-werkplaats van een detailhandel voor huishoudelijke apparaten of in een gespecialiseerd reparatiebedrijf.

5.2.l Overige opleidingen

5.2.l.1 Elektrotechniek (Reed business opleidingen)
Voor adres(sen) zie: OVER-208.
Opleidingen Schriftelijke opleiding voor elektrotechniek.

5.2.l.2 Elektrotechnisch ondernemer (Kenteq)
Voor adres(sen) zie: KBB-10.
Algemeen
- Opleiding voor het branchegekleurde diploma BT-E.
- De opleiding voor het diploma VT geschiedt door de Regionale OpleidingenCentra (roc's).

Toelatingseisen Er worden geen bepaalde eisen aan de vooropleiding gesteld; wel worden beheersing van de Nederlandse taal in woord en geschrift, en rekenvaardigheid op minimaal vmbo-niveau verwacht.
Duur 1 jaar (1 avond per week).
Functiemogelijkheden
- Met het diploma BT-E kan men o.a. ondernemer of bedrijfsleider van een elektrotechnisch installatiebedrijf of een detailhandel worden.
- Met het diploma VT kan men beheerder worden van een elektrotechnisch installatiebedrijf.

Overige informatie Voor het verkrijgen van een vestigingsvergunning voor het elektrotechnisch installatiebedrijf is een diploma BedrijfsTechniek voor het Installatiecluster (BT-I) vereist, alsmede een diploma VakTechniek (VT).

5.2.l.3 Kenteq (cursussen)
Zie ook: 5.17.l.1.
Voor adres(sen) zie: KBB-10.
Cursussen Basis Automatisering - Basis Programmeren - Basiskennis installatietechniek - CCTV installatiedeskundige beveiligingscamerasystemen - CCTV Projecteeringsdeskundige - CCTV via IP - Coachen en motiveren - Drinkwaterinstallaties, voorschriften en legionellapreventie voor installateurs - Drinkwaterinstallaties, voorschriften en legionellapreventie voor monteurs - Examentraining ODB - Examentraining PDB - Examentraining TBV deel 2 (TPT) - Examentraining monteur beveiliging (MBV) praktijk - Examentraining monteur beveiliging (MBV) theorie - Gasinstallatievoorschriften (GAVO) voor installateurs - Gasinstallatievoorschriften (GAVO) voor monteurs - Geometrische meettechniek - Hydraulische schakelingen - Inspecteur laagspanning 1 - Inspecteur laagspanning 2 - Installatie-werkerantwoordelijke hoogspanning - Installatiedeskundige brandmeldinstallaties - KNX Basismodule A - KNX Basismodule B - Kwalificerend beoordelen - Legionellapreventie, risicoanalyse, beheersplannen en het logboek -Leidinggevend monteur - MBV praktijk: Monteur Beveiligingsinstallaties - MBV theorie: Monteur Beveiligingsinstallaties - Middle managementvaardigheden - NEN 1010 - NEN 1010: medisch gebruikte ruimten - NEN 3140: periodieke inspectie arbeidsmiddelen - NEN 3140: algemeen - NEN 3140: bedrijfsvoering LS - NEN 3140: voldoende onderricht persoon LS - Onderhoud kleine gastoestellen - Onderhoudsdeskundige brandmeldinstallaties - Ontwikkelingsgericht begeleiden en beoordelen - Opfriscursus TBV en MBV: Monteur en Technicus beveiligingsinstallaties - Opgeleid persoon brandmeldinstallaties - Planning en time management - Praktijkopleider praktijkleren - Praktijktraining service lb-kast en gebouwautomatisering CE402 - Praktijktraining service en inregelen hydraulische schakelingen en exp. automaat CE402 - Praktijktraining service en inregelen luchtkanalen en inductie-units CE402 - Praktijktraining service stooktoestel atmosferische brander CE401 - Praktijktraining service stooktoestel ventilatorbrander CE401 - Praktisch meten aan combi-ketels - Projecteringsdeskundige brandmeldinstallaties - Projecteringsdeskundige noodverlichting en vluchtroutes - Projecteringsdeskundige ontruimingsalarminstallaties - S7-300-400 Basis - S7-300-400 Profinet - S7-300-400 Service - S7-300-400 Storingzoeken en inbedrijfname - Schakel- en besturingstechniek - Security en internet protocol - TBV: compleet - TBV: verkort: Technicus beveiligingsinstallaties - Technicus periodiek onderhoud (TPO) CE382 - Technicus periodieke inspectie (TPI) CE485 - Tekening lezen metaaltechniek - TIAP Basis - TIAP Service - TIAP Update - Vakbekwaam persoon hoogspanning - Vakbekwaamheid cv-techniek - Vakbekwaamheid elektrotechniek - Vakbekwaamheid gastechniek - Vakbekwaamheid waterleidingtechniek - VCA Basis Veiligheid - VCA VOL Veiligheid voor operationeel leidinggevenden - Veiligheidsinspectie woningen NTA 8025 - Warmtepompen: basis voor monteurs en aspirant ontwerpers - Wegwijs in het nieuwe beroepsonderwijs - Werkplekbegeleider praktijkleren - Werkvoorbereider basis - 'Ze zappen, chatten, gamen en LEREN!' (omgaan met leerlingen).
Overige informatie Op verzoek worden bijscholingscursussen en opfriscursussen op maat gegeven.

5.2.l.4 Kiwa training en consultancy
Zie 5.1.l.4.

5.2.l.5 PTC+
Zie 3.1.l.4.

5.2.l.6 ROVC Technische opleidingen
Zie 5.1.l.9.

5.2.l.7 Volwassenenonderwijs - elektrotechniek
Voor adres(sen) zie: ROCCO-1, 2, 5, 8, 10, 11, 12, 13, 20, 22, 26.
Cursussen
- Elektronica.
- Elektrotechniek.
- Industrieel besturen.
- Meet- en regeltechniek.

Zie voor meer informatie over
Joost Hesseling en zijn fotografie:
www.**oogwenken**.nl

5.3 ELEKTRONICA EN RADIOTECHNIEK

5.3.c Wo-bacheloropleiding

5.3.c.1 Electrical engineering(TUD, TU/e, UT)
Zie 5.2.c.1.

5.3.f Hbo-bacheloropleiding

5.3.f.1 Elektrotechniek (hto) (Avans HS, Fontys HS, Haagse HS, HAN, Hanze HS, HS Inholland, HS LOI, HS NCOI, HS Rotterdam, HS Utrecht, HS Windesheim, HvA, HZ, NHL, Saxion HS, Zuyd HS)
Zie 5.2.f.2.
Algemeen Binnen de studierichting Elektrotechniek zijn er talrijke keuzemogelijkheden op het gebied van elektronica, onder meer: informatietechniek; meet- en regeltechniek; elektronica & telecommunicatie; energietechniek.

5.3.g Mbo-opleiding niveau 4

5.3.g.1 Technicus ConsumentenElektronica (TCE) (niveau 4)
Voor adres(sen) zie: ROC/MBO-54.
Algemeen
- Eindtermen voor deze kwalificatie worden ontwikkeld door Kenteq.
- Hier wordt slechts het centrale adres vermeld. De opleiding kan in de wijde omtrek ervan worden gegeven.
CREBO 10233
Doel Specialistenopleiding tot technicus consumentenelektronica.
- Taak: storingzoeken, repareren, controleren en begeleiden op het gebied van audio- en videosystemen voor consumenten en professioneel gebruik; verantwoordelijk zijn voor afbreukrisico's, planning, administratie, beheer en ontwikkeling van aangewezen delen van de gehele productiecyclus.
Toelatingseisen Diploma Eerste monteur consumentenelektronica (EMCE) (niveau 3).
Duur 2 jaar voltijd en deeltijd.
Functiemogelijkheden Technicus consumentenelektronica in een gespecialiseerde technische dienst of servicecentrum.

5.3.h Mbo-opleiding niveau 3

5.3.h.1 Eerste Monteur ConsumentenElektronica (EMCE) (niveau 3)
Voor adres(sen) zie: ROC/MBO-10.
Algemeen
- Eindtermen voor deze kwalificatie worden ontwikkeld door Kenteq.
- Hier wordt slechts het centrale adres vermeld. De opleiding kan in de wijde omtrek ervan worden gegeven.
CREBO 10242
Doel Uitvoeren, controleren en begeleiden van reparatiewerkzaamheden t.b.v. audio- en videoapparatuur.
Toelatingseisen
- Diploma vmbo gl, vmbo kb of vmbo tl met de sector vmbo-Tech; of diploma vmbo gl, vmbo kb of vmbo tl, alle met nat./scheik. 1 of wisk., met de sectoren vmbo-Ec, vmbo-Lb of vmbo-Z&W.
- Men kan met het diploma Monteur ConsumentenElektronica (MCE) (niveau 2) met vrijstellingen in de opleiding instromen.
Duur 3,5 jaar voltijd en deeltijd.
Mogelijkheden voor verdere studie Een opleiding van niveau 4: Technicus ConsumentenElektronica (TCE).

Functiemogelijkheden Eerste monteur consumentenelektronica op een servicewerkplaats van een detailhandel voor audio- en videoapparatuur of in een gespecialiseerde werkplaats.

5.3.h.2 Eerste Monteur Industriële Elektronica (EMIE) (niveau 3)
Voor adres(sen) zie: ROC/MBO-54.
Algemeen
- Eindtermen voor deze kwalificatie worden ontwikkeld door Kenteq.
- Hier wordt slechts het centrale adres vermeld. De opleiding kan in de wijde omtrek ervan worden gegeven.
CREBO 10243
Doel Uitvoeren, controleren en begeleiden van werkzaamheden, gericht op de productie van elektronische apparatuur.
Toelatingseisen
- Diploma vmbo gl, vmbo kb of vmbo tl met de sector vmbo-Tech; of diploma vmbo gl, vmbo kb of vmbo tl, alle met nat./scheik. 1 of wisk., met de sectoren vmbo-Ec, vmbo-Lb of vmbo-Z&W.
- Men kan met het diploma Monteur Industriële Elektronica (MIE) (niveau 2) met vrijstellingen in de opleiding instromen.
Duur 3,5 jaar voltijd en deeltijd.
Mogelijkheden voor verdere studie Geen specifieke verdere studiemogelijkheden.
Functiemogelijkheden Eerste monteur industriële elektronica in de elektronica-industrie.

5.3.i Mbo-opleiding niveau 1 of niveau 2

5.3.i.1 Assistent Monteur Montage Elektronicacomponenten (AMME) (niveau 1)
Voor adres(sen) zie: ROC/MBO-4.
Algemeen
- Eindtermen voor deze kwalificatie worden ontwikkeld door Kenteq.
- Hier wordt slechts het centrale adres vermeld. De opleiding kan in de wijde omtrek ervan worden gegeven.
CREBO 10264
Doel Monteren van elektronica-componenten, waartoe vooral behoren: de seriematige productie van printkaarten en verbindingskabels.
Toelatingseisen De volledige leerplicht hebben voltooid.
Duur 1 jaar voltijd en deeltijd.
Mogelijkheden voor verdere studie Met vrijstellingen instromen in een opleiding van niveau 2: Monteur Industriële Elektronica (MIE).
Functiemogelijkheden Assistent monteur montage elektronicacomponenten in de elektronica-industrie.

5.3.i.2 Monteur ConsumentenElektronica (MCE) (niveau 2)
Voor adres(sen) zie: ROC/MBO-10.
Algemeen
- Eindtermen voor deze kwalificatie worden ontwikkeld door Kenteq.
- Hier wordt slechts het centrale adres vermeld. De opleiding kan in de wijde omtrek ervan worden gegeven.
CREBO 10254
Doel Werkzaamheden op het gebied van audio- en videoapparatuur.
Toelatingseisen Diploma vmbo bb..
Duur 2 jaar voltijd en deeltijd.
Mogelijkheden voor verdere studie Met vrijstellingen instromen in een opleiding van niveau 3: Eerste Monteur ConsumentenElektronica (EMCE).
Functiemogelijkheden Monteur consumentenelektronica op een servicewerkplaats van een detailhandel voor audio- en videoapparatuur of in een gespecialiseerde werkplaats.

5.3.i.3 Monteur Industriële Elektronica (MIE) (niveau 2)
Voor adres(sen) zie: ROC/MBO-10, 22, 30, 54.
Algemeen
- Eindtermen voor deze kwalificatie worden ontwikkeld door Kenteq.
- Hier worden slechts de centrale adressen vermeld. De opleiding kan in de wijde omtrek ervan worden gegeven.

CREBO 10255
Doel Werkzaamheden gericht op de productie van elektronische apparatuur.
Toelatingseisen
- Diploma vmbo bb..
- Men kan met het diploma Assistent Monteur Montage Elektronicacomponenten (AMME) (niveau 1) met vrijstellingen in de opleiding instromen.

Duur 2 jaar voltijd en deeltijd.
Mogelijkheden voor verdere studie Een opleiding van niveau 3: Eerste Monteur Industriële Elektronica (EMIE).
Functiemogelijkheden Monteur industriële elektronica in de elektronica-industrie.

5.3.l Overige opleidingen

5.3.l.1 Dirksen opleidingen - afstandsonderwijs - (overzicht elektronica-opleidingen)
Voor adres(sen) zie: OVER-75.
Algemeen Afstandsonderwijs op het gebied van elektronica.
Opleidingen
- Basiselektronicus.
- Middelbaar elektronicus.
- Technische automatisering.
- Tv- en zendtechniek.
- Veiligheid.

5.3.l.2 Geluidstechnicus
Voor adres(sen) zie: OVER-285.
Algemeen Opleiding tot geluidstechnicus.
Toelatingseisen
- Mbo niveau 4 met wisk. en nat.
- Kennis op het gebied van elektrotechniek, en technische vaardigheden.
- Goede kennis van de Engelse taal.

Duur 1 jaar, 4 dagen per week (overdag en 's avonds).
Functiemogelijkheden Geluidstechnicus, werken in geluidsstudio's en in theaters.

5.3.l.3 Instituut voor Audio- en Belichtingstechniek (IAB)
Voor adres(sen) zie: OVER-321.
Algemeen Opleiden voor het audio- en belichtingsvak in showbusiness, theater, popconcerten, bedrijfspresentaties en conferenties.
Opleidingen
- *Basiscursussen:*
  - Basisbelichtingscursus.
  - Sound reinforcement A.
- *Cursussen voor gevorderden:*
  - Akoestiek & luidspreker arrays.
  - Audioverbindingen.
  - Hijstechnieken voor luidsprekersystemen.
  - Licht.
  - Operator compulite lichtregeltafel A, B en C.
  - Van DMX tot Ethernet en andere besturingsprotocollen.
  - Zenders, ontvangers en antennes.

Overige informatie De cursussen vinden plaats in Amsterdam, Antwerpen, Utrecht, en Weesp.

5.3.l.4 Volwassenenonderwijs - elektrotechniek
Zie 5.2.l.7.

5.4 MEET- EN REGELTECHNIEK (BESTURINGSTECHNIEK)

5.4.d Post-hbo-opleiding

5.4.d.1 Control systems engineering (HAN)
Voor adres(sen) zie: HBO-150.
Algemeen Postinitiële masteropleiding.
Doel Inzicht geven in het brede vakgebied van de meet-, regel- en besturingstechniek.
Toelatingseisen Hbo-Algemeen operationele techniek, hbo-Chemische techniek, hbo-Elektrotechniek, of hbo-Werktuigbouwkunde; of Maritiem officier.
Duur 1 jaar voltijd, 2 jaar deeltijd.
Diploma/examen Wanneer de opleiding succesvol wordt afgerond met een afstudeerproject (masterthese), ontvangt men de mastertitel in de Control Systems Engineering (M.Eng.) die wereldwijd wordt erkend. Wanneer men de opleiding in 1 jaar (voltijd) of 2 jaar (deeltijd) voltooit zonder masterthese, dan ontvangt men een erkend post-hbo-certificaat.
Overige informatie De opleiding wordt gegeven in samenwerking met de University of Hersfordshire (Hatfield, Engeland).

5.4.d.2 Stichting CPION (Centrum Post Initieel Onderwijs Nederland)
Voor adres(sen) zie: DIEN-29.
Algemeen Toetsing, registratie en diplomering van initiële opleidingen.

5.4.f Hbo-bacheloropleiding

5.4.f.1 Elektrotechniek (hto) (Avans HS, Fontys HS, Haagse HS, HAN, Hanze HS, HS Inholland, HS LOI, HS NCOI, HS Rotterdam, HS Utrecht, HS Windesheim, HvA, HZ, NHL, Saxion HS, Zuyd HS)
Zie 5.2.f.2.

5.4.f.2 Industriële automatisering (HS Dirksen)
Zie 5.16.f.2.

5.4.f.3 Technische natuurkunde (hto) (Fontys HS, Haagse HS, Saxion HS)
Zie 4.1.f.4.

5.4.f.4 Werktuigbouwkunde (hto) (Avans HS, Fontys HS, Haagse HS, HAN, Hanze HS, HS Inholland, HS LOI, HS NCOI, HS Rotterdam, HS Utrecht, HS Windesheim, HZ, NHL, Saxion HS, Stenden HS, Zuyd HS)
Zie 5.1.f.4.

5.4.g Mbo-opleiding niveau 4

5.4.g.1 Dirksen opleidingen - afstandsonderwijs - MiddenKaderfunctionaris AutomatiseringsElektroniCa (MK-AEC) (niveau 4)
Voor adres(sen) zie: OVER-75.
Algemeen Eindtermen voor deze kwalificatie worden ontwikkeld door Kenteq.
CREBO 10232
Doel Uitvoeren, controleren en begeleiden op het gebied van testen, storingzoeken, onderhouden en repareren van elektronische apparaten en systemen; verantwoordelijk zijn voor afbreuk-risico's, planning, administratie, beheer en ontwikkeling van aangewezen delen van de gehele productiecyclus.
Toelatingseisen Diploma vmbo gl, vmbo kb of vmbo tl met de sector vmbo-Tech; of diploma vmbo gl, vmbo kb of vmbo tl, alle met nat./-scheik. 1 of wisk., met de sectoren vmbo-Ec, vmbo-Lb of vmbo-Z&W.
Duur 4 jaar voltijd en deeltijd.

5.4.g.2 MiddenKaderfunctionaris AutomatiseringsElektroniCa (MK-AEC) (niveau 4)
Voor adres(sen) zie: ROC/MBO-39.
Algemeen
- Eindtermen voor deze kwalificatie worden ontwikkeld door Kenteq.
- Hier wordt slechts het centrale adres vermeld. De opleiding kan in de wijde omtrek ervan worden gegeven.
CREBO 10232
Doel Uitvoeren, controleren en begeleiden op het gebied van testen, storingzoeken, onderhouden en repareren van elektronische apparaten en systemen; verantwoordelijk zijn voor afbreuk-risico's, planning, administratie, beheer en ontwikkeling van aangewezen delen van de gehele productiecyclus.
Toelatingseisen Diploma vmbo gl, vmbo kb of vmbo tl met de sector vmbo-Tech; of diploma vmbo gl, vmbo kb of vmbo tl, alle met nat./-scheik. 1 of wisk., met de sectoren vmbo-Ec, vmbo-Lb of vmbo-Z&W.
Duur 4 jaar voltijd en deeltijd.
Mogelijkheden voor verdere studie Met de doorstroomdeelkwalificatie Hbo-Elektrotechniek: hto-Elektrotechniek.
Functiemogelijkheden Middenkaderfunctionaris automatiseringselektronica in de gespecialiseerde service en in de instrumentatietechniek.

5.4.l Overige opleidingen

5.4.l.1 Kenteq (cursussen)
Zie 5.1.l.3.

5.4.l.2 ROVC Technische opleidingen
Zie 5.1.l.9.

5.4.l.3 Volwassenenonderwijs - elektrotechniek
Zie 5.2.l.7.

5.5 TECHNISCHE INFORMATICA / TELEMATICS

5.5.a Postacademisch onderwijs (pao)

5.5.a.1 Telecommunicatie (TU/e)
Voor adres(sen) zie: WO-17.

5.5.a.2 Tele-informatica en open systemen (UT)
Voor adres(sen) zie: WO-20.

5.5.b Wo-masteropleiding

5.5.b.1 Telematics (UT)
Voor adres(sen) zie: WO-20.
Algemeen Wo-masteropleiding gericht op ontwerpen, bouwen en toepassen van telematicasystemen, zoals glasvezelkabel en draadloze communicatie.
Toelatingseisen Diploma wo-bachelor Telematica.
Duur 2 jaar voltijd.
Diploma/examen MSc.
Functiemogelijkheden Telematica-ingenieur bij telecombedrijven en internetproviders. Functies in het onderwijs, de transportsector en in de gezondheidszorg.
Overige informatie De opleiding wordt ook gegeven aan de vestiging te Leeuwarden.

5.5.c Wo-bacheloropleiding

5.5.c.1 Technische informatica (TUD, TU/e, UT)
Voor adres(sen) zie: WO-13, 17, 20.
Algemeen Wo-bacheloropleiding.
Doel De opleiding tot informatica-ingenieur bestrijkt het vakgebied informatica en de toepassingen van informatica. De studie is vooral gericht op de ontwikkeling van grote en complexe softwaresystemen. Hardware-aspecten zijn na de komst van embedded software belangrijker geworden.
Toelatingseisen
- Diploma vwo (wisk. B, nat.); vwo-profiel C&M (+ wisk. B I en II), E&M (+ wisk. B I en II), N&G (+ wisk. B I en II), N&T; propedeuse of getuigschrift/diploma van een hbo of van de OUNL (wisk. B, nat., eventueel een toelatingstoets).
- Voor de verkorte opleiding wordt een verwante hbo-opleiding vereist.
- Als men 21 jaar of ouder is, komt men in aanmerking voor een colloquium doctum.
Duur 4 jaar voltijd.
Lesprogramma Specialisaties:
- TUD: Honours-programma - Minors.
- TU/e: Softwarescience - Webscience.
Aansluitende masteropleidingen
- UT: Telematics.
Mogelijkheden voor verdere studie
- Vervolgopleidingen aan de TU/e; ontwerpersopleidingen technische informatica; logistieke besturingssystemen; informatie- en communicatietechniek.
- UT: ontwerpen van technische informatiesystemen; tele-informatica en open systemen.
Functiemogelijkheden Systeemanalist, automatiseringsadviseur of -consulent, database administrator, beheer en ontwikkeling CAD/CAM-systemen voor ondersteuning ontwerp- en productieprocessen, ontwerper van embedded software, wetenschappelijk onderzoeker.

5.5.d Post-hbo-opleiding

5.5.d.1 Stichting CPION
(Centrum Post Initieel Onderwijs Nederland)
Voor adres(en) zie: DIEN-29.
Algemeen Toetsing, registratie en diplomering van initiële opleidingen.

5.5.f Hbo-bacheloropleiding

5.5.f.1 Technische informatica (Avans HS, HAN, HS Dirksen, HS Inholland, HS LOI, HS Rotterdam, HS Windesheim, Saxion HS, Stenden HS)
Voor adres(en) zie: HBO-1, 44, 50, 86, 89, 135, 150, 157, 222.
Algemeen
- Hbo-bacheloropleiding.
- Arnhem (HS Dirksen): wordt niet door de overheid bekostigd.

Doel Problemen in de technische aspecten van computers, computernetwerken, computerhardware en softwaretechnieken oplossen; onderhoud en ontwikkeling van informatiesystemen; mogelijkheden bedenken om nieuwe ideeën ten uitvoer te brengen.
Toelatingseisen
- Diploma havo of vwo; havo-profiel: C&M (+ wisk. B I) E&M (+ wisk. B I), N&G, N&T; vwo-profiel: C&M, E&M, N&T, N&G; mbo niveau 4; 3-jarige opleiding na mbo niveau 4 in de sector Elektrotechniek of Technische informatica.
- HS Windesheim: er is een schakeljaar (5 dagen per week) voor anderstalige studenten als voorbereiding mogelijk.
Duur 4 jaar voltijd en deeltijd.
- Arnhem (HS Dirksen) en Zwolle: alleen deeltijd.
Lesprogramma Specialisaties:
- Alkmaar (HS Inholland, vestiging Alkmaar): Network security - Realtime & embedded systems.
- Arnhem (HAN, vestiging Arnhem): Industriële automatisering.
- Breda (Avans HS, vestiging Breda): Embedded systems - Mobile development (minor).
- Den Bosch (Avans HS, vestiging Den Bosch): Embedded systems - Minor.
- Emmen (Stenden HS, vestiging Emmen): Ict-beheer - Multimedia design & development - Software engineering - Technische informatica.
- Enschede (Saxion HS, vestiging Enschede): Real time & embedded systems.
- Rotterdam (HS Rotterdam): Enabeling the networked society - Smart devices.
Functiemogelijkheden Hardware ontwerper, IT-adviseur, mediatechnoloog, netwerkbeheerder, netwerkspecialist, software engineer, systeembeheerder, systeemontwerper.
Overige informatie Bij de Haagse HS wordt deze opleiding aan de Academie voor ICT en Media te Delft gegeven.

5.5.l Overige opleidingen

5.5.l.1 Dirksen opleidingen - afstandsonderwijs - (overzicht telecommunicatieopleidingen)
Voor adres(en) zie: OVER-75.
Algemeen Afstandsonderwijs op het gebied van telecommunicatie.
Opleidingen
- Bedrijfsnetwerken.
- Glasvezelinfrastructuren.
- IP-opleidingen.

- Koperinfrastructuren ondergronds.
- Koperinfrastructuren verdelers.
- Tele- en datacommunicatie.
- Veiligheid.

5.6 MOTORVOERTUIGENTECHNIEK

Algemeen Motorvoertuigentechniek is de techniek van de verbrandingsmotoren, waaronder begrepen kunnen worden: motoren van bedrijfswagens, bussen, motorfietsen, bromfietsen, scooters, landbouwtractoren, wegenbouwmachines, stationaire machines in de industrie, scheepsdiesels, diesels voor railvervoer.

5.6.e Hbo-masteropleiding

5.6.e.1 Automotive systems (HAN)
Voor adres(en) zie: HBO-150.
Algemeen Niet-bekostigde hbo-masteropleiding.
Duur 1 jaar voltijd en deeltijd.

5.6.f Hbo-bacheloropleiding

5.6.f.1 Automotive (Fontys HS, HS Rotterdam)
Voor adres(en) zie: HBO-82, 157.
Algemeen Hbo-bacheloropleiding.
Toelatingseisen
- Diploma havo (wisk. B, nat.); havo-profiel N&T, N&G (+ wisk. B II, nat. II); vwo (wisk. A of B, nat.); vwo-profiel C&M (+ wisk. A I en II, nat. I), E&M (+ nat. I), N&T, N&G; mbo niveau 4 (wisk. B II, nat. II).
- Wanneer men niet geheel aan de toelatingseisen voldoet, kan men contact met de HS opnemen.
Duur 4 jaar voltijd.
- Rotterdam: ook duaal.
Lesprogramma Specialisaties:
- Eindhoven (Fontys PTH): Future power train - Manufacturing - Smart mobility.
- Rotterdam (HS Rotterdam): Future automotive technology (minor) - Management technologie en innovatie (minor).
Functiemogelijkheden Automotive expert met een integrale kennisbasis en toepassingservaring rond intelligente voertuigsystemen.

5.6.f.2 Autotechniek/automotive (HAN)
Voor adres(en) zie: HBO-150, 157.
Algemeen Hbo-bacheloropleiding voor autotechnisch ingenieur.
Toelatingseisen
- Diploma havo (wisk. B, nat.); havo-profiel N&T, N&G (+ wisk. B II, nat. II); vwo (wisk. A of B, nat.); vwo-profiel C&M (+ wisk. A I en II, nat. I), E&M (+ nat. I), N&T, N&G; mbo niveau 4 (wisk. B II, nat. II).
- Wanneer men niet geheel aan de toelatingseisen voldoet, kan men contact met de HS opnemen.
Duur 4 jaar voltijd en deeltijd.
Lesprogramma Specialisaties:
Arnhem (HAN): - Engineering - Management.
Functiemogelijkheden Technische en technisch-commerciële functies in de autobranche (o.a. in de industrie); importeurs; transportbedrijven; overheid; onderzoeksinstituten en keuringsdiensten; adviesbureaus.

5.6.f.3 Electrical engineering (HS Utrecht)
Zie 5.2.f.1.

5.6.f.4 IVA Driebergen (Instituut Voor Autobranche & management)
Voor adres(sen) zie: OVER-153.
Algemeen IVA-A-opleiding.
Duur 2 jaar.
Mogelijkheden voor verdere studie Goede mogelijkheden om (internationaal) door te studeren.

5.6.f.5 Systeemspecialist automotive (HAN)
Voor adres(sen) zie: HBO-150.
Algemeen Ad-programma.
Duur 2 jaar deeltijd.

5.6.g Mbo-opleiding niveau 4

5.6.g.1 Commercieel bedrijfsleider/Ondernemer midden- en kleinbedrijf (niveau 4)
Voor adres(sen) zie: ROC/MBO-39.
Algemeen
- Eindtermen voor deze kwalificatie worden ontwikkeld door Innovam Groep.
- Hier wordt slechts het centrale adres vermeld. De opleiding kan in de wijde omtrek ervan worden gegeven.
CREBO 10179
Doel De werking van voertuig- en carrosserie-systemen uitleggen en storingen lokaliseren en verhelpen, administratieve taken afhandelen, handmatig en met een geautomatiseerd schade-expertise-systeem een voertuigschade vastleggen en berekenen; in feite behoort de gehele organisatie tot de taak.
Toelatingseisen
- Diploma vmbo gl, vmbo kb of vmbo tl met de sector vmbo-Tech; of diploma vmbo gl, vmbo kb of vmbo tl, alle met nat./scheik. 1 of wisk., met de sectoren vmbo-Ec, vmbo-Lb of vmbo-Z&W.
- Men kan met het diploma Autoschadehersteller (niveau 2), Autotechnicus (niveau 2), Bedrijfsautotechnicus (niveau 2), Eerste autoschadehersteller (niveau 3), Eerste autotechnicus (niveau 3), of Eerste bedrijfsautotechnicus (niveau 3) met vrijstellingen in de opleiding instromen.
Duur 4 jaar voltijd.
Mogelijkheden voor verdere studie Hto-bachelor Autotechniek.
Functiemogelijkheden Commercieel bedrijfsleider/ondernemer kleinbedrijf bij garagebedrijven, importeurs, schade-specialistische bedrijven en toeleveranciers.

5.6.g.2 Diagnosetechnicus bedrijfsauto's (niveau 4), specialist
Voor adres(sen) zie: ROC/MBO-21.
Algemeen
- Eindtermen voor deze kwalificatie worden ontwikkeld door Innovam Groep.
- Hier wordt slechts het centrale adres vermeld. De opleiding kan in de wijde omtrek ervan worden gegeven.
CREBO 10181
Doel Specialistenopleiding tot diagnosetechnicus BA.
Toelatingseisen Diploma Eerste bedrijfsautotechnicus (niveau 3).
Duur 2 jaar deeltijd.
Mogelijkheden voor verdere studie Geen specifieke verdere studiemogelijkheden.
Functiemogelijkheden Diagnosetechnicus BA in de motorvoertuigenbranche voor bedrijfsauto's.

5.6.g.3 Diagnosetechnicus personenauto's (niveau 4), specialist
Voor adres(sen) zie: ROC/MBO-21, 39.
Algemeen
- Eindtermen voor deze kwalificatie worden ontwikkeld door Innovam Groep.
- Hier worden slechts de centrale adressen vermeld. De opleiding kan in de wijde omtrek ervan worden gegeven.
CREBO 10182
Doel Specialistenopleiding tot diagnosetechnicus PA.
Toelatingseisen Diploma Eerste autotechnicus (niveau 3).
Duur 2 jaar deeltijd.
Mogelijkheden voor verdere studie Geen specifieke verdere studiemogelijkheden.
Functiemogelijkheden Diagnosetechnicus PA in de motorvoertuigenbranche voor personenauto's.

5.6.g.4 Technicus landbouwmechanisatie (mobiele werktuigen) (niveau 4)
Voor adres(sen) zie: AOC-13.
Algemeen
- Eindtermen voor deze kwalificatie worden ontwikkeld door Innovam Groep.
- Hier wordt slechts het centrale adres vermeld. De opleiding kan in de wijde omtrek ervan worden gegeven..
CREBO 93810
Duur 3-4 jaar voltijd en deeltijd.

5.6.g.5 Technisch specialist bedrijfsauto's/personenauto's (niveau 4)
Voor adres(sen) zie: ROC/MBO-13, 32, 43.
Algemeen
- Eindtermen voor deze kwalificatie worden ontwikkeld door Innovam Groep.
- Hier worden slechts de centrale adressen vermeld. De opleiding kan in de wijde omtrek ervan worden gegeven.
CREBO 93430/93460
Toelatingseisen
- Diploma vmbo gl, vmbo kb of vmbo tl met de sector vmbo-Tech; of diploma vmbo gl, vmbo kb of vmbo tl, alle met nat./scheik. 1 of wisk., met de sectoren vmbo-Ec, vmbo-Lb of vmbo-Z&W.
- Men kan met het diploma Bedrijfsautotechnicus (niveau 2), of Eerste bedrijfsautotechnicus (niveau 3) met vrijstellingen in de opleiding instromen.
Duur 3-4 jaar voltijd en deeltijd.
Mogelijkheden voor verdere studie Geen specifieke verdere studiemogelijkheden.
Overige informatie De opleiding van Roc van Twente wordt gegeven in Enschede.

5.6.g.6 Werkplaatsmanager personenauto's (niveau 4)
Voor adres(sen) zie: ROC/MBO-30.
Algemeen
- Eindtermen voor deze kwalificatie worden ontwikkeld door Innovam Groep.
- Hier wordt slechts het centrale adres vermeld. De opleiding kan in de wijde omtrek ervan worden gegeven.
CREBO 10191
Toelatingseisen Diploma Eerste autotechnicus (niveau 3).
Duur 2 jaar deeltijd.

Mogelijkheden voor verdere studie Geen specifieke verdere studiemogelijkheden.
Functiemogelijkheden Werkplaatsmanager personenauto's in de motorvoertuigenbranche voor personenauto's.

5.6.h Mbo-opleiding niveau 3

5.6.h.1 Allround monteur mobiele werktuigen (niveau 3)
Voor adres(sen) zie: AOC-1, 13, ROC/MBO-39.
Algemeen
- Eindtermen voor deze kwalificatie worden ontwikkeld door Kenteq.
- Hier worden slechts de centrale adressen vermeld. De opleiding kan in de wijde omtrek ervan worden gegeven.

CREBO 92151
Toelatingseisen Diploma vmbo gl, vmbo kb of vmbo tl met de sector vmbo-Ec; of diploma vmbo gl, vmbo kb of vmbo tl, alle met econ., 2e moderne vreemde taal of wisk., met de sectoren vmbo-Lb, vmbo-Tech of vmbo-Z&W.
Duur 2 of 3 jaar voltijd en deeltijd.

5.6.h.2 Eerste autoschadehersteller (niveau 3)
Voor adres(sen) zie: ROC/MBO-7, 13, 32, 39, 60.
Algemeen
- Eindtermen voor deze kwalificatie worden ontwikkeld door VOC.
- Hier worden slechts de centrale adressen vermeld. De opleiding kan in de wijde omtrek ervan worden gegeven.

CREBO 95040/91760
Toelatingseisen
- Diploma vmbo gl, vmbo kb of vmbo tl met de sector vmbo-Tech; of diploma vmbo gl, vmbo kb of vmbo tl, alle met nat./scheik. 1 of wisk., met de sectoren vmbo-Ec, vmbo-Lb of vmbo-Z&W.
- Men kan met het diploma Autoschadehersteller (niveau 2) met vrijstellingen in de opleiding instromen.

Duur 2-4 jaar deeltijd.
Mogelijkheden voor verdere studie Geen specifieke verdere studiemogelijkheden.
Functiemogelijkheden Eerste autoschadehersteller in een autoschadeherstelbedrijf.

5.6.h.3 Eerste autospuiter (niveau 3)
Voor adres(sen) zie: ROC/MBO-7, 13, 20, 30, 60.
Algemeen
- Eindtermen voor deze kwalificatie worden ontwikkeld door VOC.
- Hier worden slechts de centrale adressen vermeld. De opleiding kan in de wijde omtrek ervan worden gegeven.

CREBO 10199/91780
Toelatingseisen
- Diploma vmbo gl, vmbo kb of vmbo tl met de sector vmbo-Tech; of diploma vmbo gl, vmbo kb of vmbo tl, alle met nat./scheik. 1 of wisk., met de sectoren vmbo-Ec, vmbo-Lb of vmbo-Z&W.
- Men kan met het diploma Autospuiter (niveau 2) met vrijstellingen in de opleiding instromen.

Duur 2-4 jaar deeltijd.
Mogelijkheden voor verdere studie Geen specifieke verdere studiemogelijkheden.
Functiemogelijkheden Eerste autospuiter in een autospuiterij.

Onbeperkt ontspannen?
zie pagina 231

5.6.h.4 Eerste autotechnicus (niveau 3)
Voor adres(sen) zie: ROC/MBO-7, 10, 12, 13, 15, 16, 20, 21, 22, 23, 25, 27, 30, 32, 38, 39, 40, 43, 45, 48, 58, 60.
Algemeen
- Eindtermen voor deze kwalificatie worden ontwikkeld door Innovam Groep.
- Hier worden slechts de centrale adressen vermeld. De opleiding kan in de wijde omtrek ervan worden gegeven.

CREBO 10206/93420
Toelatingseisen
- Diploma vmbo gl, vmbo kb of vmbo tl met de sector vmbo-Tech; of diploma vmbo gl, vmbo kb of vmbo tl, alle met nat./scheik. 1 of wisk., met de sectoren vmbo-Ec, vmbo-Lb of vmbo-Z&W.
- Men kan met het diploma Autotechnicus (niveau 2) met vrijstellingen in de opleiding instromen.

Duur 2-4 jaar deeltijd.
Mogelijkheden voor verdere studie Met vrijstellingen instromen in opleidingen van niveau 4: Commercieel bedrijfsleider/Ondernemer midden- en kleinbedrijf, Diagnosetechnicus bedrijfsauto's, Diagnosetechnicus personenauto's, Eerste bedrijfsautotechnicus, Werkplaatsmanager personenauto's.
Functiemogelijkheden Eerste autotechnicus in de motorvoertuigenbranche.

5.6.h.5 Eerste bedrijfsautotechnicus (niveau 3)
Voor adres(sen) zie: ROC/MBO-1, 12, 13, 15, 16, 17, 20, 21, 22, 25, 27, 30, 32, 33, 38, 39, 43, 45, 60.
Algemeen
- Eindtermen voor deze kwalificatie worden ontwikkeld door Innovam Groep.
- Hier worden slechts de centrale adressen vermeld. De opleiding kan in de wijde omtrek ervan worden gegeven.

CREBO 10205/93450
Toelatingseisen
- Diploma vmbo gl, vmbo kb of vmbo tl met de sector vmbo-Tech; of diploma vmbo gl, vmbo kb of vmbo tl, alle met nat./scheik. 1 of wisk., met de sectoren vmbo-Ec, vmbo-Lb of vmbo-Z&W.
- Men kan met het diploma Bedrijfsautotechnicus (niveau 2) met vrijstellingen in de opleiding instromen.

Duur 2-4 jaar deeltijd.
Mogelijkheden voor verdere studie Met vrijstellingen instromen in opleidingen van niveau 4: Commercieel bedrijfsleider/Ondernemer midden- en kleinbedrijf, Diagnosetechnicus bedrijfsauto's, Diagnosetechnicus personenauto's, Eerste autotechnicus, Werkplaatsmanager personenauto's.
Functiemogelijkheden Eerste bedrijfsautotechnicus in de motorvoertuigenbranche.

5.6.h.6 Eerste bromfietstechnicus (niveau 3)
Voor adres(sen) zie: ROC/MBO-13, 40.
Algemeen
- Eindtermen voor deze kwalificatie worden ontwikkeld door Innovam Groep.
- Hier worden slechts de centrale adressen vermeld. De opleiding kan in de wijde omtrek ervan worden gegeven.

CREBO 10203/95111
Toelatingseisen
- Diploma vmbo gl, vmbo kb of vmbo tl met de sector vmbo-Tech; of diploma vmbo gl, vmbo kb of vmbo tl, alle met nat./scheik. 1 of wisk., met de sectoren vmbo-Ec, vmbo-Lb of vmbo-Z&W.

- Men kan met het diploma Motorfietstechnicus (niveau 2) met vrijstellingen in de opleiding instromen.

Duur 4 jaar deeltijd.

Mogelijkheden voor verdere studie Geen specifieke verdere studiemogelijkheden.

Functiemogelijkheden Eerste bromfietstechnicus in een bromfietswinkel annex bromfietsreparatieafdeling.

5.6.h.7 Eerste carrosseriebouwer (niveau 3)

Voor adres(sen) zie: ROC/MBO-60.

Algemeen
- Eindtermen voor deze kwalificatie worden ontwikkeld door VOC.
- Hier wordt slechts het centrale adres vermeld. De opleiding kan in de wijde omtrek ervan worden gegeven.

CREBO 10202

Toelatingseisen
- Diploma vmbo gl, vmbo kb of vmbo tl met de sector vmbo-Tech; of diploma vmbo gl, vmbo kb of vmbo tl, alle met nat./scheik. 1 of wisk., met de sectoren vmbo-Ec, vmbo-Lb of vmbo-Z&W.
- Men kan met het diploma Carrosseriebouwer (niveau 2) met vrijstellingen in de opleiding instromen.

Duur 4 jaar deeltijd.

Mogelijkheden voor verdere studie Geen verdere specifieke studiemogelijkheden.

Functiemogelijkheden Eerste carrosseriebouwer in een carrosseriebouwbedrijf.

5.6.h.8 Eerste monteur landbouwmechanisatietechniek (niveau 3)

Voor adres(sen) zie: ROC/MBO-39.

Algemeen
- Eindtermen voor deze kwalificatie worden ontwikkeld door Kenteq.
- Hier wordt slechts het centrale adres vermeld. De opleiding kan in de wijde omtrek ervan worden gegeven.

CREBO 10078

Doel In technische conditie houden van voertuigen, werktuigen en installaties voor de land- en tuinbouw, verrichten van storingsanalyse/-diagnose, vervangen of herstellen van defecte onderdelen en bedrijfsklaar maken van voertuigen, werktuigen en installaties. Deze monteur is ook betrokken bij de ontwikkeling van nieuwe machines.

Toelatingseisen
- Diploma vmbo gl, vmbo kb of vmbo tl met de sector vmbo-Tech; of diploma vmbo gl, vmbo kb of vmbo tl, alle met nat./scheik. 1 of wisk., met de sectoren vmbo-Ec, vmbo-Lb of vmbo-Z&W.
- Men kan met het diploma Monteur landbouwmechanisatietechniek (niveau 2) met vrijstellingen in de opleiding instromen.

Duur 3 jaar deeltijd.

Mogelijkheden voor verdere studie Geen specifieke verdere studiemogelijkheden.

Functiemogelijkheden Eerste monteur landbouwmechanisatietechniek bij een loonbedrijf of een landbouwmechanisatiebedrijf.

5.6.i Mbo-opleiding niveau 1 of niveau 2

5.6.i.1 Assistent mobiliteitsbranche (niveau 1)

Voor adres(sen) zie: ROC/MBO-1, 2, 7, 8, 10, 12, 13, 20, 22, 23, 24, 27, 30, 32, 33, 34, 38, 40, 43, 46, 58.

Algemeen
- Eindtermen voor deze kwalificatie worden ontwikkeld door Innovam Groep.

- Hier worden slechts de centrale adressen vermeld. De opleiding kan in de wijde omtrek ervan worden gegeven.

CREBO 10888/93741

Toelatingseisen De volledige leerplicht hebben voltooid.

Duur 1 jaar voltijd en deeltijd.

Mogelijkheden voor verdere studie Opleidingen van niveau 2: Autotechnicus, Bedrijfsautotechnicus, Fietstechnicus, Bromfietstechnicus, Revisietechnicus, of Onderdelenadviseur.

Functiemogelijkheden Assistent in de mobiliteitsbranche.

5.6.i.2 Autoschadehersteller (niveau 2)

Voor adres(sen) zie: ROC/MBO-1, 7, 10, 12, 13, 20, 22, 25, 32, 39, 40, 60.

Algemeen
- Eindtermen voor deze kwalificatie worden ontwikkeld door VOC.
- Hier worden slechts de centrale adressen vermeld. De opleiding kan in de wijde omtrek ervan worden gegeven.

CREBO 10217/91750

Toelatingseisen Diploma vmbo bb.

Duur 2 jaar voltijd en deeltijd.

Mogelijkheden voor verdere studie Met vrijstellingen instromen in een opleiding van niveau 3: Eerste autoschadehersteller.

Functiemogelijkheden Autoschadehersteller in een autoschadeherstelbedrijf.

5.6.i.3 Autospuiter (niveau 2)

Voor adres(sen) zie: ROC/MBO-1, 7, 10, 12, 13, 20, 22, 30, 32, 40, 60.

Algemeen
- Eindtermen voor deze kwalificatie worden ontwikkeld door VOC.
- Hier worden slechts de centrale adressen vermeld. De opleiding kan in de wijde omtrek ervan worden gegeven.

CREBO 10215/91770

Toelatingseisen Diploma vmbo bb.

Duur 2 jaar deeltijd.

Mogelijkheden voor verdere studie Met vrijstellingen instromen in een opleiding van niveau 3: Eerste autospuiter.

Functiemogelijkheden Autospuiter in een autospuiterij.

5.6.i.4 Autotechnicus (niveau 2)

Voor adres(sen) zie: ROC/MBO-4, 10, 12, 13, 16, 20, 21, 22, 23, 25, 27, 30, 32, 40, 43, 45, 48, 54, 58, 60.

Algemeen
- Eindtermen voor deze kwalificatie worden ontwikkeld door Innovam Groep.
- Hier worden slechts de centrale adressen vermeld. De opleiding kan in de wijde omtrek ervan worden gegeven.

CREBO 10223/93410

Toelatingseisen De volledige leerplicht hebben voltooid, of diploma Assistent mobiliteitsbranche (niveau 1).

Duur 2 jaar voltijd en deeltijd.

Mogelijkheden voor verdere studie Met vrijstellingen instromen in een opleiding van niveau 3: Eerste autotechnicus.

Functiemogelijkheden Autotechnicus in de motorvoertuigenbranche voor personenauto's.

5.6.i.5 Bedrijfsautotechnicus (niveau 2)
Voor adres(sen) zie: ROC/MBO-1, 12, 13, 16, 20, 21, 22, 23, 25, 27, 30, 32, 33, 38, 43, 45, 46, 48, 58, 60.
Algemeen
- Eindtermen voor deze kwalificatie worden ontwikkeld door Innovam Groep.
- Hier worden slechts de centrale adressen vermeld. De opleiding kan in de wijde omtrek ervan worden gegeven.
CREBO 10222/93440
Toelatingseisen De volledige leerplicht hebben voltooid, of diploma Assistent mobiliteitsbranche (niveau 1).
Duur 2 jaar voltijd en deeltijd.
Mogelijkheden voor verdere studie Met vrijstellingen instromen in een opleiding van niveau 3: Eerste bedrijfsautotechnicus.
Functiemogelijkheden Bedrijfsautotechnicus in de motorvoertuigenbranche voor bedrijfsauto's.

5.6.i.6 Bromfietstechnicus (niveau 2)
Voor adres(sen) zie: ROC/MBO-12, 13, 22, 24, 40, 60.
Algemeen
- Eindtermen voor deze kwalificatie worden ontwikkeld door Innovam Groep.
- Hier worden slechts de centrale adressen vermeld. De opleiding kan in de wijde omtrek ervan worden gegeven.
CREBO 10220
Toelatingseisen Diploma vmbo bb.
Duur 2 jaar deeltijd.
Mogelijkheden voor verdere studie Geen specifieke verdere studiemogelijkheden.
Functiemogelijkheden Bromfietstechnicus in een bromfietsenwinkel annex bromfietsenreparatie-afdeling.

5.6.i.7 Carrosseriebouwer (niveau 2)
Voor adres(sen) zie: ROC/MBO-60.
Algemeen
- Eindtermen voor deze kwalificatie worden ontwikkeld door VOC.
- Hier wordt slechts het centrale adres vermeld. De opleiding kan in de wijde omtrek ervan worden gegeven.
CREBO 10212
Toelatingseisen Diploma vmbo bb.
Duur 2 jaar deeltijd.
Mogelijkheden voor verdere studie Met vrijstellingen instromen in een opleiding van niveau 3: Eerste carrosseriebouwer.
Functiemogelijkheden Carrosseriebouwer in een carrosseriebouwbedrijf.

5.6.i.8 Fietstechnicus (niveau 2)
Voor adres(sen) zie: ROC/MBO-12, 13, 22, 32, 39, 40, 60.
Algemeen
- Eindtermen voor deze kwalificatie worden ontwikkeld door Innovam Groep.
- Hier worden slechts de centrale adressen vermeld. De opleiding kan in de wijde omtrek ervan worden gegeven.
CREBO 10221/90872
Toelatingseisen Diploma vmbo bb.
Duur 2 jaar deeltijd.
Mogelijkheden voor verdere studie Geen specifieke verdere studiemogelijkheden.
Functiemogelijkheden Fietstechnicus in een fietsenwinkel annex fietsenreparatie-afdeling.

5.6.i.9 Landbouwmachinechauffeur/-monteur (niveau 2)
Voor adres(sen) zie: ROC/MBO-39.
Algemeen
- Eindtermen voor deze kwalificatie worden ontwikkeld door Kenteq.
- Hier wordt slechts het centrale adres vermeld. De opleiding kan in de wijde omtrek ervan worden gegeven.
CREBO 10084
Doel Bedienen en in technische conditie houden van tractoren, landbouwwerktuigen en installaties in diverse uitvoeringsvormen, vervangen van onderdelen bij eenvoudige reparatie- en onderhoudswerkzaamheden, opsporen en verhelpen van storingen.
Toelatingseisen Diploma vmbo bb.
Duur 2 jaar deeltijd.
Mogelijkheden voor verdere studie Een opleiding van niveau 3: Eerste monteur landbouwmechanisatietechniek.
Functiemogelijkheden Landbouwmachinechauffeur/-monteur bij loonbedrijven en een landbouwmechanisatiebedrijf.

5.6.i.10 Monteur landbouwmechanisatietechniek (niveau 2)
Voor adres(sen) zie: ROC/MBO-39.
Algemeen
- Eindtermen voor deze kwalificatie worden ontwikkeld door Kenteq.
- Hier wordt slechts het centrale adres vermeld. De opleiding kan in de wijde omtrek ervan worden gegeven.
CREBO 10083
Doel Verrichten van reparatie- en onderhoudswerkzaamheden, en diagnostiseren, vervaardigen, herstellen en/of vervangen van elementen en componenten van tractoren, landbouwwerktuigen en landbouwinstallaties.
Toelatingseisen Diploma vmbo bb.
Duur 2 jaar deeltijd.
Mogelijkheden voor verdere studie Een opleiding van niveau 3: Eerste monteur landbouwmechanisatietechniek.
Functiemogelijkheden Monteur landbouwmechanisatietechniek bij een loonbedrijf en een landbouwmechanisatiebedrijf.

5.6.i.11 Monteur mobiele werktuigen (niveau 2)
Voor adres(sen) zie: AOC-1, 13, ROC/MBO-39.
Algemeen
- Eindtermen voor deze kwalificatie worden ontwikkeld door Kenteq.
- Hier worden slechts de centrale adressen vermeld. De opleiding kan in de wijde omtrek ervan worden gegeven.
CREBO 92141
Toelatingseisen Diploma vmbo bb.
Duur 2 jaar deeltijd.
Functiemogelijkheden Monteur mobiel intern transport in de werkplaats van productiebedrijven en transportondernemingen.

5.6.i.12 Onderdelenadviseur (niveau 2)
Voor adres(sen) zie: ROC/MBO-30.
Algemeen
- Eindtermen voor deze kwalificatie worden ontwikkeld door Innovam Groep.
- Hier wordt slechts het centrale adres vermeld. De opleiding kan in de wijde omtrek ervan worden gegeven.
CREBO 10208
Toelatingseisen Diploma vmbo bb, of diploma Assistent mobiliteitsbranche (niveau 1).
Duur 2 jaar deeltijd.

Functiemogelijkheden Onderdelenadviseur in het magazijn van de motorvoertuigenbranche.

5.6.i.13 Revisietechnicus (niveau 2)
Voor adres(sen) zie: ROC/MBO-32, 40.
Algemeen
- Eindtermen voor deze kwalificatie worden ontwikkeld door Innovam Groep.
- Hier worden slechts de centrale adressen vermeld. De opleiding kan in de wijde omtrek ervan worden gegeven.

CREBO 10214/93141
Toelatingseisen Diploma vmbo bb, of diploma Assistent mobiliteitsbranche (niveau 1).
Duur 2 jaar deeltijd.
Mogelijkheden voor verdere studie Geen specifieke verdere studiemogelijkheden.
Functiemogelijkheden Revisietechnicus in een revisiebedrijf.

5.6.l Overige opleidingen

5.6.l.1 Innovam Groep (cursussen/trainingen)
Voor adres(sen) zie: KBB-12.
Cursussen
- *Management & Sales:*
  - Bedrijfshulpverlener.
  - BOVAG Bouwen aan een succesvol team.
  - BOVAG Kostenbewust personeelsbeleid.
  - Commerciële Service Adviseur.
  - Gastvrij voor uw klant - gevorderd.
  - Klantgericht communiceren voor technici.
  - Operationeel management.
  - Praktisch leidinggeven.
  - Route 3: Beoordelingscyclus en functioneringsgesprekken.
  - RPT/LMT (workshop).
  - Social Media 2.0.
  - Techniek voor niet-technici.
  - Veilig werken aan elektrische en hybride voertuigen online.
  - Werving en selectie.

Verder zijn er vele RPT- en technische trainingen, plus een aantal speciale trainingen; zie www.innovam.nl - Education
Toelatingseisen Afhankelijk van het soort trainingen en het startniveau.
Duur Varieert van 1 dag tot 1 dag per week gedurende 22 weken.

5.6.l.2 IVA Driebergen
(Instituut Voor Autobranche & management)
Voor adres(sen) zie: OVER-153.
Algemeen
- Particuliere hogere managementopleiding voor de mobiliteitsbranche.
- Er zijn 2 programma's:
  - 2 jaar voltijd, niet rijkserkend, IVA-BC-traject op mbo-niveau;
  - 2 jaar voltijd, niet rijkserkend, IVA-B-traject op mbo+-niveau.

Toelatingseisen
- Voor BC: diploma vmbo gl of tl zonder exacte vakken, of 3 jaar havo.
- Voor B: diploma vmbo gl of tl met exacte vakken of een diploma mbo.
- Strenge gedragsregels en onberispelijke kleding, voor de mannen inclusief overhemd en das.
- Motivatie is uiterst belangrijk.

Duur
- Gemiddeld 30 uur per week les.
- IVA-A: 2 jaar voltijd.
- Hbo: 3,5 jaar voltijd, waarin het laatste halfjaar een betaalde stage en afstudeerscriptie.

Functiemogelijkheden Verkoper van personen- en bedrijfsauto's, zone-manager van een automobielimporteur, bedrijfsdirecteur, managementfuncties op het gebied van autofinanciering, auto-expertise en autoleasing.

5.6.l.3 IVA Driebergen Business School
(Bedrijfstrainingen)
Voor adres(sen) zie: OVER-153.
Opleidingen Opleidingen en trainingen voor de caravanbranche, voor de motorbranche en voor verschillende automerken.

5.6.l.4 Ondernemersdiploma
Voor adres(sen) zie: KBB-12.
Algemeen Bezitters van een diploma bedrijfsleider in de MTV-branche, bedrijfleider/ondernemer middelgroot bedrijf/kleinbedrijf/mobiele werktuigen (niveau 4) voldoen aan de eisen van de Vestigingswet Bedrijven.
Duur Er worden een dagcursus en een avondcursus gegeven.
Diploma/examen Degenen die een diploma-A of -B van het IVA in Driebergen bezitten, krijgen geen vrijstelling van deze diploma's; zij kunnen wel examen afleggen bij Innovam Groep.
Overige informatie Om zich te kunnen vestigen als ondernemer van een autobedrijf, fietsherstellers- of motor-/bromfietsbedrijf is het diploma BT (BedrijfsTechniek) noodzakelijk, zie ook: 17.2.l.

5.6.l.5 VakOpleiding Carrosseriebedrijf (VOCar)
Voor adres(sen) zie: KBB-13.
Opleidingen Patroonsopleidingen (ondernemersopleidingen).
Cursussen Gericht op het bedrijfsleven, o.a.:
- Audatex.
- Hydrauliek.
- Lastechniek.
- Management.
- Milieuzorg.

5.6.l.6 Volwassenenonderwijs - motorvoertuigentechniek
Voor adres(sen) zie: ROCCO-2, 10, 11, 20.
Cursussen - Auto-elektronica.
- Motormanagement.
- Remsystemen.

5.7 VLIEGTUIGTECHNIEK

Algemeen De vliegtuigtechniek omvat meer dan alleen techniek betreffende vliegtuigen; al sinds jaren heeft men de ruimtevaarttechniek met de vliegtuigtechniek gecombineerd.
Op verschillende niveaus zijn er functiemogelijkheden: in de industrie en in de dienstensector, zoals bij de vliegtuig- en ruimtevaartindustrie, de burger- en militaire luchtvaartmaatschappijen, en de Rijksluchtvaartdienst.
Bovendien zijn er buiten de specifieke luchtvaarttechniek andere mogelijkheden, bijvoorbeeld werken aan de constructie van een boorplatform en van windmolens.

www.toorts.nl

5.7.c Wo-bacheloropleiding

5.7.c.1 Luchtvaart- en ruimtevaarttechniek (TUD)
Voor adres(en) zie: WO-13.
Algemeen Wo-bacheloropleiding.
Doel Het vliegtuig als studieobject (maar ook bijvoorbeeld satellieten, ruimtestation).
Toelatingseisen
- Diploma vwo (wisk. B, nat.); vwo-profiel C&M (+ wisk. B I en II, nat. I en II), E&M (+ wisk. B I en II, nat. I en II), N&T, N&G (+ wisk. B I en II).
- Voor het doorstroomprogramma wordt een verwante hbo-opleiding vereist.
- Als men 21 jaar of ouder is, komt men in aanmerking voor een colloquium doctum.

Duur 3 jaar voltijd.
Functiemogelijkheden LR-ingenieur in de luchtvaart en in de ruimtevaartsector, bij de toeleverende industrieën en onderzoeksinstellingen, zoals het Nationaal Lucht- en Ruimtevaartlaboratorium (NLR), ESTEC Noordwijk, luchtvaartmaatschappijen en luchthaven, en het Nederlands Instituut voor Vliegtuigontwikkeling en Ruimtevaart (NIVR).
LR-ingenieur bij multinationals als Shell, AkzoNobel en Unilever, en bij ingenieursbureaus, automatiseringsbedrijven en in de auto-industrie.
Ook kan men mogelijk een baan vinden in het buitenland, bijvoorbeeld bij Airbus SAS of Boeing.

5.7.f Hbo-bacheloropleiding

5.7.f.1 Luchtvaarttechnologie/Aeronautical enigineering (hto) (HS Inholland)
Voor adres(en) zie: HBO-56.
Algemeen Nederlandse en Engelstalige hbo-bacheloropleiding voor luchtvaarttechnoloog die zich bezighoudt met het veilig en betrouwbaar functioneren van vliegtuigen, satellieten en ruimteveren, apparaten en complexe technische productie- en informatiesystemen.
Toelatingseisen Diploma havo (wisk. B, nat.); havo-profiel N&T, N&G (+ wisk. B I en II, nat. I en II); vwo (wisk. B, nat.); vwo-profiel N&T, N&G, E&M (+ nat. I), C&M (+ wisk. A I en II, nat. I); mbo-Vliegtuigbouwkunde (niveau 4).
Duur
- 4 jaar voltijd.
- 3 jaar voltijd na diploma mbo niveau 4 op het gebied van vliegtuigbouw en luchtvaarttechniek.

Functiemogelijkheden Luchtvaarttechnoloog in de vliegtuigindustrie of aanverwante technische industrie'n, zoals luchtvaartmaatschappijen, militaire luchtvaart en toeleveringsbedrijven; technoloog in constructiebedrijven, automobielindustrie, kunststoffenindustrie, research and development, stromingsonderzoek, automatisering en onderwijs.
Overige informatie De opleiding leidt ook op voor functies in de auto- en kunststofindustrie.

5.7.f.2 Technische natuurkunde (hto) (Fontys HS, Haagse HS, Saxion HS)
Zie 4.1.f.4.

5.7.g Mbo-opleiding niveau 4

5.7.g.1 Vliegtuigonderhoudstechnicus avionica (JAR cat. B2) (niveau 4)
Voor adres(en) zie: ROC/MBO-37.
Algemeen
- Eindtermen voor deze kwalificatie worden ontwikkeld door Kenteq.
- Hier wordt slechts het centrale adres vermeld. De opleiding kan in de wijde omtrek ervan worden gegeven.

CREBO 10056
Doel Onderhouden en repareren van navigatie-, communicatie- en vluchtgeleidingssystemen.
Toelatingseisen Diploma vmbo gl, vmbo kb of vmbo tl met de sector vmbo-Tech; of diploma vmbo gl, vmbo kb of vmbo tl, alle met nat./scheik. 1 of wisk., met de sectoren vmbo-Ec, vmbo-Lb of vmbo-Z&W.
Duur 4 jaar voltijd.
Mogelijkheden voor verdere studie Hto-bachelor Luchtvaarttechnologie (Delft).
Functiemogelijkheden Vliegtuigonderhoudstechnicus avionica bij een luchtvaartmaatschappij, op een luchthaven of bij de Rijksluchtvaartdienst.

5.7.i Mbo-opleiding niveau 1 of niveau 2

5.7.i.1 Vliegtuigbouw (niveau 2)
Voor adres(en) zie: ROC/MBO-16.
Algemeen
- Eindtermen voor deze kwalificatie worden ontwikkeld door Kenteq.
- Hier wordt slechts het centrale adres vermeld. De opleiding kan in de wijde omtrek ervan worden gegeven.

CREBO 10063
Doel Opleiding tot vliegtuigbouwer.
- Er zijn 3 differentiaties: metaallijmen - plaatwerken - samenbouw.

Toelatingseisen Diploma vmbo bb.
Duur 2 jaar deeltijd.
Mogelijkheden voor verdere studie Opleidingen op niveau 3 die ressorteren onder de verantwoordelijkheid van Kenteq.
Functiemogelijkheden Vliegtuigbouwer metaal in een montagehal van de vliegtuigindustrie.

5.7.l Overige opleidingen

5.7.l.1 Volwassenenonderwijs NLC
Cursussen
- Basiscursus/algemeen.
- Catering.
- Cockpittraining.
- Dienstverlening algemeen.
- Dienstverlening cabine.
- Dienstverlening passage.
- Dienstverlening reisagent.
- Logistiek.
- Management.
- Platform.
- Talen.
- Technisch algemene oriëntatie.
- Technisch vliegtuigonderhoud (o.a. vliegtuigonderhoudsmonteur AB en CEF, vliegtuigonderhoudstechnicus AB, CEF, DG, M en A).
- Veiligheid.
- Vracht.

www.**oogwenken**.nl

5.7.l.2 Volwassenenonderwijs - vliegtuigtechniek
Voor adres(sen) zie: ROCCO-20.
Cursussen Gasturbinemotoren.

5.8 SCHEEPSBOUWKUNDE

Algemeen In de scheepsbouw zijn uiteraard meer beroepsbeoefenaars nodig dan degenen van wie de opleiding hier wordt genoemd. Het gaat in deze subsector voornamelijk om de scheepsbouwkundigen en de scheepsbouwers, plus aanverwante beroepen op scheepswerven en bij rederijen.

5.8.c Wo-bacheloropleiding

5.8.c.1 Maritieme techniek (TUD)
Voor adres(sen) zie: WO-14.
Algemeen Wo-bacheloropleiding.
Doel De opleiding richt zich op het ontwerp, de bouw en de exploitatie van schepen en offshore-constructies, zowel varend als stilliggend.
Toelatingseisen
- Diploma vwo (wisk. B, nat.); vwo-profiel C&M (+ wisk. B I en II, nat. I en II), E&M (+ wisk. B I en II, nat. I en II, N&G (+ wisk. B I en II), N&T; propedeuse of getuigschrift/diploma van een hbo of van de OUNL (wisk. B, nat.).
- Als men 21 jaar of ouder is, komt men in aanmerking voor een colloquium doctum.
Duur 3 jaar voltijd.
Lesprogramma Specialisaties:
- TUD: Honours-programma - Minors.

5.8.f Hbo-bacheloropleiding

5.8.f.1 Scheepsbouwkunde maritieme techniek (hto) (HS Rotterdam)
Voor adres(sen) zie: HBO-157.
Algemeen Hbo-bacheloropleiding voor scheepsbouwkundig ingenieur die zich bezighoudt met diverse aspecten van werfbedrijf, scheepsnieuwbouw en jachtbouw, scheepsreparatie en werkzaamheden in de offshore.
Toelatingseisen Diploma havo (wisk. B, nat.); havo-profiel N&T, N&G (+ wisk. B II, nat. II); vwo (wisk. A of B, nat.); vwo-profiel C&M (+ wisk. A I en II, nat. I), E&M (+ nat. I), N&T, N&G; mbo niveau 4 (wisk., nat.).
Duur 4 jaar voltijd.
Lesprogramma Specialisaties:
Offshore & dredging (minor) - Yachts and small crafts (minor).
Functiemogelijkheden Scheepsbouwkundig ingenieur op werven, ingenieursbureaus voor scheeps- en jachtbouw, constructiebedrijven, bedrijven die scheepsschroeven maken, scheepvaartinspectie, expertisebureau voor schade- en verzekeringszaken, classificatie-maatschappijen, bagger-, offshore- en bergingsbedrijven, ontwerper van schepen en jachten.

5.8.h Mbo-opleiding niveau 3

5.8.h.1 Scheepsbouwer (niveau 3)
Voor adres(sen) zie: HBO-33, ROC/MBO-16.
Algemeen
- Eindtermen voor deze kwalificatie worden ontwikkeld door Kenteq.
- Hier worden slechts de centrale adressen vermeld. De opleiding kan in de wijde omtrek ervan worden gegeven.

CREBO 10111
Doel Aan de hand van tekeningen een werkmethodiek maken, meetmethodiek en werkvoorbereiding, beoordelen van onderdelen van te bouwen of te repareren schepen, vervaardigen en repareren van scheepsonderdelen en scheepsconstructies, aanbrengen en samenstellen van scheepsconstructies tot een eindproduct en zelfstandig meten en controleren van geleverde kwaliteit.
Toelatingseisen
- Diploma vmbo gl, vmbo kb of vmbo tl met de sector vmbo-Tech; of diploma vmbo gl, vmbo kb of vmbo tl, alle met nat./scheik. 1 of wisk., met de sectoren vmbo-Ec, vmbo-Lb of vmbo-Z&W.
- Men kan met het diploma Scheepsmetaalbewerker (niveau 2) met vrijstellingen in de opleiding instromen.
Duur 2,5 jaar deeltijd.
Mogelijkheden voor verdere studie Opleidingen van niveau 4: (specialistenopleiding) Kaderfunctionaris, of Werktuigbouwkunde.
Functiemogelijkheden Scheepsbouwer in scheepsbouw, jachtbouw, scheepsreparatie en offshore.

5.8.l Overige opleidingen

5.8.l.1 Kenteq (cursussen)
Zie 5.1.l.3, 5.2.l.3 en 5.17.l.1.

5.8.l.2 Volwassenenonderwijs - zeevaart
Zie 18.9.l.4.

5.9 FIJNMECHANISCHE TECHNIEK

Algemeen Als voorbeelden van fijnmechanische producten kunnen worden genoemd: laboratorium- en medische instrumenten, fijnere apparatuur voor de meet- en regeltechniek, film- en foto-apparatuur, administratie-apparatuur (computers, randapparatuur, kopieerapparaten).
Fijnmechanische techniek omvat een vrij grote groep opleidingen van verschillende aard: eerst wordt een overzicht gegeven van fijnmechanische techniek in het algemeen, waarna in de volgende subsectoren enige andere vormen van het fijnere werk worden besproken, zoals de opleidingen voor opticien, orthesist, tandtechnicus en uurwerktechnicus.

5.9.d Post-hbo-opleiding

5.9.d.1 Stichting CPION (Centrum Post Initieel Onderwijs Nederland)
Voor adres(sen) zie: DIEN-29.
Algemeen Toetsing, registratie en diplomering van initiële opleidingen.

5.9.g Mbo-opleiding niveau 4

5.9.g.1 Fijnmechanische techniek (niveau 4)
Voor adres(sen) zie: ROC/MBO-35.
Algemeen
- Eindtermen voor deze kwalificatie worden ontwikkeld door Kenteq.
CREBO 10096
Doel Opleiding tot instrumentmaker, fijnmechanisch bewerker en medisch instrumentatietechnicus.
- Taak van de instrumentmaker: ontwerpen, vervaardigen, repareren en onderhouden van proefopstellingen en meetapparatuur ten behoeve van chemisch, fysisch, optisch of andersoortig onderzoek.

- Taak van de fijnmechanisch bewerker: aan de hand van werktekeningen opdrachten uitvoeren ten behoeve van prototypebouw en serieproductie.
- Taak van de medisch instrumentatietechnicus: doen functioneren van medische apparatuur, verhelpen van storingen en verrichten van onderhoud aan patiëntgebonden apparatuur.

Toelatingseisen Diploma vmbo gl, vmbo kb of vmbo tl met de sector vmbo-Tech; of diploma vmbo gl, vmbo kb of vmbo tl, alle met nat./scheik. 1 of wisk., met de sectoren vmbo-Ec, vmbo-Lb of vmbo-Z&W.

Duur 4 jaar voltijd.

Functiemogelijkheden Instrumentmaker op researchafdelingen in diverse branches; fijnmechanisch bewerker in de fijnmechanische industrie.

5.9.g.2 Medisch instrumentatietechnicus (niveau 4)
Voor adres(sen) zie: ROC/MBO-40.
Algemeen
- Deze opleiding is in nauwe samenwerking met de VZI (Vereniging van Ziekenhuis Instrumentatietechnici) ontwikkeld en is gericht op toekomstige werksituaties.
- Hier wordt slechts het centrale adres vermeld. De opleiding kan in de wijde omtrek ervan worden gegeven.

CREBO Geen.
Doel De medisch technicus zorgt ervoor dat het zorgproces door goede apparatuur wordt ondersteund.
- Taak: adviseert bij de aanschaf van nieuwe apparatuur en begeleidt nieuwe ontwikkelingen.

Toelatingseisen Diploma vmbo gl, vmbo kb of vmbo tl met de sector vmbo-Tech; of diploma vmbo gl, vmbo kb of vmbo tl, alle met nat./scheik. of wisk., met de sectoren vmbo-Ec, vmbo-Lb of vmbo-Z&W; diploma havo of vwo met N&G of N&T.

Duur
- 4-jarige dagopleiding met diverse praktijkperioden bij ziekenhuizen en instellingen.
- In het derde en vierde leerjaar: duaal traject in ziekenhuizen en bij bedrijven.

Lesprogramma Projecten en praktijkopdrachten waarbij gastdocenten uit het werkveld worden ingezet. Er wordt in kleine groepen intensief gewerkt, waarbij gebruik wordt gemaakt van de nieuwste technologieën.

Vakken: elektronica - fijnmechanica - inzicht in de samenhang en de werking van componenten en medische apparatuur - fysiologie, anatomie, hygiëne en veiligheid - communicatieve en sociale vaardigheden.

Mogelijkheden voor verdere studie Andere technische opleiding van niveau 4, of doorstroom naar het hbo.

Functiemogelijkheden Technicus in het bedrijfsleven, waar medische apparatuur wordt gemaakt of onderhouden, of bij een ziekenhuis, bloedbank, dialysecentrum of zorginstelling.

5.9.g.3 Research-instrumentmaker metaal (niveau 4)
Voor adres(sen) zie: ROC/MBO-35.
Algemeen
- Eindtermen voor deze kwalificatie worden ontwikkeld door Kenteq.

CREBO 10095
Doel Fijnmechanische componenten, instrumenten en meetopstellingen vervaardigen ten behoeve van research- en prototype-opdrachten.
Toelatingseisen Diploma vmbo gl, vmbo kb of vmbo tl met de sector vmbo-Tech; of diploma vmbo gl, vmbo kb of vmbo tl, alle met

nat./scheik. 1 of wisk., met de sectoren vmbo-Ec, vmbo-Lb of vmbo-Z&W.
Duur 4 jaar voltijd.
Functiemogelijkheden Research-instrumentmaker metaal in instrumentmakerijen.

5.9.g.4 Research-instrumentmaker optiek (niveau 4)
Zie 5.11.g.2.

5.9.i Mbo-opleiding niveau 1 of niveau 2

5.9.i.1 Instrumentmaker (niveau 2)
Voor adres(sen) zie: ROC/MBO-35.
Algemeen
- Eindtermen voor deze kwalificatie worden ontwikkeld door Kenteq.

CREBO 10103
Doel Zelfstandig instrumenten en fijnmechanische apparaten vervaardigen en modificeren en bestaande apparaten monteren, demonteren, onderhouden en beproeven.
Toelatingseisen Diploma vmbo bb.
Duur 2 jaar deeltijd.
Mogelijkheden voor verdere studie Opleidingen van niveau 3: Machinaal verspaner (NC) (differentiaties: rond/vlak; rond; vlak), of Gereedschapmaker (differentiaties: matrijzen; speciale gereedschappen; stempels).
Functiemogelijkheden Instrumentmaker in werkplaatsen van verschillende soorten bedrijven of onderzoeksinstituten.

5.9.l Overige opleidingen

5.9.l.1 Mikrocentrum Nederland
Voor adres(sen) zie: OVER-169.
Doel Verzorgen van cursussen, workshops, opleidingen, studiedagen en themadagen op diverse locaties in Nederland.
Opleidingen Op het gebied van elektronica, glasvezeltechnologie, industriële automatisering, kunststoftechnologie'n, kwaliteitsbeheersing, laagspanning, lijmen, logistiek, meettechniek, metaalbewerking, milieu, onderhoud, ontwerp-optimalisatie, optica, optische netwerken, productie-optimalisatie, wiskunde.
Toelatingseisen Diploma vmbo t/m hto; of relevante ervaring.
Duur Avond-, middag- en dagcursussen en in company-trainingen, vari'rend van enkele weken tot driekwart jaar.

5.10 ADAPTATIE, ORTHOPEDIE EN REVALIDATIE

Algemeen De meeste mbo-opleidingen die in deze paragraaf worden genoemd, worden niet bekostigd door het ministerie van OCW. Informeer dit tevoren bij de betreffende opleidingen.

5.10.f Hbo-bacheloropleiding

5.10.f.1 Orthopedische technologie (ECNO) (Fontys HS)
Voor adres(sen) zie: HBO-82.
Algemeen Hbo-bacheloropleiding voor bandagist, orthesist en prothesist.
Duur 4 jaar voltijd.
Overige informatie De opleiding is een samenwerkingsverband van Fontys HS en de Katholieke HS Kempen (te Geel, België). De opleiding wordt in Geel voor Nederlandse en Vlaamse studenten gegeven.

5.10.g Mbo-opleiding niveau 4

5.10.g.1 Orthopedisch schoentechnicus (niveau 4)
Voor adres(sen) zie: KBB-14, OVER-312.
Algemeen Eindtermen voor deze kwalificatie worden ontwikkeld door SVGB.
CREBO 10924
Doel Vervaardigen van orthopedische voorzieningen ter ondersteuning van de revalidatie en/of functioneren van de cliënt, uitvoeren van functie-onderzoeken bij cliënten en aanmeten van orthopedische hulpmiddelen.
Toelatingseisen Een diploma van niveau 2: Leestenmaker, Onderwerkmaker, Schachtenmaker, Vervaardiger orthopedische voorzieningen onderbeen/voet.
Duur 4 jaar deeltijd.
Mogelijkheden voor verdere studie Geen specifieke verdere studiemogelijkheden.
Functiemogelijkheden Orthopedisch schoentechnicus bij een orthopedische schoenmakerij.

5.10.g.2 Paskamermedewerker orthopedisch instrumentmaker/Bandagist (niveau 4)
Voor adres(sen) zie: KBB-14, OVER-312.
Algemeen Eindtermen voor deze kwalificatie worden ontwikkeld door SVGB.
CREBO Geen.
Doel Specialistenopleiding tot paskamermedewerker orthopedisch instrumentmaker en -bandagist.
- Taak: zelfstandig adviseren omtrent productkeuze en financiering van werkplaatsgebonden confectie-artikelen, correctieapparatuur, beenorthesen en -prothesen, armorthesen en -prothesen, corsetten en rompprothesen; zelfstandig maatnemen, passen en afleveren van de hulpmiddelen.
Toelatingseisen Diploma Orthopedisch bandagist (niveau 3), of Orthopedisch instrumentmaker (niveau 3).
Duur 2 jaar deeltijd.
Mogelijkheden voor verdere studie Geen specifieke verdere studiemogelijkheden.
Functiemogelijkheden Paskamermedewerker orthopedisch instrumentmaker en -bandagist bij een orthopedische instrumentmakerij of bij ziekenhuizen en/of revalidatieklinieken.

5.10.g.3 Ondernemer/Manager orthopedisch instrumentmaker/Bandagist (niveau 4)
Voor adres(sen) zie: KBB-14, OVER-312.
Algemeen Eindtermen voor deze kwalificatie worden ontwikkeld door SVGB.
CREBO Geen.
Toelatingseisen Diploma Orthopedisch bandagist (niveau 3), of Orthopedisch instrumentmaker (niveau 3).
Duur Driekwart jaar voltijd en deeltijd.
Mogelijkheden voor verdere studie Geen specifieke verdere studiemogelijkheden.
Functiemogelijkheden Ondernemer/Manager orthopedisch instrumentmaker/Bandagist bij een orthopedische instrumentmakerij.

5.10.g.4 Orthopedisch technisch medewerker (niveau 4)
Voor adres(sen) zie: KBB-14, OVER-312.
Algemeen Eindtermen voor deze kwalificatie worden ontwikkeld door SVGB.
CREBO 10919
Toelatingseisen Een diploma van niveau 2: Leestenmaker, Onderwerkmaker, Schachtenmaker, Vervaardiger orthopedische voorzieningen onderbeen/voet.
Duur 8 maanden voltijd en deeltijd.
Mogelijkheden voor verdere studie Geen specifieke verdere studiemogelijkheden.

5.10.g.5 Specialist armprothesen (niveau 4)
Voor adres(sen) zie: KBB-14, OVER-312.
Algemeen Eindtermen voor deze kwalificatie worden ontwikkeld door SVGB.
CREBO Geen.
Doel Zelfstandig adviseren, maatnemen, produceren, passen en afleveren van armprothesen.
Toelatingseisen Diploma Orthopedisch bandagist (niveau 3), of Orthopedisch instrumentmaker (niveau 3).
Duur Een half jaar voltijd en deeltijd.
Mogelijkheden voor verdere studie Geen specifieke verdere studiemogelijkheden.
Functiemogelijkheden Specialist armprothesen bij een orthopedische instrumentmakerij.

5.10.g.6 Specialist heup-, knie-, enkel-, voetorthesen (niveau 4)
Voor adres(sen) zie: KBB-14, OVER-312.
Algemeen Eindtermen voor deze kwalificatie worden ontwikkeld door SVGB.
CREBO Geen.
Doel Zelfstandig adviseren, maatnemen, produceren, passen en afleveren van heup-, knie-, enkel-, voetorthesen (HKEVO's).
Toelatingseisen Diploma Orthopedisch bandagist (niveau 3), of Orthopedisch instrumentmaker (niveau 3).
Duur Een half jaar voltijd en deeltijd.
Mogelijkheden voor verdere studie Geen specifieke verdere studiemogelijkheden.
Functiemogelijkheden Specialist heup-, knie-, enkel-, voetorthesen bij een orthopedische instrumentmakerij.

5.10.g.7 Specialist scolioseorthesen (niveau 4)
Voor adres(sen) zie: KBB-14, OVER-312.
Algemeen Eindtermen voor deze kwalificatie worden ontwikkeld door SVGB.
CREBO Geen.
Doel Zelfstandig adviseren, maatnemen, produceren, passen en afleveren van scolioseorthesen.
Toelatingseisen Diploma Orthopedisch bandagist (niveau 3), of Orthopedisch instrumentmaker (niveau 3).
Duur Een half jaar voltijd en deeltijd.
Mogelijkheden voor verdere studie Geen specifieke verdere studiemogelijkheden.
Functiemogelijkheden Specialist scolioseorthesen bij een orthopedische instrumentmakerij.

Zie voor andere uitgaven van Uitgeverij De Toorts: www.**toorts**.nl

5.10.h Mbo-opleiding niveau 3

5.10.h.1 Adaptatietechnicus (niveau 3)
Voor adres(sen) zie: KBB-14, OVER-312.
Algemeen Eindtermen voor deze kwalificatie worden ontwikkeld door SVGB.
CREBO 10825/92760
Doel Adviseren en op advies van anderen aanpassen van technische hulpmiddelen bij communicatieapparatuur, vervoermiddelen en hulpmiddelen om de Activiteiten Dagelijks Leven (ADL) te kunnen verrichten; vervaardigen, pas maken en afwerken van onderdelen; opbouwen van aanpassingen aan specifieke voorzieningen.
Toelatingseisen Diploma vmbo gl, vmbo kb of vmbo tl met de sector vmbo-Tech, bij voorkeur een mbo-opleiding op het gebied van metaal, motorvoertuigen of elektronica.
Duur 3 jaar voltijd en deeltijd.
Functiemogelijkheden Adaptatietechnicus in de revalidatiebranche.

5.10.h.2 Orthopedisch bandagist (niveau 3)
Voor adres(sen) zie: KBB-14, OVER-312.
Algemeen Eindtermen voor deze kwalificatie worden ontwikkeld door SVGB.
CREBO Geen.
Doel Zelfstandig produceren van werkplaatsgebonden confectie-artikelen, corsetten, romporthesen, beenorthesen en -prothesen, armorthesen en -prothesen.
Toelatingseisen Diploma Assistent orthopedisch bandagist (niveau 2).
Duur 2 jaar deeltijd.
Mogelijkheden voor verdere studie Opleidingen van niveau 4: Ondernemer/Manager orthopedisch instrumentmaker/Bandagist, of Paskamermedewerker orthopedisch instrumentmaker/Bandagist.
Functiemogelijkheden Orthopedisch bandagist bij een orthopedische instrumentmakerij.

5.10.h.3 Orthopedisch instrumentmaker (niveau 3)
Voor adres(sen) zie: KBB-14, OVER-312.
Algemeen Eindtermen voor deze kwalificatie worden ontwikkeld door SVGB.
CREBO Geen.
Doel Zelfstandig produceren van werkplaatsgebonden confectie-artikelen, romporthesen, beenorthesen en -prothesen, armorthesen en -prothesen.
Toelatingseisen Diploma Assistent orthopedisch instrumentmaker (niveau 2).
Duur 2 jaar deeltijd.
Mogelijkheden voor verdere studie Opleidingen van niveau 4: Ondernemer/Manager orthopedisch instrumentmaker/Bandagist, Paskamermedewerker orthopedisch instrumentmaker/Bandagist, Specialist armprothesen, Specialist heup-, knie-, enkel-, voetorthesen, of Specialist scolioseorthesen.
Functiemogelijkheden Orthopedisch instrumentmaker bij een orthopedische instrumentmakerij.

5.10.h.4 Paskamermedewerker orthopedische schoentechniek (niveau 3)
Voor adres(sen) zie: KBB-14, OVER-312.
Algemeen Eindtermen voor deze kwalificatie worden ontwikkeld door SVGB.
CREBO Geen.
Doel Zorgen voor de technische en medische gegevens voor de gevraagde orthopedische voorzieningen ter ondersteuning van revalidatie en mobiliteit van de cliënt, opstellen van een beschoeiingsplan, uitvoeren van functieonderzoek bij een cli'nt en aanmeten van orthopedische hulpmiddelen.
Toelatingseisen Een diploma van niveau 2: Leestenmaker, Onderwerkmaker, Schachtenmaker, Vervaardiger orthopedische voorzieningen onderbeen/voet.
Duur 3 jaar deeltijd.
Mogelijkheden voor verdere studie Een opleiding van niveau 4: Orthopedisch schoentechnicus.
Functiemogelijkheden Paskamermedewerker schoentechniek bij een orthopedische instrumentmakerij.

5.10.h.5 Adaptatieadviseur (niveau 3)
Voor adres(sen) zie: KBB-14, OVER-312.
Algemeen Eindtermen voor deze kwalificatie worden ontwikkeld door SVGB.
CREBO 10741/92771
Doel Adviseren en op advies van anderen aanpassen van technische hulpmiddelen bij communicatieapparatuur, vervoermiddelen en hulpmiddelen om de Activiteiten Dagelijks Leven (ADL) te kunnen verrichten.
Toelatingseisen Diploma vmbo gl, vmbo kb of vmbo tl met de sector vmbo-Tech.
Duur 2,5 jaar deeltijd.
Mogelijkheden voor verdere studie Opleidingen van niveau 3 in de metaalsector.
Functiemogelijkheden Adaptatieadviseur in de revalidatiebranche.

5.10.i Mbo-opleiding niveau 1 of niveau 2

5.10.i.1 Orthopedisch schoentechnisch vakkracht (niveau 1)
Voor adres(sen) zie: KBB-14, OVER-312.
Algemeen Eindtermen voor deze kwalificatie worden ontwikkeld door SVGB.
CREBO Geen.
Doel Eenvoudige gestandaardiseerde activiteiten in de orthopedische en de revalidatiebranche.
Toelatingseisen De volledige leerplicht hebben voltooid.
Duur 1 jaar deeltijd.
Mogelijkheden voor verdere studie Met vrijstellingen instromen in opleidingen van niveau 2: Leestenmaker, Onderwerkmaker, Schachtenmaker, of Vervaardiger orthopedische voorzieningen onderbeen/-voet.
Functiemogelijkheden Orthopedisch schoentechnisch vakkracht bij een orthopedische schoenmakerij.

5.10.i.2 Orthopedisch technisch produktiemedewerker (niveau 2)
Voor adres(sen) zie: KBB-14, OVER-312.
Algemeen Eindtermen voor deze kwalificatie worden ontwikkeld door SVGB.
CREBO 10916

Doel Onder toezicht van de orthopedisch instrumentmaker of bandagist deelopdrachten uitvoeren aan prothesen en orthesen.
Toelatingseisen De volledige leerplicht hebben voltooid.
Duur Een half jaar deeltijd.
Mogelijkheden voor verdere studie Met vrijstellingen instromen in opleidingen van niveau 2: Assistent orthopedisch instrumentmaker, of Assistent orthopedisch bandagist.
Functiemogelijkheden Orthopedisch technisch vakkracht bij een orthopedische instrumentmakerij.

5.10.i.3 Assistent orthopedisch bandagist (niveau 2)
Voor adres(sen) zie: KBB-14, OVER-312.
Algemeen Eindtermen voor deze kwalificatie worden ontwikkeld door SVGB.
CREBO Geen.
Doel Onder deskundige leiding werkzaamheden verrichten bij het afwerken en vervaardigen van bandages, corsetten en loophulpmiddelen.
Toelatingseisen
- De volledige leerplicht hebben voltooid.
- Men kan met het diploma Orthopedisch schoentechnisch vakkracht (niveau 1) met vrijstellingen in de opleiding instromen.
Duur 2 jaar deeltijd.
Mogelijkheden voor verdere studie Een opleiding van niveau 3: Orthopedisch bandagist.
Functiemogelijkheden Assistent orthopedisch bandagist bij een orthopedische instrumentmakerij.

5.10.i.4 Assistent orthopedisch instrumentmaker (niveau 2)
Voor adres(sen) zie: KBB-14, OVER-312.
Algemeen Eindtermen voor deze kwalificatie worden ontwikkeld door SVGB.
CREBO Geen.
Doel Onder deskundige leiding werkzaamheden verrichten bij het afwerken en vervaardigen van steunzolen en andere voetorthesen, beenorthesen en -prothesen en loophulpmiddelen.
Toelatingseisen - De volledige leerplicht hebben voltooid.
- Men kan met het diploma Orthopedisch schoentechnisch vakkracht (niveau 1) met vrijstellingen in de opleiding instromen.
Duur 2 jaar deeltijd.
Mogelijkheden voor verdere studie Een opleiding van niveau 3: Orthopedisch instrumentmaker.
Functiemogelijkheden Assistent orthopedisch instrumentmaker in een orthopedische instrumentmakerij.

5.10.i.5 Leestenmaker (niveau 2)
Voor adres(sen) zie: KBB-14, OVER-312.
Algemeen Eindtermen voor deze kwalificatie worden ontwikkeld door SVGB.
CREBO 92830
Doel Handmatig of met het CAD-systeem ontwerpen en vervaardigen van leesten voor orthopedische schoenen en van pro- en orthesen.
Toelatingseisen
- De volledige leerplicht hebben voltooid.
- Men kan met het diploma Orthopedisch schoentechnisch vakkracht (niveau 1) met vrijstellingen in de opleiding instromen.
Duur 2 jaar deeltijd.
Mogelijkheden voor verdere studie Een opleiding van niveau 4: Orthopedisch schoentechnicus.

Functiemogelijkheden Leestenmaker bij een orthopedische instrumentmakerij.

5.10.i.6 Onderwerkmaker (niveau 2)
Voor adres(sen) zie: KBB-14, OVER-312.
Algemeen Eindtermen voor deze kwalificatie worden ontwikkeld door SVGB.
CREBO 10917/92840
Doel Vervaardigen en completeren van onderwerken van orthopedisch schoeisel.
Toelatingseisen
- De volledige leerplicht hebben voltooid.
- Men kan met het diploma Orthopedisch schoentechnisch vakkracht (niveau 1) met vrijstellingen in de opleiding instromen.
Duur 2 jaar deeltijd.
Mogelijkheden voor verdere studie Een opleiding van niveau 4: Orthopedisch schoentechnicus.
Functiemogelijkheden Onderwerkmaker bij een orthopedische instrumentmakerij.

5.10.i.7 Schachtenmaker (niveau 2)
Voor adres(sen) zie: KBB-14, OVER-312.
Algemeen Eindtermen voor deze kwalificatie worden ontwikkeld door SVGB.
CREBO 10918/92880
Doel Handmatig en met behulp van het CAD-systeem modellen ontwerpen, grondpatronen voor schachten maken en vervaardigen.
Toelatingseisen
- De volledige leerplicht hebben voltooid.
- Men kan met het diploma Orthopedisch schoentechnisch vakkracht (niveau 1) met vrijstellingen in de opleiding instromen.
Duur 2 jaar deeltijd.
Mogelijkheden voor verdere studie Een opleiding van niveau 4: Orthopedisch schoentechnicus.
Functiemogelijkheden Schachtenmaker bij een orthopedische instrumentmakerij.

5.10.i.8 Vervaardiger orthopedische voorzieningen onderbeen/voet (niveau 2)
Voor adres(sen) zie: KBB-14, OVER-312.
Algemeen Eindtermen voor deze kwalificatie worden ontwikkeld door SVGB.
CREBO Geen.
Doel Vervaardiger orthopedische voorzieningen onderbeen/voet.
- Taak: orthesen, prothesen, supplementen en voetbedden vervaardigen.
Toelatingseisen
- De volledige leerplicht hebben voltooid.
- Men kan met een diploma van niveau 1: Orthopedisch schoentechnisch vakkracht, of Orthopedisch technisch produktiemedewerker, met vrijstellingen in de opleiding instromen.
Duur 2 jaar deeltijd.
Mogelijkheden voor verdere studie Een opleiding van niveau 4: Orthopedisch schoentechnicus.
Functiemogelijkheden Vervaardiger orthopedische voorzieningen onderbeen/voet bij een orthopedische instrumentmakerij.

5.11 OPTIEK, OPTOMETRIE EN ORTHOPTIE

5.11.f Hbo-bacheloropleiding

5.11.f.1 Optometrie (HS Utrecht)
Voor adres(sen) zie: HBO-184.
Algemeen Hbo-bacheloropleiding voor optometrist.
Toelatingseisen
- Diploma havo of vwo; alle havo- en vwo-profielen; mbo niveau 4.
- Tot de 1-jarige deeltijdopleiding: diploma Contactlensspecialist (zie 5.11.l.1).
- Tot de vierjarige deeltijdopleiding: diploma Opticien/manager (niveau 4; zie 5.11.g.1).
Duur
- 4 jaar voltijd.
- Met speciale toelatingseisen: 2 of 4 jaar deeltijd.
Lesprogramma Fysiologie - anatomie - algemene pathologie - algemene oculaire pathologie - neurowetenschappen - theorie gezondheidszorg - psychologie - wiskunde - chemie - biochemie - natuurkunde - optiek - klinische optometrie - contactlenzen - statistiek - methodologie - ergonomie - low vision.
Functiemogelijkheden Zelfstandige vestiging als optometrist; optometrist in een optiekpraktijk of in een oogheelkundige kliniek.
Overige informatie Optometrie: preventie en herstellen van afwijkingen aan het optische systeem.

5.11.f.2 Orthoptie (HS Utrecht)
Voor adres(sen) zie: HBO-184.
Algemeen Hbo-bacheloropleiding.
Doel De orthoptist is belast met de diagnostiek en de behandeling van het scheelzien en aanverwante stoornissen in de samenwerking tussen de beide ogen. Het is een paramedisch beroep.
Toelatingseisen Diploma havo of vwo; alle havo- en vwo-profielen; mbo niveau 4.
Duur 4 jaar voltijd (waarin 10 maanden beroepsvoorbereidende stage).
Lesprogramma
- Beroepsvoorbereidende vakken: psychologie en gespreksvoering - gezondheidszorg - administratie - ethiek.
- Centrale vakken: normaal en abnormaal binoculair zien - scheelzien in alle verschijningsvormen - amlyopie - praktische vaardigheden.
- Medische vakken: algemene en oogheelkundige anatomie - fysiologie en pathologie - neuro-oftalmologie - farmacologie - medisch practicum.
- Optische vakken: optiek - refractie - perimetrie - praktische vaardigheden.
Functiemogelijkheden Als orthoptist in algemene en academische ziekenhuizen, oogheelkundige klinieken, instituut voor blinden en slechtzienden.

5.11.g Mbo-opleiding niveau 4

5.11.g.1 Opticien/Manager (niveau 4)
Voor adres(sen) zie: OVER-312, ROC/MBO-16, 39, 43, 60.
Algemeen
- Eindtermen voor deze kwalificatie worden ontwikkeld door SVGB.
- Hier worden slechts de centrale adressen vermeld. De opleiding kan in de wijde omtrek ervan worden gegeven.
CREBO 10911/93652
Toelatingseisen Diploma vmbo gl, vmbo kb of vmbo tl met de sector vmbo-Tech; of diploma vmbo gl, vmbo kb of vmbo tl, alle met nat./scheik. 1 of wisk., met de sectoren vmbo-Ec, vmbo-Lb of vmbo-Z&W.
Duur
- 4 jaar deeltijd.
- Deltion College en Roc Zadkine: 4 jaar voltijd.
Mogelijkheden voor verdere studie Hbo-bacheloropleiding Optometrie, hbo-bacheloropleiding Orthoptie, beide bij HS Utrecht.
Functiemogelijkheden Zelfstandig opticien/ondernemer van een opticiensbedrijf.

5.11.g.2 Research-instrumentmaker optiek (niveau 4)
Voor adres(sen) zie: OVER-312, ROC/MBO-35.
Algemeen
- Eindtermen voor deze kwalificatie worden ontwikkeld door Kenteq.
- Hier worden slechts de centrale adressen vermeld. De opleiding kan in de wijde omtrek ervan worden gegeven.
CREBO 10092
Doel Hoogwaardige optische instrumenten, componenten en gereedschappen vervaardigen d.m.v. slijpen en polijsten t.b.v. researchopdrachten.
Toelatingseisen
- Diploma vmbo gl, vmbo kb of vmbo tl met de sector vmbo-Tech; of diploma vmbo gl, vmbo kb of vmbo tl, alle met nat./scheik. of wisk., met de sectoren vmbo-Ec, vmbo-Lb of vmbo-Z&W.
- Een intakegesprek is verplicht.
Duur 4 jaar voltijd.
Functiemogelijkheden Research-instrumentmaker optiek op researchafdelingen van verschillende soorten bedrijven.

5.11.i Mbo-opleiding niveau 1 of niveau 2

5.11.i.1 Assistent medewerker opticien (niveau 1)
Voor adres(sen) zie: OVER-312, ROC/MBO-39.
Algemeen
- Eindtermen voor deze kwalificatie worden ontwikkeld door Kenteq.
- Hier worden slechts de centrale adressen vermeld. De opleiding kan in de wijde omtrek ervan worden gegeven.
CREBO 10914
Doel Werkzaamheden in winkel en werkplaats van een opticiensbedrijf.
Toelatingseisen De volledige leerplicht hebben voltooid.
Duur 1 jaar voltijd en deeltijd.
Mogelijkheden voor verdere studie Met vrijstellingen instromen in een opleiding van niveau 2: Werkplaatsmedewerker optiek.
Functiemogelijkheden Assistent medewerker opticien in de winkel en in de werkplaats van een opticiensbedrijf.

5.11.i.2 Werkplaatsmedewerker optiek (niveau 2)
Voor adres(sen) zie: OVER-312, ROC/MBO-39.
Algemeen
- Eindtermen voor deze kwalificatie worden ontwikkeld door Kenteq.
- Hier worden slechts de centrale adressen vermeld. De opleiding kan in de wijde omtrek ervan worden gegeven.
CREBO 10913
Doel Werkzaamheden op basis van eigen oogmeting, gezichtscorrecties en glasadviezen.
Toelatingseisen
- Diploma vmbo gl, vmbo kb of vmbo tl met de sector vmbo-Tech; of diploma vmbo gl, vmbo kb of vmbo tl, alle met nat./scheik. 1 of wisk., met de sectoren vmbo-Ec, vmbo-Lb of vmbo-Z&W; of toelating tot havo 4 of vwo 4.

- Men kan met het diploma Assistent medewerker opticien (niveau 1) met vrijstellingen in de opleiding instromen.
- Bij studeren via de bbl (deeltijd) dient men zelf bij een leerbedrijf als leerling-opticien te solliciteren.

Duur 2 jaar voltijd en deeltijd.
Mogelijkheden voor verdere studie Met vrijstellingen instromen in een opleiding van niveau 4: Opticien/Manager.
Functiemogelijkheden Bedrijfsleider in een optiekbedrijf.

5.11.l Overige opleidingen

5.11.l.1 Contactlensspecialist
Voor adres(sen) zie: ROCCO-18.
Doel Contactlenzen adviseren, aanmeten en de contactlensdrager de nodige begeleiding geven.
Cursussen
Voorheen werden er 2 cursussen aangeboden:
- Assistent contactlensspecialist.
- Contactlensspecialist.
  Sinds 2006 bestaat de cursus uit 4 onafhankelijk van elkaar geexamineerde eenheden (thema's):
- EE1 aanpassen van standaard vormstabiele contactlenzen met een sferische optische zone.
- EE2 aanpassen van standaard sferische zachte contactlenzen en standaard torische zachte contactlezen.
- EE3 aanpassen van speciale contactlenzen.
- EE4 controleren en problemen oplossen.

Duur Per EE circa 15 weken, met 1 lesdag per week.
Lesprogramma
- EE1: aanpassen van vormstabiele (harde) lenzen (adviseren en begeleiden van klanten met het maken van een harde lens-keuze - verrichten van spleetlamponderzoek - beheersen van belichtingstechnieken en geven van een globale interpretatie - metingen verrichten met de keratometer en deze metingen interpreteren - aanpassen van sferische en standaard asferische contactlenzen - onderscheiden van, middels fluorescentiebeelden, juiste van onjuiste contactlensaanpassingen - instrueren over het inzetten en uithalen van harde contactlenzen).
- EE2: aanpassen van zachte lenzen (adviseren en begeleiden van klanten met het maken van een zachte lens-keuze - verrichten van spleetlamponderzoek - beheersen van belichtingstechnieken en geven van een globale interpretatie - beoordelen van de passing van zachte lenzen m.b.v. van de spleetlamp en de keratometer - aanpassen van alle soorten zachte en standaard torische zachte lenzen - onderscheiden van juiste en onjuiste contactlensaanpassingen - instrueren over het inzetten en uithalen van zachte contactlenzen).
- EE3: aanpassen van speciale lenzen (aanpassen van speciale asferische lenzen, zoals biaxiaal en kwadrantspecifiek - aanpassen van alle soorten torische harde en zachte lenzen - aanpassen van bi- en multifocale harde en zachte lenzen - kennis hebben van het aanpassen van nachtlenzen - kennis hebben van het aanpassen van keratoconuslenzen - aanpassen van bandage-lenzen en een combinatie van harde met zachte lenzen).
- EE4: controle en probleemoplossing (gedegen kennis van contactlensgerelateerde problemen - oogproblemen die gerelateerd zijn aan het dragen van contactlenzen - vakkundig en adequaat oplossen van problemen).

Diploma/examen De diploma's die worden afgegeven, worden erkend door de Optiekbranche, de beroepsvereniging ANVC en worden gehonoreerd in de Optiek CAO.

Functiemogelijkheden Werkzaam als contactlensspecialist.
Overige informatie - Deze opleiding wordt niet bekostigd door het ministerie van OCW.
- De opleiding kan worden gevolgd in Dordrecht, Roermond, Rotterdam, Utrecht, Zaandam, en Zwolle.
- De opleiding is erkend door de branche (ANVC/NUVO/UFON).

N.B. Er is ook een lagere opleiding: Medewerker Contactlenzen, op dezelfde locaties: deze betreft de onderdelen EE1 en EE2.

5.11.l.2 Technisch Oogheelkundig Assistent (TOA)
Voor adres(sen) zie: KBB-14.
Doel Opleidingen van hulpkrachten die, werkend onder supervisie en verantwoordelijkheid van een oogarts, deze ondersteunen door een deel van zijn technische werkzaamheden over te nemen: zelfstandig oogheelkundige onderzoeken (functieonderzoeken, metingen) verrichten met (meet)appratuur en computerapparatuur, beheer van geautomatiseerde patiëntendossiers, planningsystemen, geautomatiseerde refractieapparatuur en digitale fotoapparatuur.
Toelatingseisen
- Diploma vmbo gl of vmbo tl of diploma mbo niveau 3 of 4 op het gebied van de gezondheidszorg.
- Werkzaam zijn in een oogartsenpraktijk (intramuraal of extramuraal, perifeer en/of academisch).
- Men dient geduldig en nauwkeurig te zijn en over communicatieve en sociale vaardigheden te beschikken.

Duur
- 4 jaar.
- 2 jaar op basis van vooropleiding en/of EVC (Erkenning van Verworven Competenties) met vrijstellingen.

Lesprogramma Algemene en speciale anatomie - algemene en speciale fysiologie - algemene en speciale pathologie - onderzoeksmethoden - fotografie - medicamenteuze therapie - oogoperaties - spoedgevallen - sociale geneeskunde - medische gedragsleer - blindenwezen - boekhouding en administratie - terminologie.
De lessen worden 1 dag per week gegeven; de overige werkdagen wordt praktische ervaring opgedaan in een oogartsenpraktijk.
Mogelijkheden voor verdere studie Hbo-bacheloropleiding Optometrie, hbo-bacheloropleiding Orthoptie, beide te Utrecht.
Functiemogelijkheden In dienst van een oogartsenpraktijk (dus geen zelfstandige uitvoering van werkzaamheden).

5.12 TANDTECHNIEK

5.12.g Mbo-opleiding niveau 4

5.12.g.1 Manager/ondernemer tandtechnicus (niveau 4)
Voor adres(sen) zie: OVER-312.
Algemeen Eindtermen voor deze kwalificatie worden ontwikkeld door SVGB.
CREBO 10326
Toelatingseisen Diploma Tandtechnicus (niveau 3).
Duur Een half jaar deeltijd.
Mogelijkheden voor verdere studie Geen specifieke verdere studiemogelijkheden.
Functiemogelijkheden Manager/ondernemer tandtechnicus in een tandtechnisch laboratorium.
Overige informatie Deze opleiding wordt niet bekostigd door het ministerie van OCW.

www.**toorts**.nl

5.12.g.2 Specialist kroon- en brugwerk (niveau 4)
Voor adres(sen) zie: OVER-312.
Algemeen Eindtermen voor deze kwalificatie worden ontwikkeld door SVGB.
CREBO 10328
Doel Zelfstandig vervaardigen van kroon- en brugwerk, inclusief porseleintechniek, en in vaktechnisch opzicht leidinggeven.
Toelatingseisen Diploma Tandtechnicus (niveau 3).
Duur 1 jaar voltijd en deeltijd.
Mogelijkheden voor verdere studie Geen specifieke verdere studiemogelijkheden.
Functiemogelijkheden Specialist kroon- en brugwerk in een tandtechnisch laboratorium.
Overige informatie Deze opleiding wordt niet bekostigd door het ministerie van OCW.

5.12.g.3 Specialist orthodontie (niveau 4)
Voor adres(sen) zie: OVER-312.
Algemeen Eindtermen voor deze kwalificatie worden ontwikkeld door SVGB.
CREBO 10327
Doel Vervaardigen van orthodontische apparatuur en in vaktechnisch opzicht leidinggeven.
Toelatingseisen Diploma Tandtechnicus (niveau 3).
Duur 1 jaar voltijd en deeltijd.
Mogelijkheden voor verdere studie Geen specifieke verdere studiemogelijkheden.
Functiemogelijkheden Specialist orthodontie in een tandtechnisch laboratorium.
Overige informatie Deze opleiding wordt niet bekostigd door het ministerie van OCW.

5.12.g.4 Specialist partiële prothese (niveau 4)
Voor adres(sen) zie: OVER-312.
Algemeen Eindtermen voor deze kwalificatie worden ontwikkeld door SVGB.
CREBO 10329
Doel Vervaardigen van frames, gesteund op de natuurlijke detentie en/of suprastructuren voorzien van ankers of attachments, en in vaktechnisch opzicht leidinggeven.
Toelatingseisen Diploma Tandtechnicus (niveau 3).
Duur 1 jaar voltijd en deeltijd.
Mogelijkheden voor verdere studie Geen specifieke verdere studiemogelijkheden.
Functiemogelijkheden Specialist partiële prothese in een tandtechnisch laboratorium.
Overige informatie Deze opleiding wordt niet bekostigd door het ministerie van OCW.

5.12.g.5 Specialist volledige prothese (niveau 4)
Voor adres(sen) zie: OVER-312.
Algemeen Eindtermen voor deze kwalificatie worden ontwikkeld door SVGB.
CREBO 10330
Doel
- Vervangen van verloren gegane natuurlijke gebitselementen en hun steunweefsels.
- In vaktechnisch opzicht leidinggeven.
Toelatingseisen Diploma Tandtechnicus (niveau 3).
Duur 1 jaar voltijd en deeltijd.

Mogelijkheden voor verdere studie Geen specifieke verdere studiemogelijkheden.
Functiemogelijkheden Specialist volledige prothese in een tandtechnisch laboratorium.
Overige informatie Deze opleiding wordt niet bekostigd door het ministerie van OCW.

5.12.g.6 Tandprotheticus (niveau 4)
Voor adres(sen) zie: OVER-312.
Algemeen Eindtermen voor deze kwalificatie worden ontwikkeld door SVGB.
CREBO 10325
Doel Zelfstandig vervaardigen en aanpassen van volledige prothesen bij volledig edentate patiënten.
Toelatingseisen Diploma Tandtechnicus (niveau 3).
Duur 2 jaar voltijd en deeltijd.
Mogelijkheden voor verdere studie Geen specifieke verdere studiemogelijkheden.
Functiemogelijkheden Tandprotheticus in een tandprothetische praktijk, tandtechnisch laboratorium of in dienst van een tandarts.
Overige informatie Deze opleiding wordt niet bekostigd door het ministerie van OCW.

5.12.h Mbo-opleiding niveau 3

5.12.h.1 Tandtechnicus (manager) (niveau 3)
Voor adres(sen) zie: OVER-312.
Algemeen Eindtermen voor deze kwalificatie worden ontwikkeld door SVGB.
CREBO 10331
Doel Vervaardigen van een volledige gebitsprothese, partiële gebitsprothese, kroon- en brugwerk, inclusief porseleintechniek en orthodontische werkstukken.
Toelatingseisen
- Diploma Assistent tandtechnicus (niveau 2).
- Goede beheersing van de Nederlandse taal.
- Werkzaam bij een erkend tandtechnisch leerbedrijf.
Duur 2 jaar voltijd en deeltijd.
Mogelijkheden voor verdere studie Opleidingen van niveau 4: Specialist volledige prothese, Specialist partiële prothese, Specialist kroon- en brugwerk, Specialist orthodontie, Manager/ondernemer tandtechnicus, of Tandprotheticus.
Functiemogelijkheden Tandtechnicus in een tandtechnisch laboratorium.

5.12.i Mbo-opleiding niveau 1 of niveau 2

5.12.i.1 Assistent tandtechnicus (niveau 2)
Voor adres(sen) zie: OVER-312.
Algemeen Eindtermen voor deze kwalificatie worden ontwikkeld door SVGB.
CREBO 10332
Doel Voorbereidende werkzaamheden voor het vervaardigen van volledige gebitsprothesen, partiële gebitsprothesen, kroon- en brugwerk, inclusief porseleintechniek en orthodontische werkstukken.
Toelatingseisen
- Goede beheersing van de Nederlandse taal.
- Werkzaam zijn bij een erkend tandtechnisch leerbedrijf.
Duur 2 jaar deeltijd.
Mogelijkheden voor verdere studie Een opleiding van niveau 3: Tandtechnicus.

Functiemogelijkheden Assistent tandtechnicus op een tandtechnisch laboratorium.

5.13 UURWERKVERVAARDIGING

5.13.g Mbo-opleiding niveau 4

5.13.g.1 Uurwerktechnicus/Ondernemer (niveau 4)
Voor adres(sen) zie: ROC/MBO-43.
Algemeen
- Eindtermen voor deze kwalificatie worden ontwikkeld door SVGB.
- Hier wordt slechts het centrale adres vermeld. De opleiding kan in de wijde omtrek ervan worden gegeven.

CREBO 92920
Toelatingseisen
- Diploma vmbo gl, vmbo kb of vmbo tl met alle sectoren.
- Overgangsbewijs naar havo-4 of vwo-4 (alle profielen); diploma havo of vwo.

Duur 4 jaar voltijd en deeltijd.
Mogelijkheden voor verdere studie Er is geen hbo-opleiding voor uurwerktechnicus.
Afgestudeerde uurwerkstudenten kunnen een (bedrijfs)cursus volgen, bijvoorbeeld in Zwitserland, om zo nog meer (merkspecifieke) kennis en vaardigheden op te doen.
Functiemogelijkheden Men kan zich als zelfstandige ondernemer vestigen, eventueel in combinatie met een winkel. In loondienst zijn er ook voldoende mogelijkheden, bijvoorbeeld op de serviceafdeling van een importeur, of bij een juwelierszaak. Daarnaast zijn uurwerkmakers ook werkzaam in de fijnmechanische industrie en in de vliegtuigindustrie.
Overige informatie De opleiding wordt aan een onderdeel van Roc Zadkine gegeven: Vakschool Schoonhoven, Mr. Kesperstraat 10, 2871 GS Schoonhoven.

5.14 MACHINIST

Algemeen 'Machinist' is een benaming die aan beroepsbeoefenaars met heel uiteenlopend werk wordt gegeven.
De werkzaamheden van de machinist zoals die hier wordt bedoeld, worden voornamelijk in de machinekamers uitgevoerd van stoom-, motor- en koelbedrijven, of met elektrische en voortstuwingsinstallaties (landmachinist).
Andere soorten machinisten zijn:
- Algemeen operationeel technicus.
- Bedrijfswerktuigkundige.
- Grond-, water- en wegenbouwmachinist.
- Kraanmachinist.
- Machinist bij de binnenvaart.
- Scheepswerktuigkundige.
- Treinmachinist.

5.15 METAALKUNDE EN MATERIAALKUNDE

Algemeen
- *Metaalkunde* is een wetenschap die wordt toegepast bij het onderzoek naar onder meer betere kwaliteiten en bijzondere metalen, bij controle op ingekochte metalen, en beproeving van metaalconstructies.
Metaalkundigen op verschillende niveaus kunnen werken in metallurgische bedrijven (hoogovens, smederijen, gieterijen), in metaalverwerkende bedrijven (machinefabrieken, scheeps-

werven, automobielfabrieken, kabelfabrieken) of bij ondernemingen zoals de NS en Philips.
- In de materiaalkunde zijn naast metalen ook kunststoffen object van studie.

5.15.c Wo-bacheloropleiding

5.15.c.1 Polymeertechnologie (UG)
Voor adres(sen) zie: WO-53.
Algemeen Wo-bacheloropleiding, onderdeel van de Vakgroep Textielkunde.
Doel Het doel van dit onderzoek is de studie en ontwikkeling van nieuwe materialen en structuren, het vinden van nieuwe toepassingen van bestaande materialen en de optimalisering van materialen en processen voor specifieke doeleinden.
Duur 3 jaar voltijd.
Lesprogramma
- Polymeren en biopolymeren: structuur en eigenschappen.
- Polymerisatietechnologie.
- Polymeerverwerking: Stroming van polymeersmelten - Extrusie van polymeren - Spuitgieten van polymeren - Verstrekken van polymeren - Recyclage van polymeren en bijhorende milieuproblematiek.
- Studie van polymeren met biomedische toepassingen.
- Studie van nanostructuren van polymeren en hun toepassingen als coatings op verpakkingsmaterialen ter verbetering van hun barrière-eigenschappen.
- Tribologische eigenschappen van polymeren.

5.15.d Post-hbo-opleiding

5.15.d.1 PT-Groep, nascholingsinstituut HS Utrecht, faculteit Natuur en Techniek
Zie 4.1.d.2.

5.15.d.2 Stichting CPION (Centrum Post Initieel Onderwijs Nederland)
Voor adres(sen) zie: DIEN-29.
Algemeen Toetsing, registratie en diplomering van initiële opleidingen.

5.16 COMPUTERTECHNIEK EN INDUSTRIËLE AUTOMATISERING

5.16.a Postacademisch onderwijs (pao)

5.16.a.1 Computational science and engineering (TU/e)
Voor adres(sen) zie: WO-17.

5.16.d Post-hbo-opleiding

5.16.d.1 Stichting CPION (Centrum Post Initieel Onderwijs Nederland)
Voor adres(sen) zie: DIEN-29.
Algemeen Toetsing, registratie en diplomering van initiële opleidingen.

5.16.f Hbo-bacheloropleiding

5.16.f.1 Elektrotechniek (hto) (Avans HS, Fontys HS, Haagse HS, HAN, Hanze HS, HS Inholland, HS LOI, HS NCOI, HS Rotterdam, HS Utrecht, HS Windesheim, HvA, HZ, NHL, Saxion HS, Zuyd HS)
Zie 5.2.f.2.

5.16.f.2 Industriële automatisering (HS Dirksen)
Voor adres(sen) zie: HBO-44.
Algemeen
- Ad-programma.
- HS Dirksen wordt niet door de overheid bekostigd.
Duur 2 jaar deeltijd.

5.16.f.3 Technische informatica (Avans HS, HAN, HS Dirksen, HS Inholland, HS LOI, HS Rotterdam, HS Windesheim, Saxion HS, Stenden HS)
Zie 5.5.f.1.

5.16.g Mbo-opleiding niveau 4

5.16.g.1 MiddenKaderfunctionaris ComputerInterfaceTechniek (MK-CIT) (niveau 4)
Voor adres(sen) zie: ROC/MBO-3.
Algemeen
- Eindtermen voor deze kwalificatie worden ontwikkeld door Kenteq.
- Hier wordt slechts het centrale adres vermeld. De opleiding kan in de wijde omtrek ervan worden gegeven.
CREBO 10229
Doel Geven van service, verrichten van onderhoud, programmeren, controleren en begeleiden in verband met computerapparatuur, datacommunicatie, software en interfacingsmogelijkheden van de computer met de buitenwereld; voorts verantwoordelijk zijn voor afbreukrisico's, planning, administratie, beheer en ontwikkeling van aangewezen delen van de onderhoud-/beheercyclus.
Toelatingseisen Diploma vmbo gl, vmbo kb of vmbo tl met de sector vmbo-Tech; of diploma vmbo gl, vmbo kb of vmbo tl, alle met nat./scheik. 1 of wisk., met de sectoren vmbo-Ec, vmbo-Lb of vmbo-Z&W.
Duur 4 jaar voltijd.
Mogelijkheden voor verdere studie Met de doorstroomdeelkwalificatie Hbo-Elektrotechniek: hto-Elektrotechniek.
Functiemogelijkheden Middenkaderfunctionaris computerinterfacetechniek in elektrotechnische industrie en dienstverlening.

5.17 INSTALLATIETECHNIEK

5.17.c Wo-bacheloropleiding

5.17.c.1 Bouwkunde (TUD, TU/e)
Zie 10.1.c.3.

5.17.d Post-hbo-opleiding

5.17.d.1 Stichting CPION (Centrum Post Initieel Onderwijs Nederland)
Voor adres(sen) zie: DIEN-29.
Algemeen Toetsing, registratie en diplomering van initiële opleidingen.

5.17.f Hbo-bacheloropleiding

5.17.f.1 Maintenance & mechanics (HS Rotterdam)
Voor adres(sen) zie: HBO-157.
Algemeen Ad-programma.
Duur 2 jaar voltijd.
Lesprogramma Opleiding tot operationeel projectleider specialiseren in energie, design, maintenance of management. Verdiept en verbreedt kennis, vaardigheden én inzichten. Men leert verbinding te leggen tussen de uitvoering van het werk en het overkoepelende beleid.

5.17.f.2 Projectleider techniek (Haagse HS, Hanze HS, HS LOI)
Voor adres(sen) zie: HBO-63, 95, 135.
Algemeen
- Ad-programma.
- HS LOI wordt niet door de overheid bekostigd.
Duur
- 2 jaar deeltijd.
- Haagse HS (vestiging Delft): duaal.
- HS LOI: digitaal in deeltijd.

5.17.g Mbo-opleiding niveau 4

5.17.g.1 MiddenKaderfunctionaris installatietechniek (MKi) (niveau 4)
Voor adres(sen) zie: ROC/MBO-39.
Algemeen
- Eindtermen voor deze kwalificatie worden ontwikkeld door Kenteq.
- Hier wordt slechts het centrale adres vermeld. De opleiding kan in de wijde omtrek ervan worden gegeven.
CREBO 10793
Toelatingseisen Diploma vmbo gl, vmbo kb of vmbo tl met de sector vmbo-Tech; of diploma vmbo gl, vmbo kb of vmbo tl, alle met nat./scheik. 1 of wisk. met de sectoren vmbo-Ec, vmbo-Lb of vmbo-Z&W.
Duur 4 jaar voltijd en deeltijd.
Mogelijkheden voor verdere studie Hbo-bacheloropleiding in het domein van de installatietechniek; bijscholingscursussen.
Functiemogelijkheden Middenkaderfunctionaris installatietechniek, werkvoorbereider, aankomend ontwerper, projectleider, technicus, calculator of verkoper van sanitaire en klimaatinstallaties in woningbouw en eenvoudige utiliteit.

5.17.g.2 ProjectManager koudetechniek (PMk) (niveau 4)
Voor adres(sen) zie: ROC/MBO-12.
Algemeen
- Eindtermen voor deze kwalificatie worden ontwikkeld door Kenteq.
- Hier wordt slechts het centrale adres vermeld. De opleiding kan in de wijde omtrek ervan worden gegeven.
CREBO 10764
Toelatingseisen Diploma van niveau 3: ProjectLeider koudetechniek (PLk), of SErviceMonteur koudetechniek (SEMk).
Duur
- 2 jaar voltijd en deeltijd.
- 1 jaar voltijd of deeltijd na diploma ProjectLeider koudetechniek (PLk) (niveau 3).
Functiemogelijkheden Projectmanager koudetechniek bij kleine, middelgrote en grote koudtechnische installatiebedrijven.

5.17.g.3 ServiceTechnicus (ST) (niveau 4)
Voor adres(sen) zie: ROC/MBO-22.
Algemeen
- Eindtermen voor deze kwalificatie worden ontwikkeld door Kenteq.
- Hier wordt slechts het centrale adres vermeld. De opleiding kan in de wijde omtrek ervan worden gegeven.
CREBO 10528
Doel Werken aan installaties voor verwarming, luchtbehandeling, ventilatie en warmtapwater: in gereedheid brengen van de installatie voor de eerste inbedrijfstelling, inregelen van de installatie, verrichten van opleveringsproeven, onderhoud en opstellen van rapporten.
Toelatingseisen Een diploma van niveau 3: SErviceMonteur installatietechniek (SEMi), SErviceMonteur verwarmingstechniek (SEMv), of een diploma van niveau 4: Middenkaderfunctionaris Bouw.
Duur 2 jaar deeltijd.
Mogelijkheden voor verdere studie Geen verdere specifieke studiemogelijkheden.
Functiemogelijkheden Servicetechnicus in de onderhoudssector van installatie- en verwarmingsbedrijven.

5.17.h Mbo-opleiding niveau 3

5.17.h.1 DAKbedekkingsMonteur (DAKM) (niveau 3)
Voor adres(sen) zie: ROC/MBO-45, 60.
Algemeen
- Eindtermen voor deze kwalificatie worden ontwikkeld door Kenteq.
- Hier worden slechts de centrale adressen vermeld. De opleiding kan in de wijde omtrek ervan worden gegeven.
CREBO 10545
Doel Aanleggen en onderhouden van dakbedekkingsconstructies, waaronder dakvlakken, dakgoten en hemelwaterafvoeren.
Toelatingseisen Diploma vmbo gl, vmbo kb of vmbo tl met de sector vmbo-Tech; of diploma vmbo gl, vmbo kb of vmbo tl, alle met nat./scheik. 1 of wisk., met de sectoren vmbo-Ec, vmbo-Lb of vmbo-Z&W; of een diploma van niveau 2: Assistent DAKbedekkingsmonteur (ADAK), of een diploma van niveau 3: InstallatieMonteur met specialisatie: dakbedekking (IMd).
Duur 2 jaar deeltijd.
Mogelijkheden voor verdere studie Geen specifieke verdere studiemogelijkheden.
Functiemogelijkheden Dakbedekkingsmonteur bij een installatiebedrijf.

5.17.h.2 DistributieMonteur gas (DMg) (niveau 3)
Voor adres(sen) zie: ROC/MBO-25.
Algemeen
- Eindtermen voor deze kwalificatie worden ontwikkeld door Kenteq.
- Hier wordt slechts het centrale adres vermeld. De opleiding kan in de wijde omtrek ervan worden gegeven.
CREBO 10544
Doel Aanleggen en onderhouden van transportleidingen, hoofdleidingen, dienstleidingen en gasinstallaties voor de openbare gasvoorziening.
Toelatingseisen Diploma vmbo gl, vmbo kb, vmbo tl met de sector vmbo-Tech; of diploma vmbo gl, vmbo kb of vmbo tl, alle met nat./scheik. 1 of wisk., met de sectoren vmbo-Ec, vmbo-Lb of vmbo-Z&W.
Duur 1 jaar deeltijd.
Mogelijkheden voor verdere studie Cursussen op het gebied van gasdistributietechniek.
Functiemogelijkheden Distributiemonteur gas bij een gasbedrijf.

5.17.h.3 DistributieMonteur water (DMw) (niveau 3)
Voor adres(sen) zie: ROC/MBO-25.
Algemeen
- Eindtermen voor deze kwalificatie worden ontwikkeld door Kenteq.
- Hier wordt slechts het centrale adres vermeld. De opleiding kan in de wijde omtrek ervan worden gegeven.
CREBO 10543
Doel Aanleggen en onderhouden van transportleidingen, hoofdleidingen, aansluitleidingen en waterinstallaties voor de openbare drinkwatervoorziening.
Toelatingseisen Diploma vmbo gl, vmbo kb of vmbo tl met de sector vmbo-Tech; of diploma vmbo gl, vmbo kb of vmbo tl, alle met nat./scheik. 1 of wisk., met de sectoren vmbo-Ec, vmbo-Lb of vmbo-Z&W.
Duur 1 jaar deeltijd.
Mogelijkheden voor verdere studie Cursussen op het gebied van waterdistributietechniek.
Functiemogelijkheden Distributiemonteur water bij een waterleidingbedrijf.

5.17.h.4 InstallatieMonteur met specialisatie: dakbedekking (IMd) (niveau 3)
Voor adres(sen) zie: ROC/MBO-22.
Algemeen
- Eindtermen voor deze kwalificatie worden ontwikkeld door Kenteq.
- Hier wordt slechts het centrale adres vermeld. De opleiding kan in de wijde omtrek ervan worden gegeven.
CREBO 10542
Doel Aanleggen en onderhouden van gasinstallaties, tapwaterinstallaties, warmwatertapinstallaties, sanitaire en afvoerinstallaties, centrale verwarmingsinstallaties en dakbedekkingsconstructies.
Toelatingseisen Diploma vmbo gl, vmbo kb of vmbo tl met de sector vmbo-Tech; of diploma vmbo gl, vmbo kb of vmbo tl, alle met nat./scheik. 1 of wisk., met de sectoren vmbo-Ec, vmbo-Lb of vmbo-Z&W.
Duur 2 jaar deeltijd.
Mogelijkheden voor verdere studie Een opleiding van niveau 3: DAKbedekkingsMonteur (DAKM).
Functiemogelijkheden Installatiemonteur met specialisatie: dakbedekking, bij een installatiebedrijf.

5.17.h.5 InstallatieMonteur met specialisatie: utiliteit (IMu) (niveau 3)
Voor adres(sen) zie: ROC/MBO-12, 22, 30, 39.
Algemeen
- Eindtermen voor deze kwalificatie worden ontwikkeld door Kenteq.
- Hier worden slechts de centrale adressen vermeld. De opleiding kan in de wijde omtrek ervan worden gegeven.
CREBO 10540
Doel Aanleggen en onderhouden van gasinstallaties, tapwaterinstallaties, warmwatertapinstallaties, sanitaire en afvoerinstallaties en centrale verwarmingsinstallaties in utiliteitsgebouwen.
Toelatingseisen Diploma vmbo gl, vmbo kb of vmbo tl met de sector vmbo-Tech; of diploma vmbo gl, vmbo kb of vmbo tl, alle met nat./scheik. 1 of wisk., met de sectoren vmbo-Ec, vmbo-Lb of vmbo-Z&W.
Duur 2 jaar deeltijd.
Mogelijkheden voor verdere studie Een opleiding van niveau 3: SErviceMonteur installatietechniek (SEMi).
Functiemogelijkheden Installatiemonteur met specialisatie: utiliteit, bij een installatiebedrijf.

5.17.h.6 InstallatieMonteur met specialisatie: woningbouw (IMw) (niveau 3)

Voor adres(sen) zie: ROC/MBO-12, 22, 30, 39.

Algemeen
- Eindtermen voor deze kwalificatie worden ontwikkeld door Kenteq.
- Hier worden slechts de centrale adressen vermeld. De opleiding kan in de wijde omtrek ervan worden gegeven.

CREBO 10541

Doel Aanleggen en onderhouden van gasinstallaties, tapwater-installaties, warmwatertapinstallaties, sanitaire en afvoerinstallaties en centrale verwarmingsinstallaties in de woningbouw.

Toelatingseisen Diploma vmbo gl, vmbo kb of vmbo tl met de sector vmbo-Tech; of diploma vmbo gl, vmbo kb of vmbo tl, alle met nat./scheik. 1 of wisk., met de sectoren vmbo-Ec, vmbo-Lb of vmbo-Z&W.

Duur 2 jaar deeltijd.

Mogelijkheden voor verdere studie Een opleiding van niveau 3: SErviceMonteur installatietechniek (SEMi).

Functiemogelijkheden Installatiemonteur met specialisatie: woningbouw.

5.17.h.7 OnderhoudsMonteur verwarmingstechniek (OMv) (niveau 3)

Voor adres(sen) zie: ROC/MBO-22.

Algemeen
- Eindtermen voor deze kwalificatie worden ontwikkeld door Kenteq.
- Hier wordt slechts het centrale adres vermeld. De opleiding kan in de wijde omtrek ervan worden gegeven.

CREBO 10533

Doel Onderhouden van centrale verwarmingsinstallaties, sanitaire installaties en voorzover dat van belang is voor het functioneren van de verwarmingsinstallatie en van tapwaterinstallaties, gasinstallaties en warmtapwaterinstallaties.

Toelatingseisen Diploma vmbo gl, vmbo kb of vmbo tl met de sector vmbo-Tech; of diploma vmbo gl, vmbo kb of vmbo tl, alle met nat./-scheik. 1 of wisk., met de sectoren vmbo-Ec, vmbo-Lb of vmbo-Z&W, of een diploma van niveau 2: Assistent VerwarmingsMonteur (AVM).

Duur 2 jaar deeltijd.

Mogelijkheden voor verdere studie Een opleiding van niveau 3: SErviceMonteur verwarmingstechniek (SEMv).

Functiemogelijkheden Onderhoudsmonteur verwarmingstechniek bij een verwarmingsbedrijf voor de onderhoudssector.

5.17.h.8 ProjectLeider koudetechniek (PLk) (niveau 3)

Voor adres(sen) zie: ROC/MBO-8, 12.

Algemeen
- Eindtermen voor deze kwalificatie worden ontwikkeld door Kenteq.
- Hier worden slechts de centrale adressen vermeld. De opleiding kan in de wijde omtrek ervan worden gegeven.

CREBO 10532

Doel Zelfstandig ontwerpen en berekenen, begeleiden van de uit-voering en doen opleveren van installaties voor koudetechniek; geven van technisch advies en uitbrengen van offertes over koudetechnische installaties.

Toelatingseisen
- Diploma vmbo gl, vmbo kb of vmbo tl met de sector vmbo-Tech; of diploma vmbo gl, vmbo kb of vmbo tl, alle met nat./scheik. 1 of wisk., met de sectoren vmbo-Ec, vmbo-Lb of vmbo-Z&W; of het diploma SErviceMonteur koudetechniek (SEMk) (niveau 3).
- Of het certificaat voor de deelkwalificatie CE 216 uit de kwalifica-tiestructuur voor de koudetechniek, in combinatie met een van

deze diploma's van niveau 3: SErviceMonteur installatietechniek (SEMi), of: SErviceMonteur verwarmingstechniek (SEMv).

Duur 2 jaar voltijd en deeltijd.

Mogelijkheden voor verdere studie Cursussen op het gebied van koudetechniek.

Functiemogelijkheden Projectleider koudetechniek bij koudetech-nische installatiebedrijven.

5.17.h.9 SErviceMonteur koudetechniek (SEMk) (niveau 3)

Voor adres(sen) zie: ROC/MBO-8, 12, 43.

Algemeen
- Eindtermen voor deze kwalificatie worden ontwikkeld door Kenteq.
- Hier worden slechts de centrale adressen vermeld. De opleiding kan in de wijde omtrek ervan worden gegeven.

CREBO 10530

Doel In en uit bedrijf nemen van en onderhouden van koudetechni-sche installaties, verhelpen van storingen aan installaties en geven van technisch advies.

Toelatingseisen Diploma vmbo gl, vmbo kb of vmbo tl met de sector vmbo-Tech; of diploma vmbo gl, vmbo kb of vmbo tl, alle met nat./scheik. 1 of wisk., met de sectoren vmbo-Ec, vmbo-Lb of vmbo-Z&W, of een diploma van niveau 2: Monteur koudetechniek (Mk), of een diploma van niveau 3: SErviceMonteur installatietechniek (SEMi), of SErviceMonteur verwarmingstechniek (SEMv).

Duur 2 jaar voltijd en deeltijd.

Mogelijkheden voor verdere studie Een opleiding van niveau 3: ProjectLeider koudetechniek (PLk).

Functiemogelijkheden Servicemonteur koudetechniek bij instal-latiebedrijven.

5.17.h.10 SErviceMonteur installatietechniek (SEMi) (niveau 3)

Voor adres(sen) zie: ROC/MBO-8, 16, 21, 22, 23, 25, 27, 30, 32, 34, 38, 39, 43, 48, 60.

Algemeen
- Eindtermen voor deze kwalificatie worden ontwikkeld door Kenteq.
- Hier worden slechts de centrale adressen vermeld. De opleiding kan in de wijde omtrek ervan worden gegeven.

CREBO 10531/94323

Doel Service en onderhoud aan gasverbruikstoestellen: groot-keukentoestellen, warmtapwatertoestellen, centrale verwarmings-toestellen en luchtverwarmingstoestellen.

Toelatingseisen Diploma vmbo gl, vmbo kb of vmbo tl met de sector vmbo-Tech; of diploma vmbo gl, vmbo kb of vmbo tl, alle met nat./-scheik. 1 of wisk., met de sectoren vmbo-Ec, vmbo-Lb of vmbo-Z&W; of een diploma van niveau 2: OnderhoudsMonteur installatietechniek (OMi).

Duur 1-2 jaar deeltijd.

Mogelijkheden voor verdere studie Een opleiding van niveau 4: ServiceTechnicus (ST).

Functiemogelijkheden Servicemonteur installatietechniek bij een gasservice- en onderhoudsbedrijf.

5.17.h.11 SErviceMonteur verwarmingstechniek (SEMv) (niveau 3)

Voor adres(sen) zie: ROC/MBO-21, 22, 25.

Algemeen
- Eindtermen voor deze kwalificatie worden ontwikkeld door Kenteq.
- Hier worden slechts de centrale adressen vermeld. De opleiding kan in de wijde omtrek ervan worden gegeven.

CREBO 10529

Doel Onderhouden en aanpassen van centrale verwarmingsinstallaties, luchtverwarmingsinstallaties en (voorzover dit relatie heeft met het functioneren en de bedrijfsvoering hiervan) van gasinstallaties, tapwaterinstallaties en warmtapwaterinstallaties.
Toelatingseisen Diploma vmbo gl, vmbo kb of vmbo tl met de sector vmbo-Tech; of diploma vmbo gl, vmbo kb of vmbo tl, alle met nat./scheik. 1 of wisk., met de sectoren vmbo-Ec, vmbo-Lb of vmbo-Z&W; of het diploma OnderhoudsMonteur installatietechniek (OMi) (niveau 2), OnderhoudsMonteur verwarmingstechniek (OMv) (niveau 3), of VerwarmingsMonteur (VM) (niveau 3).
Duur 1 jaar deeltijd.
Mogelijkheden voor verdere studie Een opleiding van niveau 4: ServiceTechnicus (ST).
Functiemogelijkheden Servicemonteur verwarmingstechniek bij verwarmings- en installatiebedrijven.

5.17.h.12 VerwarmingsMonteur (VM) (niveau 3)
Voor adres(sen) zie: ROC/MBO-22, 30, 39.
Algemeen
- Eindtermen voor deze kwalificatie worden ontwikkeld door Kenteq.
- Hier worden slechts de centrale adressen vermeld. De opleiding kan in de wijde omtrek ervan worden gegeven.
CREBO 10524
Doel Aanleggen en onderhouden van centrale verwarmingsinstallaties, luchtbehandelingsinstallaties, sanitaire installaties en (voorzover in relatie tot verwarmingsinstallaties) van gasinstallaties, tapwaterinstallaties en warmtapwaterinstallaties.
Toelatingseisen Diploma vmbo gl, vmbo kb of vmbo tl met de sector vmbo-Tech; of diploma vmbo gl, vmbo kb of vmbo tl, alle met nat./scheik. 1 of wisk., met de sectoren vmbo-Ec, vmbo-Lb of vmbo-Z&W, of een diploma van niveau 2: Assistent VerwarmingsMonteur (AVM), of een van de 3 (!) diploma's Installatiemonteur van niveau 3.
Duur 2 jaar deeltijd.
Mogelijkheden voor verdere studie Opleidingen van niveau 3: OnderhoudsMonteur verwarmingstechniek (OMv), of Installatiemonteur met specialisatie: woningbouw (IMw).
Functiemogelijkheden Verwarmingsmonteur bij een verwarmingsbedrijf, zowel in nieuwbouwprojecten als voor bestaande verwarmingsinstallaties.

5.17.i Mbo-opleiding niveau 1 of niveau 2

5.17.i.1 Assistent DAKbedekkingsmonteur (ADAK) (niveau 2)
Voor adres(sen) zie: ROC/MBO-45.
Algemeen
- Eindtermen voor deze kwalificatie worden ontwikkeld door Kenteq.
- Hier wordt slechts het centrale adres vermeld. De opleiding kan in de wijde omtrek ervan worden gegeven.
CREBO 10556
Doel Onder leiding van een monteur aanleggen en onderhouden van dakbedekkingsconstructies.
Toelatingseisen Diploma vmbo bb met de sector vmbo-Tech; of diploma vmbo bb met nat./scheik. 1 of wisk. met de sectoren vmbo-Ec, vmbo-Lb of vmbo-Z&W.
Duur 2 jaar deeltijd.
Mogelijkheden voor verdere studie Met vrijstellingen instromen in een opleiding van niveau 3: DAKbedekkingsMonteur (DAKM).
Functiemogelijkheden Assistent dakbedekkingsmonteur in een installatiebedrijf.

5.17.i.2 Assistent VerwarmingsMonteur (AVM) (niveau 2)
Voor adres(sen) zie: ROC/MBO-39, 45.
Algemeen
- Eindtermen voor deze kwalificatie worden ontwikkeld door Kenteq.
- Hier worden slechts de centrale adressen vermeld. De opleiding kan in de wijde omtrek ervan worden gegeven.
CREBO 10546
Doel Handelingen verrichten bij de aanleg en het onderhoud van gasinstallaties, tapwaterinstallaties en verwarmingsinstallaties.
Toelatingseisen Diploma vmbo bb met de sector vmbo-Tech; of diploma vmbo bb met nat./scheik. 1 of wisk. met de sectoren vmbo-Ec, vmbo-Lb of vmbo-Z&W.
Duur 2 jaar voltijd en deeltijd.
Mogelijkheden voor verdere studie Opleidingen van niveau 3: OnderhoudsMonteur verwarmingstechniek (OMv), of VerwarmingsMonteur (VM).
Functiemogelijkheden Assistent verwarmingsmonteur bij een installatiebedrijf.

5.17.i.3 Montage-ASsistent installatietechniek (MASi) (niveau 1)
Voor adres(sen) zie: ROC/MBO-21, 30.
Algemeen
- Eindtermen voor deze kwalificatie worden ontwikkeld door Kenteq.
- Hier worden slechts de centrale adressen vermeld. De opleiding kan in de wijde omtrek ervan worden gegeven.
CREBO 10538
Doel Op aanwijzing van een monteur aanleggen van gasinstallaties, van tapwaterinstallaties, van huishoudelijke verwarmingsinstallaties en van sanitaire en afvoerinstallaties.
Toelatingseisen De volledige leerplicht hebben voltooid.
Duur 1 jaar voltijd en deeltijd.
Mogelijkheden voor verdere studie Met vrijstellingen instromen in een opleiding van niveau 2: Assistent VerwarmingsMonteur (AVM).
Functiemogelijkheden Montage-assistent installatietechniek bij grote en middelgrote installatiebedrijven; hulpmonteur, montage-medewerker, montage-assistent, assistent-monteur.

5.17.i.4 Monteur koudetechniek (Mk) (niveau 2)
Voor adres(sen) zie: ROC/MBO-12.
Algemeen
- Eindtermen voor deze kwalificatie worden ontwikkeld door Kenteq.
- Hier wordt slechts het centrale adres vermeld. De opleiding kan in de wijde omtrek ervan worden gegeven.
CREBO 10535
Doel Handelingen verrichten bij de aanleg en het plaatsen van leidingen, installatie-onderdelen, installaties, in en uit bedrijf nemen van en onderhoud aan koudetechnische installaties.
Toelatingseisen Diploma vmbo bb met de sector vmbo-Tech; of diploma vmbo bb met nat./scheik. 1 of wisk. met de sectoren vmbo-Ec, vmbo-Lb of vmbo-Z&W.
Duur 2 jaar deeltijd.
Mogelijkheden voor verdere studie Een opleiding van niveau 3: SErviceMonteur koudetechniek (SEMk).
Functiemogelijkheden Monteur koudetechniek bij installatiebedrijven.

Zie voor meer informatie
over Oogwenken:
www.**oogwenken**.nl

5.17.i.5 OnderhoudsMonteur installatietechniek (OMi)
(niveau 2)
Voor adres(sen) zie: ROC/MBO-8, 21, 23.
Algemeen
- Eindtermen voor deze kwalificatie worden ontwikkeld door Kenteq.
- Hier worden slechts de centrale adressen vermeld. De opleiding kan in de wijde omtrek ervan worden gegeven.
CREBO 10534
Doel Handelingen verrichten bij het onderhoud van gasinstallaties, tapwaterinstallaties en verwarmingsinstallaties.
Toelatingseisen De volledige leerplicht hebben voltooid.
Duur 2 jaar deeltijd.
Mogelijkheden voor verdere studie Opleidingen van niveau 3: SErviceMonteur installatietechniek (SEMi), of SErviceMonteur verwarmingstechniek (SEMv).
Functiemogelijkheden Onderhoudsmonteur installatietechniek bij een gasservice- en onderhoudsbedrijf.

5.17.l Overige opleidingen

5.17.l.1 Kenteq (cursussen)
Zie ook: 5.2.l.3 en 5.17.l.1.
Voor adres(sen) zie: KBB-10.
Opleidingen
- Badkamerspecialist (showroomverkoper, badkamerontwerper, badkamerverkoper, belangenbehartiger).
- Bedrijfstechniek.
- CAD-tekenen installatietechniek.
- Leidinggevend monteur installatietechniek.
- Praktijkopleider.
- Stadsverwarmingsmonteur.
- Vakbekwaamheid gastechniek.
- Vakbekwaamheid waterleidingtechniek.

5.17.l.2 Kiwa training en consultancy
Zie 5.1.l.4.

5.17.l.3 PTC+
Zie 3.1.l.4.

5.17.l.4 Stichting Wateropleidingen
Zie 5.1.l.12.

5.17.l.5 Volwassenenonderwijs - installatietechniek
Voor adres(sen) zie: ROCCO-1, 5, 10, 11, 13, 20.
Cursussen
- Gastechniek.
- Installatietechniek.
- Waterleidingtechniek.

Hoewel steeds de nieuwste informatie in deze 'Beroepengids' wordt verwerkt, is het niet te vermijden dat er onjuistheden kunnen optreden.
Daarom zullen wij alle gebruikers van dit boek erkentelijk zijn wanneer zij ons de tekortkomingen ten spoedigste willen melden, indien mogelijk voorzien van de bijbehorende documentatie.

Uitgeverij De Toorts, Conradkade 6, 2031 CL Haarlem; e-mail-adres: beroepengids@toorts.nl

6 TEXTIEL-, BONT- EN LEDERVERWERKENDE SECTOR

Dit hoofdstuk bestaat uit informatie over opleidingen in verband met textiel, bont, schoenen en andere lederwaren. De textielopleidingen kunnen in 3 categorieën worden ingedeeld die de verschillende werkzaamheden aangeven:
- 6.1: De textielbereiding of -vervaardiging: de bewerkingen die plaatsvinden vanaf het grondproduct tot het eindproduct textiel, zoals spinnen, weven en verven.
- 6.2: De textielverwerking ofwel: mode en kleding: nadat de textiel is vervaardigd, moet die worden vermaakt tot te dragen kleding.
- 6.3: De textiel- en modehandel, die logischerwijze besproken zou moeten worden in hoofdstuk 17: Handel en reclame, maar die hier is geplaatst vanwege de samenhang met en de betrokkenheid ten aanzien van de hierboven genoemde gebieden.
- Vervolgens wordt een theoretische opleiding tot bontwerker vermeld (6.4).
- De opleiding betreffende schoenen en andere lederwaren bestaat uit: de fabricage (6.5) en het herstellen (6.6).

N.B. In dit hoofdstuk wordt ook een keuze van diverse opleidingen in het hoger onderwijs beschreven. Complete alfabetische lijsten van alle bekostigde opleidingen in het hoger onderwijs zijn te vinden in hoofdstuk 25. Deze worden jaarlijks geheel geactualiseerd.

6.1 TEXTIELBEREIDING

6.1.f Hbo-bacheloropleiding

6.1.f.1 Fashion & textile technologies / Technische commerciële textielkunde (AMFI, Saxion HS)
Voor adres(sen) zie: HBO-23, 89.
Algemeen Hbo-bacheloropleiding voor technisch-commercieel textielingenieur.
Doel Het onderwijs is gericht op de vervulling van leidinggevende en adviserende functies in de textielindustrie.
Toelatingseisen Diploma havo of vwo; havo-profiel: C&M (+ wisk. II + keuze uit: nat. I, scheik. of econ. II), E&M, N&G of N&T; vwo-profiel: C&M (+ wisk. II + keuze uit: nat. I, scheik. of econ. I), E&M, N&G of N&T; mbo niveau 4 (wisk., econ., nat. of scheik.).
Duur 4 jaar voltijd.
Lesprogramma Specialisaties:
- AMFI, Amsterdam: Fashion & branding (zie ook 6.2.f.2) - Fashion & design (zie ook 6.2.f.3) - Fashion & management (zie ook: 6.3.f.1).
- Enschede (Saxion HS): Technische commerciële textielkunde.

Functiemogelijkheden Hoofd inkoop, marketingmanager, productmanager, accountmanager, hoofd productontwikkeling, kwaliteitsmanager, hoofd bedrijfsbureau, productleider, hoofd kwaliteitscontrole, (senior)consultant.

6.1.f.2 TxT (Textiel) (Gerrit Rietveld Academie)
Voor adres(sen) zie: HBO-18.
Algemeen De hbo-bacheloropleiding (afstudeerrichting van Autonome beeldende kunst).
Doel TxT (Textiel) leidt vormgevers op. De benadering tot vormgeven is toegepast maar laat ook een vrijere invalshoek toe. Textiel als materiaal, als systeem, als 'mogelijkheid' is altijd het uitgangspunt. Het vergaren van kennis over materialen en technieken, het ontwerpen van het werk leren plaatsen in een context vormen de basis van de afdeling.
Toelatingseisen Diploma havo, vwo of mbo niveau 4; of geslaagd zijn voor een toelatingsonderzoek.
Duur 4 jaar voltijd.
Diploma/examen Na het afronden van de studie mag de titel Bachelor of Design (BDes) worden gevoerd.
Aansluitende masteropleidingen Design Academy: Vormgeving (zie 23.2.e.2).
Functiemogelijkheden Dessinateur, textielontwerper in de textielindustrie; wever.

6.1.h Mbo-opleiding niveau 3

6.1.h.1 Allround operator (Specialist textiel) (niveau 3)
Voor adres(sen) zie: ROC/MBO-32.
Algemeen
- Eindtermen voor deze kwalificatie worden ontwikkeld door KC Handel.
- Hier wordt slechts het centrale adres vermeld. De opleiding kan in de wijde omtrek ervan worden gegeven.
CREBO 90015
Doel Zorgen voor een ongestoorde productie: werkploeg leiden; machines juist instellen; reparaties laten uitvoeren.
Toelatingseisen
- Diploma vmbo gl, vmbo kb of vmbo tl met de sector vmbo-Tech; of diploma vmbo gl, vmbo kb of vmbo tl, alle met nat./scheik. 2 of wisk. (dringend gewenst!), met de sectoren vmbo-Ec, vmbo-Lb of vmbo-Z&W.
- Diploma Operator (Operator textiel).
Mogelijkheden voor verdere studie Een opleiding van niveau 4: Commercieel medewerker textiel (buitendienst) of Productiecoördinator fashion.
Functiemogelijkheden Allround operator in de textiel- of de tapijtindustrie.

6.1.i Mbo-opleiding niveau 1 of niveau 2

6.1.i.1 Operator (Operator textiel) (niveau 2)
Voor adres(sen) zie: ROC/MBO-32.
Algemeen
- Eindtermen voor deze kwalificatie worden ontwikkeld door KC Handel.
- Hier wordt slechts het centrale adres vermeld. De opleiding kan in de wijde omtrek ervan worden gegeven.
CREBO 90314
Doel Routinematig apparatuur bedienen en bewaken van het product en het proces, n.a.v. specificaties en werkvoorschriften.
Toelatingseisen
- Diploma vmbo bb.
- Diploma Assistent operator (Basisoperator) (niveau 1).
Duur 2 jaar deeltijd.
Mogelijkheden voor verdere studie Een opleiding van niveau 3: Allround operator (Specialist textiel).
Functiemogelijkheden Operator in een textielbedrijf.

6.1.l Overige opleidingen

6.1.l.1 Stichting Akademie Vogue
Zie 6.2.l.9.

6.2 MODE EN KLEDING

6.2.d Post-hbo-opleiding

6.2.d.1 Fashion Institute Arnhem (ArtEZ)
Voor adres(sen) zie: HBO-40.
Algemeen Voortgezette modeopleiding voor hen die hun persoon-lijke ontwerpsignatuur verder willen ontwikkelen binnen een prak-tijkgerichte, internationale onderwijssituatie.
Toelatingseisen
- Getuigschrift van de opleiding Modevormgeving.
- Men moet de Nederlandse nationaliteit hebben.
Duur 1 jaar voltijd.
Lesprogramma Dit bestaat grotendeels uit workshops en bezoeken in het buitenland.

6.2.e Hbo-masteropleiding

6.2.e.1 Fashion design (ArtEZ)
Voor adres(sen) zie: HBO-40.
Algemeen Hbo-masteropleiding.

6.2.f Hbo-bacheloropleiding

6.2.f.1 Allround styling (Artemis)
Voor adres(sen) zie: OVER-20.
Algemeen Dit is de hbo-bachelor-versie van de opleiding Allround stylist (6.2.l.1).
De opleiding wordt niet door de overheid bekostigd.
Toelatingseisen Een motivatiegesprek en een toelatingsopdracht.
Duur 3 jaar.
Lesprogramma Vakken: Basisstyling - conceptontwikkeling - cultuur - film & tv-styling - fotostyling - modeltekenen - product - prognose - re-styling - ruimte-inrichting - visualisatie - vormgeving. Excursies en praktijkopdrachten.
Functiemogelijkheden Stylist bij confectie- en textielbedrijven, stylingbureaus, tijdschriftenbranche, grootwinkelbedrijven en inkoopcombinaties, of vestiging als zelfstandig bedrijf.
Overige informatie Er zijn ook deeltijdopleidingen voor Food styling, Interieurstyling, Mediastyling, Modedesign en Modestyling.

6.2.f.2 Fashion & branding (AMFI)
Voor adres(sen) zie: HBO-23.
Algemeen Hbo-bacheloropleiding (afstudeerrichting).
Toelatingseisen
- Diploma havo, vwo, mbo niveau 4; havo- en vwo-profiel CM: wisk. A 1,2 of wisk. B1, en één uit: scheik., nat.k. 1 of econ. 1,2.
- Voor mbo-studenten is wisk. en econ. dringend gewenst.
- Een opdracht en een motivatiebrief zijn voorwaarden om uitge-nodigd te kunnen worden voor een geschiktheidsonderzoek.
Duur 4 jaar.
Lesprogramma Belangrijkste vakken: marketing - organisatie en management - economie - logistiek - concept en communicatie - tekenen textielkennis - ontwerpkennis - materialenkennis.
- 3e of 4e jaar: stage.
- Laatste 5 maanden: afstudeeropdracht en rapport of scriptie.

Functiemogelijkheden Eigen adviesbureau of werkzaam bij warenhuizen, kledingfabrikanten, postorderbedrijven of marketing-en reclamebureaus.
Overige informatie Er is een Engelstalige opleiding: AMFI Inter-national.

6.2.f.3 Fashion & design (AMFI)
Voor adres(sen) zie: HBO-23.
Algemeen Hbo-bacheloropleiding (afstudeerrichting).
Toelatingseisen
- Diploma havo, vwo, mbo niveau 4; havo- en vwo-profiel CM: wisk. A 1,2 of wisk. B1, en één uit: scheik., nat.k. 1 of econ. 1, 2.
- Voor mbo-studenten is wisk. en econ. dringend gewenst.
- Een opdracht en een motivatiebrief zijn voorwaarden om uitge-nodigd te kunnen worden voor een geschiktheidsonderzoek.
Duur 4 jaar voltijd.
Lesprogramma Belangrijkste vakken: trends en prognose - ontwer-pen - patroontekenen en moulage - realisatie - beeldcultuur en kos-tuumgeschiedenis - visuele communicatie zoals tekenen en photo-shop - textielkennis - marketing - managementvakken.
- 3e of 4e jaar: stage.
- Laatste 5 maanden: afstudeeropdracht en rapport of scriptie.
Functiemogelijkheden In binnen- of buitenland werkzaam in een creatief team van een kledingmerk, een tijdschrift, een warenhuis, een reclamebureau, bij een stylingbureau, of met een eigen bedrijf.
Overige informatie Er is een Engelstalige opleiding: AMFI Inter-national.

6.2.f.4 Fashion & textile technologies / Technische commerciële textielkunde (AMFI, Saxion HS)
Zie 6.1.f.1.

6.2.f.5 Modevormgeving en textielvormgeving (Zuyd HS)
Zie 23.2.f.10.

6.2.g Mbo-opleiding niveau 4

6.2.g.1 Medewerker design (modetechniek) (niveau 4)
Voor adres(sen) zie: ROC/MBO-13, 32.
Algemeen
- Er zijn twee uitstroomrichtingen:
  - CAD-stylist (crebonummer 94472).
  - Medewerker styling (crebonummer 94471).
- Eindtermen voor deze kwalificatie worden ontwikkeld door KC Handel.
- Hier worden slechts de centrale adressen vermeld. De opleiding kan in de wijde omtrek ervan worden gegeven.
CREBO 94470
Doel
- Taak CAD-stylist: patronen maken met de computer n.a.v. de tech-nische tekeningen van de medewerker styling.
- Taak medewerker styling: samen met de stylist de nieuwe collectie uitwerken: de benodigde kleuren, stoffen en fournituren inven-tariseren; hiervoor technische tekeningen maken.
Toelatingseisen
- Diploma vmbo gl, vmbo kb of vmbo tl met de sector vmbo-Tech; of diploma vmbo gl, vmbo kb of vmbo tl, alle met nat./scheik. 1 of wisk., met de sectoren vmbo-Ec, vmbo-Lb of vmbo-Z&W.
- Overgangsbewijs naar havo-4 of vwo-4.
Duur 4 jaar voltijd; met een havo-diploma 3 jaar voltijd.

Mogelijkheden voor verdere studie Hbo-Technische commerciële textielkunde, een opleiding bij een kunstacademie, of een hbo-lerarenopleiding in deze sector.
Functiemogelijkheden In een confectiebedrijf: op de CAD-afdeling of op de afdeling Design.

6.2.g.2 Mediavormgeven (Grafisch vormgever - modebranche) (niveau 4)
Zie 8.1.g.3.

6.2.g.3 Productiecoördinator fashion (niveau 4)
Zie 6.3.g.3 (crebonummer 93782).

6.2.g.4 Specialist mode/maatkleding (Medewerker mode/maatkleding) (niveau 4)
Voor adres(sen) zie: ROC/MBO-13, 32.
Algemeen
- Eindtermen voor deze kwalificatie worden ontwikkeld door KC Handel.
- Hier worden slechts de centrale adressen vermeld. De opleiding kan in de wijde omtrek ervan worden gegeven.
Doel Leidinggeven op het atelier; kwaliteitsbewaking.
Toelatingseisen
- Diploma vmbo gl, vmbo kb of vmbo tl met de sector vmbo-Tech; of diploma vmbo gl, vmbo kb of vmbo tl, alle met nat./scheik. 1 of wisk., met de sectoren vmbo-Ec, vmbo-Lb of vmbo-Z&W.
- Overgangsbewijs naar havo-4 of vwo-4.
Duur 4 jaar voltijd.
Mogelijkheden voor verdere studie Hbo-Technische commerciële textielkunde, een opleiding bij een kunstacademie, of een hbo-lerarenopleiding in deze sector.
Functiemogelijkheden Productiemanager in dienst van een confectiebedrijf: werkzaam als medewerker naai-, pers- en snijzaal, planner, kwaliteitscontroleur. Uitgroeien tot de functie van bedrijfsleider behoort met dit diploma tot de mogelijkheden.

6.2.h Mbo-opleiding niveau 3

6.2.h.1 Allround medewerker mode/maatkleding (Medewerker mode/maatkleding) (niveau 3)
Voor adres(sen) zie: ROC/MBO-13, 32, 43.
Algemeen
- Eindtermen voor deze kwalificatie worden ontwikkeld door KC Handel.
- Hier worden slechts de centrale adressen vermeld. De opleiding kan in de wijde omtrek ervan worden gegeven.
CREBO 91250
Doel Plannen en voorbereiden van de werkzaamheden, in een atelier maatkleding of confectie maken, repareren of veranderen; kwaliteit bewaken.
Toelatingseisen
- Diploma vmbo gl, vmbo kb of vmbo tl met de sector vmbo-Tech; of diploma vmbo gl, vmbo kb of vmbo tl, alle met nat./scheik. 1 of wisk., met de sectoren vmbo-Ec, vmbo-Lb of vmbo-Z&W.
- Overgangsbewijs naar havo-4 of vwo-4.
Duur 3 jaar voltijd.
Mogelijkheden voor verdere studie Een opleiding van niveau 4: Specialist mode/maatkleding (Medewerker mode/maatkleding).
Functiemogelijkheden Maatkleermaker, coupeuse, modelleur bij een haute-couturebedrijf, of bij een theater voor het maken van theaterkleding.

6.2.i Mbo-opleiding niveau 1 of niveau 2

6.2.i.1 Basismedewerker mode/maatkleding (Medewerker mode/maatkleding) (niveau 2)
Voor adres(sen) zie: ROC/MBO-13, 32, 43.
Algemeen
- Eindtermen voor deze kwalificatie worden ontwikkeld door KC Handel.
- Hier worden slechts de centrale adressen vermeld. De opleiding kan in de wijde omtrek ervan worden gegeven.
CREBO 91240
Doel In een atelier maatkleding of confectie maken, repareren of veranderen.
Toelatingseisen
- Diploma vmbo bb.
- Diploma Assistent medewerker mode/maatkleding/interieur (niveau 1).
- Diploma AKA niveau 1 (speciaal voortraject Basismedewerker mode/maatkleding).
Duur 2 jaar voltijd.
Mogelijkheden voor verdere studie Een opleiding van niveau 3: Allround medewerker mode/maatkleding (Medewerker mode/maatkleding).
Functiemogelijkheden Werkzaamheden in een pompatelier (al dan niet bij een modewinkel), maatkledingbedrijven, kleding- en confectiebedrijven, gordijnenateliers.

6.2.l Overige opleidingen

6.2.l.1 Allround stylist - oriëntatiecursus (Artemis)
Voor adres(sen) zie: OVER-20.
Algemeen Praktijkgerichte avondopleiding.
Toelatingseisen Geen.
Duur Avondopleiding: 2 jaar.
Lesprogramma Basisstyling - conceptontwikkeling - cultuurgeschiedenis - product - prognose - ruimtestyling - visualisatie - vormgeving.
Functiemogelijkheden Stylist bij confectie- en textielbedrijven, stylingbureaus, tijdschriftenbranche, grootwinkelbedrijven en inkoopcombinaties.
Overige informatie Artemis heeft ook een hbo-opleiding voor allround styling en deeltijdopleidingen (zie 6.2.f.1).

6.2.l.2 Coöperatieve modevakschoolvereniging Danckaerts
Voor adres(sen) zie: OVER-156.
Algemeen De cursussen worden op locaties in het hele land gegeven.
Cursussen
- Costumière/costumier.
- Coupeuse/coupeur jongens- en herenkleding.
- Coupeuse/coupeur kostuum- en mantelvak.
- Coupeuse/coupeur lingerie.
- Lerares/leraar kostuum- en mantelvak.
- Lerares/leraar lingerie.
Duur Alle lessen worden in deeltijd gegeven.
Diploma/examen Tweemaal per jaar landelijk examen in Utrecht, waaraan per onderdeel een diploma is verbonden.
Functiemogelijkheden In de modebranche, patronenmaker (-maakster), zelfstandig een school beginnen.
Overige informatie Er worden ook vrije lessen gegeven zonder examen, en lessen in het vervaardigen van lederen kleding.

6.2.l.3 Instituut Cuppens-Geurs
Voor adres(sen) zie: OVER-306.
Cursussen
- Beginnerscursus.
- Costumière.
- Coupe de moulage.
- Coupeuse.
- Herencoupe.
- Hoedenmodiste.
- Lerares modevak.
- Modevaktekenen.
- Parijse coupe.

Duur Gemiddeld 1 à 2 jaar.
Diploma/examen 1 maal per jaar landelijk examen in Berkel-Enschot (gemeente Tilburg), waarvan men per onderdeel een diploma kan behalen. Wanneer men met een zeer goed resultaat een diploma behaalt, wordt een diploma met extra vermelding van Lof en/of Eer uitgereikt.
Functiemogelijkheden Als men in het bezit is van een diploma Lerares modevak, kan men zelfstandig een school beginnen; werkzaamheden als naaister in de particuliere sector, in de confectie-industrie of in een maatkledingbedrijf; werken in de modebranche; hoedenmodiste; zelfstandig een atelier beginnen.

6.2.l.4 LOI - afstandsonderwijs - Mode en make-up
Voor adres(sen) zie: OVER-225.
Cursussen
- Make-up en schoonheidsverzorging.
- Mode ontwerpen en styling.
- Modeconsulent.
- Modetekenen en illustreren.
- Parfumerie.
- Patroontekenen.
- Zelf mode maken.

6.2.l.5 Modanka modevakopleidingen
Voor adres(sen) zie: OVER-231, 240, 365.
Algemeen De lessen zijn gebaseerd op de Rundschau-systematiek.
Opleidingen
- Costumière.
- Coupeuse.
- Kinderpatroon tekenen.
- Lerares.

Duur 1 jaar; de opleiding Coupeuse: 2 jaar.

6.2.l.6 Mode Akademie Bijenveld
Voor adres(sen) zie: OVER-207.
Algemeen
- De cursussen starten in februari en september.
- De leslocatie is in Hilversum; Nijkerk is het informatieadres.

Cursussen
- Atelier couture basistechnieken (16 lessen).
- Basispatroontekenen dameskleding (Rundschau-methode; 32 lessen).
- Basispatroontekenen herenkleding (25 lessen).
- Graderen (10 lessen).
- Incompany: Haute couture.
- Modelleren van basispatronen dameskleding (vervolgcursus van 25 lessen na Rundschau-methode).
- Mode-ontwerpen & styling (2x 16 lessen).
- Passen, vertekenen & pomp (12 lessen).

Toelatingseisen Vmbo tl- of havo-niveau.
Duur 10-32 avonden, afhankelijk van de cursus.

6.2.l.7 Modevakopleiding Hermsen, Janssen & Schuurman
Voor adres(sen) zie: OVER-82.
Opleidingen
- Coupeur/coupeuse (3 jaar).
- Mode illustreren (1 jaar).
- Mode tekenen en ontwerpen (3 jaar).
- Naailessen (1 jaar).
- Patroontekenen (1 à 3 jaar).
- Patroontekenen/naaitechniek voor gevorderden (1 jaar).

Cursussen
- Kinderkleding (10 lessen).
- Lingerie (6 lessen).
- Moulage (6 lessen).
- Omgaan met de lockmachine en lingerie (2 lessen).

Toelatingseisen
- Enige tot ruime naaiervaring.
- Voor mode illustreren moet men over tekenervaring beschikken.

Duur Afhankelijk van de opleiding: 1 tot 3 jaar deeltijd; zie bij Opleidingen.

6.2.l.8 Rotterdamse snijschool
Voor adres(sen) zie: OVER-294.
Algemeen Opleidingen voor costumière, dames- en herencoupeur of -coupeuse: confectie of maatwerk.
Opleidingen Er is ook een opleiding tot docent (4,5 jaar).
Cursussen
- Lingeriecursus (3-6 maanden).
- Praktijkcursussen voor eigen gebruik.

Toelatingseisen Indien men nog niet met het vak bekend is, moet men eerst de opleiding tot costumière hebben gevolgd om de opleiding tot coupeur of coupeuse te kunnen volgen.
Duur De opleidingen variëren van 1,5 tot 2,5 jaar (1,5 tot 3 uur les per week).
Overige informatie Er worden ook opleidingen gegeven in Amsterdam.

6.2.l.9 Stichting Akademie Vogue
Voor adres(sen) zie: OVER-22.
Algemeen Hbo-bacheloropleiding voor mode-vormgever/stylist, theatervormgever, interieurstylist, dessinontwerper, allround stylist.
Toelatingseisen Diploma havo, vwo, mbo niveau 4, of gelijkwaardig.
Duur 2 jaar of 3 jaar parttime.
Lesprogramma Afhankelijk van de gekozen studierichting: tekenen en schilderen - modeltekenen - mode-ontwerpen - dessinontwerpen - styling mode - styling interieur - kunstactualiteit - patroontekenen en proefmodellen - ontwerprealisatie - theatervormgeving (kostuums en decors) - materiaal en ontwerp - interieurontwerpen - mediastyling en commercieel presenteren.

6.2.l.10 Stichting Modeschool Diny Kelly
Voor adres(sen) zie: OVER-61.
Opleidingen
- *Dagopleidingen:*
  - Modevormgeving.
  - Ontwerpen & styling (2,5 jaar voltijd).

- *Deeltijdopleidingen:*
  - Concrete textiele warenkennis (12 lessen van 2 uur).
  - Coupeur/coupeuse (2-3 jaar).
  - Haute couture (30 lessen van 2 uur).
  - Hoeden maken (30 lessen van 2 uur).
  - Lingerie voor beginners (12 lessen van 2 uur).
  - Lingerie voor gevorderden (12 lessen van 2 uur).
  - Modetekenen (30 lessen van 2 uur).
  - Modetekenen, vervolgopleiding (15 of 30 lessen van 2 uur).
  - Ontwerpen en styling (30 lessen van 2 uur).
  - Ontwerpen gebreide mode (15 lessen van 2 uur).
  - Patroontekenen en vervaardigen herenkleding 1 (12 lessen van 2 uur).
  - Patroontekenen en vervaardigen herenkleding 2 (12 lessen van 2 uur).
  - Patroontekenen en vervaardigen herenkleding 3 (12 lessen van 2 uur).
  - Slippers en sandalen (15 lessen van 2 uur).
  - Stofdessin ontwerpen (15 lessen van 2 uur).
  - Tassen en schoenen (15 lessen van 2 uur).

Functiemogelijkheden Coupeur, modeadviseur, illustrator, ontwerper/stylist, medewerker prognosebureau, eigen bedrijf in het modevak.

6.3 TEXTIEL- EN MODEHANDEL

Algemeen Opleidingen die gericht zijn op de handel in de textiel horen eigenlijk in hoofdstuk 17: Handel en reclame. Toch zijn ze hier geplaatst vanwege het verband dat ze met de andere textielopleidingen vormen.

6.3.f Hbo-bacheloropleiding

6.3.f.1 Fashion & management (AMFI)
Voor adres(sen) zie: HBO-23.
Algemeen Hbo-bacheloropleiding (afstudeerrichting).
Toelatingseisen
- Diploma havo, vwo, mbo niveau 4; havo- en vwo-profiel CM: wisk. A 1, 2 of wisk. B1, en één uit: scheik., nat.k. 1 of econ. 1, 2. Voor alle profielen wordt het vak Management en organisatie in het vrije deel aanbevolen.
- Voor mbo-studenten is wisk. en econ. dringend gewenst.
- Een opdracht en een motivatiebrief zijn voorwaarden om uitgenodigd te kunnen worden voor een geschiktheidsonderzoek.

Lesprogramma Belangrijkste vakken: marketing - organisatie en management - economie - logistiek - ict - chain management - concept en communicatie - textielkennis - ontwerpkennis - materialenkennis - (visual) merchandising.
- 3e of 4e jaar: stage.
- Laatste 5 maanden: afstudeeropdracht en rapport of scriptie.

Functiemogelijkheden Technische en commerciële functies bij productiebedrijven, inkoopcombinaties, grootwinkelbedrijven, groothandels en adviesbureaus.
Overige informatie
Er is een Engelstalige opleiding: AMFI International.

6.3.f.2 Modemanagement (TMO HS)
Voor adres(sen) zie: HBO-72.
Algemeen Door het ministerie van OCW erkende particuliere hogeschool met hbo-bacheloropleidingen voor Inkoper, Productmanager, Verkoopmanager en Zelfstandig ondernemer.

Doel Opleiding voor leidinggevende functies in inkoop- en verkoopmanagement en zelfstandig ondernemerschap in de modehandel.
Toelatingseisen Diploma havo, vwo of mbo niveau 4; er worden geen eisen aan het vakkenpakket gesteld.
Duur 4 jaar voltijd.
Lesprogramma De student leert de modebranche kennen door opdrachten en projecten. Om de praktijk te kunnen nabootsen zijn er speciaal ingerichte trainingsruimten, onder meer voor Visual merchandising en Logistiek. Ook zijn er assortimentslokalen met uitgebreide collecties.
Functiemogelijkheden Leidinggevende functies in de modebranche.

6.3.f.3 Fashion & textile technologies / Technische commerciële textielkunde (AMFI, Saxion HS)
Zie 6.1.f.1.

6.3.g Mbo-opleiding niveau 4

6.3.g.1 Business & fashion (niveau 4)
Voor adres(sen) zie: ROC/MBO-43.
Algemeen
- Eindtermen voor deze kwalificatie worden ontwikkeld door KC Handel.
- Hier wordt slechts het centrale adres vermeld. De opleiding kan in de wijde omtrek ervan worden gegeven.
CREBO 90290
Doel Grotendeels Engelstalige opleiding voor een baan bij internationale modeketens in binnen- en buitenland.
Duur 3 jaar voltijd.

6.3.g.2 Commercieel medewerker textiel (buitendienst) (niveau 4)
Voor adres(sen) zie: ROC/MBO-7, 32.
Algemeen
- Bij Roc van Amsterdam heet deze opleiding: Commercieel medewerker fashion.
- Eindtermen voor deze kwalificatie worden ontwikkeld door KC Handel.
- Hier worden slechts de centrale adressen vermeld. De opleiding kan in de wijde omtrek ervan worden gegeven.
CREBO 94460
Doel Voorbereiden en voeren van verkoopgesprekken; onderhandelen over prijzen en voorwaarden; afhandelen van het offerte- en/of ordertraject; afhandelen van klachten; verzamelen van marktinformatie.
Toelatingseisen
- Diploma vmbo gl, vmbo kb of vmbo tl met de sector vmbo-Tech; of diploma vmbo gl, vmbo kb of vmbo tl, alle met nat./scheik. 1 of wisk., met de sectoren vmbo-Ec, vmbo-Lb of vmbo-Z&W.
- Overgangsbewijs naar havo-4 of vwo-4.
Duur 3 jaar voltijd.
Mogelijkheden voor verdere studie Hbo-Fashion & management (AMFI).
Functiemogelijkheden Op de afdeling Verkoop van een textielbedrijf (productiebedrijf) of in een textielhandel (grootwinkelbedrijf, groothandel, inkoopcombinatie, agenturenhandel).

Jurlights zie pagina 295

6.3.g.3 Productiecoördinator fashion (niveau 4)
Voor adres(sen) zie: ROC/MBO-13, 32.
Algemeen
- Er zijn twee uitstroomrichtingen:
  - Commercieel medewerker fashion (crebonummer 93781).
  - Productiebegeleider fashion (crebonummer 93782).
- Eindtermen voor deze kwalificatie worden ontwikkeld door KC Handel.
- Hier worden slechts de centrale adressen vermeld. De opleiding kan in de wijde omtrek ervan worden gegeven.

CREBO 93781/93782
Doel De productiecoördinator fashion is o.a. een schakel tussen de werkzaamheden in Nederland en het buitenland: zoeken naar en overleggen met ontwerpers over nieuwe producten; inkoop van grondstoffen en accessoires; opstellen van kwaliteitseisen; bewaken van de planning.
Toelatingseisen
- Diploma vmbo gl, vmbo kb of vmbo tl met de sector vmbo-Tech; of diploma vmbo gl, vmbo kb of vmbo tl, alle met nat./scheik. 1 of wisk., met de sectoren vmbo-Ec, vmbo-Lb of vmbo-Z&W.
- Overgangsbewijs naar havo-4 of vwo-4.

Duur 3 jaar voltijd; met een havo- of vwo-diploma (Duits en Engels in het pakket) of een diploma mbo niveau 4 kan de opleiding in 2 jaar worden afgerond.
Mogelijkheden voor verdere studie Hbo-Fashion & management (AMFI).
Functiemogelijkheden
- In een detailhandel (kleding- of modewinkel): afdelingschef, (assistent)filiaalhouder, zelfstandig ondernemer, of inkoper en/of samensteller van kledingcollecties.
- In een groothandel: vertegenwoordiger van een een of meer kledingmerken, of zelfstandig agent.

6.3.l Overige opleidingen

6.3.l.1 Modedetailhandel (DETEX)
Zie ook: 17.2.l.3.
Voor adres(sen) zie: OVER-149.
Opleidingen
- A. Modeadviseur.
- B. Modemanager.
- C. Modespecialist.
Nog andere opleidingen zijn:
- Imago styling.
- Textielwarenkennis.

Toelatingseisen
- Voor A: diploma Verkoopmedewerker.
- Na A volgt men respectievelijk B en/of C.

Duur
- A: 12 dagdelen.
- B: 14 dagdelen.
- C: 16 dagdelen.

Overige informatie De opleidingen worden in een groot aantal plaatsen gegeven.

6.4 BONT

6.4.l Overige opleidingen

6.4.l.1 Stichting Leer- en bontwaarborg
Voor adres(sen) zie: OVER-140.
Algemeen Theoretische opleiding tot bontbewerker (3e, 2e en 1e klas).
Toelatingseisen Er worden geen bepaalde eisen aan de vooropleiding gesteld.
Duur Elke opleiding duurt een half jaar.
Lesprogramma Vaktechniek in bont - kennis van bontsoorten.
Functiemogelijkheden In een bontzaak of bontfabriek. Men kan examen doen voor meesterklasse bontwerker.
N.B. Er bestaat geen praktijkopleiding Bont in Nederland.

6.5 SCHOEN- EN LEDERWARENFABRICAGE

6.5.h Mbo-opleiding niveau 3

6.5.h.1 Schoentechnisch ontwerper (niveau 3)
Voor adres(sen) zie: KBB-14.
Algemeen Eindtermen voor deze kwalificatie worden ontwikkeld door SVGB.
CREBO 10925
Doel Nieuwe modellen en nieuwe creaties op bestaande modellen aan de hand van opdrachten ontwerpen en ontwikkelen.
Toelatingseisen Diploma van niveau 2: Assembleur, Klein lederwarenvervaardiger, Stanzer, of Stikker.
Duur 4 jaar voltijd en deeltijd.
Functiemogelijkheden Ontwerper-modelleur in een schoenbedrijf.

6.5.i Mbo-opleiding niveau 1 of niveau 2

6.5.i.1 Assembleur (niveau 2)
Voor adres(sen) zie: KBB-14.
Algemeen Eindtermen voor deze kwalificatie worden ontwikkeld door SVGB.
CREBO Geen.
Doel Samenstellen en finishen van schoeisel onder begeleiding van een afdelingschef.
Toelatingseisen De volledige leerplicht hebben voltooid.
Duur 2 jaar deeltijd.
Mogelijkheden voor verdere studie Een opleiding van niveau 3: Schoentechnisch ontwerper.
Functiemogelijkheden Assembleur op de assemblage- of onderwerkafdeling in een schoenbedrijf.

6.5.i.2 Klein lederwarenvervaardiger (niveau 2)
Voor adres(sen) zie: KBB-14.
Algemeen Eindtermen voor deze kwalificatie worden ontwikkeld door SVGB.
CREBO Geen.
Doel Onder begeleiding van een deskundige: stanzen, voorbereiden, monteren, stikken en finishen van klein leder.
Toelatingseisen De volledige leerplicht hebben voltooid.
Duur 2 jaar deeltijd.
Mogelijkheden voor verdere studie Een opleiding van niveau 3: Schoentechnisch ontwerper.
Functiemogelijkheden Klein-lederwarenvervaardiger in een klein-lederwarenbedrijf.

6.5.i.3 Stanzer (niveau 2)
Voor adres(en) zie: KBB-14.
Algemeen Eindtermen voor deze kwalificatie worden ontwikkeld door SVGB.
CREBO Geen.
Doel Snijden en stanzen van schachtdelen uit diverse materialen.
Toelatingseisen De volledige leerplicht hebben voltooid.
Duur 2 jaar deeltijd.
Mogelijkheden voor verdere studie Een opleiding van niveau 3: Schoentechnisch ontwerper.
Functiemogelijkheden Stanzer in een snijderij/stanzerij van een schoenbedrijf.

6.5.i.4 Stikker (niveau 2)
Voor adres(en) zie: KBB-14.
Algemeen Eindtermen voor deze kwalificatie worden ontwikkeld door SVGB.
CREBO Geen.
Doel Voorbereidingsbewerkingen van de schachten uitvoeren en die stikken.
Toelatingseisen De volledige leerplicht hebben voltooid.
Duur 2 jaar deeltijd.
Mogelijkheden voor verdere studie Een opleiding van niveau 3: Schoentechnisch ontwerper.
Functiemogelijkheden Stikker op een stikkerij-afdeling van een schoenbedrijf.

6.5.l Overige opleidingen

6.5.l.1 Schoendetailhandel en voetverzorging
Voor adres(en) zie: OVER-276.
Opleidingen
- Basisopleiding pedicure.
- Medisch pedicure.
- Nascholingscursussen.

6.6 SCHOENHERSTELLEN EN SCHOENTECHNIEK

6.6.g Mbo-opleiding niveau 4

6.6.g.1 Ondernemer/Manager schoenherstellersbedrijf (niveau 4)
Voor adres(en) zie: KBB-14, OVER-312.
Algemeen Eindtermen voor deze kwalificatie worden ontwikkeld door SVGB.
CREBO 93620
Duur Een half jaar voltijd en deeltijd.
Mogelijkheden voor verdere studie Geen specifieke verdere studiemogelijkheden.
Functiemogelijkheden Ondernemer/Manager schoenherstellersbedrijf van een schoenherstellersbedrijf.
N.B. Deze opleiding wordt niet bekostigd door het ministerie van OCW.

6.6.g.2 Schoenconsulent (niveau 4)
Zie 17.1.g.8.

6.6.g.3 Specialist aanpassingen aan confectieschoenen (niveau 4)
Voor adres(en) zie: KBB-14, OVER-312.
Algemeen Eindtermen voor deze kwalificatie worden ontwikkeld door SVGB.
CREBO Geen.
Doel Aanbrengen van kleine orthopedische aanpassingen aan confectieschoenen op voorschrift van medici, paramedici of schoenconsulenten, en adviseren van de cli'nt over het soort schoeisel dat geschikt is voor individuele aanpassingen.
Duur Een half jaar voltijd en deeltijd.
Mogelijkheden voor verdere studie Geen specifieke verdere studiemogelijkheden.
Functiemogelijkheden Specialist aanpassingen aan confectieschoenen in een schoenherstellersbedrijf.
N.B. Deze opleiding wordt niet bekostigd door het ministerie van OCW.

6.6.i Mbo-opleiding niveau 1 of niveau 2

6.6.i.1 Schoenhersteller (niveau 2)
Voor adres(en) zie: KBB-14, OVER-312.
Algemeen Eindtermen voor deze kwalificatie worden ontwikkeld door SVGB.
CREBO 10915
Doel Verrichten van reparaties van schoenen en lederwaren, adviseren bij de cliënt van complexere reparaties en berekenen van de kosten daarvan.
Duur 3 jaar voltijd en deeltijd.
Mogelijkheden voor verdere studie Opleidingen van niveau 4: Ondernemer/Manager schoenherstellersbedrijf, of Specialist aanpassingen aan confectieschoenen.
Functiemogelijkheden Vakbekwaam hersteller schoenen en lederwaren in een klein ambachtelijk bedrijf.
N.B. Deze opleiding wordt niet bekostigd door het ministerie van OCW.

7 PROCESINDUSTRIE

In dit hoofdstuk zijn de opleidingen bij elkaar geplaatst die beroepen vermelden van wie direct bij de procesindustrie betrokken zijn: van scheikundig technoloog tot bedieningsvakman. Uitgesloten zijn hier de opleidingen voor beroepen die niet direct op het proces zelf betrekking hebben, zoals de opleidingen in de meet- en regeltechniek (besturingstechniek) (zie hiervoor paragraaf 5.4).
In paragraaf 7.1 worden de opleidingen genoemd die voor alle sectoren gelden: procesindustrie - algemeen.
In de volgende paragrafen worden diverse sectoren behandeld: in 7.2 het laboratorium, in 7.3 de keramische sector, in 7.4 de levensmiddelensector, in 7.5 de papierindustrie, in 7.6 kunststof- en rubbertechniek, in 7.7 de vleessector en ten slotte in 7.8 brood- en banketbakken.
N.B. In dit hoofdstuk wordt ook een keuze van diverse opleidingen in het hoger onderwijs beschreven. Complete alfabetische lijsten van alle bekostigde opleidingen in het hoger onderwijs zijn te vinden in hoofdstuk 25. Deze worden jaarlijks geheel geactualiseerd.

7.1 PROCESINDUSTRIE - ALGEMEEN

In deze paragraaf zijn de belangrijkste opleidingen die direct te maken hebben met de procesindustrie geplaatst.
De grondproducten (olie, klei, erts, dier en huiden, vlees, tarwe, groente, fruit enzovoort) mogen uiteenlopend zijn, de eindproducten eveneens, toch is er een bepaalde overeenkomst tussen de handelingen die dit proces begeleiden: de mechanisatie en de automatisering van het proces. Over het algemeen kunnen de beroepsmogelijkheden van deze opleidingen in de verschillende sectoren van de procesindustrie worden gevonden. Voor enkele takken van de procesindustrie zijn speciale opleidingen vermeld.
Het bestuderen van stofomzettingen (zoals in de procestechniek gebeurt) wordt mogelijk gemaakt door onder meer deze wetenschappen: aardwetenschappen - biotechnologie - moleculaire wetenschappen - natuurkunde - scheikunde - scheikundige technologie - technische aardwetenschappen - technische natuurkunde.

7.1.a Postacademisch onderwijs (pao)

7.1.a.1 Gezondheidstechniek en milieutechnologie (TUD)
Voor adres(sen) zie: PAO-7.
Duur 1 tot 5 dagen.

7.1.a.2 Procestechnologie (TU/e, UT)
Voor adres(sen) zie: WO-17, 20.

7.1.b Wo-masteropleiding

7.1.b.1 Chemie (KUL, UA, UG, VUB)
Voor adres(sen) zie: WO-48, 51, 53, 55.
Algemeen Wo-masteropleiding.
Duur
- 1 jaar voltijd.
- KUL: ook in deeltijd.
Lesprogramma Specialisaties of varianten:
- UA: Bedrijf en maatschappij (minor).
- KUL: Fysica (minor) - Onderwijs - Professionele optie.
- UA: Bedrijf en maatschappij (minor) - Onderwijs en vorming (minor).
- UG: Analysis and characterisation - Environmental chemistry - Materials chemistry - Molecular and macromolecular design - Onderwijs (minor) - Onderzoek.
- VUB: Analysis and characterisation - Chemie van materialen - Industrie - Milieuchemie - Molecular and macromolecular design - Onderwijs - Onderzoek.

7.1.b.2 Molecular life sciences (RU, WU)
Voor adres(sen) zie: WO-35, 47.
Algemeen Wo-masteropleiding.
Doel De studie is gericht op het verband tussen de fysische, chemi-

sche en biologische eigenschappen van moleculen, met name in levende organismen.
Toelatingseisen Diploma wo-bachelor.
Duur 2 jaar voltijd.
Lesprogramma Specialisaties:
- RU: Chemistry for life - Clinical biology - Functional genomics - Neuroscience/neurobiology.
- WU: Biological chemistry - Biomedical research - Physical biology - Physical chemistry.
Functiemogelijkheden De opleiding is sterk gericht op onderzoek; de meerderheid van de afgestudeerden promoveert en is ook daarna werkzaam in onderzoek, met name op het gebied van de (bio)chemie, moleculaire biologie, biotechnologie, en gezondheidswetenschappen, bij universiteiten, onderzoeksinstituten en onderzoeksafdelingen van bedrijven in met name de chemische, de farmaceutische en de levensmiddelenindustrie.

7.1.b.3 Nanoscience (RUG)
Voor adres(sen) zie: WO-23.
Algemeen Wo-masteropleiding in Groningen, die zich volgens de NVAO een 'excellente studie' ofwel Topmaster mag noemen.
Toelatingseisen
- Diploma wo-bachelor in materiaalkunde, natuurkunde, scheikunde, of van een vergelijkbare studie.
- Toelating na interview.
Duur 2 jaar.

7.1.c Wo-bacheloropleiding

7.1.c.1 Aardwetenschappen (Fysische geografie) (UU, VUA)
Zie 10.1.c.1.

7.1.c.2 Biologie (AUHL, KUL, KUL/KULAK, RU, RUG, UA, UG, UL, UU, UvA, VUA, VUB, WU)
Zie 3.8.c.1.

7.1.c.3 Chemie (AUHL, KUL, KUL/KULAK, UA, UG, VUB)
Zie ook: 7.1.c.5 en 7.1.c.6.
Voor adres(sen) zie: WO-48, 51, 53, 54, 55.
Algemeen Wo-bacheloropleiding.
Duur
- 3 jaar voltijd.
- KUL, KUL/KULAK: ook in deeltijd.
Lesprogramma
Specialisaties of varianten:
- KUL: Biochemie & biotechnologie (minor) - Chemische technologie (minor) - Fysica (minor) - Onderzoek (minor) - Verbreding (minor).
- KUL/KULAK: Bio-ingenieurswetenschappen - Biochemie & biotechnologie (minor) - Farmacie.

124

- UG: Europees traject - Onderwijs - Onderzoeksprofilering - Overbruggende profilering.

Aansluitende masteropleidingen
- KUL, UA, UG, VUB: Chemie.
- RUG: Nanoscience.
- WU: Molecular life sciences.

7.1.c.4 Natuurkunde (RUG, UL)
Zie 3.7.c.3.

7.1.c.5 Scheikunde (RU, RUG, UU, UvA, VUA)
Zie ook: 7.1.c.3.

Voor adres(sen) zie: WO-8, 9, 23, 35, 45.

Algemeen Wo-bacheloropleiding tot scheikundige (chemicus).

Doel De studie is gericht op het beschrijven en begrijpen van het gedrag (de eigenschappen) van stoffen, waarbij modellen, wetten en theorieën worden getoetst en bijgesteld op grond van experimentele resultaten.

Toelatingseisen
- Diploma vwo (wisk. B, nat.); vwo-profiel C&M (+ wisk. B I, nat. I, scheik. I), E&M (+ wisk. B I, nat. I, scheik. I), N&T, N&G; propedeuse of getuigschrift/diploma van een hbo of van de OUNL (wisk. B, nat.).
- Voor het doorstroomprogramma wordt de propedeuse van een verwante hbo-opleiding vereist, waarbij goede resultaten behaald zijn, of het diploma van zo'n verwante hbo-bacheloropleiding.
- Als men 21 jaar of ouder is, komt men in aanmerking voor een colloquium doctum.

Duur 3 jaar.

Lesprogramma Specialisaties:
- RU: Scheikunde (educatieve minor).
- RUG: Chemistry of life - Smart materials - Sustainable chemistry and energy.
- UU: Honours-programma - Molecular life sciences - Moleculen en gezondheid - Nanomaterialen en energie.
- UvA: Chemie van het leven - Duurzame chemie & materialen - Honours-programma - Minors - Scheikunde (educatieve minor).
- VUA: Analytische chemie - Fysische chemie - Minors - Organische chemie - Theoretische chemie.

Aansluitende masteropleidingen
- EUR: Molecular medicine.
- KUL: Molecular and cellular biophysics.
- KUL, UA, VUB: Molecular biology.
- RU: Molecular mechanisms of disease.
- RU, WU: Molecular life sciences.
- RUG: Molecular biology and biotechnology.
- UA: Milieuwetenschap.
- VUA, VUB: Biomolecular sciences.
- VUB: Biomoleculaire wetenschappen.

Mogelijkheden voor verdere studie Vervolgopleiding voor ontwerper.

Functiemogelijkheden Onderzoeksfuncties bij universiteiten en bedrijfsleven; beleidsfuncties bij de overheid.

7.1.c.6 Scheikundige technologie (RUG, TU/e, UT)
Voor adres(sen) zie: WO-17, 20, 23.

Algemeen Wo-bacheloropleiding tot scheikundig ingenieur (ir). De studie is gericht op toepassingen van scheikunde in de procesindustrie, bij het ontwerpen en ontwikkelen van materialen en producten, in industriële laboratoria en (als milieutechnoloog) in het milieu.

Toelatingseisen
- Diploma vwo (wisk. B, nat.); vwo-profiel C&M (+ wisk. B I en II,

nat. I, scheik.), E&M (+ wisk. B I en II, nat. I, scheik.), N&T, N&G (+ wisk. B I en II); propedeuse of getuigschrift/diploma van een hbo of van de OUNL (wisk. B, nat.).
- Voor het doorstroomprogramma wordt een verwante hbo-opleiding vereist.
- Als men 21 jaar of ouder is, komt men in aanmerking voor een colloquium doctum.

Duur 3 jaar.

Lesprogramma Specialisaties:
- TU/e: Biochemie - Chemische procestechnologie - Moleculaire systemen en materialen - Nanotechnologie - Polymeerchemie.

Aansluitende masteropleidingen
- EUR: Molecular medicine.
- KUL: Molecular and cellular biophysics.
- KUL, UA, VUB: Molecular biology.
- RUG: Molecular biology and biotechnology.
- RU: Molecular mechanisms of disease.
- RU, WU: Molecular life sciences.
- UA: Milieuwetenschap.
- VUA, VUB: Biomolecular sciences.
- VUB: Biomoleculaire wetenschappen.

Mogelijkheden voor verdere studie Vervolgopleiding voor ontwerper; promotie; wo-lerarenopleiding.

Functiemogelijkheden Scheikundig technoloog in de chemische industrie, research en ontwikkeling, ontwerp en bouw, onderzoeker universiteiten, docent bij het hbo/vwo. Functies bij een milieudienst, VROM, EZ en octrooibureaus, procestechnoloog, R&D-medewerker, management (chemische industrie), medewerker van ingenieursbureau, milieutechnoloog, materiaalkundige.

Overige informatie De opleiding wordt ook wel Chemische technologie genoemd.

7.1.c.7 Technische aardwetenschappen (TUD)
Voor adres(sen) zie: WO-13.

Algemeen Wo-bacheloropleiding.

Doel De studie omvat alles wat te maken heeft met het opsporen, verwerken en recyclen van economisch waardevolle natuurlijke grondstoffen. Ook houdt men zich bezig met het leveren van adviezen over het gedrag van de bodem tijdens en na de bouw van velerlei civiele constructies. Gezien het economische en sociale belang van natuurlijke grondstoffen, energie en civiele projecten biedt deze studie ruime mogelijkheden op de (internationale) arbeidsmarkt.

Toelatingseisen
- Diploma vwo (wisk. B, nat.); vwo-profiel N&T, N&G (+ wisk. B I en II); propedeuse of getuigschrift/diploma van een hbo of van de OUNL (wisk. B, nat.).
- Voor het doorstroomprogramma wordt een verwante hbo-opleiding vereist.
- Als men 21 jaar of ouder is, komt men in aanmerking voor een colloquium doctum.

Duur 3 jaar voltijd.

Lesprogramma Specialisaties:
- TUD: Honours-programma.

Aansluitende masteropleidingen
- TUD: Applied earth sciences.
- UU, VUA: Aardwetenschappen (Fysische geografie).

Functiemogelijkheden Projectleider, onderzoeker, adviseur en na enige jaren ervaring manager bij bedrijven die wereldwijd grondstoffen (koper, tin, goud) winnen en verwerken (aluminium), olie opsporen en produceren, afval verbranden en recyclen (auto's, elektronica), voedsel produceren (reinigen graanproducten).

Vergelijkbare functies bij bedrijven die zich bezighouden met bodem-reiniging, bodemonderzoek betreffende de aanleg van tunnels en dijken, of ondergrondse opslag voor onder meer chemisch afval. Ook zijn er mogelijkheden bij de overheid (Rijks Geologische Dienst, ministerie van economische zaken, landbouw, en innovatie).

7.1.c.8 Technische natuurkunde (RUG, TUD, TU/e, UT)
Zie 4.1.c.4.

7.1.d Post-hbo-opleiding

7.1.d.1 Stichting CPION
(Centrum Post Initieel Onderwijs Nederland)
Voor adres(sen) zie: DIEN-29.
Algemeen Toetsing, registratie en diplomering van initiële opleidin-gen.

7.1.d.2 VOVOL-cursussen
Zie 7.2.d.2.

7.1.f Hbo-bacheloropleiding

7.1.f.1 Chemie (hto) (Avans HS, HAN, Hanze HS, HS Inholland, HS Leiden, HS Rotterdam, HS Utrecht, HS Van Hall/Larenstein, HZ, NHL, Saxion HS)
Zie 7.2.f.3.

7.1.f.2 Chemische technologie (hto) (Avans HS, Hanze HS, HS Rotterdam, HS Utrecht, HS Van Hall/Larenstein, NHL, RMU, Saxion HS)
Voor adres(sen) zie: HBO-52, 89, 95, 121, 125, 157, 160, 184.
Algemeen Hbo-bacheloropleiding voor chemisch technoloog in de procestechnologie of in de milieutechnologie.
Toelatingseisen
- Diploma havo (wisk. B, nat.); havo-profiel N&T, N&G; diploma vwo (wisk. A of B, nat.); vwo-profiel C&M (+ wisk. A I en II, nat. I), E&M (+ nat. I), N&T, N&G; mbo niveau 4 (wisk., nat.). In alle gevallen gewenst: nat. en scheik.
- Mogelijkheid om achterstand in wiskunde en/of natuurkunde en/of scheikunde in te halen voor of tijdens de propedeuse.
Duur
- 4 jaar voltijd.
- 3,5 jaar voltijd na diploma vwo (wisk., scheik., nat.).
- Ad-programma: 2 jaar duaal.
Lesprogramma Specialisaties:
- Breda (Avans HS): Biobased teCH - Procesvoering en procesopti-malisatie.
- Enschede (Saxion HS): International water technology.
- Groningen (Hanze HS): Renewable energy - Research & develop-ment.
- Leeuwarden (HS Van Hall/Larenstein): Petrochemie & offshore - Process engineering - Water technology.
- Leeuwarden (NHL): Petrochemie & offshore - Process engineering.
- R'dam (RMU): Procestechniek.
Mogelijkheden voor verdere studie Verder studeren aan de TUD of de TU/e, eventueel met vrijstellingen; post-hto-cursussen; oplei-ding leraar voortgezet onderwijs.
Functiemogelijkheden Chemisch technoloog in de procesindustrie (productie, veiligheid, milieubewaking), bij de overheid (adviserend en controlerend), bij onderzoeksinstellingen en ingenieursbureaus; biotechnologisch laboratoriumingenieur bij levensmiddelenbedrij-ven, ingenieursbureaus, water- en zuiveringschappen of bij de bio-procesindustrie.

7.1.f.3 Hbo-lerarenopleiding Scheikunde (tweedegraads) (Fontys HS, HAN, HS Inholland, HS Utrecht, HS Windesheim, HvA, NHL, Saxion HS)
Zie 24.3.f.24.

7.1.g Mbo-opleiding niveau 4

7.1.g.1 Mechanisch operator C, specialistenopleiding (niveau 4)
Voor adres(sen) zie: ROC/MBO-8, 10, 30.
Algemeen
- Eindtermen voor deze kwalificatie worden ontwikkeld door PMLF.
- Hier worden slechts de centrale adressen vermeld. De opleiding kan in de wijde omtrek ervan worden gegeven.
CREBO 10418
Doel Specialistenopleiding tot mechanisch operator C.
De opleiding omvat kennis en vaardigheden om zelfstandig en coör-dinerend werk uit te voeren binnen het beroepenveld van mechani-sche techniek in de procesindustrie.
Toelatingseisen Diploma Mechanisch operator B (niveau 3), of diploma Procesoperator A (niveau 2).
Duur 2 jaar deeltijd.
Mogelijkheden voor verdere studie Hto-bachelor Chemische technologie.
Functiemogelijkheden Mechanisch operator C in de procesindustrie.

7.1.g.2 Middenkaderfunctionaris procestechniek (niveau 4)
Voor adres(sen) zie: ROC/MBO-21, 30.
Algemeen
- Eindtermen voor deze kwalificatie worden ontwikkeld door PMLF.
- Hier worden slechts de centrale adressen vermeld. De opleiding kan in de wijde omtrek ervan worden gegeven.
CREBO 10417
Toelatingseisen Diploma vmbo gl, vmbo kb of vmbo tl met de sector vmbo-Tech; of diploma vmbo gl, vmbo kb of vmbo tl, alle met nat./scheik. 1 of wisk., met de sectoren vmbo-Ec, vmbo-Lb of vmbo-Z&W.
Duur 4 jaar voltijd.
Mogelijkheden voor verdere studie Hto-bacheloropleiding Chemische technologie, of hbo-bacheloropleiding Milieukunde.
Functiemogelijkheden Middenkaderfunctionaris procestechniek.

7.1.g.3 Operator C (Operator productietechniek) (niveau 4)
Voor adres(sen) zie: ROC/MBO-8, 10, 13, 21, 30, 32.
Algemeen
- Eindtermen voor deze kwalificatie worden ontwikkeld door PMLF.
- Hier worden slechts de centrale adressen vermeld. De opleiding kan in de wijde omtrek ervan worden gegeven.
CREBO 90240/90312
Doel Toezicht op de bediening van productieprocessen; coördineren van productie, kwaliteit en onderhoud; aansturen van operators.
Toelatingseisen
- Diploma vmbo gl, vmbo kb of vmbo tl met de sector vmbo-Tech; of diploma vmbo gl, vmbo kb of vmbo tl, alle met nat./scheik. 2 of wisk. (dringend gewenst!), met de sectoren vmbo-Ec, vmbo-Lb of vmbo-Z&W. (Roc van Twente: bij het ontbreken van nat/-scheik. 2 is het verplicht om voor aanvang van het schooljaar een week nat.scheik. 2 te volgen.)
- Overgangsbewijs naar havo-4 of vwo-4.

- Bij Roc van Twente voor de deeltijdvariant: Diploma Allround operator (Operator B).

Duur Roc van Twente: 4 jaar voltijd; 2 jaar deeltijd.

Mogelijkheden voor verdere studie Hto-bacheloropleiding Chemische technologie.

Functiemogelijkheden Operator C of operator productietechniek in de procesindustrie.

7.1.h Mbo-opleiding niveau 3

7.1.h.1 Allround operator (Operator B) (niveau 3)
Voor adres(sen) zie: ROC/MBO-8, 10, 13, 21, 30, 32.
Algemeen
- Eindtermen voor deze kwalificatie worden ontwikkeld door PMLF.
- Hier worden slechts de centrale adressen vermeld. De opleiding kan in de wijde omtrek ervan worden gegeven.

CREBO 90011/90012

Doel Beheersing en bewaken van de kwaliteit van een product en het productieproces d.m.v. controle van machines en apparatuur aan de hand van specificaties en werkvoorschriften.

Toelatingseisen
- Diploma vmbo gl, vmbo kb of vmbo tl met de sector vmbo-Tech; of diploma vmbo gl, vmbo kb of vmbo tl, alle met nat./scheik. 2 of wisk. (dringend gewenst!), met de sectoren vmbo-Ec, vmbo-Lb of vmbo-Z&W. (Roc van Twente: bij het ontbreken van nat/scheik. 2 is het verplicht om voor aanvang van het schooljaar een week nat./scheik. 2 te volgen.)
- Bij Roc van Twente voor de deeltijdvariant: Diploma Operator (Operator A) (niveau 2).

Duur Roc van Twente: 2,5 jaar voltijd; 3 jaar deeltijd.

Lesprogramma Roc van Twente: het 1e leerjaar is gemeenschappelijk met de opleidingen Allround laborant (niveau 3), Analist (niveau 4) en Operator C (niveau 4).

Mogelijkheden voor verdere studie Een opleiding van niveau 4: Operator C.

Functiemogelijkheden Operator B in de procesindustrie.

7.1.h.2 Procesoperator B (niveau 3)
Voor adres(sen) zie: ROC/MBO-10, 21, 30, 44.
Algemeen
- Eindtermen voor deze kwalificatie worden ontwikkeld door PMLF.
- Hier worden slechts de centrale adressen vermeld. De opleiding kan in de wijde omtrek ervan worden gegeven.

CREBO 10421

Toelatingseisen Diploma vmbo gl, vmbo kb of vmbo tl met de sector vmbo-Tech; of diploma vmbo gl, vmbo kb of vmbo tl, alle met nat./scheik. 1 of wisk., met de sectoren vmbo-Ec, vmbo-Lb of vmbo-Z&W.

Duur 2 jaar deeltijd.

Mogelijkheden voor verdere studie Opleidingen van niveau 4: Mechanisch operator C, of Procesoperator C.
Met vrijstellingen instromen in een opleiding van niveau 4: Middenkaderfunctionaris procestechniek.

Functiemogelijkheden Procesoperator B in de procesindustrie.

7.1.i Mbo-opleiding niveau 1 of niveau 2

7.1.i.1 Assistent operator (Basisoperator) (niveau 1)
Voor adres(sen) zie: ROC/MBO-13, 22, 32, 43, 48.
Algemeen
- Eindtermen voor deze kwalificatie worden ontwikkeld door PMLF.

- Hier worden slechts de centrale adressen vermeld. De opleiding kan in de wijde omtrek ervan worden gegeven.

CREBO 95688

Doel Onder toezicht eenvoudige en routinematige productiewerkzaamheden verrichten met behulp van een of meer apparaten van het productieproces.

Toelatingseisen De volledige leerplicht hebben voltooid.

Duur 1 jaar deeltijd.

Mogelijkheden voor verdere studie Een opleiding van niveau 2: Operator A.

Functiemogelijkheden Basisoperator in de procesindustrie.

7.1.i.2 Mechanisch operator A (niveau 2)
Voor adres(sen) zie: ROC/MBO-8, 10, 21, 30, 39.
Algemeen
- Eindtermen voor deze kwalificatie worden ontwikkeld door PMLF.
- Hier worden slechts de centrale adressen vermeld. De opleiding kan in de wijde omtrek ervan worden gegeven.

CREBO 10423

Toelatingseisen Diploma vmbo bb met de sector vmbo-Tech; of diploma vmbo bb met nat./scheik. 1 of wisk., met de sectoren vmbo-Ec, vmbo-Lb of vmbo-Z&W.

Duur 2,5 jaar deeltijd.

Mogelijkheden voor verdere studie Opleidingen van niveau 3: Mechanisch operator B, of Procesoperator B.

Functiemogelijkheden Mechanisch operator A in de procesindustrie.

7.1.i.3 Operator (Operator A) (niveau 2)
Voor adres(sen) zie: ROC/MBO-13, 22, 24, 27, 30, 32, 43.
Algemeen
- Eindtermen voor deze kwalificatie worden ontwikkeld door PMLF.
- Hier worden slechts de centrale adressen vermeld. De opleiding kan in de wijde omtrek ervan worden gegeven.

CREBO 90310/90311

Doel Routinematig apparatuur bedienen en bewaken; kwaliteitscontrole van een product en het proces n.a.v. specificaties en werkvoorschriften; onderhoud van de apparatuur.

Toelatingseisen
- Diploma vmbo bb met de sector vmbo-Tech; of diploma vmbo bb met nat./scheik. 1 of wisk. (dringend gewenst!), met de sectoren vmbo-Ec, vmbo-Lb of vmbo-Z&W.
- Diploma Assistent operator (Basisoperator) (niveau 1).

Duur 2,5 jaar voltijd; Roc van Twente: 2 jaar en 3 maanden deeltijd.

Mogelijkheden voor verdere studie Een opleiding van niveau 3: Operator B.

Functiemogelijkheden Operator A in de procesindustrie.

7.1.i.4 Procesoperator A (niveau 2)
Voor adres(sen) zie: ROC/MBO-10, 21, 30, 39.
Algemeen
- Eindtermen voor deze kwalificatie worden ontwikkeld door PMLF.
- Hier worden slechts de centrale adressen vermeld. De opleiding kan in de wijde omtrek ervan worden gegeven.

CREBO 10424

Toelatingseisen Diploma vbo-b (wisk., nat.), mavo (wisk., nat.) of vmbo (wisk., nat.), of het diploma Assistent operator (basisoperator) (niveau 1).

Duur 2,5 jaar deeltijd.

Mogelijkheden voor verdere studie Opleidingen van niveau 3: Mechanisch operator B, of Procesoperator B.

Functiemogelijkheden Procesoperator A in de procesindustrie.

7.1.l Overige opleidingen

7.1.l.1 Mikrocentrum Nederland
Zie 5.9.l.1.

7.1.l.2 PTC+
Zie 3.1.l.4.

7.1.l.3 Schriftelijke en e-learning opleidingen (algemeen)
Voor adres(sen) zie: OVER-75, 225.
Algemeen Instellingen voor afstandsonderwijs en/of blended lear-ning (zoals HS LOI, HS NTI en Dirksen opleidingen) verzorgen ook opleidingen voor beroepen in de procesindustrie (o.m. voor proces-operator-A en -B, procestechnicus, assistent-procestechnicus, che-misch vakman, middelbare en hogere opleidingen, laborant en analist PMLF, besturingstechnologie, gastechnicus, gastechnisch opzichter, technisch chemicus en technisch fysicus), procesautoma-tiseringstechnicus of technicus industriële automatisering.
N.B. Voor Reed business-opleidingen zie: 5.1.l.8.

7.1.l.4 Stichting Wateropleidingen
Zie 5.1.l.12.

7.1.l.5 Volwassenenonderwijs - procesindustrie
Voor adres(sen) zie: ROCCO-11, 17, 20.
Cursussen
- Besturingssystemen.
- Chemische technologie.
- Installatietechniek.
- Mechanisch operator.
- Onderhoudstechniek.
- Operator.
- Processimulator.
- Procestechniek.

7.2 LABORATORIUM

7.2.a Postacademisch onderwijs (pao)

7.2.a.1 Analytische chemie (TU/e)
Voor adres(sen) zie: WO-17.

7.2.d Post-hbo-opleiding

7.2.d.1 Stichting CPION (Centrum Post Initieel Onderwijs Nederland)
Voor adres(sen) zie: DIEN-29.
Algemeen Toetsing, registratie en diplomering van initiële opleidingen.

7.2.d.2 VOVOL-cursussen
Algemeen Sinds 1.1.2007 geeft de VOVOL zelf geen cursussen meer. De vroeger VOVOL-cursussen zijn bij andere instituten ondergebracht, zie hieronder.
Doel De Stichting voor Voortgezette Opleiding en VOrming van Labo-ratoriummedewerkers (VOVOL) is ruim 30 jaar geleden opgericht met het doel door cursussen te voorzien in de behoefte aan voortgezette opleidingen ten behoeve van wie het beroep van laboratorium-medewerker uitoefenen.
Cursussen
- Arbozorg in laboratoria (PHOV: info@phov.nl).

- Atomaire Emissiespectrometrie m.b.v. ICP (Avans+: www.avansplus.nl).
- Atomaire Absorptiespectometrie (Avans+: www.avansplus.nl).
- Bloedtransfusie, een probleem? (Sanquin Diagnostiek, CLB: www.sanquin.nl).
- Fertiliteit/Zwangerschap (NVML: www.nvml.nl).
- Flowcytometrie (Avans HS, Breda: www.alsavans.nl/avans-training_biomedisch_nl.htm).
- Hemoglobinopathieën (NVML: www.nvml.nl).
- Immunochemie (NVML: www.nvml.nl).
- Medische immunologie (Avans HS, Breda: www.alsavans.nl).
- Methodevalidatie (VICIM: b.vandeginste.vicim@science.ru.nl).

7.2.f Hbo-bacheloropleiding

7.2.f.1 Biologie en medisch laboratoriumonderzoek (Avans HS, Fontys HS, HAN, Hanze HS, HS Inholland, HS Leiden, HS Rotterdam, HS Utrecht, HS Van Hall/Larenstein, NHL, Saxion HS, Zuyd HS)
Zie 13.5.f.1.

7.2.f.2 Chemische technologie (hto) (Avans HS, Hanze HS, HS Rotterdam, HS Utrecht, HS Van Hall/Larenstein, NHL, RMU, Saxion HS)
Zie 7.1.f.2.

7.2.f.3 Chemie (hto) (Avans HS, HAN, Hanze HS, HS Inholland, HS Leiden, HS Rotterdam, HS Utrecht, HS Van Hall/Larenstein, HZ, NHL, Saxion HS)
Voor adres(sen) zie: HBO-20, 52, 89, 95, 121, 125, 132, 150, 157, 184, 203.
Algemeen Hbo-bacheloropleiding voor laboratorium-ingenieur in fundamentele en toegepaste researchlaboratoria in de chemische sector.
Toelatingseisen Diploma havo (nat. scheik.); havo-profiel N&T, N&G; diploma vwo (wisk. A of B, nat. of scheik.); vwo-profiel N&T, N&G; mbo niveau 4 (laboratoriumtechnische opleiding met nat., scheik.).
Duur
- 4 jaar voltijd.
- 3 jaar voltijd na diploma mbo niveau 4 op het gebied van labora-toriumonderwijs.
- 3,5 jaar voltijd na diploma vwo. Het laatste jaar is een stagejaar.
- Utrecht: in deeltijd is de opleidingsduur (afhankelijk van de voor-opleiding) 2 à 3 jaar; een half jaar stage in het 3e jaar; afstudeer-opdracht in het 4e jaar.
Lesprogramma Specialisaties:
- Breda (Avans HS): Biobased teCH - Chemie (minor) - Chemische productinnovatie - Forensisch laboratoriumonderzoek.
- Den Bosch (Avans HS): Food & pharma - Forensisch chemisch onderzoek - Forensische chemie en food & pharma (minor).
- Deventer (Saxion HS): Analytische chemie - Nanotechnologie - Organische chemie.
- Enschede (Saxion HS): Analytische chemie - Crime science - Nano-technologie - Organische chemie.
- Groningen (Hanze HS): Analytische/organische chemie - Bioche-mie.
- Leeuwarden (HS Van Hall/Larenstein): Applied chemistry.
- Rotterdam (HS Rotterdam): Analytisch-fysische chemie (minor) - Biochemie (minor) - Organische chemie.

- Utrecht (HS Utrecht): Chemical research & development.
- Vlissingen (HZ): Applied chemistry of life sciences (minor).

Aansluitende masteropleidingen Fontys HS, NHL: Leraar Scheikunde.

Mogelijkheden voor verdere studie Wo-bachelor Scheikunde.

Functiemogelijkheden Analytisch-fysisch hto-ingenieur; organische research-medewerker; laboratoriumingenieur; ingenieur in chemie: analytische chemie/organische chemie/LIA; kunststofchemicus.

Overige informatie Enschede/Groningen/Utrecht: Het 1e jaar wordt gedeeltelijk gezamenlijk gegeven met hto-Biologie en Medisch laboratoriumonderzoek en hto-Chemische technologie.

7.2.f.4 Crime science (Saxion HS)
Zie 21.4.f.1.

Algemeen Studierichting van de hbo-bacheloropleiding Chemie.

7.2.f.5 Technische natuurkunde (hto) (Fontys HS, Haagse HS, Saxion HS)
Zie 4.1.f.4.

7.2.g Mbo-opleiding niveau 4

7.2.g.1 Analist (niveau 4)
Voor adres(sen) zie: ROC/MBO-32.

Algemeen
- Er zijn 5 uitstroomrichtingen; zie onder Doel.
- Eindtermen voor deze kwalificatie worden ontwikkeld door PMLF.
- Hier wordt slechts het centrale adres vermeld. De opleiding kan in de wijde omtrek ervan worden gegeven.

CREBO 93710-93715

Doel
- *Analist klinische chemie:* bloed, urine en ruggenmergvocht van patiënten analyseren op de aanwezigheid van allerlei stoffen. Men telt bloedcellen en beoordeelt preparaten op afwijkingen. Bepalen van bloedgroepen en het proces van bloedstolling. Werk op een lab dat onderzoek doet voor de patiëntenzorg, in de kliniek op de polikliniek of op laboratoria voor medisch wetenschappelijk onderzoek.
- *Analist pathologie:* werk in de patiëntenzorg. Weefsels en cellen van patiënten verwerken tot microscopische preparaten. In het lab worden stukjes uitgenomen weefsel, uitstrijkjes of operatief verwijderde botstukjes of organen verwerkt. Aan de hand van die preparaten kunnen artsen een diagnose stellen.
- *Biotechnologisch analist:* brede opleiding, waardoor deze analist inzetbaar is op veel verschillende laboratoria. De technieken zijn gebaseerd op drie hoofdrichtingen: biochemische onderzoeken, celkweek, en moleculair biologische technieken. Werken met moleculaire technieken om specifieke genen aan te tonen, waardoor erfelijke ziekten kunnen worden aangetoond. Of men kan medicijnen produceren door middel van celkweek met fermentoren, of producten controleren met behulp van biochemisch onderzoek.
- *Chemisch-fysisch analist:* de meeste bedrijven die iets produceren hebben een chemisch laboratorium om hun grondstoffen te keuren of de productontwikkeling te ondersteunen. Voor alle technieken die men er gebruikt, leert men de chemische en/of fysische achtergronden van de analyses. Chemische bedrijven zijn overal te vinden, of men nu medicijnen produceert, olieproducten maakt of het oppervlaktewater of grondmonsters onderzoekt op zware metalen, stikstof of fosfaten: de grondstoffen moeten betrouwbaar zijn.

- *Microbiologisch analist:* werkt voornamelijk met micro-organismen, zoals bacteriën, schimmels en virussen. Onderzoek doen naar ziekteverwekkers in plantaardig, dierlijk of menselijk materiaal. Of allerlei grondstoffen en producten controleren op de aanwezigheid van micro-organismen. Voorbeelden: medicijnen die in de farmaceutische industrie worden geproduceerd, de voedingsmiddelenindustrie, drinkwaterbedrijven. Door deze kwaliteitscontroles wordt de kwaliteit van de producten op een hoog niveau gehouden.

Toelatingseisen
- Diploma vmbo gl, vmbo kb of vmbo tl met de sector vmbo-Tech; of diploma vmbo gl, vmbo kb of vmbo tl, alle met nat./scheik. 1 of wisk. met de sectoren vmbo-Ec, vmbo-Lb of vmbo-Z&W.
- Verkorte opleiding na diploma havo of vwo (beide met nat., scheik. of wisk.).

Duur
- 4 jaar voltijd waarin een jaar stage is opgenomen.
- 3 jaar voltijd na diploma havo.

Lesprogramma Roc van Twente: het 1e leerjaar is gemeenschappelijk met de opleidingen Laboratoriummedewerker (niveau 3), Operator B (niveau 3) en Operator C (niveau 4).

Mogelijkheden voor verdere studie Hbo-Biologie & medisch laboratoriumonderzoek of hbo-Chemie.

Functiemogelijkheden Analist op een histologisch, cytologisch, klinisch chemisch/hematologisch laboratorium in een ziekenhuis, polikliniek, gezondheidsdienst, keuringsdienst, bloedbank, farmaceutisch bedrijf, waterleidingbedrijf of universiteit.

7.2.h Mbo-opleiding niveau 3

7.2.h.1 Allround laborant (laboratoriummedewerker) (niveau 3)
Voor adres(sen) zie: ROC/MBO-32.

Algemeen
- Eindtermen voor deze kwalificatie worden ontwikkeld door PMLF.
- Hier wordt slechts het centrale adres vermeld. De opleiding kan in de wijde omtrek ervan worden gegeven.

CREBO 91730

Doel Voorbereidende werkzaamheden en analyses; onderzoek van de samenstelling van stoffen.

Toelatingseisen
- Diploma vmbo gl, vmbo kb of vmbo tl met de sector vmbo-Tech; of diploma vmbo gl, vmbo kb of vmbo tl, alle met nat./scheik. 2 of wisk. (dringend gewenst!) met de sectoren vmbo-Ec, vmbo-Lb of vmbo-Z&W. (Roc van Twente: bij het ontbreken van nat/scheik. 2 is het verplicht om voor aanvang van het schooljaar een week nat.scheik. 2 te volgen.)
- Overgangsbewijs naar havo-4 of vwo-4.

Duur 2,5 jaar voltijd.

Lesprogramma Roc van Twente: het 1e leerjaar is gemeenschappelijk met de opleidingen Analist (niveau 4), Operator B (niveau 3) en Operator C (niveau 4).

Mogelijkheden voor verdere studie Een opleiding van niveau 4: Analist, of een technische opleiding.

Functiemogelijkheden Laborant in een biologisch, chemisch, of medisch laboratorium.

7.2.i Mbo-opleiding niveau 1 of niveau 2

7.2.i.1 Laborant (junior laborant of laboratoriummedewerker) (niveau 2)
Voor adres(sen) zie: ROC/MBO-32, 54.
Algemeen
- Eindtermen voor deze kwalificatie worden ontwikkeld door PMLF.
- Hier worden slechts de centrale adressen vermeld. De opleiding kan in de wijde omtrek ervan worden gegeven.

CREBO 91720
Doel Monsters nemen en registreren, controleren en voorbewerken voor analyse; voorraadbeheersing; samenwerken aan onderzoeken.
Toelatingseisen Diploma vmbo bb met de sector vmbo-Tech.
Duur 2 jaar deeltijd.
Mogelijkheden voor verdere studie Een opleiding van niveau 3: Allround laborant.
Functiemogelijkheden Laborant in een biologisch, chemisch, of medisch laboratorium.

7.2.l Overige opleidingen

7.2.l.1 LOI - afstandsonderwijs - Techniek
Zie 4.1.l.2.

7.2.l.2 Volwassenenonderwijs - laboratorium
Voor adres(sen) zie: ROCCO-11.
Cursussen
- Chemie (basiscursus).
- Hematologie.
- Hygiënecontrole.
- Microbiologie.

7.3 KERAMISCHE SECTOR

Tot de keramische sector behoren de grofaardewerkindustrie (baksteen, dakpannen e.d.); technisch aardewerk en porselein; fijn-keramische industrie en glasindustrie.

7.3.d Post-hbo-opleiding

7.3.d.1 European Ceramic WorkCentre
Zie 23.2.l.4.

7.3.f Hbo-bacheloropleiding

7.3.f.1 Keramiek (Gerrit Rietveld Academie)
Voor adres(sen) zie: HBO-18.
Algemeen Hbo-bacheloropleiding voor autonome keramiek of industriële keramiek (afstudeerrichting van Autonome beeldende kunst).
Doel Keramiek is een specifiek medium binnen de autonome beeldende kunst. Het bestrijkt een breed en divers gebied: van sculptuur / installatie / werk in de openbare ruimte tot het ontwerp en de uitvoering van gebruiksvoorwerpen. De afdeling Keramiek wil talentvolle mensen begeleiden om zelfstandig te functioneren op het gebied van beeldende kunst en vormgeving om vervolgens tot artistieke inspirators binnen het werkterrein uit te groeien.
Toelatingseisen
- Diploma havo of mbo niveau 4.
- Of 18 jaar of ouder zijn, en geslaagd zijn voor een toelatingsonderzoek.

Duur 4 jaar voltijd.
Diploma/examen Na afronding van deze afstudeerrichting mag de titel Bachelor of Fine Arts (BFA) worden gevoerd.
Functiemogelijkheden Ontwerper keramiek, modelmaker keramiek in de industrie of zelfstandig werkend kunstenaar.

7.3.l Overige opleidingen

7.3.l.1 Keramische technieken, handvormen en draaien
Voor adres(sen) zie: OVER-183.
Algemeen Vakopleiding keramische technieken.
Toelatingseisen Er worden geen bepaalde eisen aan de vooropleiding gesteld.
Duur 3 jaar (2 dagdelen per week).
Lesprogramma Draaien - handvormen - glazuren - vaktheorie.
Mogelijkheden voor verdere studie Cursus Glazuren voor gevorderden; extra leerjaar Handvormen of Draaien.
Functiemogelijkheden Zelfstandig keramist of keramist in een pottenbakkerij.

7.3.l.2 Plateelschilderen
Voor adres(sen) zie: OVER-183.
Doel Kennismaken met de mogelijkheden van verf en keramiek.
Toelatingseisen Er worden geen bepaalde eisen aan de vooropleiding gesteld.
Duur 8 avonden.

7.4 LEVENSMIDDELENSECTOR

In deze subsector worden de opleidingen in de levens- en genotmiddelensector vermeld. Het betreft hier opleidingen die te maken hebben met de omzetting van een grondproduct tot een eindproduct d.m.v. een proces.
Andere opleidingen op het gebied van voeding kan men vinden in de paragrafen Voeding en diëtetiek (13.22) en Horeca en keuken (15.2).
N.B. De begrippen 'levensmiddelen' en 'voedingsmiddelen' worden door diverse opleidingen verschillend gebruikt, maar ze zijn identiek. In deze Gids is bij omschrijvingen gekozen voor 'levensmiddelen'. Uiteraard worden de opleidingen wel met hun huidige naam vermeld.

7.4.c Wo-bacheloropleiding

7.4.c.1 Levensmiddelentechnologie (WU)
Voor adres(sen) zie: WO-47.
Algemeen Wo-bacheloropleiding.
Doel De levensmiddelentechnoloog levert de benodigde kennis voor de ontwikkeling van veilig voedsel, en maakt daarbij gebruik van scheikundige, natuurkundige en microbiologische inzichten.
Toelatingseisen - Diploma vwo (nat., scheik.); vwo-profiel C&M (+ wisk. B I, nat. I, scheik. I), E&M (+ wisk. B I, nat. I, scheik. I), N&T, N&G; propedeuse of getuigschrift/diploma van een hbo of van de OUNL (nat., scheik. vereist op vwo-niveau).
- Als men 21 jaar of ouder is, komt men in aanmerking voor een colloquium doctum.

Duur 3 jaar voltijd.
Lesprogramma Levensmiddelentechnologie - fysische en bio-organische chemie - (micro)biologie - wiskunde & statistiek - computervaardigheden - consument en markt.
Functiemogelijkheden Onderzoeker bij een universiteit of onderzoeksinstituut, of op een afdeling research & development in het

bedrijfsleven; procestechnoloog, productontwikkelaar of kwaliteits-specialist in met name de levensmiddelenindustrie, maar ook wel in de chemische, de cosmetische en de verpakkingsindustrie; manage-ment- en marketingfuncties in de levensmiddelenindustrie.

7.4.f Hbo-bacheloropleiding

7.4.f.1 Consumptieve techniek (Stoas HS)
Voor adres(sen) zie: HBO-209.
Algemeen Ad-programma.
Duur 2 jaar deeltijd.

7.4.f.2 Food & business (HAN)
Voor adres(sen) zie: HBO-150.
Algemeen Hbo-bacheloropleiding voor voedingskundige-manager.
Toelatingseisen
- Diploma havo, vwo of mbo niveau 4.
- Scheikunde op havo-niveau gewenst.
- Of 21 jaar of ouder zijn en toegelaten worden op grond van een toelatingsonderzoek.
Duur 4 jaar voltijd.
Functiemogelijkheden Een functie in de voedings- en genotmid-delenindustrie, groot- en detailhandel, catering, horeca, kwaliteits-organisaties: productmanager, hoofd voedingsdienst, cateringma-nager, coördinator maaltijdvoorzieningen, kwaliteitscontroleur, projectadviseur, hoofd proefkeuken, assistent Food & Beverage; manager in onder meer levensmiddelen- en genotmiddelenindustrie, groot- en detailhandel, cateringbedrijven, horecaondernemingen, restauratieve diensten, promotie- en onderzoeksbureaus, bedrijven voor hygiëne en kwaliteitszorg.

7.4.f.3 Food marketing and retail (HS Van Hall/Larenstein)
Voor adres(sen) zie: HBO-121.
Algemeen Hbo-bacheloropleiding: major van Bedrijfskunde en agri-business.
Doel Voorbereiden op de functie van food marketeer in profitorga-nisaties in de levensmiddelen- en genotmiddelenindustrie of in de levensmiddelenhandel.
Toelatingseisen - Diploma havo; havo-profiel C&M (+ wisk. A II of wisk. B I, E&M, N&T (+ econ. I), N&G (+ econ. I); vwo; vwo-profiel C&M (+ econ. I), E&M, N&T (+ econ. I), N&G (+ econ. I); mbo niveau 4.
- Of 21 jaar zijn of ouder na het behalen van het toelatingsonderzoek (scheik., econ., Eng. op havo-niveau).
Duur - 4 jaar voltijd (waarin een stage in het 3e en het 4e jaar).
- 3 tot 3,5 jaar voltijd na diploma vwo of na diploma van een mbo niveau 4 van een verwante studierichting.
Functiemogelijkheden Een food marketeer vertaalt op het gebied van voeding behoeften en ontwikkelingen in de markt (bijv. trends) in een nieuw product of productaanpassing. Vakinhoudelijke deskun-digheid vereist op het gebied van voeding en marketing voor de lijn- of staffuncties in de levensmiddelen- en genotmiddelenindustrie, bijvoorbeeld op de vakgebieden: foodmarketing, productmanage-ment, productontwikkeling en verkoop, levensmiddelenhandel (bij-voorbeeld: supermarkten): foodmarketing, assortiments- en formu-lemanagement (keuze imago voor de winkel en keuze welke producten daarbij horen).

7.4.f.4 Levensmiddelentechnologie (Voedingsmiddelentechnologie) (HAS HS, HS Van Hall/Larenstein, NHL)
Voor adres(sen) zie: HBO-59, 121, 126, 199.
Algemeen Hbo-bacheloropleiding.
Doel Voorbereiden op leidinggevende functies op het terrein van de levensmiddelentechnologie, zowel in industriële levensmiddelen-productie, de productontwikkeling, en in de kwaliteitszorg, als bij marketing en toegepast onderzoek.
Toelatingseisen - Diploma havo (wisk. B of nat., scheik.); havo-pro-fiel N&T, N&G; vwo (wisk. B of nat., scheik.); vwo-profiel N&T, N&G; mbo niveau 4 (wisk., scheik.).
- Of 21 jaar of ouder zijn en toegelaten worden op grond van een toelatingsonderzoek.
Duur 4 jaar voltijd.
Lesprogramma Specialisaties:
- Leeuwarden (HS Van Hall/Larenstein): Food safety and health - Food technology - Process engineering.
- Leeuwarden (NHL): Food technology - Health and food.
- Velp (HS Van Hall/Larenstein): Food innovation management - Food safety and health.
Mogelijkheden voor verdere studie - Hoger agrarisch pedago-gisch onderwijs (hapo, zie paragraaf 24.4).
- Na het 1e of 2e leerjaar doorstroming naar de WU.
Functiemogelijkheden Bedrijfstechnoloog in voedings- en genot-middelenindustrie (onder meer: conserven-, frisdranken-, meel-, sigaren-, suikerwerk-, veevoeder-, of zuivelverwerkende bedrijven; bierbrouwerijen, vleeswarenindustrie); productontwikkelaar; kwali-teitsmanager; industrial sales manager; afdelingschef; bedrijfsleider; directeur; hoofd laboratorium; functies bij de controle-instellingen op het gebied van de levensmiddelenindustrie, milieutechnoloog; technisch-commercieel medewerker bij een machineproducent; pro-ductieleider; procesontwikkelaar; warenonderzoeker; kwaliteits-manager; keurmeester.
N.B. Afgestudeerden mogen de wettelijk erkende en beschermde titel 'ingenieur' voeren ('ing.' voor hun naam).

7.4.f.5 Voeding en diëtetiek (Haagse HS, HAN, Hanze HS, HS NCOI, HS NTI, HvA)
Zie 13.22.f.2.

7.4.g Mbo-opleiding niveau 4

7.4.g.1 Leidinggevende versindustrie (niveau 4)
Zie 7.7.g.1.

7.4.g.2 Kwaliteitsmanagement voeding (Kwaliteitscoördinator) (niveau 4)
Voor adres(sen) zie: AOC-1, 8, 11.
Algemeen
- Deze opleiding heet bij AOC Groenhorst: Kwaliteitscoördinator voe-ding.
- Eindtermen voor deze kwalificatie worden ontwikkeld door Aequor.
- Hier worden slechts de centrale adressen vermeld. De opleiding kan in de wijde omtrek ervan worden gegeven.
CREBO 97212/97520
Doel Beheersen en besturen van het productieproces; uitvoeren van het bedrijfsbeleid en leidinggeven aan medewerkers ten aanzien van operationele zaken; soms zelf meewerken aan de uitvoering van de werkzaamheden; administratie voeren en prestatie-indicatoren bij-houden; bewaken, analyseren, evalueren en bijsturen; verantwoor-

delijk zijn voor het halen van planningen en creatief omgaan met situaties die om aanpassingen vragen; personeelsbeleid op de betreffende afdeling voeren; een initi'rende, aansturende, coachende en controlerende rol hebben; leidinggeven en verantwoordelijk zijn voor het werkproces en de resultaten; alle aspecten van de unit op elkaar afstemmen.

Toelatingseisen Diploma vmbo gl, vmbo kb of vmbo tl.
Duur 4 jaar voltijd en deeltijd.
Mogelijkheden voor verdere studie Met de doorstroomdeelkwalificatie Hbo kan men naar het hbo.

7.4.g.3 Logistiek vakman 4 (Manager vershandel, logistiek en transport) (niveau 4)
Voor adres(sen) zie: AOC-1, 5, 10, 11.
Algemeen
- Eindtermen voor deze kwalificatie worden ontwikkeld door Aequor.
- Hier worden slechts de centrale adressen vermeld. De opleiding kan in de wijde omtrek ervan worden gegeven.
CREBO 97761
Toelatingseisen Diploma vmbo gl, vmbo kb of vmbo tl.
Duur 4 jaar voltijd en deeltijd.

7.4.g.4 Vershandel, logistiek en transport 4 (Manager vershandel, logistiek en transport)/-Middenkaderfunctionaris groothandel & logistiek voedsel en leefomgeving (niveau 4)
Voor adres(sen) zie: AOC-7, 10.
Algemeen
- Deze opleiding heet bij AOC Lentiz: Business & management.
- Eindtermen voor deze kwalificatie worden ontwikkeld door Aequor.
- Hier worden slechts de centrale adressen vermeld. De opleiding kan in de wijde omtrek ervan worden gegeven.
CREBO 97010
Toelatingseisen Diploma vmbo gl, vmbo kb of vmbo tl.
Duur 4 jaar voltijd en deeltijd.
Mogelijkheden voor verdere studie Hbo-bachelor.
Functiemogelijkheden Bedrijfsleider groothandel en logistiek, of zelfstandig ondernemer binnen en buiten de groene bedrijfstak.

7.4.g.5 Voedingsmanagement (Manager voeding) (niveau 4)
Voor adres(sen) zie: AOC-1, 4, 7, 8, 9, 10, 11.
Algemeen
- Eindtermen voor deze kwalificatie worden ontwikkeld door Aequor.
- Hier worden slechts de centrale adressen vermeld. De opleiding kan in de wijde omtrek ervan worden gegeven.
CREBO 97542
Toelatingseisen Diploma vmbo gl, vmbo kb of vmbo tl.
Duur 4 jaar voltijd en deeltijd.

7.4.g.6 Voedingsmanagement (Voedingsspecialist) (niveau 4)
Voor adres(sen) zie: AOC-1, 3, 4, 7, 8.
Algemeen
- Eindtermen voor deze kwalificatie worden ontwikkeld door Aequor.
- Hier worden slechts de centrale adressen vermeld. De opleiding kan in de wijde omtrek ervan worden gegeven.
CREBO 97211/97541
Doel Een voedingsspecialist beheerst en bestuurt het productieproces; is specialist in bereiden en/of verpakken van levensmiddelen; is klankbord en adviseur van de teamleider/coördinator of van het

management; verricht werkzaamheden zoals het bedienen, in- en bijstellen, reinigen, ombouwen en onderhouden van productiemachines; verricht proces- en productcontroles bij genoemde machines en registreert relevante gegevens; stuurt medewerkers van de productielijn/unit aan, begeleidt/instrueert zelfstandig medewerkers, stagiaires of uitzendkrachten; plant operationele activiteiten; houdt productkwaliteit optimaal.
Toelatingseisen Diploma vmbo gl, vmbo kb of vmbo tl.
Duur 4 jaar voltijd en deeltijd.

7.4.h Mbo-opleiding niveau 3

7.4.h.1 Allround operator (Allround voedingsoperator) (niveau 3)
Voor adres(sen) zie: AOC-1, 3, 4, 7, 8, 9, 10.
Algemeen
- Eindtermen voor deze kwalificatie worden ontwikkeld door Aequor.
- Hier worden slechts de centrale adressen vermeld. De opleiding kan in de wijde omtrek ervan worden gegeven.
CREBO 97340
Toelatingseisen Diploma vmbo gl, vmbo kb of vmbo tl.
Duur 3 jaar voltijd en deeltijd.
Functiemogelijkheden Ploegbaas, medewerker kwaliteitsdienst, operator in de voedings- en genotmiddelenindustrie en vleesverwerkende industrie.

7.4.h.2 In- en verkoop vershandel (Verkoper vershandel) (niveau 3)
Algemeen
- Momenteel is er geen school bekend die deze opleiding geeft.
- Eindtermen voor deze kwalificatie worden ontwikkeld door Aequor.
CREBO 97082/97690
Doel Zelfstandig optreden als vertegenwoordiger van de organisatie; vervult een voorbeeldfunctie voor de medewerkers, en legt verantwoording af aan de bedrijfsleider/Manager.
Toelatingseisen Diploma vmbo gl, vmbo kb of vmbo tl.
Duur 3 jaar voltijd en deeltijd.
Mogelijkheden voor verdere studie Een opleiding van niveau 4: Vershandel, logistiek en transport 4 (manager vershandel, logistiek en transport).
Functiemogelijkheden In een groothandelsbedrijf, dat veelal gevestigd is op het veilingterrein. zo'n bedrijf houdt zich bezig met handel en verwerking van voedsel- en groenproducten: bloemen, planten, aardappelen, groenten, fruit, en overige agrarische producten.

7.4.h.3 Logistiek vakman 3 (Vakbekwaam medewerker vershandel, logistiek en transport) (niveau 3)
Voor adres(sen) zie: AOC-4, 5, 10, 11.
Algemeen
- Deze opleiding heet bij AOC Groenhorst: Allround medewerker food & catering.
- Eindtermen voor deze kwalificatie worden ontwikkeld door Aequor.
- Hier worden slechts de centrale adressen vermeld. De opleiding kan in de wijde omtrek ervan worden gegeven.
CREBO 97750
Toelatingseisen Diploma vmbo gl, vmbo kb of vmbo tl.
Duur 3 jaar voltijd en deeltijd.
Mogelijkheden voor verdere studie Een opleiding van niveau 4: Logistiek vakman 4 (Manager vershandel, logistiek en transport).

7.4.h.4 Productievakkracht versindustrie (niveau 3)
Zie 7.7.h.1.

7.4.h.5 Vershandel, logistiek en transport 3
(Vakbekwaam medewerker vershandel,
logistiek en transport) (niveau 3)
Voor adres(sen) zie: AOC-7, 10.
Algemeen
- Eindtermen voor deze kwalificatie worden ontwikkeld door Aequor.
- Hier worden slechts de centrale adressen vermeld. De opleiding kan in de wijde omtrek ervan worden gegeven.
CREBO 97170
Toelatingseisen Diploma vmbo gl, vmbo kb of vmbo tl.
Duur 3 jaar voltijd en deeltijd.
Mogelijkheden voor verdere studie Een opleiding van niveau 4: Vershandel, logistiek en transport 4 (Manager vershandel, logistiek en transport)/Middenkaderfunctionaris groothandel & logistiek voedsel en leefomgeving.
Functiemogelijkheden Vakbekwaam medewerker groothandel en logistiek.

7.4.i Mbo-opleiding niveau 1 of niveau 2

7.4.i.1 Arbeidsmarktgekwalificeerd assistent
(Voedsel en leefomgeving) (niveau 1)
Voor adres(sen) zie: AOC-5, 6, 8, 10.
Algemeen
- Eindtermen voor deze kwalificatie worden ontwikkeld door Aequor.
- Hier worden slechts de centrale adressen vermeld. De opleiding kan in de wijde omtrek ervan worden gegeven.
CREBO 97390
Toelatingseisen De volledige leerplicht hebben voltooid.
Duur 1 jaar voltijd en deeltijd.

7.4.i.2 Assistent medewerker voedsel en leefomgeving
(Assistent voeding/voedingsindustrie) (niveau 1)
Voor adres(sen) zie: AOC-1, 6, 7, 8, 9, 10, 11.
Algemeen
- Deze opleiding heet bij AOC Groenhorst ook: Assistent visverwerking.
- Eindtermen voor deze kwalificatie worden ontwikkeld door Aequor.
- Hier worden slechts de centrale adressen vermeld. De opleiding kan in de wijde omtrek ervan worden gegeven.
CREBO 97470/97475
Toelatingseisen De volledige leerplicht hebben voltooid.
Duur 1 jaar voltijd en deeltijd.
Mogelijkheden voor verdere studie In beperkte mate doorstroom naar niveau 2: Operator (Voedingsoperator).
Functiemogelijkheden Assisterende werkzaamheden in de voedingsindustrie.

7.4.i.3 Logistiek vakman 2 (Medewerker vershandel,
logistiek en transport) (niveau 2)
Voor adres(sen) zie: AOC-1, 4, 5, 10, 11.
Algemeen
- Deze opleiding heet bij AOC Groenhorst: Medewerker food en catering.
- Eindtermen voor deze kwalificatie worden ontwikkeld door Aequor.
- Hier worden slechts de centrale adressen vermeld. De opleiding kan in de wijde omtrek ervan worden gegeven.
CREBO 97740

Toelatingseisen De volledige leerplicht hebben voltooid.
Duur 2 jaar voltijd en deeltijd.
Mogelijkheden voor verdere studie Een opleiding van niveau 3: Logistiek vakman 3 (Vakbekwaam medewerker vershandel, logistiek en transport).

7.4.i.4 Operator (Voedingsoperator) (niveau 2)
Voor adres(sen) zie: AOC-1, 3, 4, 6, 7, 8, 9, 10.
Algemeen
- Deze opleiding heet bij AOC Groenhorst ook: Operator visverwerking.
- Eindtermen voor deze kwalificatie worden ontwikkeld door Aequor.
- Hier worden slechts de centrale adressen vermeld. De opleiding kan in de wijde omtrek ervan worden gegeven.
CREBO 97380
Doel Opleiding tot operator in de textielindustrie.
Toelatingseisen Diploma vmbo bb.
Duur 2 jaar voltijd en deeltijd.
Mogelijkheden voor verdere studie Een opleiding van niveau 3: Allround operator (Allround voedingsoperator).
Functiemogelijkheden Operator in de levens- en genotmiddelenindustrie, of in de vleesverwerkende industrie.

7.4.i.5 Productieassistent versindustrie (niveau 1)
Zie 7.7.i.3.

7.4.i.6 Productiemedewerker versindustrie (niveau 2)
Zie 7.7.i.4.

7.4.i.7 Vershandel, logistiek en transport 2
(Medewerker vershandel, logistiek en
transport)/Medewerker groothandel en logistiek
voedsel en leefomgeving (niveau 2)
Voor adres(sen) zie: AOC-7.
Algemeen
- Eindtermen voor deze kwalificatie worden ontwikkeld door Aequor.
- Hier wordt slechts het centrale adres vermeld. De opleiding kan in de wijde omtrek ervan worden gegeven.
CREBO 97160
Toelatingseisen Diploma vmbo bb.
Duur 2 jaar voltijd en deeltijd.
Mogelijkheden voor verdere studie Een opleiding van niveau 3: Vershandel, logistiek en transport 3 (Vakbekwaam medewerker vershandel, logistiek en transport).
Functiemogelijkheden Medewerker in de groothandel of bij een veiling.

7.4.l Overige opleidingen

7.4.l.1 Keurmeester van waren
Voor adres(sen) zie: OVER-328.
Algemeen Opleiding tot de functie van keurmeester van waren: een opsporingsambtenaar, belast met de controle op de naleving van een aantal wetten, waaronder de Warenwet.
Toelatingseisen
- Mbo niveau 4; hbo-bachelor Voedingsmiddelentechnologie.
- Om de opleiding te kunnen volgen dient men als keurmeester in dienst te zijn bij een van de Inspecties voor de Gezondheidsbescherming (voorheen: Keuringsdiensten van Waren).
- Aangezien de functie ook strafrechtelijk optreden omvat, worden aan de persoonlijkheid van de keurmeester hoge eisen gesteld.

Duur 4 tot 5 maanden; de technische en de theoretische opleidingen vinden plaats gedurende 5 perioden van 2 weken. In de tussenliggende weken wordt men praktisch opgeleid.

Overige informatie
- De opleiding wordt verzorgd door de Inspecties voor de Gezondheidsbescherming (v/h Keuringsdiensten van Waren). Deze vallen onder de Nederlandse Voedsel- en WarenAutoriteit (NVWA).

N.B. De Nederlandse Voedsel en WarenAutoriteit (NVWA) zorgt voor gezondheidsbescherming van mens en dier. Zij houdt toezicht op de veiligheid van voedsel- en consumentenproducten, en op het welzijn van dieren. De NVWA werkt binnen de hele productieketen: van grondstof en hulpstof tot eindproduct of consumptie.

De Algemene InspectieDienst (AID), de Plantenziektenkundige Dienst (PD) en de Voedsel en Waren Autoriteit (VWA) zijn per 1 januari 2012 gefuseerd tot Nederlandse Voedsel- en WarenAutoriteit (NVWA). De NVWA bestaat uit 7 onderdelen: 5 divisies, een stafdirectie en bureau Risicobeoordeling & onderzoeksprogrammering. De organisatie staat onder leiding van een inspecteur-generaal. Deze vormt samen met de plaatsvervangend inspecteur-generaal en de directeuren de directieraad van de NVWA.

7.4.l.2 Management-/Ondernemersopleiding voor de verssector
Voor adres(sen) zie: KBB-11, OVER-116, 215.
Algemeen
- Opleidingen voor ondernemer/bakker, -/groentenspecialist, -/poelier, -/slager, -/vishandelaar, en voor andere vormen van detailhandel.
- De opleidingen worden in de meeste gevallen als maatwerk gegeven.
Toelatingseisen Er worden geen bepaalde eisen aan de vooropleiding gesteld.
Duur 2 à 3 jaar deeltijd.

7.4.l.3 SVO-opleidingen voor de vleessector
Zie 7.7.l.1.

7.5 PAPIERINDUSTRIE

7.5.d Post-hbo-opleiding

7.5.d.1 Opleidingsinstituut voor de papier-, karton- en golfkartonindustrie (VAPA)
Voor adres(sen) zie: OVER-71.
Algemeen VAPA verzorgt cursussen en opleidingen voor de papier- en golfkartonindustrie.
Opleidingen
- MPO: Middelbare PapierOpleiding.
- MSO: Modulaire Scholing Operators.
- PST: post-hbo: Papermaking Science and Technology.
Toelatingseisen
- MPO: diploma MTS-Procestechniek of Werktuigbouwkunde, of vergelijkbaar niveau.
- MSO:
  • voor enkele modulen geldt: vooropleiding en algemene ontwikkeling op vbo-niveau;
  • voor andere modulen worden minimumeisen gesteld voor nat. en wisk.;
  • voor een beperkt aantal modulen worden daarnaast minimumeisen gesteld voor meet- en regeltechniek (Vapro-A) en scheik. (vbo-c, mavo-c, 3 jaar havo of Vapro-A).
- PST: universiteit of hbo-opleiding in een technische richting, bij-

voorbeeld procestechniek, technische chemie of werktuigbouwkunde.
Duur 1-2 jaar deeltijd.

7.5.d.2 Stichting CPION
(Centrum Post Initieel Onderwijs Nederland)
Voor adres(sen) zie: DIEN-29.
Algemeen Toetsing, registratie en diplomering van initiële opleidingen.

7.6 KUNSTSTOF- EN RUBBERTECHNIEK

7.6.d Post-hbo-opleiding

7.6.d.1 Stichting CPION
(Centrum Post Initieel Onderwijs Nederland)
Voor adres(sen) zie: DIEN-29.
Algemeen Toetsing, registratie en diplomering van initiële opleidingen.

7.6.f Hbo-bacheloropleiding

7.6.f.1 Chemie (hto) (Avans HS, HAN, Hanze HS, HS Inholland, HS Leiden, HS Rotterdam, HS Utrecht, HS Van Hall/Larenstein, HZ, NHL, Saxion HS)
Zie 7.2.f.3.

7.6.f.2 Chemische technologie (hto) (Avans HS, Hanze HS, HS Rotterdam, HS Utrecht, HS Van Hall/Larenstein, NHL, RMU, Saxion HS)
Zie 7.1.f.2.

7.6.l Overige opleidingen

7.6.l.1 PT-Groep, nascholingsinstituut HS Utrecht, faculteit Natuur en Techniek
Zie 4.1.d.2.

7.6.l.2 Reed business opleidingen
Zie 5.1.l.8.

7.6.l.3 VAPRO-OVP-groep/PMLF
Voor adres(sen) zie: OVER-143.
Algemeen De VAPRO-OVP-groep bestaat uit de Stichting Kenniscentrum PMLF (was tot 1-1-2007: Kenniscentrum VAPRO) die wettelijke taken uitvoert in het beroepsonderwijs, Stichting Opleidingsfonds OVP die onder meer uitvoering geeft aan de ESF 3-regeling voor scholing voor werkenden, en VAPRO-OVP BV, die diensten verleent op het gebied van Human Resource Development.
VAPRO-OVP-groep is ontstaan uit de samenwerking van sociale partners op landelijk niveau (AWVN, VNCI, FNV en CNV).
Tot de groep behoren ook de volgende onderdelen, maar dat zijn geen aparte rechtspersonen: SORK, REWIC en Chemnet.
Opleidingen
- Hogere kunststoftechnicus.
- Hogere rubbertechnicus.
- Middelbare kunststoftechnologie.
- Middelbare rubbertechnologie.
- Rubber- en kunststofverwerkingstechnieken zoals spuitgieten en extruderen.

Cursussen SORK-cursussen:
- Kunststof verbinden en bewerken, ontwerpen.
- Kunststofkennis en verwerkingstechnieken.
- Product- & productie-ontwikkeling.
- Rubberkennis en verwerkingstechnieken.
- Thermoharde composieten.

Overige informatie De cursussen worden op verschillende locaties gegeven.

7.7 VLEESSECTOR

7.7.g Mbo-opleiding niveau 4

7.7.g.1 Leidinggevende versindustrie (niveau 4)
Voor adres(sen) zie: KBB-11.
Algemeen
- De opleidingen worden gegeven te Best, Goes, Groningen, Heerhugowaard, Houten, Roermond, Rijswijk, Spakenburg, Wageningen, en Zwolle.
- Eindtermen voor deze kwalificatie worden ontwikkeld door SVO.

CREBO 10773/94760

Doel Verantwoordelijk zijn voor het management van een bedrijf of voor een afdeling van een onderneming in de versindustrie: productieplannen opstellen en uitvoeren; de technieken van industriële verwerking van verse voeding beheersen, bijvoorbeeld van vleeswaren en worsten, en van producten uit andere versgroepen, zoals vis, aardappelen/groente/fruit, wild en gevogelte.

Toelatingseisen
- Diploma vmbo gl, vmbo kb of vmbo tl met de sector vmbo-Ec; of diploma vmbo gl, vmbo kb of vmbo tl, alle met econ., 2e moderne vreemde taal of wisk., met de sectoren vmbo-Lb, vmbo-Tech of vmbo-Z&W.
- Men kan met het diploma Productievakkracht versindustrie (niveau 3) met vrijstellingen in de opleiding instromen.

Duur 4 jaar voltijd.

Mogelijkheden voor verdere studie Hbo-bacheloropleiding Voedingsmiddelentechnologie; hbo-lerarenopleiding (bachelor) PTH Consumptieve techniek (tweedegraads).

Functiemogelijkheden Leidinggevende versindustrie in de vleesbe- en verwerkende industrie, de visindustrie en de levenmiddelenindustrie.

7.7.g.2 Manager versdetailhandel (niveau 4)
Voor adres(sen) zie: KBB-11.
Algemeen
- De opleidingen worden gegeven te Best, Goes, Groningen, Heerhugowaard, Houten, Roermond, Rijswijk, Spakenburg, Wageningen, en Zwolle.
- Eindtermen voor deze kwalificatie worden ontwikkeld door SVO.

CREBO 10772

Doel Als ondernemer zelfstandig het beheer van een bedrijf in de verssector voeren; verantwoordelijk zijn voor de bereiding van vlees en versproducten in de slagerij, visdetailhandel, AGF-detailhandel en bij de poelier.

Toelatingseisen
- Diploma vmbo gl, vmbo kb of vmbo tl met de sector vmbo-Ec; of diploma vmbo gl, vmbo kb of vmbo tl, alle met econ., 2e moderne vreemde taal of wisk., met de sectoren vmbo-Lb, vmbo-Tech of vmbo-Z&W.
- Men kan met het diploma Versspecialist detailhandel (niveau 3) met vrijstellingen in de opleiding instromen.

Duur 4 jaar voltijd.
Mogelijkheden voor verdere studie Hbo-bacheloropleiding Small Business en Retail Management; hbo-bacheloropleiding Voedingsmiddelentechnologie.
Functiemogelijkheden Manager versdetailhandel van een winkelslagerij, vishandel, groentehandel, of bij afdelingen van een supermarkt.

7.7.h Mbo-opleiding niveau 3

7.7.h.1 Productievakkracht versindustrie (niveau 3)
Voor adres(sen) zie: KBB-11.
Algemeen
- De opleidingen worden gegeven te Best, Goes, Groningen, Heerhugowaard, Houten, Roermond, Rijswijk, Spakenburg, Wageningen, en Zwolle.
- Eindtermen voor deze kwalificatie worden ontwikkeld door SVO.

CREBO 10771

Doel Zelfstandig leidinggeven aan werknemers op verschillende afdelingen in de versindustrie (vlees, vleeswaren, vis, aardappelen/groenten/fruit, wild en gevogelte) en middenkadermedewerkers helpen bij de administratie en de werkvoorbereiding.

Toelatingseisen Diploma vmbo gl, vmbo kb of vmbo tl met de sector vmbo-Ec.; of diploma vmbo gl, vmbo kb of vmbo tl, alle met econ., 2e moderne vreemde taal of wisk. met de sectoren vmbo-Lb, vmbo-Tech of vmbo-Z&W; of het diploma Productiemedewerker versindustrie (niveau 2).
Duur 2 jaar deeltijd.
Mogelijkheden voor verdere studie Een opleiding van niveau 4: Leidinggevende versindustrie.
Functiemogelijkheden Productievakkracht versindustrie op verschillende afdelingen in de versindustrie.

7.7.h.2 Versspecialist detailhandel (niveau 3)
Voor adres(sen) zie: KBB-11.
Algemeen
- De opleidingen worden gegeven te Best, Goes, Groningen, Heerhugowaard, Houten, Roermond, Rijswijk, Spakenburg, Wageningen, en Zwolle.
- Eindtermen voor deze kwalificatie worden ontwikkeld door SVO.

CREBO 10770

Doel Alle voorkomende werkzaamheden in een versspeciaalzaak: bij een zelfstandige slager, bij een visspecialist, bij een AGF-specialist, bij een poelier, in een supermarkt, bij een traiteur of bij een worstmaker. Men kiest tijdens de opleiding voor een specialisme: AGF (aardappelen, groente, fruit), halal, vis, vlees, vleeswaren, of wild/pluimvee.
Toelatingseisen Diploma Medewerker versdetailhandel (Verkoopmedewerker versspeciaalzaak) (niveau 2).
Duur 2 jaar deeltijd.
Mogelijkheden voor verdere studie Instromen in de opleiding van niveau 4: Manager versdetailhandel, of in een andere opleiding van niveau 3 die dan nog 1 jaar duurt.
Functiemogelijkheden Versspecialist in de versdetailhandel als winkelslager, traiteur, visspecialist, worstmaker, specialist wild en gevogelte, AGF-specialist; of als versspecialist op de versafdeling van een supermarkt, of bij een islamitische slagerij.

7.7.i Mbo-opleiding niveau 1 of niveau 2

7.7.i.1 Assistent medewerker versdetailhandel (niveau 1)
Voor adres(sen) zie: KBB-11.
Algemeen
- De opleidingen worden gegeven te Best, Goes, Groningen, Heerhugowaard, Houten, Roermond, Rijswijk, Spakenburg, Wageningen, en Zwolle.
- Eindtermen voor deze kwalificatie worden ontwikkeld door SVO.
CREBO 10766
Doel Klanten adviseren en ervoor zorgen dat de versproducten aantrekkelijk worden gepresenteerd.
Toelatingseisen De volledige leerplicht hebben voltooid.
Duur 1 jaar deeltijd.
Mogelijkheden voor verdere studie Met vrijstellingen instromen in een opleiding van niveau 2: Medewerker versdetailhandel (Verkoopmedewerker versspeciaalzaak).
Functiemogelijkheden Assistent medewerker versdetailhandel bij een winkelslagerij, viswinkel of groentezaak, of bij afdelingen van een supermarkt.

7.7.i.2 Medewerker versdetailhandel (Verkoopmedewerker versspeciaalzaak) (niveau 2)
Voor adres(sen) zie: KBB-11.
Algemeen
- De opleidingen worden gegeven te Best, Goes, Groningen, Heerhugowaard, Houten, Roermond, Rijswijk, Spakenburg, Wageningen, en Zwolle.
- Men kiest tijdens de opleiding voor een specialisme.
- Eindtermen voor deze kwalificatie worden ontwikkeld door SVO.
CREBO 91652
Doel Verkoop van verse voeding: AGF (aardappelen, groente, fruit), halal, vis, vlees, vleeswaren, of wild/pluimvee.
Toelatingseisen De volledige leerplicht hebben voltooid.
Duur 2 jaar deeltijd.
Mogelijkheden voor verdere studie Een opleiding van niveau 3: Versspecialist detailhandel (specialismen: AGF [aardappelen, groente, fruit], halal, vis, vlees, vleeswaren, of wild/pluimvee).
Functiemogelijkheden Verkoopmedewerker versdetailhandel bij een zelfstandige slagerij, een visspeciaalzaak, een AGF-speciaalzaak, een poelier, in een grote of kleine supermarkt of bij een islamitische slagerij.

7.7.i.3 Productieassistent versindustrie (niveau 1)
Voor adres(sen) zie: KBB-11.
Algemeen
- De opleidingen worden gegeven te Best, Goes, Groningen, Heerhugowaard, Houten, Roermond, Rijswijk, Spakenburg, Wageningen, en Zwolle.
- Eindtermen voor deze kwalificatie worden ontwikkeld door SVO.
CREBO 10767
Doel Bewerken en verwerken van verse voeding in de fabrieksomgeving.
Toelatingseisen De volledige leerplicht hebben voltooid.
Duur Een half jaar deeltijd.
Mogelijkheden voor verdere studie Een opleiding van niveau 2: Productiemedewerker versindustrie.
Functiemogelijkheden Productieassistent versindustrie bij alle voorkomende productieprocessen in de versindustrie: vlees, vleeswaren, vis, aardappelen/groente/fruit, wild en gevogelte.

7.7.i.4 Productiemedewerker versindustrie (niveau 2)
Voor adres(sen) zie: KBB-11.
Algemeen
- De opleidingen worden gegeven te Best, Goes, Groningen, Heerhugowaard, Houten, Roermond, Rijswijk, Spakenburg, Wageningen, en Zwolle.
- Eindtermen voor deze kwalificatie worden ontwikkeld door SVO.
CREBO 10769
Doel Bewerken en verwerken van vlees en andere versproducten; kan zich specialiseren in het slachten van varkens, het bewerken van vis, van wild/gevogelte of van AGF (aardappelen, groente, fruit).
Toelatingseisen De volledige leerplicht hebben voltooid.
Duur 2 jaar deeltijd.
Mogelijkheden voor verdere studie Een opleiding van niveau 3: Productievakkracht versindustrie.
Functiemogelijkheden Productiemedewerker versindustrie bij alle voorkomende productieprocessen in de vleesbe- en -verwerkende industrie: vlees, vleeswaren, vis, AGF (aardappelen, groente, fruit), wild en gevogelte.

7.7.l Overige opleidingen

7.7.l.1 SVO-opleidingen voor de vleessector
Voor adres(sen) zie: KBB-11.
Opleidingen
- Afdelingschef vers supermarkt.
- Allround voedingsoperator.
- Assistent voeding/voedingsindustrie.
- Chef.
- Eerste medewerker fastservice.
- Logistiek medewerker versindustrie.
- Manager/ bedrijfsleider fastservice.
- Medewerker fastservice.
- Meewerkend voorman versindustrie.
- Ondernemer.
- Productieleider.
- Productiemedewerker slagerij.
- Productiemedewerker versindustrie.
- Productievakkracht.
- Slager-traiteur.
- Slager-worstmaker.
- Verkoopmedewerker AGF.
- Verkoopmedewerker slagerij.
- Verkoopmedewerker supermarkt versafdeling.
- Verkoopmedewerker supermarkt versbreed.
- Verkoopmedewerker vis.
- Verkoopmedewerker wild en pluimvee.
- Visspecialist.
- Voedingsoperator.
- Voedingsoperator kaasverwerkende bedrijven.
- Winkelslager.
Cursussen / trainingen:
- Assortimentstraining AGF.
- Assortimentstraining brood en bake-off.
- Assortimentstraining kaas.
- Assortimentstraining vlees.
- Assortimentstraining vleeswaren.
- Basiscursus vis en verkoop.
- Basistraining voor de praktijkopleider.
- Bereidingstechnieken AGF.
- Bereidingstechnieken vis.

- Bereidingstechnieken vlees.
- Bereidingstechnieken wild en gevogelte.
- Borgen kwaliteit (workshop).
- Communicatie en leidinggeven.
- Dierwelzijn.
- Functionaris dierwelzijn.
- Gebakken vis.
- Haring.
- Industrieel slicen en verpakken kaas.
- Klantgericht verkopen.
- Kwaliteitssystemen.
- Kwaliteitszorg voor leidinggevenden.
- Persoonlijke coaching.
- Presentatietechnieken vis.
- Smaakvol vleeswaren verkopen.
- Snijden en verpakken van vleeswaren.
- Snijvaardigheid pluimvee.
- Succesvol ondernemen: bedrijfsprocessen (slagerij).
- Succesvol ondernemen: financieel management.
- Succesvol ondernemen: marketing.
- Succesvol ondernemen: personeelsbeleid verandermanagement.
- Training on the job.
- Traiteur compleet barbecueën.
- Traiteur Hollandse en buitenlandse maaltijden.
- Traiteur salades, amuses en tapas.
- Traiteur voor- en nagerechten.
- Vakopleiding AGF.
- Vakopleiding vis.
- Vis op de barbecue.
- Vleeskennis compleet: terug naar de basis.
- Vleestechnologie.
- Voedingsadviseur AGF.
- Voedingsadviseur AGF 2.
- Voedingsadviseur vlees.
- Voedselveiligheid.

7.8 BROOD- EN BANKETBAKKEN

7.8.g Mbo-opleiding niveau 4

7.8.g.1 Leidinggevende ambachtelijke bakkerij (niveau 4)
Voor adres(sen) zie: ROC/MBO-10, 20, 39.
Algemeen
- Eindtermen voor deze kwalificatie worden ontwikkeld door Kenwerk.
- Hier worden slechts de centrale adressen vermeld. De opleiding kan in de wijde omtrek ervan worden gegeven.
CREBO 10826/94242
Toelatingseisen Diploma vmbo gl, vmbo kb of vmbo tl met de sector vmbo-Ec; of diploma vmbo gl, vmbo kb of vmbo tl, alle met econ., 2e moderne vreemde taal of wisk., met de sectoren vmbo-Lb, vmbo-Tech of vmbo-Z&W.
Duur 4 jaar voltijd en deeltijd.
Mogelijkheden voor verdere studie Hbo-bacheloropleiding Voedingsmiddelentechnologie; hbo-Lerarenopleiding (bachelor) PTH Consumptieve techniek (tweedegraads).
Functiemogelijkheden Leidinggevende van een ambachtelijke broodbakkerij of banketbakkerij.

7.8.g.2 Manager/ondernemer café/bar (Ondernemer horeca/bakkerij) (niveau 4)
Zie 15.2.g.8.

7.8.g.3 Patissier (brood en banket) (niveau 4)
Voor adres(sen) zie: ROC/MBO-32.
Algemeen
- Eindtermen voor deze kwalificatie worden ontwikkeld door Kenwerk.
- Hier wordt slechts het centrale adres vermeld. De opleiding kan in de wijde omtrek ervan worden gegeven.
CREBO 94241
Doel Hoofdzakelijk handmatig produceren van complexe en originele patissierproducten, ontwikkelen, implementeren en presenteren van nieuwe producten en van producten die passen bij speciale gelegenheden.
Toelatingseisen
- Diploma vmbo gl, vmbo kb of vmbo tl met de sector vmbo-Ec; of diploma vmbo gl, vmbo kb of vmbo tl, alle met econ., 2e moderne vreemde taal of wisk., met de sectoren vmbo-Lb, vmbo-Tech of vmbo-Z&W.
- Overgangsbewijs naar havo-4 of vwo-4.
- Diploma Allround banketbakker (niveau 3) met een positief advies van de studiebegeleider.
Duur 3 jaar voltijd en deeltijd.
Mogelijkheden voor verdere studie Hbo-bachelor Voedingsmiddelentechnologie; hbo-Lerarenopleiding (bachelor) PTH Consumptieve techniek (tweedegraads); vakgerichte cursussen.
Functiemogelijkheden Patissier in een ambachtelijke banketbakkerij of patisserie.

7.8.h Mbo-opleiding niveau 3

7.8.h.1 Allround banketbakker (brood en banket) (niveau 3)
Voor adres(sen) zie: ROC/MBO-1, 10, 15, 20, 25, 30, 32, 38, 39, 40, 45, 60.
Algemeen
- Deze opleiding heet bij Roc Horizon College: Vakman banketbakker.
- Eindtermen voor deze kwalificatie worden ontwikkeld door Kenwerk.
- Hier worden slechts de centrale adressen vermeld. De opleiding kan in de wijde omtrek ervan worden gegeven
CREBO 10496/94232
Doel Zelfstandig vervaardigen van gebak, taarten, borstplaat, marsepein, bavaroises en ijs, en die producten decoreren en presenteren.
Toelatingseisen
- Diploma vmbo gl, vmbo kb of vmbo tl met de sector vmbo-Ec; of diploma vmbo gl, vmbo kb of vmbo tl, alle met econ., 2e moderne vreemde taal of wisk. met de sectoren vmbo-Lb, vmbo-Tech of vmbo-Z&W.
- Overgangsbewijs naar havo-4 of vwo-4.
- Diploma Banketbakker (brood en banket) (niveau 2), bij Roc van Twente met een positief studieadvies van de studiebegeleider.
Duur 3 jaar voltijd en deeltijd.
Mogelijkheden voor verdere studie Opleidingen van niveau 4: Leidinggevende ambachtelijke bakkerij, of Patissier; vakgerichte cursussen.
Functiemogelijkheden Allround banketbakker in een ambachtelijke banketbakkerij.

7.8.h.2 Allround broodbakker (niveau 3)
Voor adres(sen) zie: ROC/MBO-1, 10, 15, 20, 25, 32, 38, 39, 40, 45, 60.
Algemeen
- Deze opleiding heet bij Roc Horizon College: Vakman broodbakker.
- Eindtermen voor deze kwalificatie worden ontwikkeld door Kenwerk.
- Hier worden slechts de centrale adressen vermeld. De opleiding kan in de wijde omtrek ervan worden gegeven
CREBO 10498/94231
Doel Zelfstandig vervaardigen van hoogwaardige broodproducten, bereiden en verwerken van deegsoorten en afwerken van broodproducten.
Toelatingseisen
- Diploma vmbo gl, vmbo kb of vmbo tl met de sector vmbo-Ec; of diploma vmbo gl, vmbo kb of vmbo tl, alle met econ., 2e moderne vreemde taal of wisk., met de sectoren vmbo-Lb, vmbo-Tech of vmbo-Z&W.
- Overgangsbewijs naar havo-4 of vwo-4.
Duur 3 jaar voltijd en deeltijd.
Mogelijkheden voor verdere studie Een opleiding van niveau 4: Leidinggevende ambachtelijke bakkerij; vakgerichte cursussen.
Functiemogelijkheden Allround broodbakker in een broodbakkerij.

7.8.h.3 Zelfstandig werkend broodbakker/banketbakker (brood en banket) (niveau 3)
Voor adres(sen) zie: ROC/MBO-1, 10, 15, 16, 20, 21, 25, 30, 32, 38, 39, 40, 43, 45, 60.
Algemeen
- Deze opleiding heet bij Roc Horizon College: Vakman brood- en banketbakker.
- Eindtermen voor deze kwalificatie worden ontwikkeld door Kenwerk.
- Hier worden slechts de centrale adressen vermeld. De opleiding kan in de wijde omtrek ervan worden gegeven.
CREBO 95748/95749
Doel Zelfstandig vervaardigen van hoogwaardige brood- en banketproducten, bereiden en verwerken van deeg- en beslagsoorten, afwerken van brood- en banketproducten.
Toelatingseisen - Diploma vmbo gl, vmbo kb of vmbo tl met de sector vmbo-Ec; of diploma vmbo gl, vmbo kb of vmbo tl, alle met econ., 2e moderne vreemde taal of wisk. met de sectoren vmbo-Lb, vmbo-Tech of vmbo-Z&W.
- Overgangsbewijs naar havo-4 of vwo-4.
- Diploma Brood- en banketbakker (niveau 2), bij Roc van Twente met een positief studieadvies van de studiebegeleider.
Duur 3 jaar voltijd en deeltijd.
Mogelijkheden voor verdere studie Een opleiding van niveau 4: Leidinggevende ambachtelijke bakkerij; vakgerichte cursussen.
Functiemogelijkheden Allround brood- en banketbakker in een ambachtelijke brood- en banketbakkerij.

7.8.i Mbo-opleiding niveau 1 of niveau 2

7.8.i.1 Assistent bakker (niveau 1)
Voor adres(sen) zie: ROC/MBO-1, 7, 15, 16, 21, 30, 32, 33, 38, 39, 40, 43, 45.
Algemeen
- Eindtermen voor deze kwalificatie worden ontwikkeld door Kenwerk.
- Hier worden slechts de centrale adressen vermeld. De opleiding kan in de wijde omtrek ervan worden gegeven.
CREBO 90640
Doel Eenvoudig werk op het gebied van de productgroepen: gistdeeg, korstdeeg, boterdeeg, beslag en sierwerk (decoratie).
Toelatingseisen De volledige leerplicht hebben voltooid.
Duur 1 jaar voltijd en deeltijd.
Mogelijkheden voor verdere studie Opleidingen van niveau 2: Brood- en banketbakker, Banketbakker.
Functiemogelijkheden Assistent bakker in een broodbakkerij van een grootwinkelbedrijf, in een banketbakkerij van een grootwinkelbedrijf, in een broodbakkerij, in een een brood- en banketbakkerij, of in een banketbakkerij.

7.8.i.2 Banketbakker (brood en banket) (niveau 2)
Voor adres(sen) zie: ROC/MBO-7, 10, 15, 16, 20, 25, 30, 32, 33, 38, 39, 40, 45, 60.
Algemeen
- Eindtermen voor deze kwalificatie worden ontwikkeld door Kenwerk.
- Hier worden slechts de centrale adressen vermeld. De opleiding kan in de wijde omtrek ervan worden gegeven.
CREBO 90690/94222
Doel Vervaardigen, garneren, decoreren en ontwerpen van banketproducten, die inspelen op feestdagen, speciale gebeurtenissen en specifieke vragen van de consument.
Toelatingseisen
- Diploma vmbo bb.
- Bij sommige scholen kan men met het diploma Assistent bakker (niveau 1) met vrijstellingen in de opleiding instromen.
Duur 2 jaar voltijd en deeltijd.
Mogelijkheden voor verdere studie Een opleiding van niveau 3: Allround banketbakker (brood en banket).
Functiemogelijkheden Banketbakker in een ambachtelijke banketbakkerij.

7.8.i.3 Brood- en banketbakker (niveau 2)
Voor adres(sen) zie: ROC/MBO-7, 15, 16, 20, 21, 25, 30, 32, 33, 38, 39, 40, 43, 45, 60.
Algemeen
- Eindtermen voor deze kwalificatie worden ontwikkeld door Kenwerk.
- Hier worden slechts de centrale adressen vermeld. De opleiding kan in de wijde omtrek ervan worden gegeven.
CREBO 90720/94221
Doel Inkoop van grondstoffen, eenvoudige technieken uitvoeren bij de brood- en banketproductie (ook decoratie).
Toelatingseisen
- Diploma vmbo bb.
- Bij sommige scholen kan men met het diploma Assistent bakker (niveau 1) met vrijstellingen in de opleiding instromen.
Duur 2 jaar voltijd en deeltijd.
Mogelijkheden voor verdere studie Een opleiding van niveau 3: Allround brood- en banketbakker (brood en banket).
Functiemogelijkheden Brood- en banketbakker in een ambachtelijke brood- en banketbakkerij.

8 GRAFISCHE SECTOR

De grafische sector omvat beroepen en functies in het boekdruk-, diepdruk-, offset-, kleinoffset-, zeefdruk-, boekbinders- en papierverwerkingsbedrijf, reclame/adviesbureau, ontwerpstudio, scanstudio, audiovisuele bedrijven, multimediabedrijf.
Er kan worden gekozen uit de onderwerpen: algemeen grafisch, vormgeven, dtp, webdesign, digitaal drukken, offset, flexo, diepdrukrotatie, procesoperating druktechniek, nabewerken, verpakken en bedrijfsvoeren. Het GOC ontwikkelt regelmatig nieuwe opleidingen voor de grafische branche.
Voor opleidingen op het gebied van multimedia en toegepaste kunsten (zoals vormgeving) wordt verwezen naar hoofdstuk 23.
Er zijn grafische en design- opleidingsinstituten in Amsterdam, Eindhoven, Rotterdam en Utrecht: HBO-78, ROC/MBO-41, 50, ROCCO-3.
N.B. In dit hoofdstuk wordt ook een keuze van diverse opleidingen in het hoger onderwijs beschreven. Complete alfabetische lijsten van alle bekostigde opleidingen in het hoger onderwijs zijn te vinden in hoofdstuk 25. Deze worden jaarlijks geheel geactualiseerd.

8.1 GRAFISCHE OPLEIDINGEN

8.1.e Hbo-masteropleiding

8.1.e.1 Grafisch ontwerpen/Graphic design (Gerrit Rietveld Academie, St. Joost)
Voor adres(sen) zie: HBO-18, 48.
Algemeen Hbo-masteropleiding.
Toelatingseisen
- Hbo-Fine arts, met de studierichting Grafisch ontwerpen c.q. Graphic design.
- Toelatingsprocedure.
Duur 3 jaar voltijd.
N.B. Werd eerder 'Tweede fase-opleiding' genoemd.

8.1.f Hbo-bacheloropleiding

8.1.f.1 Graphic design (HKU)
Voor adres(sen) zie: HBO-185.
Algemeen Hbo-opleiding voor de titel Bachelor of Arts in samenwerking met het Central Saint Martins College of Art te Londen.
Duur 4 jaar voltijd.
Lesprogramma
- In de eerste twee jaar worden specifieke talenten ontwikkeld, maar wordt de student ook uitgedaagd om kennis en kunde te verbreden.
- Het onderwijs wordt gegeven in de vorm van hoorcolleges, werkcolleges en begeleidingsgesprekken met projectteams waarin uitwerkingen van individuele en/of groepsopdrachten worden besproken.
- In de laatste twee jaar wordt design research gedaan door stage te lopen en door deelname aan groepsopdrachten voor professionele opdrachtgevers, om zo de eigen talenten verder te ontwikkelen.
Aansluitende masteropleidingen
- Gerrit Rietveld Academie.
- St. Joost: Grafisch ontwerpen - Graphic design.
- HKU: Game design development.

8.1.f.2 Vormgeving (Academie Beeldende Kunsten, ArtEZ, Avans HS, Design Academy, Fontys HS voor de Kunsten, Gerrit Rietveld Academie, Hanze HS/Minerva, HKU, KABK, Willem de Kooning Academie, Zuyd HS)
Zie 23.2.f.10.
Algemeen Een specialisatie van deze opleiding is Grafisch ontwerpen.

8.1.g Mbo-opleiding niveau 4

8.1.g.1 Grafisch intermediair (niveau 4)
Voor adres(sen) zie: ROC/MBO-19.
Algemeen
- Eindtermen voor deze kwalificatie worden ontwikkeld door het GOC.
- Hier wordt slechts het centrale adres vermeld. De opleiding kan in de wijde omtrek ervan worden gegeven.
CREBO 10343
Doel Coördinatie van de productieplanning en de werkvoorbereiding; voortgangsbewaking van orders door het gehele productieproces.
Toelatingseisen
- Diploma vmbo gl, vmbo kb of vmbo tl met de sector vmbo-Tech; of diploma vmbo gl, vmbo kb of vmbo tl, alle met nat./scheik. 1 of wisk., met de sectoren vmbo-Ec, vmbo-Lb of vmbo-Z&W.
- Men kan met vrijstellingen instromen met het diploma van opleidingen van niveau 3: Brocheerder, Diepdrukker, Elektronisch voorbereider, Flexodrukker, Offsetdrukker, Uitgaafbinder, Vellenbewerker, of Zeefdrukker.
Duur 4 jaar voltijd en deeltijd.
Mogelijkheden voor verdere studie Met vrijstellingen instromen in andere opleidingen van niveau 4: Grafisch management, of Mediavormgever (Grafisch vormgever).
Functiemogelijkheden Grafisch intermediair in uitgeverijen, drukkerijen en de reclamewereld; drukwerkmakelaar, drukwerkinkoper, orderbegeleider, operationsmedewerker.

8.1.g.2 Grafisch management (niveau 4)
Voor adres(sen) zie: ROC/MBO-19.
Algemeen
- Eindtermen voor deze kwalificatie worden ontwikkeld door het GOC.
- Hier wordt slechts het centrale adres vermeld. De opleiding kan in de wijde omtrek ervan worden gegeven.
CREBO 10340
Doel Opleiding voor functies in de commercie, op het bedrijfsbureau, of ondersteunend in de productie; bij beheer van informatiestromen; en voor middenkaderfuncties in of ondernemer van een groot grafisch-technisch bedrijf.
Toelatingseisen
- Diploma vmbo gl, vmbo kb of vmbo tl met de sector vmbo-Tech; of diploma vmbo gl, vmbo kb of vmbo tl, alle met nat./scheik. 1 of wisk., met de sectoren vmbo-Ec, vmbo-Lb of vmbo-Z&W.
- Men kan met vrijstellingen instromen met het diploma van opleidingen van niveau 3: Brocheerder, Diepdrukker, Elektronisch voorbereider, Flexodrukker, Offsetdrukker, Uitgaafbinder, Vellenbewerker, Zeefdrukker, of met het diploma Praktijkopleiders/Voorlieden (niveau 4).
Duur 4 jaar voltijd en deeltijd.

Diploma/examen Het diploma Grafisch Management (niveau 4) geldt tevens als bewijs van voldoende handelskennis in de zin der Vestigingswet.

Mogelijkheden voor verdere studie
- Hbo.
- Met vrijstellingen instromen in andere opleidingen van niveau 4: Grafisch intermediair, Mediavormgever (Grafisch vormgever).

Functiemogelijkheden
Middenkaderfunctionaris grafisch-technisch bedrijf:
- in de commercie: drukwerkadviseur, account-executive, verkoper;
- op het bedrijfsbureau: technisch-administratieve functies, orderbegeleider;
- in de productie: kwaliteitscontroleur, productie-assistent, assistent bedrijfsleider;
- in de digitale logistiek: datamanagement, systeem/procesbeheerder.

8.1.g.3 Mediavormgeven (Grafisch vormgever) (niveau 4)
Voor adres(sen) zie: ROC/MBO-5, 19, 32, 50.
Algemeen
- Er zijn drie uitstroomrichtingen:
  • Animatie/audiovisuele vormgeving (crebonummer 90401).
  • Grafische vormgeving (crebonummer 90403).
  • Interactieve vormgeving (crebonummer 90404).
- Eindtermen voor deze kwalificatie worden ontwikkeld door het GOC.
- Hier worden slechts de centrale adressen vermeld. De opleiding kan in de wijde omtrek ervan worden gegeven.
CREBO 90400
Doel Conceptueel ontwikkelen, vormgeven, presenteren, uitwerken en voorbereiden van grafisch materiaal als communicatiemiddel: advertenties, animaties, audiovisuele producties, brochures, cd's, displays, dvd's, games, multimediaprogramma's, posters, websites.
Toelatingseisen
- Diploma vmbo gl, vmbo kb of vmbo tl met de sector vmbo-Tech; of diploma vmbo gl, vmbo kb of vmbo tl, alle met nat./scheik. 1 of wisk., met de sectoren vmbo-Ec, vmbo-Lb of vmbo-Z&W.
- Overgangsbewijs naar havo-4 of vwo-4.
- Men kan met vrijstellingen in de opleiding instromen met het diploma van opleidingen van niveau 3: Brocheerder, Diepdrukker, Elektronisch voorbereider, Flexodrukker, Offsetdrukker, Uitgaafbinder, Vellenbewerker, Zeefdrukker.
Duur 4 jaar voltijd en deeltijd; Roc van Twente alleen 4 jaar voltijd.
Mogelijkheden voor verdere studie - Hbo.
- Met vrijstellingen instromen in andere opleidingen van niveau 4: Grafisch intermediair, Mediavormgever, Grafisch management.
Functiemogelijkheden Grafisch vormgever op een communicatiebureau, een ontwerpbureau, een reclamebureau, bij een multimediabedrijf, een audiovisueel bedrijf, een drukkerij of een uitgeverij, als DTP-specialist, EPP-er/typograaf, lay-outtekenaar, lay-outer, reproductietekenaar, grafisch tekenaar, illustrator, grafisch ontwerper, of stansvormontwerper.

8.1.g.4 Praktijkopleiders/Voorlieden (niveau 4)
Voor adres(sen) zie: ROC/MBO-19.
Algemeen
- Eindtermen voor deze kwalificatie worden ontwikkeld door het GOC.
- Hier wordt slechts het centrale adres vermeld. De opleiding kan in de wijde omtrek ervan worden gegeven.
CREBO 10339
Doel Specialistenopleiding voor voorlieden en praktijkopleiders in de grafische sector.
Toelatingseisen Diploma van een mbo-opleiding niveau 3 (in de grafische of in de communicatiebranche).
Duur 1 jaar deeltijd.
Mogelijkheden voor verdere studie
- Hbo.
- Met vrijstellingen instromen in een opleiding van niveau 4: Grafisch management.
Functiemogelijkheden Voorman/-vrouw, praktijkopleider in de grafische of in de communicatiebranche, meewerkend voorman, ploegenvoorman, voorman-chef, leermeester, instructeur.

8.1.g.5 Signspecialist (niveau 4)
Voor adres(sen) zie: ROC/MBO-19, 32.
Algemeen
- Eindtermen voor deze kwalificatie worden ontwikkeld door het GOC.
- Hier worden slechts de centrale adressen vermeld. De opleiding kan in de wijde omtrek ervan worden gegeven.
CREBO 94990
Doel Ontwerpen, voorbereiden, vervaardigen en monteren van allerlei soorten complexe reclame, en leidinggeven.
Toelatingseisen
- Diploma vmbo gl of vmbo tl.
- Overgangsbewijs naar havo-4 of vwo-4.
- Diploma Allround signmaker (niveau 3).
Duur 4 jaar voltijd.
Mogelijkheden voor verdere studie Hbo.
Functiemogelijkheden (Leidinggevende) functie bij een reclamebureau of standbouwer.

8.1.h Mbo-opleiding niveau 3

8.1.h.1 Allround DTP-er (niveau 3)
Voor adres(sen) zie: ROC/MBO-5, 32.
Algemeen
- Eindtermen voor deze kwalificatie worden ontwikkeld door het GOC.
- Hier worden slechts de centrale adressen vermeld. De opleiding kan in de wijde omtrek ervan worden gegeven.
CREBO 95705
Doel Opmaken van grafische en media-uitingen (brochures, folders, formulieren, advertenties, kranten, tijdschriften, boeken, verpakkingen, websites, cd-roms en interactieve dvd-producties), waarbij tekst en beeldelementen worden bewerkt, op basis van een ontwerp, of zelfstandig.
Toelatingseisen Diploma DTP-er (Medewerker DTP).
Duur 3 jaar voltijd: 1 jaar na diploma DTP-er (Medewerker DTP).
Mogelijkheden voor verdere studie Een opleiding van niveau 4: Mediavormgever (Grafisch vormgever).
Functiemogelijkheden DTP-er bij reclamebureaus, gespecialiseerde ontwerp- en vormgevingsbureaus, webdesignbureaus, drukkerijen en uitgeverijen.

8.1.h.2 Allround signmaker (niveau 3)
Voor adres(en) zie: ROC/MBO-5, 32.
Algemeen
- Eindtermen voor deze kwalificatie worden ontwikkeld door het GOC.
- Hier worden slechts de centrale adressen vermeld. De opleiding kan in de wijde omtrek ervan worden gegeven.

CREBO 94510
Doel Belettert bij allerlei soorten reclame (o.a. op auto's, gevels, lichtbakken, en als bewegwijzering).
Toelatingseisen Diploma Signmaker (Medewerker sign) (niveau 2).
Duur 3 jaar voltijd: 1 aanvullend jaar na diploma Signmaker (Medewerker sign).
Mogelijkheden voor verdere studie Een opleiding van niveau 4: Signspecialist.
Functiemogelijkheden Functie bij een reclamebureau of bij een standbouwer.

8.1.h.3 Brocheerder (niveau 3)
Voor adres(en) zie: ROC/MBO-19.
Algemeen
- Eindtermen voor deze kwalificatie worden ontwikkeld door het GOC.
- Hier wordt slechts het centrale adres vermeld. De opleiding kan in de wijde omtrek ervan worden gegeven.

CREBO 10347
Doel Controleren, beheersen en registreren van het productieproces van nieten, lijmen en naaien met een machine die uit gekoppelde onderdelen bestaat.
Toelatingseisen
- Diploma vmbo gl, vmbo kb of vmbo tl met de sector vmbo-Tech; of diploma vmbo gl, vmbo kb of vmbo tl, alle met nat./scheik. 1 of wisk., met de sectoren vmbo-Ec, vmbo-Lb of vmbo-Z&W.
- Men kan met het diploma Basisnabewerker (niveau 2) met vrijstellingen in de opleiding instromen.
Duur 3 jaar voltijd en deeltijd.
Mogelijkheden voor verdere studie Opleidingen van niveau 4: Grafisch management, of Praktijkopleiders/Voorlieden, of instromen met gelijkluidende vrijstellingen in opleidingen van niveau 3: Uitgaafbinder of Vellenbewerker.
Functiemogelijkheden Brocheerder, hechter, bediener verzamelhechter, brocheerder geniet, verzamelhechter bediener, bindstraatbediener, brocheerder gelijmd/genaaid, machinevoerder bindstraat, machinaal boekennaaier, bediener naaimachine, boekennaaimachine bediener, bediener bandeermachine, bandeerder, postverwerker, bediener krimpfolieverpakkingsmachine, krimpfolieverpakker, sealer, verpakkingsmedewerker, expediteur.

8.1.h.4 Diepdrukker (niveau 3)
Voor adres(en) zie: ROC/MBO-19.
Algemeen
- Eindtermen voor deze kwalificatie worden ontwikkeld door het GOC.
- Hier wordt slechts het centrale adres vermeld. De opleiding kan in de wijde omtrek ervan worden gegeven.

CREBO 10351
Doel Zelfstandig of in teamverband werken: aan de hand van ordergegevens de diepdrukpers instellen, tijdens de productie het drukproces controleren en regelen, en de afdruk visueel en meettechnisch controleren.

Toelatingseisen
- Diploma vmbo gl, vmbo kb of vmbo tl met de sector vmbo-Tech; of diploma vmbo gl, vmbo kb of vmbo tl, alle met nat./scheik. 1 of wisk., met de sectoren vmbo-Ec, vmbo-Lb of vmbo-Z&W.
- Men kan met het diploma Basisdrukker (niveau 2) met vrijstellingen in de opleiding instromen.
Duur 3 jaar voltijd en deeltijd.
Mogelijkheden voor verdere studie Instromen met gelijkluidende vrijstellingen in opleidingen van niveau 4: Grafisch management, of Praktijkopleiders/Voorlieden, of in opleidingen van niveau 3: Flexodrukker, Offsetdrukker of Zeefdrukker.
Functiemogelijkheden Diepdrukker, diepdrukker illustratie, diepdrukrotatiedrukker illustratie, rotatiediepdrukker, diepdrukverpakkingsdrukker, rollenverpakkingsdrukker.

8.1.h.5 Elektronisch voorbereider (niveau 3)
Voor adres(en) zie: ROC/MBO-19.
Algemeen
- Eindtermen voor deze kwalificatie worden ontwikkeld door het GOC.
- Hier wordt slechts het centrale adres vermeld. De opleiding kan in de wijde omtrek ervan worden gegeven.

CREBO 10353
Doel Samenstellen en/of bewerken en/of vervaardigen van digitaal en/of conventioneel aangeleverde onderdelen en/of on- en off-line multimediaproducten.
Toelatingseisen
- Diploma vmbo gl, vmbo kb of vmbo tl met de sector vmbo-Tech; of diploma vmbo gl, vmbo kb of vmbo tl, alle met nat./scheik. 1 of wisk., met de sectoren vmbo-Ec, vmbo-Lb of vmbo-Z&W.
- Men kan met het diploma Basisvoorbereider (niveau 2) met vrijstellingen in de opleiding instromen.
Duur 3 jaar voltijd en deeltijd.
Mogelijkheden voor verdere studie Instromen met gelijkluidende vrijstellingen in opleidingen van niveau 4: Media vormgever (Grafisch vormgever), Grafisch intermediair, Praktijkopleiders/Voorlieden, of Grafisch management.
Functiemogelijkheden Elektronisch voorbereider in een drukkerij en retoucheerafdeling, dtp-specialist, dtp-er (tekst), dtp-er (beeld), ebv-operator, bediener geïntegreerd opmaaksysteem, beeldschermopmaker, vlakbedscanner, rotatie- of drukscanner, scanoperator, scannerbediener, systeemoperator (scanner), retoucheur, tekstverwerker, beeldverwerker, tekstbeeldopmaker.

8.1.h.6 Flexodrukker (niveau 3)
Voor adres(en) zie: ROC/MBO-19.
Algemeen
- Eindtermen voor deze kwalificatie worden ontwikkeld door het GOC.
- Hier wordt slechts het centrale adres vermeld. De opleiding kan in de wijde omtrek ervan worden gegeven.

CREBO 10350
Doel Flexodrukmachine instellen, tijdens de productie de kwaliteit waarborgen, extra in-line bewerkingen uitvoeren en de apparatuur onderhouden. De flexodrukker is vaak gespecialiseerd in één of enkele flexodruktechnieken.
Toelatingseisen
- Diploma vmbo gl, vmbo kb of vmbo tl met de sector vmbo-Tech; of diploma vmbo gl, vmbo kb of vmbo tl, alle met nat./scheik. 1 of wisk., met de sectoren vmbo-Ec, vmbo-Lb of vmbo-Z&W.
- Men kan met het diploma Basisdrukker (niveau 2) met vrijstellingen in de opleiding instromen.

Duur 3 jaar voltijd en deeltijd.

Mogelijkheden voor verdere studie Instromen met gelijkluidende vrijstellingen in opleidingen van niveau 4: Grafisch management, of Praktijkopleiders/Voorlieden, of in opleidingen van niveau 3: Diepdrukker, Offsetdrukker of Zeefdrukker.

Functiemogelijkheden Flexodrukker, flexovellendrukker, flexoplanodrukker, drukker flexokartonnage rollenpers, drukker flexokartonnage vellenpers, rotatieflexodrukker.

8.1.h.7 Offsetdrukker (niveau 3)
Voor adres(sen) zie: ROC/MBO-19.
Algemeen
- Eindtermen voor deze kwalificatie worden ontwikkeld door het GOC.
- Hier wordt slechts het centrale adres vermeld. De opleiding kan in de wijde omtrek ervan worden gegeven.

CREBO 10352

Doel Ontvangt en beoordeelt een drukopdracht, spant de drukplaat (een vlakke drukvorm) op, stelt de drukpers af en maakt een proefdruk alvorens de opdracht uit te voeren; werkt zowel zelfstandig als in teamverband, afhankelijk van de grootte van de drukpers (vellen- of rollenpersen).

Toelatingseisen
- Diploma vmbo gl, vmbo kb of vmbo tl met de sector vmbo-Tech; of diploma vmbo gl, vmbo kb of vmbo tl, alle met nat./scheik. 1 of wisk., met de sectoren vmbo-Ec, vmbo-Lb of vmbo-Z&W.
- Men kan met het diploma Basisdrukker (niveau 2) met vrijstellingen in de opleiding instromen.

Duur 3 jaar voltijd en deeltijd.

Mogelijkheden voor verdere studie Instromen met gelijkluidende vrijstellingen in opleidingen van niveau 4: Grafisch management, of Praktijkopleiders/Voorlieden, of in opleidingen van niveau 3: Diepdrukker, Flexodrukker of Zeefdrukker.

Functiemogelijkheden Offsetdrukker, vlakdrukker, verpakkingsdrukker, blikdrukker, grootoffsetdrukker, vellendrukker, rotatiedrukker, snapout-formulierendrukker.

8.1.h.8 Uitgaafbinder (niveau 3)
Voor adres(sen) zie: ROC/MBO-19.
Algemeen
- Eindtermen voor deze kwalificatie worden ontwikkeld door het GOC.
- Hier wordt slechts het centrale adres vermeld. De opleiding kan in de wijde omtrek ervan worden gegeven.

CREBO 10346

Doel Controleren, beheersen en registreren van het productieproces bij de vervaardiging van een boekblok of boekband; toepassen en combineren van standaardprocedures.

Toelatingseisen
- Diploma vmbo gl, vmbo kb of vmbo tl met de sector vmbo-Tech; of diploma vmbo gl, vmbo kb of vmbo tl, alle met nat./scheik. 1 of wisk., met de sectoren vmbo-Ec, vmbo-Lb of vmbo-Z&W.
- Men kan met het diploma Basisnabewerker (niveau 2) met vrijstellingen in de opleiding instromen.

Duur 3 jaar voltijd en deeltijd.

Mogelijkheden voor verdere studie Opleidingen van niveau 4: Grafisch management, of Praktijkopleiders/Voorlieden, of instromen met gelijkluidende vrijstellingen in opleidingen van niveau 3: Brocheerder, Uitgaafbinder of Vellenbewerker.

Functiemogelijkheden Uitgaafbinder in een drukkerij of boekbinderij, boekbandvervaardiger, bandenmaker, boekbandbedrukker, foliedrukker, persvergulder, boekvervaardiger, bediener bandzetmachine, inhanger, bandzetter.

8.1.h.9 Vellenbewerker (niveau 3)
Voor adres(sen) zie: ROC/MBO-19.
Algemeen
- Eindtermen voor deze kwalificatie worden ontwikkeld door het GOC.
- Hier wordt slechts het centrale adres vermeld. De opleiding kan in de wijde omtrek ervan worden gegeven.

CREBO 10348

Doel Toepassen en combineren van standaardprocedures voor machinebediening, controle en onderhoud bij het snijden, vouwen en vergaren van vellen.

Toelatingseisen
- Diploma vmbo gl, vmbo kb of vmbo tl met de sector vmbo-Tech; of diploma vmbo gl, vmbo kb of vmbo tl, alle met nat./scheik. 1 of wisk., met de sectoren vmbo-Ec, vmbo-Lb of vmbo-Z&W.
- Men kan met het diploma Basisnabewerker (niveau 2) met vrijstellingen in de opleiding instromen.

Duur 3 jaar voltijd en deeltijd.

Mogelijkheden voor verdere studie Opleidingen van niveau 4: Grafisch management, of Praktijkopleiders/Voorlieden, of instromen met gelijkluidende vrijstellingen in opleidingen van niveau 3: Brocheerder of Uitgaafbinder.

Functiemogelijkheden Vellenbewerker, papiersnijder, planosnijder, vellensnijder, materialensnijder, machinevouwer, vouwmachinebediener.

8.1.h.10 Zeefdrukker (niveau 3)
Voor adres(sen) zie: ROC/MBO-19.
Algemeen
- Eindtermen voor deze kwalificatie worden ontwikkeld door het GOC.
- Hier wordt slechts het centrale adres vermeld. De opleiding kan in de wijde omtrek ervan worden gegeven.

CREBO 10349

Doel Inkt met behulp van een rakel overdragen op het te bedrukken materiaal door het uitstrijken en het doordrukken van de inkt door de open delen van het gaas, waarop het drukbeeld is aangebracht. Tot de taak behoort ook: het inrichten, instellen en bedienen van zowel volledig geautomatiseerde als handbediende apparatuur.

Toelatingseisen
- Diploma vmbo gl, vmbo kb of vmbo tl met de sector vmbo-Tech; of diploma vmbo gl, vmbo kb of vmbo tl, alle met nat./scheik. 1 of wisk., met de sectoren vmbo-Ec, vmbo-Lb of vmbo-Z&W.
- Men kan met het diploma Basisdrukker (niveau 2) met vrijstellingen in de opleiding instromen.

Duur 3 jaar voltijd en deeltijd.

Mogelijkheden voor verdere studie Instromen met gelijkluidende vrijstellingen in opleidingen van niveau 4: Grafisch management, of Praktijkopleiders/Voorlieden, of in opleidingen van niveau 3: Diepdrukker, Flexodrukker of Offsetdrukker.

Functiemogelijkheden Zeefdrukker, drukker zeefdruk, signdrukker.

8.1.i Mbo-opleiding niveau 1 of niveau 2

8.1.i.1 Basisdrukker (niveau 2)
Voor adres(sen) zie: ROC/MBO-19.
Algemeen
- Eindtermen voor deze kwalificatie worden ontwikkeld door het GOC.
- Hier wordt slechts het centrale adres vermeld. De opleiding kan in de wijde omtrek ervan worden gegeven.

CREBO 10357

Doel Zelfstandig als drukker werken aan een kleine en eenvoudige drukpers of onder toezicht als hulpdrukker en lid van het persteam aan een meer gecompliceerde en grote drukpers.

Toelatingseisen
- De volledige leerplicht hebben voltooid.
- Men kan met het diploma Grafisch assistent (niveau 1) met vrijstellingen in de opleiding instromen.

Duur 2 jaar voltijd en deeltijd.

Mogelijkheden voor verdere studie Met vrijstellingen instromen in opleidingen van niveau 3: Diepdrukker, Flexodrukker, Offsetdrukker of Zeefdrukker.

Functiemogelijkheden Basisdrukker in een drukkerij of in een verpakkingenbedrijf.

8.1.i.2 Basisnabewerker (niveau 2)

Voor adres(sen) zie: ROC/MBO-19.

Algemeen
- Eindtermen voor deze kwalificatie worden ontwikkeld door het GOC.
- Hier wordt slechts het centrale adres vermeld. De opleiding kan in de wijde omtrek ervan worden gegeven.

CREBO 10356

Doel Aan apparatuur van drukkerijbinderijen werken onder toezicht van de machinevoerder.

Toelatingseisen
- De volledige leerplicht hebben voltooid.
- Men kan met het diploma Grafisch assistent (niveau 1) met vrijstellingen in de opleiding instromen.

Duur 2 jaar voltijd en deeltijd.

Mogelijkheden voor verdere studie Met vrijstellingen instromen in opleidingen van niveau 3: Brocheerder, Uitgaafbinder of Vellenbewerker.

Functiemogelijkheden Basisnabewerker in een nabewerkingsbedrijf.

8.1.i.3 Basisvoorbereider (niveau 2)

Voor adres(sen) zie: ROC/MBO-19.

Algemeen
- Eindtermen voor deze kwalificatie worden ontwikkeld door het GOC.
- Hier wordt slechts het centrale adres vermeld. De opleiding kan in de wijde omtrek ervan worden gegeven.

CREBO 10358

Toelatingseisen
- De volledige leerplicht hebben voltooid.
- Men kan met het diploma Grafisch assistent (niveau 1) met vrijstellingen in de opleiding instromen.

Duur 2 jaar voltijd en deeltijd.

Mogelijkheden voor verdere studie Met vrijstellingen instromen in een opleiding van niveau 3: Elektronisch voorbereider.

Functiemogelijkheden Basisvoorbereider in verschillende soorten bedrijven met een kantooromgeving.

8.1.i.4 DTP-er (Medewerker DTP) (niveau 2)

Voor adres(sen) zie: ROC/MBO-32.

Algemeen
- Eindtermen voor deze kwalificatie worden ontwikkeld door het GOC.
- Hier wordt slechts het centrale adres vermeld. De opleiding kan in de wijde omtrek ervan worden gegeven.

CREBO 95707

Doel Voorbereiden en maken van logo's, brochures, verpakkingen, flyers, magazines, kranten, websites, games.

Toelatingseisen De volledige leerplicht hebben voltooid. Na aanmelding volgt een toelatingsonderzoek.

Duur 2 jaar voltijd.

Mogelijkheden voor verdere studie Een opleiding van niveau 3: Allround DTP-er.

Functiemogelijkheden Functie bij drukkerijen, multimediabedrijven, ontwerpbureaus, reclamebureaus, uitgeverijen, vormgevingsbureaus, webdesignbureaus.

8.1.i.5 Grafisch assistent (niveau 1)

Voor adres(sen) zie: ROC/MBO-19, 50.

Algemeen
- Eindtermen voor deze kwalificatie worden ontwikkeld door het GOC.
- Hier worden slechts de centrale adressen vermeld. De opleiding kan in de wijde omtrek ervan worden gegeven.

CREBO 10359

Doel Ondersteuning bij het voorbereiden van de productie op machines, bij het inrichten van machines en bij het bedienen van machines, en/of bediening van eenvoudige nabewerkingsapparatuur.

Toelatingseisen De volledige leerplicht hebben voltooid.

Duur 1 jaar voltijd en deeltijd.

Mogelijkheden voor verdere studie Met gelijkluidende vrijstellingen instromen in opleidingen van niveau 2: Basisdrukker, Basisnabewerker, Basisvoorbereider, of Verpakkingsoperator.

Functiemogelijkheden Grafisch assistent in een drukkerij, nabewerkingsbedrijf of verpakkingsbedrijf.

8.1.i.6 Signmaker (Medewerker sign) (niveau 2)

Voor adres(sen) zie: ROC/MBO-5, 32.

Algemeen
- Eindtermen voor deze kwalificatie worden ontwikkeld door Savantis.
- Hier worden slechts de centrale adressen vermeld. De opleiding kan in de wijde omtrek ervan worden gegeven.

CREBO 94500

Doel Beletteren van allerlei soorten reclame (o.a. op auto's, gevels, lichtbakken, en als bewegwijzering).

Toelatingseisen De volledige leerplicht hebben voltooid. Na aanmelding volgt een toelatingsonderzoek.

Duur 2 jaar voltijd.

Mogelijkheden voor verdere studie Een opleiding van niveau 3: Allround signmaker.

Functiemogelijkheden Functie bij een reclamebureau of standbouwer.

8.1.i.7 Verpakkingsoperator (niveau 2)

Voor adres(sen) zie: ROC/MBO-19.

Algemeen
- Eindtermen voor deze kwalificatie worden ontwikkeld door het GOC.
- Hier wordt slechts het centrale adres vermeld. De opleiding kan in de wijde omtrek ervan worden gegeven.

CREBO 10355

Doel In opdracht van een chef samenwerken met één of meer hulpen aan een verpakkingsmachine.

Toelatingseisen
- De volledige leerplicht hebben voltooid.
- Men kan met het diploma Grafisch assistent (niveau 1) met vrijstellingen in de opleiding instromen.

Duur 2 jaar voltijd en deeltijd.
Mogelijkheden voor verdere studie Met vrijstellingen instromen in andere opleidingen van niveau 2 voor nabewerken of drukken.
Functiemogelijkheden Verpakkingsoperator in een drukkerij.

8.1.l Overige opleidingen

Algemeen In de grafische sector worden zeer veel verschillende cursussen georganiseerd. Hieronder volgt een overzicht van een aantal opleidingsinstellingen.

8.1.l.1 't Ambachthuys
Voor adres(sen) zie: OVER-141.
Opleidingen
- Boekrestauratie.
- Franse en Engelse band.
- Handboekbinden I.
- Handboekbinden en II.
- Gezel.
- Jong-gezel.

Cursussen
- Boeksnede vergulden en ciseleren.
- Handvergulden.
- Japanse bindwijze.
- Kapitaal besteken.
- Luxe kartonnage.
- Marmeren.
- Ontwerpen en kleurkennis.
- Papierversiertechnieken en papieren band.

Duur
- Jong-gezel: 1 jaar deeltijd (1 dag per week).
- Gezel: 2 jaar deeltijd (1 dag per week).

8.1.l.2 GOC-Veenendaal
Voor adres(sen) zie: KBB-15.
Algemeen Het GOC-trainingscentrum verzorgt korte opleidingen voor de grafimedia-branche. Het opleidingsaanbod bestaat uit: afstandsleren, trainingen in het GOC-trainingscentrum en bedrijfsprojecten.
Cursussen Er worden diverse cursussen/trainingen gegeven, onder meer op het gebied van communicatie, diensten voor management, diensten voor medewerkers, management & leidinggeven, marketing/sales & productiemanagement, persoonlijke ontwikkeling, praktijkleren. Onderstaand de meer specifieke vakopleidingen:
- *Algemeen grafisch:*
  • Intro grafimedia-technieken.
  • Basiskennis digitaal grafisch materiaal.
  • Adobe Acrobat Professional en Certified pdf.
  • Colormanagement (ISO 12647).
- *DTP:*
  • Intro DTP Adobe CS.
  • Desktop Publishing CS.
  • Workshop: Nieuw in Adobe CS.
- *Diepdrukrotatie.*
- *Digitaal drukken.*
- *Druktechniek: procesoperator.*
- *Flexo:*
  • Intro flexo.
  • Flexo rotatie.
  • Praktijktraining flexibele materialen.
  • Workflow in de flexo-industrie.

- *Leidinggevende A.*
- *Offset:*
  • Certified offset.
  • Intro offset.
  • Offsetdrukken.
  • Fotospectraalmeting.
- *Nabewerken:*
  • Intro vellenbewerken.
  • Gelijmd brocheren.
  • Geniet brocheren.
  • Praktijktraining drukkerijbinden.
  • Praktijktraining snijden.
  • Praktijktraining vouwen.
  • Vellenbewerken - snijden.
  • Vellenbewerken - vouwen.
- *Vormgeven:*
  • DTP vormgeven.
  • Grafisch vormgever.
  • Kleur in publicaties.
  • Typografie.
- *Webdesign en -development:*
  • Intro webdesign.

8.1.l.3 STIVAKO STIchting VAKonderwijs (KVGO)
Voor adres(sen) zie: OVER-19.
Opleidingen
- commerciële Opleiding Verkoop & Advies (COVA).
- Management & marketing Grafimedia en Creatieve industrie.
- Projectmanager Creatieve industrie.
- Staf & Kader Creatieve industrie.

Cursussen Trainingen:
- Communiceren en leidinggeven.
- Effectief verkopen voor MKB-bedrijven.
- LEAN Manifacturing.
- LEAN Marketing.
- Preventiemedewerker.
- Projectmatig werken met communicatiemedia.

Duur 6-8 maanden.

8.1.l.4 Volwassenenonderwijs - grafische techniek
Voor adres(sen) zie: ROCCO-3, 11, 21, 25.
Cursussen
- Boekbinden.
- Dtp.
- Grafische basiskennis.
- Grafische calculatie.
- Klein offset.
- Offsetdrukken.
- Reprotechniek.
- Typografie en lay-out.
- Vormgeven.

8.1.p Onderwijs voor mensen met een beperking

8.1.p.1 Grafisch onderwijs voor mensen met een beperking
Voor adres(sen) zie: OVER-330.
Doel Grafisch onderwijs voor mensen met een of meer lichamelijke beperkingen.

9 HOUTVERWERKENDE SECTOR

De opleidingen in de houtverwerkende sector zijn uiteenlopend. Deze industrie valt in twee grote groepen van houtverwerking in te delen: de procestechniek en de overige houtverwerkende industrie.

De procesindustrie voor hout komt in Nederland niet veel voor. Het gaat hier om winning van bepaalde stoffen d.m.v. extractie, destillatie e.d. zoals cellulose (nodig voor papier en rayon), hars, etherische oliën, looistoffen, kleurstof, was.

De houtverwerkende industrie kent een primaire verwerking van hout, d.w.z. de verwerking van grondstoffen tot halffabrikaten (planken, balken, fineer e.d.); en verder de secundaire verwerking van hout, d.w.z. de verwerking van halffabrikaten tot eindproduct. Hierbij valt te denken aan 'gestandaardiseerde onderdelen van het houtbedrijf' (kozijnen, deuren, deurlijsten, trappen e.d.); het meubileringsbedrijf, vloerenleggersbedrijf, woninginrichtingsbedrijf en woningstoffeerdersbedrijf); voorts kan nog worden gedacht aan bepaalde industrieën, zoals een kistenfabriek.

N.B. In dit hoofdstuk wordt ook een keuze van diverse opleidingen in het hoger onderwijs beschreven. Complete alfabetische lijsten van alle bekostigde opleidingen in het hoger onderwijs zijn te vinden in hoofdstuk 25. Deze worden jaarlijks geheel geactualiseerd.

9.1 HOUTVERWERKING EN WONINGINRICHTING

9.1.f Hbo-bacheloropleiding

9.1.f.1 Bos- en natuurbeheer (HS van Hall/Larenstein)
Zie 3.3.f.1.
Algemeen Deze opleiding wordt hier genoemd in verband met eventuele staffuncties in de procesindustrie van het hout, de houthandel en de houtverwerkende industrie wat betreft de primaire verwerking. De opleiding geeft hiertoe een goede basis, maar leidt niet speciaal voor deze functies op.

9.1.f.2 Interieurvormgever (ArtEZ)
Zie 23.2.f.6.

9.1.f.3 Werkplaatsbouwkunde (Saxion HS)
Voor adres(sen) zie: HBO-89.
Algemeen Ad-programma.
Duur 2 jaar voltijd.

9.1.g Mbo-opleiding niveau 4

9.1.g.1 Interieuradviseur (niveau 4)
Voor adres(sen) zie: ROC/MBO-13, 16, 32.
Algemeen
- Eindtermen voor deze kwalificatie worden ontwikkeld door SH&M.
- Hier worden slechts de centrale adressen vermeld. De opleiding kan in de wijde omtrek ervan worden gegeven.

CREBO 90940
Doel Interieuradviezen geven; opnemen van maten ten behoeve van het aanbrengen van wand- en raambekledingen, maken van een indelingsplan voor banen vloerbedekking en gordijnmetrages, voeren van advies- en verkoopgesprekken, voor- en nacalculeren, beheersen van het in- en verkoopproces, opleveren van het inrichtingsproject, organiseren van een bedrijf en leidinggeven, instrueren en beheren van personeel.
Toelatingseisen
- Diploma vmbo gl, vmbo kb of vmbo tl met de sector vmbo-Tech; of diploma vmbo gl, vmbo kb of vmbo tl, alle met nat/scheik. 1 of wisk., met de sectoren vmbo-Ec, vmbo-Lb of vmbo-Z&W; diploma mavo-4.
- Overgangsbewijs naar havo-4 of vwo-4.
- Diploma Medewerker productpresentatie (vormgeving ruimtelijke presentatie en communicatie) (niveau 2), of Verkoopadviseur wonen (niveau 3).

Duur 4 jaar voltijd en deeltijd.
Mogelijkheden voor verdere studie Hbo-bachelor Bouwkunde; lerarenopleidingen voor het technisch onderwijs.

Functiemogelijkheden Manager wonen in een woninginrichting of in een woningstoffeerderij.

9.1.g.2 Meewerkend leidinggevende machinaal houtbewerken (niveau 4)
Voor adres(sen) zie: ROC/MBO-32.
Algemeen
- Eindtermen voor deze kwalificatie worden ontwikkeld door SH&M.
- Hier wordt slechts het centrale adres vermeld. De opleiding kan in de wijde omtrek ervan worden gegeven.

CREBO 94550
Doel
- In een houthandel: hout en plaatmaterialen bewerken die zijn bestemd voor de houtverwerkende industrie.
- In een meubelfabriek of (scheeps)interieurbouwbedrijf: balies, kasten, (scheeps)betimmeringen en tafels maken.
- In een timmerfabriek: onderdelen voor deuren, kozijnen, ramen en trappen.

Toelatingseisen Een diploma van niveau 3: Allround machinaal houtbewerker (meubelindustrie), of Allround machinaal houtbewerker (timmerindustrie).
Duur 2 jaar deeltijd, afhankelijk van eerder behaalde kwalificaties.
Mogelijkheden voor verdere studie HBO-bachelor.
Functiemogelijkheden Op de machinale afdeling van een houthandel, meubelfabriek, (scheeps)interieurbouwbedrijf, of timmerfabriek.

9.1.g.3 Meewerkend leidinggevende meubelindustrie ([scheeps]interieurbouw) (niveau 4)
Voor adres(sen) zie: ROC/MBO-32.
Algemeen
- Eindtermen voor deze kwalificatie worden ontwikkeld door SH&M.
- Hier wordt slechts het centrale adres vermeld. De opleiding kan in de wijde omtrek ervan worden gegeven.

CREBO 94591
Doel Zelfstandig initiëren, organiseren en coördineren van de werkzaamheden.
Toelatingseisen Een diploma van niveau 3: Allround machinaal houtbewerker (meubelindustrie), of Allround meubelmaker.
Duur 2 jaar deeltijd.
Mogelijkheden voor verdere studie Hbo-ad: Interieurvormgever.
Functiemogelijkheden Meewerkend leidinggevende in de meubelindustrie.

9.1.g.4 Meewerkend leidinggevende montage timmerindustrie (niveau 4)
Voor adres(en) zie: ROC/MBO-32.
Algemeen
- Eindtermen voor deze kwalificatie worden ontwikkeld door SH&M.
- Hier wordt slechts het centrale adres vermeld. De opleiding kan in de wijde omtrek ervan worden gegeven.
CREBO 94630
Doel Zelfstandig initiëren, organiseren en coördineren van de montagewerkzaamheden.
Toelatingseisen Diploma Allround machinaal houtbewerker (timmerindustrie) (niveau 3).
Duur 2 jaar deeltijd, afhankelijk van eerder behaalde kwalificaties.
Mogelijkheden voor verdere studie Hbo-bachelor.
Functiemogelijkheden Meewerkend leidinggevende in de timmerindustrie.

9.1.g.5 Ontwerpend meubelmaker (creatief vakman) (niveau 4)
Voor adres(en) zie: ROC/MBO-32.
Algemeen
- Eindtermen voor deze kwalificatie worden ontwikkeld door SH&M.
- Hier wordt slechts het centrale adres vermeld. De opleiding kan in de wijde omtrek ervan worden gegeven.
CREBO 93686
Doel Met specialistische kennis opdrachten uitvoeren of vrij werk creëren, waarbij werkmethoden worden ontwikkeld of diverse methoden worden gecombineerd.
Toelatingseisen
- Diploma vmbo gl, vmbo kb of vmbo tl met de sector vmbo-Tech; of diploma vmbo gl, vmbo kb of vmbo tl, alle met nat/scheik. 1 of wisk., met de sectoren vmbo-Ec, vmbo-Lb of vmbo-Z&W.
- Een diploma van niveau 3: Allround meubelmaker, of Allround machinaal houtbewerker (meubelindustrie).
Duur 4 jaar voltijd.
Mogelijkheden voor verdere studie Hbo-bachelor Architectonische vormgeving (met de mogelijkheid tot specialisatie in Interieurarchitectuur of Meubelontwerp), Bouwkunde, Industrieel product ontwerpen, Kunst en techniek.
Functiemogelijkheden Werkzaam in een meubelmakerij of vanuit een atelier of werkplaats; na enkele jaren ervaring kan men als zelfstandige werken.

9.1.g.6 Werkvoorbereider meubelindustrie ([scheeps]interieurbouw) (niveau 4)
Voor adres(en) zie: ROC/MBO-32.
Algemeen
- Eindtermen voor deze kwalificatie worden ontwikkeld door SH&M.
- Hier wordt slechts het centrale adres vermeld. De opleiding kan in de wijde omtrek ervan worden gegeven.
CREBO 94651
Doel Analyseren, calculeren en offreren van opdrachten; betrokken zijn bij de ontwikkeling van nieuwe producten; inkoop van materialen en middelen; werkvoorbereiding (o.a. meetwerkzaamheden) ten behoeve van de productiewerkzaamheden aan kasten, tafels en stoelen (bij schepen: kombuizen en stuurhutten); zelfstandige begeleiding van de productie.
Toelatingseisen Een diploma van niveau 3: Allround machinaal houtbewerker (meubelindustrie), of Meubelmaker ([scheeps]interieurbouwer).
Duur 2 jaar deeltijd.

Mogelijkheden voor verdere studie Hbo-ad: Interieurvormgever.
Functiemogelijkheden Leidinggevende op het bedrijfsbureau bij middelgrote bedrijven in de meubelindustrie.

9.1.g.7 Werkvoorbereider timmerindustrie (niveau 4)
Voor adres(en) zie: ROC/MBO-32, 33, 42, 54, 60.
Algemeen
- Eindtermen voor deze kwalificatie worden ontwikkeld door SH&M.
- Hier worden slechts de centrale adressen vermeld. De opleiding kan in de wijde omtrek ervan worden gegeven.
CREBO 94652
Doel Analyseren, calculeren en offreren van opdrachten; betrokken zijn bij de ontwikkeling van nieuwe producten; inkoop van materialen en middelen; werkvoorbereiding van de productiewerkzaamheden aan gevelelementen, houtskeletbouwelementen of trappen; zelfstandige begeleiding van de productie.
Toelatingseisen Diploma Allround machinaal houtbewerker (timmerindustrie) (niveau 3).
Duur 2 jaar deeltijd.
Mogelijkheden voor verdere studie Geen specifieke verdere studiemogelijkheden.
Functiemogelijkheden Leidinggevende op het bedrijfsbureau bij middelgrote bedrijven in de timmerindustrie.

9.1.h Mbo-opleiding niveau 3

9.1.h.1 Allround machinaal houtbewerker (meubelindustrie) (niveau 3)
Voor adres(en) zie: ROC/MBO-8, 12, 15, 22, 25, 30, 38.
Algemeen
- Eindtermen voor deze kwalificatie worden ontwikkeld door SH&M.
- Hier worden slechts de centrale adressen vermeld. De opleiding kan in de wijde omtrek ervan worden gegeven.
CREBO 22021/95570
Doel Machinaal bewerken van hout- en plaatmateriaal en bijzondere materialen voor het maken van meubelproducten, instellen, bedienen en onderhouden van machinestraten voor de meubelindustrie, opstellen van de routing en verhelpen van storingen.
Toelatingseisen Diploma vmbo gl, vmbo kb of vmbo tl met de sector vmbo-Tech; of diploma vmbo gl, vmbo kb of vmbo tl, alle met nat./scheik. 1 of wisk., met de sectoren vmbo-Ec, vmbo-Lb of vmbo-Z&W.
Duur 4 jaar voltijd en deeltijd.
Mogelijkheden voor verdere studie Met vrijstellingen instromen in een opleiding van niveau 4: Meewerkend leidinggevende machinaal houtbewerken.
Functiemogelijkheden Allround machinaal houtbewerker meubelindustrie in de machinale afdeling van de meubelindustrie.

9.1.h.2 Allround machinaal houtbewerker (timmerindustrie) (niveau 3)
Voor adres(en) zie: ROC/MBO-1, 8, 12, 15, 25, 30, 32, 38, 39, 42, 60.
Algemeen
- Bij Roc van Twente worden 4 specialisaties genoemd:
  - Allround machinaal houtbewerker.
  - Allround machinaal houtbewerker CNC kozijnen en ramen.
  - Allround machinaal houtbewerker CNC trappen en deuren.
  - Allround trappenmaker.
- Eindtermen voor deze kwalificatie worden ontwikkeld door SH&M.
- Hier worden slechts de centrale adressen vermeld. De opleiding kan in de wijde omtrek ervan worden gegeven.
CREBO 10932/95570

Doel Machinaal bewerken van hout- en plaatmateriaal en bijzondere materialen voor het maken van timmerproducten, instellen, bedienen en onderhouden van machinestraten voor de timmerindustrie, opstellen van de routing en verhelpen van storingen.
Toelatingseisen Een diploma van niveau 2: Machinaal houtbewerker (timmerindustrie), of Montagemedewerker timmerindustrie.
Duur 4 jaar voltijd en deeltijd; bij Roc van Twente ook: met vrijstellingen 2 jaar voltijd en deeltijd.
Mogelijkheden voor verdere studie Opleidingen van niveau 4: Meewerkend leidinggevende montage timmerindustrie, of Werkvoorbereider timmerindustrie.
Functiemogelijkheden Allround machinaal houtbewerker timmerindustrie in de machinale afdeling van de timmerindustrie.

9.1.h.3 Allround meubelmaker ([scheeps]interieurbouwer) (niveau 3)
Voor adres(sen) zie: ROC/MBO-32.
Algemeen
- Bij Roc van Twente heeft deze opleiding 3 specialisaties:
  • Allround meubelmaker.
  • Allround interieurbouwer.
  • Allround scheepsinterieurbouwer.
- Eindtermen voor deze kwalificatie worden ontwikkeld door SH&M.
- Hier wordt slechts het centrale adres vermeld. De opleiding kan in de wijde omtrek ervan worden gegeven.
CREBO 95580
Doel
- *Taak Allround meubelmaker:* machinale bewerkingen aan massief hout voor bedden, bureaus, kasten, stoelen, tafels, bestemd voor hotels, kantoren en woonhuizen.
- *Taak Allround interieurbouwer:* plaatmateriaal (hout of kunststof) monteren.
- *Taak Allround scheepsinterieurbouwer:* betimmeringen maken van hutten, kasten, plafonds, trappenhuizen en wanden in schepen.
Toelatingseisen Diploma Meubelmaker ([scheeps]interieurbouwer) (niveau 2).
Duur 2 jaar deeltijd.
Mogelijkheden voor verdere studie Een opleiding van niveau 4: Werkvoorbereider meubelindustrie ([scheeps]interieurbouw).
Functiemogelijkheden
- Als allround meubelmaker werk in de meubelindustrie.
- Als allround interieurbouwer in een werkplaats of ter plekke in een interieur van een apotheek, een instelling, een winkel of een andersoortig bedrijf.
- Allround scheepsinterieurbouwer: werk in een schip.

9.1.h.4 Allround meubelstoffeerder (niveau 3)
Voor adres(sen) zie: ROC/MBO-32, 60.
Algemeen
- Eindtermen voor deze kwalificatie worden ontwikkeld door SH&M.
- Hier worden slechts de centrale adressen vermeld. De opleiding kan in de wijde omtrek ervan worden gegeven.
CREBO 93570
Doel Geheel zelfstandig maat nemen; meubels met stof of leer bekleden; binnenwerk van stoelen en banken met veren en stoffering aanbrengen; reparatie oude meubels.
Toelatingseisen
- Diploma vmbo gl, vmbo kb of vmbo tl met de sector vmbo-Tech; of diploma vmbo gl, vmbo kb of vmbo tl, alle met nat./scheik. 1, met de sectoren vmbo-Ec, vmbo-Lb of vmbo-Z&W.
- Diploma Meubelstoffeerder (niveau 2).

Duur 2 jaar deeltijd.
Mogelijkheden voor verdere studie Opleiding Ondernemer meubelstoffeerbedrijf (o.a. bij SHM, Woerden).
Functiemogelijkheden Meubelstoffeerder in de meubelstoffeerderij, in woninginrichtingsbedrijven, in een woningstoffeerderij of in een projectstoffeerderij.

9.1.h.5 Allround werkplaatstimmerman (niveau 3)
Voor adres(sen) zie: ROC/MBO-58.
Algemeen
- Eindtermen voor deze kwalificatie worden ontwikkeld door SH&M.
- Hier wordt slechts het centrale adres vermeld. De opleiding kan in de wijde omtrek ervan worden gegeven.
CREBO 10931
Doel Maken en eventueel plaatsen van alle voorkomende timmerproducten voor de woning- en utiliteitsbouw, en verzorgen van opslag en transport van genoemde producten.
Toelatingseisen Diploma vmbo gl, vmbo kb of vmbo tl met de sector vmbo-Tech; of diploma vmbo gl, vmbo kb of vmbo tl, alle met nat./scheik. 1 of wisk., met de sectoren vmbo-Ec, vmbo-Lb of vmbo-Z&W.
Duur 4 jaar voltijd en deeltijd.
Mogelijkheden voor verdere studie Met vrijstellingen instromen in een opleiding van niveau 3: Allround machinaal houtbewerker (timmerindustrie).
Functiemogelijkheden Allround werkplaatstimmerman in een timmerfabriek.

9.1.h.6 Allround woningstoffeerder (Woningstoffeerder) (niveau 3)
Voor adres(sen) zie: ROC/MBO-32, 43, 60.
Algemeen
- Eindtermen voor deze kwalificatie worden ontwikkeld door SH&M.
- Hier worden slechts de centrale adressen vermeld. De opleiding kan in de wijde omtrek ervan worden gegeven.
CREBO 90970
Doel Zelfstandig leggen van alle voorkomende zachte en elastische soorten vloerbedekking en lopers, ook in moeilijke en bijzondere ruimten, bekleden van alle voorkomende trapsoorten, maken en aanbrengen van alle soorten raambekleding inclusief binnen- en buitenzonweringen, aanbrengen van wandbekleding en stofferen en inrichten van projecten.
Toelatingseisen
- Diploma vmbo gl, vmbo kb of vmbo tl met de sector vmbo-Ec; of diploma vmbo gl, vmbo kb of vmbo tl, alle met econ., 2e moderne vreemde taal of wisk., met de sectoren Vmbo-Lb, vmbo-Tech of vmbo-Z&W.
- Diploma Basis woningstoffeerder (woningstoffeerder) (niveau 2).
Duur 4 jaar voltijd en deeltijd; met diploma Basis woningstoffeerder (woningstoffeerder): 2 jaar deeltijd.
Mogelijkheden voor verdere studie Een opleiding van niveau 4: Interieuradviseur.
Functiemogelijkheden Allround woningstoffeerder in de woninginrichtingbranche.

9.1.h.7 Verkoopadviseur wonen (niveau 3)
Voor adres(sen) zie: ROC/MBO-13, 42.
Algemeen
- Eindtermen voor deze kwalificatie worden ontwikkeld door SH&M.
- Hier worden slechts de centrale adressen vermeld. De opleiding kan in de wijde omtrek ervan worden gegeven.
CREBO 10861/90381

Doel Adviseren van klanten aan huis of in de winkel met betrekking tot woningtextiel, meubelen, keukens, parket/laminaat of slaapkamers van woon-, respectievelijk bedrijfsruimte, geven van advies over onderhoud en reiniging van relevante producten, verkopen van producten en inrichten van een winkelruimte.

Toelatingseisen Diploma vmbo gl, vmbo kb of vmbo tl met de sector vmbo-Tech; of diploma vmbo gl, vmbo kb of vmbo tl, alle met nat./scheik. 1 of wisk., met de sectoren vmbo-Ec, vmbo-Lb of vmbo-Z&W.

Duur 3 jaar voltijd en deeltijd.

Mogelijkheden voor verdere studie Met vrijstellingen instromen in een opleiding van niveau 4: Manager wonen.

Functiemogelijkheden Verkoopadviseur wonen in de woninginrichtingbranche.

9.1.i Mbo-opleiding niveau 1 of niveau 2

9.1.i.1 Assistent houtbranche (niveau 1)

Voor adres(sen) zie: ROC/MBO-1, 7, 12, 15, 20, 21, 22, 32, 33, 38, 39, 43, 48, 58.

Algemeen
- Eindtermen voor deze kwalificatie worden ontwikkeld door SH&M.
- Hier worden slechts de centrale adressen vermeld. De opleiding kan in de wijde omtrek ervan worden gegeven.

CREBO 10938/94560

Doel Assisteren van de meubelmaker of machinaal houtbewerker, aan- en afvoeren van grondstoffen en (half)producten en onder toezicht invoeren in de machines.

Toelatingseisen De volledige leerplicht hebben voltooid.

Duur 1 jaar voltijd en deeltijd.

Mogelijkheden voor verdere studie Opleidingen van niveau 2: Machinaal houtbewerker (meubelindustrie), Machinaal houtbewerker (timmerindustrie), Meubelmaker, Montagemedewerker timmerindustrie, of Werkplaatstimmerman.

Functiemogelijkheden Assistent in de machinale afdeling van de houthandel of de meubelindustrie.

9.1.i.2 Basis woningstoffeerder (woningstoffeerder) (niveau 2)

Voor adres(sen) zie: ROC/MBO-20, 32.

Algemeen
- Eindtermen voor deze kwalificatie worden ontwikkeld door SH&M.
- Hier worden slechts de centrale adressen vermeld. De opleiding kan in de wijde omtrek ervan worden gegeven.

CREBO 10859/90960

Doel Op locatie aanbrengen van zachte en elastische vloerbedekking, bekleden van trappen en aanbrengen van raambekleding.

Toelatingseisen Diploma vmbo bb.

Duur 2 jaar deeltijd.

Mogelijkheden voor verdere studie Een opleiding van niveau 3: Allround woningstoffeerder (woningstoffeerder).

Functiemogelijkheden Woningstoffeerder in de woninginrichtingbranche.

9.1.i.3 Machinaal houtbewerker (timmerindustrie) (niveau 2)

Voor adres(sen) zie: ROC/MBO-1, 8, 15, 20, 21, 22, 30, 32, 33, 38, 39, 42, 60.

Algemeen
- Eindtermen voor deze kwalificatie worden ontwikkeld door SH&M.
- Hier worden slechts de centrale adressen vermeld. De opleiding kan in de wijde omtrek ervan worden gegeven.

CREBO 93522/95000

Doel Aan- en afvoeren van grondstoffen en (half)producten, onder begeleiding instellen van machines, en hout en plaatmateriaal machinaal bewerken ten behoeve van meubelproducten.

Toelatingseisen
- De volledige leerplicht hebben voltooid.
- De Nederlandse taal machtig zijn.

Duur Ruim 2 jaar voltijd en deeltijd.

Mogelijkheden voor verdere studie Met vrijstellingen instromen in een opleiding van niveau 2: Meubelmaker, of met vrijstellingen instromen in een opleiding van niveau 3: Allround machinaal houtbewerker (timmerindustrie), of in een opleiding van niveau 4: Meewerkend leidinggevende machinaal houtbewerken.

Functiemogelijkheden Machinaal houtbewerker meubelindustrie in de machinale afdeling van de meubelindustrie.

9.1.i.4 Meubelmaker (niveau 2)

Zie ook: 9.1.i.5.

Voor adres(sen) zie: ROC/MBO-7, 30, 39, 60.

Algemeen
- Eindtermen voor deze kwalificatie worden ontwikkeld door SH&M.
- Hier worden slechts de centrale adressen vermeld. De opleiding kan in de wijde omtrek ervan worden gegeven.

CREBO 10933

Doel Een eenvoudige materiaalstaat aan de hand van een tekening maken, en het uitvoeren van vakhandelingen met verschillende materialen, gereedschappen en machines.
- Er zijn 4 differentiaties of beroepsaccenten: interieurbouwer - meubelmaker - meubelmaker/montagemedewerker - scheepsinterieurbouwer.

Toelatingseisen
- De volledige leerplicht hebben voltooid.
- De Nederlandse taal machtig zijn.

Duur Ruim 2 jaar voltijd en deeltijd.

Mogelijkheden voor verdere studie Met vrijstellingen instromen in een opleiding van niveau 2: Machinaal houtbewerker meubelindustrie, of met vrijstellingen instromen in een opleiding van niveau 4: Meewerkend leidinggevende machinaal houtbewerken.

Functiemogelijkheden Meubelmaker in de hout- en meubelsector.

9.1.i.5 Meubelmaker ([scheeps]interieurbouwer) (niveau 2)

Zie ook: 9.1.i.4.

Voor adres(sen) zie: ROC/MBO-1, 20, 22, 30, 32, 33, 38, 39, 42, 43, 48, 60.

Algemeen
- Bij Roc van Twente wordt deze opleiding genoemd: Meubelmaker/Interieurbouwer/Scheepsinterieurbouwer.
- Eindtermen voor deze kwalificatie worden ontwikkeld door SH&M.
- Hier worden slechts de centrale adressen vermeld. De opleiding kan in de wijde omtrek ervan worden gegeven.

CREBO 10929/94570

Doel Een materiaalstaat aan de hand van een tekening maken, en het uitvoeren van vakhandelingen met verschillende materialen, gereedschappen en machines.

Toelatingseisen
- Diploma vmbo bb.
- Diploma Assistent houtbranche (niveau 1).

Duur 2 jaar voltijd en deeltijd.

Mogelijkheden voor verdere studie Een opleiding van niveau 3: Allround Meubelmaker ([scheeps]interieurbouwer).

Functiemogelijkheden Allround meubelmaker in de hout- en meubelindustrie, in een werkplaats of in een schip.

9.1.i.6 Meubelstoffeerder (niveau 2)
Voor adres(sen) zie: ROC/MBO-32.
Algemeen
- Eindtermen voor deze kwalificatie worden ontwikkeld door SH&M.
- Hier wordt slechts het centrale adres vermeld. De opleiding kan in de wijde omtrek ervan worden gegeven.

CREBO 93560
Doel Maat nemen; meubels met stof of leer bekleden; binnenwerk van stoelen en banken met veren en stoffering aanbrengen.
Toelatingseisen Diploma vmbo bb.
Mogelijkheden voor verdere studie Een opleiding van niveau 3: Allround meubelstoffeerder.
Functiemogelijkheden Werkzaam in een meubelfabriek; in een meubelstoffeerderij oude meubelen opnieuw bekleden.

9.1.i.7 Montagemedewerker timmerindustrie (niveau 2)
Voor adres(sen) zie: ROC/MBO-1, 8, 20, 21, 22, 32, 33, 38.
Algemeen
- Eindtermen voor deze kwalificatie worden ontwikkeld door SH&M.
- Hier worden slechts de centrale adressen vermeld. De opleiding kan in de wijde omtrek ervan worden gegeven.

CREBO 93521/94610
Doel Helpen uitvoeren van houtbewerkingen voor (delen van) timmer- en constructieproducten (bijvoorbeeld dakkapellen, kozijnen, trappen; afmonteren gevelelementen; prefabriceren van dak-, vloer- en wandelementen voor de woning- en utiliteitsbouw.
Toelatingseisen
- Diploma vmbo bb.
- Diploma Assistent houtbranche, of een ander verwant diploma van niveau 1.
Duur Ruim 2 jaar voltijd en deeltijd.
Mogelijkheden voor verdere studie Met vrijstellingen instromen in een opleiding van niveau 2: Werkplaatstimmerman, of met vrijstellingen instromen in een opleiding van niveau 3: Allround machinaal houtbewerker (timmerindustrie), of in een opleiding van niveau 4: Meewerkend leidinggevende montage timmerindustrie.
Functiemogelijkheden Montagemedewerker in de timmerindustrie.

9.1.i.8 Werkplaatstimmerman (niveau 2)
Voor adres(sen) zie: ROC/MBO-16, 30, 58.
Algemeen
- Eindtermen voor deze kwalificatie worden ontwikkeld door SH&M.
- Hier worden slechts de centrale adressen vermeld. De opleiding kan in de wijde omtrek ervan worden gegeven.

CREBO 10935
Doel Uitvoeren van bewerkingen op houtbewerkingsmachines ten behoeve van eenvoudige timmerproducten, en monteren en afmonteren ervan.
Toelatingseisen
- De volledige leerplicht hebben voltooid.
- De Nederlandse taal machtig zijn.
Duur 2 jaar voltijd en deeltijd.
Mogelijkheden voor verdere studie Met vrijstellingen instromen in opleidingen van niveau 2: Machinaal houtbewerker (meubelindustrie), Machinaal houtbewerker (timmerindustrie), of Meubelmaker; of met vrijstellingen instromen in een opleiding van niveau 3: Allround werkplaatstimmerman, of in een opleiding van niveau 4: Meewerkend leidinggevende montage timmerindustrie.

Functiemogelijkheden Werkplaatstimmerman in een timmerfabriek.

9.1.l Overige opleidingen

9.1.l.1 Centrum Hout
Zie ook: 9.1.l.6.
Voor adres(sen) zie: OVER-6.
Cursussen
A.
- *Basis hout en plaatmateriaal.*
B.
- *Houthandel:*
  - CTH - Algemene cursusinformatie.
  - CTH - Moduul 1: basiskennis.
  - CTH - Moduul 2: commercie.
  - CTH - Moduul 3: naaldhout.
  - CTH - Moduul 4: loofhout en Amerikaans naaldhout.
  - CTH - Moduul 5: plaatmaterialen.
  - CTH - Moduul 6: bouwen met hout.
  - CTH - Moduul 7: bouwmaterialen (facultatief).
- *Timmerindustrie:*
  - Calculeren timmerindustrie.
  - CTT - Algemene cursusinformatie.
  - CTT - moduul 1: basiskennis hout.
  - CTT - moduul 2: commercie.
  - CTT - moduul 3: normen, kwaliteit en dubo.
  - CTT - moduul 4: toepassingen en producten.
  - Follow up leermeestertraining: arbo en beoordelen.
  - Follow-up leermeestertraining: coachen.
  - Inbraakwerend geveltimmerwerk.
  - Meewerkend leidinggeven.
  - Ondernemend meedenken voor leidinggevenden.
  - Preventiemedewerker timmerindustrie.
  - Tekeninglezen timmerindustrie.
  - Training leermeester.
  - Veilig werken met de heftruck/reachtruck.
  - Veilig werken met de zijlader.
  - Werkvoorbereider timmerindustrie.
- *Overige cursussen:*
  - Bouwfysica.
  - Bouwmaterialen.
  - Bruggen en oeverbeschoeiingen van hout.
  - Erkend sorteerder loofhout.
  - Erkend sorteerder naaldhout.
  - Implementatie CE-markering.
  - Maatwerkopleidingen.
  - Primaire Lijm Applicatie Cursus (PLAC).
  - Specialist naaldhout.
  - Verkoper als onderscheidende factor.
  - Voorkomen van bouwfouten met hout.
  - Werkvoorbereider meubelindustrie.
Toelatingseisen
- A. Er worden geen speciale vooropleidingseisen gesteld. Deze cursus wordt met name gevolgd door houthandelaren, aannemers, architecten, leraren, interieurverzorgers, bosbouwkundigen, waterbouwkundigen.
- B. Diploma havo of mbo niveau 4; praktijkervaring.
Duur
- A. 6 maanden tot 1 jaar, schriftelijk.
- B. CTT volledig: 9 maanden modulair, dagopleiding.

9.1.I.2 IMKO
Voor adres(en) zie: OVER-111.
Opleidingen
- Assortimentskennis woningtextiel.
- Binnenhuisarchitectuur voor verkopers in de woonbranche.
- Klantvriendelijk optreden bij klanten thuis.
- Presenteren van meubelen.
- Productkennis verlichting.
- Slaapkameradvisering.
- Styling in de woonbranche.
- Styling met woningtextiel.
- Traditionele draperieën.
- Veilig en verantwoord tillen voor woningstoffeerders en meubel-bezorgers.
- Verf- en kleuradviseur.
- Verkoop en advisering in de woonbranche.
- Window dressing.

9.1.I.3 Interieurarchitect
Voor adres(en) zie: DIEN-10.
Algemeen De titel 'interieurarchitect' is beschermd volgens de Wet op de architectentitel.
Inschrijving in het register, artikel 2 van de Wet op de architectentitel, te Den Haag is slechts mogelijk op grond van een van de volgende getuigschriften:
- Getuigschrift van met goed gevolg afgelegd masterexamen, ver-bonden aan de studierichting Architectonische vormgeving, afstu-deerrichting Interieurarchitectuur/Vormgeving aan een Academie voor Beeldende Kunsten.
- Getuigschrift van het in de Wet op de architectentitel in hoofdstuk VI genoemde examen. Dit examen wordt georganiseerd door het Bureau Architectenregister (v/h Stichting Bureau Architecten-register [SBA]).
Toelatingseisen Tot het staatsexamen: 7 jaar aantoonbare praktijk-ervaring als interieurarchitect.

9.1.I.4 Interieurstyling (Artemis)
Zie 23.2.I.5.

9.1.I.5 NTI - blended learning - Binnenhuisarchitectuur
Voor adres(en) zie: ROC/MBO-36.
Opleidingen Binnenhuisarchitectuur.

9.1.I.6 Opleidingenlijn Houthandel
Zie ook: 9.1.I.1.
Voor adres(en) zie: OVER-6.
Doel Structureren van het werkgelegenheids- en opleidingsbeleid in de sector Houthandel, voorzieningen in dat kader treffen; advise-ren, informeren en ondersteunen.

9.1.I.7 Scholings- en werkgelegenheidsfonds timmerindustrie
Voor adres(en) zie: OVER-99.
Algemeen De cursussen worden door verschillende opleidingsinsti-tuten uitgevoerd.
Cursussen Voorlichten over en stimuleren van cursussen op het ge-bied van:
- arbeidsomstandighedenmanagement;
- bedienings- en programmeercursussen CNC;
- productkennis;
- vakbekwaamheid.

9.1.I.8 Stichting Akademie Vogue
Zie 6.2.I.9.
Opleidingen Interieurstyling.

9.1.I.9 Stichting Hout & Meubel
Voor adres(en) zie: KBB-17.
Algemeen Opleidingen te Amsterdam, Deventer, Eindhoven, Hee-renveen, Heerhugowaard, Nieuwegein en Rotterdam.
Cursussen
- Binnenhuisadviseur project 1 en 2.
- Binnenhuisadviseur SH&M.
- Deskundig verkoper keukens.
- Keukenadvies.
- Keukenplan.
- Meubels.
- Raam- en wandbekleding.
- Slaaptechniek.
- Verkoop algemeen.
- Verkoper woninginrichting.
- Vloerbedekking.
- Woonadviseur (basiscursus).
Toelatingseisen 4 jaar voortgezet onderwijs.

9.1.I.10 Stichting Perk: opleiding interieurvormgeving
Voor adres(en) zie: OVER-171.
Doel Praktijkgerichte beroepsopleiding voor binnenhuisarchitectuur.
Duur
- 4 jaar deeltijd (middag-avond of avond-avond).
- Men kan zelf het studietempo bepalen.
Lesprogramma
- 4 hoofdrichtingen: woninginrichting - projectinrichting - archi-tectonisch vormgeven - meubelontwerp.
- Subonderdelen: binnenhuisarchitectuur - technisch tekenen - des-sin ontwerpen - illustratieve vormgeving - kleurenleer - kunst-geschiedenis - architectuurgeschiedenis - textiele vormgeving - textielwarenkennis - tekenen en schilderen - designgeschiedenis - architectonisch vormgeven - interieurgeschiedenis - ruimtelijke vormgeving - product ontwerpen.

9.1.I.11 Volwassenenonderwijs - houtbewerking/-stofferen
Voor adres(en) zie: ROCCO-16.
Cursussen
- Houtbewerking.
- Meubelstofferen.
Duur Varieert van 3-10 dagdelen.

9.2 PIANOTECHNIEK, ORGELBOUW EN MUZIEKINSTRUMENTENBOUW

9.2.g Mbo-opleiding niveau 4

9.2.g.1 Muziekinstrumentenbouw
Voor adres(en) zie: HBO-238, OVER-372.
Algemeen In Boom: opleiding voor muziekinstrumentenbouw (snaar- en tokkelinstrumenten) in het kader van BSO in de derde graad.
Dit was de enige dagschool binnen de Beneluxlanden voor muziek-instrumentenbouw. In samenwerking met deze school te Boom (Bel-gië) startte het conservatorium te Gent (adres: Jozef Kluyskensstraat 2) een hbo-bachelor- en -masteropleiding Instrumentenbouw, met

als onderverdeling: lutherie (viool, altviool, cello); klavecimbel, piano(forte); orgelbouw.

Doel Conservatorium te Gent:
De afstudeerrichting instrumentenbouw wil de morfologie van de muziekinstrumenten bestuderen in functie van de bouw, de reconstructie en het behoud van deze fascinerende artefacten. De opleiding wil ingaan tegen de tendens tot uniformisering, en ze wil de oneindige klankmogelijkheden van akoestische instrumenten exploreren. Ze doet dit in het belang van de uitvoeringspraktijk van oude, maar ook van nieuwe muziek.

Toelatingseisen Getuigschrift 4e leerjaar havo of vwo, of diploma vmbo tl.

Duur 3 jaar voltijd; aan het conservatorium te Gent: 3 jaar bachelor plus 2 jaar master.

Lesprogramma
- *PTS, Boom:*
  Akoestiek - geschiedenis - katholieke godsdienst - N.C.-zedenleer - lichamelijke opvoeding - muziek - Nederlands - praktijk instrumentenbouw - technisch tekenen - technologie instrumentenbouw.
- *Conservatorium te Gent:*
  Tijdens de bachelorjaren worden door middel van het bouwen van vrij eenvoudige instrumenten uit diverse disciplines (o.m. een hakkebord of psalterium, barokgitaar, viola da gamba, cornetto) de verschillende technieken aangeleerd. Gaandeweg kan de student zich dan specialiseren in strijk-, tokkel-, blaas- of klavierinstrumenten.
  In de masterjaren komt experimentele instrumentenbouw ook aan bod, evenals een initiatie in de conservatie en restauratie van muziekinstrumenten.
  Ook musiceren is belangrijk in het curriculum. De student leert instrumenten bespelen; tevens worden de gebouwde instrumenten tijdens het academiejaar door muziekstudenten, en tijdens de eindexamens door professionele gerenommeerde musici en gevestigde bouwers getest, gewikt en gewogen.

Functiemogelijkheden Restaurator; zelfstandig instrumentenbouwer.

9.2.h Mbo-opleiding niveau 3

9.2.h.1 Pianotechnicus/ondernemer (niveau 3)
Voor adres(sen) zie: ROC/MBO-42.
Algemeen
- Eindtermen voor deze kwalificatie worden ontwikkeld door SVGB.
- Hier wordt slechts het centrale adres vermeld. De opleiding kan in de wijde omtrek ervan worden gegeven.

CREBO 92870
Doel Stemmen en intoneren van akoestische toetsinstrumenten, afstellen van het speelmechanisme en verrichten van reparaties aan piano's en vleugels.
Duur 3 jaar voltijd.
Mogelijkheden voor verdere studie Geen specifieke verdere studiemogelijkheden.
Functiemogelijkheden Pianostemmer, pianorestaurator, of zelfstandig ondernemer pianotechniek.

9.2.I Overige opleidingen

9.2.I.1 Huismuziek (vereniging voor muziek en instrumentenbouw)
Zie ook: 9.2.g.1.
Voor adres(sen) zie: OVER-79.
Algemeen Voor het bouwen van muziekinstrumenten bestaat (nog) geen specifieke opleiding in Nederland. De werkgroep Bouwerskontakt is bestemd voor allen die belangstelling hebben voor de bouw en het functioneren van muziekinstrumenten: van de beginnende bouwer tot de zelfstandige beroepsbeoefenaar.
Doel Bundelen, doorgeven en uitwisselen van de vaak specialistische kennis die bij muziekinstrumentbouw te pas komt.
Overige informatie Er worden een tijdschrift en boeken gepubliceerd, en er worden cursussen georganiseerd.

9.2.I.2 Orgelbouw
Voor adres(sen) zie: OVER-144.
Algemeen Introductiecursus voor orgelbouwers.
Toelatingseisen Circa 1 jaar werkervaring in de orgelbranche.
Overige informatie De cursus wordt particulier gegeven door de leden.

9.2.I.3 Pianotechnicus
Voor adres(sen) zie: ROC/MBO-42.
Algemeen Opleiding tot pianotechnicus/-stemmer; reparateur.
Toelatingseisen
- Diploma vbo-b (wisk., nat.) of vmbo.
- Men moet werkzaam zijn in een pianobedrijf.
Duur 2 jaar: naar keuze een avondopleiding of 1 dag per week.
Lesprogramma Stemmen - repareren - houtbewerking - materialen- en gereedschapsleer - vaktheorie en tekenen - natuurkunde - persoonlijke en maatschappelijke vorming.

---

10 BOUWSECTOR, PLANOLOGIE, LANDMEETKUNDE EN FYSISCHE GEOGRAFIE

De eerste paragraaf van dit hoofdstuk geeft een algemeen overzicht van opleidingen in de bouwsector. In de overige paragrafen worden opleidingen genoemd van enkele beroepen en disciplines.

Voor de bouwsector kan men ook de informatie van BOB Opleiding, Training en Advies (v/h Bouwcentrum) raadplegen over opleidingsprogramma's voor de ontwerpende en adviserende bouwsector, de uitvoerende bouwsector, onderhoud en beheer van de vastgoedsector, de overheidssector en de dienstensector (bezoekadres: Zilverstraat 69, 2718 RP Zoetermeer; postadres: Postbus 715, 2700 AS Zoetermeer, tel. 079-3 25 24 50, fax 079 - 3 25 24 60, e-mail: bouwkennis@bob.nl, website: www.bob.nl).

Deze sector wordt bij opleidingen ook wel globaal aangeduid als 'civiele techniek' of als 'bouw en infra'.
- Civiele techniek: de toegepaste wetenschap die zich bezighoudt met het realiseren en onderhouden van objecten die vastzitten in de grond. Voorbeelden van dergelijke objecten zijn: bruggen, gebouwen, kabels, leidingen, en wegen, maar ook de studie naar rivieren en kanalen valt onder civiele techniek. Civiele techniek is gericht op het benutten van de leefomgeving.
- Infra: de techniek die het aardoppervlak geschikt maakt en houdt voor het verblijven en zich verplaatsen van de mens. Er wordt globaal onderscheid gemaakt in: landmeetkunde - milieukunde - waterbouwkunde - verkeersbouwkunde - verkeer- en stedenbouw.

N.B. In dit hoofdstuk wordt ook een keuze van diverse opleidingen in het hoger onderwijs beschreven. Complete alfabetische lijsten van alle bekostigde opleidingen in het hoger onderwijs zijn te vinden in hoofdstuk 25. Deze worden jaarlijks geheel geactualiseerd.

10.1 BOUWSECTOR - ALGEMEEN

Algemeen Wordt als sector ook wel 'civiele techniek' of 'bouw en infra' genoemd.
- *Civiele techniek:* de toegepaste wetenschap die zich bezighoudt met het realiseren en onderhouden van objecten die vastzitten in de grond. Voorbeelden van dergelijke objecten zijn: bruggen, gebouwen, kabels, leidingen, en wegen, maar ook de studie naar rivieren en kanalen valt onder civiele techniek. Civiele techniek is gericht op het benutten van de leefomgeving.
- *Infra:* de techniek die het aardoppervlak geschikt maakt en houdt voor het verblijven en zich verplaatsen van de mens. Er wordt globaal onderscheid gemaakt in: landmeetkunde - milieukunde - waterbouwkunde - verkeersbouwkunde - verkeer- en stedenbouw.

10.1.a Postacademisch onderwijs (pao)

10.1.a.1 Assetmanagement (Avans+)
Voor adres(sen) zie: HBO-54.
Algemeen Deze post-bacheloropleiding richt zich op een diversiteit aan partijen, verantwoordelijk voor boven- en ondergrondse infrastructuren, om onderlinge kennis- en ervaringsdeling te waarborgen.
Duur 12 maanden.

10.1.a.2 Civiele techniek en bouwtechniek (TUD)
Voor adres(sen) zie: PAO-7.

10.1.b Wo-masteropleiding

10.1.b.1 Geo-Information Science (GIS)
(and earth observation) (ITC, UT, WU)
Voor adres(sen) zie: WO-18, 20, 47.
Algemeen
- Wo-Master of Science-opleiding.
- Bij ITC en UT heet de studie Geo-information science & earth observation. Deze wordt niet door de overheid bekostigd.
Duur 1 jaar voltijd.
Lesprogramma Specialisaties:
- ITC/UT: Applied earth sciences geological remote sensing - Applied earth sciences natural hazards & disaster risk management - Geoinformatics - Land administration - Natural resources management - Urban planning & management - Water resources and environmental management.

- WU: Empowering and engaging communities - Human-space interactions - Integrated land monitoring - Modelling and visualisation - Sensing and measuring.

10.1.c Wo-bacheloropleiding

10.1.c.1 Aardwetenschappen (Fysische geografie) (UU, VUA)
Voor adres(sen) zie: WO-9, 45.
Algemeen Wo-bacheloropleiding tot fysisch geograaf.
Doel De studie is gericht op de natuurwetenschappelijke beschrijving en verklaring van de samenhang van het landschap in het milieu.
Toelatingseisen
- Diploma vwo (wisk. A of B, nat., aanbevolen: scheik.); vwo-profiel C&M (+ wisk. B I, nat. I, scheik. I), E&M (+ wisk. B I, nat. I, scheik. I), N&T, N&G; propedeuse of getuigschrift/diploma van een hbo of van de OUNL (nat., wisk. A of B).
- Als men 21 jaar of ouder is, komt men in aanmerking voor een colloquium doctum.
Duur
- 3 jaar voltijd.
- UU: tevens verkort na relevante hbo-opleiding.
Lesprogramma Specialisaties:
- UU: Aarde, klimaat en leven - Aarde, water en milieu - Aardoppervlak en landvormen - Dynamica van de vaste aarde - Geologie van de vaste aarde.
- VUA: Fysische geografie en geo-milieuwetenschappen - Geoarcheologie - Geologie - Honours-programma.
Aansluitende masteropleidingen ITC, UT, WU: Geo Information Science (GIS) (and earth observation).
Functiemogelijkheden Beleids- en onderzoeksfuncties bij overheden en adviesbureaus inzake landschap en milieu, leraar aardrijkskunde, managementfuncties.
Overige informatie
- Aan de UU vormen Aarde, klimaat en leven, Aarde, water en milieu, Aardoppervlak en landvormen, Dynamica van de vaste aarde, en Geologie van de vaste aarde samen de faculteit Aardwetenschappen.
- Aan de VUA vormen Fysische geografie en geo-milieuwetenschappen, Geoarcheologie, en Geologie samen de faculteit Aardwetenschappen.

10.1.c.2 Bodem, water, atmosfeer (WU)
Voor adres(sen) zie: WO-47.
Algemeen Wo-Bachelor of Science-opleiding.
Doel De opleiding is gericht op de processen in bodem, water en atmosfeer en op de wisselwerking daartussen, en op maatregelen waarmee men de kwaliteit van deze drie compartimenten kan behouden of verbeteren.
Toelatingseisen
- Diploma vwo (nat., scheik., wisk.); vwo-profielen N&T of N&G; vwo-profielen C&M of E&M (beide met wisk. B1, nat. 1, scheik. 1); propedeuse of getuigschrift/diploma van een hbo of van de OUNL (nat., scheik. vereist op vwo-niveau); bij diploma van een verwante hbo-opleiding kan men ongeveer 2 jaar aan vrijstellingen krijgen.
- Als men 21 jaar of ouder is, komt men in aanmerking voor een colloquium doctum.
Duur 3 jaar voltijd.
Lesprogramma Specialisaties:
- WU: Minors.

Functiemogelijkheden Onderzoeker bij een universiteit of onderzoeksinstituut; adviseur, consulent of projectleider bij advies- en ingenieursbureaus op het gebied van bodemhygiëne, hydrologie, waterzuivering of meteorologie; beleids- of stafmedewerker bij ministeries, Rijkswaterstaat, provinciale milieudiensten of waterschappen; proces- of milieutechnoloog.

10.1.c.3 Bouwkunde (TUD, TU/e)
Voor adres(sen) zie: WO-13, 17.
Algemeen Wo-bacheloropleiding.
Doel De opleiding tot bouwkundig ingenieur is gericht op de gebouwde omgeving: van bouwelementen, gebouwen, wijken, steden, tot regio's.
- Taken van de bouwkundig ingenieur in het bouwproces: ontwerpen, beleid maken, adviseren, managen, beheren.
Toelatingseisen
- Diploma vwo (wisk. B, nat.); vwo-profiel C&M (+ wisk. B I en II, nat. I), E&M (+ wisk. B I en II, nat. I), N&T, N&G; propedeuse of getuigschrift/diploma van een hbo of van de OUNL (wisk. B, nat.).
- Met hto-Bouwkunde kan men een verkort programma volgen.
- Als men 21 jaar of ouder is, komt men in aanmerking voor een colloquium doctum.
Duur 3 jaar voltijd.
Lesprogramma Specialisaties:
- TUD: Architecture - Building technology - Landscape architecture Honours-programma - Minors - Real estate & housing - Urbanism.
Aansluitende masteropleidingen
- TUD, TU/e: Architectuur (Bouwkunde).
Functiemogelijkheden Architect, bouwtechnoloog, bouwmanager, vastgoedbeheerder, stedenbouwkundige (planoloog/ontwerper), volkshuisvestingsingenieur (beleid, projectleider, beheer), raadgevend ingenieur.

10.1.c.4 Civil engineering (UG, VUB)
Zie 10.11.c.1.

10.1.d Post-hbo-opleiding

10.1.d.1 Stichting CPION
(Centrum Post Initieel Onderwijs Nederland)
Voor adres(sen) zie: DIEN-29.
Algemeen Toetsing, registratie en diplomering van initiële opleidingen.

10.1.f Hbo-bacheloropleiding

10.1.f.1 Bouwkunde (hto) (Avans HS, Haagse HS, HAN, Hanze HS, HS Inholland, HS LOI, HS NCOI, HS Rotterdam, HS Windesheim, HZ, NHL, Saxion HS, Zuyd HS)
Voor adres(sen) zie: HBO-1, 3, 52, 64, 89, 95, 106, 109, 115, 125, 135, 150, 157, 203, 216.
Algemeen
- Hbo-bacheloropleiding voor bouwkundig ingenieur.
- Ook als ad-programma bij HS LOI.
- HS LOI en HS NCOI worden niet door de overheid bekostigd.
Toelatingseisen
- Diploma havo (wisk. B, nat.); havo-profiel N&T, N&G; diploma vwo (wisk. A of B, nat.); vwo-profiel C&M (+ wisk. AI en II, nat. I), E&M (+ nat. I), N&T, N&G; mbo niveau 4 (wisk. en/of nat.).
- Den Bosch, Den Haag, Enschede en Leeuwarden: mogelijkheid om achterstand in wiskunde en/of natuurkunde in te halen.
Duur
- 4 jaar voltijd.
- Tilburg (Avans HS): ook duaal.
- HS NCOI: digitaal in deeltijd.
- Ad-programma (HS LOI): 2 jaar digitaal in deeltijd.
Lesprogramma Specialisaties:
- Alkmaar (HS Inholland): Architectuur - Bouwtechniek - Constructie - Management en uitvoering.
- Almere (HS Windesheim/Flevoland): Architectuur en stedenbouw (minor) - Integrale bouwtechniek (minor) - Nieuwe steden (minor).
- Arnhem (HAN): Architectuur - Bouwtechniek - Constructie - Organisatie.
- Den Bosch (Avans HS): Bouwkunde (minor) - Bouwkundige specialisaties - Bouwtechnische bedrijfskunde.
- Den Haag: Architectuur - Bouwtechniek - Constructies - Management - Uitvoering (minor) - Wijkrenovatie (minor).
- Enschede (Saxion HS): Architectuur - Bouwtechniek - Bouwtechnische bedrijfskunde - Constructief - Uitvoeringsmanagement.
- Groningen (Hanze HS): Architectuur - Bouwmanagement - Bouwtechniek - Constructief ontwerp - International construction management.
- Haarlem (HS Inholland): Architectuur - Bouwtechniek - Constructie - Management en uitvoering.
- Leeuwarden (NHL): Architectuur - Bouwtechniek - Bouwuitvoering - Interieurarchitectuur - Stedenbouwkunde.
- Tilburg (Avans HS): Bouwkunde (minor) - Bouwkundige specialisaties.
- HS LOI: Constructie en techniek - Procesmanagement.
- HS NCOI: Architectuur en interieur - Vastgoed en makelaardij.
Mogelijkheden voor verdere studie
- TUD of TU/e, eventueel met vrijstellingen of in het verkorte doorstroomprogramma; post-hto-cursussen; Academie van Bouwkunst.
- Opleidingen voor MSc in Arnhem i.s.m. South Bank University in Londen.
- Den Bosch: in samenwerking met de TU/e is een doorstroomprogramma ontwikkeld.
Functiemogelijkheden Bouwkundig tekenaar, opzichter, projectleider; (hoofd)uitvoerder, calculator, bedrijfsleider bij een aannemersbedrijf; makelaar; constructeur; bouwkundig ambtenaar Bouw en Woningtoezicht; bouwinspecteur bij een Woningbouwvereniging; bouwkundig adviseur/deskundige in diverse organisaties.

N.B. HS Utrecht: De opleidingen Bouwkunde, Bouwtechnische Bedrijfskunde, Civiele techniek, Geodesie/Geo-informatica, Milieukunde en Ruimtelijke Ordening & Planologie zijn sinds 1 september 2015 opgegaan in de opleiding Built Environment (zie 10.1.f.2).

10.1.f.2 Built environment (hto) (Hanze HS, HS Utrecht, HvA, NHTV, Zuyd HS)

Voor adres(sen) zie: HBO-31, 55, 95, 140, 184.

Algemeen
- Hbo-bacheloropleiding voor stedelijk ingenieur.
- HS Utrecht: De opleidingen Bouwkunde, Bouwtechnische Bedrijfskunde, Civiele techniek, Geodesie/Geo-informatica, Milieukunde en Ruimtelijke Ordening & planologie zijn sinds 1 september 2015 opgegaan in de opleiding Built Environment.

Toelatingseisen
- Diploma havo (wisk. B, nat.); havo-profiel N&T, N&G (+ wisk. B II, nat. II); vwo (wisk. A of B, nat.); vwo-profiel C&M (+ wisk. A I en II, nat. I), N&T, N&G, E&M (+ nat. I, wisk. B); mbo niveau 4 (wisk., nat.).

Duur 4 jaar voltijd.

Lesprogramma Specialisaties:
- A'dam (HvA): Bouwkunde - Bouwtechnische bedrijfskunde - Civiele techniek.
- Breda (NHTV): Mobiliteit - Ruimtelijke ordening & planologie - Urban design.
- Groningen (Hanze HS/academie voor architectuur, bouwkunde en civiele techniek): Civiele techniek - International civil engineering management.
- Maastricht (Zuyd HS/Academie van bouwkunst): Architectuur - Bouwkunde - Bouwmanagement - Bouwtechniek - Bouwtechnische bedrijfskunde - Civiel management - Civiele techniek - Combinatieprofiel - Constructies - Regio gebouwde omgeving - Vastgoed - Verkeer en infra - Waterbeheer en milieu.
- Utrecht (HS Utrecht): Bouwkunde - Bouwtechnische bedrijfskunde Civiele techniek - Geodesie/geo-informatica - Milieukunde - Ruimtelijke ordening & Planologie.

Mogelijkheden voor verdere studie
- TUD of TU/e, eventueel met vrijstellingen of in het verkorte doorstroomprogramma; post-hto-cursussen; Academie van Bouwkunst.
- Opleidingen voor MSc in Arnhem i.s.m. South Bank University in Londen.

Functiemogelijkheden Projectleider, consultant, werkvoorbereider, tekenaar, constructeur, vastgoedmanager, beleidsmedewerker, ontwerper.

Overige informatie Het diploma geeft recht tot zelfstandige vestiging als bouwondernemer: het 'aannemersdiploma'.

10.1.g Mbo-opleiding niveau 4

10.1.g.1 Kaderfunctionaris bouw, infra en gespecialiseerde aannemerij (Kaderfunctionaris uitvoering bouw en infra) (niveau 4)

Voor adres(sen) zie: ROC/MBO-32, 38.

Algemeen
- Eindtermen voor deze kwalificatie worden ontwikkeld door Fundeon.
- Hier worden slechts de centrale adressen vermeld. De opleiding kan in de wijde omtrek ervan worden gegeven.

CREBO 93870/93873

Doel Het werk opnemen, organiseren, coördineren en leiden van de uitvoering; bewaken van de uitvoering met betrekking tot tijd, geld, bestek en KAM-zorg.

Duur 3 jaar deeltijd.

Mogelijkheden voor verdere studie Lerarenopleiding technische vakken, of een hbo-opleiding voor ondernemer.

Functiemogelijkheden Beginnend uitvoerder bij een klein, middelgroot of groot uitvoerend bouwbedrijf.

10.1.g.2 Kaderfunctionaris natuursteenbedrijf (niveau 4)

Voor adres(sen) zie: ROC/MBO-54.

Algemeen
- Eindtermen voor deze kwalificatie worden ontwikkeld door Fundeon.
- Hier wordt slechts het centrale adres vermeld. De opleiding kan in de wijde omtrek ervan worden gegeven.

CREBO 10136

Doel Specialistenopleiding tot kaderfunctionaris natuursteenbedrijf.

Duur 1 jaar deeltijd.

Functiemogelijkheden Kaderfunctionaris natuursteenbedrijf.

10.1.g.3 Kaderfunctionaris tegelzetten (niveau 4)

Voor adres(sen) zie: ROC/MBO-15.

Algemeen
- Eindtermen voor deze kwalificatie worden ontwikkeld door Fundeon.
- Hier wordt slechts het centrale adres vermeld. De opleiding kan in de wijde omtrek ervan worden gegeven.

CREBO 10134/92026

Doel Specialistenopleiding tot kaderfunctionaris tegelzetten.

Toelatingseisen Diploma Tegelzetter (niveau 2).

Duur 1 jaar deeltijd.

Functiemogelijkheden Kaderfunctionaris tegelzetten.

10.1.g.4 Middenkaderfunctionaris bouw en infra (niveau 4)

Voor adres(sen) zie: ROC/MBO-3, 7, 13, 21, 27, 32, 37, 38, 39, 40.

Algemeen
- Deze opleiding vervangt 2 opleidingen: Middenkaderfunctionaris Geodesie (niveau 4) en Middenkaderfunctionaris Grond-, water- en wegenbouw (niveau 4).
- Deze opleiding heet bij het Albeda College en het Drenthe College: Middenkaderopleiding Bouwkunde.
- Deze opleiding heet bij Gilde opleidingen, bij Leeuwenborgh opleidingen en bij het Nova College: Middenkaderfunctionaris bouw.
- Deze opleiding heet bij Roc Mondriaan: Middenkaderfunctionaris bouw, infra en landmeetkunde; er zijn daar 3 uitstroomrichtingen:
  • Middenkaderfunctionaris bouw (crebonummer 94051);
  • Middenkaderfunctionaris infra (crebonummer 94052);
  • Middenkaderfunctionaris landmeetkunde (crebonummer 94053).
- Bij Roc van Twente zijn er 4 uitstroomrichtingen:
  • Middenkaderfunctionaris bouw (crebonummer 94051).
  • Middenkaderfunctionaris infra (crebonummer 94052).
  • Middenkaderfunctionaris landmeetkunde (crebonummer 94053).
  • Middenkaderfunctionaris restauratie (crebonummer 94055).
- Eindtermen voor deze kwalificatie worden ontwikkeld door Fundeon.
- Hier worden slechts de centrale adressen vermeld. De opleiding kan in de wijde omtrek ervan worden gegeven.

CREBO 94050

Doel Algemene opleiding tot middenkaderfuncties in het bouwbedrijf.

Toelatingseisen Diploma vmbo gl, vmbo kb of vmbo tl met de sector vmbo-Tech; of diploma vmbo gl, vmbo kb of vmbo tl, alle met nat./-scheik. 1 of wisk., met de sectoren vmbo-Ec, vmbo-Lb of vmbo-Z&W.
Duur 4 jaar voltijd, waarin een oriënterende en een afsluitende stage.
Mogelijkheden voor verdere studie Hto-bachelor Bouwkunde; Lerarenopleiding Bouwkunde I en II; hto-bachelor Civiele techniek; hto-bachelor Geodesie/geo-informatica; Lerarenopleiding PTH Bouwtechniek I en II (bachelor); vakdiploma Aannemer (zie 10.5.l.1); of een opleiding van niveau 4: Restauratiemedewerker.
Functiemogelijkheden Middenkaderfuncties in bouw- en aanne-mingsmaatschappijen, tekenaar-constructeur, opzichter-tekenaar, assistent uitvoerder, kwaliteitscontroleur, opzichter bouw- en woningtoezicht, bouwcalculator; functies bij woningbouwcorpora-ties, onderhoudsadviesbureaus, beheersafdelingen van grote onder-nemingen en andere gebouwenbeheerders.

10.1.g.5 Restauratiemedewerker (niveau 4)
Voor adres(sen) zie: ROC/MBO-12.
Algemeen
- Eindtermen voor deze kwalificatie worden ontwikkeld door Fundeon.
- Hier wordt slechts het centrale adres vermeld. De opleiding kan in de wijde omtrek ervan worden gegeven.

CREBO 10801
Doel Specialistenopleiding tot restauratiemedewerker.
Toelatingseisen Diploma Assistent uitvoerder B & U (Burger- & Uti-liteitsbouw) (niveau 4), of Middenkaderfunctionaris bouw (niveau 4).
Duur 2 jaar deeltijd.
Mogelijkheden voor verdere studie Geen specifieke verdere stu-diemogelijkheden.
Functiemogelijkheden Restauratiemedewerker bij een gespecia-liseerd bouwbedrijf.

10.1.h Mbo-opleiding niveau 3

10.1.h.1 DAKbedekkingsMonteur (DAKM) (niveau 3)
Zie 5.17.h.1.

10.1.h.2 Metselaar (Allround metselaar) (niveau 3)
Voor adres(sen) zie: ROC/MBO-13, 21, 32, 39, 43.
Algemeen
- Bij Roc van Twente zijn er 3 uitstroomrichtingen:
  - Allround metselaar, inclusief nieuwe metseltechnieken (crebo-nummer 94821).
  - Allround metselaar aan- en verbouw (crebonummer 94823).
  - Allround metselaar herstel en restauratie (crebonummer 94822).
- Eindtermen voor deze kwalificatie worden ontwikkeld door Fun-deon.
- Hier worden slechts de centrale adressen vermeld. De opleiding kan in de wijde omtrek ervan worden gegeven.

CREBO 94820
Toelatingseisen Diploma vmbo gl, vmbo kb of vmbo tl met de sector vmbo-Tech; of diploma vmbo gl, vmbo kb of vmbo tl, alle met nat./scheik. 1 of wisk., met de sectoren vmbo-Ec, vmbo-Lb of vmbo-Z&W.
Duur 2 jaar deeltijd.
Mogelijkheden voor verdere studie Een opleiding van niveau 4: Kaderfunctionaris bouw, infra en gespecialiseerde aannemerij (Kaderfunctionaris uitvoering bouw en infra).
Functiemogelijkheden Allround metselaar bij een metselbedrijf.

10.1.h.3 Tegelzetter (Allround tegelzetter) (niveau 3)
Voor adres(sen) zie: ROC/MBO-32.
Algemeen
- Eindtermen voor deze kwalificatie worden ontwikkeld door Fundeon.
- Hier wordt slechts het centrale adres vermeld. De opleiding kan in de wijde omtrek ervan worden gegeven.

CREBO 93920
Doel Vaktechnisch tegelzetters aansturen en zelf meewerken bij het verwerken van keramische tegels, en tegels van natuursteen en glas.
Toelatingseisen Diploma Tegelzetter (niveau 2).
Duur 2 jaar deeltijd.
Mogelijkheden voor verdere studie Een opleiding van niveau 4: Kaderfunctionaris bouw, infra en gespecialiseerde aannemerij (Kaderfunctionaris uitvoering bouw en infra).
Functiemogelijkheden Zelfstandig tegelzetter, of werkende bin-nen een aannemersbedrijf.
N.B. Dit werk kan fysiek zwaar zijn.

10.1.h.4 Timmerman (Allround timmerman) (niveau 3)
Voor adres(sen) zie: ROC/MBO-3, 10, 13, 17, 21, 25, 27, 28, 32, 33, 34, 39, 43, 54, 56, 60.
Algemeen
- Bij Roc Mondriaan zijn 3 uitstroomrichtingen:
  - Allround timmerman bouwwerkplaats (crebonummer 94931);
  - Allround timmerman nieuwbouw (crebonummer 94932);
  - Allround timmerman restauratie (crebonummer 94931).
- Eindtermen voor deze kwalificatie worden ontwikkeld door Fundeon.
- Hier worden slechts de centrale adressen vermeld. De opleiding kan in de wijde omtrek ervan worden gegeven.

CREBO 93300/94930
Toelatingseisen
- Diploma vmbo gl, vmbo kb of vmbo tl met de sector vmbo-Tech; of diploma vmbo gl, vmbo kb of vmbo tl, alle met nat.scheik. 1 of wisk., met de sectoren vmbo-Ec, vmbo-Lb, of vmbo-Z&W.
- Diploma Timmerman (niveau 2).

Duur 2-3 jaar deeltijd.
Mogelijkheden voor verdere studie Een opleiding van niveau 4: Kaderfunctionaris bouw, infra en gespecialiseerde aannemerij (Kaderfunctionaris uitvoering bouw en infra).
Functiemogelijkheden Timmerkracht bij een bouwbedrijf.

10.1.i Mbo-opleiding niveau 1 of niveau 2

10.1.i.1 Assistent bouw en infra (niveau 1)
Zie 10.11.i.1.

10.1.i.2 Assistent DAKbedekkingsmonteur (ADAK) (niveau 2)
Zie 5.17.i.1.

10.1.i.3 Bouwplaatsassistent (niveau 1)
Voor adres(sen) zie: ROC/MBO-21.
Algemeen
- Eindtermen voor deze kwalificatie worden ontwikkeld door Savantis.
- Hier wordt slechts het centrale adres vermeld. De opleiding kan in de wijde omtrek ervan worden gegeven.

CREBO 10763
Toelatingseisen De volledige leerplicht hebben voltooid.
Duur 1 jaar voltijd en deeltijd.

Mogelijkheden voor verdere studie Opleidingen van niveau 2 in de bouwsector.
Functiemogelijkheden Bouwplaatsassistent bij een bouwbedrijf.

10.1.i.4 Metselaar (niveau 2)
Voor adres(sen) zie: ROC/MBO-1, 3, 4, 7, 8, 10, 12, 13, 15, 16, 17, 20, 21, 22, 23, 25, 27, 28, 30, 31, 32, 33, 34, 37, 38, 39, 40, 43, 45, 46, 48, 54, 56, 60.
Algemeen
- Bij Roc van Twente zijn er twee uitstroomrichtingen:
  • Metselaar inclusief casco lijmwerk (crebonummer 93901).
  • Metselaar inclusief lichte scheidingswanden (crebonummer 93902).
- Eindtermen voor deze kwalificatie worden ontwikkeld door Fundeon.
- Hier worden slechts de centrale adressen vermeld. De opleiding kan in de wijde omtrek ervan worden gegeven.
CREBO 92030/93900
Doel Metselen, tegelzetten, stukadoren.
Toelatingseisen
- Diploma vmbo bb.
- Een verwant diploma op niveau 1, bijvoorbeeld: Assistent bouw en infra.
Duur 2 jaar voltijd en deeltijd.
Mogelijkheden voor verdere studie Een opleiding van niveau 3: Metselaar (met drie uitstroomrichtingen bij Roc van Twente).
Functiemogelijkheden Metselaar in een bouwbedrijf of metselbedrijf: bij nieuwbouw, verbouw en renovatie van woningen en bedrijfspanden.

10.1.i.5 Steigerbouwer (niveau 2)
Voor adres(sen) zie: ROC/MBO-16, 37, 60.
Algemeen
- Eindtermen voor deze kwalificatie worden ontwikkeld door Fundeon.
- Hier worden slechts de centrale adressen vermeld. De opleiding kan in de wijde omtrek ervan worden gegeven.
CREBO 10737/93820
Toelatingseisen De volledige leerplicht hebben voltooid.
Duur 2 jaar voltijd en deeltijd.
Mogelijkheden voor verdere studie Opleidingen van niveau 2 in de bouwsector.

10.1.i.6 Tegelzetter (niveau 2)
Voor adres(sen) zie: ROC/MBO-7, 8, 12, 13, 15, 16, 20, 21, 22, 25, 28, 31, 32, 33, 34, 37, 38, 39, 40, 43, 46, 58, 60.
Algemeen
- Eindtermen voor deze kwalificatie worden ontwikkeld door Fundeon.
- Hier worden slechts de centrale adressen vermeld. De opleiding kan in de wijde omtrek ervan worden gegeven.
CREBO 92050/93910
Doel Binnen of buiten werkend: bekleden van vloeren en wanden met keramische tegels, of met tegels van glas of natuursteen.
Toelatingseisen
- Diploma vmbo bb.
- Een verwant diploma op niveau 1, bijvoorbeeld: Assistent bouw en infra.
Duur 2 jaar deeltijd.
Mogelijkheden voor verdere studie Een opleiding van niveau 3: Tegelzetter (Allround tegelzetter).

Functiemogelijkheden Tegelzetter in een tegelzetbedrijf: bij nieuwbouw, verbouw en renovatie van woningen en utiliteitsgebouwen.

10.1.i.7 Timmerman (niveau 2)
Voor adres(sen) zie: ROC/MBO-7, 13, 21, 32, 37.
Algemeen
- Eindtermen voor deze kwalificatie worden ontwikkeld door Fundeon.
- Hier worden slechts de centrale adressen vermeld. De opleiding kan in de wijde omtrek ervan worden gegeven.
CREBO 94920
Doel Meestal aan de hand van een tekening of bestek timmeren of monteren (ingeval van kant-en-klare onderdelen) van houten, kunststof of gipsen constructies; er wordt met handgereedschap en handmachines gewerkt; aanbrengen van isolatiemateriaal.
Toelatingseisen
- Diploma vmbo bb.
- Een verwant diploma op niveau 1, bijvoorbeeld: Assistent bouw en infra.
Duur 2 jaar voltijd en deeltijd.
Mogelijkheden voor verdere studie Een opleiding van niveau 3: Timmerman (Allround timmerman).
Functiemogelijkheden Primaire timmerkracht bij een bouwbedrijf.

10.1.i.8 Vakkracht houtskeletbouw (niveau 2)
Voor adres(sen) zie: ROC/MBO-27.
Algemeen
- Eindtermen voor deze kwalificatie worden ontwikkeld door Fundeon.
- Hier wordt slechts het centrale adres vermeld. De opleiding kan in de wijde omtrek ervan worden gegeven.
CREBO 10142
Toelatingseisen De volledige leerplicht hebben voltooid.
Duur 2 jaar deeltijd.
Mogelijkheden voor verdere studie Geen specifieke verdere studiemogelijkheden.
Functiemogelijkheden Vakkracht houtskeletbouw in een bouwbedrijf of timmerbedrijf.

10.1.i.9 Voeger (niveau 2)
Voor adres(sen) zie: ROC/MBO-8, 15, 21, 22, 33, 58.
Algemeen
- Eindtermen voor deze kwalificatie worden ontwikkeld door Fundeon.
- Hier worden slechts de centrale adressen vermeld. De opleiding kan in de wijde omtrek ervan worden gegeven.
CREBO 10799
Toelatingseisen De volledige leerplicht hebben voltooid.
Duur 2 jaar voltijd en deeltijd.
Mogelijkheden voor verdere studie Opleidingen van niveau 3: Metselaar (Allround metselaar).
Functiemogelijkheden Voeger in een bouwbedrijf of metselbedrijf.

10.1.l Overige opleidingen

10.1.l.1 Bouwcentrum (BOB)
Zie ook: 15.1.l.2.
Voor adres(sen) zie: OVER-363.
Cursussen
Bedrijfscursussen en trainingen voor kader en management in de bouw, betreffende de volgende sectoren:
- Beheer en onderhoud.
- Handel en toelevering.
- Installatiebranche.
- Ontwerpende Bouw.
- Overheid.
- Uitvoerende Bouw B&U.
- Uitvoerende Bouw Infra.

10.1.l.2 Bouwkosten (HTI)
Voor adres(sen) zie: HBO-35.
Algemeen Opleiding tot bouwkostenmanager (vroeger: calculator).
Toelatingseisen Voor wie de opleiding Bouwkunde van het HTI volledig heeft gevolgd of voor wie een diploma niveau 4 (op het terrein van de bouwkunde) heeft, of voor wie een overeenkomstige vooropleiding heeft gevolgd en voldoende ervaring in de bouwpraktijk heeft opgedaan.
Duur 2 studiejaren (1 zaterdag per 2 weken, plus 8-10 uur zelfstudie per week).
Lesprogramma
- 1e studiejaar: begroten - calculatie/kostenbewaking - planning - automatisering - bestekken - normen voorschriften - installaties - normstelling - bedrijfseconomie - lonen en tarieven.
- 2e studiejaar: begroten - stichtingskosten - planning - bedrijfseconomie - bouwwetgeving - onderhandelingen - loonberekening.
Diploma/examen Wie de Beton en Staal-opleidingen van HTI afrondt, verzamelt punten waarmee men zich kan inschrijven in het Constructeursregister.
Functiemogelijkheden Calculator bij aannemingsmaatschappijen met nieuwbouw, vernieuwbouw en renovatie, architectenbureaus, technische diensten van grote bedrijven, bouwbureaus en diensten van de overheid.

10.1.l.3 Bouwkunde (HTI)
Voor adres(sen) zie: HBO-35.
Algemeen Opleiding tot bouwkundige.
Toelatingseisen
- Mbo-niveau 4 in het domein Bouw.
- Wanneer men geen wisk. en/of nat. in het studiepakket heeft gehad, moet men eerst de 'brugklas' volgen.
Duur 3 studiejaren (1 zaterdag per 2 weken, plus 8-10 uur zelfstudie per week).
Lesprogramma
- 'Brugklas': bouwfysica - wiskunde.
- 1e, 2e en 3e studiejaar: bouwkunde - bouwregelgeving - elementaire vormgeving - mechanica - wiskunde - bouwstijlen - betonconstructies - staalconstructies - bouwfysica - bestekken en begrotingen - technische installaties - afwerking gebouwen - bouwadministratie en bouwwetgeving.
Diploma/examen Wie de Beton en Staal-opleidingen van HTI afrondt, verzamelt punten waarmee men zich kan inschrijven in het Constructeursregister.
Functiemogelijkheden Bouwkundige bij architectenbureaus, ingenieursbureaus, projectontwikkelingsmaatschappijen, grote bedrijven met nieuwbouw, vernieuwbouw, organisatiebureaus, technische diensten van grote bedrijven, bouwbureaus van grote concerns en diensten van de overheid.

10.1.l.4 Bouwmanagement (HTI)
Voor adres(sen) zie: HBO-35.
Algemeen Opleiding tot bouwmanager.
Toelatingseisen
- De opleiding is voor hen die werkzaam zijn, c.q. hun werkkring vinden bij architectenbureaus, ingenieursbureaus, projectontwikkelingsmaatschappijen, bedrijven met nieuwbouw, vernieuwbouw, organisatiebureaus, technische diensten van bedrijven, bouwbureaus van concerns, diensten van de overheid en dergelijke.
- Voor het eerste studiejaar (BM 1) van deze opleiding kunnen zich aanmelden: afgestudeerde HTI-ers (afdeling Bouwkunde), en zij die een, naar het oordeel van het bestuur van HTI, gelijkwaardige opleiding hebben gevolgd.
- In het tweede studiejaar (BM 2) kunnen studenten worden geplaatst die voor de gemaakte werkopdrachten aan het einde van het eerste studiejaar voldoende resultaten hebben behaald.
Duur 2 studiejaren (1 zaterdag per 2 weken, plus 8-10 uur zelfstudie per week).
Lesprogramma In het 1e studiejaar (BM 1) ligt de nadruk op de theoretische voorbereiding.
In het tweede studiejaar (BM 2) wordt de lesstof gesplitst in een deel theorie en een deel praktijkoefening.
Het totaalprogramma omvat de volgende vakken: bedrijfsanalyse - ontwerpen van de ruimtelijke indeling - lay-out-studies - constructieve vormgeving - keuze afwerking - planning installaties - bouwfysica - bouwmanagement - interne bureau-organisatie - bouwwetgeving - stichtingskosten - bijzondere onderwerpen.
Diploma/examen Wie de Beton en Staal-opleidingen van HTI afrondt, verzamelt punten waarmee men zich kan inschrijven in het Constructeursregister.
Functiemogelijkheden Bouwmanager bij architectenbureaus, ingenieursbureaus, projectontwikkelingsmaatschappijen, grote bedrijven met nieuwbouw, vernieuwbouw, organisatiebureaus, technische diensten van grote bedrijven, bouwbureaus van grote concerns en diensten van de overheid.

10.1.l.5 Fundeon training en advies
Zie ook: 10.11.l.1.
Voor adres(sen) zie: KBB-9, OVER-194.
Cursussen op vele plaatsen in het land: bijscholings)cursussen en - trainingen, zie www.fundeon.nl
Overige informatie Deze cursussen en trainingen werden voorheen gegeven door Bouwradius. Dit is in 2006 gefuseerd met SBW tot Fundeon, waarvoor SOMA opleidingen voor de infrastructuur sinds 2007 de opleidingen verzorgt.

10.1.l.6 Kader- en Ondernemersopleiding in de Bouw (KOB)
Zie 10.5.l.1.

10.1.l.7 LOI - afstandsonderwijs - Techniek
Zie 4.1.l.2.

Onbeperkt ontspannen?
zie pagina 231

10.1.l.8 Volwassenenonderwijs - bouwtechniek
Voor adres(sen) zie: ROCCO-18, 20.
Cursussen
- Betontekenen.
- Bouwtechnieken.
- Maatvoering.
- Meten en uitzetten.

10.2 ARCHITECT

10.2.a Postacademisch onderwijs (pao)

10.2.a.1 Architectural Design Management Systems (ADMS) (TU/e)
Voor adres(sen) zie: WO-17.

10.2.c Wo-bacheloropleiding

10.2.c.1 Architectuur (Bouwkunde) (TUD, TU/e)
Zie 10.1.c.3.
Algemeen Aan de Technische Universiteit Delft kan men aan de faculteit Bouwkunde de specialisatie Architectuur studeren.

10.2.d Post-hbo-opleiding

10.2.d.1 Fire Safety Engineering (Hanze HS)
Zie 11.7.d.1.

10.2.e Hbo-masteropleiding

10.2.e.1 Architecture (Architectuur en stedenbouw) (Academie van bouwkunst, Amsterdamse HS voor de Kunsten, ArtEZ, Hanze HS, HS Rotterdam, Zuyd HS)
Voor adres(sen) zie: HBO-7, 39, 95, 140, 157.
Algemeen Hbo-masteropleiding(en) voor architect en stedenbouw-kundige.
Toelatingseisen
- *Voor de afdeling Architectuur:* diploma hto-Architectuur, hbo-Autonome beeldende kunst, hto-Bouwkunde, of hto-Civiele techniek (weg- en waterbouwkunde).
- *Voor de afdeling Landschapsarchitectuur:* hao met ontwerpcomponent.
- *Voor de afdeling Stedenbouw:* diploma hto-Stedenbouwkundig ontwerpen.
- Voor alle afdelingen kan men een colloquium doctum afleggen wanneer men 21 jaar of ouder is.
Duur 1 jaar deeltijd.
Lesprogramma Specialisatie:
- Arnhem (ArtEZ): Context.
Functiemogelijkheden Architect, landschapsarchitect, stedenbouwkundige.
Overige informatie
- In Amsterdam wordt ook een hbo-masteropleiding Landschapsarchitectuur gegeven.
- Vanuit Amsterdam wordt een opleiding gegeven te Maastricht (alleen architectuur).
- Vanuit Rotterdam worden er ook opleidingen gegeven in Groningen (alleen architectuur) en Arnhem (alleen architectuur).
- Wanneer men is geslaagd voor de tweede fase kan men in het Architectenregister worden ingeschreven (zie 10.2.l.1).

N.B. Wordt ook 'Tweede fase-opleiding' genoemd; zie 10.1.f.1 en 10.1.f.2 voor de eerste fase.

10.2.g Mbo-opleiding niveau 4

10.2.g.1 Middenkaderfunctionaris bouw en infra (niveau 4)
Zie 10.1.g.4.

10.2.l Overige opleidingen

10.2.l.1 Architect (Register)
Voor adres(sen) zie: DIEN-10.
Algemeen De titel 'architect' is beschermd volgens de Wet op de architectentitel. Het voeren van deze titel is slechts voorbehouden aan degene die onder deze titel is ingeschreven in het Architectenregister, artikel 2 van de Wet. Dit register wordt beheerd door het Bureau Architectenregister (BA) (v/h Stichting Bureau Architectenregister [SBA]).
Inschrijving in het register is onder meer mogelijk op grond van de volgende getuigschriften:
- Doctoraal examen of masterdiploma Bouwkunde aan de Technische Universiteit te Delft of te Eindhoven, specialisatie/differentiatie: Architectuur.
- Einddiploma van een Academie van Bouwkunst, faculteit Architectuur.
- Getuigschrift van het in de Wet op de architectentitel in hoofdstuk VI genoemde examen. Dit examen wordt georganiseerd door het Bureau Architectenregister (BA).
Toelatingseisen Tot het staatsexamen: 7 jaar aantoonbare praktijkervaring als architect.
Mogelijkheden voor verdere studie De Wet op de architectentitel verplicht architecten, stedenbouwkundigen, tuin- en landschapsarchitecten en interieurarchitecten die staan ingeschreven in het architectenregister, hun vakkennis op peil te houden door jaarlijks tenminste 16 uur aan passende bij- en nascholing te besteden. De geregistreerde kan dit op eigen wijze invullen en dient op grond van artikel 27aa van de wet bij het uitbrengen van een offerte aan de (potentiële) opdrachtgever te melden hoe hij heeft voldaan aan zijn verplichting.

10.3 PLANOLOOG

10.3.b Wo-masteropleiding

10.3.b.1 Geomatics (TUD)
Zie 10.10.b.1.
Algemeen Met deze wo-masteropleiding kan men zich ook op planologische werkzaamheden voorbereiden.

10.3.b.2 Landscape, architecture and planning (WU)
Zie 3.4.b.1.

10.3.c Wo-bacheloropleiding

10.3.c.1 Landschapsarchitectuur en ruimtelijke planning (WU)
Zie 3.4.c.1.

10.3.c.2 Sociale geografie en planologie (RUG, UU, UvA)
Zie 14.1.c.5.

10.3.c.3 Technische planologie (RUG)
Voor adres(sen) zie: WO-23.
Algemeen Wo-bacheloropleiding tot technisch planoloog.
Doel De studie is gericht op integratie van kennis inzake de infrastructuur, het fysieke milieu, ruimtelijke beleidsvorming en -uitvoering.
Toelatingseisen Diploma vwo (wisk. A en/of B); alle vwo-profielen (mits aangevuld met wisk. A II of B I); propedeuse hbo (met wisk. A II of B I op vwo-niveau).
Duur 3 jaar voltijd.
Lesprogramma Specialisaties:
- RUG: Honours-programma.

Aansluitende masteropleidingen
- RUG: Culturele geografie; Economische geografie; Environmental and infrastructure planning (technische planologie); Vastgoedkunde.

Functiemogelijkheden Technisch planologen komen terecht bij de diensten van het ministerie van infrastructuur en milieu, of van het ministerie van volksgezondheid, welzijn en sport; bij ingenieurs- en adviesbureaus, bij waterschappen, provincies of gemeenten.

10.3.e Hbo-masteropleiding

10.3.e.1 Urban and area & development (HS Utrecht/ Saxion HS)
Voor adres(sen) zie: HBO-89, 184.
Algemeen Hbo-masteropleiding.
Deze gezamenlijke opleiding wordt niet door de overheid bekostigd.
Toelatingseisen Hto-Ruimtelijke ordening en planologie, of gelijkwaardig.
Duur 1 jaar deeltijd.

10.3.f Hbo-bacheloropleiding

10.3.f.1 Educatie en kennismanagement groene sector (11 studierichtingen) (Stoas HS)
Zie 24.4.f.1.

10.3.f.2 Ruimtelijke ontwikkeling (Avans HS, Haagse HS, HS Inholland, HS Rotterdam, HS Windesheim, HS Windesheim/Flevoland, Saxion HS)
Voor adres(sen) zie: HBO-3, 49, 64, 89, 106, 157, 216.
Algemeen Hbo-bacheloropleiding.
Toelatingseisen Diploma havo (wisk. B, nat. of econ.); havo-profiel C&M (+ wisk. B I, nat. I; E&M, N&T, N&G; diploma vwo (wisk. A of B, nat. of econ.); vwo-profiel C&M (+ wisk. A II, nat. I), E&M, N&T, N&G; mbo niveau 4.
Lesprogramma Specialisaties:
- Almere (HS Windesheim/Flevoland): Mobiliteit.
- Den Haag (Haagse HS): Climate & management.
- Deventer (Saxion HS): Ruimtelijke ordening en planologie - Stedenbouwkundig ontwerpen.
- Haarlem (HS Inholland): Bouwmanagement en vastgoed.
- R'dam (HS Rotterdam): Ruimtelijke ordening en planologie.
- Tilburg (Avans HS): Bouwmanagement en vastgoed.
- Zwolle (HS Windesheim): Mobiliteit.

10.3.f.3 Ruimtelijke ontwikkeling - bouwmanagement en vastgoed (Avans HS, HS Inholland)
Voor adres(sen) zie: HBO-49, 106.
Algemeen Hbo-bacheloropleiding.
Toelatingseisen Diploma havo (wisk. B, nat. of econ.); havo-profiel C&M (+ wisk. B I, nat. I; E&M, N&T, N&G; diploma vwo (wisk. A of B, nat. of econ.); vwo-profiel C&M (+ wisk. A II, nat. I), E&M, N&T, N&G; mbo niveau 4.
Lesprogramma Specialisaties:
- Haarlem (HS Inholland): Gebouwbeheer - Ondernemen in een vastgoedomgeving - Project- en procesmanagement.
- Tilburg (Avans HS): Bouwmanagement en vastgoed - Minor.

10.3.f.4 Ruimtelijke ontwikkeling - mobiliteit (HS Windesheim, HS Windesheim/Flevoland)
Zie ook: 10.3.f.3 en 18.2.f.4.
Voor adres(sen) zie: HBO-3, 216.
Algemeen Hbo-bacheloropleiding.
Toelatingseisen Diploma havo (wisk. B, nat. of econ.); havo-profiel C&M (+ wisk. B I, nat. I; E&M, N&T, N&G; diploma vwo (wisk. A of B, nat. of econ.); vwo-profiel C&M (+ wisk. A II, nat. I), E&M, N&T, N&G; mbo niveau 4.
Duur 4 jaar voltijd.
Lesprogramma Specialisaties:
- Almere (HS Windesheim/Flevoland): Caring robots (minor) - Nieuwe steden (minor).

Mogelijkheden voor verdere studie
- Akademie van Bouwkunst Amsterdam: Stedenbouw en landschapsarchitectuur.
- RU, UU, UvA: Planologie.
- WU: Urban environmental management.

10.3.f.5 Ruimtelijke ontwikkeling - ruimtelijke ordening en planologie (HS Rotterdam, Saxion HS)
Zie ook: 10.3.f.2 en 18.2.f.4.
Voor adres(sen) zie: HBO-89, 157.
Algemeen Hbo-bacheloropleiding.
Doel Opleiding voor planologen die een zelfstandige rol kunnen vervullen bij het maken van plannen en het aandragen van oplossingen op het terrein van ruimtelijke ordening en planologie.
Toelatingseisen Diploma havo (wisk. B, nat. of econ.); havo-profiel C&M (+ wisk. B I, nat. I; E&M, N&T, N&G; diploma vwo (wisk. A of B, nat. of econ.); vwo-profiel C&M (+ wisk. A II, nat. I), E&M, N&T, N&G; mbo niveau 4.
Duur 4 jaar voltijd.
Lesprogramma Specialisaties:
- R'dam (HS Rotterdam): Infrastructuur en mobiliteit - International aid & development (minor) - Ontwerpen stedenbouw (minor) - Projectontwikkeling vastgoed (minor) - Transitie in de delta (minor) - Waterbouw (minor).

Aansluitende masteropleidingen
- Saxion HS: Urban and regional planning & development.

Mogelijkheden voor verdere studie
- Akademie van Bouwkunst Amsterdam: Stedenbouw en landschapsarchitectuur.
- WU: Urban environmental management.

Functiemogelijkheden Functies bij de overheid, bij onderzoeks- of adviesbureaus, bij projectontwikkelaars, bij het bedrijfsleven, of bij woningbouwcorporaties.
N.B. HS Utrecht: De opleidingen Bouwkunde, Bouwtechnische Bedrijfskunde, Civiele techniek, Geodesie/Geo-informatica, Milieu-

kunde en Ruimtelijke Ordening & Planologie zijn sinds 1 september 2015 opgegaan in de opleiding Built Environment.

10.3.f.6 Tuin- en landschapsinrichting (HS Van Hall/Larenstein)
Zie 3.4.f.2.

10.4 STEDENBOUWKUNDIGE

10.4.d Post-hbo-opleiding

10.4.d.1 Stichting CPION (Centrum Post Initieel Onderwijs Nederland)
Voor adres(sen) zie: DIEN-29.
Algemeen Toetsing, registratie en diplomering van initiële opleidingen.

10.4.d.2 Urban interior architecture/ Urban interior design (HKU)
Voor adres(sen) zie: HBO-185.
Doel Verkrijgen van (meer) inzicht in en leren omgaan met de complexiteit van het ontwerpen en het inrichten van de gebouwde omgeving of een typisch onderdeel ervan (oude centra, renovatiegebieden, nieuwe of nog te bouwen omgevingen en het ontwerpen van straatmeubilair).
Toelatingseisen Voor architecten, beeldend kunstenaars, industriële ontwerpers, landschapsarchitecten, omgevingsvormgevers, stedenbouwkundigen, en verkeerskundigen.
Duur 18 maanden.

10.4.e Hbo-masteropleiding

10.4.e.1 Architecture (Architectuur en stedenbouw) (Academie van Bouwkunst, ArtEZ, Fontys HS, Hanze HS, HS Rotterdam, Zuyd HS)
Zie 10.2.e.1.

10.4.g Mbo-opleiding niveau 4

10.4.g.1 Middenkaderopleiding verkeer- en stedenbouwkunde (niveau 4)
Voor adres(sen) zie: ROC/MBO-30.
Algemeen
- Deze opleiding vervangt de opleiding met crebonummer 10794 en wordt ook genoemd: Middenkaderfunctionaris bouw en infra - verkeer en stedenbouw.
- Eindtermen voor deze kwalificatie worden ontwikkeld door Fundeon.
- Hier wordt slechts het centrale adres vermeld. De opleiding kan in de wijde omtrek ervan worden gegeven.

CREBO 90264
Doel Opleiding tot voorbereidende en uitvoerende functies bij overheid en bedrijfsleven op het gebied van ruimtelijke ordening, milieu, verkeer, vervoer en logistiek. De integrale benadering van de onderling samenhangende vakgebieden staat in de opleiding centraal en is gericht op het verbeteren van de kwaliteit van de dagelijkse leefomgeving.
Toelatingseisen
- Diploma vmbo gl, vmbo kb of vmbo tl voor de sector vmbo-Tech; of diploma vmbo gl, vmbo kb of vmbo tl, alle met nat./scheik. 1 of wisk., met de sectoren vmbo-Ec, vmbo-Lb of vmbo-Z&W.
- Diploma Allround timmerkracht bouw- en werkplaats (3) (nieuwe stijl) - Allround timmerkracht nieuwbouw (3) (nieuwe stijl) - Balk-

man (3) (nieuwe stijl) - Machinist bouw-infra (3) (nieuwe stijl) - Steenzetter/Hijswerker (3) (nieuwe stijl) - Straatmaker (3) (nieuwe stijl) - Vakman GWW (3) (nieuwe stijl) - Vakman waterbouw (3) (nieuwe stijl).
- Overgangsbewijs naar havo-4 of vwo-4.
- Mbo-diploma niveau 3 (oude stijl).
Duur 4 jaar voltijd (waarin een oriënterende en een afsluitende stage).
Mogelijkheden voor verdere studie Hbo-bacheloropleiding Built environment, studierichting: Geodesie (HS Utrecht); hbo-Ruimtelijke ordening en planologie (HS Rotterdam, Saxion HS).
Functiemogelijkheden Onder begeleiding van een leidinggevende: werken bij overheidsinstellingen, toeleveranciers, aannemers, ingenieursbureaus en architectenbureaus.

10.4.l Overige opleidingen

10.4.l.1 Stedenbouwkundige (Register)
Voor adres(sen) zie: DIEN-10.
Algemeen De titel 'stedenbouwkundige' is beschermd volgens de Wet op de architectentitel. Het voeren van deze titel is slechts voorbehouden aan degene die onder deze titel is ingeschreven in het register, artikel 2 van de Wet. Dit register wordt beheerd door het Bureau Architectenregister (BA) (v/h Stichting Bureau Architectenregister [SBA]).
Inschrijving in het register is onder meer mogelijk op grond van de volgende getuigschriften:
- Doctoraal examen of masterdiploma Bouwkunde aan de Technische Universiteit te Delft of Eindhoven, specialisatie/differentiatie: Stedenbouw(kunde).
- Einddiploma van een Academie van Bouwkunst, afdeling Stedenbouwkunde.
- Getuigschrift van het in de Wet op de architectentitel in hoofdstuk VI genoemde examen. Dit examen wordt georganiseerd door het Bureau Architectenregister (BA).
Toelatingseisen Tot het staatsexamen: 7 jaar aantoonbare praktijkervaring als stedenbouwkundige.

10.5 AANNEMER

Algemeen Om zich als aannemer (burgerlijke en utiliteitsbouw, grond-, water- en wegenbouwkunde en sloopbedrijf) te kunnen vestigen is een ondernemersdiploma nodig.
Het ondernemersdiploma bestaat uit een vaktechnisch deel en een ondernemersdeel.
Voor het vaktechnische deel wordt opgeleid door Fundeon via het mbo-niveau 4: Middenkaderfunctionaris bouw en infra (10.1.g.4).
Het ondernemersdeel wordt verzorgd door de Stichting Kader- en Ondernemersopleiding in de Bouw (KOB, zie 10.5.l.1).
Bovendien gelden er ook enige andere diploma's als bewijs om zich als aannemer te kunnen vestigen: hto-bachelor Bouwtechnische bedrijfskunde, hto-bachelor Bouwkunde.

10.5.d Post-hbo-opleiding

10.5.d.1 Stichting CPION (Centrum Post Initieel Onderwijs Nederland)
Voor adres(sen) zie: DIEN-29.
Algemeen Toetsing, registratie en diplomering van initiële opleidingen.

10.5.l Overige opleidingen

10.5.l.1 Kader- en Ondernemersopleiding in de Bouw (KOB)

Voor adres(sen) zie: OVER-360.

Algemeen Opleiding tot zelfstandig aannemer of leidinggevend functionaris en uitvoerder in de burgerlijke en de utiliteitsbouw, grond-, water- en wegenbouw, sloopwerken, timmerbedrijf, metselbedrijf en opleiding tot gespecialiseerd aannemer in het voegersbedrijf, tegelzettersbedrijf, betonstaalvlechtbedrijf, betontimmerbedrijf en (bitumineus) dakdekkersbedrijf.

Opleidingen

Er zijn 2 soorten opleidingen (studierichtingen B&U en Infra):

- *Management (direct doorstromen met technische kennis):*
  • Calculatie.
  • commerciële bedrijfsvoering.
  • Ondernemen.
  • Werkvoorbereiding & uitvoering.
- *Techniek:*
  • Techniek 1.
  • Techniek 2.

Toelatingseisen Bij voorkeur diploma mbo-Bouwkunde en/of Wegen waterbouwkunde; Assistent uitvoerder B&U (Burger- & Utiliteitsbouw); uitvoering GWW; certificaat vaktechiek B&U (Burger- & Utiliteitsbouw) en/of GWW of gelijkwaardige opleiding.

Duur 1 tot 4 jaar (avondopleiding).

Lesprogramma van 5 opleidingen:

- *Calculatie:* aanvragen en beoordelen van offertes van onderaannemers en leveranciers - analyseren van de klantvraag (bestek en tekeningen; proces- en projectanalyse) - bepalen van/alternatieven aandragen voor de juiste technische oplossingen en uitvoeringsmethoden - bepalen van hoeveelheden - bepalen van kosten (kostensoorten, kostengroepen, bouwplaatskosten, bedrijfskosten, ABK, AK, arbeid, materieel, bedrijfskosten, stelposten, winst en risico) - effectief communiceren met alle betrokkenen in het proces - opstellen en beoordelen van de begroting en bepalen van de aanbiedingsprijs - toepassen van de automatisering.
- *Commerciële bedrijfsvoering:* adviseren van de klant op technisch, organisatorisch, juridisch en financieel terrein - effectief communiceren met alle betrokkenen bij het verwerven van opdrachten - hanteren van voorschriften, wet- en regelgeving in relatie tot het verwerven van opdrachten en uitvoeren van projecten - herkennen en bewerken van markten en kansen voor het bouwbedrijf; werken met vormen van projectrealisatie - opstellen en beoordelen van commercieel-technische en klantgerichte alternatieven/varianten in de ontwerpfase - opstellen van een commerciële projectaanbieding - toepassen van de automatisering/ict - verwerven van opdrachten door een klantgerichte en marktgerichte aanpak.
- *Ondernemen:* doorzien van consequenties op project- en bedrijfsniveau ten aanzien van keuzen op bouwtechnisch, uitvoeringstechnisch, organisatorisch, financieel en juridisch gebied - effectief communiceren met alle betrokkenen bij en rond een bouwonderneming - opstellen en bewaken van een ondernemingsplan (bedrijfskundig en financieel) - opstellen en uitvoeren van bedrijfsstrategie in de calculatie, de commerciële bedrijfsvoering, de werkvoorbereiding en de uitvoering - opstellen en uitvoeren van plannen op het gebied van veiligheid, kwaliteit, milieuzorg, innovaties en maatschappelijk verantwoord ondernemen - sturing- en leidinggeven aan het bouwbedrijf en de bouwprojecten (technisch, organisatorisch, juridisch, financieel) - toepassen van de automatisering/ict - vormgeven van het personeels- en organisatiebeleid.

- *Techniek 1 & 2:* alternatieven m.b.t. de toepassing materialen, constructies, afwerking en uitvoeringsmethoden - belastingen, krachtenverloop en berekening van constructies - bouwfysische aspecten van constructies - de samenwerking en verantwoordelijkheden van de deelnemers aan het bouwproces - installaties en bouwkundige voorzieningen - opbouw en toepassing van materialen in draag- en afwerkingsconstructies - technisch lezen en interpreteren van bestek en tekeningen (Stabu of RAW) - verschillende bouw- en uitvoeringsmethoden - voorbereiden en organiseren van het uitvoeringsproces - wet- en regelgeving (zoals de Arbo, het Bouwbesluit, de UAV).
- *Werkvoorbereiding & uitvoering:* bepalen van/alternatieven aandragen voor de juiste technische oplossingen en uitvoeringsmethoden - bewaken en bijsturen van het uitvoeringsproces (onder meer in geld, tijd, kwaliteit, veiligheid & gezondheid) - hanteren van voorschriften, wet- en regelgeving in het kader van de werkvoorbereiding en de uitvoering - klantgericht communiceren met alle betrokkenen in het proces - leidinggeven op een deskundige en effectieve wijze - opstellen van planningen en detailschema's; de voortgang hiervan bewaken en bijsturen - opstellen van werkbegrotingen, werkenadministratie - het inrichten en verzorgen van de kostenbewaking (inclusief financiële afronding en nacalculatie) - toepassen van de automatisering/ict - verzorgen van de inkoop, aanvragen en beoordelen offertes van onderaannemers en leveranciers - voorbereiden en uitvoeren van het bouwproces (inclusief oplevering, nazorg en onderhoud).

Diploma/examen Per goed afgeronde opleiding wordt een certificaat verstrekt. Certificaten zijn onbeperkt geldig en kunnen later uitgebreid worden tot het complete KOB-diploma.

Functiemogelijkheden Calculator, werkvoorbereider, uitvoerder, bedrijfsleider in de bouw, of als ondernemer een eigen bouwbedrijf starten of overnemen.

Overige informatie

- De B&U-opleidingen worden op 18 locaties gegeven.
- De Infra-opleidingen worden gegeven te Almelo, Breda, Den Bosch, Haarlem, Heerenveen, Rotterdam, en Utrecht.

10.6 UITVOERDER

Algemeen De uitvoerder (burgerlijke en utiliteitsbouw, waterbouwkundige werken of wegenbouw) voert het werk uit namens de aannemer.

Hoewel voor dit beroep geen speciale opleiding wordt vereist, wordt het aanbevolen er een opleiding of cursus voor te volgen.

10.6.g Mbo-opleiding niveau 4

10.6.g.1 Assistent uitvoerder B & U (Burger- en Utiliteitsbouw) (niveau 4)

Voor adres(sen) zie: ROC/MBO-27, 45.

Algemeen

- Dit is een specialistenopleiding.
- Eindtermen voor deze kwalificatie worden ontwikkeld door Fundeon.
- Hier worden slechts de centrale adressen vermeld. De opleiding kan in de wijde omtrek ervan worden gegeven.

CREBO 10131

Toelatingseisen Diploma vmbo gl, vmbo kb of vmbo tl met de sector vmbo-Tech; of diploma vmbo gl, vmbo kb of vmbo tl, alle met nat./scheik. 1 of wisk., met de sectoren vmbo-Ec, vmbo-Lb of vmbo-Z&W.

Duur 3 jaar deeltijd.

Mogelijkheden voor verdere studie Vakopleiding voor aannemer; opleiding restauratiemedewerker.
Functiemogelijkheden Assistent uitvoerder B & U bij een bouwbedrijf of aannemingsmaatschappij.

10.6.l Overige opleidingen

10.6.l.1 Bouwcentrum (BOB)
Zie 10.1.l.1 en 15.1.l.2.

10.6.l.2 Fundeon training en advies
Zie 10.1.l.5.

10.6.l.3 Kader- en Ondernemersopleiding in de Bouw (KOB)
Zie 10.5.l.1.

10.7 BOUWKUNDIG OPZICHTER EN TEKENAAR

10.7.f Hbo-bacheloropleiding

10.7.f.1 Bouwkunde (hto) (Avans HS, Haagse HS, HAN, Hanze HS, HS Inholland, HS LOI, HS NCOI, HS Rotterdam, HS Windesheim, HZ, NHL, Saxion HS, Zuyd HS)
Zie 10.1.f.1.

10.7.l Overige opleidingen

10.7.l.1 Bouwkundig opzichter en tekenaar BNA/VTS
Voor adres(sen) zie: OVER-203.
Algemeen Opleidingen op het gebied van bouwbegeleiding.
Opleidingen Opleidingen voor:
- Aankomend bouwkundig opzichter BNA/VTS (ABOT).
- Bouwkundig AUTOCAD.
- Bouwkundig opzichter BNA/VTS (BOT).
- Bouwkundig tekenaar BNA/VTS (BT).
- Bouwregelgeving.
- Bouwvoorbereiding.
Toelatingseisen Er kan op verschillende niveaus (geen vooropleiding, mbo of hbo) worden ingestroomd.
Duur Afhankelijk van het instroomniveau: 2 tot 5 jaar.
Lesprogramma Modulair praktijkgericht lesprogramma.
Diploma/examen De examens voor ABOT/BOT/BT worden georganiseerd door de VTS en staan onder verantwoordelijkheid van de Koninklijke Maatschappij tot Bevordering der Bouwkunst en de Bond van Nederlandse Architecten (BNA).
Overige informatie Bij de VTS zijn aangesloten:
- Bouwkundig Instituut Eindhoven;
- Stichting Bouwkundig Studiecentrum Zwolle;
- Stichting Bouwtechnisch Instituut Amersfoort;
- Stichting Hoensbroeck te Hoensbroek.

10.7.l.2 LOI - afstandsonderwijs - Techniek
Zie 4.1.l.2.

10.8 OPLEIDINGEN OP BETONGEBIED

Zie voor de branchevereniging: 10.8.l.3 Betonvereniging.
Algemeen In samenwerking met een aantal andere instellingen heeft de Betonvereniging een overzichtelijke website samengesteld van opleidingen op betongebied: www.betonvereniging.nl

10.8.d Post-hbo-opleiding

10.8.d.1 Stichting CPION (Centrum Post Initieel Onderwijs Nederland)
Voor adres(sen) zie: DIEN-29.
Algemeen Toetsing, registratie en diplomering van initiële opleidingen.

10.8.h Mbo-opleiding niveau 3

10.8.h.1 Betonstaalverwerker (Allround betonstaalverwerker bouwplaats) (niveau 3)
Voor adres(sen) zie: ROC/MBO-22.
Algemeen
- Eindtermen voor deze kwalificatie worden ontwikkeld door Fundeon.
- Hier wordt slechts het centrale adres vermeld. De opleiding kan in de wijde omtrek ervan worden gegeven.
CREBO 93892
Doel Het op de bouwplaats vlechten van complexe wapeningsconstructies, en leidinggeven aan een of meer teamleden.
Toelatingseisen Diploma Betonstaalverwerker (niveau 2).
Duur 2-4 jaar deeltijd.
Functiemogelijkheden Allround betonstaalverwerker bij een betonstaalverwerkingsbedrijf.

10.8.h.2 Betontimmerman voortgezet (Betontimmerman) (niveau 3)
Voor adres(sen) zie: ROC/MBO-32.
Algemeen
- Eindtermen voor deze kwalificatie worden ontwikkeld door Fundeon.
- Hier wordt slechts het centrale adres vermeld. De opleiding kan in de wijde omtrek ervan worden gegeven.
CREBO 93320
Doel (Buiten werkend): van het timmeren van bekistingen tot het aanbrengen van grote prefab-elementen, vaak als onderdeel van een groot project.
Toelatingseisen Diploma Betontimmerman primair (niveau 2).
Duur 2 jaar deeltijd.
Mogelijkheden voor verdere studie Een opleiding van niveau 4: Kaderfunctionaris bouw, infra en gespecialiseerde aannemerij (Kaderfunctionaris uitvoering bouw en infra).
Functiemogelijkheden Betontimmerman bij een betontimmerbedrijf of een bouwbedrijf.

10.8.i Mbo-opleiding niveau 1 of niveau 2

10.8.i.1 Betonreparateur (niveau 2)
Voor adres(sen) zie: ROC/MBO-60.
Algemeen
- Eindtermen voor deze kwalificatie worden ontwikkeld door Fundeon.
- Hier wordt slechts het centrale adres vermeld. De opleiding kan in de wijde omtrek ervan worden gegeven.
CREBO 10143
Toelatingseisen De volledige leerplicht hebben voltooid.
Duur 2 jaar deeltijd.
Mogelijkheden voor verdere studie Met vrijstellingen instromen in een opleiding van niveau 2: Stukadoor.
Functiemogelijkheden Betonreparateur in een betonreparatiebedrijf.

10.8.i.2 Betonstaalverwerker (niveau 2)
Voor adres(sen) zie: ROC/MBO-22.
Algemeen
- Eindtermen voor deze kwalificaties worden ontwikkeld door Fundeon.
- Hier wordt slechts het centrale adres vermeld. De opleiding kan in de wijde omtrek ervan worden gegeven.

CREBO 10843/93880
Toelatingseisen De volledige leerplicht hebben voltooid.
Duur 2 jaar deeltijd.
Lesprogramma Er zijn diverse gespecialiseerde opleidingen voor betonstaalverwerker:

92011: Betonstaalverwerker
(Knipper/Buiger/Machine operator).
92012: Betonstaalverwerker (Lasser).
92013: Betonstaalverwerker (Vlechter).
93881: Betonstaalverwerker
(Betonstaalknipper/Buiger/Machineoperator).
93882: Betonstaalverwerker (Betonstaalvlechter).
93883: Betonstaalverwerker (Betonstaallasser).
93891: Betonstaalverwerker
(Allround betonstaalverwerker buigcentrale).
93892: Betonstaalverwerker
(Allround betonstaalverwerker bouwplaats).
93893: Betonstaalverwerker
(Allround betonstaalverwerker prefabricage).

Mogelijkheden voor verdere studie Een opleiding van niveau 4: Kaderfunctionaris betonstaalverwerkingsbedrijf.
Functiemogelijkheden Betonstaalverwerker in een betonstaalverwerkingsbedrijf.

10.8.i.3 Betontimmerman primair (Betontimmerman) (niveau 2)
Voor adres(sen) zie: ROC/MBO-32.
Algemeen
- Eindtermen voor deze kwalificaties worden ontwikkeld door Fundeon.
- Hier wordt slechts het centrale adres vermeld. De opleiding kan in de wijde omtrek ervan worden gegeven.

CREBO 93310
Toelatingseisen De volledige leerplicht hebben voltooid.
Duur 2 jaar deeltijd.
Mogelijkheden voor verdere studie Een opleiding van niveau 3: Betontimmerman voortgezet (Betontimmerman).
Functiemogelijkheden Betontimmerman bij een betontimmerbedrijf of een bouwbedrijf.

10.8.l Overige opleidingen

10.8.l.1 Betonconstructeur (HTI)
Voor adres(sen) zie: HBO-35.
Algemeen Opleiding tot betonconstructeur.
Toelatingseisen
- Diploma hts-Weg- en waterbouwkunde of -Bouwkunde; diploma Bouwkundige (HTI).
- Voorbereidende cursus Beton- en staaltechniek (zie 10.8.l.2).

Duur 1 studiejaar (1 zaterdag per 2 weken, plus 8-10 uur zelfstudie per week).
Lesprogramma Mechanica - wiskunde - betonconstructie - betontechnologie.
Diploma/examen Het examen wordt afgenomen onder toezicht

van het Koninklijk Instituut Van Ingenieurs (KIVI NIRIA).
Wie de Beton en Staal-opleidingen van HTI afrondt, verzamelt punten waarmee men zich kan inschrijven in het Constructeursregister.
Mogelijkheden voor verdere studie Een afgeronde HTI-opleiding Betonconstructeur of Staalconstructeur geeft ook recht op vrijstelling van één jaar bij de mastersopleiding van de Hogeschool van Amsterdam.
Functiemogelijkheden Betonconstructeur bij architectenbureaus, ingenieursbureaus, projectontwikkelingsmaatschappijen, grote bedrijven met nieuwbouw, vernieuwbouw, organisatiebureaus, technische diensten van grote bedrijven, bouwbureaus van grote concerns en diensten van de overheid.

10.8.l.2 Beton- en staal (HTI)
Voor adres(sen) zie: HBO-35.
Algemeen Voorbereiding op opleidingen tot betonconstructeur en staalconstructeur.
Toelatingseisen
- Tot de voorbereidende cursus Beton- en staaltechniek: diploma mbo-Middenkaderfunctionaris bouw (niveau 4), of gelijkwaardig.
- Tot de opleidingen Betonconstructeur en Staalconstructeur: zie 10.8.l.1 en 10.8.l.5.

Duur 3 studiejaren (1 zaterdag per 2 weken, plus 8-10 uur zelfstudie per week):
- Voorbereidende cursus Beton- en staaltechniek: 2 jaar deeltijd (1 dag per 14 dagen).
- De opleidingen Betonconstructeur en Staalconstructeur duren elk een jaar deeltijd (1 zaterdag per 14 dagen).

Lesprogramma
- Voorbereidende cursus: mechanica - wiskunde - beton - staal.
- Betonconstructeur: mechanica - wiskunde - betonconstructie - betontechnologie.
- Staalconstructeur: mechanica - wiskunde - staalconstructie.

Diploma/examen Wie de Beton en Staal-opleidingen van HTI afrondt, verzamelt punten waarmee men zich kan inschrijven in het Constructeursregister.
Mogelijkheden voor verdere studie Een afgeronde HTI-opleiding Betonconstructeur of Staalconstructeur geeft ook recht op vrijstelling van één jaar bij de mastersopleiding van de Hogeschool van Amsterdam.

10.8.l.3 Betonvereniging
Voor adres(sen) zie: OVER-181.
Opleidingen
- Basiscursus betontechnologie.
- Bekistingen uitvoering.
- Betonlaborant BV.
- Betononderhoudskundige BV.
- Betontechnoloog BV.
- Betonverhardingen: ontwerp, uitvoering en kwaliteitszorg.
- Elementenmethode voor constructeurs.
- Post-hto-cursus beton-staalconstructeur BV/SG.
- Post-mto-cursus betontekenaar/constructeur BV.
- Voorspantechniek uitvoering.
- Voorspantechniek voor constructeurs.

Cursussen
- Basiscursus betonuitvoering.
- Bestek en regelgeving betonconstructies.
- Betonboorder BV.
- Betononderhoud voor beheerders.
- Betontekenaar BV.
- Boortechnieken voor kleine ondergrondse infrastructuur.

- Constructeur hbo+.
- Gerichte bedrijfscursussen.
- Metselmortellaborant BV.
- Nascholing betonuitvoering.
- Omgaan met LCA.
- Temperatuurbeheersing van verhardend beton.
- Toeslagmaterialenlaborant BV.
- Uitvoering betonreparatie voor middenkader.
- Verantwoord omgaan met ontkistingsmiddelen.
- Wapenen in de praktijk.

Overige informatie De opleidingen worden op diverse locaties in het land gegeven.

10.8.l.4 LOI - afstandsonderwijs - Techniek
Zie 4.1.l.2.

10.8.l.5 Staalconstructeur (HTI)
Voor adres(sen) zie: HBO-35.
Algemeen Opleiding tot staalconstructeur.
Toelatingseisen
- Diploma hts-Weg- en waterbouwkunde of -Bouwkunde; diploma Bouwkundige (HTI).
- Men wordt ook toegelaten als men de voorbereidende cursus Beton- en staaltechniek (zie 10.8.l.2) heeft gevolgd.

Duur 1 studiejaar (1 zaterdag per 2 weken, plus 8-10 uur zelfstudie per week).
Lesprogramma Mechanica - wiskunde - staalconstructie.
Diploma/examen Het examen wordt afgenomen onder toezicht van de Orde van Nederlandse Raadgevende Ingenieurs (ONRI) en het Staalbouwkundig Genootschap.
Wie de Beton en Staal-opleidingen van HTI afrondt, verzamelt punten waarmee men zich kan inschrijven in het Constructeursregister.
Mogelijkheden voor verdere studie Een afgeronde HTI-opleiding Betonconstructeur of Staalconstructeur geeft ook recht op vrijstelling van één jaar bij de mastersopleiding van de Hogeschool van Amsterdam.
Functiemogelijkheden Staalconstructeur bij architectenbureaus, ingenieursbureaus, projectontwikkelingsmaatschappijen, grote bedrijven met nieuwbouw, vernieuwbouw, organisatiebureaus, technische diensten van grote bedrijven, bouwbureaus van grote concerns en diensten van de overheid.

10.9 SCHILDEREN EN AFWERKEN

10.9.f Hbo-bacheloropleiding

10.9.f.1 Chemische technologie (hto) (Avans HS, Hanze HS, HS Rotterdam, HS Utrecht, HS Van Hall/Larenstein, NHL, RMU, Saxion HS)
Zie 7.1.f.2.
Doel Opleiding voor functies waarin men zich bezighoudt met het beschermen van oppervlakten of met het vervaardigen van de daarvoor benodigde stoffen.

10.9.g Mbo-opleiding niveau 4

10.9.g.1 Restauratieschilder (niveau 4)
Voor adres(sen) zie: ROC/MBO-39.
Algemeen
- Eindtermen voor deze kwalificatie worden ontwikkeld door Savantis.
- Hier wordt slechts het centrale adres vermeld. De opleiding kan in de wijde omtrek ervan worden gegeven.

CREBO 10174
Doel Specialistenopleiding tot restauratieschilder.
- Taak: inspecteren en restaureren van ondergronden, stucwerk en glas-in-loodramen, met behulp van oude technieken aanbrengen van grond-, tussen- en afwerklagen, opstellen van een offerte en begeleiden van leerlingen.

Toelatingseisen Diploma Gezel schilder (niveau 3).
Duur 2 jaar deeltijd.
Mogelijkheden voor verdere studie Met de doorstroomdeelkwalificatie Hbo: hto, hbo-lerarenopleiding (bachelor) PTH Bouwtechniek I en II (tweedegraads).
Functiemogelijkheden Restauratieschilder bij een schilders- of restauratiebedrijf.

10.9.h Mbo-opleiding niveau 3

10.9.h.1 Gezel glaszetter (niveau 3)
Voor adres(sen) zie: ROC/MBO-23, 39, 46.
Algemeen
- Eindtermen voor deze kwalificatie worden ontwikkeld door Savantis.
- Hier worden slechts de centrale adressen vermeld. De opleiding kan in de wijde omtrek ervan worden gegeven.

CREBO 10805
Doel Plaatsen en bewerken van alle soorten dubbelglas, leidinggeven aan een ploeg glaszetters, begeleiden van leerlingen en calculeren van projecten.
Toelatingseisen Diploma vmbo gl, vmbo kb of vmbo tl met de sector vmbo-Tech; of diploma vmbo gl, vmbo kb of vmbo tl, alle met nat./scheik. 1 of wisk., met de sectoren vmbo-Ec, vmbo-Lb of vmbo-Z&W; in alle gevallen gewenst, dus niet vereist: diploma Glaszetter (niveau 2).
Duur 2 jaar deeltijd.
Functiemogelijkheden Vakkracht glaszetten bij een schildersbedrijf in de nieuwbouw, de renovatie en de onderhoudssector.

10.9.h.2 Gezel schilder (Medewerker schilderen) (niveau 3)
Voor adres(sen) zie: ROC/MBO-1, 21, 23, 30, 32, 38, 39, 40, 46, 60.
Algemeen
- Er zijn bij Roc van Twente 3 uitstroomrichtingen:
  - Gezel schilder aankomend voorman (crebonummer 91461).
  - Gezel schilder afwerking van interieurs (crebonummer 91462).
  - Gezel schilder totaalonderhoud (crebonummer 91463).
- Eindtermen voor deze kwalificatie worden ontwikkeld door Savantis.
- Hier worden slechts de centrale adressen vermeld. De opleiding kan in de wijde omtrek ervan worden gegeven.

CREBO 10175/91460
Doel Aanbrengen van verf-, vernis-, en beitssystemen, geven van verftechnische en kleuradviezen, aanbrengen van wandbekledingsmaterialen, plaatsen van meervoudig isolerend glas, voorbewerken, repareren en afwerken van beton, aanbrengen van decoratieve technieken en teksten, en begeleiden van leerlingen.
Toelatingseisen Diploma Medewerker schilderen 2 (Schilder) (niveau 2).
Duur 2 jaar deeltijd.
Mogelijkheden voor verdere studie Een opleiding van niveau 4: Restauratieschilder.
Functiemogelijkheden Gezel schilder bij een schildersbedrijf in de nieuwbouw, inclusief in werkplaatsen en loodsen; renovatie en onderhoudssector.

10.9.h.3 Gezel stukadoor (niveau 3)
Voor adres(sen) zie: ROC/MBO-21, 43.
Algemeen
- Eindtermen voor deze kwalificatie worden ontwikkeld door Savantis.
- Hier worden slechts de centrale adressen vermeld. De opleiding kan in de wijde omtrek ervan worden gegeven.

CREBO 10167
Doel Zelfstandig beoordelen van ondergronden, bepalen van de samenstelling en het soort materialen dat nodig is voor een bepaalde ondergrond en de gewenste afwerking, en decoratief afwerken.
Toelatingseisen Diploma vmbo gl, vmbo kb of vmbo tl met de sector vmbo-Tech; of diploma vmbo gl, vmbo kb of vmbo tl, alle met nat./scheik. 1 of wisk., met de sectoren vmbo-Ec, vmbo-Lb of vmbo-Z&W; in alle gevallen gewenst, dus niet vereist: diploma Stukadoor (niveau 2).
Duur 2 jaar deeltijd.
Mogelijkheden voor verdere studie Opleidingen van niveau 4: Middenkaderfunctionaris afbouw en onderhoud (Uitvoerder).
Functiemogelijkheden Gezel stukadoor in een stukadoorsbedrijf.

10.9.h.4 Medewerker schilderen 3 (niveau 3)
Voor adres(sen) zie: ROC/MBO-13.
Algemeen
- Eindtermen voor deze kwalificatie worden ontwikkeld door Savantis.
- Hier wordt slechts het centrale adres vermeld. De opleiding kan in de wijde omtrek ervan worden gegeven.

CREBO 91460
Toelatingseisen Diploma vmbo gl, vmbo kb of vmbo tl met de sector vmbo-Tech; of diploma vmbo gl, vmbo kb of vmbo tl, alle met nat./-scheik. 1 of wisk., met de sectoren vmbo-Ec, vmbo-Lb of vmbo-Z&W; in alle gevallen gewenst, dus niet vereist: diploma Medewerker schilderen 2 (Schilder) (niveau 2).
Duur 2 jaar deeltijd.
Functiemogelijkheden Medewerker schilder bij een schildersbedrijf in de nieuwbouw, inclusief in werkplaatsen en loodsen, renovatie en onderhoudssector.

10.9.h.5 Vakkracht industrieel lakverwerker (niveau 3)
Voor adres(sen) zie: ROC/MBO-32, 60.
Algemeen
- Roc van Twente heeft alleen de opleiding Vakkracht lakspuiter (crebonummer 92724).
- Het Deltion College heeft 3 uitstroomrichtingen:
  • Vakkracht jachtschilder.
  • Vakkracht lakspuiter.
  • Vakkracht poedercoater.
- Eindtermen voor deze kwalificatie worden ontwikkeld door Savantis.
- Hier worden slechts de centrale adressen vermeld. De opleiding kan in de wijde omtrek ervan worden gegeven.

CREBO 92720/92724
Doel Beheren van de processen die behoren bij het aanbrengen van laksystemen, begeleiden en beoordelen van stagiaires en leerlingen en rapporteren van product- en kwaliteitsgegevens.
Toelatingseisen
- Diploma vmbo bb.
- Diploma Medewerker industriële lakverwerking (niveau 2).
Duur 2 jaar deeltijd.
Mogelijkheden voor verdere studie Diverse vakcursussen.
Functiemogelijkheden Vakkracht industriële lakverwerking in de metaal- en kunststofindustrie.

10.9.i Mbo-opleiding niveau 1 of niveau 2

10.9.i.1 Assistent industrieel lakverwerker (niveau 1)
Zie ook: 10.9.i.2.
Voor adres(sen) zie: ROC/MBO-16.
Algemeen
- Eindtermen voor deze kwalificatie worden ontwikkeld door Savantis.
- Hier wordt slechts het centrale adres vermeld. De opleiding kan in de wijde omtrek ervan worden gegeven.

CREBO 10885/91442
Doel Aanbrengen van lakken op industriële objecten door middel van een spuitpistool, voorbehandelen van industriële objecten en afplakken en maskeren van aangemerkte delen op objecten.
Toelatingseisen De volledige leerplicht hebben voltooid.
Duur 1 jaar deeltijd.
Mogelijkheden voor verdere studie Een opleiding van niveau 2: Medewerker industriële lakverwerking.
Functiemogelijkheden Assistent industriële lakverwerker in de hout- en meubelindustrie, of in de metaal- en kunststofindustrie.

10.9.i.2 Assistent schilderen/industriële lakverwerking (niveau 1)
Zie ook: 10.9.i.1.
Voor adres(sen) zie: ROC/MBO-7, 10, 12, 13, 20, 32, 38, 46, 54.
Algemeen
- Er zijn bij Roc van Twente 3 uitstroomrichtingen:
  • Assistent lakspuiter (crebonummer 91445).
  • Assistent metaalconserveerder (crebonummer 91442).
  • Assistent schilder (crebonummer 91444).
- Eindtermen voor deze kwalificatie worden ontwikkeld door Savantis.
- Hier worden slechts de centrale adressen vermeld. De opleiding kan in de wijde omtrek ervan worden gegeven.

CREBO 91440
Doel Vaardigheden in praktijk brengen: schilderen - vernissen - glas plaatsen - verfspuiten - behangen - aanbrengen van muurverf - schilderen van letters en cijfers - kleurmengen; gebruik en onderhoud van steigers, handgereedschappen en verfspuitinstallatie; werken met veiligheidsmaatregelen en milieu-eisen.
Toelatingseisen De volledige leerplicht hebben voltooid.
Duur 1 jaar voltijd en deeltijd.
Mogelijkheden voor verdere studie Opleidingen van niveau 2: Medewerker industriële lakverwerking, of Medewerker schilderen 2 (Schilder).
Functiemogelijkheden Assistent schilderen/industriële lakverwerking in een schildersbedrijf.

10.9.i.3 Glaszetter (niveau 2)
Voor adres(sen) zie: ROC/MBO-23, 33, 39, 46.
Algemeen
- Eindtermen voor deze kwalificatie worden ontwikkeld door Savantis.
- Hier worden slechts de centrale adressen vermeld. De opleiding kan in de wijde omtrek ervan worden gegeven.

CREBO 10807
Doel Plaatsen en vervangen van enkelbladig glas en meervoudig isolerend glas, zelfstandig snijden van glas en verzorgen en veilig vervoeren van glas.
Toelatingseisen De volledige leerplicht hebben voltooid.
Duur 1 jaar deeltijd.
Mogelijkheden voor verdere studie Met vrijstellingen instromen

in een opleiding van niveau 2: Medewerker schilderen 2 (Schilder), of in een opleiding van niveau 3: Gezel glaszetter.

Functiemogelijkheden Glaszetter bij een schildersbedrijf in de nieuwbouw, renovatie en onderhoudssector.

10.9.i.4 Medewerker industriële lakverwerking (niveau 2)
Voor adres(sen) zie: ROC/MBO-32.
Algemeen
- Deze opleiding vervangt 2 opleidingen van niveau 2: Industriële lakwerker metaal, en Industriële lakwerker hout.
- Roc van Twente heeft 2 uitstroomrichtingen:
  • Lakspuiter (crebonummer 92715).
  • Metaalconserveerder (crebonummer 92713).
- Eindtermen voor deze kwalificatie worden ontwikkeld door Savantis.
- Hier wordt slechts het centrale adres vermeld. De opleiding kan in de wijde omtrek ervan worden gegeven.

CREBO 92710
Doel Voorbehandelen van industriële objecten, afplakken en maskeren van aangemerkte delen op objecten en verwerken van verfproducten met kwast of spuitpistool of door rollen, dompelen of gieten.

Toelatingseisen
- Diploma vmbo bb met de sector vmbo-Tech; of diploma vmbo bb met nat./scheik. 1 of wisk., met de sectoren vmbo-Ec, vmbo-Lb of vmbo-Z&W.
- Diploma Assistent schilderen/industriële lakverwerking (niveau 1).
Duur 2 jaar deeltijd.
Mogelijkheden voor verdere studie Een opleiding van niveau 3: Vakkracht industrieel lakverwerken.
Functiemogelijkheden Industrieel lakverwerker in een hout-, metaal- of kunststofafwerkingsbedrijf.

10.9.i.5 Medewerker schilderen 2 (Schilder) (niveau 2)
Voor adres(sen) zie: ROC/MBO-12, 13, 21, 22, 23, 32, 33, 39, 46, 59.
Algemeen
- Eindtermen voor deze kwalificatie worden ontwikkeld door Savantis.
- Hier worden slechts de centrale adressen vermeld. De opleiding kan in de wijde omtrek ervan worden gegeven.
CREBO 10178/91450
Doel Binnen en buiten aanbrengen van verfproducten op houten ondergronden, voorbehandelen, repareren en afwerken van wanden en plafonds, plaatsen van enkelbladig glas, aanbrengen van behang met niet-verspringend patroon, aanbrengen van letters en eenvoudig decoratief werk, en aanbrengen van één-componentige verfproducten op metaal.
Toelatingseisen
- Diploma vmbo bb.
- Diploma Assistent schilderen/industriële lakverwerking (niveau 1).
Duur 2 jaar voltijd en deeltijd.
Mogelijkheden voor verdere studie Een opleiding van niveau 3: Gezel schilder (Medewerker schilderen).
Functiemogelijkheden Schilder bij een schildersbedrijf in de nieuwbouw, renovatie en onderhoudssector.

10.9.i.6 Metaalconserveerder (niveau 2)
Voor adres(sen) zie: ROC/MBO-12, 32.
Algemeen
- Eindtermen voor deze kwalificatie worden ontwikkeld door Savantis.
- Hier worden slechts de centrale adressen vermeld. De opleiding kan in de wijde omtrek ervan worden gegeven.
CREBO 92713

Doel Voorbehandelen van verschillende soorten ondergronden en verwerken van verfproducten met kwast, roller en spuitpistool.
Toelatingseisen De volledige leerplicht hebben voltooid.
Duur 3 jaar deeltijd.
Mogelijkheden voor verdere studie Een opleiding van niveau 3: Vakkracht industrieel lakverwerker.
Functiemogelijkheden Metaalconserveerder in een metaalconserveringsbedrijf.

10.9.i.7 Stukadoor (niveau 2)
Voor adres(sen) zie: ROC/MBO-12, 21, 43.
Algemeen
- Eindtermen voor deze kwalificatie worden ontwikkeld door Savantis.
- Hier worden slechts de centrale adressen vermeld. De opleiding kan in de wijde omtrek ervan worden gegeven.

CREBO 10171
Doel Controleren en voorbehandelen van ondergronden, aanbrengen van raapwerk met verschillende materialen en afwerken van ondergronden met pleister- en schuurlagen aan wanden, plafonds en gevels.
Toelatingseisen De volledige leerplicht hebben voltooid.
Duur 2 jaar deeltijd.
Mogelijkheden voor verdere studie Met vrijstellingen instromen in een opleiding van niveau 2: Betonreparateur, of met vrijstellingen instromen in een opleiding van niveau 3: Gezel stukadoor.
Functiemogelijkheden Stukadoor bij een stukadoorsbedrijf.

10.9.l Overige opleidingen

10.9.l.1 STichting Opleidings- en Ontwikkelingsfonds voor de Vlakglasbranche (STOOV)
Voor adres(sen) zie: OVER-184.
Algemeen Opleidingen in diverse plaatsen in Nederland.
Opleidingen
- Calculeren in het glaszetbedrijf.
- Geautomatiseerd calculeren.
- Hardglasmontagetechnieken.
- Isolatieglasmedewerker.
- Medewerker glasgroothandel.
- Normen en voorschriften.
- Praktijk glaszetten 1.
- Praktijk glaszetten 2.
- Praktijk glaszetten 3.
- Vlakglasmontagetechnieken.
- Vlakglas product en productie.
- Workshop glaszetten praktijk.

10.9.l.2 Vakcentrum Afbouw en Onderhoud - Presentatie en Communicatie (Savantis)
Voor adres(sen) zie: KBB-16, ROC/MBO-19, 53, ROCCO-24.
Opleidingen
- Via de BeroepsBegeleidende Leerweg (werken en leren/bbl) betreffende de vakgebieden schilderen, glaszetten, industriële lakverwerking, metaalconserveren, stukadoren, vloerenleggen, betonreparatie en wand- en plafondsysteemmontage. Deze opleidingen worden verzorgd in nauwe samenwerking tussen het bedrijfsleven, de scholen en het vakcentrum Savantis; ze worden in dit hoofdstuk 10 in de diverse paragrafen vermeld.
- Via de BeroepsOpleidende Leerweg (dagonderwijs/bol) op mbo-niveau. Het gaat hierbij om de opleidingen voor beschermings- en afwerkingstechnieken, en reclame- en presentatietechnieken.

Deze opleidingen worden verzorgd door CIBAP te Zwolle, NIMETO te Utrecht en SintLucas te Boxtel en Eindhoven, en worden in de hoofdstukken 10 en 17 in de diverse paragrafen vermeld.

Cursussen
- Arbeidsomstandigheden.
- Automatisering.
- Beletteren.
- Communicatie.
- Glaszetten.
- Industrie.
- Management.
- Schilderen.
- Wandafwerking.

Ook worden er cursussen gegeven voor het stukadoors- en afbouw-bedrijf, en voor de verf- en drukinktindustrie.

10.10 LANDMEETKUNDE

Algemeen De geodetisch ingenieur (of landmeter), de landmeet-kundigen, de landmeetkundig tekenaars, de landmeettechnici en de landmeetkundig rekenaars kunnen werk vinden bij onder meer kadasters, gemeentelijke en provinciale landmeetkundige diensten, ingenieursbureaus, Rijkswaterstaat, de NS, topografische diensten, planologische diensten of cultuurtechnische diensten.

10.10.a Postacademisch onderwijs (pao)

10.10.a.1 Geoplan
Voor adres(sen) zie: OVER-227.
Algemeen Geoplan Nederland BV is een samenwerkingsverband van universiteiten, overheid en maatschappelijke belangenorgani-saties, van oorsprong gespecialiseerd in postacademisch onderwijs.
Doel Cursussen, opleidingen, in company-trainingen, studiedagen en congressen in de volgende vakgebieden: aardwetenschappen - beleid & onderzoek - GIS - juridisch-bestuurlijke aspecten van ruim-telijke ordening - milieu - ruimtelijke planning - verkeer en vervoer - volkshuisvesting.

10.10.b Wo-masteropleiding

10.10.b.1 Geomatics (TUD)
Voor adres(sen) zie: WO-13.
Algemeen Interfacultaire wo-masteropleiding. Deze brede studie wordt gegeven door de faculteiten CiTG, L&R (de secties FMR, FRS en MGP), TBM en het onderzoeksinstituut OTB (de secties GiGb en GISt).
Doel Gericht op de bepaling van vorm en grootte van (delen van) het aardoppervlak: op het land met landmeters, op zee met navigatie-technieken, vanuit de lucht met luchtfoto's (fotogrammetrie) en van-uit de ruimte door satellieten (o.a. remote sensing). Voor metingen met satellieten, bijvoorbeeld voor de beschrijving van het oppervlak van oceanen en stromingen, is onderzoek naar zwaartekrachtver-schillen op aarde noodzakelijk.
Toelatingseisen
- Hbo-propedeuse Geodesie.
- Met het getuigschrift hbo-bacheloropleiding Geodesie is een ver-korte opleiding mogelijk.
Duur 2 jaar voltijd.
Mogelijkheden voor verdere studie Promotie-onderzoek voor een verdere loopbaan in het wetenschappelijk onderzoek.
Functiemogelijkheden Uitvoerend werk; (project)management; wetenschappelijk onderzoek.

Werkterreinen in binnen- en buitenland: ruimtelijke gegevensinwin-ning en -presentatie in het bedrijfsleven of bij de overheid; bestuur-lijke geodesie bij de (semi-)overheid.
Geodetische ingenieurs werken in het bedrijfsleven (ingenieurs- en adviesbureaus en software houses), bij de semi-overheid (kadasters, onderwijs en onderzoek), of bij het Rijk en gemeenten (geo-infor-matiediensten, Meetkundige dienst van Rijkswaterstaat).
Overige informatie - Geomatics op wo-niveau wordt in Nederland alleen aan de TUD gedoceerd.
- Tot 2003 heette deze studierichting: Geodesie.

10.10.b.2 Hydrology (VUA)
Voor adres(sen) zie: WO-9.
Algemeen Wo-masteropleiding.
Duur 2 jaar voltijd.
Lesprogramma
- De opleiding biedt een grondige kennis van de fysische en chemi-sche processen die de watercyclus reguleren, en van actuele hydro-logische metings- en ontwerptechnieken. Het verzamelen, ver-werken en analyseren van gegevens wordt geleerd, evenals de presentatie van de resultaten in geschreven rapporten of ten over-staan van een gehoor. Werkend in binnen- of buitenland (zelfstan-dig of in interdisciplinair teamverband), wordt een 'academische houding' gekweekt, waarmee gecompliceerde milieuproblemen die met onze watervoorziening te maken hebben, kunnen worden bestudeerd en opgelost.
- Specialisaties:
- VUA: Ecohydrologist - Hydrochemistry - Hydrogeologist.
Functiemogelijkheden Gezien de toenemende internationale eisen op het gebied van watervoorraden en de klimaatverandering, is er grote behoefte aan afgestudeerden in de research, bij de overheden en in commerciële organisaties. Functies bij de lokale, regionale of nationale overheidsdiensten die met water en milieu te maken heb-ben, internationale non-gouvernementele organisaties, nationale of internationale adviesbureaus, universiteiten, onderzoeksinstituten en andere internationale organisaties (bijv. de Verenigde Naties en de Wereldbank). Afhankelijk van de specialisatie kan iemand betrokken raken bij het beheer van oppervlakte- of grondwatervoorraden, het zoeken naar en herstellen van het grondwater in uitgedroogde gebie-den, biotechnische schoonmaakoperaties, berekening van overstro-mingskansen rond rivieren, de effecten van verandering in begroeiing op het totale wateraanbod, kwesties betreffende huishouding, erosie en afzetting en oplossingen daarvoor, hydrologische vraagstukken betreffende wetlands en bebossing, of het formuleren van aan water gerelateerd beleid, of studies naar de klimaatverandering.

10.10.d Post-hbo-opleiding

10.10.d.1 Geografische InformatieSystemen (GIS) (HS Van Hall/Larenstein)
Voor adres(sen) zie: HBO-199.
Algemeen Opleiding voor toepassingen GIS op stroomgebiedbeheer, landschapsecologie, bodemsanering, vastgoedbeheer en bosbeheer.

10.10.d.2 Stichting CPION (Centrum Post Initieel Onderwijs Nederland)
Voor adres(sen) zie: DIEN-29.
Algemeen Toetsing, registratie en diplomering van initiële opleidingen.

Jurlights zie pagina 295

10.10.f Hbo-bacheloropleiding

10.10.f.1 Land- en watermanagement (HS Van Hall/Larenstein)
Zie 3.5.f.1.

10.10.g Mbo-opleiding niveau 4

10.10.g.1 Middenkaderfunctionaris bouw en infra (niveau 4)
Zie 10.1.g.4.
Algemeen Bij Roc Mondriaan is er een uitstroomrichting Landmeetkunde.

10.11 WEG- EN WATERBOUWKUNDE

10.11.a Postacademisch onderwijs (pao)

10.11.a.1 Civiele techniek en bouwtechniek (TUD)
Zie 10.1.a.2.

10.11.c Wo-bacheloropleiding

10.11.c.1 Civil engineering (UG, VUB)
Voor adres(sen) zie: WO-51, 53.
Algemeen Wo-bacheloropleiding tot civiel ingenieur.
Doel Bouwen voor verkeer, voor beheersing en benutting van het water, voor wonen en werken.
Toelatingseisen
- Diploma vwo (wisk. B, nat.); vwo-profiel C&M (+ wisk. B I en II, nat. I en II), E&M (wisk. B I en II, nat. I en II), N&T, N&G (wisk. B I en II); propedeuse of getuigschrift/diploma van een hbo of van de OUNL (wisk. B, nat.).
- Voor het doorstroomprogramma: diploma van een verwante hbo-opleiding.
- Als men 21 jaar of ouder is, komt men in aanmerking voor een colloquium doctum.
Duur 3 jaar voltijd.
Lesprogramma Specialisaties of varianten:
- UG: Constructieontwerp - Milieu-aspecten van bouwkunde - Water en transport.
Aansluitende masteropleidingen
- TUD, TU/e: Architectuur (Bouwkunde).
Functiemogelijkheden Bedrijfsleven ([ingenieurs-]bureaus, bouw); overheid (ministeries, provincies, gemeenten); universiteit (beperkte mogelijkheden voor onderzoekers).

10.11.d Post-hbo-opleiding

10.11.d.1 Stichting CPION (Centrum Post Initieel Onderwijs Nederland)
Voor adres(sen) zie: DIEN-29.
Algemeen Toetsing, registratie en diplomering van initiële opleidingen.

10.11.f Hbo-bacheloropleiding

10.11.f.1 Civiele techniek (Weg- en waterbouwkunde) (hto) (Avans HS, Haagse HS, HAN, HS Inholland, HS NCOI, HS Rotterdam, HS Windesheim, HZ, NHL, Saxion HS)
Voor adres(sen) zie: HBO-1, 52, 64, 89, 125, 150, 157, 203, 219.
Algemeen
- Hbo-bacheloropleiding voor civiel ingenieur.
- Bij de HAN (vestiging Arnhem) worden 2 ad-programma's (in deeltijd) aangeboden:
  • Civiele techniek (directievoering);
  • Civiele techniek (projectuitvoering en -realisatie).
Toelatingseisen
- Diploma havo (wisk. B, nat.) havo-profiel N&T, N&G; diploma vwo (wisk. A of B, nat.); vwo-profiel C&M (+ wisk. A I en II, nat. I), E&M (+ nat. I), N&T, N&G; mbo niveau 4.
- Alkmaar: speciale instroomroute voor afgestudeerden mbo niveau 4 in de technische sector zonder wis- en natuurkunde.
- Den Haag, Enschede en Leeuwarden: mogelijkheid om achterstand in wiskunde en/of natuurkunde in te halen voor of tijdens de propedeuse.
Duur
- Ad-programma's (HAN): 2 jaar deeltijd.
- 4 jaar voltijd.
- 3 jaar voltijd na een verwante mbo-opleiding (niveau 4).
- Tilburg: duaal.
Lesprogramma Specialisaties:
- Arnhem (HAN): Constructie - Infrastructuur - Organisatie - Waterbouw.
- Den Haag (Haagse HS): Constructies - Minor - Verkeer en vervoer - Waterbouw.
- Enschede (Saxion HS): Constructief - Verkeer en wegen - Waterbouw - Watermanagement.
- Leeuwarden (NHL): Constructie - Infrastructuur - Uitvoering - Waterbouwkunde.
- R'dam (Rotterdam HS): Constructief ontwerpen - Infrastructuur en mobiliteit (minor) - Uitvoerend bouwbedrijf (minor) - Watermanagement en waterbouw (minor).
- Tilburg (Avans HS): Minor - Specialisaties.
- Vlissingen (HZ): Bedrijf civiele techniek (minor) - Delta applied research centre (minor).
- HS NCOI: Kwaliteits- en veiligheidsmanagement - Omgevingsmanagement en recht.
Mogelijkheden voor verdere studie TUD of TU/e, eventueel met vrijstellingen of in het verkorte doorstroomprogramma.
Functiemogelijkheden Ontwerper, projectleider ontwerp, projectbegeleider, beheerder bij Rijkswaterstaat, Provinciale Waterstaat, waterschappen en gemeenten; ontwerper/tekenaar, constructeur, projectbegeleider/ontwerper constructie, adviseur op ingenieursbureaus; werkvoorbereider, milieumedewerker, calculator, uitvoerder, projectleider uitvoering, manager bij aannemingsmaatschappijen (ten behoeve van onder meer wegenbouw, grondwerken, 'natte' waterbouw, utiliteitsbouw, kunstwerken zoals tunnels, bruggen, sluizen, viaducten).
N.B. HS Utrecht: De opleidingen Bouwkunde, Bouwtechnische Bedrijfskunde, Civiele techniek, Geodesie/Geo-informatica, Milieukunde en Ruimtelijke Ordening & Planologie zijn sinds 1 september 2015 opgegaan in de opleiding Built Environment.

Stress?
zie Onbeperkt ontspannen
zie pagina 231

10.11.f.2 Engineering (HS Rotterdam)
Voor adres(sen) zie: HBO-157.
Algemeen Ad-programma.
Duur 2 jaar voltijd en deeltijd.

10.11.g Mbo-opleiding niveau 4

10.11.g.1 Middenkaderfunctionaris bouw en infra (niveau 4)
Zie 10.1.g.4.

10.11.h Mbo-opleiding niveau 3

10.11.h.1 Allround vakman grond-, water- en wegenbouw (niveau 3)
Voor adres(sen) zie: ROC/MBO-10, 12, 13, 32, 39.
Algemeen
- Eindtermen voor deze kwalificatie worden ontwikkeld door Fundeon.
- Hier worden slechts de centrale adressen vermeld. De opleiding kan in de wijde omtrek ervan worden gegeven.
CREBO 93990
Doel Zelfstandig werkzaamheden (laten) verrichten bij aanleg, onderhoud en renovatie van rioleringen, wegfunderingen maken, noodbestratingen aanleggen, aan de hand van tekeningen de hoogten en richtingen van rioleringen uitzetten en daarbij mechanische hulpmiddelen bedienen en onderhouden, sleuven (laten) graven voor kabels en leidingen, putten (laten) plaatsen en aansluiten op het riool, huizen en bedrijven (laten) aansluiten op het hoofdriool.
Toelatingseisen Diploma vmbo gl, vmbo kb of vmbo tl met de sector vmbo-Tech; of diploma vmbo gl, vmbo kb of vmbo tl, alle met nat./-scheik. 1 of wisk., met de sectoren vmbo-Ec, vmbo-Lb of vmbo-Z&W.
Duur 2 jaar deeltijd.
Mogelijkheden voor verdere studie Een opleiding van niveau 4: Kaderfunctionaris bouw, infra en gespecialiseerde aannemerij (Kaderfunctionaris uitvoering bouw en infra); of andere kaderopleidingen.
Functiemogelijkheden Beheers- en organisatorische functies (planner, uitvoerder, werkvoorbereider) als allround vakman grond-, water- en wegenbouw bij een rioolleggersbedrijf of bij een grond-, water- en wegenbouwbedrijf.

10.11.h.2 Allround waterbouwer (niveau 3)
Voor adres(sen) zie: ROC/MBO-13, 32, 60.
Algemeen
- Eindtermen voor deze kwalificatie worden ontwikkeld door Fundeon.
- Hier worden slechts de centrale adressen vermeld. De opleiding kan in de wijde omtrek ervan worden gegeven.
CREBO 91565/94030
Doel Zelfstandig werkzaamheden bij de aanleg en het onderhoud van oevervoorzieningen en waterbouwkundige constructies verrichten met behulp van mechanisch aangedreven hulpwerktuigen die men zelf bedient en onderhoudt; aan de hand van tekeningen de hoogten en richtingen van oevervoorzieningen en waterbouwkundige constructies uitzetten.
Toelatingseisen Een diploma van niveau 2: Straatmaker (opperman bestratingen); Vakman infra; Waterbouwer (bij het Deltion College is deze laatste de enige mogelijkheid).
Duur 2 jaar voltijd en deeltijd; Roc van Twente alleen deeltijd.
Mogelijkheden voor verdere studie Een opleiding van niveau 4:

Kaderfunctionaris bouw, infra en gespecialiseerde aannemerij (Kaderfunctionaris uitvoering bouw en infra).
Functiemogelijkheden Waterbouwer bij een grond-, water- en/of wegenbouwbedrijf.

10.11.h.3 Machinist grond-, water- en wegenbouw (niveau 3)
Voor adres(sen) zie: ROC/MBO-29.
Algemeen
- Eindtermen voor deze kwalificatie worden ontwikkeld door Fundeon.
- Hier wordt slechts het centrale adres vermeld. De opleiding kan in de wijde omtrek ervan worden gegeven.
CREBO 10450
Doel Zelfstandig met grondverzet- en wegenbouwmachines allerlei voorkomende graaf-, egaliseer-, wals- en asfalteerwerkzaamheden uitvoeren.
Toelatingseisen Diploma vmbo gl, vmbo kb of vmbo tl met de sector vmbo-Tech; of diploma vmbo gl, vmbo kb of vmbo tl, alle met nat./-scheik. 1 of wisk., met de sectoren vmbo-Ec, vmbo-Lb of vmbo-Z&W.
Duur Ruim 2,5 jaar voltijd.
Mogelijkheden voor verdere studie Met vrijstellingen instromen in een opleiding van niveau 4: Middenkaderfunctionaris bouw en infra.
Functiemogelijkheden Machinist grond-, water- en wegenbouw bij een grond-, water- en/of wegenbouwbedrijf.

10.11.h.4 Machinist grondverzetmachines (niveau 3)
Voor adres(sen) zie: ROC/MBO-12, 22, 25, 29, 39, 58, 60.
Algemeen
- Eindtermen voor deze kwalificatie worden ontwikkeld door Fundeon.
- Hier worden slechts de centrale adressen vermeld. De opleiding kan in de wijde omtrek ervan worden gegeven.
CREBO 10835
Doel Zelfstandig met een grondverzetmachine allerlei voorkomende graaf- en egaliseerwerkzaamheden uitvoeren.
Toelatingseisen Diploma vmbo gl, vmbo kb of vmbo tl met de sector vmbo-Tech; of diploma vmbo gl, vmbo kb of vmbo tl, alle met nat./-scheik. 1 of wisk., met de sectoren vmbo-Ec, vmbo-Lb of vmbo-Z&W.
Duur Bijna 3 jaar deeltijd.
Mogelijkheden voor verdere studie Met vrijstellingen instromen in een opleiding van niveau 4: Middenkaderfunctionaris bouw en infra.
Functiemogelijkheden Machinist grondverzetmachines bij een grondverzetbedrijf.

10.11.h.5 Machinist mobiele hijskraan (niveau 3)
Voor adres(sen) zie: ROC/MBO-12, 22, 29, 39.
Algemeen
- Eindtermen voor deze kwalificatie worden ontwikkeld door Fundeon.
- Hier worden slechts de centrale adressen vermeld. De opleiding kan in de wijde omtrek ervan worden gegeven.
CREBO 10833
Doel Zelfstandig met een mobiele kraan allerlei voorkomende hijswerkzaamheden uitvoeren.
Toelatingseisen Diploma vmbo gl, vmbo kb of vmbo tl met de sector vmbo-Tech; of diploma vmbo gl, vmbo kb of vmbo tl, alle met nat./-scheik. 1 of wisk., met de sectoren vmbo-Ec, vmbo-Lb of vmbo-Z&W.
Duur 2,5 jaar deeltijd.
Mogelijkheden voor verdere studie Met vrijstellingen instromen

in een opleiding van niveau 4: Middenkaderfunctionaris bouw en infra.
Functiemogelijkheden Machinist mobiele kraan bij een grond-, water- en/of wegenbouwbedrijf.

10.11.h.6 Machinist torenkraan (niveau 3)
Voor adres(sen) zie: ROC/MBO-12, 22, 39.
Algemeen
- Eindtermen voor deze kwalificatie worden ontwikkeld door Fundeon.
- Hier worden slechts de centrale adressen vermeld. De opleiding kan in de wijde omtrek ervan worden gegeven.
CREBO 10832
Doel Zelfstandig met een torenkraan allerlei voorkomende hijswerkzaamheden uitvoeren.
Toelatingseisen Diploma vmbo gl, vmbo kb of vmbo tl met de sector vmbo-Tech; of diploma vmbo gl, vmbo kb of vmbo tl, alle met nat./scheik. 1 of wisk., met de sectoren vmbo-Ec, vmbo-Lb of vmbo-Z&W.
Duur 2,5 jaar deeltijd.
Mogelijkheden voor verdere studie Met vrijstellingen instromen in een opleiding van niveau 4: Middenkaderfunctionaris bouw en infra.
Functiemogelijkheden Machinist torenkraan bij een grond-, water- en/of wegenbouwbedrijf.

10.11.h.7 Machinist wegenbouwmachines (niveau 3)
Voor adres(sen) zie: ROC/MBO-12, 25, 29, 58.
Algemeen
- Eindtermen voor deze kwalificatie worden ontwikkeld door Fundeon.
- Hier worden slechts de centrale adressen vermeld. De opleiding kan in de wijde omtrek ervan worden gegeven.
CREBO 10834
Doel Met de wegenbouwmachine zelfstandig wals-, frees- en asfalteerwerkzaamheden uitvoeren.
Toelatingseisen Diploma vmbo gl, vmbo kb of vmbo tl met de sector vmbo-Tech; of diploma vmbo gl, vmbo kb of vmbo tl, alle met nat./scheik. 1 of wisk., met de sectoren vmbo-Ec, vmbo-Lb of vmbo-Z&W.
Duur Ruim 2,5 jaar deeltijd.
Mogelijkheden voor verdere studie Met vrijstellingen instromen in een opleiding van niveau 4: Middenkaderfunctionaris bouw en infra.
Functiemogelijkheden Machinist wegenbouwmachines bij een grond-, water- en/of wegenbouwbedrijf.

10.11.h.8 Monteur gww-machines (niveau 3)
Zie ook: 10.11.h.9 voor de voltijd-variant.
Voor adres(sen) zie: ROC/MBO-12, 39, 58.
Algemeen
- Deze opleiding vervangt de opleidingen Leerling machinemonteur gwsw en Machinemonteur gwsw.
- Gww = grond-, water en wegenbouw.
- Eindtermen voor deze kwalificatie worden ontwikkeld door Fundeon.
- Hier worden slechts de centrale adressen vermeld. De opleiding kan in de wijde omtrek ervan worden gegeven.
CREBO 10452
Doel Opleiding tot monteur grond-, water- en wegenbouwmachines (= gww-machines): uitvoeren van kleine en grote onderhoudsbeurten aan machines in de grond-, water- en wegenbouw, kranen en

fundering, controleren, reviseren en repareren van deze machines, stellen van een storingsdiagnose en verwisselen en afstellen van onderdelen.
Men kan kiezen voor de differentiaties:
- Grondverzet- en wegenbouwmachines.
- Kranen en funderingsmachines.
Toelatingseisen Diploma vmbo gl, vmbo kb of vmbo tl met de sector vmbo-Tech; of diploma vmbo gl, vmbo kb of vmbo tl, alle met nat./scheik. 1 of wisk., met de sectoren vmbo-Ec, vmbo-Lb of vmbo-Z&W.
Duur 3 jaar deeltijd.
Mogelijkheden voor verdere studie Met vrijstellingen instromen in een opleiding van niveau 4: Middenkaderfunctionaris bouw en infra.
Functiemogelijkheden Monteur grond-, water- en wegenbouwmachines bij een grond-, water- en/of wegenbouwbedrijf.

10.11.h.9 Monteur gww-machines SOMA (niveau 3)
Zie ook: 10.11.h.8 voor de deeltijd-variant.
Voor adres(sen) zie: ROC/MBO-29.
Algemeen
- Gww = grond-, water en wegenbouw.
- Eindtermen voor deze kwalificatie worden ontwikkeld door Fundeon.
- Hier wordt slechts het centrale adres vermeld. De opleiding kan in de wijde omtrek ervan worden gegeven.
CREBO 10451
Doel Opleiding tot monteur grond-, water- en wegenbouwmachines SOMA: uitvoeren van kleine en grote onderhoudsbeurten aan machines in de grond-, water- en wegenbouw, kranen en fundering, controleren, reviseren en repareren van deze machines, stellen van een storingsdiagnose en verwisselen en afstellen van onderdelen.
Toelatingseisen Diploma vmbo gl, vmbo kb of vmbo tl met de sector vmbo-Tech; of diploma vmbo gl, vmbo kb of vmbo tl, alle met nat./scheik. 1 of wisk., met de sectoren vmbo-Ec, vmbo-Lb of vmbo-Z&W.
Duur 3 jaar voltijd.
Mogelijkheden voor verdere studie Met vrijstellingen instromen in een opleiding van niveau 4: Middenkaderfunctionaris bouw en infra.
Functiemogelijkheden Monteur grond-, water- en wegenbouwmachines SOMA bij een grond-, water- en/of wegenbouwbedrijf.

10.11.h.10 Straatmaker (niveau 3)
Voor adres(sen) zie: ROC/MBO-7, 10, 12, 13, 21, 32, 39, 43, 45, 54, 58, 60.
Algemeen
- Eindtermen voor deze kwalificatie worden ontwikkeld door Fundeon.
- Hier worden slechts de centrale adressen vermeld. De opleiding kan in de wijde omtrek ervan worden gegeven.
CREBO 91563/94010
Doel Zelfstandig werken als straatmaker.
Toelatingseisen Diploma Straatmaker (opperman bestratingen) (niveau 2).
Duur 2 jaar voltijd en deeltijd; bij Roc van Twente alleen 2,5 jaar deeltijd.
Mogelijkheden voor verdere studie Een opleiding van niveau 4: Kaderfunctionaris bouw, infra en gespecialiseerde aannemerij (Kaderfunctionaris uitvoering bouw en infra).
Functiemogelijkheden Straatmaker bij een bestratingsbedrijf of aannemerij.

10.11.i Mbo-opleiding niveau 1 of niveau 2

10.11.i.1 Assistent bouw en infra (niveau 1)
Voor adres(sen) zie: ROC/MBO-13, 32, 43, 60.
Algemeen
- Bij Roc van Twente en bij Roc Zadkine zijn er verschillende richtingen of beroepsaccenten.
- Eindtermen voor deze kwalificatie worden ontwikkeld door Fundeon.
- Hier worden slechts de centrale adressen vermeld. De opleiding kan in de wijde omtrek ervan worden gegeven.

CREBO 92090
Doel
- *Opleiding tot assistent bouw, met 2 richtingen of beroepsaccenten (Roc Zadkine):*
  - Assistent Metselen.
  - Assistent Timmeren.
  Bij beide bovenstaande richtingen wordt zorg gedragen voor de inrichting en het onderhoud van de bouwplaats, worden maten uitgezet en worden constructieonderdelen aangebracht.
- *Opleiding tot assistent infra, met 4 richtingen of beroepsaccenten (Roc Zadkine):*
  - *Taak bij Bestratingen:* de vakman helpen bij het uitzetten en aanbrengen van straatwerk.
  - *Taak bij Kabels en leidingen:* de vakman helpen bij het (aan)leggen van kabels en leidingen.
  - *Taak bij Rioleringen en wegen:* de vakman helpen bij rioleringswerken; zelf kolken en gebouwen aansluiten op het riool.
  - *Taak bij Waterbouw:* de vakman helpen bij het maken van waterbouwkundige werken.
- Bij Roc van Twente zijn de richtingen:
  - Infra.
  - Metselen.
  - Tegelzetten.
  - Timmeren.

Toelatingseisen De volledige leerplicht hebben voltooid.
Duur 1 jaar voltijd en deeltijd; bij Roc Zadkine alleen deeltijd.
Mogelijkheden voor verdere studie Opleidingen van niveau 2, afhankelijk van de richting die is gevolgd: Metselaar, Straatmaker (opperman bestratingen), Tegelzetter, Timmerman, of Waterbouwer.
Functiemogelijkheden In de burgerlijke utiliteitsbouw, bij gespecialiseerde aannemers, of in de infra.

10.11.i.2 Straatmaker (opperman bestratingen) (niveau 2)
Voor adres(sen) zie: ROC/MBO-13, 32, 39.
Algemeen
- Eindtermen voor deze kwalificatie worden ontwikkeld door Fundeon.
- Hier worden slechts de centrale adressen vermeld. De opleiding kan in de wijde omtrek ervan worden gegeven.

CREBO 94000
Doel Werkzaamheden bij het afwerken van funderingen en het aanbrengen van tegel- en steenbestratingen aan straten, trottoirs, maar ook aan bedrijfsterreinen, parken en (speel)tuinen.
Toelatingseisen De volledige leerplicht hebben voltooid.
Duur 2,5 jaar deeltijd.
Mogelijkheden voor verdere studie Opleidingen van niveau 3: Allround vakman grond-, water- en wegenbouw, of Straatmaker.
Functiemogelijkheden Opperman bestratingen bij een bestratingsbedrijf.

10.11.i.3 Vakman grond-, water- en wegenbouw (gww) (niveau 2)
Voor adres(sen) zie: ROC/MBO-10, 13, 32, 39.
Algemeen Eindtermen voor deze kwalificatie worden ontwikkeld door Fundeon.
Hier worden slechts de centrale adressen vermeld. De opleiding kan in de wijde omtrek ervan worden gegeven.
CREBO 93980
Doel In teamverband infrastructurele werkzaamheden verrichten bij de aanleg, het onderhoud en de reconstructie van wegen en het hierbij noodzakelijke grond-, water en wegenbouwwerk (bijvoorbeeld: bermen afwerken; cunetten, gleuven, sloten en taluds maken).
Toelatingseisen De volledige leerplicht hebben voltooid.
Duur 2,5 jaar deeltijd.
Mogelijkheden voor verdere studie Opleidingen van niveau 3: Allround vakman grond-, water- en wegenbouw, of Straatmaker.
Functiemogelijkheden Wegenwerker bij een grond-, water- en/of wegenbouwbedrijf.

10.11.i.4 Waterbouwer (niveau 2)
Voor adres(sen) zie: ROC/MBO-13, 32, 60.
Algemeen
- Eindtermen voor deze kwalificatie worden ontwikkeld door Fundeon.
- Hier worden slechts de centrale adressen vermeld. De opleiding kan in de wijde omtrek ervan worden gegeven.

CREBO 94020
Doel In teamverband werkzaamheden bij de aanleg (bijvoorbeeld baggeren en grondverzet); onderhoud van kust- en oevervoorzieningen; waterbouwkundige (hout)constructies verrichten.
Toelatingseisen - Diploma vmbo bb.
- Diploma Assistent bouw en infra, of een ander verwant diploma van niveau 1.
Duur 2 jaar deeltijd.
Mogelijkheden voor verdere studie Een opleiding van niveau 3: Allround waterbouwer.
Functiemogelijkheden Waterbouwer bij een grond-, water- en/of wegenbouwbedrijf.

10.11.l Overige opleidingen

10.11.l.1 Fundeon training en advies (SOMA)
Zie ook: 10.1.l.5 en 10.11.h.9.
Voor adres(sen) zie: KBB-9, OVER-194.
Algemeen SOMA opleidingen voor de infrastructuur verzorgt vele civieltechnische en werktuigkundige vakopleidingen; zie www.fundeon.nl
Duur
- A: 1 dag per week; volwassenenopleidingen: 2 jaar (1 avond per week).
- B: 2 jaar (1 avond per week; of op zaterdag).
- C: 1 tot 3 jaar (1 avond per week).

Overige informatie Deze trainingen werden voorheen gegeven door Bouwradius. Dit is in 2006 gefuseerd met SBW tot Fundeon, waarvoor SOMA opleidingen voor de infrastructuur sinds 2007 de opleidingen verzorgt.

10.12 DUIKOPLEIDINGEN

10.12.l Overige opleidingen

10.12.l.1 Nationaal duikcentrum
Voor adres(sen) zie: OVER-106.
Algemeen Opleiding tot beroepsduiker.
Opleidingen
- Bergingsduiken.
- Civiele onderwaterbouw.
- Diver emergency training.

- Duikploegleider.
- Inspectieduiker.
- Luchtduiken compleet (duikarbeid categorie A & B).
- Medische aspecten van het duiken A en B.

Toelatingeisen
- Diploma vmbo gl, vmbo kb of vmbo tl met de sector vmbo-Tech of gelijkwaardig.
- Minimumleeftijd voor de deeltijdopleiding: 18 jaar.

Duur Luchtduiken compleet: 11 weken.

Functiemogelijkheden Beroepsduiker in de offshore, berging, 'natte' waterbouw en scheepvaart.

Hoewel steeds de nieuwste informatie in deze 'Beroepengids' wordt verwerkt, is het niet te vermijden dat er onjuistheden kunnen optreden.

Daarom zullen wij alle gebruikers van dit boek erkentelijk zijn wanneer zij ons de tekortkomingen ten spoedigste willen melden, indien mogelijk voorzien van de bijbehorende documentatie.

Uitgeverij De Toorts, Conradkade 6, 2031 CL Haarlem; e-mail-adres: beroepengids@toorts.nl

---

Deel IV

ONDERWIJS
VOOR DE
DIENSTENSECTOR

11 STAF- EN LIJNFUNCTIES BEDRIJFSLEVEN

Dit hoofdstuk behandelt opleidingen tot functies die het bedrijf of de onderneming als organisatie in stand houden. Het gaat hier voornamelijk om productiebedrijven (bedrijven in levensmiddelen- en genotmiddelenindustrie, textielnijverheid, papierindustrie, metaalindustrie, houtverwerkende industrie, chemische industrie).
Voor functies in horecabedrijven: zie hoofdstuk 15.
Voor functies in handelsbedrijven en reclame: zie ook hoofdstuk 17.
Voor functies in de luchtvaart en in andere vervoersbedrijven: zie hoofdstuk 18.
Binnen de interne bedrijfsorganisatie moet een onderscheid worden gemaakt tussen staf- en lijnfuncties:
- Lijnfuncties worden gekenmerkt door opdrachten die een hoger geplaatste functionaris geeft aan ondergeschikten die de opdracht uitvoeren (bijv. directie, bedrijfsleider, afdelingschef, baas aan de uitvoerende werknemers).
- Staffunctionarissen zijn toegevoegd aan lijnfunctionarissen om bepaalde, meestal gespecialiseerde, werkzaamheden voor hen uit te voeren. Een onderneming kan aan de bedrijfsleider een bedrijfsbureau toevoegen waarin zich staffunctionarissen bevinden zoals een arbeidsanalist (11.3), een calculator (11.4) of een werkvoorbereider (11.5). De directie kan een organisatiebureau met organisatiedeskundigen vormen. Daarnaast zijn mogelijke bedrijfsafdelingen: afdelingen voor personeelsmanagement (11.6), public relations (17.3), marketing (17.8).
Er is een aantal algemene beroepsgerichte opleidingen (11.1), waarin ook cursussen staan vermeld om te leren zich in een bepaalde functie te specialiseren, indien men daarvoor eerder geen opleiding heeft gehad. In dat kader staan in 11.2 cursussen genoemd voor het diploma MBA (Master of Business Administration).
De opleidingen voor louter administratieve en economische beroepen staan in hoofdstuk 20.
Ten slotte zijn er in 11.7 opleidingen in het kader van veiligheidszorg ten behoeve van het bedrijf te vinden; voor brandpreventie en bewaking staan opleidingen in de paragrafen Brandweer (21.5) en Beveiliging (21.7) vermeld.
N.B. In dit hoofdstuk wordt ook een keuze van diverse opleidingen in het hoger onderwijs beschreven. Complete alfabetische lijsten van alle bekostigde opleidingen in het hoger onderwijs zijn te vinden in hoofdstuk 25. Deze worden jaarlijks geheel geactualiseerd.

11.1 BEDRIJFSKUNDE - ALGEMEEN

11.1.a Postacademisch onderwijs (pao)

11.1.a.1 Avans+
Voor adres(sen) zie: HBO-54.
Algemeen Post-hbo-opleidingen.
Opleidingen op het terrein van:
- Asset management.
- Bedrijfskunde.
- Duurzaam ondernemen.
- Gezondheidsmanagement.
- Kwaliteitsmanagement.
- Logistiek management.
- Middle management.
- Marketing & sales.
- Overheid.
- Projectmanagement.
- Verandermanagement.

11.1.a.2 Departement bestuurs- en organisatiewetenschap (Utrecht)
Voor adres(sen) zie: PAO-20.
Opleidingen
- Bestuur en beleid (master).
- Counselling & coaching (master).
- Interculteralisatie (master).
- Management & organisatie (master).
Duur 1-2 jaar deeltijd.

11.1.a.3 Economics (diverse opleidingen) (EUR)
Voor adres(sen) zie: PAO-14.
Opleidingen
- Beroepsopleiding financieel-economisch beleidsmedewerker.
- Business administration (in deeltijd).
- Business valuation.
- Commissarissen en toezichthouders (programma voor ...).

- Erasmus masterclass Ondernemen.
- Leergang Europese fiscale studies.
- Master in management consultancy.
- Master of management control.
- Master of public finance management.
- Masterclass Bedrijfsopvolging.
- Masterclass Estate planning.
- Masterclass Farmaceutisch ondernemerschap.
- Masterclass Modern railgoederenvervoer.
- Masterclass Voorspellen, modellen en strategie.
- Mastercourse Financial planning.
- Mastercourse Vastgoed.
- Masteropleiding EDP-auditing/IT-auditing.
- Masteropleiding Internal/operational auditing.
- Masteropleiding Public controlling.
- Masterprogramma Bedrijfseconomie.
- Mcd master City developer.
- Opleiding Accountancy.
- Opleiding Registercontroller.
- Sales and account leadership.
- Sales practice perfection.
- Strategisch accountmanagement.

11.1.a.4 High performance leadership and motivation: a psychological perspective (EUR)
Voor adres(sen) zie: WO-37.
Algemeen Engelstalige master elective-opleiding over de kunst om een goed leider te zijn.
Duur 6 dagen.

11.1.a.5 Interuniversitair centrum voor organisatie- en veranderkunde (Sioo)
Voor adres(sen) zie: WO-43.
Opleidingen
- *A. Masteropleidingen:*
  • Arbeids- & organisatiekunde voor arbodienstverlening (MWO: Master in Work & Organisation).

- Beroepsopleiding: Master of executive Change Management (MCM).
- *B. Middellange opleidingen:*
  - Basisopleiding voor Organisatieadviseurs (BO).
  - Essentials in consulting and change.
  - Leergang Sturen van Veranderingen in Organisaties (SVO).
  - Procesregie In Universiteiten (PIU).
- *C. Korte opleidingen:*
  - Informatie- en CommunicatieTechnologie & Organisatieverandering (ICT&O).
  - Interim Management & Organisatieverandering (IM&O).

Toelatingseisen
- A en B: academisch niveau en werkervaring.
- C: werkervaring op het niveau van senior projectmanager of senior adviseur.

Duur
- A: 1,5 jaar.
- B: BO: 1-3 jaar; SVO: 9 maanden; PIU: 9 maanden.
- C: 10 tot 17 dagdelen.
- Alle opleidingen worden in deeltijd gegeven.

11.1.a.6 Stichting Bedrijfskunde
Voor adres(sen) zie: OVER-102.
Opleidingen
- BSLP: Bedrijfsgeïntegreerd Senior Leiderschap Programma (6 blokken van een week en een afsluitend blok van 2 dagen, gedurende 9 maanden).
- LFM: Leergang Functioneren van de Manager (15 dagen; voor academici of gelijkgestelden met ten minste 5 jaar ervaring).
- NRP: management van Niet-Rationele en disfunctionele Processen in organisaties (19 dagen; voor hoger management en organisatieadviseurs).
Cursussen 'small Business School Nederland' verzorgt:
- KO: management leergang Kleine Ondernemingen (26 dagen, verspreid over 1 jaar).
- TM: management leergang Tweede Man/vrouw in ondernemingen.

11.1.b Wo-masteropleiding

11.1.b.1 Bedrijfskunde (AOG/RUG)
Voor adres(sen) zie: WO-21, 23.
Algemeen
- Wo-masteropleiding, niet door de overheid bekostigd.
- Deze opleiding bij de AOG wordt i.s.m. met de RUG gegeven. Het wetenschappelijke karakter van de studie kenmerkt zich door een methodologische benadering van organisatievraagstukken waarbij de onderzoeksoriëntatie als basis voor de interventie het vertrekpunt vormt.
Doel De studie stelt in staat om als bedrijfskundige organisaties te ondersteunen op terreinen van strategisch management en organisatieontwerp en -verandering. Daarbij ligt de nadruk niet primair op specialisaties in één of meer aspecten van de bedrijfskunde, maar op besturing van organisatie- en veranderingsprocessen (general management). Ook de inhoudelijke integratie van de verschillende managementaspecten: financiën, marketing, productie, service en human resources komt aan bod.
Biedt inzicht in de samenhang tussen keuzen ten aanzien van:
- strategische issues die op de organisatie afkomen (strategische beleidsvormings- en veranderingsprocessen);
- de structurele vormgeving en het (her)ontwerp van de organisa-

torische processen (besturingsprocessen, informatie- en kennisprocessen, communicatieprocessen);
- het management van de processen binnen de verschillende bedrijfsfuncties (marketing, financiën, human resources, business development, e.d.).
Toelatingseisen - Voor (aankomende) managers.
- Diploma wo of hbo, of een vergelijkbaar kennisniveau (zoals een adequate vwo plus een relevante andere opleiding), of 23 jaar of ouder zijn.
- Minimaal 3 jaar praktijkervaring.
- Maximaal 25 deelnemers.
Duur RUG: 2,5 jaar (2380 sbu, gem. per week: 20 sbu inclusief de bijeenkomsten).
Lesprogramma
- Twee fasen:
- Het premasterprogramma als voorbereiding op het MSc BA-traject General management, voor deelnemers die niet in het bezit zijn van een diploma van een BSc BA-opleiding.
  Vakken: business research en methodologie - organisatiekunde - organisatieverandering - strategievorming.
  De vakken worden voorafgegaan door een 3-daags introductieprogramma.
- Het MSc BA-traject General management. Dit is een traject binnen de MSc BA-opleiding van de Faculteit Bedrijfskunde van de RUG.
  Vakken: field course business development - field course operations and supply chains - field course organizational and management control - field course strategy and innovation.
- Een internationale studiereis naar China en Hongkong maakt deel uit van het programma. Tijdens deze reis wordt het bedrijfskundig vakgebied in een internationaal perspectief geplaatst, waarbij vergelijkingen worden getrokken met de Nederlandse benadering.
Diploma/examen
- Er moet een afstudeerwerkstuk worden gemaakt.
- Masterdiploma Bedrijfskunde van de RUG.
- Academische titel: MSc BA of MBA.
Overige informatie De opleiding wordt in Groningen en in Leusden gegeven.

11.1.b.2 Bedrijfskunde (UvA, VUB)
Voor adres(sen) zie: WO-8, 51.
Algemeen
- Wo-masteropleiding.
- UvA: deze studie wordt niet door de overheid bekostigd.
- VUB: ook avondonderwijs, ook flexibel programma.
Toelatingseisen Wo-bacheloropleiding Bedrijfskunde, of een vergelijkbare opleiding.
Duur 1 jaar voltijd; UvA: 1 jaar deeltijd.
Lesprogramma Specialisaties:
- UvA: Leadership and management - Strategie - Strategisch marketing management.

11.1.b.3 Business studies (UvA)
Voor adres(sen) zie: WO-8.
Algemeen Wo-masteropleiding.
Toelatingseisen Wo-bacheloropleiding Bedrijfskunde, of een vergelijkbare opleiding.
Duur 1-2 jaar.
Lesprogramma Specialisaties:
- UvA: Entrepreneurship and innovation - Entrepreneurship and management in the creative industries - International management - Marketing - Strategy.

11.1.b.4 Culture, organization and management (VUA)
Voor adres(sen) zie: WO-9.
Algemeen Wo-masteropleiding.
Doel Verschaffen van inzicht in complexe culturele en sociale processen in en rondom organisaties en leren hieraan handelingsconsequenties te verbinden.
Toelatingseisen Diploma van een relevante wo-bacheloropleiding, of getuigschrift hbo (240 ec's), met kennis van wiskunde A op havo-niveau.
Duur 1 jaar voltijd.
Lesprogramma Specialisaties:
- VUA: Identity and diversity in organizations - Management of culture change - Transnational entrepreneurship.
Functiemogelijkheden Beleidsmedewerker bij de overheid of in het bedrijfsleven, consultant, medewerker personeelszaken, manager, zelfstandig ondernemer.
Overige informatie De voertaal is Engels.

11.1.b.5 Industrial engineering and management (RUG, UT)
Voor adres(sen) zie: WO-20, 23.
Algemeen Wo-masteropleiding.
Toelatingseisen Diploma wo-bacheloropleiding Technische bedrijfskunde van RUG, TU/e of UT.
Duur 2 jaar voltijd.
Lesprogramma Specialisaties:
- RUG: Product & process technology - Production technology and logistic.
- UT: Financial engineering & management - Health care technology & management - Production & logistic management.

11.1.b.6 Management (AUHL, KUL, NR, OUNL, VUB)
Voor adres(sen) zie: WO-51.
Algemeen
- Wo-masteropleiding.
- De opleiding aan de NR wordt niet door de overheid bekostigd.
- VUB: avondonderwijs.
Toelatingseisen Getuigschrift hbo of wo-bachelordiploma.
Duur
- 2 jaar deeltijd.
- KUL, NR: ook in deeltijd.
Lesprogramma Specialisaties of varianten:
- AUHL: International marketing strategy - Management information systems.
- OUNL: Business process management and IT.
- VUB: Financial and managerial accounting - Human resources management - Master thesis management - Management and strategy - Multinational corporate investment - Operations management and logistics - Software for management - Strategic marketing.

11.1.b.7 Management and Organisation (van ondernemingen, MMO) (TIAS)
Voor adres(sen) zie: WO-38.
Algemeen Wo-Executive masteropleiding.
Doel General management-programma; management en besturing van organisaties staan centraal. Bevordert een geïntegreerde visie op managementvraagstukken vanuit een resultaatgerichte attitude. Naast cases uit de praktijk worden business games gebruikt die uitgaan van interactief ervaringsleren.

Toelatingseisen
- Diploma wo-bachelor of getuigschrift hbo.
- Relevante werkervaring.
- Werkzaam in management-, ondersteunende of staffunctie in een onderneming, in een organisatieadviesbureau of in een overheidsinstelling.
Duur 10 maanden deeltijd (totaal 150-200 uur).
Diploma/examen Na afronding van de studie is men Master of Management and Organisation (MMO).

11.1.b.8 Nyenrode Business Universiteit (NR)
Voor adres(sen) zie: WO-12.
Algemeen Niet bekostigde wo-masteropleidingen:
- IDP: Intensief Doctoraal Programma bedrijfskunde, met de specialisaties General Management (IDP-GM) en Financial Management (IDP-FM).
- PDP: Parttime Doctoraal Programma bedrijfskunde.
- International MBA (IMBA).
- Rochester-NR: Executive MBA Program.
Toelatingseisen
- *Voor IDP en PDP:* diploma wo-bachelor of getuigschrift hbo, waarbij wiskunde A of B en Engels op vwo-niveau zijn vereist. Aanvullende eisen:
  • voor IDP: minimaal twee jaar werkervaring;
  • voor PDP: een voltooide financiële of economische wo-studie;
  • er vindt een selectieprocedure plaats.
- *Voor MBA:* getuigschrift hbo of wo-diploma.
  • Tevens voor IMBA: 5 jaar werkervaring.
  • Tevens voor Rochester-NR: 8 jaar werkervaring.
Duur
- IDP: 16 maanden voltijd.
- PDP: 3,5 jaar deeltijd.
- IMBA: 13 maanden voltijd.
- Rochester-NR: 1,5 jaar deeltijd.
Lesprogramma IDP en PDP: o.a. accounting - organisational dynamics - statistics for business - economics - finance - financial accounting & reporting - quantitative methods for business - cost accounting - marketingmanagement.
Overige informatie Ook in company-programma's.

11.1.b.9 Schouten & Nelissen University
Zie ook voor trainingen: 11.1.l.10.
Voor adres(sen) zie: OVER-356.
Algemeen
Geaccrediteerde masteropleidingen:
- Conflictmanagement.
- Human development.
- Kwaliteitsmanagement.

11.1.b.10 Strategic management (EUR, TiU)
Voor adres(sen) zie: WO-37, 40.
Algemeen Wo-masteropleiding voor strategisch management in de non-profit sector.
Doel Centraal in de opleiding staan het maken van strategische keuzen en het varen van een eigen koers in de sectoren van onderwijs, arbeidsvoorziening, welzijn, volkshuisvesting, openbaar bestuur, cultuur en gezondheidszorg.
Toelatingseisen Diploma wo-bachelor of getuigschrift hbo.
Duur 1 jaar voltijd.
Lesprogramma Specialisaties:
- TiU: Entrepreneurship - Strategic consultancy.

11.1.b.11 Technology and operations management (RUG)

Voor adres(sen) zie: WO-23.

Algemeen Wo-masteropleiding voor MA/MSc.

Toelatingseisen Diploma wo-bacheloropleiding met bijna dezelfde naam: Technologie management (RUG), of diploma wo-bacheloropleiding Technische bedrijfskunde van RUG, TU/e, of UT.

Duur 2 jaar.

Lesprogramma Specialisaties:

- RUG: Operations management.

Overige informatie De voertaal is Engels.

11.1.c Wo-bacheloropleiding

11.1.c.1 Bedrijfskunde (EUR, OUNL, RU, RUG, VUA)

Voor adres(sen) zie: WO-9, 23, 26, 35, 37.

Algemeen Wo-bacheloropleiding.

Doel Opleiding tot bedrijfskundige met een praktijkgerichte instelling, een internationale oriëntatie en een wetenschappelijke achtergrond.

Toelatingseisen

- Diploma vwo (wisk. A of B); vwo-profiel C&M (+ wisk. A II of B I, econ. I), E&M, N&T (+ econ. I), N&G (+ econ. I); propedeuse of getuigschrift/diploma van een hbo of van de OUNL (wisk. A of B).
- Voor het doorstroomprogramma wordt een hbo vereist in een verwante studierichting.
- Als men 21 jaar of ouder is, komt men in aanmerking voor een colloquium doctum.

Duur 3 jaar voltijd; RU: ook deeltijd.

Lesprogramma Specialisaties:

- RU: Bedrijfseconomie - Bedrijfskunde - International business administration.
- RUG: Accountancy & controlling - Business & management - Technology management.

Aansluitende masteropleidingen

- AOG/RUG, EUR, HUB/KUL, RU, RUG, TN, UT, UvA, VUA: Business administration.
- EUR, RUG: Economics and business; Human resource management.
- RUG: International business and management.

Mogelijkheden voor verdere studie

- Parttime (avond)studie Bedrijfskunde gedurende 2 jaar, 20 uur per week, slechts toegankelijk voor studenten met een hbo-opleiding én 3 jaar werkervaring in een bedrijfskundige functie.
- 2-jarige postdoctorale opleiding MBA.

Functiemogelijkheden Organisatieadviseur, managementfuncties (zowel lijn- als staffuncties) in bedrijven en bij de overheid, projectleider, ondernemer.

Voorbeelden van managementfuncties zijn: marketingspecialist, manager, productmanager, personeelsmanager, financieel-economisch specialist, logistiek manager, algemeen manager, productplanningsmanager, human resource manager.

11.1.c.2 International business (RUG, UM)

Voor adres(sen) zie: WO-23, 31.

Algemeen Wo-bacheloropleiding voor econoom bij een internationaal opererende onderneming.

Doel De opleiding International Business is grensoverschrijdend en interactief, wat tot uitdrukking komt in Engelstalige colleges, buitenlandse stages, een extra taal en onderwijs in kleine groepen (Harvard casemethode).

Toelatingseisen Diploma vwo (wisk.).

Duur 3 jaar voltijd.

Lesprogramma Specialisaties:

- UM: Accounting - Finance - Infonomics - Information management - Marketing - Organisation - Strategy - Supply chain management.

Aansluitende masteropleidingen

- UM: International Business.

Functiemogelijkheden Econoom bij een internationaal opererende ondernemer, manager.

11.1.c.3 Technische bedrijfskunde (TU/e)

Voor adres(sen) zie: WO-17.

Algemeen Wo-bacheloropleiding.

Doel De opleiding tot bedrijfskundig ingenieur is gericht op het optimaliseren van productie, distributie, informatievoorziening, marketing, en de keuze van de functies binnen een organisatie. De bedrijfskundige ingenieur moet zowel de hele productieketen als onderdelen ervan kunnen ontwerpen, verbeteren en besturen.

Toelatingseisen

- Diploma vwo (wisk. B, nat.); vwo-profiel C&M (+ wisk. B I, nat. I), E&M (+ wisk. B I, nat. I), N&T, N&G; propedeuse of getuigschrift/-diploma van een hbo of van de OUNL (wisk. B, nat.).
- Voor de verkorte opleiding wordt een verwante hbo-opleiding vereist.

Duur 3 jaar voltijd + 1 jaar (optioneel).

Aansluitende masteropleidingen

- RUG, UT: Industrial engineering and management (2 jaar).

Mogelijkheden voor verdere studie 5e jaar Technische bedrijfskunde (specialisatieprogramma) dat recht geeft op inschrijving in een Nederlands register voor gecertificeerde ingenieurs (KIVI NIRIA: www.kiviniria.net).

Functiemogelijkheden Projectmedewerker logistiek; logistiek manager; organisatieadviseur; planner; bedrijfskundig analist automatisering; logistiek onderzoeker; logistiek adviseur; bedrijfskundig consultant; bedrijfskundig medewerker; stafmedewerker bedrijfskunde; industrieel engineer; financieel adviseur; bedrijfsleider; directeur; adjunct-directeur; accountmanager; staffunctionaris; applicatiebeheerder; systems engineer; marketingmanager; sales consultant; functioneel ontwerper; hoofd inkoop; controller; finance manager; adviseur gezondheidszorg; informatica-adviseur; zelfstandig adviseur; planningsdeskundige; chef producthandling.

11.1.c.4 Technische BedrijfsKunde (TBK) (RUG)

Voor adres(sen) zie: WO-23.

Algemeen Deze wo-bacheloropleiding is technischer van aard dan de wo-bacheloropleiding Technische bestuurskunde (zie 11.1.c.6). Er is voor deze studie een samenwerkingsverband tussen de faculteiten Bedrijfskunde en Wiskunde en Natuurwetenschappen.

Doel Praktische ingenieursopleiding, gericht op een combinatie van bedrijfskundige kennis en benadering met techniek en technologie.

Toelatingseisen Diploma vwo; vwo-profiel N&G, N&T, E&M (+ wisk. B I en nat. I), C&M (+ wisk. B I en nat. I).

Duur 3 jaar voltijd.

Lesprogramma Specialisaties:

- RUG: Proces- en producttechnologie - Productietechnologie en logistiek.

Diploma/examen Ingenieursdiploma (ir.) of de titel MSc.

Aansluitende masteropleidingen

- RUG, UT: Industrial engineering and management (2 jaar).

Functiemogelijkheden Technisch verkoper; productiemanager; softwareontwerper; informatiearchitect; projectingenieur bij industrieën of ingenieursbureaus.

11.1.c.5 Technische bedrijfskunde (UT)
Voor adres(sen) zie: WO-20.
Algemeen Wo-bacheloropleiding.
Doel Binnen deze opleiding tot bedrijfskundig ingenieur zijn technische en bedrijfskundige studie-onderdelen tot een samenhangend geheel geïntegreerd. Er kan worden gekozen uit 7 technische richtingen: werktuigbouwkunde, informatiekunde, procestechnologie, bouwtechnologie, logistiek, geneeskunde of financiën.
Toelatingseisen
- Diploma vwo (wisk. B, nat.); vwo-profiel C&M (+ wisk. B I, nat. I), E&M (+ wisk. B I, nat. I), N&T, N&G; propedeuse hto of diploma hto.
- Toelatingsonderzoek mogelijk naar kennis van wiskunde B en/of natuurkunde (op vwo-niveau).
Duur 3 jaar voltijd.
Aansluitende masteropleidingen
- RUG, UT: Industrial engineering and management (2 jaar).
Functiemogelijkheden Management of managementondersteunende functies bij bedrijven en overheid.

11.1.c.6 Technische bestuurskunde (TUD)
Voor adres(sen) zie: WO-13.
Algemeen Technische wo-bacheloropleiding, met veel aandacht voor bestuur en bedrijf.
Doel Opleiding tot bestuurskundig ingenieur die vraagstukken met betrekking tot techniek, beleid en management in samenhang bestudeert.
Toelatingseisen
- Deeltijdopleiding: diploma van een hbo of van de OUNL.
- Voltijdopleiding: diploma vwo (wisk. B, nat.); vwo-profiel E&M (+ wisk. B II, nat. II), C&M (+ wisk. B II, nat. II), N&T; propedeuse of getuigschrift/diploma van een hbo of van de OUNL (wisk. B, nat.).
Duur 3 jaar voltijd + 1 jaar (optioneel).
Lesprogramma Specialisaties:
- TUD: Bouwen & ruimtelijke ontwikkeling - Energie & industrie - Honours-programma - Informatie & communicatie - Minors - Transport & logistiek.
Aansluitende masteropleidingen - RUG, UT: Industrial engineering and management (2 jaar).
Mogelijkheden voor verdere studie Een extra (5e) jaar volgen ná het behalen van het ir.-diploma.
Functiemogelijkheden Projectleider bij de overheid of bij het bedrijfsleven; adviseur of consultant, beleidsanalist; functies bij de overheid en bij grote ondernemingen als KPN, Schiphol en NS, bij havenbedrijven, en bij kleinere ondernemingen die te maken krijgen met strengere regelgeving vanuit de overheid.

11.1.d Post-hbo-opleiding

11.1.d.1 Bedrijfskunde voor technici (Fontys HS)
Voor adres(sen) zie: HBO-200.
Doel Kennis van organisatie en logistiek, economie, marketing, recht en communicatieve vaardigheden.
Toelatingseisen Getuigschrift van een relevante hbo-opleiding, of een diploma van een mbo niveau 4, plus relevante werkervaring.
Duur 35 avonden.

Onbeperkt ontspannen?
zie pagina 231

11.1.d.2 Instituut voor bedrijfskunde (IBO)
Voor adres(sen) zie: OVER-229.
Opleidingen
- BEdrijfsKunde voor AUTomatiseringsspecialisten (BEKAUT, 1 jaar).
- European Executive Programme MBA (E*EP MBA, 2 jaar).
- Health Care Bedrijfskunde (HCB, 1 jaar).
- Hoofdopleiding BedrijfsKunde (HBK, 2 jaar).
- Internationale BedrijfsKunde (IBK, 1,5 jaar).
- Voor Beleggings- en financieel Analist (VBA, 2,5 jaar).

11.1.d.3 Instituut voor Career & Development (IC&D)
Voor adres(sen) zie: OVER-166.
Algemeen De opleidingen worden gegeven te Amsterdam, Eindhoven, Rotterdam, en Utrecht.
Doel Praktijkgerichte opleidingen en trainingen, waarbij carrièreontwikkeling van de werknemers centraal staat.
Opleidingen Kopopleidingen bedrijfskundig management, hoger personeelsmanagement, projectmanagement, management & organisatie, financieel management, marketing van strategie tot plan, organisatiekunde en verandermanagement, management en leidinggeven, onderhandelen als managementvaardigheid.
Toelatingseisen Getuigschrift hbo-master.
Duur 15 tot 20 avonden of dagdelen.

11.1.d.4 Lemniscaat Academie
Voor adres(sen) zie: HBO-191.
Algemeen Lemniscaat Academie wordt als instituut voor executive managementopleidingen erkend door de European Foundation for Management Development (EFMD) en de International UNIversity CONsortium for executive education (UNICON).
Opleidingen
- Advanced Business Management (ABM).
- Executive Management & Consultancy (EMC).
- Management-8-pack voor een groep van 8 topmanagers.
- Personal action learning programme voor individuele topmanagers.
- Strategic Human Resource Management (SHRM).
- Ook maatwerkprogramma's voor in company-training.
Toelatingseisen
- Enige jaren ervaring als manager en professional.
- Verplicht intakegesprek.
Duur 2 jaar deeltijd (in totaal 200 dagdelen).
Lesprogramma
- *ABM:* centrale thema's: imagining: strategische analyse van de eigen praktijk, leidend tot het vermogen zelfstandig opties te onderscheiden voor het ontwikkelen van nieuwe organisatiestrategieën.
- *Challenging:* strategische toepassingsmogelijkheden bij externe ontwikkelingen in markt, technologie en maatschappij, met aanwending van intern draagvlak en externe bondgenoten.
- *EMC:* centrale thema's: strategie en organisatie - het topmanagement-vraagstuk - organisatie(her)ontwerp: management van structuren, processen, systemen en informatie - veranderkunde als bijdrage aan organisatieontwikkeling.
- *Responding:* dynamisch strategisch management voor verandering en vernieuwing van de (interne) organisatie.
- *SHRM:* centrale thema's: maatschappij, markt en overheid, de context voor HRM - organisatie, verandering en management: een interne strategie voor HRM - management van huidige en toekomstige arbeidsverhoudingen: perspectief voor HRM.
Diploma/examen Deze opleidingen voor executive management leiden tot de titel Master of Strategic Management (MSM).

11.1.d.5 Stichting CPION
(Centrum Post Initieel Onderwijs Nederland)
Voor adres(sen) zie: DIEN-29.
Algemeen Toetsing, registratie en diplomering van post-initiële opleidingen.

11.1.d.6 Voortgezette Opleidingen Hanzehogeschool
(HanzeConnect)
Voor adres(sen) zie: HBO-102.
Doel Vergroten van de bekwaamheid van leidinggevenden, projectleiders, staf- en beleidsfunctionarissen en P&O-managers die werkzaam zijn in profit- en non-profitorganisaties.
Opleidingen
- Leidinggeven en management.
- Organisatie en management.
- P&O management.

Toelatingseisen
- Getuigschrift hbo-master, of vergelijkbaar.
- Relevant(e) werk(ervaring).
Duur Naar keuze 1 of 2 jaar (1 of 2 dagen per week).

11.1.d.7 Windesheim Honours College for Professional
Higher Education (HS Windesheim)
Zie 11.1.f.14.

11.1.e Hbo-masteropleiding

11.1.e.1 Bedrijfskunde zorg en dienstverlening (HAN)
Voor adres(sen) zie: HBO-150.
Algemeen Niet-bekostigde hbo-masteropeiding.
Duur 1 jaar verkort en in deeltijd.

11.1.e.2 International business (Hanze HS)
Voor adres(sen) zie: HBO-99.
Algemeen Hbo-masteropleiding voor de titel MSc.
Toelatingseisen Diploma van een hbo-bacheloropleiding van een moderne vreemde taal.
Duur 1 jaar voltijd.
Lesprogramma International business - management and language skills - internationaal management simulation - regional market studies (European Union, Eastern Europe, North America, Pacific Rim).
Functiemogelijkheden Internationale marketing- en/of finance functies.
Overige informatie De opleiding wordt verzorgd in samenwerking met de Sheffield Hallam University (Engeland).

11.1.f Hbo-bacheloropleiding

11.1.f.1 Bedrijfskunde (Avans HS, Avans+, HS LOI,
HS NCOI, HS SDO, InterCollege, ISBW,
Notenboom, NOVI opleidingen)
Zie ook: 3.1.f.2, 11.1.f.2, en 11.1.f.3.
Voor adres(sen) zie: HBO-49, 54, 77, 90, 115, 135, 193, 210, OVER-45.
Algemeen
- Hbo-bacheloropleiding.
- Ad-programma bij Avans HS (vestiging: Den Bosch), bij Avans+ (vestiging: Breda), bi HS NCOI en bij HS SDO.
- De studies bij Avans+, bij Business School Notenboom (vestiging: Eindhoven), bij HS LOI (digitaal, diverse lesplaatsen), bij HS NCOI (digitaal, diverse lesplaatsen), bij HS SDO, bij InterCollege,

bij het ISBW (diverse lesplaatsen), en bij het NOVI worden niet door de overheid bekostigd.
Doel Gericht op de vervulling van leidinggevende en adviserende functies in de informatietechnologie.
Toelatingseisen Diploma havo of vwo (bij beide: wisk. A of B, handel of econ. of nat.), vwo (wisk. A of B en nat. of econ.), of mbo niveau 4 in de technische sector (eventueel zonder wisk.).
Duur
- 4 jaar deeltijd. Alleen de studie bij InterCollege en bij Notenboom is in 4 jaar voltijd.
- Ad-programma: 2 jaar deeltijd; bij HS NCOI en HS SDO: digitaal in deeltijd.
Lesprogramma Specialisaties:
- *HS NCOI:* Bank- en verzekeringswezen - Communicatie - Facilitaire dienstverlening - Finance & control - Inkoopmanagement - Managementsupport - Marketing, incl. NIMA - Mode- en textielmanagement - Procesoptimalisatie met Lean Six Sigma - Projectmanagement - Sales, incl. NIMA - Veranderingsmanagement.
- *Notenboom:* Finance management - Marketing & sales.
- *NOVI:* Bedrijfskunde voor ict-professionals - Bedrijfskunde voor IT-accountmanagement - Informatievoorziening.
Functiemogelijkheden Informatieanalist, adviseur informatietechnologie, commerciële en marketingfuncties in de automatiseringsbranche, projectleider projecten in de informatietechnologie, managementfuncties in de automatisering, systeemanalist.

11.1.f.2 Bedrijfskunde (HS Wittenborg)
Zie ook: 3.1.f.2 en 11.1.f.1.
Voor adres(sen) zie: HBO-37.
Algemeen Hbo-bacheloropleiding als voorbereiding op het diploma van de HS Wittenborg.
Toelatingseisen Diploma havo, vwo, mbo niveau 4.
Duur 2,5 jaar voltijd.
Lesprogramma - Basisvakken: marketing - informatica - management - Nederlands - Engels - Duits - bedrijfsadministratie - belastingrecht - bedrijfseconomie - bedrijfsstatistiek.
- Bedrijfskunde-onderdelen: voorraadbeheer - intern transport en opslagbeheer - transportbeheer.
- Specialisaties: exportmanagement - kwaliteitsmanagement - bedrijfsinformatiemanagement.
Functiemogelijkheden Logistiek manager, exportmanager, kwaliteitsmanager, coördinator/hoofd kwaliteitszorg, support engineer, information systems manager, consultant.

11.1.f.3 Bedrijfskunde en agribusiness / Groene
bedrijfskunde / Management, beleid &
buitenruimte (hao) (CAH, HAS HS, HS NCOI,
HS Van Hall/Larenstein)
Zie 3.1.f.2.

11.1.f.4 HS LOI, HS NCOI - Management
Voor adres(sen) zie: HBO-115, 135.
Algemeen Hbo-bacheloropleiding (klassikaal) voor managementfuncties met 3 varianten:
- hoger management;
- logistiek management;
- personeelsmanagement.
- Bij beide instituten ook als ad-programma.
- HS LOI en HS NCOI worden niet door de overheid bekostigd.
Toelatingseisen
- Diploma havo, vwo of mbo niveau 4.

- Of 21 jaar of ouder zijn en toegelaten worden op grond van een toelatingsonderzoek.

Duur 3 jaar.
- Ook als ad-programma: 2 jaar.

Lesprogramma Specialisaties:
- *HS NCOI:* Hotel- en eventmanagement - Kinderopvang - Makelaardij en vastgoed - Management van bedrijfsprocessen - Management van gezondheidszorg - Managementsupport - Marketing sales of communicatie - Media en entertainment - Organisatie en verandering - Personeel en organisatie - Psychologie en coaching - Small business en ondernemerschap - Sportmanagement - Vrijetijdsmanagement.

Diploma/examen Het examen wordt afgenomen door onder andere NEMAS, onder verantwoordelijkheid van de Examencommissie HS LOI.

11.1.f.5 HS NTI - blended learning - Internationale bedrijfskunde
Voor adres(sen) zie: HBO-133.
Algemeen Hbo-bacheloropleiding voor de functie van manager in de internationale zakenwereld.

Toelatingseisen
- Diploma havo, vwo of mbo niveau 4.
- Of 21 jaar of ouder zijn en toegelaten worden op grond van een toelatingsonderzoek.

Duur 3 jaar.
Lesprogramma Inleidende modulen - marketingmanagement - internationale betrekkingen - financieel management - management & organisatie - modulen voor ondersteuning en verbreding.
Functiemogelijkheden Accountmanager, exportmanager, verzekeringsagent, salesmanager bij een multinational in industrie en handel.

11.1.f.6 Improvement analist (HS SDO)
Voor adres(sen) zie: HBO-90.
Algemeen
- Ad-programma.
- HS SDO wordt niet door de overheid bekostigd.
Duur 2 jaar deeltijd.

11.1.f.7 InterCollege Business School/ InterCollege Management School
Voor adres(sen) zie: OVER-45.
Algemeen Hbo-bacheloropleiding voor managementfuncties in midden- en kleinbedrijf en voor zelfstandig ondernemer.
- Onderdeel van Luzac College & Lyceum (zie ook: 2.10.m.3).
- Men geeft intensief les aan kleine groepen.
Toelatingseisen
- Diploma havo, vwo, mbo niveau 4 (bij alle: econ. I en II, wisk. A).
- Men veronderstelt eigen initiatief en doorzettingsvermogen van de student.
Duur 2,5 jaar voltijd.
Lesprogramma
- 1e jaar: logistiek - marketing - financiën - human resources management.
- Het 2e jaar bouwt voort op deze brede basis en biedt de gelegenheid tot specialisatie in een van de volgende deelgebieden: Marketing sales and communications - Management and finance - Human resources management.
Mogelijkheden voor verdere studie Opleiding voor Master of Business Administration.

Functiemogelijkheden Marketingmanager, exportmanager, accountmanager, projectmanager.
Overige informatie Er zijn twee vestigingen: Amsterdam, Utrecht.

11.1.f.8 International Business & Languages (IBL) (Avans HS, HAN, Hanze HS, HS Rotterdam, HS Utrecht, HS Windesheim, HvA, HZ, NHL, Saxion HS, Stenden HS, Zuyd HS)
Voor adres(sen) zie: HBO-26, 49, 86, 89, 99, 125, 145, 150, 157, 184, 204, 217.
Algemeen Hbo-bacheloropleiding.
Doel Opleiding tot functies die gericht zijn op het werven en onderhouden van contacten tussen internationaal georiënteerde bedrijven en instanties, het international zakendoen, en het onderhouden van relaties tussen bedrijf en klanten, leveranciers, aandeelhouders, en de media. Bij het uitoefenen van deze functies is kennis van internationaal relatiemanagement, internationale marketing en communicatie, naast kennis van andere culturen, van groot belang. Ook spelen goede sociale en communicatieve vaardigheden een grote rol.
Afgestudeerde IBL-ers beheersen dan ook 3 vreemde talen op hoog niveau en zijn bekend met het economisch en juridisch vakjargon van de desbetreffende talen.
Toelatingseisen
- Diploma havo of vwo; havo-profiel: C&M (+ econ. I), E&M, N&G (+ econ. I); N&T (+ econ. I); vwo-profiel: C&M (+ econ. I), E&M, N&G (+ econ. I), N&T (+ econ. I); mbo niveau 4.
- Of 21 jaar of ouder zijn en toegelaten worden op grond van een toelatingsonderzoek.
Duur
- 4 jaar voltijd.
- 3,5 jaar voltijd na diploma vwo (Ned., Eng., econ. I en II, wisk. A of B).
- Den Bosch: 3,5 jaar na diploma mbo niveau 4; duaal traject mogelijk tijdens de laatste 1,5 jaar.
- Rotterdam, Vlissingen: ook in deeltijd.
Lesprogramma
- *Profielbepalende onderwijseenheden:* International Business en Talen.
- *Modulen International Business:* algemene economie - bedrijfseconomie - bedrijfsorganisatie - beursmanagement - communicatie (pr en voorlichting) - exportmanagement - human resource management - internationale marketing - internationaal recht - informatiekunde - logistiek - sociologie/psychologie - kwantitatieve methoden.
- *Modulen Talen:* Nederlands en drie vreemde talen.
- *Bijzonderheden:* buitenlandse stages, buitenlandse studiemogelijkheden, afstuderen in het buitenland behoort tot de mogelijkheden.
Functiemogelijkheden Accountmanager, relatiebeheerder, medewerker exportmarketing, areamanager, salesmanager, internationaal inkoper, public relations-manager, medewerker op reclame- en marketingcommunicatieafdelingen, exportconsulent Kamer van Koophandel, handelsvoorlichter, buitenlandmedewerker van banken, medewerker van ministeries en consulaten, medewerker van een transport- en/of scheepvaartonderneming, verkoopmedewerker buitenland.

11.1.f.9 International Business and Management Studies (IBMS)/International Business (Avans HS, Europort, Fontys HS, Haagse HS, HAN, Hanze HS, HS Inholland, HS Rotterdam, HS Utrecht, HS Van Hall/Larenstein, HvA, HZ, NHL, Saxion HS, Stenden HS, Webster University)

Voor adres(sen) zie: HBO-26, 49, 61, 89, 99, 121, 124, 129, 134, 150, 155, 157, 201, 204.

Algemeen
- Engelstalige hbo-bacheloropleiding.
- De opleidingen in A'dam en R'dam (Europort Business School), en in Leiden (Webster University) worden niet door de overheid bekostigd.
- Ook in A'dam en R'dam (Europort) als ad-programma onder de naam: International Business.

Doel Vervullen van werkzaamheden, onder meer op het terrein van internationale marketing/reclame; voorbereiden en uitvoeren van import- en exportbeleid van een onderneming.

Toelatingseisen
- Diploma havo (wisk. A of B of econ. of handelsw.); havo-profiel C&M, E&M (+ 2e moderne vreemde taal I en II), N&T (+ econ. I, 2e moderne vreemde taal I en II); vwo; vwo-profiel N&T (+ econ. I), N&G (+ econ. I), E&M, C&M (+ econ. I); mbo niveau 4 (wisk. of alg. econ. of comm. econ. of bedr.econ. of bedr.adm.); of een gelijkwaardig buitenlands diploma.
- Of 21 jaar of ouder zijn en toegelaten worden op grond van een toelatingsonderzoek.

Duur 4 jaar voltijd.
- Alleen in Leiden (Webster University): 4 jaar deeltijd.

Lesprogramma Specialisaties:
- A'dam en R'dam (Europort): Asian business & trade - Entrepreneurship - Portmanagement.
  Ook in A'dam en R'dam (Europort): ad-programma International Business met 2 specialisaties: International marketing management - Small business & retailmanagement.
- Breda (Avans HS): Asian business studies - Cross-cultural management and languages - European union policies (minor) - International business operations (minor) - Latin American business studies.
- Enschede (Saxion HS): Fast track economics.
- Groningen (Hanze HS): International finance and accounting - International management - International marketing - International strategy and business development - Internationale Betriebswirtschaft.
- Leeuwarden (NHL): Business to business management - Innovation and leadership - International sustainability management - Small business and retail management.
- Leeuwarden (HS Van Hall/Larenstein): International sustainability management.
- R'dam (HS Rotterdam): Minors.
- Utrecht (HS Utrecht): International finance - International management - International marketing.
- Vlissingen (HZ): International marketing relations.

Functiemogelijkheden Exportmedewerker, exportmarketingmedewerker, landen-salesmanager, internationaal marktonderzoeker, internationale inkoop- en verkoopmanager, manager exportsecretariaat, directiesecretaris exportafdeling, verkoper buitenland, exportconsulent en medewerker marketing bij de Kamer van Koophandel, medewerker bij commerciële buitenlandafdelingen bij banken en handelshuizen, exportmanagers, internationale marketeers.
Overige informatie De voertaal is Engels.

11.1.f.10 Kwaliteitsmanagement (ISBW)
Voor adres(sen) zie: HBO-210.
Algemeen Deze hbo-bacheloropleiding wordt op diverse locaties gegeven.
Toelatingseisen - Diploma havo, vwo of mbo niveau 4.
- Of 21 jaar of ouder zijn en toegelaten worden op grond van een toelatingsonderzoek.
- Voor de praktijkopdrachten moet men beschikken over minimaal 2 jaar relevante werkervaring.
Duur Avondopleiding 9 maanden.
Lesprogramma Realiseren van kwaliteitsverbetering - naadloos op elkaar afstemmen van de dienstverlening en de verwachting van de klant - beter afstemmen van bedrijfsprocessen en informatiestromen - meer resultaat halen uit ISO-9000-series.
Overige informatie Het ISBW geeft verschillende soorten korte bacheloropleidingen en cursussen op de terreinen: bedrijfskunde - communicatie - financieel-administratief - management - management support - marketing - p&o - projectmanagement - sales.

11.1.f.11 Management, Economie en Recht (Bedrijfskunde MER) (Avans HS, Avans+, CHE, Fontys HS, Haagse HS, HAN, Hanze HS, HS LOI, HS NTI, HS Rotterdam, HS Utrecht, HS Windesheim, HvA, HZ, NHL, Saxion HS, Zuyd HS)
Zie 20.1.f.16.

11.1.f.12 Operationeel manager (ISBW)
Voor adres(sen) zie: HBO-210.
Algemeen
- Ad-programma.
- ISBW wordt niet door de overheid bekostigd.
Duur 2 jaar deeltijd.

11.1.f.13 Technische bedrijfskunde (hto) (Avans HS, Fontys HS, Haagse HS, HAN, Hanze HS, HS Inholland, HS Rotterdam, HS Utrecht, HS Windesheim, HvA, NHL, Saxion HS, Zuyd HS)
Voor adres(sen) zie: HBO-1, 31, 52, 64, 81, 89, 95, 109, 124, 150, 157, 184, 219.
Algemeen
- Hbo-bacheloropleiding Technische bedrijfskunde.
- Bij Fontys PTH (vestiging: Eindhoven) en bij HS Windesheim (vestiging: Zwolle) wordt deze studie ook als ad-programma aangeboden.
Doel Opleiding tot bedrijfskundig ingenieur of technisch bedrijfskundige.
Toelatingseisen Diploma havo of vwo; havo-profiel: C&M (mits deficiënties tijdens de propedeuse worden weggewerkt), E&M, N&G of N&T; vwo-profiel: C&M (+ wisk. A II, nat. I), E&M, N&G, of N&T.
Duur 4 jaar voltijd.
Bij Avans HS (vestiging: Tilburg), HS Inholland (vestiging: Alkmaar), Fontys PTH, Saxions HS (vestigingen: Deventer en Enschede), Hanze HS (vestiging: Groningen), NHL (vestiging: Leeuwarden), HS Rotterdam (vestiging: Rotterdam) ook in 4 jaar deeltijd.
- HS LOI, HS NCOI en HS NTI: digitaal in deeltijd.
- Ad-programma; 2 jaar deeltijd.
Lesprogramma Specialisaties:
- Eindhoven (Fontys PTH - excellentietrajecten!): Human-technology - Innovations management - Operations management logistics.

- Groningen (Hanze HS): Airline pilot & management - Consultancy management - International technology management.
- Leeuwarden (NHL): Master of change - Ondernemen.
- Tilburg (Avans HS): International maintenance management - Minor.
- Utrecht (HS Utrecht): Onderneem het! (minor) - Projectmanagement (minor) - Railtechniek (minor).
- Vlissingen/Breda (HZ): International maintenance management.
- HS NCOI: HBO bedrijfsoptimalisatie met Lean Six Sigma - Informatiemanagement - Inkoopmanagement - Logistiek en supply chain management - Projectmanagement.

Functiemogelijkheden Bedrijfskundig ingenieur; technisch bedrijfskundige; bedrijfsleider; beleidsmedewerker; planner; werkvoorbereider; productiesysteemontwerper; commercieel technicus; productmanager; inkoper; marketingmanager; organisatieadviseur; organisatiedeskundige; productiemanager; kwaliteitsfunctionaris; technisch-commercieel medewerker; logistiek manager; chef bedrijfsbureau; hoofd distributie; bedrijfskundig adviseur; IT-consultant en -ondernemer; adviserende en dienstverlenende functies in de wereld van de logistiek; ook internationaal diverse mogelijkheden.

11.1.f.14 Windesheim Honours College for Professional Higher Education (HS Windesheim)
Voor adres(sen) zie: HBO-215.
Algemeen
- Het eerste hbo+-college van Nederland (bachelor-niveau, posthbo en cursussen) is gestart in 2008 en geaccrediteerd in 2009.
- Kleinschalige opleidingen met maximaal 25 deelnemers per opleiding.

Doel Ondernemend en innovatief gedrag in internationaal perspectief, o.a. via een studie die opleidt tot Bachelor of Business Administration met 4 majors: Engineering & innovation - Health & community studies - Trade, transport & logistics - International communications & media.
Toelatingseisen
- Diploma havo of vwo, Nederlandse of buitenlandse studenten.
- Selectieprocedure d.m.v. een essay en een interview, waarbij wordt gecheckt of er voldoende beheersing is van de Engelse taal, en of men maatschappelijk geëngageerd is en internationale en interculturele belangstelling heeft.
- Wonen en werken in de binnenstad van Zwolle.

Duur Hbo-bacheloropleiding: 3 jaar inclusief stages, waarvan één buitenland.
Lesprogramma Minor en 'professional core': schrijven - presenteren - argumenteren - onderzoek doen - ict-vaardigheden - minimaal 2 vreemde talen - wiskunde en bètavakken - interculturele communicatie en management - interdisciplinair en innovatief denken - entrepeneurschap, leiderschap en ethiek.
Mogelijkheden voor verdere studie Instroming in de UT.
Functiemogelijkheden Professional werkzaam in de publieke of de private sector op het gebied van: handel, transport en logistiek, technologie en duurzame ontwikkeling, gezondheidszorg en sociale studies, of media, communicatieve en creatieve industrie.
Overige informatie
- De voertaal is Engels.
- Meer informatie op:
www.windesheimhonourscollege.nl

11.1.g Mbo-opleiding niveau 4

11.1.g.1 Directiesecretaresse/Managementassistent (secretariële beroepen) (niveau 4)
Zie 20.1.g.2.

11.1.g.2 International Business Studies (IBS) (niveau 4)
Voor adres(sen) zie: ROC/MBO-13.
Algemeen
- Opleiding voor assistent-exportmanager en ondernemer groothandel. De lessen worden deels in het Engels aangeboden.
- Hier wordt slechts het centrale adres vermeld. De opleiding kan in de wijde omtrek ervan worden gegeven.

CREBO Geen.
Duur 3-4 jaar voltijd.

11.1.g.3 Juridisch medewerker zakelijke dienstverlening (niveau 4)
Voor adres(sen) zie: ROC/MBO-13, 32.
Algemeen
- Eindtermen voor deze kwalificatie worden ontwikkeld door ECABO.
- Hier worden slechts de centrale adressen vermeld. De opleiding kan in de wijde omtrek ervan worden gegeven.

CREBO 94891
Doel Opstellen van overeenkomsten, akten en contracten, incasso, debiteurenbewaking.
Toelatingseisen Diploma vmbo gl, vmbo kb of vmbo tl met de sector vmbo-Ec; of diploma vmbo gl, vmbo kb of vmbo tl, alle met econ., 2e moderne vreemde taal of wisk., met de sectoren vmbo-Lb, vmbo-Tech of vmbo-Z&W; of gelijkwaardig.
Duur 3 jaar voltijd of 2 jaar deeltijd.
Mogelijkheden voor verdere studie Via het mhbo-traject naar het hbo.
Functiemogelijkheden Medewerker bij een notaris, een deurwaarderskantoor, een advocaat, een makelaar, of een Kamer van Koophandel.

11.1.l Overige opleidingen

11.1.l.1 Bedrijfs- en bestuurswetenschappen
Zie ook: 11.1.l.3.
Voor adres(sen) zie: OVER-152, 263.
Opleidingen
- *Bedrijfskundige leergangen:*
  • Basisopleidingen voor organisatieadviseurs.
  • Bedrijfswetenschappen.
  • Human capital management.
  • Management en coaching.
  • Managen van professionals.
  • Masterclass Kennismanagement.
  • Personeelswetenschappen.
- *Bedrijfskundige korte opleidingen.*
- *Bestuurskundige korte opleidingen.*
- *Bestuurskundige leergangen:*
  • Bestuurswetenschappen.
  • Master of public management.
  • Master of public security management.
  • Summer course public management.

Toelatingseisen
- Academisch denk- en werkniveau.
- Ruime praktische ervaring.

11.1.l.2 Centrum voor organisatiefilosofie (ISVW)
Voor adres(sen) zie: OVER-230.
Doel Leren van methodieken die men kan gebruiken om problemen binnen de organisatie zinvol op te lossen.
Opleidingen
- Argumentatie en retorica.
- Bruggen bouwen.
- Denkgereedschap.
- Dilemmatraining.
- Ontwikkelen van creativiteit.
- Socratisch gesprek.

11.1.l.3 De Baak
Zie ook: 11.1.l.1.
Voor adres(sen) zie: OVER-152, 263.
Opleidingen
- Arbeidsverhoudingen en medezeggenschap.
- Executive development.
- Financieel-economische besturing.
- Human resource management.
- Leadership development.
- Marketing.
- Overheidsprogramma's.
- Pao-Bedrijfs- en bestuurswetenschappen.
- Personal development.
- Projectmanagement en veranderingsmanagement.

11.1.l.4 Euroform
Voor adres(sen) zie: OVER-163.
Cursussen Congressen, cursussen en studiedagen op het gebied van:
- algemeen management.
- automatisering/telecommunicatie.
- bouw.
- communicatie en marketing.
- financiën.
- juridische en fiscale onderwerpen.
- kwaliteit/logistiek/milieu.
- overheid en non-profit.
- personeel & organisatie.

11.1.l.5 GITP Opleidingen
Voor adres(sen) zie: OVER-164.
Algemeen De opleidingen worden op diverse locaties gegeven.
Cursussen Deze cursussen worden gegeven in opdracht van en binnen het desbetreffende bedrijf:
- commerciële en adviesvaardigheden.
- Communicatie.
- Leidinggeven.
- Management.
- Samenwerking.

11.1.l.6 Horizon training & ontwikkeling
Voor adres(sen) zie: OVER-228.
Algemeen Onderdeel van Freia, organisatie op het gebied van HR-vraagstukken. Freia verzorgt samen met de RUG opleidingen.
Doel Dienstverlenende organisatie op het gebied van opleiding, training en ontwikkeling van management en organisaties, hoofdzakelijk ingesteld op het beantwoorden van vraagstukken die in organisaties leven op het terrein van opleidingen, management development, begeleiding en/of advisering en in de overdracht van nieuwe vakgebieden.

Opleidingen Er zijn zgn. open-courses en bedrijfs-/organisatie-gerichte opleidingen op het gebied van algemeen management, projectmanagement, managementvaardigheden, logistiek en financiën, administratieve organisatie.

11.1.l.7 ISBW opleiding, training en coaching
Voor adres(sen) zie: OVER-355.
Doel Avondlessen en dagcursussen verdiepen de kennis en de vaardigheden van beroepsbeoefenaars in bedrijfsleven, overheidsorganisaties en non-profitorganisaties: www.isbw.nl
Toelatingseisen Varieert van vmbo tot en met wo.
Duur Varieert van enkele maanden tot 3 jaar per opleiding.
Overige informatie
- De opleidingen worden op diverse locaties gegeven.
- Ook zijn er in company-opleidingen en -trainingen.

11.1.l.8 MKB cursus en training
Voor adres(sen) zie: OVER-132.
Algemeen De cursussen worden op diverse locaties in Nederland gegeven.
Cursussen Cursussen en trainingen op het gebied van management, marketing en verkoop, personeel en veiligheid.
Duur Enkele dagdelen.

11.1.l.9 Nederlandse vereniging voor management (NIVE)
Voor adres(sen) zie: OVER-279.
Algemeen Open cursussen, in company-opleidingen, maken van opleidingsplannen, geven van opleidingsadviezen.
Doel Het NIVE en haar ledenorganisaties stellen zich ten doel de onderlinge samenwerking en uitwisseling van kennis en ervaring door en voor leden te stimuleren teneinde optimaal functioneren van het management te bevorderen op alle niveaus in alle voorkomende werkstructuren, zoals in het bedrijfsleven, in het onderwijs, in de gezondheidszorg, bij de overheid, en in de welzijnszorg.
Opleidingen
- Commercieel management.
- Communicatie en persoonlijke vaardigheden.
- (Directie)secretaresse en management.
- Financieel management.
- Functioneel management.
- Human resource management.
- Management en leidinggeven.
- Marketing en public relations management.
Overige informatie De cursussen worden te Utrecht gegeven.

11.1.l.10 Schouten & Nelissen University
Voor adres(sen) zie: OVER-356.
Opleidingen Trainingen:
- Adviesvaardigheden.
- AQL-systeem voor partijkeuring.
- Auditing m.b.v. CERTIKED model.
- Auditing van zorgsystemen.
- Auditing, basisopleiding.
- Auditor/lead auditor course.
- Beleid en Strategie (BS), workshop.
- Benchmarking, basisworkshop.
- Besturing en beheersing.
- EARA milieu auditing.
- EMPowerment (EMP).
- Experimental design: kwaliteitsverbetering door proefopzetten.

- Gebruik van steekproefsystemen.
- HACCP in de praktijk.
- Introductie-opleiding Nederlandse Kwaliteitsprijs en Kwaliteits-onderscheiding (NKK).
- Invoeren van milieu- en arbozorg in het kwaliteitssysteem.
- IT-introductiecursus Nederlandse Kwaliteitsprijs en Kwaliteits-onderscheiding (NKK-IT).
- IT-introductietraining Quality Function Deployment (QFD-IT).
- Kwaliteitsanalyse.
- Kwaliteitskunde.
- Kwaliteitssystemen opzetten.
- Kwaliteitsuitvoering.
- Kwaliteitsverbetering bij verkoop en marketing.
- Kwaliteitszorg bij inkoop en uitbesteding.
- Kwaliteitszorg, certificatie en ISO 9000.
- Management interne auditing.
- Management van kwaliteitskosten.
- Op weg naar een certificeerbare organisatie.
- Procedures opzetten, invoeren en levend houden.
- Procesmanagement I.
- Procesmanagement II.
- Productontwikkeling en kwaliteitszorg.
- QS 9000/VDA6.3.
- Statistische procesbeheersing.
- Strategisch Omgaan met Indicatoren (SOI).
- Sturen op KlantenTevredenheid (SKT).
- Sturen op PersoneelsTevredenheid (SPT).
- Tools voor verandermanagement (GVMB).
- Training HACCP-Audits (THA).
- Training Interne auditing.
- Trefzeker vernieuwen.
- Verbetertrajecten Coachen en Managen.

Overige informatie Schouten & Nelissen University geeft ook 3 geaccrediteerde masteropleidingen (zie 11.1.b.9) :
- Conflictmanagement.
- Human development.
- Kwaliteitsmanagement.

11.1.l.11 Toegepaste bedrijfskunde (AOG/RUG)
Voor adres(sen) zie: WO-19, 21.
Algemeen De opleiding wordt i.s.m. de RUG gegeven, en bestaat uit 8 modulen.
Doel Brede bedrijfskundige oriëntatie op economisch en financieel gebied, de moderne ontwikkelingen ten aanzien van de organisatie van de arbeid, beslissingsmethoden, marktkunde, informatica en dergelijke.
Toelatingseisen
- Diploma hbo en/of wo of vergelijkbaar kennisniveau (zoals een adequate vwo met enige andere opleiding), of 23 jaar of ouder zijn.
- Minimaal 3 jaar praktijkervaring.
- AOG: maximaal 25 deelnemers.
Duur
- 2,5 jaar (1 à 2 avonden per week).
- Op enkele locaties 1,5 jaar (2 dagdelen per week).
- AOG: 50 dagen met wekelijkse colleges op een vaste dag in de week van 14.00 tot 21.00 uur. Naast de colleges besteden deelnemers gemiddeld 10 uur per week aan zelfstudie.
Lesprogramma Algemene economie - bedrijfseconomie - marketing - bedrijfsorganisatie - sociaal beleid - personeelsmanagement - communicatieve vaardigheden - recht - belastingrecht - statistiek -

operational management - informatiemanagement - multidisciplinaire toepassingen.
- AOG: 8 modulen in deze volgorde: organisatie en verandering - economische en juridische grondslagen - financieel management - marketing management - management van primaire processen - human resource management en arbeidsrecht - informatie- en kennismanagement - management accounting. Afsluiting met een managementgame, waardoor het functioneren in de dagelijkse praktijk wordt versterkt.
Diploma/examen
- De vakken worden afgesloten met een tentamen of een werkstuk.
- AOG: na afronding ontvangt de student een diploma van de stichting AOG; de RUG staat garant voor het academische niveau van de opleiding.
Mogelijkheden voor verdere studie 1-jarige MBA.
Overige informatie AOG:
- Er kan eerst een voorbereidende cursus Wiskunde en/of Statistiek worden gevolgd.
- De opleiding wordt in Groningen en in Leusden gegeven.
N.B. De Leergang Bedrijfskunde Utrecht is overgegaan naar TSM Business School.

11.1.l.12 VEr. van TRainings- en Opleidingsinstituten in Nederland (NRTO, v/h VETRON)
Voor adres(sen) zie: DIEN-24.
Algemeen Branchevereniging van particuliere opleidings- en trainingsinstituten op het terrein van management, communicatie, verkoop en taalvaardigheid.

11.2 MBA-OPLEIDINGEN

Algemeen Er worden vele - ook niet-academische - opleidingen gegeven voor de titel Master of Business Administration, sommige in samenwerking met een buitenlandse universiteit.
In deze Gids wordt een keuze uit het grote aanbod gemaakt.

11.2.a Postacademisch onderwijs (pao)

11.2.a.1 Open University Business School
Voor adres(sen) zie: WO-58.
Algemeen Opleiding voor MBA.
Toelatingseisen
- Diploma wo of hbo.
- Deelname aan voorbereidende cursus.
Overige informatie De Open University Business School is een faculteit van één van de grootste universiteiten ter wereld: de Open University, die zijn hoofdkwartier heeft in het Verenigd Koninkrijk. Deze Open University heeft blended learning (een combinatie van zelfstudie, seminars en online onderwijs) geïntroduceerd.

11.2.b Wo-masteropleiding

11.2.b.1 International Executive MBA (TIAS)
Voor adres(sen) zie: WO-38.
Algemeen Deze wo-masteropleiding is modulair opgezet, internationaal, en biedt ruimte voor zelfstudie, waarbij rekening wordt gehouden met de workload van een topmanager.
Toelatingseisen Diploma wo of getuigschrift hbo, plus langdurige werkervaring.
Duur 18 maanden parttime.
Overige informatie Het programma is AACSB geaccrediteerd.

11.2.b.2 Nyenrode Business Universiteit (NR)
Zie 11.1.b.8.

11.2.b.3 Webster University
Voor adres(sen) zie: HBO-134.
Algemeen
- In het masterprogramma:
  • Finance.
  • International business.
  • Management.
- Binnen het vaste programma van de MBA-opleiding kan men zich eventueel specialiseren in de onder MA bestaande afstudeerrichtingen.
Toelatingseisen MA en MBA:
- getuigschrift hbo-opleiding of diploma wo-opleiding;
- 1 jaar werkervaring;
- geslaagd zijn voor het English Language Proficiency Examination.

11.2.c Wo-bacheloropleiding

11.2.c.1 MBA (Rotterdam School of Management) (EUR)
Voor adres(sen) zie: WO-37.
Algemeen Internationale wo-bacheloropleiding voor BSc.
Toelatingseisen Diploma vwo; vwo-profielen C&M (wisk. A1,2 of B 1), E&M, N&G of N&T; getuigschrift hbo of diploma wo.
Duur 3 jaar voltijd.
Lesprogramma 1e jaar: introduction to international business - methodology of management science - quantitative methods & techniques: mathematics, statistics - informatics - microeconomics & markets - operations management - foundations of finance & accounting - macroeconomics & institutional context - foundations of behavioral science.
Aansluitende masteropleidingen
- TN: International Executive MBA.
Functiemogelijkheden Financieel manager, marketingmanager, consultant, human resources manager, strategisch planner, logistiek manager, algemeen manager, informatiemanager.

11.2.c.2 Webster University
Voor adres(sen) zie: HBO-134.
Algemeen Wo-bacheloropleiding BA.
Toelatingseisen Diploma havo, of gelijkwaardig, of geslaagd zijn voor het English Language Proficiency Examination.
Duur 3 jaar voltijd.

11.2.e Hbo-masteropleiding

11.2.e.1 Business Administration (HS Rotterdam)
Voor adres(sen) zie: HBO-157.
Algemeen Het hbo-masterprogramma voor MBA houdt zich bezig met organisatiestrategieën, stimuleert de individuele ontwikkeling en biedt kennis en vaardigheden om organisatiestructuren te verbeteren.
Doel Het voorbereiden van getalenteerde studenten op verantwoordelijke leidinggevende functies in tal van organisatorische structuren. De cursus is er met name op gericht studenten in staat te stellen op strategisch niveau te functioneren en efficiënt op te treden binnen een complexe, aan verandering onderhevige omgeving.
Toelatingseisen Diploma wo-bachelor of hbo-bachelor.
Duur Parttime programma: 2 jaar.

Lesprogramma Bedrijfsontwikkeling - management van organisaties - onderzoeks- en analysemethoden - Europees zakenleven - marketingstrategie - internationaal financieel beheer.
Functiemogelijkheden Leidinggevende functies.

11.2.e.2 European MBA (HZ, NHTV)
Voor adres(sen) zie: HBO-55, 204.
Algemeen
- Wo-masteropleiding voor internationaal zakendoen in Europees perspectief.
- De opleiding wordt gegeven in samenwerking met de University of Humberside (Hull, Engeland) en HZ.
Toelatingseisen - Getuigschrift hbo.
- Goede beheersing van de Engelse taal.
- Relevante werkervaring.
Duur 13 maanden voltijd; 2 tot 3 jaar deeltijd.

11.2.e.3 European University
Algemeen Onderdeel van een Europees netwerk van hogescholen (zie Overige informatie) met diverse BA- en MBA-opleidingen.
Info: http://www.euruni.edu
Toelatingseisen
- Diploma wo-bachelor of hbo-bachelor.
- Iedere kandidaat moet een toelatingstest afleggen.
Diploma/examen Alleen het diploma voor de opleiding 'International management' die opleidt tot MBA, wordt door het ministerie van OCW erkend.
Functiemogelijkheden commerciële functies in binnen- en buitenland.
Overige informatie
- Vestigingen: Barcelona, Genève, Montreux, München.
- De voertaal is Engels.
N.B. In Nederland was er jaren geleden een particuliere vestiging te Den Haag die bekend stond als 'European University for Professional Education'. Men richtte er zich volledig op buitenlandse studenten. Deze vestiging is in juni 2010 gesloten.

11.2.e.4 International Business and Management Studies (Avans HS)
Voor adres(sen) zie: HBO-49.
Algemeen
- De voltijdopleidingen MBA, MA, MSc worden gevolgd in de USA (Western Carolina University), of in Engeland (University of Derby).
- De deeltijdopleidingen worden gegeven in Breda in samenwerking met de University of Derby (Engeland).
- Bij alle opleidingen is Engels de voertaal.

11.2.e.5 International Management Institute
Voor adres(sen) zie: OVER-375.
Algemeen Hbo-opleidingen tot Master of Business Administration in International Management (MBA), Master of Arts in Business Communication and PR (MA); MSc in Information Systems (MIS).
Toelatingseisen Wo-bachelordiploma of hbo-bachelordiploma.
Duur 1-3 jaar deeltijd.
Overige informatie - Vestigingen: Antwerpen, Brussel.
- De voertaal is Engels.

11.2.e.6 MBA (Fontys HS)
Voor adres(sen) zie: HBO-82.
Algemeen MBA-opleiding in samenwerking met de Webster University (USA).
Toelatingseisen Diploma wo of getuigschrift hbo.
Duur 28 maanden (1 avond per week).
Lesprogramma
- 1e jaar: business English and presentation skills - marketing theory and practice - organisational behavior and leadership - applied business statistics - issues: current topics in business - business communication and technology.
- 2e jaar: managerial economics - operations management - business information systems - advanced corporate finance - business policies and strategies.

Overige informatie De lessen worden grotendeels in het Engels gegeven.

11.2.e.7 MBA (Haagse HS)
Voor adres(sen) zie: HBO-61.
Algemeen Hbo-masteropleiding.
Toelatingseisen Diploma wo of getuigschrift hbo, plus relevante werkervaring, en ten minste 25 jaar oud zijn.
Duur 12 maanden voltijd; 24 maanden deeltijd.
Overige informatie De opleiding wordt gegeven in samenwerking met de University of Teesside (Middlesbrough, Engeland).

11.2.e.8 MBA (HAN)
Voor adres(sen) zie: HBO-150.
Algemeen Executive MBA-programma.
Toelatingseisen Diploma wo of getuigschrift hbo, plus voldoende werkervaring.
Duur 2 jaar deeltijd.

11.2.e.9 MBA (HvA)
Voor adres(sen) zie: HBO-26.
Algemeen Management development programma voor MBA.
Duur 2 jaar deeltijd.
Diploma/examen Het masterdiploma wordt verleend door de University of Sunderland (Engeland).

11.2.e.10 MBA Financial Management (HZ, NHTV)
Voor adres(sen) zie: HBO-55, 204.
Algemeen Hbo-masteropleiding.
Toelatingseisen Voor de voltijdopleiding:
- hbo-getuigschrift;
- relevante werkervaring;
- goede beheersing van de Engelse taal.

Duur 13 maanden voltijd; 2-3 jaar deeltijd.

11.2.f Hbo-bacheloropleiding

11.2.f.1 European University
Algemeen
- Hbo-Bachelor of Business Administration (BBA).
- Hbo-Bachelor of Arts in Business Communication and PR (BA).

Toelatingseisen
- Diploma vwo of havo (econ. of handelsw. of wisk.); mbo niveau 4 in de economische richting.
- Iedere kandidaat moet een toelatingstest afleggen.

Duur 4 jaar voltijd.
Lesprogramma Foundations of business management - writing

communications skills - principles of accounting - elementary calculus - computer literacy - 2 talen uit: Engels, Spaans, Frans, Duits - introduction to marketing - oral communication skills - intermediate accounting - elementary statistics - introduction to internet - micro economics - marketingmanagement - commercial law - advanced accounting - business finance - human resource management - production management - entrepreneurship and new venture creation - introduction to multimedia development - macro economics - strategic marketing - cases in marketing - financial statement analyses - management information systems - sales & purchasing management - international economics - cases in finance - corporate finance - technology, productivity & change management - business policy & strategy - budgeting - global marketing - global business.
Aansluitende masteropleidingen European University.
Mogelijkheden voor verdere studie Masteropleidingen aan Amerikaanse of Europese Business Schools.
Overige informatie
- Vestigingen: Athene, Barcelona, Genève, Lissabon, Madrid, Montreux, München, Parijs, Porto, Toulouse, Warschau, Zug.
  Aan deze vestigingen worden ook nog andere opleidingen gegeven dan de hier genoemde.
- De voertaal is Engels.

N.B. In Nederland was er een particuliere vestiging te Den Haag die bekend stond als 'European University for Professional Education'. Men richtte er zich volledig op buitenlandse studenten. Deze vestiging is in juni 2010 gesloten.

11.2.f.2 International Management Institute
Voor adres(sen) zie: OVER-375.
Algemeen Opleidingen tot Bachelor of Business Administration (BBA), Bachelor of Arts in Business Communication and PR (BA).
Toelatingseisen Diploma vwo of havo (econ. of handelsw. of wisk.), met toelatingsonderzoek.
Duur 4 jaar voltijd.
Lesprogramma BBA Management - marketing - financieel beleid - internationale bedrijfskunde - productiemanagement - communicatie - marktonderzoek en consumentengedrag - personeelsbeleid - toegepaste informatica en taalkunde.
Overige informatie
- Vestigingen: Antwerpen, Diegem/Brussel.
- De voertaal is Engels.

11.2.f.3 Verander- en innovatiemanagement (HS LOI)
Voor adres(sen) zie: HBO-135.
Algemeen Leergang die deel uitmaakt van de opleiding Master of Business Administration (MBA).
Doel Bekwamen in het innovatieproces, en dat leren doorvertalen naar bedrijfsvoering, waardoor het strategisch beleid van het innovatieproces binnen de organisatie concreet kan worden vormgegeven.
Overige informatie Na diploma vrijstelling voor de gelijknamige module van de MBA-opleiding van LOI University.

11.2.l Overige opleidingen

11.2.l.1 Business School Nederland (BSN)
Voor adres(sen) zie: OVER-98.
Algemeen Nederlandstalige management-opleiding die opleidt tot de graad MBA (Master of Business Administration).
Doel Managen leer je door te doen, door te ervaren: actie ondernemen, problemen aanpakken en risico's durven lopen. En meteen resultaat: dat is Action Learning.

Opleidingen
- *Internationale opleidingen:*
  - DBA International Programme.
  - International MBA Caribbean.
- *Management opleiding:*
  - Hoger management programma.
- *MBA Opleidingen:*
  - Action Learning MBA.
  - Executive MBA.
  - Fast Track MBA (na opleiding aan de HAN).
  - Fast Track MBA (na opleidng aan de HS Utrecht).
  - Fast Track MBA (na opleiding aan HS Inholland).
  - MBA voor het beroepsonderwijs.
  - MBA voor MKB-Accountants.
  - Second Chance MBA.

Toelatingseisen
- Hbo-getuigschrift, of diploma wo.
- Plus enige jaren managementervaring.

Duur
- Executive MBA: 20 maanden.
- Young Professional MBA: 30 maanden.

Lesprogramma Managementvaardigheden - human resources - marketing - operations management - financieel management - strategie - informatiemanagement - international business - productie en kwaliteit - finance.

11.2.I.2 General Management MBA Programme (IBO)
Voor adres(sen) zie: OVER-229.
Algemeen Masteropleiding.
Doel Het in een samenwerkingsverband van de TUD en de UM verzorgen van Executive MBA-opleidingen waarmee de deelnemers kunnen opereren als leider, strateeg en ondernemer.
Toelatingseisen
- Voor managers, directieleden of professionals op de Nederlandse markt.
- Ten minste 7 jaar werkervaring op managementniveau.
- Academisch denkniveau.
- Er vindt een intakegesprek plaats.
Duur 2 jaar deeltijd.
Lesprogramma
- Strategisch management - marketingmanagement - financieel management - organisatie en management - human resource management - informatiemanagement - management accounting en berichtgeving - logistiek management.
- De voertaal is Nederlands.
Overige informatie Het IBO verzorgt tevens een internationaal georiënteerd programma: European Executive MBA Programme (E*EP MBA).

11.2.I.4 Maastricht School of Management (MSM)
Voor adres(sen) zie: OVER-234.
Algemeen Masteropleidingen voor MBA, Executive MBA en PhD/-DBA.
Toelatingseisen
- Getuigschrift hbo of wo.
- Goede beheersing van de Engelse taal.
Duur 1 jaar voltijd; 2 jaar deeltijd.
Lesprogramma
- *Executive MBA:* programma's voor: general & strategic management - aviation management - decision support systems.
- *MBA:* naast het algemene programma de specialisaties: accoun-

ting & finance - corporate strategy & economic policy - hotel management & toerism - information technology & management - international business - management of government.

11.3 ARBEIDSANALIST

11.3.I Overige opleidingen

11.3.I.1 VOA Acces, Bedrijfskunde Opleidingen en Advies
Voor adres(sen) zie: OVER-341.
Algemeen De opleidingen worden verzorgd door particuliere instellingen.
Toelatingseisen
- Diploma vbo-techniek, mavo of vmbo-Tech.
- Met een opleiding op hbo-niveau kan men zich direct voorbereiden op het examen voor het diploma VOA-3 Bedrijfskundige.
Diploma/examen Neemt examens af voor: VOA-1 (bedrijfskundig assistent), VOA-2 (bedrijfskundig analist), VOA-3 (bedrijfskundige, medewerker functie-analyse).

11.4 CALCULATOR

Welke opleiding tot calculator men volgt, heeft te maken met de branche waarin men werkt of wil gaan werken. Men kan bijvoorbeeld een calculatorsopleiding volgen voor onder meer de grafische industrie, het bouwbedrijf (voorbeeld: 10.1.I.2), de verfindustrie, de textielindustrie. Over het algemeen kan worden gezegd dat men een technische opleiding moet hebben op mto-niveau (zoals grafische school) of dat men een administratief-economische opleiding gevolgd moet hebben.

11.5 WERKVOORBEREIDER

Welke opleiding tot werkvoorbereider men volgt, heeft te maken met de branche waarin men werkt of wil gaan werken. Voor deze functie wordt een technische opleiding gevraagd op hto- en mto-niveau.

11.6 PERSONEELSFUNCTIONARIS

11.6.a Postacademisch onderwijs (pao)

11.6.a.1 GITP PAO
Zie 14.1.a.1.

11.6.c Wo-bacheloropleiding

11.6.c.1 Personeelwetenschappen (TiU)
Voor adres(sen) zie: WO-40.
Algemeen Multi-disciplinaire wo-bacheloropleiding, gericht op de personeels- en sociale aspecten van het managen van grote organisaties.
Toelatingseisen
- Diploma vwo (wisk. A of B); elk vwo-profiel; propedeuse of getuigschrift/diploma van een hbo of van de OUNL (wisk. A of B).
- Voor het vrijstellingsprogramma wordt een hbo vereist in een aanverwante opleiding.
- Als men 21 jaar of ouder is, komt men in aanmerking voor een colloquium doctum.
Duur 3 jaar voltijd.

Functiemogelijkheden Personeelsmedewerker, staffuncties P&O, projectcoördinator bij beleidsplanning of veranderingsprocessen, onderzoeker sociaal beleid.

11.6.d Post-hbo-opleiding

11.6.d.1 Human Resource Management (Fontys HS)
Voor adres(sen) zie: HBO-171.
Doel Kennis en vaardigheden ontwikkelen om medewerkers beter aan te sturen en te motiveren.
Toelatingseisen Hbo- en wo-denk- en werkniveau.
Duur 20 bijeenkomsten van 6 uur.
Lesprogramma Human Resource Management - sociale en communicatieve vaardigheden.

11.6.d.2 Korte leergang Personeel & Organisatie (P&O) (Saxion HS)
Voor adres(sen) zie: HBO-89.
Algemeen Opleiding op hbo-niveau voor de P&O-medewerker, de medewerker personeelsbeheer en de opleidingsfunctionaris.

11.6.d.3 Stichting CPION
(Centrum Post Initieel Onderwijs Nederland)
Voor adres(sen) zie: DIEN-29.
Algemeen Toetsing, registratie en diplomering van initiële opleidingen.

11.6.d.4 Strategisch Human Resource Management (VOPB) (Reed business opleidingen)
Voor adres(sen) zie: OVER-208.
Doel De VOPB-opleiding bewerkstelligt een leerproces waarin de deelnemers werken aan verruiming en verbetering van hun eigen bijdragen aan de belangen en doelstellingen, zowel van hun organisatie als van de medewerkers.
Toelatingseisen
- Minimaal 16 deelnemers, maximaal 25 deelnemers per lesgroep.
- Toegelaten worden degenen, die een hbo- of wo-diploma bezitten, of een gelijkwaardig diploma, bij voorkeur gericht op personeelswerk, en die minimaal twee jaar praktijkervaring hebben opgedaan in een functie met beleidsverantwoordelijkheid.
- Personen die hieraan niet voldoen, maar zich anderszins op hiermee vergelijkbaar niveau achten, kunnen onder bepaalde voorwaarden (bijvoorbeeld door een voorbereidende leesopdracht) voor toelating in aanmerking komen. De definitieve toelating vindt plaats na een kennismakings- of intakegesprek met de cursusleiding.
Duur
- Start in maart en september; de duur bedraagt bij deelname aan alle modulen 10 maanden.
- Opgebouwd uit tien modulen van elk vier dagdelen, totaal dus 40 dagdelen.
  De modulen worden gegeven op donderdag van 14.00-17.30 uur en 19.00-21.30 uur, en op vrijdag van 09.30-16.00 uur.
Lesprogramma 10 modulen die los van elkaar gevolgd kunnen worden: strategisch Human Resource Management (HRM) - strategisch management - organisatiestructurering - financieel management & HRM - informatiemanagement & HRM - HR Planning en prestatiemanagement - competentiemanagement - bedrijfscultuur, innovatie en kwaliteitszorg - communicatie, onderhandelen en besluitvorming - adviesmodellen en adviesvaardigheden.

Diploma/examen
- De VOPB-opleiding kan worden afgesloten met een diploma of getuigschrift.
- Om het volledige VOPB-diploma te behalen, moeten alle modulen worden gevolgd. Aan het eind van de VOPB wordt het diploma uitsluitend toegekend aan de deelnemers die een voldoende beoordeling hebben ontvangen voor het werkstuk en de presentatie ervan, dan wel voor de werkstukvervangende opdrachten, en die aan een redelijke aanwezigheidsnorm (75%) hebben voldaan.
Overige informatie Leslocatie: Faculty Club Erasmus Universiteit Rotterdam.

11.6.d.5 Vo-Personeel & Organisatie (P&O) (HAN)
Voor adres(sen) zie: HBO-150.
Doel Verbreding en verdieping van beroepsmatig handelen.
Toelatingseisen
- Voltooide wo- of hbo-opleiding.
- Plus minimaal 2 jaar relevante werkervaring.
Duur Ruim 1 jaar (11 bijeenkomsten van 3 dagen): totaal 840 sbu.
Lesprogramma Beeldvorming - projectconsultatie en coaching - kwaliteit van de arbeid - strategisch P&O-beleid - managementinformatie en integrale beleidsontwikkeling - professionele vaardigheden - 'good HRM-practices'.

11.6.f Hbo-bacheloropleiding

11.6.f.1 HS LOI, HS NCOI - Management
Zie 11.1.f.4.

11.6.f.2 HS NTI - blended learning - Personeelsmanagement
Voor adres(sen) zie: HBO-133.
Algemeen Hbo-bacheloropleiding.
Toelatingseisen
- Diploma havo, vwo of mbo niveau 4.
- Als men niet in het bezit is van een van de genoemde diploma's en men is 21 jaar, kan men een verzoek indienen om toegelaten te worden op grond van ander onderwijs of werkervaring.
- Met de diploma's Bestuurlijke informatievoorziening, PDB of NIMA-PR-A kan men vrijstellingen krijgen.
Duur 3 jaar.
Lesprogramma Inleidende modulen - organisatiekunde - personeelsmanagement - personeelsmethodiek - management & informatie - modulen voor verbreding en ondersteuning.
Diploma/examen Men doet voor elke module examen en verzamelt daardoor ec's. Als men in totaal 240 ec's heeft, ontvangt men het officiële hbo-diploma.
Functiemogelijkheden Personeelsmanager.

11.6.f.3 Human Resource Management (HRM) (Avans HS, Avans+, CHE, Fontys HS, Haagse HS, HAN, Hanze HS, HS Leiden, HS NCOI, HS NTI, HS Rotterdam, HS Utrecht, HS Windesheim, HS Windesheim/Flevoland, HvA, HZ, NHL, Saxion HS, Stenden HS)
Voor adres(sen) zie: HBO-3, 26, 49, 54, 76, 89, 102, 115, 124, 129, 132, 133, 150, 157, 171, 184, 203, 223.
Algemeen
- Hbo-bacheloropleiding.
- Avans HS (vestiging: Den Bosch), Avans+, Hanze HS (vestiging:

Groningen), NHL (vestiging: Leeuwarden) en HS NCOI bieden deze studie ook als ad-programma aan.
- Avans+ (vestigingen: Breda en Den Bosch), HS NCOI en HS NTI worden niet door de overheid bekostigd.

Toelatingseisen
- Diploma havo, vwo, mbo niveau 4.
- Of 21 jaar of ouder zijn en toegelaten worden op grond van een toelatingsonderzoek.
- 3 jaar voltijd met het mbo-diploma Juridisch medewerker (personeel en arbeid) (niveau 4), of propedeuse hbo-verwant.
- Ede: 3,5-jarige leerroute voor vwo'ers of propedeuse hbo-verwant; vrijstellingen na basisjaar Evangelische HS Amersfoort.
- Eindhoven, Sittard en Tilburg: een intakegesprek maakt deel uit van de procedure.

Duur
- 4 jaar voltijd, deeltijd of duaal.
- 3,5 jaar voltijd of deeltijd na diploma mbo niveau 4 of hbo-propedeuse.
- Ad-programma: 2 jaar deeltijd. Alleen Leeuwarden (NHL) in 2 jaar voltijd.

Lesprogramma Specialisaties:
- Almere (HS Windesheim/Flevoland): Consultancy en loopbaanconsultancy (minor) - HRM-advies (minor) - Human resource management in global context (minor) - Trainen en coachen (minor).
- Breda (Avans HS): HRM-advies - Organisatiewetenschappen - Personeelwetenschappen.
- Breda (Avans+): HRM-advies (minor) - Organisatiewetenschappen (minor) - Personeelwetenschappen (minor).
- Deventer (Saxion HS): Human resource & business management - Human talent development.
- Enschede (Saxion HS): Human resource & business management - International HR business partner - International human resource management.
- Leeuwarden (NHL): Casemanagement & mobiliteit - Human talent - International business - Master of change (minor) - Ondernemen (minor).
- R'dam (HS Rotterdam): Beleidsontwikkeling in organisaties (minor) - Human talent development (minor) - Strategisch HRM (minor).
- Utrecht (HS Utrecht): Premaster (minor).
- HS NCOI: Loopbaanadvisering - Organisatiegedrag en veranderingsmanagement - Psychologie en coaching - Sociale zekerheid.

Aansluitende masteropleidingen Saxion HS: Managing human resources.

Functiemogelijkheden Personeelsfunctionaris; personeelsadministrateur; functieanalist; loondeskundige; sociale-verzekeringsdeskundige; opleidingsdeskundige; medewerker arbeidsvoorziening; loopbaanadviseur; (school)loopbaanadviseur; rechtspositiedeskundige; arbodeskundige; opleidingsfunctionaris; leidinggevende; beleidsmedewerker; organisatiedeskundige; bemiddelaar; mobiliteitsfunctionaris; medewerker detachering; outplacementadviseur; trajectbegeleider kansarme groepen; vakbondsmedewerker.

De beroepen kunnen worden uitgeoefend bij industriële en dienstverlenende bedrijven, instellingen voor de gezondheidszorg, overheidsorganisaties, beroepskeuzebureaus, uitzendbureaus.

11.6.g Mbo-opleiding niveau 4

11.6.g.1 Juridisch medewerker personeel en arbeid (niveau 4)
Zie 14.6.g.1.

11.6.I Overige opleidingen

11.6.I.1 ARbeidsmarktTRAiningen (ARTRA)
Voor adres(sen) zie: OVER-270.
Algemeen Opleidingen voor intermediairs op de arbeidsmarkt: uitzenden, detacheren, outplacement.
Opleidingen
- Intercedent, instapopleiding.
- Intercedent, praktijkopleiding.
- Hoger management-arbeidsmarkt.
- Middle management-arbeidsmarkt.

11.6.I.2 Volwassenenonderwijs - personeelswerk
Voor adres(sen) zie: ROCCO-11, 26.
Cursussen
- Intercedent.
- Personeelswerk.
- Sociaal-juridische beroepsvorming.

11.6.I.3 ISBW opleiding, training en coaching
Zie 11.1.I.7.
Opleidingen Personeelsbeleid.

11.6.I.5 LOI - afstandsonderwijs - Bedrijfsleider en manager
Voor adres(sen) zie: OVER-225.
Opleidingen
- Basiskennis management.
- Basiskennis non-profit management.
- Bedrijfskundig assistent (VOA 1).
- Bedrijfsleider.
- Financieel management.
- Hoger management.
- Intercedent.
- Kwaliteitsmanagement.
- Leidinggeven.
- Management in de gezondheidszorg.
- Medewerker personeelszaken.
- Middle management.
- Personeelsmanagement.
- Praktisch management.
- Projectmanagement.

11.6.I.6 Nederlandse vereniging voor management (NIVE)
Zie 11.1.I.9.

11.6.I.7 Nederlandse Vereniging voor Personeelsbeleid (NVP)
Voor adres(sen) zie: OVER-247.
Doel Het bevorderen van de vakbekwaamheid van mensen die werkzaam zijn op het gebied van personeelszaken.
Opleidingen
- Hbo Actuele HR-thema's voor de HR-adviseur.
- Hbo Bedrijfskundig HRM.
- Hbo De HRM-professional als businesspartner.
- Hbo Human Resource Essentials.
- Hbo-leergang De Resource Manager als Strategisch Partner.
- Hbo-leergang Het instrumentarium van de P&O'er.
- Hbo-leergang Personeelwetenschappen.
- Hbo-leergang voor adviseurs.
- Hbo Strategisch HRM/HRD en A&O-psychologie.

- Master Implementation and Change Management.
- Master Kort Hoger Onderwijsprogramma Strategisch HRM.
- Master Managing Human Resources.
- Master VOPB Strategisch Human Resource Management.

Cursussen Kortlopende cursussen op hbo-/mbo-niveau:
- Arbeidsrecht in het personeelswerk.
- Basiscursus Personeelszaken (mbo).
- Basiscursus PsychoSociale Arbeidsbelasting (PSA) signaleren en reduceren.
- De rol van de P&O'er als deskundig adviseur in OR-zaken.
- English for HR Assistants (mbo) .
- English for HR Managers.
- Financieel management voor HRM.
- HR Professional als strategisch partner.
- Internationale arbeidsmobiliteit, workshopcyclus.
- Kengetallen voor HRM.
- Organisatiekunde voor P&O-professionals.
- Pensioendeskundige P&O.
- Pensioenen P&O, introductiecursus.
- Secretaresse bij personeelszaken (mbo).
- Socratisch coachen.
- Socratische gespreksvaardigheden voor (interne) adviseurs, training.
- Strategisch adviseren voor P&O-professionals.
- Timemanagement voor HRM-managers.
- Vaardigheden van de personeelsmanager.
- Werven, boeien en binden op een overspannen arbeidsmarkt.
- Werving & selectie voor P&O'ers.

Toelatingseisen Afhankelijk van de opleiding: intakegesprek.
Duur Van 1 dag tot 2 jaar.
Diploma/examen Certificaat bij voldoende aanwezigheid.

11.6.l.8 Schouten en Nelissen University
Zie 11.1.l.10.

11.6.l.9 Trefpunt Training en Advies (Fontys HS)
Voor adres(sen) zie: HBO-171.
Opleidingen Opleidingen en trainingen op het gebied van: beoordelingsmethodiek - general management - human resource management - loopbaan/mobiliteit - organisatieontwikkeling.
Duur Varieert van enkele dagen tot 2 jaar.

11.7 VEILIGHEID IN HET BEDRIJF

Voor deze sector kunnen ook de paragrafen Algemene gezondheidszorg (13.1), Brandweer (21.5) en Beveiliging (21.7) worden geraadpleegd.

11.7.a Postacademisch onderwijs (pao)

11.7.a.1 Safety, health & environment (TUD)
Voor adres(sen) zie: WO-14.
Algemeen Postdoctorale managementcursus over menselijk gedrag in relatie tot technologie in de procesindustrie, en over de rol van veiligheidsmaatregelen.
Duur 1 jaar deeltijd.

11.7.d Post-hbo-opleiding

11.7.d.1 Fire Safety Engineering (Hanze HS)
Voor adres(sen) zie: HBO-95.
Algemeen Duale specialisatie-studie voor het ontwerpen van brandveilige gebouwen aan het Instituut voor Engineering van de Hanze HS, gestart in 2008.
Doel Hoe bij het ontwerpen van een gebouw het aantal slachtoffers en de schade van een brand kunnen worden beperkt.
Toelatingseisen De studenten werken onder meer bij de brandweer en bij advies- en architectenbureaus.

11.7.f Hbo-bacheloropleiding

11.7.f.1 Integrale veiligheid/Integrale VeiligheidsKunde (IVK)/ (Avans HS, Avans+, Haagse HS, HS Inholland, HS NCOI, HS NTI, HS Utrecht, NHL, Saxion HS)
Voor adres(sen) zie: HBO-53, 64, 89, 126, 133, 156, 184.
Algemeen
- Deze hbo-bacheloropleiding is gericht op breed opgeleide professionals, die veelal op projectmatige wijze bij veiligheidsvraagstukken als coördinator opereren.
- Avans+, HS NCOI en HS NTI worden niet door de overheid bekostigd.

Doel Brede aanpak van veiligheidsproblematiek, met meer vakdisciplines gericht op het probleem. Het accent is verschoven van opsporing naar preventie. Het handhaven van de openbare veiligheid en de algemene leefbaarheid vragen om een gezamenlijke inspanning van een groot aantal maatschappelijke partners, zoals politie, brandweer, douane, securitybedrijven, overheden, middenstand, buurt-organisaties, verzekeringsmaatschappijen en banken, woningbouwverenigingen en sportorganisaties.
Toelatingseisen
- Diploma havo of vwo; vwo-profiel: C&M (+ econ.), E&M, N&G (+ econ.), N&T (+ econ.); havo-profiel: C&M; diploma mbo niveau 4.
- Voor de deeltijdopleiding kunnen een intakegesprek en een assessment op basis van eerder verworven competenties voldoende zijn.

Duur 4 jaar deeltijd; bij Haagse HS en HS NCOI 4 jaar deeltijd en duaal; bij Saxion HS (Deventer) en HS Utrecht 4 jaar voltijd en deeltijd; bij Saxion HS in Enschede alleen voltijd.
Lesprogramma Specialisaties:
- Breda/Den Bosch (Avans HS): Minor.
- Deventer/Enschede (Saxion HS) : Algemeen - Fysieke veiligheid - Sociale veiligheid.
- Leeuwarden (NHL): Minor.
- Utrecht (Utrecht HS): Crowdmanagement - Ethiek en veiligheid - International dimensions of safety and security (minor).
- HS NCOI: Bestuur en beleid.
- HS NTI: Criminologie - Veiligheid in de private sector - Veiligheid in de publieke sector.

Functiemogelijkheden Veiligheidscoördinator bij de overheid of bij een betaald-voetbal-club, functies bij politie, brandweer, beveiligingsbedrijven, bank- en verzekeringswezen, horeca, woningbouwcorporaties, ziekenhuizen, gevangeniswezen.

11.7.l Overige opleidingen

11.7.l.1 LOI - afstandsonderwijs - Openbare orde en veiligheid

Voor adres(sen) zie: OVER-225.

Opleidingen
- Beveiliging, kaderdiploma.
- Beveiliging, vakdiploma.
- Buitengewoon OpsporingsAmbtenaar (BOA).
- Handhaving milieurecht.
- Horecaportier.
- Nautische functies 1, 2 en 3.
- Toelatingscursus kaderdiploma.
- Wapenhandel, vakexamen.
- Wapenleer.
- Winkelsurveillant.

11.7.l.2 Ontplofbare stoffen

Voor adres(sen) zie: HBO-181.

Opleidingen
- Schietmeester.
- Springen onder water.
- Springen van gebouwen en hoge bouwwerken.
- Springen van open groeven.
- Veilig werken met grootvuurwerk.
- Veilig werken met springstoffen (springmeester).

11.7.l.3 PTC+

Zie 3.1.l.4.

11.7.l.4 VCA-Basisveiligheid

Voor adres(sen) zie: ROCCO-22.

Algemeen De opleiding wordt niet door het ministerie van OCW bekostigd.

CREBO 10700

Doel De Arbo-wet benadrukt dat veiligheid een zaak is van zowel werkgever als werknemer. Volgens die wet moeten werkgevers voldoende voorlichting en onderricht over de werkomstandigheden geven. Vooral bij las- en snijwerkzaamheden ligt veel verantwoordelijkheid voor veiligheid bij de mensen op de werkvloer. Bedrijven besteden steeds meer aandacht aan veiligheid, o.a. omdat hun klanten veiligheidscertificaten eisen. Het doel van de opleiding is het onderkennen en het beheersen van risico's tijdens de werkzaamheden.

Toelatingseisen
- Denkniveau: mbo-2.
- Groepsgrootte: minimaal 12, maximaal 18 cursisten.

Duur 16 uur, naar keuze in 2 dagen of 5 avonden.

Lesprogramma Aspecten van veiligheidswetgeving (Arbo-wet), risico's en ongevallenpreventie - gevarenbronnen - gevaarlijke stoffen - werken in besloten ruimten - brandveiligheid - metingen - gevaren bij lassen, bij gereedschappen, bij machines, bij hijswerkzaamheden - persoonlijke beschermingsmiddelen.

Diploma/examen Landelijk examen. Geslaagde cursisten ontvangen vervolgens het certificaat VCA en worden geregistreerd. Het certificaat is 10 jaar geldig. Het certificaat VCA heeft zich de laatste jaren bewezen als meest erkend certificaat op het gebied van veiligheid en is bovendien voor alle branches toepasbaar.

11.7.l.5 Veiligheid (Reed business opleidingen)

Voor adres(sen) zie: OVER-208.

Opleidingen Schriftelijke opleidingen:
- Arbo-coördinator.
- Basisbedrijfshulpverlening.
- Basisveiligheid (VCA); zie ook: 11.7.l.4.
- Middelbare veiligheidskunde.

11.7.l.6 Volwassenenonderwijs - bedrijfsveiligheid

Voor adres(sen) zie: ROCCO-1, 2, 5, 11, 12, 13, 18, 19, 20, 22, 26.

Cursussen
- Basisveiligheid.
- Bedrijfshulpverlening.
- Veiligheid voor leidinggevenden.

Hoewel steeds de nieuwste informatie in deze 'Beroepengids' wordt verwerkt, is het niet te vermijden dat er onjuistheden kunnen optreden.
Daarom zullen wij alle gebruikers van dit boek erkentelijk zijn wanneer zij ons de tekortkomingen ten spoedigste willen melden, indien mogelijk voorzien van de bijbehorende documentatie.

Uitgeverij De Toorts, Conradkade 6, 2031 CL Haarlem; e-mail-adres: beroepengids@toorts.nl

De eerste paragraaf christelijke beschrijft theologische opleidingen.
De paragrafen 12.2, 12.3 en 12.4 bevatten respectievelijk informatie over joodse godgeleerdheid, islamologie en humanisme.
In 12.5 staan opleidingen voor leraar Godsdienst/levensbeschouwing, en leraar Islam-godsdienst.
De overige paragrafen vermelden opleidingen over filosofie (12.6), cultuurwetenschappen (12.7) en antroposofie (12.8).
N.B. In dit hoofdstuk wordt ook een keuze van diverse opleidingen in het hoger onderwijs beschreven. Complete alfabetische lijsten van alle bekostigde opleidingen in het hoger onderwijs zijn te vinden in hoofdstuk 25. Deze worden jaarlijks geheel geactualiseerd.

12.1 CHRISTELIJKE THEOLOGIE EN GODSDIENST

12.1.b Wo-masteropleiding

12.1.b.1 Godgeleerdheid (RUG, VUA)
Voor adres(sen) zie: WO-9, 23.
Algemeen Wo-masteropleiding.
Bij de VUA bestaat deze opleiding uit 1 jaar voltijd Master of Theology, subprogramma Divinity, en vervolgens nog twee jaar voltijd aan de PThU (Protestantse Theologische Universiteit) zonder verlies van studiefinanciering.
Toelatingseisen
- RUG: diploma wo-bachelor Theologie.
- VUA: diploma wo-bachelor Godgeleerdheid of Theologie.
Duur
- RUG: 1-2 jaar.
- VUA: 3 jaar voltijd, 6 jaar deeltijd.
Functiemogelijkheden VUA: godsdienstdocent; predikant: na het masterexamen aanmelden voor het kerkelijk examen bij de Doopsgezinde broederschap in Nederland, de Hersteld hervormde kerk, of de Unie van baptistengemeenten.
N.B. * Recent zijn er bij de PThU diverse wijzigingen doorgevoerd.

12.1.b.2 Predikant (Kampen) (TUK)
Voor adres(sen) zie: WO-27.
Algemeen WO-masteropleiding.
Toelatingseisen
- Diploma wo-bachelor Theologie van de TUK, met daarin de minor Predikant.
- Diploma wo-bachelor Theologie van een andere universiteit: in dit geval worden door de examencommissie van de TUK een pakketvergelijking en een eventueel schakelpakket vastgesteld.

12.1.b.3 Religies in hedendaagse samenlevingen (UU)
Voor adres(sen) zie: WO-45.
Algemeen Wo-masteropleiding, officiële naam: Theologie en religiewetenschappen.
Toelatingseisen Diploma wo-bachelor Godgeleerdheid.
Duur 1 jaar.

12.1.b.4 Theologie/Theology (RU, TiU)
Voor adres(sen) zie: WO-35, 40.
Algemeen
- WO-masteropleiding.
- TU: onderzoeksmaster.
Toelatingseisen Diploma wo-bachelor Theologie.
Duur
- 3 jaar voltijd.
- 4,5 jaar deeltijd.
Lesprogramma Specialisaties:
- RU: Intercultural theology - Spiritualiteit - Systematic theology.
- TiU: Categoriaal pastoraat - Parochiepastoraat - Religieuze educatie.

12.1.b.5 Tilburg School of Catholic Theology (TiU)
Voor adres(sen) zie: WO-39.
Algemeen Wo-masteropleidingen:
- A. Christianity and society
- B. Theologie (zie 12.1.b.4).
Toelatingseisen
- A. Diploma wo-bachelor Theologie of Religie in samenleving en cultuur.
- B. Diploma wo-bachelor Theologie.
Duur
- 1 jaar voltijd of 2 jaar deeltijd.
Diploma/examen De faculteit Katholieke Theologie van de TiU heeft de bevoegdheid om kerkelijke graden in de sacra theologia te verlenen. Het gaat hierbij om het baccalaureaat, het licentiaat en het doctoraat. Alle studenten hebben de mogelijkheid om deze graden te behalen, na het reguliere BA- en MA-diploma.
Functiemogelijkheden Priester, diaken, pastoraal werk(st)er, rooms-katholiek geestelijk verzorger, leraar godsdienst/levensbeschouwing, of functies in pastoraal of catechetisch beleidswerk.

12.1.c Wo-bacheloropleiding

12.1.c.1 Godgeleerdheid of Theologie (RUG, UU, VUA)
Zie ook andere theologische studies in 12.1.c.
Voor adres(sen) zie: WO-9, 23, 45.
Algemeen Er zijn openbare en confessioneel gebonden faculteiten.
- Aan de openbare faculteiten (RUG, UU) wordt een algemene wo-bacheloropleiding Godgeleerdheid (UU) of Theologie (RUG) verzorgd. Deze opleiding bestudeert alle religieuze verschijnselen en stelt daarbij geen bepaalde godsdienst boven de andere. Aan dezelfde universiteiten zijn er aansluitende masteropleidingen.
- Aan de openbare faculteiten zijn ook kerkelijke opleidingen verbonden. Deze staan geheel los van de wetenschappelijke opleidingen.
Kerkelijke opleidingen voor predikant zijn:
- RUG: Nederlands hervormd.
- UU: Nederlands hervormd, de Bond van vrije evangelische gemeenten, de Unie van baptistengemeenten (zie ook: 12.1.c.10), Oud-katholiek.
- VUA: de Doopsgezinde broederschap, de Hersteld hervormde kerk.
Toelatingseisen
- Diploma vwo (Lat., Gr.); vwo-profiel C&M (+ Lat., Gr.), E&M (+ Lat., Gr.), N&T (+ Lat. Gr.), N&G (+ Lat., Gr.).
- Propedeuse van een hbo (Lat., Gr. via een vooropleiding met exameneisen als bij vwo af te ronden).
- Als men 21 jaar of ouder is, komt men in aanmerking voor een colloquium doctum (Lat., Gr., 2 moderne talen, gesch.).
- VUA: voor de algemene opleiding Godgeleerdheid is kennis van Grieks en Latijn niet vereist.
Duur 3 jaar voltijd.

Aansluitende masteropleidingen
- RU, TiU: Theologie/Theology.
- RU, UL, UU, UvA, VUA: Wo-lerarenopleiding Leraar VHO Godsdienst & levensbeschouwing.
- RUG, VUA: Godgeleerdheid.
- TiU: Tilburg School of Catholic Theology.
- UU: Religies in hedendaagse samenlevingen.

Mogelijkheden voor verdere studie Kerkelijke opleiding.

Functiemogelijkheden Wetenschappelijk onderzoeker, godsdienstleraar (eerstegraads na vakdidactische vervolgopleiding in Utrecht); functies in de journalistiek, het omroepwezen, het bibliotheekwezen, het maatschappelijk werk, het vormingswerk.

Met een doctoraal examen plus een kerkelijk examen: predikant of pastoraal werker.

12.1.c.2 Godgeleerdheid (VUA)
Zie ook andere theologische studies in 12.1.c.
Voor adres(sen) zie: WO-9.
Algemeen Wo-bacheloropleiding.
Doel Zodanige kennis, inzicht en vaardigheden op het gebied van de theologie dat wie vervolgens ook de masteropleiding doet, in staat is tot zelfstandige beroepsbeoefening als predikant, leraar of bijbelvertaler, dan wel in aanmerking kan komen voor een functie als wetenschappelijk onderzoeker.
Toelatingseisen
- Diploma vwo (Gr., Lat.); vwo-profiel C&M (+ Lat., Gr.), E&M (+ Lat., Gr.), N&T (+ Lat., Gr.), N&G (+ Lat., Gr.).
  Propedeuse of getuigschrift hbo of van de OUNL (Gr., Lat.).
- Als men 21 jaar of ouder is, komt men in aanmerking voor een colloquium doctum.
- Voor het doorstroomprogramma wordt een hbo vereist in een verwante opleiding.
- Voor studenten die geen eindexamen Grieks en Latijn hebben gedaan, biedt de faculteit een basiscursus Grieks en Latijn aan, gespreid over de eerste 3 jaar van de studie.
Duur 3 jaar voltijd.
Aansluitende masteropleidingen
- RU, TiU: Theologie/Theology.
- RU, UL, UU, UvA, VUA: Wo-lerarenopleiding Leraar VHO Godsdienst & levensbeschouwing.
- RUG, VUA: Godgeleerdheid.
- TiU: Tilburg School of Catholic Theology.
- TUK: Predikant.
- UU: Religies in hedendaagse samenlevingen.
Mogelijkheden voor verdere studie Opleiding tot wetenschappelijk onderzoeker.
Functiemogelijkheden Pastoraal medewerker; journalistiek; media-medewerker; predikant.

12.1.c.3 Religie en levensbeschouwing (VUA)
Zie ook andere studies in 12.1.c.
Voor adres(sen) zie: WO-9.
Algemeen Wo-bacheloropleiding.
Doel Het bieden van een brede en gespecialiseerde studie op het terrein van de ontmoeting van religies en levensbeschouwingen, met bijzondere aandacht voor hun onderlinge relaties in een plurale samenleving.
Toelatingseisen
- Diploma vwo of getuigschrift/diploma hbo of van de OUNL.
- Voor het doorstroomprogramma wordt een hbo-Theologie of hbo-Leraar basisonderwijs vereist.

- Als men 21 jaar of ouder is, komt men in aanmerking voor een colloquium doctum.
Duur 4 jaar voltijd en deeltijd.
Lesprogramma Specialisaties:
- VUA: Boeddhisme - Hindoeïsme - Islam.
Aansluitende masteropleidingen
- RU, TiU: Theologie/Theology.
- RU, UL, UU, UvA, VUA: Wo-lerarenopleiding Leraar VHO Godsdienst & levensbeschouwing.
- RUG, VUA: Godgeleerdheid.
- TiU: Tilburg School of Catholic Theology.
- UU: Religies in hedendaagse samenlevingen.
Functiemogelijkheden Docent Godsdienst/levensbeschouwing of Maatschappijleer; functies op het terrein van het minderhedenbeleid; wetenschappelijk onderzoeker; functies binnen de media, journalistiek, sociaal en maatschappelijk werk.

12.1.c.4 Religie in samenleving en cultuur (TiU)
Zie ook andere studies in 12.1.c.
Voor adres(sen) zie: WO-39.
Algemeen Wo-bacheloropleiding.
Doel Gericht op studie van religie als maatschappelijk en cultureel verschijnsel in de hedendaagse westerse samenleving. De Nederlandse situatie staat daarbij centraal.
Toelatingseisen
- Diploma vwo met E&M, C&M, N&T of N&G.
- Een toelatingsexamen (colloquium doctum).
- Verder zijn verplicht: sociale betrokkenheid en een bespiegelende instelling, en een goede leesvaardigheid Duits en Engels.
Duur 3 jaar voltijd en deeltijd.
Lesprogramma Specialisaties:
- TiU: Ondernemen - Onderwijs - Onderzoek.
Diploma/examen De faculteit Katholieke Theologie van de TiU heeft de bevoegdheid om kerkelijke graden in de 'sacra theologia' te verlenen. Het gaat hierbij om het baccalaureaat, het licentiaat en het doctoraat. Alle studenten hebben de mogelijkheid om deze graden te behalen, na het reguliere BA- en MA-diploma.
Aansluitende masteropleidingen
- UU: Religies in hedendaagse samenlevingen.

12.1.c.5 Theologie (RU, RUG, UT, VUA)
Zie ook andere theologische studies in 12.1.c.
Voor adres(sen) zie: WO-9, 20, 23, 35.
Duur 3 jaar voltijd en deeltijd.
Lesprogramma Specialisaties:
- RU: Theologie en maatschappelijk engagement (minor).
- RUG: Tekst, traditie en interpretatie (minor).
Aansluitende masteropleidingen
- RU, TiU: Theologie/Theology.
- RU, UL, UU, UvA, VUA: Wo-lerarenopleiding Leraar VHO Godsdienst & levensbeschouwing.
- RUG, VUA: Godgeleerdheid.
- TiU: Tilburg School of Catholic Theology.
- UU: Religies in hedendaagse samenlevingen.

12.1.c.6 Theologie (TiU)
Zie ook andere theologische studies in 12.1.c.
Voor adres(sen) zie: WO-39.
Algemeen Brede wo-bacheloropleiding Theologie.
Toelatingseisen
- Diploma vwo met E&M, C&M, N&T of N&G.

- Een toelatingsexamen (colloquium doctum).
- Vrijstelling voor Latijn en/of Grieks, indien daarin eindexamen is gedaan.
- Verder zijn verplicht: sociale betrokkenheid en een bespiegelende instelling, en een goede leesvaardigheid Duits en Engels.

Lesprogramma Basiscursus dogmatische theologie - geschiedenis van de filosofie - Hebreeuws - inleiding tot de bijbel - inleiding fenomenologie van godsdiensten en liturgie - inleiding godsdienstsociologie en -psychologie - inleiding moraaltheologie en spiritualiteit - inleiding praktische theologie - Latijn en Grieks - overzicht geschiedenis van kerk en theologie - systematische wijsbegeerte.

Diploma/examen De faculteit Katholieke Theologie van de TiU heeft de bevoegdheid om kerkelijke graden in de 'sacra theologia' te verlenen. Het gaat hierbij om het baccalaureaat, het licentiaat en het doctoraat. Alle studenten hebben de mogelijkheid om deze graden te behalen, na het reguliere BA- en MA-diploma.

Aansluitende masteropleidingen

- RU, TiU: Theologie/Theology.
- RU, UL, UU, UvA, VUA: Wo-lerarenopleiding Leraar VHO Godsdienst & levensbeschouwing.
- RUG, VUA: Godgeleerdheid.
- TiU: Tilburg School of Catholic Theology.
- UU: Religies in hedendaagse samenlevingen.

12.1.c.7 Theologie Klassiek (PThU-HS LOI)

Zie ook andere theologische studies in 12.1.c.

Voor adres(sen) zie: HBO-135.

Algemeen Dit was de eerste wo-bacheloropleiding Theologie via afstandsonderwijs, gestart september 2002.

De opleiding wordt in nauwe samenwerking met de PThU (Protestantse Theologische Universiteit) gegeven onder de gezamenlijke naam PThU-LOI.

Doel Opleiding tot predikant, geestelijk verzorger, godsdienstleraar (protestant).

Toelatingseisen

- Diploma vwo (Gr., Lat.), propedeuse of getuigschrift hbo.
- Als men 21 jaar of ouder is, komt men in aanmerking voor een colloquium doctum.
- Vrijstellingen voor een of meer modulen zijn mogelijk voor wie een relevante vooropleiding en/of relevante beroepservaring heeft.

Duur 3 jaar voltijd.

Lesprogramma

- *1e studiejaar:* inleidingsmodule - ict - Grieks of Latijn - verkenning religieuze praktijk - (kerkgeschiedenis/praktische theologie) - inleiding kerkgeschiedenis - inleiding systematische theologie - Hebreeuws - inleiding bijbelwetenschappen - inleiding praktische theologie/sociale wetenschappen - filosofie - Hydepark-weekend.
- *2e studiejaar:* inleidingsmodule - Hebreeuws - Grieks of Latijn - actueel theologisch thema - (bijbelwetenschappen/systematische theologie) - nieuwtestamentisch Grieks - exegese Oude Testament - kerkgeschiedenis - exegese Nieuwe Testament - inleiding ethiek/crossculturele theologie - persoonlijke en spirituele vorming.
- *3e studiejaar:* inleidingsmodule - ecclesiologie (praktische theologie/bijbelwetenschappen) - praktische theologie descriptief - praktische theologie/ethiek normatief - theologiegeschiedenis/dogmatiek - verdieping - dialoog - bedding in reformatie (systematische theologie/kerkgeschiedenis) - persoonlijke en spirituele vorming.

- *Specialisaties:*
  - PThU: Bijbels historische route - Praktisch theologische route - Systematische route.

Diploma/examen De modulen worden afgerond met een schriftelijk en/of mondeling tentamen met opdrachten.

Aansluitende masteropleidingen

- Predikantschap (3 jaar, waarvan hoofdvakstudie: 1 jaar; beroepsvoorbereidend deel, waaronder stages die zijn gericht op het werk in een kerkelijke gemeente: 2 jaar).
- Geestelijk verzorger (3 jaar: waarvan hoofdvakstudie: 1 jaar; beroepsvoorbereidend deel, waaronder stages die zijn gericht op het werk als instellingspredikant: 2 jaar).
- Verdieping (1 jaar, gericht op wetenschappelijke verdieping van een hoofdvak naar keuze, zonder beroepsopleiding).

Functiemogelijkheden Predikant, geestelijk verzorger, godsdienstleraar (protestant).

Overige informatie Twee gerelateerde LOI-cursussen:
- Bijbel en christendom;
- Kennismaken met de islam.

N.B. Sinds 1 september 2012 ziet de Protestantse Theologische Universiteit (PThU) er anders uit dan voordien: de vestigingen in Utrecht, Kampen en Leiden zijn gesloten en de universiteit heeft zich gevestigd op twee nieuwe locaties: de campus van de Vrije Universiteit (VUA) aan de Zuidas in Amsterdam, en de Oude Ebbingestraat 25 van de RUG in Groningen. Op deze twee locaties vindt niet alleen het onderwijs en het onderzoek van de PThU plaats, maar ook een deel van de Permanente Educatie (PE) voor predikanten van de Protestantse Kerk in Nederland (PKN).

12.1.c.8 Theologische Universiteit Apeldoorn (TUA)

Zie ook andere theologische studies in 12.1.c.

Voor adres(sen) zie: WO-10.

Algemeen Aaneengesloten wo-opleiding van de Theologische Universiteit op basis van verbondenheid met de gereformeerde geloofstraditie.

Doel De universiteit wil zich inzetten voor de ontwikkeling en vernieuwing van een bijbels georiënteerde, gereformeerde theologie. Een afgestudeerd theoloog dient te beschikken over een zodanige expertise dat hij in staat is om theologische vraagstukken zelfstandig en op adequate wijze te behandelen.

Toelatingseisen

- Diploma vwo, propedeuse hbo of een daarmee gelijkgesteld getuigschrift, plus instemming met de belijdenisgeschriften.
- Voordat de tentamens van het propedeutisch jaar kunnen worden afgelegd, moeten eventuele deficiënties op het gebied van Grieks en Latijn opgeheven zijn.
- Eveneens kunnen zij, die een colloquium doctum hebben afgelegd, tot de propedeuse van de theologische studie worden toegelaten; hetzelfde geldt voor hen die een academische studie met een examen hebben afgesloten.
- Voor het wegwerken van eventuele deficiënties op het gebied van Grieks en Latijn kan worden deelgenomen aan de eenjarige vooropleiding (60 ec's) van de Theologische Universiteit Apeldoorn.

Duur 6 jaar (maximaal 8,5 jaar).

Lesprogramma

- *Bachelorfase:*
  - eenjarige propedeuse (60 ec's) die een oriënterend, verwijzend en selecterend karakter heeft, en die wordt afgesloten met een (administratief) examen;
  - tweejarige basisvorming (120 ec's) op alle theologische disci-

plines, die wordt afgesloten met een bachelorsproef (een scriptie van 7 ec's).
- *Masterfase:*
  • de master I van drie semesters (90 ec's) waarin - voortbouwend op de bachelorfase - de aanvulling en de verdieping van alle theologische disciplines centraal staan. De admissiale studenten sluiten deze fase af met het master I-examen. Niet-admissiale studenten hebben de keuze om het master I-examen te doen (examengerichte route), of in het derde semester reeds onderdelen van hun specialisatiestudie te kiezen (niet-examengerichte route);
  • de master II van drie semesters (90 ec's), waarin de specialisatiestudie plaatsvindt. Voor een admissiale student is een minor van 15 ec's, bestaande uit de praktijkstage, verplicht. De master II-fase wordt afgesloten met het mastersexamen (met als hoofdonderdeel de bespreking van de masterproef: een scriptie van 20 of 21 ec's).

Functiemogelijkheden Pastoraal werker; predikant; theoloog.

12.1.c.9 Theologie (Kampen) (TUK)
Zie ook andere theologische studies in 12.1.c.
Voor adres(sen) zie: WO-27.
Algemeen Wo-opleiding.
Toelatingseisen
- De TUK is verbonden aan de Gereformeerde Kerken (Vrijgemaakt). En student moet daarom in principe lid zijn van een van deze kerken en meewerken aan een intake-gesprek over zijn of haar motivatie voor de studie Theologie en de houding ten opzichte van Gods Woord, de gereformeerde belijdenis en de kerken.
- Overige toelatingseis: diploma vwo met de vakken Grieks en Latijn, of door de TUK als vergelijkbaar geaccepteerd diploma, zoals een afgeronde propedeuse HBO of WO.
Aansluitende masteropleidingen
- TUK: Master Predikant.

12.1.c.10 Unie van Baptisten Gemeenten in Nederland (De Vinkenhof)
Zie ook andere theologische studies in 12.1.c.
Voor adres(sen) zie: OVER-65.
Algemeen Aaneengesloten wo-opleiding.
Toelatingseisen
- Deeltijdopleiding: diploma havo.
- Voltijdopleiding: diploma vwo.
- Voor voltijd- en deeltijdopleiding geldt: lid zijn van de baptistengemeenschap.
Duur
- 6 jaar (maximaal 8,5 jaar) voltijd.
- 8 jaar deeltijd.

12.1.c.11 Wereldgodsdiensten (UL)
Zie ook andere studies in 12.1.c.
Voor adres(sen) zie: WO-30.
Algemeen Wo-bacheloropleiding.
Toelatingseisen Diploma vwo.
Duur 4 jaar voltijd en in deeltijd.
Lesprogramma Specialisatie in een van de vijf wereldgodsdiensten of de antieke godsdiensten, waarbij men ook de taal/talen leert waarin de bronnen van de betreffende godsdienst staan beschreven: Antieke godsdiensten - Boeddhisme - Christendom - Cultuurfilosofie - Hindoeïsme - Islam - Jodendom - Wijsgerige antropologie.
Functiemogelijkheden Wetenschappelijk onderzoeker; beleids-

medewerker; functies in het onderwijs; journalistiek; adviseurswerk op het gebied van religies van etnische minderheden of op het gebied van etnische vraagstukken.

12.1.d Post-hbo-opleiding

12.1.d.1 Pastoraal werk vervolgopleidingen (EFA) (HvA)
Voor adres(sen) zie: HBO-30.
Doel Voortgezette opleiding godsdienst-pastoraal werk.
Toelatingseisen Hbo-Pastoraal werk of -theologie, of de EFA-opleiding (12.1.f.5).
Duur 2-3 jaar deeltijd.

12.1.f Hbo-bacheloropleiding

12.1.f.1 Azusa Theologische Hogeschool (opleidingsinstituut van de Verenigde Pinkster- en Evangeliegemeenten [VPE]) (HS Windesheim)
Voor adres(sen) zie: HBO-215.
Algemeen De hbo-bacheloropleiding gaat uit van de Stichting Centrale Pinkster Bijbelschool. Ze leidt op voor leraar godsdienstonderwijs of voor godsdienst-pastoraal werk, zoals voorganger, pastoraal of diaconaal werker binnen de eigen traditie en spiritualiteit.
Toelatingseisen Diploma havo, vwo, mbo niveau 4.
Duur 4 jaar voltijd.
Lesprogramma Bijbelwetenschappen - systematische vakken - geschiedenis van het christendom - godsdienstwetenschappen - sociale wetenschappen.
Functiemogelijkheden Godsdienstleraar, voorganger, pastoraal of diaconaal werker.

12.1.f.2 Evangelische Theologische Academie
Voor adres(sen) zie: HBO-211.
Algemeen Hbo-bacheloropleiding.
Doel Opleiding tot inzetbaarheid in verantwoordelijke functies in kerk en samenleving.
Toelatingseisen
- Diploma havo, vwo, mbo niveau 4.
- Als men niet aan deze vooropleidingseisen voldoet, komt men in aanmerking voor een toelatingsonderzoek.
Duur 4 jaar voltijd.
Functiemogelijkheden Leraar godsdienst tweedegraads, predikant, pastoraal werker, kerkelijk jeugdwerker, missionair werker.

12.1.f.3 Evangelische HS (Amersfoort)
Voor adres(sen) zie: OVER-10.
Algemeen
- Niet door de overheid bekostigde opleidingen.
- Basisjaar.
- Traject: 3 blokken van 8 weken op dinsdag/woensdag/donderdag.
- Masterclass: iedere donderdag gedurende 14 weken.
Cursussen Persoonlijke ontwikkeling: iedere dinsdag gedurende 10 weken.
Toelatingseisen Diploma havo, vwo of mbo niveau 4.

Onbeperkt ontspannen?
zie pagina 231

12.1.f.4 Godsdienst-Pastoraal werk (CHE, Fontys HS, HS Windesheim/VUA)

Voor adres(en) zie: HBO-76, 82, 215, WO-9.
Algemeen Hbo-bacheloropleiding voor kerkelijk werker.
- De opleiding van Fontys HS wordt in Utrecht gegeven.
- De combinatie-opleiding van HS Windesheim wordt gegeven in Zwolle op de campus van HS Windesheim, en in Amsterdam bij de VUA.

Doel Opleiding voor pastoraal of kerkelijk werker.
Toelatingseisen
- Diploma havo, vwo of mbo niveau 4; mto zonder praktijkjaar.
- Of 21 jaar of ouder zijn en toegelaten worden op grond van een toelatingsonderzoek.
- Vrijstellingen na basisjaar van de Evangelische HS te Amersfoort.

Duur
- 4 jaar voltijd en deeltijd.
- 3,5 jaar na diploma vwo.
- 3 jaar na propedeuse van verwante hbo-opleiding.

Lesprogramma Specialisaties:
- Combinatie VU/HS Windesheim: Geloof en kerk - Religie en samenleving - Zin en zorg.
- Fontys HS: Diversiteit (minor) - Levensbeschouwing (minor).

Functiemogelijkheden Kerkelijk werker in het pastoraat, missionair werk, diaconaat, jeugd- en jongerenwerk en catechese.

12.1.f.5 Hbo-lerarenopleiding Godsdienst en levensbeschouwing (tweedegraads)/ Leraar Levensbeschouwing (tweedegraads) (CHE, Fontys HS, CGO, HS Inholland, HS Windesheim/VUA)

Zie 12.5.f.1.

12.1.f.6 Levensbeschouwelijk werker (Fontys HS)

Voor adres(en) zie: HBO-82.
Algemeen Hbo-bacheloropleiding te Tilburg.
Toelatingseisen
- Diploma havo, vwo of mbo niveau 4; mto zonder praktijkjaar.
- Of 21 jaar of ouder zijn en toegelaten worden op grond van een toelatingsonderzoek.

12.1.f.7 Oud-katholiek seminarie (UU)

Voor adres(en) zie: HBO-195.
Algemeen Aaneengesloten hbo-opleiding voor kerkelijke functies: priester, diaken, pastoraal medewerker en assistent, lector.
Toelatingseisen
- Lectorenopleiding: geen bijzondere eisen.
- Priesteropleiding/Pastoraal assistent: diploma pabo of hbo met colloquium doctum.
- Priesteropleiding/Pastoraal medewerker: diploma vwo (Lat., Gr.) en 18 jaar zijn.

Duur
- Priesteropleiding/Pastoraal medewerker en diaken: theologische opleiding (doct.) aan de UU en gelijktijdige kerkelijke opleiding oud-katholiek seminarie (UU): 6 jaar voltijd.
- Priesteropleiding/Pastoraal assistent, diaken in bijzondere dienst van de oud-katholieke kerk: Lerarenopleiding Godsdienst/-levensbeschouwing eerstegraads met aanvullend onderwijs op het oud-katholiek seminarie (Amersfoort): 3 jaar voltijd.
- Lectorenopleiding: 3 jaar deeltijd.

Functiemogelijkheden Priester, diaken, pastoraal werker en assistent, lector en andere functies in het pastorale werk.

12.1.f.8 Protestantse opleidingen (CHE)

Voor adres(en) zie: HBO-76.
Algemeen Hbo-opleidingen voor kerkelijke functies (in pastoraat, catechese, diaconaat, jeugd- en jongerenwerk, evangelisatie en zending).
Toelatingseisen Havo of mbo niveau 4.
Duur
- Tweedegraads: 4 jaar deeltijd.
- Eerstegraads: 3 jaar deeltijd.

Overige informatie
- Er wordt ook een 4-jarige voltijdopleiding hbo-Kerkelijk werker (GPW) gegeven.
- Voor de Hbo-lerarenopleiding Godsdienst/levensbeschouwing (tweedegraads): zie 12.5.f.1.

12.1.l Overige opleidingen

12.1.l.1 Groot seminarie Rolduc

Voor adres(en) zie: OVER-220.
Algemeen Aaneengesloten hbo-opleiding voor r.k. priester in het bisdom Roermond.
Toelatingseisen
- Diploma havo of vwo (2 moderne talen, gesch.).
- Wanneer men eerder Latijn en Grieks heeft gevolgd, kan men de eerste 2 studiejaren in 1 jaar afleggen, zodat de totale studieduur 6 jaar bedraagt.

Duur 7 jaar (waarin stage).

12.1.l.2 Hendrik Kraemer Instituut (HKI)

Voor adres(en) zie: OVER-316.
Algemeen Opleiding en vorming tot werkers in zending en werelddiaconaat.
Toelatingseisen Afhankelijk van de toekomstige functie.
Duur 4 maanden.
Lesprogramma Afgestemd op de behoefte van de cursist.

12.1.l.3 Opleidingsinstituut van de vrijzinnige geloofsgemeenschap (OVP)

Voor adres(en) zie: OVER-260.
Algemeen Opleiding tot pastoraal werker/geestelijk verzorger in de vrijzinnige geloofsgemeenschap.
Duur Oriëntatiejaar aan de OVP; daarna 3 jaar 20 zaterdagen aan de OVP; daarna nog 1 jaar aan de HS Inholland.
Lesprogramma Het OVP biedt een éénjarig levensbeschouwelijk en theologisch oriëntatiejaar.
Na het oriëntatiejaar kan de meer beroepsgerichte opleiding tot pastoraal werker/geestelijk verzorger worden gevolgd, met een studieduur van 3 jaar.
Mogelijkheden voor verdere studie Na deze studie kan in één jaar het hbo-bachelor-diploma Theologie/Pastoraat aan de Academie voor Theologie en Levensbeschouwing (ATL) van de Hogeschool Inholland te Amstelveen behaald.
Functiemogelijkheden Voorganger van een grotere gemeente.

12.1.l.4 Priester- en diakenopleiding Bovendonk

Voor adres(en) zie: OVER-212.
Algemeen
- Ongescheiden opleiding op hbo-niveau voor pastorale arbeid, voor wie op latere leeftijd r.k. priester of permanent diaken (ook mogelijk voor gehuwden) wil worden en wie reeds op grond van een beroepsopleiding arbeid verricht.

- De opleiding staat open voor kandidaten uit de bisdommen Breda, Groningen, Haarlem, Rotterdam, en Utrecht, en uit religieuze orden en congregaties.
- Aan de opleiding gaan voorbereidende bijeenkomsten vooraf.

Doel Er wordt naar gestreefd de theologische, pastorale en spirituele vorming te doen plaatsvinden in groepsverband.

Toelatingseisen In het bezit zijn van een diploma dat toelating geeft tot een hbo-opleiding.

Duur
- 6 jaar, waarin de eerste 4 jaar in deeltijd, waarbij de studenten hun beroep blijven uitoefenen; 21 studieweekends per jaar.
- De laatste 2 jaar gaan de studenten op stage.

Lesprogramma Bijbelwetenschappen - theologie - wijsbegeerte - kerkgeschiedenis - spiritualiteit - liturgie - ethiek - menswetenschappen - ruime aandacht voor vragen met betrekking tot kerk en samenleving.

N.B. Alleen voor mannen!

12.1.l.5 Sint Janscentrum, priesterseminarie, diakenopleiding en vormingscentrum

Voor adres(sen) zie: OVER-114.

Doel Algehele vorming tot priester d.m.v. theologische, spirituele en persoonsvorming. Het Sint Janscentrum is een seminarie van het bisdom van Den Bosch.

Toelatingseisen Havo-niveau.

Duur 6 jaar, waarin 1 jaar stage in een parochie.

Overige informatie Er is een weekendopleiding voor hen die diaken willen worden.

12.1.l.6 Tabitha
Zie 14.4.l.14.

12.1.l.7 De Tiltenberg, priesteropleiding

Voor adres(sen) zie: OVER-343.

Algemeen Centrum voor priester- en diakenopleiding (seminarie) van het bisdom Haarlem.

Doel Vorming van toekomstige priesters en diakens van de rooms-katholieke kerk. Het seminarie verzorgt de wetenschappelijke, spirituele en pastorale vorming.

Toelatingseisen
- Minimaal havo of middelbare beroepsopleiding (voor de priesteropleiding).
- De toelating tot de diakenopleiding wordt van geval tot geval beoordeeld: in ieder geval dient de kandidaat een kerkelijk ingezegend huwelijk te hebben gesloten dat 5 jaar stabiel is gebleven.
- Leeftijdgrenzen: 30-55 jaar.

Duur 6 jaar voltijd.

Lesprogramma
- Priesteropleiding o.a.: filosofie en theologische vakken.
- Daarnaast wordt een algemene inleiding in psychologie, sociologie, gespreks- en vergadertechniek gegeven.
- De diakenopleiding is een parttime cursus in deze vakken (lesdag op zaterdag).

Mogelijkheden voor verdere studie Afhankelijk van het oordeel van de bisschop bestaat de mogelijkheid de studie af te sluiten met een baccalaureaat en licentiaat aan een van de pauselijke universiteiten in Rome. Het licentiaat geeft toegang tot het doctoraat.

Functiemogelijkheden Priester of diaken in de r.k.-kerk.

12.1.l.8 De Wittenberg

Voor adres(sen) zie: OVER-357.

Opleidingen
- *1-jarige voltijdopleidingen:*
  • Bijbelstudie & geloofsopbouw.
  • Missionair werk in Nederland of in het buitenland.
- *1-jarige deeltijdopleiding:*
  • Jongerenwerker.

Toelatingseisen
- Minimumleeftijd: 17 jaar.
- De vereiste vooropleiding is afhankelijk van de opleiding en varieert van vbo of vmbo tl tot hbo of wo.

Duur 1 jaar voltijd.

12.2 JOODSE GODGELEERDHEID

12.2.l Overige opleidingen

12.2.l.1 Joodse godgeleerdheid (Nederlands Israëlitisch seminarium)

Voor adres(sen) zie: OVER-52.

Algemeen Er zijn godgeleerden op 3 niveaus: de moré (de rabbijn), de magid (de predikant) en de darsan (de leraar).

Toelatingseisen Om de studie voor predikant of leraar te volgen is het nodig dat men de akte-B heeft voor Nederlands-Israëlitisch godsdienst-hoofdonderwijzer.

N.B. Voor nadere inlichtingen omtrent de studie wende men zich tot een rabbijn.

12.3 ISLAMITISCHE OPLEIDINGEN

12.3.c Wo-bacheloropleiding

12.3.c.1 Islamstudies (RU, UL)

Voor adres(sen) zie: WO-30, 35.

Algemeen Wo-bacheloropleiding.

Duur
- 3 jaar voltijd.
- UL: ook in deeltijd.

Lesprogramma Specialisaties:
- UL: Algemene godsdienstwetenschap - Geschiedenis van de islam - Godsdienstpsychologie - Hedendaagse situatie islam - Klassieke islamitische wetenschappen - Taalvaardigheid.

12.3.c.2 Wereldgodsdiensten (UL)
Zie 12.1.c.11.

12.3.f Hbo-bacheloropleiding

12.3.f.1 Hbo-lerarenopleiding Islam-godsdienst (tweedegraads) (HS Inholland)
Zie 12.5.f.2.

12.3.f.2 Imam - islamitisch geestelijk werker (HS Inholland)

Voor adres(sen) zie: HBO-6.

Algemeen
- Hbo-bacheloropleiding van HS Inholland, in samenwerking met 5 islamitische koepels.
- Eerste geaccrediteerde beroepsopleiding tot imam in Europa.

Toelatingseisen
- Mannen en vrouwen worden toegelaten.
- Spreken van de Nederlandse taal.

Duur 4 jaar voltijd of deeltijd.

Lesprogramma
- *Drie profielen:*
  - Imam-islamitisch geestelijk werker.
  - Islamitisch geestelijk verzorger.
  - Islamitisch sociaal-pedagogisch werker.
- Vakken: theoretische en praktische theologie - Arabisch - godsdienstsociologie - werkveldoriëntatie imam - pedagogisch werkveld.

Diploma/examen Leidt op tot Bachelor of Theology.

Overige informatie De opleiding is in 2006 van start gegaan.

12.4 HUMANISME

12.4.b Wo-masteropleiding

12.4.b.1 Humanistiek (Universiteit voor Humanistiek)
Voor adres(sen) zie: WO-46.

Algemeen Wo-masteropleiding.

Doel Academische kennis en vaardigheden ontwikkelen die kenmerkend zijn voor de humanistiek als menswetenschap. Tevens inzicht ontwikkelen in hoe humanistiek zich verhoudt tot andere academische (mens)-wetenschappen.

Toelatingseisen Bachelordiploma Humanistiek; afgeronde doctoraal-basisfase Humanistiek; Nederlands diploma wo-bachelor of master of hbo-bacheloropleiding of master, in combinatie met een afgeronde Minor Humanistiek; Nederlands doctoraaldiploma, in combinatie met een afgeronde Minor Humanistiek; buitenlands diploma Hoger Onderwijs van een niveau dat vergelijkbaar is met ten minste een 4-jarige hbo-bacheloropleiding, in combinatie met het Staatsexamen Nederlands als tweede Taal (NT2), en een afgeronde Minor Humanistiek. Per diploma wordt bepaald of de student wordt toegelaten.
Buitenlandse studenten dienen daarnaast over een geldige verblijfsvergunning te beschikken.

Duur 3 jaar voltijd.

Lesprogramma Opgebouwd uit een gemeenschappelijk deel, de variant(en) en een keuzeruimte.
In het gemeenschappelijke programma van de Master Humanistiek (45 ec's) gaat het om multidisciplinaire verdieping die gefundeerd is in de (thematische) leerlijnen Zingeving en Humanisering en de Wetenschappelijke Methoden en Vaardigheden (WMV), zoals die ook al op bachelor-niveau zijn aangeboden.
De varianten zijn:
- Educatie (docentenopleiding).
- Geestelijke begeleiding.
- Kritische organisatie en interventiestudies.
- Levensbeschouwing en onderzoeksleer.

Functiemogelijkheden Professionele begeleiding bij en onderzoek naar zingevingsvragen en ethische vragen, met name binnen de sectoren zorg en welzijn, en onderwijs; beleids- en managementfuncties binnen deze sectoren; wetenschappelijk onderzoek.

Overige informatie Men kan ook als contractant of als externe student (bijvakker) deelnemen aan masteronderdelen; dan is minimaal een diploma hbo- of wo-bachelor vereist.

12.4.c Wo-bacheloropleiding

12.4.c.1 Humanistiek (Universiteit voor Humanistiek)
Voor adres(sen) zie: WO-46.

Algemeen Wo-bacheloropleiding.

Doel Uitgangspunt is dat elke afgestudeerde beschikt over een breed pakket van kennis, inzichten, vaardigheden en attituden. De studie begint bij het individu: er wordt aangesloten bij de leefwereld van studenten, het sociale micro-perspectief. Vervolgens komen de institutionele en de maatschappelijke context in beeld, en daarna worden inzichten en vaardigheden geïntegreerd, uitgebreid en toegepast in twee proeven van bekwaamheid: in de vorm van een scriptie en van een project.

Toelatingseisen
- Nederlands diploma vwo, zonder bijzondere eisen aan het profiel; buitenlands diploma op vwo-niveau dat is erkend door het ministerie van OCW (in dit geval moet het Staatsexamen Nederlands als tweede Taal (NT2) zijn behaald); propedeuse-diploma van een Nederlandse hbo-instelling; Nederlands diploma hbo of wo; Nederlands doctoraal diploma; buitenlands diploma Hoger Onderwijs van een niveau dat vergelijkbaar is met tenminste een 4-jarige hbo-bacheloropleiding.
- Als men 21 jaar of ouder is, over voldoende algemene ontwikkeling beschikt om de propedeuse te doorlopen, en over voldoende kennis van de Nederlandse taal beschikt, komt men in aanmerking voor een colloquium doctum. Dat toelatingsonderzoek kan bestaan uit de vakken Nederlands, Engels en Geschiedenis, en wordt afgenomen door het James Boswell Instituut.

Duur 3 jaar voltijd.

Lesprogramma Per jaar komt een thema voor humanisering en zingeving aan bod in de Z- en H-vakken. Daarnaast zijn er studieonderdelen waarin relevante wetenschappelijke methoden en praktische vaardigheden worden aangeleerd: de WMV-vakken. De WMV-vakken en de Z- en H-vakken zijn op elkaar afgestemd en waar mogelijk geïntegreerd. In het tweede en derde studiejaar is er ruimte (28 ec's) gereserveerd om over de grenzen van de humanistiek te kijken, bijvoorbeeld in de vorm van een minor aan een andere universiteit.
Vakken: Zingeving (Z1): identiteit en existentie - Humanisering (H1): levensloop en context - Wetenschappelijke methoden & Vaardigheden (WMV1) - Zingeving (Z2): het goede leven - Humanisering (H2): waarden, instituties en professionaliteit - Wetenschappelijke Methoden & Vaardigheden (WMV2) - Zingeving (Z3): humanisme en levensbeschouwing - Humanisering (H3): humanisering vanuit actorperspectief - Wetenschappelijke Methoden & Vaardigheden (WMV3).

12.5 LERAAR GODSDIENST EN LEVENSBESCHOUWING

12.5.a Postacademisch onderwijs (pao)

12.5.a.1 Onderwijscentrum (VUA)
Voor adres(sen) zie: WO-1.

Algemeen Bij- en nascholing voor docenten/leraren Godsdienst/-levensbeschouwing.

Cursussen
- Kijken door een levensbeschouwelijke bril.
- Werkvormen in het godsdienstonderwijs.

12.5.b Wo-masteropleiding

12.5.b.1 Wo-lerarenopleiding Leraar VHO in Godsdienst en levensbeschouwing (RU, TiU, UL, UU, UvA, VUA)
Zie 24.3.b.14.

12.5.c Wo-bacheloropleiding

12.5.c.1 Theologie Klassiek (PThU-HS LOI)
Zie 12.1.c.7.

12.5.d Post-hbo-opleiding

12.5.d.1 Docent Godsdienstig VormingsOnderwijs (GVO) (CHE, NHL)
Voor adres(sen) zie: HBO-76, 123.
Algemeen De opleidingen theologie van de Noordelijke Hogeschool Leeuwarden (NHL), en van de Christelijke Hogeschool Ede (CHE) bieden de mogelijkheid om een bevoegdheid voor docent Godsdienstig VormingsOnderwijs (GVO) te halen.
De cursus wordt aangeboden in samenwerking met en ondersteund door IKOS en PKN.
Lesprogramma De opleiding bestaat uit de propedeuse Theologie en een speciale cursus GVO.
Diploma/examen Wie aan de eisen van de opleiding heeft voldaan, krijgt een certificaat dat wordt uitgereikt door IKOS en PKN. Dit certificaat geeft de bevoegdheid voor het geven van GVO.
Overige informatie Certificaathouders worden opgenomen in een register.

12.5.d.2 Godsdienstleraar basisonderwijs
Algemeen De opleidingen worden aan de pabo's gegeven.
Opleidingen
- Opleiding voor het diploma Evangelist van de Academie van Kerk en Wereld.
- Opleiding voor het diploma-A en -B Godsdienstonderwijs van de Rooms-Katholieke Kerk.
- Opleiding voor het diploma-A en -B Godsdienstonderwijs van de Nederlandse Protestanten Bond.
- Opleiding voor het diploma Godsdienstonderwijs van de Nederlandse Hervormde Kerk.
- Opleiding aan het Seminarium der Unie van Baptistengemeenten in Nederland (5 jaar na havo; tweedegraadsbevoegdheid).

12.5.e Hbo-masteropleiding

12.5.e.1 Hbo-lerarenopleiding Godsdienst (en levensbeschouwing) of Levensbeschouwing (eerstegraads) (CHE, Fontys HS, Gereformeerde HS)
Voor adres(sen) zie: HBO-127, 173, 214.
Algemeen Hbo-masteropleiding voor leraar Godsdienst of Godsdienst en levensbeschouwing of Levensbeschouwing met eerstegraadsonderwijsbevoegdheid in het voortgezet onderwijs.
Bij de Gereformeerde HS heet deze opleiding: Godsdienstleraar.
Toelatingseisen Getuigschrift Hbo-lerarenopleiding Godsdienst/-levensbeschouwing tweedegraads.
Duur 2 jaar voltijd en deeltijd.
Functiemogelijkheden Godsdienstleraar; pastoraal of kerkelijk werker.
Overige informatie De eerstegraadsopleiding wordt in deeltijd gegeven in Ede, Tilburg, Utrecht, en Zwolle.

12.5.f Hbo-bacheloropleiding

12.5.f.1 Hbo-lerarenopleiding Godsdienst en levensbeschouwing (tweedegraads)/ Leraar Levensbeschouwing (tweedegraads) (CHE, Fontys HS, CGO, HS Inholland, HS Windesheim/VUA)
Zie ook: 24.3.f.1.
Voor adres(sen) zie: HBO-6, 76, 164, 173, 215.
Algemeen
- Hbo-bacheloropleiding en/of kopopleiding voor Leraar Godsdienst en levensbeschouwing tweedegraads.
- De opleiding Leraar Godsdienst en levensbeschouwing van Fontys HS wordt in Utrecht gegeven.
- De opleiding Leraar Levensbeschouwing van Fontys HS wordt in Tilburg gegegeven.
- De combinatie-opleiding van HS Windesheim wordt gegeven in Zwolle op de campus van HS Windesheim, en in Amsterdam bij de VUA.
- De cursus CGO wordt niet door de overheid bekostigd.
Doel Men kan - behalve voor de opleiding tot leraar - ook kiezen voor de algemene beroepenvariant met een samengesteld programma, gericht op werk in het pastoraat, in het opbouwwerk, en ten behoeve van de media.
Toelatingseisen
- Diploma havo, vwo of mbo niveau 4.
- Of 21 jaar of ouder zijn en toegelaten worden op grond van een toelatingsonderzoek als men een vergelijkbare opleiding heeft of over relevante werkervaring beschikt.
- Na diploma hbo- of wo-bachelor: kopopleiding.
Duur
- 4 jaar voltijd en deeltijd.
- Kopopleiding: 1 jaar.
Lesprogramma Bijbelwetenschappen - systematische theologie - geschiedenis van het christendom - praktische theologie - dogmatiek - ethiek - godsdienstwetenschappen - filosofie - sociale wetenschappen - directe beroepsvoorbereiding.
Aansluitende masteropleidingen
- CHE (Ede), Fontys HS (Tilburg: Levensbeschouwing), (HS Utrecht (Utrecht) en HS Windesheim (Zwolle): Godsdienst/theologie eerstegraads, in deeltijd.
- Levensbeschouwing: Fontys HS (Tilburg), in deeltijd.
Functiemogelijkheden Functies in het vormingswerk; geestelijk verzorger in zorginstellingen, pastoraal werker.
Overige informatie
- De tweedegraadsopleiding wordt in voltijd gegeven in Amstelveen (HS Inholland), Amsterdam (combinatie-opleiding van A'dam [in het gebouw van de VUA]/Zwolle), Ede (CHE), Rotterdam (CGO), Tilburg en Utrecht (Fontys HS).
- De tweedegraadsopleiding wordt in deeltijd gegeven in Amstelveen, Amsterdam [in het gebouw van de VUA]/Zwolle), Tilburg (Levensbeschouwing), en Utrecht.

12.5.f.2 Hbo-lerarenopleiding Islam-godsdienst (tweedegraads) (HS Inholland)
Zie ook: 24.3.f.1.
Voor adres(sen) zie: HBO-6.
Algemeen Hbo-bacheloropleiding en/of kopopleiding voor leraar Islam-godsdienst tweedegraads.
Toelatingseisen
- Diploma havo, vwo of mbo niveau 4.

- Of 21 jaar of ouder zijn en toegelaten worden op grond van een toelatingsonderzoek als men een vergelijkbare opleiding heeft of over relevante werkervaring beschikt.
- Na diploma hbo- of wo-bachelor: kopopleiding.

Duur
- 4 jaar voltijd en deeltijd.
- Kopopleiding: 1 jaar.

Functiemogelijkheden Leraar godsdienstonderwijs en geestelijke stromingen in het voortgezet onderwijs (lesgeven in de eerste drie klassen van het havo en vwo en in alle klassen van het vmbo en het mbo); educatief werker in instellingen; bij pers en media; educatieve functies in pedagogische centra, krijgsmacht, penitentiaire inrichtingen, ziekenhuizen, zorginstellingen en maatschappelijk werk.

Overige informatie De tweedegraadsopleiding wordt zowel in voltijd als in deeltijd bij de HS Inholland te Amstelveen gegeven.

12.6 FILOSOFIE / WIJSBEGEERTE

12.6.b Wo-masteropleiding

12.6.b.1 Filosofie/Philosophy/Wijsbegeerte (EUR, KUL, RU, RUG, TiU, UA, UG, UL, UU, UvA, VUA)
Voor adres(sen) zie: WO-8, 9, 23, 30, 35, 37, 40, 45, 48, 53, 55.
Algemeen
- Wo-masteropleiding.
- EUR, RUG, TiU, UU, UvA: ook onderzoeksmaster.
- RUG: ook als educatieve master.
- UA: ook avondonderwijs.
Toelatingseisen Wo-bachelor Wijsbegeerte (filosofie).
Duur
- 1-2 jaar voltijd.
- EUR, RUG, KUL, TiU, UL, UU, UvA, VUA: ook in deeltijd.
Lesprogramma Specialisaties of varianten:
- EUR: Geschiedenis van de wijsbegeerte - History of philosophy - Philosophical anthropology - Philosophy - Philosophy and economics - Practical philosophy - Praktische filosofie - Science aims at knowledge - Theoretical philosophy - Theoretische filosofie - Wijsbegerige antropologie.
- RU: Cognitiefilosofie - Geschiedenis van de filosofie - History of philosophy - Metafysica - Metaphysics and epistemology - Philosophical anthropology - Philosophical ethics - Philosophy of mind - Social and political philosophy - Sociale en politieke wijsbegeerte - Taalfilosofie/logica - Wijsbegerige antropologie - Wijsbegerige ethiek.
- RUG: History of philosophy - Practical philosophy/ethics - Theoretical philosophy.
- TiU: Ethiek van bedrijf en organisatie - Ethiek van vrijheid.
- UL: Cultural philosophy - Logic - Philosophical antroplogy - Philosophy of humanities - Philosophy of law - Philosophy of medical science - Philosophy of mind and cognition - Philosophy of natural science - Philosophy of political science - Philosophy of psychology - Philosophy of science - The history of philosophy.
- UU: Applied ethics - Wijsbegeerte.
- UvA: Critical cultural theory: art culture and media - Logic and language: mind body and behaviour - Philosophy and public affairs - The philosophical tradition in context.
- VUA: Christian studies of science and society - Filosofie Philosophy, bioethics and health - Philosophy of management and organizations Wijsbegeerte van de natuurwetenschappen - Wijsbegeerte van de pedagogische wetenschap - Wijsbegeerte van de geschiedenis - Wijsbegeerte van de rechtswetenschap.

Mogelijkheden voor verdere studie RU, RUG, TU, UL, UU, UvA: Wo-lerarenopleiding Leraar VHO in Filosofie.
N.B. De EUR zal mogelijk in 2015 e.v. de faculteit Filosofie/Wijsbegeerte opheffen.

12.6.b.2 Wijsbegeerte van een bepaald wetenschapsgebied (RU)
Voor adres(sen) zie: WO-35.
Algemeen Wo-masteropleiding.
Toelatingseisen Diploma wo-bachelor Wijsbegeerte (wijsbegeerte van een bepaald wetenschapsgebied).
Duur 1-2 jaar.
Lesprogramma Specialisaties:
RU: Filosofie van de bedrijfswetenschappen - Filosofie van de gedragswetenschappen - Filosofie van de geschiedenis - Filosofie van de godsdienstwetenschappen - Filosofie van de natuur- en levenswetenschappen - Filosofie van de politicologie - Filosofie van de rechtswetenschap.
Mogelijkheden voor verdere studie Opleiding tot wetenschappelijk onderzoeker (4 jaar).
Functiemogelijkheden Afgestudeerden zijn vooral werkzaam in de volgende werkvelden: onderzoek in bedrijfsleven en overheid; beleid in cultureel werkveld en politiek werkveld; publiceren en redigeren in journalistiek werkveld; onderzoek en bedrijfsleven en overheid, welzijnssector, gezondheidssector, computeronderzoek.

12.6.c Wo-bacheloropleiding

12.6.c.1 Filosofie/Philosophy/Wijsbegeerte (EUR, KUL, RU, RUG, TiU, UA, UG, UL, UU, UvA, VUA)
Voor adres(sen) zie: WO-8, 9, 23, 30, 35, 37, 40, 45, 48, 53, 55.
Algemeen Wo-bacheloropleiding tot wijsgeer/filosoof.
Doel De studie is gericht op de problematiek van de systematische wijsbegeerte, de geschiedenis van de wijsbegeerte, de wijsbegeerte als interdisciplinaire wetenschap, de vaardigheid om interdisciplinair te denken over wijsbegeerte en wetenschap, en over samenleving en wetenschap, en op het verrichten van onderzoek op de genoemde gebieden.
Toelatingseisen
- Diploma vwo; propedeuse of getuigschrift/diploma van een hbo of van de OUNL.
- Als men 21 jaar of ouder is, komt men in aanmerking voor een colloquium doctum.
Duur
- 3 jaar voltijd.
- EUR, KUL, RUG, TiU, UA, UL, UvA, VUA: ook in deeltijd.
Lesprogramma Specialisaties of varianten:
- TiU: Ondernemen - Onderwijs - Onderzoek.
- UL: Antieke en middeleeuwse wijsbegeerte - Epistemologie en wetenschapsfilosofie - Ethiek en politieke filosofie - Logica en taalfilosofie - Metafysica - Moderne en hedendaagse wijsbegeerte - Philosophy of mind.
- UU: Algemeen-maatschappelijk traject - Educatief traject - Onderzoekstraject.
Aansluitende masteropleidingen
- EUR, KUL, RU, RUG, TiU, UA, UG, UL, UU, UvA, VUA: Filosofie/Philosophy/Wijsbegeerte.
- RU: Wijsbegeerte van een wetenschapsgebied.
- RU, RUG, TU, UL, UU, UvA: Wo-lerarenopleiding Leraar VHO in Filosofie.
Functiemogelijkheden Onderzoeker/docent aan een universiteit

of hbo; journalistiek; uitgeverij; beleidsmedewerker; politicus; zelfstandige (praktische) filosoof; onderzoeker voor het bedrijfsleven of voor de overheid; welzijnssector; gezondheidssector; cultureel werkveld.
N.B. De EUR zal mogelijk in 2015 de faculteit Filosofie/Wijsbegeerte opheffen.

12.6.c.2 Wijsbegeerte van een bepaald wetenschapsgebied (RUG)
Voor adres(sen) zie: WO-23.
Algemeen Wo-bacheloropleiding.
Doel De bacheloropleiding Wijsbegeerte van een bepaald wetenschapsgebied richt zich, naast de vraagstukken uit een wetenschapsgebied zelf, op de theoretische grondslagen en wijsgerige aspecten van het betreffende wetenschapsgebied. De opleiding kijkt kritisch naar structuur, ontwikkeling en consequenties van bepaalde wetenschappelijke theorieën en de relatie tussen ideeën en maatschappelijke ontwikkelingen. Daarbij kunnen ethische en kerntheoretische vragen aan de orde komen.
Toelatingseisen Propedeuse van het betreffende wetenschapsgebied.
Duur 3 jaar voltijd en deeltijd.
Aansluitende masteropleidingen
- EUR*, KUL, RU, RUG, TiU, UA, UG, UL, UU, UvA, VUA: Filosofie/ Philosophy/Wijsbegeerte.
- RU: Wijsbegeerte van een bepaald wetenschapsgebied.
N.B. De EUR zal mogelijk in 2015 de faculteit Filosofie/Wijsbegeerte opheffen.

12.6.c.3 Wijsbegeerte en spiritualiteit (VUA)
Voor adres(sen) zie: WO-9.
Doel Wijsgerige kennis en inzicht m.b.t. christelijke en joodse vormen van spiritualiteit.
Toelatingseisen Er worden geen bepaalde eisen aan de vooropleiding gesteld; het onderwijs wordt op universitair niveau gegeven.
Duur 2 jaar deeltijd.

12.6.l Overige opleidingen

12.6.l.1 LOI - afstandsonderwijs - Kunst en cultuur
Zie 23.1.l.1.

12.7 CULTUURWETENSCHAPPEN

12.7.b Wo-masteropleiding

12.7.b.1 Geschiedenis (KUL, RU, RUG, UA, UG, UU, UvA, VUA, VUB)
Zie 14.1.b.3.

12.7.c Wo-bacheloropleiding

12.7.c.1 Algemene cultuurwetenschappen (EUR)
Voor adres(sen) zie: WO-37.
Algemeen Wo-bacheloropleiding.
Doel Studie van de maatschappelijke context waarbinnen kunst en cultuur tot stand komen, worden verspreid en door publiek worden ontvangen. Vanuit 3 invalshoeken: economie, sociologie en geschiedenis. De theorieën en onderzoeksmethoden uit deze disciplines worden toegepast op uiteenlopende onderwerpen uit de kunst- en cultuurwereld. Het is bijvoorbeeld mogelijk de studie toe te spitsen

op beeldende kunst, theater, design of architectuur, maar ook op de filmbranche, de muziekindustrie, het boekenvak en de wereld van de massamedia (tv, radio, kranten).
Toelatingseisen
- Diploma vwo; propedeuse hbo of wo.
- Afgestudeerden hbo/vwo krijgen vrijstellingen van de propedeuse. Zij volgen eerst een inleidend vak: Kunst- en cultuurwetenschappen.
- Als men 21 jaar of ouder is, komt men in aanmerking voor een colloquium doctum.
Duur 3 jaar voltijd.
Aansluitende masteropleidingen - KUL, RU, RUG, UA, UG, UU, UvA, VUA, VUB: Geschiedenis.
Mogelijkheden voor verdere studie Journalistiek.
Functiemogelijkheden Functies in verschillende kunstdisciplines op het terrein van organisatie, management, marketing en promotie, voorlichting of beleid- en bestuursfuncties bij overheid en bedrijfsleven. Daarnaast zijn er mogelijkheden als docent en/of onderzoeker en als journalist.

12.7.c.2 Algemene cultuurwetenschappen (OUNL)
Zie ook: 25.4 voor meer informatie over de OUNL.
Voor adres(sen) zie: WO-26.
Algemeen Deze wo-bacheloropleiding wordt gegeven in de vorm van afstandsonderwijs. Op 14 plaatsen in Nederland en op 6 plaatsen in België zijn er ondersteunende studiecentra.
Doel De opleiding is gericht op kunst, filosofie, moraal, religie en de manier waarop de maatschappij en het landschap zijn ingericht.
Opleidingen De volledige opleiding bestaat uit de bacheloropleiding (180 ec's) en de masteropleiding (60 ec's).
- *Eerste deel propedeuse/kennismakingstraject:*
  Oriëntatiecursus cultuurwetenschappen (2 modulen).
- *Vervolg propedeuse:*
  Inleiding in de filosofie (2 modulen) - Familie, huwelijk en gezin in West-Europa - Inleiding letterkunde (2 modulen) - Kunst (2 modulen) - Het ancien régime 1 - Veranderende grenzen: nationalisme in Europa 1815-1919 - Kijken naar Amerika: twintigste eeuwse Amerikaanse cultuur in de VS en in Nederland - Cultuurwetenschappelijke vaardigheden (2 modulen).
- *Postpropedeuse:*
  Tekst en effect - Denken over cultuur: gebruik en misbruik van een concept - Ethiek - Stedenbouw - Het ontstaan van industriële samenlevingen (2 modulen) - Literaire cultuur (2 modulen) - Expressionisme - Veranderende grenzen: nationalisme in Europa 1919-1989 - Techniek als cultuurverschijnsel - Thema's en genres in de muziekgeschiedenis - Filmkunde - Opera: twaalf opera's als spiegels van hun tijd - Verzamelen: van rariteitenkabinet tot kunstmuseum (2 modulen) - Stedenbouw: de geschiedenis van de stad in de Nederlanden van 1500 tot heden - Ritueel en symboliek in het dagelijks leven - Historiografie: geschiedschrijving in de Nederlanden van renaissance tot heden - Schrijven in studie en beroep - De Gouden Eeuw in perspectief - Wetenschapsleer - 5 modulen vrij te kiezen - bachelor-scriptie (3 modulen).
Toelatingseisen
- Voor inschrijven bij de Open Universiteit Nederland zijn geen diploma's vereist.
- De toelatingsleeftijd is 18 jaar.
Aansluitende masteropleidingen
- KUL, RU, RUG, UA, UG, UU, UvA, VUA, VUB: Geschiedenis.

12.7.c.3 Algemene cultuurwetenschappen (RU, UvA)
Voor adres(sen) zie: WO-8, 35.
Algemeen Wo-bacheloropleiding.
Doel Opleiding waarin vraagstukken van de moderne, westerse cultuur centraal staan: een cultuur die continu wordt beïnvloed door de ontwikkelingen in wetenschap en techniek. Daarbij wordt ervan uitgegaan dat deze vraagstukken zo complex zijn, dat ze niet vanuit één invalshoek kunnen worden aangepakt. Deze opleiding is dan ook zo opgezet, dat de student kennismaakt met de wisselwerking tussen verschillende vakgebieden: filosofie, geschiedenis, mens- en maatschappijwetenschap, letterkunde en kunstwetenschap.
Toelatingseisen
- Diploma vwo; voltooide propedeuse hbo.
- Als men 21 jaar of ouder is, komt men in aanmerking voor een colloquium doctum (gewenst: 2 moderne talen, waaronder Engels).
Duur 3 jaar voltijd.
Lesprogramma Specialisaties:
- RU: Creative industries (minor) - Digitale cultuur (minor) - Kunst- en cultuureducatie (minor) - Kunstbeleid (minor) - Nieuwe media (minor).
- UvA: Cultuurbeleid - Erfgoedstudies - Honours-programma - Minors - Museumstudies.
Aansluitende masteropleidingen
- KUL, RU, RUG, UA, UG, UU, UvA, VUA, VUB: Geschiedenis.
Functiemogelijkheden Staf- en beleidsfuncties op academisch niveau in vele sectoren (maatschappelijke en politieke organisaties, onderwijs en scholing, wetenschap, kunst en cultuur); functies in de media; wetenschappelijk onderzoeker.

12.7.c.4 Algemene cultuurwetenschappen/-
           Cultuurwetenschappen (TiU, UM)
Voor adres(sen) zie: WO-31, 40.
Algemeen Wo-bacheloropleiding.
Bij de UM heet deze studie: Cultuurwetenschappen.
Doel Verdieping in Nederlandse en buitenlandse cultuuruitingen, cultuurwetenschap en cultuurkritiek. Men bestudeert daarbij de internationale context van kunst en cultuur, cultuurparticipatie, marketing en management van cultuur. Cultuur & Letteren is een afstudeerrichting van Algemene Cultuurwetenschappen.
Toelatingseisen
- Diploma vwo.
- Als men 21 jaar of ouder is, komt men in aanmerking voor een colloquium doctum.
Duur 4 jaar voltijd en deeltijd.
Lesprogramma Specialisaties:
- TiU: Arts & literature en language & globalisation - Eerstegraads docent Nederlands - Online culture & media.

Aansluitende masteropleidingen
- KUL, RU, RUG, UA, UG, UU, UvA, VUA, VUB: Geschiedenis.
Functiemogelijkheden Functies in het bedrijfsleven, bij de overheid, bij non-profitinstellingen, in onderwijs en in wetenschappelijke onderzoeksinstituten, zoals medewerker marketing en promotie, filmprogrammeur, redacteur, adjunct-uitgever, beleidsambtenaar.

12.7.c.5 University colleges (Amsterdam, Enschede,
           Groningen, Leiden, Maastricht, Middelburg,
           Rotterdam, Utrecht)
Zie 19.5.c.6.

12.8 ANTROPOSOFIE

De opleidingen van HS Helicon zijn sinds 1.1.2012 ondergebracht bij HS Leiden. Het betreft: 24.1.f.6, 24.5.f.2, en 24.7.f.3.

12.8.d Post-hbo-opleiding

12.8.d.1 Beroepstraining antroposofie (Kraaybeekerhof)
Voor adres(sen) zie: OVER-154.
Doel Leren werken met de spirituele dimensie van de eigen beroepsuitoefening.
Toelatingseisen
- Hbo of wo.
- Men dient tussen de 30 en 50 jaar oud te zijn.
Duur 1 jaar deeltijd (9 blokken van 2,5 dag).
Lesprogramma Fenomenologie/symptomatologie - biografie - omgaan met antroposofie - mensheidsontwikkeling - scholing.

12.8.f Hbo-bacheloropleiding

12.8.f.1 Docent Dans/Euritmie (Euritmie Academie/
              HS Leiden)
Zie 24.7.f.3.

Hoewel steeds de nieuwste informatie in deze 'Beroepengids' wordt verwerkt, is het niet te vermijden dat er onjuistheden kunnen optreden.
Daarom zullen wij alle gebruikers van dit boek erkentelijk zijn wanneer zij ons de tekortkomingen ten spoedigste willen melden, indien mogelijk voorzien van de bijbehorende documentatie.

Uitgeverij De Toorts, Conradkade 6, 2031 CL Haarlem; e-mail-adres: beroepengids@toorts.nl

13 ALGEMENE GEZONDHEIDSZORG

De diverse soorten opleidingen die gericht zijn op de werkzaamheden in de algemene gezondheidszorg zijn ondergebracht in de verschillende paragrafen van dit hoofdstuk.
Aanverwante onderwerpen zijn te vinden in paragrafen: 5.10 Adaptatie, orthopedie en revalidatie, 5.11 Optiek, optometrie en orthoptie, en 5.12 Tandtechniek.
Hier worden 3 adressen voor nadere informatie over beroepen in de gezondheidszorg vermeld: DIEN-11, 36, 38.
Over de studie Geneeskunde:

- Decentrale selectie bij Nederlandse universiteiten:
Een Nederlandse universiteit mag tot 100% van zijn studenten Geneeskunde selecteren via decentrale selectie. Dat doen EUR, RU, RUG, UL, UM, UvA en VUA zo. Ten behoeve van de decentrale selectie moet men zich voor 15 januari van het komende studiejaar aanmelden bij Studielink en zich opgeven voor de centrale loting Geneeskunde; geef daarbij aan dat wordt gekozen voor de decentrale selectie. Voor deze decentrale selectie mag men zich maar bij één faculteit Geneeskunde aanmelden.
  • Hoe werkt decentrale selectie?
Via decentrale selectie selecteert de universiteit zelf (een deel van) zijn studenten selecteert door middel van een selectieprocedure: deze begint met een fase die men kan vergelijken met het insturen van een sollicitatiebrief. In deze eerste fase dient de student de universiteit ervan te overtuigen dat die hem of haar moet aannemen. Als de student deze fase eenmaal succesvol heeft doorlopen, zal deze een aantal toetsen of opdrachten moeten maken. Als men via decentrale selectie tot de studie Geneeskunde aan een bepaalde universiteit is toegelaten, is men ook verplicht om aldaar Geneeskunde te gaan studeren. De onderwijsinstelling bepaalt hoe vaak je aan een decentrale selectie mag meedoen. Een geschikte vooropleiding is een vereiste, alsmede dat men niet vaker dan tweemaal eerder heeft meegeloot.

- De studie:
De opleiding tot arts duurt in Nederland 6 jaar, waarna in veel gevallen een vervolgopleiding wordt gedaan. De basis bestaat uit een aantal jaren theorie, gecombineerd met (junior)coschappen; dit zijn stages waar geneeskundestudenten in de praktijk ervaring opdoen met allerlei verschillende specialismen.
De opleiding tot arts wordt voltooid door de eed van Hippocrates af te leggen, waarna de arts zijn artsenbul krijgt. Vanaf dat moment is de arts bevoegd en kan deze aan het werk als basisarts. Dit is echter voor het merendeel van de artsen niet het eindstation, omdat zij nog een vervolgopleiding doen om zich te bekwamen in een specifiek gebied van de geneeskunde. Deze vervolgopleidingen zijn ingedeeld in 3 clusters en variëren in duur van 2-6 jaar; ze kunnen soms zelfs nog langer duren als er ook nog een subspecialisatie wordt gedaan.
De cluster Huisartsgeneeskunde, Ouderengeneeskunde en Geneeskunde voor verstandelijk gehandicapten omvat de 3 gelijknamige geneeskundige specialismen.
De cluster van de medisch specialismen omvat 27 specialisaties, zoals Interne geneeskunde, Oogheelkunde, Neurologie en Heelkunde (chirurgie).
In de cluster Sociale geneeskunde zijn 3 geneeskundige specialisaties geregistreerd met 12 profielen (voorbeelden zijn: SEH-arts, Jeugdarts, Verslavingsarts, maar ook Arts medische milieukunde).
In de geneeskunde speelt wetenschap een grote rol. Veel artsen doen daarom naast hun werk met patiënten ook onderzoek. Zo zijn er veel artsen die een promotie-onderzoek doen voor of tijdens hun vervolgopleiding. Een promotieonderzoek duurt 3-4 jaar, waarna de arts zich doctor mag noemen (niet te verwarren met: dokter).
Al met al duurt het voor een arts tussen de 6 en 16 (!) jaar voordat hij/zij klaar is met de opleiding. En is men eenmaal specialist, dan moet men zich jaarlijks bijscholen om specialist te kunnen blijven.

- De situatie in Vlaanderen:
Men dient, voordat men hier aan de studie Geneeskunde begint, toelatingsexamen te doen.
Na de studie kan men zich pas gaan specialiseren.

N.B. In dit hoofdstuk wordt ook een keuze van diverse opleidingen in het hoger onderwijs beschreven. Complete alfabetische lijsten van alle bekostigde opleidingen in het hoger onderwijs zijn te vinden in hoofdstuk 25. Deze worden jaarlijks geheel geactualiseerd.

13.1 ALGEMENE GEZONDHEIDSZORG - ALGEMEEN / GENEESKUNDE

13.1.a Postacademisch onderwijs (pao)

13.1.a.1 Academie voor medisch specialisten
Voor adres(sen) zie: PAO-17.
Algemeen Bij- en nascholing: gezamenlijk initiatief (2008) van de Orde van Medisch Specialisten, Erasmus MC iBMG* en de VVAA.
Doel Het ontwikkelen van managementvaardigheden en verdieping van onderwerpen die bijdragen aan het zo goed mogelijk functioneren van (aankomend) medisch specialisten.

Ook moeten medisch specialisten - afhankelijk van de werksituatie - kunnen onderhandelen en verstand hebben van de ziekenhuisfinanciën en de financiering van de medisch-specialistische gezondheidszorg.
Ook voor medisch specialisten die zich niet direct met management bezighouden, zijn vaardigheden als conflicthantering, timemanagement en omgaan met werkdruk belangrijk.
Cursussen
- Basics van management en beleid.
- Basiscursus Ziekenhuismanagement voor aio's.
- Communicatie met patiënten in complexe situaties.
- Gezondheidsrecht.

- Intervisiegroep stafvoorzitters.
- Invoering individueel functioneren medisch specialisten.
- Management van vakgroep/maatschap en afdeling.
- Medisch Management in de GGZ.
- Medische staf en ziekenhuismanagement.
- Onderhandelen en conflicthantering.
- Optimalisering van zorgprocessen en praktijkorganisatie.
- Ziekenhuis in de markt.
- Ziekenhuisfinanciën (beknopt).
- Ziekenhuisfinanciën (uitgebreid).

Toelatingseisen Voor medisch specialisten.
Duur Cursussen van één tot enkele dagen.
Zowel korte en uitgebreide (open inschrijvings-)cursussen en trainingen, als in company-programma's, zoals seminars, conferenties en congressen.
Lesprogramma De scholing is specialisme-overstijgend: het uitgangspunt wordt gevormd door de kerncompetenties, zoals vastgesteld door het Centraal College Medische Specialismen (met uitzondering van 'medisch handelen'): communicatie - kennis & wetenschap - maatschappelijk handelen - organisatie - professionaliteit - samenwerking.
Overige informatie
- Er worden ook conferenties georganiseerd.
- Er zijn ook in company-cursussen mogelijk.

N.B. iBMG* = instituut Beleid & Management Gezondheidszorg.

13.1.a.2 Amsterdam Master in Medical Anthropology (AMMA) (UvA)
Voor adres(sen) zie: WO-8.
Algemeen Opleiding tot medisch antropoloog, gericht op onderzoek van sociaal-culturele problematiek.
Toelatingseisen Diploma wo-master in de geneeskunde of in de sociale wetenschappen.
Duur 1 jaar voltijd en deeltijd.

13.1.a.3 Arts, maatschappij en gezondheid (Arts M&G) (NSPOH)
Voor adres(sen) zie: PAO-18.
Algemeen
- Sinds januari 2008 zijn er nieuwe leergangen van de Opleiding Arts Maatschappij & Gezondheid gestart: een opleiding voor artsen die werken op het terrein van maatschappij en gezondheid en die zich willen specialiseren in de public health.
- Het onderwijs is modulair en flexibel en volgt een duaal opleidingsstelsel (d.w.z. opleiden naast het werken in een reguliere baan).

Cursussen Bij- en nascholingscursussen.
Toelatingseisen
- Voor artsen die werken in de public health, zoals basisartsen met enkele jaren werkervaring (curatief en/of preventief), die zich willen specialiseren op het terrein van maatschappij en gezondheid.
- Volgens de bepalingen van het Kaderbesluit Sociale Geneeskunde kan men aan de opleiding deelnemen als men werkzaam is op het werkgebied van één van de profielprogramma's, en bij een instelling die geregistreerd is als opleidingsinrichting (met een opleider die voor dat werkgebied kan worden erkend).

Duur 4 jaar.
Lesprogramma Twee registratiefasen:
- *Eerste, beroepsgerichte fase:*
  sociaalgeneeskundige basismodulen, keuzeonderwijs en één van deze profielprogramma's:

- Beleid, indicatie en advies.
- Beleid, management en organisatie.
- Evidence based practice en onderzoeksvaardigheden.
- Forensische geneeskunde.
- Gezondheid en werk.
- Infectieziektebestrijding.
- Jeugdgezondheidszorg (in samenwerking met TNO).
- Professionele vaardigheden.
- Stoppen met roken.
- Specials.
- *Tweede fase:* profieloverstijgend met een M&G-breed karakter, bedoeld voor verdieping en verbreding van de competenties. Het accent ligt op beleid, management en onderzoek.

Diploma/examen
- Afronding van de eerste fase leidt tot deelregistratie in één van de profielen: jeugdgezondheidszorg, infectieziektebestrijding, tuberculosebestrijding, forensische geneeskunde, medische milieukunde, sociaal-medische indicatiestelling en advisering, of beleid & advies.
- Na de tweede fase kan de opleiding worden afgesloten met de registratie Arts M&G (BIG-registratie).

13.1.a.4 Bedrijfsgeneeskunde (NSPOH)
Voor adres(sen) zie: PAO-18.
Algemeen De NSPOH is in 2007 gestart met een competentiegerichte opleiding. Daarmee speelt zij in op veranderingen op het gebied van opleiden en regelgeving. De opleiding sluit nu nog nauwer aan bij de beroepspraktijk, en bij het competentieprofiel zoals dat nu is goedgekeurd door de CSG.
Toelatingseisen
- Toelating tot de opleiding geschiedt op basis van een intakegesprek. Huidige werksituatie, werkervaring, motivatie en wederzijdse verwachtingen worden samen met de a.s. student besproken.
- De startmomenten van de opleiding zijn afhankelijk van de instroom van deelnemers.
- Deze beroepsopleiding is bedoeld voor (basis-)artsen met BIG-registratie, die tenminste 50% per week werkzaam zijn op het werkterrein van de bedrijfsgeneeskunde in een organisatie, die erkend is als opleidingsinrichting, zoals bijvoorbeeld een arbodienst.
- Ten behoeve van de opleiding moet men in de breedte van het werkveld ervaring kunnen opdoen en in de praktijk begeleiding krijgen van een erkende opleider.

Duur 4 jaar bij fulltime dienstverband, verdeeld over 8 semesters: in totaal 160 dagen.
Lesprogramma Praktijkopleiding en cursorisch onderwijs (waaronder keuzeonderwijs) vormen een logisch samenhangend geheel binnen het hele curriculum en zijn op elkaar afgestemd.
De opleiding is ingedeeld in 8 semesters met ieder een inhoudelijk thema: introductie, oriëntatie op het vakgebied - professioneel werken: ict, intervisie, evidence based werken en projectmatig werken; start onderzoeksproject - risico's in arbeid: de core business van de bedrijfsarts: het bevorderen van goede arbeidsomstandigheden en het bewaken van de gezondheid (o.a. preventief medisch onderzoek, kennis van risicofactoren en beroepsziekten) - vitaliserende organisaties: adviesvaardigheden, strategisch adviseren aan organisaties over gezondheidsbeleid - stages, keuzeonderwijs en onderzoeksproject: individueel maatwerk, afronding onderzoeksproject - verzuim en reïntegratie (verzuimspreekuur van de bedrijfsarts; toetsing van de praktijk aan richtlijnen en methoden) - verzuimbeleid:

preventie van verzuim en WIA-instroom; analyseren van verzuim, adviseren over verzuimbeleid aan directie en ondernemingsraad - afronding met ruimte voor specialisatie en verbreding door keuzeonderwijs en een vrije stage.

Diploma/examen Na diploma is inschrijving mogelijk in het register Arts voor Arbeid en Gezondheid met deskundigheidsprofiel 'bedrijfsarts'. De SGRC beslist over inschrijving in het register.

Overige informatie Locaties wisselend in Amsterdam en Utrecht.

N.B. In combinatie met een deeltijdbaan geldt een langere opleidingsduur.

13.1.a.5 Coronel instituut voor arbeid, milieu en gezondheid
Voor adres(sen) zie: OVER-67.

Doel Ontwikkelt kennis over arbeid in relatie met gezondheid, en is actief in het opleiden van studenten Geneeskunde, bedrijfs- en verzekeringsartsen en andere arboprofessionals, zodat de ontwikkelde kennis in de praktijk kan worden toegepast.

Lesprogramma Centrale thema's: 'Bedrijfs- en verzekeringsgeneeskunde' en 'Milieu en Gezondheid'. Speciale aandacht gaat uit naar evidence based handelen, werkgerelateerde diagnostiek van aandoeningen van het bewegingsapparaat en psychische aandoeningen, belang van terugkeer naar het werk bij personen met een chronische ziekte, en individuele gevoeligheid van werknemers.

13.1.a.6 Epidemioloog (VUA)
Voor adres(sen) zie: WO-9.

Toelatingseisen
- Getuigschrift hbo of wo.
- Werkzaam in de gezondheidszorg.

Duur 1 jaar voltijd; 2-3 jaar deeltijd.

13.1.a.7 Geneeskunde (Boerhaave, EUR)
Voor adres(sen) zie: PAO-8, 14.

Cursussen op het terrein van de geneeskunde.
- Boerhaave: het Leids Universitair Medisch Centrum (LUMC) verzorgt ruim 200 theoretische en praktische postacademische nascholingsactiviteiten. Deze nascholing richt zich op verschillende doelgroepen, variërend van (verpleeg)huisartsen, medisch specialisten, medisch wetenschappelijk onderzoekers tot aio's en promovendi. Ook organiseert het LUMC nascholing voor verpleegkundigen en medisch ondersteunende beroepen. Meer informatie op www.boerhaavenet.nl
- EUR:
  • Erasmus-orde medisch managementprogramma.
  • Financieel bestuur in de zorg (leergang).
  • Geneeskunde en gezondheid (masterclass).
  • Geneeskunde en gezondheid (topclass).
  • Kennismaking besturen in de zorg.
  • MBA health.
  • Waarden van zorg.
  • Zorg voor Europa.
  • Zorgmanagement (studiereeks).

13.1.a.8 Huisarts (VUA)
Voor adres(sen) zie: WO-9.

13.1.a.9 Occupational Health (NSPOH)
Voor adres(sen) zie: PAO-18.

Algemeen Niet door de overheid bekostigde postdoctorale masteropleiding voor arboconsultants en voor professionals die de zorg voor arbeidsomstandigheden tot hun beleidsterrein rekenen, en die behoefte hebben aan verbreding van hun kennis en vaardigheden op dit gebied.

Doel Het stimuleren tot een sterk ontwikkeld analytisch vermogen, van gedegen vakinhoudelijke kennis op het brede gebied van arbeidsomstandigheden, en van uitgebreide onderzoeks-, veranderkundige en communicatieve vaardigheden.

Het voltooien van de opleiding leidt tot het verkrijgen van de titel MSc in Occupational Health. Men kan dan complexe arboprojecten uitvoeren, klantrelaties opbouwen en onderhouden, constant aandacht geven aan de kwaliteit van de dienstverlening waarbij verschillende arbospecialisten optimaal worden betrokken, en men is een volwaardige gesprekspartner voor het management waar het gaat om kwaliteit van de arbeid, zowel op strategisch, tactisch als operationeel niveau.

Deelnemers aan de opleiding: deskundigen bij arbodiensten of bij arboadviesbureaus, arbo- en personeelsfunctionarissen uit het bedrijfsleven, beleidsmedewerkers bij de overheid, trainers en adviseurs. Door de verscheidenheid aan deelnemers bevordert de opleiding bovendien de kennis van en het begrip voor andere arboprofessionals met wie de cursist in de praktijk al samenwerkt of zal gaan samenwerken.

Opleidingen Het opleidingsaanbod bestaat uit een aantal losse modulen, een kerntraject en 2 afstudeertrajecten.
Losse modulen (4-7 dagen):
- Actuele thema's.
- Arbeids- en organisatiekunde.
- Arbo-adviesproject.
- Juridische aspecten van arbeid en gezondheid.
- Training adviesvaardigheden.
- Werkplekverbetering: een interdisciplinaire aanpak.

Toelatingseisen
- Voor alle professionals die werkzaam zijn op het gebied van Arbeid & Gezondheid (o.a. arbeidsdeskundigen, veiligheidskundigen, arbeidshygiënisten, A&O-deskundigen, beleids- en preventiemedewerkers, P&O/HRM-functionarissen, ergonomen, arbocoördinatoren, reïntegratiemedewerkers, bedrijfsfysiotherapeuten, bedrijfsmaatschappelijk werkers en bedrijfsartsen). De verschillende professionals komen samen in een cursusgroep. Mede op die manier bevordert de opleiding de kennis van en het begrip voor andere arboprofessionals waarmee men in de praktijk samenwerkt.
- Tenminste 5 jaar werkervaring; op het moment dat de studie wordt gevolgd, dient men werkzaam te zijn op het gebied van Arbeid en Gezondheid.
- Hbo- of wo-denk- en/of werkniveau is een vereiste.

Duur
- Start jaarlijks in september.
- 2,5 jaar: 1e jaar: 16 contactdagen; 2e jaar: 24 contactdagen.

Lesprogramma
- Training Adviesvaardigheden.
- Juridische aspecten van arbeid en gezondheid.
- Arbeids- en organisatiekunde.
- Het kerntraject (circa 24 dagen) bestaat uit drie modulen: kwaliteit, klant en organisatie - strategisch adviseren bij beleidsontwikkeling - veranderkunde.
- Coachingstraject: om de persoonlijke effectiviteit te verhogen

maakt intensieve (groeps)coaching een belangrijk onderdeel uit van de opleiding. Er wordt gewerkt met o.a. de Balint- en de RET-methode.
- Het Arbo-adviesproject: in een interdisciplinaire groep adviseert de student een bedrijf over een reëel probleem op het gebied van Arbeid & Gezondheid, als oefening.
- Keuzeonderwijs (8 dagen): o.a. een inhoudelijke verbreding of verdieping met betrekking tot Arbeid & Gezondheid, verdieping op het gebied van persoonlijke effectiviteit.
- Afstudeertraject: de student voert een onderzoek uit, en legt daarbij verbanden tussen theorieën, methoden en zijn eigen resultaten; scriptie.
Overige informatie Het volgen van losse modulen is mogelijk.

13.1.a.10 Public Health (MPH) (EUR, NSPOH)
Voor adres(sen) zie: PAO-18, WO-37.
Algemeen Deze wo-masteropleiding wordt i.s.m. met het NIHES (Netherlands Institute for HEalth Sciences) van de EUR, de UU, de UvA, de VUA, het RijksInstituut voor Volksgezondheid en Milieu (RIVM) en TNO Preventie en Gezondheid gegeven.
Doel De volksgezondheid mede verbeteren door een professionele en academische training, het stimuleren van onderzoek en het ondersteunen van volksgezondheidorganisaties bij het integreren van beleid, onderzoek en praktijk in de gezondheidszorg.
Toelatingseisen
- Voor beleidsadviseurs, projectleiders en (aankomende) leidinggevenden met 5 jaar werkervaring en werkzaam in de public health.
- Academisch werk- of denkniveau is een vereiste.
Duur
- Kan in 3 jaar worden afgerond en moet binnen 5 jaar zijn afgesloten.
- De gemiddelde studiebelasting is 15 uur per week (waarvan ca. 12 uur zelfstudie).
- De totale opleiding kost minimaal 1.600 uur sbu.
Lesprogramma Deze opleiding stimuleert de ontwikkeling van competenties van professionals in de Nederlandse public health op het gebied van:
- Strategisch opereren in de public health, politiek-bestuurlijke context (traject 1).
- Evidence-based werken in de public health (traject 2).
- Veranderen en implementeren in de public health (traject 3).
- Leiderschap en sturen in de public health (traject 4).
Functiemogelijkheden Managementfuncties in internationale volksgezondheidsorganisaties.

13.1.a.11 Verpleeghuisarts (VUA)
Voor adres(sen) zie: WO-9.

13.1.a.12 Verzekeringsarts (NSPOH)
Voor adres(sen) zie: PAO-18.
Algemeen Beroepsopleiding voor basisartsen, huisartsen en medisch specialisten die een carrièreomslag willen maken.
Toelatingseisen Voorwaarde is dat de student in het BIG-register staat ingeschreven als arts, en voor tenminste 50% werkzaam is als arts op het terrein van de verzekeringsgeneeskunde (publiek of privaat) en dat diens werkgever door de SGRC is erkend als opleidingsinrichting.
Duur 4 jaar bij fulltime dienstverband: circa een dag per week besteedt de student aan het cursorisch onderwijs bij de NSPOH, de overige dagen besteedt hij aan de opleiding in de praktijk.

Lesprogramma
- Bestaat uit twee componenten die nauw met elkaar verweven zijn. De NSPOH verzorgt het cursorisch onderwijs, en de werkgever is verantwoordelijk voor de opleiding in de praktijk. De nadruk ligt op de toepasbaarheid in de praktijk: het eigen werk van de student vormt binnen de hele opleiding het vertrekpunt. Cursorisch onderwijs wordt gekoppeld aan het leren in de beroepspraktijk.
- De praktijkopleiding gebeurt onder leiding van een door de SGRC erkende opleider: voor verzekeringsartsen in opleiding: een ervaren verzekeringsarts.
- Voor de sociaalgeneeskundige opleidingen vormen de 7 competentiegebieden uit het CanMEDS-raamwerk het uitgangspunt. Daarmee sluiten ze aan bij de andere medische opleidingen.
- De opleiding is ingedeeld in acht semesters met ieder een inhoudelijk thema: introductie: oriëntatie op het vakgebied: kader private en sociale verzekering; basisvaardigheden beoordeling en vaststellen belastbaarheid - sociale verzekering: werkwijzen op het gebied van wetregelgeving, protocollen, beoordelingsmethodieken, veel voorkomende ziektebeelden en beroepsziekten - private verzekering: werkwijze van verschillende perspectieven van private verzekeringen (arbeidsongeschiktheid leven, letselschade); risicomanagement; interventies en reïntegratie: effectieve verzuimbegeleiding en technieken, arbodienstverlening, verzuimpreventie, reïntegratiemogelijkheden - professioneel werken: ict, mediprudentie, intervisie, evidence based werken, verdieping protocollen, ethiek, omgaan met incidenten - stages, keuzeonderwijs en onderzoeksproject: individueel maatwerk, start onderzoeksproject - stages, keuzeonderwijs en onderzoeksproject: individueel maatwerk, afronding onderzoeksproject - afronding met ruimte voor specialisatie en verbreding door keuzeonderwijs en een vrije stage - slotsymposium.
Overige informatie Locaties in Utrecht en Zwolle.

13.1.b Wo-masteropleiding

13.1.b.1 Geneeskunde (EUR, KUL, RU, RUG, UA, UG, UL, UM, UU, UvA, VUB)
Voor adres(sen) zie: WO-6, 23, 30, 31, 35, 37, 45, 48, 51, 53.
Algemeen Wo-masteropleiding.
Toelatingseisen Diploma wo-bachelor Geneeskunde.
Duur
- 3 jaar.
- KUL: ook in deeltijd.
Lesprogramma
- Praktijkgericht; wordt afgesloten met het master-examen tot Basisarts. Tijdens deze laatste periode loopt men stage op verschillende afdelingen in het ziekenhuis: de co-assistentschappen.
- Specialisaties:
  - KUL: Huisarts - Huisartsengeneeskunde - Maatschappelijke gezondheidszorg - Prespecialisatie - Wetenschappelijk onderzoek.
  - UA: Huisarts - Sociale geneeskunde - Wetenschappelijk onderzoek.
  - UG: Huisartsgeneeskunde - Maatschappelijke gezondheidszorg - Ziekenhuisarts.
  - VUB: Huisarts - Huisartsgeneeskunde - Sociale geneeskunde - Ziekenhuisgeneeskunde.
Diploma/examen Examen Basisarts.
N.B. Zie voor meer informatie over de studie het intro op pagina 203.

13.1.b.2 Life science & technology (TUD, UL)
Voor adres(sen) zie: WO-14, 30.
Algemeen Wo-masteropleiding.
Toelatingseisen Wo-bachelor Life science & technology.
Duur 2 jaar voltijd.
Lesprogramma Specialisaties:
- TUD: Biocatalysis - Biochemical engineering - Cell factory.
- UL: Life science and education - Life science and science communication and society - Life science research & development - Life science-based business development.
Functiemogelijkheden Onderzoeker in de industrie om nieuwe producten te ontwikkelen (bijv. medische instrumenten); manager/technoloog om die producten efficiënt te produceren; medisch onderzoeker; beleidsmedewerker in ziekenhuizen, bij universiteiten of onderzoeksinstituten; functies die een bijdrage leveren aan medische behandelingsmethoden; voorlichter in het bedrijfsleven of bij de overheid; journalist.

13.1.c Wo-bacheloropleiding

13.1.c.1 Biomedische wetenschappen (AUHL, KUL, RU, UA, UG, UL, UM, UU, UvA, VUA, VUB)
Zie 13.18.c.2.

13.1.c.2 Geneeskunde (AUHL, EUR, KUL, KUL/KULAK, RU, RUG, UA, UG, UL, UM, UU, UvA, VUA, VUB)
Voor adres(sen) zie: WO-6, 9, 23, 30, 31, 35, 37, 45, 48, 51, 53, 54, 55.
Algemeen Wo-bacheloropleiding.
Toelatingseisen
- Diploma vwo (nat., scheik.); vwo-profiel N&T (+ biol. I en II), N&G; propedeuse of getuigschrift/diploma van een hbo of van de OUNL met nat. en scheik. op vwo-niveau (B I en B II) en wisk. op vwo-niveau (B I).
- Als men 21 jaar of ouder is, komt men in aanmerking voor een colloquium doctum.
Duur
- 6 jaar voltijd (zie intro hoofdstuk 13).
- KUL, KUL/KULAK: ook in deeltijd.
Lesprogramma
- De nadruk ligt op de theorie en er wordt een begin gemaakt met het aanleren van praktische vaardigheden die artsen nodig hebben.
- RUG: patiëntgericht onderwijsprogramma.
  1e jaar: basiskennis - kleine stages - onderzoek; 2e en 3e jaar: verdieping kennis en vaardigheden - junior-coschappen.
- UU: vanaf het derde jaar begint de student met co-assistentschappen, afgewisseld met thematisch blokonderwijs. Men werkt in een vroeg stadium al met patiënten.
- VUA: patiëntgericht onderwijsprogramma.
- Specialisaties:
  • UG: Huisarts - Ziekenhuisarts.
  • UL: Patiëntencontacten - Ziekteleer.
  • UvA: Honoursprogramma.
Aansluitende masteropleidingen
- EUR, KUL, RU, RUG, UA, UG, UL, UM, UU, UvA, VUB: Master Geneeskunde; leidt op tot Basisarts.
Functiemogelijkheden Docent of beleidsfunctionaris binnen een ziekenhuisorganisatie of binnen het ministerie van VWS.
Overige informatie Voor meer info over de studie Geneeskunde in Nederland en Vlaanderen: zie het intro op pagina 203.

N.B. Sinds 1974 werd voor Geneeskunde geloot. In september 2014 is dit numerus-fixussysteem in Nederland voor de studie Geneeskunde (en voor Psychologie) afgeschaft; daarvoor in de plaats komt een inhoudelijke selectie per universiteit. De criteria worden per universiteit vastgesteld. Zie ook het intro op pagina 203.

13.1.c.3 Gezondheidswetenschappen (UM, UT, VUA)
Zie ook: 13.1.c.4: bij de EUR heet deze studie: Gezondheidswetenschappen, beleid en management gezondheidszorg.
Voor adres(sen) zie: WO-9, 20, 31.
Algemeen Wo-bacheloropleiding.
Doel De studie heeft een multidisciplinaire opzet en het probleemgestuurde activerende onderwijs is kleinschalig.
Toelatingseisen
- Diploma vwo.
- Met het getuigschrift hbo komt men in aanmerking voor het vrijstellingenprogamma.
Duur 3 jaar voltijd.
Lesprogramma Specialisaties:
- UM: Beleid, management, en evaluatie van zorg - Biologie en gezondheid - Geestelijke gezondheidszorg - Preventie en gezondheid.
- VUA: Biomedical topics in health care (minor) - Communicatie over gezondheid (minor) - Five big issues in health (minor) - Honours-programma.
Functiemogelijkheden Functies bij Geneeskundige Diensten of Kruisverenigingen, als coördinator/consulent patiëntenvoorlichting in ziekenhuizen.
Functies binnen het hoger onderwijs, onderzoek of bedrijfsleven (reclame, pr en communicatie-adviesbureaus).

13.1.c.4 Gezondheidswetenschappen, beleid en management gezondheidszorg (EUR)
Zie ook: 13.1.c.3 en 13.1.c.6.
Voor adres(sen) zie: WO-37.
Algemeen Wo-bacheloropleiding.
Doel Een multidisciplinaire studie, gericht op personen die zich in hun latere beroep gaan bezighouden met taken van beleid, management en coördinatie in de gezondheidszorg.
Toelatingseisen
- Diploma vwo (wisk. A of B); elk vwo-profiel; hbo- of wo-diploma.
- Als men 21 jaar of ouder is, komt men in aanmerking voor een colloquium doctum.
Duur 3 jaar voltijd.
Lesprogramma Kennisgebieden waarop het onderwijs is gebaseerd: sociaal-medische wetenschap - beleids- en organisatiewetenschappen - gezondheidszorgeconomie - gezondheidsrecht - bedrijfseconomie - statistiek - methodologie - informatieverwerking - ziektekostenverzekering.
Aansluitende masteropleidingen
- UU: Verplegingswetenschap.
Functiemogelijkheden Management- en beleidsfuncties in gezondheidszorginstellingen en -organisaties, zoals ziekenhuizen, geneeskundige en gezondheidsdiensten, instellingen voor thuiszorg, overheid, ziektekostenverzekeraars.

13.1.c.5 Life science & technology (RUG, TUD, UL)
Voor adres(sen) zie: WO-14, 23, 30.
Algemeen
- Wo-bachelorpleiding die kennis op het gebied van natuurwetenschappen, technologie en geneeskunde combineert om zo onderzoek te kunnen doen naar de bouwstenen en levensprocessen die de basis vormen van plant, mens en dier; het uiteindelijk doel is te komen tot betere geneesmiddelen, betere behandelingsmethoden, een schonere industrie, betere enzymen en betere levensmiddelen.
- De opleiding is een samenwerkingsverband van de TUD met de UL.
Doel Fundamentele bétakennis, gecombineerd met techniek, gericht op medische toepassingen.
Toelatingseisen Diploma vwo (wisk. B I, nat. I., scheik. I); vwo-profiel N&T of N&G.
Duur 3 jaar voltijd.
Lesprogramma Specialisaties:
- RUG: Biomedische technologie - Biomedische wetenschappen - Gedrag & neurowetenschappen - Medisch-farmaceutische wetenschappen - Moleculaire levenswetenschappen.
- TUD en UL: Honours-programma
Aansluitende masteropleidingen
- RUG: Molecular biology & biotechnology.
- TUD, UL: Life science & technology.
Functiemogelijkheden Onderzoeker in de industrie om nieuwe producten te ontwikkelen (bijv. medische instrumenten); manager/technoloog om die producten efficiënt te produceren; medisch onderzoeker; beleidsmedewerker in ziekenhuizen, bij universiteiten of onderzoeksinstituten; functies die een bijdrage leveren aan medische behandelingsmethoden; voorlichter in het bedrijfsleven of bij de overheid; journalist.

13.1.c.6 Management en beleid van gezondheidszorg (KUL, UG, VUB)
Zie ook: 13.1.c.4.
Voor adres(sen) zie: WO-51, 53, 55.
Algemeen Wo-bacheloropleiding.
Doel Programma dat zich richt op de vormgeving (en veranderingen) van de (gezondheids)zorgsector.
Toelatingseisen
- Diploma vwo.
- Met het getuigschrift hbo komt men in aanmerking voor het vrijstellingenprogramma.
Functiemogelijkheden Functies in de sfeer van het bestuur (management), beleidsondersteuning en -voorbereiding, research en beheer.
Directiesecretaris, hoofd van een poliklinische afdeling, stafmedewerker, coördinerend hoofd van een administratieve afdeling, maar ook: organisatieadviseur, kwaliteitsmedewerker of beleidsmedewerker van een medische staf of maatschap.

13.1.d Post-hbo-opleiding

13.1.d.1 HS Verpleegkunde (Fontys HS)
Voor adres(sen) zie: HBO-82.
Algemeen HS Verpleegkunde (v/h Centrum Gezondheidszorg) is verbonden aan de hbo-opleidingen Gezondheidszorg van Fontys HS.
Cursussen Cursussen, post-hbo-opleidingen en trainingen, o.a. voor praktijkondersteuners en management in de zorg.

13.1.d.2 Praktijkbegeleiding voor werkers in de gezondheids- en welzijnszorg (Fontys HS)
Voor adres(sen) zie: HBO-82.
Doel Voorbereiden en verder bekwamen in uitvoering van taken in de begeleiding van leerlingen en werkbegeleiders.
Toelatingseisen Activiteitenbegeleiders, fysiotherapeuten, praktijkbegeleiders, verpleegkundigen, ziekenverzorgenden, en werkers in de welzijnszorgsector.
Duur 9 maanden (1 lesdag per 2 weken).
Lesprogramma 3 modulen en nascholing.

13.1.d.3 Stichting CPION (Centrum Post Initieel Onderwijs Nederland)
Voor adres(sen) zie: DIEN-29.
Algemeen Toetsing, registratie en diplomering van initiële opleidingen.

13.1.f Hbo-bacheloropleiding

13.1.f.1 Coördinator in zorg en dienstverlening (HAN)
Voor adres(sen) zie: HBO-150.
Algemeen Ad-programma.
Duur 2 jaar deelijd en duaal.

13.1.f.2 Ervaringsdeskundige in de zorg (Hanze HS)
Voor adres(sen) zie: HBO-96.
Algemeen Ad-programma.
Duur 2 jaar deeltijd.

13.1.f.3 Hbo-lerarenopleiding Gezondheidszorg en welzijn (tweedegraads) (Fontys HS, HAN, HS Inholland, HS Leiden, HS NCOI, HS Rotterdam, HS Utrecht, HS Windesheim, HvA, NHL)
Zie 24.3.f.13.

13.1.f.4 Life science (HAN, Stenden HS)
Voor adres(sen) zie: HBO-86, 150.
Algemeen Hbo-bacheloropleiding.
Duur 4 jaar voltijd.

13.1.f.5 Management in de zorg / Management in zorg en dienstverlening / Management in zorg en welzijn) (Avans HS, Avans+, Fontys HS, Haagse HS, HAN, Hanze HS, HS Leiden, HS NCOI, HS SDO, HS Rotterdam, HS Utrecht)
Voor adres(sen) zie: HBO-4, 53, 54, 61, 80, 90, 96, 115, 132, 150, 157.
Algemeen
- Hbo-bacheloropleiding: Management in de zorg.
- Bij de HAN (vestiging Nijmegen) heet de studie: Management in zorg en dienstverlening.
- Bij HS NCOI heet de studie: Management in zorg en welzijn.
- Bij Avans HS (vestiging Breda), Avans+, Fontys HS, Hanze HS, HS Leiden, HS NCOI, HS SDO, en HS Rotterdam wordt deze studie ook als ad-programma aangeboden.
- Avans+, HS NCOI en HS SDO worden niet door de overheid bekostigd.
Duur
- 4 jaar deeltijd.
- Hanze HS: ook duaal.
- HS NCOI: digitaal in deeltijd.
- Ad-programma: 2 jaar deeltijd.

Lesprogramma Specialisaties:
R'dam (HS Rotterdam): Oud in eigen huis (minor) - Verslavingszorg (minor) - Zorg voor kind en jeugd met specifieke zorgbehoefte (minor).
Overige informatie
- Bij HAN ook: Management in zorg en dienstverlening (deeltijd).
- Bij HS NCOI ook: Management in zorg en welzijn (deeltijd en digitaal).

13.1.g Mbo-opleiding niveau 4

13.1.g.1 Doktersassistent (niveau 4)
Voor adres(sen) zie: ROC/MBO-1, 2, 4, 7, 8, 10, 11, 12, 13, 16, 20, 22, 23, 24, 25, 27, 30, 32, 34, 36, 38, 39, 43, 45, 48, 54, 58, 60.
Algemeen
- Eindtermen voor deze kwalificatie worden ontwikkeld door Calibris (Zorg, Welzijn en Sport).
- Hier worden slechts de centrale adressen vermeld. De opleiding kan in de wijde omtrek ervan worden gegeven.
CREBO 10776/91310
Doel Intake, patiëntenvoorlichting, medische techniek en administratie.
Toelatingseisen
- Diploma vbo-c (3 vakken op c-niveau, waaronder Ned., 1 exact vak); diploma mavo (biol., nat., scheik., of wisk.); diploma vmbo gl, vmbo kb of vmbo tl; overgangsbewijs naar havo 4 of naar vwo 4.
- Versnelde opleiding: diploma havo (scheik.); overgangsbewijs naar vwo-5.
- Voor het volgen van de deeltijdopleiding (meestal 2 avonden per week plus stage) dient men minimaal 20 jaar oud te zijn.
Duur 1-3 jaar voltijd en deeltijd.
Mogelijkheden voor verdere studie Een opleiding van niveau 4: Praktijkopleider.
Functiemogelijkheden Doktersassistent in een huisartsenpraktijk, specialistenpraktijk, gezondheidscentrum, polikliniek, trombosedienst, geneeskundige dienst, verpleeghuis, bloedtransfusiedienst of jeugdgezondheidszorg.

13.1.g.2 LOI - afstandsonderwijs - Doktersassistent (niveau 4)
Voor adres(sen) zie: OVER-225.
Algemeen Eindtermen voor deze kwalificatie worden ontwikkeld door Calibris (Zorg, Welzijn en Sport).
CREBO 10776
Doel Intake, patiëntenvoorlichting, medische techniek en administratie.
Toelatingseisen
- Diploma vbo-3c (Ned.), mavo, vmbo.
- Of geslaagd zijn voor een opstapcursus.
- Of 21 jaar of ouder zijn met voldoende praktijkervaring, en toegelaten worden op grond van een toelatingsonderzoek.
Duur 2 jaar, waaronder 19 praktijkdagen en 770 uur beroepspraktijkvorming (bpv).
Functiemogelijkheden Doktersassistent in een huisartsenpraktijk, polikliniek of sociale gezondheidszorg.

Zie voor meer informatie over
Joost Hesseling en zijn fotografie:
www.oogwenken.nl

13.1.g.3 Praktijkopleider (niveau 4), specialistenopleiding
Voor adres(sen) zie: ROC/MBO-1, 7, 8, 12, 15, 20, 21, 22, 30, 33, 39, 40, 43, 54, 60, ROCCO-22.
Algemeen
- Eindtermen voor deze kwalificatie worden ontwikkeld door Calibris (Zorg, Welzijn en Sport).
- Hier worden slechts de centrale adressen vermeld. De opleiding kan in de wijde omtrek ervan worden gegeven.
CREBO 10890
Doel Een aantal taken van de huisarts overnemen, geprotocolleerde spreekuren draaien voor patiënten met een chronische aandoening als diabetes mellitus en astma, een deel van de zorgcoördinatie overnemen (o.a. verzekeringsmaatschappijen en mantelzorg).
Toelatingseisen
- Diploma Doktersassistent.
- Minimaal vijf jaar werkervaring in een huisartsenpraktijk.
Duur 1 jaar voltijd.

13.1.l Overige opleidingen

13.1.l.1 AXON leertrajecten
Voor adres(sen) zie: HBO-149.
Algemeen Gespecialiseerd particulier opleidingsinstituut op het gebied van niet-aangeboren hersenletsel. Biedt opleidingen aan waarin de achtergronden van hersenletsel en de aanpak in de praktijk centraal staan. Docenten en trainers zijn afkomstig uit de praktijk van diagnostiek, behandeling en begeleiding van cliënten met hersenletsel.
Cursussen
- *Basiscursussen:*
  • Professioneel omgaan met cliënten met hersenletsel: bestemd voor begeleiders en verzorgenden op diverse niveaus:
    • begeleiders op mbo-niveau 2 en 3 (1065);
    • (assistent)begeleiders, activiteitenbegeleiders en verzorgenden die werken met jongeren of volwassen met hersenletsel;
    • begeleiders op mbo-niveau 3 en 4 (1060);
    • begeleiders op hbo-niveau (2060/2061);
    • verpleegkundigen, paramedici, maatschappelijk werkenden en ambulant begeleiders die werken met jongeren of volwassen met hersenletsel;
    • ambulant begeleiders (2070);
  • Professioneel omgaan met kinderen en jongeren met hersenletsel en hun gezin (2080) bestemd voor (ambulant) begeleiders die werkzaam zijn in de gehandicaptenzorg, begeleiders in de jeugdzorg en jeugdpsychiatrie die kinderen met hersenletsel opvangen.
- Er zijn diverse basiscursussen en vervolgtrajecten op mbo-plus- en hbo-niveau.
Diploma/examen
- Geaccrediteerd door het Kwaliteitsregister Verpleegkundigen & Verzorgenden. Dit betekent dat alle door AXON georganiseerde cursussen en studiedagen meetellen voor de registratie bij de beroepsgroep Verpleegkundigen en Verzorgenden.
- Tevens geaccrediteerd door het Beroepsregister van Agogisch en Maatschappelijk Werkers (BAMW), door de beroepsvereniging van fysiotherapeuten, en door geestelijk verzorgers. Deelname aan de basiscursus "Professioneel omgaan met cliënten met hersenletsel" (post-hbo) levert 5,3 registerpunten op.
Overige informatie 15 jaar geleden ontstaan uit het Nederlands Centrum voor Hersenletsel; werkt samen met diverse instellingen en o.a. met de Radboud Universiteit, Nijmegen.

13.1.I.2 Doktersassistent (ASOP)
Voor adres(sen) zie: OVER-27.
Algemeen Opleiding tot doktersassistent of praktijkassistent in de praktijk van een huisarts, orgaanspecialist, kliniek, bedrijfsgeneeskundige dienst en consultatiebureau.
Toelatingseisen
- Diploma vbo, bij voorkeur met 3 vakken op C-niveau (waaronder Ned. en 1 exact vak, en de overige vakken op B-niveau), mavo, vmbo of gelijkwaardig.
- Typediploma gewenst.
Duur 13 maanden gedurende 2 avonden per week, plus 520 uren stage bij een huisarts of instelling.
Lesprogramma 7 modulen: assistente binnen de gezondheidszorg - gezondheid, ziekte en preventie - omgangskunde - medische administratie en correspondentie, praktijkvoering - functioneren als doktersassistente binnen de huisartsenpraktijk - functioneren als doktersassistente binnen de polikliniek - functioneren als doktersassistente binnen de sociale gezondheidszorg.
Functiemogelijkheden Assistent van huisarts, specialist (in ziekenhuis, polikliniek of met een particuliere praktijk), bedrijfsarts, schoolarts, medisch centrum, sport-medisch centrum, trombosedienst, verpleeginrichting, laboratorium van een ziekenhuis of gezondheidscentrum.

13.1.I.3 Gezondheids- en patiëntenvoorlichting (HS Rotterdam)
Voor adres(sen) zie: HBO-157.
Opleidingen
- Groepsvoorlichting.
- GVO en beleid.
- GVO in de arbeidssituatie.
- Inleiding GVO.
- Inleiding patiëntenvoorlichting.
- Patiëntenvoorlichting intramuraal.
- Training fysiotherapie en patiëntenvoorlichting.
- Training rapporteren.

13.1.I.4 HS Arnhem & Nijmegen (HAN)
Zie 14.1.I.2.

13.1.I.5 Kiwa Carity BV
Voor adres(sen) zie: OVER-324.
Algemeen Kiwa Prismant biedt opleidingen, cursussen, werkconferenties en leergangen voor alle sectoren in de zorg. Voor de meeste opleidingen geldt een open inschrijving en is een in company-variant - een aanbod op maat voor de instelling - mogelijk.
Doel Het vergroten van kennis, inzicht en vaardigheden.
Opleidingen
- *Bedrijfsvoering:*
  integrale sturing werkprocessen - vraaggestuurde en multidisciplinaire zorg - vraaggestuurde zorg- of begeleidingsplannen - vraaggestuurde dagbesteding - ontwikkelen en implementeren van zorgprogramma's in de GGZ - behandelmodulen.
- *HRM:*
  gereedschap en beleid: expertcyclus Sociaal beleid zorg - personeelsmanagement in de zorg - P&O 2000 - persoonlijke ontwikkeling en employability - loopbaan- en mobiliteitsadvisering - leeftijdsbewust personeelsbeleid - investeren in personeel - personeelsmanagement voor OR-leden.
- *Kwaliteit:*
  ontmoetingsdagen Kwaliteitszorg: hoe te zorgen dat kwaliteits-

zorg over kwaliteit blijft gaan - naar een werkbaar kwaliteitssysteem - systematisch verbeteren - PACE als hulpmiddel bij het opzetten van een kwaliteitssysteem - medezeggenschap in ziekenhuizen: een partner in kwaliteit - incidentenregistratie patiëntenzorg.
- *Managementvaardigheden:*
  de aankomend directeur - introductie-seminar zelfsturende teams - leidinggeven aan zelfsturende teams - workshop zelfsturende teams - leergang Implementatie van zelfsturende teams - veranderingsmanagement - managementparticipatie verpleging: kwaliteit door invloed in veranderende structuren - stevig staan in leidinggeven.
- *Patiëntenlogistiek:*
  netwerk projectleiders patiëntenlogistiek - integraal capaciteitsplan op logistieke grondslag - zorgprocessen en afstemming met onderzoek - patiëntenlogistiek en capaciteitsmanagement - optimalisering van activiteitenroosters in ziekenhuizen - business planning bij chirurgische specialismen.
- *Personeels- en roosterplanning:*
  hoe onderbouw ik mijn personeelsformatie voor nu en de komende jaren? - projectleiders ZorgFormat - beleid op personeelsplanning - personeelsplanning - roostertechniek - projectleiders WHAW (Werkdruk en Herstel bij Afwijkende Werktijden) - roosterplanning en werktijdenbesluit voor arts-assistenten - flexibiliteit - arbeidsbelasting, stress en burnout.
- *Samenwerking/transmuralisering:*
  samenwerking over de muren - projectmatig werken in de ouderenzorg - vernieuwing van ambulante zorg - projectontwikkeling transmurale zorg - vormgeven aan inhoudelijk samenwerken in de GGZ.
- *Diversen:*
  inzicht in structuur en organisatie van de gezondheidszorg - Raden van toezicht: structuur van trends in de gezondheidszorg - de hectische wereld van de directeur - beleidspsychiatrie - toekomstperspectief verpleegarts: professionele mogelijkheden - van enquêtering tot rapportage - opstellen van vragenlijsten - heldere communicatie over palliatieve en terminale zorg - preferenties van dementerende ouderen.
Duur 1 dag tot een aantal bijeenkomsten van enkele dagen.
Lesprogramma De opleidingen richten zich op Human Resources Management: gereedschap en beleid, personeels- en roosterplanning, managementvaardigheden, bedrijfsvoering, patiëntenlogistiek, kwaliteit en samenwerking/transmuralisering.

13.1.I.6 LOI - afstandsonderwijs - Paramedisch
Voor adres(sen) zie: OVER-225.
Opleidingen
- Afgeleide sterilisatie-opleidingen.
- Artsenbezoeker.
- Doktersassistent (mbo-opleiding).
- ECG en reanimatie.
- Fysiotherapeutassistent.
- Kaderopleiding sterilisatie-afdeling.
- Management in de gezondheidszorg.
- Medisch receptionist/telefonist.
- Medisch secretaresse.
- Medische administratie.
- Medische hulpmiddelen.
- Medische terminologie.
- Natuurlijke geneeswijzen, basisopleiding.
- Primaire medische kennis.

- Sterilisatie-assistent.
- Tandartsassistent, mbo-opleiding.
- Technisch oogheelkundig assistent.
Toelatingseisen Diploma vbo-c, mavo of vmbo.
Duur 9 tot 24 maanden, afhankelijk van de vooropleiding.

13.1.l.7 NTI - blended learning - Doktersassistent
Voor adres(sen) zie: ROC/MBO-36.
Opleidingen Basisopleiding Doktersassistent.
Duur 9 maanden.
Diploma/examen Geen verplichte stage en geen officieel mbo-diploma.

13.1.l.8 Volwassenenonderwijs - gezondheidszorg
Voor adres(sen) zie: ROCCO-1, 2, 8, 10, 11, 12, 13, 18, 20, 22, 25, 26.
Cursussen
- Applicatiecursussen voor ziekenverzorgenden en bejaardenverzorgenden.
- Gezondheidszorg.
- Medische terminologie.
- Ouderenzorg.
- Trauma-care.
Toelatingseisen Werken in de gezondheidszorg.
Duur Enkele maanden tot een jaar (1 avond per week).

13.2 VERPLEGING

13.2.b Wo-masteropleiding

13.2.b.1 Verplegingswetenschap (UU)
Voor adres(sen) zie: WO-45.
Algemeen Wo-masteropleiding.

13.2.c Wo-bacheloropleiding

13.2.c.1 Gezondheidswetenschappen, beleid en management gezondheidszorg (EUR)
Zie 13.1.c.4.

13.2.d Post-hbo-opleiding

13.2.d.1 Ambulanceverpleegkundige (Ambulancezorg, Fontys HS)
Voor adres(sen) zie: HBO-80, OVER-367.
Doel Opleiding voor het getuigschrift Ambulanceverpleegkundige: een gespecialiseerde verpleegkundige, die systematisch en methodisch de hulpvraag van de patiënt die ambulancehulp behoeft, kan onderkennen en zelfstandig de verpleegkundige, geprotocolleerde medische zorg kan verlenen.
Toelatingseisen
- Diploma mbo-V of hbo-V.
- Men moet ingeschreven staan in het BIG-register, en als ambulanceverpleegkundige in dienst zijn.
Duur 4 maanden (20 lesdagen).
Lesprogramma Positie en conditie - vitale functies: circulatie, ventilatie, bewustzijn - traumatologie - acute ambulancehulpverlening - sociale vaardigheden en psychiatrie - obstetrie, neonatologie, pediatrie - grootschalige hulpverlening.
Mogelijkheden voor verdere studie Nascholingscursussen voor werkbegeleiding en leidinggeven; verplichte symposia.

Functiemogelijkheden Ambulanceverpleegkundige bij een ambulancedienst.
Overige informatie De opleiding wordt verzorgd door instellingen te Bilthoven, Eindhoven, Harderwijk, Hollandsche Rading, Lelystad, en Zwolle.

13.2.d.2 Stichting CPION (Centrum Post Initieel Onderwijs Nederland)
Voor adres(sen) zie: DIEN-29.
Algemeen Toetsing, registratie en diplomering van initiële opleidingen.

13.2.d.3 Vo-Geestelijke gezondheidszorg (HAN, HvA)
Zie 14.1.d.2.

13.2.d.4 Vo-Innovatie in zorg en dienstverlening (v/h Vo-Zorginnovatie) (HAN)
Zie 14.1.d.3.

13.2.e Hbo-masteropleiding

13.2.e.1 Advanced nursing practice (HAN, HS Inholland, HS Leiden, HS Rotterdam, HS Utrecht, Saxion HS, Zuyd HS)
Zie 1 jaar duaal.
- Saxion HS (Enschede): ook in deeltijd.
Voor adres(sen) zie: HBO-20, 82, 89, 109, 132, 150, 157, 184.
Algemeen Hbo-masteropleiding.
Lesprogramma Specialisaties:
- A'dam (HS Inholland): GGZ.
- Enschede (Saxion HS): Acute zorg - Chronische zorg - Geestelijke gezondheidszorg - Intensieve zorg - Preventieve zorg.
- Nijmegen (HAN): Acute zorg bij somatische aandoeningen - Chronische zorg bij somatische aandoeningen - Geestelijke gezondheidszorg - Intensieve zorg bij somatische aandoeningen - Preventieve zorg bij somatische aandoeningen.
- Utrecht (HS Utrecht): Acute zorg bij somatische aandoeningen - Chronische zorg bij somatische aandoeningen - Geestelijke gezondheidszorg - Intensieve zorg bij somatische aandoeningen - Preventieve zorg bij somatische aandoeningen.

13.2.f Hbo-bacheloropleiding

13.2.f.1 HBO-verpleegkunde (hbo-V) (Avans HS, Haagse HS, HAN, Hanze HS, HS Leiden, HS NCOI, HvA, HZ, Saxion HS)
Voor adres(sen) zie: HBO-27, 53, 89, 96, 115, 132, 150, 203.
Algemeen
- Hbo-bacheloropleiding tot verpleegkundige.
- HS NCOI wordt niet door de overheid bekostigd.
Toelatingseisen Diploma havo of vwo; havo-profiel N&T, N&G, E&M (+ biol.), C&M (+ biol.); vwo-profiel N&T, N&G, E&M (+ biol. I), C&M (+ biol. I); mbo-Verpleegkundige niveau 4.
Duur
- 4 jaar voltijd, deeltijd of duaal.
- 2,5 jaar voltijd na diploma Verpleegkundige niveau 4.
- A'dam (HvA), Enschede (Saxion HS), Leiden (HS Leiden), Nijmegen (HAN) en Vlissingen (HZ): alleen voltijd.
- HS NCOI: digitaal.
Lesprogramma Specialisaties:
- Breda/Den Bosch (Avans HS): Algemene gezondheidszorg - Gees-

telijke gezondheidszorg - HBO-verpleegkunde (minor) - Maatschappelijke gezondheidszorg.
- Groningen (Hanze HS): Ambulant werken in GGZ/VGZ - Healthy ageing - Oncologie.
- Nijmegen (HAN): Algemene gezondheidszorg - Geestelijke gezondheidszorg - Maatschappelijke gezondheidszorg.

13.2.f.2 Verpleegkunde (CHE, Fontys HS, HAN, HS Inholland, HS Leiden, HS Rotterdam, HS Utrecht, HS Windesheim, HS Windesheim/Flevoland, HvA, Karel de Grote HS (België), NHL, Saxion HS, Zuyd HS)

Voor adres(sen) zie: HBO-1, 3, 20, 27, 76, 80, 82, 89, 109, 126, 132, 150, 157, 184, 220, 231.
Algemeen Hbo-bacheloropleiding tot verpleegkundige.
Doel
- Taak: verantwoordelijk zijn voor de zelfstandige uitvoering van het verpleegkundig proces. Dit proces omvat: anamnese, diagnosestelling, opstelling van het verpleegplan, uitvoering van verpleegkundige zorg (somatisch en psychosociaal) en evaluatie van de verleende zorg. Daarnaast verleent deze verpleegkundige consult, vervult een voorbeeldfunctie, heeft een zorginhoudelijke regiefunctie t.a.v. lagere functieniveaus en schept voorwaarden voor verbetering van het primaire verpleegkundige proces.
- Amsterdam: de HS Inholland werkt nauw samen met het ziekenhuis van de VUA.
- Amsterdam: de HvA werkt nauw samen met het Academisch Medisch Centrum (AMC).
- Saxion HS (locatie Enschede) werkt t.b.v. zijn duale hbo-bacheloropleiding nauw samen met het Medisch Spectrum Twente, Mediant, Streekziekenhuis 'Koningin Beatrix' en Stichting Adhesie.
- Vlissingen: de HZ werkt nauw samen met alle Zeeuwse zorginstellingen t.b.v. de duale leerroute.
Toelatingseisen Diploma havo of vwo; havo-profiel N&T, N&G, E&M (+ biol.), C&M (+ biol.); vwo-profiel N&T, N&G, E&M (+ biol. I), C&M (+ biol. I); mbo-Verpleegkundige niveau 4.
Duur
- 4 jaar voltijd, deeltijd of duaal.
- 2,5 jaar voltijd na diploma Verpleegkundige niveau 4.
Lesprogramma Specialisaties:
- Alkmaar/Amsterdam (HS Inholland): Algemene gezondheidszorg - Geestelijke gezondheidszorg - Jeugdgezondheidszorg - Maatschappelijke gezondheidszorg.
- Leeuwarden (NHL): Algemene gezondheidszorg - Geestelijke gezondheidszorg - Maatschappelijke gezondheidszorg - Verpleegkundige gerontologie en geriatrie.
- Nijmegen (HAN): Algemene gezondheidszorg - Geestelijke gezondheidszorg - Jeugdgezondheidszorg - Maatschappelijke gezondheidszorg.
- R'dam (HS Rotterdam): Minors.
Aansluitende masteropleidingen
- UU: Verplegingswetenschap.
Mogelijkheden voor verdere studie Kaderopleiding; master Advanced nursing practice, of andere relevante masteropleidingen; post-hbo-cursussen; hbo-specialisaties in de verpleegkunde.
Functiemogelijkheden Verpleegkundige op het eerste functieniveau (kwaliteitsniveau 5) ten behoeve van alle zorgcategorie'n.

13.2.f.3 Verpleegkunde en verloskunde (HZ)
Voor adres(sen) zie: HBO-203.
Algemeen Hbo-bacheloropeiding.
Duur 4 jaar voltijd.

13.2.f.4 Verpleegkunde - technische stroom (Fontys HS, HAN, Saxion HS, Zuyd HS)
Voor adres(sen) zie: HBO-80, 89, 150, 166.
Algemeen Hbo-bacheloropleiding.
Duur
- 4 jaar voltijd.
- HAN: 4 jaar deeltijd.
- Zuyd HS: duaal.
Lesprogramma Specialisaties bij alle opleidingen: Anesthesiemedewerker - Operatieassistent.

13.2.g Mbo-opleiding niveau 4

13.2.g.1 Verpleegkundige (niveau 4)
Voor adres(sen) zie: ROC/MBO-1, 4, 7, 8, 10, 12, 13, 14, 15, 16, 17, 21, 23, 24, 25, 26, 27, 28, 30, 32, 33, 37, 38, 39, 40, 43, 45, 48, 54, 56, 58, 60.
Algemeen
- Roc Midden-Nederland (Amersfoort) organiseert naast de reguliere opleiding ook een opleiding op antroposofische grondslag.
- Eindtermen voor deze kwalificatie worden ontwikkeld door Calibris (Zorg, Welzijn en Sport).
- Hier worden slechts de centrale adressen vermeld. De opleiding kan in de wijde omtrek ervan worden gegeven.
CREBO 10426/93510
Doel Verantwoordelijk zijn voor de zelfstandige uitvoering van het verpleegkundig proces in een bepaalde zorgsituatie; de verpleegkundige organiseert en coördineert de zorg rondom de individuele zorgvrager; het direct contact met de zorgvrager vormt het kader voor de verpleegkundige interventies en de basis van het zorgarrangement.
Toelatingseisen
- Diploma vmbo gl, vmbo kb, vmbo tl met sector vmbo-Z&W.
- Men kan met het diploma Verzorgende (niveau 3) met vrijstellingen in de opleiding instromen.
- Als men 21 jaar of ouder is en als verpleeghulp werkzaam, kan men de opleiding in 2,5 jaar deeltijd voltooien.
Duur
- 4 jaar voltijd en deeltijd.
- Bij sommige roc's ook verkorte programma's van 2 jaar.
Mogelijkheden voor verdere studie Een opleiding van niveau 4: Praktijkopleider; of hbo-Verpleegkundige.
Functiemogelijkheden Verpleegkundige niveau 4 ten behoeve van alle zorgcategorieën.

13.2.h Mbo-opleiding niveau 3

13.2.h.1 Verzorgende (niveau 3)
Zie 15.1.h.1.

13.2.h.2 Verzorgende-IG (Individuele Gezondheidszorg) (niveau 3)
Zie 15.1.h.2.

13.2.i Mbo-opleiding niveau 1 of niveau 2

13.2.i.1 Helpende welzijn (niveau 2)
Zie 14.1.i.1.

13.2.i.2 Helpende zorg en welzijn (niveau 2)
Zie 15.1.i.2.

13.2.i.3 Zorghulp (niveau 1)
Zie 15.1.i.3.

13.2.l Overige opleidingen

13.2.l.1 Ambulancechauffeur
Voor adres(sen) zie: OVER-367.
Doel Opleiding voor het getuigschrift Ambulancechauffeur: een chauffeur met een specifieke deskundigheid, die de ambulanceverpleegkundige assisteert bij het verlenen van verpleegkundige en geprotocolleerde medische zorg, en die indien nodig eerste hulp verleent. Het getuigschrift van de opleiding wordt afgegeven als men in het bezit is van het SOSA-certificaat van het assisterend gedeelte van de opleiding Ambulancechauffeur, het BOV-certificaat Vervoerstechnische gedeelte, en het CCV-certificaat Ambulancevervoer.
Toelatingseisen
- Als ambulancechauffeur in dienst zijn van een ambulancedienst.
- In het bezit zijn van het diploma ehbo en het rijbewijs B.
Duur
- 6 maanden (32 lesdagen).
- Start 8x per jaar.
Lesprogramma
- Het medisch-assisterend gedeelte (22 lesdagen) begint met een 'deelvaardighedenweek' op het gebied van ambulancezorg. Dit is een intensief inhoudelijk trainingsprogramma van een week, waarin alles draait om de basiscompetenties van de ambulancechauffeur. De week wordt afgesloten met een practicumtoets.
- Het tweede jaar volgt het vervoerstechnische gedeelte: verkeers- en vervoerstechnische module (10 lesdagen). Deze kent twee meerdaagse trainingen in algemene en bijzondere rijvaardigheden en 6 theoriedagen in voorschriften op verkeers-, administratief en autotechnisch gebied.
- Het laatste deel bestaat uit acht verdiepingsmodulen van in totaal 17 lesdagen en is een combinatie van theorie en praktijk. Tijdens de theorie-uren worden opdrachten besproken, presentaties gegeven en vragen beantwoord. Tijdens het practicum wordt niet alleen de rol als ambulancechauffeur geoefend, maar de student wordt ook bij toerbeurt patiënt.
Mogelijkheden voor verdere studie Nascholingscursussen voor werkbegeleiding en leidinggeven; verplichte symposia.
Functiemogelijkheden Ambulancechauffeur bij een ambulancedienst.
Overige informatie De opleiding wordt verzorgd door instellingen te Bilthoven, Eindhoven, Harderwijk, Hollandsche Rading, Lelystad, en Zwolle.

13.2.l.2 Bij- en nascholing gezondheidszorg en sport (Leffelaar)
Zie 16.1.d.1.

13.2.l.3 ISBW opleiding, training en coaching
Zie 11.1.l.7.

13.2.l.4 SVOZ opleidingen in de zorg
Voor adres(sen) zie: OVER-336.
Opleidingen
- Eerst Verantwoordelijk Verzorgende (EVV).
- Eerst Verantwoordelijk Verzorgende (EVV), verkorte en versnelde opleiding.
- Gespecialiseerd verzorgende Palliatieve zorg.
- Gespecialiseerd verzorgende Psychogeriatrie.
- Gespecialiseerd verzorgende Reactivering en revalidatie.
- Kaderopleiding.
- Train-de-trainer vaardigheidsonderwijs.
Overige informatie Zie ook:
- 15.1.i.2 Helpende zorg en welzijn (niveau 2).
- 14.1.i.1 Helpende welzijn (niveau 2).
- 15.1.h.1 Verzorgende (niveau 3).
- 15.1.h.2 Verzorgende-IG (Individuele Gezondheidszorg) (niveau 3).
- 15.1.i.3 Zorghulp (niveau 1).

13.3 MEDISCHE ADMINISTRATIE

13.3.l Overige opleidingen

13.3.l.1 Medisch secretaresse (ASOP)
Voor adres(sen) zie: OVER-27.
Algemeen Dagopleidingen tot medisch secretaresse (NAMS) en doktersassistent(e) (ASOP).
Duur 1 jaar (2 avonden of 1 dag per week).
Functiemogelijkheden Medisch secretaresse bij een huisartsenpraktijk, een specialist, een ziekenhuis, een verpleeghuis of bij een andere instelling voor gezondheidszorg.
Overige informatie Voor andere opleidingen tot doktersassistent: zie 13.1.g.1 en 13.1.l.2.

13.3.l.2 Nederlandse Academie voor Medisch Secretaressen (NAMS)
Opleidingen
- Apothekersassistent.
- Dierenartsassistent.
- Doktersassistent.
- Medisch secretaresse.
- Medische kennis en terminologie.
- Pedicure.
- Tandartsassistent.
Toelatingseisen Diploma vmbo, havo, vwo (in alle gevallen: Engels gewenst); of gelijkwaardig.

13.4 MEDISCHE INFORMATICA

13.4.c Wo-bacheloropleiding

13.4.c.1 Medische informatiekunde (UvA)
Voor adres(sen) zie: WO-8.
Algemeen De wo-bacheloropleiding is gericht op technieken uit de informatica, toegepast bij het oplossen van een medisch probleem en in de gezondheidszorg.
Toelatingseisen
- Diploma vwo (wisk. A of B, nat.; gewenst: Eng., biol., scheik.); vwo-profiel C&M (+ wisk. B I, nat. I), E&M (+ wisk. B I, nat. I), N&T, N&G; propedeuse of getuigschrift/diploma van een hbo of van de OUNL.
- Als men 21 jaar of ouder is, komt men in aanmerking voor een colloquium doctum.
Duur 3 jaar voltijd.
Lesprogramma Honours-programma.
Functiemogelijkheden In ziekenhuizen; als beleidsmedewerker in de gezondheidszorg; bij medische organisaties of als onderzoeker bij de overheid of in het bedrijfsleven.

13.5 MEDISCH LABORATORIUM

13.5.f Hbo-bacheloropleiding

**13.5.f.1 Biologie en medisch laboratoriumonderzoek
(Avans HS, Fontys HS, HAN, Hanze HS,
HS Inholland, HS Leiden, HS Rotterdam,
HS Utrecht, HS Van Hall/Larenstein, NHL,
Saxion HS, Zuyd HS)**
Voor adres(sen) zie: HBO-20, 52, 82, 89, 96, 109, 121, 125, 132, 150, 157, 184, 200.
Algemeen Hbo-bacheloropleiding.
Doel Opleiding tot laboratorium-ingenieur in de biologische, biotechnologische en medische sector.
Toelatingseisen Diploma havo (scheik. en nat.); havo-profiel; diploma vwo (scheik. of nat., wisk. A of B); vwo-profiel; mbo niveau 4 (laboratoriumtechnische opleiding met scheik., nat.).
Duur
- 4 jaar voltijd.
- 3 jaar voltijd na diploma mbo niveau 4 op het gebied van laboratoriumonderwijs.
- 3,5 jaar voltijd na diploma vwo.
Lesprogramma Specialisaties:
- A'dam (HS Inholland): Bioresearch - Medische diagnostiek.
- Breda (Avans HS): Biomedisch onderzoek - Forensisch laboratorium onderzoek.
- Deventer (Saxion HS): Diagnostiek -Nanotechnology - Research.
- Enschede (Saxion HS): Diagnostiek - Infection & contamination control - Nanotechnology - Research.
- Groningen (Hanze HS): Biochemie - Biotechnologie - Medische biologie.
- Leeuwarden (HS Van Hall/Larenstein): Biomedical research - Food safety and health - Human diagnostics.
- Leeuwarden (NHL): Biomedical research - Diagnostics - Health and food.
- Nijmegen (HAN): Biochemie - Medische microbiologie - Moleculaire plantenbiologie.
- R'dam (HS Rotterdam): Medische diagnostiek - Research.
- Utrecht (HS Utrecht): Biomolecular research - Food & pharma - Microbiology - Zoology.
Mogelijkheden voor verdere studie Wo-bachelor Biologie; wo-bachelor Scheikunde.
Functiemogelijkheden Biochemisch hbo-ingenieur; biotechnologisch hbo-ingenieur; klinisch chemisch ingenieur; microbiologisch HLO-ingenieur; biomedisch hbo-ingenieur; plantenbiotechnologisch, virologisch, immunologisch of moleculair biologisch ingenieur; onderwijs, sales manager, gemeente-instanties op het gebied van milieu.

13.5.g Mbo-opleiding niveau 4

13.5.g.1 Analist (niveau 4)
Zie 7.2.g.1.
Algemeen Er is een uitstroomrichting van deze opleiding: Analist klinische chemie (crebonummer 93711).

13.6 VERLOSKUNDE EN KRAAMVERZORGING

13.6.f Hbo-bacheloropleiding

13.6.f.1 Verloskunde (Verloskunde-Academies Amsterdam, Groningen, Maastricht, Rotterdam; HS Inholland)
Voor adres(sen) zie: HBO-20, 36, 105, 136, 162.
Algemeen
- Hbo-bacheloropleiding voor verloskundige (hij of zij) die wettelijk geregelde bevoegdheden bezit om zelfstandig verloskundige zorg te verlenen.
- De Verloskunde Academie Amsterdam (VAA) en de Verloskunde Academie Groningen (VAG) maken sinds 1 september 2008 deel uit van het samenwerkingsinstituut tussen de Hogeschool Inholland en het VUA medisch centrum (VUmc). Het onderwijsprogramma van de VAA en de VAG is gelijk. Dit geldt zowel voor de opleiding tot verloskundige als voor het nascholingsprogramma van het Expertisecentrum.
- De Verloskunde Academie Rotterdam is een samenwerkingsverband tussen HS Rotterdam en Erasmus MC: Minors.
Toelatingseisen
- Goede gezondheid.
- Diploma havo, vwo (beide met scheik., biol.); havo-profiel N&T (+ biol.), N&G; vwo-profiel N&T (+ biol.), N&G.
Duur
- 4 jaar voltijd.
- Theorie en praktijk worden in wisselende blokken gegeven.
Lesprogramma Verloskunde - kindergeneeskunde - algemene pathologie - anatomie - dieetleer - ethiek - farmacologie - fysiologie - gynaecologie - psychologie - scheikunde - seksuologie en geboorteregeling - sociale geneeskunde - sociologie - vaardigheidsonderwijs.
Functiemogelijkheden Zelfstandige vestiging in huispraktijk (eventueel in maatschapsverband); werken in een ziekenhuis en eventueel in ontwikkelingslanden.

13.6.h Mbo-opleiding niveau 3

13.6.h.1 Verzorgende (niveau 3)
Zie 15.1.h.1.

13.7 ERGOTHERAPIE

Voor adres(sen) zie: OVER-313.

13.7.e Hbo-masteropleiding

**13.7.e.1 Occupational Therapy (ergotherapie)
(HAN, HS Rotterdam, Zuyd HS)**
Voor adres(sen) zie: HBO-109, 150, 157.
Algemeen Hbo-masteropleiding.
Toelatingseisen BSc in Occupational Therapy (hbo-Ergotherapie).
Duur 2 jaar deeltijd.
Lesprogramma Evaluation occupational therapy in Europe - Human occupation in Europe - Implementing occupational therapy research in Europe - Occupational therapy in Europe - Scientific theory and method in occupational therapy.
Diploma/examen Leidt tot de titel MSc.
Overige informatie De voertaal is Engels.

13.7.f Hbo-bacheloropleiding

13.7.f.1 Ergotherapie (HAN, HS NCOI, HS Rotterdam, HvA, Zuyd HS)
Voor adres(sen) zie: HBO-27, 109, 115, 150, 157.
Algemeen
- Hbo-bacheloropleiding voor wie zich (gaat) bezighouden met de revalidatie van mensen die tijdelijk of blijvend beperkt zijn in lichamelijk of geestelijk opzicht.
- HS NCOI wordt niet door de overheid bekostigd.

Doel De ergotherapeut helpt op praktische wijze de mogelijkheden van de patiënt en diens woon-, leef- en werksituatie zo goed mogelijk op elkaar af te stemmen.
Ook geeft de ergotherapeut in toenemende mate adviezen aan bedrijven om arbeidsongeschiktheid te voorkomen.

Toelatingseisen
- Diploma havo of vwo; havo-profiel N&T, N&G, E&M (+ biol.), C&M (+ biol.); vwo-profiel N&T, N&G, E&M (+ biol. I), C&M (+ biol. I); mbo niveau 4 (vereist: biol.; in Rotterdam gewenst: biol.).
- Of 21 jaar of ouder zijn en toegelaten worden op grond van een toelatingsonderzoek.

Duur
- 4 jaar voltijd.
- HS NCOI: digitaal in deeltijd.

Lesprogramma Specialisaties:
- R'dam (HS Rotterdam): Minors.

Aansluitende masteropleidingen
- HAN, HS Rotterdam, Zuyd HS: MSc in Occupational Therapy (ergotherapie).

Mogelijkheden voor verdere studie Verkorte opleiding Gezondheidswetenschappen; managementopleidingen in de gezondheidszorg; post-hbo-cursussen.

Functiemogelijkheden Bij instellingen voor lichamelijke gezondheid (revalidatiecentra, speciale ziekenhuizen, reactiveringscentra) of voor psychische gezondheid (psychiatrische centra, inrichtingen voor zwakzinnigen en dubbel gehandicapten); bij diverse andere instellingen (buitengewoon onderwijs, sociale werkplaatsen, vakopleidingen voor mensen met een beperking, eerste lijn, thuiszorg, bedrijfsleven en gemeentelijke instanties); als ergotherapeutisch adviseur in het bedrijfsleven of bij gemeentelijke instanties; als zelfstandig gevestigd ergotherapeut met een eigen praktijk; als maatschapslid verbonden aan een instelling voor gezondheidszorg.

13.8 RADIOLOGIE EN BEELDVORMING

Voor adres(sen) zie: DIEN-33.

13.8.d Post-hbo-opleiding

13.8.d.1 Radiologisch laborant (NVZ)
Voor adres(sen) zie: HBO-194.
Algemeen Het beroep 'radiotherapeutisch laborant' wordt, samen met het beroep 'radiodiagnostisch laborant', 'radiologisch laborant' genoemd.
Voor deelname aan de opleiding moet men solliciteren bij de afdeling personeelszaken van het ziekenhuis naar keuze. De NVZ heeft een lijst van opleidingsziekenhuizen.
Toelatingseisen
- Diploma havo (gewenst: wisk., nat.) of gelijkwaardig.
- Bewijs van de bevoegdheid Radiodiagnostisch laborant.

Duur
- 3 jaar: de eerste maanden voornamelijk theoretisch onderwijs. Na aanstelling als leerling-therapeutisch laborant werkt men als stagiair op een radiotherapeutische afdeling van een ziekenhuis of in een radiotherapeutisch instituut.
- 1,5 jaar na de bevoegdheid Radiodiagnostisch laborant.

Lesprogramma Anatomie en fysiologie - insteltechnieken en röntgenfysica - röntgentechniek en bestralingstechniek - stralingshygiëne - bacteriologie - steriliteit en hygiëne - verpleegkunde - psychologie - ziektenleer - dieetleer - sociale vaardigheden.
Diploma/examen Na de opleiding ontvangt men het bewijs van de bevoegdheid Radiotherapeutisch laborant.
Mogelijkheden voor verdere studie Opleiding radiotherapeutisch docent.
Functiemogelijkheden Radiotherapeutisch laborant, eerste radiotherapeutisch laborant, waarnemend hoofd of hoofd radiotherapeutisch laborant, radiotherapeutisch docent.

13.8.d.2 Stichting CPION (Centrum Post Initieel Onderwijs Nederland)
Voor adres(sen) zie: DIEN-29.
Algemeen Toetsing, registratie en diplomering van initiële opleidingen.

13.8.f Hbo-bacheloropleiding

13.8.f.1 Medische Beeldvormende en Radiotherapeutische Technieken (hbo-MBRT) (Fontys HS, Hanze HS, HS Inholland)
Voor adres(sen) zie: HBO-80, 96, 106.
Algemeen Hbo-bacheloropleiding voor medisch beeldvormende beroepen (röntgen, echografie, nucleaire geneeskunde) en voor radiotherapie (bestralingsbehandeling).
Toelatingseisen
- Diploma havo of vwo (bij beide gewenst: wisk., nat., Eng.); havo-profiel N&T, N&G, E&M (+ biol. I), C&M (+ biol.); vwo-profiel N&T, N&G, E&M (+ biol. I), C&M (+ biol. I); mbo niveau 4 (gewenst: wisk., nat., Eng.).
- Of 21 jaar of ouder zijn en toegelaten worden op grond van een toelatingsonderzoek.

Duur 4 jaar voltijd en duaal.
Lesprogramma Vakken: beroepsmatig patiëntgericht handelen - medische informatica - medische technieken - radiodiagnostiek - nucleaire geneeskunde - echografie - radiotherapie - lasertherapie - stralingshygiëne - anatomie en fysiologie - verpleegkundige basisvaardigheden - fysica - sociale vakken.
Mogelijkheden voor verdere studie Gezondheidswetenschappen, diverse relevante bij- en nascholingscursussen.
Functiemogelijkheden Radiodiagnostisch laborant en radiotherapeutisch laborant in ziekenhuizen, revalidatiecentra, psychiatrische instituten of longklinieken; medisch nucleair werker (diagnostisch en therapeutisch werk); laborant echografie.

13.9 TANDHEELKUNDE EN MONDHYGIËNE

Zie ook: 5.12 Tandtechniek.
N.B. De woorden 'paradontologie' en 'parodontologie' worden in de tandartsenpraktijk door elkaar gebruikt.

13.9.a Postacademisch onderwijs (pao)

13.9.a.1 Periodontologie (VUA)
Voor adres(sen) zie: WO-9.
Toelatingseisen
- Diploma Tandarts aan een Europese universiteit of tandheelkundig instituut.
- Daarbij ten minste 1 jaar werkervaring.

Duur 3 jaar (5 dagen per week).

13.9.a.2 Tandarts-endodontist (VUA)
Voor adres(sen) zie: WO-9.
Toelatingseisen
- Diploma Tandarts aan een Europese universiteit of tandheelkundig instituut.
- Plus minimaal 1 jaar werkervaring.

Duur 3 jaar (3 lesdagen en 2 zelfstudiedagen per week).

13.9.a.3 Tandheelkunde (Nijmegen)
Voor adres(sen) zie: PAO-13.
Algemeen Jaarlijks worden er gespecialiseerde cursussen voor tandartsen gegeven.
Cursussen
- Apexresectie voor beginners.
- Behandelstrategieën in de kindertandheelkunde.
- Chirurgische technieken.
- Cosmetische en restauratieve tandheelkunde met composiet.
- Cosmetische tandheelkunde met composiet.
- De derde molaar: chirurgische verwijdering in de algemene praktijk.
- De endodontische behandeling.
- De esthetische composietrestauratie in het front.
- De frameprothese.
- De lastige wortelkanaalbehandeling.
- De volledige prothese modulair.
- Diagnostiek en behandeling van gebitsslijtage.
- Digitale mondfotografie en beeldbewerking.
- Directe etsbruggen in het front.
- Endo! Opbouw? Kroon.
- Esthetische parodontale chirurgie en regeneratie van furcatie defect.
- Indicatie en diagnostiek van panoramaopnamen.
- Indirecte adhesieve restauraties.
- Individuele cursus Parodontale chirurgie.
- Kind en cariës I.
- Kind en cariës II.
- Kroon- en brugwerk met composiet en vezelversterking.
- Moderne opbouwtechnieken.
- Nieuw besluit Stralenbescherming en de gevolgen voor de praktijk.
- Nieuwe ultrasone technieken en materialen.
- Onderprothese op 2 implantaten.
- Ortho-A: diagnostiek en behandelingsplanning van orthodontische patiënten.
- Ortho-B: vaste apparatuur in de algemene praktijk.
- Ortho-C: vaste apparatuur: finishing a case.
- Paot-contract tandheelkunde Nijmegen.
- Parodontale chirurgie.
- Posterior composiet.
- Preventieassistenten (cursus II).

- Tandheelkundige preventie en mondhygiëne voor tandartsassistenten.
- TMD: wat kan ik ermee?
- Weefselbesparend behandelen.

13.9.b Wo-masteropleiding

13.9.b.1 Tandheelkunde (KUL, RU, RUG, UG, UvA, VUA)
Voor adres(sen) zie: WO-6, 9, 23, 35, 53, 55.
Algemeen Wo-masteropleiding.
Toelatingseisen Diploma wo-bachelor Tandheelkunde.
Duur
- 2 jaar.
- KUL: ook in deeltijd.

Lesprogramma Specialisaties of varianten:
- RU: Het chirurgische profiel - Het profiel: kind en ontwikkeling - Het reconstructieve profiel.
- UvA: Biologie en tandheelkunde - Fysica, chemie en tandheelkunde - Gedragswetenschappen en tandheelkunde - Geneeskunde en tandheelkunde.

Functiemogelijkheden Zelfstandig tandarts, schooltandarts, bedrijfstandarts, wetenschappelijk medewerker bij een universiteit.

13.9.c Wo-bacheloropleiding

13.9.c.1 Tandheelkunde (KUL, RU, RUG, UG, UvA, VUA)
Voor adres(sen) zie: WO-8, 9, 23, 35, 53, 55.
Algemeen Wo-bacheloropleiding.
- RU: de opleiding is gebaseerd op patiëntgerichte probleemoplossing.
- RUG: De opleiding wordt verzorgd in samenhang met de hbo-opleiding Mondzorgkunde (Hanze HS); deze tandheelkunde-opleiding kent het patiëntgerichte onderwijssysteem.
- De UvA en de VUA verzorgen een gemeenschappelijke opleiding aan het Academisch Centrum Tandheelkunde Amsterdam (ACTA).

Doel Opleiding tot tandarts: gericht op preventie, diagnose en behandeling op tandheelkundig gebied.
Toelatingseisen
- RU, RUG, VUA: vwo-diploma, met profiel N&G (+ nat). of N&T (+ biol.).
- UvA: vwo-diploma (+ biol. 1,2 en nat.).

Duur 3 jaar voltijd; KUL: ook deeltijd.
Lesprogramma Specialisaties:
- RUG: Honours-programma.
- UvA: Honours-programma - Orthodontie en kaakchirurgie.
- VUA: Orthodontie en kaakchirurgie.

Aansluitende masteropleidingen
- KUL, RU, RUG, UG, UvA, VUA: Tandheelkunde.

13.9.f Hbo-bacheloropleiding

13.9.f.1 Mondzorgkunde (HAN, Hanze HS, HS Inholland, HS Utrecht)
Voor adres(sen) zie: HBO-20, 96, 150, 184.
Algemeen De hbo-bacheloropleiding voor mondhygiënist richt zich op alle aspecten van het paramedisch beroep van de mondhygiënist. De mondhygiënist maakt vaak deel uit van een tandheelkundig team, maar hij kan zich ook vrij vestigen. Hij verricht klinische werkzaamheden en geeft (tandheelkundige) gezondheidsvoorlichting. Men leert hoe klinische taken worden uitgevoerd, zoals tandsteen en aanslag verwijderen, het gebit polijsten en diag-

nostische gegevens verzamelen door het gebit en de omringende weefsels te onderzoeken (o.a. met röntgenfoto's). De werkzaamheden zijn gericht op preventie en gebitsonderhoud. Men leert in deze opleiding ook hoe voorlichting wordt gegeven aan patiënten, ouders, onderwijzend personeel, kinderen en overige doelgroepen voor wie tandheelkundige voorlichting en opvoeding van belang zijn.

Toelatingseisen
- Diploma havo of vwo; alle havo- en vwo-profielen; biologie gewenst; mbo-diploma niveau 4.
- Of 21 jaar of ouder zijn en toegelaten worden op grond van een toelatingsonderzoek.

Duur 4 jaar voltijd.

Lesprogramma Specialisaties:
Utrecht (HS Utrecht): Didactische vaardigheden als student assistent (minor) - International health studies (minor) - Preventie in de mondzorg; keuze uit: parodontologie, kinderen of intramuraal (minor).

Diploma/examen Bachelor of Health.

Mogelijkheden voor verdere studie Tandheelkunde; na colloquium doctum: docentenopleiding.

Functiemogelijkheden Algemene tandheelkundige praktijken en groepspraktijken, vrijgevestigd; specialistenpraktijken; kaakchirurgie-afdelingen in ziekenhuizen; mondhygiënist bij basisgezondheidsdiensten en GG en GD's; gehandicaptenzorg; verpleeghuizen; faculteiten Tandheelkunde of Bijzondere tandheelkunde.

Overige informatie Bij HS Inholland wordt deze opleiding gegeven in de Gustav Mahlerstraat te Amsterdam, in het gebouw van het Opleidingsinstituut Zorg & Welzijn.

13.9.g Mbo-opleiding niveau 4

13.9.g.1 LOI en NTI - afstandsonderwijs/blended learning - Tandartsassistent (niveau 4)
Voor adres(sen) zie: OVER-225, ROC/MBO-36.
Algemeen Eindtermen voor deze kwalificatie worden ontwikkeld door Calibris (Zorg, Welzijn en Sport).
CREBO 10775/91410
Doel Onderhouden en gebruiken van groot en klein instrumentarium, gebruiken en verwerken van materialen, assistentie bij behandeling, begeleiden en voorlichten van patiënten, administratie, röntgenologie en tandtechniek.
Toelatingseisen
- Diploma vbo-3c (Ned.), mavo, vmbo.
- Of geslaagd zijn voor een opstapcursus.
- Of 21 jaar of ouder zijn met voldoende praktijkervaring, en toegelaten worden op grond van een toelatingsonderzoek.
Duur 2 jaar, waarin 8 practica en 770 uur beroepspraktijkvorming.
Mogelijkheden voor verdere studie Een opleiding van niveau 4: Praktijkopleider; hbo-bachelor Mondzorgkunde.
Functiemogelijkheden Tandartsassistent in een tandartsenpraktijk.

13.9.g.2 Tandartsassistent (niveau 4)
Voor adres(sen) zie: ROC/MBO-1, 7, 8, 10, 12, 16, 20, 22, 23, 24, 25, 27, 30, 32, 34, 38, 39, 43, 45, 48, 54, 58, 60.
Algemeen
- Eindtermen voor deze kwalificatie worden ontwikkeld door Calibris (Zorg, Welzijn en Sport).
- Hier worden slechts de centrale adressen vermeld. De opleiding kan in de wijde omtrek ervan worden gegeven.
CREBO 10775/91410

Doel Onderhouden en gebruiken van groot en klein instrumentarium, gebruiken en verwerken van materialen, assistentie bij behandeling, begeleiden en voorlichten van patiënten, administratie, röntgenologie en tandtechniek.
Toelatingseisen Diploma vmbo gl, vmbo kb of vmbo tl.
Duur 3 jaar voltijd.
Mogelijkheden voor verdere studie Een opleiding van niveau 4: Praktijkopleider; hbo-bachelor Mondzorgkunde.
Functiemogelijkheden Tandartsassistent in een tandartsenpraktijk.

13.10 OPERATIEKAMER

13.10.I Overige opleidingen

13.10.I.1 Operatieassistent en anesthesiemedewerker (LUMC, NVZ)
Voor adres(sen) zie: HBO-194, WO-28.
Algemeen Voor deelname aan de opleiding moet men solliciteren bij de afdeling Personeelszaken van een (groot) ziekenhuis naar keuze.
Sinds februari 2003 valt deze opleiding onder het CZO: College Ziekenhuis Opleidingen.
Doel Opleiding tot operatieassistent of anesthesiemedewerker, die in een team werkzaam kan zijn en op grond van eigen deskundigheid onder verantwoordelijkheid van een snijdend specialist of anesthesioloog medisch ondersteunende werkzaamheden kan verrichten.
- Een operatieassistent voert medisch-ondersteunende taken uit ten behoeve van een operatie.
- Een anesthesiemedewerker richt zich tijdens operaties op het assisteren van de anesthesioloog.
Toelatingseisen
- Tot de beroepsvoorbereidende opleiding wordt men toegelaten met het diploma havo of mbo niveau 4.
  Met een vergelijkbaar kennis-/ervaringsniveau kan een verzoek tot toelating tot de opleiding worden ingediend bij het secretariaat van de Opleidingscommissie van de Opleiding tot Operatieassistent en Anesthesiemedewerker van het CZO.
  Jaarlijks start deze beroepsvoorbereidende opleiding te Leiden voor schoolverlaters en niet-verpleegkundigen op 1 september.
- Tot de beroepsbegeleidende opleiding te Leiden wordt men toegelaten met het diploma A-verpleegkundige of het diploma Verpleegkundige niveau 4 of 5. Jaarlijks start deze opleiding voor verpleegkundigen op 1 februari; hierop zijn uitzonderingen mogelijk.
Duur 3 jaar (beroepsvoorbereidende periode van 3 tot 6 maanden) en een leer-arbeidsovereenkomst voor het resterende gedeelte van de opleiding).
Lesprogramma
- *1e leerjaar:*
  anatomie en fysiologie - radiologie/stralingshygiëne - natuurkunde/scheikunde - laboratoriumonderzoek - operatieve zorg en technieken - houding en tiltechniek - ziekenleer - omgangskunde - algemene chirurgie - levensbeschouwelijke oriëntatie en ethiek - anesthesiologie - organisatie gezondheidszorg - farmacologie - juridische aspecten beroepsuitoefening - medische techniek.
- *Opleiding anesthesie-assistenten:*
  natuur- en scheikunde - farmacologie - medische techniek - algemene en speciële anesthesie.

- *Opleiding operatie-assistenten:*
gyneacologie - orthopedie - urologie - keel-, neus- en oorheel-
kunde - kaakchirurgie - thoraxchirurgie - vaatchirurgie - plastische chirurgie - neurochirurgie - oogheelkunde.
Diploma/examen Men ontvangt een diploma voor operatie-assistent of anesthesiemedewerker van de NVZ (Vereniging van Ziekenhuizen) dat de goedkeuring heeft van het ministerie van VWS. Met
het diploma kan men worden ingeschreven in het Register van Ope-
ratie- en Anesthesie-assistenten.
Mogelijkheden voor verdere studie Post-hbo-cursus Management voor operatie- en anesthesie-assistenten.
Functiemogelijkheden
- *Anesthesiemedewerker:* het zelfstandig verrichten van werkzaamheden, zoals het in gereedheid brengen van apparatuur en
alle hulpmaterialen, evenals het onderhouden daarvan; het
assisteren van de anesthesioloog op die plaatsen waar anesthe-
siewerkzaamheden worden verricht; het behartigen van het
sociale aspect ten opzichte van de patiënt en het operatieteam;
het verrichten van opleidingstaken.
- *Operatie-assistent:* het zelfstandig verrichten van de algemene
werkzaamheden binnen het operatiekamercomplex, zoals het
bedrijfsklaar maken van de operatiekamer en het verrichten van
de voor de afdeling benodigde administratieve werkzaamheden;
het assisteren van de heelkundig specialist bij de operatie; het
behartigen van het sociale aspect ten opzichte van de patiënt en
het operatieteam; het verrichten van opleidingstaken.
Overige informatie Zie ook 13.23.d.1 voor de opleiding Klinisch
perfusionist.

13.11 LOGOPEDIE EN SPRAAKONTWIKKELING

13.11.b Wo-masteropleiding

13.11.b.1 Taal- en spraakpathologie (RU)
Voor adres(sen) zie: WO-35.
Algemeen Wo-masteropleiding.
Duur 1 jaar voltijd.

13.11.f Hbo-bacheloropleiding

13.11.f.1 Logopedie (Fontys HS, HAN, Hanze HS, HS NCOI,
HS Rotterdam, HS Utrecht,
HS Windesheim/Flevoland, Zuyd HS)
Voor adres(sen) zie: HBO-3, 80, 96, 109, 115, 150, 157, 184, 220.
Algemeen Hbo-bacheloropleiding voor logopedist.
Doel Een logopedist onderzoekt/behandelt mensen met proble-
men met de verbale en non-verbale communicatie (o.a. op stem-,
spraak-, taal- en gehoorgebied). Hij/zij coacht ook wel personen
met scholingswensen (presentatievaardigheden, [amateur]toneel,
mediatraining en telefoontraining).
Toelatingseisen
- Diploma havo of vwo; alle havo- en vwo-profielen; mbo niveau 4;
diploma ziekenverpleging-A, -B, of -Z.
- Of 21 jaar of ouder zijn en toegelaten worden op grond van een toelatingsonderzoek. Een toelatingscommissie beoordeelt of stem,
spraak, ademhaling, articulatie en gehoor zodanig zijn, dat de
opleiding met goed resultaat kan worden gevolgd.
- Nijmegen (HAN): men moet ook een reken- en taaltoets maken.
Duur
- 4 jaar voltijd.
- HS Windesheim/Flevoland: ook deeltijd.

- HS NCOI: digitaal in deeltijd.
Lesprogramma Specialisaties:
- Almere (HS Windesheim/Flevoland): Caring robots - Kinderen
met een specifieke taalontwikkelingsstoornis.
- Groningen (Hanze HS): Logopädie.
- Nijmegen (HAN): Logopädie.
- R'dam (HS Rotterdam): Minors.
- Utrecht (HS Utrecht): Afasie, dysarhrie en dysfagie (minor) -
International health studies (minor) - Kind in de zorg.
Mogelijkheden voor verdere studie Vervolgopleiding tot ge-
specialiseerd logopedist, zoals stotter-, afasie- of stemtherapeut;
Lerarenopleiding basisonderwijs; hbo-bacheloropleiding Pedagogiek; hbo- of wo-bacheloropleiding Psychologie; wo-bacheloropleiding Taalwetenschap.
Functiemogelijkheden Zelfstandig gevestigd logopedist of werkend in gezondheidscentra; in dienst van basisgezondheidsdiensten
en schoolbegeleidingsdiensten; aanstelling bij grotere ziekenhuizen
en revalidatiecentra; werkzaam op audiologische centra (gehooron-
derzoek, aanpassen van gehoorapparaten, revalidatie); onderwijsbevoegdheid spraakverbetering voor het hele voortgezette onderwijs, met name aan pabo's, lerarenopleidingen, conservatoria,
toneelscholen en universiteiten; in dienst van een bedrijf (preventie,
advieswerk, trainingen).

13.12 FYSIOTHERAPIE

13.12.f Hbo-bacheloropleiding

13.12.f.1 Fysiotherapie (Avans HS, Fontys HS, HAN,
Hanze HS, HS Leiden, HS NCOI, HS Rotterdam,
HS Utrecht, HS Windesheim, HvA, Saxion HS,
Zuyd HS)
Zie ook: 13.12.f.2.
Voor adres(sen) zie: HBO-27, 53, 80, 89, 96, 109, 118, 132, 148,
150, 157, 184, 220.
Algemeen
- Hbo-bacheloropleiding voor fysiotherapeut.
- HS NCOI, Pro education en Thim HS worden niet door de overheid
bekostigd.
Toelatingseisen
- Diploma havo of vwo; alle havo- en vwo-profielen; mbo niveau 4.
- Of 21 jaar of ouder zijn en toegelaten worden op grond van een
toelatingsonderzoek.
Duur
- 4 jaar voltijd.
- HS NCOI en Pro education: digitaal in deeltijd.
Lesprogramma Specialisaties:
- Breda (Avans HS): Fysiotherapie (minor) - Paediatric physiothera-
phy (minor).
- Heerlen (Zuyd HS): Fysiotherapie in de geriatrie - Kinderfysio-
therapie - Manuele therapie - Sportfysiotherapie.
- Nijmegen (HAN): Topsportklas fysiotherapie.
- R'dam (HS Rotterdam): Minors.
- Utrecht (HS Utrecht): Kind met beperkingen interdisciplinair
benaderd (minor) - Management van de gezondheid, gezond-
heidszorg en welzijn (minor) - Neurorevalidatie (minor) - Oefen-
therapie Cesar en fysiotherapie.
- Pro Education: Kinderfysiotherapie en -revalidatie - Manuele
therapie - Minors.
Mogelijkheden voor verdere studie
- In Amsterdam, Groningen en Maastricht kan men op basis van

vrijstellingen een studie Bewegingswetenschappen voltooien; ook andere universitaire opleidingen zijn mogelijk; men kan de kaderopleiding volgen en de docentenopleiding t.b.v. opleidingen in de gezondheidszorg; opleiding tot manager in de gezondheidszorg, sportfysiotherapie, manueeltherapie, NDT/Bobath-therapie, psychomotore therapie, ontspanningstherapie, kinderfysiotherapie, bedrijfsfysiotherapie, dierfysiotherapie, fysiotherapie in de geriatrie, fysiotherapie bij bekkenbodem-problematiek.

- Utrecht: men kan na de opleiding starten met de wo-opleiding Fysiotherapiewetenschappen.

Functiemogelijkheden Fysiotherapeuten zijn werkzaam op vele plaatsen in de gezondheidszorg, bijv. ziekenhuis, revalidatiecentrum, verpleeghuis, verzorgingshuis, psychiatrische inrichting, gezondheidszorgcentrum, particuliere praktijk. Daarnaast kan een fysiotherapeut ook bijzondere schoolgymnastiek, bejaardengymnastiek en zwangerschapsbegeleiding geven. Fysiotherapeuten zijn ook te vinden bij sportverenigingen, grote bedrijven, in overheidsdienst en in het onderwijs.

Overige informatie De opleiding van Zuyd HS mag zich volgens de NVAO een 'excellente studie' noemen.

13.12.f.2 Thim HS voor fysiotherapie
Zie ook: 13.12.f.1.
Voor adres(sen) zie: HBO-148.
Algemeen Particuliere opleiding voor fysiotherapeut.
Toelatingseisen
- Tot het deeltijdonderwijs: diploma oefentherapeut, of vergelijkbaar.
- Tot het voltijdonderwijs: diploma havo of vwo; havo-profiel N&T, N&G, E&M (+ biol.), C&M (+ biol.); vwo-profiel N&T, N&G, E&M (+ biol. I), C&M (+ biol. I) of mbo niveau 4.
- Er is een voorbereidend jaar voor hen die het diploma Verpleegkunde mbo niveau 4 hebben behaald.

Duur
- 4 jaar voltijd.
- 2 tot 4 jaar deeltijd.
- Ook versnelde opleiding.

Lesprogramma Anatomie - oefentherapie - ehbo - fysiologie - psychologie - massage - lichamelijke opvoeding en sport - natuurkunde - biomechanica - scheikunde - sportmassage - zwem- en hydrotherapie - groepsgymnastiek - methoden van onderzoek - spreekvaardigheid - fysiotechniek - pedagogiek - filosofie - neurologie - orthopedie - pathologie - reumatologie - bindweefselmassage - lymfedrainage - drukpuntmassage - sociologie - neuropsychologie - neurofysiologie - psychopathologie - inspanningsfysiologie - sensomotorische fysiotherapie.

Diploma/examen Het diploma is erkend door het ministerie van OCW.

Overige informatie Men komt in aanmerking voor studiefinanciering.

13.13 BEWEGING

13.13.c Wo-bacheloropleiding

13.13.c.1 Bewegingswetenschappen (RU, UM, VUA)
Zie 16.1.c.1.

13.13.d Post-hbo-opleiding

13.13.d.1 Bewegingsexpressietherapie (Fontys Dansacademie)
Voor adres(sen) zie: HBO-167.
Algemeen Tweede fase beroepsopleiding voor docenten Dans, Mime en Drama die hun vak therapeutisch willen leren toepassen.
Toelatingseisen Diploma van een vakopleiding op het gebied van beweging, dramatische vorming of dans.
Duur 2 jaar en 3 maanden of deeltijd.
Lesprogramma Beweging/dans - spel - werkveldoriëntatie - bewegingsexpressieleer therapie - bewegingsanalyse - psychologie - visie- en methodiekontwikkeling.
Functiemogelijkheden Bewegingsexpressietherapeut in instellingen voor kinder- en jeugdpsychiatrie, orthopedagogische instellingen en het speciaal onderwijs; psychiatrische klinieken, verpleeghuizen, psychotherapeutische centra, dagklinieken en RIAGG's.

13.13.d.2 Stichting CPION (Centrum Post Initieel Onderwijs Nederland)
Voor adres(sen) zie: DIEN-29.
Algemeen Toetsing, registratie en diplomering van initiële opleidingen.

13.13.e Hbo-masteropleiding

13.13.e.1 Psychomotorische therapie (HS Windesheim)
Voor adres(sen) zie: HBO-221.
Algemeen Hbo-masteropleiding.
Duur 1 jaar deeltijd.

13.13.f Hbo-bacheloropleiding

13.13.f.1 Psychomotorische therapie en bewegingsagogie (HS Windesheim)
Voor adres(sen) zie: HBO-221.
Algemeen Hbo-bacheloropleiding in bewegingsagogische en psychomotorische therapeutische vaardigheden, zowel in het algemeen als in relatie tot specifieke doelgroepen, zoals mensen met verstandelijke en/of lichamelijke beperkingen en psychiatrische patiënten.
Doel Opleiding tot bewegingsagoog en beginnende psychomotorisch therapeut voor de (geestelijke) gezondheidszorg.
Toelatingseisen
- Diploma havo; havo-profiel N&T, N&G, E&M (+ biol.), C&M (+ biol.); diploma vwo; vwo-profiel N&T, N&G, E&M (+ biol. I), C&M (+ biol. I); mbo niveau 4.
- Er worden eisen gesteld aan het niveau van bedrevenheid.
- Medische goedkeuring is verplicht.
- Kandidaten die ouder zijn dan 21 jaar en die niet voldoen aan de opleidingseisen, kunnen worden toegelaten als uit een onderzoek is gebleken dat zij in staat mogen worden geacht het onderwijs van deze opleiding te volgen.

Duur 4 jaar voltijd; bij werkervaring als bewegingsagoog kan de verkorte deeltijdopleiding (30 ec's per jaar) worden gevolgd.
Lesprogramma Gemeenschappelijke propedeuse van de studie: Psychomotorische therapie en bewegingsagogie, met de studie: Sport en bewegen:
- In het 1e halfjaar staan het leren studeren en het leren sporten centraal. De student wordt veel onderwijs in eigen bedrevenheid aangeboden zoals turnen, judo, spel, atletiek, bewegen &

muziek en zwemmen. Daarnaast wordt bij het bestuderen van de theorie-onderdelen vanuit het leren leren-concept gewerkt. Het gaat hier om vakken als didactiek, methodiek, pedagogiek, psychologie, anatomie en fysiologie.

Ten slotte zijn er in het 1e jaar een ski- en een zomerkamp.

- 2e halfjaar: het accent verschuift naar het leren aanbieden en begeleiden van bewegingsactiviteiten. De student gaat dan ook stage lopen. Daarnaast zijn er beroepsvoorbereidende onderdelen zoals oriënterende bezoeken aan scholen, instellingen en organisaties die te maken hebben met de door de student gekozen opleiding. Aan het eind van het 1e jaar heeft de student een basis-inzicht ontwikkeld in het bewegen van mensen.

Aansluitende masteropleidingen Windesheim, Zwolle: hbomaster Psychomotorische therapie (alleen in deeltijd).

Functiemogelijkheden Bewegingsagoog en startend psychomotorisch therapeut in de gezondheidszorg.

N.B. De opleiding start eenmaal per 2 jaar.

13.13.f.2 Mens en techniek/Bewegingstechnologie (Haagse HS)

Voor adres(sen) zie: HBO-64.

Algemeen Hbo-bacheloropleiding voor bewegingstechnoloog met als taak het toepassen van biologische en technologische kennis bij het oplossen van problemen rond het menselijk bewegen.

Toelatingseisen Diploma havo, vwo of mbo niveau 4 (bij alle gewenst: wisk. B); havo-profiel N&T, N&G, E&M (+ biol. of wisk. B I), C&M (+ biol. of wisk. B I); vwo-profiel N&T, N&G, E&M (+ biol. I of wisk. B I), C&M (+ biol. I of wisk. B I).

Duur 4 jaar voltijd.

Lesprogramma Specialisaties: Orthopedie (minor) - Sporttechnologie (minor).

Functiemogelijkheden Bewegingstechnoloog in de gezondheidszorg, de sport, het bedrijfsleven (ergonoom) en het onderwijs (opleiding voor fysiotherapie en ergotherapie).

13.13.f.3 Oefentherapie Cesar (HS Utrecht)

Voor adres(sen) zie: HBO-184.

Algemeen Hbo-bacheloropleiding voor het beroep van oefentherapeut, volgens de bewegingsleer Cesar.

Doel Gericht op het voorkomen en het behandelen van klachten t.g.v. een onjuist houdings- en/of bewegingspatroon, al dan niet veroorzaakt door een bepaalde afwijking of ziekte.

Toelatingseisen Diploma havo of vwo; alle havo- of vwo-profielen; mbo niveau 4.

Duur 4 jaar voltijd (inclusief stagemomenten).

Lesprogramma

- Opgebouwd uit modulen. Per module wordt er gewerkt aan vaardigheden die men tijdens het uitoefenen van het beroep oefentherapeut-Cesar nodig heeft. Een module bestaat uit een school- en een stagegedeelte. Dit betekent dat de student in alle drie de studiejaren stage loopt. Binnen de module worden de medische, gedragswetenschappelijke en centrale Cesar-vakken geïntegreerd aangeboden.
- Specialisaties: International health studies (minor) - Leefstijl en coaching (minor) - Neurorevalidatie (minor).

Mogelijkheden voor verdere studie Post-hbo-cursussen voor sensomotorische therapie: zelfstandig of in dienstverband of op scholen voor speciaal onderwijs/expertisecentra, in de preventieve sector (bedrijfsleven [GG en GD's] en zwangerschapsgymnastiek); of in de recreatieve sector (sport- en groepslessen).

Functiemogelijkheden Functies in de preventieve gezondheidszorg; in de eerstelijns gezondheidszorg: particuliere of groepspraktijk; in de tweedelijns gezondheidszorg: revalidatie-afdelingen, verpleeghuizen, ziekenhuizen.

Overige informatie Het beroep van oefentherapeut-Cesar is wettelijk erkend als een paramedisch beroep.

13.13.f.4 Oefentherapie Mensendieck (HvA)

Voor adres(sen) zie: HBO-27.

Algemeen Hbo-bacheloropleiding.

Doel De oefentherapeut-Mensendieck leert de patiënt of cliënt zelf, d.m.v. oefeningen, bewust zijn houdings- en bewegingsgewoonten te veranderen. Hierdoor worden klachten van het bewegingsapparaat voorkomen.

Toelatingseisen

- Diploma havo of vwo; havo-profiel C&M (+ biol.), E&M (+ biol.), N&T, N&G; vwo-profiel C&M (+ biol. I), E&M (+ biol. I), N&T, N&G; mbo niveau 4.
- Passieve beheersing van de Engelse taal, analytisch en probleemoplossend vermogen, en de uitgangspunten van Mensendieck onderschrijven.

Duur 3 jaar voltijd.

Lesprogramma

- De propedeuse is oriënterend van karakter met uiteenlopende vakken van anatomie tot psychologie. Zowel theoretisch als vaardigheidsonderwijs. In november/december en in april zijn er stages.
- In het 2e jaar start de hoofdfase met een langere stage van 3 maanden over neurologische en orthopedische aandoeningen, psychosomatische klachten en klachten t.g.v. chronische aandoeningen.
- In het 3e jaar wordt aandacht besteed aan thema's als zwangerschap en bevalling, intercollegiale toetsing en werken in instellingen. In dit jaar zijn er 2 stages.

Functiemogelijkheden Eigen praktijk of groepspraktijk (vaak met fysiotherapeuten) of in gezondheidscentra in multidisciplinair verband. Daarnaast ook o.a. bij een bedrijfsgezondheidsdienst of bij een thuiszorgorganisatie.

13.13.l Overige opleidingen

13.13.l.1 Osteopaat (Sutherland)

Voor adres(sen) zie: OVER-32.

Doel De osteopathie richt haar therapie op het herstel van de mobiliteit in een lichaamsdeel of orgaan door manipulatie, wat leidt tot herstel van het zelfregulerende systeem van het lichaam.

Toelatingseisen (Para)medische opleiding.

Duur 4 jaar deeltijd.

Lesprogramma Theorie en praktisch oefenen.

Functiemogelijkheden Vestiging als osteopaat.

Overige informatie De opleiding is erkend door de Nederlandse Vereniging voor Osteopathie.

13.14 LERAAR VERPLEEGKUNDE

13.14.d Post-hbo-opleiding

13.14.d.1 Hbo-lerarenopleiding Verpleegkunde (eerstegraads) (NHL)

Voor adres(sen) zie: HBO-126.

Doel Kennis en technieken aanleren om leidinggevende, coördinerende, beleidsvoorbereidende en -uitvoerende taken binnen de school- of gezondheidszorgorganisaties te kunnen verrichten.

Toelatingseisen
- Diploma Lerarenopleiding tweedegraads.
- 1 jaar praktijkervaring als docent of praktijkbegeleider.

Duur 1 jaar (totaal 16 lesdagen).

Lesprogramma Modulen: betekenis van verpleegkundig onderzoek - ontwikkelingen in beroep en onderwijs - vormgeving onderwijs - invoering flexibel onderwijs - leraar als innovator.

Functiemogelijkheden Leidinggevende en beleidsvoorbereidende/uitvoerende functies binnen de gezondheidszorginstellingen, binnen scholen voor hbo en mbo voor verpleegkundigen en verzorgenden, binnen branchegerichte instituten waardoor wordt opgeleid tot verzorgende of verpleegkundige, binnen specialistische verpleegkundige opleidingen en binnen instituten die zich bezighouden met bij- en nascholing van deze beroepen.

13.15 NATUURGENEESKUNDE EN ACUPUNCTUUR

13.15.I Overige opleidingen

13.15.I.1 Academie voor Chinese Geneeswijze (Qing-bai)
Voor adres(sen) zie: OVER-255.

Algemeen Opleiding in de traditionele Chinese geneeskunde en TCG-therapeut.

Opleidingen
- Chinese taal.
- Chinese geneeskunde, basisvakopleiding.
- Klassieke acupunctuur.
- Kruidentherapie, beroepsopleiding.
- Kruidentherapie voor acupuncturisten of tui-na-therapeuten.
- Traditionele Chinese tui-na (massage).
- Tui-na voor acupuncturisten.
- Voedingsleer.
- Westerse medische basiskennis.

Cursussen Er worden ook workshops en bijscholingscursussen verzorgd.

Toelatingseisen
- Tot de Basisvakopleiding: diploma havo (Eng., Dts.).
- Tot de opleidingen Acupunctuur, Kruidentherapie en Tui-na: diploma Basisvakopleiding, een andere acupunctuuropleiding, een opleiding Natuurgeneeskunde met TCG, of de Shiatsu-opleiding; ook artsen, fysiotherapeuten en tandartsen kunnen worden toegelaten.

Duur 1 à 2 jaar deeltijd op zaterdagen, zondagen of woensdagmiddagen.

Functiemogelijkheden TCG-therapeut, acupuncturist, kruidentherapeut, tui-na-therapeut.

Overige informatie De opleiding wordt ook in Amersfoort, Amsterdam, Breda, en Nijmegen gegeven.

13.15.I.2 Academie voor klassieke homeopathie
Voor adres(sen) zie: OVER-366.

Algemeen Opleiding tot klassiek homeopaat (t/m 2011 onder de naam: J.T. Kentcollege).
De opleiding wordt niet door de overheid bekostigd.
Erkend door de NVKH en de CRKBO.

Cursussen Diverse korte nascholingscursussen voor natuurgeneeskundigen op het gebied van:
- Anatomie & fysiologie.
- Filosofie van de natuurlijke geneeskunde.

- Geschiedenis van de geneeskunde.
- Homeopathie en reguliere geneeskunde.

Toelatingseisen
- Diploma havo of mbo niveau 4, of een (gedeeltelijke) homeopathische opleiding bij een ander instituut.
- Een toelatingsgesprek is verplicht.
- Als men 28 jaar of ouder is, vervalt de vooropleidingseis.
- Buiten de opleiding is de student verplicht om een ehbo-diploma te halen.

Duur
- Beroepsopleiding: 6 jaar deeltijd (23 lesdagen van 14.30 tot 21.30 uur per jaar op vrijdag om de 2 weken); totaal aantal contacturen gedurende de opleiding: 966 uren.
- Cursussen: enkele dagdelen, meestal op vrijdagmiddag en/of avond.

Lesprogramma De eerste 4 jaar zijn theoriejaren; vanaf het 5e jaar wordt de behandeling in de praktijk geoefend.
Homeopathie - anatomie - fysiologie - pathologie - psychologie - communicatie - medische ethiek - persoonlijke ontwikkeling - filosofie en theorie van de homeopathie - structuur en organisatie van de gezondheidszorg - gezondheidsrecht - embryologie - fysische diagnostiek - laboratoriumdiagnostiek - farmacologie - homeopathische analyse - hiërarchisatie van symptomen - het gebruik van potenties - de reactie op geneesmiddelen - het vervolgconsult - recente ontwikkelingen in de homeopathie - kennis van de 125 belangrijkste homeopathische middelen (vgl. de NVKH) - homeopathisch repertorium - sociologie - culturele antropologie - praktijkvoering.

Functiemogelijkheden Klassiek homeopaat.

Overige informatie
- Locatie: gebouw van de HS Meppel in Meppel.
- Er zijn jaarlijks nascholingscursussen voor afgestudeerde homeopaten en andere therapeuten.

N.B. Sinds 2008 is er een introductiecursus Homeopathie van 3 middagen en avonden, waar men inzicht krijgen in hoe homeopathie werkt.

13.15.I.3 Academie voor mesologie
Voor adres(sen) zie: OVER-32.

Algemeen Opleiding gericht op mesologie: geneeskunde waarin reguliere medische kennis wordt geïntegreerd met kennis uit complementaire geneeswijzen in onderzoek en behandeling van vooral chronische aandoeningen.

Toelatingseisen
- Tot de propedeuse: diploma havo (biol., scheik.).
- Tot het 1e jaar: diploma hbo-Verpleegkunde.

Duur 4 jaar deeltijd (basisopleiding en integratie), waaraan een propedeutisch jaar kan voorafgaan.

Lesprogramma Reguliere geneeskunde - oosterse geneeskunde - homeopathie & voedingsleer - psychologie en filosofie - casuïstiek - specialisaties (immunologie en allergie, stofwisselingsziekten, systeemaandoeningen, myalgische encephalomyelitis, hypoglycemie, degeneratieve processen, psychiatrie, neuropathologie) - differentiaal diagnostiek - filosofie en energetica - integratie van de verschillende geneeswijzen.

Mogelijkheden voor verdere studie De Academie verzorgt postacademische opleidingen.

Functiemogelijkheden Zelfstandig gevestigd mesoloog.

13.15.I.4 Academie voor Natuurgeneeskunde Zuid Nederland (ANZN)

Voor adres(sen) zie: OVER-162.

Algemeen Opleiding tot gekwalificeerde beroepsbeoefenaren in de additieve gezondheidszorg.

Opleidingen
- A. Klassieke homeopathie.
- B. Paranormale geneeswijze.
- C. Hypnotherapie.
- D. Reflexzonetherapie.
- E. Oriëntatiecursus.
- F. Bijscholingscursussen:
  anatomie/fysiologie - intuïtieve ontwikkeling - pathologie - psychopathologie - therapeutische gesprekstechniek - therapeutische vorming.

Toelatingseisen
- Tot de beroepsopleidingen A t/m D en tot F: diploma havo of mbo niveau 3.
- Tot E: geen speciale vooropleidingseisen.

Duur
- A: 5 jaar deeltijd.
- B: 4 jaar deeltijd.
- C en D: 3 jaar deeltijd.
- E: 1 jaar deeltijd.

Functiemogelijkheden Afhankelijk van de gevolgde beroepsopleiding.

13.15.I.5 Akademie voor massage en beweging

Voor adres(sen) zie: OVER-23.

Algemeen 3 opeenvolgende cursussen:
- Beginners-/introcursus.
- Jaaropleiding tot holistisch masseur.
- Vakopleiding tot massage- en bewegingstherapeut.

Toelatingseisen Havo, mbo niveau 4, of gelijkwaardig.

Lesprogramma Bij de vakopleiding: anatomie (vivo) - fysiologie - pathologie - houding- en bewegingsdiagnostiek - stretching en pulsing - klassieke massage en bindweefselmassage - acupressuur en shiatsu - reflexologie - emotioneel lichaamswerk - vasten/reinigen - (functie)onderzoek - stretching - tai-chi - praktijkmanagement - adem en beweging - praktijkstages.

Functiemogelijkheden Eigen praktijk; in sauna's, sportcentra, in bedrijven, in gezondheids- of kuurcentrum.

13.15.I.6 Anglo European College of Chiropractic

Voor adres(sen) zie: OVER-219, 380.

Algemeen Opleiding tot chiropractor met als titel: 'MChiro'.

Toelatingseisen
- Diploma vwo (scheik., biol.).
- In alle gevallen geslaagd zijn voor de TOEFL-proef (zie Encyclopedie, 26.27).

Duur 5 jaar voltijd in Engeland, waarna een stagejaar in Nederland.

Lesprogramma Engelse taal - psychologie - sociologie - fysica - scheikunde - biochemie - wiskunde - statistiek - biologische wetenschappen - anatomie - embryologie - histologie - vivisectie - dieetleer - microbiologie - alg. pathologie - preventieve geneeskunde - fysiologie - neurofysiologie - zintuigen - chiropraktische principes en toepassing - radiologie en radiodiagnose - vertebrale biomechanica - musculoskeletale stoornissen - ethiek en jurisprudentie - chiropraktische therapieën en klinische procedures - diagnose - psychiatrie - klinische pathologie - dermatologie - geriatrie - obstetrie - gynaecologie - farmacologie.

Stagejaar GEP: Graduate Education Programme. In dit jaar loopt de student stage bij een bij de Stichting Chiropractie Nederland geregistreerd chiropractor.

Functiemogelijkheden Zelfstandige vestiging als chiropractor.

Overige informatie
- De Nederlandse Chiropractoren Associatie verschaft informatie over opleidingen tot chiropractor in Australi', Canada, Engeland en de USA.
- Registratie na afstuderen is mogelijk bij de Stichting Chiropractie Nederland (www.stichtingchiropractie.nl).

13.15.I.7 CAM

Voor adres(sen) zie: OVER-31.

Algemeen Ook: Academie voor Natuurgeneeskunde.

Toelatingseisen - Diploma havo; havo-profiel N&G.
- Bijzondere toelating wordt beoordeeld door een toelatingscommissie.

Duur
- 5 jaar deeltijd: basisberoepsopleiding met een studierichting.
- De opleiding wordt afgesloten met 1 jaar praktijk-leerperiode.

Lesprogramma De opleiding CAM bestaat uit een kernopleiding en vervolgstudierichtingen.
- De kernopleiding is een basisberoepsopleiding tot CAM-therapeut en gericht op directe registratie door de beroepsorganisaties.
- Kernpakket: algemene natuurkunde - voedingsleer - natuurgeneeskundige diagnostiek - medische basiskennis - therapeutische vorming - satellietvakken.
- Vanaf het tweede jaar kiest men voor ten minste een van de studierichtingen:
  • klassieke homeopathie;
  • traditionele Chinese geneeskunde/acupunctuur;
  • traditionele Europese natuurgeneeskunde/fytotherapie (kruidengeneeskunde).

Functiemogelijkheden Afhankelijk van de gekozen studierichting: homeopaat, natuurgeneeskundig therapeut, fytotherapeut, acupuncturist.

Overige informatie De voltooide opleiding is voldoende om direct te kunnen worden ingeschreven bij de beroepsverenigingen als - afhankelijk van de gekozen studierichting - acupuncturist, CAM-therapeut, fytotherapeut, homeopaat, natuurgeneeskundig therapeut.

13.15.I.8 European Shiatsu Academy

Voor adres(sen) zie: OVER-272.

Algemeen Opleiding in medische Shiatsu-therapie.

Toelatingseisen Medische basiskennis betreffende anatomie, fysiologie en pathologie.

Duur 1 jaar.

Lesprogramma Basistechniek - diagnose - do-in - energetische theorie - masterpoint & micromassage - medische kennis - meridiaanleer - meridiaanpathologie - meridiaanpsychotherapie - natuurgeneeskunde - TCM - gespreksvoering - stagebegeleiding.

Functiemogelijkheden Medisch shiatsu-therapeut.

13.15.I.9 Hogeschool Hippocrates

Voor adres(sen) zie: OVER-94.

Algemeen Opleiding tot natuurgeneeskundige.

Toelatingseisen
- Tot de deeltijdopleiding: bovendien de minimumleeftijd 25 jaar.
- Tot de voltijdopleiding: minimumleeftijd 21 jaar; diploma havo (verplicht: Engels, biologie) of gelijkwaardig.

Duur
- 4 jaar voltijd, waarin het 4e jaar een gedeeltelijk stagejaar is.
- 5,5 jaar weekendopleiding, waarin het laatste jaar stagejaar is.

Lesprogramma Algemene natuurgeneeskunde - algemene pathologie - anatomie - anatomie in vivo - botanie & fytotherapie - ehbo - encyclopedie van de natuurlijke geneeswijzen - esoterie - filosofie en ethiek - fysiologie - gespreksvaardigheden - iriscopie - maatschappijleer - persoonlijke ontwikkeling - psychologie - psychopathologie - psychosomatiek - sociologie en culturele antropologie - studiebegeleiding - therapeutische basishouding - voedingsleer - wijsbegeerte.

Overige informatie Dit is een particuliere - dus niet door de overheid bekostigde - opleiding.

13.15.l.10 Hogeschool Natuurlijke Gezondheid
Voor adres(sen) zie: OVER-239.

Algemeen Beroepsopleiding tot natuurgeneeskundig therapeut, reflexoloog en/of veterinair natuurgeneeskundige.

Toelatingseisen
- Diploma havo (gewenst: Eng., Dts., biol., scheik.) of mbo niveau 4.
- Leeftijd ten minste 18 jaar.
- Een toelatingsonderzoek is mogelijk.

Duur 5 jaar deeltijd.

Lesprogramma Natuurgeneeskunde - voeding - filosofie - fytotherapie - fysiologie - Bach-remedies - anatomie - pathologie - iriscopie - psychologie - gespreksvoering - therapeutische vorming - medische ethiek - healing - ademhalings- en ontspanningstherapie - bedrijfsvoering - klassieke massage - segmentmassage - intuïtieve massage - voetreflex - anamnesepraktijk.

13.15.l.11 Hogeschool Voor Natuurgeneeswijzen Arnhem (HVNA)
Voor adres(sen) zie: OVER-78.

Algemeen Beroepsopleiding tot natuurgeneeskundig therapeut of klassiek homeopathisch therapeut.
Locatie: Rijn IJsselcollege.

Cursussen Een per jaar wisselend aanbod aan cursussen.

Toelatingseisen Diploma havo of gelijkwaardig.

Duur 5 jaar deeltijd (28 zaterdagen per jaar).

Lesprogramma 2-jarige propedeuse en 3-jarige specialisatie tot natuurgeneeskundig therapeut of klassiek homeopathisch therapeut. Vakken o.a.: klassieke homeopathie - natuurgeneeskunde - fytotherapie - irisdiagnose - therapeutische vorming - voeding - anatomie - fysiologie - pathologie - psychopathologie - embryologie - fysische diagnostiek - Bachremedies - praktijkopbouw - mayr - segmentmassage.

Mogelijkheden voor verdere studie Na-/bijscholingen voor zittende therapeuten.

Functiemogelijkheden Klassiek homeopathisch therapeut of natuurgeneeskundig therapeut.

13.15.l.12 Holos academie voor massagetherapie
Voor adres(sen) zie: OVER-318.

Algemeen Opleiding tot holistisch massagetherapeut.

Toelatingseisen
- Diploma mbo niveau 4, of hbo.
- Minimumleeftijd 23 jaar.
- Intakegesprek.

Duur 4 jaar (1 dag per week).

Lesprogramma Klassieke massage - haptonomische oefeningen - energetische massage - voet- en lichaamsreflexologie - touch pro

stoelmassage - holistic pulsing - polariteitsmassage - acupressuur - persoonlijke/therapeutische vorming/supervisie - anatomie/fysiologie/pathologie - holistische geneeskunde - voedingsleer - bedrijfsvoering - integratie - instituutspracticum.

Functiemogelijkheden Zelfstandige vestiging als holistisch massagetherapeut.

13.15.l.13 IOKAI Shiatsu
Voor adres(sen) zie: OVER-26.

Algemeen Opleiding tot shiatsu-therapeut.

Toelatingseisen
- Diploma havo; of voldoende levenservaring.
- Intakegesprek.

Duur 4 jaar.

Lesprogramma Theorie en oosterse filosofie - Shiatsu-praktijk basistechnieken en meridiaanbenadering - voedingsleer - do-in - westerse anatomie/fysiologie - chi kung - ki-class, coördinatie van geest en lichaam.

13.15.l.14 Jing Ming Instituut voor oosterse geneeskunde en complementaire energetische therapieën
Voor adres(sen) zie: OVER-373.

Opleidingen Opleidingen in de traditionele geneeskunde: acupunctuur, Chinese kruiden en tui-na. Daarnaast worden vervolgcursussen georganiseerd: kleurenpunctuur, Kirlianfotografie, auriculotherapie & Chinese ooracupunctuur, integratie acupunctuur & bindweefseltechniek, elektroacupunctuur.

Toelatingseisen
- Havo-niveau, vwo-niveau, of hbo-niveau.
- Kennis van anatomie, fysiologie en pathologie van minimaal het paramedisch niveau.
- Het Jing Ming Instituut heeft overeenkomsten met erkende hogescholen gesloten om eventuele tekorten te laten bijscholen.

Duur
- Acupunctuur: 4 jaar deeltijd.
- De opleiding Acupunctuur kan men vervolgen met de opleiding Chinese kruiden: 2 jaar deeltijd.
- Tui-na: 3 jaar deeltijd.

Lesprogramma Basisjaar: traditionele Chinese fysiologie en pathologie - energetica van het meridiaanstelsel - energetica van de interne organen - diagnostiek - therapie.

Overige informatie De opleidingen worden ook in Utrecht gegeven.

13.15.l.15 Natura Foundation
Voor adres(sen) zie: OVER-266.

Algemeen De cursussen worden op diverse locaties in Nederland gegeven.

Cursussen
- Fytotherapie.
- Gemmotherapie.
- Homeopathie.
- Orthomoleculaire therapie.

13.15.l.16 Natuurgeneeskundig diertherapeut
Zie 3.1.l.3.

13.15.I.17 Natuurvoedingskundige
Voor adres(sen) zie: OVER-154.
Doel Opleiding tot natuurgeneeskundige en antroposofische diëtist.
Toelatingseisen Getuigschrift hbo-bachelor Voeding en diëtetiek, of een artsendiploma.
Duur 3 jaar deeltijd.
Lesprogramma Tongdiagnostiek - fytotherapie - drieledigheid in mens en plant - biografische aspecten van voeding en gezondheid - Moerman/Houtsmuller - bd-landbouw - kindervoeding.

13.15.I.18 Nederlandse Artsen Acupunctuur Vereniging (NAAV)
Voor adres(sen) zie: OVER-197.
Algemeen De in 2013 nieuwe acupunctuuropleiding voor artsen die de NAAV mogelijk maakt, heeft een samenwerkingsovereenkomst met de Beijing University of Chinese Medicine (BUMC) en de Nanjing University of Chinese Medicine (NJUMC) met stage en specialisatie mogelijkheden. Ook met de Duitse verenigingen DAGfA (Deutsche Aerzte Gesellschaft fuer Akupunktur, www.daegfa.de) en SMS (Societas Medicinae Sinensis, www.tcm.edu) en de Belgische BVGA (www.acupunctuur.be) worden nauwe betrekkingen onderhouden.
Doel Opleiding in de klassieke en de moderne acupunctuur.
Toelatingseisen Praktiserend arts, tandarts of dierenarts.
Duur Maximaal 3 jaar (7 weekends per jaar).
Diploma/examen Examen na elk studiejaar.
Overige informatie De NAAV heeft in 2012 NERF (NAAV Education Research Foundation) opgericht. De eerste lichting van de nieuwe opleiding heeft haar NERF-diploma uitgereikt gekregen op 15 juni 2013. De NERF organiseert niet alleen de opleiding, maar ook de noodzakelijke nascholingen voor de NAAV-leden.

13.15.I.19 Paranormale geneeswijze (HJBC)
Voor adres(sen) zie: OVER-317.
Algemeen Opleidingen tot paranormaal therapeut (hbo) en paranormaal hulpverlener (mbo).
Toelatingseisen
- Paranormaal hulpverlener: mbo niveau 4.
- Paranormaal therapeut: hbo-niveau.
- Als persoon geschikt worden bevonden.
Duur 4 jaar deeltijd.
Lesprogramma Deelkwalificaties: paranormale geneeswijze in de context van welzijnszorg, gezondheidszorg en maatschappij - beroepshouding - intake-fase van het therapeutische contact - diagnostische fase - behandelingsplan - de behandeling (algemeen, psychosociaal, psychosomatisch, chronisch zieken, psychiatrische problematiek) - preventie en voorlichting - evaluatie en beëindiging behandeling - samenwerking met andere zorgverleners - beheer van de praktijk - deskundigheidsbevordering en professionalisering.
Mogelijkheden voor verdere studie Bij gebleken geschiktheid kan men van mbo-niveau doorstromen naar hbo-niveau.

13.15.I.20 School voor Homeopathie
Voor adres(sen) zie: OVER-12.
Algemeen Opleiding tot klassiek homeopaat.
Toelatingseisen
- Tot het 1e jaar: niveau havo, vwo of mbo niveau 4. Men kan van het 1e jaar vrijstelling krijgen.
- Tot het 2e jaar: een voltooide medische of paramedische opleiding.

Duur 6 jaar deeltijd (20 zaterdagen en 20 regionale werkgroepbijeenkomsten per jaar).
Lesprogramma
- 1e jaar: medische scholing.
- 2e, 3e en 4e jaar: theoretische homeopathiescholing.
- 5e en 6e jaar: start en begeleiding van de eigen praktijk.
Vakken: filosofie en theorie - geneesmiddelen (materia medica) - praktijk - menskunde - psychologie - praktijkvoering.
Functiemogelijkheden Klassiek homeopaat.

13.15.I.21 Shenzhou Open University of TCM
Voor adres(sen) zie: OVER-60.
Algemeen Opleidingen op het gebied van de traditionele Chinese geneeskunde: Acupunctuur, Chinese kruiden (Materia medica) en Massage (Tui-na), en hbo-(westerse!) Medische basiskennis.
Opleidingen
- A. Beroepsopleiding Acupunctuur en Chinese materia medica patent formules.
- B. Beroepsopleiding Herbalist in de traditionele Chinese geneeskunde.
- C. Applicatiecursus Tui-na voor TCM-beoefenaars.
- D. Hbo-Medische basiskennis.
Toelatingseisen
- Tot A: diploma havo of vwo, met daarbij het getuigschrift hbo-Medische basiskennis, of het getuigschrift hbo-Fysiotherapie of - Verpleegkundige, of wo-propedeuse Geneeskunde.
- Tot B en C: diploma A, of een diploma van een opleiding Acupunctuur of Tui-na-therapie met ten minste 500 lesuren.
Duur
- A: 3 jaar deeltijd.
- B: 2 jaar deeltijd.
- C: 1 jaar deeltijd.
- D: 2 jaar deeltijd (via internet).
Diploma/examen Ieder lesjaar een theoretisch en praktisch examen met de mogelijkheid tot herkansing.
Overige informatie Erkend door: NVA (beroepsopleiding Acupunctuur), VTCGN, Fong, VBAG, SRBAG, VNT en ZHONG.

13.15.I.22 Shiatsu massageopleiding Shu Ha Ri
Voor adres(sen) zie: OVER-261.
Algemeen Shiatsu basisopleiding en Shiatsu therapie-opleiding tegen de achtergrond van de Japanse Shiatsu-traditie, gecombineerd met de traditionele Chinese geneeskunde.
De opleiding wordt in Amersfoort, Amsterdam, Breda, en Nijmegen gegeven.
Cursussen Diverse bijscholingscursussen van 1 of 2 dagen.
Toelatingseisen Er worden geen bepaalde eisen aan de vooropleiding gesteld.
Duur
- Basisopleiding: 1 jaar deeltijd.
- Therapie-opleiding: 2 jaar deeltijd.
Lesprogramma - Basisopleiding: ademhalings- en ontspanningsoefeningen - do-in zelfmassage - basismassages - filosofie - meridiaanleer - anatomie - voedingsleer.
- Therapie-opleiding: Chinese medische kennis - ziekteleer - diagnostiek - cases - moxa - cupping - plumblossem.
Mogelijkheden voor verdere studie Vervolgstudie Acupunctuur of Kruidengeneeskunde.
Functiemogelijkheden Shiatsu-therapeut in een zelfstandige praktijk.
Overige informatie Er zijn jaarlijks open dagen op alle leslocaties.

13.16 KLINISCHE NEUROFYSIOLOGIE

13.16.f Hbo-bacheloropleiding

13.16.f.1 Laborant klinische neurofysiologie (HS LOI)
Voor adres(en) zie: HBO-135.
Algemeen
- Hbo-bacheloropleiding voor laborant klinische neurofysiologie in samenwerking met de Stichting Raad Beroepsopleiding Laboranten klinische neurofysiologie.
- HS LOI word niet door de overheid bekostigd.

Toelatingseisen
- Diploma havo (wisk., nat.); vwo (wisk., nat.); mbo niveau 4 in de technische sector; hbo-Gezondheidszorg; de hbo-bacheloropleiding Verpleegkundige.
- Men kan zich aanmelden bij de afdeling Klinische fysiologie van een ziekenhuis.

Duur 3 jaar deeltijd.
Lesprogramma Modulen: anatomie, fysiologie en pathologie - fysica - basiskennis klinische neurofysiologie - speciële anatomie en fysiologie - EEG en afwijkend EEG - klinische neuro-fysiologische onderzoeksmethoden.
Functiemogelijkheden Laborant klinische neurofysiologie (vroeger: EEG-laborant in een ziekenhuis).

13.17 AUDIOLOGIE EN NEDERLANDSE GEBARENTAAL

13.17.c Wo-bacheloropleiding

13.17.c.1 Audiologie (Fontys HS, Thomas More HS, UG)
Voor adres(en) zie: HBO-80, 244, WO-53.
Algemeen
- Wo- en hbo-bacheloropleiding tot audioloog.
- Een audioloog is gespecialiseerd in de detectie van gehoorstoornissen bij kinderen, volwassenen en bejaarden, in de klinische audiometrie, de vestibulometrie, geluidsmetingen, de aanpassing van hoorhulpmiddelen met bijbehorende begeleiding, de preventie van gehoorstoornissen en van gehoorbeschadiging door lawaai.

Doel Als audicien of gehoorprothesist verbetert men het horen door middel van hoorapparaten of andere bijkomende middelen.
Toelatingseisen Diploma vwo.
Duur 3 jaar voltijd.
Lesprogramma De eerste twee leerjaren worden gezamenlijk met de opleiding Logopedist gegeven.
- *Eerste twee leerjaren:* algemeen vormende basis - medische basis - psychologische basis - pedagogische basis - fysische basis - linguïstische basis - algemene methodiek - bijzondere methodiek - spraak en spraakstoornissen - articulatie en stem - taal en taalstoornissen - gehoor- en gehoorstoornissen.
- *Het derde leerjaar:* beginselen van de audiologie - klinische audiologie - prothese en prothese-aanpassing - revalidatie.

Mogelijkheden voor verdere studie België: licentiaatsopleidingen voor Logopedie en de audiologie, Psychologie, Pedagogie van het jonge kind.
Functiemogelijkheden Audioloog in hoorcentra, revalidatiecentra, neus-, keel- en oordiensten, instellingen en thuisbegeleidingsdiensten voor auditief gehandicapten, bejaardenzorg, arbeidsgeneeskunde en industrie in het kader van gehoorbescherming.

13.17.c.2 Taalwetenschap, traject Gebarentaalwetenschap (UvA)
Zie 19.1.c.3.

13.17.e Hbo-masteropleiding

13.17.e.1 Leraar Nederlandse gebarentaal/dovenstudies (NGT) (HS Utrecht)
Voor adres(en) zie: HBO-184.
Algemeen Hbo-bacheloropleiding voor eerstegraads leraar Nederlandse gebarentaal en tot tolk NGT.
Toelatingseisen
- Diploma havo of vwo; alle havo- en vwo-profielen; mbo niveau 4.
- Wanneer men niet aan deze eisen voldoet en men is ouder dan 21 jaar, komt men in aanmerking voor het afleggen van een colloquium doctum.
- De Lerarenopleiding is ook toegankelijk voor dove studenten.

Duur 4 jaar voltijd en deeltijd.
Functiemogelijkheden Leraar Nederlandse gebarentaal in het basisonderwijs, vavo, of op dovenscholen; tolk NGT.

13.17.f Hbo-bacheloropleiding

13.17.f.1 Leraar Nederlandse gebarentaal/tolk (HS Utrecht)
Zie 24.3.f.21.

13.17.f.2 Schrijftolk (HS Utrecht)
Voor adres(en) zie: HBO-184.
Algemeen Ad-programma.
Duur 2 jaar voltijd.

13.17.l Overige opleidingen

13.17.l.1 Audiologie-assistent
Voor adres(en) zie: OVER-315.
Doel Zelfstandig uitvoeren van audiometrisch onderzoek bij kinderen en volwassenen, hulp bij het aanpassen van hoortoestellen, en het assisteren bij vestibulair onderzoek.
Toelatingseisen Diploma havo (gewenst: wisk. of nat.).
Duur 15 maanden (1 dag per week gedurende ca. 40 weken theorie, minimaal 50 dagen stage in een door de FEANC aangewezen Audiologisch centrum).

13.17.l.2 Bedrijfsaudiometrist
Voor adres(en) zie: OVER-315.
Doel Personen die reeds op een bedrijfsgeneeskundige dienst werkzaam zijn of gaan werken, een zodanige opleiding geven, dat zij in staat zijn grote groepen werknemers op verantwoorde wijze te audiometreren (testen op het gehoor).
Toelatingseisen
- Diploma mavo of vmbo.
- Minimumleeftijd 18 jaar.
- Accuraat werker en goed instructeur.
- Als bedrijfsverpleegkundige of doktersassistent werken of gaan werken in de bedrijfsgezondheidszorg.

Duur 10 dagen (praktisch en theoretisch).

www.**toorts**.nl

13.18 MEDISCHE BIOLOGIE

13.18.c Wo-bacheloropleiding

13.18.c.1 Biomedische technologie (TU/e, UT)
Zie 5.1.c.1. en 5.1.c.2.

13.18.c.2 Biomedische wetenschappen (AUHL, KUL, RU, UA, UG, UL, UM, UU, UvA, VUA, VUB)
Voor adres(sen) zie: WO-8, 9, 30, 31, 35, 45, 48, 51, 53, 54, 55.
Algemeen Wo-bacheloropleiding tot medisch bioloog.
In de faculteit Geneeskunde kan men kiezen voor de studierichting Biomedische (gezondheids)wetenschappen.
Doel Studie gericht op fundamenteel en experimenteel medisch-biologisch onderzoek inzake gezondheid en gezondheidszorg, met accenten op natuurwetenschappen, mens en milieu, en wetenschappelijk onderzoek naar preventie en evaluatie van ziekten en gezondheidszorg (voorzieningen).
Toelatingseisen
- Diploma vwo (nat., scheik.); vwo-profiel N&T (+ biol. I en II), N&G; propedeuse of getuigschrift/diploma van een hbo of van de OUNL (nat., scheik.).
- Als men 21 jaar of ouder is, komt men in aanmerking voor een colloquium doctum.
Duur
- RU, UL, UM, UU, UvA, VUA: 3 jaar voltijd.
- KUL, KULAK: voltijd en deeltijd.
Lesprogramma Specialisaties of varianten:
- AUHL: Lerarenopleiding Chemie en Biologie
- RU: Bewegingswetenschappen - Epidemiologie - Health technology assessment - Human health risk assessment - Pathobiologie - Toxicologie.
- RUG: (Algemene) biologie - Biomedische wetenschappen - Ecologie & evolutie - Gedrag en neurowetenschappen - Moleculaire levenswetenschappen.
- UA: Infectious and tropical diseases - Klinisch wetenschappelijk onderzoek - Milieu- en gezondheidswetenschappen Molecular imaging - Moleculaire en cellulaire biomedische wetenschappen - Neurosciences Research.
- UL: Circulatie - Hart - Honours-programma - Immunologie - Longen - Moleculaire en cellulaire wetenschappen - Nieren - Pathologie - Zenuwstelsel.
- UM: Bewegingswetenschappen - Biologische gezondheidskunde - Honours-programma - Moleculaire levenswetenschappen.
- UvA: Honours-programma - Modellen van humane fysiologie - Neurobiologie - Patiëntgericht onderzoek - Van medicatie tot preventie.
- VUA: Biomedical and health interventions - Biomedical topics in health care - Biomolecular & neuro sciences (minor) - Brain & mind - Environmental health - Evolutionary biology and ecology - Honours-programma - Topics in biomedical sciences.
Aansluitende masteropleidingen
- AUHL, KUL, UA, UG, VUB: Biomedische wetenschappen.
- KUL, RU, RUG, UL, UM, UU, UvA, VUA: Biomedical sciences.
Functiemogelijkheden De studie leidt op tot onderzoeks-, beleids- en beheersfuncties op het terrein van de gezondheidszorg, zowel binnen de uitvoerende gezondheidszorg (ziekenhuizen, BGD's, MGD's, kruisverenigingen, sport-medische centra) als bij de overheid (milieuhygiëne, inspectie e.d.), of binnen het bedrijfsleven.

13.18.f Hbo-bacheloropleiding

13.18.f.1 Biologie en medisch laboratoriumonderzoek (Avans HS, Fontys HS, HAN, Hanze HS, HS Inholland, HS Leiden, HS Rotterdam, HS Utrecht, HS Van Hall/Larenstein, NHL, Saxion HS, Zuyd HS)
Zie 13.5.f.1.

13.19 HUIDTHERAPIE

13.19.f Hbo-bacheloropleiding

13.19.f.1 Huidtherapie (Haagse HS, HS Utrecht)
Voor adres(sen) zie: HBO-63, 184.
Algemeen Hbo-bacheloropleiding.
Doel Opleiding tot huidtherapeut: een paramedisch beroep dat gespecialiseerd is in de pathologie van de huid. Een huidtherapeut behandelt, uitsluitend op verwijzing van een arts, patiënten met een zieke of beschadigde huid. Patiënten komen bij een huidtherapeut met bijvoorbeeld pijnlijke littekens, brandwonden, acne, overbeharing en oedeem.
Toelatingseisen Diploma havo of vwo; alle havo- en vwo-profielen; mbo niveau 4.
Duur 4 jaar voltijd.
Lesprogramma Anatomie - fysiologie - pathologie - dermatologie - massagetherapie - biochemie - camouflagetherapie - elektrisch epileren - endocrinologie - acnetherapie - methodologie - sociale vaardigheden - psychologie - plastische chirurgie - farmacologie - flebologie - klinische fotografie - bandageren - therapeutisch elastische kousen aanmeten.
Functiemogelijkheden Zelfstandige uitoefening van het beroep in gezondheidscentra, praktijken voor fysiotherapie en poliklinieken; uitoefening van huidtherapie onder direct toezicht en verantwoordelijkheid van de specialist.

13.20 HAPTONOMIE

13.20.d Post-hbo-opleiding

13.20.d.1 Academie voor haptonomie
Voor adres(sen) zie: OVER-148.
Algemeen Korte en lange opleiding tot haptonoom.
Opleidingen
- Basisopleiding haptonomie.
- Nascholingscursussen en workshops.
- Vervolgopleidingen:
  • Haptonomische zwangerschapsbegeleiding.
  • Haptotherapie-opleiding.
Toelatingseisen Hbo-opleiding (miminaal mbo) in de sector Gezondheidszorg of Welzijnswerk en betrokken/werkzaam in begeleiding, hulpverlening of therapie; of de basisopleiding Haptonomie.
Duur 2 jaar en 4 jaar.
Overige informatie De Akademie is erkend door de Vereniging Van Haptotherapeuten (VVH).

13.20.d.2 Instituut voor Toegepaste Haptonomie (ITH)
Voor adres(sen) zie: OVER-257.
Algemeen Opleiding tot haptotherapeut.
Toelatingseisen
- Getuigschrift hbo op het gebied van de gezondheidszorg, het onderwijs of de sociaal-agogische sector.
- Plus ervaring met het geven van professionele begeleiding aan cliënten, patiënten of studenten.
Duur 3 jaar (20 dagen per jaar).

13.20.d.3 Wetenschappelijk Instituut voor Haptonomie (WIH)
Voor adres(sen) zie: OVER-185.
Doel Leren uitoefenen van het beroep op haptonomische basis of het geven van een haptonomische begeleiding.
Toelatingseisen Werkzaam in welzijnssector of gezondheidszorg.

13.21 PODOTHERAPIE EN VOETVERZORGING

13.21.f Hbo-bacheloropleiding

13.21.f.1 Podotherapie (Fontys HS, Saxion HS)
Voor adres(sen) zie: HBO-80, 89.
Algemeen Hbo-bacheloropleiding voor het paramedisch beroep 'podotherapeut': een deskundige die op verwijzing van de arts tot taak heeft het met een geneeskundig doel behouden of verbeteren van de functie van de voet en het uitwendig bestrijden en verzorgen van huid- en nagelaandoeningen aan de voet.
Toelatingseisen
- *Fontys HS (locaties Eindhoven en Utrecht):*
  • diploma havo of vwo (bij beide gewenst: Eng., biol., scheik., nat., wisk.); havo-profiel N&T, N&G, E&M (+ biol.), C&M (+ biol.); vwo-profiel N&T, N&G, E&M (+ biol. I), C&M (+ biol. I); mbo niveau 4 (Eng., biol., scheik., nat., wisk.);
  • toelating opleidingsroute A (deeltijd): hbo-getuigschrift in de paramedische sector;
  • toelating opleidingsroute B (deeltijd): zoals bij de voltijdopleiding;
  • voldoet men niet aan de vooropleidingseisen en is men ouder dan 21 jaar, dan wordt er een toelatingsonderzoek afgenomen (Ned., Eng., biol., nat.).
- *Saxion HS (locatie Enschede):*
  • diploma havo of vwo (beide: C&M, E&M, N&G of NT); mbo niveau 4.
Duur 4 jaar voltijd.
Lesprogramma Modulair onderwijs: podotherapie inleiding - zorg en techniek (inclusief oriënterende stage) - de normale voet - met handen en voeten - jeugd 0-18 jaar - jongvolwassenen 18-40 jaar (inclusief stage) - middelbare volwassenen - 65-plussers - diabetes/reuma - sportblessures - beroepsoriëntatie (inclusief stage) - afstuderen (inclusief stage).
Functiemogelijkheden Zelfstandige vestiging, of als podotherapeut werken in ziekenhuizen, gezondheidscentra, orthopedische en reumatologische klinieken, revalidatiecentra, verpleeghuizen.
Overige informatie
- Fontys HS: de lessen worden gegeven in Eindhoven en Utrecht.
- Saxion HS (vestiging Enschede): de competentiegerichte opleiding is opgezet rond 4 kerncompetenties: patiëntgebonden zorg - organiseren - preventie en voorlichting - professionalisering.

13.21.h Mbo-opleiding niveau 3

13.21.h.1 Voetverzorger (niveau 3)
Voor adres(sen) zie: ROC/MBO-34, 37.
Algemeen
- Eindtermen voor deze kwalificatie worden ontwikkeld door KOC Nederland.
- Hier worden slechts de centrale adressen vermeld. De opleiding kan in de wijde omtrek ervan worden gegeven.
CREBO 10505/94430
Doel Diagnostiseren en analyseren van de benodigde behandeling ten behoeve van een behandelingsplan voor voetverzorging; vaktechnische werkzaamheden uitvoeren: behandeling van voet, nagels en huid; cosmetische verzorging.
Toelatingseisen Diploma vmbo gl, vmbo kb of vmbo tl.
Duur 2 jaar voltijd.
Mogelijkheden voor verdere studie Men kan instromen in andere opleidingen van niveau 3: Voetverzorging/Pedicure, of Schoonheidsspecialist.
Functiemogelijkheden Voetverzorger of ondernemer in een voetverzorgingssalon; pedicure.

13.21.h.2 Voetverzorging/Pedicure
Voor adres(sen) zie: OVER-21, 77, 88, 95, 111, 112, 124, 165, 170, 188, 256.
Algemeen
- Particuliere opleiding.
- Bij sommige instituten heet de opleiding: Voetverzorger.
Doel De benodigde behandeling ten behoeve van een behandelingsplan voor voetverzorging diagnosticeren en analyseren, vaktechnische werkzaamheden uitvoeren: behandeling van voet, nagels en huid en cosmetische verzorging.
Toelatingseisen Diploma vmbo tl, havo of vbo met 2 vakken op C-niveau (niet alle opleidingen stellen deze eisen).
Duur Ongeveer 1 of 2 jaar (dag- en avondcursussen).
Lesprogramma Diagnose stellen, analyseren en behandelingsplan opstellen voetverzorging (anatomie, fysiologie en pathologie) - behandeling voet, nagels en huid (behandeling van nagels, eelt, likdoorns, wondverzorging, drukvrijleggen, zwachtelen, advisering, theoriecircuit, anamnese en blauwdrukken) - cosmetische voetverzorging (nagelverzorging, kunstnagels, voetmassage en harsen) - hygiëne, arbo en milieu - kwaliteitszorg - sociale, communicatieve en commerciële vaardigheden - maatschappelijk-culturele kwalificatie 1 - maatschappelijk-culturele kwalificatie 2 - beroepspraktijkvorming.
- Instituut Dangremond: uitvoeren van een voetonderzoek - desinfecteren van de voeten - verzorgen van de nagelomgeving - knippen van de nagels - behandelen van nagelproblemen - verwijderen van eelt en likdoorns - het geven van een schoenadvies - het kunnen toepassen van diverse huidbeschermende producten.
Functiemogelijkheden Zelfstandige praktijk in een voetverzorgingsbedrijf, in gezondheidsinstellingen, in bejaardenhuizen en in schoenwinkels. Het is ook mogelijk om in loondienst te werken in ziekenhuizen of bij kruisverenigingen.
Overige informatie Het Gelders opleidingsinstituut heeft ook een vervolgopleiding Voetverzorging/Pedicure, en een opleiding voor EVO-pedicure.

13.21.l Overige opleidingen

13.21.l.1 Esthética opleidingen: Integrale opleiding A (opleiding voetverzorger)
Zie 15.5.l.4.

13.21.I.2 Esthética opleidingen: Integrale opleiding B (opleiding voetverzorger)
Zie 15.5.I.5.

13.22 VOEDING EN DIËTETIEK

Algemeen Op het gebied van voeding kan men ook de paragrafen Levensmiddelensector (7.4) en Horeca en keuken (15.2) raadplegen.

13.22.f Hbo-bacheloropleiding

13.22.f.1 Food & business (HAN)
Zie 7.4.f.2.

13.22.f.2 Voeding en diëtetiek (Haagse HS, HAN, Hanze HS, HS NCOI, HS NTI, HvA)
Voor adres(sen) zie: HBO-27, 63, 96, 115, 133, 150.
Algemeen
- Hbo-bacheloropleiding voor voedingskundige-diëtist in de intra- en de extramurale gezondheidszorg, of voedingsdeskundige in de levensmiddelenindustrie, de voorlichting, bij sportorganisaties en bij onderzoek.
- HS NCOI en HS NTI: niet door de overheid bekostigd.
Toelatingseisen
- Diploma havo; vwo; (in beide gevallen gewenst: scheik.); havo-profiel N&T, N&G, E&M (+ biol.), C&M (+ biol.); vwo-profiel N&T, N&G, E&M (+ biol. I), C&M (+ biol. I); diploma mbo niveau 4.
- Of 21 jaar of ouder zijn en toegelaten worden op grond van een toelatingsonderzoek.
Duur
- 4 jaar voltijd. Er zijn stageperioden in het 3e en 4e jaar.
- HS NCOI en HS NTI: digitaal in deeltijd.
Lesprogramma Specialisaties:
- A'dam (HvA): Nutrition & dietetics - Nutrition & health promotion - Nutrition & new product management.
- HS NCOI: Eetstoornissen en overgewicht - Voeding en sport.
Mogelijkheden voor verdere studie Er is een vrijstellingsprogramma BSc Voeding en gezondheid aan de WU.
Functiemogelijkheden Functie als voedingskundige-diëtist in ziekenhuizen, verpleeghuizen, psychiatrische ziekenhuizen; voedingsdeskundige en voedingsadviseur in voorlichtingsdiensten, thuiszorgorganisaties, bedrijfsgeneeskundige diensten en laboratoria op het gebied van de voeding; privépraktijk.
Men kan ook als voedingsdeskundige buiten de gezondheidszorg werken in de voedingsindustrie, opleidingsinstituten, sport- en recreatieve organisaties, basisgezondheidsdiensten.

13.22.I Overige opleidingen

13.22.I.1 LOI - afstandsonderwijs - Voeding en fitness
Voor adres(sen) zie: OVER-225.
Opleidingen
- Gewichtsconsulent.
- Natuurlijk genezen.
- Natuurlijke geneeswijzen (basisdiploma).
- Sportmassage.
- Voedingsleer (basisdiploma).

13.22.I.2 Natuurvoedingsconsulent
Voor adres(sen) zie: OVER-154.
Doel Gericht en vakkundig voedingsadvies geven voor therapeuten,

natuurvoedingswinkeliers, diëtisten en zelfstandige ondernemers.
Toelatingseisen Enige voorkennis op het gebied van (natuur)voeding.
Duur 2 jaar deeltijdonderwijs (10x per jaar vrijdagmiddag t/m zaterdag).
Lesprogramma Biologisch(-dynamische) landbouw - voedingschemie - voedingsleer - waarnemen - productkunde - diëtetiek - koken - plant- en kruidenkunde - mens- en gezondheidskunde - ondernemerskunde.

13.23 HART- EN LONGFUNCTIE

13.23.d Post-hbo-opleiding

13.23.d.1 Klinisch perfusionist (CZO, LUMC)
Voor adres(sen) zie: OVER-310, WO-28.
Algemeen Voor deelname aan de opleiding moet men solliciteren bij de afdeling Personeelszaken van het ziekenhuis naar keuze.
Doel Als lid van het open-hartchirurgieteam verantwoordelijk zijn voor de werking van de hart-longmachine. De perfusionist gebruikt een aantal hoogst technische, mechanische en elektronische instrumenten om de zuurstoftoevoer naar het lichaam van de patiënt te verzekeren, zelfs als de longen en het hart van de patiënt tijdelijk niet functioneren. Ook worden machines bediend die tijdelijk de ademhaling en/of de circulatie van het bloed van de patiënt overnemen.
Toelatingseisen
- Diploma van een hbo-opleiding in de biologische, chemische of fysische richting.
- Met vergelijkbaar kennis-/ervaringsniveau kan door het ziekenhuis waar men werkt - na overleg met het hoofd van de afdeling Extra corporale circulatie - een verzoek tot toelating tot de opleiding worden ingediend bij het secretariaat van de Begeleidingscommissie Opleiding tot Klinisch Perfusionist van het CZO.
Duur 3 jaar.
Lesprogramma
- Het 1e jaar is een basisjaar voor zowel de theoretische als de praktische opleiding.
- Het 2e en 3e jaar vindt verdere verdieping van de studie plaats. Theoretische lesblokken van 4 aangesloten dagen. Praktische opleiding op de afdeling Extra corporale circulatie van het ziekenhuis waar men werkt.
- Tijdens het 3e jaar wordt een studie geschreven over een zelfstandig uitgevoerd onderzoek op het gebied van de extra corporale circulatie, of over een gebied dat daaraan nauw verwant is.
Functiemogelijkheden Klinisch perfusionist in ziekenhuizen waar open-hartchirurgie wordt toegepast.

13.23.f Hbo-bacheloropleiding

13.23.f.1 Hartfunctielaborant (HS LOI)
Voor adres(sen) zie: HBO-135.
Algemeen
- Hbo-bacheloropleiding (afstandsonderwijs) voor hartfunctielaborant, in samenwerking met de Stichting Beroepsopleiding Hartfunctie Laboranten.
- HS LOI wordt niet door de overheid bekostigd.
Doel De hartfunctielaborant werkt op de hartfunctieafdeling van een ziekenhuis. In opdracht van een specialist doet deze zelfstandig onderzoek naar het functioneren van het menselijk hart. Daarnaast assisteert hij de cardioloog bij onderzoeken en ingrepen aan het

hart, en helpt de cardioloog bepalen wat de oorzaak van de klachten van de patiënt is.

De hartfunctielaborant werkt met de elektrocardiograaf, die de elektrische activiteit van de hartspier registreert (ECG), en de echocardiograaf die geluidsgolven uitzendt, waardoor o.a. de bewegingen van de hartspier en de hartkleppen, en de bloedstroom kunnen worden bekeken. Ook wordt het hart tijdens lichamelijke inspanning onderzocht (ergometrie).

Toelatingseisen
- Diploma havo, vwo of mbo niveau 4, met een speciaal vakkenpakket.
- Diverse andere diploma's geven eveneens recht op toelating: de toelatingscommissie beslist hierover.

Duur 3 jaar digitaal in deeltijd.

Lesprogramma
- Vakken: werken op een afdeling Hartfunctie - omgangskunde en communicatie - algemene medische kennis - het registreren van een ECG - basiskennis elektrocardiografie - reanimatie - toegepaste wis-, natuur- en scheikunde - speciale anatomie - fysiologie en pathologie - elektrocardiografie - ergometrie en inspanningsfysiologie - informatica - basiskennis specialisaties.
- Specialisatie in het 3e jaar:
  echocardiografie - holteranalyse - laborant cardio-implantaten - laborant hartkatheterisatie.

Diploma/examen Bachelor of Health.

13.23.f.2 Longfunctieanalist (HS LOI)
Voor adres(sen) zie: HBO-135.
Algemeen
- Hbo-bacheloropleiding (afstandsonderwijs) voor longfunctieanalist, in samenwerking met de Stichting Beroepsopleiding Longfunctieanalisten.
- HS LOI wordt niet door de overheid bekostigd.

Doel Een longfunctieanalist werkt op de afdeling longfunctie van een ziekenhuis of in een gespecialiseerde instelling. In opdracht van een medisch specialist of huisarts wordt bij patiënten zelfstandig onderzoek naar de functie van de longen verricht.

Ook wordt onderzoek naar allergische reacties verricht met medische apparatuur zoals de spirometer, die meet hoe snel een patiënt kan ademhalen en hoeveel lucht hij maximaal kan inademen, of de lichaamsplethysmograaf die het longvolume meet en de weerstand vastlegt die de luchtstroom in de luchtwegen ondervindt. Om te bepalen hoe ernstig de patiënt op bepaalde prikkels reageert, voert de longfunctieanalist inhalatieprovocatietesten en inspanningstesten uit, waarbij de ademhaling, de bloeddruk en de hartfrequentie van een patiënt worden gecontroleerd. Mede aan de hand daarvan kan de arts bepalen wat de oorzaak is van de kortademigheid en/of ademhalingsproblemen van de patiënt, zodat met de behandeling kan worden gestart.

Toelatingseisen
- Diploma havo, vwo of mbo niveau 4, met een speciaal vakkenpakket.
- Diverse andere diploma's geven eveneens recht op toelating: de toelatingscommissie beslist hierover.

Duur 3 jaar digitaal in deeltijd.

Lesprogramma Vakken: algemene medische kennis I en II - diffusie I en II - omgangskunde en communicatie - werken op een longfunctieafdeling - klinische spirometrie - het meten van longvolumes - toegepaste wis- en natuurkunde - longziekten I en II - longmechanica - ventilatie/perfusie I en II - allergologisch onderzoek - reanimatie - ECG en cardiologie - ergonometrie - provocatietesten -

longfunctieonderzoek bij neonaten en kinderen - research-ontwikkelingen en organisatie van de gezondheidszorg.

Diploma/examen Bachelor of Health.

13.24 FARMACIE

13.24.b Wo-masteropleiding

13.24.b.1 Farmacie (RUG, UU)
Voor adres(sen) zie: WO-23, 45.
Algemeen Wo-masteropleiding.
Toelatingseisen Diploma wo-bacheloropleiding Farmacie.
Duur 2-3 jaar.
Lesprogramma Specialisaties:
- RUG: Differentiatie productie en kwaliteit - Differentiatie zorg.

Mogelijkheden voor verdere studie Tweejarige vervolgopleiding voor apotheker.

Functiemogelijkheden Apotheker van een eigen apotheek of in een ziekenhuisapotheek, farmaceut in een klinisch laboratorium, bij de farmaceutische industrie, in een toxicologisch laboratorium; functies bij de Inspecties voor de Gezondheidsbescherming (v/h Keuringsdiensten van Waren), bij de Inspectie Militaire Gezondheidszorg, bij de Inspectie voor de Gezondheidszorg (IGZ).

13.24.c Wo-bacheloropleiding

13.24.c.1 Bio-Farmaceutische Wetenschappen (BFW) (UL)
Voor adres(sen) zie: WO-30.
Algemeen Wo-bacheloropleiding.
Doel De opleiding is gericht op het leren verrichten van fundamenteel en multidisciplinair onderzoek naar de productie, de toediening, de werking en de verwerking van geneesmiddelen.
Toelatingseisen
- Diploma vwo (vereist: biol., scheik.; gewenst: wisk. B, Eng.); vwo-profiel C&M (+ wisk. B I, nat. I, scheik. I), E&M (+ wisk. B I, nat. I, scheik. I), N&T, N&G.
- RUG: propedeuse hbo (nat. en scheik. op vwo-niveau).

Duur 3 jaar voltijd.
Lesprogramma Specialisaties:
- UL: Honours-programma.

Aansluitende masteropleidingen - RUG, UU: Farmacie.

Functiemogelijkheden Geneesmiddelenonderzoeker aan universiteiten en in de farmaceutische industrie; medisch-farmaceutisch informateur; clinical research associate; octrooigemachtigde; functies in de cosmetische, veterinaire of levensmiddelenindustrie.

13.24.c.2 Farmaceutische wetenschappen (farmacochemie) (KUL, UA, UG, VUA, VUB)
Voor adres(sen) zie: WO-9, 48, 51, 53, 55.
Algemeen Wo-bacheloropleiding tot farmacochemicus.
Doel Het doel van de studie is het onderzoek van biologische effecten van stoffen en de mechanismen daarvan, op moleculair niveau. Op grond van de ontwikkelde kennis probeert men nieuwe biologisch actieve stoffen te ontwerpen.
Toelatingseisen
- Diploma vwo (wisk. B, nat.); vwo-profiel C&M (+ wisk. B I, nat. I, scheik. I), E&M (+ wisk. B I, nat. I, scheik. I), N&T, N&G; propedeuse of getuigschrift/diploma van een hbo of van de OUNL (wisk. B., nat.).
- Voor het doorstroomprogramma wordt een verwante hbo-opleiding vereist.

- Als men 21 jaar of ouder is, komt men in aanmerking voor een colloquium doctum.

Duur
- 4 jaar voltijd.
- KUL: ook in deeltijd.

Lesprogramma Specialisaties:
- VUA: Advanced molecular pharmaceutical sciences (minor) - Biomedische wetenschappen (minor) – Franse taal en cultuur (minor) - Honours-programma - Ondernemerschap en innovatie (minor) - Scheikunde (educatie minor).

Aansluitende masteropleidingen
- RUG, UU: Farmacie.

Functiemogelijkheden Functies binnen de farmaceutische of chemische industrie, bij keuringsdiensten, adviesbureaus of diverse overheidsinstanties; docent Scheikunde.

13.24.c.3 Farmacie (RUG, UU)
Voor adres(sen) zie: WO-23, 45.
Algemeen Wo-bacheloropleiding als onderdeel van de opleiding tot farmaceut en apotheker.
De studie is gericht op de leer der geneesmiddelen.
Toelatingseisen Diploma vwo (nat., scheik.); vwo-profiel N&T, N&G, C&M (+ wisk. B I, nat. I, scheik. I), E&M (+ wisk. B I, nat. I, scheik. I); propedeuse of getuigschrift/diploma van een hbo of van de OUNL (nat., scheik.).
- Als men 21 jaar of ouder is, komt men in aanmerking voor een colloquium doctum.
Duur 3 jaar voltijd.
Lesprogramma Vakken op het gebied van farmacie, biologie en scheikunde.
Aansluitende masteropleidingen
- RUG: Energy and environmental sciences; Farmacie.
- UU: Farmacie.
Overige informatie Registratieperiode (2-3 jaar).

13.24.f Hbo-bacheloropleiding

13.24.f.1 Farmakunde (HS Utrecht)
Voor adres(sen) zie: HBO-184.
Algemeen Wo-bacheloropleiding voor een functie binnen de farmaceutische zorg- en dienstverlening, waarin de nadruk ligt op de processen rond de diverse genees- en hulpmiddelen.
Toelatingseisen Diploma havo of vwo; alle havo- en vwo-profielen; diploma mbo niveau 4.
Duur 4 jaar voltijd en deeltijd.
Lesprogramma De farmakundige binnen de farmaceutische zorg- en dienstverlening - de farmakundige en de patiënt - de farmakundige en kwaliteitszorg - de farmakundige in een organisatie - de farmakundige zorgverlening - een kwaliteitsplan schrijven.
Functiemogelijkheden Voorlichter bij voorlichtingscampagnes; kwaliteitsfunctionaris; begeleider implementatie ict.

13.24.g Mbo-opleiding niveau 4

13.24.g.1 Apothekersassistent
(niveau 4)
Voor adres(sen) zie: ROC/MBO-1, 2, 7, 8, 10, 11, 12, 13, 16, 20, 22, 23, 24, 25, 27, 30, 32, 34, 38, 39, 40, 43, 45, 54, 58, 60.
Algemeen
- Eindtermen voor deze kwalificatie worden ontwikkeld door Calibris (Zorg, Welzijn en Sport).

- Hier worden slechts de centrale adressen vermeld. De opleiding kan in de wijde omtrek ervan worden gegeven.
CREBO 10774/91300
Doel Bereiden en verstrekken van geneesmiddelen, verstrekken van preventieve zorg, voorlichten en beheren van voorraad, administratie, apparatuur en materiaal.
Toelatingseisen
- Diploma vmbo gl, vmbo kb of vmbo tl; toelating tot havo 4 of vwo 4; of gelijkwaardig.
- Versnelde opleiding: diploma havo (scheik.).
- Overgangsbewijs naar vwo-5.
- Een apothekersassistent moet heel nauwkeurig en geconcentreerd kunnen werken.
Duur 3 jaar voltijd en deeltijd.
Mogelijkheden voor verdere studie Praktijkopleider (mbo niveau 4); Voeding en Diëtetiek (hbo); Verpleegkunde (hbo); Fysiotherapie (hbo); Logopedie (hbo); Farmakunde (hbo).
Functiemogelijkheden Apothekersassistent in een openbare apotheek, in een ziekenhuisapotheek of in een apotheek in een gezondheidscentrum, of in de farmaceutische industrie.

13.24.g.2 NTI - blended learning - Apothekersassistent
(niveau 4)
Voor adres(sen) zie: ROC/MBO-36.
CREBO 10774/91300
Doel Bereiden en verstrekken van geneesmiddelen, verstrekken van preventieve zorg, voorlichten en beheren van vooraad, administratie, apparatuur en materiaal.
Toelatingseisen
- Diploma vbo, mavo of vmbo, of minimaal 3 jaar havo of vwo.
- Indien men niet aan de vooropleiding voldoet, kan men deelnemen aan een toelatingstoets, waarna de Toelatingscommissie NTI mbo-college een bindend advies geeft over wel of niet starten met de opleiding.
- Een apothekersassistent moet heel nauwkeurig en geconcentreerd kunnen werken.
Duur 18 maanden, waarin 8 praktijkdagen en 720 uur beroepspraktijkvorming.
Diploma/examen De examens worden afgenomen door het NTI mbo-college.
Mogelijkheden voor verdere studie Praktijkopleider (mbo niveau 4); Voeding en diëtetiek (hbo); Verpleegkundige (hbo); Fysiotherapie (hbo); Logopedie (hbo); Farmakunde (hbo).
Functiemogelijkheden Apothekersassistent in een openbare apotheek, in een ziekenhuisapotheek, in een apotheek in een gezondheidscentrum, of in de farmaceutische industrie.

13.24.l Overige opleidingen

13.24.l.1 Assistent drogist
Voor adres(sen) zie: KBB-7, OVER-111, 225, 274.
Algemeen Opleiding tot assistent drogist.
Toelatingseisen Er worden geen bepaalde eisen aan de vooropleiding gesteld.
Duur 6 maanden schriftelijk of mondeling (deeltijd).
Lesprogramma De ademhaling: onder andere bijholteontsteking, hoest en keelpijn - anatomie - basiskennis - communicatie - fytotherapie - homeopathie - de huid: onder andere huiduitslag - de spijsvertering: onder andere diarree, maagklachten en obstipatie - voedingssupplementen - zelfzorgvoorlichting - het zenuwstelsel: onder andere griep, hoofdpijn en koorts.

Diploma/examen Het examen wordt afgenomen door de Stichting Drogistenfederatie Pharmacon te Amsterdam.
Functiemogelijkheden Assistent drogist in een drogisterij of in een afdeling drogisterij binnen een supermarkt.
N.B. Er is een verplichte nascholing.

13.24.l.2 Drogist & zelfzorg
Voor adres(sen) zie: KBB-7, OVER-111, 274.
Algemeen Opleiding tot vakbekwaam drogist die zich als ondernemer kan vestigen.
Toelatingseisen Er worden geen bepaalde eisen aan de vooropleiding gesteld.
Duur 12 maanden schriftelijk of mondeling (deeltijd).
Lesprogramma De opleiding is gesplitst in 3 modulen:
- Drogist & zelfzorg 1.
- Drogist & zelfzorg 2.
- Drogist & zelfzorg 3.
De inhoud van de 3 modulen is zo opgebouwd, dat het niet noodzakelijk is om ze in een bepaalde volgorde te doorlopen.
Diploma/examen Het examen wordt afgenomen door de Stichting Drogistenfederatie Pharmacon te Amsterdam.
Functiemogelijkheden Zelfstandig ondernemer van een drogisterij, manager van een afdeling drogisterij binnen een supermarkt, rayonchef van een drogisterijketen.
N.B. Er is een verplichte nascholing.

13.24.l.3 Na- en bijscholing apothekersassistenten
Voor adres(sen) zie: OVER-250.
Opleidingen Hoofdzakelijk zelfstudie.
Studie- en praktijklessen bij de meeste opleidingsinstituten.
De opleiding is gesplitst in een basisopleiding, gevolgd door een van de volgende richtingen:
- De bereidingstechnische richting.
- De chemisch-analytische richting.
- De farmacotherapeutische richting.
- De ziekenhuisrichting.

13.24.l.4 Verkoop in de drogisterij
Voor adres(sen) zie: KBB-7, OVER-111, 225, 274.
Algemeen Opleiding tot verkoopmedewerker in de drogisterij.
Toelatingseisen Er worden geen bepaalde eisen aan de vooropleiding gesteld.
Duur 3 maanden schriftelijk of mondeling (deeltijd).
Lesprogramma Communicatie - geneesmiddelen - homeopathie en fytotherapie - lichaamsverzorging - het menselijk lichaam - veel voorkomende klachten - vitamines en voedingssupplementen - zelfzorgstandaarden voor drogisten.
Diploma/examen Het examen wordt afgenomen door de Stichting Drogistenfederatie Pharmacon te Amsterdam.

(Advertentie)

14 SECTOR GEESTELIJKE GEZONDHEIDSZORG, MAATSCHAPPELIJK WERK EN SOCIAAL-PEDAGOGISCHE SECTOR

Hier worden 2 adressen voor nadere informatie over beroepen in de geestelijke gezondheidszorg vermeld: DIEN-11, 36.
N.B. In dit hoofdstuk wordt ook een keuze van diverse opleidingen in het hoger onderwijs beschreven. Complete alfabetische lijsten van alle bekostigde opleidingen in het hoger onderwijs zijn te vinden in hoofdstuk 25. Deze worden jaarlijks geheel geactualiseerd.

14.1 SOCIALE SECTOR - ALGEMEEN EN GESCHIEDENIS

14.1.a Postacademisch onderwijs (pao)

14.1.a.1 GITP PAO
Voor adres(sen) zie: PAO-16.
Algemeen GITP PAO is gespecialiseerd in permanente educatie.
Opleidingen
- *Diagnostiek:*
  - DSM-IV bij kinderen en jeugdigen.
  - Gestructureerd klinisch interview DSM-IV.
  - Neuropsychologische diagnostiek bij kinderen.
  - Persoonlijkheid van kinderen en opvoedingsgedrag: nieuwe ontwikkelingen in de psychodiagnostiek.
  - Psychodiagnostiek bij mensen met een verstandelijke beperking.
  - Speldiagnostiek bij jonge kinderen met een ontwikkelingsachterstand.
  - Speldiagnostiek met kinderen.
- *Gedragstherapie en cognitieve therapie:*
  - Basiscursus Gedragstherapie en cognitieve therapie met volwassenen, kinderen en jeugdigen.
  - Cognitieve therapie: technieken en vaardigheden.
  - Gedragsverandering in gezinnen.
- *Kinderen en jongeren:*
  - ADHD aanpakken op school door trainen van leerkrachten.
  - ADHD bij kinderen en pubers - diagnostiek en behandeling.
  - Agressieregulatietraining bij adolescenten.
  - Basiscursus oplossingsgerichte therapie met speciale aandacht voor kinderen, jeugdigen en systemen.
  - Vervolgcursus oplossingsgerichte therapie met speciale aandacht voor kinderen, jeugdigen en systemen.
  - Cognitieve gedragstherapie bij kinderen en jeugdigen.
  - Dyscalculie: theorie, diagnostiek, behandeling.
  - Dyslexie: theorie, diagnostiek en behandeling.
  - Gedragsmanagement in de klas.
  - Gespreksvoering met kinderen en jongeren.
  - Kinder- en jeugdrecht in kort bestek.
  - Nanny-training: gedragsstoornissen aanpakken in het gezin.
  - Oplossingsgerichte therapie met kinderen en jeugdigen.
  - Schrijftherapie voor getraumatiseerde kinderen en jeugdigen.
  - Seksueel misbruik van kinderen: diagnostiek en behandeling.
  - Sociale vaardigheidstraining bij groepen kinderen of pubers.
  - Taalontwikkeling en taalstoornissen bij kinderen en jongeren met psychiatrische problematiek.
- *Mensen met verstandelijke of meervoudige beperkingen:*
  - Belevingsgerichte behandeling: van gedragsprobleem naar positieve beleving bij mensen met een verstandelijke beperking.
  - Dementie bij mensen met een verstandelijke beperking.
  - Diagnostiek bij kinderen en jongeren met een lichte verstandelijke beperking.
  - EMDR bij mensen met een verstandelijke beperking.
  - Gedragstherapie bij mensen met een verstandelijke beperking.
  - Ondersteuning van mensen met ernstige meervoudige beperkingen (post-hbo-opleiding voor begeleiders).
  - Oplossingsgericht werken met licht verstandelijk beperkte cliënten.
  - Probleemgedrag bij mensen met een verstandelijke beperking.
  - Psychopathologie bij mensen met een lichte verstandelijke beperking en ernstige gedragsproblemen.
  - Zorg voor mensen met ernstige meervoudige beperkingen (leergang voor gedragswetenschappers).
- *Personeel & organisatie:*
  - Communicatie bij organisatieverandering.
  - Communicatiemanagement: ontwikkelingen en trends.
  - Intervisie: leren van en met elkaar.
  - Leergang Coachen bij werkstress, burnout en overspanning.
  - Leergang Strategische advisering.
  - Leerproject Implementeren van organisatieveranderingen.
  - Organisatiediagnose.
  - Postacademische leergang Supervisiekunde (2 jaar).
- *Volwassenen:*
  - Aandachtgerichte therapie op basis van mindfulness.
  - Acceptance en Commitment Therapie.
  - ADHD bij volwassenen.
  - Advies en consultatie (voor gedragswetenschappers).
  - Autismespectrumstoornissen bij volwassenen.
  - Basiscursus Oplossingsgerichte psychotherapie.
  - Vervolgcursus Oplossingsgerichte psychotherapie.
  - Cognitieve therapie gericht op terugvalpreventie bij recidiverende depressie.
  - Gehechtheid en narcisme.
  - Metacognitieve therapie bij de gegeneraliseerde angststoornis.
  - Niet-aangeboren hersenletsel: onderzoek, diagnostiek en behandeling.
  - Persoonlijkheidsproblematiek in kort bestek.
  - Postacademische leergang Supervisiekunde (2 jaar).
  - Seksualiteit en autisme: het begeleiden van mensen met een autismespectrumstoornis bij hun seksuele ontwikkeling en beleving.
  - Supervisie geven aan gedragswetenschappers in het kader van postmaster-registratietrajecten.
  - Supervisie geven aan gedragswetenschappers.
  - Transculturele psychotherapie en psychosociale hulpverlening.
  - Werken aan de therapeutische relatie door middel van feedback.

Toelatingseisen Professionals met een universitaire vooropleiding op het gebied van gedragswetenschappen, communicatiewetenschappen en personeelswetenschappen, die de kwaliteit van hun functioneren als professional op peil willen houden of willen vergroten.
Diploma/examen GITP PAO is erkend door CEDEO, onafhankelijk intermediair tussen vraag en aanbod op het gebied van bedrijfsgerichte opleidingen.

Een aantal cursussen van GITP PAO is erkend door beroepsverenigingen en telt mee voor registratie voor die beroepen.
Overige informatie GITP PAO is onderdeel van GITP International BV: adviesbureau voor Human Resource Management.
Het instituut bestaat sinds 1983 als zelfstandige organisatie en werkt samen met universiteiten, beroepsverenigingen en branche-organisaties.

14.1.a.2 Nascholing en opleiding in de Geestelijke GezondheidsZorg (GGZ) (RINO)
Zie 14.1.l.3.

14.1.b Wo-masteropleiding

14.1.b.1 Culture, organization and management (VUA)
Zie 11.1.b.4.

14.1.b.2 European studies on Society, Science and Technology (ESST) (UM)
Voor adres(sen) zie: WO-31.
Algemeen Wo-opleiding voor Master of Arts Society, Science and Technology in Europe.
Doel De studie is gericht op onderzoeksmethoden en op problemen van de huidige maatschappij.
Toelatingseisen Een voltooide wo-opleiding, plus goede kennis van de Engelse taal.
Duur 1 jaar voltijd.
Lesprogramma
- 1e semester: European problems of society, technology and science - entering the world of the laboratory - globalization and regulation of science and technology - politics of knowledge - society, science and technology in the long term: historical perspective.
- 2e semester (afhankelijk van de keuze van de student) o.a.: science, technology and innovation in historical perspective (Bari) - science, technology and industry-academic relationships (Baskenland) - cities, territories and technologies (Lausanne) - technological culture (Maastricht) - gender, science and technology (Londen) - biotechnologies and society (Leuven) - strategic management of innovation (Madrid) - computers and law (Namen) - the making of science and technology policy (Oslo) - science, technology and the public (Straatsburg) - the technological dimension of business activities (Lissabon).
Overige informatie De opleiding wordt verzorgd door een samenwerkingsverband van 15 Europese universiteiten.
In het 1e semester wordt het onderwijs gegeven aan de UM.
Het 2e semester wordt aan een buitenlandse universiteit gegeven, afhankelijk van de studiekeuze.

14.1.b.3 Geschiedenis (KUL, RU, RUG, UA, UG, UU, UvA, VUA, VUB)
Voor adres(sen) zie: WO-8, 9, 23, 35, 45, 48, 51, 53, 55.
Algemeen
- Wo-masteropleiding.
- RUG: ook als educatieve master en ook als onderzoeksmaster.
- UU, UvA, VUA: ook als onderzoeksmaster.
- VUB: ook als avondonderwijs.
Toelatingseisen Diploma wo-bachelor Geschiedenis.
Duur
- 1-2 jaar.
- KUL, RUG, UU, UvA: ook in deeltijd.

Lesprogramma Specialisaties of varianten:
- KUL: Cultuurgeschiedenis na 1750 - Europese samenleving 1800-2000 - Middeleeuwen - Nieuwe tijd.
- RU: Actuele geschiedenis 1500-heden - Politiek en parlement.
- RUG: Classical, medieval and renaissance studies - Geschiedenis vandaag - Modern history and international relations.
- UU: Cultuurgeschiedenis - Educatie en communicatie - Historical and comparative studies of the sciences and humanities - Politiek en maatschappij in historisch perspectief.
- UvA: Duitslandstudies - Geschiedenis van de internationale betrekkingen - Militaire geschiedenis - Publieksgeschiedenis.
- VUA: Contemporaine geschiedenis (1870-heden) - Cultuur en macht - Geschiedenis van de middeleeuwen - Geschiedenis van de nieuwe tijd (1500-1870) - Globaal en lokaal - Global history.
- VUB: Arbeid en ondernemerschap - Politiek, cultuur en praktijk - Stadsgeschiedenis.
Mogelijkheden voor verdere studie
- RU, RUG, UU, UvA, VUA: wo-lerarenopleiding Maatschappijleer (educatieve master).
- RUG, UU, UvA, VUA: wo-lerarenopleiding Geschiedenis (educatieve master), of Geschiedenis en staatsinrichting.
- Opleiding tot archivaris.
Functiemogelijkheden Als voorlichter, pr-medewerker, redacteur, communicatieadviseur bij overheidsinstellingen en bedrijven; beleidsfuncties bij de overheid; organisatorische en personeelsfuncties in het bedrijfsleven; werk bij de media en in de educatieve sector (onderwijs, uitgeverijen); werk in de culturele sector (musea).

14.1.b.4 Social and cultural science (RU)
Voor adres(sen) zie: WO-35.
Algemeen Deze wo-onderzoeksmaster combineert verschillende sociaalwetenschappelijke disciplines.
Toelatingseisen Diploma wo-bachelor.
Duur 1 jaar voltijd.
Lesprogramma Centraal staan vraagstukken van organisaties, communicatie, cultuur en maatschappij.
Mogelijkheden voor verdere studie RU, RUG, UU, UvA, VUA: wo-lerarenopleiding Maatschappijleer (educatieve master).
Functiemogelijkheden Beleidsmedewerker; managementondersteunende staffuncties; functionaris op het gebied van personeel, journalistiek en voorlichting binnen de werkvelden overheid, bedrijfsleven, particuliere organisaties en bij verschillende maatschappelijke groeperingen.

14.1.b.5 Sociologie/Sociology (EUR, KUL, RU, RUG, TiU, UA, UG, UvA, VUB)
Voor adres(sen) zie: WO-8, 23, 35, 37, 40, 48, 51, 53, 55.
Algemeen
- Wo-masteropleiding.
- TiU: double degree.
- VUB: ook avondonderwijs.
Toelatingseisen Diploma wo-bachelor Sociologie.
Duur
- 1-2 jaar voltijd.
- EUR, KUL: ook in deeltijd.
Lesprogramma Specialisaties of varianten:
- EUR: Arbeid, organisatie en management - Grootstedelijke vraagstukken en beleid.
- KUL: Arbeid en organisatie - Cultuur en religie - Gezin en bevolking - Methoden en technieken - Sociaal beleid.

- RUG: Arbeid, levensloop & organisatie - Crimininaliteit en veiligheid - Kwantitatief beleidsonderzoek - Maatschappijleer (educatieve master) - Sociologie van gezondheid, zorg en welzijn.
- TiU: Life course analysis - Master thesis and master seminar - Micro-macro analysis - Recent advances in sociology - Social capital and trust - Social policy and social risks - Sociological research lab.
- UA: Arbeid, uitsluiting en ongelijkheid - Cultuur en onderwijs - Gezin en levensloop - Gezondheid en welzijn - Milieu en wonen.
- UU: Vraagstukken van beleid en organisatie.
- UvA: Algemene sociologie - Comparative organisation and labour studies - Cultural sociology - Gender, sexuality and society - Migration and ethnic studies - Social problems and social policy - Urban sociology.

Mogelijkheden voor verdere studie Onderzoeksopleiding bij het Interuniversitair Centrum voor theorievorming en methodenontwikkeling in de Sociologie (ICS) van de RUG (4 jaar).

Functiemogelijkheden Algemeen beleidsmedewerker; secretaris bij landelijke, provinciale, gemeentelijke of particuliere instellingen op het gebied van arbeidsvraagstukken, welzijn, cultuur, onderwijs, recreatie, gezondheidszorg; adviseur voor organisatie- of personeelsbeleid bij overheid, onderwijs, bedrijfsleven; functies in de journalistiek, media, voorlichting; onderzoeker bij overheid, onderwijs, bedrijfsleven; leraar maatschappijleer (via nog 1 jaar vervolgstudie na doctoraal examen); zelfstandig ondernemer trainingen, advisering en onderzoek.

14.1.c Wo-bacheloropleiding

14.1.c.1 Algemene sociale wetenschappen (UU, UvA)
Voor adres(sen) zie: WO-8, 45.
Algemeen Wo-bacheloropleiding tot algemene sociale wetenschappen. De opleiding wordt gekenmerkt door de interdisciplinaire benadering van sociale vakken en thema's, zoals onderwijs en opvoeding, leefvormen, gezondheid, arbeid, beleid en organisatie, communicatie- en informatieverwerking, ontwikkelingsvraagstukken.
Toelatingseisen
- Diploma vwo (wisk. A of B); elk vwo-profiel; propedeuse of getuigschrift/diploma van een hbo of van de OUNL (wisk. A of B).
- Als men 21 jaar of ouder is, komt men in aanmerking voor een colloquium doctum.
- Verkorte opleiding voor hbo'ers.
Duur 3 jaar voltijd.
Lesprogramma Specialisaties:
- UU: Arbeid, zorg en welzijn - Jeugdstudies - Multiculturalisme in vergelijkend perspectief.
- UvA: Conflict studies - Global health - Global youth - Honours en talentprogramma - Urban studies.

14.1.c.2 European studies (UM, UvA)
Zie 19.5.c.4.

14.1.c.3 Geschiedenis (KUL, KUL/KULAK, RU, RUG, UA, UG, UL, UU, UvA, VUA, VUB)
Zie ook 14.1.c.4.
Voor adres(sen) zie: WO-8, 9, 23, 30, 35, 45, 48, 51, 53, 55.
Algemeen Wo-bacheloropleiding.
Doel De studie houdt zich bezig met de wereld van vandaag en vroeger, met de vaak erg gecompliceerde samenhang tussen niet altijd duidelijke gebeurtenissen, met de steeds wisselende interpretaties van het verleden. Tevens met het speuren naar en verant-

woord gebruik maken van verschillende soorten bronnen, en met analytische en communicatieve vaardigheden. In de 2e helft van de studie kunnen keuzevakken buiten de hoofdstudie worden gevolgd, mede ter voorbereiding op een bredere arbeidsmarkt.
Toelatingseisen
- Diploma vwo; propedeuse of getuigschrift/diploma van een hbo of van de OUNL.
- Voor het vrijstellingenprogramma wordt een verwante hbo-opleiding vereist.
- Als men 21 jaar of ouder is, komt men in aanmerking voor een colloquium doctum.
Duur
- RU, RUG, UL, UU, UvA, VUA: 3 jaar voltijd.
- KUL, KUL/KULAK, UvA: ook in deeltijd.
Lesprogramma Specialisaties of varianten:
- KUL: Geschiedenis van de oudheid - Geschiedenis van de oudheid tot heden.
- KUL/KULAK: Politieke wetenschappen.
- RU: Cultuurgeschiedenis - Economische en sociale geschiedenis - Gendergeschiedenis - Geschiedenis (educatieve minor) - Middeleeuwen - Oudheid - Politieke geschiedenis.
- RUG: American history (minor) - De mediterrane wereld (minor) - Europa: idee en constructie (minor) - Honours-programma - Media en journalistieke cultuur (minor) - Niet-westerse studies (minor).
- UG: Minors.
- UL: Algemene geschiedenis - Economische geschiedenis - Honours-programma - Middeleeuwse geschiedenis - Oude geschiedenis - Sociale geschiedenis - Vaderlandse geschiedenis.
- UU: Burgerschap - Communicatie - Conflict, geweld en ordening - De geschiedenis van het kapitalisme - De moderne wereld - Europa - Globalisering - Honours-programma.
- UvA: Amerikanistiek - Honours-programma - Minors.
- VUA: Cultuur en macht - Geschiedenis (educatieve minor) - Global history - Minors - Politieke geschiedenis en cultuurgeschiedenis.
Aansluitende masteropleidingen
- KUL, RU, RUG, UA, UG, UU, UvA, VUA, VUB: Geschiedenis.
- RU, RUG, UU, VUA: Wo-lerarenopleiding Leraar VHO in Geschiedenis.
- UL, UvA: Wo-lerarenopleiding Leraar VHO in Geschiedenis en staatsinrichting.

14.1.c.4 Geschiedenis (maatschappijgeschiedenis) (EUR)
Zie ook 14.1.c.3.
Voor adres(sen) zie: WO-37.
Algemeen Wo-bacheloropleiding.
Doel Het bestuderen van de geschiedenis aan de hand van maatschappijtypen in samenhang met sociale wetenschappen als economie, sociologie en antropologie. Maatschappijgeschiedenis is dus bij uitstek een multidisciplinaire studie, die zich onderscheidt van andere geschiedenisopleidingen door haar sociaalwetenschappelijke benadering. Om de beroepsvelden voor de afgestudeerden te vergroten, loopt de student stage en volgt enkele wat meer op de toepassingen gerichte vakken (zoals een practicum). Er is veel ruimte voor de bestudering van de geschiedenis van niet-westerse samenlevingen.
Toelatingseisen
- Diploma vwo (gewenst: Eng., Ned., wisk., econ., gesch.); elk vwo-profiel; propedeuse hbo of van de OUNL met mogelijkheden tot vrijstellingen.

- Als men 21 jaar of ouder is, komt men in aanmerking voor een colloquium doctum.
- Afgestudeerden hbo of wo krijgen vrijstellingen van de tentamenonderdelen in de propedeuse. Zij dienen een inleidend vak betreffende maatschappijgeschiedenis te volgen.

Duur 3 jaar voltijd.

Aansluitende masteropleidingen
- KUL, RU, RUG, UA, UG, UU, UvA, VUA, VUB: Geschiedenis.
- RU, RUG, UU, VUA: Wo-lerarenopleiding Leraar VHO in Geschiedenis.
- UL, UvA: Wo-lerarenopleiding Leraar VHO in Geschiedenis en staatsinrichting.

Functiemogelijkheden Beleid en bestuursfuncties bij overheid en bedrijfsleven, functies op het gebied van de informatie-overdracht (media, journalistiek, voorlichting). Daarnaast zijn er mogelijkheden als onderzoeker, als docent Geschiedenis en als journalist (postdoctorale studies).

14.1.c.5 Sociale geografie en planologie (RUG, UU, UvA)
Voor adres(sen) zie: WO-8, 23, 45.
Algemeen Wo-bacheloropleiding.
Doel Opleiding tot sociaal-geograaf, waarbij kennis en vaardigheden centraal staan die nodig zijn om ruimtelijke patronen en processen te beschrijven, te analyseren en - waar mogelijk - te voorspellen.
Toelatingseisen
- Diploma vwo (wisk. A of B); elk vwo-profiel; propedeuse of getuigschrift/diploma van een hbo of van de OUNL (wisk. A of B).
- Voor het doorstroomprogramma wordt een hbo vereist in een verwante studierichting.
- Als men 21 jaar of ouder is, komt men in aanmerking voor een colloquium doctum.
Duur
- 3 jaar voltijd.
- UU: ook in deeltijd.
Lesprogramma Specialisaties:
- RUG: Honours-programma.
- UU: Economische geografie - Geo-informatie - Ontwikkelingsgeografie - Planologie - Regionale en culturele geografie - Stadsgeografie.
- UvA: Honours-programma - Internationale ontwikkelingsstudies - Lerarenopleiding ILO - Minors - Planologie - Sociale geografie.
Aansluitende masteropleidingen
- RU: Social and cultural science
- RUG: Culturele geografie; Economische geografie; Environmental and infrastructure planning (technische planologie); Vastgoedkunde.
- WU: Landscape, architecture and planning.
Functiemogelijkheden Wetenschappelijk onderzoeker, beleidsmedewerker, onderzoeker in het bedrijfsleven (zoals vastgoed, economische adviesbureaus), automatiseringsdeskundige, cartograaf, leraar Aardrijkskunde.

14.1.c.6 Sociologie (EUR, RU, RUG, TiU, UA, UG, UU, UvA, VUB)
Voor adres(sen) zie: WO-8, 23, 35, 37, 40, 45, 48, 51, 53.
Algemeen Wo-bacheloropleiding.
Doel De studie is gericht op het bestuderen en leren onderzoeken hoe de maatschappij in elkaar zit en zich ontwikkelt, en hoe mensen daarin samenleven.

Toelatingseisen
- Diploma vwo (wisk. A of B); elk vwo-profiel; propedeuse of getuigschrift/diploma van een hbo of van de OUNL (wisk. A of B).
- Voor het vrijstellingsprogramma wordt een hbo vereist in een verwante studierichting.
- Als men 21 jaar of ouder is, komt men in aanmerking voor een colloquium doctum.
Duur 3 jaar voltijd.
Lesprogramma Specialisaties of varianten:
- RUG: Honours-programma.
- UG: Communicatiewetenschappen (minor) - Criminologie (minor) - Cultuurwetenschappen (minor) - Economie en bedrijfskunde (minor) - Geschiedenis (minor) - Politieke wetenschappen (minor) - Sociaal werk (minor) - Sociale en economische geografie (minor) - Sociale psychologie (minor).
- UU: Honours-programma.
- UvA: Arbeid, organisatie & instituties - Burgerschap, zorg & beleid - Cultuursociologie - Honours-programma - Minors - Onderwijs, stratificatie & levenslopen - Stadssociologie.
- VUA: Minors.
- VUB: Minors - Sociologische theorieën en onderzoek.
Aansluitende masteropleidingen
- EUR, KUL, RU, RUG, UA, UG, TiU, UU, UvA, VUB: Sociologie/Sociology.

14.1.d Post-hbo-opleiding

14.1.d.1 Stichting CPION
(Centrum Post Initieel Onderwijs Nederland)
Voor adres(sen) zie: DIEN-29.
Algemeen Toetsing, registratie en diplomering van initiële opleidingen.

14.1.d.2 Vo-Geestelijke gezondheidszorg (HAN, HvA)
Voor adres(sen) zie: HBO-27, 150.
Algemeen Voortgezette opleiding op het gebied van geestelijke gezondheidszorg.
Toelatingseisen Diploma wo-bachelor of een hbo-getuigschrift; of enige jaren werkervaring en een voor de opleiding relevante functie uitoefenen.
Duur 1 of 2 jaar deeltijd.

14.1.d.3 Vo-Innovatie in zorg en dienstverlening
(v/h Vo-Zorginnovatie) (HAN)
Voor adres(sen) zie: HBO-150.
Algemeen Voortgezette opleiding op het gebied van innovatie in de zorg en de dienstverlening.
Toelatingseisen Diploma wo-bachelor of een hbo-getuigschrift; of enige jaren werkervaring en een voor de opleiding relevante functie uitoefenen.
Duur 12 maanden: 3 maandagen per maand van 10.00-16.45 uur.

14.1.d.4 Vo-Leidinggeven en management
(HanzeConnect)
Voor adres(sen) zie: HBO-102.
Algemeen Voortgezette opleiding op het gebied van leidinggeven en management.
Toelatingseisen Diploma wo-bachelor of een hbo-getuigschrift; of enige jaren werkervaring en een voor de opleiding relevante functie uitoefenen.
Duur 1 of 2 jaar deeltijd.

14.1.d.5 Vo-Maatschappelijk Werk en Dienstverlening (MWD) (HAN, HvA)

Voor adres(sen) zie: HBO-28, 150.

Algemeen Voortgezette opleiding op het gebied van maatschappelijk werk en dienstverlening.

Toelatingseisen Diploma wo-bachelor of een hbo-getuigschrift; of enige jaren werkervaring en een voor de opleiding relevante functie uitoefenen.

Duur 1 of 2 jaar deeltijd.

14.1.d.6 Vo-Management (HAN, HanzeConnect, HvA, Pro Education, Transfergroep Rotterdam)

Voor adres(sen) zie: HBO-26, 102, 118, 150, OVER-296.

Algemeen Voortgezette opleiding.

14.1.d.7 Vo-Opleiden, trainen en deskundigheidsbevordering (HAN)

Voor adres(sen) zie: HBO-150.

Algemeen Voortgezette opleiding op het gebied van opleiden, trainen en deskundigheidsbevordering.

Toelatingseisen Diploma wo-bachelor of een hbo-getuigschrift; of enige jaren werkervaring en een voor de opleiding relevante functie uitoefenen.

Duur 1 of 2 jaar deeltijd.

14.1.d.8 Vo-Personeel- en organisatiemanagement (HAN, HanzeConnect, HvA)

Voor adres(sen) zie: HBO-26, 102, 150.

Algemeen Voortgezette opleiding op het gebied van personeel en organisatiemanagement.

Toelatingseisen Diploma wo-bachelor of een hbo-getuigschrift; of enige jaren werkervaring en een voor de opleiding relevante functie uitoefenen.

Duur 1 of 2 jaar deeltijd.

14.1.d.9 Vo-Supervisie (HAN, HvA, Transfergroep Rotterdam)

Voor adres(sen) zie: HBO-26, 150, OVER-296.

Algemeen Voortgezette opleiding op het gebied van supervisie.

Toelatingseisen Diploma wo-bachelor of een hbo-getuigschrift; of enige jaren werkervaring en een voor de opleiding relevante functie uitoefenen.

Duur 1 of 2 jaar deeltijd.

14.1.e Hbo-masteropleiding

14.1.e.1 Management en innovatie in maatschappelijke organisaties (HAN, HS Rotterdam)

Voor adres(sen) zie: HBO-150, 157.

Algemeen Hbo-masteropleiding, niet door de overheid bekostigd.

Toelatingseisen Wo-bachelordiploma of een hbo-bachelorgetuigschrift.

Duur 1 of 2 jaar deeltijd.

- Bij HAN : ook verkort.

14.1.f Hbo-bacheloropleiding

14.1.f.1 Zorg en technologie (Zuyd HS)

Voor adres(sen) zie: HBO-109.

Algemeen Ad-programma.

Duur 2 jaar deeltijd.

14.1.i Mbo-opleiding niveau 1 of niveau 2

14.1.i.1 Helpende welzijn (niveau 2)

Voor adres(sen) zie: ROC/MBO-4, 12, 20, 37.

Algemeen

- Eindtermen voor deze kwalificatie worden ontwikkeld door Calibris (Zorg, Welzijn en Sport).
- Hier worden slechts de centrale adressen vermeld. De opleiding kan in de wijde omtrek ervan worden gegeven.

CREBO 10745

Doel Ondersteunen en bijdragen aan de zorg-, hulp- en dienstverlening aan de cliënt; een deel van het werk bestaat uit huishoudelijke taken.

Toelatingseisen

- De volledige leerplicht hebben voltooid.
- Gewenst: NT2 (niveau 3).

Duur 2 jaar voltijd en deeltijd.

Mogelijkheden voor verdere studie Met vrijstellingen instromen in een opleiding van niveau 3 of 4: Sociaal-pedagogisch werker, of van niveau 4: Sociaal-cultureel werker, of Sociaal-maatschappelijk dienstverlener.

Functiemogelijkheden Groepshulp, assistent begeleider, assistent beheerder, buurtmoeder, gastvrouw of gastheer, buurtmedewerker.

14.1.l Overige opleidingen

14.1.l.1 Volwassenenonderwijs - samenwerken/leidinggeven

Voor adres(sen) zie: ROCCO-1, 2, 10, 11, 13, 18, 20, 26.

Cursussen

- Activiteitenbegeleiding.
- Kinderopvang.
- Leiding geven.
- Omgaan met probleemgroepen.
- Persoonlijke effectiviteit.
- Samenwerken.

Toelatingseisen Werken in de gezondheidszorg.

Duur Enkele maanden tot 1 jaar (1 avond per week).

14.1.l.2 HS Arnhem & Nijmegen (HAN)

Voor adres(sen) zie: HBO-150.

Cursussen Naast activiteiten in het kader van opleidingen en dienstverlening, worden er open cursussen en trainingen georganiseerd op het gebied van:

- ergotherapie;
- fysiotherapie;
- gezondheidszorg (o.a. kaderopleidingen);
- logopedie;
- maatschappelijk werk en psychosociale hulpverlening;
- organisatie en management voor de non-profit-sector;
- ouderenzorg en thuiszorg;
- personeel & organisatie voor de profit- en non-profit-sector;
- supervisie en begeleiding/opleiden en trainen;
- verpleegkunde (o.a. lerarenopleidingen);
- voeding en diëtetiek.

14.1.l.3 Nascholing en opleiding in de Geestelijke GezondheidsZorg (GGZ) (RINO)

Voor adres(sen) zie: OVER-309.

Algemeen Nascholingscursussen (open inschrijving) en maatwerk (in company) t.b.v. de GGZ en aanverwante sectoren.

Toelatingseisen Diploma mbo niveau 4, hbo, of wo.

14.2 MAATSCHAPPELIJK WERK EN SOCIALE DIENSTVERLENING

14.2.b Wo-masteropleiding

14.2.b.1 Sociaal werk (UA, UG)
Voor adres(en) zie: WO-48, 53.
Algemeen Deze masteropleiding bestaat uit een traject voortgezette opleiding, met daaraan gekoppeld een master-traject rond een meesterproef waarmee de graad van Master of Social Work (MSW) verkregen kan worden.
Doel Centrale inzet van de professionaliteit van de maatschappelijk werker.
Toelatingseisen Vo-MWD.
Duur 1,5 jaar deeltijd (5 maal 2,5 dag).
Lesprogramma Seminars (5) - praktijkgericht onderzoek - de thesis.
Functiemogelijkheden Innovator in kwaliteitszorg, onderwijs of onderzoek; onderzoeker, implementator, consultatiefunctie.

14.2.d Post-hbo-opleiding

14.2.d.1 Centrum voor BedrijfsMaatschappelijk Werk (CBMW) (HS Utrecht)
Voor adres(sen) zie: HBO-184.
Doel Activiteiten op de HS Utrecht, maar ook op locatie: trainen, opleiden en coachen van BMW-ers - adviseren inzake deskundigheidsbevordering - ontwikkelen en implementeren van BMW-beleid - (mede) re-organiseren van een BMW-afdeling - bieden van interventies bij probleemkwesties - verzorgen van BMW-spreekuren.
Toelatingseisen Getuigschrift hsao-MWD.
Duur Een half jaar deeltijd.
Overige informatie Het CBMW is een onderdeel van Transeo van de HS Utrecht. Het is een landelijk opererend kenniscentrum voor de BMW-branche.

14.2.d.2 Sociale studies (Fontys HS)
Voor adres(sen) zie: HBO-82.
Opleidingen Post-hbo-opleidingen, cursussen en trainingen op het gebied van cultuur en organisatie, integrale trajectbemiddeling, jeugd, mensen met een beperking, ouderen, volwassenen.

14.2.d.3 Stichting CPION (Centrum Post Initieel Onderwijs Nederland)
Voor adres(sen) zie: DIEN-29.
Algemeen Toetsing, registratie en diplomering van initiële opleidingen.

14.2.d.4 Vo-Maatschappelijk Werk en Dienstverlening (MWD) (HAN, HvA)
Zie 14.1.d.5.

14.2.e Hbo-masteropleiding

14.2.e.1 Social work (HAN, Hanze HS, HvA/Pro Education, NHL)
Voor adres(sen) zie: HBO-30, 97, 118, 126, 150.
Algemeen Deze hbo-masteropleiding wordt niet alleen door de HAN, Hanze HS en NHL gegeven, maar ook (in samenwerking met de HvA) door Pro Education.
Toelatingseisen Hbo-bacheloropleiding.
Duur 1 jaar deeltijd.

14.2.f Hbo-bacheloropleiding

14.2.f.1 Maatschappelijk Werk en Dienstverlening (hsao-MWD) (Avans HS, CHE, Haagse HS, HAN, Hanze HS, HS Inholland, HS Leiden, HS NCOI, HS NTI, HS Rotterdam, HS Utrecht, HS Windesheim, HS Windesheim/Flevoland, HvA, NHL)
Zie ook: 14.2.f.3 en 14.5.f.5.
Voor adres(sen) zie: HBO-1, 3, 4, 20, 28, 53, 63, 66, 76, 97, 106, 115, 126, 132, 133, 150, 156, 157, 184, 225.
Algemeen
- Hbo-bacheloropleiding.
- HS NCOI en HS NTI worden niet door de overheid bekostigd.
Doel Hulpverlening aan mensen met problemen op psychosociaal, materieel of juridisch gebied. Maatschappelijk werkers richten zich op problemen van jongeren, volwassenen en ouderen in de dagelijkse situatie t.a.v. relationele problemen in het gezin, in de buurt, op het werk.
Toelatingseisen
- Diploma havo, vwo, mbo niveau 4.
- Of 21 jaar of ouder zijn en toegelaten worden op grond van een toelatingsonderzoek.
- Amsterdam (HvA): studenten met een buitenlands diploma doen een instaptoets. Alle studenten die voor het eerst een hbo-opleiding gaan volgen doen een diagnostische toets.
Duur
- 4 jaar voltijd en deeltijd.
- Alleen deeltijd: HS Inholland in Alkmaar, A'dam, Den Haag, Haarlem, R'dam; HS Windesheim/Flevoland in Almere, HS Leiden in Leiden; NHL in Leeuwarden.
- HS NCI en HS NTI: digitaal in deeltijd.
Lesprogramma Specialisaties:
- A'dam/Alkmaar/Den Haag/Haarlem/R'dam (HS Inholland): Werken in de geestelijke gezondheidszorg - Werken in de jeugdzorg - Werken in de wijk.
- Almere (HS Windesheim/Flevoland): Caring robots - Netwerkontwikkeling voor zorg en welzijn - Zorglogistieke bedrijfsvoering.
- Amersfoort/Utrecht (HS Utrecht): Adviserend samenwerken met ouders (minor) - Agressie en huiselijk geweld (minor) - Beroepsmatig omgaan met verlies en werkstress (minor) Interculturele geestelijke gezondheidszorg (minor).
- Breda (Avans HS): Jeugdzorgwerker - Minor.
- Den Bosch (Avans HS): GGZ-agoog (minor) - Professional in de veranderende samenleving (minor) - Verslavingskunde (minor) - Werken in een gedwongen kader - Werken met jeugd.
- Den Haag (Haagse HS): GGZ - Jeugdzorg.
- Groningen (Hanze HS): GGZ-agoog - Jeugdzorgwerker.
- Leeuwarden (NHL): ESocialWork - Jeugdzorgwerker.
- R'dam (HS Rotterdam): Jeugdzorgwerker - Minor - Sport, bewegen en talentontwikkeling.
- Zwolle (HS Windesheim): Ambulant werken binnen een gedwongen kader - GGZ-agoog - Jeugdzorgwerker - Psychiatrie en verslaving - Sociale dienstverlening.
- HS NCOI: GGZ-agoog - Jeugdzorgwerker.
- HS NTI: Cultuur en maatschappij - Hulpverlening - Welzijn en zorg voor ouderen.

www.**toorts**.nl

Mogelijkheden voor verdere studie Post-hbo of hbo-master-opleidingen; voortgezette opleidingen; verkorte opleiding binnen het wo.

Functiemogelijkheden De opleiding leidt op voor functies als bedrijfsmaatschappelijk werker, jeugdhulpverlener, jongerenwerker, maatschappelijk werker jeugdcentra, maatschappelijk werker ouderenzorg, maatschappelijk werker ziekenhuizen, medewerker indicatiecommissie, medewerker reclassering, medewerker sociaal raadswerk, ouderenwerker, systeemgerichte hulpverlener, theologisch-agogisch werker, trajectbegeleider, verslavingshulpverlener, werker met vluchtelingen, asielzoekers en nieuwkomers.
- Zwolle (Gereformeerde HS): maatschappelijk werk; sociaal-juridische dienstverlening; hulpverlening t.b.v. bepaalde doelgroepen zoals jongeren, psychiatrische patiënten, verstandelijk gehandicapten, verslaafden, sociale dienst, ouderen.

14.2.f.2 Sociaal-Pedagogische Hulpverlening (hsao-SPH) (Avans HS, CHE, Haagse HS, HAN, Hanze HS, HS Inholland, HS Leiden, HS NCOI, HS NTI, HS Rotterdam, HS Utrecht, HS Windesheim, HvA, HZ, Profit, Stenden HS)
Zie 14.5.f.5.

14.2.f.3 Social work (HZ, Saxion HS, Zuyd HS)
Zie ook: 14.2.f.1 en 14.5.f.5.
Voor adres(sen) zie: HBO-89, 166, 203.
Algemeen Hbo-bacheloropleiding.
Toelatingseisen
- Diploma havo of vwo.
- Verkorte leerroute na mbo-diploma SCW (niveau 4) of SPW (niveau 4), of vergelijkbare andere mbo-diploma's van niveau 4.
Duur 4 jaar voltijd en deeltijd.
Lesprogramma Specialisaties:
- Enschede (Saxion HS): Sociaal pedagogische hulpverlening Euregionaal.
- Vlissingen (HZ): GGZ-agoog (minor) - Jeugdzorgwerker (minor) - Social work en religie & hulpverlening (minor).
Functiemogelijkheden Algemeen maatschappelijk werker, activiteitenbegeleider of arbeidstherapeut (in dagverblijven, gezinsvervangende tehuizen, psychiatrische centra, revalidatiecentra, t.b.r.-inrichtingen, thuiszorg, verpleeg- of verzorgingshuizen, werklozenprojecten of zwakzinnigeninrichtingen), bedrijfsmaatschappelijk werker, buurtwerker, crisisopvang, cursusleider, educatieve dienst van een museum, ingebouwd maatschappelijk werker, jongerenwerker, kerkelijk vormingswerk, kinderwerker, leidinggevende in bejaarden- of gezinszorg, ontwikkelingssamenwerking, opbouwwerker, opvang asielzoekers, ouderenwerk, publieksgerichte functies in de cultuur-, de kunst- of de recreatieve sector, reclasseringswerker, recreatiewerker, schoolmaatschappelijk werker, voorlichtingswerk, vormingswerker, zelfstandig gevestigd maatschappelijk werker, ziekenhuismaatschappelijk werker.

14.3 PSYCHIATRIE EN NEUROLOGIE

14.3.c Wo-bacheloropleiding

14.3.c.1 Neurologie
Algemeen Men kan solliciteren naar een opleidingsplaats voor neurologie bij een ziekenhuis.
Toelatingseisen
- Voltooide wo-studie Basisarts (Geneeskunde).

- Er zijn elk jaar ongeveer 45 opleidingsplaatsen.
Duur 6 jaar voltijd.
Lesprogramma Tijdens de opleiding leert men patiënten onderzoeken, diagnoses stellen en behandelen onder leiding van verschillende neurologen.
De relatie neuroloog-leerling wordt ook wel een meester-gezelrelatie genoemd: tijdens de studie is men werkzaam als neuroloog in opleiding.

14.3.c.2 Psychiater/Psychotherapeut
Algemeen Men kan solliciteren naar een opleidingsplaats voor psychiatrie bij een academisch ziekenhuis of bij een algemeen (psychiatrisch) ziekenhuis.
Toelatingseisen Voltooide wo-studie Basisarts (Geneeskunde).
Duur Circa 4,5 jaar voltijd.
Lesprogramma De relatie psychiater-leerling wordt ook wel een meester-gezel-relatie genoemd: tijdens de studie is men werkzaam als psychiater in opleiding en wordt men in de praktijk van ervaren psychiaters opgeleid tot psychiater én psychotherapeut.

14.4 PSYCHOLOGIE EN PSYCHOTHERAPIE

14.4.a Postacademisch onderwijs (pao)

14.4.a.1 Certificaat van deskundige in counseling en coaching (BeNeLux)
Voor adres(sen) zie: OVER-109.
Algemeen Wo-postmasteropleiding voor professionals in counseling en client-centered therapy.
Doel Professionalisering van counselers en coaches.
Toelatingseisen Diploma wo-master of getuigschrift hbo-master, en voldoende werkervaring.
Duur 1 jaar deeltijd.
Lesprogramma Via action learning - een vorm van leren waarbij vaardigheden worden ontwikkeld om (nieuwe) problemen op te lossen - wordt een theoretisch-praktische vraagstelling ontwikkeld en worden praktische vaardigheden verder ontwikkeld. Veel aandacht wordt besteed aan begeleiding en advisering (counseling en coaching), voorlichting en preventie, en specifieke interventiemethoden.
Studieonderwerpen: gespreksmodellen - gezondheidsbevorderende factoren - inzicht in de psychologie - leerpsychologie - levensthema's - organisatievraagstukken - preventie van ziekte en burnout - stressmanagement.
Diploma/examen Het certificaat 'Deskundige in counseling en coaching' kan worden verworven.

14.4.a.2 Certificaat van deskundige in psychologie voor professionals (BeNeLux)
Voor adres(sen) zie: OVER-109.
Algemeen Wo-postmasteropleiding voor professionals in de psychologie.
Doel Professionalisering van psychologen.
Toelatingseisen Diploma wo-master of getuigschrift hbo-master, en voldoende werkervaring.
Duur 1 jaar deeltijd.
Lesprogramma Veel aandacht wordt besteed aan psychologische (test)diagnostiek en psychologische, psychiatrische en seksuologische gevalsbesprekingen.
Studieonderwerpen: achtergronden van de psychologie - biologische grondslagen van het menselijk gedrag - cognitieve levens-

looppsychologie - counseling - individuele psychologie - klinische psychologie - methoden en technieken van wetenschappelijk onderzoek - psychologische gespreksvoering - sociale psychologie. Voor het eindwerkstuk wordt een theoretisch-praktische vraagstelling ontwikkeld en uitgewerkt.

Diploma/examen Het certificaat 'Deskundige in psychologie voor professionals' kan worden verworven.

14.4.a.3 Certificaat van deskundige in stress, organisatie en gezondheid (BeNeLux)
Voor adres(sen) zie: OVER-109.
Algemeen Wo-postmasteropleiding voor professionals in de psychologie.
Doel Professionalisering op het gebied van stressmanagement.
Toelatingseisen Diploma wo-master of getuigschrift hbo-master, en voldoende werkervaring.
Duur 1 jaar deeltijd.
Lesprogramma Via action learning - een vorm van leren waarbij vaardigheden worden ontwikkeld om (nieuwe) problemen op te lossen - wordt een gezond evenwicht nagestreefd tussen professionele en persoonlijke groei, waarbij mensgerichtheid, persoonlijke feedback en coaching vruchtbare basiselementen vormen.
Studieonderwerpen: inzicht in de relatie arbeid en gezondheid in organisaties - achtergronden, samenhang en benaderingswijzen van stress, vooral in relatie tot de gezondheid - praktische vaardigheden op het gebied van stressmanagement.
Er zijn hoor- en interactieve colleges, er wordt gewerkt aan projecten, analyses en case-studies, en er zijn intervisiebijeenkomsten.
Diploma/examen Het certificaat 'Deskundige in stress, organisatie en gezondheid (Organizational Health & Stress Management)' kan worden verworven.

14.4.a.4 Counseling en vaardigheden (BeNeLux)
Voor adres(sen) zie: OVER-109.
Algemeen Deeltijdse wo-postmasteropleiding voor professionals in counseling en client-centered therapy.
Doel De opleiding is primair bedoeld voor degenen die een grondige opleiding - zowel in theoretisch als in praktisch opzicht - in counseling en client-centered psychotherapy wensen.
Toelatingseisen Diploma wo-master Psychologie of getuigschrift hbo-master-Psychologie.
Duur 2,5 jaar deeltijd (1x per 2-3 weken).
Diploma/examen Masterdiploma in counseling en coaching.
Overige informatie De opleiding wordt gegeven te Eindhoven en Antwerpen, in samenwerking met een Engelse universiteit.

14.4.a.5 GITP PAO
Zie 14.1.a.1.

14.4.a.7 Opsporing vanuit criminologie, psychologie en mensenrechten (BeNeLux)
Voor adres(sen) zie: OVER-109.
Algemeen Wo-postmasteropleiding voor professionals in de psychologie.
Doel Professionalisering van functionarissen, belast met opsporingsactiviteiten (strategisch, tactisch en operationeel); het betreft hier niet alleen managers in een recherchefunctie en kaderleden, maar ook personen die werkzaam zijn bij bijzondere opsporingsdiensten, rechtshandhaving, en in de advocatuur.
Toelatingseisen Diploma wo-master of getuigschrift hbo-master, en voldoende werkervaring.

Duur 1 jaar deeltijd.
Lesprogramma Multidisciplinair uitgangspunt ten aanzien van opsporing vanuit criminologie, psychologie en mensenrechten met als studieonderwerpen: opsporingsdomeinen - beheer en leiding van de opsporingsfunctie - toepassing van opsporingsstrategieën, - tactieken en -technieken - internationalisering van de opsporing - toepassing van psychologie, psychopathologie en psychiatrie bij opsporing - rol, garantie en werking van de mensenrechten binnen de beroepsuitoefening.

14.4.a.8 Psychologie (NIP)
Voor adres(sen) zie: OVER-327.
Algemeen Bijscholing voor professionals in de psychologie; gedetailleerde informatie over het opleidingsaanbod is te vinden op de website van de NIP.
Duur 1 jaar deeltijd.

14.4.a.9 Psychologie en vaardigheden (BeNeLux)
Voor adres(sen) zie: OVER-109.
Algemeen Wo-postmasteropleiding voor professionals in de psychologie.
Doel Het verstrekken van theoretische kennis en praktisch bruikbare vaardigheden op het gebied van de psychologie ten behoeve van werk, beroep of gerichtheid/belangstelling.
Toelatingseisen Diploma wo-master of getuigschrift hbo-master, en voldoende werkervaring.
Duur 2,5 jaar deeltijd (1x per 2-3 weken).
Diploma/examen Masterdiploma in de psychologie.
Overige informatie
- De opleiding wordt gegeven te Eindhoven en Antwerpen, in samenwerking met een Engelse universiteit.
- De voertaal is Nederlands.

14.4.a.10 Na- en bijscholing sociale wetenschappen (RU)
Voor adres(sen) zie: WO-35.
Algemeen Deeltijdse postmasteropleiding voor professionals in de sociale wetenschappen.
Doel Sectoren waar deze scholing zich op richt zijn: gezondheidszorg, bedrijfsleven, overheidsorganisaties, onderwijsinstellingen, non-profit-instellingen en particulieren.
Opleidingen Postdoctorale opleidingen:
- Antropologie.
- Beleidsonderzoeker.
- Communicatiewetenschap.
- Klinisch psycholoog.
- Methoden van onderzoek.
- Onderwijs voor hoogbegaafden.
- Onderwijskunde.
- Pedagogiek.
- Psychologie.
- Rationele therapie.
- Sociologie.
Toelatingseisen Getuigschrift hbo-master, of enige jaren relevante werkervaring.
Duur Varieert van 2-14 dagdelen.
Diploma/examen Het certificaat geeft vrijstelling voor de desbetreffende cursus bij een reguliere academische studie.

14.4.b Wo-masteropleiding

14.4.b.1 Psychologie/Psychology (EUR, KUL, RU, RUG, UG, UL, UM, UT, UU, UvA, VUA, VUB)
Zie ook: 14.4.c.2 en 14.4.c.3.
Voor adres(sen) zie: WO-8, 9, 23, 30, 31, 35, 37, 40, 45, 51, 53, 55.
Algemeen
- Wo-masteropleiding.
- UG: ook educatieve master.
- UL, UvA: ook als (Engelse) onderzoeksmaster.
- VUB: Erasmus- en Socratesprogramma; ook avondonderwijs.
Toelatingseisen Diploma wo-bachelor Psychologie.
Duur
- 1-2 jaar voltijd.
- KUL, UT: ook in deeltijd.
Lesprogramma Specialisaties of varianten:
- EUR: Arbeids- en organisatiepsychologie - Brain & cognition - Brein en cognitie - Klinische kinder- en jeugdpsychologie - Klinische psychologie - Organisational psychology - Psychologie van leren en presteren - Psychology of human learning and performance.
- KUL: Arbeids- en organisatiepsychologie - Klinische en gezondheidspsychologie: kinderen en adolescenten - Klinische en gezondheidspsychologie: volwassenen - Schoolpsychologie - Theorie en onderzoek - Theory and research.
- RU: Arbeid, gedrag en gezondheid - Gedragsverandering - Gezondheidszorgpsychologie.
- RUG: Arbeids-, organisatie- en personeelspsychologie - Clinical neuropsychology - Cognitieve psychologie en psychofysiologie - Cognitive psychology and psychophysiology - Free-choice programma - Industrial and organisational psychology - Klinische neuropsychologie - Ontwikkelingspsychologie - Social psychology and its applications - Sociale psychologie en haar toepassingen - Vrije keuze (psychologie).
- UG: Bedrijfspsychologie en personeelsbeleid - Klinische psychologie - Onderwijs - Theoretische en experimentele psychologie.
- UL: Applied cognitive psychology - Child and adolescent psychology - Clinical & health psychology - Clinical neuropsychology - Clinical psychology - Cognitive neuroscience - Developmental psychology - Economic and consumer psychology - Health psychology - Methodology and statistics in psychology - Occupational health psychology - Social and organisational psychology.
- UM: Cognitive neuroscience - Developmental psychology - Free-choice programma - Health and social psychology - Neuropsychology - Psychology and law - Work & organisational psychology.
- UT: Conflict, risico en veiligheid - Conflict, risk & safety - Gezondheidspsychologie - Health psychology - Human factors and engineering psychology - Instructie, leren en ontwikkeling - Learning sciences - Positieve psychologie en technologie - Positive psychology & technology.
- UU: Arbeids- en organisatiepsychologie - Jeugdstudies - Neuropsychology - Toegepaste cognitieve psychologie.
- UvA: Brain & cognition - Clinical psychology - Developmental psychology - Methodology and statistics - Psychologie van gezondheidsgedrag - Social psychology - Sport- en prestatiepsychologie - Training & development - Work & organisational psychology.
- VUA: Arbeids- en organisatiepsychologie - Clinical and developmental psychopathology - Cognitive neuropsychology - Cognitive science - Klinische neuropsychologie - Klinische ontwikkelingspsychologie - Klinische psychologie - Master of neuroscience - Sociale psychologie.

- VUB: Arbeids- en organisatiepsychologie - Biologische psychologie - Klinische psychologie - Levenslooppsychologie.
- Webster: Emphasis in counseling psychology.

14.4.c Wo-bacheloropleiding

14.4.c.1 Psychiater/Psychotherapeut
Zie 14.3.c.2.

14.4.c.2 Psychologie (EUR, KUL, RU, RUG, TiU, UG, UL, UM, UT, UU, UvA, VUA, VUB, Webster)
Zie ook: 14.4.c.3.
Voor adres(sen) zie: HBO-134, WO-8, 9, 20, 23, 30, 31, 35, 40, 45, 51, 53.
Algemeen Wo-bacheloropleiding tot psycholoog.
Doel Gericht op het menselijk gedrag: menselijke activiteiten, gevoelens, denken en waarnemen.
Toelatingseisen
- Diploma vwo; elk vwo-profiel; propedeuse of getuigschrift/diploma van een hbo of universiteit (ook OUNL; wisk. A of B).
- Als men 21 jaar of ouder is, komt men in aanmerking voor een colloquium doctum.
Duur
- 3 jaar voltijd.
- KUL: ook in deeltijd.
Lesprogramma Specialisaties of varianten:
- KUL: Arbeids- en organisatiepsychologie - Klinische en gezondheidspsychologie - Schoolpsychologie -Theorie en onderzoek.
- RU: Brein - Gedrag - Persoon.
- RUG: Excellence programme - Excellentieprogramma - Honoursprogramma.
- TiU: Psychologie en gezondheid - Psychologie en maatschappij.
- UG: Bedrijfspsychologie en personeelsbeleid - Klinische psychologie - Theoretische en experimentele psychologie.
- UL: Biopsychologie en neuropsychologie - Cognitieve psychologie - Gezondheidspsychologie -Honours-programma - Klinische psychologie - Methoden en technieken - Ontwikkelingspsychologie - Organisatiepsychologie - Sociale psychologie.
- UM: Biologische psychologie - Cognitieve psychologie - Honoursprogramma.
- UT: Conflict, risico en veiligheid - Gezondheidspsychologie - Human factors & engineering psychology - Instructie, leren en ontwikkeling - Positieve psychologie en technologie.
- UU: Arbeids- en organisatiepsychologie - Cognitieve en neurobiologische psychologie - Honours-programma - Kinder- en jeugdpsychologie - Klinische en gezondheidspsychologie - Neuropsychologie - Sociale psychologie - Zelf samengesteld studiepad.
- UvA: Arbeids- en organisatiepsychologie - Brein en cognitie - Honours-programma - Klinische ontwikkelingspsychologie - Klinische psychologie - Minors - Psychologische methodenleer - Sociale psychologie.
- VUA: Minors.
- VUB: Arbeids- en organisatiepsychologie - Klinische psychologie: cognitieve en biologische psychologie - Klinische psychologie: orthopsychologie - Klinische psychologie: volwassenen en ontwikkelingspsychologie.
Aansluitende masteropleidingen
- EUR, KUL, RU, RUG, TiU, UG, UL, UM, UT, UU, UvA, VUA, VUB: Psychologie.
Mogelijkheden voor verdere studie
- Postacademische opleidingen tot de beroepen gezondheidszorg-

psycholoog (2 jaar voltijd) of psychotherapeut (4 jaar deeltijd).
- De opleiding tot klinische psycholoog is een specialisatie (3 jaar) na de opleiding tot gezondheidszorgpsycholoog.

Functiemogelijkheden Psychologen werken overal waar gedrag van mensen wordt bestudeerd of wordt beïnvloed als wetenschappelijk onderzoeker (overheid, universiteiten, onderzoeksinstituten), onderwijsgevende (universiteiten, hbo, middelbare scholen, opleidingen voor verpleegkundigen), als organisatieadviseur, als personeelspsycholoog, als trainer van sociale vaardigheden ten behoeve van profit- en non-profitorganisaties, als klinisch psycholoog of als psychotherapeut in de geestelijke gezondheidszorg van kinderen, jongeren en volwassenen, als schoolbegeleider, als beleidsmedewerker bij met name overheidsinstellingen, als adviseur voor de (kinder)rechter en bij software-bedrijven.
N.B. In september 2014 is het numerus-fixussysteem voor de studie Psychologie (en voor Geneeskunde) in Nederland afgeschaft; daarvoor in de plaats komt een inhoudelijke selectie per universiteit. De criteria worden per universiteit vastgesteld.

14.4.c.3 Psychologie/Psychology (OUNL)
Zie ook: 25.4 voor meer informatie over de OUNL.
Voor adres(sen) zie: WO-26.
Algemeen Deze wo-bacheloropleiding wordt gegeven in de vorm van afstandsonderwijs. Op 14 plaatsen in Nederland en op 6 plaatsen in België zijn er ondersteunende studiecentra.
Doel Gericht op het bestuderen van menselijk gedrag, motivatie, psychische problemen, intelligentie, persoonlijkheid, menselijke gedachten en gevoelens.
Toelatingseisen
- Voor inschrijven bij de Open Universiteit Nederland zijn geen diploma's vereist.
- De toelatingsleeftijd is 18 jaar.
Duur Omvang: 180 ec's; de propedeuse beslaat 14 modulen (ca. 2,5 jaar); de postpropedeuse beslaat 28 modulen (ca. 4,5 jaar).
Lesprogramma Specialisaties:
- OUNL: Arbeids- en organisatiepsychologie- Gezondheidspsychologie - Klinische psychologie - Levenslooppsychologie.
Diploma/examen Bachelor of Science (BSc).
Aansluitende masteropleidingen
- EUR, KUL, RU, RUG, UG, UL, UM, UT, UU, UvA, VUA, VUB: Psychologie.

14.4.f Hbo-bacheloropleiding

14.4.f.1 Toegepaste psychologie (Fontys HS, HAN, Hanze HS, HS Leiden, HS LOI, HS NCOI, HS NTI, HvA, Saxion HS)
Voor adres(sen) zie: HBO-30, 79, 89, 97, 115, 132, 133, 135, 150, 171.
Algemeen
- Hbo-bacheloropleiding.
- HS LOI, HS NCOI en HS NTI worden niet door de overheid bekostigd.
Toelatingseisen Diploma havo, vwo, mbo niveau 4.
Duur
- A'dam (HvA) en Deventer (Saxion HS): 4 jaar voltijd en deeltijd.
- Overige: alleen deeltijd.
- HS LOI, HS NCOI en HS NTI: digitaal in deeltijd.
Lesprogramma Specialisaties:
- A'dam (HvA): Arbeid en organisatie - Consument en maatschappij - Gezondheid, zorg en welzijn - Onderwijs en ontwikkeling.

- Deventer (Saxion HS): Arbeid en organisatie - Klinische psychologie - Neuropsychologie - Ontwikkelingspsychologie/orthopedagogiek.
- HS LOI: Arbeid en organisatie.
- HS NCOI: Arbeids- en gezondheidspsychologie - Geestelijke gezondheidszorg kinderen en jeugd - Geestelijke gezondheidszorg vowassenen en ouderen - Kinderpsychologie en pedagogiek - Onderwijs - Selectiepsychologie.
- HS NTI: Arbeids- en organisatiepsychologie - Coaching - E-mental health - Jeugd- en kinderpsychologie - Psychologie en gezondheid.
Diploma/examen Bachelor of Applied Psychology.
Mogelijkheden voor verdere studie De opleidingen Personeel en Arbeid, Maatschappelijk Werk en Dienstverlening, Culturele en Maatschappelijke Vorming, Sociaal-Pedagogische Hulpverlening.

14.4.l Overige opleidingen

14.4.l.1 Basiskennis Psychologie-Pedagogiek (PPA I) (HS LOI, NIP)
Zie ook: 14.4.l.7.
Voor adres(sen) zie: OVER-225, 327.

14.4.l.2 Jungiaans opleidingsinstituut
Voor adres(sen) zie: OVER-258.
Opleidingen
- Droomwerktherapeut.
- Hypnotherapeut.
- Jungiaans filosofisch therapeut.
- Tarotist.
Toelatingseisen
- Droomwerktherapeut: getuigschrift hbo of gelijkwaardig; men moet ten minste 26 jaar zijn.
- Hypnotherapeut: getuigschrift hbo of gelijkwaardig; men moet ten minste 26 jaar zijn.
- Jungiaans filosofisch therapeut: wo-diploma of getuigschrift hbo; men moet ten minste 26 jaar zijn.
- Tarotist: niveau mbo niveau 4 of gelijkwaardig.
Duur
- Droomwerktherapeut: 2 jaar deeltijd.
- Hypnotherapeut: 3 jaar deeltijd.
- Jungiaans filosofisch therapeut: 4 jaar deeltijd.
- Tarotist: 2 jaar deeltijd.

14.4.l.3 Nascholing en opleiding in de Geestelijke GezondheidsZorg (GGZ) (RINO)
Zie 14.1.l.3.

14.4.l.4 NTI - blended learning - Stresscounseling
Voor adres(sen) zie: ROC/MBO-36.
Opleidingen Stresscounseling.

14.4.l.5 Polyenergetisch therapeut
Voor adres(sen) zie: OVER-195.
Doel Polyenergetische therapie voegt uit diverse reeds bestaande therapieën - zoals hypnotherapie, regressietherapie en NLP - de meest effectieve technieken samen.
Toelatingseisen Er worden geen bijzondere toelatingseisen gesteld; wel dient een kandidaat over enige levenservaring te beschikken.
Duur 4 jaar deeltijd (22-24 dagen per jaar).

Lesprogramma Theorie en praktijk van diverse therapieën - opzetten van eigen praktijk - psychische hygiëne - ethiek - samenwerking met de reguliere geneeskunde.
Functiemogelijkheden Zelfstandige vestiging als polyenergetisch therapeut.
Overige informatie Erkend door BST, BVP en RING.

14.4.I.6 Psychologisch medewerker (NIP)
Voor adres(sen) zie: OVER-327.
Diploma/examen
- Tot het examen wordt men toegelaten met een diploma Psychologisch Assistent NIP, of gelijkwaardig.
- Na het behalen van het genoemde diploma dient men minimaal 5 jaar (ten minste 32 uur per week) werkzaam te zijn geweest onder verantwoordelijkheid van een psycholoog-NIP-lid.
Functiemogelijkheden De functie-omschrijving van psychologisch medewerker staat vermeld in het NIP-reglement betreffende het examen voor Psychologisch testassistent, Psychologisch assistent en Psychologisch medewerker.

14.4.I.7 Psychologisch Pedagogisch Assistent (PPA II) (HS LOI, NIP)
Zie ook: 14.4.I.1.
Voor adres(sen) zie: OVER-225, 327.
Algemeen Vervolgcursus op Basiskennis Psychologie-Pedagogiek (PPA I).
Toelatingseisen Diploma vmbo, havo, vwo of mbo niveau 4.
Duur 26 maanden.
Lesprogramma Inleiding tot de psychologie - algemene psychologie - ontwikkelingspsychologie - psychodiagnostiek - gesprekstechnieken - observatie - 5 praktijkdagen.

14.4.I.8 Psychologisch testassistent (NIP)
Voor adres(sen) zie: OVER-327.
Toelatingseisen Zij die een mavo-diploma (gewenst: wisk.) bezitten, kunnen na minimaal 1 jaar (ten minste 32 uur per week) werkzaam te zijn geweest onder supervisie van een psycholoog-NIP-lid én een literatuurstudie het examen voor testassistent afleggen.
Functiemogelijkheden De functieomschrijving van psychologisch testassistent staat vermeld in het NIP-reglement betreffende het examen voor Psychologisch Testassistent, Psychologisch Assistent en Psychologisch Medewerker.

14.4.I.9 School voor Imaginatie
Voor adres(sen) zie: OVER-57.
Doel Imaginatie wordt toegepast bij persoonlijke ontwikkeling, bij coaching, in onderwijs en in therapie, bij loopbaanbegeleiding, bij teambuilding in organisaties, bij emotionele en psychische problematiek, in geval van lichamelijke symptomen en ziekte, en bij ontwikkeling van creativiteit en inspiratie.
Cursussen Cursussen, workshops en een 3-jarige deeltijdopleiding op het gebied van imaginatie als kunst van het hanteren van innerlijke beelden.

14.4.I.10 SPSO/Academie integrale menswetenschappen
Voor adres(sen) zie: OVER-216.
Opleidingen
- *Deeltijdberoepsopleidingen op hbo-niveau:*
  • Opleiding tot psycholoog.
  • Opleiding tot psychosociaal werk.

- *Voortgezette opleidingen:*
  • Creatieve loopbaancounseling.
  • Kunstzinnige hulpverlening.
  • Lichaamsgerichte counseling.
  • Transpersoonlijke counseling.
Toelatingseisen
- 21 jaar zijn of ouder, met een vooropleiding (die gelijkwaardig is aan een) havo- of een mbo niveau 4-opleiding.
- Uitzonderingen n.a.v. een aanmeldingsgesprek.
Duur
- Psychologie: 4 jaar.
- Psychosociaal werk: 3,5 jaar.
- Voortgezette opleidingen: van 1 tot 1,5 jaar.
Mogelijkheden voor verdere studie Kunstzinnige counseling; lichaamsgerichte counseling; transpersoonlijke counseling; creatieve loopbaancounseling; psychosociaal therapeut; psychosociaal trainer.
Functiemogelijkheden Geestelijke en lichamelijke gezondheidszorg, alternatieve sector, justitiële sector, zelfhulporganisaties, personeelswerk, educatieve en culturele sector.
Overige informatie Colleges in Utrecht; trainingen in het hele land.

14.4.I.11 SETH, academie voor eclectische psychotherapie
Voor adres(sen) zie: OVER-364.
Algemeen Opleidingen voor het diploma Hypnotherapie, inclusief een basisopleiding voor de medische vakken.
Toelatingseisen Diploma havo of mbo.
Duur 4 jaar (vrijdagavond of op zaterdagochtend).
Lesprogramma Binnen de opleiding kan men kiezen voor:
- NLP-Practitioner.
- NLP-Master practitioner.
- NLP-Psychotherapie en medische aspecten.

14.4.I.12 LOI - afstandsonderwijs - Psychologie en opvoeding
Voor adres(sen) zie: OVER-225.
Opleidingen
- Arbeids- en organisatiepsychologie.
- Kind, verzorging en opvoeding.
- Kinderopvang, oriëntatiecursus.
- Mensenkennis, psychologie.
- Parapsychologie.
- Psychologisch-pedagogisch assistent.

14.4.I.13 Speyertherapeut
Voor adres(sen) zie: OVER-87.
Algemeen Opleiding tot het beroep van Speyertherapeut.
Toelatingseisen
- Havo-niveau.
- Ouder zijn dan 25 jaar.
Duur Ongeveer 2,5 jaar (waarin 2 fulltime werkweken).

14.4.I.14 Tabitha
Voor adres(sen) zie: OVER-232.
Doel Tabitha biedt pastoraal-therapeutische cursussen, workshops en seminars, bedoeld voor hen die beroepshalve of als vrijwilliger de pastorale bediening gestalte willen geven. Men gaat ervan uit dat pastorale psychotherapie de integratie is van bijbelse zielzorg met elementen uit gangbare psychotherapieën die aan de Heilige Schrift zijn getoetst.

Opleidingen

- Onderbouw (hbo-niveau): basiscursus - verdiepingscursus - stagejaar.
- Bovenbouw (post-hbo-niveau): voortgezette opleiding.

Toelatingseisen Diploma havo of vwo.

Duur

- Onderbouw: 4 jaar deeltijd.
- Bovenbouw: 2 jaar deeltijd.

14.4.l.15 ATMA

Voor adres(sen) zie: OVER-9.

Cursussen

- Kindercoaching.
- Lichaamsgerichte coaching.
- Lichaamsgerichte therapie.
- Lifecoaching.
- Yogasynthese.

14.5 PEDAGOGIEK, AGOGISCH WERK EN ZWAKZINNIGENZORG

14.5.b Wo-masteropleiding

14.5.b.1 Orthopedagogiek (RUG, UU)

Voor adres(sen) zie: WO-23, 45.

Algemeen Wo-masteropleiding.

Toelatingseisen Diploma wo-bachelor.

Duur 1 jaar voltijd.

Lesprogramma Specialisaties:

- UU: Orthopedische hulpverlening aan kinderen, jongeren en opvoeders - Orthopedische systemen en innovatie.

14.5.b.2 Pedagogische wetenschappen (KUL, RU, RUG, UG, UU, UvA, VUA)

Voor adres(sen) zie: WO-8, 9, 23, 35, 55.

Algemeen Wo-masteropleiding.

Toelatingseisen Diploma wo-bachelor Pedagogische wetenschappen.

Duur

- 1-2 jaar.
- KUL, UvA, VUA: ook in deeltijd.
- VUA: ook als onderzoeksmaster.

Lesprogramma Specialisaties of varianten:

- KUL: Onderwijs- en opleidingskunde - Orthopedagogiek - Sociale en culturele pedagogiek.
- RU: Angst en stemmingsstoornissen - Beperkingen en handicaps - Pedagogische ethiek - Risicogedrag- Speciale leerbehoeften.
- RUG: Educational sciences: communication and deafblindness - Orthopedagogiek - Pedagogiek.
- UG: Orthopedagogiek - Pedagogiek en onderwijskunde.
- UU: Jeugdstudies - Maatschappelijke opvoedingsvraagstukken - Orthopedagogiek.
- UvA: Forensische orthopedagogiek - Opvoedingsondersteuning - Orthopedagogiek.
- VUA: Clinical and developmental psychopathology - Onderwijs- en theoretische pedagogiek - Orthopedagogiek.

14.5.c Wo-bacheloropleiding

14.5.c.1 Onderwijskunde (KUL/KULAK, UU, UvA)

Voor adres(sen) zie: WO-8, 45, 55.

Algemeen Wo-bacheloropleiding tot onderwijskundige: de studie is gericht op onderwijsproblemen.

Toelatingseisen

- Diploma vwo (wisk. A of B); elk vwo-profiel; propedeuse of getuigschrift/diploma van een hbo of van de OUNL (wisk. A of B).
- Voor het vrijstellingsprogramma wordt een hbo vereist in een verwante studierichting.
- Als men 21 jaar of ouder is, komt men in aanmerking voor een colloquium doctum.

Duur

- 3 jaar voltijd.
- KUL/KULAK, UU: ook in deeltijd.

Lesprogramma Specialisaties of varianten:

- KUL/KULAK: Communicatiewetenschappen - Economie - Internationalisering.
- UU: Focus op leren binnen organisaties - Focus op leren van het individu - Focus op onderwijzen en de docent - Focus op onderzoek - Onderwijskunde algemeen.
- UvA: Honours-programma - Minors.

Aansluitende masteropleidingen

- EUR, KUL, RU, RUG, UG, UU, UvA: Pedagogische wetenschappen.

14.5.c.2 Pedagogische wetenschappen (EUR, KUL, RU, RUG, UG, UL, UU, UvA, VUA)

Zie ook: 24.1.c.1.

Voor adres(sen) zie: WO-8, 9, 23, 30, 35, 37, 45, 53, 55.

Algemeen Wo-bacheloropleiding tot (ortho)pedagoog of pedago-
gisch wetenschapper. De studie concentreert zich op vragen in en rond opvoeding, onderwijs en vorming van kinderen, jongeren en volwassenen en de hulpverlening die daar in een aantal gevallen bij hoort.

Toelatingseisen

- Diploma vwo (wisk. A of B); elk vwo-profiel; propedeuse of getuigschrift/diploma van een hbo of van de OUNL (wisk. A of B).
- Voor het vrijstellingsprogramma wordt een hbo vereist in een verwante studierichting.
- Als men 21 jaar of ouder is, komt men in aanmerking voor een colloquium doctum.
- RUG: inpassingsregelingen voor afgestudeerden hbo met een verwante opleiding.

Duur 3 jaar voltijd.

- KUL: ook in deeltijd.

Lesprogramma Specialisaties/varianten:

- KUL: Onderwijs- en opleidingskunde - Orthopedagogiek - Sociale en culturele pedagogiek.
- RU: Honours-programma - Klinische variant - Onderwijskunde - Orthopedagogiek.
- RUG: Academische opleiding leraar basisonderwijs (zie ook 24.1.c.1) - Algemene pedagogiek - Onderwijskunde - Orthopedagogiek.
- UG: Orthopedagogiek - Pedagogiek en onderwijskunde - Sociale agogiek.
- UL: Gezinspedagogiek - Leerproblemen - Minors - Onderwijs-
studies - Orthopedagogiek.
- UU: Honours-programma - Maatschappelijke opvoedingsvraag-
stukken - Orthopedagogiek.
- UvA: Honours-programma - Minors.
- VUA: Minors.

Aansluitende masteropleidingen
- EUR, KUL, RU, RUG, UG, UU, UvA: Pedagogische wetenschappen.

Mogelijkheden voor verdere studie Postdoctorale opleiding voor registratie(s) als orthopedagoog en gezondheidspsycholoog.

Functiemogelijkheden (Ortho)pedagoog in onderzoeks-, advies-, beleids- en docentfuncties; orthopedagogisch hulpverlener of psychotherapeut; instellingen op het gebied van het kinder- en jeugdrecht, het onderwijs, de gezondheidszorg en de gehandicaptenzorg, het maatschappelijk werk, beroeps- en bedrijfsscholing; onderwijskundige/pedagoog in schooladviesdiensten en pedagogische centra, adviesbureaus, (rijks)instellingen in (volwassenen)educatie, bedrijfsleven en beroepsscholing.

14.5.d Post-hbo-opleiding

14.5.d.1 Hogere Kaderopleiding Pedagogiek (HKP) (Driestar, Fontys HS, HAN, HS Rotterdam, HvA, NHL)

Voor adres(sen) zie: HBO-30, 58, 92, 126, 150, 157.

Doel De HKP is een vervolgopleiding op de hbo-Pedagogiek. De opleiding legt een zwaar accent op instrumentele en cognitieve vaardigheden, op theorievorming en uitbouw van de professionele identiteit.

Toelatingseisen
- Hbo-Pedagogiek.
- Voor wie is afgestudeerd aan een verwante hbo-opleiding, bestaat het speciale voortraject Pedagogiek; hierna behaalt men na 1 jaar het diploma Pedagogiek.

Duur 2-2,5 jaar deeltijd.

Lesprogramma - Pedagogiek, managementvakken, onderzoeksmethoden - signaleren, diagnosticeren en begeleiden - ontwerpen van signalerings-, diagnose- en begeleidingssystemen - leidinggeven aan implementatieprocessen - de rol van de manager in gedecentraliseerde organisaties - supervisie en intervisie.
- Er zijn 4 studieroutes die opleiden tot de volgende hogere kaderfuncties:
  • Beleidsmedewerker.
  • HKP orthopedagoog.
  • Leidinggevende.
  • Opleidingskundige.

Functiemogelijkheden Hogere kaderfuncties in een van de pedagogische werkvelden: onderwijsbegeleiding, onderwijs, opvoedingsondersteuning, gehandicaptenzorg, geestelijke gezondheidszorg, jeugdwelzijn, of jeugdhulpverlening.

14.5.d.2 Intensieve ambulante gezinsbegeleiding (NHL)

Voor adres(sen) zie: HBO-123.

Doel Vaardigheden voor intensieve ambulante gezinsbehandeling.

Toelatingseisen Hbo of wo in een relevante sector, en/of werkervaring als hulpverlener, teamleider en afdelingshoofd in ambulante en (semi-)residentiële instellingen voor jeugdhulpverlening, afdelingshoofd in ambulante en (semi-)residentiële instellingen voor jeugdhulpverlening, voor kinder- en jeugdpsychiatrie en voor mensen met een verstandelijke beperking.

Duur 20 weken (10 cursusdagen; 10 uur sbu per week).

Lesprogramma Diagnostiek - indicatiestelling - methodisch handelen in gezinnen - taakgericht werken - omgaan met emotionele basisvragen en parallelle processen - overleg met en rapportage aan betrokken instanties - realiseren van doorverwijzing.

14.5.d.3 Intensieve Ambulante Gezinsbegeleiding (IAG) (kort) (NHL)

Voor adres(sen) zie: HBO-123.

Algemeen Verdiepingsmodule voor behandelcoördinatoren/werkbegeleiders.

Doel Opleiden in vaardigheden van intensieve ambulante gezinsbehandeling voor leidinggevenden.

Toelatingseisen Werkzaam zijn als leidinggevende in ambulante en (semi-)residentiële instellingen voor jeugdhulpverlening, voor kinder- en jeugdpsychiatrie en voor mensen met een verstandelijke beperking.

Lesprogramma Hulpverleningsbalansen en strategieën - actief luisteren - doelen stellen met het gezin - parallelle processen gezin en team - weerstanden in het werken met gezinnen - voorkomen van burnout - gebruik van kernkwadranten.

14.5.d.4 Pedagogisch management kinderopvang (Fontys HS)

Voor adres(sen) zie: HBO-82.

Algemeen Deze opleiding wordt als hbo-opleiding gegeven.

Doel efficiënter en effectiever uitvoeren van werkzaamheden door leidinggevenden in de kinderopvang.

Toelatingseisen Diploma havo, vwo of mbo niveau 4 (gewenst: diploma SPW of Onderwijsassistent); of 21 jaar zijn na toelatingsonderzoek.

Duur 4 jaar voltijd en deeltijd.

14.5.d.5 Speltherapie (HS Utrecht)

Voor adres(sen) zie: HBO-184.

Algemeen De speltherapeut schept voorwaarden waardoor het kind zich kan ontwikkelen door middel van de client-centered therapie.

Doel Verwerven van een basiswerkhouding, inzichten en vaardigheden.

Toelatingseisen
- Een relevante hbo-opleiding.
- Plus werk- en/of stage-ervaring met spelbegeleiding.

Duur 2,5 jaar deeltijd.

Lesprogramma
- Thematisch onderwijs: achtergronden van de basishouding en de plaats van de client-centered stroming - ontwikkelen van de basishouding - toepassing van interventies vanuit de basishouding - leren communiceren binnen het spel - ontwikkelingspsychologie - gezinsbenadering.
- Theoretische inleiding, speltheorie en spelvaardigheden - experiëntiële kindertherapie - het therapeutisch proces - therapeutische training - trainingsweekenden - praktijkmodule: stage speltherapie - supervisie - stage- en werkstukbegeleiding - therapeutische themata - speltherapie met mensen met een verstandelijke beperking.

Functiemogelijkheden Werkzaam zijn als speltherapeut bij kinderen met problemen in hun ontwikkeling, zoals in de jeugdhulpverlening, algemeen maatschappelijk werk, zorg voor mensen met een verstandelijke beperking, kinderafdeling van ziekenhuizen, speciaal onderwijs.

14.5.d.6 Stichting CPION (Centrum Post Initieel Onderwijs Nederland)

Voor adres(sen) zie: DIEN-29.

Algemeen Toetsing, registratie en diplomering van initiële opleidingen.

www.toorts.nl

14.5.e Hbo-masteropleiding

14.5.e.1 Pedagogiek (Fontys HS, HAN, Hanze HS, HS Inholland, HS Rotterdam, HS Utrecht, HvA, NHL)
Voor adres(sen) zie: HBO-4, 20, 30, 79, 127, 150, 157, 165, 173.
Algemeen Hbo-masteropleiding Pedagogiek voor o.a. leraar Pedagogiek met eerstegraadsonderwijsbevoegdheid in het voortgezet onderwijs.
Met deze deeltijdopleiding Pedagogiek (eerstegraads) kan men ook lesgeven in het vak Maatschappijleer. Er moet dan tegelijkertijd een aanvullende studie Maatschappijleer worden gedaan.
Toelatingseisen Diploma hbo-bacheloropleiding Pedagogiek.
Duur 2 jaar deeltijd.
Overige informatie De eerstegraadsopleiding wordt in deeltijd gegeven te Amsterdam, Den Haag, Eindhoven, Groningen, Nijmegen, Rotterdam, Sittard, Tilburg, Utrecht, en Zwolle.

14.5.f Hbo-bacheloropleiding

14.5.f.1 Hbo-lerarenopleiding Pedagogiek (tweedegraads)/Pedagogiek (Fontys HS Pedagogiek, HAN, HvA)
Zie ook: 24.3.f.1.
Voor adres(sen) zie: HBO-30, 79, 150.
Algemeen Hbo-bacheloropleiding voor opvoedingsvoorlichter, stafmedewerker kinderopvang, jeugdzorgmedewerker en/of leraar Pedagogiek tweedegraads.
Doel Deskundig worden op het gebied van advisering, begeleiding, hulpverlening, vorming, onderwijs of voorlichting aan kinderen, jongeren of volwassenen.
Toelatingseisen
- Diploma havo; mbo niveau 4, plus werkervaring.
- Of 21 jaar of ouder zijn en toegelaten worden op grond van een toelatingsonderzoek als men een vergelijkbare opleiding heeft of over relevante werkervaring beschikt.
Duur 4 jaar voltijd en deeltijd.
Lesprogramma Propedeuse: pedagogiek - communicatieve vaardigheden - sociologie - psychologie - filosofie - agogiek - dramatische vorming - beeldende vorming - taalvaardigheid - Engels - informatiekunde - communicatie en media.
Aansluitende masteropleidingen Amsterdam, Den Haag, Leeuwarden, Nijmegen, Rotterdam, Sittard, Tilburg, Utrecht: Pedagogiek.
Mogelijkheden voor verdere studie Hogere Kaderopleiding Pedagogiek (HKP), zie 14.5.d.1.
Functiemogelijkheden Leraar Pedagogiek tweedegraads, of middenkaderfuncties in een van de pedagogische werkvelden: onderwijsondersteuning, opvoedingsondersteuning; projecten in voorschoolse en buitenschoolse educatie; jeugdwelzijn en jeugdhulpverlening; speciaal (voortgezet) onderwijs.
Overige informatie De tweedegraadsopleiding wordt in voltijd en deeltijd gegeven te Amsterdam, Den Haag, Eindhoven, Nijmegen, Sittard, en Tilburg.
N.B. De lerarenopleiding Pedagogiek staat officieel geregistreerd als hbo-bacheloropleiding Leraar voortgezet onderwijs van de tweede graad in Pedagogiek.

14.5.f.2 Jeugdwerker (HS NTI)
Voor adres(sen) zie: HBO-133.
Algemeen
- Ad-programma.
- HS NTI wordt niet door de overheid bekostigd.
Duur 2 jaar blended learning in deeltijd.

14.5.f.3 Kinderopvang (HS NTI)
Zie ook: 14.5.l.3.
Voor adres(sen) zie: HBO-133.
Algemeen
- Ad-programma.
- HS NTI wordt niet door de overheid bekostigd.
Duur 2 jaar blended learning in deeltijd.

14.5.f.4 Pedagogisch educatief medewerker (HS Rotterdam)
Voor adres(sen) zie: HBO-157.
Algemeen Ad-programma.
Duur 2 jaar voltijd en deeltijd.

14.5.f.5 Sociaal-Pedagogische Hulpverlening (hsao-SPH) (Avans HS, CHE, Haagse HS, HAN, Hanze HS, HS Inholland, HS Leiden, HS NCOI, HS NTI, HS Rotterdam, HS Utrecht, HS Windesheim, HvA, HZ, Profit, Stenden HS)
Voor adres(sen) zie: HBO-1, 3, 4, 28, 53, 63, 66, 76, 97, 106, 130, 132, 133, 135, 150, 156, 157, 184, 225, 227.
Algemeen
- Hbo-bacheloropleiding.
- HS NCOI, HS NTI en Profit worden niet door de overheid bekostigd.
Doel De sociaal-pedagogische hulpverlener werkt voor en met mensen van alle leeftijden die door een combinatie van factoren en omstandigheden, zoals een lichamelijke en/of verstandelijke beperking, ziekte, ontwikkelingsproblemen of relatie- en/of gezinsproblemen, tijdelijk of gedurende hun hele leven aangewezen zijn op professionele ondersteuning om te kunnen functioneren in het gewone dagelijkse leven.
Toelatingseisen
- Diploma havo, vwo of mbo niveau 4.
- Of 21 jaar of ouder zijn en toegelaten worden op grond van een toelatingsonderzoek.
- 3-jarige leerroute voor mbo'ers met een verwant diploma.
Duur - 4 jaar voltijd en deeltijd.
- Alkmaar/Den Haag/Haarlem/Rotterdam (HS Inholland), Leiden (HS Leiden), en Amersfoort en Utrecht (HS Utrecht): alleen voltijd.
- HS LOI, HS NCOI, HS NTI: digitaal in deeltijd.
Lesprogramma Specialisaties:
- Alkmaar (HS Inholland): Werken in de geestelijke gezondheidszorg - Werken in de jeugdzorg - Werken in de wijk.
- Almere (HS Windesheim/Flevoland): Caring robots (minor) - Jeugd en gezin (minor) - Mediapedagogiek (minor) Verslavingskunde (minor) - Zorglogistieke bedrijfsvoering (minor).
- Amersfoort/Utrecht (HS Utrecht): Gehandicapten - GGZ - Jeugd - Justitie - Ouderen.
- Breda (Avans HS): Minor.
- Den Bosch (Avans HS): GGZ-agoog (minor) - Professional in de veranderende samenleving (minor) - Verslavingskunde (minor) - Werken met jeugd (minor).
- Den Haag (Haagse HS): GGZ-agoog - Jeugdzorgwerker.
- Den Haag (HS Inholland): Werken in de geestelijke gezondheidszorg - Werken in de jeugdzorg - Werken in de wijk.
- Groningen (Hanze HS): GGZ-agoog - Jeugdzorgwerker.
- Haarlem (HS Inholland): Werken in de geestelijke gezondheidszorg - Werken in de jeugdzorg - Werken in de wijk.
- R'dam (HS Rotterdam): Minor - Sport, bewegen en talentontwikkeling.

- Zwolle (HS Windesheim): Ervaringsdeskundigheid - Gehandicaptenzorg (minor) - Hulpverlening aan jeugd en gezin (minor) - Jeugdzorgwerker - Psychiatrie en verslaving (minor).
- HS NCOI: GGZ-agoog - Jeugdzorgwerker - Kinderopvang.

Diploma/examen Alle opleidingen SPH hebben dezelfde eindtermen: aan alle opleidingen wordt dus met de student naar hetzelfde eindresultaat gewerkt. Dit eindresultaat is geformuleerd als een aantal 'competenties' waarover de student aan het einde van de opleiding beschikt. Dit betekent dat in de opleidingen het handelen van de sociaal-pedagogische hulpverlener centraal staat. Een sociaal-pedagogisch hulpverlener is een creatieve professional met een goed probleemoplossend vermogen, die reflectief is ingesteld en innovatief te werk kan gaan; een hulpverlener die kan samenwerken in een team, maar die ook kan coördineren en leidinggeven. De vorming van de student vindt altijd plaats in meer instellingen of beroepscontexten, als stage of praktijk. De student maakt zich daarin competenties eigen in hulp- en dienstverlening aan cliënten.

Alle opleidingen leiden dus voor hetzelfde beroep op, maar doen dit wel op hun eigen specifieke wijze: via probleemgestuurd onderwijs of via projectmatig of themagecentreerd onderwijs.

Functiemogelijkheden Groepsleider, mentor, pedagogisch medewerker, activiteitenbegeleider, sociotherapeut, begeleider pedagogische thuiszorg, voorlichtingsmedewerker, netwerkontwikkelaar, teambegeleider, teamcoördinator, afdelingshoofd of directeur. Er wordt gewerkt met kinderen in probleemsituaties, verstandelijk gehandicapten, kinderen en volwassenen met psychiatrische problematiek, gedetineerden, ouderen met problemen van lichamelijke en psychosociale aard en met dak- en thuislozen.

Arbeidstherapeut en activiteitenbegeleider in psychiatrische centra, verpleeg- en verzorgingshuizen, zwakzinnigeninrichtingen, t.b.s.-inrichtingen, revalidatiecentra, gezinsvervangende tehuizen, dagverblijven, thuiszorg en werklozenprojecten.

14.5.g Mbo-opleiding niveau 4

14.5.g.1 Ideaal jongerenwerk (leerroute mbo-2-4/hbo-5)
Zie ook: 14.08.g.3.
Voor adres(sen) zie: HBO-157, ROC/MBO-40, 43.
Algemeen De gemeente Rotterdam heeft samen met een aantal onderwijsinstellingen, waaronder HS Rotterdam, een leertraject jongerenwerk opgezet: 'Ideaal jongerenwerk'.
Toelatingseisen
- Gemotiveerde en geïnteresseerde jongeren die samen met de stad Rotterdam willen werken aan de toekomst van de jeugd.
- Er is een verplicht assessment.
Duur 1,5 jaar; per 10 weken rouleren tussen de scholen.
Lesprogramma
- In het mbo is deze leerroute gekoppeld aan de opleiding Sociaal-Cultureel Werker (SCW) (niveau 4).
- In het hbo is deze leerroute gekoppeld aan de opleiding Culturele en Maatschappelijke Vorming (hsao-CMV).
Functiemogelijkheden Jongerenwerker.

14.5.g.2 Sociaal-Pedagogisch Werker (SPW) (niveau 4)
Voor adres(sen) zie: HBO-227, ROC/MBO-30, 39.
Algemeen Eindtermen voor deze kwalificatie worden ontwikkeld door Calibris (Zorg, Welzijn en Sport).
Hier worden slechts de centrale adressen vermeld. De opleiding kan in de wijde omtrek ervan worden gegeven.
CREBO 10743

Doel Planmatig, doelgericht en methodisch bezig zijn met hulp- en dienstverlening in het kader van de primaire, al dan niet vervangende, woon- en leefsituatie.
Toelatingseisen
- Diploma vmbo gl, vmbo kb of vmbo tl.
- Bij een gelijkwaardig buitenlands diploma wordt NT2 vereist.
- Bij Profit worden slechts studenten van 20-60 jaar toegelaten.
Duur
- 4 jaar voltijd en deeltijd.
- Profit: verkorte opleiding van 18 maanden.
Lesprogramma Profit: ook de beroepsvarianten Management - Nanny - Pedagogiek - Psychologie.
Mogelijkheden voor verdere studie Hbo-bachelor; met vrijstellingen kan men instromen in de hbo-opleiding-Sociaal-Pedagogische Hulpverlening (SPH).
Functiemogelijkheden Sociaal-pedagogisch werker, inrichtingswerker of groepswerker in internaten voor kinderen en jongeren met opvoedingsmoeilijkheden, kinderbeschermingsinternaten, schippersinternaten, kinderdagverblijven, gezinsvervangende tehuizen, internaten en activiteitencentra voor geestelijk en/of lichamelijk beperkte mensen, en in scholen voor speciaal onderwijs. Activiteitenbegeleider in de jeugdhulpverlening, het welzijnswerk of de sport, bij verzorgingshuizen, ziekenhuizen en in dagverblijven en tehuizen voor verstandelijk en lichamelijk beperkte mensen.
Overige informatie Er zijn 2 beroepsvarianten:
- Activiteitenbegeleiding.
- Woonbegeleiding.

14.5.h Mbo-opleiding niveau 3

14.5.h.1 Sociaal-Pedagogisch Werker (SPW) (niveau 3)
Voor adres(sen) zie: HBO-227, ROC/MBO-13, 23, 30, 39.
Algemeen
- Eindtermen voor deze kwalificatie worden ontwikkeld door Calibris (Zorg, Welzijn en Sport).
- Hier worden slechts de centrale adressen vermeld. De opleiding kan in de wijde omtrek ervan worden gegeven.
CREBO 10743
Doel Planmatig, doelgericht en methodisch bezig zijn met hulp- en dienstverlening in het kader van de primaire, al dan niet vervangende, woon- en leefsituatie.
Toelatingseisen
- Diploma vmbo gl, vmbo kb of vmbo tl.
- Bij gelijkwaardig buitenlands diploma: NT2.
- Bij Profit worden slechts studenten van 20-60 jaar toegelaten.
Duur
- 3 jaar voltijd en deeltijd.
- Profit: verkorte opleiding van 12 maanden.
Lesprogramma Profit: er is ook de beroepsvariant Nanny.
Mogelijkheden voor verdere studie Met vrijstellingen instromen in opleidingen van niveau 4: Sociaal-Pedagogisch Werker (SPW), of Sociaal-Cultureel Werker (SCW).
Functiemogelijkheden Leider kindercentra in een kinderdagverblijf, peuterspeelzaal, halve-dagopvang of bij een centrum voor buitenschoolse dagopvang. Onderwijsassistent in de onderbouw van het basisonderwijs. Sociaal-pedagogisch werker in internaten en activiteitencentra voor geestelijk en/of lichamelijk beperkte mensen.
Overige informatie Er zijn 3 beroepsvarianten:
- Basisonderwijs.
- Kinderopvang.
- Zorg voor mensen met een beperking.

14.5.h.2 LOI en NTI - afstandsonderwijs/blended learning - Sociaal-pedagogisch werker kinderopvang (niveau 3)

Voor adres(sen) zie: OVER-225, ROC/MBO-36.
CREBO Geen.
Opleidingen Sociaal-Pedagogisch Werker (SPW) (zie voor meer informatie: 14.5.h.1).

14.5.I Overige opleidingen

14.5.I.1 Calibris (v/h OVDB): landelijk orgaan voor beroepsonderwijs Zorg, Welzijn en Sport)

Zie 15.1.I.5.

14.5.I.2 Innovatieve zorgopleiding (OOL) (HS Utrecht)

Voor adres(sen) zie: HBO-184.
Algemeen Functieopleiding voor diverse leidinggevenden in de zorg- en dienstverlening.
Doel Opleidingen ontwikkelen voor hen die werkzaam zijn in de zorg voor mensen met een verstandelijke beperking.
Toelatingseisen
- Diploma mbo of vergelijkbaar.
- Werkzaam zijn als operationeel leidinggevende (of daarvoor benoembaar zijn), of leidinggevende taken vervullen, zoals het coördineren van een project.
- Intakegesprek als men niet de vereiste vooropleiding heeft.
Duur
- 1 jaar deeltijd.
- Start in september.
Diploma/examen De afronding wordt per module vastgesteld, en kan geschieden in de vorm van een thuistoets, een presentatie of een schriftelijk examen. Nadat alle modulen met een voldoende cijfer zijn afgerond, kan de cursist deelnemen aan het eindexamen, dat bestaat uit een gesprek aan de hand van een gespreksnotitie. Als men slaagt, ontvangt men het diploma Opleiding Operationeel Leidinggeven (OOL).
Functiemogelijkheden
- Basisopleiding: werkzaam als assistent begeleider in de zorg voor mensen met een verstandelijke beperking.
- Opleiding Operationeel Leidinggeven (OOL): werkzaam als middenkaderfunctionaris in de zorg voor mensen met een beperking.
- OPM-basiswerker: werkzaam als begeleider in de zorg voor mensen met een verstandelijke beperking.
- Cursus Supportmedewerker: werkzaam als begeleider nieuwe stijl in de zorg voor mensen met een beperking.

14.5.I.3 NTI - blended learning - Leidster kinderopvang

Voor adres(sen) zie: ROC/MBO-36.
Opleidingen Leidster kinderopvang.

14.5.I.4 Peuterspeelzaalleidster

Voor adres(sen) zie: ROCCO-10, 26.
Doel De brancheopleiding 'Ervaren peuterspeelzaalleidsters' is gericht op werken in de gehele kinderopvang voor baby's, kleuters en schooljeugd.
Toelatingseisen
- Minimaal 2 jaar als zelfstandig leidster op een peuterspeelzaal werken.
- Ten minste 1 dagdeel per week in deze branche werkzaam zijn.
Duur 6-14 maanden deeltijd, afhankelijk van vooropleiding en ervaring.

Lesprogramma Vaardigheden verzorging - begeleiding van kinderen en ouders/verzorgers - methodiek van werken - werken in een organisatie.
Functiemogelijkheden Leidster in peuter- en/of kinderopvang, in peuterspeelzalen, kindercentra en in de buitenschoolse opvang.

14.5.I.5 Spelbegeleiding (HS Utrecht)

Voor adres(sen) zie: HBO-184.
Toelatingseisen
- Diploma mbo niveau 3 of 4 op agogisch gebied.
- Plus 2 jaar werkervaring in een agogische setting.
- Plus een (onbetaalde) werkplek in een agogische setting met kinderen voor tenminste 16 uur per week.
- Ook geschikt voor hbo'ers die zich in spelbegeleiding willen specialiseren.
Duur 2 jaar deeltijd.
Lesprogramma Speltheorie - spelvaardigheden - ontwikkelingspsychologie - de spelontwikkeling - methodiek van spelbegeleiding - spelbegeleiding: attitude en vaardigheden - pedagogiek en orthopedagogiek - spelbegeleiding bij kinderen met een problematische ontwikkeling - praktijkmodule - stage- en werkstukbegeleiding - supervisie - spelbegeleiding bij groepjes - voorbereiding spelbegeleiding bij groepjes - allochtone kinderen en spel.
Functiemogelijkheden Spelbegeleider in een (ortho)pedagogische setting.

14.5.I.6 Trainingen thuisbegeleiding (HS Utrecht)

Voor adres(sen) zie: HBO-184.
Opleidingen Er zijn 4 korte trainingen met betrekking tot thuisbegeleiding:
- *Basiscursus opvoedingsondersteuning en ouderbegeleiding:*
  Leidt op voor verhoging van expertise en mobiliteit en het meer aandacht geven aan begeleiding en ondersteuning van ouders door gesprekken en andere vormen van ondersteuning.
  Bestemd voor werkers uit de jeugdhulpverlening, de sector mensen met een verstandelijke of lichamelijke beperking, en aanverwante zorgsectoren.
- *Pedagogische advisering (TOP-cursus):*
  Leidt op voor kortdurende hulp op het gebied van opvoedingsvragen: van een telefoongesprek tot enkele begeleidingscontacten, waarbij de werker, vanuit expertise en doelgerichte hulpvraagverduidelijking, in staat is om tot een advies te komen dat door de cliënt wordt gedragen.
  Bestemd voor agogisch-pedagogisch geschoolde werkers binnen alle gebieden van de zorg en de jeugdhulpverlening op postmbo- en hbo-niveau.
- *TOP-PPG:*
  Bijscholing op post-hbo-niveau voor PPG'ers en opleiding voor intensieve hulpverlening. Er wordt in een leercontract een individueel pakket samengesteld, afhankelijk van kennis- en interessegebied.
  Bestemd voor ambulante werkers, leerkrachten in het basis- en speciaal onderwijs, gespecialiseerde thuiszorgers, werkers in de zorg voor mensen met een lichamelijke beperking of in de psychiatrie die zich op het terrein van de thuis- of ouderbegeleiding willen bekwamen.
- *Training Video Interactie Begeleiding (VIB-Training):*
  Videobeelden kunnen effectieve ondersteuning bieden op diverse momenten in het methodisch hulpverleningsproces; ze zijn een goed observatiemiddel voor beeldvorming en diagnostiek, een hulpmiddel bij veranderingsprocessen in het gezin en bij de

evaluatie daarvan, een feedback-middel bij reflectie op eigen handelen, en een aanvulling op advisering, begeleiding en intervisie.

Toelatingseisen
- Een relevante hbo-opleiding of een andere hogere sociaal-agogische opleiding (MWD of Pedagogiek); of aantoonbaar hbo-denk- en werkniveau.
- Minimaal 2 jaar praktijkervaring als hulpverlener.

Duur 8 bijeenkomsten, meestal om de 2 weken van september tot januari op dinsdagavond, plus 2 x 10 hulpverleningscontacten, plus 2 assessmentgesprekken.

Diploma/examen De opleiding wordt voorafgegaan en afgesloten met een assessment.

14.6 ARBEIDSMARKT EN SOCIALE ARBEID

14.6.a Postacademisch onderwijs (pao)

14.6.a.1 Advanced Labour Studies (UvA)
Voor adres(sen) zie: WO-8.
Algemeen Postmasteropleiding.
Doel Opleiding gericht op het gebied van arbeidsvraagstukken.
Toelatingseisen Wo-afgestudeerde economen, juristen, medici, politicologen, psychologen en sociologen.
Duur 2 jaar deeltijd (1 dag per week).
Lesprogramma Arbeidseconomie - arbeidsgeneeskunde - arbeids- en organisatiepsychologie - arbeidsrecht - arbeids- en organisatiesociologie.
Functiemogelijkheden Beleidsmedewerkers bij ministeries, belangenorganisaties, grote gemeenten, uitzend-, arbeidsvoorzienings- en maatschappelijke organisaties.

14.6.a.2 GITP PAO
Zie ook: 14.1.a.1.
Voor adres(sen) zie: PAO-16.
Cursussen Loopbaanadvisering in de praktijk.
Toelatingseisen Werkzaam zijn in loopbaanadvisering.
Duur 5 dagdelen.

14.6.d Post-hbo-opleiding

14.6.d.1 Korte leergang Studie- & loopbaanadvisering (Saxion HS)
Voor adres(sen) zie: HBO-89.
Algemeen Nascholingscursus t.b.v. studie- & loopbaanbegeleiders, voor schooldecanen.
Toelatingseisen Ervaring in studie- en loopbaanbegeleiding.
Duur 20 avonden.

14.6.d.2 Stichting CPION (Centrum Post Initieel Onderwijs Nederland)
Voor adres(sen) zie: DIEN-29.
Algemeen Toetsing, registratie en diplomering van initiële opleidingen.

14.6.d.3 Loopbaanbegeleiding (Saxion HS)
Voor adres(sen) zie: HBO-89.
Algemeen Opleiding voor loopbaanbegeleiding voor individuele begeleiding van volwassenen (cliënten of werknemers) bij overgangsmomenten in hun loopbaan.
Toelatingseisen Hbo-Personeel & Arbeid (P&A).

Duur 6 lesdagen.
Lesprogramma Model van loopbaanbegeleiding: acceptatie van de huidige situatie - analyse van kwaliteiten en beperkingen - opstellen van doelen en een actieplan - verkennen van de mogelijkheden - realisatie.

14.6.f Hbo-bacheloropleiding

14.6.f.1 Human Resource Management (HRM) (Avans HS, Avans+, CHE, Fontys HS, Haagse HS, HAN, Hanze HS, HS Leiden, HS NCOI, HS NTI, HS Rotterdam, HS Utrecht, HS Windesheim, HS Windesheim/Flevoland, HvA, HZ, NHL, Saxion HS, Stenden HS)
Zie 11.6.f.3.

14.6.f.2 Sociaal-financiële dienstverlening (HS Inholland, HS Rotterdam)
Voor adres(sen) zie: HBO-156, 157.
Algemeen Ad-programma.
Duur 2 jaar in deeltijd.

14.6.f.3 Sociaal-Juridische Dienstverlening (hsao-SJD) (Hanze HS, HS Inholland, HS Leiden, HS LOI, HS NCOI, HS NTI, HS Utrecht, HvA, Saxion HS)
Voor adres(sen) zie: HBO-28, 66, 89, 100, 132, 156, 184.
Algemeen
- Hbo-bacheloropleiding voor juridische functies waarin met mensen wordt gewerkt, en waar kennis van het Nederlands Recht wordt gecombineerd met methodische kennis en vaardigheden.
- HS LOI, HS NCOI en HS NTI worden niet door de overheid bekostigd.

Toelatingseisen
- Diploma havo of mbo niveau 4.
- Of 21 jaar of ouder zijn en toegelaten worden op grond van een toelatingsonderzoek.
- Amsterdam: 3-jarige leerroute voor mbo'ers met een verwante opleiding.

Duur
- 4 jaar voltijd en deeltijd.
- 3,5 jaar na diploma van een verwante mbo niveau 4-opleiding.
- Den Haag (HS Inholland), Leiden (HS Leiden) en Utrecht: alleen voltijd.
- HS LOI, HS NCOI en HS NTI: digitaal in deeltijd.

Lesprogramma Specialisaties:
- Deventer (Saxion HS): Algemeen - Dienstverlening.
- Groningen (Hanze HS): Arbeidsrecht - Conflictmanagement - International law - Privaatrecht - Recht en multi-probleem - Recht, gezondheid en schulden.
- HS NCOI: Financiële zorgverlening en schuldhulpverlening.

Functiemogelijkheden Functies bij sociale diensten en andere gemeentelijke diensten, sociaal raadsliedenwerk, vakbonden, justitie (bureaus Halt, bureaus voor rechtshulp, reclassering, kantongerecht, gevangeniswezen), advies en informatiecentra, vluchtelingenwerk, woningbouwverenigingen, ombudswerk, deurwaarderskantoren.

14.6.g Mbo-opleiding niveau 4

14.6.g.1 Juridisch medewerker personeel en arbeid (niveau 4)

Voor adres(sen) zie: ROC/MBO-4, 13, 17, 20, 32, 48, 61.
Algemeen
- Bij Roc van Twente heet deze opleiding: Medewerker personeel en arbeid.
- Eindtermen voor deze kwalificatie worden ontwikkeld door ECABO.
- Hier worden slechts de centrale adressen vermeld. De opleiding kan in de wijde omtrek ervan worden gegeven.

CREBO 90435/94900
Toelatingseisen
- Diploma vmbo gl, vmbo kb of vmbo tl met de sector vmbo-Ec; of diploma vmbo gl, vmbo kb of vmbo tl, alle met econ., 2e moderne vreemde taal of wisk., met de sectoren vmbo-Lb, vmbo-Tech of vmbo-Z&W.
- Minimumleeftijd voor de deeltijdopleiding: 18 jaar.

Duur 4 jaar voltijd en deeltijd; bij Roc van Twente 3 jaar voltijd of 2 jaar deeltijd.
Mogelijkheden voor verdere studie Men kan met vrijstellingen instromen in de opleiding van niveau 4: Juridisch medewerker sociale zekerheid.
Functiemogelijkheden Medewerker op een afdeling personeels-werk, consulent bij het UWV, of bij een uitzendbureau.
Overige informatie Versnelde voltijdopleiding van 2 jaar voor 18+-ers bij Roc Mondriaan.

14.6.g.2 Juridisch medewerker sociale zekerheid (niveau 4)

Zie 20.10.g.1.

14.6.l Overige opleidingen

14.6.l.1 SOSV opleidingen

Zie 20.10.l.1.

14.7 CREATIEVE THERAPIE EN ACTIVITEITENBEGELEIDING

14.7.d Post-hbo-opleiding

14.7.d.1 Bewegingsexpressietherapie (Fontys Dansacademie)

Zie 13.13.d.1.

14.7.d.2 Psychomotorische kindertherapie (Le Bon Départ)

Voor adres(sen) zie: OVER-223.
Algemeen Opleiding tot beroepskracht die kinderen, bij wie psychomotorische of dreigende psychomotorische stoornissen mede de oorzaak zijn van ontwikkelingsproblemen of -achterstand, therapeutisch benadert.
Doel Scholing van docenten in de methode Le Bon Départ om deze door te geven aan:
- groepsleiding in instellingen voor kinderen met specifieke problemen, of in peuterspeelzalen;
- leerkrachten in het bao en in het speciaal onderwijs;
- ouders met jonge kinderen;
- paramedici die met kinderen werken.

Toelatingseisen Getuigschrift hbo-Ergotherapie, -Fysiotherapie, -Logopedie, -Oefentherapie Cesar of Mensendieck; diploma pabo.

Duur 3 jaar deeltijd (2 zaterdagen per maand).
Lesprogramma Psychomotoriek - motorische basisvaardigheden - muzikale basisvaardigheden - stem en beweging - muziek en beweging - psychologie - methode Le Bon Départ - pathologie - orthopedagogiek - klinische diagnostiek - psychomotorische kindertherapie Le Bon Départ - psychomotorische kindertherapie in diverse werkvelden - muziektherapie.
Functiemogelijkheden Psychomotorisch kindertherapeut in het primair en in het speciaal onderwijs, in instituten, in de zwakzinnigenzorg, in de ambulante hulpverlening, of in een vrijgevestigde praktijk.

14.7.f Hbo-bacheloropleiding

14.7.f.1 Creatieve Therapie (hsao-CT)/Kunstzinnige therapie (HAN, HS Leiden, HS Utrecht, Stenden HS, Zuyd HS)

Voor adres(sen) zie: HBO-4, 109, 130, 132, 150.
Algemeen
- Hbo-bacheloropleiding voor creatief therapeut, die programma's ontwerpt en uitvoert, gericht op behandeling, ontwikkeling en palliatieve zorg bij uiteenlopende psychische stoornissen en beperkingen, en die daarbij op een methodische en procesmatige wijze gebruikmaakt van een kunstzinnig medium.
- Bij HS Leiden heet deze opleiding: Kunstzinnige therapie.

Toelatingseisen
- Diploma havo, vwo of mbo niveau 4.
- Of 21 jaar of ouder zijn en toegelaten worden op grond van een toelatingsonderzoek. Er wordt geselecteerd op de basisvaardigheden van de gekozen richting.
- Amersfoort: 2 jaar deeltijd (na wo-Sociale wetenschappen, -Geneeskunde of -Humanistiek, of na hbo-Sociaal-agogisch, -Lerarenopleiding of -Gezondheidszorg).

Duur
- 4 jaar voltijd.
- Amersfoort (HS Utrecht): ook deeltijd.
- Leeuwarden (Stenden HS): voltijd en verkorte opleiding.

Lesprogramma Specialisaties:
- Heerlen (Zuyd HS): Beeldend vormen - Dans-bewegen - Drama - Muziek.
- Leeuwarden (Stenden HS): Beeldend vormen - Drama.
- Nijmegen (HAN): Beeldend vormen - Drama - Muziek - Psychomotorische therapie.

Mogelijkheden voor verdere studie De samenwerkende CT-opleidingen organiseren jaarlijks post-hbo-cursussen.
Functiemogelijkheden De creatief therapeut is werkzaam in algemene ziekenhuizen, verpleeghuizen, revalidatiecentra, RIAGG's, algemene psychiatrische ziekenhuizen, kinder- en jeugdklinieken, medische kindertehuizen, psychotherapeutische gemeenschappen, voorzieningen voor verslaafden, TBS-klinieken, de zorg voor verstandelijk gehandicapten, het medisch kleuterdagverblijf, instellingen voor jongeren, de zorg voor lichamelijk gehandicapten, de zorg voor meervoudig gehandicapten.

14.7.f.2 Docent Dans (AHK, ArtEZ Dansacademie, Codarts Rotterdamse Dansacademie, Danscademie Lucia Marthas, Fontys Dansacademie)

Zie 24.7.f.2.

14.7.f.3 Docent Dans/Euritmie (Euritmie Academie/ HS Leiden)
Zie 24.7.f.3.

14.7.f.4 Muziektherapie (Saxion HS)
Voor adres(sen) zie: HBO-89.
Algemeen Hbo-bacheloropleiding voor muziektherapeut.
Toelatingseisen
- Diploma havo, vwo of mbo niveau 4, of gelijkwaardig.
- 21 jaar zijn of ouder of (in sommige gevallen) in bezit zijn van een mavo- of vmbo-diploma en geslaagd zijn voor een toelatingsexamen.

Duur 4 jaar voltijd, waarin het derde jaar een stagejaar is.
Diploma/examen Twee weken voor het toelatingsexamen moet men een brief met motivatie voor de studie inzenden. Toelatingsexamen: op het eigen instrument een meegebracht stuk van blad spelen - twee zelf meegebrachte liederen zingen (genre naar keuze) - improviseren op een buitenmuzikaal gegeven of muzikaal communiceren - gesprek over ervaring, motivatie en algemene muziekkennis.
Functiemogelijkheden Muziektherapeut in psychiatrische ziekenhuizen, zwakzinnigenzorg, verpleeghuizen.

14.7.g Mbo-opleiding niveau 4

14.7.g.1 Sociaal-Pedagogisch Werker (SPW) (niveau 4)
Zie 14.5.g.2.

14.7.l Overige opleidingen

14.7.l.1 Calibris (v/h OVDB: landelijk orgaan voor beroepsonderwijs Zorg, Welzijn en Sport)
Zie 15.1.l.5.

14.8 CULTUREEL WERK EN RECREATIESECTOR
Zie ook: 17.6 en 18.1.

14.8.b Wo-masteropleiding

14.8.b.1 Leisure studies (NHTV, TiU)
Voor adres(sen) zie: HBO-55, WO-40.
Algemeen Multi-disciplinaire wo-masteropleiding, gericht op vraagstukken rond beleid, marketing en management van de vrije tijd.
Duur 1 jaar voltijd.
Functiemogelijkheden Beleidsmedewerker, marketeer, managementfunctie, onderzoeker.

14.8.d Post-hbo-opleiding

14.8.d.1 Stichting CPION (Centrum Post Initieel Onderwijs Nederland)
Voor adres(sen) zie: DIEN-29.
Algemeen Toetsing, registratie en diplomering van initiële opleidingen.

Zie voor meer informatie over
Joost Hesseling en zijn fotografie:
www.oogwenken.nl

14.8.f Hbo-bacheloropleiding

14.8.f.1 Culturele en Maatschappelijke Vorming (hsao-CMV) (Avans HS, Haagse HS, HAN, HS Inholland, HS Rotterdam, HS Utrecht, HvA, NHL)
Zie ook: 14.5.g.1.
Voor adres(sen) zie: HBO-29, 53, 63, 126, 150, 156, 157, 184.
Algemeen Deze hbo-bacheloropleiding leidt op voor beroepen in het werkveld Culturele en maatschappelijke vorming.
Doel Een CMV'er leert om mensen op een creatieve manier te activeren en te stimuleren bij hun persoonlijke ontwikkeling en hun culturele en maatschappelijke betrokkenheid. Hij ontwerpt, programmeert, coördineert en/of organiseert culturele en sociale activiteiten van diverse aard en begeleidt mensen bij deze (vrije)tijdsbestedingen.
De werkterreinen van een CMV-er zijn: samenlevingsopbouw, educatie, recreatie en kunst & cultuur.
Toelatingseisen
- Diploma havo, vwo of mbo niveau 4.
- Of 21 jaar of ouder zijn en toegelaten worden op grond van een toelatingsonderzoek.

Duur
- 4 jaar voltijd en deeltijd.
- 3 jaar voltijd na diploma mbo-Sociaal Cultureel Werk niveau 4.

Lesprogramma Specialisaties:
- Breda (Avans HS): Minor.
- Den Bosch (Avans HS): GGZ-agoog (minor) - Professional in de veranderende samenleving (minor) - Verslavingskunde (minor) - Werken in een gedwongen kader (minor) - Werken met jeugd (minor).
- Den Haag (Haagse HS): GGZ-agoog - Jeugdzorgwerker.
- R'dam (HS Rotterdam): GGZ-agoog - Jeugdzorgwerker - Minor - Sport, bewegen en talentontwikkeling - Theater en maatschappij.

Functiemogelijkheden Vormingswerker, recreatiewerker, jongerenwerker, opbouwwerker, kinderwerker, buurtwerker, crisisopvang, kerkelijk vormingswerk, opvang asielzoekers, voorlichtingswerk, ontwikkelingssamenwerking, educatieve dienst van een museum, ouderenwerk, cursusleider.
Na enige jaren ervaring: coördinerende functies, publieksgerichte functies in de recreatieve, kunst- en cultuursector.

14.8.f.2 HS NTI - blended learning - Vrijetijdskunde
Voor adres(sen) zie: HBO-133.
Algemeen Hbo-bacheloropleiding voor vrijetijdsmanager.
Toelatingseisen
- Diploma havo, vwo of mbo niveau 4.
- Of 21 jaar of ouder zijn en toegelaten worden op grond van een toelatingsonderzoek.

Duur 3 jaar.
Lesprogramma Inleidende modulen - evenementen en vrijetijdsmanagement I en II - communicatiemanagement - organisatiemanagement - modulen voor ondersteuning en verbreding.
Mogelijkheden voor verdere studie Opleiding tot de Master's Degree bij het European Centre for Tourism Studies (ECTS); posthbo-opleidingen; European Tourism Management, European Leisure Management, MBA European Master of Business Administration, studentenuitwisseling met het buitenland.
Functiemogelijkheden Moodmanager, bedrijfsleider, beleidsmedewerker, evenementenorganisator in de sectoren recreatie, toerisme, en sport, en in de culturele, congres-, evenementen- en hospitality-sector.

**14.8.f.3 Tourism and recreation) management
(HS Inholland)**
Zie 18.1.f.10.

14.8.f.4 Vrijetijdsmanagement (NHTV)
Voor adres(sen) zie: HBO-55.
Algemeen Hbo-bacheloropleiding voor vrijetijdsmanager die professioneel culturele en sportactiviteiten en evenementen (beurzen, congressen) organiseert.
Doel Centraal staan een marktgerichte dienstverlening, bedrijfsmatige exploitatie, en ruime aandacht voor gastvrijheid en kwaliteitszorg.
Toelatingseisen Diploma havo; havo-profiel C&M, E&M, N&T (+ econ. I, 2e moderne vreemde taal), N&G (+ econ. I, 2e moderne vreemde taal); vwo (gewenst: wisk. A, alg. econ./econ I, hand. wet./econ. II, Ned., Eng., Dts., Fr.); vwo-profiel E&M, N&T (+ econ. I), N&G (+ econ. I), C&M.
Duur 4 jaar voltijd.
Lesprogramma Specialisaties: Attractions & theme parks management - Cultural venue management - International event management - Social innovation - Vrijetijdsmanagement (breed).
Aansluitende masteropleidingen NHTV: Tourism Destination Management.
Functiemogelijkheden Eventmanager, beleidsmedewerker, PR-medewerker, marketingmedewerker of onderzoeker die achter de schermen werkt bij musea, schouwburgen, theaters, touroperators gericht op actieve reizen, overheid, congres- en evenementenorganisaties en attractiepunten.
Overige informatie
- Na 4e jaar: Interactieve marketing; Inkoop en productmanagement in het uitgaand toerisme.
- Bij NHTV is er een Nederlandstalige en een Engelstalige hbo-bacheloropleiding.

14.8.g Mbo-opleiding niveau 4

**14.8.g.1 Natuur en groene ruimte 4 (Manager natuur en
recreatie/watermanagement)/
Middenkaderfunctionaris natuur en
leefomgeving/vormgeving (niveau 4)**
Voor adres(sen) zie: AOC-1, 2, 3, 4, 5, 6, 7, 8, 9, 10, 11, 12.
Algemeen
- Deze opleiding heet bij AOC Groenhorst: Manager groenvoorziening, Manager hoveniersbedrijf, Manager natuur en leefomgeving, én Manager natuur en recreatie.
- Eindtermen voor deze kwalificatie worden ontwikkeld door Aequor.
- Hier worden slechts de centrale adressen vermeld. De opleiding kan in de wijde omtrek ervan worden gegeven.
CREBO 97090
Doel Het werk van deze manager is vooral sturend en coachend.
- Taak: werkzaamheden in relatie tot aanleg, renovatie, onderhoud, inrichting en beheer van tuinen, groenvoorziening, bos en natuurterreinen, cultuur en civieltechnische werken, waterpartijen en waterbouwkundige werken, waterwinning en zuivering afvalwater, sport- en recreatieterreinen.
Toelatingseisen Diploma vmbo gl, vmbo kb of vmbo tl.
Duur 4 jaar voltijd en deeltijd.
Mogelijkheden voor verdere studie Hbo-bachelor.
Functiemogelijkheden In arbeidsorganisaties zoals overheid, stichting of private sector die eigenaar/beheerder zijn van bos en/of natuurgebied, groenvoorziening, recreatiebedrijf, waterschappen,

drinkwaterbedrijven, of bij aannemingsmaatschappijen, hoveniersbedrijven, groenvoorzieningbedrijven en adviesbureaus.

**14.8.g.2 Ondernemer/Manager recreatiedieren
(niveau 4)**
Voor adres(sen) zie: AOC-1, 2, 3, 4, 5, 6, 7, 8, 9, 10, 11, 12.
Algemeen
- Deze opleiding heet bij AOC Helicon ook: of Gezelschapsdieren-branche (Ondernemer gezelschapsdieren), of Recreatiedieren (Ondernemer/Manager recreatiedieren).
- Eindtermen voor deze kwalificatie worden ontwikkeld door Aequor.
- Hier worden slechts de centrale adressen vermeld. De opleiding kan in de wijde omtrek ervan worden gegeven.
CREBO 97730
Toelatingseisen Diploma vmbo gl, vmbo kb of vmbo tl.
Duur 4 jaar voltijd en deeltijd.
Mogelijkheden voor verdere studie Hbo-bachelor.

**14.8.g.3 Sociaal-Cultureel Werker (SCW)
(niveau 4)**
Voor adres(sen) zie: ROC/MBO-1, 7, 8, 10, 12, 13, 15, 16, 20, 22, 23, 24, 31, 32, 33, 40, 43, 48, 54.
Algemeen
- Eindtermen voor deze kwalificatie worden ontwikkeld door Calibris (Zorg, Welzijn en Sport).
- Hier worden slechts de centrale adressen vermeld. De opleiding kan in de wijde omtrek ervan worden gegeven.
CREBO 10746/91370
Doel Voor - meestal categoriaal bepaalde - groepen mensen nagaan op welke wijze en via welke middelen zij maatschappelijk actiever zouden kunnen worden.
Toelatingseisen
- Diploma vmbo gl, vmbo kb of vmbo tl, of gelijkwaardig.
- Bij gelijkwaardig buitenlands diploma: NT2 niveau 4.
- Voor de kopklas: mbo niveau 4 of havo.
Duur
- 4 jaar voltijd en deeltijd.
- Roc Mondriaan: ook kopklas van 1 jaar.
Mogelijkheden voor verdere studie Met vrijstellingen kan men instromen in de hbo-bacheloropleiding Culturele en Maatschappelijke Vorming (CMV).
Functiemogelijkheden Sociaal-cultureel werken in club- en buurthuizen, en in wijkcentra: als jeugdleider, of als ambulant werker in crisisopvangcentra, JAC en bij het Straathoekwerk.

14.8.h Mbo-opleiding niveau 3

**14.8.h.1 Dierverzorging 3/4 3 (Dierverzorger
recreatiedieren) (niveau 3)**
Voor adres(sen) zie: AOC-1, 2, 3, 4, 5, 6, 7, 8, 9, 10, 11, 12, 13.
Algemeen
- Deze opleiding heet bij AOC Groenhorst ook: Proefdierverzorger (zie 3.6.h.1).
- Deze opleiding heet bij AOC Helicon ook: Recreatiedieren (Dierverzorging recreatiedieren).
- Eindtermen voor deze kwalificatie worden ontwikkeld door Aequor.
- Hier worden slechts de centrale adressen vermeld. De opleiding kan in de wijde omtrek ervan worden gegeven.
CREBO 97364/97720
Toelatingseisen Diploma vmbo gl, vmbo kb of vmbo tl.
Duur 3 jaar voltijd en deeltijd.

Mogelijkheden voor verdere studie Een opleiding van niveau 4: Paraveterinaire ondersteuning (Dierenartsassistent paraveterinair).

Functiemogelijkheden In bedrijven en/of instellingen waar recreatiedieren worden gehouden. Deze bedrijven en/of instellingen hebben vaak niet alleen een recreatieve functie, maar ook een educatieve, sociaal-culturele en/of therapeutische functie zoals een asiel, pension, kennel of kinderboerderij. Naast de werkzaamheden die zijn gericht op het verzorgen van dieren, worden er meestal ook publieksgerichte werkzaamheden verricht, waaronder het geven van voorlichting over dieren aan klanten en/of bezoekers; bij sommige bedrijven en/of instellingen dienen ook vrijwilligers te worden begeleid.

14.8.h.2 Natuur en groene ruimte 3
(Vakbekwaam medewerker recreatiebedrijf) (niveau 3)
Voor adres(sen) zie: AOC-1, 3, 4, 5, 6, 7, 8, 10, 11.
Algemeen
- Deze opleiding heet bij AOC Groenhorst: Vakbekwaam medewerker natuur en leefomgeving/vormgeving.
- Eindtermen voor deze kwalificatie worden ontwikkeld door Aequor.
- Hier worden slechts de centrale adressen vermeld. De opleiding kan in de wijde omtrek ervan worden gegeven.

CREBO 97255
Toelatingseisen Diploma vmbo gl, vmbo kb of vmbo tl.
Duur 3 jaar voltijd en deeltijd.
Mogelijkheden voor verdere studie Een opleiding van niveau 4: Natuur en groene ruimte 4 (Manager natuur en recreatie).
Functiemogelijkheden Vakbekwaam medewerker bij een recreatiebedrijf.
Men kan doorgroeien naar de functie van groen-/technisch manager.

14.8.h.3 Zelfstandig werkend medewerker recreatie
(niveau 3)
Voor adres(sen) zie: ROC/MBO-30.
Algemeen
- Eindtermen voor deze kwalificatie worden ontwikkeld door Kenwerk.
- Hier wordt slechts het centrale adres vermeld. De opleiding kan in de wijde omtrek ervan worden gegeven.

CREBO 10391
Doel Begeleiden van gasten, administratie en verkoop en verhuur.
Toelatingseisen
- Diploma vmbo gl, vmbo kb of vmbo tl met de sector vmbo-Ec; of diploma vmbo gl, vmbo kb of vmbo tl, alle met econ., 2e moderne vreemde taal of wisk., met de sectoren vmbo-Lb, vmbo-Tech of vmbo-Z&W; of gelijkwaardig.
- Men kan met het diploma Natuur en groene ruimte 2 (Medewerker recreatiebedrijf) (niveau 2) met vrijstellingen in de opleiding instromen.

Duur 4 jaar voltijd en deeltijd.
Functiemogelijkheden Zelfstandig werkend medewerker recreatie bij verschillende afdelingen van een recreatiebedrijf.

14.8.i Mbo-opleiding niveau 1 of niveau 2

14.8.i.1 Natuur en groene ruimte 2
(Medewerker recreatiebedrijf) (niveau 2)
Voor adres(sen) zie: AOC-1, 4, 5, 6, 7, 8, 10, 11, ROC/MBO-30, 39.
Algemeen
- Eindtermen voor deze kwalificatie worden ontwikkeld door Aequor.
- Hier worden slechts de centrale adressen vermeld. De opleiding kan in de wijde omtrek ervan worden gegeven.

CREBO 10396/97532
Doel Ontvangen en begeleiden van gasten, onderhouden van terreinen, gebouwen en groenvoorzieningen, verkopen in detailhandel en het verrichten van eenvoudige horeca-werkzaamheden.
Toelatingseisen De volledige leerplicht hebben voltooid.
Duur 2 jaar voltijd en deeltijd.
Mogelijkheden voor verdere studie Een opleiding van niveau 3: Zelfstandig werkend medewerker recreatie, of opleidingen van niveau 2: Gastheer/gastvrouw, Kok, of Medewerker bediening café/bar.
Functiemogelijkheden Medewerker recreatie bij een recreatiebedrijf.

14.9 ETNISCHE EN CULTURELE BEVOLKINGSGROEPEN

14.9.b Wo-masteropleiding

14.9.b.1 Culture, organization and management (VUA)
Zie 11.1.b.4.

14.9.c Wo-bacheloropleiding

14.9.c.1 Culturele antropologie en ontwikkelings-
sociologie (RU, UL, UU, UvA, VUA)
Voor adres(sen) zie: WO-8, 9, 30, 35, 45.
Algemeen Wo-bacheloropleiding.
Doel De studie is gericht op menselijke samenlevingen en hun cultuur, waarbij aan de orde komen: de mens en zijn omgeving, gebruiken, gewoonten, waarden en normen, opvattingen, symbolen, geloofsvoorstellingen en cultuurverschillen.
Toelatingseisen
- Diploma vwo (wisk. A of B); elk vwo-profiel; propedeuse of getuigschrift/diploma van een hbo of van de OUNL (wisk. A of B).
- Als men 21 jaar of ouder is, komt men in aanmerking voor een colloquium doctum.
- Voor het doorstroomprogramma wordt een hbo-getuigschrift vereist.

Duur 3 jaar voltijd.
Lesprogramma Specialisaties:
- RU: Culturele antropologie - Ontwikkelingsstudies.
- UL: Duurzaamheid - Globalisering - Media - Minors - Sub-Sahara Afrika - Zuidoost Azië.
- UU: Honours-programma.
- UvA: Antropologie en sociologie van ontwikkeling - Honours-programma - Inleiding medische antropologie - Lichaam en cultuur - Macht en identiteit - Minors - Muslim cultural politics - Ontwikkelingsstudies - Politiek van taal.
- VUA: Honours-programma.

Aansluitende masteropleidingen
- VUA: Culture, organization and management.

Functiemogelijkheden Wetenschappelijk onderwijs en onderzoek, ontwikkelingssamenwerking, overheidsinstellingen, musea, journalistiek, bedrijfsleven.

14.10 OUDERENWELZIJNSWERK

14.10.a Postacademisch onderwijs (pao)

14.10.a.1 Gerontologie, multidisciplinaire cursus (BeNeLux)
Voor adres(sen) zie: OVER-109.
Algemeen Aanvullende opleiding in de gerontologie in multidisciplinair verband en voor een multidisciplinair publiek.
Doel Het verstrekken van verantwoorde kennis, inzicht en praktische vaardigheden op het gebied van de gerontologie ten behoeve van werk, beroep en belangstelling.
Toelatingseisen Hbo- of wo-niveau.
Overige informatie
- De opleiding wordt gegeven te Eindhoven en Antwerpen, in samenwerking met de University of Nebraska, Omaha (USA).
- De voertaal is Nederlands.

14.10.a.2 Gerontologie en vaardigheden (BeNeLux)
Voor adres(sen) zie: OVER-109.
Algemeen Deeltijdse wo-masteropleiding Gerontologie.
Doel Het verstrekken van verantwoorde kennis, inzicht en praktisch bruikbare vaardigheden betreffende het gebied van de gerontologie voor werk, beroep of belangstelling.
Toelatingseisen Diploma wo of getuigschrift hbo.
Duur 2,5 jaar deeltijd (1x per 2 à 3 weken).
Overige informatie
- De opleiding wordt gegeven te Luxemburg, in samenwerking met de Universiteit van Luxemburg.
- De voertaal is Frans.

14.10.d Post-hbo-opleiding

14.10.d.1 Stichting CPION (Centrum Post Initieel Onderwijs Nederland)
Voor adres(sen) zie: DIEN-29.
Algemeen Toetsing, registratie en diplomering van initiële opleidingen.

14.10.f Hbo-bacheloropleiding

14.10.f.1 Culturele en Maatschappelijke Vorming (hsao-CMV) (Avans HS, Haagse HS, HAN, HS Inholland, HS Rotterdam, HS Utrecht, HvA, NHL)
Zie 14.8.f.1.

14.10.f.2 Facility Management (FM) (Haagse HS, HAN, Hanze HS, HS Inholland, HS LOI, HS NCOI, HS Rotterdam, HS Utrecht, Saxion HS, Zuyd HS)
Zie 15.1.f.1.

14.10.f.3 Maatschappelijk Werk en Dienstverlening (hsao-MWD) (Avans HS, CHE, Haagse HS, HAN, Hanze HS, HS Inholland, HS Leiden, HS NCOI, HS NTI, HS Rotterdam, HS Utrecht, HS Windesheim, HS Windesheim/Flevoland, HvA, NHL)
Zie 14.2.f.1.

14.10.f.4 Welzijn en zorg voor ouderen (HS NTI)
Voor adres(sen) zie: HBO-133.
Algemeen Niet bekostigd ad-programma.
Duur 2 jaar blended learning in deeltijd.

14.10.h Mbo-opleiding niveau 3

14.10.h.1 Verzorgende (niveau 3)
Zie 15.1.h.1.

14.10.l Overige opleidingen

14.10.l.1 Calibris (v/h OVDB: landelijk orgaan voor beroepsonderwijs Zorg, Welzijn en Sport)
Zie 15.1.l.5.

---

15 SECTOR FACILITAIRE DIENSTVERLENING, HORECA EN LICHAAMSVERZORGING

In dit hoofdstuk worden de opleidingen van beroepsbeoefenaars besproken die zich bezighouden met huishoudelijke en facilitaire dienstverlening, maaltijdbereiding en gastheerschap in hotel, restaurant en café, en ten slotte met verschillende facetten van uiterlijke of lichaamsverzorging.

N.B. In dit hoofdstuk wordt ook een keuze van diverse opleidingen in het hoger onderwijs beschreven. Complete alfabetische lijsten van alle bekostigde opleidingen in het hoger onderwijs zijn te vinden in hoofdstuk 25. Deze worden jaarlijks geheel geactualiseerd.

15.1 FACILITAIRE DIENSTVERLENING EN HUISHOUDING

15.1.b Wo-masteropleiding

15.1.b.1 Facility Management & Vastgoed (MFM) (AOG/RUG)
Voor adres(sen) zie: WO-21.
Algemeen Wo-masteropleiding, met premaster.
Het vakgebied Facility Management wordt steeds meer geprofessionaliseerd.
Voorbeelden: Corporate Infrastructure Resource Management (CIRM), Facility-based Providers, en Shared Service Centers.
Doel Leren om een strategische bijdrage aan de bedrijfsvoering te leveren via een integrale benadering waarbij alle ondersteunende activiteiten op een zodanige manier worden gebundeld, dat dit bijdraagt aan de strategische effectiviteit van de organisatie.
Toelatingseisen
- Diploma wo of hbo, of beschikken over een vergelijkbaar niveau, behaald door middel van opleidingen en praktijkervaring.
- Enkele jaren relevante werkervaring op het gebied van Facility Management. Dit kan binnen een bedrijf of een organisatie zijn, maar ook als extern adviseur.
- Maximaal 20 deelnemers per groep.
Duur
- Het premasterprogramma van de opleiding loopt van september tot en met juni. Wekelijks wordt op vrijdag college gegeven. Dit programma telt 28 collegedagen.
- Een internationale tiendaagse studiereis maakt deel uit van het premasterprogramma.
- Het masterprogramma duurt zes maanden en volgt - bij voldoende deelname - aansluitend op het premasterprogramma.
Lesprogramma
- 4 modulen (in volgorde): FM in perspectief - Strategisch FM - Het evenwicht tussen facilitaire vraag en aanbod - Ontwerp en verandering van facilitaire organisaties.
- 10-daagse studiereis naar China en Hongkong.
Diploma/examen
- Wanneer men het premasterprogramma met goed gevolg heeft doorlopen: diploma van de stichting Academische Opleidingen Groningen.
- Na afronding van het mastertraject is men gerechtigd de academische titel Master of Facility Management (MFM) te voeren.
Overige informatie
- De AOG biedt opleidingen i.s.m. de RUG aan.
- De opleiding wordt in Groningen en in Leusden gegeven.

15.1.c Wo-bacheloropleiding

15.1.c.1 Bedrijfs- en consumentenwetenschappen (WU)
Voor adres(sen) zie: WO-47.
Algemeen Wo-bacheloropleiding.
Doel De studie richt zich op vraagstukken rond de voedselvoorziening, de 'agribusiness', de consument en het milieu. Hierbij kan men

bijvoorbeeld denken aan het effect van milieuvoorschriften op de economische positie van een levensmiddelenconcern, of aan de invloed van het EU-beleid op het agrarische bedrijf, het bedrijfsleven en de consumenten. Deze vraagstukken worden bestudeerd vanuit verschillende invalshoeken, waarvan de belangrijkste zijn: de economische, de bedrijfswetenschappelijke en de sociaalwetenschappelijke. Binnen de studie kunnen combinaties worden gemaakt met andere vakgebieden, zoals kwaliteitsbeheer van levensmiddelen, dier- en plantwetenschappen en milieutechnologie.
Toelatingseisen
- Diploma vwo (wisk. A of B); vwo-profiel C&M (+ wisk. A II of B I), E&M, N&T, N&G; propedeuse of getuigschrift/diploma van een hbo of van de OUNL (wisk. A of B vereist op vwo-niveau).
- Met een diploma van een verwante hbo-opleiding kan men ongeveer 2 jaar aan vrijstellingen krijgen.
- Als men 21 jaar of ouder is, komt men in aanmerking voor een colloquium doctum.
Duur 3 jaar voltijd.
Lesprogramma Bedrijf - Consument.
Functiemogelijkheden Bedrijfs- en consumentenwetenschapper in de levensmiddelen- en in de agrarische industrie, in de financiële sector, in onderzoeksinstituten, in consumenten- en milieu-organisaties, bij bureaus voor markt- en consumentenonderzoek, bij de overheid en bij internationale organisaties.
Functies in commercie, management, beleid, advies of onderzoek.

15.1.f Hbo-bacheloropleiding

15.1.f.1 Facility Management (FM) (Haagse HS, HAN, Hanze HS, HS Inholland, HS LOI, HS NCOI, HS Rotterdam, HS Utrecht, Saxion HS, Zuyd HS)
Voor adres(sen) zie: HBO-61, 70, 89, 99, 109, 115, 135, 150, 157.
Algemeen
- FM is een hbo-bachelor-managementopleiding, met als specifiek toepassingsgebied: faciliteiten of facilitaire diensten.
- Bij de Haagse HS en HS LOI wordt FM ook als ad-programma aangeboden.
- HS LOI en HS NCOI worden niet door de overheid bekostigd.
Doel Tijdens de FM-opleiding komen de aspecten aan de orde die de hoofdactiviteit van organisaties ondersteunen en de servicegraad ervan verhogen, waarbij serviceverlening aan consumenten in hun (privé) woon- en verblijfsituatie een belangrijk onderdeel is. Afgestudeerde FM'ers zorgen dat hun klantengroepen (het management, de medewerkers in de organisatie en de externe klanten) tevreden zijn ten aanzien van het wonen, werken of verblijven (recrëren of verzorgd worden). De FM'er schept voorwaarden voor een optimale prestatie van een bedrijf voor zijn klanten: hij is de spil in de relatie tussen aanbieders van producten en diensten en de afnemers daarvan. FM'ers worden opgeleid tot goede organisatoren, procesbeheerders en relatiebeheerders. Bij het leidinggeven zijn ze niet alleen bedrijfskundig sterk, maar ook mensgericht.
Het opleidingsprofiel komt tot uitdrukking in competenties op de volgende deelgebieden: beleid en beleidsontwikkeling - het verle-

nen van facilitaire diensten - het organiseren van veranderprocessen - communicatie en informatie - relatiebeheer - intern management (bedrijfsvoering) - personeel - bedrijfseconomie en beroepsontwikkeling (inclusief de persoonlijke ontwikkeling).

De facilities waarop deze competenties betrekking hebben, zijn o.a.: huisvesting en inrichting (waaronder klimaatbeheersing, bouwkundig en technisch onderhoud, werkplekinrichting), catering, schoonmaak, woonvoorzieningen en -services, beveiliging, receptie, arbeidsomstandigheden, ict, inkoop & logistiek, reproservice.

Toelatingseisen
- Diploma havo; havo-profiel N&T (+ econ. I), N&G (+ econ. I), E&M, C&M; vwo; vwo-profiel N&T (+ econ. I), N&G (+ econ. I), E&M, C&M (+ econ. I); mbo niveau 4, of gelijkwaardige opleiding. De vakken economie, wiskunde A en natuurkunde zijn niet verplicht, maar wel gewenst.
- De toelating gebeurt op formele gronden, waarbij zelfselectie op basis van voorlichting een grote rol speelt. Hiertoe kunnen kennismakingsgesprekken of toelatingsgesprekken worden gevoerd.
- Of 21 jaar of ouder zijn en toegelaten worden op grond van een toelatingsonderzoek.

Duur
- 4 jaar voltijd of deeltijd, inclusief stage.
- HS LOI en HS NCOI: digitaal in deeltijd.
- HAN, HS Inholland (Diemen), HS Rotterdam, HS Utrecht, Zuyd HS: geen deeltijdopleiding.
- Ad-programma: 2 jaar deeltijd.

Lesprogramma Specialisaties:
- Diemen (HS Inholland): Huisvestingsmanagement - Service and hospitality - Service and hostmanship - Vastgoedmanagement.
- Heerlen (Zuyd HS): Consumer services management - Event and leisure management - General facility management - Real estate management - Sport facility management.
- Nijmegen (HAN): Evenementenmanagement.
- R'dam (HS Rotterdam): - International marketing & sales (minor) - Management & consultancy (minor) - Real estate & housing (minor).

Functiemogelijkheden Facility manager, (afdelings)manager facilitair bedrijf, manager hoteldiensten, consultant facilitaire zaken, beleidsmedewerker facilitaire dienst, rayonmanager catering, afdelingsmanager services, hoofd bewonerszaken, rayonmanager schoonmaak, manager thuiszorg, accountmanager evenementenorganisatie of manager homeservices in facilitaire of serviceverlenende diensten van organisaties en bedrijven, zoals in de gastvrijheidsindustrie, de gezondheidszorg, de industrie, het onderwijs, of de dienstverlening; in branches waar facilitaire diensten (commercieel) worden aangeboden aan bedrijven en consumenten, zoals catering, schoonmaakbedrijven, woningbouw, vastgoedbedrijven of evenementenorganisaties.

15.1.f.2 Hbo-lerarenopleiding Horeca en voeding (HvA)
Zie 24.2.f.1.

15.1.g Mbo-opleiding niveau 4

15.1.g.1 Facilitair leidinggevende (Facilitaire dienstverlener) (niveau 4)
Voor adres(sen) zie: ROC/MBO-1, 8, 10, 13, 20, 21, 24, 27, 30, 32, 38, 40, 43, 54, 60, 61.
Algemeen
- Eindtermen voor deze kwalificatie worden ontwikkeld door Calibris (Zorg, Welzijn en Sport).

- Hier worden slechts de centrale adressen vermeld. De opleiding kan in de wijde omtrek ervan worden gegeven.
CREBO 91320/94180
Doel Binnen de catering, schoonmaakbranche, beveiliging en gebouwenbeheer werkzaamheden verrichten m.b.t. administratie, leggen van contacten binnen en buiten de instelling of het bedrijf, het voeren van overleg, organisatie/coördinatie, planning, beheer en controle, het begeleiden van medewerkers, leidinggeven, technisch onderhoud en schoonmaak.
Toelatingseisen
- Diploma vmbo gl, vmbo kb, of vmbo tl.
- Overgangsbewijs naar havo-4 of vwo-4.
- Diploma Facilitaire dienstverlening (Facilitair medewerker) (niveau 2).
- Versnelde opleiding, bij toegang tot het 2e jaar: minimaal havo.
- Op sommige scholen is er een minimumleeftijd voor de toelating.
- Op sommige scholen zijn schakelcursussen beschikbaar.
Duur
- 4 jaar voltijd en deeltijd.
- Roc van Twente: alleen 4 jaar voltijd.
- Verkorte opleiding: 2 jaar.
Mogelijkheden voor verdere studie Specialistenopleiding Praktijkopleider (niveau 4); hbo-bacheloropleidingen zoals: Facility Management (FM), Food & business, Voeding en diëtetiek, Vrijetijdsmanagement, of de hbo-lerarenopleiding PTH Consumptieve techniek I (Fontys, HvA).
Functiemogelijkheden Facilitair leidinggevende in de facilitaire dienst van instellingen, cateringbedrijven, horecabedrijven, verpleeg- en verzorgingshuizen, ziekenhuizen en schoonmaakbedrijven.
Assistent/hoofd huishouding, assistent/hoofd housekeeping, assistent/hoofd interne dienst, assistent/hoofd schoonmaakdienst, cateringmanager A, cateringbeheerder, assistent/hoofd voeding, assistent/hoofd voedselbereiding, coördinator afdelingskeuken, assistent/hoofd postverwerking en archivering, assistent/hoofd dienst inkoop en voorraadbeheer.

15.1.h Mbo-opleiding niveau 3

15.1.h.1 Verzorgende (niveau 3)
Zie ook: 13.2.l.4.
Voor adres(sen) zie: OVER-336, ROC/MBO-1, 2, 3, 4, 8, 10, 12, 13, 14, 15, 16, 17, 20, 22, 23, 24, 25, 26, 27, 28, 30, 31, 33, 37, 38, 40, 43, 45, 46, 48, 54, 56, 58, 60, 61.
Algemeen
- Eindtermen voor deze kwalificatie worden ontwikkeld door Calibris (Zorg, Welzijn en Sport).
- Hier worden slechts de centrale adressen vermeld. De opleiding kan in de wijde omtrek ervan worden gegeven.
CREBO 92610
Doel Zelfstandig opstellen van een zorgplan en het uitvoeren van zorg in een bepaalde zorgsituatie: zorg voor leefomgeving en huishouding, somatische zorg en begeleiding van zorgvragers; het signaleren van veranderingen in gezondheid en welbevinden; het uitvoeren van randvoorwaardelijke taken.
De beroepsuitoefening van verzorgende in de Individuele Gezondheidszorg (IG) kent daarnaast een aantal verplegende elementen.
Toelatingseisen
- Diploma vmbo gl, vmbo kb of vmbo tl.
- Men kan met het diploma Helpende, zorg en welzijn (niveau 2) met vrijstellingen in de opleiding instromen.
Duur 3 jaar voltijd en deeltijd.

Mogelijkheden voor verdere studie Met vrijstellingen instromen in de opleiding van niveau 4: Verpleegkundige.

Functiemogelijkheden Verzorgende in de eigen leefomgeving van de zorgvrager of in een verzorgingshuis, verpleeghuis, of woonvorm voor mensen met lichamelijke en/of verstandelijke beperkingen.

Overige informatie Roc Midden-Nederland (Amersfoort) organiseert naast de reguliere opleiding ook een opleiding op antroposofische grondslag.

15.1.h.2 Verzorgende-IG (Individuele Gezondheidszorg) (niveau 3)

Zie ook: 13.2.l.4.

Voor adres(sen) zie: OVER-336, ROC/MBO-7, 11, 21, 32.

Algemeen
- Eindtermen voor deze kwalificatie worden ontwikkeld door Calibris (Zorg, Welzijn en Sport).
- Hier worden slechts de centrale adressen vermeld. De opleiding kan in de wijde omtrek ervan worden gegeven.

CREBO 10427/94830

Toelatingseisen
- Diploma mdgo-vz, of diploma Verzorgende (niveau 3).
- Minimaal 15 uur per week werkzaam in een instelling voor de gezondheidszorg.

Duur
- Drenthe-college: na MDGO-VZ-diploma: verkorte opleiding van 9 maanden; met een andere vooropleiding: 1 jaar.
- SVOZ: 22 dagen van 6 uur, plus 3 dagen externe stage.

Mogelijkheden voor verdere studie Met vrijstellingen instromen in de opleiding van niveau 4: Verpleegkundige.

Functiemogelijkheden Bij instellingen voor thuiszorg, kraamzorg, in verzorgingshuizen, verpleeghuizen en in instellingen voor mensen met lichamelijke en/of verstandelijke beperkingen.

15.1.i Mbo-opleiding niveau 1 of niveau 2

15.1.i.1 Facilitaire dienstverlening (facilitair medewerker) (niveau 2)

Voor adres(sen) zie: ROC/MBO-1, 7, 13, 20, 21, 24, 25, 30, 33, 38, 40, 43, 54, 61.

Algemeen
- Deze opleiding vervangt de opleiding: Medewerker Facilitaire Dienstverlening.
- De vroegere opleiding Voedingsassistent is hierin als specialisatie in geïntegreerd, evenals de opleiding Schoonmaak.
- Eindtermen voor deze kwalificatie worden ontwikkeld door Calibris (Zorg, Welzijn en Sport).
- Hier worden slechts de centrale adressen vermeld. De opleiding kan in de wijde omtrek ervan worden gegeven.

CREBO 10891

Doel Binnen de catering, schoonmaakbranche, beveiliging en gebouwenbeheer uitvoerende werkzaamheden met betrekking tot administratie, leggen van contacten binnen en buiten de instelling of het bedrijf, planning, beheer en controle, technisch onderhoud en schoonmaak.

Toelatingseisen De volledige leerplicht hebben voltooid.

Duur 2 jaar voltijd en deeltijd.

Mogelijkheden voor verdere studie Een opleiding van niveau 4: Facilitair leidinggevende.

Functiemogelijkheden Facilitair medewerker in de facilitaire dienst van instellingen en bedrijven, cateringbedrijven en schoonmaakbedrijven.

15.1.i.2 Helpende zorg en welzijn (niveau 2)

Zie ook: 13.2.l.4.

Voor adres(sen) zie: OVER-336, ROC/MBO-1, 3, 8, 10, 11, 12, 13, 14, 16, 17, 20, 22, 26, 27, 28, 30, 32, 34, 37, 40, 43, 60.

Algemeen
- Eindtermen voor deze kwalificatie worden ontwikkeld door Calibris (Zorg, Welzijn en Sport).
- Hier worden slechts de centrale adressen vermeld. De opleiding kan in de wijde omtrek ervan worden gegeven.

CREBO 10428/92640

Doel Stimuleren en ondersteunen van de zelfredzaamheid van de zorgvrager, waarbij de nadruk ligt op huishoudelijk werk en persoonlijke verzorging.

Toelatingseisen De volledige leerplicht hebben voltooid.

Duur 1-3 jaar voltijd en deeltijd.

Lesprogramma Na 1 jaar moet worden gekozen voor de uitstroomvarianten Verzorging (het accent ligt op de persoonlijke verzorging van de patiënt) of Welzijn (het accent ligt op begeleidende activiteiten).

Mogelijkheden voor verdere studie Met vrijstellingen instromen in een opleiding van niveau 3: Verzorgende.

Functiemogelijkheden Helpende in de eigen leefomgeving van de zorgvrager of in een verzorgingshuis, verpleeghuis of woonvormen voor lichamelijk of verstandelijk gehandicapten.

15.1.i.3 Zorghulp (niveau 1)

Zie ook: 13.2.l.4.

Voor adres(sen) zie: OVER-336, ROC/MBO-12, 13, 21, 26, 32, 37, 38, 39, 54, 56, 60.

Algemeen
- Eindtermen van deze kwalificatie worden ontwikkeld door Calibris (Zorg, Welzijn en Sport).
- Hier worden slechts de centrale adressen vermeld. De opleiding kan in de wijde omtrek ervan worden gegeven.

CREBO 10795/91420

Doel Huishoudelijke zorg en alledaagse dienstverlening, zoals de zorg voor de kinderen, de voeding en de kleding, met aandacht voor de specifieke situatie van de zorgvrager.

Toelatingseisen De volledige leerplicht hebben voltooid.

Duur 1 jaar voltijd en deeltijd.

Mogelijkheden voor verdere studie Opleidingen van niveau 2: Helpende welzijn, Helpende zorg en welzijn, of Facilitaire dienstverlening (Facilitair medewerker).

Functiemogelijkheden Zorghulp in de eigen leefomgeving van de zorgvrager, of in een vervangende leefomgeving, zoals een verzorgingshuis, ziekenhuis of woonvorm voor mensen met verstandelijke en/of lichamelijke beperkingen.

15.1.l Overige opleidingen

15.1.l.1 Volwassenenonderwijs - facilitaire dienstverlening/schoonmaak

Voor adres(sen) zie: OVER-88, ROCCO-11, 12, 26.

Cursussen
- Cursus voor schoonmaakpersoneel.
- Facilitaire dienstverlening.

15.1.l.2 Bouwcentrum (BOB)
Zie ook: 10.1.l.1.
Voor adres(sen) zie: OVER-363.
Opleidingen Bedrijfscursussen en trainingen voor kader en management in de sectoren Technisch beheer en Onderhoud: voor schoonmaakdiensten, gezondheidsinstellingen en facilitaire diensten.
Lesprogramma Schoonmaken in de gezondheidszorg (basis) - schoonmaken in de gezondheidzorg (middle management) - leergang Facilitaire dienstverlening.

15.1.l.4 Stichting Scholing en Vorming
Schoonmaakbedrijven en -diensten (SVS)
Voor adres(sen) zie: OVER-103.
Opleidingen
- *Introductiecursus:*
  IBI (Instructie Bij Introductie).
- *Lager kader:*
  leidinggevende schoonmaakonderhoud - leidinggevende glazenwassen en specialistische reiniging.
- *Middenkader:*
  schoonmaakdienstverlening.
- *Hoger kader:*
  civiele en schoonmaakdienstverlening.
- *Kwaliteitsmeetsysteem VSR:*
  kwaliteitscontroleur, kwaliteitsinspecteur, kwaliteitsanalist.
- *Managementopleidingen:*
  kwaliteitszorg en certificering, milieuzorg, arbozorg, VCA-Veiligheidszorg.
- *Vakopleidingen:*
  gevelonderhoud - glazenwasser - reiniging na brand - schoonmaker - vloeronderhoud - ziekenhuisreiniging.
- *Veiligheidsopleidingen:*
  basis veiligheid - veiligheid voor leidinggevende.
Duur Variabel, afhankelijk van de cursus.

15.1.l.5 Calibris (v/h OVDB: landelijk orgaan voor beroepsonderwijs Zorg, Welzijn en Sport)
Voor adres(sen) zie: KBB-2.
Opleidingen
- *Activiteitenbegeleiding/arbeidstherapie:*
  • algemene cursussen;
  • cursussen voor leidinggevenden;
  • specialisatiecursussen;
  • workshops.
- *Dagopvang/dagverzorging:*
  • coördinator binnen opvangprojecten/meerzorgprojecten - begeleiding van ouderen binnen opvangprojecten - dagelijkse activiteiten met ouderen - omgaan met dementerende ouderen.
- *Kinderopvang:*
  • bedrijfsmatig werken in de kinderopvang voor leidinggevenden - klantgericht werken voor leiders in de kinderopvang - doe-dag voor leiders in de kinderopvang - ondersteunende cursus voor leiders van kindercentra.
- *Thuiszorg (leidinggevende kraamzorgverpleegkundigen en kraamverzorgen):*
  • leidinggevende vaardigheden voor kraamzorgverpleegkundigen - omgaan met lastige situaties voor kraamverzorgenden.
- *Thuiszorg (leidinggevende/zorgmanagers):*
  • sturen van veranderingsprocessen in de eigen organisatie - klantgericht werken voor zorgmanagers - geven van team-

begeleiding - voeren van functioneringsgesprekken - voeren van slechtnieuwsgesprekken - stress- en timemanagement - vergadertechnieken - omgaan met ziekteverzuim - onderhandelingsvaardigheden - effectief begeleiden van groepswerkbesprekingen - geven van individuele werkbegeleiding.
- *Thuiszorg (uitvoerenden):*
  • thuishulp A - verzorgingshulp B - verzorgende C - verzorgende D - omgaan met de depressieve cliënt - omgaan met de psychogeriatrische cliënt - verzorging en begeleiding van de chronisch zieke cliënt - stervensbegeleiding - verzorgende handelingen in de thuiszorg - verpleegtechnisch handelen voor verzorgenden - mentortraining op de werkvloer - werken met een hulpverleningsplan - samenwerken in geïntegreerde teams - klantgericht werken voor baliemedewerkers.
- *Verpleeg- en ziekenhuizen:*
  • verkorte opleiding voedingsassistent - omgaan met de patiënt (voor voedingsassistenten).
- *Verzorgingshuizen:*
  • management van zorg - sturen van veranderingsprocessen - klantgericht werken - budgetteren - schrijven van een afdelingsplan - implementatie van zorgplannen - methodische werkbegeleiding voor teams - stress- en timemanagement - voeren van functioneringsgesprekken - vergadertechnieken - omgaan met ziekteverzuim - onderhandelingsvaardigheden.
N.B. Op 17 september 2007 heeft OVDB zijn naam veranderd in Calibris.

15.1.l.6 The International Butler Academy
Voor adres(sen) zie: OVER-340.
Algemeen Internationale exclusieve opleiding tot moderne butler, persoonlijke assistent (p.a.) in het bedrijfsleven, huishoudmanager of valet.
Doel Professionalisering van het butlervak (m/v) voor een functie in het bedrijfsleven of bij een prominente familie.
Toelatingseisen
- Er worden geen bepaalde eisen aan de vooropleiding gesteld.
- Gewenst: goede conditie, servicegerichtheid, flexibiliteit, uiterste discretie, organisatietalent, zorgvuldigheid, leidinggevende kwaliteiten, kunnen anticiperen, oog hebben voor details.
Duur De cursus voor butler start 3x per jaar en duurt 8 weken met 6 lesdagen van 8.00-20.00 uur per week; meestal vrij op zondag.
Lesprogramma The life of a butler - staff management - household management - table management - laundry management - valeting skills - communication - etiquette & protocol - cooking. Diversen, zoals: reizen met de baas - een verhuizing organiseren - chaufferen - excursies naar relevante bedrijven.
Diploma/examen De Stichting VTE (Vrijwilig Toezicht Examens) is een onafhankelijke instelling die toezicht houdt op examens waar het bedrijfsleven achter staat. De stichting VTE is opgericht door o.a. het ministerie van economische zaken. Aan het eind van een opleiding of moduletraining ontvangt de student van deze Academy een officieel certificaat van de VTE.
Functiemogelijkheden Butler of huishoudmanager in prominente families; valet in de horeca; p.a. in het bedrijfsleven.
De Academy bemiddelt nationaal en internationaal bij het zoeken naar een geschikte functie.
Overige informatie
- De opleiding of training kost Euro 13.750 voor 8 weken all-in (overnachtingen en eten voor 5 dagen, studieboeken, transport en excursies).
- Alle opleidingen en trainingen zijn erkend.

15.2 HORECA EN KEUKEN

De beroepen in het horecabedrijf zijn te verdelen in keukenpersoneel, bedienend personeel, personeel dat deels in de keuken en in de bediening werkt, en kaderfunctionarissen.

Tot het keukenpersoneel behoren: dieetkok, gespecialiseerd kok, kok, zelfstandig werkend kok. Vaak worden nog de Franse benamingen gebruikt: chef de cuisine, souschef, chef de partie, saucier, rôtisseur, gardemanger, pâtissier, entremetier, aide de fourneau, commis de cuisine.

Tot het bedienend personeel behoren: bartender, gastheer en gastvrouw, sommelier (wijnadviseur), zelfstandig werkend gastheer en gastvrouw. Vaak worden ook hier nog de Franse benamingen gebruikt: chef de rang, demi-chef de rang, commis de rang, débarraseur, sommelier de vins.

Personeel dat in de keuken en de bediening werkt, heet: horeca-assistent.

Kaderfunctionarissen zijn: cateringmanager, floor supervisor, F&B (food & beverage) manager, frontdesk manager, manager resorts voor senioren, marketing manager, restaurantmanager, sales manager, staffunctionaris in een (inter)nationale organisatie voor horeca of hospitality.

15.2.d Post-hbo-opleiding

15.2.d.1 Hotelmanagement: vakopleidingen (Notenboom)
Voor adres(sen) zie: HBO-77, 113, 137.
Algemeen Business School Notenoom wordt niet door de overheid bekostigd.
CREBO 10390
Opleidingen
- Afdelingsmanager (mbo niveau 4).
- NIMA-diploma's.
- Vakdiploma's:
  • Cafébedrijf.
  • Food & beverage-management.
  • Hotelmanagement.
  • Restaurantbedrijf.
  • Wijncertificaat.
Duur 1 jaar voltijd.
Lesprogramma Gastronomische praktijk algemeen - restaurantbedrijfskunde - hotelmanagement - personeelsmanagement - food & beverage-management - managementmethoden en -technieken - praktijk keuken - praktijk serveren - marketing - Nederlands - Engels - Duits en/of Frans - Spaans (facultatief) - public relations - gezondheidszorg - financieel-economische bedrijfsvoering - sollicitatietechnieken - sales-training - presenteren - klachtenafhandeling - managementinformatiesystemen (tekstverwerken, reserveringssystemen praktijk, hotelinformatica) - praktijkvorming (gastcolleges, bedrijfsoriëntatie, excursies, stage [minimaal 12 weken]).
Mogelijkheden voor verdere studie Hbo-bacheloropleiding Hoger hotelmanagement.

15.2.f Hbo-bacheloropleiding

15.2.f.1 Hoger hotelonderwijs (Hogere hotelschool)
(NHTV, Saxion HS, Stenden HS, Zuyd HS)
Voor adres(sen) zie: HBO-55, 86, 89, 130, 144.
Algemeen Hbo-bacheloropleiding.
- Bij Stenden HS (vestigingen Emmen en Leeuwarden) wordt deze studie ook als ad-programma aangeboden.

- HS Tio wordt niet door de overheid bekostigd.
Doel Een (internationale) managementopleiding, voornamelijk gericht op de dienstverlenings- en gastvrijheidssector.
Toelatingseisen
 Diploma havo of vwo (Eng., Dts. of Fr. of Sp., gewenst: econ. I en II, handelsw. en wisk.); havo-profiel C&M, E&M (+ 2e moderne vreemde taal), N&T (+ econ. I, 2e moderne vreemde taal), N&G (+ econ. I, 2e moderne vreemde taal): vwo-profiel C&M (+ econ. I), E&M, N&T (+ econ. I), N&G (+ econ. I); mbo niveau 4 (Eng., Dts. of Fr. of Sp., gewenst: econ., handelsw. en wisk.).
- Of 21 jaar of ouder zijn en toegelaten worden op grond van een uitgebreid toelatingsonderzoek.
Duur
- Bachelor: 4 jaar voltijd en deeltijd.
- HS Zuyd, Maastricht en NHTV: geen deeltijd.
- Ad-programma: 2 jaar voltijd en deeltijd.
Lesprogramma Nederlands - Frans - Duits - Engels - Spaans - marketing - marktanalyse - public relations - economie - recht - personeelsbeleid - sociaal recht - psychologie - bedrijfsorganisatie - architectuur - managementvaardigheden - financiering - bedrijfsadministratie - administratieorganisatie - organisatie- en bedrijfseconomie - informatica - toerisme - kookkunde - menuleer - warenkennis - voedingsleer - productie- en distributie-organisatie - gedragswetenschappen - communicatietrainingen - praktijkvakken.
- Specialisatie HS Tio: Hotel- en eventmanagement.
Diploma/examen Het diploma geldt als bewijs van vakbekwaamheid voor café- en restaurantbedrijf, slijterij en handelskennis.
Functiemogelijkheden In het horecabedrijf: leidinggevende functies in de internationale hotellerie zoals directieassistent, frontofficemanager, (assistent)-food and beverage-manager, (assistent)-personeelsmanager, hoteldirecteur, bedrijfsadviseur, (assistent)-salesmanager, restaurantmanager.
Ook leidinggevende functies in uitzendorganisaties, toeristische organisaties, interne diensten van ziekenhuizen en bejaardencentra, cateringbedrijven, bedrijfsrestauraties, grootwinkelbedrijven, luchtvaartmaatschappijen, congres- en evenementenorganisaties, toeleveringsbedrijven.
Overige informatie De stages worden in binnen- en buitenland gelopen.

15.2.f.2 Hoger Hotelmanagement (Notenboom)
Voor adres(sen) zie: HBO-77, 113, 137.
Algemeen Hbo-bacheloropleiding voor manager op het gebied van Tourism en travel industry.
Toelatingseisen
- Diploma havo, vwo of mbo niveau 4. In alle gevallen: Eng., moderne vreemde taal.
- Of 21 jaar of ouder zijn en toegelaten worden op grond van een toelatingsonderzoek.
Duur Er zijn 3 varianten:
- Variant A: 2 jaar kort-hbo.
- Variant B: 3 jaar voltijd; men kan ook 4 jaar over de opleiding doen.
- Variant C: 3 jaar, waarin de eerste twee jaar uit kort-hbo bestaan, en het 3e jaar een praktijkjaar is met terugkomdagen.
- Er is een verkort programma na een diploma mbo niveau 4 op het gebied van horeca.
Lesprogramma
- 1e jaar: Nederlands - Engels I - Frans en/of Duits I - Spaans I (facultatief) - sales-technieken I - klachtenbehandeling - presen-

teren - solliciteren - public relations I - marketing I - managementmethoden en -technieken - financiële economische bedrijfsvoering I - management I - food and beverage-management I - personeelsmanagement I - managementinformatiesystemen I - praktijksimulatie - hotelpraktijk - gezondheidszorg - praktijk van het serveren - gastronomische praktijk algemeen - restaurantbedrijfskunde - praktijk keuken - oriënterende stage + opdracht.
- 2e jaar: Engels II - Frans en/of Duits II - Spaans II (facultatief) - marketing II - integratiecases - kwantitatieve ondersteuning - sales-technieken II - financieel-economische bedrijfsvoering II - management II - food and beverage-management II - personeelsmanagement II - managementinformatiesystemen II - managementopdrachten - vinologie - afstudeerstage + opdracht.
- 3e jaar: public relations II - marketing III - financieel-economische bedrijfsvoering III - statistiek - bedrijfsethiek - recht - psychologie - afstudeerstage + opdracht.

N.B.: Het 3e jaar kan zowel in voltijd (variant B) als in deeltijd (variant C) worden gevolgd.
Diploma/examen Met de opleiding kan men tevens examens afleggen voor NIMA.
Functiemogelijkheden Hotelmanager, food and beveragemanager, salesmanager, restaurantmanager, personeelsmanager, bedrijfsleider, front office-manager in de sectoren Hotellerie, Bungalow- en recreatieparken, Catering, Congresorganisaties, Cruise- en luchtvaartmaatschappijen, Restaurants, en Ziekenhuizen.

15.2.f.3 HS Tio (o.a. HEM en ITM)
Zie 18.1.f.6.

15.2.f.4 HS NTI - blended learning - Hotelmanagement
Voor adres(sen) zie: HBO-133.
Algemeen Hbo-bacheloropleiding voor het hbo-getuigschrift Hotelmanagement.
Toelatingseisen
- Diploma havo, vwo of mbo niveau 4.
- Als men niet in het bezit is van een van de genoemde diploma's en men is 21 jaar, kan men een verzoek indienen om te worden toegelaten op grond van ander onderwijs of werkervaring.
- Met de diploma's PDB, NIMA-A of NIMA-B, Vakbekwaamheid restaurantbedrijf of Sociale hygiëne & basisvakbekwaamheid horeca kan men vrijstellingen krijgen.
Duur 3 jaar.
Lesprogramma Inleidende modulen - frontofficemanagement - housekeeping - gastronomie - hygiëne - risicomanagement - kwaliteits-arbo en milieuzorg - operationeel management en kwaliteitszorg - communicatie - modulen voor verbreding en ondersteuning.
Diploma/examen Men doet voor elke module examen en verzamelt daardoor ec's. Als men in totaal 240 ec's heeft, ontvangt men het officiële hbo-diploma.
Functiemogelijkheden Personeelsmanager, restaurantmanager, bedrijfsleider, marketingmanager in hotel of restaurant, bij evenementenorganisaties, bij vliegtuigmaatschappijen en cruisemaatschappijen.

15.2.f.5 International Hotel & Hospitality Management (ECHS)
Voor adres(sen) zie: HBO-154.
Algemeen Hbo-bacheloropleiding voor het hotel- en hospitality management.
Doel Er wordt opgeleid voor de vakbekwaamheidsdiploma's Cáfebe-

drijf, Food & beverage-management, Personeelsmanagement, Restaurantbedrijf, en voor de diploma's NIMA-Sales-A en NIMA-PR-A.
Toelatingseisen Diploma havo 5, vwo 4 of mbo niveau 4 (met Eng.).
Duur Ruim 2 jaar voltijd (afwisselend theorie- en praktijkperioden).
Lesprogramma Communicatie - Nederlands - Engels - Frans of Duits - praktijk restaurant/keuken/housekeeping/balie - restaurant - café - food & beverage-management - hospitality management - klantbehandeling - small business - marketing - public relations - projectmanagement - personeelsmanagement - management & organisatie - leidinggeven - teambuilding.
Functiemogelijkheden Leidinggevende functies in de hotel- en horeca-branche, zoals restaurantmanager, cateringmanager, food & beverage-manager, front office-manager, hoofd civiele dienst, rooms division-manager, marketingmanager, purser, hofmeester, zelfstandige horecaondernemer.

15.2.g Mbo-opleiding niveau 4

15.2.g.1 Afdelingsmanager (niveau 4)
Voor adres(sen) zie: ROC/MBO-32.
Algemeen
- Eindtermen voor deze kwalificatie worden ontwikkeld door Kenwerk.
- Hier wordt slechts het centrale adres vermeld. De opleiding kan in de wijde omtrek ervan worden gegeven.
CREBO 10385/93491
Doel Ontwikkelen van afdelingsbeleid op basis van het bedrijfsbeleid, organiseren, plannen en controleren van werkzaamheden van de afdeling en verantwoordelijk zijn voor het commerciële, financiële, operationele en personeelsbeleid van de afdeling.
Toelatingseisen
- Diploma vmbo gl, vmbo kb of vmbo tl met de sector vmbo-Ec; of diploma vmbo gl, vmbo kb of vmbo tl, alle met econ., 2e moderne vreemde taal of wisk., met de sectoren vmbo-Lb, vmbo-Tech of vmbo-Z&W.
- Een diploma van niveau 3: Medewerker bediening café/bar (Zelfstandig werkend gastheer/gastvrouw), of Kok (Zelfstandig werkend kok).
Duur 3-4 jaar voltijd en deeltijd.
Mogelijkheden voor verdere studie Hbo-Small business en retail management.
Functiemogelijkheden Afdelingsmanager in grote en middelgrote logies- en maaltijdverstrekkende bedrijven, in de zorgsector en in de contract-catering; keukenmanager, restaurantmanager, housekeeping-manager, front office-manager, conferencemanager, cateringmanager.

15.2.g.2 Bedrijfsleider fastservice (niveau 4)
Voor adres(sen) zie: ROC/MBO-13.
Algemeen
- Eindtermen voor deze kwalificatie worden ontwikkeld door Kenwerk.
- Hier wordt slechts het centrale adres vermeld. De opleiding kan in de wijde omtrek ervan worden gegeven.
CREBO 94210
Doel Meewerkend leider van productie, distributie, schoonmaak en onderhoud van een vestiging van een fastfoodbedrijf; zorgt dat de door de ondernemer of het hoofdkantoor vastgestelde bedrijfsformule wordt gehandhaafd; geeft leiding aan een vestiging en is er verantwoordelijk voor dat een vestiging op alle fronten tenminste presteert conform de gestelde doelstellingen; implementeert, voert

uit en bewaakt de toepassing van strakke en tot in details uitge-
werkte richtlijnen van een ondernemer of een hoofdkantoor.
Toelatingseisen Diploma vmbo gl, vmbo kb of vmbo tl met de sector vmbo-Ec; of diploma vmbo gl, vmbo kb of vmbo tl, alle met econ.,
2e moderne vreemde taal of wisk., met de sectoren vmbo-Lb, vmbo-
Tech of vmbo-Z&W.
Duur 4 jaar voltijd en deeltijd.

15.2.g.3 Fasttrack hospitality manager
(combinatie niveau 4 en 5)
Zie ook: 15.2.g.9.
Voor adres(sen) zie: HBO-130, ROC/MBO-10, 32.
Algemeen
- Roc van Twente: speciale opleiding op niveau 4 en 5, in samen-
werking met Stenden Hogeschool (hbo) te Leeuwarden.
- Er is ook een voltijdsopleiding bij Vakschool Wageningen, onder-
deel van het Roc Rijn IJssel, onder de naam: Horecamanager/-
ondernemer (niveau 4).
- Eindtermen voor deze kwalificatie worden ontwikkeld door Ken-
werk.
- Hier worden slechts de centrale adressen vermeld. De opleiding
kan in de wijde omtrek ervan worden gegeven.
CREBO 90303
Doel Versneld behalen van het diploma voor de praktijkgerichte
studie Hoger Hotelonderwijs (voertaal: Engels).
Toelatingseisen Diploma havo met 2 moderne vreemde talen; of
diploma vwo; of diploma mbo niveau 4.
Duur Roc van Twente: 4,5 jaar, waarvan 2,5 jaar in Almelo en 2,5
jaar in Leeuwarden.
Mogelijkheden voor verdere studie Na 2 jaar kan men met het
mbo-diploma ook kiezen voor andere hbo-bacheloropleidingen,
zoals economische en commerciële opleidingen, hbo-Bedrijfskun-
de, hbo-International business & languages, hbo-Leisure management, hbo-Personeel & arbeid, hbo-Voeding en diëtetiek, of de hbo-
lerarenopleiding PTH Consumptieve techniek I (Fontys, HvA).
Functiemogelijkheden Leidinggevende managersfunctie bij
(middel)grote hotels en restaurants.

15.2.g.4 Food designer/food entertainer/funkok
(niveau 4)
Voor adres(sen) zie: AOC-7.
Algemeen
- Bij AOC Wellantcollege komen er 4 uitstroomrichtingen:
  • Food communication.
  • Food design.
  • Food entertainment.
  • Food production.
- Eindtermen voor deze kwalificatie worden ontwikkeld door Ken-
werk.
- Hier wordt slechts het centrale adres vermeld. De opleiding kan
in de wijde omtrek ervan worden gegeven.
CREBO 97540
Duur 4 jaar voltijd.

15.2.g.5 Gespecialiseerd kok (niveau 4)
Voor adres(sen) zie: ROC/MBO-20, 43.
Algemeen
- Eindtermen voor deze kwalificatie worden ontwikkeld door Ken-
werk.
- Hier worden slechts de centrale adressen vermeld. De opleiding
kan in de wijde omtrek ervan worden gegeven.

CREBO 10389
Doel Variëren en vernieuwen van recepturen.
Toelatingseisen Diploma Kok (zelfstandig werkend kok) (niveau 3).
Duur 2 jaar deeltijd.
Mogelijkheden voor verdere studie Geen specifieke verdere
studiemogelijkheden.
Functiemogelijkheden Gespecialiseerd kok in de keuken van een
luxe restaurant.

15.2.g.6 Hotelmanagement (niveau 4) (HMA 2) (HS Tio)
Voor adres(sen) zie: HBO-22, 85, 112, 158, 182.
Algemeen Verkorte mbo-opleiding: tweede jaar van de middel-
bare hotelschool, ofwel voor het diploma mbo-niveau 4: Manager/-
ondernemer horeca (hotel) (Ondernemer horeca/bakkerij).
CREBO 90303
Toelatingseisen
- Met een vmbo-diploma (tl, gl, kl) met Engels kan deze mbo-4-
opleiding in slechts 2 jaar worden voltooid.
- Een tweede moderne vreemde taal (Duits of Frans) in de voor-
opleiding is gewenst, maar niet verplicht. Wie geen tweede
moderne vreemde taal in het pakket heeft, kan Spaans 1, Italiaans 1 of Duits 1 kiezen.
- Met een diploma havo of mbo niveau 4 kan men in 1 jaar deze
opleiding afronden. Hiermee kan men dus in totaal 2 jaar deze
opleiding van mbo niveau 4 volgen.
Duur 2 jaar voltijd.
Diploma/examen Certificaat HMA 2.

15.2.g.7 Leidinggevende keuken (Kok) (niveau 4)
Voor adres(sen) zie: ROC/MBO-13, 32.
Algemeen
- Eindtermen voor deze kwalificatie worden ontwikkeld door Ken-
werk.
- Hier worden slechts de centrale adressen vermeld. De opleiding
kan in de wijde omtrek ervan worden gegeven.
CREBO 95102
Doel Inkoop ingredienten en goederen, plannen en begrotingen
maken, samenstelling menukaarten, coördineren werkzaamheden
in de keuken, bewaking wettelijke regels en voorschriften i.v.m. de
keuken.
Toelatingseisen Diploma Kok (Zelfstandig werkend kok) (niveau 3).
Duur 4 jaar inclusief diploma niveau 3.
Mogelijkheden voor verdere studie Hbo-Voedingsmiddelen-
technologie, of de hbo-lerarenopleiding PTH Consumptieve techniek I (Fontys, HvA).
Functiemogelijkheden Leidinggevende keuken bij (middel)grote
hotels of restaurants.

15.2.g.8 Manager/ondernemer café/bar
(Ondernemer horeca/bakkerij) (niveau 4)
Voor adres(sen) zie: ROC/MBO-13, 32, 47, 60.
Algemeen
- Eindtermen voor deze kwalificatie worden ontwikkeld door Ken-
werk.
- Hier worden slechts de centrale adressen vermeld. De opleiding
kan in de wijde omtrek ervan worden gegeven.
CREBO 90301
Doel Toezichthoudend management, verantwoordelijk voor het
commerciële, financiële, operationele en personeelsbeleid in de
onderneming en voor personeel, inkoop, sales, en bedrijfsadmini-
stratie.

Toelatingseisen
- Diploma vmbo gl, vmbo kb of vmbo tl met de sector vmbo-Ec; of diploma vmbo gl, vmbo kb of vmbo tl, alle met econ., 2e moderne vreemde taal of wisk., met de sectoren vmbo-Lb, vmbo-Tech of vmbo-Z&W.
- Overgangsbewijs naar havo-4 of vwo-4 met economie en/of wiskunde in het pakket.

Duur 3 jaar voltijd en deeltijd. Bij Roc van Twente: 2 jaar voltijd en daarna 1 jaar deeltijd.

Mogelijkheden voor verdere studie HEO; of de hbo-lerarenopleiding PTH Consumptieve techniek I (Fontys, HvA), of vakgerichte cursussen.

Functiemogelijkheden Horeca-ondernemer café, bar, brasserie, eetcafé, pub of een klein drankenverstrekkend fastfoodbedrijf, zoals een snackbar of een cafetaria.

Overige informatie Er zijn twee afstudeerrichtingen: Café/bar en Cafetaria/fastfood.

15.2.g.9 Manager/ondernemer horeca (hotel) (Ondernemer horeca/bakkerij) (niveau 4)

Voor adres(sen) zie: ROC/MBO-13, 20, 32, 39, 47, 60.

Algemeen
- Eindtermen voor deze kwalificatie worden ontwikkeld door Kenwerk.
- Hier worden slechts de centrale adressen vermeld. De opleiding kan in de wijde omtrek ervan worden gegeven.

CREBO 10388

Doel Toezichthoudend management, verantwoordelijk voor het commerciële, financiële, operationele en personeelsbeleid in de onderneming en voor personeel, sales, operationele aspecten in productie en distributie, receptie en boekhouding, food and beverage, financiële administratie, productiebeleid en bedrijfsadministratie.

Toelatingseisen
- Diploma vmbo gl, vmbo kb of vmbo tl met de sector vmbo-Ec; of diploma vmbo gl, vmbo kb of vmbo tl, alle met econ., 2e moderne vreemde taal of wisk., met de sectoren vmbo-Lb, vmbo-Tech of vmbo-Z&W.
- Overgangsbewijs naar havo-4 of vwo-4, met economie en/of wiskunde in het pakket.

Duur 4 jaar voltijd.

Mogelijkheden voor verdere studie Hbo-Hoger hotelmanagement; HEO; of de opleiding voor of de Lerarenopleiding Consumptieve techniek, of Hoger toeristisch onderwijs.

Functiemogelijkheden Horeca-ondernemer/-manager in grote en middelgrote hotels en restaurants.

Overige informatie Roc van Twente voert tijdens deze opleiding een 'Fast track Hospitality Manager'-programma uit, in samenwerking met de Stenden Hogeschool Leeuwarden. In 4,5 jaar tijd kan men daar 2 diploma's behalen: mbo en hbo. Zie 15.2.g.3.
- Ook bij Vakschool Wageningen (onderdeel van Roc Rijn IJssel) bestaat een voltijdsopleiding, onder de naam: Horecamanager/-ondernemer (niveau 4).

15.2.g.10 Steward/Stewardess/Receptionist(e)/- Host/Hostess (niveau 4) (SRH 2) (HS Tio)

Voor adres(sen) zie: HBO-22, 85, 112, 158, 182.

Algemeen Verkorte mbo-opleiding voor Luchtvaartdienstverlener.

CREBO 10654

Toelatingseisen
- Met een vmbo-diploma (tl, gl, kl) met het vak Engels kan men deze mbo-opleiding niveau 4 in totaal 2 jaar afronden.

- Een tweede moderne vreemde taal (Duits of Frans) in de vooropleiding is gewenst, maar niet verplicht. Wie geen tweede moderne vreemde taal in het pakket heeft, kan Spaans 1, Italiaans 1 of Duits 1 kiezen.
- Op basis van een havo- of relevant mbo-diploma (niveau 2) kan men in het tweede jaar van SRH instromen. Hiermee kan men dus in totaal 2 jaar deze mbo-4 opleiding volgen.

Duur 2 jaar voltijd.

15.2.h Mbo-opleiding niveau 3

15.2.h.1 Medewerker bediening café/bar (Zelfstandig werkend gastheer/gastvrouw) (niveau 3)

Voor adres(sen) zie: ROC/MBO-1, 7, 10, 12, 13, 15, 20, 22, 25, 27, 30, 32, 38, 40, 43, 47, 56, 60.

Algemeen
- Eindtermen voor deze kwalificatie worden ontwikkeld door Kenwerk.
- Hier worden slechts de centrale adressen vermeld. De opleiding kan in de wijde omtrek ervan worden gegeven.

CREBO 10394/94153

Doel Uitvoeren van voorbereidende werkzaamheden, het begeleiden en adviseren van gasten, het verwerken van gegevens in de administratie en het verrichten van afsluitende werkzaamheden.

Toelatingseisen
- Diploma vmbo gl, vmbo kb of vmbo tl met de sector vmbo-Ec; of diploma vmbo gl, vmbo kb of vmbo tl, alle met econ., 2e moderne vreemde taal of wisk., met de sectoren vmbo-Lb, vmbo-Tech of vmbo-Z&W.
- Diploma Medewerker bediening/café/bar (Gastheer/gastvrouw) (niveau 2).

Duur 2-4 jaar voltijd en deeltijd; bij Roc van Twente alleen 2 jaar deeltijd.

Mogelijkheden voor verdere studie Opleidingen van niveau 4: Afdelingsmanager, Manager/ondernemer café/bar (Ondernemer horeca/bakkerij), Manager/ondernemer horeca (hotel) (Ondernemer horeca/bakkerij); diverse vakgerichte cursussen.

Functiemogelijkheden Zelfstandig werkend gastheer/gastvrouw in luxe restaurants.

15.2.h.2 Kok (Zelfstandig werkend kok) (niveau 3)

Voor adres(sen) zie: ROC/MBO-1, 7, 8, 10, 12, 13, 15, 20, 21, 22, 25, 27, 30, 32, 38, 40, 43, 47, 54, 56, 60.

Algemeen
- Eindtermen voor deze kwalificatie worden ontwikkeld door Kenwerk.
- Hier worden slechts de centrale adressen vermeld. De opleiding kan in de wijde omtrek ervan worden gegeven.

CREBO 90772/94952

Doel Onder verantwoordelijkheid van een leidinggevende plannen, organiseren, leiden en uitvoeren van werkzaamheden in de keuken, zelfstandig bereiden van alle gerechten.

Toelatingseisen
- Diploma vmbo gl, vmbo kb of vmbo tl met de sector vmbo-Ec; of diploma vmbo gl, vmbo kb of vmbo tl, alle met econ., 2e moderne vreemde taal of wisk., met de sectoren vmbo-Lb, vmbo-Tech of vmbo-Z&W.
- Overgangsbewijs naar havo-4 of vwo-4.
- Diploma Kok (niveau 2).

Duur 2-4 jaar voltijd en deeltijd. Bij Roc van Twente alleen 2 jaar deeltijd.

Mogelijkheden voor verdere studie Opleidingen van niveau 4: Horecaondernemer/-manager, Afdelingsmanager, Gespecialiseerd kok, Leidinggevende keuken, Manager/ondernemer café/bar (Ondernemer horeca/bakkerij), Manager/ondernemer horeca (hotel) (Ondernemer horeca/bakkerij); diverse vakgerichte cursussen.

Functiemogelijkheden Zelfstandig werkend kok in ambachtelijke bedrijven en in procesmatige bedrijven.

Overige informatie Er kan worden gekozen voor ambachtelijke productie-organisatie en procesmatige productieorganisatie.

15.2.h.3 Receptionist (niveau 3)
Voor adres(sen) zie: ROC/MBO-13, 58.

Algemeen
- Eindtermen voor deze kwalificatie worden ontwikkeld door Kenwerk.
- Hier worden slechts de centrale adressen vermeld. De opleiding kan in de wijde omtrek ervan worden gegeven.

CREBO 10398/90622

Doel Ontvangen van gasten die een hotelkamer of een andere verblijfsaccommodatie huren, inschrijven van gasten, toewijzen van accommodatie, bijhouden van rekeningen, verstrekken van informatie en behandelen van klachten.

Toelatingseisen
- Diploma vmbo gl, vmbo kb of vmbo tl met de sector vmbo-Ec; of diploma vmbo gl, vmbo kb of vmbo tl, alle met econ., 2e moderne vreemde taal of wisk., met de sectoren vmbo-Lb, vmbo-Tech of vmbo-Z&W.
- Overgangsbewijs naar havo-4 of vwo-4.
- Men kan met een diploma van niveau 2 met vrijstellingen in de opleiding instromen.

Duur 3 jaar voltijd en deeltijd.

Mogelijkheden voor verdere studie Opleidingen van niveau 4: Afdelingsmanager, Manager/ondernemer café/bar (Ondernemer horeca/bakkerij), Manager/ondernemer horeca (hotel) (Ondernemer horeca/bakkerij); diverse vakgerichte cursussen.

Functiemogelijkheden Receptionist in een hotel of in een andere verblijfsaccommodatie.

15.2.i Mbo-opleiding niveau 1 of niveau 2

15.2.i.1 Horeca-assistent (niveau 1)
Voor adres(sen) zie: AOC-1, ROC/MBO-1, 8, 10, 12, 13, 20, 21, 25, 30, 32, 40, 43, 45, 60.

Algemeen
- Eindtermen voor deze kwalificatie worden ontwikkeld door Kenwerk.
- Hier worden slechts de centrale adressen vermeld. De opleiding kan in de wijde omtrek ervan worden gegeven.

CREBO 10403/90660

Doel Onder leiding: begeleiden van gasten, en voorbereidende werkzaamheden, afsluitende werkzaamheden en eenvoudige productievaardigheden verrichten.

Toelatingseisen De volledige leerplicht hebben voltooid.

Duur 1 jaar voltijd en deeltijd.

Mogelijkheden voor verdere studie Opleidingen van niveau 2: Kok, of Medewerker bediening café/bar (gastheer/gastvrouw).

Functiemogelijkheden Horeca-assistent in cafés, eenvoudige restaurants, eetcafés en fastfood-bedrijven.

15.2.i.2 Hotelmanagement (niveau 2) (HMA 1) (HS Tio)
Voor adres(sen) zie: HBO-22, 85, 112, 158, 182.

Algemeen Verkorte mbo-opleiding: eerste jaar van de middelbare hotelschool; voorbereiding op het tweede jaar voor het diploma mbo niveau 4: Manager/ondernemer horeca (hotel) (Ondernemer horeca/bakkerij).

CREBO Geen.

Duur 1 jaar voltijd.

Overige informatie Met een diploma havo of mbo niveau 4 kan men deze opleiding overslaan en meteen de Tio-opleiding Hotelmanagement (zoals beschreven in 15.2.g.6) volgen, om daarmee het diploma Middelbare hotelschool (HMA 2) en het diploma mbo niveau 4: Manager/ondernemer horeca te halen.

15.2.i.3 Kok (niveau 2)
Voor adres(sen) zie: ROC/MBO-1, 2, 7, 8, 10, 12, 13, 15, 20, 21, 25, 27, 30, 32, 33, 38, 39, 40, 43, 45, 47, 54, 56, 60.

Algemeen
- Eindtermen voor deze kwalificatie worden ontwikkeld door Kenwerk.
- Hier worden slechts de centrale adressen vermeld. De opleiding kan in de wijde omtrek ervan worden gegeven.

CREBO 90760

Doel Voorbereidende werkzaamheden, en vervaardigen van producten op basis van recepturen.

Toelatingseisen Diploma vmbo bb.

Duur 2-3 jaar voltijd en deeltijd. Roc van Twente alleen 2 jaar deeltijd.

Mogelijkheden voor verdere studie Relevante opleidingen van niveau 2, of een opleiding van niveau 3: Kok (Zelfstandig werkend kok).

Functiemogelijkheden Kok in maaltijdverstrekkende en maaltijdproducerende bedrijven in de horeca, instellingskeuken, contractcatering en recreatie.

15.2.i.4 Medewerker bediening café/bar (Gastheer/gastvrouw) (niveau 2)
Voor adres(sen) zie: ROC/MBO-7, 8, 10, 12, 13, 20, 25, 27, 32, 38, 40, 43, 45, 47, 56, 60.

Algemeen
- Eindtermen voor deze kwalificatie worden ontwikkeld door Kenwerk.
- Hier worden slechts de centrale adressen vermeld. De opleiding kan in de wijde omtrek ervan worden gegeven.

CREBO 10399/94140

Doel Opleiding tot medewerker bediening café/bar, of gastheer/-gastvrouw.
- *Taak medewerker bediening café/bar:* contact met de klant, bestellingen opnemen en uitvoeren begeleiden, goederen ontvangen en plaatsen, schoonmaken, kassa opmaken.
- *Taak gastheer/gastvrouw:* adviseren van gasten, uitvoeren van voorbereidende en afsluitende werkzaamheden en verrichten van eenvoudige administratieve handelingen.

Toelatingseisen Diploma vmbo bb.

Duur 2 jaar voltijd en deeltijd.

Mogelijkheden voor verdere studie Relevante opleidingen van niveau 2, of een opleiding van niveau 3: Medewerker bediening café/bar (Zelfstandig werkend gastheer/gastvrouw).

Functiemogelijkheden Medewerker in een café-bar of gastheer/-gastvrouw in een restaurant.

Jurlights zie pagina 295

15.2.i.5 Steward/Stewardess/Receptionist(e)/Host/Hostess (niveau 2) (SRH 1) (HS Tio)
Voor adres(sen) zie: HBO-22, 85, 112, 158, 182.
Algemeen Verkorte mbo-opleiding.
CREBO Geen.
Toelatingseisen
- Met een vmbo-diploma (TL, GL, KL) met het vak Engels kan men deze mbo-opleiding niveau 4 in totaal 2 jaar afronden.
- Een tweede moderne vreemde taal (Duits of Frans) in de vooropleiding is gewenst, maar niet verplicht. Wie geen tweede moderne vreemde taal in het pakket heeft, kan Spaans 1, Italiaans 1 of Duits 1 kiezen.

Duur 2 jaar voltijd.
Mogelijkheden voor verdere studie HS Tio: SRH 2.
Overige informatie Op basis van een havo- of relevant mbo-diploma (niveau 2) kan men in het tweede jaar van SRH instromen (zie SRH 2: 15.2.g.10). Hiermee kan men dus in slechts 1 jaar deze mbo-4 opleiding afronden, en de hier beschreven opleiding overslaan.

15.2.l Overige opleidingen

15.2.l.1 Calibris (v/h OVDB: landelijk orgaan voor beroepsonderwijs Zorg, Welzijn en Sport)
Zie 15.1.l.5.

15.2.l.2 SVH Bedrijfsopleidingen
Voor adres(sen) zie: KBB-19.
Opleidingen Trainingen op maat in de gebieden: bedrijfscatering, horeca, gezondheidszorg, toerisme en recreatie.

15.2.l.3 SVH Open Academie
Voor adres(sen) zie: KBB-19.
Doel Schriftelijke opleidingen op het gebied van horeca.
Cursussen Een keuze uit de vele SVH-cursussen:
- Basismanagement.
- Cafébedrijf (inclusief Sociale hygiëne).
- Horecaportier.
- Restaurantbedrijf.
- SVH wijncertificaat (Stichting Vakonderwijs Horeca).
- Toepassing hygiënecode.

Duur Afhankelijk van de cursus.

15.2.l.4 Stichting Beroepsopleiding GrootkeukenPersoneel (BGP)
Voor adres(sen) zie: OVER-299.
Opleidingen
- A. 1-jarige beroepsopleidingen: aankomend instellingskok; dieetkok; zelfstandig werkend instellingskok.
- B. Integraal management voor de voedings- en restauratieve dienst (4 modulen).

Cursussen
- Andere voedingsgewoonten.
- HACCP.
- Keukenassistent.
- Kok op niveau.
- Voedingsassistent (1 jaar).

Toelatingseisen Minimumleeftijd: 18 jaar.
Duur
- Opleidingen A: 1 jaar deeltijd of schriftelijk.
- Opleiding B: 3 jaar deeltijd.
- Korte cursussen: 1 tot 6 dagen deeltijd.

15.2.l.5 Stichting Permanente Educatie in de Horeca (SPEH)
Voor adres(sen) zie: OVER-252, ROC/MBO-7, 13, 20, 40, 54.
Algemeen De onder adressen genoemde roc's werken samen binnen de Stichting SPEH.
Opleidingen SPEH geeft opleidingen voor de SVH-examens voor opleidingen op de volgende terreinen:
- Algemeen horeca.
- Bediening & dranken.
- Hygiëne & veiligheid.
- Keuken.
- Ondernemen & management.

Diploma/examen SVH-examens (Stichting Vakonderwijs Horeca).

15.2.l.6 Volwassenenonderwijs - horeca/koken
Voor adres(sen) zie: ROCCO-1, 2, 5, 7, 9, 11, 13, 14, 18, 19, 20.
Cursussen
- Automatisering in de horeca.
- Cafébedrijf.
- Horecaportier.
- Koken.
- Restaurantbedrijf.
- Sociale hygiëne.

Toelatingseisen In de meeste gevallen zijn er geen speciale eisen met betrekking tot de vooropleiding.
Duur Circa 10 weken (1 avond per week).
Diploma/examen SVH-examens (Stichting Vakonderwijs Horeca).

15.3 SCHEEPSKOK

15.3.l Overige opleidingen

15.3.l.1 Scheepskok voor bevarenen
Voor adres(sen) zie: ROC/MBO-43.
Algemeen Aanvullende opleiding voor bevaren koks die het examen voor het rijksdiploma voor scheepskok wensen te behalen.
Toelatingseisen
- Diploma mbo niveau 2: Kok, of vergelijkbaar.
- De Nederlandse taal beheersen.
- Minimumleeftijd: 18 jaar.
- Enige ervaring in een kombuis.

Duur 6 weken (dagopleiding).
Lesprogramma Praktijk koken - praktijk banket - praktijk brood - praktijk slagerij - warenkennis - hygiëne - voedingsleer - theorie brood/banket - theorie slagerij - keukentheorie.
Diploma/examen Men kan het diploma pas ontvangen als wordt aangetoond dat men een half jaar vaartijd in de kombuis van zeeschepen heeft gewerkt.

15.4 KAPPER

15.4.h Mbo-opleiding niveau 3

15.4.h.1 Allround kapper (niveau 3)
Voor adres(sen) zie: ROC/MBO-8, 10, 12, 37, 38, 39, 45.
Algemeen
- Eindtermen voor deze kwalificatie worden ontwikkeld door KOC Nederland.
- Hier worden slechts de centrale adressen vermeld. De opleiding kan in de wijde omtrek ervan worden gegeven.

CREBO 10507

Doel Voorbereiden, uitvoeren en evalueren van vaktechnische handelingen: permanenten, knippen/snijden, föhnen, kleuren en ontkleuren, modelvorming lang haar.

Toelatingseisen
- Diploma vmbo gl, vmbo kb of vmbo tl.
- Instromen met het diploma Junior kapper (Kapper) (niveau 2).

Duur 3 jaar voltijd en deeltijd.

Mogelijkheden voor verdere studie Opleidingen van niveau 3: Schoonheidsspecialist, of Voetverzorger.

Functiemogelijkheden Allround kapper in een kapsalon.

15.4.h.2 Kapper (niveau 3)
Voor adres(sen) zie: ROC/MBO-1, 8, 10, 12, 13, 14, 15, 16, 20, 23, 25, 27, 30, 32, 34, 39, 45, 48, 54, 61.

Algemeen
- Eindtermen voor deze kwalificatie worden ontwikkeld door KOC Nederland.
- Hier worden slechts de centrale adressen vermeld. De opleiding kan in de wijde omtrek ervan worden gegeven.

CREBO 10508/91182

Doel Voorbereiden, uitvoeren en evalueren van vaktechnische handelingen, zoals permanenten, knippen, föhnen, kleuren, permanenten en watergolven; adviseren aan de klant; verkoop haarverzorgingsproducten.

Toelatingseisen
- Diploma vmbo gl, vmbo kb of vmbo tl met de sector vmbo-Ec; of diploma vmbo gl, vmbo kb of vmbo tl, alle met econ. of wisk., 2e moderne vreemde taal, met de sectoren vmbo-Lb, vmbo-Tech of vmbo-Z&W.
- Overgangsbewijs naar havo-4 of vwo-4.

Duur 3 jaar voltijd en deeltijd.

Mogelijkheden voor verdere studie Opleidingen van niveau 3: Allround kapper, Schoonheidsspecialist, of Voetverzorger.

Functiemogelijkheden Kapper in een kapsalon: dameskapper, herenkapper, gemengd kapsalon; ambulante kapper of thuiskapper (kapper aan huis).

15.4.i Mbo-opleiding niveau 1 of niveau 2

15.4.i.1 Junior kapper (Kapper) (niveau 2)
Voor adres(sen) zie: ROC/MBO-13, 32.

Algemeen
- Eindtermen voor deze kwalificatie worden ontwikkeld door KOC Nederland.
- Hier worden slechts de centrale adressen vermeld. De opleiding kan in de wijde omtrek ervan worden gegeven.

CREBO 95120

Doel Voorbereiden en uitvoeren van vaktechnische handelingen, zoals permanenten, knippen, föhnen, kleuren, permanenten en watergolven; adviseren aan de klant; verkoop haarverzorgingsproducten.

Toelatingseisen De volledige leerplicht hebben voltooid.

Duur 2 jaar voltijd en deeltijd.

Mogelijkheden voor verdere studie Een opleiding van niveau 3: Kapper.

Functiemogelijkheden Kapper in een kapsalon: dameskapper, herenkapper, gemengd kapsalon.

Onbeperkt ontspannen?
zie pagina 231

15.4.l Overige opleidingen

15.4.l.1 IMKO (v/h Haarstylistencollege)
Voor adres(sen) zie: OVER-111.

Algemeen Het Haarstylistencollege is opgegaan in het IMKO dat particuliere opleidingen geeft voor de diploma's:
A. Kapper (niveau 2).
B. Allround kapper (niveau 3).
C. Allround kapper met profilering Topstylist.

Toelatingseisen
- A: 4 jaar voortgezet onderwijs.
- B en C: diploma vmbo.

Duur
- A: 1 jaar voltijd.
- B en C: 2 jaar voltijd en deeltijd.

Functiemogelijkheden
- Met het diploma A. Kapper kan men werken in een kapsalon.
- Met het diploma B. Allround kapper: kapper in een kapsalon, demonstrateur voor een toeleveringsbedrijf, kapper bij theater of televisie, medewerker in een beautyfarm.
- Met het diploma C. Allround kapper: bedrijfsleider in een kapsalon, zelfstandig ondernemer, franchisenemer van een kapsalon.

Overige informatie Er zijn opleidingen te Amersfoort, Amsterdam, Arnhem, Breda, Eindhoven, Gouda, Hengelo, en Rotterdam.

15.4.l.2 KOC Nederland
Voor adres(sen) zie: KBB-3.

Algemeen Landelijke organisatie voor kappers, schoonheidsspecialisten en voetverzorgers.

Doel Organiseert cursussen, trainingen, seminars en examens.

15.4.l.3 Nederlandse kappersakademie
Voor adres(sen) zie: OVER-292.

Algemeen Praktijkgerichte kappersopleidingen in zowel dag- als avonduren, met vestigingen in Amersfoort, Amsterdam, Den Haag, en Rotterdam.

Opleidingen
- Dag- en avondopleiding tot dames- en herenkapper en allround dames- en herenkapper.
- Docentenopleiding.
- Ondernemersopleiding.

Cursussen
- Bijscholingscursussen.
- Herintrederscursussen.

Overige informatie
- Dagschoolstudenten hebben recht op studiefinanciering.
- Erkend door de minister van OCW in het kader van de Wet educatie en beroepsonderwijs (WEB).

15.5 SCHOONHEIDSVERZORGING

15.5.g Mbo-opleiding niveau 4

15.5.g.1 Allround schoonheidsspecialist - wellness (schoonheidsspecialist) (niveau 4)
Voor adres(sen) zie: ROC/MBO-32.

Algemeen
- Eindtermen voor deze kwalificatie worden ontwikkeld door KOC Nederland.
- Hier wordt slechts het centrale adres vermeld. De opleiding kan in de wijde omtrek ervan worden gegeven.

Doel Begeleiden van fitness, aquagym, sauna, massages, kuren, voedingsadviezen, en het uitvoeren van schoonheidsverzorging, pedicure en haarverzorging.

Toelatingseisen
- Diploma vmbo gl of vmbo tl met de sector vmbo-Ec; of diploma vmbo gl, vmbo kb of vmbo tl, alle met econ. of wisk., 2e moderne vreemde taal, met de sectoren vmbo-Lb, vmbo-Tech of vmbo-Z&W.
- Overgangsbewijs naar havo-4 of vwo-4.

Duur 3 jaar voltijd.

Mogelijkheden voor verdere studie Hbo-Fysiotherapie of hbo-Huidtherapie.

Functiemogelijkheden Werkzaam in de wellnessbranche.

15.5.h Mbo-opleiding niveau 3

15.5.h.1 Schoonheidsspecialist (niveau 3)
Voor adres(sen) zie: ROC/MBO-2, 8, 13, 20, 23, 27, 32, 34, 37, 39, 43, 45, 54, 58, 61.

Algemeen
- Eindtermen voor deze kwalificatie worden ontwikkeld door KOC Nederland.
- Hier worden slechts de centrale adressen vermeld. De opleiding kan in de wijde omtrek ervan worden gegeven.

CREBO 91190/95500

Doel Analyse maken van het uiterlijk van de klant, op grond daarvan een behandelingsplan opstellen en vaktechnische werkzaamheden uitvoeren die zijn gericht op behandeling en verzorging van gelaat en lichaam, en van de cosmetische verzorging van handen en voeten.

Toelatingseisen
- Diploma vmbo gl, vmbo kb of vmbo tl met de sector vmbo-Ec; of diploma vmbo gl, vmbo kb of vmbo tl, alle met econ. of wisk., 2e moderne vreemde taal, met de sectoren vmbo-Lb, vmbo-Tech of vmbo-Z&W.
- Overgangsbewijs naar havo-4 of vwo-4.

Duur 2 jaar voltijd.

Mogelijkheden voor verdere studie Een opleiding van niveau 4: Allround schoonheidsspecialist - wellness (schoonheidsspecialist).

Functiemogelijkheden Schoonheidsspecialist in een schoonheidssalon, beautyfarm, parfumerie of drogisterij; ondernemer of bedrijfsleider van een schoonheidssalon.

Overige informatie De ANBOS ziet bij de opleidingen die door de roc's worden verzorgd, toe op de kwaliteit van de examens.

15.5.l Overige opleidingen

15.5.l.1 Academie Louman
Voor adres(sen) zie: OVER-21.
Algemeen Opleidingen voor schoonheidsverzorging.
Opleidingen
- Allround nagelstyling.
- Applicatiecursussen.
- Diabetische voetverzorging.
- Grime.
- Hot stone massage.
- Permanente make-up I.
- Permanente make-up-II.
- Schoonheidsverzorging - dagopleiding.
- Schoonheidsverzorging - avondopleiding.
- Stoelmassage.
- Visagie.

- Visagie 'plus'.
- Voetverzorging/pedicure - dagopleiding (zie 13.21.h.2).
- Voetverzorging/pedicure - avondopleiding (zie 13.21.h.2).
- Voortgezette opleiding Schoonheidsverzorging.
- Voortgezette opleiding Voetverzorging.
- Workshops voor bedrijven.

15.5.l.2 Algemene Nederlandse Branche Organisatie Schoonheidsverzorging (ANBOS)
Voor adres(sen) zie: OVER-77, 88, 95, 112, 124, 165, 307, 352, ROC/MBO-7.
Algemeen Opleiding tot gekwalificeerd schoonheidsspecialist.
Toelatingseisen
- Mavo- en vmbo-niveau.
- Minimumleeftijd: 17 jaar.

Duur 1, 2 of 3 jaar deeltijd.

Lesprogramma Analyseren, uitvoeren en behandelingsplan opstellen (anatomie, fysiologie, algemene en speciële pathologie, productkennis, huid, plastische chirurgie, cliëntenkaart, huidanalyse maken, behandelplan opstellen) - gelaatsbehandeling (botten/spieren gelaat, massage, cosmetische handelingen, oppervlakte- en dieptereiniging, epileren, make-up, masker, kunstwimpers, verven, comedonen en milia verwijderen) - lichaamsbehandeling (botten/spieren lichaam, massage, apparatuur, benen harsen, lichaamspakkingen) - cosmetische hand- en voetverzorging (manicuren, voetmassage, voetbad en voetcrème, productkennis) - kwaliteitszorg - hygiëne, arbo en milieu - sociale, communicatieve en commerciële vaardigheden - maatschappelijk-culturele kwalificatie 1 - maatschappelijk-culturele kwalificatie 2 - beroepspraktijkvorming.
- Instituut Dangremond: reinigen van gezicht - hals en decolleté - epileren en modelleren van de wenkbrauwen - werken met maskers en verschillende soorten peelings - opbrengen van make-up - verven van wenkbrauwen en wimpers - verzorging van de nagels en huid van handen en voeten - gezichtsmassage - lichaamsmassage - ontharen van gezicht en lichaam door middel van hars - werken met apparatuur voor gezicht en lichaam.

Overige informatie De ANBOS ziet bij de opleidingen die door de roc's worden verzorgd, toe op de kwaliteit van de examens; zie ook 15.5.h.1.

15.5.l.3 Cidesco-diploma
Voor adres(sen) zie: DIEN-23.
Algemeen Opleiden tot een internationaal erkend diploma op het gebied van schoonheidsverzorging.
Toelatingseisen Diploma havo, mavo of vmbo tl.
Duur Minimaal 1200 lesuren plus 600 uur stage.

15.5.l.4 Esthética opleidingen: Integrale opleiding A (opleiding voetverzorger)
Voor adres(sen) zie: OVER-95.
Algemeen Opleiding tot gespecialiseerd schoonheidsspecialist en voetverzorger.
Toelatingseisen Diploma mavo, vmbo tl, of gelijkwaardig.
Duur 2 jaar.
Lesprogramma Arbo en milieu - aromatherapie - automatisering - beroepspraktijkvorming - commerciële, communicatieve en sociale vaardigheden - hygiëne - kwaliteitszorg - maatschappelijk-culturele vorming - management en ondernemersvaardigheden - opleiding tot schoonheidsspecialist - praktijk-workshops - specialisatie acne - uitgebreide visagie-opleiding - opleiding voetverzorging.

15.5.I.5 Esthética opleidingen: Integrale opleiding B (opleiding voetverzorger)
Voor adres(en) zie: OVER-95.
Algemeen Opleiding tot gespecialiseerd schoonheidsspecialist, voetverzorger, en adviseur cosmetica en parfumerie.
Opleidingen
- Fotografie.
- Kappersvakopleiding.
- Manicuren en nagelstyling.
- Schoonheidsverzorging.
- Sportmassage.
- Visagie/styling en grime.
- Voetverzorging.

Toelatingseisen Diploma mavo, vmbo tl, of gelijkwaardig.
Duur 2 jaar.
Lesprogramma Arbo en milieu - aromatherapie - automatisering - beroepspraktijkvorming - commerciële, communicatieve en sociale vaardigheden - opleiding cosmetica en parfumerie - hygiëne - kwaliteitszorg - maatschappelijk-culturele vorming - management en ondernemersvaardigheden - opleiding tot schoonheidsspecialist - praktijk-workshops - specialisatie acne - uitgebreide visagie-opleiding - opleiding voetverzorging.
Overige informatie Er zijn ook opleidingen te Amsterdam, Den Bosch, Eindhoven, Rotterdam, Tilburg, en Utrecht.

15.5.I.6 IMKO (v/h Opleidingen Lichaamsverzorgende Beroepen [OLB])
Voor adres(en) zie: OVER-111.
Algemeen Particuliere opleidingen voor:
- A. Mbo-Schoonheidsspecialist (voltijd).
- B. Mbo-Schoonheidsspecialist (deeltijd).
- C. Voortgezette opleiding Schoonheidsverzorging.
- D. Specialisaties van Schoonheidsverzorging.

Toelatingseisen
- A en B: diploma vmbo.
- C: diploma van A en B.

Duur
- A: 1 jaar voltijd.
- B: 2 of 3 jaar deeltijd (1 dag of 2 avonden per week).
- C: 2 jaar (1 dag per week).

Overige informatie
- Het OLB is opgegaan in het IMKO.
- Er zijn opleidingen te Amersfoort, Amsterdam, Arnhem, Breda, Eindhoven, Gouda, Hengelo, en Rotterdam.

15.5.I.7 IVS-opleidingen
Voor adres(en) zie: OVER-150.
Opleidingen
- Medisch pedicure.
- Nagelstyling.
- Pedicure.
- Schoonheidsverzorging.
- Visagie.

15.5.I.8 Noord-Nederlandse Academie
Voor adres(en) zie: OVER-188.
Opleidingen
- Pedicure (zie ook: 13.21.h.2).
- Schoonheidsverzorging.
- Specialisaties voor pedicure.
- Visagie.

15.5.I.9 Opleidingsinstituut Thomas
Voor adres(en) zie: OVER-112.
Opleidingen
- Schoonheidsverzorging, gecombineerd met visagie/styling en middenstandsdiploma.
- Schoonheidsverzorging, gecombineerd met visagie/styling en sportmassage.
- Schoonheidsverzorging, gecombineerd met voetverzorging.

Duur 40 lesweken (20 lesuren per week).
Overige informatie
- Er wordt ook een mbo-opleiding Allround grimeur (niveau 4) (rijkserkend) gegeven (zie 15.7.I.1).
- Er zijn opleidingen te Amsterdam, Den Bosch, Eindhoven, Rotterdam, Tilburg, en Utrecht.

15.5.I.10 Schoonheidsspecialist (Gelders opleidingsinstituut)
Voor adres(en) zie: OVER-77.
Algemeen Schoonheidsspecialist niveau 3.
Toelatingseisen Diploma mavo, vmbo tl, of gelijkwaardig.
Duur 2 jaar deeltijd (1 dag of 2 avonden per week).
Lesprogramma Hygiëne, arbo, milieu - sociale communicatie en communicatieve vaardigheden - maatschappelijk-culturele kwalificatie I - maatschappelijk-culturele kwalificatie II - kwaliteitszorg - maken van een analyse en een behandelplan - gelaatsbehandeling - lichaamsbehandeling - cosmetische hand-, nagel- en voetverzorging.
Diploma/examen Het examen wordt afgenomen door een examenbureau.
Overige informatie
- De opleiding is erkend door het ministerie van OCW.
- Er is een vervolgopleiding Schoonheidsspecialist en een voortgezette opleiding Schoonheidsspecialist bij het Gelders opleidingsinstituut.

15.5.I.11 Volwassenenonderwijs - schoonheidsverzorging
Voor adres(en) zie: ROCCO-1, 2, 12, 18, 26.
Cursussen
- Haarverzorging.
- Nagelstyling.
- Schoonheidsverzorging.
- Visagie.

15.6 MANICURE EN NAGELSTYLIST

15.6.I Overige opleidingen

15.6.I.1 IMKO (v/h Haarstylistencollege)
Voor adres(en) zie: OVER-111.
Algemeen Opleiding tot nagelstylist.
Toelatingseisen Er worden geen bepaalde eisen aan de vooropleiding gesteld.
Duur 18 lesuren.
Functiemogelijkheden Zelfstandig nagelstylist of uitoefenen van nagelstyling in een beroep in haarverzorging of in schoonheidsverzorging.
Overige informatie
- Het Haarstylistencollege is opgegaan in het IMKO.
- Er zijn opleidingen te Amersfoort, Amsterdam, Arnhem, Breda, Eindhoven, Gouda, Hengelo, en Rotterdam.

15.6.I.2 Nagelstyling (Gelders opleidingsinstituut)
Voor adres(en) zie: OVER-77.
Algemeen Opleiding tot nagelspecialist.
Duur 1 jaar 1 dagdeel per week of 1 avond.
Lesprogramma Manicure - huid- en nagelafwijkingen - kunstnagels (acryl, gel) - nailart.
Functiemogelijkheden Zelfstandige vestiging.

15.7 VISAGIE EN GRIME

15.7.I Overige opleidingen

15.7.I.1 Allround grimeur (niveau 4)
Voor adres(en) zie: OVER-112.
Overige informatie Er zijn opleidingen te Amsterdam, Den Bosch, Eindhoven, Rotterdam, Tilburg, en Utrecht.

15.7.I.2 Centrum voor grime en media make-up: Faces
Voor adres(en) zie: OVER-180.
Algemeen Beroepsopleiding voor grimeur.
Toelatingseisen Aantoonbare interesse en grime-ervaring.
Duur 15 dinsdagen per cursusblok.
Lesprogramma Multimedia grimeren (basiscursus) - driedimensionale grimetechnieken - afgiettechnieken - special effects.

15.7.I.3 Haar- en make-upschool (Dik Peeters)
Voor adres(en) zie: OVER-43.
Opleidingen Beroepsopleidingen visagie en haarstyling.
Cursussen
- Foto-, trend- en nagelcursussen.
- Opmaak-cursussen.
- Workshops.
Duur
- Haarstyling: 7 of 10 maanden (avond).
- Visagie: 13 weken (overdag), 7 of 10 maanden ('s avonds).
Functiemogelijkheden Werkzaam zijn als visagist voor mode, televisie, film, reclame en theater.

15.7.I.4 IMKO (v/h Haarstylistencollege)
Voor adres(en) zie: OVER-111.
Algemeen Opleiding tot visagist.
Toelatingseisen Er worden geen bepaalde eisen aan de vooropleiding gesteld.
Duur 33 dagdelen.
Functiemogelijkheden Zelfstandige beroepsuitoefening of werken bij een studiofotograaf, theater, shows of televisie.
Overige informatie
- Het Haarstylistencollege is opgegaan in het IMKO.
- Er zijn opleidingen te Amersfoort, Amsterdam, Arnhem, Breda, Eindhoven, Gouda, Hengelo, en Rotterdam.

15.7.I.5 Instituut Dangremond
Voor adres(en) zie: OVER-124.
Opleidingen
- Medisch pedicure.
- Pedicure (zie 13.21.h.2).
- Schoonheidsverzorging (zie ook: 15.5.I.2).
- Specialisaties (o.a. ontharingstechnieken).
- Visagie & make-up.

15.7.I.6 Nederlandse beautyschool
Voor adres(en) zie: OVER-291.
Algemeen De naam van dit instituut was voorheen: Nederlandse visagistenschool.
Opleidingen
- Grimeur.
- Hairstylist.
- Kleurenanalist.
- Make-up-artiest.
- Manicuur- en nagelstylist.
- Mode en stijlanalist.
- Pedicure.
- Schoonheidsspecialist.
- Visagist.
Duur Afhankelijk van de gekozen opleiding.
Functiemogelijkheden Samenwerken met fotografen, modellenbureaus, opticiens, werken voor modeshows, tv, film, bruidshuizen, kappers en cosmeticahuizen. Deze laatste hebben meestal een eigen visagist in dienst.
Overige informatie
- De opleidingen worden te Arnhem en Rotterdam gegeven.
- Er worden ook gecombineerde opleidingen en zgn. allround-opleidingen gegeven.
N.B. Het beroep van visagist wordt ook vaak uitgeoefend na het volgen van een kappersopleiding en/of een opleiding schoonheidsspecialist.

15.7.I.7 Studio New Look
Voor adres(en) zie: OVER-193.
Algemeen Beroepsopleidingen, allroundopleidingen, cursussen voor bodypaint, visagie, grime en hairstyling.
Opleidingen
- Allround dagopleiding: Visagie, grime en hairstyling.
- Beroepsopleiding: Visagie.
Cursussen
- Bodypaint/grimeren.
- Hairstyling.
Toelatingseisen Modegevoel en enthousiasme.
Duur Een half jaar tot een jaar.

15.7.I.8 Visagie (Gelders opleidingsinstituut)
Voor adres(en) zie: OVER-77.
Algemeen Opleiding tot visagist.
Duur 1 jaar (1 dag per week).
Lesprogramma Make-up - styling - kleurenleer - grimeren - foto make-up - donkere huid - oudere huid - mannen make-up.
Functiemogelijkheden Visagist bij kappers, shows, toneelgezelschappen, fotograaf.

15.7.I.9 Volwassenenonderwijs - visagie
Voor adres(en) zie: ROCCO-11.
Cursussen Visagie.

In dit hoofdstuk worden de opleidingen besproken voor beroepsbeoefenaars die werkzaam zijn op het gebied van sport, spel en lichamelijke opvoeding.
In de eerste paragraaf worden onder meer de universitaire opleidingen voor bewegingswetenschappen, de Lerarenopleiding Lichamelijke opvoeding (vaak nog met de oude benaming 'alo' of Academie voor Lichamelijke Opvoeding aangeduid), en mbo-SB (Sport en Beweging) besproken.
In de daaropvolgende paragrafen zijn de gegevens over opleidingen in de paardensport (16.2) en voor yogaleraar (16.3) geplaatst.
N.B. In dit hoofdstuk wordt ook een keuze van diverse opleidingen in het hoger onderwijs beschreven. Complete alfabetische lijsten van alle bekostigde opleidingen in het hoger onderwijs zijn te vinden in hoofdstuk 25. Deze worden jaarlijks geheel geactualiseerd.

16.1 SPORT, SPEL EN LICHAMELIJKE OPVOEDING

16.1.b Wo-masteropleiding

16.1.b.1 Professional Sport Management/MBA Sport Management (MSM) (SMI)
Voor adres(sen) zie: WO-24.
Algemeen Wo-masteropleiding.
- MSM: Executive MBA Sport Management.
- Het SMI (Sport Management Instituut) is opgericht als Nederlands expertisecentrum voor professionele organisatie en management in de sport, naar aanleiding de start van de academische opleiding Sportmanagement aan de RUG in 1990. Veel professionals uit de sportbranche hebben deelgenomen aan de leergangen van het SMI. Door SMI-afgestudeerden is de NVMS (Nederlandse Vereniging voor Managers in de Sport) opgericht.
Doel Professionals in de sport, die vaak in één discipline zijn opgeleid, door een interdisciplinaire aanpak ondersteunen in hun ontwikkeling tot algemeen sportmanager.
Toelatingseisen Ervaring als manager, met minimaal hbo- of wo-werk- en denkniveau.
Duur 2 jaar deeltijd:
- Eerste jaar: 840 uur, wekelijks één middag en avond aaneengesloten college, gedurende 35 weken, incidenteel aangevuld met vervolgsessies op de dag erna.
- Tweede jaar: 840 uur, vijftien tweedaagse sessies verspreid over één jaar.
Lesprogramma
- 1e jaar: Professional Sport Management.
- 2e jaar: MBA Sport Management.
- 7 modulen, plus een studiereis naar China ter afsluiting: sport, management en organisatiekunde - sport, business & economie - sport, evenementen en facility management - sport, leiderschap & competentiemanagement - ondernemerschap en business development in de sport - competentieontwikkeling van de sportmanager.
Mogelijkheden voor verdere studie European University Diploma Sport Management (EUDSM).
Functiemogelijkheden Sportmanager in de professionele sport in management- en directiefuncties.
Overige informatie
- Het Sport Management Institute werkt samen met internationale universiteiten, waaronder universiteiten in Canada, de Verenigde Staten, en Zuid-Amerika.
- Het SMI vormt bovendien samen met een aantal Europese universiteiten het European Network of Sport Sciences in Higher Education en is lid van het NASSM: North American Society Sport Management.
- De voertalen van de opleiding zijn Engels en Nederlands.
- Het instituut heette voorheen: Johan Cruyff Sport Management Instituut (JCSMI).

16.1.c Wo-bacheloropleiding

16.1.c.1 Bewegingswetenschappen (RU, VUA)
Voor adres(sen) zie: WO-9, 35.
Algemeen
- Wo-bacheloropleiding.
- Bewegingswetenschappen is nu nog een zelfstandige faculteit van de VU, maar dat gaat wellicht veranderen: ze gan t.z.t. samen met de faculteit Psychologie; mogelijkerwijs wordt het vakkenpakket dan ook aangepast.
  In het 1e jaar begint men met een studieprogramma waarin het menselijk bewegen centraal staat.
- Bij de RU wordt een specialisatie Bewegingswetenschappen bij de hoofdstudie Biomedische wetenschappen aangeboden.
Doel Wo-bacheloropleiding tot bewegingswetenschapper: iemand die het menselijk bewegen bestudeert en die vraagstukken en problemen die met het bewegen samenhangen oplost.
Toelatingseisen Diploma vwo (nat., scheik. verplicht; gewenst: wisk. B); vwo-profiel C&M (+ wisk. B I, nat. I, scheik. I), E&M (+ wisk. B I, nat. I, scheik. I), N&T, N&G; propedeuse of getuigschrift/diploma van een hbo of van de OUNL; propedeuse of wo-masterdiploma.
Duur
- 4 jaar voltijd.
- 3 jaar verkorte opleiding (voor hbo-afgestudeerden met een verwant diploma).
Lesprogramma
- In de eerste twee jaar wordt een brede basis aangeboden waarin een oriëntatie plaatsvindt op de verschillende probleemgebieden van de bewegingswetenschappen. Tevens wordt veel aandacht besteed aan het opdoen van onderzoeksvaardigheden.
- Specialisaties:
  • RUG: Honours-programma.
  • VUA: Bouw, werking en sturing van het bewegingssysteem (minor) - Gezondheid (minor) - Psychomotorische therapie (minor) - Sport (minor) - Sport, bewegen en gezondheid (minor) - Sport- en prestatiepsychologie (minor).
Mogelijkheden voor verdere studie Tijdens de opleiding kan de docentenopleiding worden gevolgd; beroepsopleiding Ergonomie.
Functiemogelijkheden Onderzoeker; docent bij het hbo; adviseur arbeidsomstandigheden; adviseur op het gebied van de sport; gezondheidsvoorlichter; psychomotorisch therapeut.

16.1.d Post-hbo-opleiding

16.1.d.1 Bij- en nascholing gezondheidszorg en sport (Leffelaar)
Voor adres(sen) zie: OVER-50.
Algemeen Post-hbo-cursussen voor fysiotherapeuten en andere werkers in het kader van gezondheidszorg en sport.
Opleidingen Naast hbo-Sport'erapeut/Massagetherapeut zijn er opleidingen op mbo-niveau voor sportmassage en massage; men

kan daar ook de modulen volgen van het lesprogramma van hbo-Sport'erapeut/Massagetherapeut.

Lesprogramma Er zijn modulen op het gebied van: aanvulling op massage - aanvulling op sportmassage - AQAMA massage - bedrijfsvoering - bewegingsleer - bindweefselmassage - blessurepreventie - chakra's en aura's - dermatologie - haptische massage - haptonomie - jaarmodulen massagetherapeut - jaarmodulen sport'erapeut - kayotima Shiatsu massage (basis) - lichaamsverzorging - manuele lymfedrainage - mentale training - meridiaantherapie (1e module) - pathologie - speciële pathologie - specifieke sportverzorging - stoelmassage - voetreflexzonemassage.

16.1.d.2 Leerkracht speciaal onderwijs (Fontys HS, HS Windesheim)

Zie 24.1.d.3, 24.1.d.6.

Algemeen Bedoeld wordt de specialistische opleiding voor leraren Lichamelijke oefening bij het speciaal onderwijs.

16.1.d.3 Speltherapie (HS Utrecht)

Zie 14.5.d.5.

16.1.e Hbo-masteropleiding

16.1.e.1 Sports (Fontys Sporthogeschool)

Voor adres(sen) zie: HBO-84.

Doel De praktijk van Sport & Bewegen houdt zich vooral bezig met de beïnvloeding van bewegingsgedrag in bijvoorbeeld het onderwijs of de gezondheidszorg. Deze hbo-masteropleiding voorziet in verdere professionalisering van beroepsgroepen door middel van wetenschappelijk onderbouwde beïnvloeding van bewegingsgedrag.

Toelatingseisen

- Relevante bacheloropleidingen met uitstroomvarianten:
  - Bewegingsagogie en Psychomotorische therapie (Education/Health).
  - Bewegingstechnologie (Health).
  - Bewegingswetenschappen (Health).
  - Cesar/Mensendieck (Health).
  - Ergotherapie (Health).
  - Fysiotherapie (Health).
  - Gezondheidswetenschappen (Health).
  - Lichamelijke opvoeding (Education/Health).
  - Sport en Bewegen (Education).
  - Sport- en Bewegingseducatie (Education/Health).
  - Sport, Gezondheid en Management (Health).
- Minimaal 2 jaar werkervaring.
- Relevante werkplek: de werksituatie dient zich te lenen voor het uitvoeren van integratieve opdrachten en praktijkonderzoek. Kandidaten met een daarvoor ongeschikte werksituatie kunnen helaas niet worden toegelaten.
- Indien men een andere bacheloropleiding heeft gevolgd, maar wél aan de overige criteria voldoet, dient een kennistoets voor de toelating te worden afgelegd.
- Er is een intake-assessment voor de toelating.
- Na aanmelding dient een essay te worden geschreven waarin de student beschrijft hoe hij de competenties van de (beoogde) specialisatie van Master of Sports denkt te kunnen gaan inzetten in de beroepspraktijk, en om aan te geven hoe er op de werkplek de mogelijkheid is om tijdens de opleiding versterkende integratieve opdrachten uit te voeren. Op basis van dit essay kunnen ook kandidaten met een afwijkende vooropleiding worden beoordeeld.

Duur 2,5 jaar deeltijd (gemiddeld sbu 20 uur per week; collegedagen wekelijks vrijdagmiddag/-avond en zaterdag).

Lesprogramma

- Basisgedeelte (een kwart van de opleiding: hierin wordt een fundament gelegd voor onderzoeks- en communicatieve vaardigheden).
- Modulen basisgedeelte: management en organisatie - marketing - wetenschappelijke vaardigheden.
- 2 mogelijkheden tot specialisatie: Education en Health. Het gekozen uitstroomprofiel vormt de kern van de opleiding.
- In het specifieke deel 'Health' staat het belang van Sport & Bewegen in het kader van gezondheid centraal. De afgestudeerden van deze specialisatie zullen gaan voorzien in de maatschappelijke behoefte om de beroepsbeoefenaar meer kennis bij te brengen over de gezondheidswinst en de gezondheidsrisico's van Sport & Bewegen.
- Modulen Health: beïnvloeding van bewegingsgedrag - bewegingscounseling - bewegingsrichtlijnen - (patho-)fysiologie en bewegen - trainen, bewegen, meten.
- De specialisatie 'Education' focust zich meer op het belang van Sport & Bewegen voor de ontwikkeling en vorming van de mens (kind) en de maatschappij. Daarmee komen de twee invalshoeken, (ped)agogiek en sociologie, uitgebreid aan bod.
- Modulen Education: meten en monitoren - onderwijzen en leren - programma's in de praktijk - sport en individu - sport en samenleving.
- Het afstudeerdeel bestaat uit een praktisch gedeelte in de vorm van een toegepast onderzoek inclusief een verslaglegging daarvan in de vorm van een artikel of rapport (masterpiece). Het onderwerp van het masterpiece moet liggen op het terrein van de specialisatie, en er dient in het afstudeerdeel te worden gewerkt aan een substantieel deel van de opleidingscompetenties.

Overige informatie Leslocaties:

- Eindhoven (Health).
- Tilburg (Education).

16.1.f Hbo-bacheloropleiding

16.1.f.1 Commerciële Economie (CE), afstudeerroute SPort, Economie & COmmunicatie (SPECO) - sport & marketing/management (Fontys HS)

Zie ook: 16.1.f.2.

Voor adres(sen) zie: HBO-84.

Algemeen Hbo-bacheloropleiding voor kader-/managementfuncties in de wereld van de sport en de actieve vrijetijdsbesteding.

Toelatingseisen Diploma havo (2 moderne vreemde taal, econ., wisk.); havo-profiel C&M, E&M, N&T (+ econ. I), N&G (+ econ. I); vwo; vwo-profiel C&M (+ econ. I), E&M, N&T (+ econ. I), N&G (+ econ. I); mbo niveau 4 (2 moderne vreemde taal, comm. econ., wisk. of bedr.econ. of alg. econ. of bedr.adm.).

Duur 4 jaar voltijd.

Lesprogramma

- Kernvakken: economie (marketing t/m niveau van NIMA-B, marktonderzoek en marketinginformatiesystemen, bedrijfseconomie, algemene economie) - communicatie (mondelinge en schriftelijke communicatie in Duits, Engels, Frans, of Spaans) - sport (sport, sporthandel en sportindustrie, sport en welzijn, sport en overheden, sport en vrijetijdsbesteding, sport en sportorganisatie).
- Naast hoorcolleges zijn er werkcolleges, waarbij probleemoplossend studeren en teamwork centraal staan. Er wordt zoveel mogelijk vanuit concrete cases gewerkt, en er wordt samengewerkt met het bedrijfsleven.

Diploma/examen De student ontvangt het hbo-getuigschrift commerciële Economie (CE), afstudeerroute SPECO.

Functiemogelijkheden Medewerker op het gebied van marketing, verkoop/inkoop, management, communicatie of marktonderzoek/marketinginformatie in de sport- en recreatie-industrie, bij sportaccommodaties en recreatieparken en bij overkoepelende organisaties en overheden.

16.1.f.2 Commerciële Economie (CE), afstudeerroute SPort, Economie & COmmunicatie (SPECO) - sport & media (Fontys HS)

Zie ook: 16.1.f.1.

Voor adres(sen) zie: HBO-25.

Algemeen
- Hbo-bacheloropleiding aan de faculteit Economie en management: commerciële Economie (CE)/leerroute Sport & media.
- Sinds 2011 is er ook een specifieke opleiding SM&O: Sport, Management en Ondernemen.

Toelatingseisen
- Diploma mbo niveau 4; havo of vwo (bij SM&O voor het havo-profiel C&M: wiskunde A of B).
- Exclusief voor topsporters.
- Medische keuring bij SM&O.
- SM&O: studenten met een opleiding S&B op niveau 4 of CIOS kunnen in aanmerking komen voor een versneld opleidingstraject. Het versnelde traject bestaat uit een driejarig programma waarbij het eerste semester speciaal is ingericht voor deze studenten. Een assessment met goed gevolg is vereist voor de toelating.

Duur 4 jaar voltijd.

Functiemogelijkheden Na een actieve sportcarrière kan men een commercieel-economische functie uitoefenen bij grote sportclubs, sportaccommodaties, sportparken, overkoepelende sportorganisaties, overheden en non-profitorganisaties die zich met sport bezighouden.

N.B. De HvA investeert in sport en de begeleiding van topsporters. Zo is er een speciale topsportregeling voor studenten (met een Status van NOC*NSF), en faciliteert het de topsporters binnen het Amsterdams Centrum voor Topsport en Onderwijs (CTO).

16.1.f.3 Hbo-lerarenopleiding Lichamelijke opvoeding (eerstegraads) (Fontys Sporthogeschool, Haagse HS, HAN, Hanze HS, HS NCOI, HS Windesheim, HvA/JCU)

Voor adres(sen) zie: HBO-25, 62, 84, 96, 150, 221.

Algemeen
- Hbo-bacheloropleiding voor leraar Lichamelijke opvoeding eerstegraads.
- HS NCOI wordt niet door de overheid bekostigd.

Doel Getuigschrift lichamelijke opvoeding eerstegraads.

Toelatingseisen
- Diploma havo, vwo of mbo niveau 4.
- Tot de toelatingseisen behoren een praktijktest en een sportmedisch geschiktheidsonderzoek. Tijdens een test wordt de kandidaat beoordeeld op onderdelen uit deze bewegingsvaardigheden: atletiek, bewegen en muziek, teamspelen, turnen, zwemmen.
- Kandidaten die de leeftijd van 21 jaar hebben bereikt en die niet voldoen aan de vooropleidingseisen, kunnen worden toegelaten als uit een onderzoek is gebleken dat zij in staat mogen worden geacht deze opleiding te kunnen volgen.

Duur
- 4 jaar voltijds dagopleiding; stage in elk studiejaar.
- HAN: alleen deeltijd.
- HS NCOI: digitaal in deeltijd.

Lesprogramma De meeste hogescholen leggen de nadruk op:
- *Eigen bedrevenheid en didactiek/methodiek van de onderdelen:* atletiek - bewegen en muziek - gymnastiek en turnen - spel - zelfverdediging - zwemmen.
- *Gedragswetenschappelijke vakken:* pedagogiek - psychologie - geschiedenis - theorie van de lichamelijke opvoeding - bewegingsdidactiek.
- *Lesgeven:* instituuts- en schoolpractica - LIO-stage (Leraar-In-Opleiding).
- *Natuurwetenschappelijke vakken:* kinesiologie - inspanningsfysiologie - gezondheidskunde - ongevallenleer - biomechanica.
- *Vrije keuzeprogramma* met aanbod van trainerscursussen, trainingskampen en studie-ondersteunende cursussen, of onderwijsgerichte differentiaties (per instituut verschillend).

Mogelijkheden voor verdere studie Verkorte leerroutes aan diverse universiteiten.

Functiemogelijkheden
- Leraar Lichamelijke opvoeding bij basisonderwijs, voortgezet onderwijs, speciaal onderwijs, beroepsonderwijs (vmbo, mbo, hbo) of wo-onderwijs.
- Sportjournalist; sportleider bij particuliere sportscholen; fitness bij bedrijven en overheden en in de recreatiesector; outdooractiviteiten; aerobics; fitness.

Overige informatie
- De opleiding wordt in voltijd gegeven te Amsterdam, Den Haag, Eindhoven, Groningen, Nijmegen, en Zwolle.
- De opleiding wordt in deeltijd gegeven te Arnhem.

N.B. Er bestaat geen tweedegraads Lerarenopleiding Lichamelijke opvoeding; uitsluitend eerstegraads.

16.1.f.4 Oefentherapie Cesar (HS Utrecht)

Zie 13.13.f.3.

16.1.f.5 Oefentherapie Mensendieck (HvA)

Zie 13.13.f.4.

16.1.f.6 Sport en bewegen (SB)/Sportmanagement (HS Inholland, HS Windesheim)

Voor adres(sen) zie: HBO-106, 221.

Algemeen Hbo-bacheloropleiding.
- Bij de Haagse HS heet de opleiding: Sportmanagement (sport en bewegen).

Doel Leren ontwikkelen van sport- en bewegingsprogramma's voor verschillende groepen mensen.

Toelatingseisen HS Windesheim:
- Diploma havo, vwo, mbo niveau 4, of propedeuse Lerarenopleiding Lichamelijke opvoeding.
- Tot de toelatingsprocedure behoort een selectieprocedure. Tijdens een selectiedag vindt een onderzoek plaats naar de praktische bedrevenheid van de kandidaten.
- Tevens moet de kandidaat een sportmedische keuring ondergaan in zijn woonplaats, maar niet bij zijn eigen huisarts.
- Kandidaten die ouder zijn dan 21 jaar en die niet voldoen aan de opleidingseisen, kunnen worden toegelaten als uit een toelatingsonderzoek is gebleken dat zij in staat mogen worden geacht het onderwijs te kunnen volgen.

Duur 4 jaar voltijd.
Lesprogramma
- Specialisatie Zwolle (HS Windesheim): Sporttechnisch management.
- In het 1e halfjaar van de gemeenschappelijke propedeuse staan het leren studeren en het leren sporten centraal. De student wordt veel onderwijs in eigen bedrevenheid aangeboden, zoals turnen, judo, spel, atletiek, bewegen op muziek, en zwemmen. Daarnaast wordt bij het bestuderen van de theorie-onderdelen vanuit het leren leren-concept gewerkt. Het gaat hier om vakken als didactiek, methodiek, pedagogiek, anatomie en fysiologie.
- In het 2e halfjaar van de gemeenschappelijke propedeuse verschuift het accent naar het leren aanbieden en begeleiden van bewegingsactiviteiten. Op het lesrooster staan vakken als: beleid en communicatie, sportmarketing en sponsoring, financieel management, practicum sport en bewegen, projectmanagement, sport en samenleving, inspanningsfysiologie, management en adviesvaardigheden, management en organisatie, methoden en technieken van onderzoek en ontwikkelingspsychologie. De student gaat ook stage lopen. Daarnaast zijn er beroepsvoorbereidende onderdelen zoals oriënterende bezoeken aan scholen, instellingen en organisaties die te maken hebben met de door de student gekozen opleiding. Men kan kiezen uit een groot aanbod, zoals: Communicatieve vaardigheden, Kinderyoga en Beweeggames. Andere populaire profileringscursussen zijn:
  - een trainerscursus bij een sportbond;
  - het organiseren en uitvoeren van een groot sportevenement voor een sportvereniging;
  - een cursus fitnessmanager.
  Het is ook mogelijk een premaster te volgen, zodat men na de opleiding makkelijker doorstroomt naar een universitaire masteropleiding.
- Aan het eind van het 1e jaar heeft de student een basisinzicht ontwikkeld in het bewegen van mensen.
  Ten slotte zijn er in het 1e jaar een ski- en een zomerkamp.
- De postpropedeuse staat vooral in het teken van verdieping, beroepsgerichtheid en specialisatie. De stage neemt een belangrijke plaats in. De studenten zullen zich vaardigheden eigen moeten maken op het gebied van: (veld)analyse van sport- en bewegingspraktijken - ontwerpen van sport- en bewegingsaanbod - ontwikkelen van sport- en bewegingsprojecten - begeleiden en coördineren van sport- en bewegingspraktijken - ondersteunen en implementeren van sportbeleid(sprocessen).
Mogelijkheden voor verdere studie Verkorte leerroutes aan diverse universiteiten.
Functiemogelijkheden Sport- en bewegingsontwikkelaar, sportbeleidsmedewerker, sportcoördinator, sportcounselor; bewegingsdeskundige en/of sportmanager bij tal van organisaties die verantwoordelijk zijn voor een sportaanbod, zoals gemeenten, sportbonden en commerciële sportorganisaties.

16.1.f.7 Sport- en bewegingseducatie (Fontys HS, HAN, HS NCOI, HS Windesheim, HZ)
Voor adres(sen) zie: HBO-84, 115, 150, 203, 221.
Algemeen
- Hbo-bacheloropleiding.
- HS NCOI wordt niet door de overheid bekostigd.
Toelatingseisen Diploma havo, vwo, mbo niveau 4, of propedeuse Lerarenopleiding Lichamelijke opvoeding.
Duur
- 4 jaar voltijd.

- HS NCOI: digitaal in deeltijd.
Lesprogramma Specialisaties:
- Arnhem/Nijmegen (HAN): Sport- en bewegingsagogie - Sport leisure management.
- Eindhoven (Fontys Sporthogeschool): Sports & leisure adventure - Sports & leisure urban - Sports & wellness.
- Zwolle (HS Windesheim): Sport en maatschappij - Sport en ondernemen.
- HS NCOI: Sportmanagement.

16.1.f.8 Sport, gezondheid en management (HAN, Hanze HS)
Voor adres(sen) zie: HBO-96, 150.
Algemeen
- Hbo-bacheloropleiding voor manager op het gebied van sport en gezondheid in de profit-sector.
- Bij de HAN heet de Engelstalige opleiding: Sport, health and management.
- Hanze HS: ook als ad-programma.
Doel Managementopleiding gericht op het bedrijfsleven.
Toelatingseisen
- Diploma havo, vwo, mbo niveau 4.
- Of 21 jaar of ouder zijn en toegelaten worden op grond van een toelatingsonderzoek.
Duur
- 4 jaar voltijd.
- Ad-programma: 2 jaar voltijd.
Lesprogramma Specialisaties:
- Arnhem/Nijmegen (HAN): Health promotion - Sportmanagement.
- Groningen Hanze HS): Actieve en gezonde leefstijl - Beleid van sport, gezondheid en bewegen - Sportbusiness en ondernemerschap - Training & coaching.
Functiemogelijkheden Particuliere sportscholen, bedrijfsfitness, manager health- en fitnessindustrie, adviseur bij grote organisaties.

16.1.f.9 Sport, management en ondernemen/ Sports management and business (HvA/JCU)
Voor adres(sen) zie: HBO-25, 176.
Algemeen Hbo-bacheloropleiding in 2 talen.
Duur 4 jaar voltijd.
Overige informatie Het Cruyff Institute is in 1999 ontstaan als een initiatief van Johan Cruijff in samenwerking met de HvA, waaruit de Johan Cruyff University ontstaan is. Er is o.a. ook een Johan Cruyff University bij de Fontys Economische Hogeschool in Tilburg.
Deze hbo-opleidingen bieden de (aankomend) topsporters de mogelijkheid om hun topsport te combineren met een fulltime studie.

'study Track': Via het Johan Cruyff College kunnen student-sporters een mbo-diploma behalen, om daarna via de Johan Cruyff University een vierjarige hbo-studie Sport Marketing (een leerroute van commerciële Economie) te volgen (BBA, Bachelor of Business Administration), om daarna een masteropleiding te volgen aan het Johan Cruyff Institute, de International Master of Sport Management of de Master in Coaching.
- Er zijn verschillende Johan Cruyff Institutes over de wereld, waaronder een in Amsterdam.

Bij alle opleidingen wordt er optimaal rekening gehouden met training- en competitieschema's van de student-sporters. De studieprogramma's bereiden de studenten voor op een baan binnen de sportsector.

16.1.f.10 Sport'erapeut/Massagetherapeut (Leffelaar)
Voor adres(sen) zie: OVER-50.
Algemeen Hbo-bacheloropleiding voor sporttherapeut en massagetherapeut.
Doel De sporttherapeut analyseert belasting en belastbaarheid van de sporter en geeft preventieve adviezen en behandelingen.
De massagetherapeut onderzoekt de cliënt, geeft behandelingen, adviseert en stelt - eventueel samen met andere paramedici - een behandelplan op.
Lesprogramma De hierna genoemde modulen in het lesprogramma komen voor beide beroepen overeen. In de specifieke jaarmodulen onderscheiden beide opleidingen zich van elkaar.
Modulen: anatomie - fysiologie - theorie/praktijk massage - ehbo - verzorging in de sport - meridiaanleer - AQAMA massage - bedrijfsvoering - bewegingsleer - bindweefselmassage - blessurepreventie - dermatologie - inspanningsfysiologie - lichaamsverzorging - manuele lymfedrainage - mentale training - pathologie - shiatsu - speciële pathologie - specifieke sportverzorging - voetreflexzonemassage - specifieke jaarmodulen voor sporttherapeut en massagetherapeut.

16.1.g Mbo-opleiding niveau 4

16.1.g.1 Sport- en Bewegingscoördinator (SB) (niveau 4)
Voor adres(sen) zie: OVER-370, ROC/MBO-10, 13, 16, 21, 27, 32, 37, 40, 43, 45, 48.
Algemeen
- Eindtermen voor deze kwalificatie worden ontwikkeld door Calibris (Zorg, Welzijn en Sport).
- Hier worden slechts de centrale adressen vermeld. De opleiding kan in de wijde omtrek ervan worden gegeven.
CREBO 10874/91400
Doel Sport- en bewegingsactiviteiten van verschillende doelgroepen, basismanagement, stimuleren van sportdeelname, bedrijfsvoering en media, sportmassage.
Toelatingseisen
- Diploma vmbo gl, vmbo kb of vmbo tl.
- Albeda college: verkorte opleiding na diploma havo of na mbodiploma niveau 4.
Duur 3-4 jaar voltijd.
Mogelijkheden voor verdere studie Een opleiding van niveau 4: Praktijkopleider; of hbo-Culturele en Maatschappelijke Vorming (CMV), hbo-Maatschappelijk Werk en Dienstverlening (MWD), of hbo-Sociaal-Pedagogische Hulpverlening (SPH).
Op de pabo heeft men met dit diploma Sport- en bewegingscoördinator studieduurverkorting.
Ook binnen de sportbonden zijn er mogelijkheden om vervolgopleidingen te volgen, bijv. trainer/coach betaald voetbal.
Functiemogelijkheden
- *Bewegingsagoog:* instellingen voor mensen met een verstandelijke beperking, psychiatrische patiënten en revalidatiecentra.
- *Sportleider/trainer/coach:* tennisleraar, judoleraar, voetbaltrainer/coach, turntrainer, fitnesstrainer (sportschoolhouder), buitensportinstructeur, zwemleraar.
- *Sportleider overheid:* bij de brandweer, bij defensie, of bij de politie.
- *Sportleider vorming:* in internaten, huizen van bewaring/gevangenissen, asielzoekerscentra, sociaal-cultureel werk/jeugd- en jongerenwerk/allochtonenzorg.
- *Sportontwikkelaar/Manager:* bij gemeenten, sportbonden, provinciale sportraden, recreatiecentra en multifunctionele sportaccommodaties.

16.1.g.2 Topsportschool Zwolle
(Centre for Sports & Education - CSE)
Voor adres(sen) zie: OVER-370.
Algemeen Gestart in september 2008.
Talentvolle, jonge sporters volgen in de ZBC-hal in Zwolle een opleiding in het basisonderwijs, het voortgezet onderwijs of het mbo. Zij krijgen daarnaast sportondersteunende lessen in bijvoorbeeld psychologie, en ze bekwamen zich in de techniek van hun sport.
CREBO Geen.
Toelatingseisen Om toegelaten te worden tot het Centre for Sports & Education (CSE) vindt per sport een toegangsassessment plaats. Het betreffende trainersteam oordeelt daarbij over de toelating. Het gaat daarbij nadrukkelijk om talentvolle sporters die naar een topniveau groeien.
Lesprogramma De opleiding richt zich op voetballers (m/v), basketballers, volleyballers, (tafel)tennissers, golfers, hockeyers, ruiters, zwemmers, en beoefenaars van acrogym of waterpolo.
De leerlingen trainen 's ochtends en 's middags. Tussendoor volgen ze lessen of werken ze zelfstandig aan hun huiswerk.
Overige informatie Het Centre for Sports & Education is een initiatief van AOC Landstede beroepsopleidingen, het Thomas a Kempis College en Talentstad.

16.1.h Mbo-opleiding niveau 3

16.1.h.1 Sport- en Bewegingsleider (SB) (niveau 3)
Voor adres(sen) zie: OVER-370, ROC/MBO-13, 16, 21, 32, 37, 40, 43.
Algemeen
- Eindtermen voor deze kwalificatie worden ontwikkeld door Calibris (Zorg, Welzijn en Sport).
- Hier worden slechts de centrale adressen vermeld. De opleiding kan in de wijde omtrek ervan worden gegeven.
CREBO 91390
Toelatingseisen
- Diploma vmbo gl, vmbo kb of vmbo tl.
- Overgangsbewijs naar havo-4 of vwo-4.
- Diploma Sport- en bewegingsbegeleider (niveau 2).
Duur 3 jaar voltijd.
Functiemogelijkheden Trainer of coach binnen georganiseerde (verenigings-)sport, sportieve recreatie en toerisme, en commerciële sportorganisaties.
Overige informatie Wordt bij Roc van Twente vermeld als: Sport- en bewegingsleider (niveau 3)/Certified Fitness Trainer KNKF (C-FT).

16.1.h.2 Topsportschool Zwolle
(Centre for Sports & Education - CSE)
Zie 16.1.g.2.

16.1.i Mbo-opleiding niveau 1 of niveau 2

16.1.i.1 Sport- en Bewegingsbegeleider (SB) (niveau 2)
Voor adres(sen) zie: OVER-370, ROC/MBO-7, 13, 32, 37, 40, 43.
Algemeen
- Opleiding tot sport- en bewegingsbegeleider.
- Eindtermen voor deze kwalificatie worden ontwikkeld door Calibris (Zorg, Welzijn en Sport).
- Hier worden slechts de centrale adressen vermeld. De opleiding kan in de wijde omtrek ervan worden gegeven.
CREBO 10872/91380

Toelatingseisen
- De volledige leerplicht hebben voltooid.
- Gewenst: vbo-b, vmbo bb.
- Intakegesprek om te kunnen beoordelen of de student geschikt is om deze opleiding te starten.

Duur 2 jaar voltijd en deeltijd.

16.1.i.2 Sport, Dienstverlening en Veiligheid (SDV)
Algemeen
- Op dit moment bieden zo'n 90 scholen de opleiding SDV aan. Scholen die de sectoren Economie en/of Zorg & Welzijn in huis hebben, kunnen dit programma aanbieden. De bindende factor in het programma SDV is de fysieke component.
- Net als de overige VMBO-afdelingen/programma's bestaat het beroepsvoorbereidend deel SDV uit de verplichte vakken van het gemeenschappelijk deel: Engels, lichamelijke opvoeding, kunstvakken (ckv) I, maatschappijleer I, Nederlands. In de basis- en kaderberoepsgerichte leerweg komen daar de vakken economie of biologie als sectorvak bij.

Leerlingen met een SDV diploma kunnen hun opleiding vervolgen op MBO- opleidingen als: Sport en Bewegen (MBO S&B), (Facilitaire) Dienstverlening in MBO (Vakmanschap en Veiligheid). Daarnaast bereidt de opleiding de leerlingen goed voor op de politieopleiding (allround) politiemedewerker, de landmacht en de marechaussee.

16.1.i.3 Topsportschool Zwolle
(Centre for Sports & Education - CSE)
Zie 16.1.g.2.

16.1.l Overige opleidingen

16.1.l.1 Allround zwembadmedewerker (NRZ)
Voor adres(sen) zie: OVER-158.
Algemeen
- De opleiding (of delen ervan) kan worden gevolgd als onderdeel van een opleiding Sport en bewegen, of van een recreatieve opleiding aan een roc.
- De opleiding (of delen ervan) kan worden gevolgd als dag- of avondopleiding bij een particulier opleidingsinstituut.

Lesprogramma
- Certificeerbare eenheid 1: Lifeguard.
- Certificeerbare eenheid 2: Begeleider recreatieve zwemactiviteiten (Activity & leisure host).
- Certificeerbare eenheid 3 Lesgever Zwem-ABC (Water safety instructor).

Diploma/examen De gehele beroepsopleiding wordt afgerond met het branchediploma 'Allround zwembadmedewerker' van het NRZ, na een verplicht examen voor alle drie de certificeerbare eenheden.

16.1.l.2 Fit!vak opleidingen
Voor adres(sen) zie: OVER-157.
Algemeen Fit!vak verzorgt zelf geen opleidingen, maar ontwikkelt met de branche de competentieprofielen en de toetscriteria. Ter voorbereiding op een Fit!vak-examen kan men bij diverse opleiders terecht, maar ook zelfstudie is mogelijk.
Doel Gekwalificeerd personeel dat leidt tot verdere professionalisering van de branche.
Opleidingen
- Aerobicstrainer-A.

- Fitnesstrainer-A en -B.
- Manager sport, fitness en leisure.
- Personal trainer.

Toelatingseisen Er worden geen bepaalde eisen aan de vooropleiding gesteld.
Duur Per cursus ongeveer 100 uur.
Diploma/examen De diploma's Fitnesstrainer-A en -B en het diploma Manager sport, fitness en leisure geven recht op het diploma Sportschoolhouder.
Overige informatie De opleidingen zijn erkend door het ministerie van VWS.

16.1.l.3 IVS opleidingen
Voor adres(sen) zie: OVER-150.
Opleidingen
- Lymfetherapie.
- Massagetherapie.
- (Sport) massage (zie ook: 16.1.l.5).
- Sporttherapie.
- Wellness-massage.
- Wellness-therapie.

16.1.l.4 Manager accommodaties (zwembaden)
Voor adres(sen) zie: OVER-280.
Algemeen De opleiding is erkend door het ministerie van VWS.
De afgelopen jaren zijn de eisen die aan de functie van Manager accommodaties worden gesteld ingrijpend veranderd. Lag in het verleden het accent primair op het beheren van het zwembad, tegenwoordig moet de toekomstige manager weten om te gaan met de vele processen die het runnen van een - vaak multifunctionele - sportaccommodatie met zich meebrengt. De manager accommodatie geeft sturing aan het proces, neemt initiatieven, informeert, rapporteert en adviseert de werkgever.
Doel De cursist bekwamen en voorbereiden voor het uitoefenen van leidinggevende taken binnen zwem- en/of sportaccommodaties.
Opleidingen
- *Aqua-sporten:*
  begeleider aqua-sporten - basiscursus aqua-sporten.
- *Arbo:*
  basisopleiding bedrijfshulpverlener NVZ - toezichthouder zwembaden.
- *Doelgroepen:*
  coördinator baby-, peuter- en kleuterzwemmen - ouder- en kinderzwemmen - zwemmen met zwangeren - speciaal zwemonderricht - hydrorelaxatie - zwemonderwijs en bekkenstabiliteit - ouder worden in het zwemonderwijs/seniorenbeleid.
- *Leidinggevenden:*
  (adjunct) manager accommodaties - beoordelings- en functioneringsgesprekken - Arbowetgeving en verzuimbeleid - planning schoonmaak - verzekeren en aansprakelijkheid sportaccommodaties.
- *Technisch medewerker:*
  technisch accommodatiemanagement - uitvoering reiniging en desinfectie - techniek zwembaden.

Duur 2 jaar, 32 bijeenkomsten.
- Manager accommodatie: 2 jaar deeltijd (1 dag per 2 weken).
- Adjunct-manager accommodatie: 2 jaar deeltijd (1 dag per 2 weken).
- Alle andere opleidingen variëren van 1 dag tot 2 jaar deeltijd.

Overige informatie Cursusplaats: Vianen.

16.1.l.5 Masseur/sportmasseur
Voor adres(en) zie: HBO-148, OVER-50, 100, 150, 170.
Opleidingen
- Bindweefselmassage.
- Haptische massage.
- Haptonomische ontspanningsmassage.
- Manicuren/nagelstylist.
- Massagetherapeut.
- Natuurgeneeskunde.
- Reflexzonetherapie.
- Shiatsu massage.
- Sport en voeding.
- Sportblessures.
- Sportmassage.
- Voetzoolreflexmassage.

Toelatingseisen Gewenst: mavo- of vmbo-niveau.
Duur Sportmassage: 1 jaar (1 avond per week).

16.1.l.6 Nautisch Business Management (IVA)
Voor adres(en) zie: OVER-153.
Algemeen De nautische richting van IVA is een managementopleiding, toegespitst op de watersportbranche. Studenten worden opgeleid voor commerciële en managementbanen in de watersport.
Duur 4 jaar.
Lesprogramma Vakkenpakket met o.a. economie, marketing, techniek en verkoop.

16.1.l.7 NOC*NSF
Voor adres(en) zie: OVER-83.
Algemeen NOC*NSF organiseert zelf geen cursussen, maar bundelt en ondersteunt de activiteiten van de verschillende sportbonden die opleidingen organiseren zoals:
- ambtenaar Lichamelijke opvoeding/sport- en recreatiezaken
- assistent rijinstructeur paardrijden voor mensen met een beperking
- atletiekleider
- badmintonoefenmeester
- baseballtrainer/coach
- basketballoefenmeester
- boksleraar
- damleider
- duikinstructeur
- gymnastiekleraar
- handbaltrainer
- hockey-oefenmeester
- ijshockeytrainer
- instructeur KNBRD
- jeugdatletiekleider
- jeugdhandbaltrainer
- jeugdschaakleider
- jeugdsportleider
- jeugdwielrenleider
- jiujitsu (assistent-)leraar
- judo (assistent-)leraar
- korfbaloefenmeester
- korfballeider
- leider ritmische gymnastiek
- oefenmeester gewichtheffen
- oefenmeester worstelen
- oefenmeester/trainer hardrijden op de schaats
- paardrijinstructeur

- pikeur
- recreatiesportleider
- rugbycoach
- schermleraar
- schietsportinstructeur
- skileraar
- softballtrainer/coach
- sportmasseur
- tafeltennisinstructeur
- tennisleraar/coach
- trainer-coach
- turnleider
- voetbaltrainer/coach
- volleybalspelleider/oefenmeester
- waterski-instructeur
- zeilinstructeur
- zwemleider
- zwemonderwijzer.

16.1.l.8 Spelbegeleiding (HS Utrecht)
Zie 14.5.l.5.

16.1.l.9 Sportmassage (Gelders opleidingsinstituut)
Voor adres(en) zie: OVER-77.
Algemeen Opleiding tot sportmasseur.
Duur 1 jaar.
Lesprogramma Anatomie/fysiologie/theorie van de massage - eerste hulp bij sportongevallen - massage/sportverzorging.
Functiemogelijkheden Werkzaamheden bij sportverenigingen, beautyfarms, fitnesscentra, sauna.

16.2 PAARDENSPORT

16.2.f Hbo-bacheloropleiding

16.2.f.1 Educatie en kennismanagement groene sector (11 studierichtingen) (Stoas HS)
Zie 24.4.f.1.

16.2.g Mbo-opleiding niveau 4

16.2.g.1 Dierenhouderij (Dierenhouder graasdieren) (niveau 4)
Zie 3.1.g.1.

16.2.g.2 Dierverzorging 3/4 3 (Dierverzorger recreatiedieren) (niveau 3)
Zie 14.8.h.1.

16.2.g.3 Paardensport 4 (Instructeur paardensport IV) (niveau 4)
Voor adres(en) zie: AOC-6, 7, 11, 12.
Algemeen
- Eindtermen voor deze kwalificatie worden ontwikkeld door Aequor.
- Hier worden slechts de centrale adressen vermeld. De opleiding kan in de wijde omtrek ervan worden gegeven.
CREBO 97240/97241
Toelatingseisen Diploma vmbo gl, vmbo kb of vmbo tl.
Mogelijkheden voor verdere studie Met de doorstroomdeelkwalificatie Hbo kan men naar het hbo.
Functiemogelijkheden Instructeur paardensport.

16.2.g.4 Paardensport 4 (Manager paardensportbedrijf) (niveau 4)
Voor adres(sen) zie: AOC-4, 6, 7, 8, 11, 12.
Algemeen
- Deze opleiding heet bij AOC Nordwincollege ook: Recreatiedieren (Ondernemer/Manager recreatiedieren) (paarden).
- Eindtermen voor deze kwalificatie worden ontwikkeld door Aequor.
- Hier worden slechts de centrale adressen vermeld. De opleiding kan in de wijde omtrek ervan worden gegeven.
CREBO 97242
Toelatingseisen Diploma vmbo gl, vmbo kb of vmbo tl.
Functiemogelijkheden Bedrijfsleider, hippisch ondernemer.

16.2.h Mbo-opleiding niveau 3

16.2.h.1 Gespecialiseerde dierverzorging paard (Hoefsmid) (niveau 3)
Zie 3.6.h.2.

16.2.h.2 Instructeur paardensport 3 (Instructeur paardensport III) (niveau 3)
Voor adres(sen) zie: AOC-4, 6, 7, 8, 11, 12.
Algemeen
- Eindtermen voor deze kwalificatie worden ontwikkeld door Aequor.
- Hier worden slechts de centrale adressen vermeld. De opleiding kan in de wijde omtrek ervan worden gegeven.
CREBO 97230
Doel Instructie geven, trainen van paarden, begeleiden van ruiters.
Toelatingseisen Diploma vmbo gl, vmbo kb of vmbo tl.
Duur 3 jaar voltijd en deeltijd.
Mogelijkheden voor verdere studie In beperkte mate doorgroei naar een opleiding niveau 4: Paardensport 4 (Instructeur paardensport IV), of Paardensport 4 (Manager paardensportbedrijf).
Functiemogelijkheden Zelfstandig beginnend medewerker in een manege, in de draf- en rensport, in een hengstenhouderij of stoeterij, en in de particuliere recreatie en sport.

16.2.i Mbo-opleiding niveau 1 of niveau 2

16.2.i.1 Paardensport 2 (Begeleider paardensport II) (niveau 2)
Voor adres(sen) zie: AOC-4, 7, 8.
Algemeen
- Deze opleiding heet bij AOC Groenhorst: Coach basis paardensport.
- Deze opleiding heet bij AOC Nordwincollege ook: Recreatiedieren (Dierverzorger recreatiedieren) (paarden).
- Eindtermen voor deze kwalificatie worden ontwikkeld door Aequor.
- Hier worden slechts de centrale adressen vermeld. De opleiding kan in de wijde omtrek ervan worden gegeven.
CREBO 97220
Doel Assisteren bij instructie; begeleiden van ruiter; assisteren bij de uitvoering van paardensportactiviteiten.
Toelatingseisen Diploma vmbo bb.
Duur 2 jaar voltijd en deeltijd.
Mogelijkheden voor verdere studie In beperkte mate doorstroom naar een opleiding van niveau 3: Instructeur paardensport 3 (Instructeur paardensport III).
Functiemogelijkheden Medewerker paardensport- of medewerker manegebedrijf.

16.2.i.2 Dierverzorging 2 (Medewerker dierverzorging) (niveau 2)
Zie 3.6.i.2.

16.2.l Overige opleidingen

16.2.l.1 NOC*NSF (paardrijinstructeur)
Zie 16.1.l.7.

16.2.l.2 Opleiding Ruiter Unie Nederland (ORUN)
Voor adres(sen) zie: OVER-178.
Doel Hippische sportkadervorming.
Opleidingen
- Assistent-meninstructeur.
- Basisinstructeur.
- Ehbo-paard.
- Juryledenopleiding.
- Kandidaat instructeur (1e fase instructeursopleiding).
- Meninstructeur.
- Parcoursbouwer.
- Tweede en derde fase instructeursopleiding (keuze uit: Allround - Dressuur).
- Voltigeleider.
Toelatingseisen Verschillend per opleiding.
Duur Afhankelijk van de opleiding: varieert van enkele dagen tot enkele weken.

16.3 YOGALERAAR

16.3.l Overige opleidingen

16.3.l.1 Amitabha
Voor adres(sen) zie: OVER-146.
Algemeen Opleiding tot docent Yoga volgens de normen van de VvYN (Vereniging voor Yogaleerkrachten Nederland).

16.3.l.2 Ananda Yoga Centrum
Voor adres(sen) zie: OVER-173.
Opleidingen
- Ayurvedische massage.
- Kinderyoga.
- Metamorfose massage.
- Spiritueel ontwikkelingsjaar.
- Yogadocent.
- Zwangerschapsyoga.

16.3.l.3 Timsa Yoga
Voor adres(sen) zie: OVER-295.
Opleidingen
- Yogadocentenopleidingen, voltijd en deeltijd, rijkserkend.
- Zwangerschaps- of postnatale yogadocente.
Overige informatie Er zijn twee vestigingen: Breda en Rotterdam.

16.3.l.4 Jip & Jan kinderyoga
Voor adres(sen) zie: OVER-4.
Algemeen Kinderyoga docentenopleiding.

16.3.l.5 Osmose
Voor adres(en) zie: OVER-122.
Opleidingen
- Docent Kinderyoga
- Docent Meditatie.
- Docent Yoga.
- Docent Zwangerschapsyoga.
Duur Start jaarlijks in september.

16.3.l.6 Raja yoga Nederland
Voor adres(en) zie: OVER-248.
Algemeen Opleiding tot raja yogadocent.

16.3.l.7 Samsara yoga opleidingen
Voor adres(en) zie: OVER-331.
Algemeen Opleiding tot yogadocent.
Toelatingseisen Persoonlijk gesprek, minimum leeftijd 23 jaar, middelbare schoolopleiding en twee jaar yogabeoefening.
Duur 4 jaar deeltijd.
Lesprogramma De adem - anatomie - didactiek - energieleer - filosofie - fysiologie - geschiedenis - meditatie - ontspanning - pathologie - stem en klank - voeding - yogaoefeningen.

16.3.l.8 Saswitha opleiding voor yoga en wijsbegeerte
Voor adres(en) zie: OVER-92.
Algemeen Parttime beroepsopleiding tot docent Yoga die voldoet aan de eisen van de Europese Yoga Unie.
Toelatingseisen
- Diploma havo.
- Lichamelijke test.
- Minimumleeftijd 23 jaar.
- Ten minste 2 jaar beoefening van hatha yoga.
- Toelatingsonderzoek.
Duur 4 jaar (1 lesdag per 14 dagen).
Lesprogramma Het onderwijsprogramma omvat een 3-jarige basisvorming, 6 modulen, 3 specialisatiejaren, diverse workshops en weekends.
Basisopleiding: de adem - anatomie en fysiologie - didactiek - energieleer - filosofie - geschiedenis - meditatie - ontspanning - pathologie - stem en klank - voeding - yogaoefeningen.
Mogelijkheden voor verdere studie Intensieve lerarenstudiegroep, bijscholingen en workshops met diverse aandachtsgebieden om kennis te verbreden en te verdiepen.
Functiemogelijkheden Yoga, zwangerschapsyoga, ademtherapie, ayurvedische massage, babymassage vanuit een zelfstandige praktijk of via kruisverenigingen, bedrijven, instellingen voor ouderen, scholen.

16.3.l.9 Sterrenkind
Voor adres(en) zie: OVER-139.
Algemeen Opleiding tot docent Zwangerschapsyoga of docent Babymassage.
Opleidingen Zwangerschapsmassage.
Duur Start ieder najaar.

16.3.l.10 Alaya Raya Yoga School
Voor adres(en) zie: OVER-217.
Opleidingen
- Docent Kinderyoga.
- Docent Raja yoga:
  • Basisopleiding.
  • Lerarenopleiding.
  • Opleiding tot meester.

16.3.l.11 Stichting Yoga en vedanta
Voor adres(en) zie: OVER-335.
Algemeen Opleiding tot hatha yogadocent.
Toelatingseisen
- Diploma mavo of vmbo.
- Plus gedurende 2 jaar les hebben gehad van een yogaleraar die is opgeleid, dan wel erkend door deze Stichting.
Duur 4 jaar (20 leszaterdagen en 1 werkweekend).
Lesprogramma Hatha yoga - anatomie en fysiologie - psychologie - filosofie - concentratie en meditatie - chakra-psychologie - voeding - pranayama - didactiek - stem en houding.

16.3.l.12 Yogacentrum Michon
Voor adres(en) zie: OVER-177.
Algemeen KRI Kundalini yogalerarenopleiding.
Duur
- 2 jaar.
- Start jaarlijks in februari en september.
Lesprogramma
- Startmodule level 1 (september): de praktijk van het oefenen.
- Startmodule (februari): yogische energiesystemen.

16.3.l.13 Yogacentrum Zweiersdal
Voor adres(en) zie: OVER-271.
Algemeen Bijscholing voor yogadocenten.

Hoewel steeds de nieuwste informatie in deze 'Beroepengids' wordt verwerkt, is het niet te vermijden dat er onjuistheden kunnen optreden.
Daarom zullen wij alle gebruikers van dit boek erkentelijk zijn wanneer zij ons de tekortkomingen ten spoedigste willen melden, indien mogelijk voorzien van de bijbehorende documentatie.

Uitgeverij De Toorts, Conradkade 6, 2031 CL Haarlem; e-mail-adres: beroepengids@toorts.nl

17 SECTOR HANDEL EN RECLAME

De handelssector vormt een zeer rijk geschakeerd geheel van beroepen en functies van uiteenlopende aard en verschillend niveau. commerciële activiteiten kunnen steeds minder zonder effectieve reclame, pr en marketing. Aan al deze facetten zal in dit hoofdstuk aandacht worden besteed.
De eerste paragraaf van dit hoofdstuk plaatst zoveel mogelijk de meest algemene opleidingen bijeen (17.1).
In 17.2 staan de gegevens genoemd die betrekking hebben op de zelfstandige vestiging van klein- en groothandel, dienstverlenende en ambachtelijke bedrijven.
In de volgende paragrafen worden de opleidingen voor pr (17.3), verzekeringspersoneel (17.4), makelaar in onroerende goederen (17.5), evenementen (17.6), reclameontwerper en etaleur (17.7), marketing (17.8), levensmiddelenhandel (17.9) en bank (17.10) genoemd.
N.B. In dit hoofdstuk wordt ook een keuze van diverse opleidingen in het hoger onderwijs beschreven. Complete alfabetische lijsten van alle bekostigde opleidingen in het hoger onderwijs zijn te vinden in hoofdstuk 25. Deze worden jaarlijks geheel geactualiseerd.

17.1 HANDEL - ALGEMEEN

In deze paragraaf zijn de opleidingen geplaatst die direct op de handel betrekking hebben.

17.1.d Post-hbo-opleiding

17.1.d.1 Accountmanagement (HS Van Hall/Larenstein)
Voor adres(sen) zie: HBO-199.
Doel Het opleiden van klantenmanagers die (met behulp van moderne technieken) informatie, klachten, suggesties en vragen van klanten omzetten in relevante managementinformatie.
Toelatingseisen
- Hbo-getuigschrift.
- Aantoonbare kennis van management, communicatie, marketing, consumentengedrag, statistiek en affiniteit met automatisering.
Duur 10 maanden voltijd.
Lesprogramma Gastcolleges, cases en studiestof van klantenmanagers uit de praktijk.
Opbouw cursus: introductieproject (1 week), vervolgens: 4 perioden van 7 weken.
De eerste 2 perioden worden afgesloten met een integratiecase, waarbij opgedane kennis/vaardigheden worden toegepast in de praktijk.
In de 3e periode staat het call center centraal.
De cursus wordt afgesloten met een zelfstandig uitgevoerde klantenmanagementopdracht.
Functiemogelijkheden Hoofd klantenservice bij een grootwinkelbedrijf; manager consumentenzaken bij een reisorganisatie; hoofd aftersales bij een vervoersmaatschappij; consumer relations-manager bij een levensmiddelenproducent; consumer relations-coördinator bij een elektronicafabrikant.

17.1.d.2 Export Marketingmanagement - Qualified Exportmanager (QE) (HAN, Hanze HS, HvA, Zuyd HS)
Voor adres(sen) zie: HBO-26, 99, 145, 150.
Doel Het leren ontwerpen van een exportbeleidsplan voor de eigen organisatie en het ontwikkelen van professionele exportmarktbewaking. De opleiding is interactief en sterk praktijkgericht, en houdt bij het opstellen van de lesroosters rekening met cursisten die vaak op reis zijn.
Toelatingseisen Getuigschrift hbo of diploma wo, of werkervaring in een exportgeoriënteerde organisatie met aantoonbaar academisch denk- en werkniveau.
Duur 9 maanden deeltijd (7 dagbijeenkomsten van 1 uur, 17 avondbijeenkomsten van 3 uur en het examen).

Lesprogramma 4 modulen: export audit - selectie doelmarkt en diepte-analyse - entreestrategie - exportmarketingplan.
Diploma/examen Examen in 3 gelijkwaardige onderdelen onder auspiciën van EVL (het onafhankelijke exameninstituut van EVO): schriftelijk examen, scriptie en mondelinge verdediging van de scriptie.
Overige informatie Men ontvangt een door de Stichting Posthbo/CEDEO erkend diploma Export Marketing Management, plus een verklaring dat men gerechtigd is de beroepstitel 'Qualified Exportmanager' (QE) te voeren; men kan dan tevens worden opgenomen in een register.

17.1.d.3 Stichting CPION (Centrum Post Initieel Onderwijs Nederland)
Voor adres(sen) zie: DIEN-29.
Algemeen Toetsing, registratie en diplomering van initiële opleidingen.

17.1.f Hbo-bacheloropleiding

17.1.f.1 Commercieel management (Zuyd HS)
Voor adres(sen) zie: HBO-166.
Algemeen Ad-programma.
Duur 2 jaar voltijd.

17.1.f.2 Commerciële Economie (CE) (Avans HS, Avans+, Fontys HS, Haagse HS, HAN, Hanze HS, HS Leiden, HS LOI, HS NCOI, HS NTI, HS Rotterdam, HS Utrecht, HS Windesheim, HS Windesheim/-Flevoland, HvA, HZ, NHL, Saxion HS, Stenden HS)
Zie 20.1.f.3.

17.1.f.3 Financial Services Management (FSM)/-Financieel-economisch management (Fontys HS, HAN, Hanze HS, HS LOI, HS NCOI, HS Rotterdam, HS Utrecht, HS Windesheim, HS Wittenborg, HvA, NHL)
Zie 20.1.f.4.

17.1.f.4 International Business and Management Studies (IBMS)/International Business (Avans HS, Europort, Fontys HS, Haagse HS, HAN, Hanze HS, HS Inholland, HS Rotterdam, HS Utrecht, HS Van Hall/Larenstein, HvA, HZ, NHL, Saxion HS, Stenden HS, Webster University)
Zie 11.1.f.9.

17.1.f.5 Logistiek en economie (Fontys HS, HAN, HS LOI, HS NCOI, HS Rotterdam, HS Utrecht, HS Windesheim, HvA, NHTV, RMU, Stenden HS)
Zie 18.2.f.3.

17.1.f.6 Nationale Handels Academie (NHA)
Zie ook: 17.8.f.11, 17.8.l.7, 20.3.f.3 en 20.3.l.9.
Voor adres(sen) zie: OVER-274.
Algemeen
- Door het ministerie van OCW erkend afstandsonderwijs.
- De NHA geeft onder meer opleidingen op hbo- en mbo-niveau.

17.1.f.7 Ondernemen / Ondernemerschap (HS Rotterdam)
Voor adres(sen) zie: HBO-75, 121, 157.
Algemeen Ad-programma.
- Naam bij HS Rotterdam: Ondernemen.
- Naam bij CAH en HS Van Hall Larenstein: Ondernemerschap.
Duur
- 2 jaar voltijd.
- Bij CAH in Dronten: 2 jaar deeltijd.

17.1.f.8 Retailmanagement (HS LOI, HS NCOI, HS SDO)
Voor adres(sen) zie: HBO-90, 115, 135.
Algemeen
- Ad-programma, afgeleid van de hbo-bacheloropleiding Small Business en Retail Management.
- HS LOI, HS NCOI en HS SDO worden niet door de overheid bekostigd.
Doel Voor een loopbaan in de retail:
- theorie: marketing, onderzoek, bedrijfseconomie, management, communicatie en recht;
- praktijk: werken in de foodretail en het uitvoeren van praktijkopdrachten.
Toelatingseisen Diploma havo of vwo (E&M; C&M, N&G of N&T met econ. en man. & org.).
Duur
- 2 jaar deeltijd.
- HS LOI en HS NCOI: digitaal in deeltijd.

17.1.f.9 Small Business en Retail Management (SBRM) (ad-programma) (Avans HS, Avans+, Fontys HS, Haagse HS, HAN, HS Inholland, HS LOI, HS NTI, HS Rotterdam, HS Utrecht, HS Windesheim, HS Windesheim/Flevoland, ProRetail Academy, Saxion HS, Stenden HS)
Zie ook: 17.1.f.7.
Voor adres(sen) zie: HBO-3, 4, 49, 54, 61, 82, 89, 99, 129, 133, 135, 150, 157, 217.
Algemeen
- Hbo-bacheloropleiding tot zelfstandig ondernemer.
- Avans HS, Fontys HS en Stenden HS bieden ook een ad-programma voor deze studie aan.
- Avans+, HS LOI en HS NTI worden niet door de overheid bekostigd.
Toelatingseisen Diploma havo; havo-profiel: C&M, E&M, N&G (+ econ. I), N&T (+econ. I); vwo; vwo-profiel: C&M (+ econ. I), E&M, N&G (+ econ. I), N&T (+ econ. I); mbo niveau 4.
Duur
- 4 jaar voltijd of duaal.
- HS LOI en HS NTI: digitaal in deeltijd.

- Ad-programma:
  • Avans HS: 2 jaar deeltijd en duaal.
  • Fontys HS 2 jaar voltijd en duaal.
  • Stenden HS: 2 jaar voltijd.
Lesprogramma Specialisaties:
- Almere (HS Windesheim/Flevoland): - Digital economy entrepeneurship (minor) - Human resource management (minor)
- Amersfoort (HS Utrecht): Consultancy (minor) - E-business (minor) - Human resource management (minor) - International business skills (minor) - Reclame (minor).
- Breda (Avans HS): Global business - Global business of online marketing - Innovatie ondernemen.
- Breda (Avans+): Marketing (minor) - Minor.
- Den Bosch (Avans HS): Marketing - Minor.
- Eindhoven (Fontys HS): Ondernemerschap - Retailmanager.
- Leeuwarden (Stenden HS): Fashion retail - Retail management - Small business.
- R'dam (HS Rotterdam): Bedrijfsovername (minor) - Concepting & retail formats (minor) - Ondernemen (minor) - Sales and accountmanagement (minor) - Social entrepreneurship (minor).
Functiemogelijkheden Eigen bedrijf of nieuwe bedrijfsactiviteiten starten, winkel managen, sales manager, filiaalmanager.
Overige informatie Bij HS Inholland is deze studie ondergebracht bij de opleiding Business studies, specialisatie: Ondernemen.

17.1.g Mbo-opleiding niveau 4

17.1.g.1 Assistent manager internationale handel (binnendienst) (niveau 4)
Voor adres(sen) zie: ROC/MBO-32.
Algemeen
- Eindtermen voor deze kwalificatie worden ontwikkeld door KC Handel.
- Hier wordt slechts het centrale adres vermeld. De opleiding kan in de wijde omtrek ervan worden gegeven.
CREBO 90933
Doel Verkopen, acquireren en bevorderen van de verkoop van te exporteren producten, en het coördineren van de export.
Toelatingseisen
- Diploma vmbo gl, vmbo kb of vmbo tl met de sector vmbo-Ec; of diploma vmbo gl, vmbo kb of vmbo tl, alle met econ., 2e moderne vreemde taal of wisk., met de sectoren vmbo-Lb, vmbo-Tech of vmbo-Z&W.
- Overgangsbewijs naar havo-4 of vwo-4.
- Men kan met een diploma van niveau 3: Commercieel medewerker binnendienst (handel), met vrijstellingen in de opleiding instromen.
Duur 3 jaar voltijd en deeltijd.
Mogelijkheden voor verdere studie Hbo-Small Business en Retail Management (SBRM).
Functiemogelijkheden Assistent-manager internationale handel (binnendienst) bij wat grotere bedrijven.

17.1.g.2 Assistent manager internationale handel (buitendienst) (niveau 4)
Voor adres(sen) zie: ROC/MBO-32.
Algemeen
- Eindtermen voor deze kwalificatie worden ontwikkeld door KC Handel.
- Hier wordt slechts het centrale adres vermeld. De opleiding kan in de wijde omtrek ervan worden gegeven.

CREBO 90932

Doel Verkopen, acquireren, het onderzoeken en bevorderen van de verkoopmogelijkheden van te exporteren producten, en het bezoeken van klanten in het buitenland.

Toelatingseisen
- Diploma vmbo gl, vmbo kb of vmbo tl met de sector vmbo-Ec; of diploma vmbo gl, vmbo kb of vmbo tl, alle met econ., 2e moderne vreemde taal of wisk., met de sectoren vmbo-Lb, vmbo-Tech of vmbo-Z&W.
- Overgangsbewijs naar havo-4 of vwo-4.
- Men kan met een diploma van niveau 3: Exportmedewerker buitendienst, met vrijstellingen in de opleiding instromen.

Duur 3 jaar voltijd en deeltijd.

Mogelijkheden voor verdere studie Hbo-Small Business en Retail Management (SBRM).

Functiemogelijkheden Assistent-manager internationale handel (buitendienst) bij wat grotere bedrijven.

17.1.g.3 Commercieel medewerker (Junior accountmanager) (niveau 4)

Voor adres(sen) zie: ROC/MBO-32.

Algemeen
- Eindtermen voor deze kwalificatie worden ontwikkeld door KC Handel.
- Hier wordt slechts het centrale adres vermeld. De opleiding kan in de wijde omtrek ervan worden gegeven.

CREBO 93802

Doel Verkopen, acquireren, onderzoeken en bevorderen van de verkoop, klanten bezoeken; meedenken met de klant om totaaloplossingen te kunnen bieden; het maken van accountplannen.

Toelatingseisen Aansluitende studie na diploma niveau 3: Commercieel medewerker binnendienst (handel), of Exportmedewerker buitendienst.

Duur 1 jaar voltijd.

Mogelijkheden voor verdere studie commerciële opleidingen in het hbo.

Functiemogelijkheden Commercieel medewerker (junior accountmanager) bij middelgrote bedrijven of grotere bedrijven.

17.1.g.4 Filiaalmanager (niveau 4)

Voor adres(sen) zie: ROC/MBO-1, 4, 7, 8, 13, 16, 20, 21, 22, 23, 25, 28, 30, 31, 32, 34, 39, 43, 45, 46, 60, 61.

Algemeen
- Eindtermen voor deze kwalificatie worden ontwikkeld door KC Handel.
- Hier worden slechts de centrale adressen vermeld. De opleiding kan in de wijde omtrek ervan worden gegeven.

CREBO 90950/93492

Doel Ondernemingsbeleid uitvoeren, leidinggeven aan medewerkers, en verkooptaken uitvoeren.

Toelatingseisen
- Diploma vmbo gl, vmbo kb of vmbo tl met de sector vmbo-Ec; of diploma vmbo gl, vmbo kb of vmbo tl, alle met econ., 2e moderne vreemde taal of wisk., met de sectoren vmbo-Lb, vmbo-Tech of vmbo-Z&W.
- Overgangsbewijs naar havo-4 of vwo-4.
- Men kan met een diploma van niveau 3: Eerste verkoper of Verkoopspecialist detailhandel, met vrijstellingen in de opleiding instromen.

Duur 3-4 jaar voltijd en deeltijd.

Mogelijkheden voor verdere studie Met de doorstroomdeelkwalificatie Hbo-E&M kan men naar het hbo, bijv. Hbo-Small Business en Retail Management (SBRM). Men kan ook met vrijstellingen instromen in de opleiding van niveau 4: Ondernemer/Manager detailhandel.

Functiemogelijkheden Filiaalmanager van een klein- of middenfiliaal.

17.1.g.5 Juwelier/Ondernemer (niveau 4)

Voor adres(sen) zie: ROC/MBO-43.

Algemeen
- Eindtermen voor deze kwalificatie worden ontwikkeld door SVGB.
- Hier wordt het slechts het centrale adres vermeld. De opleiding kan in de wijde omtrek ervan worden gegeven.

CREBO 10293

Doel Opleiding tot juwelier als zelfstandig ondernemer.

Toelatingseisen
- Diploma vmbo gl, vmbo kb of vmbo tl met de sector vmbo-Tech.
- Overgangsbewijs naar havo-4 of vwo-4.
- Diploma havo of vwo (alle profielen).

Duur 4 jaar voltijd en deeltijd.

Functiemogelijkheden Juwelier/ondernemer van een juweliersbedrijf of winkelketen.

Overige informatie De opleiding wordt op een onderdeel van Roc Zadkine gegeven: Vakschool Schoonhoven, Mr. Kesperstraat 10, 2871 GS Schoonhoven, en in de vestiging Amsterdam: Tempelhofstraat 80, 1043 EB Amsterdam.

17.1.g.6 Ondernemer/Manager detailhandel (niveau 4)

Voor adres(sen) zie: ROC/MBO-2, 7, 8, 13, 14, 15, 16, 17, 20, 21, 22, 24, 25, 27, 28, 30, 31, 32, 34, 38, 39, 43, 45, 47, 48, 54, 56, 58, 60, 61.

Algemeen
- Eindtermen voor deze kwalificatie worden ontwikkeld door KC Handel.
- Hier worden slechts de centrale adressen vermeld. De opleiding kan in de wijde omtrek ervan worden gegeven.

CREBO 10850/90290

Doel Opleiding tot ondernemer of manager detailhandel.
- De ondernemer voert in een kleine onderneming taken uit op het gebied van verkoop, de kassa, hygiëne, artikelpresentatie en -beheer, diefstalbestrijding, etaleren, verkoopbevordering, bestellen, ontvangst en opslag, administratie, leidinggeven, winkelbeheer en -inrichting, reclame, in- en verkoopbeleid, personeelsbeleid, financieel en strategisch management.
- De manager voert in een middelgrote onderneming taken uit op het gebied van artikelbeheer, diefstalbestrijding, kassa, verkoopbevordering, bestellen, ontvangst en opslag, administratie, leidinggeven, winkelbeheer en -inrichting, reclame, in- en verkoopbeleid, personeelsbeleid, financieel en strategisch management.

Toelatingseisen
- Diploma vmbo gl, vmbo kb of vmbo tl met de sector vmbo-Ec; of diploma vmbo gl, vmbo kb of vmbo tl, alle met econ., 2e moderne vreemde taal of wisk., met de sectoren vmbo-Lb, vmbo-Tech of vmbo-Z&W.
- Overgangsbewijs naar havo-4 of vwo-4.
- Men kan met een diploma van niveau 3: Eerste verkoper, of Verkoopchef met vrijstellingen in de opleiding instromen.

Duur 3 jaar voltijd en deeltijd.

Mogelijkheden voor verdere studie Hbo-Small Business en Retail Management (SBRM).

Functiemogelijkheden Ondernemer van een kleine detailhandelsonderneming; manager van een middelgrote detailhandelsonderneming.

17.1.g.7 Opticien/Manager (niveau 4)
Zie 5.11.g.1.

17.1.g.8 Schoenconsulent (niveau 4)
Voor adres(sen) zie: KBB-14, OVER-312.
Algemeen Eindtermen voor deze kwalificatie worden ontwikkeld door SVGB.
Doel Constateren van lichte afwijkingen aan de voeten en het houdingsapparaat van de klant, aanbrengen van kleine correcties aan schoenen (of door een schoenhersteller laten uitvoeren van deze correcties); bij ernstiger afwijkingen doorverwijzen naar medici of paramedici.
Toelatingseisen Diploma Schoentechnisch verkoopmedewerker (niveau 3).
Duur Een half jaar voltijd en deeltijd.
Mogelijkheden voor verdere studie Geen specifieke verdere studiemogelijkheden.
Functiemogelijkheden Schoenconsulent in een schoendetailhandelbedrijf.
N.B. Deze opleiding wordt niet bekostigd door het ministerie van OCW.

17.1.g.9 Vestigingsmanager groothandel (niveau 4)
Voor adres(sen) zie: ROC/MBO-32, 39.
Algemeen
- Eindtermen voor deze kwalificatie worden ontwikkeld door KC Handel.
- Hier worden slechts de centrale adressen vermeld. De opleiding kan in de wijde omtrek ervan worden gegeven.
CREBO 93494
Doel Begeleiden van alle activiteiten binnen een vestiging, het bewaken van het imago van de vestiging, en leidinggeven aan een groep van maximaal 25 medewerkers. Daarnaast toezicht houden als meewerkend voorman bij operationele werkzaamheden, en verantwoording afleggen aan de centrale organisatie.
Toelatingseisen
- Diploma vmbo gl, vmbo kb of vmbo tl met de sector vmbo-Ec; of diploma vmbo gl, vmbo kb of vmbo tl, alle met econ., 2e moderne vreemde taal of wisk., met de sectoren vmbo-Lb, vmbo-Tech of vmbo-Z&W.
- Overgangsbewijs naar havo-4 of vwo-4.
- Men kan met een diploma van niveau 3: Commercieel medewerker binnendienst (handel) met vrijstellingen in de opleiding instromen.
Duur 3 jaar voltijd en deeltijd.
Mogelijkheden voor verdere studie Hbo-Small Business en Retail Management (SBRM).
Functiemogelijkheden Vestigingsmanager in een groothandel, districtsleider, rayonleider, areamanager.

17.1.h Mbo-opleiding niveau 3

17.1.h.1 Assistent exportmanager (niveau 3)
Voor adres(sen) zie: ROC/MBO-21, 39.
Algemeen
- Eindtermen voor deze kwalificatie worden ontwikkeld door KC Handel.

- Hier worden slechts de centrale adressen vermeld. De opleiding kan in de wijde omtrek ervan worden gegeven.
CREBO 10017
Doel Internationale handel, exportmarketing, transport, exportadministratie.
Toelatingseisen Diploma vmbo gl, vmbo kb of vmbo tl met de sector vmbo-Ec; of diploma vmbo gl, vmbo kb of vmbo tl, alle met econ., 2e moderne vreemde taal of wisk., met de sectoren vmbo-Lb, vmbo-Tech of vmbo-Z&W.
Duur 3,5 jaar voltijd en deeltijd.
Mogelijkheden voor verdere studie Met vrijstellingen instromen in opleidingen van niveau 4: Assistent manager internationale handel, of Vestigingsmanager groothandel.
Functiemogelijkheden Assistent exportmanager op een exportafdeling van een international opererend handelsbedrijf of productiebedrijf.

17.1.h.2 Commercieel medewerker binnendienst (economie/administratie) (niveau 3)
Voor adres(sen) zie: ROC/MBO-1, 4, 10, 21, 22, 23, 24, 25, 30, 32, 39, 43, 58.
Algemeen
- Eindtermen voor deze kwalificatie worden ontwikkeld door ECABO.
- Hier worden slechts de centrale adressen vermeld. De opleiding kan in de wijde omtrek ervan worden gegeven.
CREBO 90111/90112
Doel Verkoop, fysieke distributie en administratie.
Toelatingseisen
- Diploma vmbo gl, vmbo kb of vmbo tl met de sector vmbo-Ec; of diploma vmbo gl, vmbo kb of vmbo tl, alle met econ., 2e moderne vreemde taal of wisk., met de sectoren vmbo-Lb, vmbo-Tech of vmbo-Z&W.
- Men kan met het diploma Commercieel administratief medewerker (niveau 2) met vrijstellingen in de opleiding instromen.
Duur 2-2,5 jaar voltijd en deeltijd.
Mogelijkheden voor verdere studie Met vrijstellingen instromen in een opleiding van niveau 3: Logistiek medewerker material management, of in opleidingen van niveau 4: Commercieel medewerker bank- en verzekeringswezen, of Medewerker marketing en communicatie.
Functiemogelijkheden Commercieel medewerker binnendienst op een afdeling verkoop.
N.B. Voor de 2-jarige opleiding (3200 sbu) onder dezelfde naam, maar voor de handel, zie 17.1.h.3.

17.1.h.3 Commercieel medewerker binnendienst (handel) (niveau 3)
Voor adres(sen) zie: ROC/MBO-4, 7, 20, 32, 39.
Algemeen
- Bij Roc van Twente kan men ook uitstromen in de richting Commercieel medewerker buitendienst (crebonummer 90113).
- Eindtermen voor deze kwalificatie worden ontwikkeld door KC Handel.
- Hier worden slechts de centrale adressen vermeld. De opleiding kan in de wijde omtrek ervan worden gegeven.
CREBO 90112
Doel Advisering aan klanten, offertebehandeling, directe verkoop aan klanten, serviceverlening en klachtenbehandeling, promotieactiviteiten, verkoopcontracten, administratieve afhandeling van orders, actualisatie van artikelbestanden, voorraadverkoop, advise-

ring m.b.t. in- en verkoopbeleid en algemene bedrijfsvoering, prijs-ontwikkelingen en -bepaling en onderzoek.

Toelatingseisen
- Diploma vmbo gl, vmbo kb of vmbo tl met de sector vmbo-Ec; of diploma vmbo gl, vmbo kb of vmbo tl, alle met econ., 2e moderne vreemde taal of wisk., met de sectoren vmbo-Lb, vmbo-Tech of vmbo-Z&W.
- Overgangsbewijs naar havo-4 of vwo-4.

Duur 2 jaar voltijd en deeltijd.

Mogelijkheden voor verdere studie Met vrijstellingen instro-men in opleidingen van niveau 4: Assistent manager internationale handel binnendienst, of Assistent manager internationale handel buitendienst, of Commercieel medewerker (Junior accountmana-ger), of Vestigingsmanager groothandel.

Functiemogelijkheden Commercieel medewerker binnendienst op een afdeling verkoop van een middelgroot of grootwinkelbedrijf of groothandelsbedrijf; telefonisch verkoper, verkoper binnendienst.

N.B. Voor de 2-jarige opleiding onder dezelfde naam, maar voor economie/administratie, zie 17.1.h.2.

17.1.h.4 Eerste verkoper (niveau 3)
Voor adres(sen) zie: ROC/MBO-25, 32, 39, 54.

Algemeen
- Eindtermen voor deze kwalificatie worden ontwikkeld door KC Handel.
- Hier worden slechts de centrale adressen vermeld. De opleiding kan in de wijde omtrek ervan worden gegeven.

CREBO 10851/90384

Doel In winkels activiteiten uitvoeren op het gebied van verkoop, kassa, hygiëne, artikelpresentatie en -beheer, diefstalbestrijding, etaleren, kassabeheer, bestellen, ontvangst en opslag, leidinggeven en winkelinrichting.

Toelatingseisen
- Diploma vmbo gl, vmbo kb of vmbo tl met de sector vmbo-Ec; of diploma vmbo gl, vmbo kb of vmbo tl, alle met econ., 2e moderne vreemde taal of wisk., met de sectoren vmbo-Lb, vmbo-Tech of vmbo-Z&W.
- Overgangsbewijs naar havo-4 of vwo-4.
- Men kan met een diploma Verkoper (Verkoper detailhandel) (niveau 2) met vrijstellingen in de opleiding instromen.

Duur 2 jaar voltijd en deeltijd.

Mogelijkheden voor verdere studie Met vrijstellingen instromen in een opleiding van niveau 3: Verkoopchef, of in opleidingen van niveau 4: Filiaalmanager, of Ondernemer/Manager detailhandel.

Functiemogelijkheden Eerste verkoper in een winkel, grootwin-kelbedrijf of speciaalzaak.

17.1.h.5 Exportmedewerker binnendienst (niveau 3)
Voor adres(sen) zie: ROC/MBO-23, 32, 39, 43.

Algemeen
- Eindtermen voor deze kwalificatie worden ontwikkeld door KC Handel.
- Hier worden slechts de centrale adressen vermeld. De opleiding kan in de wijde omtrek ervan worden gegeven.

CREBO 90931

Doel Exportmarketing, exportcalculatie, exportfinanciering, export-administratie en internationaal transport.

Toelatingseisen Diploma vmbo gl, vmbo kb of vmbo tl met de sector vmbo-Ec; of diploma vmbo gl, vmbo kb of vmbo tl, alle met econ., 2e moderne vreemde taal of wisk., met de sectoren vmbo-Lb, vmbo-Tech of vmbo-Z&W.

Duur 3 jaar voltijd en deeltijd.

Mogelijkheden voor verdere studie Met vrijstellingen instro-men in een opleiding van niveau 4: Vestigingsmanager groothan-del.

Functiemogelijkheden Exportmedewerker binnendienst op een exportafdeling van een internationaal opererend handelsbedrijf of productiebedrijf.

17.1.h.6 Exportmedewerker buitendienst (niveau 3)
Voor adres(sen) zie: ROC/MBO-23, 32, 39, 43.

Algemeen
- Eindtermen voor deze kwalificatie worden ontwikkeld door KC Handel.
- Hier worden slechts de centrale adressen vermeld. De opleiding kan in de wijde omtrek ervan worden gegeven.

CREBO 90932

Doel Werken in de internationale handel: exportmarketing en trans-port.

Toelatingseisen Diploma vmbo gl, vmbo kb of vmbo tl met de sector vmbo-Ec; of diploma vmbo gl, vmbo kb of vmbo tl, alle met econ., 2e moderne vreemde taal of wisk., met de sectoren vmbo-Lb, vmbo-Tech of vmbo-Z&W.

Duur 3 jaar voltijd en deeltijd.

Mogelijkheden voor verdere studie Met vrijstellingen instromen in een opleiding van niveau 4: Vestigingsmanager groothandel.

Functiemogelijkheden Exportmedewerker buitendienst op een exportafdeling van een internationaal opererend handelsbedrijf of productiebedrijf.

17.1.h.7 LOI - afstandsonderwijs - Verkoopchef (niveau 3)
Voor adres(sen) zie: OVER-225.

Algemeen Eindtermen voor deze kwalificatie worden ontwikkeld door KC Handel.

CREBO 10847

Doel Beheer van een afdeling of van een aantal assortimentsgroe-pen, uitvoeren van beleid, leidinggeven aan medewerkers en uit-voeren verkooptaken.

Toelatingseisen
- Diploma vbo, mavo of vmbo.
- Men kan met een diploma Verkoper (Verkoper detailhandel) (niveau 2) met vrijstellingen in de opleiding instromen.

Duur 2 jaar.

Mogelijkheden voor verdere studie Met vrijstellingen instro-men in opleidingen van niveau 4: Filiaalmanager, of Ondernemer/-Manager detailhandel.

Functiemogelijkheden Verkoopchef in een winkel, grootwinkel-bedrijf of speciaalzaak.

Overige informatie Verplichte praktijkervaring in het 2e studie-jaar.

17.1.h.8 Medewerker inkoop (niveau 3)
Voor adres(sen) zie: ROC/MBO-39.

Algemeen
- Eindtermen voor deze kwalificatie worden ontwikkeld door KC Handel.
- Hier wordt slechts het centrale adres vermeld. De opleiding kan in de wijde omtrek ervan worden gegeven.

CREBO 10013

Doel Zich in grootwinkelbedrijven bezighouden met inkoopactivi-teiten, zoals het onderhouden van contacten met leveranciers en het verwerken van orders.

Toelatingseisen Diploma vmbo gl, vmbo kb of vmbo tl met de sector vmbo-Ec; of diploma vmbo gl, vmbo kb of vmbo tl, alle met econ., 2e moderne vreemde taal of wisk., met de sectoren vmbo-Lb, vmbo-Tech of vmbo-Z&W.

Duur 2 jaar voltijd en deeltijd.

Mogelijkheden voor verdere studie Met vrijstellingen instromen in een opleiding van niveau 4: Vestigingsmanager groothandel.

Functiemogelijkheden Medewerker inkoop in grootwinkelbedrijven.

17.1.h.9 Medewerker juwelier (niveau 3)

Voor adres(sen) zie: ROC/MBO-43.

Algemeen

- Eindtermen voor deze kwalificatie worden ontwikkeld door SVGB.
- Hier wordt slechts het centrale adres vermeld. De opleiding kan in de wijde omtrek ervan worden gegeven.

CREBO 92820

Doel Vakmanschap en ruime vakkennis op het gebied van goud, zilver, edelstenen en uurwerken.

Toelatingseisen

- Diploma vmbo gl, vmbo kb of vmbo tl.
- Overgangsbewijs naar havo-4 of vwo-4.
- Diploma havo of vwo (alle profielen).
- Trendgevoelig, goed ontwikkeld gevoel voor kwaliteit en service.

Duur 3 jaar deeltijd.

Lesprogramma Start met 12 weken oriëntatie op het vak en de branche. Tijdens de oriëntatie worden drie verschillende bedrijven bezocht.

Vakken: artikelkennis - computertoepassingen - Duits - edelsteenkunde - Engels - handtekenen - kunstgeschiedenis - Nederlands - organisatie en omgangskunde - practicum edelmetaal - practicum graveren - practicum uurwerken - practicum/theorie edelstenen - stijlleer - theorie edelmetaal - theorie in- en verkoop - theorie uurwerken - verkooptraining - winkelpresentatie.

In het tweede jaar: 3 dagen per week naar school en 2 dagen stage. Derde jaar: 1 dag per week op school, 4 dagen werken in een juwelierszaak.

Mogelijkheden voor verdere studie Een opleiding van niveau 4: Juwelier/Ondernemer.

Functiemogelijkheden Medewerker in een juwelierszaak.

Overige informatie De opleiding wordt op een onderdeel van Roc Zadkine gegeven: Vakschool Schoonhoven, Mr. Kesperstraat 10, 2871 GS Schoonhoven.

17.1.h.10 NTI - blended learning - Commercieel medewerker binnendienst (niveau 3)

Voor adres(sen) zie: ROC/MBO-36.

CREBO 10014

Doel Verkoop, inkoop, fysieke distributie en administratie.

Toelatingseisen Diploma vbo, mavo of vmbo.

Diploma/examen De examens van de deelkwalificaties worden afgenomen door het NTI mbo-college. Wanneer men alle deelkwalificaties heeft behaald, kan men het officiële mbo-getuigschrift aanvragen.

Mogelijkheden voor verdere studie Met vrijstellingen instromen in een opleiding van niveau 3: Logistiek medewerker material management, of in een opleiding van niveau 4: Commercieel medewerker bank- en verzekeringswezen.

Functiemogelijkheden Commercieel medewerker binnendienst op een afdeling inkoop of verkoop.

17.1.h.11 Schoentechnisch verkoopmedewerker (niveau 3)

Voor adres(sen) zie: KBB-14, OVER-312.

Algemeen Eindtermen voor deze kwalificatie worden ontwikkeld door SVGB.

CREBO 10922

Doel Cliënten vaktechnische informatie geven bij de aanschaf van schoenen, ook schoenen voor de moeilijke voet, en verkoop van alle bijartikelen.

Duur 4 jaar voltijd en deeltijd.

Mogelijkheden voor verdere studie Een opleiding van niveau 4: Schoenconsulent.

Functiemogelijkheden Hoofdverkoper schoendetailhandel in een schoendetailhandelbedrijf.

N.B. Deze opleiding wordt niet bekostigd door het ministerie van OCW.

17.1.h.12 Verkoopchef (niveau 3)

Voor adres(sen) zie: ROC/MBO-25, 39, 43.

Algemeen

- Eindtermen voor deze kwalificatie worden ontwikkeld door KC Handel.
- Hier worden slechts de centrale adressen vermeld. De opleiding kan in de wijde omtrek ervan worden gegeven.

CREBO 10847

Doel Beheer van een afdeling of van een aantal assortimentsgroepen, uitvoeren van beleid, leidinggeven aan medewerkers, verkoop.

Toelatingseisen

- Diploma vmbo gl, vmbo kb of vmbo tl met de sector vmbo-Ec; of diploma vmbo gl, vmbo kb of vmbo tl, alle met econ., 2e moderne vreemde taal of wisk., met de sectoren vmbo-Lb, vmbo-Tech of vmbo-Z&W.
- Men kan met een diploma Verkoper (Verkoper detailhandel) (niveau 2) met vrijstellingen in de opleiding instromen.

Duur 3 jaar voltijd en deeltijd.

Mogelijkheden voor verdere studie Met vrijstellingen instromen in opleidingen van niveau 4: Filiaalmanager of Ondernemer/-Manager detailhandel.

Functiemogelijkheden Verkoopchef in een winkel, grootwinkelbedrijf of speciaalzaak.

17.1.h.13 Verkoopspecialist detailhandel (niveau 3)

Voor adres(sen) zie: ROC/MBO-13, 32.

Algemeen

- Bij Roc Mondriaan heet deze opleiding: Verkoopspecialist.
- Eindtermen voor deze kwalificatie worden ontwikkeld door KC Handel.
- Hier worden slechts de centrale adressen vermeld. De opleiding kan in de wijde omtrek ervan worden gegeven.

CREBO 90380/90383

Doel Begeleiding van verkopers bij het voeren van verkoopgesprekken en het presenteren van artikelen; klantenservice; optimalisering van de goederenstroom binnen de detailhandel en van de verkoopmogelijkheden.

Toelatingseisen

- Diploma vmbo gl, vmbo kb of vmbo tl met de sector vmbo-Ec; of diploma vmbo gl, vmbo kb of vmbo tl, alle met econ., 2e moderne vreemde taal of wisk., met de sectoren vmbo-Lb, vmbo-Tech of vmbo-Z&W.
- Overgangsbewijs naar havo-4 of vwo-4.
- Men kan met het diploma Verkoper (Verkoper detailhandel) (niveau 2) met vrijstellingen in de opleiding instromen.

Duur 2 jaar voltijd en deeltijd.
Mogelijkheden voor verdere studie Met vrijstellingen instromen in opleidingen van niveau 4: Filiaalmanager, of Ondernemer/-Manager detailhandel.
Functiemogelijkheden Functie in de wat grotere detailhandel.

17.1.h.14 Vertegenwoordiger (niveau 3)
Voor adres(sen) zie: ROC/MBO-27, 39, 54.
Algemeen
- Eindtermen voor deze kwalificatie worden ontwikkeld door KC Handel.
- Hier worden slechts de centrale adressen vermeld. De opleiding kan in de wijde omtrek ervan worden gegeven.
CREBO 10012
Doel Bevorderen van optimale verkoopcijfers op lange termijn.
Toelatingseisen Diploma vmbo gl, vmbo kb of vmbo tl met de sector vmbo-Ec; of diploma vmbo gl, vmbo kb of vmbo tl, alle met econ., 2e moderne vreemde taal of wisk., met de sectoren vmbo-Lb, vmbo-Tech of vmbo-Z&W.
Duur 2 jaar voltijd en deeltijd.
Mogelijkheden voor verdere studie Met vrijstellingen instromen in een opleiding van niveau 4: Vestigingsmanager groothandel.
Functiemogelijkheden Vertegenwoordiger binnen een afdeling verkoop/commerciële zaken in het klein-, midden- en grootbedrijf. Verkoper buitendienst, commercieel medewerker buitendienst, sales representative, handelsvertegenwoordiger.

17.1.i Mbo-opleiding niveau 1 of niveau 2

17.1.i.1 Aankomend verkoopmedewerker (niveau 1)
Voor adres(sen) zie: ROC/MBO-12, 13, 15, 30, 32.
Algemeen
- Eindtermen voor deze kwalificatie worden ontwikkeld door KC Handel.
- Hier worden slechts de centrale adressen vermeld. De opleiding kan in de wijde omtrek ervan worden gegeven.
CREBO 10779/90910
Doel In winkels waar een prijsdistributiesysteem wordt gehanteerd een beperkt aantal activiteiten uitvoeren op het gebied van verkoop, kassa, hygiëne, artikelpresentatie en -beheer, diefstalbestrijding, etaleren, ontvangst en opslag.
Toelatingseisen De volledige leerplicht hebben voltooid.
Duur 1 jaar voltijd en deeltijd.
Mogelijkheden voor verdere studie Een opleiding van niveau 2: Verkoper (Verkoper detailhandel).
Functiemogelijkheden Aankomend verkoopmedewerker in een winkel of supermarkt.

17.1.i.2 LOI - afstandsonderwijs - Verkoopmedewerker (niveau 2)
Voor adres(sen) zie: OVER-225.
Algemeen Eindtermen voor deze kwalificatie worden ontwikkeld door KC Handel.
CREBO 10853
Doel In winkels activiteiten uitvoeren op het gebied van verkoop, kassa, hygiëne, artikelpresentatie en -beheer, diefstalbestrijding, etaleren, ontvangst en opslag.
Toelatingseisen De volledige leerplicht hebben voltooid.
Duur 2 jaar.
Mogelijkheden voor verdere studie Met vrijstellingen instromen in opleidingen van niveau 3: Eerste verkoper, of Verkoopchef.

Functiemogelijkheden Verkoopmedewerker in een winkel, supermarkt, grootwinkelbedrijf of speciaalzaak.
Overige informatie Verplichte praktijkervaring in het 2e studiejaar.

17.1.i.3 LOI - afstandsonderwijs - Winkelassistent (niveau 1)
Voor adres(sen) zie: OVER-225.
Algemeen Eindtermen voor deze kwalificatie worden ontwikkeld door KC Handel.
CREBO 10779
Doel In winkels waar een prijsdistributiesysteem wordt gehanteerd, een beperkt aantal activiteiten uitvoeren op het gebied van verkoop, kassa, hygiëne, artikelpresentatie en -beheer, diefstalbestrijding, etaleren, ontvangst en opslag.
Toelatingseisen De volledige leerplicht hebben voltooid.
Duur 2 jaar.
Mogelijkheden voor verdere studie Een opleiding van niveau 2: Verkoper (Verkoper detailhandel).
Functiemogelijkheden Winkelassistent in een winkel of supermarkt.
Overige informatie Verplichte praktijkervaring in het 2e studiejaar.

17.1.i.4 LOI en NTI - afstandsonderwijs/blended learning - Commercieel-administratief medewerker (niveau 2)
Voor adres(sen) zie: OVER-225, ROC/MBO-36.
Algemeen Eindtermen voor deze kwalificatie worden ontwikkeld door ECABO.
CREBO 10048
Doel Toepassen van geautomatiseerde routines en standaardprocedures op het gebied van inkoop en verkoop.
Toelatingseisen De volledige leerplicht hebben voltooid.
Duur 2 jaar.
Diploma/examen De examens voor de deelkwalificatie worden gelegitimeerd door de Coöperatie Nederlandse Associatie voor Praktijkexamens.
Mogelijkheden voor verdere studie Met vrijstellingen instromen in een opleiding van niveau 3: Commercieel medewerker binnendienst.
Functiemogelijkheden Commercieel-administratief medewerker op een afdeling inkoop of verkoop.
Overige informatie Verplichte praktijkervaring in het 2e studiejaar.

17.1.i.5 Verkoper (Verkoper detailhandel) (niveau 2)
Voor adres(sen) zie: ROC/MBO-1, 2, 4, 7, 8, 10, 12, 13, 15, 16, 17, 20, 22, 23, 24, 25, 27, 28, 30, 31, 32, 33, 34, 37, 38, 40, 43, 45, 46, 48, 54, 56, 58, 60, 61.
Algemeen
- Eindtermen voor deze kwalificatie worden ontwikkeld door KC Handel.
- Hier worden slechts de centrale adressen vermeld. De opleiding kan in de wijde omtrek ervan worden gegeven.
CREBO 93751
Doel In winkels activiteiten uitvoeren op het gebied van verkoop, kassa, hygiëne, artikelpresentatie en -beheer, diefstalbestrijding, etaleren, ontvangst en opslag.
Toelatingseisen - De volledige leerplicht hebben voltooid.
- Diploma vmbo bb.
- Diploma Aankomend verkoopmedewerker (niveau 1).

Duur 2 jaar voltijd en deeltijd.

Mogelijkheden voor verdere studie Instromen in opleidingen van niveau 3: Eerste verkoper, of Verkoopspecialist detailhandel.

Functiemogelijkheden Verkoper in een winkel, supermarkt, grootwinkelbedrijf of speciaalzaak.

17.1.I Overige opleidingen

17.1.I.1 Basis financieel management (Fontys HS)
Voor adres(sen) zie: HBO-82.
Doel Verbeterd inzicht in financieel-economische aspecten van bedrijfsvoering.
Toelatingseisen Hbo-denk- en werkniveau.
Duur 14 bijeenkomsten (deeltijd).
Lesprogramma Bedrijfseconomische begrippen en -samenhangen - inleiding planning en budgettering - kostencalculatie - kostenbeheersing - budgettering - investerings- en financieringsvraagstukken - rentabiliteit - liquiditeit - solvabiliteit - jaarverslagen (analyse) - effecten en effectenbeurs.

17.1.I.2 Dagopleiding bedrijfsleer (Saxion HS)
Voor adres(sen) zie: HBO-89.
Doel Korte hbo-opleiding commercieel en financieel beleid (met individueel keuzeprogramma).
Toelatingseisen Diploma havo, vwo of mbo niveau 4.
Duur 1 jaar voltijd.
Lesprogramma Marketing - management - bedrijfseconomie - calculatie - sales.
Functiemogelijkheden Marketingmanager; financieel beleidsmedewerker; verkoopmanager.

17.1.I.3 Federatie van makelaars, veilinghouders en be'digde taxateurs in roerende zaken
Voor adres(sen) zie: OVER-304.
Algemeen Er zijn wel opleidingen voor makelaars, maar niet voor taxateurs.
De vereiste kennis is ervaringskennis, en die kan alleen in de praktijk worden opgedaan:
- praktijk-/werk-ervaring op het betreffende vakgebied, stages;
- bezoeken van veilingen, beurzen, tentoonstellingen (de Federatie adviseert om tijdens de kijkdagen zoveel mogelijk zaken zelf te beschrijven en te taxeren. Vervolgens kunnen in de catalogus de beschrijvingen worden gecontroleerd, terwijl bovendien tijdens de veiling of nadien aan de hand de uitslagen de eigen taxaties kunnen worden gecontroleerd);
- bestuderen van vakliteratuur;
- museumbezoek en het bezoeken van lezingen (voor de vakgebieden: antiek, inboedelgoederen en kunst).

Opleidingen Er bestaat een schriftelijke opleiding voor degenen die een veilinghoudersbedrijf willen gaan starten of een bestaand bedrijf willen overnemen; nadere informatie bij het secretariaat van de Federatie.

17.1.I.4 ISBW opleiding, training en coaching
Zie 11.1.I.7.
Algemeen Het ISBW verzorgt onder meer commerciële opleidingen.

17.1.I.5 IVA Driebergen
Zie: 5.6.I.2, 5.6.I.3 en 16.1.I.6.

17.1.I.6 Jachtmakelaar en scheepsmakelaar
Voor adres(sen) zie: OVER-76.
Algemeen
- De basisopleiding Kandidaat Jacht- & scheepsmakelaar/Expert pleziervaartuigen geeft inzicht en biedt kennis bij het beroepsmatig taxeren, bemiddelen, kopen en verkopen van nieuwe en gebruikte schepen en jachten.
- De lessen worden gegeven in de HS Utrecht (locatie Uithof).
Toelatingseisen Bestemd voor:
- ondernemers, bestuurders, leidinggevenden en managers die geen jurist zijn en die iets van het Nederlands recht willen weten;
- personen die zich willen certificeren als EMCI Registered Yachtbroker®, Shipbroker® of Surveyor®;
- NMI-geregistreerde of gecertificeerde mediators die geen jurist zijn en die iets van het Nederlands recht willen weten;
- NMI-gecertificeerde mediators die zich willen kwalificeren voor de 'doorverwijsvoorziening rechterlijke macht' en die dienen te beschikken over de aantekening 'juridische vaardigheden'. De module sluit aan bij de NMI eind- en toetstermen 'juridische vaardigheden'.
Duur 18 maandagavonden van 3 uur.
Lesprogramma
- 3 modulen: praktijk en ondernemen - Oriëntatie ScheepsTechniek (OST) - oriëntatie Nederlands recht.
- De student krijgt een gedegen oriëntatie Nederlands recht, leert een aantal specifieke beroepsattitudes en vaardigheden, en verkrijgt een brede kennis van technische aspecten in en rondom een jacht of schip, zoals materialen, constructies, installaties en voortstuwing (motoren).
Diploma/examen Op basis van de cursus verkrijgt men toegang tot het examen ONLR van de basisopleiding Kandidaat Jacht- en scheepsmakelaar/Expert pleziervaartuigen.
Overige informatie Het met voldoende resultaat behalen van alle drie de modulen is noodzakelijk om zich te kunnen kwalificeren voor de persoonsgebonden certificering volgens het certificeringsschema (EMCI Registered Yachtbroker®/ Shipbroker®), zoals dat is vastgesteld door de stichting European Maritime Certification Institute in de categorie 1: 'pleziervaartuigen en woonschepen'.
Voor de andere categorieën (categorie 2: Rijn- & Binnenvaart, en categorie 3: zeeschepen en overige schepen) is de module OST niet verplicht.
N.B. De cursus is erkend door het NV European Maritime Certification Institute, door de Nederlandse bond van makelaars in schepen, en door het Nederlands mediation instituut.

17.1.I.7 Nationale Handels Academie (NHA)
Zie 17.1.f.6, 17.8.f.7, 17.8.I.7, 20.3.f.3 en 20.3.I.9.
Voor adres(sen) zie: OVER-274.
Algemeen
- Door het ministerie van OCW erkend afstandsonderwijs.
- De NHA geeft onder meer opleidingen op hbo- en mbo-niveau.
Cursussen
- Assistent drogist.
- Assistent-magazijn/expeditie manager-A en -B.
- Assistent-manager-A en -B.
- Assurantie-B.
- Basiskennis boekhouden.
- Bedrijfscorrespondentie (Duits, Engels, Frans, Nederlands).
- Bedrijfsleider-A en -B.
- Bedrijfsorganisatie.
- Bedrijfspsychologie.

- Buitengewoon opsporingsambtenaar.
- Commercieel management.
- Computerboekhouden I en II.
- Detailhandel en horeca: diverse cursussen.
- Dierenzorg: diverse cursussen.
- Directieassistente.
- Drogist (vakdiploma).
- Elementaire belastingkunde.
- Europees computerrijbewijs (ECDL).
- Filiaalmanager.
- Financieel management.
- Gezondheidszorg: diverse cursussen.
- Groepsleider magazijn.
- Logistiek en vervoer: diverse cursussen.
- Magazijnbeheer.
- Magazijnmedewerker.
- Makelaardij o.g.
- Makelaardij en financiële dienstverlening: diverse cursussen.
- Management en personeel: diverse cursussen.
- MBA.
- Middenstandsdiploma.
- Milieukunde.
- Modeadviseur.
- NIMA-A.
- NIMA-communicatie-A.
- Onderwijs en opvoeding: diverse cursussen.
- Orde en veiligheid: diverse cursussen.
- PDI (MG 1, MG 2, MG 3).
- PDL.
- Persoonlijke ontwikkeling: diverse cursussen.
- PMM.
- Pr en voorlichting.
- Praktijkdiploma boekhouden.
- Psychologie: diverse cursussen.
- Receptionist-A en -B.
- Secretaresse-A en -B.
- Sociale hygiëne.
- Steno.
- Taalvaardigheid: diverse cursussen.
- Talen met cd's of cassettes
  (Duits, Engels, Frans, Italiaans, Spaans).
- Toerisme: diverse cursussen.
- Uiterlijk en lichaamsverzorging: diverse cursussen.
- Verkoop in de drogisterij.
- Voeding en sport: diverse cursussen.
- Voorbereidend hoger management.

17.1.l.8 NEderlandse Vereniging voor Inkoopmanagement (NEVI)
Voor adres(sen) zie: OVER-362.
Opleidingen
- NEVI 1 (Assistent Inkoper).
- NEVI 2 (Inkoper).
- NEVI MIL (Medewerker Inkoop-Logistiek).
Toelatingseisen Diploma vbo, mavo, vmbo, havo, mbo niveau 2, 3 en 4; of hbo, afhankelijk van de te volgen opleiding.

17.1.l.9 PTC+
Zie 3.1.l.4.

17.1.l.10 Ondernemer MKB
Voor adres(sen) zie: ROCCO-11.
Algemeen Deze opleiding wordt niet door de overheid bekostigd.
CREBO 10829
Doel De ondernemerscursus kan nu, meer dan vroeger (omdat de Wet AOV is vervallen), ingaan op de dagelijkse zaken van het ondernemerschap: het inspelen op de marktsituatie, het bijhouden van de administratie, de organisatie en de financiering van het bedrijf. Na het volgen van de vernieuwde cursus zal de toekomstige ondernemer vertrouwd zijn met de facetten van het starten van een bedrijf en het opstellen van een ondernemingsplan.
Toelatingseisen Geen specifieke opleiding vereist.
Duur 14 bijeenkomsten van 1 avond per week; 4 uur per week huiswerk.
Lesprogramma De cursus bestaat uit twee modulen:
- *Bedrijfsbeheer:* financiering en marketing.
- *Bedrijfsvoering:* organisatie en administratie.
Diploma/examen De examens worden afgenomen door de Stichting Nederlandse Associatie voor praktijkexamens in de maanden januari en juni.
Overige informatie De opleiding wordt gegeven te Almelo en Hengelo.

17.1.l.11 Rhetorica, instituut voor communicatie
Zie 19.1.l.2.

17.1.l.12 Volwassenenonderwijs - verkoop
Voor adres(sen) zie: ROCCO-2, 10, 11, 18, 19, 22.
Cursussen
- Klachtenafhandeling.
- Klantvriendelijkheid.
- Leidinggeven.
- Relatiebeheer.
- Verkooptraining.

17.2 ZELFSTANDIGE VESTIGING

17.2.l Overige opleidingen

Algemeen Om zich zelfstandig te vestigen moet men ingeschreven zijn bij de Kamer van Koophandel in de eigen regio. Deze deelt ondernemers in 3 soorten in:
A. Er worden geen vestigingseisen gesteld:
   men kan zich dus vrij vestigen.
B. Met de eis: BedrijfsTechniek (BT):
   een diploma BT moet worden gehaald voor de bedrijven:
   • bouwbedrijf (aannemersbedrijf B&U, aannemersbedrijf GWW, sloopbedrijf, metselaarbedrijf, timmerbedrijf);
   • installatiebedrijf (centrale verwarmingsbedrijf, kasverwarmingsbedrijf, luchtbehandelingsbedrijf, gasfittersbedrijf, waterfittersbedrijf, loodgietersbedrijf, elektrotechnisch bedrijf, koeltechnisch bedrijf);
   • levensmiddelenbedrijf (brood en banketbakkersbedrijf, slagersbedrijf, poeliersbedrijf, visbewerkingsbedrijf);
   • vervoermiddelenbedrijf (autobedrijf, motorfietsbedrijf, carrosseriebouwbedrijf, carrosserieherstelbedrijf, landbouwmechanisatiebedrijf).
C. Met de eisen: BedrijfsTechniek (BT) en VakTechniek (VT):
   zie voor diploma BT onder punt B; een diploma VT moet worden behaald voor de bedrijven: slagersbedrijf - brood- en banketbakkersbedrijf - elektrotechnisch installatiebedrijf.

Duur
- BT: Afhankelijk van het bedrijfscluster: variërend van 60 tot 250 lesuren.
- VT: 180 lesuren.

Diploma/examen De examens van de particuliere opleidingen voor BT en VT worden afgenomen door een onafhankelijke stichting die verslag uitbrengt aan het ministerie van economische zaken.
N.B.
- De programma's voor BT en VT kunnen worden opgenomen in de leerplannen van het voltijd- en deeltijd-mbo, waarvan de examens ressorteren onder de ministeries van economische zaken en van OCW.
- Er kunnen door de diverse branches of beroepsgroepen stichtingen in het leven worden geroepen, met het doel een landelijke erkenningsregeling te ontwikkelen en uit te voeren. Daardoor zullen de particuliere instellingen blijven opleiden en diploma's afgeven waardoor men door de branche of beroepsgroep wordt erkend.

17.2.I.1 AGF Detailhandel Nederland (ADN)
Voor adres(en) zie: OVER-116.
Algemeen Opleiding voor het vestigings- en vakdiploma AGF.
Opleidingen
- A. AFG vakdiploma.
- B. Opmaak fruitstukken.
- C. Rauwkostbereiding.
Duur
- A: 90 lesuren.
- B en C: 6 avonden.

17.2.I.2 Detailhandel Doe-Het-Zelf (DHZ)
Voor adres(en) zie: OVER-111.
Opleidingen Branche-artikelkennis voor de DHZ-detailhandel.

17.2.I.3 Detailhandel mode (DETEX)
Zie ook: 6.3.I.1.
Voor adres(en) zie: OVER-149.
Algemeen Opleiding voor werknemers in de modebranche.

17.2.I.4 Detailhandel schoenen (DETEX)
Voor adres(en) zie: OVER-149.
Opleidingen
- A. Schoenadviseur.
- B. Schoenmanager.
- C. Schoenspecialist.
Toelatingseisen
- A: diploma niveau 2: Verkoopmedewerker.
- Na A volgt men B en C.
Duur
- A: 12 dagdelen.
- B: 14 dagdelen.
- C: 4 dagdelen.

17.2.I.5 Drogist
Zie 13.24.I.1, 13.24.I.2, 13.24.I.3, 13.24.I.4.

17.2.I.6 Elektrotechnisch ondernemer (Kenteq)
Zie 5.2.I.2.

17.2.I.7 IMK Managementopleidingen en communicatietrainingen
Voor adres(en) zie: OVER-8.
Doel Middle management A: beginnende leidinggevende managers allround theorie en praktijkinzicht bieden.
Cursussen Diverse cursussen op commercieel en financieel gebied, management (Middle management A), personeelsbeleid, verkoopvaardigheden.
Toelatingseisen Alleen bij Middle management A ten minste mbo-werk- en denkniveau gewenst.
Duur
- Middle management A: 16 avonden van 19.00-22.00 uur (1 lesavond per 2 weken), start: 4x per jaar.
- Idem, versnelde dagopleiding: 8 dagen van 10.00-17.00 uur.
Lesprogramma 4 modulen bij Middle management A: communicatie - leiderschap - organisatie - personeelsbeleid.
Diploma/examen Middle management A: 2 schriftelijke examens op 2 avonden en een eindopdracht (geschreven rapport).
Het diploma is erkend door de Stichting Nederlandse Examen Autoriteit (StiNEA).
Mogelijkheden voor verdere studie Na Middle management A: hbo-opleiding Middle management B.

17.2.I.8 IMKO
Voor adres(en) zie: OVER-111.
Opleidingen
- *Op het gebied van brancheartikelenkennis:*
  vakopleiding voor de DHZ-detailhandel - vakopleiding verf- en behangspeciaalzaken - vakopleiding ijzerwaren en gereedschappen (COVIJ) - vakopleiding sfeerverwarming.
- *Op commercieel gebied:*
  effectief verkopen in de buitendienst - omgaan met lastige klanten - omgaan met agressie en emoties - acquisitie van producten - acquisitie van diensten - telefonisch verkopen - creatieve inpaktechnieken - presenteren & etaleren - succesvol klantgericht verkopen in de praktijk.
- *Op het gebied van management:*
  anticiperend leidinggeven - resultaatgericht begeleiden en motiveren - interviewtechnieken - werving en selectie.
- *Op het gebied van ondernemen:*
  de start van een onderneming - sociale hygiëne.
- *Diverse opleidingen op het gebied van beveiliging - wonen en interieur - techniek - uiterlijke verzorging - parfumerie:*
  deze opleidingen worden in de desbetreffende hoofdstukken beschreven.

17.2.I.9 Kantoorboekhandel
Voor adres(en) zie: KBB-7.
Algemeen Opleiding tot het vakbekwaamheidsdiploma.
Duur 1 jaar (1 dag per 2 weken of 1 avond per week).
Lesprogramma Vakbekwaamheidsopleiding: kantoororganisatie - kantoorautomatisering - verbruiksartikelen - apparatuur - kantoorinrichting.
Functiemogelijkheden Medewerker en ondernemer in de kantoorvakhandel; commercieel medewerker buitendienst en binnendienst.

17.2.I.10 NSO Opleiding en advies
Voor adres(sen) zie: OVER-226.
Opleidingen rookwaren en rokersbenodigdheden:
- Basiskennis.
- Sigaren.
- Tabakspijpen en pijptabak.

17.2.I.11 NTI - blended learning - Vak en vestiging
Voor adres(sen) zie: ROC/MBO-36.
Cursussen
- Assistent drogist/vakdiploma Drogist.
- Makelaardij o.g.
- Modeadviseur.
- Sociale hygiëne.
- Vakbekwaamheid cafébedrijf.
- Vakbekwaamheid reisbureaubedrijf.
- Verkoop in de drogisterij.

17.2.I.12 Parfumerie (IMKO)
Voor adres(sen) zie: OVER-111.
Opleidingen
- Effectief verkopen van cosmetische producten voor schoonheids-specialisten.
- Effectief verkopen voor winkelpersoneel.
- Klantentypologie & klachtenbehandeling.
- Maquillage/visagie.
- Mondelinge en praktijkdagen parfumerie.
- Refresh your mind/refresh your make-up-style.
- Trainingsdag voor schoonheidsspecialisten.

17.2.I.13 PTC+
Zie 3.1.I.4.

17.2.I.14 Retail Management Academy (RMA)
Voor adres(sen) zie: KBB-7.
Algemeen Opleidingsinstituut voor de detailhandel. Daarbij gaat het zowel om cursussen die verbreding van de kennis van medewerkers voor een bepaalde functie als doel hebben, als om zogenoemde carrièreopleidingen voor een hogere functie.
Opleidingen Onderstaande opleidingen staan per onderwerp in de volgorde van de niveaus:
- *Non-food detailhandel:*
  • Bedrijfsgroepen detailhandel non-food (voor retailers die hun medewerkers willen opleiden op mbo2-, mbo3- of mbo4-niveau worden bedrijfsgroepen via roc's verzorgd).
  • Filiaalmanager (2-jarige opleiding voor afdelingsmanagers en [assistent-] filiaalmanagers).
  • VHMR TOP (Voorbereidend Hoger Management voor de Retail TOP; praktische opleiding voor afdelingsmanagers en [assistent-] filiaalmanagers met mbo-diploma [niveau 4]).
  • HBO SB&RM (Small Business & Retail Management) (2-jarige managementopleiding).
- *Supermarkt:*
  • BOS (BasisOpleiding Supermarkt, CBL1) (1-jarige opleiding voor verkoopmedewerkers).
  • OSM (Opleiding Supermarkt Management, CBL2 (1-jarige opleiding voor beginnende afdelingsmanagers).
  • VHSM (Voorbereidend Hoger Supermarkt Management, CBL3) (2-jarige opleiding voor ervaren afdelingschefs of nog onervaren assistent bedrijfsleiders).

• VHSM-TOP (TOP-opleiding Voorbereidend Hoger Supermarkt Management) (1-jarige opleiding voor afdelingschefs en assistent bedrijfsleiders met mbo-diploma niveau 4 of CBL3-diploma).
• HSM (Hoger Supermarkt Management, CBL4) (1-jarige brede bedrijfskundige opleiding voor [assistent] bedrijfsleiders).
Cursussen
- Hoger management voor de retail (2 jaar).
- Retail management (1 jaar).
- Voorbereidend hoger management voor de retail (1 jaar).
Diploma/examen
- Diploma Filiaalmanager geeft tevens recht op het mbo-diploma Filiaalmanager (niveau 4).
- Diploma BOS geeft tevens recht op het mbo-diploma Verkoper (niveau 2).
- Diploma VHSM geeft tevens recht op het mbo-diploma Manager handel (niveau 4).
- Diploma HSM geeft tevens recht op instroom in het tweede jaar van de Ad-opleiding Small Business & Retail Management bij Stenden HS in Leeuwarden.

17.2.I.15 Sportartikelen (DETEX)
Voor adres(sen) zie: OVER-149.
Opleidingen
- A. Sportvakadviseur.
- B. Sportvakmanager.
- C. Sportvakspecialist.
Toelatingseisen
- A: diploma niveau 2: Verkoper (Verkoper detailhandel).
- Na A volgt men B en C.
Duur
- A: 12 dagdelen.
- B: 14 dagdelen.
- C: 4 tot 6 dagdelen.

17.2.I.16 Stichting Hout & Meubel
Voor adres(sen) zie: KBB-17.
Doel Er wordt opgeleid voor assistent-verkoper, deskundig verkoper, ondernemer in het woninginrichtings- en meubileringsbedrijf.
Toelatingseisen 4 jaar voortgezet onderwijs.
Duur 2-3 jaar deeltijd.
Functiemogelijkheden Verkoper, adviseur of ondernemer in de woninginrichting; binnenhuisadviseur; keukenadviseur.

17.2.I.17 Uitvaartverzorging (Docendo)
Voor adres(sen) zie: OVER-179.
Algemeen Opleidingen voor de uitvaartbranche.
Opleidingen
- Piëteitsvolle Verzorging van Overledenen en eenvoudige restauratieve technieken (PVO).
- UitvaartVerZorger (UVZ).
Cursussen
- Communicatieve Vaardigheden (CV), basistraining.
- Diverse nascholingsprogramma's.
- Oriëntatietraining.

17.2.I.18 Vishandel (Stivavi)
Voor adres(sen) zie: OVER-215.
Opleidingen Opleiding voor het ondernemersdiploma.

17.2.l.19 VOB boek & media academie
Voor adres(en) zie: OVER-104.
Algemeen Jaarlijks vernieuwde opleidingen voor de boeken-
branche, zowel voor boekhandel als voor uitgeverij.
Opleidingen
- Auteursmanagement.
- Auteursrecht.
- Basismodule 1 voor de boekhandel:
  wegwijs in de boekenbranche.
- Basismodule 2 voor de boekhandel:
  assortiment: samenstelling assortiment.
- Basismodule 3 voor de boekhandel:
  marketing en promotie: basisbegrippen marketing.
- Basismodule 4 voor de boekhandel bedrijfsvoering:
  financiële administratie.
- Beeldredactie.
- Commercieel en creatief schrijven.
- E-marketing.
- Grafische productie en vormgeving.
- Organisatie en projectbeheer bij multimedia-uitgaven.
- Prepress en premedia.
- Redigeren.
- Sturen op cijfers in de boekhandel.
- Tekstredactie.
- Van concept naar verdienmodel (multimediale projecten).
Toelatingseisen Varieert per opleiding van diploma vmbo, mavo,
of havo, tot geen specifieke eisen, maar wel ervaring in 'het vak'.
Functiemogelijkheden
- Met de boekhandelsopleidingen kan men werken in een boek-
  handel in diverse functies.
- Met de uitgeversopleidingen kan men werken in een uitgeverij
  als uitgever of op uitgeverijafdelingen van corporate publishers
  (administratie, marketing, productie, promotie, in- en verkoop
  auteurs- en andere rechten, redactie, verkoop).

17.3 PUBLIC RELATIONS

Algemeen De public relations officer heeft tot taak het - in hoofd-
zaak door voorlichting - stelselmatig bevorderen van wederzijds
begrip tussen een organisatie en haar publieksgroepen: dit alles
met het doel het beleid van de instelling of het bedrijf op optimale
wijze te verwezenlijken.
Diploma/examen Het NIMA neemt examen af voor NIMA-PR-A en
NIMA-PR-B.

17.3.f Hbo-bacheloropleiding

17.3.f.1 Communicatie (Avans HS, Avans+, Fontys HS,
HAN, Hanze HS, HS Inholland, HS Leiden, HS LOI,
HS NCOI, HS NTI, HS Rotterdam, HS Utrecht,
HS Windesheim, HvA, HZ, NHL)
Voor adres(en) zie: HBO-29, 66, 70, 99, 115, 133, 135, 156, 184,
204, 217.
Algemeen
- Hbo-bacheloropleiding voor functies in public relations, voorlich-
  ting en reclame.
- Avans+, HS LOI, HS NCOI en HS NTI worden niet door de overheid
  bekostigd.
Toelatingseisen
-§Diploma havo (wisk. A of B of econ. of handelsw.); havo-profiel
  C&M, E&M, N&T (+ econ. I), N&G (+ econ. I); vwo; vwo-profiel

C&M (+ econ. I), E&M, N&T (+ econ. I), N&G (+ econ. I); mbo
niveau 4 (wisk. of alg. econ. of comm. econ. of bedr.econ. of
bedr.adm.).
- Of 21 jaar of ouder zijn en toegelaten op grond van een toela-
  tingsonderzoek.
Duur
- 4 jaar voltijd, waarin een stageperiode van 6 maanden.
- Amsterdam (HvA), Breda (Avans HS), Eindhoven (Fontys HS,
  Leeuwarden (NHL), R'dam (HS Rotterdam): ook 4 jaar deeltijd.
- Breda (Avans+): 4 jaar deeltijd.
- HS LOI, HS NCOI en HS NTI: digitaal in deeltijd.
Lesprogramma Specialisaties:
- Arnhem/Nijmegen (HAN): Brand management (minor) - Online
  communicatie (minor) - Public relations & mediarelaties (minor).
- Breda (Avans HS): Minor.
- Breda (Avans+): Minor.
- Den Haag (HS Inholland): Advertising, brand and design - Media-
  concept en mediacontent - Nieuws en redactie - Overheidscom-
  municatie (minor) - Pers en media (minor) - Risico- en crisiscom-
  municatie (minor).
- Diemen (HS Inholland): Advertising, brand and design - Media-
  concept en mediacontent - Nieuws en redactie.
- Eindhoven (Fontys HS): Communicatie creatief - Communicatie-
  management.
- R'dam (HS Inholland): Advertising, brand and design - Mediacon-
  cept en mediacontent - Nieuws en redactie.
- R'dam (HS Rotterdam): GetConnected: interactive communication in the global village - Internal branding (minor) - PR 2.0
  (minor) - Strategische communicatie (minor).
- Utrecht (HS Utrecht): Communicatiemanagement.
- Vlissingen (HZ): Social media design (minor).
- Zwolle (HS Windesheim): Creatie en communicatie.
- HS NCOI: Marketingcommunicatie - Media en entertainment.
Functiemogelijkheden Voorlichter, public relations officer, communicatieadviseur, medewerker interne en/of externe communicatie, perschef, communicatiemanager, medewerker reclamebureau,
account executive, accountmanager, reclameadviseur, secretaris van
organisaties of verenigingen, wetenschapsvoorlichter.
Met de studierichting Communicatie creatief wordt men copywriter,
conceptontwikkelaar en creative director.

17.3.f.2 Europese Marketing & Management-
communicatie (EMM) (Fontys HS)
Zie 19.5.f.1.

17.3.g Mbo-opleiding niveau 4

17.3.g.1 Medewerker marketing en communicatie
(niveau 4)
Zie 17.8.g.1.

17.3.l Overige opleidingen

17.3.l.1 Communicatiemedewerker (junior)/
Junior adviseur (beroepsniveau B) (Van der Hilst)
Voor adres(en) zie: OVER-15.
Algemeen Gecertificeerde vakopleiding, bedoeld voor de commu-
nicatiemedewerker die specialist wil zijn in de uitvoering van com-
municatieactiviteiten.
Doel Opleiding tot gekwalificeerd beroepsbeoefenaar voor commu-
nicatiefuncties; praktijkvaardigheden die nodig zijn om het vak pro-

fessioneel te kunnen uitoefenen; plannings- en beleidsvormingsprocessen en zelfstandig uitvoeren van enkelvoudige projecten.

Toelatingseisen
- Diploma vwo of gelijkwaardig, bij voorkeur ervaring in een pr-functie.
- Daarnaast goede mondelinge en schriftelijke taalbeheersing en brede maatschappelijke belangstelling.

Duur 34 dagdelen (elke 2 weken 1 middag en 1 avond).
Functiemogelijkheden Beroepsniveau medewerker communicatie.
Overige informatie Gecertificeerd door de Beroepsvereniging voor communicatie.

17.3.l.2 Communicatiemedewerker (senior)/
Senior adviseur (beroepsniveau C) (Van der Hilst)
Voor adres(sen) zie: OVER-15.
Algemeen Gecertificeerde opleiding voor de communicatiemedewerker die wil leren omgaan met complexe communicatievraagstukken en strategisch communicatiebeleid.
Doel Kennis, inzicht, ambachtelijke en persoonlijke vaardigheden om complexe communicatievraagstukken effectief aan te pakken en om in- en externe klanten strategische communicatieadviezen te kunnen geven.

Toelatingseisen
- Hbo-getuigschrift hbo of wo-diploma, plus het Van der Hilst-diploma Communicatiemedewerker of het diploma PR-A; of hbo-getuigschrift of wo-diploma met als specialisatie: Communicatie.
- In alle gevallen: minimaal 3 jaar relevante werkervaring.
- Intakegesprek bij niet voldoen aan deze eisen, maar met een andere relevante vooropleiding.

Duur 34 dagdelen (per 2 weken 1 middag en 1 avond).
Functiemogelijkheden Senior communicatiemedewerker/senior adviseur.

17.3.l.3 Communicatieopleidingen Van der Hilst
Voor adres(sen) zie: OVER-15.
Algemeen Opleidingen en trainingen op communicatiegebied.
Opleidingen Beroepsopleidingen, in company-trainingen en trainingen met open inschrijving op het gebied van communicatie:
- A. Assistent communicatiemedewerker (beroepsniveau A): gecertificeerde opleiding voor wie in zijn of haar vak met communicatie te maken krijgt en daar meer van wil weten.
- B. Communicatiemedewerker (beroepsniveau B, gecertificeerd; zie voor meer informatie 17.3.l.1).
- C. Specialisaties communicatiemedewerker/junior adviseur.
- D. Communicatiemedewerker (senior)/senior adviseur (beroepsniveau C; zie voor meer informatie 17.3.l.2).
- E. Communicatiemanager (beroepsniveau D): gecertificeerde opleiding voor wie leiding geeft aan een communicatieafdeling, omgaat met complexe communicatie- en beleidsvraagstukken en behoefte heeft aan een stimulans van zijn of haar vaardigheden en vakken.

Toelatingseisen
- A: Diploma havo, vwo of een gelijkwaardige opleiding en voldoende werkervaring.
- B: Zie: 17.3.l.1.
- C. Diploma havo, vwo, plus het Van der Hilst-diploma Assistent communicatiemedewerker, of hbo-getuigschrift of wo-diploma.

In alle gevallen: minimaal 2 jaar algemene werkervaring.
Bij niet voldoen aan deze eisen, maar met een andere relevante vooropleiding, kan men een intakegesprek aanvragen.

- D: Zie: 17.3.l.2.
- E: Diploma Communicatiemedewerker (senior)/senior adviseur (beroepsniveau C), getuigschrift hbo-Communicatie, of diploma wo-Communicatiewetenschappen.

In alle gevallen: minimaal enige jaren werkervaring als senior communicatiemedewerker/senior adviseur of communicatiemanager.
Duur Varieert per opleiding of training.
Overige informatie Opleidingslocaties in Amersfoort en Rotterdam.

17.3.l.4 ISBW opleiding, training en coaching
Zie 11.1.l.7.
Algemeen Het ISBW verzorgt onder meer opleidingen op het gebied van public relations.

17.3.l.5 LOI - afstandsonderwijs - Marketing, verkoop en
communicatie
Zie 17.8.l.5.

17.3.l.6 NTI - blended learning - NIMA-PR-A en
communicatie
Voor adres(sen) zie: ROC/MBO-36.
Opleidingen
- Assistent communicatiemedewerker.
- Communicatiemedewerker.
- NIMA-PR-A.

17.3.l.7 Stichting Reclame- en Marketingonderwijs (SRM)
Zie 17.7.l.3.

17.3.l.8 Training effectief schrijven
Voor adres(sen) zie: OVER-15.
Doel Effectiviteit van pr- en voorlichtingsteksten verbeteren. Relaties interesseren en overtuigen en collega's informeren en motiveren d.m.v. teksten (persberichten, artikelen, circulaires, brochures).
Toelatingseisen Voor voorlichters en communicatiemedewerkers.
Duur 6 dagdelen (3 keer een ochtend en 3 keer een middag).

17.3.l.9 Volwassenenonderwijs - public relations
Voor adres(sen) zie: ROCCO-1, 8, 10, 11, 14, 26.
Cursussen
- Communicatie.
- NIMA-PR.
- Praktijkdiploma Public relations.
- Presentatietechnieken.
Toelatingseisen Diploma mavo of vmbo.
Duur 6 maanden (1 avond per week).

17.4 VERZEKERINGSPERSONEEL

17.4.a Postacademisch onderwijs (pao)

17.4.a.1 Verzekeringsarts (NSPOH)
Zie 13.1.a.12.

17.4.c Wo-bacheloropleiding

17.4.c.1 Actuarieel Genootschap & Actuarieel Instituut
Voor adres(sen) zie: WO-42.
Algemeen Wo-deeltijdopleidingen:
- Actuarieel analist.
- Actuarieel rekenaar.
- Actuaris.
Toelatingseisen
- Tot de opleiding Actuarieel rekenaar: diploma havo (wisk., Eng.) of diploma 'Techniek Leven' met Engels op havo/vwo-niveau.
- Zodra het diploma 'Actuarieel rekenaar' is behaald, kan de opleiding 'Actuarieel analist', en vervolgens de opleiding 'Actuaris' worden gevolgd.
Duur
- Actuarieel analist: 3,5 jaar.
- Actuarieel rekenaar: 1,5 jaar.
- Actuaris: 3,5 jaar.
Lesprogramma
- Actuarieel analist: economie - recht - communicatieve vaardigheden - rekenprincipes - leven of schade of pensioenen & sociale verzekeringen.
- Actuarieel rekenaar: algemene inleiding - actuariële rekenprincipes in de levensverzekering.
- Actuaris: leven of schade of pensioenen & sociale verzekeringen.

17.4.c.2 Actuariële wetenschappen (UvA)
Voor adres(sen) zie: WO-8.
Algemeen Wo-bacheloropleiding tot actuaris (of verzekeringswiskundige).
Doel De studie is gericht op financiële problemen van verzekeringen en het berekenen van financiële consequenties van maatschappelijke vraagstukken.
Toelatingseisen
- Diploma vwo (wisk. A of B); vwo-profiel C&M (+ wisk. B I, econ. I), E&M (+ wisk. B I), N&T (+ econ. I), N&G (+ econ. I); propedeuse of getuigschrift/diploma van een hbo of van de OUNL (wisk. A of B).
- Als men 21 jaar of ouder is, komt men in aanmerking voor een colloquium doctum.
Lesprogramma Specialisaties:
- UvA: Honours-programma - Minors.
Duur 4 jaar voltijd.
Aansluitende masteropleidingen
- UvA: Actuarial science and mathematical finance.

17.4.c.3 Business School Nederland (BSN)
Zie 11.2.l.1.

17.4.f Hbo-bacheloropleiding

17.4.f.1 HS LOI, HS NCOI - Heo-Management, Economie en Recht (MER)
Zie 17.5.f.1.

17.4.g Mbo-opleiding niveau 4

17.4.g.1 Commercieel medewerker bank- en verzekeringswezen (niveau 4)
Voor adres(sen) zie: ROC/MBO-7, 10, 12, 13, 14, 15, 16, 20, 21, 28, 32, 38, 39, 40, 43, 47, 48, 56, 60, 61.
Algemeen
- Eindtermen voor deze kwalificatie worden ontwikkeld door ECABO.
- Hier worden slechts de centrale adressen vermeld. De opleiding kan in de wijde omtrek ervan worden gegeven.
CREBO 90500
Toelatingseisen
- Diploma vmbo gl, vmbo kb of vmbo tl met de sector vmbo-Ec; of diploma vmbo gl, vmbo kb of vmbo tl, alle met econ., 2e moderne vreemde taal of wisk., met de sectoren vmbo-Lb, vmbo-Tech of vmbo-Z&W.
- Overgangsbewijs naar havo-4 of vwo-4.
- Men kan met een diploma Commercieel medewerker binnendienst (niveau 3) met vrijstellingen in de opleiding instromen.
Duur 3-4 jaar voltijd.
Mogelijkheden voor verdere studie Hbo-bacheloropleiding in de economische sector. Met de hbo-opleiding MER kan men zich in de bank- en/of verzekeringsbranche specialiseren.
Functiemogelijkheden Commercieel medewerker verzekeringen bij een verzekeraar, een assurantiebemiddelingskantoor of een bankkantoor, commercieel medewerker bank op een bankkantoor.

17.4.l Overige opleidingen

17.4.l.1 LOI - afstandsonderwijs - Makelaardij en assurantie A en B
Zie 17.5.l.2.

17.4.l.2 NIBE-SVV
Voor adres(sen) zie: OVER-55.
Algemeen NIBE-SVV is het Nederlands Instituut voor het Bank-, Verzekerings- en Effectenbedrijf.
Om de cursussen te kunnen volgen, hoeft men niet bij een bank of bij een verzekeringsbedrijf te werken.
Doel Schriftelijke en mondelinge opleidingen gericht op functies in het verzekeringsbedrijf, in het assurantiebemiddelingsbedrijf en voor functies in andere bedrijfstakken waarvoor kennis van assurantie nodig is.
Opleidingen
- Aanspraken zorgverzekeringen.
- Actuele jurisprudentie aansprakelijkheid.
- Actuele jurisprudentie brand.
- Actuele ontwikkelingen in het verzekeringsrecht.
- Algemene opleiding bankbedrijf.
- Algemene opleiding kredietverzekeringen.
- Algemene opleiding leasing.
- Analyseren van jaarrekeningen.
- Anticorruptie en UK Bribery Act.
- Anti-witwassen.
- Arbeidsdeskundige.
- Arbeidsdeskundige: module Analyse.
- Arbeidsdeskundige: module Belasting. en belastbaarheid.
- Arbeidsdeskundige: module Communicatieve vaardigheden.
- Arbeidsdeskundige: module De arbeidsdeskundige.
- Arbeidsdeskundige: module Medische aspecten.
- Arbeidsdeskundige: module Ondernemerschap.

- Arbeidsdeskundige: module Preventie en reïntegratie.
- Arbeidsdeskundige aspecten in de AOV.
- Arbeidsdeskundige aspecten in de letselschaderegeling.
- Balansanalyse.
- Balanslezen.
- Bankieren en fiscaliteit.
- Basel III in de praktijk.
- Basis debiteurenbeheer.
- Bedrijfsovername in het mkb.
- Belastingpraktijk voor de BV en de dga.
- Belastingpraktijk voor de IB-ondernemer.
- Belastingpraktijk voor de particulier en de belegger.
- Beleggen in bv of privŽ.
- Beoordelen van zakenrelaties.
- Bijzonder beheer.
- Bijzonder beheer verdieping.
- Bijzonder beheer zakelijke kredietverlening leergang.
- Branche brand: Bedrijfsschadeverzekering.
- Branche brand: Brandverzekeringstechniek.
- Branche brand: Risicobeoordeling en preventie.
- Branche brand: Schaderegeling bij brand.
- Branche leven: Fiscale aspecten en kapitaalverzekering.
- Branche leven: Juridische en fiscale aspecten van pensioen.
- Branche leven: Juridische structuur en basisvormen.
- Branche leven: Lijfrenteverzekering.
- Branche leven: Natuurlijke personen en rechtspersonen.
- Branche leven: Pensioenvoorzieningen.
- Branche M&S: Burgerlijk proces- en bewijsrecht.
- Branche M&S: Internationale aspecten M&S.
- Branche M&S: Materiële schade.
- Branche M&S: Personenschade.
- Branche M&S: Verkeersrecht en OVS.
- Branche transport: Cascoverzekeringen.
- Branche transport: Goederentransportverzekeringen.
- Branche transport: Vervoersrecht.
- Branche varia: Algemene aansprakelijkheidsverzekeringen.
- Branche varia: Medische variaverzekeringen.
- Branche varia: Overige variaverzekeringen.
- Branche varia/M&S: Aansprakelijkheidsrecht.
- Branche varia/M&S - Motorrijtuigverzekering en aanverwante verzekeringsvormen.
- Branche varia/M&S - Wet aansprakelijkheidsverzekering motorrijtuigen.
- Buitenlandbedrijf.
- Cambridge Financial English.
- Cashmanagement 2011.
- Certified Compliance Officer.
- Certified Credit Controller (CCC), 1e jaar CCM.
- Certified credit manager (CCM), 2e jaar.
- Certified credit manager (CCM): complete opleiding (2 jaar).
- Certified credit practitioner(CCP).
- Collectieve inkomensverzekeringen.
- Commercie en credit management.
- Compliance & Fraude awareness.
- Compliance Course.
- Coördinator fraudebeheersing
- Coördinator fraudebeheersing: module Beleid.
- Derivaten Praktijktraining.
- DSI Beleggingsadviseur .
- DSI Effectenhandelaar.
- DSI Integrity module Effectenbedrijf.

- Employee benefits NEFEB A.
- Erkend hypotheekadviseur: SEH PE: Actualiteiten.
- Erkend hypotheekadviseur: SEH PE: De zzp-er/ IB-ondernemer en de eigen woning.
- Erkend hypotheekadviseur: SEH PE: Scheiding en de eigen woning.
- Erkend hypotheekadviseur - vaardigheden.
- Ethiek.
- Europees betalingsverkeer.
- FFP PE module de Flex-bv.
- FFP PE module de nieuwe eigenwoningregeling.
- FFP PE module Toekomstvoorziening en sociale zekerheid.
- FFP PE-programma (inclusief PE SEH en EHP).
- Financial risk management (FRM) - part 1.
- Financial risk management (FRM) - part 2.
- Financiële analyse van mkb-ondernemingen.
- Financiële markten.
- Financiële planning.
- FirstB@nksim.
- Flex BV.
- Gedragscode behandeling letselschade.
- General banking course.
- Grondbeginselen zakelijke kredietverlening.
- Hypothecaire planning.
- Hypothecaire planning - PE - de eigenwoningregeling, toekomstvoorziening en sociale zekerheid.
- Hypotheekfraude.
- Individuele inkomensverzekeringen.
- Inleiding bankbedrijf.
- Inleiding effectenbedrijf.
- Inleiding verzekeringsbedrijf.
- Inleiding zorgverzekeringen.
- Inrichten van credit management.
- Integriteitsmodule: DSI Compliance Professional.
- Integriteitsmodule: DSI Effectenspecialist.
- Integriteitsmodule: DSI Financieel adviseur.
- Integriteitsmodule: DSI Financiële Dienstverlening: Banken.
- Integriteitsmodule: DSI Financiële Dienstverlening: Intermediair.
- Integriteitsmodule: DSI Financiële Dienstverlening: Verzekeraars.
- International business banking.
- International Certificate in Banking Risk and Regulation (ICBRR).
- Interviewtechniek.
- Juridische aspecten van zakelijke kredieten.
- Kasstroomanalyse.
- Klantadvisering zorgverzekeringen.
- Kredietbeheer.
- Medische aspecten bij acceptatie en claimbehandeling.
- Medische aspecten bij ongevalletsel.
- Minnelijke & juridische incasso.
- Pensioenpraktijk 1: De werknemer.
- Pensioenpraktijk 2: De ondernemer.
- Pensioenpraktijk collectief.
- Personenschade licht letsel.
- Personenschade licht letsel: module Aansprakelijkheid en schadebehandeling.
- Personenschade licht letsel: module Communicatieve vaardigheden.
- Personenschade licht letsel: module Interculturele communicatie.
- Personenschade licht letsel: module Personenschaderegeling.
- Personenschade zwaar letsel: module Beroepsziekten.
- Personenschade zwaar letsel: module Overlijdensschade.

- Personenschade zwaar letsel: module Regie.
- Personenschade zwaar letsel: module Regie, en module Toekomstschade.
- Personenschade zwaar letsel: module Schade bij zelfstandigen.
- Personenschade zwaar letsel: module Toekomstschade.
- Polisbeheer zorgverzekeringen.
- Privacy compliance (actualia).
- Privacy compliance (masterclass).
- Privacy compliance (professional - sessiedagen).
- Privacy en internet.
- Privacy en de Wet bescherming persoonsgegevens.
- Privacy in de praktijk.
- Privacy van werknemers.
- Rechtwijzer
- Registeropleiding Financieel recht.
- Rentederivaten.
- Risicomanagement (leergang: 4 modules, inclusief risicomanagementonderzoek).
- Risicomanagement (4-daags seminar).
- RMiA-coachingstraject.
- Schenk- en erfwijzer.
- Schriftelijk overtuigen.
- Schriftelijk rapporteren.
- Senior beleggingsadviseur: leergang
- Senior beleggingsadviseur: module Asset management en performancemeting.
- Senior beleggingsadviseur: module Beleggingsadvisering.
- Senior beleggingsadviseur: module Derivaten en structered products.
- Senior beleggingsadviseur: module Financiële planning en ALM.
- Senior beleggingsadviseur: module Financiële rekenkunde.
- Senior beleggingsadviseur: module Integriteitsdilemma's.
- Senior beleggingsadviseur: module Technische analyse.
- Senior beleggingsadviseur: module Vaardigheden bij intake.
- Senior beleggingsadviseur: module Vastrentende waarden.
- Senior beleggingsadviseur: module Zakelijke waarden.
- Senior beleggingsadviseur: module Zorgplicht, cliëntprofiel en risicoprofiel.
- SEPA en internationaal betalingsverkeer.
- SEPA: For Financial Professionals (masterclass).
- SEPA-migratietraining: direct debit en credit transfer.
- Social media course.
- Sociale zekerheid: werk en inkomen.
- Solvency II.
- Telefonisch incasseren.
- Transactiefinanciering.
- VP: Aansprakelijkheid.
- VP: Brand.
- VP: Motorrijtuigen.
- VP (kernbegrippen): Leven.
- Wegvervoerder.
- Wft-PE Allround financieel adviseur.
- Wft-PE Basis + Leven (inclusief Beleggen).
- Wft-PE Basis + schadeverzekeringen.
- Wft-PE Basismodule.
- Wft-PE B-diploma of A-diploma exclusief Beleggen.
- Wft-PE B-diploma of A-diploma inclusief Beleggen.
- Wft-PE Beleggen.
- Wft-PE Consumptief krediet.
- Wft-PE Hypothecair krediet algemeen.
- Wft-PE Hypotheekadviseur.

- Wft-PE Leven (inclusief Beleggen).
- Wft-PE Leven algemeen.
- Wft-PE Schade particulier.
- Wft-PE Schadeverzekeringen.
- Wft-PE Volmacht overig.
- Wft-Pensioenverzekeringen assessmenttraining.
- Wft-Pensioenverzekeringen combipakket.
- Wft-Pensioenverzekeringen integratiedagen.
- Wft-Pensioenverzekeringen praktijkcolleges.
- Wft-Pensioenverzekeringen zelfstudie, e-learning en memotrainer.
- Wft-Schade.
- Wft-Schade Bedrijven.
- Wft-Volmacht Algemeen/A-Algemeen.
- Wft-Volmacht Brandverzekeringen/A-Brand.
- Wft-Volmacht Levensverzekeringen/A-Leven.
- Wft-Volmacht Overig/Wft-Gevolmachtigd agent.
- Wft-Volmacht Transportverzekeringen/A-Transport.
- Wft-Volmacht Variaverzekeringen/A-Varia.
- Woningfinanciering 1.
- Woningfinanciering 2.
- Zakelijke kredietverlening.
- Zekerheden en ondernemingsvormen.

Duur Varieert per opleiding.
Overige informatie
- Er zijn cursuslocaties in het hele land.
- De functionarissen in de assurantiebemiddeling moeten door de SER (Sociaal-Economische Raad) worden ingeschreven in een:
  • Tussenpersonenregister: voor degenen die als zelfstandig ondernemer bemiddelen in verzekeringen tussen publiek en verzekeraars (in dit register zijn ook de makelaars in assurantiën opgenomen).
  • Register gevolmachtigd agent: voor degenen die op grond van een volmacht als assuradeur optreden.

17.4.I.3 NTI - blended learning - Assurantie-B
Voor adres(sen) zie: ROC/MBO-36.
Cursussen Voor diploma assurantie-B.

17.4.I.4 Volwassenenonderwijs - assurantie (basis A en B)
Voor adres(sen) zie: ROCCO-9, 11, 14, 19, 20, 23, 26.
Cursussen
- Assurantiebemiddeling B.
- Basis intermediair assurantie.
Toelatingseisen Diploma mavo of vmbo.
Duur 10-15 weken (1 avond per week).

17.5 MAKELAAR IN ONROERENDE GOEDEREN (O.G.)

17.5.a.1 Amsterdam School of Real Estate (ASRE)
Voor adres(sen) zie: PAO-3.
Algemeen De masteropleidingen van de Amsterdam School of Real Estate, de MRE en de MSRE, zijn op 1 september 2011 geaccrediteerd door de NVAO als postinitiële wo-masteropleiding.
Doel De ASRE (destijds SBV: Stichting voor Beleggings- en Vastgoedkunde) is in 1989 opgericht om de expertise op het gebied van vastgoedkunde te vergroten.
Opleidingen
- *MRE.*
- *MSRE:*
  • Gebieds- & vastgoedontwikkeling.

- Investeringsanalyse.
- Marktanalyse.
- Real Estate Valuation.
- Vastgoedbeleggen.
- *Executive education:*
  - Gebieds- & vastgoedontwikkeling.
  - Investeringsanalyse.
  - Marktanalyse.
  - Real Estate Valuation.
  - Vastgoedbeleggen.

Cursussen
- Asset Management.
- Asset Management voor woningcorporaties.
- Business Valuation.
- Corporatie & vastgoed.
- Hercertificeren & PE-activiteiten.
- Inleiding Vastgoedkunde.
- Kantorenmarkt.
- Privaatrecht.
- Special Valuation 2.0.
- Stedelijke herontwikkeling.
- Vastgoed fiscaal.
- Vastgoedeconomie.
- Vastgoedrekenen.
- Vastgoedtaxaties.
- Vastgoedwaarderen.
- Winkelmarkt.
- Woningmarkt.
- Zorg & vastgoed.

Diploma/examen Aan studenten die de MRE- of de MSRE-opleiding aan de ASRE met goed gevolg afronden, wordt de academische graad 'Master of Science' uitgereikt. Daarnaast mag de titel 'MSRE' of 'MRE' achter de naam worden geplaatst.

Overige informatie
- Career Day.
- Nascholingsbijeenkomsten.

17.5.f Hbo-bacheloropleiding

17.5.f.1 HS LOI, HS NCOI - Heo-Management, Economie en Recht (MER)
Zie ook: 17.5.f.2 en 17.5.f.3.
Voor adres(sen) zie: HBO-115, 135.
Algemeen
- Hbo-bacheloropleiding, o.a. voor vastgoeddeskundige.
- HS LOI: ook als ad-programma.
- HS LOI en HS NCOI worden niet door de overheid bekostigd.
Toelatingseisen
- Diploma havo, vwo of mbo niveau 4.
- Als men 21 jaar of ouder is en over een vergelijkbare vooropleiding beschikt, oordeelt een toelatingscommissie over de toelating.
Duur Digitaal in deeltijd; bij HS LOI ook als ad-programma.
Lesprogramma Specialisaties:
- HS LOI: Vastgoed en makelaardij.
- HS NCOI: Makelaardij en vastgoed.
Diploma/examen Tevens behaalt men de diploma's: NEMAS Middle management, EXIN Ambi-module HG.1 en de SVMNIVO-Certificaten.
Functiemogelijkheden Bij HS LOI: Vastgoeddeskundige, taxateur, makelaar op makelaarskantoren, bij projectontwikkelaars, bij pensioenfondsen, bij beleggingsmaatschappijen en bij de overheid.

17.5.f.2 Makelaardij en vastgoed (HS Wittenborg)
Zie ook: 17.5.f.1 en 17.5.f.3.
Voor adres(sen) zie: HBO-37.
Algemeen Hbo-bacheloropleiding.
Doel Voorbereiding op het door de Stg. Vakopleiding Makelaardij (SVM) af te nemen examen en het diploma van de HS Wittenborg (voor de overige vakken).
Toelatingseisen Diploma havo; mbo niveau 4.
Duur 2 jaar voltijd.
Lesprogramma Makelaardij-modulen: economie - bedrijfsadministratie - privaatrecht - bouwkunde - publiekrecht - praktijkleer en assurantie-B (particulieren en MKB).
Basisvakken: marketing - informatica - management - Nederlands - Engels - Duits - bedrijfsadministratie - belastingrecht - bedrijfseconomie - bedrijfsstatistiek.
Daarnaast: stage - gastcolleges - bedrijfsbezoeken.
Functiemogelijkheden Makelaar in onroerende goederen; taxateur; hypotheekadviseur; vastgoedadviseur.

17.5.f.3 Vastgoed en makelaardij (Fontys HS, Hanze HS, HS Rotterdam, Saxion HS)
Zie ook: 17.5.f.1 en 17.5.f.2.
Voor adres(sen) zie: HBO-82, 89, 99, 157.
Algemeen Hbo-bacheloropleiding.
Doel Binnen de opleiding Management, Economie en Recht (MER) is een afstudeeropleiding waar studenten worden opgeleid voor functies in de onroerend goed-sector, zoals bij projectontwikkelaars, bij grondbedrijven, stadsontwikkeling en bij ruimtelijke ordening en in de makelaardij.
Toelatingseisen - Diploma havo (econ. of wisk. A of B); havo-profiel C&M, E&M, N&T (+ econ. I), N&G (+ econ. I); vwo; vwo-profiel C&M (+ econ. I), E&M, N&T (+ econ. I), N&G (+ econ. I); mbo niveau 4 in de domeinen bedrijfsadministratie of commerciële dienstverlening.
- Bij het bereiken van de 21-jarige leeftijd kan men toelatingsexamen doen.
Duur
- 4 jaar voltijd en deeltijd.
- 3,5 jaar na diploma vwo (Eng., wisk. A of B, econ. I en II) of diploma mbo niveau 4 (Eng., wisk.).
Lesprogramma Specialisaties:
- HS Rotterdam: Beleggen in vastgoed (minor) - Projectontwikkeling vastgoed (minor) - Real estate & facility management (minor).
Diploma/examen Na het afsluiten van de studie ontvangt men naast het diploma ook de aantekening 'Makelaardij o.g.'. Deze aantekening staat gelijk aan het SVMNIVO-Certificaat (Stg. Vakexamen Makelaardij).
Functiemogelijkheden Makelaar o.g.; taxateur o.g.; management/staffuncties bij instellingen die onroerend goed kopen/verkopen of beheren; staffuncties bij woningbouwcorporaties; functies bij de Rijksgebouwendienst e.d., bij projectontwikkelaars, bij grondbedrijven, bij de gemeente: stadsontwikkeling, of bij de gemeente: ruimtelijke ordening.
Overige informatie De opleiding is opgezet in samenwerking met de Nederlandse Vereniging van Makelaars, en is erkend door de ministeries van economische zaken en van OCW.
- Hanze HS: RICS geaccrediteerd.

17.5.l Overige opleidingen

17.5.l.1 ISBW opleiding, training en coaching
Zie 11.1.l.7.
Algemeen Opleiding voor makelaar o.g.

17.5.l.2 LOI - afstandsonderwijs - Makelaardij en assurantie A en B
Voor adres(sen) zie: OVER-225.
Opleidingen
- Makelaardij in assurantiën (A).
- Assurantieadviseur (B).
- Makelaardij in onroerende goederen.

17.5.l.3 Makelaar in onroerende goederen/ registermakelaar
Voor adres(sen) zie: HBO-37, 114, 115, OVER-151, 174, 199, 222, 225, 246, 259, 264, 274, 322, 338, ROC/MBO-36, ROCCO-9, 13, 26.
Doel Voorbereiden op examens voor makelaar in onroerende goederen of Registermakelaar van SVMNIVO.
Opleidingen VastGoed Introductiecursus (VGI) - VastGoed Praktijkopleiding (VGP) - Praktijktoets Register-Makelaar/Taxateur - WOZ-Taxateur - Woningmarktconsultant (WMC) - Erkend Hypotheekadviseur voor SEH-diploma - Agrarisch Onroerend Goed (AOG) - BedrijfsOnroerend Goed (BOG) - VastGoedManagement (VGM) - opleidingen voor hercertificering CRMT - opleidingen voor (woning-) makelaars en hun medewerkers - propedeuse NVM Wonen - Secretaresse vastgoed - Hands on trainingen NVM Realworks.
Cursussen Er is een aparte cursus Belastingrecht Vastgoed.
Toelatingseisen Havo-niveau; of niveau mbo niveau 4.
Duur Makelaar: 3 jaar.
Lesprogramma Privaatrecht - publiekrecht - economie, marketing en consumentengedrag - bedrijfseconomie en bedrijfsadministratie - bouwkunde - makelaardijleer (koop en verkoop, huur en verhuur, pacht, hypotheek, assurantiën, taxatieleer).
Diploma/examen Het examen staat open voor iedereen.
Na de opleiding kan men examen afleggen bij SVMNIVO.
Vervolgens kan men zich voorbereiden op de 'Praktijktoets' om registermakelaar te worden. Hierbij worden o.a. de taxatievaardigheden en mondelinge spreek- en commerciële vaardigheden getoetst.
Functiemogelijkheden Makelaar in onroerende goederen en taxateur in dienst van bank, hypotheekbank, overheid, e.a.

17.5.l.4 Makelaardij in onroerende goederen, vakexamen SVMNIVO
Voor adres(sen) zie: DIEN-26.
Diploma/examen SVMNIVO neemt het examen af voor de makelaar in onroerende goederen, waartoe door diverse instellingen wordt opgeleid.
Het examen vindt jaarlijks in april en oktober plaats.

17.6 EVENEMENTEN
Zie ook: 14.8 en 23.6.

17.6.f Hbo-bacheloropleiding

17.6.f.1 Communicatie (Avans HS, Avans+, Fontys HS, HAN, Hanze HS, HS Inholland, HS Leiden, HS LOI, HS NCOI, HS NTI, HS Rotterdam, HS Utrecht, HS Windesheim, HvA, HZ, NHL)
Zie 17.3.f.1.

17.6.f.2 Facilitair eventmanagement (HS Inholland)
Voor adres(sen) zie: HBO-70.
Algemeen Ad-programma.
Doel Leren hoe evenementen worden georganiseerd, gecoördineerd, begroot en ontwikkeld; vaardigheden aanleren die in projecten kunnen worden getoetst; in praktijksituaties voorbereiding en uitvoering van een evenement realiseren.
Toelatingseisen Diploma havo of vwo (C&M, met econ., of man. & org., [plus wisk. A of wisk. B]): E&M; N&G of N&T met econ. of man. & org.).
Duur 2 jaar voltijd.
Functiemogelijkheden Eventmanager bij event-, congres- en beursorganisatiebureaus.

17.6.f.3 Facility Management (FM) (Haagse HS, HAN, Hanze HS, HS Inholland, HS LOI, HS NCOI, HS Rotterdam, HS Utrecht, Saxion HS, Zuyd HS)
Zie 15.1.f.1.

17.6.f.4 Hospitality & evenementenmanagement/- Hospitality & events management (EHCS, HS Wittenborg, Notenboom)
Voor adres(sen) zie: HBO-37, 77, 113, 137, 154.
Algemeen
- Hbo-bacheloropleiding.
- Ad-programma bij Notenboom (vestigingen in Eindhoven, Hilversum en Maastricht).
- De opleidingen van Business School Notenboom en van HS Wittenborg worden niet door de overheid bekostigd.
Duur
- 4 jaar voltijd.
- Ad-programma: 2 jaar voltijd.
Lesprogramma Specialisaties:
- Apeldoorn (HS Wittenborg): Hospitality management.
- Eindhoven (Notenboom): Events management - Hospitality management.

17.6.f.5 HS Tio (o.a. HEM en ITM)
Zie 18.1.f.6.
Algemeen Bij HS Tio wordt een 3-jarige hbo-bacheloropleiding Hotel- en EventManagement (HEM) gegeven.

17.6.f.6 Toerisme en eventmanagement (Notenboom)
Zie 18.1.f.8.

17.6.f.7 Vrijetijdsmanagement (NHTV)
Zie 14.8.f.4.

17.6.g Mbo-opleiding niveau 4

17.6.g.1 Medewerker marketing en communicatie (niveau 4)
Zie 17.8.g.1.
Algemeen Het gaat hier om de uitstroomrichting: Medewerker evenementenorganisatie (crebonumer 90534).

17.6.g.2 Podium- en evenemententechniek (niveau 4)
Voor adres(sen) zie: ROC/MBO-5, 13, 32, 51, 54.
Algemeen
- *Bij Roc van Twente zijn er 3 uitstroomrichtingen:*
  - Podium- en evenemententechnicus Geluid (crebonummer 93341).
  - Podium- en evenemententechnicus Licht (crebonummer 93342).
  - Podium- en evenemententechnicus Toneel (crebonummer 93343).
- Hier worden slechts de centrale adressen vermeld. De opleiding kan in de wijde omtrek ervan worden gegeven.
CREBO 93340
Doel Roc van Twente:
Keuze voor 3 specialisaties van podium- en evenemententechniek:
- *Geluid:* optimale geluidskwaliteit, geluidsplan, microfoons instellen, geluidsapparatuur opstellen; ingewikkelde technische apparatuur bedienen.
- *Licht:* optimale lichtkwaliteit, belichten van personen en voorwerpen.
- *Toneel* (Roc van Twente)/*studio-engineer* (HBA): decors bouwen, ruimten inrichten; zorgvuldige opslag van materialen in verband met hergebruik.

Toelatingseisen Diploma niveau 3: Podium- en evenemententechnicus.
HBA ook:
- In het bezit zijn van een laptop en oorpluggen op maat.
- Diploma vmbo gl of vmbo tl.
- Diploma mbo niveau 3.
- Overgangsbewijs naar havo-4 of vwo-4.
Daarnaast hanteert de HBA een toelatingsprocedure/intake waarbij wordt vastgesteld of de student affiniteit heeft met licht en geluid bij popmuziek, of hij goede oren heeft (geen gehoorbeschadiging), of hij een goed gevoel voor techniek heeft, stressbestendig is, en of hij houdt van samenwerken.
Duur
- HBA: 3 jaar voltijd.
- Roc Mondriaan: 3 jaar voltijd.
- Roc van Twente: aanvullend na diploma niveau 3: 1 jaar voltijd.
Functiemogelijkheden Functies bij evenementen, festivals, poppodia, reizende gezelschappen, schouwburgen, theaters.
Overige informatie
- Aanmelding HBA kost 50 Euro.
- Lesgeld 2013-2014 boven 18 jaar: 1043 Euro.
- Lesgeld 2014-2015 boven 18 jaar: nog niet bekend.
- Daarnaast 450 Euro voor het dienstenpakket (boeken, basis oordoppen e.d.)
N.B. Het HBA heeft een opleiding op niveau 3 (duur: 2 jaar, crebonummer 90330) met eenzelfde naam.

17.6.g.3 Theaterschool Rotterdam (niveau 4)
Zie 23.4.g.2.

17.6.h Mbo-opleiding niveau 3

17.6.h.1 Audiovisueel medewerker (niveau 3)
Zie 23.6.h.1.

17.6.h.2 Podium- en evenemententechnicus
   (podium- en evenemententechniek) (niveau 3)
Voor adres(sen) zie: ROC/MBO-5, 7, 17, 19, 22, 25, 30, 32, 41, 60.
Algemeen Hier worden slechts de centrale adressen vermeld. De opleiding kan in de wijde omtrek ervan worden gegeven.
CREBO 95713
Doel Alle technische werkzaamheden verrichten om een voorstelling of optreden goed te laten verlopen: voor het juiste decor, licht, geluid, maar ook voor veiligheid zorgen.
Toelatingseisen
- Diploma vmbo gl, vmbo kb of vmbo tl met de sector vmbo-Tech; of diploma vmbo gl, vmbo kb of vmbo tl, alle met nat./scheik. 1 of wisk., met de sectoren vmbo-Ec, vmbo-Lb of vmbo-Z&W.
- Overgangsbewijs naar havo-4 of vwo-4.
Duur 3 jaar voltijd.
Mogelijkheden voor verdere studie Een opleiding van niveau 4: Podium- en evenemententechniek.
Functiemogelijkheden Werken in een team onder hoge druk op ongewone tijden.

17.6.i Mbo-opleiding niveau 1 of niveau 2

17.6.i.1 Medewerker tentoonstellingsbouw
   (Tentoonstellingsbouwer) (niveau 2)
Voor adres(sen) zie: ROC/MBO-32.
Algemeen
- Eindtermen voor deze kwalificatie worden ontwikkeld door Savantis.
- Hier wordt slechts het centrale adres vermeld. De opleiding kan in de wijde omtrek ervan worden gegeven.
CREBO 10796/91510
Doel Op de werkplaats werkzaamheden verrichten ter voorbereiding van decors en stands: houtbewerking, schilderen, electra aansluiten, inpakken en vervoeren van standonderdelen; op locatie in binnen- en buitenland in hallen stands opbouwen waar beurzen en tentoonstellingen worden georganiseerd.
Toelatingseisen De volledige leerplicht hebben voltooid.
Duur 2 jaar voltijd.
Mogelijkheden voor verdere studie Een opleiding van niveau 3: Allround tentoonstellingsbouwer, of een opleiding van niveau 4: Vormgever ruimtelijke presentatie en communicatie.
Functiemogelijkheden Medewerker bij bedrijven voor decorbouw, displays, projectinrichting, standbouw en tentoonstellingsbouw.

17.6.l Overige opleidingen

17.6.l.1 Geluidstechnicus
Zie 5.3.l.2.

17.6.l.2 Instituut voor Audio- en Belichtingstechniek (IAB)
Zie 5.3.l.3.

17.6.l.3 Studiecentrum Minerva
Voor adres(sen) zie: OVER-7.
Opleidingen Event Security Officer (ESO).

17.7 RECLAMEONTWERPER EN ETALEUR

17.7.f Hbo-bacheloropleiding

17.7.f.1 Vormgeving (diverse vormen)
Zie 23.2.f.

17.7.l Overige opleidingen

17.7.l.1 Junior* Academie voor Art Direction
Voor adres(sen) zie: OVER-48.
Algemeen Dagopleiding studierichting Art Direction: praktijkgericht vakonderwijs door in het reclamevak werkzame docenten; leidt op tot een creatieve functie in het reclame- en communicatievak.
Toelatingseisen
- Vooropleiding minimaal op havo-niveau.
- Voldoende tekenvaardigheid en creatieve aanleg.
Duur
- 3 jaar voltijd (maandag t/m vrijdag).
- 3 of 4 jaar avondopleiding.
Lesprogramma Materiaalkennis - kleurenleer - typografie - compositieleer/lay-out - perspectiefleer - tekenvaardigheid - schetsvaardigheid - illustratievaardigheid - ontwerpen - presentatietechnieken - marketing - DeskTop Publishing - drukwerktechniek - concept - visualisering - communicatieleer - webdesign.
Functiemogelijkheden Ontwerper, illustrator, artdirector, visualiser in reclamewereld of bij grafische bedrijven, dtp-er, assistent artdirector, webdesigner.

17.7.l.2 LOI - afstandsonderwijs -
   Reclame- en etaleertechnieken
Voor adres(sen) zie: OVER-225.
Opleidingen
- Algemene grafische kennis.
- Drukwerkinkoper.
- Dtp.
- Etaleren, praktijkdiploma.
- Grafisch ontwerpen.
- Reclame/etalageschrift.
- Reclametekenen, basisdiploma.
Toelatingseisen Er worden geen bepaalde eisen aan de vooropleiding gesteld.
Duur 1 jaar.

17.7.l.3 Stichting Reclame- en Marketingonderwijs
   (SRM)
Voor adres(sen) zie: OVER-62.
Algemeen
- Opleidingen op het gebied van: communicatie - interactieve marketing - marketing - marketingcommunicatie - sales - vaardigheidsopleiding.
- De opleidingen worden op 3 niveaus aangeboden: take off - advanced - professional.
Doel Het organiseren van opleidingen op de vakgebieden marketing, reclame, marktonderzoek, pr en voorlichting.
Opleidingen
- *Accountmanagementonderwijs:*
  SRM accountmanagement fast moving, SRM accountmanagement zakelijke dienstverlening b-to-b.
- *Direct marketing- en databased marketingonderwijs:*
  DMSA direct marketing-A, DMSA direct marketing-B, DMSA

databased marketing-A, DMSA databased marketing-B, DMSA database analyse.
- *Marketingcommunicatie-onderwijs:*
  SRM basis reclame, marketingcommunicatie-A, marketing-communicatie-B, marketingcommunicatie-C, SRM mediaplanning, DMSA sales promotion-A.
- *Marketing en marktonderzoekonderwijs:*
  NIMA marketing-A, NIMA marketing-B, NIMA business marketing, NIMA marketing-C, NVMI marktonderzoeker.
- *Overheidscommunicatie-onderwijs:*
  publieksvoorlichting, overheidscommunicatie (beroepsniveau-B), overheidscommunicatie (beroepsniveau-C), schrijven van pr- en voorlichtingsteksten.
- *Public relations-onderwijs:*
  SRM assistent communicatiemedewerker (pr-beroepsniveau A), SRM communicatiemedewerker (pr-beroepsniveau-B), SRM senior communicatiemedewerker (pr-beroepsniveau-C), SRM communicatiemanager (pr-beroepsniveau-D).

Functiemogelijkheden Marketingmanager, account-executive, artdirector, reclamechef, chef van de advertentie-exploitatie, mediaplanner, productmanager, marktonderzoeker.

Overige informatie Er zijn ook multidisciplinaire trainingen.

17.7.l.4 Volwassenenonderwijs - decoreren
Voor adres(sen) zie: ROCCO-11, 15, 24, 26.

Cursussen Decoratieve verftechnieken - etaleren.

17.8 MARKETING

17.8.c Wo-bacheloropleiding

Algemeen Aan de faculteiten der economische wetenschappen (EUR, RUG, TiU, UvA, VU) en aan de WU kan men kiezen voor vakken die marketing betreffen.

17.8.c.1 International business (RUG, UM)
Zie 11.1.c.2.

17.8.f Hbo-bacheloropleiding

17.8.f.1 Commerciële Economie (CE) (Avans HS, Avans+, Fontys HS, Haagse HS, HAN, Hanze HS, HS Leiden, HS LOI, HS NCOI, HS NTI, HS Rotterdam, HS Utrecht, HS Windesheim, HS Windesheim/-Flevoland, HvA, HZ, NHL, Saxion HS, Stenden HS)
Zie 20.1.f.3.

17.8.f.2 HS LOI - Hbo-Marketing
Voor adres(sen) zie: HBO-135.
Algemeen
- Ad-programma.
- Deze opleidig wordt niet door de overheid bekostigd.

Toelatingseisen
- Diploma havo, vwo of mbo niveau 4.
- Als men 21 jaar of ouder is en over een vergelijkbare vooropleiding beschikt, oordeelt een toelatingscommissie over de toelating.

Duur 2 jaar digitaal in deeltijd.

Lesprogramma Middle management - marketing I en II - dienstenmarketing - retailmanagement - bedrijfscommunicatie - industriële marketing - businessmarketing.

- Praktijk: sociale en communicatieve vaardigheden/presenteren - computervaardigheden - stage - afstudeeropdracht.

Diploma/examen
- Met dit diploma kan men de titel Bachelor voeren.
- Tevens behaalt men de diploma's NIMA-A, NIMA-B, NIMA-PR-A, NEMAS-Middle management, en onder bepaalde voorwaarden NIMA-Businessmarketing.

17.8.f.3 International Business and Management Studies (IBMS)/International Business (Avans HS, Europort, Fontys HS, Haagse HS, HAN, Hanze HS, HS Inholland, HS Rotterdam, HS Utrecht, HS Van Hall/Larenstein, HvA, HZ, NHL, Saxion HS, Stenden HS, Webster University)
Zie 11.1.f.9.

17.8.f.4 Marketing & sales (Fontys HS)
Voor adres(sen) zie: HBO-82.
Algemeen Ad-programma.
Toelatingseisen
- Diploma havo, vwo, mbo niveau 4 op het administratieve of commerciële gebied.
- Wanneer men werkervaring heeft en men is minimaal 21 jaar, kan men deelnemen aan een toelatingsonderzoek.

Duur 2 jaar duaal.

Diploma/examen Er wordt ook opgeleid voor de examens NIMA-A en -B.

Overige informatie HS Markus Verbeek heeft opleidingslocaties te Alkmaar, Almere, Amersfoort, Amsterdam, Bergen op Zoom, Best, Breda, Den Bosch, Doetinchem, Eindhoven, Enschede, Etten-Leur, Goes, Groningen, Haarlem, Haren, Leeuwarden, Leiden, Maastricht, Middelburg, Nijmegen, Rijswijk, Roosendaal, Rotterdam, Schagen, Sittard, Spijkenisse, Utrecht/Nieuwegein, Velp, Zoetermeer, en Zwolle.

17.8.f.5 Marketingcommunicatie (HS/Instituut Schoevers)
Zie ook: 19.1.f.3.
Voor adres(sen) zie: HBO-119.
Algemeen
- Ad-programma.
- Deze opleiding wordt niet door de overheid bekostigd.

Doel Opleiding gericht op geïntegreerde marketing, reclame, sales promotion, direct marketing en massacommunicatie.

Toelatingseisen Diploma havo (wisk. A of B of handelsw. of econ.); vwo; mbo niveau 4 (1 vak uit: wisk., bedr.adm., alg. econ., bedr. econ., comm. econ.).

Duur 2 jaar voltijd.

Mogelijkheden voor verdere studie Instromen in hbo-Communicatie.

17.8.f.6 Marketingmanagement (Avans HS, Avans+, Notenboom)
Voor adres(sen) zie: HBO-49, 54, 77, 113, 137.
Algemeen
- Ad-programma.
- Avans+ en Business school Notenboom (vestigingen in Eindhoven, Hilversum en Maastricht) worden niet door de overheid bekostigd.

Toelatingseisen
- Diploma havo, vwo of mbo niveau 4.
- Als men niet in het bezit is van een van de genoemde diploma's

en men is 21 jaar, kan men een verzoek indienen om toegelaten te worden op grond van ander onderwijs, of werkervaring.

Duur
- Ad-programma:
  - 2 jaar deeltijd bij Avans HS en Avans+.
  - 2 jaar voltijd bij Business School Notenboom (vestigingen in Eindhoven, Hilversum en Maastricht).

Diploma/examen Men doet voor elke module examen en verzamelt daardoor ec's. Als men in totaal 240 ec's heeft, ontvangt men het officiële hbo-getuigschrift Marketing.

17.8.f.7 Nationale Handels Academie (NHA)
Zie ook: 17.1.f.6, 17.1.l.7, 17.8.l.7, 20.3.f.3 en 20.3.l.9.
Voor adres(sen) zie: OVER-274.
Algemeen
- Door het ministerie van OCW erkend afstandsonderwijs.
- De NHA geeft onder meer opleidingen op hbo- en mbo-niveau.

17.8.f.8 Sales (HS LOI)
Voor adres(sen) zie: HBO-135.
Algemeen Ad-programma.
Duur 2 jaar digitaal in deeltijd.

17.8.g Mbo-opleiding niveau 4

17.8.g.1 Medewerker marketing en communicatie (niveau 4)
Voor adres(sen) zie: ROC/MBO-3, 4, 12, 13, 15, 16, 17, 24, 28, 30, 32, 38, 40, 43, 54, 61.
Algemeen
- Er zijn drie uitstroomrichtingen:
  - Assistent communicatie medewerker (crebonummer 90531).
  - Marketing medewerker (crebonummer 90532).
  - Medewerker evenementenorganisatie (crebonummer 90534).
- Eindtermen voor deze kwalificatie worden ontwikkeld door ECABO.
- Hier worden slechts de centrale adressen vermeld. De opleiding kan in de wijde omtrek ervan worden gegeven.
CREBO 90530
Doel Verkoop-marketing en/of communicatie.
Toelatingseisen
- Diploma vmbo gl, vmbo kb of vmbo tl met de sector vmbo-Ec; of diploma vmbo gl, vmbo kb of vmbo tl, alle met econ., 2e moderne vreemde taal of wisk., met de sectoren vmbo-Lb, vmbo-Tech of vmbo-Z&W.
- Overgangsbewijs naar havo-4 of vwo-4.
- Men kan met een diploma Commercieel medewerker binnendienst (niveau 3) met vrijstellingen in de opleiding instromen.
Duur
- 3-4 jaar voltijd en deeltijd.
- Roc Mondriaan: ook als avondopleiding.
Mogelijkheden voor verdere studie
- Hbo (de doorstroomdeelkwalificatie Hbo-E&M wordt aanbevolen).
- Men kan met vrijstellingen instromen in andere opleidingen van niveau 4: Medewerker logistiek management/material management, of Commercieel medewerker bank- en verzekeringswezen.
Functiemogelijkheden Medewerker marketing en communicatie binnen de afdeling verkoop/marketing en/of communicatie in het middelgroot of grootbedrijf.

17.8.g.2 NTI - blended learning - Commercieel medewerker marketing en communicatie (niveau 4)
Voor adres(sen) zie: ROC/MBO-36.
CREBO 10036
Toelatingseisen Diploma vbo, mavo of vmbo.
Duur 3 jaar, inclusief 1280 uur beroepspraktijkvorming.
Diploma/examen De examens van de deelkwalificaties worden afgenomen door het NTI Mbo-college. Wanneer men alle deelkwalificaties heeft behaald, kan men het officiële mbo-getuigschrift aanvragen.
Mogelijkheden voor verdere studie
- Hbo (de doorstroomdeelkwalificatie Hbo-E&M wordt aanbevolen).
- Men kan met vrijstellingen instromen in andere opleidingen van niveau 4: Medewerker logistiek management/material management, of Commercieel medewerker bank- en verzekeringswezen.
Functiemogelijkheden Commercieel medewerker marketing en communicatie binnen de afdeling verkoop/marketing en/of communicatie in het midden- en grootbedrijf.

17.8.l Overige opleidingen

17.8.l.1 Avondschool voor commercieel onderwijs
Voor adres(sen) zie: ROC/MBO-25.
Algemeen Opleiding voor de diploma's NIMA-A en -B.
Toelatingseisen Diploma havo, vwo of mbo niveau 4 in de economisch-administratieve sector (bij alle opleidingen 2 uit: wisk., econ. en handelsw.).
Duur 1 jaar.
Lesprogramma
- NIMA-A: marketingomgeving - marktonderzoek - marketingmix - statistiek.
- NIMA-B: marktanalyse - product- en prijsbeleid - promotie- en communicatiebeleid - bedrijfseconomische analyse.
Mogelijkheden voor verdere studie Junior-marketingmanager, marketingmanager, sales manager, marktonderzoeker.

17.8.l.2 Call Center Management
Voor adres(sen) zie: OVER-63.
Algemeen Verdiepen van kennis en vaardigheden voor huidige Call Center managers of supervisors, planners, trainers, scriptschrijvers en recent afgestudeerde hbo'ers.
Toelatingseisen Minimaal 1 jaar werkervaring als leidinggevende in een Call Center.
Duur
- Met werkkring: 1 jaar deeltijd (1 lesdag per 14 dagen).
- Na diploma op hbo: 1 jaar voltijd.
Lesprogramma Marketing - management - besturing & organisatie - informatietechnologie en telecommunicatie - 'Business Process Design' - financiering - projectmanagement - Call Centers I en II.

17.8.l.3 Instituut voor PraktijkDiploma's (IPD)
Voor adres(sen) zie: OVER-322.
Cursussen
- Basiskennismanagement.
- Integraal hoger management.
- Marketing, management, bedrijfseconomie en -administratie (o.a. NIMA-A, -B en -C, BKB, PDB, MBA) en basiskennismanagement, middle management, integraal hoger management, klantgerichte imago-verbetering).
- Middle management.
- MS Office.
Overige informatie Cursussen op diverse locaties in het midden van Nederland.

17.8.I.4 ISBW opleiding, training en coaching
Zie 11.1.I.7.
Opleidingen
- Marketing manager.
- NIMA-A en -B.
- NIMA-Sales-A.

17.8.I.5 LOI - afstandsonderwijs - Marketing, verkoop en communicatie
Voor adres(sen) zie: OVER-225.
Opleidingen
- Basisdiploma Pr en voorlichting.
- Basisdiploma Reclame.
- Commercieel medewerker binnendienst.
- Copywriting, journalistiek.
- Dienstenmarketing.
- Handelsvertegenwoordiger.
- Industriële marketing.
- Marketing NIMA-A.
- Marketing NIMA-B.
- NIMA-Business marketing.
- NIMA-Marketing: oriëntatie.
- NIMA-PR-A.
- NIMA/SMA-Sales A.
- Praktijkdiploma Reclame.
- Praktische marketing.
- Retailmarketing.
Toelatingseisen Afhankelijk van de opleiding: vmbo of havo.
Duur 6 tot 12 maanden.

17.8.I.6 MemoTrainer (v/h INSTIMAR)
Voor adres(sen) zie: OVER-281.
Opleidingen NIMA-A, -B en -C.

17.8.I.7 Nationale Handels Academie (NHA)
Zie ook: 17.1.f.6, 17.1.I.7, 17.8.f.11, 20.3.f.3 en 20.3.I.9.
Voor adres(sen) zie: OVER-274.
Algemeen
- Door het ministerie van OCW erkend afstandsonderwijs.
- De NHA geeft onder meer opleidingen op hbo- en mbo-niveau.
Cursussen
- Assistent sales manager I en II.
- Marketing (voor beginners, voor detailhandel, praktijkdiploma).
- Marketing, communicatie en verkoop.
- NIMA-A.
- Promotion management.
- Reclamekunde/techniek.
- Vertegenwoordiger A en B.
N.B. De NHA geeft ook opleidingen op hbo- en mbo-niveau.

17.8.I.8 Nederlands Instituut voor MArketing (NIMA)
Voor adres(sen) zie: HBO-77, 82, 98, 113, 115, 119, 137, OVER-17, 175, 225, 281, 296, 322, 355, ROC/MBO-1, 22, ROCCO-14.
Algemeen De lijst van adressen is een algemene lijst, omdat niet op alle locaties alle genoemde NIMA-opleidingen worden gegeven.
Doel Het NIMA bevordert het marktgericht ondernemen bij het bedrijfsleven, de overheid, en bij profit- en non-profitorganisaties. Voorts wil het NIMA het marketingonderwijs in Nederland stimuleren en coördineren. Daartoe neemt het NIMA rijkserkende marketing-examens af:

A. NIMA-Marketing-A (generiek).
B. NIMA-Marketing-B (generiek of business).
C. NIMA-Marketing-C.
D. NIMA/SMA-Sales-A.
E. NIMA/SMA-Sales-B.
F. NIMA-Marketingoriëntatie.
G. NIMA/MOA-Marketingonderzoek & InformatieManagement-A (MIM-A).
H. NIMA/MOA-Marketingonderzoek & InformatieManagement-B (MIM-B).
I. NIMA-Interne en concerncommunicatie-B.
J. NIMA-Communicatie-A.
K. NIMA-Marketingcommunicatie-B.
L. NIMA/MOA-Sensorisch onderzoeker-A (Testleider).
M. NIMA/MOA-Sensorisch onderzoeker-B (Projectleider).
Toelatingseisen
- A, D, G en J: tenminste 18 jaar zijn, of in bezit van diploma NIMA-Marketingoriëntatie, havo, vwo of mbo.
- B: diploma NIMA-Marketing-A, heo, wo-Economie of wo-Bedrijfskunde.
- C: diploma NIMA-Marketing-B, heo-CE, wo-Bedrijfseconomie (afstudeerrichting Marketing) of wo-Bedrijfskunde (afstudeer-richting Marketing), plus 4 jaar relevante werkervaring, waarvan 2 jaar in een marketingfunctie op beleidsbepalend niveau.
- E: diploma NIMA/SMA-Sales-A; aanbevolen: plus 2 jaar ervaring in de verkooppraktijk.
- F en H: geen.
- I en K: diploma NIMA-Communicatie-A of NIMA-PR-A.
- L: diploma mbo plus praktijkervaring.
- M: diploma hbo plus praktijkervaring.
Duur Varieert per opleiding.
Lesprogramma
- A. *Marketing-A:*
  • module NIMA-A1:
  marketing (filosofie, systeem en basisbegrippen) - grond-slagen van de strategische marketingplanning - analyse van de externe omgeving - macro omgevingsfactoren - marktana-lyse - concurrentie-analyse - afnemersgedrag - marktonder-zoek I - interne analyse I - marketingstrategie en SWOT - de marketingmix - examentraining en cases;
  • module NIMA-Generieke Marketing-A2:
  analyse van de externe omgeving II - marktonderzoek II - ana-lyse van de interne omgeving II - communicatiebeleid - analy-se van de marketingstrategie en de resultaten - klantenanaly-se - examentraining en cases.

- B. *Marketing-B:*
  • module NIMA-B1:
  mission statement, business definition - ondernemingsstrate-gie - portfoliomanagement - analyse van de externe omge-ving - macro en meso - bedrijfstakenanalyse - concurrentie-analyse - interne analyse - portfolio-analyse - financiële analyse - marketing en sales - marktonderzoek en informatie-voorziening - marketingstrategie en -planning - SWOT - seg-mentatie, targeting, positionering - marketingmix;
  • module NIMA-Generieke Marketing-B2:
  consumentengedrag - internationaal marketingbeleid - be-slissingsprocessen van consumenten - distributiebeleid - effi-cient consumer response - category management - examen-training en cases.

- C. *Marketing-C:*
  - module NIMA-Marketingstrategie-C1:
    opfrissen strategische marketingkennis - marktanalyse - in- en externe analyse - SWOT-analyse - portfolio-analyse - het strategisch marketingplanningsproces - implementatie en organisatie - internationale marketing - bedrijfseconomie en financiën;
  - module NIMA-Ondernemingsbeleid-C1:
    concurrentiestrategie - strategische modellen - strategisch planningsproces op holding- en divisieniveau;
  - examentraining en scriptie schrijven onder professionele begeleiding.

- D. *Sales-A (Professioneel verkopen):*
  - module 1:
    verkoopmethoden en -technieken: verkoopafdeling (de verkooporganisatie, het salesplan, accountmanagement, klantenpiramide, ABC-analyse) - omgevingsanalyse (interne en externe analyse, financiële aspecten, organisatieanalyse, marktanalyse en marktonderzoek, concurrentieanalyse) - sales-strategie en planning (strategisch management, missie/strategie/salesdoelstellingen, planningshiërarchie, groeistrategieën, planmatige sales) - examentraining en cases (omgaan met cases, oefenen van examens);
  - module 2:
    persoonlijke verkoop & presentatie: verkopen en verkopers (vier niveaus van verkoop, uw rol en taak als verkoper, de verkoopcyclus, verkoopsystemen, verkoopstijlen) - verkoopvaardigheden (sales-gerichte prijscalculaties, de succesvolle offerte, de eerste indruk, het verkoopgesprek, vraag- en luistertechnieken hanteren, presentatietechnieken, afsluittechnieken) - examentraining (vaardigheidstraining, mondeling examen: het voeren van een verkoopgesprek).

- E. *Sales-B (2 varianten: Accountmanagement - Verkoopleiding):*
  - *variant Accountmanagement:* accountmanagement (accountindeling en organisatie, accountdoelstellingen, planmatig accountmanagement, multi level accountmanagement) - klantenmanagement (accountanalyse, relatiemanagement, klantwaarde management, werken aan klanttevredenheid, klanten ontwikkelen tot key accounts) - accountplanning (accountplanningscyclus, bouwstenen van een succesvol accountplan, opstellen van een accountplan) - sales-strategie en -planning (strategisch management, missie/strategie/-sales-doelstellingen, groeistrategieën, sales-prognoses, planmatige sales, salesplanning en -control) - salesmanagement en organisatie (de verkoopafdeling, planning van het salesteam, de binnendienst, doelstellingen realiseren, salesmanagementinformatie, planning en organisatie) - examentraining en cases (vaardigheidstraining, omgaan met cases, mondeling examen: het voeren van een accountgesprek, oefenen van examens);
  - *variant Verkoopleiding:* leidinggeven aan de verkoopafdeling (leidinggeven op basis van doelstellingen, situationeel leidinggeven, salescoaching, motiveren en inspireren, persoonlijke effectiviteit, gesprekstechnieken, feedback en beoordeling, een succesvol team ontwikkelen) - accountmanagement (accountanalyse, accountdoelstellingen, het accountstappenplan, planmatig accountmanagement, multi level accountmanagement, accountindeling en organisatie) - sales-strate-

gie en -planning (strategisch management, missie/strategie/sales-doelstellingen, groeistrategieën, sales-prognoses, planmatige sales, salesplanning en -control) - salesmanagement en organisatie (ontwerpen en inrichten van de verkoopafdeling, planning van het salesteam, de binnendienst, doelstellingen realiseren, salesmanagementinformatie, -planning en -organisatie) - examentraining en cases (vaardigheidstraining, omgaan met cases, training mondeling examen: het voeren van een verkoopgesprek, oefenen van examens).

- F: *Marketingoriëntatie:*
  - inleiding in de marketing - product-, distributie-, prijs- en promotiebeleid - inleiding in het consumentengedrag - inleiding in het marktonderzoek - inleiding in het communicatiebeleid.

- G: *Marketingonderzoek & informatiemanagement-A:*
  - probleemstelling en informatiebehoefte - organisatie en planning van primair onderzoek - briefing - kwalitatief versus kwantitatief onderzoek - steekproefomvang en steekproeftrekking - ontwerp van vragenlijsten - meet- en schaaltechnieken - gegevensverwerking - data-analyse en rapportage - forecasting - onderzoeksinstrumenten van marketing - Informatie- en CommunicatieTechnologie (ICT) - database marketing/verkoop - datawarehousing - datamining - integreren en defini'ren van databases en klantenmanagementsystemen - direct marketing - one-to-one marketing.

- H: *Marketingonderzoek & informatiemanagement-B:*
  - het bepalen van de informatiebehoefte - het uitwerken van een informatieplan en de (eventueel bijbehorende) briefing voor een externe partij - kwalitatief onderzoek: marktonderzoek - kwantitatief onderzoek: database analyse - het beoordelen en interpreteren van informatie uit onderzoek - het gebruik van informatie bij verschillende marketingproblematieken: positionering, segmentatie, customer relations management, concurrentie - ict en informatiemanagement - examentraining.

- I: *Interne en concerncommunicatie-B:*
  - communicatie: relevantie en mogelijkheden - interne en externe omgevingsanalyse - organisatieanalyse en cultuur - communicatieonderzoek - strategie en planning - communicatiestrategie in relatie tot bedrijfsstrategie - toepassingsgebieden: geïntegreerde communicatie, financiële communicatie, public affairs, crisiscommunicatie, relatiemanagement, communicatie bij veranderingen, internet en intranet - uitvoeringsvaardigheden: projectmanagement, adviesvaardigheden, presentatietechnieken, briefing, conceptbeoordeling - examentraining.

- J: *Communicatie-A:*
  - *module 1:* communicatietheorie: begrippen, definities en relevantie van communicatie - analyse van de interne en de externe omgeving - organisatie- en communicatiestructuur - onderzoek en gegevensverzameling - identiteit, organisatiecultuur, imago en huisstijl - strategie en planning van communicatie als beleidsinstrument - middelenmix en begrotingen - examentraining;
  - *module 2:* communicatiepraktijk: conceptontwikkeling - technieken voor de vervaardiging van communicatiemiddelen:

drukwerk, audiovisuele en digitale middelen, de inkoop ervan en de begeleidende werkzaamheden - toepassingsgebieden van communicatie: geïntegreerde communicatie, interne communicatie, externe communicatie (concerncommunicatie, productcommunicatie), beurzen, sponsoring en marketing pr - schriftelijke communicatie - voorlichting en public affairs - perscontacten en medialandschap - communicatie-ethiek - examentraining.

- K: *Marketingcommunicatie-B: algemene marketing:*
  • strategische marketingplanning, het marketingplan, marktanalyse, concurrentieanalyse, afnemersgedrag, marktonderzoek, organisatie van de marketing, marketinginformatiesystemen, marketingstrategieën, SWOT-analyse - visie op marketingcommunicatie - merkenbeleid en -strategie - communicatieonderzoek - strategie en (media)planning - reclame- en mediabureaus - toepassingsgebieden: geïntegreerde communicatie, brandmanagement, e-commerce, Customer Relationship Management - uitvoeringsvaardigheden: projectmanagement, adviesvaardigheden, briefing, concept-beoordeling - examentraining.

Functiemogelijkheden
- A: Marketing-A: junior productmanager, marketingassistent, medewerker commerciële binnen- of buitendienst (junior vertegenwoordiger).
- B: Marketing-B: productmanager, accountmanager, marketing servicemanager, zelfstandige commerciële functie (senior vertegenwoordiger), inkoper; ondersteunende opleiding voor financiële/commerciële experts en ingenieurs.
- C: Marketing-C: na ervaring: productmanager, verkoopmanager, commercieel/strategisch manager, productgroupmanager, marketingmanager, commercieel directeur.
- D: Sales-A: verkoper buitendienst, accountmanager.
- E: Sales-B: accountmanager, salesmanager, verkoopleider.
- F: Marketing oriëntatie: ondersteunende functie voor marketeers in bedrijven.
- G: Marketingonderzoek & Informatiemanagement-A: junior stafunctie of assistent van accountmanager, marktonderzoeker, productmanager, verkoper.
- H: Marketingonderzoek & Informatiemanagement-B: database-analist, ict-er, informatiespecialist, marktonderzoeker.
- I: Interne en concerncommunicatie-B: pr-, communicatie- of voorlichtingsfunctie op middle managementniveau.
- J: Communicatie-A: (assistent-)communicatiemedewerker of pr-medewerker.
- K: Marketingcommunicatie-B: communicatiemanager.
- L: Sensorisch onderzoeker-A: testleider van sensorisch onderzoek.
- M: Sensorisch onderzoeker-B: projectleider sensorisch onderzoek.

17.8.l.9 Nederlandse vereniging voor management (NIVE)
Zie 11.1.l.9.
Opleidingen NIMA-A.

17.8.l.10 NIMA-A en -B (Fontys HS)
Voor adres(sen) zie: HBO-82.
Doel Opleidingen voor functionarissen die hun kennis en vaardigheden op het terrein van de marketing willen uitbreiden en verdiepen.

Toelatingseisen
- NIMA-A: diploma havo, vwo, mbo niveau 4, NIMA-Marketingoriëntatie, of gelijkwaardig.
- NIMA-B: diploma NIMA-A, heao, of gelijkwaardig.
Duur
- NIMA-A: 9 maanden deeltijd: 30 bijeenkomsten van 2 lesuren.
- NIMA-B: 8 maanden deeltijd: 30 bijeenkomsten van 4 lesuren.
Lesprogramma
- NIMA-A: marktonderzoek - marketing - bedrijfseconomie.
- NIMA-B: marketingmanagement - statistiek/voorspellingstechniek - bedrijfseconomie.
Mogelijkheden voor verdere studie Instromen in NIMA-B; ad-opleiding Marketingmanagement (Avans HS); hbo-bachelor commerciële economie.

17.8.l.11 NIMA-B (Fontys HS)
Voor adres(sen) zie: HBO-82.
Doel Inzicht verkrijgen in het complexe proces van strategische marketing.
Toelatingseisen Het bezit van het diploma NIMA-A of hiervoor vrijstelling hebben verkregen.
Duur 13 cursusavonden.
Lesprogramma Verschillende onderwerpen op het gebied van marketing, statistiek en bedrijfseconomie.
Mogelijkheden voor verdere studie Ad-opleiding Marketingmanagement (Avans HS); hbo-bachelor commerciële economie.

17.8.l.12 NTI - blended learning - NIMA
Voor adres(sen) zie: ROC/MBO-36.
Opleidingen NIMA-A, marketing NIMA-B.

17.8.l.13 Regio College Zaanstreek-Waterland
Voor adres(sen) zie: ROC/MBO-58.
Opleidingen NIMA-A.
Toelatingseisen Diploma havo, vwo, mbo niveau 4 in de economisch-administratieve sector, of PDM.

17.8.l.14 Schoevers opleidingen - marketing
Zie ook: 20.3.l.11.
Voor adres(sen) zie: HBO-119.
Opleidingen Avondopleidingen op het gebied van marketing: NIMA-A en -B.

17.8.l.15 Stichting Reclame- en Marketingonderwijs (SRM)
Zie 17.7.l.3.
Opleidingen NIMA-A, -B en -C, NIMA-DMA, NIMA-DMM en NIMA-BM.

17.8.l.16 Volwassenenonderwijs - NIMA-cursussen
Voor adres(sen) zie: ROCCO-1, 5, 7, 10, 11, 14, 15, 18, 23, 25, 26.
Algemeen Opleidingen voor de examens van het NIMA.
Cursussen
- Marketing en export.
- NIMA-A – NIMA-B – NIMA-C.
- NIMA-sales-A en -B.
Toelatingseisen Tot NIMA-A: diploma havo of mbo niveau 4.
Duur 1 jaar per cursus (1 avond per week).

www.**toorts**.nl

17.9 LEVENSMIDDELENHANDEL

17.9.f Hbo-bacheloropleiding

17.9.f.1 Food commerce and technology (HS Inholland)
Voor adres(sen) zie: HBO-20, 56.
Algemeen Hbo-bacheloropleiding.
Doel Het ontwikkelen, produceren en verkopen van levensmiddelen.
- *Markt en consument:* hierbij staat de wisselwerking tussen producent en consument centraal; geschikt voor wie een eigen onderneming wil starten.
- *Voedingstechnologie:* de samenstelling, productie en houdbaarheid van levensmiddelen; geschikt voor wie wil werken in een hoogwaardige technologische of laboratoriumomgeving.
Toelatingseisen Diploma havo (met wisk. A of wisk. B), vwo (met wisk. A of wisk. B), of mbo niveau 4.
Duur 4 jaar voltijd.
Lesprogramma Specialisaties:
Amsterdam en Delft (HS Inholland): Markt en consument - Voedingstechnologie.
Functiemogelijkheden Binnen de levensmiddelenindustrie: accountmanager, health advisor, kwaliteitszorgmanager, procestechnoloog, productmanager, productontwikkelaar.

17.9.f.2 Foodmarketing and retail
(HS Van Hall/Larenstein)
Zie 7.4.f.3.

17.9.g Mbo-opleiding niveau 4

17.9.g.1 Filiaalmanager (niveau 4)
Zie 17.1.g.4.

17.9.g.2 Manager versdetailhandel (niveau 4)
Zie 7.7.g.2.

17.9.g.3 Ondernemer/Manager detailhandel (niveau 4)
Zie 17.1.g.6.

17.9.h Mbo-opleiding niveau 3

17.9.h.1 Eerste verkoper (niveau 3)
Zie 17.1.h.4.

17.9.h.2 Verkoopchef (niveau 3)
Zie 17.1.h.12.

17.9.h.3 Versspecialist detailhandel (niveau 3)
Zie 7.7.h.2.

17.9.i Mbo-opleiding niveau 1 of niveau 2

17.9.i.1 Assistent medewerker versdetailhandel (niveau 1)
Zie 7.7.i.1.

17.9.i.2 Medewerker versdetailhandel (Verkoop
medewerker versspeciaalzaak) (niveau 2)
Zie 7.7.i.2.

17.9.i.3 Verkoper (Verkoper detailhandel) (niveau 2)
Zie 17.1.i.5.

17.9.l Overige opleidingen

17.9.l.1 Natuurvoedingsconsulent
Zie 13.22.l.2.

17.9.l.2 Natuurvoedingswinkelier
Voor adres(sen) zie: OVER-154.
Algemeen Opleiding tot ondernemer van een natuurvoedingswinkel.
Doel Professioneel werken in een natuurvoedingswinkel.
Toelatingseisen Enige kennis op het gebied van voeding.
Duur 1 jaar (1 dag per week).
Lesprogramma Branchekennis ondernemer natuurvoedingswinkel.
Functiemogelijkheden Ondernemer van een natuurvoedingswinkel.

17.9.l.3 Retail Management Academy (RMA)
Zie 17.2.l.14.

17.9.l.4 SVO-opleidingen voor de vleessector
Zie 7.7.l.1.

17.9.l.5 Winkelmedewerker natuurvoeding
Voor adres(sen) zie: OVER-154.
Algemeen Opleiding tot winkelmedewerker in een natuurvoedingswinkel.
Doel Professioneel werken in een natuurvoedingswinkel.
Toelatingseisen Enige kennis op het gebied van voeding.
Duur 1 jaar deeltijd.
Lesprogramma Branchekennis medewerker natuurvoedingswinkel.
Functiemogelijkheden Medewerker van een natuurvoedingswinkel.

17.10 BANKOPLEIDINGEN

17.10.b Wo-masteropleiding

17.10.b.1 Finance (DSoF, RUG, TIAS, TiU, VUA)
Voor adres(sen) zie: WO-3, 9, 23, 38, 40.
Algemeen
- Wo-masteropleiding.
- Duisenberg School of Finance (DSoF) is in 2008 ontstaan uit een samenwerking van een aantal Nederlandse universiteiten en deelnemers uit de financiële wereld, met steun van het ministerie van economische zaken, en van de gemeente Amsterdam. Deze opleiding wordt niet door de overheid bekostigd.
- TIAS wordt niet door de overheid bekostigd.
Toelatingseisen
- Wo-bachelor of masteropleiding op financieel gebied.
- Professionals die een aantal jaren ervaring hebben op financieel gebied.
- Iedere student dient 2 recommandatiebrieven te laten zien, en zelf een motivatie-brief te schrijven.
Lesprogramma Specialisaties:
- DSoF: Corporate finance and banking - Financial markets and regulation - Risk management.
- TiU: Pensions, aging and retirement track.
- VUA: Honours-programma - Quantitative finance.
Overige informatie De voertaal is Engels.

17.10.b.2 Finance & law (DSoF)
Voor adres(sen) zie: WO-3.
Algemeen Wo-masteropleiding (niet door de overheid bekostigd).
Toelatingseisen
- Wo-bachelor of masteropleiding op een van deze gebieden: business, economie of recht.
- Professionals die een aantal jaren ervaring hebben op financieel gebied.
- Iedere student dient 2 recommandatiebrieven te laten zien, en zelf een motivatie-brief te schrijven.
Duur
- 1-2 jaar.
- DSoF: ook in deeltijd.
Overige informatie
- De voertaal is Engels.
- Er is een Finance track en een Legal track, beide ook in deeltijd.

17.10.b.3 Risk management (DSoF, UT)
Voor adres(sen) zie: WO-3, 40.
Algemeen Wo-masteropleiding.
Toelatingseisen
- Wo-bachelor of masteropleiding op financieel gebied.
- Professionals die een aantal jaren ervaring hebben op financieel gebied.
- Iedere student dient 2 recommandatiebrieven te laten zien, en zelf een motivatie-brief te schrijven.

17.10.f Hbo-bacheloropleiding

17.10.f.1 HS LOI, HS NCOI - Heo-Management, Economie en Recht (MER)
Zie 17.5.f.1.

17.10.g Mbo-opleiding niveau 4

17.10.g.1 Commercieel medewerker bank- en verzekeringswezen (niveau 4)
Zie 17.4.g.1.

17.10.l Overige opleidingen

17.10.l.1 NIBE-SVV
Zie 17.4.l.2.

Hoewel steeds de nieuwste informatie in deze 'Beroepengids' wordt verwerkt, is het niet te vermijden dat er onjuistheden kunnen optreden.
Daarom zullen wij alle gebruikers van dit boek erkentelijk zijn wanneer zij ons de tekortkomingen ten spoedigste willen melden, indien mogelijk voorzien van de bijbehorende documentatie.

Uitgeverij De Toorts, Conradkade 6, 2031 CL Haarlem; e-mail-adres: beroepengids@toorts.nl

In dit hoofdstuk worden opleidingen vermeld die beroepen en functies in het verkeerswezen betreffen.
Voor het toerisme zijn steeds meer speciaal opgeleide beroepsbeoefenaars nodig. De opleidingen die in paragraaf 18.1 worden besproken, bereiden voor op beroepen waarbij men zich ten dienste stelt van de reizende mens.
De opleidingen voor functies bij de ANWB (18.3) en de Nederlandse Spoorwegen (18.6) zijn in aparte paragrafen ondergebracht, en derhalve niet opgenomen in de paragraaf Logistiek, transport en verkeer (18.2).
Dat geldt ook voor de paragrafen 18.4 en 18.5, die respectievelijk opleidingen voor de beroepen chauffeur en transporteur, en het rijonderwijs beschrijven.
In paragraaf 18.12 worden de opleidingen voor de luchtvaart vermeld.

Er is relatief veel aandacht voor vorming en opleiding van beroepsbeoefenaars in het havenbedrijf (18.7). In de daaropvolgende paragrafen worden de opleidingen tot de varende beroepen vermeld: binnenvaart (18.8), zeevaart (18.9) en zeevisvaart (18.10).
Paragraaf 18.11 bevat opleidingen ten behoeve van het baggerbedrijf: een bedrijfstak die Nederland internationale faam bezorgt.
N.B. In dit hoofdstuk wordt ook een keuze van diverse opleidingen in het hoger onderwijs beschreven. Complete alfabetische lijsten van alle bekostigde opleidingen in het hoger onderwijs zijn te vinden in hoofdstuk 25. Deze worden jaarlijks geheel geactualiseerd.

18.1 TOERISME

Diploma/examen Reiswerk Opleidingen (v/h Stichting FOOR: Fonds Opleiding en Ontwikkeling Reisbranche) heeft in een werkgroep met LOB-HTV (nu: Kenwerk) de exameneisen n.a.v. de beroepscompeten-tieprofielen (bcp's) voor de reisbranche geformuleerd.
N.B. Stichting SEPR, van oudsher het vakdiploma voor de reis-branche, is per 1 januari 2012 gestopt met het certificeren en erken-nen van onderwijsinstellingen. De reeds uitgegeven certificeringen en erkenningen lopen af conform de vastgestelde looptijd, waar-door studenten nog voldoende tijd krijgen om het gewenste diplo-ma te behalen. De laatste examens worden afgenomen in 2017.

18.1.b Wo-masteropleiding

18.1.b.1 Leisure, tourism and environment (WU)
Voor adres(sen) zie: WO-47.
Algemeen Wo-masteropleiding voor functies ten behoeve van de vrijetijdssector en het toerisme.
Toelatingseisen Getuigschrift hbo op het gebied van economie en management, of op het gebied van mens en maatschappij.
Duur 1 jaar voltijd.
Lesprogramma Theoretical perspectives - policy and planning - research - research methods - quality questions - international orientation - trend research.
Diploma/examen Leidt tot het diploma Master of Arts in Inter-national Leisure and Tourism.
Functiemogelijkheden Beleidsfuncties op het gebied van vrije tijd en toerisme.
Overige informatie De opleiding wordt gegeven in samenwer-king met de University of North-London (Engeland).

18.1.b.2 Leisure studies (NHTV, TiU)
Zie 14.8.b.1.

18.1.d Post-hbo opleiding

18.1.d.1 Tourism Destination Management (NHTV)
Voor adres(sen) zie: HBO-55.
Algemeen Hbo-postmasteropleiding.
Duur 1 jaar voltijd.
Overige informatie De voertaal is Engels.

18.1.f Hbo-bacheloropleiding

18.1.f.1 Culturele en Maatschappelijke Vorming (hsao-CMV) (Avans HS, Haagse HS, HAN, HS Inholland, HS Rotterdam, HS Utrecht, HvA, NHL)
Zie 14.8.f.1.

18.1.f.2 Functiegericht toerisme en recreatie (NHTV)
Voor adres(sen) zie: HBO-55.
Algemeen
- Hbo-bacheloropleiding voor management- en beleidsfuncties in de sectoren Toerisme, Recreatie en Vrije tijd.
- De studie wordt ook als ad-programma bij NHTV (vestiging Breda) aangeboden.
Toelatingseisen Diploma havo (1 uit: wisk. A of B, econ., handels-wet., recht); havo-profiel C&M, E&M, N&T (+ econ. I, 2e moderne vreemde taal), N&G (+ econ. I, 2e moderne vreemde taal); vwo (gewenst: wisk. A, alg. econ./econ. I, handelsw./econ. II, Ned., Eng., Dts., Fr.); vwo-profiel E&M, N&T (+ econ. I), N&G (+ econ. I), C&M; mbo niveau 4 (gewenst: moderne vreemde taal, 1 uit: wisk., alg. econ. en calculatie, bedr.econ. en calculatie en bedr.adm.).
Duur
- 4 jaar voltijd.
- Ad-programma: 2 jaar voltijd.
Diploma/examen
- Onder bepaalde voorwaarden geldt het diploma als een verkla-ring inzake handelskennis en vakbekwaamheid t.b.v. vestiging van een reisbureau.
- Het diploma geeft vrijstelling voor NIMA-PR-A en NIMA-A.
Functiemogelijkheden Manager, beleidsmedewerker, PR-mede-werker, marketingmedewerker of onderzoeker die achter de scher-men werkt bij touroperators, grote reisbureaus, vervoersmaat-schappijen, verkeersbureaus, marketingbureaus, VVV's, Ned. Bureau voor toerisme, onderzoeks- en adviesbureaus in binnen- en buiten-land en internationaal opererende organen als de EU of de VN.

18.1.f.3 Hoger Toeristisch en Recreatief Onderwijs (HTRO) (HS Inholland, Stenden HS)
Zie ook: 18.1.f.11.
Voor adres(sen) zie: HBO-70, 86, 106, 156.
Algemeen
- Hbo-bacheloropleiding.
- Ook als ad-programma bij Stenden HS (vestiging Emmen).

Toelatingseisen Diploma havo of vwo (C&M met econ. of man. & org.; E&M, N&G of N&T).

Duur
- 4 jaar voltijd, deeltijd of duaal.
- Ad-programma bij Stenden HS: 2 jaar voltijd.

Lesprogramma Specialisaties bij HS Inholland (vestigingen in Diemen, Haarlem en Rotterdam): Adventure tourism - Business travel and incentives - Community based tourism - Cultuurtoerisme - Destinatie marketing Nederland - E-touroperating - Landschappen.

Functiemogelijkheden Inkoper bij een touroperator in binnen- of buitenland; medewerker/leidinggevende van de afdeling marketing, sales of productontwikkeling bij een luchtvaartmaatschappij, evenementenorganisatie, ferry, bungalowpark, hotelketen, touroperator of congresorganisatie; citymarketeer of beleidsmedewerker bij een gemeente, provincie of VVV; regiomanager reisbureau; productmanager reizen; toeristisch adviseur.

18.1.f.4 HS LOI - Toerisme en recreatie
Voor adres(sen) zie: HBO-135.
Algemeen
- Hbo-bacheloropleiding.
- Deze opleiding wordt niet door de overheid bekostigd.

Doel De opleiding is gericht op management, marketing en bedrijfscommunicatie, ter voorbereiding op een leidinggevende functie in de reisbranche.

Toelatingseisen
- Diploma havo, vwo of mbo niveau 4.
- Als men 21 jaar of ouder is en over een vergelijkbare vooropleiding beschikt, oordeelt een toelatingscommissie over de toelating.

Duur 4 jaar deeltijd.

Lesprogramma Communicatie en maatschappelijke vorming - inleiding commerciële economie - Engels - algemene reiskennis - toeristische topografie - vervoer en verblijf - verzekeringen - middle management - Duits - Frans - vervoer en verblijf zakenreizen - zakentopografie - reiskennis zakelijke markt - verkoop en communicatie/reservering GDS - toeristische terminologie vreemde talen - praktijk reisbegeleiding - inleiding communicatie - operationeel management - financiële administratie - financieel management - ondernemingsplan - Nederlandse handelscorrespondentie - praktijk reisbureau - toeroperating - tarieven.

Diploma/examen Het examen wordt afgenomen onder verantwoordelijkheid van de Examencommissie HS LOI.

Functiemogelijkheden Zelfstandig reisbureauhouder, filiaalhouder van een reisbureau, regiomanager van een reisbureauketen, leidinggevende functie op een afdeling van een reisbureau, adviseur zakenreizen, productmanager bij een touroperator.

Overige informatie Binnen de opleiding kan men ook kiezen voor een verkorte hbo-opleiding Toerisme van 2 jaar.

18.1.f.5 HS NTI - blended learning - Toerisme en recreatie
Voor adres(sen) zie: HBO-133.
Algemeen Hbo-bacheloropleiding voor het hbo-getuigschrift Toerisme.
Toelatingseisen
- Diploma havo, vwo of mbo niveau 4.
- Of 21 jaar of ouder zijn en toegelaten worden op grond van ander onderwijs of werkervaring.
- Op grond van de diploma's PDB, of NIMA-A of -B kan men vrijstellingen krijgen.

Duur Verkort programma in 6 maanden.

Diploma/examen Men doet voor elke module examen en verzamelt daardoor ec's. Als men in totaal 240 ec's heeft, ontvangt men het officiële hbo-diploma.

Functiemogelijkheden Beleidsmedewerker, marketingmanager, pr-medewerker in de toeristische sector.

18.1.f.6 HS Tio (o.a. HEM en ITM)
Voor adres(sen) zie: HBO-22, 85, 112, 158, 182.
Algemeen Hbo-bacheloropleidingen voor dienstverlenende en management- en commerciële functies in de reiswereld en het binnenlands toerisme.

Doel HEM leidt op voor het beroepscompetentieprofiel Hoger Hotelonderwijs.

Opleidingen
- Hotel- en EventManagement (HEM).
- Internationaal Toeristisch Management (ITM).

Toelatingseisen
- Een havo- of mbo-diploma (niveau 3) met Engels.
- Een tweede moderne vreemde taal (Duits of Frans) is gewenst, maar niet verplicht. Wie geen tweede moderne vreemde taal in het pakket heeft, dient Spaans te kiezen.
- Toelating is met elk profiel mogelijk. Wie nog voor de keuze van een profiel staat, wordt aangeraden om extra talen te kiezen.
- Toelating is ook mogelijk met een CTM-, HMA- of SRH-diploma van HS Tio.
- HEM: op basis van een middelbaar hotelschooldiploma (of gelijkwaardig) kan men in het tweede jaar instromen.
- TM: op basis van een MTRO-diploma (of gelijkwaardig) kan men in het tweede jaar van TM instromen.

Duur Beide opleidingen: ieder 3 jaar.

Diploma/examen
- De opleiding TM geeft recht op het hbo-bachelordiploma Toeristisch management.
- De opleiding HEM geeft recht op het hbo-bachelordiploma Hotel- en EventManagement.

Functiemogelijkheden
- HEM: beurs- en congresorganisator, evenementencoördinator, marketing-, sales-, of pr-manager, communicatiemedewerker, hotelmanager, inkoopmanager, in attractieparken, bij touroperators, congres- en evenementenorganisaties, radio en tv, recreatiebedrijven, verkeersbureaus, hotels, beursorganisaties, luchtvaartmaatschappijen, onderzoeks-, trainings- en adviesbureaus, (semi)overheidsinstellingen die zich bezighouden met toerisme, recreatie en vrijetijdsmanagement, en ook bij pr-afdelingen van multinationale ondernemingen.
- TM: internationale functies in het toerisme, zoals: accountmanager, inkoper, productmanager, marketing-, sales- of reisbureaumanager, zakenreisadviseur, zelfstandig ondernemer, onderzoeksmedewerker.

N.B. Met het keuzevak Luchtvaartdienstverlening kan men ook aan de slag als steward(ess) bij touroperators, reisbureaus, zakenreisorganisaties, attractieparken, recreatiebedrijven, verkeersbureaus, luchtvaartmaatschappijen, cruisemaatschappijen, onderzoeks-, trainings- en adviesbureaus, hotels, (semi)overheidsinstellingen die zich bezighouden met toerisme, recreatie en vrijetijdsmanagement.

18.1.f.7 Leisure Management (LM) (HS Inholland, HS Rotterdam, Stenden HS)
Voor adres(sen) zie: HBO-70, 86, 130, 157.
Algemeen
- Hbo-bacheloropleiding.
- Ook als ad-programma bij Stenden HS (vestigingen Emmen en Leeuwarden).

Toelatingseisen Diploma havo (C&M met econ. of man. & org.; E&M), of vwo (C&M; E&M; N&G of N&T met econ. of man. & org.).
Duur
- 4 jaar voltijd.
- Ad-programma: 2 jaar voltijd.
Lesprogramma Specialisaties:
- Diemen (HS Inholland): Citymarketing - Kunst, cultuur en entertainment - Sport, wellness en recreatie.
- Leeuwarden (Stenden HS): Eventmanagement - Kunst en cultuur management - Sport management - Tourism management.
- Rotterdam (HS Rotterdam): City branding - Eventmanagement - Kunst en cultuur management.

18.1.f.8 Toerisme en eventmanagement (Notenboom)
Voor adres(sen) zie: HBO-77, 113, 137.
Algemeen Hbo-bacheloropleiding.
Toelatingseisen
- Diploma havo of vwo (in beide gevallen: 1 uit: wisk. A, wisk. B, econ., handelswet.); mbo niveau 4 (1 uit: wisk., alg. econ., comm. econ., bedr.econ., bedr.adm.).
- Of 21 jaar of ouder zijn en toegelaten worden op grond van een toelatingsonderzoek.
Duur Er zijn 3 varianten:
- Variant A: 2 jaar Kort-hbo.
- Variant B: 3 jaar voltijd; men kan ook 4 jaar over de opleiding doen.
- Variant C: 3 jaar, waarin de 1e twee jaar uit Kort-hbo bestaan en het 3e jaar een praktijkjaar is met terugkomdagen.
- Er is een verkort programma na een diploma mbo niveau 4 op het gebied van horeca.
Lesprogramma
- 1e jaar: Nederlands - Engels I - Frans en/of Duits I - Spaans I (facultatief) - sales-technieken I - klachtenbehandeling - presenteren - solliciteren - public relations I - marketing I - managementmethoden en -technieken - financieel-economische bedrijfsvoering I - management I - personeelsmanagement I - managementinformatiesystemen I - toerisme en luchtvaart I - toeristische geografie en topografie Europa I - toeristische geografie en topografie verre bestemmingen I - vervoer en verblijf I - algemene reiskennis I - luchtvaart I - oriënterende stage + opdracht.
- 2e jaar: Engels II - Frans en/of Duits II - Spaans II (facultatief) - marketing II - integratiecases - kwantitatieve ondersteuning - financieel-economische bedrijfsvoering II - sales-technieken II - management II - managementinformatiesystemen II - managementopdrachten - toerisme en luchtvaart II - toeristische geografie en topografie Europa II - toeristische geografie en topografie verre bestemmingen II - vervoer en verblijf II - algemene reiskennis II - luchtvaart II - afstudeerstage + opdracht.
- 3e jaar: public relations II - marketing III - financieel-economische bedrijfsvoering III - statistiek - bedrijfseconomie - personeelsmanagement II - recht - afstudeerstage + opdracht.
Diploma/examen Met de opleiding kan men tevens examens afleggen voor NIMA en SEPR.

Functiemogelijkheden Functies bij touroperators, luchtvaartmaatschappijen, ANWB, incentive bedrijven, VVV's, congrescentra, vakantieboekingskantoren, camping/bungalowparken, zakelijke boekingsbedrijven, verkeersbureaus, spoorwegmaatschappijen.
Overige informatie
- Het 3e jaar kan zowel in voltijd (variant B) als in deeltijd (variant C) worden gevolgd.
- De volledige hbo-opleiding kan desgewenst ook in een studieschema van 4 jaar worden voltooid.

18.1.f.9 Toerisme (Nationaal Gids) (NHTV)
Voor adres(sen) zie: HBO-55.
Algemeen Hbo-bacheloropleiding.
Doel Leidt mensen op die excursies en tours kunnen samenstellen, publiciteit kunnen voeren en het toeristisch en cultureel product kunnen verkopen. De nadruk ligt meer op cultuur en minder op economie.
Toelatingseisen Diploma havo of vwo (1 uit: wisk. A of B, econ., handelsw., recht, aardr.k., alg. econ., gesch., Dts., Eng., Fr.).
Duur 4 jaar voltijd (1e jaar: propedeuse; 3e jaar: stage van 4 maanden).
Lesprogramma
- 4 thema's: het aanbod - de vraag - afstemming van vraag en aanbod - het bedrijf.
- Propedeuse: toerisme en recreatie - vrijetijdskunde - automatisering - recht - management en organisatie - vraagstukken - marketing en marketingmanagement - financieel management - public relations en voorlichting - methoden en technieken van onderzoek - Nederlands - Frans - Duits - Engels - Italiaans - Spaans - economie - sociologie - psychologie - geografie - statistiek - wiskunde - presentatietechnieken.
Mogelijkheden voor verdere studie
- Gidsen-vakopleiding: www.horecapunt. com
- Post-hbo: European Leisure Management, MBA European Master of Business Administration.
- Studentenuitwisseling met het buitenland.
Functiemogelijkheden Nationaal gids op freelance basis en educatief medewerker, adviseur, acquisiteur congrescentra, toeristisch/journalistiek medewerker bij touroperators, VVV's, overheidsdiensten, beleidsmedewerker, cultuurhistorische instellingen, media, congrescentra, Staatsbosbeheer, Natuurmonumenten; prmedewerker; accountmanager; productmanager.
Overige informatie Aanmelden bij de opleiding Heo-Functiegericht toerisme en recreatie (NHTV).

18.1.f.10 Tourism and recreation management (HS Inholland)
Zie ook: 18.1.f.8, 18.1.f.11, en 18.1.f.12.
Voor adres(sen) zie: HBO-70.
Algemeen Engelstalige hbo-bacheloropleiding voor uitvoerende, begeleidende en coördinerende taken op het terrein van toerisme en recreatie bij instellingen die programma's maken voor de mens in zijn vrije tijd.
Toelatingseisen
- Diploma havo, vwo of mbo niveau 4.
- Of 21 jaar of ouder zijn en toegelaten worden op grond van een toelatingsonderzoek.
Duur 4 jaar voltijd.
Lesprogramma Specialisaties: Destination management - Global perspectives on tourism an cultural identity.

Functiemogelijkheden Functie bij reisorganisaties, provinciale en gemeentelijke overheid, recreatieparken, campings en bungalowparken, evenementenbureaus.

18.1.f.11 Tourism management (Stenden HS)
Voor adres(sen) zie: HBO-130.
Algemeen Hbo-bacheloropleiding.
Doel Gericht op het leren onderbouwen van het toeristisch bedrijfsproces met informatie op het gebied van financiën, logistiek, verkoop, research, personeel, organisatie en management.
Toelatingseisen Diploma havo of vwo.
Duur 4 jaar voltijd.
Functiemogelijkheden Internationaal georiënteerde toeristische functies in het bedrijfsleven; aankomend manager reisbureau en manager reisbureau; aankomend manager toeristische informatie en manager toeristische informatie; adviseur zakenreizen.

18.1.f.12 Vitaliteitsmanagement & toerisme (HZ)
Voor adres(sen) zie: HBO-204.
Algemeen Ad-programma.
Duur 2 jaar deeltijd.

18.1.g Mbo-opleiding niveau 4

18.1.g.1 Commercieel-Toeristisch Management (CTM 1) (niveau 4) (HS Tio)
Voor adres(sen) zie: HBO-22, 85, 112, 158, 182.
Algemeen Verkorte mbo-opleiding.
CREBO Geen.
Toelatingseisen
- Met een vmbo-diploma (tl, gl, kl) met het vak Engels kan men deze mbo-opleiding niveau 4 in totaal 2 jaar afronden.
- Een tweede moderne vreemde taal (Duits of Frans) in de vooropleiding is gewenst, maar niet verplicht. Wie geen tweede moderne vreemde taal in het pakket heeft, kan Duits 1, Italiaans 1 of Spaans 1 kiezen.

Duur 1 jaar voltijd na havo of mbo.
Mogelijkheden voor verdere studie HS Tio: CTM 2.
Overige informatie Op basis van een havo- of relevant mbo-diploma (niveau 4) kan men in het tweede jaar van CTM instromen (zie 18.1.g.2). Met zo'n diploma kan men de hier beschreven opleiding dus overslaan.

18.1.g.2 Commercieel-Toeristisch Management (CTM 2) (niveau 4) (HS Tio)
Voor adres(sen) zie: HBO-22, 85, 112, 158, 182.
Algemeen Verkorte mbo-opleiding.
CREBO Geen.
Toelatingseisen
- Met een vmbo-diploma (tl, gl, kl) met het vak Engels kan men deze mbo-opleiding niveau 4 in totaal 2 jaar afronden.
- Een tweede moderne vreemde taal (Duits of Frans) in de vooropleiding is gewenst, maar niet verplicht. Wie geen tweede moderne vreemde taal in het pakket heeft, kan Duits 1, Italiaans 1 of Spaans 1 kiezen.
- Op basis van een havo- of relevant mbo-diploma (niveau 2) kan men in dit tweede jaar van CTM instromen. Hiermee kan men dus in totaal 2 jaar deze mbo-4-opleiding volgen.

Duur 2 jaar voltijd.

18.1.g.3 Frontofficemanager (Frontofficemedewerker)
Voor adres(sen) zie: ROC/MBO-13, 32.
Algemeen
- Eindtermen voor deze kwalificatie worden ontwikkeld door Kenwerk.
- Hier worden slechts de centrale adressen vermeld. De opleiding kan in de wijde omtrek ervan worden gegeven.

CREBO 94072
Doel Leidinggeven, maken van reserveringen en uitvoeren van diverse receptiewerkzaamheden; promotionele taken; budgetbewaking.
Toelatingseisen
- Diploma vmbo gl of vmbo tl met de sector vmbo-Ec; of diploma vmbo gl of vmbo tl, alle met econ. of wisk., 2e moderne vreemde taal (liefst Duits), met de sectoren vmbo-Lb, vmbo-Tech of vmbo-Z&W.
- Overgangsbewijs naar havo-4 of vwo-4, liefst met Duits en econ. of wisk. in het pakket.

Duur 4 jaar voltijd.
Mogelijkheden voor verdere studie Hoger Toeristisch en Recreatief Onderwijs, of een hbo-lerarenopleiding in de toeristische sector.
Functiemogelijkheden Frontofficemananger in hotels of recreatiebedrijven.

18.1.g.4 Leisure & hospitality (executive)/- Leidinggevende recreatie (niveau 4)
Voor adres(sen) zie: ROC/MBO-13, 32.
Algemeen
- Eindtermen voor deze kwalificatie worden ontwikkeld door Kenwerk.
- Hier worden slechts de centrale adressen vermeld. De opleiding kan in de wijde omtrek ervan worden gegeven.

CREBO 94130
Doel Leidinggeven en coachen; organiseren, coördineren en uitvoeren van recreatieve activiteiten en van diverse diensten binnen de organisatie.
Toelatingseisen
- Diploma vmbo gl, vmbo kb of vmbo tl met de sector vmbo-Ec; of diploma vmbo gl, vmbo kb of vmbo tl, alle met econ. of wisk., 2e moderne vreemde taal (liefst Duits), met de sectoren vmbo-Lb, vmbo-Tech of vmbo-Z&W.
- Overgangsbewijs naar havo-4 of vwo-4, liefst met Duits en econ. of wisk. in het pakket.

Duur 4 jaar voltijd; er zijn versnelde trajecten mogelijk.
Mogelijkheden voor verdere studie Hoger Toeristisch en Recreatief Onderwijs, of een hbo-lerarenopleiding in de toeristische sector.
Functiemogelijkheden Leidinggevende in de horeca, de receptie, winkelverkoop en/of bij verhuur van faciliteiten.

18.1.g.5 Manager verkoop reizen (reizen) (niveau 4)
Voor adres(sen) zie: HBO-77, 113, 137, ROC/MBO-13, 21, 30, 32, 37, 43, 45.
Algemeen
- Eindtermen voor deze kwalificatie worden ontwikkeld door Kenwerk.
- Hier worden slechts de centrale adressen vermeld. De opleiding kan in de wijde omtrek ervan worden gegeven.

CREBO 10384/94100
Doel Bedrijfsvoering, bedrijfsbeheer, coaching van de medewerkers, en relatiebeheer; maken van plannen, begrotingen en het bewaken en realiseren ervan.

Toelatingseisen
- Diploma vmbo gl, vmbo kb of vmbo tl met de sector vmbo-Ec; of diploma vmbo gl, vmbo kb of vmbo tl, alle met econ. of wisk., 2e moderne vreemde taal (liefst Duits), met de sectoren vmbo-Lb, vmbo-Tech of vmbo-Z&W.
- Overgangsbewijs naar havo-4 of vwo-4, liefst met Duits en econ. of wisk. in het pakket.
- Men kan met het diploma Zelfstandig werkend medewerker reizen (niveau 3) met vrijstellingen in de opleiding instromen.

Duur 4 jaar voltijd.

Mogelijkheden voor verdere studie Hoger Toeristisch en Recreatief Onderwijs, of een hbo-lerarenopleiding in de toeristische sector.

Functiemogelijkheden Manager verkoop reizen bij een reisbureau, touroperator of een ANWB/VVV-kantoor.

18.1.g.6 Middenkaderfunctionaris toeristische informatie (niveau 4)
Voor adres(sen) zie: ROC/MBO-30.

Algemeen
- Eindtermen voor deze kwalificatie worden ontwikkeld door Kenwerk.
- Hier wordt slechts het centrale adres vermeld. De opleiding kan in de wijde omtrek ervan worden gegeven.

CREBO 10383

Doel Bedrijfsvoering, bedrijfsbeheer en relatiebeheer.

Toelatingseisen
- Diploma vmbo gl, vmbo kb of vmbo tl met de sector vmbo-Ec; of diploma vmbo gl, vmbo kb of vmbo tl, alle met econ., 2e moderne vreemde taal of wisk., met de sectoren vmbo-Lb, vmbo-Tech of vmbo-Z&W.
- Men kan met het diploma Zelfstandig werkend medewerker toeristische informatie (niveau 3) met vrijstellingen in de opleiding instromen.

Duur 4 jaar voltijd.

Mogelijkheden voor verdere studie Hoger Toeristisch en Recreatief Onderwijs, of een hbo-lerarenopleiding in de toeristische sector.

Functiemogelijkheden Middenkaderfunctionaris toeristische informatie bij een toeristisch informatiebureau.

18.1.h Mbo-opleiding niveau 3

18.1.h.1 Frontofficemedewerker (niveau 3)
Voor adres(sen) zie: ROC/MBO-32.

Algemeen - Er zijn twee uitstroomrichtingen:
- Informatiemedewerker (crebonummer 90621).
- Receptionist (crebonummer 90622).
- Eindtermen voor deze kwalificatie worden ontwikkeld door Kenwerk.
- Hier wordt slechts het centrale adres vermeld. De opleiding kan in de wijde omtrek ervan worden gegeven.

CREBO 90620

Doel
- Taak als informatiemedewerker: toeristische informatie en adviezen geven, documentatie op peil houden.
- Taak als receptionist: het maken van reserveringen en het uitvoeren van diverse receptiewerkzaamheden.

Toelatingseisen
- Diploma vmbo gl, vmbo kb of vmbo tl met de sector vmbo-Ec; of diploma vmbo gl, vmbo kb of vmbo tl, alle met econ. of wisk., 2e moderne vreemde taal (liefst Duits), met de sectoren vmbo-Lb, vmbo-Tech of vmbo-Z&W.

- Overgangsbewijs naar havo-4 of vwo-4, liefst met Duits en econ. of wisk. in het pakket.

Duur 3 jaar voltijd.

Mogelijkheden voor verdere studie Een opleiding van niveau 4: Frontofficemanager.

Functiemogelijkheden
- Als informatiemedewerker: werkzaam bij ANWB/VVV-kantoren.
- Als receptionist: werkzaam in de afdeling receptie van (internationale) hotels en recreatiebedrijven.

18.1.h.2 Leisure & hospitality (host)/-Recreatiemedewerker (niveau 3)
Voor adres(sen) zie: ROC/MBO-13, 32.

Algemeen
- Eindtermen voor deze kwalificatie worden ontwikkeld door Kenwerk.
- Hier worden slechts de centrale adressen vermeld. De opleiding kan in de wijde omtrek ervan worden gegeven.

CREBO 94120

Doel Begeleiden van gasten; administratie; verkoop en verhuur; onderhoud; organiseren van evenementen en activiteiten voor jong en oud.

Toelatingseisen
- Diploma vmbo gl, vmbo kb of vmbo tl met de sector vmbo-Ec; of diploma vmbo gl, vmbo kb of vmbo tl, alle met econ. of wisk., 2e moderne vreemde taal (liefst Duits), met de sectoren vmbo-Lb, vmbo-Tech of vmbo-Z&W.
- Overgangsbewijs naar havo-4 of vwo-4, liefst met Duits en econ. of wisk. in het pakket.

Duur 3 jaar voltijd; er zijn versnelde trajecten mogelijk.

Mogelijkheden voor verdere studie Een opleiding van niveau 4: Leisure & hospitality (executive)/Leidinggevende recreatie.

Functiemogelijkheden Host in de horeca, in de receptie, bij winkelverkoop, of bij verhuur van faciliteiten.

18.1.h.3 LOI - afstandsonderwijs - Zelfstandig werkend medewerker reizen (niveau 3)
Voor adres(sen) zie: OVER-225.

Algemeen Eindtermen voor deze kwalificatie worden ontwikkeld door Kenwerk.

CREBO 10393

Doel Potentiële klanten informeren en adviseren, reizen verkopen, boekingen en en reserveringen voor vervoer en accommodatie verzorgen, administratie.

Toelatingseisen Diploma vbo, mavo of vmbo.

Duur 3 jaar.

Mogelijkheden voor verdere studie Een opleiding van niveau 4: Manager verkoop reizen (reizen).

Functiemogelijkheden Zelfstandig werkend medewerker reizen bij een reisbureau of touroperator.

18.1.h.4 LOI - afstandsonderwijs - Zelfstandig werkend medewerker toeristische informatie (niveau 3)
Voor adres(sen) zie: OVER-225.

Algemeen Eindtermen voor deze kwalificatie worden ontwikkeld door Kenwerk.

CREBO 10392

Doel Toeristische informatie verstrekken, boekingen en reserveringen verzorgen, winkelartikelen verkopen en administratie voeren.

Toelatingseisen Diploma vbo, mavo of vmbo.

Duur 3 jaar.

Mogelijkheden voor verdere studie Een opleiding van niveau 4: Middenkaderfunctionaris toeristische informatie.
Functiemogelijkheden Zelfstandig werkend medewerker toeristische informatie bij een toeristisch informatiebureau.

18.1.h.5 Verkoper reizen (niveau 3)
Voor adres(sen) zie: ROC/MBO-13, 32.
Algemeen
- Eindtermen voor deze kwalificatie worden ontwikkeld door Kenwerk.
- Hier worden slechts de centrale adressen vermeld. De opleiding kan in de wijde omtrek ervan worden gegeven.

CREBO 94090
Doel Als zelfstandig werkend verkoper van reizen, reisverzekeringen, autohuur e.d. zorgdragen voor de organisatorische, financiële en administratieve afhandeling, alsmede de bewaking van de status van de reizen, en het vervaardigen van reisbescheiden en de controle van facturen.
Toelatingseisen
- Diploma vmbo gl, vmbo kb of vmbo tl met de sector vmbo-Ec; of diploma vmbo gl, vmbo kb of vmbo tl, alle met econ. of wisk., 2e moderne vreemde taal (liefst Duits), met de sectoren vmbo-Lb, vmbo-Tech of vmbo-Z&W.
- Overgangsbewijs naar havo-4 of vwo-4, liefst met Duits en econ. of wisk. in het pakket.

Duur 3 jaar voltijd.
Mogelijkheden voor verdere studie Opleidingen van niveau 4: Frontofficemanager (Frontofficemedewerker), of Manager verkoop reizen (reizen).
Functiemogelijkheden Zelfstandig werkend verkoper van reizen bij een reisbureau, touroperator of ANWB/VVV-kantoor.

18.1.h.6 Zelfstandig werkend medewerker reizen (niveau 3)
Voor adres(sen) zie: ROC/MBO-30.
Algemeen
- Eindtermen voor deze kwalificatie worden ontwikkeld door Kenwerk.
- Hier wordt slechts het centrale adres vermeld. De opleiding kan in de wijde omtrek ervan worden gegeven.

CREBO 10393
Doel Potentiële klanten informeren en adviseren, reizen verkopen, boekingen van en reserveringen voor vervoer en accommodatie verzorgen, administratie.
Toelatingseisen Diploma vmbo gl, vmbo kb of vmbo tl met de sector vmbo-Ec; of diploma vmbo gl, vmbo kb of vmbo tl, alle met econ. of wisk., 2e moderne vreemde taal, met de sectoren vmbo-Lb, vmbo-Tech of vmbo-Z&W.
Duur 4 jaar voltijd en deeltijd.
Mogelijkheden voor verdere studie Een opleiding van niveau 4: Manager verkoop reizen (reizen).
Functiemogelijkheden Zelfstandig werkend medewerker reizen bij een reisbureau of touroperator.

18.1.h.7 Zelfstandig werkend medewerker toeristische informatie (niveau 3)
Voor adres(sen) zie: ROC/MBO-30.
Algemeen
- Eindtermen voor deze kwalificatie worden ontwikkeld door Kenwerk.
- Hier wordt slechts het centrale adres vermeld. De opleiding kan in de wijde omtrek ervan worden gegeven.

CREBO 10392
Doel Toeristische informatieverstrekking, verzorging van boekingen en reserveringen, verkoop van winkelartikelen en administratie.
Toelatingseisen
- Diploma vmbo gl, vmbo kb of vmbo tl met de sector vmbo-Ec; of diploma vmbo gl, vmbo kb of vmbo tl, alle met econ. of wisk., 2e moderne vreemde taal, met de sectoren vmbo-Lb, vmbo-Tech of vmbo-Z&W.

Duur 4 jaar voltijd.
Mogelijkheden voor verdere studie Een opleiding van niveau 4: Middenkaderfunctionaris toeristische informatie.
Functiemogelijkheden Zelfstandig werkend medewerker toeristische informatie bij een toeristisch informatiebureau.

18.1.i Mbo-opleiding niveau 1 of niveau 2

18.1.i.1 Leisure & hospitality (assistent) (niveau 2)
Voor adres(sen) zie: ROC/MBO-32.
Algemeen
- Eindtermen voor deze kwalificatie worden ontwikkeld door Kenwerk.
- Hier wordt slechts het centrale adres vermeld. De opleiding kan in de wijde omtrek ervan worden gegeven.

CREBO 94110
Doel Baliewerkzaamheden, verkoop en verhuur, onderhoud, assisteren bij evenementen en bij de snackbar en het restaurant.
Toelatingseisen Diploma vmbo bb.
Duur 2 jaar voltijd.
Mogelijkheden voor verdere studie Een opleiding van niveau 3: Leisure & hospitality (host)/Recreatiemedewerker.
Functiemogelijkheden Assistent in de horeca, de receptie, winkelverkoop en/of bij verhuur van faciliteiten.

18.1.i.2 LOI - afstandsonderwijs - Medewerker reizen en toeristische informatie (niveau 2)
Voor adres(sen) zie: OVER-225.
Algemeen Eindtermen voor deze kwalificatie worden ontwikkeld door Kenwerk.
CREBO 10397
Doel Ondersteunen van senior medewerkers bij administratieve verwerking van reserveringen; samenstellen of controleren van reisbescheiden; voorbereiden van toeristische informatieverstrekking.
Toelatingseisen De volledige leerplicht hebben voltooid.
Duur 18 maanden.
Mogelijkheden voor verdere studie Opleidingen van niveau 3: Zelfstandig werkend medewerker reizen, of Zelfstandig werkend medewerker toeristische informatie.
Functiemogelijkheden Medewerker reizen en toeristische informatie bij een reisbureau of toeristisch informatiebureau.

18.1.l Overige opleidingen

18.1.l.1 Bernel opleidingen & carrièreplanning
Voor adres(sen) zie: OVER-191.
Opleidingen Toeristisch assistent.
Duur
- De opleiding voor SEPR-I en -II duren elk circa 8 maanden (1 avond per week).
- De opleiding Toeristisch assistent duurt 6 weken (1 avond per week).

Lesprogramma Geschiedenis toerisme - toeristische organisatie - luchtvaart en ticketing - spoorwegen - scheepvaart - autocar-kennis - toeristische topografie - tariefberekenen pakketreizen - reisdocumentatie en betaalmiddelen.
Functiemogelijkheden Functie bij reisbureau, VVV-kantoor, luchtvaartmaatschappij, reisonderneming.
Overige informatie SEPR-1 wordt gegeven in Amsterdam en in Haarlem.

18.1.l.2 Instituut Voor Opleidingen in de Reiswereld (IVOR)
Voor adres(sen) zie: OVER-305.
Opleidingen
- A. Reisleid(st)er.
- B. Standplaatshost(ess)/campinghost(ess).
Toelatingseisen
- A: diploma havo of vwo, vervolgstudie hbo niveau, kennis van ten minste 2 moderne vreemde talen, algemene werkervaring, ruime reiservaring, leeftijd van 25-60 jaar.
- B: diploma havo of vwo, kennis van ten minste 1 moderne vreemde taal, algemene werkervaring, gewenst: rijbewijs B, en leeftijd vanaf 19 jaar.
Duur
- Dagcursus: 7 zaterdagen en 2 praktijkdagen.
- Start alle maanden, behalve in mei t/m augustus.
Overige informatie Locatie: Utrecht. In maart ook in Tilburg; in november ook in Groningen.

18.1.l.3 International travel assistent (Schoevers)
Voor adres(sen) zie: HBO-119.
Doel Het opleiden van mensen die in staat zijn om onderzoek te verrichten naar de ontwikkeling van nieuwe toeristische producten en de promotie daarvan, en die hierbij ondersteuning kunnen geven. Daarnaast zijn deze mensen ook inzetbaar bij managementprocessen, het voorbereiden van het interne beleid of de marketing van het product.
Duur 1 jaar voltijd en deeltijd.
Lesprogramma IATA (Galileo) - KLM-II - marketing - Nederlands - Engelse, Franse of Duitse schriftelijke taalvaardigheid (minimaal 2 vreemde talen, Engels verplicht) - Engelse, Franse en Duitse mondelinge taalvaardigheid - public relations - toegepaste informatica - kunstbeschouwing - presentatietechniek.

18.1.l.4 LOI - afstandsonderwijs - Toerisme
Zie ook: 18.1.h.3, 18.1.h.4, en 18.1.i.2.
Voor adres(sen) zie: OVER-225.
Opleidingen
- Handelskennis voor het reisbureaubedrijf.
- Mbo-Recreatie.
- Mbo-Toerisme.
- Praktijktraining toerisme.
- Reisbegeleider buitenland.
- Vakbekwaamheid luchtvaart en zakenreizen voor het NON-IATA-reisbureau.
- Vakbekwaamheid voor het reisbureaubedrijf.
Toelatingseisen Vmbo-niveau.
Duur 10 maanden.

Onbeperkt ontspannen?
zie pagina 231

18.1.l.5 Reisbureau (Schoevers)
Voor adres(sen) zie: HBO-119.
Algemeen Opleiding voor het starten van een reisbureau en handelskennis voor het reisbureaubedrijf.
Toelatingseisen Diploma havo, mavo of vmbo (in alle gevallen: met 2 vreemde talen).
Duur 7 maanden (1 avond per week).

18.1.l.6 Regio College Zaanstreek-Waterland
Voor adres(sen) zie: ROC/MBO-58.
Algemeen Opleidingen op het gebied van administratie, handel, informatica en toerisme.
Opleidingen
- Medewerker inkomend toerisme, allround hostess, reisbegeleider.
- Receptionist en toeristische informateur (na vbo-c, mavo of vmbo).

18.1.l.7 Travel Institute reisvakschool
Voor adres(sen) zie: OVER-297.
Doel Opleidingen voor: baliemedewerker reisbureaubedrijf en luchtvaartmaatschappij - reserveringsemployé - grondsteward en vliegsteward - afhandelingsmedewerker.
Opleidingen Travel counselling level I en II (beroepsopleidingen voor reisleiding).
Toelatingseisen
- Beroepsopleiding Reisleiding: diploma havo, in bezit van rijbewijs, minimumleeftijd 20 jaar.
- Travel counselling level I: diploma mbo, havo, mavo of vmbo tl.
In alle gevallen: goede beheersing van de Engelse taal in woord en geschrift; gewenst: Duits. Er dient een toelatingstest te worden gedaan.
Duur
- Level I: 3,5 maand deeltijd, of 6 maanden avondopleiding.
- Level I en II: 6 maanden deeltijd, of 1 jaar avondopleiding.
- Beroepsopleiding Reisleiding: 2 maanden deeltijd, of 5 maanden avondopleiding.
Functiemogelijkheden
- Met level I en II: reisadviseur, reserveringsemployé, reservation/ticketing agent, grondsteward.
  Men kan in het buitenland werken, met name via de hoofdvestiging van de IIT-cooperation in Toronto (Canada).
- Met de beroepsopleiding Reisleiding: reisleider, hostess.

18.1.l.8 Volwassenenonderwijs - reizen
Voor adres(sen) zie: ROCCO-1, 2, 7, 14, 15, 23, 26.
Toelatingseisen In de meeste gevallen: algemene ontwikkeling op vmbo-niveau.
Duur 5 weken tot een half jaar (1 avond per week).

18.1.l.9 World Travel School
Voor adres(sen) zie: OVER-38.
Opleidingen
- WTS-1: Opleiding voor functies bij touroperators, luchtvaartmaatschappijen en reisbureaus.
- WTS-2: Praktijkgerichte training voor medewerker zakenreisbureau.
Toelatingseisen
- WTS-1: Diploma mavo of vmbo; havo of mbo; beheersing Nederlandse en Engelse taal; 18 jaar zijn.
- WTS-2: WTS-1.
Duur
- WTS-1: dagopleiding: 5 maanden voltijd, of 12 maanden avondopleiding.

- WTS-2: dagopleiding: 3 maanden voltijd, of 7 maanden avond-opleiding.

Lesprogramma
- WTS-1: Air fares and ticketing - travel geography - sales and communication - travel agency operation - career training - airline computer reservations training.
- WTS-2: Air fares and ticketing 2 - Galileo basiscursus - marketing and total service management.

Functiemogelijkheden
- Bij een luchtvaartmaatschappij: reserverings-/ticketing-medewerker, passage-employee, grondsteward;
- bij een touroperator: reserveringsmedewerker, assistent afdeling inkoop, verkoopmedewerker, medewerker incentives en groepsreizen, reisbegeleider, in het buitenland als host of hostess;
- bij een vakantie- of zakenreisbureau: reisadviseur, verkoopmedewerker;
- bij aanverwante bedrijfstakken: autoverhuurmedewerker, front-office hotelmedewerker, medewerker op een cruiseschip of reserveringsmedewerker bij de NS.

Overige informatie Vestigingen in Amsterdam, Den Haag en Rotterdam.

18.1.I.10 PTC+
Zie 3.1.I.4.

18.2 LOGISTIEK, TRANSPORT EN VERKEER

18.2.a Postacademisch onderwijs (pao)

18.2.a.1 Logistieke besturingssystemen (TU/e)
Voor adres(sen) zie: WO-17.

18.2.a.2 Vervoerswetenschappen en Verkeerskunde (PAO-VV)
Voor adres(sen) zie: PAO-6.
Algemeen Het pao-VV verzorgt jaarlijks in samenwerking met de Nederlandse universiteiten, NEA en KIVI een aantal cursussen, onder meer op het gebied van verkeer en vervoer.

Cursussen
- Anders denken, anders doen.
- Baanbrekers in de bouw.
- Binnenscheepvaart en vaarwegen.
- Bouwakoestiek.
- COINS: ontwerpen en bouwen met 3D-objectinformatie.
- Creatief en effectief water conserveren en bergen.
- De menselijke factor in het verkeer.
- Design & construct.
- Drinkwatertransport en -distributie, assetmanagement.
- Eén integrale vergunning voor fysieke projecten.
- Eurocode 0+1: grondslagen en belastingen.
- Eurocode 5 en de nationale annex: construeren met hout.
- Eurocode 7: Geotechniek.
- Geodatamanagement in bouw- en infraprojecten.
- Geotechniek in het toetsen van dijken voor dijkbeheerders.
- Golven Deltares.
- Grondonderzoek en parameterkeuze.
- Grondwatermodellen in de praktijk.
- Grondwatersanering door natuurlijke afbraak.
- Haven- en terminalplanning.
- Hoge sterkte staal voor constructieve toepassingen.
- In-situ bronverwijderingstechnieken bij bodemsaneringen.

- Integraal beheer van de openbare ruimte in de praktijk.
- Intelligente wegen en intelligente voertuigen.
- Maatschappelijke Kosten-BatenAnalyse (MKBA) van infrastructuurprojecten.
- Milieu-Geluid.
- Natuurlijke en gestimuleerde vastlegging van zware metalen in de bodem.
- Niet-lineair en 3D-rekenen.
- Ontwerp en beheer van afvalwaterpersleidingen.
- Ontwerpen en dimensioneren van steenconstructies.
- Ontwerpen van netwerken en knooppunten.
- Ontwerpregels voor paalmatras-systemen.
- Risicobeheersing van gemeentelijke bouwprojecten.
- Risicomanagement bij bouw en infrastructuur.
- Robuustheid en betrouwbaarheid wegverkeer.
- Structuurelementen voor het 'upgraden' van steden.
- Systeemgerichte contractbeheersing (workshop).
- Systems engineering: een verkenning.
- Trends in parkeerbeleid.
- Veiligheid regionale waterkeringen.
- Veiligheid: van, voor en door iedereen.
- Voorzien, onvoorzien of onzeker: kostenramingen.

Toelatingseisen Deze kortdurende cursussen (2-6 dagen) zijn bedoeld voor academici en anderen die op academisch niveau in de praktijk werkzaam zijn.

18.2.b Wo-masteropleiding

18.2.b.1 Bedrijfskunde (AOC/RUG, VUB)
Zie 11.1.b.1 en 11.1.b.2.
Algemeen O.a. logistiek maakt deel uit van deze wo-masteropleidingen.

18.2.b.2 International economics & business (RUG, UU)
Voor adres(sen) zie: WO-23, 45.
Algemeen
- Internationaal georiënteerde Engelstalige wo-masteropleiding.
- RUG: double degree master.

Toelatingseisen Diploma wo-bachelor; International School (International/European Baccalaureate inclusief Maths Higher of Maths Standard/Methods).
Duur 1-2 jaar voltijd.
Lesprogramma Specialisaties:
- RUG: Double degree: Applied international & development economics - Double degree: Central-Eastern European economics - Double degree: China and the world economy - International development economics.
- UU: International economics and business.

Functiemogelijkheden Werkzaam bij multinationals, banken, overheidsinstellingen, het MKB: als onderzoeker, als adviseur of als beleidsmaker.

18.2.d Post-hbo-opleiding

18.2.d.1 Logistiek management (Fontys HS)
Voor adres(sen) zie: HBO-200.
Algemeen Opleiding tot logistiek manager.
Toelatingseisen
- Getuigschrift hbo of diploma mbo (in beide gevallen met wiskunde op havo-niveau).
- Enige jaren ervaring in logistiek management.

Duur 16 maanden (1 avond per week).

18.2.d.2 Stichting CPION
(Centrum Post Initieel Onderwijs Nederland)
Voor adres(sen) zie: DIEN-29.
Algemeen Toetsing, registratie en diplomering van initiële opleidingen.

18.2.e Hbo-masteropleiding

18.2.e.1 International Logistics (Fontys HS)
Voor adres(sen) zie: HBO-200.
Algemeen Deze hbo-masteropleiding voor de titel MSc International logistics wordt gegeven aan de Fontys HS Venlo en de University of Plymouth (Engeland).
Toelatingseisen Getuigschrift hbo in de bedrijfskundige, logistieke, of nautische sector.
Duur 1 jaar voltijd.
Lesprogramma Economics & finance - shipping environment - production management - finance & international monetary economics - business systems & operational research - strategic marketing & management in shipping - shipping law - international logistics policy - international physical distribution.
Overige informatie Aanmeldingen kunnen worden gestuurd naar Fontys HS Venlo.

18.2.e.2 International Logistics and International Supply Chain Management (Fontys HS)
Voor adres(sen) zie: HBO-200.
Algemeen Deze hbo-masteropleiding voor de titel MSc wordt gegeven aan het Cranfield Institute for Technology (Engeland).
Toelatingseisen Getuigschrift hbo in de logistieke of nautische sector.
Duur 1 jaar voltijd.
Overige informatie Fontys HS Venlo bemiddelt bij de plaatsing.

18.2.e.3 International Logistics and Transport Management (NHTV)
Voor adres(sen) zie: HBO-55.
Algemeen Hbo-masteropleiding.
Toelatingseisen Getuigschrift hto in de logistieke en nautische sector of gelijkwaardig.
Ook als men ten minste 2 jaar werkervaring op logistiek gebied heeft, kan men worden toegelaten.
Duur 1 jaar voltijd.
Diploma/examen De opleiding leidt tot de titel MSc.
Mogelijkheden voor verdere studie In samenwerking met de University of Lincolnshire and Humberside (Engeland) en de HZ kan men op internationaal niveau verder studeren in de goederenstroomverwerking en de haven- en transporttechnologie.
Overige informatie Men komt voor studiefinanciering in aanmerking als men ten minste nog 1 jaar aan studieduur te goed heeft.

18.2.f Hbo-bacheloropleiding

18.2.f.1 HS LOI, HS NCOI - Management
Zie 11.1.f.4.

18.2.f.2 Logistics management (HAN)
Voor adres(sen) zie: HBO-150.
Algemeen Hbo-bacheloropleiding.
Toelatingseisen Diploma havo, vwo (bij beide: Eng., wisk. A, econ.), of mbo niveau 4 in de logistieke sector.

Duur 4 jaar voltijd.
Lesprogramma Specialisatie: Distribution.
Overige informatie De opleiding wordt deels in Nederland, Duitsland en Engeland gegeven.

18.2.f.3 Logistiek en economie (Fontys HS, HAN, HS LOI, HS NCOI, HS Rotterdam, HS Utrecht, HS Windesheim, HvA, NHTV, RMU, Stenden HS)
Voor adres(sen) zie: HBO-26, 55, 86, 115, 135, 150, 157, 160, 184, 201, 217.
Algemeen
- Hbo-bacheloropleiding voor logistiek manager, in zowel productie-, dienstverlenende als distributiebedrijven.
- Ook als ad-programma bij HS LOI en bij Stenden HS (vestiging Emmen).
- HS LOI en HS NCOI worden niet door de overheid bekostigd.
Toelatingseisen
- Diploma havo of vwo; havo-profiel: C&M, E&M, N&T (+ econ. I) of N&G (+ econ. I); vwo-profiel: C&M (+ econ. I), E&M, N&T (+ econ. I) of N&G (+ econ. I); mbo niveau 4.
- Of 21 jaar of ouder zijn en toegelaten worden op grond van een toelatingsonderzoek.
Duur
- 4 jaar voltijd en deeltijd.
- HS LOI en HS NCOI: digitaal in deeltijd.
- Ad-programma: 2 jaar deeltijd.
Lesprogramma Specialisaties:
- R'dam (HS Rotterdam): Inkoopmanagement (minor) - International marketing & sales (minor) - Management & consultancy (minor) - Maritime and port management (minor) - Supply chain management (minor).
- R'dam (RMU: Samenwerking met HS Rotterdam): Logistics engineering/Logistiek en technische vervoerskunde.
- Venlo (Fontys HS): Logistiek en economie - Logistiek en technische vervoerskunde.
Functiemogelijkheden Logistiek manager, fysieke distributiemanager, projectmanager, accountmanager bij distribuerende ondernemingen; inkoopmanager, logistiek adviseur; transportmanager in het internationale beroepsgoederenvervoer (luchtvervoer, wegvervoer, railvervoer, zeevervoer), bij opslag en overslag bij luchthavens, bij zeehavens, of bij distributiecentra; stuwadoor; cargadoor; expediteur; expeditiechef; vervoersmakelaar; chef planning.

18.2.f.4 Mobiliteit/ruimtelijke ontwikkeling (NHL)
Zie ook: 10.3.f.2, 10.3.f.3, 10.3.f.4 en 10.3.f.5.
Voor adres(sen) zie: HBO-125.
Algemeen
- Hbo-bacheloropleiding voor verkeerskundig ingenieur.
- De opleiding heette voorheen: Verkeerskunde.
Doel Mensen willen zich veilig en snel kunnen verplaatsen. Een verkeerskundige zorgt voor een goede infrastructuur, zodat al het verkeer in goede banen wordt geleid. Hij maakt plannen voor verkeersmaatregelen, vervoerssystemen en vervoersexploitatie. Er wordt daarbij gestreefd naar een evenwicht tussen functie, gebruik, milieueisen en inrichting.
Toelatingseisen Diploma havo (wisk. B, nat. of econ.); havo-profiel E&M (+ wisk. B I, nat. I), C&M (+ wisk. B I, nat. I), N&T, N&G; vwo (wisk. A of B, econ.wet. I en recht of nat.); vwo-profiel C&M (+ wisk. A II, nat. I), E&M (+ nat. I), N&T, N&G; of mbo niveau 4 (wisk., nat.).
Duur 4 jaar voltijd.

Lesprogramma Specialisaties: Infrastructuur - Mobiliteitsstrategie - Stedenbouwkunde - Traffic psychology.
Functiemogelijkheden Verkeerskundig adviseur bij de overheid, ingenieurs- en adviesbureaus, openbare vervoersbedrijven, vervoersmanager bij bedrijven, beleidsmedewerker, onderzoeker, verkeerskundig ontwerper.

18.2.f.5 SDO academy (Stichting Deeltijd Opleidingen)
Zie ook: 18.2.l.8.
Voor adres(en) zie: HBO-90.
Algemeen Hoger beroepsonderwijs op het gebied van verkeer, vervoer en logistiek, zowel schriftelijk als in digitale vorm.
Toelatingseisen
- Diploma havo, vwo of mbo niveau 4.
- Studenten, die 21 jaar of ouder zijn en die naar het oordeel van de hogeschool op grond van hun vooropleiding en eventuele praktijkervaring over gelijkwaardige basiskennis beschikken, kunnen ook worden toegelaten; hiertoe kan een verzoek tot toelating worden ingediend, waarover wordt beslist door een toelatingscommissie.
Duur 4 jaar.
Lesprogramma Het hbo-bachelorprogramma bestaat uit een propedeutisch deel (60 ec's) en een postpropedeutisch deel (180 ec's). De propedeutische fase: inleiding logistiek - statistiek voor het vervoer 1 - informatiekunde - wiskunde voor het vervoer 1 - Engels voor het vervoer 1 - internationale vervoerseconomie - algemene economie 1 - vervoerseconomie 1 en 2 - externe organisatie - bedrijfseconomie 1 - internationale economie.
De mogelijkheid bestaat om voor een of meer separate vakken in te schrijven als 'contractstudent'.
Functiemogelijkheden Manager (hoger kader) in personen- of goederenvervoerbedrijf, verladend bedrijfsleven, logistieke dienstverlening, overheidsdiensten.
Overige informatie SDO academy was voorheen o.a. NEA Transport Hogeschool (NTH).

18.2.f.6 Verkeerskundig medewerker (NOVI)
Voor adres(en) zie: HBO-193.
Algemeen Niet-bekostigd ad-programma.
Duur 2 jaar deeltijd.

18.2.g Mbo-opleiding niveau 4

18.2.g.1 Expediteur (niveau 4)
Voor adres(en) zie: ROC/MBO-44.
Algemeen
- Eindtermen voor deze kwalificatie worden ontwikkeld door VTL.
- Hier wordt slechts het centrale adres vermeld. De opleiding kan in de wijde omtrek ervan worden gegeven.
CREBO 10684
Doel Bemiddeling tussen productiebedrijven en vervoers- en transportbedrijven.
Toelatingseisen Diploma Planner wegtransport (niveau 3), of een gelijkwaardige vooropleiding met 2 jaar praktijkervaring.
Duur 1 jaar voltijd en deeltijd.
Mogelijkheden voor verdere studie Heo-bachelor Logistiek en economie; hto-bachelor Logistiek en technische vervoerskunde; hto-Logistics management.
Functiemogelijkheden Expediteur in een expediteursbedrijf, havenbedrijf of grote transportonderneming.

18.2.g.2 Hoofd magazijn (niveau 4)
Voor adres(en) zie: ROC/MBO-39.
Algemeen
- Eindtermen voor deze kwalificatie worden ontwikkeld door KC Handel.
- Hier wordt slechts het centrale adres vermeld. De opleiding kan in de wijde omtrek ervan worden gegeven.
CREBO 10007
Doel Coördineren, begeleiden en uitvoeren van de werkzaamheden in het magazijn ten behoeve van een optimale goederenstroombeheersing.
Toelatingseisen Diploma vmbo gl, vmbo kb of vmbo tl met de sector vmbo-Ec; of diploma vmbo gl, vmbo kb of vmbo tl, alle met econ., 2e moderne vreemde taal of wisk., met de sectoren vmbo-Lb, vmbo-Tech of vmbo-Z&W.
Duur 3 jaar voltijd en deeltijd.
Functiemogelijkheden Hoofd magazijn in het midden- en grootbedrijf, magazijnchef, voorman magazijn, magazijnmeester, magazijnbeheerder.

18.2.g.3 Manager haven, vervoer en logistiek (niveau 4)
Zie 18.7.g.2.

18.2.g.4 Manager opslag en vervoer (niveau 4)
Voor adres(en) zie: ROC/MBO-1, 8, 12, 17, 25, 27, 33, 39, 44, 60.
Algemeen
- Eindtermen voor deze kwalificatie worden ontwikkeld door VTL.
- Hier worden slechts de centrale adressen vermeld. De opleiding kan in de wijde omtrek ervan worden gegeven.
CREBO 91870
Doel Leidinggeven, organiseren, beheren en technisch uitvoeren van logistieke werkzaamheden op het gebied van opslag en vervoer.
Toelatingseisen Diploma vmbo gl, vmbo kb of vmbo tl met de sector vmbo-Tech; of diploma vmbo gl, vmbo kb of vmbo tl, alle met nat./scheik. 1 of wisk., met de sectoren vmbo-Ec, vmbo-Lb of vmbo-Z&W.
Duur 4 jaar voltijd.
Functiemogelijkheden Manager opslag en vervoer bij material management in productiebedrijven, of bij fysieke distributie in warehouses in de transportsector en groothandel; logistiek manager; transportmanager.

18.2.g.5 Middenkaderopleiding verkeer- en stedenbouwkunde (niveau 4)
Zie 10.4.g.1.

18.2.g.6 Specialist gevaarlijke stoffen (niveau 4)
Voor adres(en) zie: ROC/MBO-44.
Algemeen
- Eindtermen voor deze kwalificatie worden ontwikkeld door VTL.
- Hier wordt slechts het centrale adres vermeld. De opleiding kan in de wijde omtrek ervan worden gegeven.
CREBO 10657
Doel Het op de juiste wijze toepassen van de regelgeving inzake vervoer van gevaarlijke stoffen.
Toelatingseisen Diploma Planner wegtransport (niveau 3), Veiligheidsadviseur (niveau 3), Warehouse voorman (niveau 3), diploma havo, of een vergelijkbare vooropleiding.
Duur 2 jaar deeltijd.
Mogelijkheden voor verdere studie Geen specifieke verdere studiemogelijkheden.

Functiemogelijkheden Specialist vervoer gevaarlijke stoffen binnen de gehele fysieke distributie.

18.2.h Mbo-opleiding niveau 3

18.2.h.1 Planner wegtransport (niveau 3)
Voor adres(sen) zie: ROC/MBO-20, 22, 32, 33, 38, 44.
Algemeen
- Eindtermen voor deze kwalificatie worden ontwikkeld door VTL.
- Hier worden slechts de centrale adressen vermeld. De opleiding kan in de wijde omtrek ervan worden gegeven.

CREBO 10663/91890
Doel Plannen, voorbereiden, uitvoeren en afhandelen van de ritten over de weg.
Toelatingseisen Diploma vmbo gl, vmbo kb of vmbo tl met de sector vmbo-Tech; of diploma vmbo gl, vmbo kb of vmbo tl, alle met nat./scheik. 1 of wisk., met de sectoren vmbo-Ec, vmbo-Lb of vmbo-Z&W; of het diploma Chauffeur goederenvervoer (niveau 2); of een vooropleiding van vergelijkbaar niveau.
Duur 1 jaar voltijd en deeltijd.
Mogelijkheden voor verdere studie Met vrijstellingen instromen in een opleiding voor niveau 4: Specialist vervoer gevaarlijke stoffen.
Functiemogelijkheden Planner wegtransport bij expeditie- en transportbedrijven.

18.2.h.2 Veiligheidsadviseur (niveau 3)
Zie ook: 18.4.l.4.
Voor adres(sen) zie: ROC/MBO-44.
Algemeen
- Opleiding tot het verkrijgen van het wettelijk erkend certificaat Veiligheidsadviseur.
- Eindtermen voor deze kwalificatie worden ontwikkeld door VTL.
- Hier wordt slechts het centrale adres vermeld. De opleiding kan in de wijde omtrek ervan worden gegeven.

CREBO 10791
Doel Sinds het jaar 2000 moet een ondernemer die gevaarlijke stoffen vervoert en/of behandelt in de zin van de Wet Vervoer Gevaarlijke Stoffen (WVGS), gebruik maken van een erkende veiligheidsadviseur. De ondernemer mag dit ook zelf doen, maar als hij niet zelf over het vereiste certificaat beschikt, moet hij een externe veiligheidsadviseur aanstellen die wettelijk verplichte taken uitvoert:
- algemene preventie- en veiligheidsmaatregelen;
- naleving van voorschriften bij het laden, lossen en behandelen van gevaarlijke stoffen;
- instrueren en opleiden van personen die bij de behandeling van gevaarlijke stoffen zijn betrokken;
- inwinnen van informatie bij calamiteiten en het opstellen van een rapportage;
- het opstellen van het 'jaarverslag vervoer gevaarlijke stoffen'.

Toelatingseisen Diploma van niveau 2: Chauffeur goederenvervoer, of Warehousemedewerker, of vergelijkbaar.
Duur 1 jaar voltijd.
Functiemogelijkheden Veiligheidsadviseur in de gehele fysieke distributie.
Overige informatie
- De opleiding wordt niet bekostigd door het ministerie van OCW.
- De STC geeft ook een herhalingscursus.
- Ook de ChauffeursAcademie geeft een cursus voor Veiligheidsadviseur vervoer gevaarlijke stoffen op 22 locaties in Nederland. Het certificaat is 5 jaar geldig.
Webadres: www.chauffeursacademie.nl

18.2.h.3 Warehousevoorman (niveau 3)
Voor adres(sen) zie: ROC/MBO-44.
Algemeen
- Eindtermen voor deze kwalificatie worden ontwikkeld door VTL.
- Hier wordt slechts het centrale adres vermeld. De opleiding kan in de wijde omtrek ervan worden gegeven.

CREBO 10666
Doel Leidinggeven bij ontvangst, opslag en beheer van goederen, behandelen van ladingdocumenten en voeren van de administratie.
Toelatingseisen Diploma vmbo gl, vmbo kb of vmbo tl met de sector vmbo-Tech; of diploma vmbo gl, vmbo kb of vmbo tl, alle met nat./scheik. 1 of wisk., met de sectoren vmbo-Ec, vmbo-Lb of vmbo-Z&W; of het diploma Warehousemedewerker (niveau 2); of een gelijkwaardige vooropleiding.
Mogelijkheden voor verdere studie Een opleiding van niveau 4: Specialist gevaarlijke stoffen.
Functiemogelijkheden Warehousevoorman binnen een warehouse-organisatie.

18.2.i Mbo-opleiding niveau 1 of niveau 2

18.2.i.1 Assistent operationeel medewerker transport en logistiek (niveau 1)
Voor adres(sen) zie: AOC-10, ROC/MBO-21, 22, 39, 58.
Algemeen
- Eindtermen voor deze kwalificatie worden ontwikkeld door VTL.
- Hier worden slechts de centrale adressen vermeld. De opleiding kan in de wijde omtrek ervan worden gegeven.

CREBO 10681
Doel Assisteren bij alle voorkomende werkzaamheden bij op- en overslag, zoals controleren, sorteren en verzendklaar maken van goederen, en laden en lossen van goederen in en uit vrachtauto's.
Toelatingseisen De volledige leerplicht hebben voltooid.
Duur 1 jaar deeltijd.
Mogelijkheden voor verdere studie Opleidingen van niveau 2: Warehousemedewerker, of Chauffeur goederenvervoer.
Functiemogelijkheden Assistent operationeel medewerker transport en logistiek bij een op- en overslagbedrijf, een warehouse en een distributiecentrum.

18.2.i.2 CCV
Zie 18.4.l.4.

18.2.i.3 Magazijnmedewerker (niveau 2)
Voor adres(sen) zie: ROC/MBO-30.
Algemeen
- Eindtermen voor deze kwalificatie worden ontwikkeld door KC Handel.
- Hier wordt slechts het centrale adres vermeld. De opleiding kan in de wijde omtrek ervan worden gegeven.

CREBO 10021
Doel Bijdragen aan een optimale goederenstroombeheersing.
Toelatingseisen De volledige leerplicht hebben voltooid.
Duur 2 jaar voltijd en deeltijd.
Mogelijkheden voor verdere studie Met vrijstellingen instromen in een opleiding van niveau 3: Hoofd magazijn.
Functiemogelijkheden Magazijnmedewerker in het magazijn van klein-, midden- en grootbedrijven; in het midden- en grootbedrijf is de taak beperkt tot een deel van de goederenbehandeling; logistiek medewerker, warehousemedewerker.

18.2.i.4 Warehousemedewerker (niveau 2)
Voor adres(sen) zie: ROC/MBO-39, 44.
Algemeen
- Eindtermen voor deze kwalificatie worden ontwikkeld door VTL.
- Hier worden slechts de centrale adressen vermeld. De opleiding kan in de wijde omtrek ervan worden gegeven.

CREBO 10679
Doel Alle voorkomende werkzaamheden bij op- en overslag, zoals laden en lossen van goederen in en uit vrachtauto's, controleren, sorteren en verzendklaar maken van goederen.
Toelatingseisen
- De volledige leerplicht hebben voltooid.
- Men kan met het diploma Assistent operationeel medewerker transport en logistiek (niveau 1) met vrijstellingen instromen.
Duur 2 jaar voltijd en deeltijd.
Mogelijkheden voor verdere studie Een opleiding van niveau 3: Warehousevoorman, of Veiligheidsadviseur.
Functiemogelijkheden Warehousemedewerker of heftruckbestuurder bij een op- en overslagbedrijf, een warehouse of een distributiecentrum.

18.2.l Overige opleidingen

18.2.l.1 CCV
Zie 18.4.l.4.

18.2.l.2 Volwassenenonderwijs - transport
Voor adres(sen) zie: ROCCO-5, 11, 12, 20, 26.
Cursussen
- Heftruckchauffeur.
- Logistiek management.
- Vervoer gevaarlijke stoffen.
Maatwerk Twente:
- Chauffeur goederenvervoer.
- Chauffeur personenvervoer.

18.2.l.3 EVO
Voor adres(sen) zie: OVER-359.
Algemeen Schriftelijke en mondelinge cursussen in diverse plaatsen.
Opleidingen
- *Distributieopleidingen:*
  - Bedrijfsinstructiebijeenkomsten voor chauffeurs.
  - Chauffeursopleiding CCV-B.
  - Praktijkdiploma Distributie (keuzeprogramma Export, of keuzeprogramma Opslag).
  - Rij zuinig.
  - Ritplanning.
  - Wagenparkbeheer.
- *Exportopleidingen:*
  - Basisopleiding Declarant.
  - Declarant.
  - Douaneplanning.
  - Export en documenten.
- *Gevaarlijke stoffen-opleidingen:*
  - Luchtverlading gevaarlijke stoffen.
  - Opslag en vervoer van bedrijfsafvalstoffen.
  - Opslag gevaarlijke stoffen (CPR-richtlijnen).
  - Veilig werken met gevaarlijke stoffen (randnummer 10.316).
  - Veiligheidsadviseur/werken met het ADR.
  - Vervoer gevaarlijke goederen over de weg (basisopleiding en aanvullend tankvervoer).
  - Werken met de IMDG-code.
- *Intern transport-opleidingen:*
  - Arbo en intern transport.
  - Capaciteitstest hef- of reachtruckchauffeur.
  - Intern transport-middelen.
  - Vakopleiding hef- of reachtruckchauffeur.
  - Aanvullende opleiding hef- of reachtruckchauffeur.
  - Vervolgopleiding hef- of reachtruckchauffeur.
  - Herhalingscursus hef- of reachtruckchauffeur.
  - Veilig werken met hef- of reachtruck.
- *Magazijnopleidingen:*
  - Inrichting en bouw van een magazijn.
  - Leidinggeven in magazijnen.
  - Magazijnbeheer.
  - Magazijnmedewerker.
  - Praktijkopleiding voorraadbeheer.
  - Vakopleiding magazijnmedewerker.
- *Managementopleidingen:*
  - Commercie en logistiek.
  - Logistieke planningstechnieken.
  - Logistieke prestatie-indicatoren.
  - Management fysieke distributie.
  - Magazijnmanagement.
  - Onderhandelen bij inkoop van transport en logistiek.

18.2.l.4 ISBW opleiding, training en coaching
Zie ook: 11.1.l.7.
Voor adres(sen) zie: OVER-355.
Cursussen
- Basisopleiding Distributie.
- Certified in Production and Inventory Management (APICS/CPIM).
- Hogere distributielogistiek.
- Hogere productielogistiek.
- Inkoopmanagement.
- Logistiek management.
- Logistiek management voor dienstverlenende organisaties.
- Logistiek medewerker.
- Magazijnmanagement.
- Technisch manager (hbo-niveau).
- Transportmanagement.
- Voorraadmanagement.

18.2.l.5 LOI - afstandsonderwijs - Logistiek, transport en verkeer
Voor adres(sen) zie: OVER-225.
Opleidingen
- Assistent exportmanager.
- (Assistent) inkoper.
- Export binnendienst.
- Export buitendienst.
- Logistiek management.
- Magazijnmedewerker (vakdiploma).
- Magazijnmeester/-manager.
- Medewerker logistiek.
- Praktijkdiploma Distributie.

18.2.l.6 NTI - blended learning -
Logistiek, transport en verkeer
Voor adres(en) zie: ROC/MBO-36.
Opleidingen
- Chauffeursopleiding CCV-B.
- Goederenvervoer.
- Logistiek medewerker.
- Magazijnbeheer.
- Magazijnmedewerker.
- Operationeel management (praktijkdiploma).

18.2.l.7 NVC (Nederlands VerpakkingsCentrum)
Voor adres(en) zie: OVER-182.
Opleidingen
- Bedrijfsinterne opleidingen voor verpakkingsoperators.
- Verpakken (basisopleiding).
- Verpakkingskundige I.
- Verpakkingsoperator.
- Verpakkingskundige II en III (3 jaar parttime onderwijs na hbo).
Cursussen
- Bedrukken van verpakkingen.
- Functioneel verpakkingsontwerp.
- Transportverpakken.
- Verpakken in kunststof.
- Verpakkingsspecificaties.

18.2.l.8 SDO academy (Stichting Deeltijd Opleidingen)
Zie ook: 18.2.f.5.

Voor adres(en) zie: HBO-90.
Algemeen Internationaal onderwijs en trainingen 'op maat', o.a. voor transportmanagement.
Overige informatie SDO academy was voorheen o.a. NEA Transport Hogeschool (NTH).

18.2.l.9 vLm Logistiek College
Voor adres(en) zie: DIEN-43.
Doel Opleidingen voor European Junior Logistician (EJLog), European Senior Logistician (ESLog) en European Master Logistician (EMLog). Deze opleidingen volgen de logistieke standaard van de European Logistics Association (ELA) in Brussel, en hebben een modulair karakter.
Toelatingseisen Diploma havo; mbo niveau 4; of hbo.
Diploma/examen Na het behalen van de benodigde certificaten mogen de kandidaten voor de Junior-, Senior- en Masteropleidingen respectievelijk de titel EJLog, ESLog of EMLog achter hun naam voeren.
Overige informatie
- De ELA-opleidingen worden onder meer gegeven door ATIM, Togenaarstraat 6, 5221 BK Den Bosch, tel. 073-6 24 06 65, e-mail: info@atim.nl; website: www.atim.nl
- vLm geeft ook Amerikaanse APICS-opleidngen.

18.2.l.10 Warehousemanager
Voor adres(en) zie: OVER-359.
CREBO 10660
Doel Management voor het strategisch, personeels-, commercieel, bedrijfseconomisch, milieu-, automatiserings- en logistiek beleid.
Functiemogelijkheden Warehousemanager binnen een warehouse-organisatie, warehouse van een transportbedrijf of afdeling voorraadbeheer van een productiebedrijf.

18.3 ANWB

18.3.l Overige opleidingen

18.3.l.1 Toeristisch informateur/informatrice (ANWB)
Voor adres(en) zie: OVER-117.
Algemeen Toeristisch informatrice (interne opleiding).
Toelatingseisen Diploma havo, of gelijkwaardig.

18.3.l.2 Wegenwacht
Voor adres(en) zie: OVER-117.
Algemeen Interne basisopleiding tot stads- of routewegenwacht in dienst van de ANWB.
Toelatingseisen
- Diploma Eerste automonteur (niveau 3), plus diploma mavo, of plus diploma vbo-c (Voertuigentechniek).
- Minimaal 2-3 jaar werkervaring als automonteur in een garagebedrijf (verschillende automerken).
- Minimaal 1 jaar in bezit van rijbewijs B.
- Goede beheersing van der Nederlandse taal.
- Goed alleen kunnen werken, goed kunnen luisteren en praten, goed met mensen kunnen omgaan (paniekbestendig), creatief in het vinden van oplossingen.
- Selectieprocedure: schriftelijke test (o.a. techniek); gesprek met leidinggevende; praktische technische test; medische keuring.
Duur 2 maanden.
Lesprogramma Lessen EHBO, brand blusen, storing zoeken en veel autotechniek.
Diploma/examen Aansluitend wordt een technische niveautest afgelegd. De resultaten ervan geven aan welke technische opleidingsmethoden de wegenwacht in het kader van zijn opleiding moet volgen.

18.4 CHAUFFEUR EN TRANSPORTEUR

18.4.i Mbo-opleiding niveau 1 of niveau 2

18.4.i.1 Chauffeur goederenvervoer (niveau 2)
Voor adres(en) zie: ROC/MBO-7, 8, 12, 15, 20, 21, 22, 25, 27, 30, 32, 33, 38, 39, 44, 48, 58, 60.
Algemeen
- Eindtermen voor deze kwalificatie worden ontwikkeld door VTL.
- Hier worden slechts de centrale adressen vermeld. De opleiding kan in de wijde omtrek ervan worden gegeven.
CREBO 91830
Doel Opleiding tot het wettelijk verplichte vakbekwaamheidsdiploma Chauffeur goederenvervoer: zelfstandig laden en lossen van de vrachtauto en het vervoeren van goederen.
Toelatingseisen
- De volledige leerplicht hebben voltooid.
- Diploma Assistent operationeel medewerker transport en logistiek (niveau 1).
Duur 2 jaar voltijd en deeltijd.
Mogelijkheden voor verdere studie
- Opleidingen van niveau 3: Planner wegtransport, of Veiligheidsadviseur.
- Specialistische opleidingen (niet-bekostigd): 18.4.l.4 (CCV) - 18.4.l.6 (SAVAM).
Functiemogelijkheden Chauffeur goederenvervoer binnenland, chauffeur goederenvervoer grensoverschrijdend bij een transportbedrijf.

18.4.i.2 Landbouwmachinechauffeur/-monteur (niveau 2)
Zie 5.6.i.9.

18.4.i.3 Touringcarchauffeur/Reisleider (niveau 2)
Voor adres(sen) zie: ROC/MBO-32.
Algemeen
- Eindtermen voor deze kwalificatie worden ontwikkeld door VTL.
- Hier wordt slechts het centrale adres vermeld. De opleiding kan in de wijde omtrek ervan worden gegeven.
CREBO 10667/91843
Doel Opleiding tot het wettelijk verplichte vakbekwaamheidsdiploma Toerwagenchauffeur/reisleider: vervoer van personen in besloten touringcars, begeleiding reizen en onderhoud van het materieel.
Toelatingeisen De volledige leerplicht hebben voltooid.
Mogelijkheden voor verdere studie Er zijn geen specifieke verdere studiemogelijkheden.
Functiemogelijkheden Toerwagenchauffeur/reisleider bij een touroperator, reisorganisatie of busonderneming.

18.4.l Overige opleidingen

18.4.l.1 BACE Academy
Voor adres(sen) zie: OVER-241.
Opleidingen
- *Alle rijbewijzen.*
- *Bedrijfsopleidingen:*
  • Autolaadkranen.
  • Bedrijfshulpverlener.
  • Elektrische pallettruck.
  • Gevaarlijke stoffen.
  • Hijs- en takeltechniek.
  • Logistiek medewerker.
  • Vorkheftruck-/reachtruckbestuurder.
- *Chauffeursvakopleidingen:*
  • Basis-ADR-certificaat vervoer gevaarlijke stoffen (binnen 1 maand te behalen).
  • ADR-certificaat voor tank- en stukgoedvervoer.
  • ATP-certificaat bederfelijke goederen.
  • CCV-B-diploma goederenvervoer/personenvervoer.
  • Manoeuvreren.
  • Rijbewijs C.
  • Verkeerskennis.
  • Vervoer gevaarlijk huishoudelijk afval.
- *Managementopleidingen:*
  • Europlanner wegtransport/transportmanager.
  • Nederlands vakdiploma binnenlands beroepsgoederenvervoer.
  • Vakdiploma grensoverschrijdend beroepsgoederenvervoer.
  • Wegwijs ADR/VGL-wetgeving.

18.4.l.2 Buschauffeur
Voor adres(sen) zie: OVER-225, 359.
Algemeen Opleidingen bij EVO, LOI, de grotere particuliere rijscholen en de grotere busondernemingen.

18.4.l.3 CBR: rijbewijzen A, BE, CE, DE
Zie ook: 18.4.l.4.
Voor adres(sen) zie: OVER-277.
Algemeen Rijbewijzen worden afgegeven door het Centraal Bureau Rijvaardigheidsbewijzen te Rijswijk (CBR).

18.4.l.4 CCV
Voor adres(sen) zie: DIEN-5, KBB-8.
Algemeen De divisie CCV van het CBR neemt in Nederland vrijwel alle examens voor beroepschauffeurs, schippers en ondernemers in de binnenvaart, en logistiek medewerkers af. Onder deze examens vallen zowel wettelijk verplichte examens, zoals rijexamens CDE, AD(N)R-examens en CCV-B-examens, als examens op verzoek van sociale partners uit de sector Transport en logistiek.
Daarnaast geeft de CCV ook vaardocumenten af.
De opleidingen die tot de examens leiden worden veelal door/onder supervisie van het kenniscentrum VTL gegeven op veel plaatsen door het gehele land. Zie voor opgave van de cursusplaatsen de website van VTL: www.vtl-cursussen.nl
Opleidingen
- *Binnenvaart:*
  • ADNR.
  • Marifonie.
  • Ondernemer.
  • Radar.
  • Schipper Rijnvaart.
  • Schipper RKM en AB.
  • Schipper zeilvaart.
  • Sportpatent.
  • Voorschotexamen voor schipper.
- *Gevaarlijke stoffen:*
  • ADR voor leidinggevenden.
  • ADNR.
  • Chauffeur vervoer gevaarlijke stoffen (ADR en KCA).
  • Vakbekwaamheid gevaarlijke stoffen.
  • Veiligheidsadviseur.
- *Goederenvervoer:*
  • Chauffeur geconditioneerd vervoer.
  • Chauffeur LZV.
  • Chauffeur sierteelt vervoer.
  • Transportbegeleider.
  • Veetransport.
  • Vrachtautochauffeur.
- *Intern transport:*
  • Chauffeur containerheftruck.
  • Chauffeur reachstacker.
  • Chauffeur terminaltrekker.
  • Vorkheftruck-/reachtruckchauffeur.
- *Logistiek:*
  • Magazijnbeheer.
  • Magazijnmanagement.
  • Magazijnmedewerker.
- *Middenkader/ondernemer:*
  • Assistent expediteur.
  • Assistent planner wegtransport.
  • Exportmedewerker.
  • Warehousemanager.
  • Warehousevoorman.
- *Personenvervoer:*
  • Ambulancechauffeur.
  • Bemanning loodsboten.
  • Buschauffeur.
  • Directiechauffeur.
  • Taxichauffeur.
  • Touringcarchauffeur.
- *Verhuizen:*
  • Assistent verhuizer.

- Inboedelverhuizer.
- Projectverhuizer.
- Projectleider projectverhuizingen.
- Taxateur inboedelverhuizer.
- Voorman inboedelverhuizer.
- Voorman projectverhuizer.
- *Verticaal transport:*
  - Aanslaan van lasten.
  - Chauffeur autolaadkraan laden/lossen.
  - Machinist autolaadkraan met hijsfunctie.
  - Machinist grondverzetmachine met hijsfunctie.
  - Machinist mobiele kraan.
  - Machinist mobiele torenkraan.
  - Machinist vaste torenkraan.
  - Machinist verreiker met hijsfunctie.

Diploma/examen Een keuze uit de vele diploma's:
- CCV-B diploma Goederenvervoer op basis van de theoriecertificaten Verkeer C/D, Techniek en Administratie Goederenvervoer.
- CCV-B diploma Personenvervoer op basis van de theoriecertificaten Verkeer C/D, Techniek en Administratie Personenvervoer.
- CCV-certificaat ADR met de aantekening 'Vervoer Gevaarlijk Afval' (t.b.v. chemokarchauffeurs).
- CCV-diploma Ambulancevervoer.
- CCV-diploma Bederfelijke Goederen.
- CCV-diploma Taxivervoer (CCV-T).
- CCV-diploma Toerwagenvervoer.
- CCV-examen ter verkrijging van het ADR-certificaat voor vervoer van gevaarlijke stoffen (5 jaar geldig).
- CCV-toets ter verlenging van de geldigheidsduur van het ADR-certificaat.
- Rijbewijsexamens van de categorie'n C/D, CE en DE.
- Theorie-examens ter verkrijging van het certificaat Verkeer C/D als toelatingseis voor het praktijkexamen C/D.

Overige informatie Deze opleidingen worden niet bekostigd door het ministerie van OCW.

18.4.I.5 IBKI
Voor adres(sen) zie: OVER-244.
Algemeen Het beroepsonderwijs vindt plaats in nauwe samenwerking tussen roc's en de mobiliteitsbranche.
IBKI is onderdeel van Innovam, maar functioneert onafhankelijk daarvan als het gaat om de ontwikkeling en uitvoering van examens. Hoofdtaken zijn het ontwikkelen en afnemen van theorie- en praktijkexamens voor:
- Agentschap NL: uitvoeringsorganisatie voor het ministerie van infrastructuur en milieu (voor de airco-examens).
- BOVAG: brancheorganisatie van de mobiliteitsbranche.
- het ministerie van infrastructuur en milieu (examens APK, LPG, WRM en Terugwinnen mobiele airco's).
- RAI: vereniging van importeurs en fabrikanten.
- RDW (toezicht op de APK-examens).
- Roc's met een afdeling motorvoertuigentechniek (uitvoeren van praktijkexamens).
- STEM: samenwerkingsverband tussen Roc's, brancheorganisaties en kenniscentra (ontwikkelen van examens voor Roc's).
- Stichting OOMT, het opleidings- en ontwikkelingsfonds voor de mobiliteitsbranche (Branchekwalificatiestructuur [BKS] en EVC).
- VbV (examens Inbouwspecialist beveiligingssystemen).
- VNA (examens VNA Leasing I).

18.4.I.6 SAVAM (SAmenwerkende VAkafdelingen Meubeltransport)
Algemeen SAVAM (website: www.savam.nl) is de branchevereniging van de erkende verhuisondernemingen in Nederland. Deze vereniging staat voor 'SAmenwerkende VAkafdelingen verhuizen en Meubeltransport' van Transport en Logistiek Nederland (TLN) en het Koninklijk Nederlands Vervoer (KNV).
TLN en KNV zijn de werkgeversorganisaties in het beroepsgoederenvervoer over de weg.
Diploma/examen Examen voor het diploma verhuizer.

18.4.I.7 SCT adviesdiensten
Voor adres(sen) zie: OVER-218.
Algemeen Opleiding vakdiploma binnen en buitenland voor het ondernemersdiploma beroepsgoederenvervoer over de weg en training voor het wegtransport.
Duur Afhankelijk van vooropleiding en ervaring: 3 weken tot 9 maanden.

18.4.I.8 SEB (Stichting Examenbureau Beroepsvervoer)
Voor adres(sen) zie: DIEN-5.
Algemeen De SEB stelde vakdiploma's beroepsvervoer samen t.b.v. binnenlands en grensoverschrijdend vervoer voor transportondernemers.
Sinds 1 januari 2008 voert de divisie CCV van het CBR de examens uit voor de SEB.

18.4.I.9 Trucktraining
Zie ook: 18.4.I.4.
Voor adres(sen) zie: OVER-202.
Algemeen Door de groeiende aandacht voor de arbo-eisen moeten werknemers bewust worden gemaakt van zowel persoonlijke veiligheid als van de veiligheid van de omgeving. Zo zijn er specifieke opleidingen voor het veilig omgaan met gevaarlijke stoffen. Niet alleen de beroepschauffeurs, maar ook afzenders en verladers in magazijnen moeten voldoen aan de bepalingen zoals gesteld in het ADR en het ATP. Deze opleidingen voldoet aan de wettelijk gestelde eisen conform de Arbowet.
Opleidingen
- 3-daagse opleiding voor onervaren hef- of reachtruckchauffeurs.
- 2-daagse opleiding voor ervaren hef- of reachtruckchauffeurs.
- Vakbekwaamheid certificaat hef- of reachtruck.
Cursussen
- ADR (vervoer van gevaarlijke stoffen).
- ATP (vervoer bederfelijke producten).
- Bedienen autolaadkraan.
- Bedienen elektrische pallettruck.
- Bedienen hoogwerksystemen.
- CCV-B (goederen- of personenvervoer).
- Hef-, reachtruck en/of stapelaar.
- Hijs- en takeltechnieken.
- Magazijnkunde.
- Veilig omgaan met gevaarlijke stoffen.
Diploma/examen Afsluiting met een geldig certificaat.
Overige informatie Veel trainingen worden op de eigen werklocatie gegeven en zorgen voor herkenbare situaties. Door deze in company-trainingen sluiten ze perfect aan op de behoeften binnen het bedrijf. Vaak worden opleidingen en trainingen 's avonds of in het weekend gegeven.

18.5 RIJONDERWIJS

18.5.l Overige opleidingen

18.5.l.1 Rijexaminator
Voor adres(sen) zie: OVER-277.
Algemeen Bij voorkeur vindt aanstelling als examinator plaats in parttime dienstverband.
Toelatingseisen
- De leeftijd bij aannemen moet liggen tussen 30 en 45 jaar.
- Nederlandse nationaliteit en een blanco strafregister bezitten.
- Minimaal havo-niveau.
- Rijbewijs B.
- In bezit van personenauto en de laatste 10 jaar actief automobilist zijn.
- Niet werkzaam zijn in verzekerings-, automobielbedrijf of rijschoolbedrijf.
- Ten minste twee werkdagen per week volledig ter beschikking staan.
- Gedegen kennis van de Nederlandse verkeerswetgeving.
- Bereid zijn een psychologisch onderzoek voor aanstelling te ondergaan.
Duur Circa 4 maanden gedurende 3 dagen per week.
Diploma/examen Er moet examen worden gedaan, theoretisch en praktisch, in de huidige verkeerswetgeving.

18.5.l.2 Rijschoolhouder en rijinstructeur
Voor adres(sen) zie: OVER-74, 91, 242, 293.
Algemeen Om de functie van rijschoolhouder en rijinstructeur uit te oefenen, moet men een vakbekwaamheidsdiploma hebben behaald. Men kan daartoe een opleiding volgen aan particuliere opleidingen voor rijschoolhouder en rijinstructeur.
Doel Het behalen van het instructeursbewijs dat de bevoegdheid geeft om zelfstandig les te geven en als ondernemer een eigen rijschool te openen.
Toelatingseisen
- Diploma vbo, mavo, vmbo of gelijkwaardig.
- Rijbewijs A voor de A-opleiding, rijbewijs B voor de B-opleiding, rijbewijs C of D voor de C- of D-opleiding.
Duur
- Dagopleidingen: circa 60 studiedagen.
- Avondopleiding: circa 75 studiedagen tot aan het examen.
- Arnhem: de A-opleiding heeft als avondopleiding circa 75 studiedagen.
- Voor kandidaten die de B-opleiding reeds succesvol hebben afgerond, is er een verkorte cursus. Deze duurt ca. 17 weken.
Lesprogramma
- Deel I: A- en B-opleiding: 12 theoretische vakken en een rijproef.
- Deel II: A- en B-opleiding: het geven van een theoretische en een praktische les.
- C/D-opleiding: 6 theoretische vakken en 1 praktische les.
- Cursus bromfiets.
- Applicatiecursus.
Mogelijkheden voor verdere studie Na instructeursbewijs: aanhangwagen-, autobus-, motor-, vrachtauto-instructeur.
Functiemogelijkheden Autorijinstructeur, bromfietsleraar, motorrijinstructeur, ondernemer autorijschool, taxileraar, verkeersdocent op scholen.
Overige informatie Het is ook mogelijk de A-opleiding te combineren met de B-opleiding.

18.6 NEDERLANDSE SPOORWEGEN

Algemeen De NS kent zo'n 600 beroepen waarin mensen werkzaam zijn met opleidingen die variëren van vmbo tot academische opleidingen. Wanneer men het diploma van een voor de NS relevante opleiding heeft en er vacatures zijn, kan men in aanmerking komen voor een geschikte functie bij de NS. Is men eenmaal voor een bepaalde functie aangenomen, dan krijgt men in veel gevallen een functiegerichte opleiding binnen het bedrijf.

18.6.l Overige opleidingen

18.6.l.1 Nederlandse Spoorwegen
Voor adres(sen) zie: OVER-329.
Algemeen Hieronder volgt een aantal opleidingen en de functies die met deze opleidingen bij NS kunnen worden vervuld.
Toelatingseisen
- Voor de meeste functies dient men minimaal 18 jaar en maximaal 40 jaar te zijn.
- Daarnaast gelden voor sommige functies lengte-eisen: minimaal 1.60 meter en maximaal 1.90 meter.
- Omdat een aantal functies te maken heeft met veiligheid, gelden daarvoor eisen als een goed gehoor- en gezichtsvermogen, verantwoordelijkheidsgevoel, stressbestendigheid en improvisatievermogen.
- Alle functies bij de Nederlandse Spoorwegen staan open voor mannen en vrouwen.
- Voor sommige van deze functies gelden bijkomende eisen ten aanzien van vakkenpakket, niveau en/of richting.
Functiemogelijkheden
- Na vmbo of mbo niveau 1 en 2: conducteur; machinist; materieelverzorger; rangeerder; monteur; lokettist.
- Na havo: conducteur; machinist; lokettist; perronopzichter; treindienstleider.
- Na mbo: NS biedt diverse mogelijkheden voor mensen met mbo niveau 4 in de economisch-administratieve sector en de sectoren Elektrotechniek, Werktuigbouwkunde, Weg- en waterbouwkunde, of Bouwkunde.
- Na hbo: NS biedt diverse mogelijkheden voor mensen met heo-BE, heo-BI, heo-CE, heo-AA, alsmede voor mensen met hto-Bouwkunde, hto-Civiele techniek, hto-Elektrotechniek, hto-Werktuigbouwkunde.
- Na wo: NS biedt diverse mogelijkheden voor mensen met wo-Economie, wo-Informatica, en wo-Rechten.

18.7 HAVENBEDRIJF

Algemeen Voor deze sector kan ook de paragraaf Logistiek, transport en verkeer (18.2) worden geraadpleegd.

18.7.f Hbo-bacheloropleiding

18.7.f.1 Logistiek en economie (Fontys HS, HAN, HS LOI, HS NCOI, HS Rotterdam, HS Utrecht, HS Windesheim, HvA, NHTV, RMU, Stenden HS)
Zie 18.2.f.3.
Algemeen Het heo-Logistiek en economie heeft te Rotterdam als onderdeel een opleiding Haven en vervoer.

18.7.g Mbo-opleiding niveau 4

18.7.g.1 Cargadoor (niveau 4)
Voor adres(sen) zie: HBO-33, ROC/MBO-44.
Algemeen
- Eindtermen voor deze kwalificatie worden ontwikkeld door VTL.
- Hier worden slechts de centrale adressen vermeld. De opleiding kan in de wijde omtrek ervan worden gegeven.

CREBO 10683
Doel Specialistenopleiding tot cargadoor.
- Taak: bemiddeling tussen reders en vervoers- en transportbedrijven.

Toelatingseisen
- Diploma Assistent cargadoor (niveau 3), of een gelijkwaardige vooropleiding.
- Plus 2 jaar praktijkervaring.

Duur 1 jaar voltijd en deeltijd.
Mogelijkheden voor verdere studie Heo-bachelor Logistiek en economie; hto-bachelor Logistiek en technische vervoerskunde; hto-Logistics management.
Functiemogelijkheden Cargadoor in een cargadoorsbedrijf.

18.7.g.2 Manager transport en logistiek (niveau 4)
Voor adres(sen) zie: AOC-3, HBO-33, ROC/MBO-45.
Algemeen
- Eindtermen voor deze kwalificatie worden ontwikkeld door VTL.
- Hier worden slechts de centrale adressen vermeld. De opleiding kan in de wijde omtrek ervan worden gegeven.

CREBO 10682
Toelatingseisen
- Diploma vmbo gl, vmbo kb of vmbo tl met de sector vmbo-Tech; of diploma vmbo gl, vmbo kb of vmbo tl, alle met nat./scheik. 1 of wisk., met de sectoren vmbo-Ec, vmbo-Lb of vmbo-Z&W.
- Men kan met een diploma van niveau 3: Assistent cargadoor of Assistent-expediteur met vrijstellingen in de opleiding instromen.

Duur 4 jaar voltijd en deeltijd.
Mogelijkheden voor verdere studie Heo-bachelor Logistiek en economie; hto-bachelor Logistiek en technische vervoerskunde; hto-Logistics management.
Functiemogelijkheden Manager haven, vervoer en logistiek.

18.7.h Mbo-opleiding niveau 3

18.7.h.1 Assistent cargadoor (niveau 3)
Voor adres(sen) zie: HBO-33.
Algemeen
- Eindtermen voor deze kwalificatie worden ontwikkeld door VTL.
- Hier wordt slechts het centrale adres vermeld. De opleiding kan in de wijde omtrek ervan worden gegeven.

CREBO 10685
Doel Werkzaamheden uitvoeren bij het bemiddelen tussen reders en vervoer- en transportbedrijven.
Toelatingseisen Diploma vmbo gl, vmbo kb of vmbo tl met de sector vmbo-Tech; of diploma vmbo gl, vmbo kb of vmbo tl, alle met nat./scheik. 1 of wisk., met de sectoren vmbo-Ec, vmbo-Lb of vmbo-Z&W; of een gelijkwaardige vooropleiding, met voldoende praktijkervaring.
Duur 1 jaar voltijd en deeltijd.
Mogelijkheden voor verdere studie Een opleiding van niveau 4: Specialistenopleiding tot cargadoor.
Functiemogelijkheden Assistent cargadoor in een cargadoorsbedrijf.

18.7.l Overige opleidingen

18.7.l.1 Maritieme Academie Holland
Voor adres(sen) zie: HBO-33.
Cursussen
- Basisveiligheid VCA Haven.
- Cargadoor.
- Draft Survey.
- IJkopnemer.
- International Maritime Dangerous Goods (IMDG).
- Port Facility Security Officer (ISPS).
- Surveyor Liquid Bulk Cargoes.

18.7.l.2 Scheepvaart en Transport College
Voor adres(sen) zie: ROC/MBO-44.
Opleidingen
- *Gevaarlijke stoffen:*
  - Stuwage in een container/voertuig.
  - Op- en overslag.
  - Spoorvervoer.
  - Vakbekwaamheid: luchtvervoer.
  - Vervoer over de binnenwateren.
  - Wegvervoer.
  - Zeevervoer.
- *Haventrainingscentrum:*
  - Reachstacker.
  - Straddle carrier.
  - Terminal trekker.
- *Informatica:*
  - Internet en e-mail.
  - Presentaties Power Point.
  - Tekstverwerking Word en/of WP 9.
- *Interactieve cd-rom-cursussen:*
  - Documenten in transport.
  - Haven als knooppunt van logistieke stromen.
  - Incoterms.
  - Introductie Logistiek.
  - Logistieke planning.
  - Sociale vaardigheden.
  - Telematica informatievoorziening.
  - Transport logistiek.
- *Logistiek management:*
  - Manager haven, vervoer en logistiek.
  - Manager simulations.
- *Operationele opleidingen:*
  - Bedieningsman scheepsgerei/stuwerdek.
  - Kraanmachinist/-simulator en dekkraan.
  - Thema's voor controleur (bij- en nascholing).
  - Thema's voor tankopslag (bij- en nascholing).
  - Veilig hijsen met vorkheftruck.
  - Vorkheftruckrijden opfriscursus (theorie en praktijk).
- *Safety training centre:*
  - Bedrijfsgerichte bhv-cursus.
  - Bedrijfshulpverlening.
  - Calamiteiten/lekkagebestrijding.
  - Gasmeetcursus (ex-, ox-, tox-).
  - Kleine blusmiddelen-training.
  - Levensreddend handelen/reanimatie.
  - Persluchtmaskerdrager.
  - Veiligheidscertificaat aannemers (basis VVA-1).
  - Veiligheidscertificaat aannemers (leidinggevenden VVA-2).

- Werken met Vetter hefkussens.
- *Talen:*
  - Nautisch/technisch Engels voor bevaren en KLPD te water.

18.7.l.3 Waterklerk
Algemeen De werkzaamheden worden uitgevoerd in Amsterdam, Delfzijl, Den Helder, Dordrecht, Rotterdam en Vlissingen.
Toelatingseisen
- Hiervoor bestaat geen speciale opleiding en er wordt dus ook geen speciale vooropleiding gevraagd.
- Men kan met een diploma mavo, vmbo, havo of mbo-Manager haven, vervoer en logistiek (niveau 4) solliciteren op een kantoor van een waterklerk.
- Diploma's praktijkdiploma boekhouden, handelscorrespondentie moderne vreemde talen, en spreekvaardigheid zijn gewenst, maar niet vereist.

18.8 BINNENVAART

18.8.h Mbo-opleiding niveau 3

18.8.h.1 Kapitein (binnenvaart) (niveau 3)
Voor adres(sen) zie: HBO-33, ROC/MBO-44.
Algemeen
- Eindtermen voor deze kwalificatie worden ontwikkeld door VTL.
- Hier worden slechts de centrale adressen vermeld. De opleiding kan in de wijde omtrek ervan worden gegeven.
CREBO 10650/93110
Doel Nautische werkzaamheden en werkzaamheden op het gebied van management, personeelsbeheer en financieel-economisch beheer van een binnenvaartonderneming.
Toelatingseisen
- Diploma vmbo gl, vmbo kb of vmbo tl met de sector vmbo-Tech; of diploma vmbo gl, vmbo kb of vmbo tl, alle met nat./scheik. 1 of wisk., met de sectoren vmbo-Ec, vmbo-Lb of vmbo-Z&W.
- Men kan met het diploma Bootman (binnenvaart, niveau 2), of Matroos (binnenvaart, niveau 2) met vrijstellingen in de opleiding instromen.
- Instromen met het diploma Stuurman/schipper (binnenvaart) (niveau 3).
Duur Maximaal 3 jaar voltijd en deeltijd.
Functiemogelijkheden Kapitein van een binnenvaartschip in dienst van een rederij.

18.8.h.2 Stuurman/Schipper (binnenvaart) (niveau 3)
Voor adres(sen) zie: HBO-33, ROC/MBO-44.
Algemeen
- Eindtermen voor deze kwalificatie worden ontwikkeld door VTL.
- Hier worden slechts de centrale adressen vermeld. De opleiding kan in de wijde omtrek ervan worden gegeven.
CREBO 10651
Doel Navigeren van een binnenvaartschip, leidinggeven aan de bemanning en toezicht houden bij het laden en lossen van het schip.
Toelatingseisen
- Diploma vmbo gl, vmbo kb of vmbo tl met de sector vmbo-Tech; of diploma vmbo gl, vmbo kb of vmbo tl, alle met nat,/scheik. 1 of wisk., met de sectoren vmbo-Ec, vmbo-Lb of vmbo-Z&W.
- Men kan met het diploma Bootman (binnenvaart, niveau 2), of Matroos (binnenvaart, niveau 2) met vrijstellingen in de opleiding instromen.
Duur 2,5 jaar voltijd en deeltijd.

Functiemogelijkheden Stuurman aan boord van een binnenvaartschip bij een rederij; schipper-ondernemer van een binnenvaartschip.

18.8.i Mbo-opleiding niveau 1 of niveau 2

18.8.i.1 Bootman (binnenvaart) (niveau 2)
Voor adres(sen) zie: HBO-33, ROC/MBO-44.
Algemeen
- Eindtermen voor deze kwalificatie worden ontwikkeld door VTL.
- Hier worden slechts de centrale adressen vermeld. De opleiding kan in de wijde omtrek ervan worden gegeven.
CREBO 10653/93030
Doel Uitvoeren van werkzaamheden bij het vast- en losmaken van binnenkomende en vertrekkende schepen, zorgen voor transport van personen en goederen vanaf het afgemeerde schip naar de wal en voor het transport van havenloodsen naar en van binnenkomende schepen.
Toelatingseisen
- Vmbo-diploma Rijn- en Binnenvaart van het Scheepvaart en Transport College.
- De volledige leerplicht hebben voltooid.
Duur 2 jaar deeltijd.
Mogelijkheden voor verdere studie Opleidingen van niveau 3: Stuurman/Schipper (binnenvaart), of Kapitein (binnenvaart).
Functiemogelijkheden Bootman in een havenbedrijf.

18.8.i.2 Matroos (binnenvaart) (niveau 2)
Voor adres(sen) zie: HBO-33.
Algemeen
- Eindtermen voor deze kwalificatie worden ontwikkeld door VTL.
- Hier wordt slechts het centrale adres vermeld. De opleiding kan in de wijde omtrek ervan worden gegeven.
CREBO 10652/91881
Doel Werken aan dek, in de woning op de boot, in het stuurhuis en in de machinekamer.
Toelatingseisen
- Vmbo-diploma Rijn- en Binnenvaart van het Scheepvaart en Transport College.
- De volledige leerplicht hebben voltooid.
Duur 2 jaar deeltijd.
Lesprogramma Men kan kiezen voor de differentiatie matroos-motordrijver.
Mogelijkheden voor verdere studie Opleidingen van niveau 3: Kapitein (binnenvaart) of: Stuurman/Schipper (binnenvaart).
Functiemogelijkheden Matroos of matroos-motordrijver op binnenvaartschepen.

18.8.l Overige opleidingen

18.8.l.1 CCV
Zie 18.4.l.4.

18.8.l.2 Maritieme Academie Holland
Voor adres(sen) zie: HBO-33.
Cursussen
- ADN (voorheen ADNR) Basis (Combinatie Droge Lading/Tankscheepvaart).
- ADN (voorheen ADNR) Herhaling (Combinatie Droge Lading/Tankscheepvaart).
- Algemene Ondernemersvaardigheden Binnenvaart (AOVB).

- Management Binnenvaart.
- Praktijkexamen Matroos Binnenvaart.
- Praktijkexamen Schipper Binnenvaart.
- Radar Binnenvaart.
- Radar voor Objectenpersoneel.
- Schipper Binnenvaart (Afstandsonderwijs).

18.8.I.3 LOI - afstandsonderwijs - Openbare orde en veiligheid (o.a. nautische functies)
Zie 11.7.l.1.

18.8.I.4 Radardiploma binnenvaart
Voor adres(sen) zie: HBO-33, ROC/MBO-44.
Toelatingseisen Diploma Rijnpatent; of groot vaarbewijs.
Duur 8 dagen.
Diploma/examen Op dag 9: een theorie- en praktijkexamen.
Functiemogelijkheden Schipper Rijn- en binnenvaart.

18.8.I.5 Schipper
Voor adres(sen) zie: HBO-33, KBB-8.
Algemeen De opleiding tot schipper (van 6 maanden) kan worden gegeven aan een school voor Rijn- en binnenvaart, of via een schriftelijke cursus van 9 of 12 maanden.
Bij VTL zijn er 3 opleidingen voor schipper:
- Schipper Rijnvaart.
- Schipper RKM en AB.
- Schipper zeilvaart.
Toelatingseisen
- Voor de opleiding van 6 maanden: bij het examen moet men 20 jaar zijn en een periode van 4 jaar vaartijd hebben voltooid.
- Voor de schriftelijke opleiding van 9 maanden: diploma Matroos Rijn- en binnenvaart.
- Er zijn geen toelatingseisen voor de schriftelijke opleiding Schipper van 12 maanden.
Duur
- 6 maanden (aan de Binnenvaartavondscholen: avondopleidingen van de school voor Rijn- en binnenvaart en de kustvaart te Amsterdam, Harlingen, Rotterdam, Vlissingen).
- Schriftelijke opleiding Schipper: 9 of 12 maanden.
Lesprogramma Reglementen - kennis schip - veiligheids- en reddingsmiddelen - motorkennis - laden/lossen - navigatie - kennis Rijn of vaarwater.

18.8.I.6 Volwassenenonderwijs - binnenvaart
Voor adres(sen) zie: ROCCO-17.
Opleidingen
- Elektrotechniek en automatisering.
- Informatie- en communicatiesystemen.
- Nautisch Duits.
- Rivierradar.
- Rivierradar voor snelle schepen.

18.9 ZEEVAART

18.9.d Post-hbo-opleiding

18.9.d.1 Registerloods
Voor adres(sen) zie: OVER-211.
Algemeen De opleiding tot registerloods bestaat uit twee delen:
- een landelijke opleiding (acht weken);
- een regionale opleiding (elf tot dertien maanden).

Toelatingseisen
- Een geldig vaarbevoegdheidsbewijs, afgegeven ingevolge artikel 20 of 22 van de Zeevaartbemanningswet, als:
  • kapitein alle schepen,
  • eerste maritiem officier,
  • of eerste stuurman alle schepen;
- Het algemeen certificaat voor de maritieme radiocommunicatie;
- Zeevaartschool diploma (hbo);
- Uitgebreide cv.
Of:
- Een bewijs van vaardigheid dat de nautische opleiding voor officier bij de Koninklijke marine met goed gevolg is afgelegd:
  • het bewijs dat zeewachtstandaard B is toegekend;
  • het bewijs dat de opleiding tot commandocentrale-officier met goed gevolg is afgelegd;
  • en het algemeen certificaat voor de maritieme radiocommunicatie.
Na inschrijving kunt u uitgenodigd worden voor de selectieprocedure. Deze procedure bestaat uit:
  • assessmenttest;
  • intake gesprek;
  • manoeuvreertest;
  • eindgesprek.
Duur Circa 13-15 maanden.
Lesprogramma
- In het landelijk deel worden de aspirantregisterloods de kennis en vaardigheden aangereikt die iedere loods in Nederland nodig heeft, ongeacht de regio waarin hij gaat werken.
- De regionale opleiding geeft een verdieping van die kennis en vaardigheden voor het specifieke gebied.
Functiemogelijkheden Na afronding van de opleiding tot registerloods is de registerloods in staat om binnen zijn admittagegebied zelfstandig werkzaam te zijn, en in samenwerking met het brugteam, overige scheepvaartverkeersdeelnemers, maritieme dienstverleners en verantwoordelijke havenautoriteiten, op onafhankelijke wijze veiligheid, vlotheid en efficiëntie van maritieme verkeersstromen te bevorderen.

18.9.f Hbo-bacheloropleiding

18.9.f.1 Maritiem officier (HS Rotterdam, HZ, Maritieme Academie, RMU)
Voor adres(sen) zie: HBO-33, 157, 160, 206.
Algemeen
- Hbo-bacheloropleiding voor scheepsofficier, geïntegreerde opleiding tot stuurman en scheepswerktuigkundige. Men heeft voor beide disciplines vaarbevoegdheid.
- In Vlissingen wordt de opleiding gegeven in samenwerking met de University of Bradford (Engeland).
Toelatingseisen
- Diploma havo (wisk. B, nat.); havo-profiel N&T, N&G (+ wisk. B I en II, nat. I en II); vwo (wisk. A of B, nat.); vwo-profiel N&T, N&G, E&M (+ nat. I), C&M (+ wisk. A I en II, nat. I); mbo niveau 4 (wisk., nat.).
- Of 21 jaar of ouder zijn en toegelaten worden op grond van een toelatingsonderzoek.
- Verplichte medische keuring inzake ogen, oren en lichamelijke conditie.
Duur 4 jaar.

Lesprogramma Specialisaties:
- A'dam (Maritieme Academie): Maritiem officier - Stuurman - Scheepswerktuigkundige.
- R'dam (HS Rotterdam): Automatisering & elektrotechniek (minor) - Beladen - Navigatie geïntegreerde brugsystemen (minor) - Scheepswerktuigkundige (minor).
- Vlissingen (HZ): Electrical drive technology (minor) - Heavy lift (minor) - Industrial installations - Maritime logistics (minor) - Navigation (minor) - Pilotage (minor) - Port infrastructure (minor) - Tanker operations (minor).
- West-Terschelling (Maritieme Academie): Dredging and offshore technology (minor) - Dual purpose officer (minor) - Marine engineering (minor) - Nautical operations (minor) - Ship electronics (minor).

Mogelijkheden voor verdere studie
- Bijzonder licentiaat: Maritieme wetenschappen aan de UA te Antwerpen.
- Opleidingen aan een technische universiteit, of wo-Bedrijfskunde.

Functiemogelijkheden Gezagvoerder of hoofdwerktuigkundige (na de vereiste vaartijd) bij de koopvaardij, de zeesleepvaart, passagiersschepen, offshore, het loodswezen, de kustwacht, een baggerbedrijf.
Men kan ook, onder bepaalde voorwaarden, in dienst treden bij de Koninklijke marine (zie 21.2).
Walfuncties zijn mogelijk bij een rederij, havenbedrijven, nautisch onderwijs, bedrijven met grote technische installaties, stuwadoorsbedrijven en verkeersbegeleiding.

Overige informatie De opleiding op Terschelling heeft een internaat; deze gebruikt voor nautische en technische praktijktrainingen haar eigen zeegaand opleidingsschip 'Prinses Margriet'.

18.9.f.2 Maritieme techniek/Scheepsbouwkunde (hto) (NHL, RMU)
Voor adres(sen) zie: HBO-125, 160.
Algemeen
- Hbo-bacheloropleiding.
- Bij NHL ook als ad-programma.

Opleidingen
- Scheepswerktuigkundige (B en C).
- Stuurman (S2 en S1).

Duur
- 4 jaar voltijd.
- Ad-programma: 2 jaar voltijd.

Diploma/examen De school geeft getuigschriften af. De rijksdiploma's ontvangt men van het ministerie van infrastructuur en milieu.
Functiemogelijkheden Scheepswerktuigkundige-hoofdwerktuigkundige.
Overige informatie De opleiding op Terschelling heeft een internaat; deze gebruikt voor de nautische en technische praktijktrainingen haar eigen zeegaand opleidingsschip 'Prinses Margriet'.

18.9.h Mbo-opleiding niveau 3

18.9.h.1 Stuurman/Werktuigkundige kleine schepen (zeevaart) (niveau 3)
Voor adres(sen) zie: HBO-33, ROC/MBO-44, 45.
Algemeen
- Eindtermen voor deze kwalificatie worden ontwikkeld door VTL.
- Hier worden slechts de centrale adressen vermeld. De opleiding kan in de wijde omtrek ervan worden gegeven.

CREBO 10644
Toelatingseisen
- Diploma vmbo gl, vmbo kb of vmbo tl met de sector vmbo-Tech; of diploma vmbo gl, vmbo kb of vmbo tl, alle met nat./scheik. 1 of wisk., met de sectoren vmbo-Ec, vmbo-Lb of vmbo-Z&W.
- Men kan met een diploma's van niveau 2: Bakschipper/Dekknecht (baggerbedrijf), Scheepstechnicus (zeevaart), Schipper/-Machinist beperkt werkgebied, of Stuurman/Werktuigkundige (zeevisvaart) SW-6, met vrijstellingen in de opleiding instromen.
Duur 3 jaar voltijd.
Diploma/examen Met het diploma heeft men wachtbevoegdheid op schepen tot 4000 GT of 3000 kW, en kan men de functie van kapitein uitoefenen op schepen tot 2000 GT, en van hoofdwerktuigkundige op schepen tot max. 1500 kW in onbeperkt vaargebied.
Mogelijkheden voor verdere studie Met vrijstellingen instromen in een opleiding van niveau 3: Scheepsbouwer, of in opleidingen van niveau 4: Baggeraar (baggerbedrijf), Baggeraar/Machinist (baggerbedrijf), Baggeraar/Stuurman (baggerbedrijf), of Stuurman/werktuigkundige (zeevisvaart) SW-IV.
Functiemogelijkheden Stuurman/Werktuigkundige kleine schepen.

18.9.i Mbo-opleiding niveau 1 of niveau 2

18.9.i.1 Scheepstechnicus (zeevaart) (niveau 2)
Voor adres(sen) zie: HBO-33, ROC/MBO-44.
Algemeen
- Eindtermen voor deze kwalificatie worden ontwikkeld door VTL.
- Hier worden slechts de centrale adressen vermeld. De opleiding kan in de wijde omtrek ervan worden gegeven.

CREBO 10647
Doel Opleiding tot het rijksdiploma scheepstechnicus. Deze is inzetbaar op alle schepen met kernbemanning binnen de zeevaart.
Toelatingseisen De volledige leerplicht hebben voltooid.
Duur 2 jaar voltijd.
Mogelijkheden voor verdere studie Met vrijstellingen instromen in een opleiding van niveau 3: Stuurman/werktuigkundige (zeevisvaart) SW-5, of Stuurman/werktuigkundige kleine schepen (zeevaart).
Functiemogelijkheden Scheepstechnicus op alle schepen van de koopvaardij, op offshore-platforms, bij het loodswezen, op betonningsvaartuigen, in jachthavens, bij watersportbedrijven en bij botenbouw.

18.9.i.2 Schipper/Machinist beperkt werkgebied (niveau 2)
Voor adres(sen) zie: HBO-33, ROC/MBO-14, 44, 45.
Algemeen
- Eindtermen voor deze kwalificatie worden ontwikkeld door VTL.
- Hier worden slechts de centrale adressen vermeld. De opleiding kan in de wijde omtrek ervan worden gegeven.

CREBO 10648/93090
Doel Opleiding tot het rijksdiploma Schipper/Machinist beperkt werkgebied. Dit diploma geeft vaarbevoegdheid voor beperkt vaargebied en minder grote schepen.
Toelatingseisen De volledige leerplicht hebben voltooid.
Duur 2 jaar voltijd.
Mogelijkheden voor verdere studie Met vrijstellingen instromen in een opleiding van niveau 3: Stuurman/werktuigkundige (zeevisvaart) SW-5, of Stuurman/werktuigkundige kleine schepen (zeevaart).

Functiemogelijkheden Schipper/machinist beperkt werkgebied op loodsvaartuigen, haven- en kustsleepboten, betonningsvaartuigen, baggervaartuigen, bevoorradingsschepen en aannemersmaterieel.

18.9.l Overige opleidingen

18.9.l.1 Enkhuizer zeevaartschool
Voor adres(sen) zie: OVER-176.
Algemeen Schriftelijke opleidingen t.b.v. de beroepsvaart op zee.
Opleidingen Opleidingen t.b.v. volwassenen voor de diploma's KZV, GZV en KHVA (kleine en grote zeilvaart).
Toelatingseisen
- Voor het 1e leerjaar: geen specifieke eisen.
- Voor het 2e leerjaar: diploma KZV of vergelijkbaar.
Duur Gedurende 2 jaar de vrijdagen en de zaterdagen in de maanden oktober t/m maart.
Diploma/examen De examens worden gedeeltelijk afgenomen op de zeevaartscholen en vervolgens bij de D.G.S.M. te Rotterdam.

18.9.l.2 Maritieme Academie Holland
Voor adres(sen) zie: HBO-33.
Cursussen
- *Korte cursussen:*
  • Advanced Fire Fighting (STCW).
  • Basic Training (STCW).
  • Basic Training Fishing Vessels (STCW).
  • Basis Scheepsgezondheidszorg B (92/29/EC).
  • Company Security Officer (ISPS).
  • Crisis Management & Human Behaviour (STCW).
  • DP Induction.
  • DP Simulation.
  • DP Sea time reduction course.
  • ECDIS.
  • Electro.
  • Exemption of compulsory pilotage North Sea Canal.
  • Herhaling Advanced Fire Fighting (STCW).
  • Herhaling Scheepsgezondheid B (STCW).
  • Hydrography.
  • Marcom A.
  • Marcom B.
  • Maritime Resource Management.
  • Oil & Chemical Spill Response Course.
  • On Scene Co-ordinator (NOGEPA).
  • Ontheffing Loodsplicht Noordzeekanaal (BPR).
  • Radar Navigation Management Level (STCW).
  • Radar Navigation Operational Level (STCW).
  • Scheepsgezondheidszorg O (92/29/EC).
  • Scheepsmanagement (STCW).
  • Seafarers With Designated Security Duties (STCW).
  • Security Awareness (STCW).
  • Ship Security Officer (STCW).
  • Tug Handling.
- *Langere cursussen:*
  • Herintreder cursus Zeevaart.
  • Schipper-Machinist Beperkt Werkgebied (SMBW).
  • Stuurman alle schepen.
  • Stuurman tot 3000 GT.
  • Stuurman Werktuigkundige kleine schepen.
  • Werktuigkundige alle schepen.
  • Werktuigkundige tot 3000 kW.

18.9.l.3 Scheepvaart en Transport College
Voor adres(sen) zie: ROC/MBO-44.
Opleidingen
- Basic training.
- Bridge resource management.
- Elektrotechniek en automatisering.
- Engineroom resource management.
- Impuls project (scheepsmanagement, chemietankers, gastankers, olietankers).
- Machinekamersimulator.
- Maritieme communicatie.
- Marof nautisch.
- Marof werktuigkundige.
- Navigation proficiency course.
- Praktische scheepswerktuigkunde (marof engineering).
- Safety, health and environmental officer.
- Vloeibare lading-simulator.

18.9.l.4 Volwassenenonderwijs - zeevaart
Voor adres(sen) zie: ROCCO-8, 19.
Cursussen
- Astronavigatie.
- Groot vaarbewijs.
- Klein vaarbewijs.
- MARCOM.
- Marifoon.
- Radar.
- Stuurman (beperkt vaargebied en zeevisvaart).

18.10 ZEEVISVAART

18.10.g Mbo-opleiding niveau 4

18.10.g.1 Stuurman/Werktuigkundige (zeevisvaart) SW-IV (niveau 4)
Voor adres(sen) zie: HBO-33, ROC/MBO-44, 49.
Algemeen
- Eindtermen voor deze kwalificatie worden ontwikkeld door VTL.
- Hier worden slechts de centrale adressen vermeld. De opleiding kan in de wijde omtrek ervan worden gegeven.
CREBO 10649
Doel Opleiding tot stuurman/werktuigkundige zeevisvaart SW-IV. Deze heeft vaarbevoegdheid op alle vissersschepen, wereldwijd.
Toelatingseisen
- Diploma vmbo gl, vmbo kb of vmbo tl met de sector vmbo-Tech; of diploma vmbo gl, vmbo kb of vmbo tl, alle met nat./scheik. 1 of wisk., met de sectoren vmbo-Ec, vmbo-Lb of vmbo-Z&W.
- Men kan met een diploma van niveau 3: Stuurman/Werktuigkundige kleine schepen (zeevaart), of Stuurman/Werktuigkundige (zeevisvaart) SW-5, of met een diploma van niveau 2: Bakschipper/Dekknecht (baggerbedrijf), Scheepstechnicus (zeevaart), Schipper/Machinist beperkt werkgebied, of Stuurman/Werktuigkundige (zeevisvaart) SW-6 met vrijstellingen in de opleiding instromen.
Duur 4 jaar voltijd.
Functiemogelijkheden Stuurman/werktuigkundige zeevisvaart SW-IV op vissersschepen, kapitein of hoofdwerktuigkundige op kotters en treilers.

Jurlights zie pagina 295

18.10.h Mbo-opleiding niveau 3

18.10.h.1 Stuurman/Werktuigkundige (zeevisvaart) SW-5 (niveau 3)

Voor adres(sen) zie: HBO-33, ROC/MBO-44, 49.

Algemeen
- Eindtermen voor deze kwalificatie worden ontwikkeld door VTL.
- Hier worden slechts de centrale adressen vermeld. De opleiding kan in de wijde omtrek ervan worden gegeven.

CREBO 10645

Doel Opleiding tot stuurman/werktuigkundige zeevisvaart SW-5. Deze heeft wachtbevoegdheid op vissersschepen in onbeperkt vaargebied.

Toelatingseisen
- Diploma vmbo gl, vmbo kb of vmbo tl met de sector vmbo-Tech; of diploma vmbo gl, vmbo kb of vmbo tl, alle met nat./scheik. 1 of wisk., met de sectoren vmbo-Ec, vmbo-Lb of vmbo-Z&W.
- Men kan met een diploma van niveau 2: Bakschipper/Dekknecht (baggerbedrijf), Scheepstechnicus (zeevaart), Schipper/Machinist beperkt werkgebied, of Stuurman/Werktuigkundige (zeevisvaart) SW-6 met vrijstellingen in de opleiding instromen.

Duur 3 jaar voltijd.

Diploma/examen Met het diploma kan men kapitein worden op vissersschepen met een maximale lengte van 45 meter in beperkt vaargebied.

Mogelijkheden voor verdere studie Met vrijstellingen instromen in een opleiding van niveau 3: Scheepsbouwer, of in opleidingen van niveau 4: Baggeraar (baggerbedrijf), Baggeraar/Machinist (baggerbedrijf), Baggeraar/Stuurman (baggerbedrijf), of Stuurman/Werktuigkundige (zeevisvaart) SW-IV.

Functiemogelijkheden Stuurman/werktuigkundige zeevisvaart SW-5 op kotters en treilers in onbeperkt vaargebied; schipper of kapitein op schepen tot maximaal 45 meter in beperkt vaargebied.

18.10.i Mbo-opleiding niveau 1 of niveau 2

18.10.i.1 Stuurman/Werktuigkundige (zeevisvaart) SW-6 (niveau 2)

Voor adres(sen) zie: HBO-33, ROC/MBO-14, 44, 45, 49.

Algemeen
- Eindtermen voor deze kwalificatie worden ontwikkeld door VTL.
- Hier worden slechts de centrale adressen vermeld. De opleiding kan in de wijde omtrek ervan worden gegeven.

CREBO 10643

Doel Opleiding tot stuurman/werktuigkundige zeevisvaart SW-6. Deze heeft wachtbevoegdheid op vissersschepen met een maximale lengte van 45 meter.

Toelatingseisen De volledige leerplicht hebben voltooid.

Duur 2 jaar voltijd.

Diploma/examen Met het diploma kan men kapitein worden op vissersschepen met een maximale lengte van 24 meter in beperkt vaargebied.

Mogelijkheden voor verdere studie Met vrijstellingen instromen in een opleiding van niveau 3: Stuurman/Werktuigkundige (zeevisvaart) SW-5, of Stuurman/Werktuigkundige kleine schepen (zeevaart).

Functiemogelijkheden
- Stuurman/werktuigkundige (zeevisvaart) SW-6 op visserijschepen in onbeperkt vaargebied.
- Na enige vaartijd kan men kapitein worden op schepen kleiner dan 24 meter in beperkt vaargebied.

- Men kan zich ook vestigen als ondernemer van een visdetailhandel.

18.10.l Overige opleidingen

18.10.l.1 Volwassenenonderwijs - zeevaart
Zie 18.9.l.4.

18.10.l.2 Zeevisvaart
Voor adres(sen) zie: ROCCO-17.

Opleidingen
- Basic training.
- Elektrotechniek en automatisering.
- Samenstellen en repareren van netten.
- Stuurman/werktuigkundige SW-IV.
- Stuurman/werktuigkundige SW-5.
- Stuurman/werktuigkundige SW-6.

18.11 BAGGERBEDRIJF

18.11.f Hbo-bacheloropleiding

18.11.f.1 Maritieme techniek/Scheepsbouwkunde (hto) (NHL, RMU)
Zie 18.9.f.2.

18.11.g Mbo-opleiding niveau 4

18.11.g.1 Baggeraar/Machinist (baggerbedrijf) (niveau 4)
Voor adres(sen) zie: ROC/MBO-44.

Algemeen
- Eindtermen voor deze kwalificatie worden ontwikkeld door VTL.
- Hier wordt slechts het centrale adres vermeld. De opleiding kan in de wijde omtrek ervan worden gegeven.

CREBO 10640

Doel Opleiding tot baggeraar/machinist met vaarbevoegdheid als werktuigkundige op grote zelfvarende zeegaande hopperzuigers.

Toelatingseisen
- Diploma vmbo gl, vmbo kb of vmbo tl met de sector vmbo-Tech; of diploma vmbo gl, vmbo kb of vmbo tl, alle met nat./scheik. 1 of wisk., met de sectoren vmbo-Ec, vmbo-Lb of vmbo-Z&W.
- Men kan met een diploma van niveau 3: Stuurman/Werktuigkundige kleine schepen (zeevaart), of Stuurman/Werktuigkundige (zeevisvaart) SW-5, of met een diploma van niveau 2: Bakschipper/Dekknecht (baggerbedrijf), Scheepstechnicus (zeevaart), of Schipper/Machinist beperkt werkgebied, met vrijstellingen in de opleiding instromen.

Duur 4 jaar voltijd.

Mogelijkheden voor verdere studie Hbo-bachelor.

Functiemogelijkheden Baggeraar/machinist en hoofdwerktuigkundige op hopperzuigers.

18.11.g.2 Baggeraar/Stuurman (baggerbedrijf) (niveau 4)
Voor adres(sen) zie: ROC/MBO-44.

Algemeen
- Eindtermen voor deze kwalificatie worden ontwikkeld door VTL.
- Hier wordt slechts het centrale adres vermeld. De opleiding kan in de wijde omtrek ervan worden gegeven.

CREBO 10641

Doel Opleiding tot baggeraar/stuurman; werkt als stuurman of kapitein op grote zelfvarende hopperzuigers.

Toelatingseisen
- Diploma vmbo gl, vmbo kb of vmbo tl met de sector vmbo-Tech; of diploma vmbo gl, vmbo kb of vmbo tl, alle met nat./scheik. 1 of wisk., met de sectoren vmbo-Ec, vmbo-Lb of vmbo-Z&W.
- Men kan met een diploma van niveau 3: Stuurman/Werktuigkundige kleine schepen (zeevaart), of Stuurman/Werktuigkundige (zeevisvaart) SW-5, of met een diploma van niveau 2: Bakschipper/Dekknecht (baggerbedrijf), Scheepstechnicus (zeevaart), of Schipper/Machinist beperkt werkgebied, met vrijstellingen in de opleiding instromen.

Duur 4 jaar voltijd.

Mogelijkheden voor verdere studie Hbo-bachelor.

Functiemogelijkheden Baggeraar/stuurman en kapitein op hopperzuigers.

18.11.g.3 Baggeraar (baggerbedrijf) (niveau 4)
Voor adres(sen) zie: ROC/MBO-44.

Algemeen
- Eindtermen voor deze kwalificatie worden ontwikkeld door VTL.
- Hier wordt slechts het centrale adres vermeld. De opleiding kan in de wijde omtrek ervan worden gegeven.

CREBO 10639

Toelatingseisen
- Diploma vmbo gl, vmbo kb of vmbo tl met de sector vmbo-Tech; of diploma vmbo gl, vmbo kb of vmbo tl, alle met nat./scheik. 1 of wisk., met de sectoren vmbo-Ec, vmbo-Lb of vmbo-Z&W.
- Men kan met een diploma van niveau 3: Stuurman/Werktuigkundige kleine schepen (zeevaart), of Stuurman/Werktuigkundige (zeevisvaart) SW-5, of met een diploma van niveau 2: Bakschipper/Dekknecht (baggerbedrijf), Scheepstechnicus (zeevaart), of Schipper/Machinist beperkt werkgebied, met vrijstellingen in de opleiding instromen.

Duur 3 jaar voltijd.

Mogelijkheden voor verdere studie Met vrijstellingen instromen in andere opleidingen van niveau 4 in de baggersector.

Functiemogelijkheden Als baggeraar, molenbaas of zuigerbaas op stationair materieel en als schipper op klein en groot stationair baggermaterieel in binnen- en buitenland.

18.11.i Mbo-opleiding niveau 1 of niveau 2

18.11.i.1 Bakschipper/Dekknecht (baggerbedrijf) (niveau 2)
Voor adres(sen) zie: ROC/MBO-44.

Algemeen
- Eindtermen voor deze kwalificatie worden ontwikkeld door VTL.
- Hier wordt slechts het centrale adres vermeld. De opleiding kan in de wijde omtrek ervan worden gegeven.

CREBO 10646

Doel Opleiding tot bakschipper/dekknecht op baggermaterieel: assisteert bij baggerwerkzaamheden op baggerschepen, verricht onderhoud en reparaties, is verantwoordelijk voor de werkzaamheden op bakschepen.

Toelatingseisen De volledige leerplicht hebben voltooid.

Duur 2 jaar voltijd en deeltijd.

Mogelijkheden voor verdere studie Met vrijstellingen instromen in een opleiding van niveau 3: Stuurman/werktuigkundige (zeevisvaart) SW-5, of Stuurman/Werktuigkundige kleine schepen (zeevaart).

Functiemogelijkheden Bakschipper/dekknecht, zuigerbaas/schipper op baggervaartuigen.

18.11.l Overige opleidingen

18.11.l.1 Volwassenenonderwijs - baggerbedrijf
Voor adres(sen) zie: ROCCO-17.

Opleidingen
- Baggerwerktuigen.
- Basic training.
- Cutterzuiger op de baggersimulator.
- Elektrotechniek en automatisering.
- VE-bagger machinisten.
- VE-stuurman/kapitein.

18.12 LUCHTVAART

18.12.g Mbo-opleiding niveau 4

18.12.g.1 Aviation operations officer (niveau 4)
Voor adres(sen) zie: ROC/MBO-7.

Algemeen
- Eindtermen voor deze kwalificatie worden ontwikkeld door VTL.
- Hier wordt slechts het centrale adres vermeld. De opleiding kan in de wijde omtrek ervan worden gegeven.

CREBO 10804

Toelatingseisen Diploma vmbo gl, vmbo kb of vmbo tl met de sector vmbo-Tech; of diploma vmbo gl, vmbo kb of vmbo tl, alle met nat./scheik. 1 of wisk., met de sectoren vmbo-Ec, vmbo-Lb of vmbo-Z&W.

Duur 4 jaar voltijd.

Mogelijkheden voor verdere studie Heo-bachelor Logistiek en economie; hto-bachelor Logistiek en technische vervoerskunde; hto-Logistics management.

Functiemogelijkheden Aviation operations officer in het luchttransport.

18.12.g.2 Luchtvaartdienstverlener (niveau 4)
Voor adres(sen) zie: ROC/MBO-60, 61.

Algemeen
- Eindtermen voor deze kwalificatie worden ontwikkeld door VTL.
- Hier worden slechts de centrale adressen vermeld. De opleiding kan in de wijde omtrek ervan worden gegeven.

CREBO 10654/91850

Doel Begeleiden van binnenkomende en vertrekkende passagiers, coördineren en leidinggeven aan vluchtvoorbereiding, werving en selectie van medewerkers en afhandelen van vertrekkende en doorgaande passagiers.

Toelatingseisen Diploma vmbo gl, vmbo kb of vmbo tl met de sector vmbo-Tech; of diploma vmbo gl, vmbo kb of vmbo tl, alle met nat./scheik. 1 of wisk., met de sectoren vmbo-Ec, vmbo-Lb of vmbo-Z&W.

Duur 4 jaar voltijd en deeltijd.

Mogelijkheden voor verdere studie Heo-bachelor Hoger Toeristisch en Recreatief Onderwijs (HTRO).

Functiemogelijkheden Luchtvaartdienstverlener bij een luchtvaartmaatschappij; grondstewardess; purser; stewardess.

18.12.g.3 Luchtvaartlogisticus (niveau 4)
Voor adres(sen) zie: ROC/MBO-48.

Algemeen
- Eindtermen voor deze kwalificatie worden ontwikkeld door VTL.
- Hier wordt slechts het centrale adres vermeld. De opleiding kan in de wijde omtrek ervan worden gegeven.

CREBO 10655/91860
Doel Taken in de sector tussen werkvloer en hoger logistiek specialist; en helpen bij de invoering van nieuwe logistieke concepten.
Toelatingseisen Diploma vmbo gl, vmbo kb of vmbo tl met de sector vmbo-Tech; of diploma vmbo gl, vmbo kb of vmbo tl, alle met nat./scheik. 1 of wisk., met de sectoren vmbo-Ec, vmbo-Lb of vmbo-Z&W.
Duur 4 jaar voltijd en deeltijd.
Mogelijkheden voor verdere studie Heo-bachelor Logistiek en economie; hto-bachelor Logistiek en technische vervoerskunde; hto-Logistics management.
Functiemogelijkheden Luchtvaartlogisticus in het luchttransport en de vliegtuigindustrie.

18.12.g.4 Steward/Stewardess/Receptionist(e)/ Host/Hostess (niveau 4) (SRH 2) (HS Tio)
Zie 15.2.g.10.

18.12.i Mbo-opleiding niveau 1 of niveau 2

18.12.i.1 Steward/Stewardess/Receptionist(e)/ Host/Hostess (niveau 2) (SRH 1) (HS Tio)
Zie 15.2.i.5.

18.12.l Overige opleidingen

18.12.l.1 Air Traffic Controller
Voor adres(sen) zie: OVER-238.
Algemeen Opleiding tot luchtverkeersleider.
Toelatingseisen
- Diploma havo of vwo (exacte vakken), of hbo-denkniveau.
- Leeftijd 19 t/m 24 jaar.
- Goede beheersing van het Nederlands.
- Goede spreekvaardigheid in de Engelse taal.
- Psychotechnisch en medisch geschikt bevonden.
Duur 2,5 jaar.
Lesprogramma Air traffic management - navigation - meteorology - theoretical and practical training in area control - aviation law - aircraft - human factors - equipment and systems - professional environment - unusual/emergency situations - degraded systems capabilities.
Functiemogelijkheden Luchtverkeersleider bij Eurocontrol.
Overige informatie - De theorie wordt in Luxemburg gegeven, de praktijk in Maastricht en Luxemburg.
- Tijdens de opleiding ontvangt men salaris.

18.12.l.2 CAE Oxford Aviation Academy Amsterdam
Voor adres(sen) zie: OVER-214.
Algemeen Opleiding tot verkeersvlieger vleugelvliegtuigen.
Doel Volledige ab initio-opleiding tot verkeersvlieger met alle brevetten en bevoegdverklaringen die voor de verkeersvlieger verplicht zijn.
Opleidingen
- Conversies diverse types.
- Flight despatch en operations officer.
- Instructeursopleidingen.
- Verkeersvlieger.
Toelatingseisen
- Diploma havo (wisk., nat., Eng.); vwo (wisk., nat., Eng.); of een gelijkwaardige opleiding.
- Leeftijd tussen 17 en 28 jaar; vliegmedisch goedgekeurd, psycho-

diagnostisch en sensomotorisch, en door de selectiecommissie geschikt bevonden.
Diploma/examen Rijksexamens voor B1 en B2 onder toezicht van de Rijksluchtvaartdienst.
Functiemogelijkheden Directe sollicitatie en instroom bij de grote Nederlandse en Europese luchtvaartmaatschappijen.

18.12.l.3 European Aviation Agency (EAA)
Voor adres(sen) zie: OVER-237.
Doel Opleiding tot verkeersvlieger, ten behoeve van de grote luchtvaartmaatschappijen. Men start de basisopleiding in de USA, waar binnen 10 maanden vliegen wordt geleerd. Daarna keert men terug naar Nederland, waar men in zo'n 16 maanden wordt opgeleid voor de Nederlandse theorie voor verkeersvlieger (B1) en voor alle benodigde Nederlandse brevetten.
Toelatingseisen Diploma havo of vwo (beide: Eng., wisk. en nat.).
Duur Minimaal 26 maanden (zonder herexamens).
Functiemogelijkheden Verkeersvlieger (zowel vracht als passagiers).
Overige informatie
- Er zijn ook vervolgopleidingen voor personen die hun brevetten reeds hebben, maar die nog onvoldoende vlieguren hebben om in aanmerking te komen voor een baan bij een van de grote luchtvaartmaatschappijen.
- Ook zijn er meermotorige programma's voor een goede aansluiting bij vliegmaatschappijen.

18.12.l.4 Europilot-programma
Voor adres(sen) zie: OVER-314.
Algemeen Opleiding voor verkeersvliegers (piloten - co-piloten). Het programma is een samenwerkingsproject van EPST en The ATP Academy in Engeland.
De Basisvliegopleiding wordt gegeven op vliegscholen die erkend zijn door de Civil Aviation Authority (CAA) en de Joint Aviation Authority (JAA); het is mogelijk dat een deel van de opleiding in de USA plaatsvindt.
De Gevorderde vliegopleiding vindt plaats op The ATP Academy in Southampton in Engeland.
Doel Het Europilot-programma leidt op voor de brevetten Commercial Pilots License (CPL) met de theoretische Airline Transport Pilots License (ATPL), die worden erkend in alle EU-landen; bovendien behaalt men het brevet Type rating: de bevoegdheid om een specifiek vliegtuig te mogen besturen.
Toelatingseisen
- Diploma havo of vwo (bij beide: wisk., gewenst: nat.) of gelijkwaardig.
- Tenminste 18 jaar zijn en niet ouder dan 25 jaar bij het begin van de opleiding.
- In het bezit zijn van een paspoort van een van de EU-landen.
- Toelating na met succes een uitvoerige selectieprocedure te hebben doorlopen (o.a. medische en psychotechnische keuring).
Duur Totaal maximaal 24 maanden:
- Circa 16 maanden (Basisvliegopleiding: 13 maanden; Gevorderde vliegopleiding: 3 weken; Typerating: 2 maanden).
- Hierna wordt minimaal 6-8 maanden praktijkervaring opgedaan (400 tot 500 uur).
Lesprogramma
- *Basisvliegopleiding:*
  air laws - aerodynamics - flight instruments - radio aids - navigation general - navigation plotting - meteorology - flight planning - radio telephony & signals - morse code - engines - airframes -

performance - praktijk op een éénmotorig vliegtuig (125 uur) - praktijk op een tweemotorig vliegtuig (30 uur) - simulator instructies (25 uur).
- *Gevorderde vliegopleiding:*
airlines manuals - jet aircraft differences - flight profiles and procedures - standard operating procedures - flight deck management - use of checklists - crew resource management - foundation training - praktijk op een jetsimulator (20 uur).

Functiemogelijkheden Na de vliegopleiding en de praktijkervaring kan men worden aangesteld als co-piloot bij de luchtvaartmaatschappij waar men het brevet Typerating heeft behaald.

Overige informatie De opleidingskosten kunnen worden gefinancierd door een bankinstelling, zonder de financiële positie van de ouders/verzorgers in aanmerking te nemen.

18.12.I.5 Flight Attendant College
Voor adres(sen) zie: OVER-38.
Algemeen Opleiding voor stewards en stewardessen.
Toelatingseisen
- Diploma havo of mbo niveau 4 (Dts., Eng. of Fr.).
- Minimumleeftijd: 18 jaar.
Duur 5 maanden voltijd.
Lesprogramma Duits - Engels - Frans - communicatie - presentatie - toeristische aardrijkskunde - serviceleer - introductie vliegveiligheid - luchtvaart.

18.12.I.6 KLM Flight Academy
Voor adres(sen) zie: OVER-161.
Algemeen Volledige beroepsopleiding voor verkeersvlieger.
Toelatingseisen
- Diploma havo, (wisk. B., nat., Eng.), aangevuld met propedeuse hto; of Lerarenopleiding Natuurkunde, Techniek of Wiskunde; of vwo (wisk. B, nat. Eng.); of hbo- of wo-opleiding met als vooropleiding minimaal havo (wisk. B, nat. Eng.).
- Maximumleeftijd 27 jaar.
- Goede beheersing van de Nederlandse taal in woord en geschrift.
Duur Circa 2 jaar.

Lesprogramma
- Theorie: avionica - instrumentatie - luchtvaartvoorschriften - luchtvaartfysiologie en -psychologie - navigatie vliegtuigen - radiotelefonie en seinen - meteorologie - motoren.
- Praktijk: 140 vlieguren en 90 uren op een Airbus A310 simulator.
Diploma/examen Men behaalt tevens:
- het bewijs van bevoegdheid als Beroepsvlieger B3;
- de bevoegdverklaring Blindvliegen;
- de bevoegdverklaring Meermotorige vliegtuigen;
- de bevoegdverklaring Radiotelefonie;
- het bewijs dat men het theoretisch deel van het B-1-examen heeft afgerond.
Wanneer men het vereiste aantal vlieguren heeft behaald, ontvangt men het bewijs van bevoegdheid als Verkeersvlieger 1e klasse.
Overige informatie Aan de school is een internaat verbonden.

18.12.I.7 Luchtverkeersleider
Voor adres(sen) zie: OVER-300.
Doel Door Luchtverkeersleiding Nederland worden naar behoefte aspirant-verkeersleiders in dienst genomen die intern worden opgeleid tot luchtverkeersleider.
Toelatingseisen
- Diploma havo of vwo (wisk. A of B., Eng.).
- Leeftijd 17 t/m 26 jaar.
- Goede spreekvaardigheid in de Engelse taal.
- Psychotechnisch en medisch geschikt bevonden.
Duur 3 jaar (eerste 12 weken selectietraining).
Lesprogramma Verkeersleidingsvoorschriften - radiotelefonie en communicatievoorschriften - meteorologie - navigatie - navigatie en verkeersleidingshulpmiddelen - Engels - vliegtuigen.
Functiemogelijkheden Luchtverkeersleider bij de Algemene Verkeersleiding Amsterdam of bij één van de afdelingen voor de plaatselijke- en naderingsverkeersleiding te Eelde, Maastricht, Rotterdam of Schiphol.
Overige informatie Voor luchtverkeersleiders bestaat de mogelijkheid om na interne sollicitatie te worden benoemd tot bijvoorbeeld instructeur of chef verkeersleider.

18.12.I.8 Studiecentrum Minerva
Zie 21.7.I.4 voor bewaking en beveiliging.

Hoewel steeds de nieuwste informatie in deze 'Beroepengids' wordt verwerkt, is het niet te vermijden dat er onjuistheden kunnen optreden.
Daarom zullen wij alle gebruikers van dit boek erkentelijk zijn wanneer zij ons de tekortkomingen ten spoedigste willen melden, indien mogelijk voorzien van de bijbehorende documentatie.

Uitgeverij De Toorts, Conradkade 6, 2031 CL Haarlem; e-mail-adres: beroepengids@toorts.nl

19 SECTOR COMMUNICATIE

In dit hoofdstuk worden vermeld: opleidingen voor journalist, tolk, en talenstudies.
In paragraaf 19.5 Buitenlandse betrekkingen vindt men tevens opleidingen voor communicatieve functies binnen de Europese Unie.
Opleidingen voor communicatieve beroepen in relatie met informatica staan vermeld in paragraaf 20.6; beroepen in film, audiovisueel en multimedia komen aan de orde in 23.6; algemene lerarenopleidingen vindt men in paragraaf 24.3.
N.B. In dit hoofdstuk wordt ook een keuze van diverse opleidingen in het hoger onderwijs beschreven. Complete alfabetische lijsten van alle bekostigde opleidingen in het hoger onderwijs zijn te vinden in hoofdstuk 25. Deze worden jaarlijks geheel geactualiseerd.

19.1 COMMUNICATIE

19.1.a Postacademisch onderwijs (pao)

19.1.a.1 GITP PAO
Zie 14.1.a.1.

19.1.b Wo-masteropleiding

19.1.b.1 Bedrijfscommunicatie (KUL)
Voor adres(sen) zie: WO-55.
Algemeen Wo-masteropleiding.
Toelatingseisen
- Diploma vwo, propedeuse of getuigschrift en diploma van een hbo of van de OUNL.
- Als men 21 jaar of ouder is, komt men in aanmerking voor een colloquium doctum.
Duur 1 jaar voltijd en deeltijd.
Functiemogelijkheden Stafmedewerker interne/externe communicatie, voorlichtingsfunctionaris, sales promotion coördinator, exportmedewerker, pr-functionaris.

19.1.c Wo-bacheloropleiding

19.1.c.1 Communicatie- en informatiewetenschappen (RU, RUG, TiU, UU, VUA)
Zie 19.4.c.2.

19.1.c.2 CommunicatieWetenschap (CW)/ Communicatiewetenschappen (KUL, RU, UA, UG, UT, UvA, VUA, VUB, WU)
Voor adres(sen) zie: PAO-2, WO-9, 20, 35, 47, 48, 51, 53, 55.
Algemeen Wo-bacheloropleiding.
Doel De opleiding is gericht op het ontwerpen van oplossingen voor communicatieproblemen. Centraal staan de interne en de externe communicatie binnen bedrijven en instellingen, waarbij zowel aandacht wordt besteed aan organisatie en managementaspecten als aan producten van communicatie. In de opleiding neemt het gebruik van moderne technologieën een belangrijke plaats in.
Toelatingseisen Diploma vwo (wisk. A of B).
Duur
- 3 jaar voltijd.
- Minimaal 2 jaar voltijd na getuigschrift hbo.
- KUL: ook in deeltijd.
Lesprogramma Specialisaties of varianten:
- KUL: Media en samenleving - Strategische communicatie.
- RU: Journalistiek (minor) - Media communication and influence (minor).
- UG: Politieke wetenschappen - Sociologie.
- UvA: Honours-programma - Minors.
- VUA: Honours-programma - Minors.
- VUB: Journalistiek, politiek en democratie - Media en cultuur -

Media, internet en globalisering - Media, strategische bedrijfscommunicatie en marketing.
Aansluitende masteropleidingen
- KUL: Bedrijfscommunicatie.
Functiemogelijkheden Afgestudeerden kunnen werkzaam zijn in management-, beleids-, advies- of coördinerende functies bij de overheid, de media, het bedrijfsleven en bij adviesbureaus. Die functies kunnen zijn: adviseur, beleidsmedewerker, voorlichter, redacteur, of onderzoeker.

19.1.c.3 Taalwetenschap (RU, RUG, UL, UU, UvA)
Zie 19.4.c.24.

19.1.f Hbo-bacheloropleiding

19.1.f.1 Communicatie (Avans HS, Avans+, Fontys HS, HAN, Hanze HS, HS Inholland, HS Leiden, HS LOI, HS NCOI, HS NTI, HS Rotterdam, HS Utrecht, HS Windesheim, HvA, HZ, NHL)
Zie 17.3.f.1.

19.1.f.2 Leraar Nederlandse gebarentaal/tolk (NGT) (HS Utrecht)
Zie 13.17.f.1.

19.1.f.3 Marketingcommunicatie (The New School for Information Services)
Zie ook: 17.8.f.5.
Voor adres(sen) zie: HBO-34.
Algemeen Algemene hbo-bacheloropleiding, wordt niet door de overheid bekostigd. (Studiefinanciering is wel mogelijk.)
- The New School is de kleinste hbo in Nederland. Elk jaar neemt de school maximaal 39 eerstejaars aan.
Toelatingseisen
- Met minimaal 60 ec's kan men direct met het tweede jaar van deze opleiding beginnen. Naast het vakkenpakket van het tweede jaar volgt de student dan een aantal eerstejaars vakken, zodat het hele programma wordt afgewerkt en de verplichte 240 ec's worden gehaald.
- Elke les is een workshop voor maximaal 13 studenten.
Duur 4 jaar, inclusief stage in het 3e jaar.
Lesprogramma Eerste 2 jaar: marketing - communicatie - journalistiek - graphic arts - webdesign - web- en crossmediamanagement - fotografie - organisatiepsychologie - Nederlands recht - auteurs- en mediarecht - cultuurgeschiedenis - financiën - actualiteiten - Nederlands - Engels - Spaans en/of Frans.
3e jaar: stage.
4e jaar: scriptie schrijven.
Diploma/examen Diploma hbo-bacheloropleiding Communicatie.
Functiemogelijkheden Functies in public relations, marketing, reclame, crossmedia management, bedrijfsjournalistiek, televisieproductie of -redactie, website designer.

19.1.f.4 Officemanagement (Artesis Plantijn HS, Artevelde HS, Howest, HS Gent, HS LOI, HS PXL, HS Rotterdam, HS Schoevers, Karel de Grote HS, KH Lim, Odisee, UC Leuven-Limburg, Vives)

Voor adres(en) zie: HBO-119, 135, 157, 229, 231, 233, 235, 237, 238, 239, 240, 241, 242, 244.
Algemeen
- Hbo-bacheloropleiding, veelal in België.
- Wordt (ook) als ad-programma bij HS Rotterdam, bij HS LOI en bij HS Schoevers aangeboden.
- HS LOI en HS Schoevers worden niet door de overheid bekostigd.
Toelatingseisen Diploma havo; mbo niveau 4.
Duur
- HS LOI: 4 jaar digitaal in deeltijd.
- Ad-programma:
  • R'dam (HS Rotterdam): 2 jaar voltijd en deeltijd.
  • HS LOI: 2 jaar digitaal in deeltjd.
  • HS Schoevers: 2 jaar voltijd.
Functiemogelijkheden Communicatiemanager, accountmanager bij reclamebureaus; projectmanager bij organisatoren voor vak- en publieksbeurzen; adviseur interne communicatie.

19.1.g Mbo-opleiding niveau 4

19.1.g.1 Medewerker marketing en communicatie (niveau 4)
Zie 17.8.g.1.

19.1.l Overige opleidingen

19.1.l.1 Internet & communicatie (Centrum voor communicatie en journalistiek/HS Utrecht)
Voor adres(en) zie: HBO-180.
Cursussen
- Communicatiestrategie en internet.
- E-business.
- HTML.
- Internet in communicatie.
- Intranet in de interne communicatie.
- Opzet en beheer van een website.
- Schrijven voor internet en intranet.

19.1.l.2 Rhetorica, instituut voor communicatie
Voor adres(en) zie: OVER-302.
Cursussen Mondelinge trainingen:
- commerciële vaardigheden.
- Conflicthantering en slechtnieuwsgesprekken.
- Doelgericht telefoneren.
- Doelmatig overleggen.
- Effectief presenteren.
- Fundamentele vaardigheden.
- Professioneel discussi'ren en vergaderen.
- Snellezen.
- Spreken in het openbaar.
- Succesvol schriftelijk communiceren.
Overige informatie De trainingen worden in heel Nederland gegeven.

19.1.l.3 Boertien Vergouwen Overduin (BVO)
Zie ook 20.3.l.2.
Voor adres(en) zie: OVER-204.
Algemeen Open trainingen en e-learning.
Cursussen
- Adviesvaardigheden.
- Begeleiding binnen organisaties.
- Doelmatig lezen.
- Interview- en gespreksvaardigheid.
- Klantgericht corresponderen.
- Klantgericht handelen.
- Notuleren en verslaan.
- Organisatieadvieswerk.
- Organiseren en leidinggeven.
- Personal power.
- Persoonlijk presenteren.
- Schrijven van beleids- en adviesteksten.
- Schrijven van effectieve offertes.
- Schrijven van instructies/lesmateriaal.
- Schrijven van opleidingsplannen.
- Schrijven van rapporten.
- Selectiegesprekken.
- Trainingen op het gebied van didactische begeleiding.

19.2 JOURNALISTIEK EN MASSACOMMUNICATIE

19.2.a Postacademisch onderwijs (pao)

19.2.a.1 GITP PAO
Zie 14.1.a.1.

19.2.a.2 Journalistiek (Centrum voor communicatie en journalistiek/HS Utrecht)
Voor adres(en) zie: HBO-180.
Algemeen Opleiding tot journalist.
Toelatingseisen
- Diploma wo.
- Gewenst: journalistieke ervaring.
Duur 1 jaar (1 middag en 1 avond per week).
Lesprogramma Schrijven - nieuwsberichten en verslagen maken - interviewen - kennis van het beroep: economie - recht - politiek - maatschappij - massacommunicatie - ethiek - auteursrecht - geschiedenis en organisatie van de media in Nederland.

19.2.b Wo-masteropleiding

19.2.b.1 Journalistiek (HUB/KUL/ThomasMore, VUB)
Voor adres(en) zie: HBO-244, WO-51, 52, 55.
Algemeen Wo-masteropleiding.
Lesprogramma Specialisaties of varianten:
- HUB/KUL: Audiovisuele journalistiek - Print- en onlinejournalistiek.
- VUB: Gedrukte en onlinemedia - Radio- en tv-journalistiek.
Duur
- 1 jaar voltijd of deeltijd.
- VUB: geen deeltijd.

19.2.d Post-hbo-opleiding

19.2.d.1 Centrum voor Communicatie en Journalistiek (HS Utrecht)

Zie ook: 19.1.l.1, 19.2.a.2, 19.2.f.1, 19.2.l.1 en 19.2.l.3.
Voor adres(sen) zie: HBO-184.
Cursussen
- Copywriting.
- Financieel-economisch.
- Informatief schrijven.
- Interviewtraining.
- Introductie en vervolgcursus Journalistiek.
- Marketingcommunicatie.
- Omgaan met media - internetcommunicatie.
- Strategisch communicatiemanagement.
- Wetenschapsjournalistiek.

Toelatingseisen Diploma hbo; of enige jaren werkervaring in de journalistiek, als communicatiefunctionaris of als voorlichter.
Duur Varieert van 5 tot 10 bijeenkomsten.

19.2.f Hbo-bacheloropleiding

19.2.f.1 Journalistiek (CHE, Fontys HS, HS Utrecht, HS Windesheim)

Voor adres(sen) zie: HBO-76, 172, 184, 224.
Algemeen Hbo-bacheloropleiding.
Doel Voorbereiding op functies in de journalistiek en in de voorlichting, waaronder worden begrepen: geschreven pers en andere communicatiemedia, zoals radio en tv en nieuwe media, en op functies in de voorlichting, public relations en marketing.
Toelatingseisen
- Diploma havo, vwo, mbo niveau 4, of gelijkwaardig.
- Of 21 jaar of ouder zijn en toegelaten worden op grond van een toelatingsonderzoek.
- Ede: 3,5-jarige leerroute voor vwo'ers; 3-jarige leerroute na hbo of gelijkwaardig; vrijstellingen na basisjaar Evangelische HS te Amersfoort.
Duur
- 4 jaar voltijd.
- Ede: ook 3,5 jaar of 3 jaar, afhankelijk van de vooropleiding.
- Tilburg: ook deeltijdonderwijs.

Functiemogelijkheden Journalistieke functies (verslaggever, bureauredacteur, binnenlands redacteur, commentariërend redacteur, feature-redacteur, opmaakredacteur, redactioneel vormgever, hoofdredacteur) bij dagbladpers, weekbladen, bedrijfsbladen; verslaggever voor radio en televisie; functies bij voorlichtingsdiensten bij (semi-)overheid en bedrijfsleven, non-profitorganisaties en -instellingen; pr-functionaris.

19.2.l Overige opleidingen

19.2.l.1 Cursussen Journalistiek (Centrum voor communicatie en journalistiek/HS Utrecht)

Voor adres(sen) zie: HBO-180.
Cursussen
- Achtergrondreportage.
- Cursus Wet Openbaarheid van Bestuur (WOB).
- Databases en publiceren op internet (voor documentalisten).
- Eindredactie tijdschrift.
- English writing.
- Financieel-economische journalistiek.

- Fotoredactie.
- Freelancen: een hele onderneming.
- Internet als nieuwsbron (basiscursus).
- Interviewtraining.
- Journalist als manager.
- Journalistiek (introductiecursus).
- Journalistiek (voor documentalisten; basiscursus).
- Journalistiek (vervolgcursus).
- Journalistiek (voor gevorderden).
- Recenseren van romans.
- Redactionele vormgeving (workshop).
- Schrijven over reizen.
- Voorzitten van redactievergaderingen.
- Wetenschapsjournalistiek.

19.2.l.2 LOI - afstandsonderwijs - Creatief schrijven

Voor adres(sen) zie: OVER-225.
Doel Stimuleren van de taalvaardigheid.
Opleidingen Praktijkdiploma Algemene correspondentie.
Cursussen
- Creatief schrijven.
- Doelgericht formuleren.
- Gedichten schrijven.
- Journalistiek.
- Notuleren.
- Rapporteren.
- Scenario schrijven.
- Schrijf goed Nederlands.
- Spelling en grammatica.
- Taal en stijl.

19.2.l.3 Tijdschriftjournalistiek (Centrum voor communicatie en journalistiek/HS Utrecht)

Voor adres(sen) zie: HBO-180.
Algemeen Opleiding voor journalisten die werkzaam zijn voor vaktijdschriften en special interest-bladen.
Duur 6 maanden (22 dagdelen).
Lesprogramma Journalistieke vaardigheden - taalbeheersing - eindredactie.

19.2.l.4 Utrechtse schrijversschool (UCK)

Voor adres(sen) zie: OVER-337.
Cursussen
- *Voor jongeren:*
  • Gedichten schrijven.
  • Presenteren.
- *Schrijftrainingen:*
  • Artikel.
  • Autobiografisch schrijven.
  • Proza en poëzie.
  • Scenario speelfilm.
  • Verhalen en gedichten.
  • Zakelijk schrijven.
- *Vertelcursus.*

Zie voor meer informatie
over Oogwenken:
www.oogwenken.nl

19.3 TOLK EN TOLK-VERTALER

Algemeen Er moet onderscheid worden gemaakt tussen tolk en tolk-vertaler:

- De tolk of congrestolk kan zowel consecutief (volgend) als simultaan (gelijktijdig) tolken. Hij is in dienst van de EU, de Raad van Europa, de Verenigde Naties, of hij werkt freelance.
  Hij kan zich aansluiten bij de AIIC (Association Internationale des Interprètes de Conférence), Genève.
  Voor congrestolk bestaat geen erkende opleiding in Nederland, wel in België en in Frankrijk.
- De tolk-vertaler verricht zijn werkzaamheden grotendeels als vertaler. Hij kan worden beëdigd door de arrondissementsrechtbank (voor inlichtingen: Ministerie van veiligheid en justitie, Turfmarkt 147, 2311 DP Den Haag, tel. 070-3707911, website: www.rijksoverheid.nl/ministeries/venj/contact-met-het-ministerie-van-veiligheid-en-justitie, en kan dan incidenteel tolken op een kantongerecht of rechtbank.
  Hij kan zich aansluiten bij het Nederlands Genootschap van Tolken en Vertalers (NGTV), Postbus 77, 2300 AB Leiden, telefoon: 071-5 19 10 70, website: www.ngtv.nl

19.3.a Postacademisch onderwijs (pao)

19.3.a.1 Gerechtstolken in strafzaken (SIGV)
Voor adres(sen) zie: OVER-353.
Algemeen Bijscholingsopleiding voor basistolken tot gekwalificeerde en professionele gerechtstolken binnen het werkterrein van de rechterlijke macht: rechtbank, politie, vreemdelingenzaken, reclassering en gevangeniswezen. Naast een goede algemene ontwikkeling en vergevorderde vaardigheden in ten minste twee talen, gekoppeld aan kennis van de maatschappij waarin deze talen worden gesproken, wordt van de gerechtstolk een brede, vakspecifieke bekwaamheid gevraagd, waarin deze modulaire opleiding voorziet.
Toelatingseisen
- Diploma Tolk-vertaler; doctoraal of diploma Lerarenopleiding eerstegraads in een moderne vreemde taal.
- Ervaring als basistolk.
- Er wordt een entreetoets afgenomen t.b.v. de module 'Tolkvaardigheden', die door de taalvakdocenten wordt beoordeeld. Bij een niet-geslaagde entreetoets zijn de beide andere modulen wél toegankelijk.
Duur 7 maanden modulair deeltijdonderwijs (totaal 80 uur, waarin 2 x 10 wekelijkse lesavonden van 18.00-21.30 uur te Utrecht, plus thuisstudie en voorbereiding op de examens).
Lesprogramma 3 modulen:
- *Rechtskennis:* behandeling van de rechtsgebieden waarmee een gerechtstolk te maken heeft - inleiding recht - wetboek van strafrecht - wetboek van strafvordering - vreemdelingenwet - diverse andere relevante wetten - terminologie.
- *Rechtsterminologie en vreemdtalig rechtssysteem:* kennis van de relevante termen in de onder rechtskennis genoemde gebieden, in beide talen - inhoudelijk begrip van de termen - vergelijkende kennis van het Nederlandse rechtssysteem en kennis van het rechtssysteem van het land waar de vreemde taal wordt gebezigd, van de instellingen en de functionarissen daarin, en van de binnen deze terreinen gangbare termen.
- *Tolkvaardigheden:* tolktechnieken - tolkhouding - geheugentraining - notatietechnieken - resumerend mondeling vertolken van gerechtelijke stukken - assertiviteit - stresshantering, stemgebruik en presentatie - algemene tolktechnieken: casus en

paneldiscussie - tolkethiek in het strafprocesrecht.
Diploma/examen Schriftelijke examens rechtskennis en rechtsterminologie voordat men begint aan de 3e module 'Tolkvaardigheden'.
Mondeling examen voor de 3e module.
Overige informatie
- De opleiding wordt in de volgende talen georganiseerd: Armeens - Dari - Duits - Engels - Farsi - Frans - Italiaans - Kantonees - Koerdisch (Bahdini en Sorani) - Kroatisch/Servisch - Mandarijn Chinees - Marokkaans Arabisch - Midden-Oosten Arabisch - Pools - Portugees - Russisch - Somalisch - Spaans - Turks.
- Er wordt een nationaal register van gediplomeerde gerechtstolken bijgehouden:
  Stichting Instituut van Gerechtstolken en -Vertalers, Stationsstraat 6A, 1506 DG Zaandam, tel. 075-6 31 30 20 (tussen 9 en 12 uur), fax: 075-6 16 13 01, e-mail: secretariaat@sigv.nl, website: www.sigv.nl

19.3.b Wo-masteropleiding

19.3.b.1 Vertalen (HUB/KUL, KUL/ThomasMore, UA, UG, VUB)
Voor adres(sen) zie: HBO-244, WO-48, 51, 52, 53, 55.
Algemeen Wo-masteropleiding.
Duur
- 1-2 jaar.
- HUB/KUL, KUL/ThomasMore: ook in deeltijd.
Lesprogramma Specialisaties of varianten:
- HUB/KUL: Nederlands en 1 of 2 vreemde talen; keuze uit: Duits, Engels, Frans, Italiaans, Russisch, Spaans.
- KUL/ThomasMore: 3 talen: Nederlands en 2 vreemde talen, waarbij keuze uit: Duits, Engels, Frans - en uit: Arabisch, Duits, Engels, Frans, Italiaans, Russisch, Spaans, Vlaamse gebarentaal.
- UA: Nederlands + 2 vreemde talen; keuze uit: Chinees, Duits, Engels, Frans, Italiaans, Portugees, Spaans.
- UG: Nederlands + keuzevak.
- VUB:
  • 1 taal; keuze uit: Deens, Duits, Engels, Frans, Spaans.
  • 2 talen; keuze uit: Deens, Duits, Engels, Frans, Spaans.

19.3.e Hbo-masteropleiding

19.3.e.1 Tolken (Thomas More HS)
Voor adres(sen) zie: HBO-244.
Algemeen Grondige mondelinge en schriftelijke communicatie-masteropleiding op hbo-masterniveau in drie talen: het Nederlands en twee vreemde talen.
Doel Veelzijdige hbo-masteropleiding tot all-round communicator, zowel mondeling als schriftelijk.
Toelatingseisen Academische of hbo-bacheloropleiding (in) Toegepaste taalkunde.
Duur 1 jaar.
Lesprogramma
- *Tolken:* Nederlandse spreekvaardigheid en debating - Notitie- en Algemene Tolktechnieken - Tolken VT1 - N - VT1 - Tolken VT2 - N - VT2.
- *Vertalen:* Ma Vertalen (VT1) - Ma Vertalen (VT2).
- *Wetenschappelijke vorming:* tolkwetenschap III - theorie en praktijk van het tolken - interculturele communicatie - tekstwetenschap - conversatieanalyse - analyse van persuasieve teksten.
- *Stages:* individuele regeling.
- Meesterproef inclusief 'Onderzoeksmethodologie van het tolken'.

Mogelijkheden voor verdere studie Postgraduaat Conferentietolk bij Thomas More HS te Antwerpen.
Functiemogelijkheden Tolk in de medische, juridische en sociale sector, in de media en in het bedrijfsleven.
N.B. Oude naam: licentiaat tolk.

19.3.e.2 Vertalen (Erasmus HS, Thomas More HS)
Voor adres(sen) zie: HBO-228, 244.
Algemeen Hbo-masteropleiding tot vertaler in Arabisch - Duits - Engels - Frans - Hongaars - Italiaans - Russisch - Spaans.
Doel Goed beheersen van de talen, maar ook uitgebreide kennis van culturele verschillen, tekstsoorten, vertaalstrategieën.
Toelatingseisen Academische of hbo-bacheloropleiding (in) Toegepaste taalkunde.
Duur 1 jaar.
Lesprogramma
- Vertaalateliers, waarbij ook het computer-ondersteund vertalen en het vertalen van websites aan bod komen:
  • keuze uit de volgende talen: Arabisch - Duits - Engels - Frans - Hongaars - Italiaans - Russisch - Spaans;
  • keuze uit volgende onderwerpen: literair - juridisch-administratief - medisch-wetenschappelijk - media en cultuur - zakelijk-technisch - overheid en bedrijf - technisch-economisch.
- Wetenschappelijke vorming: vertaalwetenschap III - toepassingen van de vertaalwetenschap - terminologieleer en vertaaltechnologie - tekstwetenschap Nederlands - teksten voor overheid en bedrijf - teksten voor media en cultuur.
- Meesterproef/eindverhandeling.
Functiemogelijkheden Gerechtsvertaler, vertaler van vakteksten en literaire of wetenschappelijke teksten, revisor.
N.B. Oude naam: licentiaat vertaler.

19.3.f Hbo-bacheloropleiding

Algemeen In 1997 hield het staatsexamen Tolk/vertaler op te bestaan. Daarop werd besloten een nieuw landelijk examen in het leven te roepen. Deze inspanning resulteerde in de oprichting van de SNEVT.
Aangesloten waren de volgende hbo-instituten:
- ITV HS voor Tolken en Vertalen (19.3.f.1).
- HS LOI (19.3.f.4).
Met ingang van 1 januari 2015 worden de registertoetsen niet meer door SNEVT aangeboden.
De vertaalopleidingen van de hogescholen blijven - ook na afschaffing van de SNEVT-examens - door de NVAO geaccrediteerde opleidingen: getuigschriften en diploma's hebben dezelfde waarde als voorheen.

19.3.f.1 ITV-HS voor Tolken en Vertalen
Zie ook: 19.3.f.2, 19.3.f.3 en 19.3.f.4.
Voor adres(sen) zie: HBO-189.
Algemeen
- Hbo-bacheloropleidingen voor vertaler.
- Deze opleidingen worden niet door de overheid bekostigd.
Toelatingseisen Diploma havo of vwo met een of meer talenstudies.
Bij de opleiding Tolk-vertaler kunnen de studenten na een toelatingstekst instromen op het bij hun voorkennis passende niveau.
Duur
- *Beide opleidingen*: 3 of 4 jaar.
- *Opleiding Tolk-vertaler*: gedurende 27 weken (oktober-mei) 4 uur

les per week ('s avonds); voorafgaand aan deze opleiding zijn er 1-jarige opstapcursussen voor de talen Frans en Spaans.
- *Opleiding Vertaler*: schriftelijk, met 9 bijeenkomsten (zaterdags 4 lesuren te Utrecht).
Lesprogramma Specialisaties: Tolk Duits - Tolk Engels - Tolk Frans - Tolk Italiaans - Tolk Russisch - Tolk Spaans - Vertaler Duits - Vertaler Engels - Vertaler Frans - Vertaler Italiaans - Vertaler Russisch - Vertaler Spaans.
Mogelijkheden voor verdere studie Cursus Nederlands voor vergevorderde anderstaligen. 15 bijeenkomsten van 4 lesuren te Utrecht (oktober tot mei en januari tot mei). De cursus is bestemd voor anderstaligen met een redelijk goede kennis van het Nederlands (minimaal niveau II Nederlands als 2e taal).
Functiemogelijkheden
- *Freelance tolk*: bij rechtbanken, politie, vreemdelingendienst, tolkencentra en in het bedrijfsleven.
- *Vertaler*: in dienst bij de overheid, in het bedrijfsleven of bij een vertaalbureau; freelance vertaler.
- Andere functies waarbij een zeer goede beheersing van een vreemde taal is vereist.
Overige informatie Er zijn cursussen te Amsterdam, Utrecht, en Zwolle.

19.3.f.2 Tolken (Erasmus HS, Thomas More HS)
Zie ook: 19.3.f.1, 19.3.f.3 en 19.3.f.4.
Voor adres(sen) zie: HBO-228, 244.
Algemeen Hbo-bacheloropleiding voor tolk (consecutief, simultaan, relatie- en congrestolk).
Toelatingseisen Diploma vwo, hbo of wo.
Duur 4 jaar voltijd.
Lesprogramma
- Algemeen vormende vakken.
- Nederlands.
- Eén taal uit de B-talen: Duits - Engels - Frans.
- Eén taal uit de C-talen: Deens - Italiaans - Russisch - Spaans.
- Eén vrij te kiezen taal uit de D-talen.
Functiemogelijkheden Consecutief tolk, relatietolk, congrestolk, bedrijfstolk, gerechtstolk, militaire tolk. Men kan werken als zelfstandige of als freelance tolk, of in dienstverband bij nationale en internationale instellingen, of in het nationale of internationale bedrijfsleven.

19.3.f.3 Vertalen (Erasmus HS)
Zie ook: 19.3.f.1, 19.3.f.2 en 19.3.f.4.
Voor adres(sen) zie: HBO-228.
Algemeen Hbo-bacheloropleiding voor vertaler of taalconsulent.
Toelatingseisen Diploma vwo of diploma havo, plus het getuigschrift van het voorbereidende jaar van de KVH (Katholieke Vlaamse HS), of plus het getuigschrift van een Nederlandse propedeuse hbo.
Duur 4 jaar voltijd.
Lesprogramma
- Algemeen vormende vakken.
- Nederlands.
- Eén taal uit de B-talen: Duits - Engels - Frans.
- Eén taal uit de C-talen: Deens - Italiaans - Russisch - Spaans.
- Eén vrij te kiezen taal uit de D-talen.
Functiemogelijkheden Zelfstandig vertaler, vertaler in dienstverband, bedrijfsvertaler, gespecialiseerd vertaler (literair, wetenschappelijk), revisor, text-editor, reclame- en publiciteitsmedewerker, meertalig notulist/rapporteur, journalist en publicist, dubbing (inspreken bij vertaalde bioscoopfilms).

19.3.f.4 Vertaler Duits - Engels - Frans - Spaans (HS LOI)
Zie ook: 19.3.f.1, 19.3.f.2 en 19.3.f.3.
Voor adres(sen) zie: HBO-135.
Algemeen
- Hbo-bacheloropleidingen voor vertaler Duits - Engels - Frans - Spaans.
- Deze opleidingen worden niet door de overheid bekostigd.

Toelatingseisen
- Diploma havo, vwo of mbo niveau 4.
- Of 21 jaar of ouder zijn en toegelaten worden op grond van een toelatingsonderzoek.
- Met het diploma Lerarenopleiding Engels tweedegraads of de wo-opleiding Engels kan de opleiding met 1 jaar worden bekort.

Duur 3 jaar.
Functiemogelijkheden Vertaler ten behoeve van het bedrijfsleven.

19.3.l Overige opleidingen

19.3.l.1 Examen tolk-vertaler
Voor adres(sen) zie: HBO-135, 189.
Algemeen In 1997 hield het staatsexamen Tolk/vertaler op te bestaan. Daarop werd besloten een nieuw landelijk examen in het leven te roepen. Deze inspanning resulteerde in de oprichting van de SNEVT.
Sinds 1 januari 2015 worden de registertoetsen niet meer door SNEVT aangeboden.
De vertaalopleidingen van de hogescholen blijven - ook na afschaffing van de SNEVT-examens - door de NVAO geaccrediteerde opleidingen: getuigschriften en diploma's hebben dezelfde waarde als voorheen.

19.4 TALEN (LETTEREN, SPREKEN EN CORRESPONDENTIE)

19.4.a Postacademisch onderwijs (pao)

19.4.a.1 Generative Linguistics (UL, UvA)
Voor adres(sen) zie: WO-8, 30.

19.4.a.2 Letterkunde (VUA)
Voor adres(sen) zie: WO-9.

19.4.b Wo-masteropleiding

19.4.b.1 African studies (UL)
Voor adres(sen) zie: WO-30.
Algemeen Wo-masteropleiding (ook als onderzoeksmaster), gericht op de talen van Afrika ten zuiden van de Sahara, m.u.v. het Zuid-Afrikaans en het Malagasy (Madagascar).
Toelatingseisen
- Diploma wo-bachelor Taalwetenschap.
- Als men 21 jaar of ouder is, komt men in aanmerking voor een colloquium doctum.

Duur 1-2 jaar.
Lesprogramma
- Men leert twee Afrikaanse talen redelijk beheersen en bestudeert de structuur van enkele andere.
- Specialisaties: Eastern Africa - Southern Africa - West Africa.

Functiemogelijkheden Naast taalkundig onderzoek: uiteenlopend werk in musea, kerkelijke organisaties, educatieve en sociaal-culturele instellingen, de media, uitgeverijen en bibliotheken.

19.4.b.2 Ancient, medieval and renaissance studies (UU)
Voor adres(sen) zie: WO-45.
Algemeen Wo-masteropleiding, gericht op de middeleeuwen vanuit verschillende perspectieven: historisch, economisch, taalkundig, politiek, filosofisch, theologisch, musicologisch, kunsten.
Toelatingseisen Diploma wo-bachelor van een opleiding in de sector Taal en cultuur.
Duur 2 jaar voltijd.
Lesprogramma Specialisaties:
- UU: Ancient studies - Medieval studies - Mediaval Celtic studies - Renaissance studies.

Functiemogelijkheden Functies bij bibliotheek, musea, media, overheidsbeleid, (wetenschappelijk) onderzoek en onderwijs.

19.4.b.3 Asian studies (UL)
Voor adres(sen) zie: WO-30.
Algemeen Wo-masteropleiding (ook als onderzoeksmaster).
Doel Vanuit verschillende sociale wetenschappen gericht op de dynamiek van het moderne Azië.
Er is aandacht voor economische, sociale, politieke en culturele veelvormigheid van Azië.
Toelatingseisen
- Diploma wo-bachelor; getuigschrift/diploma van een hbo of van de OUNL.
- Als men 21 jaar of ouder is, komt men in aanmerking voor een colloquium doctum.

Duur 1-2 jaar.
Lesprogramma Specialisaties:
- UL: Chinese studies - East Asian studies - History, arts and culture of Asia - Japanese studies - Korean studies - Politics, society and economy of Asia - South Asian Studies - Southeast Asian Studies.

Functiemogelijkheden Functies bij de overheid, internationale organisaties, het bedrijfsleven, musea of bibliotheken: als beleidsmedewerker, voorlichter, vertaler, documentalist, diplomaat of uitgever.

19.4.b.4 Communicatie- en informatiewetenschappen (RU, RUG, TiU, UU, UvA, VUA)
Voor adres(sen) zie: WO-8, 9, 23, 35, 40.
Algemeen
- Wo-masteropleiding.
- TiU: ook als onderzoeksmaster.
- UvA: duaal.

Toelatingseisen Diploma wo-bachelor Communicatiewetenschappen, of van een vergelijkbare studie.
Duur
- 1-2 jaar voltijd.
- UvA: ook deeltijd.

Lesprogramma Specialisaties:
- RU: Communicatie en beïnvloeding - International business communication - Nieuwe media, taal en communicatie.
- RUG: Communicatie en educatie - Communicatiekunde - Computercommunicatie - Honours-programma - Information science.
- TiU: Bedrijfscommunicatie en digitale media - Communicatiedesign - Data journalism - Human aspects of information technology - Interculturele communicatie - Language & communication.
- UU: Communicatie en organisatie - Communicatiestudies.
- UvA: Tekst en communicatie.
- VUA: Journalistiek - Metaphor in discource - Schrijven en vertalen - Taal en communicatie in organisaties.

19.4.b.5 Duitse taal en cultuur (UU)
Voor adres(sen) zie: WO-45.
Algemeen
- Wo-masteropleiding.
- UU: educatieve master.

Toelatingseisen Diploma wo-bachelor Duitse taal en cultuur, of van een vergelijkbare studie.
Duur 1-2 jaar voltijd.
Lesprogramma Specialisaties:
- UU: Educatie en communicatie - Europese letterkunde van de middeleeuwen en de renaissance - Interculturele communicatie - Literatuur en cultuurkritiek - Taal, mens en maatschappij - Vertalen.

19.4.b.6 Engelse taal en cultuur (UU)
Voor adres(sen) zie: WO-45.
Algemeen
- Wo-masteropleiding.
- UU: educatieve master.

Toelatingseisen Diploma wo-bachelor Engelse taal en cultuur, of van een vergelijkbare studie.
Duur 1-2 jaar voltijd.
Lesprogramma Specialisaties:
- UU: Engelse taal en cultuur: educatie en communicatie - Europese letterkunde van de middeleeuwen en de renaissance - Interculturele communicatie - Literatuur en cultuurkritiek - Taal, mens en maatschappij - Vertalen.

Functiemogelijkheden Uiteenlopend werk bij overheidsinstellingen en in het bedrijfsleven, o.a. functies in communicatie en voorlichting, computertaalkunde, vertaal- en personeelswerk; werk in de educatieve sector en het onderwijs.

19.4.b.7 Franse taal en cultuur (UU)
Voor adres(sen) zie: WO-45.
Algemeen
- Wo-masteropleiding.
- UU: educatieve master.

Toelatingseisen Diploma wo-bachelor Franse taal en cultuur, of van een vergelijkbare studie.
Duur 1-2 jaar voltijd.
Lesprogramma Specialisaties:
- UU: Europese letterkunde van de middeleeuwen en de renaissance - Franse taal en cultuur: educatie en communicatie - Interculturele communicatie - Literatuur en cultuurkritiek - Taal, mens en maatschappij - Vertalen.

Functiemogelijkheden Docent, vertaalwerk, redactioneel werk, voorlichting, internationale bedrijfscommunicatie.

19.4.b.8 Friese taal en cultuur (RUG)
Voor adres(sen) zie: WO-23.
Algemeen
- Wo-masteropleiding.
- RUG: educatieve master.

Duur - 1-2 jaar.
- RUG: ook in deeltijd.

19.4.b.9 Latin American studies (UL)
Voor adres(sen) zie: WO-30.
Algemeen Wo-masteropleiding (onderzoeksmaster), gericht op de vakgebieden: Spaans, Portugees, geschiedenis, sociologie, taal- en letterkunde.

Toelatingseisen
- Diploma wo-bachelor; getuigschrift/diploma van een hbo of van de OUNL.
- Als men 21 jaar of ouder is, komt men in aanmerking voor een colloquium doctum.
Duur 1-2 jaar.
Functiemogelijkheden Zeer diverse functies in het bedrijfsleven, commerciële dienstverlening, onderwijs, overheidsinstellingen, uitgeverijen, media en toerisme.

19.4.b.10 Letterkunde (RU, RUG, UU, VUA)
Voor adres(sen) zie: WO-9, 23, 35, 45.
Algemeen
- Wo-masteropleiding.
- RUG, UU, VUA: ook als onderzoeksmaster.

Toelatingseisen Diploma wo-bachelor Letteren, Letterkunde of Taalkunde, of van een vergelijkbare studie.
Duur
- 1-2 jaar.
- RUG: ook in deeltijd.
Lesprogramma Specialisaties:
- RU: Duitstalige letterkunde - Engelstalige letterkunde - Europese letterkunde - Franstalige letterkunde - Literair bedrijf - Nederlandstalige letterkunde - Spaanstalige letterkunde.
- RUG: English literature and culture - European literatures and cultures - Writing, editing and mediating.
- UU: Literair vertalen - Literatuur en cultuurkritiek - Middeleeuwen en renaissance studies - Vertalen.
- VUA: Franse letterkunde - Literaire vorming en literair veld - Literatures in English - Nederlandse letterkunde.

Functiemogelijkheden Diverse functies in onderwijs, onderzoek, dienstverlening, voorlichting, public relations, communicatie, journalistiek en media.

19.4.b.11 Linguistics (RU, RUG, UL, UU, UvA, VUA)
Voor adres(sen) zie: WO-8, 9, 23, 30, 35, 45.
Algemeen
- Wo-masteropleiding.
- UL, UU, UvA, VUA: onderzoeksmaster.

Toelatingseisen Diploma wo-bachelor van een taal en cultuur, of van een vergelijkbare studie.
Duur
- 1-2 jaar.
- UvA: ook in deeltijd.
Lesprogramma Specialisaties:
- RU: Dutch linguistics - English language and linguistics - French linguistics - General programme - German language and linguistics - Language and communication coaching - Language diversity of Africa, Asia and native America - Linguistics general programme -Spanish linguistics.
- RUG: Applied linguistics - Clinical linguistics/EMCL - European linguistics - Language and cognition - Language and communication technologies - Multilingualism.
- UL: Chinese linguistics - Comparitive Indo-European linguistics - English language and linguistics - French language and linguistics - German language and linguistics - Italian language and linguistics - Language and communication - Language diversity of Africa, Asia and native America - Theoretical linguistics and cognition - Translation in theory and practice.
- UU: The study of the language faculty.
- UvA: General linguistics - Linguistics of European languages.

Functiemogelijkheden Functies in de culturele sector, volwassenenonderwijs, uitgeverijen, toerisme, vertaler, overheidsinstellingen, bedrijfsleven.

19.4.b.12 Literaire vorming en literair veld (VUA)
Voor adres(sen) zie: WO-9.
Algemeen Wo-masteropleiding.
Toelatingseisen Diploma wo-bachelor Literatuurwetenschap, of van een vergelijkbare studie.
Duur 1 jaar voltijd.

19.4.b.13 Midden-Oosten studies (Middle Eastern studies) (RUG, UL, UvA)
Voor adres(sen) zie: WO-8, 23, 30.
Algemeen Wo-masteropleidingen; bij de UL heet deze opleiding: Middle Eastern studies.
- UL: ook als onderzoeksmaster.
Toelatingseisen
- Diploma wo-bachelor, getuigschrift/diploma van een hbo of van de OUNL.
- Als men 21 jaar of ouder is, komt men in aanmerking voor een colloquium doctum.
Duur 1-2 jaar.
Lesprogramma
Specialisaties:
- UL: Arabic studies - Islamic studies - Modern Middle East studies - Persian studies - Turkish studies.
- UvA: Arabisch - Hebreeuws - Midden-Oosten studies.

19.4.b.14 Nederlandse taal en cultuur (UU)
Voor adres(sen) zie: WO-45.
Algemeen
- Wo-masteropleiding.
- UU: ook als educatieve master.
Toelatingseisen Diploma wo-bachelor Nederlandse taal en cultuur, of van een vergelijkbare studie.
Duur 1-2 jaar.
Lesprogramma Specialisaties:
- UU: Educatie en communicatie.
Functiemogelijkheden Werk waarin schriftelijke en mondelinge communicatie een hoofdrol speelt, zoals voorlichter, pr-medewerker, redacteur, communicatie-adviseur, taalvaardigheidstrainer, docent; diverse functies bij overheidsinstellingen, de media, uitgeverijen.

19.4.b.15 Neerlandistiek(/Dutch Studies) (RUG, UL, UU, UvA)
Voor adres(sen) zie: WO-8, 23, 30, 45.
Algemeen
- Wo-masteropleiding.
- UU, UvA: ook als onderzoeksmaster.
- UvA: ook duaal.
Toelatingseisen Diploma wo-bachelor Literatuurwetenschap, of van een vergelijkbare studie.
Duur
- 1-2 jaar.
- UU: ook in deeltijd.
Lesprogramma Specialisaties:
- RUG: Nederlandse letterkunde - Taal en tekst: ontwikkeling en gebruik.

- UL: Moderne Nederlandse letterkunde - Nederlandkunde - Nederlandse taalkunde - Oudere Nederlandse letterkunde - Taalbeheersing van het Nederlands.
- UU: Nederlandse letterkunde - Nederlandse taal en cultuur.
- UvA: Nederlandse letterkunde - Nederlandse taal en cultuur - Redacteur/editor.

19.4.b.16 Spaanse taal en cultuur (UU)
Voor adres(sen) zie: WO-45.
Algemeen Wo-masteropleidingen.
Toelatingseisen Diploma wo-bachelor Spaanse taal en cultuur, of van een vergelijkbare studie.
Duur 1-2 jaar.
Lesprogramma Specialisaties:
- UU: Educatie en communicatie.
Functiemogelijkheden Functies in het onderwijs, internationale betrekkingen, de media, uitgeverijen, voorlichting; wetenschappelijk onderzoek; vertaler.

19.4.b.17 Taal- en spraakpathologie (RU)
Zie 13.11.b.1.

19.4.b.18 Taalwetenschap(pen) (RU, RUG, UU, UvA, VUA)
Voor adres(sen) zie: WO-8, 9, 23, 35, 45.
Algemeen
- Wo-masteropleiding.
- RUG: ook double degree master.
- RUG, VUA: ook als onderzoeksmaster.
Toelatingseisen Diploma wo-bachelor Algemene taalwetenschap, of van een vergelijkbare studie.
Duur
- 1 jaar.
- UvA: ook in deeltijd.
Lesprogramma Specialisaties:
- RU: Taal- en spraakpathologie.
- RUG: Clinical linguistics - Language and cognition - Language and communication technologies - Neurolinguïstiek.
- UU: Taal, mens en maatschappij.
- UvA: Nederlands als tweede taal - Vertalen.
- VUA: Taaltheorie en taalbeschrijving - Toegepaste taalwetenschap.
Functiemogelijkheden Bij uitgeverijen van woordenboeken en taalcursusmateriaal, therapeutische functies m.b.t. taal- en spraakstoornissen; werk in de computertaalkunde en taaltechnische sector; functies m.b.t. taalproblemen van allochtone Nederlanders; functies in de informatietechologie.

19.4.c Wo-bacheloropleiding

19.4.c.1 Arabische taal en cultuur (UvA)
Voor adres(sen) zie: WO-8.
Algemeen Wo-bacheloropleiding.
Toelatingseisen Wo-propedeuse Arabische, Nieuwperzische en Turkse talen en culturen, Culturele antropologie, Godgeleerdheid, Talen en culturen van Zuidoost-Azië en Oceanië, of Talen en culturen van Zuid- en Centraal Azië.
Duur 3 jaar voltijd en deeltijd.
Lesprogramma
- UvA: Honours-programma.
Aansluitende masteropleidingen
- UvA: Wo-lerarenopleiding Leraar VHO in Arabisch.

Functiemogelijkheden Functies bij diplomatieke diensten; beleidsfuncties; banen in het onderwijs; wetenschappelijk onderzoeker; banen bij de pers.

19.4.c.2 Communicatie- en informatiewetenschappen (RU, RUG, TiU, UU, VUA)
Voor adres(sen) zie: WO-9, 23, 35, 40, 45.
Algemeen Wo-bacheloropleiding, gericht op het bestuderen en leren onderzoeken van de processen van openbare communicatie, met name via de media, en de gevolgen daarvan voor de samenleving.
Toelatingseisen
- Diploma vwo (wisk. A of B); elk vwo-profiel; of diploma propedeuse hbo (waarin wisk.); of colloquium doctum (indien men 21 jaar is of ouder).
- Er is een vrijstellingsprogramma voor bezitters van een hbo-getuigschrift waarvan de inhoud verwant is met Communicatiewetenschappen.
- RUG: propedeuse van een opleiding in de Letteren of hbo-getuigschrift op het gebied van communicatie.
Duur 3 jaar voltijd.
Lesprogramma Specialisaties:
- RU: Duits - Engels - Frans - Spaans.
- RUG: Minors - University of Groningen Honours College.
- TiU: Bedrijfscommunicatie en digitale media - Human aspects of information technology - Tekst en communicatie.
- UU: Cultuur, communicatie en diversiteit - Digitale communicatie - Media, communicatie en markt.
- VUA: Digitale communicatie en taalanalyse - Educatieve minor Engels of Nederlands - Engels en internationale communicatie - Journalistiek - Media-analyse - Minors - Nederlands als tweede taal - Spaans en internationale communicatie - Taal- en communicatie-advies - Taal en onderwijs - Taalontwikkeling en taalstoornissen.
Aansluitende masteropleidingen
- KUL: Bedrijfscommunicatie.
- RU, RUG, TiU, UU, UvA, VUA: Communicatie- en informatiewetenschappen.
Functiemogelijkheden Communicatiebeleid profit- en non-profitondernemingen; communicatiebeleid en -onderzoek media; communicatiebeleid en -onderzoek van overheid, semi-overheid en onderzoeksbureaus, onderwijs aan hbo-instellingen; eerstegraads-onderwijsbevoegdheid Maatschappijleer (via nog 1 jaar Lerarenopleiding wo-bachelor), onderzoek en onderwijs aan universiteiten.

19.4.c.3 Duitse taal en cultuur (RU, UL, UU, UvA)
Voor adres(sen) zie: WO-8, 30, 35, 45.
Algemeen Wo-bacheloropleiding, gericht op Duitse taalvaardigheid, moderne en historische taalkunde, moderne en historische letterkunde en kennis van de Duitstalige samenlevingen (Duitslandkunde) of Duitslandstudies.
Toelatingseisen
- Diploma vwo; propedeuse of getuigschrift/diploma van een hbo of van de OUNL.
- Voor het vrijstellingenprogramma wordt een verwante hbo-opleiding vereist.
- Als men 21 jaar of ouder is, komt men in aanmerking voor een colloquium doctum.
Duur
- 3 jaar voltijd.
- UvA: ook in deeltijd.

Lesprogramma Specialisaties:
- RU: Educatieve minor.
- UL: Cultuurwetenschap - Honours-programma - Taalkunde - Taalvaardigheid Duits.
- UU: Dubbele bachelor - Educatieve minor - Honours-programma - Literatur & Kultur - Sprache & Kommunikation.
- UvA: Educatieve minor Duits - Honours-programma - Onderwijs en de geesteswetenschappen (minor).
Aansluitende masteropleidingen
- RU, RUG, UL, UU, UvA, VUA: Wo-lerarenopleiding Leraar VHO in Duits.
- RUG, UU: Duitse taal en cultuur.
Functiemogelijkheden Leraar Duits; functies in de media, uitgeverijen, voorlichting, buitenlandse betrekkingen; wetenschappelijk onderzoek; vertaler.

19.4.c.4 Engelse taal en cultuur/English language and culture (RU, RUG, UL, UU, UvA)
Voor adres(sen) zie: WO-8, 23, 30, 35, 45.
Algemeen Wo-bacheloropleiding, gericht op Engelse taalvaardigheid, moderne en historische taalkunde, moderne en historische letterkunde (literatuur van Engeland, de USA, Ierland, en van ex-koloniën van het Britse Gemenebest).
De opleiding aan de RUG: 'English language and culture' is Engelstalig.
Toelatingseisen
- Diploma vwo; propedeuse of getuigschrift/diploma van een hbo of van de OUNL.
- Voor het vrijstellingenprogramma wordt een verwante hbo-opleiding vereist.
- Als men 21 jaar of ouder is, komt men in aanmerking voor een colloquium doctum.
Duur
- 3 jaar voltijd.
- UL, UvA: ook in deeltijd.
Lesprogramma Specialisaties:
- RU: Amerikanistiek - Educatieve minor - Engelse taal en cultuur.
- RUG: English linguistics - Honours-programma - Modern literature and culture - Minors - Premodern literature and culture.
- UL: Filologie - Honours-programma - Letterkunde - Minors - Taalkunde - Taalvaardigheid.
- UU: Cultural encounters - Descartes College - Dubbele bachelor - History, genre, identity: English language and literature in context - Literatuurwetenschap (dubbele bachelor) - Theories of English -Translation, adaption, creation.
- UvA: Educatieve minor - Honours-programme - Onderwijs en de geesteswetenschappen.
Aansluitende masteropleidingen
- RU, UL, UU, UvA, VUA: Wo-lerarenopleiding Leraar VHO in Engels.
- RUG: Wo-lerarenopleiding Leraar VHO in Engelse taal en cultuur.
- RUG, UU: Engelse taal en cultuur.
Functiemogelijkheden Uiteenlopend werk bij overheidsinstellingen en in het bedrijfsleven, o.a. functies in communicatie en voorlichting, computertaalkunde, vertaal- en personeelswerk; werk in de educatieve sector en in het onderwijs.

19.4.c.5 European studies (UM, UvA)
Zie 19.5.c.4.

19.4.c.6 Franse taal en cultuur (RU, UL, UU, UvA)
Voor adres(sen) zie: WO-8, 30, 35, 45.
Algemeen Wo-bacheloropleiding, gericht op Franse taalvaardigheid, taalkunde, letterkunde en Frankrijkkunde (kennis van de Franse samenleving).
Toelatingseisen
- Diploma vwo; propedeuse of getuigschrift/diploma van een hbo of van de OUNL.
- Voor het vrijstellingenprogramma wordt een verwante hbo-opleiding vereist.
- Als men 21 jaar of ouder is, komt men in aanmerking voor een colloquium doctum.

Duur
- 3 jaar voltijd.
- UvA: ook in deeltijd.

Lesprogramma Specialisaties:
- RU: Letterkunde - Taalkunde.
- UL: Cultuurkunde - Honours-programma - Letterkunde - Minors - Taalkunde - Taalvaardigheid.
- UU: dubbele bachelor - Honours-programma (Descartes College) - Perspectives (inter)culturelles et littéraires - Pratiques de la langue contexte.
- UvA: Honours-programma - Minors.

Aansluitende masteropleidingen - RU, UL, UU, UvA, VUA: Wo-lerarenopleiding Leraar VHO in Frans.
- RUG: Wo-lerarenopleiding Leraar VHO in Franse taal en cultuur.
- RUG, UU: Franse taal en cultuur.

19.4.c.7 Friese taal en cultuur (RUG)
Voor adres(sen) zie: WO-23.
Algemeen Wo-bacheloropleiding, gericht op taal en letterkunde van het Fries.
Toelatingseisen
- Passieve taalbeheersing van het Fries.
- Propedeuse van Nederlandse taal en cultuur, Duitse taal en cultuur, Engelse taal en cultuur, of taal en cultuur van een Scandinavische taal; of een eerstegraadsopleiding in een der Germaanse talen.

Duur 3 jaar voltijd en deeltijd.
Aansluitende masteropleidingen
- RUG: Friese taal en cultuur, Wo-lerarenopleiding Leraar VHO in Friese taal en cultuur.

Functiemogelijkheden Leraar; wetenschappelijk onderzoeker. Veel frisisten komen terecht in de culturele sector, in ambtelijke functies, in de journalistiek, in de onderwijskunde of in de politiek.

19.4.c.8 Griekse en Latijnse taal en cultuur (RU, RUG, UL, UvA, VUA)
Voor adres(sen) zie: WO-8, 9, 23, 30, 35.
Algemeen Wo-bacheloropleiding, gericht op taal, literatuur, geschiedenis, filosofie en archeologie van de Griekse en Romeinse wereld in de Oudheid, en op het voortbestaan van de klassieke Oudheid in latere tijd.
Toelatingseisen
- Diploma vwo (Lat., Gr.); vwo-profiel C&M (+ Lat., Gr.), E&M (+ Lat., Gr.), N&T (+ Lat., Gr.), N&G (+ Lat., Gr.); propedeuse of getuigschrift/diploma van een hbo of van de OUNL.
- Bij deficiëntie van een van beide talen in het vwo-pakket is een inhaalprogramma meestal verplicht. Aan de VUA wordt hiervoor een aparte zomercursus georganiseerd.
- Als men 21 jaar of ouder is, komt men in aanmerking voor een colloquium doctum.

Duur
- 3 jaar voltijd.
- UvA: ook in deeltijd.

Lesprogramma Specialisaties:
- RU: Antieke wijsbegeerte - Grieks & Latijn (educatieve minor) - Griekse taal- en letterkunde - Klassieke archeologie - Latijnse taal- en letterkunde - Oude geschiedenis.
- RUG: De mediterrane wereld (minor) - Europa: cultuur en literatuur (minor) - Filmwetenschap (minor) - Grieks & Latijn (educatieve minor) - Historische cultuur- en letterkunde in Europees perspectief (minor) - Honours-programma - Media en journalistieke cultuur (minor) - Theaterwetenschap (minor) - Vertaalwetenschap (minor).
- UL: Antieke wijsbegeerte - Grieks - Honours-programma - Latijn - Materiële cultuur - Oude geschiedenis.
- UvA: Honours-programma - Materiële cultuur - Minors - Oude geschiedenis.
- VUA: Minors.

Aansluitende masteropleidingen
- RUG, UL, UvA: Wo-lerarenopleiding Leraar VHO in Griekse en Latijnse taal en cultuur.
- UvA, VUA: Wo-lerarenopleiding Leraar VHO in Latijn en klassieke culturele vorming.
- VUA: Wo-lerarenopleiding Leraar VHO in Klassieke talen en KCV.

19.4.c.9 Hebreeuwse taal en cultuur (UvA)
Voor adres(sen) zie: WO-8.
Algemeen Wo-bacheloropleiding.
Duur 3 jaar voltijd en deeltijd.
Lesprogramma Specialisaties:
- UvA: Educatie (minor) - Honours-programma - Minors.

Aansluitende masteropleidingen
- UvA: Wo-lerarenopleiding Leraar VHO in Hebreeuws.

19.4.c.10 Italiaanse taal en cultuur (UL, UU, UvA)
Voor adres(sen) zie: WO-8, 30, 45.
Algemeen Wo-bacheloropleiding, gericht op Italiaanse taalvaardigheid, taalkunde, letterkunde en op kennis van de Italiaanse samenleving (Italiëkunde).
Toelatingseisen
- Diploma vwo; propedeuse of getuigschrift/diploma van een hbo of van de OUNL.
- Als men 21 jaar of ouder is, komt men in aanmerking voor een colloquium doctum.

Duur
- 3 jaar voltijd.
- UvA: ook deeltijd.

Lesprogramma Specialisaties:
- UL: Honours-programma - Minors.
- UU: Dubbele bachelor - Honours-programma - Italiaanse cultuur en letterkunde - Taal en communicatie Italiaans.
- UvA: Honours-programma - Minors.

Aansluitende masteropleidingen
- UvA: Wo-lerarenopleiding Leraar VHO in Italiaans.

19.4.c.11 Japanstudies (UL)
Voor adres(sen) zie: WO-30.
Algemeen Wo-bacheloropleiding, gericht op de beheersing van het moderne Japans en enige kennis van het klassiek Japans; gericht op de letterkunde, geschiedenis, cultuurgeschiedenis, antropologie, religies, recht en economie van Japan.

Toelatingseisen
- Diploma wo-bachelor; getuigschrift/diploma van een hbo of van de OUNL.
- Als men 21 jaar of ouder is, komt men in aanmerking voor een colloquium doctum.

Duur 4 jaar voltijd.

Lesprogramma Specialisaties:
- UL: De moderne samenleving - Filosofie en ideeëngeschiedenis - Geschiedenis - Honours academy - Japans leren - Letterkunde en Japanse literatuur - Religies..

Aansluitende masteropleidingen
- UL: Asian studies.

Functiemogelijkheden Uiteenlopend werk in het bedrijfsleven en in de zakelijke dienstverlening, en bij de diverse overheidsinstellingen; voorts journalistiek, toerisme, vertaalwerk, educatieve sector (cursus Japans), musea.

19.4.c.12 Koreastudies (UL)
Voor adres(sen) zie: WO-30.

Algemeen Wo-bacheloropleiding, gericht op de Koreaanse taal, literatuur en geschiedenis.

Toelatingseisen
- Diploma wo-bachelor; getuigschrift/diploma van een hbo of van de OUNL.
- Als men 21 jaar of ouder is, komt men in aanmerking voor een colloquium doctum.

Duur 4 jaar voltijd.

Lesprogramma Specialisaties:
- UL: Cultuurkunde - Geschiedenis - Honours-programma - Letterkunde - Minoren - Sociale wetenschappen - Taalverwerving.

Functiemogelijkheden Uiteenlopend werk in het bedrijfsleven, in de zakelijke dienstverlening en bij overheidsinstellingen; journalistiek, toerisme, vertaalwerk en werken bij musea.

19.4.c.13 Kunsten, cultuur en media (RUG)
Zie 23.1.c.2.

19.4.c.14 Latijnse taal en cultuur (UvA)
Voor adres(sen) zie: WO-8.

Algemeen Wo-bacheloropleiding, gericht op de Latijnse taal- en letterkunde vanaf de klassieke oudheid tot in de achttiende eeuw.

Toelatingseisen
- Diploma vwo; propedeuse of getuigschrift/diploma van een hbo of van de OUNL.
- Als men 21 jaar of ouder is, komt men in aanmerking voor een colloquium doctum.

Duur 3 jaar voltijd en deeltijd.

Lesprogramma Specialisaties:
- UvA: Educatie (minor) - Honours-programma - Minors.

Aansluitende masteropleidingen
- UvA, VUA: Wo-lerarenopleiding Leraar VHO in Latijn en klassieke culturele vorming.

19.4.c.15 Literatuurwetenschap (UU, UvA)
Voor adres(sen) zie: WO-8, 45.

Algemeen Wo-bacheloropleiding, gericht op de vergelijkende en de theoretische literatuurwetenschap.

Toelatingseisen Propedeuse van een opleiding in een taal; Algemene cultuurwetenschappen (vergelijkende kunstwetenschap: woord en beeld); Geschiedenis; Wijsbegeerte; of een verwant hbo-diploma.

Duur
- 3 jaar voltijd.
- UvA: ook in deeltijd.

Lesprogramma Specialisaties:
- UU: Dubbele bachelor - Honours-programma - Literatuur in conflict - World literature.
- UvA: Honours-programma - Minors.

Aansluitende masteropleidingen
- RU, RUG, UU, UvA, VUA: Taalwetenschap(pen).
- RU, RUG, UU, VUA: Letterkunde.

Functiemogelijkheden Functies in onderwijs, onderzoek, bij uitgeverijen, bibliotheek, radio en televisie en diverse overheden.

19.4.c.16 Nederlandse taal en cultuur (RU, RUG, UL, UU, UvA)
Voor adres(sen) zie: WO-8, 23, 30, 35, 45.

Algemeen Wo-bacheloropleiding, gericht op taalbeheersing, moderne en historische taalkunde, idem letterkunde en boekwetenschap.

Toelatingseisen
- Diploma vwo; propedeuse of getuigschrift/diploma van een hbo of van de OUNL.
- Voor het vrijstellingenprogramma wordt een verwante hbo-opleiding vereist.
- Als men 21 jaar of ouder is, komt men in aanmerking voor een colloquium doctum.

Duur
- 3 jaar voltijd.
- UvA: ook in deeltijd.

Lesprogramma Specialisaties:
- RU: Nederlands (educatieve minor).
- RUG: Historische letterkunde - Honours-programma - Minors - Moderne letterkunde - Taalbeheersing - Taalkunde.
- UL: Boek- en tekstcultuur - Honours-programma - Minors - Moderne Nederlandse letterkunde - Nederlandse taalkunde - Oudere Nederlandse letterkunde - Taalbeheersing van het Nederlands - Taalkunde.
- UU: Dubbele bachelor - Honours-programma (Descartes College) - Nederlands: de taal en het gebruik - Nederlandse literaturen en hun context - Nederlandse taal, literatuur en maatschappij.
- UvA: Historische letterkunde - Honours-programma - Minors - Moderne letterkunde - Taal en communicatie - Taalbeheersing - Taalkunde.

Aansluitende masteropleidingen
- HUB/KUL/ThomasMore, VUB: Journalistiek.
- KUL: Linguistics and literature.
- RU, RUG, UU, UvA, VUA: Taalwetenschap(pen).
- RU, UL, UU, UvA, VUA: Linguistics.
- RU, TiU, UL, UU, UvA, VUA: Wo-lerarenopleiding Leraar VHO in Nederlandse taal en cultuur.
- RUG, UL, UU, UvA: Neerlandistiek(/Dutch Studies).
- UU: Nederlandse taal en cultuur.

19.4.c.17 Nieuwgriekse taal en cultuur (UvA)
Voor adres(sen) zie: WO-8.

Algemeen Wo-bacheloropleiding.

Duur 3 jaar voltijd en deeltijd.

Lesprogramma Specialisaties:
- UvA: Honours-programma - Minors.

19.4.c.18 Romaanse talen en culturen (RU)
Voor adres(sen) zie: WO-35.
Algemeen Wo-bacheloropleiding, gericht op de Franse, Spaanse en Italiaanse taal, en de cultuur binnen deze taalgebieden.
Toelatingseisen
- Diploma vwo; propedeuse of getuigschrift/diploma van een hbo of van de OUNL.
- Als men 21 jaar of ouder is, komt men in aanmerking voor een colloquium doctum.

Duur 3 jaar voltijd.
Lesprogramma Specialisaties:
- RU: Frans (educatieve minor) - Franse taal en cultuur - Spaans (educatieve minor) - Spaanse taal en cultuur.

Aansluitende masteropleidingen
- RU, UL, UU, UvA: Wo-lerarenopleiding Leraar VHO in Spaanse taal en cultuur.
- RU, UL, UU, UvA, VUA: Wo-lerarenopleiding Leraar VHO in Frans.
- RUG: Wo-lerarenopleiding Leraar VHO in Franse taal en cultuur.

Functiemogelijkheden Vertaler van boeken of films; journalist; correspondent; functies bij reisorganisaties en internationale bedrijven en instellingen.

19.4.c.19 Russische studies (UL)
Voor adres(sen) zie: WO-30.
Algemeen Wo-bacheloropleiding.
Duur 3 jaar voltijd.
Lesprogramma Specialisaties:
- UL: Honours-programma - Politiek, geschiedenis & economie - Taal & cultuur.

Aansluitende masteropleidingen
- UL: Russian and Eurasian studies.
- UvA: Wo-lerarenopleiding Leraar VHO in Russisch.

19.4.c.20 Scandinavische talen en culturen (UvA)
Voor adres(sen) zie: WO-8.
Algemeen Wo-bacheloropleiding, gericht op de Deense, Noorse en Zweedse taal, taalvaardigheid en letterkunde. Men kan kiezen om op een van de drie talen het hoofdaccent te leggen.
Toelatingseisen
- Diploma vwo; propedeuse of getuigschrift/diploma van een hbo of van de OUNL.
- Als men 21 jaar of ouder is, komt men in aanmerking voor een colloquium doctum.

Duur 3 jaar voltijd en deeltijd.
Lesprogramma Specialisaties:
- UvA: Honours-programma - Minors.

Overige informatie De UvA is van plan deze studie (onderdeel van de faculteit Geesteswetenschappen) in 2015 e.v. op te heffen.

19.4.c.21 Slavische talen en culturen (UvA)
Voor adres(sen) zie: WO-8.
Algemeen Wo-bacheloropleiding, gericht op taalvaardigheid Russisch, Slavische taalkunde, Russische letterkunde.
Men kan zich, ook richten op andere Slavische talen, zoals Bulgaars, Servisch, Kroatisch, Pools, en Tsjechisch.
Toelatingseisen
- Diploma vwo; propedeuse of getuigschrift/diploma van een hbo of van de OUNL.
- Als men 21 jaar of ouder is, komt men in aanmerking voor een colloquium doctum.

Duur 3 jaar voltijd en deeltijd.

Lesprogramma Specialisaties:
- UvA: Honours-programma - Minor educatie - Minors.

Aansluitende masteropleidingen
- UL: Russian and Eurasian studies.

Overige informatie De UvA is van plan deze studie (onderdeel van de faculteit Geesteswetenschappen) in 2015 e.v. op te heffen.
N.B. Roemeens is een Romaanse taal en maakt daarom geen deel uit van deze opleiding.

19.4.c.22 Spaanse taal en cultuur (RU, UU, UvA)
Voor adres(sen) zie: WO-8, 35, 45.
Algemeen Wo-bacheloropleiding, gericht op de Spaanse taal, taalvaardigheid, letterkunde en cultuur, en op de Latijns-Amerikaanse letterkunde en cultuur.
Toelatingseisen
- Diploma vwo; propedeuse of getuigschrift/diploma van een hbo of van de OUNL.
- Als men 21 jaar of ouder is, komt men in aanmerking voor een colloquium doctum.

Duur
- 3 jaar voltijd.
- UvA: ook in deeltijd.

Lesprogramma Specialisaties:
- UU: Dubbele bachelor - Honours-programma (Descartes College) - Literatuur en cultuur - Taalkunde en vertalen.
- UvA: Honours-programma - Minor educatie - Minors.

Aansluitende masteropleidingen
- RU, UL, UU, UvA: Wo-lerarenopleiding Leraar VHO in Spaans.
- RUG: Wo-lerarenopleiding Leraar VHO in Spaanse taal en cultuur.
- UU: Spaanse taal en cultuur.

19.4.c.23 Taal- en letterkunde (HUB/KUL, KUL, KUL/KULAK, UA, UG, VUB)
Voor adres(sen) zie: WO-48, 51, 52, 53, 55.
Algemeen Wo-bacheloropleiding.
Toelatingseisen
- Diploma vwo, propedeuse of getuigschrift/diploma hbo of van de OUNL.
- Als men 21 jaar of ouder is, komt men in aanmerking voor een colloquium doctum.

Duur
- 3 jaar voltijd.
- KUL en KUL/KULAK: ook in deeltijd.

Lesprogramma Varianten:
- HUB/KUL: 2 talen: Engels en Nederlands.
- KUL: 2 talen; keuze uit: Duits, Engels, Frans, Grieks, Italiaans, Latijn, Nederlands, Spaans - Algemene literatuurwetenschap - Algemene taalwetenschap - Filmwetenschap - Methodologie.
- KUL/KULAK: 2 talen; keuze uit: Duits, Engels, Frans, Nederlands, Spaans.
- UA: 2 talen; keuze uit: Duits, Engels, Frans, Nederlands, Spaans - Filmwetenschap - Literatuurwetenschap - Theaterwetenschap.
- UG: 2 talen; keuze uit: Duits, Engels, Frans, Grieks, Italiaans, Latijn, Nederlands, Spaans, Zweeds.
- VUB: 2 talen; keuze uit: Duits, Engels, Frans, Italiaans, Nederlands, Spaans (NB: elke combinatie moet Engels, Nederlands of Frans bevatten).

Aansluitende masteropleidingen
- RU, RUG, UU, UvA, VUA: Taalwetenschap(pen).
- RU, RUG, UU, VUA: Letterkunde.

19.4.c.24 Taalwetenschap (RU, RUG, UL, UU, UvA)
Zie ook: 19.1.c.3.
Voor adres(sen) zie: WO-8, 23, 30, 35, 45.
Algemeen Wo-bacheloropleiding.
Doel Analyse en beschrijving van de woordenschat als een netwerk van relaties, met name relaties tussen woordbetekenissen, met speciale aandacht voor verschillen tussen talen en voor de woordenschat van vakgebieden, terminologie.
Toelatingseisen
- Diploma vwo; propedeuse of getuigschrift/diploma van een hbo of van de OUNL.
- Voor het vrijstellingenprogramma wordt een verwante hbo-opleiding vereist.
- Als men 21 jaar of ouder is, komt men in aanmerking voor een colloquium doctum.
Duur
- 3 jaar voltijd.
- UvA: ook in deeltijd.
Lesprogramma Specialisaties:
- RU: De sprekende en luisterende computer - Gebarentaal - Psycholinguïstiek - Sociolinguïstiek.
- RUG: Honours-programma - Indo-Europese taalwetenschap - Logopedie (minor) - Minors - Neurowetenschappen (minor).
- UL: Indo-Europese taalwetenschap - Taal en cognitie - Taal en communicatie - Taalbeschrijving.
- UU: Het menselijk taalvermogen - Honours-programma - Taalvariatie.
- UvA: Gebarentaalwetenschap - Honours-programma - Minors..
Aansluitende masteropleidingen
- RU, RUG, UU, UvA, VUA: Taalwetenschap(pen).
- RU, RUG, UU, VUA: Letterkunde.
Mogelijkheden voor verdere studie Europees diploma in de lexicografie.
Functiemogelijkheden Toepassing van deze kennis in de lexicologie, informatietechnologie en (ver)taalindustrie, in functies als lexicoloog, terminoloog bij de Europese Commissie en het Europees parlement, bij grote internationaal opererende bedrijven, overheid en dienstverlenende bedrijven, bij uitgevers van woordenboeken en naslagwerken.

19.4.f Hbo-bacheloropleiding

19.4.f.1 Oriëntaalse talen en communicatie (Zuyd HS)
Voor adres(sen) zie: HBO-143.
Algemeen Hbo-bacheloropleiding.
Doel Het opleiden van mensen, die op basis van hun praktische kennis van de Arabische, Chinese of Japanse taal een bemiddelende rol vervullen in de zakelijke contacten met de betrokken landen.
Toelatingseisen
- Diploma havo, vwo of mbo niveau 4 (Ned., 2 moderne vreemde talen).
- Of 21 jaar of ouder zijn en toegelaten worden op grond van een toelatingsonderzoek.
Duur 4 jaar voltijd.
Lesprogramma Specialisaties: Arabisch en Engels - Business management - Chinees en Engels - Communication management - Japans en Engels - Language and communication.
Functiemogelijkheden Functies bij internationale bedrijven, vertaalbureaus, overheidsinstellingen, politie en justitie, pers, radio en televisie, minderhedenorganisaties, reisorganisaties, internationaal hotelbedrijf.

19.4.l Overige opleidingen

19.4.l.1 Alliance Française
Voor adres(sen) zie: OVER-282.
Algemeen Vereniging ter bevordering van de Franse taal en cultuur.
Cursussen Cursussen Frans op alle niveaus.
Toelatingseisen Er worden geen bepaalde eisen aan de vooropleiding gesteld.
Duur Varieert van een paar maanden tot 1 jaar.
Lesprogramma Algemeen Frans op alle niveaus - zakelijk Frans voor het bedrijfsleven.

19.4.l.2 ASPECT International Languages Schools
Voor adres(sen) zie: OVER-284.
Algemeen ASPECT organiseert in verschillende landen programma's voor Duitse, Engelse, Franse, Italiaanse, Portugese, Spaanse talenstudies.
Opleidingen Internationale talenscholen; internationaal schooljaar; highschool-programma's; college-programma's in de USA, high school/college-programma, zomerprogramma's, business Engels; internationaal managementprogramma, beroepsopleidingen.
Toelatingseisen Bij sommige programma's is het diploma havo vereist.
Duur Van 1 week t/m jarenlange studies.

19.4.l.3 AVOC talen
Voor adres(sen) zie: OVER-342.
Doel Het leren van of de kennis opfrissen van een vreemde taal, afgestemd op de situatie waarin de taal later wordt gebruikt.
Opleidingen Arabisch - Deens - Duits - Engels - Frans - Indonesisch - Italiaans - Pools - Portugees - Russisch - Spaans - Zweeds.
Duur Afhankelijk van de cursus: 1 week tot 1 jaar.
Overige informatie Er worden individuele en groepscursussen, conversatielessen en spoedopleidingen gegeven.

19.4.l.4 British Language Training Centre
Voor adres(sen) zie: OVER-29.
Opleidingen
- Cambridge examentraining.
- IELTS-cursussen en examens.
- ILEC-cursussen.
- Lerarenopleidingen en CELTA.
- Persoonlijke training.
- Taaltraining Engels.
- Taaltraining Nederlands.
- Taaltraining Zakelijk Engels.
Diploma/examen Het British Language Training Centre heeft 5 examencentra in Nederland voor de University of Cambridge (Engeland) om de volgende certificaten te kunnen behalen: First Certificate in English, Certificate of Proficiency in English en Certificate of Advanced English.

19.4.l.5 British School in the Netherlands
Voor adres(sen) zie: OVER-118, 345.
Algemeen A British education for international pupils living in The Netherlands, leading to GCSE (at 16 years) and A and A/S level (at 18 years).
Doel National Curriculum for England and Wales, leading to British national examinations with international acceptance.
Toelatingseisen
- 3-18 years of age.

- Interview with parents and pupil.
- Last school reports.

Diploma/examen

- A and A/S level examinations are worldwide university entrance qualifications.
- GCSE, Cambridge Certificate, ARELS, Associated Board of The Royal School of Music Examinations.

19.4.I.6 EF Internationale talenscholen
Voor adres(sen) zie: OVER-36.

Opleidingen

- College year abroad.
- Cultural Care Au Pair.
- Culturele uitwisselingsprogramma's.
- EF University Placement Service.
- Engelse cursussen online.
- High school year.
- Hult International Business School.
- Internationaal studiejaar.
- Internationale talenscholen.
- Multi-language year.
- Taalcursussen in het buitenland.

Overige informatie Studeren in: Amerika, Australië, Canada, China, Costa Rica, Duitsland, Engeland, Frankrijk, Ierland, Italië, Japan, Malta, Nieuw-Zeeland, Singapore, Spanje, Zuid-Afrika.

19.4.I.7 Elycio Talen
Voor adres(sen) zie: OVER-37.

Algemeen De taaltrainingen worden gegeven te Amsterdam, Arnhem, Eindhoven, Enschede, Papendrecht, Rijswijk, en Zeist, of intern bij een bedrijf.

Opleidingen Taaltrainingen in ca. 26 verschillende talen, zowel individueel, in groepsverband als in company.

19.4.I.8 Engelse taal in het buitenland
Voor adres(sen) zie: OVER-381.

Algemeen Bij de onder adres genoemde vereniging zijn circa 200 year-round and vacationschools aangesloten.

Cursussen Engelse taal op verschillende niveaus.

Toelatingeisen Afhankelijk van de cursus of opleiding worden er wel of geen bepaalde vooropleidingseisen gesteld.

Duur Afhankelijk van de cursus: varieert van 1 week tot 1 jaar.

19.4.I.9 Goethe-Institut Niederlande
Voor adres(sen) zie: OVER-42.

Cursussen Er worden beroepsgeoriënteerde cursussen gegeven.

Toelatingeisen Toelatingsonderzoek.

Duur Ongeveer 5 maanden (enkele uren per week).

Diploma/examen

Er worden opleidingen voor de volgende certificaten en diploma's gegeven:

- Zertifikat Deutsch als Fremdsprache: internationaal erkend bewijs van basiskennis van de Duitse taal.
- Zentrale Mittelstufenprüfung: bewijs van gevorderde kennis van de Duitse taal.
- Prüfung Wirtschaftsdeutsch: internationaal diploma Duitse taal voor Handel en Industrie.
- Zentrale Oberstufenprüfung en Kleines Deutsches Sprachdiplom/-Groszes Deutsches Sprachdiplom: het hoogst mogelijke diploma van het Goethe-Institut.

19.4.I.10 Instituto Cervantes
Voor adres(sen) zie: OVER-320.

Doel Het instituut werd opgericht om, zonder winstoogmerk, het onderwijs van het Spaans wereldwijd te stimuleren en de cultuur van alle Spaanstalige landen te verspreiden.

Cursussen Spaans op alle niveaus.

Diploma/examen Het instituut neemt examens af voor het behalen van de officiële Diplomas de Español como Lengua Extranjera (DELE).

19.4.I.11 Instituut Jeroen Bosch
Voor adres(sen) zie: OVER-346.

Opleidingen Arabisch - Bahasa Indonesia - Bulgaars - Chinees - Deens - Duits - Engels (elementary, intermediate and advanced English for business) - Fins - Frans - Grieks - Hebreeuws - Hongaars - Italiaans - Japans - Nederlands - Noors - Pools - Portugees - Roemeens - Russisch - Servo-Kroatisch - Slowaaks - Spaans - Tsjechisch - Turks - Zweeds.

19.4.I.12 INTERLANGUAGE
Voor adres(sen) zie: OVER-289.

Cursussen Diverse taalcursussen en opleidingen in het buitenland, met 60 instituten in 23 landen: Argentinië, Australië, Canada, Chili, China, Costa Rica, Duitsland, Ecuador, Engeland, Frankrijk, Ierland, Italië, Malta, Mexico, Nieuw-Zeeland, Peru, Portugal, Rusland, Schotland, Singapore, Spanje, USA, Zuid-Afrika:

- algemeen, zakelijk of gespecialiseerd (o.a. design);
- cursus met stage;
- examenvoorbereiding;
- intensieve taaltrainingen voor zakenlieden;
- Language & Fun taalvakanties voor jongeren (10-18 jaar);
- seniorenprogramma's.

19.4.I.13 Interlingua
Voor adres(sen) zie: OVER-267.

Algemeen Taaltrainingen voor de zakelijke markt.

Opleidingen Intensieve taalopleidingen in Chinees - Duits - Engels - Frans - Italiaans - Nederlands - (Braziliaans) Portugees - Russisch - Spaans.

Duur In overleg met de opdrachtgever.

Lesprogramma In overleg met de opdrachtgever.

Overige informatie Op verzoek worden er trainingen in andere talen verzorgd.

19.4.I.14 Internationale taalstudies Don Quijote
Voor adres(sen) zie: OVER-290.

Algemeen Opleiding voor de Spaanse taal in Spanje.

Cursussen Er zijn cursussen in verschillende Spaanse steden voor beginners, elementair Spaans, half gevorderden en gevorderden. Daarnaast zijn er specialisatiecursussen:

- Business.
- Commercieel Spaans.
- Spaans voor cabinepersoneel van luchtvaartmaatschappijen.
- Toerisme.

Duur Enkele weken tot enkele maanden.

19.4.I.15 Language Partners (v/h ITA Talencentrum)
Voor adres(sen) zie: OVER-49.

Algemeen Individueel onderwijs en groepsonderwijs in circa 52 talen.

Opleidingen Trainingen op verschillend niveau in 20 moderne talen.

Toelatingeisen Alle instapniveaus.

Duur Groepstrainingen vanaf 16 lesuren; individuele trainingen vanaf 35 lesuren.
Lesprogramma Afgestemd op de specifieke behoeften van de cursist/bedrijfsgerichte pakketten en in company-training - 'opfris'-taaltrainingen - Dutch Language Programmes - groepspakketten (Spaans voor de export, Frans voor banken, Engels voor accountants) - korte effectieve taaltrainingen - business communication for secretary.
Overige informatie De lessen worden gegeven op het instituut, of in company.

19.4.l.16 Languages PLUS taalreizen
Voor adres(sen) zie: OVER-326.
Algemeen De organisatie heeft scholen in Australië Canada, op Cuba, in Duitsland, Engeland, Frankrijk, Ierland, Italië, op Malta, in Schotland, in Spanje en in de USA om de taal en de cultuur te leren van het land waar men verblijft.
Duur 1 week tot 9 maanden.

19.4.l.18 LOI - afstandsonderwijs - Taalcursussen
Voor adres(sen) zie: OVER-225.
Opleidingen
- *Talen (met cassettes/cd's/video's):*
  Arabisch - Chinees - Deens - Duits voor beginners, gevorderden (examen Goethe-Institut, Duitsland) - Engels voor beginners, gevorderden, meergevorderden (examen University of Cambridge, Engeland) - vertaler Engels - Frans voor beginners, gevorderden, meergevorderden (examen Alliance Française) - Hebreeuws - Hongaars - Indonesisch - Italiaans voor beginners, gevorderden (examen Universiteit van Perugia) - Japans - klassiek Grieks - Latijn - Marokkaans - Nieuwgrieks - Noors - Pools - Portugees - Russisch - Spaans voor beginners, gevorderden - technisch Engels - Tsjechisch - Turks - Zweeds.
- *Nederlands voor buitenlanders (cassettes/cd's/video's):*
  Nederlands voor Duits-, Engels-, Frans-, of Spaanstaligen.
Diploma/examen De examens worden in Nederland afgenomen.

19.4.l.19 Nederlands (NT2)
Algemeen Men informere voor adressen bij de roc's in de eigen regio of gemeente (afdeling: Basiseducatie).
Doel Opleiding tot een staatsexamen voor het certificaat Nederlands als 2e taal.
Lesprogramma Er zijn 2 niveaus:
- Programma I toetst kennis, inzicht en vaardigheden die noodzakelijk worden geacht om te kunnen deelnemen aan opleidingen onder mbo-niveau, en om te kunnen functioneren in lagere functies op de arbeidsmarkt - wel boven het niveau van ongeschoolde arbeid.
- Programma II toetst kennis, inzicht en vaardigheden die noodzakelijk worden geacht om te kunnen deelnemen aan opleidingen op mbo-niveau en hoger, en om te kunnen functioneren in midden- en hogere functies op de arbeidsmarkt.
Diploma/examen Het examen onderzoekt leesvaardigheid, luistervaardigheid, schrijfvaardigheid en spreekvaardigheid.
Overige informatie
- Programma I: cursusgeld schooljaar 2014/2015: 313 Euro.
- Programma II: cursusgeld schooljaar 2014/2015: 563 Euro.

19.4.l.20 Nederlands als vreemde taal
Voor adres(sen) zie: OVER-136.
Algemeen De examens voor het certificaat Nederlands als vreemde taal en de bijbehorende opleidingen worden in tal van landen gegeven en ook op een groot aantal plaatsen in Nederland.
Doel Het behalen van het getuigschrift Nederlands als vreemde taal, afgegeven door de Nederlandse Taalunie.
Diploma/examen Het examen kan op drie niveaus worden afgelegd: elementaire kennis (laagste niveau), basiskennis (middenniveau) en uitgebreide kennis (hoogste niveau). Er wordt getoetst naar het niveau van lezen, luisteren, schrijven en spreken.

19.4.l.21 Nederlands voor anderstaligen
Voor adres(sen) zie: ROC/MBO-13, WO-23, 35.
Opleidingen
- NT2 programma II.
- Opleidingen voor de Nederlandse taal voor hen die een buitenlands diploma hebben en aan een Nederlandse universiteit willen studeren.

19.4.l.22 NIOW Advies & Opleiding
Voor adres(sen) zie: OVER-358.
Opleidingen
- Bedrijfsinterne maatwerktrainingen voor organisatie & management en functionele communicatie (mondelinge en schriftelijke communicatie).
- Taaltrainingen op alle niveaus: Arabisch - Bahasa indonesia - Braziliaans-Portugees - Chinees - Dari - Deens - Duits - Engels - Frans - Indonesisch - Italiaans - Japans - Nederlands als tweede taal - Noors - Pashto - Pools - Portugees - Russisch - Servo-Kroatisch - Spaans - Swahili - Tsjechisch - Turks - Urdu - Zweeds.
Duur Afhankelijk van het ingangsniveau en het gewenste eindresultaat.
Lesprogramma De trainingen worden in overleg met de opdrachtgever/deelnemer samengesteld.

19.4.l.23 NTI - blended learning - Taalcursussen
Voor adres(sen) zie: ROC/MBO-36.
Cursussen
- Arabisch voor beginners.
- Chinees voor beginners.
- Duits voor beginners.
- Duits voor gevorderden.
- Engels voor beginners.
- Engels voor gevorderden.
- Frans voor beginners.
- Frans voor gevorderden.
- Indonesisch voor beginners.
- Italiaans voor beginners.
- Marokkaans voor beginners.
- Nederlands als tweede taal (NT2).
- Nederlandse taal foutloos schrijven en spreken.
- Nieuwgrieks voor beginners.
- Portugees voor beginners.
- Russisch voor beginners.
- Russisch voor gevorderden.
- Spaans voor beginners.
- Spaans voor gevorderden.
- Turks voor beginners.
- Zweeds voor beginners.

www.**toorts**.nl

19.4.I.24 Schoevers opleidingen - talen
Zie ook: 20.3.I.11.
Voor adres(sen) zie: HBO-119.
Opleidingen
- Nederlands voor anderstaligen (beginners en gevorderden).
- Bedrijfscorrespondentie Duits, Engels, Frans, Nederlands, Spaans.
- Duits, Engels, Frans, Italiaans, Spaans (beginners, gevorderden en vergevorderden).
- Spreekvaardigheid Duits, Engels, Frans, Spaans.
- Cambridge First Certificate.
- Cambridge Proficiency.
Cursussen Basiscursus Nederlands.

19.4.I.25 Dante Alighieri Utrecht
Voor adres(sen) zie: OVER-311.
Opleidingen Opleidingen en lezingen in de Italiaanse taal en cultuur.
Cursussen Grote verscheidenheid aan taalcursussen op alle niveaus en voor alle doeleinden.

19.4.I.26 StudyTravel taalreizen
Voor adres(sen) zie: OVER-262.
Doel Het verbeteren van de kennis van de Chinese, Duitse, Engelse, Franse, Italiaanse, Portugese, Russische en Spaanse taal, waarbij tevens aandacht wordt geschonken aan geschiedenis en cultuur van het land waar men de cursus volgt.
Cursussen Cursussen/opleidingen in de Chinese, Duitse, Engelse, Franse, Italiaanse, Portugese, Russische en Spaanse taal.
Toelatingseisen Er worden geen bepaalde eisen aan de vooropleiding gesteld: er wordt op veel verschillende niveaus les gegeven.
Duur Cursusduur van 1 week tot 9 maanden.
Lesprogramma Mogelijkheden om taalonderwijs te combineren met lessen in cultuur, geschiedenis, kunstgeschiedenis, economie, toerisme e.d.
Mogelijkheden voor verdere studie Deze cursussen bieden een goede voorbereiding voor diverse opleidingen in Nederland of daarbuiten (bijvoorbeeld een talenstudie of een toeristische opleiding).
Overige informatie Tevens worden er cursusrondreizen en groepsreizen (met of zonder taalcursus) verzorgd.
De cursussen worden in de landen gegeven waar de taal wordt gesproken.

19.4.I.27 Taalcursussen (ELS-methode)
Voor adres(sen) zie: OVER-274.
Algemeen Individuele taalstudiemethode met behulp van schriftelijk materiaal, cassettes, cd's en videobanden.
Cursussen Er zijn beginnerscursussen, cursussen voor gevorderden en speciale bedrijfscursussen voor bijna 70 moderne talen.
Duur 9 maanden.

19.4.I.28 Taleninstituut 'Regina Coeli'
Voor adres(sen) zie: OVER-347.
Cursussen Intensieve talencursussen in 6 talen, uitsluitend in de vorm van privé-lessen, gegeven door native speakers.
Toelatingseisen Intakegesprek verplicht.
Duur 1 of 2 weken.
Overige informatie Mogelijkheid tot voorbereiding van speeches, presentaties en congressen.

19.4.I.29 The School for Dutch
Voor adres(sen) zie: OVER-64.
Algemeen This school organises courses on 5 consecutive levels for foreigners.
Toelatingseisen To register for one of the courses on a higher level one have to be recognized by the system as a student who has done a previous course or scored high enough on the leveltest.
Lesprogramma
Level 1: Survival.
Level 2: Small talk.
Level 3: Conversation.
Level 4: Discussion.
Level 5: Views & opinions.

19.4.I.30 TRICOLORE
Voor adres(sen) zie: OVER-142.
Algemeen Cursussen en studies Frans in Frankrijk, Italiaans in Italië, en Spaans in Spanje.
Opleidingen Studies van 1 of 2 semesters aan Franse, Italiaanse of Spaanse instituten of universiteiten.
Cursussen
- Bijscholingen leraren Frans/Spaans (bijvoorbeeld met een Linguabeurs).
- Intensieve trainingen voor zakenlieden.
- Speciale jongerencursussen.
- Vakantiecursussen in en buiten de zomer.
Toelatingseisen Van beginners tot vergevorderden, afhankelijk van de mogelijkheden per instituut.
Duur 1 week - 9 maanden (6-80 uur per week).
Diploma/examen Diverse mogelijkheden o.a. DELF/DALF, diploma's van de Alliance Française, van de C.C.I.P. (K.v.K. Parijs), van DELE.
Overige informatie
- Op talloze instituten en universiteiten in Frankrijk, Italië en Spanje wordt les gegeven.
- Objectieve bemiddeling door leraar Frans (met steun van de Franse ambassade).

19.4.I.31 Volwassenenonderwijs - talen
Voor adres(sen) zie: ROCCO-7, 10, 11, 12, 13, 14, 18, 26.
Cursussen
- Schriftelijke communicatie Engels.
- Spreekvaardigheid: Duits - Engels - Frans - Italiaans - Spaans.
Toelatingseisen In de meeste gevallen zijn er geen speciale eisen met betrekking tot de vooropleiding.
Duur 4 maanden tot 1 jaar (1 avond per week).
Diploma/examen De cursussen leiden onder meer op voor de examens van de Coöperatie Nederlandse Associatie voor Praktijkexamens.

19.5 BUITENLANDSE BETREKKINGEN

19.5.a Postacademisch onderwijs (pao)

19.5.a.1 Leergang Buitenlandse Betrekkingen (LBB) (Clingendael)
Voor adres(sen) zie: OVER-133.
Algemeen Het Instituut organiseert in samenwerking met de Nuffic een post-universitaire leergang om kennis en inzicht te geven in de aard en de werking van de internationale betrekkingen.
Toelatingseisen De leergang is bestemd voor recent afgestudeerde

academici die een carrière ambiëren in internationale betrekkingen, bijvoorbeeld als diplomaat, stafofficier of overheidsfunctionaris.
Duur 3 maanden (dagopleiding), met o.a.lezingen, rollenspelen en werkbezoeken.
Lesprogramma Duurzaamheid, energie en klimaat - Europese integratie - internationaal recht en mensenrechten - internationale economische betrekkingen - internationale veiligheidsvraagstukken en ontwikkelingen in afzonderlijke landen en regio's - Nederlands buitenlands beleid en diplomatie - ontwikkelingssamenwerking.

19.5.b Wo-masteropleiding

19.5.b.1 American studies (RUG, UU)
Voor adres(sen) zie: WO-23, 45.
Algemeen Wo-masteropleiding.
Toelatingseisen Diploma wo-bachelor American studies, of van een vergelijkbare studie.
Duur 1 jaar voltijd.

19.5.b.2 Asian studies (UL)
Zie 19.4.b.3.

19.5.b.3 European law (RU, RUG, UU)
Zie 20.9.b.2.

19.5.b.4 European studies/Europese studies (KUL, RUG, RU, UM, UT, UvA)
Voor adres(sen) zie: WO-8, 20, 23, 31, 35, 55.
Algemeen
- Wo-masteropleiding.
- KUL: ook in deeltijd; studie in 2 talen:
  • European studies: transnational and global perspectives;
  • Europese studies: transnationale en mondiale perspectieven.
- UM: ook als onderzoeksmaster.
Toelatingseisen Diploma wo-bachelor Europese studies of European studies, of van een vergelijkbare studie.
Duur 1-2 jaar.
Lesprogramma Specialisaties:
- KUL: EU external relations - Europe-Asia: interactions and comparisons - Globalising Europe - Europa en de globalisering - Externe relaties van de EU - Transnationale perspectieven op de Europese diversiteit en cultuur.
- RU: Nederland-Duitsland studies.
- RUG: Euroculture - Professional - Research.
- UM: Europe in a globalising world - European politics and international relations - European public policy and administration - Governance in the European Union - Historicising European community.
- UvA: Cultuur en identiteit in Europa - Eastern European Studies - Europees beleid - Geschiedenis van de Europese eenheid - Identity and integration - Institutionele integratie van Europa.

19.5.b.5 Internationale betrekkingen (RUG, UU)
Voor adres(sen) zie: WO-23, 45.
Algemeen Wo-masteropleidingen.
- RUG: ook Erasmus Mundus Master, en onderzoeksmaster.
Toelatingseisen Diploma wo-bachelor Culturele antropologie, Geschiedenis, Politicologie, of Sociologie, of van een vergelijkbare studie.
Duur 1-2 jaar.

Lesprogramma Specialisaties:
- RUG: Interational humanitairian action - Modern history and international relations.
- UU: Conflict studies and human rights - Internationale betrekkingen in een historisch perspectief.

19.5.b.6 International Relations and Diplomacy (Clingendael, UL)
Voor adres(sen) zie: OVER-133, WO-30.
Algemeen
- Wo-masteropleiding.
- Clingendael: volledige naam: Master of Science in International Relations and Diplomacy (MIRD). In dit Master of Arts-programma wordt een academische opleiding in internationale verhoudingen en politieke wetenschappen verweven met een praktijkopleiding en een training op het gebied van internationaal overleg en diplomatie.
Doel Bereidt de studenten met name voor op een toekomst in de internationale diplomatie, internationale gouvernementele en niet-gouvernementele organisaties, binnenlands of internationaal openbaar bestuur, 'denktanks' en onderzoeksinstituten, en grensoverschrijdende belangengroepen, of internationale handel.
Duur 2 jaar.
Overige informatie Deze opleiding is samen met de UL ontwikkeld, waar men ook nadere informatie over deze master kan verkrijgen.

19.5.c Wo-bacheloropleiding

19.5.c.1 American studies (RUG)
Voor adres(sen) zie: WO-23.
Algemeen Wo-bacheloropleiding, gericht op uiteenlopende aspecten van de Amerikaanse samenleving.
Toelatingseisen Diploma vwo.
Duur 3 jaar voltijd.
Lesprogramma Specialisaties:
- RUG: Filmwetenschap (minor) - Honours-programma - Internationale betrekkingen (minor) - Media en journalistieke cultuur (minor) - Niet-Westerse studies (minor) - Spaans (minor).
Functiemogelijkheden Functies bij de overheid, bij het bedrijfsleven dat georiënteerd is op de USA, en bij diverse media; functies in de reiswereld, de culturele wereld, diplomatie, voorlichting en onderwijs.

19.5.c.2 Bestuurs- en organisatiewetenschap (UU, VUA)
Zie 20.4.c.1.

19.5.c.3 European law school (RU, UM)
Zie 20.9.c.2.

19.5.c.4 European studies (UM, UvA)
Voor adres(sen) zie: WO-8, 31.
Algemeen Internationaal georiënteerde Engelstalige wo-bacheloropleiding.
Doel Wetenschappelijke reflectie op de politieke, maatschappelijke en culturele aspecten en vraagstukken van het proces van Europese integratie.
De opleiding is interdisciplinair: geschiedenis, politieke, sociale en culturele wetenschappen, maar ook recht en economie nemen een belangrijke plaats in.

Toelatingseisen
- Diploma vwo; voltooide propedeuse hbo.
- Als men 21 jaar of ouder is, komt men in aanmerking voor een colloquium doctum (gewenst: 2 moderne talen, waaronder Engels).

Duur 3 jaar voltijd.

Lesprogramma
- UvA: Europees recht - Europese economie - Europese geschiedenis - Europese literatuur en cultuur - Honours-programma - Minors - Oost-Europese studies.

Aansluitende masteropleidingen
- KUL, RUG, RU, UM, UvA: European studies/Europese studies.
- UM: European studies on Society, Science and Technology (ESST).

Mogelijkheden voor verdere studie Vele internationaal georiënteerde master- of postdoctorale opleidingen.

Functiemogelijkheden Onderzoeker of beleidsmedewerker bij Europese en andere overheidsinstellingen, bedrijven, onafhankelijke onderzoeks- en documentatiecentra, adviesbureaus, niet-gouvernementele organisaties.

19.5.c.5 University Colleges (Amsterdam, Enschede, Groningen, Leiden, Maastricht, Middelburg, Rotterdam, Utrecht)

Voor adres(sen) zie: WO-2, 16, 20, 25, 32, 33, 37, 45.

Algemeen Kleinschalige University Colleges:
- Amsterdam University College (AUC).
- Atlas University College (UT).
- Erasmus University College (EUC).
- Leiden University College The Hague (LUC).
- Roosevelt Academy, Middelburg.
- University College Maastricht (UCM): mag zich volgens de NVAO een 'excellente opleiding' noemen.
- University College Utrecht (UCU), onderdeel van de UU: mag zich volgens de NVAO een 'excellente studie' noemen.

Doel Brede academische, sterk internationaal georiënteerde interdisciplinaire opleidingen (geen specifieke bachelors, maar algemene of brede bachelor) in de Engelse taal tot Bachelor of Arts & Humanities (BA), Bachelor of Science (BSc), of Bachelor of Social Science: 180 ects op een eigen campus.

Het Groningen Honours College biedt een extracurriculair honoursprogramma van 45 ects, dat naast de gewone bacheloropleiding van 180 ects wordt gevolgd.

Toelatingseisen
- Diploma vwo of een vergelijkbaar (buitenlands) diploma (Eng., wisk. A of B, gewenst: gemiddeld 7 of meer op de eindexamenlijst).
- Strenge toelating geschiedt op uitnodiging; kandidaten krijgen een interview na een schriftelijke aanmelding d.m.v. een motivatiebrief waaruit o.a. een brede belangstelling blijkt. Ongeveer een derde van de studenten wordt afgewezen.
- Studenten worden intensief begeleid door een adviseur, maar deze vorm van studeren is ongeschikt voor studenten die een strakke structuur van hun studie wensen.

Duur 3 jaar met 2 semesters van 15 weken per jaar, schatting: 56 sbu per week.

Lesprogramma Het curriculum bestaat uit 2 onderdelen:
- Kerncurriculum: studenten stellen zelf een studiepakket samen uit een aantal vakken uit de Liberal Arts and Sciences (o.a. politiek, filosofie, sociologie, literatuur en life sciences) buiten het eigen gekozen hoofdvak; er is tevens veel aandacht voor academische vaardigheden (o.a. debating, schrijfonderwijs, wiskunde en onderzoeksmethoden).

Er worden meestal 4 vakken per semester behandeld.
- Hoofdvak: keuze uit geesteswetenschappen, levenswetenschappen of sociale wetenschappen (Science, Arts & Humanities of Social science).

Binnen beide onderdelen kan de student een keuze maken uit een breed aanbod van vakken.
- LUC: Global justice - Human interaction - International development - Sustainability - World politics.
- Roosevelt: Arts & humanities - Science - Social science.
- University College Utrecht: Humanities - Science - Social science.

Mogelijkheden voor verdere studie Hoog aangeschreven womasteropleidingen in Nederland of in het buitenland.

19.5.f Hbo-bacheloropleiding

19.5.f.1 Europese Marketing & Management-communicatie (EMM) (Fontys HS)

Voor adres(sen) zie: HBO-82.

Algemeen Hbo-bacheloropleiding voor Europees manager.

Doel Naast hoorcolleges zijn er werkcolleges, waarbij probleemoplossend studeren en teamwork centraal staan. Er wordt zoveel mogelijk vanuit concrete cases gewerkt en studenten participeren daadwerkelijk in marketingprogramma's van internationale bedrijven.

Toelatingseisen Diploma havo (2e moderne vreemde taal, econ., wisk.); havo-profiel C&M, E&M, N&T (+ econ. I), N&G (+ econ. I); vwo; vwo-profiel C&M (+ econ. I), E&M, N&T (+ econ. I), N&G (+ econ. I); mbo niveau 4 (2e moderne vreemde taal, comm. econ., wisk. of bedr.econ. of alg. econ. of bedr.adm.).

Duur 4 jaar voltijd.

Lesprogramma Europa (kijk op en kennis van Europa - Europa in de praktijk - Spaans, Frans, Duits en Engels, regionale economie en interculturele communicatie - studie in het buitenland: Duitsland of Spanje of Frankrijk) - marketing (marketing t/m het niveau NIMA-B - internationale marketing en marktonderzoek en marketinginformatiesystemen - bedrijfseconomie - algemene economie) - managementcommunicatie (kwaliteitszorg - human resourcesmanagement - managementcommunicatie - onderhandelen - vergaderen - schriftelijke bedrijfscommunicatie - copywriting en public relations).

Diploma/examen De student ontvangt het hbo-getuigschrift commerciële Economie (CE), afstudeerroute EMM.

Functiemogelijkheden Junior international marketingmanager, marktonderzoeker, international verkoper, junior commercieel adviseur, manager van (internationale) projecten, adviseur marketingcommunicatie en internationaal stafmedewerker.

19.5.f.2 International Business & Languages (IBL) (Avans HS, HAN, Hanze HS, HS Rotterdam, HS Utrecht, HS Windesheim, HvA, HZ, NHL, Saxion HS, Stenden HS, Zuyd HS)

Zie 11.1.f.8.

19.5.f.3 International Business and Management Studies (IBMS)/International Business (Avans HS, Europort, Fontys HS, Haagse HS, HAN, Hanze HS, HS Inholland, HS Rotterdam, HS Utrecht, HS Van Hall/Larenstein, HvA, HZ, NHL, Saxion HS, Stenden HS, Webster University)

Zie 11.1.f.9.

19.5.f.4 International trade management (Notenboom)
Voor adres(sen) zie: HBO-77, 113, 137.
Algemeen
- Ad-programma.
- Business School Notenboom (vestigingen in Eindhoven, Hilversum en Maastricht) wordt niet door de overheid bekostigd.

Duur 2 jaar voltijd.

19.5.f.5 HS NTI - blended ILearning - Hogere Europese BeroepenOpleiding (HEBO)
Voor adres(sen) zie: HBO-133.
Algemeen Hbo-bacheloropleiding.
Doel Gericht op economie, management, politiek, recht en communicatie ten behoeve van werkzaamheden binnen de Europese Unie.
Toelatingseisen
- Diploma havo, vwo of mbo niveau 4.
- Of 21 jaar of ouder zijn en toegelaten worden op grond van een toelatingsonderzoek.

Duur 3 jaar.
Lesprogramma Inleidende modulen - marketing - Europakunde - talen (Engels, Duits of Frans) - officemanagement - modulen voor ondersteuning en verbreding.
Functiemogelijkheden Internationaal beleidsmedewerker, exportmanager, internationaal marketingmanager, internationaal communicatiemedewerker in de zakelijke dienstverlening, industrie, groothandel, openbaar bestuur en overheidsdiensten.

19.5.f.6 Trade management Asia/Trade management, gericht op Azië (HS Rotterdam, HvA)
Voor adres(sen) zie: HBO-26, 157.
Algemeen
- Hbo-bacheloropleiding.
- HvA: Engelstalige opleiding.

Doel Opleiding tot functies in het internationaal zakendoen, zoals opzetten of coördineren van productieactiviteiten en kwaliteit, in- en verkoop, transport en logistiek, marketing en communicatie, personeel en automatisering, en tot functies bij overheden die zich met internationale contacten bezighouden.
Toelatingseisen Diploma havo (met minimaal één van de vakken: wisk. A, wisk. B, econ., handelsw., recht); vwo; mbo niveau 4 (met minimaal één van de vakken: wisk., alg. econ., comm. econ. en calc., bedr.econ. en calc., bedr.adm.).
Duur 4 jaar voltijd.
Lesprogramma Specialisaties:
- R'dam (HS Rotterdam): Exporteren naar Azië (minor).

Functiemogelijkheden Business-unitmanager; exportmanager; area trade-agent; areamanager; salesmanager; logistiek manager; exportmarketingmanager; export/trade-adviseur; functie bij een ambassade of consulaat, of bij non-profitorganisaties.

19.5.l Overige opleidingen

19.5.l.1 Clingendael, Nederlands Instituut voor Buitenlandse Betrekkingen
Voor adres(sen) zie: OVER-133.
Opleidingen
- Buitenlandse Betrekkingen (LBB) (zie voor nadere informatie: 19.5.a.1).
- EU-voorzitterschapscursus.
- Internationaal beleid (LNV).
- Leergang Internationaal Beleid (LNV).

Cursussen
- Actualiteitenseminar.
- Crisisbeheersing.
- EU-crashcourse voor de Europese concoursen.
- Europese integratie in vogelvlucht.
- Internationale politiek.
- Internationale veiligheid.
- Onderhandelen in de EU (International negotiations).
- Rollenspel Europese besluitvorming.

Hoewel steeds de nieuwste informatie in deze 'Beroepengids' wordt verwerkt, is het niet te vermijden dat er onjuistheden kunnen optreden.
Daarom zullen wij alle gebruikers van dit boek erkentelijk zijn wanneer zij ons de tekortkomingen ten spoedigste willen melden, indien mogelijk voorzien van de bijbehorende documentatie.

Uitgeverij De Toorts, Conradkade 6, 2031 CL Haarlem; e-mail-adres: beroepengids@toorts.nl

In de eerste paragraaf (20.1) worden de meest algemene opleidingen van de administratieve en de bestuurlijke sector vermeld. Paragraaf 20.2 geeft een overzicht van instanties die examens afnemen van studenten aan particuliere opleidingen, terwijl in 20.3 een selectie van particuliere opleidingen wordt vermeld. Particuliere opleidingsinstellingen kunnen ook opleiden voor mbo-diploma's of het getuigschrift hbo die door de overheid zijn erkend. Deze verzameling is zeker niet volledig; er komen jaarlijks veel nieuwe particuliere opleidingen bij. Wie met nog andere particuliere opleidingen in contact komt, doet er goed aan na te gaan voor welk examen (zoals vermeld in 20.2) ze opleiden. In de daarnavolgende paragrafen komen aan de orde: opleidingen voor openbaar bestuur, zoals voor rijksambtenaren en gemeente- en provincieambtenaren (20.4), en op het gebied van de politicologie (20.5).
In 20.6 vindt men opleidingen voor informatica, ict en computing; in 20.7: statistiek, wiskunde en operationele research, en in 20.8: accountancy. (Telematica is te vinden in paragraaf 5.5: Technische informatica/Telematics.)
In 20.9 komen opleidingen voor rechtsgeleerdheid en rechtspraak aan de orde.
Hoofdstuk 20 wordt besloten met drie paragrafen waarin opleidingen voor werkenden in de sociale verzekering (20.10), voor belastingdeskundigen en fiscalisten (20.11) en voor octrooigemachtigden (20.12).
N.B. In dit hoofdstuk wordt ook een keuze van diverse opleidingen in het hoger onderwijs beschreven. Complete alfabetische lijsten van alle bekostigde opleidingen in het hoger onderwijs zijn te vinden in hoofdstuk 25. Deze worden jaarlijks geheel geactualiseerd.

20.1 ADMINISTRATIEVE OPLEIDINGEN - ALGEMEEN

In deze eerste paragraaf worden de belangrijkste opleidingen genoemd die voorbereiden op functies in de administratieve sector.

20.1.a Postacademisch onderwijs (pao)

20.1.a.1 Economics (diverse opleidingen) (EUR)
Zie 11.1.a.3.

20.1.b Wo-masteropleiding

20.1.b.1 Algemene economie (UG)
Voor adres(sen) zie: WO-53.
Algemeen Wo-masteropleiding.
Toelatingseisen Diploma wo-bachelor (Algemene) economie, of van een vergelijkbare studie.
Duur 1-2 jaar.
Functiemogelijkheden In het bedrijfsleven, in non-profitorganisaties en bij de overheid vervult de econoom functies als manager, financieel expert, beleidsmedewerker, organisatieadviseur, personeelsadviseur, bestuurlijk informatiekundige, marketingdeskundige, leraar, controller, accountant, milieu-econoom, ontwikkelingseconoom.

20.1.b.2 Bedrijfseconomie (UG)
Voor adres(sen) zie: WO-53.
Algemeen Wo-masteropleiding.
Toelatingseisen Diploma wo-bachelor Bedrijfseconomie, of van een vergelijkbare studie.
Duur 1-2 jaar.
Lesprogramma Specialisaties of varianten:
- UG: Bedrijfseconomie - Management van overheidsorganisaties.

20.1.b.3 Econometrics (EUR, RUG, TiU, UM, UvA, VUA)
Voor adres(sen) zie: WO-8, 9, 23, 31, 37, 40.
Algemeen Wo-masteropleidingen:
- EUR: Econometrics and management science.
- RUG: Econometrics, operations research and actuarial studies.
- TiU: Econometrics and mathematical economics.
- UM, VUA: Econometrics and operations research.
- UvA: Econometrics.
Toelatingseisen Diploma wo-bachelor Econometrie en operationele research, of van een vergelijkbare studie.
Duur 1-2 jaar.

Lesprogramma Specialisaties:
- EUR: Business analytics and quantitative marketing - Econometrics - Operations research and quantitive logistics - Quantitive finance.
- RUG: Actuarial studies - Econometrics - Operations research.
- TiU: Pensions, aging and retirement.
- UM: Actuarial sciences - Econometrics - Mathematical economics - Operations research.
- UvA: Big data business analytics - Financial econometrics - Free track - Mathematical economics.
- VUA: Operations research and business econometrics - Operations research and business econometrics.

20.1.b.4 Finance (DSoF, RUG, TiU, VUA)
Zie 17.10.b.1.

20.1.c Wo-bacheloropleiding

20.1.c.1 Econometrie en operationele research-Econometrics-Economics/Econometrics and operational research/Econometrics and operations research (EUR, RUG, TiU, UM, UvA, VUA)
Voor adres(sen) zie: WO-8, 9, 23, 31, 37, 40.
Algemeen
- Wo-bacheloropleiding tot econometrist.
- Bij EUR, TiU, en UM is de studie Engelstalig.
N.B. De benamingen van de diverse opleidingen verschillen iets.
Doel Gericht op kwantitatieve methoden en technieken: wiskundige modellen om effecten van beslissingen in bedrijven en organisaties te analyseren, te ontwikkelen en 'door te rekenen'.
Toelatingseisen
- Diploma vwo (wisk. A of B); vwo-profiel C&M (+ wisk. B I), E&M (+ wisk. B I), N&T, N&G; propedeuse of getuigschrift/diploma van een hbo of van de OUNL (wisk. A of B I op vwo-niveau).
- Als men 21 jaar of ouder is, komt men in aanmerking voor een colloquium doctum.
Duur 3 jaar voltijd.
Lesprogramma Specialisaties:
- UvA: Honours-programma.
- VUA: Econometrie en wiskundige economie - Honours-programma - Operations research en bedrijfseconomie.
Aansluitende masteropleidingen
- EUR: Econometrics and management science.
- RUG: Econometrics, operations research and actuarial studies.

- TiU: Econometrics and mathematical economics.
- UM, VUA: Econometrics and operations research.
- UvA: Econometrics.

Functiemogelijkheden
- Manager, onderzoeker, beleidsmedewerker.
- EUR, VUA: functies op research-afdelingen van (semi-)financiële instellingen zoals banken, Robeco, ABP, KLM, Shell: logistieke planningproblemen, modellen voor loonpolitiek, werkgelegenheidsbeleid, gezondheidszorg of verkeer; staffuncties bij bedrijven, overheid, universiteiten.

20.1.c.2 Economics and business/Economics and business economics/Economie en bedrijfseconomie (EUR, RU, RUG, TiU, UM, UU, UvA, VUA)
Voor adres(sen) zie: WO-8, 9, 23, 31, 35, 37, 40, 45.
Algemeen
- Wo-bacheloropleiding tot bedrijfseconoom.
- De opleiding op de UM, de UU en de UvA is Engelstalig.

Doel Het onderwerp van studie is het menselijk streven naar welvaart onder omstandigheden waarin beperkte middelen voorradig zijn.
Toelatingseisen
- Diploma vwo (wisk. A of B); vwo-profiel C&M (+ wisk. A II of B I, econ. I), N&T, N&G (+ econ. I), E&M; propedeuse of getuigschrift/diploma van een hbo of van de OUNL (wisk. A of B).
- Als men 21 jaar of ouder is, komt men in aanmerking voor een colloquium doctum.

Duur 3 jaar voltijd.
Lesprogramma Specialisaties:
- RU: Bedrijfseconomie - Financiële economie - International economics and business - Internationale economie en beleid.
- RUG: Business economics - Economics - International economics and business.
- UM: Economics and management of information - International business economics - International economic studies.
- UU: Entrepreneurship and innovation - Geografie (minor) - Honours-programma - Recht (minor) - Sociale wetenschappen (minor).
- UvA: Business studies - Economics - Economics and finance - Economie - Educatieve minor - Finance and organisation - Honours-programma.
- VUA: Honours-programma.

Aansluitende masteropleidingen
- EUR, RUG: Economics and business.
- KUL, RUG, UvA, TiU, VUA: Economics.
- RU, TiU, UU, UvA, VUA: Wo-lerarenopleiding Leraar VHO in Algemene economie.
- RUG: Wo-lerarenopleiding Leraar VHO in Economie en bedrijfswetenschappen.
- TiU, UL, UU, VUA: Lerarenopleiding Algemene economie (educatieve master).
- UG: Algemene economie; Bedrijfseconomie.
- UM: Economic and financial research; Economic studies.

Mogelijkheden voor verdere studie Accountantsopleiding; controllersopleiding; EDP-audit-opleiding; management consultantopleiding; opleiding tot onderzoeker; opleiding tot treasurer.
Functiemogelijkheden In het bedrijfsleven, bij non-profitorganisaties en bij de overheid vervult de econoom functies als manager, financieel expert, beleidsmedewerker, organisatieadviseur, personeelsadviseur, bestuurlijk informatiekundige, marketingdeskundige, leraar, controller, accountant, milieu-econoom, ontwikkelingseconoom.

20.1.c.3 MBA-opleidingen
Zie 11.2.

20.1.d Post-hbo-opleiding

20.1.d.1 HS Markus Verbeek Praehep (diverse hbo-opleidingen)
Voor adres(sen) zie: HBO-114.
Algemeen Bedrijfseconomische en bedrijfsadministratieve opleidingen voor examens die worden afgenomen door of onder toezicht van de staat.
Opleidingen
- *Masterclasses:*
  - Accountant-Administratieconsulent (3 jaar).
  - Bedrijfsovername en fusiespecialist (1 dag).
  - Belastingadviseur (2,5 jaar).
  - Operational auditing (8 maanden).
- *Post-hbo-opleidingen:*
  - Administrateur & controller (1 jaar).
  - Adviesvaardigheden voor salarisadministrateurs en -adviseurs (1 dag).
  - Arbeidsverhoudingen (1 dag).
  - Buitenlandse werknemersproblematiek (1 dag).
  - Business English (1 dag).
  - Excel voor salarisadministrateurs (1 dagdeel).
  - Finance for non-financials (3 bijeenkomsten).
  - Financiële instrumenten (1 dag).
  - Fiscaal aantrekkelijk belonen (1 dag).
  - Lezen en interpreteren van een jaarverslag (1 dag).
  - Lonen voor financials (1 dag).
  - Pensioenen (1 dag).
  - Verandermanagement (1 dag).

Diploma/examen Centrale landelijke examens.
Overige informatie HS Markus Verbeek heeft opleidingslocaties te Almere, Amersfoort, Amsterdam, Bergen op Zoom, Breda, Den Bosch, Den Haag, Drachten, Ede, Eindhoven, Enschede, Goes, Groningen, Haarlem, Leeuwarden, Leiden, Maastricht, Nijmegen, Rotterdam, Schagen, Utrecht en Zwolle.

20.1.d.2 Qualified controller (HOFAM) (NIVE)
Voor adres(sen) zie: OVER-279.
Doel Leren functioneren op managementniveau in de eigen organisatie.
Toelatingseisen
- Diploma heo-Bedrijfseconomie of SPD.
- Plus enige jaren ervaring.

Duur 2 jaar (35 dagen of 70 avonden).
Lesprogramma Organisatie en management - bestuurlijke informatievoorziening - externe verslaggeving - financieel management - interne verslaggeving - bedrijfsfuncties - communicatie.
Mogelijkheden voor verdere studie Verdere studie voor de postacademische controllersopleidingen (Amsterdam en Maastricht).

20.1.d.3 Stichting CPION (Centrum Post Initieel Onderwijs Nederland)
Voor adres(sen) zie: DIEN-29.
Algemeen Toetsing, registratie en diplomering van initiële opleidingen.

20.1.e Hbo-masteropleiding

20.1.e.1 HS Markus Verbeek Praehep
(diverse hbo-opleidingen)
Voor adres(sen) zie: HBO-114.
Algemeen Bedrijfseconomische en bedrijfsadministratieve opleidingen voor examens die worden afgenomen door of onder toezicht van de staat.
Opleidingen
- Finance and control (2,5 jaar).
- General management (2,5 jaar).
- Project management (2,5 jaar).
Diploma/examen Centrale landelijke hbo-examens.
Overige informatie HS Markus Verbeek heeft opleidingslocaties te Almere, Amersfoort, Amsterdam, Bergen op Zoom, Breda, Den Bosch, Den Haag, Drachten, Ede, Eindhoven, Enschede, Goes, Groningen, Haarlem, Leeuwarden, Leiden, Maastricht, Nijmegen, Rotterdam, Schagen, Utrecht en Zwolle.

20.1.f Hbo-bacheloropleiding

20.1.f.1 Accountancy (ABC HS, Avans HS, Avans+, Fontys HS, Haagse HS, HAN, Hanze HS, HS Inholland, HS LOI, HS Markus Verbeek Praehep, HS NCOI, HS NTI, HS Rotterdam, HS Utrecht, HS Windesheim, HvA, NHL, Saxion HS, Zuyd HS)
Zie 20.8.f.1.

20.1.f.2 Bedrijfseconomie (Avans HS, Avans+, Fontys HS, Haagse HS, HAN, Hanze HS, HS Inholland, HS LOI, HS NTI, HS Rotterdam, HS Utrecht, HS Windesheim, HS Windesheim/Flevoland, HvA, HZ, NHL, Saxion HS, Stenden HS, Zuyd HS)
Voor adres(sen) zie: HBO-1, 3, 26, 49, 54, 61, 70, 82, 86, 89, 99, 106, 124, 133, 135, 143, 150, 156, 157, 184, 201, 204, 217.
Algemeen
- Hbo-bacheloropleiding voor bedrijfseconoom, met name voor functies op het gebied van planning en budgettering, financiële organisatie en functies m.b.t. de organisatie van de bedrijfshuishouding.
- Ad-programma's bij Haagse HS, bij HS Inholland (vestiging Rotterdam), en bij NHL (vestiging Leeuwarden).
- Avans+, HS LOI en HS NTI worden niet door de overheid bekostigd.
Doel Men wordt voorbereid op het dragen van (mede-)verantwoordelijkheid voor het financieel-economisch beheer in organisaties.
Toelatingseisen
- Diploma havo of vwo; havo-profiel: C&M (+ wisk. A I en II of wisk. B I), E&M, N&T (+ econ. I), of N&G (+ econ. I); vwo-profiel: C&M (+ econ. I), E&M, N&T (+ econ. I), N&G (+ econ. I); mbo niveau 4.
- Of 21 jaar of ouder zijn en toegelaten worden op grond van een toelatingsonderzoek.
- Breda: deeltijd: intakegesprek.
Duur
- 4 jaar voltijd en deeltijd.
- HS LOI: digitaal in deeltijd.
- HS NTI: blended learning.
- *Ad-programma:*
  • Haagse HS: 2 jaar deeltijd.
  • Leeuwarden (NHL) en R'dam (HS Inholland): 2 jaar voltijd.

Lesprogramma Specialisaties:
- Alkmaar (HS Inholland): Beleggen (minor) - Controlling) - Marketing (minor).
- Almere (HS Windesheim/Flevoland): - Digital economy entrepreneurship (minor) - Enterprise resource planning (minor)
- Den Haag (Haagse HS): Controlling (minor) - Risk management (minor).
- Deventer (Saxion HS): Bedrijfseconomie compact.
- Diemen (HS Inholland): Bussiness process management.
- Emmen (Stenden HS): Accountancy & control - Financial service management.
- Haarlem (HS Inholland): Financial business management.
- Leeuwarden: Integraal bedrijfseconomisch management (minor).
- R'dam (HS Inholland): Business & innovation - International business and career (minor) - Risicomanagement (minor).
- R'dam (HS Rotterdam): Bussiness process management.
- Utrecht (HS Utrecht): Communicatie voor managers (minor) - International business skills (minor) - Opties en bedrijfsovernames (minor) - Reclame (minor) - Small business (minor).
- Venlo: International business economics.
- Vlissingen (HZ): Accountancy (minor).
- HS LOI: Creditmanagement.
- HS NTI: Financiële dienstverlening.
Mogelijkheden voor verdere studie
- Wo-Rechtsgeleerdheid; post-hbo-cursussen en postacademisch onderwijs; opleidingen van de Bestuursacademie; NIVRA-studie (Accountancy); opleiding voor AA.
- De post-hbo-controllersopleiding (een samenwerkingsverband tussen de Open Universiteit Nederland en divere heo-opleidingen) leidt op voor het officiële KWO-certificaat 'Controller' van de OUNL.
- MBA's en post-hbo-opleidingen in samenwerking met buitenlandse universiteiten.
Functiemogelijkheden (Assistent-)controller; bedrijfseconomisch medewerker; financieel-administratief medewerker; chef afdeling begroting/budgettering; chef investeringsafdeling; hoofd orderbeheer; kredietadviseur; (assistent-)accountant; financieel analist; financieel manager; bedrijfsadviseur; hoofd afdeling begroting; hoofd investeringsafdeling; beleggingsadviseur; marketeer; logistiek medewerker; exportmanager; treasurer; administrateur; vermogensbeheerder; administratieve organisatiedeskundige.

20.1.f.3 Commerciële Economie (CE) (Avans HS, Avans+, Fontys HS, Haagse HS, HAN, Hanze HS, HS Leiden, HS LOI, HS NCOI, HS NTI, HS Rotterdam, HS Utrecht, HS Windesheim, HS Windesheim/-Flevoland, HvA, HZ, NHL, Saxion HS, Stenden HS)
Voor adres(sen) zie: HBO-3, 26, 49, 54, 61, 86, 89, 99, 115, 124, 133, 135, 150, 157, 184, 201, 204, 217.
Algemeen
- Hbo-bacheloropleiding voor commercieel econoom en hogere kaderfuncties in de nationale en internationale handel en tot functies waarin het marketingmanagement van organisaties centraal staat.
- Ad-programma bij Stenden HS (vestiging Emmen).
- Avans+, HS LOI, HS NCOI en HS NTI worden niet door de overheid bekostigd.
Toelatingseisen
- Diploma havo of vwo; havo-profiel: C&M, E&M, N&G (+ econ. I), N&T (+ econ. I); vwo-profiel: C&M (+ econ. I), E&M, N&G (+ econ. I), N&T (+ econ. I); mbo niveau 4.

- Of 21 jaar of ouder zijn en toegelaten worden op grond van een toelatingsonderzoek.

Duur
- 4 jaar voltijd en deeltijd.
- Arnhem/Nijmegen (HAN), Groningen (NHL) en Utrecht (HS Utrecht): ook duaal.
- Almere (HS Windesheim/Flevoland, Emmen (Stenden HS), R'dam (HS Rotterdam), Tilburg (Fontys HS), Vlissingen (HZ) en Zwolle (HS Windesheim): geen deeltijd.
- HS LOI en HS NCOI: digitaal in deeltijd.
- HS NTI: blended learning.
- Ad-programma (Stenden HS): 2 jaar voltijd.

Lesprogramma Specialisaties:
- A'dam (HvA): Digital marketing - Ondernemerschap - Sportmarketing.
- Almere (HS Windesheim/Flevoland): Accountmanagement - Beleggen - Management of online marketing en communicatie - Marketing management - Sales (minor) - Social intrapreneurship (minor) - Vastgoed (minor).
- Arnhem/Nijmegen (HAN): Brandmanagement (minor) - Communicatie 2.0 (minor) - Diversity marketing (minor) - Makelaardij (minor).
- Breda (Avans HS): Branding - Innovatief ondernemen - Marketing management - Online marketing.
- Breda (Avans+): Branding (minor) - Innovatief ondernemen (minor) - Marketing management (minor) - Online marketing (minor).
- Den Bosch (Avans HS): Minor.
- Den Haag (Haagse HS): Marketing & sales - Marketing, media & experience.
- Deventer (Saxion HS): Commercieel management - commerciële economie compact - Internationaal marketing management - Saxion topsport academy - Sportmarketing.
- Emmen (Stenden HS): Sportmanagement.
- Enschede (Saxion HS): Commercieel management - Internationaal marketing management - Sportmarketing.
- Leeuwarden (NHL): International business (minor) - Marketing and communicatiemanagement (minor) - Ondernemerschap (minor) - Sales (minor).
- R'dam (HS Rotterdam): De business model innovater (minor) - International business and career (minor) - International marketing and sales (minor) - Social marketing (minor) - Sportmarketing & management.
- Tilburg (Fontys HS): Digital business concepts.
- Utrecht (HS Utrecht): International business skills (minor) - Reclame (minor) - Sportmanagement (minor).
- Vlissingen (HZ): International marketing relations en social media design (minor).
- HS LOI: Accountmanagement - Marketing management.
- HS NCOI: Bank en verzekeringswezen - Makelaardij en vastgoed - Mode- en textielmanagement - Sales- en accountmanagement - Small business en ondernemerschap - Sportmanagement.
- HS NTI: Marketing - Ondernemerschap

Mogelijkheden voor verdere studie Over het algemeen toelating tot het wo, studierichtingen: Economische wetenschappen en Rechtsgeleerdheid; post-hbo-cursussen en postacademisch onderwijs; opleidingen van de Bestuursacademie, NIVRA: Accountancy.

Functiemogelijkheden De functies liggen op het gebied van marketing, verkoop en inkoop van nationaal en internationaal opererende organisaties. Dit kan bij bedrijven zijn, maar ook bij non-profitinstellingen: exportmanager; marktonderzoeker; marketing-

manager; commercieel adviseur; productmanager; mediaplanner; accountmanager; account executive; pr-manager; commercieel adviseur; verkoopleider; area salesmanager; inkoper; internationale inkoop- en verkoopmanager; logistiek manager.

Overige informatie Bij HS Inholland (5 vestigingen) is deze studie opgegaan in de bacheloropleiding: Business studies, specialisatie: Marketing.

20.1.f.4 Financial Services Management (FSM)/- Financieel-economisch management (Fontys HS, HAN, Hanze HS, HS LOI, HS NCOI, HS Rotterdam, HS Utrecht, HS Windesheim, HS Wittenborg, HvA, NHL)

Voor adres(sen) zie: HBO-26, 37, 82, 99, 115, 124, 135, 150, 157, 184, 217.

Algemeen
- Hbo-bacheloropleiding voor zakelijk adviseur inzake hypotheken, beleggingen, pensioenen, financieringen en verzekeringen. De opleiding sluit aan bij recente ontwikkelingen in het bank- en verzekeringswezen en is in nauwe samenwerking met het beroepenveld tot stand gekomen.
- Bij HS LOI wordt deze opleiding ook als ad-programma aangeboden.
- Bij HS NCOI heet de studie: Financieel-economisch management.
- HS LOI, HS NCOI en HS Wittenborg worden niet door de overheid bekostigd.

Toelatingseisen Diploma havo of vwo; alle havo-profielen (+ econ. I); vwo-profiel C&M (+ econ.), E&M, N&G (+ econ.), N&T (+ econ.); mbo niveau 4.

Duur
- 4 jaar voltijd.
- Leeuwarden (NHL), Tilburg (Fontys HS) en Utrecht (HS Utrecht): ook deeltijd.
- Tilburg (Fontys HS): ook duaal.
- HS LOI en HS NCOI: digitaal in deeltijd.

Lesprogramma Specialisaties:
- R'dam (Rotterdam HS): Bedrijfsoverdracht (minor) - Expatriate management (minor) - International business and career (minor)
- Risicomanagement (minor).
- HS LOI (ad-programma): Financieel advies - Verzekeringsadvies.
- HS NCOI: Business controlling - Fiscale economie - Managementaccounting.

Functiemogelijkheden Kredietbeoordelaar, beleggings- of pensioenadviseur, in de bank- en verzekeringsbranche.

Overige informatie Bij HS Inholland is deze studie opgegaan in de studie Busineess studies, specialisatie: Banking & insurance.

20.1.f.5 Financieel management (ABC HS, HS LOI, HS Markus Verbeek Praehep, HS NCOI, HS NTI)

Voor adres(sen) zie: HBO-73, 114, 115, 133, 135.

Algemeen
- Ad-programma.
- HS LOI, HS Markus Verbeek Praehep, HS NCOI, en HS NTI worden niet door de overheid bekostigd.

Duur
- 2 jaar in deeltijd.
- HS LOI, HS NCOI, en HS NTI: digitaal in deeltijd.

20.1.f.6 Fiscaal recht en economie (Fontys HS, HAN, Hanze HS, HS LOI, HS Rotterdam, HvA, Saxion HS)
Zie 20.11.f.3.

20.1.f.7 Hbo-lerarenopleiding Algemene economie (tweedegraads) (Fontys HS, HS Inholland, HS Rotterdam, HvA, NHL)
Zie 24.3.f.6.

20.1.f.8 Hbo-lerarenopleiding Bedrijfseconomie (tweedegraads) (Fontys HS, HS Inholland, HS NCOI, HS Rotterdam, HvA, NHL)
Zie 24.3.f.7.

20.1.f.9 HS LOI, HS NCOI - Heo-Management, Economie en Recht (MER)
Zie 17.5.f.1.

20.1.f.10 HS LOI, HS Markus Verbeek Praehep, HS NCOI - SPD-bedrijfsadministratie
Voor adres(sen) zie: HBO-114, 115, 135.
Algemeen
- Hbo-bacheloropleiding voor het diploma SPD.
- HS LOI, HS Markus Verbeek Praehep, en HS NCOI worden niet door de overheid bekostigd.
Toelatingseisen
- Diploma havo, vwo of mbo niveau 4.
- Als men 21 jaar of ouder is en over een vergelijkbare vooropleiding beschikt, oordeelt een toelatingscommissie over de toelating.
Duur Digitaal in deeltijd.
Lesprogramma Specialisaties:
- HS Markus Verbeek Praehep: Accountancy (minor).
- HS NCOI: Accountancy (minor) - Controlling (minor).
Overige informatie Inschrijving is mogelijk per studiejaar of modulair.

20.1.f.11 HS Markus Verbeek Praehep (diverse hbo-opleidingen)
Zie ook: 20.1.d.1, 20.1.e.1, 20.1.f.19 en 20.1.f.20.
Voor adres(sen) zie: HBO-114.
Algemeen Bedrijfseconomische en bedrijfsadministratieve opleidingen voor examens die worden afgenomen door of onder toezicht van de staat.
Opleidingen
- Accountancy (4-5 jaar).
- Bedrijfsadministratie & accountancy (3,5 jaar).
- Belastingconsulent (1,5 jaar).
- Consultancy payroll services (1-1,5 jaar).
- Fiscaal recht (5 jaar).
- Houder administratiekantoor (2,5 jaar).
- Management payroll services (5,5 jaar).
- SPD bedrijfsadministratie (3-4 jaar) (zie ook 20.1.f.24).
Diploma/examen Centrale landelijke hbo-examens.
Overige informatie HS Markus Verbeek heeft opleidingslocaties te Almere, Amersfoort, Amsterdam, Bergen op Zoom, Breda, Den Bosch, Den Haag, Drachten, Ede, Eindhoven, Enschede, Goes, Groningen, Haarlem, Leeuwarden, Leiden, Maastricht, Nijmegen, Rotterdam, Schagen, Utrecht en Zwolle.

20.1.f.12 HS NTI - blended learning - Management, Economie en Recht (MER)
Zie ook: 17.5.f.2 en 20.1.f.16.
Voor adres(sen) zie: HBO-133.
Algemeen Hbo-bacheloropleiding.
Doel Gericht op kennis van economie en juridische zaken.
Toelatingseisen
- Diploma havo, vwo of mbo niveau 4.
- Of 21 jaar of ouder zijn en toegelaten worden op grond van een toelatingsonderzoek.
Duur blended learning in deeltijd.
Lesprogramma Inleidende modulen - financieel management - juridische modulen I en II - organisatiemanagement - modulen voor ondersteuning en verbreding.
Mogelijkheden voor verdere studie Over het algemeen toelating tot wo-studies Economische wetenschappen of Rechtsgeleerdheid; post-hbo-cursussen en postacademisch onderwijs; opleidingen van de Bestuursacademie.
Functiemogelijkheden Organisatieadviseur, verzekeringsadviseur, directiesecretaris, schadebeoordelaar, medewerker personeel en organisatie.

20.1.f.13 HS NTI - blended learning - Officemanagement
Zie ook: 20.1.f.17.
Voor adres(sen) zie: HBO-133.
Algemeen Hbo-bacheloropleiding voor officemanager.
Toelatingseisen
- Diploma havo, vwo of mbo niveau 4.
- Of 21 jaar of ouder zijn en toegelaten worden op grond van een toelatingsonderzoek.
Duur blended learning in deeltijd.
Lesprogramma Inleidende modulen - officemanagement - informatie en management I en II - communicatie - organisatie - modulen voor ondersteuning en verbreding.
Functiemogelijkheden Officemanager, directieassistent, personeelsfunctionaris, trafficmedewerker, personeelsfunctionaris bij profit- en non-profitorganisaties en -instellingen.

20.1.f.14 HS NTI - blended learning - SPD-bedrijfsadministratie
Zie ook: 20.1.f.20.
Voor adres(sen) zie: HBO-133.
Algemeen Hbo-bacheloropleiding.
Doel Opleiding voor het hbo-getuigschrift SPD.
Toelatingseisen
- Diploma havo, vwo of mbo niveau 4.
- Met de diploma's Moderne BedrijfsAdministratie (MBA) en Computerboekhouden (van de Coöperatie Nederlandse Associatie voor Praktijkexamens) kan men vrijstellingen krijgen.
- Als men niet in het bezit is van een van de genoemde diploma's en men is 21 jaar, kan men een verzoek indienen om te worden toegelaten op grond van ander onderwijs of werkervaring.
Duur blended learning in deeltijd.
Lesprogramma Inleiding bedrijfseconomie - inleiding bedrijfsadministratie - inleiding belastingrecht - inleiding statistiek - computerboekhouden - bedrijfseconomie 1 en 2 - economische technische verschijnselen - bedrijfscalculatie - statistiek - bedrijfsadministratie - bedrijfsrecht - communicatie en sociale vaardigheden.
Diploma/examen Men doet voor elke module examen en verzamelt ec's. Als men in totaal 240 ec's heeft, ontvangt men het officiële hbo-bachelordiploma van Fontys HS.

Functiemogelijkheden Stafmedewerker administratie, hoofd administratie, assistent-controller, directeur financiën, bedrijfseconomisch adviseur, accountant-administratieconsulent.
Overige informatie De opleiding wordt gegeven in samenwerking met Fontys HS.

20.1.f.15 Logistiek en economie (Fontys HS, HAN, HS LOI, HS NCOI, HS Rotterdam, HS Utrecht, HS Windesheim, HvA, NHTV, RMU, Stenden HS)
Zie 18.2.f.3.

20.1.f.16 Management, Economie en Recht (Bedrijfskunde MER) (Avans HS, Avans+, CHE, Fontys HS, Haagse HS, HAN, Hanze HS, HS LOI, HS NTI, HS Rotterdam, HS Utrecht, HS Windesheim, HvA, HZ, NHL, Saxion HS, Zuyd HS)
Zie ook: 17.5.f.1.
Voor adres(sen) zie: HBO-26, 49, 54, 61, 76, 82, 89, 99, 115, 125, 133, 135, 150, 157, 184, 204, 223.
Algemeen
- Deze studie wordt ook wel genoemd: Bedrijfskunde MER.
- Hbo-bacheloropleiding voor adviserende, uitvoerende en managementfuncties bij ondernemingen, bij overheidsinstellingen en bij organisaties in de profit- en in de non-profit-sector.
- Bij HS LOI ook als ad-programma.
- Avans+, HS LOI en HS NTI worden niet door de overheid bekostigd.
Toelatingseisen
- Diploma havo; havo-profiel: C&M, E&M, N&G (+ econ. I) of N&T (+ econ. I); diploma vwo; vwo-profiel: C&M (+ econ. I), E&M, N&G (+ econ. I), N&T (+ econ. I); mbo niveau 4.
- Breda: intakegesprek.
Duur 4 jaar voltijd en deeltijd.'
- Almere, Nijmegen en Vlissingen: alleen voltijd.
- A'dam, Breda (Avans+): alleen deeltijd.
- Ad-programma bij HS LOI: 2 jaar digitaal in deeltijd.
Lesprogramma Specialisaties:
- Almere (HS Windesheim/Flevoland): Digital economy entrepreneurship (minor) - Kunst van het adviseren (minor) - Social entrepreneurship (minor).
- Breda (Avans HS): Organisatiewetenschappen of personeelswetenschappen - Strategie in beweging of persoonlijke financiële planning.
- Breda (Avans+): Organisatiewetenschappen of personeelswetenschappen (minor) - Strategie in beweging of persoonlijke financiële planning (minor).
- Den Bosch (Avans HS): Financiële dienstverlening (minor).
- Den Haag (Haagse HS): China-economics and culture (minor) - Financiële markten in een internationale context (minor) - Makelaartaxateur onroerende zaken (minor) - Russian and Eurasian studies (minor).
- Enschede (Saxion HS): BMER versnelde route economie voor vwo.
- Leeuwarden (NHL): Casemanagement en mobiliteit (minor) - International business (minor) - Master of change (minor) - Ondernemen (minor).
- R'dam (HS Rotterdam): Consultancy & ondernemerschap (minor) - International corporate social responsability (minor) - Juridische aspecten van bedrijfskunde (minor) - Maatschappelijk verantwoord ondernemen en organiseren (minor) - Working worldwide (minor).

- Utrecht (HS Utreht): Consultancy (minor) - E-business (minor) - International business skills (minor) Reclame (minor) - Russian and Eurasian studies (minor) - Small business skills (minor).
- Vlissingen (HZ): Innovatief ondernemerschap - Management en consultancyvaardigheden (minor) - Recht (minor).
- HS NTI: Fashionmanagement (minor) - Logistiek en supplychainmanagement (minor) - Sportmanagement (minor).
Mogelijkheden voor verdere studie
- Over het algemeen toelating tot wo-studies Economische wetenschappen of Rechtsgeleerdheid; post-hbo-cursussen en postacademisch onderwijs; opleidingen van de Bestuursacademie.
- Eindhoven: na de opleiding Onroerend goed en makelaardij: Real estate.
Functiemogelijkheden
- *Algemeen:* intermediair, adviseur, managementondersteuner en resultaatverantwoordelijke.
- *Bank en verzekeringen:* relatiebeheerder, logistiek medewerker, financieel economisch analist, verzekeringsacceptant, kredietbeoordelaar, budgetbeheerder, kantoorbeheerder, controller.
- *Bestuurskunde:* beleidsmedewerker, sectorhoofd, juridisch stafmedewerker, projectleider, medewerker overheidscommunicatie, intercedent, schadebeoordelaar makelaar, P&O-adviseur, verzekeringsadviseur, beleidsmedewerker bij centrale en lagere overheden, vestigingsmanager, afdelingshoofd, projectleider, zelfstandig ondernemer.
- *MER algemeen:* beleidsmedewerker, medewerker kwaliteits-, milieu- en arbozorg, directiesecretariaat, projectmedewerker, organisatieadviseur, pensioenconsulent.
- *OGM:* makelaar, taxateur onroerend goed, management staf- en beleidsfuncties overheden, woningcorporaties, fondsen.
Overige informatie Bij HS Inholland (5 vestigingen) is deze studie opgegaan in de bacheloropleiding: Business studies, specialisatie: Management.

20.1.f.17 Officemanagement (Artesis Plantijn HS, Artevelde HS, Howest, HS Gent, HS LOI, HS Rotterdam, HS/Instituut Schoevers, HS West-Vlaanderen, HUB-KAHO, Karel de Grote HS, Katholieke HS Brugge/Leuven/Limburg/ Z-West-Vlaanderen, PHL, Thomas More HS, XIOS HS)
Zie 19.1.f.4.
Diploma/examen Wordt afgenomen door onder andere NIMA, EXIN, NEMAS, onder verantwoordelijkheid van de Examencommissie van HS LOI.

20.1.f.18 Payroll professional (HS SDO)
Zie ook: 20.1.f.19.
Voor adres(sen) zie: HBO-90.
Algemeen Ad-programma.
Duur 2 jaar deeltijd.

20.1.f.19 Payroll services (HS Markus Verbeek Praehep, HS NCOI)
Zie ook: 20.1.f.18.
Voor adres(sen) zie: HBO-114, 115.
Algemeen Niet-bekostigde ad-programma's.
Duur 2 jaar deeltijd.
- HS NCOI: digitaal in deeltijd.
Overige informatie HS Markus Verbeek heeft opleidingslocaties te Almere, Amersfoort, Amsterdam, Bergen op Zoom, Breda, Den Bosch,

Den Haag, Drachten, Ede, Eindhoven, Enschede, Goes, Groningen, Haarlem, Leeuwarden, Leiden, Maastricht, Nijmegen, Rotterdam, Schagen, Utrecht en Zwolle.

20.1.f.20 SPD-Bedrijfsadministratie (HS LOI, HS Markus Verbeek Praehep, HS NCOI)

Zie ook: 20.1.f.20.
Voor adres(sen) zie: HBO-114, 115, 135.
Algemeen
- Hbo-bacheloropleiding.
- HS LOI, HS Markus Verbeek Praehep, en HS NCOI worden niet door de overheid bekostigd.

Toelatingseisen
- Diploma havo (hand.wet.), vwo (econ.wet. II), MBA.
- Wanneer men niet aan deze eisen voldoet, kan men worden toegelaten tot de 1-jarige opleiding Middelbaar Financieel Economisch Medewerker.

Duur
- HS Markus Verbeek: 4 jaar avondopleiding.

Lesprogramma Specialisaties:
- HS Markus Verbeek Praehep: Accountancy (minor).
- HS NCOI: Accountancy (minor) - Controlling (minor).

Diploma/examen De examens voor het SPD-diploma worden afgenomen door de Dienst Uitvoering Onderwijs (DUO, v/h IB-Groep) onder medeverantwoordelijkheid van de examencommissie van de opleidingsinstituten. Behalve het instituutsexamen wordt ook voorbereid op het examen van NIMA (marketing-A), MBA, en ETV.
Het getuigschrift SPD leidt op voor leidinggevende functies op het gebied van administratie en financieel beheer. Het getuigschrift geeft recht op de titel 'bachelor', indien men 240 ec's heeft behaald.

Functiemogelijkheden (Aankomend) leidinggevenden op het terrein van administratie, financieel-economisch beheer, budgettering, planning, interne organisatie, automatisering, kredietverschaffing, belegging en dergelijke.

Overige informatie HS Markus Verbeek heeft opleidingslocaties te Almere, Amersfoort, Amsterdam, Bergen op Zoom, Breda, Den Bosch, Den Haag, Drachten, Ede, Eindhoven, Enschede, Goes, Groningen, Haarlem, Leeuwarden, Leiden, Maastricht, Nijmegen, Rotterdam, Schagen, Utrecht en Zwolle.

20.1.g Mbo-opleiding niveau 4

20.1.g.1 Administrateur (financiële beroepen) (niveau 4)

Voor adres(sen) zie: ROC/MBO-1, 3, 4, 8, 10, 13, 15, 17, 22, 24, 25, 26, 28, 30, 32, 38, 45, 48, 61.
Algemeen
- Eindtermen voor deze kwalificatie worden ontwikkeld door ECABO.
- Hier worden slechts de centrale adressen vermeld. De opleiding kan in de wijde omtrek ervan worden gegeven.
- Bij Roc van Twente zijn er 3 uitstroomrichtingen:
  • Assistent-accountant (crebonummer 93211);
  • Bedrijfsadministrateur (crebonummer 93212);
  • Salarisadministrateur (crebonummer 93213).

CREBO 90460/93210
Doel Financieel administratief beheer, uitvoeren van standaardprocedures, bedenken van nieuwe procedures en adviseren van meerderen.
Toelatingseisen
- Diploma vmbo gl, vmbo kb of vmbo tl met de sector vmbo-Ec; of diploma vmbo gl, vmbo kb of vmbo tl, alle met econ., 2e moder-

ne vreemde taal of wisk., met de sectoren vmbo-Lb, vmbo-Tech of vmbo-Z&W.
- Men kan met het diploma Boekhoudkundig medewerker (niveau 3) met vrijstellingen in de opleiding instromen.

Duur 4 jaar voltijd en deeltijd.
Mogelijkheden voor verdere studie Men kan instromen naar opleidingen van niveau 4, waarbij voor gelijkluidende deelkwalificaties vrijstelling kan worden verkregen.
Functiemogelijkheden Assistent administrateur op een financiële administratie of op een boekhoudkantoor.

20.1.g.2 Directiesecretaresse/Managementassistent (secretariële beroepen) (niveau 4)

Voor adres(sen) zie: OVER-370, ROC/MBO-1, 3, 4, 7, 8, 10, 12, 13, 15, 22, 27, 28, 30, 31, 32, 34, 37, 38, 39, 40, 43, 46, 48, 54, 61.
Algemeen
- Bij Roc van Twente zijn er 4 uitstroomrichtingen:
  • Directiesecretaresse/managementassistent (crebonummer 95391).
  • Juridisch secretaresse (crebonummer 95392).
  • Managementassistent (crebonummer 93252).
  • Medisch secretaresse (crebonummer 95393).
- Eindtermen voor deze kwalificatie worden ontwikkeld door ECABO.
- Hier worden slechts de centrale adressen vermeld. De opleiding kan in de wijde omtrek ervan worden gegeven.

CREBO 95390/93250
Doel Zelfstandig secretariële en managementondersteunende taken verrichten, de planning voorbereiden, werkzaamheden van anderen coördineren, en nieuwe procedures bedenken.
Toelatingseisen
- Diploma vmbo gl, vmbo kb of vmbo tl met de sector vmbo-Ec; of diploma vmbo gl, vmbo kb of vmbo tl, alle met econ., 2e moderne vreemde taal of wisk., met de sectoren vmbo-Lb, vmbo-Tech of vmbo-Z&W.
- Men kan met het diploma Secretaresse (niveau 3) met vrijstellingen in de opleiding instromen, en dan duurt de opleiding 1 jaar.

Duur 1-4 jaar voltijd en deeltijd.
Mogelijkheden voor verdere studie
- Hbo-bacheloropleiding, bijvoorbeeld Officemanagement bij HS LOI.
- Men kan ook instromen naar opleidingen van niveau 4, waarbij voor gelijkluidende deelkwalificaties vrijstelling kan worden verkregen.

Functiemogelijkheden Directiesecretaresse/managementassistent in een kantoorpraktijk of secretariaat; juridisch secretaresse in een juridische praktijk; medisch secretaresse in een medische praktijk.

20.1.g.3 LOI en NTI - afstandsonderwijs/blended learning - Directiesecretaresse/Managementassistent

Voor adres(sen) zie: OVER-225, ROC/MBO-36.
Algemeen Eindtermen voor deze kwalificatie worden ontwikkeld door ECABO.
CREBO 90511
Doel Zelfstandig secretariële en managementondersteunende taken verrichten, de planning voorbereiden, werkzaamheden van anderen coördineren, en nieuwe procedures bedenken.
Toelatingseisen Diploma mavo of vmbo.
Duur 3 jaar, inclusief 1280 uur beroepspraktijkvorming (bpv).
Diploma/examen De examens voor de deelkwalificaties worden gelegitimeerd door de Coöperatie Nederlandse Associatie voor Praktijkexamens.

Mogelijkheden voor verdere studie Men kan instromen naar opleidingen van niveau 4, waarbij men voor gelijkluidende deelkwalificaties vrijstelling kan krijgen.

Functiemogelijkheden Directiesecretaresse/managementassistent in een kantoorpraktijk of secretariaat.

20.1.h Mbo-opleiding niveau 3

20.1.h.1 Boekhoudkundig medewerker
(Financieel-administratief medewerker)
(financiële beroepen) (niveau 3)
Voor adres(sen) zie: ROC/MBO-4, 7, 13, 16, 22, 26, 32, 33, 39.
Algemeen
De naam van de opleiding is bij Roc van Twente: Financieel-administratief medewerker.
- Eindtermen voor deze kwalificatie worden ontwikkeld door ECABO.
- Hier worden slechts de centrale adressen vermeld. De opleiding kan in de wijde omtrek ervan worden gegeven.
CREBO 90490/93200
Doel Standaardprocedures toepassen en combineren op het terrein van de financieel-administratieve gegevensinvoer en -verwerking (met name de debiteuren- en crediteurenadministratie) en deze bij andere medewerkers controleren en begeleiden.
Toelatingseisen
- Diploma vmbo gl, vmbo kb of vmbo tl met de sector vmbo-Ec; of diploma vmbo gl, vmbo kb of vmbo tl, alle met econ., 2e moderne vreemde taal of wisk., met de sectoren vmbo-Lb, vmbo-Tech of vmbo-Z&W.
- Men kan met het diploma niveau 2: (Bedrijfs)administratief medewerker (niveau 2) met vrijstellingen in de opleiding instromen.
Duur
- 4 jaar voltijd en deeltijd.
- Bij Roc van Twente is er een 2-jarige opleiding; voor volwassenen een versnelde 1-jarige opleiding.
Mogelijkheden voor verdere studie Met vrijstellingen instromen in de opleiding van niveau 3: Commercieel medewerker binnendienst, of van niveau 4: Administrateur (financiële beroepen).
Functiemogelijkheden Boekhoudkundig medewerker op een financiële administratie of op een boekhoudkantoor, bij een bedrijf of bij de overheid.

20.1.h.2 Secretaresse (secretariële beroepen)
(niveau 3)
Voor adres(sen) zie: ROC/MBO-1, 4, 7, 10, 12, 13, 16, 17, 21, 22, 23, 26, 28, 30, 31, 32, 34, 38, 39, 40, 46, 48, 54, 60, 61.
Algemeen
- Bij Roc van Twente valt de opleiding onder crebonummer 93230.
- Eindtermen voor deze kwalificatie worden ontwikkeld door ECABO.
- Hier worden slechts de centrale adressen vermeld. De opleiding kan in de wijde omtrek ervan worden gegeven.
CREBO 93230/95380
Doel Zelfstandig uitvoeren van secretariële en administratieve werkzaamheden.
Toelatingseisen Diploma vmbo gl, vmbo kb of vmbo tl met de sector vmbo-Ec; of diploma vmbo gl, vmbo kb of vmbo tl, alle met econ., 2e moderne vreemde taal of wisk., met de sectoren vmbo-Lb, vmbo-Tech of vmbo-Z&W.
Duur
- 2-4 jaar voltijd en deeltijd.
- Roc Mondriaan: ook als avondopleiding.
Mogelijkheden voor verdere studie Met vrijstellingen instromen

in een opleiding van niveau 4: Directiesecretaresse/Managementassistent (secretariële beroepen).
Functiemogelijkheden Secretaresse in een kantoor- en secretariaatspraktijk.

20.1.h.3 LOI en NTI - afstandsonderwijs/blended learning
- Boekhoudkundig medewerker
Voor adres(sen) zie: OVER-225, ROC/MBO-36.
Algemeen Eindtermen voor deze kwalificatie worden ontwikkeld door ECABO.
CREBO 90490
Doel Standaardprocedures toepassen en combineren op het terrein van de financieel-administratieve gegevensinvoer en -verwerking, en deze bij andere medewerkers controleren en begeleiden.
Toelatingseisen Diploma mavo of vmbo.
Duur 3 jaar.
Diploma/examen De examens voor de deelkwalificaties worden gelegitimeerd door de Coöperatie Nederlandse Associatie voor Praktijkexamens.
Mogelijkheden voor verdere studie Met vrijstellingen instromen in de opleiding van niveau 3: Commercieel medewerker binnendienst.
Functiemogelijkheden Boekhoudkundig medewerker op een financiële administratie of op een boekhoudkantoor.
N.B. Verplichte praktijkervaring in het 2e jaar.

20.1.h.4 LOI en NTI - afstandsonderwijs/blended learning
- Secretaresse
Voor adres(sen) zie: OVER-225, ROC/MBO-36.
Algemeen Eindtermen voor deze kwalificatie worden ontwikkeld door ECABO.
CREBO 10049/90490
Doel Zelfstandig uitvoeren van secretariële en administratieve werkzaamheden.
Toelatingseisen Diploma mavo of vmbo.
Duur 3 jaar.
Diploma/examen De examens voor de deelkwalificaties worden gelegitimeerd door de Coöperatie Nederlandse Associatie voor Praktijkexamens.
Mogelijkheden voor verdere studie Met vrijstellingen instromen in een opleiding van niveau 4: Directiesecretaresse/Managementassistent (secretariële beroepen).
Functiemogelijkheden Secretaresse in een kantoor- en secretariaatspraktijk.
N.B. Verplichte praktijkervaring na 6 maanden studie.

20.1.i Mbo-opleiding niveau 1 of niveau 2

20.1.i.1 Administratief medewerker (niveau 1)
Voor adres(sen) zie: ROC/MBO-2, 8, 30.
Algemeen
- Eindtermen voor deze kwalificatie worden ontwikkeld door ECABO.
- Hier worden slechts de centrale adressen vermeld. De opleiding kan in de wijde omtrek ervan worden gegeven.
CREBO 10053
Doel Eenvoudige uitvoerende administratieve werkzaamheden van uitvoerende aard.
Toelatingseisen De volledige leerplicht hebben voltooid.
Duur 1 jaar voltijd en deeltijd.
Mogelijkheden voor verdere studie Met gelijkluidende vrijstellingen instromen in opleidingen van niveau 2: (Bedrijfs)administratief medewerker, of Commercieel-administratief medewerker.

Functiemogelijkheden Administratief medewerker in een kantoor- of secretariaatspraktijk.
Overige informatie Zie ook 20.1.i.2 (niveau 2; crebonummer 90470).

20.1.i.2 Bedrijfsadministratief medewerker (Secretarieel medewerker & Telefonist/receptionist) (niveau 2)
Voor adres(sen) zie: ROC/MBO-4, 7, 12, 13, 14, 26, 27, 28, 32, 33, 40, 43, 45, 48, 56, 60.
Algemeen
- Bij Roc van Twente zijn er 3 uitstroomrichtingen:
  - Bedrijfsadministratief medewerker (crebonummer 90471);
  - Secretarieel medewerker (crebonummer 90472);
  - Telefonist/Receptionist (crebonummer 90473).
- Eindtermen voor deze kwalificatie worden ontwikkeld door ECABO.
- Hier worden slechts de centrale adressen vermeld. De opleiding kan in de wijde omtrek ervan worden gegeven.
CREBO 90470
Toelatingseisen
- De volledige leerplicht hebben voltooid.
- Men kan met het diploma Administratief medewerker (niveau 1) met vrijstellingen in de opleiding instromen.
Duur 2 jaar voltijd en deeltijd.
Mogelijkheden voor verdere studie Met vrijstellingen instromen in een opleiding van niveau 3: Boekhoudkundig medewerker (financieel-administratief medewerker) (financiële beroepen), of Secretaresse (secretariële beroepen); of in een opleiding van niveau 2: Commercieel-administratief medewerker.
Functiemogelijkheden Bedrijfsadministratief medewerker in een kantoorpraktijk.

20.1.i.3 LOI en NTI - afstandsonderwijs/blended learning - medewerker (niveau 1)
Voor adres(sen) zie: OVER-225, ROC/MBO-36.
Algemeen Eindtermen voor deze kwalificatie worden ontwikkeld door ECABO.
CREBO 10053/90470
Doel Eenvoudige administratieve werkzaamheden van uitvoerende aard.
Toelatingseisen De volledige leerplicht hebben voltooid.
Duur 9 maanden.
Diploma/examen De examens voor de deelkwalificaties worden gelegitimeerd door de Coöperatie Nederlandse Associatie voor Praktijkexamens.
Mogelijkheden voor verdere studie Met gelijkluidende vrijstellingen instromen in opleidingen van niveau 2: (Bedrijfs)administratief medewerker, of Commercieel-administratief medewerker.
Functiemogelijkheden Administratief medewerker in een kantoor- of secretariaatspraktijk.
N.B. Verplichte praktijkervaring na 6 maanden studie.

20.1.i.4 LOI en NTI - afstandsonderwijs/blended learning - Bedrijfsadministratief medewerker (niveau 2)
Voor adres(sen) zie: OVER-225, ROC/MBO-36.
Algemeen Eindtermen voor deze kwalificatie worden ontwikkeld door ECABO.
CREBO 10045/90471
Toelatingseisen De volledige leerplicht hebben voltooid.
Duur 2 jaar schriftelijk.
Diploma/examen De examens voor de deelkwalificaties worden gelegitimeerd door de Coöperatie Nederlandse Associatie voor Praktijkexamens.
Mogelijkheden voor verdere studie Met vrijstellingen instromen in een opleiding van niveau 3: Boekhoudkundig medewerker (financieel-administratief medewerker) (financiële beroepen), of een opleiding van niveau 2: Commercieel-administratief medewerker.
Functiemogelijkheden Bedrijfsadministratief medewerker in een kantoorpraktijk.
N.B. Verplichte praktijkervaring in het 2e jaar.

20.1.i.5 LOI en NTI - afstandsonderwijs/blended learning - Secretarieel medewerker (niveau 2)
Voor adres(sen) zie: OVER-225, ROC/MBO-36.
Algemeen Eindtermen voor deze kwalificatie worden ontwikkeld door ECABO.
CREBO 90472
Doel In opdracht met gebruikmaking van standaardprocedures routinematige secretariële werkzaamheden uitvoeren op het gebied van data- en tekstverwerking.
Toelatingseisen De volledige leerplicht hebben voltooid.
Duur 18 maanden.
Diploma/examen De examens voor de deelkwalificatie worden gelegitimeerd door de Coöperatie Nederlandse Associatie voor Praktijkexamens.
Mogelijkheden voor verdere studie Een opleiding van niveau 3: Secretaresse (secretariële beroepen), waarbij men voor gelijkluidende deelkwalificaties vrijstelling kan krijgen.
Functiemogelijkheden Medewerker in een kantoor- en secretariaatspraktijk.
N.B. Verplichte praktijkervaring in het 2e studiejaar.

20.1.i.6 Secretarieel medewerker (niveau 2)
Voor adres(sen) zie: ROC/MBO-4, 13, 14, 15, 16, 17, 20, 21, 22, 23, 24, 26, 27, 31, 37, 38, 54, 60.
Algemeen
- Eindtermen voor deze kwalificatie worden ontwikkeld door ECABO.
- Hier worden slechts de centrale adressen vermeld. De opleiding kan in de wijde omtrek ervan worden gegeven.
CREBO 90470/90472
Doel In opdracht met gebruikmaking van standaardprocedures routinematige secretariële werkzaamheden uitvoeren op het gebied van data- en tekstverwerking.
Toelatingseisen
- De volledige leerplicht hebben voltooid.
- Men kan met het diploma Administratief medewerker (niveau 1) met vrijstellingen in de opleiding instromen.
Duur 2 jaar voltijd en deeltijd.
Mogelijkheden voor verdere studie Een opleiding van niveau 3: Secretaresse (secretariële beroepen), waarbij men voor gelijkluidende deelkwalificaties vrijstelling kan krijgen.
Functiemogelijkheden Assistent-secretaresse in een kantoor- en secretariaatspraktijk.

20.2 EXAMENINSTELLINGEN ADMINISTRATIEVE SECTOR

20.2.l Overige opleidingen

Algemeen In deze paragraaf worden alleen de exameninstellingen vermeld.

20.2.l.1 Stichting Bureau voor Certificering en Examinering (BCE)
Voor adres(sen) zie: DIEN-30.
Algemeen Het BCE fungeert als examenbureau voor de secretariële vakken binnen de BCE.
Diploma/examen
- Medisch secretariaat: medische correspondentie - medische kennis - medische terminologie.
- Secretariaat: balietechniek - kantoorpraktijk - praktijkexamen notuleren - telefoneren Nederlands - telefoneren vreemde taal.

20.2.l.2 Coöperatie Nederlandse Associatie voor Examinering U.A.
Voor adres(sen) zie: DIEN-2.
Doel Het afnemen van een aantal praktijkexamens onder toezicht van een rijksgecommitteerde.
Toelatingseisen Alleen voor toelating tot het examen MBA worden eisen gesteld.
Duur De duur van de opleidingen voor de examens wordt vermeld door de instellingen die voor de examens opleiden.
Diploma/examen De Associatie neemt de volgende examens af: assistent controller - basiskennis boekhouden - basiskennis calculatie - basiskennis management - computerboekhouden - financieel management - integraal hoger management - kwaliteitsmanagement - logistiek management - loonadministratie - middle management (PMM) - Moderne BedrijfsAdministratie (MBA) - personeelsmanagement - PraktijkDiploma Bestuurlijke Informatie-Voorziening (PD BIV) - praktijkdiploma boekhouden - schriftelijke en mondelinge taalexamens Nederlands, Frans, Duits, Engels en Spaans - taalexamens (Kamer van Koophandel) - tolk/vertaler (SNEVT); voortgezet management.

20.2.l.3 Vereniging van Leraren in Stenografie, Machineschrijven, Administratief en Handelsonderwijs (VLISMAH)
Voor adres(sen) zie: DIEN-28.
Diploma/examen De VLISMAH is gespecialiseerd in het afnemen van examens op het gebied van computervakken. Zij neemt landelijk examens af op instituten en scholen. De VLISMAH is bevoegd de zogenoemde Crebo-toetsen te legitimeren.
De mogelijkheid bestaat om examens af te leggen die deel uitmaken van het Digitaal Rijbewijs VLISMAH.
Examens o.a.:
- Elementair tekstverwerken.
- Tekstverwerking basis.
- Tekstverwerking praktijk.
- Toetsenbordvaardigheid.
- Toetsenbordvaardigheid praktijk.

Overige informatie De VLISMAH is lid van Interinfo, de Nederlandse landgroep van de Internationale Federatie Intersteno. Interinfo houdt zich bezig met informatieverwerking en communicatie.

20.3 OPLEIDINGEN ADMINISTRATIEVE SECTOR

Algemeen In deze paragraaf is een keuze uit de vele opleidingsinstellingen opgenomen. Deze vermeldingen zijn helaas per definitie onvolledig omdat het zeer ruime opleidingsaanbod zich voortdurend wijzigt.

20.3.f Hbo-bacheloropleiding

20.3.f.1 Business School Notenboom
Zie ook: 20.3.l.3.
Voor adres(sen) zie: HBO-77, 113, 137.
Algemeen Hbo-bacheloropleidingen.
Opleidingen Kort (1-jarig) en lang hbo in de sectoren: Bedrijfsadministratie - Hotelmanagement - Marketing en communicatie - Personeelsmanagement - Toerisme en recreatie.

20.3.f.2 HS Wittenborg
Voor adres(sen) zie: HBO-37.
Algemeen Korte bachelor-dagpleidingen op hbo-niveau met verschillende specialisaties; een aantal ervan leidt op voor deelname aan landelijk erkende examens.
Toelatingseisen Diploma havo; mbo niveau 4.
Duur 2 of 2,5 jaar dagopleiding.
Lesprogramma Bedrijfsadministratie - bedrijfseconomie - belastingrecht - marketing - management - informatica - talen - gastcolleges - bedrijfsbezoeken.
Functiemogelijkheden Midden- en hogere managementfuncties.

20.3.f.3 Nationale Handels Academie (NHA)
Zie ook: 17.1.f.6, 17.1.l.7, 17.8.f.7, 17.8.l.7, en 20.3.l.9.
Voor adres(sen) zie: OVER-274.
Algemeen
- Door het ministerie van OCW erkend afstandsonderwijs.
- De NHA geeft onder meer opleidingen op hbo- en mbo-niveau.
Opleidingen
- *MBO:*
  - Beveiliging: diverse opleidingen.
  - Kantoor: diverse opleidingen.
  - Onderwijs: diverse opleidignen.
  - Welzijn en pedagogiek: diverse opleidingen.
  - Zorg: diverse opleidingen.
- *HBO:*
  - Bedrijfskunde: diverse opleidingen.
  - Psychologie en counseling: diverse opleidingen.

20.3.f.4 HS/Instituut Schoevers hbo- en mbo-opleidingen - administratie en secretariaat
Zie ook: 20.3.l.11.
Voor adres(sen) zie: HBO-119.
Algemeen Hbo-bacheloropleidingen.
Opleidingen
- Accountmanagement.
- Marketingmanagement.
- Officemanagement.
- Toeristisch management.

20.3.g Mbo-opleiding niveau 4

20.3.g.1 Markus Verbeek Praehep
(mbo- en mbo-plusopleidingen)
Voor adres(sen) zie: HBO-114.
Algemeen Bedrijfseconomische en bedrijfsadministratieve opleidingen voor examens die worden afgenomen door of onder toezicht van de overheid.
Opleidingen
- *Mbo-opleidingen:*
  • Basiskennis Calculatie (4 maanden).
  • Basiskennis Boekhouden (4 maanden).
  • Boekhouden in 2 dagen (2 dagen van ieder 6 uur).
  • Credit collector (4 maanden).
  • Debiteurenbeheerder (4 maanden).
  • Medewerker Administratiekantoor (1,5 jaar).
  • Praktijkdiploma Boekhouden (4 maanden per module).
- *Mbo-plus-opleidingen:*
  • Belastingassistent (4 maanden).
  • Moderne Bedrijfsadministratie (4-8 maanden per module).
  • Praktijkdiploma Bestuurlijke informatievoorziening (4 maanden).
  • Praktijkdiploma Loonadministratie (4 maanden).
Overige informatie HS Markus Verbeek heeft opleidingslocaties te Almere, Amersfoort, Amsterdam, Bergen op Zoom, Breda, Den Bosch, Den Haag, Drachten, Ede, Eindhoven, Enschede, Goes, Groningen, Haarlem, Leeuwarden, Leiden, Maastricht, Nijmegen, Rotterdam, Schagen, Utrecht en Zwolle.

20.3.l Overige opleidingen

20.3.l.1 Academie Mercuur BV
Voor adres(sen) zie: OVER-175.
Opleidingen
- *Avondopleidingen:*
  kantoorassistent; receptionist/telefonist; secretaresse Nederlands; secretaresse allround; directiesecretaresse.
- *Bedrijfstrainingen:*
  managementcursussen; public relations en voorlichting; arbeidsomstandigheden; kwaliteitsverbetering; veiligheidstrainingen; ehbo; diverse modulen voor ondernemingsraden en medezeggenschapscommissies; computercursussen en -trainingen; basiscursussen schriftelijke en mondelinge beheersing van de Nederlandse taal; schriftelijke communicatievaardigheid; mondelinge communicatievaardigheid; tweegesprekken voeren; individuele ontwikkeling; vergadervaardigheid; begeleiding ziekteverzuim; sociale vaardigheden; trainingen postregistratie en archivering; bedrijfskunde; taaltrainingen; leertrajecten; coaching; begeleiding kwaliteits- en certificeringstrajecten; begeleiding reorganisatie- en outplacementtrajecten; werkconferenties.
- *Dagopleidingen:*
  kantoorassistent plus; receptionist/telefonist/assistent secretaresse plus; secretaresse plus; medisch secretaresse plus; juridisch secretaresse plus; directiesecretaresse plus; financieel-administratief medewerkster.
- *Pc-trainingen:*
  PraktijkDiploma Informatica (PDI, module NB 1 - module MB 2 - module MG 3W - combinatie PDI); Windows basis; Windows vervolg; Word voor Windows basis; Word voor Windows vervolg; Excel voor Windows basis; Excel voor Windows vervolg; Access voor Windows basis; Access voor Windows vervolg; PowerPoint

voor Windows; boekhouden op de pc met E-Account; Internet; Outlook; Frontpage.

20.3.l.2 Boertien Vergouwen Overduin (BVO)
Zie ook 19.1.l.3.
Voor adres(sen) zie: OVER-204.
Algemeen Trainingen op het gebied van sociale, communicatieve en managementvaardigheden, schriftelijke vaardigheden en trainingen voor secretaresses.
Opleidingen
- Communicatieve vaardigheden.
- Didactische vaardigheden.
- Managementvaardigheden.
- Schriftelijke communicatie.
- Secretaressevaardigheden.
- Trainingen in het Engels.
Duur 1-8 dagen.

20.3.l.3 Business School Notenboom
Zie ook: 20.3.f.1.
Voor adres(sen) zie: HBO-77, 113, 137.
Cursussen Avondcursussen:
- *Beroepsopleidingen in deeltijd:*
  directiesecretaresse - internationaal secretaresse - managementassistent - office-assistent - pr-assistent - receptionist - secretaresse - toeristisch managementassistent.
- *Communicatieopleidingen:*
  etiquette - speech en presentatie.
- *Computeropleidingen:*
  Access - Excel - Windows.
- *Financieel-administratieve opleidingen:*
  BasisKennis Boekhouden (BKB) - Moderne BedrijfsAdministratie (MBA) - PraktijkDiploma Boekhouden (PDB).
- *Horeca:*
  basisvakbekwaamheid horeca - cafébedrijf - sociale hygiëne.
- *Marketing-, management- en pr-opleidingen:*
  basiscursus public relations - marketing NIMA-A - marketing NIMA-B - middle management PMM - NIMA Sales-A - opstapcursus NIMA-A - PR-A en voorlichting.
- *Office-opleidingen:*
  balie- en telefoontechnieken - notuleren - officemanagement - steno Nederlands en Engels.
- *Taalstudies:*
  bedrijfscorrespondentie Nederlands, Engels, Duits en Frans - buitenlandse taaldiploma's: Cambridge First Certificate in English, Cambridge Advanced English - conversatiecursussen Duits, Engels, Frans, Italiaans en Spaans - correspondentie Nederlands en moderne talen.
- *Toerisme:*
  IATA/UFTAA Advanced level - IATA/UFTAA Standard level.
- *Toetsenbordvaardigheid en tekstverwerken:*
  combicursus toetsenbordvaardigheid/tekstverwerking - tekstverwerken - gevorderd tekstverwerken - toetsenbordvaardigheid.

20.3.l.4 Edunoord/Röben
Voor adres(sen) zie: OVER-221.
Algemeen Opgeleid wordt voor de examens van NIBE-SVV, SEFD, SEH en SVM-NIVO.

20.3.I.5 ICM Opleidingen
Voor adres(sen) zie: OVER-319.
Algemeen 180 opleidingen, zowel in de vorm van incompany trainingen, maatwerk, als via e-learning.
Opleidingen op de terreinen van:
- coachen als beroep;
- communicatie;
- financieel management;
- leiderschap en management;
- management support;
- marketing;
- mediation als beroep;
- personeelsmanagement;
- psychologie;
- persoonlijke effectiviteit;
- proces- & projectmanagement;
- sales;
- trainen als beroep.

20.3.I.6 IVIO Opleidingen
Voor adres(sen) zie: OVER-3.
Algemeen Praktijkgerichte opleidingen op het gebied van administratie en taal.
Opleidingen
- Administratief medewerker.
- Administratief medewerker commercieel.
- Administratief medewerker financieel.
- Medewerker projectadministratie.
- Receptionist.
- Secretarieel medewerker.
- Taalsterk voor pedagogisch medewerkers VVE.

Cursussen
- Computergebruiker.
- Excel expert.
- Sterk naar werk.
- Taal op de werkvloer.
- Taalophoging A0-B1.
- Word expert.

20.3.I.7 Linnartz van Binsbergen
Voor adres(sen) zie: OVER-259.
Opleidingen
- *Administratie:*
  typen/Qwerty-typen - notuleren - bedrijfscorrespondentie - diverse Europese talen - klantgericht telefoneren - assurantie B - basiskennis boekhouden - basiskennis computerboekhouden Exact - middenstandsdiploma (nieuwe stijl) - praktijkdiploma loonadministratie - praktijkdiploma boekhouden - Moderne BedrijfsAdministratie (MBA) - basisopleiding receptionist/informatrice - medisch receptionist/informatrice - basisopleiding secretaresse - medisch secretaresse - juridisch secretaresse - secretaresse/managementassistente - secretaresse/marketingassistente - secretaresse/public relations-assistente - directiesecretaresse - secretaresse/vastgoed-assistente - secretaresse/verkoopassistente - beleggen en speculeren.
- *Beveiliging:*
  algemeen beveiligingsmedewerker - vakdiploma beveiliging/-bewaking - kaderdiploma beveiliging/bewaking.
- *Commercie:*
  praktijkdiploma marketing - marketing NIMA-A - marketing NIMA-B - reclame en promotie - public relations NIMA-A - public

relations NIMA-B - verkooptraining - timemanagement - middle management - hoger management - logistiek managementassistent - klantgerichte bedrijfsopleidingen - public relationsmanagement - accountmanagement - salesmanagement - officemanagement - marketingmanagement - businessmanagement - logistiek management - toeristisch management - horecamanagement - sollicitatietraining - makelaardij SVM-opleiding - binnenhuisarchitectuur - call center.
- *Computertrainingen:*
  basisopleiding computer tekstverwerking - MS Word vervolg - basisopleiding Windows - basisopleiding Excel - Access - Office.
- *Ondernemer:*
  vakdiploma medische terminologie - vakdiploma medische correspondentie - juridische correspondentie - vakbekwaamheid reisbureaubedrijf - medewerkster inkomend reisverkeer/toerisme (MIRT) - dictafoontraining - vakbekwaamheid café - sociale hygiëne - vakbekwaamheid restaurant - hostess/reisleidster - basisopleiding intercedent - vakdiploma Uitzendkunde.

Cursussen
Diverse 1-daagse workshops:
- commerciële vaardigheden.
- Jobcoaching.
- Marketing.
- Nederlandse spelling.
- Solliciteren.
- Teambuilding.
- Telefoneren.
- Timemanagement.
- Verkoop.

20.3.I.8 LOI - afstandsonderwijs - Administratie, bedrijfscorrespondentie, economie, secretariaat, taalvaardigheid
Voor adres(sen) zie: OVER-225.
Opleidingen
- *Administratie:*
  BasisKennis Boekhouden (BKB) - basisdiploma boekhouden - PraktijkDiploma Boekhouden (PDB) - Moderne BedrijfsAdministratie (MBA) - SPD-bedrijfsadministratie - Accountant-Administratieconsulent (AA) - repetitiecursussen PDB + MBA + SPD - medewerker loonadministratie - PraktijkDiploma Loonadministratie (PDL) - medewerker debiteurenbeheer - medewerker voorraadbeheer - boekhouden op de pc (met Exact-software E-Account) - loonadministratie op de pc (met Exact-software E-Salaris) - voorraadbeheer op de pc (met Exact-software E-Voorraad) - BasisKennis Calculatie (BKC) - houder administratiekantoor - beleggen in de praktijk - basisdiploma bedrijfseconomie - praktijkdiploma's bedrijfseconomie, wiskunde, statistiek - mbo-Bedrijfsadministratie.
- *Bedrijfscorrespondentie:*
  effectieve bedrijfscorrespondentie Nederlands, Duits, Engels, Frans - praktijkdiploma's Nederlands, Duits, Engels, Frans (ook repetitiecursussen).
- *Economie:*
  beleggen in de praktijk - basisdiploma bedrijfseconomie - praktijkdiploma's bedrijfseconomie + wiskunde + statistiek.
- *Secretariaat:*
  receptionist-telefonist - administratief assistent - junior secretaresse - secretaresse - secretaresse PZ (PersoneelsZaken) - directiesecretaresse - juridisch secretaresse - managementassistent - officemanager - machineschrijven/typen op de pc - typen en

tekstverwerken (W.P. + Word) - stenografie Nederlands - mbo-Secretarieel.
- *Taalvaardigheid:*
schrijf goed Nederlands - taal en stijl - praktijkdiploma algemene correspondentie - spelling en grammatica - doelgericht formuleren - notuleren - rapporteren - verbetering leestechniek.

20.3.I.9 Nationale Handels Academie (NHA)
Zie 17.1.f.6, 17.1.l.7, 17.8.f.7, 17.8.l.7, en 20.3.f.3.
Voor adres(sen) zie: OVER-274.
Algemeen
- Door het ministerie van OCW erkend afstandsonderwijs.
- De NHA geeft onder meer opleidingen op hbo- en mbo-niveau.
Cursussen
- Administratie.
- Administratie en informatica.
- Bedrijfsadministratie/secretariaat.
- Bedrijfscorrespondentie.
- Management.
- Marketing en reclame.
- Muziek.
- Pc, informatica en internet.
- Pr.
- Staatsexamens vmbo, havo en vwo.
- Talen.

20.3.I.10 NTI - blended learning - Administratie
Voor adres(sen) zie: ROC/MBO-36.
Opleidingen
- BasisKennis Boekhouden (BKB).
- BasisKennis Calculatie (BKC).
- Boekhouden op de pc met E-Account 3.0 voor Windows.
- Houder administratiekantoor.
- Moderne BedrijfsAdministratie (MBA).
- Nederlands (SCN).
- PraktijkDiploma Boekhouden (PDB).
- PraktijkDiploma Loonadministratie (PDL).
- Receptionist.
- Schriftelijke communicatie.
- Secretaresse.

20.3.I.11 Schoevers opleidingen
Voor adres(sen) zie: HBO-119.
Algemeen Schoevers Opleidingen kent vele opleidingen binnen HS Schoevers, Schoevers Avondopleidingen, Schoevers Bedrijfsopleidingen, Schoevers College, en Sporters Business Classes.
Opleidingen
- *Schoevers avondopleidingen:*
trainingen secretariële vaardigheden - Nederlands en vreemde talen - toerisme - management - marketing - public relations en communicatie - bedrijfsadministratie en economie - computercursussen.
- *Schoevers bedrijfsopleidingen:*
organiseert trainingen en verleent diensten, zoals opleidingsadvisering, organisatieadvisering en coaching, gericht op werkenden in de administratief/secretariële sector (zowel open inschrijvingen als maatwerk).
- *Schoevers college:*
  • Na minimaal vmbo tl + 1 vreemde taal: receptionist/assistent-secretaresse.
  • Na minimaal vmbo tl + 2 vreemde talen: secretarieel medewerker/secretaresse.
  • Na minimaal havo + 2 vreemde talen: directiesecretaresse/managementassistent algemene variant - directiesecretaresse/managementassistent, met specialisaties: juridisch, medisch, personeelszaken, marketing, communicatie/pr - zakelijk verkeer/reizen - international business assistant met de specialisaties: Engeland, Frankrijk, Italië, Spanje of de USA.
- *Sporters Business Classes:*
deze opleiding is bedoeld voor topsporters die bewust bezig willen zijn met hun carrière na(ast) de sport.
Cursussen Applicatiecursussen.
Toelatingseisen Voor Schoevers College: zie voor de toelatingseisen onder het item Opleidingen.
Overige informatie De beroepsopleidingen in voltijd en in deeltijd, en de trainingen kunnen worden gevolgd bij vestigingen te Amsterdam, Arnhem, Den Haag, Eindhoven, Rotterdam, Utrecht, en Zwolle.

20.3.I.12 SOD I en II
Zie 22.1.g.5, 22.1.f.4.

20.3.I.13 Studiecentrum Amersfoort - administratieve beroepsopleidingen
Voor adres(sen) zie: OVER-14.
Opleidingen
- *Computercursussen:*
  • Combinatiemogelijkheden Windows/Word - Windows/Excel - typen/Word/Internet.
  • Computertypen.
  • Computertypen/tekstverwerken.
  • Digitaal rijbewijs onderwijs.
  • Digitale beeldbewerking.
  • Internet.
  • Microsoft Access.
  • Microsoft Excel.
  • Microsoft Office.
  • Microsoft Outlook.
  • Microsoft PowerPoint.
  • Microsoft Windows.
  • Ori'ntatie computergebruik.
  • Seniorencursus.
  • Tekstverwerking basis.
  • Tekstverwerking vervolg.
  • Zelf een webpagina maken.
- *Secretariële opleidingen:*
  • Administratief medewerker.
  • Basiskennis boekhouden.
  • Computerboekhouden met Exact.
  • Conversatie Engels.
  • Correspondentie Nederlands.
  • Cursus voor herintreders.
  • Financieel-administratief medewerker.
  • Junior-secretaresse.
  • Managementassistente.
  • Medisch registratie assistent.
  • Notuleren.
  • Medewerker PersoneelsZaken (MPZ).
  • Officemanager.
  • Receptioniste/Telefoniste.
  • Secretaresse.

- Secretarieel medewerker.
- Secretariaatspraktijk.
- Stenografie Nederlands.

20.3.l.14 Volwassenenonderwijs - administratie
Voor adres(sen) zie: ROCCO-1, 2, 5, 7, 8, 9, 10, 11, 12, 13, 14, 15, 18, 19, 20, 23, 25, 26.
Algemeen Opleidingen voor de examens van o.a. de Coöperatie Nederlandse Associatie voor Praktijkexamens en NEMAS.
Opleidingen
- Basiskennis boekhouden.
- Basiskennis calculatie.
- Communicatieve vaardigheden.
- Computerboekhouden.
- Effectief vergaderen.
- Moderne bedrijfsadministratie.
- Notuleren.
- Ondernemersdiploma.
- Operationeel management.
- PD financieel management rapportage.
- PD loonadministratie.
- PD middle management.
- PraktijkDiploma boekhouden (PD).
- Schriftelijke communicatie: Nederlands of Engels.
Toelatingseisen Meestal is diploma mavo of vmbo tl voldoende.
Duur Ongeveer 1 jaar (1 avond per week).

20.3.l.15 Volwassenenonderwijs - secretariaat
Voor adres(sen) zie: ROCCO-1, 5, 11, 14, 15, 18, 22, 23, 25, 26.
Algemeen Opleidingen voor de examens van het Bureau voor CErtificering (BCE).
Opleidingen
- Afdelingssecretaresse.
- Directiesecretaresse.
- Medisch assistente.
- Medisch secretaresse.
- Receptionist.
- Secretaresse.
- Telefonist/Baliemedewerker.
Toelatingseisen Afhankelijk van de opleiding varieert de toelatingseis van geen speciale vooropleiding tot bijvoorbeeld het diploma havo of een praktijkdiploma van de Nederlandse Associatie.
Duur Van een half jaar tot een jaar (1 avond per week).

20.3.l.16 Winford
Zie 2.10.m.7.

20.4 OPENBAAR BESTUUR

Algemeen In deze paragraaf vindt men algemeen-bestuurlijke opleidingen voor ambtelijke functies bij het openbaar bestuur.
Met vrijwel alle vooropleidingen die in deze Gids worden genoemd, kan men als ambtenaar een functie uitoefenen. Wanneer men eenmaal als ambtenaar in dienst van de overheid is aangenomen, kan men voor interne gespecialiseerde vervolgopleidingen worden geselecteerd. Men kan hierover nadere informatie vragen bij de opleidingsafdeling van de desbetreffende overheidsdienst.

- Voor organisatieschema's van de verschillende ministeries raadplege men de Staatsalmanak die elk jaar verschijnt (SDU, Den Haag: www.sdu.nl).

- Voor politicologie zie: paragraaf 20.5.
- Voor rechtsgeleerdheid en rechtspraak zie: paragraaf 20.9.

20.4.a Postacademisch onderwijs (pao)

20.4.a.1 Public Administration (EUR, UL, UT)
Voor adres(sen) zie: WO-20, 30, 37.
Algemeen Deze opleiding wordt gegeven aan de Nederlandse School voor Openbaar Bestuur, die deel uitmaakt van de EUR, aan de UL (vestigingen: Den Haag en Leiden), en aan de UT.
In Leiden is er ook een onderzoeksmaster van deze studie.

20.4.b Wo-masteropleiding

20.4.b.1 Bestuur en beleid voor professionals (UU)
Voor adres(sen) zie: WO-44.
Algemeen Wo-masteropleiding.
Toelatingseisen Diploma wo-bachelor Bestuurs- en organisatiewetenschap, of van een vergelijkbare studie.
Duur 1-2 jaar.

20.4.b.2 European and international business law (advanced) (UL)
Voor adres(sen) zie: WO-30.
Algemeen Wo-masteropleiding.
Doel Gericht op het bestuderen van het management en de besluitvorming in het openbaar bestuur: de manier waarop overheid, bedrijfsleven, andere organisaties en burgers werken aan bestuurlijke vraagstukken, zoals de zorg voor het milieu, de werkgelegenheid, de Europese integratie, het terugdringen van criminaliteit, het sociale stelsel, de relaties tussen overheid en bedrijfsleven, de aanleg van wegen en spoorlijnen, de verbetering van contacten tussen burgers en overheid, en de problemen van de grote steden.
Toelatingseisen Diploma wo-bachelor op het gebied van de bestuurskunde, of van een vergelijkbare studie.
Duur
- 1-2 jaar.
- UL: ook in deeltijd.

20.4.b.3 Public and Non-Profit Management (MPM) (TIAS)
Voor adres(sen) zie: WO-17, 38.
Algemeen Wo-Executive masteropleiding.
Doel General management-programma; legt basis voor: leren waarnemen van ontwikkelingen waarvoor strategische beleidsaanpassingen zijn vereist; vertalen van deze waarnemingen in beleidsmaatregelen; omzetten van dit beleid in praktische instrumenten voor dagelijkse leiding en uitvoering.
Toelatingseisen
- Diploma bachelor van dezelfde studie, of een vergelijkbaar wo-bachelordiploma, of getuigschrift hbo.
- Werkzaam in een lijn- of staffunctie in een non-profit- of overheidsorganisatie.
Duur 15 maanden deeltijd.
Diploma/examen Na afronding van de studie is men Master of Public and Non-Profit Management (MPM).

20.4.c Wo-bacheloropleiding

20.4.c.1 Bestuurs- en organisatiewetenschap (UU, VUA)
Voor adres(sen) zie: WO-9, 44.
Algemeen Wo-bacheloropleiding (ook duaal, ook niet bekostigd).
Doel Gericht op openbaar bestuur en maatschappelijke omgeving.
Toelatingseisen
- Deeltijdopleiding: getuigschrift hbo-Bestuurskunde of een andere maatschappijgerichte opleiding.
- Voltijdopleiding: diploma vwo (wisk. A of B); vwo-profiel C&M (+ wisk. A of B I), E&M, N&T; propedeuse of getuigschrift/diploma van een hbo of van de OUNL (wisk. A of B).
- Voor voltijd- en deeltijdopleiding geldt: als men 21 jaar of ouder is, komt men in aanmerking voor een colloquium doctum.
Duur 3 jaar voltijd.
Lesprogramma Specialisaties:
- VUA: Bestuurswetenschap - Organisatiewetenschap.
Aansluitende masteropleidingen
- EUR, RU, TiU, VUA: Bestuurskunde.
- UU: Bestuur en beleid voor professionals.
Functiemogelijkheden Beleidsmedewerker, beleidsadviseur, organisatieadviseur, projectmanager, accountmanager, financieel manager, juridisch adviseur.

20.4.c.2 Public and Non-Profit Management (MPM)/Beleidsvoering in non-profit- en overheidsorganisaties II (MPM) (TIAS, TU/e)
Voor adres(sen) zie: WO-17, 38.
Algemeen Wo-bacheloropleiding.
Doel General management-programma; legt basis voor: leren waarnemen van ontwikkelingen waarvoor strategische beleidsaanpassingen zijn vereist; vertalen van deze waarnemingen in beleidsmaatregelen; omzetten van dit beleid in praktische instrumenten voor dagelijkse leiding en uitvoering.
Duur 3 jaar voltijd.
Aansluitende masteropleidingen Executive masterstudie met dezelfde Engelse naam, eveneens bij TIAS.

20.4.f Hbo-bacheloropleiding

20.4.f.1 Bestuurskunde/overheidsmanagement (Avans HS, Avans+, Haagse HS, HS NCOI, HvA, NHL, Saxion HS)
Voor adres(sen) zie: HBO-28, 49, 54, 61, 89, 115, 124.
Algemeen
- Hbo-bacheloropleiding voor advies- en beleidsfuncties binnen en rond het openbaar bestuur.
- Avans+ en HS NCOI worden niet bekostigd door de overheid.
Toelatingseisen
- Diploma havo (wisk. A of B of econ. of handelsw.); havo-profiel C&M, E&M, N&T (+ econ. I), N&G (+ econ. I); vwo; vwo-profiel C&M (+ econ. I), E&M, N&T (+ econ. I), N&G (+ econ. I); mbo niveau 4 (wisk. of alg. econ. of comm. econ. of bedr.econ. of bedr. adm.).
- Of 21 jaar of ouder zijn en toegelaten worden op grond van een toelatingsonderzoek.
- Den Bosch: mbo niveau 4, geen vakkenpakket-eisen.
- Leeuwarden: geen vakkenpakket-eisen.
Duur 4 jaar voltijd en deeltijd.
Lesprogramma Specialisaties:
- Leeuwarden (NHL): Going green (minor) - Human factors (minor) - Ondernemen (minor).

- HS NCOI: Juridische aspecten van burgerzaken - Lokale overheid - Milieukunde.
Aansluitende masteropleidingen HAN: Bedrijfskunde in zorg en dienstverlening (verkort).
Functiemogelijkheden Beleidsmedewerker bij overheid en non-profitorganisaties; onderzoeksmedewerker, organisatieadviseur, projectleider, beleidsmedewerker personeel en organisatie.
- Leeuwarden: financieel beleidsmedewerker; controller.

20.4.g Mbo-opleiding niveau 4

20.4.g.1 Juridisch medewerker openbaar bestuur (niveau 4)
Voor adres(sen) zie: ROC/MBO-13, 32.
Algemeen
- Eindtermen voor deze kwalificatie worden ontwikkeld door ECABO.
- Hier worden slechts de centrale adressen vermeld. De opleiding kan in de wijde omtrek ervan worden gegeven.
CREBO 90432/94892
Doel Ontwikkeling van regelgeving, en helpen bij het toezicht en de naleving ervan.
Toelatingseisen
- Diploma vmbo gl, vmbo kb of vmbo tl met de sector vmbo-Ec; of diploma vmbo gl, vmbo kb of vmbo tl, alle met econ., 2e moderne vreemde taal of wisk., met de sectoren vmbo-Lb, vmbo-Tech of vmbo-Z&W; of gelijkwaardig.
- Minimumleeftijd voor de deeltijdopleiding: 18 jaar.
Duur 3 jaar voltijd of 2 jaar deeltijd.
Mogelijkheden voor verdere studie Via het mhbo-traject naar het hbo.
Functiemogelijkheden Medewerker bij de diverse vormen van openbaar bestuur, zoals overheid, waterschap en Kamer van Koophandel, maar ook bij grotere bedrijven.

20.4.l Overige opleidingen

20.4.l.1 Belastingdienst
Voor adres(sen) zie: OVER-138.
Doel Opleidingen en opleidingsadviezen op maat dragen bij aan de voortdurende verbetering van overheidsorganisaties. Ze richten zich op overheidsmedewerkers van elk niveau, die hun kennis, inzicht en persoonlijke effectiviteit willen vergroten.
Opleidingen Deze expertisegebieden staan centraal:
- Beleids- en bestuurskunde.
- HRM en bedrijfsvoering.
- Management en leiderschap.
- Persoonlijke effectiviteit.
Duur Opleidingen van korte 2-daagse cursussen tot 1-jarige loopbaanondersteunende opleidingen.

20.4.l.2 Bestuursacademie
Voor adres(sen) zie: OVER-354.
Algemeen De keuze van een opleiding binnen de Bestuursacademie is afhankelijk van de huidige werkzaamheden van de student en van diens vooropleiding.
In overleg met de studieadviseur van de instelling waar men werkt, kan een opleidingstraject worden opgezet. In sommige gevallen zal men daarbij gebruik moeten maken van aanlooptrajecten, zoals een basisjaar of een voorbereidend jaar.

Opleidingen
- *Functievoorbereidende opleidingen:*
  - BestuursAmbtenaar (BA): na een voorbereidend jaar en een basisjaar zijn er de volgende afstudeervarianten:
    - Algemeen juridische zaken.
    - Burgerzaken.
    - Financieel medewerker.
    - Volkshuisvesting, ruimtelijke ordening en milieu.
    - Vrije afstudeervariant.
    - Zorg, welzijn en onderwijs.
- *Functiegerichte opleidingen:*
  - Administratief ambtenaar burgerzaken.
  - Administratief belastingambtenaar.
  - Adviseur grondontwikkeling.
  - Ambtenaar bouw- en woningtoezicht 3 (kopstudie).
  - Basisopleiding Gemeentelijke sociale dienstverlening.
  - Beheerder informatie en communicatietechnologie.
  - Belastingdeurwaarder.
  - Beleidscoördinatie en bestuursondersteuning.
  - Beleidsmedewerker P&O.
  - Buitengewoon opsporingsambtenaar.
  - Casemanager Sociale dienst.
  - Casemanager Verzuim.
  - Coördinator Waardering onroerende zaken.
  - Financieel medewerker.
  - Handhaving milieuwetgeving.
  - Heffingsambtenaar lokale overheden.
  - Hogere opleiding personeelsfunctionaris.
  - Invorderingsambtenaar.
  - Juridisch kwaliteitsmedewerker gemeentelijke sociale dienstverlening.
  - Leerplichtambtenaar.
  - Medewerker Personeelsadministratie.
  - Medewerker Publiekszaken.
  - Personeelsfunctionaris.
  - Overheidscontroller.
  - Personeelsmanagement (VO).
  - Senior medewerker Publiekszaken.
  - Strategisch Personeelsbeleid.
  - WOZ-medewerker.
- *Hogere BestuursDienstOpleiding (HBDO): na een voorbereidend jaar en een basisjaar zijn er de volgende afstudeervarianten:*
  - Algemeen juridische zaken.
  - Burgerzaken.
  - Financiën.
  - Milieu.
  - Ruimtelijke ordening.
  - Sociale zaken, welzijn en onderwijs.
  - Volkshuisvesting.
  - Vrije afstudeervariant.
- *Leergangen (algemeen en functiegericht):*
  - Adviseur informatiekunde lokale overheid.
  - Beheerder ict.
  - Beleidskunde 1.
  - Beleidskunde 2 voor de professionele senior beleidsmedewerker.
  - Communicatiemanagement.
  - Controller voor overheidsorganisaties en non-profit-instellingen.
  - Coördinator vastgoedinformatievoorziening.
  - Financieel management voor niet-financiële managers.

- Fiscaal management.
- Handhaving ruimtelijk beleid.
- Integraal management.
- Leergang voor voorlichters.
- Management voor het middenkader.
- Managen publieke dienstverlening.
- Milieuwetgeving (basis).
- Modern financieel management.
- Operationeel management.
- Strategisch management.
- Wijkgericht werken.

Cursussen Cursussen, trainingen en studiedagen voor na- en bijscholing op de volgende terreinen:
- algemeen juridische zaken;
- beleid;
- bestuur;
- communicatie;
- dualisme;
- grondgebied;
- inwonerszaken;
- kwaliteitszorg;
- management;
- marketing;
- mediation;
- middelen.

20.4.l.3 Ernst & Young academy (EY)
Voor adres(sen) zie: OVER-287.
Algemeen Opleidingen en trainingen voor medewerkers in overheids-, non-profit- en profit-instellingen.
Opleidingen
- Commerciële trainingen.
- Facilitair management.
- Financieel mangement.
- Gedragsvaardigheden.
- Gezondheidszorg.
- Instrumentele vaardigheden.
- Management algemeen.
- Mens in de organisatie.
- Onderwijs.

Toelatingseisen Hbo- of wo-niveau, of mbo niveau 4.
Duur Van 1 dag (workshops, cursussen, trainingen) tot 1 jaar (leergangen).

20.5 POLITICOLOGIE

20.5.b Wo-masteropleiding

20.5.b.1 Political science (RU, UL, UvA, VUA)
Voor adres(sen) zie: WO-8, 35.
Algemeen
- Wo-masteropleiding.
- UL: ook als onderzoeksmaster.

Toelatingseisen Diploma wo-bachelor Politicologie, of van een vergelijkbare opleiding.
Duur
- 1-2 jaar.
- UvA: ook in deeltijd.

Lesprogramma Specialisaties:
- RU: Comparative politics - Comparative politics, administration, and society - International relations - Political theory.

- UL: International organisation.
- UvA: European Union in a global order - International relations.
- VUA: Comparitive and European politics - Global environmental governance - International relations and transnational governance - Policy and politics.

20.5.c Wo-bacheloropleiding

20.5.c.1 Politicologie (RU, UL, UvA, VUA)
Voor adres(sen) zie: WO-8, 9, 30, 35.
Algemeen Wo-bacheloropleiding.
Doel Gericht op politiek en op de sociale en economische context waarin overheidsbeleid tot stand komt.
Toelatingseisen
- Diploma vwo (wisk. A of B); elk vwo-profiel; propedeuse of getuigschrift/diploma van een hbo of van de OUNL (wisk. A of B).
- Voor het vrijstellingenprogramma wordt een hbo vereist in een verwante studierichting.
- Als men 21 jaar of ouder is, komt men in aanmerking voor een colloquium doctum.
Duur
- 3 jaar voltijd.
- Op de UL worden ook avondcolleges gegeven.
Lesprogramma Specialisaties:
- UL: Honours-programma - Internationale betrekkingen en organisaties.
- UvA: Bestuur en beleid - Honours-programma - Internationale betrekkingen - Minors - Politieke theorie en politiek gedrag.
- VUA: Beleid en politiek - Internationale politiek.
Aansluitende masteropleidingen
- RU, UL, UvA, VUA: Political science.
Functiemogelijkheden Beleids- en bestuursfuncties, in het bijzonder bij gemeenten, provincie en rijksoverheid, en bij grote maatschappelijke organisaties op allerlei terreinen; voorts in de politiek en de journalistiek.

20.6 INFORMATICA / ICT / COMPUTING

20.6.a Postacademisch onderwijs (pao)

20.6.a.1 Delft Toptech: School of Executive Education (TUD)
Voor adres(sen) zie: WO-14.
Cursussen
- Aanvullende risicoinventarisatie & evaluatie.
- Business & IT architecture.
- HOVO - hoger onderwijs voor ouderen: lezingen over onderwerpen uit het gehele studieaanbod.
- Human reliability & safety management.
- IT financials & decision making.
- IT governance.
- IT service delivery management.
- Ondernemerschap.
- Ongevalsonderzoek (seminars).
- Strategic sourcing.
- Toegepaste cryptografie.

20.6.a.2 Executive Master in Information Management (EMIM) (UvA)
Voor adres(sen) zie: PAO-2.
Algemeen Opleiding voor Informatiemanagement en Management & Nieuwe Media.
Toelatingseisen
- Getuigschrift hbo of diploma wo.
- Vijf jaar werkervaring als manager in het bedrijfsleven of bij de overheid.
Lesprogramma Kort samengevat kent het programma Executive Master in Information Management (EMIM) twee pijlers:
- het denkkader waarin hedendaagse en toekomstige vraagstukken van informatiemanagement kunnen worden gepositioneerd;
- learning by sharing als leermodel dat is gericht op het verbreden en verdiepen van het leervermogen van de student.
Het opleidingsprogramma integreert vraagstukken op het gebied van strategie, organisatie en verandering, informatiegebruik en ict. Door deze aanpak leert men hoe als informatiemanager of -adviseur te functioneren met de organisatie en haar strategie als uitgangspunt, maar ook met oog voor technische mogelijkheden en beperkingen.

20.6.a.3 Executive Master of IT-Auditing (AOG/RUG)
Voor adres(sen) zie: WO-21.
Algemeen Postinitiële masteropleiding.
Doel Vergroten van kennis en vaardigheden van het inrichten en beoordelen van de integriteit, exclusiviteit, continuïteit, beheersbaarheid en controleerbaarheid van ict. In staat zijn om een actieve bijdrage te leveren aan risico-, beheersings-, inrichtings- en verandervraagstukken op het ict-terrein en op dat van de business effectiveness.
Toelatingseisen
- Voor ict-professionals, bedrijfseconomen, controllers, registeraccountants, register operational auditors, certified internal auditors, overheidsprofessionals en toezichthouders.
- Een aantal relevante jaren werkervaring is van belang.
- Maximaal 25 deelnemers per groep.
Duur De totale opleiding beslaat twee jaar (een dag per week zelfstudie). Registeraccountants (RA) en Register operational auditors (RO) wordt een eenjarige kopopleiding IT-Audit aangeboden.
Diploma/examen Diploma Executive Master of IT-Auditing (EMITA), en de mogelijkheid tot inschrijving als Register EDP-Auditor (RE).
Overige informatie Locatie: Leusden.

20.6.b Wo-masteropleiding

20.6.b.1 Artificial intelligence (RU, RUG, UM, UU, UvA, VUA)
Voor adres(sen) zie: WO-8, 9, 23, 31, 35, 45.
Algemeen Wo-masteropleiding; UU: onderzoeksmaster.
Toelatingseisen Diploma wo-bachelor Kunstmatige intelligentie, of van een vergelijkbare studie.
Duur 2 jaar.
Lesprogramma Specialisaties:
- RU: Computation in neural and artificial systems - Robot cognition - Web and language interaction.
- RUG: Computational intelligence and robotics - Multi-agent systems.
- UU: Agents - Cognitive processing - Reasoning.
- VUA: Cognitive science - Data science - Human ambience - Intelligent systems design.

20.6.b.2 Informatica (AUHL, KUL, UA, UU)
Voor adres(sen) zie: WO-45, 48, 54, 55.
Algemeen
- Wo-masteropleiding.
- KUL: ook educatieve master, ook onderzoeksmaster.
- UU: onderzoeksmaster.

Toelatingseisen Diploma wo-bachelor Informatica, of van een vergelijkbare studie.
Duur 2 jaar.
Lesprogramma Specialisaties of varianten:
- AUHL: Human-computer interaction - Multimedia.
- KUL: Artificiële intelligentie - Bedrijfsprofiel - Computationele informatica - Computernetwerken en gedistribueerde systemen - Databases - Multimedia - Onderwijsprofiel - Software engineering - Veilige software.
- UA: Computernetwerken en gedistribueerde systemen - Data science - Databases - Educatie - Ondernemerschap - Software engineering.
- UU: Computing science - Game & media technology.

20.6.b.3 Information Management (MIM) (KUL, TIAS, TiU)
Voor adres(sen) zie: WO-38, 40, 55.
Algemeen Wo-masteropleiding.
Doel Omgaan met de complexe problematiek van informatietechnologie. Europese inzichten worden gecombineerd met de op technologiemanagement gebaseerde benadering uit de USA.
Toelatingseisen Diploma wo-bachelor Informatiemanagement, of van een vergelijkbare studie.
Duur 1 jaar deeltijd.
Diploma/examen Na afronding van de studie is men Master of Information Management (MIM).
Functiemogelijkheden Bedrijfseconoom, bedrijfsinformaticus, bedrijfskundige, bestuurlijk informatiekundige, bestuurskundige, ingenieur, jurist, of politicoloog.

20.6.b.4 Recht en ict (RUG)
Zie 20.9.b.8.

20.6.b.5 Wo-lerarenopleiding Leraar VHO in Informatica (TUD, U/e, UT, UU)
Zie 24.3.b.17.

20.6.c Wo-bacheloropleiding

20.6.c.1 Informatica (AUHL, KUL, KUL/KULAK, RU, RUG, UA, UG, UL, UU, UvA, VUA)
Zie ook: 20.6.c.2 voor de OUNL.
Voor adres(sen) zie: WO-8, 9, 23, 30, 35, 45, 48, 53, 54, 55.
Algemeen
- Wo-bacheloropleiding voor informaticus (BSc).
- Bij VUA: Informatie, Multimedia en Management (IMM) (BSc).
Doel Gericht op het ontwerp en de analyse van complexe informatieverwerkende systemen, en op communicatieve vaardigheden.
Toelatingseisen
- Diploma vwo (wisk. B; nat.); vwo-profiel N&T, N&G (+ wisk. B I en II), E&M (+ wisk. B I en II), C&M (+ wisk. B I en II); propedeuse of getuigschrift/diploma van een hbo of van de OUNL (wisk. B).
- Voor het doorstroomprogramma wordt een verwante hbo-opleiding vereist.
- Als men 21 jaar of ouder is, komt men in aanmerking voor een colloquium doctum.

- VUA: diploma vwo (wisk. B; nat. is niet vereist).
Duur
- 3 jaar voltijd.
- KUL, KUL/KULAK: ook in deeltijd.
Lesprogramma Specialisaties of varianten:
- KUL: Fysica (minor) - Verbreding (minor).
- RU: Cyber security - E-health (minor).
- RUG: Honours-programma - Minors - Zakelijke informatica.
- UL: Honours-programma - Informatica en economie - Minors - Natuurkunde (dubbele bachelor) - Sterrenkunde (dubbele bachelor)- Wiskunde en informatica (dubbele bachelor).
- UU: Gametechnologie.
- UvA: Honours-programma - Minors - Wiskunde & informatica (dubbele bachelor).
- VUA: Bioinformatics & systems biology (minor) - Deep programming (minor) - Honours-programma - Vrije minor IMM (minor) - Web services en data (minor).
Aansluitende masteropleidingen
- AUHL, KUL, UA, UU: Informatica.
- TU/e, UU: Wo-lerarenopleiding Leraar VHO in Informatica.
Functiemogelijkheden Wetenschappelijk programmeur/software-engineer; systeemontwikkelaar; informatieadviseur; wetenschappelijk onderzoeker.

Functies binnen bedrijven waar op hoog niveau wordt geautomatiseerd: banken, overheidsinstellingen, grote uitgeverijen, transportwezen, softwarehuizen, computerleveranciers, telecommunicatiebedrijven.

20.6.c.2 Informatica (OUNL)
Zie ook: 25.4 voor meer informatie over de OUNL.
Voor adres(sen) zie: WO-26.
Algemeen Deze wo-bacheloropleiding wordt gegeven in de vorm van afstandsonderwijs. Op 14 plaatsen in Nederland en op 6 plaatsen in België zijn er ondersteunende studiecentra.
Doel Gericht op de relatie tussen mensen en computers, en de communicatie tussen beide, en op informatie, techniek en methodologie.
Toelatingseisen
- Voor inschrijven bij de Open Universiteit Nederland zijn geen diploma's vereist.
- De toelatingsleeftijd is 18 jaar.
Duur Vergelijkbaar met 5 jaar dagonderwijs.
Lesprogramma De volledige opleiding bestaat uit 70 modulen.
- *Eerste deel propedeuse/Kennismakingtraject:* oriëntatie op ict: mens, machine en informatieverwerking - kennismakingspracticum ict.
- *Vervolg propedeuse:* Visueel programmeren met Java - Internetcommerce - Databases - Discrete wiskunde A - Management en ict: een introductie - Interactieve multimedia - Informatiesystemen: modelleren en specificeren - Context van informatica - Communicatietechnologie - Beginselen van modelleren - Propedeuse ict-practicum (2 modulen).
Diploma/examen In het postpropedeusedeel kunnen studenten kiezen tussen een ingenieursgericht profiel, waarbij de masterfase recht geeft op de titel van 'ingenieur ict', en een bedrijfsgericht profiel, waarbij de masterfase recht geeft op de titel 'drs. MIT'.
Aansluitende masteropleidingen
- AUHL, KUL, UA, UU: Informatica.
- TU/e, UU: Wo-lerarenopleiding Leraar VHO in Informatica.

www.toorts.nl

365

20.6.c.3 Informatiekunde (OUNL, RUG, UU, UvA)
Voor adres(sen) zie: WO-8, 23, 26, 45.
Algemeen Wo-bacheloropleiding.
Doel Gericht op het overbruggen van de kloof tussen de exacte en de mechanische aard van computers en de inexacte en niet-mechanische aard van de omgeving waar computers worden ingezet.
- RUG: gericht op Alfa-informatica: toepassing van de computer in de alfa-wetenschappen; University of Groningen Honours College.
Toelatingseisen
- Diploma vwo (wisk. A of B); vwo-profiel C&M (+ wisk. A of B I), E&M, N&T, N&G; propedeuse of getuigschrift/diploma van een hbo of van de OUNL (wisk. A of B).
- Als men 21 jaar of ouder is, komt men in aanmerking voor een colloquium doctum.
Duur 3 jaar voltijd.
Lesprogramma
- UvA: Honours-programma - Minors.
Functiemogelijkheden Onderzoeker; software- en website-ontwikkelaar; programmeur; docent; eigen bedrijf.

20.6.c.4 Kunstmatige intelligentie (RU, RUG, UU, UvA)
Voor adres(sen) zie: WO-8, 23, 35, 45.
Algemeen Wo-bacheloropleiding.
Doel Gericht op het analyseren en beschrijven van taken waarvoor intelligentie vereist is, waarna er programma's voor de computer voor kunnen worden ontwikkeld.
Toelatingseisen
- Diploma vwo (wisk. A of B); vwo-profiel C&M (+ wisk. A II of B I), E&M, N&T, N&G; propedeuse of getuigschrift/diploma van een hbo of van de OUNL (wisk. A of B op vwo-niveau).
- Als men 21 jaar of ouder is, komt men in aanmerking voor een colloquium doctum.
- RUG: diploma vwo; alle vwo-profielen, waarvan C&M (+ wisk. A II of B I).
Duur 3 jaar voltijd.
Lesprogramma Specialisaties:
- UU: Agents KI - Cognitive processing - Honours-programma - Minors - Reasoning KI.
- UvA: Cognitiewetenschap - Honours-programma - Intelligente systemen - Kennistechnologie - Logica - Minors - Taal en spraak.
Aansluitende masteropleidingen
- RU, RUG, UM, UU, UvA, VUA: Artificial intelligence.
- RUG: Behavioral and cognitive neurosciences; Educatie en communicatie in de wiskunde en in de natuurwetenschappen.
Functiemogelijkheden Onderzoeker bij universiteiten, in een wetenschappelijke discipline van CKI, onderzoeksinstituten, of bij technische R&D-afdelingen van grote bedrijven; functies bij advocatenkantoren, rechtbanken, overheid, verzekeringsmaatschappijen, het GAK, banken, postbedrijven; ontwerper in de automatisering; gebruiksadviseur software bij werknemers; organisatieadviseur; consultant kennismanagementbedrijven; zelfstandig communicatiebureau kennisoverdracht; automatiseringsdeskundige; kennisingenieur.

20.6.c.5 Medische informatiekunde (UvA)
Zie 13.4.c.1.

20.6.c.6 Technische informatica (TUD, TU/e, UT)
Zie 5.5.c.1.

20.6.d Post-hbo-opleiding

20.6.d.1 Informatiekunde (GO-opleidingen)
Zie 22.1.d.2.

20.6.d.2 Stichting CPION
(Centrum Post Initieel Onderwijs Nederland)
Voor adres(sen) zie: DIEN-29.
Algemeen Toetsing, registratie en diplomering van initiële opleidingen.

20.6.e Hbo-masteropleiding

20.6.e.1 E-technology (DNV-CIBIT)
Voor adres(sen) zie: HBO-47.
Algemeen Hbo-masteropleiding.
Doel Het kunnen leiden van ict-projecten met betrekking tot e-business-applicaties en visies inzake e-business kunnen vertalen naar organisatieadviezen.
Toelatingseisen Hbo-niveau op het gebied van de informatietechnologie.
Duur 2 jaar (gemiddeld 2 vrijdagen en 2 zaterdagen per maand).
Lesprogramma E-business/technology alignment - e-developments - academic research - project management and facilitation - technology assessment and scenario techniques - virtual organisations and collaborative technologies - supply chain management and e-service architectures - e-commerce and e-business intelligence.
Overige informatie De opleiding wordt gegeven in samenwerking met de Middlesex University te London.

20.6.e.2 Informatics (HS Utrecht)
Voor adres(sen) zie: HBO-184.
Algemeen Niet-bekostigde hbo-masteropleiding die als tweede vakgebied een belangrijke aanvulling op een afgeronde hbo-studie in een technische richting biedt.
Toelatingseisen
- Beheersing van de Engelse taal.
- Getuigschrift hbo of gelijkwaardig.
- Wiskundige voorkennis: studenten moeten in staat zijn zich technologische concepten eigen te maken.
Duur 12 maanden voltijd.
Lesprogramma Specialisaties:
Business & IT architectuur - Business information management.
Diploma/examen Diploma met de titel MSc.
Overige informatie De opleiding wordt gegeven in samenwerking met de De Montfort University (Leicester, Engeland).

20.6.e.3 Software engineering (HS Fontys)
Voor adres(sen) zie: HBO-82.
Algemeen Hbo-masteropleiding; wordt niet door de overheid bekostigd.
Toelatingseisen
- Hbo-getuigschrift of wo-opleiding op het gebied van informatie- en communicatietechnologie, of AMBI-cursussen met praktijkervaring.
- Leeftijd: ongeveer tussen 18 en 30 jaar.
- Men moet hebben deelgenomen aan de voorbereidingsfase van 5 weekends.
Duur 2 jaar deeltijd.
Diploma/examen Diploma met de titel MSc.
Functiemogelijkheden Ict-manager, projectleider, consultant.

Overige informatie De opleiding wordt gegeven in samenwer-king met de Middlesex University te London.

20.6.f Hbo-bacheloropleiding

20.6.f.1 Business IT & management (Avans HS, HAN, Hanze HS, HS Inholland, HS NCOI, HS NTI, HS Rotterdam, NHL)

Voor adres(sen) zie: HBO-1, 49, 70, 99, 115, 124, 133, 150, 156, 157, 217.

Algemeen
- Hbo-bacheloropleiding.
- HS NCOI en HS NTI worden niet door de overheid bekostigd.

Doel Informatievoorziening binnen een bedrijf: ondersteuning van bedrijven bij de inrichting, het gebruik en het voortdurend verbete-ren van informatiesystemen; verantwoordelijk voor een goede infor-matievoorziening die noodzakelijk is om een bedrijf efficiënt te laten draaien.

Toelatingseisen Diploma havo of vwo (beide alle profielen), of mbo niveau 4.

Duur
- 4 jaar voltijd.
- Breda (Avans HS), Diemen (HS Inholland), Leeuwarden (NHL), R'dam (Rotterdam HS): ook deeltijd.
- Zwolle (HS Windesheim): alleen deeltijd.
- Diemen (HS Inholland): ook duaal.
- HS NCOI, HS NTI: digitaal in deeltijd.

Lesprogramma Specialisaties:
- Alkmaar (HS Inholland): Business intelligence - Structured busi-ness design.
- Breda (Avans HS): Business information technology (minor) - Innovatie (minor).
- Diemen (HS Inholland): Business process management - Infor-matiemanagement en -beleid.
- Leeuwarden (NHL): Internetconsultant (minor) - IT service management (minor).
- HS NCOI: Digitale communicatie en internetmanagement - Func-tioneel beheer - Projectmanagement.

Functiemogelijkheden Leidinggevend adviseur of manager, zoals business consultant, business intelligence specialist, functioneel beheerder, functioneel ontwerper, informatieanalist, informatie-architect, informatiemanager (CIO), kwaliteitsmanager ict, organisa-tieadviseur, projectleider ict.

20.6.f.2 Hbo-ict (E3 ict-opleidingen, Fontys HS, Haagse HS, HAN, Hanze HS, HS LOI, HS Utrecht, HS Windesheim/Flevoland, HZ, NOVI opleidingen, Saxion HS, Zuyd HS)

Voor adres(sen) zie: HBO-3, 31, 64, 82, 89, 109, 135, 138, 150, 184, 193, 203.

Algemeen
- Hbo-bacheloropleiding.
- E3 ict-opleidingen, HS LOI en NOVI opleidingen worden niet door de overheid bekostigd.

Toelatingseisen
- Diploma havo of vwo; havo-profiel N&T, N&G, E&M, C&M; vwo-profiel N&T, N&G, E&M, C&M; mbo niveau 4.
- Of 21 jaar of ouder zijn en toegelaten worden op grond van een toelatingsonderzoek.

Duur
- 4 jaar voltijd.
- HAN, HvA, en Hanze HS: ook deeltijd.
- HS LOI: digitaal in deeltijd.
- NOVI: maximaal 4 jaar, afhankelijk van de vooropleiding.

Lesprogramma Specialisaties:
- A'dam (HvA): Business IT & management - Game development - Software engineering - Technische informatica.
- Almere (HS Windesheim/Flevoland): Kennis- en informatie-manager - Ondernemende ict'er - Onderzoek en ontwikkeling.
- Arnhem/Nijmegen (HAN): Data solutions development - Embed-ded software development - Enterprice software solutions - Information management & consultancy - Infrastructure & secu-rity management - Software development - Web development.
- Den Haag (Haagse HS): Business & management - Information & media studies - Information security management - Network & systems engineering - Software engineering.
- Deventer (Saxion HS): Business - IT service management - Soft-ware engineering.
- Eindhoven/Tilburg (Fontys HS): Ict & business - Ict & cyber secu-rity - Ict & digital publishing - Ict & education - Ict & game design and technology - Ict & lifestyle - Ict & management and security - Ict & media design - Ict & smart mobile - Ict & software engi-neering - Ict & technology.
- Groningen (Hanze HS): Network & security engineering.
- Heerlen (Zuyd HS): Information management - Information tech-nology - Infrastructure design.
- Utrecht (HS Utrecht): Business IT & management - Software & information engineering - System and network engineering - Technische informatica.
- Vlissingen (HZ): Information security (minor) - Innovatief onder-nemen (minor).
- E3 ict: Informatica.
- HS LOI: Bedrijfskundige informatica.
- NOVI opleidingen: Engineers en beheerders - IT analisten en architecten - IT ontwikkelaars & informatici - IT servicemanagers.

20.6.f.3 Ict-beheer (HS Windesheim, Stenden HS)
Voor adres(sen) zie: HBO-86, 222.
Algemeen Ad-programma.
Duur
- Emmen (Stenden HS): 2 jaar voltijd.
- Zwolle (HS Windesheim): 2 jaar deeltijd.

20.6.f.4 Ict-service management (Fontys HS, HS Rotterdam)
Zie ook: 20.6.f.7.
Voor adres(sen) zie: HBO-81, 157.
Algemeen Ad-programma.
Duur
- 2 jaar deeltijd.
- In R'dam (HS Rotterdam) ook voltijd.

20.6.f.5 Ict-telecom (HS Dirksen)
Voor adres(sen) zie: HBO-44.
Algemeen
- Ad-programma.
- HS Dirksen wordt niet door de overheid bekostigd.
Duur 2 jaar deeltijd.

20.6.f.6 Informatica (Avans HS, HAN, HS Inholland, HS Leiden, HS LOI, HS NCOI, HS Rotterdam, HS Windesheim, NHL, Stenden HS)
Zie ook: 5.5.f.1.
Voor adres(sen) zie: HBO-50, 86, 106, 115, 125, 132, 135, 150, 157, 222.
Algemeen Hbo-bacheloropleiding.
Doel Het opleiden van een informatica-ingenieur die in staat is projectmatig softwaresystemen, informatiesystemen en computersystemen te ontwerpen en/of te implementeren. De software vormt de schakel tussen computers en mensen die informatiesystemen gebruiken. De afgestudeerde is een deskundige in het ontwerpen, realiseren en onderhouden van software- en informatiesystemen voor vele diverse toepassingen.
Toelatingseisen
- Diploma havo of vwo; havo-profiel N&T, N&G, E&M, C&M; vwo-profiel N&T, N&G, E&M, C&M; mbo niveau 4.
- Of 21 jaar of ouder zijn en toegelaten worden op grond van een toelatingsonderzoek.
Duur
- 4 jaar voltijd en deeltijd.
Lesprogramma Specialisaties:
- Breda (Avans HS): Information technology (minor) - Minor.
- Den Bosch (Avans HS): Bedrijfsinformatica - Corporate performance management (minor) - Game development (minor) - Minor - Software architectuur (minor) - Software engineering in een ontwikkelstraat met behulp van Java (minor) - Software ontwikkeling.
- Emmen (Stenden HS): Ict-beheer - Multimedia, design and development - Software engineering - Technische informatica.
- Haarlem (HS Inholland): Game engineering - Mobile development.
- Leeuwarden (NHL): Advanced software engineering - Cybersafety - Engineering in de praktijk - Game development - Secure software engineering - Windenergie.
- Leiden (HS Leiden): Business IT - Forensische ict - Mediatechnologie - Software engineering.
- R'dam (HS Rotterdam): Big data - Honours programma - Smart & mobile.
- HS LOI: Software engineering.
- HS NCOI: Functioneel beheer - Security management - Software engineering en development.
Mogelijkheden voor verdere studie Wo-bachelor informatica (verkort programma).
Functiemogelijkheden Projectleider; informatieanalist; systeemadviseur; databankbeheerder; netwerkspecialist; systeemontwerper; docent/trainer informatica; analist-programmeur; software engineer; software consultant; technisch/wetenschappelijk programmeur; database-specialist; adviseur apparatuur/programmatuur; systeembeheerder; opleidingsfunctionaris; systeemmanager; hoofd automatisering en netwerkmanager; functies bij overheid, bedrijven, banken, ziekenhuizen, softwarebureaus, systeemhuizen; zelfstandig ondernemer.
Overige informatie De opleiding te Arnhem (HAN) wordt gegeven aan de Informatica Communicatie Academie (ICA).

20.6.f.7 IT-service management (HS Dirksen, NHL)
Zie ook: 20.6.f.4.
Voor adres(sen) zie: HBO-44, 125.
Algemeen
- Hbo-bacheloropleiding.

- Ad-programma bij NHL (vestiging Leeuwarden).
- HS Dirksen wordt niet door de overheid bekostigd.
Toelatingseisen Diploma vwo, havo of mbo niveau 4.
Duur
- 4 jaar deeltijd.
- Ad-programma (NHL): 2 jaar voltijd.

20.6.f.8 Software engineering en business informatics (Fontys HS)
Voor adres(sen) zie: HBO-200.
Algemeen Hbo-bacheloropleiding.
Toelatingseisen
- Diploma havo of vwo; havo-profiel N&T, N&G, E&M, C&M; vwo-profiel N&T, N&G, E&M, C&M; mbo niveau 4.

20.6.f.9 Technische informatica (Avans HS, HAN, HS Dirksen, HS Inholland, HS LOI, HS Rotterdam, HS Windesheim, Saxion HS, Stenden HS)
Zie 5.5.f.1.

20.6.g Mbo-opleiding niveau 4

20.6.g.1 Applicatie- en mediaontwikkeling (Applicatieontwikkelaar) (niveau 4)
Voor adres(sen) zie: ROC/MBO-5, 10, 13, 17, 27, 32.
Algemeen
- Eindtermen voor deze kwalificatie worden ontwikkeld door ECABO.
- Hier worden slechts de centrale adressen vermeld. De opleiding kan in de wijde omtrek ervan worden gegeven.
CREBO 90020/95311
Doel Specialistenopleiding tot applicatieontwikkelaar.
- Taak: totstandbrengen, testen, vastleggen en aanpassen van applicaties.
Toelatingseisen Diploma Medewerker beheer ict (niveau 3).
Duur 3 jaar voltijd en deeltijd.
Mogelijkheden voor verdere studie Hbo-bacheloropleidingen op het gebied van diverse soorten informatica en de hbo-bachelor Informatiedienstverlening en -management.
Functiemogelijkheden Applicatieontwikkelaar in midden- en kleinbedrijven, dienstverlenende instellingen.

20.6.g.2 Ict- en mediabeheer (Ict-beheerder) (niveau 4)
Voor adres(sen) zie: ROC/MBO-1, 13, 21, 22, 23, 24, 25, 27, 30, 32, 33, 34, 37, 39, 40, 43, 48, 58.
Algemeen
- Eindtermen voor deze kwalificatie worden ontwikkeld door ECABO.
- Hier worden slechts de centrale adressen vermeld. De opleiding kan in de wijde omtrek ervan worden gegeven.
CREBO 90220/93191
Doel Specialistenopleiding tot ict-beheerder.
- Taak: beheren van (een deel van) de informatie- en communicatietechnologie.
Toelatingseisen
- Diploma vmbo gl, vmbo kb of vmbo tl met de sector vmbo-Ec; of diploma vmbo gl, vmbo kb of vmbo tl, alle met econ., 2e moderne vreemde taal of wisk., met de sectoren vmbo-Lb, vmbo-Tech of vmbo-Z&W.
- Diploma Medewerker beheer ict (niveau 3).
Duur 3-4 jaar voltijd en deeltijd; bij Roc van Twente is - afhankelijk van de voorkennis - een versneld traject van 2 jaar mogelijk.

Mogelijkheden voor verdere studie Hbo-bacheloropleidingen op het gebied van diverse soorten informatica en de hbo-bachelor Informatiedienstverlening en -management.

20.6.g.3 Ict- en mediabeheer (Netwerkbeheerder) (niveau 4)

Voor adres(sen) zie: ROC/MBO-10, 13, 17, 27, 32.
Algemeen
- Eindtermen voor deze kwalificatie worden ontwikkeld door ECABO.
- Hier worden slechts de centrale adressen vermeld. De opleiding kan in de wijde omtrek ervan worden gegeven.
CREBO 90280/95323
Doel Specialistenopleiding tot netwerkbeheerder.
- Taak: totstandbrengen, testen, vastleggen en aanpassen van netwerken.
Toelatingseisen Diploma Medewerker beheer ict (niveau 3).
Duur 3-4 jaar voltijd en deeltijd.
Mogelijkheden voor verdere studie Hbo-bacheloropleidingen op het gebied van diverse soorten informatica en de hbo-bachelor Informatiedienstverlening en -management.
Functiemogelijkheden Netwerkbeheerder in midden- en kleinbedrijven, dienstverlenende instellingen.

20.6.g.4 Particulier digitaal onderzoeker (niveau 4)
Voor adres(sen) zie: ROC/MBO-4, 23, 34, 45.
Algemeen
- Eindtermen voor deze kwalificatie worden ontwikkeld door ECABO.
- Hier worden slechts de centrale adressen vermeld. De opleiding kan in de wijde omtrek ervan worden gegeven.
CREBO 92200
Doel De particulier digitaal onderzoeker is gefocust op het signaleren van onregelmatigheden. Taak:
- inventariseren van onderzoeksbehoeften en zijn opdrachtgever en/of leidinggevende adviseren over de noodzakelijkheid van eventueel nieuw onderzoek;
- inventariseren van de digitale sporen en ervoor zorgen dat het digitale bewijsmateriaal veiliggesteld en doorzoekbaar wordt gemaakt;
- de veiliggestelde digitale sporen analyseren;
- het inzetten van opsporingsmethoden en technieken met als doel schade te voorkomen c.q. te beperken en daders/veroorzakers op te sporen;
- de resultaten van het onderzoek vastleggen in een rapport dat met de opdrachtgever wordt besproken.
Toelatingseisen Diploma vmbo gl, vmbo kb of vmbo tl met de sector vmbo-Ec, alle met wisk.; of diploma vmbo gl, vmbo kb of vmbo tl, met econ., met de sectoren vmbo-Lb of vmbo-Tech; of diploma vmbo gl, vmbo kb of vmbo tl met de sector vmbo-Z&W met wisk.; of een diploma van niveau 3 van een verwante opleiding (zoals Medewerker beheer ict).
Duur 4 jaar voltijd en deeltijd.
Lesprogramma Kennis en vaardigheden op de terreinen van ict, juridische zaken en ethiek.
Diploma/examen Tevens kan in sommige gevallen het certificaat Particulier Digitaal Rechercheur via de Stichting Vakexamens voor de Particuliere Beveiligingsorganisaties (SVPB) worden behaald.
Mogelijkheden voor verdere studie Doorstroommogelijkheden naar alle andere kwalificaties op niveau 4 binnen het ict-domein.
Functiemogelijkheden Een particulier digitaal onderzoeker werkt bij of voor bedrijven die afhankelijk zijn van informatiesystemen, bijvoorbeeld bij Internet Service Providers (ISP), grote IT-bedrijven,

banken en verzekeraars of bij particuliere recherchebureaus. Hij kan op een vaste plaats werken, of bij verschillende klanten, in Nederland of in het buitenland.
Overige informatie De particulier digitaal onderzoeker kan ook optreden als getuige-deskundige.

20.6.h Mbo-opleiding niveau 3

20.6.h.1 Dirksen opleidingen - afstandsonderwijs - Medewerker beheer ict (niveau 3)
Voor adres(sen) zie: OVER-75.
Algemeen Eindtermen voor deze kwalificatie worden ontwikkeld door ECABO.
CREBO 10837/90230
Doel Uitvoeren van standaardprocedures, bedenken van oplossingen en procedures en begeleiden van gebruikers.
Toelatingseisen Diploma vmbo gl, vmbo kb of vmbo tl met de sector vmbo-Ec; of diploma vmbo gl, vmbo kb of vmbo tl, alle met econ., 2e moderne vreemde taal of wisk., met de sectoren vmbo-Lb, vmbo-Tech of vmbo-Z&W.
Duur 3 jaar voltijd en deeltijd.
Functiemogelijkheden Medewerker beheer ict in midden- en kleinbedrijven en dienstverlenende instellingen.

20.6.h.2 LOI - afstandsonderwijs - Medewerker beheer ict (niveau 3)
Voor adres(sen) zie: OVER-225.
Algemeen Eindtermen voor deze kwalificatie worden ontwikkeld door ECABO.
CREBO 10837/90230
Doel Uitvoeren van standaardprocedures, bedenken van oplossingen en procedures en begeleiden van gebruikers.
Toelatingseisen Diploma mavo of vmbo.
Duur 3 jaar.
Diploma/examen De examens voor de deelkwalificaties worden gelegitimeerd door de Coöperatie Nederlandse Associatie voor Praktijkexamens.
Mogelijkheden voor verdere studie Met vrijstellingen voor gelijkluidende deelkwalificaties instromen in opleidingen van niveau 4: Applicatie- en mediaontwikkeling (Applicatieontwikkelaar) of Ict- en mediabeheer (Netwerkbeheerder).
Functiemogelijkheden Medewerker beheer ict in midden- en kleinbedrijven en dienstverlenende instellingen.
N.B. Verplichte praktijkervaring in het 2e jaar.

20.6.h.3 Medewerker beheer ict (niveau 3)
Voor adres(sen) zie: ROC/MBO-1, 3, 4, 7, 8, 10, 12, 13, 17, 20, 21, 22, 23, 27, 28, 30, 31, 32, 33, 34, 37, 38, 39, 40, 43, 48, 54, 58, 60.
Algemeen
- Eindtermen voor deze kwalificatie worden ontwikkeld door ECABO.
- Hier worden slechts de centrale adressen vermeld. De opleiding kan in de wijde omtrek ervan worden gegeven.
CREBO 90230/95070
Doel Uitvoeren van standaardprocedures, bedenken van oplossingen en procedures en begeleiden van gebruikers.
Toelatingseisen Diploma vmbo gl, vmbo kb of vmbo tl met de sector vmbo-Ec; of diploma vmbo gl, vmbo kb of vmbo tl, alle met econ., 2e moderne vreemde taal of wisk., met de sectoren vmbo-Lb, vmbo-Tech of vmbo-Z&W.
- Overgangsbewijs naar havo- of vwo-4.
- Diploma Medewerker ict (niveau 2).

369

Duur 2 jaar voltijd en deeltijd.
Mogelijkheden voor verdere studie Met vrijstellingen voor ge-lijkluidende deelkwalificaties instromen in opleidingen van niveau 4: Applicatie- en mediaontwikkeling (Applicatieontwikkelaar) of Ict- en mediabeheer (Ict-beheerder) of Ict- en mediabeheer (Net-werkbeheerder).
Functiemogelijkheden Medewerker beheer ict in midden- en kleinbedrijven en dienstverlenende instellingen.

20.6.i Mbo-opleiding niveau 1 of niveau 2

20.6.i.1 Medewerker ict (niveau 2)
Voor adres(sen) zie: ROC/MBO-8, 10, 13, 14, 16, 17, 20, 32, 38, 39, 48, 54, 58.
Algemeen
- Eindtermen voor deze kwalificatie worden ontwikkeld door ECABO.
- Hier worden slechts de centrale adressen vermeld. De opleiding kan in de wijde omtrek ervan worden gegeven.
CREBO 90360/95060
Doel Basisvaardigheden rond het beheren en configureren van computers op de werkplek. Computers op een netwerk aansluiten voor e-mail en internet, en computerfiguraties gebruiksklaar mon-teren.
Toelatingseisen Diploma vmbo bb.
Duur 2 jaar voltijd en deeltijd.
Mogelijkheden voor verdere studie Een opleiding van niveau 3: Medewerker beheer ict.
Functiemogelijkheden Medewerker ict in het midden- en klein-bedrijf, in de computerdetailhandel, in het onderwijs en in andere educatieve instellingen.

20.6.l Overige opleidingen

20.6.l.1 Boerhave opleidingen
Voor adres(sen) zie: OVER-1.
Cursussen
- Access.
- Coaching.
- Commercieel.
- Communicatie.
- Empire builder.
- Excel.
- Fotograferen voor het web.
- HTML/PDF.
- Interimmanagement.
- Internet.
- KANS/RSI.
- Macromedia Dreamweaver MX.
- MS Project.
- Outlook.
- PowerPoint.
- Programmeren in VBScript.
- Scannend schrijven.
- Teambuilding.
- VBA voor Access.
- Windows.
- Word.
- Zoekmachine-marketing.

20.6.l.2 DNV - CIBIT
Voor adres(sen) zie: HBO-47.
Opleidingen
- *Masterclasses:*
  - Architecture.
  - Data Warehousing & Business Intelligence (DWBI).
  - IT improvement.
  - Kennis- en informatiemanagement.
  - Security.
- *Masters (voor de titel MSc):*
  - IT Architecture.
  - IT Management.
Cursussen Korte cursussen, o.a.:
- Development.
- Essentials of Modern System Development.
- Management.
- Methods for Modern System Development.
Toelatingseisen De cursussen zijn bedoeld voor projectleiders, GUI-ontwikkelaars (Graphical User Interfaces), IT-managers, OO-transformers, en systeemontwikkelaars.
Overige informatie Opleidingslocaties in Barendrecht en Bilthoven.

20.6.l.3 Dirksen opleidingen - afstandsonderwijs (overzicht informatica-opleidingen)
Voor adres(sen) zie: OVER-75.
Algemeen Afstandsonderwijs op het gebied van informatica.
Opleidingen
- Citrix-opleidingen.
- Computer en netwerktechniek.
- CWNP-opleidingen.
- Isco IT-opleidingen.
- I-tracks.
- Microsoft IT-opleidingen.
- Pc-trainingen.
- PDI- en AMBI-modulen.
- Post-hbo.
- Programmeren en besturingssystemen.
- Systeem- en netwerkbeheer.
- Webtoepassingen en -design.
- Wireless netwerkopleidingen.

20.6.l.4 Informatica-opleidingen (VOI)
Voor adres(sen) zie: DIEN-9, HBO-193, OVER-33, 44, 205, 225, 243, 308.
Algemeen Er is een groot aantal mondelinge en schriftelijke oplei-ders. Daaronder zijn er die lid zijn van de Vereniging van Opleidings-instituten voor Informatica (VOI).
De hier genoemde adressen betreffen de adressen van leden van de VOI.
Toelatingseisen
- Over het algemeen kan worden gesteld dat een havo- of vwo-diploma, waarbij met goed gevolg examen is afgelegd in de vak-ken wiskunde en Engels, een goede basis vormt voor een studie op het terrein van de informatica.
- Voor het AMBI-diploma (hbo-niveau) wordt havo-niveau of gelijkwaardig aanbevolen.
- Voor het PDI-diploma (mbo-niveau) wordt minimaal vmbo tl-niveau of gelijkwaardig aanbevolen.
- Voor de gebruikerscursussen gelden geen toelatingseisen.

20.6.I.5 IP Computer Training Centrum
Voor adres(sen) zie: OVER-68.
Algemeen Circa 28 vestigingen, met individuele computertrainingen.
Cursussen
- Access.
- Excel.
- Internet.
- Outlook.
- PowerPoint.
- Project.
- Publisher.
- Seniorentraining.
- Solliciteren met de computer.
- Toetsenbordvaardigheid.
- Website ontwerpen.
- Windows.
- Word.

20.6.I.6 LOI - afstandsonderwijs - Europees Computerrijbewijs (ECDL)
Voor adres(sen) zie: OVER-225.
Doel Op afstand opleiden voor een internationaal erkend diploma dat aangeeft dat men over gedegen computerkennis en -vaardigheden beschikt.
Toelatingseisen Geschikt bevonden worden door middel van een toets op cd-rom.
Duur 7 maanden digitaal onderwijs via internet.
Lesprogramma Modulen: basisbegrippen van IT - de computer gebruiken en bestanden beheren - tekstverwerking - spreadsheets - databases en bestanden - presentaties - netwerkinformatiediensten.
N.B. ECDL = European Computer Driving Licence.

20.6.I.7 LOI - afstandsonderwijs - IT-opleidingen
Voor adres(sen) zie: OVER-225.
Opleidingen
- AMBI-modulen: HG.1, HG.2, HG.3.
- CompTIA A+ (voor computeronderhoud).
- HBS-modulen - projectmanagement.
- MCSE-modulen.
- PDI-modulen: MG.1W, MG.2W, MG.3W, MP.1, MP.2, MT.3.
Cursussen
- CAD-tekenen (inclusief software).
- Dtp met Pagemaker.
- Effectief Excel-gebruik.
- Effectief internet-gebruik.
- Effectief Office-gebruik.
- Effectief pc-gebruik Windows.
- Effectief Word-gebruik.
- Europees Computer Rijbewijs (ECDL) (zie 20.6.I.6).
N.B. ECDL = European Computer Driving Licence.

20.6.I.8 NTI - blended learning - IT-opleidingen
Voor adres(sen) zie: ROC/MBO-36.
Opleidingen
- Access.
- Excel.
- MCP (Microsoft Certified Professional).
- MCP + I (Internet).
- MCSD (Microsoft Certified Solution Developer).
- MCSE (Microsoft Certified System Engineer).

- MCSE + I (Internet).
- Outlook.
- PowerPoint.
- Windows.
- Word.

20.6.I.9 Stichting Examens in Toegepaste Informatica (ETI)
Voor adres(sen) zie: DIEN-31.
Diploma/examen ETI fungeert als examenbureau voor de computervakken binnen de BCE.
Examens:
- *Voor de boekhouding:*
  assistent computerboekhouden - computerboekhouden en kengetallen - financiële analyse en management.
- *Voor het secretariaat:*
  tekstverwerken kantoorpraktijk - tekstverwerken management - tekstverwerken specialist - dtp.
- *Voor de boekhouding, de marketingafdeling en het secretariaat:*
  basiskennis database - voortgezette kennis database - basiskennis spreadsheet - voortgezette kennis spreadsheet.
- *Voor elke computergebruiker:*
  basiskennis computergebruik - computertypen - startexamen tekstverwerken - basiskennis tekstverwerken.

20.6.I.10 Stichting EXIN
Voor adres(sen) zie: OVER-332, ROCCO-1, 2, 7, 11, 14, 19.
Algemeen De opleiding voor deze diploma's kan worden beschouwd als een niet-reguliere mbo, resp. hbo in de informatica.
Doel Afnemen van examens op het gebied van de informatica in de niet-reguliere sector, onder toezicht van de Examenkamer.
Deze examens zijn voor het AMBI-diploma (Automatisering en Mechanisering van de Bestuurlijke Informatieverwerking), het PDI-diploma (PraktijkDiploma Informatica) en de Pakketexamens van opleidingen voor veel gebruikte pc-software.
Toelatingseisen In de meeste gevallen zijn er geen speciale eisen met betrekking tot de vooropleiding.
Duur 5 weken tot een half jaar (1 avond per week).
Diploma/examen
- *AMBI:*
  - HP.1 Gestructureerd programmeren.
  - HP.2 Object-georiënteerd programmeren.
  - HP.4 Programmatuurbouw; methoden en technieken.
  - HSB.1 Informatieanalyse en modellering.
  - HSB.2 Informatiesysteemontwikkeling.
  - HSB.3 Organisatie en informatiemanagement.
  - HX.1 Componenten en aspecten van exploitatie.
  - HX.2 Organisatie van exploitatie.
  - HX.3 Management van exploitatie.

- *Pakketexamens:*
  - WB.0 Windows gebruiker.
  - WB.1 Windows gevorderd gebruiker.
  - WG.0 Access gebruiker.
  - WG.1 Access gevorderd gebruiker.
  - WS.0 Excel gebruiker.
  - WS.1 Excel gevorderd gebruiker.
  - WT.0 Word gebruiker.
  - WT.1 Word gevorderd gebruiker.
N.B. Pakketexamens zijn voor gebruikers en gevorderde gebruikers:
- Een pc-gebruiker moet in staat zijn een softwarepakket toe te passen in de dagelijkse praktijk.

- Een gevorderd gebruiker kan binnen de pakketten speciale functies toepassen, assisteren bij het gebruik en problemen oplossen.

- *PDI-1:*
  • MG.1 W Computer op de werkplek.
  • MG.2 W Werken met standaardpakketten.
  • MG.3 W Computertoepassingen in de praktijk.

- *PDI-2:*
  • MA.1 Digitale systemen.
  • MA.3 Informatietransport.
  • MC.4 Internet & telematica.
  • MD.1 W Decentrale apparatuur & technieken.
  • MD.2 W Praktijk toepassingspakketten.
  • MN.1 Systeembeheerder netwerken.
  • MN.2 Netwerkbeheerder met Windows.
  • MP.1 Programmeerprincipes.
  • MP.2 Beheer van programmatuur en bestanden.
  • MT.2 Cobol.
  • MT.3 Pascal.
  • MV.1 Organisatie en beheer rekencentrum.
  • MV.2 Rekencentrum en techniek.
  • MV.3 Applicatiekennis.

Functiemogelijkheden Beroepen die kunnen worden uitgeoefend met een AMBI-diploma: het AMBI-diploma wordt afgegeven nadat men is geslaagd voor een studierichting. Er kan worden gekozen uit drie studierichtingen:
- Exploiteren van informatiesystemen (HX).
- Ontwikkelen van informatiesystemen (HSB).
- Software engineering (HP).

Na 6 jaar praktijkervaring kan men worden opgenomen als register-informaticus in het register van de VRI (Nederlandse Vereniging voor Register Informatici).
Beroepen die kunnen worden uitgeoefend met een PDI-diploma: pas nadat men is geslaagd voor het diploma PDI-2 kan men, afhankelijk van de gekozen studierichting, de volgende beroepen uitoefenen:

- *Automatisering en techniek:*
  technisch/commercieel medewerker; netwerktechnicus; field-service engineer.
- *Decentraal computergebruik:*
  begeleider persoonlijk computergebruik; verkoper in een computershop.
- *Programmering en bestandsbeheer:*
  applicatieprogrammeur; beheerder softwarebibliotheek; documentatiebeheerder.
- *Verwerking en beheer:*
  operateur; productiebegeleider; beheerder opslagcapaciteit; beheerder decentrale computerfaciliteiten; klantenbegeleider; applicatiebeheerder.

20.6.l.11 Volwassenenonderwijs - voor pc-gebruikers
Voor adres(sen) zie: ROCCO-1, 2, 5, 7, 8, 10, 11, 13, 14, 15, 18, 19, 22, 23, 24, 25, 26.
Algemeen Opleidingen voor de examens van de Stichting ETI.
Cursussen
- Access.
- Dtp.
- Europees Computerrijbewijs (ECDL).
- Excel.
- Internet.

- PowerPoint.
- Tekstverwerking.
- Webdesign.
- Word.

Toelatingseisen In de meeste gevallen worden er geen speciale eisen met betrekking tot de vooropleiding gesteld.
Duur 5 weken tot een half jaar (1 avond per week).

20.7 STATISTIEK, WISKUNDE EN OPERATIONELE RESEARCH

20.7.b Wo-masteropleiding

20.7.b.1 Mathematics/Wiskunde (KUL, OUBS, RU, RUG, UA, UG, UL, UU, UvA, VUA, VUB)
Voor adres(sen) zie: WO-8, 9, 23, 30, 35, 45, 48, 51, 53, 55, 58.
Algemeen
- Wo-masteropleiding.
- KUL, UU: (ook) onderzoeksmaster.
- KUL, UA, VUB: ook educatieve master.
- OUBS: online (UK), wordt niet door de overheid bekostigd.
Toelatingseisen Diploma wo-bachelor Wiskunde.
Duur 2 jaar voltijd.
- KU, VUA: ook in deeltijd.
Lesprogramma Specialisaties of varianten:
- KUL: Applied mathematics - Onderwijs - Pure mathematics - Toegepaste wiskunde - Zuivere wiskunde.
- RU: Algebra & topology - Applied stochastics - Mathematical foundations of computer science - Mathematical physics.
- RUG: Algebra & geometry - Dynamical systems and analysis - Statistics and probability.
- UA: Financiële wiskunde - Fundamentele wiskunde - Onderwijs - Wiskunde-onderwijs.
- UG: Toegepaste wiskunde - Wiskundige natuurkunde en sterrenkunde - Zuivere wiskunde.
- UL: Algebra, geometry & number theory - Applied mathematics - Mathematics & education - Mathematics and science communication & society - Mathematics & science-based business - Statistical science for the life and behavioural sciences.
- VUA: Differential equations and dynamical systems - Stochastics - Topology & geometry.
- VUB: Financiële wiskunde - Fundamentele wiskunde - Onderwijs - Wiskunde-onderwijs.

20.7.c Wo-bacheloropleiding

20.7.c.1 Technische wiskunde (RUG, TUD, TU/e, UT)
Voor adres(sen) zie: WO-13, 17, 20, 23.
Algemeen Wo-bacheloropleiding tot wiskundig ingenieur.
Doel Gericht op het mathematisch modelleren, analyseren en oplossen van niet-wiskundig gestelde problemen uit de industrie, communicatie- en IT-bedrijven, researchinstellingen, bankwezen, verzekeringsmaatschappijen en andere instellingen.
Toelatingseisen
- Diploma vwo (wisk. B, nat.); vwo-profiel C&M (+ wisk. B I en II), E&M (+ wisk. B I en II), N&T, N&G (+ wisk. B I en B II); propedeuse of getuigschrift/diploma van een hbo of van de OUNL (wisk. B, nat.).
- Voor de verkorte opleiding wordt een verwante hbo-opleiding vereist.
- Als men 21 jaar of ouder is, komt men in aanmerking voor een colloquium doctum.
- RUG: propedeuse en 2e jaar wo-bachelor Wiskunde.

Duur 3 jaar voltijd.
Lesprogramma Specialisaties:
- TUD: Honours-programma - Minors.
- UT: Educatieve bachelor.
Mogelijkheden voor verdere studie 2e fase ontwerpersoplei-dingen, Lerarenopleiding.
Functiemogelijkheden Wiskundig ingenieur bij universiteiten, be-drijven, researchinstellingen, bankwezen, CBS, verzekeringsmaat-schappijen, industrie, overheid, automatiseringsbedrijven.

20.7.c.2 Wiskunde (AUHL, KUL, KUL/KULAK, RU, RUG, UA, UG, UL, UU, UvA, VUA, VUB)
Voor adres(sen) zie: WO-8, 9, 23, 30, 35, 45, 48, 51, 53, 54, 55.
Algemeen Wo-bacheloropleiding tot (bedrijfs-)wiskundige of research-wiskundige.
Toelatingseisen
- Diploma vwo (wisk. B; als men geen natuurkunde in het pakket heeft, moeten er 2 natuurkunde-tentamens met goed gevolg worden afgelegd); vwo-profiel C&M (+ wisk. B I en II), E&M (+ wisk. B. I en II), N&T, N&G (+ wisk. B I en B II); propedeuse of getuigschrift/diploma van een hbo of van de OUNL (wisk. B, nat.).
- Als men 21 jaar of ouder is, komt men in aanmerking voor een colloquium doctum.
Duur
- 3 jaar voltijd.
- KUL, KULAK, VUA: ook in deeltijd.
Lesprogramma
- Binnen de studie kan men kiezen voor de richting: Toegepaste wiskunde, of voor de richting: Zuivere wiskunde.
- UU: in het TWIN-programma kiest men voor het complete pro-gramma van Wiskunde en natuurkunde.
- Specialisaties of varianten:
  - KUL: Economie (minor) - Fysica (minor) - Fysica en sterrenkun-de (minor) -Informatica (minor) - IT (minor) - Verbreding (minor) - Wiskunde (educatieve minor) - Wiskundige inge-nieurstechnieken (minor).
  - KUL/KULAK: Ingenieurswetenschappen.
  - RU: Computeralgebra - Wiskunde (educatieve minor).
  - RUG: Algemene wiskunde - Statistiek en econometrie.
  - UG: Biowetenschappen (minor) - Economie (minor) - Informa-tica (minor) - Natuurkunde (minor)
  - UL: Fundamentele wiskunde - Honours-programma - Infor-matica (dubbele bachelor) - Minors - Natuurkunde (dubbele bachelor) - Sterrenkunde (dubbele bachelor) - Technische wis-kunde - Wiskunde (educatieve minor).
  - UU: Econometrie - Geschiedenis, communicatie en educatie - Informatica (dubbele bachelor) - Natuurkunde (dubbele bachelor) - Scientific computing - Stochastiek - Topologie & meetkunde, algebra en logica - Zuivere analyse en toegepaste analyse.
  - UvA: Honours-programma - Minors.
  - VUA: Biomedische wiskunde Historische filosofie - Honours-programma - Praktische filosofie - Theoretische filosofie.
  - VUB: Communicatiewetenschappen (minor) - Geschiedenis - Kunstwetenschappen en archeologie (minor) - Politieke wetenschappen (minor).
Aansluitende masteropleidingen
- KUL, RU, RUG, UA, UG, UL, UvA, VUA, VUB: Mathematics/Wiskunde.
- RU, TU/e, UL, UU, UvA, VUA: Wo-lerarenopleiding Leraar VHO in Wiskunde.

Mogelijkheden voor verdere studie Ontwerpersopleiding Com-putational mechanics in samenwerking met de UT; masterclass van het Mathematical Research Institute (RU, RUG, UT, UU).
Functiemogelijkheden Wetenschappelijk onderzoeker univer-siteit of bedrijfsleven, bank- en verzekeringswezen, docent, beleids-medewerker, managementfuncties.

20.7.f Hbo-bacheloropleiding

20.7.f.1 Hbo-lerarenopleiding Wiskunde (tweedegraads) (Driestar, Fontys HS, HAN, HS Inholland, HS NCOI, HS Rotterdam, HS Utrecht, HS Windesheim, HvA, NHL)
Zie 24.3.f.28.

20.8 ACCOUNTANCY

Algemeen
- Er zijn 2 mogelijkheden om tot accountant te worden opgeleid: via de academische en via de niet-academische opleiding.
- Alvorens men zich kan laten inschrijven in een accountantsregis-ter, dient men de wettelijk verplichte praktijkopleiding van 3 jaar te volgen (werken in de accountantspraktijk).

20.8.a Postacademisch onderwijs (pao)

20.8.a.1 Accountancy (EUR, UvA)
Zie ook: 20.8.a.2, 20.8.b.1, 20.8.b.2, 20.8.c.1, 20.8.f.1.
Voor adres(sen) zie: WO-8, 37.
Algemeen Een postmasterberoepsopleiding na een studie aan de faculteit der Economische Wetenschappen.
- EUR: men kan in het 3e studiejaar van Bedrijfseconomie begin-nen met de studie voor registeraccountant die 1,5 jaar duurt.
Toelatingseisen
- Wo- of hbo-diploma, met werkervaring in het leergebied.
- Gericht op:
  - bedrijfseconomen met de variant Accountancy of Controlling;
  - registeraccountants.
- De studie moet worden gecombineerd met een controllersfunctie of een daaraan gerelateerde functie in de praktijk.
Duur Een half tot 3,5 jaar.
Lesprogramma Toegepaste bedrijfseconomie - leer van de admi-nistratieve organisatie - controle - belastingrecht.

20.8.a.2 Accountancy-plus postmaster RA (NR)
Zie ook: 20.8.a.1, 20.8.b.1, 20.8.b.2, 20.8.c.1, 20.8.f.1.
Voor adres(sen) zie: WO-12.
Algemeen
- Aan deze wo-masteropleiding is de postmasteropleiding voor RA gekoppeld.
- De opleiding aan de NR wordt niet door de overheid bekostigd.
Toelatingseisen Diploma wo- of hbo-bacheloropleiding Accoun-tancy.
Duur 3 jaar deeltijd (op vrijdag).
Diploma/examen Master of Science (MSc) én registeraccountant (RA-kwalificatie).
Overige informatie Diverse collegelocaties in Nederland.

20.8.a.3 Certified management accountant (VUA)
Voor adres(sen) zie: WO-9.

20.8.a.4 Controller (EUR, RUG, UvA, VUA)
Voor adres(sen) zie: WO-8, 9, 23, 37.
Algemeen RUG: de initiële opleiding heet hier Executive Master of Finance and Control (EMFC).
Toelatingseisen
- Wo- of hbo-diploma, met werkervaring in het leergebied.
- Gericht op:
  • bedrijfseconomen met de variant Accountancy of Controlling;
  • bedrijfskundigen met de variant Accountancy (RUG);
  • registeraccountants.
- De studie moet worden gecombineerd met een controllersfunctie of een daaraan gerelateerde functie in de praktijk.
Duur 2 jaar deeltijd.
Lesprogramma Organisatie van de informatievoorziening - management en organisatie - financieel waardemanagement - bestuurlijke informatieverzorging - juridisch management - afstudeeropdracht - slotexamen: werkstuk/-referaat-verdediging.
Diploma/examen Het diploma geeft het recht op inschrijving in de VRC (Vereniging van RegisterControllers). Men mag dan de titel RegisterController (RC) voeren.

20.8.a.5 Managerial controlling (NR)
Voor adres(sen) zie: WO-12.
Algemeen
- Kleinschalige executive opleiding voor het behalen van de RC-kwalificatie (RegisterController); deze studie heette voorheen: Postmaster Controllers Program (RC).
- De opleiding aan de NR wordt niet door de overheid bekostigd.
Toelatingseisen
- Wo-Accountancy, -Bedrijfseconomie, -Bedrijfskunde, of -Economie.
- Plus 2 jaar praktijkervaring als (assistent)controller, en werkend bij een accountantskantoor.
Duur 1,5 jaar deeltijd (om de week op vrijdag én op de aansluitende zaterdag van 9.30-16.30 uur).
Diploma/examen Het diploma geeft het recht op inschrijving in de VRC (Vereniging van Register Controllers). Men mag dan de titel RegisterController (RC) voeren.
Functiemogelijkheden Financieel-economisch expert en/of managementfunctie binnen (overheids)bedrijven of instellingen op internationaal niveau.
Overige informatie Locaties: Amsterdam/Diemen, Arnhem, Den Haag, Eindhoven, Rotterdam en Zwolle.

20.8.b Wo-masteropleiding

20.8.b.1 Accountancy (& control/controlling) (NR, RUG, UvA, VUA)
Zie ook: 20.8.a.1, 20.8.b.2, 20.8.c.1, 20.8.f.1.
Voor adres(sen) zie: WO-8, 9, 12, 23.
Algemeen
- Wo-masteropleiding.
- Bij de RUG heet de opleiding: Accountancy en controlling.
- De opleiding aan de NR wordt niet door de overheid bekostigd.
- Bij de VUA heet de opleiding: Accounting & control.
Toelatingseisen Diploma wo-bachelor Accountancy and controlling, of van een vergelijkbare studie.
Duur 1-2 jaar voltijd en deeltijd (NR: alleen deeltijd).
Lesprogramma Specialisaties:
- RUG: Accountancy - Controlling.
- UvA: Accountancy - Controlling.
- VUA: Accountancy - Controlling.

Mogelijkheden voor verdere studie Postmasteropleiding voor RA (RegisterAccountant) of voor RC (RegisterController).

20.8.b.2 Controlling (NR)
Voor adres(sen) zie: WO-12.
Algemeen
- Dit wo-mastertraject bereidt voor op de postacademische studie waarmee de RC-kwalificatie wordt behaald (RegisterController).
- De opleiding aan de NR wordt niet door de overheid bekostigd.
Doel Opleiding van controllers (managers met de portefeuille Financiën) op wo-master-niveau.
Toelatingseisen Heao, aangevuld met een diploma van een post-hbo-Controllersopleiding.
Duur Circa 2,5 jaar deeltijd.
Lesprogramma Het vakkenpakket is breed opgezet om diepgaande kennis te kunnen verschaffen over de financieel-economische gang van zaken in een organisatie.
Mogelijkheden voor verdere studie Postacademische controllersopleiding voor het behalen van de RC-kwalificatie: het Postmaster Controllers Program.
Functiemogelijkheden Financieel-economische managementfuncties in bedrijfsleven, bij de overheid en in instellingen.

20.8.b.3 Managerial controlling (NR)
Voor adres(sen) zie: WO-12.
Algemeen
- Wo-masteropleiding.
- De opleiding aan de NR wordt niet door de overheid bekostigd.
Toelatingseisen Diploma hbo-bachelor, of van een vergelijkbare studie.
Duur 1,5 jaar deeltijd.

20.8.c Wo-bacheloropleiding

20.8.c.1 Accountancy (NR)
Zie ook: 20.8.a.1, 20.8.b.1, 20.8.b.2, 20.8.d.1, 20.8.f.1.
Voor adres(sen) zie: WO-12.
Algemeen
- Wo-bacheloropleiding met speciale trajecten voor zowel vwo'ers als heao'ers.
- De opleiding aan de NR wordt niet door de overheid bekostigd.
Doel Bereidt studenten voor op de beroepsmatige toepassing van wetenschappelijke kennis en brengt ze vaardigheden, kennis en inzicht bij die nodig zijn om op universitair niveau te kunnen functioneren op het brede terrein van de accountancy.
Toelatingseisen Diploma vwo met een voldoende voor wiskunde; met andere vwo-profielen dan E&M is men alleen toelaatbaar mits het vrije deel is gevuld met econ. (met een voldoende) of met econ. I en II; afgerond heao-AA-, heao-RA- of heao-BE-diploma.
Duur
- 4,5 jaar (1 dag per week).
- De colleges vinden op vrijdag plaats.
Lesprogramma Er zijn 3 fasen: vwo'ers starten in fase 1; heao'ers starten in fase 2 of 3.
Diploma/examen Na afronding van de studie hebben studenten zowel de bachelortitel als de RA-kwalificatie behaald.
Aansluitende masteropleidingen NR: Accountancy & control, Controlling, Managerial controlling.
Functiemogelijkheden Openbaar accountant bij een accountantskantoor; werkt in opdracht van cliënten uit het bedrijfsleven. RegisterAccountant in dienst van grote ondernemingen; functies:

financieel directeur, controller, informatiemananger, management consultant.

Overige informatie Er zijn diverse collegelocaties, en eenmaal in de 5 weken is er college op de NR te Breukelen. De overige 4 dagen per week zijn studenten werkzaam op een accountantskantoor. De werkgever vergoedt in dit geval de opleidingskosten.

20.8.d Post-hbo-opleiding

20.8.d.1 Accountant-administratieconsulent (AA)
Voor adres(sen) zie: OVER-53.
Algemeen Opleiding tot AA (accountant-administratieconsulent) die vooral werkzaam is voor het midden- en kleinbedrijf.
Toelatingseisen
- Diploma SPD; getuigschrift heo-BE (mits voor de vakken bedrijfseconomie en bedrijfsadministratie een 6 is behaald); hbo-lerarenopleiding Algemene economie of hbo-lerarenopleiding Bedrijfseconomie; diploma wo-Economische wetenschappen; bewijs van toelating tot de tweede fase NIVRA-opleiding of NAC 3.
- Met het diploma heo-Accountancy (variant AA) hoeft men alleen nog de 3-jarige praktijkopleiding te volgen, die met 1 jaar wordt bekort als men op de heao de MBK-route heeft gevolgd.
Duur 2,5 jaar theoretische deeltijdopleiding (1 dag per week), met tegelijkertijd 3 jaar praktijkopleiding.
Lesprogramma Administratieve organisatie - leer van de accountantscontrole - externe verslaggeving - belastingrecht - bedrijfseconomie/MKB (betekenis MKB, kosten en kostprijs, financiering, strategisch management) - communicatieve vaardigheden.
Mogelijkheden voor verdere studie Cursussen in het kader van de Voortgezette EDucatie Accountants-Administratieconsulenten (VEDAA).
Functiemogelijkheden Als zelfstandig werkend AA, werkend in dienst van een accountantskantoor, of als intern accountant bij een bedrijf, instelling of de overheid.
N.B. Sinds september 1999 geldt dat naast het theoretische gedeelte ook een praktijkopleiding moet zijn gevolgd om het beroep van AA te mogen uitoefenen.

20.8.d.2 Administrateur-controller
(HS Markus Verbeek Praehep)
Voor adres(sen) zie: HBO-114.
Doel De SPD-administrateur met enige ervaring wordt vertrouwd gemaakt met de kennis en de vaardigheden die nodig zijn voor het succesvol uitoefenen van de functie van controller in kleinere en middelgrote organisaties.
Opleidingen (niet bekostigd) op het gebied van: accountancy - fiscaliteiten - payroll - pensioen - management - internationaal.
Toelatingseisen Diploma SPD; of heo-niveau.
Duur 1 jaar.
Overige informatie HS Markus Verbeek heeft opleidingslocaties te Almere, Amersfoort, Amsterdam, Bergen op Zoom, Breda, Den Bosch, Den Haag, Drachten, Ede, Eindhoven, Enschede, Goes, Groningen, Haarlem, Leeuwarden, Leiden, Maastricht, Nijmegen, Rotterdam, Schagen, Utrecht en Zwolle.

20.8.d.3 Financial controller (Fontys HS)
Voor adres(sen) zie: HBO-82.
Algemeen Opleiding tot financial controller in samenwerking met de OUNL.
Toelatingseisen Heo-Bedrijfseconomie, of diploma SPD of gelijkwaardig.
Duur 2 jaar deeltijd.
Lesprogramma Externe verslaggeving - interne verslaggeving - voortgezette administratieve organisatie - management en informatietechnologie: strategie en toepassingen - planning en control - ondernemingsfinanciering - belastingrecht voor niet-juristen - publieksgericht schrijven en spreken.

20.8.d.4 Financial controller (HS Markus Verbeek Praehep)
Voor adres(sen) zie: HBO-114.
Algemeen Niet bekostigde opleiding tot financial controller.
Opleidingen op het gebied van: accountancy - fiscaal - payroll - pensioen - management - internationaal.
Toelatingseisen Getuigschrift heo-BE (bedrijfseconomie), getuigschrift SPD, hbo-masteropleiding Bedrijfseconomie.
Duur 2 jaar deeltijd.
Lesprogramma Treasury management - strategisch management en marketing - financial en management accounting - administratieve organisatieplanning en control - communicatie/rapportage/-presentatie - personeelsmanagement.
Functiemogelijkheden Controller, financieel manager op het gebied van financieel beleid, communicatie en strategie.
Overige informatie HS Markus Verbeek heeft opleidingslocaties te Almere, Amersfoort, Amsterdam, Bergen op Zoom, Breda, Den Bosch, Den Haag, Drachten, Ede, Eindhoven, Enschede, Goes, Groningen, Haarlem, Leeuwarden, Leiden, Maastricht, Nijmegen, Rotterdam, Schagen, Utrecht en Zwolle.

20.8.d.5 HS LOI - AA-Accountant
Voor adres(sen) zie: HBO-135.
Algemeen Theoretische en praktische post-bacheloropleiding voor AA-Accountant.
Toelatingseisen Diploma SPD Bedrijfsadministratie; of diploma wo-master Economische wetenschappen met de aanvullende bewijsstukken die toegang geven tot deze Accountancy-opleiding: RA-opleiding met bewijs van toelating tot de tweede fase (structuur van na 1986); of hbo-diploma met minimaal de volgende vakken/-studiepunten: algemene economie 6 (9 ec's) - algemene organisatie/bedrijfsorganisatie 6 (9 ec's) - bedrijfscalculatie 3 (4 ec's) - bedrijfseconomie 12 (17 ec's) - belastingrecht 4 (5 ec's) - bestuurlijke informatievoorziening/automatisering van informatieverwerking 8 (11 ec's) - boekhouden/bedrijfsadministratie/administratieve organisatie 14 (20 ec's) - commerciële economie 3 (4 ec's) - privaatrecht 7 (10 ec's) - sociaal recht 3 (4 ec's) - statistiek 5 (7 ec's) - wiskunde 4 (6 ec's).
Duur
- 3 jaar schriftelijk en mondeling onderwijs.
- Bij een hoger studietempo kan men de studieduur bekorten.
Lesprogramma Administratieve organisatie - externe verslaggeving - kennis van het MKB: fiscale advisering voor het MKB, strategisch management voor het MKB, kosten en opbrengsten, financiering - leer van de accountantscontrole (LAC I en LAC II).
Diploma/examen Het Examenbureau AA neemt de examens af en beoordeelt de werkzaamheden tijdens de praktijkopleiding.
Functiemogelijkheden Accountant-Administratieconsulent in het MKB.

20.8.d.6 HS LOI - Management controlling
Voor adres(sen) zie: HBO-135.
Algemeen Opleiding tot managementcontroller die meedenkt over de organisatorische, materiële, financiële en personele problematiek van de onderneming.
Toelatingseisen Diploma Heo-Accountancy (AA) of -bedrijfsecono-mie, SPD-Bedrijfsadministratie, of wo-Economische wetenschappen.
Duur 2 jaar schriftelijk en mondeling onderwijs.
Lesprogramma Bestuurlijke informatieverzorging - management-accounting - planning en control - bedrijfskundig management - human resource management - externe verslaggeving - treasury management - informatie en communicatietechnologie.
Functiemogelijkheden Managementcontroller ten behoeve van het management van bedrijven.

20.8.d.8 Post-hbo: Accountant-administratieconsulent
(Fontys HS)
Voor adres(sen) zie: HBO-82.
Algemeen Opleiding tot AA: adviseur van met name het MKB op administratief, financieel, juridisch en bedrijfseconomisch terrein.
Toelatingseisen Heo-Bedrijfseconomie, SPD-Bedrijfsadministra-tie, of gelijkwaardig.
Duur Afhankelijk van het aantal te volgen modulen.
Lesprogramma Administratieve organisatie - externe verslag-geving - financiering - fiscale advisering voor het MKB - kosten en opbrengsten - leer van de accountantscontrole I en II - strategisch management voor het MKB.
Mogelijkheden voor verdere studie Verkorte studie Bedrijfsecono-nomie.

20.8.e Hbo-masteropleiding

20.8.e.1 Finance & control (HS Markus Verbeek Praehep)
Voor adres(sen) zie: HBO-114.
Algemeen Niet bekostigde hbo-masteropleiding.
Opleidingen op het gebied van: accountancy - fiscaal - payroll - pensioen - management - internationaal.
Toelatingseisen Gewenst: diploma hbo-bachelor.
Overige informatie HS Markus Verbeek heeft opleidingslocaties te Almere, Amersfoort, Amsterdam, Bergen op Zoom, Breda, Den Bosch, Den Haag, Drachten, Ede, Eindhoven, Enschede, Goes, Groningen, Haarlem, Leeuwarden, Leiden, Maastricht, Nijmegen, Rotterdam, Schagen, Utrecht en Zwolle.

20.8.f Hbo-bacheloropleiding

20.8.f.1 Accountancy (ABC HS, Avans HS, Avans+, Fontys
HS, Haagse HS, HAN, Hanze HS, HS Inholland,
HS LOI, HS Markus Verbeek Praehep, HS NCOI,
HS NTI, HS Rotterdam, HS Utrecht,
HS Windesheim, HvA, NHL, Saxion HS, Zuyd HS)
Zie ook: 20.8.a.1, 20.8.b.1, 20.8.b.2, 20.8.d.1, 20.8.c.1.
Voor adres(sen) zie: HBO-1, 26, 49, 54, 61, 70, 73, 82, 89, 99, 114, 115, 124, 133, 135, 143, 150, 156, 157, 184, 217.
Algemeen Voorbereidende hbo-bacheloropleiding tot RC: Regis-terAccountant (NAC 1 en 2), en tot AA: accountant-administratie-consulent met certificerende bevoegdheid.
* Ook voorbereidend ad-programma bij Avans HS en bij Avans+ (beide vestiging in Breda), bij Fontys HS (vestiging Eindhoven), HAN (vestiging Arnhem), HS Rotterdam, HvA, en bij HS LOI, HS Markus Verbeek Praehep, HS NCOI, en HS NTI.

- ABC HS, Avans+, HS LOI, HS Markus Verbeek Praehep, HS NCOI, en HS NTI worden niet door de overheid bekostigd.
Toelatingseisen Diploma havo; havo-profiel: C&M (+ econ. I, wisk. A I en II of wisk. B I), E&M, N&G (+ econ. I), N&T (+ econ. I); vwo-profiel: C&M (+ econ. I), E&M, N&G (+ econ. I), N&T (+ econ. I); mbo niveau 4.
Duur
- 4 jaar voltijd en deeltijd.
- Arnhem (HAN) en Breda (Avans HS) : duaal.
- HS LOI, HS Markus Verbeek Praehep en HS NCOI: digitaal in deel-tijd.
- Ad-programma: 2 jaar deeltijd; alleen HS Rotterdam 2 jaar vol-tijd.
Lesprogramma Specialisaties:
- Groningen (Hanze HS): Accountantadministratie - Register-accountant.
Mogelijkheden voor verdere studie Met het diploma heo-RA kan men worden toegelaten tot de 2e fase van de studie voor RA aan een universiteit (EUR, RUG, TiU, UvA, VUA) en tot de gecombineerde NR-opleiding voor RA.
Ook kan de controllersopleiding worden gevolgd die aan diverse universiteiten en hogescholen wordt gegeven.
Functiemogelijkheden Intern of extern RegisterAccountant (RA) bij of voor de financieel-economische afdeling/dienst van grote (internationale) bedrijven, bij een accountantsbureau of bij de over-heid; zelfstandig Accountant-Administratieconsulent (AA) t.b.v. het midden- en kleinbedrijf, controller, tal van financiële of manage-mentfuncties bij bedrijfsleven en overheid.
Overige informatie - Indien men een RA-opleiding heeft gevolgd, wordt deze praktijkopleiding gevolgd tijdens de laatste fase van de studie.
- Met het diploma heo-AA wordt deze praktijkopleiding doorlopen op het kantoor van de werkgever; tegelijkertijd volgt men in deeltijd een masteropleiding AA.

20.8.f.2 Financiële dienstverlening (Avans HS, Avans+)
Voor adres(sen) zie: HBO-49, 54.
Algemeen
- Ad-programma's in beide vestigingen in Den Bosch.
- Avans+ wordt niet door de overheid bekostigd.
Toelatingseisen Diploma havo of vwo; profiel: C&M (+ econ. I), E&M, N&G (+ econ. I), N&T (+ econ. I); of mbo niveau 4.
Duur 2 jaar deeltijd.
Lesprogramma Sinds 2006 is de Wet Financieel Toezicht (WFT) van kracht. Financieel medewerkers met klantcontacten moeten in het bezit zijn van diverse WFT-diploma's. Tijdens het ad-programma Financiële dienstverlening worden deze wettelijk vereiste diploma's behaald. Daarnaast worden ook kennis en vaardigheden aangeleerd die essentieel zijn voor een professionele financieel adviseur.

20.8.I Overige opleidingen

20.8.I.1 Basis financieel management (Fontys HS)
Zie 17.1.I.1.

20.8.I.2 LOI - afstandsonderwijs - Administratie,
bedrijfscorrespondentie, economie, secretariaat,
taalvaardigheid
Zie 20.3.I.8.

20.9 RECHTSGELEERDHEID EN RECHTSPRAAK

Algemeen Voor de toelating tot gereglementeerde juridische beroepen van advocaat, rechterlijk ambtenaar in opleiding (RAIO), kandidaat-notaris, en bijgevolg dat van notaris, moet iemand op grond van de Advocatenwet, de Wet op het notarisambt en de Wet rechtspositie rechterlijke ambtenaren beschikken over ofwel de meestertitel, ofwel de combinatie van de universitaire graden van bachelor en master op het gebied van het recht.

20.9.a Postacademisch onderwijs (pao)

20.9.a.1 ADR voor juristen (UvA)
Voor adres(sen) zie: WO-8.
Doel Gericht op ADR: Appropriate Dispute Resolution: ADR houdt zich bezig met methoden van conflictoplossing die buiten de overheidsrechter om gaan.
Toelatingseisen Wo-Rechten.
Duur 20 dagen.

20.9.a.2 Advocaat-stagiaire
Voor adres(sen) zie: OVER-135.
Doel Scholing van de advocaat-stagiaires in de elementaire, voor het beroep van advocaat vereiste kennis en vaardigheden.
Toelatingseisen
- Beëdigd zijn als advocaat.
- Onder toezicht van een patroon de praktijk uitoefenen.
Duur 8 maanden.
Lesprogramma Introductie in de advocatuur/gedragsrecht - praktijkleer - burgerlijk, straf- en procesrecht - jaarrekening lezen - belastingrecht - schrijfvaardigheid - ADR/Mediation.

20.9.a.3 Advocatuur (RU, UL, UvA, VUA)
Voor adres(sen) zie: WO-8, 9, 30, 35.

20.9.a.4 Amsterdam Law School (ALS/UvA)
Voor adres(sen) zie: WO-5.
Algemeen Diverse Engelstalige opleidingen betreffende Europees of internationaal recht.
Toelatingseisen Wo-Rechten.
Duur 1 jaar.

20.9.a.5 Bedrijfsjurist (RU, VUA)
Voor adres(sen) zie: WO-9, 35.

20.9.a.6 Notariaat (RU, UL, VUA)
Voor adres(sen) zie: WO-9, 30, 35.

20.9.a.7 Officier van justitie (VUA)
Voor adres(sen) zie: WO-9.

20.9.a.8 Opsporing vanuit criminologie, psychologie en mensenrechten (BeNeLux)
Zie 14.4.a.7.

20.9.a.9 Recht, cultuur en maatschappij (EUR)
Voor adres(sen) zie: PAO-14.

20.9.a.10 Recht en linguïstiek (UM)
Voor adres(sen) zie: WO-31.

20.9.a.11 Rechtsgebied (cursussen)
Voor adres(sen) zie: PAO-4, 9, 11, 15.
Algemeen De faculteiten der Rechtsgeleerdheid bieden jaarlijks vaak kleinschalig postacademisch onderwijs (pao) aan in de vorm van leergangen en één- of meerdaagse cursussen.
Doel Dit onderwijs heeft ten doel aan hen die in de praktijk werkzaam zijn, de mogelijkheid te bieden de kennis op juridisch gebied te vergroten en zich van recente ontwikkelingen op de hoogte te stellen.
Cursussen
- Aansprakelijkheids- en Verzekeringsrecht (PAO).
- Actualiteiten Intellectueel Eigendom (PAO).
- Appartementsrecht en aanverwante rechtsfiguren (PAO).
- Arbeidsrecht verdiept (PAO).
- Beslag- en executierecht (PAO).
- Bestuursrecht verdiept (PAO).
- Bijzondere vermogensrechten (PAO).
- Burenrecht (PAO).
- Concern, financiering en aansprakelijkheid (PAO).
- De Aanbestedingswet werkt? (PAO).
- De complexe juridische aspecten bij ziekte (PAO).
- De nieuwe BV: 1 jaar later (PAO).
- De Wwft in de praktijk (PAO).
- Effectief in kort geding (PAO).
- Fiscale actualiteiten (PAO).
- Geschillen in het Vennootschapsrecht (PAO).
- Gezondheidsstrafrecht (PAO).
- Het Standaard Financieel Verslag (PAO).
- Insolventierecht verdiept (PAO).
- Jaarrekeninglezen voor de jurist (PAO).
- Jaarstukken en alimentatie basis.
- Jaarstukken en alimentatie verdiept (PAO).
- JOR: Actueel Effectenrecht (PAO).
- JOR: Actueel Insolventie, financiering en zekerheden.
- JOR: Actueel Ondernemingsrecht (PAO).
- Main principles of US Bankruptcy Law (PAO).
- Recente ontwikkelingen en actualiteiten mededingingsrecht (PAO).
- VAARA cursus.
- VNAA-cursus 'Ziekte en disfunctioneren' en 'Sociaal zekerheidsrecht'.
- Wet Modern Migratiebeleid, Visumwet en Wet Arbeid Vreemdelingen.

20.9.a.12 Rechter (VUA)
Voor adres(sen) zie: WO-9.

20.9.a.13 Stichting Grotius Academie
Voor adres(sen) zie: PAO-12.
Algemeen De Grotius Academie verzorgt postacademische specialisatieopleidingen.
Opleidingen
- Arbeidsrecht.
- Corporate reporting.
- Effectenrecht.
- EPN/Estate planning.
- Europees & Nederlands aanbestedingsrecht.
- Fusies en overnames.
- INSOLAD/Grotius insolventierecht.
- Nationaal & internationaal contracteren.
- Onroerend goed.
- Personenschade.
- Structured finance.

- Vennootschaps- & ondernemingsrecht (voorheen: Corporate structures).
- Vervoerrecht.
- VIRA/Informaticarecht.
- VMA/Ruimtelijke ordenings- en milieurecht.

Toelatingseisen Voor juristen die minimaal drie jaar werkzaam zijn in het bedrijfsleven, in de juridische adviespraktijk of bij de overheid, en die al een gedegen basiskennis hebben van het desbetreffende rechtsgebied.

20.9.a.14 Wetgevingsjurist (UvA, VUA)
Voor adres(en) zie: WO-8, 9.

20.9.b Wo-masteropleiding

20.9.b.1 Criminologie/Criminology (EUR, KUL, UU, VUA)
Voor adres(en) zie: WO-9, 37, 45, 55.
Algemeen
- Wo-masteropleiding.
- Bij de KUL en de UU heet de opleiding: Criminology.
Toelatingseisen Diploma wo-bachelor Criminologie.
Duur
- 1-2 jaar.
- KUL, VUA: ook in deeltijd.
Lesprogramma Specialisaties:
- VUA: Interventiecriminologie - Opsporingscriminilogie.

20.9.b.2 European law (school) (RU, RUG, UM, UU)
Voor adres(en) zie: WO-23, 31, 35, 45.
Algemeen Wo-masteropleiding.
Toelatingseisen Diploma wo-bachelor European law school, of van een vergelijkbare studie.
Duur 1-2 jaar.
Lesprogramma Specialisaties:
- RU: European business law - European law advanced - Human rights and migration law - Insolvency law.
- RUG: Energy and climate law.
- UM: EU law & market integration - EU public law and governance - Free programme ELS.
Overige informatie Gedurende de opleiding verblijft men minimaal een half jaar in het buitenland aan een universiteit.

20.9.b.3 Finance & law (DSoF)
Zie 17.10.b.2.

20.9.b.4 International economics & business law (RUG)
Voor adres(en) zie: WO-23.
Algemeen Internationaal georiënteerde Engelstalige wo-masteropleiding.
Toelatingseisen Diploma wo-bachelor International Economics & Business, of een vergelijkbare opleiding.
Duur 1-2 jaar voltijd.

20.9.b.5 Nederlands recht (RU, RUG, UM, UU, UvA)
Zie ook: 20.9.b.9.
Voor adres(en) zie: WO-5, 23, 31, 35, 45.
Algemeen
- Wo-masteropleiding.
- RUG: ook duaal.
Toelatingseisen Diploma wo-bachelor Rechtsgeleerdheid.

Duur
- 1-2 jaar voltijd.
- RU, RUG, UvA: ook in deeltijd.
Lesprogramma Specialisaties:
- RU: Burgerlijk recht - Financieel recht - Staats- en bestuursrecht - Strafrecht.
- RUG: Bedrijfsrecht - Privaatrecht - Staats- en bestuursrecht - Strafrecht - Toga-master.
- UM: Handels- en ondernemingsrecht - Ondernemingsrecht - Privaatrecht - Staats- en bestuursrecht - Strafrecht - Vrij programma.
- UU: Privaatrecht - Staats- en bestuursrecht - Strafrecht.
- UvA: Privaatrecht.

20.9.b.6 Notarieel recht (RU, RUG, UL, UU, UvA, VUA)
Voor adres(en) zie: WO-9, 23, 30, 35, 45.
Algemeen
- Wo-masteropleiding.
- RUG: ook duaal.
Toelatingseisen Diploma wo-bachelor Notariaal recht, of van een vergelijkbare studie.
Duur
- 1 jaar voltijd.
- RU, RUG, UL, VUA: ook in deeltijd.

20.9.b.7 Recht en bestuur (RUG)
Voor adres(en) zie: WO-23.
Algemeen Wo-masteropleiding.
Toelatingseisen Diploma wo-bachelor recht en bestuur, of van een vergelijkbare studie.
Duur 1-2 jaar voltijd en deeltijd.

20.9.b.8 Recht en ict (RUG)
Voor adres(en) zie: WO-23.
Algemeen Wo-masteropleiding.
Toelatingseisen Diploma wo-bachelor Recht & ict.
Duur 1 jaar voltijd en deeltijd.
Lesprogramma Specialisaties:
- RUG: Informaticarecht.

20.9.b.9 Rechtsgeleerdheid (EUR, TiU, UL, VUA)
Zie ook: 20.9.b.5 en 20.9.c.6 (OUNL).
Voor adres(en) zie: WO-9, 26, 30, 37, 40.
Algemeen Wo-masteropleiding.
Toelatingseisen Diploma wo-bachelor Nederlands recht.
Duur
- 1-2 jaar.
- EUR, UL, VUA: ook in deeltijd.
Lesprogramma Specialisaties:
- EUR: Generalistische variant - International and European public law - Privaatrecht - Staats- en bestuursrecht - Strafrecht.
- TiU: Arbeidsrecht - Privaatrecht - Recht en duurzaamheid - Staats- en bestuursrecht - Strafrecht.
- UL: Arbeidsrecht - Civiel recht - Encyclopedie en filosofie van het recht - European law - Financieel recht - Ondernemingsrecht - Public international law - Staats- en bestuursrecht - Straf- en strafprocesrecht.
- VUA: Arbeidsrecht - Internet, intellectuele eigendom en ict - Privaatrecht - Staats- en bestuursrecht - Strafrecht - Transnational legal studies.

20.9.c Wo-bacheloropleiding

20.9.c.1 Criminologie (EUR, UL, VUA)
Zie ook: 21.4.c.2.
Voor adres(sen) zie: WO-9, 30, 37.
Algemeen Wo-bacheloropleiding.
Doel De studie Criminologie is voortgekomen uit een interuniversitaire samenwerking tussen de EUR, de UL en de VUA, en richt zich op onderzoeksfuncties, beleidsfuncties m.b.t. het verschijnsel criminaliteit, alsmede de gevolgen ervan voor de samenleving.
Toelatingseisen Wo-propedeuse Rechten of Sociale wetenschappen.
Duur
- 3 jaar voltijd.
- UL, VUA: ook in deeltijd.

Lesprogramma Specialisaties:
- UL: Honours-programma - Minors - Recht - Sociale wetenschappen.
- VUA: Forensische criminologie (minor) - Honours-programma - Minors.

Diploma/examen Afgestudeerde criminologen verkrijgen ook de Mr.-titel.
Aansluitende masteropleidingen
- EUR, KUL, UU, VUA: Criminologie/Criminology.
- KUL, UG, VUB: Criminologische wetenschappen.

Functiemogelijkheden Medewerker ministerie van veiligheid en justitie, reclassering, gevangeniswezen, politie en gemeenten.

20.9.c.2 European law school (RU, UM)
Voor adres(sen) zie: WO-31, 35.
Algemeen Wo-bacheloropleiding.
Toelatingseisen Diploma vwo.
Duur 3 jaar voltjd.
Lesprogramma Specialisaties:
- UM: English language track.

Aansluitende masteropleidingen
- RU, RUG, UU: European law.

Functiemogelijkheden Functies bij internationale instellingen en bedrijven, grote advocatenkantoren en ministeries.

20.9.c.3 International and European law (RUG)
Voor adres(sen) zie: WO-23.
Algemeen Wo-bacheloropleiding.
Doel Opleiding tot internationaal en Europees rechtelijk geschoold jurist.
Toelatingseisen
- Diploma vwo; alle vwo-profielen; hbo-propedeuse.
- Als men 21 jaar of ouder is, komt men in aanmerking voor een colloquium doctum.

Duur 3 jaar voltijd.
Lesprogramma
- Vakken: Nederlands recht - belangrijkste nationale rechtsstelsels van Europa - internationaal en Europees recht - combinatie van juridische en economische vakken - keuze uit Engels en Frans als keuzetaal.
- Specialisatie RUG: Rechtsgeleerdheid.

Aansluitende masteropleidingen
- RU, RUG, UU: European law.

Functiemogelijkheden Functies bij internationale instellingen en bedrijven, grote advocatenkantoren en departementen.
Overige informatie RUG: de propedeuse Rechten wordt ook in Leeuwarden gegeven.

20.9.c.4 Notarieel recht (RU, RUG, UL, VUA)
Voor adres(sen) zie: WO-8, 9, 23, 30, 35.
Algemeen De wo-bacheloropleiding leidt op tot notaris.
Toelatingseisen
- Diploma vwo; getuigschrift/diploma van een hbo of van de OUNL.
- Voor het vrijstellingenprogramma wordt een verwante hbo-opleiding vereist.
- Als men 21 jaar of ouder is, komt men in aanmerking voor een colloquium doctum.

Duur
- 3 jaar voltijd.
- RU, UL, VUA: ook in deeltijd.

Lesprogramma
- *Notarieel recht:*
  - Na de propedeuse volgt men het basisjaar (met vooral privaatrechtelijke vakken).
  - Daarnaast bestaat de opleiding uit 2 afstudeerjaren met notariële vakken.
  - Een stage op een notariskantoor en het schrijven van een scriptie maken ook deel uit van de studie.
- *Specialisaties:*
  - RU: Law extra.
  - RUG: Rechtsgeleerdheid.
  - UL: Erfrecht - Huwelijksvermogensrecht - Onroerendgoedrecht - Vennootschapsrecht.
  - VUA: Honours-programma.

Diploma/examen Men wordt meester in de rechten en daarbij kandidaat-notaris.
Aansluitende masteropleidingen
- EUR, OUNL, TiU, UL, VUA: Rechtsgeleerdheid.
- RU, RUG, UL, UU, VUA: Notarieel recht.
- RU, RUG, UM, UU, UvA: Nederlands recht.

Mogelijkheden voor verdere studie Beroepsopleiding Notariaat (RU):
- pakket 1: tweewekelijks (1 jaar);
- pakket 2: maandelijks (2 jaar), plus e -learning.

Functiemogelijkheden Kandidaat-notaris; functies in het bank-, verzekerings- of hypotheekbedrijf.

20.9.c.5 Rechtsgeleerdheid (EUR, RU, RUG, TiU, UL, UM, UU, UvA, VUA)
Zie ook: 20.9.c.6 (OUNL), en 20.11.c.1.
Voor adres(sen) zie: WO-8, 9, 23, 30, 31, 35, 37, 40, 45.
Algemeen Wo-bacheloropleiding tot jurist; de studie heette eerder: Nederlands recht.
Doel Met deze studie verwerft men de meestertitel en die is een voorwaarde om rechter, advocaat of officier van justitie te kunnen worden. Daarnaast biedt deze brede opleiding toegang tot vele andere (niet-) juridische beroepen.
Toelatingseisen
- Diploma vwo; getuigschrift/diploma van een hbo of van de OUNL.
- Voor het vrijstellingenprogramma wordt een verwante hbo-opleiding vereist.
- Als men 21 jaar of ouder is, komt men in aanmerking voor een colloquium doctum.

Duur
- 3 jaar voltijd.
- EUR, RU, UL, UvA, VUA: ook in deeltijd.

Lesprogramma Specialisaties:
- RU: Notarieel recht.
- RUG: Fiscaal recht - Honours-programma - Internationaal en

Europees recht - International and European law - IT-recht - Juridische bestuurskunde - Nederlands recht - Notarieel recht.
- TiU: Fiscaal recht - Global law - Internationaal en Europees recht - Nederlands recht - Ondernemingsrecht.
- UL: Fiscaal recht - Honours-programma - International business law - Notarieel recht - Recht en bedrijfswetenschappen - Rechten en economie.
- UM: Fiscaal recht.
- UU: Honours-programma - Minors - Multidisciplinair traject - Notarieel traject - Toga-traject.
- UvA: Fiscaal recht - Honours-programma.
- VUA: Honours-programma - Minors - Notarieel recht.

Aansluitende masteropleidingen
- EUR, OUNL, TiU, UL, VUA: Rechtsgeleerdheid.
- RU, RUG, UL, UU, UvA, VUA: Notarieel recht.
- RUG, UM: Nederlands recht.

Mogelijkheden voor verdere studie Advocatuur, notariaat, wetgevingsjurist, officier van justitie, rechter, bedrijfsjurist.

Functiemogelijkheden
- *Met een fiscaal-juridische opleiding:*
  functies bij de Belastingdienst, zoals belastinginspecteur; medewerker bij de overheid, bij accountants- en advocatenkantoren, of bij banken.
- *Met een studie Nederlands recht:*
  advocaat en procureur, rechter, officier van justitie, gerechtssecretaris, secretaris arrondissementsparket, griffier, substituut-griffier, bedrijfsjurist, beleidsmedewerker overheid of non-profit.
- *Met een notariële opleiding:*
  de kandidaat-notaris heeft geen toegang tot de rechterlijke macht of advocatuur, behalve wanneer men ook tentamen strafrecht heeft gedaan; hij vindt een functie bij een notariskantoor, verzekeringsmaatschappij of een bank; de benoeming door de Kroon tot notaris kan geschieden wanneer men solliciteert naar een vrijkomende standplaats. Men blijft meestal 8 á 15 jaar kandidaat-notaris. Informatieadres: Koninklijke Notariële Beroepsorganisatie (KNB), Postbus 16020, 2500 BA Den Haag (Spui 184, 2511 BW Den Haag), tel. 070-3 30 71 11, e-mail: info@knb.nl, website: www.knb.nl
- *Over het algemeen komen verder in aanmerking:*
  functies bij het bedrijfs- en het verenigingsleven en bij advocatenkantoren, het onderwijs, de buitenlandse dienst en internationale organisaties. Ook kan een jurist werk vinden bij het bank- en verzekeringswezen, handel en vervoer, industrie, overheid (ministeries en gemeenten), universiteit, journalistiek, radio en televisie, of als bestuursjurist.

Overige informatie RUG: de propedeuse-opleiding wordt ook in Leeuwarden gegeven; verkorte programma's voor afgestudeerden heao-MER.

20.9.c.6 Rechtsgeleerdheid (OUNL)
Zie ook: 25.4 voor meer informatie over de OUNL.
Voor adres(sen) zie: WO-26.
Algemeen Deze wo-bacheloropleiding wordt gegeven in de vorm van afstandsonderwijs. Op 16 plaatsen in Nederland en op 6 plaatsen in België zijn er ondersteunende studiecentra.
Doel Gericht op inzicht in de structuur van de rechtsorde.
Toelatingseisen
- Voor inschrijven bij de Open Universiteit Nederland zijn geen diploma's vereist.
- De toelatingsleeftijd is 18 jaar.
Duur Indicatie bij een studietempo van 6 modulen per jaar en zon-

der vrijstelling: propedeuse 2,5 jaar; postpropedeuse 4,5 jaar.
Lesprogramma 42 modulen, verdeeld in twee fasen:
- Propedeuse (14 modulen): basiscursus Recht.
- Postpropedeuse (28 modulen): inleiding staatsrecht - inleiding bestuursrecht - rechtsgeschiedenis 1 - inleiding strafrecht (2 modulen) - inleiding privaatrecht (2 modulen) - inleiding internationaal recht - recht en samenleving - juridische vaardigheden - inleiding in de Nederlandse economie - balans en resultatenrekening voor niet-economen.
- Specialisaties: Recht, arbeid en organisatie - Recht en bedrijfsleven - Recht en openbaar bestuur - Strafrecht.

Aansluitende masteropleidingen
- EUR, OUNL, TiU, UL, VUA: Rechtsgeleerdheid.
- RU, RUG, UL, UU, UvA, VUA: Notarieel recht.
- RUG, UM: Nederlands recht.

20.9.d Post-hbo-opleiding

20.9.d.1 Mediation
Voor adres(sen) zie: HBO-118, 132, 184, OVER-11, 25, 93, 130, 192, 209, 213, 249, 265, 327.
Algemeen Eindtermen voor deze kwalificatie worden ontwikkeld door het NMI (Nederlands Mediation Instituut).
Doel Opleiding tot mediator in arbeidskwesties, zakelijke conflicten, bestuursaangelegenheden, scheiding en omgangsregelingen, familiekwesties, burenruzies e.d.
Toelatingseisen Diploma hbo of wo.
Duur 6-20 dagen.
Lesprogramma Onderwerpen: bemiddeling bij omgangsregelingen - communicatieprocessen en conflictstijlen - echtscheidingsbemiddeling - implementatie - mediation-technieken als basis voor de bemiddelaar - onderhandelen.
Diploma/examen Nadat men de opleiding succesvol heeft afgerond, dient men jaarlijks een aantal PE-punten (Permanente Educatie) te behalen om de registratie bij het NMI in stand te houden. Geregistreerde mediators kunnen door middel van een praktijktoets worden gecertificeerd, waardoor zij in aanmerking kunnen komen voor verwijzingen door de rechtbanken.
Functiemogelijkheden Zelfstandige praktijk als mediator, of in dienst van bijvoorbeeld arbo-organisaties, advocatenkantoor, bedrijfsverenigingen, organisatieadviesbureaus, trainingsinstituten.
N.B. De onderwerpen van het lesprogramma kunnen per onderwijsinstelling een andere naam dragen.

20.9.e Hbo-masteropleiding

20.9.e.1 Bedrijfsrecht (HS NCOI)
Voor adres(sen) zie: HBO-115.
Algemeen Niet-bekostigde hbo-masteropleiding.
Duur 1 jaar digitaal in deeltijd.

20.9.f Hbo-bacheloropleiding

Algemeen Een hbo-bacheloropleiding Rechten zou voortaan toegang tot opleidingen voor juridische togaberoepen als advocaat en rechter geven. Het kabinet Balkenende IV heeft dit in 2008 besloten op voorstel van minister Hirsch Ballin. Voorwaarde was wel dat de student een schakelprogramma zou doen. De Tweede Kamer heeft dit wetsvoorstel echter verworpen, dus blijft de toegang tot juridische wo-opleidingen vooralsnog voorbehouden aan universitaire studenten.

20.9.f.1 Hbo-rechten (Avans HS, Fontys HS, Haagse HS, HAN, Hanze HS, HS Inholland, HS Leiden, HS LOI, HS NCOI, HS NTI, HS Utrecht, HS Windesheim, HvA, Juridische HS, NHL, Saxion HS)
Voor adres(sen) zie: HBO-28, 49, 63, 82, 89, 100, 115, 124, 132, 133, 135, 150, 156, 177, 184, 223.
Algemeen
- Hbo-bacheloropleiding.
- Er is een voltijd- en deeltijdopleiding in Den Bosch en Tilburg onder verantwoordelijkheid van de combinatie Avans HS en Fontys HS.
- Daarnaast is er ook een opleiding in Den Bosch en Tilburg van de Juridische HS.
- Ad-programma bij HS LOI.
- HS LOI, HS NCOI, HS NTI worden niet door de overheid bekostigd.
Doel Voorzien in de behoefte aan hbo'ers die juridisch zijn geschoold, en die wet- en regelgeving in de praktijk kunnen toepassen.
Toelatingseisen Diploma havo, vwo, mbo niveau 4.
Duur
- 4 jaar voltijd.
- HS LOI, HS NCOI, HS NTI (alle bachelors): digitaal in deeltijd.
- Ad-programma (HS LOI): digitaal in deeltijd.
Lesprogramma Specialisaties:
- Den Bosch/Tilburg (Juridische HS): Bedrijfsjurist (minor)- Juridisch advies (minor) bestuursrecht - Recht en veiligheid (minor) - Recht in internationaal perspectief (minor) - Rechtspraak (minor).
- Enschede (Saxion HS): Algemeen juridisch - Bestuursjuridisch.
- Leeuwarden (NHL): Minors.
- R'dam (HS Rotterdam): Recht en conflictbehandeling - Recht en ondernemen - Recht en overheid.
- HS LOI (bachelor): Sociaal-juridische dienstverlening.
- HS LOI (ad-programma): Civielrecht - Publieksrecht.
- HS NCOI: Arbeids- en sociaal recht - Bedrijfsrecht - Bestuursrecht.
- HS NTI: Juridisch adviseur - Juridisch documentatiemanager - Juridisch secretaris/griffier.
Functiemogelijkheden Gerechtssecretaris, juridisch adviseur, juridisch beleidsmedewerker, juridisch medewerker, parketsecretaris, professional support lawyer, professioneel conflictbemiddelaar.
Overige informatie Juridische HS: de opleiding wordt zowel in Den Bosch als in Tilburg gegeven. In Tilburg kan men jaarlijks ook vanaf februari studeren.

20.9.f.2 Integrale handhaving omgevingsrecht (HS Van Hall/Larenstein)
Voor adres(sen) zie: HBO-121.
Algemeen Ad-programma.
Duur 2 jaar deeltijd.

20.9.f.3 Management, Economie en Recht (Bedrijfskunde MER) (Avans HS, Avans+, CHE, Fontys HS, Haagse HS, HAN, Hanze HS, HS LOI, HS NTI, HS Rotterdam, HS Utrecht, HS Windesheim, HvA, HZ, NHL, Saxion HS, Zuyd HS)
Zie 20.1.f.16.

20.9.f.4 Sociaal-Juridische Dienstverlening (hsao-SJD) (Hanze HS, HS Inholland, HS Leiden, HS LOI, HS NCOI, HS NTI, HS Utrecht, HvA, Saxion HS)
Zie 14.6.f.3.

20.9.g Mbo-opleiding niveau 4

20.9.g.1 Juridisch medewerker openbaar bestuur (niveau 4)
Zie 20.4.g.1

20.9.g.2 Juridisch medewerker personeel en arbeid (niveau 4)
Zie 14.6.g.1.

20.9.g.3 Juridisch medewerker zakelijke dienstverlening (niveau 4)
Zie 11.1.g.3.

20.9.l Overige opleidingen

20.9.l.1 Administratief medewerker binnen de gerechtelijke diensten (SSR)
Voor adres(sen) zie: OVER-334.
Toelatingseisen Uitsluitend bestemd voor administratief medewerkers binnen gerechtelijke organisaties.
Duur De modulen variëren in omvang en dus in tijdsduur.
Lesprogramma Om administratief medewerkers (bij) te scholen zijn er A-modulen beschikbaar: introductiemodulen - verdiepingsmodulen - specialisatiemodulen op het gebied van civielrecht, bestuursrecht en strafrecht.
Functiemogelijkheden Diverse administratieve functies binnen de gerechtelijke diensten (rechtbank, parket, kantongerecht).

20.9.l.2 Deurwaarder (HS Utrecht)
Voor adres(sen) zie: HBO-184, OVER-86.
Doel De gerechtsdeurwaarder heeft een ambtelijke en een niet-ambtelijke taak.
Toelatingseisen
- De eisen zijn hetzelfde als voor heo-MER en heo-BE: om te worden toegelaten tot de opleiding dient men in het bezit te zijn van een diploma havo of vwo.
- Personen die niet voldoen aan de toelatingseisen, kunnen alsnog een toelatingsexamen afleggen.
Duur 4 jaar deeltijd (inclusief 1 jaar stage): 1 dag per week.
Lesprogramma Er wordt door middel van een modulair systeem getoetst.
Diploma/examen
- Hbo-bacheloropleiding of Laws-diploma.
- Men kan door de Kroon voor de ambtelijke taak in vaste dienst worden benoemd wanneer voldaan is aan de volgende voorwaarden:
  1. Men moet ten minste 23 jaar zijn.
  2. Geslaagd zijn voor de cursus tot opleiding van kandidaat-deurwaarder; dit is een cursus van de Mr. dr. M. Teekens Stichting.
  3. Gedurende minimaal 1 jaar de praktijk van toegevoegd kandidaat-deurwaarder hebben uitgeoefend.
Overige informatie Het studietraject tot Kandidaat-Gerechtsdeurwaarder wordt verzorgd door de HS Utrecht.

20.9.l.3 LOI - afstandsonderwijs - Juridisch
Voor adres(sen) zie: OVER-225.
Opleidingen
- Adviseur belastingrecht.
- Mbo niveau 4: Administratief juridisch medewerker.
- Mbo niveau 4: Juridisch medewerker (sociale zekerheid).
- Praktijkdiploma Arbeidsrecht.

- Praktijkdiploma Bedrijfsrecht.
- Praktijkdiploma Belastingrecht.
- Praktijkdiploma Milieurecht.
- Praktijkdiploma Sociale zekerheid.
- Recht voor de juridische kantoorpraktijk.

20.9.l.4 Notarisklerk
Voor adres(sen) zie: OVER-273.
Algemeen Opleiding tot notarisklerk.
Toelatingseisen
- Diploma mbo niveau 4 in de administratieve of bestuurlijke sector.
- Ten minste 1 jaar notariële praktijkervaring vereist.
Duur 4 jaar (een zaterdag per 14 dagen of een avond per week).
Lesprogramma Burgerlijk wetboek - bepalingen uit het Wetboek van burgerlijke rechtsvordering - Wetboek van koophandel - Faillissementswet - Successiewet - Wet op belastingen van rechtsverkeer - Registratiewet - Wet op het notarisambt.
Functiemogelijkheden Notarisklerk op notariskantoor, medewerker bij hypotheekbank, verzekeringsmaatschappij, gemeentelijke instelling.

20.9.l.5 Parketsecretaris en gerechtssecretaris (SSR)
Voor adres(sen) zie: OVER-334.
Doel Bedrijfsopleiding (S-opleiding) uitsluitend toegankelijk voor in dienst zijnde ambtenaren.
Toelatingseisen Diploma havo of gelijkwaardig.
Duur 1 jaar.
Lesprogramma Bestuursrecht - civielrecht - strafrecht.
Functiemogelijkheden Gerechtssecretaris bij een gerechtshof, arrondissementsrechtbank, kantongerecht of Centrale Raad van Beroep; parketsecretaris bij een arrondissementsparket.

20.9.l.6 Rechtskundig adviseur (NVRA)
Voor adres(sen) zie: OVER-5.
Algemeen De rechtskundig adviseur maakt er zijn beroep van rechtskundige adviezen te verstrekken, andere rechtskundige diensten te verrichten en op te treden als gemachtigde bij een kantongerecht.
Toelatingseisen Geslaagd voor het examen voor kandidaat-deurwaarder (hiervoor is vrijstelling mogelijk).
Functiemogelijkheden Iedereen kan zich als rechtskundig adviseur vestigen: zelfstandig of bijvoorbeeld in dienst van een incassobureau.
Overige informatie Men sluit zich doorgaans aan bij de Nederlandse Vereniging van Rechtskundige Adviseurs.

20.10 SOCIALE VERZEKERING

20.10.f Hbo-bacheloropleiding

20.10.f.1 Sociaal-financiële dienstverlening
(HS Inholland, HS Rotterdam)
Zie 14.6.f.2.

20.10.f.2 Sociaal-Juridische Dienstverlening (hsao-SJD)
(Hanze HS, HS Inholland, HS Leiden, HS LOI, HS NCOI, HS NTI, HS Utrecht, HvA, Saxion HS)
Zie 14.6.f.3.

20.10.g Mbo-opleiding niveau 4

20.10.g.1 Juridisch medewerker sociale zekerheid (niveau 4)
Voor adres(sen) zie: ROC/MBO-8, 13, 17, 20, 32.
Algemeen
- Bij Roc van Twente heet deze opleiding: Medewerker sociale zekerheid.
- Eindtermen voor deze kwalificatie worden ontwikkeld door ECABO.
- Hier worden slechts de centrale adressen vermeld. De opleiding kan in de wijde omtrek ervan worden gegeven.
CREBO 90433/94910
Toelatingseisen
- Diploma vmbo gl, vmbo kb of vmbo tl met de sector vmbo-Ec; of diploma vmbo gl, vmbo kb of vmbo tl, alle met econ., 2e moderne vreemde taal of wisk., met de sectoren vmbo-Lb, vmbo-Tech of vmbo-Z&W; of gelijkwaardig.
- Minimumleeftijd voor de deeltijdopleiding: 18 jaar.
Duur 4 jaar voltijd en deeltijd; bij Roc van Twente 3 jaar voltijd of 2 jaar deeltijd.
Functiemogelijkheden Medewerker bij gemeentelijke sociale diensten, UWV, de Sociale verzekeringsbank, pensioenfondsen.

20.10.l Overige opleidingen

20.10.l.1 SOSV opleidingen
Voor adres(sen) zie: OVER-369.
Algemeen Naast de reguliere opleidingen SV (Sociale Verzekering) organiseert SOSV Opleidingen tevens deelopleidingen. Hierin worden deelonderwerpen uit de reguliere opleiding en specifieke thema's uit de uitvoeringspraktijk van de sociale verzekeringen behandeld.
SOSV Opleidingen organiseert tevens verschillende opleidingen voor opsporingsbeambten in de sociale zekerheidssector.
Doel SV: verschaffen van kennis en inzicht m.b.t. de sociale verzekering.
Opleidingen
- Adviseur Sociale zekerheid (in samenwerking met SHMC) (1 jaar).
- Basisdiploma Sociale recherche en opsporing (afgeleide van COOSZ) (1,5 jaar).
- Basisdiploma Sociale zekerheid (1 jaar).
- Bijzondere controle (1 jaar).
- BOA+ permanente bijscholing (5 jaar).
- Praktijkdiploma Sociale zekerheid (1 jaar).
- Preventie in het primaire proces (1 jaar).
- Sociale recherche en opsporing in de praktijk (5 jaar).
Toelatingseisen De opleidingen kennen geen formele toelatingseisen; een vooropleiding op havo-niveau verdient aanbeveling.
Duur
- Basisopleiding: 30 weken.
- Vervolgmodulen: 16-20 weken.
Lesprogramma SV: Op de juiste wijze toepassen van zowel de wetstechnische als de cliëntgerichte aspecten van de sociale verzekeringswetten.
Functiemogelijkheden Werkzaam bij o.a. uitvoeringsinstellingen in de sociale zekerheid (UWV), de Sociale verzekeringsbank, Gemeentelijke Sociale Diensten (GSD), reïntegratiebedrijven.

20.11 BELASTINGDESKUNDIGE

20.11.a Postacademisch onderwijs (pao)

20.11.a.1 Belastingadviseur (TiU, UL, UvA)
Voor adres(sen) zie: WO-8, 30, 40.
Algemeen Postmasteropleiding voor belastingadviseur.
Toelatingseisen Men moet aspirantlid zijn van de Orde van belastingadviseurs.
Duur 3 jaar deeltijd (40 dagdelen).
Lesprogramma Technisch-fiscale cursussen - bedrijfsconcentraties - effectief adviseren - onderhandelen - procesvoering.
Functiemogelijkheden Belastingadviseur.

20.11.a.2 Belastingkunde (TiU)
Voor adres(sen) zie: WO-40.
Algemeen Postmasteropleiding voor belastingadviseur of belastingkundige.
Toelatingseisen Wo-Economische wetenschappen, wo-Nederlands recht of wo-Rechtsgeleerdheid.
Duur 3 jaar deeltijd.
Functiemogelijkheden Belastingadviseur, belastingkundige in een onderneming, inspecteur van de belastingdienst, economisch en juridisch adviseur.

20.11.a.3 Belastingwetenschappen (UL)
Voor adres(sen) zie: PAO-1.
Algemeen Het PostAcademisch Onderwijs Belastingwetenschap (PAOB) is ingesteld om te voorzien in de, door de steeds ingewikkelder wordende belastingwetgeving, ontstane behoefte aan bijscholing in bestaand recht, en scholing in nieuw recht.
Een nevendoelstelling van het PAOB is het verstevigen van de contacten tussen allen die in de belastingwereld werkzaam zijn.
Doel Na- en bijscholing voor o.a. belastingconsulenten.
Opleidingen
- Actualiteiten belastingverdragen voor het MKB.
- Actualiteiten formeel belastingrecht 2013.
- Actualiteiten in de eigenwoningregeling.
- Actualiteiten inkomensvoorzieningen, waaronder levensverzekeringen.
- Actualiteiten VpB.
- Agro-fiscale problematiek.
- Belastingcontrole.
- Belastingpakket 2013.
- Capita selecta loonheffingen.
- De terbeschikkingstellingsregeling.
- DGA-CYCLUS: Bedrijfsopvolging voor de DGA.
- Estate planning.
- Fiscaal strafrecht.
- Fiscale en juridische aspecten van echtscheiding.
- Fiscale procesvoering.
- Fiscale vastgoedactualiteiten (BTW, IB, OVB, VPB).
- Grensoverschrijdend ondernemen in Duitsland.
- Heffingen lokale overheden.
- Nieuwe wetgeving personenvennootschappen.
- Privégebruik in de BTW.
- Renteaftrek VpB in 2013.
- Transfer pricing: nieuwe ontwikkelingen.
Toelatingseisen Een voltooide academische opleiding.
Duur Cursussen van een halve dag tot twee dagen.

Overige informatie Het PAOB is een samenwerkingsverband van de fiscale vakgroepen van EUR - NR - RU - RUG - TiU - UL - UM - UU - UvA.

20.11.a.4 Europese fiscale studies (fiscalist) (EUR)
Voor adres(sen) zie: WO-37.
Algemeen Postmasteropleiding voor fiscalist.

20.11.b Wo-masteropleiding

20.11.b.1 Fiscaal recht (EUR, NR, RU, RUG, TiU, UL, UM, UvA, VUA)
Voor adres(sen) zie: WO-5, 9, 12, 23, 30, 31, 35, 37, 40.
Algemeen
- Wo-masteropleiding.
- De opleiding aan de NR wordt niet door de overheid bekostigd.
- RUG: ook duaal.
Toelatingseisen Diploma wo-bachelor Fiscaal recht.
Duur
- 1 jaar voltijd.
- EUR, NR, RUG, UL, UvA: ook in deeltijd.
Lesprogramma Specialisaties:
- UM: Directe belastingen - Indirecte belastingen - Internationaal en Europees belastingrecht.
- UvA: Nederlands belastingrecht.

20.11.b.2 Fiscale economie (EUR, TiU, UM, UvA)
Voor adres(sen) zie: WO-8, 31, 37, 40.
Algemeen Wo-masteropleiding.
Duur
- 1-2 jaar voltijd.
- UvA: ook in deeltijd.

20.11.c Wo-bacheloropleiding

20.11.c.1 Fiscaal recht (EUR, RUG, TiU, UL, UM, UvA)
Voor adres(sen) zie: WO-8, 23, 30, 31, 37, 40.
Algemeen Wo-bacheloropleiding tot fiscaal jurist.
Specialisatie van de studie Rechtsgeleerdheid: zie 20.9.c.5.
Toelatingseisen Diploma vwo; hbo-propedeuse.
Duur
- 3 jaar voltijd.
- EUR, RU, UL, UvA, VUA: ook in deeltijd.
Aansluitende masteropleidingen
- EUR, NR, RU, RUG, TiU, UL, UM, UvA, VUA: Fiscaal recht.
Functiemogelijkheden Fiscalist, belastingadviseur, belastinginspecteur bij banken, internationale bedrijven of kantoren, verzekeringsmaatschappijen.
Ook benoembaar als lid van de rechterlijke macht.

20.11.c.2 Fiscale economie (EUR, TiU, UM, UvA)
Voor adres(sen) zie: WO-8, 31, 37, 40.
Algemeen Wo-bacheloropleiding tot fiscaal econoom: overheidsfinanciën en belastingrecht.
Toelatingseisen Diploma vwo; vwo-profiel E&M, N&T, N&G (+ econ. I), C&M (+ econ. I en wisk. A II of B I).
Duur 3 jaar voltijd.
Lesprogramma Specialisaties:
- UvA: Honours-programma - Minors.
Aansluitende masteropleidingen
- EUR, RUG: Economics and Business (2 jaar, Engelstalig).
- EUR, TiU, UM, UvA: Fiscale economie.

Functiemogelijkheden Belastinginspecteur; belastingadviseur; fiscaal expert in bedrijven.

20.11.d Post-hbo-opleiding

20.11.d.1 CB-Belastingadviseur (RB)
Voor adres(en) zie: OVER-105.
Algemeen Opleiding tot CB-belastingadviseur.
Toelatingseisen
- CB-belastingconsulent; hbo met aantoonbare fiscale kennis, bijvoorbeeld heao-FE/BE/EJ/MER/AA/RA/EL; HOFAM; wo met aantoonbare fiscale kennis, bijvoorbeeld: wo-Algemene economie, -Bedrijfseconomie, -Bedrijfskunde, -Accountancy (RA), het Post Master Controllers Program, wo-Nederlands recht, Notariaat; NIVRA Accountancy II; SPD; SPD-bedrijfsadministratie; opleidingen van de Belastingdienst op E-niveau; opleiding tot Fiscaal Adviseur (FA).
- Voor degenen die in hun (toekomstige) adviespraktijk, gericht op het MKB, zelfstandig fiscale problemen willen afhandelen op een hoog niveau, hetzij als belastingadviseur, hetzij als accountant (AA of RA), of als juridisch adviseur.
- Ook geschikt voor de fiscaal adviseur uit het bedrijfsleven.
Duur 2,5 jaar met 34 colleges van 3,5 uur.
Lesprogramma Belastingrecht - staatsrecht - formeel belastingrecht - loonbelasting - privaatrecht - inkomstenbelasting - ondernemingsrecht - vennootschapsbelasting/dividendbelasting - belastingen van rechtsverkeer - omzetbelasting - internationaal belastingrecht - successierecht - beroepsvaardigheden - integratiecasus.
De opleiding wordt afgesloten met een bezoek aan het Hof.
Diploma/examen Titel: CB.
Mogelijkheden voor verdere studie Permanent Educatie-programma, verzorgd door het College Belastingadviseurs.
Functiemogelijkheden Fiscaal specialist in het bedrijfsleven; zelfstandige vestiging als CB-belastingadviseur.

20.11.d.2 Financieel planner (Fontys HS)
Voor adres(en) zie: HBO-82.
Algemeen Opleiding tot financieel planner: adviseert cliënten t.b.v. hun persoonlijk vermogensbeheer.
Toelatingseisen
- Hbo-denk- en werkniveau.
- Affiniteit met de financieel-economische wereld.
Duur 33 bijeenkomsten van 6 uur.
Lesprogramma Fiscaliteit algemeen (15 bijeenkomsten) - huwelijks-, vermogens- en erfrecht (7 bijeenkomsten) - sociaal zekerheidsrecht (2 bijeenkomsten) - sparen en beleggen (4 bijeenkomsten) - financiering (3 bijeenkomsten) - integratie en financieel plan (2 bijeenkomsten).
Mogelijkheden voor verdere studie Instromen in post-hbo-opleidingen: Financial planning, Employee benefits, Estate planning.
Functiemogelijkheden Financieel planner bij een organisatieadviesbureau, bank- en verzekeringsbedrijf.

20.11.f Hbo-bacheloropleiding

20.11.f.1 CB-Belastingconsulent (RB)
Voor adres(en) zie: OVER-105.
Algemeen Hbo-bacheloropleiding voor belastingconsulent.
Toelatingseisen Hbo of wo zonder fiscale kennis, maar met aantoonbare kennis van boekhouden op het niveau van het praktijk-

diploma boekhouden; MBA; havo (Tweede Fase) met profiel E&M of C&M of met een van de profielen N&G en N&T, mits aangevuld met econ. I; havo met handelswetenschappen en recht; vwo (Tweede Fase) met profiel E&M of met een van de profielen C&M, N&G of N&T, mits aangevuld met econ. I; vwo met econ. II; mbo-Economie-lang met bedrijfsadministratie; MEAO met bedrijfsadministratie of met fiscale economie; mbo met bedrijfsadministratie op het niveau van het praktijkdiploma boekhouden; praktijkdiploma boekhouden; praktijkdiploma belastingrecht; praktijkdiploma loonadministratie; opleiding Belastingassistent; opleidingen van de Belastingdienst op C/D-niveau met aantoonbare kennis van boekhouden op het niveau van het praktijkdiploma boekhouden.
Duur
- 1,5 jaar met 29 colleges van ca. 3,5 uur.
- Vervolgopleiding 2,5 jaar.
- Beide opleidingen starten in maart en oktober.
Lesprogramma Inleiding belastingrecht/formeel belastingrecht - staatsrecht/privaatrecht/ondernemingsrecht - loonbelasting - omzetbelasting - inkomstenbelasting (excl. winst) - inkomstenbelasting (winst) - vennootschapsbelasting/dividendbelasting - internationaal belastingrecht - successierecht - belastingen van rechtsverkeer - beroepsvaardigheden (onder meer: procesvoering).
Diploma/examen Titel: bc.
Functiemogelijkheden Zelfstandige vestiging als CB-belastingconsulent; fiscaal gerichte functies in het bedrijfsleven.

20.11.f.2 Financial Services Management (FSM)/Financieel-economisch management (Fontys HS, HAN, Hanze HS, HS LOI, HS NCOI, HS Rotterdam, HS Utrecht, HS Windesheim, HS Wittenborg, HvA, NHL)
Zie 20.1.f.4.

20.11.f.3 Fiscaal recht en economie (Fontys HS, HAN, Hanze HS, HS LOI, HS Rotterdam, HvA, Saxion HS)
Voor adres(en) zie: HBO-28, 89, 99, 135, 150, 157.
Algemeen
- Hbo-bacheloropleiding voor zelfstandig werkend belastingdeskundige of fiscalist.
- HS LOI wordt niet door de overheid bekostigd.
Toelatingseisen
- Diploma havo (wisk. A of B of econ. of handelsw.); havo-profiel C&M (+ wisk. A I en II of wisk. B I en II), E&M, N&T (+ econ. I), N&G (+ econ. I), N&G; vwo; vwo-profiel C&M (+ econ. I), E&M, N&G, N&T (+ econ. I), N&T (+ econ. I); mbo niveau 4 (wisk. of alg. econ. of comm. econ. of bedr.econ. of bedr. adm.).
- Of 21 jaar of ouder zijn en toegelaten worden op grond van een toelatingsonderzoek.
Duur
- 4 jaar voltijd.
- Venlo (Fontys HS): ook deeltijd.
- HS LOI: digitaal in deeltijd.
Mogelijkheden voor verdere studie Na opleiding in 2 jaar wo-Fiscaal recht of wo-Fiscale economie; opleiding van de Nederlandse Federatie van Belastingadviseurs.
Functiemogelijkheden Belastingdeskundige op belastingadvies- en accountantskantoor; financieel planner bij banken en/of verzekeringsmaatschappij of personal finance kantoor; klantmanager/-fiscaal specialist bij de belastingdienst.

20.11.l Overige opleidingen

20.11.l.1 Actualiteitencolleges belastingrecht (Fontys HS)
Voor adres(sen) zie: HBO-82.
Algemeen Om kennis inzake belastingrecht up-to-date te houden organiseert Fontys HS driemaal per jaar een actualiteitencollege.
Toelatingseisen
- Deze actualiteitencolleges zijn speciaal bedoeld voor cursisten die de opleiding Belastingassistent hebben gevolgd.
- Beschikt men anderszins over voldoende fiscale kennis, dan is deelname ook mogelijk.
Duur 3 bijeenkomsten.
Lesprogramma Actuele wetswijzigingen - jurisprudentie - literatuur.

20.11.l.2 Belastingassistent (Fontys HS)
Voor adres(sen) zie: HBO-82.
Doel Training in het oplossen van vraagstukken, waarbij het analyseren van fiscale probleemstellingen centraal staat.
Toelatingseisen Voor de cursus dient men te beschikken over enige kennis van het belastingrecht door opleiding en/of ervaring.
Duur
- Belastingrecht 1 en 2: 30 cursusavonden (wekelijks).
- Privaatrecht/bedrijfseconomie: elk 7 cursusavonden van elk 3 uur, eens per maand.
Lesprogramma Bedrijfseconomie - belastingrecht 1 - belastingrecht 2 - privaatrecht.

20.11.l.3 Belastingassistent PDB (schriftelijk)
Voor adres(sen) zie: OVER-115.
Algemeen Basisopleiding voor fiscale kennis.
Doel Opleiding voor belastingassistent voor wie fiscale kennis in zijn functie nodig heeft, maar niet de juiste vooropleiding heeft gevolgd en/of werkzaam is bij een accountants-, belastingadvies-, administratie- of boekhoudkantoor: administratief medewerkers, assistent-accountants, aangiftemedewerkers en ondersteunende medewerkers van een fiscale adviesdienst.
Toelatingseisen
- Diploma havo of mbo-plus.
- Het is mogelijk om met bepaalde vooropleidingen vrijstellingen te krijgen. Om hiervoor in aanmerking te komen dient men contact op te nemen met de Stichting federatieve examens voor Belastingadviseur en belastingassistent (FB), Jan Willem Frisolaan 3, 2517 JS Den Haag, telefoonnummer: 070-4 16 61 66.
Duur 18 maanden.
Lesprogramma 5 modulen: bedrijfseconomie - belastingrecht 1-2-3 - privaatrecht.
Diploma/examen De schriftelijke examens worden elk jaar in januari en juni afgenomen door de Stichting federatieve examens voor Belastingadviseur en belastingassistent (FB), zie voor meer informatie bij het item Toelatingseisen.
Mogelijkheden voor verdere studie Bij het RB kan men na het behalen van de PDB-opleiding doorstromen naar de opleiding CB-belastingconsulent.

20.11.l.4 Volwassenenonderwijs - belastingassistent
Voor adres(sen) zie: ROCCO-14.
Algemeen Opleiding voor het praktijkdiploma belastingassistent.
Toelatingseisen Havo-niveau of niveau mbo niveau 4.
Duur Ongeveer 1,5 jaar (1 avond per week).

20.12 OCTROOIGEMACHTIGDE

20.12.a Postacademisch onderwijs (pao)

20.12.a.1 Octrooigemachtigde
Voor adres(sen) zie: OVER-137.
Diploma/examen
- Om examen te doen moet men kennis bezitten van de Nederlandse en de belangrijkste vreemde wetgevingen en van internationale regelingen betreffende de industriële eigendom, beginselen van het Nederlands burgerlijk recht en van het handelsrecht.
- Tot het examen heeft men toegang indien men in het bezit is van een der volgende getuigschriften of diploma's:
  • opleiding aan een faculteit der Wiskunde en natuurwetenschappen;
  • opleiding aan een faculteit van een technische universiteit of van de WU;
  • brevet van hogere technische bekwaamheid voor officieren van land- en luchtmacht;
  • studie aan de NLDA en 5 jaar als beroepsofficier;
  • een diploma van een buitenlandse universiteit of hogeschool, dat als gelijkwaardig is te beschouwen als genoemd onder de eerste twee punten;
  • of belast zijn geweest met werkzaamheden van hoogwaardige technische aard.
Functiemogelijkheden Men kan als octrooigemachtigde werken bij een octrooiafdeling van een industriële onderneming of bij een zelfstandig opererend octrooigemachtigdenbureau.
Overige informatie Om in het Octrooigemachtigdenregister te kunnen worden ingeschreven dient men, behalve een bewijs dat het examen met goed gevolg is afgelegd, ook een bewijs te overleggen dat men gedurende ten minste 3 jaar in Nederland octrooiaanvragen heeft behandeld ten kantore van een ervaren octrooigemachtigde.

21 MILITAIR, MARECHAUSSEE, POLITIE, BRANDWEER, GEVANGENISWEZEN EN BEVEILIGING

De militaire opleidingen worden in deze Gids onderscheiden in landmacht (21.1), marine (21.2) en marechaussee (21.3).* Binnen deze indeling bestaan opleidingen voor Bepaalde Tijd (BT) en voor Onbepaalde Tijd (OT).
Sinds 2005 werken 7 militaire opleidings- en onderzoeksinstituten - het Koninklijk Instituut voor de Marine (KIM), de Koninklijke Militaire Academie (KMA), het Instituut Defensie Leergangen (IDL), de Leergang Topmanagement Defensie, het Nederlands Instituut voor Militaire Historie (NIMH) en de Faculteit Militaire Wetenschappen te Breda en Den Helder (FMW) - samen onder de naam: 'NederLandse Defensie Academie' (NLDA). De NLDA als geheel werkt samen met 6 Nederlandse universiteiten, onder meer voor wetenschappelijk onderzoek op het terrein van de programma's die de NLDA aanbiedt: krijgswetenschappen, technische wetenschappen, civiele techniek, bedrijfs- en bestuurswetenschappen, communicatie-, informatie- en commandovoeringssystemen. **Voor adres(sen) zie**: WO-11.

Behalve militaire opleidingen vindt men in dit hoofdstuk opleidingen voor politie (21.4) en beveiliging (21.7), brandweerpersoneel (21.5) en voor beroepen ten behoeve van het gevangeniswezen (21.6).

* Actuele informatie over de Koninklijke luchtmacht is beschikbaar op de website: www.werkenbijdefensie.nl
Over luchtmachtopleidingen mag deze Gids helaas geen informatie verschaffen.

21.1 KONINKLIJKE LANDMACHT

Algemeen
- Zie de informatie over de NLDA in het intro hierboven. De KMA is een onderdeel van de NLDA.
- Het adres van de Koninklijke Militaire School (KMS) is in Weert.
- Het algemene telefoonnummer van de Koninklijke landmacht is 0800-0124.
- Website: www.werkenbijdelandmacht.nl

21.1.c Wo-bacheloropleiding

21.1.c.1 Civil engineering (UG, VUB)
Zie 10.11.c.1.

21.1.c.2 Koninklijke Militaire Akademie (KMA), Breda
Algemeen
- Zie de informatie over de NLDA in het intro hierboven. De KMA is een onderdeel van de NLDA.
- Op het moment van de sollicitatie en aanvang van de opleiding dient men aan te geven bij welk wapen c.q. dienstvak men ingedeeld wenst te worden: tactiek - logistiek - economisch/financieel.
- Sluitingsdatum sollicitatie: ieder jaar 1 februari.
Aanstelling
- Proeftijd: 6 maanden.
- Aanstelling voor onbepaalde tijd van tenminste 9 jaar (inclusief proeftijd).
- Na beëindiging van de aanstelling (ontslag) de verplichting om tot de leeftijd van 45 jaar deel uit te maken van het reservepersoneel.
- Zakgeld gedurende het eerste deel van de gehele opleiding.
Doel Opleiding tot officier bij de landmacht.
Opleidingen
- 4-5-jarige bacheloropleiding aan de KMA (KMA I): bedrijfs- en bestuurswetenschappen - civiele techniek - communicatie-, informatie- en commandovoeringssystemen - militaire systemen en technologie - daarnaast een functiegerichte opleiding met onderdelen van de Korte Officiersopleiding.
- 1,5 jaar Korte Officiersopleiding, bestaande uit de Algemene Luitenants Opleiding, en een Vaktechnische Opleiding bij een militaire opleidingsschool van de Landmacht.
Toelatingseisen
- Voor de KMA I: diploma vwo (wisk. A of B), propedeuse hbo, diploma wo, of gelijkwaardig.

- Voor de Korte Officiers Opleiding: minimaal diploma havo.
De navolgende eisen zijn alle van toepassing:
- Men dient bij de aanvang van de opleiding minimaal 17 jaar, maximaal 26 jaar te zijn.
- Men dient de Nederlandse nationaliteit te hebben, ofwel deze te hebben aangevraagd.
- Een medisch en psychologisch onderzoek met een positieve beoordeling door het ministerie van defensie.

21.1.i Mbo-opleiding niveau 1 of niveau 2

21.1.i.1 Beroepsgericht oriëntatiejaar Koninklijke landmacht (niveau 2)
Voor adres(sen) zie: ROC/MBO-34, 54, 60.
Algemeen Hier worden slechts de centrale adressen vermeld. De opleiding kan in de wijde omtrek ervan worden gegeven.
CREBO Geen.
Doel
- Oriëntatie op het werken bij de Koninklijke landmacht en voorbereiding op een specifieke functie binnen de Koninklijke landmacht.
- Men volgt een reguliere opleiding voor een diploma niveau 2 van het mbo: voor Bedrijfsautotechnicus, Chauffeur goederenvervoer, Helpende welzijn, Installatiemonteur, Magazijnmedewerker, Timmerman, of een mbo-diploma van de domeinen Elektro, Elektronica, of ict, of een mbo-diploma niveau 3 Sport- en bewegingsleider (onderofficier KMS).
Toelatingseisen De navolgende eisen zijn alle van toepassing:
- De volledige leerplicht moet zijn voltooid.
- Op 1 oktober van het schooljaar dient men minimaal 16 jaar te zijn.
- Voor de opleiding Chauffeur goederenvervoer dient men voor het eind van de opleiding 18 jaar te zijn.
- Men dient de Nederlandse nationaliteit te hebben ofwel deze hebben aangevraagd.
- Een medisch en een psychologisch onderzoek met een positieve beoordeling door het ministerie van defensie.
- Enkele opleidingsinstellingen vereisen het diploma vmbo of gelijkwaardig.
Duur 1-1,5 jaar.
Lesprogramma
- Naast de leerstof van het mbo waarvoor men heeft gekozen, neemt men deel aan een aantal dagen met een voorlichtend karakter en volgt men 4 weken een interne opleiding.

- De bpv in het kader van de beroepsopleiding wordt (deels) gevolgd bij de Koninklijke landmacht.
- Op basis van de bpv kan vrijstelling op (delen van) de functieopleiding worden verkregen.

Mogelijkheden voor verdere studie Interne opleiding bij de Koninklijke landmacht; opleidingen binnen het mbo, afhankelijk van welke opleiding men heeft gevolgd.

21.1.i.2 Veiligheid en vakmanschap (niveau 2: Aankomend medewerker grondoptreden) (niveau 3: Aankomend onderofficier grondoptreden) (niveau 2 en 3)

Voor adres(sen) zie: ROC/MBO-13, 32.

Algemeen
- Eindtermen voor deze kwalificatie worden ontwikkeld door ECABO.
- Hier worden slechts de centrale adressen vermeld. De opleiding kan in de wijde omtrek ervan worden gegeven.

CREBO 95081/95090

Doel Voorbereiding op de eerste gevechtsfunctie op niveau 2: als soldaat/marinier of korporaal, of op niveau 3: als onderofficier, bij de landmacht of bij het korps mariniers.

Toelatingseisen
- Op 1 oktober van het schooljaar dient men minimaal 16 jaar te zijn.
- Men dient de Nederlandse nationaliteit te hebben.
- Stressbestendig zijn.
- Goede lichamelijke conditie.
- Positieve uitslag sportscreening bij een SMA (Sport Medisch Adviescentrum).
- Er is een intakedag.
- Niveau 2: diploma vmbo bb.
- Niveau 3: vmbo kb, vmbo gl of vmbo tl.

Duur
- Niveau 2: 18 maanden.
- Niveau 3: 30 maanden.

Lesprogramma Binnensport - buitensport - Engels - fitness - ict - leren loopbaan burgerschap (llb) - logistiek - militaire basisvaardigheden (mbv) - militaire zelfverdediging - Nederlands - rekenen - vakleer Defensie - zorg.
Extra: klimmen - marstraining - meerdaagse oefeningen - terreinwerk - zwemmen.
- Na het algemene gedeelte keuze tussen grondoptreden (grop) bij de landmacht of het korps mariniers.
- Niveau 3: bovengenoemde vakken plus leidinggeven als belangrijk element.
Locatie theorie: Hengelo, bpv op de kazerne of op het oefenterrein.

Functiemogelijkheden
- Niveau 2: Aankomend soldaat of korporaal bij de landmacht, of bij het korps mariniers.
- Niveau 3: Aankomend onderofficier bij de landmacht of bij de luchtmacht.

21.1.i.3 Vrede en veiligheid (Assistent vrede en veiligheid) (niveau 1)

Voor adres(sen) zie: ROC/MBO-39.

Algemeen
- Eindtermen voor deze kwalificatie worden ontwikkeld door ECABO.
- Hier wordt slechts het centrale adres vermeld. De opleiding kan in de wijde omtrek ervan worden gegeven.

CREBO 90570

Doel Opleiding voor hen die militair willen worden, maar nog niet weten of zij gaan kiezen voor landmacht, luchtmacht of marine.

Toelatingseisen De navolgende eisen zijn alle van toepassing:
- De volledige leerplicht moet zijn voltooid.
- Op 1 oktober van het schooljaar dient men minimaal 16 jaar te zijn.
- Men dient de Nederlandse nationaliteit te hebben ofwel deze hebben aangevraagd.
- Een medisch en psychologisch onderzoek met een positieve beoordeling door het ministerie van defensie.

Duur 1 jaar voltijd.

Mogelijkheden voor verdere studie Interne opleidingen bij de krijgsmacht; een opleiding van mbo niveau 2: Beveiliger (particuliere beveiliging) of Vrede en veiligheid (Medewerker vrede en veiligheid).

21.1.i.4 Vrede en veiligheid (Medewerker vrede en veiligheid) (niveau 2)

Voor adres(sen) zie: ROC/MBO-39.

Algemeen
- Eindtermen voor deze kwalificatie worden ontwikkeld door ECABO.
- Hier wordt slechts het centrale adres vermeld. De opleiding kan in de wijde omtrek ervan worden gegeven.

CREBO 10870/90580

Doel Opleiding voor hen die militair willen worden, maar nog niet weten of zij gaan kiezen voor landmacht, luchtmacht of marine.

Toelatingseisen De navolgende eisen zijn alle van toepassing:
- De volledige leerplicht moet zijn voltooid.
- Op 1 oktober van het schooljaar dient men minimaal 16 jaar te zijn.
- Men dient de Nederlandse nationaliteit te hebben ofwel deze te hebben aangevraagd.
- Een medisch en psychologisch onderzoek met een positieve beoordeling door het ministerie van defensie.

Duur 1 jaar voltijd.

Mogelijkheden voor verdere studie Interne opleidingen bij de krijgsmacht.

21.1.l Overige opleidingen

21.1.l.1 Beroepspersoneel Bepaalde Tijd

Algemeen Momenteel is er geen instituut of school bekend dat/die deze opleiding geeft.

Doel Voorzien in personeel in soldaten-/korporaals-/onderofficiers- en officiersfuncties.

Opleidingen
- 3 maanden algemene militaire opleiding.
- 3 maanden functieopleiding.

Toelatingseisen
- Officieren: diploma havo, gelijkwaardige of hogere opleiding.
- Onderofficieren: diploma vmbo of mbo.
- Soldaten/korporaals: afhankelijk van het soort functie: minimaal basisonderwijs.

Duur
- Proeftijd: 3 maanden.
- Minimum contractduur: 2,5 jaar.
- Verlenging tot maximaal het 30e jaar mogelijk.

21.2 KONINKLIJKE MARINE

Voor adres(sen) zie: OVER-145.
Algemeen
- Zie de informatie over de NLDA in het intro hierboven. De KIM is een onderdeel van de NLDA.
- Het algemene telefoonnummer van de Koninklijke marine is 0800-0422.
  Website: www.werkenbijdemarine.nl
- Alle functies aan boord van de schepen, in helikopters en op de wal zijn beschikbaar voor vrouwen. Alleen de functies bij het korps mariniers en bij de onderzeedienst zijn uitsluitend toegankelijk voor mannen. De reden hiervoor is dat er bij het korps mariniers met een buddysysteem wordt gewerkt, waarbij de mariniers elkaar soms fysiek moeten controleren. Vanwege de zware fysieke eisen is het echter onmogelijk om voldoende vrouwen te krijgen om het buddysysteem te handhaven. Bij de Onderzeedienst is het door ruimtegebrek niet mogelijk om gescheiden slaapplaatsen, douches en wc's aan te leggen: een wettelijke vereiste.

21.2.c Wo-bacheloropleiding

21.2.c.1 Officier Koninklijke marine
Voor adres(sen) zie: OVER-145.
Algemeen Opleidingen worden gegeven aan het Koninklijk Instituut voor de Marine (KIM) in Den Helder. De KIM is een onderdeel van de NLDA.
Zie de informatie over de NLDA in de intro van dit hoofdstuk 21.
Aanstelling
Voor een aanstelling als beroepsmilitair/officier bij de Koninklijke marine bestaan de volgende mogelijkheden:

A. Aanstelling voor Onbepaalde Tijd (OT)
Adelborst.
Er zijn een 5-jarige en een 2-jarige opleiding:
- *5-jarige wo-opleiding tot officier:*
  • Opleiding aan het Koninklijk Instituut voor de Marine (KIM) te Den Helder.
  • Richtingen: zeedienst - administratie - technische dienst - elektrotechnische dienst - mariniers.
  • Duur: 5 jaar, inclusief een praktijkperiode van een half jaar, en een wetenschappelijke afronding.
  • Benoeming: na de eerste 3 jaar volgt benoeming tot officier.
  • Dien-verplichting: gedurende de opleiding en 7 opeenvolgende jaren na het voltooien van de opleiding.
- *2-jarige wo-opleiding tot officier:*
  • Opleiding aan het Koninklijk Instituut voor de Marine (KIM) te Den Helder.
  • Richtingen: zeedienst - administratie - technische dienst - elektrotechnische dienst - mariniers.
  • Duur: ca. 24 maanden (inclusief stageperiode).
  • Dien-verplichting: gedurende de opleiding en 4 opeenvolgende jaren na het voltooien van de opleiding.

B. Aanstelling voor Bepaalde Tijd (BT)
- *Officier vlieger:*
  • Opleiding bij de Marineluchtvaartdienst.
  • Duur: ca. 2 jaar.
  • Modulen: basisvliegopleiding 1 - basisvliegopleiding 2.
  • Dien-verplichting: gedurende de opleiding en 8 opeenvolgende jaren na het voltooien van de opleiding.

- *Officier luchtvaartnavigator:*
  • Opleiding bij de Marineluchtvaartdienst.
  • Duur: ca. 1,5 jaar.
  • Dien-verplichting: 8 jaar, inclusief de opleiding.
- *Officier zeedienst:*
  • Opleiding aan het Koninklijk Instituut voor de Marine (KIM) te Den Helder.
  • Duur: ca. 24 maanden.
  • Dien-verplichting: gedurende de opleiding en 4 opeenvolgende jaren na het voltooien van de opleiding.
  • Premie: aan het het eind van de contractperiode ontvangt men een premie.
- *Officier der mariniers (peletonscommandant):*
  • Opleiding te Rotterdam (Van Ghentkazerne), gevolgd door een stageperiode bij een operationele eenheid.
  • Duur: 1 jaar.
  • Dien-verplichting: gedurende de opleiding en 3 opeenvolgende jaren na het voltooien van de opleiding.
Toelatingseisen
- A5. 5-jarige wo-opleiding tot adelborst OT: diploma vwo.
- A2. 2-jarige wo-opleiding tot adelborst OT: getuigschrift hbo of voltooid wo.
- B. Hbo-officiersopleidingen BT: diploma vwo.
- Voor alle aanstellingen dient men in het bezit te zijn van de Nederlandse nationaliteit.
- Daarnaast moet men voldoen aan de medische eisen (o.a. minimale/maximale lengte en gewicht) en de psychologische eisen.
- Aan alle aanstellingen is een wederzijdse proeftijd van 6 maanden verbonden.
- De minimumleeftijd voor officier der mariniers BT is 20 jaar. Voor alle andere officiersopleidingen is de minimumleeftijd 17 jaar.
  Als maximumleeftijd bij aanvang geldt voor adelborst: 24 jaar. Voor de overige aanstellingen is de maximumleeftijd afhankelijk van de contractduur. Het contract moet kunnen zijn afgerond voor het tijdstip dat de leeftijd van 35 jaar wordt bereikt.
- Gezien de grote variëteit aan vooropleidingseisen die gelden voor de diverse marineopleidingen is het niet mogelijk om alle marine-opleidingen in deze Gids te vermelden.
Meer informatie: www.werkenbijdemarine.nl
Functiemogelijkheden Officieren van de Koninklijke marine zijn o.a. werkzaam in het korps mariniers, de marinetechniek en de onderzeedienst.

21.2.g Mbo-opleiding niveau 4

21.2.g.1 Onderofficier Koninklijke marine (niveau 4)
Voor adres(sen) zie: OVER-145.
Aanstelling
Voor een aanstelling als beroepsmilitair/onderofficier bestaat:
Aanstelling voor Bepaalde Tijd (BT).
- Richtingen: wapentechnische dienst systemen - wapentechnische dienst vliegtuigtechniek - technische dienst werktuigbouwkunde - technische dienst elektrotechniek.
- Duur aanstelling: 6 jaar. Na afloop van deze periode kan men - bij gebleken organisatiebehoefte - de Koninklijke marine verlaten of het contract steeds met een jaar verlengen tot het 30e levensjaar.
- Voor een aantal onderofficieren BT bestaat de mogelijkheid over te gaan naar een Aanstelling voor Onbepaalde Tijd (OT).
- Wanneer het BT-contract wordt beëindigd, ontvangt men een premie.

CREBO Geen.
Toelatingseisen
- Minimaal diploma havo, mbo niveau 4, of gelijkwaardig.
- Afhankelijk van de keuze voor een bepaald vakgebied worden er nadere eisen gesteld aan het vakkenpakket en kunnen er ook eisen worden gesteld aan de behaalde cijfers voor die vakken. Ook kan een bepaalde opleiding of vakkenpakket vrijstelling geven voor delen van deze vakopleiding.
- Voor alle aanstellingen dient men in het bezit te zijn van de Nederlandse nationaliteit.
- Daarnaast moet men voldoen aan de medische eisen (o.a. minimale/maximale lengte en gewicht) en aan psychologische eisen.
- Op de datum van aanstelling mogen aspirant-onderofficieren nog geen 24 jaar zijn.
- Voor alle aanstellingen geldt een minimumleeftijd van 17 jaar.
- Aan alle aanstellingen is een wederzijdse proeftijd van 6 maanden verbonden.

Duur De duur van de opleiding is afhankelijk van de gekozen dienstgroep of vakrichting.

21.2.i Mbo-opleiding niveau 1 of niveau 2

21.2.i.1 Schepeling Koninklijke marine (niveau 2)
Voor adres(sen) zie: OVER-145.
Aanstelling
Voor een aanstelling als beroepsmilitair/schepeling bestaat:
Aanstelling voor Bepaalde Tijd (BT).
- Duur aanstelling: 4 jaar. Na afloop van deze periode kan men - bij gebleken organisatiebehoefte - de Koninklijke marine verlaten of het contract steeds met een jaar verlengen tot het 30e levensjaar.
- Voor een aantal schepelingen BT bestaat de mogelijkheid om over te gaan naar een Aanstelling voor Onbepaalde Tijd (OT).
- Wanneer het BT-contract wordt beëindigd, ontvangt men een premie.

CREBO Geen.
Opleidingen
- Een baan bij de Koninklijke marine betekent: kiezen voor een van de 6 dienstgroepen: operationele, technische, wapentechnische, logistieke, bijzondere diensten, of voor het korps mariniers.
- Na een introductieperiode volgen een vakopleiding en een bedrijfsveiligheidsopleiding die afhankelijk zijn van de gekozen dienstgroep of vakrichting.

Toelatingseisen
- Binnen de Koninklijke marine kan voor een groot aantal vakrichtingen worden gekozen. Iedere richting vraagt een bepaalde vooropleiding.
- Over het algemeen wordt minimaal diploma vmbo bb (Ned., Eng.) vereist (met uitzondering van de leerwerktrajecten), of gelijkwaardig. Voor de technische richtingen: idem (Ned., Eng., wisk., soms: + nat.).
- Voor alle aanstellingen dient men in het bezit te zijn van de Nederlandse nationaliteit.
- Daarnaast moet men voldoen aan medische eisen (o.a. minimale/maximale lengte en gewicht) en aan psychologische eisen.
- Aan alle aanstellingen is een wederzijdse proeftijd van 6 maanden verbonden. Op de datum van aanstelling mogen aspirant-schepelingen nog geen 26 jaar zijn.
- Voor het korps mariniers geldt een minimumleeftijd van 17 jaar en 6 maanden.
- Voor alle andere aanstellingen geldt een minimumleeftijd van 17 jaar.

Duur De duur van de opleiding is afhankelijk van de gekozen dienstgroep of vakrichting.
N.B. Het korps mariniers is (nog) niet toegankelijk voor vrouwen.

21.2.i.2 Vrede en veiligheid (Assistent vrede en veiligheid) (niveau 1)
Zie 21.1.i.3.

21.2.i.3 Vrede en veiligheid (Medewerker vrede en veiligheid) (niveau 2)
Zie 21.1.i.4.

21.3 KONINKLIJKE MARECHAUSSEE

Algemeen
- De Koninklijke marechaussee is een politie-organisatie met een militaire status en een aantal duidelijk omschreven politietaken. De belangrijkste zijn: de zorg voor de veiligheid van de leden van het Koninklijk Huis; politietaken t.b.v. marine, land- en luchtmacht; beveiligings- en politietaken op de Nederlandse burgerluchthavens; persoonscontrole aan de grenzen (havens en internationale luchthavens, waaronder Schiphol; mobiel toezicht vreemdelingen; assistentie en bijstand verlenen aan en samenwerken met de politie; beveiliging van waardetransporten, o.a. van De Nederlandse Bank; recherchetaken; civiele vredes- en internationale taken.
- Website: www.defensie.nl/marechaussee
Overige informatie
- De opleiding voor officier wordt gegeven aan de KMA; zie de informatie in de intro van dit hoofdstuk 21 over de NLDA.
- De overige opleidingen vinden voor het merendeel plaats aan het Opleidingscentrum Koninklijke Marechaussee te Apeldoorn.

21.3.c Wo-bacheloropleiding

21.3.c.1 Officier
Voor adres(sen) zie: OVER-70.
Toelatingseisen De navolgende eisen zijn alle van toepassing:
- Men dient bij de aanvang van de opleiding minimaal 17 jaar, maximaal 27 jaar te zijn.
- Lengte: minimaal 1,57 m.
- Sterkte oogafwijking maximaal -2 of +2.
- Men dient de Nederlandse nationaliteit te hebben ofwel deze te hebben aangevraagd.
- Doortastend karakter - uitmuntende sportieve kwaliteiten - goede contactuele vaardigheden - grote mate van betrouwbaarheid.
- Voor de 4-jarige KMA-opleiding: minimaal diploma havo (+ wisk.); diploma vwo (+ wisk.); propedeuse hbo.
- Voor de 2-jarige KMA-opleiding: diploma hbo met een van de volgende studierichtingen: Accountancy, Bestuurskunde/overheidsmanagement, Fiscale economie, Logistiek en economie, MER (Management, Economie en Recht), of wo met een van de volgende studierichtingen: Bedrijfskunde, Bestuurskunde, Economie, Organisatie en beleid, Organisatiepsychologie, Rechten.
Duur
- Als hbo: 4 jaar.
- Als post-hbo: 2 jaar.
Lesprogramma
- Algemene militaire kaderopleiding van 18 weken: bivak - exercitie - velddienst - touwbaan - hindernisbaan - schietinstructie.
- Vervolgens een wetenschappelijke opleiding: militaire bedrijfskunde.

- Ten slotte een aanvullende functieopleiding (10 maanden) tot hulpofficier van justitie: burger- en militair strafrecht - strafvordering - milieuzorg - staatsrecht - verkeerswetgeving - mensenrechten - beroeps- en geweldethiek - recherchezaken - opsporingstechnieken - communicatieve en sociale vaardigheden.

Functiemogelijkheden Aanstelling voor Onbepaalde Tijd (OT), met een minimale dien-verplichting van 10 jaar.

Toegang tot leidinggevende functies op verschillende niveaus van het midden- en hoger management.

Overige informatie
- Start jaarlijks in augustus.
- De opleiding wordt gegeven aan de Koninklijke Militaire Academie (KMA) te Breda, onderdeel van de NLDA; zie nadere informatie in het intro van dit hoofdstuk 21.

21.3.i Mbo-opleiding niveau 1 of niveau 2

21.3.i.1 Brugjaar Koninklijke Marechaussee (KMar) (niveau 2)
Voor adres(sen) zie: OVER-70, ROC/MBO-7, 13.

Algemeen Dit brugjaar biedt voor maximaal 100 leerlingen per jaar een brede oriëntatie op de Koninklijke marechaussee, onder andere door oriëntatiedagen en stages.
- Hier worden slechts de centrale adressen van de roc's vermeld. De opleiding kan in de wijde omtrek ervan worden gegeven.

CREBO Geen.

Toelatingseisen De navolgende eisen zijn alle van toepassing:
- Op 1 oktober van het schooljaar dient men minstens 16 jaar te zijn.
- Lengte: minimaal 1,57 m.
- Sterkte oogafwijking: maximaal -2 of +2.
- Men dient de Nederlandse nationaliteit te hebben ofwel deze te hebben aangevraagd.
- Een toelatingsonderzoek en een medische keuring met een positieve beoordeling door het ministerie van defensie.
- Zwemdiploma A en B.
- Minimaal diploma vmbo kb (eindcijfer voor Ned. en Eng.: minimaal 7).

Duur 1 jaar voltijd.

Lesprogramma Deelkwalificaties: MCK 2 - zakelijke communicatie 2 (Ned.) - zakelijke communicatie moderne vreemde taal 2 (Engels) - ict-gebruik 2 - persoonlijke vorming - praktijksimulaties - fysieke en mentale vorming 2: binnen- en buitensport, zelfverdediging, fitness - beveiliging van gebouwen en eigendommen 2 - gemeenschappelijke veiligheidszorg 2 - jeugdzorg of veiligheidsnetwerk 2 - werken binnen wettelijke kaders 2.

Diploma/examen Als voor alle deelkwalificaties een voldoende is behaald, leidt dat aan het einde van het studiejaar tot het diploma SVPB Beveiliger 2.

Mogelijkheden voor verdere studie Een opleiding van niveau 2: Beveiliger (particuliere beveiliging).

Functiemogelijkheden Leerlingen van dit brugjaar krijgen een baangarantie bij de Koninklijke marechaussee, mits is voldaan aan de volgende voorwaarden:
- Het diploma niveau 2.
- Het certificaat KMar.
- Positieve beoordeling na het psychologisch en medisch onderzoek van het ministerie van defensie.

Overige informatie Aanmelden: rechtstreeks bij de roc's.

21.3.i.2 Marechaussee Bepaalde Tijd (BT) (niveau 2)
Voor adres(sen) zie: OVER-70.

Aanstelling
Voor ten minste 5 jaar voor Marechaussee Bepaalde Tijd (BT).
- In sommige gevallen is op eigen verzoek verlenging van het contract mogelijk tot het 35e levensjaar.
- Aan het eind van de aanstellingsperiode ontvangt men een premie over het totaal verdiende salaris; het percentage van de premie wordt jaarlijks bekend gemaakt.
- Bij het zoeken naar een passende baan in de burgermaatschappij kan door de Marechaussee worden bemiddeld.
- Na verloop van tijd kan men desgewenst - bij gebleken geschiktheid en in het bezit van voldoende vooropleiding - solliciteren naar de functie van Wachtmeester Onbepaalde Tijd (OT).

CREBO Geen.

Toelatingseisen De navolgende eisen zijn alle van toepassing:
- Men dient bij de aanvang van de opleiding minstens 17,5 jaar of hoogstens 29 jaar te zijn.
- Lengte: minimaal 1,57 m.
- Sterkte oogafwijking: maximaal -2 of +2.
- Optimale lichamelijke conditie.
- Men dient de Nederlandse nationaliteit te hebben ofwel deze hebben aangevraagd.
- Servicegerichtheid - grote mate van betrouwbaarheid - correct en doortastend karakter - goede mondelinge uitdrukkingsvaardigheid.
- Minimaal vbo-b (met Ned., een algemeen vormend vak en een moderne vreemde taal A), een overgangsbewijs naar mavo-3, of vmbo bb.

Duur Minimaal 6 maanden, waarin de eerste 4 weken verplicht intern.

Lesprogramma De algemene militaire opleiding van 9 weken wordt gevolgd door een vaktechnisch gedeelte van 18 weken, waarin men vertrouwd wordt gemaakt met kennis- en vaardigheidsvakken voor de marechaussee: beveiligingsleer - dienstuitvoering - ambtsinstructie - brandpreventie en -bestrijding - geweldsethiek - maatschappelijke vorming - sociale en communicatieve vaardigheden - schietinstructie - zelfverdediging.

Mogelijkheden voor verdere studie Desgewenst kan men naast het werk een studie volgen. De marechaussee biedt daartoe een uitstekende financiële vergoeding.

Functiemogelijkheden Beveiliging van het Koninklijk Huis in Apeldoorn, Den Haag, of Wassenaar.

Overige informatie
- Afhankelijk van de behoefte wordt maximaal 6x per jaar een opleiding gestart.
- Sollicitatie is mogelijk vanaf 16,5 jaar.

21.3.i.3 Wachtmeester
Voor adres(sen) zie: OVER-70.

Aanstelling
Voor ten minste 5 jaar voor Wachtmeester Bepaalde Tijd (BT).
- In sommige gevallen is op eigen verzoek verlenging van het contract mogelijk tot het 35e levensjaar.
- Aan het eind van de aanstellingsperiode ontvangt men een premie over het totaal verdiende salaris; het percentage van de premie wordt jaarlijks bekendgemaakt.
- Bij het zoeken naar een passende baan in de burgermaatschappij kan door de Marechaussee worden bemiddeld.
- Na verloop van tijd kan men desgewenst - bij gebleken geschiktheid en in het bezit van voldoende vooropleiding - solliciteren naar de functie van Wachtmeester Onbepaalde Tijd (OT).

CREBO Geen.

Toelatingseisen De navolgende eisen zijn alle van toepassing:
- Men dient bij de aanvang van de opleiding minstens 17 jaar of hoogstens 29 jaar te zijn.
- Lengte: minimaal 1,57 m.
- Sterkte oogafwijking: maximaal -2 of +2.
- Men dient de Nederlandse nationaliteit te hebben ofwel deze hebben aangevraagd.
- Doortastend karakter - uitmuntende sportieve kwaliteiten - goede contactuele vaardigheden - grote mate van betrouwbaarheid.
- Minimaal diploma mavo (met Ned. en Eng.), diploma vbo-c met 4 algemeen vormende vakken (waaronder Ned. en Eng.), of diploma vmbo kb.

Duur 54 weken, waarin de eerste 4 weken verplicht intern.

Lesprogramma
- Algemene militaire opleiding van 10 weken: bivak - exercitie - velddienst - hindernisbaan - schietinstructie.
- Vervolgens een vaktechnische politieopleiding van 44 weken, met veel theorievakken: burger- en militair strafrecht - strafvordering - milieuzorg - staatsrecht - verkeerswetgeving - mensenrechten - vreemdelingenwetgeving - beroeps- en geweldethiek - recherchezaken - opsporingstechnieken - communicatieve en sociale vaardigheden.

Mogelijkheden voor verdere studie Desgewenst kan men naast het werk een studie volgen. De marechaussee biedt daartoe een uitstekende financiële vergoeding.

Functiemogelijkheden Politiedienst, grensbewaking of het mobiel toezicht vreemdelingen. ME als mogelijke nevenfunctie.

Overige informatie
- Afhankelijk van de behoefte wordt maximaal 4x per jaar een opleiding gestart.
- Sollicitatie is mogelijk vanaf 16 jaar.

21.4 POLITIE

Voor adres(sen) zie: HBO-38.
Algemeen De Banenlijn van de Politie: 0800-6096.
Website: www.kombijdepolitie.nl

21.4.a Postacademisch onderwijs (pao)

21.4.a.1 Opsporing vanuit criminologie, psychologie en mensenrechten (BeNeLux)
Zie 14.4.a.7.

21.4.c Wo-bacheloropleiding

21.4.c.1 Criminologie (EUR, UL, VUA)
Zie 20.9.c.1, en zie ook: 21.4.c.2.

21.4.c.2 Criminologische wetenschappen (KUL, UG, VUB)
Zie ook: 20.9.c.1.
Voor adres(sen) zie: WO-51, 53, 55.
Algemeen Wo-bacheloropleiding.
Duur
- 3 jaar voltijd.
- KUL: ook in deeltijd.

Lesprogramma Specialisaties:
- KUL: Criminologie - Rechten.

Aansluitende masteropleidingen
- EUR, KUL, UU, VUA: Criminologie/Criminology.
- KUL, UG, VUB: Criminologische wetenschappen.

21.4.e Hbo-masteropleiding

21.4.e.1 Criminal investigation/Recherchekundige (Politieacademie)
Voor adres(sen) zie: HBO-38.
Algemeen Hbo-masteropleiding voor rechercheur.
Toelatingseisen
- Hbo-bachelor-diploma.
- Goede gezondheid en conditie.
- Zonder hulpmiddel met beide ogen apart 0,25 kunnen zien. Met hulpmiddel moet de visus met 1 oog minimaal 1,0 zijn en met het andere oog minimaal 0,5.
- De Nederlandse nationaliteit bezitten bij aanvang van de opleiding.
- Ten minste 2 jaar na de aanstelling in het bezit zijn van rijbewijs B (in eigen tijd en op eigen kosten).
- Van onbesproken gedrag zijn (bekeuringen blijven normaliter buiten beschouwing).
- Kandidaten doorlopen voor de aanstelling een selectieprocedure, waar een psychologisch onderzoek en een fysiek motorisch onderzoek deel van uitmaken.

N.B. Een regiokorps is autonoom en kan eigen afwijkende of hogere eisen stellen.

Duur 1 jaar.
Lesprogramma Beoordelen van dader en slachtoffergedrag - beoordelen van recherchestrategieën - structuren van een meeromvattend rechercheonderzoek - uitvoeren van een exploratief onderzoek - wetenschappelijke expertise en opsporing.

Overige informatie Aanmelden via internet: www.kombijdepolitie.nl, de Banenlijn Politie (0800-6096) of bij een van de politiekorpsen (indien er vacatures zijn). Indien men besluit te solliciteren bij een korps, volgt de selectieprocedure (zie onder Toelatingseisen). Op basis van de resultaten hiervan beslist het korps over al dan niet aanstellen, en stuurt bij een positief besluit de nieuw aangestelde politiefunctionaris vervolgens naar de Politieacademie (9 locaties).
N.B. Het korps betaalt uniform, boeken en opleiding.

21.4.e.2 Tactical policing (politieacademie)
Voor adres(sen) zie: HBO-38.
Algemeen Hbo-masteropleiding voor politiekundige.
Doel Leidt op om strategische analyses uit te voeren, onderzoek te doen naar maatschappelijke ontwikkelingen die relevant zijn voor de politiefunctie, het op basis daarvan ontwerpen van meerjarige beleidsperspectieven, en de uitvoering van beleid evalueren en verwerken.

Toelatingseisen
- Diploma wo-bachelor Policing, het inspecteursdiploma van de Politieacademie, het certificaat 'Educational Research' of een ander bewijs van examinering in wetenschappelijke methoden en technieken, een buitenlands diploma dat voldoet aan bovenstaande kwalificaties, of werkervaring die vergelijkbaar is met de hiervoor genoemde diploma's, met inbegrip van wetenschappelijke methoden en technieken van onderzoek.
- In alle gevallen is een redelijke beheersing van de Engelse taal noodzakelijk.
- Instromen is mogelijk als niet wordt voldaan aan de toelatingseisen, maar er moeten dan andere aantoonbare kwaliteiten (opleiding en/of werkervaring) zijn die de gestelde vooropleidingseisen compenseren.
- Minimaal 18 jaar zijn bij de aanstelling; solliciteren kan tot een half jaar voorafgaand.
- Goede gezondheid en conditie.

- Zonder hulpmiddel met beide ogen apart 0,25 kunnen zien. Met hulpmiddel moet de visus met 1 oog minimaal 1,0 zijn en met het andere oog minimaal 0,5.
- De Nederlandse nationaliteit bezitten bij aanvang van de opleiding.
- Ten minste 2 jaar na de aanstelling in het bezit zijn van rijbewijs B (in eigen tijd en op eigen kosten).
- Van onbesproken gedrag zijn (bekeuringen blijven normaliter buiten beschouwing).
- Er volgt een referenten- en antecedentenonderzoek, alsmede een persoonlijk gesprek met het korps waar men wil solliciteren.

N.B. Een regiokorps is autonoom en kan eigen afwijkende of hogere eisen stellen.

Duur 1 jaar voltijd.

Functiemogelijkheden Tijdens de opleiding werkt men bij het politiekorps waarbij men is aangesteld. Loopbaanmogelijkheden kunnen per korps verschillen. Veelal doorloopt de politiefunctionaris een soort management development traject. Daarbij kan men in allerlei soorten functies binnen het korps worden geplaatst.

Nadat de opleiding is afgerond en men enige jaren goed heeft gefunctioneerd, kan de politiefunctionaris, mits geschikt, doorsolliciteren naar leidinggevende specialisaties op strategisch gebied. Er moet dan wel een aanvullend opleidingsplan worden gevolgd.

Overige informatie Aanmelden via internet: www.kombijde-politie.nl, de Banenlijn Politie (0800-6096) of bij een van de politiekorpsen (indien er vacatures zijn). Indien men besluit te solliciteren bij een korps, volgt de selectieprocedure (zie onder Toelatingseisen). Op basis van de resultaten hiervan beslist het korps over al dan niet aanstellen, en stuurt bij een positief besluit de nieuw aangestelde politiefunctionaris vervolgens naar de Politieacademie (9 locaties).

21.4.f Hbo-bacheloropleiding

21.4.f.1 Crime science (Saxion HS)
Voor adres(sen) zie: HBO-89.
Algemeen Hbo-bacheloropleiding te Enschede. Specialisatie van de hbo-bacheloropleiding Chemie: zie 7.2.f.3.
Doel Voor het oplossen van misdaden is goed sporenonderzoek noodzakelijk. Men leert de natuurwetenschappelijke onderzoekstechnieken beheersen, zoals dna-onderzoek, digitaal technologisch onderzoek en onderzoek naar de chemische typering en vergelijking van diverse substanties.
Toelatingseisen
- Diploma havo of vwo (voor beide profiel N&G of N&T); propedeuse hbo of wo; een voor Nederland geldend internationaal bewijsstuk voor toelating tot het wo.
- Onderzoekskwaliteit en goed communicatievermogen.

Duur 4 jaar voltijd.

Functiemogelijkheden Schakelfunctie tussen de tactische recherche en wetenschappelijke onderzoekers, bij technische recherche-afdelingen van politiekorpsen, brandweer en particuliere recherchebureaus.
Overige informatie Eerder bekend onder de naam: 'Forensisch onderzoeker'.

21.4.f.2 Integrale veiligheid/Integrale VeiligheidsKunde (IVK)/ (Avans HS, Avans+, Haagse HS, HS Inholland, HS NCOI, HS NTI, HS Utrecht, NHL, Saxion HS)
Zie 11.7.f.1.

21.4.f.3 Policing (Politieacademie)
Voor adres(sen) zie: HBO-38.
Algemeen Hbo-bacheloropleiding voor brigadier.
Toelatingseisen - Diploma vwo; propedeuse hbo of wo; een voor Nederland geldend internationaal bewijsstuk voor toelating tot het wo.
- Certificaat van de voltooide bacheloropleiding Politiekundige.
- Instromen is mogelijk als niet wordt voldaan aan de toelatingseisen, maar er moeten dan andere aantoonbare kwaliteiten (opleiding en/of werkervaring) zijn die de gestelde vooropleidingseisen compenseren.
- Minimaal 18 jaar zijn bij de aanstelling; solliciteren kan tot een half jaar voorafgaand.
- Goede gezondheid en conditie.
- Zonder hulpmiddel met beide ogen apart 0,25 kunnen zien. Met hulpmiddel moet de visus met 1 oog minimaal 1,0 zijn en met het andere oog minimaal 0,5.
- De Nederlandse nationaliteit bezitten bij aanvang van de opleiding.
- Ten minste 2 jaar na de aanstelling in het bezit zijn van rijbewijs B (in eigen tijd en op eigen kosten).
- Van onbesproken gedrag zijn (bekeuringen blijven normaliter buiten beschouwing).
- Kandidaten doorlopen voor de aanstelling een selectieprocedure, waar een psychologisch onderzoek en een fysiek motorisch onderzoek deel van uitmaken.

N.B. Een regiokorps is autonoom en kan eigen afwijkende of hogere eisen stellen.

Duur 3 jaar voltijd.

Lesprogramma
- In de sterk praktijkgerichte opleiding wordt gewerkt met kernopgaven waarin competenties worden aangeleerd die in de politiepraktijk nodig zijn.
- De kernopgaven worden in 12 weken in theorie- en praktijksimulaties behandeld, waarna de student de volgende 12 weken in een werkend leren-periode onder begeleiding van een praktijkcoach het in de voorgaande 12 weken geleerde in praktijk brengt. Deze laatste periode wordt afgesloten met een proeve van bekwaamheid, waarna een certificaat wordt verstrekt.
- Kernopgaven: aanpak van verkeersveiligheid - gebruik en ontwikkeling van de beleidscyclus - participeren in kwaliteitsprojecten - strategieontwikkeling aanpak gebiedsgebonden criminaliteit - strategieontwikkeling voor reductie van geweld - strategische aanpak bij (risico)evenementen - strategische aanpak gemeenschappelijke veiligheidszorg - strategische aanpak positie politie in de samenleving - voorbereiding strategische aanpak rampen en calamiteiten.

Aansluitende masteropleidingen Politieacademie: Tactical policing.

Functiemogelijkheden Tijdens de opleiding werkt men bij het politiekorps waarbij men is aangesteld. Loopbaanmogelijkheden kunnen per korps verschillen. Veelal doorloopt de politiefunctionaris een soort management development traject. Daarbij kan men in allerlei soorten functies binnen het korps worden geplaatst.

Nadat de opleiding is afgerond en men enige jaren goed heeft gefunctioneerd, kan de politiefunctionaris, mits geschikt, doorsolliciteren naar leidinggevende specialisaties op strategisch gebied. Er moet dan wel een aanvullend opleidingsplan worden gevolgd.

Overige informatie Aanmelden via internet: www.kombijde-politie.nl, de Banenlijn Politie (0800-6096) of bij een van de politiekorpsen (indien er vacatures zijn). Indien men besluit te solliciteren

bij een korps, volgt de selectieprocedure (zie onder Toelatingseisen). Op basis van de resultaten hiervan beslist het korps over al dan niet aanstellen, en stuurt bij een positief besluit de nieuw aangestelde politiefunctionaris vervolgens naar de Politieacademie (9 locaties).
N.B. Het korps betaalt uniform, boeken en opleiding.

21.4.f.4 Politiekundige (Politieacademie)
Voor adres(sen) zie: HBO-38.
Algemeen Verkorte hbo-bacheloropleiding.
Doel Leidt op om relevante actoren uit de omgeving/buitenwereld te mobiliseren, te organiseren en operationeel te regisseren, gericht op het tot stand brengen van veiligheidsarrangementen waarbij ook een uitvoerende rol kan worden vervuld. Dit wordt gedaan op basis van een grondige analyse van de situatie, waarbij kennis op het gebied van politiekunde wordt opgezocht, toegepast en geëvalueerd.
Toelatingseisen
- Diploma havo; vwo; mbo van de studierichtingen die toegang geven tot een hbo-opleiding; propedeuse van hbo of wo.
- Minimaal 18 jaar zijn bij de aanstelling; solliciteren kan tot een half jaar voorafgaand.
- Goede gezondheid en conditie.
- Zonder hulpmiddel met beide ogen apart 0,25 kunnen zien. Met hulpmiddel moet de visus met 1 oog minimaal 1,0 zijn en met het andere oog minimaal 0,5.
- De Nederlandse nationaliteit bezitten bij aanvang van de opleiding.
- Ten minste 2 jaar na de aanstelling in het bezit zijn van rijbewijs B (in eigen tijd en op eigen kosten).
- Van onbesproken gedrag zijn (bekeuringen blijven normaliter buiten beschouwing).
- Kandidaten doorlopen voor de aanstelling een selectieprocedure, waar een psychologisch onderzoek en een fysiek motorisch onderzoek deel van uitmaken.
N.B. Een regiokorps is autonoom en kan eigen afwijkende of hogere eisen stellen.
Duur 2 jaar voltijd.
Lesprogramma
- In de sterk praktijkgerichte opleiding wordt gewerkt met kernopgaven waarin competenties worden aangeleerd die in de politiepraktijk nodig zijn.
- De kernopgaven worden in 12 weken in theorie- en praktijksimulaties behandeld, waarna de student de volgende 12 weken in een werkend leren-periode onder begeleiding van een praktijkcoach het in de voorgaande 12 weken geleerde in praktijk brengt. Deze laatste periode wordt afgesloten met een proeve van bekwaamheid, waarna een certificaat wordt verstrekt.
- Kernopgaven: aanpak gemeenschappelijke veiligheidszorg - aanpak van sociaal-psychische problematiek - aanpak van verkeersveiligheid - afhandelen van verkeersongevallen - integrale aanpak gebiedsgebonden criminaliteit - jeugdzorg - optreden bij milieuovertredingen - optreden op plaats delict bij ernstige delicten - participeren in kwaliteitsprojecten - toezicht houden bij evenementen met dreigende escalaties.
Functiemogelijkheden Tijdens de opleiding werkt men bij het politiekorps waarbij men is aangesteld. Loopbaanmogelijkheden kunnen per korps verschillen. Veelal doorloopt de politiefunctionaris een soort management development traject. Daarbij kan men in allerlei soorten functies binnen het korps worden geplaatst.
Nadat de opleiding is afgerond en men enige jaren goed heeft gefunctioneerd, kan de politiefunctionaris, mits geschikt, doorsolliciteren naar vakinhoudelijke specialisaties (verkeer, milieu, recher-

che) of naar leidinggevende specialisaties op tactisch gebied. Er moet dan wel een aanvullend opleidingsplan worden gevolgd.
Overige informatie Aanmelden via internet: www.kombijdepolitie.nl, de Banenlijn Politie (0800-6096) of bij een van de politiekorpsen (indien er vacatures zijn). Indien men besluit te solliciteren bij een korps, volgt de selectieprocedure (zie onder Toelatingseisen). Op basis van de resultaten hiervan beslist het korps over al dan niet aanstellen, en stuurt bij een positief besluit de nieuw aangestelde politiefunctionaris vervolgens naar de Politieacademie (9 locaties).
N.B. Het korps betaalt uniform, boeken en opleiding.

21.4.g Mbo-opleiding niveau 4

21.4.g.1 Allround politiemedewerker (niveau 4)
Voor adres(sen) zie: HBO-38.
Algemeen Alle basispolitieopleidingen zijn duaal en op mbo-niveau; ze worden gegeven aan de School voor politiekunde, onderdeel van de Politieacademie (9 locaties).
CREBO Geen.
Doel Leert om op adequate wijze omgevingsfactoren te herkennen en om zo tot een effectieve en samenhangende aanpak van zich aandienende vraagstukken te komen (ontwikkeling van gemeenschappelijke veiligheidszorg en de toepassing daarvan zoals het gebiedsgebonden werken). De verworven competenties vormen een basis voor de dagelijkse uitvoerende werkzaamheden binnen andere vakgebieden, zoals recherche en verkeer.
- De allround politiemedewerker doet hetzelfde werk als de politiemedewerker (niveau 3), maar hij zoekt naar gemeenschappelijke achtergronden van vergelijkbare situaties. Met die analyse wordt een effectieve en samenhangende aanpak van de problemen uitgewerkt.
Toelatingseisen
- Diploma mavo-d (NT2); of vmbo gl of vmbo tl met 1 van de 4 vmbo-sectoren; of mbo niveau 3 van de studierichtingen die géén toegang geven tot een hbo-opleiding.
- Minimaal 18 jaar zijn bij de aanstelling; solliciteren kan tot een half jaar voorafgaand.
- Goede gezondheid en conditie.
- Zonder hulpmiddel met beide ogen apart 0,25 kunnen zien. Met hulpmiddel moet de visus met 1 oog minimaal 1,0 zijn en met het andere oog minimaal 0,5.
- De Nederlandse nationaliteit bezitten bij aanvang van de opleiding.
- Ten minste 2 jaar na de aanstelling in het bezit zijn van rijbewijs B (in eigen tijd en op eigen kosten).
- Van onbesproken gedrag zijn (bekeuringen blijven normaliter buiten beschouwing).
- Kandidaten doorlopen voor de aanstelling een selectieprocedure, waar een psychologisch onderzoek en een fysiek motorisch onderzoek deel van uitmaken.
N.B. Een regiokorps is autonoom en kan eigen afwijkende of hogere eisen stellen.
Duur Totaal 4 jaar, waarin werkend leren (3200 sbu), en leren op een opleidingsinsituut (3200 sbu).
Lesprogramma
- In de sterk praktijkgerichte opleiding wordt gewerkt met kernopgaven waarin competenties worden aangeleerd die in de politiepraktijk nodig zijn.
- De kernopgaven worden in 12 weken in theorie- en praktijksimulaties behandeld, waarna de student de volgende 12 weken in een werkend leren-periode onder begeleiding van een praktijk-

coach staat. Deze periode wordt afgesloten met een proeve van bekwaamheid, waarna een certificaat wordt verstrekt.

- Kernopgaven: toezicht houden in het publieksdomein - optreden bij milieuovertredingen - optreden bij milieuovertredingen bij bedrijven - aanpak gemeenschappelijke veiligheidszorg - aanpak van sociaal-psychische problematiek - optreden bij overlast - toezicht houden op verkeersveiligheid - optreden bij drugsdelicten - afhandelen van verkeersongevallen - optreden bij geweldsdelicten - optreden bij vermogensdelicten - optreden bij zedendelicten - optreden bij delicten tegen de openbare orde - optreden bij delicten wapenwetgeving - optreden bij plaats delict bij ernstige delicten - publieksservice - arrestantenzorg - toezicht houden bij evenementen met dreigende escalaties - jeugdzorg - uitvoeren van complexe verkeerscontroles - vreemdelingenzorg.

Functiemogelijkheden Al tijdens de opleiding werkt men bij het politiekorps waarbij men is aangesteld. Nadat de opleiding is afgerond en men enige jaren goed heeft gefunctioneerd, kan de politiefunctionaris, mits geschikt, doorsolliciteren naar een volgend niveau, vakinhoudelijke specialisaties (verkeer, milieu, recherche, jeugd- en zedenzaken, vreemdelingenzaken, bereden politie, hondenbrigade), of naar leidinggevende specialisaties op operationeel gebied. Er moet dan wel een aanvullend opleidingsplan worden gevolgd.

Overige informatie Aanmelden via internet: www.kombijdepolitie.nl, de Banenlijn Politie (0800-6096) of bij een van de politiekorpsen (indien er vacatures zijn). Indien men besluit te solliciteren bij een korps, volgt de selectieprocedure (zie onder Toelatingseisen). Op basis van de resultaten hiervan beslist het korps over al dan niet aanstellen, en stuurt het korps de aspirant naar de opleiding op een van de opleidingslocaties in Amsterdam, Apeldoorn, Den Haag, Leeuwarden of Rotterdam.

21.4.h Mbo-opleiding niveau 3

21.4.h.1 Politiemedewerker (niveau 3)
Voor adres(sen) zie: HBO-38.
Algemeen Alle basispolitieopleidingen zijn duaal en op mbo-niveau; ze worden gegeven aan de School voor politiekunde, onderdeel van de Politieacademie (9 locaties).
CREBO Geen.
Doel De opleiding leidt op tot politiemedewerker.
- Taak: afhandelen van eenvoudige en overzichtelijke delicten en complexe controles. Aan meer gecompliceerde situaties werkt men samen met een hoger gekwalificeerde collega.

Toelatingseisen
- Diploma vbo (2 vakken op C-niveau, o.a. NT 2, en 3 vakken op B-niveau); of mavo; vmbo gl of vmbo tl met een van de 4 vmbo-sectoren.
- Minimaal 18 jaar zijn bij de aanstelling; solliciteren kan tot een half jaar voorafgaand.
- Goede gezondheid en conditie.
- Zonder hulpmiddel met beide ogen apart 0,25 kunnen zien. Met hulpmiddel moet de visus met 1 oog minimaal 1,0 zijn en met het andere oog minimaal 0,5.
- De Nederlandse nationaliteit bezitten bij aanvang van de opleiding.
- Ten minste 2 jaar na de aanstelling in het bezit zijn van rijbewijs B (in eigen tijd en op eigen kosten).
- Kandidaten doorlopen voor de aanstelling een selectieprocedure, waar een psychologisch onderzoek en een fysiek motorisch onderzoek deel van uitmaken.

N.B. Een regiokorps is autonoom en kan eigen afwijkende of hogere eisen stellen.
Duur Totaal 3 jaar, waarin werkend leren (2880 sbu), en leren op een opleidingsinstituut (1920 sbu).
Lesprogramma
- In de sterk praktijkgerichte opleiding wordt gewerkt met kernopgaven waarin competenties worden aangeleerd die in de politiepraktijk nodig zijn.
- De kernopgaven worden in 12 weken in theorie- en praktijksimulaties behandeld, waarna de student de volgende 12 weken in een werkend leren-periode onder begeleiding van een praktijkcoach staat. Deze periode wordt afgesloten met een proeve van bekwaamheid, waarna een certificaat wordt verstrekt.
- Kernopgaven: toezicht houden in het publieksdomein - optreden bij milieuovertredingen - optreden bij milieuovertredingen bij bedrijven - toezicht houden op verkeersveiligheid - optreden bij drugsdelicten - afhandelen van verkeersongevallen - afhandelen van eenvoudige geweldsdelicten - optreden bij vermogensdelicten - zedendelicten - optreden bij delicten tegen de openbare orde - optreden bij plaats delict bij ernstige delicten - publieksservice - arrestantenzorg - toezicht houden bij evenementen - toezicht houden bij evenementen met dreigende escalaties - deelnemen aan complexe verkeerscontroles - optreden bij delicten wapenwetgeving.

Functiemogelijkheden Al tijdens de opleiding werkt men bij het politiekorps waarbij men is aangesteld. Nadat de opleiding is afgerond en men enige jaren goed heeft gefunctioneerd, is er voor de politiefunctionaris veelal de mogelijkheid om binnen de huidige functie een taakaccent te krijgen. Hij kan ook, mits geschikt, naar een volgend niveau. Er moet dan wel een aanvullend opleidingsplan worden gevolgd.

Overige informatie Aanmelden via internet: www.kombijdepolitie.nl, de Banenlijn Politie (0800-6096) of bij een van de politiekorpsen (indien er vacatures zijn). Indien men besluit te solliciteren bij een korps, volgt de selectieprocedure (zie onder Toelatingseisen). Op basis van de resultaten hiervan beslist het korps over al dan niet aanstellen, en stuurt het korps de aspirant naar de opleiding op een van de opleidingslocaties in Amsterdam, Apeldoorn, Den Haag, Leeuwarden of Rotterdam.

21.4.i Mbo-opleiding niveau 1 of niveau 2

21.4.i.1 Assistent politiemedewerker (niveau 2)
Voor adres(sen) zie: HBO-38.
Algemeen Alle basispolitieopleidingen zijn duaal en op mbo-niveau; ze worden gegeven aan de School voor politiekunde, onderdeel van de Politieacademie (9 locaties).
CREBO Geen.
Doel Leidt op tot assistent politiemedewerker die eenvoudige politiewerkzaamheden uitvoert.
Toelatingseisen
- Diploma vbo-b (o.a. NT2); of vmbo bb, vmbo kb met één van de 4 vmbo-sectoren.
- Minimaal 17 jaar zijn bij de aanstelling; solliciteren kan tot een half jaar voorafgaand.
- Goede gezondheid en conditie.
- Zonder hulpmiddel met beide ogen apart 0,25 kunnen zien. Met hulpmiddel moet de visus met 1 oog minimaal 1,0 zijn en met het andere oog minimaal 0,5.
- De Nederlandse nationaliteit bezitten bij aanvang van de opleiding.

- Ten minste 2 jaar na de aanstelling in het bezit zijn van rijbewijs B (in eigen tijd en op eigen kosten).
- Van onbesproken gedrag zijn (bekeuringen blijven normaliter buiten beschouwing).
- Kandidaten doorlopen voor aanstelling een selectieprocedure, waar een psychologisch onderzoek en een fysiek motorisch onderzoek deel van uitmaken.

N.B. Een regiokorps is autonoom en kan eigen afwijkende of hogere eisen stellen.

Duur Totaal 1,5 jaar, waarin werkend leren (1440 sbu), en leren op een opleidingsinstituut (960 sbu).

Lesprogramma
- In de sterk praktijkgerichte opleiding wordt gewerkt met kern-opgaven waarin competenties worden aangeleerd die in de politiepraktijk nodig zijn.
- De kernopgaven worden in 12 weken in theorie- en praktijksimulaties behandeld, waarna de student de volgende 12 weken in een werkend leren-periode onder begeleiding van een praktijkcoach staat. Deze periode wordt afgesloten met een proeve van bekwaamheid, waarna een certificaat wordt verstrekt.
- Kernopgaven: toezicht houden in het publieksdomein - optreden bij milieuovertredingen - toezicht houden op verkeersveiligheid - optreden bij verkeersongevallen - optreden bij misdrijven - publieksservice - arrestantenzorg - toezicht houden bij evenementen - assisteren bij complexe verkeerscontroles.

Functiemogelijkheden Al tijdens de opleiding werkt men bij het politiekorps waarbij men is aangesteld. Nadat de opleiding is afgerond en men enige jaren goed heeft gefunctioneerd, kan de politiefunctionaris, mits geschikt, doorsolliciteren naar een volgend niveau. Er moet dan wel een aanvullend opleidingsplan worden gevolgd.

Overige informatie Aanmelden via internet: www.kombijde-politie.nl, de Banenlijn Politie (0800-6096) of bij een van de politiekorpsen (indien er vacatures zijn). Indien men besluit te solliciteren bij een korps, volgt de selectieprocedure (zie onder Toelatingseisen). Op basis van de resultaten hiervan beslist het korps over al dan niet aanstellen, en stuurt het korps de aspirant naar de opleiding op een van de opleidingslocaties in Amsterdam, Apeldoorn, Den Haag, Leeuwarden of Rotterdam.

21.4.i.2 Brugjaar politie (niveau 1)
Voor adres(sen) zie: ROC/MBO-43.
Algemeen Hier wordt slechts het centrale adres vermeld. De opleiding kan in de wijde omtrek ervan worden gegeven.
CREBO Geen.
Doel Voorbereiden op een sollicitatie bij de politie. De opleidingsinstelling kan geen functie bij de politie garanderen, maar men komt wel in aanmerking voor de selectieprocedure.
Toelatingseisen
- Op 1 oktober van het schooljaar 16 jaar zijn.
- De Nederlandse nationaliteit hebben ofwel deze hebben aangevraagd.
Duur 1 jaar voltijd.
Lesprogramma Naast het onderwijs binnen het mbo ook de volgende vakken: ehbo, inclusief reanimatie - maatschappelijke oriëntatie - Nederlands - omgangskunde - onderdelen van lichamelijke oefening en sport - onderlinge instructie - tekstverwerking.
Mogelijkheden voor verdere studie Interne opleiding bij de politie op niveau 2: Beveiliger (particuliere beveiliging).

21.4.l Overige opleidingen

21.4.l.1 Buitengewoon opsporingsambtenaar
Zie 3.10.l.1.

21.4.l.2 NTI - blended learning - Opsporing
Voor adres(sen) zie: ROC/MBO-36.
Opleidingen
- Buitengewoon opsporingsambtenaar.
- Detective.

21.5 BRANDWEER

21.5.d Post-hbo-opleiding

21.5.d.1 Fire Safety Engineering (Hanze HS)
Zie 11.7.d.1.

21.5.f Hbo-bacheloropleiding

21.5.f.1 Integrale veiligheid/Integrale VeiligheidsKunde (IVK)/ (Avans HS, Avans+, Haagse HS, HS Inholland, HS NCOI, HS NTI, HS Utrecht, NHL, Saxion HS)
Zie 11.7.f.1.

21.5.f.2 Nibra-opleidingen (IFV)
Voor adres(sen) zie: OVER-80.
Algemeen
- De nieuwste naam van het instituut is: Instituut Fysieke Veiligheid (IFV). De naam van het instituut was: Nederlands Instituut voor Brandweerzorg en Rampenbestrijding, eerder bekend als: Nibra.
- Het IFV ontwikkelt kennis, en draagt bij aan de vakontwikkeling voor brandweer, Geneeskundige Hulpverlening bij Ongevallen en Rampen (GHOR), crisisbeheersing en leiderschapsontwikkeling, en vergroot zo de fysieke veiligheid.
Doel De ranggerichte opleidingsstructuur op officiersniveau is omgevormd tot een functiegerichte opleidingsstructuur. Meer informatie: www.nifv.nl
Opleidingen
- *Academie voor Crisisbeheersing:*
  • Leergang Master of crisis and disaster management.
  • Overige opleidingen.
  • Oefeningen.
  • Lectoraat crisisbeheersing.
- *Academie voor Talent en Leiderschap Veiligheidsregio's:* versterkt en onderhoudt de kwaliteit van de (toekomstige) strategische leiders binnen brandweer, crisisbeheersing en rampenbestrijding.
- *Brandweeracademie:*
  De opleidingen van de Brandweeracademie bestaan deels uit leren op het opleidingsinstituut en deels uit leren op de werkplek. Het leren op de werkplek is een essentieel onderdeel van de opleiding; zonder deze activiteit te hebben uitgevoerd is het afronden van de leergang niet mogelijk. De deelnemer is zelf verantwoordelijk voor het realiseren van deze leerwerkplek, die in beginsel bij de eigen werkgever of binnen de eigen regionale brandweerorganisatie kan plaatsvinden.
  • *Incidentmanagement:* adviseur gevaarlijke stoffen - commandant van dienst - hoofdofficier van dienst - officier van dienst.

- *Organisatiemanagement:*
adviseur gevaarlijke stoffen - Master of Crisis & Disaster Management (MCDM) - operationeel manager - tactisch manager.
- *Risicomanagement:* Master of Public Safety - specialist brandpreventie - specialist planvorming en rampenbestrijding - specialist opleiden en oefenen - specialist risico's en veiligheid.
- *Academie voor GHOR en Opgeschaalde Zorg:*
GHOR = Geneeskundige Hulpverlening bij Ongevallen en Rampen.
Toelatingseisen Afhankelijk van de opleiding: wo- of hbo-bachelor.

21.6 GEVANGENISWEZEN

21.6.g Mbo-opleiding niveau 4

21.6.g.1 Penitentiair inrichtingswerker (niveau 4)
Voor adres(sen) zie: OVER-131.
Algemeen Basisopleiding voor penitentiair inrichtingswerker.
CREBO Geen.
Toelatingseisen
- 22 jaar of ouder zijn.
- In dienst zijn van de Dienst Justitiële Inrichtingen (DJI).
Duur 42 contactdagen gedurende 50 weken, afgewisseld met stage.
Functiemogelijkheden Penitentiair inrichtingswerker in dienst van de overheid of daarbuiten.

21.6.l Overige opleidingen

21.6.l.1 Gevangenisbewaarder
Voor adres(sen) zie: OVER-131.
Algemeen Basisopleiding voor bewaarder.
Toelatingseisen
- 22 jaar of ouder zijn.
- In dienst zijn van de Dienst Justitiële Inrichtingen (DJI).
Duur 41 contactdagen gedurende 40 weken, afgewisseld met stage.
Mogelijkheden voor verdere studie Als men na deze opleiding de applicatie-opleiding van 9 dagen gedurende 2 maanden volgt, wordt men penitentiair inrichtingswerker.
Functiemogelijkheden Bewaarder in dienst van de overheid.

21.7 BEVEILIGING
Zie ook: 11.7.

21.7.f Hbo-bacheloropleiding

21.7.f.1 Integrale veiligheid/Integrale VeiligheidsKunde (IVK)/ (Avans HS, Avans+, Haagse HS, HS Inholland, HS NCOI, HS NTI, HS Utrecht, NHL, Saxion HS)
Zie 11.7.f.1.

21.7.f.2 Security management (HS LOI)
Voor adres(sen) zie: HBO-135.
Algemeen
- Ad-programma.
- HS LOI wordt niet door de overheid bekostigd.
Duur Digitaal in deeltijd.

21.7.g Mbo-opleiding niveau 4

21.7.g.1 Particulier digitaal onderzoeker (niveau 4)
Zie 20.6.g.4.

21.7.h Mbo-opleiding niveau 3

21.7.h.1 Coördinator beveiliging certificaat C (particuliere beveiliging) (niveau 3)
Voor adres(sen) zie: OVER-7, 91, ROC/MBO-13, 21, 32.
Algemeen
- Eindtermen voor deze kwalificatie worden ontwikkeld door ECABO.
- Hier worden slechts de centrale adressen van de roc's vermeld. De opleiding kan in de wijde omtrek ervan worden gegeven.
CREBO 90550
Doel Inzicht in het toepassen van standaardprocedures, begeleiden van de beveiliger, werkroosters opstellen, routes bepalen die moeten worden afgelegd, en de werkzaamheden van de beveiliger coördineren en controleren.
Toelatingseisen
- Diploma vmbo-Ec, vmbo-Lb, vmbo-Tech, vmbo-Z&W (alle met vmbo gl, vmbo kb of vmbo tl); diploma havo.
- Diploma niveau 2: Beveiliger (particuliere beveiliging).
- Werkzaam zijn in de beveiligingsbranche.
- Bij sommige scholen een verplicht intakegesprek.
- Voor de kandidaten die reeds in het bezit zijn van het vakdiploma Beveiliging bestaan er vrijstellingsmogelijkheden voor sommige onderdelen.
Duur 2 jaar voltijd; bij Roc van Twente: 1,5 jaar voltijd en 2 jaar deeltijd.
Lesprogramma Deze opleiding bestaat uit een theorie- en een praktijkgedeelte (stage).
Functiemogelijkheden Coördinator beveiliging bij een beveiligingsbedrijf.
N.B. De opleiding Coördinator Beveiliging vervangt opleiding Vakdiploma Beveiliging.

21.7.h.2 Handhaver toezicht en veiligheid (toezicht en veiligheid) (niveau 3)
Voor adres(sen) zie: ROC/MBO-13, 32.
Algemeen
- Eindtermen voor deze kwalificatie worden ontwikkeld door ECABO.
- Hier worden slechts de centrale adressen vermeld. De opleiding kan in de wijde omtrek ervan worden gegeven.
CREBO 94810
Doel Opleiding tot handhaver toezicht en veiligheid in publieke ruimten, met opsporingsbevoegdheid: surveilleren, toezicht houden, signaleren en handhaven van (plaatselijke) verordeningen; administratieve werkzaamheden.
Toelatingseisen
- Diploma vmbo gl, vmbo kb of vmbo tl.
- Overgangsbewijs naar havo-4 of vwo-4; of een mbo-diploma niveau 2.
- Plus een VOG (Verklaring Omtrent Gedrag).
- De Nederlandse nationaliteit bezitten.
- Leeftijd: minimaal 17 jaar.
- Geen justitiële documentatie.
- Positief advies van de toelatingscommissie.
Duur 1,5 jaar voltijd en 1 jaar deeltijd.
Functiemogelijkheden Doorstromen naar de functie van teamleider, groepsleider, handhaver milieu, of AIVD-medewerker, of bij

de politie naar de functie van politiemedewerker of allround politiemedewerker.

21.7.i Mbo-opleiding niveau 1 of niveau 2

21.7.i.1 Beveiliger (particuliere beveiliging) (niveau 2)
Voor adres(sen) zie: OVER-7, 91, ROC/MBO-7, 8, 13, 17, 20, 21, 24,
25, 27, 30, 32, 34, 37, 38, 43, 48, 60.
Algemeen
- Eindtermen voor deze kwalificatie worden ontwikkeld door ECABO.
- Hier worden slechts de centrale adressen van de roc's vermeld. De
  opleiding kan in de wijde omtrek ervan worden gegeven.
CREBO 10876/94850
Doel Toegangscontroles uitvoeren; overzicht in een wachtpost
houden; brand, agressief gedrag of lichamelijk letsel voorkomen;
mensen helpen die in nood verkeren; orde, rust en veiligheid bewa-
ren; in kantoren, woningen en op industrieterreinen surveilleren;
afwijkende zaken of situaties signaleren; beginnende brand blus-
sen; bepalen wanneer er alarm moet worden geslagen en dat indien
nodig ook doen; en personen aanhouden die regels of voorschriften
overtreden.
Toelatingseisen
- De volledige leerplicht hebben voltooid.
- Bij Roc van Twente:
  • leeftijd bij het sprinttraject: minimaal 17,5 jaar;
  • leeftijd bij het gewone traject: minimaal 17 jaar.
Duur 1,5 jaar voltijd of 1 jaar deeltijd; bij Roc van Twente bestaat
een 'sprinttraject' van 1 jaar voltijd.
Mogelijkheden voor verdere studie Een opleiding van niveau 3:
Coördinator beveiliging Certificaat C (particuliere beveiliging).
Functiemogelijkheden Beveiliger bij een particulier beveiligings-
bedrijf.
N.B. Er wordt bij Roc Mondriaan ook een gelijknamige verkorte op-
leiding van 20 weken gegeven.

21.7.i.2 Medewerker toezicht en veiligheid
(toezichthouder) (niveau 2)
Voor adres(sen) zie: ROC/MBO-32.
Algemeen
- Eindtermen voor deze kwalificatie worden ontwikkeld door ECABO.
- Hier wordt slechts het centrale adres vermeld. De opleiding kan
  in de wijde omtrek ervan worden gegeven.
CREBO 90560/93280
Doel Toezicht houden in openbare ruimten, zoals straten en plei-
nen; handelend optreden als er een incident heeft plaatsgevonden.
Toelatingseisen
- De volledige leerplicht hebben voltooid.
- Leeftijd: minimaal 17 jaar voor de voltijdopleiding; en 18 jaar bij
  de deeltijdopleiding.
Duur 1,5 jaar voltijd of 1 jaar deeltijd.
Mogelijkheden voor verdere studie Opleidingen van niveau 3:
Coördinator beveiliging Certificaat C (particuliere beveiliging),
Handhaver toezicht en veiligheid (toezicht en veiligheid), of Politie-
medewerker (School voor politiekunde); of een opleiding van
niveau 2: Assistent politiemedewerker (School voor politiekunde).
Functiemogelijkheden Werkzaam bij een stadswachtorganisatie
of een gemeentelijke organisatie voor stadstoezicht.

21.7.i.3 Particulier onderzoeker (niveau 1)
Voor adres(sen) zie: OVER-7.
Algemeen Eindtermen voor deze kwalificatie worden ontwikkeld
door ECABO.
CREBO 10695
Toelatingseisen De volledige leerplicht hebben voltooid.
Duur 1 jaar voltijd en deeltijd.
Mogelijkheden voor verdere studie Een opleiding van niveau 2:
Beveiliger (particuliere beveiliging).
Functiemogelijkheden Particulier onderzoeker in dienst van een
beveiligingsdienst.

21.7.l Overige opleidingen

21.7.l.1 Best Alert
Voor adres(sen) zie: OVER-91.
Opleidingen
- Air marshal.
- Beveiliger (niveau 2) (zoals vermeld onder 21.7.i.1).
- Buitengewoon opsporingsambtenaar (BOA)
  (zoals vermeld onder 3.10.l.1).
- Coördinator beveiliging Certificaat C
  (zoals vermeld onder 21.7.h.1).
- Executive protection officer.
- General protection.
- Kadermanager.
- Particulier onderzoeker (zoals vermeld onder 21.7.i.3).
- Persoonsbeveiliger.
- Privéchauffeur advanced.
- Sea marshal.

21.7.l.2 IMKO
Voor adres(sen) zie: OVER-111.
Opleidingen
- Algemeen BeveiligingsMedewerker (ABM).
- Cylinders in sluitpannen.
- Monteur mechanische beveiliging A.
- Monteur mechanische beveiliging B hout.
- Monteur mechanische beveiliging B metaal & kunststof.
- Preventieadviseur bestaande bouw (3 dagen).
- Technisch Beheerder Mechanische Beveiliging (TBMB).

21.7.l.3 LOI - afstandsonderwijs - Openbare orde en
veiligheid
Zie 11.7.l.1.

21.7.l.4 Studiecentrum Minerva
Voor adres(sen) zie: OVER-7.
Opleidingen
- Beveiliger (particuliere beveiliging)
  (mbo niveau 2, zoals vermeld onder 21.7.i.1).
- BOA (Buitengewoon OpsporingsAmbtenaar,
  zoals vermeld onder 3.10.l.1).
- BOCA (BasisOpleiding Centralist Alarmcentrale).
- Cameratoezicht.
- Certificaat Mobiele surveillance.
- Certificaat Persoonsbeveiliger.
- Certificaat Winkelsurveillance.
- Coördinator beveiliging Certificaat C (particuliere beveiliging)
  (mbo niveau 3, zoals vermeld onder 21.7.h.1).
- Event Security Officer (ESO).

- Kaderopleiding Beveiliging.
- Kaderopleiding Redactionele vaardigheid.
- Kaderopleiding Risicobeheer.
- Kenniscertificaat Geld- en waardetransporteur.
- Particulier onderzoeker (mbo niveau 1, zoals vermeld onder 21.7.i.3).
- VOCA (VakOpleiding Centralist Alarmcentrale).

Cursussen Praktijktrainingen:
- Afhandeling van calamiteiten.
- Conflicthantering.
- Interviewtechnieken.
- Kleine blusmiddelen.

- Medewerker bedrijfsbeveiliging.
- Praktijkdagen Beveiliger 2.
- Praktisch optreden.
- Rechercheren in open bronnen.
- Veilig achter de balie.
- Verdachte voorwerpen en bom.
- Visiteren/aanhouding/inbeslagneming.
- Waarnemen/observeren/rapporteren.

Toelatingseisen Kaderopleidingen: diploma mbo-opleiding niveau 2: Beveiliger (particuliere beveiliging).

Duur Kaderopleidingen: 1,5 jaar (1 avond per week).

Hoewel steeds de nieuwste informatie in deze 'Beroepengids' wordt verwerkt, is het niet te vermijden dat er onjuistheden kunnen optreden.
Daarom zullen wij alle gebruikers van dit boek erkentelijk zijn wanneer zij ons de tekortkomingen ten spoedigste willen melden, indien mogelijk voorzien van de bijbehorende documentatie.

Uitgeverij De Toorts, Conradkade 6, 2031 CL Haarlem; e-mail-adres: beroepengids@toorts.nl

---

22 ARCHEOLOGIE, BIBLIOTHEEK, DOCUMENTATIE, ARCHIEF, MUSEA, BOEKHANDEL EN UITGEVERIJ

Algemeen Dit hoofdstuk opent met archeologie, oudheidkunde, en informatiekunde.
Men kan op verschillende niveaus een opleiding voor bibliotheek, informatiedienstverlening en documentatie volgen.
Naast opleidingen voor de bibliotheek bevat dit hoofdstuk opleidingen voor uitgeverij en boekhandel, historisch en lopend archief en werk in musea.
Het Nationaal Archief ressorteert onder het ministerie van OCW. Het omvat de Rijksarchiefdienst en een groot aantal gemeente- en streekarchieven.
N.B. In dit hoofdstuk wordt ook een keuze van diverse opleidingen in het hoger onderwijs beschreven. Complete alfabetische lijsten van alle bekostigde opleidingen in het hoger onderwijs zijn te vinden in hoofdstuk 25. Deze worden jaarlijks geheel geactualiseerd.

22.1 ARCHEOLOGIE, BIBLIOTHEEK, DOCUMENTATIE, ARCHIEF, MUSEA, BOEKHANDEL EN UITGEVERIJ

22.1.a Postacademisch onderwijs (pao)

22.1.a.1 Documentaire informatiewetenschap (UvA)
Voor adres(sen) zie: WO-8.
Algemeen Postmasteropleiding.

22.1.b Wo-masteropleiding

22.1.b.1 Archeaology/Archeologie (KUL, RUG, UG, UL, UvA, VUA)
Voor adres(sen) zie: WO-8, 9, 23, 30, 53, 55.
Algemeen
- Wo-masteropleiding.
- RUG, UL, UvA: ook als onderzoeksmaster.
Toelatingseisen Diploma wo-bachelor Archeologie of Archeologie en prehistorie.
Duur
- 1 jaar voltijd.
- KUL: ook in deeltijd.
Lesprogramma Specialisaties of varianten:
- KUL: Egypte en het Nabije Oosten - Historische archeologie - Pre- en protohistorie archeologie.
- RUG: Art history and archaeology - Klassieke en mediterrane archeologie - Pre- en protohistorie archeologie.
- UG: Archeologie van de mediterrane wereld en het Nabije Oosten - Archeologie van West-Europa - Geoarcheologie.
- UL: Archaeological heritage & museum studies - Archaeological heritage in a globalising world - Archaeology and anthropology of Mesoamerica and the Andes - Archaeology & anthrolopogy of the Americas - Archaeology of Europe and historical archaeology - Archaeology of the Caribbean and Amazonia - Archaeology of the mediterranean and the Near East - Archaeology of the Near East - Archeology of North-western Europe - Archaeology of the Roman provinces, middle ages and modern period - Bioarchaeology - Bioarchaeology & material culture studies - Classical and mediterranean archaeology - Heritage management in a world context - Heritage of indigenous peoples - Human origins - Human osteology & funerary archaeology - Material culture studies - Mediterranean archaeology - Museum studies - Palaeoecology - Palaeolithic archaeology - Prehistoric farming communities in North-Western Europe - Prehistory of North-Western Europe - Religion and society in native American cultures - The transformation of the Roman world - Town and country in the mediterranean region & in the Near East.
- UvA: Archaeology of North-Western Europe - Landscape and heritage - Mediterranean archaeology.

- VUA: Archaeology of North-Western Europe - Landscape and heritage - Mediterranean archaeology.

22.1.b.2 Informatiemanagement/Information management (KUL, TIAS, TiU)
Voor adres(sen) zie: WO-38, 40, 55.
Algemeen
- Wo-masteropleiding.
- TIAS wordt niet door de overheid bekostigd.
Toelatingseisen
- Diploma hbo-bachelor.
Duur 1 jaar voltijd.
- KUL ook in deeltijd.

22.1.c Wo-bacheloropleiding

22.1.c.1 Archeologie (en prehistorie) (KUL, RUG, UG, UL, UvA, VUA)
Voor adres(sen) zie: WO-8, 9, 23, 30, 53, 55.
Algemeen
- Wo-bacheloropleiding tot archeoloog.
- Bij UvA heet deze opleiding: 'Archeologie en prehistorie'.
Doel Gericht op reconstructie van het verleden door bestudering van de materiële nalatenschap van de mens.
Toelatingseisen
- Diploma vwo; propedeuse of getuigschrift/diploma van een hbo of van de OUNL.
- Als men 21 jaar of ouder is, komt men in aanmerking voor een colloquium doctum.
Duur
- 3 jaar voltijd.
- KUL: ook in deeltijd.
Lesprogramma Specialisaties of varianten:
- KUL: Archeologie van het Nabije Oosten - Geschiedenis van de oudheid -Pre- en protohistorie - Taal- en regiostudies: Oude Nabije Oosten.
- RUG: Archeologie en natuurwetenschappen (minor) - Cultureel erfgoed (minor) - Honours-programma - Landschapsgeschiedenis (minor).
- TiU: Historische archeologie.
- UG: Assyriologie (minor) - De klassieke traditie (minor) - Geografie (minor) - Geschiedenis (minor) - Kunstwetenschappen (minor).
- UL: Archeologie van de klassieke wereld - Archeologie van het Nabije Oosten - Archeologie van Indiaans Amerika - Archeologie van Noordwest-Europa - Bioarchaeology - Europese prehistorie - Honours-programma.
- UvA: Honours-programma - Minors.
- VUA: Cultuurhistorische variant - Geo/bio-archeologische variant - Mediterrane archeologie - Noord-West-Europese archeologie.

Aansluitende masteropleidingen
- KUL, UG, UL, UvA, VUA: Archaeology/Archeologie.

Functiemogelijkheden Archeologische onderzoeker; stadsarcheoloog; archeoloog bij rijksinstellingen; werk bij musea en in het toerisme; uiteenlopende niet-vakgebonden functies. Afgestudeerde archeologen vinden werk bij universitaire instituten, de provinciale of de rijksoverheid, toerisme. Vanwege het verdrag van La Valletta (Malta, 1992) is er vraag naar archeologisch contractonderzoek.

22.1.c.2 Archiefschool: Nederlands Instituut voor Archiefonderwijs en -onderzoek (HvA, UvA)
Zie 22.1.f.1.

22.1.c.3 Oudheidkunde (VUA)
Voor adres(sen) zie: WO-9.
Algemeen Wo-bacheloropleiding.
Doel Gericht op de geschiedenis van beschavingen in de periode van circa 3500 voor Christus tot circa 600 na Christus in het Middellandse Zeegebied (Griekenland, Rome, Voor-Azië Egypte).
Toelatingeisen
- Diploma vwo; propedeuse of getuigschrift/diploma van een hbo of van de OUNL.
- Als men 21 jaar of ouder is, komt men in aanmerking voor een colloquium doctum.
Duur 4 jaar voltijd en deeltijd.
Lesprogramma Specialisaties:
- VUA: Archeologisch-historisch + literatuur en cultuur - Babylonisch-Assyrisch - Babylonisch-Assyrisch + Grieks - Educatieve minor - Grieks - Latijn - Minors - Oude geschiedenis + mediterrane archeologie.
Aansluitende masteropleidingen
- KUL, UG, UL, UvA, VUA: Archaeology/Archeologie.
Functiemogelijkheden Wetenschappelijk onderzoeker; organisator van culturele reizen (bijvoorbeeld naar het Middellandse-zeegebied); museummedewerker; docent; redacteur; medewerker aan een cultureel instituut in bijvoorbeeld Istanboel of Rome.

22.1.d Post-hbo-opleiding

22.1.d.1 Content- en uitgeefmanagement (Saxion HS)
Voor adres(sen) zie: HBO-89.
Doel Inzicht in het verzamelen, modelleren, distribueren, toegankelijk en mediumgeschikt maken, beveiligen en beheren van informatie.
Toelatingeisen 2 jaar werkervaring bij uitgeverijen, corporate publishers, grafimedia industrie, brancheorganisaties of overheidsinstanties.
Duur 15 dagdelen.
Lesprogramma Inleiding en trends - projectmanagement - marketing - contentmanagement - uitgeefmanagement - raadpleegtechnieken en interfaces - e-commerce.

22.1.d.2 Informatiekunde (GO-opleidingen)
Voor adres(sen) zie: OVER-344.
Algemeen Opleiding tot informatiespecialist die informatie verzamelt, opslaat, indeelt en ten slotte overdraagt aan de gebruiker.
Toelatingeisen
- Hbo-getuigschrift of wo-diploma.
- Plus basiskennis van informatica.
Duur 1 jaar (11 dagen per jaar).
Lesprogramma Modulen: inhoudelijk toegankelijk maken - selec-

tie- en acquisitiebeleid - informatieoverdracht - informatiemanagement - communicatie.
Functiemogelijkheden Informatiespecialist bij bibliotheken, bedrijven, wetenschappelijke instellingen.
Overige informatie De lessen worden in Den Haag en Utrecht gegeven.

22.1.d.3 Stichting CPION
(Centrum Post Initieel Onderwijs Nederland)
Voor adres(sen) zie: DIEN-29.
Algemeen Toetsing, registratie en diplomering van initiële opleidingen.

22.1.e Hbo-masteropleiding

22.1.e.1 Redacteur/Editor (UvA)
Voor adres(sen) zie: PAO-2.
Algemeen Hbo-masteropleiding tot (assistent-)redacteur, redacteur en editor.
Toelatingeisen Bachelor Geesteswetenschappen of -Communicatiewetenschap.
Duur 10 weken (4 uur per week).
Lesprogramma Modulen: literatuur & boekbedrijf - redigeren fictie - redigeren non-fictie - moderne teksteditie - geschiedenis van het gedrukte boek - vormgeving.

22.1.f Hbo-bacheloropleiding

22.1.f.1 Archiefschool: Nederlands Instituut voor Archiefonderwijs en -onderzoek (HvA, UvA)
Voor adres(sen) zie: HBO-24, WO-8.
Algemeen Opleidingen op diverse niveaus.
Opleidingen
- Archivistiek A (wo-master).
- Archivistiek B (hbo-bachelor).
- Archiefassistent (mbo-niveau).
Toelatingeisen
- Archivistiek A: wo-bachelor in enige studierichting.
- Archivistiek B: diploma havo; vwo; mbo niveau 4.
- Archiefassistent: diploma mavo of vmbo (en praktische werkzaamheid).
Duur
- De opleiding Archivistiek A duurt 3 jaar voltijd en deeltijd.
- De opleiding Archivistiek B betreft een leerroute binnen de 4-jarige IDM-opleiding (voltijd of deeltijd).
- De opleiding Archiefassistent vindt als regel plaats in samenhang met praktische werkzaamheden binnen een (openbare) archiefdienst; ze omvat 19 lesdagen.
Lesprogramma Archivistiek (archiefvorming, -bewerking, -beheer) - archiefwetgeving - methodiek van historisch/archivistisch onderzoek - documentanalyse - (staatkundige) geschiedenis - informatica.
Functiemogelijkheden Archivaris in overheids- of bedrijfsarchief, archiefassistent.
Overige informatie
- De Archiefschool is een expertisecentrum voor archiefonderwijs en -onderzoek.
- De opleidingen Archivistiek A en B worden gegeven aan respectievelijk de UvA (Fac. der Letteren, vakgroep Boek-, Bibliotheek- en Informatiewetenschappen) en de HvA (Informatie en Media, studierichting Media en InformatieManagement [MIM]).

22.1.f.2 Communication & multimedia design (Avans HS, Haagse HS, Hanze HS, HS LOI, HS Rotterdam, HS Utrecht, HvA, NHL, Saxion HS, Zuyd HS)

Voor adres(sen) zie: HBO-29, 48, 57, 64, 89, 94, 123, 135, 141, 157, 184.

Algemeen Hbo-bacheloropleiding voor informatiemanager, informatieanalist, system consultant, medewerker organisatie en informatie, adviseur documentaire informatie, consultant multimediatoepassingen.

- HS LOI wordt niet door de overheid bekostigd.

Toelatingseisen

- Diploma havo of vwo; havo-profiel C&M, E&M, N&T (+ econ. I), N&G (+ econ. I); vwo-profiel C&M (+ econ. I), E&M, N&T (+ econ. I), N&G (+ econ. I); mbo niveau 4 (bij sommige gewenst: wisk. en/of econ.).
- Of 21 jaar of ouder zijn en toegelaten worden op grond van een toelatingsonderzoek.

Duur

- 4 jaar voltijd.
- Arnhem (HAN), Den Haag (Haagse HS) en R'dam (HS Rotterdam): ook in deeltijd.
- Groningen: ook een versnelde route van 3 á 3,5 jaar voltijd.

Lesprogramma Specialisaties:

- Breda (Avans HS/St. Joost): Creatieve technology - Immersive stories (minor) - Informatie & interactie - Interactie strategie - Learning experience design - Multimedia vormgever - Visualizing information.
- Den Bosch (Avans HS/St. Joost): Databeleving (minor).
- Den Haag (Haagse HS): 3D-animatie (minor) - Fotografie (minor) - Internetmarketing.
- Groningen (Hanze HS/Minerva): Design, game design & development - Multimedia concepting & design - Web & mobile services.
- Leeuwarden (NHL): 3D (minor) - Art'n'sound (minor) - Concepting (minor) - Crossmedia (minor) - Game design (minor) - Ondernemen (minor) - The next web (minor).
- Maastricht (Zuyd HS): - Interaction designer - Multimedia designer.
- R'dam (HS Rotterdam): Designful innovation for one billion people - Experience design for the internet of things - Interface & experience design (minor).
- Utrecht (HS Utrecht): Concept design - Content design - User experience design - Visual design.

Functiemogelijkheden Informatiespecialist; informatiemanager; documentalist; medewerker nieuwe media (o.a. internet); datacoördinator; informatieanalist; bibliothecaris; medewerker elektronische communicatie; system consultant; databasemanager; webmaster; informatiespecialist audiovisuele media.

22.1.f.3 Information management (HS Wittenborg)

Voor adres(sen) zie: HBO-37.

Algemeen Niet door de overheid bekostigde hbo-bacheloropleiding tot informatiemanager en archivaris.

Toelatingseisen

- Diploma havo (gewenst: hand.wet., econ. of wisk.); havo-profiel N&T (+ econ. I), N&G (+ econ. I), E&M, C&M; vwo (gewenst: econ. I of II of wisk. A of B); vwo-profiel N&T (+ econ. I), N&G, E&M (+ econ. I), C&M (+ econ. I); mbo niveau 4 (gewenst: bedr.adm., bedr.econ., alg. econ. of wisk.).
- Of 21 jaar of ouder zijn en toegelaten worden op grond van een toelatingsonderzoek.

Duur 4 jaar voltijd.

Diploma/examen

- Na de opleiding ontvangt men het diploma InformatieDienstverlening en -Management (IDM).
- Wanneer men voor de leerroute Archivistiek heeft gekozen, ontvangt men ook het diploma Archivistiek B.

Functiemogelijkheden Informatiemanager of communicatiemanager, archivaris, information officer, marktonderzoeker, bibliothecaris, documentalist, archivaris, kennismanager, internetresearcher, webmaster, literatuuronderzoeker, databasemanager bij een organisatieadviesbureau, advocaten- of accountantskantoor, informatiecentrum bij grote ondernemingen of radio en televisie, onderzoeksbureau, uitgeverij van dagbladen of tijdschriften, openbare bibliotheek of archief.

22.1.f.4 Management van informatie (SOD Next)

Voor adres(sen) zie: HBO-91.

Algemeen

- Ad-programma en hbo-bacheloropleiding voor manager documentaire informatievoorziening (voorheen: SOD-II of HMDI).
- De hbo-bachelor-opleiding is geaccrediteerd en geregistreerd als erkende opleiding binnen het hbo-onderwijs.
- SOD Next wordt niet door de overheid bekostigd.

Toelatingseisen

- Diploma havo, vwo, mbo niveau 4 of SOD II.
- Met het getuigschrift SOD II kan men instromen in het 3e studiejaar.

Duur

- Ad-programma: 2 jaar deeltijd voor 36 modulen (1 maal per 14 dagen les).
- Bachelor-opleiding: 4 jaar.

Lesprogramma Het gehele traject van deze deeltijdopleiding duurt vier jaar, en wordt in twee stappen voltooid:

1. Associate degree (Ad-programma) duurt twee jaar. Het Ad-programma sluit men af met een getuigschrift.
2. Daarna doorstromen naar jaar 3 en 4 van de hbo-bacheloropleiding.

Diploma/examen

- Per afgesloten studiejaar dient de student aan te tonen dat hij eerder verworven competenties bezit binnen de documentaire informatievoorziening.
- 1e jaar: praktijkwerkervaring (ID): bij succesvolle afronding ontvangt de student de propedeuse.
- 2e jaar: praktijkwerkervaring (ID)/proeve van bekwaamheid SOD-II (ID): een student kan kiezen om na afloop hiervan een proeve van bekwaamheid af te leggen. Bij een voldoende beoordeling ontvangt de student het diploma.

Functiemogelijkheden Documentair informatiemanager in organisaties waar beheer en ontwikkeling van informatievoorziening een grote rol speelt.

Overige informatie

- Er zijn 2 startmomenten per jaar: januari en september.
- Opleidingslocaties in Den Bosch, Woerden, en Zwolle.

22.1.f.5 Reinwardt Academie

Voor adres(sen) zie: HBO-13.

Algemeen Hbo-bacheloropleiding voor museummedewerker.

Doel Gericht op het leren behouden en beheren van museumcollecties en op alle communicatieve taken binnen het museum, zoals het maken van tentoonstellingen en het informeren van bezoekers via educatief werk of voorlichting.

Toelatingseisen Diploma havo of vwo (gewenst: 2 moderne talen, gesch. of exact vak); mbo niveau 4; een hbo-getuigschrift; plus geslaagd zijn voor een toelatingsexamen.

Duur 4 jaar voltijd of deeltijd, waarin praktijkstages.

Lesprogramma Museologie - documentatie - conservering - tentoonstellingsbouw - vormgeving - apparatenkennis - documentatieleer - correspondentie en archief - publieksbenadering en didactiek - communicatieleer - management - pr/marketing - cultuurgeschiedenis - kunstgeschiedenis - materiaalkennis - Engels - sociaalwetenschappelijk onderzoek.

Mogelijkheden voor verdere studie De Reinwardt Academie verzorgt ook een Masters Degree Programme (post-hbo/post-wo, Engelstalig).

Functiemogelijkheden Aanstelling als museummedewerker, conserveringsconsulent, educatief medewerker, pr-medewerker, depotbeheerder, collectiebeheerder, tentoonstellingseditor, projectleider.

22.1.g Mbo-opleiding niveau 4

22.1.g.1 Assistent bedrijfsarchivaris (IDV1) (GO-opleidingen)

Voor adres(sen) zie: OVER-344.

Algemeen Er zijn bij de opleiding voor informatiedienstverlening twee richtingen:
- Assistent bedrijfsarchivaris (IDV1); deze richting wordt hier vermeld.
- Medewerker InformatieDienstVerlening 1 (IDV1) (zie 22.1.g.3).

CREBO 10757

Doel Informatie, die uiteenloopt van bestelformulieren en vergaderdossiers tot digitale bestanden waarin administratieve gegevens zijn opgeslagen, beschikbaar houden voor raadpleging en hergebruik ten behoeve van bedrijven en non-profitorganisaties.

Toelatingseisen
- Diploma mavo, vmbo gl, vmbo kb of vmbo tl, of gelijkwaardig.
- Men moet ten minste 20 uur per week op mbo-niveau in de informatiedienstverlening werkzaam zijn.
- De Nederlandse en de Engelse taal voldoende machtig zijn.
- Computervaardig zijn (tekstverwerking, e-mail en internet).

Duur 1 jaar deeltijd.

Diploma/examen Afsluiting met erkend diploma.

Functiemogelijkheden Assistent bedrijfsarchivaris op afdelingen informatiedienstverlening in bedrijven en non-profitorganisaties.

Overige informatie De lessen worden in Den Haag en Utrecht gegeven.

22.1.g.2 Medewerker Informatiedienstverlening Bibliotheken (MIB) (niveau 4) (GO-opleidingen)

Voor adres(sen) zie: OVER-344, ROC/MBO-32.

Algemeen
- Deze opleiding vervangt de oude opleiding Bibliotheekmedewerker.
- Bij Roc van Twente heet deze opleiding: Medewerker informatiedienstverlening.
- Er zijn twee uitstroomrichtingen:
  • Bibliotheekmedewerker (crebonummer 90522).
  • Informatiebeheerder (90523).
- Eindtermen voor deze kwalificatie worden ontwikkeld door ECABO.
- Hier wordt slechts het centrale adres van Roc van Twente vermeld. De opleiding kan in de wijde omtrek ervan worden gegeven.

CREBO 90520/90522

Doel Klanten wegwijs maken in het informatieaanbod van boeken, tijdschriften, cd-roms, internetsites en andere elektronische informatiesystemen; mede opbouwen van een collectie; promotie-activiteiten, zoals leesbevordering.

Toelatingseisen
- Voor Roc van Twente: diploma mavo, vmbo gl, vmbo kb of vmbo tl, of gelijkwaardig.
- Voor Stichting GO:
  • Algemene vooropleiding minimaal op niveau vmbo tl.
  • Ten minste 20 uur per week in de informatiedienstverlening werkzaam zijn.

Duur 14 maanden deeltijd.
- Roc van Twente: 3 jaar voltijd of 2 jaar deeltijd.

Mogelijkheden voor verdere studie Hbo-InformatieDienstverlening en -Management (IDM).

Functiemogelijkheden Bibliotheekmedewerker in een openbare bibliotheek.

Overige informatie Stichting GO verzorgt hetzelfde onderwijsaanbod binnen de opleiding Medewerker InformatieDienstVerlening 1 (IDV1) (zie 22.1.g.3).

22.1.g.3 Medewerker InformatieDienstVerlening 1 (IDV1) (GO-opleidingen)

Voor adres(sen) zie: OVER-344.

Algemeen Er zijn bij de opleiding voor informatiedienstverlening twee richtingen:
- Assistent bedrijfsarchivaris (IDV1) (zie 22.1.g.1);
- Medewerker InformatieDienstVerlening 1 (IDV1); deze richting wordt hier vermeld.

CREBO 10846

Doel Informatiebemiddeling: inlichtingenwerk, acquisitie van collecties, uitleen en klantenservice, mediaverwerking, presentatie en promotie. Daarnaast kan men verantwoordelijk zijn voor de dagelijkse gang van zaken van een kleine bibliotheek of afdeling.

Toelatingseisen
- Diploma mavo, vmbo gl, vmbo kb of vmbo tl, of gelijkwaardig.
- Men moet ten minste 20 uur per week op mbo-niveau in de informatiedienstverlening werkzaam zijn.
- De Nederlandse en de Engelse taal voldoende machtig zijn.
- Computervaardig zijn (tekstverwerking, e-mail en internet).

Duur 14 maanden deeltijd.

Lesprogramma
- *Modulen:*
  toegankelijk maken van informatie - organisatie en beheer van het informatieaanbod - inlichtingenwerk en klantencontacten - presentatie en promotie.
- *Verdieping naar keuze:*
  presentatie en promotie - toegankelijk maken van informatie.

Diploma/examen Bij voldoende resultaat voor een module ontvangen de kandidaten een certificaat.
Alle modulen worden afgesloten met een examen of een werkstuk.

Mogelijkheden voor verdere studie Medewerker InformatieDienstVerlening 2 (IDV2) (zie 22.1.g.4).

Functiemogelijkheden Assistent bibliothecaris openbare bibliotheken; coördinator van een afdeling in een openbare bibliotheek, hoofd van een kleine bibliotheek of van een klein bibliotheekfiliaal.

22.1.g.4 Medewerker InformatieDienstVerlening 2 (IDV2) (GO-opleidingen)

Voor adres(sen) zie: OVER-344.

Algemeen Opleiding met keuzemogelijkheid gericht op een van de leerroutes:
- bedrijfsarchivarissen, IDIV'ers, archiefconsultants e.d.;
- informatiespecialisten, documentalisten en intermediairs;
- projectmanagers, stafmedewerkers en leidinggevenden.

CREBO 10846

Doel Binnen organisaties worden de verschillende informatie-bronnen, zoals bibliotheek, archief en documentatie, beschouwd als complementair. Een integrale benadering van de informatiedienst-verlening levert een meerwaarde op die effectiviteit, efficiency en klantvriendelijkheid ten goede komt.

Opleidingen
- IDV2/Bedrijfsarchief.
- IDV2/Informatiemanagement.
- IDV2/Informatiespecialist.

Toelatingseisen
- Algemene vooropleiding minimaal op havo-niveau en/of IDV1.
- Ten minste 20 uur per week in de informatiedienstverlening werkzaam zijn.

Duur 14 maanden deeltijd.

Functiemogelijkheden Informatiespecialist; documentalist en intermediair; bedrijfsarchivaris en archivaris; IDV'er; archiefconsul-tant; projectmanager; stafmedewerker en leidinggevende in biblio-theken en op afdelingen informatiedienstverlening in bedrijven en non-profitorganisaties.

22.1.g.5 SOD-I (niveau 4, specialist) (SOD Next)

Voor adres(sen) zie: HBO-91.

Algemeen
- Deze basisopleiding voor informatiebeheer vervangt SOD-I oude stijl.
- De vernieuwde SOD-I is een gecertificeerde basisopleiding op mbo-niveau voor de documentaire informatievoorziening, die voldoet aan de hedendaagse eisen voor de medewerker informa-tiedienstverlening.

CREBO Geen.

Doel Leidt op tot Medewerker Informatiedienstverlening 1 die vol-doet aan het kwalificatieprofiel, zoals dat door de ECABO in samen-werking met het werkveld is opgesteld. Het kwalificatieprofiel be-schrijft o.a. de competenties die nodig zijn om de kerntaken van een medewerker informatievoorziening met succes uit te voeren.

Opleidingen Er worden ook korte maatwerk-opleidingen aange-boden, die in overleg met de opdrachtgever worden ingericht.

Cursussen Korte cursussen:
- ADVIesvaardigheden (ADVI).
- Algemene LedenVergadering (ALV).
- AUTOmatisering voor DIV (AUTO).
- CONTentmanagement (CONT).
- Cursus voor PRAKTijkbegeleiders (PRAKT).
- DIGitalisering (DIG).
- DOCumentair Structuurplan (DOCS).
- DUAlisme en Documentaire InformatieVoorziening (DUA DIV).
- E-mail Management (E-M).
- EXPertcollege 'Het nieuwe BSD' (EXP BSD).
- Expertcollege NEN-ISO 15489 (NEN).
- EXPertcollege NEN-ISO 23081 (EXP NEN).
- INTERvisie en digitale coaching voor DIV-professionals (INTER).
- KLANTgericht communiceren (KLANT).

- KWAliteitszorg in de DIV (KWADIV).
- MAPPenstructuur voor digitale bestanden (MAPP).
- OMGAAn met veranderingen in de DIV (OMGAA).
- OPFRIScursus SOD I (OPFR).
- ORIÈNtatiecursus DIV (ORIEN).
- Pro-actief COMMuniceren in de praktijk (COMM).
- RECordsmanagement (REC).
- Selectie en Vernietiging (S&V).
- SOD: DIVA E-DEPOT (EDEPOT).
- Van AO naar processen (AO).
- Van DIV-medewerker tot DIV-MANanager (DIV MAN).
- Verantwoorde DMS-keuze (DMS).
- Verantwoorde DMS/RMA-implementatie (DMS/RMA).
- Vernieuwing in DIV & Archief (DIV) WET -en regelgeving (WET).

Toelatingseisen
- Vbo-c, mavo of vmbo tl.
- De toelatingscommissie kan vrijstellingen verlenen indien de cur-sist kan aantonen over een bepaalde vooropleiding te beschikken, of eerder bepaalde blokken uit de vroegere SOD-I-opleiding met goed gevolg te hebben afgerond.

Duur 1 jaar.

Lesprogramma
- Modulen:
  - *Kennismaking met de organisatiekunde (MO):*
    Basisbegrippen uit de organisatiekunde.
  - *IM & IT in de eigen organisatie (IM & IT):*
    Informatietechnologie is een essentieel onderdeel van de in-formatievoorziening: basiskennis en basisinzicht in de rele-vante aspecten van de IT - geautomatiseerde gegevens-verwerking en informatiesystemen - IT-ontwikkelingen en trends - relevante IT-componenten - telematica - beheer van de informatievoorziening.
  - *Documentbehandeling (IR):*
    Behandeling en analyse van alle inkomende, interne en uit-gaande documenten, ongeacht de vorm (dit kunnen docu-menten in papieren dan wel in digitale vorm zijn) - registratie van documenten - bestemming, routing, voortgang en afdoe-ning van de documentenstroom bepalen.
  - *Klantgerichte tweegesprekken (VH):*
    Klantgericht en klantvriendelijk handelen omschrijven, be-grijpen en toepassen in de eigen organisatie - basisgespreks-technieken voor effectieve tweegesprekken met klanten en leidinggevende.
  - *Basistechnieken argumenteren en presenteren (VH):*
    Een eenvoudige presentatie houden tijdens een werkoverleg of informatiebijeenkomst - in duidelijk en correct Nederlands een eenvoudige argumentatie mondeling en schriftelijk ver-woorden.
  - *Documentontsluiting (IR):*
    Inkomende, interne en uitgaande documenten toegankelijk maken door het toepassen van onderwerps- en inhouds-ontsluiting: door documenten eenduidig te ontsluiten leert men de juiste informatie op de juiste plaats en op het juiste tijdstip beschikbaar te stellen - toepassen van woordsystemen en classificaties voor het ontsluiten van documenten - ver-schillende methoden om de juiste informatie te vinden.
  - *Werken in een organisatie (MO):*
    Klant- en vraaggerichtheid - motivatie(theorieën) - plannen van werkzaamheden - vergaderfuncties - communicatie - samenwerken.

- *Documentbeheer (RM):*
Zelfstandig papieren of elektronische dossiers vormen, ordenen en uitlenen - interpreteren en toepassen van de belangrijkste bepalingen uit de archiefwetgeving - een kleine afdelingsbibliotheek beheren - internet voor gebruikers toegankelijk maken.

Diploma/examen Proeve van bekwaamheid mbo (ID): afsluitende opdracht die de te behalen competenties uit de acht modulen toetst.

Functiemogelijkheden
- Documentaire informatieverzorger of administratieve en secretariële medewerker, die te maken heeft met taken als: het verzorgen van de post - het ontsluiten, ordenen en beschikbaarstellen van informatie - het beheren van informatie - het vormen en ordenen van archieven - het beheren van archief en (huis)-bibliotheek - het optimaliseren van de uitvoering van de documentaire informatietaken.
- Werkzaam bij organisaties die onder de Archiefwet vallen, medewerker bij lagere overheden zonder archivaris.

Overige informatie
- Er zijn 2 startmomenten per jaar: januari en september.
- Opleidingslocaties in Den Bosch, Woerden, en Zwolle.
N.B. De cursist dient te beschikken over een geschikte beroepspraktijkplaats (stage) voor minstens twintig uur per week gedurende de looptijd van de opleiding.

22.1.h Mbo-opleiding niveau 3

22.1.h.1 Behouden en bewaren (niveau 3)
Voor adres(sen) zie: KBB-15.
Algemeen Opleiding tot behoudsmedewerker in musea.
CREBO Geen.
Toelatingseisen
- Diploma vmbo tl, of gelijkwaardig.
- Enige tijd in de museale branche werkzaam zijn.
Duur 1-2 jaar deeltijd.

22.1.I Overige opleidingen

22.1.I.1 Bibliotheek en archiefpersoneel (GO-opleidingen)
Voor adres(sen) zie: OVER-344.
Algemeen Cursussen voor onderdelen van archief- en bibliotheekwerkzaamheden, eventueel als voorbereiding voor het volgen van een mondelinge cursus.
Cursussen
- Alfabetisch rangschikken volgens de ABC-regels.
- Analyseren en beschrijven van archiefstukken en archiefbestanddelen.
- Beschrijven van bibliotheekstukken ('titel beschrijven').
- Klasseren van archiefstukken.
- Klasseren van bibliotheek- en archiefstukken.
- Klasseren van bibliotheekstukken.
- Postbehandeling en archiefwerkzaamheden.
Toelatingseisen Diploma mavo of vmbo.
Duur Elke cursus duurt 3-8 maanden.

22.1.I.2 Korte mondelinge cursussen (GO-opleidingen)
Voor adres(sen) zie: OVER-344.
Cursussen
- Archiefbeheer.
- Beheer van fotocollecties.
- Beheer van technische tekeningen.
- Bibliotheekbeheer.
- De archieffunctie in een digitale omgeving.
- Deskresearch.
- DIS/WFM.
- Informatie presenteren op het web.
- Internet (basis).
- Internet: zoeken voor gevorderden.
- Intranet.
- Kennismaken met elektronisch archiveren.
- Kwaliteit en archivering.
Toelatingseisen Afhankelijk van de cursus moet men in een beroep op bibliotheek, archief of op een afdeling Documentaire informatievoorziening werkzaam zijn.
Duur 1-2 dagen.

22.1.I.3 Muziekuitgever
Zie 23.3.I.3.

22.1.I.4 VOB boek & media academie
Zie 17.2.I.19

22.1.I.5 Volwassenenonderwijs - informatiebeheer
Voor adres(sen) zie: OVER-344, ROCCO-11.
Cursussen
- De mediatheek in het vo en mbo.
- Organisatie en beheer informatieaanbod.
- Oriëntatie informatiesector.
- Presentatie en promotie.
- Toegankelijk maken van informatie.

Dit hoofdstuk omvat opleidingen op het gebied van kunst en cultuur, cultuur en cultuureducatie, beeldende kunsten, muziek, theater, dans en ballet, film, multimedia, fotografie en schrijfkunst.
Voor cultuurwetenschappen zie 12.7.
N.B. In Vlaanderen zijn kunstopleidingen academische opleidingen, dus geen hbo-opleidingen zoals Nederland die kent.
N.B. In dit hoofdstuk wordt ook een keuze van diverse opleidingen in het hoger onderwijs beschreven. Complete alfabetische lijsten van alle bekostigde opleidingen in het hoger onderwijs zijn te vinden in hoofdstuk 25. Deze worden jaarlijks geheel geactualiseerd.

23.1 KUNST EN CULTUUR

23.1.a Postacademisch onderwijs (pao)

23.1.a.1 Cultuurcoördinator (VUA)
Zie ook: 23.1.a.2.
Voor adres(sen) zie: WO-1.
Algemeen Basiscursus voor docenten vo en (a.s.) cultuurcoördinatoren.
Doel
1. *Taak van de cultuurcoördinator t.a.v. cultuurbeleid (schoolbreed):*
- Doelstellingen van cultuureducatie onder woorden brengen.
- Het schrijven van een beleidsplan voor cultuur op school.
- Uitzetten en bewaken van de leerlijn 'cultuureducatie'.
- Samenwerking en afstemming bevorderen van het leergebied kunst en cultuur, CKV-vmbo, CKV1 en andere vakken.
- Onderzoek naar mogelijkheden om leerlingen vanaf de eerste klas een cultuurdossier te laten aanleggen en CKV in de onderbouw gestalte te geven.
- Overzicht hebben van het cultuurbeleid van de overheid t.a.v. het vo.
2. *Taak van de cultuurcoördinator t.a.v. de cultuurkaart:*
- Zorgen dat leerlingen in alle schooljaren culturele activiteiten van professionals beleven.
- Algemene informatie t.a.v. de cultuurkaart verstrekken.
- Afspreken hoe de cultuurkaart op school wordt gebruikt.
- De implementatie van de cultuurkaart begeleiden.
- Zorgen dat de kaart wordt gebruikt zoals afgesproken.
- Inventariseren van het huidige cultuuraanbod van de school.
- Zorgen dat er op papier beleid is voor alles wat met de cultuurkaart te maken heeft.
- Schrijven van een bestedingplan voor de cultuurkaart.
Lesprogramma Er worden praktische tips en voorbeelden gegeven, ook en vooral voor het schrijven van een beleidsplan. Uiteraard is er aandacht voor zaken als formatie, aanstelling en functiewaardering.

23.1.a.2 Onderwijscentrum (VUA)
Zie ook: 23.1.a.1.
Voor adres(sen) zie: WO-1.
Algemeen Cursussen voor docenten/leraren in het kunst- en cultuuronderwijs.
Cursussen
- De cultuurkaart: beslispunten.
- CKV - junior.
- Denken over kunst en cultuur.
- Film in het CKV-onderwijs.
- Kunst en trends in CKV-onderwijs.
- Nieuwe kunst.

Onbeperkt ontspannen?
zie pagina 231

23.1.b Wo-masteropleiding

23.1.b.1 Kunst- en cultuur(wetenschappen) (OUNL, RU, RUG, TiU, UU, UvA, VUA)
Voor adres(sen) zie: WO-8, 9, 23, 26, 35, 40, 45.
Algemeen
- Wo-masteropleiding.
- RU, UU: ook als onderzoeksmaster.
Doel Verschaffen van een brede basis op het terrein van taal, letterkunde, kunst, muziek, theater, geschiedenis en media.
Toelatingseisen
- Diploma wo-bachelor; getuigschrift/diploma van een hbo of van de OUNL.
- Als men 21 jaar of ouder is, komt men in aanmerking voor een colloquium doctum.
Duur
- 1 jaar.
- UvA: ook in deeltijd en duaal.
Lesprogramma Specialisaties:
- RU: Creative industries - Kunst, cultuur en identiteit - Kunstbeleid en mecenaat - Kunstgeschiedenis.
- RUG: Architectuur- & stedenbouwgeschiedenis - Kunsten, cultuur en media - Kunstgeschiedenis - Landschapsgeschiedenis.
- TiU: Jeugdliteratuur - Kunsten, publiek en samenleving.
- UU: Kunstbeleid en -management - Kunstgeschiedenis - Musicology - Muziekwetenschap - Theatre studies.
- UvA: Boekwetenschap en handschriftkunde - Dramaturgie - Kunst en cultuur in het publieke domein - Kunstgeschiedenis.
- VUA: Architectuurgeschiedenis - Comparative arts and media studies - Design cultures - Kunstgeschiedenis.
Functiemogelijkheden Functies in de voorlichting, pr, journalistiek, media, congres-/beursorganisaties, musea; onderzoeksfunctie; buitenlandse betrekking met Nederlands als 2e taal; communicatie en documentatie; het commerciële taalonderwijs; documentatie-analyse en -productie.

23.1.b.2 Wo-lerarenopleiding Leraar VHO in Culturele en kunstzinnige vorming (UL)
Zie ook: 24.3.b.1 en 24.3.b.19.
Voor adres(sen) zie: WO-29.
Algemeen Wo-masteropleiding voor leraar Culturele en kunstzinnige vorming met eerstegraadsonderwijsbevoegdheid in het voortgezet onderwijs.
Duur UL: ook in deeltijd.

23.1.c Wo-bacheloropleiding

23.1.c.1 Algemene cultuurwetenschappen/ Cultuurwetenschappen (EUR, OUNL, RU, TiU, UM, UvA)
Zie 12.7.c.1, 12.7.c.2, 12.7.c.3, 12.7.c.4.

23.1.c.2 Kunsten, cultuur en media (RUG)
Voor adres(sen) zie: WO-23.
Algemeen Wo-bacheloropleiding.
Toelatingseisen
- Diploma vwo; propedeuse of getuigschrift/diploma van een hbo of van de OUNL.
- Als men 21 jaar of ouder is, komt men in aanmerking voor een colloquium doctum.

Duur 3 jaar voltijd.
Lesprogramma Specialisaties:
- RUG: Arts, culture and media - Europa: cultuur en literatuur - Film en televisiewetenschap - Filmwetenschap (minor) - Honours-programma - Kunst, analyse en kritiek - Kunst beleid en marketing - Moderne kunst voor KCM (minor) - Muziekwetenschap (ook als minor) - Theater - Theaterwetenschap (minor).

Aansluitende masteropleidingen
- KUL, UG: Kunstwetenschappen.
- OUNL, RU, RUG, TiU, UU, VUA: Kunst- en cultuurwetenschappen.
- RU: Wo-lerarenopleiding Leraar VHO in Kunstgeschiedenis.
- RU, RUG, UU, UvA, VUA: Kunstgeschiedenis.
- UL, UU, UvA: Wo-lerarenopleiding Leraar VHO in Kunstgeschiedenis en culturele en kunstzinnige vorming/kunst algemeen.

23.1.c.3 Kunstgeschiedenis (RU, RUG, UL, UU, UvA)
Voor adres(sen) zie: WO-8, 23, 30, 35, 45.
Algemeen Wo-bacheloropleiding.
Doel Richt zich op architectuur of bouwkunst, beeldhouwkunst, schilderkunst, grafiek en prentkunst, fotografie en film, kunstnijverheid en industriële vormgeving van vooral de westerse wereld, sinds de Grieks-Romeinse tijd.
Accenten, specialisaties en keuzemogelijkheden verschillen per universiteit. Aan de UL zijn mogelijkheden voor de bestudering van niet-westerse kunst. In de 2e helft van de studie kunnen keuzevakken buiten de hoofdstudie worden gevolgd, mede ter voorbereiding op een bredere arbeidsmarkt.
Toelatingseisen
- Diploma vwo; propedeuse of getuigschrift/diploma van een hbo of van de OUNL.
- Als men 21 jaar of ouder is, komt men in aanmerking voor een colloquium doctum.

Duur
- 3 jaar voltijd.
- UvA: ook in deeltijd.

Lesprogramma Specialisaties:
- RU: Klassieke archeologie - Moderne kunstgeschiedenis - Provinciaal-Romeinse archeologie - Vroegchristelijke kunstgeschiedenis - Vroegmoderne kunstgeschiedenis.
- RUG: Architectuur- en stedenbouwgeschiedenis - Cultureel erfgoed (minor) - Honours-programma - Landschapsgeschiedenis (ook als minor) - Moderne en hedendaagse kunst - Oude beeldende kunst.
- UL: Beeldende kunst - Beeldende kunst van 1200-1800 - Cultureel erfgoed (minor) - Design en wooncultuur van 500 tot heden - Honours-programma - World art studies.
- UU: Honours-programma - Moderne en hedendaagse kunst en architectuur - Oude kunst en architectuur.
- UvA: Minors.

Aansluitende masteropleidingen
- KUL, UG: Kunstwetenschappen.
- OUNL, RU, RUG, TiU, UU, VUA: Kunst- en cultuurwetenschappen.
- RU: Wo-lerarenopleiding Leraar VHO in Kunstgeschiedenis.

- RU, RUG, UU, UvA, VUA: Kunstgeschiedenis.
- UL, UU, UvA: Wo-lerarenopleiding Leraar VHO in Kunstgeschiedenis en culturele en kunstzinnige vorming/kunst algemeen.

Functiemogelijkheden Kunsthistoricus: functies in wetenschap, educatieve sector, media, musea, monumentenzorg en kunsthandel; docent kunstonderwijs, conservator/educatief medewerker museum, beleidsmedewerker in de kunstsector, kunstcriticus, kunsthistorisch reisbegeleider.

23.1.e Hbo-masteropleiding

23.1.e.1 Kunsteducatie (Academie Beeldende Kunsten Maastricht, Amsterdamse HS voor de Kunsten, ArtEZ, Fontys HS voor de kunsten, Hanze HS [Academie Minerva], HKU, NHL, Willem de Kooning Academie)
Voor adres(sen) zie: HBO-8, 94, 127, 139, 163, 168, 213.
Algemeen Hbo-masteropleiding.
Duur 1-2 jaar deeltijd.
Overige informatie Locatie van Academie Beeldende Kunsten Maastricht (Zuyd HS) voor Kunsteducatie:
Franciscus Romanusweg 90, 6221 AH Maastricht, tel. 08850-7 04 41, e-mail: FHKMKE@fontys.nl

23.1.f Hbo-bacheloropleiding

23.1.f.1 Hbo-lerarenopleiding Docent Beeldende Kunst en Vormgeving (DBKV)/Beeldende vorming (Amsterdamse HS voor de Kunsten, ArtEZ Academie voor art & design, Fontys HS voor de Kunsten, Hanze HS/Minerva, HKU, NHL, Willem de Kooning Academie, Zuyd HS)
Zie 24.3.f.6.

23.1.l Overige opleidingen

23.1.l.1 LOI - afstandsonderwijs - Kunst en cultuur
Voor adres(sen) zie: OVER-225.
Opleidingen Kunst en cultuur: algemene culturele vorming - cultuurgeschiedenis - filosofie - kunstgeschiedenis - antiek.

23.2 VRIJE EN TOEGEPASTE KUNSTEN

23.2.c Wo-bacheloropleiding

23.2.c.1 Industrial design/Industrieel ontwerpen (TUD, TU/e, UT)
Zie 5.1.c.3.

23.2.d Post-hbo-opleiding

23.2.d.1 Industriële vormgeving (KABK)
Voor adres(sen) zie: HBO-67.
Algemeen Opleiding tot industrieel ontwerper.
Toelatingseisen Diploma hbo-bacheloropleiding Autonome beeldende kunst, of ten minste 3 jaar praktijkervaring in het vakgebied.
Duur 3 jaar deeltijd (vrijdagavond en zaterdag).
Lesprogramma Vormgeving - wijsgerige grondslagen m.b.t. industriële vormgeving - praktische esthetica - cultuurgeschiedenis - geschiedenis van industrial design - vormleer - ergonomie - sociologie - bedrijfskunde - industriële vormgeving - materiaalkunde -

materiaalbewerking - ontwerptechnieken - methodologie - product-analyse - ontwerpoefeningen - product ontwerpen.
Functiemogelijkheden Industrieel vormgever.
N.B. De opleiding wordt eenmaal per 3 jaar gegeven.

23.2.d.2 Jan van Eyck Academie
Voor adres(sen) zie: PAO-10.
Algemeen Internationale postacademiale werkplaats met deze aandachtsgebieden: beeldende kunst, ontwerpen, theorie. Er worden geen opleidingen of trainingen gegeven.
Doel Er wordt een multidisciplinaire werkwijze gehanteerd: schilderen, beeldhouwen, grafiek, fotografie, video-audio, mixed media en gebieden tussen beeldende kunst en architectuur en vormgeving.
Toelatingseisen
- Deelnemers worden aangenomen op grond van hun werk en een beargumenteerd werkplan. Van de deelnemers wordt een zodanig aanvangsniveau verwacht dat ze volwaardig aan onderzoek en discussie kunnen bijdragen.
- Enige jaren praktijkervaring strekken tot aanbeveling.
Overige informatie De Academie is een particuliere instelling, gesubsidieerd door het ministerie van OCW.

23.2.d.3 Rijksakademie van beeldende kunsten
Voor adres(sen) zie: OVER-56.
Algemeen Beeldhouwen - computer - fotografie - grafiek - schilderen - tekenen en video/film; gewerkt wordt op basis van een individueel plan; er is geen lesprogramma.
Daarnaast biedt de afdeling Studium Generale theoretische ondersteuning aan deelnemers en begeleiders van de Rijksakademie.
Doel Ontwikkeling en verdieping kunstenaarschap van jonge kunstenaars door samenwerking met ervaren beeldend kunstenaars, kunsttheoretici en technisch deskundigen uit Nederland en uit het buitenland.
Toelatingseisen
- Diploma kunstvakopleiding.
- Plus enige jaren praktijk.
- Er is een verplichte selectieprocedure.
Duur
- Werkperiode 1 jaar.
- Verlenging met 1 jaar mogelijk.

23.2.d.4 Vervolgopleiding Schilderkunst (Hanze HS)
Voor adres(sen) zie: HBO-94.
Algemeen Voortgezette vorming in de schilderkunst, in samenwerking met de Rijksuniversiteit van Groningen en de MFA-opleiding van het Huntercollege in Manhattan, New York City (USA).
Toelatingseisen Diploma hbo-bacheloropleiding Autonome beeldende kunst, of van een vergelijkbare studie.
Duur 2 jaar voltijd.

23.2.d.5 Vo-Autonome beeldende kunst (ArtEZ)
Voor adres(sen) zie: HBO-88.
Doel Biedt talentvolle afgestudeerde kunstenaars de mogelijkheid zich te specialiseren of zich in een specifiek studieterrein te verdiepen. Men leert zich bekwamen in het 'netwerken' en het verzorgen van inhoudelijke, betekenisvolle presentaties.
Toelatingseisen
- Diploma hbo-bacheloropleiding Autonome beeldende kunst, of van een vergelijkbare studie.
- Verplicht toelatingsgesprek.
Duur 1-2 jaar voltijd.

23.2.d.6 Vo-Industriële vormgeving (Design Academy)
Voor adres(sen) zie: HBO-78.
Toelatingseisen Een relevante hbo-opleiding.
Duur 1 jaar voltijd.

23.2.d.7 Vo-Vrije kunst (ArtEZ)
Voor adres(sen) zie: HBO-40.
Doel Inhoudelijke beroepsvoorbereiding op het beeldend kunstenaarschap.
Toelatingseisen
- Diploma hbo-bacheloropleiding Autonome beeldende kunst, of van een andere vergelijkbare studie.
- Indien men niet de gewenste vooropleiding heeft, is toelating wegens uitzonderlijk talent mogelijk.
Duur 1 jaar voltijd.
Lesprogramma Werken in eigen atelier - gesprekken met gastdocenten uit binnen- en buitenland - excursies - reizen - workshops - theorie - beroepsvoorbereiding.
Mogelijkheden voor verdere studie De Ateliers, Rijksakademie van beeldende kunsten, Jan van Eyck Academie.
Functiemogelijkheden Zelfstandige beroepspraktijk als beeldend kunstenaar.

23.2.e Hbo-masteropleiding

23.2.e.1 Fine arts (Autonome beeldende kunst) (ArtEZ voor art & design, Avans HS/St. Joost, Gerrit Rietveld Akademie, Hanze HS/Minerva, HKU, KABK, Willem de Kooning Academie)
Voor adres(sen) zie: HBO-18, 40, 48, 57, 67, 94, 163, 185.
Algemeen Hbo-masteropleiding.
De opleiding aan de Gerrit Rietveld Academie is een postinitiële masteropleiding.
Toelatingseisen
- Diploma hbo-bacheloropleiding Autonome beeldende kunst, of van een vergelijkbare studie.
- Verplicht toelatingsonderzoek.
Duur 1 jaar voltijd.
Lesprogramma Specialisaties:
- A'dam (Gerrit Rietveld Akademie): Critical studies - Grafisch ontwerpen/Graphic design.
- Breda (Avans HS/St. Joost): Grafisch ontwerpen/Graphic design.
- Den Haag (KABK): Artistic research - ArtScience.
- Groningen (Minerva): Media, art design & technology - Painting.
- Utrecht (HKU): Arts - Scenography.

23.2.e.2 Vormgeving (Design Academy)
Voor adres(sen) zie: HBO-78.
Algemeen Hbo-masteropleiding.
Toelatingseisen Diploma hbo-bacheloropleiding Vormgeving, of een vergelijkbare studie.

23.2.f Hbo-bacheloropleiding

23.2.f.1 Arts & crafts (HS Rotterdam)
Voor adres(sen) zie: HBO-157.
Algemeen Ad-programma.
Duur 2 jaar voltijd.

www.**toorts**.nl

23.2.f.2 Autonome beeldende kunst/Fine arts (Academie Beeldende Kunsten Maastricht, ArtEZ voor art & design, Avans HS/St. Joost, Gerrit Rietveld Akademie, Hanze HS/Minerva, HKU, KABK, Willem de Kooning Academie)

Voor adres(sen) zie: HBO-18, 40, 48, 57, 67, 88, 94, 139, 163, 185, 212.
Algemeen Hbo-bacheloropleiding voor het beroep van beeldend kunstenaar of vormgever, ook nog wel genoemd: Beeldende Kunst en Vormgeving (BKV).
Toelatingseisen Diploma havo, vwo of mbo niveau 4; of geslaagd zijn voor een toelatingsonderzoek.
Duur 4 jaar voltijd of deeltijd (waarin het 1e jaar een basisjaar is).
Lesprogramma Specialisaties:
- A'dam (Gerrit Rietveld Akademie): Beeld en taal - DOGtime - Fine Art - Fotografie - Glas - IDUM - Keramiek - VAV.
- Arnhem (ArtEZ): Fine Art.
- Den Haag (KABK): ArtScience - Beeldende kunst.
- Enschede (ArtEZ): Fine Art.
- R'dam (Willem de Kooning Academie): Fine Art - Fotografie.
- Utrecht (HKU): Fine Art.

Aansluitende masteropleidingen Amsterdam (Gerrit Rietveld), Breda (Avans HS/St. Joost), Enschede (ArtEZ), Rotterdam (Willem de Kooning Academie): Fine arts.
Mogelijkheden voor verdere studie Aan een aantal instituten zijn ook voortgezette kunstopleidingen en masteropleidingen verbonden; hbo-bachelor lerarenopleiding Docent Beeldende Kunst en Vormgeving (DBKV).
Functiemogelijkheden
- A. Fotografie.
- B. Keramiek: ontwerper keramiek - modelmaker keramiek.
- C. Modevormgeving: modeontwerper (couturier) - modeltekenaar - modetekenaar.
- D. Monumentale vormgeving: muurschilder - glazenier - mozaïekmaker.
- E. Plastische vormgeving of autonome beeldende kunst: beeldhouwer, keramisch beeldhouwer.
- F. Grafisch ontwerpen/Graphic design: reclameontwerper - etaleur - decorateur - lay-out-man - illustrator - standbouwer - ontwerper van verpakkingen - leraar reclametekenen (met pedagogisch getuigschrift).
- G. Schilderkunst en grafiek: schilderen en illustratieve vormgeving, o.a. schilder - graficus - illustrator - etser - tekenaar.
- H. Textielvormgeving: dessinateur - couturier - stylist.
- I. Industriële vormgeving: productontwerper of industrieel vormgever - ontwerper verpakkingen - standbouwer - tentoonstellingsbouwer - dessinateur.
- J. Vormgeving metaal en kunststoffen: edelsmid - goudsmid - zilversmid - ciseleur - emailleur.
- K. Architectonische vormgeving: meubelontwerper - binnenhuisarchitect - interieurarchitect - omgevingsvormgever - productvormgever (meubel/object).
- L. Mediakunst: audiovisueel vormgever - computeranimator (zie ook: P).
- M. Theatervormgeving: vormgever op het gebied van toneel, dans, muziek, televisie, reclame, modewereld, tentoonstellingen.
- N. Audiovisuele vormgeving: film- en televisiemaker, audiovisueel vormgever, programmamaker.
- O. Illustratieve vormgeving: illustrator.
- P. Animatie; kunstenaar of vormgever van animaties (zie ook L).
- Q. Glas: zelfstandig glasvormgever.

N.B. IDUM = Interaction Design Unstable Media.

23.2.f.3 Hbo-lerarenopleiding Docent Beeldende Kunst en Vormgeving (DBKV)/Beeldende vorming (Academie Beeldende Kunsten Maastricht, Amsterdamse HS voor de Kunsten, ArtEZ Academie voor art & design, Fontys HS voor de Kunsten, Hanze HS/Minerva, HKU, NHL, Willem de Kooning Academie)

Zie 24.3.f.6.

23.2.f.4 Industrial design engineering / Industrieel product ontwerpen (hto) (Fontys HS, Haagse HS, HAN, Hanze HS, HS NCOI, HS Rotterdam, HS Windesheim, Saxion HS)

Zie 4.1.f.2.

23.2.f.5 Industrieel ontwerpen (Design Academy)

Voor adres(sen) zie: HBO-78.
Algemeen Hbo-bacheloropleiding voor industrieel vormgever/-designer.
Toelatingseisen
- Diploma havo, vwo of mbo niveau 4.
- Of 21 jaar of ouder zijn en toegelaten worden op grond van een toelatingsonderzoek.
- Er worden eisen gesteld aan artistieke vaardigheid.

Duur 4 jaar voltijd en deeltijd.
Lesprogramma Propedeuse: schetsen - optisch grammaticale studie - principes van ontwerpen - schrijven - kunstgeschiedenis - vormstudie - kleur - vorm 3D - muzisch communiceren - theatrale en beeldende communicatie - psychologie - culturele antropologie.
Functiemogelijkheden Industrieel vormgever/designer bij ontwerpstudio's, ontwerpafdelingen of zelfstandig vormgever; vakjournalist; stylist; trenddeskundige; designadviseur; teamlid/-leider ontwerpteams.

23.2.f.6 Interieurvormgever (ArtEZ)

Voor adres(sen) zie: HBO-212.
Algemeen Ad-programma.
Toelatingseisen
- Diploma havo, vwo of mbo niveau 4 met beeldend-creatieve begaafdheid en probleemoplossend vermogen, of een met goed gevolg afgelegde 18+-toets bij uitzonderlijk talent.
- Er worden eisen gesteld aan artistieke vaardigheid.

Duur 2 jaar voltijd.
Diploma/examen Men mag de titel ingenieur ('ing.') voeren.
Functiemogelijkheden Bedrijfstakken als (interactieve) media, informatie- en communicatietechnologie, automatisering, consumentenelektronica en entertainment (spellen). Ook kan men zich vestigen als zelfstandig ontwerper of adviseur.

23.2.f.7 Interior design and styling (Jan des Bouvrie Academie) (Saxion HS)

Voor adres(sen) zie: HBO-89.
Algemeen Hbo-bacheloropleiding.
Duur 4 jaar voltijd.

23.2.f.8 TxT (Textiel) (Gerrit Rietveld Academie)

Zie 6.1.f.2.

23.2.f.9 Theatervormgeving (Hanze HS)

Zie 23.4.f.17.

23.2.f.10 Vormgeving (Academie Beeldende Kunsten Maastricht, ArtEZ, Avans HS, Design Academy, Fontys HS voor de Kunsten, Gerrit Rietveld Academie, Hanze HS/Minerva, HKU, KABK, Willem de Kooning Academie)

Voor adres(sen) zie: HBO-18, 40, 48, 57, 67, 78, 88, 94, 139, 163, 168, 185, 212.

Algemeen
- Hbo-bacheloropleiding.

Toelatingseisen
- Diploma havo, vwo of mbo niveau 4 in de sector Mode en kleding, of gelijkwaardig.
- Er worden eisen gesteld aan artistieke vaardigheid.

Duur 4 jaar voltijd.

Lesprogramma
Specialisaties:
- A'dam (Gerrit Rietveld Academie): - DesignLAB - DOGtime - Edelsmeden - Grafisch ontwerpen - IDUM - Inter-architecture - Mode - TxT (textiel).
- Arnhem (ArtEZ): Creative writing - Fashion design - Graphic design - Interaction design - Product design.
- Breda/Den Bosch (beide St. Joost): Animatie - Audiovisuele vormgeving - Communication & multimedia design - Film - Fotografie - Grafisch ontwerpen - Illustratie - Ruimtelijk ontwerpen.
- Den Haag (KABK): Fotografie - Grafisch ontwerpen - Interactive/media/design - Interieurarchitectuur en meubelontwerpen - Textiel & mode.
- Eindhoven (Design Academy): Food non food - Man and activity - Man and communication - Man and identity - Man and leisure - Man and mobility - Man and well-being - Public private.
- Enschede (ArtEZ): Crossmedia design - Moving image.
- Groningen (Minerva): Grafisch ontwerpen - Illustratie/animatie - Interieurarchitectuur - Ruimtelijk ontwerpen - Theatervormgeving.
- Maastricht (Academie Beeldende Kunsten): Architectonische vormgeving - Iarts - Modevormgeving - Productvormgeving-Sieraadvormgeving - Textielvormgeving - Visuele communicatie.
- R'dam (Willem de Kooning Academie): Advertising - Animatie - Audiovisueel ontwerpen - Grafisch ontwerpen - Graphic design - Illustratie - Lifestyle & design - Mode - Product design - Ruimtelijk ontwerpen.
- Tilburg (Fontys HS voor de Kunsten): ArtCoDe.
- Utrecht (HKU): Animatie - Audiovisual media - Fashion design - Graphic design - Illustration - Image and media technology - Photography - Product design - Spatial design.
- Zwolle (ArtEZ): Animation design - Comic design - Graphic design Illustration design - Interieurarchitectuur.

Aansluitende masteropleidingen
- Eindhoven (Design Academy): Vormgeving.

N.B. IDUM = Interaction Design Unstable Media.

23.2.f.11 WB-Integrated Product Development (studieroute) (Saxion HS)

Zie 4.1.f.6.

23.2.g Mbo-opleiding niveau 4

23.2.g.1 Creatief vakman (Glazenier/Ondernemer) (niveau 4)

Voor adres(sen) zie: ROC/MBO-19, 33, 43, 60.

Algemeen
- Eindtermen voor deze kwalificatie worden ontwikkeld door SVGB.

- Hier worden slechts de centrale adressen vermeld. De opleiding kan in de wijde omtrek ervan worden gegeven.

CREBO 93680

Doel Ontwerpen, maken en restaureren van (gebrandschilderde) glas-in-loodramen (voert de opdrachten zelfstandig uit, of in samenwerking met een collega-glazenier en/of een restauratieaannemer).

Toelatingseisen
- Diploma vmbo gl, vmbo kb of vmbo tl.
- Overgangsbewijs naar havo-4 of vwo-4.
- Diploma havo of vwo (alle profielen).

Duur 4 jaar voltijd.

Lesprogramma
- Basistechnieken, zoals het maken van sjabloontekeningen, glassnijden en niet alleen glas-in-lood, maar ook glas-in-koper of glas-in-epoxy.
- Vakken: ruimtelijk vormgeven - tekenen - kunstgeschiedenis.
- Voor het ondernemerschap maakt de student een eigen ondernemersplan en zet hij een eigen onderneming op waarin de eigen ontworpen producten worden verkocht.

Mogelijkheden voor verdere studie Er is geen hbo-opleiding voor glazenier. Het is wel mogelijk om op hbo-niveau verder te studeren in richtingen op de academies voor autonome beeldende kunst en voor industriële vormgeving (Design Academy, Eindhoven).

Functiemogelijkheden Zelfstandig glazenier/ondernemer.

Overige informatie De opleiding wordt op een onderdeel van Roc Zadkine gegeven: Vakschool Schoonhoven, Mr. Kesperstraat 10, 2871 GS Schoonhoven.

23.2.g.2 Goudsmid/Ondernemer (niveau 4)

Voor adres(sen) zie: ROC/MBO-43.

Algemeen Eindtermen voor deze kwalificatie worden ontwikkeld door SVGB.

CREBO 92801

Doel Opleiding tot goudsmid, die als zelfstandig ondernemer zijn vak uitvoert.

Toelatingseisen
- Diploma vmbo gl of vmbo tl met de sector vmbo-Tech.
- Overgangsbewijs naar havo-4 of vwo-4.
- Met een diploma havo of vwo (beide alle profielen) of mbo niveau 4 is er ook een versnelde opleiding (3 jaar) voor goudsmid/ondernemer.

Duur 4 jaar voltijd en deeltijd.

Lesprogramma Vakken: computertoepassingen - Duits - Engels - goudsmeden - graveren - handtekenen - kunstgeschiedenis - natuurkunde/scheikunde - Nederlands - ruimtelijke vormgeving - vaktheorie edelsteenkunde - versieringstechnieken.
- Men kan in het 3e jaar een stage voor goudsmid volgen (24 weken). Daarna kan worden gekozen voor de differentiatie Zilversmid/Ondernemer.
- Ook kan men eerst de opleiding Goudsmid/Ondernemer afronden en voor 1 extra jaar Zilversmid kiezen.

Mogelijkheden voor verdere studie
- Hbo-bacheloropleiding Autonome beeldende kunst.
- Design Academy, Eindhoven.

Functiemogelijkheden Goudsmid/ondernemer van een ambachtelijk bedrijf.

Overige informatie De opleiding wordt op een onderdeel van Roc Zadkine gegeven: Vakschool Schoonhoven, Mr. Kesperstraat 10, 2871 GS Schoonhoven.

23.2.g.3 Mediavormgever (niveau 4)
Zie ook: 8.1.g.3.
Voor adres(sen) zie: ROC/MBO-32, 54.
Algemeen
- Eindtermen voor deze kwalificatie worden ontwikkeld door het GOC.
- Hier worden slechts de centrale adressen vermeld. De opleiding kan in de wijde omtrek ervan worden gegeven.

CREBO 90400
Toelatingseisen Diploma vmbo gl, vmbo kb of vmbo tl met de sector vmbo-Tech; of diploma vmbo gl, vmbo kb of vmbo tl, alle met nat./scheik. 1 of wisk., met de sectoren vmbo-Ec, vmbo-Lb of vmbo-Z&W.
Duur 4 jaar voltijd.
Lesprogramma Specialisaties:
- Mediavormgever Art & Design.
- Mediavormgever Animatie-Audiovisueel.
- Mediavormgever Interactieve Vormgeving.

Functiemogelijkheden Mediavormgever in de sectoren van reclame- en presentatietechnieken zoals in grootwarenhuisbedrijven, (groot)winkelbedrijven, decorbouw- of standbouwbedrijven, etaleer- of winkelinrichtingbureaus, reclamestudio's, communicatiebedrijven, audiovisuele bedrijven of fotostudio's.

23.2.g.4 Technicus middenkader WEI (Industrieel design) (niveau 4)
Algemeen
- Momenteel is er geen school bekend die deze opleiding geeft.
- Eindtermen voor deze kwalificatie worden ontwikkeld door Kenteq.

CREBO 91144
Doel Gericht op het ontwerpen en vormgeven van producten.
Toelatingseisen Diploma vmbo gl, vmbo kb of vmbo tl met de sector vmbo-Tech; of diploma vmbo gl, vmbo kb of vmbo tl, alle met nat./scheik. 1 of wisk., met de sectoren vmbo-Ec, vmbo-Lb of vmbo-Z&W.
Duur 4 jaar voltijd.
Mogelijkheden voor verdere studie Hto-bachelor Werktuigbouwkunde.
Functiemogelijkheden Assistent ontwerper, assistent constructeur, projectleider, technisch adviseur, werkvoorbereider, CAD-tekenaar, calculator.

23.2.g.5 Vormgever ruimtelijke presentatie en communicatie (niveau 4)
Voor adres(sen) zie: ROC/MBO-32.
Algemeen
- *Er zijn twee uitstroomrichtingen:*
  - Stand-, winkel- en decorvormgever (crebonummer 91541).
  - Vormgever productpresentatie (crebonummer 91542).
- Eindtermen voor deze kwalificatie worden ontwikkeld door Savantis.
- Hier wordt slechts het centrale adres vermeld. De opleiding kan in de wijde omtrek ervan worden gegeven.

CREBO 91450
Toelatingseisen
- Diploma vmbo gl, vmbo kb of vmbo tl met de sector vmbo-Tech; of diploma vmbo gl, vmbo kb of vmbo tl, alle met nat./scheik. 1 of wisk., met de sectoren vmbo-Ec, vmbo-Lb of vmbo-Z&W.
- Overgangsbewijs naar havo-4 of vwo-4.
- Diploma van niveau 2: Medewerker productpresentatie (vormgeving ruimtelijke presentatie en communicatie).

Duur 4 jaar voltijd.

Mogelijkheden voor verdere studie Diverse hbo-opleidingen voor beeldende kunst of vormgeving.
Functiemogelijkheden Freelance of zelfstandig vormgever in de sectoren van reclame- en presentatietechnieken, zoals in grootwarenhuisbedrijven, (groot)winkelbedrijven, decorbouw- of standbouwbedrijven, etaleer- of winkelinrichtingbureaus, reclamestudio's, communicatiebedrijven, audiovisuele bedrijven of fotostudio's.

23.2.g.6 Zilversmid/Ondernemer (niveau 4)
Voor adres(sen) zie: ROC/MBO-43.
Algemeen Er is geen aparte opleiding tot zilversmid/ondernemer.
CREBO 10299/92802
Toelatingseisen
- Men kan in het 3e jaar van de opleiding voor Goudsmid/Ondernemer (niveau 4, zie 23.2.g.2) een stage voor goudsmid volgen (24 weken). Daarna kan worden gekozen voor de differentiatie Zilversmid/Ondernemer.
- Ook kan men eerst de opleiding Goudsmid/Ondernemer (zie 23.2.g.2) afronden en voor 1 extra jaar Zilversmid kiezen.

Mogelijkheden voor verdere studie Hbo-bacheloropleiding Autonome beeldende kunst, studierichting Edelmetaalbewerken; Design Academy; Edelsmeden (zie 23.2.f.2).
Functiemogelijkheden Zilversmid/ondernemer van een ambachtelijk bedrijf.
Overige informatie De opleiding wordt op een onderdeel van Roc Zadkine gegeven: Vakschool Schoonhoven, Mr. Kesperstraat 10, 2871 GS Schoonhoven.

23.2.h Mbo-opleiding niveau 3

23.2.h.1 Basis goudsmid (niveau 3)
Voor adres(sen) zie: ROC/MBO-43.
Algemeen Eindtermen voor deze kwalificatie worden ontwikkeld door SVGB.
CREBO 92790
Doel Vervaardigen en repareren van sieraden en siervoorwerpen en onderdelen daarvoor uit edele metalen op basis van een schets of een tekening.
Toelatingseisen
- Diploma vmbo gl, vmbo kb of vmbo tl.
- Overgangsbewijs naar havo-4 of vwo-4.
- Diploma havo of vwo (alle profielen).

Duur 4 jaar voltijd of deeltijd, waarin het laatste jaar 40 weken stage (bpv).
Lesprogramma Goudsmeden - graveren - vaktheorie en veiligheid - vaktekenen - ruimtelijke vormgeving - kunstgeschiedenis - handtekenen - computertoepassingen - natuurkunde/scheikunde - Nederlands/Engels/Duits.
Functiemogelijkheden Goudsmid in een ambachtelijk bedrijf.
Overige informatie De opleiding wordt op een onderdeel van Roc Zadkine gegeven: Vakschool Schoonhoven, Mr. Kesperstraat 10, 2871 GS Schoonhoven.

23.2.i Mbo-opleiding niveau 1 of niveau 2

23.2.i.1 Medewerker productpresentatie (vormgeving ruimtelijke presentatie en communicatie) (niveau 2)

Voor adres(sen) zie: ROC/MBO-32.
Algemeen
- Eindtermen voor deze kwalificatie worden ontwikkeld door Savantis.
- Hier wordt slechts het centrale adres vermeld. De opleiding kan in de wijde omtrek ervan worden gegeven.

CREBO 91540
Doel Presenteren van producten in etalage en/of in de winkel; maken van decoraties n.a.v. ontwerpen.
Toelatingseisen De volledige leerplicht hebben voltooid.
Duur 2 jaar voltijd.
Mogelijkheden voor verdere studie Een opleiding van niveau 4: Vormgever ruimtelijke presentatie en communicatie.
Functiemogelijkheden Werkzaam in een (middel)groot winkelbedrijf.

23.2.i.2 Medewerker tentoonstellingsbouw (Tentoonstellingsbouwer) (niveau 2)
Zie 17.6.i.1.

23.2.l Overige opleidingen

23.2.l.1 Basisopleiding (HKU)
Voor adres(sen) zie: HBO-185.
Algemeen Oriëntatiejaar voor studenten die naar de opleiding hbo-bacheloropleiding Autonome beeldende kunst willen.
Toelatingseisen
- Een beeldend-creatieve aanleg.
- Bij voorkeur leerlingen van het voorlaatste leerjaar havo, vwo of mbo niveau 4.

Duur 32 zaterdagen gedurende 2 semesters van elk 16 weken.
Lesprogramma Tekenen - tekenen naar waarneming/compositie - ruimtelijke en plastische vormstudie - modeltekenen en kleurenstudie/compositie - vakinformatie/-oriëntatie - ideevormgeving/-fantasie - ontwerpen in de opleiding van de keuze.
Mogelijkheden voor verdere studie Een positieve beoordeling geeft toelating tot het 1e jaar van hbo-bacheloropleiding Autonome beeldende kunst.
Overige informatie De opleiding start tweemaal per jaar: begin september en begin februari.

23.2.l.2 Creatieve handvaardigheid
Voor adres(sen) zie: OVER-108, 172, 190.
Doel Voorbereiding op een (kader-)functie in het begeleiden bij creatieve activiteiten en het privé ontwikkelen van de eigen creatieve mogelijkheden.
Toelatingseisen
- Geen speciale vooropleidingseisen.
- Minimumleeftijd: 18 jaar.
- Bereidheid om de opdrachten thuis uit te werken.

Duur
- Voorbereidend 1e jaar, waarna een verdiepingsjaar.
- 2 jaar: 2 x 35 lesavonden van 2,5 uur; huiswerk ca. 5 uur per week.
- Na 1,5 jaar is het mogelijk deel te nemen aan het landelijk examen.

Lesprogramma
- Gebaseerd op 7 materiaalgroepen + theorie: hout - metaal -

plooibare materialen - plastische materialen - papier - karton - kosteloze materialen - teken- en druktechnieken - theorie van materialen en technieken - didactiek - beeldende begrippen.
- De stage is facultatief (minimaal 25 uur).
- Delft: in het 1e jaar ligt de nadruk op het experimenteren met allerlei materialen.

In het 2e jaar gaat het om de eigen vormgeving. Naast praktisch werken komen theorie, vakliteratuur, tentoonstellingen en de pedagogisch-didactische kanten van het vak aan de orde.
Diploma/examen Afsluiten met het diploma van de VOBK: Koepelorganisatie Kreatieve Handvaardigheid te Amsterdam.
Mogelijkheden voor verdere studie Scope, Eindhoven: Opleiding Kreatieve BezigheidsBegeleiding (KBB) (2 jaar in deeltijd); ontwerpen en vormgeven (1 jaar in deeltijd).
Functiemogelijkheden (Kader-)functie in jeugd- en jongerenwerk, in club- en buurthuis; in volwassenen- en bejaardenwerk, ouderparticipatie, scouting.
Overige informatie Door de genoemde scholen wordt een wisselend aanbod aan opleidingen en korte cursussen gegeven op het gebied van beeldende kunst en handvaardigheid.

23.2.l.3 De Ateliers
Voor adres(sen) zie: OVER-34.
Algemeen De Ateliers is een kunstenaarsinstituut, waar circa 20 jonge beeldende kunstenaars werken in een eigen atelier. In 1963 in Haarlem gestart als Academie '63, later als Ateliers '63.
Doel De Ateliers staat open voor jonge aankomende kunstenaars die zelfstandige werkzaamheid combineren met kritische begeleiding door professionele kunstenaars die wekelijks individueel atelierbezoeken afleggen.
Toelatingseisen
- De selectie van aanmeldingen geschiedt op basis van voorgelegd werk.
- Een voltooide vooropleiding en ervaring in de beroepspraktijk zijn niet vereist; aanmeldingen worden beoordeeld op beeldende kwaliteiten. Artistieke kwaliteit is het doorslaggevend criterium.
- Hoewel de Ateliers geen strikte leeftijdsgrens hanteert en oudere belangstellenden zich kunnen aanmelden, gaat de voorkeur uit naar kandidaten die jonger dan 30 jaar zijn.
- Kandidaten dienen de Engelse taal goed te beheersen.

Duur Werkperiode: maximaal 2 jaar.
Lesprogramma Zelfwerkzaamheid in combinatie met wekelijkse ateliergesprekken, plus excursies, lezingen en andere activiteiten.
Functiemogelijkheden Beeldend kunstenaar.

23.2.l.4 European Ceramic WorkCentre
Voor adres(sen) zie: OVER-110.
Doel Internationale werkplaats, die het stimuleren van de keramische beeldende kunst en vormgeving tot doel heeft, onder meer door het organiseren van masterclasses.
Toelatingseisen 2 jaar zelfstandig werkzaam zijn als beeldend kunstenaar of vormgever.
Duur Werkperiode: 3 maanden.

23.2.l.5 Interieurstyling (Artemis)
Voor adres(sen) zie: OVER-20.
Algemeen Praktijkgerichte avondopleiding tot interieurstylist.
Cursussen Korte oriëntatiecursus styling.
Toelatingseisen Een motivatiegesprek en een toelatingsopdracht (geldt niet voor de oriëntatiecursus).
Duur 2 jaar deeltijd ('s avonds).

Lesprogramma Ruimtestyling - productontwikkeling - productstyling - visieontwikkeling - prognosestyling - conceptstyling - fotostyling - cultuurbeschouwing - mediastyling - communicatie - diverse gastlessen.

Functiemogelijkheden Stylist bij stylingbureaus, prognosebureaus, tijdschriftenbranche, grootwinkelbedrijven, interieur- en textielbedrijven.

23.2.I.6 Klassieke academie voor beeldende kunst

Voor adres(sen) zie: OVER-187.

Algemeen De studie wordt niet door de overheid bekostigd.

Doel De Klassieke academie beoogt de vakstudie van de aloude academie opnieuw in te voeren, maar dan in een gecomprimeerde, en een meer aan de persoonlijke talenten van de student aangepaste vorm.

Deze vakstudie is zowel zowel geïnspireerd op de kennisoverdracht zoals die ooit gebruikelijk was op het 17e eeuwse kunstenaarsatelier, als op de vaktechnische benadering door de 19e eeuwse 'academie'. Onderwijskundig berust ze echter op eigentijdse didactische zienswijzen.

Toelatingseisen

- *Basisscholing:* beoogt gegadigden zo goed mogelijk voor te bereiden op de toelatingseisen van de Klassieke academie, maar biedt niet de garantie dat toelating ook metterdaad zal volgen.
- *Meesterscholing:* docenten van de Klassieke academie beoordelen de merites van de kandidaten aan de hand van werk, een uitgevoerde opdracht en een gesprek.
- Er is plaats voor 20 nieuwe studenten per jaar.

Duur

- *Basisscholing:* 1 jaar op maandag, in 2 blokken van ieder 15 weken.
- *Meesterscholing:* 4 jaar.

Lesprogramma

- *Basisscholing:* modeltekenen - menselijke anatomie - besprekingen van thuisgemaakt werk.
- *Meesterscholing:*
  - 1e jaar: 3 dagdelen praktijk per week - 1 dagdeel theorie per week - workshops.
  - 2e jaar: 4 dagdelen schilderen per week - workshops.
  - 3e jaar: 6 masterclasses door klassiek georiënteerde kunstenaars - modeltekenen en -schilderen.
  - 4e jaar: zelfstandig werken in eigen atelier, met feedback van docenten - beroepspraktijk (10 lessen presentatie, boekhouding, e.d.; 10 lessen kunst in opdracht; 10 gastcolleges van kunstenaars over praktijkervaringen).

Diploma/examen De studie wordt afgesloten met de uitreiking van een certificaat.

Functiemogelijkheden Kunstschilder.

Overige informatie Er wordt ook een beroepsopleiding Beeldhouwen gegeven.

N.B. Sinds 2011 is er een 1-jarige opleiding voor jongeren van 15-25 jaar: 21 masterclasses schilderen en 9 masterclasses beeldhouwen, alle op zaterdagmiddagen.

23.2.I.7 LOI - afstandsonderwijs - Fotografie, schilderen en tekenen

Voor adres(sen) zie: OVER-225.

Opleidingen

- Aquarelleren.
- Basisdiploma reclametekenen/dtp.
- Illustratief tekenen.
- Leren fotograferen.
- Vrij tekenen.

23.2.I.8 MIX Academy (v/h Amsterdamse Vrije Kunst Academie [AVKA])

Voor adres(sen) zie: OVER-51.

Algemeen Niet door de overheid bekostigde beroepsopleiding beeldende kunst, illustratie en autonome vormgeving.

Doel Individuele ontplooiing van creativiteit en techniek, en ontwikkeling van persoonlijke beeldtaal.

Toelatingseisen

- Geen vooropleidingseisen.
- Toelating deeltijdopleiding: minimumleeftijd 20 jaar.
- Toelating voltijds dagopleiding: minimumleeftijd 16 jaar, maximaal 28 jaar.

Duur

- Dagopleiding: 2 jaar.
- Deeltijdopleiding: 4 jaar.

Lesprogramma Illustratief/decoratief tekenen - strip- en cartoontekenen - vrije expressie - autonoom schilderen - voorbereiding hbo-bacheloropleiding Autonome beeldende kunst.

Mogelijkheden voor verdere studie Hbo-bacheloropleiding Autonome beeldende kunst; hbo-lerarenopleiding Beeldende vakken.

Functiemogelijkheden Illustrator, decoratief ontwerper, reclameontwerper, grafisch vormgever, strip-/cartoontekenaar, beeldend kunstenaar.

23.2.I.9 Pedagogisch-didactische bijscholing

Voor adres(sen) zie: HBO-8, 12, 40, 57, 88, 95, 139, 152.

Doel Gericht op de categorie kunstenaars die zich naast eigen kunstzinnige activiteiten aangetrokken voelt tot het stimulerend begeleiden van de creatieve vorming in de buitenschoolse sectoren.

Toelatingseisen Diploma van een Academie voor Beeldende Kunsten, van de Nederlandse Film- en Televisie-academie, of gelijkwaardig.

Duur 1 jaar (op zaterdag of 2 avonden) en een aantal stagedagen.

Functiemogelijkheden Functies op creativiteitscentra.

23.2.I.10 Utrechts Centrum voor de Kunsten (UCK)

Voor adres(sen) zie: OVER-337.

Opleidingen Vooropleidingen in de disciplines: beeldende kunst, dans, digitale media, fotografie, musical, muziek, schrijven, theater, video.

Cursussen Cursussen voor gevorderden, workshops en activiteiten op maat.

Toelatingseisen Beoordeling door docenten.

23.2.I.11 VAK centrum voor de kunsten

Voor adres(sen) zie: OVER-108.

Doel Een centrum waar jonge mensen en volwassenen de gelegenheid hebben om onder deskundige leiding in de vrije tijd kunst aan te leren en te beoefenen op het gebied van de muziek, dans, beeldende vorming, theater en literatuur.

23.2.I.12 Volwassenenonderwijs - voor gevorderde edelsmeden en juweliers: fijne techniek

Voor adres(sen) zie: ROCCO-18.

Cursussen

- Edelsteenkunde.
- Emailleren.
- Goud- en zilversmeden (vakcursus).
- Graveren.
- Juweliers (vakcursus).
- Taxeren.
- Uurwerk maken.

23.2.l.13 Wackers Academie
Voor adres(sen) zie: OVER-66.
Algemeen Kunstacademie voor de studierichtingen Tekenen en schilderen, en Tekenen en beeldhouwen.
Doel Klassieke scholing, werken naar waarneming, accent op de figuratie, aanleren van vaktechnisch inzicht om zelfstandig als beeldend kunstenaar een beroepspraktijk uit te oefenen.
Toelatingseisen
- Motivatiegesprek.
- Men hoeft tevoren geen werk in te leveren.
- Na een positieve beoordeling in het oriëntatiejaar toelating tot de 4-jarige opleiding.
Duur Oriëntatiejaar; daarna 4 jaar voltijd en deeltijd.
Lesprogramma Model- en portrettekenen - kunstgeschiedenis - perspectieftekenen - geometrische vormen - stillevens of interieurs - anatomie - kunstbeschouwing - themalessen.
Diploma/examen In een ateliersituatie zelfstandig werken, individuele begeleiding door docent naar eigen keuze; deelname aan de eindexamenexpositie. In verband met het behalen van het diploma wordt werk door een in- en een externe jury beoordeeld.
Overige informatie Ook deeltijd-avondacademie in de studierichting Tekenen en schilderen.
N.B. De naam was: Stichting Kunst Academie Ruudt Wackers.

23.3 MUZIEK

23.3.b Wo-masteropleiding

23.3.b.1 Wo-lerarenopleiding Leraar VHO in Muziek (UU)
Zie 24.3.b.23.

23.3.c Wo-bacheloropleiding

23.3.c.1 Academie voor muziek (Koninklijk conservatorium, UU)
Voor adres(sen) zie: HBO-68, WO-45.
Algemeen Een gecombineerde hbo- en wo-bachelorstudie van het Koninklijk conservatorium te Den Haag en de onderzoeksstudierichting Musicologie van de UU te Utrecht.
Doel Integratie van het muziekonderwijs en de studie muziekwetenschap.
Toelatingseisen Diploma vwo.
Aansluitende masteropleidingen
- Wo-lerarenopleiding Leraar VHO in Muziek.

23.3.c.2 Muziekwetenschap (UU, UvA)
Voor adres(sen) zie: WO-8, 45.
Algemeen Wo-bacheloropleiding tot musicoloog, waarbij het accent ligt op de historische en de theoretische muziekwetenschap en de algemene muziektheoretische vakken.
Toelatingseisen
- Diploma vwo; propedeuse of getuigschrift/diploma van een hbo of van de OUNL.
- Voor het vrijstellingenprogramma wordt een verwante hbo-opleiding vereist.
- Als men 21 jaar of ouder is, komt men in aanmerking voor een colloquium doctum.
Duur
- 3 jaar voltijd.
- UvA: ook in deeltijd.

Lesprogramma Specialisaties:
- UU: Historische muziekwetenschap - Honours-programma - Muziek en media.
- UvA: Cognitieve/culturele variant - Historische variant - Honours-programma - Minors.
Aansluitende masteropleidingen
- UU: Wo-lerarenopleiding Leraar VHO in Muziek.
Functiemogelijkheden Staffuncties bij conservatoria (hbo-Muziek), orkestinstellingen, bibliotheken, musea en muziekuitgeverijen; functies bij radio, tv en pers; docent havo/vwo (na een Lerarenopleiding), wetenschappelijk onderzoek.

23.3.d Post-hbo-opleiding

23.3.d.1 Kerkmuziek (ArtEZ Conservatorium, Codarts Rotterdams Conservatorium, Conservatorium Maastricht, Conservatorium van Amsterdam, Fontys Conservatorium, Koninklijk conservatorium, Kreato HS voor Muziek, Prins Claus Conservatorium, Utrechts Conservatorium)
Voor adres(sen) zie: HBO-10, 42, 68, 101, 152, 170, 188, OVER-303.
Algemeen Opleiding tot kerkmusicus, met studierichtingen voor organist en koordirigent.
Toelatingseisen
- Diploma havo, vwo of mbo niveau 4, of gelijkwaardig.
- Indien 21 jaar of ouder: met (in sommige gevallen) in het bezit zijn van een mavo-diploma.
- Geslaagd zijn voor een toelatingsexamen waarin algemene muziekkennis, muzikale vaardigheden en solfège worden getest. Om zich op dit toelatingsonderzoek voor te bereiden kan de 'voorbereidende klas' worden gevolgd (hetgeen dan naast de studie havo of vwo moet worden gedaan).
Duur 2 jaar deeltijd.
Lesprogramma O.a. geschiedenis kerkmuziek - liturgie en hymnologie - koorscholing - dirigeertechniek - repertoirekennis - gregoriaans en Kerklatijn - partituurspel - harmoniseren - zang/stemvorming - arrangeren - specialisatie orgelspel - improvisatie - basso continuo.
Mogelijkheden voor verdere studie Specialisatie in de katholieke of de protestantse eredienst.
Functiemogelijkheden Kerkelijk koorleider of organist.
Overige informatie Meer informatie bij de Interkerkelijke Stichting Opleiding Kerkmuziek: www.isok.nl

23.3.d.2 Muziek op schoot (na- en bijscholing)
Voor adres(sen) zie: HBO-108.
Opleidingen
- A. In samenwerking met het Landelijk Centrum voor Muziek en Onderwijs: applicatiecursus voor Docerende Musici (DM), t.b.v. een brede inzetbaarheid en de AMV-praktijk aan muziekscholen. Mogelijkheid tot behalen van het certificaat Docentschap AMV.
- B. Applicatiecursus 'Muziek op Schoot', die opleidt voor het diploma 'Muziek op Schoot-docent'.
- C. Applicatiecursus 'Muziek en Beweging'.
Toelatingseisen
- A: bezit akte DM.
- B: geen speciale vooropleiding.
- C: onderwijsbevoegdheid (bao of DM op muziekscholen).
Duur
- A: 1 week intern, daarna 4 studieweekenden en 1 jaar zelfstudie.

- B: 18 lesbijeenkomsten van in totaal 75 contacturen plus 400 uur zelfstudie en stage (totaal 475 uur).
- C: 12 zaterdagen à 3 uur plus 60 uren zelfstudie.

Functiemogelijkheden
- A: (DM) Brede inzetbaarheid en bevoegdheid voor muziekscholen.
- B: Bevoegdheid Muziek op Schoot-docent voor muzieklessen aan ouders met hun zeer jonge kinderen (baby's en peuters van 0-4 jaar).
- C: Nascholingscursus voor muziek- en bewegingsonderwijs aan kinderen van 4-7 jaar op zowel basis- als muziekscholen.

N.B. Meer informatie over B (opleiding tot Muziek op Schoot-docent): www.muziekopschoot.org of www.kp-opleidingen.nl

23.3.d.3 Vakspecialist muziek (ArtEZ, Avans HS, CHE, Conserv. A'dam, Driestar, Fontys HS en Pabo, Gereform. HS, Haagse HS, Hanze HS, HS iPABO, HS Leiden, HS Utrecht, HS Windesheim, Iselinge, Kath. Pabo Zwolle, Marnix academie, 'Thomas More', Saxion HS, Zuyd HS)
Zie 24.1.d.8.

23.3.e Hbo-masteropleiding

23.3.e.1 EMMA, 7 specialismen (HKU/HS Utrecht)
Voor adres(sen) zie: HBO-184, 186.
Algemeen Engelstalige hbo-opleidingen voor European Media Master of Arts (EMMA).
Lesprogramma Specialismen (pathways):
- Composition in Context & Sound design.
- Digital Media Design.
- Digital Video Design.
- Game Design and Development.
- Image Synthesis and Computer Animation.
- Interaction Design.
- Sound & Music Technology.

23.3.e.2 Music (ArtEZ Conservatorium, Codarts Rotterdams Conservatorium, Conservatorium Maastricht, Conservatorium van Amsterdam, Fontys Conservatorium, HKU, Koninklijk conservatorium, Prins Claus Conservatorium, Utrechts Conservatorium)
Voor adres(sen) zie: HBO-10, 42, 68, 101, 116, 142, 152, 170, 188.
Algemeen
- Hbo-masteropleiding.
- ArtEZ Conservatorium heeft 3 locaties: Arnhem, Enschede en Zwolle).
Lesprogramma Specialisaties:
- A'dam (Conservatorium van Amsterdam): Composing for film - Jazz - Kamermuziek - Klassieke muziek - Nieuwe muziek - Orkestspel - Oude muziek - Profile contemporary music - Theaterzanger/singer-performer.
- Arnhem (ArtEZ Conservatorium): Muziektheater - New Dutch swing.
- Den Haag (Koninklijk conservatorium): Artistic research - Art-Science - Dutch national opera academy - Instruments & interfaces - Musicus - Muziekeducatie - New audiences and innovative practice - Orkestdirectie - Scheppend en onderzoekend - Sonologie - T.I.M.E. in samenwerking met de Veenfabriek.
- Groningen (Prins Claus Conservatorium): Classical music - Instrumental learning & teaching - New audiences and innovative practice - New York jazz - Wind band conducting.

- Hilversum HKU (School voor games en interactie, en voor muziek): Music design.
- Maastricht (Conservatorium Maastricht): Jazz - Klassieke muziek.
- R'dam (Codarts Rotterdams conservatorium): Classical music - Composition profile - Jazz/pop - Klassieke muziek - Performers profile - World music.
- Tilburg (Fontys conservatorium): Ensemble spel - Instrumentaal/vocaal docent - Organisator - Orkestdirectie - Orkestspel - Producent - Solist.
- Utrecht (Utrechts conservatorium): Performance.
Toelatingseisen Diploma hbo-bacheloropleiding Muziek, of van een vergelijkbare opleiding.

23.3.f Hbo-bacheloropleiding

23.3.f.1 Conservatorium Haarlem (HS Inholland)
Voor adres(sen) zie: HBO-107.
Algemeen Het Conservatorium van Hogeschool Inholland, Alkmaar is eerst voortgezet onder de naam: Music Academy Haarlem, en vervolgens onder de naam: Conservatorium Haarlem. Dit instituut onderscheidt zich van andere muziekopleidingen door een sterke focus op de toegepaste lichte muziek. De student ontwikkelt zich als een breed inzetbare herkenbare en authentieke muzikant, die over een breed repertoire beschikt. Daarbij staat de combinatie van art, education en business centraal.
Toelatingseisen Conservatorium Haarlem biedt de mogelijkheid voor toekomstige Popstudenten om eerst een jaar een vooropleiding te volgen. Deze is bedoeld als voorbereiding op een hbo-opleiding, maar is geen hbo-opleiding, en wordt ook niet als zodanig bekostigd. Er zijn studenten die zelf besluiten eerst de vooropleiding te doen. Maar het kan ook zijn dat tijdens de Popauditie blijkt dat een student nog niet over voldoende vaardigheden beschikt. Dan kan de vooropleiding een goede voorbereiding zijn.
Duur 4 jaar voltijd.
Lesprogramma Specialisaties: E-musician - pop/sessie.
Functiemogelijkheden Zzp-er in de muziekindustrie, met een gemengde beroepspraktijk (spelen, lesgeven, ondernemen, produceren).

23.3.f.2 Jazz (Amsterdams conservatorium, Codarts Rotterdams Conservatorium, Conservatorium Maastricht, Koninklijk conservatorium, Prins Claus conservatorium)
Voor adres(sen) zie: HBO-10, 68, 101, 142, 152.
Algemeen Hbo-bacheloropleiding.
Duur 4 jaar voltijd.
Lesprogramma Specialisaties:
- A'dam (Amsterdams conservatorium): Basgitaar - Compositie/-arrangeren - Contrabas - Gitaar - Percussie - Piano - Saxofoon - Slagwerk - Theorie der muziek - Trombone - Trompet - Zang.
- Den Haag (Koninklijk conservatorium): Contrabas en elektrische bas - Drums - Gitaar - Piano - Projecten jazz - Saxofoon, klarinet en fluit - Trombone - Trompet - Vibrafoon - Zang.
- Maastricht (Conservatorium Maastricht): Basgitaar - Componeren & arrangeren - Contrabas - Drums - Gitaar - Piano - Saxofoon - Trombone - Trompet - Zang.

Zie voor meer informatie
over Oogwenken:
www.**oogwenken**.nl

23.3.f.3 Jazz & pop (ArtEZ Conservatorium, Utrechts conservatorium)
Voor adres(sen) zie: HBO-42, 188.
Algemeen
- Hbo-bacheloropleiding.
- ArtEZ Conservatorium heeft 3 locaties: Arnhem, Enschede en Zwolle).
Duur 4 jaar voltijd.
Lesprogramma Specialisaties:
- Arnhem (ArtEZ Conservatorium): Accordeon - Altviool - Basgitaar - Cello - Componeren - Componeren voor film en theater - Contrabas - Drums - Fluit - Gitaar - Percussie - Piano, toetsen - Saxofoon, klarinet - Trombone - Trompet - Viool - Zang.
- Enschede (ArtEZ Conservatorium): Basgitaar - Componeren - Contrabas - Drums - Gitaar - Hammondorgel - Percussie - Piano, toetsen - Saxofoon, klarinet - Trombone - Trompet - Zang.
- Utrecht (Utrechts conservatorium): Drums - Fluit - Piano, toetsen - Saxofoon, klarinet - Trombone - Trompet - Zang.
- Zwolle (ArtEZ Conservatorium): Basgitaar - Contrabas - Drums - Gitaar - Piano, toetsen - Saxofoon, klarinet - Trombone - Trompet - Zang.

23.3.f.4 Klassieke muziek (Amsterdams conservatorium, ArtEZ Conservatorium, Codarts Rotterdams conservatorium, Conservatorium Maastricht, Fontys conservatorium, Koninklijk conservatorium, Prins Claus conservatorium, Utrechts conservatorium)
Voor adres(sen) zie: HBO-10, 68, 101, 142, 152, 170, 188.
Algemeen
- Hbo-bacheloropleiding.
- ArtEZ Conservatorium heeft 3 locaties: Arnhem, Enschede en Zwolle).
Duur 4 jaar voltijd.
Lesprogramma Specialisaties:
- A'dam (Amsterdams conservatorium): Compositie - Directie - Gitaar en flamenco - Harp - Hout - Klavecimbel - Koper - Orgel - Piano - Slagwerk - Strijkinstrumenten
- Theorie der muziek - Zang.
- Arnhem/Enschede/Zwolle (ArtEZ Conservatorium): Accordeon - Altviool - Bastrombone - Cello - Contrabas - Fagot - Fluit - Gitaar - Harp - Hobo - Hoorn - Klarinet - Mandoline - Piano - Saxofoon - Slagwerk - Tenor-/bastuba/euphonium (Zwolle nr 43) - Trombone - Trompet - Viool - Zang.
- Den Haag (Koninklijk conservatorium): Accordeon - Altviool - Bastrombone - Cello - Contrabas - Fagot - Fluit - Gitaar - Harp - Hobo - Hoorn - Klarinet - Orgel - Piano - Projecten klassieke muziek - Saxofoon - Slagwerk - Trombone - Trompet - Tuba - Viool - Zang.
- Groningen (Prins Claus conservatorium): Altviool - Cello - Contrabas - Fagot - Fluit - Gitaar - Harp - Hobo - Hoorn - Klarinet - Klavecimbel - Orgel - Piano - Saxofoon - Slagwerk - Trombone - Trompet - Tuba - Viool - Zang.
- Maastricht (Conservatorium Maastricht): Altviool - Basklarinet - Bugel - Cello - Contrabas - Dwarsfluit - Euphonium - Fagot - Gitaar - Harp - Hobo - Hoorn - Klarinet - Opera - Orgel - Piano - Saxofoon - Slagwerk - Solozang & opera - Tenortuba/euphonium - Trombone - Trompet - Tuba - Viool.
- R'dam (Codarts Rotterdams conservatorium): Altviool - Basklarinet - Cello - Compositie - Contrabas - Fagot - Fluit - Harp - Hobo - Hoorn - Klarinet - Orgel - Piano - Slagwerk - Trombone - Trompet - Tuba - Viool - Zang.

- Utrecht (Utrechts conservatorium): Altviool - Beiaard - Cello - Compositie - Contrabas - Fluit - Hobo - Klarinet - Koordirectie - Orgel - Piano - Saxofoon - Trompet - Viool - Zang.

23.3.f.5 Music (HKU)
Voor adres(sen) zie: HBO-188.
Algemeen Hbo-bacheloropleiding.
Toelatingseisen Diploma havo, vwo of mbo niveau 4; of geslaagd zijn voor een toelatingsonderzoek.
Duur 4 jaar voltijd.
Lesprogramma Specialisaties: Composition and music production - Composition and sound design for adaptive systems - Composition electronic music - Composition for the media.
Functiemogelijkheden Muziekproducer, componist, speler.
Werkt zelfstandig, in loondienst of op freelance-basis in de media-industrie of bij muziek- of geluidsstudio's.

23.3.f.6 Muziek (ArtEZ Conservatorium, Codarts Rotterdams Conservatorium, Conservatorium van Amsterdam, Conservatorium Maastricht, Fontys Conservatorium, Koninklijk conservatorium, Prins Claus Conservatorium, Utrechts Conservatorium)
Zie ook: 23.3.f.1 (voor meer info over het Conservatorium Haarlem) en 24.5.f.1.
Voor adres(sen) zie: HBO-10, 42, 68, 101, 107, 122, 142, 152, 170, 174, 188.
Algemeen
- Hbo-bacheloropleiding; bij sommige conservatoria ook voor leraar Muziek eerstegraads.
- ArtEZ Conservatorium heeft 3 locaties: Arnhem, Enschede en Zwolle).
Toelatingseisen
- Diploma havo, vwo of mbo niveau 4, of gelijkwaardig.
- Indien 21 jaar of ouder: met (in sommige gevallen) in het bezit zijn van een mavo-diploma.
- Geslaagd zijn voor een toelatingsexamen waarin algemene muziekkennis, muzikale vaardigheden en solfège worden getest. Om zich op dit toelatingsonderzoek voor te bereiden kan de 'voorbereidende klas' worden gevolgd (hetgeen dan naast de studie havo of vwo moet worden gedaan).
Duur 4 jaar voltijd.
Lesprogramma Specialisaties:
- A'dam (Amsterdams conservatorium): Jazz - Klassieke muziek - Oude muziek - Popmuziek.
- Arnhem (ArtEZ Conservatorium): Jazz & pop - Muziektheater.
- Den Haag (Koninklijk conservatorium): Art of sound - Artscience - Compositie - Directie - Jazz - Klassieke muziek - Muziekeducatie - Muziektheorie - Oude muziek - Sonologie - Zang.
- Enschede (ArtEZ Conservatorium): Jazz & pop - MediaMusic.
- Groningen (Prins Claus conservatorium): Compositie, muziekproducties en studioproducties - Dirigent koor - Jazz - Klassieke muziek - Toegepaste compositie voor de media.
- Haarlem (Conservatorium Haarlem): E-musician - Pop/sessie.
- Maastricht (Conservatorium Maastricht): Jazz - Klassiek - Muziek in kunsteducatie - Orthopedagogische muziekbeoefening .
- Rotterdam (Codarts Rotterdams Conservatorium): Klassieke muziek - Muziektheater - Pop - Wereldmuziek.
- Tilburg (Fontys conservatorium): Klassieke muziek - Lichte muziek/jazz - Muziektheater - Rockacademie - Zangdocent.
- Utrecht (Utrechts conservatorium): Historische instrumenten -

Jazz & pop - Kerkmuziek - Klassieke muziek - Musician 3.0.
- Zwolle (ArtEZ Conservatorium): Jazz & pop - Klassieke muziek.
Aansluitende masteropleidingen Amsterdam, Arnhem, Den Haag, Groningen, Maastricht, Rotterdam, Tilburg, Utrecht: Music, of: Muziek.

Functiemogelijkheden
- Solist, solozanger, orkestmusicus, kamermuziekspeler, leraar met een privé-praktijk, dirigent, muziekpedagoog, kerkmusicus.
- *Onderwijsbevoegdheden:*
  • akte DM (eerstegraadsakte) voor het basisonderwijs, het voortgezet onderwijs en muziekscholen;
  • akte Schoolmuziek (eerstegraadsakte) voor voortgezet onderwijs en hbo;
  • akte Muziekonderwijs voor instrumentale en vocale hoofdvakken op muziekscholen.
- Men kan met een onderwijsbevoegdheid ook werken als muziekconsulent, in het sociaal-cultureel werk als sociaal ambtenaar, bij de omroep, in de journalistiek, of in de muziekhandel.
- Vanuit de afdeling Lichte muziek kunnen afgestudeerde studenten terechtkomen als musicus in bands, combo's en orkesten.
- De opleiding Elektronische compositie biedt werk als producer, arrangeur, componist en muziektechnicus.

Overige informatie
- Amsterdam/Den Haag: samenwerking van het Conservatorium van Amsterdam met het Koninklijk conservatorium te Den Haag.
- Amsterdam: samenwerking met diverse middelbare scholen in Amsterdam.
- Arnhem/Enschede/Zwolle: het ArtEZ Conservatorium werkt samen met een groot aantal conservatoria binnen en buiten de Europese Unie, zoals: de Rimsky-Korsakov St. Petersburg State Conservatory, de Folkwang Hochschule in Essen, Musikhochschule Münster, het Department of Music van de University of Leeds, de Hangzhou Normal University in China en de muziekacademies van Brno (Tsjechië), Wroclaw (Polen), Barcelona (Spanje), en Riga (Letland). De samenwerking richt zich onder meer op gezamenlijke projecten en festivals, maar ook op het uitwisselen van docenten en studenten en op de kwaliteit van het muziekvakonderwijs zelf.
- Den Haag: er is een school voor algemeen onderwijs voor ballet en muziek op het niveau van havo en vwo.
- Groningen/Leeuwarden: er is samenwerking met het Rölingcollege (havo/vwo).
- Maastricht en Venlo: er is een speciale havo/vwo gekoppeld aan het Conservatorium; er is ook samenwerking met diverse muziekscholen.
- Rotterdam: er is een geïntregeerde vooropleiding binnen de Havo voor muziek en dans.
- Tilburg: er is samenwerking met het Willem II College te Tilburg en het St. Joriscollege te Eindhoven.
- Utrecht: er is samenwerking met het Cals College te Nieuwegein en de muziekschool te Amersfoort.

23.3.f.7 Muziek (HaFaBra-directie) (Prins Claus conservatorium)
Voor adres(sen) zie: HBO-101.
Algemeen Ad-programma.
Doel Orkesten uit de derde, vierde en vijfde divisie en jeugdorkesten kunnen dirigeren.
Toelatingseisen
- Een goed gehoor.
- Diploma vwo of havo (beide met alle profielen).

- In de praktijk werkzaam zijn als HaFaBra-dirigent, of diploma Unisono-cursus voor assistent-dirigent.
- Ook voor de beroepsmusicus die zijn werkgebied wil uitbreiden naar HaFaBra-directie.
- Vrijstellingen zijn mogelijk.
- Het toelatingsexamen bestaat uit twee delen: een theoretische en een gehoorvormingstest, en een praktisch examen. De onderdelen duren beide ongeveer 30 minuten en vinden meestal op één dag plaats. Of een student toelaatbaar is, hoort deze in principe nog dezelfde dag.
- Aanmelding jaarlijks tot 1 mei.
Duur 2 jaar voltijd.
Lesprogramma De lessen zijn zo geroosterd, dat de student 3-4 dagdelen en vaak ook een avond per week op het conservatorium of stageadres is.
Een keer per jaar is er een projectweek.

23.3.f.8 Muziektheater (ArtEZ Academie voor theater, Codarts dansacademie, Fontys conservatorium)
Zie 23.4.f.11.

23.3.f.9 Nederlandse beiaardschool (HKU)
Voor adres(sen) zie: HBO-5, 188.
Algemeen Hbo-bacheloropleiding voor praktijkdiploma beiaardier, uitvoerend musicus en docent.
Toelatingseisen
- Diploma havo of gelijkwaardig.
- Toelating na een test op kennis van de algemene muziekleer en op muzikale begaafdheid.
Duur
- Praktijkdiploma en docent: 4 jaar.
- Uitvoerend musicus: 4 jaar.
Lesprogramma Binnen het curriculum zijn er vakken die alle studenten van HKU Utrechts Conservatorium volgen. Daarnaast volgt men vakken die specifiek zijn voor het hoofdvak Beiaard. Algemene vakken, zoals muziekgeschiedenis of contrapunt, worden gegeven in Utrecht. De voor het hoofdvak specifieke vakken worden gegeven in Amersfoort, aan de Nederlandse Beiaardschool.

23.3.f.10 Pop (ArtEZ Popacademie, Codarts Rotterdams Conservatorium, Conservatorium Amsterdam, Conservatorium Haarlem, Minerva Academie voor Popcultuur, Rockacademie)
Voor adres(sen) zie: HBO-10, 42, 107, 122, 152, 174.
Algemeen
- Hbo-bacheloropleiding voor een beroep binnen de muziekwereld, zoals popmuzikant.
- De Minerva Academie voor Popcultuur is onderdeel van Hanze HS/Academie Minerva in Groningen.
Toelatingseisen
- Tilburg (Rockacademie):
  • diploma havo; vwo; mbo niveau 4;
  • zeer talentvolle studenten met mavo of vmbo kunnen na een speciale test bij uitzondering eveneens worden toegelaten;
  • door middel van een toelatingsexamen beoordeelt men het ontwikkelingsniveau binnen de popmuziek;
  • bij de aanmelding moet de student een keuze hebben gemaakt uit maximaal twee van de disciplines: zang, gitaar, bas, drums, songwriting;
  • jaarlijks worden na het toelatingsexamen maximaal 40 studenten toegelaten.

Duur 4 jaar voltijd.
Lesprogramma Specialisaties:
- Enschede (Popacademie): Basgitaar - Drums - Gitaar - Singer-songwriter - Toetsen - Zang.
- R'dam (Codarts): Basgitaar - Creative producer - Drums - Gitaar - Singer-songwriter - Toetsen - Zang.
- Tilburg (Rockacademie): een of twee uit de disciplines: zang, gitaar, bas, drums of songwriting - research (vergaren van kennis) - projects (maken van producten en producties) - skills (ontwikkelen van instrumentele vaardigheden en uitdiepen van artistieke kwaliteiten) - communicatie/analyse (muziektheorie, gehoorontwikkeling) - softwareprogramma's (Cubase VST) - cultuur/historie - bandlessen - bandlessen bijvakinstrumenten - bijvak keyboards.
Functiemogelijkheden Popmuzikant, docent popmuziek op een muziekschool, geluidstechnicus in een studio, organisator van pop-concerten en festivals, manager van een band.
Overige informatie
- De locatie van de Popacademie is in Enschede.
- De locatie van de Rockacademie is in Tilburg.

23.3.f.11 Schumann akademie (schriftelijke en mondelinge deeltijdopleidingen)
Voor adres(sen) zie: OVER-368.
Algemeen Nog niet geaccrediteerde particuliere muziekvakopleidingen.
Opleidingen
- *Vooropleidingen:* elementaire voorbereidende opleiding - muziek-vakonderwijs klassieke muziek - muziekvakonderwijs lichte muziek - muziekvakonderwijs klassieke muziek (verkorte mondelinge versie).
- *Hbo-vakopleidingen deel I:* vakopleiding algemeen theoretische vakken klassieke muziek (3 jaar mondeling of 2 jaar schriftelijk en 1 jaar mondeling) - vakopleiding algemeen theoretische vakken lichte muziek (3 jaar mondeling).
- *Hbo-vakopleidingen deel II:* algemene muziek, pedagogiek en didactiek klassieke en lichte muziek - methodiek klassieke of methodiek lichte muziek - instrumentale en vocale hoofd- en steunvakken klassieke en lichte muziek.
- *Bijzondere opleidingen:* contrapunt c (vocaal) - contrapunt d (instrumentaal) - praktische harmonie aan de piano (klassiek) - analyse 20e eeuwse muziek - basso continuospel - studiedagen gregoriaans - arrangeren en componeren voor ensembles lichte muziek - instrumentatie en compositie (klassiek).
Toelatingseisen
- Goede algemene ontwikkeling, muzikale leesvaardigheid.
- Aangeraden wordt een relevante vooropleiding te volgen.
Duur
- Vakopleidingen deel I duren minimaal 3 jaar.
- Vakopleidingen deel II duren minimaal 2 jaar; ze kunnen tijdens het laatste jaar schriftelijk of mondeling worden gevolgd.
- De vooropleidingen en de bijzondere opleidingen hebben een variabele duur.
Diploma/examen Het examen wordt door de HS afgenomen onder toezicht van de Stichting Nederlandse Vakdiplomering Muziek (SNVM).
Overige informatie
- Voor klassieke muziek bestaat ook een mondelinge opleiding.
- De mondelinge opleidingen worden gegeven te Amsterdam, Den Haag, Nijmegen, Rotterdam, Utrecht, en Zwolle.

23.3.f.12 Sonologie (Koninklijk conservatorium)
Voor adres(sen) zie: HBO-68.
Algemeen Hbo-bacheloropleiding voor sonologie: het scheppen en herscheppen van muziek m.b.v. elektronische en elektro-akoestische middelen.
Doel Het Instituut voor Sonologie onderhoudt nauwe banden met met de Technische Universität Berlin, de Groupe de Recherches Musicales Parijs, Studio voor Elektro-Instrumentale Muziek (STEIM), de Hochschule für Künste Bremen, de Folkwang Hochschule Essen, Muziektheaterensemble De Veenfabriek, V2, het Nederlands filmmuseum, TAG Amsterdam / Den Haag, DNK Amsterdam, Lokaal 01 Breda, Studio LOOS en het Nederlands Muziek Instituut.
Toelatingseisen
- Diploma havo, vwo of mbo niveau 4.
- Alle studenten dienen deel te nemen aan een toelatingsonderzoek.
Duur 4 jaar.
Lesprogramma Akoestiek - signaalverwerking - computerprogrammering - algoritmentheorie - wiskunde - formele logica - artificiële intelligentie - psycho-akoestiek - digitale klanksynthese - inleiding seriële en elektronische muziek - interactieve realtime compositie - programmering van structuur- en vormprocessen - analoge studiotechniek - elektro-instrumentatie - instrumentatie-analyse - theorie muziek 20e eeuw - muziekgeschiedenis - muziekpsychologie - muzieksociologie - muziekfilosofie/esthetiek - compositieprojecten - experimenteel werk - toetsinstrument, keyboard - algemene muziekleer - solfègepracticum - contrapunt - Algemene Theoretische Vorming (ATV): solfège, analyse en harmonie (in onderlinge samenhang gedoceerd) - inleiding nieuwe muziek.
N.B. Er wordt ook een korte cursus Sonologie gegeven (zie 23.3.l.4).

23.3.g Mbo-opleiding niveau 4

23.3.g.1 Artiest (popmuziek) (HBA, RCI) (niveau 4)
Voor adres(sen) zie: ROC/MBO-18, 32, 51.
Algemeen
- De HBA biedt een leeromgeving waarin de dynamiek van en processen in de popmuziekwereld al werkelijkheid zijn. Centraal staat de muziek die in verschillende contexten wordt gemaakt. Om van die muziek daadwerkelijk een product te maken, vervullen de studenten van alle opleidingen diverse functies, zoals dat in de professionele wereld gebruikelijk is. Daarbinnen werken de studenten van de verschillende opleidingen structureel samen.
- Het Rock City Institute (RCI) is onderdeel van het Summa College en leidt op tot zelfstandig ondernemer in de muziekindustrie. Specialisaties: basgitaar, drums, gitaar, toetsen, zang. Er is ook een opleiding heavy metal onder de naam Metal Factory (MF), met dezelfde specialisaties.
- Bij Roc van Twente heet de opleiding: Artiest of Ondernemend artiest; specialisaties: Muziek; Theater/Drama.
- Bij Roc van Twente wordt slechts het centrale adres vermeld. De opleiding kan in de wijde omtrek ervan worden gegeven.
CREBO 90038
Doel Zelf songs en tracks maken of daar een bijdrage aan leveren (met een eigen act bijvoorbeeld). Bestaande muziek spelen (bijvoorbeeld in een coverband) of in opdracht creëren (bijvoorbeeld remixen van een bestaande track, muziek voor een project). Daarnaast workshops verzorgen, bijvoorbeeld op scholen en in jongerencentra of het starten van een eigen lespraktijk. Voor succes zijn verschillende soorten activiteiten nodig. Welke dat zijn, is afhankelijk van talent, ambitie en ondernemerschap.

Toelatingseisen
- In bezit zijn van een eigen instrument en een laptop en oorpluggen op maat.
- Diploma vmbo gl of vmbo tl.
- Mbo diploma niveau 3.
- Havo diploma of een overgangsbewijs naar havo-4 of vwo-4.

Daarnaast hanteert de HBA een toelatingsprocedure/intake waarbij wordt vastgesteld of de student aanleg en talent heeft, muzikaal is, en over het algemeen creatief is, dus niet alleen op muziekgebied.
Duur 3 jaar voltijd.
Lesprogramma
- De HBA heeft een eigen leerbedrijf, Toasted, met onder andere een platenlabel en een boekingskantoor LOLA Bookings.
  Ook is er de afgelopen jaren een groot netwerk in de popmuziekwereld opgebouwd met diverse poppodia, opnamestudio's en facilitaire bedrijven. Dit maakt mogelijk dat iedere student stages volgt en ervaring opdoet in het toekomstige werkterrein.
- Het RCI is gevestigd in muziekcentrum PopEi, in het oude Philips Klokgebouw in Eindhoven. Deze locatie met diverse repetitieruimtes, een podium en een studio is een real-life omgeving te midden van (inter)nationale poppodia als Effenaar, Dynamo, PopEi en Altstadt.
- MF is gehuisvest in Dynamo te Eindhoven. Deze locatie met diverse repetitieruimtes, meerdere podia en opname booths is een real-life omgeving te midden van (inter)nationale poppodia als Effenaar, PopEi en Altstadt.

Mogelijkheden voor verdere studie Conservatorium, Codarts te Rotterdam, Minerva academie voor popcultuur te Leeuwarden, Rockacademie te Tilburg, of HKU te Utrecht.
Overige informatie
- *HBA:*
  - Aanmelding kost 50 Euro.
  - Lesgeld 2014-2015 boven 18 jaar: 1043 Euro.
  - Daarnaast 450 Euro voor het dienstenpakket (boeken, basis oordoppen e.d.)
- *RCI en Roc van Twente:*
  - Lesgeld 2013-2014 boven 18 jaar: 1090 Euro.
  - Daarnaast opleidingskosten RIC via school en derden: 1e jaar: 875 Euro; 2e jaar 780 Euro; 3e jaar 740 Euro.
  - Daarnaast leermiddelen Roc van Twente: 1e jaar 185 Euro; 2e jaar 160 uro; 3e jaar 77 Euro.

23.3.g.2 Music industry professional (niveau 4)
Voor adres(sen) zie: ROC/MBO-51.
Algemeen De HBA biedt een leeromgeving waarin de dynamiek van en processen in de popmuziekwereld al werkelijkheid zijn. Centraal staat de muziek die in verschillende contexten wordt gemaakt. Om van die muziek daadwerkelijk een product te maken, vervullen de studenten van alle opleidingen diverse functies, zoals dat in de professionele wereld gebruikelijk is. Daarbinnen werken de studenten van de verschillende opleidingen structureel samen.
CREBO 95400
Doel Gericht op het vergroten van kennis (tijdens Expert Meetings), het trainen van vaardigheden (Workshops), het ontwikkelen van research tools (Facts and Figures) en het uitvoeren van diverse activiteiten in de praktijk. Gedurende de gehele opleiding is de rode draad daarbij een zelfgekozen act of artiest voor wie de student een carrièreplan opstelt.
Toelatingseisen
- In bezit zijn van een laptop en oorpluggen op maat.
- Diploma vmbo gl of vmbo tl.

- Mbo diploma niveau 3.
- Havo diploma of een overgangsbewijs naar havo-4 of vwo-4.

Daarnaast hanteert de HBA een toelatingsprocedure/intake waarbij wordt vastgesteld of de student affiniteit heeft met de productionele en zakelijke kant van popmuziek, of hij commercieel is, stressbestendig, servicegericht, en of hij houdt van samenwerken.
Duur 3 jaar voltijd.
Lesprogramma Leren in de praktijk en realistische beroepssituaties staan centraal. Daarom heeft de HBA een eigen erkend leerbedrijf, Toasted, waarbij de student stage loopt:
- In jaar 1 bij de afdeling Toasted Events: zorg voor de (pre)productie van alle HBA-events gedurende het studiejaar.
- In jaar 2 bij LOLA Bookings: aan de slag om optredens van de door de student gekozen artiesten en acts te regelen en wordt geleerd om te reageren op vragen uit de markt.
- In jaar 3 stage bij een externe organisatie in de muziekindustrie.

Mogelijkheden voor verdere studie Hbo-International Event Management; hbo-Muziekmanagement.
Overige informatie
- Aanmelding HBA kost 50 Euro.
- Lesgeld 2014-2015 boven 18 jaar: 1043 Euro.
- Daarnaast 450 Euro voor het dienstenpakket (boeken, basis oordoppen e.d.)

23.3.g.3 Nederlandse Pop ACademie (NPAC) (niveau 4)
Voor adres(sen) zie: ROC/MBO-52.
Algemeen Opleiding tot zelfstandig ondernemer in de popmuziek.
Doel
- Muzikale vaardigheden vergroten in de hoofdvakles (bas/-drums/gitaar/drums/rap/toetsen/sounddesign/songwriting)
- Werkzaamheden goed organiseren en coördineren.
- Repeteren van muziekproducties in groepsverband.
- Uitvoeren van muziekproducties in groepsverband.
- Componeren van (digitale) muziek en geluidsproducties (hoofdvak sounddesign).
- Ondernemen, zoals het verwerven van opdrachten en optredens, het vergroten van het netwerk en omgaan met wet- en regelgeving (belastingen, arbeidsvoorwaarden, subsidies, enz.)
- Lesgeven aan verschillende doelgroepen in sociale vaardigheden, popgeschiedenis, muziektheorie en produceren.

Duur 3 jaar voltijd.
Lesprogramma De opleiding is voor een groot deel gevestigd in oefenstudiocomplex dB's in Utrecht, met oefenstudio's, een zaal en een opnamestudio. Dbase is een tevens een plek om een netwerk als popmuzikant op te bouwen en uit te breiden. Naast Dbase zit Nutrecht, waar theorielessen worden gegeven.
Mogelijkheden voor verdere studie Conservatorium, Codarts te Rotterdam, Academie van Popcultuur te Leeuwarden, Rockacademie te Tilburg, HKU te Utrecht, of geluidsopleidingen.

23.3.j Vbo (België)

23.3.j.1 Muziek (België)
Voor adres(sen) zie: OVER-371, 374, 376, 377, 378, 379.
Algemeen Nederlandstalige opleiding in België voor uitvoerend musicus.
Duur 5 jaar voltijd.
Lesprogramma Godsdienst/zedenleer - algemene muziekleer - Nederlands - muziektheorie - Frans - muziekesthetica - Engels - instrumenten - Duits - samenspel/instrumentale kamermuziek -

wiskunde - zang - natuurwetenschappen - koorzang - fysica - algemene verbale vorming - biologie - kunstinitiatie - aardrijkskunde - kunstgeschiedenis - geschiedenis - hedendaagse dans - lichamelijke opvoeding.
N.B. Per school is het vakkenpakket iets anders samengesteld.

23.3.I Overige opleidingen

23.3.I.1 Landelijk Kennisinstituut Cultuureducatie en Amateurkunst (LKCA)
Voor adres(sen) zie: OVER-325.
Algemeen Het vroegere Unisono is opgegaan in Kunstfactor.
Opleidingen
- Assistent-koordirigent.
- Beginnende dirigent.
- Docentschap koristenopleiding.
- Meerjarige DirigentenOpleiding (MDO).
Vervolg- en specialisatieopleidingen, zoals:
- Dirigent gemengd koor a capella.
- Dirigent muziektheater.
- Specialisatie instrumentaal ensemble.
- Specialisatie vocaal ensemble.
Toelatingseisen
- Mbo-niveau of vmbo tl.
- Verplichte toelatingstest.
Duur
- Een voorbereidend jaar voor assistent-koordirigent is mogelijk.
- MDO: 2 jaar deeltijd.
Diploma/examen Erkend door het ministerie OCW.
Overige informatie De opleidingen worden op diverse locaties gegeven.

23.3.I.2 LOI - afstandsonderwijs - Muziek
Voor adres(sen) zie: OVER-225.
Opleidingen Basgitaar - gitaar - keyboard - klassieke muziek - muziekleer - piano - thuis in de muziek.

23.3.I.3 Muziekuitgever
Voor adres(sen) zie: OVER-323.
Algemeen Vakopleiding met basiskennis voor het kunnen uitbouwen van commerciële en muzikale activiteiten.
Toelatingseisen Er worden geen bepaalde eisen aan de vooropleiding gesteld.
Duur Schriftelijke cursus van 1 jaar met 4 dagdelen.
Lesprogramma Het studieprogramma bestaat uit 5 onderdelen:
- Structuur van diverse organisaties waarmee een muziekuitgever te maken heeft - het handelsverkeer in de praktijk.
- Algemene muziekgeschiedenis - ontstaan en inhoud van het beroep van muziekuitgever.
- Activiteiten en de inhoud van de huidige muziekuitgever - uitgeven van populaire muziek.
- Grondige kennis van het auteursrecht.
- Praktijk van de muziekuitgeverij - indeling van de muziek - calculatie.
Diploma/examen Schriftelijk en mondeling examen in het najaar van ieder jaar.
Functiemogelijkheden Muziekuitgever; medewerker bij een muziekuitgeverij.
Overige informatie Het schriftelijke deel van het cursusmateriaal is ook als naslagwerk verkrijgbaar.

23.3.I.4 Sonologie (korte cursus)
Voor adres(sen) zie: HBO-68.
Doel Inzicht krijgen in de eigenschappen van muzikale structuren en muzikale creativiteit d.m.v. het ontwikkelen van modellen en beschrijvingstechnieken.
Toelatingseisen Gewenst, maar niet verplicht: diploma hbo-bacheloropleiding Muziek. Ook voor studenten die het bijvak sonologie willen gaan kiezen aan een van de universiteiten: men kan zich dus ook zonder gespecialiseerde vooropleiding voor deze cursus opgeven.
Duur 1 jaar.

23.3.I.5 Verkoopmedewerker bladmuziek
Voor adres(sen) zie: OVER-323.
Algemeen Module die aansluit bij de zogenoemde 'Alsbach-cursus voor de muziekvakhandel.
Doel Nieuwe medewerkers de mogelijkheid bieden om snel zelfstandig te werken.
Lesprogramma Onderwerpen o.a.: welke boeken zijn geschikt voor bepaalde instrumentcombinaties - hoe zit het met koorpartijen (waarom moet je er steeds 20 afnemen)? - in welke sleutel leest de trombonespeler zijn muziek? - kun je alle boeken voor ieder instrument gebruiken? - stijlperioden in de muziek.

23.3.I.6 Verkoper muziekdetailhandel
Voor adres(sen) zie: OVER-101.
Algemeen Online cursus (pdf's) met modulaire opbouw, waardoor het mogelijk is om alleen de leerstof die voor de betreffende werkkring relevant is, te bestuderen.
Doel Vakkennis van huidige en nieuwe verkoopmedewerkers in de muziekdetailhandel op peil brengen.
Lesprogramma 14 losse modulen (aanbevolen deze te volgen in deze volgorde):
- Basiskennis en verkooptechniek (inrichting van de muziekinstrumentenbranche, verkooptechnieken en marketing [inclusief begrippen als USP's, sellogrammen, crosselling en upselling], klanttyperingen, communicatie en klachtenafhandeling, instrumentgroepen, geluidsdruk, materiaalkennis, samenspelvormen).
- Tokkelinstrumenten.
- Strijkinstrumenten.
- Houtblaasinstrumenten.
- Koperblaasinstrumenten.
- Slagwerk.
- Piano's.
- Mondharmonica en accordeon.
- Digitale piano's, keyboards, synthesizers (synths).
- Midi.
- Versterkers en effecten.
- DJ-apparatuur.
- Homerecording.
- Diversen en accessoires.
Diploma/examen
- (Vrijwillig) examen: examenvragen over de basismodule en over minimaal drie productmodulen naar keuze.
- Na het behaalde examen wordt het officiële NPMB-certificaat aan de student overhandigd.

23.4 THEATER

23.4.b Wo-masteropleiding

23.4.b.1 Media studies/Mediastudies (EUR, RUG, UL, UM, UU, UvA)
Voor adres(sen) zie: WO-8, 23, 30, 31, 37, 45.
Algemeen
- Wo-masteropleiding.
- EUR, UU, UvA: ook als onderzoeksmaster.
- UvA: ook duaal.

Toelatingseisen Diploma wo-bachelor Theaterwetenschap of Theater-, film- en televisiewetenschap, of een diploma van een vergelijkbare studie.
Lesprogramma Specialisaties:
- EUR: Media and business - Media and the arts - Media, culture and society - Media en cultuur - Media en journalistiek - Sociology of culture.
- RUG: Journalism - Journalistiek.
- UL: Book and digital media studies - Comparative litrerature and literary theory - Film and photographic studies - Journalistiek en nieuwe media.
- UU: Media and performance studies - New media & digital culture.
- UvA: Film studies - Journalistiek - New media and digital culture - Television and cross-media culture.

23.4.b.2 Theater- en filmwetenschap (UA)
Voor adres(sen) zie: WO-48.
Algemeen Wo-masteropleiding.
Toelatingseisen Diploma wo-bachelor Theaterwetenschap of Theater-, film- en televisiewetenschap, of van een vergelijkbare studie.

23.4.c Wo-bacheloropleiding

23.4.c.1 Theater-, film- en televisiewetenschap (UU, UvA)
Voor adres(sen) zie: WO-8, 45.
Algemeen Bij de UvA heet deze wo-bacheloropleiding 'Theaterwetenschap'.
Doel De studie houdt zich bezig met toneel en theaterdans, speelfilm, animatiefilm, experimentele film, televisiedrama, nieuwe media en documentaire.
Toelatingseisen
- Diploma vwo; propedeuse of getuigschrift/diploma van een hbo of van de OUNL.
- Als men 21 jaar of ouder is, komt men in aanmerking voor een colloquium doctum.
Duur 4 jaar voltijd.
Lesprogramma Specialisaties:
- UU: Comperative media studies - Film- en mediacultuur - Honoursprogramma - Nieuwe media en digitale cultuur - Televisie- en mediacultuur - Theater- en danscultuur.
- UvA: Honours-programma - Minors.
Aansluitende masteropleidingen
- UA: Theater- en filmwetenschap.
Functiemogelijkheden Docent dramaturgie, dramaturg bij toneel, omroepen en productiemaatschappijen, film- en toneelcriticus, beleidsmedewerker, wetenschapper.

23.4.d Post-hbo-opleiding

23.4.d.1 Bewegingsexpressietherapie (Fontys Dansacademie)
Zie 13.13.d.1.

23.4.d.2 Scenography (De Theaterschool Amsterdam)
Voor adres(sen) zie: HBO-11.
Algemeen Gespecialiseerde vorming van getalenteerde theatervormgevers (niveau wo-bachelor).
Toelatingseisen Diploma hbo-bachelor Theatervorming.
Duur 1 jaar voltijd.
Overige informatie
- De opleiding wordt gegeven in samenwerking met scenografieopleidingen in Helsinki, Londen, en Praag.
- De voertaal is Engels.

23.4.e Hbo-masteropleiding

23.4.e.1 Vo-Theater (DasArts)
Voor adres(sen) zie: HBO-14.
Algemeen Tweede fase-opleiding voor theaterregie, choreografie, mimografie, theatervormgeving en disciplines die het theater maken kunnen steunen en stimuleren.
Toelatingseisen
- Aanmelding kan per blok.
- De selectieprocedure neemt enige tijd in beslag en bestaat uit tenminste 1 gesprek, presentatie van werk, argumentatie voor deelname, 2 buitendisciplinaire aanbevelingen, een projectvoorstel, en cv's van de deelnemer en van de aanbevelers.
- Een goede kennis van de Engelse taal in woord en geschrift is een vereiste; alle materiaal de aanmelding betreffend dient ook in het Engels te worden ingediend.
Duur 2 jaar voltijd, individueel studieritme, waarbij in totaal 4 blokken worden gevolgd: 2 studieblokken van 10 weken voltijds per jaar.
Overige informatie DasArts = De amsterdamse school, Advanced research in theatre and dance studies.

23.4.f Hbo-bacheloropleiding

23.4.f.1 Amsterdamse toneelschool & kleinkunstacademie (De Theaterschool Amsterdam)
Voor adres(sen) zie: HBO-11.
Algemeen Deze hbo-bacheloropleiding leidt beginnend toneelspelers, cabaretiers en acteurs in het muziektheater op.
Toelatingseisen
- Diploma havo (of gelijkwaardig); minimumleeftijd 17 jaar, maximumleeftijd 24 jaar. Toelating via audities en een selectiecursus.
- Men moet toneelervaring hebben.
Duur 4 jaar voltijd.
Lesprogramma Spel-les - project/workshop - repetities voorstellingen - camera-acteren - spraak (groepsles) - spraak (kleine groep) - zang (groepsles) - zang (solo) - gezongen en gesproken repertoire - algemene beweging - fysieke training - houdingcorrectie - bewegingsimprovisatie - schermen - jazzdans - workshop - solfège - tekstanalyse - theatergeschiedenis - filosofie - scriptiebegeleiding - toneel- en kleinkunstdramaturgie - tekstlezen - eigen project - theatertechniek - theatergeschiedenis - stage - kunst in de praktijk - diverse keuzevakken.
Functiemogelijkheden Professioneel acteur of actrice; professioneel cabaretier/entertainer en uitvoerend podiumkunstenaar bin-

nen het werkveld van de kleinkunst en het muziektheater.
Overige informatie Getalenteerde studenten kunnen hun opleiding tot podiumkunstenaar combineren met die van theatermaker.
N.B. Sinds begin 2001 zijn de Amsterdamse toneelschool, opgericht in 1874, en de Academie voor kleinkunst, opgericht in 1960, samengevoegd tot één opleiding: de Amsterdamse toneelschool & kleinkunstacademie.

23.4.f.2 Cabaret (Avans+, Koningstheateracademie)
Voor adres(sen) zie: HBO-54, OVER-113.
Algemeen Bacheloropleiding tot het beroep van cabaretier. Het opleidingsprogramma is ontwikkeld door de Koningstheateracademie, en geaccrediteerd door de NVAO.
De overheid bekostigt deze opleiding echter niet.
Duur 4 jaar voltijd en deeltijd.

23.4.f.3 Circus arts (Codarts Circusacademie)
Voor adres(sen) zie: HBO-151.
Algemeen Hbo-bacheloropleiding.
Doel De ontwikkelde combinatie van vaktechnisch kunnen en artistieke inbreng als meerwaarde zichtbaar maken bij de creatie van nieuw materiaal. Tijdens de opleiding worden competenties ontwikkeld, waaronder artistieke eigenheid, vaktechnisch vermogen, zelfstandigheid en ondernemerschap, die ervoor zorgen dat men als circuskunstenaar kan voldoen aan de eisen die het vak stelt.
Toelatingseisen Diploma vwo, havo, mbo niveau 4, of een (buitenlands) getuigschrift van gelijkwaardig niveau (ongeacht vakkenpakket of profiel).
- Duidelijke affectie met theater.
- Fysiek sterk; niet bang; niet blessuregevoelig; niet roekeloos.
- Specifiek talent: creatief, communicatief, ondernemend en zelfkritisch; goed in dans, muziek of theater.
- Sterke wil om te leren.
- Uitstekende conditie.
Van deze voorwaarden kan in bijzondere gevallen worden afgeweken. Om zicht te krijgen op de mate van talent doet men vooraf diverse audities.
Duur 4 jaar voltijd.
Lesprogramma In het eerste jaar staan een brede introductie in verschillende circustechnieken en kennismaking met het werkveld centraal. In dit eerste jaar moet de student kunnen bewijzen dat hij beschikt over voldoende talent en doorzettingsvermogen.
In de propedeuse komen vier clusters aanbod:
1. Circus Skills Training.
2. Artistic Development.
3. Theory.
4. Professional Orientation.

Na de propedeuse volgt de hoofdfase: in de hoofdfase staat de specialisatie steeds meer centraal. Naarmate de opleiding vordert neemt de eigen verantwoordelijkheid van de studie van de student toe met name in de specialisatie. Daarom blijft de student tot en met het gehele tweede jaar trainen in een breed scala aan andere circustechnieken. Ook de eigen verantwoordelijkheid in de (artistieke) keuzes die men maakt neemt toe, waarbij op basis van de eigen capaciteit, de artistieke visie en de eigenheid het specialisme waarmee de student zich in de markt kan profileren en onderscheiden, wordt ontwikkeld. Ook in de hoofdfase komen de vier bovenstaande clusters aan bod.

In het laatste jaar van de opleiding, het atelierjaar, werkt de student toe naar twee professionele producties; een eigen specialisatie gebonden act en een avondvullende voorstelling o.l.v. een befaamd regisseur, choreograaf of circustheatermaker die samen met medestudenten wordt gemaakt. De groepsproductie doet een beroep op de professionele vaardigheden van de circuskunsten in de volle breedte. Met de eigen, individuele act heeft de studenent de mogelijkheid zich van anderen te onderscheiden binnen het vakgebied.

Omdat de opleiding Circus Arts een onderdeel is van Codarts wordt een natuurlijke verbinding aangegaan met de muziek- en dansopleidingen. Hierdoor zijn projecten mogelijk in samenwerking met de andere kunstdisciplines binnen de hogeschool.
Functiemogelijkheden Zelfstandig circusartiest, of als lid van een collectief.

23.4.f.4 Dans/Danser/Dansdocent/Choreograaf (ArtEZ, Codarts Rotterdamse Dansacademie, Dansacademie Lucia Marthas, A'dam, De Theaterschool Amsterdam, Fontys Dansacademie, Hanze HS, Koninklijk conservatorium Den Haag)
Zie 23.5.f.2.

23.4.f.5 Docent Drama/Theater
Zie 24.6.f.1 t/m 24.6.f.5.

23.4.f.6 Inter-architecture (Gerrit Rietveld Academie)
Voor adres(sen) zie: HBO-18.
Algemeen Hbo-bacheloropleiding voor o.a. theatervormgever.
- Sinds studiejaar 2013-2014 is de naam van de afdeling veranderd in inter-architecture; voorheen was die Architectonisch ontwerp.
Toelatingseisen Diploma havo, vwo of mbo niveau 4; of geslaagd zijn voor een toelatingsonderzoek.
Duur 4 jaar deeltijd.
Lesprogramma Het hele domein van architectonisch ontwerpen komt aan bod: meubelontwerpen, dans-, theater-, tentoonstellings- en decorontwerp, interieurarchitectuur, installaties, architectuur en het ontwerpen van de publieke ruimte; hierbij wordt regelmatig met andere kunstdisciplines samengewerkt.

23.4.f.7 Jazz- en musicaldans (De Theaterschool Amsterdam)
Zie 23.5.f.5.

23.4.f.8 Mime (docent en speler) (De Theaterschool Amsterdam)
Voor adres(sen) zie: HBO-11.
Algemeen Hbo-bacheloropleiding voor mimedocent en mimespeler.
Toelatingseisen
- Diploma havo of gelijkwaardig; mime of theaterervaring.
- Voor toelating dient men een selectiecursus te volgen.
- Er worden eisen gesteld aan dramatechnische en fysieke vaardigheden.
Duur 4 jaar voltijd.
Lesprogramma Mime - wushu - moderne dans - spel - bewegingscompositie - zang - stem - acrobatiek - yoga - muziek - houdingcorrectie - observatiestages docentenopleiding - werken voor de camera - mime- en theatergeschiedenis - kunstgeschiedenis - dra-

maturgie - filosofie - didactiek - pedagogiek - ontwikkelingspsychologie - scriptiebegeleiding - startproject - werken met de camera - theatertechniek (lichtcursus) - voorstellingen/presentaties - eigen project/solo voorstelling - stage buiten de school - keuzevakken AHK (Amsterdamse HS voor de Kunsten).
Functiemogelijkheden Mimespeler; mimograaf/theatermaker; mimedocent in en buiten het onderwijs.

23.4.f.9 Moderne theaterdans (De Theaterschool Amsterdam)
Zie 23.5.f.6.

23.4.f.10 Muziektheater (ArtEZ Academie voor theater, Codarts dansacademie, Fontys conservatorium)
Voor adres(sen) zie: HBO-41, 153, 167.
Algemeen Hbo-bacheloropleiding voor allround zanger, die kan zingen, dansen en acteren.
Toelatingseisen
- Diploma havo, vwo of mbo niveau 4.
- Geslaagd zijn voor een toelatingsonderzoek waarin zang, solfège, klassieke dans, dansexpressie en drama worden getoetst.
Duur 4 jaar voltijd.
Lesprogramma - Mogelijke vakken: zang - repertoire studie - klassiek ballet - dansexpressie - jazzdans - tapdans - drama - spreekstem - grime - solfège - harmonieleer - algemene muziekleer - muziek- en cultuurgeschiedenis - à vue zang - belichting - piano - geschiedenis musical - chorus repertoire - solo- en ensemble repertoire - theatertechniek.
- Specialisaties bij Codarts: Klassiek - Modern muziektheater - Musical.
Functiemogelijkheden Allround zanger in musicaltheater.

23.4.f.11 Nationale BalletAcademie (NBA) (De Theaterschool Amsterdam)
Zie 23.5.l.4.

23.4.f.12 Regie (De Theaterschool Amsterdam)
Voor adres(sen) zie: HBO-11.
Algemeen Hbo-bacheloropleiding voor regisserend theatermaker voor de professionele beroepspraktijk.
Toelatingseisen
- Diploma havo, vwo of gelijkwaardig.
- Minimumleeftijd 21 jaar.
- Praktische regie-ervaring.
- Toelating na het afleggen van 2 audities.
Duur 4 jaar voltijd.
Lesprogramma Theatergeschiedenis - regiegeschiedenis - dramatheorie - voorstellingsanalyse - tekstanalyse - acteren - spelregie - regie-etudes - lichttechniek - decorontwerp/vormgeving - tekstschrijven - scriptiebegeleiding - stem/spraak - beweging/mime - kostuumgeschiedenis - eigen projecten - regiestage - keuzevakken.
Functiemogelijkheden Regisseur voor het professionele werkveld.

23.4.f.13 School voor nieuwe dansontwikkeling (De Theaterschool Amsterdam)
Zie 23.5.f.7.

23.4.f.14 Techniek en theater (De Theaterschool Amsterdam)
Voor adres(sen) zie: HBO-11.

Algemeen Hbo-bacheloropleiding voor leidinggevend theatertechnicus in het theater en bij gezelschappen.
Toelatingseisen
- Diploma havo of vwo (of gelijkwaardig) of mbo-Werktuigbouwkunde of mbo-Elektrotechniek niveau 4, met wisk. B en natuurkunde.
- Minimumleeftijd 18 jaar.
- Selectiegesprek.
Duur 4 jaar voltijd.
Lesprogramma Theaterbouw - geschiedenis van theater, dans, opera, muziek - architectuur en inrichting - dramaturgie - muziek - wis- en natuurkunde - elektrotechniek en elektronica - organisatie - voorschriften - informatica - belichting en projectie - geluid en video - vormgeven - algemene theatertechniek - decorbouw en -constructies - stages.
Functiemogelijkheden Kaderfunctie op het gebied van theatertechniek in het theater en bij gezelschappen.

23.4.f.15 Theater (Amsterdamse Theaterschool, ArtEZ Academie voor theater, HKU school voor theater, Zuyd HS Toneelacademie)
Voor adres(sen) zie: HBO-11, 41, 146, 187.
Algemeen Hbo-bacheloropleiding voor acteur of actrice.
Toelatingseisen
- Diploma havo, of gelijkwaardig; van deze opleidingseis kan worden afgeweken.
- Minimumleeftijd: 18 jaar.
- Er worden eisen gesteld aan dramatechnische en fysieke vaardigheden.
- Het volgen van een selectiecursus is noodzakelijk.
Duur 4 jaar voltijd.
Lesprogramma Specialisaties:
- A'dam (Amsterdamse Theaterschool): Acteur/performer - Mime opleiding - Productie podiumkunsten - Regie opleiding - Scenografie - Techniek en theater.
- Maastricht (Toneelacademie): Artistiek leider van een toneelgezelschap - Regisseur - Theaterkostuumontwerper - Theatervormgever - Theatraal performer - Toneel-scriptschrijver - Tv-film-theateracteur.
- Utrecht (HKU): Acting - Theatre design - Writing for performance.
Functiemogelijkheden Toneelspeler bij toneel- en theatergezelschappen, werken bij ad-hoc-groepen, starten van eigen groepen, werken bij film en televisie.

23.4.f.16 Theaterdocent (eerstegraads)
Zie 24.6.f.1 t/m 24.6.f.5.

23.4.f.17 Theatervormgeving (Hanze HS)
Voor adres(sen) zie: HBO-94.
Algemeen Hbo-bacheloropleiding voor theatervormgever.
Toelatingseisen
- Propedeuse van hbo-bacheloropleiding Autonome beeldende kunst, of van een vergelijkbare studie.
- Er worden eisen gesteld aan artistieke vaardigheid.
Duur 4 jaar voltijd.
Mogelijkheden voor verdere studie Scenography (post-hbo).
Functiemogelijkheden Productiebureaus voor toneel en dans, danstheater, theaterwerkplaats, opera, musical, muziektheater, tv, reclame, audiovisuele manifestaties, tentoonstellingen, film- en modeproducties.

23.4.f.18 Toneelacademie (Zuyd HS)
Voor adres(en) zie: HBO-146.
Algemeen
- Vooropleiding tot de dagopleiding en de deeltijdopleiding.
- Hbo-bachelor-dagopleiding tot acteur of actrice.
- Hbo-bachelor-dagopleiding of deeltijdopleiding tot docent drama/regisseur (zie 24.6.f).

Toelatingseisen
- Dagopleiding: diploma havo of vwo; mbo niveau 4; minimumleeftijd 17 jaar.
- Deeltijdopleiding: agogische bevoegdheid op hbo-niveau; minimumleeftijd: 23 jaar.
- Vooropleiding: minimumleeftijd:16 jaar.
- Voor alle opleidingen moet een selectiecursus met succes zijn doorlopen. Er worden eisen gesteld aan dramatechnische en fysieke vaardigheden.

Duur
- 4 jaar voltijd (eventueel langer).
- Deeltijdopleiding 3 jaar.

Lesprogramma Er is een gemeenschappelijke propedeuse van de dagopleidingen tot acteur/actrice en docent/regisseur.

Spel-les - project/workshop - repetities voorstellingen - cameraacteren - spraak (groepsles) - spraak (kleine groep) - zang (groepsles) - zang (solo) - algemene beweging - fysieke training - houdingcorrectie - bewegingsimprovisatie - schermen - jazzdans - workshop - solfège - tekstanalyse - theatergeschiedenis - filosofie - scriptiebegeleiding - toegepaste dramaturgie - tekstlezen - eigen project - theatertechniek - stage - kunst in de praktijk - keuzevakken.

Functiemogelijkheden Professioneel acteur of actrice; docent drama; regisseur.

23.4.g Mbo-opleiding niveau 4

23.4.g.1 Artiest (Drama) (niveau 4)
Voor adres(en) zie: ROC/MBO-5, 7.
Algemeen
- Vanaf het eerste jaar worden ieder jaar theaterproducties gemaakt. Daarnaast moet de student zelf het initiatief nemen om contacten uit te breiden en in de praktijk aan de slag te gaan.
- Eindtermen voor deze kwalificatie worden ontwikkeld door Calibris (Zorg, Welzijn en Sport).
- Hier wordt slechts het centrale adres van het ROC van Amsterdam vermeld. De opleiding kan in de wijde omtrek ervan worden gegeven.

CREBO 90032
Doel Niet alleen leren een goede speler te zijn en ervaring opdoen, maar ook goed met mensen kunnen omgaan, veel inzet hebben en kunnen organiseren.
Toelatingseisen - Diploma vmbo gl, vmbo kb en vmbo tl.
- Overgangsbewijs naar havo-4 of vwo-4.
- Toelating tevens mogelijk met eerder verworven competenties, vast te stellen door de toelatingscommissie.
- Intakegesprek.

Duur 3 jaar voltijd.
Lesprogramma
- In het 1e jaar is de training gericht op fysiek theater.
- Hoofdvakken: acrobatiek - dans/beweging - improvisatie - stemtraining - theatersport.
- 2e jaar: creatief schrijven - poëzie - speelstijlen - tekstanalyse.
- 3e jaar: dramaturgie - regie.

Mogelijkheden voor verdere studie Hbo-bachelor-opleidingen op het gebied van theater.
Functiemogelijkheden Vaste banen voor artiest of toneelspeler bestaan niet. Iedere artiest creëert zijn eigen werk en werkervaring.

23.4.g.2 Theaterschool Rotterdam (niveau 4)
Voor adres(en) zie: ROC/MBO-40.
Algemeen
- Brede opleiding van het Albeda College, in samenwerking met het Jeugdtheater Hofplein te Rotterdam.
- Hier wordt slechts het centrale adres vermeld. De opleiding kan in de wijde omtrek ervan worden gegeven.

CREBO Geen.
Doel Basisopleiding in modulen en stages in de wereld van kunst, theater en vrijetijdsbesteding.
Toelatingseisen - Diploma vbo-b met 4 vakken op c-niveau; vmbo gl, vmbo kb en vmbo tl; mavo.
- Overgangsbewijs naar havo-4 of vwo-4.
- Jaarlijks voor 1 maart aanmelden voor de selectiedagen eind mei/begin juni door auditie en werkopdrachten.
- Basisvaardigheden op artistiek en sociaal gebied.
- Voor de selectie een werkstuk indienen.
- Beschikken over een goede gezondheid i.v.m. de bewegingslessen en andere fysieke eisen die tijdens de opleiding aan de student worden gesteld.

Duur 4 jaar voltijd.
Lesprogramma
- Nederlands - Engels - nieuwste technische ontwikkelingen - sociale vaardigheden.
- Organisatie: arbo en veiligheid - beheer van budgetten - evenementenorganisatie - kassa - productie - publiciteit.
- Theatervakken: dans - logopedie - muziek - regie - toneelspel - zang.
- Theatervormgeving: algemene vormgeving - decor - drukwerk - grime - kostuum.
  - 1e jaar: alle 4 vakgebieden;
  - 2e jaar: keuze uit 2 van 4 vakgebieden;
  - 3e jaar: examen in een van de twee gekozen vakgebieden;
  - 4e jaar: specialisatie in het andere gekozen vakgebied.

Mogelijkheden voor verdere studie Doorstroom hbo.
Functiemogelijkheden Middenkader en ondersteunende functies bij evenementen, entertainment, (kunst)beoefening en -onderwijs, theater en vrijetijdsbesteding, zoals: evenemententechnicus, publiciteitsmedewerker, decorbouwer, regisseur van een amateurtoneelgroep, geluidstechnicus van een popband, theatertrainer in bedrijfsopleidingen, zanger, grimeur, productieassistent, disco- of showballetdanser, pretparkmedewerker, cameraman of -vrouw.
N.B. Niet te verwarren met De Theaterschool die onderdeel is van de Amsterdamse HS voor de Kunsten.

23.4.l Overige opleidingen

23.4.l.1 Frank Sanders Akademie voor musicaltheater
Voor adres(en) zie: OVER-40.
Algemeen Selectiecursus, waarna 3-4-jarige opleiding Musicalcoaching.
Toelatingseisen
- Om toegelaten te kunnen worden dient men zich eerst aan te melden voor de audities. Tijdens die audities wordt bepaald in welke mate men aanleg heeft op het gebied van dans, spel of zang. Alle jonge mensen met aanleg voor deze drie vakonderdelen worden geselecteerd voor de voorbereidende Selectiecursus.

- Behalve een test op het goed kunnen spreken en schrijven van de Nederlandse en de Engelse taal vindt er ook een test van de stembanden en een medische keuring plaats.
- Van belang is dat er, vooral bij het tot stand komen van een musicalproject, een groot app?l wordt gedaan op de zelfstandigheid en het verantwoordelijkheidsgevoel van de student.

Duur 3-4 jaar voltijd, met 2 semesters per jaar.

Lesprogramma
- De selectiecursus: ensemblezang - elementair spel - basistraining dans - bewegings- en theatercompositie - gezongen musicalrepertoire.
  • De lessen worden gegeven door vakdocenten die zo, individueel en samenwerkend, enig inzicht krijgen in het bewegingsbewustzijn, de vocale mogelijkheden, de muzikaliteit en het inlevingsvermogen van de aspirant-student.
  • Ook mentaliteit, doorzettingsvermogen, ensemblebereidheid en opmerkingsgave van de student worden getoetst.
  • Aan het eind van de selectiecursus wordt de definitieve selectie voor het eerste studiejaar van de akademie gemaakt. Als belangrijkste criterium geldt dat van de drie musicaldisciplines - dans, spel, en zang - er minstens twee mogelijkheden tot ontwikkeling moeten bieden.
- In het eerste cursusjaar van de akademie wordt de aandacht vooral gericht op het ontwikkelen van de technische vaardigheden en het uitkristalliseren van de mogelijkheden van de studenten. Het studieprogramma bevat bewegingslessen (in de vorm van klassieke basistraining), musical- en jazzdanslessen, zangles (individueel en ensemble), spraakles, elementaire spel- en improvisatielessen. Met daarnaast theorievakken als musicalgeschiedenis, repertoirekennis en algemene muziekleer (onder meer het leren lezen van notenschrift).
- In het tweede jaar wordt er verder gewerkt aan het verhogen van technische kwaliteiten. De persoonlijke ontwikkeling krijgt een zwaarder accent. Naast de vaste basislessen worden onder meer musicalimprovisatie, musicaldramaturgie, zangprestatie en vormgeving aan het programma toegevoegd.
- In het derde en vierde jaar van de opleiding komt het accent nog meer op de persoonlijke ontwikkeling te liggen aan de hand van individueel onderwijs.
- Met name in het eerste en tweede jaar geldt dat er voor elk vak, naast de individuele aandacht in de vorm van lessen en/of projecten, ook aandacht wordt besteed aan ensemble-gericht samenwerken. Om tot maximale prestaties te komen zal bovendien aan het versterken van het uithoudingsvermogen, zowel mentaal als fysiek, worden gewerkt.
- In elk cursusjaar zijn er workshops en speciale projecten, begeleid door gastdocenten in hun eigen vakgebied. Hierdoor voorkomt men eenzijdige belangstelling en ontwikkeling.

Overige informatie De Akademie is als zelfstandige beroepsopleiding onderdeel van het Roc van Amsterdam.

23.4.l.2 Landelijke oriëntatiecursus theaterscholen Nederland
Algemeen De cursus wordt uitgevoerd door centra voor kunsteducatie en jeugdtheaterscholen en is een initiatief van de theateropleidingen te Amsterdam, Arnhem, Maastricht en Utrecht.
Doel Oriëntatie op de verschillende theateropleidingen en -stromingen van het theateronderwijs in Nederland.
Toelatingseisen
- Voor leerlingen van 16 jaar en ouder die havo of vwo volgen.
- Enige ervaring met theater is gewenst.

Duur 6 maanden deeltijd.

23.4.l.3 Nederlandse Musical Academie (v/h Willem Nijholt Academie)
Voor adres(sen) zie: ROC/MBO-9.
Algemeen Topopleiding tot musical- en muziektheateracteur of -actrice.
Toelatingseisen
- Tussen 16 en 23 jaar.
- Auditie in het voorjaar voorafgaand aan het schooljaar.

23.4.l.4 Vooropleidingen theater (HKU)
Voor adres(sen) zie: HBO-187.
Algemeen De Vooropleidingen theater is een oriëntatiejaar op de brede wereld van het theater en de persoonlijke mogelijkheden van de student.
Toelatingseisen
- Diploma havo of vwo (min. leeftijd 17 jaar), of mbo niveau 4.
- Leeftijd: 20 jaar of ouder.
- Of diploma mavo of vmbo, plus voldoende talent voor het theatervak.
Duur 1 jaar voltijd.
Lesprogramma Modulen: spelen - theaterwerkplaats - theatervormgeving - zang en stem - cultuurbeschouwing - beweging en acrobatiek - video en multimedia - sociale vaardigheden.
Mogelijkheden voor verdere studie - Met havo of mbo niveau 4 als vooropleiding: diverse theater-opleidingen: acteur, mimespeler, kleinkunstenaar; dramadocent; theatervormgeving.
- Met vwo als vooropleiding: wo-Film- en theaterwetenschappen.
N.B. Men kan met mavo of vmbo als vooropleiding niet worden toegelaten tot hbo-theateropleidingen.

23.5 DANS EN BALLET

23.5.d Post-hbo-opleiding

23.5.d.1 Bewegingsexpressietherapie (Fontys Dansacademie)
Zie 13.13.d.1.

23.5.f Hbo-bacheloropleiding

23.5.f.1 Dansacademie Lucia Marthas
Zie ook: 23.5.f.2.
Voor adres(sen) zie: HBO-17.
Algemeen Hbo-bacheloropleiding tot allround showmusicaldanser en docent showmusicaldans.
Toelatingseisen
- Diploma havo, mbo niveau 4 of een overbruggende opleiding.
- Wanneer men niet aan de vooropleidingseisen voldoet, maar over veel danstalent beschikt, komt men toch in aanmerking voor een toelatingstest.
- De maximumleeftijd is 22 jaar.
- Toelating na geslaagd te zijn voor een eendaagse auditie en het selectieweekend.
Duur
- 4 jaar voltijd.
- Ad-programma: 2 jaar voltijd.
Lesprogramma Acrobatiek - choreografie/compositie - ensemblezang - grime/schmink - jazzdans - klassiek ballet - kleinkunst - koorzang - moderne dans - showmusicaldans - acteren - spitzen - stemcoaching - zang - stijldans - werelddans - tapdans - musical theatre

- musical project - musical repertoire - muziek in de praktijk - pas de deux/duetten - muziektheorie - solfège - pedagogiek/theorie - pedagogiek/praktijk/didactiek - psychologie - methodiek - analyse - anatomie - dansgeschiedenis - werkveldoriëntatie - onderwijskunde - musicalwetenschap.

Functiemogelijkheden Showmusicaldanser in televisie-, theater- en evenementenproducties, educatieve projecten en binnenschoolse presentaties; docent Showmusicaldans.

Overige informatie
- De Academie heeft ook een vooropleiding voor leerlingen van het basisonderwijs en een dansklas voor leerlingen van het voortgezet onderwijs.
- Ook verzorgt zij een weekendklas en een jongensklas.

23.5.f.2 Dans/Danser/Dansdocent/Choreograaf (ArtEZ, Codarts Rotterdamse Dansacademie, Dansacademie Lucia Marthas A'dam, De Theaterschool Amsterdam, Fontys Dansacademie, Hanze HS, Koninklijk conservatorium Den Haag)

Zie ook: 23.5.f.1.

Voor adres(sen) zie: HBO-11, 17, 43, 68, 94, 153, 167.

Algemeen Hbo-bacheloropleidingen tot toneeldanser en dansdocent voor klassieke dans (balletpedagoog), moderne dans, jazzdans, musicaldans, flamenco/Spaanse dans en dansexpressie.
- A'dam: leidt op voor klassieke dans (Nationale BalletAcademie; zie 23.5.l.4), jazz- en musicaldans (zie 23.5.f.5), moderne theaterdans (zie 23.5.f.6), en nieuwe dans (School voor nieuwe dansontwikkeling; zie 23.5.f.7); docent dans (hoofdvak klassieke dans en specialisaties jazzdans en moderne dans) (zie 24.7.f.4). Er is een vooropleiding theaterdans (zie 23.5.l.3).
- Arnhem: de opleiding Uitvoerende (theater)dans (zie ook: 23.5.l.7) is breed en veelzijdig. De lessen richten zich op de klassieke en de belangrijkste moderne technieken. Daarbij wordt uitgegaan van hedendaags repertoire. Daarnaast is er in het lesprogramma ondersteunende en aanvullende aandacht voor jazztechnieken.
  In de opleiding Docent theaterdans kiest de student op het eind van het 1e jaar voor het volgen van óf jazzdans, óf flamenco, of gaat hij naar klassieke dans en moderne dans in de hoofdfase van de studie.
  Naast de dansacademie is er het European Dance Development Center (EDDC): een internationale opleiding voor nieuwe dans met een vestiging in Düsseldorf (zie 23.5.f.4).
- Den Haag: leidt alleen op voor toneeldanser; met name: klassieke dans.
- R'dam: opleidingen tot danser in moderne dans- en balletgezelschappen, choreograaf voor professionele en amateurdansers en docent in moderne dans, academische dans, dansimprovisatie, werelddans en jazzdans. Moderne dans is het hoofdvak.
  In de opleiding Uitvoerende dans wordt een sterke klassieke techniek (academische dans) ontwikkeld.
  De opleiding Uitvoerende dans heeft een aparte, 2-jarige differentiatie Choreografie.
  In de opleiding Docent dans wordt na de propedeuse naast moderne dans een 2e specialisatie gekozen uit: Academische dans, Dansimprovisatie, Jazzdans, Werelddans.
- Tilburg: leidt op voor theaterdans: jazzdanstheater, musicaltheater en expressionistisch danstheater; docent dans: klassieke dans/jazzdans en dansexpressie/internationale dans. Er is een Vooropleiding dansvakonderwijs/Theaterdans (zie 23.5.l.7).
- Ook als ad-programma bij Dansacadmie Lucia Marthas (A'dam) en Hanze HS (Groningen).

Toelatingseisen
- Diploma vwo, havo of mbo niveau 4.
  In uitzonderlijke gevallen kan ook een vmbo- of mavo-gediplomeerde worden toegelaten (vaak is dan een speciale test nodig).
- Kinderen in de leeftijd van 8 tot 12 jaar kunnen auditie doen voor de Vooropleiding dansvakonderwijs/Theaterdans.
- Alle opleidingen kennen oriënterings- en selectiecursussen of andere vormen van voorbereidend dansvakonderwijs: er wordt dan onderzoek gedaan naar de artistieke kwaliteiten (auditie), die nodig zijn voor de opleiding door middel van oriënterings- en selectiecursussen en onderzoek naar de fysieke kwaliteiten van de student.
- Den Haag: school voor algemeen onderwijs voor ballet en muziek op het niveau van havo en atheneum.
- Rotterdam: er is een geïntegreerde vooropleiding binnen de Havo voor muziek en dans (zie 2.11.m.1). Toelating met een diploma havo of vwo.

Duur
- Danser: 4 jaar voltijd. Voor de klassieke dansersopleiding start men met de dagelijkse trainingen op 10-jarige leeftijd. Er wordt deelgenomen aan geïntegreerd algemeen onderwijs en de balletopleiding; de leerlingen hebben de mogelijkheid om ook examen te doen voor vmbo, havo of vwo.
- Dansdocent: 4 jaar voltijd.
- Ad-programma (Dansacademie Lucia Marthas, A'dam en Hanze HS, Groningen): beide 2 jaar voltijd.
- Den Haag: de hbo-opleiding voor klassiek danser duurt na de geïntegreerde mavo of havo (aan de Havo voor muziek en dans; zie 2.11.m.1) of na vwo vaak maar 2 jaar.
- Den Haag en R'dam: er kan worden deelgenomen aan geïntegreerd algemeen onderwijs en de dansopleiding.
- R'dam: de hbo-opleidingen tot danser of dansdocent duren 4 jaar voltijd; de afstudeervariant Choreografie beslaat de laatste 2 jaar van de opleiding.
- Er bestaat onder bepaalde voorwaarden de mogelijkheid voor verkorte, individuele programma's voor het dansdocentschap in een dansspecialisatie.

Lesprogramma
- *Opleiding Choreografie (Tilburg, Fontys Danscademie):*
  • Technieklessen: moderne dans, academische dans en dansimprovisatie. Daarnaast compositielessen en instudering repertoire.
  • Bijvakken: muziek, Laban bewegingsanalyse, choreografie analyse, conceptontwikkeling, reflectie op de kunstvormen, kunstgeschiedenis, documenteren, methodiek, video, productie, belichting en oriëntatie op de beroepspraktijk.
  • Afsluiting van de studie door examens en presentaties.
- *Opleiding Docent (theater)dans:* moderne danstechnieken (Graham, Limón, Cunningham, modern Europees) - klassieke dans - jazzdans - flamenco/Spaanse dans - folkloristische dans - improvisatie/compositie - pedagogiek - vakdidactiek - bewegingsleer - muzikale vorming - dansgeschiedenis - speltechniek - grime.
  De oefenpraktijk en de lesgeefstages starten in het 2e jaar en worden in het 3e en 4e jaar steeds zelfstandiger.
  • R'dam: een deel van het jaarlijks benodigde aantal ec's dient te worden behaald via zgn. Individuele Studie Activiteiten. Naast door de student zelf te nemen initiatieven, biedt de opleiding in dit kader speciale cursussen aan, zoals theaterbelichting, financiële, juridische en sociale aspecten van de beroepspraktijk, dans en ouderen, eerste hulp bij dansers.
- *Opleiding Uitvoerende dans:* moderne danstechnieken (Graham, Limón, Cunningham, modern Europees) - klassieke dans (inclu-

sief spitzen of mannenklas) - jazzdans - improvisatie/compositie - repertoire - partnering - bewegingsleer - muzikale vorming - dansgeschiedenis - speltechniek - grime.
Het laatste studiejaar is gewijd aan een stage bij een professioneel gezelschap.
Gedurende de hele opleiding presenteren de studenten zich in voorstellingen in de theaterstudio van de academie en in professionele theaters in binnen- en buitenland.
- *Specialisaties:*
  - A'dam (De Theaterschool): Jazz- en musicaldans - Moderne theaterdans - Nationale balletacademie - SNDO/choreography.
  - Tilburg (Fontys Dansacademie): Choreografie - Musicaltheater - Theaterdans uitvoerend.

Functiemogelijkheden
- Choreograaf bij professionele moderne dansgroepen, ad-hoc-producties, amateurveld en commerciële sector.
- Dansdocent aan particuliere dansschool of scholen voor voortgezet onderwijs en dansvakonderwijsinstituten, centra voor kunstzinnige vorming, amateurdansinstituten en sociaal werk.
- Uitvoerend danser in het moderne of jazzdanscircuit in binnen- en buitenland; uitvoerend danser klassieke dans of balletdanser; uitvoerend danskunstenaar in nieuwe dans.

23.5.f.3 Docent Dans (AHK, ArtEZ Dansacademie, Codarts Rotterdamse Dansacademie, Danscademie Lucia Marthas, Fontys Dansacademie)
Zie 24.7.f.2.

23.5.f.4 European Dance Development Center (EDDC) (ArtEZ dansacademie)
Zie ook: 23.5.f.2.
Voor adres(sen) zie: HBO-43.
Algemeen Hbo-bacheloropleiding tot danser/choreograaf, op het gebied van de experimentele dans.
Toelatingseisen
- Diploma havo + selectie-weekend (weekends zowel in Arnhem als in Düsseldorf).
- Er worden eisen gesteld aan danstechnische en fysieke vaardigheden.
Duur 4 jaar voltijd.
Lesprogramma Dans-technische training - compositie - improvisatie - theater - muziek - toneelbeeld - video - theorie - choreografische projecten - internationale stages.
Functiemogelijkheden Danser/choreograaf in het internationale veld van de experimentele dans.
Overige informatie
- De opleiding wordt verzorgd in samenwerking met Die Werkstatt (Düsseldorf, Duitsland).
- De voertaal is Engels.

23.5.f.5 Jazz- en musicaldans (De Theaterschool Amsterdam)
Voor adres(sen) zie: HBO-11.
Algemeen Hbo-bacheloropleiding tot jazz- en showmusicaldanser bij dansgezelschappen of musicalproducties.
Toelatingseisen
- Diploma havo of gelijkwaardig.
- Een dansvooropleiding.
- Toelating na auditie.
- Er worden eisen gesteld aan danstechnische en fysieke vaardigheden.

- Minimumleeftijd: 17 jaar, maximumleeftijd: 22 jaar.
Duur 4 jaar.
Lesprogramma Jazzdanstechnieken - klassiek ballet - tapdans - showmusicaldans - moderne dans - acrobatiek - spel - improvisatie/compositie - muziek - ritme - solo- en ensemblezang - stem en beweging - ballroom - dansgeschiedenis - blessurepreventie - het maken van choreografieën - repertoire - Horton-danstechniek - stage.
Overige informatie Aan de school is een vooropleiding Theaterdans verbonden die parallel loopt met het voortgezet onderwijs (zie 23.5.l.3).

23.5.f.6 Moderne theaterdans (De Theaterschool Amsterdam)
Voor adres(sen) zie: HBO-11.
Algemeen Hbo-bacheloropleiding voor uitvoerend danser in moderne dansgezelschappen.
Toelatingseisen
- Diploma havo of gelijkwaardig; in uitzonderlijke gevallen is toelating met een diploma mavo of vmbo mogelijk; een dansvooropleiding.
- Toelating na auditie.
- Er worden eisen gesteld aan danstechnische en fysieke vaardigheden.
- Minimumleeftijd: 17 jaar, maximumleeftijd: 22 jaar.
Duur 4 jaar.
Lesprogramma Moderne danstechnieken - klassiek ballet - improvisatie/compositie - repertoire - acrobatiek - muziek - ritmiek - dansgeschiedenis - drama - theatertechniek - blessurepreventie - het maken van choreografieën - elements of performing - dansgerichte ritmische vorming - muziektheorie - modern partnerwerk - video - grime - kostuum - licht - geluid - decor - stage.
Overige informatie Aan de school is een vooropleiding Theaterdans verbonden die parallel loopt met het voortgezet onderwijs (zie 23.5.l.3).

23.5.f.7 School voor nieuwe dansontwikkeling (De Theaterschool Amsterdam)
Voor adres(sen) zie: HBO-11.
Algemeen Hbo-bacheloropleiding tot performer/danser en/of choreograaf/danskunstenaar in nieuwe dans.
Toelatingseisen
- Diploma havo of gelijkwaardig; in uitzonderlijke gevallen ook toelating met een diploma mavo of vmbo.
- Voor toelating dient men een selectiecursus te volgen.
- Er worden eisen gesteld aan danstechnische en fysieke vaardigheden.
- Minimumleeftijd: 18 jaar, maximumleeftijd: 26 jaar.
- Voor de 2-jarige opleiding: een professionele dansopleiding en/of professionele ervaring; de maximale leeftijd is 30 jaar.
Duur 4 jaar.
Lesprogramma Nieuwe-danstechnieken - compositie - improvisatie - fysieke exploratie - conceptontwikkeling en analyse - spel - theatertechniek - video - ritme - stem - maken van eigen werk - werken met een choreograaf - organisatie - buitenlandse stage - theorie (bewegingstheorieën, history of ideas, kritische analyse, compositie/concept).
Functiemogelijkheden Danser, dansmaker.

23.5.l Overige opleidingen

23.5.l.1 Dansleraar
Zie 24.7.l.1.

23.5.I.2 Fa Fa Star Academy (dansacademie)

Voor adres(sen) zie: OVER-121.

Algemeen Opleiding tot danser(es) in de show/musicalwereld. Er zijn lessen voor iedere leeftijdscategorie, al vanaf 2 jaar.

Duur
- 5 jaar.
- Deeltijdopleiding in samenwerking met het Segbroek College of de SG Westhage voor vmbo, havo, vwo.

Lesprogramma Er wordt op 3 niveaus lesgegeven voor klassiek en jazz; vakken: klassiek - jazz - tap en show/musicaldans - zang - show - make-up - nieuwe dansstijlen - entertainment - presentatie - podiumvorming - mannequintechnieken - innerlijke en uiterlijke verzorging - acrobatiek - beroepshouding - voorbereiding audities/-castings - dans en theatergeschiedenis - anatomie - notenleer.

Mogelijkheden voor verdere studie Fa Fa International Show-dancers.

Functiemogelijkheden Danser bij dansgezelschappen, show-, musical-, theater-, film- en tv-producties.

23.5.I.3 Nationale BalletAcademie (NBA)/Vooropleiding theaterdans (De Theaterschool Amsterdam)

Zie ook: 23.5.I.7.

Voor adres(sen) zie: HBO-11.

Algemeen De vooropleiding verzorgt verschillende oriëntatiecursussen voor kinderen vanaf 8 jaar. Deze vooropleiding loopt parallel met het basisonderwijs (Olympiaschool, Amsterdam-Zuid), en vervolgens met het voortgezet onderwijs (scholengemeenschap Gerrit van der Veen, ook in Amsterdam-Zuid).

De NBA biedt kinderen vanaf 10 jaar een vakopleiding in klassieke dans, jazz- en musicaldans, of moderne theaterdans.

Na 4 jaar het gecombineerde programma doorlopen te hebben, kan de leerling zich specialiseren in klassieke dans (23.5.I.4), jazz- en musicaldans (23.5.f.5), of moderne theaterdans (23.5.f.6).

23.5.I.4 Nationale BalletAcademie (NBA) (De Theaterschool Amsterdam)

Zie ook: 23.5.I.3 voor de vooropleiding.

Voor adres(sen) zie: HBO-11.

Algemeen De NBA biedt een 8- tot 9-jarige vakopleiding vakopleiding in klassieke dans, jazz- en musicaldans, of moderne theaterdans aan voor kinderen vanaf 10 jaar. De academie leidt dansers op voor deelname aan grote gezelschappen.

Toelatingseisen
- Jongens en meisjes tussen 10 en 12 jaar kunnen auditie doen: de auditieperiode bestaat uit een 1e auditie, een 2e auditie, een auditiecursus en een eindperiode.
- Kinderen tussen 8 en 10 jaar kunnen ook auditie doen voor een oriëntatiecursus (zie 23.5.I.3).

Lesprogramma
- Na de vooropleiding volgt een hbo-fase van 2 of 3 jaar.
- Aan de NBA wordt lesgegeven in de Vaganova-methode en er is een samenwerking met de Academie Vaganova in Sint Petersburg (Rusland).
- Het hbo-programma omvat - naast een dagelijkse klassieke les - les in caractère, variaties, spitzentechniek, pas de deux, repertoire, moderne dans, krachttraining, muziektheorie, dansgeschiedenis, blessurepreventie en een stage bij een van de grote gezelschappen.

Overige informatie De NBA organiseert veel voorstellingen, o.a. met dansers van het Nationaal Ballet.

23.5.I.5 School voor jong talent

Voor adres(sen) zie: HBO-68.

Algemeen Met voortgezet onderwijs geïntegreerde vooropleiding voor jonge kinderen: muziek, dans of beeldende kunst.

Hier wordt alleen de dansopleiding vermeld: beroepsopleiding tot danser/danseres, in combinatie met de basisschoolgroepen 7 en 8, het vmbo, het havo of het atheneum.

Toelatingseisen
- Deze intensieve dagelijkse dansvakstudie wordt vanaf 10-jarige leeftijd gevolgd.
- Fysieke geschiktheid: medische en orthopedische keuring; geschiktheid tot het volgen van basisonderwijs, vmbo, havo of atheneum.

Duur 8-10 jaar.

Diploma/examen Resulteert in het behalen van het hbo-getuigschrift Uitvoerende dans.

23.5.I.6 Voorbereidend dansvakonderwijs (Havo/vwo voor muziek en dans)

Voor adres(sen) zie: HBO-153, OVER-288.

Algemeen 4 verschillende vooropleidingsmogelijkheden, die leerlingen van basis- en voortgezet onderwijs voorbereiden op een hbo-dansvakopleiding. Naast cursussen voor leerlingen in groep 6, 7 en 8 van het basisonderwijs en voor leerlingen in het voortgezet onderwijs, is er een volledige havo-met-dansopleiding binnen de Havo voor muziek en dans (zie 2.11.m.1).

Toelatingseisen
- Positief resultaat van een auditie, waarin de kandidaten worden beoordeeld op lichamelijke geschiktheid, muzikaliteit in de beweging, natuurlijke bewegingscoördinatie, vormgevoeligheid, gevoel voor ruimte, presentatie, expressie, opnamevaardigheid en motivatie.
- Er wordt dansles gegeven aan niveau-groepen.

Duur
- Basisonderwijs en voortgezet onderwijs: 1- en 2-jarige cursussen.
- Havo voor muziek en dans: 5 jaar, geïntegreerd.

Lesprogramma Moderne dans - klassieke dans - werelddans - jazzdans - improvisatie/compositie - theaterbezoek - meewerken aan voorstellingen.

N.B. Niet alle danstechnieken worden in alle vooropleidingsvarianten gegeven.

23.5.I.7 Vooropleiding dansvakonderwijs/Theaterdans (ArtEZ Dansacademie, Fontys Dansacademie)

Zie ook: 23.5.I.3.

Voor adres(sen) zie: HBO-43, 167.

Algemeen Algemene vooropleiding voor de audities van de hbo-dansopleidingen in de richtingen jazztheater- en showmusicaldans, moderne theaterdans en docent danstheater.

Toelatingseisen Fysieke geschiktheid, dansgevoel en muzikaliteit.

Duur In combinatie met basisonderwijs:
- Vanaf 8 jaar: 1 kennismakingsles per week.
- Vanaf 10 jaar: 2-3 lessen academische dans per week.
- Van 12-18 jaar: 5 jaar dagelijks les op het conservatorium, in combinatie met voortgezet onderwijs.

Lesprogramma Klassieke dans - moderne dans - jazzdans - folkloristische dans - repertoire.

Diploma/examen Dans kan als eindexamenvak worden gekozen door de leerlingen van vmbo tl, havo en vwo.

Overige informatie Er is een samenwerkingsverband met vmbo tl-, havo- en vwo-scholen.

23.6 FILM, MEDIA EN MULTIMEDIA

23.6.b Wo-masteropleiding

23.6.b.1 Filmstudies en de visuele cultuur (UA)
Voor adres(sen) zie: WO-48.
Algemeen Wo-masteropleiding.
Toelatingseisen Diploma wo-bachelor Theaterwetenschap of Theater-, film- en televisiewetenschap, of diploma hbo-master-opleiding Autonome beeldende kunst, of een diploma van een vergelijkbare studie.

23.6.c Wo-bacheloropleiding

23.6.c.1 Theater-, film- en televisiewetenschap (UU, UvA)
Zie 23.4.c.1.

23.6.d Post-hbo-opleiding

23.6.d.1 FMI Masters
Voor adres(sen) zie: HBO-93.
Algemeen Innovatief interdisciplinair kenniscentrum dat een proactieve rol speelt in de wereld van de nieuwe media.
Activiteiten: (postacademische) voortgezette opleiding computergraphics en nieuwe media; (bij)scholings- en speciale internationale trainingsprogramma's; in-house trainingen; contractontwikkeling van nieuwe softwareproducten; interactieve multimediaproducten; internettoepassingen; computeranimatie- en andere visualisatieproducten.
Toelatingseisen Diploma wo-master Computer science, of van een vergelijkbare studie.
Duur 2 jaar voltijd.

23.6.d.2 Scenario, regie en productie (Binger Filmlab)
Voor adres(sen) zie: HBO-15.
Doel Vergroten van vaardigheden van professionele filmmakers door de ontwikkeling van een aantal projecten. De opleiding is gericht op de vakgebieden scenario, regie en productie, met nadruk op lange speelfilms, televisie en single-plays.
Toelatingseisen Verschillende jaren professionele ervaring in het werkveld.
Duur 1-2 semesters van 5 maanden.
Functiemogelijkheden Scenarioschrijver, regisseur, producent.

23.6.e Hbo-masteropleiding

23.6.e.1 Nederlandse film- en televisie-academie/Filmacademie (NFTA)
Voor adres(sen) zie: HBO-12.
Algemeen Hbo-masteropleiding.
N.B. In Vlaanderen is er een zich regelmatig vernieuwend aanbod van film- en regie-opleidingen.

23.6.f Hbo-bacheloropleiding

23.6.f.1 Art & technology (HKU)
Voor adres(sen) zie: HBO-116.
Algemeen
- Hbo-bacheloropleiding tot sound designer, studiotechnoloog en audiosoftwareontwikkelaar.
- De studie is een afstudeerrichting van Muziek en technologie.

Toelatingseisen
- Diploma havo of mbo niveau 4 met aantoonbare muzikale begaafdheid of met goed gevolg afgelegde 18+-toets bij uitzonderlijk talent.
- Er vindt selectie plaats (gemiddeld een op de acht kandidaten wordt geselecteerd) d.m.v. een toelatingsexamen.
- Men kan deelnemen aan een voorbereidend jaar.
Duur 4 jaar voltijd.
Lesprogramma Algemene muziekleer - analyse - audiotechniek - audiotechnologie - communicatietheorie - etnomusicologie - gehoortraining - informatica voor geluid en muziek - muziekgeschiedenis - muziektechnologische hard- en software - sound design - analyse en synthese - arrangeren en instrumenteren - DSP - muziek, geluid en beeld (synchronisatie en producties voor media) - productie - psychoakoestiek - randapparatuur en controllers - studiotechnologie - registratietechnieken - user interfaces - informatica en programmeren - audiosoftwareontwerp.
- Specialisaties: Audio design - Sound design.
Diploma/examen De afgestudeerde audiodesigner mag de titel ingenieur ('ing.') voeren.
Functiemogelijkheden Eigen bedrijf of werknemer productie of IT-bedrijf in de (nieuwe) media- en muziekindustrie.

23.6.f.2 Audiovisual media (Gerrit Rietveld Academie, HKU)
Voor adres(sen) zie: HBO-18, 116.
Algemeen
- Hbo-bacheloropleiding tot audiovisuele programmamaker voor televisie-, bedrijfs- en educatieve producties.
- De studie is een afstudeerrichting van Media.
Toelatingseisen
- Diploma havo, vwo of mbo niveau 4 met beeldend-creatieve begaafdheid, of een met goed gevolg afgelegde 18+-toets bij een uitzonderlijk talent.
- Er vindt selectie plaats d.m.v. een toelatingsexamen (gemiddeld wordt één op de acht kandidaten aangenomen).
Duur 4 jaar voltijd.
Lesprogramma Vakken bij de HKU: conceptanalyse - ontwerp en uitwerken van eigen concepten - audiovisuele beeldmiddelen - videotechnieken - programma-, tekst-, beeld- en muziekresearch - theorie en geschiedenis van de audiovisuele vormgeving en televisie - de media in Nederland - het productieproces - programmarealisatie - vormgeving niet-verhalende programma's - experimentele audiovisuele producties en televisie.
Functiemogelijkheden Audiovisueel programmamaker bij de omroepen, videoproductiebedrijven, audiovisuele diensten van bedrijven, of freelance programmamaker.

23.6.f.4 Crossmediale communicatie (HS Inholland, HS Rotterdam)
Voor adres(sen) zie: HBO-66, 70, 157.
Algemeen Ad-programma.
Duur 2 jaar voltijd.

23.6.f.5 Digital media design / Media design (HKU, HS LOI)
Voor adres(sen) zie: HBO-116, 135.
Algemeen
- HKU: hbo-bacheloropleiding tot internetdesigner/webmaster. Een internetdesigner/webmaster wordt opgeleid om internetsites te bedenken, te ontwerpen, vorm te geven en inhoudelijk up to date te houden, en om steeds nieuwe communicatieve mogelijkheden voor internet te ontwikkelen.

- LOI HS: niet-bekostigd ad-programma.
Toelatingseisen
- Diploma havo, vwo of mbo niveau 4, met beeldend-creatieve begaafdheid en gevoel voor taal, of een met goed gevolg afgelegde 18+-toets bij uitzonderlijk talent.
- Er worden eisen gesteld aan artistieke vaardigheid.
- Er vindt selectie plaats door een toelatingsonderzoek.
Duur
- 3 jaar voltijd.
- Ad-programma (HS LOI): 2 jaar digitaal in deeltijd.
Lesprogramma
- HKU: Communicatietheorie - geschiedenis van de technologie - informatie- en communicatietechnologie - typografie en ontwerp - journalistieke vaardigheden - visualisatie - digital media design - interactive scripting - internetprojecten - computerpractica.
Diploma/examen De afgestudeerde digital media designer mag de titel ingenieur ('ing.') voeren.
Functiemogelijkheden Een functie op het gebied van de informatievoorziening, pr, 'webvertisement' of freelance internet-designer/webmaster voor diverse opdrachtgevers.

23.6.f.6 Game design development (HKU)
Voor adres(sen) zie: HBO-185.
Algemeen Hbo-bacheloropleiding tot game designer/-developer. Deze ontwerpt en ontwikkelt spel- en entertainmentsoftware en is werkzaam op het gebied van conceptontwikkeling, vormgeving, techniek, muziek, geluid en productionele aspecten.
Toelatingseisen Diploma havo, vwo of mbo niveau 4; of geslaagd zijn voor een praktisch en theoretisch toelatingsonderzoek.
Duur
- Hbo: 4 jaar voltijd.
- MA: 6 weken extra na diploma hbo.
Lesprogramma Menswetenschappen - narratieve technieken - applicatieprogrammeren - genre-analyse - gameplay & usability research - 2D/3D-vormgeving.
Functiemogelijkheden Gamedesigner, multimediaontwerper; werkt zelfstandig, in loondienst of op freelancebasis in de (nieuwe) media-industrie.

23.6.f.7 Interaction design en Game art design (MAD-faculty, België)
Voor adres(sen) zie: HBO-236.
Algemeen Hbo-bacheloropleiding.
Lesprogramma
- Interaction Design: een crossdisciplinaire mediamix met verbinding van verschillende media en disciplines: beeld (foto, film, grafisch ontwerp), geluid, tekst, papier, tv, web, gsm's of tablets.
- Game Art & Design: vernieuwende spelconcepten, waarbij de nieuwste technologieën met grafische toepassingen worden gecombineerd om games te bedenken en te ontwerpen.

23.6.f.8 International Game Architecture and Design (NHTV)
Voor adres(sen) zie: HBO-55.
Algemeen Kleinschalige, maar intensieve hbo-bacheloropleiding met intensieve begeleiding.
Doel Ontwikkelen van computergames.
Toelatingseisen
- Diploma havo, vwo of mbo niveau 4.
- Strenge selectie voor toelating voor maximaal 120 nieuwe studenten per jaar: de ene helft wordt door loting aangewezen,

de andere helft op basis van hun abstract denkvermogen, observatie- en tekentalent.
- In bezit zijn van een eigen laptop.
Duur 4 jaar voltijd.
Lesprogramma Twee disciplines:
- 1. Programming voor programmeurs (vakken o.a.: informatica - natuurkunde - wiskunde);
- 2. Visual arts voor grafisch ontwerpen (vakken o.a.: architectuur - grafisch design - kunstgeschiedenis - tekenen).
- Gezamenlijk vak: gamelab.
Overige informatie
- Locatie op Triple O Campus in Tilburg.
- Voertaal: Engels.

23.6.f.9 Media en/and Entertainment Management (MEM) (HS Inholland, Stenden HS)
Voor adres(sen) zie: HBO-66, 106, 130, 156.
Algemeen Nederlandstalige (Den Haag, Haarlem en Rotterdam) en Engelstalige (Den Haag en Haarlem) hbo-bacheloropleiding bij HS Inholland.
- Ook bij Stenden HS in Leeuwarden.
Toelatingseisen Diploma havo, vwo of mbo niveau 4 (alle profielen).
Duur 4 jaar voltijd.
Lesprogramma
1. De major Communication, Creative Business & Media (een algemeen vormend deel tijdens de eerste twee jaar).
2. De specialisatieminor (Media & Entertainment Management).
3. De differentiatieminor (derde en vierde jaar).
- Specialisaties:
  • Den Haag (HS Inholland): Creatie en concept - Management en productie - Marketing en sales.
  • Haarlem (HS Inholland): Creatie en concept - International music management - Management en productie - Marketing en sales.
  • R'dam (HS Inholland): Creatie en concept - Management en productie - Marketing en sales.

23.6.f.10 Nederlandse film- en televisie-academie/ Filmacademie (NFTA)
Voor adres(sen) zie: HBO-12.
Algemeen Hbo-bacheloropleiding voor professionele functies binnen de film, de televisie en de audiovisuele industrie. Deze functies lopen uiteen van artistiek-ontwerpende of leidinggevende aard tot de technisch-creatieve werkzaamheden bij diverse genres, zoals speelfilms, documentaires, voorlichtingsfilms, tv-drama en interactieve programma's.
Toelatingseisen Diploma havo, vwo of mbo niveau 4, of gelijkwaardig (gewenst: exacte vakken voor camera en geluid; voor scenario en regie: moderne talen en geschiedenis); in alle gevallen geslaagd zijn voor het toelatingsonderzoek.
Duur 4 jaar.
Lesprogramma
- De propedeuse is voor alle studenten grotendeels gelijk. Het gaat daarbij om vakken als: scenario - dramaturgie - regie - camera - geluid - productie - montage - televisietechniek - filmgeschiedenis. Ook worden diverse seminars door de studenten gevolgd. Een deel van de propedeuse is specifiek voor iedere afzonderlijke studierichting.
- Naast de theoretische vorming wordt een belangrijk deel van de studietijd besteed aan praktijkoefeningen.

- Het programma in het 2e jaar bestaat uit theorievakken, workshops, opdrachten die deels in samenwerking met studenten uit andere vakrichtingen worden uitgevoerd, en een 2e jaarsproductie.
- In het 3e jaar wordt een vervolg gemaakt met de onderwerpen uit het 2e jaar. Daarnaast wordt er aan een 3e jaarsproductie gewerkt en gaan de studenten op stage.
- Het 4e jaar staat in het teken van de eindexamenproducties.

Functiemogelijkheden Producent, productieleider, opnameleider, cameraman, belichter, production designer, geluidsman (opname en afwerking), editor, conceptontwikkelaar interactieve media, regisseur, scenarioschrijver.
Veelal starten studenten in de beroepspraktijk in assistent-functies.

23.6.h Mbo-opleiding niveau 3

23.6.h.1 Audiovisueel medewerker (niveau 3)
Voor adres(sen) zie: ROC/MBO-19.
Algemeen
- Eindtermen voor deze kwalificatie worden ontwikkeld door het GOC.
- Hier wordt slechts het centrale adres vermeld. De opleiding kan in de wijde omtrek ervan worden gegeven.

CREBO 10344
Doel Facilitaire diensten verrichten op het gebied van licht, geluid en beeld; zorgen voor aan- en afvoer en installatie van de voor een productie benodigde technische opname-apparatuur.
Toelatingseisen Diploma vmbo gl, vmbo kb of vmbo tl met de sector vmbo-Tech; of diploma vmbo gl, vmbo kb of vmbo tl, alle met nat./scheik. 1 of wisk., met de sectoren vmbo-Ec, vmbo-Lb of vmbo-Z&W.
Duur 3 jaar voltijd en deeltijd.
Mogelijkheden voor verdere studie Geen specifieke verdere studiemogelijkheden.
Functiemogelijkheden Audiovisueel medewerker in een AV-studio; facilitair medewerker; operationeel assistent; audiovisueel technisch assistent.

23.6.l Overige opleidingen

23.6.l.1 Dirksen opleidingen - afstandsonderwijs - (overzicht elektronica-opleidingen)
Zie 5.3.l.1.

23.6.l.2 Media academie
Voor adres(sen) zie: HBO-117.
Algemeen Niet door de overheid bekostigde trainingen en cursussen voor de complete media-'lifecycle': van formatontwikkeling, redactie, regie, pre-productie, opname, post-productie tot en met uitzending.
Doel De groepen zijn altijd klein zodat er veel ruimte is voor interactie met trainers en collega's. Voor welke trainingsvorm, lesvorm of werkwijze men ook kiest, in alle gevallen worden de leerdoelen en het kennisniveau van de cursist zoveel mogelijk op elkaar afgestemd om een optimaal resultaat te behalen en een zo divers mogelijke samenstelling van de groep.
Cursussen
- Camera & regie.
- Creativiteit.
- Crossmedia & Social media.
- Journalistiek.
- Leidinggeven.

- Montage & software.
- Persoonlijke ontwikkeling.
- Presentatie en Mediatraining.
- Productie.

Duur Van een halve dag tot 1 week.

23.6.l.3 Technisch bioscooppersoneel
Voor adres(sen) zie: OVER-18.
Algemeen Opleidingen voor bioscoopoperateur A, bioscoopoperateur B, en de basiscursus Techniek.
N.B. Hieronder worden slechts de gegevens van de studie Bioscoopoperateur A vermeld.
Duur Circa 8 maanden bij een studietempo van 1 les per 14 dagen.
Lesprogramma Cabine-praktijk - brandbeveiligingsvoorschriften - versterkertechniek - projectiemechanisme - lichtbronnen - geluid - hulpapparaten - filmbehandeling - automatisering en basiskennis van elektrotechniek - lichttechniek.
Diploma/examen Toelating tot het examen: aantoonbaar 1600 praktijkuren ervaring hebben en minimaal 18 jaar zijn.
Mogelijkheden voor verdere studie
- Basiscursus Techniek, waarin servicemedewerkers inzicht wordt gegeven in de belangrijkste bedrijfsprocessen en waarin kennis wordt bijgebracht over het projecteren van films.
- Diploma-B (elektrotechniek, voorschriften elektrotechniek, lichttechniek en elektronica).

23.6.l.4 Volwassenenonderwijs - multimediatechnieken
Voor adres(sen) zie: ROCCO-3, 21, 24.
Cursussen Multimediatechnieken:
- Adobe.
- Macromedia flash.
- QuarkXPress.
- Photoshop.

23.7 FOTOGRAFIE

23.7.f Hbo-bacheloropleiding

23.7.f.1 Creatief vakfotograaf (Fotoacademie)
Voor adres(sen) zie: OVER-39.
Algemeen Vakopleiding op hbo-bachelorniveau tot fotograaf (journalistieke, reportage-, portret-, mode-, reclame-, industriële en landschapsfotografie).
Het studieprogramma wordt zowel voor analoge (met doka) als voor digitale fotografie aangeboden.
Toelatingseisen
- Voldoende kennis van fotografie.
- Eigen werk ter beoordeling.
- Zonodig krijgt men een toelatingsopdracht.
- Benodigde apparatuur: spiegelreflexcamera (eventueel digitaal).
Duur
- 2 jaar voltijd, met een aansluitende stageperiode.
- Dagdeelopleiding: 4 jaar, met mogelijkheid tot stage tijdens het 4e jaar.
- Avondopleiding: 4 jaar, met mogelijkheid tot stage tijdens het 4e jaar.
- Zaterdagopleiding: 3 jaar, met mogelijkheid tot stage tijdens of na het 3e jaar.
Lesprogramma Apparatuurkennis - studio- en opnametechnieken - menglicht - compositie - creativiteitsontwikkeling - contrastbeheersing - licht- en lichtwerking - kleurtemperatuur - studio-

technieken - films - filters - ontwikkel- en afdrukmethoden in zwart-wit - sensitometrie - retouche - portret - landschap - reportage - de technische camera - flitstechnieken - kleurenfotografie - sociale reportage - architectuur - portret - stilleven - mode - geënsceneerde fotografie.

Functiemogelijkheden Zelfstandige vestiging als fotograaf.

23.7.f.2 Fotografie (ArtEZ, Avans HS, Gerrit Rietveld Academie, HKU, KABK, MAD-faculty (België), Zuyd HS)

Voor adres(sen) zie: HBO-18, 48, 67, 88, 139, 185, 236.
Algemeen Hbo-bacheloropleiding tot fotograaf op het gebied van documentatie, toegepaste fotografie en autonome fotografie.
Toelatingseisen Diploma havo, vwo of mbo niveau 4; of geslaagd voor een selectieonderzoek.
Duur
- 4 jaar voltijd en deeltijd.
- 3 jaar voltijd na een basisjaar.

Lesprogramma Fotografie - techniek/beeldvorming - grafische ontwerpen - ruimtelijke vormgeving - tekenen/schilderen - foto- en filmgeschiedenis - filosofie.
Aansluitende masteropleidingen Avans HS, Akademie voor Kunst en Vormgeving (AKV)/St. Joost, Breda: Photography.
Mogelijkheden voor verdere studie Hbo-lerarenopleiding Docent Beeldende Kunst en Vormgeving (DBKV).
Functiemogelijkheden Zelfstandig werkend fotograaf, studiofotograaf, reportagefotograaf, portretfotograaf, architectuurfotograaf.
Overige informatie
- Den Bosch: de opleiding heet Fotografie en wordt in deeltijd gegeven.
- Maastricht: de opleiding heet hier 4-D-vormgeving.

23.7.g Mbo-opleiding niveau 4

23.7.g.1 AV-productie (Fotograaf) (niveau 4)
Voor adres(sen) zie: ROC/MBO-32.
Algemeen
- Eindtermen voor deze kwalificatie worden ontwikkeld door het GOC.
- Hier wordt slechts het centrale adres vermeld. De opleiding kan in de wijde omtrek ervan worden gegeven.
CREBO 90076
Doel In opdracht (freelance) of zelfstandig foto-opnamen maken in een fotostudio of op locatie; soms video-opnamen bewerken tot een eindproduct.
Toelatingseisen
- Diploma vmbo gl, vmbo kb of vmbo tl met de sector vmbo-Tech; of diploma vmbo gl, vmbo kb of vmbo tl, alle met nat./scheik. 1 of wisk., met de sectoren vmbo-Ec, vmbo-Lb of vmbo-Z&W.
- Overgangsbewijs naar havo-4 of vwo-4.
- Diploma niveau 2: AV-productie (Medewerker fotografie).
Duur 4 jaar voltijd.
Mogelijkheden voor verdere studie Hbo-Beeldende kunst, hbo-Fotografie, major van Vormgeving, of een lerarenopleiding in deze sector.
Functiemogelijkheden Fotojournalist bij gedrukte media (kranten, tijdschriften), of zelfstandig fotograaf in eigen studio, soms in combinatie met een fotospeciaalzaak.

Jurlights zie pagina 295

23.7.i Mbo-opleiding niveau 1 of niveau 2

23.7.i.1 AV-productie (Medewerker fotografie) (niveau 2)
Voor adres(sen) zie: ROC/MBO-32.
Algemeen
- Eindtermen voor deze kwalificatie worden ontwikkeld door het GOC.
- Hier wordt slechts het centrale adres vermeld. De opleiding kan in de wijde omtrek ervan worden gegeven.
CREBO 90052
Toelatingseisen De volledige leerplicht hebben voltooid.
Mogelijkheden voor verdere studie Een opleiding van niveau 4: Fotograaf.
Functiemogelijkheden Medewerker in een fotostudio en/of fotowinkel.

23.7.l Overige opleidingen

23.7.l.1 Basisopleiding fotografie
Voor adres(sen) zie: OVER-39.
Algemeen Inleiding tot de fotografie en tot de vakopleiding Fotografie.
Doel Prakijkgerichte opleiding in kleine groepen.
Toelatingseisen
- Er worden geen bepaalde eisen aan de vooropleiding gesteld.
- Benodigde apparatuur: spiegelreflexcamera.
Duur 1, 2 of 3 dagen per week: naar keuze avond-, dagdeel- of zaterdagopleiding.
Lesprogramma Apparatuurkennis - opnametechnieken - belichting - contrastbeheersing - licht en lichtwerking - donkere kamertechniek of digitale beeldverwerking - compositie - vormgeving - sluitertijd en diafragma - lichtmeting - belichting en correcties - scherpstelling en scherptediepte - objectief en beeldhoek - filters en flitslicht - filmontwikkeling - contactdrukken - gradaties - vergrotingen - doordrukken en tegenhouden.
Mogelijkheden voor verdere studie Vakopleiding Fotografie.
N.B. Individueel traject is ook mogelijk in overleg.

23.7.l.2 Fotografie, instapjaar
Voor adres(sen) zie: OVER-39.
Algemeen Oriëntatie op de mogelijkheden van de (vak)fotografie en creativiteit/kunst in het algemeen.
Toelatingseisen
- Vmbo gl of vmbo tl, beide in alle sectoren.
- Maximumleeftijd: 21 jaar.
- Benodigde apparatuur: spiegelreflexcamera.
Duur 1 jaar dagopleiding met een oriënterend en beeldend karakter.
Lesprogramma Opnametechnieken - donkere kamer-techniek - belichting - compositie - vormgeving - kunstbeschouwing - maatschappijleer - conceptontwikkeling - audiovisuele vorming - studietraining - Nederlands - Engels.
Functiemogelijkheden Vakopleiding Fotografie.

23.7.l.3 LOI - afstandsonderwijs - Fotografie, schilderen en tekenen
Zie 23.2.l.7.

23.7.l.4 Nederlandse fotovakschool
Voor adres(sen) zie: OVER-69.
Algemeen Praktische beroepsopleidingen die de student voorbereiden op het vak van Beroepsfotograaf.

Opleidingen
- A: *Opleidingen op mbo-niveau:*
  - 1.Basiscursus (7 lesdagen of 14 lesavonden).
  - 2.Vakopleiding (27 lesdagen).
  - 3. Studierichtingen (12 lesdagen).
- B: *Opleiding op hbo-niveau:*
  - Fotografische vormgeving.

Toelatingseisen
- *Tot A:*
  - 1. Basisopleiding: minimaal diploma vmbo.
  - 2. Vakopleiding: certificaat van de basisopleiding.
  - 3. Studierichtingen: certificaat van de vakopleiding.
- *Tot B:* minimaal mavo-4, havo, of vwo.

Duur
- A: zie hierboven.
- B: 2 jaar (2 lesdagen per week) of 4 jaar (1 lesdag per week).

Lesprogramma
- A: portret en mode - landschap en architectuur - reclame en documentaire.
- B: mens & maatschappij - historie - kwaliteit - advertising - fotografie en praktijk - ondernemersvaardigheden - presentatietechniek - colormanagement - fototechniek bij portfolio - marktoriëntatie - afstudeerportfolio.

Functiemogelijkheden Beroepsfotograaf.

Overige informatie
- *Lesplaatsen mbo-opleidingen A:* Amsterdam, Apeldoorn, Boxtel, en Rotterdam.
- *Lesplaatsen hbo-opleiding B:* Amsterdam, Apeldoorn, en Rotterdam.
- Inschrijven via www.fotovakschool.nl

23.8 SCHRIJFKUNST

23.8.f Hbo-bacheloropleiding

23.8.f.1 Creative writing (ArtEZ)
Voor adres(sen) zie: HBO-40.
Algemeen Hbo-bacheloropleiding.
Met ingang van studiejaar 2011-2012 startte ArtEZ - in samenwerking met Literair Productiehuis Wintertuin - de voltijdstudie Creative Writing: afstudeerrichting van Vormgeving (Media & Graphic Design). Voor de theoretische basisvakken werkt de studie samen met de Faculteit der letteren van de RU.
Doel Onder de term 'Creative Writing' wordt tijdens de studie het schrijven en presenteren van proza, drama, poëzie, documentaire en literaire non-fictie verstaan. Dit zijn genres die buiten het terrein van de copywriting, de journalistiek en de academische of technische vormen van schrijven vallen.
Duur 4 jaar voltijd.

23.8.l Overige opleidingen

23.8.l.1 Communicatie en journalistiek
Voor adres(sen) zie: HBO-180.
Cursussen
- Adviesvaardigheden.
- Bedrijfs- en personeelsbladen.
- Beter presenteren.
- Drukwerkbegeleiding en grafische technieken.
- Het maken van een strategisch communicatieplan.

- Management van beurzen, congressen en evenementen.
- Mediatraining.
- Omgaan met de media.
- Projectmanagement.
- Strategisch communicatiemanagement.

23.8.l.2 LOI - afstandsonderwijs - Creatief schrijven
Zie 19.2.l.2.

23.8.l.3 Schrijven
Voor adres(sen) zie: HBO-180.
Cursussen
- Beleidsteksten schrijven.
- Creatief schrijven.
- Copywriting.
- Informatief schrijven.
- Redigeren van teksten.

23.8.l.4 Schrijversvakschool Amsterdam
Voor adres(sen) zie: OVER-58.
Algemeen Opleiding en cursussen voor aspirant schrijvers.
Doel De ontwikkeling van een student naar het professionele schrijverschap begeleiden en intensiveren. Docenten geven niet alleen commentaar op voorliggend werk, maar bieden ook inzicht in het schrijven als ambacht.
Cursussen
- Losse cursussen: in telkens acht bijeenkomsten van 3 uur kan de cursist zijn creatief vermogen, per genre of in een algemene schrijftraining, beproeven en uitbreiden.
- Ook is er een Engelstalige cursus schrijftraining: Creative Writing Skills.
Duur Opleiding voor aspirant schrijver: 4 jaar deeltijd.
Lesprogramma De opleiding voor aspirant schrijver omvat vijf genres: proza, poëzie, essayistiek, toneel, scenario.
Daarnaast zijn er lessen met schrijftraining: uiteenlopende aspecten van de schrijfkunst worden daarin beoefend en onderzocht.
N.B. Journalistiek en zakelijk schrijven (zoals pr- en reclameteksten) maken geen onderdeel van het pakket uit.

23.8.l.5 Script+
Voor adres(sen) zie: OVER-59.
Algemeen Ondersteuning van beginnende schrijvers van verhalende teksten, poëzie en dergelijke vormen.
Doel Manuscriptbeoordeling en organisatie van ambachtelijke workshops.
Cursussen (in volgorde):
- Verhalen schrijven I - II - III - IV.
- Proza schrijven voor kinderen I - II - III - IV.
- Topklas.
Toelatingseisen Er moet eigen werk worden overgelegd. Dit moet aan bepaalde voorwaarden wat betreft taalbeheersing en taalgevoel voldoen.
Mogelijkheden voor verdere studie Masterclasses: misdaadverhalen; tussen autobiografie en fictie; compositie en stijl; schrijfdocent.
Functiemogelijkheden Publicerend auteur.

23.8.l.6 Utrechtse schrijversschool (UCK)
Zie 19.2.l.4.

De Nederlandse wetgever onderscheidt voor het voortgezet onderwijs:
- De leraar eerstegraads, die onderwijsbevoegdheid heeft voor klas 4 tot en met 6 van het vwo en klas 4 en 5 van het havo.
- *Opleiding eerstegraadsonderwijsbevoegdheid:*
  Voor de meeste vakken zijn er twee manieren om een eerstegraadsonderwijsbevoegdheid te halen: via een lerarenopleiding aan een hogeschool of via een lerarenopleiding aan een universiteit:
  - De eerstegraadslerarenopleiding op een hogeschool betreft algemene vakken (bijvoorbeeld moderne vreemde talen) en is een vervolg op de tweedegraadsopleiding.
  - Voor de meeste vakken zal men de eerstegraadsonderwijsbevoegdheid aan de universiteit moeten halen. Daarvoor is een wo-bachelordiploma nodig of een voltooide applicatiecursus in het vak. Bovendien moet een oriëntatie op het leraarsberoep zijn gevolgd of is er al ervaring als leraar in het voortgezet onderwijs.
  N.B. Vanaf 2020 moeten alle leraren in de bovenbouw van het vwo een universitaire mastertitel hebben.
- De leraar tweedegraads heeft onderwijsbevoegdheid voor het overige onderwijs, zoals voor de eerste drie jaar van het voortgezet onderwijs, het vmbo of het beroepsonderwijs en het volwassenenonderwijs. (Deze leraar wordt ook aangeduid als: leraar voortgezet onderwijs en docent beroepsonderwijs en volwassenenonderwijs.)
- *Opleiding tweedegraadsonderwijsbevoegdheid:*
  De tweedegraadsonderwijsbevoegdheid wordt bij een lerarenopleiding aan een hogeschool gehaald. Tijdens deze vierjarige opleiding is er niet alleen veel aandacht voor het vak dat wordt gekozen, maar ook voor vakdidactiek en aan het vak verwante onderwerpen. In de loop van de studie kunnen speciale onderdelen worden gekozen: remedial teaching, lesgeven in meertalige klassen, of pr & voorlichting.
  In de laatste fase van de opleiding dient een stage te worden gevolgd. Als leraar-in-opleiding (lio) wordt men dan leerling-werknemer op een school.
- Er is ook een mogelijkheid voor het volgen van een hbo-kopopleiding na het behalen van het diploma hbo- of wo-bachelor in het betreffende vak; deze kopopleiding duurt 1 jaar waarin didactische vaardigheden worden geoefend en stage wordt gelopen.
- N.a.v. een plan van ex-staatssecretaris Van Bijsterveldt (in 2008) hebben bijna alle bacheloropleidingen op universiteiten een educatieve minor (= bijvak: onderwijs) ontwikkeld, waarmee gediplomeerde wo-bachelorstudenten de bevoegdheid krijgen om les te geven aan het vmbo tl en aan de onderbouw van havo en vwo. Hierbij is het mogelijk dat studenten al tijdens hun bacheloropleiding een educatief vak volgen, waarmee ze een gedeeltelijke tweedegraadsonderwijsbevoegdheid kunnen behalen. Om hun eerstegraadsonderwijsbevoegdheid te halen, waarmee ze ook in de bovenbouw van havo en vwo mogen lesgeven, kunnen ze na hun bachelor nog een educatieve masteropleiding doen.
  (De tweedegraadsonderwijsbevoegdheid was altijd voorbehouden aan afgestudeerde studenten aan de hbo-lerarenopleidingen, zie de informatie hierboven.)
- Op 23 november 2007 is het Actieplan Leerkracht van Nederland aan de Tweede Kamer aangeboden. Het bevat maatregelen om het lerarentekort te bestrijden en de kwaliteit en de positie van het beroep 'leraar' te verbeteren. Een van die maatregelen is de instelling van de lerarenbeurs voor scholing. Als leraren een bachelor- of een masteropleiding willen volgen voor een andere beroepskwalificatie, of zich willen specialiseren, kunnen ze een beroep op deze regeling doen bij de Dienst Uitvoering Onderwijs (DUO) van het ministerie van OCW. De regeling is op 22 juli 2008 gepubliceerd in de Staatscourant en sindsdien in werking.
- **Voor adres(sen) zie:** DIEN-12.
- *Vlaamse situatie: Specifieke Leraren Opleiding (SLO):*
  Vlaamse universitaire lerarenopleidingen volgt men naast of na een masteropleiding. Ze geven geen eerstegraadsonderwijsbevoegdheid, omdat voor het lesgeven aan het voortgezet onderwijs in België geen eerstegraadsonderwijsbevoegdheid is vereist, maar men dient wel een universitaire graad te hebben (een master dus) om te mogen lesgeven. De onderwijsbevoegdheid volgt dus na het volgen van een Specifieke LerarenOpleiding (SLO, met 60 studiepunten).

N.B. In dit hoofdstuk wordt ook een keuze van diverse (leraren)opleidingen voor het basis- en het voortgezet onderwijs beschreven. Complete alfabetische lijsten van alle bekostigde wo- en hbo-lerarenopleidingen zijn te vinden in hoofdstuk 25. Deze worden jaarlijks geheel geactualiseerd.

24.1 ONDERWIJS - ALGEMEEN / BASISONDERWIJS

24.1.a Postacademisch onderwijs (pao)

24.1.a.1 GITP PAO
Zie 14.1.a.1.

24.1.a.2 Onderwijscentrum (VUA)
Zie 23.1.a.2.
Algemeen Cursussen voor docenten/leraren in het kunst- en cultuuronderwijs.

24.1.c Wo-bacheloropleiding

24.1.c.1 Academische Lerarenopleiding Primair Onderwijs (ALPO) (RU, RUG, UL, UU, UvA)
Zie ook: 14.5.c.1.
Voor adres(sen) zie: PAO-19, WO-7, 22, 29, 36.
Algemeen
- Naam van de studie bij UU en UvA: Onderwijskunde.
- Naam van de studie bij UL: Academische pabo.
- Deze oorspronkelijk kleinschalige wo-bacheloropleiding werd in Utrecht in september 2008 gestart, en wordt verzorgd door de de faculteit Sociale Wetenschappen van de UU en de faculteit Educatie (pabo) van de HS Utrecht gezamenlijk.
- Voorbeeld: men dient zich via Studielink zowel voor de leraren-

433

opleiding basisonderwijs (pabo) van de HS Utrecht als voor de reguliere bacheloropleiding Onderwijskunde aan de UU aan te melden.
- Inmiddels worden er hier ook andere universiteiten vermeld die ten behoeve van een ALPO met hogescholen samenwerken; zie onder het item Overige informatie.

Doel 'Universitaire pabo' met als doel de professionalisering van leerkrachten basisonderwijs. Binnen de gehele opleiding wordt voortdurend gestreefd naar een optimale wisselwerking tussen theorie, praktijk en reflectie.

Toelatingseisen Diploma vwo of hbo-propedeuse.

Duur 4 jaar voltijd.

Lesprogramma
- Vanaf het begin van de studie stage in het basisonderwijs.
- Specialisaties:
  - UL: Honours academy - Pedagogische wetenschappen.
  - UL, UU: omdat met deze studie twee opleidingen (bachelor Onderwijskunde en pabo) worden gecombineerd, vult de student de profileringsruimte in met onderdelen van de hogeschool die van universitair niveau zijn.

Diploma/examen Na 4 jaar behaalt men voldoende ec's voor een wo-bachelordiploma Onderwijskunde (zie ook: 14.5.c.1).
De student ontvangt 2 diploma's:
- van de UU het wo-bachelordiploma Onderwijskunde;
- van de HS Utrecht: het pabo-diploma (hbo-bacheloropleiding Leraar basisonderwijs).

Functiemogelijkheden Leerkracht basisonderwijs; onderwijskundige.

Overige informatie
- Er is ook een 4-jarige academische/universitaire pabo mogelijk bij de UL in combinatie met HS Inholland te Rotterdam, of met HS Leiden te Leiden: deze studie leidt tot een hbo-bachelordiploma Leraar basisonderwijs én een wo-bachelordiploma Pedagogische wetenschappen.
- Idem bij de RU in combinatie met de HAN te Arnhem.
- Idem bij de RUG in combinatie met Hanze HS, NHL, of Stenden HS, alle drie te Groningen.
- Idem bij de VUA in combinatie met de Gereformeerde HS te Zwolle, HS Inholland te Haarlem, HS iPABO te Amsterdam, of met HS Windesheim te Zwolle.

Zie verder onder 24.f.1.

24.1.d Post-hbo-opleiding

24.1.d.1 Nascholing basisonderwijs en speciaal onderwijs (Avans HS, CNA)
Zie ook: 24.1.d.2, 24.1.d.3 en 24.1.d.6.
Voor adres(sen) zie: HBO-16, 51.
Cursussen Nascholingscursussen voor leerkrachten bij het basisonderwijs en het speciaal onderwijs bij het CNA:
- Dalton-certificaat (1-jarige opleiding).
- Le Français dans le primaire.
- Leergang Vakbekwame leraar bewegingsonderwijs.
- Montessori-diploma (2-jarige opleiding).
- Opbrengstgericht werken.
- VVE: Kaleidoscoop Implementatie Training (KIT).
- VVE: Ko-totaal.
- Wetenschap en techniek in de basisschool.

24.1.d.2 Nascholing montessorileraar basisonderwijs (Fontys Pabo, HAN, HS Edith Stein, HvA, Stenden HS)
Zie ook: 24.1.d.1, 24.1.d.3 en 24.1.d.6.
Voor adres(sen) zie: HBO-30, 45, 83, 111, 150.
Toelatingseisen Onderwijsbevoegdheid voor het basisonderwijs.
Duur 2 jaar deeltijd (3 uur per week: overdag en 's avonds).
Lesprogramma Montessoripedagogiek - didactiek - Montessori-ontwikkelingsmateriaal.
Diploma/examen Het examen wordt afgenomen door de Nederlandse Montessori Vereniging (NMV).
Functiemogelijkheden Montessorileraar in het bao, in het speciaal onderwijs, in vormingsinstituten, of in instellingen voor volwassenenonderwijs.

24.1.d.3 Opleidingencentrum Speciale Onderwijszorg (Fontys OSO)
Voor adres(sen) zie: HBO-175.
Opleidingen
- *Eenjarige trajecten in deeltijd:*
  remediaal specialist - dyslexie specialist - ambulante begeleiding - coördinator ambulante begeleiding - gespecialiseerde leraar bewegingsonderwijs - schoolcounseling - school-video-interactiebegeleiding - management speciaal onderwijs - ZKM consulent (zelfconfrontatiemethode) - ZKM coachingstraject voor LBSD'ers - handelingsgerichte diagnostiek - schooldecanaat.
- *Eenjarige trajecten in voltijd:*
  gespecialiseerde groepsleraar - remedial teaching - gespecialiseerde leraar in bewegingsonderwijs.
- *Tweejarige trajecten in deeltijd:*
  remedial teaching voortgezet onderwijs - praktijkonderwijs - leerwegondersteunend onderwijs - leerlingbegeleiding/schooldecanaat LBSD - mentoraat en loopbaanoriëntatie-begeleiding - gespecialiseerde leraar bewegingsonderwijs - remedial teaching - volwassenenonderwijs.

Overige informatie LBSD = LeerlingBegeleiding SchoolDecanaat.

24.1.d.4 Schoolleider primair onderwijs (ESAN) (CNA)
Voor adres(sen) zie: HBO-16.
Algemeen Onderdeel van de door de NVAO erkende hbo-postmasteropleiding Integraal Leiderschap voor schoolleiders po, vo en bve.
Doel
- Beschikken over kennis en vaardigheden voor integrale aansturing van een school in het primair onderwijs.
- Opstellen van een schoolontwikkelingsplan en een persoonlijk ontwikkelingsplan.
Opleidingen Tevens wordt deze opleiding gegeven:
- Oriëntatie op leiderschap in het onderwijs: www.centrumvoornascholing.nl
Toelatingseisen
- Getuigschrift pabo.
- Minimaal 5 jaar ervaring in het onderwijs.
- Werkzaam zijn als directeur in het regulier primair en/of in het speciaal basisonderwijs.
Duur 2 jaar deeltijd (om de week), sbu 560 per jaar.
Lesprogramma
- In het eerste jaar wordt de basisstof behandeld, terwijl in het tweede jaar verdieping en verrijking plaatsvinden.
- De opleiding gaat uit van twaalf kerncompetenties: reflecteren - onderzoeksmatig leidinggeven - coachend leiderschap - visieontwikkeling in relatie tot teamontwikkeling - ondernemer-

schap - mondeling en schriftelijk communiceren - delegeren - plannen en organiseren - het voeren van personeelsbeleid - leidinggeven aan cultuurontwikkeling - sturen op kwaliteit - leiding geven aan schoolontwikkeling (verandermanagement).
- De programmaopbouw weerspiegelt de praktijk van het onderwijsmanagement. Vragen die de basis vormen voor de kernthema's, die de schoolontwikkeling systematisch ondersteunen en begeleiden, zijn:
  • Wat willen we met onze leerlingen bereiken?
  • Welke eisen stelt dit aan de leerkrachten en welke middelen hebben zij daarvoor nodig?
  • Welke eisen stelt dit aan de management- en de organisatiestructuur?

Diploma/examen
- Landelijk erkend diploma Schoolleider Primair Onderwijs.
- Men wordt met dit diploma toegelaten tot het NSA-register (Register Directeur Onderwijs).

Mogelijkheden voor verdere studie Instromen in het derde jaar van de masteropleiding Integraal Leiderschap voor schoolleiders po, vo en bve: afgestudeerden verwerven de titel Master in Educational Leadership.

Overige informatie De ESAN-opleiding wordt bij voldoende deelname gegeven in Amsterdam, Rotterdam, en Heemskerk.

24.1.d.5 SON-opleidingen
Voor adres(sen) zie: OVER-147.
Algemeen Actuele bij- en nascholing.
Opleidingen op het gebied van: bewegingsonderwijs - dyslexie - expressie - interne begeleiding - kleuterbouw - leerlingenzorg - lezen - management - onderwijsvernieuwing - remedial teaching - spelling - tekenen - zelfontplooiing.
Cursussen op het gebied van: adaptief onderwijs - ADHD - autisme - bewegen - bewegingsonderwijs - bovenbouw - braingym - coaching - communicatie - concentratie - conflicthantering - creativiteit - cultuureducatie - denkontwikkeling - dyscalculie - dyslexie - energie - expressie - filosoferen - fonemisch bewustzijn - gedrag - groepsvorming - hoekenwerk - hoogbegaafdheid - hulpplan - instructie - interne begeleiding - jeugdzorg - klassenconsultatie - klassenmanagement - leerlijn - leerlingbespreking - leerstijl - leesproblemen - lerende organisatie - lezen - meervoudige intelligentie - middenbouw - motivatie - motoriek - nieuwetijdskinderen - NLP - onderbouw - onderwijsassistent - onderwijsvernieuwing - ontspanning - ontwikkeling van het kind - opdrachten - opvoeding - ouders - overblijven - overgang groep 2-3 - pedagogisch klimaat - portfolio - presentatie - puber - reflectiegesprek - rekenen - remedial teaching - samenwerkend leren - schrijven - sociaal-emotionele ontwikkeling - sociaal-emotionele problemen - spelling - stress - taal - taalontwikkeling - thema - tussenschoolse opvang - wereldoriëntatie - werkhouding - zelfstandig werken - zelfsturing.
Toelatingseisen
- Pabo-diploma; of een diploma van een andere relevante hbo-opleiding op het gebied van leerlingbegeleiding, onderwijs, of opvoeding.
- Bestemd voor:
  • leraren;
  • remedial teachers;
  • intern begeleiders;
  • directieleden;
  • bovenschools management;
  • leid(st)ers peuterspeelzalen;
  • leid(st)ers kinderopvang;
  • leid(st)ers buitenschoolse opvang;
  • leid(st)ers voorschoolse opvang;
  • iedereen die beroepshalve betrokken is bij onderwijs en opvoeding van kinderen en jonge volwassenen.

Overige informatie Elk semester worden er in diverse plaatsen cursussen met open inschrijving gegeven.

24.1.d.6 Speciaal onderwijs (HS Windesheim)
Zie ook: 24.1.d.1, 24.1.d.2 en 24.1.d.3.
Voor adres(sen) zie: HBO-218.
Algemeen
- Opleidingen, nascholingen, begeleiding en ondersteuning m.b.t. speciale leerlingenzorg in het bao, in het speciaal onderwijs, in expertisecentra, of in het voortgezet onderwijs.
- Opleidingen voor het hbo-getuigschrift Speciaal onderwijs.

Doel (Verdere) professionalisering van leraren op het terrein van speciale leerlingenzorg in het onderwijs.
Toelatingseisen
- In het bezit zijn van een onderwijsbevoegdheid.
- De opleiding sluit aan op de Lerarenopleiding Basisonderwijs, op de hbo-lerarenopleidingen, en op de eerstegraads Lerarenopleiding Lichamelijke opvoeding (voorheen: alo).

Duur
- 1 jaar voltijd.
- 1- of 2-jarige deeltijdtrajecten.

Lesprogramma Verschillende opleidingstrajecten zijn mogelijk: speciaal onderwijs - zorgverbreding - remedial teaching basisonderwijs - remedial teaching vo - intern begeleider - (preventief) ambulant begeleider - speciaal bewegingsonderwijs - leerwegondersteunend onderwijs vo - school-video-interactiebegeleider - ernstige lees- en spellingsproblemen (dyslexie) - management zorgstructuur en leerlingenzorg.

Mogelijkheden voor verdere studie Hogere Kaderopleiding Pedagogiek (HKP); wo-(Ortho)pedagogiek.
Functiemogelijkheden Gespecialiseerde leraar leerlingenzorg; intern begeleider; ambulant begeleider; remedial teacher; school-video-interactiebegeleider.
Overige informatie Leslocaties in Den Haag, Leeuwarden, Oegstgeest, Utrecht, en Zwolle.

24.1.d.7 Stichting CPION
(Centrum Post Initieel Onderwijs Nederland)
Voor adres(sen) zie: DIEN-29.
Algemeen Toetsing, registratie en diplomering van initiële opleidingen.

24.1.d.8 Vakspecialist muziek (ArtEZ, Avans HS, CHE, Conserv. A'dam, Driestar, Fontys HS en Pabo, Gereform. HS, Haagse HS, Hanze HS, HS iPABO, HS Leiden, HS Utrecht, HS Windesheim, Iselinge, Kath. Pabo Zwolle, Marnix academie, 'Thomas More', Saxion HS, Zuyd HS)
Voor adres(sen) zie: HBO-10, 21, 42, 51, 58, 60, 71, 76, 83, 89, 92, 101, 132, 142, 161, 173, 176, 184, 192, 214, 218, 226.
Algemeen Aanvullende opleiding voor leraren basisonderwijs.
Doel Opleiding tot vakspecialist muziek, zowel in de eigen school als bovenschools.
Toelatingseisen Leraren basisonderwijs die affiniteit hebben met kunst en cultuur, en die na de pabo extra scholing op muziekgebied wensen.
Duur 1 jaar (15 bijeenkomsten in groepen van 10-18 cursisten).

Lesprogramma Gezamenlijk musiceren - muziektheorie - methodisch materiaal - slagtechniek - zangtechniek - didactiek - gezamenlijk practicum - workshops - persoonlijke coaching, supervisie, intervisie - portfolio samenstellen - presentatie.
Functiemogelijkheden De vakspecialist muziek kan binnen de school aparte muziektaken vervullen, zoals muzieklessen.

24.1.f Hbo-bacheloropleiding

24.1.f.1 Academische Lerarenopleiding Primair Onderwijs (ALPO)/(Gereformeerde HS, HAN, Hanze HS, HS Leiden, HS Rotterdam, HS Utrecht, Iselinge HS, Katholieke pabo, Marnix academie, Saxion HS, Stenden HS)
Zie voor nadere informatie: 24.1.c.1.
Zie ook: Universitaire pabo: 24.1.f.5.
Voor adres(sen) zie: HBO-71, 89, 98, 104, 106, 132, 150, 157, 184, 192.
Algemeen
- Hbo-bacheloropleiding.
- Wordt ook wel genoemd:
Academische opleiding leraar basisonderwijs.
Duur 4 jaar voltijd.
Lesprogramma Specialisaties:
- Deventer (Saxion HS): Educational science and technology.
- Groningen (Hanze HS): Pedagogische wetenschappen.
- Groningen (Stenden HS): Pedagogische wetenschappen.
- Nijmegen (HAN): Pedagogische wetenschappen.
- R'dam (HS Rotterdam): Pedagogy & education.
- Utrecht (HS Utrecht): Onderwijskunde.
- Zwolle (Gereformeerde HS): Pedagogische wetenschappen.
- Zwolle (Katholieke Pabo): Onderwijswetenschappen.

24.1.f.2 Leraarondersteuner (Avans+)
Voor adres(sen) zie: HBO-54.
Algemeen De leraarondersteuner is een medewerker die les ondersteunende en leerling-begeleidende taken uitvoert onder verantwoordelijkheid van een leerkracht. Daarnaast ondersteunt hij de leerkracht bij de onderwijsvoorbereiding en levert hij op een aantal gebieden bijdragen aan de schoolorganisatie. Een leraarondersteuner kan worden beschouwd als een medewerker tussen onderwijsassistent en leerkracht in. Het belangrijkste verschil tussen een leraarondersteuner en een onderwijsassistent is dat een leraarondersteuner onder de eindverantwoordelijkheid van een gediplomeerde leerkracht zelfstandig taken mag uitvoeren, zoals lesgeven en toetsen uitvoeren. Dit mag een onderwijsassistent niet.
Doel Voor onderwijs- en klassenassistenten in het PO, SBO en VSO. Een leraarondersteuner moet voldoen aan een aantal competenties, zoals sociaal vaardig, planmatig kunnen werken en inhoudelijk de lesstof beheersen en kunnen overbrengen. Daarnaast dient hij wat af te weten van nieuwe informatie en communicatie technologieën.
Toelatingseisen Diploma mbo niveau 3 of 4.

24.1.f.3 Lerarenopleiding Basisonderwijs (pabo) (40-50 opleidingen)
Zie ook 24.1.f.4, 24.1.f.5 en 24.1.f.6.
Voor adres(sen) zie: HBO-1, 2, 3, 21, 30, 45, 51, 58, 60, 66, 71, 74, 76, 79, 83, 87, 89, 92, 98, 104, 106, 109, 110, 111, 115, 127, 128, 132, 135, 147, 150, 156, 157, 165, 176, 183, 192, 198, 202, 205, 214, 218, 226.
Algemeen Hbo-bacheloropleiding tot leraar basisonderwijs aan kinderen van 4 tot 8 jaar, of van 8 tot 12 jaar.

Toelatingseisen
- Diploma havo, vwo of mbo niveau 4.
- Of 21 jaar of ouder zijn en toegelaten worden op grond van een toelatingsonderzoek.
- Voor zijinstromers is een verkorte deeltijdopleiding van 2 jaar mogelijk wanneer men minimaal een diploma hbo-bacheloropleiding of wo-bachelor heeft.
Duur
- 4 jaar voltijd (waarin 40-48 weken stage in 4 jaar): 4 jaar dag/-avondopleiding.
- 2 jaar deeltijd voor hen die een Nederlands of niet-Nederlands wo-diploma of hbo-getuigschrift bezitten (Pabo-Top).
- Soms 3 jaar voltijd na vwo of mbo Onderwijsassistent (niveau 4).
Lesprogramma
- De pabo begint met de propedeuse. Tijdens het eerste jaar oriënteert de student zich op het beroep van leerkracht in het basisonderwijs.
- Vakken zijn o.a. taal, rekenen en wiskunde, informatie- en communicatietechnologie, pedagogiek en onderwijskunde. In het eerste jaar maakt ook een stage deel uit van de opleiding.
- Na het eerste jaar volgt de zogenoemde hoofdfase, waarin de vakinhoudelijke en didactisch-methodische vorming diepgaander aan de orde komen, o.a. hoe de verschillende vakken aan de verschillende leeftijdgroepen in het basisonderwijs worden gegeven.
- Tijdens het derde jaar kiest men voor onderwijs aan het jonge kind (vier tot acht jaar) of aan het oudere kind (acht tot twaalf jaar).
- Een belangrijk onderdeel van de opleiding is de stage. Ook kan de opleiding via een duaal traject worden voltooid als leraar in opleiding (lio), waarbij men als leerling-werknemer bij een school wordt aangesteld.
- De deeltijdstudie combineert studeren met leren in de onderwijspraktijk: opdrachten worden in de school uitgevoerd en de student krijgt in de loop van de opleiding steeds meer verantwoordelijkheden.
- Alkmaar, Emmen, Groningen, Leeuwarden: de propedeuse is een kennismakings- en oriëntatiejaar waarin men ProbleemGestuurd Onderwijs (PGO) volgt. Dit betekent dat men actief en zelfstandig leert, uitgaande van praktijksituaties. Er is veel aandacht voor studieloopbaanbegeleiding.
- Specialisaties:
  • Bewegen (Assen; Emmen nr 190; Groningen; Leeuwarden; Meppel)
  • Bewegingsonderwijs (Doetinchem; Vlissingen: minor; Zwolle)
  • Christelijk basisonderwijs (DCBO-diploma) (Assen; Emmen; Groningen; Leeuwarden; Meppel)
  • Cultuureducatie (Vlissingen: minor)
  • Daltonleerkracht (A'dam; Assen; Doetinchem; Emmen; Groningen; Leeuwarden; Meppel; Zwolle)
  • Engels (Zwolle)
  • English/Cambridge certificate (Gouda)
  • Europees burgerschap (Zwolle)
  • Godsdienst en levensbeschouwing (Zwolle)
  • Handschrift (Zwolle)
  • Het jongere kind (Almere; Doetinchem; Gouda; Leeuwarden; Sittard; Zwolle)
  • Het oudere kind (Almere; Doetinchem; Leeuwarden; Sittard; Zwolle)
  • ICBO-certificaat (R'dam)
  • Internationaal (R'dam)

- Jenaplan (Assen; Emmen; Groningen; Leeuwarden; Meppel; Zwolle)
- Kinderen met specifieke taalontwikkelingsstoornissen (Almere: minor)
- Leven lang leren (Doetinchem)
- Mediapedagogiek (Almere: minor)
- Minor (Breda; Gouda; Leeuwarden)
- Montessori (A'dam; Assen; Emmen; Groningen; Leeuwarden; Meppel; R'dam)
- Nederlandse gebarentaal (Amersfoort: minor; Utrecht: minor)
- Onderwijskunde (Doetinchem)
- Ontwikkelingsgericht onderwijs (A'dam)
- Openbaar onderwijs (Assen; Den Bosch; Eindhoven; Emmen; Groningen; Leeuwarden; Meppel; Tilburg; Veghel; Venlo)
- Protestants-christelijk onderwijs (Den Bosch; Eindhoven; Tilburg; Veghel; Venlo)
- Rooms-katholiek onderwijs (Den Bosch; Eindhoven; Tilburg; Veghel; Venlo)
- Scholier (Sittard)
- SONedutraining (Doetinchem)
- Speciaal onderwijs (Doetinchem)
- Special educational needs (Amersfoort: minor; Utrecht: minor)
- Speciale zorg voor kinderen in het basisonderwijs (Amersfoort: minor; Utrecht: minor)
- Sportklas (Alkmaar; A'dam)
- TOPClass gedragsspecialist (Breda)
- TOPClass specialist vernieuwend onderwijs excellent (Breda)
- Vakbekwaam bewegingsonderwijs (Amersfoort: minor; Utrecht: minor)
- Van primair naar voortgezet onderwijs (Doetinchem)
- Vernieuwingsonderwijs (Almere: minor)
- Voortgezet onderwijs (Doetinchem)
- Vrijeschool Pabo (Leiden)
- Wereldjuf- of meester (Amersfoort: minor; Utrecht: minor)
- Wetenschap en techniek (A'dam).

Functiemogelijkheden
- Men mag lesgeven in het basisonderwijs (4- tot 8-jarigen, of 8- tot 12-jarigen), aan scholen voor speciaal onderwijs (voorkeur voor mensen met een post-hbo-opleiding), aan vormingsinstituten en aan instellingen voor volwassenenonderwijs.
- In het vmbo kan men lesgeven in de vakken voor algemeen vormend onderwijs.
- Men heeft onderwijsbevoegdheid voor lichamelijke opvoeding of bewegingsonderwijs voor de groepen 1 en 2.

Overige informatie
- In het eerste leerjaar wordt een rekentoets gedaan die moet garanderen dat het rekenniveau van leerkrachten minstens even hoog is als dat van de beste leerlingen van groep 8 van de basisschool.
- De tweedegraadsopleiding wordt in voltijd gegeven in Alkmaar, Almere, Amersfoort, Amsterdam, Arnhem, Assen, Breda, Den Bosch, Den Haag, Deventer, Doetinchem, Dordrecht, Ede, Eindhoven, Emmen, Gouda, Groningen, Haarlem, Helmond, Hengelo, Leeuwarden, Leiden, Meppel, Nijmegen, Rotterdam, Sittard, Tilburg, Utrecht, Veghel, Venlo, Vlissingen, en Zwolle.
- De tweedegraadsopleiding wordt in deeltijd gegeven te Alkmaar, Amsterdam, Almere, Amersfoort, Arnhem, Breda, Den Bosch, Den Haag, Deventer, Doetinchem, Dordrecht, Ede, Eindhoven, Gouda, Haarlem, Helmond, Hengelo, Leiden, Nijmegen, Rotterdam, Tilburg, Utrecht, Vlissingen, en Zwolle.
- In Den Haag (HS Inholland) is een digitale variant mogelijk: Digi-Pabo.

- Het HS NTI geeft samen met Fontys Pabo de opleiding digitaal/-schriftelijk, inclusief colleges en stages; na afsluiting volgt een hbo-getuigschrift van Fontys Pabo.
- Voor de pabo voor vrijeschoolonderwijs, HS Leiden: zie 24.1.f.6.

24.1.f.4 Montessorileraar Basisonderwijs (HS Edith Stein, HS Rotterdam, HvA, Stenden HS)
Voor adres(sen) zie: HBO-30, 45, 87, 104, 111, 128, 147, 157, OVER-134.
Algemeen Hbo-opleiding tot leraar montessorionderwijs voor kinderen van 4 tot 12 jaar.
Toelatingseisen
- *Voor de 4 jaar voltijd:*
  - diploma havo, vwo of mbo niveau 4;
  - 21 jaar of ouder zijn, toelaatbaar na een toelatingstoets.
- *Voor de urgentieopleiding en voor de 2 jaar voltijd:*
  - voltooide hbo of wo.
Duur 4 jaar voltijd (dag-, variantopleiding); 2 jaar voltijd (versnelde opleiding); 2 jaar deeltijd (omscholing voor bevoegden voor het basisonderwijs).
Lesprogramma Pedagogische vorming - taalonderwijs - rekenen en wiskunde - mens- en maatschappijonderwijs - natuuronderwijs - expressie - schrijven - culturele en maatschappelijke vorming - Engels.
Diploma/examen Deze montessoriopleiding wordt afgesloten met een apart examen. Dit examen staat onder toezicht van de Nederlandse Montessori Vereniging (NMV).
Mogelijkheden voor verdere studie Hbo-lerarenopleiding; cursus voor speciaal onderwijs; logopedist; nascholingscursussen; remedial teaching.

24.1.f.5 Universitaire pabo (Fontys Pabo, HS Inholland, HS iPABO, HS Windesheim, HvA)
Zie ook 24.1.f.1: Academische lerarenopleiding Primair Onderwijs.
Voor adres(sen) zie: HBO-21, 30, 83, 106, 218.
Algemeen
- Hbo-bacheloropleiding.
- Zie ook: Academische lerarenopleiding Primair Onderwijs.
Lesprogramma Specialisaties:
- A'dam (HvA): Pedagogische wetenschappen.
- Eindhoven (Fontys Pabo): Openbaar onderwijs - Protestants-christelijk onderwijs - Rooms-katholiek onderwijs.
- Zwolle (HS Windesheim): Pedagogiek.

24.1.f.6 Vrijeschool pabo (HS Leiden)
Voor adres(sen) zie: HBO-132.
Algemeen Hbo-bacheloropleiding voor Leraar basisonderwijs op vrijescholen (antroposofische grondslag), sinds 1.1.2013 bij HS Leiden.
Er is een voltijd-/dagopleiding en een aangepaste dagvariant (dag-/avondopleiding); voor pabo-afgestudeerden is er een 1-jarige dagopleiding en een 1-jarige dagopleiding en een 1-jarige aangepaste dagvariant.
Toelatingseisen
- Diploma (oud of nieuw) van het havo, het vwo of het mbo niveau 4.
- Een goede gezondheid en enige levenservaring zijn gewenst.
- Of 21 jaar of ouder zijn en toegelaten worden op grond van een toelatingsonderzoek.
- Voor de aangepaste dagvariant (dag/avond-opleiding) moet men minstens 23 jaar zijn.

Duur 4 jaar voltijd-/dagopleiding; een aangepaste dagvariant (dag-/avondopleiding), beide 1680 sbu per jaar.

24.1.f.7 Zijinstromers
Zie 24.3.f.29.

24.1.g Mbo-opleiding niveau 4

24.1.g.1 Klassenassistent (voortgezet) speciaal onderwijs (niveau 4)
Voor adres(sen) zie: ROC/MBO-12, 23, 30, 34, 39, 54, 56, 58, 60.
Algemeen
- Deze opleiding wordt gegeven aan de scholen die ook de volgende opleidingen van mbo niveau 4 geven: Sociaal-Pedagogisch Werker (SPW, zie 14.5.g.2), en Sociaal-Cultureel Werker (SCW, zie 14.8.g.3), vanaf het 2e jaar.
- Hier worden slechts de centrale adressen vermeld. De opleiding kan in de wijde omtrek ervan worden gegeven.

CREBO Geen.
Doel Opleiding tot klassenassistent in het speciaal basisonderwijs of in het voortgezet speciaal onderwijs. Waar in het basisonderwijs wordt gesproken over onderwijsassistenten, spreken we in het (voortgezet) speciaal onderwijs over klassenassistenten. Klassenassistenten voeren hun werkzaamheden uit onder de verantwoordelijkheid van een leraar.
Sinds 1 augustus 1997 zijn er twee functieniveaus voor klassenassistenten:
- Klassenassistenten met de laagste functiewaardering (schaal 3) vervullen vooral verzorgende taken, en geen onderwijsinhoudelijke taken.
- Klassenassistenten die functioneren op het hoogste niveau (schaal 4) verrichten - net als de onderwijsassistent - naast verzorgende ook eenvoudige, routinematige onderwijsinhoudelijke taken. Zij begeleiden bijvoorbeeld leerlingen, individueel of in kleine groepjes. De functie van klassenassistent in schaal 4 is uitwisselbaar met de functie van onderwijsassistent. Dit betekent dat klassenassistenten op het hoogste niveau ook kunnen werken als onderwijsassistent en andersom.
Toelatingseisen Diploma vmbo gl, vmbo kb of vmbo tl met alle sectoren.
Duur 3 jaar voltijd en deeltijd.
N.B. Zie voor de onderwijsassistent: 24.1.g.2.

24.1.g.2 Onderwijsassistent (basisonderwijs en/of speciaal onderwijs) (niveau 4)
Voor adres(sen) zie: ROC/MBO-1, 3, 4, 7, 8, 11, 13, 15, 16, 17, 20, 21, 22, 23, 24, 25, 26, 30, 31, 32, 33, 34, 37, 40, 43, 48, 60, 61.
Algemeen
- Eindtermen voor deze kwalificatie worden ontwikkeld door Calibris (Zorg, Welzijn en Sport).
- Hier worden slechts de centrale adressen vermeld. De opleiding kan in de wijde omtrek ervan worden gegeven.

CREBO 10710/93500
Doel Een onderwijsassistent ondersteunt de leerkracht in de onderbouw (groep 1 tot en met 4) van een reguliere basisschool. Onder verantwoordelijkheid van de leerkracht verrichten onderwijsassistenten eenvoudige, routinematige onderwijsinhoudelijke taken en begeleiden ze leerlingen bij het verwerven van vaardigheden.
Ook kunnen onderwijsassistenten kleine groepen met langzame of juist snelle leerlingen ondersteunen. Verder kunnen zij eraan bijdragen dat kinderen sociale en andere vaardigheden aanleren, zoals

'luisteren', 'opruimen' of 'vragen stellen'.
Ten slotte kunnen de assistenten helpen om lesmateriaal samen te stellen voor bijzondere projecten.
Toelatingseisen
- Diploma vmbo gl, vmbo kb of vmbo tl met alle sectoren.
- Voor de kopklas: mbo niveau 4 of havo.
Duur
- 3 jaar voltijd of 2 jaar deeltijd.
- Roc Mondriaan: ook 1 jaar kopklas.
Mogelijkheden voor verdere studie Pabo; hbo-Lerarenopleiding; hbo-Sociaal-Pedagogische Hulpverlening, hbo-Vrijetijdsmanagement, hbo-Maatschappelijk Werk en Dienstverlening, hbo-Culturele en Maatschappelijke Vorming, hbo-Personeel & Arbeid.
Functiemogelijkheden Onderwijsassistent in de onderbouw van de basisschool.
N.B. Zie voor de klassenassistent: 24.1.g.1.

24.1.h Mbo-opleiding niveau 3

24.1.h.1 Sociaal-Pedagogisch Werker (SPW) (niveau 3)
Zie 14.5.h.1.
Algemeen Er zijn 3 beroepsvarianten:
- Basisonderwijs.
- Kinderopvang.
- Zorg voor mensen met een beperking.

24.1.l Overige opleidingen

24.1.l.1 KPC Groep
Zie 24.3.l.1.
Algemeen Er is een specifiek aanbod voor Lerarenopleidingen primair onderwijs.

24.1.l.2 Nederlandse School voor Onderwijsmanagement
Voor adres(sen) zie: OVER-54.
Algemeen Opleidingstrajecten die zijn gericht op de persoonlijke ontwikkeling, competenties en vaardigheden van (aspirant) leidinggevenden in het onderwijs.
Opleidingen
- Masteropleiding Onderwijsmanagement (Master of Educational Management): 2-jarige deeltijdopleiding met een sterke koppeling tussen praktijk en theorie.
- Masteropleiding Educational Management in modulen: 10 losse modulen met een totale doorlooptijd van - naar keuze - 3, 4 of 5 jaar.
- Masteropleiding Educational Management Primair Onderwijs 2012-2015: een 2,5 jarige deeltijdopleiding waarin directieleden, bestuurders en bovenschools directeuren in het PO worden opgeleid tot Schoolleider.
- Opleiding Middenmanagement: opleiding van 8 maanden, gericht op de ontwikkeling van leidersperspectief voor aankomend middenmanagers in het onderwijs.
- Maatwerk Opleidingstrajecten: in-company opleidingen voor scholen en combinaties van scholen, die zijn gericht op de ontwikkeling van managementcompetenties van (toekomstige) leidinggevenden binnen een schoolorganisatie.

24.2 BEROEPSONDERWIJS

24.2.d Post-hbo-opleiding

24.2.d.1 Hbo-lerarenopleiding Verpleegkunde (eerstegraads) (NHL)
Zie 13.14.d.1.

24.2.d.2 Nascholingscursussen PTH (Fontys HS, Fontys OSO, HS Rotterdam, HS Windesheim, HvA)
Voor adres(sen) zie: HBO-30, 81, 157, 175, 218.
Algemeen PTH = Pedagogisch-Technische HS.

24.2.d.3 Pedagogisch-didactisch diploma (Avans+, Fontys HS, Fontys OSO, HS Rotterdam, HS Windesheim, HvA)
Voor adres(sen) zie: HBO-30, 54, 81, 157, 175, 218.
Algemeen Cursus, die niet door het ministerie van OCW is erkend, en daarom niet door de overheid wordt bekostigd.
Doel Gericht op het trainen van vaardigheden die nodig zijn voor het overbrengen van kennis, het begeleiden van groepen, het motiveren van mensen. Ook het gebruik van ict komt aan bod.
Toelatingseisen Voor mensen die willen leren hoe in het bedrijfsleven of in het onderwijs cursussen worden verzorgd, groepen worden begeleid, leiding kan worden gegeven.
Duur 1 jaar één avond per week.
Lesprogramma Naast het trainen van vaardigheden wordt ook aandacht besteed aan leerpsychologische en ontwikkelingspsychologische aspecten.
Overige informatie Leslocaties HS Windesheim: Ede, Enschede, Groningen, Leeuwarden, en Zwolle.

24.2.f Hbo-bacheloropleiding
Zie ook voor de algemene vakken: 24.3.f.

24.2.f.1 Hbo-lerarenopleiding Horeca en voeding (HvA)
Voor adres(sen) zie: HBO-25.
Algemeen Hbo-bacheloropleiding voor leraar Horeca en voeding voor het beroepsonderwijs tweedegraads.
Toelatingseisen
- Diploma havo of vwo (2 uit: wisk. A, wisk. B, nat.); mbo niveau 4 (wisk., nat.); havo-profiel C&M (+ wisk. B I), E&M (+ wisk. B I), N&T, N&G; vwo-profiel C&M (+ wisk. A I en II), E&M, N&T, N&G; mbo niveau 4 (wisk., nat.); of mbo niveau 3 of 4 in de sectoren Elektrotechniek of Informatica met het diploma van de Voorbereidende Lerarenopleiding (24.2.f.20).
- Voor de deeltijdopleiding moet bij diplomering voldaan zijn aan 3 jaar relevante bedrijfservaring.
- Of 21 jaar of ouder zijn en toegelaten worden op grond van een toelatingsonderzoek als men een vergelijkbare opleiding heeft of over relevante werkervaring beschikt.

24.2.f.2 Hbo-lerarenopleiding Mens en technology (tweedegraads) (HvA)
Voor adres(sen) zie: HBO-31.
Algemeen Hbo-bacheloropleiding voor leraar Mens en technology voor het beroepsonderwijs tweedegraads.
Toelatingseisen
- Diploma havo of vwo (2 uit: wisk. A, wisk. B, nat.); mbo niveau 4 (wisk., nat.); havo-profiel C&M (+ wisk. B I), E&M (+ wisk. B I), N&T, N&G; vwo-profiel C&M (+ wisk. A I en II), E&M, N&T, N&G;

mbo niveau 4 (wisk., nat.); of mbo niveau 3 of 4 in de sectoren Elektrotechniek of Informatica met het diploma van de Voorbereidende Lerarenopleiding (24.2.f.20).
- Voor de deeltijdopleiding moet bij diplomering voldaan zijn aan 3 jaar relevante bedrijfservaring.
- Of 21 jaar of ouder zijn en toegelaten worden op grond van een toelatingsonderzoek als men een vergelijkbare opleiding heeft of over relevante werkervaring beschikt.
Duur 4 jaar voltijd en deeltijd.
Functiemogelijkheden Het diploma Mens en technology staat voor een tweedegraadsonderwijsbevoegdheid (theorie en praktijk) in het beroepsonderwijs op het vmbo en het mbo. Ook geldt deze bevoegdheid voor praktijklessen op hbo-niveau.
In het bedrijfsleven zijn er vele mogelijkheden in het management van elektrotechnische bedrijven en bij installateurs, als technische verkoper, als docent aan bedrijfsscholen, als ontwikkelaar van onderwijsleermiddelen en cursussen voor bedrijven.
Overige informatie De tweedegraadsopleiding wordt als voltijd- en als deeltijdonderwijs gegeven te Amsterdam.

24.2.f.3 Hbo-lerarenopleiding PTH Bouwkunde en bouwtechniek (tweedegraads) (PTH Fontys HS)
Voor adres(sen) zie: HBO-81.
Algemeen Hbo-bacheloropleiding voor leraar Bouwkunde en bouwtechniek voor het beroepsonderwijs tweedegraads.
Doel Bouwkunde omvat de theoretische studie van het bouwproces: het assembleren van een gebouw, met aandacht voor functie, vorm en materiaal.
Onderscheiden worden: de architectonische, de bouwtechnische, de constructieve en de bedrijfskundige aspecten.
Toelatingseisen
- Diploma havo of vwo (2 uit: wisk. A, wisk. B, nat.); havo-profiel C&M (+ wisk. B I), E&M (+ wisk. B I), N&T, N&G; mbo niveau 4 (nat., wisk.) of mbo niveau 3 met het diploma van de Voorbereidende Lerarenopleiding (24.2.f.20).
- Voor de deeltijdopleiding moet bij diplomering voldaan zijn aan 3 jaar relevante bedrijfservaring.
- Of 21 jaar of ouder zijn en toegelaten worden op grond van een toelatingsonderzoek als men een vergelijkbare opleiding heeft of over relevante werkervaring beschikt.
Duur 4 jaar voltijd en deeltijd.
Functiemogelijkheden Het PTH-diploma Bouwkunde en bouwtechniek staat voor een tweedegraadsonderwijsbevoegdheid voor het vmbo en het mbo. Ook geldt deze bevoegdheid voor praktijklessen op hbo-niveau.
In het bedrijfsleven zijn er vele mogelijkheden in het management van een bedrijfsbureau, als projectleider op een architectenbureau of bij een aannemer, als medewerker van een projectontwikkelaar, of als ontwikkelaar en uitvoerder van bedrijfscursussen. Ook kan men een eigen bouwkundig adviesbureau starten.
Overige informatie De tweedegraadsopleiding wordt in voltijd en deeltijd gegeven in Eindhoven.

24.2.f.4 Hbo-lerarenopleiding PTH Consumptieve technieken (tweedegraads)/Docent consumptieve technieken (PTH Fontys HS, Stoas HS)
Voor adres(sen) zie: HBO-81, 209.
Algemeen Hbo-bacheloropleiding voor leraar Consumptieve technieken voor het beroepsonderwijs tweedegraads.
Toelatingseisen
- Diploma havo, vwo, mbo niveau 4 of mbo niveau 3 met het diplo-

ma van de Voorbereidende Lerarenopleiding (24.2.f.20).
- Voor de deeltijdopleiding moet bij diplomering voldaan zijn aan 3 jaar relevante bedrijfservaring.

Duur 4 jaar voltijd en deeltijd (zie **Overige informatie**).

Lesprogramma De opleiding Consumptieve technieken kent 2 differentiaties:
- *Bakkerijtechnieken:* gaat in op ambachtelijke en grootschalige werkwijzen, op het hoe en waarom van bereidingsprocessen en op de kennis van nieuwe processen en productiemethoden.
De differentiatie Bakkerijtechnieken kent 2 specialisaties: Broodbakken en Banketbakken.
- *Horecatechnieken:* gaat in op ambachtelijke en grootschalige werkwijzen, op het hoe en waarom van bereidingsprocessen en op de kennis van nieuwe processen en productiemethoden.
De differentiatie Horecatechnieken kent 2 specialisaties: Keuken en Restaurant.

Functiemogelijkheden
- De differentiatie Bakkerijtechnieken geeft in het bedrijfsleven vele mogelijkheden in het management van de foodindustrie en van bakkerijen.
- De differentiatie Horecatechnieken eveneens in het management van de foodindustrie en bij cateringbedrijven en horecabedrijven.
- Beide differentiaties geven mogelijkheden voor functies als beleidsmedewerker opleidingen, opleidingscoördinator, praktijkopleider, ontwikkelaar of uitvoerder van bedrijfscursussen. Mogelijkheid voor een eigen onderneming.
- Ook geldt deze bevoegdheid voor praktijklessen op hbo-niveau.

Overige informatie
- Er is een voorbereidend leerjaar Consumptieve techniek bij Stoas HS te Wageningen; aanmelden bij HS Fontys PTH te Eindhoven.
- De differentiatie Bakkerijtechnieken heeft alleen een deeltijdopleiding en wordt aangeboden te Amsterdam en Eindhoven.
- Daarnaast kan bij voldoende aanmeldingen de opleiding in deeltijd gevolgd worden te Enschede, Groningen, Leeuwarden, Nieuwegein, en Zwolle.
- De differentiatie Horecatechnieken heeft een dagopleiding in Amsterdam en deeltijdopleidingen te Amsterdam en Eindhoven.

24.2.f.5 Hbo-lerarenopleiding PTH Techniek (tweedegraads) (Fontys HS, HS Utrecht, HvA, Saxion HS)

Voor adres(sen) zie: HBO-31, 89, 157, 165, 173, 184.

Algemeen Hbo-bacheloropleiding voor leraar Techniek voor het beroepsonderwijs tweedegraads.

Toelatingseisen
- Diploma havo; vwo; havo-profiel N&T, N&G; vwo-profiel C&M (+ wisk. A I en II, nat. I, scheik. I), E&M (+ nat. I, scheik. I), N&T, N&G; of mbo niveau 4 met het diploma van de Voorbereidende Lerarenopleiding (24.2.f.20).
- Of 21 jaar of ouder zijn en toegelaten worden op grond van een toelatingsonderzoek als men een vergelijkbare opleiding heeft of over relevante werkervaring beschikt.

Duur 4 jaar voltijd en deeltijd.

Lesprogramma Techniek benadrukt de fundamentele rol van techniek in de samenleving: techniek als middel om problemen op te lossen. In dit vak leert men techniek zien als een voortdurend proces van ontwerpen, maken en gebruiken.

Functiemogelijkheden Het diploma PTH-Techniek staat voor een tweedegraadsonderwijsbevoegdheid voor het vmbo en het mbo. Ook geldt deze bevoegdheid voor praktijklessen op hbo-niveau.

Overige informatie
- De tweedegraadsopleiding wordt in voltijd gegeven te Amsterdam, Sittard, Tilburg, en Utrecht.
- De tweedegraadsopleiding wordt in deeltijd gegeven te Amsterdam, Deventer, Hengelo, Sittard,Tilburg, en Utrecht.

24.2.f.6 Hbo-lerarenopleiding PTH Technisch beroepsonderwijs (tweedegraads) (PTH Fontys HS, HS Rotterdam, HS Windesheim)

Voor adres(sen) zie: HBO-81, 157, 218.

Algemeen Hbo-bacheloropleiding voor leraar Technisch beroepsonderwijs voor het beroepsonderwijs tweedegraads.

Toelatingseisen
- Diploma havo of vwo (wisk. A of B en nat.); elk havo- of vwo-profiel; of mbo niveau 4 met het diploma van de Voorbereidende Lerarenopleiding (24.2.f.20).
- Voor de deeltijdopleiding moet bij diplomering voldaan zijn aan 3 jaar relevante bedrijfservaring.
- Of 21 jaar of ouder zijn en toegelaten worden op grond van toelatingsonderzoek als men een vergelijkbare opleiding heeft of over relevante werkervaring beschikt.

Duur 4 jaar voltijd en deeltijd (2-3 lesavonden per week).

Functiemogelijkheden Het PTH-diploma Technisch beroepsonderwijs staat voor een tweedegraadsonderwijsbevoegdheid op vmbo-scholen.

Overige informatie
- De tweedegraadsopleiding wordt in voltijd gegeven in Rotterdam en in Zwolle.
- De tweedegraadsopleiding wordt in deeltijd gegeven in Eindhoven, Rotterdam en Zwolle.

24.2.f.7 Leraar (kopopleiding) (Fontys HS, NHL)

Voor adres(sen) zie: HBO-127, 173.

Algemeen Hbo-bacherloropleiding.

Duur
- Leeuwarden (NHL): 1 jaar deeltijd.
- Tilburg (Fontys HS):1 jaar voltijd.

24.2.f.8 Onderwijsondersteuner Bouwkunde (HS Windesheim)

Voor adres(sen) zie: HBO-216.

Algemeen Ad-programma.

Duur 2 jaar deeltijd.

24.2.f.9 Onderwijsondersteuner Bouwtechniek (HS Windesheim)

Voor adres(sen) zie: HBO-216.

Algemeen Ad-programma.

Duur 2 jaar deeltijd.

24.2.f.10 Onderwijsondersteuner Consumptieve techniek(en) (Fontys HS, HvA, Stoas HS)

Voor adres(sen) zie: HBO-25, 81, 209.

Algemeen Ad-programma.

Duur 2 jaar deeltijd.

Overige informatie Fontys HS geeft dit ad-programma op locatie Wageningen.

**24.2.f.11 Onderwijsondersteuner Elektrotechniek
(HS Windesheim)**
Voor adres(sen) zie: HBO-219.
Algemeen Ad-programma.
Duur 2 jaar deeltijd.

**24.2.f.12 Onderwijsondersteuner Gezondheidszorg en
welzijn (HS Leiden, HS Rotterdam, HvA)**
Voor adres(sen) zie: HBO-27, 132, 157.
Algemeen Ad-programma.
Duur
- 2 jaar deeltijd.
- HS Leiden: ook 2 jaar voltijd.

**24.2.f.13 Onderwijsondersteuner Groen onderwijs
(Stoas HS)**
Voor adres(sen) zie: HBO-209.
Algemeen Ad-programma.
Duur 2 jaar deeltijd.

**24.2.f.14 Onderwijsondersteuner Informatie- en
communicatietechnologie (ict) (HS Windesheim)**
Voor adres(sen) zie: HBO-222.
Algemeen Ad-programma.
Duur 2 jaar deeltijd.

**24.2.f.15 Onderwijsondersteuner
Motorvoertuigentechniek (HS Windesheim)**
Voor adres(sen) zie: HBO-219.
Algemeen Ad-programma.
Duur 2 jaar deeltijd.

**24.2.f.16 Onderwijsondersteuner Omgangskunde
(HS Leiden)**
Voor adres(sen) zie: HBO-132.
Algemeen Ad-programma.
Duur 2 jaar voltijd en deeltijd.

**24.2.f.17 Onderwijsondersteuner Techniek/Techniek in
het voortgezet onderwijs/Technisch
beroepsonderwijs (PTH Fontys HS, HS Rotterdam,
HS Windesheim, HvA)**
Voor adres(sen) zie: HBO-31, 81, 157, 219.
Algemeen Ad-programma:
- Techniek: HvA, domein Techniek.
- Techniek in het voortgezet onderwijs: HS Windesheim, School of
engineering & design.
- Technisch beroepsonderwijs: PTH Fontys HS, HS Rotterdam.
Duur 2 jaar deeltijd.

**24.2.f.18 Onderwijsondersteuner Werktuigbouwkunde
(HS Windesheim)**
Voor adres(sen) zie: HBO-216.
Algemeen Ad-programma.
Duur 2 jaar deeltijd.

24.2.f.19 Onderwijsondersteuner Zorg en welzijn (HAN)
Voor adres(sen) zie: HBO-150.
Algemeen Ad-programma.
Duur 2 jaar deeltijd.

**24.2.f.20 Voorbereidende Lerarenopleiding (Fontys HS,
HS Rotterdam, HS Windesheim, HvA)**
Voor adres(sen) zie: HBO-30, 81, 157, 218.
Doel Een 'extra' kans voor hen, die op latere leeftijd alsnog een hbo-
(leraren)opleiding willen gaan volgen (bijvoorbeeld op het gebied
van bouwen en wonen: Bouwkunde en Bouwtechniek), maar die
daarvoor niet voldoende kennis van natuurkunde, Nederlands en/of
wiskunde hebben.
Toelatingseisen
- Diploma Voortgezet leerlingwezen of gelijkwaardig niveau, of
minimaal diploma mbo niveau 3, met bij voorkeur enkele jaren
relevante bedrijfservaring op het terrein van de gewenste vervolgstudie.
- Of mbo niveau 4, of havo, of vwo, alledrie met voldoende wisk.
en/of nat.
- Voor alle opleidingen geldt dat een aantoonbare beheersing van
de Nederlandse taal noodzakelijk is. Van studenten voor wie
Nederlands niet de moedertaal is, wordt verlangd dat zij het
NT2-programma 2 hebben afgerond.
- Leeftijd: boven 18 jaar.
- Voor hen, die niet aan de toelatingseisen van een van de studie-
richtingen van de Pedagogisch Technische Hogescholen (PTH)
voldoen, wordt een apart programma als voorbereidend jaar in
deeltijdstudie gegeven.
Duur 1 jaar deeltijd 4 x 8 weken met 8 contacturen per week (2 lesavonden); totale sbu per week: circa 20.
Lesprogramma
- De opleiding kan in 2 aparte streams worden onderscheiden.
- Natuurkunde: kinematica (bewegingsleer), dynamica, warmte-
leer en elektriciteitsleer.
- Nederlands: spelling en zinsbouw, trainen van spreekvaardigheid,
algemene studievaardigheden zoals het schrijven van brieven, het
maken van een tekstanalyse en een verslag, en het maken van
samenvattingen.
- Wiskunde: basis rekenvaardigheden, eerste- en tweedegraads-
functies, machten en wortels, goniometrie en een kennismaking
met exponenten en logaritmen.
- Voor de voorbereiding tot de studierichtingen Consumptieve
technieken en Horeca en voeding bevat het vakkenpakket naast
Nederlands, natuurkunde en wiskunde, ook scheikunde en biologie.
Diploma/examen De opleiding wordt afgesloten met een PTH-
diploma Voorbereidende Lerarenopleiding en geeft toegang tot de
meer praktisch-technische studierichtingen.
Functiemogelijkheden Toelating tot de tweedegraads Lerarenopleiding in de studierichtingen: Bouwkunde en bouwtechniek,
Consumptieve technieken, Horeca en voeding, Mens en technology,
Techniek, en Technisch beroepsonderwijs.

24.2.f.21 Zijinstromers
Zie 24.3.f.29.

24.3 ONDERWIJS IN ALGEMENE VAKKEN

24.3.a Postacademisch onderwijs (pao)

24.3.a.1 Didactiek voor hbo-docenten (CNA)
Voor adres(sen) zie: HBO-16.
Algemeen Voor meer info zie:
www.centrumvoornascholing.nl
Duur 3-daagse of 6-daagse opleiding.

24.3.a.2 GITP PAO
Zie 14.1.a.1.

24.3.a.3 Onderwijscentrum (VUA)
Voor adres(sen) zie: WO-1.
Algemeen Bij- en nascholing voor docenten vo.
Cursussen
- *Algemeen:*
  • De veilige school.
  • Docentbegeleiding: coaching, communicatie, personeelsbeleid.
  • Leerlingenzorg.
- *Voor docenten Aardrijkskunde:*
  • GIS voor beginners.
  • GIS voor gevorderden.
  • Meer leren denken met aardrijkskunde.
  • Nieuw vmbo-examenprogramma Aardrijkskunde.
  • Verenigde Staten van Amerika.
  • Water: kusten en rivieren.
- *Voor docenten Talen:*
  • AIM-atelier: kennismaking met de AIM-didactiek.
  • AIM-starterstraining - didactiek bij het vak Frans.
  • Basiscursus ERK mvt - vmbo en onderbouw vo.
  • Basiscursus Europees Referentiekader mvt 2e fase.
  • Creatief schrijven als onderdeel van Nederlands.
  • ERK in de praktijk: Speaking English.
  • ERK in de praktijk: Writing English.
  • Film in de les Duits.
  • Interessant en spannend onderwijs Nederlands.
  • Literatuur in de nieuwe tweede fase: beslispunten.
  • Literatuurgeschiedenis Nederlands op het havo.
  • Literatuuronderwijs: hoe doe je dat?
  • Ondersteuning bij de invoering van AIM.
  • Opfriscursus moderne vreemde talen didactiek.
Overige informatie
- Voor cultuurcoördinatoren: zie 23.1.a.1.
- Voor docenten CKV: zie 23.1.a.2.
- Voor docenten Godsdienst/levensbeschouwing: zie 12.5.a.1.

24.3.a.4 Onderwijsmanagement (UvA)
Voor adres(sen) zie: WO-8.
Algemeen Opleiding tot onderwijsmanager.
Toelatingseisen
- Eerstegraadsonderwijsbevoegdheid.
- Daarnaast moet men ten minste 5 jaar werkervaring hebben als eerstelijnsmanager of als docent met coördinerende ervaringen.
Duur 2 jaar deeltijd.
Lesprogramma Organisatie en onderwijsmanagement - personeel en onderwijsmanagement - leidinggeven en onderwijsmanagement - beheer en onderwijsmanagement.
Diploma/examen Men behaalt de graad Master in Educational Management.

24.3.a.5 Remediaal specialist (VUA)
Voor adres(sen) zie: WO-9.
Algemeen Deeltijdopleiding tot remediaal specialist.
Doel Het opleiden tot een functie als middle management-functionaris die praktijkkeuzen m.b.t. remediale hulp vanuit wetenschappelijk inzicht kan funderen en de beleidsmatige aspecten daarvan kan vormgeven.
Toelatingseisen
- Diploma 2-jarige remedial teaching-opleiding.

- Diploma wo-Taalwetenschappen, wo-(Ortho)pedagogiek, wo-Psychologie, wo-Wiskunde of andere exacte studierichtingen met praktische vaardigheden in verband met remedial teaching.
Duur 1 jaar deeltijd (1 lesmiddag per week).
Lesprogramma Het programma omvat 4 modulen: wetenschappelijke achtergronden leerproblemen; onderwijsbeleid en organisatie toegespitst op zorgverbreding; gespreks-, onderhandelings- en presentatievaardigheden; onderzoeksmethodieken en super-/intervisie m.b.t. het uit te voeren onderzoek.
Functiemogelijkheden Middle management- of beleidsfunctie om richting te geven aan het programma voor remediale hulp op school.

24.3.b Wo-masteropleiding

24.3.b.1 Wo-lerarenopleiding (algemeen)
Algemeen
- Wo-masteropleiding voor leraar met eerstegraadsonderwijsbevoegdheid in het voortgezet onderwijs.
- Deze wo-lerarenopleiding maakt deel uit van de educatieve masteropleidingen van de universiteiten: het is een maatschappelijke masteropleiding met onderwijsbevoegdheid.
- Sommige universiteiten bieden de wo-lerarenopleiding (ook) aan als een postmasteropleiding.
Duur Opleidingsduur in ec's per traject bij voltijd en deeltijd:
- *Minor educatie in de bacheloropleiding:*
  • 10 ec's Didactiek & communicatie (start in 3e of 4e semester van de bacheloropleiding);
  • 20 ec's Voortgezette opleiding.
- *Postmaster voor studenten met een minor educatie:*
  • gespreid over ongeveer 9 maanden;
  • maximaal 40 ec's.
- *Postmaster of postdoctorale variant:*
  • voltijd 1 jaar;
  • deeltijd 1,5 jaar;
  • 60 ec's.
- *Zijinstromers:*
  • voltijd en deeltijd: maximaal 2 jaar waarbij de studielast afhangt van de persoonlijke situatie.
- *Tweede eerstegraadsonderwijsbevoegdheid:*
  • de studielast hangt af van de persoonlijke situatie.
Lesprogramma Er worden vaardigheden geleerd die te maken hebben met het lesgeven, zoals motiveren, samenwerken, presenteren, conflicthanteren, het ontwerpen van educatief materiaal en het onderzoeken en ontwikkelen van het Nederlandse onderwijs.
Functiemogelijkheden Leraar met eerstegraadsonderwijsbevoegdheid in het voortgezet onderwijs; diverse functies in het bedrijfsleven en bij de overheid.
Overige informatie De opleidingsadressen zijn bij de specifieke Wo-lerarenopleidingen vermeld.

24.3.b.2 Wo-lerarenopleiding Leraar VHO in Aardrijkskunde (RU, RUG, UU, UvA, VUA)
Zie ook: 24.3.b.1.
Voor adres(sen) zie: PAO-19, WO-1, 7, 22, 36.
Algemeen Wo-masteropleiding voor leraar Aardrijkskunde met eerstegraadsonderwijsbevoegdheid in het voortgezet onderwijs.
Duur UU, UvA, VUA: ook in deeltijd.

24.3.b.3 Wo-lerarenopleiding Leraar VHO in Algemene economie (RU, TiU, UL, UvA, VUA)

Zie ook: 24.3.b.1 en 24.3.b.8.
Voor adres(sen) zie: WO-1, 7, 29, 36, 40.
Algemeen Wo-masteropleiding voor leraar Economie (Algemene economie en Bedrijfseconomie) met eerstegraadsonderwijsbevoegdheid in het voortgezet onderwijs.
Duur TiU, UL, UvA, VUA: ook in deeltijd.

24.3.b.4 Wo-lerarenopleiding Leraar VHO in Arabisch (UvA)

Zie ook: 24.3.b.1.
Voor adres(sen) zie: WO-7.
Algemeen Wo-masteropleiding voor leraar Arabisch met eerstegraadsonderwijsbevoegdheid in het voortgezet onderwijs.
Duur UvA: ook in deeltijd.

24.3.b.5 Wo-lerarenopleiding Leraar VHO in Biologie (RU, UL, UU, UvA, VUA)

Zie ook: 24.3.b.1.
Voor adres(sen) zie: PAO-19, WO-1, 7, 29, 36.
Algemeen Wo-masteropleiding voor leraar Biologie met eerstegraadsonderwijsbevoegdheid in het voortgezet onderwijs.
Duur UL, UU, UvA, VUA: ook in deeltijd.

24.3.b.6 Wo-lerarenopleiding Leraar VHO in Chinees (UL)

Zie ook: 24.3.b.1.
Voor adres(sen) zie: WO-29.
Algemeen Wo-masteropleiding voor leraar Chinees met eerstegraadsonderwijsbevoegdheid in het voortgezet onderwijs.
Duur UL: ook in deeltijd.

24.3.b.7 Wo-lerarenopleiding Leraar VHO in Duits(e taal en cultuur) (RU, RUG, UL, UU, UvA, VUA)

Zie ook: 24.3.b.1.
Voor adres(sen) zie: PAO-19, WO-1, 7, 22, 29, 36.
Algemeen
- Wo-masteropleiding voor leraar Duits of Duitse taal en cultuur met eerstegraadsonderwijsbevoegdheid in het voortgezet onderwijs.
- De naam van de opleiding is bij de RUG: Leraar VHO in Duitse taal en cultuur.
Duur RUG, UL, UU, UvA, VUA: ook in deeltijd.

24.3.b.8 WO-lerarenopleiding Leraar VHO in Economie (en bedrijfswetenschappen) (RUG, UU)

Zie ook: 24.3.b.1, 24.3.b.3.
Voor adres(sen) zie: PAO-19, WO-22.
Algemeen
- Wo-masteropleiding voor leraar Economie of Economie en bedrijfswetenschappen met eerstegraadsonderwijsbevoegdheid in het voortgezet onderwijs.
- De naam van de opleiding is bij de RUG: Leraar VHO Economie en bedrijfswetenschappen.
Duur RUG, UU: ook in deeltijd.

24.3.b.9 Wo-lerarenopleiding Leraar VHO in Engels(e taal en cultuur) (RU, RUG, UL, UU, UvA, VUA)

Zie ook: 24.3.b.1.
Voor adres(sen) zie: PAO-19, WO-1, 7, 22, 29, 36.
Algemeen
- Wo-masteropleiding voor leraar Engels of Engelse taal en cultuur met eerstegraadsonderwijsbevoegdheid in het voortgezet onderwijs.
- De naam van de opleiding is bij de RUG: Leraar VHO Engelse taal en cultuur.
Duur RUG, UL, UU, UvA, VUA: ook in deeltijd.

24.3.b.10 Wo-lerarenopleiding Leraar VHO in Filosofie (RU, RUG, TiU, UL, UU, UvA)

Zie ook: 24.3.b.1.
Voor adres(sen) zie: PAO-19, WO-7, 22, 29, 36, 40.
Algemeen Wo-masteropleiding voor leraar Filosofie met eerstegraadsonderwijsbevoegdheid in het voortgezet onderwijs.
Duur RU, RU, TiU, UL, UU, UvA: ook in deeltijd.

24.3.b.11 Wo-lerarenopleiding Leraar VHO in Frans(e taal en cultuur) (RU, RUG, UL, UU, UvA, VUA)

Zie ook: 24.3.b.1.
Voor adres(sen) zie: PAO-19, WO-1, 7, 22, 29.
Algemeen
- Wo-masteropleiding voor leraar Frans of Franse taal en cultuur met eerstegraadsonderwijsbevoegdheid in het voortgezet onderwijs.
- De naam van de opleiding is bij de RUG: Leraar VHO in Franse taal en cultuur.
Duur RU, RUG, UL, UU, UvA, VUA: ook in deeltijd.

24.3.b.12 Wo-lerarenopleiding Leraar VHO in Friese taal en cultuur (Frysk) (RUG)

Zie ook: 24.3.b.1.
Voor adres(sen) zie: WO-22.
Algemeen Wo-masteropleiding voor leraar Friese taal en cultuur met eerstegraadsonderwijsbevoegdheid in het voortgezet onderwijs.
Duur RUG: ook in deeltijd.

24.3.b.13 Wo-lerarenopleiding Leraar VHO in Geschiedenis (en staatsinrichting) (RU, RUG, UL, UU, UvA, VUA)

Zie ook: 24.3.b.1.
Voor adres(sen) zie: PAO-19, WO-1, 7, 22, 29, 36.
Algemeen
- Wo-masteropleiding voor leraar Geschiedenis of Geschiedenis en staatsinrichting met eerstegraadsonderwijsbevoegdheid in het voortgezet onderwijs.
- De naam van de opleiding is bij de UL en de UvA: Leraar VHO Geschiedenis en staatsinrichting.
Duur RUG, UL, UU, UvA, VUA: ook in deeltijd.

24.3.b.14 Wo-lerarenopleiding Leraar VHO in Godsdienst (en levensbeschouwing) (RU, TiU, UL, UU, UvA, VUA)

Zie ook: 24.3.b.1.
Voor adres(sen) zie: PAO-19, WO-1, 7, 29, 36, 39.
Algemeen Algemeen
- Wo-masteropleiding voor leraar Godsdienst of Godsdienst en levensbeschouwing met eerstegraadsonderwijsbevoegdheid in het voortgezet onderwijs.
- De naam van de opleiding is bij de UU: Leraar VHO Godsdienst.
Duur UL, UU, UvA, VUA: ook in deeltijd.

24.3.b.15 Wo-lerarenopleiding Leraar VHO Grieks & Latijn of Leraar VHO in Griekse en Latijnse taal en cultuur (RU, RUG, UL, UvA)
Zie ook: 24.3.b.1, 24.3.b.20.
Voor adres(sen) zie: WO-7, 22, 29, 36.
Algemeen
- Wo-masteropleiding voor leraar Grieks & Latijn of Griekse en Latijnse taal en cultuur met eerstegraadsonderwijsbevoegdheid in het voortgezet onderwijs.
- De naam van de opleiding is bij de RU: Leraar VHO Grieks & Latijn.
Duur RUG, UL, UvA: ook in deeltijd.
N.B. Er bestaat sinds september 2007 ook een landelijke zijinstroomcursus GLTC, bedoeld voor mensen die naast hun bestaande onderwijsbevoegdheid ook een onderwijsbevoegdheid Klassieke talen willen halen.
Het gaat om een driejarig deeltijdtraject dat - onder auspiciën van de UL - in Utrecht wordt gegeven.
Toelatingseisen zijn onder andere: een doctoraal examen of MA-graad in een ander vak en een eerstegraadsonderwijsbevoegdheid in een ander schoolvak.

24.3.b.16 Wo-lerarenopleiding Leraar VHO in Hebreeuws (UvA)
Zie ook: 24.3.b.1.
Voor adres(sen) zie: WO-7.
Algemeen Wo-masteropleiding voor leraar Hebreeuws met eerstegraadsonderwijsbevoegdheid in het voortgezet onderwijs.
Duur UvA: ook in deeltijd.

24.3.b.17 Wo-lerarenopleiding Leraar VHO in Informatica (TUD, U/e, UT, UU)
Zie ook: 24.3.b.1.
Voor adres(sen) zie: PAO-19, WO-15, 17, 20.
Algemeen Wo-masteropleiding voor leraar Informatica met eerstegraadsonderwijsbevoegdheid in het voortgezet onderwijs.
Duur UU: ook in deeltijd.

24.3.b.18 Wo-lerarenopleiding Leraar VHO in Italiaans (UvA)
Zie ook: 24.3.b.1.
Voor adres(sen) zie: WO-7.
Algemeen Wo-masteropleiding voor leraar Italiaans met eerstegraadsonderwijsbevoegdheid in het voortgezet onderwijs.
Duur UvA: ook in deeltijd.

24.3.b.19 Wo-lerarenopleiding Leraar VHO in Kunstgeschiedenis (en culturele en kunstzinnige vorming/kunst algemeen (RU, UL, UU, UvA)
Zie ook: 24.3.b.1 en 23.1.b.2.
Voor adres(sen) zie: PAO-19, WO-7, 29, 36.
Algemeen
- Wo-masteropleiding voor leraar Kunstgeschiedenis of Kunstgeschiedenis en culturele en kunstzinnige vorming/kunst algemeen met eerstegraadsonderwijsbevoegdheid in het voortgezet onderwijs.
- De naam van de opleiding is bij de UL, de UU en de UvA: Leraar VHO Kunstgeschiedenis en culturele en kunstzinnige vorming/-kunst algemeen.
Duur UL, UU, UvA: ook in deeltijd.
N.B. Bij de UL is ook een opleiding: Leraar VHO in Culturele en kunstzinnige vorming: zie 23.1.b.2.

24.3.b.20 Wo-lerarenopleiding Leraar VHO in Latijn en klassieke culturele vorming (UvA, VUA)
Zie ook: 24.3.b.1, 24.3.b.15.
Voor adres(sen) zie: WO-1, 7.
Algemeen Wo-masteropleiding voor leraar Latijn en klassieke culturele vorming met eerstegraadsonderwijsbevoegdheid in het voortgezet onderwijs.
Duur UvA, VUA: ook in deeltijd.
N.B. Er is aan de VUA in deeltijd ook een Wo-lerarenopleiding Leraar VHO in Klassieke talen en KCV.

24.3.b.21 Wo-lerarenopleiding Leraar VHO in Maatschappijleer (en maatschappijwetenschappen) (RU, RUG, TiU, UL, UT, UU, UvA, VUA)
Zie ook: 24.3.b.1.
Voor adres(sen) zie: PAO-19, WO-1, 7, 20, 22, 29, 36, 40.
Algemeen
- Wo-masteropleiding voor leraar Maatschappijleer of Maatschappij en maatschappijwetenschappen met eerstegraadsonderwijsbevoegdheid in het voortgezet onderwijs.
- De naam van de opleiding is bij de TiU, de UL, de UT, de UvA en de VUA: Leraar VHO Maatschappijleer en maatschappijwetenschappen.
Duur RUG, TiU, UL, UU, UvA, VUA: ook in deeltijd.
- RUG: ook duaal.

24.3.b.22 Wo-lerarenopleiding Leraar VHO in Management en organisatie (RU, TiU, UL, UvA, VUA)
Zie ook: 24.3.b.1.
Voor adres(sen) zie: WO-1, 7, 29, 36, 40.
Algemeen Wo-masteropleiding voor leraar Management en organisatie, met eerstegraadsonderwijsbevoegdheid in het voortgezet onderwijs.
Duur TiU, UL, UvA, VUA: ook in deeltijd.

24.3.b.23 Wo-lerarenopleiding Leraar VHO in Muziek (UU)
Zie ook: 24.3.b.1.
Voor adres(sen) zie: PAO-19.
Algemeen Wo-masteropleiding voor leraar Muziek met eerstegraadsonderwijsbevoegdheid in het voortgezet onderwijs.
Duur UU: ook in deeltijd.

24.3.b.24 Wo-lerarenopleiding Leraar VHO in Natuurkunde (RU, TUD, TU/e, UL, UT, UU, UvA, VUA)
Zie ook: 24.3.b.1.
Voor adres(sen) zie: PAO-19, WO-1, 7, 15, 17, 20, 29, 36.
Algemeen Wo-masteropleiding voor leraar Natuurkunde met eerstegraadsonderwijsbevoegdheid in het voortgezet onderwijs.
Duur UL, UU, UvA, VUA: ook in deeltijd.

24.3.b.25 Wo-lerarenopleiding Leraar VHO in Nederlands(e taal en cultuur) (RU, RUG, TiU, UL, UU, UvA, VUA)
Zie ook: 24.3.b.1.
Voor adres(sen) zie: PAO-19, WO-1, 7, 22, 29, 36, 40.
Algemeen
- Wo-masteropleiding voor leraar Nederlands of Nederlandse taal en cultuur met eerstegraadsonderwijsbevoegdheid in het voortgezet onderwijs.

- De naam van de opleiding is bij de RUG: Leraar VHO Nederlandse taal en cultuur.
Duur RUG, TiU, UL, UU, UvA, VUA: ook in deeltijd.

24.3.b.26 Wo-lerarenopleiding Leraar VHO in Ontwerpen (TUD, UT)
Zie ook: 24.3.b.1.
Voor adres(sen) zie: WO-13, 20.
Algemeen
- Wo-masteropleiding voor leraar Ontwerpen met eerstegraads-onderwijsbevoegdheid in het voortgezet onderwijs.

24.3.b.27 Wo-lerarenopleiding Leraar VHO in Russisch (UvA)
Zie ook: 24.3.b.1.
Voor adres(sen) zie: WO-7.
Algemeen Wo-masteropleiding voor leraar Russisch met eerste-graadsonderwijsbevoegdheid in het voortgezet onderwijs.
Duur UvA: ook in deeltijd.

24.3.b.28 Wo-lerarenopleiding Leraar VHO in Scheikunde (RU, TUD, TU/e, UL, UT, UU, UvA, VUA)
Zie ook: 24.3.b.1.
Voor adres(sen) zie: PAO-19, WO-1, 7, 15, 17, 20, 29, 36.
Algemeen Wo-masteropleiding voor leraar Scheikunde met eerste-graadsonderwijsbevoegdheid in het voortgezet onderwijs.
Duur UL, UU, UvA, VUA: ook in deeltijd.

24.3.b.29 Wo-lerarenopleiding Leraar VHO in Spaans (e taal en cultuur) (RU, RUG, UL, UU, UvA)
Zie ook: 24.3.b.1.
Voor adres(sen) zie: PAO-19, WO-7, 22, 29, 36.
Algemeen
- Wo-masteropleiding voor leraar Spaans of Spaanse taal en cultuur met eerstegraadsonderwijsbevoegdheid in het voortgezet onder-wijs.
- De naam van de opleiding is bij de RUG: Leraar VHO in Spaanse taal en cultuur.
Duur RUG, UL, UU, UvA: ook in deeltijd.

24.3.b.30 Wo-lerarenopleiding Leraar VHO in Wiskunde (en natuurwetenschappen) (RU, RUG,TUD, TU/e, UL, UT, UU, UvA, VUA)
Zie ook: 24.3.b.1.
Voor adres(sen) zie: PAO-19, WO-1, 7, 15, 17, 20, 22, 29, 36.
Algemeen
- Wo-masteropleiding voor leraar Wiskunde of Wiskunde en natuurwetenschappen met eerstegraadsonderwijsbevoegdheid in het voortgezet onderwijs.
- De naam van de opleiding is bij de RUG: Leraar VHO in Wiskunde en natuurwetenschappen (ook: duaal).
Duur RUG, UL, UU, UvA, VUA: ook in deeltijd.

24.3.d Post-hbo-opleiding

24.3.d.1 Basisopleiding hbo-docent (VUA)
Zie ook: 24.3.a.1: Didactiek voor hbo-docenten (CNA).
Voor adres(sen) zie: WO-1.
Doel Een deel van de nieuwe hbo-docenten heeft nog nooit in de keuken van het hoger onderwijs kunnen kijken. Doel van deze oplei-ding is dat zij op didactisch gebied worden bijgeschoold.
Toelatingseisen Diploma hbo- of wo-opleiding, en een (tijdelijke) aanstelling bij een hbo-instelling.

Duur
- Zes maanden waarin totaal 14 cursusdagen: 6 contacturen per cursusdag; start in september; sbu totaal circa 300.
- Er is een aanwezigheidsplicht.
Lesprogramma Competenties: didactische wendbaarheid - agogi-sche wendbaarheid (Skillslab) - onderwijs - samenwerken - functio-neren in de hogeschool - bewust docentschap.
Overige informatie In company voor hogescholen mogelijk.

24.3.d.2 Begeleider in het onderwijs: mentoren, counselors, decanen (CNA)
Voor adres(sen) zie: HBO-16.
Doel Begeleiding is een onlosmakelijk onderdeel van onderwijs. Begeleidingsvaardigheden behoren tot het professionele instru-mentarium van de docent. Scholen ontwikkelen een geïntegreerd systeem van leerlingbegeleiding. Persoonlijke begeleiding, loop-baanoriëntatie en -begeleiding, en begeleiding van leerprocessen: aan al deze terreinen wordt binnen de opleiding aandacht besteed. Persoonlijke professionele ontwikkeling, direct gekoppeld aan de eigen werkpraktijk, staat centraal.
Opleidingen (een keuze):
- Begeleider in het onderwijs.
- Coach in het onderwijs.
- Supervisor in het onderwijs.
- Zorgcoördinator in het onderwijs.
Toelatingseisen Werkzaam zijn in het vo, het bve of het hbo, met minimaal 3 jaar ervaring.
Duur 2 jaar (23 bijeenkomsten per jaar, 's middags en 's avonds).
Lesprogramma
- Oriëntatie-modulen (keuze): loopbaanoriëntatie en -begeleiding; vertrouwenspersoon; faalangstreductie; leren leren.
- Centrale module: begeleider in het onderwijs.
- Specialisatie-modulen: counseling, decanaat, onderwijskundig leiderschap.
Diploma/examen Leidt op tot het landelijk erkende LBSD-diploma.
Overige informatie Zie voor meer CNA-opleidingen: 24.3.d.3.

24.3.d.3 Centrum voor Nascholing Amsterdam (CNA)
Voor adres(sen) zie: HBO-16.
Doel Nascholing en onderwijsontwikkeling voor docenten in het hoger beroepsonderwijs en andere schooltypen; en voor docenten van bedrijfsopleidingen.
Opleidingen
- Begeleider in het onderwijs (zie 24.3.d.2).
- Coach in het onderwijs (zie 24.3.d.2).
- Dalton-certificaat (1-jarige opleiding).
- ESAN Schoolleider primair onderwijs zie 24.1.d.4).
- Kerndocent NT2.
- Le Français dans le primaire.
- Leergang Vakbekwame leraar bewegingsonderwijs.
- Montessori-diploma (2-jarige opleiding).
- Opbrengstgericht werken.
- Oriëntatie op het schoolleiderschap.
- Schoolleider.
- Supervisor in het onderwijs (zie 24.3.d.2).
- VVE: Kaleidoscoop Implementatie Training (KIT).
- VVE: Ko-totaal.
- Wetenschap en techniek in de basisschool.
- Zorgcoördinator in het onderwijs (zie 24.3.d.2).
Toelatingseisen Varieert van hbo tot onderwijsbevoegdheid.
Duur Varieert van 1 dag tot 3 jaar.

Aansluitende masteropleidingen bij het CNA:
- Academisch meesterschap voor docenten.
- Integraal leiderschap voor schoolleiders po-vo-bve.
- Integrale begeleidingskunde in het onderwijs.
- Professioneel meesterschap voor docenten.

24.3.d.4 Coaching (HvA)
Voor adres(sen) zie: HBO-26.
Algemeen Postacademische leergang.
Toelatingseisen
- Hbo of wo.
- Plus werkervaring.
Duur 1 jaar deeltijd (avondopleiding).

24.3.d.5 Docentbegeleiding en coaching (NHL)
Voor adres(sen) zie: HBO-103.
Toelatingseisen Gericht op: docenten, (stage)begeleiders, (middle) managers, personeelsfunctionarissen, die werkzaam zijn in po, vo, vso, bve, mbo, hbo of wo.
Duur 1 jaar.
Lesprogramma 3 thema's: Begeleiding & coaching - Management - Onderwijskundige vormgeving.
Overige informatie Ook in company.

24.3.d.6 Kerndocent NT2 (Nederlands als 2e taal) (CNA, Fontys HS, HAN, HS Rotterdam, HS Utrecht, TiU, VUA)
Voor adres(sen) zie: HBO-16, 150, 157, 173, 184, WO-1, 40.
Algemeen Hier vindt men een beperkte keuze uit het grote aantal NT2-opleidingen; omdat het aanbod regelmatig wisselt, zie voor alle opleidingen in Nederland en België: www.taaluniversum.org/koppelingen/86/opleiding_en_nascholing_lesgevers_nt2
- In Nederland worden op deze site de vormings- en nascholingsinitiatieven vermeld die niet voorkomen in het overzicht van nascholing op NT2-gebied van de KPC Groep.
- In Vlaanderen zijn er voorlopig nog geen initiële opleidingen voor NT2-docenten. Sommige lerarenopleidingen bieden wel een module over NT2 aan. Daarnaast bestaat er ook een aantal voortgezette opleidingen voor NT2-docenten.
Toelatingseisen Aanstelling als docent Nederlands of docent in een moderne vreemde taal.
Duur 1 jaar (duaal onderwijs).
Lesprogramma Achtergronden van 2e taalverwerving en 2e taalleerders - leren van en in een 2e taal - didactiek van het Nederlands als 2e taal - leermiddelen, doelen en trajecten NT2 - het bve-veld.
Overige informatie HS Rotterdam: de Lerarenopleiding Voortgezet Onderwijs/bve leidt docenten op in 14 opleidingen voor een tweedegraadsonderwijsbevoegdheid. Elke docent is verbonden aan een opleiding en verzorgt onderwijs in het vak en de vakdidactiek. Ook draagt elke docent bij aan de ontwikkeling van de algemene beroepsvaardigheden bij studenten in een bepaalde studiefase, zoals bijvoorbeeld met stagebegeleiding, tutoraat, studieloopbaancoaching. De ontwikkeling van het curriculum vindt meer en meer plaats in samenwerking met opleidingsscholen. Daarbij staat steeds het leren op de werkplek centraal. Dit vraagt om docenten met specifieke opleidingskundige kwaliteiten.

Onbeperkt ontspannen?
zie pagina 231

24.3.d.7 Nascholing leraren (HAN)
Voor adres(sen) zie: HBO-150.
Cursussen Nascholingscursussen voor leraren vo, bao, beroepsonderwijs of volwassenenonderwijs.

24.3.d.8 Remedial Teacher voor het Voortgezet Onderwijs (RTVO) (Fontys OSO, VUA)
Voor adres(sen) zie: HBO-175, WO-1.
Algemeen Deeltijdopleiding tot remedial teacher voor het voortgezet onderwijs door het OSO in samenwerking met de VUA.
Toelatingseisen
- Onderwijsbevoegdheid vo of bao; diploma wo-(Ortho)pedagogiek, wo-(Toegepaste) taalkunde, wo-Ontwikkelingspsychologie, wo-Onderwijskunde, of een gelijkwaardige opleiding.
- Er dient sprake te zijn van een duidelijk aantoonbare affiniteit met het vakgebied van de Remedial Teaching (RT).
- Een aantal jaren ervaring strekt tot aanbeveling.
Duur 2 jaar deeltijd (1 middag/avond per week).
Lesprogramma
- In het 1e jaar hebben de Startmodule en de Basismodule Achtergronden een kaderstellend karakter m.b.t. de doelstellingen en de onderwijsinhoudelijke uitgangspunten van de RTVO-opleiding, alsmede het functioneren van de remedial teacher in de praktijk. Vervolgens komen taalleerproblemen aan de orde: het signaleren, diagnosticeren en begeleiden van problemen bij het spellen en lezen en bij de moderne vreemde talen. Daarna worden rekenproblemen en sociaal-emotionele gedragsproblemen belicht. Het 1e jaar wordt afgesloten met de module Beleid en organisatie van remedial teaching en met een oriëntatie op de afstudeeropdracht.
- Het 2e jaar begint met de module Communicatieve vaardigheden. Daarna wordt er verder ingegaan op lees- en spellingsproblemen, problemen bij de moderne vreemde talen en met Nederlands als 2e taal, en op rekenproblemen.
- De opleiding wordt afgesloten met een afstudeeropdracht die uit een praktisch en een theoretisch deel bestaat.
Mogelijkheden voor verdere studie Opleiding tot remediaal specialist en dyslexiespecialist.
Functiemogelijkheden Remedial teacher in het vo; zelfstandig remedial teacher.

24.3.d.9 Unilo (RU)
Voor adres(sen) zie: WO-36.
Cursussen Nascholingscursussen voor leraren VO.
Overige informatie Locatie: Nijmegen.

24.3.d.10 Hbo-lerarenopleiding (Gezondheids)zorg en welzijn (tweedegraads, snelle opleiding 1-2 jaar) (HAN, HS Leiden, HS Rotterdam, NHL)
Zie ook: 24.3.f.13 voor de opleiding met de gebruikelijke duur.
Voor adres(sen) zie: HBO-127, 132, 150, 157.
Toelatingseisen
- Diploma mbo-V of hbo-V; of MGZ-getuigschrift; of MDGO-VP (niet in Rotterdam).
- Voor alle vooropleidingen: minimaal 1 jaar beroepservaring vereist.
Duur
- 2 jaar deeltijd.
- Afhankelijk van bepaalde diploma's: 1 jaar deeltijd.
Lesprogramma Zelfsturing - aansturing - aangestuurde zelfsturing - buitenschools leren - onderwijsorganisatie en leerplanontwikkeling - kwaliteit en onderzoek - meso- en macro-aspecten.

Mogelijkheden voor verdere studie Voortgezette opleiding tot scholingsfunctionaris in de gezondheidszorg.
Wo: diverse richtingen, zoals Verplegingswetenschap, Onderwijskunde, Pedagogiek.
Functiemogelijkheden Leraar Verpleegkunde bij het mbo niveau 4.

24.3.e Hbo-masteropleiding

24.3.e.1 Hbo-lerarenopleiding (algemeen) (eerstegraads)
Algemeen Educatieve masteropleiding voor leraar met eerstegraadsonderwijsbevoegdheid voor een gekozen vakrichting in het voortgezet onderwijs.
Toelatingseisen Tot de eerstegraadsopleiding (dt) in algemene vakken: getuigschrift hbo-lerarenopleiding tweedegraads.
Duur 2 jaar deeltijd.
Functiemogelijkheden Met een eerstegraadsonderwijsbevoegdheid kan men ook lesgeven in de bovenbouw van havo, vwo en hbo.

24.3.e.2 Hbo-lerarenopleiding Aardrijkskunde (eerstegraads) (Fontys HS, HS Utrecht)
Voor adres(sen) zie: HBO-173, 183.
Algemeen Educatieve masteropleiding voor leraar Aardrijkskunde met eerstegraadsonderwijsbevoegdheid in het voortgezet onderwijs.
Toelatingseisen Getuigschrift hbo-lerarenopleiding Aardrijkskunde tweedegraads.
Duur 2 jaar deeltijd.
Functiemogelijkheden Met een eerstegraadsonderwijsbevoegdheid kan men ook lesgeven in de bovenbouw van havo, vwo en hbo.
Overige informatie De eerstegraadsopleiding wordt in deeltijd gegeven te Tilburg en Utrecht.

24.3.e.3 Hbo-lerarenopleiding Algemene economie (eerstegraads) (Fontys HS, HAN, HvA, NHL)
Voor adres(sen) zie: HBO-30, 127, 150, 173.
Algemeen Educatieve masteropleiding voor leraar Algemene economie met eerstegraadsonderwijsbevoegdheid in het voortgezet onderwijs.
Toelatingseisen Getuigschrift hbo-lerarenopleiding Algemene economie tweedegraads.
Duur 2 jaar deeltijd.
Functiemogelijkheden Met een eerstegraadsonderwijsbevoegdheid kan men ook lesgeven in de bovenbouw van havo, vwo en hbo.
Overige informatie De eerstegraadsopleiding wordt in deeltijd gegeven te Amsterdam, Groningen, Nijmegen, en Tilburg.

24.3.e.4 Hbo-lerarenopleiding Bedrijfseconomie (eerstegraads) (Fontys HS)
Voor adres(sen) zie: HBO-173.
Algemeen Educatieve masteropleiding voor leraar Bedrijfseconomie met eerstegraadsonderwijsbevoegdheid in het voortgezet onderwijs.
Toelatingseisen Getuigschrift hbo-lerarenopleiding Bedrijfseconomie tweedegraads.
Duur 2 jaar deeltijd.
Functiemogelijkheden
- Met een eerstegraadsonderwijsbevoegdheid kan men ook lesgeven in de bovenbouw van havo, vwo en hbo.
- Met de deeltijdopleiding Bedrijfseconomie (eerstegraads) kan men ook lesgeven in het vak Maatschappijleer. Er moet dan tegelijkertijd een aanvullende studie Maatschappijleer zijn gedaan (Tilburg).

Overige informatie De eerstegraadsopleiding wordt in deeltijd gegeven te Tilburg.

24.3.e.5 Hbo-lerarenopleiding Biologie (eerstegraads) (Fontys HS, HS Utrecht)
Voor adres(sen) zie: HBO-173, 183.
Algemeen Educatieve masteropleiding voor leraar Biologie met eerstegraadsonderwijsbevoegdheid in het voortgezet onderwijs.
Toelatingseisen Getuigschrift hbo-lerarenopleiding Biologie tweedegraads.
Duur 2 jaar deeltijd.
Functiemogelijkheden Met een eerstegraadsonderwijsbevoegdheid kan men ook lesgeven in de bovenbouw van havo, vwo en hbo.
Overige informatie De eerstegraadsopleiding wordt in deeltijd gegeven te Tilburg en Utrecht.

24.3.e.6 Hbo-lerarenopleiding Duits (eerstegraads) (Fontys HS, HS Utrecht, NHL)
Voor adres(sen) zie: HBO-127, 173, 183.
Algemeen Educatieve masteropleiding voor leraar Duits met eerstegraadsonderwijsbevoegdheid in het voortgezet onderwijs.
Toelatingseisen Getuigschrift hbo-lerarenopleiding Duits tweedegraads.
Duur 2 jaar deeltijd.
Functiemogelijkheden Met een eerstegraadsonderwijsbevoegdheid kan men ook lesgeven in de bovenbouw van havo, vwo en hbo.
Overige informatie De eerstegraadsopleiding wordt in deeltijd gegeven te Groningen, Tilburg, en Utrecht.

24.3.e.7 Hbo-lerarenopleiding Engels (eerstegraads) (Fontys HS, HAN, HS Utrecht, HAN, HvA, NHL)
Voor adres(sen) zie: HBO-30, 127, 150, 165, 173, 183.
Algemeen Educatieve masteropleiding voor leraar Engels met eerstegraadsonderwijsbevoegdheid in het voortgezet onderwijs.
Toelatingseisen Getuigschrift hbo-lerarenopleiding Engels tweedegraads.
Duur 2 jaar deeltijd.
Functiemogelijkheden Met een eerstegraadsonderwijsbevoegdheid kan men ook lesgeven in de bovenbouw van havo, vwo en hbo.
Overige informatie De eerstegraadsopleiding wordt in deeltijd gegeven te Amsterdam, Groningen, Nijmegen, Sittard, Tilburg, en Utrecht.

24.3.e.8 Hbo-lerarenopleiding Frans (eerstegraads) (Fontys HS, HS Utrecht, HvA)
Voor adres(sen) zie: HBO-30, 173, 183.
Algemeen Educatieve masteropleiding voor leraar Frans met eerstegraadsonderwijsbevoegdheid in het voortgezet onderwijs.
Toelatingseisen Getuigschrift hbo-lerarenopleiding Frans tweedegraads.
Duur 2 jaar deeltijd.
Functiemogelijkheden Met een eerstegraadsonderwijsbevoegdheid kan men ook lesgeven in de bovenbouw van havo, vwo en hbo.
Overige informatie De eerstegraadsopleiding wordt in deeltijd gegeven te Amsterdam, Tilburg, en Utrecht.

24.3.e.9 Hbo-lerarenopleiding Frysk (Fries) (eerstegraads) (NHL)
Voor adres(en) zie: HBO-127.
Algemeen Educatieve masteropleiding voor leraar Frysk (Fries) met eerstegraadsonderwijsbevoegdheid in het voortgezet onderwijs.
Toelatingseisen Getuigschrift hbo-lerarenopleiding Fries tweedegraads.
Duur 2 jaar deeltijd.
Functiemogelijkheden Met een eerstegraadsonderwijsbevoegdheid kan men ook lesgeven in de bovenbouw van havo, vwo en hbo.
Overige informatie De eerstegraadsopleiding wordt in deeltijd gegeven in Groningen en in Leeuwarden.

24.3.e.10 Hbo-lerarenopleiding Geschiedenis (eerstegraads) (Fontys HS, HvA)
Voor adres(en) zie: HBO-30, 173.
Algemeen Educatieve masteropleiding voor leraar Geschiedenis met eerstegraadsonderwijsbevoegdheid in het voortgezet onderwijs.
Toelatingseisen Getuigschrift hbo-lerarenopleiding Geschiedenis tweedegraads.
Duur 2 jaar deeltijd.
Functiemogelijkheden Met een eerstegraadsonderwijsbevoegdheid kan men ook lesgeven in de bovenbouw van havo, vwo en hbo.
Overige informatie
- De eerstegraadsopleiding wordt in deeltijd gegeven te Amsterdam en Tilburg.
- Met de deeltijdopleiding Geschiedenis (eerstegraads) kan men ook lesgeven in het vak Maatschappijleer. Er moet dan tevens een aanvullende studie Maatschappijleer zijn gedaan (Tilburg).

24.3.e.11 Hbo-lerarenopleiding Godsdienst (en levensbeschouwing) of Levensbeschouwing (eerstegraads) (CHE, Fontys HS, Gereformeerde HS)
Zie 12.5.e.1.

24.3.e.12 Kunsteducatie (Academie Beeldende Kunsten Maastricht, Amsterdamse HS voor de Kunsten, ArtEZ, Fontys HS voor de kunsten, Hanze HS [Academie Minerva], HKU, NHL, Willem de Kooning Academie)
Zie 23.1.e.1.
Algemeen Met het diploma van de studie Kunsteducatie kan men ook lesgeven in de bovenbouw van havo, vwo en hbo.

24.3.e.13 Hbo-lerarenopleiding Lichamelijke opvoeding (eerstegraads) (Fontys Sporthogeschool, Haagse HS, HAN, Hanze HS, HS NCOI, HS Windesheim, HvA/JCU)
Zie 16.1.f.3.
N.B. Er bestaat geen tweedegraads Lerarenopleiding Lichamelijke opvoeding, er is uitsluitend een eerstegraads Lerarenopleiding.

24.3.e.14 Hbo-lerarenopleiding Maatschappijleer (eerstegraads) (Fontys HS)
Voor adres(en) zie: HBO-173.
Algemeen Educatieve masteropleiding voor leraar Maatschappijleer met eerstegraadsonderwijsbevoegdheid in het voortgezet onderwijs.
Toelatingseisen Getuigschrift hbo-lerarenopleiding Maatschappijleer tweedegraads.
Duur 2 jaar deeltijd.

Functiemogelijkheden Met een eerstegraadsonderwijsbevoegdheid kan men ook lesgeven in de bovenbouw van havo, vwo en hbo.
Overige informatie
- De eerstegraadsopleiding wordt in deeltijd gegeven te Tilburg.
- Met de deeltijdopleiding Geschiedenis (eerstegraads) kan men ook lesgeven in het vak Maatschappijleer. Er moet dan tevens een aanvullende studie Maatschappijleer zijn gedaan (Tilburg).

24.3.e.15 Muziek (Amsterdams conservatorium, ArtEZ Conservatorium, Codarts Rotterdams Conservatorium, Conservatorium Maastricht, Fontys Conservatorium, Koninklijk conservatorium, Prins Claus Conservatorium, Utrechts Conservatorium)
Zie 23.3.f.6.
Algemeen Bij de conservatoria kan men ook een hbo-masteropleiding volgen voor leraar Muziek met eerstegraadsonderwijsbevoegdheid in het voortgezet onderwijs.

24.3.e.16 Hbo-lerarenopleiding Natuurkunde (eerstegraads) (Fontys HS, HS Utrecht, NHL)
Voor adres(en) zie: HBO-127, 173, 183.
Algemeen Educatieve masteropleiding voor leraar Natuurkunde met eerstegraadsonderwijsbevoegdheid in het voortgezet onderwijs.
Toelatingseisen Getuigschrift hbo-lerarenopleiding Natuurkunde tweedegraads.
Duur 2 jaar deeltijd.
Functiemogelijkheden Met een eerstegraadsonderwijsbevoegdheid kan men ook lesgeven in de bovenbouw van havo, vwo en hbo.
Overige informatie De eerstegraadsopleiding wordt in deeltijd gegeven te Groningen (locatie: Zernike van de RUG, Landleven 1), Tilburg, en Utrecht.

24.3.e.17 Hbo-lerarenopleiding Nederlands (eerstegraads) (Fontys HS, HAN, HS Utrecht, HvA, NHL)
Voor adres(en) zie: HBO-30, 127, 150, 165, 173, 183.
Algemeen Educatieve masteropleiding voor leraar Nederlands met eerstegraadsonderwijsbevoegdheid in het voortgezet onderwijs.
Toelatingseisen Getuigschrift hbo-lerarenopleiding Nederlands tweedegraads.
Duur 2 jaar deeltijd.
Functiemogelijkheden Met een eerstegraadsonderwijsbevoegdheid kan men ook lesgeven in de bovenbouw van havo, vwo en hbo.
Overige informatie De eerstegraadsopleiding wordt in deeltijd gegeven te Amsterdam, Groningen, Nijmegen, Sittard, Tilburg, en Utrecht.

24.3.e.18 Pedagogiek (Fontys HS, HAN, Hanze HS, HS Inholland, HS Rotterdam, HS Utrecht, HvA, NHL)
Zie 14.5.e.1.

24.3.e.19 Hbo-lerarenopleiding Scheikunde (eerstegraads) (Fontys HS)
Voor adres(en) zie: HBO-173, 183.
Algemeen Educatieve masteropleiding voor leraar Scheikunde met eerstegraadsonderwijsbevoegdheid in het voortgezet onderwijs.
Toelatingseisen Getuigschrift hbo-lerarenopleiding Scheikunde tweedegraads.
Duur 2 jaar deeltijd.

Functiemogelijkheden Met een eerstegraadsonderwijsbevoegdheid kan men ook lesgeven in de bovenbouw van havo, vwo en hbo.
Overige informatie De eerstegraadsopleiding wordt in deeltijd
gegeven te Tilburg en Utrecht.

24.3.e.20 Hbo-lerarenopleiding Wiskunde (eerstegraads) (Fontys HS, HAN, HS Utrecht, HS Windesheim, HvA, NHL)

Voor adres(sen) zie: HBO-30, 127, 150, 173, 183, 218.
Algemeen Educatieve masteropleiding voor leraar Wiskunde met
eerstegraadsonderwijsbevoegdheid in het voortgezet onderwijs.
Toelatingseisen Getuigschrift hbo-lerarenopleiding Wiskunde
tweedegraads.
Duur 2 jaar deeltijd.
Functiemogelijkheden Met een eerstegraadsonderwijsbevoegd-
heid kan men ook lesgeven in de bovenbouw van havo, vwo en hbo.
Overige informatie De eerstegraadsopleiding wordt in deeltijd
gegeven te Amsterdam, Groningen, Nijmegen, Sittard, Tilburg, en
Utrecht.

24.3.f Hbo-bacheloropleiding

Zie ook voor het beroepsonderwijs: 24.2.f.

24.3.f.1 Hbo-lerarenopleiding (algemeen) (tweedegraads)

Algemeen Hbo-bacheloropleiding voor leraar met tweedegraadsonderwijsbevoegdheid voor een gekozen vakrichting in het voortgezet onderwijs; dit wordt ook de LerarenVariant (LV) genoemd.
Toelatingseisen
- Tot de tweedegraadsopleiding (vt en dt): diploma havo, vwo, of
  mbo niveau 4. Er kunnen bepaalde vakkenpakketten worden vereist, afhankelijk van de opleidingen die men gaat volgen.
- Of 21 jaar of ouder zijn en toegelaten worden op grond van een
  toelatingsonderzoek als men een vergelijkbare opleiding heeft of
  over relevante werkervaring beschikt.
Duur
- 4 jaar voltijd (tweedegraads).
- 4 jaar deeltijd (tweedegraads).
Aansluitende masteropleidingen
- Deeltijdstudie (educatieve master) voor een eerstegraadsonderwijsbevoegdheid.
- Ook zijn er verkorte 1-, 2- of 3-jarige programma's aan universiteiten.
Functiemogelijkheden Met een tweedegraadsonderwijsbevoegdheid kan men lesgeven aan vmbo, mbo, de onderbouw van havo en
vwo, en bij het volwassenenonderwijs.

24.3.f.2 Hbo-lerarenopleiding Aardrijkskunde (tweedegraads) (Fontys HS, HAN, HS Inholland, HS iPABO, HS NCOI, HS Rotterdam, HS Utrecht, HS Windesheim, HvA, NHL, Saxion HS)

Zie ook: 24.3.f.1.
Voor adres(sen) zie: HBO-2, 6, 21, 30, 89, 115, 127, 150, 157, 165,
173, 184, 218.
Algemeen
- Hbo-bacheloropleiding en/of kopopleiding voor leraar Aardrijks-
  kunde tweedegraads.
- HS NCOI wordt niet door de overheid bekostigd.
Toelatingseisen
- Diploma havo of vwo (er kunnen bepaalde vakkenpakketten
  worden vereist); havo-profiel N&T (+ econ. I), N&G (+ econ. I),

E&M, C&M; vwo-profiel N&T (+ econ. I), N&G (+ econ. I), E&M,
C&M; of mbo niveau 4.
- Of 21 jaar of ouder zijn en toegelaten worden op grond van een
  toelatingsonderzoek als men een vergelijkbare opleiding heeft of
  over relevante werkervaring beschikt.
- Na diploma hbo- of wo-bachelor: kopopleiding van 1 jaar.
Duur
- 4 jaar voltijd en deeltijd.
- Kopopleiding: 1 jaar.
- HS NCOI: digitaal in deeltijd.
Aansluitende masteropleidingen De eerstegraadsopleiding
wordt in deeltijd gegeven te Tilburg en Utrecht.
Functiemogelijkheden Met een tweedegraadsonderwijsbevoegd-
heid kan men lesgeven aan vmbo, mbo, de onderbouw van havo en
vwo, en bij het volwassenenonderwijs.
Overige informatie
- De tweedegraadsopleiding wordt in voltijd gegeven te Alkmaar,
  Amstelveen, Amsterdam, Leeuwarden, Nijmegen, Rotterdam,
  Sittard, Tilburg, Utrecht, en Zwolle.
- De tweedegraadsopleiding wordt in deeltijd gegeven te Amstel-
  veen, Amsterdam, Deventer, Hengelo, Leeuwarden, Rotterdam,
  Sittard, Tilburg, en Utrecht.

24.3.f.3 Hbo-lerarenopleiding Algemene economie (tweedegraads) (Fontys HS, HS Inholland, HS Rotterdam, HvA, NHL)

Zie ook: 24.3.f.1, 24.3.f.4 en 24.3.f.8.
Voor adres(sen) zie: HBO-6, 30, 127, 157, 165, 173.
Algemeen Hbo-bacheloropleiding en/of kopopleiding voor leraar
Algemene economie tweedegraads.
Toelatingseisen
- Diploma havo of vwo (bij beide gewenst: wisk., alg. econ.,
  bedr.econ., bedr.adm.); havo-profiel C&M, E&M, N&T (+ econ. I),
  N&G (+ econ. I); vwo-profiel C&M (+ econ. I), E&M, N&T (econ.
  I), N&G (+ econ. I); mbo niveau 4.
- Of 21 jaar of ouder zijn en toegelaten worden op grond van een
  toelatingsonderzoek als men een vergelijkbare opleiding heeft of
  over relevante werkervaring beschikt (gewenst: wisk., alg. econ.,
  bedr.econ., bedr.adm.).
- Na diploma hbo- of wo-bachelor: kopopleiding.
Duur
- 4 jaar voltijd en deeltijd.
- Kopopleiding: 1 jaar.
Aansluitende masteropleidingen De eerstegraadsopleiding wordt
in deeltijd gegeven te Amsterdam, Groningen, Nijmegen, en Tilburg.
Functiemogelijkheden Met een tweedegraadsonderwijsbevoegdheid kan men lesgeven aan vmbo, mbo, de onderbouw van havo en
vwo, en bij het volwassenenonderwijs.
Overige informatie
- De tweedegraadsopleiding wordt in voltijd gegeven te Amstel-
  veen, Amsterdam, Leeuwarden, Rotterdam, Sittard, en Tilburg.
- De tweedegraadsopleiding wordt in deeltijd gegeven te Amstelveen, Amsterdam, Leeuwarden, Rotterdam, Sittard, en Tilburg.

24.3.f.4 Hbo-lerarenopleiding Bedrijfseconomie (tweedegraads) (Fontys HS, HS Inholland, HS NCOI, HS Rotterdam, HvA, NHL)

Zie ook: 24.3.f.1, 24.3.f.3 en 24.3.f.8.
Voor adres(sen) zie: HBO-6, 30, 115, 127, 157, 165, 173.
Algemeen
- Hbo-bacheloropleiding en/of kopopleiding voor leraar Bedrijfs-
  economie tweedegraads.

- HS NCOI wordt niet door de overheid bekostigd.

Toelatingseisen
- Diploma havo of vwo (bij beide gewenst: wisk., alg. econ., bedr. econ., bedr. adm.); havo-profiel C&M, E&M, N&G (+ econ. I), N&T (+ econ. I); vwo-profiel C&M (+ econ. I), E&M, N&T (+ econ. I), N&G (+econ. I); mbo niveau 4.
- Of 21 jaar of ouder zijn en toegelaten worden op grond van een toelatingsonderzoek als men een vergelijkbare opleiding heeft of over relevante werkervaring beschikt (gewenst: wisk., alg. econ., bedr.econ., bedr.adm.).
- Na diploma hbo- of wo-bachelor: kopopleiding.

Duur
- 4 jaar voltijd en deeltijd.
- Kopopleiding: 1 jaar.
- HS NCOI: digitaal in deeltijd.

Aansluitende masteropleidingen De eerstegraadsopleiding wordt in deeltijd gegeven te Tilburg.

Functiemogelijkheden Met een tweedegraadsonderwijsbevoegdheid kan men lesgven aan vmbo, mbo, de onderbouw van havo en vwo, en bij het volwassenenonderwijs.

Overige informatie
- De tweedegraadsopleiding wordt in voltijd gegeven te Amstelveen, Amsterdam, Leeuwarden, Rotterdam, Sittard, en Tilburg.
- De tweedegraadsopleiding wordt in deeltijd gegeven te Amstelveen, Amsterdam, Leeuwarden, Rotterdam, Sittard, en Tilburg.

24.3.f.5 Hbo-lerarenopleiding Biologie (tweedegraads) (Fontys HS, HAN, HS Inholland, HS Rotterdam, HS Utrecht, HS Windesheim, HvA, NHL, Saxion HS)

Zie ook: 24.3.f.1.

Voor adres(sen) zie: HBO-6, 30, 89, 127, 150, 157, 173, 184, 218.

Algemeen Hbo-bacheloropleiding en/of kopopleiding voor leraar Biologie tweedegraads.

Toelatingseisen
- Diploma havo of vwo (er kunnen bepaalde vakkenpakketten worden vereist); havo-profiel N&T, N&G; vwo-profiel C&M (+ biol.), E&M (+ biol.), N&T, N&G; mbo niveau 4.
- Of 21 jaar of ouder zijn en toegelaten worden op grond van een toelatingsonderzoek als men een vergelijkbare opleiding heeft of over relevante werkervaring beschikt.
- Kopopleiding: 1 jaar.

Duur
- 4 jaar voltijd en deeltijd.
- Kopopleiding: 1 jaar.

Aansluitende masteropleidingen De eerstegraadsopleiding wordt in deeltijd gegeven te Tilburg en Utrecht.

Functiemogelijkheden
- Met een tweedegraadsonderwijsbevoegdheid kan men lesgeven aan vmbo, mbo, de onderbouw van havo en vwo, en bij het volwassenenonderwijs.
- Buiten het onderwijs zijn er mogelijkheden in natuur- en milieu-instellingen en -organisaties.

Overige informatie
- De tweedegraadsopleiding wordt in voltijd gegeven te Amstelveen, Amsterdam, Leeuwarden, Nijmegen, Rotterdam, Tilburg, Utrecht, en Zwolle.
- De tweedegraadsopleiding wordt in deeltijd gegeven te Amstelveen, Amsterdam, Deventer, Hengelo, Leeuwarden, Rotterdam, Tilburg, en Utrecht.

24.3.f.6 Hbo-lerarenopleiding Docent Beeldende Kunst en Vormgeving (DBKV)/Beeldende vorming (Amsterdamse HS voor de Kunsten, ArtEZ Academie voor art & design, Fontys HS voor de Kunsten, Hanze HS/Minerva, HKU, NHL, Willem de Kooning Academie, Zuyd HS)

Zie ook: 24.3.f.1.

Voor adres(sen) zie: HBO-8, 40, 94, 127, 139, 163, 168, 185, 212.

Algemeen De hbo-bacheloropleiding DBKV leidt op voor het beroep van docent in de beeldende kunsten voor het hele onderwijs; er bestaan derhalve geen aparte eerstegraads- en tweedegraadsopleidingen meer (zie ook hieronder het item N.B.).
- Saxion HS (vestigingen Deventer en Hengelo): Leraar Beeldende vorming.

Toelatingseisen
- Diploma havo of vwo; geen verplicht profiel; gewenst: profiel waarin culturele kunstzinnige vorming (Kunst Algemeen) is opgenomen, of met CKV-vakken die in het vrije deel zijn gevolgd: volledig mbo diploma niveau 4.
- Verkort hbo na al dan niet afgeronde andere (verwante) opleiding op hbo-niveau, of met een al dan niet afgeronde studie in het kunstonderwijs.

Duur 4 jaar voltijd en deeltijd
- A'dam (HS vd Kunsten): ook verkort in deeltijd.
- Tilburg (Fontys HS): ook duaal.

Diploma/examen Een voltooide bachelorstudie biedt de graad Bachelor of Fine Art and Design in Education.

Aansluitende masteropleidingen De hbo-masteropleiding Kunsteducatie wordt in deeltijd gegeven te Amsterdam, Groningen, Maastricht, Rotterdam, Tilburg, Utrecht, en Zwolle.

Functiemogelijkheden Docent BKV, of bevoegd werken in het buitenschoolse werkveld van de kunsteducatie.

Overige informatie
- De tweedegraadsopleiding wordt in voltijd gegeven in Amsterdam, Arnhem, Groningen, Leeuwarden, Maastricht, Rotterdam, Tilburg, Utrecht, en Zwolle.
- De tweedegraadsopleiding wordt in deeltijd gegeven in Amsterdam (verkort), Arnhem, Rotterdam, Tilburg, en Zwolle.

N.B. De voormalige eerste- en tweedegraads Lerarenopleidingen Tekenen, Handvaardigheid en Textiele werkvormen zijn beëindigd, en sinds 1 september 2002 omgezet in één geregistreerde opleiding voor docent Beeldende Kunst. Daarna is de benaming van het beroep 'Docent Beeldende Kunst en Vormgeving (DBKV)' geworden.

24.3.f.7 Hbo-lerarenopleiding Duits (tweedegraads) (Driestar, Fontys HS, HAN, HS Inholland, HS NCOI, HS Rotterdam, HS Utrecht, HS Windesheim, NHL, Saxion HS)

Zie ook: 24.3.f.1.

Voor adres(sen) zie: HBO-6, 89, 92, 115, 127, 150, 157, 165, 173, 184, 218.

Algemeen
- Hbo-bacheloropleiding en/of kopopleiding voor leraar Duits tweedegraads.
- HS NCOI wordt niet door de overheid bekostigd.

Toelatingseisen
- Diploma havo of vwo (er kunnen bepaalde vakkenpakketten worden vereist); havo-profiel C&M (+ Dts. I en II), E&M (+ Dts. I en II), N&T (+ Dts. I en II), N&G (+ Dts. I en II); of mbo niveau 4.
- Of 21 jaar of ouder zijn en toegelaten worden op grond van een toelatingsonderzoek als men een vergelijkbare opleiding heeft of

over relevante werkervaring beschikt.
- Na diploma hbo- of wo-bachelor: kopopleiding.

Duur
- 4 jaar voltijd en deeltijd.
- Kopopleiding: 1 jaar.
- HS NCOI: digitaal in deeltijd.

Aansluitende masteropleidingen De eerstegraadsopleiding wordt in deeltijd gegeven te Groningen, Tilburg en Utrecht.

Functiemogelijkheden Met een tweedegraadsonderwijsbevoegdheid kan men lesgeven aan vmbo, mbo, de onderbouw van havo en vwo, en bij het volwassenenonderwijs.

Overige informatie
- De tweedegraadsopleiding wordt in voltijd gegeven te Amstelveen, Gouda, Leeuwarden, Nijmegen, Rotterdam, Sittard, Tilburg, Utrecht, en Zwolle.
- De tweedegraadsopleiding wordt in deeltijd gegeven te Amstelveen, Deventer, Hengelo, Leeuwarden, Nijmegen, Rotterdam, Sittard, Tilburg, en Utrecht.

24.3.f.8 Hbo-lerarenopleiding (algemene) Economie/Economische vakken (tweedegraads) (Driestar, HAN, HS Windesheim, Saxion HS)

Zie ook: 24.3.f.1, 24.3.f.3 en 24.3.f.4.
Voor adres(sen) zie: HBO-89, 92, 150, 217.
Algemeen Hbo-bacheloropleiding voor leraar Economie tweedegraads.
Toelatingseisen
- Diploma havo of vwo (bij beide gewenst: wisk., alg. econ., bedr. econ., bedr. adm.); havo-profiel C&M, E&M, N&G (+ econ. I), N&T (+ econ. I); vwo-profiel C&M (+ econ. I), E&M, N&T (+ econ. I), N&G (+econ. I); mbo niveau 4.
- Of 21 jaar of ouder zijn en toegelaten worden op grond van een toelatingsonderzoek als men een vergelijkbare opleiding heeft of over relevante werkervaring beschikt (gewenst: wisk., alg. econ., bedr.econ., bedr.adm.).

Duur 4 jaar voltijd en deeltijd.
Aansluitende masteropleidingen De eerstegraadsopleiding wordt in deeltijd gegeven te Amsterdam, Groningen, Nijmegen, en Tilburg.
Functiemogelijkheden Met een tweedegraadsonderwijsbevoegdheid kan men lesgeven aan vmbo, mbo, de onderbouw van havo en vwo, en bij het volwassenenonderwijs.
Overige informatie
- De tweedegraadsopleiding wordt in voltijd gegeven in Gouda, Nijmegen, en Zwolle.
- De tweedegraadsopleiding wordt in deeltijd gegeven in Deventer, Hengelo, en Nijmegen.

24.3.f.9 Hbo-lerarenopleiding Engels (tweedegraads) (Driestar, Fontys HS, HAN, HS Inholland, HS LOI, HS NCOI, Rotterdam, HS Utrecht, HS Windesheim, HvA, NHL, Saxion HS)

Zie ook: 24.3.f.1.
Voor adres(sen) zie: HBO-6, 30, 89, 92, 115, 127, 135, 150, 157, 165, 173, 184, 218.
Algemeen
- Hbo-bacheloropleiding en/of kopopleiding voor leraar Engels tweedegraads.
- HS LOI en HS NCOI worden niet door de overheid bekostigd.
Toelatingseisen
- Diploma havo of vwo (er kunnen bepaalde vakkenpakketten worden vereist); havo-profiel N&T (+ Dts. I en II of Fr. I en II of Sp.

I en II), N&G (+ Dts. I en II of Fr. I en II of Sp. I en II), E&M (+ Dts. I en II of Fr. I en II of Sp. I en II), C&M (+ Dts. I en II of Fr. I en II of Sp. I en II); mbo niveau 4.
- Of 21 jaar of ouder zijn en toegelaten worden op grond van een toelatingsonderzoek als men een vergelijkbare opleiding heeft of over relevante werkervaring beschikt.
- Na diploma hbo- of wo-bachelor: kopopleiding.

Duur
- 4 jaar voltijd en deeltijd.
- Kopopleiding: 1 jaar.
- HS LOI en HS NCOI: digitaal in deeltijd.

Aansluitende masteropleidingen De eerstegraadsopleiding wordt in deeltijd gegeven te Amsterdam, Groningen, Nijmegen, Sittard, Tilburg, en Utrecht.

Functiemogelijkheden Met een tweedegraadsonderwijsbevoegdheid kan men lesgeven aan vmbo, mbo, de onderbouw van havo en vwo, en bij het volwassenenonderwijs.

Overige informatie
- De tweedegraadsopleiding wordt in voltijd gegeven te Amstelveen, Amsterdam, Gouda, Leeuwarden, Nijmegen, Rotterdam, Sittard, Tilburg, Utrecht, en Zwolle.
- De tweedegraadsopleiding wordt in deeltijd gegeven te Amstelveen, Amsterdam, Deventer, Hengelo, Leeuwarden, Nijmegen, Rotterdam, Sittard, Tilburg, en Utrecht.

24.3.f.10 Hbo-lerarenopleiding Frans (tweedegraads) (Fontys HS, HAN, HS Inholland, HS NCOI, HS Rotterdam, HS Utrecht, HS Windesheim, HvA, NHL, Saxion HS)

Zie ook: 24.3.f.1.
Voor adres(sen) zie: HBO-6, 30, 89, 115, 127, 150, 157, 173, 184, 218.
Algemeen
- Hbo-bacheloropleiding en/of kopopleiding voor leraar Frans tweedegraads.
- HS NCOI wordt niet door de overhid bekostigd.
Toelatingseisen
- Diploma havo of vwo (er kunnen bepaalde vakkenpakketten worden vereist); havo-profiel C&M (+ Fr. I en II), E&M (+ Fr. I en II), N&T (+ Fr. I en II), N&G (+ Fr. I en II); mbo niveau 4.
- Of 21 jaar of ouder zijn en toegelaten worden op grond van een toelatingsonderzoek als men een vergelijkbare opleiding heeft of over relevante werkervaring beschikt.
- Na diploma hbo- of wo-bachelor: kopopleiding.

Duur
- 4 jaar voltijd en deeltijd.
- Kopopleiding: 1 jaar.
- HS NCOI: digitaal in deeltijd.

Aansluitende masteropleidingen De eerstegraadsopleiding wordt in deeltijd gegeven te Amsterdam, Tilburg, en Utrecht.

Functiemogelijkheden Met een tweedegraadsonderwijsbevoegdheid kan men lesgeven aan vmbo, mbo, de onderbouw van havo en vwo, en bij het volwassenenonderwijs.

Overige informatie
- De tweedegraadsopleiding wordt in voltijd gegeven te Amstelveen, Amsterdam, Leeuwarden, Nijmegen, Rotterdam, Tilburg, Utrecht, en Zwolle.
- De tweedegraadsopleiding wordt in deeltijd gegeven te Amstelveen, Amsterdam, Deventer, Leeuwarden, Nijmegen, Rotterdam, Tilburg, en Utrecht.

24.3.f.11 Hbo-lerarenopleiding Frysk (Fries) (tweedegraads) (NHL)

Zie ook: 24.3.f.1.

Voor adres(sen) zie: HBO-127.

Algemeen Hbo-bacheloropleiding voor leraar Frysk (Fries) twee-degraads.

Toelatingseisen
- Diploma havo of vwo (bij beide kunnen bepaalde vakkenpakketten worden vereist), of mbo niveau 4.
- Of 21 jaar of ouder zijn en toegelaten worden op grond van een toelatingsonderzoek als men een vergelijkbare opleiding heeft of over relevante werkervaring beschikt.

Duur 4 jaar voltijd en deeltijd.

Aansluitende masteropleidingen De eerstegraadsopleiding Friese taal en cultuur wordt in deeltijd gegeven in Groningen.

Functiemogelijkheden Met een tweedegraadsonderwijsbevoegd-heid kan men lesgeven aan vmbo, mbo, de onderbouw van havo en vwo, en bij het volwassenenonderwijs.

Overige informatie De tweedegraadsopleiding wordt in voltijd en deeltijd gegeven in Leeuwarden.

24.3.f.12 Hbo-lerarenopleiding Geschiedenis (tweedegraads) (Driestar, Fontys HS, HAN, HS Inholland, HS NCOI, HS Rotterdam, HS Utrecht, HS Windesheim, HvA, NHL)

Zie ook: 24.3.f.1.

Voor adres(sen) zie: HBO-6, 30, 89, 92, 115, 127, 150, 157, 165, 173, 184, 218.

Algemeen
- Hbo-bacheloropleiding en/of kopopleiding voor leraar Geschie-denis tweedegraads.
- HS NCOI wordt niet door de overheid bekostigd.

Toelatingseisen
- Diploma havo of vwo (er kunnen bepaalde vakkenpakketten worden vereist); havo-profiel N&T (+ econ. I), N&G (+ econ. I), E&M, C&M; vwo-profiel N&T (+ econ. I), N&G (+ econ. I), E&M, C&M (+ econ. I); of mbo niveau 4.
- Of 21 jaar of ouder zijn en toegelaten worden op grond van een toelatingsonderzoek als men een vergelijkbare opleiding heeft of over relevante werkervaring beschikt.
- Na diploma hbo- of wo-bachelor: kopopleiding.

Duur
- 4 jaar voltijd en deeltijd.
- Kopopleiding: 1 jaar.
- HS NCOI: digitaal in deeltijd.

Aansluitende masteropleidingen De eerstegraadsopleiding wordt in deeltijd gegeven te Amsterdam en Tilburg.

Functiemogelijkheden Met een tweedegraadsonderwijsbevoegd-heid kan men lesgeven aan vmbo, mbo, de onderbouw van havo en vwo, en bij het volwassenenonderwijs.

Overige informatie
- De tweedegraadsopleiding wordt in voltijd gegeven te Amstel-veen, Amsterdam, Gouda, Leeuwarden, Nijmegen, Rotterdam, Sittard, Tilburg, Utrecht, en Zwolle.
- De tweedegraadsopleiding wordt in deeltijd gegeven te Amstel-veen, Amsterdam, Deventer, Gouda, Hengelo, Leeuwarden, Rot-terdam, Sittard, Tilburg, en Utrecht.

24.3.f.13 Hbo-lerarenopleiding Gezondheidszorg en welzijn (tweedegraads) (Fontys HS, HAN, HS Inholland, HS Leiden, HS NCOI, HS Rotterdam, HS Utrecht, HS Windesheim, HvA, NHL)

Zie ook: 24.3.f.1 en 24.3.d.10.

Voor adres(sen) zie: HBO-6, 30, 115, 127, 132, 150, 157, 173, 184, 220.

Algemeen
- Hbo-bacheloropleiding en/of kopopleiding voor leraar Gezond-heidszorg en welzijn tweedegraads, of Zorg en welzijn tweede-graads.
- HS NCOI wordt niet door de overheid bekostigd.

Doel Gericht op gezondheidszorg, dienstverlening en welzijn bij het opleiden van leraren voor de leerwegen van het vmbo en het beroepsonderwijs.

Toelatingseisen
- Diploma havo of vwo (er kunnen bepaalde vakkenpakketten worden vereist), mbo niveau 4.
- Of 21 jaar of ouder zijn en toegelaten worden op grond van een toelatingsonderzoek als men een vergelijkbare opleiding heeft of over relevante werkervaring beschikt.
- Na diploma hbo- of wo-bachelor: kopopleiding.

Duur
- 4 jaar voltijd en deeltijd.
- Kopopleiding: 1 jaar.
- HS NCOI: digitaal in deeltijd.

Functiemogelijkheden
- Met een tweedegraadsonderwijsbevoegdheid kan men lesgeven aan vmbo, mbo, de onderbouw van havo en vwo, en bij het vol-wassenenonderwijs.
- Buiten het onderwijs zijn er mogelijkheden voor banen in de ge-zondheidsvoorlichting en in de gezondheidspreventie.

Overige informatie
- De tweedegraadsopleiding wordt in voltijd gegeven te Amstel-veen, Amsterdam, Leeuwarden, Leiden, Nijmegen, Tilburg, Utrecht, en Zwolle.
- De tweedegraadsopleiding wordt in deeltijd gegeven te Amstel-veen, Amsterdam, Leeuwarden, Leiden, Nijmegen, Rotterdam, Tilburg, Utrecht, en Zwolle.

24.3.f.14 Hbo-lerarenopleiding Godsdienst en levensbeschouwing (tweedegraads)/ Leraar Levensbeschouwing (tweedegraads) (CHE, Fontys HS, CGO, HS Inholland, HS Windesheim/VUA)

Zie 12.5.f.1.

24.3.f.15 Hbo-lerarenopleiding Islam-godsdienst (tweedegraads) (HS Inholland)

Zie 12.5.f.2.

24.3.f.16 Hbo-lerarenopleiding Lichamelijke opvoeding (eerstegraads) (Fontys Sporthogeschool, Haagse HS, HAN, Hanze HS, HS NCOI, HS Windesheim, HvA/JCU)

Zie 16.1.f.3.

N.B. Er bestaat geen tweedegraads Lerarenopleiding Lichamelijke opvoeding; er zijn uitsluitend eerstegraadsopleidingen.

24.3.f.17 Hbo-lerarenopleiding Maatschappijleer (tweedegraads) (Fontys HS, HS Inholland, HS NCOI, HS Rotterdam, HvA, NHL, Saxion HS)
Zie ook: 24.3.f.1.
Voor adres(sen) zie: HBO-6, 30, 89, 115, 127, 157, 173.
Algemeen
- Hbo-bacheloropleiding en/of kopopleiding voor leraar Maatschappijleer tweedegraads.
- HS NCOI wordt niet door de overheid bekostigd.
Toelatingseisen
- Diploma havo of vwo (er kunnen bepaalde vakkenpakketten worden vereist); havo-profiel C&M, E&M, N&T (+ econ. I), N&G (+ econ. I); vwo-profiel E&M, N&T (+ econ. I), N&G (+ econ. I), C&M (+ econ. I); mbo niveau 4.
- Of 21 jaar of ouder zijn en toegelaten worden op grond van een toelatingsonderzoek als men een vergelijkbare opleiding heeft of over relevante werkervaring beschikt.
- Na diploma hbo- of wo-bachelor: kopopleiding.
Duur
- 4 jaar voltijd en deeltijd.
- Kopopleiding: 1 jaar.
- HS NCOI: digitaal in deeltijd.
Aansluitende masteropleidingen De eerstegraadsopleiding wordt in deeltijd gegeven te Tilburg.
Functiemogelijkheden Met een tweedegraadsonderwijsbevoegdheid kan men lesgeven aan vmbo, mbo, de onderbouw van havo en vwo, en bij het volwassenenonderwijs.
Overige informatie
- De tweedegraadsopleiding wordt in voltijd gegeven te Amstelveen, Amsterdam, Leeuwarden, Rotterdam, en Tilburg.
- De tweedegraadsopleiding wordt in deeltijd gegeven te Amstelveen, Amsterdam, Deventer, Hengelo, Leeuwarden, Rotterdam, en Tilburg.

24.3.f.18 Muziek (Amsterdams conservatorium, ArtEZ Conservatorium, Codarts Rotterdams Conservatorium, Conservatorium Maastricht, Fontys Conservatorium, Koninklijk conservatorium, Prins Claus Conservatorium, Utrechts Conservatorium)
Zie 23.3.f.6.

24.3.f.19 Hbo-lerarenopleiding Natuurkunde (tweedegraads) (Fontys HS, HAN, HS Inholland, HS Rotterdam, HS Utrecht, HS Windesheim, HvA, NHL, Saxion HS)
Zie ook: 24.3.f.1.
Voor adres(sen) zie: HBO-6, 30, 89, 127, 150, 157, 165, 184, 218.
Algemeen Hbo-bacheloropleiding en/of kopopleiding voor leraar Natuurkunde tweedegraads.
Toelatingseisen
- Diploma havo of vwo (er kunnen bepaalde vakkenpakketten worden vereist); havo-profiel N&T, N&G; vwo-profiel C&M (+ wisk. A I en II, nat. I, scheik. I), E&M (+ nat. I, scheik. I), N&T, N&G; of mbo niveau 4.
- Of 21 jaar of ouder zijn en toegelaten worden op grond van een toelatingsonderzoek als men een vergelijkbare opleiding heeft of over relevante werkervaring beschikt.
- Na diploma hbo- of wo-bachelor: kopopleiding.

Duur
- 4 jaar voltijd en deeltijd.
- Kopopleiding: 1 jaar.
Lesprogramma Natuur-/scheikunde - natuurkundespecialisatie - beroepscomponent (leraarschap) - vakverbreding - keuze en onderzoek.
Aansluitende masteropleidingen De eerstegraadsopleiding wordt in deeltijd gegeven te Groningen, Tilburg, en Utrecht.
Functiemogelijkheden
- Met een tweedegraadsonderwijsbevoegdheid kan men lesgeven aan vmbo, mbo, de onderbouw van havo en vwo, en bij het volwassenenonderwijs.
- Buiten het onderwijs kan men bij de overheid of het bedrijfsleven terecht op het gebied van: voorlichting en communicatie, automatisering, beleid, onderzoek en ontwikkeling.
Overige informatie
- De tweedegraadsopleiding wordt in voltijd gegeven te Amstelveen, Amsterdam, Leeuwarden, Nijmegen, Rotterdam, Sittard, Utrecht, en Zwolle.
- De tweedegraadsopleiding wordt in deeltijd gegeven te Amstelveen, Amsterdam, Deventer, Hengelo, Leeuwarden, Rotterdam, Sittard, en Utrecht.

24.3.f.20 Hbo-lerarenopleiding Nederlands (tweedegraads) (Driestar, Fontys HS, HAN, HS Inholland, HS iPABO, HS LOI, HS NCOI, HS Rotterdam, HS Utrecht, HS Windesheim, HvA, NHL, Saxion HS)
Zie ook: 24.3.f.1 en 24.3.f.21.
Voor adres(sen) zie: HBO-2, 6, 21, 30, 89, 92, 115, 127, 135, 150, 157, 165, 173, 184, 218.
Algemeen
- Hbo-bacheloropleiding en/of kopopleiding voor leraar Nederlands tweedegraads.
- HS LOI en HS NCOI worden niet door de overheid bekostigd.
Toelatingseisen
- Diploma havo; vwo; of mbo niveau 4. Er kunnen bepaalde vakkenpakketten worden vereist.
- Of 21 jaar of ouder zijn en toegelaten worden op grond van een toelatingsonderzoek als men een vergelijkbare opleiding heeft of over relevante werkervaring beschikt.
- Na diploma hbo- of wo-bachelor: kopopleiding.
Duur
- 4 jaar voltijd en deeltijd.
- Kopopleiding: 1 jaar.
- HS LOI en HS NCOI: digitaal in deeltijd.
Aansluitende masteropleidingen De eerstegraadsopleiding wordt in deeltijd gegeven te Amsterdam, Groningen, Nijmegen, Sittard, Tilburg, en Utrecht.
- HS Utrecht: Nederlandse gebarentaal/dovenstudies.
Functiemogelijkheden Met een tweedegraadsonderwijsbevoegdheid kan men lesgeven aan vmbo, mbo, de onderbouw van havo en vwo, en bij het volwassenenonderwijs.
Overige informatie
- De tweedegraadsopleiding wordt in voltijd gegeven te Alkmaar, Amstelveen, Amsterdam, Gouda, Leeuwarden, Nijmegen, Rotterdam, Sittard, Tilburg, Utrecht, en Zwolle.
- De tweedegraadsopleiding wordt in deeltijd gegeven te Amstelveen, Amsterdam, Deventer, Hengelo, Nijmegen, Rotterdam, Sittard, Tilburg, en Utrecht.

24.3.f.21 Leraar Nederlandse gebarentaal/tolk (HS Utrecht)

Voor adres(en) zie: HBO-184.
Algemeen Hbo-bacheloropleiding voor leraar Nederlandse gebarentaal en tolk tweedegraads.
Toelatingseisen
- Diploma havo; vwo; of mbo niveau 4. Er kunnen bepaalde vakkenpakketten worden vereist.
- Of 21 jaar of ouder zijn en toegelaten worden op grond van een toelatingsonderzoek als men een vergelijkbare opleiding heeft of over relevante werkervaring beschikt.

Duur 4 jaar voltijd en deeltijd.
Lesprogramma Specialisaties: Lesgeven NGT/NmG aan specifieke doelgroepen (minor) - Specifieke tolksituaties (minor).

24.3.f.22 Hbo-lerarenopleiding Omgangskunde (tweede-graads) (Fontys HS, HS Leiden, HS Utrecht, NHL)

Zie ook: 24.3.f.1.
Voor adres(en) zie: HBO-127, 132, 173, 184.
Algemeen Hbo-bacheloropleiding voor leraar Omgangskunde tweedegraads.
Toelatingseisen
- Diploma havo of vwo (er kunnen bepaalde vakkenpakketten worden vereist), mbo niveau 4.
- Of 21 jaar of ouder zijn en toegelaten worden op grond van een toelatingsonderzoek als men een vergelijkbare opleiding heeft of over relevante werkervaring beschikt.

Duur 4 jaar voltijd en deeltijd.
Functiemogelijkheden Met een tweedegraadsonderwijsbevoegdheid kan men lesgeven aan vmbo, mbo, de onderbouw van havo en vwo, en bij het volwassenenonderwijs.
Overige informatie
- De tweedegraadsopleiding wordt in voltijd gegeven te Leiden, Tilburg, en Utrecht.
- De tweedegraadsopleiding wordt in deeltijd gegeven te Leeuwarden, Leiden, Tilburg, en Utrecht.

24.3.f.23 Hbo-lerarenopleiding Pedagogiek (tweedegraads)/Pedagogiek (Fontys HS Pedagogiek, HAN, HvA)

Zie 14.5.f.1.

24.3.f.24 Hbo-lerarenopleiding Scheikunde (tweedegraads) (Fontys HS, HAN, HS Inholland, HS Utrecht, HS Windesheim, HvA, NHL, Saxion HS)

Zie ook: 24.3.f.1.
Voor adres(en) zie: HBO-6, 30, 89, 127, 150, 173, 184, 218.
Algemeen Hbo-bacheloropleiding en/of kopopleiding voor leraar Scheikunde tweedegraads.
Toelatingseisen
- Diploma havo of vwo (er kunnen bepaalde vakkenpakketten worden vereist); havo-profiel N&T, N&G; vwo-profiel C&M (+ wisk. A I en II, nat. I, scheik. I), E&M (+ nat. I, scheik. I), N&T, N&G; of mbo niveau 4.
- Of 21 jaar of ouder zijn en toegelaten worden op grond van een toelatingsonderzoek als men een vergelijkbare opleiding heeft of over relevante werkervaring beschikt.
- Na diploma hbo- of wo-bachelor: kopopleiding.

Duur
- 4 jaar voltijd en deeltijd.
- Kopopleiding: 1 jaar.

- Na diploma vwo versneld traject: in 5 jaar zowel tweedegraads als eerstegraads getuigschrift/bevoegdheid.
Lesprogramma Vaknatuur-/scheikunde - scheikundespecialisatie - beroepscomponent (leraarschap) - vakverbreding - keuze en onderzoek.
Aansluitende masteropleidingen De eerstegraadsopleiding wordt in deeltijd gegeven te Tilburg en Utrecht.
Functiemogelijkheden
- Met een tweedegraadsonderwijsbevoegdheid kan men lesgeven aan vmbo, mbo, de onderbouw van havo en vwo, en bij het volwassenenonderwijs.
- Buiten het onderwijs kan men bij de overheid of het bedrijfsleven terecht op het gebied van: voorlichting en communicatie, milieu, beleid, onderzoek en techniek.
Overige informatie
- De tweedegraadsopleiding wordt in voltijd gegeven te Amstelveen, Amsterdam, Leeuwarden, Nijmegen, Tilburg, Utrecht, en Zwolle.
- De tweedegraadsopleiding wordt in deeltijd gegeven te Amstelveen, Amsterdam, Deventer, Hengelo, Leeuwarden, Tilburg, en Utrecht.

24.3.f.25 Hbo-lerarenopleiding Spaans (tweedegraads) (Fontys HS, HS Utrecht)

Zie ook: 24.3.f.1.
Voor adres(en) zie: HBO-173, 184.
Algemeen Hbo-bacheloropleiding voor leraar Spaans tweedegraads.
Toelatingseisen
- Diploma havo of vwo (bij beide kunnen bepaalde vakkenpakketten worden vereist); havo-profiel N&T (+ SP. I en II of Fr. I en II of Dts. I en II), N&G (+ Sp. I en II of Fr. I en II of Dts. I en II), E&M (+ Sp. I en II of Fr. I en II of Dts. I en II), C&M (+ Sp. I en II of Fr. I en II of Dts. I en II); vwo; of mbo niveau 4.
- Of 21 jaar of ouder zijn en toegelaten worden op grond van een toelatingsonderzoek als men een vergelijkbare opleiding heeft of over relevante werkervaring beschikt.

Duur 4 jaar voltijd en deeltijd.
Functiemogelijkheden Met een tweedegraadsonderwijsbevoegdheid kan men lesgeven aan vmbo, mbo, de onderbouw van havo en vwo, en bij het volwassenenonderwijs.
Overige informatie De tweedegraadsopleiding wordt in voltijd en deeltijd gegeven te Tilburg en Utrecht.

24.3.f.26 Hbo-lerarenopleiding Verzorging/-Gezondheidskunde (tweedegraads) (Saxion HS)

Voor adres(en) zie: HBO-89.
Algemeen Hbo-bacheloropleiding voor leraar Verzorging/Gezondheidskunde tweedegraads.
Toelatingseisen
- Diploma havo of vwo (er kunnen bepaalde vakkenpakketten worden vereist), mbo niveau 4.
- Of 21 jaar of ouder zijn en toegelaten worden op grond van een toelatingsonderzoek als men een vergelijkbare opleiding heeft of over relevante werkervaring beschikt.

Duur 4 jaar deeltijd.
Functiemogelijkheden Met een tweedegraadsonderwijsbevoegdheid kan men lesgeven aan vmbo, mbo, de onderbouw van havo en vwo, en bij het volwassenenonderwijs.
Overige informatie De tweedegraadsopleiding wordt in deeltijd gegeven te Deventer en Hengelo.

24.3.f.27 Hbo-lerarenopleiding Verzorging/-Huishoudkunde (tweedegraads) (Saxion HS)

Voor adres(sen) zie: HBO-89.
Algemeen Hbo-bacheloropleiding voor leraar Verzorging/Huishoudkunde tweedegraads.
Toelatingseisen
- Diploma havo of vwo (er kunnen bepaalde vakkenpakketten worden vereist), mbo niveau 4.
- Of 21 jaar of ouder zijn en toegelaten worden op grond van een toelatingsonderzoek als men een vergelijkbare opleiding heeft of over relevante werkervaring beschikt.

Duur 4 jaar deeltijd.
Functiemogelijkheden Met een tweedegraadsonderwijsbevoegdheid kan men lesgeven aan vmbo, mbo, de onderbouw van havo en vwo, en bij het volwassenenonderwijs.
Overige informatie De tweedegraadsopleiding wordt in deeltijd gegeven te Deventer en Hengelo.

24.3.f.28 Hbo-lerarenopleiding Wiskunde (tweedegraads) (Driestar, Fontys HS, HAN, HS Inholland, HS NCOI, HS Rotterdam, HS Utrecht, HS Windesheim, HvA, NHL)

Zie ook: 24.3.f.1.
Voor adres(sen) zie: HBO-6, 30, 89, 92, 115, 127, 150, 157, 165, 173, 184, 218.
Algemeen
- Hbo-bacheloropleiding en/of kopopleiding voor leraar Wiskunde tweedegraads.
- HS NCOI wordt niet door de overheid bekostigd.

Toelatingseisen
- Diploma havo of vwo (er kunnen bepaalde vakkenpakketten worden vereist); havo-profiel C&M (+ wisk. B I en II), E&M (+ wisk. B I en II), N&T, N&G (+ wisk. B I en II); vwo-profiel C&M (+ wisk. B I), E&M (+ wisk. B I), N&T, N&G; of mbo niveau 4.
- Of 21 jaar of ouder zijn en toegelaten worden op grond van een toelatingsonderzoek als men een vergelijkbare opleiding heeft of over relevante werkervaring beschikt.
- Na diploma hbo- of wo-bachelor: kopopleiding.

Duur
- 4 jaar voltijd en deeltijd.
- Kopopleiding: 1 jaar.
- HS NCOI: digitaal in deeltijd.

Aansluitende masteropleidingen De eerstegraadsopleiding wordt in deeltijd gegeven te Amsterdam, Groningen, Nijmegen, Sittard, Tilburg, en Utrecht.
Functiemogelijkheden Met een tweedegraadsonderwijsbevoegdheid kan men lesgeven aan vmbo, mbo, de onderbouw van havo en vwo, en bij het volwassenenonderwijs.
Overige informatie
- De tweedegraadsopleiding wordt in voltijd gegeven te Amstelveen, Amsterdam, Gouda, Leeuwarden, Nijmegen, Rotterdam, Sittard, Tilburg, Utrecht, en Zwolle.
- De tweedegraadsopleiding wordt in deeltijd gegeven te Amstelveen, Amsterdam, Deventer, Hengelo, Leeuwarden, Nijmegen, Rotterdam, Sittard, Tilburg, en Utrecht.

24.3.f.29 Zijinstromers

Algemeen
- Opleiding voor volledig bevoegd leraar in het basisonderwijs, algemeen voortgezet onderwijs, beroepsonderwijs en volwassenenonderwijs.
- Meer informatie: www.rijksoverheid.nl/documenten-en-publicaties/vragen-en-antwoorden/hoe-word-ik-zijinstromer-in-het-onderwijs.html

Toelatingseisen Men doet een assessment (testonderzoek). Daaruit blijkt of men met enige bijscholing direct voor de klas kan staan of dat men dat pas kan doen na het volgen van deze opleiding.
Duur Maximaal 2 jaar.
Overige informatie Men solliciteert meteen op de school waar men wil werken. De opleiding wordt gegeven aan de diverse lerarenopleidingen.
N.B. Zie ook het N.B. van 24.3.b.15 voor de landelijke zij-instroomcursus GLTC (Klassieke talen).

24.3.l Overige opleidingen

24.3.l.1 KPC Groep

Voor adres(sen) zie: DIEN-8.
Algemeen Biedt instellingen voor hoger onderwijs een breed scala aan producten en diensten. Er is een specifiek aanbod voor Lerarenopleidingen primair onderwijs.
Cursussen Er zijn tal van nascholingscursussen, variërend van enkele dagen tot 2 jaar.
Toelatingseisen Onderwijsbevoegdheid.
Functiemogelijkheden Leidinggevende functies en specialisaties in het basis-, voortgezet en hoger onderwijs.

24.3.l.2 Teleleren

Voor adres(sen) zie: HBO-121.
Doel Kennismaken met teleleren en de wijze waarop dit in het onderwijs kan worden toegepast.
Cursisten maken een concreet projectplan, gericht op de eigen situatie.
Toelatingseisen Docent van mbo- of hbo-instelling.
Duur 3 maanden in de vorm van digitaal afstandsonderwijs.
Lesprogramma Installeren en gebruik hulpprogramma's - beoordelen voorbeeld-sites en -cases - projectplan schrijven en presenteren - oefenen met clientsoftware - bouwen aan een eigen cursus - presentatie van eigen werk.

24.4 HOGER AGRARISCH-PEDAGOGISCH ONDERWIJS (HAPO)

24.4.e Hbo-masteropleiding

24.4.e.1 Leren en innoveren voor het beroepsonderwijs en het bedrijf (Stoas HS)

Voor adres(sen) zie: HBO-209.
Algemeen Deze hbo-masteropleiding leidt docenten en HRD-ers op tot professionals die een leidende, actieve, innovatieve en inspirerende rol ambi'ren in het continue proces van onderwijsverbetering. Studenten leren een eigentijdse rol van 'innovation-agent' te vervullen door hun ontwikkelde competenties te gebruiken om verbetering, verandering of vernieuwing te bewerkstelligen in het onderwijsleerproces.
Opleidingen Agrotechniek - Bloemsierkunst - Dier & Educatie - Levensmiddelentechnologie - Paardenhouderij - Plant en Educatie - Tuin en Landschap - Tuinbouw/Akkerbouw - Veehouderij.

Toelatingseisen
- Hbo-bachelor, tweedegraads docent, of vergelijkbaar.
- Minstens twee jaar werkzaam in een opleidings-/HRD-werk-omgeving in het onderwijs of het bedrijfsleven.

Duur 2 jaar: maandelijks een vrijdag- en een zaterdagochtend-bijeenkomst.

Lesprogramma De deelnemers richten zich op de voortdurende ontwikkeling van het onderwijs en professionalisering binnen bedrijven. De professionals specialiseren zich in het vormgeven en realiseren van leerinnovaties. In "learning communities" werken alle deelnemers individueel en collectief aan hun ontwikkeling. Tijdens de Summer- en Winter Course kijkt de opleiding letterlijk over de grenzen van het bekende onderwijs-landschap. Mede door de ervaringen in het buitenland leren de deelnemers hun grenzen te verleggen.

24.4.f Hbo-bacheloropleiding

24.4.f.1 Educatie en kennismanagement groene sector (11 studierichtingen) (Stoas HS)
Voor adres(sen) zie: HBO-209.
Algemeen
- Hbo-bacheloropleiding tot tweedegraads docent (vmbo en mbo) in de agrarische sector.

Toelatingseisen Diploma havo (wisk. A of B); havo-profiel N&T, N&G, E&M (+ wisk. A of B), C&M (+ wisk. A of B); vwo (wisk. A of B) of mbo niveau 4 in de agrarische sector.
Duur
- Ad-programma: 2 jaar voltijd.
- 4 jaar voltijd of duaal (waarin bedrijfs- en schoolstages).
- De duur van de deeltijdopleiding is afhankelijk van de vooropleiding.

Lesprogramma Er zijn 11 studierichtingen:
- Agrotechniek & kennismanagement.
- Bloemsierkunst (wordt ook als ad-opleiding aangeboden, zie 3.2.f.1).
- Groen, zorg en onderwijs.
- Natuur & communicatie.
- Paardensector.
- Recreatie- & gezelschapsdieren.
- Tuin & landschap.
- Tuinbouw/akkerbouw.
- Veehouderij & kennismanagement.
- Voeding & communicatie.

Mogelijkheden voor verdere studie WU: diverse wo-bacheloropleidingen.
Functiemogelijkheden Docent agrarisch onderwijs mbo en vmbo, voorlichter; instructeur; bedrijfsopleider; relatiebeheerder; beleidsmedewerker agrarische organisaties; diverse functies bij agrarische coöperaties, particuliere bedrijven, of bij overheidsdiensten in de agrarische sector.
Overige informatie De opleiding Paardenhouderij wordt in samenwerking met NHB Deurne gegeven.

24.5 ONDERWIJS IN MUZIEK

24.5.d Post-hbo-opleiding

24.5.d.1 Psychomotorische kindertherapie (Le Bon Départ)
Zie 14.7.d.2.

24.5.d.2 Stichting CPION (Centrum Post Initieel Onderwijs Nederland)
Voor adres(sen) zie: DIEN-29.
Algemeen Toetsing, registratie en diplomering van initiële opleidingen.

24.5.f Hbo-bacheloropleiding

24.5.f.1 Docent Muziek (ArtEZ Conservatorium, Codarts Rotterdams Conservatorium, Conservatorium van Amsterdam, Conservatorium Maastricht, Fontys Conservatorium, Koninklijk conservatorium, Music Academy Haarlem, Prins Claus Conservatorium, Utrechts Conservatorium)
Zie 23.3.f.6.
Algemeen O.a. aan de conservatoria, maar ook aan een aantal andere instituten, bestaat een aantal muziekopleidingen ten behoeve van muziekdocenten:
- Algemene muzikale vorming.
- Muziek: instrumentaal/vocaal, opera, directie, compositie, theorie der muziek, kerkmuziek.
- Schoolmuziek.

Voorts zijn er o.a. opleidingen voor praktijkdiploma's (koordirectie, harmonie en fanfare).

24.5.f.2 Docent Muziek (HS Leiden)
Voor adres(sen) zie: HBO-132.
Algemeen Hbo-bacheloropleiding voor Bachelor of Education in Music; sinds 1.1.2013 bij HS Leiden.
Doel De opleiding onderscheidt zich van andere opleidingen door de fenomenologische benadering van muzikale aspecten en door een verdieping van de muzikale beleving door euritmie.
Toelatingseisen Diploma havo, vwo of mbo niveau 4.
Duur 4 jaar voltijd (ma/wo/do/vrij), 1680 sbu per jaar.
Lesprogramma
- *Hoofdonderdelen:* methodiek - didactiek - pedagogiek - psychologie - onderwijspracticum - stages.
- *Vakken:* zang - piano - lier - fluit - gitaar - muziekfenomenen en improvisatie - koor - ensembles - euritmie - spraak - dramatische vorming - solfège - harmonie - analyse - muziekgeschiedenis - arrangeren - persoonlijke vaardigheden - antroposofisch mensbeeld - werkplaats - muziekprojecten.

Functiemogelijkheden Docent muziek of muziekpedagoog op vrijscholen, scholen voor basis- en voortgezet onderwijs, muziekscholen en creativiteitscentra.

24.5.f.3 Docent Popmuziek (ArtEZ, Rockacademie)
Zie 23.3.f.10 en 24.5.f.4.

24.5.f.4 Rockacademie voor intermediairs (Rockacademie)
Voor adres(sen) zie: HBO-174.
Algemeen Hbo-bacheloropleiding voor intermediairs: muziekschooldocenten, docenten van popcollectieven, privédocenten.
Toelatingseisen Werkzaam zijn als muziekschooldocent, docent van een popcollectief, of als privédocent.
Duur 1 jaar deeltijd.
Lesprogramma Bandcoaching - praktijkondersteunend aanbod (muziek-software, instrumentale ondersteuning, gebruik van nieuwe technologie in poponderwijs) - docentvaardigheden (interactieve didactiek, programmatisch werken).

24.6 ONDERWIJS IN DRAMATISCHE VORMING

24.6.f Hbo-bacheloropleiding

24.6.f.1 Docent Drama/Theater (eerstegraads) (Amsterdamse HS voor de Kunsten)
Voor adres(en) zie: HBO-11.
Algemeen Hbo-bacheloropleiding tot docent Drama/Theater met een eerstegraadsonderwijsbevoegdheid.
Toelatingseisen
- Diploma havo, vwo of diploma mbo niveau 4, of gelijkwaardig.
- Of 21 jaar of ouder zijn en toegelaten worden op grond van een toelatingsonderzoek.
- Alle aspirant-studenten moeten een toelatingsexamen doen.
Duur 4 jaar voltijd.
Lesprogramma Elementair spel - vrij spel - tekstexpressie - beweging - stemexpressie - stemtechniek - dramaturgie - regie - spelbegeleiding - scenografie - theatertechniek - onderwijskunde - didactiek - taalbeheersing - filosofie - psychologie - stage producties.
Functiemogelijkheden Docent Drama/Theater met een eerstegraadsonderwijsbevoegdheid voor alle soorten onderwijs, voor de kunstzinnige vorming, voor het amateurtheater en voor waar met dramatische middelen wordt gewerkt, zoals sociaal-cultureel werk, gezondheidszorg, bedrijfsopleidingen.

24.6.f.2 Docent Drama/Theater (eerstegraads) (ArtEZ Academie voor theater)
Voor adres(en) zie: HBO-41.
Algemeen Hbo-bacheloropleiding tot docent Drama/Theater met een eerstegraadsonderwijsbevoegdheid binnen het onderwijs, kunstzinnige vorming en amateuristische kunstbeoefening.
Doel Een docent Drama/Theater is een 'maker' van toneel en - naast inzicht, kennis, vaardigheid m.b.t. het acteren en de didactiek hiervan - is een docent Drama vaardig in ontwerpen en vormgeven van toneelscenes, voorbereiden en geven van toneellessen en maken van voorstellingen.
Toelatingseisen
- Diploma havo, vwo of mbo niveau 4; van deze opleidingseis kan worden afgeweken.
- Minimumleeftijd 17 jaar.
- Men dient een 4-daagse selectiecursus te volgen; deze vindt tweemaal per jaar plaats.
Duur 4 jaar voltijd.
Lesprogramma Elementair spel - improviseren - regisseren - dramatiseren - stemvorming - taal - beweging - muziekexpressie - theatervormgeving - vakdidactiek - methodiek - audiovisuele vormgeving - cultuur, theater- en kunstgeschiedenis - speltheorie - theaterwetenschappen - psychologie - zakelijke aspecten van de beroepspraktijk.
Functiemogelijkheden Docent Drama/Theater met een eerstegraadsonderwijsbevoegdheid voor alle soorten onderwijs, consulent, beleidsmedewerker, regisseur, theatermaker/producent binnen instellingen voor creatieve kunstzinnige vorming en bij het amateurtoneel, of bij het jeugd- en jongerentheater; zelfstandige beroepspraktijk t.b.v. scholen, culturele instellingen en vormingsinstituten.

24.6.f.3 Docent Drama/Theater (eerstegraads) (ArtEZ Zwolle)
Voor adres(en) zie: HBO-213.
Algemeen Hbo-bacheloropleiding tot docent Drama/Theater met een eerstegraadsonderwijsbevoegdheid.
Toelatingseisen
- Diploma havo, vwo of mbo niveau 4, en een toelatingsexamen.
- Als men niet aan een van de vooropleidingseisen voldoet en 21 jaar of ouder is, kan men - nadat men is geslaagd voor het toelatingsexamen - een niveautest doen bij een beroepskeuzebureau.
Duur 4 jaar.
Lesprogramma Beroeps- en wereldoriëntatie - algemene didactiek - vakdidactiek - ontwerpend spel - elementair spel - dramaturgie - regietheorie - regiepracticum - muziek - beweging - stemtraining - psychologie - cultuurbeschouwing - taalbeheersing - scriptiebegeleiding - stagebegeleiding - studiebegeleiding/training.
Functiemogelijkheden Docent Drama/Theater met een eerstegraadsonderwijsbevoegdheid voor alle soorten onderwijs, functies bij centra voor kunstzinnige vorming - (jeugd)theaterscholen - amateurtheater - educatieve diensten van theatergezelschappen - bedrijfsleven (trainingen).

24.6.f.4 Docent Drama/Theater (eerstegraads) (Fontys Dansacademie)
Voor adres(en) zie: HBO-167.
Algemeen Hbo-bacheloropleiding tot docent Drama/Theater met een eerstegraadsonderwijsbevoegdheid.
Toelatingseisen
- Diploma havo, vwo of mbo niveau 4, of gelijkwaardig.
- Toelating nadat men met positief resultaat de selectiecursus heeft gevolgd.
Duur 4 jaar voltijd en deeltijd.
Lesprogramma Speltechniek - stemtechniek - bewegingstechniek - theatrale vormgeving - semiotiek - dramaturgie - didactiek - bewegingstraining - contactimprovisatie - danstechniek - muziek - eigen producties.
Functiemogelijkheden
- *Onderwijs:* Docent Drama/Theater met een eerstegraadsonderwijsbevoegdheid voor alle soorten onderwijs.
- *Buitenschools onderwijs:* centra voor de kunsten, centra voor basiseducatie, jeugdtheaterscholen, amateurtheaterscholen, vooropleiding op het gebied van theater.
- *Amateur-, school- of studententoneel:* regisseur.
- *Bedrijfsleven, gezondheidszorg, overheid e.d.:* roltrainingen, cursussen presentatie en communicatie, acts op maat.
- *Theater:* acteur bij theatergroepen, educatief theater, jeugdtheater.
Overige informatie Leslocatie: Academie voor Drama, Tilburg.

24.6.f.5 Docent Drama/Theater (eerstegraads) (HKU School voor theater)
Voor adres(en) zie: HBO-187.
Algemeen Hbo-bacheloropleiding tot docent Drama/Theater met een eerstegraadsonderwijsbevoegdheid.
Toelatingseisen
- Diploma havo of mbo niveau 4, en met positief resultaat de selectiecursus hebben gevolgd.
- Voor de deeltijdopleiding geldt dat men ervaring moet hebben in het werk.
Duur 4 jaar voltijd en deeltijd.
Lesprogramma Geschiedenis van het vak - theatergeschiedenis -

dramaturgie - cultuurgeschiedenis - didactiek - improvisatie en tekstproducties - projecten en experimenten - spel - taal - beweging - stemvorming - sociaal-cultureel werk.

Functiemogelijkheden

- Binnen- en buitenschoolse bevoegdheid voor lesgeven (binnenschools: docent Drama/Theater met een eerstegraadsonderwijsbevoegdheid voor alle soorten onderwijs).
- Tevens zijn toepassingen mogelijk in het bedrijfsleven, in de hulpverlening of in het sociaal-cultureel werk.

24.6.f.7 Mime (docent en speler) (De Theaterschool Amsterdam)

Zie 23.4.f.8..

24.7 ONDERWIJS IN DANS EN DANSEXPRESSIE

24.7.f Hbo-bacheloropleiding

24.7.f.1 Dans/Danser/Dansdocent/Choreograaf (ArtEZ, Codarts Rotterdamse Dansacademie, Dansacademie Lucia Marthas A'dam, De Theaterschool Amsterdam, Fontys Dansacademie, Hanze HS, Koninklijk conservatorium Den Haag)

Zie 23.5.f.2.

24.7.f.2 Docent Dans (AHK, ArtEZ Dansacademie, Codarts Rotterdamse Dansacademie, Danscademie Lucia Marthas A'dam, Fontys Dansacademie)

Zie ook: 24.7.f.3.
Voor adres(sen) zie: HBO-11, 17, 43, 153, 167.
Algemeen Hbo-bacheropleiding voor docenten Dansexpressie internationale dans (eerstegraads).
Toelatingseisen
- Diploma havo.
- Dansmogelijkheden worden getest d.m.v. een auditie.
- Een medisch onderzoek behoort eveneens tot de toelatingsprocedure.

Duur 4 jaar voltijd (ca. 26 klokuren per week).
Lesprogramma Dansexpressie - internationale dans - moderne dans - klassieke dans - compositie - dramatische, visuele en muzikale vorming - methodiek - theorie van specialisaties - onderwijskundige voorbereiding - anatomie - dansgeschiedenis - grime.
Functiemogelijkheden
- Dansdocent creativiteitscentra, instituten voor kunstzinnige vorming, basis- en voortgezet onderwijs, dansconsulentschap.
- Binnen- en buitenschoolse bevoegdheid voor lesgeven (binnenschools: eerstegraadsonderwijsbevoegdheid).

24.7.f.3 Docent Dans/Euritmie (Euritmie Academie/ HS Leiden)

Voor adres(sen) zie: HBO-131, 132.
Algemeen Deze hbo-bacheloropleiding bevat een geïntegreerde vak- en pedagogische beroepsopleiding in euritmie. Gezien de zowel wetmatige als kunstzinnige expressie in de euritmische beweging van dichtkunst en muziek, wordt in de opleiding een sterke nadruk gelegd op spraak- en muzikale ontwikkeling.
Doel De ontwikkeling van de euritmische wetmatigheden gebeurt vanuit een spiritueel mensbeeld.
Ook de pedagogische vakken worden vanuit de inzichten van het vrijeschoolonderwijs opgebouwd.

Toelatingseisen
- Diploma havo of vwo.
- Lichamelijk en geestelijk geschikt bevonden (medisch goedgekeurd zijn).

Duur 4 jaar dagopleiding (voltijd), 4-6 jaar deeltijd.
Lesprogramma Woord- en tooneuritmie - spraakvorming - poëtica - muziektheorie - menskunde - anatomie - fysiologie - kunstgeschiedenis - antroposofie - boetseren - koorzang - pedagogiek - didactiek.
Mogelijkheden voor verdere studie Deelnemen aan een voortgezette kunstzinnige opleiding van 3 maanden; voor het euritmietherapie-diploma is 1 jaar voortgezette studie vereist; opleiding tot uitvoerend kunstenaar in toneelensemble.
Functiemogelijkheden De euritmist kan werken op vrijescholen, in het basisonderwijs en voortgezet onderwijs of in een vrij beroep met cursussen voor volwassenen, scholieren en kleuters.
Overige informatie
- Het is mogelijk om voor deze opleiding studiefinanciering te ontvangen.
- Deze school is sinds 1.1.2013 onderdeel van HS Leiden.

24.7.f.4 Docent Klassieke dans/Docent Jazz- en musicaldans (ArtEZ, Codarts Rotterdamse Dansacademie, De Theaterschool Amsterdam, Fontys Dansacademie)

Voor adres(sen) zie: HBO-11, 43, 153, 167.
Algemeen
- Hbo-bacheloropleidingen voor docent Klassieke dans (ballet) en voor docent Jazz- en musicaldans.
- Aan de opleidingen is een vooropleiding Theaterdans verbonden (zie 23.5.l.3 en 23.5.l.7).
- Alle opleidingen kennen oriënterings- en selectiecursussen of andere vormen van voorbereidend dansvakonderwijs.
- Voor de klassieke dansersopleiding start men de dagelijkse training op 10-jarige leeftijd.
- 2-jarige opleiding mogelijk voor studenten met een afgeronde dansdocentenopleiding, alleen voor de specialisatie modern en jazz.

Toelatingseisen
- Diploma havo of gelijkwaardig.
- Toelating na auditie: er wordt een onderzoek gedaan naar de artistieke en fysieke kwaliteiten die nodig zijn voor de opleiding en het latere beroep.
- Minimumleeftijd: 17 jaar, maximumleeftijd: 22 jaar.
- Rotterdam: diploma vwo, havo, of mbo niveau 4.

Duur
- 4 jaar voltijd.
- Rotterdam: onder bepaalde voorwaarden de mogelijkheid voor verkorte, individuele programma's voor het dansdocentschap in een dansspecialisatie (1 of 2 jaar).

Lesprogramma Klassieke, moderne, wereld- en jazzdanslessen - muziek - dansgeschiedenis - pedagogisch-didactische vorming - analyse - methodiek - praktijk van het lesgeven - improvisatie - compositie - spel - stemvorming - theatertechniek - grimeren - video - ontwikkelingspsychologie - bewegingsobservatie - stages.
Functiemogelijkheden Docent dans in amateurballetscholen, muziekscholen, centra voor kunstzinnige vorming, wijkcentra, verenigingen en in het onderwijs.
Overige informatie
- Amsterdam: klassiek ballet/jazzdans of klassiek ballet/moderne dans: eerstegraadsonderwijsbevoegdheid.
- Arnhem: men kiest 2 richtingen uit: klassiek, modern, jazz, Spaans.

- Rotterdam: dansdocentschap eerstegraadsonderwijsbevoegdheid; opleiding tot docent in moderne dans, met als 2e specialisatie academische dans, dansimprovisatie, werelddans of jazzdans.
- Tilburg: klassieke dans/jazzdans, dansexpressie/internationale dans.

24.7.l Overige opleidingen

24.7.l.1 Dansleraar
Voor adres(sen) zie: OVER-198.
Algemeen Om les te geven aan een dansschool (voor gezelschapsdans, ballroom, Latin American en aanverwante dansen) of om een dansschool te leiden en te beheren kan men onderstaande specifieke opleidingen volgen.
Opleidingen
- Aspirant dansleraar.
- Dansleraar.
- Dansschoolondernemer.
- Danssporttrainer/jurylid.
- Opleider.
Toelatingseisen
- *Aspirant dansleraar:* geen vooropleiding vereist, maar wel minimaal 4 jaar danservaring.
  Intakegesprek en auditie (diverse vormen van ballroomdancing).
  Afhankelijk van de vooropleiding zijn vrijstellingen mogelijk.
- *Dansleraar:* diploma mavo of vergelijkbaar (met Ned., Eng. en econ.), of diploma Aspirant dansleraar, of diploma Danssporttrainer/jurylid.
- *Danssporttrainer/jurylid:* diploma Aspirant dansleraar, of danssporteervaring in 1e klasse of hoofdklasse ballroom of in Latin 1 of 2.
- *Dansschoolondernemer:* diploma Dansleraar.
- *Opleider:* diploma Dansleraar en ruime werkervaring in de dansbranche.
Duur Alle opleidingen zijn parttime en duren circa 1 jaar.
Lesprogramma Modulen: rolstoeldansen - streetdance - kids.

24.8 BEDRIJFSONDERWIJS

24.8.d Post-hbo-opleiding

24.8.d.1 Corporate Learning (FCE)
Voor adres(sen) zie: OVER-333.
Algemeen Leergang.
Doel Leveren van een beleidsmatige en concrete bijdrage aan de kennishuishouding en kennisproductiviteit van organisaties.
Toelatingeisen Opleidingsfunctionarissen met voltooide hbo- of wo-opleiding.
Duur 1 jaar deeltijd (10 modulen van 5 dagdelen).

24.8.d.2 Ontwerpen van leertrajecten (FCE)
Voor adres(sen) zie: OVER-333.
Algemeen Leergang.
Doel Vergroten van de professionaliteit in het ontwikkelen van een breed scala aan leertrajecten en in het leidinggeven aan complexe ontwikkelprojecten.
Toelatingeisen Opleidingsfunctionarissen met voltooide mbo niveau 4- of hbo-opleiding.
Duur 1 jaar deeltijd (8 modulen van elk 5 dagdelen).

24.8.l Overige opleidingen

24.8.l.1 Opleidingscentrum voor consulenten en opleidingsadviseurs
Voor adres(sen) zie: HBO-175.
Algemeen Opleiding voor consulenten, instructeurs en opleidingsadviseurs van de landelijke organen voor beroepsonderwijs.
Toelatingseisen Als consulent werkzaam zijn.
Duur 2 jaar deeltijd.
Lesprogramma Beleid - marketing - resultaatgericht werken - opleidingsplannen - relatiebeheer - tijdbeheer - projectmatig werken - uitvoeren erkenningenbeleid leerbedrijven.
Functiemogelijkheden Praktijkopleider, instructeur, bedrijfsleermeester, praktijkbegeleider in bedrijven, consulent, opleidingsadviseur.
Ook kan men worden ingezet in praktijklessen van het mbo.

Hoewel steeds de nieuwste informatie in deze 'Beroepengids' wordt verwerkt, is het niet te vermijden dat er onjuistheden kunnen optreden.
Daarom zullen wij alle gebruikers van dit boek erkentelijk zijn wanneer zij ons de tekortkomingen ten spoedigste willen melden, indien mogelijk voorzien van de bijbehorende documentatie.

Uitgeverij De Toorts, Conradkade 6, 2031 CL Haarlem; e-mail-adres: beroepengids@toorts.nl

Deel V

HOGER
ONDERWIJS

Met ingang van 1 september 2002 werd in Nederland de bachelor-masterstructuur (bama) in het hoger onderwijs ingevoerd, teneinde het Europese hoger onderwijs beter vergelijkbaar en uitwisselbaar te maken. Dit is een gevolg van de 'Bologna-verklaring' die in 1999 is ondertekend door de Europese ministers van Onderwijs van 29 Europese landen. Hierin wordt een meer uniform systeem van onderwijs in Europa bepleit.

In de praktijk betekent dit dat hogescholen en universiteiten in 45 Europese landen het Angelsaksische bachelor-master-model hebben geïntroduceerd.

De veelal ingrijpende herinrichting naar de bachelor-master-structuur werd per studiejaar 2009-2010 in Nederland bij alle opleidingen die daarvoor in aanmerking kwamen gerealiseerd. Volgens de afspraak in Bologna was de gedeelde bamastructuur in heel Europa in 2010 voltooid.

De organisatie van het wo en de actuele overzichten met erkende en geaccrediteerde wo-opleidingen worden vermeld in 25.1, 25.2 en 25.3; die van het hbo in 25.6, 25.8 en 25.9, en de associate degree-opleidingen (zgn. ad-programma's, ge•ntroduceerd in het studiejaar 2006-2007) in 25.7.

De Open Universiteit met haar opleidingen vindt men in 25.4.

Een toelichting op het postacademische onderwijs staat in 25.5; post-hbo-opleidingen kan men per onderwerp vinden in 25.10.

Links voor de actueelste informatie:
- HBO-raad: www.hbo-raad.nl
- Interstedelijk Studenten Overleg: www.iso.nl
- Landelijke Studenten Vakbond: www.lsvb.nl
- Ministerie van OCW: www.rijksoverheid.nl/themas/onderwijs-en-wetenschap
- NVAO: www.nvao.net
- Vereniging van Universiteiten: www.vsnu.nl

N.B. 2009: de toenmalige OCW-minister Plasterk meldde dat hij van plan was om onderzoek te laten doen naar een nieuw stelsel van hoger onderwijs, waarbij het onderscheid tussen hbo en universiteiten zal vervallen. Volgens Plasterk is het idee dat mensen op de universiteit voor de wetenschap worden opgeleid en op het hbo voor beroepsgerichte vakken, niet meer van deze tijd. Doel zou onder meer zijn dat studenten beter kunnen doorstromen en meer maatwerk krijgen aangeboden. Plasterk dacht toen aan een Amerikaans model met verschillende onderwijsprogramma's. De HBO-Raad en de universiteiten stonden positief tegenover het idee, maar het plan heeft geen doorgang gevonden.

25.1 ORGANISATIE VAN HET WO

25.1.c Wo-onderwijs (algemeen)

25.1.c.1 Oorsprong masteropleidingen
- Masteropleidingen werden aanvankelijk alleen door buitenlandse universiteiten verzorgd (met name in de USA, in Engeland en in Frankrijk). Ze leiden academici op voor de master-titel.
- In tweede instantie ontstond bij de Nederlandse hogescholen de behoefte om hun afgestudeerden de gelegenheid te bieden om in kortere tijd een internationale academische titel te verwerven dan via de gebruikelijke doorstroming binnen het Nederlandse universitaire onderwijs. Hiervoor hebben hbo-instellingen 1-2-jarige masteropleidingen ontwikkeld, veelal in nauwe samenwerking met Engelse universiteiten.
- Hiernaast werden masteropleidingen ontwikkeld door particuliere opleidingsinstellingen, veelal als vervolg op een door henzelf ontwikkelde bacheloropleiding.
- Het onderwijs van de voor de invoering van de bamastructuur al bestaande Nederlandse masteropleidingen was en is zeer praktijkgericht en sluit aan bij de actuele situatie in het bedrijfsleven en in de maatschappij. Deze masteropleidingen werden en worden naar Angelsaksisch voorbeeld in voltijd-, deeltijd- en als executive programma aangeboden, zowel aan universiteiten en hogescholen als aan particuliere opleidingsinstellingen. Deze 'oude' voltijd- en deeltijdopleidingen kunnen direct na de initiële opleidingen van het hbo of wo worden gevolgd.
- De executive programma's (EMBA) zijn bedoeld voor ervaren managers en professionals die hun inzicht en vaardigheid willen vergroten door gebruik te maken van aanwezige kennis en vaardigheden binnen de studiegroep. De laatste jaren vindt de selectie voor deze opleidingen meer plaats op grond van een omvangrijke werkervaring dan op grond van vooropleiding.

- Aan opleidingen die niet in het CROHO (zie 25.1.c.2) zijn opgenomen, zijn géén graden of titulatuur op basis van de Nederlandse wet verbonden. Instellingen kunnen graden of titulatuur verlenen die niet gebaseerd zijn op Nederlands recht, maar bijvoorbeeld op basis van buitenlands recht. Dit is niet verboden. Het is wel verboden de titels dr, drs, mr, ir te voeren op basis van dergelijke opleidingen (Wetboek van Strafrecht). Onderstaande internationale titels zijn bijvoorbeeld dus wel in Nederland toegestaan:
  • Opleidingen met de titel: 'EMMA: European Media Master of Arts', die zich o.a. richten op de visuele communicatie.
  • Opleidingen voor 'MA: Master of Arts': met programma's die zich met name richten op bestudering van menswetenschappen.
  • Opleidingen voor de titel 'MBA: Master of Business Administration': een programma dat verschillende bedrijfskundige disciplines integreert.
  • Opleidingen voor de titel 'MSc: Master of Science', die zich meer op technische disciplines richten en die daarnaast aandacht schenken aan bedrijfskundige, economische en maatschappelijke aspecten.

N.B. Verspreid over de diverse hoofdstukken in deze Gids staan ook masteropleidingen vermeld die al bestonden voordat de bamastructuur in het wo werd geïntroduceerd.

25.1.c.2 WHW
Voor adres(sen) zie: DIEN-16.
Algemeen
- Het wo wordt geregeld in de Wet op het Hoger onderwijs en Wetenschappelijk onderzoek (WHW, 1992; wijziging t.b.v. bamastructuur en de invoer van de accreditatie, 2002).
- De bijzondere instellingen voor wo worden voor 100% gesubsidieerd wanneer zij de bekostigingsvoorwaarden uit de WHW in acht nemen. Daardoor is het verschil met de rijksinstellingen betrekkelijk gering.

- Hoger onderwijsopleidingen zijn wettelijk erkend. Hieraan zijn wettelijke graden en titels verbonden.
- Er worden opleidingen aangeboden die niet wettelijk erkend zijn, maar die toch een graad verlenen (soms dezelfde graad als bij erkende opleidingen, bijv. Master of Arts, of Master of Science). Als een opleiding niet wettelijk erkend is, is deze niet door de overheid beoordeeld, en dus is de waarde van een door zo'n opleiding verleende titel niet officieel vastgesteld.
- De opleidingen voor hoger onderwijs in Nederland die erkend zijn volgens de Nederlandse wetgeving, zijn geregistreerd in het CROHO dat opleidingsgegevens binnen het bekostigde en aangewezen hoger onderwijs (aangewezen = door het ministerie van OCW erkende particuliere onderwijsinstellingen) centraal registreert. Opleidingen worden in het CROHO opgenomen als de kwaliteit van deze opleidingen positief beoordeeld (geaccrediteerd) is door de NVAO (zie 25.1.c.8).
- Zie voor opleidingen die niet in het CROHO zijn opgenomen: 25.1.c.1.

N.B. Per september 2007 was de invoering van de nieuwe Wet op het Hoger Onderwijs en Onderzoek (WHOO) door het ministerie van OCW gepland, mits de in dit kader gehouden experimenten zouden zijn geëvalueerd en het parlement hieraan zijn goedkeuring zou hebben gegeven. De WHOO zou na invoering o.a. de bestaande WHW vervangen. Op 4 november 2005 had de toenmalige ministerraad ermee ingestemd het wetsvoorstel voor advisering door te geleiden naar de Raad van State. Deze Raad heeft in december 2005 echter negatief geadviseerd.

De plannen voor de WHOO ondervonden veel tegenstand, vooral wat betreft het onderdeel 'leerrechten', bij instellingen voor hoger onderwijs én bij de studenten.

Het plan van oud-staatssecretaris Rutte (OCW) was dat per 1.9.2007 iedere student bij de aanvang van het hoger onderwijs voor 6 jaar leerrechten zou krijgen: een soort tegoedbonnen voor onderwijs met wettelijk vastgesteld collegegeld. Voor sommige lange studies zou een student dan meer leerrechten krijgen. De student zou dan elk half jaar kunnen overstappen naar een andere onderwijsinstelling voor hoger onderwijs. Dit plan is van de baan: er werd nog een 'spoedwet' door oud-staatssecretaris Bruins (de opvolger van oud-staatssecretaris Rutte) gemaakt, waartegen opnieuw diverse bezwaren in het parlement en daarbuiten zijn geuit. De Eerste Kamer heeft deze Wet echter wegens het toen demissionair-zijn van het kabinet begin december 2006 controversieel verklaard, en niet in behandeling genomen.

Ex-minister Plasterk (OCW) had op 24.11.2007 een nieuwe bekostiging van het hoger onderwijs voorgesteld. Deze bekostiging zou in de plaats komen van de hierboven genoemde 'leerrechten', maar is nog niet gerealiseerd.

De huidige minister Bussemaker (OCW) heeft een wetsvoorstel ingediend in verband met de studiefinanciering: een sociaal leenstelsel. Bij dit stelsel worden de studiebeurzen vervangen door een systeem waarbij het volledige bedrag wordt geleend en later naar draagkracht wordt terugbetaald. Inmiddels (januari 2015) is dit voorstel door beide kamers aangenomen. Zie voor nadere informatie: pagina 560-561.

25.1.c.3 Bestuur en organisatie wo

Algemeen De WHW regelt zowel de organisatie als het bestuur van het hoger onderwijs.

Het hoogste bestuursorgaan van de universiteit is het College van Bestuur, bijgestaan en gecontroleerd door de Raad van Toezicht. Het College van Bestuur bepaalt de gang van zaken op de universiteit (begroting, richtlijnen voor onderwijs).

Het hoogste bestuursorgaan van de faculteit is de decaan. Die bepaalt onder verantwoording aan het College van Bestuur de gang van zaken in de faculteit (faculteitsbegroting, benoeming hoogleraren, uitvoering onderwijs).

De inrichting van het onderwijs in de faculteit is vrij: dit kan bijvoorbeeld in vakgroepen of in onderwijsinstituten worden geregeld, maar ook andere vormen zijn mogelijk.

Het woord 'faculteit' wordt in twee betekenissen gebruikt. Er wordt een wetenschappelijke richting mee aangeduid (Geneeskunde, Natuurwetenschappen), maar ook de organisatie van die richting wordt ermee aangegeven. Opleidingen zijn ondergebracht in faculteiten.

Het wetenschapsgebied van de meeste faculteiten is zo ruim, dat het verschillende opleidingen omvat. De faculteiten kunnen een naar keuze samengesteld programma toestaan.

Binnen een faculteit der Sociale wetenschappen worden meestal de studierichtingen Pedagogiek, Psychologie en Sociologie verzorgd.

Studenten hebben medezeggenschap in het bestuur van de universiteit en de faculteit, al dan niet gezamenlijk met het personeel. Voor elke opleiding is er een opleidingscommissie - waarin studenten zijn vertegenwoordigd - die aan de decaan adviezen geeft over de opleiding. Daarnaast kent elke opleiding een examencommissie, die de examinatoren aanwijst en richtlijnen kan geven. De examencommissie is, naast het College van Bestuur, verantwoordelijk voor de afgifte van getuigschriften van de opleiding.

Het wetenschappelijk onderzoek heeft zijn eigen organisatievorm.

25.1.c.4 Personeel wo

Tot het wetenschappelijk personeel behoren:
- de leden van de wetenschappelijke staf: de hoogleraren (die de titel 'professor' voeren), de universitaire hoofddocenten en de universitaire docenten; zij zijn belast met het zelfstandig geven van wetenschappelijk onderwijs en het verrichten van wetenschappelijk onderzoek in de faculteit;
- de promovendus, die zich - door het zelfstandig verrichten van wetenschappelijk onderzoek - verder wil bekwamen tot wetenschappelijk onderzoeker, met het uiteindelijke doel door het schrijven van een proefschrift te promoveren tot doctor;
- ten slotte is er nog het overige wetenschappelijk personeel dat belast is met het geven van onderwijs of het verrichten van onderzoek, al dan niet in de faculteit, in functies waarvoor in beginsel een voltooide wo-opleiding is vereist.

N.B.
Vanuit bepaalde instellingen kan aan de universiteiten een bijzondere leerstoel zijn verbonden waarin een bijzonder hoogleraar zijn functie uitoefent.

25.1.c.5 Inrichting van de studie wo

- De oude ongedeelde wo-opleiding bestond uit twee gedeelten: de propedeuse, die 1 jaar duurde, en de postpropedeuse die 3 of 4 jaar duurde en die werd afgesloten met een examen.
- De nieuwe gedeelde bamastructuur werd per 1.9.2002 wettelijk ingevoerd en bestaat uit twee afzonderlijke opleidingen of fasen die beide met een diploma worden afgesloten.
  In 2010 was de gedeelde bamastructuur in heel Europa ingevoerd en voltooid. (Zie voor meer informatie hierover: het intro van dit hoofdstuk 25.)
- Major-minor-model: Amerikaans onderwijssysteem, waarbij de

student een hoofdvak (major) uit de eigen opleiding/studierichting en een bijvak (minor) uit diezelfde opleiding/studierichting, of uit een andere opleiding/studierichting volgt.

- 1e fase (bachelor): de wo-bacheloropleiding is vergelijkbaar met het vroegere kandidaatsexamen: ze bevat een propedeutische fase, en is academisch georiënteerd, maar ze is breder gericht met meer mogelijkheden voor keuzevakken dan de oude ongedeelde opleidingen.
- Een academische bachelor wordt in Nederland een 'wo-bachelor' en in Vlaanderen een 'academisch gerichte bachelor' of 'academische bachelor' genoemd.
- Bacheloropleidingen of bachelors zijn ingedeeld in zogenoemde 'smalle' of 'brede' bachelors.
  De 'smalle' bachelor is gericht op een bepaald vakgebied.
  De 'brede' bacheloropleiding is multidisciplinair. Dit betekent dat de opleiding zich ook op programma-onderdelen uit andere opleidingen richt. Hierbij heeft de student de mogelijkheid een hoofdvak ('major') en keuzevakken ('minors') te kiezen.
  Binnen dit zogenoemde 'major-minor-model' gelden geen voorschriften. In sommige instellingen is er een keuze tussen 'smalle' en 'brede' bachelors. Toch kiezen steeds meer instellingen voor een aanbod van 'brede' bachelors.
- De studieduur van een academische bacheloropleiding duurt zowel in Nederland als in Vlaanderen drie jaar (180 ec's).
- Een student die nog geen bachelordiploma heeft, wordt internationaal, met name in de Angelsaksische landen, een 'undergraduate (student)' genoemd. Heeft hij het bachelordiploma behaald, dan noemt men hem een 'graduate (student)'.
- 2e fase (master): de wo-masteropleiding is een specialisatie na de voltooide bacheloropleiding, en duurt 1 jaar of 2 jaar.
- Het is de bedoeling dat de bachelor- en masteropleiding samen net zo lang duren als de oude ongedeelde opleidingen. Als na accreditatie (zie 25.1.c.8) van een bacheloropleiding echter blijkt dat 3 jaar te kort is (dat is bijvoorbeeld het geval bij de studierichting Geneeskunde), kan de minister van OCW besluiten de opleidingsduur te verlengen.
- ledere bacheloropleiding biedt automatisch toegang tot tenminste één masteropleiding aan dezelfde universiteit. Indien dat niet mogelijk is, worden er met een andere universiteit afspraken voor deze 'doorstroommaster' gemaakt. De student met een wo-bachelorgraad is overigens vrij in zijn keuze waar hij een masteropleiding wenst te volgen. Zie ook de N.B.
- Afgestudeerden van het hbo kunnen na een niet door de overheid bekostigd schakelprogramma of een pre-masteropleiding worden toegelaten tot het wo; de duur daarvan kan variëren van een half tot anderhalf jaar.
- Er zijn 'duale masters' (studeren in combinatie met al dan niet betaald werken) en 'onderzoeksmasters' (research masters: studeren met de bedoeling door te studeren en/of te promoveren). Na voltooiing van een onderzoeksmaster kan men worden toegelaten tot de functie van Assistent-In-Opleiding (AIO) of van Onderzoeker-In-Opleiding (OIO). Deze functies bieden een bescheiden honorering en geven gelegenheid om te promoveren.
- Topmaster: dit is geen officieel predikaat. Een instelling kan ernaar streven om in alle categorieën het oordeel 'excellent' te verwerven, en de opleiding vervolgens als Topmaster vermelden. Het Siriusprogramma van OCW bevordert excellentie bij studenten in het hoger onderwijs: diverse hogescholen en universiteiten ontvingen daartoe financiële ondersteuning in 2008 e.v. jaren voor het bachelortraject en in 2010 e.v. jaren voor het mastertraject.
- De bachelordiploma's en de masterdiploma's worden internationaal als academische graad erkend, en bieden zo meer mogelijkheden voor o.a. studeren en werken in het buitenland. Ook buitenlandse studenten krijgen op die manier makkelijker toegang tot Nederlandse studies.
- Voor een aantal opleiding(en) kan men ook de deeltijdvorm (DT/dt) kiezen; daarnaast bestaan er ook avondstudies die onder dezelfde regelingen vallen als de voltijdse dagstudies.
- De universitaire opleiding wordt afgerond met een afsluitend doctoraal examen of masterexamen.
- De wetenschappelijke studie wordt ten slotte afgerond door de promotie na het schrijven van een proefschrift.

Overige informatie Voor meer achtergrondinformatie over het ontstaan van masteropleidingen zie: 25.1.c.1.

N.B. In de bamastructuur gaan veel universitaire studenten bijna naadloos ('zachte knip') over van de bachelorfase naar de masterfase. Iedere bachelor moet worden toegelaten tot ten minste één master: de doorstroommaster. Soms moeten studenten al een keuze maken voor een master, terwijl ze hun bacheloropleiding nog niet volledig hebben afgerond, omdat ze tijdens de bacheloropleiding al voorbereidende vakken moeten volgen. Dat geldt echter niet voor alle bacheloropleidingen. De master sluit in veel gevallen niet direct aan op de bacheloropleiding, maar bevat vaak veel nieuwe elementen waardoor het niet nodig is om alle punten van de bachelor binnen te hebben voordat men aan een master begint.

Ex-minister Plasterk (OCW) vond in 2008 dat er een meer merkbare overgang moest komen tussen de bachelor- en de masterfase van universitaire studies. De bachelorfase zou volgens hem meer een afgesloten geheel moeten worden. Dat zou studenten motiveren om beter na te denken over het tweede deel van hun opleiding (de masterfase), en dus over hun toekomst. Ze kunnen dan na drie jaar alsnog een nieuwe studierichting inslaan, of in een andere stad, of in het buitenland gaan studeren, of gaan werken.

De VSNU pleitte in maart 2008 voor afschaffing van de doorstroommasters. Door alle masterstudies selectief te maken, zouden studenten worden aangezet om meer uit hun studie te halen.

Ex-minister Plasterk wilde de doorstroommaster echter wél laten bestaan. Maar ook zijn plan voor een 'harde knip' na de bachelorfase werd noch door alle universiteiten, noch door de Landelijke Studenten Vakbond ondersteund, omdat men bang was voor studievertraging. Die kon echter grotendeels worden voorkomen door masteropleidingen tweemaal per collegejaar te laten beginnen. Maar sommige van de opponenten vonden ook die frequentie te laag.

25.1.c.6 Honours-programma

Algemeen Aanvullend programma voor gemotiveerde en talentvolle bachelorstudenten, dat door veel universiteiten en hogescholen wordt aangeboden. Doorgaans kenmerkt dit programma zich door een interdisciplinaire onderwerpskeuze, intensieve (avond)colleges gegeven door topdocenten, kleine groepen, betrokkenheid van studenten, zelfstudie en discussie. Veel nadruk ligt op academisch-wetenschappelijke vaardigheden, zoals onderzoeken, het schrijven van essays en het houden van presentaties. Studenten worden voor het programma geselecteerd op basis van behaalde studieresultaten en motivatie.

Studiepunten: 30 ECTS (840 studie-uren) bovenop het normale lesprogramma.

Toelatingseisen Eerste bachelorjaar zonder studievertraging afgerond, gemiddeld cijfer 7,5 of hoger.

Duur 2 jaar (jaar 2 en jaar 3 van de bachelor).

Overige informatie De benaming van dit programma kan per universiteit verschillen: Honours, Honours College, Honours-programma, Honours-opleiding en Honours program. In dit boek gebruiken we de term Honours-programma.

N.B. Bovenstaande is echter niet op alle universiteiten van toepassing.

25.1.c.7 Kwaliteitscontrole (oude accreditatie)

- Accreditatie: het verlenen van een keurmerk dat aangeeft dat aan bepaalde maatstaven wordt voldaan. Het niveau van de bachelor- en masteropleidingen kan (inter)nationaal uiteenlopen. Er was en is behoefte om kwaliteitseisen aan de diverse opleidingen te stellen: alle bekostigde opleidingen moeten positief zijn geaccrediteerd.
- De Dutch Validation Council (DVC) en de Netherlands Quality Agency (NQA), beide VBI (Visiterende en Beoordelende Instantie, erkend door de NVAO) valideerden tot 2002 de toen reeds bestaande postinitiële opleidingen in Nederland.
- DVC en NQA zijn sinds 1.7.2004 samengegaan en voeren externe kwaliteitsbeoordelingen uit die leiden tot een rapport waarmee bij de NVAO accreditatie kan worden aangevraagd.

Zie voor meer informatie over de NVAO: 25.1.c.8.

25.1.c.8 Accreditatie bij de NVAO

- De invoering van de bamastructuur vereist kwaliteitscontrole volgens het Angelsaksische systeem: vastgelegd wordt aan welke eisen afgestudeerde bachelors en masters moeten voldoen. Daardoor kunnen bachelor- en masteropleidingen ook internationaal met elkaar worden vergeleken en wordt het onderwijs ook inzichtelijker voor het bedrijfsleven en voor buitenlandse studenten.
  Nieuwe opleidingen, maar ook bestaande opleidingen, worden regelmatig kritisch beoordeeld. Ieder jaar wordt de accreditatie van sommige nieuwe, maar ook van sommige bestaande opleidingen geweigerd.
- De Nederlands-Vlaamse Accreditatie Organisatie (NVAO) te Den Haag (website: www.nvao.net) is de onafhankelijke organisatie die alle opleidingen toetst op een aantal basiscriteria. Door de Nederlandse minister van OCW werd in juni 2002 de NAO (Nationale Accreditatie Organisatie) opgericht.
  In september 2003 werd een verdrag getekend door de Nederlandse en de Vlaamse ministers van Onderwijs dat uitmondde in de NVAO, die sinds februari 2005 in beide landen rechtsgeldig is. Hierdoor kunnen diploma's en getuigschriften wederzijds erkend worden.
- In 2005 zijn de accreditatiekaders voor het bestaande hoger onderwijs en de toetsingskaders voor nieuwe wo- en hbo-opleidingen door de Nederlandse en de Vlaamse overheid goedgekeurd.
- Hogescholen kunnen zelf erkende masteropleidingen ontwikkelen. De NVAO beoordeelt deze hbo-masters. Alleen geaccrediteerde hbo-masteropleidingen mogen studenten een diploma uitreiken.
- Een onderwijsinstelling zonder accreditatie ontvangt geen overheidssubsidie (meer) voor haar opleidingen.
- Elke opleiding in het hoger onderwijs wordt eens per zes jaar gecontroleerd door de NVAO. Tot 2011 kon de NVAO alleen een voldoende of onvoldoende voor een opleiding uitdelen. Sindsdien is het mogelijk om opleidingen waar het onderwijs tekortschiet op te dragen zichzelf te verbeteren in een zogenoemd hersteltraject.
  Minister Bussemaker van Onderwijs, Cultuur en Wetenschap heeft in september 2014 de Tweede Kamer geïnformeerd over de verbeteringen in het Nederlandse accreditatieproces. Zij bood de Kamer

tevens de herziene accreditatiekaders ter behandeling aan. Na afronding van de voorhangprocedure in het parlement kan de minister de kaders goedkeuren. De NVAO zal dan de definitieve kaders publiceren. De kaders treden dan direct in werking, met een overgangsregeling.
De NVAO heeft in oktober 2014 uitgangspunten vastgesteld voor het beoordelen van Nederlandse opleidingen in een herstelperiode, inclusief de beoordeling van het herstelplan en de beoordeling na afloop van de herstelperiode.

N.B. Wat betreft Vlaanderen:
De inspecties van opleidingen aan de Vlaamse universiteiten en hogescholen zijn eind november 2014 per direct stopgezet. Minister van Onderwijs Hilde Crevits (CD&V) geeft het hoger onderwijs de vrijheid om zelf de kwaliteit in de gaten te houden.
Sinds 16 december 2014 zullen alle externe kwaliteitscontroles op de opleidingen, de zogeheten visitaties, tot 2020 worden opgeschort. Het betekent minder administratieve druk op de professoren en levert een besparing op van enkele miljoenen euro's.
Het voorstel moet nog worden goedgekeurd in het Vlaams Parlement. Concreet betekent het dat alle hogescholen en universiteiten de keuze krijgen tussen twee mogelijkheden. Voor hen die dat wensen, blijft het oude systeem bestaan. Daarbij inspecteert de Vlaamse Universiteiten- en Hogescholenraad (VIUHr) de opleidingen en levert de NVAO een advies af. Nagenoeg alle instellingen zullen evenwel kiezen voor vernieuwing. Daarin komt er vanaf 2015 om de zes jaar een instellingsreview, waarbij de NVAO de universiteit of hogeschool in zijn geheel doorlicht en dat niet meer doet bij elke afzonderlijke opleiding. Een negatief resultaat kan tot sluiting van de instelling leiden.

25.1.c.9 Aanmelding wo

- Sinds 1 oktober 2007 moet de aankomende student zich voor een studie in het hoger onderwijs aanmelden via Studielink, bereikbaar via de website van de instelling waar men wil gaan studeren of via www.studielink.nl
- Het aanmeldprogramma van de Dienst Uitvoering Onderwijs (DUO, v/h IB-Groep) is sinds 2007 vervallen.
- Studiefinanciering moet wél worden aangevraagd via: http://www.ib-groep.nl/particulieren/studiefinanciering/sfho/ studiefinanciering_voor_hbo_en_universiteit.asp

N.B. Om ingeschreven en geregistreerd te kunnen worden bij een opleiding die niet bekostigd wordt door de overheid, moet er voor 1 september een verzoek tot inschrijving worden ingediend en het collegegeld vooruit zijn betaald.

25.1.c.10 Toelatingseisen wo-bacheloropleidingen

- Om tot een wo-bacheloropleiding te worden toegelaten moet men in het bezit zijn van het diploma vwo.
  Voor sommige opleidingen worden bepaalde vakken in het eindexamenpakket van het vwo of bepaalde profielen (al of niet met extra verplichte vakken) vereist. Wanneer men niet het juiste vakkenpakket of profiel heeft, kan men wellicht voldoen aan vervangende eisen en/of aanvullende opleidingen (schakelcursussen, pre-masteropleidingen) volgen.
- Ook degenen die het 1e jaar van het hbo met goed gevolg hebben doorlopen worden toegelaten met een bevorderingsverklaring of propedeuse; deze doorstroming is niet beperkt tot verwante opleidingen. Wel moet op dezelfde wijze worden voldaan aan pakketeisen of profielen, zoals deficiënte vwo'ers dat ook moeten doen.
- Hbo-gediplomeerden kunnen versneld doorstromen via een systeem van vrijstellingen. De totale studieduur kan daardoor in veel

gevallen worden bekort. De gekozen opleiding moet nauw verwant zijn aan de gevolgde hbo-opleiding. Diverse universiteiten ontwikkelen samen met het hbo masteropleidingen voor hbo-afgestudeerden en voor studenten van verwante opleidingen.

- Een colloquium doctum (d.w.z. een toelatingsonderzoek voor degenen die niet voldoen aan de gestelde eisen, maar die wel het niveau bezitten om zich te kunnen voorbereiden op de academische examens) kan plaatshebben voor personen die 21 jaar of ouder zijn.

Voor informatie over erkende instituten die voorbereiden op een colloquium doctum:

- Postbus 51, gratis telefoon: 0800-8051.
- Het James Bowell Instituut verzorgde tot 1.1.2013 de colloquium doctum-procedure en het medisch assessment voor de UU; een nieuw contactadres is nog niet bekend.
- Boswell-Bèta verzorgt aansluitingscursussen, maatwerktrainingen en examentrainingen in de vakken wiskunde, natuurkunde, scheikunde en biologie. Meer informatie & online registratie: www.boswell-beta.nl
- Voor enkele opleidingen geldt een numerus fixus: toelating tot de opleiding is dan beperkt tot een tevoren vastgesteld aantal kandidaten. Zie voor info bij DUO: www.duo.nl/particulieren/studeren/studeren.asp

Het kabinet-Rutte II onderzoekt of numerus fixus en loting geheel kunnen worden afgeschaft, maar selectie aan de poort staat het kabinet wél toe. Dat is dan ook al praktijk voor een aantal opleidingen; bovendien pasten en passen onderwijsinstellingen sowieso al regelmatig eigen selectiemaatregelen toe.

In 2012 heeft datzelfde kabinet besloten om de numerus fixus voor de opleiding Geneeskunde aan te passen en loting af te schaffen.

N.B. Voor toelatingseisen betreffende wo-masteropleidingen: zie 25.1.c.11.

25.1.c.11 Toelatingseisen wo-masteropleidingen

- De formele toelatingseis voor de masteropleidingen is het diploma van een oude wo-opleiding: 'doctorandus', 'meester', 'ingenieur' (ir.) of het diploma van een nieuwe wo-bacheloropleiding.
- Het getuigschrift van de hbo-bacheloropleiding is meestal niet voldoende voor de doorstroom naar de wo-masteropleiding; het volgen van zogenoemde schakelprogramma's of pre-master-programma's is meestal noodzakelijk. Deze zijn niet door de overheid bekostigd.
- In verband met de toelating tot de executive programma's (zoals EMBA, zie 25.1.c.1) wijkt men nogal eens van de formele toelatingseis af.

N.B. Voor toelatingseisen betreffende wo-bacheloropleidingen zie 25.1.c.10.

25.1.c.12 College- en inschrijfgeld wo-opleidingen 2015-2016

Zie voor het nieuwe sociale leenstelsel: 26.26.x.1.

- Het wettelijk collegegeld voor voltijdstudenten die jonger zijn dan 30 jaar bedroeg voor het studiejaar 2014-2015: Euro 1.906,00.
- De indexering voor 2015-2016 is nog niet bekend.
- Indien men geen recht (meer) heeft op het wettelijk collegegeld - dat is het geval als de student na zijn 30e verjaardag ingeschreven staat bij een bekostigde voltijdopleiding in het hoger onderwijs, of als hij buitenlander is met een nationaliteit anders dan van een van de EU/EER-landen (EER = Europese Economische Ruimte) - is het instellingscollegegeld verschuldigd. De hoogte van dit bedrag is minimaal de hoogte van het wettelijk college-

geld, wordt door de universiteiten zelf bepaald en kan dus per universiteit verschillen.

Alleen voor 'joint degrees' met een buitenlandse instelling mag een onderwijsinstelling een bedrag onder het wettelijk collegegeld vragen.

- Het collegegeld voor duale of deeltijdopleidingen wordt eveneens door de universiteiten zelf bepaald en kan dus per universiteit verschillen (bedrag tussen Euro 1.099 en 1.906).
- Het examengeld voor extraneï (zij die zich, zonder aan het onderwijs deel te nemen, op tentamens en examens voorbereiden) wordt ook door de universiteiten zelf bepaald en kan dus per universiteit verschillen.
- Opleidingen met het kenmerk kleinschalig en intensief onderwijs kunnen hoger collegegeld vragen. Dit hogere collegegeld bedraagt maximaal 5 keer het wettelijk collegegeld.

Overige informatie Raadpleeg voor meer informatie over de huidige studiefinanciering en het recht op een OV-studentenkaart (een studentenreisproduct): http://www.studentenreisproduct.nl

25.1.c.13 Duur wo

- Wo-bachelor: meestal 3, bij uitzondering 4 jaar voltijd.
- Wo-master: meestal 1 jaar voltijd of 2-3 jaar deeltijd.
- Onderzoeksmasters die voortkomen uit ingenieursopleidingen: 2 jaar.
- Er zijn ook Topmasters of Toptechstudies van 1-2 jaar voltijd.

25.1.c.14 Studiepuntensysteem: ECTS (wo)

- De studielast van elke opleiding en elke onderwijseenheid wordt door het instellingsbestuur uitgedrukt in studiepunten.
- In het vorige systeem bestond een studiejaar uit 42 studiepunten. Dat systeem is niet meer in gebruik.
  1 vorig studiepunt is 1,43 European credits (ec) waard; de punten van de vorige modulen zijn omgerekend naar het nieuwe European Credit Transfer System (ECTS).
- In het ECTS bestaat een studiejaar uit 60 studiepunten of ec's (ca. 1680 studie-uren of sbu).
- Eén ec staat voor circa 28 uur studie.
- Een wo-bachelordiploma dient minimaal 180 nieuwe studiepunten of ec's te bedragen en duurt 3 jaar; meer mag, zoals 240 ec's in 4 jaar.
- Een honours-programma (zie 25.1.c.6) levert meestal 30 ec's bovenop het normale bachelorprogramma op, en vergt dus circa 840 studie-uren.
- Een wo-masteropleiding vergt voor Geneeskunde 180 punten of ec's, voor bèta-opleidingen meestal 120 punten of ec's, en minimaal 60 punten of ec's voor de andere opleidingen (meestal 1-jarig).
- Er zijn overigens masters die in Nederland 60 ec's (1-jarig) bedragen en in Vlaanderen 120 ec's (2-jarig), en omgekeerd.
- De UL voerde het bindend studieadvies in 1997 als eerste in. Vanaf het collegejaar 2012/2013 moeten ale universiteitsstudenten in het tweede of het derde studiejaar met een bindend studieadvies wegens te weinig presteren of te weinig ambitie, de bacheloropleiding verlaten omdat ze onvoldoende ec's vergaren.

N.B. Zie voor het hbo: 25.6.f.14.

25.1.c.15 Titulatuur wo

Vooraf: de overheid ontwikkelt wetgeving om het huidige onderscheid in titulatuur tussen het hbo en wo te laten vervallen. Alleen de bachelor- en mastergraden worden nog wettelijk vastgelegd en beschermd. Afgestudeerden in het hbo kunnen daarmee dezelfde titel krijgen als studenten die hun wo-studie hebben afgerond. De toevoeging bij de graad moet wel passen bij het type opleiding waar het om gaat.

- Hoger onderwijsopleidingen zijn wettelijk erkend. Hieraan zijn wettelijke graden en titels verbonden. Er worden ook opleidingen aangeboden die niet wettelijk erkend zijn, maar die toch een graad verlenen (soms dezelfde graad als bij erkende opleidingen, bijvoorbeeld: Master of Arts, of Master of Science). Als de opleiding niet wettelijk erkend is, is deze niet door de overheid beoordeeld, en dus is de waarde van een door zo'n opleiding verleende titel niet officieel vastgesteld.
- De titel 'Doctor' kent een variant die internationaal veel gebruikt wordt: de onderzoekstitel 'PhD'. Deze titel wordt verleend aan iemand die op grond van een promotie-onderzoek het doctoraat heeft verkregen ('dr.' stond vóór de naam, 'PhD' [op basis van het Latijn: 'Philosophiae Doctor'] staat achter de naam).
  Een afgestudeerde van het 4-jarig hbo komt volgens de huidige onderwijswet (WHW, 1992 e.v.) voor promotie in aanmerking, maar niet voor deze PhD-titel.
  PhD is overigens wettelijk gezien geen graad binnen het Nederlandse onderwijs.
- 'Doctorandus' ('drs.' vóór de naam) was iemand die het afsluitend examen of het tussentijds examen met goed gevolg had afgelegd en die niet de titel heeft van 'mr.' of 'Ingenieur' (ir.). 'drs.' is vervangen door 'Master'.
- De titel 'mr.' (te schrijven met kleine letters; en nooit voluit: Meester) wordt nog vaak gevoerd door wo-juristen die de hoedanigheid van meester in de rechten hebben verkregen, na geslaagd te zijn voor het doctoraal examen of voor de masteropleiding aan de faculteit der Rechtsgeleerdheid ('mr.' vóór de naam).
- Voor wo-juristen (faculteit der Rechtsgeleerdheid) worden ook de titels 'Bachelor of Laws' (LLB of LL.B) en vervolgens 'Master of Laws' (LLM of LL.M.) gehanteerd, die internationaal gangbaar zijn.
- De titel 'Ingenieur' werd verleend aan hen die een afsluitend doctoraal examen hadden afgelegd aan een van de technische universiteiten en bepaalde opleidingen van de RUG of de WU ('Ir.' vóór de naam). Ook deze naam is vervangen door 'Master'.
- Voor de niet-wo-titel 'ing.' zie: 25.6.f.19.
  I.v.m. de invoering van de bamastructuur wordt verwacht dat het onderscheid tussen 'ir.' en 'ing.' op den duur zal komen te vervallen. Eenmaal verleende titels blijven wél geldig.
- De titel van 'baccalaureus' was tot begin jaren tachtig - behalve bij het hbo - ook een officiële titel bij bepaalde studierichtingen in het wo. Soms kon men een verkorte 5-jarige studie afsluiten na 4 jaar (bijvoorbeeld bij Economie of Natuurkunde), en daarna het baccalaureaatsexamen afleggen en de bijbehorende titel krijgen. De titel 'baccalaureus' (bacc) kon vervolgens achter de naam worden geplaatst. Het verstrekken van deze weinig gebruikte titel in het wo kwam te vervallen bij de invoering van de Wet op de tweefasenstructuur (propedeuse-doctoraal-doctoraat) in 1981.
- De Wet op het hoger onderwijs en wetenschappelijk onderzoek (WHW, 1992 e.v.) bepaalt nu welke graden en titulatuur iemand mag voeren. Het gaat om de graden Bachelor, Master en Associate degree. Aan iedere graad mag het vakgebied of beroepenveld

worden toegevoegd (WHW, artikel 7.10a, vierde lid).
- Opleidingen voor Nederlands wetenschappelijk onderwijs (universiteiten) voegen aan de verleende bachelor- of mastergraad 'of Arts' of 'of Science' toe. Dit geldt ook voor hogescholen die een wo-masteropleiding verzorgen.
- De titel 'Bachelor of Arts' (BA achter de naam) mag worden gevoerd door Nederlandse wo-studenten die het diploma van de bacheloropleiding hebben behaald; voor wo-bèta-opleidingen of wo-Psychologie geldt de titel 'Bachelor of Science' (BSc achter de naam). In Belgi' is dit niet toegestaan.
- De titel 'Master' is een internationaal erkende titel. Deze academische graad is vergelijkbaar met de oude Nederlandse titels ingenieur (ir.), doctorandus (drs.) of meester in de rechten (mr.) en de oude Belgische titels als licentiaat (lic.), arts, ingenieur (ir.), architect, of apotheker. In tegenstelling tot deze oude titulatuur wordt de mastertitel internationaal (h)erkend.
- Alleen afgestudeerden van een Nederlandse wo-masteropleiding mogen - afhankelijk van de studierichting - de titel 'Master of Arts' (faculteiten der Letteren, Theologie en Filosofie, Rechtsgeleerdheid) respectievelijk 'Master of Science' (faculteiten der Natuurwetenschappen, Wiskunde, Informatica, Managementwetenschappen, Sociale wetenschappen en Medische wetenschappen) voeren, en dus MA, respectievelijk MSc, achter hun naam plaatsen.
  Dit geldt dus (nog) niet voor afgestudeerden (bachelors) van het hbo (zie hiervoor 25.6.f.19) of voor Belgische studenten (uitgezonderd: MVM = 'Master of Veterinary Medicine').
- Bij Nederlandse masteropleidingen staan in deze Gids ook de titels vermeld waartoe wordt opgeleid. In Belgi' is het wettelijk bepaald dat de titulatuur voor alle masteropleidingen voorasnog zonder nadere toevoeging is: het mag slechts Master zijn (plus de naam van het wetenschapsgebied). Het is er dus wettelijk verboden om toevoegingen bij titels te gebruiken, dus geen MA of MSc bijvoorbeeld. Ook het gebruik van LLM is niet toegestaan: men kent er Master in de rechten. Er bestaan wel: 'Erasmus Mundus Master of Science', 'Internationale Master', 'European Master', 'Master of Veterinary Medicine' [MVM]).
- In Vlaanderen zijn er professionele en academische bachelors:
  • Professionele bachelors zijn vooral gericht op het verwerven van professionele vaardigheden en verlenen geen rechten om rechtstreeks over te stappen naar een master. Ze zijn echter niet toegankelijk na diploma havo (zoals in Nederland de hbo-bachelors), maar na een diploma mbo niveau 4, een diploma vwo of een diploma van het Vlaamse secundaire onderwijs. Ze worden georganiseerd in de hogescholen, en zijn vergelijkbaar met de Nederlandse hbo-bacheloropleidingen.
  • Academische bachelors zijn vooral gericht op het leren van academische vaardigheden en op het doorstromen naar een wo-masteropleiding. Ze worden georganiseerd door universiteiten en door hogescholen in samenwerking met universiteiten, en zijn vergelijkbaar met de Nederlandse wo-bacheloropleidingen.
  • Over het algemeen - er zijn enkele uitzonderingen waarbij alleen vwo geldt! - geldt hier een diploma van het Vlaamse secundair onderwijs (aso, tso, kso; in Nederland: vwo, havo of mbo niveau 4) als toelatingsvoorwaarde voor beide soorten bachelor, net als in Nederland. Voor de universiteit bestaat alleen voor de bachelor in de geneeskunde en de bachelor in de tandheelkunde een toelatingsproef.
  • Wanneer men al in het bezit is van de graad van bachelor, en men wil zich inschrijven voor een andere Vlaamse bachelor-

opleiding (dan ontstaat er een zogenoemde banaba = bachelor na bachelor), dan is het soms mogelijk een verkorte bacheloropleiding te volgen.

- Erasmus Mundus: dit programma is bedoeld om de wervingskracht van het Europees hoger onderwijs buiten de EU te vergroten. Het ondersteunt Europese consortia van instellingen voor hoger onderwijs die een gezamenlijke masteropleiding aanbieden. Elk geselecteerd consortium kan over een periode van vijf jaar rekenen op 86 volledige beurzen voor talentvolle studenten van buiten de EU. De beursstudenten moeten hun opleiding aan minimaal twee van de in het consortium participerende opleidingen volgen, zodat zij kennis maken met minstens twee Europese landen.
- Nederlandse opleidingen waarachter 'education' staat vermeld, zijn lerarenopleidingen (bijv. Mathematics Education), maar dit is geen officiële titel. De titel met toevoeging 'of Education' wordt hier gebruikt om aan te geven dat men, aan een hogeschool of universiteit, een eerstegraadsopleiding heeft afgerond tot docent (met onderwijsbevoegdheid). In Vlaanderen gebruikt men daarvoor de term 'aggregaat'. Sommige Nederlandse universitaire instellingen kennen aan afgestudeerden van educatieve masters alleen de titels: Master of Arts in Education, of: Master of Science in Education toe, respectievelijk afgekort als: MA(Ed) en: MSc(Ed).
- Sinds 20 juli 2007 mogen Nederlandse afgestudeerden van postinitiële wo-masteropleidingen de titel 'Master of Arts' of 'Master of Science' voeren, afhankelijk van de soort opleiding.
- Nederlandse wo-afgestudeerden die nog in de oude structuur afstudeerden, mogen niet alleen hun oude titel blijven gebruiken, maar ook het gebruik van de titel 'Master' met MA, respectievelijk MSc, achter de naam is hen toegestaan.
- MPhil: deze titel is in Nederland wettelijk verboden, maar sommige universiteiten koppelen die titel aan een 'researchmaster' die overigens evenmin een wettelijke status heeft. De NVAO accrediteert de betreffende opleidingen niet.
- 'Research master' en 'research MA' worden in deze Gids vervangen door het woord 'onderzoeksmaster'.
- In november 2006 zijn door het ministerie van OCW nieuwe criteria bekendgemaakt voor het voeren van Nederlandse titulatuur voor een graad die in het buitenland is behaald. Men dient hiervoor een formulier aan te vragen bij de Dienst Uitvoering Onderwijs (DUO, v/h IB-Groep: www.ib-groep.nl/particulieren/diplomas/Diploma_erkenning/Naar_Nederland/naar_nederland.asp).
- Titels mogen in het bamasysteem worden gestapeld achter de naam (bijvoorbeeld: BTr MA MBA), mits het verschillende titels zijn. Het is niet gewenst om een combinatie van Nederlandse en internationale titels te voeren, dus men dient óf de Nederlandse, óf de internationale titel(s) of graad/graden voor of achter de naam te plaatsen.
- Degene die afstudeert, ontvangt van rechtswege een Nederlandstalige titel en verkrijgt van de instelling een graad. De Nederlandse titels zoals mr., drs. en ir. zijn strafrechtelijk beschermd, de aanduidingen van graden (master, bachelor, ad) zijn niet strafrechtelijk beschermd. Wanneer een instelling een graad verleent naar Nederlands recht zonder dat de desbetreffende opleiding is geaccrediteerd, dan is de instelling strafbaar (WHW, artikel 15.6).
- Het onrechtmatig voeren van titels is strafbaar.

25.1.c.16 De eed voor goede wetenschap
Proef in 2012/2013 op de EUR om wetenschapsfraude te voorkomen: masterstudenten en promovendi volgden de cursus 'Wetenschappelijke integriteit' (Scientific Integrity) (4 dagdelen), waarna ze op

30.1.2013 de code voor wetenschapsbeoefening ondertekenen, die in 2012 door de VSNU is opgesteld. Hierbij worden de principes van de Nederlandse Gedragscode Wetenschapsbeoefening toegepast: betrouwbaarheid, controleerbaarheid, onafhankelijkheid, onpartijdigheid en zorgvuldigheid.
Het is de bedoeling dat deze cursus voor alle promovendi in Nederland verplicht zal worden gesteld.

25.2 WO-BACHELOROPLEIDINGEN

25.2.c Wo-bacheloropleidingen

25.2.c.1 Overzicht van Nederlandse en Vlaamse wo-bacheloropleidingen 2015-2016
- Hieronder vindt men een geheel geactualiseerde gecombineerde lijst van Nederlandse en Vlaamse wo-bacheloropleidingen 2015-2016.
- Er wordt volstaan met de naam van de opleiding, en erachter staat tussen haakjes de afgekorte naam van de universiteit waar de opleiding wordt gegeven.
- Voor de verklaring van de afkortingen van de namen van de universiteiten: zie de 'Verklarende lijst' voorin deze Gids.
- De volledige adressen van de Nederlandse en Vlaamse universiteiten zijn te vinden in de Centrale adreslijst WO, achterin deze Gids.
- Meer afkortingen van universiteiten achter één opleiding: dit betekent dat de opleiding met dezelfde naam op meer universiteiten wordt gegeven. Dit hoeft echter niet te betekenen dat zo'n opleiding op meer universiteiten precies hetzelfde studieprogramma volgt.
- In Vlaanderen zijn diverse universiteiten en hogescholen samenwerkingsverbanden aangegaan. Hun afgekorte namen staan dan - gescheiden door een / (slash) - tegen elkaar aan vermeld; voorbeeld van een universiteit die samenwerkt met een hogeschool: KUL/ThomasMore. KUL is de Vlaamse universiteit, ThomasMore is de Vlaamse hogeschool. De lessen worden dan gegeven op de hogeschool, maar het diploma komt van de universiteit.
- Een Vlaamse bacheloropleiding kan soms in samenwerkings verband van twee universiteiten worden gegeven; voorbeeld: HUB/KUL. Voor nadere informatie omtrent de opleidingslocatie van de betreffende bacheloropleiding dient men de website van die universiteiten te raadplegen.
- Achter aan de regel van een wo-bacheloropleiding in onderstaande lijst treft men een # aan. Hierachter staat het paragraafnummer van deze Gids waarin de betreffende studie thuishoort (bijvoorbeeld: #14.4.c = 14.4 Psychologie en psychotherapie).
  De redactie streeft ernaar om alle wo-bacheloropleidingen óók in de betreffende hoofdstukken te plaatsen, zodat het voor de gebruiker nog duidelijker zichtbaar wordt welke opleidingen qua onderwerp verwant zijn en dus in welke sector ze thuishoren. (Hetzelfde geldt voor de wo-masteropleidingen, de ad-programma's, de hbo-bacheloropleidingen, de hbo-masteropleidingen, en de post-hbo-opleidingen.)

- *Let op: direct onder de benamingen van de studies staan (achter een streepje aan het begin van de regel) eventuele bijbehorende afstudeerrichtingen, majors, of specialisaties - in Vlaanderen: varianten - van de hoofdstudie vermeld.*

- Bij deze bacheloropleidingen staan ook de in Nederland gebruikelijke titels vermeld waartoe wordt opgeleid: BA of BSc.
- Opleidingen waarachter 'education' staat, zijn lerarenopleidingen (bijv. Mathematics education).

- De inschrijving van de meeste hierna genoemde wo-bacheloropleidingen is geopend voor het studiejaar 2015-2016 e.v.
- De opleidingsduur van wo-bacheloropleidingen is meestal 3 jaar.
- Voor toelatingseisen voor een wo-bachelorstudie zie 25.1.c.10.
- Een Engelstalige opleidingsnaam betekent vrijwel altijd dat de
  voertaal van de opleiding Engels is en dat een goede beheersing
  van het Engels is vereist om de opleiding met succes te kunnen
  volgen.

Wo-bacheloropleidingen in Nederland en Vlaanderen 2015-2016

- *Direct onder de vetgedrukte benamingen van de studies staan
  (achter een streepje aan het begin van de regel) eventuele bijbehorende afstudeerrichtingen, majors, of specialisaties - in Vlaanderen: varianten - van de hoofdstudie vermeld.*
- *Opleidingen zonder toevoeging zijn voltijd-opleidingen.*
- *+Dt = de studie wordt ook in deeltijd gegeven.*

A
Aarde en economie: BSc (VUA) #10.1.c
- Aarde en economie (VUA: minor)
- Communicatie (VUA: minor)
- Educatieve minor (VUA)
- Honours-programma (VUA)
- Hydrologie (VUA: minor)
- Milieu en toegepaste geowetenschappen (VUA: minor)
- Paleoklimatologie (VUA: minor)
- Ruimtelijke economie (VUA: minor)
Aardwetenschappen: BSc (UU; VUA) #10.1.c
- Aarde, klimaat en leven (UU)
- Aarde, water en milieu (UU)
- Aardoppervlak en landvormen (UU)
- Dynamica van de vaste aarde (UU)
- Fysische geografie en geo-milieuwetenschappen (VUA)
- Geoarcheologie (VUA)
- Geologie (VUA)
- Geologie van de vaste aarde (UU)
- Honours-programma (VUA)
Academische lerarenopleiding primair onderwijs:
  BSc (RU; UU) #24.1.c
- Bovenbouw (UU)
- Honours-programma (UU)
- Onderbouw (UU)
Academische opleiding leraar basisonderwijs: BSc (RUG) #24.1.c
Academische pabo: BSc (UL) #24.1.c
- Honours academy (UL)
- Pedagogische wetenschappen (UL)
Accountancy: BSc (NR: Dt) #20.8.c
Actuariële wetenschappen: BSc (UvA: +Dt) #17.4.c.2
- Honours-programma (UvA)
- Minors (UvA)
Advanced technology: BSc (UT) #5.1.c
Aerospace engineering: BSc (TUD) #5.7.c
- Airport of the future (VUA: minor)
- Offshore wind energy (VUA)
Afrikaanse talen en culturen: BA (UG; UL) #19.4.c
- Cultuurkunde (RUG)
- Honours academy (UL)
- Minors (UG; UL)
- Taalkunde (UL)
Agogische wetenschappen: BSc (VUB) #14.5.c
- Culturele agogiek (VUB)
- Onderwijsagogiek (VUB)
- Sociale agogiek (VUB)
- Vrijetijdsagogiek (VUB)
Algemene cultuurwetenschappen: BA (EUR; OUNL: Dt; RU; TIU; UvA) #12.7c

- Arts & literature en language & globalisation (TiU)
- Creative industries (RU: minor)
- Cultuurbeleid (UvA)
- Cultuurgeschiedenis (OUNL)
- Digitale cultuur (RU: minor)
- Educatieve minor Geschiedenis of Nederlands (OUNL)
- Eerstegraads docent Nederlands (TiU)
- Erfgoedstudies (UvA)
- Honours-programma (UvA)
- Kunst- en cultuureducatie (RU: minor)
- Kunstbeleid (RU: minor)
- Kunstgeschiedenis (OUNL)
- Letterkunde en filosofie (OUNL)
- Minors (UvA)
- Museumstudies (UvA)
- Nieuwe media (RU: minor)
- Online culture & media (TiU)
Algemene sociale wetenschappen: BSc (UU; UvA) #14.1.c
- Arbeid, zorg en welzijn (UU)
- Conflict studies (UvA)
- Global health (UvA)
- Global youth (UvA)
- Honours en talentprogramma (UvA)
- Jeugdstudies (UU)
- Multiculturalisme in vergelijkend perspectief (UU)
- Urban studies (UvA)
American studies: BA (RUG) #19.5.c
- Filmwetenschap (RUG: minor)
- Honours-programma (RUG)
- Internationale betrekkingen (RUG: minor)
- Media en journalistieke cultuur (RUG: minor)
- Niet-Westerse studies (RUG: minor)
- Spaans (RUG: minor)
Amsterdam University College: BA/BSc (UvA-VUA/AUC) #19.5.c.5
Applied earth sciences: BSc (TUD) #10.1.c
- Applied Geology (TUD)
- Applied geophysics and petrophysics (TUD)
- Geo-engineering (TUD)
- Petroleum engineering (TUD)
- Resource engineering (TUD)
Arabische taal en cultuur: BA (UvA: +Dt) #19.4.c
- Honours-programma (UvA)
Archeologie: BA (KUL: +Dt; RUG; UG; UL; VUA) # 22.1.c.1
- Archeologie en natuurwetenschappen (RUG: minor)
- Archeologie van de Klassieke wereld (UL)
- Archeologie van het Nabije Oosten (KUL; UL)
- Archeologie van Indiaans Amerika (UL)
- Archeologie van Noordwest-Europa (UL)
- Assyriologie (UG: minor)
- Bioarchaeology (UL)
- Cultureel erfgoed (RUG: minor)
- De klassieke traditie (UG: minor)
- Geografie (UG: minor)
- Geschiedenis (UG: minor)
- Geschiedenis van de oudheid (KUL: minor)
- Historische archeologie (TiU)
- Honours-programma (RUG; UL)
- Kunstwetenschappen (UG: minor)
- Landschapsgeschiedenis (RUG: minor)
- Minors (UvA)
- Pre- en protohistorie (KUL)
- Taal- en regiostudies: Oude Nabije Oosten (KUL)
Archeologie en prehistorie: BA (UvA) #22.1.c.1
- Honours-programma (UvA)
- Minors (UvA)
Architectuur: BSc (AUHL; KUL/LUCA: +Dt; UA) #10.2.c
Argotechnologie: BSc (WU) #3.1.c
- Minors (WU)
Arts & culture: BA (UM) #23.2.c
Arts and culture studies: BA (EUR) #23.2.c

Arts, culture and media: BA (RUG) #23.6.c
- Arts analysis and criticism (RUG)
- Arts policy and marketing (RUG)
- Film (RUG)
- Music (RUG)
ATLAS University College: BCs (UT/ATLAS) #19.5.c.5

B
Bedrijfseconomie: BSc (TiU) #20.1.c
- Accounting (TiU)
- Financiering (TiU)
- Marketing (TiU)
- Management (TiU)
Bedrijfs- en consumentenwetenschappen: BSc (WU) #15.1.c
- Bedrijf (WU)
- Consument (WU)
Bedrijfskunde: BSc (EUR; OUNL: Dt; RU: +Dt; RUG; VUA) #11.1.c
- Accountancy & controlling (RUG)
- Bedrijfseconomie (RU)
- Bedrijfskunde (RU)
- Business & management (RUG)
- International business administration (RU)
- Technology management (RUG)
Bestuurs- en organisatiewetenschap: BSc (UU; VUA) #20.4.c
- Bestuurswetenschap (VUA)
- Organisatiewetenschap (VUA)
Bestuurskunde: BSc (EUR; RU; TiU; UL) #20.1.c
- Beleid, bestuur en organisatie (UL)
- Economie, bestuur en management (UL)
- Honours-programma (UL)
Bestuurskunde en het publiek management: BSc (UG) #20.4.c
Bèta-gamma: BSc (UvA) #3.5.c
- Aardwetenschappen (UvA)
- Bedrijfskunde (UvA)
- Biologie (UvA)
- Biomedische wetenschappen (UvA)
- Brein en cognitie (UvA)
- Ecologie en evolutie (UvA)
- Economie (UvA)
- Honours-programma (UvA)
- Kunstmatige intelligentie (UvA)
- Natuur- en sterrenkunde (UvA)
- Neurobiologie (UvA)
- Onderwijskunde (UvA)
- Pedagogische wetenschappen (UvA)
- Planologie (UvA)
- Politicologie (UvA)
- Scheikunde (UvA)
- Sociale geografie (UvA)
- Sociologie (UvA)
- Wijsbegeerte (UvA)
- Wiskunde (UvA)
Bewegingswetenschappen: BSc (RUG; VUA) #16.1.c,
zie ook: 13.13.c
- Bouw, werking en sturing van het bewegingssysteem (VUA: minor)
- Gezondheid (VUA: minor)
- Honours-programma (RUG)
- Psychomotorische therapie (VUA: minor)
- Sport (VUA: minor)
- Sport, bewegen en gezondheid (VUA: minor)
- Sport- en prestatiepsychologie (VUA: minor)
Bible and applied theology: BA (CTS) #12.1.c
- Christian music and worship (CTS)
Bible and missiological studies:
BA (Continental Theological Seminary) #12.1.c
Biochemie en biotechnologie: BSc (KUL: +Dt; UA; UG) #3.11.c
- Biologie (KUL: minor)
- Chemie (KUL: minor)
- Onderwijs (KUL: minor)
- Verbreding (KUL: minor)

Bio-Farmaceutische Wetenschappen (BFW): BSc (UL) #13.24.c
- Honours-programma (UL)
Bio-ingenieurswetenschappen: BSc (KUL: +Dt; UA; UG; VUB)
- Biosysteemtechniek (KUL) #3.6.c
- Cel- en genbiotechnologie (UA; UG; VUB) #7.2.c
- Cel- en gentechnologie (KUL) #7.2.c
- Chemie en bioprocestechnologie (VUB) #7.2.c
- Chemie en voedingstechnologie (UA; UG) #7.2.c
- Katalytische technologie (KUL) #7.2.c
- Land- en bosbeheer (UA; UG) #3.1.c
- Landbeheer (KUL) #3.1.c
- Landbouwkunde (KUL; UG) #3.1.c
- Levensmiddelentechnologie (KUL) #7.4.c
- Milieutechnologie (KUL; UA; UG) #3.9.c
Biologie: BSc (AUHL; KUL: +Dt; KUL/KULAK: +Dt; RU; RUG; UA; UG;
UL; UU; UvA; VUA; VUB; WU) #3.8.c
- Biochemie en biotechnologie (KUL: minor; KUL/KULAK)
- Biodiversiteit en evolutie (UL)
- Biofysica en bio-ingenieurswetenschappen (KUL: minor)
- Biomedische wetenschappen (RUG)
- Biometrie en informatica (KUL: minor)
- Ecogenomics (UvA)
- Ecologie & evolutie (RUG)
- Ecology and biodiversity (WU)
- Educatie, communicatie en management (UU)
- Educatieve minor Biologie (KUL; RU)
- Evolutie- en gedragsbiologie (UA)
- Evolutionary biology and ecology (VUA: minor)
- Gedrags- en neurowetenschappen (RUG)
- Gedragsbiologie (UU)
- Geologie (KUL: minor)
- Honours-programma (UL; VUA)
- Human and animal health biology (WU)
- Humane biologie (KUL: minor)
- Life sciences (UL)
- Marine biology (UvA)
- Medische biologie (RU)
- Milieu en duurzame ontwikkeling (KUL: minor)
- Milieu-natuurwetenschappen (RU)
- Molecular and cell biology (WU)
- Moleculaire en cellulaire biologie (UU)
- Moleculaire levenswetenschappen (RUG)
- Molecular sciences (UU)
- Ondernemerschap (UA: minor)
- Onderzoek (UA: minor)
- Organismal and developmental biology (WU)
- Organismen, ecosystemen en biodiversiteit (UU)
- Paleo-ecology (UvA)
- Verbreding (KUL: minor)
Biomedische technologie: BSc (TU/e; UT) #5.1.c
- Medische wetenschappen en technologie (TU/e)
Biomedische wetenschappen: BSc (AUHL; KUL: +Dt; KUL/KULAK:
+Dt; RU; UA; UG; UL; UM; UU; UvA; VUA; VUB) #13.18.c
- Bewegingswetenschappen (RU; UM)
- Biologische gezondheidskunde (UM)
- Biomolecular & neuro sciences (VUA: minor)
- Circulatie (UL)
- Epidemiologie (RU)
- Hart (UL)
- Health technology assessment (RU)
- Honours-programma (UL; UM; UvA; VUA)
- Human health risk assessment (RU)
- Immunologie (UL)
- Lerarenopleiding Chemie en Biologie (AUHL)
- Longen (UL)
- Modellen van humane fysiologie (UvA)
- Moleculaire en cellulaire wetenschappen (UL)
- Moleculaire levenswetenschappen (UM)
- Neurobiologie (UvA)
- Nieren (UL)

- Patiëntgericht onderzoek (UvA)
- Pathobiologie (RU)
- Pathologie (UL)
- Research (UA: minor)
- Topics in biomedical sciences (VUA: minor)
- Toxicologie (RU)
- Van medicatie tot preventie (UvA)
- Zenuwstelsel (UL)

Biotechnologie: BSc (WU) #3.11.c
- Minors (WU)

Biowetenschappen: BSc (KUL/ThomasMore: +Dt; UG) #3.11.c
- Animal life (KUL/ThomasMore)
- Biotechnologie (UG)
- Landbouw (KUL/ThomasMore; UG)
- Natuur en milieu (KUL/ThomasMore)
- Tuinbouw (KUL/ThomasMore; UG)
- Voedingsindustrie (KUL/ThomasMore; UG)

Bodem, water, atmosfeer: BSc (WU) #10.1.c
- Minors (WU)

Bos- en natuurbeheer: BSc (WU) #3.3.c
- Beleid en maatschappij (WU)
- Ecologie en beheer (WU)
- Vrije keus (WU)

Bouwkunde: BSc (TUD; TU/e) #10.1.c
- Architecture (TUD)
- Building technology (TUD)
- Landscape architecture (TUD)
- Honours-programma (TUD)
- Minors (TUD)
- Real estate & housing (TUD)
- Urbanism (TUD)

Business administration: BSc (HUB/KUL: +Dt; NR; RU; Webster) #11.2.c
- Business & entrepreneurial marketing (NR)
- Business & financial management (NR)
- Business & new entrepreneurship (NR)
- Business information management (HUB/KUL)
- Creative business & entertainment management (NR)
- Economics & international business (HUB/KUL)
- Human behaviour, law & society (HUB/KUL)
- International business administration (RU)
- International business management (HUB/KUL)
- International relations (HUB/KUL)
- Research & methods (HUB/KUL)
- Strategy & business sciences (HUB/KUL)

Business analytics: BSc (VUA: +Dt) #11.2.c
- Honours-programma (VUA)

Business & IT: BSc (UT) #17.1.c, zie ook: 20.6.c

Business studies: (VeCo) #17.1.c
- Accounting (VeCo)
- Business (VeCo)
- Business information systems (VeCo)
- Business law (VeCo)
- Corporate finance (VeCo)
- Economics (VeCo)
- Financial markets and investments (VeCo)
- Human resources management (VeCo)
- Macroeconomic policy (VeCo)
- Marketing (VeCo)
- Methods: Mathematics for business and economics (VeCo)
- Methods: Statistics for business and economics (VeCo)
- Operations management (VeCo)

C

Chemie: BSc (AUHL; KUL: +Dt; KUL/KULAK: +Dt; UA; UG; VUB) #7.1.c
- Biochemie & biotechnologie (KUL: minor; KUL/KULAK)
- Bio-ingenieurswetenschappen (KUL/KULAK)
- Chemische technologie (KUL: minor)
- Farmacie (KUL/KULAK)
- Fysica (KUL: minor)
- Onderwijs (KUL: minor; UG)

- Onderzoeksprofilering (UG)
- Overbruggende profilering (UG)
- Verbreding (KUL: minor)

Chinastudies: BA (UL) #19.4.c
- Chinees leren (UL)
- Cultuur (UL)
- Geschiedenis (UL)
- Het moderne China (UL)
- Honours-programma (UL)
- Literatuur (UL)

Civiele techniek: BSc (TUD; UT) #10.11.c
- Honours-programma (TUD)
- Minor (TUD)

College of pharmaceutical sciences: BSc (UU) #13.24.c

Communicatie- en informatiewetenschappen: BA (RU; RUG; TIU; UU; VUA) #19.4.c
- Bedrijfscommunicatie en digitale media (TiU)
- Communicatie, organisatie en interactie (UU)
- Cultuur, communicatie en diversiteit (UU)
- Digitale communicatie (UU)
- Digitale communicatie en taalanalyse (VUA)
- Duits (RU)
- Educatieve minor Engels of Nederlands (VUA)
- Engels (RU)
- Engels en internationale communicatie (VUA)
- Frans (RU)
- Human aspects of information technology (TiU)
- Journalistiek (VUA)
- Media-analyse (VUA)
- Media, communicatie en markt (UU)
- Minors (RUG; VUA)
- Spaans (RU)
- Spaans en internationale communicatie (VUA)
- Taal- en communicatie-advies (VUA)
- Taal en onderwijs (VUA)
- Taalontwikkeling en taalstoornissen (VUA)
- Tekst en communicatie (TiU)
- University of Groningen Honours College (RUG)

Communicatiewetenschap: BSc (RU; UT; UvA; VUA) #19.1.c
- Honours-programma (UvA; VUA)
- Journalistiek (RU: minor)
- Media communication and influence (RU: minor)
- Minors (UvA; VUA)

Communicatiewetenschappen: BSc (KUL: +Dt; UA; UG; VUB; WU) #19.1.c
- Journalistiek, politiek en democratie (VUB)
- Media en cultuur (VUB)
- Media en samenleving (KUL)
- Media, internet en globalisering (VUB)
- Media, strategische communicatie en marketing (VUB)
- Politieke wetenschappen (UG)
- Sociologie (UG)
- Strategische communicatie (KUL)

Communication and media: BSc (EUR) #22.1.c

Communication studies: BSc (VUB; VeCo: BA) #19.1.c
- Business and markets (VUB)
- Policy and governance (VUB)
- User aspects of new media and society in Europe (VUB)

Computer science: BSc (VUA) #5.16.c

Computerwetenschappen: BSc (VUB) #5.16.c

Conservatie-restauratie: (UA) #10.1.c

Creative technology: BSc (UT) #5.1.c
- New media (UT)
- Smart technology (UT)

Criminologie: BSc (EUR; UL: +Dt; VUA: +Dt) #20.9.c
- Forensische criminologie (VUA: minor)
- Honours-programma (UL; VUA)
- Minors (UL; VUA)
- Recht (UL)
- Sociale wetenschappen (UL)

Criminologische wetenschappen: BSc (KUL: +Dt; UG; VUB)
#21.4.c; zie ook: 20.9.c
- Criminologie (KUL)
- Rechten (KUL)
Culturele antropologie en ontwikkelingssociologie: BSc (RU;
UL; UU; UvA; VUA) # 14.9.c, zie ook: 14.1.c
- Antropologie en sociologie van ontwikkeling (UvA)
- Antropologie van religie (UvA)
- Culturele antropologie (RU)
- Duurzaamheid (UL)
- Globalisering (UL)
- Honours-programma (UL; UU; UvA; VUA)
- Inleiding medische antropologie (UvA)
- Lichaam en cultuur (UvA)
- Macht en identiteit (UvA)
- Media (UL)
- Minors (UL; UvA; VUA)
- Muslim cultural politics (UvA)
- Ontwikkelingsstudies (RU)
- Politiek van taal (UvA)
- Sub-Sahara Afrika (UL)
- Zuidoost Azië (UL)
Culturele informatiewetenschap: BA (UvA: +Dt) #20.6.c
- Honours-programma (UvA)
- Media en informatie (UvA)
- Minors (UvA)
Cultuurwetenschappen: BA (UM) #12.7.c

D

Diergeneeskunde: BSc (UA; UG; UU) #3.1.c
Dierwetenschappen: BSc (WU) #3.1.c
- Aquatische dieren (WU)
- Minors (WU)
- Terretische dieren (WU)
Divinity: BA (CTS) #12.1.c
Duitse taal en cultuur: BA (RU; UL; UU; UvA: +Dt) #19.4.c
- Cultuurwetenschap (UL)
- Dubbele bachelor (UU)
- Educatieve minor Duits (RU; UU; UvA)
- Honours-programma (UL; UU; UvA)
- Literatur & Kultur (UU)
- Onderwijs en de geesteswetenschappen (UvA: minor)
- Sprache & Kommunikation (UU)
- Taalkunde (UL)
- Taalvaardigheid Duits (UL)

E

Econometrics and operations research: BSc (EUR; TIU; UM)
#20.1.c
Econometrics/Economics: BSc (EUR) #20.1.c
Econometrie en operationele research: BSc (EUR; RUG; UvA; VUA)
#20.1.c
- Econometrie en wiskundige economie (VUA)
- Honours-programma (UvA; VUA)
- Minors (UvA)
- Operations research en bedrijfseconomie (VUA)
Economics: BSc (TiU) #20.1.c
Economics and business: BSc (UvA) #20.1.c
- Business studies (UvA)
- Economics (UvA)
- Economics and finance (UvA)
- Finance and organisation (UvA)
- Honours-programma (UvA)
Economics and business economics: BSc (EUR; RUG; UM; UU)
#20.1.c
- Business economics (RUG)
- Economics (RUG)
- Economics and management of information (UM)
- Geografie (UU: minor)
- Honours-programma (UU)

- International business economics (UM)
- International economic studies (UM)
- International economics and business (RUG)
- Recht (UU: minor)
- Sociale wetenschappen (UU: minor)
Economie en bedrijfseconomie: BSc (EUR; RU; TIU; UvA; VUA)
#20.1.c
- Bedrijfseconomie (RU)
- Economie (UvA)
- Educatieve minor (VUA)
- Financiële economie (RU)
- Honours-programma (VUA)
- International economics and business (RU)
- Internationale economie en beleid (RU)
Economie en bedrijfskunde: BSc (UvA) #20.1.c, zie ook: 11.1.c
- Accountancy & control (UvA)
- Bedrijfskunde (UvA)
- Economie (UvA)
- Economie & financiering (UvA)
- Financiering & organisatie (UvA)
- Honours-programma (UvA)
Economie en beleid: BSc (WU) #20.1.c, zie ook: 11.1.c
- Agribusiness (WU)
- Milieu en natuurlijke hulpbronnen (WU)
- Ontwikkelingsvraagstukken (WU)
- Regionaal beleid (WU)
Economie en recht: LLM/MSc (EUR) #20.9.c.; zie ook: 20.1.c
Economische wetenschappen: BSc (KUL: +Dt; UG) #20.1.c
Electrical engineering: BSc (TUD; TU/e; UT) #5.2.c
- Automotive (TU/e)
- Honours-programma (TUD; TU/e)
Engelse taal en cultuur: BA (RU; UL:+Dt; UU; UvA: +Dt) #19.4.c
- Amerikanistiek (RU)
- Cultural encounters (UU)
- Dubbele bachelor (UU)
- Educatieve minor (RU; UvA)
- Engelse taal en cultuur (RU)
- Filologie (UU)
- History, genre, identity: English language and literature in context
(UU)
- Honours-programma (UL; UU: Descartes College; UvA)
- Letterkunde (UL)
- Literatuurwetenschap (UU: dubbele bachelor)
- Minors (UL)
- Onderwijs en de geesteswetenschappen (UvA)
- Taalkunde (UL)
- Taalvaardigheid (UL)
- Theories of English (UU)
- Translation, adaption, creation (UU)
English language and culture: BA (RUG) # 19.4.c
- English linguistics (RUG)
- Honours-programma (RUG)
- Modern literature and culture (RUG)
- Minors (RUG)
- Premodern literature and culture (RUG)
Erasmus University College: BSc (EUR/EUC)
European law school: LLB (RU; UM) #20.9.c
- English language track (UM)
European public administration: BSc (UT) #19.5.c
- European studies (UT)
- Public administration (UT)
European public health: BSc (UM) #13.1.c
European studies: BA (UM; UvA) #19.5.c
- Europees recht (UvA)
- Europese economie (UvA)
- Europese geschiedenis (UvA)
- Europese literatuur en cultuur (UvA)
- Honours-programma (UvA)
- Minors (UvA)
- Oost-Europese studies (UvA)

Europese talen en culturen: BA (RUG) # 19.5.c
- Duits, Engels, Frans, Italiaans, Russisch, Spaans of Zweeds (RUG)
- Europa: cultuur en literatuur (RUG)
- Europa: politiek en maatschappij (RUG)
- Europa: taal en maatschappij (RUG)
- Europese talen en culturen (RUG: minor)
- Honours-programma (RUG)

F
Farmaceutische wetenschappen: BSc (KUL: +Dt; UA; UG; VUA; VUB) #13.24.c
- Advanced molecular pharmaceutical sciences (VUA: minor)
- Biomedische wetenschappen (VUA: minor)
- Educatie minor Scheikunde (VUA)
- Franse taal en cultuur (VUA: minor)
- Honours-programma (VUA)
- Ondernemerschap en innovatie (VUA: minor)
Farmacie: BSc (RUG; UU) #13.24.c
Film- en literatuurwetenschap: BA (UL) #19.4.c
- Filmwetenschap (UL)
- Honours-programma (UL)
- Literatuurwetenschap (UL)
Filosofie: BA (EUR: +Dt; RU; TU: +Dt) #12.6.c
- Cognitiefilosofie (RU)
- Geschiedenis van de filosofie (RU)
- Metafysica en kernleer (RU)
- Ondernemen (TiU)
- Onderwijs (TiU)
- Onderzoek (TiU)
- Sociale en politieke filosofie (RU)
- Taalfilosofie en logica (RU)
- Wijsgerige antropologie (RU)
- Wijsgerige ethiek (RU)
- *Zie ook Philosophy en Wijsbegeerte*
Filosofie van een wetenschapsgebied: BA (EUR: +Dt) #12.6.c
- Filosofie van beleid en management (EUR)
- Filosofie van de economie (EUR)
- Filosofie van de geneeskunde (EUR)
- Filosofie van de historische en kunstwetenschappen (EUR)
- Filosofie van het recht en de sociale wetenschappen (EUR)
Fiscale economie: BSc (EUR; TIU; UM; UvA) #20.11.c
- Honours-programma (UvA)
- Minors (UvA)
Franse taal en cultuur: BA (RU; UL; UU; UvA: +Dt) #19.4.c
- Cultuurkunde (UL)
- Dubbele bachelor (UU)
- Honours-programma (UL; UU: Descartes College; UvA)
- Letterkunde (UL)
- Minors (UL; UvA)
- Perspectives (inter)culturelles et littéraires (UU)
- Pratiques de la langue contexte (UU)
- Taalkunde (UL)
- Taalvaardigheid (UL)
Futur planet studies: BSc (UvA) #3.5.c
- Aardwetenschappen (UvA)
- Bedrijfskunde (UvA)
- Ecologie & evolutie (UvA)
- Economie (UvA)
- Honours-programma (UvA)
- Kunstmatige intelligentie (UvA)
- Planologie (UvA)
- Politologie (UvA)
- Sociale geografie (UvA)
Fysica: BSc (AUHL; KUL: +Dt; KUL/KULAK: +Dt; UA) #4.1.c, zie ook: 3.11.c
- Astro- en deeltjesfysica (UA)
- Bio-chemische wetenschappen (KUL; minor)
- Biofysica (UA)
- Biowetenschappen (KUL: minor)
- Informatica (KUL: minor)

- Ingenieurswetenschappen (KUL/KULAK)
- Medische stralingsfysica (KUL: minor)
- Onderwijs (KUL: minor)
- Sterrenkunde en informatica (KUL: minor)
- Theoretische fysica (UA)
- Vaste stoffysica (UA)
- Verbreding (KUL: minor)
- Wiskunde (KUL: minor)
Fysica en sterrenkunde: BSc (UG; VUB) #4.1.c

G
Geneeskunde: BSc (AUHL; EUR; KUL: +Dt; KUL/KULAK; RU; RUG; UA; UG; UL; UM; UU; UvA; VUA; VUB) #13.1.c
- Duurzame zorg (RUG)
- Geneeskunde en bio-medische wetenschappen (UvA: dubbele bachelor)
- Global health (RUG)
- Honours-programma (UL; UU; UvA)
- Intramurale zorg (RUG)
- Junior scientific masterclass (RUG: honours-programma)
- Minoren (halve) (UL)
- Molecular medicine (RUG)
Geografie: BSc (KUL: +Dt; VUB) #10.1.c
- Geologie (KUL: minor)
- Milieu- en omgevingswetenschappen (KUL: minor)
- Onderwijs (KUL: minor)
- Sociaal-economische wetenschappen (KUL: minor)
- Verbreding (KUL: minor)
- Wis- en natuurkunde (KUL: minor)
Geografie en de geomatica: BSc (UG) #10.1.c
- Geografie (UG)
- Landmeetkunde (UG)
Geografie, planologie en milieu: BSc (RU) #10.1.c
- Educatieve minor Aardrijkskunde (RU)
Geologie: BSc (KUL: +Dt; UG) #10.1.c
- Aarde en leven (KUL: minor)
- Aarde en milieu (KUL: minor)
- Aarde en onderwijs (KUL: minor)
- Aarde en ruimte (KUL: minor)
- Biologie (KUL: minor)
- Geografie (KUL: minor)
- Verbreding (KUL: minor)
Geschiedenis: BA (EUR; KUL: +Dt; KUL/KULAK: +Dt; RU; RUG; UA; UG; UL; UU; UvA: +Dt; VUA; VUB) #14.1.c
- Algemene geschiedenis (UL)
- American history (RUG: minor)
- Amerikanistiek (UvA)
- Burgerschap (UU)
- Communicatie (UU)
- Conflict, geweld en ordening (UU)
- Cultuurgeschiedenis (RU)
- De geschiedenis van het kapitalisme (UU)
- De mediterrane wereld (RUG: minor)
- De moderne wereld (UU)
- Economische en sociale geschiedenis (RU)
- Economische geschiedenis (UL)
- Educatieve minor Geschiedenis (RU; VUA)
- Europa (UU)
- Europa: idee en constructie (RUG: minor)
- Gendergeschiedenis (RU)
- Geschiedenis van de oudheid (KUL)
- Geschiedenis van de oudheid tot heden (KUL)
- Global history (VUA)
- Globalisering (UU)
- Honours-programma (RUG; UL; UU; UvA)
- Media en journalistieke cultuur (RUG: minor)
- Middeleeuwen (UU)
- Middeleeuwse geschiedenis (UL)
- Midden- en Oost-Europa studies (RUG: minor)
- Minors (UG; UvA; VUA)

- Niet-westerse studies (RUG: minor)
- Oude geschiedenis (UL)
- Oudheid (RU)
- Politieke geschiedenis (RU)
- Sociale geschiedenis (UL)
- Politieke geschiedenis en cultuurgeschiedenis (VUA)
- Politieke wetenschappen (KUL/KULAK)
- Vaderlandse geschiedenis (UL)
Gezondheid en leven: BSc (VUA) #13.1.c
- Biomedische major (VUA)
- Brain & mind (VUA: minor)
- Communicatie over gezondheid (VUA: minor)
- Environmental health (VUA: minor)
- Evolutionary biology and ecology (VUA: minor)
- Gezondheidswetenschappelijke major (VUA)
- Honours-programma (VUA)
- Topics in biomedical sciences (VUA: minor)
Gezondheid en maatschappij: BSc (WU) #13.1.c
- Minors (WU)
Gezondheidswetenschappen: BSc (EUR; UM; UT; VUA) #13.1.c
- Beleid & management gezondheidszorg (EUR)
- Beleid, management en evaluatie van zorg (UM)
- Biologie en gezondheid (UM)
- Biomedical topics in health care (VUA: minor)
- Communicatie over gezondheid (VUA: minor)
- Five big issues in health (VUA: minor)
- Geestelijke gezondheidszorg (UM)
- Honours-programma (VUA)
- Preventie en gezondheid (UM)
Godgeleerdheid en de godsdienstwetenschappen: BA (ETF: +Dt; KUL: +Dt) #12.1.c
- Bijbel en Theologie (ETF)
- Godsdienst en onderwijs (ETF)
- Kerk en pastoraat (ETF)
Griekse en Latijnse taal en cultuur: BA (RU; RUG; UL; UvA: +Dt; VUA) #19.4.c
- Antieke wijsbegeerte (RU; UL)
- De mediterrane wereld (RUG: minor)
- Educatieve minor Grieks & Latijn (RU; UvA)
- Europa: cultuur en literatuur (RUG: minor)
- Filmwetenschap (RUG: minor)
- Grieks (UL)
- Griekse taal- en letterkunde (RU)
- Historische cultuur- en letterkunde in Europees perspectief (RUG: minor)
- Honours-programma (UL; RUG; UvA)
- Klassieke archeologie (RU)
- Latijn (UL)
- Latijnse taal en letterkunde (RU)
- Materiële cultuur (UL)
- Media en journalistieke cultuur (RUG: minor)
- Minors (UvA; VUA)
- Oude geschiedenis (RU; UL)
- Theaterwetenschap (RUG: minor)
- Vertaalwetenschap (RUG: minor)

H
Handelswetenschappen: BSc (HUB/KUL: +Dt; KUL/ThomasMore; UG) #20.1.c
- Accountancy (HUB/KUL)
- Accountancy-fiscaliteit (HUB/KUL)
- Algemeen management (HUB/KUL)
- Bedrijfsmanagement & ondernemerschap (HUB/KUL)
- Business information management (HUB/KUL)
- Finance & risk management (HUB/KUL; UG)
- Fiscale wetenschappen (HUB/UG)
- Humanresourcesmanagement (HUB/KUL)
- Internationale betrekkingen (HUB/KUL)
- Marketingmanagement (HUB/KUL)

Hebreeuwse taal en cultuur: BA (UvA: +Dt) #19.4.c
- Educatie (UvA: minor)
- Honours-programma (UvA)
- Minors (UvA)
Humanistiek: BA (UvH) #12.4.c

I
Industrial design: BSc (TU/e) #5.1.c; zie ook: 23.2.c
- Minors (TU/e)
Industrial sciences: BSc (KUL: +Dt) #5.1.c; zie ook: 23.2.c
- Chemical engineering (KUL)
- Electromechanical engineering (KUL)
- Electronic engineering (KUL)
Industrieel ontwerpen: BSc (TUD; UT) #5.1.c
- Honours-programma (TUD)
- Minors (TUD)
Industriële ingenieurswetenschappen: (HUB/KUL) #5.1.c; zie ook 7.2.f
- Biochemie (HUB/KUL)
- Chemie (HUB/KUL)
- Elektromechanica (HUB/KUL)
Industriële ingenieurswetenschappen: Bouwkunde: (HUB/KUL) #5.1.c; zie ook: 10.1.c
- Bouwkunde (HUB/KUL)
- Landmeten (HUB/KUL)
Industriële ingenieurswetenschappen: Elektronica-ict: (HUB/KUL) #5.1.c; zie ook: 5.3.c en 20.6.c
- Elektronica (HUB/KUL)
- Ict (HUB/KUL)
Industriële ingenieurswetenschappen: Energie: (HUB/KUL) #5.1.c; zie ook: 5.3.c en 20.6.c
- Automatisering (HUB/KUL)
- Elektromechanica (HUB/KUL)
- Elektrotechniek (HUB/KUL)
Industriële wetenschappen: BSc (AUHL/KUL; KUL: +Dt; KUL/KAHO: +Dt; KUL/KHBO: +Dt; KUL/ThomasMore: +Dt; UA; UG; VUB) #5.1.c
- Bouwkunde (AUHL/KUL; KUL/HUB; KUL/KAHO; KUL/KHBO; KUL/ThomasMore; UA; UG)
- Biochemie (AUHL/KUL)
- Chemie (AUHL/KUL; KUL/KAHO; KUL; KUL/ThomasMore; UA; UG)
- Elektromechanica (AUHL/KUL; KUL; KUL/KAHO; KUL/KHBO; KUL/ThomasMore; UA; UG; VUB)
- Elektronica-ict (AUHL/KUL; KUL; KUL/KAHO; KUL/KHBO; KUL/ThomasMore; UA; UG)
- Industrieel ingenieur (AUHL)
- Industrieel ontwerpen (UG)
- Informatica (UG)
- Kunststofverwerking (KUL/KHBO)
- Milieukunde (UG)
- Nucleaire technologie (AUHL/KUL)
- Verpakkingstechnologie (AUHL/KUL)
Informatica: BSc (AUHL; KUL: +Dt; KUL/KULAK:+Dt; OUNL: Dt; RU; RUG; UA; UG; UL; UU; UvA) #20.6.c
- Cyber security (RU)
- E-Health (RU: minor)
- Fysica (KUL: minor)
- Gametechnologie (UU)
- Honours-programma (UL; RUG; UvA)
- Informatica en economie (UL)
- Minors (RUG; UL; UvA)
- Natuurkunde (UL: dubbele bachelor)
- Sterrenkunde (UL: dubbele bachelor)
- Verbreding (KUL: minor)
- Wiskunde en informatica (UL: dubbele bachelor; UvA: dubbele bachelor)
- Zakelijke informatica (RUG)
Informatie, Multimedia en Management (IMM): BSc (VUA) #20.6.c
- Bioinformatics & systems biology (VUA: minor)
- Deep programming (VUA: minor)
- Honours-programma (VUA)

- Vrije minor IMM (VUA: minor)
- Web services en data (VUA: minor)

Informatiekunde: BSc (OUNL: Dt; RUG: BA; UU; UvA) #20.6.c
- Honours-programma (UvA)
- Minors (UvA)
- University of Groningen Honours College (RUG)

Ingenieurswetenschappen: BSc (AUHL/TU/e; KUL: +Dt; UG; VUB)
- Applied computer science (VUB) #5.16.c
- Architectural engineering (VUB) #10.2.c
- Architectuur (KUL; UG; VUB) #10.2.c
- Biomedical engineering (VUB) #5.1.c
- Biomedische ingenieurstechnieken (VUB) #5.1.c
- Bouwkunde (KUL; UG; VUB) #10.2.c
- Chemical and materials engineering (VUB)) #7.1.c
- Chemie en materialen (VUB) #7.1.c
- Chemische technologie (KUL)
- Chemische technologie en materiaalkunde (UG) #7.1.c
- Computer science (VUB) #5.16.c
- Computerwetenschappen (KUL; UG; VUB)) #5.16.c
- Electromechanical engineering (VUB) #5.1.c
- Electronica en informatietechnologie (VUB) #5.5.c
- Electronics and information technology engineering (VUB) #5.5.c
- Elektrotechniek (KUL; UG) #5.2.c
- Fotonica (VUB) #5.3.c
- Geotechniek en mijnbouwkunde (KUL) #18.11.c
- Materiaalkunde (KUL) #7.1.c
- Photonics engineering (VUB) #5.3.c
- Toegepaste computerwetenschappen (VUB) #5.16.c
- Toegepaste natuurkunde (UG) #4.1.c
- Werktuigkunde (KUL) #5.1.c
- Werktuigkunde - elektrotechniek (UG; VUB) #5.1.c

Interieurarchitectuur: BSc (AUHL; KUL/LUCA: +Dt; UA) #9.1.c
Internationaal land- en waterbeheer: BSc (WU) #3.5.c
International affairs: BA (VeCo) #11.1.c
International business: BSc (RUG; UM) #11.1.c
International business administration: BSc (EUR; RU; TIU; UT; VUA) #20.1.c
International relations: BA (Webster) #19.5.c
International studies: BA (UL) #19.5.c
- Afrika (UL)
- Europa (UL)
- Honours academy (UL)
- Latijns-Amerika (UL)
- Midden-Oosten (UL)
- Minoren (UL)
- Noord-Amerika (UL)
- Oost-Azië (UL)
- Rusland en Eurazië (UL)
- Zuid-Azië en Zuidoost-Azië (UL)

Internationale betrekkingen en internationale organisatie: BA (RUG) #19.5.c
- Honours academy (RUG)

Internationale ontwikkelingsstudies: BSc (WU) #3.1.c
- Communication, technology and policy (WU)
- Economics of development (WU)
- Sociology of development (WU)

Islam en Arabisch: BA (UU) #19.4.c
- Honours-onderwijs (UU)
- Islam en samenleving (UU)
- Islam: traditie en verandering (UU)

Italiaanse taal en cultuur: BA (UL; UU; UvA: +Dt) #19.4.c
- Dubbele bachelor
- Honours-programma (UL; UU; UvA)
- Italiaanse cultuur en letterkunde (UU)
- Minors (UL; UvA)
- Taal en communicatie Italiaans (UU)

J

Japanstudies: BA (UL) #19.4.c
- De moderne samenleving (UL)
- Filosofie en ideeëngeschiedenis (UL)
- Geschiedenis (UL)
- Honours academy (UL)
- Japans leren (UL)
- Letterkunde en Japanse literatuur (UL)
- Religies (UL)

K

Keltische talen en cultuur: BA (UU) #19.4.c
- Dubbele bachelor (UU)
- Honours-programma (UU)
- Interpretatie en herinterpretatie van middeleeuwse Keltische teksten (UU)
- Taalcontact en taalverandering van het Keltisch (UU)

Klinische technologie: BSc (EUR; TUD; UL) #4.1.c
- Honours-programma (TUD)
- Minors (EUR; TUD; UL)

Knowledge engineering: BSc (UM) #19.1.c
Koreastudies: BA (UL) #19.4.c
- Cultuurkunde (UL)
- Geschiedenis (UL)
- Honours-programma (UL)
- Letterkunde (UL)
- Minoren (UL)
- Sociale wetenschappen (UL)
- Taalverwerving (UL)

Krijgswetenschappen: (NLDA) #12.1.c
Kunsten, cultuur en media: BA (RUG) #23.1.c
- Arts, culture and media (RUG)
- Europa: cultuur en literatuur (RUG)
- Film en televisiewetenschap (RUG)
- Filmwetenschap (RUG: minor)
- Honours-programma (RUG)
- Kunst, analyse en kritiek (RUG)
- Kunst, beleid en marketing (RUG)
- Moderne kunst voor KCM (RUG: minor)
- Muziekwetenschap (RUG: ook als minor)
- Theater (RUG)
- Theaterwetenschap (RUG: minor)

Kunstgeschiedenis: BA (RU; RUG; UL; UU; UvA: +Dt) #23.1.c
- Architectuur (UL)
- Architectuur- en stedenbouwgeschiedenis (RUG)
- Beeldende kunst (UL)
- Beeldende kunst van 1200-1800 (UL)
- Cultureel erfgoed (UL)
- Design en wooncultuur van 500 tot heden (UL)
- Honours-programma (RUG; UL; UU)
- Klassieke archeologie (RU)
- Landschapsgeschiedenis (RUG: ook als minor)
- Minors (UvA)
- Moderne en hedendaagse kunst (RUG)
- Moderne en hedendaagse kunst en architectuur (UU)
- Moderne kunstgeschiedenis (RU)
- Oude beeldende kunst (RUG)
- Oude kunst en architectuur (UU)
- Provinciaal-Romeinse archeologie (RU)
- Vroegchristelijke kunstgeschiedenis (RU)
- Vroegmoderne kunstgeschiedenis (RU)
- World art studies (UL)

Kunstmatige intelligentie: (RU; RUG; UU; UvA) #20.6.c
- Agents KI (UU)
- Cognitiewetenschap (UvA)
- Cognitive processing (UU)
- Honours-programma (UU; UvA)
- Intelligente systemen (UvA)
- Kennistechnologie (UvA)
- Logica (UvA)

- Minors (UvA)
- Reasoning KI (UU)
- Taal en spraak (UvA)
Kunstwetenschappen: BA (KUL: +Dt; UG) #23.1.c
- Archeologie (UG: minor)
- Architectuur (KUL)
- Beeldende kunst en architectuur (UG)
- Economie en bedrijfskunde (UG: minor)
- Geschiedenis (UG: minor)
- Globalisering en diversiteit (UG: minor)
- Kunstkritiek (KUL)
- Letterkunde (UG: minor)
- Muziek (UG)
- Podium- en mediakunsten (UG)
- Roerend erfgoed en museologie (KUL)
Kunstwetenschappen en archeologie: BA (VUB) #23.1.c
- Beeldende kunsten (VUB)
- Materiële cultuur (VUB)

L

Landschapsarchitectuur en ruimtelijke planning: BSc (WU) #3.4.c
- Landschapsarchitectuur (WU)
- Ruimtelijke planning (WU)
Latijns-Amerikastudies: BA (UL) #19.4.c
- Honours academy (UL)
- Literatuur en massamedia (UL)
- Moderne geschiedenis Latijns-Amerika (UL)
- Taalkunde (UL)
- Taalverwerving Spaans of Portugees (UL)
Latijnse taal en cultuur: BA (UvA: +Dt) #19.4.c
- Educatie (UvA: minor)
- Honours-programma (UvA)
- Minors (UvA)
Leiden University College: BA/BSc (LUC/UL) #19.5.c.5
Levensmiddelentechnologie: BSc (WU) #7.4.c
Liberal arts & sciences: BA/BSc (UvA-VUA/AUC; EUR/EUC; RUG/UCG; TIU; UL/LUC; UM/UCM: BSc; UT/ATLAS; UU/UCR-UCU; UvA-VUA/AUC) #23.2.c
- Business & management (TiU)
- Cities and cultures (UvA-VUA/AUC)
- Cognition and behaviour (RUG/UCG)
- Earth, energy and sustainability (UL/LUC)
- Energy, climate and sustainability (UvA-VUA/AUC)
- Explore the sciences at LUC (UL/LUC)
- Global challenges (UL/LUC)
- Global public health (UL/LUC)
- Governance, economics, and development (UL/LUC)
- Health and life sciences (RUG/UCG)
- Health and well-being (UvA-VUA/AUC)
- Honours-programma (UvA-VUA/AUC; UL/LUC; UU/UCR-UCU)
- Human diversity (LU/LUC)
- Humanities (UvA-VUA/AUC; UM/UCM)
- Humanities: European history and culture (TiU)
- Information, communication, cognition (UvA-VUA/AUC)
- International justice (LU/LUC)
- Law in Europe (TiU)
- Life, evolution and universe (UvA-VUA/AUC)
- Philosophy, politics and economics (RUG/UCG)
- Physics and energy (RUG/UCG)
- Reflecting on culture: history and criticism (RUG/UCG)
- Sciences (UvA-VUA/AUC; UM/UCM)
- Social sciences (UvA-VUA/AUC; TIU; UM/UCM)
- Social systems (UvA-VUA/AUC)
- World politics (LU/LUC)
Lichamelijke opvoeding en bewegingswetenschappen: BSc (KUL: +Dt; UG; VUB) #16.1.c
Life science and technology: BSc (RUG; TUD; UL) #13.1.c
- Biomedische technologie (RUG)
- Biomedische wetenschappen (RUG)

- Gedrag & neurowetenschappen (RUG)
- Honours-programma (TUD; UL)
- Medisch farmaceutische wetenschappen (RUG)
- Moleculaire levenswetenschappen (RUG)
Lifestyle informatics: BSc (VUA) #20.6.c
- Honours-programma (VUA)
Literatuur en samenleving: BA (VUA) #19.4.c
- American studies (VUA)
- Literatuur en digitale analyse (VUA)
- Literatuur en visuele media (VUA)
- Literatuur, markt en samenleving (VUA)
Literatuurwetenschap: BA (UU; UvA: +Dt) #19.4.c
- Dubbele bachelor (UU)
- Honours-programma (UU; UvA)
- Literatuur in conflict (UU)
- Minors (UvA)
- World literature (UU)
Logopedische en audiologische wetenschappen: BSc (KUL: +Dt; UG) #13.17.c
- Audiologie (UG)
- Logopedie (UG)
Luchtvaart- en ruimtevaarttechniek: BSc (TUD) #5.7.c
- Honours-programma (TUD)

M

Maritieme techniek: BSc (TUD) #5.8.c
- Honours-programma (TUD)
- Minors (TUD)
Media communications: BA (Webster) #19.4.c
Media en cultuur: BA (UvA) #19.4.c
- Film en visuele cultuur (UvA)
- Minors (UvA)
- Nieuwe media en digitale cultuur (UvA)
- Televisie en cross-mediale cultuur (UvA)
Media, kunst, design en architectuur: BA (VUA) #23.1.c
- Architectuur (VUA)
- Design (VUA)
- Kunst (VUA)
- Media (VUA)
- Minors (VUA)
Medische biologie: BSc (RU) #13.18.c
- Ecologie van ecosystemen (RU)
- Functionele genomics (RU)
- Honours-programma (UvA)
- Klinische biologie (RU)
- Neurobiologie (RU)
- Stress & adaptatie (RU)
- Water & milieu (RU)
Medische informatiekunde: BSc (UvA) #13.4.c
- Honours-programma (UvA)
Medische natuurwetenschappen: BSc (VUA) #13.18.c
- Biomedische beeldvorming (VUA: minor)
- Brain & mind (VUA: minor)
- Educatieve minor (VUA)
- Molecular pharmaceutical sciences (VUA: minor)
- Sport, bewegen en gezondheid (VUA: minor)
Midden-Oostenstudies: BA (RUG; UL) #19.4.c
- Arabisch (UL)
- Arabisch/Islam (RUG)
- Cultuur (UL)
- Geschiedenis (UL)
- Hebreeuws/Jodendom (RUG)
- Honours-programma (RUG; UL)
- Minors (RUG)
- Modern Hebreeuws (UL)
- Perzisch (UL)
- Religie (UL)
- Taalkunde (UL)
- Taalverwerving (UL)
- Turks (UL)

Milieu- en preventiemanagement: BSc (HUB/KUL: +Dt) #17.1.c
Milieu-maatschappijwetenschappen: BSc (UU) #3.9.c
- Duurzaam ondernemen (UU)
- Duurzaam ruimtegebruik (UU)
Milieu-natuurwetenschappen: BSc (OUNL: Dt; UU) #3.9.c
- Energie- en grondstoffen (UU)
- Water- en natuur (UU)
Milieuwetenschappen: BSc (WU) #7.1.c
- Milieubeleid en economie (WU)
- Milieukwaliteit en -systeemanalyse (WU)
- Milieutechnologie (WU)
Militaire bedrijfswetenschappen: (NLDA) #21.1.c
Militaire systemen en technology: (NLDA) #21.1.c
- Civiel technische variant (NLDA)
- Harde technische variant (NLDA)
- Technisch bedrijfskundige variant (NLDA)
Minorities & multilingualism: BA (RUG) #14.9.c
- Frisian (RUG)
- Honours-programma (RUG)
- Minors (RUG)
Mobiliteitswetenschappen: (AUHL) #5.6.c
- Mobiliteitsmanagement (AUHL)
- Verkeersveiligheid (AUHL)
Molecular science & technology: BSc (TUD/UL) #7.1.c
- Chemical engineering (TUD)
- Chemistry (UL)
- Honours-programma (TUD; UL)
- Minors (TUD/UL)
Moleculaire levenswetenschappen: BSc (RU; WU) #3.8.c
Moraalwetenschappen: BA (UG) #12.6.c
- Economie en bedrijfskunde (UG: minor)
- Globalisering en diversiteit (UG: minor)
- Politieke en sociale wetenschappen (UG: minor)
- Psychologie (UG: minor)
- Recht (UG: minor)
Musicologie: BA (KUL: +Dt) #23.3.c
Muziekwetenschap: BA (UU; UvA: +Dt) #23.3.c
- Cognitieve/culturele variant (UvA)
- Historische muziekwetenschap (UU)
- Historische variant (UvA)
- Honours-programma (UU; UvA)
- Minors (UvA)
- Muziek en media (UU)

N

Nanobiology: BSc (EUR; TUD) #7.1.c
- Honours-programma (TUD)
- Minors (TUD)
Natuur- en sterrenkunde: BSc (RU; UU: UvA; VUA) #3.7.c
- Deeltjesfysica (UU)
- Educatieve minor Natuurkunde (RU)
- Fysica van nanomaterialen (UU)
- Geschiedenis en filosofie van de natuurwetenschappen (UU)
- Honours-programma (UU; UvA; VUA)
- Minors (UvA)
- Sterrenkunde (UvA)
- Natuurkunde (UvA)
- Natuurkunde van het klimaat (UU)
- Scheikunde (UU: dubbele bachelor)
- Theoretische natuurkunde (UU)
- Wiskunde (UU: dubbele bachelor; UvA: dubbele bachelor; VUA: dubbele bachelor)
Natuurkunde: BSc (RUG; UL) #4.1.c
- Algemene natuurkunde (RUG)
- Energy & sustainability (RUG)
- Honours-programma (UL)
- Informatica (UL: dubbele bachelor)
- Leven en gezondheid (RUG)
- Minors (UL)
- Physics of life (UL)

- Sterrenkunde (UL: dubbele bachelor)
- Wiskunde (UL: dubbele bachelor)
Natuurwetenschap en innovatiemanagement: BSc (UU) #4.1.c
- Energie & transport (UU)
- Honours-programma (UU)
- Life sciences (UU)
Nautische wetenschappen: BSc (HZS) #18.9.c
Nederlandse taal en cultuur: BA (RU; RUG; UL; UU; UvA: +Dt) #19.4.c
- Boek- en tekstcultuur (UL)
- Dubbele bachelor (UU)
- Educatieve minor Nederlands (RU)
- Historische letterkunde (RUG; UvA)
- Honours-programma (RUG; UL; UU: Descartes College; UvA)
- Minors (RUG; UL; UvA)
- Moderne letterkunde (RUG; UvA)
- Moderne Nederlandse letterkunde (UL)
- Nederlands: de taal en het gebruik (UU)
- Nederlandse literaturen in hun context (UU)
- Nederlandse taal, literatuur en maatschappij (UU)
- Nederlandse taalkunde (UL)
- Oudere Nederlandse letterkunde (UL)
- Taal en communicatie (UvA)
- Taalbeheersing (RUG; UvA)
- Taalbeheersing van het Nederlands (UL)
- Taalkunde (RUG; UvA)
Nieuwgriekse taal en cultuur: BA (UvA: +Dt) #19.4.c
- Honours-programma (UvA)
- Minors (UvA)
Notarieel recht: LLB (RU: +Dt; RUG; UL: +Dt; VUA: +Dt) #20.9.c
- Honours-programma (VUA)
- Law extra (RU)

O

Onderwijskunde: BSc (KUL/KULAK: +Dt; UU: +Dt; UvA) #14.5.c
- Communicatiewetenschappen (KUL/KULAK)
- Economie (KUL/KULAK)
- Focus op leren binnen organisaties (UU)
- Focus op leren van het individu (UU)
- Focus op onderwijzen en de docent (UU)
- Focus op onderzoek (UU)
- Honours-programma (UvA)
- Internationalisering (KUL/KULAK)
- Minors (UvA)
- Onderwijskunde algemeen (UU)
Oost-Europese talen en culturen: BA (UG) #19.4.c
- Economie en bedrijfskunde (UG: minor)
- Geschiedenis (UG: minor)
- Letterkunde (UG: minor)
- Politieke en sociale wetenschappen (UG: minor)
- Talen en culturen van Zuidoost-Europa (UG: minor)
Oosterse talen en culturen: BA (UG) #19.4.c
- Arabistiek en Islamkunde (UG)
- China (UG)
- India (UG)
- Japan (UG)
Organisatiewetenschappen: BSc (TiU) #11.1.c
Oude culturen van de mediterrane wereld: BA (UL) #19.4.c
- De mediterrane wereld in breed perspectief (UL)
- Egyptische taal en cultuur (UL)
- Hebreeuwse en Aramese talen en culturen (UL)
- Honours-programma (UL)
- Talen en culturen van Mesopotamië en Anatolië (UL)
Oudheidkunde: BA (VUA) #22.1.c
- Archeologisch-historisch + literatuur en cultuur (VUA)
- Babylonisch-Assyrisch (VUA)
- Babylonisch-Assyrisch + Grieks (VUA)
- Educatieve minor (VUA)
- Grieks (VUA)
- Latijn (VUA)

- Minors (VUA)
- Oude geschiedenis + mediterrane archeologie (VUA)

P

Pedagogische wetenschappen: BSc (EUR; KUL: +Dt; RU; RUG; UG; UL; UU; UvA; VUA) #14.5.c
- Academische opleiding leraar basisonderwijs (RUG)
- Algemene pedagogiek (RUG)
- Gezinspedagogiek (UL)
- Honours-programma (UU; UvA)
- Leerproblemen (UL)
- Maatschappelijke opvoedingsvraagstukken (UU)
- Minors (UL; UvA; VUA)
- Onderwijs- en opleidingskunde (KUL)
- Onderwijskunde (RU; RUG)
- Onderwijsstudies (UL)
- Orthopedagogiek (KUL; RU; RUG; UG; UL; UU)
- Pedagogiek en onderwijskunde (UG)
- Sociale agogiek (UL)
- Sociale en culturele pedagogiek (KUL)
Personeelwetenschappen: BSc (TiU) #11.6.c
Philosophy: BA (KUL: +Dt) #12.6.c
- Basic philosophical courses (KUL)
- Electives (KUL)
- Historical philosophical courses (KUL)
- Research skills (KUL)
- Seminars (KUL)
Zie ook: Filosofie en Wijsbegeerte
Plantenwetenschappen: BSc (WU) #3.2.c
- Genen en gezondheid (WU)
- Teelt en ecologie (WU)
Politicologie: BSc (RU; UL: +Dt; UvA; VUA) 20.5.c
- Beleid en politiek (VUA)
- Bestuur en beleid (UvA)
- Honours-programma (UL; UvA)
- Internationale betrekkingen (UvA)
- Internationale betrekkingen en organisaties (UL)
- Internationale politiek (VUA)
- Minors (UvA)
- Politieke theorie en politiek gedrag (UvA)
Politics, psychology, law and economics: BSc (UvA) #20.5.c
Politieke wetenschappen: BSc (UA; UG; VUB) #20.5.c
- Belgische politiek (UG)
- Internationale politiek (UG)
Politieke wetenschappen en de sociologie: BSc (KUL: +Dt) #20.5.c
- Politieke wetenschappen (KUL)
- Sociologie (KUL)
Productontwikkeling: BSc (UA) #7.4.c
Protestantse godgeleerdheid: (FPG) #12.1.c
Psychobiologie: BSc (OUNL: Dt; UvA) #13.18.c
- Celbiologie (UvA)
- Honours-programma (UvA)
- Minors (UvA)
- Neurowetenschappen (UvA)
- Psychologie UvA)
Psychologie: BSc (EUR; KUL: +Dt; OUNL: Dt; RU; RUG; TIU; UG; UL; UM; UT; UU; UvA; VUA; VUB) #14.4.c
- Arbeids- en organisatiepsychologie (KUL; UU; UvA; VUB)
- Bedrijfspsychologie en personeelsbeleid (UG)
- Biologische psychologie (UM)
- Biopsychologie en neuropsychologie (UL)
- Brein (RU)
- Brein en cognitie (UvA)
- Cognitieve en neurobiologische psychologie (UU)
- Cognitieve psychologie (UL; UM)
- Conflict, risico en veiligheid (UT)
- Excellentieprogramma (RUG)
- Gedrag (RU)
- Gezondheidspsychologie (UL; UT)

- Honours-programma (RUG; UL; UM; UU; UvA)
- Human factors & engineering psychology (UT)
- Instructie, leren en ontwikkeling (UT)
- Kinder- en jeugdpsychologie (UU)
- Klinische en gezondheidspsychologie (KUL; UU)
- Klinische neuropsychologie (UvA)
- Klinische ontwikkelingspsychologie (UvA)
- Klinische psychologie (UG; UL; UvA)
- Klinische psychologie: cognitieve en biologische psychologie (VUB)
- Klinische psychologie: orthopsychologie (VUB)
- Klinische psychologie: volwassenen en ontwikkelingspsychologie (VUB)
- Methoden en technieken (UL)
- Minors (UvA; VUA)
- Neuropsychologie (UU)
- Ontwikkelingspsychologie (UL)
- Organisatiepsychologie (UL)
- Persoon (RU)
- Positieve psychologie en technologie (UT)
- Psychologie en gezondheid (TiU)
- Psychologie en maatschappij (TiU)
- Psychologische methodenleer (UvA)
- Schoolpsychologie (KUL)
- Sociale psychologie (UL; UU; UvA)
- Theoretische en experimentele psychologie (UG)
- Theorie en onderzoek (KUL)
- Zelf samengesteld studiepad (UU)
Psychology: BSc (EUR; RUG; UL; Webster) #14.4.c
- Excellence programme (RUG)
- Honours-programma (RUG)

Q/R

Recht & economie: BSc/LLB (RU) #20.9.c, zie ook: 20.1. c
Recht & management: BSc/LLB (RU) #20.9.c, zie ook: 20.1.c
Rechten: LLB (AUHL; HUB/KUL: +Dt; KUL: +Dt; KUL/KULAK: +Dt; UA; UG; VUB) #20.9.c
- Criminologische wetenschappen (KUL)
- Economie, recht en bedrijfskunde (KUL; KUL/KULAK)
- Overheidsmanagement en -beleid (KUL)
- Politieke wetenschappen (KUL; KUL/KULAK)
Rechtsgeleerdheid: LLB (EUR +Dt; OUNL: Dt; RU: +Dt; RUG; TIU; UL: +Dt; UM; UU; UvA: +Dt; VUA: +Dt) #20.9.c; zie ook 20.11.c
- Fiscaal recht (EUR; RUG; TIU; UL; UM; UvA)
- Global law (TiU)
- Honours-programma (RUG; UL; UU; UvA; VUA)
- Internationaal business law (UL)
- Internationaal en Europees recht (RUG; TIU)
- International and European law (RUG)
- IT-recht (RUG)
- Juridische bestuurskunde (RUG)
- Minors (UU; VUA)
- Multidisciplinair traject (UU)
- Nederlands recht (RUG; TIU)
- Notarieel recht (RU; RUG; UL; VUA)
- Notarieel traject (UU)
- Ondernemingsrecht (TiU)
- Recht en bedrijfswetenschappen (UL)
- Rechten en economie (UL)
- Toga-traject (UU)
Religiestudies: BA (UU) #12.1.c
- Honours-programma (UU)
- Religie en politiek (UU)
- Religie, medialiteit en cultuur (UU)
Religiewetenschappen: BA (RU: +Dt; RUG; UL: +Dt; UvA: +Dt; VUA: +Dt) #12.1.c
- Boeddhisme (VUA)
- Educatie (UL: minor; UvA: minor)
- God in Nederland (VUA: minor)
- Hindoeïsme (VUA)
- Honours-programma (UL; UvA)

- Islam (VUA)
- Islamstudies (RU)
- Minors (UL)
- Praktijkstudie: boek, boekhandel en uitgeverij (UL)
- Praktijkstudie: Europese Unie studie (UL)
- Praktijkstudie: internationaal en intercultureel management (UL)
- Praktijkstudie: journalistiek en nieuwe media (UL)
- Religie, ritueel en mythologie (RUG: minor)
- Religie, samenleving en identiteit (RUG: minor)
- Religie, tekst en cultuur (RUG: minor)
- Religiestudies (VUA: minor)
- Theologie (VUA: minor)

Revalidatiewetenschappen en de kinesitherapie: BSc (AUHL; KUL: +Dt; KUL/KHBO: +Dt; UA; UG; VUB) #16.1.c

Romaanse talen en culturen: BA (RU) #19.4.c
- Educatieve minor Frans (RU)
- Educatieve minor Spaans (RU)
- Franse taal en cultuur (RU)
- Spaanse taal en cultuur (RU)

Russische studies: BA (UL) #19.4.c
- Honours-programma (UL)
- Politiek, geschiedenis & economie (UL)
- Taal & cultuur (UL)

S

Scandinavische talen en culturen: BA (UvA: +Dt) #19.4.c
- Honours-programma (UvA)
- Minors (UvA)

Scheikunde: BSc (RU; RUG; UU; UvA; VUA) #7.1.c
- Chemie van het leven (UvA)
- Chemistry of life (RUG)
- Duurzame chemie & materialen (UvA)
- Educatieve minor Scheikunde (RU; UvA)
- Honours-programma (UU; UvA)
- Minors (UvA; VUA)
- Molecular life sciences (UU)
- Moleculen en gezondheid (UU)
- Nanomaterialen en energie (UU)
- Smart materials (RUG)
- Sustainable chemistry and energy (RUG)

Scheikundige technologie: BSc (RUG; TU/e; UT) #7.1.c
- Biochemie (TU/e)
- Chemische procestechnologie (TU/e)
- Moleculaire systemen en materialen (TU/e)
- Nanotechnologie (TU/e)
- Polymeerchemie (TU/e)

Science: BSc (RU) #4.1.c

Science, business & innovation: BSc (VUA) #4.1.c
- Minors (VUA)

Slavische talen en culturen: BA (UvA: +Dt) #19.4.c
- Honours-programma (UvA)
- Minor educatie (UvA)
- Minors (UvA)

Sociaal-economische wetenschappen: BSc (UA) #14.1.c, zie ook: 20.1.c
- Bedrijfskunde (UA)
- Economische analyse (UA)
- Sociaal-economische analyse (UA)
- Sociologische analyse (UA)

Sociale geografie en planologie: BSc (RUG; UU: +Dt; UvA) #14.1.c
- Economische geografie (UU)
- Geo-informatie (UU)
- Honours-programma (RUG; UvA)
- Internationale ontwikkelingsstudies (UvA)
- Lerarenopleiding ILO (UvA)
- Minors (UU)
- Ontwikkelingsgeografie (UU)
- Planologie (UU; UvA)
- Regionale en culturele geografie (UU)

- Sociale geografie (UvA)
- Stadsgeografie (UU)

Sociologie: BSc (EUR; RU; RUG; TIU; UA; UG; UU; UvA; VUA; VUB) #14.1.c
- Arbeid, organisaties & instituties (UvA)
- Burgerschap, zorg & beleid (UvA)
- Communicatiewetenschappen (UG: minor)
- Criminologie (UG: minor)
- Cultuursociologie (UvA)
- Cultuurwetenschappen (UG: minor)
- Economie en bedrijfskunde (UG: minor)
- Geschiedenis (UG: minor)
- Honours-programma (RUG; UU; UvA)
- Minors (UvA; VUA; VUB)
- Onderwijs, stratificatie & levenslopen (UvA)
- Politieke wetenschappen (UG: minor)
- Sociaal werk (UG: minor)
- Sociale en economische geografie (UG: minor)
- Sociale psychologie (UG: minor)
- Sociologische theorieën en onderzoek (VUB)
- Stadssociologie (UvA)

South and Southeast Asian studies: BA (UL) #19.4.c
- Godsdienst (UL)
- Honours-programma (UL)
- Regio (UL)
- Taal: Hindi, Sanskrit, Tibetaans of Indonesisch (UL)

Spaanse taal en cultuur: BA (RU; UU; UvA: +Dt) #19.4.c
- Dubbele bachelor (UU)
- Honours-programma (UU: Descartes College; UvA)
- Literatuur en cultuur (UU)
- Minor educatie (UvA)
- Minors (UvA)
- Taalkunde en vertalen (UU)

Sterrenkunde: BSc (RUG; UL) #3.7.c
- Honours-programma (UL)
- Natuurkunde (UL: dubbele bachelor)
- Wiskunde (UL: dubbele bachelor)

T

Taal- en cultuurstudies: BA (UU) #19.4.c
- Amerikanistiek (UU)
- Antieke cultuur (UU)
- Arabisch, Duits, Engels, Frans, Italiaans, Keltisch, Nederlands of Spaans (UU)
- Communicatiekunde (UU)
- Film- en televisiewetenschap (UU)
- Honours-programma (UU)
- Middeleeuwen (UU)
- Moderne kunst, cultuur en geschiedenis (UU)
- Moderne letterkunde (UU)

Taal- en letterkunde: BA (HUB/KUL; KUL: +Dt; KUL/KULAK: +Dt; UA; UG; VUB) #19.4.c
- 2 talen; keuze uit: Duits, Engels, Frans, Nederlands, Spaans (UA)
- 2 talen; keuze uit: Duits, Engels, Frans, Italiaans, Nederlands, Spaans (NB: elke combinatie moet Engels, Nederlands of Frans bevatten) (VUB)
- 2 talen; keuze uit: Duits, Engels, Frans, Nederlands, Spaans (KUL/KULAK)
- 2 talen; keuze uit: Duits, Engels, Frans, Grieks, Italiaans, Latijn, Nederlands, Spaans (KUL)
- 2 talen; keuze uit: Duits, Engels, Frans, Grieks, Italiaans, Latijn, Nederlands, Spaans, Zweeds (UG)
- 2 talen: Nederlands en Engels (HUB/KUL)
- Algemene literatuurwetenschap (KUL)
- Algemene taalwetenschap (KUL)
- Filmwetenschap (UA)
- Literatuurwetenschap (UA)
- Methodologie (KUL)
- Theaterwetenschap (UA)

Taal- en regiostudies: Arabistiek en islamkunde: BA (KUL: +Dt) #19.4.c
- Economisch beleid en management (KUL: minor)
- Taal, cultuur, geschiedenis en maatschappij (KUL: minor)
Taal- en regiostudies: Japanologie: BA (KUL: +Dt) #19.4.c
- Cultuur-historisch (KUL: minor)
- Economisch beleid en management (KUL: minor)
Taal- en regiostudies: Oude Nabije Oosten: BA (KUL: +Dt) #19.4.c
- Archeologie (KUL: minor)
- Egyptologie (KUL)
- Oudheid (KUL: minor)
- Syro-Mesopotamië (KUL)
- Syro-Palestina (KUL)
Taal- en regiostudies: Sinologie: BA (KUL: +Dt) #19.4.c
- Cultuur-historisch (KUL: minor)
- Economisch beleid en management (KUL: minor)
Taal- en regiostudies: Slavistiek en Oost-Europakunde: BA (KUL: +Dt) #19.4.c
- Economisch beleid en management (KUL: minor)
- Taal, cultuur, geschiedenis en maatschappij (KUL: minor)
Taalwetenschap: BA (RU; RUG; UL; UU; UvA: +Dt) #19.4.c
- De sprekende en luisterende computer (RU)
- Gebarentaal (RU)
- Gebarentaalwetenschap (UvA)
- Het menselijk taalvermogen (UU)
- Honours-programma (RUG; UU; UvA)
- Indo-Europese taalwetenschap (UL)
- Logopedie (RUG: minor)
- Minors (RUG; UvA)
- Neurowetenschappen (RUG: minor)
- Psycholinguïstiek (RU)
- Sociolinguïstiek (RU)
- Taal en cognitie (UL)
- Taal en communicatie (UL)
- Taalbeschrijving (UL)
- Taalvariatie (UU)
Tandheelkunde: BSc (KUL: +Dt; RU; RUG; UG; UvA; VUA) #13.9.c
- Honours-programma (RUG; UvA)
- Orthodontie en kaakchirurgie (UvA; VUA)
Technische aardwetenschappen: BSc (TUD) #7.1.c
- Honours-programma (TUD)
Technische bedrijfskunde: BSc (RUG; TU/e; UT) #11.1.c
- Proces- en producttechnologie (RUG)
- Productietechnologie en logistiek (RUG)
Technische bestuurskunde: BSc (TUD) #11.1.c
- Bouwen & ruimtelijke ontwikkeling (TUD)
- Energie & industrie (TUD)
- Honours-programma (TUD)
- Informatie & communicatie (TUD)
- Minors (TUD)
- Transport & logistiek (TUD)
Technische geneeskunde: BSc (TU/e; UT) #13.1.c
Technische informatica: BSc (TUD; TU/e; UT) #5.5.c
- Honours-programma (TUD)
- Minors (TUD)
- Software science (TU/e)
- Web science (TU/e)
Technische innovatiewetenschappen: (TU/e)
- Psychology & technology (TU/e) #20.6.c
- Sustainable innovation (TU/e) #3.9.c
Technische natuurkunde: BSc (RUG; TUD; TU/e; UT) #4.1.c
- Honours-programma (TUD)
- Minors (TUD)
Technische planologie: BSc (RUG) #10.3.c
- Honours-programma (RUG)
Technische wiskunde: BSc (RUG; TUD; TU/e; UT) #20.7.c
- Educatieve bachelor (UT)
- Honours-programma (TUD)
- Minors (TUD)

Theater-, film- en televisiewetenschap: BA (UU) #23.4.c
- Comperative media studies (UU)
- Film- en mediacultuur (UU)
- Honours-programma (UU)
- Nieuwe media en digitale cultuur (UU)
- Televisie- en mediacultuur (UU)
- Theater- en danscultuur (UU)
Theaterwetenschap: BA (UvA) #23.4.c
- Honours-programma (UvA)
- Minors (UvA)
Theologie: BA (PThU/RUG: +Dt; PThU/VUA: +Dt; RU: +Dt; RUG: +Dt; ThUK; TIU; TUA) #12.1.c
- Educatieve minor Godsdienst & levensbeschouwing (RU)
- Minors (PThU/VUA; RU)
- Tekst, traditie en interpretatie (PThU/RUG)
Theology and religious studies: BA (KUL: +Dt) #12.1.c
Toegepaste economische wetenschappen: BSc (AUHL; HUB; HUB/KUL; KUL: +Dt; KUL/KULAK: +Dt; UA; UG; VUB) #20.1.c
- Accountancy (UA)
- Accountancy en financiering (KUL)
- Bedrijfseconomie en strategie (KUL)
- Bedrijfskunde en psychologie (KUL)
- Beleidsinformatica (KUL)
- Beleidsinformatica voor bedrijfseconomen (KUL)
- Economie (KUL)
- Economisch beleid (UA)
- Europees en international ondernemen (UA)
- Filosofische en ethische reflect (KUL)
- Financiering (UA)
- Handelsingenieur (AUHL; HUB; HUB/KUL; KUL; KUL/KULAK; UA; UG; VUB)
- Handelsingenieur in de beleidsinformatica (AUHL; KUL; KUL/KULAK; UA)
- Marketing (KUL; UA)
- Overheidsmanagement (KUL)
- Personeel en organisatie (KUL)
- Productie en logistiek (KUL)
- Specifieke lerarenopleiding TEW (AUHL)
- Strategie en organisatie (UA)
- Talen (KUL)
- Transport en logistiek (UA)
Toegepaste taalkunde: BA (HUB/KUL; KUL/ThomasMore; UA; UG; VUB) #19.4.c
- Journalistiek (VUB)
- Minors (UA)
- Nederlands + twee vreemde talen: Duits, Engels of Frans (UA)
- Nederlands + één vreemde taal: Duits, Engels of Frans + nog één vreemde taal: Chinees, Italiaans, Portugees of Spaans (UA)
- Nederlands + één vreemde taal: Duits, Engels, Frans, Italiaans, Russisch of Spaans + nog één vreemde taal: Duits, Engels of Frans (HUB/KUL)
- Nederlands + één vreemde taal: Duits, Engels of Frans + nog één vreemde taal: Duits, Engels, Frans, Italiaans, Russisch, Spaans of Turks (UG)
- Nederlands + één vreemde taal: Arabisch, Duits, Engels, Frans, Italiaans, Russisch, Spaans of Vlaamse gebarentaal + nog één vreemde taal: Duits, Engels of Frans (KUL/ThomasMore)
- Tolken (VUB)
- Tolken en vertalen (VUB)
- Twee talen, eventueel een derde: Duits/Engels/Frans/Italiaans/Nederlands en/of Spaans (VUB)
- Vertalen (VUB)
Tourism: BSc (WU) #18.1.c

U
Universitaire pabo: (VUA) #24.1.c
- Pedagogiek (VUA; dubbele bachelor)
- Psychologie (VUA)
Universitaire pabo van Amsterdam: BSc/BE (UvA: dubbele bachelor) #24.1.c

- Het jonge kind (UvA)
- Het oudere kind (UvA)
- Pedagogische wetenschappen (UvA: dubbele bachelor)
University College Groningen: BA/BSc (RUG/UCG) #19.5.c.5
University College Maastricht: BSc (UM/UCM) #19.5.c.5
University College Roosevelt: BA/BSc (UU/UCR) #19.5.c.5
- Arts & humanities (UU)
- Science and academic core (UU)
- Social sciences (UU)
University College Utrecht: BA/BSc (UU/UCU) #19.5.c.5
- Humanities (UU)
- Science (UU)
- Social science (UU)

V
Voeding en gezondheid: BSc (WU) #13.22.c
- Minors (WU)

W
Werktuigbouwkunde: BSc (TUD; TU/e; UT) #5.1.c
- Honours-programma (TUD; TU/e)
- Minors (TUD)
Wijsbegeerte: BA (KUL: +Dt; RUG; +Dt; UA: +Dt; UG; UL; +Dt; UU; UvA: +Dt; VUA: +Dt) #12.6.c
- Algemene wijsbegeerte (KUL)
- Economie (KUL)
- Ethiek en politiek (UU)
- Fysica (KUL)
- Geschiedenis (KUL)
- Globalisering en diversiteit (UG: minor)
- Godgeleerdheid en godsdienstwetenschappen (KUL)
- Honours-programma (UL; UU; UvA)
- Klassieke traditie (UG: minor)
- Minors (UL; UvA)
- Nederlandse taal- en letterkunde (KUL)
- Politieke en sociale wetenschappen (UG: minor)
- Politieke wetenschappen (KUL)
- Psychologie (KUL; UG: minor)
- Recht (UG: minor)
- Rechten (KUL)
- Sociologie (KUL)
- Taal, geest, wereld (UU)
- Wat is de mens (UU)
- Wetenschappen (UG: minor)
Wijsbegeerte en moraalwetenschappen: BA (VUB) #12.6.c
- Communicatiewetenschappen (VUB: minor)
- Geschiedenis (VUB: minor)
- Kunstwetenschappen en archeologie (VUB: minor)
- Politieke wetenschappen (VUB: minor)
Wijsbegeerte van een bepaald wetenschapsgebied: BA (RUG) #12.6.c
- Honours-programma (RUG)
Wijsbegeerte: zie ook Filosofie en Philosophy
Wiskunde: BSc (AUHL; KUL: +Dt; KUL/KULAK +Dt; RU; RUG; UA; UG; UL; UU; UvA; VUA: +Dt; VUB) #20.7.c
- Algemene wiskunde (RUG)
- Biomedische wiskunde (VUA)
- Biowetenschappen (UG: minor)
- Communicatiewetenschappen (VUB: minor)
- Computeralgebra (RU)
- Econometrie (UU)
- Economie (KUL: minor; UG: minor)
- Fysica (KUL: minor)
- Fysica en sterrenkunde (KUL: minor)
- Geschiedenis (VUB: minor)
- Geschiedenis, communicatie en educatie (UU)
- Historische filosofie (VUA)
- Honours-programma (UL; UvA; VUA)
- Informatica (KUL: minor; UG: minor; UL: dubbele bachelor; UU: dubbele bachelor)

- Ingenieurswetenschappen (KUL/KULAK)
- IT (KUL: minor)
- Kunstwetenschappen en archeologie (VUB: minor)
- Minors (UL; UvA)
- Natuurkunde (UG: minor; UL: dubbele bachelor; UU: dubbele bachelor)
- Politieke wetenschappen (VUB: minor)
- Praktische filosofie (VUA)
- Scientific computing (UU)
- Statistiek en ecometrie (RUG)
- Sterrenkunde (UL: dubbele bachelor)
- Stochastiek (UU)
- Theoretische filosofie (VUA)
- Topologie & meetkunde, algebra en logica (UU)
- Verbreding (KUL: minor)
- Wiskunde (educatieve minor) (KUL; RU; UL)
- Wiskundige ingenieurstechnieken (KUL: minor)
- Zuivere analyse en toegepaste analyse (UU)
Wiskunde en toepassingen: BSc (UU) #20.7.c

25.3 WO-MASTEROPLEIDINGEN

25.3.b Wo-masteropleidingen

25.3.b.1 Overzicht van Nederlandse en Vlaamse wo-masteropleidingen 2015-2016
Algemeen
- Hieronder vindt men een geheel geactualiseerde gecombineerde lijst van Nederlandse en Vlaamse wo-masteropleidingen 2015-2016.
- Er wordt volstaan met het noemen van de namen van de opleidingen, en de vermelding van de universiteit waar ze (zullen) worden gegeven.
- Er wordt volstaan met de naam van de opleiding, en erachter staat tussen haakjes de afgekorte naam van de universiteit waar de opleiding wordt gegeven.
- Voor de verklaring van de afkortingen van de namen van de universiteiten: zie de 'Verklarende lijst' voorin deze Gids.
- De volledige adressen van de Nederlandse en Vlaamse universiteiten zijn te vinden in de Centrale adreslijst WO, achterin deze Gids.
- Meer afkortingen van universiteiten achter één opleiding: dit betekent dat de opleiding met dezelfde naam op meer universiteiten wordt gegeven. Dit hoeft echter niet te betekenen dat zo'n opleiding op meer universiteiten precies hetzelfde studieprogramma volgt.
- In Vlaanderen zijn diverse universiteiten en hogescholen samenwerkingsverbanden aangegaan. Hun afgekorte namen staan dan - gescheiden door een / (slash) - tegen elkaar aan vermeld; voorbeeld van een universiteit die samenwerkt met een hogeschool: KUL/ThomasMore. KUL is de Vlaamse universiteit, ThomasMore is de Vlaamse hogeschool. De lessen worden dan gegeven op de hogeschool, maar het diploma komt van de universiteit.
- Een Vlaamse masteropleiding wordt soms een jaar bij de ene universiteit gegeven, en het tweede jaar bij de andere; voorbeeld van twee zo samenwerkende universiteiten: HUB/KUL.
- Bij de masteropleidingen staan ook de in Nederland gebruikelijke titels vermeld waartoe wordt opgeleid: MA, MSc of LMM.
  De titel MPhil is wettelijk verboden, maar sommige universiteiten koppelen die titel toch aan een 'researchmaster' die overigens evenmin een wettelijke status heeft.
  'Research master' en 'research MA' worden in deze Gids overigens meestal aangeduid met het woord 'onderzoeksmaster'.
- In Vlaanderen is de titulatuur voor alle masteropleidingen bij wet

zonder nadere toevoeging: Master (plus de naam van het wetenschapsgebied). Een voltooide masteropleiding in de rechten leidt daar dus niet tot de titel LLM, maar tot de titel 'Master in de rechten'. Er bestaan wel: 'Erasmus Mundus Master of Science', 'Internationale Master', 'European Master', 'Master of Veterinary Medicine' (MVM).
- Opleidingen waarachter 'education' staat, zijn lerarenopleidingen (bijv. Mathematics education).
- 'Niet bekostigd' betekent dat de studie niet door de overheid wordt bekostigd en dat de student dus het gehele inschrijf- en collegegeld zelf moet betalen.
- Achter aan de regel van een wo-masteropleiding in onderstaande lijst treft men een # aan. Hierachter staat het paragraafnummer van deze Gids waarin de betreffende studie thuishoort (bijvoorbeeld: #14.4.b = 14.4 Psychologie en psychotherapie). De redactie streeft ernaar om alle wo-masteropleidingen óók in de betreffende hoofdstukken te plaatsen, zodat het voor de gebruiker nog duidelijker zichtbaar wordt welke opleidingen qua onderwerp verwant zijn en dus in welke sector ze thuishoren. (Hetzelfde geldt voor de wo-bacheloropleidingen, de ad-programma's, de hbo-bacheloropleidingen, de hbo-masteropleidingen, en de post-hbo-opleidingen.)
- Nieuw: direct onder de benamingen van de studies staan (achter een streepje aan het begin van de regel) eventuele bijbehorende afstudeerrichtingen, majors, of specialisaties - in Vlaanderen: varianten - van de hoofdstudie vermeld.

- *Let op: direct onder de benamingen van de studies staan (achter een streepje aan het begin van de regel) eventuele bijbehorende afstudeerrichtingen, majors, of specialisaties - in Vlaanderen: varianten - van de hoofdstudie vermeld.*

- De inschrijving van de meeste hierna genoemde wo-masteropleidingen is geopend voor het studiejaar 2015-2016 e.v.
- De opleidingsduur van wo-masteropleidingen is 1 of 2 jaar.
- Sommige masteropleidingen worden 2x per jaar gegeven: ze starten dan meestal in januari of februari én in september.
- Voor toelatingseisen voor een wo-masterstudie zie 25.1.c.11. Toelatingseis is meestal in ieder geval het wo-bachelordiploma van dezelfde soort faculteit. Het mag ook een bachelordiploma van een andere universiteit zijn. Heeft men een hbo-diploma, dan wordt men soms pas toegelaten na het volgen van een niet bekostigd(e) introductiecursus, een pre-masteropleiding of een schakelprogramma; duur: een half tot anderhalf jaar.
- Een Engelstalige opleidingsnaam betekent vrijwel altijd dat de voertaal van de opleiding Engels is en dat een goede beheersing van het Engels is vereist om de opleiding met succes te kunnen volgen.

Wo-masteropleidingen in Nederland en Vlaanderen 2015-2016
- *Direct onder de vetgedrukte benamingen van de studies staan (achter een streepje aan het begin van de regel) eventuele bij_behorende afstudeerrichtingen, majors, of specialisaties - in Vlaanderen: varianten - van de hoofdstudie vermeld.*
- *Opleidingen zonder toevoeging zijn voltijd-opleidingen.*

A
Aansprakelijkheid en verzekering: LLM (EUR) #17.4.b
Aardobservatie: MSc (KUL: ook in deeltijd) #10.1.b
- Bio-ingenieurswetenschappen (KUL)
- Wetenschappen (KUL)
Accountancy: MSc (NR: deeltijd, niet bekostigd) #20.8.b
Accountancy & control: MSc (UvA: ook in deeltijd) #20.8.b
- Accountancy (UvA)
- Control (UvA)
Accountancy & controlling: MSc (RUG) #20.8.b
- Accountancy (RUG)
- Controlling (RUG)
Accountancy en het revisoraat: MSc (KUL: ook in deeltijd) #20.8.b
- Accountancy (KUL)
- Recht of information management (KUL)
Accounting: MSc (TiU) #20.8.b
- CFA track (TiU)
- Professional track (TiU)
Accounting & control: (VUA: deeltijd) #20.8.b
- Accountancy (UvA)
- Controlling (UvA)
Accounting, auditing & control: MSc (EUR: ook in deeltijd) #20.8.b
- Accounting and auditing (EUR)
- Accounting and control (EUR)
- Accounting and finance (EUR)
Actuarial science: MSc (TIAS: niet bekostigd) #20.1.b
Actuarial science and mathematical finance: MSc (UvA) #20.1.b
Adapted physical activity: MSc (KUL: Erasmus Mundus Master, ook in deeltijd) #16.1.b
- Active lifestyle (KUL)
- Physical education (KUL)
- Sport management (KUL)
Advancing healthcare practice: MSc (OUBS: online, niet bekostigd) #13.2.b
Advanced networking: MSc (OUBS: online, niet bekostigd) #20.6.b
Aerospace engineering: MSc (TUD) #5.7.b
- Aerodynamics and wind energy (TUD)
- Aerospace structures & materials (TUD)
- Control and operations (TUD)
- Flight performance and propulsion (TUD)
- Space flight (TUD)
Affective neuroscience: MSc (UM) #14.3.b
African studies: MA (UL: ook als onderzoeksmaster) #19.4.b
- Eastern Africa (UL)
- Southern Africa (UL)
- West Africa (UL)
Afrikaanse talen en culturen: MA (UG) #19.4.b
Agogische wetenschappen: MSc (VUB: Erasmus- en Socratesprogramma) #14.5.b
- Culturele agogiek (VUB)
- Onderwijsagogiek (VUB)
- Sociale agogiek (VUB)
- Vrijetijdsagogiek (VUB)
Agro- and ecosystems engineering: MSc (KUL: ook in deeltijd) #3.1.b
- Economics (KUL)
- Environment (KUL)
- Information (KUL)
- Production (KUL)
Air and space law (advanced): LLM (UL: ook in deeltijd) #20.9.b
Algemene economie: MSc (UG) #20.1.b
Algemene sociale wetenschappen: MSc (UU) #14.1.b
- Arbeid, zorg en participatie (UU)
- Cultural anthropology: sustainable citizenship (UU)
- Jeugdstudies (UU)
- Social policy & social interventions (UU)
American studies: MA (RUG,UU) #19.5.b
Ancient, medieval and renaissance studies: MA (UU) # 19.4.b
- Ancient studies (UU)
- Medieval studies (UU)

- Medieval Celtic studies (UU)
- Renaissance studies (UU)
Animal sciences: MSc (WU: ook als onderzoeksmaster, ook educatieve master) #3.1.b
- Animal breeding and genetics (WU)
- Animal health and behaviour (WU)
- Animal health management (WU)
- Animal nutrition (WU)
- Animal production systems (WU)
- Applied zoology (WU)
- Business economics (WU: minor)
- Communication, philosophy and technology (WU: minor)
- Education and competence studies (WU: minor)
- Management studies (WU: minor)
- Marketing and consumer behaviour (WU: minor)
- Public administration (WU: minor)
Anthropology and development studies: MSc (RU) #14.9.b
- Anthropology of mobility (RU)
- Development studies (RU)
Antropologie: MSc (VUA) #14.9.b
- Social and cultural anthtropology (VUA)
Applied communication science: MSc (WU) #19.1.b
- Health and society (WU)
- Stratic communication in innovation (WU)
Applied earth sciences: MSc (TUD) #7.1.b
- Applied geophysics (TUD)
- Geo-engineering (TUD)
- Geoscience and remote sensing (TUD)
- Petroleum engineering and geosciences (TUD)
- Resource engineering (TUD)
Applied economic sciences: (UA: ook als onderzoeksmaster) #11.2.b
- Business administration (UA)
- Economic policy (UA)
Applied mathematics: MSc (RUG; TUD; UT) #20.7.b
- Computational science and engineering (TUD)
- Computational science and numerical mathematics (RUG)
- Mathematics & applications of signals & systems (UT)
- Mathematical physics & computational mechanics (UT)
- Nanoscience (TUD)
- Operations research (UT)
- Probability, risk and statistics (TUD)
- Systems, control and optimization (RUG)
Applied physics: MSc (AUHL/TU/e; RUG; TUD; TU/e: ook onderzoeksmaster; UT) #7.1.b
- Advanced materials (RUG)
- Bionanoscience (TUD)
- Flow - transport Physics (TU/e)
- Fluid physics (UT)
- Imaging physics (TUD)
- Materials physics (UT)
- Nano - nanoscience & technology (TU/e)
- Optics & biophysics (UT)
- Plasma - plasma physics and radiation technology (TU/e)
- Quantum nanoscience (TUD)
- Radiation science and technology (TUD)
- Transport phenomena and fluid flow (TUD)
Applied sciences and engineering: applied computer science: MSc (VUB) #20.6.b
Applied sciences and engineering: computer science: MSc (VUB) #20.6.b
- Artificial intelligence (VUB)
- Multimedia (VUB)
- Software engineering (VUB)
- Web & information systems (VUB)
Applied social psychology: MSc (TU: double degree) #14.4.b
- Economic psychology (TiU)
- Work and organizational psychology (TiU)
Aquaculture: MSc (UG) #3.1.b

Aquaculture and marine resource management: MSc (WU) #3.1.b
- Aquaculture (WU)
- Marine governance (WU)
- Marine resource management (WU)
Arbeidsrecht: LLM (EUR; UvA: ook in deeltijd) #20.9.b
- Arbeid en onderneming (UvA)
Archaeology: MA (KUL: ook in deeltijd; UL: MA/MSc, ook als onderzoeksmaster; UvA: ook als onderzoeksmaster; VUA) #22.1.b
- Archaeological heritage & museum studies (UL)
- Archaeological heritage in a globalising world (UL)
- Archaeology and anthropology of Mesoamerica and the Andes (UL)
- Archaeology & anthropology of the Americas (UL)
- Archaeology of Europe and historical archaeology (UL)
- Archaeology of the Caribbean and Amazonia (UL)
- Archaeology of the mediterranean and the Near East (UL)
- Archaeology of the Near East (UL)
- Archeology of the North-Western Europe (UvA; VUA)
- Archaeology of the Roman provinces, middle ages and modern period (UL)
- Bioarchaeology (UL)
- Bioarchaeology & material culture studies (UL)
- Classical and mediterranean archaeology (UL)
- Heritage management in a world context (UL)
- Heritage of indigenous peoples (UL)
- Human origins (UL)
- Human osteology & funerary archaeology (UL)
- Landscape and heritage (UvA; VUA)
- Material culture studies (UL)
- Mediterranean archaeology (UvA; VUA)
- Museum studies (UL)
- Palaeoecology (UL)
- Palaeolithic archaeology (UL)
- Prehistoric farming communities in North-Western Europe (UL)
- Prehistory of North-Western Europe (UL)
- Religion and society in native American cultures (UL)
- The transformation of the Roman world (UL)
- Town and country in the mediterranean region & in the Near East (UL)
Archeologie: MA (KUL: ook in deeltijd; RUG: ook als onderzoeksmaster; UG) #22.1.b
- Archeologie van de mediterrane wereld en het Nabije Oosten (UG)
- Archeologie van West-Europa (UG)
- Art history and archaeology (RUG)
- Egypte en het Nabije Oosten (KUL)
- Geoarcheologie (UG)
- Historische archeologie (KUL)
- Klassieke en mediterrane archeologie (RUG)
- Pre- en protohistorie archeologie (KUL; RUG)
Architectural engineering: MSc/MA (VUB) #10.2.b
Architecture: MSc (KUL/LUCA: ook in deeltijd) #10.2.b
- Architecture and sustainability (KUL/LUCA)
- Urban cultures (KUL/LUCA)
- Urban projects (KUL/LUCA)
Architecture, building and planning: MSc (TU/e) #10.2.b
- Architecture (TU/e)
- Building physics and services (TU/e)
- Real estate management & development (TU/e)
- Structural design (TU/e)
- Urban design & planning (TU/e)
Architecture, urbanism and building sciences: MSc (TUD) #10.2.b
- Architecture (TUD)
- Building technology (TUD)
- Landscape architecture (TUD)
- Real estate & housing (TUD)
- Urbanism (TUD)
Architectuur: MSc (AUHL; KUL/LUCA: ook in deeltijd; UA) #10.2.b
- Advanced architectural design (KUL/LUCA)
- Explorative architectural design (KUL/LUCA)

- Beelding (AUHL)
- Bouwtechnisch concept (AUHL)
- Cultuur (AUHL)
- Mens en cultuur (AUHL)
- Research exploration architecture laboratory (KUL/LUCA)
- Stedenbouw (AUHL)
- Urban architectural design (KUL/LUCA)

Art history: MA (OUBS: online, niet bekostigd) #23.1.b
Art, literature and society: MA (UM) #23.1.b
Artificial intelligence: MSc (RU; RUG; UM; UU: onderzoeksmaster; UvA; VUA) #20.6.b
- Agents (UU)
- Cognitive processing (UU)
- Cognitive science (VUA)
- Computation in neural and artificial systems (RU)
- Computational intelligence and robotics (RUG)
- Data science (VUA)
- Human ambience (VUA)
- Intelligent systems design (VUA)
- Multi-agent systems (RUG)
- Reasoning (UU)
- Robot cognition (RU)
- Web and language interaction (RU)

Arts and Culture: MA (RUG: ook als onderzoeksmaster; UL: ook in deeltijd, ook als onderzoeksmaster; UvA: ook in deeltijd, ook als onderzoeksmaster; VUA: onderzoeksmaster) #23.2.b
- Architecture (UL)
- Art, culture and media (RUG)
- Art, history and archaelogy (RUG)
- Art of the contemporary world & the world art studies (UL)
- Art studies (UvA)
- Artistic research (UvA)
- Comparative cultural analysis (UvA)
- Design and decorative studies (UL)
- Dutch Art (UvA)
- Dutch golden age studies (UvA)
- Early modern and medieval art (UL)
- History of architecture and town planning (RUG)
- Literary and cultural studies (RUG)
- Museums & collections (UL)
- Musicology (UvA)
- Theatre studies (UvA)
- Visual arts, media and architecture (VUA)

Arts and culture studies: MA (EUR: ook in deeltijd) #23.1.b
- Arts, culture and society (EUR)
- Cultural economics and entrepreneurship (EUR)

Arts and heritage: policy, management and education: MA (UM) #23.1.b Arts, culture and media: MA (RUG) #23.1.b
- Arts analysis and criticism (RUG)
- Arts education (RUG)
- Arts policy and marketing (RUG)
- Film and television (RUG)
- General (RUG)
- Music (RUG)
- Theater and performance (RUG)

Arts-klinisch onderzoeker: MSc (UM: onderzoeksmaster) #13.1.b
Asian studies: MA (UL: ook als onderzoeksmaster) #19.4.b
- Chinese studies (UL)
- East Asian studies (UL)
- History, arts and cultures of Asia (UL)
- Japanese studies (UL)
- Korean studies (UL)
- Politics, society and economy of Asia (UL)
- South Asian studies (UL)
- Southeast Asian studies (UL)

Astronomy: MSc (RUG; UL) #3.7.b
- Astronomy and education (UL)
- Astronomy and instrumentation (UL)
- Astronomy and sience-based business (UL)
- Astronomy and sience communication and society (UL)

- Instrumentation and informatics (RUG)
- M-variant: maatschappijvariant (RUG)
- Research in astronomy (UL)
- Research in astronomy, cosmology (UL)
- Theoretical and observational astronomy (RUG)

Astronomy and astrophysics: MSc (KUL: ook in deeltijd, ook als onderzoeksmaster; UvA) #3.7.b
- Graviation astroparticle physics/astro (UvA)

Automotive technology: MSc (TU/e) #5.1.b
- Automotive materials (TU/e)
- Chemistry in automotive (TU/e)
- Electrical systems for driveline and communication (TU/e)
- Embedded software (TU/e)
- Human factors (TU/e)
- Powertrain components (TU/e)
- Systems engineering (TU/e)
- Vehicle dynamics (TU/e)

B

Bedrijfscommunicatie: MA (KUL: ook in deeltijd) #19.1.b
Bedrijfseconomie: MSc (UG) #20.1.b
Bedrijfskunde: MSc (WO-22: niet bekostigd; UvA: deeltijd, niet bekostigd; VUB) #11.1.b
- Leadership and management (UvA)
- Strategie (UvA)
- Strategisch marketing management (UvA)

Bedrijfsrecht: LLM (EUR: ook in deeltijd) #20.9.b
Behavioural and cognitive neurosciences: MSc (RUG: onderzoeksmaster) #14.4.b
- Animal and human behaviour (RUG)
- Cognitive neuroscience and cognitive modelling (RUG)
- Molecular and clinical neuroscience (RUG)

Behavioural and social sciences: MSc (RUG: onderzoeksmaster) #14.4.b
- Clinical psychology and clinical neuropsychology (RUG)
- Education and development (RUG)
- Psychometrics and statistics (RUG)
- Social and organizational psychology (RUG)
- Sociology (RUG)

Behavioural science: MSc (RU: onderzoeksmaster) #14.4.b
Beleid, communicatie en organisatie: MSc (VUA) #11.1.b
- Advies en verandering (VUA)
- Management en innovatie in de zorg (VUA)
- Strategie en identiteit (VUA)

Beleidseconomie: MSc (KUL: ook in deeltijd) #20.1.b
- Basistraject master in de beleidseconomie (KUL)
- Doorstroomtraject master in de economische wetenschappen (KUL)

Bestuurs- en organisatiewetenschap: MSc (UU: ook deeltijd, ook duaal, ook double degree, ook niet bekostigd) #20.4.b
- Bestuur en beleid (UU)
- Bestuur en beleid voor professionals (UU)
- Communicatie, beleid en management (UU)
- European governance (UU)
- Organisatie, cultuur en management (UU)
- Organisaties, verandering en management (UU)
- Publiek management (UU)
- Sportbeleid en sportmanagement (UU)
- Strategisch human resource management (UU)
- Strategisch management in de non-profitsector (UU)

Bestuurskunde: MSc (EUR; RU; TiU; VUA: ook in deeltijd) #20.4.b
- Beleid en advies (RU)
- Beleid en politiek (EUR)
- Besturen van maatschappelijke organisaties (VUA)
- Besturen van veiligheid (RU; VUA)
- Bestuur & maatschappij (TiU)
- Bestuur & politiek (TiU)
- Bestuur & recht (TiU)
- Bestuurskunde (EUR)
- COMPASS: international management specialisatie (RU)
- Dynamiek van besturen (VUA)

- Governance en management van complexe systemen (EUR)
- Management en organisatie van de publieke sector (RU)
- Management van HR en verandering (EUR)
- Publiek management (EUR)

Bestuurskunde en het publiek management: MSc (UG) #20.4.b
Bio-informatica: MSc (KUL: ook in deeltijd) #3.11.b
- Bio-ingenieurswetenschappen (KUL)
- Ingenieurswetenschappen (KUL)
- Wetenschappen (KUL)

Bio-informatics: MSc (KUL: ook in deeltijd) #3.11.b
Bio-ingenieurswetenschappen: biosysteemtechniek:
  MSc (KUL: ook in deeltijd) #3.11.b
- Bionanotechnologie (KUL)
- Human health engineering (KUL)
- Technologie voor de agrovoedingssector (KUL)

Bio-ingenieurswetenschappen: bos- en natuurbeheer:
  MSc (UG) #3.3.b
- Bosbouw (UG)
- Houtbiologie en houttechnologie (UG)

Bio-ingenieurswetenschappen: cel- en genbiotechnologie:
  MSc (UG; VUB) #13.18.b
- Agrobiotechnologie (VUB)
- Groene biotechnologie: Plant (UG)
- Medische biotechnologie (UG; VUB)
- Moleculaire biotechnologie (VUB)
- Witte biotechnologie: microbieel (UG)

Bio-ingenieurswetenschappen: cel- en gentechnologie:
  MSc (KUL: ook in deeltijd) #3.11.b

**Bio-ingenieurswetenschappen: chemie en
  bioprocestechnologie:** MSc (UG; VUB) #7.1.b
- Biochemische biotechnologie (VUB)
- Chemische biotechnologie (VUB)
- Voedingsbiotechnologie (VUB)

Bio-ingenieurswetenschappen: katalytische technologie:
  MSc (KUL: ook in deeltijd) #7.1.b

Bio-ingenieurswetenschappen: land- en bosbeheer:
  MSc (KUL: ook in deeltijd) #3.3.b
- Bodem en water (KUL)
- Bos en natuur (KUL)
- Production forestry (KUL)

Bio-ingenieurswetenschappen: land- en waterbeheer: MSc
  (UG) #3.3.b

Bio-ingenieurswetenschappen: landbeheer: MSc (KUL: ook in
  deeltijd) #3.3.b
- Aardobservaties (KUL)
- Bodem- en watersystemen (KUL)
- Bos- en natuursystemen (KUL)
- Production forestry systems (KUL)

Bio-ingenieurswetenschappen: landbouwkunde:
  MSc (KUL: ook in deeltijd; UG) #3.3.b
- Bio-economie en beleid (KUL)
- Dierproductie (KUL; UG)
- Economie en management (UG)
- Gewasbescherming (UG)
- Gewasproductie (KUL)
- Plantaardige productie (UG)

Bio-ingenieurswetenschappen: levensmiddelentechnologie:
  MSc (KUL: ook in deeltijd) #7.4.b

**Bio-ingenieurswetenschappen:
  levensmiddelenwetenschappen en voeding:** MSc (UG) #7.4.b
Bio-ingenieurswetenschappen: milieutechnologie: MSc (KUL:
  ook in deeltijd) #3.9.b

Bio-pharmaceutical sciences: MSc (UL) #13.24.b
- Analytical biosciences (UL)
- Bio-pharmaceutical sciences & education (UL)
- Bio-pharmaceutical sciences and sience communication and society
  (UL)
- Bio-pharmaceutical sciences and science-based business (UL)
- Drug delivery technology and biopharmaceutics (UL)
- Industrial pharmacy (UL)

- Medicinal chemistry (UL)
- Pharmacology (UL)
- Toxicology (UL)

Biochemie en biotechnologie: (KUL: ook als onderzoeksmaster,
  ook in deeltijd; UA; UG) #3.11.b, zie ook: 7.1.b
- Biochemie en structurele Biologie (UG)
- Biomedische biotechnologie (UG)
- Celbiologie en fysiologie (UA)
- Educatie (UA: minor)
- Microbiële biotechnologie (UG)
- Moleculaire en cellulaire genbiotechnologie (UA)
- Moleculaire en cellulaire neurowetenschappen (UA)
- Ondernemerschap (UA)
- Onderwijs (KUL)
- Plantenbiotechnologie (UG)
- Professionele optie (KUL)
- Systeembiologie (UA)

Bioinformatics: MSc (KUL: ook in deeltijd; WU) #3.11.b
- Bioscience engineering (KUL)
- Engineering (KUL)
- Science (KUL)

Bioinformatics and systems biology: MSc (VUA) #3.11.b
- Bioinformatics (VUA)
- Systems Biology (VUA)

Biological sciences: MSc (UU: ook als onderzoeksmaster; UvA) #3.8.b
- Behavioural ecology (UU)
- Biomarine sciences & Palaeoecology (UU)
- Ecology and evolution (UvA)
- Ecology and natural resource management (UU)
- Environmental Biology (UU)
- Fungal biology (UU)
- General biology (UvA)
- Green life sciences (UvA)
- Limnology and oceanography (UvA)
- Molecular and cellular sciences (UU)
- Plant biology (UU)

Biologie: MSc (KUL: ook in deeltijd, ook als onderzoeksmaster; UA;
  UG; VUB) #3.8.b
- Algemene biologie (UG)
- Biodiversiteit, behoud en herstel (UA)
- Biodiversiteit en evolutionaire biologie (UG)
- Cel- en systeembiologie belangrijkste troeven (UA)
- Ecologie en milieu (UG)
- Evolutie- en gedragsbiologie (UA)
- Fuctionele biologie (UG)
- Genetica, cel- en ontwikkelingsbiologie (VUB)
- Global change ecologie (UG)
- Milieu: biodiversiteit en ecosystemen (VUB)
- Milieu en duurzame ontwikkeling (KUL: minor)
- Onderwijs (KUL; VUB)
- Professionel optie (KUL)

Biology: MSc (KUL: ook in deeltijd; RU; RUG; UA: ook als
  onderzoeksmaster; UL; VUA; VUB; WU) #3.8.b
- Adaptive organisms (RU)
- Animal adaption and behavioural biology (WU)
- Animal biology and disease models (UL)
- Behavioural and neurosciences (RUG)
- Bio-interactions (WU)
- Biodiversity, conservation and restoration (UA)
- Biology and education (UL)
- Biology and science-based business (UL)
- Biology and science communication & society (UL)
- Brain and behaviour (VUA)
- Communication (VUA)
- Communities and ecosystems (RU)
- Conservation and systems ecology (WU)
- Ecological and evolutionary biology (KUL: ook als minor)
- Ecology (VUA)
- Education (VUA)
- EMMC Tropical biodiversity and ecosystems (VUB)

- Environment, biodiversity and ecosystems (VUB)
- Evolution and biodiversity (WU)
- Evolution, biodiversity and conservation (UL)
- Genetics, cell and developmental biology (VUB)
- Green life sciences (VUA)
- Health and disease (WU)
- Herpetology (VUB)
- Human ecology (VUB)
- Marine biology (WU)
- Microbial biotechnology and health (UL)
- Molecular and physiological biology (KUL: ook als minor)
- Molecular development and gene regulation (WU)
- Molecular ecology (WU)
- Policy and management variant (RUG)
- Plant adaptation (WU)
- Plant sciences and natural products (UL)
- Research variant (RUG)
- Science and society (VUA)
- Water & environment (RU)

Biomedical engineering: MSc (KUL: ook in deeltijd; RUG; TUD; TU/e; UG: Erasmus Mundus Master; UT; VUB: Erasmus Mundus Master) #5.1.b
- Applied sciences (TUD)
- Artificial organs & implants (UG)
- Biomaterials & nanotechnology (UG)
- Biomedical imaging and modeling (TU/e)
- Clinical physics (RUG)
- Complex molecular systems (TU/e/UU)
- Computational methods for medical applications (UG)
- Electrical engineering, mathematics and computer sciences (TUD)
- Image-guided therapy & molecular imaging (UG)
- Imaging & diagnostics (UT)
- Imaging physics (UG)
- Mechanical, marine and materials engineering (TUD)
- Medical imaging instrumentation (UG)
- Medical instrumentation (UG)
- Medicine and technology (TU/e)
- Modern physical methods in BME (UG)
- Molecular bioengineering and molecular imaging (TU/e)
- Neural engineering (UG)
- Neutral & motor systems (UT)
- Protheses and implants interface technology (RUG)
- Radiation physics & medical imaging (UG)
- Regenerative medicine and technology (TU/e/UU)
- Tissue biomechanics & regenerative medicine (UG)
- Tissue engineering (UG)
- Tissue regeneration (UT)

Biomedical sciences: MSc (KUL: ook in deeltijd, ook als onderzoeksmaster; RU; RUG; UA: onderzoeksmaster; UL; UM/AUHL; UU: onderzoeksmaster; UvA; VUA; ook als onderzoeksmaster) #13.18.b
- Biology of ageing (RUG)
- Biology of disease (UU)
- Biomedical image sciences (UU)
- Biomedical sciences communication (UL)
- Biomedical sciences education (UL)
- Biomedical sciences management (UL)
- Biomedical sciences research (UL)
- Cances, stem cells & developmental biology (UU)
- Cardiovascular biology and medicine (UM)
- Clinical human movement sciences (RU)
- Clinical molecular sciences (UM)
- Communication (VUA)
- Epidemiology (RU; UU)
- Health technology assessment (RU)
- Human health risk assessment (RU)
- Human pathobiology (RU)
- Human toxicology (RU)
- Immunology (VUA)
- Infection & immunity (UU)

- Infectious & tropical diseases (UA)
- Infectious diseases (VUA)
- International public health (VUA)
- Medical and behavioural genomics (VUA)
- Medical biology (UvA)
- Molecular imaging (UA)
- Neurobiology (UvA)
- Neuroscience (UM)
- Neuroscience and cognition (UU)
- Neurosciences (UU)
- Nutrition and metabolism (UM)
- Oncology and developmental biology (UM)
- Psychophysiology (VUA)
- Regenerative medicine & technology (UU/TU/e)
- Science in society (VUA)
- Toxicology & environmental health (UU)

Biomedische wetenschappen: MSc (AUHL/UM; KUL: ook in deeltijd; UA: ook als onderzoeksmaster; UG; VUB) #13.18.b
- Applied Biophysics (KUL)
- Bio-elektronica en nanotechnologie (AUHL/UM)
- Biomedisch basis- en translationeel onderzoek (KUL)
- Biomedisch onderzoek (VUB)
- Cellular orientation (KUL)
- Degeneratie en regeneratie (UG)
- Educatie (UA: minor)
- Educatie en communicatie (UG)
- Immunologie en infectie (UG)
- Klinisch wetenschappelijk onderzoek (KUL)
- Klinische moleculaire wetenschappen (AUHL/UM)
- Management en communicatie in de biomedische wetenschappen (KUL)
- Medische genetica (UG)
- Medische stralingswetenschappen (UG)
- Milieu en gezondheid (AUHL/UM)
- Milieu en gezondheidswetenschappen (UA)
- Moleculaire en cellulaire biomedische wetenschappen (UA)
- Molecular imaging (UA)
- Molecular orientation (KUL)
- Neurosciences (UA)
- Neurowetenschappen (UG)
- Ondernemerschap (UA: minor)
- Onderwijs (VUB)
- Physiological orientation (KUL)
- Systeembiologie (UG)
- Toegepaste biomedische wetenschappen (KUL)
- Tropische biomedische wetenschappen (UA)
- Voeding en metabolisme (UG)

Biomoleculaire wetenschappen: MSc (VUB) #3.8.b, zie ook: 7.1.b
Biomolecular sciences: MSc (RUG; VUA; VUB) #3.8.b, zie ook: 7.1.b
- Biological chemistry (VUA)
- Cell biology (VUA)

Biophysics, biochemistry and biotechnology: MSc (KUL: ook in deeltijd) #3.11.b
- Biochemistry and biotechnology (KUL)
- Biophysics (KUL)

Bioscience engineering: human health engineering: MSc (KUL) #3.1.b

Biosystems engineering: MSc (WU) #3.1.b
- Agricultural engineering (farm technology) (WU)
- Biomass refinery and process dynamics (WU)
- Environmental engineering (WU)
- Information technology (WU)
- Logistics (WU)

Biotechnology: MSc (WU) #3.11.b
- Cellular and molecular biotechnology (WU)
- Environmental and biobased technology (WU)
- Food biotechnology (WU)
- Marine biotechnology (WU)
- Medical biotechnology (WU)
- Process technology (WU)

Biowetenschappen: land- en tuinbouwkunde: MSc (KUL: ook in deeltijd; UG) #3.1.b
- Animal life (KUL)
- Natuur en milieu (KUL)
- Plantaardige en dierlijke productie (KUL; UG)
- Tropische plantaardige productie (KUL)
- Tuinbouwkunde (KUL; UG)
Biowetenschappen: voedingsindustrie: MSc (KUL: ook in deeltijd; UG) #7.4.b
- Voedingsmiddelentechnologie (KUL)
Brain and cognitive sciences: MSc (UvA: onderzoeksmaster) #14.4.b
Business administration: MSc (EUR; ook in deeltijd; KUL: MSc/MBA, ook in deeltijd; TSM business school: MSc/MBA, niet bekostigd, online; RU; RUG; UT: double degree, ook onderzoeksmaster; UvA: ook MBA, ook in deeltijd, ook niet bekostigd; VUA: ook in deeltijd) #11.2.b
- Accounting & financial management (EUR; UT)
- Bank (TSM Business school)
- Bouw (TSM Business school)
- Business analysis and modelling (RU)
- Business information management (KUL)
- Change management (RUG)
- Entrepreneurship & innovation (UvA)
- Entrepreneurship and management in the creative industries (UvA)
- Financial management (VUA; UT)
- Global strategy & marketing (UT)
- Healthcare management (UvA)
- Human resource management (VUA; UT)
- Information & knowledge management (VUA)
- Information management (UT)
- Innovation management (UT)
- International business management (KUL)
- International management (RU; UvA)
- International relations (KUL)
- Leadership and management (UvA)
- Management (EUR)
- Management consulting (VUA)
- Management of organization, operations and technical innovation (UT)
- Managing change & human resources (UT)
- Marketing (RU; UvA)
- Organizational and management control (RUG)
- Organizational design & development (RU)
- Service and change management (UT)
- Small business & entrepreneurship (RUG)
- Strategic human resource management (RU)
- Strategic innovation management (RUG)
- Strategic management (RU)
- Strategy (UvA)
- Strategy & organization (VUA)
- Transport & supply chain management (VUA)
- Zorg (TSM business school [over])
Business analytics: MSc (VUA: ook in deeltijd, ook duaal) #11.2.b, zie ook: 17.10.b
- Business process optimization (VUA)
- Computational intelligence (VUA)
- Financial risk management (VUA)
Business economics: MSc (KUL: ook in deeltijd; UvA) #20.1.b
- Entrepreneurship (KUL)
- Finance (UvA)
- Financial economics (KUL)
- International Business, strategy and innovation (KUL)
- Marketing (KUL)
- Organisation economics (UvA)
- Real estate finance (UvA)
Business engineering: MSc (VUB) #10.11.b
- Business and technology (VUB)
Business information management: MSc (EUR) #11.2.b

Business information systems: MSc (TU/e) #20.6.b
- Algorithms and visualization (TU/e)
- Information systems (TU/e)
- Model driven software engineering (TU/e)
- Security and embedded networked systems (TU/e)
Business information technology: MSc (UT) #20.6.b
- Enterprise architecture (UT)
- IT management (UT)
Business process management and IT: MSc (OUNL: deeltijd) #20.6.b
Business research: MSc (EUR: onderzoeksmaster; TU: onderzoeksmaster; UM: onderzoeksmaster) #20.8.b
- Accounting (TiU)
- Accounting and information management (UM)
- Business processes (EUR)
- Finance (TiU)
- Finance & accounting (EUR)
- Information management (TiU)
- Logistics & information systems (EUR)
- Marketing (EUR; TIU)
- Marketing and supply chain management (UM)
- Operations research (TiU; UM)
- Organisation (EUR)
- Organisation & strategy (TiU; UM)
- Strategy & entrepreneurship (EUR)
Business valuation: MSc (TIAS: niet bekostigd) #20.6.b

C
Cardiovascular research: MSc (VUA: onderzoeksmaster) #13.23.b
Chemical and materials engineering: MSc (VUB) #7.1.b
- Materials (VUB)
- Process technology (VUB)
Chemical engineering: MSc (AUHL/TU/e; KUL: ook in deeltijd; RUG: TUD; TU/e: ir.of MSc; UG; UT: double degree) #7.1.b
- Catalysis and green chemistry (RUG)
- Chemical & biochemical process engineering (KUL)
- Chemical & process engineering (UT)
- Chemical and process technology (TU/e)
- Chemical product engineering (TUD)
- Engineering rheology (KUL)
- Environmental engineering (KUL)
- Molecular & materials engineering (UT)
- Molecular systems and materials chemistry (TU/e)
- Nuclear science & engineering (TUD)
- Process engineering (TUD)
- Product and process technology (RUG)
- Product engineering (KUL)
Chemical sciences: MSc (UU: ook deeltijd, onderzoeksmaster) #7.1.b
- Drug innovation (UU)
- Molecular & life sciences (UU)
- Nanomaterials: chemistry & physics (UU)
Chemie: MSc (KUL: ook in deeltijd; UG; UA: ook als onderzoeksmaster; VUB) #7.1.b
- Analysis and characterisation (UG; VUB)
- Bedrijf en maatschappij (UA: minor)
- Chemie van materialen (VUB)
- Environmental chemistry (UG)
- Fysica (KUL: minor)
- Industrie (VUB)
- Materials chemistry (UG)
- Milieuchemie (VUB)
- Molecular and macromolecular design (UG; VUB)
- Onderwijs (KUL; UG: minor; VUB)
- Onderwijs en vorming (UA: minor)
- Onderzoek (UG; VUB)
- Professionele optie (KUL)
Chemistry: MSc (KUL: ook in deeltijd; RU; RUG; UG/VUB: ook in deeltijd; UL; UvA: ook Erasmus Mundus Master, ook in deeltijd; VUA: ook als onderzoeksmaster) #7.1.b
- Advanced materials (RUG)

- Analysis and characterisation (UG)
- Analytical sciences (UvA; VUA)
- Atomic scale modeling of chemical, physical and biological systems (UvA; VUA)
- Catalysis and green chemistry (RUG)
- Chemical biology (RUG)
- Chemistry & education (UL)
- Chemistry & science communication & society (UL)
- Chemistry & science-based business (UL)
- Chemistry for life (RU)
- Drug discovery & safety (VUA)
- Environmental chemistry (VUB)
- Environmental chemistry and toxicology (VUA)
- Materials chemistry (UG)
- Molecular and macromolecular design (UG)
- Molecular clinical diagnostics (VUA)
- Molecular design, synthesis and catalysis (UvA; VUA)
- Molecular simulation and photonics (UvA; VUA)
- Physical chemistry of molecules & materials (RU)
- Research in chemistry (UL)
- Science, business and innovation (VUA)
- Science, business and policy (RUG)
- Science for energy and sustainability (UvA; VUA)
- Sustainability - the molecular approach (UvA; VUA)
Chemistry of physics: MSc (UvA; VUA) #7.1.b
- Atomic scale modeling of chemical, physical and biological systems (UvA)
- Science, business & innovation (VUA)
Child development and education: MSc (UvA: onderzoeksmaster) #14.5.b
Childhood and youth: MA (OUBS: online, niet bekostigd) #14.4.b
Christianity and society: MA (TU: ook in deeltijd) #12.1.b
Civil engineering: MSc (TUD; VUB) #10.11.b
- Building engineering (TUD)
- Geo-engineering (TUD)
- Geoscience and remote sensing (TUD)
- Hydraulic engineering (TUD)
- Structural engineering (TUD)
- Transport & planning (TUD)
- Water management (TUD)
Civil engineering & management: MSc (UT) #11.1.b
- Construction process management (UT)
- Transportation engineering & management (UT)
- Water engineering & management (UT)
Classical studies: MA (OUBS: online, niet bekostigd) #22.1.b
Classics and ancient civilisations: MA (UL: ook als onderzoeksmaster; UvA; VUA: ook als onderzoeksmaster) #22.1.b
- Ancient history (UvA; VUA)
- Ancient studies (UvA; VUA)
- Assyriology (UL)
- Classics (UL; UvA; VUA)
- Egyptology (UL)
- Hebrew and Aramaic studies (UL)
Climate studies: MSc (WU) #3.9.b
- Air quality and admospheric chemistry (WU)
- Crop an weed ecology (WU)
- Earth system science (WU)
- Environmental economics and natural resources (WU)
- Environmental policy (WU)
- Environmental systems analysis (WU)
- Hydrology and quantitative water management (WU)
- Integrated water management (WU)
- Meteorology (WU)
- Nature conservation and plant ecology (WU)
- Soil biology and biological soil quality (WU)
Clinical and developmental psychopathology: MSc (VUA: onderzoeksmaster) #14.3.b
Clinical and psychosocial epidemiology: MSc (RUG: onderzoeksmaster) #13.1.b
- Epidemiology (RUG)

- Psychology (Health) & psychiatry (RUG)
- Public health (RUG)
Clinical research: MSc (EUR: onderzoeksmaster) #13.1.b
Coastal and marine engineering and management: MSc (TUD: Erasmus Mundus Master) #18.9.b
- Artic Marine coastal engineering (TUD)
- Coastal engineering (TUD)
- Engineering and environment (TUD)
- Environment and management (TUD)
- Marine operations and management (TUD)
Cognitive and clinical neuroscience: MSc (UM): onderzoeksmaster) #14.3.b
- Cognitive neuroscience (UM)
- Fundamental neuroscience (UM)
- Neuroeconomics (UM)
- Neuropsychology (UM)
- Psychopathology (UM)
Cognitive neuropsychology: MSc (VUA: onderzoeksmaster) #14.3.b
Cognitive neuroscience: MSc (RU: onderzoeksmaster) #14.3.b
- Language and communication (RU)
- Perception, action and control (RU)
- Plasticity and memory (RU)
Commercial Law: LLM (EUR) #20.9.b
- Commercial and company law (EUR)
- Maritime & transport law (EUR)
Communicatie en educatie van de natuurwetenschappen: MSc (UU): educatieve master, ook in deeltijd) #19.1.b
- Leraar voorbereidend hoger onderwijs in Informatica (UU)
- Science education & communication (UU)
Communicatie- en informatiewetenschappen: MA (RU; RUG; TU: MSc; UU; UvA: duaal; VUA) #19.1.b
- Bedrijfscommunicatie en digitale media (TiU)
- Communicatie en beïnvloeding (RU)
- Communicatie en educatie (RUG)
- Communicatie en organisatie (UU)
- Communicatie-design (TiU)
- Communicatiekunde (RUG)
- Computercommunicatie (RUG)
- Data journalism (TiU)
- Honours-programma (RUG)
- Human aspects of information technology (TiU)
- Information science (RUG)
- Interculturele communicatie (TiU)
- International business communication (RU)
- Journalistiek (VUA)
- Metaphor in discourse (VUA)
- Nieuwe media, taal en communicatie (RU)
- Schrijven en vertalen (VUA)
- Taal en communicatie in organisaties (VUA)
- Tekst en communicatie (UvA)
Communicatiewetenschap: MSc (RU; VUA) #19.1.b
- Corporate communicatie en nieuwe media (VUA)
- Marketing en gezondheidsvoorlichting (VUA)
- Media, communicatie en beïnvloeding (RU)
- Media, journalistiek en nieuwsgebruik (RU)
- Mediapsychologie (VUA)
- Politieke en publieke communicatie (VUA)
Communicatiewetenschappen: MSc (KUL: ook in deeltijd; UA; UG; VUB) #19.1.b
- Communicatiemanagement (UG)
- Film- en televisiestudies (UG)
- Journalistiek (UG)
- Journalistiek, politiek en democratie (VUB)
- Media en cultuur (VUB)
- Media en samenleving (KUL)
- Media, internet & globalisering (VUB)
- Media, strategische communicatie en marketing (VUB)
- Mediastudies (UA)
- Nieuwe media en maatschappij (UG)
- Strategische communicatie (KUL; UA)

Communication and English information studies: MA (UvA:
onderzoeksmaster) #19.1.b
- Retoric, argumentation theory and philosophy (UvA)
Communication and information science: MA (RUG) #19.1.b
- Information science (RUG)
Communication and information studies: MA (RU; UvA: duaal)
#19.4.b
- Discourse and argumentation studies (UvA)
- International business communication (RU)
Communication science: MSc (UvA: ook als onderzoeksmaster)
#19.1.b
- Corporate communication (UvA)
- Persuasive communication (UvA)
- Political communication (UvA)
- Youth and media (UvA)
Communication studies: MSc (UT; VUB) #19.1.b
- Corporate communication (UT)
- Journalism and media in Europe (VUB)
- Marketing communication (UT)
- Media & communication (UT)
- New media and society in Europe (VUB)
- Technical communication (UT)
Comparative vertebrate morphology: MSc (UA: Erasmus Mundus
Master) #5.1.b
Complex molecular systems: MSc/PhD: (TU/e: onderzoeksmaster)
#5.1.b
Computational science: MSc (UvA/VUA) #5.16.b
Computer engineering: MSc (TUD) #20.6.b
Computer science: MSc (OUNL: deeltijd; TUD; UA; UL; UT: double
degree; UvA; VUA) #20.6.b
- Advanced topics in computer networks (UvA)
- Advances in computer architecture (UvA)
- Bioinformatics (UL)
- Compiler construction (UvA)
- Computer networks and distributed systems (UA)
- Computer security (UT)
- Computer science and science communication and society (UL)
- Computer science and science-based business (UL)
- Computer systems and security (VUA)
- Computernetworks & distributed systems (UA)
- Concurrency theory (UvA)
- Concurrent systems design by abstraction (UvA)
- Data science (UA)
- Data science and technology (TUD)
- Foundations of computing and concurrency (VUA)
- High-performance computing (VUA)
- Internet and web technology (VUA)
- Smart computing for science and society (UL)
- Software engineering (UA; VUA)
Computer science & engineering: MSc (TU/e) #20.6.b
- Algoritmiek (ALG) (TU/e)
- Architectuur van informatiesystemen (AIS) (TU/e)
- Formele systeemanalyse (FS) (TU/e)
- Information security technology (RU/TU/e)
- Security (SEC) (TU/e)
- Software engineering technology (SET) (TU/e)
- Systeemarchitectuur en netwerken (SAN) (TU/e)
- Visualisatie (VIS) TU/e)
- Web engineering (WE) (TU/e)
Computing: MSc (OUBS: online, niet bekostigd, ook als
onderzoeksmaster) #20.6.b
Computing science: MSc (RU; RUG: ook dubbele master; UU) #20.6.b
- Avanced planning and decision making (UU)
- Algorithmic data analysis (UU)
- Algorithm design and analysis (UU)
- Computational Science and visualisation (RUG)
- Computer security (RU)
- Data science (RU)
- History of digital cultures (UvA)
- Ict innovation (TUD)

- Information & software engineering (UT)
- Intelligent systems (RUG)
- Mathematical foundations of computer science (RU)
- Methods & tools for verification (UT)
- Programming concurrent systems (UvA)
- Programming technology (UU)
- Software engineering and distributed systems (RUG)
- Software science (RU)
- Software technology (TUD; UT)
- Web services and cloud - based systems (UvA)
- Wireless & sensor systems (UT)
Conflict resolution and governance: MSc (UvA) #11.1.b
Conservatie-restauratie: MA (UA) #23.1.b
- Conservatie- en restauratiemanager (UA)
- Conservatiewetenschapper (UA)
- Zelfstandig conservator-restaurator (UA)
Conservering en restauratie van cultureel erfgoed:
MA (UvA) #23.1.b
Construction management & engineering:
MSc (TUD; TU/e: ook als onderzoeksmaster; UT) #5.1.b
- Business engineering for urban development (TU/e)
- Process engineering for urban development (TU/e)
Contemporary Asian studies: MSc (UvA) #19.4.b
Controlling: MSc (NR: deeltijd, niet bekostigd) #20.8.b
Creative industries: MA (RU) #23.2.b
Criminal law and criminology: LLM (RUG) #20.9.b
Criminaliteit en rechtshandhaving: MSc (UL: ook in deeltijd) #20.9.b
- Criminal justice (UL)
- Veiligheidsbeleid en rechtshandhaving (UL)
Criminologie: MSc (EUR; VUA: ook in deeltijd) #20.9.b
- Interventiecriminologie (VUA)
- Opsporingscriminologie (VUA)
Criminologische wetenschappen: MSc (KUL: ook in deeltijd; UG;
VUB) #20.9.b
- Jeugdcriminologie en crime and the city (VUB)
- Jeugdcriminologie en politie en veiligheid (VUB)
- Politie en veiligheid en crime and the city (VUB)
- Penologie en crime and the city (VUB)
- Penologie en jeugdcriminologie (VUB)
Criminology: MA (KUL: MSc, ook in deeltijd; UU) #20.9.b
Crisis & security management: MSc (UL) #20.1.b
Cross-cultural psychology: MSc (TU: double degree) #14.4.b
- Economic psychology (TiU)
- Work and organizational psychology (TiU)
Cultural and social anthropology: MSc (UvA) #14.1.b
Cultural anthropology and development sociology:
MA (UL) #14.9.b
- Anthropology of a sustainable world (UL)
- Anthropology of media and visual culture (UL)
Cultural anthropology: sociocultural transformations:
MSc (UU: onderzoeksmaster) #14.9.b
Cultural studies: MA (KUL: ook in deeltijd) #12.7.b
Culture, organization and management: MSc (VUA) #11.1.b
Culturele antropologie: MSc (UU) #14.9.b
- Cultural anthropology: sustainable citizenship (UU)
- Multiculturalisme in vergelijkend perspectief (UU)
Culturele geografie: MSc (RU) #10.1.b, zie ook: 12.7.b
Culturele studies: MA (KUL: ook in deeltijd) #12.7.b
Cultures of arts, science and technology: MSc (UM:
onderzoeksmaster) #12.7.b
Cultuurmanagement: MSc (UA) #12.7.b
- Creatieve en culturele industrieën (UA)
- Kunst en cultuur (UA)

D
Design for interaction: MSc (TUD) #4.1.b
Development & rural innovation: MSc (WU) #3.1.b
- Knowledge, technology and innovation (WU)
- Rural development sociology (WU)
- Strategic communication (WU)

Development & socialisation in childhood and adolescence:
MSc (UU: onderzoeksmaster) #14.5.b
Development management: MSc (OUBS: online, niet bekostigd)
#11.1.b
Development studies: MSc (UU) #14.5.b
- International development studies (UU)
Developmental psychopathology in education & child studies:
MSc (UL: onderzoeksmaster) #14.5.b
Diergeneeskunde: MSc (UG; UU) #3.1.b
- Geneeskunde van gezelschapsdieren (UG; UU)
- Gezondheidszorg landbouwhuisdieren en veterinaire
volksgezondheid (UU)
- Gezondheidszorg paard (UU)
- Herkauwers (UG)
- Onderzoek (UG)
- Paard (UG)
- Varken, pluimvee en konijn (UG)
Drug discovery and safety: MSc (VUA) #3.24.b
- Biomarkers and clinical chemical analysis (VUA)
- Computational medicinal chemistry and toxicology (VUA)
- Drug design and synthesis (VUA)
- Drug discovery and target finding (VUA)
- Drug disposition and safety assessment (VUA)
Duitse taal en cultuur: MA (UU) #19.4.b, zie ook: 24.3.b
- Educatie en communicatie (UU)
- Europese letterkunde van de middeleeuwen en de renaissance (UU)
- Interculturele communicatie (UU)
- Literatuur en cultuurkritiek (UU)
- Taal, mens en maatschappij (UU)
- Vertalen (UU)

E
Early modern intellectual history: MA (EUR: onderzoeksmaster)
#14.1.b
Earth and environment: MSc (WU) #7.1.b
- Biology and chemistry of soil and water (WU)
- Hydrology and water resources (WU)
- Meteorology and atmospheric chemistry (WU)
- Soil, landscape, earth (WU)
Earth observation: MSc (KUL: ook in deeltijd) #10.1.b
- Bioscience engineering (KUL)
- Sciences (KUL)
Earth sciences: MSc (OUBS: online, niet bekostigd; UU: ook
onderzoeksmaster; UvA; VUA) #10.1.b
- Applied environmental geosciences (VUA)
- Earth and economics (VUA)
- Earth, life & climate (UU)
- Earth structure & dynamics (UU)
- Earth surface & water (UU)
- Environmental management (UvA)
- Geo-ecological dynamics (UvA)
- Marine sciences (UU)
- Paleoclimatology and geo-ecosystems (VUA)
- Solid earth (VUA)
- Water science & management (UU)
Ecology: MSc (VUA) #3.8.b
- Ecology and evolution (VUA)
- Environmental chemistry and toxicology (VUA)
- Limnology and oceanography (UvA/VUA)
Ecology and evolution: MSc (RUG) #3.8.b
- Evolutionary biology (RUG)
Econometrics: MSc (UvA) #20.1.b
- Big data business analytics (UvA)
- Financial econometrics (UvA)
- Free track (UvA)
- Mathematical economics (UvA)
Econometrics and management science: MSc (EUR) #20.1.b
- Business analytics and quantitative marketing (EUR)
- Econometrics (EUR)
- Operations research and quantitative logistics (EUR)

- Quantitative finance (EUR)
Econometrics and mathematical economics: MSc (TiU) #20.1.b
- Pensions, aging and retirement (TiU)
Econometrics and operations research: MSc (UM; VUA) #20.1.b
- Actuarial sciences (UM)
- Econometrics (UM)
- C (VUA)
- Mathematical economics (UM)
- Operations research (UM)
- Operations research and business econometrics (VUA)
Econometrics, operations research and actuarial studies: MSc
(RUG) #20.1.b
- Actuarial studies (RUG)
- Econometrics (RUG)
- Operations research (RUG)
Economic and financial research: MSc (UM: onderzoeksmaster)
#20.1.b
- Development and utilisation of human resources (UM)
- Econometrics (UM)
- Economic theory (UM)
- Financial economics (UM)
- Technology, innovation and growth (UM)
Economics: MSc (EUR: onderzoeksmaster; KUL: ook in deeltijd, ook
als onderzoeksmaster; RU; RUG: MA/MSc, double degree master; TU:
ook als onderzoeksmaster; UM; UvA: ook als onderzoeksmaster,
Tinbergen institute master; VUA: MPhil) #20.1.b, zie ook: 5.1.b
- Accounting & control (RU)
- Applied microeconomics (VUA)
- Behavioral economics (VUA)
- Behavioural economics and game theory (UvA)
- China and the world economy (RUG)
- Competition and regulation (TiU; UM)
- Development economics (UvA)
- Econometrics (EUR; VUA)
- Economics (EUR)
- Economics & economic analysis (RUG)
- Economics & policy (RU)
- Empercial microeconomics (VUA)
- European economic policy (UM)
- Finance (EUR; VUA)
- Financial economics (KUL; RU)
- General economics (KUL)
- Global innovation economics (UM)
- International economics & business (RU)
- International economics & development (RU)
- International economics & finance (TiU)
- International economics & globalisation (UvA)
- Macroeconomics (VUA)
- Macroeconomic theory and policy (RUG)
- Managerial economics (UM)
- Microeconomics of markets and incentives (RUG)
- Monetary economics, and international economics (VUA)
- Monetary policy & banking (UvA)
- Multinational corporate finance (RU)
- Pensions, aging and retirement (TiU)
- Philosophy in economics (UvA)
- Public economic policy (UvA)
- Public policy (VUA)
- Resources, development and growth (TiU)
- Social economics (UM)
- Socio-economic policy (TiU)
Economics and business: MSc (EUR; RUG: onderzoeksmaster)
#20.1.b
- Behavioural economics (EUR)
- Economics, econometrics and finance (RUG)
- Economics of management and organisation (EUR)
- Entrepreneurship and strategy economics (EUR)
- Financial economics (EUR)
- Global economics and management (RUG)
- Health economics (EUR)

- Human resource management and organizational behavior (RUG)
- Innovation & organization (RUG)
- International economics (EUR)
- Marketing (EUR; RUG)
- Operations management and operations research (RUG)
- Policy economics (EUR)
- Urban, port & transport economics (EUR)

Economics and management of network industries: MSc (KUL: Erasmus Mundus joint Master, ook in deeltijd) #20.1.b

Economics of competition & regulation: MSc (UU) #20.1.b
- Law and economics (UU)

Economics of public policy & management: MSc (UU) #20.1.b
- Economics of labour markets and institutions (UU)
- Empirical economics (UU)
- Energy and environmental economics (UU)
- Policy competition in a International world (UU)
- Public economics and policy (UU)
- Public risk management (UU)
- Tax policy (UU)

Economie, het recht en de bedrijfskunde: MSc (KUL: ook in deeltijd) #20.1.b
- Finance en financieel recht (KUL)
- Strategie, innovatie en (internationaal) bedrijfsrecht (KUL)

Economische geografie: MSc (RUG) # 10.1.b

Economische wetenschappen: MSc (KUL: ook in deeltijd; UG: ook als onderzoeksmaster) #20.1.b
- Algemene economie (KUL)
- Economisch beleid (UG)
- Financiële economie (KUL)
- Financiële instellingen en markten (UG)
- Globalisering (UG)

Educatie en communicatie in de wiskunde en in de natuurwetenschappen: MSc (RUG: ook in deeltijd, ook duaal) #19.1.b
- Bèta-communicatie (RUG)
- Bèta-educatie (RUG)

Educatieve studies: MSc (KUL: ook in deeltijd) #14.5.b

Education: MSc (RUG) #14.5.b
- Educational effectiveness and instructional design (RUG)

Education & child studies: MSc (UL: ook in deeltijd) #14.4.b
- Applied neuroscience in education & child studies (UL)
- Child & family studies (UL)
- Coach for learning and development (UL)
- Educational studies (UL)
- Forensische gezinspedagogiek (UL)
- Kinderen met leer- en gedragsproblemen in het onderwijs (UL)
- Learning problems and impairments (UL)
- Orthopedagogiek (UL)

Educational science & technology: MSc (UT) #14.5.b

Educational sciences: MSc (RUG; VUB) #14.5.b, zie ook: 13.17.b
- Communication and deafblindness (RUG)

Educational sciences: learning in interaction: MSc (UU: onderzoeksmaster) #14.5.b

Educational studies: MSc (KUL: ook in deeltijd) #14.5.b

Electrical engineering: MSc (AUHL/TU/e; KUL: ook in deeltijd; TUD; TU/e: ook onderzoeksprogramma; UG; UT) #5.2.b
- Biometrics & medical emaging (UT)
- Broadband telecommunication technology (TU/e)
- Care and cure (TU/e)
- Communication networks (UT)
- Dependable integrated systems (UT)
- Devices for integrated circuits (UT)
- Electronics and integrated circuits (KUL)
- Electrical sustainable energy (TUD)
- Embedded systems and multimedia (KUL)
- Integrated circuit design (UT)
- Integrated optical microsystems (UT)
- Lab-on-a-chip systems for biomedical & environmental applications (UT)
- Microelectronics (TUD)

- Nano electronics (UT)
- Neurotechnology & biomechatronics (UT)
- Robotics & mechatronics (UT)
- Signals & systems (TUD)
- Smart and sustainable society (TU/e)
- Telecommunication engineering (UT)
- Telecommunications & sensing systems (TUD)
- The connected world (TU/e)
- Transducers science & technology (UT)

Electromechanical engineering: MSc (UG; VUB) #5.2.b
- Aeronautics (VUB)
- Control engineering and automation (UG)
- Electrical power engineering (UG)
- Energy (VUB)
- Maritime engineering (UG)
- Mechanical energy engineering (UG)
- Mechatronics-construction (UG; VUB)
- Vehicle technology and transport (VUB)

Electronics and information technology engineering: MSc (VUB) #5.3.b

Embedded systems: MSc (TUD: ook als onderzoeksmaster; TU/e; UT) #5.5.b
- Algorithms and visualization (TU/e)
- EIT embedded systems (TU/e)
- EIT service design and engineering (TU/e)
- Information systems (TU/e)
- Model driven software engineering (TU/e)
- Security and embedded networked systems (TU/e)

Energy: MSc (KUL: ook in deeltijd) #5.2.b
- Energy for smart cities (KUL)
- Smart electrical networks and systems (KUL)

Energy and environmental sciences: MSc (RUG) #5.2.b
- Experimental studies of energy and climate (RUG)
- System studies on energy and environment (RUG)

Engelse taal en cultuur: MA (UU) #19.4.b, zie ook: 24.3.b
- Engelse taal en cultuur: educatie en communicatie (UU)
- Europese letterkunde van de middeleeuwen en de renaissance (UU)
- Interculturele communicatie (UU)
- Literatuur en cultuurkritiek (UU)
- Taal, mens en maatschappij (UU)
- Vertalen (UU)

Engineering: MSc (OUBS: online, niet bekostigd) #20.6.b

Engineering: computer science: MSc (KUL: ook in deeltijd) #20.6.b
- Artificial intelligence (KUL)
- Software security (KUL)

Engineering: energy: MSc (KUL: ook in deeltijd) #5.2.b
- Electrical energy (KUL)
- General techno-economic energy knowledge (KUL)
- Thermo-mechanical energy (KUL)

Engineering & policy analysis: MSc (TUD) #5.1.b

English: MA (OUBS: online, niet bekostigd) #19.4.b

Entrepreneurship: MSc (UvA/VU) #11.1.b

Entrepreneurship and new business venturing: MSc (EUR) #11.1.b

Environmental & energy management: MSc (UT: niet bekostigd) #5.1.b
- Energy management (UT)
- Environmental management (UT)

Environmental and infrastructure planning: MSc (RUG: double degree master) # 3.9.b
- Development planning and infrastucture management (RUG)
- Water and coastal management (RUG)

Environmental and resource management: MSc (VUA) #3.9.b
- Climate and water policy (VUA)
- Ecosystems services and biodiversity (VUA)
- Energy studies (VUA)
- Environmental studies (VUA)

Environmental management: MSc (OUBS: online, niet bekostigd) #3.9.b

Environmental sanitation: MSc (UG) #3.9.b
- Air (UG)
- Soil (UG)
- Water (UG)

Environmental sciences: MSc (OUNL: deeltijd; OVER-119: niet bekostigd; UU: onderzoeksmaster; WU) #3.9.b, zie ook: 7.1.b
- Aquatic ecology and water quality management (WU)
- Environmental economics (WU)
- Environmental planning and management (OVER-119)
- Environmental policy (WU)
- Environmental science & technology (OVER-119)
- Environmental systems analysis (WU)
- Environmental technology (WU)
- Environmental technology and engineering (OVER-119)
- Environmental technology for sustainable development (OVER-119)
- Environmental toxicology (WU)
- Integrated water management (WU)
- Limnology and wetland management (OVER-119)
- Soil biology and biological soil quality (WU)
- Soil chemistry and chemical soil quality (WU)
- Sustainable development (UU)
- Water quality management (OVER-119)
- Water science and management (UU)

Environmental technology and engineering: MSc (UG: Erasmus Mundus Master) #7.1.b

Epidemiologie: MSc (UA) #13.18.b

Epidemiology: MSc (UM:ook in deeltijd; UU: onderzoeksmaster) #13.18.b

Erfgoedstudies: MA (UvA: ook in deeltijd, ook duaal; VUA) #23.1.b
- Archeologie (VUA)
- Archiefwetenschap (UvA)
- Architectuur (VUA)
- Culturele informatiewetenschap (UvA)
- Landschap (VUA)
- Museumconservator (UvA)
- Museumstudies (UvA)

Ergotherapeutische wetenschap: (KUL/UA/UG: ook in deeltijd) #13.4.b

EU-studies: MSc (UG: Erasmusprogramma) #19.5.b
- Gespecialiseerde EU-vraagstukken (UG)
- Internationale politiek (UG)
- Nationale politiek (UG)
- Stage (UG)

European & human rights law (advanced): LLM (UL: ook in deeltijd) #20.9.b

European & international business law (advanced): LLM (UL: ook in deeltijd) #20.4.b

European law: LLM (RU; RUG; UU) #20.9.b
- Energy and climate law (RUG)
- European business law (RU)
- European law advanced (RU)
- Human rights and migration law (RU)
- Insolvency law (RU)

European law school: LLM (RUG; UM) #20.9.b
- EU law & market integration (UM)
- EU public law and governance (UM)
- Free programme ELS (UM)

European private law: LLM (UvA: ook in deeltijd) #20.9.b

European public affairs: MA (UM) #14.1.b

European public health: MSc (UM) #13.1.b

European spatial and environmental planning: MSc (RU) #3.9.b

European studies: MA (RUG: Erasmus Mundus Master; UM: MA/MSc ook als onderzoeksmaster; UT: MSc, double degree; UvA) #19.5.b
- Eastern European studies (UvA)
- Euroculture (RUG)
- Europe in a globalising world (UM)
- European politics and international relations (UM)
- European public policy and administration (UM)
- Governance in the European Union (UM)

- Historicising European community (UM)
- Identity and integration (UvA)

European studies: transnational and global perspectives: MA (KUL: ook in deeltijd) #19.5.b
- EU external relations (KUL)
- Europe-Asia: interactions and comparisons (KUL)
- Globalising Europe (KUL)
- Transnational perspectives on European history, diversity and culture (KUL)

European studies on society, science & technology: MA (UM) #14.1.b

European tax law (advanced): LLM (UL) #20.11.b

European wind energy master: MSc (TUD: Erasmus Mundus Master) #5.2.b
- Electric power systems (TUD)
- Offshore engineering (TUD)
- Rotor design (TUD)
- Wind physics (TUD)

Europese studies: MA (RU; RUG; UvA) #19.5.b
- Cultuur en identiteit in Europa (UvA)
- Europees beleid (UvA)
- Geschiedenis van de Europese eenheid (UvA)
- Institutionele integratie van Europa (UvA)
- Nederland-Duitsland studies (RU)
- Professional (RUG)
- Research (RUG)

Europese studies: transnationale en mondiale perspectieven: MA (KUL) #19.5.b
- Europa en de globalisering (KUL)
- Externe relaties van de EU (KUL)
- Transnationale perspectieven op de Europese diversiteit en cultuur (KUL)

Evidence based innovation: MSc (UM: ook in deeltijd, niet bekostigd) #13.1.b

Evidence based practice: MSc (UvA: deeltijd) #13.1.b

F

Farmaceutische wetenschappen: MSc (UU: ook in deeltijd, onderzoeksmaster) #13.24.b
- Drug innovation (UU)

Farmaceutische zorg: MSc (KUL: ook in deeltijd; UA; UG; VUB) #13.24.b
- Apotheker (UA)

Farmacie: MSc (RUG; UU) #13.24.b
- Differentiatie productie en kwaliteit (RUG)
- Differentiatie zorg (RUG)

Filmstudies en de visuele cultuur: (UA) #23.6.b

Filosofie: MA (EUR: ook in deeltijd; RU; RUG: ook als onderzoeksmaster; ook in deeltijd; TiU: ook in deeltijd; UU: ook in deeltijd; UvA: ook in deeltijd; VUA: ook in deeltijd) #12.6.b, zie ook: 24.3.b
- Analytische filosofie (RU)
- Applied ethics (UU)
- Continentale filosofie (RU)
- Ethics, social and political philosophy (RUG)
- Ethiek van bedrijf en organisatie (TiU)
- Geschiedenis van de wijsbegeerte (EUR)
- History of philosophy (RUG)
- Philosophy (EUR)
- Philosophy, science and society (TiU)
- Philosophy & science (RU)
- Praktische filosofie (EUR; RU)
- Theoretical philosophy (RUG)
- Theoretische filosofie (EUR)
- Wijsbegeerte (UU; UvA)
- Wijsbegeerte van de rechtswetenschap (VUA)
- Wijsbegeerte van een bepaald wetenschapsgebied (UvA)
- Wijsgerige antropologie (EUR)

NB Zie ook: Philosophy en Wijsbegeerte

Filosofie van een bepaald wetenschapsgebied: MA (RU) #12.6.b
- Filosofie van de bedrijfswetenschappen (RU)
- Filosofie van de cultuurwetenschappen (RU)
- Filosofie van de gedragswetenschappen (RU)
- Filosofie van de geschiedenis (RU)
- Filosofie van de godsdienstwetenschappen (RU)
- Filosofie van de natuur- en levenswetenschappen (RU)
- Filosofie van de politicologie (RU)
- Filosofie van de rechtswetenschap (RU)

Filosofie (van een wetenschapsgebied): MA (EUR) #12.6.b
- Filosofie van de geesteswetenschappen (EUR)
- Filosofie van maatschappij- en gedragswetenschappen (EUR)

Filosofie: Wijsbegeerte van een bepaald wetenschapsgebied: MA (RUG: ook in deeltijd; UvA: ook in deeltijd) # 12.6.b

Finance: MSc (DSoF: niet bekostigd; OUBS: online, niet bekostigd; RUG; TIAS: niet bekostigd; TiU; VUA: honours-programma) #17.10.b
- Corporate finance banking (DSoF)
- Financial markets and regulation (DSoF)
- Pensions, aging and retirement track (TiU)
- Quantitative finance (VUA)
- Risk management (DSoF)

Finance & control: MSc/RC (TIAS: niet bekostigd; UM: niet bekostigd: UvA: deeltijd) #20.8.b
- Register controller (TIAS)

Finance & investment: MSc (EUR) #20.1.b
Finance & law: LLM (DSoF: niet bekostigd) #17.10.b.2
Financial economics: MSc (UM) #20.1.b
- Asset pricing (UM)
- Banking (UM)
- Financial analysis (UM)

Financial management: MSc (EUR: MBA/MFM, Dual Degree Master) #11.2.b

Financieel recht: LLM (EUR: ook in deeltijd) #20.9.b
Fire safety engineering: MSc (UG) #11.7.b
Fiscaal recht: LLM (EUR: ook in deeltijd; NR: deeltijd, niet bekostigd; RU; RUG: ook in deeltijd, ook duaal; TiU; UL: ook in deeltijd; UM; UvA: ook in deeltijd; VUA) #20.11.b
- Directe belastingen (UM)
- Indirecte belastingen (UM)
- Internationaal en Europees belastingrecht (UM)
- Nederlands belastingrecht (UvA)

Fiscale economie: MSc (EUR; TiU; UM; UvA: ook in deeltijd) #20.11.b
Food quality management: MSc (WU) #7.4.b
Food safety: MSc (WU) #7.4.b
- Applied food safety (WU)
- Food safety law (WU)
- Supply chain safety (WU)

Food science, technology and nutrition: MSc (KUL: Erasmus Mundus Master, ook in deeltijd) 7.4.b

Food technology: MSc (KUL/UG: ook in deeltijd; WU) #7.4.b
- Dairy science and technology (WU)
- European Masters in food studies (WU)
- Food biotechnology and biorefining (WU)
- Food innovation and management (WU)
- Food science and technology (KUL/UG)
- Gastronomy (WU)
- Ingredient functionality (WU)
- Postharvest and food preservation engineering (KUL?UG)
- Product design (WU)
- Sensory science (WU)
- Sustainable food process engineering (WU)

Forensic psychology: MSc (UM) #14.4.b
Forensic science: MSc (UvA) #20.9.b
Forensica, criminologie en rechtspleging: LLM (UM) #20.9.b
Forensics, criminology and Law: LLM (UM) #20.9.b
Forensische criminologie: MSc (UL: ook in deeltijd) #20.9.b
Forest and nature conservation: MSc (WU) #3.3.b
- Ecology (WU)
- Management (WU)
- Policy and society (WU)

Franse taal en cultuur: MA (UU) #19.4.b, zie ook: 24.3.b
- Europese letterkunde van de middeleeuwen en de renaissance (UU)
- Franse taal en cultuur: educatie en communicatie (UU)
- Interculturele communicatie (UU)
- Literatuur en cultuurkritiek (UU)
- Taal, mens en maatschappij (UU)
- Vertalen (UU)

Functionaliteit van het recht: LLM (RUG: onderzoeksmaster) #20.9.b

Fysica: MSc (KUL: ook in deeltijd, ook als onderzoeksmaster; UA: ook als onderzoeksmaster) #7.1.b
- Fysica op de femtometerschaal: kernfysica (KUL)
- Fysica van de zachte materie (KUL)
- Ondernemerschap (UA: minor)
- Onderwijs (KUL; UA: minor)
- Professionele optie (KUL)
- Theoretische fysica (KUL)
- Vaste-stoffysica op nanometerschaal (KUL)

Fysica en sterrenkunde: MSc (UG/VUB) #7.1.b, zie ook: 3.7.b
- Economie en bedrijfsleven (UG/VUB)
- Onderwijs (UG/VUB)
- Onderzoek (UG/VUB)

G

Gender en diversiteit: (AUHL/KUL/UA/UG/VUB: ook in deeltijd) #14.1.b
- Participatiestage (UG)
- Reflectiestage (UG)
- Stage (UG)

Geneeskunde: MSc (EUR; KUL: ook in deeltijd; RU; RUG; UA; UG; UL; UM; UU; UvA; VUB) #13.1.b
- Huisartsgeneeskunde (KUL; UG; VUB)
- Maatschappelijke gezondheidszorg (KUL; UG)
- Prespecialisatie (KUL)
- Sociale geneeskunde (VUB)
- Wetenschappelijk onderzoek (KUL)
- Ziekenhuisarts (UG)
- Ziekenhuisgeneeskunde (VUB)

Geneeskunde/klinisch onderzoeker: MSc (UU: onderzoeksmaster) #13.1.b
- Selective Utrecht Medical Master (SUMMA) (UU)

Geneesmiddelenontwikkeling: MSc (KUL: ook in deeltijd; UA; UG; VUB) #13.24.b
- Apotheker (KUL; UA)
- Biofarmaceutisch wetenschapper (UA)
- Industrie (KUL)

Geo-information science: MSc (WU) #10.1.b
- Empowering and engaging communities (WU)
- Human-space interactions (WU)
- Integrated land monitoring (WU)
- Modelling and visualisation (WU)
- Sensing and measuring (WU)

Geo-information science & earth observation: MSc (UT/ITC: niet bekostigd) #10.1.b, zie ook: 3.9.b
- Applied earth sciences geological remote sensing (UT/ITC)
- Applied earth sciences natural hazards & disaster risk management (UT/ITC)
- Geo-informatics (UT/ITC)
- Land administration (UT/ITC)
- Natural resources management (UT/ITC)
- Urban planning & management (UT/ITC)
- Water resources & environmental management (UT/ITC)

Geografie: MSc (KUL: ook in deeltijd, ook als onderzoeksmaster; UG; UU: MA; VUB) #10.1.b
- Educatie en communicatie (UU)
- Geo-ict (UG)
- Landschap, mens en milieu (UG)
- Onderwijs (KUL)
- Professionalisering (KUL)
- Ruimtelijke analyse van de omgeving (KUL; VUB)

- Stad, onderneming en mobiliteit (UG)
- Stadsgeografie (KUL; VUB)
- Terrestrische ecosystemen en gobal change (KUL; VUB)

Geographical information management & applications: MSc (TUD/ UT/UU/WU: ook in deeltijd) #10.1.b

Geographical information science: (VUA: deeltijd) #10.11.b
- GIS (VUA)
- GIS & management (VUA)
- GIS & the environment (VUA)
- GIScience (VUA)

Geographical sciences: MSc (UU: ook in deeltijd) #10.1.b
- Geographical information management and applications (GIMA) (UU)

Geography: MSc (KUL; ook in deeltijd/VUB) #10.1.b
- City, society and space (KUL/VUB)
- Earth and climate (KUL/VUB)
- GIS and spatial modelling (KUL/VUB)

Geologie: MSc (KUL: ook in deeltijd; UG) #10.1.b
- Biogeologie (KUL)
- Bodems en grondwater (UG)
- Geodynamica en geofluïda (KUL)
- Geologie van bekkens (UG)
- Onderwijs (KUL)
- Professionalisering (KUL)
- Toegepaste geologie en mineralogie (KUL)

Geology: MSc (KUL: ook in deeltijd; UG) #10.1.b
- Geodynamics and georesources (KUL; UG)
- Geology of basins (KUL; UG)
- Soil and groundwater (KUL; UG)
- Surface processes and paleo-environments (KUL; UG)

Geomatica en de landmeetkunde: MSc (UG) #10.11.b
- Economie en bedrijfskunde (UG)
- Onderwijs (UG: minor)
- Onderzoek (UG: minor)

Geomatics: MSc (TUD) #10.10.b

Geschiedenis: MA (KUL: ook in deeltijd; RU; RUG: ook als onderzoeksmaster, ook in deeltijd; UA; UG; UU: ook in deeltijd, ook als onderzoeksmaster; UvA: ook in deeltijd, ook als onderzoeksmaster; VUA: ook als onderzoeksmaster; VUB) #14.1.b, zie ook: 24.3.b
- Actuele geschiedenis 1500-heden (RU)
- Arbeid en ondernemerschap (VUB)
- Classical, medieval and renaissance studies (RUG)
- Contemporaine geschiedenis (1870-heden) (VUA)
- Cultuur en macht (VUA)
- Cultuurgeschiedenis (UU)
- Cultuurgeschiedenis na 1750 (KUL)
- Duitslandstudies (UvA)
- Educatie en communicatie (UU)
- Europese samenleving 1800-2000 (KUL)
- Geschiedenis van de internationale betrekkingen (UvA)
- Geschiedenis van de middeleeuwen (VUA)
- Geschiedenis van de nieuwe tijd (1500-1870) (VUA)
- Geschiedenis vandaag (RUG)
- Globaal en lokaal (VUA)
- Global history (VUA)
- Middeleeuwen (KUL)
- Militaire geschiedenis (UvA)
- Modern history and international relations (RUG)
- Nieuwe tijd (KUL)
- Politiek, cultuur en praktijk (VUB)
- Politiek en maatschappij in historisch perspectief (UU)
- Politiek en parlement (RU)
- Publieksgeschiedenis (UvA)
- Stadsgeschiedenis (VUB)

Geschiedenis en wijsbegeerte van de wiskunde en de natuurwetenschappen: MSc (UU: onderzoeksmaster) #20.7.b, zie ook: 4.1.b
- History & philosophy of science (UU)

Geschiedenis van de oudheid: MA (KUL: ook in deeltijd) # 14.1.b

Gezondheidsvoorlichting en -bevordering: MSc (UG: ook in deeltijd) #13.1.b

Gezondheidszorgpsychologie: MSc (UvA) #14.4.b, zie ook: 13.16.b
- Klinische forensische psychologie (UvA)
- Klinische neuropsychologie (UvA)
- Klinische ontwikkelingspsychologie (UvA)
- Klinische psychologie (UvA)

Global business & development: MSc (OVER-248: niet bekostigd) #11.1.b

Global business & stakeholder management: MSc (EUR) #11.1.b

Global health: MSc (UM; VUA) #13.1.b

Global supply chain management & change: MSc (UM) #20.1.b

Globalisation and development studies: MA (UM) #14.1.b

Globalisation and law: LLM (UM) #20.9.b
- Corporate and commercial law (UM)
- Human rights (UM)
- International trade and investment law (UM)

Godgeleerdheid en de godsdienstwetenschappen: MA (ETF; KUL: ook in deeltijd) #12.1.b
- Bijbel en theologie (ETF)
- Godsdienst en onderwijs (ETF)
- Kerk en pastoraat (ETF)

Governance of complex networks: MSc (EUR) #20.6.b

H

Handelsingenieur: MSc (KUL/HUB: ook in deeltijd) #20.1.b

Handelswetenschappen: MSc (KUL: ook in deeltijd; UG) #20.1.b
- Accountancy (KUL)
- Accountancy & fiscaliteit (KUL; UG)
- Bedrijfsmanagement & ondernemerschap (KUL)
- Business information management (KUL)
- Finance & risk management (KUL, UG)
- Financieel management (KUL)
- Fiscale wetenschappen (KUL)
- Human resource management (KUL)
- Internationaal zakenwezen (KUL)
- Internationale betrekkingen (KUL)
- Management en informatica (UG)
- Marketing management (KUL; UG)
- Strategisch management (UG)

Health administration: MSc (TIAS: niet bekostigd) #13.1.b

Health care management: MSc (EUR) #13.1.b

Health economics, policy & law: MSc (EUR) #20.1.b
- Health economics (EUR)

Health education and promotion: MSc (UM) #13.1.b

Health food innovation management: MSc (UM) #7.4.b

Health professions education: MSc (UM: in deeltijd, niet bekostigd) #13.1.b

Health sciences: MSc (EUR: onderzoeksmaster; UM: onderzoeksmaster; UT; VUA) #13.1.b
- Clinical epidemiology (EUR; UM)
- Epidemiology (EUR; UU)
- Genetic epidemiology (EUR)
- Global health (UM)
- Health economics (EUR)
- Health services & management (UT)
- Health technology assessment (UM)
- Health technology assessment & innovation (UT)
- Infectious diseases and public health (VUA)
- International public health (VUA)
- Nutrition and health (VUA)
- Policy and organisation or health care (VUA)
- Prevention and public health (VUA)
- Public health (VUA)
- Social health sciences (UM)

Healthcare policy, innovation and management: MSc (UM: ook in deeltijd) #13.1.b

Heritage studies: MA (UvA: duaal) #17.5.d
- Preservation and presentation of the moving image (UvA)

Historical, literary and cultural studies: MA (RU: onderzoeksmaster) #14.1.b
- Art and visual culture (RU)
- Classical, medieval and renaissance studies (RUG)
- Historical studies (RU)
- Literary studies (RU)
- Modern history and international relations (RUG)

Historische taal- en letterkunde: MA (UG) #19.4.b

History: MA (OUBS: online, niet bekostigd: RU; RUG: onderzoeksmaster; UL: ook als onderzoeksmaster; UU: ook als onderzoeksmaster; UvA: ook in deeltijd) #14.1.b
- American studies (UvA)
- Ancient history (UL)
- Ancient, medieval and renaissance studies (UU)
- Archival studies (UL)
- Cities, migration & global interdependence (UL)
- Colonial and global history (UL)
- Europaeum programme European history and civilisation: Leiden-Oxford-Paris programme (UL)
- Europe 1000-1800 (UL)
- Holocaust and genocide studies (UvA)
- Modern history 1500-2000 (UU)
- Political culture and national identities (UL)
- Politics and society in historical perspective (UU)
- Present(ed) history (RU)
- Roma aeterna (RU)

History and philosophy of science: MSc (UU: onderzoeksmaster) #12.6.b
- Foundations of mathematics and logic (UU)
- Foundations of physics (UU)
- History of science or the humanities (UU)
- Philosophy of science or the humanities (UU)

Human decision science: MSc (UM) #20.1.b

Human geography: MSc (RU; UvA) #14.1.b
- Conflicts, territories and identities (RU)
- Economic geography (RU)
- Europe: governance, borders and identities (RU)
- Globalisation, migration and development (RU)
- Urban and cultural geography (RU)

Human geography and planning: MSc (UU: onderzoeksmaster) #14.1.b

Human-machine communication: MSc (RUG) #19.1.b
- Cognitive engineering (RUG)
- Cognitive language modelling (RUG)
- Cognitive modelling (RUG)
- Computational cognitive neuroscience (RUG)

Human media interaction: MSc (UT: double degree) #14.8.b

Human movement sciences: MSc (RUG; UM: ook in deeltijd; VUA: ook als onderzoeksmaster) #14.1.b
- Motor function and cognition in healthy ageing (RUG)
- Rehabilitation and fuctional recovery (RUG)
- Sport, exercises & health (VUA)
- Sport/gezondheid (VUA)

Human resource management: MSc (EUR; OUBS: online, niet bekostigd; RUG) #11.2.b

Human resource studies: MSc (TiU) #11.6.b

Human-techology interaction: MSc (TU/e) #20.6.b

Humanistiek: (UvH) #12.4.b

Hydrology: MSc (VUA) #10.10.b
- Ecohydrologist (VUA)
- Hydrochemistry (VUA)
- Hydrogeologist (VUA)

I

Ict in business: MSc (UL) #20.6.b

Industrial and applied mathematics: MSc (AUHL/TU/e; TU/e) #20.7.b
- Computational science and engineering (TU/e)
- Discrete mathematics and applications (TU/e)
- Science education and communication (TU/e)
- Statistics, probability and operations research (TU/e)

Industrial design: MSc (TU/e) #5.1.c, zie ook: 23.2.b

Industrial design engineering: MSc (UT) #5.1.b, zie ook: 23.2.b
- Cradle to cradle (UT)
- Design & styling (UT)
- Emerging technology design (UT)
- Management of product development (UT)

Industrial ecology: MSc (TUD; UL) #4.1.b

Industrial engineering and management: MSc (RUG; UT) #11.1.b
- Financial engineering and management (UT)
- Health care technology & management (UT)
- Product & process technology (RUG)
- Production & logistic management (UT)
- Production technology and logistic (RUG)

Industrial engineering and operations research: MSc (UG) #14.1.b

Industrial sciences: biochemical engineering: MSc (KUL: ook in deeltijd) #4.1.b
- Medical bioengineering (KUL)

Industrial sciences: chemical engineering: MSc (KUL: ook in deeltijd) #4.1.b
- Sustainable process and materials engineering (KUL)

Industrial sciences: electromechanical engineering: MSc (KUL: ook in deeltijd) #4.1.b
- Intelligent manufacturing (KUL)
- Intelligent mechanics (KUL)
- Intelligent mobility (KUL)

Industrial sciences: electronic engineering: MSc (KUL: ook in deeltijd) #4.1.b

Industriële wetenschappen: biochemie: MSc (AUHL/KUL/Groep T: ook in deeltijd; UA; UG) #4.1.b

Industriële wetenschappen: bouwkunde: MSc (AUHL/KUL: ook in deeltijd; UA; UG) #10.1.b
- Bouwkunde (KUL; UG)
- Landmeten (KUL; UG)

Industriële wetenschappen: chemie: MSc (AUHL/KUL/Groep T: ook in deeltijd; UA) #7.1.b
- Chemische procestechnologie (AUHL/KUL)
- Geur- en aromatechnologie (AUHL/KUL)
- Industriële chemie (UG)
- Kunststoffen (UG)
- Sustainable process & materials engineering (AUHL/KUL)

Industriële wetenschappen: elektromechanica: MSc (AUHL/KUL/Groep T: ook in deeltijd; UA; UG; VUB) #5.2.b
- Automatisering (KUL; UA)
- Automotive engineering (UA)
- Duurzame energie (VUB)
- Elektromechanica (KUL/Groep T; VUB; UA; UG)
- Luchtvaarttechnologie (KUL; VUB)

Industriële wetenschappen: elektronica-ict: MSc (AUHL/KUL: ook in deeltijd; UA; UG; VUB) #5.2.b, zie ook: 20.6.b
- Automotive engineering (UA)
- Biomedische technologie (AUHL/KUL)
- Electronica (AUHL/KUL; UG)
- Ict (AUHL/KUL; UA; UG; VUB)
- Informatie- en communicatietechnieken-ingebedde systemen (VUB)
- Intelligent electronics (AUHL/KUL)
- Internet computing (AUHL/KUL)
- Multimedia en informatietechnologie (UG)

Industriële wetenschappen: elektrotechniek: MSc (UG) #5.2.b
- Automatisering (UG)
- Elektrotechniek (UG)

Industriële wetenschappen: energie: MSc (AUHL/KUL: ook in deeltijd) #5.1.b
- Automatisering (AUHL/KUL)
- Elektrotechniek (AUHL/KUL)

Industriële wetenschappen: industrieel ontwerpen: MSc (UG) #5.1.b

Industriële wetenschappen: informatica: MSc (UG) #20.6.b

Industriële wetenschappen: kunststofverwerking: MSc (KUL: ook in deeltijd) #7.6.b

Industriële wetenschappen: landmeten: MSc (UG) #10.10.b
Industriële wetenschappen: milieukunde: MSc (UG) #3.9.b
Industriële wetenschappen: nucleaire technologie: MSc
(AUHL/KUL) #3.9.b
- Milieutechnologie - radiochemie (AUHL/KUL)
- Nucleaire technieken - medisch nucleaire technieken (AUHL/KUL)
Industriële wetenschappen: verpakkingstechnologie:
(AUHL/KUL) #18.2.b
Infection and immunity: MSc (EUR: onderzoeksmaster) #13.18.b
Informatica: MSc (AUHL; KUL: ook als onderzoeksmaster; UA: ook als
onderzoeksmaster; UU: onderzoeksmaster) #20.6.b, zie ook: 24.3.b
- Artificiële intelligentie (KUL)
- Bedrijfsprofiel (KUL)
- Computationele informatica (KUL)
- Computernetwerken en gedistribueerde systemen (KUL; UA)
- Computing science (UU)
- Data science (UA)
- Databases (KUL; UA)
- Educatie (UA)
- Game & media technology (UU)
- Human-computer interaction (AUHL)
- Multimedia (AUHL; KUL)
- Ondernemerschap (UA)
- Onderwijsprofiel (KUL)
- Software engineering (KUL; UA)
- Veilige software (KUL)
Informatiemanagement: MSc (KUL: ook in deeltijd) #22.1.b; zie
ook: 20.6.b
Informatierecht: LLM (UvA: ook in deeltijd) #20.9.b
Information & network economics: MSc (UM) #20.1.b
Information law: LLM (UvA: onderzoeksmaster) #20.9.b
Information management: MSc (KUL: ook in deeltijd; TIAS: niet
bekostigd; TiU) #22.1.b; zie ook: 20.6.b
Information sciences: MSc (RU; UU; VUA) #17.1.b
- Business informatics (UU)
Information studies: MSc (UvA: ook in deeltijd) #17.1.b
- Business information systems (UvA)
- Game studies (UvA)
- Human centered multimedia (UvA)
Ingenieurswetenschappen: architectuur: MSc (KUL: ook in
deeltijd; VUB; UG) #10.2.b
- Architectuurontwerp (KUL)
- Architectuurontwerp en bouwtechniek (UG)
- Bouwtechisch ontwerp (KUL)
- Stadsontwerp en architectuur (UG)
- Stedelijk project (KUL)
**Ingenieurswetenschappen: bedrijfskundige
systeemtechnieken en operationeel onderzoek:** MSc (UG)
#11.1.b
- Industrial engineering (UG)
- Operationeel onderzoek (UG)
**Ingenieurswetenschappen: biomedische
ingenieurstechnieken:** MSc (VUB; UG) #13.18.b
Ingenieurswetenschappen: biomedische technologie: MSc
(KUL: ook in deeltijd) #5.1.b, zie ook: 13.18.b
Ingenieurswetenschappen: bouwkunde: MSc (KUL: ook in
deeltijd; UG; VUB) #10.1.b
- Chemical & process technology (AUHL/TU/e)
- Civiele techniek (KUL)
- Gebouwentechniek (KUL)
- Molecular systems and materials chemistry (AUHL/TU/e)
Ingenieurswetenschappen: chemie en materialen: MSc (VUB)
#7.1.b
- Materialen (VUB)
- Procestechnologie (VUB)
Ingenieurswetenschappen: chemische technologie: MSc (KUL:
ook in deeltijd; UG) #7.1.b
- Chemische en biochemische proces engineering (KUL)
- Milieu engineering (KUL)
- Product engineering (KUL)

Ingenieurswetenschappen: computerwetenschappen: MSc
(KUL: ook in deeltijd; UG; VUB) #20.6.b
- Artificiële intelligentie (KUL; VUB)
- Computationele informatica (KUL)
- Gedistribueerde systemen (KUL)
- Mens-machine communicatie (KUL)
- Multimedia (VUB)
- Software engineering (KUL)
- Software languages and software engineering (VUB)
- Veilige software (KUL)
- Web- & informatiesystemen (VUB)
**Ingenieurswetenschappen: electronica en
informatietechnologie:** MSc (VUB) #5.2.b, zie ook: 20.6.b
- Fotonica (VUB)
- Informatica (VUB)
- Meten, modelleren en simuleren (VUB)
- Multimedia (VUB)
- Telecom (VUB)
Ingenieurswetenschappen: elektrotechniek: MSc (KUL: ook in
deeltijd) #5.2.b
- Elektronica en geïntegreerde schakelingen (KUL)
- Ingebedde systemen en multimedia (KUL)
Ingenieurswetenschappen: energie: MSc (KUL: ook in deeltijd)
#5.1.b, zie ook: 5.2.b
- Algemene techno-economische energiekennis (KUL)
- Elektrische energiekennis (KUL)
- Thermo-mechanische energie (KUL)
Ingenieurswetenschappen: fotonica: MSc (UG/VUB) #5.5.b
- Elektronica (UG/VUB)
- Informatica (UG/VUB)
- Meten, modelleren en simuleren (UG/VUB)
- Multimedia (UG/VUB)
Ingenieurswetenschappen: materiaalkunde: MSc (KUL: ook in
deeltijd; UG) #5.15.b
- Biomaterialen (KUL)
- Metalen en keramieken (KUL)
- Nanomaterialen (KUL)
- Polymeren en composieten (KUL)
- Polymeren en vezelstructuren (UG)
- Toegepaste metaalwetenschappen (UG)
**Ingenieurswetenschappen: toegepaste
computerwetenschappen:** MSc (VUB) #20.6.b
Ingenieurswetenschappen: toegepaste natuurkunde: MSc (UG)
#4.1.b
**Ingenieurswetenschappen: verkeer, logistiek en intelligente
transportsystemen:** MSc (KUL: ook in deeltijd) #18.2.b
Ingenieurswetenschappen: werktuigkunde: MSc (KUL: ook in
deeltijd) #5.1.b
- Luchtvaart- en ruimtevaarttechnologie (KUL)
- Manufacturing en management (KUL)
- Mechatronica en robotica (KUL)
- Thermotechnische wetenschappen (KUL)
- Voertuigtechnieken (KUL)
Ingenieurswetenschappen: werktuigkunde - elektrotechniek:
MSc (UG; VUB) #5.1.b, zie ook: 5.2.b
- Electrische energietechniek (UG)
- Energie (VUB)
- Lucht- en ruimtevaart (VUB)
- Maritieme techniek (UG)
- Mechanische constructie (UG)
- Regeltechniek en automatisering (UG)
- Voertuigtechnologie en transport (VUB)
- Werktuigbouwkunde (VUB)
Ingenieurswetenschappen: wiskundige ingenieurstechnieken:
MSc (KUL: ook in deeltijd) #20.7.b
Innovation management: MSc (TU/e: honors track,
onderzoeksmaster) #11.2.b
Innovation sciences: MSc (TU/e: onderzoeksmaster) #11.2.b
- Innovation and sustainability (TU/e)
- Knowledge economy and society (TU/e)

- Living in a virual world: the social science of the internet (TU/e)
- Technology, globalization and Europeanization (TU/e)

Intercultural mediation: identities, mobilities, conflicts (MITRA): (KUL: Erasmus Mundus Master) #12.7.b

Integrated product design: MSc (TUD) #23.2.d, zie ook: 5.1.b

Interieurarchitectuur: MSc (AUHL; KUL/LUCA: ook in deeltijd; UA) #9.1.b, zie ook: 23.4.b
- Herbestemminig (AUHL)
- Retail (AUHL)
- Scenografie (AUHL)
- Wonen (AUHL)

Intellectual property law and knowledge management: LLM/MSc (UM: ook in deeltijd, niet bekostigd) #20.9.b

Internationaal en Europees recht: LLM (RUG) #20.9.b
- International & European law (RUG)

International & comparative private law: LLM (RUG) #20.9.b

International & European law: LLM (RU; TiU; UvA: ook in deeltijd) #20.9.b
- European competition law & regulation (UvA)
- European union law (TiU; UvA)
- International law and human rights (TiU)
- International trade & investment law (UvA)
- Public international law (UvA)

International & European tax law: LLM (UM) #20.11.b

International business: MSc (UM: ook in deeltijd) #11.1.b
- Accountancy (UM)
- Accounting & control (UM)
- Controlling (UM)
- Entrepreneurship and SME management (UM)
- Finance (UM)
- Information management and business intelligence (UM)
- Marketing-finance (UM)
- Organisation: management, change and consultancy (UM)
- Strategic marketing (UM)
- Strategy and innovation (UM)
- Supply chain management (UM)
- Sustainable finance (UM)

International business and management: MSc (RUG: MA/MSc, double degree master) #11.1.b
- Advanced international business management & marketing (RUG)
- China & the world economy (RUG)

International business economics and management: MSc (KUL: ook in deeltijd) #20.1.b

International business law: LLM (TiU; VUA) #20.9.b

International business taxation: LLM/MSc (TiU) #11.1.b
- International business tax economics (TiU: MSc)
- International business tax law (TiU: LLM)

International civil & commercial law (advanced): LLM (UL: ook in deeltijd) #20.9.b

International crimes and criminology: MSc (VUA) #20.9.b

International criminal law: LLM (UvA) #20.9.b

International development studies: MSc (UvA: ook als onderzoeksmaster; WU) #3.1.b, zie ook: 14.1.b
- Children's rights (UvA)
- Communication, technology and policy (WU)
- Economics (UvA)
- Economics of development (WU)
- Natural resources and environmental concerns (UvA)
- Sociology of development (WU)
- The role of education in development (UvA)
- Urbanisation an urban inequalities (UvA)

International economics & business: MSc (RUG: MA/MSc, ook double degree master; UU) #18.2.b
- Applied international & development economics (RUG)
- Central-Eastern European economics (RUG)
- China and the world economy (RUG)
- International development economics (RUG)
- International economics and business (UU)

International economic & business law: LLM (RUG) #20.9.b

International finance (MIF): MSc (UvA: ook in deeltijd, niet bekostigd) #20.1.b

International financial management: MSc (RUG:) #20.1.b
- International financial management (RUG: double degree)

International human rights and criminal justice: LLM (UU: niet bekostigd) #20.9.b

International land and water management: MSc (WU: Agis Mundus double degree master) #3.5.b
- Irrigated water management (WU)
- Irrigation and water management (WU)
- Sustainable land management (WU)

International law & the law of International organizations: LLM (RUG) #20.9.b
- Human rights (RUG)

International laws: LLM (UM) #20.9.b

International management: MSc (EUR; TiU) #11.1.b, zie ook: 20.1.b

International Master in management of IT: MSc (TU: 3 Masters) #11.1.b, zie ook: 20.1.b
- Economics and business administration (TiU)
- Information management (TiU)
- Management & information technology (TiU)

International Master in social policy analysis: MSc (TU/Impalla: niet bekostigd) #14.1.b

International Master in service engineering: MSc (TU: 3 Masters) #5.17.c; zie ook: #20.6.b
- Computer science (TiU)
- Information management (TiU)
- Information technology (TiU)

International migration and social cohesion: MSc (UvA: Erasmus Mundus Master) #14.1.b

International public management and polocy: MSc (EUR) #20.1.b

International relations: MA (RUG: ook Erasmus Mundus Master; UL; Webster: niet bekostigd, ook in deeltijd) #19.5.b
- East Asian studies (RUG)
- European integration (RUG)
- European Union studies (UL)
- Global governance (RUG)
- International humanitarian action (RUG)
- International political economy (RUG)
- International relations and international organization (RUG)
- International security (RUG)
- International studies (UL)

International relations and diplomacy: MSc (UL) #19.5.b

International tax law (advanced): LLM (UL: ook in deeltijd) #20.11.b

Internationale bedrijfseconomie en het bedrijfsbeleid: MSc (KUL/HUB: ook in deeltijd) #20.1.b

Internationale betrekkingen: MA (RUG: ook Erasmus Mundus Master, ook als onderzoeksmaster; UU) #19.5.b
- Conflict studies and human rights (UU)
- International humanitairian action (RUG)
- Internationale betrekkingen in een historisch perspectief (UU)
- Modern history and international relations (RUG)

Islam: MA (UU) #12.3.b

IT - Auditing: MSc (TIAS: niet bekostigd) #20.6.b

Italiaanse taal en cultuur: MA (UU) #19.4.b
- Europese letterkunde van de middeleeuwen en de renaissance (UU)
- Interculturele communicatie (UU)
- Literatuur en cultuurkritiek (UU)
- Taal, mens en maatschappij (UU)
- Vertalen (UU)

J

Jeugdrecht: LLM (UL) #20.9.b
Journalism, media and globalisation: MA (UvA: Erasmus Mundus Master) #19.2.b
Journalistiek: MA (KUL/HUB/Thomas More: ook in deeltijd; VUB) #19.2.b
- Audiovisuele journalistiek (KUL/HUB)
- Gedrukte en online media (VUB)
- Print- en onlinejournalistiek (KUL/HUB)
- Radio- en tv-journalistiek (VUB)

K

Klinische gezondheidswetenschappen: MSc (UU: deeltijd) #13.1.b
- Logopediewetenschap (UU)
- Verplegingswetenschap (UU)
Kunst, cultuur en erfgoed: MA (UM) #23.1.b
Kunst, literatuur en samenleving: MA (UM) #23.1.b
Kunst- en cultuurwetenschappen: MA (OUNL: deeltijd; RU; RUG; TiU; UU: ook als onderzoeksmaster; UvA: ook in deeltijd, ook duaal; VUA) #23.1.b
- Architectuur- & stedenbouwgeschiedenis (RUG)
- Architectuurgeschiedenis (VUA)
- Boekwetenschap en handschriftkunde (UvA)
- Comparative arts and media studies (VUA)
- Creative industries (RU)
- Design cultures (VUA)
- Dramaturgie (UvA)
- Jeugdliteratuur (TiU)
- Kunst en cultuur in het publieke domein (UvA)
- Kunstbeleid en -management (UU)
- Kunstbeleid en mecenaat (RU)
- Kunsten, cultuur en media (RUG)
- Kunsten, publiek en samenleving (TiU)
- Kunstgeschiedenis (RU; RUG; UU; UvA; VUA)
- Landschapsgeschiedenis (RUG)
- Musicology (UU)
- Muziekwetenschap (UU)
- Theatre studies (UU)
Kunstgeschiedenis: MA (RU; RUG; UU; UvA; VUA) #23.1.b, zie ook: 24.3.b
- Architectuurgeschiedenis en monumentenzorg (UU)
- Educatie en communicatie (UU)
- Hedendaagse kunst: theorie, kritiek en beroepspraktijk (UU)
- Oude kunst: onderzoek, actualiteit en praktijk (UU)
Kunstonderwijs en communicatie: MA (UU) #24.3.b, zie ook: 23.1.b
Kunstwetenschappen: MA (KUL: ook in deeltijd; UG) #23.1.b
- Architectuur, interieur en monumentenzorg (UG)
- Beeldende kunst (UG)
- Muziek (UG)
- Podiumkunsten en mediale kunsten (UG)
Kunstwetenschappen en archeologie: MA (VUB) #23.1.b

L

Labour law: LLM (UvA: ook in deeltijd) #20.9.b
- International labour Law (UvA)
Landscape architecture and planning: MSc (WU) #3.4.b
- Landscape architecture (WU)
- Socio-spatial analysis (WU)
- Spatial planning (WU)
Language & communication: MA (RU: onderzoeksmaster; TU: onderzoeksmaster) #19.4.b
- Communication (TiU)
- Language acquisition (TiU)
- Language and society (TiU)
- Language and speech technology (TiU)
- Psycholinguistics (TiU)

Law: LLM (KUL; TU: onderzoeksmaster) #20.9.b
- European law (KUL: ook als minor)
- International law (KUL: ook als minor)
Law & digital technologies (advanced): LLM (UL: ook in deeltijd) #20.9.b
Law & economics, economics of competition and regulation: LLM/MSc (UU) #20.9.b, zie ook: 20.1.b
- Law & economics (UU)
Law & politics of international security: LLM (VUA: onderzoeksmaster) #20.9.b
Law & technology: LLM (TiU) #20.9.b
Legal research: LLM (UU: onderzoeksmaster) #20.9.b
Leisure studies: MSc (TiU) #14.8.b
Leisure, tourism and environment: MSc (WU) #18.1.b
- Concepts and approaches (WU)
- Experiences and environment (WU)
- Leisure, toerism and globalisation (WU)
- Modular skills training (WU)
- Research methods & techniques (WU)
- Sustainable development (WU)
Leraar: SLO Agogische wetenschappen: (VUB) #24.3.b
Leraar: SLO Bedrijfseconomische wetenschappen: (AUHL) #24.3.b
Leraar: SLO Bestuurskunde: (UG) #24.3.b
Leraar: SLO Bio-ingenieurswetenschappen: (UG) #24.3.b
Leraar: SLO Biologie: (UA; UG) #24.3.b, zie ook: 19.4.b
Leraar: SLO Biomedische Gezondheids- en Revalidatiewetenschappen: (VUB) #24.3.b
Leraar: SLO Chemie: (UA; UG) #24.3.b
Leraar: SLO Criminologische wetenschappen: (UG) #24.3.b
Leraar: SLO Cultuur- en maatschappijwetenschappen: (VUB) #24.3.b
Leraar: SLO Economie: (KUL; UA) #24.3.b, zie ook: 20.1.b
Leraar: SLO Economische en toegepaste economische wetenschappen: (UG) #24.3.b, zie ook: 20.1.b
Leraar: SLO Economische wetenschappen: (KUL; UA; UG; VUB) #24.3.b, zie ook: 20.1.b
Leraar: SLO Filosofie: (UA) 24.3.b, zie ook: 12.6.b
Leraar: SLO Fysica: (UA; UG) #24.3.b
Leraar: SLO Gedrags- en cultuurwetenschappen: (UA) #24.3.b
Leraar: SLO Gedragswetenschappen: (KUL) #24.3.b
Leraar: SLO Geografie: (UG) #24.3.b
Leraar: SLO Geschiedenis: (UA; UG) #24.3.b, zie ook: 14.1.b
Leraar: SLO Geschiedenis, kunst en muziek: (KUL; UG) #24.3.b
Leraar: SLO Gezondheidswetenschappen: (KUL; UG) #24.3.b
Leraar: SLO Godsdienstwetenschappen: (KUL) #24.3.b, zie ook: 12.1.b en 12.5
Leraar: SLO Handelswetenschappen: (KUL; UG) #24.3.b
Leraar: SLO Informatica: (UA; UG) #24.3.b, zie ook: 20.6.b
Leraar: SLO Kerkelijk recht: (KUL) #24.3.b
Leraar: SLO Kunstwetenschappen en archeologie: (UG) #24.3.b
Leraar: SLO Lichamelijke opvoeding en de bewegingswetenschappen: (KUL; UG; VUB) #24.3.b
Leraar: SLO Maatschappijwetenschappen en filosofie: (KUL) #24.3.b
Leraar: SLO Natuurwetenschappen: (KUL) #24.3.b, zie ook: 3.7.b
Leraar: SLO Pedagogische wetenschappen: (UG) #24.3.b
Leraar: SLO Politieke en sociale wetenschappen: (UG) #24.3.b
Leraar: SLO Psychologie: (UG) #24.3.b
Leraar: SLO Psychologie en de pedagogische wetenschappen: (VUB) #24.3.b
Leraar: SLO Rechten: (UA; UG) #24.3.b
Leraar: SLO Taal- en letterkunde: (KUL; UA; UG; VUB) #24.3.b
Leraar: SLO Talen: (KUL; UA) #24.3.b, zie ook: 19.4.b
Leraar: SLO Talen en culturen: (UG) #24.3.b, zie ook: 19.4.b
Leraar: SLO Toegepaste economische wetenschappen: (AUHL) #24.3.b, zie ook: 20.1.b
Leraar: SLO Wetenschappen en de ingenieurswetenschappen: (VUB) #24.3.b

Leraar: SLO Wijsbegeerte en moraalwetenschappen: (UG) #24.3.b, zie ook: 12.6.b

Leraar: SLO Wiskunde: (KUL; UA; UG) #24.3.b, zie ook: 20.7.b

Leraar VHO in Aardrijkskunde: MSc (RU; RUG; UU: ook in deeltijd; UvA: ook in deeltijd; VUA: ook in deeltijd) #24.3.b

Leraar VHO in Algemene economie: MSc (RU; TU: ook in deeltijd; UL: ook in deeltijd; UvA: ook in deeltijd; VUA: ook in deeltijd) #24.3.b

Leraar VHO in Arabisch: MA (UvA: ook in deeltijd) #24.3.b, zie ook: 19.4.b

Leraar VHO in Biologie: MSc (RU; UL: ook in deeltijd; UU: ook in deeltijd; UvA: ook in deeltijd; VUA: ook in deeltijd) #24.3.b

Leraar VHO in Chinees: MA (UL: ook in deeltijd) #24.3.b, zie ook: 19.4.b

Leraar VHO in Culturele en kunstzinnige vorming: MA (UL: ook in deeltijd) #23.1.b

Leraar VHO in Duits: MA (RU; UL: ook in deeltijd; UU: ook in deeltijd; UvA: ook in deeltijd; VUA: ook in deeltijd) #24.3.b, zie ook: 19.4.b

Leraar VHO in Duitse taal en cultuur: MA (RUG: ook in deeltijd) #24.3.b, zie ook: 19.4.b

Leraar VHO in Economie: MSc (UU: ook in deeltijd) #24.3.b, zie ook: 20.1.b

Leraar VHO in Economie en bedrijfswetenschappen: MSc (RUG: ook in deeltijd) #24.3.b, zie ook: 20.1.b

Leraar VHO in Engels: MA (RU; UL: ook in deeltijd; UU: ook in deeltijd; UvA: ook in deeltijd; VUA: ook in deeltijd) #24.3.b, zie ook: 19.4.b

Leraar VHO in Engelse taal en cultuur: MA (RUG: ook in deeltijd) #24.3.b, zie ook: 19.4.b

Leraar VHO in Filosofie: MA (RU: ook in deeltijd; RUG; TU: ook in deeltijd; UL: ook in deeltijd; UU: ook in deeltijd; UvA: ook in deeltijd) #24.3.b, zie ook: 12.6.b

Leraar VHO in Frans: MA (RU: ook in deeltijd; UL: ook in deeltijd; UU: ook in deeltijd; UvA: ook in deeltijd; VUA: ook in deeltijd) #24.3.b, zie ook: 19.4.b

Leraar VHO in Franse taal en cultuur: MA (RUG: ook in deeltijd) #24.3.b, zie ook: 19.4.b

Leraar VHO in Friese taal en cultuur: MA (RUG: ook in deeltijd) #24.3.b, zie ook: 19.4.b

Leraar VHO in Geschiedenis: MA (RU; RUG: ook in deeltijd; UU: ook in deeltijd; VUA: ook in deeltijd) #24.3.b, zie ook: 14.1.b

Leraar VHO in Geschiedenis en staatsinrichting: MA (UL: ook in deeltijd; UvA: ook in deeltijd) #24.3.b, zie ook: 14.1.b

Leraar VHO in Godsdienst: (UU: ook in deeltijd) #24.3.b, zie ook: 12.1.b en 12.5

Leraar VHO in Godsdienst en levensbeschouwing: MA (RU; TiU; UL: ook in deeltijd; UvA: ook in deeltijd; VUA: ook in deeltijd) #24.3.b, zie ook: 12.1.b en 12.5

Leraar VHO in Grieks & Latijn: MA (RU) #24.3.b

Leraar VHO in Griekse en Latijnse taal en cultuur: MA (RUG: ook in deeltijd; UL: ook in deeltijd; UvA: ook in deeltijd) #24.3.b

Leraar VHO in Hebreeuws: MA (UvA: ook in deeltijd) #24.3.b

Leraar VHO in Informatica: MSc (TUD; TU/e; UT; UU: ook in deeltijd) #20.6.b

Leraar VHO in Italiaans: MA (UvA: ook in deeltijd) #24.3.b

Leraar VHO in Klassieke talen en KCV: MA (VUA: ook in deeltijd) #24.3.b

Leraar VHO in Kunstgeschiedenis: MA (RU; UU: ook in deeltijd) #24.3.b, zie ook: 23.1.b

Leraar VHO in Kunstgeschiedenis en culturele en kunstzinnige vorming/kunst algemeen: MA (UL: ook in deeltijd; UU; UvA: ook in deeltijd) #24.3.b, zie ook: 23.1.b

Leraar VHO in Latijn en klassieke en culturele vorming: MA (UvA: ook in deeltijd; VUA: ook in deeltijd) #24.3.b

Leraar VHO in Maatschappijleer: MA (RU; RUG: ook in deeltijd, ook duaal; UU: ook in deeltijd) #24.3.b, zie ook: 14.1.b

Leraar VHO in Maatschappijleer en maatschappijwetenschappen: MA (TU: ook in deeltijd; UL: ook in deeltijd; UT: MSc; UvA: MSc, ook in deeltijd; VUA: ook in deeltijd) #24.3.b, zie ook: 14.1.b

Leraar VHO in Management & organisatie: MSc (RU; TU: ook in deeltijd; UL: ook in deeltijd; UvA: ook in deeltijd; VUA: ook in deeltijd) #24.3.b, zie ook: 11.1.b

Leraar VHO in Muziek: (UU: ook in deeltijd) #24.3.b

Leraar VHO in Natuurkunde: MSc (RU; TUD; TU/e; UL: ook in deeltijd; UT; UU: ook in deeltijd; UvA: ook in deeltijd; VUA: ook in deeltijd) #24.3.b, zie ook: 3.7.b

Leraar VHO in Nederlands: MA (RU; TU: ook in deeltijd; UL: ook in deeltijd; UU: ook in deeltijd; UvA: ook in deeltijd; VUA: ook in deeltijd) #24.3.b, zie ook: 19.4.b

Leraar VHO in Nederlandse taal en cultuur: MA (RUG: ook in deeltijd) #24.3.b, zie ook: 19.4.b

Leraar VHO in Ontwerpen: MSc (TUD; UT) #24.3.b

Leraar VHO in Russisch: MA (UvA: ook in deeltijd) #24.3.b

Leraar VHO in Scheikunde: MSc (RU; TUD; TU/e; UL: ook in deeltijd; UT; UU: ook in deeltijd; UvA: ook in deeltijd; VUA: ook in deeltijd) #24.3.b, zie ook: 7.1.b

Leraar VHO in Spaans: MA (RU; UL: ook in deeltijd; UU: ook in deeltijd; UvA: ook in deeltijd) #24.3.b, zie ook: 19.4.b

Leraar VHO in Spaanse taal en cultuur: MA (RUG: ook in deeltijd) #24.3.b, zie ook: 19.4.b

Leraar VHO in Wiskunde: MSc (RU; TUD; TU/e; UL: ook in deeltijd; UT; UU: ook in deeltijd; UvA: ook in deeltijd; VUA: ook in deeltijd) #24.3.b, zie ook: 20.7.b

Leraar VHO in Wiskunde en natuurwetenschappen: MSc (RUG: ook in deeltijd, ook duaal) #24.3.b, zie ook: 20.7.b

Letterkunde: MA (RU; RUG: ook als onderzoeksmaster, ook in deeltijd; UU: ook als onderzoeksmaster; VUA: ook als onderzoeksmaster) #19.4.b
- Duitstalige letterkunde (RU)
- Engelstalige letterkunde (RU)
- English literature and culture (RUG)
- European literatures and cultures (RUG)
- Europese letterkunde (RU)
- Franse letterkunde (VUA)
- Franstalige letterkunde (RU)
- Literair bedrijf (RU)
- Literair vertalen (UU)
- Literaire vorming en literair veld (VUA)
- Literatures in English (VUA)
- Literatuur en cultuurkritiek (UU)
- Middeleeuwen en renaissance studies (UU)
- Nederlandse letterkunde (VUA)
- Nederlandstalige letterkunde (RU)
- Spaanstalige letterkunde (RU)
- Vertalen (UU)
- Writing, editing and mediating (RUG)

Lichamelijke opvoeding en de bewegingswetenschappen: MSc (KUL: ook in deeltijd; UG; VUB: Erasmusprogramma) #16.1.b
- Bewegingsonderwijs (KUL; UG; VUB)
- Bewegingsonderwijs: specifieke lerarenopleiding (VUB: minor)
- Fysieke activiteit, fitheid en gezondheid (KUL; UG; VUB)
- Fysieke activiteit, onderzoek (VUB: minor)
- Fysieke activiteit, specifieke lerarenopleiding (VUB: minor)
- Research in biomedical kinesiology (KUL)
- Specifieke lerarenopleiding (KUL: minor; VUB: minor)
- Sportmanagement (KUL; UG; VUB)
- Sporttraining en coaching (KUL; UG; VUB)
- Sporttraining en coaching, onderzoek (VUB: minor)

Life science & technology: MSc (TUD; UL) #13.1.b
- Biocatalysis (TUD)
- Biochemical engineering (TUD)
- Cell factory (TUD)
- Life science & education (UL)
- Life science & science communication & society (UL)
- Life science research & development
- Life science-based business development (UL)

Life sciences: MSc (UvA) #13.1.b
- Bioinformatics and systems biology (UvA)

Linguistics: MA (RU; RUG: ook als onderzoeksmaster, ook Erasmus Mundus Master, ook double degree MA/MSc; UL: ook als onderzoeksmaster; UU: onderzoeksmaster; UvA: ook in deeltijd, ook als onderzoeksmaster; VUA: onderzoeksmaster) #19.4.b
- Applied linguistics (RUG)
- Chinese linguistics (UL)
- Clinical linguistics/EMCL (RUG)
- Comparative Indo-European linguistics (UL)
- Dutch linguistics (RU)
- English language and linguistics (RU; UL)
- European linguistics (RUG)
- French language and linguistics (UL)
- French linguistics (RU)
- General linguistics (UvA)
- General programme (RU)
- German language and linguistics (UL)
- German linguistics (RU)
- Italian language and linguistics (UL)
- Language and cognition (RUG)
- Language and communication (UL)
- Language and communication coaching (RU)
- Language and communication technologies (RUG)
- Language diversity of Africa, Asia and native America (UL)
- Linguistics: general programme (RU)
- Linguistics of European languages (UvA)
- Multilingualism (RUG)
- Spanish linguistics (RU)
- The study of the language faculty (UU)
- Theoretical linguistics and cognition (UL)
- Translation in theory and practice (UL)

Linguistics and literature: English: MA (KUL: ook in deeltijd) #19.4.b
- English linguistics (KUL)
- English literature (KUL)

Linquistics and literary studies: MA (VUB) #19.4.b
- 1 language (VUB)
- 2 languages (VUB)
- Literary studies 1 language (VUB)
- Literary studies 2 languages (VUB)
- Multilingualism and foreign language acquisition 1 language (VUB)
- Multilingualism and foreign language acquisition 2 languages (VUB)
- Psycholinquistics and neurolinquistics 1 language (VUB)
- Psycholinquistics and neurolinquistics 2 lanquages (VUB)
- Theater studies 1 language (VUB)
- Theater studies 2 languages (VUB)

Literaire vorming en literair veld: MA (VUA) #19.4.b

Literary studies: MA (RUG; UL: ook als onderzoeksmaster; UvA: ook als onderzoeksmaster) #19.4.b
- English literature & culture (RUG; UL)
- French literature & culture (UL)
- German literature & culture (UL)
- Italian literature & culture (UL)
- Literature and culture (UvA)
- Writing, editing and mediating (RUG)

Literatuur van de moderniteit: MA (UA) #19.4.b

Logic: MSc (UvA) #12.6.b

Logopedische en audiologische wetenschappen: MSc (KUL: ook in deeltijd; UG) #13.11.b en 13.17.b
- Audiologie (KUL; UG)
- Logopedie (UG)

M

Maatschappijgeschiedenis: MA (EUR: ook in deeltijd) #14.1.b
- Geschiedenis van Nederland in een mondiale context (EUR)
- Global history and international relations (EUR)

Management: MSc (AUHL; KUL: ook in deeltijd; NR: ook in deeltijd, niet bekostigd; OUNL: deeltijd; VUB) #11.2.b, zie ook: 20.1.b
- Basistraject, management (KUL)
- Doorstroomtraject, toegepaste economische wetenschappen/ business economics (KUL)
- International marketing strategy (AUHL)
- Management information systems (AUHL)

Management and engineering in production systems: MSc (OVER-248: niet bekostigd) #11.1.b

Management and leadership: MA (Webster: niet bekostigd, ook in deeltijd) #11.1.b

Management and organization: MSc (TIAS: niet bekostigd) #11.1.b

Management, economics and consumer studies: MSc (WU) #20.1.b
- Consumer studies (WU)
- Economics, environment and governance (WU)
- Management, innovation and life sciences (WU)
- Management studies (WU)

Management en beleid van de gezondheidszorg: MSc (KUL: ook in deeltijd; UG; VUB) # 13.1.b
- Beleid (KUL)
- Management (KUL)

Management in education: MSc (TIAS: niet bekostigd) #14.1.b

Management of cultural diversity: MA (TiU) #14.1.b

Management of innovation: MSc (EUR) #14.1.b

Management of learning: MSc (UM) # 14.5.b

Management of technology: MSc (TUD) #11.1.b

Management, policy analysis and entrepreneurship in the health and life sciences: MSc (VUA) #13.1.b
- Health & life sciences-based communication (VUA)
- Health & life sciences-based management and entrepreneurship (VUA)
- Health & life sciences-based policy (VUA)

Management science: MSc (VUB) #11.1.b

Management studies: MSc (UvA: deeltijd) #11.1.b

Management van de publieke sector: MSc (UL) #20.4.b

Management, zorg en beleid in de gerontologie: MSc (VUB) #14.10.b

Managerial controlling: MSc (NR: deeltijd, niet bekostigd) #20.8.b

Marine and lacustrine science and management: MSc (UA/UG/VUB) #3.9.b

Marine biodiversity and conservation: MSc (UG: Erasmus Mundus Master) #3.9.b

Marine biology: MSc (RUG) #3.8.b
- Policy & management variant (RUG)
- Research variant (RUG)

Marine technology: MSc (TUD) #8.5.b
- Design, production and operations (TUD)
- Ship and offshore structures (TUD)
- Ship hydromechanics (TUD)

Marketing: MSc (RUG: MA/MSc double degree master; TIAS: niet bekostigd; VUA: ook in deeltijd) #17.8.b
- Academic seminair (VUA)
- B2B (VUA)
- B2C (VUA)
- Costumer intelligence (VUA)
- Cross-cultural consumer research (VUA)
- GeoMarketing (VUA)
- Managerial integration project marketing (VUA)
- Marketing intelligence (RUG)
- Marketing management (RUG)
- Marketing strategy (VUA)
- Strategic marketing intelligence (RUG)

Marketing management: MSc (EUR; TIU) #17.8.b

Marketing research: MSc (TiU) #17.8.b

- Quantitabe marketing (TiU)
- Strategic marketing (TiU)
Materials engineering: MSc (KUL) #5.1.b
- Biomaterials (KUL)
- Management (KUL)
- Metals and ceramics (KUL)
- Nanomaterials (KUL)
- Polymers and composites (KUL)
- Production (KUL)
Materials sciences & engineering: MSc (TUD) #5.1.b
Mathematical engineering: MSc (KUL: ook in deeltijd) #20.7.b
Mathematical physics: MSc (UvA) #20.7.b
Mathematical sciences: MSc (UU: onderzoeksmaster) #20.7.b
- Algebraic geometry and number theory (UU)
- Applied analysis (UU)
- Differential geometry and topology (UU)
- History of mathematics (UU)
- Logic (UU)
- Probability, statistics, and stochastic modelling (UU)
- Pure analysis (UU)
- Scientific computing (UU)
Mathematics: MSc (KUL: ook in deeltijd, ook als onderzoeksmaster; OUBS: online, niet bekostigd; RU; RUG; UL; UvA; VUA: ook in deeltijd) #20.7.b
- Algebra & geometry (RUG)
- Algebra & topology (RU)
- Algebra, geometry & number theory (UL)
- Applied mathematics (KUL; UL)
- Applied stochastics (RU)
- Differential equations and dynamical systems (VUA)
- Dynamical systems and analysis (RUG)
- Mathematical foundations of computer science (RU)
- Mathematics & education (UL)
- Mathematics & science communication & society (UL)
- Mathematics & science-based business (UL)
- Mathematical physics (RU)
- Pure mathematics (KUL)
- Statistical science for the life and behavioral sciences (UL)
- Statistics & probability (RUG)
- Stochastics (VUA)
- Topology & geometry (VUA)
NB Zie ook: Wiskunde
Mechanical engineering: MSc (KUL: ook in deeltijd; TUD; TU/e; UT) #5.1.b
- Automotive (TUD)
- Automotive engineering science (TU/e)
- Biomechanical design (TUD)
- Biomechanical engineering (UT)
- Control engineering (TUD)
- Computational and experimental mechanics (TU/e)
- Design production & management (UT)
- Dynamic systems design (TU/e)
- Engineering & fluid dynamics (UT)
- Fluid and solid mechanics (TU/e)
- Maintenance engineering & operations (UT)
- Materials engineering & applications (TUD)
- Mechanics of solids, surfaces & systems (MS3) (UT)
- Micro- and nanotechnology (TU/e)
- Multiscale mechanics (UT)
- Precision and microsystems engineering (TUD)
- Solid & fluid mechanics (TUD)
- Sustainable process & energy technologies (TUD)
- Thermal engineering (UT)
- Thermo fluids engineering (TU/e)
- Transportation engineering (TUD)
Media communications: MA (Webster: ook in deeltijd, niet bekostigd) #19.1.b
Media culture: MA (UM) #19.1.b
Media studies: MA (EUR: MA/MSc, ook als onderzoeksmaster, ook in deeltijd; RUG; UL; UM; UU: ook als onderzoeksmaster; UvA: ook als

onderzoeksmaster, ook duaal) #19.1.b
- Book and digital media studies (UL)
- Comparative literature and literary theory (UL)
- Film & photographic studies (UL)
- Film studies (UvA)
- Journalism (RUG)
- Journalistiek (RUG; UvA)
- Journalistiek en nieuwe media (UL)
- Media and business (EUR)
- Media and performance studies (UU)
- Media and the arts (EUR)
- Media culture (UM)
- Media, culture and society (EUR)
- Media en cultuur (UU)
- Media en journalistiek (EUR)
- New media & digital culture (UU; UvA)
- Sociology of culture (EUR)
- Television and cross-media culture (UvA)
Media technology: MSc (UL) #23.2.b
Medical & pharmaceutical drug innovation: MSc (RUG: onderzoeksmaster) #13.24.b
Medical anthropology and sociology: MSc (UvA) #14.9.b, zie ook: 14.1.b
Medical biology: MSc (RU) #13.18.b
- Clinical biology (RU)
- Functional genomics (RU)
- Neuroscience (RU)
Medical engineering: MSc (TU/e) #5.1.b
- Biomechanics and tissue engineering (TU/e)
- Biomedical imaging and modeling (TU/e)
- Molecular bioengineering and molecular imaging (TU/e)
Medical informatics: MSc (UvA) #13.4.b
Medical natural sciences: MSc (VUA) #13.15.b
- Medical physics (VUA)
- Medical physiology (VUA)
- Molecular clinical diagnostics (VUA)
- Physics of life (VUA)
Medical pharmaceutical sciences: MSc (RUG) #13.24.b
- Pharmacoepidemiology (RUG)
- Toxicology and drugs disposition (RUG)
Medical physics: MSc (OUBS: online, niet bekostigd) #13.5.b
Medicinal chemistry: MSc (OUBS: online, niet bekostigd) #13.5.b
Medische psychologie: MSc (TiU) #14.4.b
- Biologische psychologie (TiU)
- Klinische neuropsychologie (TiU)
- Medische psychologie voor volwassenen (TiU)
- Pediatrische psychologie (TiU)
Meertalige communicatie: MA (KUL/HUB/Thomas More: ook in deeltijd; UG) #19.1.b
- Meertalige communicatie (KUL/HUB)
- Nederlands + Duits of Engels of Frans + nog een taal, keuze uit: Arabisch, Duits, Engels, Frans, Italiaans, Russisch, Spaans of Vlaamse gebarentaal (KUL/Thomas More)
- Nederlands (UG)
- Taal en tekst (KUL/HUB)
- Vreemde talen (UG)
Meertalige professionele communicatie: (UA) #19.1.b
Mental health: MSc (UM: ook in deeltijd) #13.1.b
- Adult psychopathology (UM)
- Child and adolescent psychopathology (UM)
Methodology statistics for the behavioural biomedical social sciences: MSc (UT; UU: onderzoeksmaster) #20.7.b
MFM: zie MBA
Midden-Oosten studies: MA (RUG; UvA) #19.4.b
- Arabisch (UvA)
- Hebreeuws (UvA)
- Midden-Oosten studies (UvA)
Middle Eastern studies: MA (UL: ook als onderzoeksmaster) #19.4.b
- Arabic studies (UL)
- Islamic studies (UL)

- Modern Middle East studies (UL)
- Persian studies (UL)
- Turkish studies (UL)
Migration, ethnic relations and multiculturalism: MSc (UU: onderzoeksmaster) #14.1.b
Milieu- en preventiemanagement: MSc (KUL: ook in deeltijd) #3.9.b
Milieu-maatschappijwetenschappen: (RU) #3.9.b
Milieuwetenschap: (UA) #3.9.b
Military strategic studies: (NLDA: Deeltijd) #21.1.b
- Intelligence & security (NLDA)
- Militairy management & logistics (NLDA)
- War studies (NLDA)
MME facts & figures: MSc (OVER-248: niet bekostigd) #11.2.b
Mobiliteitswetenschappen: (AUHL) #18.2.b
- Mobiliteitsmanagement (AUHL)
- Verkeersveiligheid (AUHL)
Molecular and cellular biophysics: MSc (KUL: ook in deeltijd) #3.11.b
- Biochemistry and biotechnology (KUL)
- Biophysics (KUL)
Molecular biology: MSc (KUL/UA/VUB: ook in deeltijd) #3.11.b
- Animal production (KUL)
- Human health (VUB)
- Plant production (KUL)
Molecular biology and biotechnology: MSc (RUG: ook als onderzoeksmaster) #3.11.b, zie ook: 7.1.b
- Biomolecular sciences (RUG)
- Policy and science (RUG)
Molecular life science: MSc (RU; WU) #3.11.b
- Biological chemistry (WU)
- Biomedical research (WU)
- Chemistry for life (RU)
- Clinical biology (RU)
- Functional genomics (RU)
- Neuroscience/neurobiology (RU)
- Physical biology (WU)
- Physical chemistry (WU)
Molecular mechanisms of disease: MSc (RU: onderzoeksmaster) #13.18.b, zie ook: 7.1.b
Molecular medicine: MSc (EUR: onderzoeksmaster) #13.18.b, zie ook: 7.1.b
Monumenten- en landschapszorg: (UA) #10.1.b
Moraalwetenschappen: MA (UG) #12.6.b
Multidisciplinairy economics: MSc (UU: onderzoeksmaster) #20.1.b
Music: MA (OUBS: online, niet bekostigd) #23.3.b
Musicologie: MA (KUL: ook in deeltijd) #23.3.b

N
Nanoscience: MSc (RUG) #7.1.b
Nanoscience and nanotechnology: MSc (KUL: ook Erasmus Mundus Master, ook in deeltijd) #7.1.b
- Bionanotechnology (KUL)
- Biophysics (KUL)
- Nanobiotechnology (KUL)
- Nanochemistry (KUL)
- Nanodevices and nanophysics (KUL)
- Nanoelectronic design (KUL)
- Nanomaterials and nanochemistry (KUL)
- Nanophysics (KUL)
Nanotechnology: MSc (UT) #7.1.b
Nanowetenschappen en de nanotechnologie: MSc (KUL: ook Erasmus Mundus Master, ook in deeltijd) #7.1.b
- Nano-electronicaontwerp (KUL)
- Nanobiotechnologie (KUL)
- Nanocomponenten en nanofysica (KUL)
- Nanomaterialen en nanochemie (KUL)
Natural sciences: MSc (RU) #4.1.b
- Physics of molecules and materials (RU)

Natuurkunde, meteorologie & fysische oceanografie: MSc (UU) #3.7.b
- Meteorology, physical oceanography and climate (UU)
- Nanomaterials: chemistry & physics (UU)
- Theoretical physics (UU)
Natuurwetenschappen en bedrijf: MSc (UU: onderzoeksmaster) #4.1.b
- Science & business management (UU)
Nautische wetenschappen: MSc (HZS) #18.9.b
Nederlands recht: LLM (RU: ook in deeltijd; RUG: ook in deeltijd, ook duaal; UM; UU; UvA: ook in deeltijd) #20.9.b
- Bedrijfsrecht (RUG)
- Burgelijk recht (RU)
- Financieel recht (RU)
- Handels- en ondernemingsrecht (UM)
- Ondernemingsrecht (UM)
- Privaat recht (RUG; UM; UU; UvA)
- Staats- en bestuursrecht (RU; RUG; UM; UU)
- Strafrecht (RUG; RU; UM; UU)
- Togamaster (RUG)
- Vrij programma (UM)
N.B. Zie ook: Rechten en Rechtsgeleerdheid
Nederlandse taal en cultuur: MA (UU) #19.4.b
- Educatie en communicatie:
Neerlandistiek: MA (RUG; UL; UU: ook deeltijd, onderzoeksmaster; UvA: ook deeltijd, ook duaal, ook als onderzoeksmaster) #19.4.b
- Moderne Nederlandse letterkunde (UL)
- Nederlandkunde (UL)
- Nederlandse letterkunde (RUG; UU; UvA)
- Nederlandse taal en cultuur (UU; UvA)
- Nederlandse taalkunde (UL)
- Oudere Nederlandse letterkunde (UL)
- Redacteur/editor (UvA)
- Taal en tekst: ontwikkeling en gebruik (RUG)
- Taalbeheersing van het Nederlands (UL)
Nematology: MSc (UG: ook als Erasmus Mundus Master) #3.2.b
- Nemathode systematics (UG)
- Nemathology applied to agro-ecosystems (UG)
- Nemathology applied to natural ecosystems (UG)
Neuroscience: MSc (EUR: onderzoeksmaster; VUA) #13.18.b
- Animal behaviour and systems neurosciences (VUA)
- Behavioral and medical genomics (VUA)
- Clinical neurosciences (VUA)
- Neurogenomics (VUA)
- Neurophysiology (VUA)
- Psychophysiology (VUA)
Neuroscience and cognition: MSc (UU: onderzoeksmaster) #13.18.b
North American studies: MA (RU; RUG; UL: UU) #19.4.b
- American studies (RUG; UU)
- Literature and cultures of North America in international perspective (RU)
- Transnational America: politics, culture and society (RU)
Notarieel recht: LLM (RU: ook in deeltijd; RUG: ook in deeltijd, ook duaal; UL: ook in deeltijd; UU; VUA: ook in deeltijd) #20.9.b
Nurition and health: MSc (WU: ook deeltijd, ook online) #13.22.b
- Epidemiology and public health (WU)
- Molecular nutrition and toxicology (WU)
- Nutritional epidemiology & public health: MSc (WU)
- Nutritional physiology and health status (WU)
- Sensory science (WU)
Nutrition and rural development: MSc (UG) #3.1.b, zie ook: 3.2.b
- Human nutrition (UG)
- Rural economics and management (UG)
- Tropical agriculture (UG)

O
Offshore engineering: MSc (TUD) #5.1.b
- Bottom founded structures (TUD)
- Dredging engineering (TUD)
- Floating structures (TUD)

Oncology: MSc (VUA) #13.18.b
Onderneming en recht: LLM (RU: onderzoeksmaster, ook duaal) #20.9.b
Ondernemingsrecht: LLM (TiU; VUA) #20.9.b
Onderwijskunde: MSc (RU; RUG; UU: ook in deeltijd; UvA: ook in deeltijd; VUB: Erasmus- Socratesprogramma) #14.5.b
- Educational effectiveness and instructional design (RUG)
- Leeromgeving, instructie en leren (RUG)
- Literacy development and education (UvA)
- Onderwijs- en leerlingbegeleiding (RUG)
- Onderwijsbeleid en onderwijsorganisatie (RUG)
- Onderwijsverbetering en innovatie (RUG)
- Onderwijswetenschappen (UU)
Onderwijswetenschappen: MSc (OUNL: deeltijd) #14.5.b
Online and distance education: MA (OUBS: online, niet bekostigd) #24.1.b
Oost-Europese talen en culturen: MA (UG) #19.4.b
Oosterse talen en culturen: MA (UG) #19.4.b
Operations and supply chain excellence: MSc (TIAS: niet bekostigd) #11.1.b
Operations management & logistics: MSc (TU/e) #18.2.b
- Accounting operations and supply chain planning (TU/e)
- Human performance management (TU/e)
- Information systems (TU/e)
Operations research: MSc (UM) #20.7.b, zie ook: 20.1.b
Operations research and management science: MSc (TiU) #20.1.b
Opleidings- en onderwijswetenschappen: (UA) #14.5.b
Organic agriculture: MSc (WU: ook double degree) #3.1.b
- Agroecology (WU)
- Consumer and market (WU)
Organisatie en het management: (UA) #11.1.b
- Accounting en financiering (UA)
- Marketing (UA)
- Strategie en organisatie (UA)
Organisational change and consulting: MSc (EUR: ook in deeltijd) #11.1.b
Organization studies: MSc (TiU) #11.1.b
Origins of Abrahamic religions: texts and contexts: MA (RUG) #12.3.b
- Honours-programma (RUG)
- Leadership: making the difference (RUG)
Orthopedagogiek: MSc (RUG; UU) #14.5.b
- Orthopedische hulpverlening aan kinderen, jongeren en opvoeders (UU)
- Orthopedische systemen en innovatie (UU)
Osteopathie: MSc (OVER-36: niet bekostigd, ook in deeltijd) #13.13.b
Oudheidsstudies: MA (RU; RUG: ook in deeltijd, ook als onderzoeksmaster) #22.1.b
- Classical, medieval and renaissance studies (RUG)
- Griekse en Latijnse taal en cultuur (RUG)
- Griekse en Latijnse taal- en letterkunde (RU)
- Klassieke cultuur (RU)
- Oude geschiedenis (RUG)
Overheidsmanagement en -beleid: MSc (KUL: ook in deeltijd) #20.4.b

P

Parallel and distributed computer systems: MSc (VUA) #20.6.b
Pedagogiek en onderwijs: MSc (EUR) #14.5.b
- Gezinspedagogiek (EUR)
- Onderwijswetenschappen (EUR)
- Orthopedagogiek (EUR)
Pedagogical sciences: MSc (RU) #14.5.b
- Diverisities in youth care (RU)
- Gifted education (RU)
Pedagogische wetenschappen: MSc (KUL: ook in deeltijd; RU; RUG: UG; UU; UvA: ook in deeltijd; VUA: ook in deeltijd, ook als onderzoeksmaster) #14.5.b
- Angst en stemmingsstoornissen (RU)

- Beperkingen en handicaps (RU)
- Clinical and developmental psychopathology (VUA)
- Educational sciences: communication and deafblindness (RUG)
- Forensische orthopedagogiek (UvA)
- Jeugdstudies (UU)
- Maatschappelijke opvoedingsvraagstukken (UU)
- Onderwijs- en opleidingskunde (KUL)
- Onderwijs- en theoretische pedagogiek (VUA)
- Opvoedingsondersteuning (UvA)
- Orthopedagogiek (KUL; RUG; UG; UU; UvA; VUA)
- Pedagogiek (RUG)
- Pedagogiek en onderwijskunde (UG)
- Pedagogische ethiek (RU)
- Risicogedrag (RU)
- Sociale en culturele pedagogiek (KUL)
- Speciale leerbehoeften (RU)
Philosophy: MA (EUR: onderzoeksmaster; KUL: ook in deeltijd; OUBS: online, niet bekostigd; RU: ook als onderzoeksmaster; RUG: ook als onderzoeksmaster; TU: onderzoeksmaster, MPhil; UL: ook in deeltijd; UU: onderzoeksmaster; UvA: ook als onderzoeksmaster; VUA: ook in deeltijd) #12.6.b
- Business ethics (TiU)
- Critical culture theory: art, culture and media (UvA)
- Epistemology (TiU)
- Ethics (TiU)
- Ethics & politics (UL)
- German idealism (TiU)
- Hermeneutics (TiU)
- History & philosophy of the science (UL)
- History of philosophy (RU; RUG)
- Logic (TiU)
- Logic and language: mind, body and behaviour (UvA)
- Logic, epistemology & philosophy of science (RUG)
- Metaethics (TiU)
- Moral & political philosophy (RUG)
- Philosophical antropology (RU)
- Philosophical antropology and philosophy of culture (UL)
- Philosophical ethics (RU)
- Philosophy and economics (EUR)
- Philosophy and public affairs (UvA)
- Philosophy and science (RU)
- Philosophy of humanities (UL)
- Philosophy of language and logic (RU)
- Philosophy of law (UL)
- Philosophy of management and organization (VUA)
- Philosophy of natural science (UL)
- Philosophy of political science (UL)
- Philosophy of psychology (UL)
- Philosophy of science (TiU)
- Philosophy of the mind (RU)
- Philosophy, politics & economics (UL)
- Social & political philosophy (RU)
- The philosophical tradition in context (UvA)
NB Zie ook: Filosofie en Wijsbegeerte
Philosophy of science technology & society: MSc (UT) #12.6.b
Philosophy (philosophy and economics): MA (EUR: onderzoeksmaster) #12.6.b, zie ook: 20.1.b
Photonics: MSc (UG: Erasmus Mundus Master) #5.2.b
Photonics engineering: MSc (VUB: onderzoeksmaster) #5.2.b
Physical land resources: MSc (UG; VUB) #10.1.b
- Land resources engineering (UG; VUB)
- Soil science (UG: VUB)
Physics: MSc (KUL: ook in deeltijd; RUG; UA: onderzoeksmaster; UL; UvA; VUA: ook als onderzoeksmaster) #7.1.b
- Advanced materials (RUG)
- Advanced matter and energy physics (UvA; VUA)
- Graviation astroparticle physics/particle (UvA)
- Particle and astroparticle physics (VUA)
- Physics and education (UL)
- Physics & science-based business (UL)

- Physics & science communication & society (UL)
- Physics at the femtometer scale: nuclear physics (KUL)
- Physics of life and health (UvA; VUA)
- Quantum universe (RUG)
- Research in experimental physics (UL)
- Research in physics, cosmology
- Research in physics, pre-Phd ('Casimir') (UL)
- Research in physics, quantum matter & optics (UL)
- Research in physics, theoretical (UL)
- Science for energy and sustainability (UvA; VUA)
- Soft matter physics (KUL)
- Solid state physics at the nanometer scale (KUL)
- Theoretical physics (KUL; UvA; VUA)

Physics and astronomy: MSc (RU) #7.1.b
- Neuroscience (RU)
- Particle and astrophysics (RU)

PLANET Europe: MSc (RU: Erasmus Mundus Master, dubbele master) #10.3.b
- European spatial planning and regional economic development (RU)
- European spatial planning and sustainable development (RU)

Planologie: MSc (RU; UU: ook in deeltijd) #10.3.b
- Ruimtelijke planning en water management (RU)
- Stedelijke netwerken en mobiliteit (RU)
- Vastgoed en grondmanagement (RU)

Plant biotechnology: MSc (WU) #3.2.b
- Functional plant genomics (WU)
- Molecular plant breeding and pathology (WU)
- Plants for human and animal health (WU)

Plant sciences: MSc (WU; ook double degree, ook deeltijd, ook online) #3.2.b
- Crop sciences (WU)
- Greenhouse horticulture (WU)
- Natural resource management (WU)
- Plant breeding (WU)
- Plant breeding and genetic resources (WU)
- Plant pathology and entomology (WU)
- Vegetable production and supply systems (WU)

Political science: MSc (RU; UL: ook als onderzoeksmaster; UvA; VUA) #20.5.b, zie ook: 19.5.b
- Comparative and European politics (VUA)
- Comparative politics (RU)
- Comparative politics, administration, and society (RU)
- European Union in a global order (UvA)
- Global environmental governance (VUA)
- International organisation (UL)
- International relations (RU, UvA)
- International relations and transnational governance (VUA)
- Policy and politics (VUA)
- Political theory (RU)

Political science & public administration: MSc (UL: onderzoeksmaster) #20.5.b, zie ook: 20.4.b
- Political science (UL)
- Public administration (UL)

Politicologie: MSc (UvA) #20.5.b
- Bestuur en beleid (UvA)
- Internationale betrekkingen (UvA)
- Politieke theorie en politiek gedrag (UvA)

Politics and society: MA (UM) #20.5.b

Politiek en samenleving: MA (UM) #20.5.b

Politieke communicatie: MSc (UA) #20.5.b, zie ook: 19.1.b

Politieke wetenschappen: MSc (UA; UG; VUB) #20.5.b, zie ook: 19.5.b
- Internationale politiek (UG)
- Nationale politiek (UG)

Population studies: MSc (RUG: double degree master) #14.1.b
- Social demography (RUG)

Predikant: (PThU: ook in deeltijd) #12.1.b
- Gemeentepredikant (PThU)
- Pedikant-geestelijk verzorger (PThU)

Privaatrecht: LLM (RUG: ook in deeltijd; UM: ook in deeltijd; UU; UvA: ook in deeltijd) #20.9.b
- Commerciële rechtspraktijk (UvA)
- Privaatrechtelijke rechtspraktijk (UvA)

Productontwikkeling: (UA) #7.1.b

Professional science: MSc (OUBS: online, niet bekostigd) #14.1.b

Protestantse godsgeleerdheid: (FPG) #12.1.b

Psychologie: MSc (EUR; KUL: ook in deeltijd; OUNL: deeltijd; RU; RUG; UG; UT; UU; UvA; VUA; VUB: Erasmus- en Socratesprogramma) #14.4.b
- Arbeid, organisatie en gezondheid (RU)
- Arbeids- en organisatiepsychologie (EUR; KUL; OUNL; UU; VUA; VUB)
- Arbeids-, organisatie-, en personeelspsychologie (RUG)
- Bedrijfspsychologie en personeelsbeleid (UG)
- Biologische psychologie (VUB)
- Brein en cognitie (EUR)
- Clinical and developmental psychopathology (VUA)
- Cognitieve psychologie en psychofysiologie (RUG)
- Cognitive neuropsychology (VUA)
- Cognitive science (VUA)
- Conflict, risico en veiligheid (UT)
- Gedragsverandering (RU)
- Gezondheidspsychologie (OUNL; UT)
- Gezondheidszorgpsychologie (RU)
- Human factors and engineering psychology (UT)
- Instructie, leren en ontwikkeling (UT)
- Jeugdstudies (UU)
- Klinische en gezondheidspsychologie: kinderen en adolescenten (KUL)
- Klinische en gezondheidspsychologie: volwassenen (KUL)
- Klinische kinder- en jeugdpsychologie (EUR)
- Klinische neuropsychologie (RUG; VUA)
- Klinische ontwikkelingspsychologie (VUA)
- Klinische psychologie (EUR; OUNL; UG; VUA; VUB)
- Levenslooppsychologie (OUNL; VUB)
- Master of neuroscience (VUA)
- Toegepaste cognitieve psychologie (UU)
- Onderwijs (UG)
- Ontwikkelingspsychologie (RUG)
- Positieve psychologie en technologie (UT)
- Psychologie van gezondheidsgedrag (UvA)
- Psychologie van leren en presteren (EUR)
- Schoolpsychologie (KUL)
- Sociale psychologie (VUA)
- Sociale psychologie en haar toepassingen (RUG)
- Sport- en prestatiepsychologie (UvA)
- Theoretische en experimentele psychologie (UG)
- Theorie en onderzoek (KUL)
- Training & development (UvA)
- Vrije-keuze psychologie (RUG)

Psychologie en geestelijke gezondheid: MSc (TiU) #14.4.b
- Forensische psychologie (TiU)
- Geestelijke gezondheid bij volwassenen en ouderen (TiU)
- Kinder- en jeugdpsychologie (TiU)

Psychology: MSc (EUR: ook in deeltijd; KUL: onderzoeksmaster; OUNL: deeltijd; RUG; UL: ook als onderzoeksmaster; UM; UT; UU; UvA: onderzoeksmaster; Webster: MA, niet bekostigd, ook in deeltijd) #14.4.b
- Applied cognitive psychology (UL)
- Brain & cognition (EUR; UvA)
- Child and adolescent psychology (UL)
- Clinical & health psychology (UL)
- Clinical neuropsychology (RUG; UL)
- Clinical psychology (UL; UvA)
- Cognitive neuroscience (UL; UM)
- Cognitive psychology & psychophysiology (RUG)
- Conflict, risk & safety (UT)
- Developmental psychology (UL; UM; UvA)
- Economic and consumer psychology (UL)
- Emphasis in counseling psychology (Webster)

- Free-choice programma (RUG; UM)
- Health and social psychology (UM)
- Health psychology (UL; UT)
- Human factors & engineering psychology (UT)
- Industrial- & organisational psychology (RUG)
- Learning sciences (UT)
- Methodology and statistics (UvA)
- Methodology and statistics in psychology (UL)
- Neuropsychology (UM; UU)
- Occupational health psychology (UL)
- Organisational psychology (EUR)
- Positive psychology & technology (UT)
- Psychology and law (UM)
- Psychology of human learnig and performance (EUR)
- Social and organisational psychology (UL)
- Social psychology (UvA)
- Social psychology & its applications (RUG)
- Theory and research (KUL)
- Work and organisational psychology (UM; UvA)

Public administration: MSc (RU; UL: ook als onderzoeksmaster; UT) #20.4.b, zie ook: 19.5.b
- Comparitive politics, administration and society (RU)
- Governing markets: regulation & competition (UL)
- International & European governance (UL)
- Policy & governance (UT)
- Public management: linking politics & policy (UL; UT)
- Public safety (UT)
- Regulation & innovation (UT)

Public administration and organizational science: MSc (EUR: onderzoeksmaster) #20.4.b

Public administration/bestuurskunde: MSc (EUR) #20.4.b
- Arbeid, organisatie en management (EUR)
- Beleid en politiek (EUR)
- Bestuurskunde (EUR)
- Governance en management van complexe systemen (EUR)
- Publiek management (EUR)

Public and non-profit management: MSc (TIAS: niet bekostigd) #20.4.b

Public International law: LLM (UU; UvA: onderzoeksmaster) #20.9.b

Public international law (advanced): LLM (UL: ook in deeltijd) #20.9.b
- International criminal law (UL)
- Peace, justice & development (UL)

Public management: MSc (UT: deeltijd, niet bekostigd) #20.4.b

Public policy and human development: MSc (UM) #20.4.b, zie ook: 14.1.b
- Innovation, institutions & development (UM)
- Migration studies (UM)
- Regional integration & multi-level governance (UM)
- Risk and vulnerability (UM)
- Social protection policy design and financing (UM)
- Trade and development law (UM)

Publiekrecht: LLM (RU: onderzoeksmaster; UvA: ook in deeltijd) #20.9.b
- Gezondheidsrecht (UvA)
- Militair recht (UvA)
- Staats- en bestuursrecht (UvA)
- Strafrecht (UvA)

Q

Quantative finance and actuarial science: MSc (TiU) #17.10.b

R

Real estate: MSc (OVER-61, niet bekostigd, deeltijd; TIAS: niet bekostigd) #20.9.b
- Gebieds- & vastgoedontwikkeling (OVER-61)
- Real estate valuation (OVER-61)
- Vastgoedbeleggen (OVER-61)

Real estate studies: MSc (RUG) #20.9.b

Recht en arbeid: LLM (UM) #20.9.b
- Arbeid en gezondheid (UM)
- Arbeid en onderneming (UM)

Recht en bestuur: LLM (RUG: ook in deeltijd) #20.9.b, zie ook: 20.4.b

Recht en ict: LLM (RUG) #20.9.b, zie ook: 20.6.b
- Informatierecht (RUG)

Recht en onderneming: LLM (UU) #20.9.b, zie ook: 11.1.b

Recht van de gezondheidszorg: LLM (EUR: ook in deeltijd) #20.9.b, zie ook: 13.1.b

Rechten: LLM (AUHL; KUL: ook in deeltijd, ook als onderzoeksmaster; UA; UG; VUB: Erasmusprogramma, ook in deeltijd) #20.9.b
- Burgerlijk en procesrecht (VUB)
- Burgerlijk recht (UA)
- Comparative corporate & financial law (VUB)
- Criminologie (VUB)
- Economisch recht (KUL: ook als minor)
- Fiscaal recht (KUL: ook als minor; UA)
- Internationaal en Europees recht (KUL: ook als minor; UA; VUB)
- Law in an international context (VUB)
- Ondernemingsrecht (UA)
- Onderwijs (VUB)
- Overheid en recht (AUHL)
- Privaatrecht (KUL: ook als minor)
- Publiekrecht (KUL: ook als minor; UA; VUB)
- Rechtsbedeling (AUHL)
- Rechtshandhaving (UA)
- Sociaal recht (KUL: ook als minor; UA; VUB)
- Strafrecht (KUL: ook als minor; UA; VUB)

N.B Zie ook: Nederlands recht en Rechtsgeleerdheid

Rechtsgeleerdheid: LLM (EUR: ook in deeltijd; OUNL: deeltijd; TiU; UL: ook in deeltijd; VUA: ook in deeltijd) #20.9.b
- Arbeidsrecht (TiU; UL; VUA)
- Civiel recht (UL)
- Encyclopedie en filosofie van het recht (UL)
- European law (UL)
- Financieel recht (UL)
- Generalistische variant (EUR)
- International and European public law (EUR)
- Internet, intellectuele eigendom en ict (VUA)
- Ondernemingsrecht (UL)
- Privaatrecht (EUR; TiU; VUA)
- Public International law (UL)
- Recht, arbeid en organisatie (OUNL)
- Recht en bedrijfsleven (OUNL)
- Recht en duurzaamheid (TiU)
- Recht en openbaar bestuur (OUNL)
- Staats- en bestuursrecht (EUR; TiU; UL; VUA)
- Straf- en strafprocesrecht (EUR; OUNL; TiU; VUA)
- Strafrecht (EUR; OUNL; TiU; VUA)
- Transnational legal studies (VUA)

N.B. Zie ook: Nederlands recht en Rechten

Regional studies: MSc (RUG: onderzoeksmaster) #10.1.b
- Cultural geography (RUG)
- Demography (RUG)
- Economic geography (RUG)
- Spatial planning (RUG)

Rehabilitation sciences and physiotherapy: MSc (KUL) #13.20.b
- Children (KUL)
- Internal disorder (KUL)
- Mental health care (KUL)
- Muskuloskeletal disorder (KUL)
- Neurological disorder (KUL)

Religiewetenschappen: (RU: ook in deeltijd) #12.3.b
- Geestelijke verzorging (RU)
- Islamstudies (RU)
- Religie en beleid (RU)
- Religiestudies (RU)

Research in public administration and organizational science: MSc (UU: onderzoeksmaster) #20.4.b

Revalidatiewetenschappen en de kinesitherapie:
MSc (AUHL/KUL; UA; UG; VUB) #5.10.b, zie ook: 13.12.b
- Geestelijke gezondheidszorg (AUHL/KUL)
- Inwendige aandoeningen (AUHL/KUL/; UA; UG; VUB)
- Kinderen (AUHL/KUL; UG)
- Lerarenopleiding (KUL; UA; UG; VUB)
- Musculoscetale aandoeningen (AUHL/KUL; UA; UG; VUB)
- Musculoscetale revalidatie (UA)
- Neurologische aandoeningen (AUHL/KUL; UA; VUB)
- Neurologische revalidatie (AUHL)
- Ouderen (UA; UG; VUB)
- Revalidatie in de geestelijke gezondheidszorg (AUHL)
- Revalidatie in inwendige ziekten (AUHL)
Risico management: MSc (UT: deeltijd, niet bekostigd) #17.10.b
Ritual in society: MA (TiU) #14.1.b
Rural development: MSc (UG: ook Erasmus Mundusprogramma) #3.1.b
- Atlantis (UG)
Russian & Eurasian studies: MA (UL) #19.4.b

S
Samenleving, recht en religie: MA (KUL: ook in deeltijd) #12.1.b
- Kerkelijk recht (KUL)
- Samenleving, recht en religie (KUL)
Science: MSc (OUBS: online, niet bekostigd; RU) #14.1.b
- Chemistry for life (RU)
- Functional genomics (RU)
- Neuroscience (RU)
- Particle and astrophysics (RU)
Science & business management: MSc (UU: ook als onderzoeksmaster) #14.1.b
- Fundamentals of business and economics (UU)
- Introduction, return meetings and essay (UU)
Science & technology of nuclear fusion: MSc (TU/e: dubbele master mogelijk) #7.1.b
Science education & communication: MSc (TUD: educatieve master; TU/e: educatieve master; UT: educatieve master; UU: educatieve master, onderzoeksmaster) #20.1.b, zie ook: 20.7.b
- Chemistry (TUD)
- Computer science (TUD)
- Informatica (TU/e; UT)
- Mathematics (TUD)
- Natuurkunde (TU/e; UT)
- Ontwerpen (UT)
- Physics (TUD)
- Research & designing (TUD)
- Scheikunde (TU/e; UT)
- U-teach (UU)
- Wiskunde (TU/e; UT)
Sexuologie: MSc (KUL: ook in deeltijd) #14.4.b
Sociaal-economische wetenschappen: MSc (UA) #14.1.b, zie ook: 20.1.b
- Arbeid en beleid (UA)
- Milieusociologische en -economische analyse en beleidsevaluatie (UA)
- Overheidsbeleid en studie van de ongelijkheid (UA)
- Socio-economische analyse van de zorgsector (UA)
- Socio-economische beleidsevaluatie en organisatie (UA)
Sociaal werk: MSc (UA; UG) #14.2.b
Sociaal werk en sociaal beleid: MSc (KUL: ook in deeltijd) #14.2.b
Social & behavioral sciences: MSc (TU: onderzoeksmaster) #14.4.b
- Methodology and statistics (TU: minor)
- Social psychology (TU: minor)
- Social sciences (TU: minor)
Social & cultural anthropology: MSc (KUL: ook in deeltijd) #14.9.b
- African studies (KUL)
- Migration, minorities and multiculturalism (KUL)
Social & cultural science: MSc (RU: onderzoeksmaster) #14.1.b
Social & health psychology: MSc (UU: onderzoeksmaster) #14.4.b
Social psychology: MSc (TU: double degree; VUA: onderzoeksmaster) 14.4.b

- Economic psychology (TiU)
- Work and organizational psychology (TiU)
Social sciences: MSc (UvA: onderzoeksmaster) #14.1.b, zie ook: 13.1.b, 14.9.b en 20.5.b
- And migration and integration (UvA)
- Comparitive politics (UvA)
- Flows and localities (UvA)
- Globalisation (UvA)
- Healthcare and the body (UvA)
- Institutions and inequality (UvA)
Sociale en culturele antropologie: MSc (KUL: ook in deeltijd) #14.9.b
- Afrikastudies (KUL)
- Multiculturalisme, migratie en minderheden (KUL)
Sociale geografie: MSc (UU: ook in deeltijd) #14.1.b
- Urban geography (UU)
Sociale planologie: MSc (RUG) #10.3.b
Society, law and religion: MA (KUL: ook in deeltijd) #12.1.b
Sociologie: MSc (EUR: ook in deeltijd; KUL: ook in deeltijd; RU; RUG; TU: double degree; UA; UG; UvA; VUA; VUB) #14.1.b
- Algemene sociologie (UvA)
- Arbeid en organisatie (KUL)
- Arbeid, levensloop & organisatie (RUG)
- Arbeid, organisatie en management (EUR)
- Arbeid, uitsluiting en ongelijkheid (UA)
- Criminaliteit en veiligheid (RUG)
- Cultuur en onderwijs (UA)
- Cultuur en religie (KUL)
- Grootstedelijke vraagstukken en beleid (EUR)
- Gezin en bevolking (KUL)
- Gezin en levensloop (UA)
- Gezondheid en welzijn (UA)
- Maatschappijleer (RUG: educatieve master)
- Methoden en technieken (KUL)
- Milieu en wonen (UA)
- Sociaal beleid (KUL)
- Sociologie van gezondheid, zorg en welzijn (RUG)
Sociology: MSc (TU: double degree; UvA) #14.1.b
- Comparative organisation and labour studies (UvA)
- Cultural sociology (UvA)
- Gender, sexuality and society (UvA)
- Life course analysis (TiU)
- Master thesis and master seminar (TiU)
- Micro-macro analysis (TiU)
- Migration and ethnic studies (UvA)
- Recent advances in sociology (TiU)
- Social capital and trust (TiU)
- Social policy and social risks (TiU)
- Social problems and social policy (UvA)
- Sociological research lab (TiU)
- Urban sociology (UvA)
Sociology & population studies: MSc (TU: double degree, ook als onderzoeksmaster) #14.1.b
Sociology & social research: MSc (UU: onderzoeksmaster) #14.1.b
Software engineering: MSc (OUNL: deeltijd; UvA: ook in deeltijd) # 20.6.b
Spaanse taal en cultuur: MA (UU) #19.4.b, zie ook: 24.3.b
- Educatie en communicatie (UU)
Spatial, transport and environmental economics: MSc (VUA) #20.1.b
Sport sciences: MSc (RUG) #16.1.b
- Sport, learning & performance (RUG)
Stategic product design: MSc (TUD) #23.2.d, zie ook: #5.1.b.
Statistics: MSc (AUHL: ook in deeltijd; KUL: ook in deeltijd) #20.7.b
- Allround statistics (KUL)
- Bioinformatics (AUHL)
- Biometrics (KUL)
- Biostatistics (AUHL)
- Biostatistics ICP (AUHL)
- Business satistics (KUL)

- Epidemiology & public health methodology (AUHL)
- General statistical methodology (KUL)
- Industrial statistics (KUL)
- Social, behavioral and educational statistics (KUL)
Statistiek: MSc (KUL: ook in deeltijd) #20.7.b
- Algemene statistische methodologie (KUL)
- Biometrie (KUL)
- Business statistiek (KUL)
- Industriële statistiek (KUL)
- Statistiek en onderwijs (KUL)
- Statistiek in de sociale, gedrags- en pedagogische wetenschappen (KUL)
Stedenbouw en ruimtelijke planning: MSc (KUL/LUCA: ook in deeltijd; UA; UG; VUB: avondonderwijs) #10.4.b
Sterrenkunde: MSc (KUL: ook als onderzoeksmaster, ook educatieve master, ook in deeltijd) #3.7.b
Stochastics and financial mathematics: MSc (UvA; VUA) #20.7.b
Strategic management: MSc (EUR; TiU) #11.1.b
- Entrepreneurship (TiU)
- Strategic consultancy (TiU)
Strategic product design: MSc (TUD)23.2.d, zie ook: 5.1.b
Supply chain management: MSc (EUR; RUG; TIU) #11.1.b
Sustainability science and policy: MSc (UM) #3.9.b, zie ook: 5.1.b
Sustainable energy technology: MSc (TUD; TU/e; UT) #7.1.b, zie ook: 3.9.b en 5.1.b
- Biomass (TU/e)
- Biomass energy (TUD)
- Electrical power engineering (TU/e)
- Electrical sustainable energy (TUD)
- Electricity and hydrogen storage (TUD)
- Energy and society (TUD; TU/e)
- Hydrogen (TU/e)
- Miscellaneous (TUD)
- SELECT (environmenical pathways for sustainable energy systems) (TU/e)
- Solar energy (TU/e)
- Sustainable energy in the built environment (TU/e)
- Wind energy (TUD; TU/e)
Sustainable territorial development: MSc (KUL: Erasmus Munus Master, ook in deeltijd) #3.9.b
System & network engineering: MSc (UvA: ook in deeltijd) #20.6.b
System dynamics: MSc (RU: Erasmus Mundus Master) #20.6.b
Systems & control: MSc (TUD; TU/e; UT) #20.6.b, zie ook: 5.2.b
- Biomechatronics (UT)
- Control systems (TU/e)
- Control systems technology (TU/e)
- Control theory (UT)
- Dynamics and control (TU/e)
- Electromechanics and power electronics (TU/e)
- Robotics & mechatronics (UT)
- Systems engineering (TU/e)
Systems engineering, policy analysis and management: MSc (TUD) #20.6.b
- Economics and finance (TUD)
- Emerging technology-based innovation & entrepreneurship (+annotation) (TUD)
- Ict management and design (TUD)
- Infrastructure and environmental governance (+annotation) (TUD)
- Modelling, simulation and gaming (TUD)
- Supply chain management (TUD)
Systems thinking in practice: MSc (OUBS: online, niet bekostigd) #20.6.b

T
Taal- en letterkunde: MA (KUL: ook in deeltijd; UA; UG; VUB) # 19.4.b
- 1 taal: Duits, Engels, Frans, Italiaans, Nederlands of Spaans (UA)
- 1 taal: Duits, Engels, Frans, Grieks, Italiaans, Latijn, Nederlands of Spaans (KUL)

- 2 talen, keuze uit: Duits, Engels, Frans, Italiaans, Nederlands of Spaans (UA)
- 1 taal + algemene taal- of literatuurwetenschap: keuze uit: Duits, Engels, Frans, Grieks, Iberoromaanse talen, Latijn, Nederlands, Scandinavistiek (UG)
- 2 talen + algemene taal- of literatuurwetenschap: keuze uit: Duits, Engels, Frans, Grieks, Latijn, Nederlands of Scandinavistiek (UG)
- Letterkunde - 1 taal (VUB)
- Letterkunde - 2 talen (VUB)
- Taalkunde - 1 taal (VUB)
- Taalkunde - 2 talen (VUB)
- Taalpsychologie of taalpathologie - 1 taal (VUB)
- Taalpsychologie of taalpathologie - 2 talen (VUB)
- Theaterstudies - 1 taal (VUB)
- Theaterstudies - 2 talen (VUB)
Taal- en regiostudies: arabistiek en islamkunde: MA (KUL: ook in deeltijd) #19.4.b, zie ook: 12.3.b
Taal- en regiostudies: japanologie: MA (KUL: ook in deeltijd) #19.4.b
- Cultuurhistorische keuzemodule (KUL)
- Economisch beleid en management (KUL: minor)
Taal- en regiostudies: Oude Nabije Oosten: MA (KUL: ook in deeltijd) #19.4.b
- Egyptologie (KUL)
- Syro-Mesopotamië (KUL)
- Syro-Palestina (KUL)
Taal- en regiostudies: sinologie: MA (KUL: ook in deeltijd) #19.4.b
- Cultuur-historische module (KUL)
- Economische module (KUL)
Taal- en regiostudies: slavistiek en Oost-Europakunde: MA (KUL: ook in deeltijd) #19.4.b
- Poolse studies (KUL)
- Russische studies (KUL)
- Slavistiek (Pools en Russisch) (KUL)
Taalkunde: MA (KUL: ook in deeltijd; UA) #19.4.b
- Comparatieve en historische taalkunde (KUL)
- Computationele en formele benaderingen (KUL)
- Computationele psycholinguïstiek (UA)
- Pragmatiek/sociolinguïstiek (UA)
- Taalgebruiks- en corpusgebaseerde benaderingen (KUL)
- Taalspecifieke vorming (KUL)
- Taalverwerving en onderwijslinguïstiek (KUL)
Taaltheorie en taalbeschrijving: MA (VUA) #19.4.b
- Nederlandse taalkunde (VUA)
- Taalconsulent in bijbelvertalingsorganisaties (VUA)
- Talen van de wereld (VUA)
Taalwetenschappen: MA (RU; RUG: ook als onderzoeksmaster, ook double degree master; UU; UvA: ook in deeltijd; VUA: ook als onderzoeksmaster) #19.4.b
- Clinical linguistics (RUG)
- Franse taalkunde (VUA)
- Language and cognition (RUG)
- Language and communication technologies (RUG)
- Nederlands als tweede taal (UvA)
- Neurolinguïstiek (RUG)
- Taal- en spraakpathologie (RU)
- Taal, mens en maatschappij (UU)
- Taaltheorie en taalbeschrijving (VUA)
- Toegepaste taalwetenschap (VUA)
- Vertalen (UvA)
Talenonderwijs en communicatie: MA (UU) #24.3.b
- Duitse taal en cultuur: educatie en communicatie (UU)
- Engelse taal en cultuur: educatie en communicatie (UU)
- Franse taal en cultuur: educatie en communicatie (UU)
- Nederlandse taal en cultuur: educatie en communicatie (UU)
- Spaanse taal en cultuur: educatie en communicatie (UU)
Tandheelkunde: MSc (KUL: ook in deeltijd; RU; RUG; UG; UvA; VUA) #13.9.b
- Biologie en tandheelkunde (UvA)
- Fysica, chemie en tandheelkunde (UvA)

- Gedragswetenschappen en tandheelkunde (UvA)
- Geneeskunde en tandheelkunde (UvA)
- Het chirurgische profiel (RU)
- Het profiel kind en ontwikkeling (RU)
- Het reconstructieve profiel (RU)

Teaching and learning in higher education: MSc (VUA: deeltijd, niet bekostigd) #24.3.b

Technical medicine: MSc (UT) #5.1.b
- Medical imaging & interventions (UT)
- Medical sensing & stimulation (UT)

Technology and operations management: MSc (RUG: MA/MSc, double degree master) #11.1.b
- Operations management (RUG)

Technology management: MSc (OUBS: online, niet bekostigd, ook als onderzoeksmaster) #11.1.b

Telematics: MSc (UT) #5.5.b

Theater- en filmwetenschap: MA (UA) #23.4.b

Theologie: MA (TU: ook in deeltijd; TUA) #12.1.c (aaneengesloten studie)
- Categoriaal pastoraat (TiU)
- Parochieel pastoraat (TiU)
- Religieuze educatie (TiU)

Theologie en religiewetenschappen: MA (RUG: ook in deeltijd, ook als onderzoeksmaster; UU; UvA; ook in deeltijd; VUA: ook in deeltijd) #12.1.b, zie ook: 12.3.b
- Geestelijke verzorging (RUG)
- Islam in de moderne wereld (UvA)
- Predikantsopleiding (VUA)
- Religie en identiteit in de moderne wereld (UvA)
- Religies in de hedendaagse samenlevingen (UU)

Theology: MA (CTS; RU/PThu) #12.1.b
- Biblical studies (CTS)
- Missiological studies (CTS)

Theology & religious sciences: MA (RUG: ook in deeltijd, ook als onderzoeksmaster) #12.1.b, zie ook: 12.3.b
- Concealed knowledge: gnosticism, esotherism and mysticism (RUG)
- Origins of Abrahamic religions: texts and contexts (RUG)
- Religion and culture (RUG)
- Religion and the public domain (RUG)
- Religion, conflict and globalisation (RUG)

Theology & religious studies: MA (KUL: ook in deeltijd, ook als onderzoeksmaster; UL: ook in deeltijd; UvA: ook in deeltijd, ook als onderzoeksmaster; VUA: ook als onderzoeksmaster) #12.1.b, zie ook: 12.3.b
- Biblical studies (KUL)
- Christianity (UL)
- Exploring a discipline (VUA)
- History of church and theology (KUL)
- Islam (UL)
- Judaism (UL)
- Leadership (VUA)
- Media (VUA)
- Pastoral theology (KUL)
- Religion and cultural heritage (UvA)
- Religion, culture and society (UL)
- Religious studies (KUL; UvA)
- Spiritual care (VUA)
- Systematic theology (KUL)
- Teaching religious diversity (VUA)
- Theological ethics (KUL)

Theoretical chemistry and computational modelling: MSc (KUL: Erasmus Mundus Master, ook in deeltijd) #7.1.b

Toegepaste economische wetenschappen: MSc (AUHL; KUL: ook in deeltijd; UA; UG; VUB) #20.1.b, zie ook: 11.1.b, 17.8.b en 20.8.b
- Accountancy (UA; UG)
- Accountancy & auditing (VUB)
- Accountancy en financiering (AUHL; KUL: ook als minor)
- Bedrijfsfinanciering (UG)
- Bedrijfskunde (UA)
- Bedrijfskunde en communicatie (KUL: minor)
- Beleidsinformatica (UA)

- Beleidsmanagement (AUHL)
- Business research (KUL: minor)
- Economie (KUL: minor)
- Economisch beleid (UA)
- Entrepreneurship (KUL: ook als minor)
- Europees en internationaal ondernemen (UA)
- Financiering (UA)
- Informatica voor bedrijfseconomen (KUL: minor)
- Innovatie en ondernemingsschap (AUHL)
- Innovatiemanagement (UA: minor)
- International business (KUL: minor)
- International business, strategie en innovatie (KUL)
- Internship (UA: minor)
- Management en international business (UA: minor)
- Marketing (AUHL; KUL: ook als minor; UA; UG; VUB)
- Personeel en organisatie (KUL: ook als minor)
- Product en logistiek (KUL: minor)
- Productiemanagement (UA: minor)
- Research methodology (UA: minor)
- Revisoraat (UA: minor)
- Specifieke lerarenopleiding TEW (AUHL)
- Strategie en organisatie (KUL: minor; UA)
- Transport en logistiek (UA)
- Verzekeringen (UA: minor)

Toegepaste economische wetenschappen: handelsingenieur: MSc (AUHL; KUL: ook in deeltijd; UA; UG; VUB) # 20.1.b, zie ook: 11.1.b, 17.8.b en 20.8.b
- Accountancy (UA; UG)
- Accountancy & auditing (VUB)
- Accountancy en financiering (AUHL; KUL)
- Bedrijfskunde en technologie (UA)
- Beleidsinformatica (UA)
- Economisch beleid en technologie (UA)
- Europees en internationaal ondernemen (UA)
- Financiering (UA; UG)
- Innovatiemanagement (UA: minor)
- Internship (UA: minor)
- Kwantitatieve methoden (KUL)
- Logistiek en besluitvorming (VUB)
- Management en international business (UA: minor)
- Marketing (AUHL; KUL; UA)
- Marketing engineering (UG)
- Ondernemen en strategie (VUB)
- Operationeel management (UG)
- Operationeel management en logistiek (AUHL)
- Productie en logistiek (KUL)
- Productiemanagement (UA)
- Research methodology (UA: minor)
- Revisoraat (UA: minor)
- Strategie en organisatie (UA)
- Technology-, innovatie- en milieumanagement (AUHL)
- Technologiemanagement (UA)
- Transport en logistiek (UA)
- Verzekeringen (UA: minor)

Toegepaste economische wetenschappen: handelsingenieur in de beleidsinformatica: MSc (AUHL; KUL: ook in deeltijd; UA) # 20.1.b, zie ook: 11.1.b, 17.8.b en 20.8.b
- Accountancy (UA)
- Europees en internationaal ondernemen (UA)
- Financiering (UA)
- Innovatiemanagement (UA: minor)
- Internship (UA: minor)
- Management en international business (UA: minor)
- Marketing (UA)
- Productiemangement (UA: minor)
- Research methodology (UA: minor)
- Revisoraat (UA: minor)
- Strategie en organisatie (UA)
- Transport en logistiek (UA)
- Verzekeringen (UA: minor)

Toegepaste informatica: MSc (KUL: ook in deeltijd; VUB) #20.6.b
- Artificiële intelligentie (KUL)
- Multimedia (KUL)
- Software-ontwikkeling en gedistribueerde systemen (KUL)
Toerisme: MSc (KUL: ook in deeltijd; UG; VUB) #18.1.b
Tolken: MA (KUL/HUB/ThomasMore: ook in deeltijd; UA; VUB) #9.3.b
- 1 taal: Deens, Duits, Engels, Frans, Italiaans, Spaans (VUB)
- 2 talen: Deens, Duits, Engels, Frans, Italiaans, Spaans (VUB)
- 3 talen: Nederlands en 2 vreemde talen: keuze uit: Duits, Engels, Frans, Italiaans, Russisch, Spaans, of Vlaamse gebarentaal (KUL/ThomasMore)
- Bedrijfstolken (UA)
- Live ondertitelen met spraakherkenningstechnologie (UA)
- Nederlands en 2 vreemde talen: keuze uit: Duits, Engels, Frans, Italiaans, Portugees en Spaans (UA)
- Sociaal tolken (UA)
Transnational ecosystem-based water management: MSc (RU: dubbele Master) #3.5.b
Transport, infrastructure and logistics: MSc (TUD) #18.2.b
Transportation sciences: (AUHL: deeltijd, distance learning) #18.2.b
- Mobility management (AUHL)
- Traffic safety (AUHL)
Tropical natural resources management: MSc (KUL: ook in deeltijd) #3.9.b, zie ook: 3.2.b.
- Plant production (KUL)
- Resource economics and policy (KUL)
- Soil conservation (KUL)

U

Urban and regional planning: MSc (UvA) #10.3.b, zie ook: 10.4.b
Urban environmental management: MSc (WU) #3.9.b, zie ook: 10.3.b en 10.4.b
- Environmental economics (WU)
- Environmental policy (WU)
- Environmental systems analysis (WU)
- Geo-information science (WU)
- Land use planning (WU)
- Management studies (WU)
- Urban environmental technology and management (WU)
Urban management & development: MSc (EUR: double degree master, niet bekostigd) #10.3.b
Urban studies: MSc (UvA: onderzoeksmaster; VUB) #14.1.b
Urban water and sanitation: MSc (OVER-119: niet bekostigd) #3.5.b
- Sanitary engineering (OVER-119)
- Water engineering and management (OVER-119)
- Water supply engineering (OVER-119)

V

Vastgoedkunde: MSc (RUG) #17.5.b
Veiligheidswetenschappen: (UA) #11.7.b
Vergelijkende en internationale politiek: MSc (KUL: ook in deeltijd) #20.5.b
- Europese politiek (KUL)
- Internationale politiek (KUL)
- Politicologie (KUL)
Vergelijkende moderne letterkunde: MA (UG) #19.4.b
Verpleegkunde en de vroedkunde: MSc (KUL: ook in deeltijd; UA; UG) #13.2.b en 13.6.b
- Verpleegkunde (KUL)
- Vroedkunde (KUL)
Vertalen: MA (KUL/HUB: ook in deeltijd; KUL/ThomasMore: ook in deeltijd; UA; UG; VUB) #19.3.b
- 1 taal; keuze uit: Deens, Duits, Engels, Frans, Spaans (VUB)
- 2 talen; keuze uit: Deens, Duits, Engels, Frans, Spaans (VUB)
- 3 talen: Nederlands en 2 vreemde talen, waarbij keuze uit: Duits, Engels, Frans - en uit: Arabisch, Duits, Engels, Frans, Italiaans, Russisch, Spaans, Vlaamse gebarentaal (KUL/ThomasMore)
- Nederlands en 2 vreemde talen; keuze uit: Chinees, Duits, Engels, Frans, Italiaans, Portugees, Spaans (UA)

- Nederlands en 1 of 2 vreemde talen; keuze uit: Duits, Engels, Frans, Italiaans, Russisch, Spaans (KUL/HUB)
- Nederlands + keuzevak (UG)
Verzekeringen: MSc KUL: ook in deeltijd) #17.4.b
Verzekeringskunde: MSc (UvA: deeltijd) #17.4.b, zie ook: 20.11.b
- Enterprise risk management (UvA)
Victomology and criminal justice: MSc (TiU) #21.4.b
Vitality and aging: MSc (UL) #13.1.b

W

Water management: MSc (OVER-119: niet bekostigd) #3.5.b
- Water conflict management (OVER-119)
- Water quality management (OVER-119)
- Water resources management (OVER-119)
- Water services management (OVER-119)
Water resources engineering: MSc (KUL: ook in deeltijd/VUB) #10.1.b
Water technology: MSc (RUG/UT/WU) #10.11.b
Wereldgodsdiensten, de interreligieuze dialoog en de religiestudies: MA (KUL) #12.1.b
- Islamitische theologie en godsdienstwetenschappen (KUL)
- Religiestudies (KUL)
- Wereldgodsdiensten en interreligieuze dialoog (KUL)
Western literature: MA (KUL) #19.4.b
Westerse literatuur: MA (KUL: ook in deeltijd) #19.4.b
Wijsbegeerte: MA (KUL: ook in deeltijd; UA; ook avondonderwijs; UG) #12.6.b
NB Zie ook: Filosofie en Philosophy
Wijsbegeerte en de moraalwetenschappen: MA (VUB) #12.6.b
- Logica en wetenschapsfilosofie (VUB)
- Media, cultuur en politieke filosofie (VUB)
- Moraalwetenschappen en humanistiek (VUB)
NB Zie ook: Filosofie en Philosophy
Wiskunde: MSc (KUL: ook in deeltijd, ook als onderzoeksmaster; UA; UG; VUB) #20.7.b
- Financiële wiskunde (UA; VUB)
- Fundamentele wiskunde (UA; VUB)
- Onderwijs (KUL; UA; VUB)
- Toegepaste wiskunde (KUL; UG)
- Wiskunde-onderwijs (UA; VUB)
- Wiskundige natuurkunde en sterrenkunde (UG)
- Zuivere wiskunde (KUL; UG)
NB Zie ook Mathematics
Wiskundige informatica: MSc (UG) #20.7.b, zie ook: 20.6.b
Work, health and career: MSc (UM) #13.1.b

X/Y/Z

Zorgethiek en beleid: MA (UvH) #13.1.b
Zorgmanagement: MSc (EUR: deeltijd, ook duaal) #13.1.b

25.4 OPEN UNIVERSITEIT NEDERLAND (OUNL)

25.4.c Wetenschappelijk onderwijs (OUNL)

25.4.c.1 OUNL: afstandsonderwijs
Voor adres(sen) zie: WO-26.
Algemeen Studeren bij de OUNL is studeren op universitair niveau. Studievoorlichting en -advisering worden aan het begin en tijdens de studie gegeven in de studiecentra. Daar worden infrastructurele voorzieningen ter beschikking gesteld (zoals pc's, internet en video- en audio-apparatuur).
De studiecentra fungeren tevens als ontmoetingsplaats, en tentamens en examens worden er begeleid en afgenomen.
Doel
- Het verzorgen van afstandsonderwijs met de intentie van een tweede kans op hoger onderwijs en het leveren van een bijdrage aan innovatie van het hoger onderwijs.

- Eind 2006 is gestart met gratis cursussen via internet (zie 25.4.c.3) teneinde het studeren in Nederland te bevorderen.

Toelatingseisen
- Voor inschrijven bij de Open Universiteit Nederland zijn geen diploma's vereist.
- Algemene voorkennis en ontwikkeling op havo/vwo-niveau zijn nodig voor de bacheloropleidingen.
- Er zijn voorkennistoetsen en domeinexcursies (kennismakingstrajecten) beschikbaar.
- De toelatingsleeftijd is 18 jaar.

Overige informatie
- De hoofdvestiging met de facultaire directoraten is in Heerlen.
- De studiecentra in Nederland zijn gevestigd te Alkmaar, Almere, Amsterdam, Breda, Den Haag, Eindhoven, Emmen, Enschede, Groningen, Leeuwarden, Nijmegen, Parkstad Limburg, Rotterdam, Utrecht, Vlissingen, en Zwolle.
- De 6 studiecentra in Vlaanderen zijn gevestigd in: Antwerpen, Brussel, Gent, Hasselt, Kortrijk, en Leuven.

25.4.c.2 OUNL: opleidingen
Opleidingen
- Algemene cultuurwetenschappen: zie 12.7.c.2.
- Bedrijfskunde, zie 11.1.c.1.
- Informatica: zie 20.6.c.2.
- Informatiekunde: zie 20.6.c.3.
- Kunst- en cultuurwetenschappen: zie 23.1.b.1.
- Milieu-natuurwetenschappen: zie 3.9.c.3.
- Psychologie/Psychology: zie 14.4.c.3.
- Rechtsgeleerdheid (privaatrecht - staats- en bestuursrecht - strafrecht - internationaal recht): zie 20.9.b.9 en 20.9.c.6.

Cursussen Ruim 200 losse cursussen van één of meer modulen; studietijd van 1 module 100-120 uur.

Overige informatie De Open Universiteit Nederland (OUNL) en de Noordelijke Hogeschool Leeuwarden (NHL) werken sinds 2008 nauw samen met als doel: de professionalisering van de beroepsbevolking in de noordelijke regio. Op korte termijn wordt ingezet op samenwerking rond de erkenning van verworven competenties (ervaringscertificaten, EVC), bedrijfsopleidingen en de professionalisering van docenten.

N.B. Zie voor gratis cursussen via internet: 25.4.c.3.

25.4.c.3 OUNL: studiekosten 2015-2016
Algemeen
- Een cursus bestaat uit een of meer modulen.
- Een module komt overeen met 100-120 sbu.
- Men betaalt per cursus wettelijk collegeld of instellingscollegeld. Dit is afhankelijk van nationaliteit, woonland, studieverleden en keuze voor bachelor- en/of mastercursussen. Betaalt men instellingscollegeld, dan wordt het wettelijk collegeld verhoogd met 57 euro per module.
  De Open Universiteit berekent het collegeld per studiepunt (EC). Cursussen hebben een omvang van 2,5 of 4,3 EC of een veelvoud hiervan. Binnen de inschrijvingsduur van 12 maanden en de moduleprijs zijn inbegrepen per cursus: drie tentamenkansen, de bij de cursus behorende begeleiding, toegang tot de digitale leeromgeving en mentoraat.
  Meer info: www.ou.nl

Cursussen De OUNL stelt een deel van zijn studiemateriaal gratis ter beschikking via internet. Eind 2006 is er met drie korte cursussen gestart. Sindsdien worden er veel meer gratis cursussen door de OUNL aangeboden. 'OpenER' biedt Open Educational Resources: open leermateriaal dat via het internet voor iedereen vrij toegankelijk is en dat voor niet-commerciële doelen mag worden gebruikt en gedownload. Elke cursus vergt circa 25 sbu. Dat kan één studiepunt (ec) opleveren (waarvan er 60 per jaar nodig zijn), mits afgesloten met een toets. Wie een toets wil doen, moet zich daarvoor aanmelden bij de OUNL: www.ou.nl

25.5 POSTACADEMISCHE OPLEIDINGEN
- Het postacademisch onderwijs (pao) kent opleidingen die door de verschillende faculteiten van de universiteiten worden georganiseerd. Het betreft meestal kortdurende cursussen, trainingen of workshops van enkele maanden tot een jaar deeltijd.
- Postinitiële masteropleidingen zijn in principe bedoeld als voortgezette (bedrijfs)opleiding. Studenten kunnen deze opleidingen volgen na een hbo-bacheloropleiding of wo-bachelor-/masteropleiding en wanneer ze enige jaren werkervaring hebben opgedaan. Voor bestaande postinitiële masteropleidingen is meestal een kwalificatie voor de arbeidsmarkt vereist. De toegangseisen worden bepaald door de instelling.
- Postinitiële masters worden niet bekostigd. Studenten die na afronding van hun studie nog studiefinancieringsrechten hebben, kunnen deze gebruiken voor geaccrediteerd postinitieel onderwijs. De NVAO (zie 25.1.c.8) accrediteert sinds 2003 postinitiële masters.
- Sinds 20 juli 2007 wordt aan postinitiële wo-masteropleidingen ook de graad 'Master of Arts' of Master of Science' verbonden (artikel 7.10a, derde lid WHW).
- Onder de a-code: postacademisch onderwijs (pao) worden in deze Gids ook nog enkele zogenoemde postdoctorale opleidingen vermeld.

25.6 ORGANISATIE VAN HET HBO

25.6.f Hbo-onderwijs (algemeen)

25.6.f.1 WHW
Zie 25.1.c.2.

25.6.f.2 Instellingen voor hbo: de hogescholen
Algemeen Aan een hbo-instelling dienen ten minste 700 studenten te zijn ingeschreven.
Een uitzondering hierop vormen de instellingen die een opleiding verzorgen voor leraren bij het basisonderwijs; aan deze instelling dienen ten minste 250 studenten te zijn ingeschreven.

25.6.f.3 Ho-samenwerkingsverband
Algemeen Een of meer hbo-instellingen kunnen te zamen met een of meer wo-instellingen een ho-samenwerkingsverband vormen, onder meer om de doorstroming van studenten te bevorderen.

25.6.f.4 Hbo-raad
Voor adres(sen) zie: DIEN-15.
Algemeen De HBO-raad is de belangen- en werkgeversvereniging van de Nederlandse hogescholen. Bij de vereniging zijn 37 hogescholen aangesloten, waar in totaal ruim 446.000 studenten staan ingeschreven. In het hbo werken meer dan 40.000 mensen.
- De HBO-raad richt zich, wat betreft informatieverstrekking, primair op functionarissen van hogescholen. Vragen van studenten of aanstaande studenten kunnen helaas niet door de HBO-raad in behandeling worden genomen.

- Voor vragen over studiemogelijkheden in het hbo kunnen studenten zich wenden tot schooldecanen.
- Vragen over wetgevingskwesties kunnen door de hogescholen zelf worden beantwoord.

25.6.f.5 Sectoren van het hbo

Algemeen Het aanbod van onderwijs in de 1e fase van het hbo wordt verdeeld in verschillende sectoren. Deze sectoren zijn vergelijkbaar met het bestaan van faculteiten bij het wetenschappelijk onderwijs. De 7 sectoren van het hbo zijn:
- Hoger Agrarisch Onderwijs (hao).
- Hoger Economisch Onderwijs (heo).
- Hoger Gezondheidszorgonderwijs.
- Hoger Pedagogisch Onderwijs.
- Hoger Sociaal-agogisch Onderwijs.
- Hoger Technisch onderwijs.
- Kunstonderwijs.

25.6.f.6 Hbo-opleidingen

Elk van de hbo-sectoren omvat een of meer onderling verwante opleidingen, die elk weer zijn samengesteld uit een samenhangend geheel van onderwijsactiviteiten, gericht op een eigen doelstelling en leidend tot een afzonderlijk examen.

Naast deze opleidingen binnen een onderwijssector kunnen ook samengestelde programma's voorkomen waarvan de onderwijsactiviteiten liggen op het gebied van twee of meer sectoren van het hbo. Het zijn programma's die de studenten zelf kunnen samenstellen uit onderdelen die de hogeschool verzorgt. Soms hebben die programma's een vrij vaste vorm aangenomen.

25.6.f.7 Bama op het hbo
Algemeen
- Vanaf het cursusjaar 2002-2003 werd de bachelor-master-structuur op het hbo ingevoerd.
- De hbo-bacheloropleiding is beroepsgeoriënteerd; de wo-bacheloropleiding is meer academisch georiënteerd.
- Een professionele bachelor wordt in Nederland een 'hbo-bachelor', en in Vlaanderen een 'professioneel gerichte bachelor' of 'professionele bachelor' genoemd.
- Bacheloropleidingen of bachelors zijn ingedeeld in zogenoemde 'smalle' of 'brede' bachelors. De 'smalle' bachelor is gericht op een bepaald vakgebied. De 'brede' bacheloropleiding is multidisciplinair. Dit betekent dat de opleiding zich ook op programma-onderdelen uit andere opleidingen richt. Hierbij heeft de student de mogelijkheid een hoofdvak ('major') en keuzevakken ('minors') te kiezen. Binnen dit zogenoemde 'major-minor-model' gelden geen voorschriften. In sommige instellingen is er een keuze tussen 'smalle' en 'brede' bachelors. Toch kiezen steeds meer instellingen voor een aanbod van 'brede' bachelors.
- De studieduur van een hbo-bacheloropleiding (Nederland) is in principe 240 studiepunten of vier jaar, hoewel er via dispensaties in sommige gevallen studieduurverkorting van 60 studiepunten of één jaar wordt aangeboden. Ze bevat een propedeutische fase van 1 jaar, en is te vergelijken met de vroegere hbo-opleiding. In het geval van studieduurverkorting heeft de student bijvoorbeeld reeds een vwo-diploma, een mbo-diploma, veel werkervaring, of combineert hij de studie met zijn werk.
- De studieduur van een professioneel gerichte bachelor of professionele bachelor (Vlaanderen) is in principe 180 studiepunten of drie jaar.
- Na de hbo-bacheloropleiding kan men een eenjarige master-

opleiding volgen aan hogescholen en universiteiten, mits men voldoet aan de selectie-eisen van de betreffende opleiding. Er zijn (niet door de overheid bekostigde) schakelprogramma's, premasteropleidingen en samenwerkingsverbanden ontwikkeld om de overstap naar een wo-masteropleiding mogelijk te maken. Duur overstap: 1-2 jaar, afhankelijk van de wo-masteropleiding die men wil gaan volgen.
- Sommige maatschappelijk relevante hbo-masters komen in aanmerking voor bekostiging en studiefinanciering. De overheid bekostigt in ieder geval de huidige voortgezette hbo-opleidingen die naar masteropleidingen zijn omgezet (bijvoorbeeld de voortgezette kunstopleidingen). Zie voor meer informatie: 25.6.f.18.
- Professionele master: zo wordt de hbo-masteropleiding soms genoemd ter onderscheiding van de wo-(academische) masteropleiding; deze kan worden gevolgd na een hbo-bacheloropleiding en een schakelprogramma. Doel: specifieke verdieping binnen een beroepspraktijk.
- Nederlandse hogescholen kunnen zelf erkende masteropleidingen ontwikkelen. De NVAO beoordeelt deze masters. Alleen geaccrediteerde hbo-masteropleidingen mogen studenten een hbo-masterdiploma uitreiken.
- Men kan ook kiezen voor één bijkomend jaar op bachelorniveau: een post-hbo-opleiding in Nederland, of een bachelor-na-bachelor (banaba) in Vlaanderen.

Overige informatie De situatie in Vlaanderen, kort samengevat: Na een professioneel gerichte bacheloropleiding kan een afgestudeerde een masteropleiding, een bachelor-na-bacheloropleiding (banaba) of een specifieke lerarenopleiding volgen. Er zijn daarnaast ook nog na- en/of bijscholingen en postgraduaten, maar die zijn zo specifiek dat die hier niet worden besproken.
- *(Academische) masteropleiding:*
Een afgestudeerde van een professioneel gerichte bacheloropleiding moet gewoonlijk eerst een schakelprogramma volgen om aan een masteropleiding te kunnen studeren. Dit schakelprogramma heeft twee doelstellingen:
  - de algemene wetenschappelijke vaardigheden of competenties worden zo bijgespijkerd: methoden die een student nodig heeft om aan onderzoek te doen in het studiegebied van de masteropleiding;
  - de wetenschappelijk-disciplinaire basiskennis, de vakkennis of theorie van de opleiding wordt zo op een niveau gebracht dat het mogelijk wordt om de masteropleiding inhoudelijk met succes af te ronden.
- *Bachelor-na-bacheloropleiding:*
Na een professioneel gerichte bacheloropleiding kan ook een bachelor-na-bacheloropleiding worden gevolgd. Dit zijn in feite voortgezette, gespecialiseerde opleidingen; ze kunnen daarom in grote mate afhangen van een 'gewone' bacheloropleiding. Naargelang de eerder gevolgde bacheloropleiding kan een afgestudeerde dan ook rechtstreeks instromen, of moet er een voorbereidingsprogramma worden gevolgd. De instelling dient dan via een geschiktheidsonderzoek te onderzoeken of een geïnteresseerde wel over de juiste kennis en competenties beschikt. N.B. Bachelor-na-bacheloropleidingen (banaba) zijn gespecialiseerde opleidingen; er worden er dus slechts weinig aangeboden.
- *Specifieke lerarenopleiding:*
Afgestudeerden van een aantal van de professioneel gerichte bacheloropleidingen kunnen tevens een specifieke lerarenopleiding volgen. Het gaat om een opleiding van 60 studiepunten (met een praktijkcomponent van 30 studiepunten). Ook studenten die al 120 studiepunten hebben verworven, kunnen worden

toegelaten tot de specifieke lerarenopleidingen, georganiseerd door hogescholen.

25.6.f.8 Aanmelding ad en hbo

- Sinds 1 oktober 2007 moet de aankomende student in Nederland zich voor een studie in het hoger onderwijs aanmelden via Studielink, bereikbaar via de website van de instelling waar men wil gaan studeren of via www.studielink.nl
- Het aanmeldprogramma van de Dienst Uitvoering Onderwijs (DUO, v/h IB-Groep) is dus sinds 1.10.2007 vervallen.
- Studiefinanciering moet wél bij de DUO worden aangevraagd: www.ib-groep.nl/particulieren/default.asp

25.6.f.9 Bekostiging hbo-masteropleidingen

Hogescholen kunnen masteropleidingen aanbieden die wel of niet door de overheid worden bekostigd.

Een niet-bekostigde hbo-masteropleiding kan worden gevolgd nadat een hbo-bachelor-graad is behaald. In feite is zo'n hbo-masteropleiding vaak een (eerdere) post-hbo-opleiding die fulltime wordt gegeven. Hogescholen die zo'n hbo-masteropleiding aanbieden behoren dienaangaande samenwerking met een universiteit te hebben. Op een paar uitzonderingen na (initiële hbo-masteropleidingen) mogen in Nederland immers alleen universiteiten masteropleidingen aanbieden, en kan men alleen daar een mastergraad behalen. Nederlandse masteropleidingen die geaccrediteerd en erkend zijn staan geregistreerd in het Centraal Register Opleidingen Hoger Onderwijs (CROHO) van de Dienst Uitvoering Onderwijs (DUO, v/h IB-Groep): https://apps.duo.nl/MCROHO/pages/zoeken.jsf

Sommige hogescholen in Nederland bieden echter (tegen deze regel in) toch (postinitiële) masteropleidingen waarbij de betrokken hogeschool franchisenemer is van een - meestal Engelse - universiteit en de hbo-student in feite een buitenlands programma in Nederland volgt. Deze hbo-masteropleidingen zijn dus niet erkend als Nederlandse masteropleiding en staan daarom niet geregistreerd.

Daarnaast zijn er samenwerkingsverbanden ontstaan tussen Nederlandse universiteiten en hogescholen, wat ertoe leidt dat bepaalde opleidingen zowel als hbo- als als wo-masteropleidingen kunnen worden gevolgd. Op die manier vervaagt het onderscheid tussen beide typen opleidingen in de praktijk steeds meer.

Voor een overzicht met hbo-masteropleidingen zie 25.9.e.1.

25.6.f.10 Toelatingseisen hbo-ad- en bacheloropleidingen

Zie ook: 25.6.f.8.

Algemeen

- Diploma havo, vwo of mbo niveau 4; of 21 jaar of ouder zijn en toegelaten worden op grond van een toelatingsonderzoek.
- Voor sommige opleidingen aan een hogeschool moet de student over speciale kennis, vaardigheden of eigenschappen beschikken. Een hogeschool stelt dan aanvullende eisen; dit komt vooral voor bij kunst- en lerarenopleidingen. Heeft een opleiding aanvullende eisen, dan moet de student zich eerst tijdig voor het eerstkomende studiejaar bij de hogeschool aanmelden. De student wordt vervolgens op de aanvullende eisen getest.

25.6.f.11 Collegegeld ad-opleiding en hbo-bacheloropleiding 2015-2016

Zie voor het nieuwe sociale leenstelsel: 26.26.x.1.

Algemeen

- Het wettelijk collegegeld voor voltijdstudenten die jonger zijn dan 30 jaar bedroeg voor het studiejaar 2014-2015: Euro 1.906,00.

- De indexering voor 2015-2016 is nog niet bekend.
- Indien men geen recht (meer) heeft op het wettelijk collegegeld - dat is het geval als de student na zijn 30e verjaardag ingeschreven staat bij een bekostigde voltijdopleiding in het hoger onderwijs, of als hij buitenlander is met een nationaliteit anders dan van een van de EU/EER-landen (EER = Europese Economische Ruimte) - is het instellingscollegegeld verschuldigd. De hoogte van dit bedrag is minimaal de hoogte van het wettelijk collegegeld, wordt door de hogescholen zelf bepaald en kan dus per hogeschool verschillen.
  Alleen voor 'joint degrees' met een buitenlandse instelling mag een onderwijsinstelling een bedrag onder het wettelijk collegegeld vragen.
- Het collegegeld voor duale of deeltijdopleidingen wordt eveneens door de hogescholen zelf bepaald en kan dus per hogeschool verschillen (bedrag tussen Euro 1.099 en 1.906).
- Een tweede studie kost 5.000-8.000 Euro.
- Het examengeld voor extraneï (zij die zich, zonder aan het onderwijs deel te nemen, op tentamens en examens voorbereiden) wordt ook door de hogescholen bepaald en kan dus per hogeschool verschillen.
- Opleidingen met het kenmerk kleinschalig en intensief onderwijs kunnen hoger collegegeld vragen. Dit hogere collegegeld bedraagt maximaal 5 keer het wettelijk collegegeld.
- In Vlaanderen bedraagt het collegegeld 105 Euro per studiejaar voor en beursstudent en 890 Euro voor en niet-beursstudent. Voor een tweede opleiding blijft het inschrijvingsgeld ongewijzigd.

Overige informatie Raadpleeg voor meer informatie over de huidige studiefinanciering en het recht op een OV-studentenkaart (studentenreisproduct): http://www.studentenreisproduct.nl

25.6.f.12 Collegegeld hbo-masteropleiding 2015-2016

Zie ook 25.6.f.11, en voor het nieuwe sociale leenstelsel: 26.26.x.1.

Algemeen

- Wie na de hbo-bacheloropleiding nog studiefinancieringsrechten overhoudt, kan ze gebruiken voor het volgen van een masteropleiding aan een hogeschool.
- Het wettelijk collegegeld voor voltijdstudenten bedroeg voor het studiejaar 2014-2015: Euro 1.906,00.
- De indexering voor 2015-2016 is nog niet bekend.
- Een tweede studie kost 5.000-8.000 Euro.
- Het collegegeld voor niet-bekostigde duale of deeltijdopleidingen en het examengeld voor extraneï (zij die zich, zonder aan het onderwijs deel te nemen, op tentamens en examens voorbereiden) wordt door de hogescholen zelf bepaald en verschilt per hogeschool. Dat collegegeld voor hbo-masteropleidingen zal veelal hoger zijn dan voor de hbo-bacheloropleidingen, omdat de meeste hbo-masteropleidingen (nog) niet door de overheid worden bekostigd. Uitzondering zijn enkele opleidingen in de bouwkunde, de gezondheidszorg, en ten behoeve van het geven van onderwijs. Raadpleeg de website van de betreffende hogeschool voor meer informatie over de hoogte van het collegegeld.

Overige informatie Raadpleeg voor meer informatie over de huidige studiefinanciering en het recht op een OV-studentenkaart (studentenreisproduct): http://www.studentenreisproduct.nl

25.6.f.13 Duur hbo

- Hbo-bacheloropleidingen: meestal 3 jaar, ten hoogste 4 jaar voor het voltijd- en deeltijdonderwijs (op een enkele uitzondering na) van de bacheloropleidingen; het eerste jaar is propedeuse.
- 1-2,5 jaar voor de hbo-masteropleidingen.

- De inschrijvingsduur is maximaal 10 jaar voor het voltijdonderwijs.
- Er zijn ook duale opleidingen waarin de praktijkcomponent toeneemt naarmate de studie vordert.

25.6.f.14 Studiepuntensysteem: ECTS (ad en hbo)

- De studielast van elke opleiding en elke onderwijseenheid wordt door het instellingsbestuur uitgedrukt in studiepunten.
- Eén ec staat voor circa 28 uur studie.
- Het vorige puntensysteem voor het hbo omvatte totaal 168 studiepunten.
- 1 vorig studiepunt is 1,43 European credits (ec) waard; de punten van de vorige modulen zijn omgerekend naar het nieuwe ECTS.
- In het nieuwe ECTS omvat een hbo-bacheloropleiding 4 jaar van 60 studiepunten of ec's = 4 x 60 = 240 studiepunten of ec's.
- De studielast van de 2-jarige ad-programma's (zie voor meer informatie: 25.7) bedraagt ten minste 120 ec's.
- De duur van de hbo-masteropleidingen varieert van 1-2,5 jaar, met 60 studiepunten of ec's per jaar.
- Zie voor meer informatie en het wo: 25.1.c.14.
- De UL voerde het bindend studieadvies in 1997 als eerste in. In toenemende mate wordt ook door andere universiteiten met bindende studieadviezen gewerkt waarbij studenten die te weinig ambitie tonen en/of onvoldoende ec's halen, de universiteit moeten verlaten. In het hbo is deze trend (nog) niet zo vanzelfsprekend; daar wordt juist extra aandacht gevraagd voor uitvallers.
- Verschillen tussen Nederlandse en Vlaamse opleidingen: alle professionele bachelors in Vlaanderen tellen 180 ec's, alle Nederlandse hbo-bachelors 240 ec's. Beiden beantwoorden aan de Dublin-descriptoren voor bachelors (althans: de geaccrediteerde opleidingen). De Nederlandse hbo-opleidingen hebben altijd een propedeusejaar.
- Een Nederlandse hbo-bacheloropleiding is equivalent van een Vlaamse professionele bachelor, afgezien van de studieduur. Het Accreditatieverdrag tussen Nederland en Vlaanderen voorziet in gelijkwaardigheid wat toegang tot vervolgopleidingen betreft. (Overigens geldt een vergelijkbare situatie voor masters. Er zijn masters die in Nederland 60 ec's bedragen en in Vlaanderen 120, en omgekeerd.)

25.6.f.15 Horizontale doorstroming

Hbo-studenten met een propedeutisch diploma hbo c.q. met een hbo-bachelor-getuigschrift kunnen overstappen naar het propedeutisch jaar van een universiteit.
Men kan na het behalen van het hbo bachelor-getuigschrift echter vrijwel nooit zonder meer een wo-masteropleiding gaan volgen; daarvoor zijn niet-bekostigde schakelprogramma's, pre-masters, aanvullende programma's of samenwerkingsverbanden ontwikkeld. Duur overstap: een half tot anderhalf jaar, afhankelijk van het soort wo-masteropleiding dat men wil gaan volgen.

25.6.f.16 Verklaring hbo

Wanneer men vóór het afsluiten van het onderwijsprogramma de onderwijsinstelling/-instituut verlaat, ontvangt men een verklaring waarop staat vermeld in welke hbo-sector men welke onderdelen van het onderwijsprogramma heeft gevolgd.

25.6.f.17 Examen en getuigschrift hbo

Na geslaagd te zijn voor het afsluitend examen van een hbo-bacheloropleiding of een hbo-masteropleiding ontvangt men een hbo-getuigschrift.

25.6.f.18 Voortgezette opleidingen

- Geaccrediteerde voortgezette opleidingen aan hogescholen en universiteiten zijn omgevormd tot bachelor- en masteropleidingen. (In Vlaanderen: ze kunnen worden omgevormd tot postgraduaatsopleidingen, waaraan een getuigschrift is gekoppeld [met 20 ec's], en vallen dan buiten het accreditatiestelsel.)
- Bij een voortgezette opleiding die nu volgt op een 1e fase-opleiding aan een hogeschool is deze omgevormd tot een (professioneel gerichte) bacheloropleiding, of tot een (professioneel gerichte) bacheloropleiding die volgt op een andere bacheloropleiding (in Vlaanderen: de zogenoemde banaba).
- De voortgezette opleidingen aan de universiteiten of aan de hogescholen, die volgen op een opleiding van 2 fasen, zijn omgevormd tot masteropleidingen die aansluiten of volgen op een bacheloropleiding, of tot een masteropleiding die volgt op een andere masteropleiding (in Vlaanderen: de zogenoemde manama).
- Ten slotte kunnen hogescholen en universiteiten voortgezette opleidingen ook samenvoegen met een basisopleiding (van twee fasen) of met een afstudeerrichting van deze basisopleiding tot een nieuwe masteropleiding die aansluit bij een bacheloropleiding.
- De voortgezette opleidingen in het hbo die bij Koninklijk Besluit in masteropleidingen zijn omgezet, komen in aanmerking voor bekostiging en studiefinanciering.

25.6.f.19 Titulatuur hbo

Vooraf: de overheid ontwikkelt wetgeving om het huidige onderscheid in titulatuur tussen het hbo en wo te laten vervallen. Alleen de bachelor- en mastergraden worden nog wettelijk vastgelegd en beschermd. Afgestudeerden in het hbo kunnen daarmee dezelfde titel krijgen als studenten die hun wo-studie hebben afgerond. De toevoeging bij de graad moet wel passen bij het type opleiding waar het om gaat.

- Geslaagden van het technisch en agrarisch onderwijs voeren de titel 'ingenieur' ('ing.' vóór de naam).
- Voor invoering van het bamastelsel mocht men in Nederland na een afgeronde 4-jarige hbo-studie de titel van Baccalaureus (bc) voeren, en tot begin jaren 1970 mocht men dat ook in het wo bij bepaalde vijfjarige studies die men (verkort) na 4 jaar afsloot met een zogenoemd baccalaureaatsexamen.
  In het hbo wordt bij onder meer de richtingen Bestuurskunde, Economie, Juridische dienstverlening en de Lerarenopleidingen deze oude titel nog sporadisch gebruikt. De titel 'baccalaureus' (Bc.) wordt dan vóór de naam geplaatst.
- Alle hbo-afgestudeerden kunnen na hun voltooide bacheloropleiding de titel voeren van 'Bachelor' ('B.' achter de naam).
- De toevoegingen bij de titels 'Bachelor' en 'Master', die t.b.v. wo-afgestudeerden zijn gekozen (zoals 'of Arts', 'of Science') zijn aan hbo-afgestudeerden niet toegestaan. Desgewenst mag wél de naam van het vakgebied of het beroepenveld aan de titel Bachelor worden toegevoegd (bijvoorbeeld BTr voor Bachelor in Translation of MTr voor Master in Translation). Ook hbo-afgestudeerden aan economie-, landbouw- of techniekopleidingen mogen sinds 2009 aan hun graad toevoegen: 'of Applied Sciences' (BASc/MASc).
- Hbo-afgestudeerden met een 'oud' getuigschrift mogen de titel Bachelor niet voeren.
- *In Vlaanderen zijn er professionele en academische bachelors:*
  • Professionele bachelors zijn vooral gericht op het verwerven van professionele vaardigheden en verlenen geen rechten om rechtstreeks over te stappen naar een master. Ze worden georganiseerd in de hogescholen, en zijn vergelijkbaar met de Nederlandse hbo-bacheloropleidingen.

- Academische bachelors zijn vooral gericht op het leren van academische vaardigheden en op het doorstromen naar een wo-masteropleiding. Ze worden georganiseerd door universiteiten en door hogescholen in samenwerking met universiteiten, en zijn vergelijkbaar met de Nederlandse wo-bacheloropleidingen.
- Over het algemeen - er zijn enkele uitzonderingen waarbij alleen vwo geldt! - geldt hier een diploma van het Vlaamse secundair onderwijs (aso, tso, kso; in Nederland: vwo, havo of mbo niveau 4) als toelatingsvoorwaarde voor beide soorten bachelor, net als in Nederland. Voor de universiteit bestaat alleen voor de bachelor in de geneeskunde en de bachelor in de tandheelkunde een toelatingsproef.
- Wanneer men al in het bezit is van de graad van bachelor, en men wil zich inschrijven voor een andere Vlaamse bacheloropleiding (dan ontstaat er een zogenoemde banaba = bachelor na bachelor), dan is het soms mogelijk een verkorte bacheloropleiding te volgen.
- Voor het ad-programma: zie 25.7.
- Het onrechtmatig voeren van titels is strafbaar; zie voor een overzicht van titels: 25.1.c.15.

25.7 ASSOCIATE DEGREE-PROGRAMMA's (AD's)

25.7.f Associate degree-onderwijs

25.7.f.1 Associate degree (algemeen)
- Sinds 19 juli 2007 is een nieuwe officiële graad aan het Nederlandse onderwijsstelsel toegevoegd: de Ad.
  Hogescholen mogen het Ad-diploma met supplement en graad uitreiken.
- Associate degree is een kwalificatieniveau dat aanvankelijk alleen bestond binnen het European Framework for Qualifications en dat ook wordt uitgevoerd binnen Ierland, Finland en Denemarken. Dit opleidingsniveau bestond dus nog niet in de Nederlandse opleidingsstructuur, maar heeft sinds 2006 een duidelijke plaats gekregen doordat het tussenniveau in het hbo (kort-hbo en mbo-plus) grotendeels is verdwenen.
- In het studiejaar 2006-2007 is dit onderwijstype voor het eerst in het hoger onderwijs geïntroduceerd.
  Associate-degree-studieprogramma's (ad-programma's) zijn tweejarige programma's in het hbo die leiden tot de wettelijke graad: Associate degree (Ad).
  De verwachting is dat ad-programma's met name aantrekkelijk zijn voor mbo'ers die aarzelen of zij nog zullen doorstuderen, en voor werkenden. Vanuit de arbeidsmarkt bestaat er behoefte aan afgestudeerden met een opleidingsachtergrond tussen het niveau van mbo niveau 4 en hbo-bacheloropleiding in.
- Een ad-programma wordt aangeboden door een hogeschool en is nagenoeg identiek aan de eerste twee jaar van een hbo-bacheloropleiding met dezelfde naam.
- De NVAO beoordeelt de kwaliteit van de aanvragen voor Ad-programma's en heeft hiervoor in februari 2008 het Accreditatiekader Associate-degreeprogramma's ontwikkeld.

Opleidingen Een overzicht van de ad-programma's staat in 25.7.f.2 vermeld.

Toelatingseisen De vooropleidingseisen voor deelname aan een ad-programma zijn identiek aan de eisen voor de betreffende hbo-bacheloropleiding.

Duur Een ad-programma heeft een studielast van in principe 120 ec's en kan dus binnen 2 jaar worden afgerond.

Een hogere studielast dan 120 ec's is mogelijk als dat voor de arbeidsmarktrelevantie van het programma nodig is.

Diploma/examen Een ad-programma wordt afgesloten met een wettelijke graad: de Associate degree (artikel 7.10b WHW). Studenten die een ad-programma volgen, hebben recht op studiefinanciering (mits zij aan de gebruikelijke vereisten voldoen).

Mogelijkheden voor verdere studie Als de Associate Degree behaald is, kan men doorstromen en desgewenst alsnog het hbo-bachelordiploma behalen, ook als ernaast wordt gewerkt.

Overige informatie De kwaliteitsborging van de ad-programma's is, net als dat voor de wo- en hbo-opleidingen geldt, in handen van de NVAO (zie 25.1.c.8).

25.7.f.2 Overzicht van Nederlandse associate degree-programma's (ad's) 2015-2016
- Hieronder vindt men een geheel geactualiseerde lijst van Nederlandse ad-programma's 2015-2016.
- Na een opleidingsnaam volgen tussen haakjes de plaatsnamen waar de opleiding wordt gegeven; de nummers achter de plaatsnaam betreffen de volledige centrale adressen van de Nederlandse hogescholen. Deze centrale adressen zijn te vinden in de Centrale adreslijst HBO, achterin deze Gids. (N.B. De genoemde opleidingsplaats is soms een andere dan het centraal adres.)
- Meer HBO-adrescodes achter één opleiding: dit betekent dat het ad-programma met dezelfde naam op meer hogescholen wordt gegeven. Dit hoeft echter niet te betekenen dat zo'n opleiding op meer hogescholen precies hetzelfde studieprogramma volgt.
- Sommige opleidingen worden gegeven op een OVER-adres: deze adrescodes verwijzen naar de Centrale adreslijst OVER onder de vermelde nummers, achterin deze Gids.
- 'Niet bekostigd' betekent dat de studie niet door de overheid wordt bekostigd en dat de student dus het gehele inschrijf- en collegegeld zelf moet betalen.
- Achter aan de regel van een ad-opleiding in onderstaande lijst treft men een # aan. Hierachter staat het codenummer van deze Gids waar de desbetreffende studie uitvoeriger wordt beschreven. (Wanneer het codenummer op een f eindigt, is de opleiding nog niet nader beschreven in deze Gids.)
- De inschrijving van de meeste hierna genoemde ad-programma's is geopend voor het studiejaar 2015-2016 e.v.
- De opleidingsduur van ad-programma's is 2 jaar.
- Voor toelatingseisen zie 25.6.f.10.
- Een Engelstalige opleidingsnaam betekent in de meeste gevallen dat de voertaal van de opleiding Engels is en dat daarom een goede beheersing van het Engels is vereist om de opleiding met succes te kunnen volgen.

Vt = Voltijd
Dt = Deeltijd
Di = Digitaal en/of blended learning*
D = Duaal
Af = Afstandonderwijs

* blended learning is een combinatie van klassikaal onderwijs, e-learning/afstandsonderwijs en zelfstudie die o.a. bij HS NTI mogelijk is.

Overzicht van Nederlandse associate degree-programma's (ad's)

Ad-programma's in Nederland 2015 - 2016

A

Accountancy (Arnhem nr 150 Dt; Breda nr 49 Dt; Breda nr 54 Dt, niet bekostigd; Eindhoven nr 82 Dt; R'dam nr 157 Vt; HS LOI nr 135 Dt, Di, diverse lesplaatsen, niet bekostigd; HS Markus Verbeek Praehep nr 114 diverse lesplaatsen, niet bekostigd, Dt, E-learning; HS NCOI nr 115 Dt, Di, diverse lesplaatsen, niet bekostigd; HS NTI nr 133 Dt, diverse lesplaatsen, niet bekostigd) #20.8.f.1
Agrarisch ondernemerschap (Dronten nr 75 Vt) #3.1.f.1
Arts & crafts (R'dam nr 157 Vt) #23.2.f.1

B

Bedrijfseconomie (Den Haag nr 61 Dt; Leeuwarden nr 124 Vt; R'dam nr 156 Vt) #20.1.f.2.
Bedrijfskunde (Breda nr 54 Dt, niet bekostigd; Den Bosch nr 49 Dt; HS NCOI nr 115 Dt, Di, diverse lesplaatsen, niet bekostigd; HS SDO nr 90 Dt, diverse lesplaatsen, niet bekostigd) #11.1.f.1
Bedrijfskunde en agribusiness (Almere nr 75 Vt; Dronten nr 75 Dt) #3.1.f.2
- Duurzame visserij (Dronten nr 75)
- Groene bedrijfskunde (Almere nr 75)
- Management, beleid en buitenruimte (Dronten nr 75)
- Ondernemend wijkmanagement (Dronten nr 75)
- Ondernemerschap (Dronten nr 75)
Bloemsierkunst (Wageningen nr 209 Vt, Dt) #3.2.f.1
Bouwkunde (HS LOI nr 135 Dt, diverse lesplaatsen, niet bekostigd) #10.1.f.1

C

Civiele techniek: directievoering (Arnhem nr 150 Dt) #10.11.f.1
Civiele techniek: projectuitvoering en -realisatie (Arnhem nr 150 Dt) #10.11.f.1
Commercieel management (Sittard nr 166 Vt) #17.1.f.1
Commerciële economie (Emmen nr 86 Vt) #20.1.f.3
Constructeur werktuigbouwkunde (Arnhem nr 150 Dt) #5.1.f.1
Consumptieve techniek (Wageningen nr 209 Dt) #7.4.f.1
Coördinator in zorg en dienstverlening (Nijmegen nr 150 Dt, D) #13.1.f.1
Crossmediale communicatie (Den Haag nr 66 Vt; Diemen nr 70 Vt; R'dam nr 157 Vt) #23.6.f.4

D

Dans (A'dam nr 17 Vt; Groningen nr 94 Vt) #23.5.f.2
Dier- en veehouderij (Dronten nr 75 Vt) #3.1.f.3
- Agrarisch ondernemerschap (Dronten nr 75)
Duurzaam bodembeheer (Leeuwarden nr 121 Dt) #3.9.f.3
Duurzame visserij (Dronten nr 75 Dt) #3.9.f.4
Duurzame watertechnologie (Leeuwarden nr 121 Dt) #3.9.f.5

E

Engineering (R'dam nr 157 Vt, Dt) #10.11.f.2
Ervaringsdeskundige in de zorg (Groningen nr 96 Dt) #13.1.f

F

Facilitair eventmanagement (Diemen nr 70 Vt) 17.6.f.2
Facility management (Den Haag nr 61 Dt; HS LOI nr 135 Dt, diverse lesplaatsen, niet bekostigd) #15.1.f.1
Financial services management (HS LOI nr 135 Dt, diverse lesplaatsen, niet bekostigd) #20.1.f.4
- Financieel advies (HS LOI nr 135)
- Verzekeringsadvies (HS LOI nr 135)
Financieel management (A'dam nr 114 Dt, diverse lesplaatsen, niet bekostigd; Dordrecht nr 73 Dt; HS LOI nr 135 Dt, Di, diverse lesplaatsen, niet bekostigd; HS NCOI nr 115 Dt, Di, diverse lesplaatsen, niet bekostigd; HS NTI nr 133 Dt, diverse lesplaatsen, niet bekostigd) #20.1.f.5
Financiële dienstverlening (Breda nr 54 Dt, niet bekostigd; Den Bosch nr 49 Dt)#20.8.f.2
Functiegericht toerisme en recreatie (Breda nr 55 Vt) #18.1.f.2

G

Groene bedrijfskunde (Almere nr 75 Vt) #3.1.f.2

H

Hoger hotelonderwijs (Emmen nr 86 Vt; Leeuwarden nr 130 Vt) #15.2.f.1
Hoger toeristisch en recreatief onderwijs (Emmen nr 86 Vt) #18.1.f.3
Hospitality & events management (Eindhoven nr 77 Vt; Hilversum nr 113 Vt; Maastricht nr 137 Vt – alle drie niet bekostigd) #17.6.f.4
Human resource management (Breda nr 54 Dt, niet bekostigd; Den Bosch nr 49 Dt; Groningen nr 97 Dt; Leeuwarden nr 124 Vt; HS NCOI nr 115 Dt, Di, diverse lesplaatsen, niet bekostigd) #11.6.f.3

I

Ict-beheer (Emmen nr 86 Vt; Zwolle nr 222 Dt) #20.6.f.3
Ict-service management (Eindhoven nr 82 Dt; R'dam nr 157 Vt, Dt) #20.6.f.4; zie ook: 20.6.f.7
Ict-telecom (Arnhem nr 44 Dt, niet bekostigd) #20.6.f.5
Improvement analist (HS SDO nr 90) Dt, diverse lesplaatsen, niet bekostigd) #11.1.f.6
Industriële automatisering (Arnhem nr 44 Dt, niet bekostigd) #5.16.f.2
Integrale handhaving omgevingsrecht (Leeuwarden nr 121 Dt) #20.9.f.2
Interieurvormgever (Zwolle nr 212 Vt) #23.2.f.6
International business (A'dam nr 155 Vt; R'dam nr 155 Vt) #11.1.f.9
- International marketing management (A'dam nr 155; R'dam nr 155)
- Small business & retailmanagement (A'dam nr 155; R'dam nr 155)
International trade management (Eindhoven nr 77 Vt; Hilversum nr 113 Vt; Maastricht nr 137 Vt – alle drie niet bekostigd) #19.5.f.4
IT-service management (Leeuwarden nr 125 Vt) #20.6.f.7; zie ook: 20.6.f.4

J

Jeugdwerker (HS NTI nr 133 Dt, diverse lesplaatsen, niet bekostigd) #14.5.f.2

K

Kinderopvang (HS NTI nr 133 Dt, diverse lesplaatsen, niet bekostigd) #14.5.f.3

L

Leisure management (Emmen nr 86 Vt; Leeuwarden nr 130 Vt) #18.1.f.7
Logistiek en economie (Emmen nr 86 Dt; HS LOI nr 135 Dt, diverse lesplaatsen, niet bekostigd) #18.2.f.3

M

Maintenance & mechanics (R'dam nr 157 Vt) #5.17.f.1
Management (HS LOI nr 135 Dt, diverse lesplaatsen, niet bekostigd; HS NCOI nr 115 Dt, Di, diverse lesplaatsen, niet bekostigd) #11.1.f.4
Management, beleid en buitenruimte (Dronten nr 75 Dt: Hoorn nr 75 Dt) #3.1.f.2
Management economie en recht (HS LOI nr 135 Dt, Di, diverse lesplaatsen, niet bekostigd) #20.1.f.16
Management in de zorg (Breda nr 53 Dt; Breda nr 54 Dt, niet bekostigd; Eindhoven nr 80 Dt; Groningen nr 96 Dt; Leiden nr 132 Dt; R'dam nr 157 Dt; HS NCOI nr 115 Dt, Di, diverse lesplaatsen, niet bekostigd; HS SDO nr 90 Dt, diverse lesplaatsen, niet bekostigd) #13.1.f.5
Management van informatie (Woerden nr 91 Dt) #22.1.f.4
Maritieme techniek (Leeuwarden nr 125 Vt) #18.9.f.2
Marketing (HS LOI nr 135 Dt, diverse lesplaatsen, niet bekostigd) #17.8.f.2
Marketing & sales (Eindhoven nr 82 D) #17.8.f.4
Marketingcommunicatie (Houten nr 119 Vt, diverse lesplaatsen, niet bekostigd) #17.8.f.5
Marketingmanagement (Breda nr 49 Dt; Breda nr 54 Dt, niet bekostigd; - Eindhoven nr 77 Vt; Hilversum nr 113 Vt; Maastricht nr 137 Vt – alle drie niet bekostigd) #17.8.f.6

Media design (HS LOI nr 135 Dt, Di, diverse lesplaatsen,
  niet bekostigd) #23.6.f.5
Melkveehouderij (Leeuwarden nr 121 Vt) #3.1.f.5
Muziek: Dirigent hafabra (Groningen nr 101 Vt) #23.3.f.7

N/O

Officemanagement (Houten nr 119, Vt, diverse lesplaatsen,
  niet bekostigd; R'dam nr 157 Vt, Dt; HS LOI nr 135 Dt, Di, diverse
  lesplaatsen, niet bekostigd) #19.1.f.4
Ondernemen (R'dam nr 157 Vt) #17.1.f.7
Ondernemend wijkmanagement (Dronten nr 75 Dt) #3.1.f.2
Ondernemerschap (Dronten nr 75 Dt; Leeuwarden nr 121 Vt) #17.1.f.7
Onderwijsondersteuner Bouwkunde (Zwolle nr 219 Dt) #24.2.f.8
Onderwijsondersteuner Bouwtechniek (Zwolle nr 219 Dt) #24.2.f.9
Onderwijsondersteuner Consumptieve techniek (A'dam nr 25 Dt;
  Eindhoven nr 81 Dt [locatie Wageningen]; Wageningen nr 209 Dt)
  #24.2.f.10
Onderwijsondersteuner Elektrotechniek (Zwolle nr 219 Dt) #24.2.f.11
Onderwijsondersteuner Gezondheidszorg en welzijn (A'dam nr 27 Dt;
  Leiden nr 132 Vt, Dt; R'dam nr 157 Dt) #24.2.f.12
Onderwijsondersteuner Groen onderwijs (Wageningen nr 209 Dt)
  #24.2.f.13
Onderwijsondersteuner Informatie- en communicatietechnologie (ict)
  (Zwolle nr 222 Dt) #24.2.f.14
Onderwijsondersteuner Motorvoertuigentechniek (Zwolle nr 219 Dt)
  #24.2.f.15
Onderwijsondersteuner Omgangskunde (Leiden nr 132 Vt, Dt)
  #24.2.f.16
Onderwijsondersteuner Techniek (A'dam nr 31 Dt) #24.2.f.17
Onderwijsondersteuner Techniek in het voortgezet onderwijs (Zwolle
  nr 219 Dt) #24.2.f.17
Onderwijsondersteuner Technisch beroepsonderwijs (Eindhoven nr 81
  Dt; R'dam nr 157 Dt) #24.2.f.17
Onderwijsondersteuner Werktuigbouwkunde (Zwolle nr 216 Dt)
  #24.2.f.18
Onderwijsondersteuner Zorg en welzijn (Nijmegen nr 150 Dt)
  #24.2.f.19
Operationeel manager (ISBW nr 210 Dt, diverse lesplaatsen, niet
  bekostigd) #11.1.f.12

P/Q

Payroll professional (HS SDO nr 90 Dt, diverse lesplaatsen,
  niet bekostigd) #20.1.f.18
Payroll services (A'dam nr 114, Dt, diverse lesplaatsen, niet bekostigd;
  HS NCOI nr 115 Dt, Di, diverse lesplaatsen, niet bekostigd) #20.1.f.19
Pedagogisch educatief medewerker (R'dam nr 157 Vt, Dt) #14.5.f.4
Projectleider techniek (Delft nr 63 D; Groningen nr 95 Dt; HS LOI
  nr 135 Dt, Di, niet bekostigd) #5.17.f.2

R

Rechten (HS LOI nr 135 Dt, Di, diverse lesplaatsen, niet bekostigd)
  #20.9.f.1
- Civielrecht (HS LOI nr 135)
- Publieksrecht (HS LOI nr 135)
Retailmanagement (HS LOI nr 135 Dt, diverse lesplaatsen, niet
  bekostigd; HS NCOI nr 115 Dt, Di, diverse lesplaatsen, niet bekostigd;
  HS SDO nr 90 Dt, diverse lesplaatsen, niet bekostigd) #17.1.f.8

S

Sales (HS LOI nr 135 Dt, diverse lesplaatsen, niet bekostigd) #17.8.f.8
Schrijftolk (Utrecht nr 189 Vt) #13.17.f.2
Security management (HS LOI nr 135 Dt, diverse lesplaatsen, niet
  bekostigd) #21.7.f.2
Small business & retail management (Den Bosch nr 49 Dt, D;
  Eindhoven nr 82 Vt, D; Leeuwarden nr 129 Vt) #17.1.f.9
Sociaal-financiële dienstverlening (R'dam nr 156 Dt; R'dam nr 157 Dt)
  #14.6.f.2
Sport, gezondheid en management (Groningen nr 96 Vt) #16.1.f.8
Systeemspecialist automotive (Arnhem nr 150 Dt) #5.6.f.5

T/U

Technische bedrijfskunde (Eindhoven nr 82 Dt; Zwolle nr 219 Dt)
  #11.1.f.13
Tuinbouw en akkerbouw (Dronten nr 75 Vt) #3.2.f.3
- Agrarisch ondernemerschap (Dronten nr 75)
Tuin- en landschapsinrichting (Velp nr 199 Vt, Dt) #3.4.f.2

V

Verkeerskundig medewerker (Utrecht nr 193 Dt, niet bekostigd)
  #18.2.f.6
Vitaliteitsmanagement & toerisme (Vlissingen nr 203 Vt) #18.1.f.12

W/X/Y

Welzijn en zorg voor ouderen (HS NTI nr 133 Dt, diverse lesplaatsen,
  niet bekostigd) #14.10.f.4
Werkplaatsbouwkunde (Enschede nr 89 Vt) #9.1.f.3

Z

Zorg en technologie (Heerlen nr 109 Dt) #14.1.f.1

25.8 HBO-BACHELOROPLEIDINGEN

25.8.f Hbo-bacheloropleidingen

25.8.f.1 Overzichten van Nederlandse en Vlaamse hbo-bacheloropleidingen 2015-2016

- Hieronder vindt men 2 geheel geactualiseerde overzichten met
  hbo-bacheloropleidingen: eerst de lijst met Nederlandse hbo-
  bacheloropleidingen en daaronder de lijst met Vlaamse hbo-
  bacheloropleidingen.
- Na een opleidingsnaam volgen tussen haakjes de plaatsnamen
  waar de opleiding wordt gegeven; de nummers achter de plaatsnaam betreffen de volledige centrale adressen van de Nederlandse en Vlaamse hogescholen. Deze centrale adressen zijn te
  vinden in de Centrale adreslijst HBO, achterin deze Gids. (N.B. De
  genoemde opleidingsplaats is soms een andere dan het centraal
  adres.)
- Meer adrescodes achter één opleiding: dit betekent dat de opleiding met dezelfde naam op meer scholen wordt gegeven. Dit
  hoeft echter niet te betekenen dat zo'n opleiding op meer scholen precies hetzelfde studieprogramma volgt.
- Sommige opleidingen worden gegeven op een OVER-adres: deze
  adrescodes verwijzen naar de Adreslijst OVER onder de vermelde
  nummers, achterin deze Gids.
- 'Niet bekostigd' betekent dat de studie niet door de overheid
  wordt bekostigd en dat de student dus het gehele inschrijf- en
  collegegeld zelf moet betalen.
- Achter aan de regel van een Nederlandse hbo-bacheloropleiding
  in onderstaande lijst treft men een # aan. Hierachter staat het
  paragraafnummer van deze Gids waarin dit onderwerp thuishoort (bijvoorbeeld: #14.4.f = 14.4 Psychologie en psychotherapie). De redactie streeft ernaar om alle hbo-bacheloropleidingen
  óók in de betreffende hoofdstukken te plaatsen, zodat het voor
  de gebruiker nog duidelijker zichtbaar wordt welke opleidingen
  qua onderwerp verwant zijn en dus in welke sector ze thuishoren. (Hetzelfde geldt voor de wo-bacheloropleidingen, de wo-
  masteropleidingen, de ad-programma's, de hbo-masteropleidingen, en de post-hbo-opleidingen.)

- *Let op: direct onder de benamingen van de studies staan (achter een
  streepje aan het begin van de regel) eventuele bijbehorende afstudeerrichtingen, majors, of specialisaties - in Vlaanderen: varianten -
  van de hoofdstudie vermeld.*

- De inschrijving van de meeste hierna genoemde hbo-bachelor-opleidingen is geopend voor het studiejaar 2015-2016 e.v.
- De opleidingsduur van hbo-bacheloropleidingen is 4 jaar.
- Voor toelatingseisen zie 25.6.f.10.
- Een Engelstalige opleidingsnaam betekent in de meeste gevallen dat de voertaal van de opleiding Engels is en dat daarom een goede beheersing van het Engels is vereist om de opleiding met succes te kunnen volgen.

Vt = Voltijd
Dt = Deeltijd
Di = Digitaal en/of blended learning*
D = Duaal
Af = Afstandonderwijs

* blended learning is een combinatie van klassikaal onderwijs, e-learning/afstandsonderwijs en zelfstudie die o.a. bij HS NTI mogelijk is.

Hbo-bacheloropleidingen in Nederland 2015-2016

Direct onder de vetgedrukte benamingen van de studies staan (achter een streepje aan het begin van de regel) eventuele bijbehorende afstudeerrichtingen, majors, of specialisaties van de hoofdstudie vermeld.

A

Academische lerarenopleiding primair basisonderwijs (leraar basisonderwijs): (Deventer nr 89 Vt; Doetinchem nr 71 Vt; Groningen nr 97 Vt; Groningen nr 104 Vt; Leiden nr 132 Vt; Nijmegen nr 150 Vt; R'dam nr 157 Vt; Utrecht nr 184 Vt; Utrecht nr 192 Vt; Zwolle/A'dam nr 214 Vt; Zwolle nr 226 Vt) #24.3.f
- Educational science and technology (Deventer nr 89)
- Onderwijskunde (Utrecht nr 184)
- Onderwijswetenschappen (Zwolle nr 226)
- Pedagogische wetenschappen (Groningen nr 97; Groningen nr 104; Nijmegen nr 150; Zwolle/A'dam nr 214)
- Pedagogy & education (R'dam nr 157)
Academische lerarenopleiding primair basisonderwijs: zie ook: Universitaire Pabo
Accountancy: (Alkmaar nr 1 Vt; A'dam nr 24 Vt; Arnhem nr 150 Vt, Dt, D; Breda nr 49 Vt, Dt, D; Breda nr 54 Dt, niet bekostigd; Den Bosch nr 49 Vt, Dt; Den Haag nr 61 Vt; Deventer nr 89 Vt; Diemen nr 70 Vt; Dordrecht nr 73 Dt, niet bekostigd; Eindhoven nr 82 Vt, Dt; Eindhoven nr 114 Dt, niet bekostigd; Enschede nr 89 Vt; Groningen nr 99 Vt; Leeuwarden nr 124 Vt; Maastricht nr 143; Nijmegen nr 150 Vt; R'dam nr 156 Vt; R'dam nr 157 Vt; Utrecht nr 184 Vt, Dt; Zwolle nr 217 Vt, Dt; HS LOI nr 135 Dt, Di, niet bekostigd; HS Markus Verbeek Praehep nr 114 Dt, Di, diverse lesplaatsen, niet bekostigd; HS NCOI nr 115 Dt, Dt, Di, niet bekostigd) #20.8.f
- Accountantadministratie (Groningen nr 99)
- Registeraccountant (Groningen nr 99)
Advanced business creation: (Den Bosch nr 49 Vt) #11.2.f
Aeronautical engineering: (Delft nr 56 Vt) #5.7.f
Applied behavioral & social sciences: (Leiden nr 134 Dt, niet bekostigd) #14.1.f
Applied science: (Eindhoven nr nr 82 Vt; Heerlen nr 109 Vt) #20.6.f
- Biomedical science (Heerlen nr 109)
- Chemical engineering (Heerlen nr 109)
- Chemistry (Heerlen nr 109)
- Material science (Heerlen nr 109)
- Science & food (Eindhoven nr nr 82)
- Science & life (Eindhoven nr 82)
- Science & materials (Eindhoven nr 82)
- Science & technology (Eindhoven nr 82)
Archeologie: (Deventer nr 89 Vt) #22.1.f
Art & economics: (Utrecht nr 186 Vt) #23.2.f

- Arts and media management (Utrecht nr 186)
- Event management (Utrecht nr 186)
- Music management (Utrecht nr 186)
- Theater management (Utrecht nr 186)
- Visual art and design management (Utrecht nr 186)
Art & technology: (Hilversum nr 116 Vt) #23.2.f
- Audio design (Hilversum nr 116)
- Sound design (Hilversum nr 116)
Arts: (A'dam nr 9 Vt) #23.2.f
- Cultureel erfgoed (A'dam nr 9)
Automotive: (Eindhoven nr 81 Vt; R'dam nr 157 Vt, D) #5.6.f
- Future automotive technology (R'dam nr 157: minor)
- Future power train (Eindhoven nr 81)
- Management technologie en innovatie (R'dam nr 157: minor)
- Manufacturing (Eindhoven nr 81)
- Smart mobility (Eindhoven nr 81)
Automotive engineering: (Arnhem nr 150 Vt) #5.6.f
Automotive management: (Eindhoven nr 81 Vt) #5.6.f
Autonome beeldende kunst: (A'dam nr 18 Vt; Arnhem nr 40 Vt; Breda nr 48 Vt; Den Bosch nr 57 Vt; Den Haag nr 67 Vt, Dt; Enschede nr 88 Vt; Groningen nr 94 Vt; Maastricht nr 139/140/141 Vt; R'dam nr 163 Vt; Utrecht nr 185/186 Vt) #23.2.f
- ArtScience (Den Haag nr 67)
- Beeld en taal (A'dam nr 18)
- Beeldende kunst (Den Haag nr 67)
- DOGtime (A'dam nr 18)
- Fine Art (A'dam nr 18; Arnhem nr 40; Enschede nr 88; R'dam nr 163; Utrecht nr 185/186 Vt)
- Fotografie (A'dam nr 18; R'dam nr 163)
- Glas (A'dam nr 18)
- IDUM (A'dam nr 18)
- Keramiek (A'dam nr 18)
- VAV (A'dam nr 18)
Autotechniek/automotive: (Arnhem nr 150 Vt, Dt) #5.6.f
- Engineering (Arnhem nr 150)
- Management (Arnhem nr 150)
Aviation: (A'dam nr 33 Vt) #5.7.f
- Aviation air traffic management (A'dam nr 33)
- Aviation engineering (A'dam nr 33)
- Aviation flight (A'dam nr 33)
- Aviation operations (A'dam nr 33)

B

Bedrijfsadministratie: (Dordrecht nr 73 Dt, niet bekostigd; Eindhoven nr 77 Dt, niet bekostigd; HS NTI nr 133 Af, Di, niet bekostigd) #20.1.f
- Accountancy (Dordrecht nr 73: minor; Eindhoven nr 77)
- Controlling (Dordrecht nr 73: minor)
Bedrijfseconomie: (Alkmaar nr 1 Vt; Almere nr 3 Vt; A'dam nr 26 Vt, Dt; Arnhem nr 150 Vt, Dt; Breda nr 49 Vt, Dt; Breda nr 54 Dt, niet bekostigd; Den Bosch nr 49 Vt, Dt; Den Haag nr 61 Vt, Dt; Diemen nr 70 Vt; Deventer nr 89 Dt; Emmen nr 86 Vt; Enschede nr 89 Vt; Groningen nr 99 Vt; Haarlem nr 106 Vt; Leeuwarden nr 124 Vt, Dt; Maastricht nr 143 Vt; Nijmegen nr 150 Vt; R'dam nr 156 Vt; R'dam nr 157 Vt, Dt; Utrecht nr 184 Vt, Dt; Venlo nr 201 Vt;Dt; Vlissingen nr 204 Vt; Zwolle nr 217 Vt, HS LOI nr 135 Dt, Di, diverse lesplaatsen, niet bekostigd; HS NTI nr 133 Af, Di, niet bekostigd) #20.1.f
- Accountancy (Vlissingen nr 204: minor)
- Accountancy & control (Emmen nr 86)
- Bedrijfseconomie compact (Deventer nr 89)
- Beleggen (Alkmaar nr 1: minor)
- Business & innovation (R'dam nr 157: minor)
- Business process management (Diemen nr 70; R'dam nr 156)
- Communicatie voor managers (Utrecht nr 184: minor)
- Controlling (Alkmaar nr 1; Den Haag nr 61: minor)
- Creditmanagement (HS LOI nr 135)
- Digital economy entrepreneurship (Almere nr 3: minor)
- Enterprise resource planning (Almere nr 3: minor)
- Financial business management (Haarlem nr 106)
- Financial service management (Emmen nr 86)

- Financiële dienstverlening (HS NTI nr 133)
- Integraal bedrijfseconomisch management (Leeuwarden nr 124: minor)
- International business and career (R'dam nr 157: minor)
- International business skills (Utrecht nr 184: minor)
- Marketing (Alkmaar nr 1: minor)
- Opties en bedrijfsovernames (Utrecht nr 184: minor)
- Reclame (Utrecht nr 184: minor)
- Risicomanagement (R'dam nr 157: minor)
- Risk management (Den Haag nr 61: minor)
- Small business (Utrecht nr 184: minor)
Bedrijfskunde: (A'dam (OVER-45 Vt, niet bekostigd); Eindhoven nr 77 Vt, niet bekostigd; HS LOI nr 135 Dt, Di, diverse lesplaatsen, niet bekostigd; HS NCOI nr 115 Dt, Di, diverse lesplaatsen; HS SDO nr 90 Dt, diverse lesplaatsen, niet bekostigd; ISBW nr 210 diverse lesplaatsen Dt, niet bekostigd; NOVI nr 193 Dt, diverse lesplaatsen, niet bekostigd;) #11.1.f
- Bank- en verzekeringswezen (HS NCOI nr 115)
- Bedrijfskunde voor ict-professionals (NOVI nr 193)
- Bedrijfskunde voor IT-accountmanagement (NOVI nr 193)
- Communicatie (HS NCOI nr 115)
- Facilitaire dienstverlening (HS NCOI nr 115)
- Finance & control (HS NCOI nr 115)
- Finance management (Eindhoven nr 77)
- Informatievoorziening (NOVI nr 193)
- Inkoopmanagement (HS NCOI nr 115)
- Managementsupport (HS NCOI nr 115)
- Marketing en sales (Eindhoven nr 77)
- Marketing, inclusief NIMA (HS NCOI nr 115)
- Mode- en textielmanagement (HS NCOI nr 115)
- Procesoptimalisatie met Lean Six Sigma (HS NCOI nr 115)
- Projectmanagement (HS NCOI nr 115)
- Sales, inclusief NIMA (HS NCOI nr 115)
- Veranderingsmanagement (HS NCOI nr 115)
Bedrijfskunde en agribusiness: (Almere nr 75 Vt; Den Bosch nr 59 Vt; Dronten nr 75 Vt, Dt; Leeuwarden nr 121 Vt; Velp nr 199 Vt; Venlo nr 59 Vt; HS NCOI nr 115 Dt, Di, diverse lesplaatsen, niet bekostigd) #3.1.f
- Agrarisch ondernemerschap (Leeuwarden nr 121)
- Agrarische bedrijfskunde (Leeuwarden nr 121)
- Agrotechniek & management (Dronten nr 75)
- Duurzame innovatie en business (Leeuwarden nr 121)
- European food business (Dronten nr 75)
- Financiële dienstverlening agrarisch (Dronten nr 75)
- Food marketing and retail (Leeuwarden nr 121)
- Groene bedrijfskunde (Almere nr 75)
- Hippische bedrijfskunde (Dronten nr 75)
- International agribusiness and trade (Velp nr 199)
- International farm management (Venlo nr 59)
- International food business (Dronten nr 75)
- International horticulture and marketing (Velp nr 199)
- Management beleid en buitenruimte (Dronten nr 75)
Bedrijfskunde MER: (Almere nr 3 Vt; A'dam nr 26 Vt; Arnhem nr 150 Vt, Dt; Breda nr 49 Vt, Dt; Breda nr 54 Dt, niet bekostigd; Den Bosch nr 49 Vt, Dt; Den Haag nr 61 Vt, Dt; Ede nr 76 Vt; Eindhoven nr 82 Vt, Dt; Enschede nr 89 Vt, Dt; Groningen nr 99 Vt, Dt; Leeuwarden nr 124 Vt, Dt; Nijmegen nr 150 Vt; R'dam nr 157 Vt, Dt; Utrecht nr 184 Vt, Dt; Vlissingen nr 204 Vt; Zwolle nr 217 Vt, Dt; HS NTI nr 133 Af, Di, Dt, niet bekostigd) #20.1.f
- BMER versnelde route economie voor vwo (Enschede nr 89)
- Casemanagement en mobiliteit (Leeuwarden nr 124: minor)
- China-economics and culture (Den Haag nr 61: minor)
- Consultancy (Utrecht nr 184: minor)
- Consultancy & ondernemerschap (R'dam nr 157: minor)
- Digital economy entrepreneurship (Almere nr 3: minor)
- E-business (Utrecht nr 184: minor)
- Fashionmanagement (HS NTI nr 133: minor)
- Financiële dienstverlening (Den Bosch nr 49: minor)
- Financiële markten in een internationale context (Den Haag nr 61: minor)
- Innovatief ondernemerschap (Vlissingen nr 204: minor)

- International business (Leeuwarden nr 124: minor)
- International business skills (Utrecht nr 184: minor)
- International corporate social responsability (R'dam nr 157: minor)
- Juridische aspecten van bedrijfskunde (R'dam nr 157: minor)
- Kunst van het adviseren (Almere nr 3: minor)
- Logistiek en supplychainmanagement (HS NTI nr 133: minor)
- Maatschappelijk verantwoord ondernemen en organiseren (R'dam nr 157: minor)
- Makelaartaxateur onroerende zaken (Den Haag nr 61: minor)
- Management en consultancyvaardigheden (Vlissingen nr 204: minor)
- Master of change (Leeuwarden nr 124: minor)
- Ondernemen (Leeuwarden nr 124: minor)
- Ondernemen en innoveren (Den Haag nr 61: minor)
- Organisatiewetenschappen of personeelswetenschappen (Breda nr 49; Breda nr 54: minor, niet bekostigd)
- Recht (Vlissingen nr 204: minor)
- Reclame (Utrecht nr 184: minor)
- Russian and Eurasian studies (Den Haag nr 63: minor)
- Small business skills (Utrecht nr 184: minor)
- Social entrepreneurship (Almere nr 3: minor)
- Sportmanagement (HS NTI nr 133: minor)
- Strategie in beweging of persoonlijke financiële planning (Breda nr 49; Breda nr 54: minor, niet bekostigd)
- Working worldwide (R'dam nr 157: minor)
Bedrijfskunde MER: zie ook: Management, economie en recht (MER)
Bedrijfskunde voor technici: (HS NCOI nr 115 Dt, Di, diverse lesplaatsen, niet bekostigd) #11.1.f
Bedrijfsmanagement MKB: (Eindhoven nr 82 Vt, Dt; Tilburg nr 82 Vt, Dt) #11.1.f
- Automotive management (Eindhoven nr 82)
Bedrijfswiskunde, zie: Toegepaste wiskunde
Bestuurskunde: (A'dam nr 26 Vt; HS NCOI nr 115 Dt, Di, diverse lesplaatsen, niet bekostigd) #20.1.f
- Juridische aspecten van burgerzaken (HS NCOI nr 115)
- Lokale overheid (HS NCOI nr 115)
- Milieukunde (HS NCOI nr 115)
Bestuurskunde/overheidsmanagement: (Den Bosch nr 49 Vt; Den Bosch nr 54 Dt, niet bekostigd; Den Haag nr 61 Dt, D; Deventer nr 89 Vt; Enschede nr 89 Dt; Leeuwarden nr 124 Vt, Dt) #20.4.f
- Going green (Leeuwarden nr 124: minor)
- Human factors (Leeuwarden nr 124: minor)
- Ondernemen (Leeuwarden nr 124: minor)
Bio-informatica: (Leiden nr 132 Vt; Groningen nr 96 Vt; Nijmegen nr 150 Vt) #3.11.f
Biologie en medisch laboratoriumonderzoek (A'dam nr 20 Vt; Breda nr 52 Vt; Deventer nr 89 Vt; Enschede nr 89 Vt; Groningen nr 96 Vt; Leeuwarden nr 121 Vt; Leeuwarden nr 126 Vt; Leiden nr 132 Vt; Nijmegen nr 150 Vt; R'dam nr 157 Vt; Utrecht nr 184 Vt) #13.5.f
- Biochemie (Groningen nr 96; Nijmegen nr 150)
- Biomedical research (Leeuwarden nr 121; Leeuwarden nr 126)
- Biomedisch onderzoek (Breda nr 52)
- Biomolecular research (Utrecht nr 184)
- Bioresearch (A'dam nr 20)
- Biotechnologie (Groningen nr 96)
- Diagnostics (Leeuwarden nr 126)
- Diagnostiek (Deventer nr 89; Enschede nr 89)
- Food & pharma (Utrecht nr 184: minor)
- Food safety and health (Leeuwarden nr 121)
- Forensisch laboratoriumonderzoek (Breda nr 52)
- Health and food (Leeuwarden nr 126)
- Human diagnostics (Leeuwarden nr 121)
- Infection & contamination control (Enschede nr 89)
- Medische biologie (Groningen nr 96)
- Medische diagnostiek (A'dam nr 20; R'dam nr 157)
- Medische microbiologie (Nijmegen nr 150)
- Microbiology (Utrecht nr 184)
- Moleculaire plantenbiologie (Nijmegen nr 150)
- Nanotechnology (Deventer nr 89; Enschede nr 89)
- Research (Deventer nr 89; Enschede nr 89; R'dam nr 157)
- Zoology (Utrecht nr 184)

Biotechnologie: (A'dam nr 20 Vt; Leeuwarden nr 121 Vt; Leeuwarden nr 125 Vt) #3.11.f
- Biomedical research (Leeuwarden nr 121)
- Bioresearch (A'dam nr 20)
- Biotechnologie (A'dam nr 20; Leeuwarden nr 121)
- Forensic sciences (Leeuwarden nr 121; Leeuwarden nr 125)
- Medische diagnostiek (A'dam nr 20)
- Process engineering (Leeuwarden nr 121)
- Water technology (Leeuwarden nr 121)
Bos- en natuurbeheer: (Velp nr 199 Vt, Dt) #3.3.f
- Bosbouw-urban forestry (Velp nr 199)
- International timber trade (Velp nr 199)
- Mens en natuur (Velp nr 199)
- Natuur- en landschapstechniek (Velp nr 199)
- Tropical forestry (Velp nr 199)
- Vastgoed en grondtransacties (Velp nr 199)
Bouwkunde: (Alkmaar nr 1 Vt; Almere nr 3 Vt, D; Arnhem nr 150 Vt, Dt; Den Bosch nr 52 Vt; Den Haag nr 64 Vt; Enschede nr 89 Vt, Dt; Groningen nr 95 Vt; Haarlem nr 106 Vt; Leeuwarden nr 125 Vt; R'dam nr 157 Vt, Dt, D; Tilburg nr 52 Vt, D; Vlissingen nr 206 Vt; Zwolle nr 216 Vt; HS LOI nr 135 Dt, Di, diverse lesplaatsen, niet bekostigd; HS NCOI nr 115 Dt, Di, diverse lesplaatsen, niet bekostigd; HS NTI nr 133 Af, Di, Dt, niet bekostigd) #10.1.f
- Architectuur (Alkmaar nr 1; Arnhem nr 150; Den Haag nr 64: minor; Enschede nr 89; Groningen nr 95; Haarlem nr 106; Leeuwarden nr 125)
- Architectuur en interieur (HS NCOI nr 115)
- Architectuur en stedenbouw (Almere nr 3: minor)
- Bouwkunde (Den Bosch nr 52: minor; Tilburg nr 52: minor)
- Bouwkundige specialisaties (Den Bosch nr 52; Tilburg nr 52)
- Bouwmanagement (Groningen nr 95)
- Bouwtechniek (Alkmaar nr 1; Arnhem nr 150; Den Haag nr 64: minor; Enschede nr 89; Groningen nr 95; Haarlem nr 106; Leeuwarden nr 125)
- Bouwtechnische bedrijfskunde (Den Bosch nr 52; Enschede nr 89; Tilburg nr 52)
- Bouwuitvoering (Leeuwarden nr 125)
- Constructie (Alkmaar nr 1; Arnhem nr 150; Haarlem nr 106; Leeuwarden nr 125)
- Constructie en techniek (HS LOI nr 135)
- Constructief (Enschede nr 89)
- Constructief ontwerp (Groningen nr 95)
- Constructies (Den Haag nr 64: minor)
- Integrale bouwtechniek (Almere nr 3: minor)
- Interieurarchitectuur (Leeuwarden nr 125)
- International construction management (Groningen nr 95)
- Management (Den Haag nr 64: minor)
- Management en uitvoering (Alkmaar nr 1; Haarlem nr 106)
- Nieuwe steden (Almere nr 3: minor)
- Organisatie (Arnhem nr 150)
- Procesmanagement (HS LOI nr 135)
- Stedenbouwkunde (Leeuwarden nr 125)
- Uitvoering (Den Haag nr 64: minor)
- Uitvoeringsmanagement (Enschede nr 89)
- Vastgoed en makelaardij (HS NCOI nr 115)
- Wijkrenovatie (Den Haag nr 64: minor)
Built environment: (A'dam nr 31 Vt; Breda nr 55 Vt; Groningen nr 95 Vt; Maastricht nr 140 Vt; Utrecht nr 184 Vt) #10.1.f
- Architectuur (Maastricht nr 140)
- Bouwkunde (A'dam nr 31; Maastricht nr 140; Utrecht nr 184)
- Bouwmanagement (Maastricht nr 140)
- Bouwtechniek (Maastricht nr 140)
- Bouwtechnische bedrijfskunde (A'dam nr 31; Maastricht nr 140; Utrecht nr 184)
- Civiel management (Maastricht nr 140)
- Civiele techniek (A'dam nr 31; Groningen nr 95; Maastricht nr 140; Utrecht nr 184)
- Combinatieprofiel (Maastricht nr 140)
- Constructies (Maastricht nr 140)
- Geodesie/geo-informatica (Utrecht nr 184)

- International civil engineering management (Groningen nr 95)
- Milieukunde (Utrecht nr 184)
- Mobiliteit (Breda nr 55)
- Regio gebouwde omgeving (Maastricht nr 140)
- Ruimtelijke ordening & planologie (Breda nr 55; Utrecht nr 184)
- Urban design (Breda nr 55)
- Vastgoed (Maastricht nr 140)
- Verkeer en infra (Maastricht nr 140)
- Waterbeheer en milieu (Maastricht nr 140)
Business administration: (HS NCOI nr 115 Dt, Di, diverse lesplaatsen, niet bekostigd) #11.2.f
- International business (HS NCOI nr 115)
Business administration in fashion: (Doorn nr 72 Vt, niet bekostigd) #11.2.f
Business IT & management: (Alkmaar nr 1 Vt; Arnhem nr 150 Vt; Breda nr 49 Vt, Dt; Diemen nr 70 Vt, Dt, D; Groningen nr 99 Vt; Leeuwarden nr 124 Vt, Dt; R'dam nr 157 Vt, Dt; Zwolle nr 217 Dt; HS NCOI nr 115 Di, Dt, diverse lesplaatsen, niet bekostigd; HS NTI nr 133 Af, Di, Dt, niet bekostigd) #20.6.f
- Business information technology (Breda nr 49: minor)
- Business intelligence (Alkmaar nr 1)
- Business process management (Diemen nr 70)
- Digitale communicatie en internetmanagement (HS NCOI nr 115)
- Functioneel beheer (HS NCOI nr 115)
- Informatiemanagement en -beleid (Diemen nr 70)
- Innovatie (Breda nr 49: minor)
- Internetconsultant (Leeuwarden nr 124: minor)
- IT service management (Leeuwarden nr 124: minor)
- Projectmanagement (HS NCOI nr 115)
- Structured business design (Alkmaar nr 1)
Business management: (Amersfoort nr 4 Vt, Dt; Utrecht nr 184 Vt, Dt) #11.1.f
- Bedrijfsleider (Amersfoort nr 4; Utrecht nr 184)
- Filiaalmanager (Amersfoort nr 4; Utrecht nr 184)
- Franchisenemer (Amersfoort nr 4; Utrecht nr 184)
- International business skills (Amersfoort nr 4: minor; Utrecht nr 184: minor)
- Personeelsmanagement (Amersfoort nr 4: minor; Utrecht nr 184: minor)
- Project management (Alkmaar nr 4: minor; Utrecht nr 184: minor)
- Reclame (Amersfoort nr 4: minor; Utrecht nr 184: minor)
Business studies: (Alkmaar nr 1 Vt; Den Haag nr 66 Vt; Diemen nr 70 Vt; Haarlem nr 106 Vt; R'dam nr 156 Vt) #11.1.f
- Banking & insurance (Alkmaar nr 1; Den Haag nr 66; Diemen nr 70; Haarlem nr 106; R'dam nr 156)
- Human resource management (Alkmaar nr 1; Den Haag nr 66; Diemen nr 70; Haarlem nr 106; R'dam nr 156)
- Logistiek (Alkmaar nr 1; Den Haag nr 66; Diemen nr 70; Haarlem nr 106; R'dam nr 156)
- Management (Alkmaar nr 1; Den Haag nr 66; Diemen nr 70; Haarlem nr 106; R'dam nr 156)
- Marketing (Alkmaar nr 1; Den Haag nr 66; Diemen nr 70; Haarlem nr 106; R'dam nr 156)
- Ondernemen (Alkmaar nr 1; Den Haag nr 66; Diemen nr 70; Haarlem nr 106; R'dam nr 156)

C
Cabaret: (Den Bosch nr OVER-112; Den Bosch 55 Vt, Dt, niet bekostigd) #23.4.f
Chemie: (A'dam nr 20 Vt; Breda nr 52 Vt; Den Bosch nr 52 Vt; Deventer nr 89 Vt; Enschede nr 89 Vt; Groningen nr 95 Vt; Leeuwarden nr 121 Vt; Leeuwarden nr 125 Vt; Leiden nr 132 Vt; Nijmegen nr 150 Vt, Dt; R'dam nr 157 Vt; Utrecht nr 184 Vt, Dt; Vlissingen nr 206 Vt) #7.2.f
- Analytical science (Utrecht nr 184)
- Analytisch-fysische chemie (R'dam nr 157: minor)
- Analytische chemie (Deventer nr 89; Enschede nr 89)
- Analytische/organische chemie (Groningen nr 95)
- Applied chemistry (Leeuwarden nr 121)
- Applied chemistry of life sciences (Vlissingen nr 206: minor)
- Biobased teCH (Breda nr 52)

- Biochemie (Groningen nr 95; R'dam nr 157: minor)
- Chemical research & development (Utrecht nr 184)
- Chemie (minor) (Breda nr 52)
- Chemische productinnovatie (Breda nr 52)
- Crime science (Enschede nr 89)
- Food & pharma (Den Bosch nr 52)
- Forensisch chemisch onderzoek (Den Bosch nr 52)
- Forensisch laboratoriumonderzoek (Breda nr 52)
- Forensische chemie en food & pharma (Den Bosch nr 52: minor)
- Nanotechnologie (Deventer nr 89; Enschede nr 89)
- Organische chemie (Deventer nr 89; Enschede nr 89; R'dam nr 157: minor)

Chemische technologie: (Breda nr 52 Vt; Enschede nr 89 Vt; Groningen nr 95 Vt; Leeuwarden nr 121 Vt; Leeuwarden nr 125 Vt; R'dam nr 157 Vt, Dt; Utrecht nr 184 Vt) #7.1.f
- Biobased teCH (Breda nr 52)
- International water technology (Enschede nr 89)
- Petrochemie & offshore (Leeuwarden nr 121; Leeuwarden nr 125)
- Process engineering (Leeuwarden nr 121; Leeuwarden nr 125)
- Procestechnologie (Utrecht nr 184)
- Procesvoering en procesoptimalisatie (Breda nr 52)
- Renewable energy (Groningen nr 95)
- Research & development (Groningen nr 95)
- Water technology (Leeuwarden nr 121)

Chemische technologie/Procestechniek: (R'dam nr 160 Vt, Dt)#7.1.f

Chemistry zie: Chemie

Circus and performance art: (Tilburg nr 82 Vt) #23.4.f
Circus arts: (R'dam nr 151 Vt) #23.4.f
Civiele techniek: (Alkmaar nr 1Vt; Arnhem nr 150 Vt, Dt; Den Haag nr 64 Vt; Enschede nr 89 Vt; Leeuwarden nr 125 Vt; R'dam nr 157 Vt, Dt, D; Tilburg nr 52 Vt, D; Vlissingen nr 206 Vt, Dt; Zwolle nr 219 Vt; HS NCOI nr 115 Dt, Di, diverse lesplaatsen, niet bekostigd) #10.11.f
- Bedrijf civiele techniek (Vlissingen nr 206: minor)
- Constructie (Arnhem nr 150; Leeuwarden nr 125)
- Constructief (Enschede nr 89)
- Constructief ontwerpen (R'dam nr 157: minor)
- Constructies (Den Haag nr 64)
- Delta applied research centre (Vlissingen nr 206: minor)
- Infrastructuur (Arnhem nr 150; Leeuwarden nr 125)
- Infrastructuur en mobiliteit (R'dam nr 157: minor)
- Kwaliteits- en veiligheidsmanagement (HS NCOI nr 115)
- Minor (Den Haag nr 64; Tilburg nr 52)
- Omgevingsmanagement en recht (HS NCOI nr 115)
- Organisatie (Arnhem nr 150)
- Specialisaties (Tilburg nr 52)
- Uitvoerend bouwbedrijf (R'dam nr 157: minor)
- Uitvoering (Leeuwarden nr 125)
- Verkeer en vervoer (Den Haag nr 64)
- Verkeer en wegen (Enschede nr 89)
- Waterbouw (Arnhem nr 150; Den Haag nr 64; Enschede nr 89)
- Waterbouwkunde (Leeuwarden nr 125)
- Watermanagement (Enschede nr 89)
- Watermanagement en waterbouw (R'dam nr 157: minor)

Commercieel management: (Sittard nr 166 Vt)
Commerciële economie: (Almere nr 3 Vt; A'dam nr 26 Vt, Dt; Arnhem nr 150 Vt, Dt, D; Breda nr 49 Vt, Dt; Breda nr 54 Dt, niet bekostigd; Den Bosch nr 49 Vt, Dt; Den Haag nr 61 Vt, Dt; Deventer nr 89 Vt, Dt; Emmen nr 86 Vt; Enschede nr 89 Vt, Dt; Groningen nr 99 Vt, Dt, D; Leeuwarden nr 124 Vt, Dt; Leiden nr 132 Vt; Nijmegen nr 150 Vt, Dt, D; R'dam nr 157 Vt; Tilburg nr 171 Vt; Utrecht nr 184 Vt, Dt, D; Venlo nr 201 Vt, Dt; Vlissingen nr 204 Vt; Zwolle nr 217 Vt; HS LOI nr 135 Dt, Di, diverse lesplaatsen, niet bekostigd; HS NCOI nr 115 Dt, Dt, diverse lesplaatsen, niet bekostigd; HS NTI nr 133 Af, Di, Dt, niet bekostigd) #20.1.f
- Accountmanagement (Almere nr 3; HS LOI nr 135)
- Bank en verzekeringswezen (HS NCOI nr 115)
- Beleggen (Almere nr 3: minor)
- Branding (Breda nr 49; Breda nr 54: minor, niet bekostigd)
- Brandmanagement (Arnhem nr 150: minor; Nijmegen nr 150: minor)

- Commercieel management (Deventer nr 89; Enschede nr 89)
- Commerciële economie compact (Deventer nr 89)
- Communicatie 2.0 (Arnhem nr 150: minor; Nijmegen nr 150: minor)
- De business model innovater (R'dam nr 157: minor)
- Digital business concepts (Tilburg nr 171)
- Digital marketing (A'dam nr 26)
- Diversity marketing (Arnhem nr 150: minor; Nijmegen nr 150: minor)
- Innovatief ondernemen (Breda nr 49; Breda nr 54: minor, niet bekostigd)
- Internationaal marketingmanagement (Deventer nr 89; Enschede nr 89)
- International business (Leeuwarden nr 124: minor)
- International business and career (R'dam nr 157: minor)
- International business skills (Utrecht nr 184: minor)
- International marketing and sales (R'dam nr 157: minor)
- International marketing relations en social media design (Vlissingen nr 204: minor)
- Makelaardij (Arnhem nr 150: minor; Nijmegen nr 150: minor)
- Makelaardij en vastgoed (HS NCOI nr 115)
- Management of online marketing en communicatie (Almere nr 3)
- Marketing (HS NTI nr 133)
- Marketing and communicatiemanagement (Leeuwarden nr 124: minor)
- Marketing & sales (Den Haag nr 61)
- Marketing & sales management (Groningen nr 99)
- Marketing communication management (Groningen nr 99)
- Marketing, media & experience (Den Haag nr 61)
- Marketing management (Almere nr 3; Breda nr 49; Breda nr 54: minor, niet bekostigd; HS LOI nr 135)
- Minor (Den Bosch nr 49)
- Mode- en textielmanagement (HS NCOI nr 115)
- Ondernemerschap (A'dam nr 26; Leeuwarden nr 124: minor; HS NTI nr 133)
- Online marketing (Breda nr 49; Breda nr 54: minor, niet bekostigd)
- Reclame (Utrecht nr 184: minor)
- Sales (Almere nr 3: minor; Leeuwarden nr 124: minor)
- Sales- en accountmanagement (HS NCOI nr 115)
- Saxion topsport academy (Deventer nr 89)
- Small business en ondernemerschap (HS NCOI nr 115)
- Social intrapreneurship (Almere nr 3: minor)
- Social marketing (R'dam nr 157: minor)
- Sportmanagement (Emmen nr 86; Utrecht nr 184: minor; HS NCOI nr 115)
- Sportmarketing (A'dam nr 25; Deventer nr 89; Enschede nr 89)
- Sportmarketing & management (R'dam nr 157)
- Vastgoed (Almere nr 3: minor)

Commerciële economie: zie ook: Commerciële economie - international event, music & entertainment studies, en SPECO
Commerciële economie - international event, music & entertainment studies: (Tilburg nr 82 Vt) #20.1.f, zie ook: 17.6.f
- Entertainment (Tilburg nr 82)
- Event (Tilburg nr 82)
- Film (Tilburg nr 82)
- Games (Tilburg nr 82)
- Live (Tilburg nr 82)
- Music (Tilburg nr 82)
- Televisie (Tilburg nr 82)
- Visitor attractions (Tilburg nr 82)

Communicatie: (Almere nr 3 Vt; A'dam nr 29 Vt, Dt; Arnhem nr 150 Vt; Breda nr 49 Vt, Dt; Breda nr 54, Dt, niet bekostigd; Den Haag nr 64 Vt, Dt; Den Haag nr 66 Vt; Diemen nr 70 Vt; Ede nr 76 Vt; Eindhoven nr 82 Vt, Dt; Groningen nr 97 Vt; Leeuwarden nr 127 Vt, Dt; Leiden nr 132 Vt; Nijmegen nr 150 Vt; R'dam nr 156 Vt; R'dam nr 157 Vt, Dt; Tilburg nr 172 Vt; Utrecht nr 184 Vt; Vlissingen nr 203 Vt; Zwolle nr 224 Vt; HS NCOI nr 115 Dt, Di, diverse lesplaatsen, niet bekostigd; HS NTI nr 133 Af, Di, Dt, niet bekostigd) #19.1.f
- Advertising, brand and design (Den Haag nr 66; Diemen nr 70; R'dam nr 156)
- Brand management (Arnhem nr 150: minor; Nijmegen nr 150: minor)
- Communicatie creatief (Eindhoven nr 82)

- Communicatiemanagement (Eindhoven nr 82; Utrecht nr 184)
- Creatie en communicatie (Zwolle nr 224)
- GetConnected: interactive communication in the global village (R'dam nr 157)
- Internal branding (R'dam nr 157: minor)
- Marketingcommunicatie (HS NCOI nr 115)
- Media en entertainment (HS NCOI nr 115)
- Mediaconcept en mediacontent (Den Haag nr 66; Diemen nr 70; R'dam nr 156)
- Minor (Breda nr 49; Breda nr 54: niet bekostigd)
- Nieuws en redactie (Den Haag nr 66 Vt; Diemen nr 70; R'dam nr 156)
- Online communicatie (Arnhem nr 150: minor; Nijmegen nr 150: minor)
- Overheidscommunicatie (Den Haag nr 64: minor)
- Pers en media (Den Haag nr 64: minor)
- PR 2.0 (R'dam nr 157: minor)
- Public relations & mediarelaties (Arnhem nr 150: minor; Nijmegen nr 150: minor)
- Risico- en crisiscommunicatie (Den Haag nr 64: minor)
- Social media design (Vlissingen nr 203: minor)
- Strategische communicatie (R'dam nr 157: minor)

Communicatie: communicatiemanagement: (Utrecht nr 184 Vt) #19.1.f
- Commerciële communicatie (Utrecht nr 184)
- Communicatie in het publieke domein (Utrecht nr 184)
- Corporate en interne communicatie (Utrecht nr 184)
- International commercial communication (Utrecht nr 184)

Communicatie en organisatie: (SVO OVER-215 Vt, diverse lesplaatsen, niet bekostigd) #19.1.f
- Executive officemanagement (SVO OVER-215)
- Marketingcommunicatiemanagement (SVO OVER-215)

Communicatiesystemen: (Utrecht nr 184 Vt) #19.1.f
- Bedrijfscommunicatie (Utrecht nr 184)
- Digitale media en communicatie (Utrecht nr 184)

Communication: (Arnhem nr 150 Vt; Utrecht nr 189 Dt, Di, niet bekostigd) #19.1.f
- Tolken, keuze uit: Duits, Engels, Frans, Italiaans, Russisch of Spaans (Utrecht nr 189)
- Vertalen, keuze uit: Duits, Engels, Frans, Italiaans, Russisch of Spaans (Utrecht nr 189)

Communication & multimedia design: (A'dam nr 29 Vt; Arnhem nr 150 Vt, Dt; Breda nr 48 Vt; Den Bosch nr 57 Vt; Den Haag nr 64 Vt, Dt; Groningen nr 94 Vt; Leeuwarden nr 127 Vt; Maastricht nr 141 Vt; R'dam nr 157 Vt, Dt; Utrecht nr 184 Vt; HS LOI nr 135 Dt, Di niet bekostigd) #23.6.f
- 3D (Leeuwarden nr 127: minor)
- 3D-animatie (Den Haag nr 63: minor)
- Art'n'sound (Leeuwarden nr 127: minor)
- Concept design (Utrecht nr 184)
- Concepting (Leeuwarden nr 127: minor)
- Content design (Utrecht nr 184)
- Creatieve technology (Breda nr 48)
- Crossmedia (Leeuwarden nr 127: minor)
- Databeleving (Den Bosch: minor)
- Design, game design & development (Groningen nr 94)
- Designful innovation for one billion people (R'dam nr 157)
- Experience design for the internet of things (R'dam nr 157)
- Fotografie (Den Haag: minor)
- Game design (Leeuwarden nr 127: minor)
- Immersive stories (Breda nr 48: minor)
- Informatie & interactie (Breda nr 48)
- Interactie strategie (Breda nr 48)
- Interaction designer (Maastricht nr 141)
- Interface & experience design (R'dam nr 157: minor)
- Internetmarketing (Den Haag nr 61)
- Learning experience design (Breda nr 48: minor)
- Multimedia concepting & design (Groningen nr 94)
- Multimedia designer (Maastricht nr 141)
- Multimedia vormgever (Breda nr 48)
- Ondernemen (Leeuwarden nr 124: minor)
- The next web (Leeuwarden nr 124: minor)

- User experience design (Utrecht nr 184)
- Visual design (Utrecht nr 184)
- Visualizing information (Breda nr 48: minor)
- Web & mobile services (Groningen nr 94)

Communication systems: (Utrecht nr 184 Vt) #19.1.f
- International communication and media (Utrecht nr 184)

Counseling: (HS NTI nr 133 Af, Di, Dt, niet bekostigd) #14.4.f

Creatieve Therapie (CT): (Amersfoort nr 4 Vt, Dt; Heerlen nr 109 Vt; Leeuwarden nr 130 Vt, verkort; Nijmegen nr 150 Vt) #14.10.f
- Beeldend vormen (Heerlen nr 109; Leeuwarden nr 130; Nijmegen nr 150)
- Dans-bewegen (Heerlen nr 109)
- Drama (Heerlen nr 109; Leeuwarden nr 130; Nijmegen nr 150)
- Muziek (Heerlen nr 109; Leeuwarden nr 130; Nijmegen nr 150)
- Psychomotorische therapie (Nijmegen nr 150)
Creatieve therapie: zie ook: Kunstzinnige therapie

Creative media and game technologies: (Breda nr 55 Vt; Enschede nr 89 Vt; Hilversum nr 116 Vt; R'dam nr 157 Vt) #23.2.f
- 3D visual art (Breda nr 55)
- Design and production (Breda nr 55)
- Game art (Hilversum nr 116)
- Game design (Hilversum nr 116)
- Game design and development (R'dam nr 157)
- Game design and production (Enschede nr 89)
- Game development (Hilversum nr 116)
- Game engineering (Enschede nr 89)
- General development (Breda nr 55)
- Interaction design (Hilversum nr 116)
- International game architecture and design (Breda nr 55)
- Kunst en techniek (Enschede nr 89)
- Programming (Breda nr 55)

Culturele en Maatschappelijke Vorming (CMV): (A'dam nr 29 Vt, Dt, D; Breda nr 53 Vt; Den Bosch nr 53 Vt; Den Haag nr 64 Vt; Leeuwarden nr 126 Vt; Nijmegen nr 150 Vt; R'dam nr 156 Vt; R'dam nr 157 Vt; Utrecht nr 184 Vt, Dt) #14.8.f
- GGZ-agoog (Den Bosch nr 53: minor; Den Haag nr 63; R'dam nr 157: minor)
- Jeugdzorgwerker (Den Haag nr 63; R'dam nr 157)
- Minor (Breda nr 53; R'dam nr 157)
- Professional in de veranderende samenleving (Den Bosch nr 53: minor)
- Sport, bewegen en talentontwikkeling (R'dam nr 157)
- Theater en maatschappij (R'dam nr 157)
- Verslavingskunde (Den Bosch nr 53: minor)
- Werken in een gedwongen kader (Den Bosch nr 53: minor)
- Werken met jeugd (Den Bosch nr 53: minor)

D

Dans: (A'dam nr 11 Vt; A'dam nr 17 Vt; Arnhem nr 43 Vt; R'dam nr 153 Vt; Tilburg nr 167 Vt) #23.5.f
- Choreografie (Tilburg nr 167)
- Jazz- en musicaldans (A'dam nr 11)
- Moderne theaterdans (A'dam nr 11)
- Musicaltheater (Tilburg nr 167)
- Nationale balletacademie (A'dam nr 11)
- SNDO/choreography (A'dam nr 11)
- Theaterdans uitvoerend (Tilburg nr 167)

Dier- en veehouderij: (Delft nr 56 Vt; Dronten nr 75 Vt, Dt; Den Bosch nr 59 Vt; Leeuwarden nr 121 Vt; Velp nr 199 Vt) #3.1.f
- Agrarisch ondernemerschap (Dronten nr 75)
- Applied animal science (Velp nr 199)
- Diergezondheid en management (Dronten nr 75)
- Diergezondheidszorg (Leeuwarden nr 121)
- Equine business and economics (Velp nr 199)
- Equine, leisure and sports (Velp nr 199)
- Intensieve veehouderij (Dronten nr 75)
- Livestock management (Velp nr 199)
- Melkveehouderij (Leeuwarden nr 121)

Diermanagement: (Leeuwarden nr 121 Vt) #3.1.f
- Companion animal management (Leeuwarden nr 121)

- Dier en samenleving (Leeuwarden nr 121)
- Dieren in de zorg (Leeuwarden nr 121)
- Paard en management (Leeuwarden nr 121)
- Proefdierbeheer (Leeuwarden nr 121)
- Wildlife management (Leeuwarden nr 121)
Docent: zie ook: Leraar en Lerarenopleiding
Docent Beeldende kunst en vormgeving: (A'dam nr 8 Vt, Dt, verkort; Arnhem nr 40 Vt, Dt; Groningen nr 94 Vt; Hilversum nr 116 Vt; Leeuwarden nr 124 Vt; Maastricht nr 139 Vt; R'dam nr 163 Vt, Dt; Tilburg nr 168 Vt, Dt, D; Zwolle nr 212 Vt, Dt) #24.3.f
Docent Consumptieve technieken: (Wageningen nr 209 Dt) #24.2.f
Docent Dans: (A'dam nr 9 Vt; A'dam nr 17 Vt; Arnhem nr 43 Vt; R'dam nr 153 Vt; Tilburg nr 167 Vt) #24.7.f
Docent Dans/euritmie: (Den Haag nr 62 Vt, Dt; Leiden nr 131 Vt, Dt) #24.7.f
Docent Muziek: (A'dam nr 10 Vt; Den Haag nr 68 Vt; D; Enschede nr 88; Groningen nr 101 Vt; Leiden nr 132 Vt; Maastricht nr 142 Vt; R'dam nr 152 Vt; Tilburg nr 167 Vt, Dt; Utrecht nr 188 Vt; Zwolle nr 212) #23.3.f
- Muziek in kunsteducatie (Maastricht nr 142)
- Orthopedagogische muziekbeoefening (Maastricht nr 142)
Docent Theater: (A'dam nr 11 Vt; Arnhem nr 41 Vt; Tilburg nr 167 Vt; Utrecht nr 187 Vt; Zwolle nr 213) #24.6.f

E

E-commerce marketing sales: (HS Tio nr 22 Vt, diverse lesplaatsen) #17.8.f
Economics & management: (Apeldoorn nr 37 Vt, niet bekostigd) #20.1.f
Educatie & kennismanagement groene sector: (Wageningen nr 209 Vt, Dt) #24.3.f
- Agrotechniek & kennismanagement (Wageningen nr 209)
- Bloemsierkunst (Wageningen nr 209)
- Groen, zorg en onderwijs (Wageningen nr 209)
- Natuur & communicatie (Wageningen nr 209)
- Paardensector (Wageningen nr 209)
- Recreatie & gezelschapsdieren (Wageningen nr 209)
- Tuin & landschap (Wageningen nr 209)
- Tuinbouw/akkerbouw (Wageningen nr 209)
- Veehouderij & kennismanagement (Wageningen nr 209)
- Voeding & communicatie (Wageningen nr 209)
Electrical engineering: (Utrecht nr 184 Vt) #5.2.f
Elektrotechniek: (Alkmaar nr 1Vt, Dt; Arnhem nr 150 Vt, Dt; Assen nr 95 Vt; Breda nr 52 Vt, Dt, D; Delft nr 64 Vt, D; Den Bosch nr 52 Vt; Eindhoven nr 81 Vt, Dt; Enschede nr 89 Vt, Dt; Groningen nr 95 Vt, Dt; Leeuwarden nr 125 Vt; R'dam nr 157 Vt, Dt, D; Zwolle nr 219 Vt; HS LOI (i.s.m. Hanze HS, Groningen) nr 135 Dt, Di, niet bekostigd; HS NCOI nr 115 Dt, Di, diverse lesplaatsen, niet bekostigd) #5.2.f
- Advanced sensor applications (Assen nr 95)
- Analog design (Eindhoven nr 81)
- Commercieel technisch (Eindhoven nr 81)
- Cybersafety (Leeuwarden nr 125)
- Digital design (Eindhoven nr 81)
- Electrical power and automation (Enschede nr 89)
- Electrical power engineering (R'dam nr 157: minor)
- Electronic information engineering (Enschede nr 89)
- Electronica (Groningen nr 95)
- Electronics, power en automation (Arnhem nr 150)
- Embedded systems (Den Bosch nr 52; R'dam nr 157: minor)
- Embedded systems engineering (Arnhem nr 150)
- Energietechniek (Leeuwarden nr 125)
- Industriële automatisering (Den Bosch nr 52; Leeuwarden nr 125)
- Informatietechniek (Leeuwarden nr 125)
- Keuzeminor (Breda nr 52)
- Mechatronica (Groningen nr 95; R'dam nr 157: minor)
- Medische techniek (Leeuwarden nr 125)
- Medische technologie (Eindhoven nr 81)
- Smart energy (Breda nr 52)
- Technische informatica (Leeuwarden nr 125)
- Windenergie (Leeuwarden nr 125)

Engineering: (Almere nr 3 Vt; A'dam nr 33 Vt; Heerlen nr 109 Vt; Vlissingen 206 Vt) #23.2.f
- Bedrijfskunde (Almere nr 3: minor)
- Business engineering (Heerlen nr 109)
- Caring robots (Almere nr 3: minor)
- Duurzame energie (Almere nr 3: minor)
- Electrical engineering (Heerlen nr 109)
- Energy engineering (Heerlen nr 109)
- Mechanical engineering (Heerlen nr 109)
- Product design (A'dam nr 33)
- Technische bedrijfskunde (A'dam nr 33)
- Zorgtechnologie (Heerlen nr 109)
Engineering, design and innovation: (A'dam nr 33 Dt) #23.2.f
Engineering, energie & procestechnologie: (Vlissingen nr 206 Vt, D) #7.1.f
- Innovatief ondernemen (Vlissingen nr 206: minor)
- Nucleaire technologie (Vlissingen nr 206: minor)
Entrepreneurship & SME management: (Apeldoorn nr 37 Vt, niet bekostigd) #17.1.f
Environmental science for sustainable energy and technology: (Breda nr 52 Vt) #3.9.f
- Biobased energy (Breda nr 52: minor)
- Environmental consultancy (Breda nr 52: minor)
- Environmental geography (Breda nr 52: minor)
Ergotherapie: (A'dam nr 27 Vt; Heerlen nr 109 Vt; Nijmegen nr 150 Vt; R'dam nr 157 Vt; HS NCOI nr 115 Dt, Di, diverse lesplaatsen, niet bekostigd) #13.7.f
- Minors (R'dam nr 157)
European studies: (Den Haag nr 63 Vt; Leeuwarden nr 124 Vt; Maastricht nr 143 Vt; HS NTI nr 133 Af, Di, Dt, niet bekostigd) #19.5.f
- Communication and international business (Maastricht nr 143)
- Communication and public policy (Maastricht nr 143)
- European policy & business (Leeuwarden nr 124: minor)
- International business (Leeuwarden nr 124: minor)
- International communication (Leeuwarden nr 124: minor)
- Private sector (Den Haag nr 63)
- Publieke sector (Den Haag nr 63)

F

Facility Management (FM): (Amersfoort nr 4 Vt; Den Haag nr 61 Vt, Dt; Deventer nr 89 Vt, Dt; Diemen nr 70 Vt; Groningen nr 99 Vt, Dt; Heerlen nr 109 Vt; Nijmegen nr 150 Vt; R'dam nr 157 Vt; HS LOI nr 135 Dt, Di, diverse lesplaatsen, niet bekostigd; HS NCOI nr 115 Dt, Di, diverse lesplaatsen, niet bekostigd) #15.1.f
- Consumer services management (Heerlen nr 109)
- Evenementenmanagement (Nijmegen nr 150)
- Event and leisure management (Heerlen nr 109)
- General facility management (Heerlen nr 109)
- Huisvestingsmanagement (Diemen nr 70)
- International marketing & sales (R'dam nr 157: minor)
- Management & consultancy (R'dam nr 157: minor)
- Real estate & housing (R'dam nr 157: minor)
- Real estate management (Heerlen nr 109)
- Service and hospitality (Diemen nr 70)
- Service and hostmanship (Diemen nr 70)
- Sport facility management (Heerlen nr 109)
- Vastgoedmanagement (Diemen nr 70)
Facility management: zie ook: International facility management, en zie: International real estate and facility management
Farmaceutisch consulent: (Deventer nr 89 Dt) #13.24.f
Farmakunde: (Utrecht nr 184 Vt, Dt) #13.24.f
Fashion & textile technologies: (A'dam nr 23 Vt; Enschede nr 89 Vt) #6.1.f
- Fashion & branding (A'dam nr 23)
- Fashion & design (A'dam nr 23)
- Fashion & management (A'dam nr 23)
- Technische commerciële textielkunde (Enschede nr 89)
Film en televisie: (A'dam nr 12 Vt) #23.6.f
- Cinemathography (A'dam nr 12)
- Interactieve media/visual effects (IMVFX) (A'dam nr 12)

- Montage (A'dam nr 12)
- Productie (A'dam nr 12)
- Production design (A'dam nr 12)
- Regie documentaire (A'dam nr 12)
- Regie fictie (A'dam nr 12)
- Scenario (A'dam nr 12)
- Sound design (A'dam nr 12)

Finance and control: (Arnhem nr 150 Vt) #20.8.f

Financial services management: (FSM) (A'dam nr 26 Vt; Apeldoorn nr 37 Vt, niet bekostigd; Arnhem nr 150 Vt, Dt; Groningen nr 99 Vt; Leeuwarden nr 124 Vt, Dt; R'dam nr 157 Vt; Tilburg nr 171 Vt, Dt, D; Utrecht nr 184 Vt, Dt; Zwolle nr 217 Vt; HS LOI nr 135 Dt, diverse lesplaatsen, niet bekostigd; HS NCOI nr 115 Dt, Di, diverse lesplaatsen, niet bekostigd) #20.11.f
- Bedrijfsoverdracht (R'dam nr 157: minor)
- Expatriate management (R'dam nr 157: minor)
- International business and career (R'dam nr 157: minor)
- Risicomanagement (R'dam nr 157: minor)

Financieel-economisch management: (HS NCOI nr 115 Dt, Di, diverse lesplaatsen, niet bekostigd) #20.1.f
- Business controlling (HS NCOI nr 115)
- Fiscale economie (HS NCOI nr 115)
- Managementaccounting (HS NCOI nr 115)

Fiscaal recht: (HS LOI nr 135 Dt, diverse lesplaatsen, niet bekostigd; HS Markus Verbeek Praehep nr 114 Dt, Di, diverse lesplaatsen, niet bekostigd; HS NCOI nr 115 Dt, diverse lesplaatsen, niet bekostigd;) #20.11.f

Fiscaal recht en economie: (A'dam nr 28 Vt; Arnhem nr 150 Vt; Enschede nr 89 Vt; Groningen nr 99 Vt; Nijmegen nr 150 Vt; R'dam nr 157 Vt; Venlo nr 201 Vt, Dt; HS LOI nr 135 Dt, diverse lesplaatsen, niet bekostigd) #20.11.f
- Bedrijfsoverdracht (R'dam nr 157: minor)
- Expatriate management (R'dam nr 157: minor)
- International business and career (R'dam nr 157: minor)

Food & business: (Nijmegen nr 150 Vt) #7.4.f

Food commerce and technology: (A'dam nr 20 Vt; Delft nr 56 Vt) #7.4.f
- Markt en consument (A'dam nr 20; Delft nr 56)
- Voedingstechnologie (A'dam nr 20; Delft nr 56)

Food design & innovation: (Den Bosch nr 59 Vt; Venlo nr 59 Vt) #7.4.f
- Food design (Den Bosch nr 59)
- Food marketing (Den Bosch nr 59)
- Food packaging (Den Bosch nr 59)
- Freshfood & innovation (Venlo nr 59)

Food markering and retail: (Leeuwarden nr 121 Vt) #7.4.f

Forensisch onderzoek: (A'dam nr 33 Vt; Enschede nr 89 Vt) #21.4.f

Functiegericht toerisme en recreatie: (Breda nr 55 Vt) #18.1.f

Fysiotherapie: (A'dam nr 27 Vt; Breda nr 53 Vt; Eindhoven nr 80 Vt; Enschede nr 89 Vt; Groningen nr 96 Vt; Heerlen nr 109 Vt; Leiden nr 132 Vt; Nieuwegein nr 148 Vt, Dt, versneld, niet bekostigd); Nijmegen nr 150 Vt; R'dam nr 157 Vt; Utrecht nr 184 Vt; HS NCOI nr 115, diverse lesplaatsen Dt, Di, niet bekostigd; Pro education nr 118, diverse lesplaatsen, Dt, Di, niet bekostigd) #13.12.f
- Fysiotherapie in de geriatrie (Heerlen nr 109)
- Fysiotherapie (minor) (Breda nr 53)
- Kind met beperkingen interdisciplinair benaderd (Utrecht nr 184: minor)
- Kinderfysiotherapie (Heerlen nr 109)
- Kinderfysiotherapie en -revalidatie (Pro education nr 118)
- Management van de gezondheid, gezondheidszorg en welzijn (Utrecht nr 184: minor)
- Manuele therapie (Heerlen nr 109; Pro education nr 118)
- Minors (R'dam nr 157; Pro education nr 118)
- Neurorevalidatie (Utrecht nr 184: minor)
- Oefentherapie Cesar en fysiotherapie (Utrecht nr 184)
- Paediatric physiotheraphy (Breda nr 53: minor)
- Sportfysiotherapie (Heerlen nr 109)
- Topsportklas fysiotherapie (Nijmegen nr 150)

G

Games en interactie, zie: Creative media and game technologies

Geo media & design: (Den Bosch nr 59) #10.1.f

Gezondheidszorgtechnologie, zie: Mens en techniek, en zie: Verpleegkunde - technische stroom

Global project and change management: (Zwolle nr 223 Vt) #11.1.f

Godsdienst pastoraal werk: (combinatie-opleiding van A'dam [in het gebouw van de VU]/Zwolle nr 215 Vt, Dt; Ede nr 76 Vt, Dt; Utrecht nr 82 Vt, Dt) #12.1.f
- Diversiteit (Utrecht nr 82: minor)
- Geloof en kerk (VU/Zwolle nr 215)
- Levensbeschouwing (Utrecht nr 82: minor)
- Religie en samenleving (VU/Zwolle nr 215)
- Zin en zorg (VU/Zwolle nr 215)

H

Hartfunctielaborant: (HS LOI nr 135 Dt, Di, diverse lesplaatsen, niet bekostigd) #13.23.f
- Echocardiografie (HS LOI nr 135)
- Holteranalyse (HS LOI nr 135)
- Laborant cardio-implantaten (HS LOI nr 135)
- Laborant hartkatheterisatie (HS LOI nr 135)

HBO-ict: (Almere nr 3 Vt; A'dam nr 31 Vt, Dt; Arnhem nr 150 Vt, Dt; Den Haag nr 64 Vt; Deventer nr 89 Vt; Eindhoven nr 81 Vt, Groningen nr 99 Vt, Dt; Heerlen nr 109 Vt; Nijmegen nr 150 Vt; Tilburg nr 82 Vt; Utrecht nr 184 Vt; Vlissingen nr 206 Vt; E3 ict nr 138 Dt, diverse lesplaatsen, niet bekostigd; HS LOI nr 135 Dt, Di, diverse lesplaatsen, niet bekostigd; NOVI nr 193 Dt, diverse lesplaatsen, niet bekostigd) #20.6.f
- Bedrijfskundige informatica (HS LOI nr 135)
- Business (Deventer nr 89)
- Business & management (Den Haag nr 64)
- Business-IT & management (A'dam nr 31; Utrecht nr 184)
- Data solutions development (Arnhem nr 150; Nijmegen nr 150)
- Embedded software development (Arnhem nr 150; Nijmegen nr 150)
- Engineers en beheerders (NOVI nr 193)
- Enterprice software solutions (Arnhem nr 150; Nijmegen nr 150)
- Game development (A'dam nr 31)
- Ict & business (Eindhoven nr 81; Tilburg nr 82)
- Ict & cyber security (Eindhoven nr 81; Tilburg nr 82)
- Ict & digital publishing (Eindhoven nr 81; Tilburg nr 82)
- Ict & education (Eindhoven nr 81; Tilburg nr 82)
- Ict & game design and technology (Eindhoven nr 81; Tilburg nr 82)
- Ict & lifestyle (Eindhoven nr 81; Tilburg nr 82)
- Ict & management and security (Eindhoven nr 81; Tilburg nr 82)
- Ict & media design (Eindhoven nr 81; Tilburg nr 82)
- Ict & smart mobile (Eindhoven nr 81; Tilburg nr 82)
- Ict & software engineering (Eindhoven nr 81; Tilburg nr 82)
- Ict & technology (Eindhoven nr 81; Tilburg nr 82)
- Informatica (E3 ict nr 138)
- Information & media studies (Den Haag nr 64)
- Information management (Heerlen nr 109)
- Information management & consultancy (Arnhem nr 150; Nijmegen nr 150)
- Information security (Vlissingen nr 204: minor)
- Information security management (Den Haag nr 64)
- Information technology (Heerlen nr 109)
- Infrastructure & security management (Arnhem nr 150; Nijmegen nr 150)
- Infrastructure design (Heerlen nr 109)
- Innovatief ondernemen (Vlissingen nr 204: minor)
- IT-analisten en architecten (NOVI nr 193)
- IT-ontwikkelaars & informatici (NOVI nr 193)
- IT-service management (Deventer nr 89)
- IT-servicemanagers (NOVI nr 193)
- Kennis- en informatiemanager (Almere nr 3)
- Network & security engineering (Groningen nr 99)
- Network & systems engineering (Den Haag nr 64)
- Ondernemende ict'er (Almere nr 3)

- Onderzoek en ontwikkeling (Almere nr 3)
- Software & information engineering (Utrecht nr 184)
- Software development (Arnhem nr 150; Nijmegen nr 150)
- Software engineering (A'dam nr 31; Den Haag nr 64; Deventer nr 89; Groningen nr 99)
- System and network engineering (A'dam nr 31; Utrecht nr 184)
- Technische informatica (A'dam nr 31; Utrecht nr 184)
- Web development (Arnhem nr 150; Nijmegen nr 150)

HBO-ict: zie ook: Informatica

HBO-rechten: (A'dam nr 28 Vt; Arnhem nr 150 Vt, Dt; Den Bosch nr 49/84 Vt, Dt; Den Bosch nr 177 Vt; Den Haag nr 63 Dt, D; Enschede nr 89 Vt, Dt; Groningen nr 100 Vt, Dt; Leeuwarden nr 123 Vt, Dt; Leiden nr 132 Vt; Nijmegen nr 150 Vt; R'dam nr 156 Vt, Dt; Tilburg nr 49/84 Vt, Dt; Tilburg nr 177 Dt; Utrecht nr 184 Vt, Dt; Zwolle nr 223 Vt; HS LOI nr 135 Dt, Di, diverse lesplaatsen, niet bekostigd; HS NCOI nr 115 Dt, Di, diverse lesplaatsen, niet bekostigd; HS NTI nr 133 Af, Di, Vt, niet bekostigd) #20.9.f
- Algemeen juridisch (Enschede nr 89)
- Arbeids- en sociaal recht (HS NCOI nr 115)
- Bedrijfsjuridisch (Enschede nr 89)
- Bedrijfsjurist (Den Bosch nr 177: minor; Tilburg nr 177: minor)
- Bedrijfsrecht (HS NCOI nr 115)
- Bestuursjuridisch (Enschede nr 89)
- Bestuursrecht (HS NCOI nr 115)
- Juridisch advies (Den Bosch nr 177: minor; Tilburg nr 177: minor)
- Juridisch adviseur (HS NTI nr 133)
- Juridisch documentatiemanager (HS NTI nr 133)
- Juridisch secretaris/griffier (HS NTI nr 133)
- Minors (Leeuwarden nr 123)
- Recht en conflictbehandeling (R'dam nr 156)
- Recht en ondernemen (R'dam nr 156)
- Recht en overheid (R'dam nr 156)
- Recht en veiligheid (Den Bosch nr 177: minor; Tilburg nr 177: minor)
- Recht in internationaal perspectief (Den Bosch nr 177: minor; Tilburg nr 177: minor)
- Rechtspraak (Den Bosch nr 177: minor; Tilburg nr 177: minor)
- Sociaal-juridische dienstverlening (HS LOI nr 135)

HBO-verpleegkunde: (A'dam nr 27 Vt, D; Breda nr 53 Vt, Dt, D; Den Bosch nr 53 Vt, Dt, D; Den Haag nr 63 Vt, Dt, D; Deventer nr 89 Vt, Dt; Enschede nr 89 Vt; Groningen nr 96 Vt, Dt, D; Leiden nr 132 Vt, D; Nijmegen nr 150 Vt; Vlissingen nr 203 Vt; HS NCOI nr 115 Dt, Di, diverse lesplaatsen, niet bekostigd) #13.2.f
- Algemene gezondheidszorg (Breda nr 53; Den Bosch nr 53; Nijmegen nr 150)
- Ambulant werken in GGZ/VGZ (Groningen nr 96)
- Critical care (Groningen nr 96)
- Geestelijke gezondheidszorg (Breda nr 53; Den Bosch nr 53; Nijmegen nr 150)
- HBO-verpleegkunde (minor) (Breda nr 53; Den Bosch nr 53)
- Healthy ageing (Groningen nr 96)
- Jeugd gezondheidszorg (Nijmegen nr 150)
- Maatschappelijke gezondheidszorg (Breda nr 53; Den Bosch nr 53; Nijmegen nr 150)
- Oncologie (Groningen nr 96)

HBO-verpleegkunde: zie ook: Verpleegkunde

Historische instrumenten: (Utrecht nr 188 Vt) #23.3.f
- Blaasinstrumenten (Utrecht nr 188)
- Klavecimbel (Utrecht nr 188)
- Strijkinstrumenten (Utrecht nr 188)

Historische instrumenten: zie ook: Oude muziek

Hoger hotelonderwijs: (Hogere hotelschool) (HTRO) (Apeldoorn nr 89 Vt, Dt; Emmen nr 86 Vt, D; Leeuwarden nr 130 Vt, D; Maastricht nr 144 Vt; HS Tio nr 22 Vt, diverse lesplaatsen, niet bekostigd) #15.2.f
- Hotel- en eventmanagement (HS Tio nr 22)

Hoger toeristisch en recreatief onderwijs: (Deventer nr 89 Vt, Dt; Diemen nr 70 Vt; Haarlem nr 106 Vt; R'dam nr 156 Vt) #18.1.f
- Adventure tourism (Diemen nr 70; Haarlem nr 106; R'dam nr 156)
- Business travel and incentives (Diemen nr 70; Haarlem nr 106; R'dam nr 156)

- Community based tourism (Diemen nr 70; Haarlem nr 106; R'dam nr 156)
- Cultuurtoerisme (Diemen nr 70; Haarlem nr 106; R'dam nr 156)
- Destinatie marketing Nederland (Diemen nr 70; Haarlem nr 106; R'dam nr 156)
- E-touroperating (Diemen nr 70; Haarlem nr 106; R'dam nr 156)
- Landschappen (Diemen nr 70; Haarlem nr 106; R'dam nr 156)

Hogere juridische opleiding: (Sittard nr 166 Vt) #20.9.f
- Algemeen juridisch doorstroomprofiel (Sittard nr 166)
- Algemeen juridisch uitstroomprofiel (Sittard nr 166)
- Sociaal juridisch uitstroomprofiel (Sittard nr 166)
- Vrij uitstroomprofiel (Sittard nr 166)

Hogere managementopleiding voor de mobiliteitsbranche: (Driebergen nr OVER-153 Vt, niet bekostigd) #18.2.f
- Automotive (Driebergen nr OVER-153)
- Nautisch (Driebergen nr OVER-153)

Horticulture & business management: (Den Bosch nr 59 Vt) #24.4.f

Hospitality & evenementenmanagement: (R'dam nr 154 Vt) #11.2.f

Hospitality & events management: (Apeldoorn nr 37 Vt, niet bekostigd; Eindhoven nr 77 Vt, niet bekostigd) #11.2.f
- Events management (Eindhoven nr 77)
- Hospitality management (Eindhoven nr 77 Vt; Apeldoorn nr 37 Vt)

Hotel- en events management: (HS Tio nr 22 diverse lesplaatsen, Vt) #15.2.f, zie ook: 17.6.f

Hotel management: (A'dam nr 19 Vt, niet bekostigd; Apeldoorn nr 89 Vt; Den Haag nr 65 Vt, niet bekostigd) #15.2.f

Huidtherapie: (Den Haag nr 63 Vt; Utrecht nr 184 Vt) #13.19.f

Human Resource Management (HRM): (Almere nr 3 Vt; A'dam nr 26 Vt, Dt; Arnhem nr 150 Vt; Breda nr 49 Vt, Dt; Breda nr 54 Dt, niet bekostigd; Den Bosch nr 49 Vt, Dt; Den Haag nr 63 Vt, Dt; Deventer nr 89 Vt; Ede nr 76 Vt; Eindhoven nr 82 Vt, Dt; Enschede nr 89 Vt, Dt; Groningen nr 97 Vt, Dt; Leeuwarden nr 124 Vt, Dt; Leeuwarden nr 129 Vt, Dt; Leiden nr 132 Vt; Nijmegen nr 150; R'dam nr 157 Vt, Dt; Tilburg nr 171 Vt, Dt; Utrecht nr 184 Vt, Dt; Vlissingen nr 204 Vt; Zwolle nr 223 Vt; HS NCOI nr 115 Dt, Di, diverse lesplaatsen, niet bekostigd; HS NTI nr 133 Af, Di, Dt, niet bekostigd) #11.16.f
- Beleidsontwikkeling in organisaties (R'dam nr 157: minor)
- Casemanagement & mobiliteit (Leeuwarden nr 124: minor)
- Consultancy en loopbaanconsultancy (Almere nr 3: minor)
- HRM-advies (Almere nr 3: minor; Breda nr 49; Breda nr 54: minor, niet bekostigd)
- Human resource & business management (Deventer nr 89; Enschede nr 89)
- Human resource management in global context (Almere nr 3: minor)
- Human talent (Leeuwarden nr 124: minor)
- Human talent development (Deventer nr 89; R'dam nr 157: minor)
- International business (Almere nr 3: minor; Leeuwarden nr 124: minor)
- International HR business partner (Enschede nr 89)
- International human resource management (Enschede nr 89)
- Loopbaanadvisering (HS NCOI nr 115)
- Master of change (Leeuwarden nr 124: minor)
- Ondernemen (Leeuwarden nr 124: minor)
- Organisatiegedrag en veranderingsmanagement (HS NCOI nr 115)
- Organisatiewetenschappen (Breda nr 49; Breda nr 54: minor, niet bekostigd)
- Personeelwetenschappen (Breda nr 49; Breda nr 54: minor, niet bekostigd)
- Premaster (Utrecht nr 184: minor)
- Psychologie en coaching (HS NCOI nr 115)
- Sociale zekerheid (HS NCOI nr 115)
- Strategisch HRM (R'dam nr 157: minor)
- Trainen en coachen (Almere nr 3: minor)

I

Industrial design engineering: (Den Haag nr 64 Vt) #4.1.f
Industrieel product ontwerpen: (Almere nr 3 Vt; Arnhem nr 150 Vt; Den Haag nr 64 Vt; Enschede nr 89 Vt; Groningen nr 95 Vt; R'dam nr 157 Vt; Venlo nr 200 Vt; Zwolle nr 219 Vt; HS NCOI nr 115 Dt, Di, diverse lesplaatsen, niet bekostigd) #23.2.f
- Allround designer (Almere nr 3: minor)
- Caring robots (Almere nr 3: minor)
- Creatieve vormgeving (HS NCOI nr 115)
- Gaming (Almere nr 3: minor)
- Innovatie, engineering and design (R'dam nr 157: minor)
- Integraal ontwerpen (HS NCOI nr 115)
- Kunststoffen (Almere nr 3: minor)
- Production engineer (Almere nr 3: minor)
- Productontwerpen (Den Haag nr 64)
- Verpakkingsontwerp (Den Haag nr 64)
Informatica: (Arnhem nr 150 Vt; Breda nr 50 Vt, Dt; Den Bosch nr 50 Vt; Emmen nr 86 Vt; Haarlem nr 106 Vt; Leeuwarden nr 125 Vt; Leiden nr 132 Vt; Nijmegen nr 150; R'dam nr 157 Vt, Dt; Zwolle nr 222 Dt; HS LOI nr 135 Dt, Di, diverse lesplaatsen, niet bekostigd; HS NCOI nr 115 Dt Di, diverse lesplaatsen niet bekostigd) #20.6.f
- Advanced software engineering (Leeuwarden nr 125)
- Bedrijfsinformatica (Den Bosch nr 50)
- Big data (R'dam nr 157)
- Business IT (Leiden nr 132)
- Corporate performance management (Den Bosch nr 49: minor)
- Cybersafety (Leeuwarden nr 125)
- Engineering in de praktijk (Leeuwarden nr 125)
- Forensische ict (Leiden nr 132)
- Functioneel beheer (HS NCOI nr 115)
- Game development (Den Bosch nr 50: minor; Leeuwarden nr 125)
- Game engineering (Haarlem nr 106)
- Honours programma (R'dam nr 157)
- Ict-beheer (Emmen nr 86)
- Information technology (Breda nr 50: minor)
- Mediatechnologie (Leiden nr 132)
- Minor (Breda nr 50: Den Bosch nr 50)
- Mobile development (Haarlem nr 106)
- Multimedia, design and development (Emmen nr 86)
- Secure software engineering (Leeuwarden nr 125)
- Security management (HS NCOI nr 115)
- Smart & mobile (R'dam nr 157)
- Software architectuur (Den Bosch nr 50: minor)
- Software engineering (Emmen nr 86; Leiden nr 132; HS LOI nr 135)
- Software engineering en development (HS NCOI nr 115)
- Software engineering in een ontwikkelstraat met behulp van Java (Den Bosch nr 50: minor)
- Software ontwikkeling (Den Bosch nr 50)
- Technische informatica (Emmen nr 86)
- Windenergie (Leeuwarden nr 125)
Information management: (Apeldoorn nr 37 Vt, niet bekostigd) #22.1.f
Integrale veiligheid: (Breda nr 49 Vt; Den Bosch nr 49 Vt, Dt; Breda nr 54 Dt, niet bekostigd; Leeuwarden nr 126 Vt, Dt; R'dam nr 156 Vt, Dt; HS NTI nr 133 Af, Di, Dt, niet bekostigd) #11.7.f
- Criminologie (HS NTI nr 133)
- Minor (Breda nr 49; Den Bosch nr 49; Leeuwarden nr 126)
- Veiligheid in de private sector (HS NTI nr 133)
- Veiligheid in de publieke sector (HS NTI nr 133)
Integrale veiligheid: zie ook: Integrale veiligheidskunde
Integrale veiligheidskunde: (Den Haag nr 64 Dt, D; Deventer nr 89 Vt, Dt; Enschede nr 89 Vt; Utrecht nr 184 Vt, Dt; HS NCOI nr 115 Dt, Di, diverse lesplaatsen, niet bekostigd) #11.7.f
- Algemeen (Deventer nr 89; Enschede nr 89)
- Bestuur en beleid (HS NCOI nr 115)
- Crowdmanagement (Utrecht nr 184: minor)
- Ethiek en veiligheid (Utrecht nr 184: minor)
- Fysieke veiligheid (Deventer nr 89; Enschede nr 89)
- International dimensions of safety and security (Utrecht nr 184: minor)
- Sociale veiligheid (Deventer nr 89; Enschede nr 89)

Integrale veiligheidskunde: zie ook: Integrale veiligheid
Inter-architecture: (A'dam nr 18 Vt)
Interior design and styling: (Jan des Bouvrie Academie) (Deventer nr 89 Vt) #23.2.f
Internationaal toeristisch management: (HS Tio nr 22 Vt, diverse lesplaatsen) #18.1.f
International & European law: (Den Haag nr 63 Vt) #20.9.f
International built environment: (Breda nr 55 Vt) #3.1.f
- International spational development (Breda nr 55)
International business: (Maastricht nr 145 Vt) #20.1.f
International business & entrepreneurship: (R'dam nr 154 Vt) #11.1.f
- E-commerce marketing sales (R'dam nr 154)
- Online marketing, e-commerce & ondernemen (R'dam nr 154)
International business & languages: (A'dam nr 26 Vt; Arnhem nr 150 Vt; Den Bosch nr 49 Vt; Emmen nr 86 Vt; Enschede nr 89 Vt; Groningen nr 99 Vt; Leeuwarden nr 124 Vt; Maastricht nr 145 Vt; Nijmegen nr 150 Vt; R'dam nr 157 Vt; Tilburg nr 82 Vt; Utrecht nr 184 Vt, Dt; Vlissingen nr 204 Vt; Zwolle nr 217 Vt) #11.1.f
- Doing business in Eastern Europe (R'dam nr 157: minor)
- Doing business in Latin America (R'dam nr 157: minor)
- Exportmanagement (Utrecht nr 184)
- International business communication (R'dam nr 157: minor)
- Internationale marketingcommunicatie (Utrecht nr 184)
- Minor (Den Bosch nr 49; Leeuwarden nr 124)
International Business & Management Studies (IBMS): (A'dam nr 26 Vt, Dt; A'dam nr 155 Vt, niet bekostigd; Arnhem nr 150 Vt; Breda nr 49 Vt; Den Haag nr 61 Vt; Deventer nr 89 Vt; Eindhoven nr 82 Vt; Enschede nr 89 Vt; Groningen nr 99 Vt; Leeuwarden nr 121 Vt; Leeuwarden nr 124 Vt; Leeuwarden nr 129 Vt; Leiden nr 134 Dt, niet bekostigd; R'dam nr 155 Vt, niet bekostigd; R'dam nr 157 Vt; Utrecht nr 184 Vt; Venlo nr 201 Vt; Vlissingen nr 204 Vt) #11.1.f
- Asian business & trade (A'dam nr 155; R'dam nr 155)
- Asian business studies (Breda nr 49)
- Business to business management (Leeuwarden nr 124)
- Cross-cultural management and languages (Breda nr 49)
- Entrepreneurship (A'dam nr 155; R'dam nr 155)
- European union policies (Breda nr 49: minor)
- Innovation and leadership (Leeuwarden nr 124)
- Fast track economics (Enschede nr 89)
- International business operations (Breda nr 49: minor)
- International finance (Utrecht nr 184)
- International finance and accounting (Groningen nr 99)
- International management (Groningen nr 99; Utrecht nr 184)
- International marketing (Groningen nr 99; Utrecht nr 184)
- International marketing relations (Vlissingen nr 204)
- International strategy and business development (Groningen nr 99)
- International sustainability management (Leeuwarden nr 121; Leeuwarden nr 124)
- Internationale Betriebswirtschaft (Groningen nr 99)
- Latin American business studies (Breda nr 49)
- Minors (R'dam nr 157)
- Portmanagement (A'dam nr 155; R'dam nr 155)
- Small business and retail management (Leeuwarden nr 124)
International business economics: (Venlo nr 201 Vt) #17.1.f, zie ook: 11.2.f
International business innovation studies: (A'dam nr 21Vt; Diemen nr 70 Vt) #11.1.f
International business management: (HS Tio nr 22 diverse lesplaatsen, Vt) #11.1.f
International business studies: (A'dam nr 26 Vt) #17.1.f, zie ook: 11.2.f
- Trade management Asia (A'dam nr 26)
International communication: (Groningen nr 97 Vt) #19.1.f
International communication management: (Den Haag nr 61 Vt) #19.1.f
International development management: (Velp nr 199 Vt) #11.1.f
- Disaster recovery management (Velp nr 199)
- Fair trade management (Velp nr 199)
- Rural development and innovation (Velp nr 199)

International facility management: (Groningen nr 99 Vt) #15.1.f
- Commercial facility management (Groningen nr 99)
- Corporate facility management (Groningen nr 99)
International financial management: (Breda nr 49 Vt) #20.8.f
International financial management and control: (Den Haag nr 61 Vt) #20.8.f
International finance and accounting: (Enschede nr 89 Vt) #20.8.f
International food & agribusiness: (Den Bosch nr 59 Vt) #7.4.f
International fresh business management: (Venlo nr 201 Vt) #7.4.f
International hotel management: (Breda nr 55 Vt) #15.2.f
International hotel & hospitality management: (R'dam nr 154 Vt) #15.2.f
International leisure management: (Breda nr 55 Vt) #18.1.f
International lifestyle studies: (Tilburg nr 82 Vt) #6.2.f
- 2xcell (Tilburg nr 82)
International logistics and economics: (Breda nr 55 Vt) #18.2.f
International logistics engineering: (Breda nr 55 Vt) #18.2.f
International marketing: (Emmen nr 86 Vt; Venlo nr 201 Vt) #17.8.f
- Horse business management (Emmen nr 86)
- Toerism & eventmanagement (Emmen nr 86)
International marketing and management: (Tilburg nr 82 Vt) #17.8.f
International media and entertainment management: (Breda nr 55 Vt) #23.6.f, zie ook: 17.6.f
- Content (Breda nr 55)
- Marketing (Breda nr 55)
- Production (Breda nr 55)
International real estate and facility management: (Breda nr 55 Vt) #15.1.f
International teacher education for primary schools (ITEPS): (Meppel nr 147 Af) #24.1.f
International tourism management: (Breda nr 55 Vt) #18.1.f
IT service management: (Arnhem nr 44 Dt, niet bekostigd) #20.6.f

J

Jazz: (A'dam nr 10 Vt; Den Haag nr 68 Vt; Groningen nr 101 Vt; Maastricht nr 142 Vt; R'dam nr 152 Vt) #23.3.f
- Basgitaar (A'dam nr 10; Maastricht nr 142)
- Componeren & arrangeren (Maastricht nr 142)
- Compositie/arrangeren (A'dam nr 10)
- Contrabas (A'dam nr 10; Maastricht nr 142)
- Contrabas en elektrische bas (Den Haag nr 68)
- Drums (Den Haag nr 68; Maastricht nr 142)
- Gitaar (A'dam nr 10; Den Haag nr 68; Maastricht nr 142)
- Percussie (A'dam nr 10)
- Piano (A'dam nr 10; Den Haag nr 68; Maastricht nr 142)
- Projecten jazz (Den Haag nr 68)
- Saxofoon (A'dam nr 10; Maastricht nr 142)
- Saxofoon, klarinet en fluit (Den Haag nr 68)
- Slagwerk (A'dam nr 10)
- Theorie der muziek (A'dam nr 10)
- Trombone (A'dam nr 10; Den Haag nr 68; Maastricht nr 142)
- Trompet (A'dam nr 10; Den Haag nr 68; Maastricht nr 142)
- Vibrafoon (Den Haag nr 68)
- Zang (A'dam nr 10; Den Haag nr 68; Maastricht nr 142)
Jazz & pop: (Arnhem nr 42 Vt; Enschede nr 42 Vt; Utrecht nr 188 Vt; Zwolle nr 42 Vt) #23.3.f
- Accordeon (Arnhem nr 42)
- Altviool (Arnhem nr 42)
- Basgitaar (Arnhem nr 42; Enschede nr 42; Zwolle nr 42)
- Cello (Arnhem nr 42)
- Componeren (Arnhem nr 42; Enschede nr 42)
- Componeren voor film en theater (Arnhem nr 42)
- Contrabas (Arnhem nr 42; Enschede nr 42; Zwolle nr 42)
- Drums (Arnhem nr 42; Enschede nr 42; Utrecht nr 188; Zwolle nr 42)
- Fluit (Arnhem nr 42; Utrecht nr 188)
- Gitaar (Arnhem nr 42; Enschede nr 42; Zwolle nr 42)
- Hammondorgel (Enschede nr 42)
- Percussie (Arnhem nr 42)

- Piano, toetsen (Arnhem nr 42; Enschede nr 42; Utrecht nr 188; Zwolle nr 42)
- Saxofoon, klarinet (Arnhem nr 42; Enschede nr 42; Utrecht nr 188; Zwolle nr 42)
- Trombone (Arnhem nr 42; Enschede nr 42; Utrecht nr 188; Zwolle nr 42)
- Trompet (Arnhem nr 42; Enschede nr 42; Utrecht nr 188; Zwolle nr 42)
- Viool (Arnhem nr 42)
- Zang (Arnhem nr 42; Enschede nr 42; Utrecht nr 188; Zwolle nr 42)
Johan Cruyff University: (Tilburg nr 82 Vt) #16.1.f
Journalistiek: (Ede nr 76 Vt; Tilburg nr 172 Vt, Dt; Utrecht nr 184 Vt; Zwolle nr 224 Vt) #19.2.f

K

Klassieke muziek: (A'dam nr 10 Vt; Den Haag nr 68 Vt; Groningen nr 101 Vt; Maastricht nr 142 Vt; R'dam nr 152 Vt; Tilburg nr 170 Vt; Utrecht nr 188 Vt; Zwolle nr 42 Vt) #23.3.f
- Accordeon (Den Haag nr 68; Zwolle nr 42)
- Altviool (Den Haag nr 68; Groningen nr 101; Maastricht nr 142; R'dam nr 152; Utrecht nr 188; Zwolle nr 42)
- Basklarinet (Maastricht nr 142; R'dam nr 152)
- Bastrombone (Den Haag nr 68; Zwolle nr 42)
- Beiaard (Utrecht nr 188)
- Bugel (Maastricht nr 142)
- Cello (Den Haag nr 68; Groningen nr 101; Maastricht nr 142; R'dam nr 152; Utrecht nr 188; Zwolle nr 42)
- Compositie (A'dam nr 10; R'dam nr 152; Utrecht nr 188)
- Contrabas (Den Haag nr 68; Groningen nr 101; Maastricht nr 142; R'dam nr 152; Utrecht nr 188; Zwolle nr 42)
- Directie (A'dam nr 10)
- Dwarsfluit (Maastricht nr 142)
- Euphonium (Maastricht nr 142)
- Fagot (Den Haag nr 68; Groningen nr 101; Maastricht nr 142; R'dam nr 152; Zwolle nr 42)
- Fluit (Den Haag nr 68; Groningen nr 101; R'dam nr 152; Utrecht nr 188; Zwolle nr 42)
- Gitaar (Den Haag nr 68; Groningen nr 101; Maastricht nr 142; Zwolle nr 42)
- Gitaar en flamenco (A'dam nr 10)
- Harp (A'dam nr 10; Den Haag nr 68; Groningen nr 101; Maastricht nr 142; R'dam nr 152; Zwolle nr 42)
- Hobo (Den Haag nr 68; Groningen nr 101; Maastricht nr 142; R'dam nr 152; Utrecht nr 188; Zwolle nr 42)
- Hoorn (Den Haag nr 68; Groningen nr 101; Maastricht nr 142; R'dam nr 152; Zwolle nr 42)
- Hout (A'dam nr 10)
- Klarinet (Den Haag nr 68; Groningen nr 101; Maastricht nr 142; R'dam nr 152; Utrecht nr 188; Zwolle nr 42)
- Klavecimbel (A'dam nr 10; Groningen nr 101)
- Koordirectie (Utrecht nr 188)
- Koper (A'dam nr 10)
- Mandoline (Zwolle nr 42)
- Opera (Maastricht nr 142)
- Orgel (A'dam nr 10; Den Haag nr 68; Groningen nr 101; Maastricht nr 142; R'dam nr 152; Utrecht nr 188)
- Piano (A'dam nr 10; Den Haag nr 68; Groningen nr 101; Maastricht nr 142; R'dam nr 152; Utrecht nr 188; Zwolle nr 42)
- Projecten klassieke muziek (Den Haag nr 68)
- Saxofoon (Den Haag nr 68; Groningen nr 101; Maastricht nr 142; Utrecht nr 188; Zwolle nr 42)
- Slagwerk (A'dam nr 10; Den Haag nr 68; Groningen nr 101; Maastricht nr 142; R'dam nr 152; Zwolle nr 42)
- Solozang & opera (Maastricht nr 142)
- Strijkinstrumenten (A'dam nr 10)
- Tenor-/bastuba/euphonium (Zwolle nr 42)
- Tenortuba/euphonium (Maastricht nr 142)
- Theorie der muziek (A'dam nr 10)
- Trombone (Den Haag nr 68; Groningen nr 101; Maastricht nr 142; R'dam nr 152; Zwolle nr 42)
- Trompet (Den Haag nr 68; Groningen nr 101; Maastricht nr 142; R'dam nr 152; Utrecht nr 188; Zwolle nr 42)

- Tuba (Den Haag nr 68; Groningen nr 101; Maastricht nr 142; R'dam nr 152)
- Viool (Den Haag nr 68; Groningen nr 101; Maastricht nr 142; R'dam nr 152; Utrecht nr 188; Zwolle nr 42)
- Zang (A'dam nr 10; Den Haag nr 68; Groningen nr 101; R'dam nr 152; Utrecht nr 188; Zwolle nr 42)
Klassieke muziek: zie ook: Historische instrumenten, Muziek, Music, Oude Muziek
Kunstzinnige therapie: (Leiden nr 132 Vt) #14.7.f
Kunstzinnige therapie: zie ook: Creatieve therapie
Kust- en zeemanagement: (Leeuwarden nr 121 Vt) #3.9.f
- Marine biology (Leeuwarden nr 121)
- Marine policy (Leeuwarden nr 121)

L
Laborant klinische neurofysiologie: (HS LOI nr 135 Dt, niet bekostigd) #13.16.f
Land- en watermanagement: (Velp nr 199 Vt, Dt) #3.5.f
- Duurzame gebiedsontwikkeling (Velp nr 199)
- Grond-, weg-, en waterbouw (Velp nr 199)
- Hydrologie (Velp nr 199)
- Inrichting en waterbeheer (Velp nr 199)
Landscape and environment management: (Delft nr 56 Vt) #3.5.f
- Groen ondernemerschap (Delft nr 56)
- Natuur en landschap (Delft nr 56)
- Natuur- en landschapsbeheer (Delft nr 56)
- Omgevingsmanagement (Delft nr 56)
- Stad en milieu (Delft nr 56)
Leisure management: (Diemen nr 70 Vt; Leeuwarden nr 130 Vt; R'dam nr 157 Vt) #18.1.f
- City branding (R'dam nr 157)
- Citymarketing (Diemen nr 70)
- Eventmanagement (Leeuwarden nr 130; R'dam nr 157)
- Kunst, cultuur en entertainment (Diemen nr 70)
- Kunst en cultuur management (Leeuwarden nr 130; R'dam nr 157)
- Sport management (Leeuwarden nr 130)
- Sport, wellness en recreatie (Diemen nr 70)
- Tourism management (Leeuwarden nr 130)
Leraar: zie ook: Docent en Lerarenopleiding
Leraar: (kopopleiding): (Leeuwarden nr 127 Dt; Tilburg nr 173 Vt) #24.1.f
Leraar Aardrijkskunde: (Alkmaar nr 2 Vt; Amstelveen nr 6 Vt, Dt; A'dam nr 21 Vt; A'dam nr 30 Vt, Dt; Deventer nr 89 Dt; Hengelo nr 89 Dt; Leeuwarden nr 127 Vt, Dt; Nijmegen nr 150 Vt; R'dam nr 157 Vt, Dt; Sittard nr 165 Vt, Dt; Tilburg nr 173 Vt, Dt; Utrecht nr 184 Vt, Dt; Zwolle nr 218 Vt; HS NCOI nr 115 Dt, Di, diverse lesplaatsen, niet bekostigd) #24.1.f
Leraar Algemene economie: (Amstelveen nr 6 Vt, Dt; A'dam nr 30 Vt, Dt; Leeuwarden nr 127 Vt, Dt; R'dam nr 157 Vt, Dt; Sittard nr 165 Vt, Dt; Tilburg nr 173 Vt, Dt) #24.3.f
Leraar Basisonderwijs: (Alkmaar nr 1 Vt, Dt; Alkmaar nr 2 Vt, Dt; Almere nr 3 Vt; Amersfoort nr 4 Vt; A'dam nr 21 Vt, Dt; A'dam nr 30 Vt, Dt; Assen nr 45 Vt, verkort; Breda nr 51 Vt, Dt; Den Bosch nr 58 Vt, Dt; Den Haag nr 60 Vt, Dt; Den Haag nr 66 Vt, Dt; Deventer nr 89 Vt, Dt; Doetinchem nr 71 Vt, Dt; Dordrecht nr 74 Vt, Dt; Ede nr 76 Vt, Dt, D; Eindhoven nr 83 Vt, Dt; Emmen nr 87 Vt, verkort; Gouda nr 92 Vt, Dt; Groningen nr 97 Vt; Groningen nr 104 Vt, verkort; Haarlem nr 106 Vt, Dt; Helmond nr 110 Vt, Dt; Hengelo nr 111 Vt, Dt; Leeuwarden nr 127 Vt, Dt; Leeuwarden nr 128 Vt, verkort; Leiden nr 132 Vt, Dt; Meppel nr 147 Vt, verkort; Nijmegen nr 150 Vt, Dt; R'dam nr 156 Vt, Dt; R'dam nr 157 Vt, Dt; Sittard nr 165 Vt; Sittard nr 166 Vt; Tilburg nr 176 Vt, Dt; Utrecht nr 184 Vt; Utrecht nr 192 Vt, Dt; Veghel nr 200 Vt, Dt; Venlo nr 202 Vt, Dt; Vlissingen nr 205 Vt; Zwolle nr 214 Vt, Dt; Zwolle nr 218 Vt; Zwolle nr 226 Vt, Dt; HS LOI nr 135 Dt, niet bekostigd; HS NCOI nr 115 Dt, Di, diverse lesplaatsen, niet bekostigd) #24.3.f
- Bewegen (Assen nr 45; Emmen nr 87; Groningen nr 104; Leeuwarden nr 128; Meppel nr 147)
- Bewegingsonderwijs (Doetinchem nr 71; Vlissingen nr 205: minor; Zwolle nr 226)

- Christelijk basisonderwijs (DCBO-diploma) (Assen nr 45; Emmen nr 87; Groningen nr 104; Leeuwarden nr 128; Meppel nr 147)
- Cultuureducatie (Vlissingen nr 205: minor)
- Daltonleerkracht (A'dam nr 30; Assen nr 45; Doetinchem nr 71; Emmen nr 87; Groningen nr 104; Leeuwarden nr 128; Meppel nr 147; Zwolle nr 226)
- Engels (Zwolle nr 226)
- English/Cambridge certificate (Gouda nr 92)
- Europees burgerschap (Zwolle nr 226)
- Godsdienst en levensbeschouwing (Zwolle nr 226)
- Handschrift (Zwolle nr 226)
- Het jongere kind (Almere nr 3; Doetinchem nr 71; Gouda nr 92; Leeuwarden nr 127; Sittard nr 165; Sittard nr 166; Zwolle nr 226)
- Het oudere kind (Almere nr 3; Doetinchem nr 71; Leeuwarden nr 127; Sittard nr 165; Sittard nr 166; Zwolle nr 226)
- ICBO-certificaat (R'dam nr 157)
- Internationaal (R'dam nr 157)
- Jenaplan (Assen nr 45; Emmen nr 87; Groningen nr 104; Leeuwarden nr 128; Meppel nr 147; Zwolle nr 226)
- Kinderen met specifieke taalontwikkelingsstoornissen (Almere nr 3: minor)
- Leven lang leren (Doetinchem nr 71)
- Mediapedagogiek (Almere nr 3: minor)
- Minor (Breda nr 51; Gouda nr 92; Leeuwarden nr 127)
- Montessori (A'dam nr 30; Assen nr 45; Emmen nr 87; Groningen nr 104; Hengelo nr 111; Leeuwarden nr 128; Meppel nr 147; R'dam nr 157)
- Nederlandse gebarentaal (Amersfoort nr 4: minor; Utrecht nr 183: minor)
- Onderwijskunde (Doetinchem nr 71)
- Ontwikkelingsgericht onderwijs (A'dam nr 30)
- Openbaar onderwijs (Assen nr 45; Den Bosch nr 58; Eindhoven nr 83; Emmen nr 87; Groningen nr 104; Leeuwarden nr 128; Meppel nr 147; Tilburg nr 176; Veghel nr 198; Venlo nr 202)
- Protestants-christelijk onderwijs (Den Bosch nr 58; Eindhoven nr 83; Tilburg nr 176; Veghel nr 198; Venlo nr 202)
- Rooms-katholiek onderwijs (Den Bosch nr 58; Eindhoven nr 83; Tilburg nr 176; Veghel nr 198; Venlo nr 202)
- Scholier (Sittard nr 165; Sittard nr 166)
- SONedutraining (Doetinchem nr 71)
- Speciaal onderwijs (Doetinchem nr 71)
- Special educational needs (Amersfoort nr 4: minor; Utrecht nr 183: minor)
- Speciale zorg voor kinderen in het basisonderwijs (Amersfoort nr 4: minor; Utrecht nr 183: minor)
- Sportklas (Alkmaar nr 2; A'dam nr 21)
- TOPClass gedragsspecialist (Breda nr 51)
- TOPClass specialist vernieuwend onderwijs excellent (Breda nr 51)
- Vakbekwaam bewegingsonderwijs (Amersfoort nr 4: minor; Utrecht nr 183: minor)
- Van primair naar voortgezet onderwijs (Doetinchem nr 71)
- Vernieuwingsonderwijs (Almere nr 3: minor)
- Voortgezet onderwijs (Doetinchem nr 71)
- Vrijeschool pabo (Leiden nr 131/132)
- Wereldjuf- of meester (Amersfoort nr 4: minor; Utrecht nr 183: minor)
- Wetenschap en techniek (A'dam nr 30)
Leraar Bedrijfseconomie: (Amstelveen nr 6 Vt, Dt; A'dam nr 30 Vt, Dt; Leeuwarden nr 127 Vt, Dt; R'dam nr 157 Vt, Dt; Sittard nr 165 Vt, Dt; Tilburg nr 173 Vt, Dt; HS NCOI nr 115 Dt, Di, diverse lesplaatsen, niet bekostigd) #24.3.f
Leraar Beeldende vorming: (Deventer nr 89 Dt; Hengelo nr 89 Dt) #24.3.f
Leraar Biologie: (Amstelveen nr 6 Vt, Dt; A'dam nr 30 Vt, Dt; Deventer nr 89 Dt; Hengelo nr 89 Dt; Leeuwarden nr 127 Vt, Dt; Nijmegen nr 150 Vt; R'dam nr 157 Vt, Dt; Tilburg nr 173 Vt, Dt; Utrecht nr 184 Vt, Dt; Zwolle nr 218 Vt) #24.3.f
Leraar Consumptieve technieken: (Eindhoven nr 81 Dt) #24.2.f
Leraar Duits: (Amstelveen nr 6 Vt, Dt; Deventer nr 89 Dt; Gouda nr 92 Vt; Hengelo nr 89 Dt; Leeuwarden nr 127 Vt, Dt; Nijmegen nr 150 Vt, Dt; R'dam nr 157 Vt, Dt; Sittard nr 165 Vt, Dt; Tilburg nr 173 Vt, Dt;

Utrecht nr 184 Vt, Dt; Zwolle nr 218 Vt; HS NCOI nr 115 diverse lesplaatsen Dt, Di, niet bekostigd) #24.3.f

Leraar Economie: (Deventer nr 89 Dt; Gouda nr 92 Vt; Hengelo nr 89 Dt; Nijmegen nr 150 Vt, Dt; Zwolle nr 218 Vt) #24.3.f

Leraar Engels: (Amstelveen nr 6 Vt, Dt; A'dam nr 30 Vt, Dt; Deventer nr 89 Dt; Gouda nr 92 Vt; Hengelo nr 89 Dt; Leeuwarden nr 127 Vt, Dt; Nijmegen nr 150 Vt, Dt; R'dam nr 157 Vt, Dt; Sittard nr 165 Vt, Dt; Tilburg nr 173 Vt, Dt; Utrecht nr 184 Vt, Dt; Zwolle nr 218 Vt; HS LOI nr 135 Dt, Di, diverse lesplaatsen, niet bekostigd; HS NCOI nr 115 Dt, Di, diverse lesplaatsen, niet bekostigd;) #24.3.f

Leraar Frans: (Amstelveen nr 6 Vt, Dt; A'dam nr 30 Vt, Dt; Deventer nr 89 Dt; Hengelo nr 89 Dt; Leeuwarden nr 127 Vt, Dt; Nijmegen nr 150 Vt, Dt; R'dam nr 157 Vt, Dt; Tilburg nr 173 Vt, Dt; Utrecht nr 184 Vt, Dt; Zwolle nr 218 Vt; HS NCOI nr 115 Dt, Di, niet bekostigd) #24.3.f

Leraar Fries: (Leeuwarden nr 127 Vt) #24.3.f

Leraar Frysk: (Leeuwarden nr 127 Dt) #24.3.f

Leraar Geschiedenis: (Amstelveen nr 6 Vt, Dt; A'dam nr 30 Vt, Dt; Deventer nr 89 Dt; Gouda nr 92 Vt; Hengelo nr 89 Dt; Leeuwarden nr 127 Vt, Dt; Nijmegen nr 150 Vt; R'dam nr 157 Vt, Dt; Sittard nr 165 Vt, Dt; Tilburg nr 173 Vt, Dt; Utrecht nr 184 Vt, Dt; Zwolle nr 218 Vt; HS NCOI nr 115 Dt, Di, diverse lesplaatsen, niet bekostigd) #24.3.f

Leraar Gezondheidszorg en welzijn: (Amstelveen nr 6 Vt, Dt; A'dam nr 30 Vt, Dt; Leeuwarden nr 127 Vt, Dt; Leiden nr 132 Vt, Dt; Nijmegen nr 150 Vt, Dt; R'dam nr 157 Dt; Tilburg nr 173 Vt, Dt; Utrecht nr 184 Vt, Dt; Zwolle nr 218 Vt; HS NCOI nr 115 Dt, Di, diverse lesplaatsen, niet bekostigd) #24.3.f

Leraar Godsdienst en levensbeschouwing: (Amstelveen nr 6 Vt, Dt; combinatie-opleiding van A'dam [in het gebouw van de VUA]/Zwolle nr 215 Vt, Dt; Ede nr 76 Vt, Dt; R'dam nr 164 Dt; Utrecht nr 82 Vt, Dt) #12.5.f

Leraar Godsdienst en levensbeschouwing: zie ook: Leraar Levensbeschouwing

Leraar Horeca en voeding: (A'dam nr 25 Vt, Dt) #24.2.f

Leraar Islam-godsdienst: (Amstelveen nr 6 Vt, Dt) #12.5.f

Leraar Levensbeschouwing: (Tilburg nr 173 Vt, Dt) #12.5.f

Leraar Lichamelijke opvoeding: (A'dam nr 25 Vt; Arnhem nr 150 Dt; Den Haag nr 62 Vt; Eindhoven nr 84 Vt; Groningen nr 96 Vt; Nijmegen nr 150 Vt; Zwolle nr 221 Vt, Dt; HS NCOI nr 115 Dt, Di, diverse lesplaatsen, niet bekostigd) #16.1.f

Leraar Maatschappijleer: (Amstelveen nr 6 Vt, Dt; A'dam nr 30 Vt, Dt; Deventer nr 89 Dt; Hengelo nr 89 Dt; Leeuwarden nr 127 Vt, Dt; R'dam nr 157 Vt, Dt; Tilburg nr 173 Vt, Dt; HS NCOI nr 115 Dt, Di, diverse lesplaatsen, niet bekostigd) #24.3.f

Leraar Mens en technology: (A'dam nr 31 Vt, Dt) #24.2.f

Leraar Natuurkunde: (Amstelveen nr 6 Vt, Dt; A'dam nr 30 Vt, Dt; Deventer nr 89 Dt; Hengelo nr 89 Dt; Leeuwarden nr 127 Vt, Dt; Nijmegen nr 150 Vt; R'dam nr 157 Vt, Dt; Sittard nr 165 Vt, Dt; Utrecht nr 184 Vt, Dt; Zwolle nr 218 Vt) #24.3.f

Leraar Nederlands: (Alkmaar nr 2 Vt; Amstelveen nr 6 Vt, Dt; A'dam nr 21Vt; A'dam nr 30 Vt, Dt; Deventer nr 89 Dt; Gouda nr 92 Vt; Hengelo nr 89 Dt; Leeuwarden nr 127 Vt, Nijmegen nr 150 Vt, Dt; R'dam nr 157 Vt, Dt; Sittard nr 165 Vt, Dt; Tilburg nr 173 Vt, Dt; Utrecht nr 184 Vt, Dt; Zwolle nr 218 Vt; HS LOI nr 135 Dt, Di, diverse lesplaatsen, niet bekostigd; HS NCOI nr 115 Dt, Di, diverse lesplaatsen, niet bekostigd) #24.3.f

Leraar Nederlandse gebarentaal/tolk: (Utrecht nr 184 Vt, Dt) #24.3.f

- Lesgeven NGT/NmG aan specifieke doelgroepen (Utrecht nr 184: minor)
- Specifieke tolksituaties (Utrecht nr 184: minor)

Leraar Omgangskunde: (Leeuwarden nr 127 Dt; Leiden nr 132 Vt, Dt; Tilburg nr 173 Vt, Dt; Utrecht nr 184 Vt, Dt) #24.3.f

Leraar Pedagogiek: (A'dam nr 30 Vt, Dt; Eindhoven nr 79 Vt, Nijmegen nr 150 Vt, Dt; Sittard nr 165 Vt; Tilburg nr 173 Vt, Dt) #14.5.f

Leraar Scheikunde: (Amstelveen nr 6 Vt, Dt; A'dam nr 30 Vt, Dt; Deventer nr 89 Dt; Hengelo nr 89 Dt; Leeuwarden nr 127 Vt, Dt; Nijmegen nr 150 Vt; Tilburg nr 173 Vt, Dt; Utrecht nr 184 Vt, Dt; Zwolle nr 218 Vt) #24.3.f

Leraar Spaans: (Tilburg nr 173 Vt, Dt; Utrecht nr 184 Vt, Dt) #24.3.f

Leraar Techniek: (A'dam nr 30 Vt, Dt; Deventer nr 89 Dt; Hengelo nr 89 Dt; Sittard nr 165 Vt, Dt; Tilburg nr 173 Vt, Dt; Utrecht nr 184 Vt, Dt) #24.2.f

Leraar Technisch beroepsonderwijs: (Eindhoven nr 81 Dt; R'dam nr 157 Vt, Dt; Zwolle nr 218 Vt, Dt) #24.2.f

Leraar Verzorging/Gezondheidskunde: (Deventer nr 89 Dt; Hengelo nr 89 Dt) #24.3.f

Leraar Verzorging/Huishoudkunde: (Deventer nr 89 Dt; Hengelo nr 89 Dt) #24.3.f

Leraar Wiskunde: (Amstelveen nr 6 Vt, Dt; A'dam nr 30 Vt, Dt; Deventer nr 89 Dt; Gouda nr 92 Vt; Hengelo nr 89 Dt; Leeuwarden nr 127 Vt, Dt; Nijmegen nr 150 Vt, Dt; R'dam nr 157 Vt, Dt; Sittard nr 165 Vt, Dt; Tilburg nr 173 Vt, Dt; Utrecht nr 184 Vt, Dt; Zwolle nr 218 Vt; HS NCOI nr 115 Dt, Di, diverse lesplaatsen, niet bekostigd) #24.3.f

Levensbeschouwelijk werker: (Tilburg nr 82 Vt, Dt) #12.1.f

Life science: (Emmen nr 86 Vt; Nijmegen nr 150 Vt)

Logistics and international trade: (Apeldoorn nr 37 Vt, niet bekostigd) #18.2.f

Logistics engineering: (A'dam nr 31 Vt; Breda nr 55 Vt; R'dam nr 157 Vt; R'dam nr 160 Vt, Dt; Venlo nr 200 Vt; Vlissingen nr 206 Vt; Zwolle nr 219 Vt) #18.2.f
- Inkoopmanagement (R'dam nr 157)
- Logistiek en economie (Venlo nr 200)
- Logistiek en technische vervoerskunde (Venlo nr 200)
- Maritime & port management (R'dam nr 157)
- Service logistics (R'dam nr 157)
- Supply chain management (R'dam nr 157)

Logistics management: (Arnhem nr 150 Vt) #18.2.f
- Distribution (Arnhem nr 150)

Logistiek en economie: (A'dam nr 26 Vt; Arnhem nr 150 Vt; Breda nr 55 Vt; Emmen nr 86 Vt, D; Nijmegen nr 150 Vt, Dt; R'dam nr 157 Vt, Dt; Utrecht nr 184 Vt, Dt; Venlo nr 201 Vt; Zwolle nr 217 Vt; HS LOI nr 135 Dt, Di, niet bekostigd; HS NCOI nr 115 Dt, Di, diverse lesplaatsen, niet bekostigd) #18.2.f
- Inkoopmanagement (R'dam nr 157: minor)
- International marketing & sales (R'dam nr 157: minor)
- Logistiek en economie (Venlo nr 201)
- Logistiek en technische vervoerskunde (Venlo nr 200)
- Management & consultancy (R'dam nr 157: minor)
- Maritime and port management (R'dam nr 157: minor)
- Supply chain management (R'dam nr 157: minor)

Logopedie: (Almere nr 3 Vt, Dt; Eindhoven nr 80 Vt; Groningen nr 96 Vt, Dt; Heerlen nr 109 Vt; Nijmegen nr 150 Vt; R'dam nr 157 Vt; Utrecht nr 184 Vt; Zwolle nr 220 Vt; HS NCOI nr 115 Dt, Di, diverse lesplaatsen, niet bekostigd) #13.11.f
- Afasie, dysartrie en dysfagie (Utrecht nr 184: minor)
- Caring robots (Almere nr 3: minor)
- International health studies (Utrecht nr 184: minor)
- Kind in de zorg (Utrecht nr 184: minor)
- Kinderen met een specifieke taalontwikkelingsstoornis (Almere nr 3: minor)
- Minors (R'dam nr 157)
- Logopädie (Groningen nr 96; Nijmegen nr 150)

Longfunctieanalist: (HS LOI nr 135 Dt, Di, niet bekostigd) #13.25.f

Luchtvaarttechnologie: (Delft nr 56 Vt) #5.7.f

M

Maatschappelijk Werk en Dienstverlening: (MWD) (Alkmaar nr 1 Vt; Almere nr 3 Vt; Amersfoort nr 4 Vt, Dt; A'dam nr 20 Vt; A'dam nr 28 Vt, Dt; Breda nr 53 Vt, Dt; Den Bosch nr 53 Vt, Dt; Den Haag nr 63 Vt, Dt; Den Haag nr 66 Vt; Ede nr 76 Vt, Dt; Groningen nr 97 Vt, Dt; Haarlem nr 106 Vt; Leeuwarden nr 126 Vt; Leiden nr 132 Vt; Nijmegen nr 150 Vt, Dt; R'dam nr 156 Vt; R'dam nr 157 Vt; Utrecht nr 184 Vt, Dt; Zwolle nr 225 Vt, Dt; HS NCOI nr 115 Dt, Di, diverse lesplaatsen, niet bekostigd; HS NTI nr 133 Af, Di, Dt, niet bekostigd) # 14.2.f
- Adviserend samenwerken met ouders (Amersfoort nr 4: minor; Utrecht nr 184: minor)
- Agressie en huiselijk geweld (Amersfoort nr 4: minor; Utrecht nr 184: minor)
- Ambulant werken binnen een gedwongen kader (Zwolle nr 225)

- Beroepsmatig omgaan met verlies en werkstress (Amersfoort nr 4: minor; Utrecht nr 184: minor)
- Caring robots (Almere nr 3: minor)
- Cultuur en maatschappij (HS NTI nr 133)
- ESocialWork (Leeuwarden nr 126)
- GGZ (Den Haag nr 63)
- GGZ-agoog (Den Bosch nr 53: minor; Groningen nr 97; Zwolle nr 225; HS NCOI nr 115)
- Hulpverlening (HS NTI nr 133)
- Interculturele geestelijke gezondheidszorg (Amersfoort nr 4: minor; Utrecht nr 184: minor)
- Jeugdzorg (Den Haag nr 63)
- Jeugdzorgwerker (Breda nr 53; Groningen nr 97; Leeuwarden nr 126; R'dam nr 157; Zwolle nr 225; HS NCOI nr 115)
- Minor (Breda nr 53; R'dam nr 157)
- Netwerkontwikkeling voor zorg en welzijn (Almere nr 3: minor)
- Professional in de veranderende samenleving (Den Bosch nr 53: minor)
- Psychiatrie en verslaving (Zwolle nr 225)
- Sociale dienstverlening (Zwolle nr 225)
- Sport, bewegen en talentontwikkeling (R'dam nr 157)
- Verslavingskunde (Den Bosch nr 53: minor)
- Welzijn en zorg voor ouderen (HS NTI nr 133)
- Werken in de geestelijke gezondheidszorg (Alkmaar nr 1; A'dam nr 20; Den Haag nr 66; Haarlem nr 106; R'dam nr 156)
- Werken in de jeugdzorg (Alkmaar nr 1; A'dam nr 20; Den Haag nr 66; Haarlem nr 106; R'dam nr 156)
- Werken in de wijk (Alkmaar nr 1; A'dam nr 20; Den Haag nr 66; Haarlem nr 106; R'dam nr 156)
- Werken in een gedwongen kader (Den Bosch nr 53: minor)
- Werken met jeugd (Den Bosch nr 53: minor)
- Zorglogistieke bedrijfsvoering (Almere nr 3: minor)

Management: (HS NCOI nr 115 Dt, Di, diverse lesplaatsen, niet bekostigd; HS LOI nr 135 Dt, Di, diverse lesplaatsen, niet bekostigd) #11.1.f
- Hotel- en eventmanagement (HS NCOI nr 115)
- Kinderopvang (HS NCOI nr 115)
- Makelaardij en vastgoed (HS NCOI nr 115)
- Management van bedrijfsprocessen (HS NCOI nr 115)
- Management van gezondheidszorg (HS NCOI nr 115)
- Managementsupport (HS NCOI nr 115)
- Marketing sales of communicatie (HS NCOI nr 115)
- Media en entertainment (HS NCOI nr 115)
- Organisatie en verandering (HS NCOI nr 115)
- Personeel en organisatie (HS NCOI nr 115)
- Psychologie en coaching (HS NCOI nr 115)
- Small business en ondernemerschap (HS NCOI nr 115)
- Sportmanagement (HS NCOI nr 115)
- Vrijetijdsmanagement (HS NCOI nr 115)

Management, economie en recht (MER): (HS LOI nr 135 Dt, Di, diverse lesplaatsen, niet bekostigd; HS NCOI nr 115 Dt, Di, diverse lesplaatsen, niet bekostigd;) #17.5.f
- Makelaardij en vastgoed (HS NCOI nr 115)

Management in de zorg: (Amersfoort nr 4 Vt, Dt; Breda nr 53 Dt; Breda nr 54 Dt, niet bekostigd; Eindhoven nr 80 Dt; Groningen nr 96 Dt, D; Leiden nr 132 Dt; R'dam nr 157 Dt) #14.2.f
- Oud in eigen huis (R'dam nr 157: minor)
- Verslavingszorg (R'dam nr 157: minor)
- Zorg voor kind en jeugd met specifieke zorgbehoefte (R'dam nr 157: minor)
Management in de zorg: zie ook hieronder

Management in zorg en dienstverlening: (Nijmegen nr 150 Dt) #13.1.f

Management in zorg en welzijn: (HS NCOI nr 115 diverse lesplaatsen Dt, Di, niet bekostigd) #13.1.f

Management payroll services: (HS Markus Verbeek Praehep nr 114 Dt, Di, diverse lesplaatsen, niet bekostigd; HS NCOI nr 115 Dt, Di, diverse lesplaatsen, niet bekostigd) #20.30.f
- Financieel payroll professional (HS Markus Verbeek Praehep nr 114 Dt, Di, diverse lesplaatsen, niet bekostigd; HS NCOI nr 115)

- Strategisch beloningsadviseur (HS Markus Verbeek Praehep nr 114 Dt, Di, diverse lesplaatsen, niet bekostigd; HS NCOI nr 115)
Management toerisme: (Breda nr 55 Vt) #18.1.f
- Attracties, hospitality en accomodaties (Breda nr 55)
- Toeristische bestemmingsontwikkeling, brandig en communicatie (Breda nr 55 Vt)
- Touroperating (Breda nr 55)
Management van de leefomgeving: (Almere nr 75 Vt; Leeuwarden nr 121 Vt) #3.1.f
- Geo media & design (Almere nr 75)
- Groenstedelijke ontwikkeling (Almere nr 75)
- Toegepaste aardrijkskunde (Leeuwarden nr 121)
Management van informatie: (SOD Next nr 91 Dt, diverse lesplaatsen, niet bekostigd) 22.1.f
Management voor overheid en non-profit: (HS NCOI nr 115 Dt, Di, diverse lesplaatsen, niet bekostigd) #20.1.f, zie ook: 20.4.f
Manager toerisme er recreatie: (HS Tio nr 22 diverse lesplaatsen, Vt, niet bekostigd) #18.1.f
Maritiem officier: (A'dam nr 33 Vt; R'dam nr 157 Vt; R'dam nr 160 Vt, Dt; West-Terschelling nr 33 Vt; Vlissingen nr 206 Vt) #18.9.f
- Automatisering & elektrotechniek (R'dam nr 157: minor)
- Beladen (R'dam nr 157: minor)
- Dredging and offshore technology (West-Terschelling nr 33: minor)
- Dual purpose officer (West-Terschelling nr 33: minor)
- Electrical drive technology (Vlissingen nr 206: minor)
- Heavy lift (Vlissingen nr 206: minor)
- Industrial installations (Vlissingen nr 206: minor)
- Marine engineering (West-Terschelling nr 33: minor)
- Maritiem officier (A'dam nr 33)
- Maritime logistics (Vlissingen nr 206: minor)
- Nautical operations (West-Terschelling nr 33: minor)
- Navigatie geïntegreerde brugsystemen (R'dam nr 157: minor)
- Navigation (Vlissingen nr 206: minor)
- Pilotage (Vlissingen nr 206: minor)
- Port infrastructure (Vlissingen nr 206: minor)
- Stuurman (A'dam 33)
- Scheepswerktuigkundige (A'dam nr 33; R'dam nr 157: minor)
- Ship electronics (West-Terschelling nr 33: minor)
- Tanker operations (Vlissingen nr 206: minor)
Maritieme techniek/scheepsbouwkunde: (Leeuwarden nr 125 Vt; (R'dam nr 160 Vt, Dt) #18.9.f
Marketingcommunicatie: (A'dam nr 34 Vt, niet bekostigd) #19.1.f
Mathematical engineering: (Diemen nr 70 Vt) #20.7.f
Mechatronica: (Breda nr 52 Vt; Delft nr 64 Vt; Eindhoven nr 81 Vt; Enschede nr 89 Vt; Venlo nr 200 Vt) #5.1.f
- Besturingstechnieken (Eindhoven nr 81; Venlo nr 200)
- De projectmanager (Delft nr 64: minor)
- Embedded systems (Delft nr 64: minor)
- Flexibele productie automatisering (Den Haag nr 64: minor)
- Minor (Breda nr 52)
- Robotica (Eindhoven nr 81; Venlo nr 200)
- Vision & robotics design (Delft nr 64: minor)
Media & entertainment management: (Den Haag nr 66 Vt; Haarlem nr 106 Vt; Leeuwarden nr 130 Vt; R'dam nr 156 Vt) #23.2.f
- Creatie en concept (Den Haag nr 66; Haarlem nr 106; R'dam nr 156)
- International music management (Haarlem nr 106)
- Management en productie (Den Haag nr 66; Haarlem nr 106; R'dam nr 156)
- Marketing en sales (Den Haag nr 66; Haarlem nr 106; R'dam nr 156)
Media, informatie en communicatie: (A'dam nr 29 Vt, Dt; Enschede nr 89 Vt) #23.2.f
- Educatie (Enschede nr 89)
- Mediaformats (Enschede nr 89)
- Mediamarketing (Enschede nr 89)
- Nieuws en informatie (Enschede nr 89)
Medische beeldvormende en radiotherapeutische technieken: (Eindhoven nr 80 Vt, D; Groningen nr 96 Vt, D; Haarlem nr 106 Vt, D) #13.8.f
Medische hulpverlening: (Nijmegen nr 150 Vt; R'dam nr 157 Vt; Utrecht nr 184 Vt) #13.2.f

- Anesthesiologische zorg (R'dam nr 157)
- Didactische vaardigheden (Utrecht nr 184: minor)
- Kind in de zorg (Utrecht nr 184: minor)
- Operatieve zorg (R'dam nr 157)
- Palliatieve zorg (Utrecht nr 184: minor)
- Public health engineering (Utrecht nr 184: minor)

Mens en techniek: (Den Haag nr 64 Vt; Heerlen nr 109 Vt; R'dam nr 157 Vt; Tilburg nr 52 Vt) #5.1.f
- Bewegingstechologie (Den Haag nr 64)
- Gezondheidszorgtechnologie (R'dam nr 157; Tilburg nr 52)
- Klinisch-diagnostisch (Heerlen nr 109)
- Medisch-technisch (Heerlen nr 109)
- Medische techniek & domotica (R'dam nr 157: minor)
- Minor (Tilburg nr 52)
- Orthopedische technologie (Tilburg nr 52)
- Sportbiometrie (Heerlen nr 109)

Mens en techniek/bewegingstechnologie: (Den Haag nr 64 Vt) #5.1.f
- Orthopedie (Den Haag nr 64: minor)
- Sporttechnologie (Den Haag nr 64: minor)

Milieukunde: (Den Bosch nr 59; Leeuwarden nr 121 Vt, Dt) #3.9.f
- Energiemanagement en klimaat (Leeuwarden nr 121)
- Natuur en milieu (Leeuwarden nr 121)
- Milieucriminologie (Leeuwarden nr 121)
- Milieutechnologie (Leeuwarden nr 121)
- Watertechnologie en -kwaliteit (Leeuwarden nr 121)

Mobiliteit/ruimtelijke ontwikkeling: (Leeuwarden nr 125 Vt) #18.2.f
- Infrastructuur (Leeuwarden nr 125)
- Mobiliteitsstrategie (Leeuwarden nr 125)
- Stedenbouwkunde (Leeuwarden nr 125)
- Traffic psychology (Leeuwarden nr 125)
Mobiliteit: zie ook: Ruimtelijke ontwikkeling

Mondzorgkunde: (A'dam nr 20 Vt; Groningen nr 96 Vt; Nijmegen nr 150 Vt; Utrecht nr 184 Vt) #13.9.f
- Didactische vaardigheden als student-assistent (Utrecht nr 184: minor)
- International health studies (Utrecht nr 184: minor)
- Preventie in de mondzorg; keuze uit: parodontologie, kinderen of intramuraal (Utrecht nr 184: minor)

Music: (Hilversum nr 116 Vt) #23.3.f
- Composition and music production (Hilversum nr 116)
- Composition and sound design for adaptive systems (Hilversum nr 116)
- Composition electronic music (Hilversum nr 116)
- Composition for the media (Hilversum nr 116)
Music: zie ook: Creative media and game technologies, Historische instrumenten, Jazz, Jazz & pop, Klassieke muziek, Muziek, Muziektheater, Oude Muziek, Pop en Popacademie

Muziek: (A'dam nr 10 Vt; Arnhem nr 42 Vt; Den Haag nr 68 Vt; Enschede nr 42 Vt; Groningen nr 101 Vt; Haarlem nr 107 Vt; Leeuwarden nr 122 Vt; Maastricht nr 142 Vt; R'dam nr 152 Vt; Tilburg nr 170 Vt; Tilburg nr 174 Vt; Utrecht nr 188 Vt; Zwolle nr 42 Vt) #23.3.f
- Art of sound (Den Haag nr 68)
- Artscience (Den Haag nr 68)
- Compositie (Den Haag nr 68)
- Compositie, muziek- en studieproducties (Groningen nr 101)
- Directie (Den Haag nr 68)
- Dirigent koor (Groningen nr 101)
- E-musician (Haarlem nr 107)
- Historische instrumenten (Utrecht nr 188)
- Jazz (A'dam nr 10 Vt; Den Haag nr 68; Groningen nr 101; Maastricht nr 142)
- Jazz & pop (Arnhem nr 42; Enschede nr 42; Utrecht nr 188; Zwolle nr 42)
- Kerkmuziek (Utrecht nr 188)
- Klassiek (Maastricht nr 142)
- Klassieke muziek (A'dam nr 10; Den Haag nr 68; Groningen nr 101 Vt; R'dam nr 152 Vt; Tilburg nr 170 Vt; Utrecht nr 188; Zwolle nr 42)
- Lichte muziek/jazz (Tilburg nr 170)

- MediaMusic (Enschede nr 42)
- Musician 3.0 (Utrecht nr 188)
- Muziekeducatie (Den Haag nr 68)
- Muziektheater (Arnhem nr 42; R'dam nr 152; Tilburg nr 170)
- Muziektheorie (Den Haag nr 68)
- Oude muziek (A'dam nr 10; Den Haag nr 68)
- Pop (R'dam nr 152)
- Pop culture (Leeuwarden nr 122)
- Pop/sessie (Haarlem nr 107)
- Popmuziek (A'dam nr 10)
- Rockacademie (Tilburg nr 174)
- Sonologie (Den Haag nr 68)
- Toegepaste compositie voor de media (Groningen nr 101)
- Wereldmuziek (R'dam nr 152)
- Zang (Den Haag nr 68)
- Zangdocent (Tilburg nr 170)
Muziek: zie ook: Creative media and game technologies, Historische instrumenten, Jazz, Jazz & pop, Klassieke muziek, Music, Muziektheater, Oude Muziek, Pop en Popacademie

Muziektheater: (Arnhem nr 41 Vt; R'dam nr 152 Vt; Tilburg nr 167 Vt) #23.4.f
- Klassiek (R'dam nr 152)
- Modern muziektheater (R'dam nr 152)
- Musical (R'dam nr 152)

Muziektherapie: (Enschede nr 88 Vt) #14.7.f

N/O

Ocean technology: (West-Terschelling nr 33 Vt) #3.7.f
- Hydrography for coastal zone management (West-Terschelling nr 33: minor)
- Offshore construction hydrography (West-Terschelling nr 33: minor)
- Inlands waters hydrography (West-Terschelling nr 33: minor)
- Nautical charting hydrography (West-Terschelling nr 33: minor)

Oefentherapie Cesar: (Utrecht nr 184 Vt) #13.13.f
- International health studies (Utrecht nr 184: minor)
- Leefstijl en coaching (Utrecht nr 184: minor)
- Neurorevalidatie (Utrecht nr 184: minor)

Oefentherapie Mensendieck: (A'dam nr 27 Vt) #13.13.f

Officemanagement: (HS LOI nr 135 Dt, Di, niet bekostigd) #20.1.f

Opleidingskunde: (Nijmegen nr 150 Vt, Dt) #11.1.f

Optometrie: (Utrecht nr 184 Vt) #5.11.f

Organisatiepsychologie: (HS NCOI nr 115 Dt, Di, diverse lesplaatsen, niet bekostigd) #14.4.f

Oriëntaalse talen en communicatie: (Maastricht nr 143 Vt) #19.4.f
- Arabisch en Engels (Maastricht nr 143)
- Business management (Maastricht nr 143)
- Chinees en Engels (Maastricht nr 143)
- Communication management (Maastricht nr 143)
- Japans en Engels (Maastricht nr 143)
- Language and communication (Maastricht nr 143)

Orthopedische technologie: (Eindhoven nr 81 Vt) #5.10.f

Orthoptie: (Utrecht nr 184 Vt) #5.11.f

Oude muziek: (A'dam nr 10 Vt; Den Haag nr 68 Vt) #23.3.f
- Altviool/-viool (Den Haag nr 68)
- Barokviool/-altviool (A'dam nr 10)
- Barokcello (A'dam nr 10)
- Barokfagot (A'dam nr 10)
- Barokhobo (A'dam nr 10)
- Baroktrombone (Den Haag nr 68)
- Basso continuo (A'dam nr 10)
- Blokfluit (A'dam nr 10; Den Haag nr 68)
- Cello (Den Haag nr 68)
- Clavichord (A'dam nr 10)
- Fagot (Den Haag nr 68)
- Fortepiano (A'dam nr 10; Den Haag nr 68)
- Harp (Den Haag nr 68)
- Historische klarinet (Den Haag nr 68)
- Hobo (Den Haag nr 68)
- Kerkmuziek (Den Haag nr 68)
- Klavecimbel (A'dam nr 10; Den Haag nr 68)

- Luit/theorbe (A'dam nr 10)
- Luit/theorbo/gitaar (Den Haag nr 68)
- Natuurhoorn (A'dam nr 10; Den Haag nr 68)
- Natuurtrompet (A'dam nr 10; Den Haag nr 68)
- Orgel (A'dam nr 10; Den Haag nr 68)
- Traverso (A'dam nr 10; Den Haag nr 68)
- Viola da gamba (A'dam nr 10; Den Haag nr 68)
- Violone (A'dam nr 10; Den Haag nr 68)
- Zang (A'dam nr 10; Den Haag nr 68)
Oude muziek: zie ook: Historische instrumenten en Klassieke muziek

P

Pedagogiek: (Almere nr 3 Vt; Amersfoort nr 4 Vt; A'dam nr 20 Vt; A'dam nr 30 Vt, Dt; Den Bosch nr 79 Vt, Dt; Den Haag nr 62 Vt; Dt; Eindhoven nr 79 Vt, Dt; Gouda nr 92 Vt; Groningen nr OVER-189 Dt; Leeuwarden nr 127 Vt; Nijmegen nr 150 Vt, Dt; R'dam nr 157 Vt, Dt; Sittard nr 79 Vt, Dt; Tilburg nr 79 Vt, Dt; Vlissingen nr 205 Vt; Zwolle nr 218 Vt, Dt; HS NCOI nr 115 Dt, Di diverse lesplaatsen, niet bekostigd; HS NTI nr 133 Af, Di, niet bekostigd) #14.5.f
- ESocialWork (Leeuwarden nr 127)
- Generiek of algemeen pedagoog (Eindhoven nr 79; Den Bosch nr 79; Sittard nr 79; Tilburg nr 79)
- HBO-pedagoog (A'dam nr 30)
- Jeugdzorgwerker (Almere nr 3; Leeuwarden nr 127; R'dam nr 157)
- Kinderopvang (HS NCOI nr 115)
- Leraar pedagogiek (A'dam nr 30)
- Lerarenopleiding (HS NCOI nr 115)
- Minors (R'dam nr 157)
- Opvoedcoach (Vlissingen nr 205: minor)
- Pedagoog in de gehandicaptenzorg (Eindhoven nr 79; Den Bosch nr 79; Sittard nr 79; Tilburg nr 79)
- Pedagoog in de jeugdzorg (Eindhoven nr 79; Den Bosch nr 79; Sittard nr 79; Tilburg nr 79)
- Pedagoog in de kinderopvang (Eindhoven nr 79; Den Bosch nr 79; Sittard nr 79; Tilburg nr 79)
- Pedagoog in het onderwijs (Eindhoven nr 79; Den Bosch nr 79; Sittard nr 79; Tilburg nr 79)
- Pedagoog in preventie, voorlichting en opvoedingsondersteuning (Eindhoven nr 79; Den Bosch nr 79; Sittard nr 79; Tilburg nr 79)
- Sport, bewegen en talentontwikkeling (R'dam nr 157)
Pedagogisch management kinderopvang: (Den Bosch nr 79 Vt, Dt; Zwolle nr 218 Vt, Dt) #14.5.f
People and business management: (Sittard nr 166 Vt) #11.6.f, zie ook: 11.1.f
- Bedrijfskunde (Sittard nr 166)
- Human resource management (Sittard nr 166)
- Zorgmanagement (Sittard nr 166)
Physiotherapy: (A'dam nr 27 Vt) #13.12.f
Plattelandsvernieuwing: (Den Bosch nr 59 Vt) #3.1.f
- Landscape design (Den Bosch nr 59)
- Stad en streekontwikkeling (Den Bosch nr 59)
- Tuin- en landschapsmanagement (Den Bosch nr 59)
Podotherapie: (Eindhoven nr 80 Vt; Enschede nr 89 Vt) 13.21.f
Pop: (A'dam nr 11; Vt; Haarlem nr 107 Vt; Leeuwarden nr 122 Vt; R'dam nr 152 Vt) #23.3.f
- Basgitaar (R'dam nr 152)
- Creative producer (R'dam nr 152)
- Drums (R'dam nr 152)
- Gitaar (R'dam nr 152)
- Toetsen (R'dam nr 152)
- Zang en songwriting (R'dam nr 152)
Pop: zie ook: Creative media and game technologies, Jazz, Jazz & pop, Music, Muziektheater
Popacademie: (Enschede nr 42 Vt) #23.3.f
- Basgitaar (Enschede nr 42)
- Drums (Enschede nr 42)
- Gitaar (Enschede nr 42)
- Singer-songwriter (Enschede nr 42)
- Toetsen (Enschede nr 42)
- Zang (Enschede nr 42)

Popacademie: zie ook: Creative media and game technologies, Jazz, Jazz & pop, Music, Muziektheater
Popular culture: (Groningen nr 94 Vt/Leeuwarden nr 122 Vt) #17.6.f
Process & food technology: (Den Haag nr 64 Vt) #7.1.f, zie ook: 7.4.f
- Chemical engineering (Den Haag nr 64)
- Food engineering (Den Haag nr 64)
Psychomotorische therapie en bewegingsagogie: (Zwolle nr 220 Vt, Dt) #13.13.f
Public management: (Den Haag nr 63 Vt) #20.4.f

Q/R

Real estate management: (Apeldoorn nr 37 Vt, niet bekostigd) #17.5.f, zie ook: 20.9.f
Rechten: zie: HBO-rechten
Ruimtelijke ontwikkeling: (Almere nr 3 Vt; Den Haag nr 64 Vt; Deventer nr 89 Vt; Haarlem nr 106 Vt; R'dam nr 157 Vt; Tilburg nr 49 Vt; Zwolle nr 216 Vt) #10.3.f
- Bouwmanagement en vastgoed (Haarlem nr 106; Tilburg nr 49)
- Climate & management (Den Haag nr 64)
- Mobiliteit (Almere nr 3; Zwolle nr 216)
- Ruimtelijke ordening en planologie (Deventer nr 89; R'dam nr 157)
- Stedenbouwkundig ontwerpen (Deventer nr 89)
Ruimtelijke ontwikkeling - bouwmanagement en vastgoed: (Haarlem nr 106 Vt; Tilburg nr 49 Vt) #10.3.f
- Bouwmanagement en vastgoed (Tilburg nr 49)
- Gebouwbeheer (Haarlem nr 106)
- Minor (Tilburg nr 49)
- Ondernemen in een vastgoedomgeving (Haarlem nr 106)
- Project- en procesmanagement (Haarlem nr 106)
Ruimtelijke ontwikkeling - mobiliteit: (Almere nr 3 Vt; Zwolle nr 216 Vt) #10.3.f
- Caring robots (Almere nr 3: minor)
- Nieuwe steden (Almere nr 3: minor)
Ruimtelijke ontwikkeling - ruimtelijke ordening en planologie: (Deventer nr 89 Vt; R'dam nr 157 Vt) #10.3.f
- Infrastructuur en mobiliteit (R'dam nr 157: minor)
- International aid & development (R'dam nr 157: minor)
- Ontwerpen stedenbouw (R'dam nr 157: minor)
- Projectontwikkeling vastgoed (R'dam nr 157: minor)
- Transitie in de delta (R'dam nr 157: minor)
- Waterbouw (R'dam nr 157: minor)
Ruimtelijke ontwikkeling: zie ook: Built environment

S

Safety and security management studies: (Den Haag nr 64 Vt) #11.7.f
Scheepsbouwkunde maritieme techniek: (R'dam nr 157 Vt) #5.8.f
- Offshore & dredging (R'dam nr 157: minor)
- Yachts and small crafts (R'dam nr 157: minor)
Security management: (Apeldoorn nr 89 Vt, Dt) #21.7.f
Small Business en Retail Management (SBRM): (Almere nr 3 Vt; Amersfoort nr 4 Vt, Dt; Breda nr 49 Vt, Dt; Breda nr 54 Dt, niet bekostigd; Den Bosch nr 49 Vt, Dt, D; Den Haag nr 63 Vt; Deventer nr 89 Vt, Dt; Eindhoven nr 82 Vt; Enschede nr 89 Vt, Dt; Groningen nr 99 Vt; Leeuwarden nr 129 Vt, D; Nijmegen nr 150 Vt; R'dam nr 157 Vt, D; Zwolle nr 217 Vt; HS LOI nr 135 Dt, niet bekostigd; HS NTI nr 133 Af, Di, Dt, niet bekostigd) #17.1.f
- Bedrijfsovername (R'dam nr 157: minor)
- Concepting & retail formats (R'dam nr 157: minor)
- Consultancy (Amersfoort nr 4: minor)
- Digital economy entrepeneurship (Almere nr 3: minor)
- E-business (Amersfoort nr 4: minor)
- Fashion retail (Leeuwarden nr 129)
- Global business (Breda nr 49: minor)
- Global business of online marketing (Breda nr 49: minor)
- Human resource management (Almere nr 3: minor; Amersfoort nr 4: minor)
- Innovatie ondernemen (Breda nr 49: minor)
- International business skills (Amersfoort nr 4: minor)
- Marketing (Breda nr 54: minor, niet bekostigd; Den Bosch nr 49)

- Minor (Breda nr 49; Breda nr 54: niet bekostigd)
- Ondernemen (R'dam nr 157: minor)
- Ondernemerschap (Eindhoven nr 82)
- Reclame (Amersfoort nr 4: minor)
- Retail management (Leeuwarden nr 129)
- Retailmanager (Eindhoven nr 82)
- Sales and accountmanagement (R'dam nr 157: minor)
- Small business (Leeuwarden nr 129)
- Social entrepreneurship (R'dam nr 157: minor)

Sociaal-Juridische Dienstverlening (SJD): (A'dam nr 28 Vt, Dt; Den Haag nr 66 Vt; Deventer nr 89 Vt, Dt; Groningen nr 100 Vt, Dt; Leiden nr 132 Vt; R'dam nr 156 Vt, Dt; Utrecht nr 184 Vt; HS LOI nr 135 Dt, Di, niet bekostigd; HS NCOI nr 115 Dt, Di, diverse lesplaatsen, niet bekostigd; HS NTI nr 133 Af, Di, Dt, niet bekostigd) #14.6.f
- Algemeen (Deventer nr 89)
- Arbeidsrecht (Groningen nr nr 100)
- Conflictmanagement (Groningen nr 100)
- Dienstverlening (Deventer nr 89)
- Financiële zorgverlening en schuldhulpverlening (HS NCOI nr 115)
- International law (Groningen nr 100)
- Privaatrecht (Groningen nr 100)
- Recht (Deventer nr 89)
- Recht en multi-probleem (Groningen nr nr 100)
- Recht, gezondheid en schulden (Groningen nr 100)

Sociaal-pedagogische hulpverlening: (Alkmaar nr 1 Vt; Almere nr 3 Vt, Dt; Amersfoort nr 4 Vt, Dt; A'dam nr 28 Vt, Dt, D; Breda nr 53 Vt, Dt; Den Bosch nr 53 Vt, Dt; Den Haag nr 63 Vt, Dt, D; Den Haag nr 66 Vt; Ede nr 76 Vt, Dt, D; Groningen nr 97 Vt, Dt; Haarlem nr 106 Vt; Leeuwarden nr 130 Vt, Dt; Leiden nr 132 Vt; Nijmegen nr 150 Vt, Dt, D; R'dam nr 156 Vt, D; R'dam nr 157 Vt, Dt; Utrecht nr 184 Vt, Dt; Zwolle nr 225 Vt, Dt; HS LOI nr 135 Dt, diverse lesplaatsen, niet bekostigd; HS NCOI nr 115 Dt, Di, diverse lesplaatsen, niet bekostigd; HS NTI nr 133 Af, Di, Dt, niet bekostigd; Profit nr 227 Dt, diverse lesplaatsen, niet bekostigd) #14.5.f
- Caring robots (Almere nr 3: minor)
- Ervaringsdeskundigheid (Zwolle nr 225) 226
- Gehandicapten (Amersfoort nr 4; Utrecht nr 184)
- Gehandicaptenzorg (Zwolle nr 225: minor)
- GGZ (Amersfoort nr 4; Utrecht nr 184)
- GGZ-agoog (Den Bosch nr 53: minor; Den Haag nr 63; Groningen nr 97; HS NCOI nr 115)
- Hulpverlening aan jeugd en gezin (Zwolle nr 225: minor)
- Jeugd (Amersfoort nr 4; Utrecht nr 184)
- Jeugd en gezin (Almere nr 3: minor)
- Jeugdzorgwerker (Breda nr 53; Den Haag nr 63; Groningen nr 97; R'dam nr 157; Zwolle nr 225; HS NCOI nr 115)
- Justitie (Amersfoort nr 4; Utrecht nr 184)
- Kinderopvang (HS NCOI nr 115)
- Mediapedagogiek (Almere nr 3: minor)
- Minor (Breda nr 53; R'dam nr 157)
- Ouderen (Amersfoort nr 4; Utrecht nr 184)
- Professional in de veranderende samenleving (Den Bosch nr 53: minor)
- Psychiatrie en verslaving (Zwolle nr 225: minor)
- Sport, bewegen en talentontwikkeling (R'dam nr 157)
- Verslavingskunde (Almere nr 3: minor; Den Bosch nr 53: minor)
- Werken in de geestelijke gezondheidszorg (Alkmaar nr 1; Den Haag nr 66; Haarlem nr 106; R'dam nr 156)
- Werken in de jeugdzorg (Alkmaar nr 1; Den Haag nr 66; Haarlem nr 106; R'dam nr 156)
- Werken in de wijk (Alkmaar nr 1; Den Haag nr 66; Haarlem nr 106; R'dam nr 156)
- Werken met jeugd (Den Bosch nr 53: minor)
- Zorglogistieke bedrijfsvoering (Almere nr 3: minor)

Social work: (Enschede nr 89 Vt, Dt; Sittard nr 166 Vt, Dt; Vlissingen nr 205 Vt, Dt) #14.2.f
- Sociaal pedagogische hulpverlening Euregionaal (Enschede nr 89)
- GGZ agoog (Vlissingen nr 205: minor)
- Jeugdzorgwerker (Vlissingen nr 205: minor)
- Social work en religie & hulpverlening (Vlissingen nr 205: minor)

Sociale studies: (Eindhoven nr 79 Vt, Dt) #14.1.f
- GGZ-agoog Eindhoven nr 79)
- Jeugdzorgwerker (Eindhoven nr 79)
- Maatschappelijk agoog (Eindhoven nr 79)

Sociale zekerheid: (HS NCOI nr 115 Dt, Di, diverse lesplaatsen, niet bekostigd) #20.10.f

Software engineering en business informatics: (Venlo nr 200 Vt) #20.6.f

SPD-Bedrijfsadministratie: (HS LOI nr 135 Dt, DI, diverse lesplaatsen, niet bekostigd; HS NCOI nr 115 Dt, Di diverse lesplaatsen, niet bekostigd; HS Markus Verbeek Praehep nr 114, Dt, Di, diverse lesplaatsen, niet bekostigd) #20.1.f
- Accountancy (HS NCOI nr 115: minor)
- Accountancy (HS Markus Verbeek Praehep nr 114: minor)
- Controlling (HS NCOI nr 115: minor)

SPECO, sport & marketing/management: (Tilburg nr 84 Vt) #16.1.f

SPECO, sport & media: (Tilburg nr 84 Vt) #16.1.f

Sport en bewegen: (Haarlem nr 106 Vt; Zwolle nr 221 Vt) #16.1.f
- Sporttechnisch management (Zwolle nr 221)

Sport- en bewegingseducatie: (Arnhem nr 150 Vt; Eindhoven nr 84 Vt; Nijmegen nr 150 Vt; Vlissingen nr 205 Vt; Zwolle nr 221 Vt; HS NCOI nr 115 Dt, Di, diverse lesplaatsen, niet bekostigd) #16.1.f
- Sport- en bewegingsagogie (Arnhem nr 150; Nijmegen nr 150)
- Sport en maatschappij (Zwolle nr 221)
- Sport en ondernemen (Zwolle nr 221)
- Sport leisure management (Arnhem nr 150; Nijmegen nr 150)
- Sportmanagement (HS NCOI nr 115)
- Sports & leisure adventure (Eindhoven nr 84)
- Sports & leisure urban (Eindhoven nr 84)
- Sports & wellness (Eindhoven nr 84)

Sport, gezondheid en management: (Arnhem nr 150 Vt; Groningen nr 96 Vt; Nijmegen nr 150 Vt) #16.1.f
- Actieve en gezonde leefstijl (Groningen nr 96)
- Beleid van sport, gezondheid en bewegen (Groningen nr 96)
- Health promotion (Arnhem nr 150; Nijmegen nr 150)
- Sportbusiness en ondernemerschap (Groningen nr 96)
- Sportmanagement (Arnhem nr 150; Nijmegen nr 150)
- Training & coaching (Groningen nr 96)

Sport, management en ondernemen: (A'dam nr 25 Vt) #16.1.f

Sports management and business: (A'dam nr 25 Vt) #16.1.f

Sportmanagement (sport en bewegen): (Den Haag nr 62 Vt) #16.1.f

T

T&T (Textiel): (A'dam nr 18 Vt) # 6.1.f

Technische bedrijfskunde: (Alkmaar nr 1Vt, Dt; Arnhem nr 150 Vt, Dt; Delft nr 63 Vt; Den Bosch nr 49 Vt; Deventer nr 89 Vt, Dt; Eindhoven nr 81 Vt, Dt, D; Enschede nr 89 Vt, Dt; Groningen nr 99 Vt, Dt; Leeuwarden nr 124 Vt, Dt; R'dam nr 157 Vt, Dt; Tilburg nr 49 Vt, Dt; Utrecht nr 184 Vt; Vlissingen/Breda nr 206 Vt; Zwolle nr 219 Vt, Dt; HS LOI (i.s.m. Hanze HS, Groningen) nr 135 Dt, Di, niet bekostigd; HS NCOI nr 115 Dt, Di, diverse lesplaatsen, niet bekostigd; HS NTI nr 133 Af, Di, Dt, niet bekostigd) #11.1.f
- Airline pilot & management (Groningen nr 99)
- BK5, commercieel-technische bedrijfskunde (Enschede nr 89)
- Continu verbeteren (Den Bosch nr 49: minor)
- Consultancy management (Groningen nr 99)
- HBO bedrijfsoptimalisatie met Lean Six Sigma (HS NCOI nr 115)
- Human-technology (Eindhoven nr 81: excellentietraject)
- Informatiemanagement (HS NCOI nr 115)
- Innovations management (Eindhoven nr 81: excellentietraject)
- International maintenance management (Tilburg nr 49; Vlissingen/Breda nr 204)
- International technology management (Groningen nr 99)
- Logistiek en supply chain management (HS NCOI nr 115)
- Master of change (Leeuwarden nr 124: minor)
- Minor (Tilburg nr 49)
- Onderneem het! (Utrecht nr 184: minor)
- Ondernemen (Leeuwarden nr 124: minor)

- Operations management logistics (Eindhoven nr 81: excellentietraject)
- Project- en programmamangement (R'dam nr 157: minor)
- Projectmanagement (Utrecht nr 184: minor; HS NCOI nr 115)
- Railtechniek (Utrecht nr 184: minor)
Technische bedrijfskunde, zie ook: Engineering
Technische commerciële textielkunde, zie: Fashion & textile technologies
Technische informatica: (Alkmaar nr 1 Vt; Arnhem nr 44 Dt, niet bekostigd; Arnhem nr 150 Vt; Breda nr 50 Vt; Den Bosch nr 50 Vt; Emmen nr 86 Vt; Enschede nr 89 Vt; Nijmegen nr 150 Vt; R'dam nr 157 Vt; Zwolle nr 222 Dt; HS LOI nr 135 Dt, Di, diverse lesplaatsen, niet bekostigd) #5.5.f
- Embedded systems (Breda nr 50; Den Bosch nr 50)
- Enabeling the networked society (R'dam nr 157)
- Ict beheer (Emmen nr 86)
- Industriële automatisering (Arnhem nr 44)
- International management & consultancy (R'dam nr 157: minor)
- Minor (Den Bosch nr 50)
- Mobile development (Breda nr 50: minor)
- Multimedia design & development (Emmen nr 86)
- Network security (Alkmaar nr 1)
- Realtime & embedded systems (Alkmaar nr 1; Enschede nr 89)
- Smart devices (R'dam nr 157)
- Software engineering (Emmen nr 86)
- Technische informatica (Emmen nr 86)
Technische informatica: zie ook: HBO-ict
Technische natuurkunde: (Delft nr 64 Vt; Eindhoven nr 81 Vt; Enschede nr 89 Vt) #4.1.f
- Applied physics (Enschede nr 89)
- Enabling physics (Enschede nr 89)
Theater: (A'dam nr 11 Vt; Arnhem nr 41 Vt; Maastricht nr 146 Vt; Utrecht nr 187 Vt) #23.4.f
- Acteur/performer (A'dam nr 11)
- Acting (Utrecht nr 187)
- Artistiek leider van een toneelgezelschap (Maastricht nr 146)
- Interactive performance design (Utrecht nr 187)
- Mime opleiding (A'dam nr 11)
- Productie podiumkunsten (A'dam nr 11)
- Regie opleiding (A'dam nr 11)
- Regisseur (Maastricht nr 146)
- Scenografie (A'dam nr 11)
- Techniek en theater (A'dam nr 11)
- Theatre design (Utrecht nr 187)
- Theaterkostuumontwerper (Maastricht nr 146)
- Theatervormgever (Maastricht nr 146)
- Theatraal performer (Maastricht nr 146)
- Toneel-scriptschrijver (Maastricht nr 146)
- Tv-film-theateracteur (Maastricht nr 146)
- Writing for performance (Utrecht nr 187)
Theater: zie ook: Inter-architecture
Theater, Cabaret: zie Cabaret, Docent theater
Theologie: (Amersfoort/Meppel/R'dam/Zwijndrecht nr 211 Dt, niet bekostigd) #12.1.f
Toegepaste bedrijfskunde: (Leeuwarden nr 129 Vt, Dt) #11.1.f
Toegepaste biologie: (Almere nr 75 Vt; Den Bosch nr 59 Vt; Venlo nr 59 Vt) #3.8.f
- Biologie voeding & gezondheid (Almere nr 75)
Toegepaste gerontologie: (Eindhoven nr 80 Vt, Dt; Zwolle nr 220 Vt, Dt) #14.10.f
Toegepaste psychologie: (A'dam nr 30 Vt, Dt; Deventer nr 89 Vt, Dt; Eindhoven nr 79 Vt; Groningen nr 97 Vt; Leiden nr 132 Vt; Nijmegen nr 150 Vt; Tilburg nr 171 Dt; HS LOI nr 135 Di, Dt, diverse lesplaatsen, niet bekostigd; HS NCOI nr 115 Dt, Di, diverse lesplaatsen, niet bekostigd; HS NTI nr 133 Af, Di, Dt, niet bekostigd) #14.4.f
- Arbeid en organisatie (A'dam nr 30; Deventer nr 89; HS LOI nr 135)
- Arbeids- en gezondheidspsychologie (HS NCOI nr 115)
- Arbeids- en organisatiepsychologie (HS NTI nr 133)
- Coaching (HS NTI nr 133)
- Consument en maatschappij (A'dam nr 30)
- E-mental health (HS NTI nr 133)

- Geestelijke gezondheidszorg kinderen en jeugd (HS NCOI nr 115)
- Geestelijke gezondheidszorg vowassenen en ouderen (HS NCOI nr 115)
- Gezondheid, zorg en welzijn (A'dam nr 30)
- Jeugd- en kinderpsychologie (HS NTI nr 133)
- Kinderpsychologie en pedagogiek (HS NCOI nr 115)
- Klinische psychologie (Deventer nr 89)
- Neuropsychologie (Deventer nr 89)
- Onderwijs (HS NCOI nr 115)
- Onderwijs en ontwikkeling (A'dam nr 30)
- Ontwikkelingspsychologie/orthopedagogiek (Deventer nr 89)
- Psychologie en gezondheid (HS NTI nr 133, niet bekostigd)
- Selectiepsychologie (HS NCOI nr 115)
Toegepaste wiskunde: (A'dam nr 31 Vt; Delft nr 64 Vt; Leeuwarden nr 125 Vt; Tilburg nr 81 Vt) #4.1.f
- Actuariële wiskunde (Tilburg nr 81)
- Informatietechnologie (Tilburg nr 81)
- Logistiek en operations research (Tilburg nr 81)
- Statische analyse (Tilburg nr 81)
Toerisme en recreatie: (HS LOI nr 135 Dt, niet bekostigd, HS NTI nr 133 verkort, niet bekostigd) #18.1.f
Toerisme: zie ook: Tourism
Tolk-vertaler: (Utrecht nr 189 Dt, niet bekostigd) #19.3.f
- Tolk Duits (Utrecht nr 189)
- Tolk Engels (Utrecht nr 189)
- Tolk Frans (Utrecht nr 189)
- Tolk Italiaans (Utrecht nr 189)
- Tolk Russisch (Utrecht nr 189)
- Tolk Spaans (Utrecht nr 189)
- Vertaler Duits (Utrecht nr 189)
- Vertaler Engels (Utrecht nr 189)
- Vertaler Frans (Utrecht nr 189)
- Vertaler Italiaans (Utrecht nr 189)
- Vertaler Russisch (Utrecht nr 189)
- Vertaler Spaans (Utrecht nr 189)
Tolk-vertaler: zie ook: Vertaler
Tourism and recreation management: (Diemen nr 70 Vt) #18.1.f
- Destination management (Diemen nr 70)
- Global perspectives on tourism an cultural identity (Diemen nr 70)
Tourism management: (Leeuwarden nr 130 Vt) #18.1.f
Tourism: zie ook: Toerisme
Trade management Asia: (A'dam nr 26 Vt) #19.5.f
Trade management gericht op Azië: (R'dam nr 157 Vt) #19.5.f
- Exporteren naar Azië (R'dam nr 157: minor)
Tuin- en landschapsinrichting: (Velp nr 199 Vt, Dt) #3.4.f
- Landschapsarchitectuur (Velp nr 199)
- Management buitenruimte (Velp nr 199)
- Realisatie tuin- en landschapsarchitectuur (Velp nr 199)
- Tuinarchitectuur (Velp nr 199)
Tuin- en landschapsinrichting: zie ook: Landscape design
Tuinbouw en akkerbouw: (Den Bosch nr 59 Vt; Dronten nr 75 Vt, Dt; Leeuwarden nr 121 Vt) #3.2.f
- Agrarisch ondernemerschap (Dronten nr 75)
- Horticulture & business management (Den Bosch nr 59)
- Tuin- en akkerbouw (Leeuwarden nr 121)
Tuinbouw en agribusiness: (Delft nr 56 Vt) #3.2.f
- Management en greenport (Delft nr 56)
- Techniek en veredeling (Delft nr 56)

U

Universitaire pabo: (A'dam nr 21 Vt; A'dam nr 30 Vt; Eindhoven nr 83 Vt; Haarlem nr 106 Vt; Zwolle nr 218 Vt) #24.1.f
- Openbaar onderwijs (Eindhoven nr 83)
- Pedagogiek (Zwolle nr 218)
- Pedagogische wetenschappen (A'dam nr 30)
- Protestants-christelijk onderwijs (Eindhoven nr 83)
- Rooms-katholiek onderwijs (Eindhoven nr 83)
Universitaire pabo: zie ook: Academische lerarenopleiding Primair Onderwijs
Urban studies: (Deventer nr 89 Vt) #10.4.f
- Stedenbouwkundig ontwerpen (Deventer nr 89)

V

Vastgoed en makelaardij: (Eindhoven nr 82 Vt; Enschede nr 89 Vt; Groningen nr 99 Vt; R'dam nr 157 Vt, D; HS LOI nr 135 Dt, niet bekostigd) #17.5.f
- Beleggen in vastgoed (R'dam nr 157: minor)
- Projectontwikkeling vastgoed (R'dam nr 157: minor)
- Real estate & facility management (R'dam nr 157: minor)
Verander- en innovatiemanagement: (HS LOI nr 135 Dt, niet bekostigd) #11.2.f
Verloskunde: (A'dam nr 20 Vt: A'dam nr 36 Vt; Groningen nr 105 Vt; Maastricht nr 136 Vt; R'dam nr 157 Vt) #13.3.f
- Minors (R'dam nr 157)
Verpleegkunde: (Alkmaar nr 1 Vt, Almere nr 3 Vt, Dt; D; A'dam nr 20 Vt, D; Ede nr 76 Vt, Dt, D; Eindhoven nr 80 Vt, Dt, D; Enschede nr 89 Vt; Heerlen nr 109 Vt, D; Leeuwarden nr 126 Vt, Dt; Nijmegen nr 150 Vt, R'dam nr 157 Vt, Dt, D; Tilburg nr 80 Vt, Dt, D; Utrecht nr 184 Vt, Dt, D; Zwolle nr 220 Vt, Dt) #13.2.f
- Algemene gezondheidszorg (Alkmaar nr 1; A'dam nr 20; Leeuwarden nr 126; Nijmegen nr 150)
- Geestelijke gezondheidszorg (Alkmaar nr 1; A'dam nr 20; Leeuwarden nr 126; Nijmegen nr 150)
- Jeugdgezondheidszorg (Nijmegen nr 150)
- Maatschappelijke gezondheidszorg (Alkmaar nr 1; A'dam nr 20; Leeuwarden nr 126; Nijmegen nr 150)
- Minors (R'dam nr 157)
- Verpleegkundige gerontologie en geriatrie (Leeuwarden nr 126)
Verpleegkunde: zie ook hieronder, en zie ook: HBO-verpleegkunde
Verpleegkunde en verloskunde: (Vlissingen/Antwerpen nr 203 Vt) #13.2.f
Verpleegkunde - technische stroom: (Eindhoven nr 80 Vt; Enschede nr 89 Vt; Heerlen nr 109 D; Nijmegen nr 150 Dt) #13.2.f
- Anesthesiemedewerker (Eindhoven nr 80; Enschede nr 89; Heerlen nr 109; Nijmegen nr 150)
- Operatieassistent (Eindhoven nr 80; Enschede nr 89; Heerlen nr 109; Nijmegen nr 150)
Vertaalacademie Maastricht: (Maastricht nr 143 Vt) #19.3.f
- Lokaliseren (Maastricht nr 143)
- Ondertitelen (Maastricht nr 143)
- Professioneel schrijven (Maastricht nr 143)
- Tolken (Maastricht nr 143)
- Vakspecialistisch vertalen (Maastricht nr 143)
Vertaler Duits: (HS LOI nr 135 Dt, diverse lesplaatsen, niet bekostigd) #19.3.f
Vertaler Engels: (HS LOI nr 135 Dt, diverse lesplaatsen, niet bekostigd) #19.3.f
Vertaler Frans: (HS LOI nr 135 Dt, diverse lesplaatsen, niet bekostigd) #19.3.f
Vertaler Spaans: (HS LOI nr 135 Dt, diverse lesplaatsen, niet bekostigd) #19.3.f
Vertaler: zie ook: Tolk-vertaler
Vitaliteitsmanagement en toerisme: (Vlissingen nr 204 Vt) #14.10.f, zie ook:18.1.f
Voeding en diëtetiek: (A'dam nr 27 Vt; Den Haag nr 63 Vt, Dt; Groningen nr 96 Vt; Nijmegen nr 150 Vt; HS NCOI nr 115 Dt, Di, diverse lesplaatsen, niet bekostigd; HS NTI nr 133 Af, Di, Dt, niet bekostigd) #13.22.f
- Eetstoornissen en overgewicht (HS NCOI nr 115)
- Nutrition & dietetics (A'dam nr 27)
- Nutrition & health promotion (A'dam nr 27)
- Nutrition & new product management (A'dam nr 27)
- Voeding en sport (HS NCOI nr 115)
Voedingsmiddelentechnologie: (Den Bosch nr 59 Vt; Leeuwarden nr 121 Vt; Leeuwarden nr 125 Vt; Velp nr 199 Vt) #7.4.f
- Food innovation management (Velp nr 199)
- Food safety and health (Leeuwarden nr 121; Velp nr 199)
- Food technology (Leeuwarden nr 121; Leeuwarden nr 125)
- Health and food (Leeuwarden nr 125)
- Process engineering (Leeuwarden nr 121)
Vormgeving: (A'dam nr 18 Vt, Dt; Arnhem nr 40 Vt; Breda nr 48 Vt; Den Bosch nr 57; Den Haag nr 67 Vt, Dt; Eindhoven nr 78 Vt; Enschede

nr 88 Vt; Groningen nr 94 Vt; Maastricht nr 139/141 Vt; R'dam nr 163 Vt; Tilburg nr 168 Vt; Utrecht nr 185 Vt; Zwolle nr 212 Vt) #23.2.f
- Advertising (R'dam nr 163)
- Animatie (Breda nr 48; Den Bosch nr 57; R'dam nr 163)
- Animation (Utrecht nr 185)
- Animation design (Zwolle nr 212)
- Architectonische vormgeving (Maastricht nr 139/140)
- ArtCoDe (Tilburg nr 168)
- Audiovisual media (Utrecht nr 185)
- Audiovisueel ontwerpen (R'dam nr 163)
- Audiovisuele vormgeving (Breda nr 48; Den Bosch nr 57)
- Comic design (Zwolle nr 212)
- Communication & multimedia design (Breda nr 48; Den Bosch nr 57)
- Creative writing (Arnhem nr 40)
- Crossmedia design (Enschede nr 88)
- DesignLAB (A'dam nr 18)
- DOGtime (A'dam nr 18)
- Edelsmeden (A'dam nr 18
- Fashion design (Arnhem nr 40; Utrecht nr 185)
- Film (Breda nr 48; Den Bosch nr 57)
- Food non food (Eindhoven nr 78)
- Fotografie (Breda nr 48; Den Bosch nr 57; Den Haag nr 67)
- Grafisch ontwerpen (A'dam nr 18; Breda nr 48; Den Bosch nr 57; Den Haag nr 67; Groningen nr 94; R'dam nr 163)
- Graphic design (Arnhem nr 40; R'dam nr 163; Utrecht nr 185; Zwolle nr 212)
- Iarts (Maastricht nr 139)
- IDUM (A'dam nr 18)
- Inter-architecture (A'dam nr 18)
- Interaction design (Arnhem nr 40)
- Interactive/media/design (Den Haag nr 67)
- Illustratie (Breda nr 48; Den Bosch nr 57; R'dam nr 163)
- Illustratie/animatie (Groningen nr 94)
- Illustration (Utrecht nr 185)
- Illustration design (Zwolle nr 212)
- Image and media technology (Utrecht nr 185)
- Interieurarchitectuur (Groningen nr 94; Zwolle nr 212)
- Interieurarchitectuur en meubelontwerpen (Den Haag nr 67)
- Lifestyle & design (R'dam nr 163)
- Man and activity (Eindhoven nr 78)
- Man and communication (Eindhoven nr 78)
- Man and identity (Eindhoven nr 78)
- Man and leisure (Eindhoven nr 78)
- Man and mobility (Eindhoven nr 78)
- Man and well-being (Eindhoven nr 78)
- Mode (A'dam nr 19; R'dam nr 163)
- Modevormgeving (Maastricht nr 139)
- Moving image (Enschede nr 88)
- Photography (Utrecht nr 185)
- Product design (Arnhem nr 40; R'dam nr 163; Utrecht nr 185)
- Productvormgeving (Maastricht nr 139)
- Public private (Eindhoven nr 78)
- Ruimtelijk ontwerpen (Breda nr 48; Den Bosch nr 57; Groningen nr 94; R'dam nr 163)
- Sieraadvormgeving (Maastricht nr 139)
- Spatial design (Utrecht nr 185)
- TxT (A'dam nr 18)
- Textiel & mode (Den Haag nr 67)
- Textielvormgeving (Maastricht nr 139)
- Theatervormgeving (Groningen nr 94)
- Visuele communicatie (Maastricht nr 139/141)
Vrijetijdsmanagement: (Breda nr 55 Vt) #14.8.f
- Attractions & theme parks management (Breda nr 55)
- Cultural venue management (Breda nr 55)
- International event management (Breda nr 55)
- Social innovation (Breda nr 55)
- Vrijetijdsmanagement (breed) (Breda nr 55)

W/X/Y/Z

Watermanagement: (R'dam nr 157 Vt; Vlissingen nr 206 Vt) #10.11.f
- Aquacultuur (Vlissingen nr 206: minor)
- Aquatische ecotechnologie (Vlissingen nr 206)
- Delta management (Vlissingen nr 206)
- International aid & development (R'dam nr 157: minor)
- Ontwerpen stedenbouw (R'dam nr 157: minor)
- Rotterdam green capital (R'dam nr 157: minor)
- Transitie in de delta (R'dam nr 157: minor)
- Waterbouw (R'dam nr 157: minor)

WB-Integrated Product Development (studieroute):
  (Enschede nr 89 Vt)

Wereldmuziek: (R'dam nr 152 Vt) #23.3.f
- Argentijnse tango (R'dam nr 152)
- Flamenco (R'dam nr 152)
- Indiase muziek (R'dam nr 152)
- Latin, Latin jazz en Braziliaans (R'dam nr 152)
- Turkse muziek (R'dam nr 152)

Werktuigbouwkunde: (Alkmaar nr 1 Vt, Dt; Almere nr 3 Vt; Arnhem nr 150 Vt, Dt; Breda nr 52 Vt, Dt, D; Delft nr 64 Vt, D; Den Bosch nr 52 Vt; Eindhoven nr 81 Vt, Dt; Emmen nr 86 Vt; Enschede nr 89 Vt, Dt; Groningen nr 95 Vt, Dt; Leeuwarden nr 125 Vt; R'dam nr 157 Vt, Dt, D; Utrecht nr 184 Vt; Venlo nr 200 Vt, Dt; Zwolle nr 219 Vt; HS LOI (i.s.m. Hanze HS, Groningen) nr 135 Dt, niet bekostigd ; HS NCOI nr 115 Dt, Di, diverse lesplaatsen, niet bekostigd) #5.1.f
- Academische oriëntatie (Leeuwarden nr 125)
- Algemene werktuigbouwkunde (Eindhoven nr 81)
- Caring robots (Almere nr 3: minor)
- Co-design studio (Utrecht nr 184: minor)
- Commerciële techniek (Eindhoven nr 81)
- Composieten (Almere nr 3: minor)
- Computer vision en robotica (Leeuwarden nr 125)
- Constructie en vormgeving (Arnhem nr 150)
- Constructietechniek (Breda nr 52)
- De constructeur (Groningen nr 95)
- Duurzame energievoorziening (Delft nr 64: minor)
- Duurzame technologie (Leeuwarden nr 125)
- Energie en installatie (Arnhem nr 150)
- Energie- en procestechniek (Eindhoven nr 81)
- Energietechniek (Breda nr 52)
- Engineering (Emmen nr 86)
- Engineering in de praktijk (Leeuwarden nr 125)
- Flexibele productieautomatisering (Delft nr 64: minor)
- Flexible energy technology (Groningen nr 95)
- Industriële robotica (Almere nr 3: minor)
- Integral product development (Groningen nr 95)
- Integrated product development (Enschede nr 89)
- International biomedical engineering (Groningen nr 95)
- Jachtbouw (Leeuwarden nr 125)
- Kunststoftechnologie (Emmen nr 86)
- Machines in motion (Den Bosch nr 52: minor)
- Mechatronica (Arnhem nr 150; Leeuwarden nr 125)
- Minors (R'dam nr 157)
- Offshore & constructions (R'dam nr 157)
- Offshore energy: wind, oil & gas (Leeuwarden nr 125)
- Offshore engineering (Den Bosch nr 52: minor)
- Ondernemen (Leeuwarden nr 125)
- Ontwerp en industrialisatie (HS NCOI nr 115)
- Ontwerp- en productietechniek (Breda nr 52: minor)
- Ontwerpen en construeren (Delft nr 64: minor)
- Ontwerper/constructeur (Utrecht nr 184)
- Ontwerpprocessen en innovatie (Delft nr 64: minor)
- Productietechniek (Breda nr 52)
- Productmanagement (HS NCOI nr 115)
- Productontwikkeling en ondernemerschap (Emmen nr 86)
- Railtechniek (Utrecht nr 184: minor)
- Systeem integrator (Utrecht nr 184)
- Technisch commercieel ingenieur (Utrecht nr 184: minor)
- Windenergie (Leeuwarden nr 125)
Werktuigbouwkunde: zie ook: Engineering

Vlaamse hbo-bacheloropleidingen 2015-2016
(zonder #-verwijzingen)
Direct onder de vetgedrukte benamingen van de studies staan (achter een streepje aan het begin van de regel) eventuele bijbehorende afstudeerrichtingen, majors, of varianten van de hoofdstudie vermeld.

A

Agro- en biotechnologie: (Diepenbeek nr 239 Vt; Geel nr 244 Vt; Melle nr 238 Vt, Dt; Roeselare nr 233 Vt, Af; Sint-Niklaas nr 235 Vt, Af)
- Agro-industrie (nr 233; nr 235)
- Biotechnologie (nr 233; nr 239; nr 244)
- Biotechnologie: cel- en gentechnologie (nr 239)
- Biotechnologie: milieutechnologie (nr 239)
- Biotechnologie: voedingsmiddelentechnologie (nr 239)
- Dierenzorg (nr 233; nr 235; nr 238; nr 244)
- Groenmanagement (nr 233; nr 235; nr 238; nr 239)
- Groenmanagement: natuur- en bosbeheer (nr 239)
- Groenmanagement: openbaar groen en boomkwekerij (nr 239)
- Groenmanagement: tuinaanleg en -onderhoud (nr 239)
- Landbouw (nr 233; nr 235; nr 238; nr 244)
- Tuinbouw (nr 244)
- Voedingsmiddelentechnologie (nr 233; nr 238; nr 239; nr 244)

Audiovisuele kunsten: (Antwerpen nr 231 Vt; Brussel nr 228 Vt; Brussel nr 234 Vt; Genk nr 239 Vt; Gent nr 238 Vt)
- Animatiefilm (nr 228; nr 234; nr 238; nr 239)
- Assistentie (nr 228)
- Beeld (nr 228)
- Communicatie- en mediadesign: game art & design (nr 239)
- Communicatie- en mediadesign: interaction design (nr 239)
- Documentaire (nr 228)
- Film (nr 228; nr 234; nr 238)
- Film-tv-video (nr 234)
- Fotografie (nr 231; nr 234)
- Geluid (nr 228)
- Montage (nr 228)
- Podiumtechnieken (nr 228)
- Radio (nr 228)
- Schrijven (228)
- Televisie (nr 228)
- Televisie-film (nr 239)

Autotechnologie: (Antwerpen nr 231 Vt; Kortrijk nr 233 Vt; Sint-Katelijne-Waver nr 244 Vt)

B

Bedrijfsmanagement: (Aalst nr 235 Vt, Af; Aalst nr 238 Vt, Dt, Af; Antwerpen nr 229 Vt, Dt; Antwerpen nr 231 Vt; Brugge nr 233 Vt; Brugge nr 242 Vt, Af; Brussel nr 235 Vt, Af; Diepenbeek nr 240/243 Vt, Dt; Geel nr 244 Vt, Dt; Gent nr 237 Vt; Gent nr 238 Vt, Dt, Af; Hasselt nr 239 Vt, Dt; Heverlee nr 241/243 Vt, Dt; Kortrijk nr 233 Vt, Af; Mechelen nr 244 Vt, Dt; Turnhout nr 244 Vt)
- Accountancy-fiscaliteit (nr 229; nr 231; nr 233; nr 240; nr 237; nr 238; nr 235; nr 239; nr 241; nr 242; nr 243; nr 244)
- Automotive management (nr 233)
- Business management (nr 241)
- Business management & entrepreneurship (nr 233)
- Cultuurmanagement (nr 233)
- Eventmanagement (nr 233; nr 239)
- Eventmanagement: business events (nr 233)
- Eventmanagement: leisure- & citymanagement (nr 233)
- Financie- en verzekeringswezen (nr 229; nr 231; nr 233; nr 240; nr 237; nr 238; nr 235; nr 239; nr 241; nr 242; nr 243; nr 244)
- Human resources (nr 239)
- Immobiliën- en verzekeringswezen (nr 233)
- Internationaal ondernemen (nr 229; nr 231; nr 237; nr 244)
- International business (nr 239)
- KMO-management (nr 231; nr 240; nr 237; nr 238; nr 239; nr 243)
- Leisure & citymanagement (nr 233)
- Logistiek (nr 240; nr 243)
- Logistiek management (nr 229; nr 231; nr 233; nr 237; nr 238; nr 235; nr 239; nr 240; nr 242; nr 244)

- Marketing (nr 229; nr 231; nr 235; nr 237; nr 238; nr 239; nr 240;
  nr 241; nr 242; nr 243; nr 244)
- Marketingcommunicatie (nr 233)
- Milieumanagement (nr 238)
- Music & entertainment (nr 233)
- Rechtspraktijk (nr 229; nr 231; nr 233; nr 237; nr 238; nr 239; nr 240;
  nr 241; nr 243; nr 244)
- Retail & store management (nr 233)
- Retailmanagement (nr 244)
- Sales management (nr 233)
- Sport- en cultuurmanagement: cultuurmanagement (nr 233)
- Sportmanagement (nr 233; nr 239; nr 244)
- Vastgoed (nr 239)

Beeldende kunsten vormgeving: (Antwerpen nr 229 Vt;
  Antwerpen nr 231 Vt: Brussel nr 234 Vt; Genk nr 239 Vt; Gent nr 234
  Vt; Gent nr 238 Vt; Hasselt nr 239 Vt)
- Beeldverhaal (nr 234)
- Fotografie (nr 229; nr 231; nr 234; nr 238; nr 239)
- Grafisch ontwerp (nr 229; nr 231; nr 234; nr 238)
- Illustratie (nr 234; nr 238)
- Juweelontwerp en edelsmeedkunst (nr 229; nr 231; nr 239)
- Keramiek & glaskunst (nr 234)
- Mode (nr 229)
- Multimediale vormgeving (nr 238)
- Productdesign (nr 239)
- Textielontwerp (nr 234; nr 238)
- Theaterkostuum (nr 229)
- Visuele communicatie (nr 234)
- Web & interactief design (nr 238)

Beeldende kunsten vrije kunsten: (Antwerpen nr 229 Vt;
  Antwerpen nr 231 Vt; Brussel nr 228 Vt; Gent nr 234 Vt; Gent nr 238
  Vt; Hasselt nr 239 Vt)
- Beeld en installatie (nr 238)
- Beeldhouwkunst (nr 229; nr 238)
- Fotografie (nr 234; nr 238)
- Grafiek (nr 238)
- Grafiek & tekenkunst (nr 234)
- Installatie (nr 234)
- Mediakunst (nr 238)
- Mixed media (nr 234)
- Performance (nr 234)
- Schilderkunst (nr 229; nr 234; nr 238)
- Sculptuur (nr 234)
- Situ3 (nr 229)
- Tekenen (nr 234; nr 238)
- Video (nr 234)
- Vrije grafiek (nr 229; nr 234)

Biomedische laboratoriumtechnologie: (Antwerpen nr 229;
  Antwerpen nr 231 Vt; Brugge nr 242 Vt, Af; Brussel nr 228 Vt;
  Diepenbeek nr 240/243 Vt; Geel nr 244 Vt; Gent nr 235 Vt; Gent nr 238
  Vt, Dt; Heverlee nr 241/243 Vt; Houthalen nr 240 Vt;)
- Bio-informatica (nr 229)
- Farmaceutische en biologische laboratoriumtechnologie (nr 229;
  nr 231; nr 235; nr 241; nr 242; nr 244)
- Farmacie (nr 228)
- Forensisch onderzoek (nr 228)
- Klinsche biologie (nr 228)
- Medische laboratoriumtechnologie (nr 229; nr 231; nr 235; nr 240;
  nr 241; nr 242; nr 244)
- Moleculaire biologie (nr 228)

Bouw: (Aalst nr 235 Vt, Af; Brussel nr 234 Vt; Diepenbeek nr 239 Vt;
  Geel nr 244 Vt, Dt; Oostende nr 233 Vt)
- Gebouwen (nr 239)
- Infrastructuur (nr 239)

Business management - international business: (Antwerpen
  nr 231 Vt)

C

Chemie: (Antwerpen nr 229 Vt; Diepenbeek nr 240/243 Vt; Geel nr 244
  Vt, Dt; Gent nr 235 Vt; Hoboken nr 231 Vt; Houthalen nr 240/243 Vt;
  Leuven nr 241 Vt; Schoonmeersen nr 238 Vt, Dt)
- Biochemie (nr 229; nr 231; nr 235; nr 238; nr 240; nr 241; nr 244)
- Chemie (nr 229; nr 2435; nr 238; nr 240; nr 241; nr 244)
- Milieuzorg (nr 235; nr 238; nr 241)
- Procestechnologie (nr 229; nr 231; nr 240; nr 241; nr 244)

Communicatiemanagement: (Antwerpen nr 229 Vt, Dt; Brussel
  nr 228 Vt; Gent nr 237 Vt, Dt; Hasselt nr 239 Vt; Kortrijk nr 242 Vt,
  verkort; Mechelen nr 244 Vt)
- Commerciële communicatie (nr 229; nr 239)
- Communicatiecoach (nr 228: minor)
- Copy-expert (nr 242)
- Corporate communicatie (nr 242)
- Digital media expert (nr 229)
- Digital media manager (nr 244)
- Events & entertainment (nr 228: minor)
- Event en experience (nr 244)
- Marketingcommunicatie (nr 242)
- Mediaplanning (nr 228: minor)
- Pr en voorlichting (nr 229; nr 239)
- Public relations (nr 244)
- Reclame (nr 242; nr 244)
- Sales manager (nr 242)
- Trendwatching, creatie & innovatie (nr 228: minor)
- Woordvoerder (nr 244)

D

Dans: (Antwerpen nr 229 Vt)
Digital arts and entertainment: (Kortrijk nr 242)
- 3D production and visual effects (nr 242)
- Game graphics production (nr 242)
- Game development (nr 242)
Drama: (Antwerpen nr 229 Vt; Brussel nr 228 Vt; Gent nr 238 Vt;
  Leuven nr 234 Vt)
- Acteren (nr 229)
- Kleinkunst (nr 229)
- Regie (nr 228)
- Spel (nr 228)
- Woordkunst (nr 229)

E

Ecotechnologie: (Kortrijk nr 233 Vt)
Elektromechanica: (Boom nr 229 Vt, Dt; Diepenbeek nr 240/243 Vt;
  Diepenbeek nr 239 Vt; Geel nr 244 Vt; Gent nr 238 Vt, Dt; Gent nr 235
  Vt; Houthalen nr 240; Kortrijk nr 233 Vt; Oostende nr 233 Vt;
  Sint-Katelijne-Waver nr 244 Vt)
- Automatisering (nr 229; nr 233; nr 238; nr 240/243; nr 244)
- Elektromechanica (nr 233; nr 235; nr 238; nr 240/243; nr 244)
- Industrial management (nr 233)
- Klimatisering (nr 229; nr 235; nr 239; nr 244)
- Klimatisering HVAC (nr 233; nr 238)
- Onderhoudstechnologie (nr 229; nr 239; nr 240/243; nr 244)
- Procesautomatisering (nr 229; nr 244)
- Technisch-commercieel adviseur (nr 229)

Electronica-ICT: (Antwerpen nr 229 Vt; Diepenbeek nr 239 Vt;
  Diepenbeek nr 240/243 Vt; Geel nr 244 Vt; Gent nr 235 Vt; Houthalen
  nr 240 Vt; Kortrijk nr 233 Vt; Oostende nr 233 Vt; Sint-Katelijne-Waver
  nr 244 Vt)
- Electronica (nr 233; nr 235; nr 240/243; nr 244)
- Ict (nr 233; nr 235; nr 240/nr 243; nr 244)

Energiemanagement: (Boom nr 229; Kortrijk nr 242 Vt)
Energietechnologie: (Diepenbeek nr 240/243 Vt; Geel nr 244 Vt;
  Houthalen nr 240 Vt; Kortrijk nr 233 Vt)
Ergotherapie: (Brugge nr 233 Vt; Brussel nr 235 Vt; Geel nr 244 Vt;
  Gent nr 237 Vt; Gent nr 238 Vt, Dt; Hasselt nr 239 Vt, Dt; Kortrijk
  nr 242 Vt; Merksem nr 229 Vt)
- Adaptation & design (nr 242: minor)
- Wellness & coaching (nr 242: minor)

F

Facilitair management: (Gent nr 235 Vt, Af)

G

Gezinswetenschappen: (Brussel nr 235 Vt, Dt; Schaarbeek nr 235 Vt, Dt)
Grafische en digitale media: (Antwerpen nr 229 Vt; Gent nr 237 Vt)
- Crossmedia-ontwerp (nr 229; nr 237)
- Grafmediabeleid (nr 237)
- Grafimediatechnologie (nr 229; nr 237)
- Multimediaproductie (nr 237)

H

Historische instrumenten: (Brussel nr 228 Vt)
- Barokcello (nr 228)
- Barokhobo (nr 228)
- Barokviool (nr 228)
- Blokfluit (nr 228)
- Gamba (nr 228)
- Klavecimbel (nr 228)
- Natuurhoorn (nr 228)
- Luit (nr 228)
- Pianoforte (nr 228)
- Traverso (nr 228)
Hotelmanagement: (Antwerpen nr 229 Vt, Dt; Brugge nr 233 Vt; Brussel nr 228 Vt)
Houttechnologie: (Gent nr 238 Vt, Dt)

I

Idea & innovation management: (Brussel nr 228 Vt)
Industrieel productontwerpen: (Kortrijk nr 242 Vt)
- Product en engineering (nr 242)
- Product en gebruik (nr 242)
- Product en vorm (nr 242)
Informatiemanagement en multimedia: (Mechelen nr 244 Vt)
- Informatiemanagement (nr 244)
- Interactieve multimedia design (nr 244)
Integrale veiligheid: (Boom nr 229 Vt)
Interieurvormgeving: (Brussel nr 234 Vt; Gent nr 234 Vt, Af; Gent nr 238 Vt, Dt; Mechelen nr 244 Vt, Dt)
- Grafiek & design (nr 244)
- Interieur (nr 244)
- Interieurbouw (nr 244)
- Meubel (nr 244)
International business management: (Gent nr 237 Vt)

J

Jazz/lichte muziek: (Antwerpen nr 229 Vt; Brussel nr 228 Vt; Leuven nr 234 Vt)
- Basgitaar (nr 229)
- Contrabas (nr 229)
- Drums (nr 229)
- Fluit (nr 229)
- Gitaar (nr 229)
- Klarinet (nr 229)
- Piano (nr 229)
- Saxofoon (nr 229)
- Trompet (nr 229)
- Tuba (nr 229)
- Viool (nr 229)
- Zang (nr 229)
Jazz/pop: (Gent nr 238 Vt, Dt)
- Jazzinstrumenten (nr 238)
- Jazz-zang (nr 238)
Journalistiek: (Antwerpen nr 229 Vt, Dt; Brussel nr 228 Vt; Gent nr 237 Vt; Hasselt nr 239 Vt; Kortrijk nr 242 Vt; Mechelen nr 244 Vt, Dt)
- Print (nr 244)
- Radio (nr 244)
- Televisie (nr 244)

K/L

Landschaps- & tuinarchitectuur: (Brussel nr 228 Vt; Gent nr 238 Vt, Dt)
Leerkracht Kleuteronderwijs: (Aalst nr 235 Vt, Dt, Af; Antwerpen nr 229 Vt, Dt; Antwerpen nr 231 Vt, Dt, verkort; Brugge nr 233 Vt; Brugge nr 242 Vt; Brussel nr 228 Vt, verkort; Brussel nr 235 Vt, Dt; Diepenbeek nr 240/243 Vt, Dt; Diest nr 241/243 Vt, Dt; Gent nr 237 Vt, Dt; Gent nr 238 Vt, Dt; Hasselt nr 239 Vt; Hasselt nr 240/243 Vt, Dt; Heverlee nr 241/243 Vt, Dt; Leuven nr 243 Vt, verkort; Mechelen nr 244 Vt; Tielt nr 233 Vt, Af, verkort; Vorselaar nr 244 Vt, Dt)
Leerkracht Lager onderwijs: (Aalst nr 235 Vt, Dt; Antwerpen nr 229 Vt, Dt; Antwerpen nr 231 Vt, Dt, verkort; Brugge nr 233 Vt, Dt; Brugge nr 242 Vt; Brussel nr 228 Vt, verkort; Diepenbeek nr 240 Vt; Diest nr 241/243 Vt, Dt; Gent nr 237 Vt, Dt; Gent nr 238 Vt, Dt; Hasselt nr 239 Vt; Hasselt nr 240/243 Vt; Heverlee nr 241/243 Vt, Dt; Leuven nr 243 Vt, verkort; Mechelen nr 244 Vt, Dt; Sint-Niklaas nr 235 Vt, Dt; Tielt nr 233 Vt, Af, verkort; Torhout nr 233 Vt, verkort; Turnhout nr 244 Vt, Dt; Vorselaar nr 244 Vt, Dt)
Leerkracht Secundair onderwijs: (Antwerpen nr 229 Vt; Antwerpen nr 231 Vt; Brugge nr 233 Vt; Brugge nr 242 Vt; Brussel nr 228 Vt, Dt; Brussel nr 235 Vt, Dt; Diepenbeek nr 240/243 Vt, Dt; Dilbeek nr 235 Vt, Dt; Gent nr 237 Vt, Dt; Gent nr 238 Vt, Dt; Hasselt nr 239 Vt; Hasselt nr 240 Vt, Dt; Heverlee nr 241/243 Vt, Dt; Leuven nr 243 Vt; Mechelen nr 244 Vt, Dt; Sint-Niklaas nr 235 Vt, Af; Torhout nr 233 Vt, Dt, verkort; Turnhout nr 244 Vt, Dt; Vorselaar nr 244 Vt, Dt)
Men kiest 2 onderwijsvakken, maar niet iedere combinatie is mogelijk:
- Aardrijkskunde (nr 228; nr 229; nr 231; nr 233; nr 235; nr 237; nr 238; nr 239; nr 240; nr 241; nr 242; nr 243; nr 244)
- Aardrijkskunde en maatschappelijke vorming (nr 233)
- Bewegingsrecreatie (nr 228; nr 229; nr 231; nr 233; nr 235; nr 237; nr 238; nr 239; nr 240; nr 241; nr 242; nr 243; nr 244)
- Bio-esthetiek (nr 228; nr 233; nr 237)
- Biologie (nr 228; nr 229; nr 231; nr 233; nr 235; nr 237; nr 238; nr 240; nr 241; nr 242; nr 243; nr 244)
- Biologie en natuurwetenschappen (nr 233; nr 242)
- Biotechnieken (nr 243)
- Bouw (nr 229)
- Burotica (nr 229)
- Chemie (nr 240; nr 235; nr 243)
- Cultuureducator (nr 239)
- Duits (nr 235)
- Economie (nr 228; nr 229; nr 231; nr 233; nr 235; nr 237; nr 238; nr 239; nr 240; nr 241; nr 242; nr 243; nr 244)
- Electriciteit (nr 229; nr 233; nr 235; nr 240; nr 243; nr 244)
- Engels (nr 228; nr 229; nr 231; nr 233; nr 235; nr 237; nr 238; nr 239; nr 240; nr 241; nr 242; nr 243; nr 244)
- Erfgoededucatie (nr 239)
- Filosoferen met jongeren (nr 239)
- Frans (nr 228; nr 229; nr 231; nr 233; nr 235; nr 237; nr 238; nr 239; nr 240; nr 241; nr 242; nr 243; nr 244)
- Fysica (nr 229; nr 231; nr 233; nr 235; nr 237; nr 238; nr 240; nr 241; nr 243; nr 244)
- Fysica en natuurweteschappen (nr 233)
- Geschiedenis (nr 228; nr 229; nr 231; nr 233; nr 235; nr 237; nr 238; nr 239; nr 240; nr 241; nr 242; nr 243; nr 244)
- Geschiedenis en maatschappelijke vorming (nr 233)
- Godsdienst (nr 231; nr 233; nr 235; nr 237; nr 239; nr 240; nr 241; nr 243; nr 244)
- Haartooi (nr 228; nr 233; nr 237)
- Handel-burotica (nr 228; nr 235; nr 237; nr 238; nr 239; nr 240; nr 243; nr 244)
- Hout (nr 229)
- ICT-coördinator (nr 239)
- Informatica (nr 228; nr 231; nr 233; nr 235; nr 237; nr 238; nr 239; nr 240; nr 241; nr 242; nr 243; nr 244)
- Instructeur fitness (nr 239)
- Islamitische godsdienst (nr 228; nr 243)
- Katholieke godsdienst (nr 233)
- Latijn (nr 231; nr 240; nr 237; nr 241; nr 243)
- Leerlingbegeleider (nr 239)

- Lichamelijke opvoeding (nr 228; nr 229; nr 231; nr 233; nr 235; nr 237; nr 238; nr 239; nr 240; nr 241; nr 242; nr 243; nr 244)
- Mechanica (nr 229; nr 233; nr 240; nr 243 nr 244)
- Methodeonderwijs (nr 239)
- Mode (nr 229)
- Muzikale opvoeding (nr 229; nr 237; nr 238; nr 240; nr 243)
- Natuurwetenschappen (nr 231; nr 233; nr 237; nr 239; nr 242)
- Nederlands (nr 228; nr 229; nr 231; nr 233; nr 235; nr 237; nr 238; nr 239; nr 241; nr 242; nr 243; nr 244)
- Niet-confessionele zedenleer (nr 228; nr 229; nr 238; nr 239; nr 242)
- PKV-cultuur (nr 229)
- PKV-muziek (nr 229)
- Plastische opvoeding (nr 231; nr 233; nr 235; nr 237; nr 238; nr 239; nr 240; nr 243; nr 244)
- Project algemene vakken (nr 231; nr 233; nr 235; nr 237; nr 238; nr 239; nr 240; nr 242; nr 243; nr 244)
- Project kunstvakken (nr 231; nr 233; nr 235; nr 237; nr 238; nr 239; nr 240; nr 243; nr 244)
- Sportcoach (nr 239)
- Techniek (nr 229; nr 231; nr 233; nr 235; nr 237; nr 238; nr 239; nr 240; nr 241; nr 242; nr 243; nr 244)
- Voeding/verzorging (nr 229; nr 233; nr 237; nr 238; nr 240; nr 241; nr 243)
- Wiskunde (nr 228; nr 229; nr 231; nr 233; nr 235; nr 237; nr 238; nr 239; nr 240; nr 241; nr 242; nr 243; nr 244)

Logopedie en audiologie: (Antwerpen nr 244 Vt, Dt; Brugge nr 233 Vt; Gent nr 237 Vt; Gent nr 238 Vt)
- Audiologie (nr 233; nr 237; nr 238; nr 244)
- Logopedie (nr 233; nr 237; nr 238; nr 244)

Luchtvaart: (Oostende nr 233 Vt)
- Aspirant-lijnpiloot (nr 233)
- Luchtvaarttechnologie (nr 233)

M
Maatschappelijke veiligheid: (Kortrijk nr 233 Vt, Af, Verkort)
Medische beeldvorming: (Brussel nr 235 Vt)
Medische laboratoriumtechnologie: (Brugge nr 233 Vt)
Milieuzorg: (Diepenbeek nr 240/243 Vt; Houthalen nr 240)
Modetechnologie: (Gent nr 238 Vt, Dt)
Multimedia en communicatietechnologie: (Antwerpen nr 231 Vt; Brussel nr 228 Vt, verkort; Kortrijk nr 242 Vt)
- Art & technology (nr 228)
- Audio & video (nr 231)
- Divine, digital design and development (nr 242)
- Mobile App & web (nr 228)
- New media and communication technology (nr 242)
- Virtual & 3D (nr 231)
- Web & UX (nr 231)

Musical: (Brussel nr 228 Vt)
Muziek: (Antwerpen nr 229 Vt; Brussel nr 228 Vt; Gent nr 238 Vt, Dt; Hasselt nr 239 Vt; Leuven nr 234 Vt)
- Compositie (nr 234)
- Directie (nr 234)
- Historische instrumenten (nr 228)
- Instrument/zang (nr 228; nr 229; nr 234)
- Instrumentenbouw (nr 238)
- Jazz (nr 234)
- Jazz/lichte muziek (nr 228; nr 229)
- Jazz/pop (nr 238)
- Kamermuziek (nr 228)
- Klassiek (nr 229; nr 234)
- Muziekpedagogie (nr 234)
- Muziektherapie (nr 234)
- Muziektheorie/schriftuur (nr 238)
- Muziektheorie/schriftuur: compositie (nr 228; nr 229)
- Muziektheorie/schriftuur: hafabradirectie (nr 228)
- Muziektheorie/schriftuur: muziektheorie (nr 229)
- Muziektheorie/schriftuur: orkestdirectie (nr 228)
- Muziektheorie/schriftuur: schriftuur (nr 228)
- Orkestinstrumenten (nr 228)

- Pop- en rockmuziek (nr 239)
- Scheppende muziek: compositie (nr 238)
- Scheppende muziek: muziekproductie (nr 238)
Muziek: zie ook: Historische instrumenten, Jazz/lichte muziek, Jazz/pop, Musical, Muziek klassiek/orkest en Pop- en rockmuziek
Muziek klassiek/orkest: (Antwerpen nr 229 Vt; Brussel nr 228; Gent nr 238 Vt)
- Accordeon (nr 229; nr 238)
- Altviool (nr 228; nr 229; nr 238)
- Barokhobo (nr 238)
- Basklarinet (nr 238)
- Blokfluit (nr 238)
- Cello (nr 228; nr 229; nr 238)
- Contrabas (nr 228; nr 229; nr 238)
- Engelse hoorn (nr 228)
- Euphonium (nr 238)
- Fagot (nr 228; nr 229; nr 238)
- Fluit (nr 228; nr 229; nr 238)
- Gitaar (nr 228; nr 229; nr 238)
- Harp (nr 228; nr 229; nr 238)
- Hobo (nr 228; nr 229; nr 238)
- Hoorn (nr 228; nr 238)
- Klarinet (nr 228; nr 229; nr 238)
- Klavecimbel (nr 229; nr 238)
- Luit (nr 238)
- Mandoline (nr 229)
- Orgel (nr 229; nr 228; nr 238)
- Percussie (nr 229)
- Piano (nr 228; nr 229; nr 238)
- Piccolo (nr 229)
- Saxhoorn (nr 229)
- Saxofoon (nr 228; nr 229)
- Slagwerk (nr 228; nr 238)
- Traverso (nr 238)
- Trombone (nr 228; nr 229; nr 238)
- Trompet (nr 228; nr 229; nr 238)
- Tuba (nr 228; nr 229; nr 238)
- Viola da gamba (nr 238)
- Viool (nr 228; nr 229; nr 238)
- Zang (nr 228; nr 229; nr 238)

N
Netwerkeconomie: (Brugge nr 242 Vt)
New media and communication technology: (Kortrijk nr 242 Vt, Af)
- App development (nr 242)
- Digital expert skills (nr 242)
- Infrastructure (nr 242)
- Server side development (nr 242)
- Web & design (nr 242)

O
Office management: (Aalst nr 235 Vt, Af; Aalst nr 238 Vt, Dt; Antwerpen nr 229 Vt; Antwerpen nr 231 Vt; Brugge nr 233 Vt; Brugge nr 242 Vt; Brugge nr 228 Vt; Brussel nr 235 Vt, Af; Diepenbeek nr 240/243 Vt; Geel nr 244 Vt, Dt; Gent nr 237 Vt, Af; Hasselt nr 239 Vt, Dt, Af; Heverlee nr 241/243 Vt; Kortrijk nr 233 Vt, Af; Mechelen nr 244 Vt, Dt; Turnhout nr 244 Vt, Dt)
- Bedrijfsvertaler-tolk (nr 233; nr 238; nr 239; nr 240; nr 241; nr 244)
- Cross media management (nr 231; nr 244)
- Customer relations management (nr 244)
- Event- en projectmanagement (nr 231; nr 237; nr 241; nr 244)
- HR officer (nr 233)
- Human resources & sales (nr 231)
- Human resources management (nr 244)
- Management assistent (nr 233; nr 235; nr 237; nr 238; nr 239; nr 241; nr 242)
- Management assistent human resources (nr 229; nr 240)
- Management assistent international business (nr 229)
- management assistent media & event (nr 240)

- Management assistent sales (nr 229)
- Medical management assistent (nr 229; nr 237; nr 238; nr 239; nr 241; nr 242)
- Medical office management (nr 233; nr 235; nr 244)
- Talen en intercultureel netwerken (nr 231; nr 244)

Ontwerp- en productietechnologie: (Gent nr 235 Vt; Kortrijk nr 233 Vt; Sint-Katalijne-Waver nr 244 Vt)
- Kunststofverwerking (nr 233)
- Technology management (nr 235)

Optiek en optometrie: (Brussel nr 235)

Orthopedagogie: (Antwerpen nr 229; Antwerpen nr 231 Vt; Diepenbeek nr 240/243 Vt, Dt; Dilbeek nr 235 Vt; Gent nr 238 Vt, Dt, Af; Kortrijk nr 233 Vt, Af, verkort)
- Algemene orthopedagogie (nr 238)
- Jeugddelinquentie (nr 233)
- Kunst en cultuur (nr 233)
- Muzisch-agogisch begeleider (nr 235)
- Opvoedingsbegeleiding en -coaching bij kinderen (nr 238)
- Ortho-agogie volwassenen en ouderen (nr 229)
- Orthopedagogie (nr 231)
- Orthopedagogie kinderen en jongeren (nr 229)
- S.p.a.c.e. (nr 233)
- Systeem en contextgericht werker (nr 235)
- Toegepaste jeugdcriminologie (nr 231)

Orthopedie: (Geel nr 244 Vt, Dt)
- Orthopedische technologie (nr 244)
- Schoentechnologie voor sport en revalidatie (nr 244)

P

Pedagogie van het jonge kind: (Antwerpen nr 231 Vt, Dt; Brussel nr 228 Vt, verkort; Gent nr 237 Vt, Dt)

Podologie: (Gent nr 237 Vt)

Pop- en rockmuziek: (Hasselt nr 239)
- Muziekmanagement (nr 239)
- Muziektechniek: live PA-technicus (nr 239)
- Muziektchniek: Studiotechnicus (nr 239)
- Muzikant: basgitaar (nr 239)
- Muzikant: drum (nr 239)
- Muzikant: electronica (nr 239)
- Muzikant: gitaar (nr 239)
- Muzikant: toetsen (nr 239)
- Muzikant: zang (nr 239)

Q/R

Rechtspraktijk: (Antwerpen nr 229 Vt, Dt; Antwerpen nr 231 Vt, verkort; Diepenbeek nr 240 Vt)
- Business law (nr 229)
- Crime & justice academic (nr 229)
- Crime & justice - police (nr 229)
- Real estate (nr 229)
- Recht (nr 240)
- Social law (nr 229)
- Vastgoed (nr 240)

Retailmanagement: (Gent nr 238 Af, D)

S

Scheepswerktuigkunde: (Antwerpen nr 230 Vt)

Sociaal-agogisch werk: (Antwerpen nr 231)

Sociaal werk: (Antwerpen nr 229 Vt; Antwerpen nr 231 Vt; Brussel nr 228 Vt; Brussel nr 235 Vt, Dt; Brugge nr 242 Vt; Geel 244 Vt, Dt; Gent nr 237 Vt; Gent nr 238 Vt, Dt, Af; Hasselt nr 239 Vt; Heverlee nr 241/243 Vt, Dt; Kortrijk nr 233 Vt, Af, verkort; Kortrijk nr 242 Vt)
- Kunst- en cultuurbemiddeling (Antwerpen nr 231)
- Maatschappelijk werk (nr 228; nr 229; nr 231; nr 233; nr 235; nr 237; nr 238; nr 239; nr 241/243; nr 242; nr 244)
- Maatschappelijke advisering (nr 237; nr 238; nr 241/243; nr 242; nr 244)
- Personeelswerk (nr 229; nr 231; nr 233; nr 235; nr 237; nr 238; nr 239; nr 241/243; nr 244)

- Sociaal-cultureel werk (nr 228; nr 229; nr 231; nr 233; nr 235; nr 237; nr 238; nr 241/243; nr 242; nr 244)
- Sociaal-juridische dienstverlening (nr 228; nr 231; nr 233)
- Syndicaal werk (nr 237)

Sociale redaptatiewetenschappen: kinderen, jongeren en welzijn: (Heverlee nr 241/243 Vt, Dt)

Sport en bewegen: (Brugge nr 242 Vt; Turnhout nr 244 Vt, Dt)
- Health coaching (nr 242)
- Leisure management (nr 242)

T

Textieltechnologie: (Gent nr 238 Vt, Dt)

Toegepaste architectuur: (Sint-Michiels nr 242 Vt, Af)

Toegepaste fiscaliteiten: (Gent nr 238 Af)

Toegepaste gezondheidswetenschappen: (Oostende nr 242 Vt)

Toegepaste informatica: (Aalst nr 238 Vt, Dt, Af; Antwerpen nr 229 Vt, Dt; Antwerpen nr 231 Vt, Af; Brugge nr 242 Vt; Brussel nr 228 Vt; Brussel nr 235 Vt; Geel nr 244 Vt; Gent nr 238 Vt, Dt, Af; Hasselt nr 239 Vt, Dt; Heverlee nr 241/243 Vt; Kortrijk nr 233 Vt, Af; Leuven nr 241 Vt)
- Applicatieontwikkeling (nr 231; nr 233)
- Application development (nr 239)
- Applications (nr 229)
- Apps & gramification (nr 233)
- Business & IT (nr 228; nr 233)
- Computer criminaliteit en beveiliging (nr 242)
- Digital media expert (nr 229)
- E-business (nr 238)
- ICT-consulant (nr 242)
- IT business (nr 229)
- Mainframeapplicaties en -beheer (nr 238)
- Mobile applicaties (nr 238)
- Mobile development (nr 229)
- Mobile software development (nr 233)
- Networks & cybersecurity (nr 233)
- Networks & security (nr 228)
- Software & systems development (nr 242)
- Software engineering (nr 228; nr 229)
- Software management (nr 239)
- Softwaremanagement (nr 231; nr 233)
- Systeem- en netwerkbeheer (nr 231; nr 238)
- Systems & networks (nr 239)

Toegepaste psychologie: (Antwerpen nr 244 Vt, Dt; Brugge nr 242 Vt; Kortrijk nr 233 Vt, Af)
- Arbeids- en organisatiepsychologie (nr 233; nr 244)
- Klinische psychologie (nr 233; nr 244)
- Schoolpsychologie en pedagogische psychologie (nr 233; nr 244)

Toerisme en recreatiemanagement: (Brugge nr 233 Vt; Brussel nr 228 Vt; Hasselt nr 239 Vt; Kortrijk nr 242 Vt, Af; Mechelen nr 244 Vt, Dt)
- Cultuur- en vrijetijdsmanagement (nr 244)
- Hospitality management (nr 244)
- Reisbureau (nr 233)
- Touroperator (nr 233)
- Toeristische diensten en evenementen (nr 233)
- Travel management (nr 244)

U/V/W/X/Y/Z

Vastgoed: (Aalst nr 235 Vt; Gent nr 238 Vt, Dt, Af; Hasselt nr 239 Vt; Mechelen nr 229 Vt)
- Landmeten (nr 229; nr 238)
- Makelaardij (nr 229; nr 238)

Verpleegkunde: (Aalst nr 235 Vt, Af; Antwerpen nr 229 Vt, Dt, verkort; Antwerpen nr 231 Vt, Dt; Brugge nr 233 Vt, Af; Brugge nr 242 Vt, Af, verkort; Brussel nr 235 Vt, Af; Gent nr 237 Vt, Dt; Gent nr 238 Vt, Dt; Hasselt nr 239 Vt, Dt; Hasselt nr 240/243 Vt, Dt, verkort; Jette nr 228 Vt, verkort, Af; Kortrijk nr 233 Vt, Af; Leuven nr 241/243 Vt; Lier nr 244 Vt, Dt; Mechelen nr 244 Vt, Dt; Merksem nr 229 Vt, Dt; Roeselare 233 Vt; Sint-Niklaas nr 235 Vt, Af; Turnhout nr 244 Vt, Dt)
- Algemene geneeskunde en chirurgie (nr 237)

- Geestelijke gezondheidszorg (nr 237)
- Geriatrische en chronische zorg (nr 237)
- Geriatrische verpleegkunde (nr 229; nr 231; nr 238; nr 242; nr 244)
- Internationale opleiding verpleegkunde (nr 235)
- Kinderverpleegkunde (nr 229; nr 231; nr 238; nr 239; nr 242; nr 244)
- Maatschappelijke gezondheidszorg (nr 237)
- Pediatrie (nr 237)
- Psychiatrische verpleegkunde (nr 229; nr 231; nr 238; nr 239; nr 242; nr 244)
- Sociale verpleegkunde (nr 229; nr 231; nr 238; nr 239; nr 242; nr 244)
- Thuiszorg (nr 237)
- Van vroedkunde naar verpleegkunde (nr 231)
- Verpleegkunde voor vroedkunde (nr 240)
- Ziekenhuisverpleegkunde (nr 229; nr 231; nr 238; nr 239; nr 242; nr 244)

Voedings- en dieetkunde: (Antwerpen nr 229 Vt, Dt; Brugge nr 233 Vt; Brussel nr 228 Vt; Geel nr 244 Vt, Dt; Gent nr 235 Vt, Af; Gent nr 238 Vt, Dt; Leuven nr 241/243 Vt)

Vroedkunde: (Antwerpen nr 229 Vt, verkort; Antwerpen nr 231 Vt; Brugge nr 233 Vt; Gent nr 237 Vt, Dt; Hasselt nr 239 Vt; Hasselt nr 240/243 Vt; Jette nr 228 Vt; Kortrijk nr 233 Vt, Af; Leuven nr 241/243 Vt; Lier nr 244 Vt; Sint-Niklaas nr 235 Vt, Af)

25.9 HBO-MASTEROPLEIDINGEN

25.9.e Hbo-masteropleidingen

25.9.e.1 Overzichten van Nederlandse en Vlaamse hbo-masteropleidingen 2015-2016

- Hieronder vindt men 2 geheel geactualiseerde overzichten met hbo-masteropleidingen: eerst de lijst met Nederlandse hbo-masteropleidingen en daaronder de lijst met Vlaamse hbo-masteropleidingen.
- Na een opleidingsnaam volgen tussen haakjes de plaatsnamen waar de opleiding wordt gegeven; de nummers achter de plaatsnaam betreffen de volledige centrale adressen van de Nederlandse en Vlaamse hogescholen. Deze centrale adressen zijn te vinden in de Centrale adreslijst HBO, achterin deze Gids. (N.B. De genoemde opleidingsplaats is soms een andere dan het centraal adres.)
- Meer adrescodes achter één opleiding: dit betekent dat de opleiding met dezelfde naam op meer scholen wordt gegeven. Dit hoeft echter niet te betekenen dat zo'n opleiding op meer scholen precies hetzelfde studieprogramma volgt.
- Sommige opleidingen worden gegeven op een OVER-adres: deze adrescodes verwijzen naar de Centrale adreslijst OVER onder de vermelde nummers, achterin deze Gids.
- 'Niet bekostigd' betekent dat de studie niet door de overheid wordt bekostigd en dat de student dus het gehele inschrijf- en collegegeld zelf moet betalen.
- Achter aan de regel van een Nederlandse hbo-masteropleiding in onderstaande lijst treft men een # aan. Hierachter staat het paragraafnummer van deze Gids waarin dit onderwerp thuishoort (bijvoorbeeld: #14.4.e = 14.4 Psychologie en psychotherapie). De redactie streeft ernaar om alle hbo-masteropleidingen óók in de betreffende hoofdstukken te plaatsen, zodat het voor de gebruiker nog duidelijker zichtbaar wordt welke opleidingen qua onderwerp verwant zijn en dus in welke sector ze thuishoren. (Hetzelfde geldt voor de wo-bacheloropleidingen, de wo-masteropleidingen, de ad-programma's, de hbo-bacheloropleidingen, en de post-hbo-opleidingen.)

- *Let op: direct onder de benamingen van de studies staan (achter een streepje aan het begin van de regel) eventuele bijbehorende afstu-*

deerrichtingen, majors, of specialisaties - in Vlaanderen: varianten - van de hoofdstudie vermeld.

- Hbo-masteropleidingen worden ook wel professionele masters genoemd.
- Zie voor meer informatie over hbo-masteropleidingen: 25.6.f.9.
- De inschrijving van de meeste hierna genoemde hbo-masteropleidingen is geopend voor het studiejaar 2015-2016 e.v.
- Sommige masteropleidingen worden 2x per jaar gegeven: ze starten dan meestal in januari of februari én in september.
- De opleidingsduur van Nederlandse hbo-masteropleidingen is meestal 1 jaar, van Vlaamse meestal 2 jaar.
- Toelatingseis is het hbo-bachelordiploma van dezelfde hogeschool of van een andere hogeschool.
- Een Engelstalige opleidingsnaam betekent in de meeste gevallen dat de voertaal van de opleiding Engels is en dat daarom een goede beheersing van het Engels is vereist om de opleiding met succes te kunnen volgen.

Vt = Voltijd   D = Duaal
Dt = Deeltijd   Af = Afstandonderwijs
Di = Digitaal en/of blended learning*

* blended learning is een combinatie van klassikaal onderwijs, e-learning/afstandsonderwijs en zelfstudie die o.a. bij HS NTI mogelijk is.

Hbo-masteropleidingen in Nederland 2015-2016

Direct onder de vetgedrukte benamingen van de studies staan (achter een streepje aan het begin van de regel) eventuele bijbehorende afstudeerrichtingen, majors, of specialisaties van de hoofdstudie vermeld.

A

Accounting & auditing: (Utrecht nr 184 Dt, niet bekostigd) #20.8.e

Advanced health informatics practice: (A'dam nr 20 Dt, niet bekostigd) #13.2.e

Advanced nursing practice: (A'dam nr 20 D; Enschede nr 89 Dt, D; Groningen nr 96 D; Heerlen nr 109 D; Leiden nr 132 D; Nijmegen nr 150 D; R'dam nr 157 D; Tilburg nr 82 D; Utrecht nr 184 D) #13.3.e
- Acute zorg (Enschede nr 89)
- Acute zorg bij somatische aandoeningen (Nijmegen nr 150; Utrecht nr 184)
- Chronische zorg (Enschede nr 89)
- Chronische zorg bij somatische aandoeningen (Nijmegen nr 150; Utrecht nr 184)
- Geestelijke gezondheidszorg (Enschede nr 89; Nijmegen nr 150; Utrecht nr 184)
- GGZ (A'dam nr 20)
- Intensieve zorg (Enschede nr 89)
- Intensieve zorg bij somatische aandoeningen (Nijmegen nr 150; Utrecht nr 184)
- Preventieve zorg (Enschede nr 89)
- Preventieve zorg bij somatische aandoeningen (Nijmegen nr 150; Utrecht nr 184)

Arbeid en gezondheid: (Deventer nr 89 Dt) #11.7.e

Architecture: zie ook: Architectuur en Urbanism

Architecture: (Maastricht nr 140 Dt) #10.2.e

Architectuur: (A'dam nr 9 Dt; Arnhem nr 39 Dt; Groningen nr 95 Dt; R'dam nr 157 Dt) #10.2.e
- Context (Arnhem nr 39)

Arts therapies: (Heerlen nr 109 Dt) #14.7.e

Automotive systems: (Arnhem nr 150 Vt, Dt, niet bekostigd) #5.6.e

Autonome beeldende kunst: zie Fine arts

B

Bedrijfskunde zorg en dienstverlening: (Nijmegen nr 150 Dt, verkort, niet bekostigd) #11.1.e
Bedrijfsrecht: (HS NCOI nr 115 Dt, Af, diverse lesplaatsen, niet bekostigd) #20.9.e
- Arbeidsrecht (HS NCOI nr 115)
- Ondernemingsrecht (HS NCOI nr 115)
Begeleidingskunde: (Nijmegen nr 150/R'dam nr 157 Dt, niet bekostigd) #13.1.e
Belastingadviseur: (Culemborg nr OVER-105 Dt, niet bekostigd) #20.11.e
Bestuurskunde: (HS NCOI nr 115, Dt, Af, diverse lesplaatsen, niet bekostigd) #20.4.e
Business administration: (Breda nr 54 Dt, diverse lesplaatsen, niet bekostigd; Den Haag nr 61 Dt, niet bekostigd; Deventer nr 89 Vt, niet bekostigd; Groningen nr 99 Vt, niet bekostigd; Leeuwarden nr 124 Dt, diverse lesplaatsen, niet bekostigd; Venlo nr 82 Dt, niet bekostigd; Zwolle nr 217 Dt, niet bekostigd; HS LOI nr 135 Dt, Af, diverse lesplaatsen, niet bekostigd HS NCOI nr 115 Dt, Af, diverse lesplaatsen, niet bekostigd; HS NTI nr 133 Dt, Af, diverse lesplaatsen, niet bekostigd) #11.2.e
- Business information management (HS NCOI nr 115)
- Human resource management (HS NCOI nr 115)
- Innovatie en ondernemerschap (HS NCOI nr 115)
- Innovatie en verandering (HS NCOI nr 115)
- International business (HS NCOI nr 115)
- Leiderschap (HS NCOI nr 115)
- Management van bedrijfsprocessen (HS NCOI nr 115)
- Project- en programmamangement (HS NCOI nr 115)
- Sportmanagement (HS NCOI nr 115)
- Strategie, verandering en consultancy (HS NCOI nr 115)
- Strategisch sales- en accountmanagement (HS NCOI nr 115)
- Zorg en welzijn (HS NCOI nr 115)
Business and management: (Venlo nr 82 Vt, niet bekostigd) #11.1.e
Business engineering: (HS NCOI nr 115 Dt, Af, diverse lesplaatsen, niet bekostigd) #11.1.e
Business information: (HS NCOI nr 115 Dt, Af, diverse lesplaatsen, niet bekostigd) #11.1.e
Business process management & IT: (Den Haag nr 61 Dt, niet bekostigd; Eindhoven nr 82 Dt, niet bekostigd; Leeuwarden nr 124 Dt, niet bekostigd) #11.2.e

C

Choreography: (A'dam nr 9 Vt) #23.5.e
Communication: (HS NCOI nr 115 Dt, Af, diverse lesplaatsen, niet bekostigd) #17.3.e
- Online communicatie (HS NCOI nr 115)
Consultancy & entrepreneurship: (R'dam nr 157 Vt, niet bekostigd) #17.1.e
Contextuele hulpverlening: (Ede nr 76 Dt) #14.4.e
- Contextueel therapeuten (Ede nr 76)
Control systems engineering: (Arnhem nr 150 Vt, Dt, niet bekostigd) #5.1.e
Controlling: (Breda nr 54 Dt, diverse lesplaatsen, niet bekostigd) #20.8.e
Criminal investigation: (Apeldoorn nr 38 D) #21.4.e
Crisis and public order management: (Apeldoorn nr 38 Dt) #21.7.e

D

Dance in therapy: (R'dam nr 153 Dt) #14.7.e
Design: (A'dam nr 18 Vt; Arnhem nr 40 Vt; Breda nr 48 Vt; Den Haag nr 67 Vt; Eindhoven nr 78 Vt; Groningen nr 94 Vt; Maastricht nr 139 Vt, Dt, niet bekostigd; R'dam nr 163 Vt, Dt) #23.2.e
- Animation (Breda nr 48)
- Contextual design (Eindhoven nr 78)
- Design curating and writing (Eindhoven nr 78)
- Fashion design (Arnhem nr 40)
- Fashion strategy (Arnhem nr 40)
- Graphic design (Breda nr 48)
- Information design (Eindhoven nr 78)

- Media design and communication (R'dam nr 163)
- Photography (Breda nr 48)
- Scientific illustration (Maastricht nr 139)
- Social design (Eindhoven nr 78)
- Theatervormgeving/beeldregie (Groningen nr 94)
- Type and media (Den Haag nr 67)
- Werkplaats typografie (Arnhem nr 40)
Docent: zie leraar

E

Educational leadership: (Alkmaar nr 2 Dt; Amstelveen nr 6 Dt, niet bekostigd; Deventer nr 89 Dt, niet bekostigd; Utrecht nr 76/92/196 Dt, niet bekostigd; Zwolle nr 76/92/196 Dt, niet bekostigd) #14.5.e
Engineering: (Utrecht nr 184 Dt, niet bekostigd) #10.11.e
European master in midwifery: (Maastricht/Glasgow/Hannover/Ljubljana/Zwitserland nr 136 Af) #13.6.e
- Best practices in health promotion (Maastricht nr 136)
- Empowering midwifes for the autonomous profession (Maastricht nr 136)
- Implenting innovations in midwifery practice (Maastricht nr 136)
- Midwifery view in research (Maastricht nr 136)
- Public health and midwifery (Maastricht nr 136)
European master in renewable energy: (Groningen nr 99 Vt) #5.1.e
European master in social work: (Groningen nr 97 Dt) #14.1.e
Evangelic theology: (Badhoevendorp nr 46 Dt, niet bekostigd) #12.1.e

F

Facility & real estate management: (Deventer nr 89 Vt, niet bekostigd; Maastricht nr 109 Vt, niet bekostigd; Utrecht nr 184 Vt, niet bekostigd) #15.1.e, zie ook: 17.5.e
Fashion design: (Arnhem nr 40 Vt) #6.2.e
Fashion strategy: (Arnhem nr 40 Vt) #6.3.e
Film: (A'dam nr 9 Vt) #23.6.e
Finance & accounting: (Hilversum nr 114 Af, diverse lesplaatsen, niet bekostigd) #20.8.e
Finance & control: (Hilversum nr 114 Af, diverse lesplaatsen, niet bekostigd; HS NCOI nr 115 Dt, Af, diverse lesplaatsen, niet bekostigd) #20.8.e
Financial management & control: (Den Haag nr 61 Vt, Dt, niet bekostigd) # 20.8.e
Fine arts: (A'dam nr 18 Vt; Arnhem nr 40 Vt; Breda nr 48 Vt; Den Bosch nr 57 Vt; Den Haag nr 67 Vt; Groningen nr 94 Vt; R'dam nr 163 Vt; Utrecht nr 185 Vt) #23.2.e
- Artistic research (Den Haag nr 67)
- Arts (Utrecht nr 185)
- ArtScience (Den Haag nr 67)
- Critical studies (A'dam nr 18)
- Grafisch ontwerpen/Graphic design (A'dam nr 18, Breda nr 48)
- Media, art design & technology (Groningen nr 94)
- Painting (Groningen nr 94)
- Scenography (Utrecht nr 185)
Fiscaal recht: (Culemborg nr OVER-105 Dt, niet bekostigd) #20.11.e
Forensisch sociale professional: (Utrecht nr 184 Dt, niet bekostigd) #14.5.e, zie ook 21.6.e
Fysiotherapie: (Amersfoort nr OVER-13 Dt, niet bekostigd; Breda nr 54 Dt, diverse lesplaatsen, niet bekostigd; Enschede nr 89 Dt, niet bekostigd; R'dam nr 157 Dt, niet bekostigd; Utrecht nr 184 Dt, verkort, niet bekostigd; Pro education nr 118 Dt, diverse lesplaatsen, niet bekostigd) #13.12.e
- Bekkenfysiotherapie (Amersfoort nr OVER-13)
- Ergotherapie (Breda nr 54)
- Geriatriefysiotherapie (Amersfoort nr OVER-13; Breda nr 54; Utrecht nr 184)
- Kinderfysiotherapie (Breda nr 54; R'dam nr 157; Utrecht nr 184)
- Kinderfysiotherapie en -revalidatie (Pro education nr 118)
- Manuele therapie (Amersfoort nr OVER-13; Breda nr 54; Enschede nr 89; R'dam nr 157; Pro education nr 118)
- Orthopedische manuele therapie (Utrecht nr 184)

- Psychosomatische fysiotherapie (Utrecht nr 184)
- Sportfysiotherapie (Amersfoort nr OVER-13; Breda nr 54; Enschede nr 89; R'dam nr 157; Utrecht nr 184)
Fysiotherapie, zie ook: Musculoscetaal

G
Game technology: (Breda nr 55 Vt, niet bekostigd) #23.6.e
Godsdienst-pastoraal werk: (Utrecht nr 82 Dt) #12.5.e
Grafisch ontwerpen/Graphic design: zie Fine arts

H
Health care and social work: (Enschede nr 89 Dt) #13.2.e, zie ook: 14.2.e
Healthy ageing professional: (Groningen nr 96 Vt, Dt) #13.1.e
- Ageing and care (Groningen nr 96)
- Healthy ageing, a global challenge (Groningen nr 96)
- Mental capital and wellbeing (Groningen nr 96)
- Sport and physical activity (Groningen nr 96)
Hospitality management: (A'dam nr 19 Vt, niet bekostigd) #17.6.e
Human resources management: (Breda nr 54 Dt, diverse lesplaatsen, niet bekostigd; Nijmegen nr 150 Dt, verkort, niet bekostigd; HS NCOI nr 115 Dt, Af, diverse lesplaatsen, niet bekostigd) #11.6.e
- Bedrijfskundig management (HS NCOI nr 115)
- Coaching (HS NCOI nr 115)
- Organisatie en verandering (HS NCOI nr 115)
- Organisatiecoaching (HS NCOI nr 115)
- Organisatiepsychologie (HS NCOI nr 115)
- Talentmanagement en leiderschapsontwikkeling (HS NCOI nr 115)

I
Ict & business innovation: (Breda nr 54 Dt, diverse lesplaatsen, niet bekostigd) #20.6.e
Imagineering: (Breda nr 55 Vt, niet bekostigd) #18.1.e
Informatics: (Utrecht nr 184 Dt, niet bekostigd) #20.6.e
- Business & IT-architectuur (Utrecht nr 184)
- Business information management (Utrecht nr 184)
Innovation in complex care: (Heerlen nr 109 Dt, niet bekostigd) #13.1.e
Innovation in European business: (Utrecht nr 184 Vt, niet bekostigd) #11.1.e
Innovative hospitality management: (Maastricht nr 109 Vt, niet bekostigd) #15.1.e
Interieur architectuur: (Arnhem nr 39 Vt; Zwolle nr 39 Vt) #9.1.e, zie ook: 23.2.e
Interior architecture: (A'dam nr 18 Vt; Den Haag nr 67 Vt; Maastricht nr 109 Vt; Utrecht nr 109 Vt) #9.1.e, zie ook: 23.2.e
- Critique program (R'dam nr 163)
- Inside interior architecture (Den Haag nr 67)
Interior architecture & retail design: (R'dam nr 163 Vt) #9.1.e, zie ook: 23.2.e
International auditing: (Den Haag nr 61 Dt, niet bekostigd) #11.1.e
International business: (Arnhem nr 150 Dt, niet bekostigd) #17.1.e
International business and management: (Groningen nr 99 Vt, niet bekostigd) #11.2.e
International communication: (Groningen nr 97 Vt) #19.1.e
International communication management: (Den Haag nr 61 Vt, Dt, niet bekostigd) #19.1.e
International events management: (Leeuwarden nr 129 Vt, niet bekostigd) #17.6.e
International leisure and tourism studies: (Leeuwarden nr 129 Vt, niet bekostigd) #18.1.e
International service management: (Leeuwarden nr 129 Vt, niet bekostigd) #18.1.e
International supply chain management: (Enschede nr 89 Dt, niet bekostigd) #18.2.e

J
Jeugdzorg: (Leiden nr 132 Dt) #14.5.e

K
Kunsteducatie: (A'dam nr 9 Dt; Groningen nr 94 Dt; Groningen nr 124 Dt; Maastricht nr 139 Dt; R'dam nr 163 Dt; Tilburg nr 168 Dt; Utrecht nr 185 Dt; Zwolle nr 213 Dt) #23.1.e

L
Landschapsarchitectuur: (A'dam nr 7 Dt; Velp nr 199 Vt) #3.4.e
Leadership in education: (Alkmaar nr 2 Dt; Eindhoven nr 79 Dt, niet bekostigd) #24.1.e
Learning & innovation: (Leeuwarden nr 128 Dt; Zwolle nr 218 Dt) #14.5.e
Legal management: (A'dam nr 26 Dt, niet bekostigd) #20.9.e
Leiderschap: (Groningen nr 97 Dt, niet bekostigd) #11.1.e
Leraar Aardrijkskunde: (Tilburg nr 173 Dt; Utrecht nr 183 Dt) #24.3.e
Leraar Algemene economie: (A'dam nr 26 Dt; Groningen nr 127 Dt; Nijmegen nr 150 Dt; Tilburg nr 173 Dt) 24.3.e
Leraar Bedrijfseconomie: (Tilburg nr 173 Dt) #24.3.e
Leraar Biologie: (Tilburg nr 173 Dt; Utrecht nr 183 Dt) #24.3.e
Leraar Duits: (Groningen nr 127 Dt; Tilburg nr 173 Dt; Utrecht nr 183 Dt) #24.3.e
Leraar Engels: (A'dam nr 30 Dt; Groningen nr 127 Dt; Nijmegen nr 150 D; Sittard nr 165 Vt; Tilburg nr 173 Dt; Utrecht nr 183 Dt) #24.3.e
Leraar Frans: (A'dam nr 30 Dt; Tilburg nr 173 Dt; Utrecht nr 183 Dt) #24.3.e
Leraar Frysk: (Groningen nr 127 Dt) #24.3.e
Leraar Geschiedenis: (A'dam nr 30 Dt; Tilburg nr 173 Dt) #24.3.e
Leraar Godsdienst: (Zwolle nr 214 Dt) #12.5.e
Leraar Godsdienst en levensbeschouwing: (Ede nr 76 Dt; Utrecht nr 82 Dt) #12.5.e
Leraar Levensbeschouwing: (Tilburg nr 173 Dt) #12.5.e
Leraar Maatschappijleer: (Tilburg nr 173 Dt) #24.3.e
Leraar Natuurkunde: (Groningen nr 127 Dt; Tilburg nr 173 Dt; Utrecht nr 183 Dt) #24.3.e
Leraar Nederlands: (A'dam nr 30 Dt; Groningen nr 127 Dt; Nijmegen nr 150 D; Sittard nr 165 Vt; Tilburg nr 173 Dt; Utrecht nr 183 Dt) #24.3.e
Leraar Nederlandse gebarentaal/dovenstudies: (Utrecht nr 183 Dt) #13.17.e
Leraar Scheikunde: (Tilburg nr 173 Dt; nr 183 Dt) #24.3.e
Leraar Wiskunde: (A'dam nr 30 Dt; Groningen nr 127 Dt; Nijmegen nr 150 D; Sittard nr 165 Vt; Tilburg nr 173 Dt; Utrecht nr 183 Dt) #24.3.e
Leren en innoveren: (Alkmaar nr 2 Dt; A'dam nr 20 Dt; Den Haag nr 66 Dt; Ede/Gouda nr 76/92 Dt; Eindhoven nr 79 Dt; Enschede nr 89 Dt, Helmond nr 110 Dt; R'dam nr 157 Dt; Utrecht nr 192 Dt; Wageningen nr 209 Dt; Zwolle nr 196 Dt; HS NTI nr 133 Dt, Af, diverse lesplaatsen, niet bekostigd) #14.5.e
Levensbeschouwelijk werk: (Tilburg nr 173 Dt) #12.1.e
Logistics management: (R'dam nr 157 Vt, niet bekostigd) #18.2.e
Logistiek & supply chain management: (HS NCOI nr 115 Dt, Af, diverse lesplaatsen, niet bekostigd) #18.2.e

M
Management: (Den Haag nr 61 Dt, niet bekostigd; Deventer nr 89 Vt, niet bekostigd; Eindhoven nr 82 Dt, niet bekostigd; Leeuwarden nr 124 Dt, niet bekostigd) #11.1.e
- Marketing & supply chain management (Eindhoven nr 82; Leeuwarden nr 124)
- Organisatieverandering en -ontwikkeling (Eindhoven nr 82; Leeuwarden nr 124)
- Strategic human resource management (Eindhoven nr 82; Leeuwarden nr 124)
Management en ict: (HS NCOI nr 115 Dt, Af, diverse lesplaatsen, niet bekostigd) #20.6.e
- Enterprise-architectuur (HS NCOI nr 115)
- Software engineering (HS NCOI nr 115)
Management & innovation: (HS NCOI nr 115 Dt, Af, diverse lesplaatsen, niet bekostigd) #11.1.e
- Organisatie en verandering (HS NCOI nr 115)

Management en innovatie in maatschappelijke organisaties: (Nijmegen nr 150 Dt, verkort, niet bekostigd; R'dam nr 114 Dt, niet bekostigd) #11.1.e

Management of education: (Maastricht nr OVER-234 Dt, niet bekostigd) #24.1.e

Management van cultuur en verandering: (HS NCOI nr 115 Dt, Af, diverse lesplaatsen, niet bekostigd) #12.7.e
- Coaching (HS NCOI nr 115)
- Leiderschap (HS NCOI nr 115)
- Onderwijsmanagement (HS NCOI nr 115)
- Organisatiepsychologie (HS NCOI nr 115)
- Personeel en verandering (HS NCOI nr 115)
- Zorg en welzijn (HS NCOI nr 115)

Marine shipping innovations: (Terschelling nr 125 Af) #5.8.e; zie ook: 18.9.e

Marketing en supply chain management: (Eindhoven nr 82 Dt, niet bekostigd; Venlo nr 201 Vt, niet bekostigd) #17.8.e
- International logistics, SCM and procurement (Venlo nr 201)

Marketingmanagement: (HS NCOI nr 115 Dt, Af, diverse lesplaatsen, niet bekostigd) #17.8.e
- Business development (HS NCOI nr 115)
- Online marketing & business (HS NCOI nr 115)
- Sportmanagement (HS NCOI nr 115)

Media innovation: (Breda nr 55 Vt, niet bekostigd) #23.6.e

Medical imaging/radiation oncology: (Haarlem nr 106 Dt, niet bekostigd) #13.8.e

Molecular life sciences: (Nijmegen nr 150 Dt, niet bekostigd) #3.11.e

Musculoscetaal: (Enschede nr 89 Dt, niet bekostigd) #13.12.e
- Manuele therapie (Enschede nr 89)
- Sportfysiotherapie (Enschede nr 89)

Musculoscetale revalidatie: (Nijmegen nr 150 Dt, niet bekostigd) #13.12.e

Musculoscetaal: zie ook: Fysiotherapie

Museology: (A'dam nr 9 Vt) #22.1.e

Music: (A'dam nr 10 Vt; Arnhem nr 42 Vt; Den Haag nr 68 Vt; Enschede nr 42 Vt; Groningen nr 101 Vt; Hilversum nr 116 Vt; Maastricht nr 142 Vt, R'dam nr 152 Vt; Tilburg nr 170 Vt; Utrecht nr 188 Vt; Zwolle nr 42 Vt) #23.3.d
- Artistic research (Den Haag nr 68)
- ArtScience (Den Haag nr 68)
- Classical music (Groningen nr 101; R'dam nr 152)
- Composing for film (A'dam nr 10)
- Composition profile (R'dam nr 152)
- Dutch national opera academy (Den Haag nr 68)
- Ensemble spel (Tilburg nr 170)
- Instrumentaal/vocaal docent (Tilburg nr 170)
- Instrumental learning & teaching (Groningen nr 101)
- Instruments & interfaces (Den Haag nr 68)
- Jazz (A'dam nr 10; Maastricht nr 142)
- Jazz/pop (R'dam nr 152)
- Kamermuziek (A'dam nr 10)
- Klassieke muziek (A'dam nr 10; Maastricht nr 142)
- Music design (Hilversum nr 116)
- Musicus (Den Haag nr 68)
- Muziekeducatie (Den Haag nr 68)
- Muziektheater (Arnhem nr 42)
- New audiences and innovative practice (Den Haag nr 68; Groningen nr 101)
- New Dutch swing (Arnhem nr 42)
- New York jazz (Groningen nr 101)
- Nieuwe muziek (A'dam nr 10)
- Organisator (Tilburg nr 170)
- Orkestdirectie (Den Haag nr 68)
- Orkestspel (A'dam nr 10; Tilburg nr 170)
- Oude muziek (A'dam nr 10)
- Performance (Utrecht nr 188)
- Performers profile (R'dam nr 152)
- Producent (Tilburg nr 170)
- Profile contemporary music (A'dam nr 10)

- Scheppend en onderzoekend (Den Haag nr 68)
- Solist (Tilburg nr 170)
- Sonologie (Den Haag nr 68)
- Theaterzanger/singer-performer (A'dam nr 10)
- T.I.M.E. in samenwerking met de Veenfabriek (Den Haag nr 68)
- Wind band conducting (Groningen nr 101)
- World music (R'dam nr 152)

Music: zie ook: Opera

N

Neurorevalidatie en innovatie: (Nijmegen nr 150 Dt, niet bekostigd) #13.16.e

O

Occupational therapy: (A'dam nr 27 Dt, diverse lesplaatsen, niet bekostigd) #13.7.e

Onderwijskunde: (HS NCOI nr 115 Dt, Af, diverse lesplaatsen, niet bekostigd) #14.5.e

Opera: (A'dam nr 9 Vt) #23.3.d

Opera: zie ook: Music

Organisatiecoaching: (Den Haag nr 61 Dt, niet bekostigd) #11.1.e

P

Pedagogiek: (Amersfoort nr 4 Dt; A'dam nr 20 Dt; A'dam nr 30 Dt; Groningen nr 127 Dt; Nijmegen nr 150 Dt; R'dam nr 157 Dt, Tilburg nr 173 Dt; Zwolle nr 124 Dt) #14.5.e
- Duurzame schoolontwikkeling (Groningen nr 127; Zwolle nr 124)
- Integrale jeugdzorg (Groningen nr 127; Zwolle nr 124)
- Leren & innoveren (Groningen nr 127; Zwolle nr 124)
- Management & beleid (A'dam nr 20)
- Orthopedagogiek (Amersfoort nr 4 Dt; A'dam nr 20)
- Urban education (R'dam nr 157)

Pensions: (Tilburg nr 178 Dt, niet bekostigd) #17.4.e

Personal leadership in innovation and change: (Sittard nr 166 Dt, niet bekostigd) #11.1.e

Physician assistant: (A'dam nr 20 D; Groningen nr 96 D; Nijmegen nr 150 D; R'dam nr 157 D; Utrecht nr 184 D) #13.2.e
- Klinisch verloskundige (R'dam nr 157)

Polymer engineering: (Zwolle nr 219 Dt, niet bekostigd) #5.15.e

Professioneel project- en procesmanagement in de groene leefomgeving: (Velp nr 199 Dt, niet bekostigd) #3.2.e

Project management: (Utrecht nr 184 Dt, niet bekostigd; HS NCOI nr 115 Dt, Af, diverse lesplaatsen, niet bekostigd) #11.1.e

Psychomotorische therapie: (Calo) (Zwolle nr 221 Dt, niet bekostigd) #13.13.e

Q/R

Risicomanagement: (Den Haag nr 61 Dt, niet bekostigd) #17.10.e

S

Scientific illustration: (Maastricht nr 139 Vt, Dt, niet bekostigd) #23.2.e

Scientific illustration: zie ook: Design

Sensor system engineering: (Assen nr 95 Vt, niet bekostigd) #10.11.e

Shipping and transport: (R'dam nr 160 Vt, Dt, niet bekostigd) #18.2.e

Social work: (A'dam nr 30 Dt (i.s.m. Pro Education); Groningen nr 97 Dt; Leeuwarden nr 126 Dt; Nijmegen nr 150 Dt) #14.2.e

Social work & innovation: (HS NCOI nr 115 Dt, Af, diverse lesplaatsen, niet bekostigd) #14.2.e
- GGZ agoog (HS NCOI nr 115)
- Jeugd en gezin (HS NCOI nr 115)
- Maatschappelijke dienstverlening (HS NCOI nr 115)
- Psychosociale hulpverlening (HS NCOI nr 115)
- Sociaal pedagogische dienstverlening (HS NCOI nr 115)

Software engineering: (Eindhoven nr 82 Dt, niet bekostigd) #20.6.e

Special educational needs (SEN): (Alkmaar nr 2 Dt; Breda nr 54 Vt, Dt, diverse lesplaatsen, niet bekostigd; Eindhoven nr 79 Vt, Dt, diverse lesplaatsen; Leeuwarden nr 128 Vt, Dt; Utrecht nr 184 Vt, Dt, diverse

lesplaatsen; Utrecht nr 192 Vt, Dt, Af; Zwolle nr 218, Vt, Dt, diverse lesplaatsen) #24.3.e
- Auditief gehandicapten (Utrecht nr 184)
- Communicatief gehandicapten (Utrecht nr 184)
- Dynamisch coachen op verschillen (Utrecht nr 192)
- Gedrag (Eindhoven nr 79)
- Gedragsspecialist (Leeuwarden nr 128; Utrecht nr 192)
- Gespecialiseerd leraar zorg (Leeuwarden nr 128)
- Intern begeleider (PO)(Leeuwarden nr 128)
- Intern begeleider/zorgcoördinator (Utrecht nr 192)
- Leraar speciaal onderwijs cluster 2 (Leeuwarden nr 128)
- Leraar speciaal onderwijs het jonge kind (Leeuwarden nr 128)
- Leraar speciaal onderwijs primair onderwijs (Leeuwarden nr 128; Utrecht nr 184)
- Leraar speciaal onderwijs voortgezet beroepsonderwijs (Leeuwarden nr 128)
- Leraar speciale onderwijsbehoeften (Utrecht nr 192)
- Leraar speciale onderwijsbehoeften jonge kind (Utrecht nr 192)
- Leren (Eindhoven nr 79)
- Onderwijsexpert begeleiden en innoveren (Utrecht nr 192)
- Onderwijsexpert gedrag en leren (Utrecht nr 192)
- Onderwijsexpert ondersteunings- en onderwijsbehoeften (Utrecht nr 192)
- Onderwijsexpert reken- en wiskunde-innovatie (Utrecht nr 192)
- Onderwijsexpert taal- en leesinnovatie (Utrecht nr 192)
- Onderwijsexpert talentontwikkeling (Utrecht nr 192)
- Reken- en wiskundespecialist/dyscalculie (Leeuwarden nr 128; Utrecht nr 192)
- Remedial teacher (Leeuwarden nr 128; Utrecht nr 192)
- Schoolvideo interactiebegeleider (PO/VO) (Leeuwarden nr 128)
- Taalspecialist/dyslextie (Leeuwarden nr 128; Utrecht nr 192)
- Talentontwikkeling en excelleren (Leeuwarden nr 128; Utrecht nr 192)
- Zorgcoördinator (VO/MBO) (Leeuwarden nr 128)
Sport: (Eindhoven nr 84 Dt, niet bekostigd) #16.1.e
Sport- en beweeginnovatie: (Arnhem nr 150 Dt, niet bekostigd) #16.1.e, zie ook: 13.13.e
Stedenbouw: (A'dam nr 7 Dt; R'dam nr 157 Dt) #10.4.1
Strategic management: (Breda nr 49 Dt, niet bekostigd) #11.1.e
Structural engineering: (A'dam nr 31 Dt, niet bekostigd) #5.1.e

T
Tactical policing: (Apeldoorn nr 38 D) #21.4.e
Theatre: (A'dam nr 11 Vt) #23.3.e
Theatre practices: (Arnhem nr 41 Vt) #23.3.e
Toegepaste psychologie voor professionals: (HS NCOI nr 115 Dt, Af, diverse lesplaatsen, niet bekostigd) #14.4.e
- Arbeids- en organisatiepsychologie (HS NCOI nr 115)
- Kinder- en jeugdpsychologie (HS NCOI nr 115)
- Marketing- en reclamepsychologie (HS NCOI nr 115)
- Organisatie- en personeelspsychologie (HS NCOI nr 115)
- Psychologie in de hulpverlening (HS NCOI nr 115)
Tourism destination management: (Breda nr 55 Vt, niet bekostigd) #18.1.e

U
Urban & area development: (Utrecht nr 184/89 Dt, niet bekostigd) #10.4.e
Urban management: (A'dam nr 31 Dt, niet bekostigd) #10.4.e
Urbanism: (Tilburg nr 169 Dt) 10.4.e, zie ook: 10.3.e
Urbanism: zie ook: Architectuur

V/W/X/Y/Z
Vormgeving: zie Design
Zorgtraject ontwerp: (Utrecht nr 184 Dt, niet bekostigd) #13.2.e

Vlaamse hbo-masteropleidingen 2015-2016
(zonder #-verwijzingen)

Direct onder de vetgedrukte benamingen van de studies staan (achter een streepje aan het begin van de regel) eventuele bijbehorende afstudeerrichtingen, majors, of varianten van de hoofdstudie vermeld.

A
Architectuur: (Brussel nr 234; Gent nr 234 Vt)
- Interieurarchitectuur (Brussel nr 234)
Audiovisuele kunsten: (Brussel nr 228 Vt; Brussel nr 234 Vt; Genk nr 240/239 Vt; Gent nr 238 Vt, Dt)
- Animatiefilm (nr 228; nr 234; nr 238; nr 240/239)
- Communicatie- en mediadesign (nr 234; nr 240/239)
- Documentaire (nr 228)
- Film (nr 228; nr 238)
- Film-tv (nr 234; nr 240/239)
- Radio (nr 228)
- Schrijven (nr 228)
- Specifieke lerarenopleiding in de audiovisuele kunsten (nr 234; nr 238)
- Televisie (nr 228)

B
Beeldende kunsten: (Antwerpen nr 229 Vt; Antwerpen nr 231 Vt; Brussel nr 234 Vt; Genk nr 240 Vt; Gent nr 234 Vt; Gent nr 238 Vt; Hasselt nr 240/239 Vt)
- Beeldverhaal en grafische vormgeving (nr 234)
- Fotografie (nr 229; nr 234; nr 238; nr 240)
- Grafiek (nr 238)
- Grafisch ontwerp (nr 229; nr 231; nr 234; nr 238; nr 240/nr 239)
- Illustratie (nr 234; nr 238)
- Interactief design (nr 238)
- Juweelontwerp en edelsmeedkunst (nr 229; nr 231; nr 240/239)
- Keramiek en glas (nr 234)
- Mixed media (nr 234)
- Mode (nr 229; nr 238)
- Multimediale vormgeving (nr 238)
- Productdesign (nr 239/nr 240)
- Textiel (nr 234)
- Textielontwerp (nr 238)
- Theaterkostuum (nr 229)
Beeldende kunsten: vrije kunsten: (Antwerpen nr 229 Vt, Dt; Antwerpen nr 231 Vt; Brussel nr 234 Vt; Gent nr 234 Vt; Gent nr 238 Vt, Dt; Hasselt nr 240/239 Vt)
- Beeld en installatie (nr 238)
- Beeldhouwkunst (nr 229; nr 234; nr 238)
- Grafiek en tekenkunst (nr 234)
- Mediakunst (nr 238)
- Projectstudio (nr 234)
- Schilderkunst (nr 229; nr 234; nr 238)
- Sculptuur (nr 234)
- Situ3 (nr 229)
- Specifieke lerarenopleiding beeldende kunsten (nr 229; nr 234; nr 238; nr 240)
- Tekenen (nr 238)
- Vrije grafiek (nr 229; nr 234)

C/D
Dans: (Antwerpen nr 229 Vt, Dt)
- Specifieke lerarenopleiding dans (nr 229)
Drama: (Antwerpen nr 229 Vt, Dt; Brussel nr 228 Vt; Gent nr 238 Vt, Dt; Leuven nr 234 Vt)
- Acteren (nr 229)
- Kleinkunst (nr 229)
- Regie (nr 228)
- Specifieke lerarenopleiding drama (nr 229; nr 234; nr 238)
- Spel (nr 228)
- Woordkunst (nr 229; nr 234)

E/F/G/H/I

Industriële wetenschappen: (Diepenbeek nr 240 Vt; Leuven nr 243 Vt)
- 5e-ingenieur (nr 243)
- Biochemie (nr 243)
- Chemie (nr 243)
- Elektromechanica (nr 243)
- Elektronica-ict (nr 243)
- Industrieel ingenieur (nr 240)

J/K/L/M

Muziek: (Antwerpen nr 229 Vt, Dt; Brussel nr 228 Vt; Gent nr 238 Vt; Leuven nr 234 Vt)
- Compositie (nr 228; nr 229; nr 234)
- Directie (nr 228; nr 229; nr 234)
- Historische instrumenten (nr 228)
- Instrument/zang (nr 229; nr 234)
- Instrument/zang/klassiek (nr 238)
- Instrument/zang/pop (nr 238)
- Instrumentenbouw (nr 238)
- Jazz (nr 234)
- Jazz/lichte muziek (nr 228; nr 229)
- Muziekpedagogie (nr 229; nr 234)
- Muziektheorie/schriftuur (nr 238)
- Muziektherapie (nr 234)
- Orkestinstrument (nr 228)
- Scheppende muziek (nr 238)
- Specifieke lerarenopleiding muziek (nr 228; nr 229; nr 234; nr 238)
- Zang (nr 228)

N/O/P/Q/R/S/T/U/V/W/X/Y/Z

Verpleeg- en vroedkunde: (Antwerpen nr 231 Vt, Dt, D)

25.10 POST-HBO-OPLEIDINGEN

25.10.d Post-hbo-opleidingen

25.10.d.1 Overzicht van Nederlandse en Vlaamse post-hbo-opleidingen 2015-2016

- Alleen beroepsgerichte opleidingen die langer duren dan 5 dagdelen zijn in dit geheel geactualiseerde gecombineerde overzicht vermeld. Het overzicht betreft een keuze uit de vele mogelijkheden. Opleidingen waarvan de duur niet bekend is zijn niet vermeld.
- De vermelde opleidingen zijn ingedeeld naar onderwerp, en vervolgens gealfabetiseerd.
- Na een opleidingsnaam volgen tussen haakjes de plaatsnamen waar de opleiding wordt gegeven; de nummers achter de plaatsnaam betreffen de volledige centrale adressen van de Nederlandse en Vlaamse hogescholen. Deze centrale adressen zijn te vinden in de Centrale adreslijst HBO, achterin deze Gids. (N.B. De genoemde opleidingsplaats is soms een andere dan het centraal adres.)
- Meer adrescodes achter één opleiding: dit betekent dat de opleiding met dezelfde naam op meer scholen wordt gegeven. Dit hoeft echter niet te betekenen dat zo'n opleiding op meer scholen precies hetzelfde studieprogramma volgt.
- Er zijn enkele post-hbo-opleidingen die worden gegeven op een OVER-adres: deze adrescodes verwijzen naar de Adreslijst OVER onder de vermelde nummers, achterin deze Gids.
- Post-hbo-opleidingen zijn 'niet bekostigd': dat betekent dat de studie niet door de overheid wordt bekostigd en dat de student dus het gehele inschrijf- en collegegeld zelf moet betalen.
- Achter aan de regel van een post-hbo-opleiding in onderstaande lijst treft men een # aan. Hierachter staat het paragraafnummer van deze Gids waarin dit onderwerp thuishoort (bijvoorbeeld:

#14.4.d = 14.4 Psychologie en psychotherapie). De redactie streeft ernaar om alle post-hbo-opleidingen óók in de betreffende hoofdstukken te plaatsen, zodat het voor de gebruiker nog duidelijker zichtbaar wordt welke opleidingen qua onderwerp verwant zijn en dus in welke sector ze thuishoren. (Hetzelfde geldt voor de wo-bacheloropleidingen, de wo-masteropleidingen, de ad-programma's, de hbo-bacheloropleidingen, en de hbo-masteropleidingen.)
- De inschrijving van de meeste hierna genoemde post-hbo-opleidingen is geopend voor het studiejaar 2015-2016 e.v.
- Sommige post-hbo-opleidingen worden 2x per jaar gegeven: ze starten dan meestal in januari of februari én in september.
- De opleidingsduur van post-hbo-opleidingen is 1-2 jaar.
- Toelatingseis is meestal in ieder geval het hbo-bachelor- of hbo-masterdiploma van dezelfde hogeschool. Het mag ook een bachelor- of masterdiploma van een andere hogeschool of universiteit zijn.
- Een Engelstalige opleidingsnaam betekent in de meeste gevallen dat de voertaal van de opleiding Engels is en dat daarom een goede beheersing van het Engels is vereist om de opleiding met succes te kunnen volgen.

Vt = Voltijd
Dt = Deeltijd
Di = Digitaal en/of blended learning*
D = Duaal
Af = Afstandonderwijs

* blended learning is een combinatie van klassikaal onderwijs, e-learning/afstandsonderwijs en zelfstudie die o.a. bij HS NTI mogelijk is.

Post-hbo-opleidingen in Nederland en Vlaanderen 2015-2016, naar onderwerp gesorteerd

Administratie - economisch - juridisch - management

Accountancy AA (R'dam nr 157; HS Markus Verbeek Praehep nr 114, diverse lesplaatsen; HS LOI nr 135, diverse lesplaatsen; HS NCOI nr 115, diverse lesplaatsen) #20.8.d
Accountant-administratieconsulent AA (Arnhem nr 150; Eindhoven nr 82; Enschede nr 89; Groningen nr 101; Sittard nr 143; Utrecht nr 184; Zwolle nr 217) #20.8.d
Advanced business management (Leuven nr 241, banaba) #11.1.d
Algemeen projectmanagement (Zwolle nr 223) #11.1.d
Assistent controller (Arnhem nr 150) #20.8.d

Bedrijfskunde (Alkmaar nr 1; Arnhem nr 150; Enschede nr 89; Groningen nr 101; Nijmegen nr 150; R'dam nr 156; R'dam nr 157; Utrecht nr 184; Zwolle nr 217; HS NCOI nr 115, diverse lesplaatsen; ISBW nr 210, diverse lesplaatsen) #11.1.d
Bedrijfskunde en management (Den Haag nr 61) #11.1.d
Bedrijfsrecht (HS NCOI nr 115, diverse lesplaatsen) #20.9.d
Boekhouden (Leuven nr 243) #20.3.d
Boekhoudkundige en fiscale expertise (Diepenbeek nr 240, banaba) #20.3.d
Business analyse (Leuven nr 241) #11.1.d
Business event management (Gent nr 237) #17.6.d, zie ook: 11.1.d
Business process design (ISBW nr 210, diverse lesplaatsen) #11.1.d
Business process improvement (Sittard nr 145) #11.1.d
Business process management (Utrecht nr 184; HS LOI nr 135, diverse lesplaatsen; ISBW nr 210, diverse lesplaatsen) #11.1.d
Business valuator (Utrecht nr 184) #11.1.d

Certified in production and inventory management (APICS/CPIM) (ISBW nr 210, diverse lesplaatsen) #7.1.d
Compliance services (HS Markus Verbeek Praehep nr 114, diverse lesplaatsen; HS NCOI nr 115, diverse lesplaatsen) #20.8.d
Commercieel management (Avans+ nr 54, diverse lesplaatsen) #17.1.d
Controller (Den Haag nr 61) #20.8.d
Creativiteit en innovatie (Gent nr 237) #11.2.d
Creditmanagement (Hasselt 239) #20.1.d
Cross-functional custums management (Antwerpen/Berchem nr 231) #20.8.d

Ecologisch organiseren (Wageningen nr 209) #11.1.d
Enterprice architecture (Utrecht nr 184) #11.1.d

Facilitair management (HS NCOI nr 115, diverse lesplaatsen) #15.1.d
Finance (Gent nr 235; Hasselt nr 239) #20.1.d
Finance en securities (Gent nr 235) #20.8.d
Financial accounting & reporting (HS Markus Verbeek Praehep nr 114, diverse lesplaatsen; HS NCOI nr 115, diverse lesplaatsen) #20.8.d
Financial control (HS Markus Verbeek Praehep nr 114, diverse lesplaatsen; HS NCOI nr 115, diverse lesplaatsen) #20.8.d
Financial controller (Den Haag nr 66; Diemen nr 70; R'dam nr 156; Sittard nr 143; Utrecht nr 184) #20.8.d
Financial decision making-certified professional program (Den Haag nr 66; Diemen nr 70; R'dam nr 156) #20.8.d
Financieel management en bedrijfseconomie (Leeuwarden nr 124) #20.1.d
Financierings- en investeringsvraagstukken (ISBW nr 210, diverse lesplaatsen) #20.1.d
Fiscaal adviseur (Den Haag nr 61) #20.11.d
Fiscaal recht en fiscale praktijk (Brussel nr 235) #20.11.d
Fiscale wetenschappen (Leuven nr 243) #20.11.d
Fiscaliteit (Leuven nr 241) #10.11.d
Futuring business (Heerlen nr 109) #11.1.d

General management (ISBW nr 210, diverse lesplaatsen) #11.1.d

Hoger facility management (ISBW nr 210, diverse lesplaatsen) #15.1.d
Hoger management (Enschede nr 89; R'dam nr 157; Zwolle nr 223) #11.1.d
Hogere bedrijfskunde (ISBW nr 210, diverse lesplaatsen) #11.1.d

Informatiemanagement (Utrecht nr 184) #22.1.d
IPMA-C projectmanagement (Diemen nr 70) #5.17.d
Integraal kwaliteitsmanagement (Alkmaar nr 1; Diemen nr 70; Heerenveen nr 1; R'dam nr 156) #11.1.d
Internationaal bedrijfsmanagement (Gent nr 238) #11.1.d
Innovation and change (Sittard nr 145) #11.1.d
Integraal contract management (Utrecht nr 184) #11.1.d
Intercultureel management (Mechelen nr 244, banaba) #11.1.d
Internal auditing (Den Haag nr 61) #20.6.d
International coöperation (Maastricht nr 145) #11.1.d
International management (Kortrijk nr 233) #11.1.d
International sustainable development (Leiden nr 132) #11.1.d

Key account management (ISBW nr 210, diverse lesplaatsen) #20.8.d
KMO-management (Hasselt nr 239) #11.1.d
Kostencalculatie en budgettering (ISBW nr 210, diverse lesplaatsen) #20.8.d
Kwaliteits- en verandermanagement (Avans+ nr 54, diverse lesplaatsen) #11.1.d
Kwaliteitsmanagement (Zwolle nr 223; HS NCOI nr 115, diverse lesplaatsen) #11.1.d

Management (Ede nr 76; HS NCOI nr 115, diverse lesplaatsen) #11.1.d
Management en bedrijfskunde (Avans+ nr 54, diverse lesplaatsen) #20.1.d
Management voor het middenkader (Zwolle nr 223) #11.1.d
Management voor overheid en non-profit (HS NCOI nr 115, diverse lesplaatsen) #20.4.d

Managementcontroller (HS LOI Nr 135, diverse lesplaatsen) #20.8.d
Managerial controlling (Arnhem nr 150; Den Haag nr 66; Diemen nr 70; Eindhoven nr 82) #20.1.d
Midden management (Sittard nr 145) #11.1.d
Middle management (Avans+ nr 54, diverse lesplaatsen) #11.1.d
Milieurecht en ondernemen (HS NCOI nr 115, diverse lesplaatsen) #20.9.d
MKB adviseur (HS Markus Verbeek Praehep nr 114, diverse lesplaatsen; HS NCOI nr 115, diverse lesplaatsen) #11.1.d

Ondernemerschap en innovatie (Turnhout nr 244) #11.2.d
Operationeel management MZ 3.0 (Zwolle nr 223) #11.1.d

Performance improvement (ISBW nr 210, diverse lesplaatsen) #11.1.d
Personal leadership (Sittard nr 145) #11.1.d
Persoonlijk leiderschap (Zwolle nr 223) #11.1.d
Praktisch projectmanagement (Den Haag nr 61) #11.1.d
Procesmanagement (Zwolle nr 223; HS NCOI nr 115, diverse lesplaatsen) #11.1.d
Project- en verandermanagement, icl prince2 en ipma (Arnhem nr 150) #11.1.d
Projectmanagement (Alkmaar nr 1; Avans+ nr 54, diverse lesplaatsen; Diemen nr 70; Diepenbeek nr 239; Groningen nr 101; Heerlen nr 109; R'dam nr 156; Utrecht nr 184; HS NCOI nr 115, diverse lesplaatsen) #11.1.d
Projectmanagement ipma-c (Arnhem nr 150) #11.1.d

Register bedrijfskunde (R'dam nr 157) #11.1.d
Register belastingadviseur (HS LOI Nr 135, diverse lesplaatsen) #20.11.d
Risicomanagement (Den Haag nr 61) #17.10.d
Risk- en crisismanagement (Sittard nr 145) #17.10.d
Riskmanagement (HS Markus Verbeek Praehep nr 114, diverse lesplaatsen; HS NCOI nr 115, diverse lesplaatsen) #17.10.d

Schakeltraject accountancy and controlling (Diemen nr 70; Eindhoven nr 82; R'dam nr 156) #20.8.d
Security en organisaties (Den Haag nr 64) #11.7.d
Security en recht (Den Haag nr 64) #11.7.d
Senior projectmanagement (ISBW nr 210, diverse lesplaatsen) #11.1.d
Strategic facility management (Brussel nr 228) #15.1.d
Strategic management (Sittard nr 145) #11.1.d
Strategisch facilitair management (ISBW nr 210, diverse lesplaatsen) #15.1.d
Strategisch management (Leeuwarden nr 124) #11.1.d

Tax & accountancy management (Antwerpen nr 231) #20.8.d, zie ook: 20.11.d
Taxes & management accounting (Hasselt nr 239, banaba) #20.8.d, zie ook: 20.11.d
Teamcoaching (Ede nr 76) #11.1.d
Technische bedrijfskunde (R'dam nr 157) #11.1.d
The soul of business services (Eindhoven nr 82) #11.1.d
Toegepaste fiscaliteit (Gent nr 238 Af) #20.8.d., zie ook: 20.11.d

Vastgoedmanagement (Den Haag nr 61) #10.1.d
Verandermanagement (Arnhem nr 150; Nijmegen nr 150) #11.1.d
VO management (R'dam nr 157) #11.1.d

Winstbepaling, waarderingsvraagstukken en fiscale problemen (ISBW nr 210, diverse lesplaatsen) #20.8.d

Gezondheidszorg *(zie ook: Zorg en Welzijn)*

Acupunctuur (Antwerpen nr 231) #13.15.d
Advanced health care (Diepenbeek nr 239) #13.1.d
Adviseur arbeid en gezondheid, differentiatie Arboverpleegkundige (R'dam nr 157) #13.1.d
Adviseur arbeid en gezondheid, differentiatie Bedrijfsfysiotherapie (R'dam nr 157) #13.12.d

Verpleegkundige gespecialiseerd in pediatrie en neonatologie (Antwerpen nr 229/231; Brugge nr 233, banaba; Brussel nr 228, banaba; Gent nr 237/238, banaba; Kortrijk nr 233, banaba; Leuven nr 241; Roeselare nr 233, banaba; Turnhout nr 244, banaba) #13.6.d
Verpleegkundige gespecialiseerd in Peri-operatieve anesthesie-OK en anesthesie (Brussel nr 228) #13.10.d
Verpleegkundige in de ouderenzorg (Leuven nr 241) #13.2.d
Verpleegkundige in de palliatieve zorg (Brussel nr 228) #13.2.d
Verpleegkundige in de wondzorg (Brussel nr 235) #13.2.d
Verpleegkundige in de wondzorg en de stomatherapie (Brussel nr 235) #13.2.d
Verpleegkundige in de wondzorg, stomatherapie en het weefselherstel (Brussel nr 235; Roeselare nr 233) #13.2.d
Vloeiendheidsstoornissen (Antwerpen nr 244) #13.11.d
Voeding en oncologie - PLO (Leuven nr 241) #13.22.d

Wondzorg (Roeselare nr 233) #13.2.d
Woundmanagement (Hasselt nr 239) #13.2.d

HRM - arbeidsmarkt

Advies en verandermanagement (Den Haag nr 61) #11.6.d
Arbeids- en organisatiekunde (Den Haag nr 61) #14.6.d
Arbeids- en sociaal recht (HS NCOI nr 115, diverse lesplaatsen) #14.6.d
Arbeidsdeskundige (Beekbergen nr 89) #14.6.d

Bedrijfskunde voor HR professionals (Groningen nr 101) #11.6.d
Bedrijfsmaatschappelijk werk (Barneveld nr 76; Den Haag nr 64; Utrecht nr 184) #14.2.d

Coach (Zwolle nr 223) #11.6.d
Coachen van ontwikkelingsprocessen (Diepenbeek nr 240; Hasselt nr 240) #14.6.d
Coaching (Ede nr 76) #14.6.d
Coaching en begeleiding (HS NCOI nr 115, diverse lesplaatsen) #14.6.d
Coaching: individuele-, team- en organisatiecoaching (Den Haag nr 61) #11.6.d

Erkend coach (A'dam nr 20) #11.6.d

Functiecreatie (Utrecht nr 82) #11.6.d

Human resource management (Gent nr 235; ISBW nr 210, diverse lesplaatsen) #11.6.d

Integraal arbomanagement (Den Haag nr 61) #11.7.d
International mobility (Leiden nr 132) #7.4.d

Jobcoach (Beekbergen nr 89) #14.6.d

Loopbaanadviseur (HS NCOI nr 115, diverse lesplaatsen) #14.6.d
Loopbaanbegeleiding (Amersfoort nt 89) #14.6.d

Organisatiepsychologie (HS NCOI nr 115) #11.1.d

Personeelsmanagement (HS NCOI nr 115, diverse lesplaatsen) #11.6.d
Professionele coach (Gent nr 237) #11.6.d
Psychodiagnostiek loopbaanvraagstukken (Deventer nr 89) #14.6.d

Recruitment-B (HS NCOI nr 115, diverse lesplaatsen) #11.6.d
Recruitment, search & selection (Antwerpen nr 244) #11.6.d
Regional employability (Sittard nr 166) #14.6.d
Registeradviseur integraal gezondheidsmanagement/duurzame inzetbaarheid (Avans+ nr 54, diverse lesplaatsen) #11.1.d

Strategic management (ISBW nr 210, diverse lesplaatsen) #11.1.d
Strategisch en bedrijfskundig HRM (Deventer nr 89) #11.6.d
Strategisch HRM (Sittard nr 166; ISBW nr 210, diverse lesplaatsen) #11.6.d

Strategisch HRM voor de publieke sector (Zaltbommel nr OVER-354) #11.6.d
Strategisch opleiden (HS NCOI nr 115, diverse lesplaatsen) #14.6.d
Strategisch vrijwilligersmanagement (Deventer nr 89) #11.6.d
Supervisie en coaching (Ede nr 76; Nijmegen nr 150; R'dam nr 157;) #11.6.d
Supervisiekunde (A'dam nr 20) #11.6.d
Supervisorenopleiding (Utrecht nr 184) #14.2.d

Verzuim- en re-integratiemanagement (Den Haag nr 61) #11.6.d

Kunstsector, cultuur, creativiteit

Architectuur (HS NCOI nr 115, diverse lesplaatsen) #10.2.d

Belgian advertising school (Mechelen nr 244) #10.1.d
Bouwhistorie, restauratie en monumentenzorg (Utrecht nr 184) #10.1.d
Branding & packaging design (Gent nr 234) #23.2.d

Erfgoed en ruimte (Utrecht nr 184) #10.1.d

Functioneel vastgoedbeheer monumenten (Utrecht nr 184) #10.1.d

Industrial design (Den Haag nr 67) #23.2.d
Instructor dans (Brussel nr 235; Torhout nr 233) #23.5.d
Internationale samenwerking Noord-Zuid (Leuven nr 241, banaba/Kortrijk 233/242) #11.1.d
Interieur en design (Leeuwarden nr 123) #9.1.d

Koordirectie voor musici (Utrecht nr 188) #23.3.d

Landschapsontwikkeling (Gent nr 238) #3.4.d

Meubelontwerp (Mechelen nr 244, banaba) #9.1.d
Monumentenzorg (Utrecht nr 181) #10.1.d
Muziek (Brussel nr 228) #23.3.d

Regionale focus Arabische wereld en Midden-Oosten (Mechelen nr 244) #12.7.d
Regionale focus Azië (Mechelen nr 244) #12.7.d
Regionale focus Europa (Mechelen nr 244) #12.7.d
Regionale focus Latijns-Amerika (Mechelen nr 244) #12.7.d
Regionale focus Noord-Amerika (Mechelen nr 244) #12.7.d
Regionale focus Sub-Sahara Afrika (Mechelen nr 244) #12.7.d
Renovatietechnieken en monumentenzorg (Brugge nr 242) #10.1.d

Stedenbouw voor professionals (Tilburg nr 169) #10.4.d

Tentoonstelling en beheer van actuele kunst (Gent nr 238) #23.1.d

Marketing, talen, communicatie & sales

Aanbesteding en inkopen (Nijmegen nr 150) #17.1.d, zie ook: 20.9.d
Aanbesteding voor gevorderden (Utrecht nr 184) #17.1.d, zie ook: 20.9.d Accountmanagement (Heerlen nr 109) #17.1.d
Accountmanager nima/sma sales A (Arnhem nr 150) #17.1.d
Arabisch (Utrecht nr 184) #19.4.d

Basisvaardigheden journalistiek (Utrecht nr 180) #19.2.d
Bedrijfscommunicatie (Gent nr 235) #19.1.d
Beïnvloeden op strategisch niveau (ISBW nr 210, diverse lesplaatsen) #19.2.d
Beter Nederlands schrijven (Utrecht nr 184) #19.4.d
Broadcast journalistiek-video producer (Utrecht nr 180) #19.2.d

Chinees (Utrecht nr 184) #19.4.d
Communication and languages as strategic skills (Brussel nr 228) #17.3.d

Complexe inkoopsituaties en strategische investering (ISBW nr 210, diverse lesplaatsen) #17.1.d, zie ook: 20.9.d
Contract- en leveranciersmanagement (Heerlen nr 109) #17.1.d
Copywriting (Utrecht nr 180) #17.3.d, zie ook: 19.2.d
Corporate story (ISBW nr 210, diverse lesplaatsen) #17.3.d
Creatief schrijven (Utrecht nr 180) #23.8.d
Crisis- en risicomanagement & communicatie (ISBW nr 210, diverse lesplaatsen) #17.10.d
Crosscultural selling (ISBW nr 210, diverse lesplaatsen) #17.1.d

Digitale journalistiek (Utrecht nr 180) #19.2.d
Digitale marketing (Gent nr 238; Hasselt nr 239) #17.8.d
Digitale marketing en communicatie (Gent nr 235) #17.8.d
Duits (Utrecht nr 184) #19.4.d
Dutch for foreigners (Utrecht nr 184) #19.4.d

E-business & marketing (Utrecht nr 184) #17.8.d
E-commerce B: online marketing strategie (Arnhem nr 150) #17.8.d
Effectiever communiceren (Heerlen nr 109) #17.3.d
Eindredactie van teksten (Utrecht nr 180) #22.1.d
Engels voor beginners (Utrecht nr 184) #19.4.d
Engels voor gevorderden (Utrecht nr 184) #19.4.d
Engels voor vergevorderden (Utrecht nr 184) #19.4.d
Entrepreneurial journalistiek (Utrecht nr 180) #19.2.d

Frans (Utrecht nr 184) #19.4.d

How to teach your subject in English (Utrecht nr 184) #19.4.d

Informatief schrijven (Utrecht nr 180) #19.2.d
Inkoop en aanbesteding (Heerlen nr 109) #17.1.d
Inkoopkostenbeheersing (ISBW nr 210, diverse lesplaatsen) #17.1.d
Inkoopmanagement (HS NCOI nr 115, diverse lesplaatsen) #17.1.d
Internationale researchjournalistiek (Mechelen nr 244) #19.2.d
Interne communicatie (Utrecht nr 184) #19.1.d
Interviewen (Utrecht nr 180) #19.2.d.1
Italiaans (Utrecht nr 184) #19.4.d

Leveranciers- en kostenmanagement (ISBW nr 210, diverse lesplaatsen) #17.1.d
Lobbying and public affairs (Maasticht nr 145) #17.3.d

Maatschappelijk verantwoord ondernemen (HS NCOI nr 115, diverse lesplaatsen) #11.1.d
Magazine journalistiek-hoofdredacteur (Utrecht nr 180) #19.2.d
Magazine journalistiek-schrijven voor bladen (Utrecht nr 180) #19.2.d
Magazine journalistiek-vormgeving (Utrecht nr 180) #19.2.d
Marketing (Leuven nr 243) #17.8.d
Marketing 1 en 2 (Leeuwarden nr 124) #17.8.d
Marketing management (Alkmaar nr 1; Den Haag nr 66; Diemen nr 70; Gent nr 235; R'dam nr 156) #17.8.d
Marketingcommunicatie en reclame (HS NCOI nr 115, diverse lesplaatsen) #17.8.d
Mediation (Utrecht nr 184) #20.9.d
Multimedia & communicatie: gebruik van nieuwe media voor sociale en participatieve doeleinden (Genk nr 240/239) #23.6.d

Narratieve journalistiek (Utrecht nr 180) #19.2.d
New media management (Utrecht nr 180) #23.6.d
Nextcommunication (ISBW nr 210, diverse lesplaatsen) #17.8.d
Nextmarketeer B (ISBW nr 210, diverse lesplaatsen) #17.8.d
Nima B2 consumentenmarketing (Arnhem nr 150) #17.8.d

Omgaan met de media (Utrecht nr 180) #19.2.d
Ondernemingscommunicatie (Leuven nr 243) #17.3.d
Onderzoeksjournalistiek (Utrecht nr 180) #19.2.d
Online vaardigheden-online usability (Utrecht nr 180) #19.2.d
Online vaardigheden-schrijven voor het web (Utrecht nr 180) #19.2.d
Overtuigend adviseren (ISBW nr 210, diverse lesplaatsen) #17.1.d

Performance en accountability in sales & marketing (ISBW nr 210, diverse lesplaatsen) #17.1.d
Persoonlijke affectiviteit voor key account managers (ISBW nr 210) #17.1.d
Product marketingmanagement (Diemen nr 70) #17.8.d
Publiceren en journalistiek schrijven voor onderzoekers (Utrecht nr 184) #19.2.d

Sales management (Arnhem nr 150) #17.8.d
Spaans (Utrecht nr 184) #19.4.d
Strategic communication (ISBW nr 210, diverse lesplaatsen) #17.3.d
Strategic marketing Mgt (ISBW nr 210, diverse lesplaatsen) #17.8.d
Strategisch communicatiemanagement (Eindhoven nr 82; ISBW nr 210, diverse lesplaatsen) #17.1.d
Strategisch communicatiemanagement en accountability (Utrecht nr 180) #17.1.d
Strategisch inkoopmanagement (ISBW nr 210, diverse lesplaatsen) #17.1.d
Strategisch inkopen en onderhandelen (Heerlen nr 109) #17.1.d
Strategische communicatieplanning en advies (Utrecht nr 180; ISBW nr 210, diverse lesplaatsen) #19.1.d
Strategische marketing (Leeuwarden nr 124) #17.8.d
Storytelling (Utrecht nr 180) #17.3.d

Toegepaste audiovisuele communicatie (Mechelen nr 244, banaba) #19.1.d, zie ook: 17.3.d
Trendwatching (Gent nr 238) #17.8.d

Uitvoering van het strategisch communicatieplan (ISBW nr 210, diverse lesplaatsen) #19.1.d

Webmanager (Arnhem nr 150) #20.6.d
Writing academic English (Utrecht nr 184) #19.4.d

Onderwijs

Adventure education (Brussel nr 235) #24.1.d
Auti-coach (Hasselt nr 239) #14.4.d

Basis kwalificatie onderwijs (Den Haag nr 62) #24.1.d
Basisbekwaam (Magistrum opleiding) (Eindhoven nr 83) #24.1.d
Basisonderwijs, beginnend leiderschap (Deventer nr 89; Hengelo nr 89) #24.1.d
Basisonderwijs, bewegingsonderwijs (vakbekwaamheid) (Deventer nr 89; Hengelo nr 89) #24.1.d
Basisonderwijs, coördinator identiteit (Hengelo nr 89) #24.1.d
Basisonderwijs, levensbeschouwing (Deventer nr 89) #12.5.d
Basisonderwijs, Montessori professionalisering Zuid Nederland (Hengelo nr 89) #24.1.d
Basisonderwijs, muziek (Deventer nr 89) #24.1.d, zie ook: 23.3.d
Basisonderwijs, opleiden in de school A (Deventer nr 89) #24.1.d
Basisonderwijs, psychodiagnostisch specialist in het onderwijs (Deventer nr 89) #14.4.d
Beeldende kunst docenten MBO - Fresh up (Enschede nr 88) #24.3.d
Beroepskunstenaar in de klas (BIK) (A'dam nr 9; Utrecht nr 185) #24.3.d
Bouwcoördinator PO/teamleider VO (Utrecht nr 184) #10.1.d
Brede bekwaamheid beroepsonderwijs (A'dam nr 16; Leiden nr 16) #24.2.d
Buitengewoon onderwijs (Diepenbeek nr 240, banaba; Gent nr 237, banaba; Hasselt nr 240, banaba; Leuven nr 241, banaba; Tielt nr 233, banaba) #24.1.d

Coach (Zwolle nr 223) #24.1.d
Coach en opleider in de school voor PO/VO/HBO/PABO (Den Haag nr 62) #24.1.d, zie ook: 24.3.d
Coach in het onderwijs (A'dam nr 16) #24.1.d
Coach voor leraren (Zwolle nr 218) #24.1.d
Coördinator digitale didactiek (voortgezet onderwijs) (Deventer nr 89) #24.1.d

School voor allen (Leuven nr 241) #24.1.d
Schoolcoach deel 1 (Aarle-Rixtel nr 83) #24.1.d
Schoolcoach deel 2 (Aarle-Rixtel nr 83) #24.1.d
Schoolleider (A'dam nr 17; Ede nr 76/Gouda nr 92/Utrecht nr 192)
  #24.1.d
Schoolleider primair onderwijs (Den Haag nr 62) #24.1.d
Schoolmaatschappelijk werk (Ede nr 76) #14.2.d, zie ook: 24.1.d
Schoolontwikkeling (Brussel nr 235, banaba; Diepenbeek nr 240,
  banaba; Gent nr 237, banaba; Hasselt nr 240, banaba; Torhout nr
  233, banaba) #24.1.d
Schoolopleider/expertcoach (Zwolle nr 218) #24.1.d
Schoolopleider/instituutopleider (Hengelo nr 89) #24.1.d
Schoolopleiders professionaliseringstraject (SOOD) (Utrecht nr 183)
  #24.1.d
Schoolvideo interactie begeleider (Gouda nr 92; A'dam/Zwolle nr 218;
  Arnhem/Eindhoven/Enschede/Roermond/Utrecht/Zwolle nr 183)
  #24.1.d
Specialisatie excellentie, wetenschap en techniek (Utrecht nr 183)
  #24.1.d
Specialisatie jonge kind (Leiden nr 132) #24.1.d
Specialisatie oudere kind (Alkmaar nr 1; Den Haag nr 66; R'dam nr
  156) #24.1.d
Specialist brede school (Utrecht nr 192) #24.1.d
Specialist digitale didactiek (basisonderwijs) (Deventer nr 89) #24.1.d
Specialist digitale didactiek (mbo) Deventer nr 89) #24.2.d
Specialist 21e eeuws leren (Utrecht nr 192) #24.1.d
Specialist excellentie, wetenschap & techniek (Utrecht nr 192) #24.2.d
Specialist hoogbegaafdheid en differentiatie (Utrecht nr 183) #24.1.d
Specialist jonge kind (A'dam nr 16; Den Bosch nr 58; Utrecht nr 183)
  #24.1.d
Specialist leerproblemen/RT (Utrecht nr 192) #24.1.d
Specialist opbrengstgericht werken (A'dam nr 16; Leiden nr 132;
  Utrecht nr 183; Utrecht nr 192) #24.1.d
Specialist rekenen (Utrecht nr 183) #24.3.d
Specialist vroeg vreemde talen onderwijs Engels (Utrecht nr 183)
  #24.3.d
Spelogagiek (Utrecht nr 183) #14.7.d
Strategisch onderwijskundig leiderschap (Utrecht nr 83) #24.1.d
Supervisor in het onderwijs (A'dam nr 16) #24.1.d
Supervisorenopleiding (Zwolle nr 218) #24.1.d
SWPBS en beeldcoaching (Tilburg nr 175) #24.1.d

Taalcoördinator (Alkmaar nr 2; A'dam nr 16; A'dam nr 21; Assen nr 45;
  Den Haag nr 62; Deventer nr 89; Ede nr 76; Eindhoven nr 83; Emmen
  nr 87; Gouda nr 92; Groningen nr 104; Hengelo nr 89; Leeuwarden
  nr 128; Meppel nr 147; Zwolle nr 218) #24.1.d
Zie ook: Coördinator taal
Taalexpert (Arnhem nr 150) #24.3.d
Taalspecialist (HS NCOI nr 115, diverse lesplaatsen) #19.4.d
Talentontwikkeling: ontwikkelen vanuit mogelijkheden en sterktes
  (Diepenbeek nr 240; Hasselt nr 240) #24.1.d
Techniekcoördinator (Den Haag nr 62) #24.2.d

Vakbekwaam (directeur v/e onderwijsorganisatie) (Eindhoven nr 83)
  #24.1.d
Vakbekwaamheid bewegingsonderwijs (Almere nr 3; Leiden nr 132;
  Utrecht nr 183; Zwolle nr 214; Zwolle nr 218) #16.1.d
Vakleraar bewegingsonderwijs (Alkmaar nr 2; A'dam nr 21; Arnhem
  nr 150; Nijmegen nr 150) #16.1.d
Vakspecialist Dalton (Vlissingen nr 205) #24.1.d
Vakspecialist muziek (Utrecht nr 192; Vlissingen nr 205) #24.5.d
Voortgezet onderwijs - de beste pubers in mijn klas (Deventer nr 89)
  #24.1.d
Voortgezette opleiding hoger opvoedkundige studiën (Diepenbeek nr
  240; Hasselt nt 240) #24.1.d
Versterk speciaal (Utrecht nr 183, diverse lesplaatsen) #24.1.d

Wetenschap en techniek voor het basisonderwijs (Tielt nr 233) #24.2.d

Zorgleraar (Brugge nr 233) #24.3.d
Zorgniveau 1 en 2 (Eindhoven nr 183) #24.1.d
Zorgverbreding en remediërend leren (Diepenbeek nr 240, banaba;
  Hasselt nr 240, banaba) #24.1.d, zie ook: 24.3.d
Zorgverbreding en remediërend leren: optie basisonderwijs
  (Antwerpen nr 231, banaba; Brugge nr 233, banaba; Mechelen nr
  244, banaba) #24.1.d
Zorgverbreding en remediërend leren: optie kleuteronderwijs
  (Mechelen nr 244, banaba) #24.1.d
Zorgverbreding en remediërend leren: optie secundair onderwijs
  (Antwerpen nr 231, banaba; Brugge nr 233, banaba; Gent nr 237,
  banaba; Mechelen nr 244, banaba) #24.1.d, zie ook: 24.3.d

Techniek en ict

Aardbevingen en diepe ondergrond (Groningen nr 95) #10.11.d
Auto elektronica (Arnhem nr 150) #5.6.d

Bedrijfsautomatisatie (Leuven nr 243) #5.16.d
Bedrijfskunde en management voor bouw en infra (Arnhem nr 150)
  #10.1.d
Bedrijfskunde, management en ondernemerschap voor bouw, infra en
  techniek (Utrecht nr 184) #10.1.d
Bestekdeskundige (Arnhem nr 150) #10.1.d
Biotechnologie (Leuven nr 243) #3.11.d
Bouwmanagement (Zwijnaarde nr 238) #10.1.d
Businesscase voor vastgoedontwikkeling (Arnhem nr 150; Den Haag
  nr 61) #10.1.d

Certified supply chain professional (ISBW nr 210) #7.1.d
Community service engineering (Geel nr 244) #5.1.d
Computer systems validation (Gent nr 238, Af) #20.6.d
Constructeur piping (Arnhem nr 150) #5.1.d
Constructeur werktuigbouwkunde (Arnhem nr 150) #5.1.d
Cyber security management (Den Haag nr 61) #11.7.d

Dierproeven (R'dam nr 157) #3.6.d
Duurzaam innoveren in de bouw (Geel nr 244) #10.1.d

Electronica in elektrische en hybride voertuigen (Arnhem nr 150)
  #5.6.d
Electronica, optie embedded multimededia (Leuven nr 243) #5.6.d
Energiecoördinator (Geel nr 244/Kortrijk nr 233/240) #5.2.d
Energy efficiency services (Diepenbeek nr 239) #5.6.d
Expert class gieterijtechnologie (Utrecht nr 181) #5.1.d

Forensisch onderzoek (Brussel nr 228) #21.4.d

Gieterijtechniek (Utrecht nr 181) #5.1.d

Ict infrastructure & network management plan 1 (Brussel nr 235)
  #20.6.d
Ict infrastructure & network management plan 2 (Brussel nr 235)
  #20.6.d
Ict infrastructure & network management plan 3 (Brussel nr 235)
  #20.6.d
Ict infrastructure & network management plan 4 (Brussel nr 235)
  #20.6.d
Ict infrastructure & network management plan 5 (Brussel nr 235)
  #20.6.d
Industrieel ondernemingsbeleid (Gent nr 235) #11.1.d
Informatica (Leuven nr 243) #20.6.d
Inspectie- en keuringstechnieken (IKT-3) (Utrecht nr 181) #11.7.d
Integraal adviseur vastgoed (Utrecht nr 184) #17.5.d
Integraal innovatief, duurzaam (ver)bouwen (Hasselt nr 239) #10.1.d
Integrale benadering van mobiele applicatieontwikkeling (Diepenbeek
  nr 239) #20.6.d
Integrale productontwikkeling (Kortrijk nr 242) #5.1.d, zie ook: 7.1.d
Internationaal transportrecht (Arnhem nr 150; Nijmegen nr 150)
  #20.9.d, zie ook: 18.2.d

International welding engineer-laspraktijkingenieur (Utrecht nr 184) #5.1.d
Introductiecursus regeltechniek (Delft nr 56) #5.4.d
IT-architectuur (Utrecht nr 184) #20.6.d
IT-management (Gent nr 238; Utrecht nr 184) #20.6.d
IT organisatie & management (Gent nr 235) #20.6.d

Jachtbouw (Leeuwarden nr 125) #5.8.d

Keramiek (Eindhoven nr 78) #23.2.d
Kosten en kwaliteit in de bouw (Arnhem nr 150) #10.1.d, zie ook: 10.11.d
Kostenadviseur infra (Arnhem nr 150) #10.1.d, zie ook: 10.11.d
Kunststofverwerking (Kortrijk nr 233) #7.6.d

Lastechnoloog (Sint-Kathelijne-Waver nr 244) #5.1.d
Logistiek management (Breda nr 54) #18.2.d
Logistiek, transport en mobiliteit (Leuven nr 243) #18.2.d

Manager in bouw en infra (Diemen nr 70) #10.1.d, zie ook: 10.11.d
Meet-en-regeltechniek (Heerlen nr 109) #5.4.d
Metaalkunde (Utrecht nr 181) #5.15.d
Moleculaire biologie (Leiden nr 132) #7.1.d

Onderhoud en management (Utrecht nr 181) #5.1.d
Onderhoudstechnologie (Utrecht nr 181) #5.1.d
Operations & supply chain management (ISBW nr 210, diverse lesplaatsen) #7.1.d

Projectmanagement voor engineering (Utrecht nr 181) #10.11.d

Ship management (Terschelling nr 125) #5.8.d
Systeem- en regeltechniek (Delft nr 56, niet bekostigd) #5.4.d

Telecommunicatietechnieken (Leuven nr 243) #5.5.d
Toegepaste telecommunicatie (Maarssen nr 44) #5.5.d
Traffic psychology (Leeuwarden nr 125) #18.2.d

Urban development (HS NCOI nr 115, diverse lesplaatsen) #10.3.d

Vastgoedinspecteur en -adviseur (Arnhem nr 150; Den Haag nr 61) #11.7.d
Vastgoedmanagement (Den Haag nr 61) #10.1.d

Zorg en welzijn *(zie ook: Gezondheidszorg)*

Aandachtsfunctionaris huiselijk geweld (Ede nr 76) #14.2.d
Adviserend samenwerken met ouders (Utrecht nr 184) #13.1.d
Animal rehab techniques and sports (Roeslare nr 233)
Autisme, een methodische benadering (Hasselt nr 239) #14.4.d
Autisme en (rand-)normale begaafdheid, een bijzondere aanpak (Diepenbeek nr 240) #14.4.d
Autismespectrumstoornissen (Antwerpen nr 229, banaba; Gent nr 237, banaba) #14.4.d

Bedrijfskunde in de zorg (Leiden nr 132; Utrecht nr 184) #13.1.d
Bedrijfskundig zorgmanagement (Utrecht nr 82) #13.1.d
Bemiddeling in familiezaken (Leuven nr 241) #14.2.d, zie ook: 20.9.d
Beschermingsbewindvoerder en beheer (Utrecht nr 184) #14.2.d
Burgerparticipatie (incompany) (Nijmegen nr 150) #20.5.d
Buurtcoach/sociaal werker maatschappelijke ondersteuning (Ede nr 76) #14.2.d

Casemanagement (Nijmegen nr 150) #13.1.d
Casemanagement dementie (R'dam nr 157; Vlissingen nr 203) #13.1.d
Casemanagement ouderenzorg in de huisartsenpraktijk (Enschede nr 89) #13.1.d
Client-centered spelcounseling (Antwerpen nr 244) #14.2.d
Coachen naar gedragsverandering: communicatie met affectie (Utrecht nr 184) #14.1.d

Coaching, supervisie en teambegeleiding (Gent nr 238) #14.1.d
Communicatie en psychosociale zorg (Utrecht nr 184) #14.4.d
Contextuele hulpverlening basis (Ede nr 76) #14.4.d
Contextuele hulpverlening specialisatie (Ede nr 76) #14.4.d
Creatieve therapie (Gent nr 237, banaba; Hasselt nr 239, banaba) #14.7.d
Creative moves (Diepenbeek nr 240) #14.7.d

Eigen praktijk (Ede nr 76) #14.2.d
Ervaringsdeskundigheid in de GGZ-hulpverlening (Eindhoven nr 80) 14.4.d
Ervaringsgericht ontwikkelen in groepen (Leuven nr 241/240) #14.4.d

Familiale bemiddeling (Kortrijk nr 233) #14.2.d
Financieel management voor zorgprofessionals (Utrecht nr 184) #13.1.d, zie ook: 14.1.d
Forensische psychodiagnostiek en counseling (Antwerpen nr 244) #14.2.d
Functional trainer (Torhout nr 233) #14.4.d

Gedragscounseling (Antwerpen nr 244) #14.4.d
Gedragsverandering communicatie in het publieke domein (Utrecht nr 184) #14.4.d
Geestelijke gezondheidszorg (Antwerpen nr 231; Leuven nr 241, ook als banaba) #14.1.d
Gezinscoaching: samenwerken met gezinnen waar hulpverleners de weg niet naar vinden (Utrecht nr 184) #14.2.d
Gezinsgericht werken in de wijk (Ede nr 76) #14.2.d
GGZ verpleegkunde (Deventer nr 89) 13.2.d

Hanteren van agressie, train de trainer (Utrecht nr 184) #14.2.d
Health coach (Brussel nr 228) #14.4.d
Hippotherapie (Gent nr 237) #14.4.d
Hoger management voor zorg & welzijn (ISBW nr 210, diverse lesplaatsen) #13.1.d

IAG voor werkbegeleiders en behandelcoördinatoren (Utrecht/Zwolle nr 126) #14.1.d
Indicatiegericht hulpverlenen (Ede nr 76) #14.2.d
Inkoop en aanbesteding (Utrecht nr 184) #17.1.d
Inkoop en aanbesteding speciale-sectorbedrijven (Utrecht nr 184) #17.1.d
Innovatief vrijwilligersmanagement (Utrecht nr 184) #14.1.d
Inspirerend leiderschap (Vlissingen nr 203) #11.1.d
Integrale wijkontwikkeling (Utrecht nr 184) #10.3.d
Intensieve ambulante gezinsbehandeling (Ede nr 76; Enschede nr 89; Utrecht/Zwolle nr 126) #14.2.d
Intensieve pedagogische thuisbegeleiding (Eindhoven nr 80) #14.2.d
Intensieve pedagogische thuishulp (Utrecht/Zwolle nr 126) #14.2.d
Intensieve systeemgerichte gezinsbegeleiding (Nijmegen nr 150) #14.2.d
Interculturele bemiddeling en hulpverlening (Mechelen nr 244) #14.9.d
Interdisciplinaire geestelijke gezondheidszorg (Hasselt nr 239) #14.1.d
Interdisciplinaire ouderenzorg (Hasselt nr 239, banaba) #13.1.d

Jongerenwerkers (Ede nr 76/Zeist OVER-357) #14.5.d

Kwaliteitszorg (Leeuwarden nr 126) #11.1.d

Leiderschap in de zorg (Turnhout nr 244) #13.1.d
Leidinggeven voor teamleiders (R'dam nr 157) #14.1.d

Management development (R'dam nr 157) #11.1.d
Management in de gezondheids- en welzijnszorg (Gent nr 235) #13.1.d
Mantelzorgmakelaar (R'dam nr OVER-296; Utrecht nr 162) #14.2.d
Mediation (Ede nr 76; Leiden nr 132) #20.9.d
Methodische (be)handelingsconcepten bij leer- en ontwikkelingsproblemen (Hasselt nr 239) #14.4.d
Muziektherapeutische bandcoaching (Heerlen nr 109) #14.7.d

Omgaan met kinderen en jongeren met een autismespectrumstoornis (Turnhout nr 244) #14.4.d

Omgaan met kinderen en jongeren met een psychische problematiek (Gent nr 238) #14.4.d

Operationeel management voor gezondheidszorg en welzijn (Enschede nr 89) #13.1.d

Oplossingsgericht begeleiden en hulpverlenen (Diepenbeek nr 240) #14.5.d

Orthopedagogisch management (Diepenbeek nr 240, banaba; Kortrijk nr 233, banaba) #14.5.d

Orthopedagogisch management I (Brussel nr 235) #14.5.d

Orthopedagogisch management II (Brussel nr 235) #14.5.d

Orthopedagogisch management: actor in de organisatie en context (Kortrijk nr 233) #14.5.d

Orthopedagogisch management: leidinggevende als persoon en als (bege)leider van een team (Kortrijk nr 233) #14.5.d

Orthopedagogisch management met de nadruk op de organisatie en de context van de organisatie (Diepenbeek nr 240) #14.5.d

Orthopedagogisch management met de nadruk op jezelf als leidinggevende van een team (Diepenbeek nr 240) #14.5.d

Ouderencoaching (Geel nr 244, banaba) #14.1.d

Ouderenzorg (Enschede nr 89; Roeselare nr 233) #13.1.d

Pedagogiek (HS NCOI nr 115, diverse lesplaatsen) #14.5.d

Praktische pedagogische gezinsbegeleiding (Utrecht nr 184) #14.5.d

Professional in de eerstelijnsgezondheidszorg (Lier nr 244; Turnhout nr 244) #13.1.d

Psychiatrie M1 + M2 (Roeselare nr 233) #14.3.d

Psychiatrisch verpleegkundige (Brussel nr 228) #14.3.d

Psychoanalytisch georiënteerd werken met kinderen, jongeren en volwassenen (Gent nr 238) #14.3.d

Psychodiagnostiek (Antwerpen nr 244) #14.3.d

Psychologie (HS NCOI nr 115, diverse lesplaatsen) #14.4.d

Psychopedagogische counseling (Antwerpen nr 244) #14.4.d, zie ook: 14.5.d

Psychosociale gerontologie (Schaarbeek nr 235) #14.4.d

Rouw- en verliesconsulent (Gent nr 237) #14.4.d

Rouwbegeleidingskunde (Utrecht nr 184) #14.4.d

Schuldhulpverlening (Ede nr 76; Haarlem nr 108; R'dam nr 156; Utrecht nr 184) #14.2.d

Seksuologische hulpverlening (Diepenbeek nr 240) #14.4.d

Sociaal werker maatschappelijke ondersteuning/buurtcoach (Ede nr 76) #14.2.d

Sociale gezondheidszorg (Hasselt nr 240, banaba; Lier nr 244, banaba) #14.1.d

Speltherapie (Ede nr 76; Utrecht nr 184) #14.5.d

Sport coaching and animal rehab assistant (Roeselare nr 233) #16.1.d

Sport en prestatiepsychologie (Deventer nr 89) #16.1.d

Sportmanagement (Hasselt nr 239) #16.1.d

Supervisorenopleiding (Zwolle nr 218) #24.1.d

Trainen met impact (Ede nr 76) #16.1.d

Trainer weerbaarheid (Utrecht nr 184) #14.4.d

Vaktherapie-verdieping: Beeldende therapie (Utrecht nr 184/109) #14.7.d

Vaktherapie-verdieping: Dans-bewegingstherapie (Midden Nederland nr 109) #14.7.d

Vaktherapie-verdieping: Drama (Enschede nr 88/109) #14.7.d

Vaktherapie-verdieping: Muziektherapie (Enschede nr 88/109) #14.7.d

Verliesbegeleiding (Ede nr 76) #14.4.d

Werken met gezinnen (Utrecht nr 184) #14.5.d

Wijkverpleegkundige (Almere nr 3; Groningen nr 96; Groningen nr 98; Heerlen nr 109; Zwolle nr 220) #13.2.d

Wijkverpleegkundige nieuwe stijl (Nijmegen nr 150) #13.2.d

Zingeving (Mechelen nr 244) #12.6.d

Zorglogistiek (Almere nr 3) #13.1.d

Zorgmanagement (Brussel nr 228, banaba; Gent nr 238, banaba; Hasselt nr 239, banaba; Kortrijk nr 233, banaba; HS NCOI nr 115, diverse lesplaatsen) #13.1.d

---

Hoewel steeds de nieuwste informatie in deze 'Beroepengids' wordt verwerkt, is het niet te vermijden dat er onjuistheden kunnen optreden.

Daarom zullen wij alle gebruikers van dit boek erkentelijk zijn wanneer zij ons de tekortkomingen ten spoedigste willen melden, indien mogelijk voorzien van de bijbehorende documentatie.

Uitgeverij De Toorts, Conradkade 6, 2031 CL Haarlem; e-mail-adres: beroepengids@toorts.nl

Deel VI

ENCYCLOPEDIE

26.1 ARBEIDSWET

Voor adres(sen) zie: DIEN-12.
Algemeen
- Zonder vergunning van de Arbeidsinspectie mogen jongeren van 15 jaar en ouder die nog volledig leerplichtig zijn, alleen werken als het gaat om:
  - vakantiewerk: is toegestaan voor 13-, 14- en 15-jarigen zolang het licht werk betreft, niet-industrieel is en niet in de buurt van machines geschiedt; ook is het verboden om jongeren op zondag of 's nachts te laten werken, en er is een beperking aan het aantal werkuren per dag en per week;
  - kranten bezorgen: alleen tussen 6 uur 's morgens en 7 uur 's avonds, niet meer dan 2 uur per dag en niet onder schooltijd;
  - lichte arbeid: alleen als onderdeel van het leerplan van de school (stage);
  - lichte arbeid: alleen tussen 7 uur 's morgens en 6 uur 's avonds;
  - lichte arbeid met een culturele, wetenschappelijke, opvoedkundige of artistieke strekking, bijvoorbeeld: optreden voor tv, in films, shows, medewerking aan modeshows, muziekopnamen: jongeren beneden de 15 jaar moeten vergunning van de Arbeidsinspectie hebben.

- Werkgevers die werknemers tot 23 jaar voor een vaste baan aannemen zonder startkwalificatie, hebben de verantwoordelijkheid om deze werknemers alsnog een startkwalificatie te laten halen. Website: www.inspectieszw.nl

26.2 AVONDSCHOOL / STAATSEXAMEN

Er zijn dag-/avondscholen voor volwassenen. Men kan zich voorbereiden op het behalen van diploma's voor vmbo, havo, vwo of mbo, waarbij op dezelfde wijze wordt ge'xamineerd als op de dagscholen. Ook is het mogelijk te worden opgeleid voor een staatsexamen: zie 26.24.
Bij vmbo, havo en mbo bestaat de mogelijkheid deelcertificaten voor elk vak afzonderlijk of deelkwalificaties te behalen.
Voor avondscholen voor havo en vwo gebruikt men de naam 'avondlyceum' (soms ook 'avondcollege').
Toelatingseisen
- Tot het vmbo: geen bepaalde vooropleiding; in het kalenderjaar dat men met de studie begint, moet men 16 jaar zijn.
- Tot het havo en het vwo: diploma mavo, vmbo of gelijkwaardig; in het kalenderjaar dat men de studie begint, moet men 18 jaar zijn.
Duur Havo: 3 jaar; vwo: 4 jaar.
Diploma/examen
- Havo: 6 vakken.
- Vwo: 6 vakken (wanneer men in het jaar dat men examen aflegt jonger is dan 21 jaar: 7 vakken).
- De vakken moet men kiezen in het 1e of in het begin van het 2e jaar.
N.B. Zie ook de certificatenregeling (26.6).

26.3 BUITENLAND: NEDERLANDERS WERKEN EN STUDEREN IN HET BUITENLAND

26.3.x Diverse instellingen

26.3.x.1 AFS interculturele programma's
Voor adres(sen) zie: DIEN-40.
Doel
- Highschoolprogramma's voor jongeren van 15 t/m 19 jaar in ca. 55 landen over de hele wereld.
- Jongeren tussen de 18 en 26 jaar kunnen 6 maanden vrijwilligerswerk doen in Latijns-Amerika, Thailand of Zuid-Afrika.
- Universiteitsprogramma mogelijk in Argentinië, Costa Rica en Panama.

26.3.x.2 Au Pair & Activity International
Voor adres(sen) zie: DIEN-19.
Doel Een tussenjaar, een sabbatical of een bijzondere vakantie: Activity International biedt de mogelijkheid om de wereld op een andere manier te ontdekken. Om te werken, een taalcursus te volgen, vrijwilligerswerk te doen of om een lange reis te maken.

26.3.x.3 Fulbright Centre
Voor adres(sen) zie: DIEN-4.
Doel
- Bevordering van uitwisseling van studenten, wetenschappers en docenten tussen Nederland en de USA.
- Informatie over studeren, onderzoek doen en stage lopen in de USA.

26.3.x.4 Nuffic
Zie ook: 26.5.x.1.
Voor adres(sen) zie: DIEN-13.
Algemeen De Nuffic: de Nederlandse organisatie voor internationale samenwerking in het hoger onderwijs, verstrekt informatie over studeren en stage lopen in het buitenland op hun website: www.nuffic.nl/nederlandse-studenten
Overige informatie
- *Nederlandse studiefinanciering ook in het buitenland:*
  Sinds 1 september 2007 is het mogelijk om Nederlandse studiefinanciering mee te nemen voor een volledige opleiding in het buitenland.
  Men kan dus op dezelfde manier in het buitenland studeren als in Nederland, mét studiefinanciering. Zie ook: 26.26.x.2.
- *Volledige studie in het buitenland:*
  De voorwaarden die gelden om voor studiefinanciering in Nederland in aanmerking te komen, zoals bijvoorbeeld leeftijd, nationaliteit en dat men voltijds of duaal hoger onderwijs volgt, gelden ook voor studiefinanciering in het buitenland. Daarnaast is er nog een aantal extra voorwaarden die betrekking hebben op het aantal jaren dat men in Nederland voorafgaand aan de buitenlandse studie heeft gewoond (de zogenaamde drie-uit-zes-eis) en de kwaliteit van de opleiding die men wil gaan volgen.
- *Landenlijsten:*
  De Nuffic heeft op verzoek van de Dienst Uitvoering Onderwijs (DUO, v/h IB-Groep) voor een aantal landen lijsten opgesteld met de hoofdvestigingen van buitenlandse opleidingen waarvoor in principe recht op meeneembare studiefinanciering bestaat. Zie: www.nuffic.nl/nederlandse-studenten/landen/

- *Studiefinanciering voor een buitenlandse opleiding die niet op de Nuffic-lijst staat:*
De Dienst Uitvoering Onderwijs (DUO, v/h IB-Groep) zal de Nuffic vragen om te onderzoeken of de betreffende opleiding van voldoende kwaliteit en niveau is. De Nuffic neemt geen aanvragen van particulieren in behandeling. Een dergelijke procedure kan een aantal weken tot maanden kan duren.
- *Tijdelijke studie of stage:*
Als men tijdelijk in het buitenland studeert of stage loopt, moet aan bepaalde voorwaarden worden voldaan om de Nederlandse studiefinanciering te behouden. Het is van belang dat men als voltijdstudent ingeschreven blijft staan aan een Nederlandse universiteit of hogeschool, én dat de studie of stage in het buitenland deel uitmaakt van de Nederlandse opleiding. Meer informatie: www.nuffic.nl/nederlandse-studenten/stage

26.3.x.5 SNV Nederlandse ontwikkelingsorganisatie
Voor adres(sen) zie: DIEN-14.
Doel Belangenbehartiging t.b.v. arme en achtergestelde mensen in ontwikkelingslanden.
Toelatingseisen Doorgaans is hbo/wo-niveau plus enkele jaren ervaring vereist.
Duur Buitenlands verblijf: 3 jaar.
Functiemogelijkheden Diverse beroepen in de techniek, economie, gezondheidszorg, landbouw of op sociaal-maatschappelijk terrein.

26.3.x.6 Stichting Uitwisseling
Voor adres(sen) zie: DIEN-1.
Doel Uitwisseling van jonge boeren en (landbouw)scholieren via: inkomende stages - inkomende groepen in het kader van Europese actieprogramma's zoals Leonardo da Vinci - uitgaande stages - inkomende studiereizen - verzekeringen.
Uitwisselingen vinden plaats op gezinsniveau én op praktijkniveau.

26.3.x.7 STS High School/Au pair
Voor adres(sen) zie: DIEN-32.
Doel Sinds 1958 actief t.b.v. educatieve en culturele uitwisseling m.b.t het organiseren van deelname aan een high school, en activiteiten t.b.v. au pairs.
Toelatingseisen
- Au pair: diploma van een afgerond vo, leeftijd tussen 18-26 jaar, redelijke beheersing van de Engelse taal, ruime oppaservaring, in bezit van rijbewijs of bezig het rijbewijs te halen.
- High school: men moet dagonderwijs volgen, leeftijd: 15-18 jaar.
Duur 1 jaar of 1 semester.

26.3.x.8 Studiefinanciering in het buitenland
Zie 26.26.x.2.

26.3.x.9 Travel Active programmes (v/h Exis)
Voor adres(sen) zie: DIEN-39.
Algemeen Nederlandse organisatie met internationale werk-, studie-, au pair-, stage- en uitwisselingsprogramma's.
Toelatingseisen De verschillende mogelijkheden zijn bestemd voor jongeren die internationale ervaring willen opdoen.
Overige informatie De programma's vinden plaats in Amerika, Argentinië, Australië, Brazilië, Canada, Duitsland, Engeland, Frankrijk, India, Italië, Nieuw-Zeeland, Spanje, en Zuid-Afrika.

26.3.x.10 YFU (Internationale educatieve uitwisselingen)
Voor adres(sen) zie: DIEN-41.
Doel Jongeren uitzenden naar het buitenland voor een schooljaar, met plaatsing in een gezin en op een school voor voortgezet onderwijs of op een college, of voor een 6-weeks zomerprogramma met plaatsing in een gezin. Plaatsing in veel verschillende landen.
Duur Varieert van 5 weken tot een jaar.

26.4 BUITENLANDSE STUDENTEN WERKEN EN STUDEREN IN NEDERLAND

26.4.x Diverse instellingen

26.4.x.1 Center for European Studies (CES) (UM)
Voor adres(sen) zie: DIEN-25.
Doel Het - bij voorkeur samen met faculteiten van de UM - ontwikkelen en uitvoeren van contractonderwijs, gericht op Europa, voor niet-Europeanen.

26.4.x.2 Foreign Student Service (FSS)
Voor adres(sen) zie: DIEN-3.
Doel Het welzijn van buitenlanders die voor studie en stage naar Nederland komen, bevorderen.
De belangrijkste vormen van dienstverlening zijn: algemene informatie over het studeren in Nederland (met name hbo en wo), verlenen van persoonlijke assistentie, bemiddelen bij huisvesting in Amsterdam en bij het afsluiten van ziektekostenverzekeringen (ISIS).

26.4.x.3 Internationale Diploma Waardering (IDW)
Zie 26.5.x.

26.4.x.4 Nederlands Centrum Buitenlanders (NCB)
Voor adres(sen) zie: DIEN-35.
Doel Het NCB zet zich in voor een betere maatschappelijke positie van migranten, afkomstig uit de voormalige wervingslanden.

26.4.x.5 Stichting voor vluchtelingen - studenten (UAF)
Voor adres(sen) zie: DIEN-37.
Doel De Stichting voor Vluchtelingen-Studenten UAF steunt vluchtelingen bij hun studie in Nederland.

26.5 BUITENLANDSE DIPLOMA's (IDW)

26.5.x Diverse instellingen

IDW staat voor Internationale DiplomaWaardering en wordt gevormd door twee expertisecentra (Nuffic en SBB [v/h Colo]), die het Informatiecentrum DiplomaWaardering (IcDW) hebben opgericht.
De waardering wordt opgesteld door deze twee expertisecentra; Nuffic en SBB zijn daartoe aangewezen door de minister van OCW.

26.5.x.1 Nuffic, voorlichting
Zie ook: 26.3.x.4 voor studeren en werken in het buitenland, en 26.26.x.2 voor Nederlandse studiefinanciering in het buitenland.
Voor adres(sen) zie: DIEN-13.
Algemeen De Nuffic: de Nederlandse organisatie voor internationale samenwerking in het hoger onderwijs, stimuleert en ondersteunt de activiteiten van Nederlandse hoger onderwijs-instellingen op het gebied van internationalisering en ontwikkelingssamenwerking. Daartoe verricht zij, al dan niet in opdracht van derden zoals de Nederlandse overheid, de EU en andere internationale organisaties,

www.toorts.nl

onder meer verschillende taken op het gebied van Internationale DiplomaWaardering (IDW) en certificering.

Inzake het algemeen vormend onderwijs, het voorbereidend beroepsonderwijs en het buitenlands hoger onderwijs stelt de Nuffic de diplomawaarderingen op. Zulke diplomawaarderingen zijn vooral interessant voor wie de arbeidsmarkt op wil of voor wie zich nog aan het oriënteren is, al dan niet als inburgerende nieuwkomer.

26.5.x.2 SBB Stichting Samenwerking Beroepsonderwijs Bedrijfsleven (v/h KBB)

Zie 1.7.g.1.
Voor adres(sen) zie: DIEN-42.

26.6 CERTIFICATENREGELING

Voor adres(sen) zie: DIEN-12.
Algemeen Bij deelname aan het deelstaatsexamen of het eindexamen van een avondschool wordt een certificaat uitgereikt voor het vak of de vakken waarvoor de kandidaat een voldoende cijfer heeft behaald.

Degene die een volledig staatsexamen of eindexamen van een avondschool heeft afgelegd, maar werd afgewezen, komt voor het vak of de vakken waarvoor een voldoende cijfer werd behaald, eveneens voor een certificaat in aanmerking. De certificaten hebben een onbeperkte geldigheidsduur en kunnen worden ingewisseld voor een diploma.

26.7 DIPLOMA's: ERKENNING EN LEGALISATIE (DUO)

Voor adres(sen) zie: DIEN-20.

26.8 EINDEXAMEN VBO/MAVO

Algemeen Er zijn momenteel nog tientallen zelfstandige mavo's in Nederland; dat aantal neemt weer toe: er zijn meer vmbo's die mavo-afdelingen op een aparte locatie onderbrengen.
Diploma/examen De examenprogramma's staan beschreven in de paragraaf Vbo/mavo (oud) (2.3.m.5).

N.B. Omdat het mbo en particuliere instellingen bij hun toelatingseisen soms nog eisen op grond van de oude vbo-structuur vermelden, blijft onderstaande tekst ter oriëntatie ter beschikking:

Het vbo-examenpakket bestond uit zes vakken. Elk vak kon op 3 of 4 niveaus worden ge'xamineerd:
- *D-programma:* (schoolonderzoek + centraal schriftelijk) werd alleen afgenomen voor de algemene vakken.
- *C-programma:* omvatte wat de algemene vakken betreft minder examenstof dan het D-programma; voor wat betreft de op het beroep gerichte vakken was de stof omvangrijker dan het B-programma.
- *B-programma:* het normale programma (schoolonderzoek).
- *A-programma:* het eenvoudigere programma (schoolonderzoek).

De leerlingen konden kiezen in welke vakken zij eindexamen wilden afleggen. Tevens kozen zij voor elk vak waarin zij eindexamen aflegden of zij dit deden volgens het A-, het B-, het C- of het D-programma. Zij konden echter ook kiezen voor een of meer vakken waarin zij eindexamen aflegden (in het begin van het 4e leerjaar): of zij dat wilden doen volgens het A- én B-programma, of volgens het B- én het C-programma, dan wel (voor bepaalde vakken althans) volgens

het C- én het D-programma. Een eindexamenpakket kon dus bestaan uit zes vakken die op 4 verschillende niveaus lagen.

Een kandidaat die reeds in het bezit was van een diploma voor beroepsonderwijs en die tot het hoogste leerjaar van een school voor vbo was toegelaten, werd toegelaten tot het eindexamen van deze school, met dien verstande dat hem door het bevoegd gezag vrijstelling kon worden verleend voor het afleggen van het eindexamen in die vakken waarin hij blijkens de bij zijn diploma behorende cijferlijst reeds examen volgens een overeenkomstig programma had afgelegd en waarvoor hij ten minste het cijfer 6 behaalde.

26.9 EUROPASS (DUO)

Voor adres(sen) zie: DIEN-21.
Algemeen Europass is een informatiedocument dat de internationale opleidingservaring van een student in een ander EU-land dan waar hij is ingeschreven, vastlegt.
Doel Bevorderen van de beroepsmobiliteit.

26.10 GAP YEAR HOLLAND

Voor adres(sen) zie: OVER-41.
Algemeen Gap Year Holland is in augustus 2011 gelanceerd op het gebied van begeleiding bij studiekeuze. Het betreft een weekprogramma voor middelbare scholieren (havo-vwo), en voor uitvallers in het Hoger Onderwijs. Hierin wordt - naast een psychodiagnostisch onderzoek en voorlichting over het onderwijssysteem en studiesectoren - aan een gedegen plan van aanpak voor de invulling van een tussenjaar gewerkt.

Tevens wordt in het programma aandacht besteed aan de voorbereiding van de motivatie- en de selectiegesprekken in het eerste studiejaar, alsmede aan alles wat ertoe kan bijdragen de uitval in het Hoger Onderwijs terug te dringen.

26.11 HANDICAP + STUDIE

Voor adres(sen) zie: DIEN-7.
Algemeen Expertisecentrum voor onderwijs en handicap: geeft informatie en advies over studeren met een lichamelijke functiebeperking of een chronische ziekte. Slechts onderwijsinstellingen kunnen hier met vragen terecht.

26.12 HERORIËNTATIETRAJECT (HVA, UVA)

Zie ook: 26.21.
Voor adres(sen) zie: HBO-32, WO-8.
Algemeen
- Voor studenten die met een bepaalde studie zijn begonnen, maar die daarmee zijn gestopt.
- Website: www.orientatiejaar.nl
Doel Studenten zodanig ondersteunen dat zij aan het eind van het traject een overwogen nieuwe studiekeuze kunnen maken.
Toelatingseisen Diploma havo of vwo.
Duur Ieder studiejaar van februari tot begin juni.
Lesprogramma 4 onderdelen: aanschuifonderwijs bij HvA of UvA - coaching - cursussen en gastcolleges - werk.

26.13 INTERNATIONAAL BACCALAUREAAT (IB)

- Het diploma IB (vergelijkbaar met de laatste 2 jaar vwo) is internationaal erkend en geeft toelating tot de meeste universiteiten op de wereld.
- De opleiding wordt verzorgd door scholen genoemd bij 26.14.x.2 en door 'private schools'.

26.14 INTERNATIONAAL GEORIËNTEERD ONDERWIJS IN NEDERLAND (IGO)

Algemeen Het IGO bestaat uit Engels-Nederlandstalig onderwijs voor leerlingen op de basisschool; Engels-Nederlandstalig voortgezet onderwijs: 5-jarige opleiding vergelijkbaar met havo (leidt op voor het International General Certificate of Secondary Education: IGCSE); Internationaal Baccalaureaat (IB), vergelijkbaar met de laatste 2 jaar vwo.

Toelatingseisen Het onderwijs is bedoeld voor kinderen van buitenlandse ouders, en voor kinderen van Nederlandse ouders die in het buitenland hebben gewoond, of er binnen 2 jaar zullen gaan wonen/werken.

Diploma/examen
- Met het IGCSE kan men doorstromen naar de opleiding voor het IB, of naar Engelstalig mbo of hbo.
- Met het diploma IB kan men doorstromen naar Engelstalig hbo of wo.

26.14.x IGO-scholen

26.14.x.1 Basisscholen
Voor adres(sen) zie: OVER-16, 24, 28, 30, 47, 72, 90, 97, 118, 119, 120, 123, 125, 127, 129, 167, 186, 210, 224, 236, 269, 283, 286, 349, 350.

26.14.x.2 Voortgezet onderwijs
Voor adres(sen) zie: OVER-2, 16, 24, 30, 47, 73, 81, 90, 97, 120, 126, 129, 168, 196, 206, 235, 236, 268, 269, 283, 298, 349, 350.

26.15 INTERNATIONALE SCHAKELKLASSEN

Algemeen Voor leerlingen die de Nederlandse taal niet voldoende beheersen om het Nederlandse voortgezet onderwijs te kunnen volgen.

Toelatingseisen
- Internationale schakelklassen kunnen op verschillend niveau worden gevolgd.
- Niet langer dan 4 jaar onderwijs in Nederland hebben gevolgd.
- Minimumleeftijd: 12 jaar.
- Geen Nederlandse nationaliteit.

Duur Maximaal 2 jaar.

26.16 LEERPLICHT / KWALIFICATIEPLICHT

Voor adres(sen) zie: DIEN-12.

Algemeen De leerplicht wordt geregeld door de Leerplichtwet van 1969.

Vooraf: de nieuwe kwalificatieplicht in het kort:
- De minister van OCW maakte in 2005 een wet om met ingang van schooljaar 2007-2008 de partiële leerplicht tot 17 jaar te vervangen door de kwalificatieplicht tot 18 jaar. De kwalificatie-

plicht geldt voor 16-18-jarigen die nog geen startkwalificatie hebben. Een startkwalificatie is een diploma havo, vwo of mbo niveau 2, waarmee iemand onder de 23 jaar geschoold werk kan krijgen op de arbeidsmarkt.
- De kwalificatieplicht heeft geen gevolgen voor bijbaantjes van jongeren.
- Daarnaast is er een informatie- cq. meldingsplicht (aan gemeenten) en een leer-werkplicht voor jongeren van 18 tot 23 jaar zonder startkwalificatie. De gemeenten hebben de vrijheid deze leer-werkplicht op te leggen. Weigeren jongeren mee te werken, dan kunnen zij boetes opgelegd krijgen.
- Er bestaan in het kader van de RMC-wetgeving regionale samenwerkingsverbanden (Regionaal Meld- en Coördinatiepunt voortijdig schoolverlaters) die jongeren willen stimuleren de juiste startkwalificatie voor de arbeidsmarkt te halen.
- De Onderwijsraad en de Raad voor Werk en Inkomen hebben de minister geadviseerd de partiële leerplicht te verlengen tot 23 jaar; een meerderheid in het parlement was hiervoor.
- Op 1.8.2007 is de partiële leerplicht vervangen door de kwalificatieplicht.

Met de invoering van de kwalificatieplicht wil de overheid bereiken dat jongeren een goede kans maken op een passende baan en dat het aantal jongeren dat zonder diploma de school verlaat, wordt teruggedrongen. De Wet kwalificatieplicht is onderdeel van het plan 'Voortijdig schoolverlaten' en valt onder het pakket van maatregelen 'Aanval op de uitval': het kabinet-Rutte II wil het aantal nieuwe voortijdige schoolverlaters terugbrengen tot maximaal 25.000 in 2016.

Volledige leerplicht
5 dagen per week naar school. Dat betekent: minimaal 940 uur per jaar naar de basisschool gedurende 8 basisschooljaren. De 5-daagse schoolweek is overigens niet verplicht voor de groepen 1 en 2.
Voor de groepen 3 tot en met 8 mogen scholen maximaal 7 keer per jaar een vierdaagse in plaats van een vijfdaagse schoolweek inroosteren. Weken die al vierdaags zijn omdat er een algemene vrije dag (bijvoorbeeld Tweede Pinksterdag) in valt, tellen hierbij niet mee.
Scholen moeten in de schoolgids aangeven in welke weken slechts vier dagen wordt lesgegeven, zodat ouders al voor het begin van het schooljaar hiervan op de hoogte zijn.

Sinds 1 augustus 2006 krijgen schoolbesturen in het primair onderwijs en het speciaal onderwijs meer ruimte om zelf de onderwijstijden vast te stellen. Besluitvorming over de schooltijden kan voortaan slechts plaatsvinden nadat de ouders zijn geraadpleegd.

- Begin van de leerplichtige leeftijd:
  De leerplicht begint op de eerste schooldag van de maand, volgend op de maand waarin een kind 5 jaar wordt. Het kind moet vanaf die dag naar een school voor basisonderwijs.
  Als een kind 4 jaar wordt, mág het naar de basisschool. Men kan het kind vanaf een half jaar tevoren laten inschrijven.
  In de laatste 2 maanden voor de 4e verjaardag mag het kind 5 hele dagen of 10 dagdelen op school komen om te wennen; zij zijn dan echter nog geen leerlingen in de zin der wet.

- Einde van de volledige leerplicht:
  Wanneer een kind gedurende 12 jaar leerling is geweest, maar wel tot aan het eind van een leerjaar.
  Of tot aan het eind van het schooljaar waarin de jongere de leeftijd van 16 jaar heeft bereikt.

In bijzondere gevallen kan met toestemming van de gemeente het 11e jaar van de leerplicht worden vervangen door een inschrijving als partieel leerplichtige: wanneer blijkt dat het kind om medische of psychische redenen niet langer volledig dagonderwijs kan volgen.

- De partiële (gedeeltelijke) leerplicht is sinds 1.8.2007 vervangen door de kwalificatieplicht voor wanneer de periode van de volledige leerplicht is geëindigd: daarna begint aansluitend - indien de minderjarige geen volledig dagonderwijs meer volgt - de periode van de kwalificatieplicht, met een volledig onderwijsprogramma, gericht op het behalen van een startkwalificatie.

- De kwalificatieplicht geldt voor de jongere die:
  • nog geen 18 jaar is;
  • nog geen startkwalificatie heeft behaald;
en
  • de volledige leerplicht achter de rug heeft.
Een startkwalificatie is: minstens een diploma havo, vwo of mbo niveau 2. Met deze uitbreiding van de leerplicht wordt beoogd schooluitval van jongeren te voorkomen en hen meer mogelijkheden te bieden voor een positie op de arbeidsmarkt. Een vmbo-diploma geeft toegang tot het mbo, maar is géén startkwalificatie.
Het is ook mogelijk om met combinaties van leren en werken aan de kwalificatieplicht te voldoen (bijvoorbeeld bbl in het mbo niveau 2).
Jongeren tot 23 jaar zonder diploma die niet meer op school komen, worden door de school bij de gemeente als 'voortijdig schoolverlater' aangemeld. De leerplichtambtenaar of RMC-coördinator (Regionale Meld- en Coördinatiefunctie voortijdig schoolverlaten) onderneemt dan actie. Het doel is om de schoolverlater terug naar school te krijgen en te zorgen dat hij alsnog een diploma haalt.
De periode van de kwalificatieplicht eindigt sinds 1.8.2007 dus bij de 18e verjaardag van de jongere.

- Vrijstellingen van de leerplicht en/of de kwalificatieplicht:
De leerplicht geldt voor elk kind dat in Nederland woont. Wel is het mogelijk een (tijdelijke) vrijstelling van schoolbezoek of van inschrijving bij een school te krijgen. De wet kent hiervoor een paar mogelijkheden. In de meeste gevallen beoordeelt de schooldirecteur of er sprake is van een gegronde reden voor verzuim. Hij kent de leerling en is op de hoogte van eventuele bijzonderheden.
  • Een leerling hoeft niet naar school tijdens schoolvakanties en feestdagen en bij ziekte. Maar ook godsdienstige, levensbeschouwelijke of andere belangrijke verplichtingen kunnen reden zijn om niet naar school te gaan. Verder mogen leerlingen die 5 jaar oud zijn maximaal 5 uur per week thuisblijven. Op verzoek van de ouders/verzorgers kan de schooldirecteur toestemming verlenen dit aantal uit te breiden tot tien uur. Als een leerling reden heeft om te verzuimen, moet een ouder dat altijd aan de school melden.
  • Vakantie buiten de schoolvakanties om is geen geldige reden voor een vrijstelling. In sommige gevallen kunnen kinderen maximaal tien dagen per jaar buitengewoon verlof wegens gewichtige redenenen krijgen, bijvoorbeeld om met hun ouders op vakantie te gaan als die wegens seizoengebonden arbeid of bijzondere omstandigheden niet in de schoolvakantie weg kunnen. Ook mag deze periode niet in de eerste twee weken na de zomervakantie vallen. Ouders moeten hiervoor toestemming vragen aan de schoolleiding, dat heet: 'beroep op vrijstelling'.

  • In sommige gevallen ontslaat de wet ouders van de plicht om kinderen op een school in te schrijven. Dat kan als gevolg van lichamelijke of psychische belemmeringen (een arts of psycholoog wordt dan ingeschakeld ten behoeve van de beoordeling door de gemeentelijke leerplichtambtenaar); bij bezwaar tegen de levensbeschouwelijke richting van de school, op godsdienstige of levensbeschouwelijke gronden; wanneer het kind in Nederland staat ingeschreven, maar in het buitenland verblijft en daar onderwijs volgt; of wanneer de ouders een trekkend bestaan leiden (kermisexploitanten of circusmedewerkers).
De gemeentelijke leerplichtambtenaar beoordeelt het verzoek om vrijstelling, waar nodig samen met een arts.
  • De Leerplichtwet is ook van toepassing op iemand die in Nederland woont, maar staat ingeschreven bij een onderwijsinstelling in het buitenland. Dit komt met name in de grensstreken voor. Er is dan wel vrijstelling mogelijk van de verplichting om zich in te schrijven op een school in Nederland. Bij het bezoeken van een school in het buitenland dient er een verklaring van die buitenlandse onderwijsinstelling naar de leerplichtambtenaar in de desbetreffende gemeente in Nederland te worden gezonden.
  • Voor jongeren in het praktijkonderwijs, zeer moeilijk lerende kinderen en meervoudig beperkte kinderen die onderwijs volgen is een startkwalificatie niet altijd haalbaar, bijvoorbeeld omdat ze er cognitief niet toe in staat zijn. Daarom worden zij vrijgesteld van de kwalificatieplicht. Zij kunnen een programma volgen dat past bij hun niveau.
Verder kent de Leerplichtwet in artikel 5 een vrijstellingsregeling voor individuele gevallen waarin sprake is van lichamelijke of psychische gronden die een jongere geheel ongeschikt maken om tot een school of instelling te worden toegelaten. Deze vrijstelling is dan vanzelfsprekend ook van toepassing op de kwalificatieplicht.
  • Tegen besluiten die worden genomen door een schoolleider, bijvoorbeeld over vrijstelling van schoolbezoek, kan bezwaar worden gemaakt. Bij afwijzing staat beroep open bij de rechtbank. Klachten over een leerplichtambtenaar kunnen worden ingediend bij de gemeente waar deze persoon werkzaam is.
  • Voor extra vrije dagen moeten de ouders vooraf toestemming hebben gekregen van het hoofd der school. Beslist die negatief, dan kunnen de ouders daartegen in beroep gaan: 1. bij het bestuur van de school of 2. bij de gemeentelijke leerplichtambtenaar.

- Vervangende leerplicht:
Vervangende leerplicht is mogelijk voor jongeren die in het volledige dagonderwijs aanhoudend problemen ondervinden. Vanaf veertien jaar kan een alternatief leertraject worden gekozen. Verzoeken om een jongere onder de vervangende leerplicht te laten vallen, keurt de gemeente goed als er een goed begeleidingsprogramma is. Bovendien geldt goedkeuring voor de duur van maximaal één schooljaar, zodat de leerling daarna terugstroomt in het regulier onderwijs.

N.B. Er is in 2001/2002 sprake geweest van verlaging van de leerplichtige leeftijd naar 4 jaar. De toenmalige minister van OCW, Maria van der Hoeven, deed het wetsvoorstel in 2002 en heeft het na kritiek weer ingetrokken.

26.17 LEER-WERKJAAR LANDBOUW, VOEDING, MILIEU (KRAAYBEEKERHOF)

Voor adres(en) zie: OVER-154.

Doel Een leer-werkjaar voor algemene ontwikkeling, het ontwikkelen van de juiste leer- en werkmentaliteit, en voor studiekeuzebegeleiding.

Lesprogramma Intensieve leerweken worden afgewisseld met werkstages op biologische land- en tuinbouwbedrijven, natuurvoedingswinkels en/of milieuorganisaties.

De studenten worden door een mentor begeleid.

Overige informatie
- Een gezamenlijk project van Kraaybeekerhof en de Vrije HS te Driebergen (zie 26.30).
- Zoals Kraaybeekerhof trainingen en opleiding op het thema 'Landbouw, voeding, milieu' verzorgt, zo is de Vrije HS gespecialiseerd op het gebied van training en opleiding van jongvolwassenen vanaf 16 jaar.

26.18 LESGELD / CURSUSGELD

Algemeen Er is onderscheid tussen lesgeld en cursusgeld:
- Cursusgeld wordt door de instellingen zelf geïnd. De hoogte van het cursusgeld is afhankelijk van het soort (deeltijd)opleiding.
- *Lesgeld*:
  • Het basisonderwijs is gratis.
  • Lesgeld voor alle leerlingen in het voortgezet (speciaal) onderwijs en voor 16- en 17-jarigen in de bol en het bbl van het mbo is afgeschaft, dus dat is gratis.
  • Lesgeld moet worden betaald door wie op 1 augustus 18 jaar of ouder is én een opleiding volgt aan het bol of deeltijd of het bbl van het mbo, of aan het voltijds vavo:
    • Voor een voltijdopleiding (bol) 2014-2015: 1118,00 euro.
    • Voor een deeltijdopleiding (bbl) 2014-2015:
      • Voor mbo niveau 1 en 2 (de Assistent- en de Basisberoepsopleiding): 232 euro.
      • Voor mbo niveau 3 en 4 (de Vakopleiding, de Middenkaderopleiding, en de Specialistenopleiding): 563 euro.
- Deeltijdopleidingen in het mbo beslaan minder dan 850 lesuren per studiejaar.
- De indexering van bovengenoemde bedragen voor het studiejaar 2015-2016 is nog niet bekend.

Overige informatie
- De tegemoetkoming in het lesgeld, die deel uitmaakte van de Tegemoetkoming scholieren en de Tegemoetkoming ouders, is afgeschaft omdat er voor studenten onder de 18 jaar geen lesgeld meer wordt betaald.
- De tegemoetkoming in de schoolkosten (voor ouders en scholieren) blijft bestaan.

26.19 MAATSCHAPPELIJKE STAGEMOGELIJKHEDEN

26.19.x Diverse instellingen

26.19.x.1 Jeugdwerk JOP (Protestantse Kerk in Nederland)
Voor adres(en) zie: DIEN-34.

26.19.x.2 Youth for Christ Nederland
Voor adres(en) zie: DIEN-17.

Doel Verzorgt stageplaatsen en werkervaringsplaatsen op het terrein van onderwijs, kerkelijk opbouwwerk, marketing/communicatie en diaconaat, onder deskundige begeleiding.

Duur 3 maanden tot 1 jaar.

26.20 ORIËNTATIE SAXION HS

26.20.x Diverse oriëntaties

26.20.x.1 Individuele keuzebegeleiding (Saxion HS)
Voor adres(en) zie: HBO-89.

Doel Door middel van 1-4 gesprekken, opdrachten en beroepskeuzetesten interesses ontdekken, en daarna oriëntatie op het gebied van opleidingen en beroepen.

Toelatingseisen Met een diploma havo, vwo of mbo willen studeren aan een hogeschool of universiteit.

Duur Een gesprek duurt 1 uur.

26.20.x.2 Oriëntatieproject (Saxion HS)
Voor adres(en) zie: HBO-89.

Doel Oriëntatie omtrent welke opleidings- en beroepsmogelijkheden interessant lijken door interviews, en door meelopen in de praktijk.

Toelatingseisen
- Diploma havo, vwo of mbo.
- Leeftijd 17-24 jaar, met beroepskeuzevraag.
- Bereid om in een groep de tijd te nemen om naar een keuze toe te werken.

Duur 4 maanden.

Overige informatie Start jaarlijks in februari en oktober.

26.21 ORIËNTATIEJAAR HOGESCHOOL VAN AMSTERDAM (HVA) EN UNIVERSITEIT (UVA)

Zie ook: 26.12.

Voor adres(en) zie: HBO-32, WO-4.

Algemeen Voor studenten die nog geen studierichting kunnen/willen kiezen.

Website: www.orientatiejaar.nl

Doel Uitstel van studiekeuze na havo of vwo, en voorbereiden op studeren in het hoger onderwijs.

Men komt niet in aanmerking voor studiefinanciering, maar men verliest geen inschrijfduur.

Toelatingseisen Diploma havo of vwo.

Duur Ieder studiejaar van eind augustus tot begin april.

Lesprogramma 4 onderdelen: aanschuifonderwijs bij HvA of UvA - coaching - cursussen en gastcolleges - werk.

Overige informatie Er is een buitenland-variant van enkele maanden studie aan de Montana State University in Bozeman (USA).

26.22 SCHOLENGEMEENSCHAP / GEMEENSCHAP VAN SCHOLEN

- Wat een scholengemeenschap is, staat in artikel 19 van de Wet op het voortgezet onderwijs.
  In een scholengemeenschap zijn tot één school verenigd: een school in de zin van deze Wet, en een of meer andere al dan niet in deze Wet bedoelde scholen. Er kunnen scholengemeenschappen bestaan met scholen voor havo en vwo, maar er mogen ook scholen voor vmbo en mbo in worden opgenomen. Bij een com-

binatie van havo en vwo kan een gemeenschappelijk 1e leerjaar worden gevormd.

Van een scholengemeenschap wordt verwacht dat het studierendement groter wordt en dat de leerlingen op nog betere wijze kunnen worden gedifferentieerd naar hun eigen niveau.

De scholengemeenschap wordt geleid door één hoofd of directie, waarin de scholengemeenschap zich onderscheidt van een gemeenschap van scholen.

- Een gemeenschap van scholen is in de praktijk ontstaan en elk schooltype heeft er zijn eigen leiding. Er is wel sprake van een nauwe samenwerking, bijvoorbeeld het gebruik van dezelfde leermethoden en -boeken.

26.23 SCHOOLGIDS

De schoolgids bevat voor ouders, verzorgers en leerlingen van het basisonderwijs informatie over de werkwijze van de school, zoals over de doelen van het onderwijs, de wijze waarop de zorg voor leerlingen met specifieke onderwijsbehoeften wordt vormgegeven, de geldelijke bijdrage, rechten en plichten van ouders en verzorgers, de klachtenregeling en de schooltijden.

De schoolgids is verkrijgbaar bij de administratie van de basisschool die de leerling bezoekt.

26.24 STAATSEXAMEN (DUO)

Voor adres(sen) zie: DIEN-20.

Diploma/examen Voor staatsexamens voor havo en vwo is onderstaande regeling getroffen:

Men kan staatsexamen afleggen voor het diploma:
- havo;
- vwo (geen onderscheid tussen gymnasium en atheneum).

Men kan voor elk examenvak, met een voldoende eindcijfer, een certificaat verkrijgen en op deze wijze een diploma havo of vwo behalen. Het examen van havo en vwo kent hetzelfde programma als bij het dagonderwijs voor havo en vwo.

Overige informatie
- Er zijn particuliere opleidingen die een voorbereiding geven voor het (deel-)staatsexamen havo en/of vwo.
- Voor adressen zie: 2.10.m.

N.B. Zie ook bij de certificatenregeling (26.6).

26.25 STUDIEBEGELEIDING (LVSI)

Voor adres(sen) zie: DIEN-6.

Algemeen Uit cijfers van de Landelijke Vereniging voor Studiebegeleidingsinstituten (LVSI) blijkt dat de vraag naar, en het aanbod van huiswerkbegeleiding voor scholieren de afgelopen jaren flink is gestegen. Door de stijging van het aantal huiswerkbegeleidingsinstituten is een professionaliseringsslag in de branche gaande. De brancheverening LVSI heeft kwaliteitscriteria en een keurmerk voor huiswerkbegeleiding en bijlessen ontwikkeld. Vijftig professionele instituten, verspreid over zo'n 130 locaties in Nederland, dragen dit keurmerk. Ouders hebben behoefte aan zekerheid wat de kwaliteit van de huiswerkbegeleiding betreft; de vraag naar instituten met dit keurmerk groeit dan ook. De huiswerkinstituten zien zich daarom genoodzaakt om zich bij de LVSI aan te sluiten om voor hun klanten op die manier transparant te zijn wat betreft de geboden kwaliteit. Marktwerking en de verzadigende markt in deze branche zorgen ervoor dat de bestaande huiswerkbegeleidingsdiensten steeds efficiënter moeten werken en zich moeten onderscheiden van de concurrentie door nieuwe diensten en producten aan te bieden; daardoor presteren ze ook beter. Daarnaast zorgt de concurrentiestrijd ervoor dat de kwalitatief sterke instituten overblijven, waardoor het kaf van het koren wordt gescheiden. Als een instituut overeind blijft en aan de kwaliteitscriteria van de LVSI voldoet, komt het in aanmerking voor het keurmerk. Het keurmerk zorgt ervoor dat de prijs en de kwaliteit van de aangesloten instituten transparant zijn en dat ouders erop kunnen vertrouwen dat ze waar voor hun geld krijgen. De LVSI houdt ook zich ook bezig met de doorontwikkeling van het vak. De Landelijke Vereniging van Studiebegeleidingsinstituten (LVSI) is sinds 1985 dé autoriteit op het gebied van studiebegeleiding voor scholen, ouders, media, de politiek en andere instellingen. De belangrijkste doelstelling van de LVSI is de kwaliteit van de studiebegeleiding in Nederland waarborgen en bevorderen. De LVSI controleert de dienstverlening en de bedrijfsvoering van haar leden; naast het keurmerk is er ook een klachtencommissie werkzaam. De richtlijnen van de LVSI zijn gebaseerd op de eisen die in het basis- en voortgezet onderwijs worden gesteld aan de opleiding van docenten en begeleiders, het pedagogisch en didactisch beleid, en andere waarborgen voor de kwaliteit van een dergelijke dienstverlening. De criteria garanderen een constante kwaliteit en een hoge graad van professionaliteit.

Daarnaast is de LVSI regelmatig gesprekspartner van de overheid en van verschillende instellingen op het gebied van onderwijs, didactiek en pedagogiek.

26.26 STUDIEFINANCIERING, SOCIAAL LEENSTELSEL, LITERATUUR

26.26.x Regelingen en informatie

26.26.x.1 Studiefinanciering in het sociaal leenstelsel
Voor adres(sen) zie: DIEN-20.

Algemeen Leerlingen of ouders van leerlingen in het voortgezet onderwijs of beroepsonderwijs en studenten in het hoger onderwijs kunnen gebruik maken van maatregelen ter financiële ondersteuning in de schoolkosten van het onderwijs dat men volgt.

- *Nieuwe plannen in het kort:*
  Het leenstelsel gaat de huidige basisbeurs vervangen. De basisbeurs is nu vier studiejaren lang een gift voor studenten. Vanaf volgend studiejaar moet de basisbeurs een lening worden.
  Toelichting:
  Het kabinet-Rutte II heeft plannen voor een vervanging van de huidige vorm van studiefinanciering in de vorm van een sociaal leenstelsel.
  De huidige minister Bussemaker (OCW) heeft een wetsvoorstel ingediend in verband met de studiefinanciering: een sociaal leenstelsel voor de kosten van studie en levensonderhoud. Bij dit stelsel worden de studiebeurzen vervangen door een systeem waarbij het volledige bedrag wordt geleend, en in 35 jaar naar draagkracht wordt terugbetaald. In eerste instantie zou worden begonnen met de invoering van dit sociaal leenstelsel voor de masteropleidingen. Er is al besloten dat de basisbeurs per 1.9.2015 verdwijnt. De Raad van State is kritisch geweest over het wetsvoorstel (22.9.2014), en vindt dat er een overgangsregeling moet komen ten behoeve van de huidige studenten.
  De OV-kaart en de aanvullende beurs blijven in ieder geval bestaan, beloofde minister Bussemaker al kort daarna.
  Inmiddels (januari 2015) is dit voorstel door beide Kamers aangenomen.

- *Nog bestaande regeling in 2015:*
  De eerste twee kalenderjaren die volgen op het eind van de studie hoeft men de studieschuld nog niet terug te betalen. Een jaar voordat de student moet terugbetalen krijgt deze informatie van de Dienst Uitvoering Onderwijs (DUO, v/h IB-Groep) over hoeveel en per wanneer men moet gaan terugbetalen. Meestal is dat met ingang van de maand januari van het derde jaar na de studie. Vanaf dat moment is men verplicht terug te betalen.
  De aflosfase van de lening duurt vijftien jaar, of zoveel korter als het duurt om de studieschuld af te lossen. Het terug te betalen maandbedrag hangt af van de hoogte van de schuld en de rente, maar is minimaal Euro 45,41 per maand (situatie 2014).
  Een studieschuld bij de DUO kan bestaan uit:
  - collegegeldkrediet;
  - een rentedragende lening;
  - een prestatiebeurs die (nog) niet is omgezet in een gift;
  - te veel ontvangen financiering die niet meteen is terugbetaald.
  De student is zelf verantwoordelijk voor het op tijd aflossen van de studieschuld. Bij problemen met de aflossing kan men een verzoek indienen om het maandbedrag te verlagen. Eventuele achterstanden in de aflossing moeten altijd worden ingehaald.
  Sinds 1 januari 2012 zijn er wijzigingen in de manier waarop een studieschuld moet worden terugbetaald. Deze wijzigingen gelden alleen voor terugbetalers die per of na 1 augustus 2009 voor het eerst studiefinanciering hebben ontvangen en die niet eerder dan 1 januari 2012 hoefden te beginnen met het aflossen van hun studieschuld. Men valt ook onder de nieuwe regels als er een schuld is omdat er te veel tegemoetkoming scholieren is ontvangen.
  De belangrijkste wijzigingen voor deze groep terugbetalers zijn:
  - automatische incasso voor iedereen;
  - men betaalt altijd terug naar draagkracht;
  - bij het berekenen van die draagkracht telt het inkomen van de partner altijd mee.

Overige informatie De tegemoetkoming in het lesgeld, die deel uitmaakte van de Tegemoetkoming scholieren en de Tegemoetkoming ouders, is afgeschaft omdat er voor studenten onder 18 jaar geen lesgeld meer wordt betaald.

N.B. Voor vragen over studiefinanciering en over studiebeurzen voor het buitenland kan men gebruik maken van de website van de Informatie Beheer Groep: http://www.ib-groep.nl/particulieren/ studiefinanciering/sfho/buitenland/buitenland.asp, of telefonisch contact opnemen met de Dienst Uitvoering OnderwijsInformatie (DUO, v/h IB-Groep), of een bezoek brengen aan een van de servicekantoren in Alkmaar, Amsterdam, Arnhem, Breda, Den Haag, Eindhoven, Enschede, Groningen, Leeuwarden, Nijmegen, Rotterdam, Sittard, Utrecht, of Zwolle.

26.26.x.2 Studiefinanciering in het buitenland (Nuffic)
Voor adres(sen) zie: DIEN-13.
Doel De Nuffic, de Nederlandse organisatie voor internationale samenwerking in het hoger onderwijs, beheert en coördineert diverse Europese en Nederlandse programma's die de internationale samenwerking en de mobiliteit in het hoger onderwijs moeten stimuleren. Dit zijn met name: Cultureel Verdragbeurzen, Erasmus Mundus, Leven Lang Leren/Erasmus, Science without Borders Holland, Sino-Dutch Bilateral Exchange Scholarship.
Via de eigen onderwijsinstellingen kunnen studenten, docenten en wetenschappelijk personeel beurzen voor studie en stage in het buitenland ontvangen.

De duur van de studiebeurzen varieert van enkele weken tot een jaar. Zie ook het N.B. van 26.26.x.1.

26.26.x.3 Meer informatie (DUO, NIBUD, VSSD, Stichting Weet Wat Je Besteedt [WWJB])
Algemeen
- Dienst Uitvoering Onderwijs (DUO, v/h IB-Groep: www.ocwduo.nl)
- NIBUD: inzicht in je geldzaken. Website: www.nibud.nl
- VSSD: studentenvakbond. Website: www.vssd.nl
- Weet Wat Je Besteedt (WWJB). Website: www.wwjb.org
  Met deze website krijgen hbo- en wo-studenten meer inzicht in hun inkomsten, uitgaven en een eventuele studielening. Het Financieel Studieplan wordt gesteund door en is ontwikkeld in nauwe samenwerking met het ministerie van OCW, DUO, Nibud en jongeren- en studentenorganisaties. Het Financieel Studieplan:
  • helpt studenten bewuster om te gaan met geld;
  • geeft studenten snel inzicht in hun inkomsten en uitgaven;
  • geeft studenten de mogelijkheid hun inkomsten en uitgaven te vergelijken met andere studenten;
  • geeft studenten inzicht in hun lening en hoeveel zij moeten terugbetalen.

26.27 TOEFL

TOEFL is de afkorting van Test Of English as a Foreign Language. Deze test onderzoekt het niveau van de Engelse taal bij kandidaten die willen gaan studeren in Engelstalig hoger onderwijs.

26.28 TOELATINGSPROCEDURE VMBO, HAVO EN VWO

- De algemene voorwaarden om tot een school voor vmbo, havo of vwo te worden toegelaten zijn: het bao hebben gevolgd of gelijkwaardig: de toelatingscommissie of de aannemende school raadpleegt een verklaring van de directeur van de basisschool.
- Nadere voorwaarden voor toelating aan een school voor havo of vwo zijn: de leerling moet zich onderwerpen aan een toelatingsonderzoek, waarbij door de aannemende school een keuze kan worden gemaakt uit 4 mogelijkheden: toelatingsexamen of -toets waarin ten minste de vakken Nederlands en rekenen worden onderzocht; proefklas waarbij de leerling van de basisschool gedurende enkele dagen les ontvangt op de aannemende school van de leraren van die school, waarna een beoordeling volgt; een onderzoek naar de kennis en het inzicht van de kandidaat gedurende ten minste zijn laatste leerjaar aan de basisschool of een school voor speciaal onderwijs; een psychologisch onderzoek.

26.29 VOORBEREIDEND JAAR ANDERSTALIGEN (VJA) (SAXION HS)

Voor adres(sen) zie: HBO-89.
Algemeen Engelse benaming: Preparatory Year for Foreign Students.
Doel Bevordering van de doorstroming van anderstalige studenten.
Toelatingseisen
- *Voor een half jaar:*
  • buitenlands diploma, vergelijkbaar met een diploma havo of mbo;
  • minimaal Nederlands NT2 niveau 4;
  • toelatingstoets.
- *Voor 1 jaar:*
  • buitenlands diploma, vergelijkbaar met een diploma havo of mbo;

- minimaal Nederlands NT2 niveau 3;
- toelatingstoets.

Duur Een half jaar of 1 jaar.

Lesprogramma Nederlands - communicatievaardigheden - logopedie - computervaardigheden - studievaardigheden - loopbaanoriëntatie - acculturatie - instituutsgerichte vakken - meelopen bij een opleiding.

26.30 VRIJE HOGESCHOOL: BERNARD LIEVEGOED COLLEGE FOR LIBERAL ARTS

Voor adres(sen) zie: OVER-155.

Algemeen Het Bernard Lievegoed College for Liberal Arts werkt intensief samen met de Hogeschool Utrecht en andere instellingen voor hoger onderwijs. De studieprogramma's zijn voor:

- Leerlingen die na de middelbare school een passende studiekeuze willen maken; die de tijd nemen om zich goed te oriënteren, en die zich sociaal, persoonlijk en vakmatig willen ontwikkelen voor een optimale start in het hoger onderwijs.
- Studenten die tijdens hun studie (wo/hbo) graag zoveel mogelijk uit zichzelf en hun vak halen; die verdieping zoeken, hun talenten de ruimte willen geven of die nog twijfelen en antwoorden zoeken op fundamentele vragen.
- Afgestudeerden, mensen uit de praktijk die meer verbinding tussen hun vak, talent en de wereld willen maken.

26.31 VVE/GOA

VVE-programma's zijn programma's voor Voor- en Vroegschoolse Educatie. Ze zijn onderdeel van het GOA (Gemeentelijk Onderwijs-Achterstandenbeleid).
Kinderen die op de basisschool beginnen met een taalachterstand, kunnen die nauwelijks meer wegwerken. Sterker nog, vaak wordt hun achterstand alleen maar groter. Onderzoek heeft aangetoond dat Voor- en Vroegschoolse Educatie (VVE) een effectief middel is om achterstanden weg te werken en tegen te gaan.
30 scholen werden in 2011 uitgeloot voor de pilot 'startgroepen'. De deelnemende scholen voldoen aan strikte voorwaarden. Zij werken nauw samen met peuterspeelzalen of een kinderdagverblijf. Elke groep bestaat uit maximaal 16 peuters in de leeftijd van 2 of 3 jaar. De peuters gaan gewoon naar een peuterspeelzaal of kinderdagverblijf en niet (al) naar een basisschool.

De groep staat onder begeleiding van een pedagogisch medewerker en een hbo'er met een pabo-diploma die nauwgezet samenwerken en resultaatgericht te werk gaan. De aanpak is opbrengstgericht. Daarnaast moeten scholen de ouders actief betrekken bij de proef en worden de effecten van de pilot onderzocht.
Naast deze pilot investeert het kabinet-Rutte II (het ministerie van OCW) vanaf 2013 jaarlijks 50 miljoen extra in de VVE.

Doel

- Terugdringen van de ontwikkelings- en taalachterstand van zogenoemde risicoleerlingen tussen 2 en 5 jaar d.m.v. gestructureerde programma's. Beoogd wordt deze leerlingen op 4-jarige leeftijd te laten instromen in het basisonderwijs.

N.B.

- Het VVERSTERK-project is een landelijk project dat de kwaliteit van de VVE wil versterken door scholing en ondersteuning te bieden aan beroepskrachten die direct of indirect met VVE te maken hebben: leidsters in peuterspeelzalen en kinderdagverblijven, leerkrachten in groep 1 en 2, managers van instellingen, beleidsmakers in gemeenten, opleiders van leidsters en leerkrachten. Het project liep door tot 2014.
- Begin 2014: Diverse gemeenten pleitten er bij minister Asscher (ministerie van Binnenlandse Zaken) voor om voorschoolse educatie (VVE), peuterspeelzalen en kinderopvang op termijn samen te voegen tot één voorziening: de Integrale Kindcentra. (De opleiding voor de benodigde leidsters geschiedt bij de HS Utrecht en de organisatie Spelenderwijs.)
- Het kabinet-Rutte II heeft een voorstel gedaan voor wijziging van de regelgeving voor peuteropvang. In dit voorstel kunnen ook werkende ouders met kinderen op de peuterzaal vanaf 2016 kinderopvangtoeslag krijgen. Tegelijkertijd gaan de kwaliteitseisen voor peuterspeelzalen omhoog tot het niveau van de kinderopvang. En dat zorgt voor een kostenverhoging in de peuterspeelzalen. Het kabinet ziet het voorstel als een bezuiniging voor gemeenten en vindt het daarom gerechtvaardigd om 35 miljoen terug te vorderen uit het Gemeentefonds.
- Meer informatie: www.vversterk.nl

Hoewel steeds de nieuwste informatie in deze 'Beroepengids' wordt verwerkt, is het niet te vermijden dat er onjuistheden kunnen optreden.
Daarom zullen wij alle gebruikers van dit boek erkentelijk zijn wanneer zij ons de tekortkomingen ten spoedigste willen melden, indien mogelijk voorzien van de bijbehorende documentatie.

Uitgeverij De Toorts, Conradkade 6, 2031 CL Haarlem; e-mail-adres: beroepengids@toorts.nl

Deel VII

CENTRALE ADRESLIJST

op bezoekadres (plaats), en vervolgens op naam gesorteerd
(inclusief e-mail- en website-adressen, en BRIN-nummers)

*   Buitenlandse adressen vindt men aan het eind van een adreslijst: WO-48 e.v.,
        HBO-228 e.v, en OVER-371 e.v.

N.B.   - 's-Gravenhage = Den Haag, 's-Hertogenbosch = Den Bosch.
          - Bij meer dan één vestiging wordt/worden 'vestiging(en)' bij het centrale adres vermeld.

WO (Wetenschappelijk Onderwijs)

**1. Vrije Universiteit Amsterdam (VUA),
Afdeling Onderwijscentrum-VU**
Prof. E.M. Meijerslaan 2, 1183 AV Amstelveen
Tel. 020-5 98 98 98
E-mail: studentenbalie@vu.nl
Website: www.psy.vu.nl/nl/over-de-faculteit/wetenschappelijke-
afdelingen/onderwijscentrum-vu/contact/index
BRIN: 21PL

2. Amsterdam University College (AUC)
Science Park 113, 1098 XG Amsterdam
Postbus 94160, 1090 GD Amsterdam
Tel. 020-5 25 87 80, fax 020-5 25 87 90
E-mail: info@auc.nl
Website: www.auc.nl

3. Duisenberg School of Finance (DSoF)
Gustav Mahlerplein 117, 1082 MS Amsterdam
Tel. 020-5 25 85 90
E-mail: info@dsf.nl
Website: www.dsf.nl/programmes

4. Oriëntatiejaar UvA (OJ)/HvA (oriëntatietraject)
Gebouw Kohnstammhuis, Wibautstraat 2-4, 1091 GM Amsterdam
Postbus 1025, 1000 BA Amsterdam
Tel. 020-5 99 58 58
E-mail: orientatiejaar@uva-hva.nl
Website: www.hva.nl/een-studie-kiezen/begeleiding-bij-je-studiekeuze
BRIN: 28DN

**5. Universiteit van Amsterdam (UvA), Amsterdam Law School
(ALS)**
Oudemanhuispoort 4, 1012 CN Amsterdam
Postbus 1030, 1000 BA Amsterdam
Tel. 020-5 25 33 61
E-mail: als-fdr@uva.nl
Website: www.als.uva.nl
BRIN: 21PK

**6. Universiteit van Amsterdam (UvA), Faculteit Geneeskunde
(AMC-UvA) (FdG)**
Meibergdreef 9, 1105 AZ Amsterdam
Postbus 22660, 1100 DD Amsterdam
Tel. 020-5 66 50 72
E-mail: via de website
Website: www.amc.uva.nl/web/Onderwijs.htm
BRIN: 21PK

**7. Universiteit van Amsterdam (UvA),
Interfacultaire LerarenOpleidingen (ILO)**
Nieuwe Achtergracht 127, 1018 WS Amsterdam
Postbus 15776, 1001 NG Amsterdam
Tel. 020-5 25 12 86, fax 020-5 25 12 90
E-mail: via de website
Website: www.ilo.uva.nl
BRIN: 21PK

8. Universiteit van Amsterdam (UvA), student service desk
Binnengasthuisstraat 9, 1012 ZA Amsterdam
Postbus 19268, 1000 GG Amsterdam
Tel. 020-5 25 33 33
E-mail: info@uva.nl
Website: http://student.uva.nl/ecb/contact/student-service-
desk/student-service-desk.html
BRIN: 21PK

9. Vrije Universiteit Amsterdam (VUA), onderwijsvoorlichting
De Boelelaan 1105, 1081 HV Amsterdam
Tel. 020-5 98 50 00/5 98 98 98, fax 020-5 98 98 99
E-mail: studentenvoorlichting@vu.nl
Website: www.vu.nl/nl/opleidingen/index.asp
BRIN: 21PL

**10. Theologische Universiteit Apeldoorn
(Christelijk Gereformeerde Kerken) (TUA)**
Wilhelminapark 4, 7316 BT Apeldoorn
Tel. 055-5 77 57 00, fax 055-5 22 63 39
E-mail: info@tua.nl
Website: www.tua.nl
BRIN: 21QO

**11. Nederlandse Defensie Academie (NLDA) (vestigingen te
Breda, Den Haag en Den Helder) - stafadres NLDA:**
Kraanstraat 4, 4811 XC Breda
Postbus 90004, 3509 AA Utrecht
Tel. 076-5 27 49 11
E-mail: nlda@mindef.nl
Website: www.defensie.nl/nlda

12. Nyenrode Business Universiteit (NR)
Straatweg 25, 3621 BG Breukelen
Postbus 130, 3620 AC Breukelen
Tel. 0346-29 12 11
E-mail: info@nyenrode.nl
Website: www.nyenrode.nl/Education/Pages/Default.aspx
BRIN: 01MC

13. Technische Universiteit Delft (TUD)
Stevinweg 1, 2628 CN Delft
Postbus 5, 2600 AA Delft
Tel. 015-2 78 91 11
E-mail: info@tudelft.nl
Website: tudelft.nl/index.php?id=4956&L=0
BRIN: 21PF

14. Technische Universiteit Delft (TUD), Delft TopTech
Mekelweg 2, 2628 CD Delft
Postbus 612, 2600 AP Delft
Tel. 015-2 78 80 19, fax 015-2 78 10 09
E-mail: delfttoptech@tudelft.nl
Website: www.delfttoptech.nl
BRIN: 21PF

**15. Technische Universiteit Delft (TUD),
Technische natuurwetenschappen (lerarenopleidingen)**
Lorentzweg 1, 2628 CJ Delft
Tel. 015-2 78 55 94
E-mail: info-sec@tudelft.nl
Website: www.tulo.tudelft.nl
BRIN: 21PF

16. Leiden University College The Hague (LUC)
Anna van Buerenplein 301, 2595 DG Den Haag
Postbus 13228, 2501 EE Den Haag
Tel. 070-8 00 95 03
E-mail: info@luc.leidenuniv.nl
Website: www.lucthehague.nl
BRIN: 21PB

17. Technische Universiteit Eindhoven (TU/e),
   onderwijs en studentenservicecentrum
Den Dolech 2, 5612 AZ Eindhoven
Postbus 513, 5600 MB Eindhoven
Tel. 040-2 47 47 47/2 47 91 11
E-mail: STU@tue.nl (of: cec@tue.nl)
Website: https://www.tue.nl/universiteit/over-de-
universiteit/organisatie/diensten/het-onderwijs-en-studenten
BRIN: 21PG

18. Faculty of Geo-Information Science and Earth Observation
   (ITC)
Hengelosestraat 99, 7514 AE Enschede
Postbus 217, 7500 AE Enschede
Tel. 053-4 87 44 44, fax 053 4 87 44 00
E-mail: info-itc@utwente.nl
Website: www.itc.nl

19. TSM Business School (Campus Universiteit Twente)
Drienerlolaan 5 (Bastille, gebouw 48), 7522 NB Enschede
Postbus 217, 7500 AE Enschede
Tel. 053-4 89 80 09, fax 053-4 89 48 48
E-mail: info@tsm.nl
Website: www.tsm.nl
BRIN: 21PH

20. Universiteit Twente (UT), studie-informatiecentrum
Drienerlolaan 5, 7522 NB Enschede
Postbus 217, 7500 AE Enschede
Tel. 053-4 89 91 11
E-mail: info@utwente.nl
Website: www.utwente.nl
BRIN: 21PH

21. AOG School of Management (i.s.m. de RUG)
Radesingel 50, 9711 EK Groningen
Postbus 7080, 9701 JB Groningen
Tel. 088-5 56 10 00
E-mail: via de website
Website: www.aog.nl
BRIN: 21PC

22. RijksUniversiteit Groningen (RUG), Centrum voor de
   Lerarenopleidingen (v/h UOCG)
Grote Kruisstraat 2/1 - Muntinggeb. Hortuscomplex, 9747 AD
Groningen
Tel. 050-3 63 20 00
E-mail: a.m.f.a.arends@rug.nl
Website: www.rug.nl/education/lerarenopleiding/
BRIN: 21PC

23. RijksUniversiteit Groningen (RUG),
   Studenten Service Centrum (SSC)
Uurwerkersgang 10, 9712 EJ Groningen
Postbus 72, 9700 AB Groningen
Tel. 050-3 63 80 66
E-mail: ssc-secretariaat@rug.nl
Website: www.rug.nl/education/
BRIN: 21PC

24. Sport Management Institute (SMI)
Hoge der A 18, 9712 AD Groningen
Postbus 1332, 9701 BH Groningen
Tel. 050-5 27 65 57
E-mail: office@wagnergroup.nl
Website: www.wagnergroup.nl/sport-management

25. University College Groningen (UCG)
Hoendiepskade 23-24, 9718 BG Groningen
Postbus 1022, 9701 BA Groningen
Tel. 050-3 65 35 12
E-mail: ucg@rug.nl
Website: www.rug.nl/ucg

26. Open Universiteit Nederland (OUNL)
Valkenburgerweg 177, 6419 AT Heerlen
Postbus 2960, 6401 DL Heerlen
Tel. 045-5 76 21 00/5 76 22 22, fax 045-5 76 22 25
E-mail: heerlen@ou.nl
Website: www.ou.nl
BRIN: 22NC

27. Theologische Universiteit Kampen (TUK)
   (van de Gereformeerde Kerken, vrijgemaakt)
Broederweg 15, 8261 GS Kampen
Tel. 038-4 47 17 10
E-mail: secretariaat@tukampen.nl
Website: www.tukampen.nl

28. Leids Universitair Medisch Centrum (LUMC),
   specialistische opleidingen
Hippocratespad 21 (Gebouw 3), 2333 ZD Leiden
Postbus 9600, 2300 RC Leiden
Tel. 071-5 26 87 00, fax 071-5 26 82 55
E-mail: Onderwijsservicepunt@lumc.nl
Website: www.lumc.nl/onderwijs/contact
BRIN: 21PB

29. Universiteit Leiden (UL), ICLON
   (VO lerarenopleidingen en nascholing)
Wassenaarseweg 62a, 2333 AL Leiden
Postbus 905, 2300 AX Leiden
Tel. 071-5 27 40 15
E-mail: iclbalievo@iclon.leidenuniv.nl
Website: www.iclon.leidenuniv.nl
BRIN: 21PB

30. Universiteit Leiden (UL), studenteninformatiecentrum
Rapenburg 70, 2311 EZ Leiden
Postbus 9500, 2300 RA Leiden
Tel. 071-5 27 27 27, fax 071-5 27 31 18
E-mail: studielijn@leidenuniv.nl
Website:
http://www.onderwijs.leidenunhttp://www.onderwijs.leidenuniv.nl/
BRIN: 21PB

31. Maastricht University (UM), servicecentrum
Mindersbroedersberg 4-6, 6211 LK Maastricht
Postbus 616, 6200 MD Maastricht
Tel. 043-3 88 22 22/3 88 53 88
E-mail: study@maastrichtuniversity.nl
Website:
www.maastrichtuniversity.nl/web/show/id=6311009/langid=43
BRIN: 21PJ

32. University College Maastricht (UCM), onderdeel van de UM
Minderbroedersberg 4-6, 6211 LK Maastricht
Postbus 616, 6200 MD Maastricht
Tel. 043-3 88 22 22
E-mail: study@maastrichtuniversity.nl
Website:
www.maastrichtuniversity.nl/web/show/id=6311009/langid=43
BRIN: 21PJ

33. University College: Roosevelt Academy
Lange Noordstraat 1, 4331 CB Middelburg
Postbus 94, 4330 AB Middelburg
Tel. 0118-65 55 00, fax 0118-65 55 08
E-mail: info@ucr.nl
Website: www.ucr.nl

34. Radboud Universiteit Nijmegen (RU), ABK Academie voor Bestuurs- & Bedrijfswetenschappelijke Kennis
Thomas van Aquinostraat 1 (1e verdieping kamer 55),
6525 GD Nijmegen
Postbus 9108, 6500 HK Nijmegen
Tel. 024-3 61 21 08, fax 024-3 61 54 63
E-mail: abk@fm.ru.nl
Website: www.ru.nl/abk
BRIN: 21PM

35. Radboud Universiteit Nijmegen (RU), dienst studentenzaken
Comeniuslaan 6, 6525 HP Nijmegen
Postbus 9102, 6500 HC Nijmegen
Tel. 024-3 61 61 61
E-mail: studievoorlichting@dsz.ru.nl
Website: www.ru.nl/onderwijs/studeren_in_nijmegen
BRIN: 21PM

36. Radboud Universiteit Nijmegen (RU), Radboud Docenten Academie
Erasmusplein 1, Erasmusgebouw 20.16, 6525 HT Nijmegen
Postbus 9103, 6500 HD Nijmegen
Tel. 024-3 61 55 72
E-mail: info@docentenacademie.ru.nl
Website: www.ru.nl/docentenacademie
BRIN: 21PM

37. Erasmus Universiteit Rotterdam (EUR), studenteninformatiecentrum
Burgemeester Oudlaan 50, 3062 PA Rotterdam
Postbus 1738, 3000 DR Rotterdam
Tel. 010-4 08 11 11
E-mail: via de website
Website: www.eur.nl
BRIN: 21PE

38. TIAS School for Business and Society (Ned. vestigingen in Amsterdam, Eindhoven, Tilburg, Utrecht) - Centraal adres:
Warandelaan 2, 5037 AB Tilburg
Postbus 90153, 5000 LE Tilburg
Tel. 013-4 66 86 00
E-mail: information@tiasnimbas.edu
Website: www.tias.edu

39. Tilburg University (TiU), Tilburg School of Catholic Theology (vestigingen in Tilburg en Utrecht)
Warandelaan 2, 5037 AB Tilburg
Postbus 90153, 5000 LE Tilburg
Tel. 013-4 66 89 93
E-mail: bureaufkt@tilburguniversity.edu
Website:
https://www.tilburguniversity.edu/nl/over/schools/theologie/contact/
BRIN: 00BM

40. Tilburg University (TiU), Voorlichting en externe betrekkingen
Warandelaan 2, 5037 AB Tilburg
Postbus 90153, 5000 LE Tilburg
Tel. 013-4 66 91 11
E-mail: info@tilburguniversity.edu
Website: www.tilburguniversity.edu/nl/
BRIN: 21PN

41. Descartes College, onderdeel van Universiteit Utecht (UU)
Heidelberglaan 8, 3584 CS Utrecht
Tel. 030-2 53 26 70
E-mail: studievoorlichting@uu.nl
Website:
www.uu.nl/university/education/NL/hetonderwijsaanbod/Pages/default.aspx

42. Koninklijk Actuarieel Genootschap & Actuarieel Instituut
Groenewoudsedijk 80, 3528 BK Utrecht
Postbus 2433, 3500 GK Utrecht
Tel. 030-6 86 61 50, fax 030-6 86 61 51
E-mail: info@ag-ai.nl
Website: www.ag-ai.nl

43. Sioo
Newtonlaan 209, 3584 BH Utrecht
Tel. 030-2 91 30 00
E-mail: sioo@sioo.nl
Website: www.sioo.nl

44. Universiteit Utrecht (UU), Departement Bestuurs- en Organisatiewetenschap (USBO)
Bijlhouwerstraat 6, 3511 ZC Utrecht
Tel. 030-2 53 81 01, fax 030-2 53 72 00
E-mail: info.usbo@uu.nl
Website: http://www.uu.nl/organisatie/departement-bestuurs-en-organisatiewetenschap
BRIN: 21PD

45. Universiteit Utrecht (UU), studievoorlichting
Heidelberglaan 8, 3584 CS Utrecht
Postbus 80125, 3508 TC Utrecht
Tel. 030-2 53 26 70
E-mail: studievoorlichting@uu.nl
Website:
www.uu.nl/university/education/NL/hetonderwijsaanbod/Pages/default.aspx
BRIN: 21PD

46. Universiteit voor Humanistiek (UvH)
Kromme Nieuwegracht 29, 3512 HD Utrecht
Postbus 797, 3500 AT Utrecht
Tel. 030-2 39 01 00, fax 030-2 34 07 38
E-mail: info@uvh.nl
Website: www.uvh.nl/onderwijs
BRIN: 00YZ

47. Wageningen UR (WU), studievoorlichting
Droevendaalsesteeg 2 (Forum - gebouwnr. 102), 6708 PB Wageningen
Postbus 414 (Student Service Centre), 6700 AK Wageningen
Tel. 0317-48 36 18
E-mail: studievoorlichting@wur.nl
Website: www.wageningenur.nl/nl/Onderwijs-Opleidingen.htm
BRIN: 21PI

48. Universiteit Antwerpen (UA), Stadscampus, dienst studentenadvies en -begeleiding
Stadscampus, Gebouw E, Grote Kauwenberg 2,
B-2000 Antwerpen België
Tel. 00-32-3-2 65 48 72
E-mail: stip@uantwerpen.be
Website: whttps://www.uantwerpen.be/nl/onderwijs/

49. Faculteit voor Protestantse Godgeleerdheid (FPG)
Bollandistenstraat 40, B-1040 Brussel België
Tel. 00-32-2-7 35 67 46, fax 00-32-2-7 35 47 31
E-mail: info@protestafac.ac.be
Website: www.protestafac.eu

50. Vesalius College (VeCo)
Pleinlaan 5, B-1050 Brussel België
Tel. 00-32-2-6 14 81 70
E-mail: Vesalius@vub.ac.be
Website: www.vesalius.edu

51. Vrije Universiteit Brussel (VUB), dienst studentenadvies
Pleinlaan 2, B-1050 Elsene België
Tel. 00-32-2-6 29 21 11
E-mail: info@vub.ac.be
Website: https://caliweb.cumulus.vub.ac.be/caliweb/

52. Odisee (v/h Hogeschool-Universiteit Brussel [HUB]) (met campussen in Brussel, Gent, Aalst en Sint-Niklaas)
Gebroeders de Smetstraat 1, B-9000 Gent België
Tel. 00-32-2-2 10 12 11
E-mail: info.gent@odisee.be
Website: www.odisee.be

53. Universiteit Gent (UG), adviescentrum voor studenten
Sint-Pietersnieuwstraat 33, B-9000 Gent België
Tel. 00-32-9-2 64 31 11
E-mail: guide@UGent.be
Website: www.ugent.be/nl/studeren

54. Universiteit Hasselt
Martelarenlaan 42, B-3500 Hasselt België
Tel. 00-32-11-26 81 11, fax 00-32-11-26 81 99
E-mail: info@auhl.be
Website: www.uhasselt.be/opleidingen

55. Associatie Katholieke Universiteit Leuven (KUL of KUL/KULAK)
Schapenstraat 34, B-3000 Leuven België
Tel. 00-32-16-32 40 84, fax 00-32-56-24 69 99
E-mail: infoATassociatie.kuleuven.be
Website: www.kuleuven.be/studentenvoorzieningen/studieadvies/

56. Evangelische Theologische Faculteit (ETF)
St. Jansbergsteenweg 97, B-3001 Leuven België
Tel. 00-32-16-20 08 95
E-mail: info@etf.edu
Website: www.etf.edu

57. Continental Theological Seminary (CTS)
Kasteelstraat 48, B-1600 Sint-Pieters-Leeuw België
Tel. 00-32-2-3 34 85 55
E-mail: info@ctsem.edu
Website: www.ctsem.edu

58. The Open University Business School (OUBS)
P.O. Box 197, MK7 6BJ Milton Keynes Engeland
Tel. 00-44-84 52 41 65 55
Website: www.openuniversity.edu

1. Universiteit Leiden (UL), PAOB PostAcademisch Onderwijs Belastingwetenschap
Gebouw Rijnstaete, Prins Bernhardlaan 16b,
2405 VT Alphen aan den Rijn
Postbus 148, 2400 AC Alphen aan den Rijn
Tel. 0172-47 53 99, fax 0172-49 88 68
E-mail: paob@paob.nl
Website: www.paob.nl
BRIN: 21PB

2. Academy for Information & Management (AI&M)
Voormalige stadstimmertuin 91, 1018 ET Amsterdam
Tel. 020-6 25 18 35
E-mail: info@ienm.nl
Website: www.ienm.nl
BRIN: 21PK

3. Amsterdam School of Real Estate
Jollemanhof 5, 1019 GW Amsterdam
Postbus 140, 1000 AC Amsterdam
Tel. 020-6 68 11 29, fax 020-6 68 03 61
E-mail: info@asre.nl
Website: www.asre.nl

4. Vrije Universiteit Amsterdam (VUA), Bureau PAO Rechtsgeleerdheid/VU Law Academy
De Boelelaan 1077, 1081 HV Amsterdam
Hoofdgebouw VU, De Boelelaan 1105, 1081 HV Amsterdam
Tel. 020-5 98 67 56
E-mail: studiekeuze.rechten@vu.nl
Website: www.rechten.vu.nl
BRIN: 21PL

5. PAO Techniek, Stichting PostAcademisch Onderwijs
Stevinweg 1, 2628 CN Delft
Postbus 5048, 2600 GA Delft
Tel. 015-2 78 46 18, fax 015-2 78 46 19
E-mail: info@paotudelft.nl
Website: www.pao.tudelft.nl
BRIN: 21PF

6. PAO Vervoerswetenschappen en Verkeerskunde (PAO-VV)
Stevinweg 1, 2628 CN Delft
Postbus 5048, 2600 GA Delft
Tel. 015-2 78 46 18, fax 015-2 78 46 19
E-mail: info@pao.tudelft.nl
Website: www.pao.tudelft.nl
BRIN: 21PF

7. Technische Universiteit Delft (TUD), PAO Delft
Stevinweg 1, 2628 CN Delft
Postbus 5048, 2600 GA Delft
Tel. 015-2 78 46 18, fax 015-2 78 46 19
E-mail: info@pao.tudelft.nl
Website: www.pao.tudelft.nl
BRIN: 21PF

8. Boerhaave commissie, postacademisch onderwijs in de geneeskunde
Hippocratespad 21 (gebouw 3, 5e verdieping), 2333 ZD Leiden
Postbus 9600 VO-P, 2300 RC Leiden
Tel. 071-5 26 85 00, fax 071-5 26 82 55
E-mail: Boerhaavenascholing@lumc.nl
Website: www.boerhaavenascholing.nl

9. Universiteit Leiden (UL), Juridisch PAO
Sterrewachtlaan 11, 2311 GW Leiden
Postbus 778, 2300 AT Leiden
Tel. 071-5 27 86 66, fax 071-5 27 78 95
E-mail: pao@law.leidenuniv.nl
Website: www.paoleiden.nl
BRIN: 21PB

10. Jan van Eyck Academie, werkplaats beeldende kunsten
Academieplein 1, 6211 KM Maastricht
Tel. 043-3 50 37 37, fax 043-3 50 37 99
E-mail: info@janvaneyck.nl
Website: www.janvaneyck.nl

11. Centrum voor Postacademisch Juridisch Onderwijs (CPJO)
Montessorilaan 10, 6525 HR Nijmegen
Postbus 10520, 6500 MB Nijmegen
Tel. 024-3 61 24 09, fax 024-3 61 12 07
E-mail: info@cpo.ru.nl
Website: www.pao.cpo.nl

12. Grotius Academie
Postbus 10520, 6500 MB Nijmegen
Tel. 024-3 61 24 92, fax 024-3 61 59 49
E-mail: Grotius@cpo.ru.nl
Website:
http://www.ru.nl/cpo/grotiusacademie/opleidingen/opleidingen/

13. PAOT Tandheelkunde
Philips van Leydenlaan 25, 6525 EX Nijmegen
Tel. 024-3 61 94 08/3 61 76 96
E-mail: paot@radboudumc.nl
Website: www.paotumcn.nl

14. Erasmus Academie (EUR), PAO
Burg. Oudlaan 50, Erasmus Expo- & Congrescentrum,
3062 PA Rotterdam
Postbus 1738, 3000 DR Rotterdam
Tel. 010-4 08 18 39
E-mail: info@erasmusacademie.nl
Website: www.eur.nl/erasmusacademie/home
BRIN: 21PE

15. Erasmus School of Law
Burgemeester Oudlaan 50, 3062 PA Rotterdam
Postbus 1738, 3000 DR Rotterdam
Tel. 010-4 08 15 61
Website: www.esl.eur.nl
BRIN: 21PE

16. GITP PAO
Wilhelminapark 25, 5041 EB Tilburg
Tel. 013-5 35 58 25
E-mail: pao@gitp.nl
Website: www.gitp.nl

17. Academie voor medisch specialisten
Orteliuslaan 750, 3528 BB Utrecht
Postbus 8153, 3503 RD Utrecht
Tel. 030-2 47 41 97
E-mail: info@academiems.nl
Website: www.academiemedischspecialisten.nl

18. Netherlands School of Public & Occupational Health (NSPOH)
Churchilllaan 11, 10e etage, 3527 GV Utrecht
Postbus 20022, 3502 LA Utrecht
Tel. 030-8 10 05 00
E-mail: info@nspoh.nl
Website: www.nspoh.nl

19. Universiteit Utrecht (UU), IVLOS (lerarenopleidingen)
Heidelberglaan 8, 3584 CS Utrecht
Postbus 80125, 3508 TC Utrecht
Tel. 030-2 53 26 70
E-mail: studievoorlichting@uu.nl
Website: www.uu.nl
BRIN: 21PD

20. Universiteit Utrecht/Departement bestuurs- en organisatiewetenschap (USBO)
Bijlhouwerstraat 6, 3511 ZC Utrecht
Postbus 80125, 3508 TC Utrecht
Tel. 030-2 53 81 01, fax 030-2 53 72 00
E-mail: studievoorlichting@uu.nl
Website: www.uu.nl/faculty/organisatie/departementen
BRIN: 21PD

21. Wageningen UR/WBS
Droevendaalsesteeg 2 (Forum - gebouwnr. 102), 6708 PB Wageningen
Postbus 414 (Student Service Centre), 6700 AK Wageningen
Tel. 0317-48 36 18
E-mail: via de website
Website: www.wageningenur.nl/nl/Onderwijs-Opleidingen.htm

HBO (Hoger BeroepsOnderwijs)

1. HS Inholland (vestiging in Alkmaar)
Bergerweg 200, 1817 MN Alkmaar
Postbus 403, 1800 AK Alkmaar
Tel. 072-5 18 34 56, fax 072-5 18 36 56
E-mail: info.alkmaar@inholland.nl
Website: www.inholland.nl
BRIN: 27PZ

2. HS iPABO (vestiging in Alkmaar)
Gabriël Metsulaan 34, 1816 EP Alkmaar
Tel. 020-6 13 70 79, fax 072-5 11 56 68
E-mail: info@ipabo.nl
Website: www.hs-ipabo.edu
BRIN: 21UG

3. HS Windesheim/Flevoland (vestiging in Almere)
Hospitaaldreef 5, 1315 RC Almere
Tel. 088-4 69 88 88
E-mail: info@windesheimflevoland.nl
Website: www.windesheimflevoland.nl
BRIN: 01VU

4. HS Utrecht, afdeling HU Amersfoort
De Nieuwe Poort 21, 3812 PA Amersfoort
Postbus 512, 3800 AM Amersfoort
Tel. 088-4 81 82 83
E-mail: info@hu.nl
Website: www.hu.nl
BRIN: 25DW

5. HS voor de Kunsten, Utrecht (HKU),
Nederlandse beiaardschool
Grote Spui 11, 3811 GA Amersfoort
Tel. 033-4 75 26 38, fax 033-4 72 15 30
E-mail: info@nbs.hku.nl
Website: www.hku.nl/web/OverHKU/School/
HKUUtrechtsConservatorium/DeNederlandseBeiaardschool.htm
BRIN: 00MF

6. HS Inholland (vestiging in Amstelveen)
Prof. J.H. Bavincklaan 7, 1182 AT Amstelveen
Tel. 020-4 95 11 11
E-mail: info@inholland.nl
Website: www.inholland.nl
BRIN: 27PZ

7. Amsterdamse HS voor de Kunsten, Academie van
Bouwkunst, Amsterdam, faculteit Bouwkunst
Waterlooplein 211-213, 1011 PG Amsterdam
Tel. 020-5 31 82 18, fax 020-5 31 82 40
E-mail: avb-info@ahk.nl
Website: www.ahk.nl/bouwkunst
BRIN: 21QA

8. Amsterdamse HS voor de Kunsten, Academie voor
Beeldende Vorming, faculteit Beeldende Vorming
Zeeburgerdijk 112, 1094 AJ Amsterdam
Tel. 020-5 27 72 20, fax 020-5 27 72 22
E-mail: bvo-info@ahk.nl
Website: www.ahk.nl/beeldende-vorming
BRIN: 21QA

9. Amsterdamse HS voor de Kunsten,
centraal informatiecentrum
Jodenbreestraat 3, 1011 NG Amsterdam
Postbus 15079, 1001 MB Amsterdam
Tel. 020-5 27 77 10
E-mail: info@ahk.nl
Website: www.ahk.nl
BRIN: 21QA

10. Amsterdamse HS voor de Kunsten,
conservatorium van Amsterdam
Oosterdokskade 151, 1011 DL Amsterdam
Postbus 78022, 1070 LP Amsterdam
Tel. 020-5 27 75 50
E-mail: conservatorium@ahk.nl
Website: www.ahk.nl/conservatorium
BRIN: 21QA

11. Amsterdamse HS voor de Kunsten, De Theaterschool
Jodenbreestraat 3, 1011 NG Amsterdam
Postbus 15323, 1001 MH Amsterdam
Tel. 020-5 27 78 37, fax 020-5 27 76 82
E-mail: the-info@ahk.nl
Website: www.ahk.nl/theaterschool
BRIN: 21QA

12. Amsterdamse HS voor de Kunsten,
Nederlandse Filmacademie (NFTA)
Markenplein 1, 1011 MV Amsterdam
Tel. 020-5 27 73 33
E-mail: filmacademie@ahk.nl
Website: www.ahk.nl/filmacademie
BRIN: 21QA

13. Amsterdamse HS voor de Kunsten, Reinwardt Academie
Dapperstraat 315, 1093 BS Amsterdam
Tel. 020-5 27 71 00, fax 020-5 27 71 01
E-mail: rwa-info@ahk.nl
Website: www.ahk.nl/reinwardt
BRIN: 21QA

14. Amsterdamse HS voor de Kunsten, Stichting DasArts
Havikslaan 20, 1021 EK Amsterdam
Tel. 020-5 86 96 36
E-mail: the-info@ahk.nl
Website: www.ahk.nl/theaterschool/opleidingen-theater/dasarts-
master-of-theatre
BRIN: 21QA

15. Binger Filmlab
Arie Biemondstraat 111, 1054 PD Amsterdam
Tel. 020-5 30 71 10
E-mail: info@binger.nl
Website: www.binger.nl
BRIN: 21QA

16. CNA (Centrum voor Nascholing Amsterdam)
(onderdeel van de HvA)
HvA, Theo Thijssenhuis, Wibautstraat 2-4, 1091 GM Amsterdam
Postbus 2009, 1000 CA Amsterdam
Tel. 020-5 25 12 41, fax 020-5 25 12 36
E-mail: nascholing@cna.uva.nl
Website: www.centrumvoornascholing.nl
BRIN: 28DN

17. Dansacademie Lucia Marthas
(vestigingen in Amsterdam en Groningen)
Rustenburgerstraat 436, 1072 HK Amsterdam
Tel. 020-6 76 13 70, fax 020-6 70 76 98
E-mail: info@luciamarthas.nl
Website: www.luciamarthas.nl

18. Gerrit Rietveld Academie
Frederik Roeskestraat 96, 1076 ED Amsterdam
Tel. 020-5 71 16 00, fax 020-5 71 16 54
E-mail: studentoffice@rietveldacademie.nl
Website: www.gerritrietveldacademie.nl
BRIN: 02BY

19. Hotelschool The Hague, international university of
hospitality management (vestiging in Amsterdam)
Jan Evertsenstraat 171, 1057 BW Amsterdam
Tel. 020-8 51 29 00
E-mail: receptionam@hotelschool.nl
Website: www.hotelschool.nl
BRIN: 02NR

20. HS Inholland (vestiging in Amsterdam, Boelelaan)
Boelelaan 1109, 1081 HV Amsterdam
Postbus 75068, 1081 HV Amsterdam
Tel. 020-4 95 11 11
E-mail: academy@inholland.nl
Website: www.inhollandacademy.nl
BRIN: 27PZ

21. HS iPABO (vestiging in Amsterdam)
Jan Tooropstraat 136, 1061 AD Amsterdam
Postbus 90506, 1006 BM Amsterdam
Tel. 020-6 13 70 79, fax 020-6 13 46 45
E-mail: info@ipabo.nl
Website: www.hs-ipabo.edu
BRIN: 21UG

22. HS Tio (vestiging in Amsterdam)
Tempelhofstraat 5, 1043 EA Amsterdam
Tel. 020-4 75 10 57, fax 020-2 75 22 08
E-mail: amsterdam@tio.nl
Website: www.tio.nl

23. HS van Amsterdam (HvA),
Amsterdam Fashion Institute (AMFI)
Mauritskade 11, 1091 GC Amsterdam
Tel. 020-5 99 54 22
E-mail: studievoorlichting@hva.nl
Website: www.hva.nl/onderwijs/opleidingen/item/amfi-amsterdam-fashion-institute.html
BRIN: 28DN

24. HS van Amsterdam (HvA), Archiefschool, Nederlands
Instituut voor Archiefonderwijs en -onderzoek
Benno Premselahuis (01 A17), Rhijnspoorplein 1, 1091 GC Amsterdam
Postbus 1025, 1000 BA Amsterdam
Tel. 020-5 95 47 88
E-mail: archiefschool@hva.nl
Website: www.archiefschool.nl
BRIN: 21QW

25. HS van Amsterdam (HvA), domein Bewegen, Sport en
Voeding/ JCU (Johan Cruijff University)
Dr. Meurerlaan 8, 1067 SM Amsterdam
Tel. 020-5 95 34 00
E-mail: studievoorlichting@hva.nl
Website: www.hva.nl/bewegen-sport-voeding/
BRIN: 21QW

26. HS van Amsterdam (HvA),
domein Economie en Management
Fraijlemaborg 133, 1102 CV Amsterdam
Postbus 22575, 1100 DB Amsterdam-Z.O.
Tel. 020-5 23 63 11
E-mail: studievoorlichting@hva.nl
Website: www.hva.nl/economie-management/
BRIN: 21HR

27. HS van Amsterdam (HvA), domein Gezondheid
Tafelbergweg 51, 1105 BD Amsterdam
Postbus 2557, 1000 CN Amsterdam
Tel. 020-5 95 41 80, fax 020-5 95 41 41
E-mail: studievoorlichting@hva.nl
Website: www.dg.hva.nl/content/dg/inleiding/
BRIN: 21QW

28. HS van Amsterdam (HvA), domein Maatschappij en Recht
(2 Amsterdamse locaties)
Wibautstraat 5a en 80-86, 1091 GH/GP Amsterdam
Postbus 1025, 1000 BA Amsterdam
Tel. 020-5 95 28 10/5488190
E-mail: bedrijfsbureau-mlh@hva.nl
Website: www.hva.nl/maatschappij-recht/
BRIN: 21QW

29. HS van Amsterdam (HvA),
domein Media, Creatie en Informatie
Rhijnspoorplein 1, 1091 GC Amsterdam
Postbus 1025, 1000 BA Amsterdam
Tel. 020-5 95 47 00, fax 020-5 95 45 70
E-mail: studievoorlichting@hva.nl
Website: www.hva.nl/media-creatie-informatie/
BRIN: 21QW

30. HS van Amsterdam (HvA), domein Onderwijs en Opvoeding
Wibautstraat 2-4, 1091 GM Amsterdam
Postbus 1025, 1000 BA Amsterdam
Tel. 020-5 99 55 55, fax 020-5 99 57 71
E-mail: onderwijsbureau-doo@hva.nl
Website: www.hva.nl/onderwijs-opvoeding/
BRIN: 21QW

31. HS van Amsterdam (HvA), domein Techniek
Weesperzijde 190, 1097 DZ Amsterdam
Postbus 1025, 1000 BA Amsterdam
Tel. 020-5 95 14 00, fax 020-5 95 14 20
E-mail: studievoorlichting@hva.nl
Website: www.hva.nl/techniek/
BRIN: 21QW

32. HS van Amsterdam (HvA), studievoorlichtingscentrum
Kohnstammhuis, Wibautstraat 2-4, 1091 GM Amsterdam
Postbus 1025, 1000 BA Amsterdam
Tel. 020-5 99 54 22(930-1600u)
E-mail: studievoorlichting@hva.nl
Website: www.hva.nl
BRIN: 21QW

33. Maritieme Academie (hbo-vestigingen: Amsterdam,
Leeuwarden, West-Terschelling; vmbo/mbo-vestigingen:
Delfzijl, Harlingen, IJmuiden, Sneek)
De Ruijterkade 7, 13e etage, 1013 AA Amsterdam
Tel. 020-6 26 93 25
E-mail: info@maritiemeacademieholland.nl
Website: www.maritiemeacademieholland.nl

34. New School for Information Services
Jan Luijkenstraat 98, 1071 CV Amsterdam
Tel. 020-4 71 17 87
E-mail: info@thenewschool.nl
Website: www.thenewschool.nl

35. Stichting Hoger Technisch Instituut (HTI)
Tempelhofstraat 80, 1043 EB Amsterdam
Tel. 020-6 84 57 80, fax 020-6 88 72 13
E-mail: info@hti-opleidingen.nl
Website: www.hti-opleidingen.nl

36. Verloskunde Academie Amsterdam (VAA)
Louwesweg 6, 1066 EC Amsterdam
Tel. 020-4 95 34 56
E-mail: info.vaa@verloskunde-academie.nl
Website: www.verloskunde-academie.nl

37. HS Wittenborg
Laan van de Mensenrechten 500, 7331 VZ Apeldoorn
Tel. 088-6 67 26 88, fax 088-6 67 26 99
E-mail: info@wittenborg.nl
Website: www.wittenborg.eu
BRIN: 25AY

38. Politieacademie (9 locaties)
Arnhemseweg 348, 7334 AC Apeldoorn
Postbus 834, 7301 BB Apeldoorn
Tel. 055-5 39 20 00
E-mail: info@politieacademie.nl
Website: www.politieacademie.nl

39. ArtEZ Academie van bouwkunst
(vestigingen in Arnhem, Zwolle)
Onderlangs 9, 6812 CE Arnhem
Postbus 49, 6800 AA Arnhem
Tel. 026-3 53 56 06, fax 026-3 53 56 04
E-mail: academievanbouwkunst@artez.nl
Website:
www.artez.nl/Architectuur/ArtEZ_Academie_van_Bouwkunst
BRIN: 21JA

40. ArtEZ Academie voor art & design (vestiging in Arnhem)
Onderlangs 9, 6812 CE Arnhem
Postbus 49, 6800 AA Arnhem
Tel. 026-3 53 56 00, fax 026-3 53 56 77
E-mail: info@artez.nl
Website: www.artez.nl/vormgeving
BRIN: 21JA

41. ArtEZ Academie voor theater
Onderlangs 9, 6812 CE Arnhem
Postbus 49, 6800 AA Arnhem
Tel. 026-3 53 56 60, fax 026-3 53 57 35
E-mail: academievoortheater.arnhem@artez.nl
Website: www.artez.nl/theater
BRIN: 21JA

42. ArtEZ Conservatorium (vestigingen in Arnhem [Messiaen
Academie], Enschede [Popacademie], Zwolle)
Onderlangs 9, 6812 CE Arnhem
Postbus 49, 6800 AA Arnhem
Tel. 026-3 53 56 43, fax 026-3 53 56 37
E-mail: conservatorium.arnhem@artez.nl
Website: www.artez.nl/conservatorium
BRIN: 21JA

43. ArtEZ Dansacademie
Onderlangs 9, 6812 CE Arnhem
Postbus 49, 6800 AA Arnhem
Tel. 026-3 53 56 60, fax 026-3 53 57 35
E-mail: dansacademie@artez.nl
Website: www.artez.nl/dans
BRIN: 21JA

44. HS Dirksen
Parkstraat 27, 6828 JC Arnhem
Verhuisd: Industrieweg 10a, 3606 AS Maarssen
Tel. 0346-28 42 93
E-mail: info@dirksen.nl
Website: www.dirksen.nl
BRIN: 25RR

45. Stenden HS (vestiging in Assen)
Zeemanstraat 1, 9406 BZ Assen
Tel. 0592-85 33 00
E-mail: assen@stenden.com
Website: www.stenden.com/nl
BRIN: 21IY

46. TTS - Tyndale theological seminary
Egelantierstraat 1, 1171 JM Badhoevedorp
Tel. 020-6 59 64 55, fax 020-6 59 83 03

47. DNV - CIBIT (vestigingen in Barendrecht, Drachten)
Zwolseweg 1 (Vaanpark 4), 2994 LB Barendrecht
Postbus 9599, 3007 AN Rotterdam
Tel. 010-2 92 26 00, fax 010-4 79 71 41
E-mail: via de website
Website: www.dnv.nl

**48. Avans HS, Akademie voor Kunst en Vormgeving (AKV)/
St. Joost** (vestiging in Breda)
Beukenlaan 1, 4834 CR Breda
Tel. 088-5 25 73 02
E-mail: info.akvstjoost@avans.nl
Website: www.stjoost.nl
BRIN: 07GR

49. Avans HS, sector Economie en Management (vestigingen
in Breda, Den Bosch, Tilburg)
Hogeschoollaan 1, 4818 CR Breda
Postbus 90116, 4800 RA Breda
Tel. 088-5 25 75 50
E-mail: studentinfo@avans.nl
Website: www.avans.nl
BRIN: 07GR

50. Avans HS, sector Ict (vestigingen in Breda, Den Bosch)
Hogeschoollaan 1, 4818 CR Breda
Postbus 90116, 4800 RA Breda
Tel. 088-5 25 75 50
E-mail: studentinfo@avans.nl
Website: www.avans.nl
BRIN: 07GR

51. Avans HS, sector Onderwijs (vestiging in Breda)
Hogeschoollaan 1, 4818 CR Breda
Postbus 90116, 4800 RA Breda
Tel. 088-5 25 75 50
E-mail: studentinfo@avans.nl
Website: www.avans.nl
BRIN: 07GR

52. Avans HS, sector Techniek (vestigingen in Breda,
Den Bosch, Tilburg)
Lovensdijkstraat 61-63, 4818 AJ Breda
Postbus 90116, 4800 RA Breda
Tel. 088-5 25 75 50
E-mail: studentinfo@avans.nl
Website: www.avans.nl
BRIN: 07GR

53. Avans HS, sector Welzijn (vestigingen in Breda, Den Bosch)
Hogeschoollaan 1, 4818 CR Breda
Postbus 90116, 4800 RA Breda
Tel. 088-5 25 75 50
E-mail: studentinfo@avans.nl
Website: www.avans.nl
BRIN: 07GR

54. Avans+
Heerbaan 14-40, 4817 NL Breda
Postbus 2087, 4800 CB Breda
Tel. 0900-1 10 10 10, fax 076-5 25 88 05
E-mail: info@avansplus.nl
Website: www.avansplus.nl
BRIN: 07GR

55. NHTV - Breda University of Applied Sciences
(meer vestigingen in Breda)
Mgr. Hopmansstraat 1 en 15, 4817 JT Breda
Postbus 3917, 4800 DX Breda
Tel. 076-5 33 22 03, fax 076-5 33 22 05
E-mail: communicatie@nhtv.nl
Website: www.nhtv.nl
BRIN: 21UI

56. HS Inholland (vestiging in Delft)
Rotterdamseweg 141, 2628 AL Delft
Postbus 3190, 2601 DD Delft
Tel. 015-2 51 92 00, fax 015-2 51 93 89
E-mail: info@inholland.nl
Website: www.inholland.nl
BRIN: 27PZ

57. Avans HS, Akademie voor Kunst en Vormgeving (AKV)/
   St. Joost (vestiging in Den Bosch)
Onderwijsboulevard 256, 5223 DJ Den Bosch
Tel. 088-5 25 64 60
E-mail: info.akvstjoost@avans.nl
Website: www.stjoost.nl
BRIN: 21QL

58. Fontys Pabo (vestiging in Den Bosch)
Frans Franssenstraat 15, 5231 MG Den Bosch
Tel. 08850-7 71 55
E-mail: via de website
Website: www.fontys.nl/fhke
BRIN: 30GB

59. HAS HS (vestigingen in Den Bosch, Venlo) - Centraal adres:
Onderwijsboulevard 221, 5223 DE Den Bosch
Postbus 90108, 5200 MA Den Bosch
Tel. 088-8 90 36 00, fax 088-8 90 36 99
E-mail: has@has.nl
Website: www.hashogeschool.nl
BRIN: 21CW

60. Haagse HS, Lerarenopleiding baso
Johanna Westerdijkplein 75, 2521 EN Den Haag
Postbus 13336, 2501 EH Den Haag
Tel. 070-4 45 88 88, fax 070-4 45 88 25
E-mail: via de website
Website: www.dehaagsehogeschool.nl
BRIN: 27UM

61. Haagse HS, sector Economie en management
Johanna Westerdijkplein 75, 2521 EN Den Haag
Postbus 13336, 2501 EH Den Haag
Tel. 070-4 45 88 88, fax 070-4 45 88 25
E-mail: via de website
Website: www.dehaagsehogeschool.nl
BRIN: 27UM

62. Haagse HS, sector Onderwijs, sport en talen;
   Lerarenopleiding Lichamelijke opvoeding
Laan van Poot 363, 2566 DA Den Haag
Postbus 13336, 2501 EH Den Haag
Tel. 070-4 48 32 22, fax 070-4 48 32 33
E-mail: via de website
Website: www.dehaagsehogeschool.nl
BRIN: 27UM

63. Haagse HS, studie-informatiecentrum
Johanna Westerdijkplein 75, 2521 EN Den Haag
Postbus 13336, 2501 EH Den Haag
Tel. 070-4 45 88 88, fax 070-4 45 88 25
E-mail: via de website
Website: www.dehaagsehogeschool.nl
BRIN: 27UM

64. Haagse HS/Academie voor Ict & Media/
   Academie voor Technology, Innovation & Society
Johanna Westerdijkplein 75, 2521 EN Den Haag
Postbus 13336, 2501 EH Den Haag
Tel. 070-4 45 88 88, fax 070-4 45 88 25
E-mail: via de website
Website: www.dehaagsehogeschool.nl
BRIN: 27UM

65. Hotelschool The Hague, international university of
   hospitality management (vestiging in Den Haag)
Brusselselaan 2, 2587 AH Den Haag
Tel. 070-3 51 24 81
E-mail: info@hotelschool.nl
Website: www.hotelschool.nl
BRIN: 02NR

66. HS Inholland (vestiging in Den Haag)
Theresiastraat 8, 2593 AN Den Haag
Postbus 93043, 2509 AA Den Haag
Tel. 070-3 12 01 00
E-mail: info@inholland.nl
Website: www.inholland.nl
BRIN: 27PZ

67. KABK (Koninklijke Academie van Beeldende Kunsten)
Prinsessegracht 4, 2514 AN Den Haag
Tel. 070-3 15 47 77, fax 070-3 15 47 78
E-mail: post@kabk.nl
Website: www.kabk.nl
BRIN: 23KJ

68. Koninklijk conservatorium Den Haag
Juliana van Stolberglaan 1, 2595 CA Den Haag
Tel. 070-3 15 15 15
E-mail: via de website
Website: www.koncon.nl
BRIN: 23KJ

69. Saxion Next - Particuliere Hogeschool voor
   beroepsonderwijs (locaties van Saxion HS in Deventer,
   Dordrecht, Hengelo, Utrecht)
Handelskade 75, 7417 DH Deventer
Postbus 2119, 7420 AC Deventer
Tel. 0570-60 30 83
E-mail: info.next@saxion.nl
Website: www.saxionnext.nl

70. HS Inholland (vestiging in Amsterdam, Diemen)
Wildenborch 6, 1112 XB Diemen
Postbus 261, 1110 AG Diemen
Tel. 020-4 95 11 11
E-mail: info@inholland.nl
Website: www.inholland.nl
BRIN: 27PZ

71. Iselinge Hogeschool
Bachlaan 11, 7002 MZ Doetinchem
Postbus 277, 7000 AG Doetinchem
Tel. 088-0 93 10 00
E-mail: info@iselinge.nl
Website: www.iselingehogeschool.nl
BRIN: 09OT

72. TMO Fashion Business School
Driebergsestraatweg 11, 3941 ZW Doorn
Postbus 183, 3940 AD Doorn
Tel. 0343-41 64 80, fax 0343-41 49 44
E-mail: voorlichting@tmo.nl
Website: www.tmo.nl

73. ABC HS
Overkampweg 125, 3318 AN Dordrecht
Postbus 8118, 3301 CC Dordrecht
Tel. 078-6 18 66 62, fax 078-6 18 19 04
E-mail: info@abc-opleidingen.nl
Website: www.abc-opleidingen.nl

74. HS Inholland (vestiging in Dordrecht)
Achterom 103, 3311 KB Dordrecht
Tel. 078-6 11 26 00, fax 078-6 11 26 01
E-mail: info@inholland.nl
Website: www.inholland.nl
BRIN: 27PZ

75. Christelijke Agrarische HS Dronten (CAH Vilentum Hogeschool) (vestigingen in Almere, Dronten, Hoorn)
De Drieslag 4, 8251 JZ Dronten
Tel. 088-0 20 60 00
E-mail: info@cahvilentum.nl
Website: www.cahvilentum.nl
BRIN: 01MY

76. Christelijke HS Ede (CHE)
Oude Kerkweg 100, 6717 JS Ede
Postbus 80, 6710 BB Ede
Tel. 0318-69 63 00, fax 0318-69 63 96
E-mail: info@che.nl
Website: www.che.nl
BRIN: 25BA

77. Business School Notenboom (vestiging in Eindhoven)
Beukenlaan 145, 5616 VD Eindhoven
Postbus 307, 5600 AH Eindhoven
Tel. 040-2 52 80 40
E-mail: eindhoven@notenboom.nl
Website: www.notenboom.nl

78. Design Academy, Eindhoven
Emmasingel 14, 3e verdieping, 5611 AZ Eindhoven
Postbus 2125, 5600 CC Eindhoven
Tel. 040-2 39 39 39
E-mail: info@designacademy.nl
Website: www.designacademy.nl
BRIN: 02NT

79. Fontys HS Pedagogiek (vestigingen in Eindhoven, Sittard, Tilburg) - Centraal adres:
Rachelsmolen 1, 5612 MA Eindhoven
Postbus 347, 5600 AH Eindhoven
Tel. 08850-8 00 00
E-mail: via de website
Website: www.fontys.nl
BRIN: 30GB

80. Fontys HS Verpleegkunde, centrum gezondheidszorg
Ds. Th. Fliednerstraat 2, 5631 BN Eindhoven
Postbus 347, 5600 AH Eindhoven
Tel. 08850-8 00 00
Website: www.fontys.nl
BRIN: 30GB

81. Fontys HS, Pedagogisch-Technische HS (PTH), Eindhoven
Horsten 10, 5612 AX Eindhoven
Postbus 2039, 5600 CA Eindhoven
Tel. 0877-87 85 77
E-mail: Pth-e@fontys.nl
Website: www.fontys.nl
BRIN: 30GB

82. Fontys HS, studie- en informatiecentrum
Rachelsmolen 1, 5612 MA Eindhoven
Postbus 347, 5600 AH Eindhoven
Tel. 08850-8 00 00
Website: www.fontys.nl
BRIN: 30GB

83. Fontys Pabo (vestiging in Eindhoven)
De Lismortel 25, 5612 AR Eindhoven
Postbus 347, 5600 AH Eindhoven
Tel. 08850-8 00 00
E-mail: via de website
Website: www.fontys.nl/fhke
BRIN: 30GB

84. Fontys Sporthogeschool
Theo Koomenlaan 3, 5644 HZ Eindhoven
Postbus 347, 5600 AH Tilburg
Tel. 08850-8 11 11
E-mail: sporthogeschool@fontys.nl
Website: www.fontys.nl/sporthogeschool
BRIN: 30GB

85. HS Tio (vestiging in Eindhoven)
Begijnenhof 8-12, 5611 EL Eindhoven
Tel. 040-2 96 28 28, fax 040-2 37 35 20
E-mail: eindhoven@tio.nl
Website: www.tio.nl

86. Stenden HS (vestiging in Emmen)
Van Schaikweg 94, 7811 KL Emmen
Postbus 2080, 7801 CB Emmen
Tel. 0591-85 31 00
E-mail: receptie.emmen@stenden.com
Website: www.stenden.com/nl
BRIN: 21IY

87. Stenden HS, pabo Emmen
Van Schaikweg 94, 7811 KL Emmen
Postbus 2080, 7801 CB Emmen
Tel. 059-1 85 31 00
E-mail: receptie.emmen@stenden.com
Website: www.stenden.com/nl
BRIN: 22EX

88. ArtEZ Academie voor art & design (vestiging in Enschede)
Hulsmaatstraat 35, 7523 WB Enschede
Tel. 053-4 82 44 00, fax 053-4 82 81 18
E-mail: artdesign.enschede@artez.nl
Website: www.artez.nl
BRIN: 02CY

89. Saxion HS (vestigingen in Apeldoorn, Deventer, Enschede, Hengelo) - Centraal adres:
Stadscampus 'Ko Wierenga', M.H. Tromplaan 28, 7513 AB Enschede
Postbus 70.000, 7500 KB Enschede
Tel. 053-4 87 11 11, fax 053 - 431 22 33
E-mail: info@saxion.nl
Website: www.saxion.nl
BRIN: 23AH

90. HS SDO (Stichting Deeltijd Opleidingen)
Spoorlaan 19, 4872 XM Etten-Leur
Postbus 57, 4870 AB Etten-Leur
Tel. 076-8 20 08 65, fax 076-8 20 08 69
E-mail: info@sdo.nl
Website: www.sdo.nl

91. SOD Next (v/h HS Management Documentaire
Informatievoorziening) (vestigingen: Etten-Leur,
Groningen, Woerden, Zwolle) **- Centraal adres:**
Spoorlaan 19, 4872 XM Etten-Leur
Postbus 57, 4870 AB Etten-Leur
Tel. 0348-48 51 51
E-mail: info@sodnext.nl
Website: www.sodnext.nl - www.sod-online.nl

92. Driestar educatief
Burgemeester Jamessingel 2, 2803 PD Gouda
Postbus 368, 2800 AJ Gouda
Tel. 0182-54 03 33, fax 0182-53 84 49
E-mail: info@driestar-educatief.nl
Website: www.driestar-educatief.nl
BRIN: 15BK

93. Frank Mohr Institute (FMI), onderdeel van Hanze HS
Praediniussingel 59, 9711 AG Groningen
Tel. 050-5 95 11 50
E-mail: fmi@org.hanze.nl
Website: www.fmi.academieminerva.nl
BRIN: 25BE

94. Hanze HS Groningen, Academie Minerva
Praediniussingel 59, 9711 AG Groningen
Postbus 1329, 9701 BH Groningen
Tel. 050-5 95 12 01
E-mail: academieminerva@org.hanze.nl
Website: www.academieminerva.nl
BRIN: 25BE

**95. Hanze HS Groningen, academie voor architectuur,
bouwkunde & civiele techniek**
Van DoorenVeste (gebouw M), Zernikeplein 7, 9747 AS Groningen
Postbus 30030, 9700 RM Groningen
Tel. 050-5 95 55 55, fax 050-5 71 06 34
E-mail: info@org.hanze.nl
Website: www.hanze.nl
BRIN: 25BE

96. Hanze HS Groningen, academie voor gezondheidsstudies
Eyssoniusplein 18, 9714 CE Groningen
Tel. 050-5 95 77 77
E-mail: info@org.hanze.nl
Website: www.hanze.nl
BRIN: 25BE

97. Hanze HS Groningen, academie voor sociale studies
Zernikeplein 23, 9747 AS Groningen
Postbus 30030, 9700 RM Groningen
Tel. 050-5 95 33 60
E-mail: info@org.hanze.nl
Website: www.hanze.nl
BRIN: 25BE

98. Hanze HS Groningen, informatiecentrum
Zernikeplein 11, 9747 AS Groningen
Postbus 30030, 9700 RM Groningen
Tel. 050-5 95 55 55, fax 050-5 71 06 34
E-mail: info@org.hanze.nl
Website: www.hanze.nl
BRIN: 25BE

**99. Hanze HS Groningen, instituut voor financieel-economisch
management**
Van Olst Toren, gebouw L, Zernikeplein 7, 9747 AS Groningen
Postbus 70030, 9704 AA Groningen
Tel. 050-5 95 55 15
E-mail: fem@org.hanze.nl
Website: www.hanze.nl
BRIN: 25BE

100. Hanze HS Groningen, instituut voor rechtenstudies
Van Olst Toren, gebouw L, Zernikeplein 7, 9747 AS Groningen
Tel. 050-5 95 72 00
Website: www.hanze.nl
BRIN: 25BE

101. Hanze HS, Prins Claus conservatorium
Veemarktstraat 76, 9724 GA Groningen
Tel. 050-5 95 13 01, fax 050-5 95 13 99
E-mail: prinsclausconservatorium@org.hanze.nl
Website: www.hanze.nl
BRIN: 25BE

102. Hanze HS, voor Professionals en Bedrijven
Zernikeplein 7, 9747 AS Groningen
Postbus 30030, 9700 RM Groningen
Tel. 050-5 95 33 33
E-mail: info@hanzeprofessionals.nl
Website: www.hanzeprofessionals.nl
BRIN: 25BE

103. NHL Hogeschool, ECNO
Zernikepark 10, 9747 AN Groningen
Postbus 804, 9700 AV Groningen
Tel. 058-2 51 29 00, fax 058-2 51 29 80
E-mail: via de website
Website: www.nhl.nl/nhl/5118/ecno/ecno
BRIN: 21WN

104. Stenden HS, pabo Groningen
Phebensstraat 1, 9711 BL Groningen
Tel. 050-3 11 29 55, fax 050-3 13 83 40
E-mail: info@stenden.com
Website: www.stenden.com
BRIN: 22EX

105. Verloskunde Academie Groningen (VAG)
Dirk Huizingastraat 3-5, 9713 GL Groningen
Tel. 050-3 61 88 86, fax 050-3 61 99 30
E-mail: info.vag@verloskunde-academie.nl
Website: www.verloskunde-academie.nl

106. HS Inholland (vestiging in Haarlem)
Bijdorplaan 15, 2015 CE Haarlem
Postbus 558, 2003 RN Haarlem
Tel. 023-5 41 24 12, fax 023-5 41 24 99
E-mail: info@inholland.nl
Website: www.inholland.nl
BRIN: 27PZ

107. HS Inholland, conservatorium Haarlem
(v/h *Music Academy Haarlem*)
Bijdorplaan 15, 2015 CE Haarlem
Postbus 558, 2003 RN Haarlem
Tel. 023-5 41 24 12
E-mail: musicacademy@inholland.nl
Website: www.inholland.nl/music+academy
BRIN: 27PZ

108. K&P Opleidingen
Postbus 4076, 2003 EB Haarlem
Tel. 023 - 760 03 13
E-mail: info@kp-opleidingen.nl
Website: www.kp-opleidingen.nl

109. Zuyd HS, centraal bureau
Nieuwe Eyckholt 300, 6419 DJ Heerlen
Postbus 550, 6400 AN Heerlen
Tel. 045-4 00 60 60
E-mail: info@zuyd.nl
Website: www.zuyd.nl
BRIN: 25JX

110. Pedagogische HS 'De Kempel', Helmond
Deurneseweg 11, 5709 AH Helmond
Tel. 0492-51 44 00
E-mail: info@kempel.nl
Website: www.kempel.nl
BRIN: 08OK

111. HS Edith Stein/Onderwijscentrum Twente,
 vestiging van Saxion HS
M.A. de Ruyterstraat 3, 7556 CW Hengelo
Postbus 568, 7550 AN Hengelo
Tel. 074-8 51 61 00
E-mail: info.slh@saxion.nl
Website: www.saxion.nl
BRIN: 08YJ

112. HS Tio (vestiging in Hengelo)
Julianalaan 9, 7553 AB Hengelo
Tel. 074-2 55 06 10, fax 074-2 55 06 16
E-mail: hengelo@tio.nl
Website: www.tio.nl

113. Business School Notenboom (vestiging in Hilversum)
Emmastraat 15, 1211 NE Hilversum
Postbus 307, 5600 AH Eindhoven
Tel. 035-6 23 76 74
E-mail: hilversum@notenboom.nl
Website: www.notenboom.nl

114. HS Markus Verbeek Praehep (totaal ca. 30 leslocaties;
 hoofdvestiging in Hilversum)
Marathon 7, 1213 PD Hilversum
Postbus 447, 1200 AK Hilversum
Tel. 035-5 28 08 11
E-mail: info@mvp.nl
Website: www.mvp.nl

115. HS NCOI (diverse lesplaatsen;
 hoofdvestiging in Hilversum)
Marathon 7, 1213 PD Hilversum
Postbus 447, 1200 AK Hilversum
Tel. 035-6 40 04 11, fax 035-6 40 04 77
E-mail: info@ncoi.nl
Website: www.ncoi.nl

116. HS voor de Kunsten Utrecht (HKU), School voor games en
 interactie, en voor muziek & technologie
Oude Amersfoortseweg 131, 1212 AA Hilversum
Postbus 2471, 1200 CL Hilversum
Tel. 035-6 83 64 64, fax 035-6 83 64 80
E-mail: info@ssc.hku.nl
Website: www.hku.nl
BRIN: 00MF

117. Media Academie
Media Park, Heideheuvel 1, Mart Smeetslaan 1, 1217 ZE Hilversum
Postbus 2066, 1200 CB Hilversum
Tel. 035-6 46 62 62
E-mail: info@media-academie.nl
Website: www.media-academie.nl

118. Pro Education
Marathon 7, 1213 PD Hilversum
Tel. 020-5 67 79 99, fax 020-5 67 79 01
E-mail: info@proeducation.nl
Website: www.proeducation.nl

119. HS/Instituut Schoevers
Papiermolen 10, 3994 DK Houten
Tel. 030-2 80 87 70
E-mail: info@schoevers.nl
Website: www.schoevers.nl

120. Dairy Campus (Dairy Training Centre)
Boksumerdyk 11, 9084 AA Leeuwarden
Tel. 058-2 16 75 92
E-mail: info@dairycampus.nl
Website: www.dairycampus.nl

121. HS Van Hall/Larenstein (vestiging in Leeuwarden)
Agora 1, 8934 CJ Leeuwarden
Postbus 1528, 8901 BV Leeuwarden
Tel. 058-2 84 61 00, fax 058-2 84 64 23
E-mail: info@hogeschoolvhl.nl
Website: www.hogeschoolvhl.nl
BRIN: 24LE

122. Minerva Academie voor Popcultuur
Achter de Hoven 23, 8933 AG Leeuwarden
Tel. 058-2 92 16 00
E-mail: info@academievoorpopcultuur.nl
Website: pop.academieminerva.nl

123. NHL Hogeschool, centraal bureau
Rengerslaan 10, 8917 DD Leeuwarden
Postbus 1080, 8900 CB Leeuwarden
Tel. 058-2 51 23 45, fax 058-2 51 19 50
E-mail: info@nhl.nl
Website: www.nhl.nl
BRIN: 21WN

124. NHL Hogeschool, instituut Economie en Management
Rengerslaan 10, 8917 DD Leeuwarden
Postbus 1080, 8900 CB Leeuwarden
Tel. 058-2 51 23 45, fax 058-2 51 19 50
E-mail: info@nhl.nl
Website: www.nhl.nl
BRIN: 21WN

125. NHL Hogeschool, instituut Techniek
Rengerslaan 10, 8917 DD Leeuwarden
Postbus 1080, 8900 CB Leeuwarden
Tel. 058-2 51 23 45, fax 058-2 51 19 50
E-mail: info@nhl.nl
Website: www.nhl.nl
BRIN: 21WN

126. NHL Hogeschool, instituut Zorg en Welzijn
Rengerslaan 10, 8917 DD Leeuwarden
Postbus 1080, 8900 CB Leeuwarden
Tel. 058-2 51 23 45, fax 058-2 51 19 50
E-mail: info@nhl.nl
Website: www.nhl.nl
BRIN: 21WN

127. NHL Hogeschool, instituut Onderwijs (vestigingen in Groningen, Leeuwarden, Terschelling, Zwolle)
Rengerslaan 10, 8917 DD Leeuwarden
Postbus 1080, 8900 CB Leeuwarden
Tel. 058-2 51 23 45, fax 058-2 51 19 50
E-mail: info@nhl.nl
Website: www.nhl.nl
BRIN: 21WN

128. Stenden HS, domein Educatie, lerarenopleiding baso
Rengerslaan 8, 8917 DD Leeuwarden
Postbus 1298, 8900 CG Leeuwarden
Tel. 058-2 44 14 41, fax 058-2 44 14 01
E-mail: info@stenden.com
Website: www.stenden.com
BRIN: 22EX

129. Stenden HS, domeinen Economie en Techniek
Rengerslaan 8, 8917 DD Leeuwarden
Postbus 1298, 8900 CG Leeuwarden
Tel. 058-2 44 14 41, fax 058-2 44 14 01
E-mail: info@stenden.com
Website: www.stenden.com
BRIN: 22EX

130. Stenden HS, domeinen Educatie, Service management, en Zorg
Rengerslaan 8, 8917 DD Leeuwarden
Postbus 1298, 8900 CG Leeuwarden
Tel. 058-2 44 14 41, fax 058-2 44 14 01
E-mail: info@stenden.com
Website: www.stenden.com
BRIN: 22EX

131. Euritmie Academie (HS Leiden)
Zernikedreef 11, 2333 CK Leiden
Tel. 071-5 18 88 00
E-mail: euritmieopleiding@hsleiden.nl
Website: www.docentdans-euritmie.nl
BRIN: 21RI

132. HS Leiden
Zernikedreef 11, 2333 CK Leiden
Postbus 382, 2300 AJ Leiden
Tel. 071-5 18 88 00
E-mail: info@hsleiden.nl
Website: www.hsleiden.nl
BRIN: 21RI

133. HS NTI/NTI University of Applied Sciences
Schuttersveld 6-16, 2316 ZB Leiden
Postbus 2222, 2301 CE Leiden
Tel. 071-7 50 10 10
E-mail: via de website
Website: www.nti.nl

134. Webster University
Boommarkt 1, 2311 EA Leiden
Tel. 071-5 16 80 00
E-mail: via de website
Website: www.webster.nl

135. HS LOI/LOI University (diverse lesplaatsen)
Leidsedreef 2, 2352 BA Leiderdorp
Postbus 4200, 2350 CA Leiderdorp
Tel. 071-5 45 12 34
E-mail: via de website
Website: www.loi.nl

136. Academie Verloskunde Maastricht
Universiteitssingel 60, 6229 ER Maastricht
Postbus 1256, 6201 BG Maastricht
Tel. 043-3 88 54 00
E-mail: via de website
Website: www.av-m.nl

137. Business School Notenboom (vestiging in Maastricht)
Markt 28, 6211 CJ Maastricht
Postbus 307, 5600 AH Eindhoven
Tel. 043-3 25 50 25
E-mail: maastricht@notenboom.nl
Website: www.notenboom.nl

138. E3 ict-opleidingen
Oranjeplein 97, 6224 KV Maastricht
Tel. 04303 63 83 33
E-mail: info@e3.nl
Website: www.e3.nl

139. Zuyd HS, Academie Beeldende Kunsten Maastricht
Herdenkingsplein 12, 6211 PW Maastricht
Postbus 531, 6200 AM Maastricht
Tel. 043-3 46 66 70/0889893000
E-mail: info@zuyd.nl
Website: www.zuyd.nl
BRIN: 25JX

140. Zuyd HS, Academie van bouwkunst, Maastricht
Brusselsestraat 75, 6211 PC Maastricht
Postbus 634, 6200 AP Maastricht
Tel. 043-3 21 96 45/0889893000
E-mail: info@zuyd.nl
Website: www.zuyd.nl
BRIN: 25JX

141. Zuyd HS, Communication & Multimedia Design
Brusselseweg 150, 6217 HB Maastricht
Postbus 634, 6200 AP Maastricht
Tel. 043-3 46 66 66/0889893000
E-mail: info@zuyd.nl
Website: www.zuyd.nl
BRIN: 25JX

142. Zuyd HS, conservatorium Maastricht
Bonnefantenstraat 15, 6211 KL Maastricht
Tel. 043-3 46 66/ 800889893000
E-mail: info@zuyd.nl
Website: www.zuyd.nl
BRIN: 25JX

143. Zuyd HS, faculteit Economie en talen
Brusselseweg 150, 6217 HB Maastricht
Postbus 634, 6200 AP Maastricht
Tel. 043-3 46 66 66/0889893000
E-mail: info@zuyd.nl
Website: www.zuyd.nl
BRIN: 25JX

144. Zuyd HS, faculteit Hotel en facility management
Bethlehemweg 2, 6222 BM Maastricht
Postbus 3900, 6202 NX Maastricht
Tel. 043-3 46 66 90/0889893000, fax 043-3 52 82 85
E-mail: info@zuyd.nl
Website: www.zuyd.nl
BRIN: 25JX

145. Zuyd HS, faculteit International business
Brusselseweg 150, 6217 HD Maastricht
Tel. 043-3 46 66 66
E-mail: info.ibs@zuyd.nl
Website: www.ibsmaastricht.nl
BRIN: 25JX

146. Zuyd HS, faculteit Toneelacademie
Lenculenstraat 31-33, 6211 KP Maastricht
Tel. 043-3 46 66 90/0889893000
E-mail: info@zuyd.nl
Website: www.zuyd.nl
BRIN: 25JX

147. Stenden HS, pabo Meppel
Van der Duyn van Maasdamstraat 1, 7942 AT Meppel
Tel. 0522-85 34 00, fax 0522-85 34 01
E-mail: meppel@stenden.com
Website: www.stenden.com/nl
BRIN: 22EX

148. Thim HS voor fysiotherapie
Newtonbaan 6, 3439 NK Nieuwegein
Tel. 030-2 88 66 70, fax 030-2 89 88 11
E-mail: info@thim
Website: www.thim.nl
BRIN: 23BU

149. AXON leertrajecten
Parkweg 126, 6511 BM Nijmegen
Tel. 024-6 02 10 30
E-mail: info@axonleertrajecten.nl
Website: www.axonleertrajecten.nl

150. HS van Arnhem & Nijmegen (HAN), HAN VoorlichtingsCentrum (HVC)
Heyendaalseweg 141, 6525 AJ Nijmegen
Postbus 6960, 6503 GL Nijmegen
Tel. 024-3 53 05 00
E-mail: info@han.nl
Website: www.han.nl
BRIN: 25KB

151. Codarts Circusacademie
Fenixloods II, Veerlaan 19F, 3072 AN Rotterdam
Tel. 010-2 17 10 60
E-mail: circusarts@codarts.nl
Website: www.codarts.nl
BRIN: 14NI

152. Codarts Rotterdams conservatorium
Kruisplein 26, 3012 CC Rotterdam
Tel. 010-2 17 11 00
E-mail: codarts@codarts.nl
Website: www.codarts.nl
BRIN: 14NI

153. Codarts Rotterdamse Dansacademie
Kruisplein 26, 3012 CC Rotterdam
Tel. 010-2 17 11 20
E-mail: dansarts@codarts.nl
Website: www.codarts.nl
BRIN: 14NI

154. EuroCollege HogeSchool (ECHS) (vestigingen in Amsterdam, Rotterdam) - Centraal adres:
Westblaak 139 (5 hoog), 3012 KJ Rotterdam
Tel. 010-4 78 01 29
E-mail: info@eurocollege.nl
Website: www.eurocollege.nl

155. Europort business school (vestigingen in Amsterdam, Rotterdam)
Complex Weenahof, Schaatsbaan 61-91, 3013 AR Rotterdam
Postbus 21510, 3001 AM Rotterdam
Tel. 010-2 01 23 20, fax 010-1 02 01 23 21
E-mail: info@epbs.nl
Website: www.epbs.nl

156. HS Inholland (vestiging in Rotterdam)
Posthumalaan 90, 3072 AG Rotterdam
Postbus 23145, 3001 KC Rotterdam
Tel. 010-4 39 93 99, fax 919-4 39 93 88
E-mail: info@inholland.nl
Website: www.inholland.nl
BRIN: 27PZ

157. HS Rotterdam, studievoorlichting
Rochussenstraat 198,, 3015 EK Rotterdam
Postbus 25035, 3001 HA Rotterdam
Tel. 010-7 94 44 00
E-mail: studievoorlichting@hr.nl
Website: www.hogeschoolrotterdam.nl
BRIN: 22OJ

158. HS Tio (vestiging in Rotterdam)
Weena 457, 3013 AL Rotterdam
Tel. 010-7 98 09 50, fax 010-4 14 98 75
E-mail: rotterdam@tio.nl
Website: www.tio.nl

159. Inholland University Rotterdam
Posthumalaan 90, 3072 AG Rotterdam
Postbus 23145, 3001 KC Rotterdam
Tel. 010-4 39 98 72
E-mail: Intoffice.Rotterdam@Inholland.nl
Website: www.inholland.nl/inhollandcom
BRIN: 27PZ

160. Rotterdam Mainport University of applied sciences (RMU: samenwerking HS Rotterdam met STC-Group)
Lloydstraat 300, 3024 EA Rotterdam
Postbus 63140, Havennr. 230, 3002 JC Rotterdam
Tel. 010-4 48 60 00
E-mail: info@stc-group.nl
Website: www.stc-group.nl

161. Thomas More HS
Stationssingel 80, 3033 HJ Rotterdam
Tel. 010-4 65 70 66
E-mail: info@thomasmorehs.nl
Website: www.thomasmorehs.nl

162. Verloskunde Academie Rotterdam (i.s.m. Erasmus MC en HS Rotterdam)
Rochussenstraat 198 (begane grond), 3015 EK Rotterdam
Postbus 25035, 3001 HA Rotterdam
Tel. 010-7 94 44 00
E-mail: studievoorlichting@hr.nl
Website:
www.hogeschoolrotterdam.nl/opleidingen/verloskunde/voltijd
BRIN: 22OJ

163. Willem de Kooning Academie (WdKA) /Piet Zwart Institute
Blaak 10, 3011 TA Rotterdam
Postbus 1272, 3000 BG Rotterdam
Tel. 010-7 94 47 50
E-mail: wdka.communicatie@hr.nl
Website: www.wdka.nl

164. Cursus Godsdienst Onderwijs (CGO), secretariaat
Arnoldipad 13, 3123 NA Schiedam
Tel. 010-4 71 72 23
E-mail: voorlichting@cgo.nu
Website: www.cgo.nu

165. Fontys HS, Lerarenopleiding (vestiging in Sittard)/
De Nieuwste Pabo
Mgr. Claessensstraat 4, 6131 AJ Sittard
Postbus 558, 6130 AN Sittard
Tel. 088-5 07 96 66
E-mail: dnpinfo@denieuwstepabo.nl
Website: www.denieuwstepabo.nl
BRIN: 30GB

166. Zuyd HS, faculteit Social studies en educatie
Sportcentrumlaan 35, 6136 KX Sittard
Postbus 69, 6130 AB Sittard
Tel. 046-4 20 72 72/0889893000
E-mail: info@zuyd.nl
Website: www.zuyd.nl
BRIN: 25JX

167. Fontys Dansacademie
Zwijsenplein 1, 5038 TZ Tilburg
Postbus 90907, 5000 GJ Tilburg
Tel. 088-5 07 88 88
E-mail: FHKdanceacademy@fontys.nl
Website: www.fontys.nl/dansacademie
BRIN: 30GB

168. Fontys HS voor de Kunsten, academie voor beeldende
vorming
Zwijsenplein 1, 5038 TZ Tilburg
Postbus 90907, 5000 GJ Tilburg
Tel. 088-5 07 03 55
E-mail: FHKartcode@fontys.nl
Website: www.fontys.nl/kunsten
BRIN: 30GB

169. Fontys HS voor de Kunsten, academie voor stedenbouw
en architectuur
Zwijsenplein 1, 5038 TZ Tilburg
Postbus 90907, 5000 GJ Tilburg
Tel. 088-5 07 02 91
E-mail: i.westendorpvanoeteren@fontys.nl
Website: www.fontys.nl/AAS
BRIN: 30GB

170. Fontys HS voor de Kunsten, conservatorium
Zwijsenplein 1, 5038 TZ Tilburg
Postbus 90907, 5000 GJ Tilburg
Tel. 088-5 07 77 44
E-mail: FHKconservatorium@fontys.nl
Website: www.fontys.nl/kunsten
BRIN: 30GB

171. Fontys HS, HRM en Psychologie
Prof. Goossenslaan 1, 5022 DM Tilburg
Postbus 90904, 5000 GE Tilburg
Tel. 08850-7 74 33
E-mail: zakelijkhrmenp@fontys.nl
Website: www.fontys.nl/trefpunt
BRIN: 30GB

172. Fontys HS, Journalistiek
Prof. Grimbrèrelaan 16, 5037 EK Tilburg
Postbus 90906, 5000 GH Tilburg
Tel. 08850-7 72 11
E-mail: journalistiek@fontys.nl
Website: www.fontys.nl/journalistiek
BRIN: 30GB

173. Fontys HS, Lerarenopleiding (vestiging in Tilburg)
Mollergebouw, Prof. Goossenslaan 1-01, 5022 DM Tilburg
Postbus 90900, 5000 GA Tilburg
Tel. 08850-7 42 88
E-mail: onderwijszakenflot@fontys.nl
Website: www.fontys.nl/flot/
BRIN: 30GB

174. Fontys HS, Rockacademie
Zwijsenplein 1, 5038 TZ Tilburg
Postbus 90907, 5000 GJ Tilburg
Tel. 08850-7 41 66
E-mail: FHKrockacademie@fontys.nl
Website: www.fontys.nl/rockacademie
BRIN: 30GB

175. Fontys Opleidingscentrum Speciale Onderwijszorg (OSO)
Prof. Goossenslaan 1-05, Zeijengebouw, 5022 DM Tilburg
Postbus 90903, 5000 GA Tilburg
Tel. 08850-7 71 33
E-mail: oso@fontys.nl
Website: fontys.nl/Over-Fontys/Fontys-Opleidingscentrum-Speciale-
Onderwijszorg.htm
BRIN: 30GB

176. Fontys Pabo (vestiging in Tilburg)
Prof. Goossenslaan 1-04, 5022 DM Tilburg
Postbus 90903, 5000 GD Tilburg
Tel. 0877-87 71 77
E-mail: via de website
Website: www.fontys.nl/fhke
BRIN: 30GB

177. Juridische HS (vestigingen in Den Bosch, Tilburg)
Meerkoldreef 6, 5042 PN Tilburg
Postbus 5017, 5004 EA Tilburg
Tel. 08850-7 82 00
E-mail: juridischehogeschool@fontys.nl
Website: www.jhs.nl
BRIN: 30GB

178. Oysterwyck HS
Jan Asselbergsweg 1, 5026 RP Tilburg
Tel. 013-5 43 02 24, fax 013-5 43 39 49
E-mail: info@oysterwyckhogeschool.nl
Website: www.oysterwyckhogeschool.nl

179. Capabel HS
Australiëlaan 14-16, 3526 AB Utrecht
Postbus 24066, 3502 MB Utrecht
Tel. 030-2 85 05 57
E-mail: info@capabelhogeschool.nl
Website: www.capabelhogeschool.nl

180. Centrum voor communicatie en journalistiek,
onderdeel van de HS Utrecht
Padualaan 99, 3584 CH Utrecht
Postbus 8611, 3503 RP Utrecht
Tel. 088-4 81 82 83/4818181, fax 088-4 81 30 01
E-mail: info@hu.nl
Website: www.cursussen.hu.nl
BRIN: 25DW

181. Centrum voor natuur en techniek,
onderdeel van de HS Utrecht
Nijenoord 1, 3552 AS Utrecht
Postbus 182, 3500 AD Utrecht
Tel. 088-4 81 82 83/4818181
E-mail: info@cvnt.nl
Website: www.cursussen.hu.nl
BRIN: 25DW

182. HS Tio (vestiging in Utrecht)
Oudenoord 2, 3513 ER Utrecht
Tel. 030-6 66 88 36, fax 030-6 66 83 97
E-mail: utrecht@tio.nl
Website: www.tio.nl

183. HS Utrecht, Instituut Theo Thijssen
Padualaan 97, 3584 CH Utrecht
Postbus 14007, 3508 SB Utrecht
Tel. 088-4 81 71 73/4818283
E-mail: info@hu.nl
Website: www.hu.nl
BRIN: 25DW

184. HS Utrecht, Student Service Desk
Oudenoord 330, 3513 EX Utrecht
Postbus 573, 3500 AN Utrecht
Tel. 088-4 81 81 81
E-mail: info@hu.nl
Website: www.hu.nl
BRIN: 25DW

185. HS voor de Kunsten Utrecht (HKU),
School voor beeldende kunst, design en media
Ina Boudier-Bakkerlaan 50, 3582 VA Utrecht
Tel. 030-2 52 03 34, fax 030-2 52 38 34
E-mail: info@ssc.hku.nl
Website: www.hku.nl
BRIN: 00MF

186. HS voor de Kunsten Utrecht (HKU),
School voor kunst en economie
Lange Viestraat 2, 3511 BK Utrecht
Postbus 1520, 3500 BM Utrecht
Tel. 030-2 33 22 56, fax 030-2 33 20 96
E-mail: info@ssc.hku.nl
Website: www.hku.nl
BRIN: 00MF

187. HS voor de Kunsten Utrecht (HKU), School voor theater
Janskerkhof 18, 3512 BM Utrecht
Tel. 030-2 39 33 00, fax 030-2 32 24 65
E-mail: info@ssc.hku.nl
Website: www.hku.nl
BRIN: 00MF

188. HS voor de Kunsten Utrecht (HKU),
Utrechts conservatorium
Mariaplaats 28, 3511 LL Utrecht
Tel. 030-2 31 40 44, fax 030-2 31 40 04
E-mail: info@ssc.hku.nl
Website: www.hku.nl
BRIN: 00MF

189. ITV HS voor Tolken en Vertalen
Padualaan 97, 3584 CH Utrecht
Postbus 14007, 3508 SB Utrecht
Tel. 088-4 81 75 70
E-mail: admin@itv-hogeschool.nl
Website: www.itv-h.nl

190. Landelijk Expertisecentrum Sociale Interventie (LESI),
onderdeel van de UU
Uithof: Casa Confetti gebouw, Leuvenplein 14-15, 3584 LA Utrecht
Tel. 030-2 12 20 00
E-mail: info@lesi.nl
Website: www.lesi.nl
BRIN: 21PD

191. Lemniscaat Academie
Herculesplein 80, 3584 AA Utrecht
Postbus 85030, 3508 AA Utrecht
Tel. 030-2 19 39 61, fax 030-2 19 38 99
E-mail: info@lemniscaat-edu.nl
Website: www.lemniscaat.org

192. Marnix academie, P.C. Hogeschool
Vogelsanglaan 1, 3571 ZM Utrecht
Postbus 85002, 3508 AA Utrecht
Tel. 030-2 75 34 00
E-mail: marnix.academie@hsmarnix.nl
Website: www.marnixacademie.nl
BRIN: 10IZ

193. NOVI opleidingen
Kobaltweg 44, 3542 CE Utrecht
Postbus 2068, 3500 GB Utrecht
Tel. 030-7 11 56 15
E-mail: info@novi.nl
Website: www.novi.nl

194. NVZ (vereniging van ziekenhuizen)
Oudlaan 4, 3515 GA Utrecht
Postbus 9696, 3506 GR Utrecht
Tel. 030-2 73 98 83
E-mail: via de website
Website: www.nvz-ziekenhuizen.nl

195. Oud-Katholiek Seminarie, Universiteit van Utrecht,
Department Filosofie en Religiewetenschap,
Kerkelijke opleiding
Janskerkhof 13-A (kamer 0.05), 3512 BL Utrecht
Postbus 80105, 3508 TC Utrecht
Tel. 06-28 70 01 89
E-mail: r.robinson@uu.nl
Website: seminarie.okkn.nl/

196. Penta Nova, academie voor schoolleiderschap
(vestigingen in Gouda, Utrecht)
Vogelsanglaan 1, 3571 ZM Utrecht
Bedrijfsbureau: Postbus 85002, 3508 AA Utrecht
Tel. 030-2 75 35 80
E-mail: info@pentanova.nl
Website: www.pentanova.nl

197. Stichting PHOV (post hoger onderwijs veiligheidskunde)
Weerdsingel WZ 32, 3513 BC Utrecht
Tel. 030-2 31 82 12
E-mail: info@phov.nl

198. Fontys Pabo (vestiging in Veghel)
De Muntelaar 8, 5467 HA Veghel
Tel. 08850-7 66 88
E-mail: via de website
Website: www.fontys.nl/fhke
BRIN: 30GB

199. HS Van Hall/Larenstein (vestiging in Velp)
Larensteinselaan 26a, 6882 CT Velp
Postbus 9001, 6880 GB Velp
Tel. 026-3 69 56 95, fax 026-3 61 52 87
E-mail: info@hogeschoolvhl.nl
Website: www.hogeschoolvhl.nl
BRIN: 22ND

200. Fontys HS, Techniek en logistiek
Gebouw W1, Tegelseweg 255, 5912 BG Venlo
Tel. 08850-7 54 77
E-mail: via de website
Website: www.fontys.nl
BRIN: 30GB

201. Fontys Internationale HS voor Economie
Gebouw W1, Tegelseweg 255, 5912 BG Venlo
Tel. 08850-7 54 77
E-mail: int.economie@fontys.nl
Website: www.fontys.nl
BRIN: 30GB

202. Fontys Pabo (vestiging in Venlo)
Gebouw W1, Tegelseweg 255, 5912 BG Venlo
Tel. 08850-7 54 77
E-mail: via de website
Website: www.fontys.nl/fhke
BRIN: 30GB

203. HZ University of Applied Sciences (v/h HS Zeeland),
    centraal bureau
Edisonweg 4, 4382 NW Vlissingen
Postbus 364, 4380 AJ Vlissingen
Tel. 0118-48 90 00, fax 0118-48 92 00
E-mail: info@hz.nl
Website: www.hz.nl
BRIN: 21MI

204. HZ University of Applied Sciences (v/h HS Zeeland),
    faculteit Hoger Economisch Onderwijs
Edisonweg 4, 4382 NW Vlissingen
Postbus 364, 4380 AJ Vlissingen
Tel. 0118-48 90 00, fax 0118-48 92 00
E-mail: info@hz.nl
Website: www.hz.nl
BRIN: 21MI

205. HZ University of Applied Sciences (v/h HS Zeeland), **Pabo**
Edisonweg 4, 4382 NW Vlissingen
Postbus 364, 4380 AJ Vlissingen
Tel. 0118-48 90 00, fax 0118-48 92 00
E-mail: info@hz.nl
Website: www.hz.nl
BRIN: 21MI

206. HZ University of Applied Sciences (v/h HS Zeeland),
    technische en maritieme faculteit 'De Ruyter'
Edisonweg 4, 4380 AJ Vlissingen
Postbus 364, 4380 AJ Vlissingen
Tel. 0118-48 94 00, fax 0118-48 92 00
E-mail: deruyteracademy@hz.nl
Website: www.hz.nl
BRIN: 21MI

207. HS Van Hall/Larenstein (vestiging in Wageningen)
Forumgebouw (gebouwnr. 102), Droevendaalsesteeg 2, 6708 PB
Wageningen
Postbus 411, 6711 AK Wageningen
Tel. 0317-48 62 30, fax 0317-48 62 80
E-mail: info@hogeschoolvhl.nl
Website: www.hogeschoolvhl.nl
BRIN: 30HD

208. Nederlandse Vereniging van Rentmeesters (NVR)
Agro Business Park 10, 6708 PW Wageningen
Postbus 222, 6700 AE Wageningen
Tel. 0317-41 50 30, fax 0317-42 10 91
E-mail: info@rentmeesternvr.nl
Website: www.rentmeesternvr.nl

209. Stoas HS Wageningen/Vilentum HS
Mansholtlaan 18, 6708 PA Wageningen
Postbus 80, 6700 AB Wageningen
Tel. 088-0 20 67 00
E-mail: mail@stoasvilentum.nl
Website: www.stoasvilentum.nl

210. ISBW
Van Heemstraweg-West 5, 5301 PA Zaltbommel
Postbus 266, 5300 AG Zaltbommel
Tel. 0418-68 85 88
E-mail: info@isbw.nl
Website: www.isbw.nl

211. Evangelische Theologische Academie
Anjerstraat 79, 3333 GC Zwijndrecht
Tel. 078-6 19 00 37
E-mail: info@evangelisch-college.nl
Website: www.eta.nl

212. ArtEZ Academie voor art & design (vestiging in Zwolle)
Rhijnvis Feithlaan 50, 8021 AM Zwolle
Tel. 038-4 27 05 00
E-mail: artdesign.zwolle@artez.nl
Website: www.artez-cabk.nl
BRIN: 21JA

213. ArtEZ Expertisecentrum kunsteducatie
Rhijnvis Feithlaan 50, 8021 AM Zwolle
Postbus 1020, 8001 BA Zwolle
Tel. 038-4 27 05 62, fax 038-4 27 05 65
E-mail: kunsteducatie@artez.nl
Website: www.artez.nl
BRIN: 21JA

214. Gereformeerde HS Viaa
Grasdorpstraat 2, 8012 EN Zwolle
Postbus 10030, 8000 GA Zwolle
Tel. 038-4 25 55 42, fax 038-4 23 07 85
E-mail: info@viaa.nl
Website: www.viaa.nl
BRIN: 22HH

215. HS Windesheim, informatiecentrum voor 10 schools
Campus 2-6, 8017 CA Zwolle
Postbus 10090, 8000 GB Zwolle
Tel. 088-4 69 99 11
E-mail: info@windesheim.nl
Website: www.windesheim.nl
BRIN: 01VU

216. HS Windesheim, School of built environment & transport
Campus 2-6, 8017 CA Zwolle
Postbus 10090, 8000 GB Zwolle
Tel. 088-4 69 99 11
E-mail: info@windesheim.nl
Website: www.windesheim.nl
BRIN: 01VU

217. HS Windesheim, School of business & economics
Campus 2-6, 8017 CA Zwolle
Postbus 10090, 8000 GB Zwolle
Tel. 088-4 69 99 11
E-mail: info@windesheim.nl
Website: www.windesheim.nl
BRIN: 01VU

218. HS Windesheim, School of education
Campus 2-6, 8017 CA Zwolle
Postbus 10090, 8000 GB Zwolle
Tel. 088-4 69 99 11
E-mail: info@windesheim.nl
Website: www.windesheim.nl
BRIN: 01VU

219. HS Windesheim, School of engineering & design
Campus 2-6, 8017 CA Zwolle
Postbus 10090, 8000 GB Zwolle
Tel. 088-4 69 99 11
E-mail: info@windesheim.nl
Website: www.windesheim.nl
BRIN: 01VU

220. HS Windesheim, School of health care
Campus 2-6, 8017 CA Zwolle
Postbus 10090, 8000 GB Zwolle
Tel. 088-4 69 99 11
E-mail: tag@windesheim.nl
Website: www.windesheim.nl
BRIN: 01VU

221. HS Windesheim, School of human movement & sports
Campus 2-6, 8017 CA Zwolle
Postbus 10090, 8000 GB Zwolle
Tel. 088-4 69 99 11
E-mail: info@windesheim.nl
Website: www.windesheim.nl
BRIN: 01VU

222. HS Windesheim, School of information sciences
Campus 2-6, 8017 CA Zwolle
Postbus 10090, 8000 GB Zwolle
Tel. 088-4 69 99 11
E-mail: ajc@windesheim.nl
Website: www.windesheim.nl
BRIN: 01VU

223. HS Windesheim, School of management & law
Campus 2-6, 8017 CA Zwolle
Postbus 10090, 8000 GB Zwolle
Tel. 088-4 69 99 11
E-mail: info@windesheim.nl
Website: www.windesheim.nl
BRIN: 01VU

224. HS Windesheim, School of media
Campus 2-6, 8017 CA Zwolle
Postbus 10090, 8000 GB Zwolle
Tel. 088-4 69 99 11
E-mail: info@windesheim.nl
Website: www.windesheim.nl
BRIN: 01VU

225. HS Windesheim, School of social work
Campus 2-6, 8017 CA Zwolle
Postbus 10090, 8000 GB Zwolle
Tel. 088-4 69 99 11
E-mail: info@windesheim.nl
Website: www.windesheim.nl
BRIN: 01VU

226. Katholieke Pabo, Zwolle
Ten Oeverstraat 68, 8012 EW Zwolle
Tel. 038-4 21 74 25
E-mail: via de website
Website: www.kpz.nl
BRIN: 00IC

227. Profit Opleidingen
Eiffelstraat 1, 8013 RT Zwolle
Postbus 40028, 8004 DA Zwolle
Tel. 038-4 67 70 00
E-mail: info@profitopleidingen.nl
Website: www.profitopleidingen.nl

228. Erasmus HS
Nijverheidskaai 170, B-1070 Anderlecht België
Tel. 00-32-2-5 23 37 37, fax 00-32-2-5 23 37 57
E-mail: info@ehb.be
Website: www.erasmushogeschool.be

229. Artesis Plantijn HS
Lange Nieuwstraat 101, B-2000 Antwerpen België
Tel. 00-32-3-2 20 54 00
E-mail: info@ap.be
Website: www.ap.be

230. Hogere Zeevaart School (HZS)
Noorkasteel-Oost 6, B-2030 Antwerpen België
Tel. 00-32-3-2 05 64 30, fax 00-32-3-2 25 06 39
E-mail: info@hzs.be
Website: www.hzs.be

231. Karel de Grote HS
Brusselstraat 45, B-2018 Antwerpen België
Tel. 00-32-3-6 13 13 13
E-mail: info@kdg.be
Website: www.kdg.be

232. Vervallen.

233. Vives (v/h KATHO en KULAB)
Xaverianenstraat 10, B-8200 Brugge België
Tel. 00-32-50-30 51 00, fax 00-32-50-30 51 01
E-mail: info@vives.be
Website: www.vives.be

234. LUCA, School of Arts (Antwerpen/Brussel)
Koningsstraat 328, B-1030 Brussel België
Tel. 00-32-2-2 50 15 11, fax 39
E-mail: info@luca-arts.be
Website: www.luca-arts.be

235. Odisee (v/h Hogeschool-Universiteit Brussel [HUB])
(met campussen in Aalst, Brussel, Gent, en Sint-Niklaas) -
(lid van Associatie KU Leuven)
Warmoesberg 26, B-1000 Brussel België
Tel. 00-32-2-2 10 12 11
E-mail: info@odisee.be
Website: www.odisee.be

236. Mad-faculty (onderdeel van PXL)
Campus C-mine, 3600 Genk België
Tel. 00-32-8-9-30 08 50
E-mail: lotte.thora@khlim.be
Website: www.mad-fac.be

237. Artevelde HS
Hoogpoort 15, B-9000 Gent België
Tel. 00-32-9-2 34 90 00
E-mail: info@arteveldehs.be
Website: www.arteveldehs.be

238. HoGent (HS Gent)
Kortrijksesteenweg 14, B-9000 Gent Belgi'
Tel. 00-32-9-2 43 34 50
E-mail: via de website
Website: www.hogent.be

239. HS PXL (v/h PHL en XIOS)
Elfde-Liniestraat 24, B-3500 Hasselt België
Tel. 00-32-11-77 55 55, fax 00-32-11-77 55 59
E-mail: pxl@pxl.be
Website: www.pxl.be

240. KHLim (v/h Katholieke HS Limburg) -
(lid van Associatie KU Leuven)
Zuivelmarkt 17, B-3500 Hasselt België
Tel. 00-32-11-18 00 10, fax 00-32-11-18 00 19
E-mail: informatie@khlim.be
Website: www.khlim.be

241. UC Leuven-Limburg
Abdij van Park 9, B-3001 Heverlee België
Tel. 00-32-16 37 57 00, fax 00-32-16 37 57 99
E-mail: info@khleuven.be
Website: www.khleuven.be

242. Howest (v/h HS West-Vlaanderen)
Marksesteenweg 58, B-8500 Kortrijk België
Tel. 00-32-56-24 12 90, fax 00-32-56-24 12 92
E-mail: info@howest.be
Website: www.howest.be

243. Ace - Groep T Lerarenbegeleiding / KU Leuven / UC Leuven
Limburg / Confucius Instituut
Andreas Vesaliusstraat 13, B-3000 Leuven België
Tel. 00-32-16-30 11 22
E-mail: johan.de.graeve@groep-t.academy.be
Website: www.groept.be

244. ThomasMore HS (v/h Lessius HS) (vestigingen in
Antwerpen, Geel, Lier, Mechelen, Sint-Katelijne-Waver,
Turnhout, Vorselaar) - **Centraal adres:**
Zandpoortvest 13, B-2800 Mechelen België
Tel. 00-32-15-36 91 00
E-mail: info@mechelen.lessius.eu
Website: www.mechelen.lessius.be (of: www.thomasmore.be)

AOC's (Agrarische OpleidingsCentra))

1. AOC Clusius College (vestigingen in Alkmaar, Amsterdam,
Castricum, Grootebroek, Heerhugowaard, Hoorn,
Purmerend, Schagen) - **Centraal adres:**
Voltastraat 1, 1817 DD Alkmaar
Tel. 072-5 14 76 66
E-mail: cvb@clusius.nl
Website: www.clusius.nl

2. AOC Prinsentuin College (vestigingen in Andel, Breda,
Halsteren, Oudenbosch) - **Centraal adres:**
Frankenthalerstraat 15, 4816 KA Breda
Postbus 6944, 4802 HX Breda
Tel. 076-5 72 39 39/5 72 39 00
E-mail: prinsentuincollege@rocwb.nl
Website: www.prinsentuincollege.nl

3. AOC Helicon Opleidingen (vestigingen in Apeldoorn, Boxtel,
Den Bosch, Deurne, Eindhoven, Geldermalsen, Helmond,
Kesteren, Nijmegen, Tilburg, Velp) - **Centraal adres:**
Centrale Dienst, Kooikersweg 2, 5223 KA Den Bosch
Postbus 2411, 5202 CK Den Bosch
Tel. 088-4 35 42 00
E-mail: info@helicon.nl
Website: www.helicon.nl

4. AOC Groenhorst (vestigingen in Almere, Arnhem, Barneveld,
Bilthoven, Dronten, Ede, Emmeloord, Lelystad,
Maartensdijk, Nijkerk, Velp) - **Centraal adres:**
Bovenbuurtweg 27, 6717 XA Ede
Postbus 245, 6710 BE Ede
Tel. 088-0 20 70 20, fax 088-0 20 70 01
E-mail: info@groenhorst.nl
Website: http://groenhorst.nl

5. AOC Edudelta Onderwijsgroep (vestigingen in Barendrecht,
Bleiswijk, Goes, Middelharnis, Sommelsdijk) -
Centraal adres:
Klein Frankrijk 1, 4461 ZN Goes
Postbus 451, 4460 AW Goes
Tel. 0113-24 63 60, fax 0113-24 63 61
E-mail: info@edudelta.nl
Website: www.edudeltacollege.nl

6. AOC Terra (vestigingen in Assen, Eelde, Emmen, Groningen,
Meppel, Winschoten) - **Centraal adres:**
Hereweg 99, 9721 AA Groningen
Tel. 050-5 29 78 00
E-mail: mbo.groningen@aocterra.nl
Website: www.mijnterra.nl

7. AOC Wellantcollege (vestigingen in Aalsmeer, Alphen a/d Rijn, A'foort, A'dam, Boskoop, Brielle, Den Haag, Dordrecht, Gorinchem, Gouda, Houten, Klaaswaal, Leiden, Montfoort, Naarden, Oegstgeest, Ottoland, Rijnsburg, Rijswijk, Rotterdam, Utrecht) **- Centraal adres:**
Randhoeve 2, 3992 XH Houten
Postbus 177, 3990 DD Houten
Tel. 030-6 34 51 00
E-mail: info@wellant.nl
Website: www.wellant.nl

8. AOC Nordwin College (v/h AOC Friesland; vestigingen in Buitenpost, Heerenveen, Leeuwarden, Sneek) - **Centraal adres:**
Jansoniusstraat 2a, 8934 BM Leeuwarden
Postbus 675, 8901 BL Leeuwarden
Tel. 058-2 84 65 00, fax 058-2 53 40 99
E-mail: infombo@nordwincollege.nl
Website: www.nordwincollege.nl

9. AOC Oost (vestigingen in Almelo, Borculo, Doetinchem, Enschede, Twello) **- Centraal adres (diensten):**
Hoeflingweg 9, 7241 CJ Lochem
Postbus 190, 7240 AD Lochem
Tel. 0573-22 20 66, fax 0573-22 20 67
E-mail: algemeen@aoc-oost.nl
Website: www.aoc-oost.nl

10. AOC Lentiz onderwijsgroep (vestigingen in Maasland, Maassluis, Naaldwijk, Schiedam, Vlaardingen) - **Centraal adres:**
Commandeurskade 22, 3155 AD Maasland
Postbus 11, 3155 ZG Maasland
Tel. 010-5 90 34 47, fax 010-5 91 58 65
E-mail: info@lentiz.nl
Website: www.lentiz.nl

11. AOC Citaverde College (vestigingen in Heerlen, Horst, Maastricht, Nederweert, Roermond) - **Centraal adres:**
Jagerstraat 6, 6042 KA Roermond
Postbus 1050, 6040 KB Roermond
Tel. 0475-34 63 46, fax 0475-34 63 00
E-mail: roermond@citaverde.nl
Website: www.citaverde.nl

12. AOC De Groene Welle (vestigingen in Hardenberg, Zwolle) - **Centraal adres:**
Koggelaan 7, 8017 JN Zwolle
Postbus 552, 8000 AN Zwolle
Tel. 038-4 67 11 20, fax 038-4 22 34 36
E-mail: info@groenewelle.nl
Website: www.groenewelle.nl

13. AOC Landstede beroepsopleidingen (vestigingen in Bathmen, Dalfsen, Diepenveen, Dronten, Elburg, Ermelo, Harderwijk, Hasselt, Heino, Hoonhorst, IJsselmuiden, Kampen, Lelystad, Lemele, Lemelerveld, Nieuwleusen, Nijkerk, Nunspeet, Olst, Wijhe) - **Centraal adres:**
Rechterland 1, 8024 AH Zwolle
Postbus 1, 8000 AA Zwolle
Tel. 0800-024 56 66
E-mail: info@landstede.nl
Website: www.landstede.nl

KBB's (Kenniscentra Beroepsonderwijs Bedrijfsleven)

De kenniscentra beroepsonderwijs bedrijfsleven (kbb's) worden sinds 1.1.2012 gecoördineerd door de stichting Samenwerking Beroepsonderwijs Bedrijfsleven (SBB). De SBB behartigt de belangen van de kenniscentra en het bedrijfsleven. De SBB coördineert tevens voor Nederland het project waarbij - op het niveau van de Europese Unie - de vergelijkbaarheid van vakdiploma's in kaart wordt gebracht.
Voor informatie over recente nieuwe ontwikkelingen in verband met de structuur bij SBB zie paragraaf 1.7.g.1, met name ook het N.B.

1. ECABO: kenniscentrum beroepsonderwijs bedrijfsleven voor de EConomisch-Administratieve, ict- en veiligheidsBerOepen
Disketteweg 6, 3821 AR Amersfoort
Postbus 1230, 3800 BE Amersfoort
Tel. 033-4 50 46 46
E-mail: info@ecabo.nl
Website: www.ecabo.nl

2. Calibris: kenniscentrum voor leren in de praktijk in de sectoren Gezondheidszorg, Welzijn en Sport
Runnenburg 34, 3981 AZ Bunnik
Postbus 131, 3980 CC Bunnik
Tel. 030-7 50 70 00, fax 030-7 50 70 01
E-mail: info@calibris.nl
Website: www.calibris.nl

3. KOC Nederland: kenniscentrum beroepsonderwijs bedrijfsleven voor de uiterlijke verzorging
Groeneweg 23, 3981 CK Bunnik
Postbus 54, 3430 AB Nieuwegein
Tel. 030-6 07 10 00, fax 030-6 07 10 01
E-mail: koc@koc.nl
Website: www.koc.nl

4. Kenniscentrum PMLF (VAPRO): kenniscentrum beroepsonderwijs bedrijfsleven voor de sectoren Procestechniek, Operationele techniek, Media en Laboratoriumtechniek
Castellum, Gebouw C, Synthesium, Loire 150, 2491 AK Den Haag
Postbus 24090, 2490 AB Den Haag
Tel. 070-3 37 83 25, fax 070-3 20 51 86
E-mail: info@pmlf.nl
Website: www.pmlf.nl

5. Aequor: kenniscentrum voedsel, natuur & leefomgeving
Horaplantsoen 18, 6717 LT Ede
Postbus 601, 6710 BP Ede
Tel. 0318-64 95 00, fax 0318-64 19 18
E-mail: via de website
Website: www.aequor.nl

6. Kenniscentrum Handel
Horapark 2, 6717 LZ Ede
Postbus 7001, 6710 CB Ede
Tel. 0318-69 84 98, fax 0318-63 85 72
E-mail: info@kch.nl
Website: www.kch.nl

7. OVD-groep
Galileïlaan 31, 6716 BP Ede
Postbus 331, 6710 BH Ede
Tel. 0318-64 99 99, fax 0318-64 06 46
E-mail: via de website
Website: www.ovd.nl

8. VTL: Vakmanschap op de arbeidsmarkt in Transport & Logistiek
Kempenringweg 43, 2803 PE Gouda
Postbus 308, 2800 AH Gouda
Tel. 088-2 59 61 11
E-mail: info@stlwerkt.nl
Website: www.stlwerkt.nl

9. Fundeon/SOMA: kennis- en adviescentrum beroepsonderwijs bouw en infra (v/h Bouwradius en SBW), hoofdkantoor
Ceintuurbaan 2, 3847 LG Harderwijk
Postbus 440, 3840 AK Harderwijk
Tel. 0341-49 94 99, fax 0341-49 99 99
E-mail: info@fundeon.nl
Website: www.fundeon.nl

10. Kenteq: kennis- en adviescentrum voor technisch vakmanschap, hoofdkantoor
Olympia 6-8, 1213 NP Hilversum
Postbus 81, 1200 AB Hilversum
Tel. 088-4 44 99 00, fax 035-7 50 45 46
E-mail: serviceteam@kenteq.nl
Website: www.kenteq.nl

11. SVO: vakopleiding food
Kroonslag 2, 3991 TW Houten
Postbus 516, 3990 GH Houten
Tel. 030-2 75 81 81, fax 030-2 73 33 74
E-mail: via de website
Website: www.svo.nl

12. Innovam: kennis en opleidingscentrum voor de mobiliteitsbranche
Structuurbaan 2, 8 en 19, 3439 MB Nieuwegein
Postbus 2360, 3430 DV Nieuwegein
Tel. 030-6 08 77 77, fax 030-6 08 77 00
E-mail: info@innovam.nl
Website: www.innovam.nl

13. VOC: VakOpleiding Carrosseriebedrijf
Warmonderweg 7, 2171 AH Sassenheim
Postbus 294, 2170 AG Sassenheim
Tel. 0252-24 23 22, fax 0252-24 23 20
E-mail: info@vocar.nl
Website: www.vocar.nl

14. SVGB: kennis- en opleidingencentrum voor uniek vakmanschap
St. Laurensdreef 20-22, 3565 AK Utrecht
Postbus 9907, 3506 GX Utrecht
Tel. 030-6 03 67 56
E-mail: info@svgb.nl
Website: www.svgb.nl

15. GOC: personeelsontwikkeling in de creatieve industrie
De Schutterij 10, 3905 PL Veenendaal
Postbus 347, 3900 AH Veenendaal
Tel. 0318-53 91 11
E-mail: info@goc.nl
Website: www.goc.nl

16. Savantis: vakcentrum Afbouw en Onderhoud, Presentatie en Communicatie
Limaweg 25, 2743 CB Waddinxveen
Postbus 76, 2740 AB Waddinxveen
Tel. 0182-64 11 11, fax 0182-64 11 00
E-mail: via de website
Website: www.savantis.nl

17. Kenniscentrum SH&M: Stichting Hout en Meubel
Johan de Wittlaan 11, 3445 AG Woerden
Postbus 394, 3440 AJ Woerden
Tel. 0348-46 64 40
E-mail: info@shm.nl
Website: www.shm.nl

18. Kenwerk: kenniscentrum voor horeca, bakkerij, reizen, recreatie en facilitaire dienstverlening
Maria Montessorilaan 11-17, 2719 DB Zoetermeer
Postbus 611, 2700 AP Zoetermeer
Tel. 079-3 60 14 00, fax 079-3 60 14 01
E-mail: info@kenwerk.nl
Website: www.kenwerk.nl

19. SVH Onderwijscentrum
Louis Braillelaan 16, 2719 EJ Zoetermeer
Postbus 303, 2700 AH Zoetermeer
Tel. 088-0 50 15 00, fax 079-3 21 23 27
E-mail: info@svh.nl
Website: www.svh.nl

ROC's/MBO's (Regionale OpleidingenCentra en Middelbaar BeroepsOnderwijs)

1. Roc Horizon College (vestigingen in Alkmaar, Enkhuizen, Heerhugowaard, Heiloo, Hoorn, Purmerend) - Centraal adres:
Kruseman van Eltenweg 4, 1817 BC Alkmaar
Postbus 30, 1800 AA Alkmaar
Tel. 072-5 47 66 00, fax 072-5 47 66 13
E-mail: info@horizoncollege.nl
Website: www.horizoncollege.nl
BRIN: 25PT

2. Roc van Flevoland (vestigingen in Almere (Buiten), Almere (Stad), Lelystad) - Centraal adres:
Straat van Florida 1, 1334 PA Almere (Buiten)
Postbus 30131, 1303 AC Almere
Tel. 036-5 49 59 00, fax 036-5 49 59 99
E-mail: matchpoint@rocflevoland.nl
Website: www.rocflevoland.nl
BRIN: 25LR

3. Hoornbeeck College (vestigingen in Amersfoort, Apeldoorn, Goes, Kampen, Rotterdam) - Centraal adres:
Utrechtseweg 230, 3818 ET Amersfoort
Postbus 875, 3800 AW Amersfoort
Tel. 033-4 68 08 08
E-mail: info@hoornbeeck.nl
Website: www.hoornbeeck.nl
BRIN: 09MR

4. Roc/mbo Amersfoort (vestigingen in Amersfoort, Barneveld, Leusden) - Centraal adres:
Matthijs Vermeulenstraat 1, 3816 DC Amersfoort
Postbus 2131, 3800 CC Amersfoort
Tel. 033-4 79 10 58
E-mail: info@mboamersfoort.nl
Website: www.mboamersfoort.nl

5. Mediacollege Amsterdam
Contactweg 36, 1014 AN Amsterdam
Postbus 67003, 1060 JA Amsterdam
Tel. 020-8 50 95 00
E-mail: info@ma-web.nl
Website: www.ma-web.nl
BRIN: 02PA

6. ROC TOP (vestigingen in Almere, Amsterdam-Noord, Amsterdam-Oost (Wibautcollege), Amsterdam-West, Amsterdam-Zuid, Amsterdam-Zuidoost) - **Centraal adres:**
Wibautstraat 135-139, 1097 DN Amsterdam
Tel. 020-5 68 14 10
E-mail: wibautcollege@roctop.nl
Website: www.wibautcollege.nl

7. Roc van Amsterdam (vestigingen in Amstelveen, Amsterdam, Diemen, Heerhugowaard, Hilversum, Hoofddorp, Nieuwegein, Utrecht) - **Centraal adres:**
Europaboulevard 13, 1079 PC Amsterdam
Postbus 2584, 1000 CN Amsterdam
Tel. 0900-95 99
E-mail: informatiecentrum@rocva.nl
Website: www.rocva.nl
BRIN: 25PZ

8. Roc Aventus (vestigingen in Apeldoorn, Deventer, Zutphen) - **Centraal adres:**
Laan van de Mensenrechten 500, 7331VZ Apeldoorn
Postbus 387, 7300 AJ Apeldoorn
Tel. 088-2 83 68 87
E-mail: info@aventus.nl
Website: www.aventus.nl
BRIN: 27DV

9. Nederlandse Musical Academie, onderdeel van Roc Rijn IJssel
Utrechtsestraat 40/42, 6811 LZ Arnhem
Postbus 5162, 6802 ED Arnhem
Tel. 026-3 12 92 00
E-mail: info.dnma@rijnijssel.nl
Website: www.roc-nijmegen.nl/student/opleidingen/top-opleidingen/musical-academie

10. Roc Rijn IJssel (vestigingen in Arnhem, Bemmel, Dieren, Elst, Nijmegen, Renkum, Ulft, Wageningen, Zevenaar) - **Centraal adres:**
Zijpendaalseweg 167, 6814 CJ Arnhem
Postbus 5162, 6802 ED Arnhem
Tel. 026-3 12 90 00
E-mail: info@rijnijssel.nl
Website: www.rijnijssel.nl
BRIN: 25LF

11. Capabel Onderwijs Groep (vestigingen in Almere, Amsterdam, Arnhem, Breda, Eindhoven, Groningen, Hengelo, Leeuwarden, Rotterdam, Utrecht, Zwolle) - **Centraal adres:**
Het Wielsem 10, 5231 BW Den Bosch
Postbus 405, 5201 AK Den Bosch
Tel. 088-2 70 12 70
E-mail: info@capabel.nl
Website: www.capabel.nl

12. Koning Willem I College (vestigingen in Den Bosch, Oss, Rosmalen) - **Centraal adres:**
Vlijmenseweg 2, 5223 GW Den Bosch
Postbus 122, 5201 AC Den Bosch
Tel. 073-6 24 96 24, fax 073-6 24 96 29
E-mail: via de website
Website: www.kw1c.nl
BRIN: 04FO

13. Roc Mondriaan (vestigingen in Delft, Den Haag, Leiden, Naaldwijk) - **Centraal adres:**
Leeghwaterplein 72, 2521 DB Den Haag
Tel. 088-6 66 33 00
E-mail: info@rocmondriaan.nl
Website: www.rocmondriaan.nl
BRIN: 27GR

14. Roc Kop van Noord-Holland (vestigingen in Den Helder, Schagen) - **Centraal adres:**
Sperwerstraat 4, 1781 XC Den Helder
Postbus 250, 1780 AG Den Helder
Tel. 0223-61 12 00
E-mail: info@rockopnh.nl
Website: www.rockopnh.nl
BRIN: 04EU

15. Graafschap College (vestigingen in Groenlo, Doetinchem, Winterswijk) - **Centraal adres:**
J.F. Kennedylaan 49, 7001 EA Doetinchem
Slingelaan 1, 7001 EA Doetinchem
Tel. 0314-35 35 00, fax 0314-35 35 19
E-mail: info@graafschapcollege.nl
Website: www.graafschapcollege.nl
BRIN: 24ZZ

16. Da Vinci College College (vestigingen in Dordrecht, Gorinchem, Hardinxveld-Giessendam, Middelharnis, Oud-Beijerland, Ridderkerk, Wijk en Aalburg, Zwijndrecht) - **Centraal adres:**
Leerparkpromenade 100, 3312 KW Dordrecht
Postbus 1184, 3300 BD Dordrecht
Tel. 088-6 57 26 57, fax 088-6 57 26 00
E-mail: infocentrum@davinci.nl
Website: www.davinci.nl
BRIN: 20MQ

17. Roc A12 (vestigingen in Arnhem, Barneveld, Ede, Huissen, Veenendaal, Velp, Wageningen) - **Centraal adres:**
Reehorsterweg 27 en 80, 6717 LG Ede (Gld.)
Postbus 78, 6710 BB Ede (Gld.)
Tel. 0318-45 55 00, fax 0318-45 54 01
E-mail: info@roc.a12.nl
Website: www.a12.nl

18. Rock City Institute (RCI)/Metal Factory (MF), onderdeel van het Summa College
Klokgebouw 300 (PopEi), 5617 AD Eindhoven
Postbus 6101, 5600 HC Eindhoven
Tel. 040-2 69 53 00
E-mail: rockcityinstitute@summacollege.nl
Website: www.rockcityinstitute.nl

19. SintLucas (vestigingen in Boxtel, Eindhoven)
Von Flowtowlaan 1, 5653 AD Eindhoven
Postbus 872, 5600 AW Eindhoven
Tel. 040-2 59 13 91, fax 0411-68 39 25
E-mail: info@sintlucas.nl
Website: www.sintlucas.nl
BRIN: 02KF

20. Summa college
Sterrenlaan 10, 5631 KA Eindhoven
Postbus 6101, 5600 HC Eindhoven
Tel. 040-2 69 44 44
E-mail: via de website
Website: www.summacollege.nl
BRIN: 25MB

21. Drenthe College (vestigingen in Assen, Emmen, Meppel) -
Centraal adres:
Stadionplein 5, 7825 SG Emmen
Postbus 173, 7800 AD Emmen
Tel. 088-1 88 44 44
E-mail: info@drenthecollege.nl
Website: www.drenthecollege.nu
BRIN: 25PW

22. Roc West-Brabant (vestigingen in Andel, Bergen op Zoom,
Breda, Etten-Leur, Halsteren, Oosterhout, Oudenbosch,
Roosendaal, Teteringen, Tholen) - **Centraal adres:**
Trivium 76, 4873 LP Etten-Leur
Postbus 699, 4870 AR Etten-Leur
Tel. 076-5 04 80 00, fax 076-5 04 80 10
E-mail: infopunt@rocwb.nl
Website: www.rocwb.nl
N.B. Werkt samen met AOC Prinsentuin.

23. ID College (vestigingen in Alphen aan den Rijn, Gouda,
Katwijk, Leiden, Leidschendam, Schoonhoven, Woerden,
Zoetermeer) - **Centraal adres:**
Groen van Prinsterersingel 52, 2805 TE Gouda
Postbus 70, 2800 AB Gouda
Tel. 088-2 22 17 77, fax 0182-53 91 38
E-mail: info@idcollege.nl
Website: www.idcollege.nl
BRIN: 25LN

24. Alfa-college (vestigingen in Assen, Groningen,
Hardenberg, Hoogeveen, Leek) - **Centraal adres:**
Boumaboulevard 573, 9725 ZS Groningen
Postbus 212, 9700 AE Groningen
Tel. 0800-81 00
E-mail: info@alfa-college.nl
Website: www.alfa-college.nl
BRIN: 25LU

25. Noorderpoortcollege (vestigingen in Appingedam, Assen,
Delfzijl, Groningen, Hoogezand, Leek, Stadskanaal,
Veendam, Winschoten, Winsum) - **Centraal adres:**
Pop Dijkemaweg 88, gebouw A, 9731 BH Groningen
Postbus 9423, 9703 LP Groningen
Tel. 0800-6 67 78 85
E-mail: studieadvies@noorderpoort.nl
Website: www.noorderpoort.nl
BRIN: 25LW

26. Roc Menso Alting (vestigingen in Groningen, Zwolle) -
Centraal adres:
Vondelpad 4, 9721 LX Groningen
Postbus 448, 9700 AK Groningen
Tel. 050-5 24 45 80
E-mail: groningen@rocmensoalting.nl
Website: www.rocmensoalting.nl
BRIN: 14NZ

27. Nova College (vestigingen in Amstelveen, Beverwijk,
Haarlem, Harlingen, Hoofddorp, Nieuw-Vennep, IJmuiden)
- **Centraal adres:**
Schipholweg 1, 2034 LS Haarlem
Postbus 2110, 2002 CC Haarlem
Tel. 023-5 30 20 10
E-mail: info-advies@novacollege.nl
Website: www.novacollege.nl
BRIN: 25PX

28. Onderwijsgroep De Landstede/Het Randmeercollege
(vestigingen in Bathmen, Dalfsen, Diepenveen, Dronten,
Elburg, Ermelo, Harderwijk, Hasselt, Heino, Hoonhorst,
IJsselmuiden, Kampen, Lelystad, Lemele, e.a.; zie ook
Roc Landstede) - **Centraal adres:**
Westeinde 33, 3844 DD Harderwijk
Tel. 0800-0 24 56 66
E-mail: via de website
Website: www.landstede.nl

29. SOMA College/SOMA Bedrijfsopleidingen
Ceintuurbaan 2, 3847 LG Harderwijk
Postbus 332, 3840 AH Harderwijk
Tel. 0341-49 91 00
E-mail: info@soma-college.nl
Website: www.soma-college.nl
BRIN: 04NZ

30. Arcus College (vestigingen in Heerlen, Maastricht, Sittard)
- **Centraal adres:**
Valkenburgerweg 148, 6419 AW Heerlen
Postbus 207, 6400 AE Heerlen
Tel. 088-0 27 28 70
E-mail: via de website
Website: www.arcuscollege.nl
BRIN: 25PU

31. Roc Ter AA (vestigingen in Asten, Beek en Donk, Deurne,
Geldrop, Gemert, Helmond, Mierlo, Someren) -
Centraal adres:
Keizerin Marialaan 2, 5702 NR Helmond
Postbus 490, 5700 AL Helmond
Tel. 0492-50 79 09
E-mail: info@roc-teraa.nl
Website: www.roc-teraa.nl
BRIN: 25LJ

32. Roc van Twente, studieinformatiepunt (vestigingen in
Almelo, Borne, Enschede, Goor, Haaksbergen, Hardenberg,
Hengelo, Nijverdal, Oldenzaal, Rijssen, Tubbergen,
Vroomshoop) - **Centraal adres:**
Gieterij 200, 7553 VZ Hengelo (Ov.)
Postbus 636, 7550 AP Almelo
Tel. 074-8 52 50 00, fax 074-8 52 50 10
E-mail: via de website
Website: www.rocvantwente.nl
BRIN: 27YU

33. Friesland College (vestigingen in Heerenveen,
Leeuwarden) - **Centraal adres:**
Julianalaan 97, 8931 AH Leeuwarden
Postbus 45, 8900 AA Leeuwarden
Tel. 088-0 60 30 00
E-mail: adviescentrum@fcroc.nl
Website: www.frieslandcollege.nl
BRIN: 25LG

34. Roc Friese Poort (vestigingen in Dokkum, Drachten,
Emmeloord, Leeuwarden, Sneek) - **Centraal adres:**
Wilaarderburen 1, 8924 JK Leeuwarden
Postbus 6090, 8902 HB Leeuwarden
Tel. 058-2 65 52 00
E-mail: leeuwarden@rocfriesepoort.nl
Website: www.rocfriesepoort.nl
BRIN: 08PG

35. Leidse instrumentmakersschool
Einsteinweg 61, 2333 CC Leiden
Tel. 071-5 68 11 68, fax 071-5 68 11 60
E-mail: info@lis-mbo.nl
Website: www.lis-mbo.nl
BRIN: 02OV

36. NTI mbo-college / NTI cursussen
Schuttersveld 6-16, 2316 ZB Leiden
Postbus 2222, 2301 CE Leiden
Tel. 071-5 61 01 54
E-mail: studieadvies@nti.nl
Website: www.nti.nl
BRIN: 24UY

37. Leeuwenborgh opleidingen (vestigingen in Maastricht,
Sittard) - **Centraal adres:**
Sibemaweg 20, 6224 DC Maastricht
Postbus 1825, 6201 BV Maastricht
Tel. 088-0 01 50 00, fax 088-0 01 51 11
E-mail: via de website
Website: www.leeuwenborgh.nl
BRIN: 25PL

38. Roc Nijmegen, infocentrum (vestigingen in Boxmeer,
Nijmegen) - **Centraal adres:**
Campusbaan 6, 6512 BT Nijmegen
Posbus 6560, 6503 GB Nijmegen
Tel. 0900-96 09
E-mail: via de website
Website: www.roc-nijmegen.nl
BRIN: 25PN

39. Gilde Opleidingen (vestigingen in Geleen, Horst,
Roermond, Venlo, Venray, Weert) - **Centraal adres:**
Kasteel Hillenraedtstraat 1, 6043 HA Roermond
Postbus 1094, 6040 KB Roermond
Tel. 0475-34 32 43
E-mail: via de website
Website: www.gildeopleidingen.nl
BRIN: 25LT

40. Albeda College (vestigingen in Albrandswaard,
Barendrecht, Hellevoetsluis, Maassluis, Middelharnis,
Naaldwijk, Oude Tonge, Poortugaal, Rhoon, Ridderkerk,
Rotterdam, Schiedam, Spijkenisse, Vlaardingen) -
Centraal adres:
Rosestraat 1101-1103, 3071 AL Rotterdam
Postbus 9451, 3007 AL Rotterdam
Tel. 010-2 90 10 10
E-mail: albeda@albeda.nl
Website: www.albeda.nl
BRIN: 00GT

41. Grafisch Lyceum Rotterdam
Heer Bokelweg 255, 3032 AD Rotterdam
Postbus 1680, 3000 BR Rotterdam
Tel. 088-2 00 15 00, fax 010-4 66 98 36
E-mail: info@glr.nl
Website: www.glr.nl
BRIN: 23JA

42. Hout- en Meubileringscollege (HMC) (vestigingen in
Amsterdam, Rotterdam) - **Centraal adres:**
Erasmuspad 10, 3052 KP Rotterdam
Postbus 12166, 3004 GD Rotterdam
Tel. 010-2 85 55 55, fax 010-2 85 55 50
E-mail: rotterdam@hmcollege.nl
Website: www.hmcollege.nl
BRIN: 02PG

43. Roc Zadkine, support (vestigingen in Capelle a/d IJssel,
Middelharnis, Rotterdam, Schiedam, Spijkenisse) -
Centraal adres:
Infoshop: Centrale Bibl., Hoogstraat 110, 1e verd., 3011 PV Rotterdam
Postbus 1480, 3000 BL Rotterdam
Tel. 010-2 81 11 55
E-mail: infoshop@zadkine.nl
Website: www.zadkine.nl
BRIN: 25LP

**44. Scheepvaart en Transport College (STC), onderdeel van
STC-Group** (vestigingen in Brielle, Katwijk, Rotterdam,
Stellendam) - **Centraal adres:**
Lloydstraat 300, 3024 EA Rotterdam
Postbus 63140, 3002 JC Rotterdam
Tel. 010-4 48 60 00, fax 010-4 48 61 48
E-mail: info@stc-group.nl
Website: www.stc-group.nl
BRIN: 05EA

45. Scalda (vestigingen in Goes, Hulst, Middelburg, Oostburg,
Terneuzen, Tholen, Vlissingen, Zierikzee) - **Centraal adres:**
Vlietstraat 11a, 4535 HA Terneuzen
Postbus 102, 4530 AC Terneuzen
Tel. 0115-64 16 00, fax 0155-61 21 51
E-mail: info@scalda.nl
Website: www.scalda.nl
BRIN: 25PV

46. Roc Rivor (vestigingen in Culemborg, Geldermalsen, Tiel,
Zaltbommel) - **Centraal adres:**
Bachstraat 1, 4003 KZ Tiel
Tel. 0344-65 62 00, fax 0344-65 62 01
E-mail: via de website
Website: www.rocrivor.nl
BRIN: 04CY

47. Roc De Rooi Pannen (vestigingen in Breda, Eindhoven,
Tilburg) - **Centraal adres:**
Dr. Ahausstraat 1, 5042 EK Tilburg
Postbus 1458, 5004 BL Tilburg
Tel. 013-5 95 56 00, fax 013-5 95 56 01
E-mail: info@derooipannen.nl
Website: www.derooipannen.nl
BRIN: 00KS

48. Roc Tilburg (vestigingen in Tilburg, Waalwijk) -
Centraal adres:
Stappegoorweg 183, 5022 DD Tilburg
Postbus 1330, 5004 BH Tilburg
Tel. 013-5 39 70 10, fax 013-5 39 70 91
E-mail: infopunt@roctilburg.nl
Website: www.roctilburg.nl
BRIN: 25LZ

49. Berechja College (Visserijschool)
Langeriet 2, 8321 XA Urk
Postbus 45, 8320 AA Urk
Tel. 0527-68 12 37
E-mail: info@berechja.nl
Website: www.berechja.nl

50. Grafisch Lyceum Utrecht
Vondellaan 178, 3521 GH Utrecht
Postbus 5066, 3502 JB Utrecht
Tel. 030-2 80 70 77, fax 030-2 80 70 71
E-mail: info@glu.nl
Website: www.glu.nl
BRIN: 23KG

51. Herman Brood Academie (HBA)
Bontekoelaan 1, 3526 RA Utrecht
Tel. 030-2330562
E-mail: info@hermanbroodacademie.nl
Website: www.hermanbroodacademie.nl

52. Nederlandse Pop ACademie (NPAC)
(onderdeel van Roc Midden-Nederland)
Cartesiusweg 90A, 3534 BD Utrecht
Brandenburchdreef 20, 3562 CS Utrecht
Tel. 030-7541400/030-7541700
Website: http://creative.rocmn.nl/opleiding/nederlandse-pop-academie

53. NIMETO
Smijerslaan 2, 3572 LP Utrecht
Postbus 13042, 3507 LA Utrecht
Tel. 030-2 71 46 24
E-mail: nimeto@nimeto.nl
Website: www.nimeto.nl
BRIN: 02PK

54. Roc Midden Nederland (vestigingen in Amersfoort,
Heerhugowaard, Nieuwegein, Utrecht, Zeist) -
Centraal adres:
Brandenburchdreef 20, 3562 CS Utrecht
Postbus 3065, 3502 GB Utrecht
Tel. 0900-4 00 30 02, fax 030-2 85 27 05
E-mail: info@rocmn.nl
Website: www.rocmn.nl
BRIN: 25LH

55. Roc/mbo Utrecht
Australiëlaan 23, 3526 AB Utrecht
Postbus 7031, 3502 KA Utrecht
Tel. 030-2 81 51 40/2815150
E-mail: info@mboutrecht.nl
Website: www.mboutrecht.nl

56. Roc De Leijgraaf (vestigingen in Boxmeer, Cuijk, Oss, Uden,
Veghel) - **Centraal adres:**
Muntelaar 10, 5467 HA Veghel
Postbus 420, 5460 AK Veghel
Tel. 088-017 00 00
E-mail: info@leijgraaf.nl
Website: www.leijgraaf.nl
BRIN: 28DE

57. MBO Velp (v/h Bosbouwschool - Helicon opleidingen)
Larensteinselaan 26B, 6882 CT Velp
Postbus 109, 6880 AC Velp
Tel. 026-3 84 03 10
E-mail: info.mv@helicon.nl
Website: www.helicon.nl/mbo/scholen/MBO_Velp

58. Regio College Zaanstreek-Waterland (vestigingen in Edam,
Heerhugowaard, Purmerend, Zaandam) - **Centraal adres:**
Cypressehout 99, 1507 EK Zaandam
Tel. 075-6 81 90 01
E-mail: servicecentrum@regiocollege.nl
Website: www.regiocollege.nl
BRIN: 25RA

59. CIBAP, vakschool voor verbeelding
Nijverheidstraat 11, 8031 DZ Zwolle
Postbus 868, 8000 AW Zwolle
Tel. 038-4 54 69 44, fax 038-4 54 49 82
E-mail: info@cibap.nl
Website: www.cibap.nl
BRIN: 02PN

60. Deltion College
Mozartlaan 15, 8031 AA Zwolle
Postbus 565, 8000 AN Zwolle
Tel. 038-8 50 30 00, fax 038-8 50 30 01
E-mail: ssc@deltion.nl
Website: www.deltion.nl
BRIN: 25PJ

61. Roc Landstede (vestigingen in Lemelerveld, Nieuwleusen,
Nijkerk, Nunspeet, Olst, Ommen, Putten, Raalte,
Schalkhaar, Staphorst, Steenwijkerland, Wezep, Zeewolde,
Zwartsluis, Zwolle e.a.; zie ook Onderwijsgroep De
Landstede) - **Centraal adres:**
Rechterland 1, 8024 AH Zwolle
Postbus 1, 8000 AA Zwolle
Tel. 0800-0 24 56 66 (gratis)
E-mail: via de website
Website: www.landstede.nl of www.landstedembo.nl

ROCCO's (Regionale OpleidingenCentra, vavo)

1. Roc Horizon College, vavo (vestigingen in Alkmaar,
Heerhugowaard, Hoorn, Purmerend) - **Centraal adres:**
Kruseman van Eltenweg 4, 1817 BC Alkmaar
Postbus 30, 1800 AA Alkmaar
Tel. 072-5 47 66 00, fax 072-5 47 66 13
E-mail: info@horizoncollege.nl
Website: www.horizoncollege.nl
BRIN: 25PT

2. Roc Flevoland, vavo (vestigingen in Almere, Lelystad) -
Centraal adres:
Straat van Florida 1, 1334 PA Almere
Postbus 30131, 1303 AC Almere
Tel. 0900-9 18 (lokaal tar.), fax 036-5 49 59 99
E-mail: informatiecentrum@rocflevoland.nl
Website: www.rocflevoland.nl

**3. gmi*designschool, Grafisch Media Instituut Amsterdam,
vavo**
Transformatorweg 28, A0.03, 1014 AK Amsterdam
Tel. 020-3 46 30 90
E-mail: info@gmi-designschool.nl
Website: www.gmi-designschool.nl

**4. Stichting Elandsstraat Contractonderwijs (SEC),
onderdeel van Roc van Amsterdam, vavo**
Elandsstraat 175, 1016 SB Amsterdam
Tel. 020-5 79 16 60
E-mail: informatiecentrum@rocva.nl
Website: www.rocva.nl/educatie/pages/default.aspx

5. Roc Aventus Bedrijfsopleidingen, vavo (vestigingen in
Apeldoorn, Deventer, Zutphen) - **Centraal adres:**
Laan van de Mensenrechten 500, 7331 VZ Apeldoorn
Tel. 0800-4 44 55 55 (gratis)
E-mail: info@aventus.nl
Website: www.aventus.nl

6. Capabel Onderwijs Groep, vavo (vestigingen in Amsterdam,
Arnhem, Breda, Den Haag, Eindhoven, Groningen, Hengelo,
Leeuwarden, Rotterdam, Utrecht) - **Centraal adres:**
Het Wielsem 10, 5231 BW Den Bosch
Postbus 405, 5201 AK Den Bosch
Tel. 088-2 70 12 70
E-mail: via de website
Website: www.capabel.nl

7. Roc Mondriaan, vavo (vestigingen in Delft, Den Haag,
Leiden, Naaldwijk) - **Centraal adres:**
Leeghwaterplein 72, 2521 DB Den Haag
Tel. 088-6 66 33 00
E-mail: info@rocmondriaan.nl
Website: www.rocmondriaan.nl

8. Roc Kop van Noord-Holland, vavo (vestigingen in
Den Helder, Schagen) - **Centraal adres:**
Sperwerstraat 4, 1781 XC Den Helder
Postbus 250, 1780 AG Den Helder
Tel. 0223-61 12 00
E-mail: info@rockopnh.nl
Website: www.rockopnh.nl

9. Roc West-Brabant, vavo (vestigingen in Bergen op Zoom,
Breda, Etten-Leur, Roosendaal) - **Centraal adres:**
Trivium 74, 4873 LP Etten-Leur
Postbus 699, 4870 AR Etten-Leur
Tel. 076-5 04 80 00, fax 076-5 04 80 10
E-mail: infopunt@rocwb.nl
Website: www.rocwb.nl

10. ID College, vavo (vestigingen in Alphen aan den Rijn,
Gouda, Katwijk, Leiden, Leidschendam, Schoonhoven,
Woerden, Zoetermeer) - **Centraal adres:**
Groen van Prinsterersingel 52, 2805 TE Gouda
Postbus 7229, 2701 AE Zoetermeer
Tel. 088-2 22 17 77, fax 0182-53 91 38
E-mail: info@idcollege.nl
Website: www.idcollege.nl
BRIN: 25LN

11. Roc van Twente, vavo (vestigingen in Almelo, Borne,
Enschede, Goor, Haaksbergen, Hardenberg, Hengelo,
Holten, Nijverdal, Oldenzaal, Rijssen, Vroomshoop) -
Centraal adres:
Gieterij 200, 7553 VZ Hengelo (Ov.)
Postbus 636, 7550 AP Hengelo
Tel. 074-8 52 50 00
E-mail: info@rocvantwente.nl
Website: www.rocvantwente.nl

12. Roc Friese Poort, vavo (vestigingen in Dokkum, Drachten,
Emmeloord, Leeuwarden, Sneek, Urk) - **Centraal adres:**
Badweg 2, 8934 AA Leeuwarden
Postbus 140, 8900 AC Leeuwarden
Tel. 058-2 33 99 66
E-mail: info@rocfriesepoort.nl
Website: www.rocfriesepoort.nl

13. Roc Nijmegen e.o., vavo (vestigingen in Boxmeer,
Nijmegen) - **Centraal adres:**
Campusbaan 6, 6512 BT Nijmegen
Postbus 6560, 6503 GB Nijmegen
Tel. 0900-96 09
E-mail: via de website
Website: www.roc-nijmegen.nl

14. Zoomvliet college, vavo (vestigingen in Bergen op Zoom,
Roosendaal) - **Centraal adres:**
Knipplein 11, 4702 GN Roosendaal
Postbus 3173, 4700 GD Roosendaal
Tel. 0165-59 01 00, fax 0165-59 01 10
E-mail: zoomvliet@rocwb.nl
Website: www.zoomvliet.nl

15. Albeda college, vavo (vestigingen in Barendrecht, Capelle
a/d IJssel, Delft, Gouda, Hellevoetsluis, Maassluis,
Middelharnis, Naaldwijk, Oude Tonge, Poortugaal, Rhoon,
Ridderkerk, Rotterdam, Rozenburg, Schiedam, Spijkenisse,
Vlaardingen) - **Centraal adres:**
Rosestraat 1101-1103, 3071 AL Rotterdam
Postbus 9451, 3007 AL Rotterdam
Tel. 010-2 90 10 10
E-mail: albeda@albeda.nl
Website: www.albeda.nl

**16. HMC (Hout- en MeubileringsCollege),
vavo** (vestigingen in Amsterdam, Rotterdam)
Centraal adres: Erasmuspad 10, 3052 KP Rotterdam
Postbus 12166, 3004 GD Rotterdam
Tel. 010-2 85 55 55, fax 010-2 85 55 50
E-mail: rotterdam@hmcollege.nl
Website: www.hmcollege.nl
BRIN: 02PG

**17. Scheepvaart en Transport College (STC), vavo, onderdeel
van STC-Group** (vestigingen in Brielle, Katwijk, Rotterdam,
Stellendam) - **Centraal adres:**
Lloydstraat 300, 3024 EA Rotterdam
Postbus 63140, 3002 JC Rotterdam
Tel. 010-4 48 60 00
E-mail: info@stc-group,nl
Website: www.stc-group.nl

18. Zadkine, vavo (vestigingen in Rotterdam, Schiedam,
Schoonhoven, Spijkenisse) - **Centraal adres:**
Marten Meesweg 50, 3068 AV Rotterdam
Postbus 84021, 3009 CA Rotterdam
Tel. 010-4 43 35 00/2012800, fax 010-2 01 28 99
E-mail: info-zca@zadkine.nl
Website: www.zadkinecontract.nl

19. Scaldia, vavo (vestigingen in Goes, Hulst, Middelburg,
Terneuzen, Tholen, Vlissingen, Zierikzee) - **Centraal adres:**
Vlietstraat 11a, 4535 HA Terneuzen
Postbus 102, 4530 AC Terneuzen
Tel. 0115-64 16 00, fax 0115-61 21 51
E-mail: info@scalda.nl
Website: www.scalda.nl
BRIN: 25PV

20. Roc Tilburg, vavo
Stappegoorweg 183, 5022 DD Tilburg
Postbus 1330, 5004 BH Tilburg
Tel. 013-5 39 70 90
E-mail: infopunt@roctilburg.nl
Website: www.roctilburg.nl

21. GLU (Grafisch Lyceum Utrecht), vavo
Vondellaan 178, 3521 GH Utrecht
Postbus 5066, 3502 JB Utrecht
Tel. 030-2 80 70 77, fax 030-2 80 70 71
E-mail: info@glu.nl
Website: www.glu.nl

22. Roc Midden Nederland, vavo (vestigingen in Amersfoort,
Nieuwegein, Utrecht, Zeist) - **Centraal adres:**
Brandenburchdreef 20, 3562 CS Utrecht
Postbus 3065, 3502 GB Utrecht
Tel. 0900-4 00 30 02
E-mail: info@rocmn.nl
Website: www.rocmn.nl

23. Regio College, vavo (vestigingen in Edam, Heerhugowaard, Purmerend, Zaandam) - **Centraal adres:**
Cypressehout 99, 1507 EK Zaandam
Tel. 075-6 81 90 00
E-mail: servicecentrum@regiocollege.nl
Website: www.regiocollege.nl

24. CIBAP, vakschool voor de verbeelding, **vavo**
Nijverheidstraat 11, 8031 DZ Zwolle
Postbus 868, 8000 AW Zwolle
Tel. 038-4 54 69 44, fax 038-4 54 49 82
E-mail: info@cibap.nl
Website: www.cibap.nl
BRIN: 02PN

25. Deltion College, vavo
Mozartlaan 15, 8031 AA Zwolle
Postbus 565, 8000 AN Zwolle
Tel. 038-8 50 30 00, fax 038-8 50 30 01
E-mail: ssc@deltion.nl
Website: www.deltion.nl

26. Landstede, vavo (vestigingen in Bathmen, Dalfsen, Diepenveen, Dronten, Elburg, Ermelo, Harderwijk, Hasselt, Heino, Hoonhorst, IJsselmuiden, Kampen, Lelystad, Lemele, Lemelerveld, Nieuwleusen, Nijkerk, Nunspeet, Olst, Ommen, Putten, e.a - **Centraal adres:**
Rechterland 1, 8024 AH Zwolle
Postbus 1, 8000 AA Zwolle
Tel. 0800-0 24 56 66 (gratis)
E-mail: info@landstede.nl
Website: www.landstede.nl of www.landstedembo.nl
BRIN: 01AA

DIEN's (DIENstverlenende instellingen voor het onderwijs)

1. Stichting Uitwisseling
Voltastraat 1, 1817 DD Alkmaar
Postbus 9225, 1800 GE Alkmaar
Tel. 072-5 89 61 44, fax 072-5 14 76 60
E-mail: info@uitwisseling.nl
Website: www.susp.nl

2. Nederlandse Associatie voor Examinering
Hardwareweg 7a, 3821 BL Amersfoort
Postbus 642, 3800 AP Amersfoort
Tel. 033-4 61 21 59, fax 033-4 65 24 56
E-mail: klantenservice@associatie.nl
Website: www.associatie.nl

3. Foreign Student Service (FSS)
Oranje Nassaulaan 5, 1075 AH Amsterdam
Tel. 020-6 71 59 15
E-mail: info@foreignstudents.nl
Website: www.foreignstudents.nl

4. Fulbright Centre
Westerdoksdijk 215, 1013 AD Amsterdam
Tel. 020-5 31 59 30
E-mail: info@fulbright.nl
Website: www.fulbright.nl

5. CBR, divisie CCV
IJzertijdstraat 13, 9531 RA Borger
Tel. 0900-02 21 11 00
E-mail: via de website
Website: www.cbr.nl

6. Landelijke Vereniging van StudiebegeleidingsInstituten (LVSI)
Secretariaat LVSI, Koornmarkt 25, 2611 EB Delft
Tel. 030-7 11 09 59
E-mail: info@lvsi.nl
Website: www.lvsi.nl

7. Handicap + studie
Stationsplein 14, 5211 AP Den Bosch
Postbus 1585, 5200 BP Den Bosch
Tel. 073-6 80 07 83, fax 030-2 75 33 09
E-mail: algemeen@handicap-studie.nl
Website: www.handicap-studie.nl

8. KPC Groep
Kooikersweg 2, 5223 KA Den Bosch
Postbus 482, 5201 AL Den Bosch
Tel. 073-6 24 72 47, fax 073-6 24 72 94
E-mail: via de website
Website: www.kpcgroep.nl

9. Vereniging van Opleidingsinstituten voor ICT (VOI)
Postbus 2096, 5202 CB Den Bosch
Tel. 073-6 27 41 54, fax 073-6 27 41 10
E-mail: info@voi.nl
Website: www.voi.nl

10. Bureau Architectenregister (BA)
Nassauplein 24, 2585 EC Den Haag
Postbus 85500, 2508 CE Den Haag
Tel. 070-3 46 70 20
E-mail: via de website
Website: www.architectenregister.nl

11. CNV Publieke Zaak
Carnegielaan 1, 2517 KH Den Haag
Postbus 84500, 2508 AM Den Haag
Tel. 030-7 51 10 48, fax 070-4 16 06 90
E-mail: via de website
Website: www.mijnvakbond.nl

12. Ministerie van OCW
Rijnstraat 50, 2515 XP Den Haag
Postbus 16375, 2500 BJ Den Haag
Tel. 070-4 12 34 56, fax 070-4 12 34 50
E-mail: via de website
Website: www.rijksoverheid.nl/themas/onderwijs-en-wetenschap

13. Nuffic
Kortenaerkade 11, 2518 AX Den Haag
Postbus 29777, 2502 LT Den Haag
Tel. 070-4 26 02 60, fax 070-4 26 03 99
E-mail: via de website
Website: www.nuffic.nl

14. SNV
Dr. Kuyperstraat 5, 2514 BA Den Haag
Tel. 070-3 44 02 44, fax 070-3 85 55 31
E-mail: via de website
Website: www.snvworld.org

15. Vereniging Hogescholen (v/h HBO-raad)
Prinsessegracht 21, 2514 AP Den Haag
Postbus 123, 2501 CC Den Haag
Tel. 070-3 12 21 21, fax 070-3 12 21 00
E-mail: via de website
Website: www.vereniginghogescholen.nl

16. VSNU (Vereniging van universiteiten)
Lange Houtstraat 2, 2511 CW Den Haag
Postbus 13739, 2501 ES Den Haag
Tel. 070-3 02 14 00
E-mail: post@vsnu.nl
Website: www.vsnu.nl

17. Stichting Youth for Christ Nederland
Hoofdstraat 260, 3972 LL Driebergen
Postbus 73, 3970 AB Driebergen
Tel. 0343-51 57 44
E-mail: info@yfc.nl
Website: www.yfc.nl

18. CVITES (vestigingen in Assen, Emmen, Groningen, Hengelo, Hoogeveen) - Centraal adres:
Ermerweg 88, 7812 BG Emmen
Postbus 2176, 7801 CD Emmen
Tel. 0591-65 29 70
E-mail: info@cvites.nl
Website: www.cvites.nl

19. Activity International
Brammelerstraat 15, 7511 JG Enschede
Postbus 694, 7500 AR Enschede
Tel. 053-4 83 10 40, fax 053-4 83 10 49
E-mail: info@activityinternational.nl
Website: www.aupair.nl

20. Dienst Uitvoering Onderwijs (DUO), diploma-erkenning en legalisatie (servicekantoren in Amsterdam, Arnhem, Den Haag, Eindhoven, Enschede, Groningen, Leeuwarden, Nijmegen, Rotterdam, Sittard, Utrecht, Zwolle) - Centraal adres:
Kempkensberg 12, 9722 TB Groningen
Postbus 30157, 9700 LJ Groningen
Tel. 050-5 99 77 55
Website: www.ocwduo.nl

21. Nationaal Europass Centrum
Kempkensberg 12, 9722 TB Groningen
Tel. 050-5 99 91 61
E-mail: info@europass.nl
Website: www.europass.nl

22. Rbo Groningen
Damsport 1, 9728 PP Groningen
Postbus 351, 9700 AJ Groningen
Tel. 050-5 26 29 00, fax 050-5 25 97 77
E-mail: info@rbo.nl
Website: www.rbo.nl

23. Cidesco, sektie Nederland, internationale schoonheidsverzorging, branchevereniging
Draagmuur 70, 3991 EP Houten
E-mail: info@cidesco.nl
Website: www.cidesco.nl

24. Nederlandse Raad voor Training en Opleiding (NRTO) (v/h VETRON)
Papiermolen 34, 3994 DK Houten
Tel. 030-2 67 37 78
E-mail: via de website
Website: www.ntro.nl

25. CES (Center for European Studies) (UM)
Minderbroedersberg 4-6, 6211 LK Maastricht
Postbus 616, 6200 MD Maastricht
Tel. 043-3 88 22 22
E-mail: study@maastrichtuniversity.nl
Website: www.maastrichtuniversity.nl
BRIN: 21PJ

26. Stichting Vakexamens Makelaardij (SVMNIVO)
Villawal 11, 3432 NX Nieuwegein
Tel. 030-6 02 30 60, fax 030-6 03 70 32
Website: www.svmnivo.nl

27. NOLOC, vereniging voor loopbaanprofessionals/ Vereniging van Beroepskeuze-Adviseurs (VBA)
Ambachtstraat 15, 3861 RH Nijkerk
Postbus 1058, 3860 BB Nijkerk
Tel. 033-2 47 34 75, fax 033-2 46 04 70
E-mail: via de website
Website: www.noloc.nl

28. Vereniging van Leraren In Stenografie, Machineschrijven, Administratief en Handelsonderwijs (VLISMAH)
Hoefblad 2, 7443 GR Nijverdal
Tel. 0548-61 04 62
E-mail: info@vlismah.nl
Website: www.vlismah.nl

29. CPION (Centrum Post Initieel Onderwijs Nederland)
K.P.van der Mandelelaan 41A, 3062 MB Rotterdam
Postbus 701, 3000 AS Rotterdam
Tel. 010-2 01 42 99
E-mail: info@cpion.nl
Website: www.cpion.nl

30. Stichting Bureau voor Certificering en Examinering (BCE)
Stationsplein 45, Groothandelsgb ingang A 6e etage,
3013 AK Rotterdam
Postbus 29226, 3001 GE Rotterdam
Tel. 010-4 13 33 75
E-mail: bce@praktijkexamens.nl
Website: www.praktijkexamens.nl

31. Stichting Examens in Toegepaste Informatica (ETI)
Stationsplein 45, Groothandelsgb ingang A 6e etage,
3013 AP Rotterdam
Postbus 29226, 3001 GE Rotterdam
Tel. 010-4 13 33 75
E-mail: eti@praktijkexamens.nl
Website: www.praktijkexamens.nl

32. Student Travel Schools (STS)
Postbus 26, 2690 AA 's-Gravenzande
Tel. 0174-44 30 78
E-mail: highschool.netherlands@sts.se
Website: www.sts-education.com/netherlands/

33. College Zorg Opleidingen (CZO)
Oudlaan 4, 3515 GA Utrecht
Postbus 9696, 3506 GR Utrecht
Tel. 030-2 73 92 08
E-mail: info@czo.nl
Website: www.czo.nl

34. JOP (Protestantse Kerk in Nederland)
Joseph Haydnlaan 2a, 3533 AE Utrecht
Postbus 8504, 3503 RM Utrecht
Tel. 030-8 80 14 38
E-mail: info@jop.nl
Website: www.jop.nl

35. Nederlands Centrum Buitenlanders (NCB) (vestigingen in
    Amsterdam, Den Haag, Rotterdam, Tilburg, Utrecht) -
    Centraal adres:
Kaatstraat 69, 3513 BW Utrecht
Postbus 638, 3500 AP Utrecht
Tel. 088-8 77 00 00
E-mail: info@ncbnet.nl
Website: www.ncbnet.nl

36. Nieuwe Unie '91, beroepsorganisatie van verpleging
    en verzorging
Bernadottelaan 11, 3527 GA Utrecht
Postbus 6001, 3503 PA Utrecht
Tel. 030-2 96 41 44, fax 030-2 96 39 04
E-mail: nu91@nu91.nl
Website: www.nu91.nl

37. UAF: Studie en werk voor hoger opgeleide vluchtelingen
Wilhelminapark 38, 3581 NJ Utrecht
Postbus 14300, 3508 SK Utrecht
Tel. 030-2 52 08 35, fax 030-2 52 18 99
E-mail: info@uaf.nl
Website: www.uaf.nl

38. Verpleegkundigen & Verzorgenden Nederland (V&VN)
Churchilllaan 11, 3527 GV Utrecht
Postbus 8212, 3503 RE Utrecht
Tel. 030-2 91 90 50
E-mail: info@venvn.nl
Website: www.venvn.nl

39. Travel Active
Maasheseweg 79a, 5804 AB Venray
Postbus 107, 5800 AC Venray
Tel. 0478-55 19 00
E-mail: info@travelactive.nl
Website: www.travelactive.nl

40. AFS Interculturele uitwisselingen
Herenweg 115 C, 3645 DJ Vinkeveen
Postbus 59, 3645 ZK Vinkeveen
Tel. 0297-21 40 76, fax 0297-21 33 89
E-mail: info@afs.nl
Website: www.afs.nl

41. YFU International Exchange
Herenweg 115A, 3645 DJ Vinkeveen
Postbus 25, 3645 ZJ Vinkeveen
Tel. 0297-26 48 50
E-mail: info@yfu.nl
Website: www.yfu.nl

42. SBB (stichting Samenwerking Beroepsonderwijs
    Bedrijfsleven) (v/h Colo)
Boris Pasternaklaan 4, 2719 DA Zoetermeer
Postbus 7259, 2701 AG Zoetermeer
Tel. 079-3 29 40 00, fax 079-3 51 54 78
E-mail: via de website
Website: www.s-bb.nl

43. Stichting Logistieke examens, onderdeel van vLm
Signaalrood 60, 2718 SG Zoetermeer
Tel. 079 - 33 00 250, fax 079 - 33 00 259
E-mail: info@vlm.nl
Website: www.vlm.nl

44. Aob Compaz (centraal bureau in Zwolle)
Obrechtstraat 28, 8031 AZ Zwolle
Postbus 525, 8000 AM Zwolle
Tel. 088-2 70 12 30
E-mail: info@aob-compaz.nl
Website: www.aobcompaz.nl

BKA's (BeroepsKeuze-Adviseurs)

1. Psychologenpraktijk Van Kempen, lid NIP
Hiemerwaard 148, 1824 ST Alkmaar
Tel. 072-5 61 83 00, fax 072-5 61 83 00
E-mail: jam.v.kempen@planet.nl

2. Solide loopbaandvies
Bergerweg 57, 1816 BN Alkmaar
Tel. 06-51 30 46 51
E-mail: info@solideloopbaanadvies.nl
Website: www.solideloopbaanadvies.nl

3. CHOICE Loopbaanadviseurs
Regentesselaan 24F, 3818 HJ Amersfoort
Tel. 033-4 63 24 43
E-mail: info@choice-loopbaanadvies.nl
Website: www.choice-loopbaanadvies.nl

4. B&A Human Resources Groep
Biesbosch 225, Rembrandtgebouw, 5e etage, 1181 JC Amstelveen
Postbus 2122, 1180 EC Amstelveen
Tel. 020-5 03 40 40
E-mail: info@benagroep.nl
Website: www.benagroep.nl

5. Marianne Geersing
Startbaan 8, 1185 BR Amstelveen
Postadres: Ouderkerkerlaan 94, 1185 AG Amstelveen
Tel. 06-24 25 89 31
E-mail: info@mariannegeersing.nl
Website: www.mariannegeersing.nl

6. AVOP
Overschiestraat 59A, 1062 XD Amsterdam
Tel. 020-6 15 54 56, fax 020-6 14 10 89
E-mail: info@avop.nl
Website: www.avop.nl

7. ERGOSELECT, Drs. E. van der Oord, psycholoog NIP
    (vestiging in Amsterdam)
Hoofdweg 54, 1058 BD Amsterdam
Tel. 020-4 89 00 54
E-mail: ergoselect@gmail.com
Website: www.ergoselect.nl

8. Ver>olgens.nu, Testplatform voor studie en beroep
Ditlaarstaete, Ditlaar 7, 1066 EE Amsterdam
Tel. 06-100704371/49148268
E-mail: info@vervolgens.nu
Website: www.vervolgens.nu

9. Verbeau
Van der Boechorststraat 108, 1081 BX Amsterdam
Tel. 06-23 81 66 60
E-mail: arne@verbeau.nl
Website: www.verbeau.nl

10. Waterink Instituut
Eerste Weteringdwarsstraat 2 B, 1017 TN Amsterdam
Tel. 020-6 73 90 60
Website: www.waterinkinstituut.nl

11. Gertie Boleij Studiekeuzeadvies
Allegrolaan 9, 6842 DD Arnhem
Tel. 06-23 83 98 22
E-mail: contact@gbstudiekeuze.nl
Website: www.gbstudiekeuze.nl

12. De gewenste richting op
Ide Klaas Minlaan 9, 1862 GD Bergen
Tel. 072-5 89 92 87
E-mail: anjasmit@degewensterichtingop.nl
Website: www.degewensterichtingop.nl en anjasmit.nl

13. Loopbaanregie
Overboslaan 55, 3722 BK Bilthoven
Tel. 06-30 57 89 78
E-mail: via de website
Website: www.loopbaanregie.nl

14. Agathon, Centraal adres: Drs. N.J.M. Vendel
Johan Verhulstweg 14, 2061 LK Bloemendaal
Tel. 010-519 21 34/06-24707271
E-mail: info@agathon.nl
Website: www.agathon.nl

15. Dangez Consultancy
Beatrixstraat 18, 2974 BA Brandwijk
Tel. 0184-64 18 55
E-mail: info@dangez-consultancy.nl
Website: www.dangez-consultancy.nl

16. Cramers Coaching & Counseling
Poptahof Noord 82, 2624 RA Delft
Tel. 06-24 21 31 33
E-mail: cramers.henny@hmail.com
Website: www.linkedin.com/in/hennycramers.nl

17. Coach Caro
Buitenpepersdreef 230, 5231 HL Den Bosch
Tel. 06-52 63 36 81
E-mail: info@coachcaro.nl
Website: www.coachcaro.nl

18. FÊLATIM
Schuitenweg 56, 2586 AH Den Haag
Tel. 06-44 94 20 80
E-mail: info@filatim.nl
Website: www.filatim.nl

19. 2eXplore (vestigingen in Deventer en Naarden-Bussum) -
    Centraal adres:
Achter de Muren Duimpoort 52, 7411 CE Deventer
Tel. 06-55 12 89 59
E-mail: info@2explore.nl
Website: www.2explore.nl

20. Right Management
Diemerhof 10-12, 1112 XN Diemen
Postbus 12042, 1100 AA Amsterdam
Tel. 020-5 84 00 00
E-mail: info@rightnederland.nl
Website: www.rightmanagement.nl

21. Videre coaching
Gen. J.P. Gauthierlaan 22, 9103 NM Dokkum
Tel. 0519-70 19 62/06-23672496
E-mail: info@videre-coaching.nl
Website: www.videre-coaching.nl

22. Opnieuw Kiezen
Wilhelminaplein 19, 5104 HB Dongen
Tel. 06-46 61 38 08
E-mail: info@opnieuwkiezen.nl
Website: www.opnieuwkiezen.nl

23. Loopbaan Centrum Nederland (vestigingen in Breda,
    Den Bosch, Eindhoven, en Tilburg) - Centraal adres:
Fellenoord 130, 5611 ZB Eindhoven
Postbus 2164, 5600 CD Eindhoven
Tel. 040-2 45 55 59
E-mail: info@loopbaancentrum.nl
Website: www.loopbaancentrum.nl

24. Conny Boersma coach-trainer
Appeldijk 13, 4201 AE Gorinchem
Tel. 06-25 57 00 27
E-mail: via de website
Website: www.connyboersma.nl

25. Wajt (Werken aan jouw toekomst)
Turfsingel 68b, 9711 VW Groningen
Tel. 06-49 35 74 25
E-mail: info@wajt.nl
Website: www.wajt.nl

26. Ellen Woudenberg Loopbaanadvies
Oudeweg 8, 2031 CC Haarlem
Vincent van Goghlaan 107, 2023 TR Haarlem
Tel. 023-5 39 31 22
E-mail: info@ew-loopbaanadvies.nl
Website: www.ew-loopbaanadvies.nl

27. Psychologisch Adviesbureau Ter Haar & Lamme
Kleine Houtstraat 70, 2011 DR Haarlem
Postbus 5228, 2000 GE Haarlem
Tel. 023-5 34 49 99, fax 023-5 34 12 04
E-mail: terhaarenlamme@kpnmail.nl
Website: www.terhaarenlamme.nl

28. Helder-Loopbaanadvies
Zuid Esweg 83, 7447 HH Hellendoorn
Tel. 06-26 87 37 57
E-mail: info@helder-loopbaanadvies.nl
Website: www.helder-loopbaanadvies.nl

29. Jouw Eigen Koers
Lindt 1, 5708 ZV Helmond
Tel. 06-29 06 88 83
E-mail: info@jouweigenkoers.nl
Website: www.jouweigenkoers.nl

30. Ik kies een studie die mij past
De Wilmskamp 8, 7552 GC Hengelo
Tel. 06-53 74 40 82/0742670627
E-mail: christien@ikkieseenstudiediemijpast.nl
Website: www.ikkieseenstudiediemijpast.nl

31. Psychologenpraktijk Gerie Hermans
Ruitersweg 49 B, 1211 KT Hilversum
Tel. 035-6 21 07 45
E-mail: geriehermans@planet.nl
Website: www.psychologenpraktijk.wordpress.com

32. Van Nies en van Nies/Marloes van Nies, studiekeuzecoach
Hemelrijk 19, 5961 LT Horst
Tel. 06-43 76 72 13
E-mail: marloes@vanniesenvannies.nl
Website: www.vanniesenvannies.nl

33. Stam Consult, psychologisch adviesbureau voor loopbaanbegeleiding en coaching (vestigingen in Alkmaar, Amsterdam, Monnickendam en Avenhorn) - Centraal adres:
Jaagweg 1, 1145 PT Katwoude
Tel. 0299-65 51 54/06-22602846
E-mail: stam-consult@planet.nl
Website: www.stam-consult.nl

34. VIS à VIS, studie- en beroepskeuzeadviezen/- loopbaanbegeleiding, Mevr. H. Visser
De Lits 26, 8939 BX Leeuwarden
Tel. 058-2 88 94 54
E-mail: info@vis-a-vis.nl
Website: www.vis-a-vis.nl

35. Erik Deen Outplacement
Morsweg 110A, 2332 EP Leiden
Tel. 071-5 13 63 66
E-mail: erikdeen@erikdeencoaching.nl
Website: www.erikdeencoaching.nl

36. Bite Coaching
Rietgors 3, 3641 ZA Mijdrecht
Tel. 06-24 61 53 80/0297750757
E-mail: info@bitecoaching.nl
Website: www.bitecoaching.nl

37. Itsmylife loopbaanadvies
Stepke 21, 6031 GH Nederweert
Tel. 06-48 46 21 90
E-mail: via de website
Website: www.itsmylife-loopbaanadviseur.nl

38. Heldere Keuze
Bovenmonde 17, 3434 GS Nieuwegein
Tel. 06-49 62 60 00/0306064538
E-mail: via de website
Website: www.helderekeuze.nl

39. Menea
Archimedesbaan 18 K, 3439 ME Nieuwegein
Tel. 030-6 02 00 00
E-mail: info@menea.nl
Website: www.menea.nl

40. Artemis
Oranjesingel 24, 6511 NV Nijmegen
Tel. 024-3 23 75 03, fax 024-3 23 75 03
E-mail: info@artemisloopbaan.nl
Website: www.artemisloopbaan.nl

41. Brinkman Coaching
De Ruyterstraat 65, 6512 GB Nijmegen
Postbus 31060, 6503 CB Nijmegen
Tel. 024-373 96 38/06-42097820
E-mail: info@brinkman-coaching.com
Website: www.brinkman-coaching.com

42. Studiekeuze Roermond
Kerkstraat 10, 6042 LL Roermond/Asenray
Tel. 06-21 96 50 56
E-mail: janine@studiekeuzeroermond.nl
Website: www.studiekeuzeroermond.nl

43. BVS Beroeps- en studiekeuze, Mw. B. Schutrups
Polanenstraat 34a, 3062 KE Rotterdam
Tel. 010-4 33 37 72/0613231475
E-mail: bvs@bvs-advies.nl
Website: www.bvs-advies.nl

44. Tacoma Coaching, Drs. Joke Tacoma
Hoge Filterweg 180, 3063 KC Rotterdam
Tel. 010-4 52 19 23
E-mail: info@tacomacoaching.nl
Website: www.tacomacoaching.nl

45. Studiekeuze- en loopbaancoaching
Theerestraat 15, 5271 GB Sint-Michielsgestel
Tel. 06-20 11 38 27
E-mail: info@ellienwelch.nl
Website: www.ellienwelch.nl

46. Profiel-ASL
Kloosterplein 1, 6131 EP Sittard
Tel. 046-4 58 37 75, fax 046-4 58 39 48
E-mail: via de website
Website: www.profiel-asl.nl

47. Psychologisch test- en adviesburo Van Dijk
Tukseweg 62, 8331 LD Steenwijk
Tel. 0521-51 45 46
E-mail: via de website
Website: www.ptavandijk.nl

48. Adviesbureau Kompas, Mw. J.A.M. van de Kerkhof
Oliemolenwal 85, 4001 AW Tiel
Tel. 0344-61 71 47
E-mail: kompas.tiel@planet..nl
Website: www.adviesbureaukompas.nl

49. Brigitte Bruens Studiekeuzecoach
Wilingen 5, 5032 TL Tilburg
Tel. 06-20 64 53 30
E-mail: info@bestestudiekeuze.nl
Website: www.bestestudiekeuze.nl

50. Kock & Van Dijk, adviseurs bij studie, beroep en loopbaan
Hart van Brabantlaan 12-14 (Regus centre), 5038 JL Tilburg
Tel. 013-5 44 56 84
E-mail: info@kockenvandijk.nl
Website: www.kockenvandijk.nl

51. ABS, Adviesbureau voor Beroeps- en Studiekeuze en loopbaanbegeleiding, Drs. J. de Jonge
Regentesselaan 2, 3571 CE Utrecht
Tel. 030-2 71 30 55
E-mail: janny@absberoepskeuze.nl
Website: www.absberoepskeuze.nl

52. ELIGO Leren Kiezen
Nieuwegracht 25, 3512 LC Utrecht
Postadres: Veenzoom 6, 3766 ME Soest
Tel. 06-20 53 33 47
E-mail: info@lerenkiezen.nl
Website: www.lerenkiezen.nl

53. ERGOSELECT, Drs. E. van der Oord, psycholoog NIP
(vestiging in Utrecht)
Absteerdijk 45, 3582 BB Utrecht
Tel. 030-2 54 06 02
E-mail: ergoselect@gmail.com
Website: www.ergoselect.nl

54. ERGOSELECT, Drs. E. van der Oord, psycholoog NIP
(vestiging in Vaals)
Bergweide 125, 6291 BW Vaals
Tel. 043-3 06 11 18
E-mail: ergoselect@gmail.com
Website: www.ergoselect.nl

55. EnerVie, Mw. J.F.G. Kuijer
Waterstraat 17, 8172 ED Vaassen
Tel. 06-16 05 28 72
E-mail: info@enervie.nl
Website: www.enervie.nl

56. Loopbaanadviesbureau Limburg
Begijnengang 4, 5911 JL Venlo
Tel. 077-3 54 61 11
E-mail: info@loopbaanlimburg.nl
Website: www.loopbaanlimburg.nl

57. Werk & Vitaliteit
Het Kerkehout 27, 2245 XM Wassenaar
Tel. 070 -5 14 18 64
E-mail: info@wv-loopbaancoaching.nl
Website: www.wv-loopbaancoaching.nl/

58. Derksen Loopbaancoaching
Nieuwstad 60, 1381 CD Weesp
Tel. 06-42 79 73 29
E-mail: info@derksenloopbaancoaching.nl
Website: www.derksenloopbaancoaching.nl

59. Kracht Loopbaancoaching
Westzijde 78, 1506 EG Zaandam
Postadres: Saenredamstraat 45, 1506 JR Zaandam
Tel. 075-6 12 58 11/0616148450
E-mail: info@krachtloopbaancoaching.nl
Website: www.krachtloopbaancoaching.nl

60. Van der Enden Training & Advies
Nijenheim 22-48, 3704 AR Zeist
Tel. 030-6 91 33 73
E-mail: info@vanderenden.nl
Website: www.vanderenden.nl

61. MeijerConsult Loopbaanadvies
Brink 10a, 8021 AP Zwolle
Postadres: Nieuwe Deventerweg 50, 8014 AH Zwolle
Tel. 038-4 60 65 62
E-mail: info@mc-loopbaanadvies.nl
Website: www.mc-loopbaanadvies.nl

62. OONK Psychologie, Drs. F.J.H.L. Oonk, psycholoog-NIP
Burgemeester van Royensingel 17, 8011 CT Zwolle
Tel. 038-422 00 10/06-53485279, fax 038-4 22 00 35
E-mail: advies@oonk.nu
Website: www.oonk.nu

63. Richtingwijzer Advies
Bentinckmarke 29, 8016 AM Zwolle
Tel. 038-4 60 58 73/0628645495
E-mail: info@richtingwijzeradvies.nl
Website: www.richtingwijzeradvies.nl

OVER's (overige adressen)

1. Boerhave Training & Advies
Elvis Presleystraat 47, 1311 HM Almere
Tel. 036-5 36 65 07/0645945187
E-mail: via de website
Website: www.boerhave.nl

2. International School Almere
Heliumweg 61, 1362 JA Almere
Tel. 036-7 60 07 50
E-mail: info@internationalschoolalmere.nl
Website: www.internationalschoolalmere.nl

3. IVIO Opleidingen (onderdeel van KMM Groep)
Bolderweg 2, 1332 AT Almere
Postbus 1449, 1300 BK Almere
Tel. 0320-22 99 00, fax 0320-22 99 99
E-mail: via de website
Website: www.ivio-opleidingen/Opleidingen

4. Jip & Jan academie
Operetteweg 92, 1323 VC Almere
Tel. 036-5 46 55 22
E-mail: via de website
Website: www.jipenjanacademie.nl

5. NVRA (Nederlandse Vereniging van Rechtskundige Adviseurs)
Postbus 1516, 1300 BM Almere
Tel. 036-5 45 23 91, fax 035-5 37 64 06
E-mail: secretariaat@nvra.nl
Website: www.nvra.nl

6. Centrum Hout
Westeinde 8, 1334 BK Almere-Buiten
Postbus 1380, 1300 BJ Almere
Tel. 036-5 32 98 21, fax 036-5 32 95 71
E-mail: info@centrum-hout.nl
Website: www.centrum-hout.nl

7. Studiecentrum Minerva
Operetteweg 33, 1323 VK Almere-Stad
Tel. 036-5 29 85 55, fax 036-5 29 86 55
E-mail: info@studiecentrumminerva.nl
Website: www.minerva-bv.nl

8. IMK opleidingen
Henri Dunantweg 28, 2402 NR Alphen aan den Rijn
Postbus 2002, 2400 CA Alphen aan den Rijn
Tel. 0172-42 34 56, fax 0172-42 34 55
E-mail: studieadvies@IMKopleidingen.nl
Website: www.IMKopleidingen.nl

9. ATMA, Nederlands instituut voor life coaching
Zuidsingel 1, 3811 HA Amersfoort
Tel. 033-4 65 32 77
E-mail: info@atma.nl
Website: www.atma.nl

10. Evangelische HS Amersfoort
Drentsestraat 1, 3812 EH Amersfoort
Postbus 957, 3800 AZ Amersfoort
Tel. 033-4 60 40 00, fax 033-4 60 40 09
E-mail: info@eh.nl
Website: www.eh.nl
BRIN: 01EH

11. Mediation Trainingsinstituut (MTi)
Koningin Wilhelminalaan 21, 3818 HN Amersfoort
Postbus 1496, 3800 BL Amersfoort
Tel. 033-4 22 82 85
E-mail: via de website
Website: www.mediation.nl

12. School voor Homeopathie
Daam Fockemalaan 12, 3818 KG Amersfoort
Postbus 298, 3760 AG Soest
Tel. 035-6 56 08 85
E-mail: secretariaat@schoolvoorhomeopathie.nl
Website: www.schoolvoorhomeopathie.nl

13. Stichting Opleidingen Musculoskeletale Therapie (SOMT)
Softwareweg 5, 3821 BN Amersfoort
Postbus 585, 3800 AN Amersfoort
Tel. 033-4 56 07 37
E-mail: info@somt.nl
Website: www.somt.nl

14. Studiecentrum Amersfoort
Arnhemseweg 6, 3817 CH Amersfoort
Tel. 033-4 72 22 38
E-mail: info@studiecentrum-amersfoort.nl
Website: www.studiecentrum-amersfoort.nl

15. Van der Hilst communicatie
Softwareweg 2, 3821 BP Amersfoort
Postbus 1242, 3800 BE Amersfoort
Tel. 033-4 50 50 00, fax 033-4 56 15 55
E-mail: info@hilst.nl
Website: www.hilst.nl

16. International School of Amsterdam
Sportlaan 45, 1185 TB Amstelveen
Tel. 020-3 47 11 11, fax 020-3 47 12 22
E-mail: info@isa.nl
Website: www.isa.nl

17. Nederlands Instituut voor Marketing (NIMA)
Asserring 188, 1187 KL Amstelveen
Postbus 9072, 1180 MB Amstelveen
Tel. 020-5 03 93 00, fax 020-5 03 93 92
E-mail: info@nima.nl
Website: www.nima.nl

18. Nederlandse vereniging van bioscoopexploitanten
Krijn Taconiskade 420, 1087 HW Amstelveen
Postbus 92098, 1090 AB Amsterdam
Tel. 020-4 26 61 00
E-mail: info@nvbbureau.nl
Website: www.nvbinfocentrum.nl

19. Stivako opleidingen (STIchting VAKOnderwijs KVGO)
Startbaan 10, 1185 XR Amstelveen
Postbus 220, 1180 AE Amstelveen
Tel. 020-5 43 56 70, fax 020-5 43 55 73
E-mail: info@stivako.nl
Website: www.stivako.nl

20. Academie Artemis, HS voor Styling en Vormgeving
(vestiging in Amsterdam)
Prinsengracht 400, 1016 JB Amsterdam
Tel. 020-6 89 51 00
E-mail: info@academieartemis.nl
Website: www.artemisacademie.nl

21. Academie Louman
Motorwal 290, 1021 PH Amsterdam
Tel. 020-6 32 37 40, fax 020-6 34 21 44
E-mail: info@academie-louman.nl
Website: www.academie-louman.nl

22. Akademie Vogue
Rozengracht 133-I, 1016 LV Amsterdam
Tel. 020-6 83 28 93
E-mail: info@akademievogue.nl
Website: www.akademievogue.nl

23. Akademie voor massage en beweging
Haarlemmer Houttuinen 23 A, 1013 GL Amsterdam
Tel. 020-3 30 85 72
E-mail: info@akademie.nl
Website: www.akademie.nl

24. Amsterdam International Community School (AICS)
Prinses Irenestraat 59-60, 1077 WV Amsterdam
Tel. 020-5 77 12 40, fax 020-5 77 12 49
E-mail: info@aics.espritscholen.nl
Website: www.aics.espritscholen.nl

25. Amsterdams ADR Instituut
Oudemanhuispoort 4, 1012 CN Amsterdam
Postbus 1030, 1000 BA Amsterdam
Tel. 020-5 25 37 49
E-mail: adr-fdr@uva.nl
Website: www.adrinstituut.nl

26. Amsterdamse School voor IOKAI Shiatsu
1e Jacob van Campenstraat 40, 1072 BG Amsterdam
Tel. 020-8 20 87 29
E-mail: info@iokai.nl
Website: www.iokai.nl

27. Amsterdamse Stichting tot Opleiding van
Praktijk-assistenten (ASOP)
Donker Curtiusstraat 7, unit 200, 1051 JL Amsterdam
Tel. 020-6 84 68 86, fax 084-7 50 26 27
E-mail: nams@xs4all.nl
Website: www.medischsecretaresse.nl

28. Annexe van het Lycée français 'Vincent van Gogh'
(vestigingen in Amsterdam, Den Haag) - Centraal adres:
Rustenburgerstraat 246, 1073 GK Amsterdam
Tel. 020-6 44 65 07, fax 020-6 79 53 87
E-mail: via de website
Website: www.lyceevangogh.nl

29. British Language Training Centre
N.Z. Voorburgwal 328 E, 1012 RW Amsterdam
Tel. 020-6 22 36 34, fax 020-6 26 49 62
E-mail: bltc@bltc.nl
Website: www.bltc.nl

30. British School of Amsterdam
Anthonie van Dijckstraat 1A, 1077 ME Amsterdam
Tel. 020-6 79 78 40
E-mail: info@britams.nl
Website: www.britams.nl

31. Cam (Academie voor Natuurgeneeskunde)
Herengracht 440, 1017 BZ Amsterdam
Tel. 030-2 92 64 52, fax 030-2 93 30 52
E-mail: info@opleidingcam.nl
Website: www.opleidingcam.nl

32. College voor Osteopathische Geneeskunde Sutherland
Nederland
Hugo de Grootkade 30-38, 1052 LT Amsterdam
Tel. 020-6 82 35 15
E-mail: info@college-sutherland.nl
Website: www.college-sutherland.nl

33. CVA Informatica Opleidingen
Zekeringstraat 23, 1014 BM Amsterdam
Tel. 020-5 81 77 66, fax 020-5 81 77 67
E-mail: info@cva.nl
Website: www.cva.nl

34. De Ateliers
Stadhouderskade 86, 1073 AT Amsterdam
Tel. 020-6 73 93 59, fax 020-6 75 50 39
E-mail: office@de-ateliers.nl
Website: www.de-ateliers.nl

35. De Nieuwe School
Herengracht 274, 1016 BW Amsterdam
Tel. 020-6 23 48 09
E-mail: info@denieuweschool.com
Website: www.denieuweschool.com

36. EF Education First
De Boelelaan 7, 1083 HJ Amsterdam
Tel. 020-5 74 54 00, fax 020-5 74 56 10
E-mail: talenscholen.nl@ef.com
Website: www.ef.nl

37. Elycio Talen (vestigingen in Amsterdam, Arnhem, Eindhoven, Enschede, Papendrecht, Rijswijk, Zeist) - Centraal adres:
Entrada 131-134, 1096 EB Amsterdam
Tel. 020-4 16 07 88, fax 085-2 73 32 85
E-mail: via de website
Website: www.elyciotalen.nl

38. Flight Attendant College en World Travel School
Herengracht 501, 1017 BV Amsterdam
Tel. 020-6 20 47 36, fax 020-6 38 91 93
E-mail: info@flightattendantcollege.nl
Website: www.flightattendantcollege.nl

39. Fotoacademie
Sarphatistraat 35, 1018 EV Amsterdam
Postbus 22, 1000 AA Amsterdam
Tel. 020-5 30 92 60
E-mail: info@fotoacademie.nl
Website: www.fotoacademie.nl

40. Frank Sanders Akademie voor musicaltheater
Europaboulevard 13, 1079 PC Amsterdam
Tel. 020-5 79 18 80
E-mail: info@franksandersakademie.nl
Website: www.franksandersakademie.nl

41. Gap Year Holland
Johan Muyskenweg 22, 1096 CJ Amsterdam
Tel. 020-8 93 25 69
E-mail: info@gapyearholland.nl
Website: www.gapyearholland.nl

42. Goethe-Institut Niederlande (in Amsterdam en Rotterdam)
Herengracht 470, 1017 CA Amsterdam
Tel. 020-5 31 29 00, fax 020-6 38 46 31
E-mail: info@amsterdam.goethe.org
Website: http://www.goethe.de/ins/nl/de/ams/knt.html

43. Haar- en Make-upschool Dik Peeters
Sarphatipark 103-105, 1073 CV Amsterdam
Tel. 020-8 46 48 84
E-mail: info@dikpeeters.nl
Website: www.dikpeeters.nl

44. ICS Opleidingen
Asterweg 19D, 1031 HL Amsterdam
Tel. 06-22 81 29 75
E-mail: info@icsopl.nl
Website: www.icsopl.nl

45. InterCollege Business School, onderdeel van Luzac
Passeerdersgracht 23, 1016 XG Amsterdam
Tel. 020-6 75 85 67
E-mail: via de website
Website: www.intercollege.nl

46. Ivko
Rustenburgerstraat 15, 1074 EP Amsterdam
Tel. 020-5 97 93 60, fax 020-5 97 93 99
E-mail: info@ivko.msa.nl
Website: www.ivko.nl

47. Japanese School of Amsterdam
Karel Klinkenbergstraat 137, 1061 AL Amsterdam
Tel. 020-6 11 81 36
E-mail: business@jsa.nl
Website: www.jsa.nl

48. Junior* Academie voor Advertising
Zuideinde 369, 1035 PE Amsterdam
Tel. 020-6 31 51 50
E-mail: info@junioracademie.com
Website: www.junioracademie.com

49. Language Partners (v/h ITA Talencentrum) (vestigingen in Amersfoort, Amsterdam, Breda, Den Haag, Nijmegen, Rotterdam, Zwolle) - Centraal adres:
Sarphati Plaza, Rhijnspoorplein 24 (3e etage), 1018 TX Amsterdam
Tel. 020-6 85 29 91
E-mail: info@languagepartners.nl
Website: www.languagepartners.nl/ita-talencentrum

50. Leffelaar opleidingen/Veermancollege
IJselstraat 24, 1078 CJ Amsterdam
Postbus 933, 1180 AX Amstelveen
Tel. 020-6 64 24 37
E-mail: info@leffelaar.nl
Website: www.leffelaar.nl

51. MIX Academy (v/h Amsterdamse Vrije KunstAcademie)
Rokin 75, 1012 KL Amsterdam
Tel. 020-6 73 16 53
E-mail: info@mixacademy.nl
Website: www.mixacademy.nl

52. Nederlands Israëlitisch seminarium
Nieuw Herlaer 18-20, 1083 BD Amsterdam
Postbus 87058, 1080 JB Amsterdam
Tel. 020-6 76 13 78
E-mail: niseminarium@gmail..com
Website: www.niseminarium.org

53. Nederlandse Beroepsorganisatie van Accountants (NBA)
Antonio Vivaldistraat 2-8, 1083 HP Amsterdam
Postbus 7984, 1008 AD Amsterdam
Tel. 020-3 01 03 01, fax 020-3 01 03 02
E-mail: nba@nba.nl
Website: www.nba.nl

54. Nederlandse School voor Onderwijsmanagement
Linnaeusstraat 35F, 1093 EE Amsterdam
Tel. 020-5 68 20 30, fax 020-5 68 20 31
E-mail: nso@nso-onderwijsmgt.nl
Website: www.nso-onderwijsmanagement.nl

55. NIBE-SVV
Herengracht 205, 1016 BE Amsterdam
Postbus 2285, 1000 CG Amsterdam
Tel. 020-5 20 85 20
E-mail: info@nibesvv.nl
Website: www.nibesvv.nl

56. Rijksakademie van beeldende kunsten
Sarphatistraat 470, 1018 GW Amsterdam
Tel. 020-5 27 03 00, fax 020-5 27 03 01
E-mail: info@rijksakademie.nl
Website: www.rijksakademie.nl

57. School voor Imaginatie
Antonie Heinsiusstraat 70, 1052 EP Amsterdam
Tel. 020-6 73 13 95
E-mail: info@imaginatie.nl
Website: www.imaginatie.nl

58. Schrijversvakschool Amsterdam
Herengracht 274, 1016 BW Amsterdam
Postbus 92263, 1090 AG Amsterdam
Tel. 020-2 60 00 66
E-mail: info@schrijversvakschool.nl
Website: www.schrijversvakschool.nl

59. Script+, bureau voor beoordeling van literaire teksten
HvA, Benno Premselahuis, Rhijnspoorplein 1, 1091 GC Amsterdam
Postbus 1025, 1000 BA Amsterdam
Tel. 020-5 95 17 03
E-mail: info@scriptplus.nl
Website: www.scriptplus.nl

60. Shenzhou Open University of TCM
Geldersekade 67, 1011 EK Amsterdam
Tel. 020-5 21 81 50, fax 020-6 23 36 36
E-mail: via de website
Website: www.shenzhou.com

61. Stichting Modeschool Diny Kelly
Linnaeusparkweg 177 - 1 hoog, 1098 CZ Amsterdam
Tel. 020-6 92 91 91
Website: www.modeschooldinykelly.nl

62. Stichting Reclame- en Marketingonderwijs (SRM)
Marnixstraat 317, 1016 TB Amsterdam
Tel. 020-5 12 65 00
E-mail: clientdesk@srm.nl
Website: www.srm.nl

63. Tele'Train Talent
Gebouw 'Oficio', Paasheuvelweg 1, 1105 BE Amsterdam
Tel. 020-4 70 46 58, fax 020-4 70 46 59
E-mail: info@teletrain-talent.nl
Website: www.teletrain-talent.nl

64. The School for Dutch
Ceintuurbaan 384, 1073 EM Amsterdam
Tel. 020-6 63 43 80
E-mail: information@learndutch.com
Website: www.learndutch.com

65. Unie van Baptisten Gemeenten in Nederland, Seminarium
Postjesweg 175, 1062 JN Amsterdam
Tel. 020-2 10 30 24
E-mail: info@baptisten.nl
Website: www.baptisten.nl

66. Wackers Academie
Eerste Helmersstraat 271, 1054 DZ Amsterdam
Tel. 020-6 64 29 02
E-mail: secretariaat@wackersademie.nl
Website: www.wackersacademie.nl

67. Coronel instituut voor arbeid en gezondheid, onderdeel van het AMC Amsterdam
Meibergdreef 15, kamer KO 115, 1105 AZ Amsterdam Zuidoost
Tel. 020-5 66 53 25, fax 020-6 97 71 61
E-mail: Coronel@amc.uva.nl
Website: www.amc.nl/web/Het-AMC/Afdelingen/Medische-afdelingen/Coronel-Instituut-voor-Arbeid-en-Gezondheid/

68. IP Computer Training Centrum (IPCT)
Jean Monnetpark 73, 7336 BB Apeldoorn
Tel. 085-7 44 10 03
E-mail: apeldoorn@ipct.nl
Website: www.ip-campus.nl

69. Nederlandse fotovakschool (vestigingen in Amsterdam, Apeldoorn, Assen, Boxtel, Enschede, Rotterdam, Venlo) - Centraal adres:
Spoorstraat 27, 7311 PE Apeldoorn
Tel. 055-3 56 05 22
E-mail: info@fotovakschool.nl
Website: www.fotovakschool.nl

70. Opleidingscentrum Koninklijke Marechaussee
Frankenlaan 70, 7312 TG Apeldoorn
E-mail: info@werkenbijdemarechaussee.nl
Website: www.werkenbijdemarechaussee.nl

71. VAPA, Opleidingsinstituut Papier-, Karton- en Golfkartonindustrie
Anklaarseweg 95, 7317 AS Apeldoorn
Tel. 055-5 78 69 60, fax 055-5 78 54 70
E-mail: info@vapa.nl
Website: www.vapa.nl

72. Arnhem International School, Primary Department (at Dr. Aletta Jacobsschool)
Slochterenweg 27, 6835 CD Arnhem
Tel. 026-3 23 07 29
E-mail: info@ais-primary.nl
Website: www.arnheminternationalschool.nl

73. Arnhem International School, Secondary Department (at Lorentz College)
Groningensingel 1245, 6835 HZ Arnhem
Tel. 026-3 20 28 40
E-mail: info@arnheminternationalschool.nl
Website: www.arnheminternationalschool.nl

74. BeroepsOpleiding Autorij-instructeurs Arnhem (BOAA)
De Overmaat 41a, 6831 AE Arnhem
Tel. 026-4 43 43 43
E-mail: via de website
Website: www.boaa.nl

75. Dirksen opleidingen
Parkstraat 27, 6828 JC Arnhem
Verhuisd: Industrieweg 10a, 3606 AS Maarssen
Tel. 0346-28 42 93
E-mail: info@dirksen.nl
Website: www.dirksen.nl

76. DOC Maritiem, Dhr S.W.J. Tettelaar
Postbus 5530, 6802 EM Arnhem
Tel. 088-0 03 87 20, fax 088-0 03 87 21
E-mail: info@docmaritiem.nl
Website: www.global-education-network.com

77. Gelders opleidingsinstituut
Willem Pijperstraat 21, 6815 AV Arnhem
Tel. 026-4 45 21 49, fax 026-4 43 98 80
E-mail: info@geldersopleidingsinstituut.nl
Website: www.geldersopleidingsinstituut.nl

78. HS Voor Natuurgeneeswijzen Arnhem (HVNA)
(Rijn IJsselcollege)
Kronenburgsingel 16, 6831 EX Arnhem
Postbus 30267, 6803 AG Arnhem
Tel. 026-3 23 11 82
E-mail: info@hvna-opleidingen.nl
Website: www.hvna-opleidingen.nl

79. Huismuziek, vereniging voor samenspel en
instrumentenbouw
alleen bezoekadres: Oude Kraan 72, 6811 LL Arnhem
Postbus 9, 6800 AA Arnhem
Tel. 026-8 45 07 88/0646487148
E-mail: info@huismuziek.nl
Website: www.huismuziek.nl

80. Instituut Fysieke Veiligheid (IFV) (v/h Nibra)
Kemperbergerweg 783, 6816 RW Arnhem
Postbus 7010, 6801 HA Arnhem
Tel. 026-3 55 24 00
E-mail: info@ifv.nl
Website: www.ifv.nl

81. Lorentz lyceum
Groningensingel 1245, 6835 HZ Arnhem
Tel. 026-3 20 28 50
E-mail: info@lorentzlyceum.nl
Website: www.lorentzlyceum.nl

82. Modevakopleiding Hermsen, Janssen & Schuurman
Roermondsplein 30, 6811 JN Arnhem
Tel. 026-4 43 34 32
E-mail: info@modevakopleiding.nl
Website: www.modevakopleiding.nl

83. Nederlands Olympisch Comité*
Nederlandse SportFederatie (NOC*NSF)
Papendallaan 60, 6816 VD Arnhem
Postbus 302, 6800 AH Arnhem
E-mail: via de website
Website: www.nocnsf.nl

84. Parkendaal Lyceum (v/h Stichting Instituut De Boer)
(vestigingen in Apeldoorn, Arnhem, Zwolle) -
Centraal adres:
Willemsplein 21, 6811 KB Arnhem
Tel. 026-3 51 65 00
E-mail: info@parkendaal-lyceum.nl
Website: www.parkendaal-lyceum.nl

85. SG Mariëndael
Heyenoordseweg 9, 6813 GG Arnhem
Tel. 026-3 52 66 00, fax 026-3 52 66 92
E-mail: info@mariendael.nl
Website: www.mariendael.nl

86. Mr. dr. M. Teekens stichting
Postbus 12, 3740 AA Baarn
Tel. 035-5 42 75 24, fax 035-5 42 76 24
E-mail: info@teekensstichting.nl
Website: www.teekensstichting.nl

87. Sensus Stichting
Willem Alexanderplantsoen 73, 2991 NB Barendrecht
Tel. 0180-62 26 88
E-mail: info@speyertherapie.nl
Website: www.speyertherapie.nl

88. AMICE Opleidingscentrum
Nijverheidsweg21, 3771 ME Barneveld
Tel. 0342-49 28 76, fax 084-7 22 51 59
E-mail: info@amice.nl
Website: www.amice.nl

89. PTC+ (vestigingen in Barneveld, Ede, Horst) -
Centraal adres:
Barnseweg 3, 3771 RN Barneveld
Tel. 088-0 20 64 00, fax 088-0 20 64 01
E-mail: info@ptcplus.com
Website: www.ptcplus.com

90. Europese School Bergen
Molenweidtje 5, 1862 BC Bergen (n-h)
Postbus 99, 1860 AB Bergen (n-h)
Tel. 072-5 89 01 09, fax 072-5 89 68 62
E-mail: info.esbergen@eursc.org
Website: www.esbergen.eu

91. Best Alert
De Waal 5, 5684 PH Best
Tel. 0499-37 55 67, fax 0499-39 75 85
E-mail: info@bestalert.nl
Website: www.bestalert.nl

92. Saswitha opleiding voor yoga en wijsbegeerte
Prof. Bronckhorstlaan 10-54, 3723 MB Bilthoven
Tel. 030-2 29 27 44
E-mail: secretariaat@yoga-saswitha.nl
Website: www.yoga-saswitha.nl

93. The Lime Tree
Prof. Bronckhorstlaan 10, gebouw 100, 3723 MB Bilthoven
Tel. 030-2 25 59 10
E-mail: info@thelimetree.nl
Website: www.thelimetree.nl

94. HS Hippocrates
Zomerzorglaan 50-2, 2061 CX Bloemendaal
Tel. 023-5 27 31 34
E-mail: via de website
Website: www.hogeschoolnatuurgeneeskunde.nl

95. Esthética opleidingen
Hambroeklaan 1, 4822 ZZ Breda
Tel. 076-5 14 64 66
E-mail: via de website
Website: www.estheticaopleidingen.nl

96. Instituut De Silverlinde
Landgoed Yzer Heck, Achter Emer 17, 4824 ZA Breda
Tel. 076-5 42 46 88
E-mail: info@silverlinde.com
Website: www.silverlinde.com

97. AFNORTH International School
Ferdinand Bolstraat 1, 6445 EE Brunssum
Tel. 045-5 27 82 21, fax 045-5 27 82 33
E-mail: directorate@afnorth-is.com
Website: www.afnorth-is.com

98. Business School Netherlands (BSN)
Herenstraat 25, 4116 BK Buren
Postbus 709, 4116 ZJ Buren
Tel. 0344-57 90 30, fax 0344-57 90 50
E-mail: info@bsn.eu
Website: www.bsn.eu/nederland

99. Scholings- en werkgelegenheidsfonds timmerindustrie,
    coördinatie opleidingen
Nieuwe 's-Gravelandseweg 16, 1405 HM Bussum
Postbus 24, 1400 AA Bussum
Tel. 035-6 94 70 74, fax 035-6 94 37 94
E-mail: info@sswt.nl
Website: www.sswt.nl

100. Eerste Nederlandse Vakschool voor Sportmassage
    (vestigingen in Capelle a/d IJssel, Den Haag) -
    Centraal adres:
Hollandsch Diep 1 A, 2904 EP Capelle a/d IJssel
Postbus 5096, 2900 EB Capelle a/d IJssel
Tel. 010-4 25 63 57
E-mail: info@eerste-nvvs.nl
Website: www.eerste-nvvs.nl

101. Nederlandse Piano- en Muziekinstrumentenbond
p/a Postbus 837, 2900 AV Capelle a/d IJssel
Tel. 06-51 32 18 74
E-mail: secretariaat@npmb.nl
Website: www.npmb.nl

102. Stichting Bedrijfskunde
Rivium 2e straat 48, 2909 LG Capelle a/d IJssel
Tel. 010-4 11 07 72, fax 010-4 52 99 46
E-mail: info@stichtingbedrijfskunde.nl
Website: www.stichtingbedrijfskunde.nl

103. Stichting Scholing en Vorming Schoonmaakbedrijven en -
    diensten (SVS)
Rhynspoor 267, 2901 LB Capelle a/d IJssel
Postbus 288, 3008 AJ Rotterdam
Tel. 010-2 93 10 00, fax 010-2 93 10 10
E-mail: info@svs-opleidingen.nl
Website: www.svs-opleidingen.nl

104. VOB boek & media academie
Molenbaan 19, 2908 LL Capelle a/d IJssel
Tel. 020-6 25 30 54
E-mail: vob@vob.nl
Website: www.vob.nl

105. Federatie Belasting Academie/
    Register Belastingadviseurs (RB)
Brenkmanweg 6, 4105 DH Culemborg
Postbus 333, 4100 AH Culemborg
Tel. 0345-54 70 00, fax 0345-54 70 15
E-mail: info@rb.nl
Website: www.rb.nl

106. Stichting Nationaal Duik Centrum (NDC)
Buitenhofdreef 280, 2625 RE Delft
Tel. 015-2 51 20 27, fax 015-2 51 20 21
E-mail: post@ndcwoo.nl
Website: www.ndc.nl

107. UNESCO-IHE Institute for water education
Westvest 7, 2611 AX Delft
Postbus 3015, 2601 DA Delft
Tel. 015-2 12 29 21, fax 015-2 15 17 15
E-mail: via de website
Website: www.unesco-ihe.org

108. VAK centrum voor de kunsten
Westvest 9, 2611 AX Delft
Tel. 015-2 60 28 40
E-mail: vak@delft.nl
Website: www.vak-delft.nl

109. BeNeLux-Universitair Centrum
Postbus 206, 5201 AE Den Bosch
Tel. 073-5 21 42 24
E-mail: info@benelux-universitair-centrum.org
Website: www.benelux-universitair-centrum.org

110. European Ceramic Work Centre (EKWC)
Zuid-Willemsvaart 215, 5211 SG Den Bosch
Tel. 073-6 12 45 00, fax 073-6 12 45 68
E-mail: sundaymorning@ekwc.nl
Website: www.transartists.org/air/european-ceramic-workcentre

111. IMKO vakopleiding (vestigingen in Amersfoort,
    Amsterdam, Arnhem, Breda , Eindhoven, Hengelo,
    Rotterdam) - Centraal adres:
Het Wielsem 10, 5231 BW Den Bosch
Postbus 405, 5201 AK Den Bosch
Tel. 088-2 70 12 80
E-mail: info@imko.nl
Website: www.imko-opleidingen.nl

112. Internationaal Opleidings Instituut Thomas
    (vestigingen in Den Bosch, Utrecht) - Centraal adres:
Verwersstraat 53, 5211 HT Den Bosch
Tel. 073-6 13 56 65, fax 073-5 48 20 49
E-mail: info@instituut-thomas.nl
Website: www.instituut-thomas.nl

113. Koningstheateracademie
Havensingel 25, 5211 TX Den Bosch
Tel. 073-6 14 43 13
E-mail: via de website
Website: www.koningstheater.nl

114. Sint Janscentrum, priesterseminarie, diakenopleiding en
    vormingscentrum
Papenhulst 4, 5211 LC Den Bosch
Tel. 073-6 13 20 00
E-mail: info@sint-janscentrum.nl
Website: www.sint-janscentrum.nl

115. Praktijk Diploma Belastingrecht (PDB)/Kluwer
Postbus 19, 5275 ZG Den Dungen
Tel. 085-2 73 19 22
E-mail: info@stpdb.nl
Website: www.pdbinfo.nl

116. AGF Detailhandel Nederland (ADN)
Prins Mauritsplein 1a, 2582 NA Den Haag
Tel. 070-3 51 21 06, fax 070-3 51 21 99
E-mail: info@agfdetailhandel.nl
Website: www.agfdetailhandel.nl

117. ANWB
Wassenaarseweg 220, 2596 EC Den Haag
Postbus 93200, 2509 BA Den Haag
Tel. 088-2 69 31 70, fax 070-3 14 73 25
E-mail: via de website
Website: www.anwb.nl

118. British School in The Netherlands,
Juniorschool (3-11 years)
Vrouw Avenweg 640, 2493 WZ Den Haag
Tel. 070-3 15 40 40, fax 070-4 44 78 61
E-mail: junior.leidschenveen@britishschool.nl
Website: www.britishschool.nl

119. Da Costaschool (Szkola Polska w Hadze)
Hollanderstrat 21, 2517 HH Den Haag
Tel. 070-3 45 11 94
E-mail: school@costa.scoh.nl
Website: www.dacostadenhaag.nl

120. Deutsche Schule Den Haag
Van Bleiswijkstraat 125, 2582 LB Den Haag
Tel. 070-3 54 94 54, fax 070-3 50 29 59
E-mail: info@disdh.nl
Website: www.disdh.nl

121. Fa Fa Star Academy
Nieuwersluisstraat 36, 2546 RX Den Haag
Tel. 070-3 66 58 68
E-mail: via de website
Website: www.fafastaracademy.nl

122. Fiore Osmose Yoga (FOY)
Piet Heinstraat 98, 2518 CL Den Haag
Tel. 070-3 83 47 97
E-mail: info@foyoga.nl
Website: www.fioreosmoseyoga.nl

123. Haagsche Schoolvereniging/
The Hague International Primary School
Nassaulaan 26, 2514 JT Den Haag
Tel. 070-3 18 49 50, fax 070-3 46 33 78
E-mail: info@hsvdenhaag.nl
Website: www.hsvdenhaag.nl

124. Instituut Dangremond
Frederik Hendrikplein 34, 2582 AX Den Haag
Tel. 070-3 52 21 21, fax 070-3 51 50 04
E-mail: info@dangremond.com
Website: www.dangremond.com

125. International School of The Hague, Primary School
Wijndaelerduin 1, 2554 BX Den Haag
Postbus 52047, 2505 CA Den Haag
Tel. 070-3 38 45 67, fax 070-3 28 20 49
E-mail: ish.primary@ishthehague.nl
Website: www.ishthehague.nl

126. International School of The Hague, Secondary School
Wijndaelerduin 1, 2554 BX Den Haag
Postbus 52047, 2505 CA Den Haag
Tel. 070-3 28 14 50, fax 070-3 28 20 49
E-mail: ish.secondary@ishthehague.nl
Website: www.ishthehague.nl

127. Lighthouse Special Education
Amalia van Solmsstraat 155, 2595 TA Den Haag
Tel. 070-3 35 56 98
E-mail: infolse@hsvdenhaag.nl
Website: www.lighthousese.nl

128. Luzac Opleidingen (College & Lyceum, 30 locaties)
Javastraat 2c, 2585 AM Den Haag
Postbus 82284, 2508 EG Den Haag
Tel. 070-3 50 84 55
E-mail: succes@luzac.nl
Website: www.luzac.nl

129. Lycée français Vincent van Gogh
(vestigingen in Amsterdam en Den Haag)
Scheveningseweg 237, 2584 AA Den Haag
Tel. 070-3 06 69 20, fax 070-3 06 69 30
E-mail: via de website
Website: www.lyceevangogh.nl

130. Mediationgilde
Elandstraat 82, 2513 GV Den Haag
Tel. 070-4 27 22 66
E-mail: info@mediationgilde.nl
Website: www.mediationgilde.nl

131. Ministerie van Veiligheid en Justitie,
opleidingsinstituut Dienst Justitiële Inrichtingen
Turfmarkt 147, 2511 OP Den Haag
Postbus 30132, 2500 GC Den Haag
Tel. 088-0 72 50 00
E-mail: via de website
Website: www.dji.nl

132. MKB Cursus en Training
Bezuidenhoutseweg 12, 2594 AV Den Haag
Postbus 93053, 2509 AB Den Haag
Tel. 015-2 19 13 90, fax 015-2 19 14 75
E-mail: info@mkbct.nl
Website: www.mkbct.nl

133. Nederlands instituut voor internationale betrekkingen
'Clingendael', afdeling opleidingen
Clingendael 7, 2597 VH Den Haag
Postbus 93080, 2509 AB Den Haag
Tel. 070-3 24 53 84, fax 070-3 28 20 02
E-mail: info@clingendael.nl
Website: www.clingendael.nl

134. Nederlandse Montessorivereniging
Bezuidenhoutseweg 251-253, 2594 AM Den Haag
Tel. 070-3 31 52 82
E-mail: nmv-secretariaat@montessori.nl
Website: www.montessori.nl

135. Nederlandse orde van advocaten, afdeling opleidingen
Neuhuyskade 94, 2596 XM Den Haag
Postbus 30851, 2500 GW Den Haag
Tel. 070-3 35 35 35, fax 070-3 35 35 31
E-mail: info@advocatenorde.nl
Website: www.advocatenorde.nl

136. Nederlandse taalunie/taalunieversum
Lange Voorhout 19, 2514 EB Den Haag
Postbus 10595, 2501 HN Den Haag
Tel. 070-3 46 95 48, fax 070-3 65 98 18
E-mail: info@taalunie.org
Website: taaluniversum.org

137. Orde van Octrooigemachtigden
Prinses Beatrixlaan 2, 2595 AL Den Haag
Postbus 96979, 2509 JJ Den Haag
Tel. 06-24 98 61 34
E-mail: mail@octrooigemachtigde.nl
Website: www.octrooigemachtigde.nl

138. PBLQ/ROI, opleidingsinstituut voor de overheid
(vestigingen in Amsterdam, Den Haag, Groningen) -
Opleidingscentrum:
Muzenstraat 120, 2511 WB Den Haag
Tel. 070-3 76 36 36, fax 070-3 51 52 82
E-mail: info@pblq.nl
Website: www.pblq.nl

139. Sterrenkind
Groot Hertoginnelaan 249, 2517 ET Den Haag
Tel. 070-3 65 72 67
E-mail: info@sterrenkind.com
Website: www.sterrenkind.com

140. Stichting Leer- en bontwaarborg
Sportlaan 350, 2566 LP Den Haag
Tel. 070-3 64 95 43

141. 't Ambachthuys
Pansierstraat 23, 2584 EG Den Haag
Tel. 070-3 52 50 30
E-mail: info@ambachthuys.nl
Website: www.ambachthuys.nl

142. TRICOLORE
Bezuidenhoutseweg 121, 2594 AD Den Haag
Tel. 070-3 83 66 66, fax 070-3 81 96 66
E-mail: info@tricolore.nl
Website: www.tricolore.nl

143. VAPRO-OVP-groep/PMLF
Castellum, gebouw C, Synthesium, Loire 150, 2491 AK Den Haag
Postbus 24090, 2490 AB Den Haag
Tel. 070-3 3783 00, fax 070-3 20 51 86
E-mail: info@vapro.nl
Website: www.vapro.nl

144. Vereniging van orgelbouwers
Postbus 82344, 2508 EH Den Haag
E-mail: info@orgelbouwers.nl en via de website
Website: www.orgelbouwers.nl

145. Koninklijke marine
Rijkszee- en marinehaven 1, 1781 ZZ Den Helder
Tel. 0800-0422
E-mail: via de website
Website: www.werkenbijdefensie.nl

146. Yoga-opleiding Amitabha
Kosterstraat 83, 7415 ST Deventer
Tel. 0570-60 61 06
E-mail: amitabha@kpnplanet.nl
Website: www.yoga-opleiding.com

147. SON-edutraining
Bachlaan 11, 7002 MZ Doetinchem
Tel. 088-0 93 17 00
E-mail: info@sonedutraining.nl
Website: www.sonopleidingen.nl

148. Academie voor haptonomie
Jan Ligthartlaan 1, 3941 BG Doorn
Tel. 0343-51 51 78
E-mail: info@haptonomie.nl
Website: www.haptonomie.nl

149. DETEX
Driebergsestraatweg 11, 3941 ZW Doorn
Postbus 183, 3940 AD Doorn
Tel. 0343-41 24 10, fax 0343-41 49 14
E-mail: info@detex.nl
Website: www.detex.nl
BRIN: 24LY

150. IVS Opleidingen (vestigingen in Antwerpen, Apeldoorn,
Breda, Den Bosch, Dordrecht, Eindhoven, Lemmer,
Nijmegen, Roosendaal, Tilburg, Woerden, Zwolle) -
Centraal adres:
Spuiweg 105, 3311 GT Dordrecht
Tel. 078-6 14 49 34
E-mail: info@ivsopleidingen.nl
Website: www.ivsopleidingen.nl

151. Kenniscentrum voor Projectadvisering en Educatie (KPE)
(vestigingen in Doetinchem, Dordrecht, Groningen,
Maastricht) - Centraal adres:
M.H. Trompweg 229, 3317 BS Dordrecht
Postbus 172, 3300 AD Dordrecht
Tel. 078-6 54 91 03, fax 078-6 54 91 04
E-mail: info@kpe.nl
Website: www.kpe.nl

152. De Baak Management Centrum VNO-NCW
(vestiging in Driebergen)
De Horst 1, 3971 KR Driebergen
Postbus 88, 3970 AB Driebergen
Tel. 034-3 55 61 00
E-mail: info@debaak.nl
Website: www.debaak.nl

153. IVA Driebergen (Instituut Voor Autobranche &
management)
Hogesteeg 2a, 3972 JT Driebergen
Postbus 33, 3970 AA Driebergen
Tel. 0343-51 27 80, fax 0343-53 21 87
E-mail: info@iva-driebergen.nl
Website: www.iva-driebergen.nl

154. Kraaybeekerhof academie
Diederichslaan 25, 3971 PA Driebergen
Tel. 0343-51 29 25
E-mail: academie@kraaybeekerhof.nl
Website: www.kraaybeekerhof.nl

155. Vrije Hogeschool: Bernard Lievegoed College for
Liberal Arts
Hoofdstraat 20, 3972 LA Driebergen-Rijsenburg
Tel. 0343-51 80 44
E-mail: info@lievegoed-university.nl
Website: www.lievegoed-university.nl

156. Danckaerts modevakscholen
Pieter Claesstraat 7, 1135 HJ Edam
Tel. 0299-36 98 51
E-mail: secretariaat@danckaerts.nl
Website: www.danckaerts.nl

157. Fit!vak opleidingen
Postbus 275, 6710 BG Ede
Tel. 085-4 86 91 00
E-mail: info@fitvak.com
Website: www.fitvak.com

158. Nationaal Platform Zwembaden (NRZ)
Horapark 4, 6717 LZ Ede
Postbus 357, 6710 BJ Ede
Tel. 0318-83 02 50, fax 0318-83 02 74
E-mail: info@npz-nrz.nl
Website: www.npz-nrz.nl

159. PTC+ (vestiging in Ede)
Zandlaan 29, 6717 LN Ede
Postbus 32, 6710 BA Ede
Tel. 088-0 20 64 00, fax 088-0 20 64 01
E-mail: info@ptcplus.com
Website: www.ptcplus.com

160. ROVC
Galvanistraat 13, 6716 AE Ede
Postbus 117, 6710 BC Ede
Tel. 0318-69 86 98, fax 0318-69 86 00
E-mail: info@rovc.nl
Website: www.rovc.nl

161. KLM Flight Academy
Burgemeester Legroweg 43, 9761 TA Eelde
Postbus 6, 9765 ZG Paterswolde
Tel. 050-3 09 82 00
E-mail: info@kls.nl
Website: www.kls.nl

**162. Academie voor Natuurgeneeskunde Zuid Nederland
(ANZN)**
Camphuijsenstraat 4, 5615 KS Eindhoven
Tel. 040-2 86 95 86, fax 040-2 80 01 27
E-mail: anzn@anzn.nl
Website: www.anzn.nl

163. Euroforum
Emmasingel 33, 5611 AZ Eindhoven
Postbus 845, 5600 AV Eindhoven
Tel. 040-2 97 49 77
E-mail: klant@euroforum.nl
Website: www.euroform.nl

**164. Gemeenschappelijk Instituut voor
Toegepaste Psychologie (GITP)**
Emmasingel 7, 5611 AZ Eindhoven
Tel. 040-2 64 96 96
E-mail: office.zuid@gitp.nl
Website: www.gitp.nl

**165. Instituut Kosmos (vestigingen in Eindhoven, Maastricht,
Tiel) - Centraal adres:**
Den Biest 1, 5615 AT Eindhoven
Tel. 040-2 45 45 82, fax 046-4 11 08 46
E-mail: info@instituut-kosmos.nl
Website: www.instituut-kosmos.nl

166. Instituut voor Career & Development (IC&D)
Postbus 4022, 5604 EA Eindhoven
Tel. 040-2 13 01 40, fax 084-8 35 42 04
E-mail: info@ic-d.nl
Website: www.ic-d.nl

167. International Primary School Eindhoven
Oirschotsedijk 14B, 5651 GC Eindhoven
Tel. 040-2 51 94 37
E-mail: primary@isecampus.nl
Website: www.isecampus.nl

168. International Secondary School Eindhoven
Oirschotsedijk 14B, 5651 GC Eindhoven
Tel. 040-2 51 94 37
E-mail: isse@isecampus.nl
Website: www.isecampus.nl

169. Mikrocentrum Nederland
Kruisstraat 74, 5612 CJ Eindhoven
Postbus 359, 5600 AJ Eindhoven
Tel. 040-2 96 99 33
E-mail: opleidingen@mikrocentrum.nl
Website: www.mikrocentrum.nl

170. NEDICH-opleidingen
Leenderweg 174, 5644 AA Eindhoven
Tel. 040-2 12 65 31, fax 040-8 44 38 75
E-mail: administratie@nedich.nl
Website: www.nedich.nl

171. Stichting Perk, opleiding interieurvormgeving
Visserstraat 13, 5612 BS Eindhoven
Tel. 040-2 44 35 13
E-mail: info@perk-interieur.nl
Website: www.perk-interieur.nl

**172. Stichting voor ContractOnderwijs en
Permanente Educatie (SCOPE)**
Oude Bossche Baan 20, 5624 AA Eindhoven
Postbus 1310, 5602 BH Eindhoven
Tel. 040-2 64 53 71, fax 040-2 48 32 45
E-mail: scope@dse.nl
Website: www.scope.dse.nl

173. Ananda Yoga Centrum
De Friedhof 7-9, 6955 BP Ellecom
Tel. 0313-41 48 93
E-mail: info@anandayogacentrum.nl
Website: www.anandayogacentrum.nl

174. Morel Makelaars Instituut
Einsteinweg 23, 6662 PW Elst (Gld.)
Postbus 240, 6660 AE Elst (Gld.)
Tel. 0481-35 03 85, fax 0481-35 28 25
E-mail: via de website
Website: www.morel.nl

175. Academie Mercuur
Sterrenkamp 1, 7811 HA Emmen
Tel. 0591-64 05 67
E-mail: info@academiemercuur.nl
Website: www.academiemercuur.nl

176. Enkhuizer zeevaartschool
Kuipersdijk 15, 1601 CL Enkhuizen
Tel. 0228-31 63 64, fax 0228-31 53 39
E-mail: info@ezs.nl
Website: www.ezs.nl

177. Yogacentrum Michon
Korte Haaksbergerstraat 44, 7511 JS Enschede
Tel. 053-4 32 99 94
E-mail: yoga@michon. org
Website: www.michon.org

178. Koninklijke Nederlandse Hippische Sportfederatie (KNHS)
De Beek 125, 3852 PL Ermelo
Postbus 3040, 3850 CA Ermelo
Tel. 0577-40 82 00
E-mail: info@knhs.nl
Website: www.knhs.nl

179. Docendo opleidingen (v/h STIVU)
Koppelsedijk 10, 4191 LC Geldermalsen
Postbus 335, 4190 CH Geldermalsen
Tel. 0345-58 23 40, fax 0345-58 06 59
E-mail: info.docendo@zdg.nl
Website: www.docendo.nl

180. Faces
Melkstraat 48, 4201 HP Gorinchem
Tel. 06-18 14 54 53
E-mail: info@grimeopleiding.nl
Website: www.grimeopleiding.nl

181. Betonvereniging
Büchnerweg 3, 2803 GR Gouda
Postbus 411, 2800 AK Gouda
Tel. 0182-53 92 33, fax 0182-53 75 10
E-mail: info@betonvereniging.nl
Website: www.betonvereniging.nl

182. Nederlands VerpakkingsCentrum (NVC)
Stationsplein 9k, 2801 AK Gouda
Postbus 164, 2800 AD Gouda
Tel. 0182-51 24 11
E-mail: info@nvc.nl
Website: www.nvc.nl

183. SBB Gouda
Winterdijk 4a, 2801 SJ Gouda
Postbus 2011, 2800 BD Gouda
Tel. 0182-51 52 74
E-mail: info@sbbgouda.nl
Website: www.sbbgouda.nl

184. Stichting Opleidings- en Ontwikkelingsfonds voor de Vlakglasbranche (STOOV)
Gentseweg 13, 2803 PC Gouda
Postbus 2075, 2800 BE Gouda
Tel. 0182-56 78 84
E-mail: info@stoov.nl
Website: www.stoov.nl

185. Wetenschappelijk Instituut voor Haptonomie (WIH)
Korte Rogstraat 2B, 5361 GJ Grave
Tel. 0033-6 76 80 98 52
E-mail: info@haptonomie.com
Website: www.haptonomie.com

186. Groningse Schoolvereniging (GSV), International Department
Sweelincklaan 4, 9722 JV Groningen
Tel. 050-5 27 08 18, fax 050-5 26 53 71
E-mail: info@g-s-v.nl
Website: www.g-s-v.nl

187. Klassieke academie voor beeldende kunst
A-kerkhof 43c, 9712 BC Groningen
Tel. 050-3 18 92 02
E-mail: info@klassieke-academie.nl
Website: www.klassieke-academie.nl

188. Noord Nederlandse Academie (vestigingen In Emmen, Groningen, Heerenveen, Zwolle) - Centraal adres:
Stavangerweg 8a, 9723 JC Groningen
Tel. 050-3 12 31 08, fax 050-3 14 85 85
E-mail: info@noordnederlandseacademie.nl
Website: www.noordnederlandseacademie.nl

189. SPO Groningen
Grote Rozenstraat 38, 9712 TJ Groningen
Tel. 050-3 63 65 25
E-mail: spo@rug.nl
Website: www.spo-groningen.nl

190. Vrijdag
Walstraat 34, 9711 VS Groningen
Postbus 1633, 9701 BP Groningen
Tel. 050-3 05 14 00
E-mail: doen@bijvrijdag.nl
Website: www.bijvrijdag.nl

191. Bernel Raad en Daad
Gedempte Voldersgracht 55, 2011 WC Haarlem
Tel. 023-5 32 54 91, fax 023-5 34 04 82
E-mail: via de website
Website: www.adviesstartendeondernemers.nl

192. Centrum voor Conflicthantering (CvC)
Nieuwe gracht 74, 2011 NJ Haarlem
Tel. 023-5 32 31 96
E-mail: mediation@cvc.nl
Website: www.cvc.nl

193. Studio New Look
Spaanse Vaartstraat 12, 2022 XD Haarlem
Tel. 06-51 88 79 59
E-mail: info@studionewlook.nl
Website: www.studionewlook.nl

194. SOMA bedrijfsopleidingen
Ceintuurbaan 2, 3847 LG Harderwijk
Postbus 332, 3840 AH Harderwijk
Tel. 0341-49 94 50, fax 0341-49 94 49
E-mail: info@somabedrijfsopleidingen.nl
Website: www.somabedrijfsopleidingen.nl

195. Vermeulen Opleiding en Vorming (VOV)
Herman de Manstraat 39A, 3842 AT Harderwijk
Tel. 06-15 06 08 79
E-mail: info@vov-opleidingen.nl
Website: www.vov-opleidingen.nl

196. Maartenscollege Haren
Hemmenlaan 2, 9751 NS Haren
Postbus 6105, 9702 HC Groningen
Tel. 050-5 37 52 00, fax 050-5 34 32 45
E-mail: info@maartens.nl
Website: www.maartenscollege.nl

197. Nederlandse Artsen Acupunctuur Vereniging (NAAV)
Zuidoostersingel 13, 8861 GB Harlingen
Tel. 0517-41 52 31
E-mail: info@naav.nl
Website: www.acupunctuur.com

198. Federatie van Dansleraren Organisaties (FDO), secretariaat dhr. A. Schoorl
Pr. Ten Doesschatestraat 155, 1963 AT Heemskerk
Tel. 06-51 37 37 79
E-mail: info@aadschoorl.nl
Website: www.dansleraar.eu

199. OTS-interstudie
Rotstergaastweg 33, 8445 PB Heerenveen
Postbus 763, 8440 AT Heerenveen
Tel. 0513-63 60 90
E-mail: info@ots.nl
Website: www.ots.nl

200. Milieuvizier
Hoog-Beugt 25, 5473 KN Heeswijk-Dinther
Tel. 0413-29 63 67, fax 0413-29 63 65
E-mail: info@milieuvizier.nl
Website: www.milieuvizier.nl

201. PTC+ (vestiging in Horst)
Pastoor De Beijestraat 64, 5963 AG Hegelsom
Postbus 6048, 5960 AA Horst
Tel. 088-0 20 64 00, fax 088-0 20 64 01
E-mail: info@ptcplus.com
Website: www.ptcplus.com

202. Trucktraining (opleiding in goederenhandling, -opslag en -transport)
Emmastraat 8, 5707 HG Helmond
Postbus 555, 5700 AN Helmond
Tel. 0492-56 53 35, fax 0492-56 53 19
E-mail: info@trucktraining.nl
Website: www.trucktraining.nl

203. Vereniging van Technische Studiecentra (VTS)
Brandevoort 28, 5706 KA Helmond
Tel. 0492-66 70 80
E-mail: info@vtsbouwopleiding.nl
Website: www.vtsbouwopleiding.nl

204. Boertien Vergouwen Overduin
Marathon 7, 1213 PD Hilversum
Postbus 447, 1200 AK Hilversum
Tel. 035-6 95 62 00
E-mail: info@bvo.nl
Website: www.bvo.nl

205. Compu'Train (vestigingen in Amsterdam, Arnhem, Den Haag, Groningen, Nieuwegein, Rotterdam, Utrecht, Zwolle) - Centraal adres:
Marathon 7, 1213 PD Hilversum
Postbus 447, 1200 AK Hilversum
Tel. 030-2 34 85 00, fax 030-2 31 40 81
E-mail: info@computrain.nl
Website: www.computrain.nl

206. International School 'Alberdingk Thijm'
Emmastraat 56, 1213 AL Hilversum
Tel. 035-6 72 99 31, fax 035-6 72 99 39
E-mail: info@ishilversum.nl
Website: www.atscholen.nl

207. Mode Akademie Bijenveld
Arena 301, 1213 NW Hilversum
Tel. 033-2 45 39 99
E-mail: info@bijenveld.nl
Website: www.bijenveld.nl

208. Reed business opleidingen
Marathon 7, 1213 PD Hilversum
Postbus 447, 1200 AK Hilversum
Tel. 035-7 60 47 77
E-mail: info@reedbusinessopleidingen.nl
Website: www.reedbusinessopleidingen.nl

209. Van der Hoeven Nelissen Mediation & Onderhandelen
Bilderdijklaan 64, 1215 BP Hilversum
Tel. 06-20 39 23 63
E-mail: info@vanderhoevennelissen.nl
Website: www.vanderhoevennelissen.nl

210. Violenschool, International Primary School (IPS)
Rembrandtlaan 30, 1213 BH Hilversum
Tel. 035-6 21 60 53, fax 035-6 24 68 78
E-mail: via de website
Website: www.ipshilversum.nl

211. Stichting Opleiding en Deskundigheidsbevordering Registerloodsen (STODEL)
Berghaven 16, 3151 HB Hoek van Holland
Postbus 830, 3000 AV Rotterdam
Tel. 088-9 00 25 00
E-mail: info@loodswezen.nl
Website: www.loodswezen.nl

212. Priester- en diakenopleiding Bovendonk
Hofstraat 8, 4741 AK Hoeven
Tel. 0165-50 42 77
E-mail: info@pdob.nl
Website: www.pdob.nl

213. BGL & Partners (vestigingen in Driebergen, Eindhoven, Zwolle)
Wijkermeerstraat 30 A, 2131 HA Hoofddorp
Tel. 023-5 55 67 55, fax 023-5 65 11 56
E-mail: info@bgl.nl
Website: www.bgl.nl

214. CAE Oxford Aviation Academy Amsterdam
Diamantlaan 3, 2132 WV Hoofddorp
Tel. 023-5 67 17 22
E-mail: amsterdamacademy@cae.com
Website: www.therightwaytotheleftseat.nl

215. SVO (vestigingen in Best, Goes, Groningen, Heerhugowaard, Houten, Roermond, Rijswijk, Spakenburg, Wageningen, Zwolle) - Centraal adres:
Kroonslag 2, 3991 TW Houten
Postbus 516, 3990 GH Houten
Tel. 030-2 75 81 81, fax 030-2 73 33 74
E-mail: via de website
Website: www.svo.nl

216. SPSO/Academie integrale menswetenschappen
Huize Beukbergen, Amersfoortseweg 59, 3712 BB Huis ter Heide
Tel. 030-2 80 38 19, fax 030-2 80 37 95
E-mail: adm@spso.nl
Website: www.spso.nl

217. Alaya Raya Yoga School
Anton Pieckhof 12, 1789 AZ Huisduinen
Tel. 06-12 12 58 05
E-mail: info@alaya-yoga.nl
Website: www.alaya-yoga.nl

218. SCT adviesdiensten BV
Postbus 156, 1270 AD Huizen
Tel. 035-5 24 51 91, fax 035-5 24 51 93
E-mail: info@sct.nl
Website: www.sct.nl

219. Nederlandse chiropractoren associatie
Waagplein 4a, 8501 BE Joure
Tel. 0513-41 20 41, fax 0513-41 60 65
E-mail: info@chiropractie.nl
Website: www.nca.nl

220. Groot seminarie Rolduc
Heyendallaan 82, 6464 EP Kerkrade
Tel. 045-5 46 68 88
E-mail: rector@rolduc.nl
Website: www.rolduc.nl

221. Edunoord/Röben Opleiding & Training
Fahrenheitweg 6, 8912 AJ Leeuwarden
Postbus 330, 8901 BC Leeuwarden
Tel. 058-2 33 07 77
E-mail: info@edunoord.nl
Website: www.edunoord.nl

222. KMR Vastgoed-opleidingen
Hogewoerd 92, 2311 HS Leiden
Tel. 071-5 14 73 35
E-mail: via de website
Website: www.repetitoren.nl

223. Stichting Le Bon Départ
Van den Brandelerkade 27, 2313 GW Leiden
Tel. 071-3 41 17 03
E-mail: secretariaat@lebondepart.nl
Website: www.lebondepart.nl

224. Elckerlyc, International Primary School
Klimopzoom 41, 2353 RE Leiderdorp
Tel. 071-5 89 68 61
E-mail: international@elckerlyc.net
Website: www.elckerlyc.net

225. LOI-cursussen
Leidsedreef 2, 2352 BA Leiderdorp
Postbus 4200, 2350 CA Leiderdorp
Tel. 071-5 45 12 34
E-mail: c
Website: www.loi.nl

226. NSO Opleiding en Advies
Overgoo 15, 2266 JZ Leidschendam
Postbus 262, 2260 AG Leidschendam
Tel. 070-3 01 27 99, fax 070-3 27 65 37
E-mail: nso@tabaksdetailhandel.nl
Website: www.tabaksdetailhandel.nl

227. Geoplan
Heiligenbergerweg 5, 3833 AC Leusden
Tel. 088-5 56 05 70
E-mail: geoplan@geoplan.nl
Website: www.geoplan.nl

228. Horizon training & ontwikkeling
Heiligenbergerweg 5, 3833 AC Leusden
Postbus 394, 3830 AK Leusden
Tel. 088-5 56 02 00
E-mail: info@horizontraining.nl
Website: www.horizontraining.nl

229. IBO, het instituut voor bedrijfskunde
Heiligenbergerweg 5, 3833 AC Leusden
Postbus 48, 3830 AA Leusden
Tel. 088-5 56 11 00
E-mail: info@ibo.nl
Website: www.ibo.nl

230. ISVW
Dodeweg 8, 3832 RD Leusden
Tel. 033-4 65 07 00, fax 033-4 65 05 41
E-mail: info@isvw.nl
Website: www.isvw.nl

231. Modevakschool Adrienne
Nieuwe Voorweg 9, 7364 AD Lieren
Tel. 055-5 06 28 75
E-mail: modevakschooladrienne@kpnmail.nl
Website: www.modanka.nl

232. Tabitha opleiding
Anerweg Noord 86, 7775 AV Lutten
Tel. 0570-71 01 36
E-mail: opleidingen@tabitha.nl
Website: www.tabitha.nl

233. NIVOO
Molenweg 6, 3738 DE Maartensdijk
Postbus 13, 3738 ZL Maartensdijk
Tel. 0346-21 74 21, fax 0346-21 07 41
E-mail: via de website
Website: www.nivoo.nl

234. Maastricht School of Management (MSM)
Endepolsdomein 150, 6229 EP Maastricht
Postbus 1203, 6201 BE Maastricht
Tel. 043-3 87 08 08, fax 043-3 87 08 02
E-mail: info@msm.nl
Website: www.msm.nl

235. Porta Mosana College
Oude Molenweg 130, 6228 XW Maastricht
Postbus 4050, 6202 RB Maastricht
Tel. 043-3 56 58 56, fax 043-3 61 91 52
E-mail: info@portamosana.nl
Website: www.portamosana.nl

236. United World College Maastricht (UWC Maastricht)
Discusworp 65, 6225 XP Maastricht
Postbus 1187, 6201 BD Maastricht
Tel. 043-2 41 04 10
E-mail: info@uwcmaastricht.com
Website: www.uwc-maastricht.com

237. European Aviation Agency (EAA), pilot training
Vliegveldweg 156, 6199 AD Maastricht Airport
Tel. 043-3 65 06 40
E-mail: via de website
Website: www.pilotenopleiding.nl

238. Maastricht Upper Area Control centre (MUAC)
Horsterweg 11, 6199 AC Maastricht Airport
Tel. 043-3 66 12 34, fax 043-3 66 13 00
E-mail: masuac.students@eurocontrol.int
Website: www.eurocontrol.int

239. Hogeschool Natuurlijke Gezondheid
Noordeinde 22, 7941 AT Meppel
Postbus 258, 7940 AG Meppel
Tel. 0522-26 01 06 (vrij & za)
E-mail: info@hogeschoolnatuurlijkegezondheid.nl
Website: www.hogeschoolmeppel.nl

240. Modevakschool Tunica
Groensingel 11, 9991 EB Middelstum
Tel. 0595-55 27 63
E-mail: modevakschool-tunica@modanka.nl
Website: www.modanka.nl

241. BACE Academy
Parkerbaan 20, 3439 MC Nieuwegein
Tel. 030-6 00 50 80, fax 030-6 00 50 85
E-mail: info@bace.nl
Website: www.bace.nl

242. De VerkeersAcademie
Newtonbaan 2, 3439 NK Nieuwegein
Tel. 030-6 04 25 14, fax 030-6 04 72 29
E-mail: info@deverkeersacademie.nl
Website: www.deverkeersacademie.nl

243. Global Knowledge
Iepenhoeve 5, 3438 MR Nieuwegein
Postbus 1059, 3430 BB Nieuwegein
Tel. 030-6 08 94 44, fax 030-6 06 16 52
E-mail: info@globalknowledge.nl
Website: www.globalknowledge.nl

244. IBKI
Structuurbaan 2, 3439 MB Nieuwegein
Postbus 2360, 3430 DV Nieuwegein
Tel. 030-6 08 77 66
E-mail: info@ibki.nl
Website: www.ibki.nl

245. Koninklijke Metaalunie
Einsteinbaan 1, 3439 NJ Nieuwegein
Postbus 2600, 3430 GA Nieuwegein
Tel. 030-6 05 33 44, fax 030-6 05 31 22
E-mail: info@metaalunie.nl
Website: www.metaalunie.nl

246. NVM Studiecentrum Opleidingen Makelaardij (SOM)
Fakkelstede 1, 3431 HZ Nieuwegein
Tel. 030-6 08 51 60
E-mail: info@nvmsom.nl
Website: www.nvmsom.nl

247. NVP (Nederlandse Vereniging voor
Personeelsmanagement & Organisatieontwikkeling)
Villawal 1, 3432 NX Nieuwegein
Postbus 70, 3430 AB Nieuwegein
Tel. 030-2 36 71 01
E-mail: via de website
Website: www.nvp-plaza.nl

248. Raja yoga Nederland
Schouwstede 1 d, 3431 JA Nieuwegein
Tel. 06-25 04 82 08
E-mail: info@raja-yoga.nl
Website: www.raja-yoga.nl

249. SRA Academie
Marconibaan 41, 3439 MR Nieuwegein
Postbus 335, 3430 AH Nieuwegein
Tel. 030-6 56 60 60, fax 030-6 56 60 66
E-mail: via de website
Website: www.sra.nl

250. Stichting Bedrijfsfonds Apotheken (SBA)
Fultonbaan 22, 3439 NE Nieuwegein
Postbus 219, 3430 AE Nieuwegein
Tel. 030-6 00 85 20, fax 030-6 00 85 30
E-mail: sba@sbaweb.nl
Website: www.sbaweb.nl

251. Stichting OOI (vestigingen in Groningen, Sittard,
Spijkenisse) - Centraal adres:
Einsteinbaan 1, 3439 NJ Nieuwegein
Postbus 2600, 3430 GA Nieuwegein
Tel. 030-6 30 04 04
E-mail: info@ooi.nl of via de website
Website: www.ooi.nl

252. Stichting Permanente Educatie in de Horeca (SPEH)
Postbus 28, 3430 AA Nieuwegein
E-mail: via de website
Website: www.speh.nl

253. Stichting Wateropleidingen
Groningenhaven 7, 3433 PE Nieuwegein
Postbus 1410, 3430 BK Nieuwegein
Tel. 030-6 06 94 00
E-mail: info@wateropleidingen.nl
Website: www.wateropleidingen.nl

254. Vereniging Industrieel Oppervlaktebehandeld Nederland
(ION)
Einsteinbaan 1, 3439 NJ Nieuwegein
Postbus 2600, 3430 GA Nieuwegein
Tel. 030-6 30 03 90, fax 030-6 30 03 89
E-mail: info@vereniging-ion.nl
Website: www.vereniging-ion.nl

255. Academie voor Chinese geneeswijze Qing-bai
Postbus 31412, 6503 CK Nijmegen
Tel. 0485-55 08 60
E-mail: info@qing-bai.nl
Website: www.tcmbijscholing.nl

256. Instituut Penso
Van Triesstraat 1d, 6512 CW Nijmegen
Tel. 024-3 22 67 62
E-mail: via de website
Website: www.penso.nl

257. Instituut voor Toegepaste Haptonomie (ITH)
Mariënburg 67, 6511 PS Nijmegen
Tel. 024-6 45 24 51
E-mail: info@ith-haptonomie.nl
Website: www.ith-haptonomie.nl

258. Jungiaans instituut
Lankforst 26-10, 6538 GX Nijmegen
Postbus 38315, 6503 AH Nijmegen
Tel. 024-3 44 00 84
E-mail: info@jungiaansinstituut.nl
Website: www.jungiaansinstituut.nl

259. Linnartz van Binsbergen opleidingengroep
(vestigingen in Amsterdam, Antwerpen, Breda,
Groningen, Maastricht, Rotterdam) - Centraal adres:
St. Annastraat 11-13, 6524 EB Nijmegen
Tel. 024-3 22 97 16, fax 024-3 22 70 20
E-mail: info@linnartz.nl
Website: www.linnartz.nl

260. Opleidingsinstituut voor Vrijzinnig Pastoraat (OVP)
Drs F.C.E. Muller, Claustrum 28, 6515 GK Nijmegen
E-mail: info@instituutovp.nl
Website: www.instituutovp.nl

Centrale adreslijst OVER's (overige adressen)

261. Shiatsu massage opleiding Shu Ha Ri
Postbus 31412, 6503 CK Nijmegen
Tel. 0485-55 08 65
E-mail: info@shiatsumassage.nl
Website: www.shiatsumassage.nl

262. StudyTravel
Oranjesingel 19, 6511 NM Nijmegen
Tel. 024-3 88 86 66
E-mail: info@studytravel.nl
Website: www.studytravel.nl

263. De Baak Management Centrum VNO-NCW
    (vestiging in Noordwijk)
Koningin Astridboulevard 23, 2202 BJ Noordwijk
Postbus 69, 2200 AB Noordwijk
Tel. 071-3 69 01 00
E-mail: info@debaak.nl
Website: www.debaak.nl

264. Beroepsopleiding Makelaars BV
Gildeweg 5A, 2632 BD Nootdorp
Postbus 135, 2630 AC Nootdorp
Tel. 070-3 56 32 00, fax 070-3 65 44 91
E-mail: info@makelaarsopleidingen.nl
Website: www.makelaarsopleidingen.nl

265. Merlijn Mediation
't Raadhuis, Dorpsstraat 7, 5391 AV Nuland
Postbus 75, 5390 AB Nuland
Tel. 073-5 32 35 82, fax 073-5 32 58 29
E-mail: info@merlijngroep.nl
Website: www.merlijngroep.nl

266. Natura Foundation
Edisonstraat 64, 3281 NC Numansdorp
Postbus 7279, 3280 AB Numansdorp
Tel. 0186-57 71 77
E-mail: info@naturafoundation.nl
Website: www.naturafoundation.nl

267. Interlingua
Duinzigt, Rhijngeesterstraatweg 40 D, 2341 BV Oegstgeest
Tel. 088-5 56 02 50
E-mail: info@interlingua.nl
Website: www.interlingua.nl

268. International School Het Rijnlands Lyceum
Apollolaan 1, 2341 BA Oegstgeest
Postbus 61, 2340 AB Oegstgeest
Tel. 071-5 19 35 00, fax 071-5 19 35 01
E-mail: administration@rijnlandslyceum-rlo.nl
Website: www.rlo.nl

269. International School Eerde,
    Primary School & Secondary school
Kasteellaan 1, 7731 PJ Ommen
Tel. 0529-45 14 52, fax 0529-45 63 77
E-mail: info@eerde.nl
Website: www.eerde.nl

270. ARTRA Arbeidsmarkttrainingen
Utrechtseweg 115, 6862 AE Oosterbeek
Postbus 208, 6860 AE Oosterbeek
Tel. 026-3 33 75 72
E-mail: artra@artra.nl
Website: www.artra.nl

271. Yogacentrum Zweiersdal
Weverstraat 65, 6862 DK Oosterbeek
Tel. 026-3 39 13 69
E-mail: infoyoga@zweiersdal.nl
Website: www.zweiersdal.nl

272. European Shiatsu Academy
Postbus 12, 1510 AA Oostzaan
Tel. 06-46 77 21 96
E-mail: academy@shiatsunederland.nl
Website: www.shiatsunederland.nl

273. Stichting Opleiding medewerkers in het notariaat
Rodezand 42, 3421 BB Oudewater
Postbus 14, 3420 DA Oudewater
Tel. 0348-56 37 00
E-mail: info@somnotariaat.nl
Website: www.somnotariaat.nl

274. Nationale Handels Academie (NHA)
Industrieterrein 37, 5981 NK Panningen
Postbus 7006, 5980 AA Panningen
Tel. 077-3 06 70 00, fax 077-3 07 78 72
E-mail: via de website
Website: www.nha.nl

275. Stichting Energie-onderzoek Centrum Nederland (ECN)
Westerduinweg 3, 1755 LE Petten
Postbus 1, 1755 ZG Petten
Tel. 088-5 15 49 49
E-mail: via de website
Website: www.ecn.nl

276. PediRoda
R. van Rijnstraat 40, 7462 BR Rijssen
Tel. 0548-54 50 77
E-mail: info@pediroda.nl
Website: www.pediroda.nl

277. CBR (Centraal Bureau Rijvaardigheidsbewijzen)
Sir Winston Churchilllaan 297, 2288 DC Rijswijk
Postbus 5301, 2280 HH Rijswijk
Tel. 0900-0210 (0,60/gespr)
Website: www.cbr.nl

278. Kiwa training en consultancy
Sir Winston Churchilllaan 273, 2288 EA Rijswijk
Postbus 70, 2280 AB Rijswijk
Tel. 070-4 14 44 00, fax 070-4 14 44 20
E-mail: info@kiwa.nl
Website: www.kiwa.nl

279. NIVE (Nederlandse vereniging voor management)
Sir Winston Churchilllaan 366c, 2285 SJ Rijswijk
Postbus 148, 2280 AC Rijswijk
Tel. 070-3 00 15 00
E-mail: info@niveopleidingen.nl
Website: www.niveopleidingen.nl

280. Stichting ENVOZ
Postbus 1064, 2280 CB Rijswijk
Tel. 070-3 07 03 44, fax 070-4 15 09 26
E-mail: info@envoz.nl
Website: www.envoz.nl

608

281. A New Spring BV
Kratonkade 21-23, 3024 ES Rotterdam
Postbus 28053, 3003 KB Rotterdam
Tel. 010-2 44 74 60
E-mail: info@anewspring.nl
Website: www.anewspring.nl

282. Alliance Française des Pays-Bas
Westersingel 14, 3014 GN Rotterdam
Tel. 010-4 36 04 21
E-mail: rotterdam@alliance-francaise.nl
Website: www.alliance-francaise.nl

283. American International School of Rotterdam
Verhulstlaan 21, 3055 WJ Rotterdam
Tel. 010-4 22 53 51
E-mail: queries@aisr.nl
Website: www.aisr.nl

284. ASPECT, International Languages Schools
 (vertegenwoordiging: INTERLANGUAGE)
Heemraadssingel 137, 3022 CD Rotterdam
Postbus 88, 3000 AB Rotterdam
Tel. 010-4 77 74 55
E-mail: info@interlanguage.nl
Website: www.aspectholland.nl

285. Centrum audiovisuele vakopleidingen,
 onderdeel van de RBS-groep
Samuel Mullerplein 10, 3023 SK Rotterdam
Tel. 010-4 25 74 77, fax 010-4 76 83 79
E-mail: mail@rbs-group.nl
Website: www.rbs-group.nl

286. De Blijberg, International Primary School
Gordelweg 216, 3039 GA Rotterdam
Tel. 010-4 66 96 29
E-mail: info@blijberg.nl
Website: www.blijberg.nl

287. Ernst & Young Academy
Marten-Meesweg 51, 3068 AV Rotterdam
Tel. 088-4 07 10 00, fax 088-4 07 89 70
E-mail: via de website
Website: www.ey.nl

288. Havo/vwo voor muziek en dans
Kruisplein 26, 3012 CC Rotterdam
Tel. 010-2 17 11 00, fax 010-2 17 11 56
E-mail: info@hmd.nl
Website: www.havovoormuziekendans.nl

289. INTERLANGUAGE Taalreizen
Heemraadssingel 137, 3022 CD Rotterdam
Postbus 88, 3000 AB Rotterdam
Tel. 010-4 77 74 55
E-mail: info@interlanguage.nl
Website: www.interlanguage.nl

290. Internationale taalstudies Don Quijote
Graaf Florisstraat 38, 3021 CH Rotterdam
Tel. 010-4 76 35 33, fax 010-4 76 89 27
E-mail: via de website
Website: www.donquijote.nl

291. Nederlandse beautyschool
 (v/h Nederlandse visagistenschool)
Wijnhaven 72/86, 3011 WT Rotterdam
Tel. 010-4 14 58 17, fax 010-4 14 05 25
E-mail: info@nederlandse-beautyschool.nl
Website: www.nederlandse-visagistenschool.nl

292. Nederlandse kappersakademie (vestigingen in
 Amersfoort, Amsterdam, Den Haag, Rotterdam) -
 Centraal adres:
Mariniersweg 149, 3011 NK Rotterdam
Tel. 010-4 11 13 15
E-mail: info@kappersakademie.nl
Website: www.kappersakademie.nl

293. Opleidingsinstituut Knetemann (vestigingen in
 Den Bommel, Rotterdam) - Centraal adres:
Melbournestraat 70a, 3047 BJ Rotterdam
Tel. 010-4 65 35 51
E-mail: info@knetemann-opleidingen.nl
Website: www.knetemann-opleidingen.nl

294. Rotterdamse snijschool
Heemraadsingel 166, 3021 DL Rotterdam
Tel. 010-4 25 74 02
E-mail: info@snijschool.nl
Website: www.snijschool.nl

295. Timsa Yoga
Waterloostraat 170A, 3062 TZ Rotterdam
Tel. 06-18 03 98 81
E-mail: info@timsayoga.nl
Website: www.timsayoga.nl

296. Transfergroep Rotterdam
Academieplein, A-vleugel, G.J. de Jonghweg 4-6, 3015 GG Rotterdam
Tel. 010-7 94 68 00
E-mail: transfergroep@hr.nl
Website: www.transfergroep.nl

297. Travel Institute reisvakschool
Goudsesingel 154, 3011 KD Rotterdam
Tel. 010-4 13 65 90
E-mail: info@travelinstitute.nl
Website: www.thetravelinstitute.nl

298. Wolfert van Borselen, scholengroep voor
 openbaar onderwijs
Bentincklaan 280, 3039 KK Rotterdam
Tel. 010-8 90 77 21
E-mail: secretariaat@wolfert.nl
Website: www.wolfert.nl

299. BGP (Stichting Beroepsopleiding GrootkeukenPersoneel)
Floris Schoutenstraat 40, 2172 SL Sassenheim
Tel. 0252-22 24 95
E-mail: info@bgp-opleidingen.nl
Website: www.bgp-opleidingen.nl

300. Luchtverkeersleiding Nederland
Stationsplein Zuid West 1001, 1117 CV Schiphol Oost
Postbus 75200, 1117 ZT Luchthaven Schiphol
Tel. 020-4 06 36 39, fax 020-4 06 36 36
E-mail: recruitment@lvnl.nl
Website: www.luchtverkeersleider.nl

301. Koninklijke Kentalis (teksttelefoon: 073-5 58 83 78)
Theerestraat 42, 5271 GD Sint Michielsgestel
Postbus 7, 5270 BA Sint-Michielsgestel
Tel. 073-5 58 81 11, fax 073-5 51 21 57
E-mail: info@kentalis.nl
Website: www.kentalis.nl

302. Rhetorica, instituut voor communicatie
Nieuweweg 109, 3765 GC Soest
Tel. 035-6 03 34 35
E-mail: info@rhetorica.nl
Website: www.rhetorica.nl

303. Myouthic, centrum voor kunst en cultuur
Wijngaard 8, 6017 AG Thorn
Postbus 3100, 6017 ZC Thorn
Tel. 0475-56 19 46
E-mail: info@myouthic.nl
Website: www.myouthic.nl

304. Examen en voorlichtingssecratariaat Federatie Taxateurs, Makelaars, Veilinghouders in roerende zaken (TMV)
Reitseplein 8, 5037 AA Tilburg
Postbus 90154, 5000 LG Tilburg
Tel. 013-5 94 41 40, fax 013-5 94 47 40
E-mail: examensecretariaat.federatie-tmv@kpnmail.nl
Website: www.federatie-tmv.nl

305. Instituut Voor Opleidingen in de Reiswereld (IVOR)
Korvelseweg 51, 5025 JB Tilburg
Tel. 013-5 80 13 12
E-mail: info@ivor-reisbegeleiding.nl
Website: www.reisleiding.nl

306. Instituut Cuppen-Geurs
Mw. T. Lamerichs-Hennen, De Parkelaar 39, 7339 JC Ugchelen
Tel. 055-5 33 35 97
E-mail: info@instituutcuppens-geurs.nl
Website: www.instituutcuppens-geurs.nl

307. Haarlemse Akademie
Westerwerf 9c, 1911 JA Uitgeest
Tel. 0251-31 73 22, fax 0251-32 16 69
E-mail: info@haarlemseakademie.nl
Website: www.haarlemseakademie.nl

308. CAP Gemini (vestigingen in Amsterdam, Apeldoorn, Eindhoven, Groningen, Heerlen, Utrecht, Voorburg) - Centraal adres:
Papendorpseweg 100, 3528 BJ Utrecht
Tel. 030-6 89 00 00, fax 030-6 89 99 99
E-mail: via de website
Website: www.nl.capgemini.com

309. Centrale RINO-Groep
Sint Jacobsstraat 12-14, 3511 BS Utrecht
Postbus 347, 3500 AH Utrecht
Tel. 030-2 30 84 50
E-mail: infodesk@rinogroep.nl
Website: www.rinogroep.nl

310. College Zorg Opleidingen (CZO)
Oudlaan 4, 3515 GA Utrecht
Postbus 9696, 3506 GR Utrecht
Tel. 030-2 73 92 08
E-mail: info@czo.nl
Website: www.czo.nl

311. Dante Alighieri Utrecht
Gebouw Descartes, Campusplein 7-8, 3584 ED Utrecht
Tel. 06-46 36 79 93
E-mail: secretariaat@danteutrecht.nl
Website: www.danteutrecht.nl

312. Dutch HealthTec Academy
St. Laurensdreef 22, 3565 AK Utrecht
Postbus 15102, 3501 BC Utrecht
Tel. 030-6 30 35 55
E-mail: info@DHTAt.nl
Website: www.dutchhealthtecacademy.nl

313. Ergotherapie Nederland
Orteliuslaan 750, 3528 BB Utrecht
Tel. 030-2 62 83 56
E-mail: en@ergotherapie.nl
Website: www.ergotherapie.nl

314. European Pilot Selection & Training (EPST)
Westkanaaldijk 5-11, 3542 DA Utrecht
Tel. 030-2 38 32 32
E-mail: info@epst.com
Website: www.epst.nl

315. FENAC (FEderatie van Nederlandse Audiologische Centra)
Chr. Krammlaan 8-10, 3571 AX Utrecht
Postbus 222, 3500 AE Utrecht
Tel. 030-2 76 99 02, fax 030-2 71 28 92
E-mail: info@fenac.nl
Website: www.fenac.nl

316. Hendrik Kraemer Instituut (HKI)
Joseph Haydnlaan 2a, 3533 AE Utrecht
Postbus 8504, 3503 RM Utrecht
Tel. 030-8 80 18 80
E-mail: missionair@pkn.nl
Website: www.pkn.nl/organisatie/dienstenorganisatie/Hendrik-Kraemer-Instituut/paginas/Default.aspx

317. Het Johan Borgman College (HJBC)
Koningsweg 2, 3582 GE Utrecht
Tel. 06-28 87 44 05
E-mail: info@hjbc.nl
Website: www.hjbc.nl

318. Holos academie voor massagetherapie
Mariaplaats 4a, 3511 LH Utrecht
Tel. 030-2 90 05 07, fax 030-2 90 05 27
E-mail: info@holos.nl
Website: www.holos.nl

319. ICM Opleidingen
Niasstraat 1, 3531 WR Utrecht
Postbus 8057, 3503 RB Utrecht
Tel. 030-2 91 98 88, fax 030-2 91 98 80
E-mail: info@icm.nl
Website: www.icm.nl

320. Instituto Cervantes
Domplein 3, 3512 JC Utrecht
Tel. 030-2 42 84 77, fax 030-2 33 29 70
E-mail: cenutr@cervantes.es
Website: utrecht.cervantes.es/nl/default.shtm

321. Instituut voor Audio- en Belichtingstechniek (IAB)
Schaverijstraat 8, 3534 AS Utrecht
Tel. 030-2 63 06 00
E-mail: info@iabopleidingen.nl
Website: www.iabopleidingen.nl

322. Instituut voor PraktijkDiploma's (IPD)
Demkaweg 21, 3555 HW Utrecht
Tel. 030-2 44 77 30, fax 030-2 44 38 88
E-mail: info@ipd-opleidingen.nl
Website: www.ipd-opleidingen.nl

323. Johann A. Alsbach Stichting, onderdeel van de VMN
Kanaalweg 108, 3533 HJ Utrecht
Tel. 030-2 96 78 07
E-mail: info@vmn.nl
Website: www.vmn.nl

324. Kiwa Carity BV
Ptolemaeuslaan 900, 3528 BV Utrecht
Tel. 030-2 34 56 78
E-mail: infocarity@kiwa.nl
Website: www.kiwacarity.nl

325. Landelijk Kennisinstituut Cultuureducatie en
   Amateurkunst (LKCA)
Kromme Nieuwegracht 66, 3512 HL Utrecht
Postbus 452, 3500 AL Utrecht
Tel. 030-7 11 51 00
E-mail: info@lcka.nl
Website: www.lkca.nl

326. Languages PLUS Taalreizen
Hooghiemstraplein 65, 3514 AX Utrecht
Tel. 030-2 34 13 12, fax 030-2 76 73 73
E-mail: info@plustaalreizen.nl
Website: www.plustaalreizen.nl

327. Nederlands Instituut voor Psychologen (NIP)
Nieuwekade 1-5, 3511 RV Utrecht
Postbus 2085, 3500 GB Utrecht
Tel. 030-8 20 15 00
E-mail: info@psynip.nl
Website: www.psynip.nl

328. Nederlandse Voedsel- en WarenAutoriteit (NVWA),
   hoofdkantoor
Catharijnesingel 59, 3511 GG Utrecht
Postbus 43006, 3540 AA Utrecht
Tel. 0900-0388, fax 088-2 23 33 34
E-mail: info@nvwa.nl
Website: www.vwa.nl

329. NS Opleidingen
Laan van Puntenburg 100, 3511 ER Utrecht
Postbus 2025, 3800 HA Utrecht
Tel. 088-6 71 10 00, fax 088-6 71 11 12
E-mail: via de website
Website: www.werkenbijns.nl

330. REA College Nederland (vestigingen in Ermelo,
   Groningen, Heerlen, Nijmegen, Utrecht, Wijk aan Zee) -
   Centraal adres:
Kretadreef 61, 3562 VA Utrecht
Tel. 0341-49 85 00
E-mail: info@reacollegenederland.nl
Website: www.reacollegenederland.nl

331. Samsara yoga opleidingen
Slingeraklaan 152, 3544 WG Utrecht
Tel. 030-2 25 06 16
E-mail: info@samsara.nl
Website: www.samsara.nl

332. Stichting EXIN
Radboudkwartier 223, 3511 CJ Utrecht
Postbus 19147, 3501 DC Utrecht
Tel. 030-2 34 48 11
E-mail: via de website
Website: www.exin.nl

333. Stichting Opleidingskunde (FCE) (vestigingen in Gent
   [België], Utrecht) - Centraal adres:
Maliebaan 45, 3581 CD Utrecht
Tel. 030-2 39 40 50
E-mail: info@corporate-education.com
Website: www.corporate-education.com

334. Stichting Studiecentrum Rechtspleging (SSR)
   (vestigingen in Amsterdam, Rotterdam, Utrecht) -
   Centraal adres:
Uniceflaan 1, 3527 WX Utrecht
Postbus 5015, 3502 JA Utrecht
Tel. 088-3 61 32 11
E-mail: ssrservicedesk@ssr.nl
Website: www.ssr.nl

335. Stichting Yoga en vedanta
Postbus 220, 3500 AE Utrecht
Tel. 030-2 31 09 11, fax 030-2 80 41 58
E-mail: info@yoga.nl
Website: www.yogaenvedanta.nl

336. SVOZ opleidingen in de zorg
Kaap Hoorndreef 44, 3563 AV Utrecht
Postbus 9409, 3506 GK Utrecht
Tel. 030-2 62 61 85
E-mail: info@svoz.nl
Website: www.svoz.nl

337. Utrechts Centrum voor de Kunsten (UCK)
Domplein 4, 3512 JC Utrecht
Postbus 65, 3500 AB Utrecht
Tel. 030-2 33 99 33, fax 030-2 33 99 30
E-mail: info@uck.nl
Website: www.uck.nl

338. Winford (vestigingen in Amsterdam, Den Haag, Leiden,
   Rotterdam, Utrecht) - Centraal adres:
Nieuwegracht 69A, 3512 LG Utrecht
Tel. 030-2 31 54 60
E-mail: via de website
Website: www.winford.nl

339. SPV
Elspeterweg 61, 8171 ES Vaassen
Postbus 110, 8170 AC Vaassen
Tel. 0578-57 37 03
E-mail: info@spv.nu
Website: www.spvc.nu

340. International Butler Academy
Kasteel Oost, Oosterweg 36, 6301 PX Valkenburg aan de Geul
Tel. 0344-67 39 37
E-mail: butlerschool@butlerschool.com
Website: www.butlerschool.com

341. VOAA Industrial Engineering
Plesmanstraat 62, 3905 KZ Veenendaal
Tel. 0318-58 43 43, fax 0318-58 43 44
E-mail: via de website
Website: www.voaa.nl

342. AVOC talen
Burgemeester van Rijnsingel 10, 5913 AN Venlo
Tel. 077-3 51 95 23, fax 077-3 51 74 55
E-mail: avoc@avoc.nl
Website: www.avoc.nl

343. De Tiltenberg, priesteropleiding
Zilkerduinweg 375, 2114 AM Vogelenzang
Tel. 0252-34 53 45, fax 0252-34 53 60
E-mail: post@tiltenberg.org
Website: www.tiltenberg.org

344. GO-opleidingen
Charlotte van Pallandtlaan 18, 2272 TR Voorburg
Postbus 164, 2270 AD Voorburg
Tel. 070-3 51 23 80, fax 070-3 54 97 89
E-mail: info@goopleidingen.nl
Website: www.goopleidingen.nl

345. British School in The Netherlands,
Seniorschool (11-18 years)
Jan van Hooflaan 3, 2252 BG Voorschoten
Tel. 071-5 60 22 22, fax 071-5 60 22 00
E-mail: senior@britishschool.nl
Website: www.britishschool.nl

346. Instituut Jeroen Bosch, talenonderwijscentrum
Taalstraat 36, 5261 BE Vught
Tel. 073-6 57 90 53, fax 073-6 57 14 80
E-mail: vught@instituutjeroenbosch.nl
Website: www.instituutjeroenbosch.nl

347. Taleninstituut 'Regina Coeli'
Martinilaan 12, 5262 BR Vught
Postbus 2055, 5260 CB Vught
Tel. 073-6 84 87 90, fax 073-6 56 34 55
E-mail: rcmail@reginacoeli.nl
Website: www.reginacoeli.nl

348. C point
Agro Business Park 65, 6708 PV Wageningen
Postbus 7001, 6700 CA Wageningen
Tel. 0317-49 15 78, fax 0317-46 04 00
E-mail: info@dlvplant.nl
Website: www.cpoint.nl

349. American School of The Hague
Rijksstraatweg 200, 2241 BX Wassenaar
Tel. 070-5 12 10 60, fax 070-5 11 24 00
E-mail: admissions@ash.nl
Website: www.ash.nl

350. Sekolah Indonesia
Rijksstraatweg 679, 2245 CB Wassenaar
Tel. 070-5 17 88 75, fax 070-5 14 28 52
E-mail: info@sekolahindonesia.nl
Website: www.sekolahindonesia.nl

351. Heliomare
Relweg 51, 1949 EC Wijk aan Zee
Postbus 78, 1940 AB Beverwijk
Tel. 088-9 20 88 88
E-mail: info@heliomare.nl
Website: www.heliomare.nl

352. Algemene Nederlandse Branche Organisatie
Schoonheidsverzorging (ANBOS)
Pompmolenlaan 16, 3447 GK Woerden
Postbus 2099, 3440 DB Woerden
Tel. 0348-74 82 00
E-mail: info@anbos.nl
Website: www.anbos.nl

353. Stichting Instituut van Gerechtstolken en -Vertalers
(SIGV), secretariaat
Stationsstraat 6A, 1506 DG Zaandam
Tel. 075-6 31 30 20, fax 075-6 16 13 01
E-mail: secretariaat@sigv.nl
Website: www.sigv.nl

354. Bestuursacademie Nederland
Van Heemstraweg West 5, 5301 PA Zaltbommel
Postbus 2083, 5300 CB Zaltbommel
Tel. 0418-68 29 00
E-mail: info@bestuursacademie.nl
Website: www.bestuursacademie.nl

355. ISBW opleiding & training
Van Heemstraweg West 5, 5301 PA Zaltbommel
Postbus 266, 5300 AG Zaltbommel
Tel. 0418-68 85 88
E-mail: info@isbw.nl
Website: www.isbw.nl

356. Schouten & Nelissen University
Van Heemstraweg-west 5, 5301 PA Zaltbommel
Postbus 266, 5300 AG Zaltbommel
Tel. 0418-68 86 66, fax 0418-68 00 99
E-mail: info@sn.nl
Website: www.sn.nl

357. Bijbelschool De Wittenberg
Krakelingweg 10, 3707 HV Zeist
Tel. 030-6 92 41 66
E-mail: info@dewittenberg.nl
Website: www.dewittenberg.nl

358. NIOW Advies & Opleiding
De dreef 21, 3706 BR Zeist
Postbus 78, 3700 AB Zeist
Tel. 030-2 04 02 45, fax 030-2 04 02 46
E-mail: experts@niow.nl
Website: www.niow.nl

359. EVO
Signaalrood 60, 2718 SG Zoetermeer
Postbus 350, 2700 AJ Zoetermeer
Tel. 079-3 46 73 46, fax 079-3 46 78 00
E-mail: evo@evo.nl
Website: www.evo.nl

360. KOB (Kader- en Ondernemersopleiding Bouwbedrijf)
Zilverstraat 69, 2718 RP Zoetermeer
Postbus 340, 2700 AH Zoetermeer
Tel. 079-3 25 22 62, fax 079-3 25 22 82
E-mail: bouwopleiding@kob.nl
Website: www.kob.nl

361. Nederlands Instituut voor Lastechniek (NIL)
Boerhaavelaan 40, 2713 HX Zoetermeer
Postbus 190, 2700 AD Zoetermeer
Tel. 088-0 18 70 00, fax 088-0 18 70 98
E-mail: info@nil.nl
Website: www.nil.nl

362. NEVI Opleidingen
Orfeoschouw 2, 2726 JC Zoetermeer
Postbus 198, 2700 AD Zoetermeer
Tel. 088-3 30 07 00, fax 088-3 30 07 70
E-mail: info@nevi.nl
Website: www.nevi-opleiding.nl

363. Opleidingen Bouwcentrum (BOB)
Zilverstraat 69, 2718 RP Zoetermeer
Postbus 715, 2700 AS Zoetermeer
Tel. 079-3 25 24 50, fax 079-3 25 24 60
E-mail: info@bob.nl
Website: www.bob.nl

364. SETH, academie voor eclectische psychotherapie
Vogeldreef 1, 2727 AL Zoetermeer
Postbus 95909, 2509 CX Den Haag
Tel. 079-3 31 73 31/3 31 97 04
E-mail: info@seth.nl
Website: www.seth.nl

365. Modevakschool Iris
Kastelenakkers 21, 9472 PK Zuidlaren
Tel. 050-4 09 34 01/0618482850
E-mail: a-annen@modevakschool-iris.nl
Website: www.modevakschool-iris.nl

366. Academie voor klassieke homeopathie
Dokterspad 2, 8025 AW Zwolle
Tel. 0575-57 46 21
E-mail: administratie@avhk.nl
Website: www.AcademievoorKlassiekeHomeopathie.nl

367. Ambulancezorg Nederland
Veerallee 68, 8019 AE Zwolle
Postbus 489, 8000 AL Zwolle
Tel. 038-4 22 57 72
E-mail: info@ambulancezorg.nl
Website: www.ambulancezorg.nl

368. HS Schumann akademie
Rietvoornkolk 2, 8017 PC Zwolle
Postbus 1558, 8001 BN Zwolle
Tel. 038-4 60 26 90
E-mail: info@schumann.nl
Website: www.schumann.nl
BRIN: 25AL

369. SOSV Opleidingen
Burgemeester Roelenweg 26, 8021 EW Zwolle
Postbus 425, 8000 AK Zwolle
Tel. 033-4 54 67 08
E-mail: info@sosv.nl
Website: www.sosv.nl

370. Topsportschool Zwolle (Centre for Sports & Education - CSE)
Boerendanserdijk 2a, 8024 AH Zwolle
Tel. 088-8 50 87 36
E-mail: info@cse-zwolle.nl
Website: www.cse-zwolle.nl

371. Kunsthumaniora (vestigingen in Antwerpen, Wilrijk) - Centraal adres:
Karel Oomsstraat 24, B-2018 Antwerpen België
Tel. 00-32-3-2 16 02 36, fax 00-32-3-2 48 54 22
E-mail: kunsthumaniora@telenet.be
Website: www.kunsthumaniora.be

372. Provinciale Technische Scholen (PTS) Boom
Beukenlaan 44/1, B-2850 Boom België
Tel. 00-32-3-8 80 82 00, fax 00-32-3-8 80 82 30
E-mail: info@ptsboom.provant.be
Website: www.provant.be

373. Jing Ming
Koning Albert 1-Laan 6, B-8200 Brugge België
Tel. 00-32-499-21 41 89, fax 00-32-50-67 53 19
E-mail: info@jingming.org
Website: www.jingming.org

374. Kunsthumaniora
Chrysantenstraat 26, B-1020 Brussel België
Tel. 00-32-2-5 02 05 04, fax 00-32-2-5 02 62 33
E-mail: kh.brussel@g-o.be
Website: www.kunsthumaniorabrussel.be

375. International Management Institute (vestigingen in Antwerpen, Diegem/Brussel) - Centraal adres:
Grensstraat 7, B-1831 Diegem België
Tel. 00-32-2-7 21 98 56, fax 00-32-2-7 21 32 34
E-mail: info@timi.edu
Website: www.timi.edu

376. MUDA Instituut voor muziek en dans
Hofbilkstraat 21, B-9940 Evergem België
Tel. 00-32-9-2 25 74 45, fax 00-32-9-2 33 62 93
E-mail: via de website
Website: www.muda.be

377. Humaniora Kindsheid Jesu
Kempische Steenweg 400, B-3500 Hasselt België
Tel. 00-32-11-27 84 60
E-mail: info@kjhasselt.be
Website: www.kjhasselt.be

378. Lemmensinstituut
Lemmensberg 3, B-3000 Leuven België
Tel. 00-32-16-23 39 67, fax 00-32-16-22 24 77
E-mail: info.kso@lemmens.be
Website: lemmens.luca-arts.be

379. Heilig Graf instituut
Paterstraat 28, B-2300 Turnhout België
Tel. 00-32-14-41 54 68
E-mail: info@heilig-graf.be
Website: www.heilig-graf.be

380. Anglo European College of Chiropractic
13-15 Parkwood Road, BH5 2DF Bournemouth Engeland
Tel. 00-44-1202-43 62 00
E-mail: aecc@aecc.ac.uk
Website: www.aecc.ac.uk

381. Association of Recognised English Language Services (ARELS)
219 St John Street, EC1V 4LY London Engeland
Tel. 00-44-207-608 79 60, fax 00-44-207-608 79 61
E-mail: info@englishuk.com
Website: www.englishuk.co

Trefwoordenregister

Register **G**

Register **M**

663

Veelgebruikte onderwijsniveaus als codes in dit boek

(zie pagina 9 voor meer informatie over hoe de codes zijn samengesteld):

a = postacademische, postinitiële, postdoctorale of postmasteropleiding

b = wo-masteropleiding
(wo = wetenschappelijk onderwijs)

c = wo-bacheloropleiding

d = post-hbo-opleiding
(hbo = hoger beroepsonderwijs)

e = hbo-masteropleiding

f = hbo-bacheloropleiding / ad-opleiding
(ad = associate degree)

g = mbo-opleiding niveau 4
(mbo = middelbaar beroepsonderwijs)

h = mbo-opleiding niveau 3

i = mbo-opleiding niveau 1 of 2

l = overige opleidingen
(meestal niet bekostigd door de overheid)

N.B. Voor de codes j – k – m – n – p – x zie pagina 9.

Mbo-niveaus

- Niveau 1 Assistentenkwalificatie of Assistentenopleiding

- Niveau 2 Basisberoepskwalificatie of Basisberoepsopleiding

- Niveau 3 Vakkwalificatie of Vakopleiding

- Niveau 4 Middenkaderkwalificatie of
Middenkaderopleiding/Specialistenopleiding

Voor eventuele foutcorrecties en mogelijke onmisbare nagekomen informatie typ deze link in uw browser in (werkt niet via Google):
www.toorts.nl/nieuwegids/klantenservice.htm